# anglais
## maxi

**HarperCollins Publishers**
Westerhill Road
Bishopbriggs
Glasgow
G64 2QT
Great Britain

Sixième édition en France/Sixth edition in
France 2010

Reprint 10 9 8 7 6 5 4 3 2 1 0

www.collinslanguage.com

Dictionnaires Le Robert
25, avenue Pierre de Coubertin,
75211 Paris cedex 13
France

www.lerobert.com

ISBN Maxi+ 978-2-32100-261-1
ISBN Maxi 978-2-32100-224-6

Dépôt légal février 2013
Achevé d'imprimer en février 2013

Photocomposition/Typeset by
Thomas Callan
RefineCatch Ltd, Bungay, Suffolk

Imprimé en Italie par/Printed in Italy
Legoprint

Pierre-Henri Cousin
Lorna Sinclair-Knight
Jean-François Allain
Catherine E. Love

AUTRES COLLABORATEURS/
OTHER CONTRIBUTORS
Megan Thomson
Cécile Aubinière-Robb
Harry Campbell
Keith Foley
Janet Gough
Jean-Benoît Ormal-Grenon
Laurent Jouet

DIRECTION RÉDACTIONNELLE/
EDITORIAL MANAGEMENT
Gaëlle Amiot-Cadey

COLLECTION DIRIGÉE PAR/SERIES EDITOR
Rob Scriven

COORDINATION ÉDITORIALE/
EDITORIAL COORDINATION
Genevieve Gerrard
Susie Beattie

# Le Robert
# & Collins

## anglais
## maxi

français-anglais / anglais-français

le Robert  Collins

# Table des matières

# Contents

# Introduction

Vous désirez apprendre l'anglais ou approfondir des connaissances déjà solides. Vous voulez vous exprimer en anglais, lire ou rédiger des textes anglais ou converser avec des interlocuteurs anglophones. Que vous soyez lycéen, étudiant, touriste, secrétaire, homme ou femme d'affaires, vous venez de choisir le compagnon de travail idéal pour vous exprimer et pour communiquer en anglais, oralement ou par écrit. Résolument pratique et moderne, votre dictionnaire fait une large place au vocabulaire de tous les jours, aux domaines de l'actualité, des affaires, de la bureautique et du tourisme. Comme dans tous nos dictionnaires, nous avons mis l'accent sur la langue contemporaine et sur les expressions idiomatiques.

## Mode d'emploi

Vous trouverez ci-dessous quelques explications sur la manière dont les informations sont présentées dans votre dictionnaire. Notre objectif: vous donner un maximum d'informations dans une présentation aussi claire que possible.

## Les articles

Voici les différents éléments dont est composé un article type dans votre dictionnaire:

### Transcription phonétique

La prononciation de tous les mots figure, entre crochets, immédiatement après l'entrée. Comme la plupart des dictionnaires modernes, nous avons opté pour le système dit "alphabet phonétique international". Vous trouverez ci-dessous, aux pages xii et xiii, une liste complète des caractères utilisés dans ce système.

### Données grammaticales

Les mots appartiennent tous à une catégorie grammaticale donnée: substantif, verbe, adjectif, adverbe, pronom, article, conjonction. Les substantifs peuvent être singuliers ou pluriels et, en français, masculins ou féminins. Les verbes peuvent être transitifs, intransitifs, pronominaux (ou réfléchis) ou encore impersonnels. La catégorie grammaticale des mots est indiquée en *italique*, immédiatement après le mot.

Souvent un mot se subdivise en plusieurs catégories grammaticales. Ainsi le français **creux** peut-il être un adjectif ou un nom masculin et l'anglais **early** peut-il être soit un adverbe, soit un adjectif. De même le verbe **fumer** est parfois transitif ("fumer un cigare"), parfois intransitif ("défense de fumer"). Pour vous permettre de trouver plus rapidement le sens que vous cherchez, et pour aérer la présentation, nous avons séparé les différentes catégories grammaticales par un petit triangle blanc ▷.

## Subdivisions sémantiques

La plupart des mots ont plus d'un sens; ainsi **bouchon** peut être un objet servant à boucher une bouteille, ou, dans un sens figuré, un embouteillage. D'autres mots se traduisent différemment selon le contexte dans lequel ils sont employés: **couler** se traduira en anglais "to leak" ou "to sink" selon qu'il s'agit d'un stylo ou d'un bateau. Pour vous permettre de choisir la bonne traduction dans tous les contextes, nous avons subdivisé les articles en catégories de sens: chaque catégorie est introduite par une "indication d'emploi" entre parenthèses et en *italique*. Pour les exemples ci-dessus, les articles se présenteront donc comme suit:

> **bouchon** *nm* (*en liège*) cork; (*autre matière*) stopper; (*fig: embouteillage*) hold-up
> **couler** *vi* to flow, run; (*fuir: stylo, récipient*) to leak; (*sombrer: bateau*) to sink

De même certains mots changent de sens lorsqu'ils sont employés dans un domaine spécifique, comme par exemple **puce** que nous employons généralement dans son acception de "petit insecte sauteur", mais qui est aussi un terme d'informatique. Pour montrer à l'utilisateur quelle traduction choisir, nous avons donc ajouté, en *italiques* entre parenthèses, et commençant par une majuscule, une indication de domaine, à savoir dans ce cas particulier (*Informatique*), que nous avons abrégé pour gagner de la place en (*Inform*):

> **puce** *nf* flea; (*Inform*) chip

Une liste complète des abréviations dont nous nous sommes servis dans ce dictionnaire figure ci-dessous aux pages x et xi.


## Traductions

La plupart des mots français se traduisent par un seul mot anglais, et vice-versa, comme dans les exemples ci-dessus. Parfois cependant, il arrive qu'il n'y ait pas d'équivalent exact dans la langue d'arrivée et nous avons donné un équivalent approximatif, indiqué par le signe ≈. C'est le cas par exemple pour le mot **baccalauréat** dont l'équivalent anglais est "A-levels": il ne s'agit pas d'une traduction à proprement parler puisque nos deux systèmes scolaires sont différents:

> **baccalauréat** *nm* ≈ A-levels *pl*

Parfois, il est même impossible de trouver un équivalent approximatif. C'est le cas par exemple pour les noms de plats régionaux, comme le plat languedocien suivant:

> **cassoulet** *nm sausage and bean hotpot*

L'explication remplace ici une traduction (qui n'existe pas); pour plus de clarté, cette explication, ou glose, est donnée en *italique*.

Souvent aussi, on ne peut traduire isolément un mot, ou une acception particulière d'un mot. La traduction anglaise de **copain**, par exemple, est "mate, pal", cependant **être copain avec** se traduit "to be pally with". Même une expression toute simple comme **doigt de pied** nécessite une traduction séparée, en l'occurrence "toe" (et non "footfinger"). C'est là que votre dictionnaire se révélera particulièrement utile et complet, car il contient un maximum de composés, de phrases et d'expressions idiomatiques.

## Registre

En français, vous saurez instinctivement quand dire **j'en ai assez** et quand dire **j'en ai marre** ou **j'en ai ras le bol**. Mais lorsque vous essayez de comprendre quelqu'un qui s'exprime en anglais, ou de vous exprimer vous-même en anglais, il est particulièrement important de savoir ce qui est poli et ce qui l'est moins. Nous avons donc ajouté l'indication (*fam*) aux expressions de langue familière; les expressions particulièrement grossières se voient dotées d'un point d'exclamation supplémentaire (*fam!*) dans la langue de départ comme dans la langue d'arrivée, vous incitant à une prudence accrue. Notez également que dans la partie français-anglais, les traductions qui appartiennent au registre vulgaire sont suivies d'un point d'exclamation entre parenthèses.

## Mots-clés

Une importance particulière a été accordée aux mots qui figurent dans le texte sous la mention **mot-clé**. Il s'agit de mots particulièrement complexes ou importants, comme **être** et **faire** ou leurs équivalents anglais **be** et **do**, que nous avons traités d'une manière plus approfondie parce que ce sont des éléments de base de la langue.

## Notes culturelles

Les articles séparés du texte principal par une ligne pointillée verticale décrivent certaines caractéristiques culturelles des pays francophones et anglophoones. Les médias, l'éducation, la politique et les fêtes figurent parmi les sujets traités. Exemples: **quality press, honours degree, préfecture** et **fête des rois**.

# Abréviations

# Abbreviations

| | | |
|---|---|---|
| abréviation | *ab(b)r* | abbreviation |
| adjectif, locution adjectivale | *adj* | adjective, adjectival phrase |
| administration | *Admin* | administration |
| adverbe, locution adverbiale | *adv* | adverb, adverbial phrase |
| agriculture | *Agr* | agriculture |
| anatomie | *Anat* | anatomy |
| architecture | *Archit* | architecture |
| article défini | *art déf* | definite article |
| article indéfini | *art indéf* | indefinite article |
| automobile | *Aut(o)* | the motor car and motoring |
| aviation, voyages aériens | *Aviat* | flying, air travel |
| biologie | *Bio(l)* | biology |
| botanique | *Bot* | botany |
| anglais britannique | *Brit* | British English |
| chimie | *Chem* | chemistry |
| cinéma | *Ciné, Cine* | cinema |
| commerce, finance, banque | *Comm* | commerce, finance, banking |
| informatique | *Comput* | computing |
| conjonction | *conj* | conjunction |
| construction | *Constr* | building |
| nom utilisé comme adjectif | *cpd* | compound element |
| cuisine | *Culin* | cookery |
| article défini | *def art* | definite article |
| déterminant: article; adjectif démonstratif *ou* indéfini etc | *dét* | determiner: article, demonstrative etc |
| économie | *Écon, Econ* | economics |
| électricité, électronique | *Élec, Elec* | electricity, electronics |
| en particulier | *esp* | especially |
| exclamation, interjection | *excl* | exclamation, interjection |
| féminin | *f* | feminine |
| langue familière (! emploi vulgaire) | *fam(!)* | colloquial usage (! particularly offensive) |
| emploi figuré | *fig* | figurative use |
| (verbe anglais) dont la particule est inséparable | *fus* | (phrasal verb) where the particle is inseparable |
| généralement | *gén, gen* | generally |
| géographie, géologie | *Géo, Geo* | geography, geology |
| géométrie | *Géom, Geom* | geometry |
| langue familière (! emploi vulgaire) | *inf(!)* | colloquial usage (! particularly offensive) |
| infinitif | *infin* | infinitive |
| informatique | *Inform* | computing |
| invariable | *inv* | invariable |
| irrégulier | *irrég, irreg* | irregular |
| domaine juridique | *Jur* | law |

# Abréviations

# Abbreviations

| | | |
|---|---|---|
| grammaire, linguistique | *Ling* | grammar, linguistics |
| masculin | *m* | masculine |
| mathématiques, algèbre | *Math* | mathematics, calculus |
| médecine | *Méd, Med* | medical term, medicine |
| masculin *ou* féminin | *m/f* | masculine *or* feminine |
| domaine militaire, armée | *Mil* | military matters |
| musique | *Mus* | music |
| nom | *n* | noun |
| navigation, nautisme | *Navig, Naut* | sailing, navigation |
| nom *ou* adjectif numéral | *num* | numeral noun *or* adjective |
| | *o.s.* | oneself |
| péjoratif | *péj, pej* | derogatory, pejorative |
| photographie | *Phot(o)* | photography |
| physiologie | *Physiol* | physiology |
| pluriel | *pl* | plural |
| politique | *Pol* | politics |
| participe passé | *pp* | past participle |
| préposition | *prép, prep* | preposition |
| pronom | *pron* | pronoun |
| psychologie, psychiatrie | *Psych* | psychology, psychiatry |
| temps du passé | *pt* | past tense |
| quelque chose | *qch* | |
| quelqu'un | *qn* | |
| religion, domaine ecclésiastique | *Rel* | religion |
| | *sb* | somebody |
| enseignement, système scolaire et universitaire | *Scol* | schooling, schools and universities |
| singulier | *sg* | singular |
| | *sth* | something |
| subjonctif | *sub* | subjunctive |
| sujet (grammatical) | *su(b)j* | (grammatical) subject |
| superlatif | *superl* | superlative |
| techniques, technologie | *Tech* | technical term, technology |
| télécommunications | *Tél, Tel* | telecommunications |
| télévision | *TV* | television |
| typographie | *Typ(o)* | typography, printing |
| anglais des USA | *US* | American English |
| verbe (auxiliaire) | *vb (aux)* | (auxiliary) verb |
| verbe intransitif | *vi* | intransitive verb |
| verbe transitif | *vt* | transitive verb |
| zoologie | *Zool* | zoology |
| marque déposée | ® | registered trademark |
| indique une équivalence culturelle | ≈ | introduces a cultural equivalent |

# Transcription phonétique

| Consonnes | | Consonants |
|---:|:---:|:---|
| poupée | p | puppy |
| bombe | b | baby |
| tente thermal | t | tent |
| dinde | d | daddy |
| coq qui képi | k | cork kiss chord |
| gag bague | g | gag guess |
| sale ce nation | s | so rice kiss |
| zéro rose | z | cousin buzz |
| tache chat | ʃ | sheep sugar |
| gilet juge | ʒ | pleasure beige |
| | tʃ | church |
| | dʒ | judge general |
| fer phare | f | farm raffle |
| valve | v | very rev |
| | θ | thin maths |
| | ð | that other |
| lent salle | l | little ball |
| rare rentrer | ʀ | |
| | r | rat rare |
| maman femme | m | mummy comb |
| non nonne | n | no ran |
| agneau vigne | ɲ | |
| | ŋ | singing bank |
| hop! | h | hat reheat |
| yeux paille pied | j | yet |
| nouer oui | w | wall bewail |
| huile lui | ɥ | |
| | x | loch |

| Divers | | Miscellaneous |
|---:|:---:|:---|
| pour l'anglais: le "r" final se prononce en liaison devant une voyelle | ʳ | in English transcription: final "r" can be pronounced before a vowel |
| pour l'anglais: précède la syllabe accentuée | ' | in French wordlist: no liaison before aspirate "h" |

**NB:** p, b, t, d, k, g sont suivis d'une aspiration en anglais.
p, b, t, d, k, g are not aspirated in French.

En règle générale, la prononciation est donnée entre crochets après chaque entrée. Toutefois, du côté anglais-français et dans le cas des expressions composées de deux ou plusieurs mots non réunis par un trait d'union et faisant l'objet d'une entrée séparée, la prononciation doit être cherchée sous chacun des mots constitutifs de l'expression en question.

# Phonetic transcription

| Voyelles | | Vowels | |
|---|---|---|---|
| ici vie lyrique | i iː | heel bead | |
| | ɪ | hit pity | |
| jouer été | e | | |
| lait jouet merci | ɛ | set tent | |
| plat amour | a æ | bat apple | |
| bas pâte | ɑ ɑː | after car calm | |
| | ʌ | fun cousin | |
| le premier | ə | over above | |
| beurre peur | œ | | |
| peu deux | ø əː | urgent fern work | |
| or homme | ɔ | wash pot | |
| mot eau gauche | o ɔː | born cork | |
| genou roue | u | full hook | |
| | uː | boom shoe | |
| rue urne | y | | |

| Diphtongues | | Diphthongs | |
|---|---|---|---|
| | ɪə | beer tier | |
| | ɛə | tear fair there | |
| | eɪ | date plaice day | |
| | aɪ | life buy cry | |
| | au | owl foul now | |
| | əu | low no | |
| | ɔɪ | boil boy oily | |
| | uə | poor tour | |

| Nasales | | Nasal vowels |
|---|---|---|
| matin plein | ɛ̃ | |
| brun | œ̃ | |
| sang an dans | ɑ̃ | |
| non pont | ɔ̃ | |

**NB:** La mise en équivalence de certains sons n'indique qu'une ressemblance approximative.

The pairing of some vowel sounds only indicates approximate equivalence.

In general, we give the pronunciation of each entry in square brackets after the word in question. However, on the English-French side, where the entry is composed of two or more unhyphenated words, each of which is given elsewhere in this dictionary, you will find the pronunciation of each word in its alphabetical position.

# Le verbe anglais

| present | pt | pp | present | pt | pp |
|---|---|---|---|---|---|
| arise | arose | arisen | dwell | dwelt | dwelt |
| awake | awoke | awoken | eat | ate | eaten |
| be (am, is, are; being) | was, were | been | fall | fell | fallen |
| | | | feed | fed | fed |
| bear | bore | born(e) | feel | felt | felt |
| beat | beat | beaten | fight | fought | fought |
| become | became | become | find | found | found |
| befall | befell | befallen | flee | fled | fled |
| begin | began | begun | fling | flung | flung |
| behold | beheld | beheld | fly | flew | flown |
| bend | bent | bent | forbid | forbad(e) | forbidden |
| beset | beset | beset | forecast | forecast | forecast |
| bet | bet, betted | bet, betted | forget | forgot | forgotten |
| bid (at auction, cards) | bid | bid | forgive | forgave | forgiven |
| | | | forsake | forsook | forsaken |
| bid (say) | bade | bidden | freeze | froze | frozen |
| bind | bound | bound | get | got | got, (US) gotten |
| bite | bit | bitten | | | |
| bleed | bled | bled | give | gave | given |
| blow | blew | blown | go (goes) | went | gone |
| break | broke | broken | grind | ground | ground |
| breed | bred | bred | grow | grew | grown |
| bring | brought | brought | hang | hung | hung |
| build | built | built | hang (execute) | hanged | hanged |
| burn | burnt, burned | burnt, burned | have | had | had |
| burst | burst | burst | hear | heard | heard |
| buy | bought | bought | hide | hid | hidden |
| can | could | (been able) | hit | hit | hit |
| cast | cast | cast | hold | held | held |
| catch | caught | caught | hurt | hurt | hurt |
| choose | chose | chosen | keep | kept | kept |
| cling | clung | clung | kneel | knelt, kneeled | knelt, kneeled |
| come | came | come | | | |
| cost | cost | cost | know | knew | known |
| cost (work out price of) | costed | costed | lay | laid | laid |
| | | | lead | led | led |
| creep | crept | crept | lean | leant, leaned | leant, leaned |
| cut | cut | cut | | | |
| deal | dealt | dealt | leap | leapt, leaped | leapt, leaped |
| dig | dug | dug | | | |
| do (3rd person: he/she/it does) | did | done | learn | learnt, learned | learnt, learned |
| | | | leave | left | left |
| draw | drew | drawn | lend | lent | lent |
| dream | dreamed, dreamt | dreamed, dreamt | let | let | let |
| | | | lie (lying) | lay | lain |
| drink | drank | drunk | light | lit, lighted | lit, lighted |
| drive | drove | driven | | | |

| present | pt | pp | present | pt | pp |
|---------|-----|-----|---------|-----|-----|
| **lose** | lost | lost | **speak** | spoke | spoken |
| **make** | made | made | **speed** | sped, | sped, |
| **may** | might | — | | speeded | speeded |
| **mean** | meant | meant | **spell** | spelt, | spelt, |
| **meet** | met | met | | spelled | spelled |
| **mistake** | mistook | mistaken | **spend** | spent | spent |
| **mow** | mowed | mown, | **spill** | spilt, | spilt, |
| | | mowed | | spilled | spilled |
| **must** | (had to) | (had to) | **spin** | spun | spun |
| **pay** | paid | paid | **spit** | spat | spat |
| **put** | put | put | **spoil** | spoiled, | spoiled, |
| **quit** | quit, | quit, | | spoilt | spoilt |
| | quitted | quitted | **spread** | spread | spread |
| **read** | read | read | **spring** | sprang | sprung |
| **rid** | rid | rid | **stand** | stood | stood |
| **ride** | rode | ridden | **steal** | stole | stolen |
| **ring** | rang | rung | **stick** | stuck | stuck |
| **rise** | rose | risen | **sting** | stung | stung |
| **run** | ran | run | **stink** | stank | stunk |
| **saw** | sawed | sawed, | **stride** | strode | stridden |
| | | sawn | **strike** | struck | struck |
| **say** | said | said | **strive** | strove | striven |
| **see** | saw | seen | **swear** | swore | sworn |
| **seek** | sought | sought | **sweep** | swept | swept |
| **sell** | sold | sold | **swell** | swelled | swollen, |
| **send** | sent | sent | | | swelled |
| **set** | set | set | **swim** | swam | swum |
| **sew** | sewed | sewn | **swing** | swung | swung |
| **shake** | shook | shaken | **take** | took | taken |
| **shear** | sheared | shorn, | **teach** | taught | taught |
| | | sheared | **tear** | tore | torn |
| **shed** | shed | shed | **tell** | told | told |
| **shine** | shone | shone | **think** | thought | thought |
| **shoot** | shot | shot | **throw** | threw | thrown |
| **show** | showed | shown | **thrust** | thrust | thrust |
| **shrink** | shrank | shrunk | **tread** | trod | trodden |
| **shut** | shut | shut | **wake** | woke, | woken, |
| **sing** | sang | sung | | waked | waked |
| **sink** | sank | sunk | **wear** | wore | worn |
| **sit** | sat | sat | **weave** | wove | woven |
| **slay** | slew | slain | **weave** | weaved | weaved |
| **sleep** | slept | slept | *(wind)* | | |
| **slide** | slid | slid | **wed** | wedded, | wedded, |
| **sling** | slung | slung | | wed | wed |
| **slit** | slit | slit | **weep** | wept | wept |
| **smell** | smelt, | smelt, | **win** | won | won |
| | smelled | smelled | **wind** | wound | wound |
| **sow** | sowed | sown, | **wring** | wrung | wrung |
| | | sowed | **write** | wrote | written |

# Les nombres

# Numbers

| | | |
|---|---|---|
| un (une) | 1 | one |
| deux | 2 | two |
| trois | 3 | three |
| quatre | 4 | four |
| cinq | 5 | five |
| six | 6 | six |
| sept | 7 | seven |
| huit | 8 | eight |
| neuf | 9 | nine |
| dix | 10 | ten |
| onze | 11 | eleven |
| douze | 12 | twelve |
| treize | 13 | thirteen |
| quatorze | 14 | fourteen |
| quinze | 15 | fifteen |
| seize | 16 | sixteen |
| dix-sept | 17 | seventeen |
| dix-huit | 18 | eighteen |
| dix-neuf | 19 | nineteen |
| vingt | 20 | twenty |
| vingt et un (une) | 21 | twenty-one |
| vingt-deux | 22 | twenty-two |
| trente | 30 | thirty |
| quarante | 40 | forty |
| cinquante | 50 | fifty |
| soixante | 60 | sixty |
| soixante-dix | 70 | seventy |
| soixante-et-onze | 71 | seventy-one |
| soixante-douze | 72 | seventy |
| quatre-vingts | 80 | eighty |
| quatre-vingt-un (-une) | 81 | eighty-one |
| quatre-vingt-dix | 90 | ninety |
| cent | 100 | a hundred, one hundred |
| cent un (une) | 101 | a hundred and one |
| deux cents | 200 | two hundred |
| deux cent un (une) | 201 | two hundred and one |
| quatre cents | 400 | four hundred |
| mille | 1000 | a thousand |
| cinq mille | 5000 | five thousand |
| un million | 1000000 | a million |

# Les nombres

premier (première), 1$^{er}$ (1$^{ère}$)
deuxième, 2$^e$ or 2$^{ème}$
troisième, 3$^e$ or 3$^{ème}$
quatrième, 4$^e$ or 4$^{ème}$
cinquième, 5$^e$ or 5$^{ème}$
sixième, 6$^e$ or 6$^{ème}$
septième
huitième
neuvième
dixième
onzième
douzième
treizième
quartorzième
quinzième
seizième
dix-septième
dix-huitième
dix-neuvième
vingtième
vingt-et-unième
vingt-deuxième
trentième
centième
cent-unième
millième

# Numbers

first, 1st
second, 2nd
third, 3rd
fourth, 4th
fifth, 5th
sixth, 6th
seventh
eighth
ninth
tenth
eleventh
twelfth
thirteenth
fourteenth
fifteenth
sixteenth
seventeenth
eighteenth
nineteenth
twentieth
twenty-first
twenty-second
thirtieth
hundredth
hundred-and-first
thousandth

# L'heure

## The time

*quelle heure est-il?*
*il est ...*

*what time is it?*
*it's ...*

| | |
|---|---|
| minuit | midnight, twelve p.m. |
| une heure (du matin) | one o'clock (in the morning), one (a.m.) |
| une heure cinq | five past one |
| une heure dix | ten past one |
| une heure et quart | a quarter past one, one fifteen |
| une heure vingt-cinq | twenty-five past one, one twenty-five |
| une heure et demie, | half-past one, |
| une heure trente | one thirty |
| deux heures moins vingt-cinq, | twenty-five to two, |
| une heure trente-cinq | one thirty-five |
| deux heures moins vingt, | twenty to two, |
| une heure quarante | one forty |
| deux heures moins le quart, | a quarter to two, |
| une heure quarante-cinq | one forty-five |
| deux heures moins dix, | ten to two, |
| une heure cinquante | one fifty |
| midi | twelve o'clock, midday, noon |
| deux heures (de l'après-midi), | two o'clock (in the afternoon), |
| quatorze heures | two (p.m.) |
| sept heures (du soir), | seven o'clock (in the evening), |
| dix-sept heures | seven (p.m.) |

*à quelle heure?*
à minuit
à sept heures

*(at) what time?*
at midnight
at seven o'clock

dans vingt minutes
il y a un quart d'heure

in twenty minutes
fifteen minutes ago

# La date

# The date

| | |
|---|---|
| aujourd'hui | today |
| demain | tomorrow |
| après-demain | the day after tomorrow |
| hier | yesterday |
| avant-hier | the day before yesterday |
| la veille | the day before, the previous day |
| le lendemain | the next or following day |
| | |
| le matin | morning |
| le soir | evening |
| ce matin | this morning |
| ce soir | this evening |
| cet après-midi | this afternoon |
| hier matin | yesterday morning |
| hier soir | yesterday evening |
| demain matin | tomorrow morning |
| demain soir | tomorrow evening |
| dans la nuit du samedi au dimanche | during Saturday night, during the night of Saturday to Sunday |
| il viendra samedi | he's coming on Saturday |
| le samedi | on Saturdays |
| tous les samedis | every Saturday |
| samedi passé ou dernier | last Saturday |
| samedi prochain | next Saturday |
| samedi en huit | a week on Saturday |
| samedi en quinze | a fortnight or two weeks on Saturday |
| du lundi au samedi | from Monday to Saturday |
| tous les jours | every day |
| une fois par semaine | once a week |
| une fois par mois | once a month |
| deux fois par semaine | twice a week |
| il y a une semaine ou huit jours | a week ago |
| il y a quinze jours | a fortnight or two weeks ago |
| l'année passée ou dernière | last year |
| dans deux jours | in two days |
| dans huit jours ou une semaine | in a week |
| dans quinze jours | in a fortnight or two weeks |
| le mois prochain | next month |
| l'année prochaine | next year |
| | |
| quel jour sommes-nous? | what day is it? |
| le 1$^{er}$/24 octobre 2007 | the 1st/24th of October 2007, October 1st/24th 2007 |
| | |
| en 2007 | in 2007 |
| mille neuf cent quatre-vingt seize | nineteen ninety-six |
| 44 av. J.-C. | 44 BC |
| 14 apr. J.-C. | 14 AD |
| au XIX$^e$ (siècle) | in the nineteenth century |
| dans les années trente | in the thirties |
| il était une fois … | once upon a time … |

# Français – Anglais

# French – English

# Aa

**A, a** [α] *nm inv* A, a ▷ *abr* = **anticyclone**; **are**; (*ampère*) amp; (*autoroute*) ≈ M (*Brit*); **A comme Anatole** A for Andrew (*Brit*) *ou* Able (*US*); **de a à z** from a to z; **prouver qch par a + b** to prove sth conclusively

**a** [a] *vb voir* **avoir**

 MOT-CLÉ

**à** [a] (*à + le* = **au**, *à + les* = **aux**) *prép* **1** (*endroit, situation*) at, in; **être à Paris/au Portugal** to be in Paris/Portugal; **être à la maison/à l'école** to be at home/at school; **à la campagne** in the country; **c'est à 10 m/km/à 20 minutes (d'ici)** it's 10 m/km/20 minutes away

**2** (*direction*) to; **aller à Paris/au Portugal** to go to Paris/Portugal; **aller à la maison/à l'école** to go home/to school; **à la campagne** to the country

**3** (*temps*): **à 3 heures/minuit** at 3 o'clock/midnight; **au printemps** in the spring; **au mois de juin** in June; **au départ** at the start, at the outset; **à demain/la semaine prochaine!** see you tomorrow/next week!; **visites de 5 heures à 6 heures** visiting from 5 to *ou* till 6 o'clock

**4** (*attribution, appartenance*) to; **le livre est à Paul/à lui/à nous** this book is Paul's/his/ours; **donner qch à qn** to give sth to sb; **un ami à moi** a friend of mine; **c'est à moi de le faire** it's up to me to do it

**5** (*moyen*) with; **se chauffer au gaz** to have gas heating; **à bicyclette** on a *ou* by bicycle; **à la main/machine** by hand/machine; **à la télévision/la radio** on television/the radio

**6** (*provenance*) from; **boire à la bouteille** to drink from the bottle

**7** (*caractérisation, manière*): **l'homme aux yeux bleus** the man with the blue eyes; **à la russe** the Russian way; **glace à la framboise** raspberry ice cream

**8** (*but, destination*): **tasse à café** coffee cup; **maison à vendre** house for sale; **problème à régler** problem to sort out

**9** (*rapport, évaluation, distribution*): **100 km/unités à l'heure** 100 km/units per *ou* an hour; **payé à** l'heure paid by the hour; **cinq à six** five to six **10** (*conséquence, résultat*): **à ce qu'il prétend** according to him; **à leur grande surprise** much to their surprise; **à nous trois nous n'avons pas su le faire** we couldn't do it even between the three of us; **ils sont arrivés à quatre** four of them arrived (together)

**Å** *abr* (= *Ångstrom*) Å *ou* A

**AB** *abr* = **assez bien**

**abaissement** [abɛsmɑ̃] *nm* lowering; pulling down

**abaisser** [abese] *vt* to lower, bring down; (*manette*) to pull down; (*fig*) to debase; to humiliate; **s'abaisser** *vi* to go down; (*fig*) to demean o.s.; **s'~ à faire/à qch** to stoop *ou* descend to doing/to sth

**abandon** [abɑ̃dɔ̃] *nm* abandoning; deserting; giving up; withdrawal; surrender, relinquishing; (*fig*) lack of constraint; relaxed pose *ou* mood; **être à l'~** to be in a state of neglect; **laisser à l'~** to abandon

**abandonné, e** [abɑ̃dɔne] *adj* (*solitaire*) deserted; (*route, usine*) disused; (*jardin*) abandoned

**abandonner** [abɑ̃dɔne] *vt* to leave, abandon, desert; (*projet, activité*) to abandon, give up; (*Sport*) to retire *ou* withdraw from; (*Inform*) to abort; (*céder*) to surrender, relinquish; **s'abandonner** *vi* to let o.s. go; **s'~ à** (*paresse, plaisirs*) to give o.s. up to; **~ qch à qn** to give sth up to sb

**abasourdir** [abazuRdiR] *vt* to stun, stagger

**abat** *etc* [aba] *vb voir* **abattre**

**abat-jour** [abaʒuR] *nm inv* lampshade

**abats** [aba] *vb voir* **abattre** ▷ *nmpl* (*de bœuf, porc*) offal *sg* (*Brit*), entrails (*US*); (*de volaille*) giblets

**abattage** [abataʒ] *nm* cutting down, felling

**abattant** [abatɑ̃] *vb voir* **abattre** ▷ *nm* leaf, flap

**abattement** [abatmɑ̃] *nm* (*physique*) enfeeblement; (*moral*) dejection, despondency; (*déduction*) reduction; **~ fiscal** ≈ tax allowance

**abattis** [abati] *vb voir* **abattre** ▷ *nmpl* giblets

**abattoir** [abatwaR] *nm* abattoir (*Brit*), slaughterhouse

**abattre** [abatR(ə)] *vt* (*arbre*) to cut down, fell; (*mur, maison*) to pull down; (*avion, personne*) to

shoot down; (*animal*) to shoot, kill; (*fig:*
*physiquement*) to wear out, tire out; (: *moralement*)
to demoralize; **s'abattre** *vi* to crash down; **s'~
sur** (*pluie*) to beat down on; (: *coups, injures*) to
rain down on; ~ **ses cartes** (*aussi fig*) to lay one's
cards on the table; ~ **du travail** *ou* **de la
besogne** to get through a lot of work

**abattu, e** [abaty] *pp de* **abattre** ▷ *adj* (*déprimé*)
downcast

**abbatiale** [abasjal] *nf* abbey (*church*)

**abbaye** [abei] *nf* abbey

**abbé** [abe] *nm* priest; (*d'une abbaye*) abbot; **M l'~**
Father

**abbesse** [abɛs] *nf* abbess

**abc, ABC** [abese] *nm* alphabet primer; (*fig*)
rudiments *pl*

**abcès** [apsɛ] *nm* abscess

**abdication** [abdikasjɔ̃] *nf* abdication

**abdiquer** [abdike] *vi* to abdicate ▷ *vt* to
renounce, give up

**abdomen** [abdɔmɛn] *nm* abdomen

**abdominal, e, -aux** [abdɔminal, -o] *adj*
abdominal ▷ *nmpl*: **faire des abdominaux** to
do exercises for the stomach muscles

**abécédaire** [abesedɛR] *nm* alphabet primer

**abeille** [abɛj] *nf* bee

**aberrant, e** [abɛRɑ̃, -ɑ̃t] *adj* absurd

**aberration** [abɛRasjɔ̃] *nf* aberration

**abêtir** [abetiR] *vt* to make morons (*ou* a moron)
of

**abêtissant, e** [abetisɑ̃, -ɑ̃t] *adj* stultifying

**abhorrer** [abɔRe] *vt* to abhor, loathe

**abîme** [abim] *nm* abyss, gulf

**abîmer** [abime] *vt* to spoil, damage; **s'abîmer** *vi*
to get spoilt *ou* damaged; (*fruits*) to spoil;
(*tomber*) to sink, founder; **s'~ les yeux** to ruin
one's eyes *ou* eyesight

**abject, e** [abʒɛkt] *adj* abject, despicable

**abjurer** [abʒyRe] *vt* to abjure, renounce

**ablatif** [ablatif] *nm* ablative

**ablation** [ablasjɔ̃] *nf* removal

**ablutions** [ablysjɔ̃] *nfpl*: **faire ses ~** to perform
one's ablutions

**abnégation** [abnegasjɔ̃] *nf* (self-)abnegation

**aboie** *etc* [abwa] *vb voir* **aboyer**

**aboiement** [abwamɑ̃] *nm* bark, barking *no pl*

**aboierai** *etc* [abwajəRe] *vb voir* **aboyer**

**abois** [abwa] *nmpl*: **aux ~** at bay

**abolir** [abɔliR] *vt* to abolish

**abolition** [abɔlisjɔ̃] *nf* abolition

**abolitionniste** [abɔlisjɔnist(ə)] *adj, nm/f*
abolitionist

**abominable** [abɔminabl(ə)] *adj* abominable

**abomination** [abɔminasjɔ̃] *nf* abomination

**abondamment** [abɔ̃damɑ̃] *adv* abundantly

**abondance** [abɔ̃dɑ̃s] *nf* abundance; (*richesse*)
affluence; **en ~** in abundance

**abondant, e** [abɔ̃dɑ̃, -ɑ̃t] *adj* plentiful,
abundant, copious

**abonder** [abɔ̃de] *vi* to abound, be plentiful; ~ **en**
to be full of, abound in; ~ **dans le sens de qn** to
concur with sb

**abonné, e** [abɔne] *nm/f* subscriber; season
ticket holder ▷ *adj*: **être ~ à un journal** to
subscribe to *ou* have a subscription to a
periodical; **être ~ au téléphone** to be on the
(tele)phone

**abonnement** [abɔnmɑ̃] *nm* subscription; (*pour
transports en commun, concerts*) season ticket

**abonner** [abɔne] *vt*: **s'abonner à** to subscribe to,
take out a subscription to

**abord** [abɔR] *nm*: **être ~ facile** to be
approachable; **être d'un ~ difficile** (*personne*) to
be unapproachable; (*lieu*) to be hard to reach *ou*
difficult to get to; **de prime ~, au premier ~** at
first sight; **d'~** *adv* first; **tout d'~** first of all

**abordable** [abɔRdabl(ə)] *adj* (*personne*)
approachable; (*marchandise*) reasonably priced;
(*prix*) affordable, reasonable

**abordage** [abɔRdaʒ] *nm* boarding

**aborder** [abɔRde] *vi* to land ▷ *vt* (*sujet, difficulté*)
to tackle; (*personne*) to approach; (*rivage etc*) to
reach; (*Navig: attaquer*) to board; (: *heurter*) to
collide with

**abords** [abɔR] *nmpl* surroundings

**aborigène** [abɔRiʒɛn] *nm* aborigine, native

**Abou Dhabî, Abu Dhabî** [abudabi] *nm* Abu
Dhabi

**aboulique** [abulik] *adj* totally lacking in
willpower

**aboutir** [abutiR] *vi* (*négociations etc*) to succeed;
(*abcès*) to come to a head; ~ **à/dans/sur** to end
up at/in/on

**aboutissants** [abutisɑ̃] *nmpl voir* **tenants**

**aboutissement** [abutismɑ̃] *nm* success; (*de
concept, projet*) successful realization; (*d'années de
travail*) successful conclusion

**aboyer** [abwaje] *vi* to bark

**abracadabrant, e** [abRakadabRɑ̃, -ɑ̃t] *adj*
incredible, preposterous

**abrasif, -ive** [abRazif, -iv] *adj, nm* abrasive

**abrégé** [abReʒe] *nm* summary; **en ~** in a
shortened *ou* abbreviated form

**abréger** [abReʒe] *vt* (*texte*) to shorten, abridge;
(*mot*) to shorten, abbreviate; (*réunion, voyage*) to
cut short, shorten

**abreuver** [abRœve] *vt* to water; (*fig*): ~ **qn de** to
shower *ou* swamp sb with; (*injures etc*) to shower
sb with; **s'abreuver** *vi* to drink

**abreuvoir** [abRœvwaR] *nm* watering place

**abréviation** [abRevjasjɔ̃] *nf* abbreviation

**abri** [abRi] *nm* shelter; **à l'~** under cover; **être/
se mettre à l'~** to be/get under cover *ou* shelter;
**à l'~ de** sheltered from; (*fig*) safe from

**Abribus®** [abRibys] *nm* bus shelter

**abricot** [abRiko] *nm* apricot

**abricotier** [abRikɔtje] *nm* apricot tree

**abrité, e** [abRite] *adj* sheltered

**abriter** [abRite] *vt* to shelter; (*loger*) to
accommodate; **s'abriter** *vi* to shelter, take
cover

**abrogation** [abRɔgasjɔ̃] *nf* (*Jur*) repeal,
abrogation

**abroger** [abRɔʒe] *vt* to repeal, abrogate

**abrupt, e** [abʀypt] *adj* sheer, steep; *(ton)* abrupt
**abruti, e** [abʀyti] *nm/f (fam)* idiot, moron
**abrutir** [abʀytiʀ] *vt* to daze; *(fatiguer)* to exhaust; *(abêtir)* to stupefy
**abrutissant, e** [abʀytisɑ̃, -ɑ̃t] *adj (bruit, travail)* stupefying
**abscisse** [apsis] *nf* X axis, abscissa
**absence** [apsɑ̃s] *nf* absence; *(Méd)* blackout; *(distraction)* mental blank; **en l'~ de** in the absence of
**absent, e** [apsɑ̃, -ɑ̃t] *adj* absent; *(chose)* missing, lacking; *(distrait: air)* vacant, faraway ▷ *nm/f* absentee
**absentéisme** [apsɑ̃teism(ə)] *nm* absenteeism
**absenter** [apsɑ̃te]: **s'absenter** *vi* to take time off work; *(sortir)* to leave, go out
**abside** [apsid] *nf (Archit)* apse
**absinthe** [apsɛ̃t] *nf (boisson)* absinth(e); *(Bot)* wormwood, absinth(e)
**absolu, e** [apsɔly] *adj* absolute; *(caractère)* rigid, uncompromising ▷ *nm (Philosophie)*: **l'~** the Absolute; **dans l'~** in the absolute, in a vacuum
**absolument** [apsɔlymɑ̃] *adv* absolutely
**absolution** [apsɔlysjɔ̃] *nf* absolution; *(Jur)* dismissal *(of case)*
**absolutisme** [apsɔlytism(ə)] *nm* absolutism
**absolvais** *etc* [apsɔlvɛ] *vb voir* **absoudre**
**absorbant, e** [apsɔʀbɑ̃, -ɑ̃t] *adj* absorbent; *(tâche)* absorbing, engrossing
**absorbé, e** [apsɔʀbe] *adj* absorbed, engrossed
**absorber** [apsɔʀbe] *vt* to absorb; *(gén Méd: manger, boire)* to take; *(Écon: firme)* to take over, absorb
**absorption** [apsɔʀpsjɔ̃] *nf* absorption
**absoudre** [apsudʀ(ə)] *vt* to absolve; *(Jur)* to dismiss
**absous, -oute** [apsu, -ut] *pp de* **absoudre**
**abstenir** [apstəniʀ]: **s'abstenir** *vi (Pol)* to abstain; **s'~ de qch/de faire** to refrain from sth/from doing
**abstention** [apstɑ̃sjɔ̃] *nf* abstention
**abstentionnisme** [apstɑ̃sjɔnism(ə)] *nm* abstaining
**abstentionniste** [apstɑ̃sjɔnist(ə)] *nm* abstentionist
**abstenu, e** [apstəny] *pp de* **abstenir**
**abstiendrai** [apstjɛ̃dʀe], **abstiens** *etc* [apstjɛ̃] *vb voir* **abstenir**
**abstinence** [apstinɑ̃s] *nf* abstinence; **faire ~** to abstain *(from meat on Fridays)*
**abstint** *etc* [apstɛ̃] *vb voir* **abstenir**
**abstraction** [apstʀaksjɔ̃] *nf* abstraction; **faire ~ de** to set ou leave aside; **~ faite de ...** leaving aside ...
**abstraire** [apstʀɛʀ] *vt* to abstract; **s'abstraire** *vi*: **s'~ (de)** *(s'isoler)* to cut o.s. off *(from)*
**abstrait, e** [apstʀɛ, -ɛt] *pp de* **abstraire** ▷ *adj* abstract ▷ *nm*: **dans l'~** in the abstract
**abstraitement** [apstʀɛtmɑ̃] *adv* abstractly
**abstrayais** *etc* [apstʀɛjɛ] *vb voir* **abstraire**
**absurde** [apsyʀd(ə)] *adj* absurd ▷ *nm* absurdity; *(Philosophie)*: **l'~** absurd; **par l'~** ad absurdio

**absurdité** [apsyʀdite] *nf* absurdity
**abus** [aby] *nm (excès)* abuse, misuse; *(injustice)* abuse; **~ de confiance** breach of trust; *(détournement de fonds)* embezzlement
**abuser** [abyze] *vi* to go too far, overstep the mark ▷ *vt* to deceive, mislead; **s'abuser** *vi (se méprendre)* to be mistaken; **~ de** *vt (force, droit)* to misuse; *(alcool)* to take to excess; *(violer, duper)* to take advantage of
**abusif, -ive** [abyzif, -iv] *adj* exorbitant; *(punition)* excessive; *(pratique)* improper
**abusivement** [abyzivmɑ̃] *adv* exorbitantly; excessively; improperly
**AC** *sigle f* = **appellation contrôlée**
**acabit** [akabi] *nm*: **du même ~** of the same type
**acacia** [akasja] *nm (Bot)* acacia
**académicien, ne** [akademisjɛ̃, -ɛn] *nm/f* academician
**académie** [akademi] *nf (société)* learned society; *(école: d'art, de danse)* academy; *(Art: nu)* nude; *(Scol: circonscription)* ≈ regional education authority; **l'A~ (française)** the French Academy; *see note*

**ACADÉMIE FRANÇAISE**

The *Académie française* was founded by Cardinal Richelieu in 1635, during the reign of Louis XIII. It is made up of forty elected scholars and writers who are known as "les Quarante" or "les Immortels". One of the *Académie's* functions is to keep an eye on the development of the French language, and its recommendations are frequently the subject of lively public debate. It has produced several editions of its famous dictionary and also awards various literary prizes.

**académique** [akademik] *adj* academic
**Acadie** [akadi] *nf*: **l'~** the Maritime Provinces
**acadien, ne** [akadjɛ̃, -ɛn] *adj* Acadian, of ou from the Maritime Provinces
**acajou** [akaʒu] *nm* mahogany
**acariâtre** [akaʀjatʀ(ə)] *adj* sour(-tempered) *(Brit)*, cantankerous
**accablant, e** [akablɑ̃, -ɑ̃t] *adj (témoignage, preuve)* overwhelming
**accablement** [akabləmɑ̃] *nm* deep despondency
**accabler** [akable] *vt* to overwhelm, overcome; *(témoignage)* to condemn, damn; **~ qn d'injures** to heap ou shower abuse on sb; **~ qn de travail** to overburden sb with work; **accablé de dettes/soucis** weighed down with debts/cares
**accalmie** [akalmi] *nf* lull
**accaparant, e** [akapaʀɑ̃, -ɑ̃t] *adj* that takes up all one's time ou attention
**accaparer** [akapaʀe] *vt* to monopolize; *(travail etc)* to take up (all) the time ou attention of
**accéder** [aksede]: **~ à** *vt (lieu)* to reach; *(fig: pouvoir)* to accede to; *(: poste)* to attain; *(accorder:*

*requête*) to grant, accede to

**accélérateur** [akseleʀatœʀ] *nm* accelerator

**accélération** [akseleʀasjɔ̃] *nf* speeding up; acceleration

**accéléré** [akseleʀe] *nm*: **en ~** (*Ciné*) speeded up

**accélérer** [akseleʀe] *vt* (*mouvement, travaux*) to speed up ▷ *vi* (*Auto*) to accelerate

**accent** [aksã] *nm* accent; (*inflexions expressives*) tone (of voice); (*Phonétique, fig*) stress; **aux ~s de** (*musique*) to the strains of; **mettre l'~ sur** (*fig*) to stress; **~ aigu/grave/circonflexe** acute/grave/circumflex accent

**accentuation** [aksãtɥasjɔ̃] *nf* accenting; stressing

**accentué, e** [aksãtɥe] *adj* marked, pronounced

**accentuer** [aksãtɥe] *vt* (*Ling: orthographe*) to accent; (*: phonétique*) to stress, accent; (*fig*) to accentuate, emphasize; (*: effort, pression*) to increase; **s'accentuer** *vi* to become more marked *ou* pronounced

**acceptable** [akseptabl(ə)] *adj* satisfactory, acceptable

**acceptation** [akseptasjɔ̃] *nf* acceptance

**accepter** [aksepte] *vt* to accept; (*tolérer*): **~ que qn fasse** to agree to sb doing; **~ de faire** to agree to do

**acception** [aksepsjɔ̃] *nf* meaning, sense; **dans toute l'~ du terme** in the full sense *ou* meaning of the word

**accès** [akse] *nm* (*à un lieu, Inform*) access; (*Méd*) attack; (*: de toux*) fit, bout ▷ *nmpl* (*routes etc*) means of access, approaches; **d'~ facile/malaisé** easily/not easily accessible; **donner ~ à** (*lieu*) to give access to; (*carrière*) to open the door to; **avoir ~ auprès de qn** to have access to sb; **l'~ aux quais est interdit aux personnes non munies d'un billet** ticket-holders only on platforms, no access to platforms without a ticket; **~ de colère** fit of anger; **~ de joie** burst of joy

**accessible** [aksesibl(ə)] *adj* accessible; (*personne*) approachable; (*livre, sujet*): **~ à qn** within the reach of sb; (*sensible*): **~ à la pitié/l'amour** open to pity/love

**accession** [aksesjɔ̃] *nf*: **~ à** accession to; (*à un poste*) attainment of; **~ à la propriété** home-ownership

**accessit** [aksesit] *nm* (*Scol*) ≈ certificate of merit

**accessoire** [akseswaʀ] *adj* secondary, of secondary importance; (*frais*) incidental ▷ *nm* accessory; (*Théât*) prop

**accessoirement** [akseswaʀmã] *adv* secondarily; incidentally

**accessoiriste** [akseswaʀist(ə)] *nm/f* (*TV, Ciné*) property man/woman

**accident** [aksidã] *nm* accident; **par ~** by chance; **~ de parcours** mishap; **~ de la route** road accident; **~ du travail** accident at work; industrial injury *ou* accident; **~s de terrain** unevenness of the ground

**accidenté, e** [aksidãte] *adj* damaged *ou* injured (in an accident); (*relief, terrain*) uneven; hilly

**accidentel, le** [aksidãtɛl] *adj* accidental

**accidentellement** [aksidãtɛlmã] *adv* (*par hasard*) accidentally; (*mourir*) in an accident

**accise** [aksiz] *nf*: **droit d'~(s)** excise duty

**acclamation** [aklamasjɔ̃] *nf*: **par ~** (*vote*) by acclamation; **acclamations** *nfpl* cheers, cheering *sg*

**acclamer** [aklame] *vt* to cheer, acclaim

**acclimatation** [aklimatasjɔ̃] *nf* acclimatization

**acclimater** [aklimate] *vt* to acclimatize; **s'acclimater** *vi* to become acclimatized

**accointances** [akwɛ̃tãs] *nfpl*: **avoir des ~ avec** to have contacts with

**accolade** [akɔlad] *nf* (*amicale*) embrace; (*signe*) brace; **donner l'~ à qn** to embrace sb

**accoler** [akɔle] *vt* to place side by side

**accommodant, e** [akɔmɔdã, -ãt] *adj* accommodating, easy-going

**accommodement** [akɔmɔdmã] *nm* compromise

**accommoder** [akɔmɔde] *vt* (*Culin*) to prepare; (*points de vue*) to reconcile; **~ qch à** (*adapter*) to adapt sth to; **s'accommoder de** to put up with; (*se contenter de*) to make do with; **s'~ à** (*s'adapter*) to adapt to

**accompagnateur, -trice** [akɔ̃paɲatœʀ, -tʀis] *nm/f* (*Mus*) accompanist; (*de voyage*) guide; (*de voyage organisé*) courier; (*d'enfants*) accompanying adult

**accompagnement** [akɔ̃paɲmã] *nm* (*Mus*) accompaniment; (*Mil*) support

**accompagner** [akɔ̃paɲe] *vt* to accompany, be *ou* go *ou* come with; (*Mus*) to accompany; **s'accompagner de** to bring, be accompanied by

**accompli, e** [akɔ̃pli] *adj* accomplished

**accomplir** [akɔ̃pliʀ] *vt* (*tâche, projet*) to carry out; (*souhait*) to fulfil; **s'accomplir** *vi* to be fulfilled

**accomplissement** [akɔ̃plismã] *nm* carrying out; fulfilment (*Brit*), fulfillment (*US*)

**accord** [akɔʀ] *nm* (*entente, convention, Ling*) agreement; (*entre des styles, tons etc*) harmony; (*consentement*) agreement, consent; (*Mus*) chord; **donner son ~** to give one's agreement; **mettre deux personnes d'~** to make two people come to an agreement, reconcile two people; **se mettre d'~** to come to an agreement (with each other); **être d'~** to agree; **être d'~ avec qn** to agree with sb; **d'~!** OK!, right!; **d'un commun ~** of one accord; **~ parfait** (*Mus*) tonic chord

**accord-cadre** [akɔʀkadʀ(ə)] (*pl* **accords-cadres**) *nm* framework *ou* outline agreement

**accordéon** [akɔʀdeɔ̃] *nm* (*Mus*) accordion

**accordéoniste** [akɔʀdeɔnist(ə)] *nm/f* accordionist

**accorder** [akɔʀde] *vt* (*faveur, délai*) to grant; (*attribuer*): **~ de l'importance/de la valeur à qch** to attach importance/value to sth; (*harmoniser*) to match; (*Mus*) to tune; **s'accorder** *vi* to get on together; (*être d'accord*) to agree; (*couleurs, caractères*) to go together, match; (*Ling*) to agree; **je vous accorde que ...** I grant you that ...

**accordeur** [akɔʀdœʀ] *nm (Mus)* tuner
**accoster** [akɔste] *vt (Navig)* to draw alongside; *(personne)* to accost ▷ *vi (Navig)* to berth
**accotement** [akɔtmã] *nm (de route)* verge (Brit), shoulder; **~ stabilisé/non stabilisé** hard shoulder/soft verge *ou* shoulder
**accoter** [akɔte] *vt*: **~ qch contre/à** to lean *ou* rest sth against/on; **s'~ contre/à** to lean against/on
**accouchement** [akuʃmã] *nm* delivery, (child)birth; *(travail)* labour (Brit), labor (US); **~ à terme** delivery at (full) term; **~ sans douleur** natural childbirth
**accoucher** [akuʃe] *vi* to give birth, have a baby; *(être en travail)* to be in labour (Brit) *ou* labor (US) ▷ *vt* to deliver; **~ d'un garçon** to give birth to a boy
**accoucheur** [akuʃœʀ] *nm*: **(médecin) ~** obstetrician
**accoucheuse** [akuʃøz] *nf* midwife
**accouder** [akude]: **s'accouder** *vi*: **s'~ à/contre/sur** to rest one's elbows on/against/on; **accoudé à la fenêtre** leaning on the windowsill
**accoudoir** [akudwaʀ] *nm* armrest
**accouplement** [akupləmã] *nm* coupling; mating
**accoupler** [akuple] *vt* to couple; *(pour la reproduction)* to mate; **s'accoupler** *vi* to mate
**accourir** [akuʀiʀ] *vi* to rush *ou* run up
**accoutrement** [akutʀəmã] *nm (péj)* getup (Brit), outfit
**accoutrer** [akutʀe] *(péj) vt* to do *ou* get up; **s'accoutrer** to do *ou* get o.s. up
**accoutumance** [akutymãs] *nf (gén)* adaptation; *(Méd)* addiction
**accoutumé, e** [akutyme] *adj (habituel)* customary, usual; **comme à l'~e** as is customary *ou* usual
**accoutumer** [akutyme] *vt*: **~ qn à qch/faire** to accustom sb to sth/to doing; **s'accoutumer à** to get accustomed *ou* used to
**accréditer** [akʀedite] *vt (nouvelle)* to substantiate; **~ qn (auprès de)** to accredit sb (to)
**accro** [akʀo] *nm/f (fam: = accroché(e))* addict
**accroc** [akʀo] *nm (déchirure)* tear; *(fig)* hitch, snag; **sans ~** without a hitch; **faire un ~ à** *(vêtement)* to make a tear in, tear; *(fig: règle etc)* to infringe
**accrochage** [akʀoʃaʒ] *nm* hanging (up); hitching (up); *(Auto)* (minor) collision; *(Mil)* encounter, engagement; *(dispute)* clash, brush
**accroche-cœur** [akʀoʃkœʀ] *nm* kiss-curl
**accrocher** [akʀoʃe] *vt (suspendre)*: **~ qch à** to hang sth (up) on; *(attacher: remorque)* to hitch sth (up) to; *(heurter)* to catch; to hit; *(déchirer)*: **~ qch (à)** to catch sth (on); *(Mil)* to engage; *(fig)* to catch, attract ▷ *vi* to stick, get stuck; *(fig: pourparlers etc)* to hit a snag; *(plaire: disque etc)* to catch on; **s'accrocher** *vi (se disputer)* to have a clash *ou* brush; *(ne pas céder)* to hold one's own, hang on in *(fam)*; **s'~ à** *(rester pris à)* to catch on;

*(agripper, fig)* to hang on *ou* cling to
**accrocheur, -euse** [akʀoʃœʀ, -øz] *adj (vendeur, concurrent)* tenacious; *(publicité)* eye-catching; *(titre)* catchy, eye-catching
**accroire** [akʀwaʀ] *vt*: **faire** *ou* **laisser ~ à qn qch/que** to give sb to believe sth/that
**accroîs** [akʀwa], **accroissais** *etc* [akʀwasɛ] *vb voir* **accroître**
**accroissement** [akʀwasmã] *nm* increase
**accroître** [akʀwatʀ(ə)] *vt*, **s'accroître** *vi* to increase
**accroupi, e** [akʀupi] *adj* squatting, crouching (down)
**accroupir** [akʀupiʀ]: **s'accroupir** *vi* to squat, crouch (down)
**accru, e** [akʀy] *pp de* **accroître**
**accu** [aky] *nm (fam: = accumulateur)* accumulator, battery
**accueil** [akœj] *nm* welcome; *(endroit)* reception (desk); *(: dans une gare)* information kiosk; **comité/centre d'~** reception committee/centre
**accueillant, e** [akœjã, -ãt] *adj* welcoming, friendly
**accueillir** [akœjiʀ] *vt* to welcome; *(loger)* to accommodate
**acculer** [akyle] *vt*: **~ qn à** *ou* **contre** to drive sb back against; **~ qn dans** to corner sb in; **~ qn à** *(faillite)* to drive sb to the brink of
**accumulateur** [akymylatœʀ] *nm* accumulator, battery
**accumulation** [akymylasjɔ̃] *nf* accumulation; **chauffage/radiateur à ~** (night-)storage heating/heater
**accumuler** [akymyle] *vt* to accumulate, amass; **s'accumuler** *vi* to accumulate; to pile up
**accusateur, -trice** [akyzatœʀ, -tʀis] *nm/f* accuser ▷ *adj* accusing; *(document, preuve)* incriminating
**accusatif** [akyzatif] *nm (Ling)* accusative
**accusation** [akyzasjɔ̃] *nf (gén)* accusation; *(Jur)* charge; *(partie)*: **l'~** the prosecution; **mettre en ~** to indict; **acte d'~** bill of indictment
**accusé, e** [akyze] *nm/f* accused; *(prévenu(e))* defendant ▷ *nm*: **~ de réception** acknowledgement of receipt
**accuser** [akyze] *vt* to accuse; *(fig)* to emphasize, bring out; *(: montrer)* to show; **s'accuser** *vi (s'accentuer)* to become more marked; **~ qn de** to accuse sb of; *(Jur)* to charge sb with; **~ qn/qch de qch** *(rendre responsable)* to blame sb/sth for sth; **s'~ de qch/d'avoir fait qch** to admit sth/ having done sth; to blame o.s. for sth/for having done sth; **~ réception de** to acknowledge receipt of; **~ le coup** *(aussi fig)* to be visibly affected
**acerbe** [asɛʀb(ə)] *adj* caustic, acid
**acéré, e** [asere] *adj* sharp
**acétate** [asetat] *nm* acetate
**acétique** [asetik] *adj*: **acide ~** acetic acid
**acétone** [asetɔn] *nf* acetone
**acétylène** [asetilɛn] *nm* acetylene

**ach.** *abr* = **achète**

**acharné, e** [aʃaʀne] *adj* (*lutte, adversaire*) fierce, bitter; (*travail*) relentless, unremitting

**acharnement** [aʃaʀnəmɑ̃] *nm* fierceness; relentlessness

**acharner** [aʃaʀne]: **s'acharner** *vi*: **s'~ sur** to go at fiercely, hound; **s'~ contre** to set o.s. against; to dog, pursue; (*malchance*) to hound; **s'~ à faire** to try doggedly to do; to persist in doing

**achat** [aʃa] *nm* buying *no pl*; (*article acheté*) purchase; **faire l'~ de** to buy, purchase; **faire des ~s** to do some shopping, buy a few things

**acheminement** [aʃminmɑ̃] *nm* conveyance

**acheminer** [aʃmine] *vt* (*courrier*) to forward, dispatch; (*troupes*) to convey, transport; (*train*) to route; **s'acheminer vers** to head for

**acheter** [aʃte] *vt* to buy, purchase; (*soudoyer*) to buy, bribe; **~ qch à** (*marchand*) to buy ou purchase sth from; (*ami etc: offrir*) to buy sth for; **~ à crédit** to buy on credit

**acheteur, -euse** [aʃtœʀ, -øz] *nm/f* buyer; shopper; (*Comm*) buyer; (*Jur*) vendee, purchaser

**achevé, e** [aʃve] *adj*: **d'un ridicule ~** thoroughly ou absolutely ridiculous; **d'un comique ~** absolutely hilarious

**achèvement** [aʃɛvmɑ̃] *nm* completion, finishing

**achever** [aʃve] *vt* to complete, finish; (*blessé*) to finish off; **s'achever** *vi* to end

**achoppement** [aʃɔpmɑ̃] *nm*: **pierre d'~** stumbling block

**acide** [asid] *adj* sour, sharp; (*ton*) acid, biting; (*Chimie*) acid(ic) ▷ *nm* acid

**acidifier** [asidifje] *vt* to acidify

**acidité** [asidite] *nf* sharpness; acidity

**acidulé, e** [asidyle] *adj* slightly acid; **bonbons ~s** acid drops (*Brit*), ≈ lemon drops (*US*)

**acier** [asje] *nm* steel; **~ inoxydable** stainless steel

**aciérie** [asjeʀi] *nf* steelworks *sg*

**acné** [akne] *nf* acne

**acolyte** [akɔlit] *nm* (*péj*) associate

**acompte** [akɔ̃t] *nm* deposit; (*versement régulier*) instalment; (*sur somme due*) payment on account; (*sur salaire*) advance; **un ~ de 10 euros** 10 euros on account

**acoquiner** [akɔkine]: **s'acoquiner avec** *vt* (*péj*) to team up with

**Açores** [asɔʀ] *nfpl*: **les ~** the Azores

**à-côté** [akote] *nm* side-issue; (*argent*) extra

**à-coup** [aku] *nm* (*du moteur*) (hic)cough; (*fig*) jolt; **sans ~** smoothly; **par ~s** by fits and starts

**acoustique** [akustik] *nf* (*d'une salle*) acoustics *pl*; (*science*) acoustics *sg* ▷ *adj* acoustic

**acquéreur** [akeʀœʀ] *nm* buyer, purchaser; **se porter/se rendre ~ de qch** to announce one's intention to purchase/to purchase sth

**acquérir** [akeʀiʀ] *vt* to acquire; (*par achat*) to purchase, acquire; (*valeur*) to gain; (*résultats*) to achieve; **ce que ses efforts lui ont acquis** what his efforts have won ou gained (for) him

**acquiers** *etc* [akjɛʀ] *vb voir* **acquérir**

**acquiescement** [akjɛsmɑ̃] *nm* acquiescence, agreement

**acquiescer** [akjese] *vi* (*opiner*) to agree; (*consentir*): **~ (à qch)** to acquiesce ou assent (to sth)

**acquis, e** [aki, -iz] *pp de* **acquérir** ▷ *nm* (accumulated) experience; (*avantage*) gain ▷ *adj* (*voir acquérir*) acquired; gained; achieved; **être ~ à** (*plan, idée*) to be in full agreement with; **son aide nous est ~e** we can count on ou be sure of his help; **tenir qch pour ~** to take sth for granted

**acquisition** [akizisjɔ̃] *nf* acquisition; (*achat*) purchase; **faire l'~ de** to acquire; to purchase

**acquit** [aki] *vb voir* **acquérir** ▷ *nm* (*quittance*) receipt; **pour ~** received; **par ~ de conscience** to set one's mind at rest

**acquittement** [akitmɑ̃] *nm* acquittal; payment, settlement

**acquitter** [akite] *vt* (*Jur*) to acquit; (*facture*) to pay, settle; **s'acquitter de** to discharge; (*promesse, tâche*) to fulfil (*Brit*), fulfill (*US*), carry out

**âcre** [ɑkʀ(ə)] *adj* acrid, pungent

**âcreté** [ɑkʀəte] *nf* acridness, pungency

**acrimonie** [akʀimɔni] *nf* acrimony

**acrobate** [akʀɔbat] *nm/f* acrobat

**acrobatie** [akʀɔbasi] *nf* (*art*) acrobatics *sg*; (*exercice*) acrobatic feat; **~ aérienne** aerobatics *sg*

**acrobatique** [akʀɔbatik] *adj* acrobatic

**acronyme** [akʀɔnim] *nm* acronym

**Acropole** [akʀɔpɔl] *nf*: **l'~** the Acropolis

**acrylique** [akʀilik] *adj*, *nm* acrylic

**acte** [akt(ə)] *nm* act, action; (*Théât*) act; **actes** *nmpl* (*compte-rendu*) proceedings; **prendre ~ de** to note, take note of; **faire ~ de présence** to put in an appearance; **faire ~ de candidature** to submit an application; **~ d'accusation** charge (*Brit*), bill of indictment; **~ de baptême** baptismal certificate; **~ de mariage/naissance** marriage/birth certificate; **~ de vente** bill of sale

**acteur** [aktœʀ] *nm* actor

**actif, -ive** [aktif, -iv] *adj* active ▷ *nm* (*Comm*) assets *pl*; (*Ling*) active (voice); **avoir à son ~** to have to one's credit; **actifs** *nmpl* people in employment; **mettre à son ~** to add to one's list of achievements; **~ toxique** toxic asset; **l'~ et le passif** assets and liabilities; **prendre une part active à qch** to take an active part in sth; **population active** working population

**action** [aksjɔ̃] *nf* (*gén*) action; (*Comm*) share; **une bonne/mauvaise ~** a good/an unkind deed; **mettre en ~** to put into action; **passer à l'~** to take action; **sous l'~ de** under the effect of; **l'~ syndicale** (the) union action; **un film d'~** an action film ou movie; **~ en diffamation** libel action; **~ de grâce(s)** (*Rel*) thanksgiving

**actionnaire** [aksjɔnɛʀ] *nm/f* shareholder

**actionner** [aksjɔne] *vt* to work; to activate; to operate

**active** [aktiv] *adj f voir* **actif**

**activement** [aktivmɑ̃] *adv* actively
**activer** [aktive] *vt* to speed up; (*Chimie*) to activate; **s'activer** *vi* (*s'affairer*) to bustle about; (*se hâter*) to hurry up
**activisme** [aktivism(ə)] *nm* activism
**activiste** [aktivist(ə)] *nm/f* activist
**activité** [aktivite] *nf* activity; **en ~** (*volcan*) active; (*fonctionnaire*) in active life; (*militaire*) on active service
**actrice** [aktʀis] *nf* actress
**actualiser** [aktɥalize] *vt* to actualize; (*mettre à jour*) to bring up to date
**actualité** [aktɥalite] *nf* (*d'un problème*) topicality; (*événements*): **l'~** current events; **les ~s** (*Ciné, TV*) the news; **l'~ politique/sportive** the political/ sports *ou* sporting news; **les ~s télévisées** the television news; **d'~** topical
**actuel, le** [aktɥɛl] *adj* (*présent*) present; (*d'actualité*) topical; (*non virtuel*) actual; **à l'heure ~le** at this moment in time, at the moment
**actuellement** [aktɥɛlmɑ̃] *adv* at present, at the present time
**acuité** [akɥite] *nf* acuteness
**acuponcteur, acupuncteur** [akypɔ̃ktœʀ] *nm* acupuncturist
**acuponcture, acupuncture** [akypɔ̃ktyʀ] *nf* acupuncture
**adage** [adaʒ] *nm* adage
**adagio** [ada(d)ʒjo] *adv, nm* adagio
**adaptable** [adaptabl(ə)] *adj* adaptable
**adaptateur, -trice** [adaptatœʀ, -tʀis] *nm/f* adapter
**adaptation** [adaptasjɔ̃] *nf* adaptation
**adapter** [adapte] *vt* to adapt; **s'adapter (à)** (*personne*) to adapt (to); (: *objet, prise etc*) to apply (to); **~ qch à** (*approprier*) to adapt sth to (fit); **~ qch sur/dans/à** (*fixer*) to fit sth on/into/to
**addenda** [adɛ̃da] *nm inv* addenda
**Addis-Ababa** [adisababa], **Addis-Abeba** [adisabəba] *n* Addis Ababa
**additif** [aditif] *nm* additional clause; (*substance*) additive; **~ alimentaire** food additive
**addition** [adisjɔ̃] *nf* addition; (*au café*) bill
**additionnel, le** [adisjɔnɛl] *adj* additional
**additionner** [adisjɔne] *vt* to add (up); **s'additionner** *vi* to add up; **~ un produit d'eau** to add water to a product
**adduction** [adyksjɔ̃] *nf* (*de gaz, d'eau*) conveyance
**adepte** [adɛpt(ə)] *nm/f* follower
**adéquat, e** [adekwa, -at] *adj* appropriate, suitable
**adéquation** [adekwasjɔ̃] *nf* appropriateness; (*Ling*) adequacy
**adhérence** [adeʀɑ̃s] *nf* adhesion
**adhérent, e** [adeʀɑ̃, -ɑ̃t] *nm/f* (*de club*) member
**adhérer** [adeʀe] *vi* (*coller*) to adhere, stick; **~ à** (*coller*) to adhere *ou* stick to; (*se rallier à: parti, club*) to join; to be a member of; (: *opinion, mouvement*) to support
**adhésif, -ive** [adezif, -iv] *adj* adhesive, sticky ▷ *nm* adhesive
**adhésion** [adezjɔ̃] *nf* (*à un club*) joining;

membership; (*à une opinion*) support
**ad hoc** [adɔk] *adj* ad hoc
**adieu, x** [adjø] *excl* goodbye ▷ *nm* farewell; **dire ~ à qn** to say goodbye *ou* farewell to sb; **dire ~ à qch** (*renoncer*) to say *ou* wave goodbye to sth
**adipeux, -euse** [adipø, -øz] *adj* bloated, fat; (*Anat*) adipose
**adjacent, e** [adʒasɑ̃, -ɑ̃t] *adj*: **~ (à)** adjacent (to)
**adjectif** [adʒɛktif] *nm* adjective; **~ attribut** adjectival complement; **~ épithète** attributive adjective
**adjectival, e, -aux** [adʒɛktival, -o] *adj* adjectival
**adjoignais** *etc* [adʒwaɲɛ] *vb voir* **adjoindre**
**adjoindre** [adʒwɛ̃dʀ] *vt*: **~ qch à** to attach sth to; (*ajouter*) to add sth to; **~ qn à** (*personne*) to appoint sb as an assistant to; (*comité*) to appoint sb to, attach sb to; **s'adjoindre** *vt* (*collaborateur etc*) to take on, appoint
**adjoint, e** [adʒwɛ̃, -wɛ̃t] *pp de* **adjoindre** ▷ *nm/f* assistant; **directeur ~** assistant manager
**adjonction** [adʒɔ̃ksjɔ̃] *nf* (*voir adjoindre*) attaching; addition; appointment
**adjudant** [adʒydɑ̃] *nm* (*Mil*) warrant officer; **~-chef** ≈ warrant officer 1st class (*Brit*), ≈ chief warrant officer (*US*)
**adjudicataire** [adʒydikatɛʀ] *nm/f* successful bidder, purchaser; (*pour travaux*) successful tenderer (*Brit*) *ou* bidder (*US*)
**adjudicateur, -trice** [adʒydikatœʀ, -tʀis] *nm/f* (*aux enchères*) seller
**adjudication** [adʒydikɑsjɔ̃] *nf* sale by auction; (*pour travaux*) invitation to tender (*Brit*) *ou* bid (*US*)
**adjuger** [adʒyʒe] *vt* (*prix, récompense*) to award; (*lors d'une vente*) to auction (off); **s'adjuger** *vt* to take for o.s.; **adjugé!** (*vendu*) gone!, sold!
**adjurer** [adʒyʀe] *vt*: **~ qn de faire** to implore *ou* beg sb to do
**adjuvant** [adʒyvɑ̃] *nm* (*médicament*) adjuvant; (*additif*) additive; (*stimulant*) stimulant
**admettre** [admɛtʀ(ə)] *vt* (*visiteur, nouveau-venu*) to admit, let in; (*candidat: Scol*) to pass; (*Tech: gaz, eau, air*) to admit; (*tolérer*) to allow, accept; (*reconnaître*) to admit, acknowledge; (*supposer*) to suppose; **j'admets que** ... I admit that ...; **je n'admets pas que tu fasses cela** I won't allow you to do that; **admettons que** ... let's suppose that ...; **admettons** let's suppose so
**administrateur, -trice** [administʀatœʀ, -tʀis] *nm/f* (*Comm*) director; (*Admin*) administrator; **~ délégué** managing director; **~ judiciaire** receiver
**administratif, -ive** [administʀatif, -iv] *adj* administrative ▷ *nm* person in administration
**administration** [administʀɑsjɔ̃] *nf* administration; **l'A~** ≈ the Civil Service
**administré, e** [administʀe] *nm/f* ≈ citizen
**administrer** [administʀe] *vt* (*firme*) to manage, run; (*biens, remède, sacrement etc*) to administer
**admirable** [admiʀabl(ə)] *adj* admirable, wonderful

**admirablement** [admiʀabləmɑ̃] *adv* admirably
**admirateur, -trice** [admiʀatœʀ, -tʀis] *nm/f* admirer
**admiratif, -ive** [admiʀatif, -iv] *adj* admiring
**admiration** [admiʀɑsjɔ̃] *nf* admiration; **être en ~ devant** to be lost in admiration before
**admirativement** [admiʀativmɑ̃] *adv* admiringly
**admirer** [admiʀe] *vt* to admire
**admis, e** [admi, -iz] *pp de* **admettre**
**admissibilité** [admisibilite] *nf* eligibility; admissibility, acceptability
**admissible** [admisibl(ə)] *adj* (*candidat*) eligible; (*comportement*) admissible, acceptable; (*Jur*) receivable
**admission** [admisjɔ̃] *nf* admission; **tuyau d'~** intake pipe; **demande d'~** application for membership; **service des ~s** admissions
**admonester** [admɔnɛste] *vt* to admonish
**ADN** *sigle m* (= *acide désoxyribonucléique*) DNA
**ado** [ado] *nm/f* (*fam*: = *adolescent(e)*) adolescent, teenager
**adolescence** [adɔlesɑ̃s] *nf* adolescence
**adolescent, e** [adɔlesɑ̃, -ɑ̃t] *nm/f* adolescent, teenager
**adonner** [adɔne]: **s'adonner à** *vt* (*sport*) to devote o.s. to; (*boisson*) to give o.s. over to
**adopter** [adɔpte] *vt* to adopt; (*projet de loi etc*) to pass
**adoptif, -ive** [adɔptif, -iv] *adj* (*parents*) adoptive; (*fils, patrie*) adopted
**adoption** [adɔpsjɔ̃] *nf* adoption; **son pays/sa ville d'~** his adopted country/town
**adorable** [adɔʀabl(ə)] *adj* adorable
**adoration** [adɔʀɑsjɔ̃] *nf* adoration; (*Rel*) worship; **être en ~ devant** to be lost in adoration before
**adorer** [adɔʀe] *vt* to adore; (*Rel*) to worship
**adosser** [adose] *vt*: **~ qch à** *ou* **contre** to stand sth against; **s'~ à** *ou* **contre** to lean with one's back against; **être adossé à** *ou* **contre** to be leaning with one's back against
**adoucir** [adusiʀ] *vt* (*goût, température*) to make milder; (*avec du sucre*) to sweeten; (*peau, voix, eau*) to soften; (*caractère, personne*) to mellow; (*peine*) to soothe, allay; **s'adoucir** *vi* to become milder; to soften; to mellow
**adoucissement** [adusismɑ̃] *nm* becoming milder; sweetening; softening; mellowing; soothing
**adoucisseur** [adusisœʀ] *nm*: **~ (d'eau)** water softener
**adr.** *abr* = **adresse; adresser**
**adrénaline** [adʀenalin] *nf* adrenaline
**adresse** [adʀɛs] *nf* (*voir adroit*) skill, dexterity; (*domicile, Inform*) address; **à l'~ de** (*pour*) for the benefit of
**adresser** [adʀese] *vt* (*lettre: expédier*) to send; (: *écrire l'adresse sur*) to address; (*injure, compliments*) to address; **~ qn à un docteur/bureau** *ou* send sb to a doctor/an office; **~ la parole à qn** to speak to *ou* address sb; **s'adresser à** (*parler à*)

to speak to, address; (*s'informer auprès de*) to go and see, go and speak to; (: *bureau*) to enquire at; (*livre, conseil*) to be aimed at
**Adriatique** [adʀijatik] *nf*: **l'~** the Adriatic
**adroit, e** [adʀwa, -wat] *adj* (*joueur, mécanicien*) skilful (*Brit*), skillful (*US*), dext(e)rous; (*politicien etc*) shrewd, skilled
**adroitement** [adʀwatmɑ̃] *adv* skilfully (*Brit*), skillfully (*US*), dext(e)rously; shrewdly
**AdS** *sigle f* = **Académie des Sciences**
**ADSL** *sigle m* (= *asymmetrical digital subscriber line*) ADSL; **avoir l'~** to have broadband
**aduler** [adyle] *vt* to adulate
**adulte** [adylt(ə)] *nm/f* adult, grown-up ▷ *adj* (*personne, attitude*) adult, grown-up; (*chien, arbre*) fully-grown, mature; **l'âge ~** adulthood; **formation/film pour ~s** adult training/film
**adultère** [adyltɛʀ] *adj* adulterous ▷ *nm/f* adulterer/adulteress ▷ *nm* (*acte*) adultery
**adultérin, e** [adylteʀɛ̃, -in] *adj* born of adultery
**advenir** [advəniʀ] *vi* to happen; **qu'est-il advenu de ...?** what has become of ...?; **quoi qu'il advienne** whatever befalls *ou* happens
**adventiste** [advɑ̃tist(ə)] *nm/f* (*Rel*) Adventist
**adverbe** [advɛʀb(ə)] *nm* adverb; **~ de manière** adverb of manner
**adverbial, e, -aux** [advɛʀbjal, -o] *adj* adverbial
**adversaire** [advɛʀsɛʀ] *nm/f* (*Sport, gén*) opponent, adversary; (*Mil*) adversary, enemy
**adverse** [advɛʀs(ə)] *adj* opposing
**adversité** [advɛʀsite] *nf* adversity
**AELE** *sigle f* (= *Association européenne de libre-échange*) EFTA (= *European Free Trade Association*)
**AEN** *sigle f* (= *Agence pour l'énergie nucléaire*) ≈ AEA = **Atomic Energy Authority**
**aérateur** [aeʀatœʀ] *nm* ventilator
**aération** [aeʀɑsjɔ̃] *nf* airing; (*circulation de l'air*) ventilation; **conduit d'~** ventilation shaft; **bouche d'~** air vent
**aéré, e** [aeʀe] *adj* (*pièce, local*) airy, well-ventilated; (*tissu*) loose-woven; **centre ~** outdoor centre
**aérer** [aeʀe] *vt* to air; (*fig*) to lighten; **s'aérer** *vi* to get some (fresh) air
**aérien, ne** [aeʀjɛ̃, -ɛn] *adj* (*Aviat*) air *cpd*, aerial; (*câble, métro*) overhead; (*fig*) light; **compagnie ~ne** airline (company); **ligne ~ne** airline
**aérobic** [aeʀɔbik] *nf* aerobics *sg*
**aérobie** [aeʀɔbi] *adj* aerobic
**aéro-club** [aeʀɔklœb] *nm* flying club
**aérodrome** [aeʀɔdʀɔm] *nm* airfield, aerodrome
**aérodynamique** [aeʀɔdinamik] *adj* aerodynamic, streamlined ▷ *nf* aerodynamics *sg*
**aérofrein** [aeʀɔfʀɛ̃] *nm* air brake
**aérogare** [aeʀɔgaʀ] *nf* airport (buildings); (*en ville*) air terminal
**aéroglisseur** [aeʀɔglisœʀ] *nm* hovercraft
**aérogramme** [aeʀɔgʀam] *nm* air letter, aerogram(me)
**aéromodélisme** [aeʀɔmɔdelism(ə)] *nm* model aircraft making

**aéronaute** [aeʀɔnot] *nm/f* aeronaut

**aéronautique** [aeʀɔnotik] *adj* aeronautical ▷ *nf* aeronautics *sg*

**aéronaval, e** [aeʀɔnaval] *adj* air and sea *cpd*

**Aéronavale** [aeʀɔnaval] *nf* ≈ Fleet Air Arm (Brit), ≈ Naval Air Force (US)

**aéronef** [aeʀɔnɛf] *nm* aircraft

**aérophagie** [aeʀɔfaʒi] *nf*: **il fait de l'~** he suffers from abdominal wind

**aéroport** [aeʀɔpɔʀ] *nm* airport; **~ d'embarquement** departure airport

**aéroporté, e** [aeʀɔpɔʀte] *adj* airborne, airlifted

**aéroportuaire** [aeʀɔpɔʀtɥɛʀ] *adj* of an *ou* the airport, airport *cpd*

**aéropostal, e, -aux** [aeʀɔpɔstal, -o] *adj* airmail *cpd*

**aérosol** [aeʀɔsɔl] *nm* aerosol

**aérospatial, e, -aux** [aeʀɔspasjal, -o] *adj* aerospace ▷ *nf* the aerospace industry

**aérostat** [aeʀɔsta] *nm* aerostat

**aérotrain** [aeʀɔtʀɛ̃] *nm* hovertrain

**AF** *sigle fpl* = **allocations familiales** ▷ *sigle f* (Suisse) = **Assemblée fédérale**

**AFAT** [afat] *sigle m* (= *Auxiliaire féminin de l'armée de terre*) member of the women's army

**affabilité** [afabilite] *nf* affability

**affable** [afabl(ə)] *adj* affable

**affabulateur, -trice** [afabylatœʀ, -tʀis] *nm/f* storyteller

**affabulation** [afabylɑsjɔ̃] *nf* invention, fantasy

**affabuler** [afabyle] *vi* to make up stories

**affacturage** [afaktyʀaʒ] *nm* factoring

**affadir** [afadiʀ] *vt* to make insipid *ou* tasteless

**affaiblir** [afebliʀ] *vt* to weaken; **s'affaiblir** *vi* to weaken, grow weaker; (*vue*) to grow dim

**affaiblissement** [afeblismɑ̃] *nm* weakening

**affaire** [afɛʀ] *nf* (*problème, question*) matter; (*criminelle, judiciaire*) case; (*scandaleuse etc*) affair; (*entreprise*) business; (*marché, transaction*) (business) deal, (piece of) business *no pl*; (*occasion intéressante*) good deal; **affaires** *nfpl* affairs; (*activité commerciale*) business *sg*; (*effets personnels*) things, belongings; **~s de sport** sports gear; **tirer qn/se tirer d'~** to get sb/o.s. out of trouble; **ceci fera l'~** this will do (nicely); **avoir ~ à** (*comme adversaire*) to be faced with; (*en contact*) to be dealing with; **tu auras ~ à moi!** (*menace*) you'll have me to contend with!; **c'est une ~ de goût/d'argent** it's a question *ou* matter of taste/money; **c'est l'~ d'une minute/heure** it'll only take a minute/an hour; **ce sont mes ~s** (*cela me concerne*) that's my business; **toutes ~s cessantes** forthwith; **les ~s étrangères** (Pol) foreign affairs

**affairé, e** [afeʀe] *adj* busy

**affairer** [afeʀe]: **s'affairer** *vi* to busy o.s., bustle about

**affairisme** [afeʀism(ə)] *nm* (political) racketeering

**affaissement** [afɛsmɑ̃] *nm* subsidence; collapse

**affaisser** [afese]: **s'affaisser** *vi* (*terrain, immeuble*) to subside, sink; (*personne*) to collapse

**affaler** [afale]: **s'affaler** *vi*: **s'~ dans/sur** to collapse *ou* slump into/onto

**affamé, e** [afame] *adj* starving, famished

**affamer** [afame] *vt* to starve

**affectation** [afɛktasjɔ̃] *nf* (*voir affecter*) allotment; appointment; posting; (*voir affecté*) affectedness

**affecté, e** [afɛkte] *adj* affected

**affecter** [afɛkte] *vt* (*émouvoir*) to affect, move; (*feindre*) to affect, feign; (*telle ou telle forme etc*) to take on, assume; **~ qch à** to allocate *ou* allot sth to; **~ qn à** to appoint sb to; (*diplomate*) to post sb to; **~ qch de** (*de coefficient*) to modify sth by

**affectif, -ive** [afɛktif, -iv] *adj* emotional, affective

**affection** [afɛksjɔ̃] *nf* affection; (*mal*) ailment; **avoir de l'~ pour** to feel affection for; **prendre en ~** to become fond of

**affectionner** [afɛksjone] *vt* to be fond of

**affectueusement** [afɛktɥøzmɑ̃] *adv* affectionately

**affectueux, -euse** [afɛktɥø, -øz] *adj* affectionate

**afférent, e** [aferɑ̃, -ɑ̃t] *adj*: **~ à** pertaining *ou* relating to

**affermir** [afɛʀmiʀ] *vt* to consolidate, strengthen

**affichage** [afiʃaʒ] *nm* billposting, billsticking; (*électronique*) display; **"~ interdit"** "stick no bills", "billsticking prohibited"; **~ à cristaux liquides** liquid crystal display, LCD; **~ numérique** *ou* **digital** digital display

**affiche** [afiʃ] *nf* poster; (*officielle*) (public) notice; (*Théât*) bill; **être à l'~** (*Théât*) to be on; **tenir l'~** to run

**afficher** [afiʃe] *vt* (*affiche*) to put up, post up; (*réunion*) to put up a notice about; (*électroniquement*) to display; (*fig*) to exhibit, display; **s'afficher** *vi* (*péj*) to flaunt o.s.; **"défense d'~"** "stick no bills"

**affichette** [afiʃɛt] *nf* small poster *ou* notice

**affilé, e** [afile] *adj* sharp

**affilée** [afile]: **d'~** *adv* at a stretch

**affiler** [afile] *vt* to sharpen

**affiliation** [afiljɑsjɔ̃] *nf* affiliation

**affilié, e** [afilje] *adj*: **être ~ à** to be affiliated to ▷ *nm/f* affiliated party *ou* member

**affilier** [afilje] *vt*: **s'affilier à** to become affiliated to

**affiner** [afine] *vt* to refine; **s'affiner** *vi* to become (more) refined

**affinité** [afinite] *nf* affinity

**affirmatif, -ive** [afiʀmatif, -iv] *adj* affirmative ▷ *nf*: **répondre par l'affirmative** to reply in the affirmative; **dans l'affirmative** (*si oui*) if (the answer is) yes ..., if he does (*ou* you do *etc*) ...

**affirmation** [afiʀmɑsjɔ̃] *nf* assertion

**affirmativement** [afiʀmativmɑ̃] *adv* affirmatively, in the affirmative

**affirmer** [afiʀme] *vt* (*prétendre*) to maintain, assert; (*autorité etc*) to assert; **s'affirmer** *vi* to assert o.s.; to assert itself

**affleurer** [aflœʀe] vi to show on the surface

**affliction** [afliksjɔ̃] nf affliction

**affligé, e** [afliʒe] adj distressed, grieved; **~ de** (maladie, tare) afflicted with

**affligeant, e** [afliʒɑ̃, -ɑ̃t] adj distressing

**affliger** [afliʒe] vt (peiner) to distress, grieve

**affluence** [aflyɑ̃s] nf crowds pl; **heures d'~** rush hour sg; **jours d'~** busiest days

**affluent** [aflyɑ̃] nm tributary

**affluer** [aflye] vi (secours, biens) to flood in, pour in; (sang) to rush, flow

**afflux** [afly] nm flood, influx; rush

**affolant, e** [afɔlɑ̃, -ɑ̃t] adj terrifying

**affolé, e** [afɔle] adj panic-stricken, panicky

**affolement** [afɔlmɑ̃] nm panic

**affoler** [afɔle] vt to throw into a panic; **s'affoler** vi to panic

**affranchir** [afʀɑ̃ʃiʀ] vt to put a stamp ou stamps on; (à la machine) to frank (Brit), meter (US); (esclave) to enfranchise, emancipate; (fig) to free, liberate; **s'affranchir de** to free o.s. from; **machine à ~** franking machine, postage meter

**affranchissement** [afʀɑ̃ʃismɑ̃] nm franking (Brit), metering (US); freeing; (Postes: prix payé) postage; **tarifs d'~** postage rates

**affres** [afʀ(ə)] nfpl: **dans les ~ de** in the throes of

**affréter** [afʀete] vt to charter

**affreusement** [afʀøzmɑ̃] adv dreadfully, awfully

**affreux, -euse** [afʀø, -øz] adj dreadful, awful

**affriolant, e** [afʀijɔlɑ̃, -ɑ̃t] adj tempting, enticing

**affront** [afʀɔ̃] nm affront

**affrontement** [afʀɔ̃tmɑ̃] nm (Mil, Pol) clash, confrontation

**affronter** [afʀɔ̃te] vt to confront, face; **s'affronter** to confront each other

**affubler** [afyble] vt (péj): **~ qn de** to rig ou deck sb out in; (surnom) to attach to sb

**affût** [afy] nm (de canon) gun carriage; **à l'~ (de)** (gibier) lying in wait (for); (fig) on the look-out (for)

**affûter** [afyte] vt to sharpen, grind

**afghan, e** [afgɑ̃, -an] adj Afghan

**Afghanistan** [afganistɑ̃] nm: **l'~** Afghanistan

**afin** [afɛ̃]: **~ que** conj so that, in order that; **~ de faire** in order to do, so as to do

**AFNOR** [afnɔʀ] sigle f (= Association française de normalisation) industrial standards authority

**a fortiori** [afɔʀsjɔʀi] adv all the more, a fortiori

**AFP** sigle f = **Agence France-Presse**

**AFPA** sigle f = **Association pour la formation professionnelle des adultes**

**africain, e** [afʀikɛ̃, -ɛn] adj African ▷ nm/f: **Africain, e** African

**afrikaans** [afʀikɑ̃] nm, adj inv Afrikaans

**Afrique** [afʀik] nf: **l'~** Africa; **l'~ australe/du Nord/du Sud** southern/North/South Africa

**afro** [afʀo] adj inv: **coupe ~** afro hairstyle ▷ nm/f: **Afro** Afro

**afro-américain, e** [afʀoameʀikɛ̃, -ɛn] adj Afro-American

**AG** sigle f = **assemblée générale**

**ag.** abr = **agence**

**agaçant, e** [agasɑ̃, -ɑ̃t] adj irritating, aggravating

**agacement** [agasmɑ̃] nm irritation, aggravation

**agacer** [agase] vt to pester, tease; (involontairement) to irritate, aggravate; (aguicher) to excite, lead on

**agapes** [agap] nfpl (humoristique: festin) feast

**agate** [agat] nf agate

**AGE** sigle f = **assemblée générale extraordinaire**

**âge** [aʒ] nm age; **quel ~ as-tu?** how old are you?; **une femme d'un certain ~** a middle-aged woman, a woman who is getting on (in years); **bien porter son ~** to wear well; **prendre de l'~** to be getting on (in years), grow older; **limite d'~** age limit; **dispense d'~** special exemption from age limit; **troisième ~** (période) retirement; (personnes âgées) senior citizens; **l'~ ingrat** the awkward ou difficult age; **~ légal** legal age; **~ mental** mental age; **l'~ mûr** maturity, middle age; **~ de raison** age of reason

**âgé, e** [aʒe] adj old, elderly; **~ de 10 ans** 10 years old

**agence** [aʒɑ̃s] nf agency, office; (succursale) branch; **~ immobilière** estate agent's (office) (Brit), real estate office (US); **~ matrimoniale** marriage bureau; **~ de placement** employment agency; **~ de publicité** advertising agency; **~ de voyages** travel agency

**agencé, e** [aʒɑ̃se] adj: **bien/mal ~** well/badly put together; well/badly laid out ou arranged

**agencement** [aʒɑ̃smɑ̃] nm putting together; arrangement, laying out

**agencer** [aʒɑ̃se] vt to put together; (local) to arrange, lay out

**agenda** [aʒɛ̃da] nm diary

**agenouiller** [aʒnuje]: **s'agenouiller** vi to kneel (down)

**agent** [aʒɑ̃] nm (aussi: **agent de police**) policeman; (Admin) official, officer; (fig: élément, facteur) agent; **~ d'assurances** insurance broker; **~ de change** stockbroker; **~ commercial** sales representative; **~ immobilier** estate agent (Brit), realtor (US); **~ (secret)** (secret) agent

**agglo** [aglo] nm (fam) = **aggloméré**

**agglomérat** [aglɔmeʀa] nm (Géo) agglomerate

**agglomération** [aglɔmeʀasjɔ̃] nf town; (Auto) built-up area; **l'~ parisienne** the urban area of Paris

**aggloméré** [aglɔmeʀe] nm (bois) chipboard; (pierre) conglomerate

**agglomérer** [aglɔmeʀe] vt to pile up; (Tech: bois, pierre) to compress; **s'agglomérer** vi to pile up

**agglutiner** [aglytine] vt to stick together; **s'agglutiner** vi to congregate

**aggravant, e** [agʀavɑ̃, -ɑ̃t] adj: **circonstances ~es** aggravating circumstances

**aggravation** [agʀavasjɔ̃] nf worsening, aggravation; increase

**aggraver** [agʀave] vt to worsen, aggravate; (Jur: peine) to increase; **s'aggraver** vi to worsen; ~ **son cas** to make one's case worse

**agile** [aʒil] adj agile, nimble

**agilement** [aʒilmɑ̃] adv nimbly

**agilité** [aʒilite] nf agility, nimbleness

**agio** [aʒjo] nm (bank) charges pl

**agir** [aʒiʀ] vi (se comporter) to behave, act; (faire quelque chose) to act, take action; (avoir de l'effet) to act; **il s'agit de** it's a matter ou question of; it is about; (il importe que): **il s'agit de faire** we (ou you etc) must do; **de quoi s'agit-il?** what is it about?

**agissements** [aʒismɑ̃] nmpl (gén péj) schemes, intrigues

**agitateur, -trice** [aʒitatœʀ, -tʀis] nm/f agitator

**agitation** [aʒitasjɔ̃] nf (hustle and) bustle; (trouble) agitation, excitement; (politique) unrest, agitation

**agité, e** [aʒite] adj (remuant) fidgety, restless; (troublé) agitated, perturbed; (journée) hectic; (mer) rough; (sommeil) disturbed, broken

**agiter** [aʒite] vt (bouteille, chiffon) to shake; (bras, mains) to wave; (préoccuper, exciter) to trouble, perturb; **s'agiter** vi to bustle about; (dormeur) to toss and turn; (enfant) to fidget; (Pol) to grow restless; **"~ avant l'emploi"** "shake before use"

**agneau, x** [aɲo] nm lamb; (toison) lambswool

**agnelet** [aɲlɛ] nm little lamb

**agnostique** [agnɔstik] adj, nm/f agnostic

**agonie** [agɔni] nf mortal agony, death pangs pl; (fig) death throes pl

**agonir** [agɔniʀ] vt: ~ **qn d'injures** to hurl abuse at sb

**agoniser** [agɔnize] vi to be dying; (fig) to be in its death throes

**agrafe** [agʀaf] nf (de vêtement) hook, fastener; (de bureau) staple; (Méd) clip

**agrafer** [agʀafe] vt to fasten; to staple

**agrafeuse** [agʀaføz] nf stapler

**agraire** [agʀɛʀ] adj agrarian; (mesure, surface) land cpd

**agrandir** [agʀɑ̃diʀ] vt (magasin, domaine) to extend, enlarge; (trou) to enlarge, make bigger; (Photo) to enlarge, blow up; **s'agrandir** vi to be extended; to be enlarged

**agrandissement** [agʀɑ̃dismɑ̃] nm extension; enlargement; (photographie) enlargement

**agrandisseur** [agʀɑ̃disœʀ] nm (Photo) enlarger

**agréable** [agʀeabl(ə)] adj pleasant, nice

**agréablement** [agʀeabləmɑ̃] adv pleasantly

**agréé, e** [agʀee] adj: **concessionnaire ~** registered dealer; **magasin ~** registered dealer('s)

**agréer** [agʀee] vt (requête) to accept; ~ **à** vt to please, suit; **veuillez ~ ...** (formule épistolaire) yours faithfully

**agrég** [agʀɛg] nf (fam) = **agrégation**

**agrégat** [agʀega] nm aggregate

**agrégation** [agʀegasjɔ̃] nf highest teaching diploma in France; see note

◉ **AGRÉGATION**
◉
◉ The agrégation, informally known as the
◉ "agrég", is a prestigious competitive
◉ examination for the recruitment of
◉ secondary school teachers in France. The
◉ number of candidates always far exceeds
◉ the number of vacant posts. Most teachers
◉ of 'classes préparatoires' and most
◉ university lecturers have passed the
◉ agrégation.

**agrégé, e** [agʀeʒe] nm/f holder of the agrégation

**agréger** [agʀeʒe]: **s'agréger** vi to aggregate

**agrément** [agʀemɑ̃] nm (accord) consent, approval; (attraits) charm, attractiveness; (plaisir) pleasure; **voyage d'~** pleasure trip

**agrémenter** [agʀemɑ̃te] vt: ~ **(de)** to embellish (with), adorn (with)

**agrès** [agʀɛ] nmpl (gymnastics) apparatus sg

**agresser** [agʀese] vt to attack

**agresseur** [agʀesœʀ] nm aggressor

**agressif, -ive** [agʀesif, -iv] adj aggressive

**agression** [agʀesjɔ̃] nf attack; (Pol, Mil, Psych) aggression

**agressivement** [agʀesivmɑ̃] adv aggressively

**agressivité** [agʀesivite] nf aggressiveness

**agreste** [agʀɛst(ə)] adj rustic

**agricole** [agʀikɔl] adj agricultural, farm cpd

**agriculteur, -trice** [agʀikyltœʀ, -tʀis] nm/f farmer

**agriculture** [agʀikyltyʀ] nf agriculture; farming

**agripper** [agʀipe] vt to grab, clutch; (pour arracher) to snatch, grab; **s'agripper à** to cling (on) to, clutch, grip

**agroalimentaire** [agʀɔalimɑ̃tɛʀ] adj farming cpd ▷ nm: **l'~** agribusiness

**agronome** [agʀɔnɔm] nm/f agronomist

**agronomie** [agʀɔnɔmi] nf agronomy

**agronomique** [agʀɔnɔmik] adj agronomic(al)

**agrumes** [agʀym] nmpl citrus fruit(s)

**aguerrir** [ageʀiʀ] vt to harden; **s'aguerrir (contre)** to become hardened (to)

**aguets** [agɛ]: **aux ~** adv: **être aux ~** to be on the look-out

**aguichant, e** [agiʃɑ̃, -ɑ̃t] adj enticing

**aguicher** [agiʃe] vt to entice

**aguicheur, -euse** [agiʃœʀ, -øz] adj enticing

**ah** [ɑ] excl ah!; **ah bon?** really?, is that so?; **ah mais ...** yes, but ...; **ah non!** oh no!

**ahuri, e** [ayʀi] adj (stupéfait) flabbergasted; (idiot) dim-witted

**ahurir** [ayʀiʀ] vt to stupefy, stagger

**ahurissant, e** [ayʀisɑ̃, -ɑ̃t] adj stupefying, staggering, mind-boggling

**ai** [e] vb voir **avoir**

**aide** [ɛd] nm/f assistant ▷ nf assistance, help; (secours financier) aid; **à l'~ de** with the help ou aid of; **aller à l'~ de qn** to go to sb's aid, go to help sb; **venir en ~ à qn** to help sb, come to sb's assistance; **appeler (qn) à l'~** to call for help (from sb); **à l'~!** help!; ~ **de camp** nm aide-de-camp; ~ **comptable** nm accountant's assistant; ~ **électricien** nm electrician's mate; ~ **familiale** nf mother's help, ≈ home help; ~ **judiciaire** nf legal aid; ~ **de laboratoire** nm/f laboratory assistant; ~ **ménagère** nf ≈ home help; ~ **sociale** nf (assistance) state aid; ~ **soignant, e** nm/f auxiliary nurse; ~ **technique** nf ≈ VSO (Brit), ≈ Peace Corps (US)

**aide-éducateur, -trice** [ɛdmedykatœʀ, tʀis] nm/f classroom assistant

**aide-mémoire** [ɛdmemwaʀ] nm inv (key facts) handbook

**aider** [ede] vt to help; ~ **à qch** to help (towards) sth; ~ **qn à faire qch** to help sb to do sth; **s'aider de** (se servir de) to use, make use of

**aide-soignant, e** [ɛdswanjɑ̃, ɑ̃t] nm/f auxiliary nurse

**aie** etc [ɛ] vb voir **avoir**

**aïe** [aj] excl ouch!

**AIEA** sigle f (= Agence internationale de l'énergie atomique) IAEA (= International Atomic Energy Agency)

**aïeul, e** [ajœl] nm/f grandparent, grandfather/ grandmother; (ancêtre) forebear

**aïeux** [ajø] nmpl grandparents; forebears, forefathers

**aigle** [ɛgl(ə)] nm eagle

**aiglefin** [ɛgləfɛ̃] nm = **églefin**

**aigre** [ɛgʀ(ə)] adj sour, sharp; (fig) sharp, cutting; **tourner à l'~** to turn sour

**aigre-doux, -douce** [ɛgʀədu, -dus] adj (fruit) bitter-sweet; (sauce) sweet and sour

**aigrefin** [ɛgʀəfɛ̃] nm swindler

**aigrelet, te** [ɛgʀəlɛ, -ɛt] adj (goût) sourish; (voix, son) sharpish

**aigrette** [ɛgʀɛt] nf (plume) feather

**aigreur** [ɛgʀœʀ] nf sourness; sharpness; ~s **d'estomac** heartburn sg

**aigri, e** [egʀi] adj embittered

**aigrir** [egʀiʀ] vt (personne) to embitter; (caractère) to sour; **s'aigrir** vi to become embittered; to sour; (lait etc) to turn sour

**aigu, ë** [egy] adj (objet, arête) sharp, pointed; (son, voix) high-pitched, shrill; (note) high(-pitched); (douleur, intelligence) acute, sharp

**aigue-marine** [ɛgmaʀin] (pl **aigues-marines**) nf aquamarine

**aiguillage** [egɥijaʒ] nm (Rail) points pl

**aiguille** [egɥij] nf needle; (de montre) hand; ~ **à tricoter** knitting needle

**aiguiller** [egɥije] vt (orienter) to direct; (Rail) to shunt

**aiguillette** [egɥijɛt] nf (Culin) aiguillette

**aiguilleur** [egɥijœʀ] nm: ~ **du ciel** air traffic controller

**aiguillon** [egɥijɔ̃] nm (d'abeille) sting; (fig) spur, stimulus

**aiguillonner** [egɥijɔne] vt to spur ou goad on

**aiguiser** [egize] vt to sharpen, grind; (fig) to stimulate; (: esprit) to sharpen; (: sens) to excite

**aiguisoir** [egizwaʀ] nm sharpener

**aïkido** [ajkido] nm aikido

**ail** [aj] nm garlic

**aile** [ɛl] nf wing; (de voiture) wing (Brit), fender (US); **battre de l'~** (fig) to be in a sorry state; **voler de ses propres ~s** to stand on one's own two feet; ~ **libre** hang-glider

**ailé, e** [ele] adj winged

**aileron** [ɛlʀɔ̃] nm (de requin) fin; (d'avion) aileron

**ailette** [ɛlɛt] nf (Tech) fin; (: de turbine) blade

**ailier** [elje] nm (Sport) winger

**aille** etc [aj] vb voir **aller**

**ailleurs** [ajœʀ] adv elsewhere, somewhere else; **partout/nulle part** ~ everywhere/nowhere else; **d'~** adv (du reste) moreover, besides; **par** ~ adv (d'autre part) moreover, furthermore

**ailloli** [ajɔli] nm garlic mayonnaise

**aimable** [ɛmabl(ə)] adj kind, nice; **vous êtes bien** ~ that's very nice ou kind of you, how kind (of you)!

**aimablement** [ɛmabləmɑ̃] adv kindly

**aimant¹** [ɛmɑ̃] nm magnet

**aimant², e** [ɛmɑ̃, -ɑ̃t] adj loving, affectionate

**aimanté, e** [ɛmɑ̃te] adj magnetic

**aimanter** [ɛmɑ̃te] vt to magnetize

**aimer** [eme] vt to love; (d'amitié, affection, par goût) to like; (souhait): **j'aimerais ...** I would like ...; **s'aimer** to love each other; to like each other; **je n'aime pas beaucoup Paul** I don't like Paul much, I don't care much for Paul; ~ **faire qch** to like doing sth, like to do sth; **aimeriez-vous que je vous accompagne?** would you like me to come with you?; **j'aimerais (bien) m'en aller** I should (really) like to go; **bien** ~ **qn/qch** to like sb/sth; **j'aime mieux Paul (que Pierre)** I prefer Paul (to Pierre); **j'aime mieux** ou **autant vous dire que** I may as well tell you that; **j'aimerais autant** ou **mieux y aller maintenant** I'd sooner ou rather go now; **j'aime assez aller au cinéma** I quite like going to the cinema

**aine** [ɛn] nf groin

**aîné, e** [ene] adj elder, older; (le plus âgé) eldest, oldest ▷ nm/f oldest child ou one, oldest boy ou son/girl ou daughter; **aînés** nmpl (fig: anciens) elders; **il est mon ~ (de 2 ans)** he's (2 years) older than me, he's (2 years) my senior

**aînesse** [enɛs] nf: **droit d'~** birthright

**ainsi** [ɛ̃si] adv (de cette façon) like this, in this way, thus; (ce faisant) thus ▷ conj thus, so; ~ **que** (comme) (just) as; (et aussi) as well as; **pour** ~ **dire** so to speak, as it were; ~ **donc** and so; ~ **soit-il** (Rel) so be it; **et** ~ **de suite** and so on (and so forth)

**aïoli** [ajɔli] nm = **ailloli**

**air** [ɛʀ] nm air; (mélodie) tune; (expression) look, air; (atmosphère, ambiance): **dans l'~** in the air (fig); **prendre de grands ~s (avec qn)** to give o.s. airs (with sb); **en l'~** (up) into the air; **tirer en l'~** to fire shots in the air; **paroles/menaces**

en l'~ idle words/threats; **prendre l'~** to get some (fresh) air; (*avion*) to take off; **avoir l'~ triste** to look *ou* seem sad; **avoir l'~ de qch** to look like sth; **avoir l'~ de faire** to look as though one is doing, appear to be doing; **courant d'~** draught (*Brit*), draft (*US*); **le grand ~** the open air; **mal de l'~** air-sickness; **tête en l'~** scatterbrain; **~ comprimé** compressed air; **~ conditionné** air-conditioning

**airbag** [ɛʀbag] *nm* airbag

**aire** [ɛʀ] *nf* (*zone, fig, Math*) area; (*nid*) eyrie (*Brit*), aerie (*US*); **~ d'atterrissage** landing strip; landing patch; **~ de jeu** play area; **~ de lancement** launching site; **~ de stationnement** parking area

**airelle** [ɛʀɛl] *nf* bilberry

**aisance** [ɛzɑ̃s] *nf* ease; (*Couture*) easing, freedom of movement; (*richesse*) affluence; **être dans l'~** to be well-off *ou* affluent

**aise** [ɛz] *nf* comfort ▷ *adj*: **être bien ~ de/que** to be delighted to/that; **aises** *nfpl*: **aimer ses ~s** to like one's (creature) comforts; **prendre ses ~s** to make o.s. comfortable; **frémir d'~** to shudder with pleasure; **être à l'~** *ou* **à son ~** to be comfortable; (*pas embarrassé*) to be at ease; (*financièrement*) to be comfortably off; **se mettre à l'~** to make o.s. comfortable; **être mal à l'~** *ou* **à son ~** to be uncomfortable; (*gêné*) to be ill at ease; **mettre qn à l'~** to put sb at his (*ou* her) ease; **mettre qn mal à l'~** to make sb feel ill at ease; **à votre ~** please yourself, just as you like; **en faire à son ~** to do as one likes; **en prendre à son ~ avec qch** to be free and easy with sth, do as one likes with sth

**aisé, e** [eze] *adj* easy; (*assez riche*) well-to-do, well-off

**aisément** [ezemɑ̃] *adv* easily

**aisselle** [ɛsɛl] *nf* armpit

**ait** [ɛ] *vb voir* **avoir**

**ajonc** [aʒɔ̃] *nm* gorse *no pl*

**ajouré, e** [aʒuʀe] *adj* openwork *cpd*

**ajournement** [aʒuʀnəmɑ̃] *nm* adjournment; deferment, postponement

**ajourner** [aʒuʀne] *vt* (*réunion*) to adjourn; (*décision*) to defer, postpone; (*candidat*) to refer; (*conscrit*) to defer

**ajout** [aʒu] *nm* addition; **merci pour l'~** thanks for the add

**ajouter** [aʒute] *vt* to add; **~ à** (*accroître*) to add to; **s'ajouter à** to add to; **~ que** to add that; **~ foi à** to lend *ou* give credence to

**ajustage** [aʒystaʒ] *nm* fitting

**ajusté, e** [aʒyste] *adj*: **bien ~** (*robe etc*) close-fitting

**ajustement** [aʒystəmɑ̃] *nm* adjustment

**ajuster** [aʒyste] *vt* (*régler*) to adjust; (*vêtement*) to alter; (*arranger*): **~ sa cravate** to adjust one's tie; (*coup de fusil*) to aim; (*cible*) to aim at; (*adapter*): **~ qch à** to fit sth to

**ajusteur** [aʒystœʀ] *nm* metal worker

**alaise** [alɛz] *nf* = **alèse**

**alambic** [alɑ̃bik] *nm* still

**alambiqué, e** [alɑ̃bike] *adj* convoluted, overcomplicated

**alangui, e** [alɑ̃gi] *adj* languid

**alanguir** [alɑ̃giʀ]: **s'alanguir** *vi* to grow languid

**alarmant, e** [alaʀmɑ̃, -ɑ̃t] *adj* alarming

**alarme** [alaʀm(ə)] *nf* alarm; **donner l'~** to give *ou* raise the alarm; **jeter l'~** to cause alarm

**alarmer** [alaʀme] *vt* to alarm; **s'alarmer** *vi* to become alarmed

**alarmiste** [alaʀmist(ə)] *adj* alarmist

**Alaska** [alaska] *nm*: **l'~** Alaska

**albanais, e** [albanɛ, -ɛz] *adj* Albanian ▷ *nm* (*Ling*) Albanian ▷ *nm/f*: **Albanais, e** Albanian

**Albanie** [albani] *nf*: **l'~** Albania

**albâtre** [albɑtʀ(ə)] *nm* alabaster

**albatros** [albatʀos] *nm* albatross

**albigeois, e** [albiʒwa, -waz] *adj* of *ou* from Albi

**albinos** [albinos] *nm/f* albino

**album** [albɔm] *nm* album; **~ à colorier** colouring book; **~ de timbres** stamp album

**albumen** [albymɛn] *nm* albumen

**albumine** [albymin] *nf* albumin; **avoir** *ou* **faire de l'~** to suffer from albuminuria

**alcalin, e** [alkalɛ̃, -in] *adj* alkaline

**alchimie** [alʃimi] *nf* alchemy

**alchimiste** [alʃimist(ə)] *nm* alchemist

**alcool** [alkɔl] *nm*: **l'~** alcohol; **un ~** a spirit, a brandy; **~ à brûler** methylated spirits (*Brit*), wood alcohol (*US*); **~ à 90°** surgical spirit; **~ de prune** *etc* plum *etc* brandy

**alcoolémie** [alkɔlemi] *nf* blood alcohol level

**alcoolique** [alkɔlik] *adj, nm/f* alcoholic

**alcoolisé, e** [alkɔlize] *adj* alcoholic

**alcoolisme** [alkɔlism(ə)] *nm* alcoholism

**alcootest®, alcotest®** [alkɔtɛst] *nm* (*objet*) Breathalyser®; (*test*) breath-test; **faire subir l'alco(o)test à qn** to Breathalyse® sb

**alcôve** [alkov] *nf* alcove, recess

**aléas** [alea] *nmpl* hazards

**aléatoire** [aleatwaʀ] *adj* uncertain; (*Inform, Statistique*) random

**alémanique** [alemanik] *adj*: **la Suisse ~** German-speaking Switzerland

**ALENA** [alena] *sigle m* (= *Accord de libre-échange nord américain*) NAFTA (= *North American Free Trade Agreement*)

**alentour** [alɑ̃tuʀ] *adv* around (about); **alentours** *nmpl* surroundings; **aux ~s de** in the vicinity *ou* neighbourhood of, around about; (*temps*) around about

**alerte** [alɛʀt(ə)] *adj* agile, nimble; (*style*) brisk, lively ▷ *nf* alert; warning; **donner l'~** to give the alert; **à la première ~** at the first sign of trouble *ou* danger; **à la bombe** bomb scare

**alerter** [alɛʀte] *vt* to alert

**alèse** [alɛz] *nf* (*drap*) undersheet, drawsheet

**aléser** [aleze] *vt* to ream

**alevin** [alvɛ̃] *nm* alevin, young fish

**alevinage** [alvinaʒ] *nm* fish farming

**Alexandrie** [alɛksɑ̃dʀi] *n* Alexandria

**alexandrin** [alɛksɑ̃dʀɛ̃] *nm* alexandrine

**alezan, e** [alzɑ̃, -an] *adj* chestnut

**algarade** [algaʀad] *nf* row, dispute
**algèbre** [alʒɛbʀ(ə)] *nf* algebra
**algébrique** [alʒebʀik] *adj* algebraic
**Alger** [alʒe] *n* Algiers
**Algérie** [alʒeʀi] *nf*: **l'~** Algeria
**algérien, ne** [alʒeʀjɛ̃, -ɛn] *adj* Algerian ▷ *nm/f*:
  **Algérien, ne** Algerian
**algérois, e** [alʒeʀwa, -waz] *adj* of *ou* from
  Algiers ▷ *nm*: **l'A~** (*région*) the Algiers region
**algorithme** [algɔʀitm(ə)] *nm* algorithm
**algue** [alg(ə)] *nf* seaweed *no pl*
**alias** [aljas] *adv* alias
**alibi** [alibi] *nm* alibi
**aliénation** [aljenasjɔ̃] *nf* alienation
**aliéné, e** [aljene] *nm/f* insane person, lunatic
  (*péj*)
**aliéner** [aljene] *vt* to alienate; (*bien, liberté*) to
  give up; **s'aliéner** *vt* to alienate
**alignement** [aliɲmã] *nm* alignment, lining up;
  **à l'~** in line
**aligner** [aliɲe] *vt* to align, line up; (*idées, chiffres*)
  to string together; (*adapter*): **~ qch sur** to bring
  sth into alignment with; **s'aligner** *vi* (*soldats
  etc*) to line up; **s'~ sur** (*Pol*) to align o.s. with
**aliment** [alimã] *nm* food; **~ complet** whole food
**alimentaire** [alimãtɛʀ] *adj* food *cpd*; (*péj: besogne*)
  done merely to earn a living; **produits ~s**
  foodstuffs, foods
**alimentation** [alimãtasjɔ̃] *nf* feeding;
  supplying, supply; (*commerce*) food trade;
  (*produits*) groceries *pl*; (*régime*) diet; (*Inform*) feed;
  **~ (générale)** (general) grocer's; **~ de base**
  staple diet; **~ en feuilles/en continu/en
  papier** form/stream/sheet feed
**alimenter** [alimãte] *vt* to feed; (*Tech*): **~ (en)** to
  supply (with), feed (with); (*fig*) to sustain, keep
  going
**alinéa** [alinea] *nm* paragraph; **"nouvel ~"** "new
  line"
**aliter** [alite]: **s'aliter** *vi* to take to one's bed;
  **infirme alité** bedridden person *ou* invalid
**alizé** [alize] *adj, nm*: (**vent**) **~** trade wind
**allaitement** [alɛtmã] *nm* feeding; **~ maternel/
  au biberon** breast-/bottle-feeding; **~ mixte**
  mixed feeding
**allaiter** [alete] *vt* (*femme*) to (breast-)feed, nurse;
  (*animal*) to suckle; **~ au biberon** to bottle-feed
**allant** [alã] *nm* drive, go
**alléchant, e** [aleʃã, -ãt] *adj* tempting, enticing
**allécher** [aleʃe] *vt*: **~ qn** to make sb's mouth
  water; to tempt sb, entice sb
**allée** [ale] *nf* (*de jardin*) path; (*en ville*) avenue,
  drive; **~s et venues** comings and goings
**allégation** [alegasjɔ̃] *nf* allegation
**allégé, e** [aleʒe] *adj* (*yaourt etc*) low-fat
**alléger** [aleʒe] *vt* (*voiture*) to make lighter;
  (*chargement*) to lighten; (*souffrance*) to alleviate,
  soothe
**allégorie** [alegɔʀi] *nf* allegory
**allégorique** [alegɔʀik] *adj* allegorical
**allègre** [alɛgʀ(ə)] *adj* lively, jaunty (*Brit*);
  (*personne*) gay, cheerful

**allégresse** [alegʀɛs] *nf* elation, gaiety
**allegretto** [al(l)egʀɛt(t)o] *adv, nm* allegretto
**allegro** [al(l)egʀo] *adv, nm* allegro
**alléguer** [alege] *vt* to put forward (as proof *ou* an
  excuse)
**Allemagne** [aləmaɲ] *nf*: **l'~** Germany; **l'~ de
  l'Est/Ouest** East/West Germany; **l'~ fédérale
  (RFA)** the Federal Republic of Germany (FRG)
**allemand, e** [almã, -ãd] *adj* German ▷ *nm* (*Ling*)
  German ▷ *nm/f*: **Allemand, e** German; **A~ de
  l'Est/l'Ouest** East/West German
**aller** [ale] *nm* (*trajet*) outward journey; (*billet*): **~
  (simple)** single (*Brit*) *ou* one-way ticket; **~ (et)
  retour (AR)** (*trajet*) return trip *ou* journey (*Brit*),
  round trip (*US*); (*billet*) return (*Brit*) *ou* round-
  trip (*US*) ticket ▷ *vi* (*gén*) to go; **~ à** (*convenir*) to
  suit; (*forme, pointure etc*) to fit; **cela me va**
  (*couleur*) that suits me; (*vêtement*) that suits me;
  that fits me; (*projet, disposition*) that suits me,
  that's fine *ou* OK by me; **~ à la chasse/pêche** to
  go hunting/fishing; **~ avec** (*couleurs, style etc*) to
  go (well) with; **je vais le faire/me fâcher** I'm
  going to do it/to get angry; **~ voir/chercher qn**
  to go and see/look for sb; **comment allez-
  vous?** how are you?; **comment ça va?** how are
  you?; (*affaires etc*) how are things?; **ça va?** how are
  (**ça va**)! how are things? — fine!; **pour ~ à** how
  do I get to; **ça va (comme ça)** that's fine (as it
  is); **il va bien/mal** he's well/ not well, he's fine/
  ill; **ça va bien/mal** (*affaires etc*) it's going well/
  not going well; **tout va bien** everything's fine;
  **ça ne va pas!** (*mauvaise humeur etc*) that's not on!,
  hey, come on!; **ça ne va pas sans difficultés**
  it's not without difficulties; **~ mieux** to be
  better; **il y va de leur vie** their lives are at
  stake; **se laisser ~** to let o.s. go; **s'en aller** *vi*
  (*partir*) to be off, go, leave; (*disparaître*) to go away;
  **~ jusqu'à** to go as far as; **ça va de soi, ça va
  sans dire** that goes without saying; **tu y vas
  un peu fort** you're going a bit (too) far; **allez!**
  go on!; come on!; **allons-y!** let's go!; **allez, au
  revoir!** right *ou* OK then, bye-bye!
**allergène** [alɛʀʒɛn] *nm* allergen
**allergie** [alɛʀʒi] *nf* allergy
**allergique** [alɛʀʒik] *adj* allergic; **~ à** allergic to
**allez** [ale] *vb voir* **aller**
**alliage** [aljaʒ] *nm* alloy
**alliance** [aljãs] *nf* (*Mil, Pol*) alliance; (*mariage*)
  marriage; (*bague*) wedding ring; **neveu par ~**
  nephew by marriage
**allié, e** [alje] *nm/f* ally; **parents et ~s** relatives
  and relatives by marriage
**allier** [alje] *vt* (*métaux*) to alloy; (*Pol, gén*) to ally;
  (*fig*) to combine; **s'allier** *vi* to become allies;
  (*éléments, caractéristiques*) to combine; **s'~ à** to
  become allied to *ou* with
**alligator** [aligatɔʀ] *nm* alligator
**allitération** [aliteʀasjɔ̃] *nf* alliteration
**allô** [alo] *excl* hullo, hallo
**allocataire** [alɔkatɛʀ] *nm/f* beneficiary
**allocation** [alɔkasjɔ̃] *nf* allowance; **~ (de)
  chômage** unemployment benefit; **~ (de)**

**logement** rent allowance; **~s familiales** ≈ child benefit *no pl*; **~s de maternité** maternity allowance

**allocution** [alɔkysjɔ̃] *nf* short speech

**allongé, e** [alɔ̃ʒe] *adj* (*étendu*): **être ~** to be stretched out *ou* lying down; (*long*) long; (*étiré*) elongated; (*oblong*) oblong; **rester ~** to be lying down; **mine ~e** long face

**allonger** [alɔ̃ʒe] *vt* to lengthen, make longer; (*étendre: bras, jambe*) to stretch (out); (*sauce*) to spin out, make go further; **s'allonger** *vi* to get longer; (*se coucher*) to lie down, stretch out; **~ le pas** to hasten one's step(s)

**allouer** [alwe] *vt*: **~ qch à** to allocate sth to, allot sth to

**allumage** [alymaʒ] *nm* (*Auto*) ignition

**allume-cigare** [alymsigaʀ] *nm inv* cigar lighter

**allume-gaz** [alymɡaz] *nm inv* gas lighter

**allumer** [alyme] *vt* (*lampe, phare, radio*) to put *ou* switch on; (*pièce*) to put *ou* switch the light(s) on in; (*feu, bougie, cigare, pipe, gaz*) to light; (*chauffage*) to put on; **s'allumer** *vi* (*lumière, lampe*) to come *ou* go on; **~ (la lumière** *ou* **l'électricité)** to put on the light

**allumette** [alymɛt] *nf* match; (*morceau de bois*) matchstick; (*Culin*): **~ au fromage** cheese straw; **~ de sûreté** safety match

**allumeuse** [alymøz] *nf* (*péj*) tease (*woman*)

**allure** [alyʀ] *nf* (*vitesse*) speed; (: *à pied*) pace; (*démarche*) walk; (*maintien*) bearing; (*aspect, air*) look; **avoir de l'~** to have style *ou* a certain elegance; **à toute ~** at top *ou* full speed

**allusion** [alyzjɔ̃] *nf* allusion; (*sous-entendu*) hint; **faire ~ à** to allude *ou* refer to; to hint at

**alluvions** [alyvjɔ̃] *nfpl* alluvial deposits, alluvium *sg*

**almanach** [almana] *nm* almanac

**aloès** [alɔɛs] *nm* (*Bot*) aloe

**aloi** [alwa] *nm*: **de bon/mauvais ~** of genuine/doubtful worth *ou* quality

⭕ **MOT-CLÉ**

**alors** [alɔʀ] *adv* **1** (*à ce moment-là*) then, at that time; **il habitait alors à Paris** he lived in Paris at that time; **jusqu'alors** up till *ou* until then
**2** (*par conséquent*) then; **tu as fini? alors je m'en vais** have you finished? I'm going then
**3** (*expressions*): **alors? quoi de neuf?** well *ou* so? what's new?; **et alors?** so (what)?; **ça alors!** (well) really!

▷ *conj*: **alors que 1** (*au moment où*) when, as; **il est arrivé alors que je partais** he arrived as I was leaving
**2** (*pendant que*) while, when; **alors qu'il était à Paris, il a visité ...** while *ou* when he was in Paris, he visited ...
**3** (*tandis que*) whereas, while; **alors que son frère travaillait dur, lui se reposait** while his brother was working hard, HE would rest

**alouette** [alwɛt] *nf* (sky)lark

**alourdir** [aluʀdiʀ] *vt* to weigh down, make heavy; **s'alourdir** *vi* to grow heavy *ou* heavier

**aloyau** [alwajo] *nm* sirloin

**alpaga** [alpaga] *nm* (*tissu*) alpaca

**alpage** [alpaʒ] *nm* high mountain pasture

**Alpes** [alp(ə)] *nfpl*: **les ~** the Alps

**alpestre** [alpɛstʀ(ə)] *adj* alpine

**alphabet** [alfabɛ] *nm* alphabet; (*livre*) ABC (book), primer

**alphabétique** [alfabetik] *adj* alphabetic(al); **par ordre ~** in alphabetical order

**alphabétisation** [alfabetizasjɔ̃] *nf* literacy teaching

**alphabétiser** [alfabetize] *vt* to teach to read and write; (*pays*) to eliminate illiteracy in

**alphanumérique** [alfanymeʀik] *adj* alphanumeric

**alpin, e** [alpɛ̃, -in] *adj* (*plante etc*) alpine; (*club*) climbing

**alpinisme** [alpinism(ə)] *nm* mountaineering, climbing

**alpiniste** [alpinist(ə)] *nm/f* mountaineer, climber

**Alsace** [alzas] *nf*: **l'~** Alsace

**alsacien, ne** [alzasjɛ̃, -ɛn] *adj* Alsatian

**altercation** [altɛʀkasjɔ̃] *nf* altercation

**alter ego** [altɛʀego] *nm* alter ego

**altérer** [alteʀe] *vt* (*faits, vérité*) to falsify, distort; (*qualité*) to debase, impair; (*données*) to corrupt; (*donner soif à*) to make thirsty; **s'altérer** *vi* to deteriorate; to spoil

**altermondialisme** [altɛʀmɔ̃djalism] *nm* anti-globalism

**altermondialiste** [altɛʀmɔ̃djalist] *adj, nm/f* anti-globalist

**alternance** [altɛʀnɑ̃s] *nf* alternation; **en ~** alternately; **formation en ~** sandwich course

**alternateur** [altɛʀnatœʀ] *nm* alternator

**alternatif, -ive** [altɛʀnatif, -iv] *adj* alternating ▷ *nf* alternative

**alternativement** [altɛʀnativmɑ̃] *adv* alternately

**alterner** [altɛʀne] *vt* to alternate ▷ *vi*: **~ (avec)** to alternate (with); **(faire) ~ qch avec qch** to alternate sth with sth

**Altesse** [altɛs] *nf* Highness

**altier, -ière** [altje, -jɛʀ] *adj* haughty

**altimètre** [altimɛtʀ(ə)] *nm* altimeter

**altiport** [altipɔʀ] *nm* mountain airfield

**altiste** [altist(ə)] *nm/f* viola player, violist

**altitude** [altityd] *nf* altitude, height; **à 1000 m d'~** at a height *ou* an altitude of 1000 m; **en ~** at high altitudes; **perdre/prendre de l'~** to lose/gain height; **voler à haute/basse ~** to fly at a high/low altitude

**alto** [alto] *nm* (*instrument*) viola ▷ *nf* (contr)alto

**altruisme** [altʀɥism(ə)] *nm* altruism

**altruiste** [altʀɥist(ə)] *adj* altruistic

**aluminium** [alyminjɔm] *nm* aluminium (*Brit*), aluminum (*US*)

**alun** [alœ̃] *nm* alum

**alunir** [alyniʀ] *vi* to land on the moon

**alunissage** [alynisaʒ] *nm* (moon) landing
**alvéole** [alveɔl] *nm ou f* (*de ruche*) alveolus
**alvéolé, e** [alveɔle] *adj* honeycombed
**AM** *sigle f* = **assurance maladie**
**amabilité** [amabilite] *nf* kindness; **il a eu l'~ de**
he was kind *ou* good enough to
**amadou** [amadu] *nm* touchwood, amadou
**amadouer** [amadwe] *vt* to coax, cajole; (*adoucir*)
to mollify, soothe
**amaigrir** [amegʀiʀ] *vt* to make thin *ou* thinner
**amaigrissant, e** [amegʀisã, -ãt] *adj*: **régime ~**
slimming (*Brit*) *ou* weight-reduction (*US*) diet
**amalgame** [amalgam] *nm* amalgam; (*fig: de
gens, d'idées*) hotch-potch, mixture
**amalgamer** [amalgame] *vt* to amalgamate
**amande** [amãd] *nf* (*de l'amandier*) almond; (*de
noyau de fruit*) kernel; **en ~** (*yeux*) almond *cpd*,
almond-shaped
**amandier** [amãdje] *nm* almond (tree)
**amanite** [amanit] *nf* (*Bot*) *mushroom of the genus
Amanita*; **~ tue-mouches** fly agaric
**amant** [amã] *nm* lover
**amarre** [amaʀ] *nf* (*Navig*) (mooring) rope *ou* line;
**amarres** *nfpl* moorings
**amarrer** [amaʀe] *vt* (*Navig*) to moor; (*gén*) to
make fast
**amaryllis** [amaʀilis] *nf* amaryllis
**amas** [amɑ] *nm* heap, pile
**amasser** [amɑse] *vt* to amass; **s'amasser** *vi* to
pile up, accumulate; (*foule*) to gather
**amateur** [amatœʀ] *nm* amateur; **en ~** (*péj*)
amateurishly; **musicien/sportif ~** amateur
musician/sportsman; **~ de musique/sport** *etc*
music/sport *etc* lover
**amateurisme** [amatœʀism(ə)] *nm*
amateurism; (*péj*) amateurishness
**Amazone** [amazon] *nf*: **l'~** the Amazon
**amazone** [amazon] *nf* horsewoman; **en ~** sidesaddle
**Amazonie** [amazɔni] *nf*: **l'~** Amazonia
**ambages** [ãbaʒ]: **sans ~** *adv* without beating
about the bush, plainly
**ambassade** [ãbasad] *nf* embassy; (*mission*): **en ~**
on a mission
**ambassadeur, -drice** [ãbasadœʀ, -dʀis] *nm/f*
ambassador/ambassadress
**ambiance** [ãbjãs] *nf* atmosphere; **il y a de l'~**
everyone's having a good time
**ambiant, e** [ãbjã, -ãt] *adj* (*air, milieu*)
surrounding; (*température*) ambient
**ambidextre** [ãbidɛkstʀ(ə)] *adj* ambidextrous
**ambigu, ë** [ãbigy] *adj* ambiguous
**ambiguïté** [ãbigɥite] *nf* ambiguousness *no pl*,
ambiguity
**ambitieux, -euse** [ãbisjø, -øz] *adj* ambitious
**ambition** [ãbisjɔ̃] *nf* ambition
**ambitionner** [ãbisjɔne] *vt* to have as one's aim
*ou* ambition
**ambivalent, e** [ãbivalã, -ãt] *adj* ambivalent
**amble** [ãbl(ə)] *nm*: **aller l'~** to amble
**ambre** [ãbʀ(ə)] *nm*: **~ (jaune)** amber; **~ gris**
ambergris

**ambré, e** [ãbʀe] *adj* (*couleur*) amber; (*parfum*)
ambergris-scented
**ambulance** [ãbylãs] *nf* ambulance
**ambulancier, -ière** [ãbylãsje, -jɛʀ] *nm/f*
ambulanceman/woman (*Brit*), paramedic (*US*)
**ambulant, e** [ãbylã, -ãt] *adj* travelling,
itinerant
**âme** [am] *nf* soul; **rendre l'~** to give up the
ghost; **bonne ~** (*aussi ironique*) kind soul; **un
joueur/tricheur dans l'~** a gambler/cheat
through and through; **~ sœur** kindred spirit
**amélioration** [ameljɔʀasjɔ̃] *nf* improvement
**améliorer** [ameljɔʀe] *vt* to improve;
**s'améliorer** *vi* to improve, get better
**aménagement** [amenaʒmã] *nm* fitting out;
laying out; development; **aménagements** *nmpl*
developments; **l'~ du territoire** ≈ town and
country planning; **~s fiscaux** tax adjustments
**aménager** [amenaʒe] *vt* (*agencer: espace, local*) to
fit out; (: *terrain*) to lay out; (: *quartier, territoire*) to
develop; (*installer*) to fix up, put in; **ferme
aménagée** converted farmhouse
**amende** [amãd] *nf* fine; **mettre à l'~** to
penalize; **faire ~ honorable** to make amends
**amendement** [amãdmã] *nm* (*Jur*) amendment
**amender** [amãde] *vt* (*loi*) to amend; (*terre*) to
enrich; **s'amender** *vi* to mend one's ways
**amène** [amɛn] *adj* affable; **peu ~** unkind
**amener** [amne] *vt* to bring; (*causer*) to bring
about; (*baisser: drapeau, voiles*) to strike; **s'amener**
*vi* (*fam*) to show up, turn up; **~ qn à qch/à faire**
to lead sb to sth/to do
**amenuiser** [amənɥize]: **s'amenuiser** *vi* to
dwindle; (*chances*) to grow slimmer, lessen
**amer, amère** [amɛʀ] *adj* bitter
**amèrement** [amɛʀmã] *adv* bitterly
**américain, e** [ameʀikɛ̃, -ɛn] *adj* American ▷ *nm*
(*Ling*) American (English) ▷ *nm/f*: **Américain, e**
American; **en vedette ~e** as a special guest
(star)
**américaniser** [ameʀikanize] *vt* to Americanize
**américanisme** [ameʀikanism(ə)] *nm*
Americanism
**amérindien, ne** [ameʀɛ̃djɛ̃, -ɛn] *adj*
Amerindian, American Indian
**Amérique** [ameʀik] *nf* America; **l'~ centrale**
Central America; **l'~ latine** Latin America; **l'~
du Nord** North America; **l'~ du Sud** South
America
**Amerloque** [amɛʀlɔk] *nm/f* (*fam*) Yank, Yankee
**amerrir** [ameʀiʀ] *vi* to land (on the sea); (*capsule
spatiale*) to splash down
**amerrissage** [ameʀisaʒ] *nm* landing (on the
sea); splash-down
**amertume** [amɛʀtym] *nf* bitterness
**améthyste** [ametist(ə)] *nf* amethyst
**ameublement** [amœbləmã] *nm* furnishing;
(*meubles*) furniture; **articles d'~** furnishings;
**tissus d'~** soft furnishings, furnishing fabrics
**ameuter** [amøte] *vt* (*badauds*) to draw a crowd
of; (*peuple*) to rouse, stir up
**ami, e** [ami] *nm/f* friend; (*amant/maîtresse*)

boyfriend/girlfriend ▷ *adj*: **pays/groupe ~** friendly country/group; **être (très) ~ avec qn** to be (very) friendly with sb; **être ~ de l'ordre** to be a lover of order; **un ~ des arts** a patron of the arts; **un ~ des chiens** a dog lover; **petit ~/ petite ~e** *(fam)* boyfriend/girlfriend

**amiable** [amjabl(ə)]: **à l'~** *adv* (*Jur*) out of court; (*gén*) amicably

**amiante** [amjɑ̃t] *nm* asbestos

**amibe** [amib] *nf* amoeba

**amical, e, -aux** [amikal, -o] *adj* friendly ▷ *nf* (*club*) association

**amicalement** [amikalmɑ̃] *adv* in a friendly way; (*formule épistolaire*) regards

**amidon** [amidɔ̃] *nm* starch

**amidonner** [amidɔne] *vt* to starch

**amincir** [amɛ̃siʀ] *vt* (*objet*) to thin (down); **s'amincir** *vi* to get thinner *ou* slimmer; **~ qn** to make sb thinner *ou* slimmer

**amincissant, e** [amɛ̃sisɑ̃, -ɑ̃t] *adj* slimming

**aminé, e** [amine] *adj*: **acide ~** amino acid

**amiral, -aux** [amiʀal, -o] *nm* admiral

**amirauté** [amiʀote] *nf* admiralty

**amitié** [amitje] *nf* friendship; **prendre en ~** to take a liking to; **faire** *ou* **présenter ses ~s à qn** to send sb one's best wishes; **~s** (*formule épistolaire*) (with) best wishes

**ammoniac** [amɔnjak] *nm*: (*gaz*) **~** ammonia

**ammoniaque** [amɔnjak] *nf* ammonia (water)

**amnésie** [amnezi] *nf* amnesia

**amnésique** [amnezik] *adj* amnesic

**Amnesty International** [amnɛsti-] *n* Amnesty International

**amniocentèse** [amnjosɛ̃tɛz] *nf* amniocentesis

**amnistie** [amnisti] *nf* amnesty

**amnistier** [amnistje] *vt* to amnesty

**amocher** [amɔʃe] *vt* (*fam*) to mess up

**amoindrir** [amwɛ̃dʀiʀ] *vt* to reduce

**amollir** [amɔliʀ] *vt* to soften

**amonceler** [amɔ̃sle] *vt*: **s'amonceler** to pile *ou* heap up; (*fig*) to accumulate

**amoncellement** [amɔ̃sɛlmɑ̃] *nm* piling *ou* heaping up; accumulation; (*tas*) pile, heap; accumulation

**amont** [amɔ̃]: **en ~** *adv* upstream; (*sur une pente*) uphill; **en ~ de** *prép* upstream from; uphill from, above

**amoral, e, -aux** [amɔʀal, -o] *adj* amoral

**amorce** [amɔʀs(ə)] *nf* (*sur un hameçon*) bait; (*explosif*) cap; (*tube*) primer; (: *contenu*) priming; (*fig: début*) beginning(s), start

**amorcer** [amɔʀse] *vt* to bait; to prime; (*commencer*) to begin, start

**amorphe** [amɔʀf(ə)] *adj* passive, lifeless

**amortir** [amɔʀtiʀ] *vt* (*atténuer: choc*) to absorb, cushion; (*bruit, douleur*) to deaden; (*Comm: dette*) to pay off, amortize; (: *mise de fonds, matériel*) to write off; **~ un abonnement** to make a season ticket pay (for itself)

**amortissable** [amɔʀtisabl(ə)] *adj* (*Comm*) that can be paid off

**amortissement** [amɔʀtismɑ̃] *nm* (*de matériel*)

writing off; (*d'une dette*) paying off

**amortisseur** [amɔʀtisœʀ] *nm* shock absorber

**amour** [amuʀ] *nm* love; (*liaison*) love affair, love; (*statuette etc*) cupid; **un ~ de** a lovely little; **faire l'~** to make love

**amouracher** [amuʀaʃe]: **s'amouracher de** *vt* (*péj*) to become infatuated with

**amourette** [amuʀɛt] *nf* passing fancy

**amoureusement** [amuʀøzmɑ̃] *adv* lovingly

**amoureux, -euse** [amuʀø, -øz] *adj* (*regard, tempérament*) amorous; (*vie, problèmes*) love *cpd*; (*personne*): **~ (de qn)** in love (with sb) ▷ *nm/f* lover ▷ *nmpl* courting couple(s); **tomber ~ de qn** to fall in love with sb; **être ~ de qch** to be passionately fond of sth; **un ~ de la nature** a nature lover

**amour-propre** [amuʀpʀɔpʀ(ə)] (*pl* **amours-propres**) *nm* self-esteem

**amovible** [amɔvibl(ə)] *adj* removable, detachable

**ampère** [ɑ̃pɛʀ] *nm* amp(ere)

**ampèremètre** [ɑ̃pɛʀmɛtʀ(ə)] *nm* ammeter

**amphétamine** [ɑ̃fetamin] *nf* amphetamine

**amphi** [ɑ̃fi] *nm* (*Scol fam*: = *amphithéâtre*) lecture hall *ou* theatre

**amphibie** [ɑ̃fibi] *adj* amphibious

**amphibien** [ɑ̃fibjɛ̃] *nm* (*Zool*) amphibian

**amphithéâtre** [ɑ̃fiteɑtʀ(ə)] *nm* amphitheatre; (*d'université*) lecture hall *ou* theatre

**amphore** [ɑ̃fɔʀ] *nf* amphora

**ample** [ɑ̃pl(ə)] *adj* (*vêtement*) roomy, ample; (*gestes, mouvement*) broad; (*ressources*) ample; **jusqu'à plus ~ informé** (*Admin*) until further details are available

**amplement** [ɑ̃pləmɑ̃] *adv* amply; **~ suffisant** ample, more than enough

**ampleur** [ɑ̃plœʀ] *nf* scale, size; extent, magnitude

**ampli** [ɑ̃pli] *nm* (*fam*: = *amplificateur*) amplifier, amp

**amplificateur** [ɑ̃plifikatœʀ] *nm* amplifier

**amplification** [ɑ̃plifikasjɔ̃] *nf* amplification; expansion, increase

**amplifier** [ɑ̃plifje] *vt* (*son, oscillation*) to amplify; (*fig*) to expand, increase

**amplitude** [ɑ̃plityd] *nf* amplitude; (*des températures*) range

**ampoule** [ɑ̃pul] *nf* (*électrique*) bulb; (*de médicament*) phial; (*aux mains, pieds*) blister

**ampoulé, e** [ɑ̃pule] *adj* (*péj*) pompous, bombastic

**amputation** [ɑ̃pytasjɔ̃] *nf* amputation

**amputer** [ɑ̃pyte] *vt* (*Méd*) to amputate; (*fig*) to cut *ou* reduce drastically; **~ qn d'un bras/pied** to amputate sb's arm/foot

**Amsterdam** [amstɛʀdam] *n* Amsterdam

**amulette** [amylɛt] *nf* amulet

**amusant, e** [amyzɑ̃, -ɑ̃t] *adj* (*divertissant, spirituel*) entertaining, amusing; (*comique*) funny, amusing

**amusé, e** [amyze] *adj* amused

**amuse-gueule** [amyzgœl] *nm inv* appetizer,

snack

**amusement** [amyzmɑ̃] *nm* (*voir amusé*) amusement; (*voir amuser*) entertaining, amusing; (*jeu etc*) pastime, diversion

**amuser** [amyze] *vt* (*divertir*) to entertain, amuse; (*égayer, faire rire*) to amuse; (*détourner l'attention de*) to distract; **s'amuser** *vi* (*jouer*) to amuse o.s., play; (*se divertir*) to enjoy o.s., have fun; (*fig*) to mess around; **s'~ de qch** (*trouver comique*) to find sth amusing; **s'~ avec** *ou* **de qn** (*duper*) to make a fool of sb

**amusette** [amyzɛt] *nf* idle pleasure, trivial pastime

**amuseur** [amyzœʀ] *nm* entertainer; (*péj*) clown

**amygdale** [amidal] *nf* tonsil; **opérer qn des ~s** to take sb's tonsils out

**amygdalite** [amidalit] *nf* tonsillitis

**AN** *sigle f* = **Assemblée nationale**

**an** [ɑ̃] *nm* year; **être âgé de** *ou* **avoir 3 ans** to be 3 (years old); **en l'an 1980** in the year 1980; **le jour de l'an, le premier de l'an, le nouvel an** New Year's Day

**anabolisant** [anabɔlizɑ̃] *nm* anabolic steroid

**anachronique** [anakʀɔnik] *adj* anachronistic

**anachronisme** [anakʀɔnism(ə)] *nm* anachronism

**anaconda** [anakɔ̃da] *nm* (*Zool*) anaconda

**anaérobie** [anaeʀɔbi] *adj* anaerobic

**anagramme** [anagʀam] *nf* anagram

**ANAH** *sigle f* = **Agence nationale pour l'amélioration de l'habitat**

**anal, e, -aux** [anal, -o] *adj* anal

**analgésique** [analʒezik] *nm* analgesic

**anallergique** [analɛʀʒik] *adj* hypoallergenic

**analogie** [analɔʒi] *nf* analogy

**analogique** [analɔʒik] *adj* (*Logique: raisonnement*) analogical; (*calculateur, montre etc*) analogue; (*Inform*) analog

**analogue** [analɔg] *adj*: **~ (à)** analogous (to), similar (to)

**analphabète** [analfabɛt] *nm/f* illiterate

**analphabétisme** [analfabetism(ə)] *nm* illiteracy

**analyse** [analiz] *nf* analysis; (*Méd*) test; **faire l'~ de** to analyse; **une ~ approfondie** an in-depth analysis; **en dernière ~** in the last analysis; **avoir l'esprit d'~** to have an analytical turn of mind; **~ grammaticale** grammatical analysis, parsing (*Scol*)

**analyser** [analize] *vt* to analyse; (*Méd*) to test

**analyste** [analist(ə)] *nm/f* analyst; (*psychanalyste*) (psycho)analyst

**analyste-programmeur, -euse** [analist-] (*pl* **analystes-programmeurs, -euses**) *nm/f* systems analyst

**analytique** [analitik] *adj* analytical

**analytiquement** [analitikmɑ̃] *adv* analytically

**ananas** [anana] *nm* pineapple

**anarchie** [anaʀʃi] *nf* anarchy

**anarchique** [anaʀʃik] *adj* anarchic

**anarchisme** [anaʀʃism(ə)] *nm* anarchism

**anarchiste** [anaʀʃist(ə)] *adj* anarchistic ▷ *nm/f* anarchist

**anathème** [anatɛm] *nm*: **jeter l'~ sur, lancer l'~ contre** to anathematize, curse

**anatomie** [anatɔmi] *nf* anatomy

**anatomique** [anatɔmik] *adj* anatomical

**ancestral, e, -aux** [ɑ̃sɛstʀal, -o] *adj* ancestral

**ancêtre** [ɑ̃sɛtʀ(ə)] *nm/f* ancestor; (*fig*): **l'~ de** the forerunner of

**anche** [ɑ̃ʃ] *nf* reed

**anchois** [ɑ̃ʃwa] *nm* anchovy

**ancien, ne** [ɑ̃sjɛ̃, -ɛn] *adj* old; (*de jadis, de l'antiquité*) ancient; (*précédent, ex-*) former, old ▷ *nm* (*mobilier ancien*): **l'~** antiques *pl* ▷ *nm/f* (*dans une tribu etc*) elder; **un ~ ministre** a former minister; **mon ~ne voiture** my previous car; **être plus ~ que qn dans une maison** to have been in a firm longer than sb; (*dans la hiérarchie*) to be senior to sb in a firm; **~ combattant** ex-serviceman; **~ (élève)** (*Scol*) ex-pupil (*Brit*), alumnus (*US*)

**anciennement** [ɑ̃sjɛnmɑ̃] *adv* formerly

**ancienneté** [ɑ̃sjɛnte] *nf* oldness; antiquity; (*Admin*) (length of) service; seniority

**ancrage** [ɑ̃kʀaʒ] *nm* anchoring; (*Navig*) anchorage; (*Constr*) anchor

**ancre** [ɑ̃kʀ(ə)] *nf* anchor; **jeter/lever l'~** to cast/weigh anchor; **à l'~** at anchor

**ancrer** [ɑ̃kʀe] *vt* (*Constr*) to anchor; (*fig*) to fix firmly; **s'ancrer** *vi* (*Navig*) to (cast) anchor

**andalou, -ouse** [ɑ̃dalu, -uz] *adj* Andalusian

**Andalousie** [ɑ̃daluzi] *nf*: **l'~** Andalusia

**andante** [ɑ̃dɑ̃t] *adv, nm* andante

**Andes** [ɑ̃d] *nfpl*: **les ~** the Andes

**Andorre** [ɑ̃dɔʀ] *nf* Andorra

**andouille** [ɑ̃duj] *nf* (*Culin*) sausage made of chitterlings; (*fam*) clot, nit

**andouillette** [ɑ̃dujɛt] *nf* small andouille

**âne** [ɑn] *nm* donkey, ass; (*péj*) dunce, fool

**anéantir** [aneɑ̃tiʀ] *vt* to annihilate, wipe out; (*fig*) to obliterate, destroy; (*déprimer*) to overwhelm

**anecdote** [anɛkdɔt] *nf* anecdote

**anecdotique** [anɛkdɔtik] *adj* anecdotal

**anémie** [anemi] *nf* anaemia

**anémié, e** [anemje] *adj* anaemic; (*fig*) enfeebled

**anémique** [anemik] *adj* anaemic

**anémone** [anemɔn] *nf* anemone; **~ de mer** sea anemone

**ânerie** [ɑnʀi] *nf* stupidity; (*parole etc*) stupid *ou* idiotic comment *etc*

**anéroïde** [aneʀɔid] *adj voir* **baromètre**

**ânesse** [ɑnɛs] *nf* she-ass

**anesthésie** [anɛstezi] *nf* anaesthesia; **sous ~** under anaesthetic; **~ générale/locale** general/local anaesthetic; **faire une ~ locale à qn** to give sb a local anaesthetic

**anesthésier** [anɛstezje] *vt* to anaesthetize

**anesthésique** [anɛstezik] *adj* anaesthetic

**anesthésiste** [anɛstezist(ə)] *nm/f* anaesthetist

**anfractuosité** [ɑ̃fʀaktɥozite] *nf* crevice

**ange** [ɑ̃ʒ] *nm* angel; **être aux ~s** to be over the moon; **~ gardien** guardian angel

anarchist

**angélique** [ɑ̃ʒelik] adj angelic(al) ▷ nf angelica
**angelot** [ɑ̃ʒlo] nm cherub
**angélus** [ɑ̃ʒelys] nm angelus; (cloches) evening bells pl
**angevin, e** [ɑ̃ʒvɛ̃, -in] adj of ou from Anjou; of ou from Angers
**angine** [ɑ̃ʒin] nf sore throat, throat infection; ~ **de poitrine** angina (pectoris)
**angiome** [ɑ̃ʒjom] nm angioma
**anglais, e** [ɑ̃glɛ, -ɛz] adj English ▷ nm (Ling) English ▷ nm/f: **Anglais, e** Englishman/woman; **les A~** the English; **filer à l'~e** to take French leave; **à l'~e** (Culin) boiled
**anglaises** [ɑ̃glɛz] nfpl (cheveux) ringlets
**angle** [ɑ̃gl(ə)] nm angle; (coin) corner; ~ **droit/obtus/aigu/mort** right/obtuse/acute/dead angle
**Angleterre** [ɑ̃glətɛʀ] nf: **l'~** England
**anglican, e** [ɑ̃glikɑ̃, -an] adj, nm/f Anglican
**anglicanisme** [ɑ̃glikanism(ə)] nm Anglicanism
**anglicisme** [ɑ̃glisism(ə)] nm anglicism
**angliciste** [ɑ̃glisist(ə)] nm/f English scholar; (étudiant) student of English
**anglo...** [ɑ̃glɔ] préfixe Anglo-, anglo(-)
**anglo-américain, e** [ɑ̃glɔamerikɛ̃, -ɛn] adj Anglo-American ▷ nm (Ling) American English
**anglo-arabe** [ɑ̃glɔaʀab] adj Anglo-Arab
**anglo-canadien, ne** [ɑ̃glɔkanadjɛ̃, -ɛn] adj Anglo-Canadian ▷ nm (Ling) Canadian English
**anglo-normand, e** [ɑ̃glɔnɔʀmɑ̃, -ɑ̃d] adj Anglo-Norman; **les îles ~es** the Channel Islands
**anglophile** [ɑ̃glɔfil] adj anglophilic
**anglophobe** [ɑ̃glɔfɔb] adj anglophobic
**anglophone** [ɑ̃glɔfɔn] adj English-speaking
**anglo-saxon, ne** [ɑ̃glɔsaksɔ̃, -ɔn] adj Anglo-Saxon
**angoissant, e** [ɑ̃gwasɑ̃, -ɑ̃t] adj harrowing
**angoisse** [ɑ̃gwas] nf: **l'~** anguish no pl
**angoissé, e** [ɑ̃gwase] adj anguished; (personne) full of anxieties ou hang-ups (fam)
**angoisser** [ɑ̃gwase] vt to harrow, cause anguish to ▷ vi to worry, fret
**Angola** [ɑ̃gɔla] nm: **l'~** Angola
**angolais, e** [ɑ̃gɔlɛ, -ɛz] adj Angolan
**angora** [ɑ̃gɔʀa] adj, nm angora
**anguille** [ɑ̃gij] nf eel; ~ **de mer** conger (eel); **il y a ~ sous roche** (fig) there's something going on, there's something beneath all this
**angulaire** [ɑ̃gylɛʀ] adj angular
**anguleux, -euse** [ɑ̃gylø, -øz] adj angular
**anhydride** [anidʀid] nm anhydride
**anicroche** [anikʀɔʃ] nf hitch, snag
**animal, e, -aux** [animal, -o] adj, nm animal; ~ **domestique/sauvage** domestic/wild animal
**animalier** [animalje] adj: **peintre ~** animal painter
**animateur, -trice** [animatœʀ, -tʀis] nm/f (de télévision) host; (de music-hall) compère; (de groupe) leader, organizer; (Ciné: technicien) animator
**animation** [animasjɔ̃] nf (voir animé) busyness; liveliness; (Ciné: technique) animation; **animations** nfpl (activité) activities; **centre d'~**

≈ community centre
**animé, e** [anime] adj (rue, lieu) busy, lively; (conversation, réunion) lively, animated; (opposé à inanimé, aussi Ling) animate
**animer** [anime] vt (ville, soirée) to liven up, enliven; (mettre en mouvement) to drive; (stimuler) to drive, impel; **s'animer** vi to liven up, come to life
**animosité** [animozite] nf animosity
**anis** [ani] nm (Culin) aniseed; (Bot) anise
**anisette** [anizɛt] nf anisette
**Ankara** [ɑ̃kaʀa] n Ankara
**ankyloser** [ɑ̃kiloze]: **s'ankyloser** vi to get stiff
**annales** [anal] nfpl annals
**anneau, x** [ano] nm ring; (de chaîne) link; (Sport): **exercices aux ~x** ring exercises
**année** [ane] nf year; **souhaiter la bonne ~ à qn** to wish sb a Happy New Year; **tout au long de l'~** all year long; **d'une ~ à l'autre** from one year to the next; **d'~ en ~** from year to year; **l'~ scolaire/fiscale** the school/tax year
**année-lumière** [anelymjɛʀ] (pl **années-lumières**) nf light year
**annexe** [anɛks(ə)] adj (problème) related; (document) appended; (salle) adjoining ▷ nf (bâtiment) annex(e); (de document, ouvrage) annex, appendix; (jointe à une lettre, un dossier) enclosure
**annexer** [anɛkse] vt to annex; **s'annexer** (pays) to annex; ~ **qch à** (joindre) to append sth to
**annexion** [anɛksjɔ̃] nf annexation
**annihiler** [aniile] vt to annihilate
**anniversaire** [anivɛʀsɛʀ] nm birthday; (d'un événement, bâtiment) anniversary ▷ adj: **jour ~** anniversary
**annonce** [anɔ̃s] nf announcement; (signe, indice) sign; (aussi: **annonce publicitaire**) advertisement; (Cartes) declaration; ~ **personnelle** personal message; **les petites ~s** the small ou classified ads
**annoncer** [anɔ̃se] vt to announce; (être le signe de) to herald; (Cartes) to declare; **je vous annonce que ...** I wish to tell you that ...; **s'annoncer bien/difficile** vi to look promising/difficult; ~ **la couleur** (fig) to lay one's cards on the table
**annonceur, -euse** [anɔ̃sœʀ, -øz] nm/f (TV, Radio: speaker) announcer; (publicitaire) advertiser
**annonciateur, -trice** [anɔ̃sjatœʀ, -tʀis] adj: ~ **d'un événement** presaging an event
**Annonciation** [anɔ̃sjasjɔ̃] nf: **l'~** (Rel) the Annunciation; (jour) Annunciation Day
**annotation** [anɔtasjɔ̃] nf annotation
**annoter** [anɔte] vt to annotate
**annuaire** [anɥɛʀ] nm yearbook, annual; ~ **téléphonique** (telephone) directory, phone book
**annuel, le** [anɥɛl] adj annual, yearly
**annuellement** [anɥɛlmɑ̃] adv annually, yearly
**annuité** [anɥite] nf annual instalment
**annulaire** [anɥlɛʀ] nm ring ou third finger
**annulation** [anylasjɔ̃] nf cancellation; annulment; quashing, repeal

**annuler** [anyle] *vt* (*rendez-vous, voyage*) to cancel, call off; (*mariage*) to annul; (*jugement*) to quash (*Brit*), repeal (*US*); (*résultats*) to declare void; (*Math, Physique*) to cancel out; **s'annuler** to cancel each other out

**anoblir** [anɔbliʀ] *vt* to ennoble

**anode** [anɔd] *nf* anode

**anodin, e** [anɔdɛ̃, -in] *adj* harmless; (*sans importance*) insignificant, trivial

**anomalie** [anɔmali] *nf* anomaly

**ânon** [anɔ̃] *nm* baby donkey; (*petit âne*) little donkey

**ânonner** [anɔne] *vi, vt* to read in a drone; (*hésiter*) to read in a fumbling manner

**anonymat** [anɔnima] *nm* anonymity; **garder l'~** to remain anonymous

**anonyme** [anɔnim] *adj* anonymous; (*fig*) impersonal

**anonymement** [anɔnimmã] *adv* anonymously

**anorak** [anɔʀak] *nm* anorak

**anorexie** [anɔʀɛksi] *nf* anorexia

**anorexique** [anɔʀɛksik] *adj, nm/f* anorexic

**anormal, e, -aux** [anɔʀmal, -o] *adj* abnormal; (*insolite*) unusual, abnormal

**anormalement** [anɔʀmalmã] *adv* abnormally; unusually

**ANPE** *sigle f* (= *Agence nationale pour l'emploi*) national employment agency (*functions include job creation*)

**anse** [ãs] *nf* handle; (*Géo*) cove

**antagonisme** [ãtagɔnism(ə)] *nm* antagonism

**antagoniste** [ãtagɔnist(ə)] *adj* antagonistic ▷ *nm* antagonist

**antan** [ãtã]: **d'~** *adj* of yesteryear, of long ago

**antarctique** [ãtaʀktik] *adj* Antarctic ▷ *nm*: **l'A~** the Antarctic; **le cercle A~** the Antarctic Circle; **l'océan A~** the Antarctic Ocean

**antécédent** [ãtesedã] *nm* (*Ling*) antecedent; **antécédents** *nmpl* (*Méd etc*) past history *sg*; **~s professionnels** record, career to date

**antédiluvien, ne** [ãtedilyvjɛ̃, -ɛn] *adj* (*fig*) ancient, antediluvian

**antenne** [ãtɛn] *nf* (*de radio, télévision*) aerial; (*d'insecte*) antenna (*pl* -ae), feeler; (*poste avancé*) outpost; (*petite succursale*) sub-branch; **sur l'~** on the air; **passer à/avoir l'~** to go/be on the air; **deux heures d'~** two hours' broadcasting time; **hors ~** off the air; **~ chirurgicale** (*Mil*) advance surgical unit

**antépénultième** [ãtepenyltjɛm] *adj* antepenultimate

**antérieur, e** [ãteʀjœʀ] *adj* (*d'avant*) previous, earlier; (*de devant*) front; **~ à** prior *ou* previous to; **passé/futur ~** (*Ling*) past/future anterior

**antérieurement** [ãteʀjœʀmã] *adv* earlier; (*précédemment*) previously; **~ à** prior *ou* previous to

**antériorité** [ãteʀjɔʀite] *nf* precedence (*in time*)

**anthologie** [ãtɔlɔʒi] *nf* anthology

**anthracite** [ãtʀasit] *nm* anthracite ▷ *adj*: **(gris) ~ charcoal (grey)**

**anthropologie** [ãtʀɔpɔlɔʒi] *nf* anthropology

**anthropologue** [ãtʀɔpɔlɔg] *nm/f* anthropologist

**anthropomorphisme** [ãtʀɔpɔmɔʀfism(ə)] *nm* anthropomorphism

**anthropophage** [ãtʀɔpɔfaʒ] *adj* cannibalistic

**anthropophagie** [ãtʀɔpɔfaʒi] *nf* cannibalism, anthropophagy

**anti...** [ãti] *préfixe* anti...

**antiaérien, ne** [ãtiaeʀjɛ̃, -ɛn] *adj* anti-aircraft; **abri ~** air-raid shelter

**antialcoolique** [ãtialkɔlik] *adj* anti-alcohol; **ligue ~** temperance league

**antiatomique** [ãtiatɔmik] *adj*: **abri ~** fallout shelter

**antibiotique** [ãtibjɔtik] *nm* antibiotic

**antibrouillard** [ãtibʀujaʀ] *adj*: **phare ~** fog lamp

**antibruit** [ãtibʀɥi] *adj inv*: **mur ~** (*sur autoroute*) sound-muffling wall

**antibuée** [ãtibɥe] *adj inv*: **dispositif ~** demister; **bombe ~** demister spray

**anticancéreux, -euse** [ãtikãseʀø, -øz] *adj* cancer *cpd*

**anticasseur, anticasseurs** [ãtikasœʀ] *adj*: **loi/mesure ~(s)** law/measure against damage done by demonstrators

**antichambre** [ãtiʃãbʀ(ə)] *nf* antechamber, anteroom; **faire ~** to wait (for an audience)

**antichar** [ãtiʃaʀ] *adj* antitank

**antichoc** [ãtiʃɔk] *adj* shockproof

**anticipation** [ãtisipasjɔ̃] *nf* anticipation; (*Comm*) payment in advance; **par ~** in anticipation, in advance; **livre/film d'~** science fiction book/film

**anticipé, e** [ãtisipe] *adj* (*règlement, paiement*) early, in advance; (*joie etc*) anticipated, early; **avec mes remerciements ~s** thanking you in advance *ou* anticipation

**anticiper** [ãtisipe] *vt* to anticipate, foresee; (*paiement*) to pay *ou* make in advance ▷ *vi* to look *ou* think ahead; (*en racontant*) to jump ahead; (*prévoir*) to anticipate; **~ sur** to anticipate

**anticlérical, e, -aux** [ãtikleʀikal, -o] *adj* anticlerical

**anticoagulant, e** [ãtikɔagylã, -ãt] *adj, nm* anticoagulant

**anticolonialisme** [ãtikɔlɔnjalism(ə)] *nm* anticolonialism

**anticonceptionnel, le** [ãtikɔ̃sɛpsjɔnɛl] *adj* contraceptive

**anticonformisme** [ãtikɔ̃fɔʀmism(ə)] *nm* nonconformism

**anticonstitutionnel, le** [ãtikɔ̃stitysjɔnɛl] *adj* unconstitutional

**anticorps** [ãtikɔʀ] *nm* antibody

**anticyclone** [ãtisiklon] *nm* anticyclone

**antidater** [ãtidate] *vt* to backdate, predate

**antidémocratique** [ãtidemɔkʀatik] *adj* antidemocratic; (*peu démocratique*) undemocratic

**antidépresseur** [ãtidepʀɛsœʀ] *nm* antidepressant

**antidérapant, e** [ãtideʀapã, -ãt] *adj* nonskid

**antidopage** [ātidɔpaʒ], **antidoping** [ātidɔpiŋ] *adj (lutte)* antidoping; *(contrôle)* dope *cpd*

**antidote** [ātidɔt] *nm* antidote

**antienne** [ātjɛn] *nf (fig)* chant, refrain

**antigang** [ātigāg] *adj inv:* **brigade ~ commando** unit

**antigel** [ātiʒɛl] *nm* antifreeze

**antigène** [ātiʒen] *nm* antigen

**antigouvernemental, e, -aux** [ātiguvɛRnəmātal, -o] *adj* antigovernment

**Antigua et Barbude** [ātigaebaRbyd] *nf* Antigua and Barbuda

**antihistaminique** [ātiistaminik] *nm* antihistamine

**anti-inflammatoire** [ātiɛ̃flamatwaR] *adj* anti-inflammatory

**anti-inflationniste** [ātiɛ̃flɑsjɔnist(ə)] *adj* anti-inflationary

**antillais, e** [ātije, -ɛz] *adj* West Indian

**Antilles** [ātij] *nfpl:* **les ~** the West Indies; **les Grandes/Petites ~** the Greater/Lesser Antilles

**antilope** [ātilɔp] *nf* antelope

**antimilitarisme** [ātimilitaRism(ə)] *nm* antimilitarism

**antimilitariste** [ātimilitaRist(ə)] *adj* antimilitarist

**antimissile** [ātimisil] *adj* antimissile

**antimite, antimites** [ātimit] *adj,nm:* **(produit) ~(s)** mothproofer, moth repellent

**antimondialisation** [ātimɔ̃djalizasjɔ̃] *nf* anti-globalization

**antinucléaire** [ātinykleeR] *adj* antinuclear

**antioxydant** [ātiɔksidā] *nm* antioxidant

**antiparasite** [ātipaRazit] *adj (Radio,TV)* anti-interference; **dispositif ~** suppressor

**antipathie** [ātipati] *nf* antipathy

**antipathique** [ātipatik] *adj* unpleasant, disagreeable

**antipelliculaire** [ātipelikylɛR] *adj* anti-dandruff

**antiphrase** [ātifRaz] *nf:* **par ~** ironically

**antipodes** [ātipɔd] *nmpl:* **les ~** the antipodes; *(fig):* **être aux ~ de** to be the opposite extreme of

**antipoison** [ātipwazɔ̃] *adj inv:* **centre ~** poison centre

**antipoliomyélitique** [ātipɔljɔmjelitik] *adj* polio *cpd*

**antiquaire** [ātikɛR] *nm/f* antique dealer

**antique** [ātik] *adj* antique; *(très vieux)* ancient, antiquated

**antiquité** [ātikite] *nf (objet)* antique; **l'A~** Antiquity; **magasin/marchand d'~s** antique shop/dealer

**antirabique** [ātiRabik] *adj* rabies *cpd*

**antiraciste** [ātiRasist(ə)] *adj* antiracist, antiracialist

**antireflet** [ātiRəflɛ] *adj inv (verres)* antireflective

**antirépublicain, e** [ātiRepyblikɛ̃, -ɛn] *adj* antirepublican

**antirides** [ātiRid] *adj (crème)* antiwrinkle

**antirouille** [ātiRuj] *adj inv:* **peinture ~** antirust paint; **traitement ~** rustproofing

**antisémite** [ātisemit] *adj* anti-Semitic

**antisémitisme** [ātisemitism(ə)] *nm* anti-Semitism

**antiseptique** [ātisɛptik] *adj,nm* antiseptic

**antisocial, e, -aux** [ātisɔsjal, -o] *adj* antisocial

**antispasmodique** [ātispasmɔdik] *adj,nm* antispasmodic

**antisportif, -ive** [ātispɔRtif, -iv] *adj* unsporting; *(hostile au sport)* antisport

**antitétanique** [ātitetanik] *adj* tetanus *cpd*

**antithèse** [ātitɛz] *nf* antithesis

**antitrust** [ātitRœst] *adj inv (loi, mesures)* antimonopoly

**antituberculeux, -euse** [ātitybɛRkylø, -øz] *adj* tuberculosis *cpd*

**antitussif, -ive** [ātitysif, -iv] *adj* antitussive, cough *cpd*

**antivariolique** [ātivaRjɔlik] *adj* smallpox *cpd*

**antiviral, e, -aux** [ātiviRal, o] *adj (Méd)* antiviral

**antivirus** [ātiviRys] *nm (Inform)* antivirus (program)

**antivol** [ātivɔl] *adj,nm:* **(dispositif) ~** antitheft device; *(pour vélo)* padlock

**antonyme** [ātɔnim] *nm* antonym

**antre** [ātR(ə)] *nm* den, lair

**anus** [anys] *nm* anus

**Anvers** [āvɛR] *n* Antwerp

**anxiété** [āksjete] *nf* anxiety

**anxieusement** [āksjøzmā] *adv* anxiously

**anxieux, -euse** [āksjø, -øz] *adj* anxious, worried; **être ~ de faire** to be anxious to do

**AOC** *sigle f (= Appellation d'origine contrôlée)* guarantee of quality of wine; *see note*

● **AOC**

● *AOC* ("appellation d'origine contrôlée") is the highest French wine classification. It indicates that the wine meets strict requirements concerning vineyard of origin, type of grape, method of production and alcoholic strength.

**aorte** [aɔRt(ə)] *nf* aorta

**août** [u] *nm* August; *voir aussi* **juillet; Assomption**

**aoûtien, ne** [ausjɛ̃, -ɛn] *nm/f* August holiday-maker

**AP** *sigle f =* **Assistance publique**

**apaisant, e** [apezā, -āt] *adj* soothing

**apaisement** [apezmā] *nm* calming; soothing; *(aussi Pol)* appeasement; **apaisements** *nmpl* soothing reassurances; *(pour calmer)* pacifying words

**apaiser** [apeze] *vt (colère)* to calm, quell, soothe; *(faim)* to appease, assuage; *(douleur)* to soothe; *(personne)* to calm (down), pacify; **s'apaiser** *vi (tempête, bruit)* to die down, subside

**apanage** [apanaʒ] *nm:* **être l'~ de** to be the privilege ou prerogative of

**aparté** [apaRte] *nm (Théât)* aside; *(entretien)* private conversation; **en ~** *adv* in an aside *(Brit)*;

21

(*entretien*) in private

**apartheid** [apaʀtɛd] *nm* apartheid

**apathie** [apati] *nf* apathy

**apathique** [apatik] *adj* apathetic

**apatride** [apatʀid] *nm/f* stateless person

**APCE** *sigle f* (= *Agence pour la création d'entreprises*) *business start-up agency*

**apercevoir** [apɛʀsəvwaʀ] *vt* to see; **s'apercevoir de** *vt* to notice; **s'~ que** to notice that; **sans s'en ~** without realizing *ou* noticing

**aperçu, e** [apɛʀsy] *pp de* **apercevoir** ▷ *nm* (*vue d'ensemble*) general survey; (*intuition*) insight

**apéritif, -ive** [apeʀitif, -iv] *adj* which stimulates the appetite ▷ *nm* (*boisson*) aperitif; (*réunion*) (pre-lunch *ou* -dinner) drinks *pl*; **prendre l'~** to have drinks (before lunch *ou* dinner) *ou* an aperitif

**apesanteur** [apəzɑ̃tœʀ] *nf* weightlessness

**à-peu-près** [apøpʀɛ] *nm inv* (*péj*) vague approximation

**apeuré, e** [apœʀe] *adj* frightened, scared

**aphasie** [afazi] *nf* aphasia

**aphone** [afɔn] *adj* voiceless

**aphorisme** [afɔʀism(ə)] *nm* aphorism

**aphrodisiaque** [afʀɔdizjak] *adj, nm* aphrodisiac

**aphte** [aft(ə)] *nm* mouth ulcer

**aphteuse** [aftøz] *adj f*: **fièvre ~** foot-and-mouth disease

**à-pic** [apik] *nm* cliff, drop

**apicole** [apikɔl] *adj* beekeeping *cpd*

**apiculteur, -trice** [apikyltœʀ, -tʀis] *nm/f* beekeeper

**apiculture** [apikyltyʀ] *nf* beekeeping, apiculture

**apitoiement** [apitwamɑ̃] *nm* pity, compassion

**apitoyer** [apitwaje] *vt* to move to pity; **~ qn sur qn/qch** to move sb to pity for sb/over sth; **s'~ (sur qn/qch)** to feel pity *ou* compassion (for sb/over sth)

**ap. J.-C.** *abr* (= *après Jésus-Christ*) AD

**APL** *sigle f* (= *aide personnalisée au logement*) *housing benefit*

**aplanir** [aplaniʀ] *vt* to level; (*fig*) to smooth away, iron out

**aplati, e** [aplati] *adj* flat, flattened

**aplatir** [aplatiʀ] *vt* to flatten; **s'aplatir** *vi* to become flatter; (*écrasé*) to be flattened; (*fig*) to lie flat on the ground; (: *fam*) to fall flat on one's face; (: *péj*) to grovel

**aplomb** [aplɔ̃] *nm* (*équilibre*) balance, equilibrium; (*fig*) self-assurance; (: *péj*) nerve; **d'~** *adv* steady; (*Constr*) plumb

**APN** *sigle m* (*appareil photo(graphique) numérique*) digital camera

**apocalypse** [apɔkalips(ə)] *nf* apocalypse

**apocalyptique** [apɔkaliptik] *adj* (*fig*) apocalyptic

**apocryphe** [apɔkʀif] *adj* apocryphal

**apogée** [apɔʒe] *nm* (*fig*) peak, apogee

**apolitique** [apɔlitik] *adj* (*indifférent*) apolitical; (*indépendant*) unpolitical, non-political

**apologie** [apɔlɔʒi] *nf* praise; (*Jur*) vindication

**apoplexie** [apɔplɛksi] *nf* apoplexy

**a posteriori** [apɔstɛʀjɔʀi] *adv* after the event, with hindsight, a posteriori

**apostolat** [apɔstɔla] *nm* (*Rel*) apostolate, discipleship; (*gén*) evangelism

**apostolique** [apɔstɔlik] *adj* apostolic

**apostrophe** [apɔstʀɔf] *nf* (*signe*) apostrophe; (*appel*) interpellation

**apostropher** [apɔstʀɔfe] *vt* (*interpeller*) to shout at, address sharply

**apothéose** [apɔteoz] *nf* pinnacle (of achievement); (*Mus etc*) grand finale

**apothicaire** [apɔtikɛʀ] *nm* apothecary

**apôtre** [apotʀ(ə)] *nm* apostle, disciple

**apparaître** [apaʀɛtʀ(ə)] *vi* to appear ▷ *vb copule* to appear, seem

**apparat** [apaʀa] *nm*: **tenue/dîner d'~** ceremonial dress/dinner

**appareil** [apaʀɛj] *nm* (*outil, machine*) piece of apparatus, device; (*électrique etc*) appliance; (*politique, syndical*) machinery; (*avion*) (aero)plane (*Brit*), (air)plane (US), aircraft *inv*; (*téléphonique*) telephone; (*dentier*) brace (*Brit*), braces (US); **~ digestif/reproducteur** digestive/reproductive system *ou* apparatus; **l'~ productif** the means of production; **qui est à l'~?** who's speaking?; **dans le plus simple ~** in one's birthday suit; **~ (photographique)** camera; **~ numérique** digital camera

**appareillage** [apaʀɛjaʒ] *nm* (*appareils*) equipment; (*Navig*) casting off, getting under way

**appareiller** [apaʀeje] *vi* (*Navig*) to cast off, get under way ▷ *vt* (*assortir*) to match up

**appareil photo** [apaʀɛjfɔtɔ] (*pl* **appareils photos**) *nm* camera

**apparemment** [apaʀamɑ̃] *adv* apparently

**apparence** [apaʀɑ̃s] *nf* appearance; **malgré les ~s** despite appearances; **en ~** apparently, seemingly

**apparent, e** [apaʀɑ̃, -ɑ̃t] *adj* visible; (*évident*) obvious; (*superficiel*) apparent; **poutres ~es** exposed beams

**apparenté, e** [apaʀɑ̃te] *adj*: **~ à** related to; (*fig*) similar to

**apparenter** [apaʀɑ̃te]: **s'apparenter à** *vt* to be similar to

**apparier** [apaʀje] *vt* (*gants*) to pair, match

**appariteur** [apaʀitœʀ] *nm* attendant, porter (*in French universities*)

**apparition** [apaʀisjɔ̃] *nf* appearance; (*surnaturelle*) apparition; **faire son ~** to appear

**appartement** [apaʀtəmɑ̃] *nm* flat (*Brit*), apartment (US)

**appartenance** [apaʀtənɑ̃s] *nf*: **~ à** belonging to, membership of

**appartenir** [apaʀtəniʀ]: **~ à** *vt* to belong to; (*faire partie de*) to belong to, be a member of; **il lui appartient de** it is up to him to

**appartiendrai** [apaʀtjɛ̃dʀe], **appartiens** *etc* [apaʀtjɛ̃] *vb voir* **appartenir**

**apparu, e** [apaʀy] *pp de* **apparaître**

**appas** [apɑ] *nmpl* (*d'une femme*) charms

**appât** [apɑ] *nm* (*Pêche*) bait; (*fig*) lure, bait
**appâter** [apɑte] *vt* (*hameçon*) to bait; (*poisson, fig*) to lure, entice
**appauvrir** [apovʀiʀ] *vt* to impoverish; **s'appauvrir** *vi* to grow poorer, become impoverished
**appauvrissement** [apovʀismɑ̃] *nm* impoverishment
**appel** [apɛl] *nm* call; (*nominal*) roll call; (: *Scol*) register; (*Mil: recrutement*) call-up; (*Jur*) appeal; **faire ~ à** (*invoquer*) to appeal to; (*avoir recours à*) to call on; (*nécessiter*) to call for, require; **faire** *ou* **interjeter ~** (*Jur*) to appeal, lodge an appeal; **faire l'~** to call the roll; to call the register; **indicatif d'~** call sign; **numéro d'~** (*Tél*) number; **produit d'~** (*Comm*) loss leader; **sans ~** (*fig*) final, irrevocable; **~ d'air** in-draught; **~ d'offres** (*Comm*) invitation to tender; **faire un ~ de phares** to flash one's headlights; **~ (téléphonique)** (tele)phone call
**appelé** [aple] *nm* (*Mil*) conscript
**appeler** [aple] *vt* to call; (*Tél*) to call, ring; (*faire venir: médecin etc*) to call, send for; (*fig: nécessiter*) to call for, demand; **~ au secours** to call for help; **~ qn à l'aide** *ou* **au secours** to call to sb for help; **~ qn à un poste/des fonctions** to appoint sb to a post/assign duties to sb; **être appelé à** (*fig*) to be destined to; **~ qn à comparaître** (*Jur*) to summon sb to appear; **en ~ à** to appeal to; **s'appeler: elle s'appelle Gabrielle** her name is Gabrielle, she's called Gabrielle; **comment ça s'appelle?** what is it *ou* that called?
**appellation** [apelɑsjɔ̃] *nf* designation, appellation; **vin d'~ contrôlée** "appellation contrôlée" wine, *wine guaranteed of a certain quality*
**appelle** *etc* [apɛl] *vb voir* **appeler**
**appendice** [apɛ̃dis] *nm* appendix
**appendicite** [apɑ̃disit] *nf* appendicitis
**appentis** [apɑ̃ti] *nm* lean-to
**appert** [apɛʀ] *vb*: **il ~ que** it appears that, it is evident that
**appesantir** [apzɑ̃tiʀ]: **s'appesantir** *vi* to grow heavier; **s'~ sur** (*fig*) to dwell at length on
**appétissant, e** [apetisɑ̃, -ɑ̃t] *adj* appetizing, mouth-watering
**appétit** [apeti] *nm* appetite; **couper l'~ à qn** to take away sb's appetite; **bon ~!** enjoy your meal!
**applaudimètre** [aplodimɛtʀ(ə)] *nm* applause meter
**applaudir** [aplodiʀ] *vt* to applaud ▷ *vi* to applaud, clap; **~ à** *vt* (*décision*) to applaud, commend
**applaudissements** [aplodismɑ̃] *nmpl* applause *sg*, clapping *sg*
**applicable** [aplikabl(ə)] *adj* applicable
**applicateur** [aplikatœʀ] *nm* applicator
**application** [aplikɑsjɔ̃] *nf* application; (*d'une loi*) enforcement; **mettre en ~** to implement
**applique** [aplik] *nf* wall lamp
**appliqué, e** [aplike] *adj* (*élève etc*) industrious, assiduous; (*science*) applied
**appliquer** [aplike] *vt* to apply; (*loi*) to enforce; (*donner: gifle, châtiment*) to give; **s'appliquer** *vi* (*élève etc*) to apply o.s.; **s'~ à** (*loi, remarque*) to apply to; **s'~ à faire qch** to apply o.s. to doing sth, take pains to do sth; **s'~ sur** (*coïncider avec*) to fit over
**appoint** [apwɛ̃] *nm* (extra) contribution *ou* help; **avoir/faire l'~** (*en payant*) to have/give the right change *ou* money; **chauffage d'~** extra heating
**appointements** [apwɛ̃tmɑ̃] *nmpl* salary *sg*, stipend
**appointer** [apwɛ̃te] *vt*: **être appointé à l'année/au mois** to be paid yearly/monthly
**appontage** [apɔ̃taʒ] *nm* landing (*on an aircraft carrier*)
**appontement** [apɔ̃tmɑ̃] *nm* landing stage, wharf
**apponter** [apɔ̃te] *vi* (*avion, hélicoptère*) to land
**apport** [apɔʀ] *nm* supply; (*argent, biens etc*) contribution
**apporter** [apɔʀte] *vt* to bring; (*preuve*) to give, provide; (*modification*) to make; (*remarque*) to contribute, add
**apposer** [apoze] *vt* to append; (*sceau etc*) to affix
**apposition** [apozisjɔ̃] *nf* appending; affixing; (*Ling*): **en ~** in apposition
**appréciable** [apʀesjabl(ə)] *adj* (*important*) appreciable, significant
**appréciation** [apʀesjɑsjɔ̃] *nf* appreciation; estimation, assessment; **appréciations** *nfpl* (*avis*) assessment *sg*, appraisal *sg*
**apprécier** [apʀesje] *vt* to appreciate; (*évaluer*) to estimate, assess; **j'~ais que tu ...** I should appreciate (it) if you ...
**appréhender** [apʀeɑ̃de] *vt* (*craindre*) to dread; (*arrêter*) to apprehend; **~ que** to fear that; **~ de faire** to dread doing
**appréhensif, -ive** [apʀeɑ̃sif, -iv] *adj* apprehensive
**appréhension** [apʀeɑ̃sjɔ̃] *nf* apprehension
**apprendre** [apʀɑ̃dʀ(ə)] *vt* to learn; (*événement, résultats*) to learn of, hear of; **~ qch à qn** (*informer*) to tell sb (of) sth; (*enseigner*) to teach sb sth; **tu me l'apprends!** that's news to me!; **~ à faire qch** to learn to do sth; **~ à qn à faire qch** to teach sb to do sth
**apprenti, e** [apʀɑ̃ti] *nm/f* apprentice; (*fig*) novice, beginner
**apprentissage** [apʀɑ̃tisaʒ] *nm* learning; (*Comm, Scol: période*) apprenticeship; **école** *ou* **centre d'~** training school *ou* centre; **faire l'~ de qch** (*fig*) to be initiated into sth
**apprêt** [apʀɛ] *nm* (*sur un cuir, une étoffe*) dressing; (*sur un mur*) size; (*sur un papier*) finish; **sans ~** (*fig*) without artifice, unaffectedly
**apprêté, e** [apʀete] *adj* (*fig*) affected
**apprêter** [apʀete] *vt* to dress, finish; **s'apprêter** *vi*: **s'~ à qch/à faire qch** to prepare for sth/for doing sth
**appris, e** [apʀi, -iz] *pp de* **apprendre**
**apprivoisé, e** [apʀivwaze] *adj* tame, tamed

**apprivoiser** [aprivwaze] vt to tame

**approbateur, -trice** [aprɔbatœr, -tris] adj approving

**approbatif, -ive** [aprɔbatif, -iv] adj approving

**approbation** [aprɔbasjɔ̃] nf approval; **digne d'~** (conduite, travail) praiseworthy, commendable

**approchant, e** [aprɔʃɑ̃, -ɑ̃t] adj similar, close; **quelque chose d'~** something similar

**approche** [aprɔʃ] nf approaching; (arrivée, attitude) approach; **approches** nfpl (abords) surroundings; **à l'~ du bateau/de l'ennemi** as the ship/enemy approached ou drew near; **l'~ d'un problème** the approach to a problem; **travaux d'~** (fig) manoeuvrings

**approché, e** [aprɔʃe] adj approximate

**approcher** [aprɔʃe] vi to approach, come near ▷ vt (vedette, artiste) to come close to, approach; (rapprocher): **~ qch (de qch)** to bring ou put ou move sth near (to sth); **~ de** vt to draw near to; (quantité, moment) to approach; **s'approcher de** vt to come ou come ou move near to; **approchez-vous** come ou go nearer

**approfondi, e** [aprɔfɔ̃di] adj thorough, detailed

**approfondir** [aprɔfɔ̃dir] vt to deepen; (question) to go further into; **sans ~** without going too deeply into it

**appropriation** [aprɔprijɑsjɔ̃] nf appropriation

**approprié, e** [aprɔprije] adj: **~ (à)** appropriate (to), suited (to)

**approprier** [aprɔprije] vt (adapter) adapt; **s'approprier** vt to appropriate, take over

**approuver** [apruve] vt to agree with; (autoriser: loi, projet) to approve, pass; (trouver louable) to approve of; **je vous approuve entièrement/ne vous approuve pas** I agree with you entirely/don't agree with you; **lu et approuvé** (read and) approved

**approvisionnement** [aprɔvizjɔnmɑ̃] nm supplying; (provisions) supply, stock

**approvisionner** [aprɔvizjɔne] vt to supply; (compte bancaire) to pay funds into; **~ qn en** to supply sb with; **s'approvisionner** vi: **s'~ dans un certain magasin/au marché** to shop in a certain shop/at the market; **s'~ en** to stock up with

**approximatif, -ive** [aprɔksimatif, -iv] adj approximate, rough; (imprécis) vague

**approximation** [aprɔksimɑsjɔ̃] nf approximation

**approximativement** [aprɔksimativmɑ̃] adv approximately, roughly; vaguely

**appt** abr = **appartement**

**appui** [apɥi] nm support; **prendre ~ sur** to lean on; (objet) to rest on; **point d'~** fulcrum; (fig) something to lean on; **à l'~ de** (pour prouver) in support of; **à l'~** adv to support one's argument; **l'~ de la fenêtre** the windowsill, the window ledge

**appuie** etc [apɥi] vb voir **appuyer**

**appui-tête, appuie-tête** [apɥitɛt] nm inv headrest

**appuyé, e** [apɥije] adj (regard) meaningful; (: insistant) intent, insistent; (excessif: politesse, compliment) exaggerated, overdone

**appuyer** [apɥije] vt (poser): **~ qch sur/contre/à** to lean ou rest sth on/against/on; (soutenir: personne, demande) to support, back (up) ▷ vi: **~ sur** (bouton, frein) to press, push; (mot, détail) to stress, emphasize; (chose: peser sur) to rest (heavily) on, press against; **s'appuyer sur** vt to lean on; (compter sur) to rely on; **s'~ sur qn** to lean on sb; **~ contre** (toucher: mur, porte) to lean ou rest against; **~ à droite** ou **sur sa droite** to bear (to the) right; **~ sur le champignon** to put one's foot down

**apr.** abr = **après**

**âpre** [apr(ə)] adj acrid, pungent; (fig) harsh; (lutte) bitter; **~ au gain** grasping, greedy

**après** [aprɛ] prép after ▷ adv afterwards; **deux heures ~** two hours later; **~ qu'il est parti/avoir fait** after he left/having done; **courir ~ qn** to run after sb; **crier ~ qn** to shout at sb; **être toujours ~ qn** (critiquer etc) to be always on at sb; **~ quoi** after which; **d'~** prép (selon) according to; **d'~ lui** according to him; **d'~ moi** in my opinion; **~ coup** adv after the event, afterwards; **~ tout** adv (au fond) after all; **et (puis) ~?** so what?

**après-demain** [aprɛdmɛ̃] adv the day after tomorrow

**après-guerre** [aprɛgɛr] nm post-war years pl; **d'~** adj post-war

**après-midi** [aprɛmidi] nm ou f inv afternoon

**après-rasage** [aprɛrazaʒ] nm inv: **(lotion) ~** after-shave (lotion)

**après-shampooing** [aprɛʃɑ̃pwɛ̃] nm inv conditioner

**après-ski** [aprɛski] nm inv (chaussure) snow boot; (moment) après-ski

**après-soleil** [aprɛsɔlɛj] adj inv after-sun cpd ▷ nm after-sun cream ou lotion

**après-vente** [aprɛvɑ̃t] adj inv after-sales cpd

**âpreté** [aprəte] nf (voir âpre) pungency; harshness; bitterness

**à-propos** [aprɔpo] nm (d'une remarque) aptness; **faire preuve d'~** to show presence of mind, do the right thing; **avec ~** suitably, aptly

**apte** [apt(ə)] adj: **~ à qch/faire qch** capable of sth/doing sth; **~ (au service)** (Mil) fit (for service)

**aptitude** [aptityd] nf ability, aptitude

**apurer** [apyre] vt (Comm) to clear

**aquaculture** [akwakyltyr] nf fish farming

**aquaplanage** [akwaplanaʒ] nm (Auto) aquaplaning

**aquaplane** [akwaplan] nm (planche) aquaplane; (sport) aquaplaning

**aquaplaning** [akwaplaniŋ] nm aquaplaning

**aquarelle** [akwarɛl] nf (tableau) watercolour (Brit), watercolor (US); (genre) watercolo(u)rs pl, aquarelle

**aquarelliste** [akwarelist(ə)] nm/f painter in watercolo(u)rs

**aquarium** [akwaʀjɔm] *nm* aquarium
**aquatique** [akwatik] *adj* aquatic, water *cpd*
**aqueduc** [akdyk] *nm* aqueduct
**aqueux, -euse** [akø, -øz] *adj* aqueous
**aquilin** [akilɛ̃] *adj m*: **nez ~** aquiline nose
**AR** *sigle m* = **accusé de réception; lettre/paquet avec AR** = recorded delivery letter/parcel; (*Aviat, Rail etc*) = **aller (et) retour** ▷ *abr* (*Auto*) = **arrière**
**arabe** [aʀab] *adj* Arabic; (*désert, cheval*) Arabian; (*nation, peuple*) Arab ▷ *nm* (*Ling*) Arabic ▷ *nm/f*: **Arabe** Arab
**arabesque** [aʀabɛsk(ə)] *nf* arabesque
**Arabie** [aʀabi] *nf*: **l'~** Arabia; **l'~ Saoudite** *ou* **Séoudite** Saudi Arabia
**arable** [aʀabl(ə)] *adj* arable
**arachide** [aʀaʃid] *nf* groundnut (plant); (*graine*) peanut, groundnut
**araignée** [aʀeɲe] *nf* spider; **~ de mer** spider crab
**araser** [aʀɑze] *vt* to level; (*en rabotant*) to plane (down)
**aratoire** [aʀatwaʀ] *adj*: **instrument ~** ploughing implement
**arbalète** [aʀbalɛt] *nf* crossbow
**arbitrage** [aʀbitʀaʒ] *nm* refereeing; umpiring; arbitration
**arbitraire** [aʀbitʀɛʀ] *adj* arbitrary
**arbitre** [aʀbitʀ(ə)] *nm* (*Sport*) referee; (: *Tennis, Cricket*) umpire; (*fig*) arbiter, judge; (*Jur*) arbitrator
**arbitrer** [aʀbitʀe] *vt* to referee; to umpire; to arbitrate
**arborer** [aʀbɔʀe] *vt* to bear, display; (*avec ostentation*) to sport
**arborescence** [aʀbɔʀesɑ̃s] *nf* tree structure
**arboricole** [aʀbɔʀikɔl] *adj* (*animal*) arboreal; (*technique*) arboricultural
**arboriculture** [aʀbɔʀikyltyʀ] *nf* arboriculture; **~ fruitière** fruit (tree) growing
**arbre** [aʀbʀ(ə)] *nm* tree; (*Tech*) shaft; **~ à cames** (*Auto*) camshaft; **~ fruitier** fruit tree; **~ généalogique** family tree; **~ de Noël** Christmas tree; **~ de transmission** (*Auto*) driveshaft
**arbrisseau, x** [aʀbʀiso] *nm* shrub
**arbuste** [aʀbyst(ə)] *nm* small shrub, bush
**arc** [aʀk] *nm* (*arme*) bow; (*Géom*) arc; (*Archit*) arch; **~ de cercle** arc of a circle; **en ~ de cercle** *adj* semi-circular
**arcade** [aʀkad] *nf* arch(way); **~s** arcade *sg*, arches; **~ sourcilière** arch of the eyebrows
**arcanes** [aʀkan] *nmpl* mysteries
**arc-boutant** [aʀkbutɑ̃] (*pl* **arcs-boutants**) *nm* flying buttress
**arc-bouter** [aʀkbute]: **s'arc-bouter** *vi*: **s'~ contre** to lean *ou* press against
**arceau, x** [aʀso] *nm* (*métallique etc*) hoop
**arc-en-ciel** [aʀkɑ̃sjɛl] (*pl* **arcs-en-ciel**) *nm* rainbow
**archaïque** [aʀkaik] *adj* archaic
**archaïsme** [aʀkaism(ə)] *nm* archaism
**archange** [aʀkɑ̃ʒ] *nm* archangel

**arche** [aʀʃ(ə)] *nf* arch; **~ de Noé** Noah's Ark
**archéologie** [aʀkeɔlɔʒi] *nf* arch(a)eology
**archéologique** [aʀkeɔlɔʒik] *adj* arch(a)eological
**archéologue** [aʀkeɔlɔg] *nm/f* arch(a)eologist
**archer** [aʀʃe] *nm* archer
**archet** [aʀʃɛ] *nm* bow
**archevêché** [aʀʃəveʃe] *nm* archbishopric; (*palais*) archbishop's palace
**archevêque** [aʀʃəvɛk] *nm* archbishop
**archi...** [aʀʃi] *préfixe* (*très*) dead, extra
**archibondé, e** [aʀʃibɔ̃de] *adj* chock-a-block (*Brit*), packed solid
**archiduc** [aʀʃidyk] *nm* archduke
**archiduchesse** [aʀʃidyʃɛs] *nf* archduchess
**archipel** [aʀʃipɛl] *nm* archipelago
**archisimple** [aʀʃisɛ̃pl(ə)] *adj* dead easy *ou* simple
**architecte** [aʀʃitɛkt(ə)] *nm* architect
**architectural, e, -aux** [aʀʃitɛktyʀal, -o] *adj* architectural
**architecture** [aʀʃitɛktyʀ] *nf* architecture
**archive** [aʀʃiv] *nf* file; **archives** *nfpl* archives
**archiver** [aʀʃive] *vt* to file
**archiviste** [aʀʃivist(ə)] *nm/f* archivist
**arçon** [aʀsɔ̃] *nm voir* **cheval**
**arctique** [aʀktik] *adj* Arctic ▷ *nm*: **l'A~** the Arctic; **le cercle A~** the Arctic Circle; **l'océan A~** the Arctic Ocean
**ardemment** [aʀdamɑ̃] *adv* ardently, fervently
**ardent, e** [aʀdɑ̃, -ɑ̃t] *adj* (*soleil*) blazing; (*fièvre*) raging; (*amour*) ardent, passionate; (*prière*) fervent
**ardeur** [aʀdœʀ] *nf* blazing heat; (*fig*) fervour, ardour
**ardoise** [aʀdwaz] *nf* slate
**ardu, e** [aʀdy] *adj* arduous, difficult; (*pente*) steep, abrupt
**are** [aʀ] *nm* are, 100 square metres
**arène** [aʀɛn] *nf* arena; (*fig*): **l'~ politique** the political arena; **arènes** *nfpl* bull-ring *sg*
**arête** [aʀɛt] *nf* (*de poisson*) bone; (*d'une montagne*) ridge; (*Géom etc*) edge (*where two faces meet*)
**arg.** *abr* = **argus**
**argent** [aʀʒɑ̃] *nm* (*métal*) silver; (*monnaie*) money; (*couleur*) silver; **en avoir pour son ~** to get value for money; **gagner beaucoup d'~** to earn a lot of money; **~ comptant** (hard) cash; **~ liquide** ready money, (ready) cash; **~ de poche** pocket money
**argenté, e** [aʀʒɑ̃te] *adj* silver(y); (*métal*) silver-plated
**argenter** [aʀʒɑ̃te] *vt* to silver(-plate)
**argenterie** [aʀʒɑ̃tʀi] *nf* silverware; (*en métal argenté*) silver plate
**argentin, e** [aʀʒɑ̃tɛ̃, -in] *adj* Argentinian, Argentine ▷ *nm/f*: **Argentin, e** Argentinian, Argentine
**Argentine** [aʀʒɑ̃tin] *nf*: **l'~** Argentina, the Argentine
**argentique** [aʀʒɑ̃tik] *adj* (*appareil-photo*) film *cpd*
**argile** [aʀʒil] *nf* clay

**argileux, -euse** [aʀʒilø, -øz] *adj* clayey
**argot** [aʀɡo] *nm* slang; *see note*

● **ARGOT**
●
● Argot was the term originally used to
● describe the jargon of the criminal
● underworld, characterized by colourful
● images and distinctive intonation and
● designed to confuse the outsider. Some
● French authors write in *argot* and so have
● helped it spread and grow. More generally,
● the special vocabulary used by any social or
● professional group is also known as *argot*.

**argotique** [aʀɡɔtik] *adj* slang *cpd*; *(très familier)*
slangy
**arguer** [aʀɡɥe]: **~ de** *vt* to put forward as a
pretext *ou* reason; **~ que** to argue that
**argument** [aʀɡymɑ̃] *nm* argument
**argumentaire** [aʀɡymɑ̃tɛʀ] *nm* list of sales
points; *(brochure)* sales leaflet
**argumentation** [aʀɡymɑ̃tɑsjɔ̃] *nf (fait
d'argumenter)* arguing; *(ensemble des arguments)*
argument
**argumenter** [aʀɡymɑ̃te] *vi* to argue
**argus** [aʀɡys] *nm* guide to second-hand car etc prices
**arguties** [aʀɡysi] *nfpl* pettifoggery *sg* (Brit),
quibbles
**aride** [aʀid] *adj* arid
**aridité** [aʀidite] *nf* aridity
**arien, ne** [aʀjɛ̃, -ɛn] *adj* Arian
**aristocrate** [aʀistɔkʀat] *nm/f* aristocrat
**aristocratie** [aʀistɔkʀasi] *nf* aristocracy
**aristocratique** [aʀistɔkʀatik] *adj* aristocratic
**arithmétique** [aʀitmetik] *adj* arithmetic(al)
▷ *nf* arithmetic
**armada** [aʀmada] *nf (fig)* army
**armagnac** [aʀmaɲak] *nm* armagnac
**armateur** [aʀmatœʀ] *nm* shipowner
**armature** [aʀmatyʀ] *nf* framework; *(de tente etc)*
frame; *(de corset)* bone; *(de soutien-gorge)* wiring
**arme** [aʀm(ə)] *nf* weapon; *(section de l'armée)*
arm; **armes** *nfpl* weapons, arms; *(blason)* (coat
of) arms; **les ~s** *(profession)* soldiering *sg*; **à ~s
égales** on equal terms; **en ~s** up in arms;
**passer par les ~s** to execute (by firing squad);
**prendre/présenter les ~s** to take up/present
arms; **se battre à l'~ blanche** to fight with
blades; **~ à feu** firearm; **~s de destruction
massive** weapons of mass destruction
**armé, e** [aʀme] *adj* armed; **~ de** armed with
**armée** [aʀme] *nf* army; **~ de l'air** Air Force; **l'~
du Salut** the Salvation Army; **~ de terre** Army
**armement** [aʀməmɑ̃] *nm (matériel)* arms *pl*,
weapons *pl*; *(: d'un pays)* arms *pl*, armament;
*(action d'équiper: d'un navire)* fitting out; **~s
nucléaires** nuclear armaments; **course aux ~s**
arms race
**Arménie** [aʀmeni] *nf*: **l'~** Armenia
**arménien, ne** [aʀmenjɛ̃, -ɛn] *adj* Armenian
▷ *nm (Ling)* Armenian ▷ *nm/f*: **Arménien, ne**

Armenian
**armer** [aʀme] *vt* to arm; *(arme à feu)* to cock;
*(appareil-photo)* to wind on; **~ qch de** to fit sth
with; *(renforcer)* to reinforce sth with; **~ qn de** to
arm *ou* equip sb with; **s'armer de** to arm o.s.
with
**armistice** [aʀmistis] *nm* armistice; **l'A~**
= Remembrance (Brit) *ou* Veterans (US) Day
**armoire** [aʀmwaʀ] *nf* (tall) cupboard; *(penderie)*
wardrobe (Brit), closet (US); **~ à pharmacie**
medicine chest
**armoiries** [aʀmwaʀi] *nfpl* coat of arms *sg*
**armure** [aʀmyʀ] *nf* armour *no pl*, suit of armour
**armurerie** [aʀmyʀʀi] *nf* arms factory; *(magasin)*
gunsmith's (shop)
**armurier** [aʀmyʀje] *nm* gunsmith; *(Mil, d'armes
blanches)* armourer
**ARN** *sigle m* (= *acide ribonucléique*) RNA
**arnaque** [aʀnak] *nf*: **de l'~** daylight robbery
**arnaquer** [aʀnake] *vt* to do *(fam)*, swindle; **se
faire ~** to be had *(fam)* ou done
**arnaqueur** [aʀnakœʀ] *nm* swindler
**arnica** [aʀnika] *nm*: **(teinture d')~** arnica
**arobase** [aʀobaz] *nf (Inform)* "at" symbol, @;
**"paul ~ société point fr"** "paul at société dot fr"
**aromates** [aʀɔmat] *nmpl* seasoning *sg*, herbs
(and spices)
**aromathérapie** [aʀɔmateʀapi] *nf* aromatherapy
**aromatique** [aʀɔmatik] *adj* aromatic
**aromatisé, e** [aʀɔmatize] *adj* flavoured
**arôme** [aʀom] *nm* aroma; *(d'une fleur etc)*
fragrance
**arpège** [aʀpɛʒ] *nm* arpeggio
**arpentage** [aʀpɑ̃taʒ] *nm* (land) surveying
**arpenter** [aʀpɑ̃te] *vt* to pace up and down
**arpenteur** [aʀpɑ̃tœʀ] *nm* land surveyor
**arqué, e** [aʀke] *adj* arched; *(jambes)* bow *cpd*,
bandy
**arr.** *abr* = **arrondissement**
**arrachage** [aʀaʃaʒ] *nm*: **~ des mauvaises
herbes** weeding
**arraché** [aʀaʃe] *nm (Sport)* snatch; **obtenir à l'~**
*(fig)* to snatch
**arrache-pied** [aʀaʃpje]: **d'~** *adv* relentlessly
**arracher** [aʀaʃe] *vt* to pull out; *(page etc)* to tear
off, tear out; *(déplanter: légume)* to lift; *(: herbe,
souche)* to pull up; *(bras etc: par explosion)* to blow
off; *(: par accident)* to tear off; **s'arracher** *vt*
*(article très recherché)* to fight over; **~ qch à qn** to
snatch sth from sb; *(fig)* to wring sth out of sb,
wrest sth from sb; **~ qn à** *(solitude, rêverie)* to drag
sb out of; *(famille etc)* to tear *ou* wrench sb away
from; **se faire ~ une dent** to have a tooth *ou* out ou
pulled (US); **s'~ de** *(lieu)* to tear o.s. away from;
*(habitude)* to force o.s. out of
**arraisonner** [aʀezɔne] *vt* to board and search
**arrangeant, e** [aʀɑ̃ʒɑ̃, -ɑ̃t] *adj* accommodating,
obliging
**arrangement** [aʀɑ̃ʒmɑ̃] *nm* arrangement
**arranger** [aʀɑ̃ʒe] *vt* to arrange; *(réparer)* to fix,
put right; *(régler)* to settle, sort out; *(convenir à)* to
suit, be convenient for; **s'arranger** *vi (se mettre*

*d'accord*) to come to an agreement *ou* arrangement; (*s'améliorer: querelle, situation*) to be sorted out; (*se débrouiller*): **s'~ pour que** ... to arrange things so that ...; **je vais m'~** I'll manage; **ça va s'~** it'll sort itself out; **s'~ pour faire** to make sure that *ou* see to it that one can do

**arrangeur** [aʀɑ̃ʒœʀ] *nm* (*Mus*) arranger

**arrestation** [aʀɛstɑsjɔ̃] *nf* arrest

**arrêt** [aʀɛ] *nm* stopping; (*de bus etc*) stop; (*Jur*) judgment, decision; (*Football*) save; **arrêts** *nmpl* (*Mil*) arrest *sg*; **être à l'~** to be stopped, have come to a halt; **rester** *ou* **tomber en ~ devant** to stop short in front of; **sans ~** without stopping, non-stop; (*fréquemment*) continually; **~ d'autobus** bus stop; **~ facultatif** request stop; **~ de mort** capital sentence; **~ de travail** stoppage (of work)

**arrêté, e** [aʀete] *adj* (*idées*) firm, fixed ▷ *nm* order, decree; **~ municipal** ≈ bylaw, byelaw

**arrêter** [aʀete] *vt* to stop; (*chauffage etc*) to turn off, switch off; (*Comm: compte*) to settle; (*Couture: point*) to fasten off; (*fixer: date etc*) to appoint, decide on; (*criminel, suspect*) to arrest; **s'arrêter** *vi* to stop; (*s'interrompre*) to stop o.s.; **~ de faire** to stop doing; **arrête de te plaindre** stop complaining; **ne pas ~ de faire** to keep on doing; **s'~ de faire** to stop doing; **s'~ sur** (*choix, regard*) to fall on

**arrhes** [aʀ] *nfpl* deposit *sg*

**arrière** [aʀjɛʀ] *nm* back; (*Sport*) fullback ▷ *adj inv*: **siège/roue ~** back *ou* rear seat/wheel; **arrières** *nmpl* (*fig*): **protéger ses ~s** to protect the rear; **à l'~** *adv* behind, at the back; **en ~** *adv* behind; (*regarder*) back, behind; (*tomber, aller*) backwards; **en ~ de** *prép* behind

**arriéré, e** [aʀjeʀe] *adj* (*péj*) backward ▷ *nm* (*d'argent*) arrears *pl*

**arrière-boutique** [aʀjɛʀbutik] *nf* back shop

**arrière-cour** [aʀjɛʀkuʀ] *nf* backyard

**arrière-cuisine** [aʀjɛʀkɥizin] *nf* scullery

**arrière-garde** [aʀjɛʀgaʀd(ə)] *nf* rearguard

**arrière-goût** [aʀjɛʀgu] *nm* aftertaste

**arrière-grand-mère** [aʀjɛʀgʀɑ̃mɛʀ] (*pl* **-s**) *nf* great-grandmother

**arrière-grand-père** [aʀjɛʀgʀɑ̃pɛʀ] (*pl* **arrière-grands-pères**) *nm* great-grandfather

**arrière-grands-parents** [aʀjɛʀgʀɑ̃paʀɑ̃] *nmpl* great-grandparents

**arrière-pays** [aʀjɛʀpei] *nm inv* hinterland

**arrière-pensée** [aʀjɛʀpɑ̃se] *nf* ulterior motive; (*doute*) mental reservation

**arrière-petite-fille** [aʀjɛʀpətitfij] (*pl* **arrière-petites-filles**) *nf* great-granddaughter

**arrière-petit-fils** [aʀjɛʀpətifis] (*pl* **arrière-petits-fils**) *nm* great-grandson

**arrière-petits-enfants** [aʀjɛʀpətizɑ̃fɑ̃] *nmpl* great-grandchildren

**arrière-plan** [aʀjɛʀplɑ̃] *nm* background; **d'~** *adj* (*Inform*) background *cpd*

**arriérer** [aʀjeʀe]: **s'arriérer** *vi* (*Comm*) to fall into arrears

**arrière-saison** [aʀjɛʀsɛzɔ̃] *nf* late autumn

**arrière-salle** [aʀjɛʀsal] *nf* back room

**arrière-train** [aʀjɛʀtʀɛ̃] *nm* hindquarters *pl*

**arrimer** [aʀime] *vt* to stow; (*fixer*) to secure, fasten securely

**arrivage** [aʀivaʒ] *nm* arrival

**arrivant, e** [aʀivɑ̃, -ɑ̃t] *nm/f* newcomer

**arrivée** [aʀive] *nf* arrival; (*ligne d'arrivée*) finish; **~ d'air/de gaz** air/gas inlet; **courrier à l'~** incoming mail; **à mon ~** when I arrived

**arriver** [aʀive] *vi* to arrive; (*survenir*) to happen, occur; **j'arrive!** (I'm) just coming!; **il arrive à Paris à 8 h** he gets to *ou* arrives in Paris at 8; **~ à destination** to arrive at one's destination; **~ à** (*atteindre*) to reach; **~ à (faire) qch** (*réussir*) to manage (to do) sth; **~ à échéance** to fall due; **en ~ à faire** ... to end up doing ..., get to the point of doing ...; **il arrive que** ... it happens that ...; **il lui arrive de faire** ... he sometimes does ...

**arrivisme** [aʀivism(ə)] *nm* ambition, ambitiousness

**arriviste** [aʀivist(ə)] *nm/f* go-getter

**arrogance** [aʀɔgɑ̃s] *nf* arrogance

**arrogant, e** [aʀɔgɑ̃, -ɑ̃t] *adj* arrogant

**arroger** [aʀɔʒe]: **s'arroger** *vt* to assume (without right); **s'~ le droit de** ... to assume the right to ...

**arrondi, e** [aʀɔ̃di] *adj* round ▷ *nm* roundness

**arrondir** [aʀɔ̃diʀ] *vt* (*forme, objet*) to round; (*somme*) to round off; **s'arrondir** *vi* to become round(ed); **~ ses fins de mois** to supplement one's pay

**arrondissement** [aʀɔ̃dismɑ̃] *nm* (*Admin*) ≈ district

**arrosage** [aʀozaʒ] *nm* watering; **tuyau d'~** hose(pipe)

**arroser** [aʀoze] *vt* to water; (*victoire etc*) to celebrate (over a drink); (*Culin*) to baste

**arroseur** [aʀozœʀ] *nm* (*tourniquet*) sprinkler

**arroseuse** [aʀozøz] *nf* water cart

**arrosoir** [aʀozwaʀ] *nm* watering can

**arrt** *abr* = **arrondissement**

**arsenal, -aux** [aʀsənal, -o] *nm* (*Navig*) naval dockyard; (*Mil*) arsenal; (*fig*) gear, paraphernalia

**art** [aʀ] *nm* art; **avoir l'~ de faire** (*fig: personne*) to have a talent for doing; **les ~s** the arts; **livre/critique d'~** art book/critic; **objet d'~** objet d'art; **~ dramatique** dramatic art; **~s martiaux** martial arts; **~s et métiers** applied arts and crafts; **~s ménagers** home economics *sg*; **~s plastiques** plastic arts

**art.** *abr* = **article**

**artère** [aʀtɛʀ] *nf* (*Anat*) artery; (*rue*) main road

**artériel, le** [aʀteʀjɛl] *adj* arterial

**artériosclérose** [aʀteʀjɔskleʀoz] *nf* arteriosclerosis

**arthrite** [aʀtʀit] *nf* arthritis

**arthrose** [aʀtʀoz] *nf* (degenerative) osteoarthritis

**artichaut** [aʀtiʃo] *nm* artichoke

**article** [aʀtikl(ə)] *nm* article; (*Comm*) item,
article; **faire l'~** (*Comm*) to do one's sales spiel;
**faire l'~ de** (*fig*) to sing the praises of; **à l'~ de la
mort** at the point of death; **~ défini/indéfini**
definite/indefinite article; **~ de fond** (*Presse*)
feature article; **~s de bureau** office equipment;
**~s de voyage** travel goods *ou* items
**articulaire** [aʀtikylɛʀ] *adj* of the joints, articular
**articulation** [aʀtikylɑsjɔ̃] *nf* articulation;
(*Anat*) joint
**articulé, e** [aʀtikyle] *adj* (*membre*) jointed;
(*poupée*) with moving joints
**articuler** [aʀtikyle] *vt* to articulate; **s'articuler
(sur)** *vi* (*Anat, Tech*) to articulate (with); **s'~
autour de** (*fig*) to centre around *ou* on, turn on
**artifice** [aʀtifis] *nm* device, trick
**artificiel, le** [aʀtifisjɛl] *adj* artificial
**artificiellement** [aʀtifisjɛlmɑ̃] *adv* artificially
**artificier** [aʀtifisje] *nm* pyrotechnist
**artificieux, -euse** [aʀtifisjø, -øz] *adj* guileful,
deceitful
**artillerie** [aʀtijʀi] *nf* artillery, ordnance
**artilleur** [aʀtijœʀ] *nm* artilleryman, gunner
**artisan** [aʀtizɑ̃] *nm* artisan, (self-employed)
craftsman; **l'~ de la victoire/du malheur** the
architect of victory/of the disaster
**artisanal, e, -aux** [aʀtizanal, -o] *adj of ou* made
by craftsmen; (*péj*) cottage industry *cpd*,
unsophisticated
**artisanalement** [aʀtizanalmɑ̃] *adv* by
craftsmen
**artisanat** [aʀtizana] *nm* arts and crafts *pl*
**artiste** [aʀtist(ə)] *nm/f* artist; (*Théât, Mus*) artist,
performer; (: *de variétés*) entertainer
**artistique** [aʀtistik] *adj* artistic
**artistiquement** [aʀtistikmɑ̃] *adv* artistically
**aryen, ne** [aʀjɛ̃, -ɛn] *adj* Aryan
**AS** *sigle fpl* (*Admin*) = **assurances sociales** ▷ *sigle f*
(*Sport*: = *Association sportive*) ≈ FC (= *Football Club*)
**as** *vb* [a] *voir* **avoir** ▷ *nm* [ɑs] ace
**a/s** *abr* (= *aux soins de*) c/o
**ASBL** *sigle f* (= *association sans but lucratif*) non-
profit-making organization
**asc.** *abr* = **ascenseur**
**ascendance** [asɑ̃dɑ̃s] *nf* (*origine*) ancestry;
(*Astrologie*) ascendant
**ascendant, e** [asɑ̃dɑ̃, -ɑ̃t] *adj* upward ▷ *nm*
influence; **ascendants** *nmpl* ascendants
**ascenseur** [asɑ̃sœʀ] *nm* lift (*Brit*), elevator (*US*)
**ascension** [asɑ̃sjɔ̃] *nf* ascent; climb; **l'A~** (*Rel*)
the Ascension; (: *jour férié*) Ascension (Day); *see
note*; (**île de**) **l'A~** Ascension Island

● **L'ASCENSION**

● The *fête de l'Ascension* is a public holiday in
France. It always falls on a Thursday, usually
in May. Many French people take the
following Friday off work too and enjoy a
long weekend.

**ascète** [asɛt] *nm/f* ascetic

**ascétique** [asetik] *adj* ascetic
**ascétisme** [asetism(ə)] *nm* asceticism
**ascorbique** [askɔʀbik] *adj*: **acide ~** ascorbic acid
**ASE** *sigle f* (= *Agence spatiale européenne*) ESA
(= *European Space Agency*)
**asepsie** [asɛpsi] *nf* asepsis
**aseptique** [asɛptik] *adj* aseptic
**aseptisé, e** [asɛptize] (*péj*) *adj* sanitized
**asexué, e** [asɛksɥe] *adj* asexual
**asiatique** [azjatik] *adj* Asian, Asiatic ▷ *nm/f*:
**Asiatique** Asian
**Asie** [azi] *nf*: **l'~** Asia
**asile** [azil] *nm* (*refuge*) refuge, sanctuary; (*Pol*):
**droit d'~** (political) asylum; (*pour malades,
vieillards etc*) home; **accorder l'~ politique à qn**
to grant *ou* give sb political asylum; **chercher/
trouver ~ quelque part** to seek/find refuge
somewhere
**asocial, e, -aux** [asɔsjal, -o] *adj* antisocial
**aspect** [aspɛ] *nm* appearance, look; (*fig*) aspect,
side; (*Ling*) aspect; **à l'~ de** at the sight of
**asperge** [aspɛʀʒ(ə)] *nf* asparagus *no pl*
**asperger** [aspɛʀʒe] *vt* to spray, sprinkle
**aspérité** [aspeʀite] *nf* excrescence, protruding
bit (of rock *etc*)
**aspersion** [aspɛʀsjɔ̃] *nf* spraying, sprinkling
**asphalte** [asfalt(ə)] *nm* asphalt
**asphyxiant, e** [asfiksjɑ̃, -ɑ̃t] *adj* suffocating;
**gaz ~** poison gas
**asphyxie** [asfiksi] *nf* suffocation, asphyxia,
asphyxiation
**asphyxier** [asfiksje] *vt* to suffocate, asphyxiate;
(*fig*) to stifle; **mourir asphyxié** to die of
suffocation *ou* asphyxiation
**aspic** [aspik] *nm* (*Zool*) asp; (*Culin*) aspic
**aspirant, e** [aspiʀɑ̃, -ɑ̃t] *adj*: **pompe ~e** suction
pump ▷ *nm* (*Navig*) midshipman
**aspirateur** [aspiʀatœʀ] *nm* vacuum cleaner,
hoover®
**aspiration** [aspiʀasjɔ̃] *nf* inhalation, sucking
(up); drawing up; **aspirations** *nfpl* (*ambitions*)
aspirations
**aspirer** [aspiʀe] *vt* (*air*) to inhale; (*liquide*) to suck
(up); (*appareil*) to suck *ou* draw up; **~ à** *vt* to
aspire to
**aspirine** [aspiʀin] *nf* aspirin
**assagir** [asaʒiʀ] *vt*, **s'assagir** *vi* to quieten
down, sober down
**assaillant, e** [asajɑ̃, -ɑ̃t] *nm/f* assailant, attacker
**assaillir** [asajiʀ] *vt* to assail, attack; **~ qn de**
(*questions*) to assail *ou* bombard sb with
**assainir** [aseniʀ] *vt* to clean up; (*eau, air*) to
purify
**assainissement** [asenismɑ̃] *nm* cleaning up;
purifying
**assaisonnement** [asɛzɔnmɑ̃] *nm* seasoning
**assaisonner** [asɛzɔne] *vt* to season; **bien
assaisonné** highly seasoned
**assassin** [asasɛ̃] *nm* murderer; assassin
**assassinat** [asasina] *nm* murder; assassination
**assassiner** [asasine] *vt* to murder; (*surtout Pol*)
to assassinate

**assaut** [aso] *nm* assault, attack; **prendre d'~** to (take by) storm, assault; **donner l'~ (à)** to attack; **faire ~ de** *(rivaliser)* to vie with *ou* rival each other in

**assèchement** [aseʃmɑ̃] *nm* draining, drainage

**assécher** [aseʃe] *vt* to drain

**ASSEDIC** [asedik] *sigle f* (= *Association pour l'emploi dans l'industrie et le commerce) unemployment insurance scheme*

**assemblage** [asɑ̃blaʒ] *nm* assembling; *(Menuiserie)* joint; **un ~ de** *(fig)* a collection of; **langage d'~** *(Inform)* assembly language

**assemblée** [asɑ̃ble] *nf* *(réunion)* meeting; *(public, assistance)* gathering; *(personnes réunies)* assembled people; *(Pol)* assembly; *(Rel)*: **l'~ des fidèles** the congregation; **l'A~ nationale (AN)** the (French) National Assembly; *see note*

● **ASSEMBLÉE NATIONALE**
●
● The *Assemblée nationale* is the lower house of
● the French Parliament, the upper house
● being the "Sénat". It is housed in the Palais
● Bourbon in Paris. Its members, or "députés"
● are elected every five years.

**assembler** [asɑ̃ble] *vt* *(joindre, monter)* to assemble, put together; *(amasser)* to gather (together), collect (together); **s'assembler** *vi* to gather, collect

**assembleur** [asɑ̃blœR] *nm* assembler, fitter; *(Inform)* assembler

**assener, asséner** [asene] *vt*: **~ un coup à qn** to deal sb a blow

**assentiment** [asɑ̃timɑ̃] *nm* assent, consent; *(approbation)* approval

**asseoir** [aswaR] *vt* *(malade, bébé)* to sit up; *(personne debout)* to sit down; *(autorité, réputation)* to establish; **s'asseoir** *vi* to sit (o.s.) up; to sit (o.s.) down; **faire ~ qn** to ask sb to sit down; **asseyez-vous!, assieds-toi!** sit down!; **~ qch sur** to build sth on; *(appuyer)* to base sth on

**assermenté, e** [asεRmɑ̃te] *adj* sworn, on oath

**assertion** [asεRsjɔ̃] *nf* assertion

**asservir** [asεRviR] *vt* to subjugate, enslave

**asservissement** [asεRvismɑ̃] *nm* *(action)* enslavement; *(état)* slavery

**assesseur** [asesœR] *nm* *(Jur)* assessor

**asseyais** *etc* [asεjε] *vb voir* **asseoir**

**assez** [ase] *adv* *(suffisamment)* enough, sufficiently; *(passablement)* rather, quite, fairly; **~!** enough!, that'll do!; **~/pas ~ cuit** well enough done/underdone; **est-il ~ fort/rapide?** is he strong/fast enough?; **il est passé ~ vite** he went past rather *ou* quite *ou* fairly fast; **~ de pain/livres** enough *ou* sufficient bread/books; **vous en avez ~?** have you got enough?; **en avoir ~ de qch** *(en être fatigué)* to have had enough of sth; **travailler ~** to work (hard) enough

**assidu, e** [asidy] *adj* assiduous, painstaking; *(régulier)* regular; **~ auprès de qn** attentive towards sb

**assiduité** [asidɥite] *nf* assiduousness, painstaking regularity; attentiveness; **assiduités** *nfpl* assiduous attentions

**assidûment** [asidymɑ̃] *adv* assiduously, painstakingly; attentively

**assied** *etc* [asje] *vb voir* **asseoir**

**assiégé, e** [asjeʒe] *adj* under siege, besieged

**assiéger** [asjeʒe] *vt* to besiege, lay siege to; *(foule, touristes)* to mob, besiege

**assiérai** *etc* [asjeRe] *vb voir* **asseoir**

**assiette** [asjεt] *nf* plate; *(contenu)* plate(ful); *(équilibre)* seat; *(de colonne)* seating; *(de navire)* trim; **~ anglaise** assorted cold meats; **~ creuse** (soup) dish, soup plate; **~ à dessert** dessert *ou* side plate; **~ de l'impôt** basis of (tax) assessment; **~ plate** (dinner) plate

**assiettée** [asjete] *nf* plateful

**assignation** [asiɲasjɔ̃] *nf* assignation; *(Jur)* summons; *(: de témoin)* subpoena; **~ à résidence** compulsory order of residence

**assigner** [asiɲe] *vt*: **~ qch à** to assign *ou* allot sth to; *(valeur, importance)* to attach sth to; *(somme)* to allocate sth to; *(limites)* to set *ou* fix sth to; *(cause, effet)* to ascribe *ou* attribute sth to; **~ qn à** *(affecter)* to assign sb to; **~ qn à résidence** *(Jur)* to give sb a compulsory order of residence

**assimilable** [asimilabl(ə)] *adj* easily assimilated *ou* absorbed

**assimilation** [asimilɑsjɔ̃] *nf* assimilation, absorption

**assimiler** [asimile] *vt* to assimilate, absorb; *(comparer)*: **~ qch à** to liken *ou* compare sth/sb to; **s'assimiler** *vi* *(s'intégrer)* to be assimilated *ou* absorbed; **ils sont assimilés aux infirmières** *(Admin)* they are classed as nurses

**assis, e** [asi, -iz] *pp de* **asseoir** ▷ *adj* sitting (down), seated ▷ *nf* *(Constr)* course; *(Géo)* stratum *(pl* -a); *(fig)* basis *(pl* bases), foundation; **~ en tailleur** sitting cross-legged

**assises** [asiz] *nfpl* *(Jur)* assizes; *(congrès)* (annual) conference

**assistanat** [asistana] *nm* assistantship; *(à l'université)* probationary lectureship

**assistance** [asistɑ̃s] *nf* *(public)* audience; *(aide)* assistance; **porter** *ou* **prêter ~ à qn** to give sb assistance; **A~ publique (AP)** *public health service*; **enfant de l'A~ (publique)** child in care; **~ technique** technical aid

**assistant, e** [asistɑ̃, -ɑ̃t] *nm/f* assistant; *(d'université)* probationary lecturer; **les assistants** *nmpl* *(auditeurs etc)* those present; **~e sociale** social worker

**assisté, e** [asiste] *adj* *(Auto)* power assisted ▷ *nm/f* person receiving aid from the State

**assister** [asiste] *vt* to assist; **~ à** *vt* *(scène, événement)* to witness; *(conférence)* to attend, be (present) at; *(spectacle, match)* to be at, see

**association** [asɔsjɑsjɔ̃] *nf* association; *(Comm)* partnership; **~ d'idées/images** association of ideas/images

**associé, e** [asɔsje] *nm/f* associate; *(Comm)*

partner

**associer** [asɔsje] *vt* to associate; ~ **qn à** *(profits)* to give sb a share of; *(affaire)* to make sb a partner in; *(joie, triomphe)* to include sb in; ~ **qch à** *(joindre, allier)* to combine sth with; **s'associer** *vi* to join together; *(Comm)* to form a partnership ▷ *vt* *(collaborateur)* to take on (as a partner); **s'~ à** to be combined with; *(opinions, joie de qn)* to share in; **s'~ à** *ou* **avec qn pour faire** to join (forces) *ou* join together with sb to do

**assoie** *etc* [aswa] *vb voir* **asseoir**

**assoiffé, e** [aswafe] *adj* thirsty; *(fig)*: ~ **de** *(sang)* thirsting for; *(gloire)* thirsting after

**assoirai** [aswaʀe], **assois** *etc* [aswa] *vb voir* **asseoir**

**assolement** [asɔlmã] *nm* (systematic) rotation of crops

**assombrir** [asɔ̃bʀiʀ] *vt* to darken; *(fig)* to fill with gloom; **s'assombrir** *vi* to darken; *(devenir nuageux, fig: visage)* to cloud over; *(fig)* to become gloomy

**assommer** [asɔme] *vt* *(étourdir, abrutir)* to knock out, stun; *(fam: ennuyer)* to bore stiff

**Assomption** [asɔ̃psjɔ̃] *nf*: **l'~** the Assumption; *see note*

### ● **L'ASSOMPTION**
●
● The *fête de l'Assomption*, more commonly
● known as "le 15 août" is a national holiday
● in France. Traditionally, large numbers of
● holidaymakers leave home on 15 August,
● frequently causing chaos on the roads.

**assorti, e** [asɔʀti] *adj* matched, matching; **fromages/légumes ~s** assorted cheeses/vegetables; ~ **à** matching; ~ **de** accompanied with; *(conditions, conseils)* coupled with; **bien/mal ~** well/ill-matched

**assortiment** [asɔʀtimã] *nm* *(choix)* assortment, selection; *(harmonie de couleurs, formes)* arrangement; *(Comm: lot, stock)* selection

**assortir** [asɔʀtiʀ] *vt* to match; **s'assortir** *vi* to go well together, match; ~ **qch à** to match sth with; ~ **qch de** to accompany sth with; **s'~ de** to be accompanied by

**assoupi, e** [asupi] *adj* dozing, sleeping; *(fig)* (be)numbed; *(sens)* dulled

**assoupir** [asupiʀ]: **s'assoupir** *vi* *(personne)* to doze off; *(sens)* to go numb

**assoupissement** [asupismã] *nm* *(sommeil)* dozing; *(fig: somnolence)* drowsiness

**assouplir** [asupliʀ] *vt* to make supple, soften; *(membres, corps)* to limber up, make supple; *(fig)* to relax; *(: caractère)* to soften, make more flexible; **s'assouplir** *vi* to soften; to limber up; to relax; to become more flexible

**assouplissant** [asuplisã] *nm* (fabric) softener

**assouplissement** [asuplismã] *nm* softening; limbering up; relaxation; **exercices d'~** limbering up exercises

**assourdir** [asuʀdiʀ] *vt* *(bruit)* to deaden, muffle; *(bruit)* to deafen

**assourdissant, e** [asuʀdisã, -ãt] *adj* *(bruit)* deafening

**assouvir** [asuviʀ] *vt* to satisfy, appease

**assoyais** *etc* [aswajɛ] *vb voir* **asseoir**

**assujetti, e** [asyʒeti] *adj*: ~ **(à)** subject (to); *(Admin)*: ~ **à l'impôt** subject to tax(ation)

**assujettir** [asyʒetiʀ] *vt* to subject, subjugate; *(fixer: planches, tableau)* to fix securely; ~ **qn à** *(règle, impôt)* to subject sb to

**assujettissement** [asyʒetismã] *nm* subjection, subjugation

**assumer** [asyme] *vt* *(fonction, emploi)* to assume, take on; *(accepter: conséquence, situation)* to accept

**assurance** [asyʀãs] *nf* *(certitude)* assurance; *(confiance en soi)* (self-)confidence; *(contrat)* insurance (policy); *(secteur commercial)* insurance; **prendre une ~ contre** to take out insurance *ou* an insurance policy against; ~ **contre l'incendie** fire insurance; ~ **contre le vol** insurance against theft; **société d'~**, **compagnie d'~s** insurance company; ~ **maladie (AM)** health insurance; ~ **au tiers** third party insurance; ~ **tous risques** *(Auto)* comprehensive insurance; ~**s sociales (AS)** ≈ National Insurance *(Brit)*, ≈ Social Security *(US)*

**assurance-vie** [asyʀãsvi] *(pl* **assurances-vie)** *nf* life assurance *ou* insurance

**assurance-vol** [asyʀãsvɔl] *(pl* **assurances-vol)** *nf* insurance against theft

**assuré, e** [asyʀe] *adj* *(victoire etc)* certain, sure; *(démarche, voix)* assured, (self-)confident; *(certain)*: ~ **de** confident of; *(Assurances)* insured ▷ *nm/f* insured (person); ~ **social** ≈ member of the National Insurance *(Brit)* *ou* Social Security *(US)* scheme

**assurément** [asyʀemã] *adv* assuredly, most certainly

**assurer** [asyʀe] *vt* *(Comm)* to insure; *(stabiliser)* to steady, stabilize; *(victoire etc)* to ensure, make certain; *(frontières, pouvoir)* to make secure; *(service, garde)* to provide, operate; ~ **qch à qn** *(garantir)* to secure *ou* guarantee sth for sb; *(certifier)* to assure sb of sth; ~ **à qn que** to assure sb that; **je vous assure que non/si** I assure you that that is not the case/is the case; ~ **qn de** to assure sb of; ~ **ses arrières** *(fig)* to be sure one has something to fall back on; **s'assurer (contre)** *vi* *(Comm)* to insure o.s. (against); **s'~ de/que** *(vérifier)* to make sure of/that; **s'~ (de)** *(aide de qn)* to secure; **s'~ sur la vie** to take out life insurance; **s'~ le concours/la collaboration de qn** to secure sb's aid/collaboration

**assureur** [asyʀœʀ] *nm* insurance agent; *(société)* insurers *pl*

**Assyrie** [asiʀi] *nf*: **l'~** Assyria

**astérisque** [asteʀisk(ə)] *nm* asterisk

**astéroïde** [asteʀɔid] *nm* asteroid

**asthmatique** [asmatik] *adj* asthmatic

**asthme** [asm(ə)] *nm* asthma

**asticot** [astiko] *nm* maggot
**asticoter** [astikɔte] *vt* (*fam*) to needle, get at
**astigmate** [astigmat] *adj* (*Méd: personne*)
astigmatic, having an astigmatism
**astiquer** [astike] *vt* to polish, shine
**astrakan** [astrakã] *nm* astrakhan
**astral, e, -aux** [astral, -o] *adj* astral
**astre** [astr(ə)] *nm* star
**astreignant, e** [astrɛɲã, -ãt] *adj* demanding
**astreindre** [astrɛ̃dr(ə)] *vt*: **~ qn à qch** to force
sth upon sb; **~ qn à faire** to compel *ou* force sb
to do; **s'astreindre à** to compel *ou* force *o.s.* to
**astringent, e** [astrɛ̃ʒã, -ãt] *adj* astringent
**astrologie** [astrɔlɔʒi] *nf* astrology
**astrologique** [astrɔlɔʒik] *adj* astrological
**astrologue** [astrɔlɔg] *nm/f* astrologer
**astronaute** [astrɔnot] *nm/f* astronaut
**astronautique** [astrɔnotik] *nf* astronautics *sg*
**astronome** [astrɔnɔm] *nm/f* astronomer
**astronomie** [astrɔnɔmi] *nf* astronomy
**astronomique** [astrɔnɔmik] *adj* astronomic(al)
**astrophysicien, ne** [astrɔfizisjɛ̃, -ɛn] *nm/f*
astrophysicist
**astrophysique** [astrɔfizik] *nf* astrophysics *sg*
**astuce** [astys] *nf* shrewdness, astuteness; (*truc*)
trick, clever way; (*plaisanterie*) wisecrack
**astucieusement** [astysjøzmã] *adv* shrewdly,
cleverly, astutely
**astucieux, -euse** [astysjø, -øz] *adj* shrewd,
clever, astute
**asymétrique** [asimetrik] *adj* asymmetric(al)
**AT** *sigle m* (= *Ancien Testament*) OT
**atavisme** [atavism(ə)] *nm* atavism, heredity
**atelier** [atəlje] *nm* workshop; (*de peintre*) studio
**atermoiements** [atɛrmwamã] *nmpl*
procrastination *sg*
**atermoyer** [atɛrmwaje] *vi* to temporize,
procrastinate
**athée** [ate] *adj* atheistic ▷ *nm/f* atheist
**athéisme** [ateism(ə)] *nm* atheism
**Athènes** [atɛn] *n* Athens
**athénien, ne** [atenjɛ̃, -ɛn] *adj* Athenian
**athlète** [atlɛt] *nm/f* (*Sport*) athlete; (*costaud*)
muscleman
**athlétique** [atletik] *adj* athletic
**athlétisme** [atletism(ə)] *nm* athletics *sg*; **faire
de l'~** to do athletics; **tournoi d'~** athletics
meeting
**Atlantide** [atlãtid] *nf*: **l'~** Atlantis
**atlantique** [atlãtik] *adj* Atlantic ▷ *nm*: **l'(océan)
A~** the Atlantic (Ocean)
**atlantiste** [atlãtist(ə)] *adj, nm/f* Atlanticist
**Atlas** [atlɑs] *nm*: **l'~** the Atlas Mountains
**atlas** [atlɑs] *nm* atlas
**atmosphère** [atmɔsfɛr] *nf* atmosphere
**atmosphérique** [atmɔsferik] *adj* atmospheric
**atoll** [atɔl] *nm* atoll
**atome** [atom] *nm* atom
**atomique** [atomik] *adj* atomic, nuclear; (*usine*)
nuclear; (*nombre, masse*) atomic
**atomiseur** [atomizœr] *nm* atomizer
**atomiste** [atomist(ə)] *nm/f* (*aussi:* **savant,**

**ingénieur** *etc* **atomiste**) atomic scientist
**atone** [atɔn] *adj* lifeless; (*Ling*) unstressed,
unaccented
**atours** [atur] *nmpl* attire *sg*, finery *sg*
**atout** [atu] *nm* trump; (*fig*) asset; (: *plus fort*)
trump card; (*fig*) "**~ pique/trèfle**" "spades/clubs
are trumps"
**ATP** *sigle f* (= *Association des tennismen professionnels*)
ATP (= *Association of Tennis Professionals*) ▷ *sigle mpl*
= **arts et traditions populaires**; **musée des ~**
≈ folk museum
**âtre** [ɑtr(ə)] *nm* hearth
**atroce** [atrɔs] *adj* atrocious, horrible
**atrocement** [atrɔsmã] *adv* atrociously, horribly
**atrocité** [atrɔsite] *nf* atrocity
**atrophie** [atrɔfi] *nf* atrophy
**atrophier** [atrɔfje]: **s'atrophier** *vi* to atrophy
**attabler** [atable]: **s'attabler** *vi* to sit down at
(the) table; **s'~ à la terrasse** to sit down (at a
table) on the terrace
**ATTAC** *sigle f* (= *Association pour la Taxation des
Transactions pour l'Aide aux Citoyens*) ATTAC,
*organization critical of globalization originally set up to
demand a tax on foreign currency speculation*
**attachant, e** [ataʃã, -ãt] *adj* engaging, likeable
**attache** [ataʃ] *nf* clip, fastener; (*fig*) tie;
**attaches** *nfpl* (*relations*) connections; **à l'~** (*chien*)
tied up
**attaché, e** [ataʃe] *adj*: **être ~ à** (*aimer*) to be
attached to ▷ *nm* (*Admin*) attaché; **~ de presse/
d'ambassade** press/embassy attaché; **~
commercial** commercial attaché
**attaché-case** [ataʃekɛz] *nm inv* attaché case
(*Brit*), briefcase
**attachement** [ataʃmã] *nm* attachment
**attacher** [ataʃe] *vt* to tie up; (*étiquette*) to attach,
tie on; (*souliers*) to do up ▷ *vi* (*poêle, riz*) to stick;
**s'attacher** *vi* (*robe etc*) to do up; **s'~ à** (*par
affection*) to become attached to; **s'~ à faire qch**
to endeavour to do sth; **~ qch à** to tie *ou* fasten
*ou* attach sth to; **~ qn à** (*fig: lier*) to attach sb to; **~
du prix/de l'importance à** to attach great
value/attach importance to
**attaquant, e** [atakã] *nm* (*Mil*) attacker; (*Sport*)
striker, forward
**attaque** [atak] *nf* attack; (*cérébrale*) stroke;
(*d'épilepsie*) fit; **être/se sentir d'~** to be/feel on
form; **~ à main armée** armed attack
**attaquer** [atake] *vt* to attack; (*en justice*) to bring
an action against, sue; (*travail*) to tackle, set
about ▷ *vi* to attack; **s'attaquer à** *vt* to attack;
(*épidémie, misère*) to tackle, attack
**attardé, e** [atarde] *adj* (*passants*) late; (*enfant*)
backward; (*conceptions*) old-fashioned
**attarder** [atarde]: **s'attarder** *vi* (*sur qch, en
chemin*) to linger; (*chez qn*) to stay on
**atteignais** *etc* [atɛɲɛ] *vb voir* **atteindre**
**atteindre** [atɛ̃dr(ə)] *vt* to reach; (*blesser*) to hit;
(*contacter*) to reach, contact, get in touch with;
(*émouvoir*) to affect
**atteint, e** [atɛ̃, -ɛ̃t] *pp de* **atteindre** ▷ *adj* (*Méd*):
**être ~ de** to be suffering from ▷ *nf* attack; **hors**

**d'~e** out of reach; **porter ~e à** to strike a blow at, undermine

**attelage** [atlaʒ] nm (de remorque etc) coupling (Brit), (trailer) hitch (US); (animaux) team; (harnachement) harness; (: de bœufs) yoke

**atteler** [atle] vt (cheval, bœufs) to hitch up; (wagons) to couple; **s'atteler à** (travail) to buckle down to

**attelle** [atɛl] nf splint

**attenant, e** [atnɑ̃, -ɑ̃t] adj: ~ (à) adjoining

**attendant** [atɑ̃dɑ̃]: **en ~** adv (dans l'intervalle) meanwhile, in the meantime

**attendre** [atɑ̃dR(ə)] vt to wait for; (être destiné ou réservé à) to await, be in store for ▷ vi to wait; **je n'attends plus rien (de la vie)** I expect nothing more (from life); **attendez que je réfléchisse** wait while I think; **s'~ à (ce que)** (escompter) to expect (that); **je ne m'y attendais pas** I didn't expect that; **ce n'est pas ce à quoi je m'attendais** that's not what I expected; ~ **un enfant** to be expecting a baby; ~ **de pied ferme** to wait determinedly; ~ **de faire/d'être** to wait until one does/is; ~ **que** to wait until; ~ **qch de** to expect sth of; **faire ~ qn** to keep sb waiting; **se faire ~** to keep people (ou us etc) waiting; **en attendant** adv voir **attendant**

**attendri, e** [atɑ̃dRi] adj tender

**attendrir** [atɑ̃dRiR] vt to move (to pity); (viande) to tenderize; **s'attendrir (sur)** to be moved ou touched (by)

**attendrissant, e** [atɑ̃dRisɑ̃, -ɑ̃t] adj moving, touching

**attendrissement** [atɑ̃dRismɑ̃] nm (tendre) emotion; (apitoyé) pity

**attendrisseur** [atɑ̃dRisœR] nm tenderizer

**attendu, e** [atɑ̃dy] pp de **attendre** ▷ adj long-awaited; (prévu) expected ▷ nm: ~**s** reasons adduced for a judgment; ~ **que** conj considering that, since

**attentat** [atɑ̃ta] nm (contre une personne) assassination attempt; (contre un bâtiment) attack; ~ **à la bombe** bomb attack; ~ **à la pudeur** (exhibitionnisme) indecent exposure no pl; (agression) indecent assault no pl; ~ **suicide** suicide bombing

**attente** [atɑ̃t] nf wait; (espérance) expectation; **contre toute ~** contrary to (all) expectations

**attenter** [atɑ̃te]: ~ **à** vt (liberté) to violate; ~ **à la vie de qn** to make an attempt on sb's life; ~ **à ses jours** to make an attempt on one's life

**attentif, -ive** [atɑ̃tif, -iv] adj (auditeur) attentive; (soin) scrupulous; (travail) careful; ~ **à** paying attention to; (devoir) mindful of; ~ **à faire** careful to do

**attention** [atɑ̃sjɔ̃] nf attention; (prévenance) attention, thoughtfulness no pl; **mériter ~** to be worthy of attention; **à l'~ de** for the attention of; **porter qch à l'~ de qn** to bring sth to sb's attention; **attirer l'~ de qn sur qch** to draw sb's attention to sth; **faire ~ (à)** to be careful (of); **faire ~ (à ce) que** to be ou make sure that; ~**!** careful!, watch!, watch ou mind (Brit) out!; ~,

**si vous ouvrez cette lettre** (sanction) just watch out, if you open that letter; ~, **respectez les consignes de sécurité** be sure to observe the safety instructions

**attentionné, e** [atɑ̃sjɔne] adj thoughtful, considerate

**attentisme** [atɑ̃tism(ə)] nm wait-and-see policy

**attentiste** [atɑ̃tist(ə)] adj (politique) wait-and-see ▷ nm/f believer in a wait-and-see policy

**attentivement** [atɑ̃tivmɑ̃] adv attentively

**atténuant, e** [atenɥɑ̃, -ɑ̃t] adj: **circonstances ~es** extenuating circumstances

**atténuer** [atenɥe] vt to alleviate, ease; (diminuer) to lessen; (amoindrir) to mitigate the effects of; **s'atténuer** vi to ease; (violence etc) to abate

**atterrer** [ateRe] vt to dismay, appal

**atterrir** [ateRiR] vi to land

**atterrissage** [ateRisaʒ] nm landing; ~ **sur le ventre/sans visibilité/forcé** belly/blind/forced landing

**attestation** [atɛstasjɔ̃] nf certificate, testimonial; ~ **médicale** doctor's certificate

**attester** [atɛste] vt to testify to, vouch for; (démontrer) to attest, testify to; ~ **que** to testify that

**attiédir** [atjediR]: **s'attiédir** vi to become lukewarm; (fig) to cool down

**attifé, e** [atife] adj (fam) got up (Brit), decked out

**attifer** [atife] vt to get (Brit) ou do up, deck out

**attique** [atik] nm: **appartement en ~** penthouse (flat (Brit) ou apartment (US))

**attirail** [atiRaj] nm gear; (péj) paraphernalia

**attirance** [atiRɑ̃s] nf attraction; (séduction) lure

**attirant, e** [atiRɑ̃, -ɑ̃t] adj attractive, appealing

**attirer** [atiRe] vt to attract; (appâter) to lure, entice; ~ **qn dans un coin/vers soi** to draw sb into a corner/towards one; ~ **l'attention de qn** to attract sb's attention; ~ **l'attention de qn sur qch** to draw sb's attention to sth; ~ **des ennuis à qn** to make trouble for sb; **s'~ des ennuis** to bring trouble upon o.s., get into trouble

**attiser** [atize] vt (feu) to poke (up), stir up; (fig) to fan the flame of, stir up

**attitré, e** [atitRe] adj qualified; (agréé) accredited, appointed

**attitude** [atityd] nf attitude; (position du corps) bearing

**attouchements** [atuʃmɑ̃] nmpl touching sg; (sexuels) fondling sg, stroking sg

**attractif, -ive** [atRaktif, -iv] adj attractive

**attraction** [atRaksjɔ̃] nf attraction; (de cabaret, cirque) number

**attrait** [atRɛ] nm appeal, attraction; (plus fort) lure; **attraits** nmpl attractions; **éprouver de l'~ pour** to be attracted to

**attrape** [atRap] nf voir **farce**

**attrape-nigaud** [atRapnigo] nm con

**attraper** [atRape] vt to catch; (habitude, amende) to get, pick up; (fam: duper) to take in (Brit), con

**attrayant, e** [atʀɛjɑ̃, -ɑ̃t] *adj* attractive
**attribuer** [atʀibɥe] *vt* (*prix*) to award; (*rôle, tâche*) to allocate, assign; (*imputer*): **~ qch à** to attribute sth to, ascribe sth to, put sth down to; **s'attribuer** *vt* (*s'approprier*) to claim for o.s.
**attribut** [atʀiby] *nm* attribute; (*Ling*) complement
**attribution** [atʀibysjɔ̃] *nf* (*voir attribuer*) awarding; allocation, assignment; attribution; **attributions** *nfpl* (*compétence*) attributions; **complément d'~** (*Ling*) indirect object
**attristant, e** [atʀistɑ̃, -ɑ̃t] *adj* saddening
**attrister** [atʀiste] *vt* to sadden; **s'~ de qch** to be saddened by sth
**attroupement** [atʀupmɑ̃] *nm* crowd, mob
**attrouper** [atʀupe]: **s'attrouper** *vi* to gather
**au** [o] *prép voir* **à**
**aubade** [obad] *nf* dawn serenade
**aubaine** [obɛn] *nf* godsend; (*financière*) windfall; (*Comm*) bonanza
**aube** [ob] *nf* dawn, daybreak; (*Rel*) alb; **à l'~** at dawn *ou* daybreak; **à l'~ de** (*fig*) at the dawn of
**aubépine** [obepin] *nf* hawthorn
**auberge** [obɛʀʒ(ə)] *nf* inn; **~ de jeunesse** youth hostel
**aubergine** [obɛʀʒin] *nf* aubergine (*Brit*), eggplant (*US*)
**aubergiste** [obɛʀʒist(ə)] *nm/f* inn-keeper, hotel-keeper
**auburn** [obœʀn] *adj inv* auburn
**aucun, e** [okœ̃, -yn] *adj, pron* no; (*positif*) any ▷ *pron* none; (*positif*) any(one); **il n'y a ~ livre** there isn't any book, there is no book; **je n'en vois ~ qui ...** I can't see any which ..., I (can) see none which ...; **~ homme** no man; **sans ~ doute** without any doubt; **sans ~e hésitation** without hesitation; **plus qu'~ autre** more than any other; **plus qu'~ de ceux qui ...** more than any of those who ...; **en ~e façon** in no way at all; **~ des deux** neither of the two; **~ d'entre eux** none of them; **d'~s** (*certains*) some
**aucunement** [okynmɑ̃] *adv* in no way, not in the least
**audace** [odas] *nf* daring, boldness; (*péj*) audacity; **il a eu l'~ de ...** he had the audacity to ...; **vous ne manquez pas d'~!** you're not lacking in nerve *ou* cheek!
**audacieux, -euse** [odasjø, -øz] *adj* daring, bold
**au-dedans** [odədɑ̃] *adv, prép* inside
**au-dehors** [odəɔʀ] *adv, prép* outside
**au-delà** [odla] *adv* beyond ▷ *nm*: **l'~** the hereafter; **~ de** *prép* beyond
**au-dessous** [odsu] *adv* underneath; below; **~ de** *prép* under(neath), below; (*limite, somme etc*) below, under; (*dignité, condition*) below
**au-dessus** [odsy] *adv* above; **~ de** *prép* above
**au-devant** [odvɑ̃]: **~ de** *prép*: **aller ~ de** to go (out) and meet; (*souhaits de qn*) to anticipate
**audible** [odibl(ə)] *adj* audible
**audience** [odjɑ̃s] *nf* audience; (*Jur: séance*) hearing; **trouver ~ auprès de** to arouse much interest among, get the (interested) attention of

**audimat**® [odimat] *nm* (*taux d'écoute*) ratings *pl*
**audio-visuel, le** [odjovizɥɛl] *adj* audio-visual ▷ *nm* (*équipement*) audio-visual aids *pl*; (*méthodes*) audio-visual methods *pl*; **l'~** radio and television
**auditeur, -trice** [oditœʀ, -tʀis] *nm/f* (*à la radio*) listener; (*à une conférence*) member of the audience, listener; **~ libre** unregistered student (*attending lectures*), auditor (*US*)
**auditif, -ive** [oditif, -iv] *adj* (*mémoire*) auditory; **appareil ~** hearing aid
**audition** [odisjɔ̃] *nf* (*ouïe, écoute*) hearing; (*Jur: de témoins*) examination; (*Mus, Théât: épreuve*) audition
**auditionner** [odisjone] *vt, vi* to audition
**auditoire** [oditwaʀ] *nm* audience
**auditorium** [oditɔʀjɔm] *nm* (*public*) studio
**auge** [oʒ] *nf* trough
**augmentation** [ɔgmɑ̃tasjɔ̃] *nf* (*action*) increasing; raising; (*résultat*) increase; **~ (de salaire)** rise (in salary) (*Brit*), (pay) raise (*US*)
**augmenter** [ɔgmɑ̃te] *vt* to increase; (*salaire, prix*) to increase, raise, put up; (*employé*) to increase the salary of, give a (salary) rise (*Brit*) *ou* (pay) raise (*US*) to ▷ *vi* to increase; **~ de poids/ volume** to gain (in) weight/volume
**augure** [ɔgyʀ] *nm* soothsayer, oracle; **de bon/ mauvais ~** of good/ill omen
**augurer** [ɔgyʀe] *vt*: **~ qch de** to foresee sth (coming) from *ou* out of; **~ bien de** to augur well for
**auguste** [ɔgyst(ə)] *adj* august, noble, majestic
**aujourd'hui** [oʒuʀdɥi] *adv* today; **aujourd'hui en huit/quinze** a week/two weeks today, a week/two weeks from now; **à partir** *ou* **partir d'aujourd'hui** from today('s date)
**aumône** [omon] *nf* alms *sg* (*pl inv*); **faire l'~ (à qn)** to give alms (to sb); **faire l'~ de qch à qn** (*fig*) to favour sb with sth
**aumônerie** [omonʀi] *nf* chaplaincy
**aumônier** [omonje] *nm* chaplain
**auparavant** [opaʀavɑ̃] *adv* before(hand)
**auprès** [opʀɛ]: **~ de** *prép* next to, close to; (*recourir, s'adresser*) to; (*en comparaison de*) compared with, next to; (*dans l'opinion de*) in the opinion of
**auquel** [okɛl] *pron voir* **lequel**
**aura** *etc* [ɔʀa] *vb voir* **avoir**
**aurai** *etc* [ɔʀe] *vb voir* **avoir**
**auréole** [ɔʀeɔl] *nf* halo; (*tache*) ring
**auréolé, e** [ɔʀeɔle] *adj* (*fig*): **~ de gloire** crowned with *ou* in glory
**auriculaire** [ɔʀikylɛʀ] *nm* little finger
**aurons** *etc* [ɔʀɔ̃] *vb voir* **avoir**
**aurore** [ɔʀɔʀ] *nf* dawn, daybreak; **~ boréale** northern lights *pl*
**ausculter** [ɔskylte] *vt* to sound
**auspices** [ɔspis] *nmpl*: **sous les ~ de** under the patronage *ou* auspices of; **sous de bons/ mauvais ~** under favourable/unfavourable auspices
**aussi** [osi] *adv* (*également*) also, too; (*de*

33

*comparaison*) as ▷ *conj* therefore, consequently; **~ fort que** as strong as; **lui ~** (*sujet*) he too; (*objet*) him too; **~ bien que** (*de même que*) as well as

**aussitôt** [osito] *adv* straight away, immediately; **~ que** as soon as; **~ envoyé** as soon as it is (*ou* was) sent; **~ fait** no sooner done

**austère** [ɔstɛʀ] *adj* austere; (*sévère*) stern

**austérité** [ɔsteʀite] *nf* austerity; **plan/budget d'~** austerity plan/budget

**austral, e** [ɔstʀal] *adj* southern; **l'océan A~** the Antarctic Ocean; **les Terres A~es** Antarctica

**Australie** [ɔstʀali] *nf*: **l'~** Australia

**australien, ne** [ɔstʀaljɛ̃, -ɛn] *adj* Australian ▷ *nm/f*: **Australien:** Australien Australian

**autant** [otɑ̃] *adv* so much; (*comparatif*): **~ (que)** as much (as); (*nombre*) as many (as); **~ (de)** so much (*ou* many); as much (*ou* many); **n'importe qui aurait pu en faire ~** anyone could have done the same *ou* as much; **~ partir** we (*ou* you *etc*) may as well leave; **~ ne rien dire** best not say anything; **~ dire que...** one might as well say that ...; **fort ~ que courageux** as strong as he is brave; **il n'est pas découragé pour ~** he isn't discouraged for all that; **pour ~ que** *conj* assuming, as long as; **d'~** *adv* accordingly, in proportion; **d'~ plus/mieux (que)** all the more/the better (since)

**autarcie** [otaʀsi] *nf* autarky, self-sufficiency

**autel** [otɛl] *nm* altar

**auteur** [otœʀ] *nm* author; **l'~ de cette remarque** the person who said that; **droit d'~** copyright

**auteur-compositeur** [otœʀkɔ̃pozitœʀ] *nm/f* composer-songwriter

**authenticité** [otɑ̃tisite] *nf* authenticity

**authentifier** [otɑ̃tifje] *vt* to authenticate

**authentique** [otɑ̃tik] *adj* authentic, genuine

**autiste** [otist] *adj* autistic

**auto** [oto] *nf* car; **~s tamponneuses** bumper cars, dodgems

**auto...** [oto] *préfixe* auto..., self-

**autobiographie** [otobjɔgʀafi] *nf* autobiography

**autobiographique** [otobjɔgʀafik] *adj* autobiographical

**autobronzant** [otobʀɔ̃zɑ̃] *nm* self-tanning cream (*or* lotion *etc*)

**autobus** [otobys] *nm* bus

**autocar** [otokaʀ] *nm* coach

**autochtone** [otokton] *nm/f* native

**autocollant, e** [otokɔlɑ̃, -ɑ̃t] *adj* self-adhesive; (*enveloppe*) self-seal ▷ *nm* sticker

**auto-couchettes** [otokuʃɛt] *adj inv*: **train ~** car sleeper train, motorail® train (*Brit*)

**autocratique** [otokʀatik] *adj* autocratic

**autocritique** [otokʀitik] *nf* self-criticism

**autocuiseur** [otokwizœʀ] *nm* (*Culin*) pressure cooker

**autodéfense** [otodefɑ̃s] *nf* self-defence; **groupe d'~** vigilante committee

**autodétermination** [otodetɛʀminasjɔ̃] *nf* self-determination

**autodidacte** [otodidakt(ə)] *nm/f* self-taught person

**autodiscipline** [otodisiplin] *nf* self-discipline

**autodrome** [otodʀom] *nm* motor-racing stadium

**auto-école** [otoekɔl] *nf* driving school

**autofinancement** [otofinɑ̃smɑ̃] *nm* self-financing

**autogéré, e** [otoʒeʀe] *adj* self-managed, managed internally

**autogestion** [otoʒɛstjɔ̃] *nf* joint worker-management control

**autographe** [otogʀaf] *nm* autograph

**autoguidé, e** [otogide] *adj* self-guided

**automate** [otomat] *nm* (*robot*) automaton; (*machine*) (automatic) machine

**automatique** [otomatik] *adj*, *nm* automatic; **l'~** (*Tél*) ≈ direct dialling

**automatiquement** [otomatikmɑ̃] *adv* automatically

**automatisation** [otomatizasjɔ̃] *nf* automation

**automatiser** [otomatize] *vt* to automate

**automédication** [otomedikasjɔ̃] *nf* self-medication

**automitrailleuse** [otomitʀajøz] *nf* armoured car

**automnal, e, -aux** [otonal, -o] *adj* autumnal

**automne** [oton] *nm* autumn (*Brit*), fall (*US*)

**automobile** [otomobil] *adj* motor *cpd* ▷ *nf* (motor) car; **l'~** motoring; (*industrie*) the car *ou* automobile (*US*) industry

**automobiliste** [otomobilist(ə)] *nm/f* motorist

**autonettoyant, e** [otonɛtwajɑ̃, -ɑ̃t] *adj*: **four ~** self-cleaning oven

**autonome** [otonɔm] *adj* autonomous

**autonomie** [otonɔmi] *nf* autonomy; (*Pol*) self-government, autonomy; **~ de vol** range

**autonomiste** [otonɔmist(ə)] *nm/f* separatist

**autoportrait** [otopɔʀtʀɛ] *nm* self-portrait

**autopsie** [otopsi] *nf* post-mortem (examination), autopsy

**autopsier** [otopsje] *vt* to carry out a post-mortem *ou* an autopsy on

**autoradio** [otoʀadjo] *nf* car radio

**autorail** [otoʀaj] *nm* railcar

**autorisation** [otoʀizasjɔ̃] *nf* permission, authorization; (*papiers*) permit; **donner à qn l'~ de** to give sb permission to, authorize sb to; **avoir l'~ de faire** to be allowed *ou* have permission to do, be authorized to do

**autorisé, e** [otoʀize] *adj* (*opinion, sources*) authoritative; (*permis*): **~ à faire** authorized *ou* permitted to do; **dans les milieux ~s** in official circles

**autoriser** [otoʀize] *vt* to give permission for, authorize; (*fig*) to allow (of), sanction; **~ qn à faire** to give permission to sb to do, authorize sb to do

**autoritaire** [otoʀitɛʀ] *adj* authoritarian

**autoritarisme** [otoʀitaʀism(ə)] *nm* authoritarianism

**autorité** [otoʀite] *nf* authority; **faire ~** to be authoritative; **~s constituées** constitutional

authorities
**autoroute** [otoRut] nf motorway (Brit),
expressway (US); **~ de l'information** (Tél)
information highway
**autoroutier, -ière** [otoRutje, -jɛR] adj motorway
cpd (Brit), expressway cpd (US)
**autosatisfaction** [otosatisfaksjɔ̃] nf self-
satisfaction
**auto-stop** [otostɔp] nm: **l'~** hitch-hiking; **faire
de l'~** to hitch-hike; **prendre qn en ~** to give sb
a lift
**auto-stoppeur, -euse** [otostɔpœR, -øz] nm/f
hitch-hiker, hitcher (Brit)
**autosuffisant, e** [otosyfizɑ̃, -ɑ̃t] adj self-
sufficient
**autosuggestion** [otosygʒɛstjɔ̃] nf
autosuggestion
**autour** [otuR] adv around; **~ de** prép around;
(environ) around, about; **tout ~** adv all around

⭕ **MOT-CLÉ**

**autre** [otR(ə)] adj **1** (différent) other, different; **je
préférerais un autre verre** I'd prefer another
ou a different glass; **d'autres verres** different
glasses; **se sentir autre** to feel different; **la
difficulté est autre** the difficulty is ou lies
elsewhere
**2** (supplémentaire) other; **je voudrais un autre
verre d'eau** I'd like another glass of water
**3**: **autre chose** something else; **autre part**
somewhere else; **d'autre part** on the other
hand
▷ pron **1**: **un autre** another (one); **nous/vous
autres** us/you; **d'autres** others; **l'autre** the
other (one); **les autres** the others; (autrui)
others; **l'un et l'autre** both of them; **ni l'un ni
l'autre** neither of them; **se détester l'un
l'autre/les uns les autres** to hate each other
ou one another; **d'une semaine/minute à
l'autre** from one week/minute ou moment to
the next; (incessamment) any week/minute ou
moment now; **de temps à autre** from time to
time; **entre autres** among other things
**2** (expressions): **j'en ai vu d'autres** I've seen
worse; **à d'autres!** pull the other one!

**autrefois** [otRəfwa] adv in the past
**autrement** [otRəmɑ̃] adv differently; (d'une
manière différente) in another way; (sinon)
otherwise; **je n'ai pas pu faire ~** I couldn't do
anything else, I couldn't do otherwise; **~ dit** in
other words; (c'est-à-dire) that is to say
**Autriche** [otRiʃ] nf: **l'~** Austria
**autrichien, ne** [otRiʃjɛ̃, -ɛn] adj Austrian ▷ nm/f:
**Autrichien, ne** Austrian
**autruche** [otRyʃ] nf ostrich; **faire l'~** (fig) to bury
one's head in the sand
**autrui** [otRɥi] pron others
**auvent** [ovɑ̃] nm canopy
**auvergnat, e** [ovɛRɲa, -at] adj of ou from the
Auvergne

**Auvergne** [ovɛRɲ(ə)] nf: **l'~** the Auvergne
**aux** [o] prép voir **à**
**auxiliaire** [ɔksiljɛR] adj, nm/f auxiliary
**auxquels, auxquelles** [okɛl] pron voir **lequel**
**AV** sigle m (Banque: = avis de virement) advice of bank
transfer ▷ abr (Auto) = **avant**
**av.** abr (= avenue) Av(e)
**avachi, e** [avaʃi] adj limp, flabby; (chaussure,
vêtement) out-of-shape; (personne): **~ sur qch**
slumped on ou across sth
**avais** etc [avɛ] vb voir **avoir**
**aval** [aval] nm (accord) endorsement, backing;
(Géo): **en ~** downstream, downriver; (sur une
pente) downhill; **en ~ de** downstream ou
downriver from; downhill from
**avalanche** [avalɑ̃ʃ] nf avalanche; **~ poudreuse**
powder snow avalanche
**avaler** [avale] vt to swallow
**avaliser** [avalize] vt (plan, entreprise) to back,
support; (Comm, Jur) to guarantee
**avance** [avɑ̃s] nf (de troupes etc) advance; (progrès)
progress; (d'argent) advance; (opposé à retard) lead;
being ahead of schedule; **avances** nfpl
overtures; (amoureuses) advances; **une ~ de 300
m/4 h** (Sport) a 300 m/4 hour lead; **(être) en ~** (to
be) early; (sur un programme) (to be) ahead of
schedule; **on n'est pas en ~!** we're kind of late!;
**être en ~ sur qn** to be ahead of sb; **d'~, à l'~,
par ~** in advance; **~ (du) papier** (Inform) paper
advance
**avancé, e** [avɑ̃se] adj advanced; (travail etc) well
on, well under way; (fruit, fromage) overripe ▷ nf
projection; overhang; **il est ~ pour son âge** he
is advanced for his age
**avancement** [avɑ̃smɑ̃] nm (professionnel)
promotion; (de travaux) progress
**avancer** [avɑ̃se] vi to move forward, advance;
(projet, travail) to make progress; (être en saillie) to
overhang; to project; (montre, réveil) to be fast;
(: d'habitude) to gain ▷ vt to move forward,
advance; (argent) to advance; (montre, pendule) to
put forward; (faire progresser: travail etc) to
advance, move on; **s'avancer** vi to move
forward, advance; (fig) to commit o.s.; (faire
saillie) to overhang; to project; **j'avance (d'une
heure)** I'm (an hour) fast
**avanies** [avani] nfpl snubs (Brit), insults
**avant** [avɑ̃] prép before ▷ adv: **trop/plus ~** too
far/further forward ▷ adj inv: **siège/roue ~** front
seat/wheel ▷ nm front; (Sport: joueur) forward; **~
qu'il parte/de partir** before he leaves/leaving; **~
qu'il (ne) pleuve** before it rains (ou rained); **~
tout** (surtout) above all; **à l'~** (dans un véhicule) in
(the) front; **en ~** adv forward(s); **en ~ de** prép in
front of; **aller de l'~** to steam ahead (fig), make
good progress
**avantage** [avɑ̃taʒ] nm advantage; (Tennis): **~
service/dehors** advantage ou van (Brit) ou ad
(US) in/out; **tirer ~ de** to take advantage of;
**vous auriez ~ à faire** you would be well-
advised to do, it would be to your advantage to
do; **à l'~ de qn** to sb's advantage; **être à son ~**

to be at one's best; **~s en nature** benefits in kind; **~s sociaux** fringe benefits

**avantager** [avɑ̃taʒe] *vt (favoriser)* to favour; *(embellir)* to flatter

**avantageux, -euse** [avɑ̃taʒø, -øz] *adj* attractive; *(intéressant)* attractively priced; *(portrait, coiffure)* flattering; **conditions avantageuses** favourable terms

**avant-bras** [avɑ̃bʀa] *nm inv* forearm

**avant-centre** [avɑ̃sɑ̃tʀ(ə)] *nm* centre-forward

**avant-coureur** [avɑ̃kuʀœʀ] *adj inv (bruit etc)* precursory; **signe ~** advance indication *ou* sign

**avant-dernier, -ière** [avɑ̃dɛʀnje, -jɛʀ] *adj, nm/f* next to last, last but one

**avant-garde** [avɑ̃gaʀd(ə)] *nf (Mil)* vanguard; *(fig)* avant-garde; **d'~** avant-garde

**avant-goût** [avɑ̃gu] *nm* foretaste

**avant-hier** [avɑ̃tjɛʀ] *adv* the day before yesterday

**avant-poste** [avɑ̃pɔst(ə)] *nm* outpost

**avant-première** [avɑ̃pʀəmjɛʀ] *nf (de film)* preview; **en ~** as a preview, in a preview showing

**avant-projet** [avɑ̃pʀɔʒe] *nm* preliminary draft

**avant-propos** [avɑ̃pʀɔpo] *nm* foreword

**avant-veille** [avɑ̃vɛj] *nf:* **l'~** two days before

**avare** [avaʀ] *adj* miserly, avaricious ▷ *nm/f* miser; **~ de compliments** stingy *ou* sparing with one's compliments

**avarice** [avaʀis] *nf* avarice, miserliness

**avarié, e** [avaʀje] *adj (viande, fruits)* rotting, going off *(Brit)*; *(Navig: navire)* damaged

**avaries** [avaʀi] *nfpl (Navig)* damage *sg*

**avatar** [avataʀ] *nm* misadventure; *(transformation)* metamorphosis

**avec** [avɛk] *prép* with; *(à l'égard de)* to(wards), with ▷ *adv (fam)* with it *(ou* him *etc)*; **~ habileté/lenteur** skilfully/slowly; **~ eux/ces maladies** with them/these diseases; **~ ça** *(malgré ça)* for all that; **et ~ ça?** *(dans un magasin)* anything *ou* something else?

**avenant, e** [avnɑ̃, -ɑ̃t] *adj* pleasant ▷ *nm (Assurances)* additional clause; **à l'~** *adv* in keeping

**avènement** [avɛnmɑ̃] *nm (d'un roi)* accession, succession; *(d'un changement)* advent; *(d'une politique, idée)* coming

**avenir** [avniʀ] *nm:* **l'~** the future; **à l'~** in future; **sans ~** with no future, without a future; **carrière/politicien d'~** career/politician with prospects *ou* a future

**Avent** [avɑ̃] *nm:* **l'~** Advent

**aventure** [avɑ̃tyʀ] *nf:* **l'~** adventure; **une ~** an adventure; *(amoureuse)* an affair; **partir à l'~** to go off in search of adventure; *(au hasard)* to go where one's fancy takes one; **roman/film d'~** adventure story/film

**aventurer** [avɑ̃tyʀe] *vt (somme, réputation, vie)* to stake; *(remarque, opinion)* to venture; **s'aventurer** *vi* to venture; **s'~ à faire qch** to venture into sth

**aventureux, -euse** [avɑ̃tyʀø, -øz] *adj* adventurous, venturesome; *(projet)* risky, chancy

**aventurier, -ière** [avɑ̃tyʀje, -jɛʀ] *nm/f* adventurer ▷ *nf (péj)* adventuress

**avenu, e** [avny] *adj:* **nul et non ~** null and void

**avenue** [avny] *nf* avenue

**avéré, e** [aveʀe] *adj* recognized, acknowledged

**avérer** [aveʀe]: **s'avérer** *vr:* **s'~ faux/coûteux** to prove (to be) wrong/expensive

**averse** [avɛʀs(ə)] *nf* shower

**aversion** [avɛʀsjɔ̃] *nf* aversion, loathing

**averti, e** [avɛʀti] *adj* (well-)informed

**avertir** [avɛʀtiʀ] *vt:* **~ qn (de qch/que)** to warn sb (of sth/that); *(renseigner)* to inform sb (of sth/that); **~ qn de ne pas faire qch** to warn sb not to do sth

**avertissement** [avɛʀtismɑ̃] *nm* warning

**avertisseur** [avɛʀtisœʀ] *nm* horn, siren; **~ (d'incendie)** (fire) alarm

**aveu, x** [avø] *nm* confession; **passer aux ~x** to make a confession; **de l'~ de** according to

**aveuglant, e** [avœglɑ̃, -ɑ̃t] *adj* blinding

**aveugle** [avœgl(ə)] *adj* blind ▷ *nm/f* blind person; **les ~s** the blind; **test en (double) ~** (double) blind test

**aveuglement** [avœgləmɑ̃] *nm* blindness

**aveuglément** [avœglemɑ̃] *adv* blindly

**aveugler** [avœgle] *vt* to blind

**aveuglette** [avœglɛt]: **à l'~** *adv* groping one's way along; *(fig)* in the dark, blindly

**avez** [ave] *vb voir* **avoir**

**aviateur, -trice** [avjatœʀ, -tʀis] *nm/f* aviator, pilot

**aviation** [avjɑsjɔ̃] *nf (secteur commercial)* aviation; *(sport, métier de pilote)* flying; *(Mil)* air force; **terrain d'~** airfield; **~ de chasse** fighter force

**aviculteur, -trice** [avikyltœʀ, -tʀis] *nm/f* poultry farmer; bird breeder

**aviculture** [avikyltyʀ] *nf (de volailles)* poultry farming

**avide** [avid] *adj* eager; *(péj)* greedy, grasping; **~ de** *(sang etc)* thirsting for; **~ d'honneurs/d'argent** greedy for honours/money; **~ de connaître/d'apprendre** eager to know/learn

**avidité** [avidite] *nf* eagerness; greed

**avilir** [aviliʀ] *vt* to debase

**avilissant, e** [avilisɑ̃, -ɑ̃t] *adj* degrading

**aviné, e** [avine] *adj* drunken

**avion** [avjɔ̃] *nm* (aero)plane *(Brit)*, (air)plane *(US)*; **aller (quelque part) en ~** to go (somewhere) by plane, fly (somewhere); **par ~** by airmail; **~ de chasse** fighter; **~ de ligne** airliner; **~ à réaction** jet (plane)

**avion-cargo** [avjɔ̃kaʀgo] *nm* air freighter

**avion-citerne** [avjɔ̃sitɛʀn(ə)] *nm* air tanker

**aviron** [aviʀɔ̃] *nm* oar; *(sport):* **l'~** rowing

**avis** [avi] *nm* opinion; *(notification)* notice; *(Comm):* **~ de crédit/débit** credit/debit advice; **à mon ~** in my opinion; **je suis de votre ~** I share your opinion, I am of your opinion; **être d'~ que** to be of the opinion that; **changer d'~** to change one's mind; **sauf ~ contraire** unless you hear to the contrary; **sans ~ préalable**

without notice; **jusqu'à nouvel ~** until further notice; **~ de décès** death announcement

**avisé, e** [avize] adj sensible, wise; **être bien/mal ~ de faire** to be well-/ill-advised to do

**aviser** [avize] vt (voir) to notice, catch sight of; (informer): **~ qn de/que** to advise ou inform ou notify sb of/that ▷ vi to think about things, assess the situation; **s'~ de qch/que** to become suddenly aware of sth/that; **s'~ de faire** to take it into one's head to do

**aviver** [avive] vt (douleur, chagrin) to intensify; (intérêt, désir) to sharpen; (colère, querelle) to stir up; (couleur) to brighten up

**av. J.-C.** abr (= avant Jésus-Christ) BC

**avocat, e** [avɔka, -at] nm/f (Jur) ≈ barrister (Brit), lawyer; (fig) advocate, champion ▷ nm (Culin) avocado (pear); **se faire l'~ du diable** to be the devil's advocate; **l'~ de la défense/partie civile** the counsel for the defence/plaintiff; **~ d'affaires** business lawyer; **~ général** assistant public prosecutor

**avocat-conseil** [avɔkakɔ̃sɛj] (pl **avocats-conseils**) nm ≈ barrister (Brit)

**avocat-stagiaire** [avɔkastaʒjɛʀ] (pl **avocats-stagiaires**) nm ≈ barrister doing his articles (Brit)

**avoine** [avwan] nf oats pl

 **MOT-CLÉ**

**avoir** [avwaʀ] nm assets pl, resources pl; (Comm) credit; **avoir fiscal** tax credit
▷ vt 1 (posséder) to have; **elle a deux enfants/une belle maison** she has (got) two children/a lovely house; **il a les yeux bleus** he has (got) blue eyes
2 (éprouver): **qu'est-ce que tu as?, qu'as-tu?** what's wrong?, what's the matter?; voir aussi **faim, peur** etc
3 (âge, dimensions) to be; **il a 3 ans** he is 3 (years old); **le mur a 3 mètres de haut** the wall is 3 metres high
4 (fam: duper) to do, have; **on vous a eu!** you've been done ou had!
5: **en avoir contre qn** to have a grudge against sb; **en avoir assez** to be fed up; **j'en ai pour une demi-heure** it'll take me half an hour; **n'avoir que faire de qch** to have no use for sth
▷ vb aux 1 to have; **avoir mangé/dormi** to have eaten/slept; **hier je n'ai pas mangé** I didn't eat yesterday
2 (avoir +à +infinitif): **avoir à faire qch** to have to do sth; **vous n'avez qu'à lui demander** you only have to ask him; **tu n'as pas à me poser**

**des questions** it's not for you to ask me questions
▷ vb impers 1: **il y a** (+ singulier) there is; (+ pluriel) there are; **qu'y-a-t-il?, qu'est-ce qu'il y a?** what's the matter?, what is it?; **il doit y avoir une explication** there must be an explanation; **il n'y a qu'à ...** we (ou you etc) will just have to ...; **il ne peut y en avoir qu'un** there can only be one
2 (temporel): **il y a 10 ans** 10 years ago; **il y a 10 ans/longtemps que je le connais** I've known him for 10 years/a long time; **il y a 10 ans qu'il est arrivé** it's 10 years since he arrived

**avoisinant, e** [avwazinɑ̃, -ɑ̃t] adj neighbouring

**avoisiner** [avwazine] vt to be near ou close to; (fig) to border ou verge on

**avons** [avɔ̃] vb voir **avoir**

**avortement** [avɔʀtəmɑ̃] nm abortion

**avorter** [avɔʀte] vi (Méd) to have an abortion; (fig) to fail; **faire ~** to abort; **se faire ~** to have an abortion

**avouable** [avwabl(ə)] adj respectable; **des pensées non ~s** unrepeatable thoughts

**avoué, e** [avwe] adj avowed ▷ nm (Jur) ≈ solicitor (Brit), lawyer

**avouer** [avwe] vt (crime, défaut) to confess (to) ▷ vi (se confesser) to confess; (admettre) to admit; **~ avoir fait/que** to admit ou confess to having done/that; **~ que oui/non** to admit that that is so/not so

**avril** [avʀil] nm April; voir aussi **juillet**

**axe** [aks(ə)] nm axis (pl axes); (de roue etc) axle; **dans l'~ de** directly in line with; (fig) main line; **~ routier** trunk road, main road

**axer** [akse] vt: **~ qch sur** to centre sth on

**axial, e, -aux** [aksjal, -o] adj axial

**axiome** [aksjom] nm axiom

**ayant** [ɛjɑ̃] vb voir **avoir** ▷ nm: **~ droit** assignee; **~ droit à** (pension etc) person eligible for ou entitled to

**ayons** etc [ɛjɔ̃] vb voir **avoir**

**azalée** [azale] nf azalea

**Azerbaïdjan** [azɛʀbaidʒɑ̃] nm Azerbaijan

**azimut** [azimyt] nm azimuth; **tous ~s** adj (fig) omnidirectional

**azote** [azɔt] nm nitrogen

**azoté, e** [azɔte] adj nitrogenous

**AZT** sigle m (= azidothymidine) AZT

**aztèque** [aztɛk] adj Aztec

**azur** [azyʀ] nm (couleur) azure, sky blue; (ciel) sky, skies pl

**azyme** [azim] adj: **pain ~** unleavened bread

# Bb

**B, b** [be] *nm inv* B, b ▷ *abr* = **bien**; **B comme Bertha** B for Benjamin (*Brit*) *ou* Baker (*US*)
**BA** *sigle f* (= *bonne action*) good deed
**baba** [baba] *adj inv*: **en être ~** (*fam*) to be flabbergasted ▷ *nm*: **~ au rhum** rum baba
**babil** [babi] *nm* prattle
**babillage** [babija3] *nm* chatter
**babiller** [babije] *vi* to prattle, chatter; (*bébé*) to babble
**babines** [babin] *nfpl* chops
**babiole** [babjɔl] *nf* (*bibelot*) trinket; (*vétille*) trifle
**bâbord** [babɔʀ] *nm*: **à** *ou* **par ~** to port, on the port side
**babouin** [babwɛ̃] *nm* baboon
**baby-foot** [babifut] *nm inv* table football
**Babylone** [babilɔn] *n* Babylon
**babylonien, ne** [babilɔnjɛ̃, -ɛn] *adj* Babylonian
**baby-sitter** [babisitœʀ] *nm/f* baby-sitter
**baby-sitting** [babisitiŋ] *nm* baby-sitting; **faire du ~** to baby-sit
**bac** [bak] *nm* (*Scol*) = **baccalauréat**; (*bateau*) ferry; (*récipient*) tub; (: *Photo etc*) tray; (: *Industrie*) tank; **~ à glace** ice-tray; **~ à légumes** vegetable compartment *ou* rack
**baccalauréat** [bakalɔʀea] *nm* ≈ A-levels *pl* (*Brit*), ≈ high school diploma (*US*); *see note*

⊛ **BACCALAURÉAT**
⊛
⊛ The *baccalauréat* or "bac" is the school-
⊛ leaving examination taken at a French
⊛ "lycée" at the age of 18; it marks the end of
⊛ seven years' secondary education. Several
⊛ subject combinations are available,
⊛ although in all cases a broad range is
⊛ studied. Successful candidates can go on to
⊛ university, if they so wish.

**bâche** [baʃ] *nf* tarpaulin, canvas sheet
**bachelier, -ière** [baʃəlje, -jɛʀ] *nm/f* holder of the *baccalauréat*
**bâcher** [baʃe] *vt* to cover (with a canvas sheet *ou* a tarpaulin)
**bachot** [baʃo] *nm* = **baccalauréat**
**bachotage** [baʃɔta3] *nm* (*Scol*) cramming
**bachoter** [baʃɔte] *vi* (*Scol*) to cram (for an exam)

**bacille** [basil] *nm* bacillus
**bâcler** [bakle] *vt* to botch (up)
**bacon** [bekɔn] *nm* bacon
**bactéricide** [bakteʀisid] *nm* (*Méd*) bactericide
**bactérie** [bakteʀi] *nf* bacterium
**bactérien, ne** [bakteʀjɛ̃, -ɛn] *adj* bacterial
**bactériologie** [bakteʀjɔlɔ3i] *nf* bacteriology
**bactériologique** [bakteʀjɔlɔ3ik] *adj* bacteriological
**bactériologiste** [bakteʀjɔlɔ3ist(ə)] *nm/f* bacteriologist
**badaud, e** [bado, -od] *nm/f* idle onlooker
**baderne** [badɛʀn(ə)] *nf* (*péj*): **(vieille) ~** old fossil
**badge** [bad3(ə)] *nm* badge
**badigeon** [badi3ɔ̃] *nm* distemper; colourwash
**badigeonner** [badi3ɔne] *vt* to distemper; to colourwash; (*péj*: *barbouiller*) to daub; (*Méd*) to paint
**badin, e** [badɛ̃, -in] *adj* light-hearted, playful
**badinage** [badina3] *nm* banter
**badine** [badin] *nf* switch (*stick*)
**badiner** [badine] *vi*: **~ avec qch** to treat sth lightly; **ne pas ~ avec qch** not to trifle with sth
**badminton** [badmintɔn] *nm* badminton
**BAFA** [bafa] *sigle m* (= *Brevet d'aptitude aux fonctions d'animation*) *diploma for youth leaders and workers*
**baffe** [baf] *nf* (*fam*) slap, clout
**Baffin** [bafin] *nf*: **terre de ~** Baffin Island
**baffle** [bafl(ə)] *nm* baffle (board)
**bafouer** [bafwe] *vt* to deride, ridicule
**bafouillage** [bafuja3] *nm* (*fam*: *propos incohérents*) jumble of words
**bafouiller** [bafuje] *vi, vt* to stammer
**bâfrer** [bafʀe] *vi, vt* (*fam*) to guzzle, gobble
**bagage** [baga3] *nm*: **~s** luggage *sg*, baggage *sg*; **faire ses ~s** to pack (one's bags); **~ littéraire** (*stock of*) literary knowledge; **~s à main** hand-luggage
**bagarre** [bagaʀ] *nf* fight, brawl; **il aime la ~** he loves a fight, he likes fighting
**bagarrer** [bagaʀe]: **se bagarrer** *vi* to (have a) fight
**bagarreur, -euse** [bagaʀœʀ, -øz] *adj* pugnacious ▷ *nm/f*: **il est ~** he loves a fight
**bagatelle** [bagatɛl] *nf* trifle, trifling sum (*ou* matter)

**Bagdad, Baghdâd** [bagdad] *n* Baghdad
**bagnard** [baɲaʀ] *nm* convict
**bagne** [baɲ] *nm* penal colony; **c'est le ~** (*fig*) it's forced labour
**bagnole** [baɲɔl] *nf* (*fam*) car, wheels *pl* (*Brit*)
**bagout** [bagu] *nm* glibness; **avoir du ~** to have the gift of the gab
**bague** [bag] *nf* ring; **~ de fiançailles** engagement ring; **~ de serrage** clip
**baguenauder** [bagnode]: **se baguenauder** *vi* to trail around, loaf around
**baguer** [bage] *vt* to ring
**baguette** [baget] *nf* stick; (*cuisine chinoise*) chopstick; (*de chef d'orchestre*) baton; (*pain*) stick of (French) bread; (*Constr: moulure*) beading; **mener qn à la ~** to rule sb with a rod of iron; **~ magique** magic wand; **~ de sourcier** divining rod; **~ de tambour** drumstick
**Bahamas** [baamas] *nfpl*: **les (îles) ~** the Bahamas
**Bahreïn** [baʀɛn] *nm* Bahrain *ou* Bahrein
**bahut** [bay] *nm* chest
**bai, e** [bɛ] *adj* (*cheval*) bay
**baie** [bɛ] *nf* (*Géo*) bay; (*fruit*) berry; **~ (vitrée)** picture window
**baignade** [beɲad] *nf* (*action*) bathing; (*bain*) bathe; (*endroit*) bathing place
**baigné, e** [beɲe] *adj*: **~ de** bathed in; (*trempé*) soaked with; (*inondé*) flooded with
**baigner** [beɲe] *vt* (*bébé*) to bath ▷ *vi*: **~ dans son sang** to lie in a pool of blood; **~ dans la brume** to be shrouded in mist; **se baigner** *vi* to go swimming *ou* bathing; (*dans une baignoire*) to have a bath; **ça baigne!** (*fam*) everything's great!
**baigneur, -euse** [beɲœʀ, -øz] *nm/f* bather ▷ *nm* (*poupée*) baby doll
**baignoire** [beɲwaʀ] *nf* bath(tub); (*Théât*) ground-floor box
**bail, baux** [baj, bo] *nm* lease; **donner** *ou* **prendre qch à ~** to lease sth
**bâillement** [bajmɑ̃] *nm* yawn
**bâiller** [baje] *vi* to yawn; (*être ouvert*) to gape
**bailleur** [bajœʀ] *nm*: **~ de fonds** sponsor, backer; (*Comm*) sleeping *ou* silent partner
**bâillon** [bajɔ̃] *nm* gag
**bâillonner** [bajone] *vt* to gag
**bain** [bɛ̃] *nm* (*dans une baignoire, Photo, Tech*) bath; (*dans la mer, une piscine*) swim; **costume de ~** bathing costume (*Brit*), swimsuit; **prendre un ~** to have a bath; **se mettre dans le ~** (*fig*) to get into (the way of) it *ou* things; **~ de bouche** mouthwash; **~ de foule** walkabout; **~ de pieds** footbath; (*au bord de la mer*) paddle; **~ de siège** hip bath; **~ de soleil** sunbathing *no pl*; **prendre un ~ de soleil** to sunbathe; **~s de mer** sea bathing *sg*; **~s(-douches) municipaux** public baths
**bain-marie** [bɛ̃maʀi] (*pl* **bains-marie**) *nm* double boiler; **faire chauffer au ~** (*boîte etc*) to immerse in boiling water
**baïonnette** [bajɔnɛt] *nf* bayonet; (*Élec*): **douille**

à ~ bayonet socket; **ampoule à ~** bulb with a bayonet fitting
**baisemain** [bɛzmɛ̃] *nm* kissing a lady's hand
**baiser** [beze] *nm* kiss ▷ *vt* (*main, front*) to kiss; (*fam!*) to screw (!)
**baisse** [bɛs] *nf* fall, drop; (*Comm*): **"~ sur la viande"** "meat prices down"; **en ~** (*cours, action*) falling; **à la ~** downwards
**baisser** [bese] *vt* to lower; (*radio, chauffage*) to turn down; (*Auto: phares*) to dip (Brit), lower (US) ▷ *vi* to fall, drop, go down; **se baisser** *vi* to bend down
**bajoues** [baʒu] *nfpl* chaps, chops
**bal** [bal] *nm* dance; (*grande soirée*) ball; **~ costumé/masqué** fancy-dress/masked ball; **~ musette** dance (*with accordion accompaniment*)
**balade** [balad] *nf* walk, stroll; (*en voiture*) drive; **faire une ~** to go for a walk *ou* stroll; to go for a drive
**balader** [balade] *vt* (*traîner*) to trail around; **se balader** *vi* to go for a walk *ou* stroll; to go for a drive
**baladeur** [baladœʀ] *nm* personal stereo; **~ numérique** MP3 player
**baladeuse** [baladøz] *nf* inspection lamp
**baladin** [baladɛ̃] *nm* wandering entertainer
**balafre** [balafʀ(ə)] *nf* gash, slash; (*cicatrice*) scar
**balafrer** [balafʀe] *vt* to gash, slash
**balai** [balɛ] *nm* broom, brush; (*Auto: d'essuie-glace*) blade; (*Mus: de batterie etc*) brush; **donner un coup de ~** to give the floor a sweep; **~ mécanique** carpet sweeper
**balai-brosse** [balɛbʀɔs] (*pl* **balais-brosses**) *nm* (long-handled) scrubbing brush
**balance** [balɑ̃s] *nf* (*à plateaux*) scales *pl*; (*de précision*) balance; (*Comm, Pol*): **~ des comptes** *ou* **paiements** balance of payments; (*signe*): **la B~** Libra, the Scales; **être de la B~** to be Libra; **~ commerciale** balance of trade; **~ des forces** balance of power; **~ romaine** steelyard
**balancelle** [balɑ̃sɛl] *nf* garden hammock-seat
**balancer** [balɑ̃se] *vt* to swing; (*lancer*) to fling, chuck; (*renvoyer, jeter*) to chuck out ▷ *vi* to swing; **se balancer** *vi* to swing; (*bateau*) to rock; (*branche*) to sway; **se ~ de qch** (*fam*) not to give a toss about sth
**balancier** [balɑ̃sje] *nm* (*de pendule*) pendulum; (*de montre*) balance wheel; (*perche*) (balancing) pole
**balançoire** [balɑ̃swaʀ] *nf* swing; (*sur pivot*) seesaw
**balayage** [balɛjaʒ] *nm* sweeping; scanning
**balayer** [baleje] *vt* (*feuilles etc*) to sweep up, brush up; (*pièce, cour*) to sweep; (*chasser*) to sweep away *ou* aside; (*radar*) to scan; (*: phares*) to sweep across
**balayette** [balɛjɛt] *nf* small brush
**balayeur, -euse** [balɛjœʀ, -øz] *nm/f* road sweeper ▷ *nf* (*engin*) road sweeper
**balayures** [balɛjyʀ] *nfpl* sweepings
**balbutiement** [balbysimɑ̃] *nm* (*paroles*) stammering *no pl*; **balbutiements** *nmpl* (*fig*:

*débuts*) first faltering steps
**balbutier** [balbysje] *vi, vt* to stammer
**balcon** [balkɔ̃] *nm* balcony; (*Théât*) dress circle
**baldaquin** [baldakɛ̃] *nm* canopy
**Bâle** [bal] *n* Basle *ou* Basel
**Baléares** [baleaʀ] *nfpl:* **les ~** the Balearic Islands
**baleine** [balɛn] *nf* whale; (*de parapluie*) rib; (*de corset*) bone
**baleinier** [balenje] *nm* (*Navig*) whaler
**baleinière** [balɛnjɛʀ] *nf* whaleboat
**balisage** [balizaʒ] *nm* (*signaux*) beacons *pl*; buoys *pl*; runway lights *pl*; signs *pl*, markers *pl*
**balise** [baliz] *nf* (*Navig*) beacon, (marker) buoy; (*Aviat*) runway light, beacon; (*Auto, Ski*) sign
**baliser** [balize] *vt* to mark out (with beacons *ou* lights *etc*)
**balistique** [balistik] *adj* (*engin*) ballistic ▷ *nf* ballistics
**balivernes** [balivɛʀn(ə)] *nfpl* twaddle *sg* (*Brit*), nonsense *sg*
**balkanique** [balkanik] *adj* Balkan
**Balkans** [balkɑ̃] *nmpl:* **les ~** the Balkans
**ballade** [balad] *nf* ballad
**ballant, e** [balɑ̃, -ɑ̃t] *adj* dangling
**ballast** [balast] *nm* ballast
**balle** [bal] *nf* (*de fusil*) bullet; (*de sport*) ball; (*du blé*) chaff; (*paquet*) bale; (*fam: franc*) franc; **~ perdue** stray bullet
**ballerine** [balʀin] *nf* ballet dancer; (*chaussure*) pump, ballerina
**ballet** [balɛ] *nm* ballet; (*fig*): **~ diplomatique** diplomatic to-ings and fro-ings
**ballon** [balɔ̃] *nm* (*de sport*) ball; (*jouet, Aviat, de bande dessinée*) balloon; (*de vin*) glass; **~ d'essai** (*météorologique*) pilot balloon; (*fig*) feeler(s); **~ de football** football; **~ d'oxygène** oxygen bottle
**ballonner** [balɔne] *vt:* **j'ai le ventre ballonné** I feel bloated
**ballon-sonde** [balɔ̃sɔ̃d] (*pl* **ballons-sondes**) *nm* sounding balloon
**ballot** [balo] *nm* bundle; (*péj*) nitwit
**ballottage** [balɔtaʒ] *nm* (*Pol*) second ballot
**ballotter** [balɔte] *vi* to roll around; (*bateau etc*) to toss ▷ *vt* to shake *ou* throw about; to toss; **être ballotté entre** (*fig*) to be shunted between; (: *indécis*) to be torn between
**ballottine** [balɔtin] *nf* (*Culin*): **~ de volaille** meat loaf made with poultry
**ball-trap** [baltʀap] *nm* (*appareil*) trap; (*tir*) clay pigeon shooting
**balluchon** [balyʃɔ̃] *nm* bundle (of clothes)
**balnéaire** [balneɛʀ] *adj* seaside *cpd*
**balnéothérapie** [balneoteʀapi] *nf* spa bath therapy
**BALO** *sigle m* (= *Bulletin des annonces légales obligatoires*) ≈ Public Notices (*in newspapers etc*)
**balourd, e** [baluʀ, -uʀd(ə)] *adj* clumsy ▷ *nm/f* clodhopper
**balourdise** [baluʀdiz] *nf* clumsiness; (*gaffe*) blunder
**balte** [balt] *adj* Baltic ▷ *nm/f:* **Balte** native of the Baltic States

**baltique** [baltik] *adj* Baltic ▷ *nf:* **la (mer) B~** the Baltic (Sea)
**baluchon** [balyʃɔ̃] *nm* = **balluchon**
**balustrade** [balystʀad] *nf* railings *pl*, handrail
**bambin** [bɑ̃bɛ̃] *nm* little child
**bambou** [bɑ̃bu] *nm* bamboo
**ban** [bɑ̃] *nm* round of applause, cheer; **être/ mettre au ~ de** to be outlawed/to outlaw from; **le ~ et l'arrière-~ de sa famille** every last one of his relatives; **~s (de mariage)** banns, bans
**banal, e** [banal] *adj* banal, commonplace; (*péj*) trite; **four/moulin ~** village oven/mill
**banalisé, e** [banalize] *adj* (*voiture de police*) unmarked
**banalité** [banalite] *nf* banality; (*remarque*) truism, trite remark
**banane** [banan] *nf* banana
**bananeraie** [bananʀɛ] *nf* banana plantation
**bananier** [bananje] *nm* banana tree; (*bateau*) banana boat
**banc** [bɑ̃] *nm* seat, bench; (*de poissons*) shoal; **~ des accusés** dock; **~ d'essai** (*fig*) testing ground; **~ de sable** sandbank; **~ des témoins** witness box; **~ de touche** dugout
**bancaire** [bɑ̃kɛʀ] *adj* banking, bank *cpd*
**bancal, e** [bɑ̃kal] *adj* wobbly; (*personne*) bow-legged; (*fig: projet*) shaky
**bandage** [bɑ̃daʒ] *nm* bandaging; (*pansement*) bandage; **~ herniaire** truss
**bande** [bɑ̃d] *nf* (*de tissu etc*) strip; (*Méd*) bandage; (*motif, dessin*) stripe; (*Ciné*) film; (*Radio, groupe*) band; (*péj*): **une ~ de** a bunch *ou* crowd of; **par la ~** in a roundabout way; **donner de la ~** to list; **faire ~ à part** to keep to o.s.; **~ dessinée (BD)** strip cartoon (*Brit*), comic strip; **~ magnétique** magnetic tape; **~ passante** (*Inform*) bandwidth; **~ perforée** punched tape; **~ de roulement** (*de pneu*) tread; **~ sonore** sound track; **~ de terre** strip of land; **~ Velpeau®** (*Méd*) crêpe bandage
**bandé, e** [bɑ̃de] *adj* bandaged; **les yeux ~s** blindfold
**bande-annonce** [bɑ̃danɔ̃s] (*pl* **bandes-annonces**) *nf* (*Ciné*) trailer
**bandeau, x** [bɑ̃do] *nm* headband; (*sur les yeux*) blindfold; (*Méd*) head bandage
**bandelette** [bɑ̃dlɛt] *nf* strip of cloth, bandage
**bander** [bɑ̃de] *vt* to bandage; (*muscle*) to tense; (*arc*) to bend ▷ *vi* (*fam!*) to have a hard on (!); **~ les yeux à qn** to blindfold sb
**banderole** [bɑ̃dʀɔl] *nf* banderole; (*dans un défilé etc*) streamer
**bande-son** [bɑ̃dsɔ̃] (*pl* **bandes-son**) *nf* (*Ciné*) soundtrack
**bandit** [bɑ̃di] *nm* bandit
**banditisme** [bɑ̃ditism(ə)] *nm* violent crime, armed robberies *pl*
**bandoulière** [bɑ̃duljɛʀ] *nf:* **en ~** (slung *ou* worn) across the shoulder
**Bangkok** [bɑ̃kɔk] *n* Bangkok
**Bangladesh** [bɑ̃gladeʃ] *nm:* **le ~** Bangladesh
**banjo** [bɑ̃(d)ʒo] *nm* banjo

**banlieue** [bɑ̃ljø] *nf* suburbs *pl*; **quartiers de ~** suburban areas; **trains de ~** commuter trains

**banlieusard, e** [bɑ̃ljøzaʀ, -aʀd(ə)] *nm/f* suburbanite

**bannière** [banjɛʀ] *nf* banner

**bannir** [baniʀ] *vt* to banish

**banque** [bɑ̃k] *nf* bank; (*activités*) banking; **~ des yeux/du sang** eye/blood bank; **~ d'affaires** merchant bank; **~ de dépôt** deposit bank; **~ de données** (*Inform*) data bank; **~ d'émission** bank of issue

**banqueroute** [bɑ̃kʀut] *nf* bankruptcy

**banquet** [bɑ̃kɛ] *nm* (*de club*) dinner; (*de noces*) reception; (*d'apparat*) banquet

**banquette** [bɑ̃kɛt] *nf* seat

**banquier** [bɑ̃kje] *nm* banker

**banquise** [bɑ̃kiz] *nf* ice field

**bantou, e** [bɑ̃tu] *adj* Bantu

**baptême** [batɛm] *nm* (*sacrement*) baptism; (*cérémonie*) christening, baptism; (*d'un navire*) launching; (*d'une cloche*) consecration, dedication; **~ de l'air** first flight

**baptiser** [batize] *vt* to christen; to baptize; to launch; to consecrate, dedicate

**baptiste** [batist(ə)] *adj, nm/f* Baptist

**baquet** [bakɛ] *nm* tub, bucket

**bar** [baʀ] *nm* bar; (*poisson*) bass

**baragouin** [baʀagwɛ̃] *nm* gibberish

**baragouiner** [baʀagwine] *vi* to gibber, jabber

**baraque** [baʀak] *nf* shed; (*fam*) house; **~ foraine** fairground stand

**baraqué, e** [baʀake] *adj* well-built, hefty

**baraquements** [baʀakmɑ̃] *nmpl* huts (*for refugees, workers etc*)

**baratin** [baʀatɛ̃] *nm* (*fam*) smooth talk, patter

**baratiner** [baʀatine] *vt* to chat up

**baratte** [baʀat] *nf* churn

**Barbade** [baʀbad] *nf*: **la ~** Barbados

**barbant, e** [baʀbɑ̃, -ɑ̃t] *adj* (*fam*) deadly (boring)

**barbare** [baʀbaʀ] *adj* barbaric ⊳ *nm/f* barbarian

**Barbarie** [baʀbaʀi] *nf*: **la ~** the Barbary Coast

**barbarie** [baʀbaʀi] *nf* barbarism; (*cruauté*) barbarity

**barbarisme** [baʀbaʀism(ə)] *nm* (*Ling*) barbarism

**barbe** [baʀb(ə)] *nf* beard; (**au nez et**) **à la ~ de qn** (*fig*) under sb's very nose; **quelle ~!** (*fam*) what a drag *ou* bore!; **~ à papa** candy-floss (*Brit*), cotton candy (*US*)

**barbecue** [baʀbəkju] *nm* barbecue

**barbelé** [baʀbəle] *nm* barbed wire *no pl*

**barber** [baʀbe] *vt* (*fam*) to bore stiff

**barbiche** [baʀbiʃ] *nf* goatee

**barbichette** [baʀbiʃɛt] *nf* small goatee

**barbiturique** [baʀbityʀik] *nm* barbiturate

**barboter** [baʀbɔte] *vi* to paddle, dabble ⊳ *vt* (*fam*) to filch

**barboteuse** [baʀbɔtøz] *nf* rompers *pl*

**barbouiller** [baʀbuje] *vt* to daub; (*péj: écrire, dessiner*) to scribble; **avoir l'estomac barbouillé** to feel queasy *ou* sick

**barbu, e** [baʀby] *adj* bearded

**barbue** [baʀby] *nf* (*poisson*) brill

**Barcelone** [baʀsəlɔn] *n* Barcelona

**barda** [baʀda] *nm* (*fam*) kit, gear

**barde** [baʀd(ə)] *nf* (*Culin*) piece of fat bacon ⊳ *nm* (*poète*) bard

**bardé, e** [baʀde] *adj*: **~ de médailles** *etc* bedecked with medals *etc*

**bardeaux** [baʀdo] *nmpl* shingle *no pl*

**barder** [baʀde] *vt* (*Culin: rôti, volaille*) to bard ⊳ *vi* (*fam*): **ça va ~** sparks will fly

**barème** [baʀɛm] *nm* scale; (*liste*) table; **~ des salaires** salary scale

**barge** [baʀʒ] *nf* barge

**baril** [baʀil] *nm* (*tonneau*) barrel; (*de poudre*) keg

**barillet** [baʀijɛ] *nm* (*de revolver*) cylinder

**bariolé, e** [baʀjɔle] *adj* many-coloured, rainbow-coloured

**barman** [baʀman] *nm* barman

**baromètre** [baʀɔmɛtʀ(ə)] *nm* barometer; **~ anéroïde** aneroid barometer

**baron** [baʀɔ̃] *nm* baron

**baronne** [baʀɔn] *nf* baroness

**baroque** [baʀɔk] *adj* (*Art*) baroque; (*fig*) weird

**baroud** [baʀud] *nm*: **~ d'honneur** gallant last stand

**baroudeur** [baʀudœʀ] *nm* (*fam*) fighter

**barque** [baʀk(ə)] *nf* small boat

**barquette** [baʀkɛt] *nf* small boat-shaped tart; (*récipient: en aluminium*) tub; (*: en bois*) basket

**barracuda** [baʀakyda] *nm* barracuda

**barrage** [baʀaʒ] *nm* dam; (*sur route*) roadblock, barricade; **~ de police** police roadblock

**barre** [baʀ] *nf* (*de fer etc*) rod; (*Navig*) helm; (*écrite*) line, stroke; (*Danse*) barre; (*niveau*): **la livre a franchi la ~ des 1,70 euros** the pound has broken the 1.70 euros barrier; (*Jur*): **comparaître à la ~** to appear as a witness; **être à** *ou* **tenir la ~** (*Navig*) to be at the helm; **coup de ~** (*fig*): **c'est le coup de ~!** it's daylight robbery!; **j'ai le coup de ~!** I'm all in!; **~ fixe** (*Gym*) horizontal bar; **~ de mesure** (*Mus*) bar line; **~ à mine** crowbar; **~s parallèles/asymétriques** (*Gym*) parallel/asymmetric bars

**barreau, x** [baʀo] *nm* bar; (*Jur*): **le ~** the Bar

**barrer** [baʀe] *vt* (*route etc*) to block; (*mot*) to cross out; (*chèque*) to cross (*Brit*); (*Navig*) to steer; **se barrer** *vi* (*fam*) to clear off

**barrette** [baʀɛt] *nf* (*pour cheveux*) (hair) slide (*Brit*) *ou* clip (*US*); (*broche*) brooch

**barreur** [baʀœʀ] *nm* helmsman; (*aviron*) coxswain

**barricade** [baʀikad] *nf* barricade

**barricader** [baʀikade] *vt* to barricade; **se ~ chez soi** (*fig*) to lock o.s. in

**barrière** [baʀjɛʀ] *nf* fence; (*obstacle*) barrier; (*porte*) gate; **la Grande B~** the Great Barrier Reef; **~ de dégel** (*Admin: on roadsigns*) no heavy vehicles -- road liable to subsidence due to thaw; **~s douanières** trade barriers

**barrique** [baʀik] *nf* barrel, cask

**barrir** [baʀiʀ] *vi* to trumpet

**bar-tabac** [baʀtaba] *nm* bar (*which sells tobacco and stamps*)

**b**

41

**baryton** [baʀitɔ̃] *nm* baritone
**bas, basse** [bɑ, bɑs] *adj* low; (*action*) low, ignoble
▷ *nm* (*vêtement*) stocking; (*partie inférieure*): **le ~ de** the lower part *ou* foot *ou* bottom of ▷ *nf* (*Mus*) bass ▷ *adv* low; (*parler*) softly; **plus ~** lower down; more softly; (*dans un texte*) further on, below; **la tête ~se** with lowered head; (*fig*) with head hung low; **avoir la vue ~se** to be short-sighted; **au ~ mot** at the lowest estimate; **enfant en ~ âge** infant, young child; **en ~** down below; at (*ou* to) the bottom; (*dans une maison*) downstairs; **en ~ de** at the bottom of; **de ~ en haut** upwards; from the bottom to the top; **des hauts et des ~** ups and downs; **un ~ de laine** (*fam: économies*) money under the mattress (*fig*); **mettre ~** *vi* (*animal*) to give birth; **à ~ la dictature!** down with dictatorship!; **~ morceaux** (*viande*) cheap cuts
**basalte** [bazalt(ə)] *nm* basalt
**basané, e** [bazane] *adj* (*teint*) tanned, bronzed; (*foncé; péj*) swarthy
**bas-côté** [bakote] *nm* (*de route*) verge (*Brit*), shoulder (*US*); (*d'église*) (side) aisle
**bascule** [baskyl] *nf*: (**jeu de**) ~ seesaw; (**balance à**) ~ scales *pl*; **fauteuil à ~** rocking chair; **système à ~** tip-over device; rocker device
**basculer** [baskyle] *vi* to fall over, topple (over); (*benne*)/à to tip up ▷ *vt* (*aussi:* **faire basculer**) to topple over; to tip out, tip up
**base** [bɑz] *nf* base; (*Pol*): **la ~** the rank and file, the grass roots; (*fondement, principe*) basis (*pl* bases); **jeter les ~s de** to lay the foundations of; **à la ~ de** (*fig*) at the root of; **sur la ~ de** (*fig*) on the basis of; **de ~** basic; **à ~ de café** *etc* coffee *etc* -based; **~ de données** (*Inform*) database; **~ de lancement** launching site
**base-ball** [bɛzbol] *nm* baseball
**baser** [baze] *vt*: **~ qch sur** to base sth on; **se ~ sur** (*données, preuves*) to base one's argument on; **être basé à/dans** (*Mil*) to be based at/in
**bas-fond** [bafɔ̃] *nm* (*Navig*) shallow; **bas-fonds** *nmpl* (*fig*) dregs
**basilic** [bazilik] *nm* (*Culin*) basil
**basilique** [bazilik] *nf* basilica
**basket** [basket], **basket-ball** [basketbol] *nm* basketball
**baskets** [basket] *nfpl* (*chaussures*) trainers (*Brit*), sneakers (*US*)
**basketteur, -euse** [basketœʀ, -øz] *nm/f* basketball player
**basquaise** [baskɛz] *adj f* Basque ▷ *nf*: **B~** Basque
**basque** [bask(ə)] *adj, nm* (*Ling*) Basque ▷ *nm/f*: **Basque** Basque; **le Pays ~** the Basque country
**basques** [bask(ə)] *nfpl* skirts; **pendu aux ~ de qn** constantly pestering sb; (*mère etc*) hanging on sb's apron strings
**bas-relief** [baʀəljef] *nm* bas-relief
**basse** [bɑs] *adj f, nf voir* **bas**
**basse-cour** [baskuʀ] (*pl* **basses-cours**) *nf* farmyard; (*animaux*) farmyard animals
**bassement** [basmɑ̃] *adv* basely
**bassesse** [bases] *nf* baseness; (*acte*) base act

**basset** [base] *nm* (*Zool*) basset (hound)
**bassin** [basɛ̃] *nm* (*cuvette*) bowl; (*pièce d'eau*) pond, pool; (*de fontaine, Géo*) basin; (*Anat*) pelvis; (*portuaire*) dock; **~ houiller** coalfield
**bassine** [basin] *nf* basin; (*contenu*) bowl, bowlful
**bassiner** [basine] *vt* (*plaie*) to bathe; (*lit*) to warm with a warming pan; (*fam: ennuyer*) to bore; (: *importuner*) to bug, pester
**bassiste** [basist] *nm/f* (double) bass player
**basson** [basɔ̃] *nm* bassoon
**bastide** [bastid] *nf* (*maison*) country house (*in* Provence); (*ville*) walled town (*in SW France*)
**bastion** [bastjɔ̃] *nm* (*aussi fig, Pol*) bastion
**bas-ventre** [bavɑ̃tʀ(ə)] *nm* (lower part of the) stomach
**bât** [bɑ] *nm* packsaddle
**bataille** [bataj] *nf* battle; **en ~** (*en travers*) at an angle; (*en désordre*) awry; **~ rangée** pitched battle
**bataillon** [batajɔ̃] *nm* battalion
**bâtard, e** [bɑtaʀ, -aʀd(ə)] *adj* (*enfant*) illegitimate; (*fig*) hybrid ▷ *nm/f* illegitimate child, bastard (*péj*) ▷ *nm* (*Boulangerie*) ≈ Vienna loaf; **chien ~** mongrel
**batavia** [batavja] *nf* ≈ Webb lettuce
**bateau, x** [bato] *nm* boat; (*grand*) ship ▷ *adj inv* (*banal, rebattu*) hackneyed; **~ de pêche/à moteur/à voiles** fishing/motor/sailing boat
**bateau-citerne** [batositɛʀn(ə)] *nm* tanker
**bateau-mouche** [batomuʃ] *nm* (passenger) pleasure boat (*on the Seine*)
**bateau-pilote** [batopilot] *nm* pilot ship
**bateleur, -euse** [batlœʀ, -øz] *nm/f* street performer
**batelier, -ière** [batəlje, -jɛʀ] *nm/f* ferryman/-woman
**bâti, e** [bati] *adj* (*terrain*) developed ▷ *nm* (*armature*) frame; (*Couture*) tacking; **bien ~** (*personne*) well-built
**batifoler** [batifole] *vi* to frolic *ou* lark about
**batik** [batik] *nm* batik
**bâtiment** [batimɑ̃] *nm* building; (*Navig*) ship, vessel; (*industrie*): **le ~** the building trade
**bâtir** [batiʀ] *vt* to build; (*Couture: jupe, ourlet*) to tack; **fil à ~** (*Couture*) tacking thread
**bâtisse** [batis] *nf* building
**bâtisseur, -euse** [batisœʀ, -øz] *nm/f* builder
**batiste** [batist(ə)] *nf* (*Couture*) batiste, cambric
**bâton** [batɔ̃] *nm* stick; **mettre des ~s dans les roues à qn** to put a spoke in sb's wheel; **à ~s rompus** informally; **~ de rouge (à lèvres)** lipstick; **~ de ski** ski stick
**bâtonnet** [batonɛ] *nm* short stick *ou* rod
**bâtonnier** [batonje] *nm* (*Jur*) ≈ President of the Bar
**batraciens** [batʀasjɛ̃] *nmpl* amphibians
**bats** [ba] *vb voir* **battre**
**battage** [bataʒ] *nm* (*publicité*) (hard) plugging
**battant, e** [batɑ̃, -ɑ̃t] *vb voir* **battre** ▷ *adj*: **pluie ~e** lashing rain ▷ *nm* (*de cloche*) clapper; (*de volets*) shutter, flap; (*de porte*) side; (*fig: personne*) fighter; **porte à double ~** double door;

**tambour** ~ briskly

**batte** [bat] *nf* (*Sport*) bat

**battement** [batmã] *nm* (*de cœur*) beat; (*intervalle*) interval (*between classes, trains etc*); ~ **de paupières** blinking *no pl* (of eyelids); **un ~ de 10 minutes, 10 minutes de** ~ 10 minutes to spare

**batterie** [batʀi] *nf* (*Mil, Élec*) battery; (*Mus*) drums *pl*, drum kit; ~ **de cuisine** kitchen utensils *pl*; (*casseroles etc*) pots and pans *pl*; **une ~ de tests** a string of tests

**batteur** [batœʀ] *nm* (*Mus*) drummer; (*appareil*) whisk

**batteuse** [batøz] *nf* (*Agr*) threshing machine

**battoir** [batwaʀ] *nm* (*à linge*) beetle (*for laundry*); (*à tapis*) (carpet) beater

**battre** [batʀ(ə)] *vt* to beat; (*pluie, vagues*) to beat *ou* lash against; (*œufs etc*) to beat up, whisk; (*blé*) to thresh; (*cartes*) to shuffle; (*passer au peigne fin*) to scour ▷ *vi* (*cœur*) to beat; (*volets etc*) to bang, rattle; **se battre** *vi* to fight; ~ **la mesure** to beat time; ~ **en brèche** (*Mil: mur*) to batter; (*fig: théorie*) to demolish; (: *institution etc*) to attack; ~ **son plein** to be at its height, be going full swing; ~ **pavillon britannique** to fly the British flag; ~ **des mains** to clap one's hands; ~ **des ailes** to flap its wings; ~ **de l'aile** (*fig*) to be in a bad way *ou* in bad shape; ~ **la semelle** to stamp one's feet; ~ **en retraite** to beat a retreat

**battu, e** [baty] *pp de* **battre** ▷ *nf* (*chasse*) beat; (*policière etc*) search, hunt

**baud** [bo(d)] *nm* baud

**baudruche** [bodʀyʃ] *nf:* **ballon en** ~ (toy) balloon; (*fig*) windbag

**baume** [bom] *nm* balm

**bauxite** [boksit] *nf* bauxite

**bavard, e** [bavaʀ, -aʀd(ə)] *adj* (very) talkative; gossipy

**bavardage** [bavaʀdaʒ] *nm* chatter *no pl*; gossip *no pl*

**bavarder** [bavaʀde] *vi* to chatter; (*indiscrètement*) to gossip; (: *révéler un secret*) to blab

**bavarois, e** [bavaʀwa, -waz] *adj* Bavarian ▷ *nm ou f* (*Culin*) bavarois

**bave** [bav] *nf* dribble; (*de chien etc*) slobber, slaver (*Brit*), drool (*US*); (*d'escargot*) slime

**baver** [bave] *vi* to dribble; to slobber, slaver (*Brit*), drool (*US*); (*encre, couleur*) to run; **en** ~ (*fam*) to have a hard time (of it)

**bavette** [bavɛt] *nf* bib

**baveux, -euse** [bavø, -øz] *adj* dribbling; (*omelette*) runny

**Bavière** [bavjɛʀ] *nf:* **la** ~ Bavaria

**bavoir** [bavwaʀ] *nm* (*de bébé*) bib

**bavure** [bavyʀ] *nf* smudge; (*fig*) hitch; blunder

**bayer** [baje] *vi:* ~ **aux corneilles** to stand gaping

**bazar** [bazaʀ] *nm* general store; (*fam*) jumble

**bazarder** [bazaʀde] *vt* (*fam*) to chuck out

**BCBG** *sigle adj* (= *bon chic bon genre*) ≈ preppy

**BCG** *sigle m* (= *bacille Calmette-Guérin*) BCG

**bcp** *abr* = **beaucoup**

**BD** *sigle f* = **bande dessinée**; (= *base de données*) DB

**bd** *abr* = **boulevard**

**b.d.c.** *abr* (*Typo:* = *bas de casse*) l.c.

**béant, e** [beã, -ãt] *adj* gaping

**béarnais, e** [beaʀnɛ, -ɛz] *adj* of *ou* from the Béarn

**béat, e** [bea, -at] *adj* showing open-eyed wonder; (*sourire etc*) blissful

**béatitude** [beatityd] *nf* bliss

**beau, bel, belle, beaux** [bo, bɛl] *adj* beautiful, lovely; (*homme*) handsome ▷ *nf* (*Sport*) decider ▷ *adv:* **il fait** ~ the weather's fine ▷ *nm:* **avoir le sens du** ~ to have an aesthetic sense; **le temps est au** ~ the weather is set fair; **un ~ geste** (*fig*) a fine gesture; **un ~ salaire** a good salary; **un ~ gâchis/rhume** a fine mess/nasty cold; **en faire/dire de belles** to do/say (some) stupid things; **le ~ monde** high society; ~ **parleur** smooth talker; **un ~ jour** one (fine) day; **de plus belle** more than ever, even more; **bel et bien** well and truly; (*vraiment*) really (and truly); **le plus ~ c'est que ...** the best of it is that ...; **c'est du ~!** that's great, that is!; **on a ~ essayer** however hard *ou* no matter how hard we try; **il a ~ jeu de protester** *etc* it's easy for him to protest *etc*; **faire le ~** (*chien*) to sit up and beg

○ **MOT-CLÉ**

**beaucoup** [boku] *adv* **1** a lot; **il boit beaucoup** he drinks a lot; **il ne boit pas beaucoup** he doesn't drink much *ou* a lot

**2** (*suivi de plus, trop etc*) much, a lot, far; **il est beaucoup plus grand** he is much *ou* a lot *ou* far taller

**3**: **beaucoup de** (*nombre*) many, a lot of; (*quantité*) a lot of; **pas beaucoup de** (*nombre*) not many, not a lot of; (*quantité*) not much, not a lot of; **beaucoup d'étudiants/de touristes** a lot of *ou* many students/tourists; **beaucoup de courage** a lot of courage; **il n'a pas beaucoup d'argent** he hasn't got much *ou* a lot of money; **il n'y a pas beaucoup de touristes** there aren't many *ou* a lot of tourists

**4**: **de beaucoup** by far

▷ *pron:* **beaucoup le savent** lots of people know that

**beau-fils** [bofis] (*pl* **beaux-fils**) *nm* son-in-law; (*remariage*) stepson

**beau-frère** [bofʀɛʀ] (*pl* **beaux-frères**) *nm* brother-in-law

**beau-père** [bopɛʀ] (*pl* **beaux-pères**) *nm* father-in-law; (*remariage*) stepfather

**beauté** [bote] *nf* beauty; **de toute** ~ beautiful; **en** ~ *adv* with a flourish, brilliantly

**beaux-arts** [bozaʀ] *nmpl* fine arts

**beaux-parents** [bopaʀã] *nmpl* wife's/husband's family, in-laws

**bébé** [bebe] *nm* baby

**bébé-éprouvette** [bebepʀuvɛt] (*pl* **bébés-éprouvette**) *nm* test-tube baby

**bec** [bɛk] *nm* beak, bill; (*de plume*) nib; (*de cafetière etc*) spout; (*de casserole etc*) lip; (*d'une clarinette etc*)

mouthpiece; (fam) mouth; **clouer le ~ à qn**
(fam) to shut sb up; **ouvrir le ~** (fam) to open
one's mouth; **~ de gaz** (street) gaslamp; **~**
**verseur** pouring lip

**bécane** [bekan] nf (fam) bike

**bécarre** [bekaʀ] nm (Mus) natural

**bécasse** [bekas] nf (Zool) woodcock; (fam) silly
goose

**bec-de-cane** [bɛkdəkan] (pl **becs-de-cane**) nm
(poignée) door handle

**bec-de-lièvre** [bɛkdəljɛvʀ(ə)] (pl **becs-de-lièvre**)
nm harelip

**béchamel** [beʃamɛl] nf: **(sauce) ~** white sauce,
bechamel sauce

**bêche** [bɛʃ] nf spade

**bêcher** [beʃe] vt (terre) to dig; (personne: critiquer)
to slate; (: snober) to look down on

**bêcheur, -euse** [beʃœʀ, -øz] adj (fam) stuck-up
▷ nm/f fault-finder; (snob) stuck-up person

**bécoter** [bekɔte]: **se bécoter** vi to smooch

**becquée** [beke] nf: **donner la ~ à** to feed

**becqueter** [bɛkte] vt (fam) to eat

**bedaine** [bədɛn] nf paunch

**bédé** [bede] nf (fam) = **bande dessinée**

**bedeau, x** [bədo] nm beadle

**bedonnant, e** [bədɔnɑ̃, -ɑ̃t] adj paunchy,
potbellied

**bée** [be] adj: **bouche ~** gaping

**beffroi** [befʀwa] nm belfry

**bégaiement** [begɛmɑ̃] nm stammering,
stuttering

**bégayer** [begeje] vt, vi to stammer

**bégonia** [begɔnja] nm (Bot) begonia

**bègue** [bɛg] nm/f: **être ~** to have a stammer

**bégueule** [begœl] adj prudish

**beige** [bɛʒ] adj beige

**beignet** [bɛɲɛ] nm fritter

**bel** [bɛl] adj m voir **beau**

**bêler** [bele] vi to bleat

**belette** [bəlɛt] nf weasel

**belge** [bɛlʒ(ə)] adj Belgian ▷ nm/f: **Belge**
Belgian; see note

⊙ **FÊTE NATIONALE BELGE**
⊙
⊙
⊙ The fête nationale belge, on 21 July, marks the
⊙ day in 1831 when Leopold of Saxe-Coburg
⊙ Gotha was crowned King Leopold I.

**Belgique** [bɛlʒik] nf: **la ~** Belgium

**Belgrade** [bɛlgʀad] n Belgrade

**bélier** [belje] nm ram; (engin) (battering) ram;
(signe): **le B~** Aries, the Ram; **être du B~** to be
Aries

**Bélize** [beliz] nm: **le ~** Belize

**bellâtre** [belɑtʀ(ə)] nm dandy

**belle** [bɛl] adj f, nf voir **beau**

**belle-famille** [bɛlfamij] (pl **belles-familles**) nf
(fam) in-laws pl

**belle-fille** [bɛlfij] (pl **belles-filles**) nf daughter-
in-law; (remariage) stepdaughter

**belle-mère** [bɛlmɛʀ] (pl **belles-mères**) nf

mother-in-law; (remariage) stepmother

**belle-sœur** [bɛlsœʀ] (pl **belles-sœurs**) nf sister-
in-law

**belliciste** [belisist(ə)] adj warmongering

**belligérance** [beliʒeʀɑ̃s] nf belligerence

**belligérant, e** [beliʒeʀɑ̃, -ɑ̃t] adj belligerent

**belliqueux, -euse** [belikø, -øz] adj aggressive,
warlike

**belote** [bəlɔt] nf belote (card game)

**belvédère** [bɛlvedɛʀ] nm panoramic viewpoint
(or small building there)

**bémol** [bemɔl] nm (Mus) flat

**ben** [bɛ̃] excl (fam) well

**bénédiction** [benediksjɔ̃] nf blessing

**bénéfice** [benefis] nm (Comm) profit; (avantage)
benefit; **au ~ de** in aid of

**bénéficiaire** [benefisjɛʀ] nm/f beneficiary

**bénéficier** [benefisje] vi: **~ de** to enjoy; (profiter)
to benefit by ou from; (obtenir) to get, be given

**bénéfique** [benefik] adj beneficial

**Bénélux** [benelyks] nm: **le ~** Benelux, the
Benelux countries

**benêt** [bənɛ] nm simpleton

**bénévolat** [benevɔla] nm voluntary service ou
work

**bénévole** [benevɔl] adj voluntary, unpaid

**bénévolement** [benevɔlmɑ̃] adv voluntarily

**Bengale** [bɛ̃gal] nm: **le ~** Bengal; **le golfe du ~**
the Bay of Bengal

**bengali** [bɛ̃gali] adj Bengali, Bengalese ▷ nm
(Ling) Bengali

**Bénin** [benɛ̃] nm: **le ~** Benin

**bénin, -igne** [benɛ̃, -iɲ] adj minor, mild;
(tumeur) benign

**bénir** [beniʀ] vt to bless

**bénit, e** [beni, -it] adj consecrated; **eau ~e** holy
water

**bénitier** [benitje] nm stoup, font (for holy water)

**benjamin, e** [bɛ̃ʒamɛ̃, -in] nm/f youngest child;
(Sport) under-13

**benne** [bɛn] nf skip; (de téléphérique) (cable) car; **~**
**basculante** tipper (Brit), dump ou dumper truck

**benzine** [bɛ̃zin] nf benzine

**béotien, ne** [beɔsjɛ̃, -ɛn] nm/f philistine

**BEP** sigle m (= Brevet d'études professionnelles) school-
leaving diploma, taken at approx. 18 years

**BEPC** sigle m (= Brevet d'études du premier cycle) former
school certificate (taken at approx. 16 years)

**béquille** [bekij] nf crutch; (de bicyclette) stand

**berbère** [bɛʀbɛʀ] adj Berber ▷ nm (Ling) Berber
▷ nm/f: **Berbère** Berber

**bercail** [bɛʀkaj] nm fold

**berceau, x** [bɛʀso] nm cradle, crib

**bercer** [bɛʀse] vt to rock, cradle; (musique etc) to
lull; **~ qn de** (promesses etc) to delude sb with

**berceur, -euse** [bɛʀsœʀ, -øz] adj soothing ▷ nf
(chanson) lullaby

**BERD** [bɛʀd] sigle f (= Banque européenne pour la
reconstruction et le développement) EBRD

**béret** [beʀɛ] nm, **béret basque** [beʀɛbask(ə)] nm
beret

**bergamote** [bɛʀgamɔt] nf (Bot) bergamot

**berge** [bɛʀʒ(ə)] *nf* bank
**berger, -ère** [bɛʀʒe, -ɛʀ] *nm/f* shepherd/
shepherdess; ~ **allemand** (*chien*) alsatian (dog)
(*Brit*), German shepherd (dog) (*US*)
**bergerie** [bɛʀʒəʀi] *nf* sheep pen
**bergeronnette** [bɛʀʒəʀɔnɛt] *nf* wagtail
**béribéri** [beʀibeʀi] *nm* beriberi
**Berlin** [bɛʀlɛ̃] *n* Berlin; ~**-Est/-Ouest** East/West
Berlin
**berline** [bɛʀlin] *nf* (*Auto*) saloon (car) (*Brit*),
sedan (*US*)
**berlingot** [bɛʀlɛ̃go] *nm* (*emballage*) carton
(*pyramid shaped*); (*bonbon*) lozenge
**berlinois, e** [bɛʀlinwa, -waz] *adj* of *ou* from
Berlin ▷ *nm/f*: **Berlinois, e** Berliner
**berlue** [bɛʀly] *nf*: **j'ai la** ~ I must be seeing
things
**bermuda** [bɛʀmyda] *nm* (*short*) Bermuda shorts
**Bermudes** [bɛʀmyd] *nfpl*: **les (îles)** ~ Bermuda
**Berne** [bɛʀn(ə)] *n* Bern
**berne** [bɛʀn(ə)] *nf*: **en** ~ at half-mast; **mettre
en** ~ to fly at half-mast
**berner** [bɛʀne] *vt* to fool
**bernois, e** [bɛʀnwa, -waz] *adj* Bernese
**berrichon, ne** [bɛʀiʃɔ̃, -ɔn] *adj* of *ou* from the
Berry
**besace** [bəzas] *nf* beggar's bag
**besogne** [bəzɔɲ] *nf* work *no pl*, job
**besogneux, -euse** [bəzɔɲø, -øz] *adj* hard-
working
**besoin** [bəzwɛ̃] *nm* need; (*pauvreté*): **le** ~ need,
want; **le** ~ **d'argent/de gloire** the need for
money/glory; ~**s (naturels)** nature's needs;
**faire ses** ~**s** to relieve o.s.; **avoir** ~ **de qch/faire
qch** to need sth/to do sth; **il n'y a pas** ~ **de
(faire)** there is no need to (do); **au** ~, **si** ~ **est** if
need be; **pour les** ~**s de la cause** for the
purpose in hand
**bestial, e, -aux** [bɛstjal, -o] *adj* bestial, brutish
▷ *nmpl* cattle
**bestiole** [bɛstjɔl] *nf* (*tiny*) creature
**bétail** [betaj] *nm* livestock, cattle *pl*
**bétaillère** [betajɛʀ] *nf* livestock truck
**bête** [bɛt] *nf* animal; (*bestiole*) insect, creature
▷ *adj* stupid, silly; **les** ~**s** (the) animals;
**chercher la petite** ~ to nit-pick; ~ **noire** pet
hate, bugbear (*Brit*); ~ **sauvage** wild beast; ~ **de
somme** beast of burden
**bêtement** [bɛtmã] *adv* stupidly; **tout** ~ quite
simply
**Bethléem** [bɛtleɛm] *n* Bethlehem
**bêtifier** [betifje] *vi* to talk nonsense
**bêtise** [betiz] *nf* stupidity; (*action, remarque*)
stupid thing (to say *ou* do); (*bonbon*) type of mint
sweet (*Brit*) *ou* candy (*US*); **faire/dire une** ~ to
do/say something stupid
**béton** [betɔ̃] *nm* concrete; **(en)** ~ (*fig: alibi,
argument*) cast iron; ~ **armé** reinforced concrete;
~ **précontraint** prestressed concrete
**bétonner** [betone] *vt* to concrete (over)
**bétonnière** [betɔnjɛʀ] *nf* cement mixer
**bette** [bɛt] *nf* (*Bot*) (Swiss) chard

**betterave** [bɛtʀav] *nf* (*rouge*) beetroot (*Brit*), beet
(*US*); ~ **fourragère** mangel-wurzel; ~ **sucrière**
sugar beet
**beugler** [bøgle] *vi* to low; (*péj: radio etc*) to blare
▷ *vt* (*péj: chanson etc*) to bawl out
**Beur** [bœʀ] *adj, nm/f see note*

◉ **BEUR**
◉
◉ *Beur* is a term used to refer to a person born
◉ in France of North African immigrant
◉ parents. It is not racist and is often used by
◉ the media, anti-racist groups and second-
◉ generation North African themselves. The
◉ word itself comes from back slang or
◉ "verlan".

**beurre** [bœʀ] *nm* butter; **mettre du** ~ **dans les
épinards** (*fig*) to add a little to the kitty; ~ **de
cacao** cocoa butter; ~ **noir** brown butter (sauce)
**beurrer** [bœʀe] *vt* to butter
**beurrier** [bœʀje] *nm* butter dish
**beuverie** [bœvʀi] *nf* drinking session
**bévue** [bevy] *nf* blunder
**Beyrouth** [beʀut] *n* Beirut
**Bhoutan** [butã] *nm*: **le** ~ Bhutan
**bi...** [bi] *préfixe* bi..., two-
**Biafra** [bjafʀa] *nm*: **le** ~ Biafra
**biafrais, e** [bjafʀɛ, -ɛz] *adj* Biafran
**biais** [bjɛ] *nm* (*moyen*) device, expedient; (*aspect*)
angle; (*bande de tissu*) piece of cloth cut on the
bias; **en** ~, **de** ~ (*obliquement*) at an angle; (*fig*)
indirectly
**biaiser** [bjeze] *vi* (*fig*) to sidestep the issue
**biathlon** [biatlɔ̃] *nm* biathlon
**bibelot** [biblo] *nm* trinket, curio
**biberon** [bibʀɔ̃] *nm* (*feeding*) bottle; **nourrir au**
~ to bottle-feed
**bible** [bibl(ə)] *nf* bible
**bibliobus** [biblijɔbys] *nm* mobile library van
**bibliographie** [biblijɔgʀafi] *nf* bibliography
**bibliophile** [biblijɔfil] *nm/f* book-lover
**bibliothécaire** [biblijɔtekɛʀ] *nm/f* librarian
**bibliothèque** [biblijɔtɛk] *nf* library; (*meuble*)
bookcase; ~ **municipale** public library
**biblique** [biblik] *adj* biblical
**bic**® [bik] *nm* Biro®
**bicarbonate** [bikaʀbɔnat] *nm*: ~ **(de soude)**
bicarbonate of soda
**bicentenaire** [bisɑ̃tnɛʀ] *nm* bicentenary
**biceps** [bisɛps] *nm* biceps
**biche** [biʃ] *nf* doe
**bichonner** [biʃɔne] *vt* to groom
**bicolore** [bikɔlɔʀ] *adj* two-coloured (*Brit*), two-
colored (*US*)
**bicoque** [bikɔk] *nf* (*péj*) shack, dump
**bicorne** [bikɔʀn(ə)] *nm* cocked hat
**bicyclette** [bisiklɛt] *nf* bicycle
**bidasse** [bidas] *nm* (*fam*) squaddie (*Brit*)
**bide** [bid] *nm* (*fam: ventre*) belly; (*Théât*) flop
**bidet** [bidɛ] *nm* bidet
**bidoche** [bidɔʃ] *nf* (*fam*) meat

**bidon** [bidɔ̃] *nm* can ▷ *adj inv* (*fam*) phoney
**bidonnant, e** [bidɔnɑ̃, -ɑ̃t] *adj* (*fam*) hilarious
**bidonville** [bidɔ̃vil] *nm* shanty town
**bidule** [bidyl] *nm* (*fam*) thingamajig
**bielle** [bjɛl] *nf* connecting rod; (*Auto*) track rod
**biélorusse** [bjelɔʀys] *adj* Belarussian ▷ *nm/f:*
  **Biélorusse** Belarussian
**Biélorussie** [bjelɔʀysi] *nf* Belorussia

**○ MOT-CLÉ**

**bien** [bjɛ̃] *nm* 1 (*avantage, profit*): **faire le bien** to
do good; **faire du bien à qn** to do sb good; **ça
fait du bien de faire** it does you good to do;
**dire du bien de** to speak well of; **c'est pour
son bien** it's for his own good; **changer en
bien** to change for the better; **le bien public**
the public good; **vouloir du bien à qn** (*vouloir
aider*) to have sb's (best) interests at heart; **je te
veux du bien** (*pour mettre en confiance*) I don't
wish you any harm
2 (*possession, patrimoine*) possession, property;
**son bien le plus précieux** his most treasured
possession; **avoir du bien** to have property;
**biens** (*de consommation etc*) (consumer *etc*)
goods; **biens durables** (consumer) durables
3 (*moral*): **le bien** good; **distinguer le bien du
mal** to tell good from evil
▷ *adv* 1 (*de façon satisfaisante*) well; **elle travaille/
mange bien** she works/eats well; **aller** *or* **se
porter bien** to be well; **croyant bien faire, je/
il ...** thinking I/he was doing the right thing, I/
he ...
2 (*valeur intensive*) quite; **bien jeune** quite
young; **bien assez** quite enough; **bien mieux**
(very) much better; **bien du temps/des gens**
quite a time/a number of people; **j'espère bien
y aller** I do hope to go; **je veux bien le faire**
(*concession*) I'm quite willing to do it; **il faut
bien le faire** it has to be done; **il y a bien deux
ans** at least two years ago; **il semble bien que**
it really seems that; **peut-être bien** it could
well be; **aimer bien** to like; **Paul est bien
venu, n'est-ce pas?** Paul HAS come, hasn't
he?; **où peut-il bien être passé?** where on
earth can he have got to?
3 (*conséquence, résultat*): **si bien que** with the
result that; **on verra bien** we'll see; **faire bien
de ...** to be right to ...
▷ *excl* right!, OK!, fine!; **eh bien!** well!; (*c'est*)
**bien fait!** it serves you (*ou* him *etc*) right!; **bien
sûr!, bien entendu!** certainly!, of course!
▷ *adj inv* 1 (*en bonne forme, à l'aise*): **je me sens
bien, je suis bien** I feel fine; **je ne me sens pas
bien, je ne suis pas bien** I don't feel well; **on
est bien dans ce fauteuil** this chair is very
comfortable
2 (*joli, beau*) good-looking; **tu es bien dans
cette robe** you look good in that dress
3 (*satisfaisant*) good; **elle est bien, cette
maison/secrétaire** it's a good house/she's a
good secretary; **c'est très bien (comme ça)** it's

fine (like that); **ce n'est pas si bien que** ça it's
not as good *ou* great as all that; **c'est bien?** is
that all right?
4 (*moralement*) right; (*: personne*) good, nice;
(*respectable*) respectable; **ce n'est pas bien de ...**
it's not right to ...; **elle est bien, cette femme**
she's a nice woman, she's a good sort; **des gens
bien** respectable people
5 (*en bons termes*): **être bien avec qn** to be on
good terms with sb

**bien-aimé, e** [bjɛ̃neme] *adj, nm/f* beloved
**bien-être** [bjɛ̃nɛtR(ə)] *nm* well-being
**bienfaisance** [bjɛ̃fəzɑ̃s] *nf* charity
**bienfaisant, e** [bjɛ̃fəzɑ̃, -ɑ̃t] *adj* (*chose*) beneficial
**bienfait** [bjɛ̃fɛ] *nm* act of generosity,
benefaction; (*de la science etc*) benefit
**bienfaiteur, -trice** [bjɛ̃fɛtœR, -tRis] *nm/f*
benefactor/benefactress
**bien-fondé** [bjɛ̃fɔ̃de] *nm* soundness
**bien-fonds** [bjɛ̃fɔ̃] *nm* property
**bienheureux, -euse** [bjɛ̃nœRø, -øz] *adj* happy;
(*Rel*) blessed, blest
**biennal, e, -aux** [bjenal, -o] *adj* biennial
**bien-pensant, e** [bjɛ̃pɑ̃sɑ̃, -ɑ̃t] *adj* right-
thinking ▷ *nm/f:* **les ~s** right-minded people
**bien que** [bjɛ̃k(ə)] *conj* although
**bienséance** [bjɛ̃seɑ̃s] *nf* propriety, decorum *no
pl*; **les ~s** (*convenances*) the proprieties
**bienséant, e** [bjɛ̃seɑ̃, -ɑ̃t] *adj* proper, seemly
**bientôt** [bjɛ̃to] *adv* soon; **à ~** see you soon
**bienveillance** [bjɛ̃vɛjɑ̃s] *nf* kindness
**bienveillant, e** [bjɛ̃vɛjɑ̃, -ɑ̃t] *adj* kindly
**bienvenu, e** [bjɛ̃vny] *adj* welcome ▷ *nm/f:* **être
le ~/la ~e** to be welcome ▷ *nf:* **souhaiter la ~e à**
to welcome; **~e à** welcome to
**bière** [bjɛR] *nf* (*boisson*) beer; (*cercueil*) bier; **~
blonde** lager; **~ brune** brown ale; **~ (à la)
pression** draught beer
**biffer** [bife] *vt* to cross out
**bifteck** [biftɛk] *nm* steak
**bifurcation** [bifyRkasjɔ̃] *nf* fork (*in road*); (*fig*)
new direction
**bifurquer** [bifyRke] *vi* (*route*) to fork; (*véhicule*) to
turn off
**bigame** [bigam] *adj* bigamous
**bigamie** [bigami] *nf* bigamy
**bigarré, e** [bigaRe] *adj* multicoloured (*Brit*),
multicolored (*US*); (*disparate*) motley
**bigarreau, x** [bigaRo] *nm* type of cherry
**bigleux, -euse** [biglø, -øz] *adj* (*fam: qui louche*)
cross-eyed; (*: qui voit mal*) short-sighted; **il est
complètement ~** he's as blind as a bat
**bigorneau, x** [bigɔRno] *nm* winkle
**bigot, e** [bigo, -ɔt] (*péj*) *adj* bigoted ▷ *nm/f* bigot
**bigoterie** [bigɔtRi] *nf* bigotry
**bigoudi** [bigudi] *nm* curler
**bigrement** [bigRəmɑ̃] *adv* (*fam*) fantastically
**bijou, x** [biʒu] *nm* jewel
**bijouterie** [biʒutRi] *nf* (*magasin*) jeweller's
(shop) (*Brit*), jewelry store (*US*); (*bijoux*)
jewellery, jewelry

**bijoutier, -ière** [biʒutje, -jɛʀ] *nm/f* jeweller (Brit), jeweler (US)
**bikini** [bikini] *nm* bikini
**bilan** [bilɑ̃] *nm* (Comm) balance sheet(s); (annuel) end of year statement; (fig) (net) outcome; (: de victimes) toll; **faire le ~ de** to assess; to review; **déposer son** ~ to file a bankruptcy statement; **~ de santé** (Méd) check-up; **~ social** statement of a firm's policies towards its employees
**bilatéral, e, -aux** [bilateʀal, -o] *adj* bilateral
**bilboquet** [bilbɔkɛ] *nm* (jouet) cup-and-ball game
**bile** [bil] *nf* bile; **se faire de la ~** (fam) to worry o.s. sick
**biliaire** [biljɛʀ] *adj* biliary
**bilieux, -euse** [biljø, -øz] *adj* bilious; (fig: colérique) testy
**bilingue** [bilɛ̃g] *adj* bilingual
**bilinguisme** [bilɛ̃gɥism(ə)] *nm* bilingualism
**billard** [bijaʀ] *nm* billiards *sg*; (table) billiard table; **c'est du ~** (fam) it's a cinch; **passer sur le ~** (fam) to have an (ou one's) operation; **~ électrique** pinball
**bille** [bij] *nf* ball; (du jeu de billes) marble; (de bois) log; **jouer aux ~s** to play marbles
**billet** [bijɛ] *nm* (aussi: **billet de banque**) (bank)note; (de cinéma, de bus etc) ticket; (courte lettre) note; **~ à ordre** ou **de commerce** (Comm) promissory note, IOU; ~ **circulaire** round-trip ticket; **~ doux** love letter; **~ de faveur** complimentary ticket; **~ de loterie** lottery ticket; **~ de quai** platform ticket; **~ électronique** e-ticket
**billetterie** [bijɛtʀi] *nf* ticket office; (distributeur) ticket dispenser; (Banque) cash dispenser
**billion** [biljɔ̃] *nm* billion (Brit), trillion (US)
**billot** [bijo] *nm* block
**bimbeloterie** [bɛ̃blɔtʀi] *nf* (objets) fancy goods
**bimensuel, le** [bimɑ̃sɥɛl] *adj* bimonthly, twice-monthly
**bimestriel, le** [bimɛstʀijɛl] *adj* bimonthly, two-monthly
**bimoteur** [bimɔtœʀ] *adj* twin-engined
**binaire** [binɛʀ] *adj* binary
**biner** [bine] *vt* to hoe
**binette** [binɛt] *nf* (outil) hoe
**binoclard, e** [binɔklaʀ, -aʀd(ə)] (fam) *adj* specky ▷ *nm/f* four-eyes
**binocle** [binɔkl(ə)] *nm* pince-nez
**binoculaire** [binɔkylɛʀ] *adj* binocular
**binôme** [binom] *nm* binomial
**bio** [bjo] *adj* (fam) = **biologique**; (produits, aliments) organic
**bio...** [bjɔ] *préfixe* bio...
**biocarburant** [bjɔkaʀbyʀɑ̃] *nm* biofuel
**biochimie** [bjɔʃimi] *nf* biochemistry
**biochimique** [bjɔʃimik] *adj* biochemical
**biochimiste** [bjɔʃimist(ə)] *nm/f* biochemist
**biodégradable** [bjɔdegʀadabl(ə)] *adj* biodegradable
**biodiversité** [bjɔdivɛʀsite] *nf* biodiversity

**bioéthique** [bjɔetik] *nf* bioethics *sg*
**biographe** [bjɔgʀaf] *nm/f* biographer
**biographie** [bjɔgʀafi] *nf* biography
**biographique** [bjɔgʀafik] *adj* biographical
**biologie** [bjɔlɔʒi] *nf* biology
**biologique** [bjɔlɔʒik] *adj* biological
**biologiste** [bjɔlɔʒist(ə)] *nm/f* biologist
**biomasse** [bjɔmas] *nf* biomass
**biopsie** [bjɔpsi] *nf* (Méd) biopsy
**biosphère** [bjɔsfɛʀ] *nf* biosphere
**biotechnologie** [bjɔtɛknɔlɔʒi] *nf* biotechnology
**bioterrorisme** [bjɔtɛʀɔʀism] *nm* bioterrorism
**bioterroriste** [bjɔtɛʀɔʀist] *nm/f* bioterrorist
**biotope** [bjɔtɔp] *nm* biotope
**bipartisme** [bipaʀtism(ə)] *nm* two-party system
**bipartite** [bipaʀtit] *adj* (Pol) two-party, bipartisan
**bipède** [bipɛd] *nm* biped, two-footed creature
**biphasé, e** [bifaze] *adj* (Élec) two-phase
**biplace** [biplas] *adj, nm* (avion) two-seater
**biplan** [biplɑ̃] *nm* biplane
**bique** [bik] *nf* nanny goat; (péj) old hag
**biquet, te** [bikɛ, -ɛt] *nm/f:* **mon ~** (fam) my lamb
**BIRD** [biʀd] *sigle f* (= Banque internationale pour la reconstruction et le développement) IBRD
**biréacteur** [biʀeaktœʀ] *nm* twin-engined jet
**birman, e** [biʀmɑ̃, -an] *adj* Burmese
**Birmanie** [biʀmani] *nf:* **la ~** Burma
**bis, e** [bi, biz] *adj* (couleur) greyish brown ▷ *adv* [bis]: **12** ~ 12a ou A ▷ *excl, nm* [bis] encore ▷ *nf* (baiser) kiss; (vent) North wind; **faire une** ou **la ~e à qn** to kiss sb
**bisaïeul, e** [bizajœl] *nm/f* great-grandfather/great-grandmother
**bisannuel, le** [bizanɥɛl] *adj* biennial
**bisbille** [bisbij] *nf:* **être en ~ avec qn** to be at loggerheads with sb
**Biscaye** [biskɛ] *nf:* **le golfe de ~** the Bay of Biscay
**biscornu, e** [biskɔʀny] *adj* crooked; (bizarre) weird(-looking)
**biscotte** [biskɔt] *nf* (breakfast) rusk
**biscuit** [biskɥi] *nm* biscuit (Brit), cookie (US); (gateau) sponge cake; **~ à la cuiller** sponge finger
**biscuiterie** [biskɥitʀi] *nf* biscuit manufacturing
**bise** [biz] *adj f, nf voir* **bis**
**biseau, x** [bizo] *nm* bevelled edge; **en ~** bevelled
**biseauter** [bizote] *vt* to bevel
**bisexué, e** [bisɛksɥe] *adj* bisexual
**bisexuel, le** [bisɛksɥɛl] *adj, nm/f* bisexual
**bismuth** [bismyt] *nm* bismuth
**bison** [bizɔ̃] *nm* bison
**bisou** [bizu] *nm* (fam) kiss
**bisque** [bisk(ə)] *nf:* **~ d'écrevisses** shrimp bisque
**bissectrice** [bisɛktʀis] *nf* bisector
**bisser** [bise] *vt* (faire rejouer: artiste, chanson) to encore; (rejouer: morceau) to give an encore of
**bissextile** [bisɛkstil] *adj:* **année ~** leap year

**bistouri** [bistuʀi] nm lancet
**bistre** [bistʀ(ə)] adj (couleur) bistre; (peau, teint) tanned
**bistro, bistrot** [bistʀo] nm bistro, café
**BIT** sigle m (= Bureau international du travail) ILO
**bit** [bit] nm (Inform) bit
**biterrois, e** [biteʀwa, -waz] adj of ou from Béziers
**bitte** [bit] nf: ~ **d'amarrage** bollard (Naut)
**bitume** [bitym] nm asphalt
**bitumer** [bityme] vt to asphalt
**bivalent, e** [bivalɑ̃, -ɑ̃t] adj bivalent
**bivouac** [bivwak] nm bivouac
**bizarre** [bizaʀ] adj strange, odd
**bizarrement** [bizaʀmɑ̃] adv strangely, oddly
**bizarrerie** [bizaʀʀi] nf strangeness, oddness
**blackbouler** [blakbule] vt (à une élection) to blackball
**blafard, e** [blafaʀ, -aʀd(ə)] adj wan
**blague** [blag] nf (propos) joke; (farce) trick; **sans ~!** no kidding!; ~ **à tabac** tobacco pouch
**blaguer** [blage] vi to joke ▷ vt to tease
**blagueur, -euse** [blagœʀ, -øz] adj teasing ▷ nm/f joker
**blair** [blɛʀ] nm (fam) conk
**blaireau, x** [blɛʀo] nm (Zool) badger; (brosse) shaving brush
**blairer** [blɛʀe] vt: **je ne peux pas le ~** I can't bear ou stand him
**blâmable** [blɑmabl(ə)] adj blameworthy
**blâme** [blɑm] nm blame; (sanction) reprimand
**blâmer** [blɑme] vt (réprouver) to blame; (réprimander) to reprimand
**blanc, blanche** [blɑ̃, blɑ̃ʃ] adj white; (non imprimé) blank; (innocent) pure ▷ nm/f white, white man/woman ▷ nm (couleur) white; (linge): **le ~** whites pl; (espace non écrit) blank; (aussi: **blanc d'œuf**) (egg-)white; (aussi: **blanc de poulet**) breast, white meat; (aussi: **vin blanc**) white wine ▷ nf (Mus) minim (Brit), half-note (US); (fam: drogue) smack; **d'une voix blanche** in a toneless voice; **aux cheveux ~s** white-haired; **le ~ de l'œil** the white of the eye; **laisser en ~** to leave blank; **chèque en ~** blank cheque; **à ~** adv (chauffer) white-hot; (tirer, charger) with blanks; **saigner à ~** to bleed white; **~ cassé** off-white
**blanc-bec** [blɑ̃bɛk] (pl **blancs-becs**) nm greenhorn
**blanchâtre** [blɑ̃ʃɑtʀ(ə)] adj (teint, lumière) whitish
**blancheur** [blɑ̃ʃœʀ] nf whiteness
**blanchir** [blɑ̃ʃiʀ] vt (gén) to whiten; (linge, fig: argent) to launder; (Culin) to blanch; (fig: disculper) to clear ▷ vi to grow white; (cheveux) to go white; **blanchi à la chaux** whitewashed
**blanchissage** [blɑ̃ʃisaʒ] nm (du linge) laundering
**blanchisserie** [blɑ̃ʃisʀi] nf laundry
**blanchisseur, -euse** [blɑ̃ʃisœʀ, -øz] nm/f launderer
**blanc-seing** [blɑ̃sɛ̃] (pl **blancs-seings**) nm signed blank paper

**blanquette** [blɑ̃kɛt] nf (Culin): ~ **de veau** veal in a white sauce, blanquette de veau
**blasé, e** [blaze] adj blasé
**blaser** [blaze] vt to make blasé
**blason** [blazɔ̃] nm coat of arms
**blasphémateur, -trice** [blasfematœʀ, -tʀis] nm/f blasphemer
**blasphématoire** [blasfematwaʀ] adj blasphemous
**blasphème** [blasfɛm] nm blasphemy
**blasphémer** [blasfeme] vi to blaspheme ▷ vt to blaspheme against
**blatte** [blat] nf cockroach
**blazer** [blazɛʀ] nm blazer
**blé** [ble] nm wheat; ~ **en herbe** wheat on the ear; ~ **noir** buckwheat
**bled** [blɛd] nm (péj) hole; (en Afrique du Nord): **le ~** the interior
**blême** [blɛm] adj pale
**blêmir** [blemiʀ] vi (personne) to (turn) pale; (lueur) to grow pale
**blennorragie** [blenɔʀaʒi] nf blennorrhoea
**blessant, e** [blɛsɑ̃, -ɑ̃t] adj hurtful
**blessé, e** [blese] adj injured ▷ nm/f injured person, casualty; **un ~ grave, un grand ~** a seriously injured ou wounded person
**blesser** [blese] vt to injure; (délibérément: Mil etc) to wound; (souliers etc, offenser) to hurt; **se blesser** to injure o.s.; **se ~ au pied** etc to injure one's foot etc
**blessure** [blesyʀ] nf injury; wound
**blet, te** [blɛ, blɛt] adj overripe
**blette** [blɛt] nf = **bette**
**bleu, e** [blø] adj blue; (bifteck) very rare ▷ nm (couleur) blue; (novice) greenhorn; (contusion) bruise; (vêtement: aussi: **bleus**) overalls pl (Brit), coveralls pl (US); **avoir une peur ~e** to be scared stiff; **zone ~e** = restricted parking area; **fromage ~** blue cheese; **au ~** (Culin) au bleu; ~ **(de lessive)** = blue bag; ~ **de méthylène** (Méd) methylene blue; ~ **marine/nuit/roi** navy/midnight/royal blue
**bleuâtre** [bløɑtʀ(ə)] adj (fumée etc) bluish, blueish
**bleuet** [bløɛ] nm cornflower
**bleuir** [bløiʀ] vt, vi to turn blue
**bleuté, e** [bløte] adj blue-shaded
**blindage** [blɛ̃daʒ] nm armo(u)r-plating
**blindé, e** [blɛ̃de] adj armoured (Brit), armored (US); (fig) hardened ▷ nm armoured ou armored car; (char) tank
**blinder** [blɛ̃de] vt to armour (Brit), armor (US); (fig) to harden
**blizzard** [blizaʀ] nm blizzard
**bloc** [blɔk] nm (de pierre etc, Inform) block; (de papier à lettres) pad; (ensemble) group, block; **serré à ~** tightened right down; **en ~** as a whole; wholesale; **faire ~** to unite; ~ **opératoire** operating ou theatre block; ~ **sanitaire** toilet block; ~ **sténo** shorthand notebook
**blocage** [blɔkaʒ] nm (voir bloquer) blocking; jamming; freezing; (Psych) hang-up

**bloc-cuisine** [blɔkkɥizin] (*pl* **blocs-cuisines**) *nm* kitchen unit

**bloc-cylindres** [blɔksilɛ̃dʀ(ə)] (*pl* **blocs-cylindres**) *nm* cylinder block

**bloc-évier** [blɔkevje] (*pl* **blocs-éviers**) *nm* sink unit

**bloc-moteur** [blɔkmɔtœʀ] (*pl* **blocs-moteurs**) *nm* engine block

**bloc-notes** [blɔknɔt] (*pl* **blocs-notes**) *nm* note pad

**blocus** [blɔkys] *nm* blockade

**blog, blogue** [blɔg] *nm* blog

**blogging** [blɔgiɲ] *nm* blogging

**bloguer** [blɔge] *vi* to blog

**blond, e** [blɔ̃, -ɔ̃d] *adj* fair; (*plus clair*) blond; (*sable, blés*) golden ▷ *nm/f* fair-haired *ou* blond man/woman; ~ **cendré** ash blond

**blondeur** [blɔ̃dœʀ] *nf* fairness; blondness

**blondin, e** [blɔ̃dɛ̃, -in] *nm/f* fair-haired *ou* blond child *ou* young person

**blondinet, te** [blɔ̃dinɛ, -ɛt] *nm/f* blondy

**blondir** [blɔ̃diʀ] *vi* (*personne, cheveux*) to go fair *ou* blond

**bloquer** [blɔke] *vt* (*passage*) to block; (*pièce mobile*) to jam; (*crédits, compte*) to freeze; (*personne, négociations etc*) to hold up; (*regrouper*) to group; ~ **les freins** to jam on the brakes

**blottir** [blɔtiʀ]: **se blottir** *vi* to huddle up

**blousant, e** [bluzɑ̃, ɑ̃t] *adj* blousing out

**blouse** [bluz] *nf* overall

**blouser** [bluze] *vi* to blouse out

**blouson** [bluzɔ̃] *nm* blouson (jacket); ~ **noir** (*fig*) ≈ rocker

**blue-jean** [bludʒin], **blue-jeans** [bludʒins] *nm* jeans

**blues** [bluz] *nm* blues *pl*

**bluet** [blyɛ] *nm* = **bleuet**

**bluff** [blœf] *nm* bluff

**bluffer** [blœfe] *vi, vt* to bluff

**BNF** *sigle f* = **Bibliothèque nationale de France**

**boa** [bɔa] *nm* (*Zool*): ~ (**constricteur**) boa (constrictor); (*tour de cou*) (feather *ou* fur) boa

**bobard** [bɔbaʀ] *nm* (*fam*) tall story

**bobèche** [bɔbɛʃ] *nf* candle-ring

**bobine** [bɔbin] *nf* (*de fil*) reel; (*de machine à coudre*) spool; (*de machine à écrire*) ribbon; (*Élec*) coil; ~ (**d'allumage**) (*Auto*) coil; ~ **de pellicule** (*Photo*) roll of film

**bobo** [bobo] *nm* sore spot

**bobsleigh** [bɔbslɛg] *nm* bob(sleigh)

**bocage** [bɔkaʒ] *nm* (*Géo*) bocage, *farmland criss-crossed by hedges and trees*; (*bois*) grove, copse (*Brit*)

**bocal, -aux** [bɔkal, -o] *nm* jar

**bock** [bɔk] *nm* (*beer*) glass; (*contenu*) glass of beer

**body** [bɔdi] *nm* body(suit); (*Sport*) leotard

**bœuf** [bœf, *pl* bø] *nm* ox, steer; (*Culin*) beef; (*Mus: fam*) jam session

**bof** [bɔf] *excl* (*fam: indifférence*) don't care!, meh; (: *pas terrible*) nothing special

**Bogota** [bɔgɔta] *n* Bogotá

**bogue** [bɔg] *nf* (*Bot*) husk ▷ *nm* (*Inform*) bug

**Bohème** [bɔɛm] *nf*: **la** ~ Bohemia

**bohème** [bɔɛm] *adj* happy-go-lucky, unconventional

**bohémien, ne** [bɔemjɛ̃, -ɛn] *adj* Bohemian ▷ *nm/f* gipsy

**boire** [bwaʀ] *vt* to drink; (*s'imprégner de*) to soak up; ~ **un coup** to have a drink

**bois** [bwa] *vb voir* **boire** ▷ *nm* wood; (*Zool*) antler; (*Mus*): **les** ~ the woodwind; **de** ~, **en** ~ wooden; ~ **vert** green wood; ~ **mort** deadwood; ~ **de lit** bedstead

**boisé, e** [bwaze] *adj* woody, wooded

**boiser** [bwaze] *vt* (*galerie de mine*) to timber; (*chambre*) to panel; (*terrain*) to plant with trees

**boiseries** [bwazʀi] *nfpl* panelling *sg*

**boisson** [bwasɔ̃] *nf* drink; **pris de** ~ drunk, intoxicated; ~**s alcoolisées** alcoholic beverages *ou* drinks; ~**s non alcoolisées** soft drinks

**boit** [bwa] *vb voir* **boire**

**boîte** [bwat] *nf* box; (*fam: entreprise*) firm, company; **aliments en** ~ canned *ou* tinned (*Brit*) foods; ~ **de sardines/petits pois** can *ou* tin (*Brit*) of sardines/peas; **mettre qn en** ~ (*fam*) to have a laugh at sb's expense; ~ **d'allumettes** box of matches; (*vide*) matchbox; ~ **de conserves** can *ou* tin (*Brit*) (of food); ~ **crânienne** cranium; ~ **à gants** glove compartment; ~ **aux lettres** letter box, mailbox (*US*); (*Inform*) mailbox; ~ **à musique** musical box; ~ **noire** (*Aviat*) black box; ~ **de nuit** night club; ~ **à ordures** dustbin (*Brit*), trash can (*US*); ~ **postale** (**BP**) PO box; ~ **de vitesses** gear box; ~ **vocale** voice mail

**boiter** [bwate] *vi* to limp; (*fig*) to wobble; (*raisonnement*) to be shaky

**boiteux, -euse** [bwatø, -øz] *adj* lame; wobbly; shaky

**boîtier** [bwatje] *nm* case; (*d'appareil photo*) body; ~ **de montre** watch case

**boitiller** [bwatije] *vi* to limp slightly, have a slight limp

**boive** *etc* [bwav] *vb voir* **boire**

**bol** [bɔl] *nm* bowl; (*contenu*): **un** ~ **de café** *etc* a bowl of coffee *etc*; **un** ~ **d'air** a breath of fresh air; **en avoir ras le** ~ (*fam*) to have had a bellyful

**bolée** [bɔle] *nf* bowlful

**boléro** [bɔleʀo] *nm* bolero

**bolet** [bɔlɛ] *nm* boletus (mushroom)

**bolide** [bɔlid] *nm* racing car; **comme un** ~ like a rocket

**Bolivie** [bɔlivi] *nf*: **la** ~ Bolivia

**bolivien, ne** [bɔlivjɛ̃, -ɛn] *adj* Bolivian ▷ *nm/f*: **Bolivien, ne** Bolivian

**bolognais, e** [bɔlɔɲɛ, -ɛz] *adj* Bolognese

**Bologne** [bɔlɔɲ] *n* Bologna

**bombance** [bɔ̃bɑ̃s] *nf*: **faire** ~ to have a feast, revel

**bombardement** [bɔ̃baʀdəmɑ̃] *nm* bombing

**bombarder** [bɔ̃baʀde] *vt* to bomb; ~ **qn de** (*cailloux, lettres*) to bombard sb with; ~ **qn directeur** to thrust sb into the director's seat

**bombardier** [bɔ̃baʀdje] *nm* (*avion*) bomber; (*aviateur*) bombardier

49

**bombe** [bɔ̃b] *nf* bomb; (*atomiseur*) (aerosol)
spray; (*Équitation*) riding cap; **faire la ~** (*fam*) to
go on a binge; **~ atomique** atomic bomb; **~ à
retardement** time bomb

**bombé, e** [bɔ̃be] *adj* rounded; (*mur*) bulging;
(*front*) domed; (*route*) steeply cambered

**bomber** [bɔ̃be] *vi* to bulge; (*route*) to camber ▷ *vt*:
**~ le torse** to swell out one's chest

⬤ MOT-CLÉ

**bon, bonne** [bɔ̃, bɔn] *adj* **1** (*agréable, satisfaisant*)
good; **un bon repas/restaurant** a good meal/
restaurant; **être bon en maths** to be good at
maths

**2** (*charitable*): **être bon (envers)** to be good (to),
to be kind (to); **vous êtes trop bon** you're too
kind

**3** (*correct*) right; **le bon numéro/moment** the
right number/moment

**4** (*souhaits*): **bon anniversaire** happy birthday;
**bon courage** good luck; **bon séjour** enjoy your
stay; **bon voyage** have a good trip; **bon week-
end** have a good weekend; **bonne année** happy
New Year; **bonne chance** good luck; **bonne
fête** happy holiday; **bonne nuit** good night

**5** (*approprié*): **bon à/pour** fit to/for; **bon à jeter**
fit for the bin; **c'est bon à savoir** that's useful
to know; **à quoi bon (...)?** what's the point *ou*
use (of ...)?

**6** (*intensif*): **ça m'a pris deux bonnes heures** it
took me a good two hours; **un bon nombre de**
a good number of

**7**: **bon enfant** *adj inv* accommodating, easy-
going; **bonne femme** (*péj*) woman; **de bonne
heure** early; **bon marché** cheap; **bon mot**
witticism; **pour faire bon poids ...** to make up
for it ...; **bon sens** common sense; **bon vivant**
jovial chap; **bonnes œuvres** charitable works,
charities; **bonne sœur** nun

▷ *nm* **1** (*billet*) voucher; (*aussi*: **bon cadeau**) gift
voucher; **bon de caisse** cash voucher; **bon
d'essence** petrol coupon; **bon à tirer** pass for
press; **bon du Trésor** Treasury bond

**2**: **avoir du bon** to have its good points; **il y a
du bon dans ce qu'il dit** there's some sense in
what he says; **pour de bon** for good

▷ *nm/f*: **un bon à rien** a good-for-nothing

▷ *adv*: **il fait bon** it's *ou* the weather is fine;
**sentir bon** to smell good; **tenir bon** to stand
firm; **juger bon de faire ...** to think fit to do ...

▷ *excl* right!, good!; **ah bon?** really?; **bon, je
reste** right, I'll stay; *voir aussi* **bonne**

**bonasse** [bɔnas] *adj* soft, meek
**bonbon** [bɔ̃bɔ̃] *nm* (boiled) sweet
**bonbonne** [bɔ̃bɔn] *nf* demijohn; carboy
**bonbonnière** [bɔ̃bɔnjɛʀ] *nf* sweet (Brit) *ou* candy
(US) box
**bond** [bɔ̃] *nm* leap; (*d'une balle*) rebound,
ricochet; **faire un ~** to leap in the air; **d'un
seul ~** in one bound, with one leap; **~ en avant**
(*fig*: *progrès*) leap forward

**bonde** [bɔ̃d] *nf* (*d'évier etc*) plug; (*: trou*) plughole;
(*de tonneau*) bung; bunghole

**bondé, e** [bɔ̃de] *adj* packed (full)

**bondieuserie** [bɔ̃djøzʀi] *nf* (*péj*: *objet*) religious
knick-knack

**bondir** [bɔ̃diʀ] *vi* to leap; **~ de joie** (*fig*) to jump
for joy; **~ de colère** (*fig*) to be hopping mad

**bonheur** [bɔnœʀ] *nm* happiness; **avoir le ~ de**
to have the good fortune to; **porter ~ (à qn)** to
bring (sb) luck; **au petit ~** haphazardly; **par ~**
fortunately

**bonhomie** [bɔnɔmi] *nf* good-naturedness

**bonhomme** [bɔnɔm] (*pl* **bonshommes** [bɔ̃zɔm])
*nm* fellow ▷ *adj* good-natured; **un vieux ~** an
old chap; **aller son ~ de chemin** to carry on in
one's own sweet way; **~ de neige** snowman

**boni** [bɔni] *nm* profit

**bonification** [bɔnifikasjɔ̃] *nf* bonus

**bonifier** [bɔnifje]: **se bonifier** *vi* to improve

**boniment** [bɔnimɑ̃] *nm* patter *no pl*

**bonjour** [bɔ̃ʒuʀ] *excl*, *nm* hello; (*selon l'heure*)
good morning (*ou* afternoon); **donner** *ou*
**souhaiter le ~ à qn** to bid sb good morning *ou*
afternoon

**Bonn** [bɔn] *n* Bonn

**bonne** [bɔn] *adj f voir* **bon** ▷ *nf* (*domestique*) maid;
**~ à toute faire** general help; **~ d'enfant** nanny

**bonne-maman** [bɔnmamɑ̃] (*pl* **bonnes-
mamans**) *nf* granny, grandma, gran

**bonnement** [bɔnmɑ̃] *adv*: **tout ~** quite simply

**bonnet** [bɔnɛ] *nm* bonnet, hat; (*de soutien-gorge*)
cup; **~ d'âne** dunce's cap; **~ de bain** bathing
cap; **~ de nuit** nightcap

**bonneterie** [bɔnɛtʀi] *nf* hosiery

**bon-papa** [bɔ̃papa] (*pl* **bons-papas**) *nm*
grandpa, grandad

**bonsoir** [bɔ̃swaʀ] *excl* good evening

**bonté** [bɔ̃te] *nf* kindness *no pl*; **avoir la ~ de** to be
kind *ou* good enough to

**bonus** [bɔnys] *nm* (*Assurances*) no-claims bonus

**bonze** [bɔ̃z] *nm* (*Rel*) bonze

**boomerang** [bumʀɑ̃g] *nm* boomerang

**boots** [buts] *nfpl* boots

**borborygme** [bɔʀbɔʀigm(ə)] *nm* rumbling
noise

**bord** [bɔʀ] *nm* (*de table, verre, falaise*) edge; (*de
rivière, lac*) bank; (*de route*) side; (*de vêtement*) edge,
border; (*de chapeau*) brim; **(monter) à ~** (to go)
on board; **jeter par-dessus ~** to throw
overboard; **le commandant de ~/les hommes
du ~** of the ship's master/crew; **du même ~** (*fig*) of
the same opinion; **au ~ de la mer/route** at the
seaside/roadside; **être au ~ des larmes** to be
on the verge of tears; **virer de ~** (*Navig*) to tack;
**sur les ~s** (*fig*) slightly; **de tous ~s** on all sides;
**~ du trottoir** kerb (Brit), curb (US)

**bordeaux** [bɔʀdo] *nm* Bordeaux ▷ *adj inv*
maroon

**bordée** [bɔʀde] *nf* broadside; **une ~ d'injures** a
volley of abuse; **tirer une ~** to go on the town

**bordel** [bɔʀdɛl] *nm* brothel; (*fam!*) bloody (Brit)

*ou* goddamn (*US*) mess (*!*) ▷ *excl* hell!

**bordelais, e** [bɔʀdəlɛ, -ɛz] *adj* of *ou* from Bordeaux

**border** [bɔʀde] *vt* (*être le long de*) to border, line; (*garnir*): ~ **qch de** to line sth with; to trim sth with; (*qn dans son lit*) to tuck up

**bordereau, x** [bɔʀdəʀo] *nm* docket, slip

**bordure** [bɔʀdyʀ] *nf* border; (*sur un vêtement*) trim(ming), border; **en ~ de** on the edge of

**boréal, e, aux** [bɔʀeal, -o] *adj* boreal, northern

**borgne** [bɔʀɲ(ə)] *adj* one-eyed; **hôtel ~** shady hotel; **fenêtre ~** obstructed window

**bornage** [bɔʀnaʒ] *nm* (*d'un terrain*) demarcation

**borne** [bɔʀn(ə)] *nf* boundary stone; (*aussi:* **borne kilométrique**) kilometre-marker, ≈ milestone; **bornes** *nfpl* (*fig*) limits; **dépasser les ~s** to go too far; **sans ~(s)** boundless

**borné, e** [bɔʀne] *adj* narrow; (*obtus*) narrow-minded

**Bornéo** [bɔʀneo] *nm:* **le ~** Borneo

**borner** [bɔʀne] *vt* (*délimiter*) to limit; (*limiter*) to confine; **se ~ à faire** to content o.s. with doing; to limit o.s. to doing

**bosniaque** [bɔznjak] *adj* Bosnian ▷ *nm/f:* **Bosniaque** Bosnian

**Bosnie** [bɔzni] *nf* Bosnia

**Bosnie-Herzégovine** [bɔzniɛʀzegɔvin] *nf* Bosnia-Herzegovina

**bosnien, ne** [bɔznjɛ̃, -ɛn] *adj* Bosnian ▷ *nm/f:* **Bosnien, ne** Bosnian

**Bosphore** [bɔsfɔʀ] *nm:* **le ~** the Bosphorus

**bosquet** [bɔskɛ] *nm* copse (*Brit*), grove

**bosse** [bɔs] *nf* (*de terrain etc*) bump; (*enflure*) lump; (*du bossu, du chameau*) hump; **avoir la ~ des maths** *etc* to have a gift for maths *etc*; **il a roulé sa ~** he's been around

**bosseler** [bɔsle] *vt* (*ouvrer*) to emboss; (*abîmer*) to dent

**bosser** [bɔse] *vi* (*fam*) to work; (*: dur*) to slog (hard) (*Brit*), slave (away)

**bosseur, -euse** [bɔsœʀ, -øz] *nm/f* (hard) worker, slogger (*Brit*)

**bossu, e** [bɔsy] *nm/f* hunchback

**bot** [bo] *adj m:* **pied ~** club foot

**botanique** [bɔtanik] *nf* botany ▷ *adj* botanic(al)

**botaniste** [bɔtanist(ə)] *nm/f* botanist

**Botswana** [bɔtswana] *nm:* **le ~** Botswana

**botte** [bɔt] *nf* (*soulier*) (high) boot; (*Escrime*) thrust; (*gerbe*): ~ **de paille** bundle of straw; ~ **de radis/d'asperges** bunch of radishes/asparagus; **~s de caoutchouc** wellington boots

**botter** [bɔte] *vt* to put boots on; (*donner un coup de pied à*) to kick; (*fam*): **ça me botte** I fancy that

**bottier** [bɔtje] *nm* bootmaker

**bottillon** [bɔtijɔ̃] *nm* bootee

**bottin®** [bɔtɛ̃] *nm* directory

**bottine** [bɔtin] *nf* ankle boot

**botulisme** [bɔtylism(ə)] *nm* botulism

**bouc** [buk] *nm* goat; (*barbe*) goatee; ~ **émissaire** scapegoat

**boucan** [bukɑ̃] *nm* din, racket

**bouche** [buʃ] *nf* mouth; **une ~ à nourrir** a

mouth to feed; **les ~s inutiles** the non-productive members of the population; **faire du ~ à ~ à qn** to give sb the kiss of life (*Brit*), give sb mouth-to-mouth resuscitation; **de ~ à oreille** confidentially; **pour la bonne ~** (*pour la fin*) till last; **faire venir l'eau à la ~** to make one's mouth water; ~ **cousue!** mum's the word!; ~ **d'aération** air vent; ~ **de chaleur** hot air vent; ~ **d'égout** manhole; ~ **d'incendie** fire hydrant; ~ **de métro** métro entrance

**bouché, e** [buʃe] *adj* (*flacon etc*) stoppered; (*temps, ciel*) overcast; (*carrière*) blocked; (*péj: personne*) thick; (*trompette*) muted; **avoir le nez ~** to have a blocked(-up) nose

**bouchée** [buʃe] *nf* mouthful; **ne faire qu'une ~ de** (*fig*) to make short work of; **pour une ~ de pain** (*fig*) for next to nothing; **~s à la reine** chicken vol-au-vents

**boucher** [buʃe] *nm* butcher ▷ *vt* (*pour colmater*) to stop up; to fill up; (*obstruer*) to block (up); **se boucher** (*tuyau etc*) to block up, get blocked up; **se ~ le nez** to hold one's nose

**bouchère** [buʃɛʀ] *nf* butcher; (*femme du boucher*) butcher's wife

**boucherie** [buʃʀi] *nf* butcher's (shop); (*métier*) butchery; (*fig*) slaughter, butchery

**bouche-trou** [buʃtʀu] *nm* (*fig*) stop-gap

**bouchon** [buʃɔ̃] *nm* (*en liège*) cork; (*autre matière*) stopper; (*fig: embouteillage*) holdup; (*Pêche*) float; ~ **doseur** measuring cap

**bouchonner** [buʃɔne] *vt* to rub down ▷ *vi* to form a traffic jam

**bouchot** [buʃo] *nm* mussel bed

**bouclage** [buklaʒ] *nm* sealing off

**boucle** [bukl(ə)] *nf* (*forme, figure, aussi Inform*) loop; (*objet*) buckle; ~ **(de cheveux)** curl; ~ **d'oreilles** earring

**bouclé, e** [bukle] *adj* curly; (*tapis*) uncut

**boucler** [bukle] *vt* (*fermer: ceinture etc*) to fasten; (*: magasin*) to shut; (*terminer*) to finish off; (*: circuit*) to complete; (*budget*) to balance; (*enfermer*) to shut away; (*: condamné*) to lock up; (*: quartier*) to seal off ▷ *vi* to curl; **faire ~** (*cheveux*) to curl; ~ **la boucle** (*Aviat*) to loop the loop

**bouclette** [buklɛt] *nf* small curl

**bouclier** [buklije] *nm* shield

**bouddha** [buda] *nm* Buddha

**bouddhisme** [budism(ə)] *nm* Buddhism

**bouddhiste** [budist(ə)] *nm/f* Buddhist

**bouder** [bude] *vi* to sulk ▷ *vt* (*chose*) to turn one's nose up at; (*personne*) to refuse to have anything to do with

**bouderie** [budʀi] *nf* sulking *no pl*

**boudeur, -euse** [budœʀ, -øz] *adj* sullen, sulky

**boudin** [budɛ̃] *nm* (*Culin*) black pudding; (*Tech*) roll; ~ **blanc** white pudding

**boudiné, e** [budine] *adj* (*doigt*) podgy; (*serré*): ~ **dans** (*vêtement*) bulging out of

**boudoir** [budwaʀ] *nm* boudoir; (*biscuit*) sponge finger

**boue** [bu] *nf* mud

**bouée** [bwe] *nf* buoy; (*de baigneur*) rubber ring; ~

**(de sauvetage)** lifebuoy; (*fig*) lifeline

**boueux, -euse** [bwø, -øz] *adj* muddy ▷ *nm* (*fam*) refuse (*Brit*) *ou* garbage (*US*) collector

**bouffant, e** [bufã, -ãt] *adj* puffed out

**bouffe** [buf] *nf* (*fam*) grub, food

**bouffée** [bufe] *nf* puff; **~ de chaleur** (*gén*) blast of hot air; (*Méd*) hot flush (*Brit*) *ou* flash (*US*); **~ de fièvre/de honte** flush of fever/shame; **~ d'orgueil** fit of pride

**bouffer** [bufe] *vi* (*fam*) to eat; (*Couture*) to puff out ▷ *vt* (*fam*) to eat

**bouffi, e** [bufi] *adj* swollen

**bouffon, ne** [bufõ, -ɔn] *adj* farcical, comical ▷ *nm* jester

**bouge** [buʒ] *nm* (*bar louche*) (low) dive; (*taudis*) hovel

**bougeoir** [buʒwaR] *nm* candlestick

**bougeotte** [buʒɔt] *nf*: **avoir la ~** to have the fidgets

**bouger** [buʒe] *vi* to move; (*dent etc*) to be loose; (*changer*) to alter; (*agir*) to stir ▷ *vt* to move; **se bouger** (*fam*) to move (oneself)

**bougie** [buʒi] *nf* candle; (*Auto*) spark(ing) plug

**bougon, ne** [bugõ, -ɔn] *adj* grumpy

**bougonner** [bugɔne] *vi, vt* to grumble

**bougre** [bugR(ə)] *nm* chap; (*fam*): **ce ~ de ...** that confounded ...

**boui-boui** [bwibwi] *nm* (*fam*) greasy spoon

**bouillabaisse** [bujabɛs] *nf* type of fish soup

**bouillant, e** [bujã, -ãt] *adj* (*qui bout*) boiling; (*très chaud*) boiling (hot); (*fig: ardent*) hot-headed; **~ de colère** *etc* seething with anger *etc*

**bouille** [buj] *nf* (*fam*) mug

**bouilleur** [bujœR] *nm*: **~ de cru** (home) distiller

**bouillie** [buji] *nf* gruel; (*de bébé*) cereal; **en ~** (*fig*) crushed

**bouillir** [bujiR] *vi* to boil ▷ *vt* (*aussi*: **faire bouillir**: *Culin*) to boil; **~ de colère** *etc* to seethe with anger *etc*

**bouilloire** [bujwaR] *nf* kettle

**bouillon** [bujõ] *nm* (*Culin*) stock *no pl*; (*bulles, écume*) bubble; **~ de culture** culture medium

**bouillonnement** [bujɔnmã] *nm* (*d'un liquide*) bubbling; (*des idées*) ferment

**bouillonner** [bujɔne] *vi* to bubble; (*fig*) to bubble up; (*torrent*) to foam

**bouillotte** [bujɔt] *nf* hot-water bottle

**boulanger, -ère** [bulãʒe, -ɛR] *nm/f* baker ▷ *nf* (*femme du boulanger*) baker's wife

**boulangerie** [bulãʒRi] *nf* bakery, baker's (shop); (*commerce*) bakery; **~ industrielle** bakery

**boulangerie-pâtisserie** [bulãʒRipɑtisRi] (*pl* **boulangeries-pâtisseries**) *nf* baker's and confectioner's (shop)

**boule** [bul] *nf* (*gén*) ball; (*pour jouer*) bowl; (*de machine à écrire*) golf ball; (*de*) **~** curled up in a ball; **se mettre en ~** (*fig*) to fly off the handle, blow one's top; **perdre la ~** (*fig: fam*) to go off one's rocker; **~ de gomme** (*bonbon*) gum(drop), pastille; **~ de neige** snowball; **faire ~ de neige** (*fig*) to snowball

**bouleau, x** [bulo] *nm* (silver) birch

**bouledogue** [buldɔg] *nm* bulldog

**bouler** [bule] *vi* (*fam*): **envoyer ~ qn** to send sb packing; **je me suis fait ~** (*à un examen*) they flunked me

**boulet** [bulɛ] *nm* (*aussi*: **boulet de canon**) cannonball; (*de bagnard*) ball and chain; (*charbon*) (coal) nut

**boulette** [bulɛt] *nf* ball

**boulevard** [bulvaR] *nm* boulevard

**bouleversant, e** [bulvɛRsã, -ãt] *adj* (*récit*) deeply distressing; (*nouvelle*) shattering

**bouleversé, e** [bulvɛRse] *adj* (*ému*) deeply distressed; (*vie*) shattered

**bouleversement** [bulvɛRsəmã] *nm* (*politique, social*) upheaval

**bouleverser** [bulvɛRse] *vt* (*émouvoir*) to overwhelm; (*causer du chagrin à*) to distress; (*pays, vie*) to disrupt; (*papiers, objets*) to turn upside down, upset

**boulier** [bulje] *nm* abacus; (*de jeu*) scoring board

**boulimie** [bulimi] *nf* bulimia; compulsive eating

**boulimique** [bulimik] *adj* bulimic

**boulingrin** [bulɛ̃gRɛ̃] *nm* lawn

**bouliste** [bulist(ə)] *nm/f* bowler

**boulocher** [bulɔʃe] *vi* (*laine etc*) to develop little snarls

**boulodrome** [bulɔdRɔm] *nm* bowling pitch

**boulon** [bulõ] *nm* bolt

**boulonner** [bulɔne] *vt* to bolt

**boulot** [bulo] *nm* (*fam: travail*) work

**boulot, te** [bulo, -ɔt] *adj* plump, tubby

**boum** [bum] *nm* bang ▷ *nf* party

**bouquet** [bukɛ] *nm* (*de fleurs*) bunch (of flowers), bouquet; (*de persil etc*) bunch; (*parfum*) bouquet; (*fig*) crowning piece; **c'est le ~!** that's the last straw!; **~ garni** (*Culin*) bouquet garni

**bouquetin** [buktɛ̃] *nm* ibex

**bouquin** [bukɛ̃] *nm* (*fam*) book

**bouquiner** [bukine] *vi* (*fam*) to read

**bouquiniste** [bukinist(ə)] *nm/f* bookseller

**bourbeux, -euse** [buRbø, -øz] *adj* muddy

**bourbier** [buRbje] *nm* (*quag*)mire

**bourde** [buRd(ə)] *nf* (*erreur*) howler; (*gaffe*) blunder

**bourdon** [buRdõ] *nm* bumblebee

**bourdonnement** [buRdɔnmã] *nm* buzzing *no pl*, buzz; **avoir des ~s d'oreilles** to have a buzzing (noise) in one's ears

**bourdonner** [buRdɔne] *vi* to buzz; (*moteur*) to hum

**bourg** [buR] *nm* small market town (*ou* village)

**bourgade** [buRgad] *nf* township

**bourgeois, e** [buRʒwa, -waz] *adj* (*péj*) ≈ (upper) middle class; bourgeois; (*maison etc*) very comfortable ▷ *nm/f* (*autrefois*) burgher

**bourgeoisie** [buRʒwazi] *nf* ≈ upper middle classes *pl*; bourgeoisie; **petite ~** middle classes

**bourgeon** [buRʒõ] *nm* bud

**bourgeonner** [buRʒɔne] *vi* to bud

**Bourgogne** [buRgɔɲ] *nf*: **la ~** Burgundy ▷ *nm*: **bourgogne** Burgundy (wine)

**bourguignon, ne** [buʁɡiɲɔ̃, -ɔn] *adj* of *ou* from Burgundy, Burgundian; **bœuf ~** bœuf bourguignon

**bourlinguer** [buʁlɛ̃ɡe] *vi* to knock about a lot, get around a lot

**bourrade** [buʁad] *nf* shove, thump

**bourrage** [buʁaʒ] *nm* (*papier*) jamming; **~ de crâne** brainwashing; (*Scol*) cramming

**bourrasque** [buʁask(ə)] *nf* squall

**bourratif, -ive** [buʁatif, -iv] *adj* filling, stodgy

**bourre** [buʁ] *nf* (*de coussin, matelas etc*) stuffing

**bourré, e** [buʁe] *adj* (*rempli*): **~ de** crammed full of; (*fam: ivre*) pickled, plastered

**bourreau, x** [buʁo] *nm* executioner; (*fig*) torturer; **~ de travail** workaholic, glutton for work

**bourrelé, e** [buʁle] *adj*: **être ~ de remords** to be racked by remorse

**bourrelet** [buʁlɛ] *nm* draught (*Brit*) *ou* draft (*US*) excluder; (*de peau*) fold *ou* roll (of flesh)

**bourrer** [buʁe] *vt* (*pipe*) to fill; (*poêle*) to pack; (*valise*) to cram (full); **~ de** to cram (full) with, stuff with; **~ de coups** to hammer blows on, pummel; **~ le crâne à qn** to pull the wool over sb's eyes; (*endoctriner*) to brainwash sb

**bourricot** [buʁiko] *nm* small donkey

**bourrique** [buʁik] *nf* (*âne*) ass

**bourru, e** [buʁy] *adj* surly, gruff

**bourse** [buʁs(ə)] *nf* (*subvention*) grant; (*porte-monnaie*) purse; **sans ~ délier** without spending a penny; **la B~** the Stock Exchange; **~ du travail** ≈ trades union council (regional headquarters)

**boursicoter** [buʁsikɔte] *vi* (*Comm*) to dabble on the Stock Market

**boursier, -ière** [buʁsje, -jɛʁ] *adj* (*Comm*) Stock Market *cpd* ▷ *nm/f* (*Scol*) grant-holder

**boursouflé, e** [buʁsufle] *adj* swollen, puffy; (*fig*) bombastic, turgid

**boursoufler** [buʁsufle] *vt* to puff up, bloat; **se boursoufler** *vi* (*visage*) to swell *ou* puff up; (*peinture*) to blister

**boursouflure** [buʁsuflyʁ] *nf* (*du visage*) swelling, puffiness; (*de la peinture*) blister; (*fig: du style*) pomposity

**bous** [bu] *vb voir* **bouillir**

**bousculade** [buskylad] *nf* (*hâte*) rush; (*poussée*) crush

**bousculer** [buskyle] *vt* to knock over; to knock into; (*fig*) to push, rush

**bouse** [buz] *nf*: **~ (de vache)** (cow) dung *no pl* (*Brit*), manure *no pl*

**bousiller** [buzije] *vt* (*fam*) to wreck

**boussole** [busɔl] *nf* compass

**bout** [bu] *vb voir* **bouillir** ▷ *nm* bit; (*extrémité: d'un bâton etc*) tip; (*: d'une ficelle, table, rue, période*) end; **au ~ de** at the end of, after; **au ~ du compte** at the end of the day; **pousser qn à ~** to push sb to the limit (of his patience); **venir à ~ de** to manage to finish (off) *ou* overcome; **~ à ~** end to end; **à tout ~ de champ** at every turn; **d'un ~ à l'autre, de ~ en ~** from one end to the other; **à ~**

**portant** at point-blank range; **un ~ de chou** (*enfant*) a little tot; **~ d'essai** (*Ciné etc*) screen test; **~ filtre** filter tip

**boutade** [butad] *nf* quip, sally

**boute-en-train** [butɑ̃tʁɛ̃] *nm inv* live wire (*fig*)

**bouteille** [butɛj] *nf* bottle; (*de gaz butane*) cylinder

**boutiquaire** [butikɛʁ] *adj*: **niveau ~** shopping level

**boutique** [butik] *nf* shop (*Brit*), store (*US*); (*de grand couturier, de mode*) boutique

**boutiquier, -ière** [butikje, -jɛʁ] *nm/f* shopkeeper (*Brit*), storekeeper (*US*)

**boutoir** [butwaʁ] *nm*: **coup de ~** (*choc*) thrust; (*fig: propos*) barb

**bouton** [butɔ̃] *nm* (*de vêtement, électrique etc*) button; (*Bot*) bud; (*sur la peau*) spot; (*de porte*) knob; **~ de manchette** cuff-link; **~ d'or** buttercup

**boutonnage** [butɔnaʒ] *nm* (*action*) buttoning(-up); **un manteau à double ~** a coat with two rows of buttons

**boutonner** [butɔne] *vt* to button up, do up; **se boutonner** to button one's clothes up

**boutonneux, -euse** [butɔnø, -øz] *adj* spotty

**boutonnière** [butɔnjɛʁ] *nf* buttonhole

**bouton-poussoir** [butɔ̃puswaʁ] (*pl* **boutons-poussoirs**) *nm* pushbutton

**bouton-pression** [butɔ̃pʁesjɔ̃] (*pl* **boutons-pression**) *nm* press stud, snap fastener

**bouture** [butyʁ] *nf* cutting; **faire des ~s** to take cuttings

**bouvreuil** [buvʁœj] *nm* bullfinch

**bovidé** [bɔvide] *nm* bovine

**bovin, e** [bɔvɛ̃, -in] *adj* bovine ▷ *nm*: **~s** cattle

**bowling** [bɔliŋ] *nm* (tenpin) bowling; (*salle*) bowling alley

**box** [bɔks] *nm* lock-up (garage); (*de salle, dortoir*) cubicle; (*d'écurie*) loose-box; (*aussi*: **box-calf**) box calf; **le ~ des accusés** the dock

**boxe** [bɔks(ə)] *nf* boxing

**boxer** [bɔkse] *vi* to box ▷ *nm* [bɔksɛʁ] (*chien*) boxer

**boxeur** [bɔksœʁ] *nm* boxer

**boyau, x** [bwajo] *nm* (*corde de raquette etc*) (cat) gut; (*galerie*) passage(way); (*narrow*) gallery; (*pneu de bicyclette*) tubeless tyre ▷ *nmpl* (*viscères*) entrails, guts

**boyaux** [bwajo] *nmpl* (*viscères*) entrails, guts

**boycottage** [bɔjkɔtaʒ] *nm* (*d'un produit*) boycotting

**boycotter** [bɔjkɔte] *vt* to boycott

**BP** *sigle f* = **boîte postale**

**brabançon, ne** [bʁabɑ̃sɔ̃, -ɔn] *adj* of *ou* from Brabant

**Brabant** [bʁabɑ̃] *nm*: **le ~** Brabant

**bracelet** [bʁaslɛ] *nm* bracelet

**bracelet-montre** [bʁaslɛmɔ̃tʁ(ə)] *nm* wristwatch

**braconnage** [bʁakɔnaʒ] *nm* poaching

**braconner** [bʁakɔne] *vi* to poach

**braconnier** [bʁakɔnje] *nm* poacher

**brader** [bʀade] vt to sell off, sell cheaply

**braderie** [bʀadʀi] nf clearance sale; (par des particuliers) ≈ car boot sale (Brit), ≈ garage sale (US); (magasin) discount store; (sur marché) cut-price (Brit) ou cut-rate (US) stall

**braguette** [bʀaɡɛt] nf fly, flies pl (Brit), zipper (US)

**braillard, e** [bʀajaʀ, -aʀd] adj (fam) bawling, yelling

**braille** [bʀaj] nm Braille

**braillement** [bʀajmɑ̃] nm (cri) bawling no pl, yelling no pl

**brailler** [bʀaje] vi to bawl, yell ▷ vt to bawl out, yell out

**braire** [bʀɛʀ] vi to bray

**braise** [bʀɛz] nf embers pl

**braiser** [bʀeze] vt to braise; **bœuf braisé** braised steak

**bramer** [bʀame] vi to bell; (fig) to wail

**brancard** [bʀɑ̃kaʀ] nm (civière) stretcher; (bras, perche) shaft

**brancardier** [bʀɑ̃kaʀdje] nm stretcher-bearer

**branchages** [bʀɑ̃ʃaʒ] nmpl branches, boughs

**branche** [bʀɑ̃ʃ] nf branch; (de lunettes) side(-piece)

**branché, e** [bʀɑ̃ʃe] adj (fam) switched-on, trendy ▷ nm/f (fam) trendy

**branchement** [bʀɑ̃ʃmɑ̃] nm connection

**brancher** [bʀɑ̃ʃe] vt to connect (up); (en mettant la prise) to plug in; ~ **qn/qch sur** (fig) to get sb/ sth launched onto

**branchies** [bʀɑ̃ʃi] nfpl gills

**brandade** [bʀɑ̃dad] nf brandade (cod dish)

**brandebourgeois, e** [bʀɑ̃dəbuʀʒwa, -waz] adj of ou from Brandenburg

**brandir** [bʀɑ̃diʀ] vt (arme) to brandish, wield; (document) to flourish, wave

**brandon** [bʀɑ̃dɔ̃] nm firebrand

**branlant, e** [bʀɑ̃lɑ̃, -ɑ̃t] adj (mur, meuble) shaky

**branle** [bʀɑ̃l] nm: **mettre en ~** to set swinging; **donner le ~ à** to set in motion

**branle-bas** [bʀɑ̃lba] nm inv commotion

**branler** [bʀɑ̃le] vi to be shaky, be loose ▷ vt: ~ **la tête** to shake one's head

**braquage** [bʀakaʒ] nm (fam) stick-up, hold-up; (Auto): **rayon de ~** turning circle

**braque** [bʀak] nm (Zool) pointer

**braquer** [bʀake] vi (Auto) to turn (the wheel) ▷ vt (revolver etc): ~ **qch sur** to aim sth at, point sth at; (mettre en colère): ~ **qn** to antagonize sb, put sb's back up; ~ **son regard sur** to fix one's gaze on; **se braquer** vi: **se ~ (contre)** to take a stand (against)

**bras** [bʀa] nm arm; (de fleuve) branch ▷ nmpl (fig: travailleurs) labour sg (Brit), labor sg (US), hands; ~ **dessus - dessous** arm in arm; **à ~ raccourcis** with fists flying; **à tour de ~** with all one's might; **baisser les ~** to give up; ~ **droit** (fig) right hand man; ~ **de fer** arm-wrestling; **une partie de ~ de fer** (fig) a trial of strength; ~ **de levier** lever arm; ~ **de mer** arm of the sea, sound

**brasero** [bʀazeʀo] nm brazier

**brasier** [bʀazje] nm blaze, (blazing) inferno; (fig) inferno

**Brasilia** [bʀazilja] n Brasilia

**bras-le-corps** [bʀalkɔʀ]: **à ~** adv (a)round the waist

**brassage** [bʀasaʒ] nm (de la bière) brewing; (fig) mixing

**brassard** [bʀasaʀ] nm armband

**brasse** [bʀas] nf (nage) breast-stroke; (mesure) fathom; ~ **papillon** butterfly(-stroke)

**brassée** [bʀase] nf armful; **une ~ de** (fig) a number of

**brasser** [bʀase] vt (bière) to brew; (remuer: salade) to toss; (: cartes) to shuffle; (fig) to mix; ~ **l'argent/les affaires** to handle a lot of money/ business

**brasserie** [bʀasʀi] nf (restaurant) bar (selling food), brasserie; (usine) brewery

**brasseur** [bʀasœʀ] nm (de bière) brewer; ~ **d'affaires** big businessman

**brassière** [bʀasjɛʀ] nf (baby's) vest (Brit) ou undershirt (US); (de sauvetage) life jacket

**bravache** [bʀavaʃ] nm blusterer, braggart

**bravade** [bʀavad] nf: **par ~** out of bravado

**brave** [bʀav] adj (courageux) brave; (bon, gentil) good, kind

**bravement** [bʀavmɑ̃] adv bravely; (résolument) boldly

**braver** [bʀave] vt to defy

**bravo** [bʀavo] excl bravo! ▷ nm cheer

**bravoure** [bʀavuʀ] nf bravery

**BRB** sigle f (Police: = Brigade de répression du banditisme) ≈ serious crime squad

**break** [bʀɛk] nm (Auto) estate car (Brit), station wagon (US)

**brebis** [bʀəbi] nf ewe; ~ **galeuse** black sheep

**brèche** [bʀɛʃ] nf breach, gap; **être sur la ~** (fig) to be on the go

**bredouille** [bʀəduj] adj empty-handed

**bredouiller** [bʀəduje] vi, vt to mumble, stammer

**bref, brève** [bʀɛf, bʀɛv] adj short, brief ▷ adv in short ▷ nf (voyelle) short vowel; (information) brief news item; **d'un ton** ~ sharply, curtly; **en** ~ in short, in brief; **à - délai** shortly

**brelan** [bʀəlɑ̃] nm: **un** ~ three of a kind; **un ~ d'as** three aces

**breloque** [bʀəlɔk] nf charm

**brème** [bʀɛm] nf bream

**Brésil** [bʀezil] nm: **le** ~ Brazil

**brésilien, ne** [bʀeziljɛ̃, -ɛn] adj Brazilian ▷ nm/f: **Brésilien, ne** Brazilian

**bressan, e** [bʀesɑ̃, -an] adj of ou from Bresse

**Bretagne** [bʀətaɲ] nf: **la** ~ Brittany

**bretelle** [bʀətɛl] nf (de fusil etc) sling; (de vêtement) strap; (d'autoroute) slip road (Brit), entrance ou exit ramp (US); **bretelles** nfpl (pour pantalon) braces (Brit), suspenders (US); ~ **de contournement** (Auto) bypass; ~ **de raccordement** (Auto) access road

**breton, ne** [bʀətɔ̃, -ɔn] adj Breton ▷ nm (Ling) Breton ▷ nm/f: **Breton, ne** Breton

**breuvage** [bʀœvaʒ] *nm* beverage, drink
**brève** [bʀɛv] *adj f, nf voir* **bref**
**brevet** [bʀəvɛ] *nm* diploma, certificate; ~
(**d'invention**) patent; ~ **d'apprentissage**
certificate of apprenticeship; ~ (**des collèges**)
*school certificate, taken at approx. 16 years*
**breveté, e** [bʀəvte] *adj* patented; (*diplômé*)
qualified
**breveter** [bʀəvte] *vt* to patent
**bréviaire** [bʀevjɛʀ] *nm* breviary
**BRGM** *sigle m* = **Bureau de recherches
géologiques et minières**
**briard, e** [bʀijaʀ, -aʀd(ə)] *adj* of *ou* from Brie
▷ *nm* (*chien*) briard
**bribes** [bʀib] *nfpl* bits, scraps; (*d'une conversation*)
snatches; **par** ~ piecemeal
**bric** [bʀik]: **de** ~ **et de broc** *adv* with any old
thing
**bric-à-brac** [bʀikabʀak] *nm inv* bric-a-brac,
jumble
**bricolage** [bʀikɔlaʒ] *nm*: **le** ~ do-it-yourself
(jobs); (*péj*) patched-up job
**bricole** [bʀikɔl] *nf* (*babiole, chose insignifiante*)
trifle; (*petit travail*) small job
**bricoler** [bʀikɔle] *vi* to do odd jobs; (*en amateur*)
to do DIY jobs; (*passe-temps*) to potter about ▷ *vt*
(*réparer*) to fix up; (*mal réparer*) to tinker with;
(*trafiquer: voiture etc*) to doctor, fix
**bricoleur, -euse** [bʀikɔlœʀ, -øz] *nm/f*
handyman/woman, DIY enthusiast
**bride** [bʀid] *nf* bridle; (*d'un bonnet*) string, tie; **à** ~
**abattue** flat out, hell for leather; **tenir en** ~ to
keep in check; **lâcher la** ~ **à**, **laisser la** ~ **sur le
cou à** to give free rein to
**bridé, e** [bʀide] *adj*: **yeux** ~**s** slit eyes
**brider** [bʀide] *vt* (*réprimer*) to keep in check;
(*cheval*) to bridle; (*Culin: volaille*) to truss
**bridge** [bʀidʒ(ə)] *nm* bridge
**brie** [bʀi] *nm* Brie (*cheese*)
**brièvement** [bʀijɛvmã] *adv* briefly
**brièveté** [bʀijɛvte] *nf* brevity
**brigade** [bʀigad] *nf* squad; (*Mil*) brigade
**brigadier** [bʀigadje] *nm* (*Police*) ≈ sergeant; (*Mil*)
bombardier; corporal
**brigadier-chef** [bʀigadjeʃɛf] (*pl* **brigadiers-
chefs**) *nm* ≈ lance-sergeant
**brigand** [bʀigã] *nm* brigand
**brigandage** [bʀigãdaʒ] *nm* robbery
**briguer** [bʀige] *vt* to aspire to; (*suffrages*) to
canvass
**brillamment** [bʀijamã] *adv* brilliantly
**brillant, e** [bʀijã, -ãt] *adj* brilliant; bright;
(*luisant*) shiny, shining ▷ *nm* (*diamant*) brilliant
**briller** [bʀije] *vi* to shine
**brimade** [bʀimad] *nf* vexation, harassment *no
pl*; bullying *no pl*
**brimbaler** [bʀɛ̃bale] *vb* = **bringuebaler**
**brimer** [bʀime] *vt* to harass; to bully
**brin** [bʀɛ̃] *nm* (*de laine, ficelle etc*) strand; (*fig*): **un** ~
**de** a bit of; **un** ~ **mystérieux** *etc* (*fam*) a weeny
bit mysterious *etc*; ~ **d'herbe** blade of grass; ~
**de muguet** sprig of lily of the valley; ~ **de**

**paille** wisp of straw
**brindille** [bʀɛ̃dij] *nf* twig
**bringue** [bʀɛ̃g] *nf* (*fam*): **faire la** ~ to go on a
binge
**bringuebaler** [bʀɛ̃gbale] *vi* to shake (about) ▷ *vt*
to cart about
**brio** [bʀijo] *nm* brilliance; (*Mus*) brio; **avec** ~
brilliantly, with panache
**brioche** [bʀijɔʃ] *nf* brioche (bun); (*fam: ventre*)
paunch
**brioché, e** [bʀijɔʃe] *adj* brioche-style
**brique** [bʀik] *nf* brick; (*fam*) 10 000 francs ▷ *adj
inv* brick red
**briquer** [bʀike] *vt* (*fam*) to polish up
**briquet** [bʀikɛ] *nm* (cigarette) lighter
**briqueterie** [bʀiktʀi] *nf* brickyard
**bris** [bʀi] *nm*: ~ **de clôture** (*Jur*) breaking in; ~ **de
glaces** (*Auto*) breaking of windows
**brisant** [bʀizã] *nm* reef; (*vague*) breaker
**brise** [bʀiz] *nf* breeze
**brisé, e** [bʀize] *adj* broken; ~ (**de fatigue**)
exhausted; **d'une voix** ~**e** in a voice broken
with emotion; **pâte** ~**e** shortcrust pastry
**brisées** [bʀize] *nfpl*: **aller** *ou* **marcher sur les** ~
**de qn** to compete with sb in his own province
**brise-glace, brise-glaces** [bʀizglas] *nm inv*
(*navire*) icebreaker
**brise-jet** [bʀizʒɛ] *nm inv* tap swirl
**brise-lames** [bʀizlam] *nm inv* breakwater
**briser** [bʀize] *vt* to break; **se briser** *vi* to break
**brise-tout** [bʀiztu] *nm inv* wrecker
**briseur, -euse** [bʀizœʀ, -øz] *nm/f*: ~ **de grève**
strike-breaker
**brise-vent** [bʀizvã] *nm inv* windbreak
**bristol** [bʀistɔl] *nm* (*carte de visite*) visiting card
**britannique** [bʀitanik] *adj* British ▷ *nm/f*:
**Britannique** Briton, British person; **les B~s** the
British
**broc** [bʀo] *nm* pitcher
**brocante** [bʀokãt] *nf* (*objets*) secondhand goods
*pl*, junk; (*commerce*) secondhand trade; junk
dealing
**brocanteur, -euse** [bʀokãtœʀ, -øz] *nm/f* junk
shop owner; junk dealer
**brocart** [bʀokaʀ] *nm* brocade
**broche** [bʀɔʃ] *nf* brooch; (*Culin*) spit; (*fiche*)
spike, peg; (*Méd*) pin; **à la** ~ spit-roasted,
roasted on a spit
**broché, e** [bʀɔʃe] *adj* (*livre*) paper-backed; (*tissu*)
brocaded
**brochet** [bʀɔʃɛ] *nm* pike *inv*
**brochette** [bʀɔʃɛt] *nf* skewer; ~ **de décorations**
row of medals
**brochure** [bʀɔʃyʀ] *nf* pamphlet, brochure,
booklet
**brocoli** [bʀokɔli] *nm* broccoli
**brodequins** [bʀodkɛ̃] *nmpl* (*de marche*) (lace-up)
boots
**broder** [bʀode] *vt* to embroider ▷ *vi*: ~ (**sur des
faits** *ou* **une histoire**) to embroider the facts
**broderie** [bʀodʀi] *nf* embroidery
**bromure** [bʀomyʀ] *nm* bromide

**broncher** [bʀɔ̃ʃe] *vi*: **sans ~** without flinching, without turning a hair

**bronches** [bʀɔ̃ʃ] *nfpl* bronchial tubes

**bronchite** [bʀɔ̃ʃit] *nf* bronchitis

**broncho-pneumonie** [bʀɔ̃kɔpnømɔni] *nf* broncho-pneumonia *no pl*

**bronzage** [bʀɔ̃zaʒ] *nm* (*hâle*) (sun)tan

**bronze** [bʀɔ̃z] *nm* bronze

**bronzé, e** [bʀɔ̃ze] *adj* tanned

**bronzer** [bʀɔ̃ze] *vt* to tan ▷ *vi* to get a tan; **se bronzer** to sunbathe

**brosse** [bʀɔs] *nf* brush; **donner un coup de ~ à qch** to give sth a brush; **coiffé en ~** with a crewcut; **~ à cheveux** hairbrush; **~ à dents** toothbrush; **~ à habits** clothesbrush

**brosser** [bʀɔse] *vt* (*nettoyer*) to brush; (*fig: tableau etc*) to paint; to draw; **se brosser** *vt*, *vi* to brush one's clothes; **se ~ les dents** to brush one's teeth; **tu peux te ~!** (*fam*) you can sing for it!

**brou** [bʀu] *nm*: **~ de noix** (*pour bois*) walnut stain; (*liqueur*) walnut liqueur

**brouette** [bʀuɛt] *nf* wheelbarrow

**brouhaha** [bʀuaa] *nm* hubbub

**brouillage** [bʀujaʒ] *nm* (*d'une émission*) jamming

**brouillard** [bʀujaʀ] *nm* fog; **être dans le ~** (*fig*) to be all at sea

**brouille** [bʀuj] *nf* quarrel

**brouillé, e** [bʀuje] *adj* (*fâché*): **il est ~ avec ses parents** he has fallen out with his parents; (*teint*) muddy

**brouiller** [bʀuje] *vt* to mix up; to confuse; (*Radio*) to cause interference to; (*rendre trouble*) to cloud; (*désunir: amis*) to set at odds; **se brouiller** *vi* (*ciel, vue*) to cloud over; (*détails*) to become confused; **se ~ (avec)** to fall out (with); **~ les pistes** to cover one's tracks; (*fig*) to confuse the issue

**brouillon, ne** [bʀujɔ̃, -ɔn] *adj* disorganized, unmethodical ▷ *nm* (first) draft; **cahier de ~** rough (work) book

**broussailles** [bʀusaj] *nfpl* undergrowth *sg*

**broussailleux, -euse** [bʀusajø, -øz] *adj* bushy

**brousse** [bʀus] *nf*: **la ~** the bush

**brouter** [bʀute] *vt* to graze on ▷ *vi* to graze; (*Auto*) to judder

**broutille** [bʀutij] *nf* trifle

**broyer** [bʀwaje] *vt* to crush; **~ du noir** to be down in the dumps

**bru** [bʀy] *nf* daughter-in-law

**brucelles** [bʀysɛl] *nfpl*: (**pinces**) **~** tweezers

**brugnon** [bʀyɲɔ̃] *nm* nectarine

**bruine** [bʀɥin] *nf* drizzle

**bruiner** [bʀɥine] *vb impers*: **il bruine** it's drizzling, there's a drizzle

**bruire** [bʀɥiʀ] *vi* (*eau*) to murmur; (*feuilles, étoffe*) to rustle

**bruissement** [bʀɥismɑ̃] *nm* murmuring; rustling

**bruit** [bʀɥi] *nm*: **un ~** a noise, a sound; (*fig: rumeur*) a rumour (*Brit*), a rumor (*US*); **le ~** noise; **pas/trop de ~** no/too much noise; **sans ~** without a sound, noiselessly; **faire du ~** to

make a noise; **~ de fond** background noise

**bruitage** [bʀɥitaʒ] *nm* sound effects *pl*

**bruiteur, -euse** [bʀɥitœʀ, -øz] *nm/f* sound-effects engineer

**brûlant, e** [bʀylɑ̃, -ɑ̃t] *adj* burning (hot); (*liquide*) boiling (hot); (*regard*) fiery; (*sujet*) red-hot

**brûlé, e** [bʀyle] *adj* (*fig: démasqué*) blown; (: *homme politique etc*) discredited ▷ *nm*: **odeur de ~** smell of burning

**brûle-pourpoint** [bʀylpuʀpwɛ̃]: **à ~** *adv* point-blank

**brûler** [bʀyle] *vt* to burn; (*eau bouillante*) to scald; (*consommer: électricité, essence*) to use; (*feu rouge, signal*) to go through (without stopping) ▷ *vi* to burn; (*jeu*): **tu brûles** you're getting warm *ou* hot; **se brûler** to burn o.s.; to scald o.s.; **se ~ la cervelle** to blow one's brains out; **~ les étapes** to make rapid progress; (*aller trop vite*) to cut corners; **~ (d'impatience) de faire qch** to burn with impatience to do sth, be dying to do sth

**brûleur** [bʀylœʀ] *nm* burner

**brûlot** [bʀylo] *nm* (*Culin*) flaming brandy; **un ~ de contestation** (*fig*) a hotbed of dissent

**brûlure** [bʀylyʀ] *nf* (*lésion*) burn; (*sensation*) burning *no pl*, burning sensation; **~s d'estomac** heartburn *sg*

**brume** [bʀym] *nf* mist

**brumeux, -euse** [bʀymø, -øz] *adj* misty; (*fig*) hazy

**brumisateur** [bʀymizatœʀ] *nm* atomizer

**brun, e** [bʀœ̃, -yn] *adj* brown; (*cheveux, personne*) dark ▷ *nm* (*couleur*) brown ▷ *nf* (*cigarette*) cigarette made *of dark tobacco*; (*bière*) ≈ brown ale, ≈ stout

**brunâtre** [bʀynɑtʀ(ə)] *adj* brownish

**brunch** [bʀœ̃tʃ] *nm* brunch

**Brunei** [bʀynei] *nm*: **le ~** Brunei

**brunir** [bʀyniʀ] *vi*: **se brunir** to get a tan ▷ *vt* to tan

**brushing** [bʀœʃiŋ] *nm* blow-dry

**brusque** [bʀysk(ə)] *adj* (*soudain*) abrupt, sudden; (*rude*) abrupt, brusque

**brusquement** [bʀyskəmɑ̃] *adv* (*soudainement*) abruptly, suddenly

**brusquer** [bʀyske] *vt* to rush

**brusquerie** [bʀyskəʀi] *nf* abruptness, brusqueness

**brut, e** [bʀyt] *adj* raw, crude, rough; (*diamant*) uncut; (*soie, minéral, Inform: données*) raw; (*Comm*) gross ▷ *nf* brute; (**champagne**) **~** brut champagne; (**pétrole**) **~** crude (oil)

**brutal, e, -aux** [bʀytal, -o] *adj* brutal

**brutalement** [bʀytalmɑ̃] *adv* brutally

**brutaliser** [bʀytalize] *vt* to handle roughly, manhandle

**brutalité** [bʀytalite] *nf* brutality *no pl*

**brute** [bʀyt] *adj f, nf voir* **brut**

**Bruxelles** [bʀysɛl] *n* Brussels

**bruxellois, e** [bʀysɛlwa, -waz] *adj* of *ou* from Brussels ▷ *nm/f*: **Bruxellois, e** inhabitant *ou* native of Brussels

**bruyamment** [bʀɥijamɑ̃] *adv* noisily

**bruyant, e** [bʀɥijɑ̃, -ɑ̃t] *adj* noisy

**bruyère** [bʀyjɛʀ] nf heather

**BT** sigle m (= Brevet de technicien) vocational training certificate, taken at approx. 18 years

**BTA** sigle m (= Brevet de technicien agricole) agricultural training certificate, taken at approx. 18 years

**BTP** sigle mpl (= Bâtiments et travaux publics) public buildings and works sector

**BTS** sigle m (= Brevet de technicien supérieur) vocational training certificate taken at end of two-year higher education course

**BU** sigle f = **Bibliothèque universitaire**

**bu, e** [by] pp de **boire**

**buanderie** [bɥɑ̃dʀi] nf laundry

**Bucarest** [bykaʀɛst] n Bucharest

**buccal, e, -aux** [bykal, -o] adj: **par voie ~e** orally

**bûche** [byʃ] nf log; **prendre une ~** (fig) to come a cropper (Brit), fall flat on one's face; **~ de Noël** Yule log

**bûcher** [byʃe] nm pyre; bonfire ▷ vi (fam: étudier) to swot (Brit), grind (US) ▷ vt to swot up (Brit), cram

**bûcheron** [byʃʀɔ̃] nm woodcutter

**bûchette** [byʃɛt] nf (de bois) stick, twig; (pour compter) rod

**bûcheur, -euse** [byʃœʀ, -øz] nm/f (fam: étudiant) swot (Brit), grind (US)

**bucolique** [bykɔlik] adj bucolic, pastoral

**Budapest** [bydapɛst] n Budapest

**budget** [bydʒɛ] nm budget

**budgétaire** [bydʒetɛʀ] adj budgetary, budget cpd

**budgétiser** [bydʒetize] vt to budget (for)

**buée** [bɥe] nf (sur une vitre) mist; (de l'haleine) steam

**Buenos Aires** [bwenɔzɛʀ] n Buenos Aires

**buffet** [byfɛ] nm (meuble) sideboard; (de réception) buffet; **~ (de gare)** (station) buffet, snack bar

**buffle** [byfl(ə)] nm buffalo

**buis** [bɥi] nm box tree; (bois) box(wood)

**buisson** [bɥisɔ̃] nm bush

**buissonnière** [bɥisɔnjɛʀ] adj f: **faire l'école ~** to play truant (Brit), skip school

**bulbe** [bylb(ə)] nm (Bot, Anat) bulb; (coupole) onion-shaped dome

**bulgare** [bylgaʀ] adj Bulgarian ▷ nm (Ling) Bulgarian ▷ nm/f: **Bulgare** Bulgarian, Bulgar

**Bulgarie** [bylgaʀi] nf: **la ~** Bulgaria

**bulldozer** [buldozœʀ] nm bulldozer

**bulle** [byl] adj, nm: **(papier) ~** manil(l)a paper ▷ nf bubble; (de bande dessinée) balloon; (papale) bull; **~ de savon** soap bubble

**bulletin** [byltɛ̃] nm (communiqué, journal) bulletin; (papier) form; (: de bagages) ticket; (Scol) report; **~ d'informations** news bulletin; **~ météorologique** weather report; **~ de naissance** birth certificate; **~ de salaire** pay slip; **~ de santé** medical bulletin; **~ (de vote)** ballot paper

**buraliste** [byʀalist(ə)] nm/f (de bureau de tabac) tobacconist; (de poste) clerk

**bure** [byʀ] nf homespun; (de moine) frock

**bureau, x** [byʀo] nm (meuble) desk; (pièce, service) office; **~ de change** (foreign) exchange office ou bureau; **~ d'embauche** ≈ job centre; **~ d'études** design office; **~ de location** box office; **~ des objets trouvés** lost property office (Brit), lost and found (US); **~ de placement** employment agency; **~ de poste** post office; **~ de tabac** tobacconist's (shop), smoke shop (US); **~ de vote** polling station

**bureaucrate** [byʀokʀat] nm bureaucrat

**bureaucratie** [byʀokʀasi] nf bureaucracy

**bureaucratique** [byʀokʀatik] adj bureaucratic

**bureautique** [byʀotik] nf office automation

**burette** [byʀɛt] nf (de mécanicien) oilcan; (de chimiste) burette

**burin** [byʀɛ̃] nm cold chisel; (Art) burin

**buriné, e** [byʀine] adj (fig: visage) craggy, seamed

**Burkina, Burkina-Faso** [byʀkinafaso] nm: **le ~(-Faso)** Burkina Faso

**burlesque** [byʀlɛsk(ə)] adj ridiculous; (Littérature) burlesque

**burnous** [byʀnu(s)] nm burnous

**Burundi** [buʀundi] nm: **le ~** Burundi

**bus** vb [by] voir **boire** ▷ nm [bys] (véhicule, aussi Inform) bus

**busard** [byzaʀ] nm harrier

**buse** [byz] nf buzzard

**busqué, e** [byske] adj: **nez ~** hook(ed) nose

**buste** [byst(ə)] nm (Anat) chest; (: de femme) bust; (sculpture) bust

**bustier** [bystje] nm (soutien-gorge) long-line bra

**but** [by] vb voir **boire** ▷ nm (cible) target; (fig) goal, aim; (Football etc) goal; **de ~ en blanc** point-blank; **avoir pour ~ de faire** to aim to do; **dans le ~ de** with the intention of

**butane** [bytan] nm butane; (domestique) calor gas® (Brit), butane

**buté, e** [byte] adj stubborn, obstinate ▷ nf (Archit) abutment; (Tech) stop

**buter** [byte] vi: **~ contre** ou **sur** to bump into; (trébucher) to stumble against ▷ vt to antagonize; **se buter** vi to get obstinate, dig in one's heels

**buteur** [bytœʀ] nm striker

**butin** [bytɛ̃] nm booty, spoils pl; (d'un vol) loot

**butiner** [bytine] vi to gather nectar

**butor** [bytɔʀ] nm (fig) lout

**butte** [byt] nf mound, hillock; **être en ~ à** to be exposed to

**buvable** [byvabl(ə)] adj (eau, vin) drinkable; (Méd: ampoule etc) to be taken orally; (fig: roman etc) reasonable

**buvais** etc [byvɛ] vb voir **boire**

**buvard** [byvaʀ] nm blotter

**buvette** [byvɛt] nf refreshment room ou stall; (comptoir) bar

**buveur, -euse** [byvœʀ, -øz] nm/f drinker

**buvons** etc [byvɔ̃] vb voir **boire**

**BVP** sigle m (= Bureau de vérification de la publicité) advertising standards authority

**Byzance** [bizɑ̃s] n Byzantium

**byzantin, e** [bizɑ̃tɛ̃, -in] adj Byzantine

**BZH** abr (= Breizh) Brittany

# Cc

**C, c** [se] *nm inv* C, c ▷ *abr* (= *centime*) c; (= *Celsius*) C;
  **C comme Célestin** C for Charlie

**c'** [s] *pron voir* **ce**

**CA** *sigle m* = **chiffre d'affaires; conseil
d'administration; corps d'armée** ▷ *sigle f* =
**chambre d'agriculture**

**ça** [sa] *pron* (*pour désigner*) this; (: *plus loin*) that;
  (*comme sujet indéfini*) it; **ça m'étonne que** it
  surprises me that; **ça va?** how are you?; how
  are things?; (*d'accord?*) OK?, all right?; **ça alors!**
  (*désapprobation*) well!, really!; (*étonnement*)
  heavens!; **c'est ça** that's right

**çà** [sa] *adv:* **çà et là** here and there

**cabale** [kabal] *nf* (*Théât, Pol*) cabal, clique

**caban** [kabɑ̃] *nm* reefer jacket, donkey jacket

**cabane** [kaban] *nf* hut, cabin

**cabanon** [kabanɔ̃] *nm* chalet, (country) cottage

**cabaret** [kabaʀɛ] *nm* night club

**cabas** [kaba] *nm* shopping bag

**cabestan** [kabɛstɑ̃] *nm* capstan

**cabillaud** [kabijo] *nm* cod *inv*

**cabine** [kabin] *nf* (*de bateau*) cabin; (*de plage*)
  (beach) hut; (*de piscine etc*) cubicle; (*de camion,
  train*) cab; (*d'avion*) cockpit; **~ d'ascenseur** lift
  cage; **~ d'essayage** fitting room; **~ de
  projection** projection room; **~ spatiale** space
  capsule; **~ (téléphonique)** call *ou* (tele)phone
  box, (tele)phone booth

**cabinet** [kabinɛ] *nm* (*petite pièce*) closet; (*de
  médecin*) surgery (*Brit*), office (*US*); (*de notaire etc*)
  office; (: *clientèle*) practice; (*Pol*) cabinet; (*d'un
  ministre*) advisers *pl*; **cabinets** *nmpl* (*w.-c.*) toilet
  *sg*; **~ d'affaires** business consultants' (bureau),
  business partnership; **~ de toilette** toilet; **~ de
  travail** study

**câble** [kɑbl(ə)] *nm* cable; **le ~** (TV) cable
  television, cablevision (*US*)

**câblé, e** [kable] *adj* (*fam*) switched on; (*Tech*)
  linked to cable television

**câbler** [kable] *vt* to cable; **~ un quartier** (TV) to
  put cable television into an area

**cabosser** [kabɔse] *vt* to dent

**cabot** [kabo] *nm* (*péj: chien*) mutt

**cabotage** [kabɔtaʒ] *nm* coastal navigation

**caboteur** [kabɔtœʀ] *nm* coaster

**cabotin, e** [kabɔtɛ̃, -in] *nm/f* (*péj: personne*

*maniérée*) poseur; (: *acteur*) ham ▷ *adj* dramatic,
theatrical

**cabotinage** [kabɔtinaʒ] *nm* playacting; third-
rate acting, ham acting

**cabrer** [kabʀe]: **se cabrer** *vi* (*cheval*) to rear up;
  (*avion*) to nose up; (*fig*) to revolt, rebel; to jib

**cabri** [kabʀi] *nm* kid

**cabriole** [kabʀijɔl] *nf* caper; (*gymnastique etc*)
  somersault

**cabriolet** [kabʀijɔlɛ] *nm* convertible

**CAC** [kak] *sigle f* = **Compagnie des agents de
change; indice ~** = **FT index** (*Brit*), = Dow Jones
average (*US*)

**caca** [kaka] *nm* (*langage enfantin*) pooh; (*couleur*):
  **~ d'oie** greeny-yellow; **faire ~** (*fam*) to do a pooh

**cacahuète** [kakaɥɛt] *nf* peanut

**cacao** [kakao] *nm* cocoa (powder); (*boisson*) cocoa

**cachalot** [kaʃalo] *nm* sperm whale

**cache** [kaʃ] *nm* mask, card (*for masking*) ▷ *nf*
  hiding place

**cache-cache** [kaʃkaʃ] *nm:* **jouer à ~** to play
  hide-and-seek

**cache-col** [kaʃkɔl] *nm* scarf

**cachemire** [kaʃmiʀ] *nm* cashmere ▷ *adj:* **dessin
~ paisley** pattern; **le C~** Kashmir

**cache-nez** [kaʃne] *nm inv* scarf, muffler

**cache-pot** [kaʃpo] *nm inv* flower-pot holder

**cache-prise** [kaʃpʀiz] *nm inv* socket cover

**cacher** [kaʃe] *vt* to hide, conceal; **~ qch à qn** to
  hide *ou* conceal sth from sb; **se cacher** to hide;
  to be hidden *ou* concealed; **il ne s'en cache pas**
  he makes no secret of it

**cache-sexe** [kaʃsɛks] *nm inv* G-string

**cachet** [kaʃɛ] *nm* (*comprimé*) tablet; (*sceau: du roi*)
  seal; (: *de la poste*) postmark; (*rétribution*) fee; (*fig*)
  style, character

**cacheter** [kaʃte] *vt* to seal; **vin cacheté** vintage
  wine

**cachette** [kaʃɛt] *nf* hiding place; **en ~** on the sly,
  secretly

**cachot** [kaʃo] *nm* dungeon

**cachotterie** [kaʃɔtʀi] *nf* mystery; **faire des ~s**
  to be secretive

**cachottier, -ière** [kaʃɔtje, -jɛʀ] *adj* secretive

**cachou** [kaʃu] *nm:* **pastille de ~** cachou (*sweet*)

**cacophonie** [kakɔfɔni] *nf* cacophony, din

**cacophonique** [kakɔfɔnik] *adj* cacophonous

**cactus** [kaktys] *nm* cactus

**c.-à-d.** *abr* (= *c'est-à-dire*) i.e.

**cadastre** [kadastʀ(ə)] *nm* land register

**cadavéreux, -euse** [kadaveʀø, -øz] *adj* (*teint, visage*) deathly pale

**cadavérique** [kadaveʀik] *adj* deathly (pale), deadly pale

**cadavre** [kadavʀ(ə)] *nm* corpse, (dead) body

**Caddie®** [kadi] *nm* (supermarket) trolley

**cadeau, x** [kado] *nm* present, gift; **faire un ~ à qn** to give sb a present *ou* gift; **faire ~ de qch à qn** to make a present of sth to sb, give sb sth as a present

**cadenas** [kadnɑ] *nm* padlock

**cadenasser** [kadnase] *vt* to padlock

**cadence** [kadɑ̃s] *nf* (*Mus*) cadence; (: *rythme*) rhythm; (*de travail etc*) rate; **cadences** *nfpl* (*en usine*) production rate *sg*; **en ~** rhythmically; in time

**cadencé, e** [kadɑ̃se] *adj* rhythmic(al); **au pas ~** (*Mil*) in quick time

**cadet, te** [kadɛ, -ɛt] *adj* younger; (*le plus jeune*) youngest ▷ *nm/f* youngest child *ou* one, youngest boy *ou* son/girl *ou* daughter; **il est mon ~ de deux ans** he's two years younger than me, he's two years my junior; **les ~s** (*Sport*) the minors (*15–17 years*); **le ~ de mes soucis** the least of my worries

**cadrage** [kadʀaʒ] *nm* framing (*of shot*)

**cadran** [kadʀɑ̃] *nm* dial; **~ solaire** sundial

**cadre** [kadʀ(ə)] *nm* frame; (*environnement*) surroundings *pl*; (*limites*) scope ▷ *nm/f* (*Admin*) managerial employee, executive ▷ *adj*: **loi ~** outline *ou* blueprint law; **~ moyen/supérieur** (*Admin*) middle/senior management employee, junior/senior executive; **rayer qn des ~s** to discharge sb; to dismiss sb; **dans le ~ de** (*fig*) within the framework *ou* context of

**cadrer** [kadʀe] *vi*: **~ avec** to tally *ou* correspond with ▷ *vt* (*Ciné, Photo*) to frame

**cadreur, -euse** [kadʀœʀ, -øz] *nm/f* (*Ciné*) cameraman/woman

**caduc, -uque** [kadyk] *adj* obsolete; (*Bot*) deciduous

**CAF** *sigle f* (= *Caisse d'allocations familiales*) family allowance office

**caf** *abr* (*coût, assurance, fret*) cif

**cafard** [kafaʀ] *nm* cockroach; **avoir le ~** to be down in the dumps, be feeling low

**cafardeux, -euse** [kafaʀdø, -øz] *adj* (*personne, ambiance*) depressing, melancholy

**café** [kafe] *nm* coffee; (*bistro*) café ▷ *adj inv* coffee *cpd*; **~ crème** coffee with cream; **~ au lait** white coffee; **~ noir** black coffee; **~ en grains** coffee beans; **~ en poudre** instant coffee; **~ tabac** *tobacconist's or newsagent's also serving coffee and spirits*; **~ liégeois** *coffee ice cream with whipped cream*

**café-concert** [kafekɔ̃sɛʀ] (*pl* **cafés-concerts**) *nm* (*aussi*: **caf'conc'**) *café with a cabaret*

**caféine** [kafein] *nf* caffeine

**cafétéria** [kafeteʀja] *nf* cafeteria

**café-théâtre** [kafeteɑtʀ(ə)] (*pl* **cafés-théâtres**) *nm* *café used as a venue by (experimental) theatre groups*

**cafetière** [kaftjɛʀ] *nf* (*pot*) coffee-pot

**cafouillage** [kafujaʒ] *nm* shambles *sg*

**cafouiller** [kafuje] *vi* to get in a shambles; (*machine etc*) to work in fits and starts

**cage** [kaʒ] *nf* cage; **~ (des buts)** goal; **en ~** in a cage, caged up *ou* in; **~ d'ascenseur** lift shaft; **~ d'escalier** (stair)well; **~ thoracique** rib cage

**cageot** [kaʒo] *nm* crate

**cagibi** [kaʒibi] *nm* shed

**cagneux, -euse** [kaɲø, -øz] *adj* knock-kneed

**cagnotte** [kaɲɔt] *nf* kitty

**cagoule** [kagul] *nf* cowl; hood; (*Ski etc*) cagoule

**cahier** [kaje] *nm* notebook; (*Typo*) signature; (*revue*): **~s** journal; **~ de revendications/doléances** list of claims/grievances; **~ de brouillons** rough book, jotter; **~ des charges** specification; **~ d'exercices** exercise book

**cahin-caha** [kaɛ̃kaa] *adv*: **aller ~** to jog along; (*fig*) to be so-so

**cahot** [kao] *nm* jolt, bump

**cahoter** [kaɔte] *vi* to bump along, jog along

**cahoteux, -euse** [kaɔtø, -øz] *adj* bumpy

**cahute** [kayt] *nf* shack, hut

**caïd** [kaid] *nm* big chief, boss

**caillasse** [kajas] *nf* (*pierraille*) loose stones *pl*

**caille** [kaj] *nf* quail

**caillé, e** [kaje] *adj*: **lait ~** curdled milk, curds *pl*

**caillebotis** [kajbɔti] *nm* duckboard

**cailler** [kaje] *vi* (*lait*) to curdle; (*sang*) to clot; (*fam*) to be cold

**caillot** [kajo] *nm* (blood) clot

**caillou, x** [kaju] *nm* (little) stone

**caillouter** [kajute] *vt* (*chemin*) to metal

**caillouteux, -euse** [kajutø, -øz] *adj* stony; pebbly

**cailloutis** [kajuti] *nm* (*petits graviers*) gravel

**caïman** [kaimɑ̃] *nm* cayman

**Caïmans** [kaimɑ̃] *nfpl*: **les ~** the Cayman Islands

**Caire** [kɛʀ] *nm*: **le ~** Cairo

**caisse** [kɛs] *nf* box; (*où l'on met la recette*) cashbox; (: *machine*) till; (*où l'on paye*) cash desk (*Brit*), checkout counter; (: *au supermarché*) checkout; (*de banque*) cashier's desk; (*Tech*) case, casing; **faire sa ~** (*Comm*) to count the takings; **~ claire** (*Mus*) side *ou* snare drum; **~ éclair** express checkout; **~ enregistreuse** cash register; **~ d'épargne (CE)** savings bank; **~ noire** slush fund; **~ de retraite** pension fund; **~ de sortie** checkout; *voir* **grosse**

**caissier, -ière** [kesje, -jɛʀ] *nm/f* cashier

**caisson** [kɛsɔ̃] *nm* box, case

**cajoler** [kaʒɔle] *vt* to wheedle, coax; to surround with love and care, make a fuss of

**cajoleries** [kaʒɔlʀi] *nfpl* coaxing *sg*, flattery *sg*

**cajou** [kaʒu] *nm* cashew nut

**cake** [kɛk] *nm* fruit cake

**CAL** *sigle m* (= *Comité d'action lycéen*) pupils' action group seeking to reform school system

**cal** [kal] *nm* callus

**cal.** *abr* = **calorie**

59

**calamar** [kalamaʀ] *nm* = **calmar**
**calaminé, e** [kalamine] *adj* (*Auto*) coked up
**calamité** [kalamite] *nf* calamity, disaster
**calandre** [kalɑ̃dʀ(ə)] *nf* radiator grill; (*machine*) calender, mangle
**calanque** [kalɑ̃k] *nf* rocky inlet
**calcaire** [kalkɛʀ] *nm* limestone ▷ *adj* (*eau*) hard; (*Géo*) limestone *cpd*
**calciné, e** [kalsine] *adj* burnt to ashes
**calcium** [kalsjɔm] *nm* calcium
**calcul** [kalkyl] *nm* calculation; **le ~** (*Scol*) arithmetic; **~ différentiel/intégral** differential/integral calculus; **~ mental** mental arithmetic; **~ (biliaire)** (gall)stone; **~ (rénal)** (kidney) stone; **d'après mes ~s** by my reckoning
**calculateur** [kalkylatœʀ] *nm*, **calculatrice** [kalkylatʀis] *nf* calculator
**calculé, e** [kalkyle] *adj*: **risque ~** calculated risk
**calculer** [kalkyle] *vt* to calculate, work out, reckon; (*combiner*) to calculate; **~ qch de tête** to work sth out in one's head
**calculette** [kalkylɛt] *nf* (pocket) calculator
**cale** [kal] *nf* (*de bateau*) hold; (*en bois*) wedge, chock; **~ sèche** ou **de radoub** dry dock
**calé, e** [kale] *adj* (*fam*) clever, bright
**calebasse** [kalbɑs] *nf* calabash, gourd
**calèche** [kalɛʃ] *nf* horse-drawn carriage
**caleçon** [kalsɔ̃] *nm* pair of underpants, trunks *pl*; **~ de bain** bathing trunks *pl*
**calembour** [kalɑ̃buʀ] *nm* pun
**calendes** [kalɑ̃d] *nfpl*: **renvoyer aux ~ grecques** to postpone indefinitely
**calendrier** [kalɑ̃dʀije] *nm* calendar; (*fig*) timetable
**cale-pied** [kalpje] *nm inv* toe clip
**calepin** [kalpɛ̃] *nm* notebook
**caler** [kale] *vt* to wedge, chock up; **~ (son moteur/véhicule)** to stall (one's engine/vehicle); **se ~ dans un fauteuil** to make o.s. comfortable in an armchair
**calfater** [kalfate] *vt* to caulk
**calfeutrage** [kalføtʀaʒ] *nm* draughtproofing (*Brit*), draftproofing (*US*)
**calfeutrer** [kalføtʀe] *vt* to (make) draughtproof (*Brit*) ou draftproof (*US*); **se calfeutrer** *vi* to make o.s. snug and comfortable
**calibre** [kalibʀ(ə)] *nm* (*d'un fruit*) grade; (*d'une arme*) bore, calibre (*Brit*), caliber (*US*); (*fig*) calibre, caliber
**calibrer** [kalibʀe] *vt* to grade
**calice** [kalis] *nm* (*Rel*) chalice; (*Bot*) calyx
**calicot** [kaliko] *nm* (*tissu*) calico
**calife** [kalif] *nm* caliph
**Californie** [kalifɔʀni] *nf*: **la ~** California
**californien, ne** [kalifɔʀnjɛ̃, -ɛn] *adj* Californian
**califourchon** [kalifuʀʃɔ̃]: **à ~** *adv* astride; **à ~ sur** astride, straddling
**câlin, e** [kɑlɛ̃, -in] *adj* cuddly, cuddlesome; tender
**câliner** [kɑline] *vt* to fondle, cuddle
**câlineries** [kɑlinʀi] *nfpl* cuddles

**calisson** [kalisɔ̃] *nm* diamond-shaped sweet or candy made with ground almonds
**calleux, -euse** [kalø, -øz] *adj* horny, callous
**calligraphie** [kaligʀafi] *nf* calligraphy
**callosité** [kalozite] *nf* callus
**calmant** [kalmɑ̃] *nm* tranquillizer, sedative; (*contre la douleur*) painkiller
**calmar** [kalmaʀ] *nm* squid
**calme** [kalm(ə)] *adj* calm, quiet ▷ *nm* calm(ness), quietness; **sans perdre son ~** without losing one's cool ou calmness; **~ plat** (*Navig*) dead calm
**calmement** [kalməmɑ̃] *adv* calmly, quietly
**calmer** [kalme] *vt* to calm (down); (*douleur, inquiétude*) to ease, soothe; **se calmer** *vi* to calm down
**calomniateur, -trice** [kalɔmnjatœʀ, -tʀis] *nm/f* slanderer; libeller
**calomnie** [kalɔmni] *nf* slander; (*écrite*) libel
**calomnier** [kalɔmnje] *vt* to slander; to libel
**calomnieux, -euse** [kalɔmnjø, -øz] *adj* slanderous; libellous
**calorie** [kalɔʀi] *nf* calorie
**calorifère** [kalɔʀifɛʀ] *nm* stove
**calorifique** [kalɔʀifik] *adj* calorific
**calorifuge** [kalɔʀifyʒ] *adj* (heat-)insulating, heat-retaining
**calot** [kalo] *nm* forage cap
**calotte** [kalɔt] *nf* (*coiffure*) skullcap; (*gifle*) slap; **la ~** (*péj: clergé*) the cloth, the clergy; **~ glaciaire** icecap
**calque** [kalk(ə)] *nm* (*aussi*: **papier calque**) tracing paper; (*dessin*) tracing; (*fig*) carbon copy
**calquer** [kalke] *vt* to trace; (*fig*) to copy exactly
**calvados** [kalvados] *nm* Calvados (*apple brandy*)
**calvaire** [kalvɛʀ] *nm* (*croix*) wayside cross, calvary; (*souffrances*) suffering, martyrdom
**calvitie** [kalvisi] *nf* baldness
**camaïeu** [kamajø] *nm*: **(motif en) ~** monochrome motif
**camarade** [kamaʀad] *nm/f* friend, pal; (*Pol*) comrade
**camaraderie** [kamaʀadʀi] *nf* friendship
**camarguais, e** [kamaʀgɛ, -ɛz] *adj* of ou from the Camargue
**Camargue** [kamaʀg] *nf*: **la ~** the Camargue
**cambiste** [kɑ̃bist(ə)] *nm* (*Comm*) foreign exchange dealer, exchange agent
**Cambodge** [kɑ̃bɔdʒ] *nm*: **le ~** Cambodia
**cambodgien, ne** [kɑ̃bɔdʒjɛ̃, -ɛn] *adj* Cambodian ▷ *nm/f*: **Cambodgien, ne** Cambodian
**cambouis** [kɑ̃bwi] *nm* dirty oil ou grease
**cambré, e** [kɑ̃bʀe] *adj*: **avoir les reins ~s** to have an arched back; **avoir le pied très ~** to have very high arches ou insteps
**cambrer** [kɑ̃bʀe] *vt* to arch; **se cambrer** *vi* to arch one's back; **~ la taille** ou **les reins** to arch one's back
**cambriolage** [kɑ̃bʀijɔlaʒ] *nm* burglary
**cambrioler** [kɑ̃bʀijɔle] *vt* to burgle (*Brit*), burglarize (*US*)
**cambrioleur, -euse** [kɑ̃bʀijɔlœʀ, -øz] *nm/f*

burglar

**cambrure** [kɑ̃bʀyʀ] nf (du pied) arch; (de la route) camber; **~ des reins** small of the back

**cambuse** [kɑ̃byz] nf storeroom

**came** [kam] nf: **arbre à ~s** camshaft; **arbre à ~s en tête** overhead camshaft

**camée** [kame] nm cameo

**caméléon** [kameleɔ̃] nm chameleon

**camélia** [kamelja] nm camellia

**camelot** [kamlo] nm street pedlar

**camelote** [kamlɔt] nf rubbish, trash, junk

**camembert** [kamɑ̃bɛʀ] nm Camembert (cheese)

**caméra** [kameʀa] nf (Ciné, TV) camera; (d'amateur) cine-camera

**caméraman** [kameʀaman] nm cameraman/-woman

**Cameroun** [kamʀun] nm: **le ~** Cameroon

**camerounais, e** [kamʀunɛ, -ɛz] adj Cameroonian

**caméscope®** [kameskɔp] nm camcorder

**camion** [kamjɔ̃] nm lorry (Brit), truck; (plus petit, fermé) van; (charge): **~ de sable/cailloux** lorry-load (Brit) ou truck-load of sand/stones; **~ de dépannage** breakdown (Brit) ou tow (US) truck

**camion-citerne** [kamjɔ̃sitɛʀn(ə)] (pl **camions-citernes**) nm tanker

**camionnage** [kamjɔnaʒ] nm haulage (Brit), trucking (US); **frais/entreprise de ~** haulage costs/business

**camionnette** [kamjɔnɛt] nf (small) van

**camionneur** [kamjɔnœʀ] nm (entrepreneur) haulage contractor (Brit), trucker (US); (chauffeur) lorry (Brit) ou truck driver; van driver

**camisole** [kamizɔl] nf: **~ (de force)** straitjacket

**camomille** [kamɔmij] nf camomile; (boisson) camomile tea

**camouflage** [kamuflaʒ] nm camouflage

**camoufler** [kamufle] vt to camouflage; (fig) to conceal, cover up

**camouflet** [kamuflɛ] nm (fam) snub

**camp** [kɑ̃] nm camp; (fig) side; **~ de nudistes/vacances** nudist/holiday camp; **~ de concentration** concentration camp

**campagnard, e** [kɑ̃paɲaʀ, -aʀd(ə)] adj country cpd ▷ nm/f countryman/woman

**campagne** [kɑ̃paɲ] nf country, countryside; (Mil, Pol, Comm) campaign; **en ~** (Mil) in the field; **à la ~** in/to the country; **faire ~ pour** to campaign for; **~ électorale** election campaign; **~ de publicité** advertising campaign

**campanile** [kɑ̃panil] nm (tour) bell tower

**campé, e** [kɑ̃pe] adj: **bien ~** (personnage, tableau) well-drawn

**campement** [kɑ̃pmɑ̃] nm camp, encampment

**camper** [kɑ̃pe] vi to camp ▷ vt (chapeau etc) to pull ou put on firmly; (dessin) to sketch; **se ~ devant** to plant o.s. in front of

**campeur, -euse** [kɑ̃pœʀ, -øz] nm/f camper

**camphre** [kɑ̃fʀ(ə)] nm camphor

**camphré, e** [kɑ̃fʀe] adj camphorated

**camping** [kɑ̃piŋ] nm camping; **(terrain de) ~** campsite, camping site; **faire du ~** to go

camping; **faire du ~ sauvage** to camp rough

**camping-car** [kɑ̃piŋkaʀ] nm caravanette, camper (US)

**camping-gaz®** [kɑ̃piŋgaz] nm inv camp(ing) stove

**campus** [kɑ̃pys] nm campus

**camus, e** [kamy, -yz] adj: **nez ~** pug nose

**Canada** [kanada] nm: **le ~** Canada

**canadair®** [kanadɛʀ] nm fire-fighting plane

**canadien, ne** [kanadjɛ̃, -ɛn] adj Canadian ▷ nm/f: **Canadien, ne** Canadian ▷ nf (veste) fur-lined jacket

**canaille** [kanaj] nf (péj) scoundrel; (populace) riff-raff ▷ adj raffish, rakish

**canal, -aux** [kanal, -o] nm canal; (naturel) channel; (Admin): **par le ~ de** through (the medium of), via; **~ de distribution/télévision** distribution/television channel; **~ de Panama/Suez** Panama/Suez Canal

**canalisation** [kanalizasjɔ̃] nf (tuyau) pipe

**canaliser** [kanalize] vt to canalize; (fig) to channel

**canapé** [kanape] nm settee, sofa; (Culin) canapé, open sandwich

**canapé-lit** [kanapeli] (pl **canapés-lits**) nm sofa bed

**canaque** [kanak] adj ou from New Caledonia ▷ nm/f: **Canaque** native of New Caledonia

**canard** [kanaʀ] nm duck

**canari** [kanaʀi] nm canary

**Canaries** [kanaʀi] nfpl: **les (îles) ~** the Canary Islands, the Canaries

**cancaner** [kɑ̃kane] vi to gossip (maliciously); (canard) to quack

**cancanier, -ière** [kɑ̃kanje, -jɛʀ] adj gossiping

**cancans** [kɑ̃kɑ̃] nmpl (malicious) gossip sg

**cancer** [kɑ̃sɛʀ] nm cancer; (signe): **le C~** Cancer, the Crab; **être du C~** to be Cancer; **il a un ~** he has cancer

**cancéreux, -euse** [kɑ̃seʀø, -øz] adj cancerous; (personne) suffering from cancer

**cancérigène** [kɑ̃seʀiʒɛn] adj carcinogenic

**cancérologue** [kɑ̃seʀɔlɔg] nm/f cancer specialist

**cancre** [kɑ̃kʀ(ə)] nm dunce

**cancrelat** [kɑ̃kʀəla] nm cockroach

**candélabre** [kɑ̃delabʀ(ə)] nm candelabrum; (lampadaire) street lamp, lamppost

**candeur** [kɑ̃dœʀ] nf ingenuousness

**candi** [kɑ̃di] adj inv: **sucre ~** (sugar-)candy

**candidat, e** [kɑ̃dida, -at] nm/f candidate; (à un poste) applicant, candidate

**candidature** [kɑ̃didatyʀ] nf candidacy; application; **poser sa ~** to submit an application, apply; **~ spontanée** unsolicited job application

**candide** [kɑ̃did] adj ingenuous, guileless, naïve

**cane** [kan] nf (female) duck

**caneton** [kantɔ̃] nm duckling

**canette** [kanɛt] nf (de bière) (flip-top) bottle; (de machine à coudre) spool

**canevas** [kanva] nm (Couture) canvas (for tapestry work); (fig) framework, structure

**caniche** [kaniʃ] nm poodle
**caniculaire** [kanikylɛʀ] adj (chaleur, jour) scorching
**canicule** [kanikyl] nf scorching heat; midsummer heat, dog days pl
**canif** [kanif] nm penknife, pocket knife
**canin, e** [kanɛ̃, -in] adj canine ▷ nf canine (tooth), eye tooth; **exposition ~e** dog show
**caniveau, x** [kanivo] nm gutter
**cannabis** [kanabis] nm cannabis
**canne** [kan] nf (walking) stick; **~ à pêche** fishing rod; **~ à sucre** sugar cane; **les ~s blanches** (les aveugles) the blind
**canné, e** [kane] adj (chaise) cane cpd
**cannelé, e** [kanle] adj fluted
**cannelle** [kanɛl] nf cinnamon
**cannelure** [kanlyʀ] nf fluting no pl
**canner** [kane] vt (chaise) to make ou repair with cane
**cannibale** [kanibal] nm/f cannibal
**cannibalisme** [kanibalism(ə)] nm cannibalism
**canoë** [kanɔe] nm canoe; (sport) canoeing; **~ (kayak)** kayak
**canon** [kanɔ̃] nm (arme) gun; (Hist) cannon; (d'une arme: tube) barrel; (fig) model; (Mus) canon ▷ adj: **droit ~** canon law; **~ rayé** rifled barrel
**cañon** [kaɲɔ̃] nm canyon
**canonique** [kanɔnik] adj: **âge ~** respectable age
**canoniser** [kanɔnize] vt to canonize
**canonnade** [kanɔnad] nf cannonade
**canonnier** [kanɔnje] nm gunner
**canonnière** [kanɔnjɛʀ] nf gunboat
**canot** [kano] nm boat, ding(h)y; **~ pneumatique** rubber ou inflatable ding(h)y; **~ de sauvetage** lifeboat
**canotage** [kanɔtaʒ] nm rowing
**canoter** [kanɔte] vi to go rowing
**canoteur, -euse** [kanɔtœʀ, -øz] nm/f rower
**canotier** [kanɔtje] nm boater
**Cantal** [kɑ̃tal] nm: **le ~** Cantal
**cantate** [kɑ̃tat] nf cantata
**cantatrice** [kɑ̃tatʀis] nf (opera) singer
**cantilène** [kɑ̃tilɛn] nf (Mus) cantilena
**cantine** [kɑ̃tin] nf canteen; (réfectoire d'école) dining hall
**cantique** [kɑ̃tik] nm hymn
**canton** [kɑ̃tɔ̃] nm district (consisting of several communes); see note; (en Suisse) canton

**cantonade** [kɑ̃tɔnad]: **à la ~** adv to everyone in general; (crier) from the rooftops

**cantonais, e** [kɑ̃tɔnɛ, -ɛz] adj Cantonese ▷ nm (Ling) Cantonese
**cantonal, e, -aux** [kɑ̃tɔnal, -o] adj cantonal, = district
**cantonnement** [kɑ̃tɔnmɑ̃] nm (lieu) billet; (action) billeting
**cantonner** [kɑ̃tɔne] vt (Mil) to billet (Brit), quarter; to station; **se ~ dans** to confine o.s. to
**cantonnier** [kɑ̃tɔnje] nm roadmender
**canular** [kanylaʀ] nm hoax
**CAO** sigle f (= conception assistée par ordinateur) CAD
**caoutchouc** [kautʃu] nm rubber; **~ mousse** foam rubber; **en ~** rubber cpd
**caoutchouté, e** [kautʃute] adj rubberized
**caoutchouteux, -euse** [kautʃutø, -øz] adj rubbery
**CAP** sigle m (= Certificat d'aptitude professionnelle) vocational training certificate taken at secondary school
**cap** [kap] nm (Géo) cape; headland; (fig) hurdle; watershed; (Navig): **changer de ~** to change course; **mettre le ~ sur** to head ou steer for; **doubler** ou **passer le ~** (fig) to get over the worst; **Le C~** Cape Town; **le ~ de Bonne Espérance** the Cape of Good Hope; **le ~ Horn** Cape Horn; **les îles du C~ Vert** (aussi: **le Cap-Vert**) the Cape Verde Islands
**capable** [kapabl(ə)] adj able, capable; **~ de qch/faire** capable of sth/doing; **il est ~ d'oublier** he could easily forget; **spectacle ~ d'intéresser** show likely to be of interest
**capacité** [kapasite] nf (compétence) ability; (Jur, Inform, d'un récipient) capacity; **~ (en droit)** basic legal qualification
**caparaçonner** [kapaʀasɔne] vt (fig) to clad
**cape** [kap] nf cape, cloak; **rire sous ~** to laugh up one's sleeve
**capeline** [kaplin] nf wide-brimmed hat
**CAPES** [kapɛs] sigle m (= Certificat d'aptitude au professorat de l'enseignement du second degré) secondary teaching diploma; see note

**capésien, ne** [kapesjɛ̃, -ɛn] nm/f person who holds the CAPES
**CAPET** [kapɛt] sigle m (= Certificat d'aptitude au professorat de l'enseignement technique) technical teaching diploma
**capharnaüm** [kafaʀnaɔm] nm shambles sg
**capillaire** [kapilɛʀ] adj (soins, lotion) hair cpd; (vaisseau etc) capillary; **artiste ~** hair artist ou designer
**capillarité** [kapilaʀite] nf capillary action
**capilotade** [kapilɔtad]: **en ~** adv crushed to a

pulp; smashed to pieces

**capitaine** [kapitɛn] *nm* captain; **~ des pompiers** fire chief (*Brit*), fire marshal (*US*); **~ au long cours** master mariner

**capitainerie** [kapitɛnʀi] *nf* (*du port*) harbour (*Brit*) *ou* harbor (*US*) master's (office)

**capital, e, -aux** [kapital, -o] *adj* major; fundamental; (*Jur*) capital ▷ *nm* capital; (*fig*) stock; asset ▷ *nf* (*ville*) capital; (*lettre*) capital (letter) ▷ *nmpl* (*fonds*) capital *sg*, money *sg*; **les sept péchés capitaux** the seven deadly sins; **peine ~e** capital punishment; **~ (social)** authorized capital; **~ d'exploitation** working capital

**capitaliser** [kapitalize] *vt* to amass, build up; (*Comm*) to capitalize ▷ *vi* to save

**capitalisme** [kapitalism(ə)] *nm* capitalism

**capitaliste** [kapitalist(ə)] *adj, nm/f* capitalist

**capiteux, -euse** [kapitø, -øz] *adj* (*vin, parfum*) heady; (*sensuel*) sensuous, alluring

**capitonnage** [kapitɔnaʒ] *nm* padding

**capitonné, e** [kapitɔne] *adj* padded

**capitonner** [kapitɔne] *vt* to pad

**capitulation** [kapitylasjɔ̃] *nf* capitulation

**capituler** [kapityle] *vi* to capitulate

**caporal, -aux** [kapɔʀal, -o] *nm* lance corporal

**caporal-chef** [kapɔʀalʃɛf, kapɔʀo-] (*pl* **caporaux-chefs**) *nm* corporal

**capot** [kapo] *nm* (*Auto*) bonnet (*Brit*), hood (*US*)

**capote** [kapɔt] *nf* (*de voiture*) hood (*Brit*), top (*US*); (*de soldat*) greatcoat; **~ (anglaise)** (*fam*) rubber, condom

**capoter** [kapɔte] *vi* to overturn; (*négociations*) to founder

**câpre** [kɑpʀ(ə)] *nf* caper

**caprice** [kapʀis] *nm* whim, caprice; passing fancy; **caprices** *nmpl* (*de la mode etc*) vagaries; **faire un ~** to throw a tantrum; **faire des ~s** to be temperamental

**capricieux, -euse** [kapʀisjø, -øz] *adj* capricious; whimsical; temperamental

**Capricorne** [kapʀikɔʀn] *nm*: **le ~** Capricorn, the Goat; **être du ~** to be Capricorn

**capsule** [kapsyl] *nf* (*de bouteille*) cap; (*amorce*) primer; cap; (*Bot etc, spatiale*) capsule

**captage** [kaptaʒ] *nm* (*d'une émission de radio*) picking-up; (*d'énergie, d'eau*) harnessing

**capter** [kapte] *vt* (*ondes radio*) to pick up; (*eau*) to harness; (*fig*) to win, capture

**capteur** [kaptœʀ] *nm*: **~ solaire** solar collector

**captieux, -euse** [kapsjø, -øz] *adj* specious

**captif, -ive** [kaptif, -iv] *adj, nm/f* captive

**captivant, e** [kaptivɑ̃, -ɑ̃t] *adj* captivating

**captiver** [kaptive] *vt* to captivate

**captivité** [kaptivite] *nf* captivity; **en ~** in captivity

**capture** [kaptyʀ] *nf* capture, catching *no pl*; catch

**capturer** [kaptyʀe] *vt* to capture, catch

**capuche** [kapyʃ] *nf* hood

**capuchon** [kapyʃɔ̃] *nm* hood; (*de stylo*) cap, top

**capucin** [kapysɛ̃] *nm* Capuchin monk

**capucine** [kapysin] *nf* (*Bot*) nasturtium

**Cap-Vert** [kabvɛʀ] *nm*: **le ~** Cape Verde

**caquelon** [kaklɔ̃] *nm* (*ustensile de cuisson*) fondue pot

**caquet** [kakɛ] *nm*: **rabattre le ~ à qn** to bring sb down a peg or two

**caqueter** [kakte] *vi* (*poule*) to cackle; (*fig*) to prattle

**car** [kaʀ] *nm* coach (*Brit*), bus ▷ *conj* because, for; **~ de police** police van; **~ de reportage** broadcasting *ou* radio van

**carabine** [kaʀabin] *nf* carbine, rifle; **~ à air comprimé** airgun

**carabiné, e** [kaʀabine] *adj* violent; (*cocktail, amende*) stiff

**Caracas** [kaʀakas] *n* Caracas

**caracoler** [kaʀakɔle] *vi* to caracole, prance

**caractère** [kaʀaktɛʀ] *nm* (*gén*) character; **en ~s gras** in bold type; **en petits ~s** in small print; **en ~s d'imprimerie** in block capitals; **avoir du ~** to have character; **avoir bon/mauvais ~** to be good-/ill-natured *ou* tempered; **~ de remplacement** wild card (*Inform*); **~s/seconde (cps)** characters per second (cps)

**caractériel, le** [kaʀaktɛʀjɛl] *adj* (*enfant*) (emotionally) disturbed ▷ *nm/f* problem child; **troubles ~s** emotional problems

**caractérisé, e** [kaʀaktɛʀize] *adj*: **c'est une grippe/de l'insubordination ~e** it is a clear(-cut) case of flu/insubordination

**caractériser** [kaʀaktɛʀize] *vt* to characterize; **se ~ par** to be characterized *ou* distinguished by

**caractéristique** [kaʀaktɛʀistik] *adj, nf* characteristic

**carafe** [kaʀaf] *nf* decanter; carafe

**carafon** [kaʀafɔ̃] *nm* small carafe

**caraïbe** [kaʀaib] *adj* Caribbean; **les Caraïbes** *nfpl* the Caribbean (Islands); **la mer des C~s** the Caribbean Sea

**carambolage** [kaʀɑ̃bɔlaʒ] *nm* multiple crash, pileup

**caramel** [kaʀamɛl] *nm* (*bonbon*) caramel, toffee; (*substance*) caramel

**caraméliser** [kaʀamelize] *vt* to caramelize

**carapace** [kaʀapas] *nf* shell

**carapater** [kaʀapate]: **se carapater** *vi* to take to one's heels, scram

**carat** [kaʀa] *nm* carat; **or à 18 ~s** 18-carat gold

**caravane** [kaʀavan] *nf* caravan

**caravanier** [kaʀavanje] *nm* caravanner

**caravaning** [kaʀavaniŋ] *nm* caravanning; (*emplacement*) caravan site

**caravelle** [kaʀavɛl] *nf* caravel

**carbonate** [kaʀbɔnat] *nm* (*Chimie*): **~ de soude** sodium carbonate

**carbone** [kaʀbɔn] *nm* carbon; (*feuille*) carbon, sheet of carbon paper; (*double*) carbon (copy)

**carbonique** [kaʀbɔnik] *adj*: **gaz ~** carbon dioxide; **neige ~** dry ice

**carbonisé, e** [kaʀbɔnize] *adj* charred; **mourir ~** to be burned to death

**carboniser** [kaʀbɔnize] *vt* to carbonize; (*brûler*

*complètement)* to burn down, reduce to ashes

**carburant** [kaʀbyʀɑ̃] *nm* (motor) fuel

**carburateur** [kaʀbyʀatœʀ] *nm* carburettor

**carburation** [kaʀbyʀasjɔ̃] *nf* carburation

**carburer** [kaʀbyʀe] *vi (moteur)*: **bien/mal ~** to be well/badly tuned

**carcan** [kaʀkɑ̃] *nm (fig)* yoke, shackles *pl*

**carcasse** [kaʀkas] *nf* carcass; *(de véhicule etc)* shell

**carcéral, e, -aux** [kaʀseʀal, -o] *adj* prison *cpd*

**carcinogène** [kaʀsinɔʒɛn] *adj* carcinogenic

**cardan** [kaʀdɑ̃] *nm* universal joint

**carder** [kaʀde] *vt* to card

**cardiaque** [kaʀdjak] *adj* cardiac, heart *cpd* ▷ *nm/f* heart patient; **être ~** to have a heart condition

**cardigan** [kaʀdigɑ̃] *nm* cardigan

**cardinal, e, -aux** [kaʀdinal, -o] *adj* cardinal ▷ *nm (Rel)* cardinal

**cardiologie** [kaʀdjɔlɔʒi] *nf* cardiology

**cardiologue** [kaʀdjɔlɔg] *nm/f* cardiologist, heart specialist

**cardio-vasculaire** [kaʀdjɔvaskylɛʀ] *adj* cardiovascular

**cardon** [kaʀdɔ̃] *nm* cardoon

**carême** [kaʀɛm] *nm*: **le C~** Lent

**carence** [kaʀɑ̃s] *nf* incompetence, inadequacy; *(manque)* deficiency; **~ vitaminique** vitamin deficiency

**carène** [kaʀɛn] *nf* hull

**caréner** [kaʀene] *vt (Navig)* to careen; *(carrosserie)* to streamline

**caressant, e** [kaʀɛsɑ̃, -ɑ̃t] *adj* affectionate; caressing, tender

**caresse** [kaʀɛs] *nf* caress

**caresser** [kaʀese] *vt* to caress, stroke, fondle; *(fig: projet, espoir)* to toy with

**cargaison** [kaʀgɛzɔ̃] *nf* cargo, freight

**cargo** [kaʀgo] *nm* cargo boat, freighter; **~ mixte** cargo and passenger ship

**cari** [kaʀi] *nm* = **curry**

**caricatural, e, -aux** [kaʀikatyʀal, -o] *adj* caricatural, caricature-like

**caricature** [kaʀikatyʀ] *nf* caricature; *(politique etc)* (satirical) cartoon

**caricaturer** [kaʀikatyʀe] *vt (personne)* to caricature; *(politique etc)* to satirize

**caricaturiste** [kaʀikatyʀist(ə)] *nm/f* caricaturist, (satirical) cartoonist

**carie** [kaʀi] *nf*: **la ~ (dentaire)** tooth decay; **une ~** a bad tooth

**carié, e** [kaʀje] *adj*: **dent ~e** bad *ou* decayed tooth

**carillon** [kaʀijɔ̃] *nm (d'église)* bells *pl*; *(de pendule)* chimes *pl*; *(de porte)*: **~ (électrique)** (electric) door chime *ou* bell

**carillonner** [kaʀijɔne] *vi* to ring, chime, peal

**caritatif, -ive** [kaʀitatif, -iv] *adj* charitable

**carlingue** [kaʀlɛ̃g] *nf* cabin

**carmélite** [kaʀmelit] *nf* Carmelite nun

**carmin** [kaʀmɛ̃] *adj inv* crimson

**carnage** [kaʀnaʒ] *nm* carnage, slaughter

**carnassier, -ière** [kaʀnasje, -jɛʀ] *adj*

carnivorous ▷ *nm* carnivore

**carnation** [kaʀnɑsjɔ̃] *nf* complexion; **carnations** *nfpl (Peinture)* flesh tones

**carnaval** [kaʀnaval] *nm* carnival

**carné, e** [kaʀne] *adj* meat *cpd*, meat-based

**carnet** [kaʀnɛ] *nm (calepin)* notebook; *(de tickets, timbres etc)* book; *(d'école)* school report; *(journal intime)* diary; **~ d'adresses** address book; **~ de chèques** cheque book (Brit), checkbook (US); **~ de commandes** order book; **~ de notes** (Scol) (school) report; **~ à souches** counterfoil book

**carnier** [kaʀnje] *nm* gamebag

**carnivore** [kaʀnivɔʀ] *adj* carnivorous ▷ *nm* carnivore

**Carolines** [kaʀɔlin] *nfpl*: **les ~** the Caroline Islands

**carotide** [kaʀɔtid] *nf* carotid (artery)

**carotte** [kaʀɔt] *nf (aussi fig)* carrot

**Carpates** [kaʀpat] *nfpl*: **les ~** the Carpathians, the Carpathian Mountains

**carpe** [kaʀp(ə)] *nf* carp

**carpette** [kaʀpɛt] *nf* rug

**carquois** [kaʀkwa] *nm* quiver

**carre** [kaʀ] *nf (de ski)* edge

**carré, e** [kaʀe] *adj* square; *(fig: franc)* straightforward ▷ *nm (de terrain, jardin)* patch, plot; *(Navig: salle)* wardroom; *(Math)* square; **~ blanc** (TV) "adults only" symbol; *(Cartes)*: **~ d'as/de rois** four aces/kings; **élever un nombre au ~** to square a number; **mètre/kilomètre ~** square metre/kilometre; **~ de soie** silk headsquare *ou* headscarf; **~ d'agneau** loin of lamb

**carreau, x** [kaʀo] *nm (en faïence etc)* (floor) tile, (wall) tile; (window) pane; *(motif)* check, square; *(Cartes: couleur)* diamonds *pl*; *(: carte)* diamond; **tissu à ~x** checked fabric; **papier à ~x** squared paper

**carrefour** [kaʀfuʀ] *nm* crossroads *sg*

**carrelage** [kaʀlaʒ] *nm* tiling, (tiled) floor

**carreler** [kaʀle] *vt* to tile

**carrelet** [kaʀlɛ] *nm (poisson)* plaice

**carreleur** [kaʀlœʀ] *nm* (floor) tiler

**carrément** [kaʀemɑ̃] *adv (franchement)* straight out, bluntly; *(sans détours, sans hésiter)* straight; *(nettement)* definitely; **il l'a ~ mis à la porte** he threw him straight out

**carrer** [kaʀe] *vi*: **se carrer** *vi*: **se ~ dans un fauteuil** to settle o.s. comfortably *ou* ensconce o.s. in an armchair

**carrier** [kaʀje] *nm*: **(ouvrier) ~** quarryman, quarrier

**carrière** [kaʀjɛʀ] *nf (de roches)* quarry; *(métier)* career; **militaire de ~** professional soldier; **faire ~ dans** to make one's career in

**carriériste** [kaʀjeʀist(ə)] *nm/f* careerist

**carriole** [kaʀjɔl] *nf (péj)* old cart

**carrossable** [kaʀɔsabl(ə)] *adj* suitable for (motor) vehicles

**carrosse** [kaʀɔs] *nm* (horse-drawn) coach

**carrosserie** [kaʀɔsʀi] *nf* body, bodywork *no pl* (Brit); *(activité, commerce)* coachwork (Brit), (car) body manufacturing; **atelier de ~** (*pour réparations*) body shop, panel beaters' (yard) (*Brit*)

**carrossier** [kaʀɔsje] *nm* coachbuilder (*Brit*), (car) body repairer; (*dessinateur*) car designer

**carrousel** [kaʀuzɛl] *nm* (*Équitation*) carousel; (*fig*) merry-go-round

**carrure** [kaʀyʀ] *nf* build; (*fig*) stature

**cartable** [kaʀtabl(ə)] *nm* (*d'écolier*) satchel, (school)bag

**carte** [kaʀt(ə)] *nf* (*de géographie*) map; (*marine, du ciel*) chart; (*de fichier, d'abonnement etc, à jouer*) card; (*au restaurant*) menu; (*aussi:* **carte postale**) (post)card; (*aussi:* **carte de visite**) (visiting) card; **avoir/donner ~ blanche** to have/give carte blanche *ou* a free hand; **tirer les ~s à qn** to read sb's cards; **jouer aux ~s** to play cards; **jouer ~s sur table** (*fig*) to put one's cards on the table; **à la ~** (*au restaurant*) à la carte; **~ à circuit imprimé** printed circuit; **~ à puce** smartcard, chip and PIN card; **~ bancaire** cash card; **C~ Bleue®** debit card; **~ de crédit** credit card; **~ d'état-major** ≈ Ordnance (*Brit*) *ou* Geological (*US*) Survey map; **la ~ grise** (*Auto*) ≈ the (car) registration document; **~ d'identité** identity card; **~ jeune** young person's railcard; **~ mémoire** (*d'appareil photo numérique*) memory card; **~ perforée** punch(ed) card; **~ routière** road map; **~ de séjour** residence permit; **~ SIM** SIM card; **~ téléphonique** phonecard; **la ~ verte** (*Auto*) the green card; **la ~ des vins** wine list

**cartel** [kaʀtɛl] *nm* cartel

**carte-lettre** [kaʀtəlɛtʀ(ə)] (*pl* **cartes-lettres**) *nf* letter-card

**carte-mère** [kaʀtəmɛʀ] (*pl* **cartes-mères**) *nf* (*Inform*) mother board

**carter** [kaʀtɛʀ] *nm* (*Auto: d'huile*) sump (*Brit*), oil pan (*US*); (*: de la boîte de vitesses*) casing; (*de bicyclette*) chain guard

**carte-réponse** [kaʀt(ə)ʀepɔ̃s] (*pl* **cartes-réponses**) *nf* reply card

**cartésien, ne** [kaʀtezjɛ̃, -ɛn] *adj* Cartesian

**Carthage** [kaʀtaʒ] *n* Carthage

**cartilage** [kaʀtilaʒ] *nm* (*Anat*) cartilage

**cartilagineux, -euse** [kaʀtilaʒinø, -øz] *adj* (*viande*) gristly

**cartographe** [kaʀtɔgʀaf] *nm/f* cartographer

**cartographie** [kaʀtɔgʀafi] *nf* cartography, map-making

**cartomancie** [kaʀtɔmɑ̃si] *nf* fortune-telling, card-reading

**cartomancien, ne** [kaʀtɔmɑ̃sjɛ̃, -ɛn] *nm/f* fortune-teller (*with cards*)

**carton** [kaʀtɔ̃] *nm* (*matériau*) cardboard; (*boîte*) (cardboard) box; (*d'invitation*) invitation card; (*Art*) sketch; cartoon; **en ~** cardboard *cpd*; **faire un ~** (*au tir*) to have a go at the rifle range; to score a hit; **~ (à dessin)** portfolio

**cartonnage** [kaʀtɔnaʒ] *nm* cardboard (packing)

**cartonné, e** [kaʀtɔne] *adj* (*livre*) hardback, cased

**carton-pâte** [kaʀtɔ̃pɑt] *nm* pasteboard; **de ~** (*fig*) cardboard *cpd*

**cartouche** [kaʀtuʃ] *nf* cartridge; (*de cigarettes*) carton

**cartouchière** [kaʀtuʃjɛʀ] *nf* cartridge belt

**cas** [kɑ] *nm* case; **faire peu de ~/grand ~ de** to attach little/great importance to; **le ~ échéant** if need be; **en aucun ~** on no account, under no circumstances (whatsoever); **au ~ où** in case; **dans ce ~** in that case; **en ~ de** in case of, in the event of; **en ~ de besoin** if need be; **en ~ d'urgence** in an emergency; **en ce ~** in that case; **en tout ~** in any case, at any rate; **~ de conscience** matter of conscience; **~ de force majeure** case of absolute necessity; (*Assurances*) act of God; **~ limite** borderline case; **~ social** social problem

**Casablanca** [kazablɑ̃ka] *n* Casablanca

**casanier, -ière** [kazanje, -jɛʀ] *adj* stay-at-home

**casaque** [kazak] *nf* (*de jockey*) blouse

**cascade** [kaskad] *nf* waterfall, cascade; (*fig*) stream, torrent

**cascadeur, -euse** [kaskadœʀ, -øz] *nm/f* stuntman/girl

**case** [kɑz] *nf* (*hutte*) hut; (*compartiment*) compartment; (*pour le courrier*) pigeonhole; (*de mots croisés, d'échiquier*) square; (*sur un formulaire*) box

**casemate** [kazmat] *nf* blockhouse

**caser** [kaze] *vt* (*mettre*) to put; (*loger*) to put up; (*péj*) to find a job for; to marry off; **se caser** *vi* (*personne*) to settle down

**caserne** [kazɛʀn(ə)] *nf* barracks

**casernement** [kazɛʀnəmɑ̃] *nm* barrack buildings *pl*

**cash** [kaʃ] *adv*: **payer ~** to pay cash down

**casier** [kazje] *nm* (*à journaux etc*) rack; (*de bureau*) filing cabinet; (*: à cases*) set of pigeonholes; (*case*) compartment; pigeonhole; (*: à clef*) locker; (*Pêche*) lobster pot; **~ à bouteilles** bottle rack; **~ judiciaire** police record

**casino** [kazino] *nm* casino

**casque** [kask(ə)] *nm* helmet; (*chez le coiffeur*) (hair-)dryer; (*pour audition*) (head-)phones *pl*, headset; **les C~s bleus** the UN peacekeeping force

**casquer** [kaske] *vi* (*fam*) to cough up, stump up (*Brit*)

**casquette** [kaskɛt] *nf* cap

**cassable** [kasabl(ə)] *adj* (*fragile*) breakable

**cassant, e** [kasɑ̃, -ɑ̃t] *adj* brittle; (*fig*) brusque, abrupt

**cassate** [kasat] *nf*: (**glace**) **~** cassata

**cassation** [kasasjɔ̃] *nf*: **se pourvoir en ~** to lodge an appeal; **recours en ~** appeal to the Supreme Court

**casse** [kas] *nf* (*pour voitures*): **mettre à la ~** to scrap, send to the breakers (*Brit*); (*dégâts*): **il y a eu de la ~** there were a lot of breakages; (*Typo*): **haut/bas de ~** upper/lower case

**cassé, e** [kase] *adj* (*voix*) cracked; (*vieillard*) bent

**casse-cou** [kasku] *adj inv* daredevil, reckless; **crier ~ à qn** to warn sb (*against a risky undertaking*)

**casse-croûte** [kaskʀut] *nm inv* snack

**casse-noisettes** [kɑsnwazɛt], **casse-noix** [kɑsnwa] *nm inv* nutcrackers *pl*

**casse-pieds** [kɑspje] *adj, nm/f inv* (*fam*): **il est ~, c'est un ~** he's a pain (in the neck)

**casser** [kɑse] *vt* to break; (*Admin*: *gradé*) to demote; (*Jur*) to quash; (*Comm*): **~ les prix** to slash prices; **se casser** *vi* to break; (*fam*) to go, leave ▷ *vt*: **se ~ la jambe/une jambe** to break one's leg/a leg; **à tout ~** fantastic, brilliant; **se ~ net** to break clean off

**casserole** [kɑsRɔl] *nf* saucepan; **à la ~** (*Culin*) braised

**casse-tête** [kɑstɛt] *nm inv* (*fig*) brain teaser; (*difficultés*) headache (*fig*)

**cassette** [kasɛt] *nf* (*bande magnétique*) cassette; (*coffret*) casket; **~ numérique** digital compact cassette; **~ vidéo** video

**casseur** [kɑsœR] *nm* hooligan; rioter

**cassis** [kasis] *nm* blackcurrant; (*de la route*) dip, bump

**cassonade** [kasɔnad] *nf* brown sugar

**cassoulet** [kasulɛ] *nm* sausage and bean hotpot

**cassure** [kɑsyR] *nf* break, crack

**castagnettes** [kastaɲɛt] *nfpl* castanets

**caste** [kast(ə)] *nf* caste

**castillan, e** [kastijɑ̃, -an] *adj* Castilian ▷ *nm* (*Ling*) Castilian

**Castille** [kastij] *nf*: **la ~** Castile

**castor** [kastɔR] *nm* beaver

**castrer** [kastRe] *vt* (*mâle*) to castrate; (*femelle*) to spay; (*cheval*) to geld; (*chat, chien*) to doctor (*Brit*), fix (*US*)

**cataclysme** [kataklism(ə)] *nm* cataclysm

**catacombes** [katakɔ̃b] *nfpl* catacombs

**catadioptre** [katadjɔptR(ə)] *nm* = **cataphote**

**catafalque** [katafalk(ə)] *nm* catafalque

**catalan, e** [katalɑ̃, -an] *adj* Catalan, Catalonian ▷ *nm* (*Ling*) Catalan

**Catalogne** [katalɔɲ] *nf*: **la ~** Catalonia

**catalogue** [katalɔg] *nm* catalogue

**cataloguer** [katalɔge] *vt* to catalogue, list; (*péj*) to put a label on

**catalyse** [kataliz] *nf* catalysis

**catalyser** [katalize] *vt* to catalyze

**catalyseur** [katalizœR] *nm* catalyst

**catalytique** [katalitik] *adj* catalytic

**catamaran** [katamaRɑ̃] *nm* (*voilier*) catamaran

**cataphote** [katafɔt] *nm* reflector

**cataplasme** [kataplasm(ə)] *nm* poultice

**catapulte** [katapylt(ə)] *nf* catapult

**catapulter** [katapylte] *vt* to catapult

**cataracte** [kataRakt(ə)] *nf* cataract; **opérer qn de la ~** to operate on sb for a cataract

**catarrhe** [kataR] *nm* catarrh

**catarrheux, -euse** [kataRø, -øz] *adj* catarrhal

**catastrophe** [katastRɔf] *nf* catastrophe, disaster; **atterrir en ~** to make an emergency landing; **partir en ~** to rush away

**catastropher** [katastRɔfe] *vt* (*personne*) to shatter

**catastrophique** [katastRɔfik] *adj* catastrophic, disastrous

**catch** [katʃ] *nm* (all-in) wrestling

**catcheur, -euse** [katʃœR, -øz] *nm/f* (all-in) wrestler

**catéchiser** [kateʃize] *vt* to indoctrinate; to lecture

**catéchisme** [kateʃism(ə)] *nm* catechism

**catéchumène** [katekymɛn] *nm/f* catechumen, *person attending religious instruction prior to baptism*

**catégorie** [kategɔRi] *nf* category; (*Boucherie*): **morceaux de première/deuxième ~** prime/ second cuts

**catégorique** [kategɔRik] *adj* categorical

**catégoriquement** [kategɔRikmɑ̃] *adv* categorically

**catégoriser** [kategɔRize] *vt* to categorize

**caténaire** [katenɛR] *nf* (*Rail*) catenary

**cathédrale** [katedRal] *nf* cathedral

**cathéter** [katetɛR] *nm* (*Méd*) catheter

**cathode** [katɔd] *nf* cathode

**cathodique** [katɔdik] *adj*: **rayons ~s** cathode rays; **tube/écran ~** cathode-ray tube/screen

**catholicisme** [katɔlisism(ə)] *nm* (Roman) Catholicism

**catholique** [katɔlik] *adj, nm/f* (Roman) Catholic; **pas très ~** a bit shady ou fishy

**catimini** [katimini]: **en ~** *adv* on the sly, on the quiet

**catogan** [katɔgɑ̃] *nm* bow (*tying hair on neck*)

**Caucase** [kokaz] *nm*: **le ~** the Caucasus (Mountains)

**caucasien, ne** [kokazjɛ̃, -ɛn] *adj* Caucasian

**cauchemar** [koʃmaR] *nm* nightmare

**cauchemardesque** [koʃmaRdɛsk(ə)] *adj* nightmarish

**causal, e** [kozal] *adj* causal

**causalité** [kozalite] *nf* causality

**causant, e** [kozɑ̃, -ɑ̃t] *adj* chatty, talkative

**cause** [koz] *nf* cause; (*Jur*) lawsuit, case; brief; **faire ~ commune avec qn** to take sides with sb; **être ~ de** to be the cause of; **à ~ de** because of, owing to; **pour ~ de** on account of; owing to; **(et) pour ~** and for (a very) good reason; **être en ~** (*intérêts*) to be at stake; (*personne*) to be involved; (*qualité*) to be in question; **mettre en ~** to implicate; to call into question; **remettre en ~** to challenge, call into question; **c'est hors de ~** it's out of the question; **en tout état de ~** in any case

**causer** [koze] *vt* to cause ▷ *vi* to chat, talk

**causerie** [kozRi] *nf* talk

**causette** [kozɛt] *nf*: **faire la** ou **un brin de ~** to have a chat

**caustique** [kostik] *adj* caustic

**cauteleux, -euse** [kotlø, -øz] *adj* wily

**cautériser** [koteRize] *vt* to cauterize

**caution** [kosjɔ̃] *nf* guarantee, security; deposit; (*Jur*) bail (bond); (*fig*) backing, support; **payer la ~ de qn** to stand bail for sb; **se porter ~ pour qn** to stand security for sb; **libéré sous ~** released on bail; **sujet à ~** unconfirmed

**cautionnement** [kosjɔnmɑ̃] *nm* (*somme*) guarantee, security

**cautionner** [kosjɔne] vt to guarantee; (soutenir) to support

**cavalcade** [kavalkad] nf (fig) stampede

**cavale** [kaval] nf: **en ~** on the run

**cavalerie** [kavalʀi] nf cavalry

**cavalier, -ière** [kavalje, -jɛʀ] adj (désinvolte) offhand ▷ nm/f rider; (au bal) partner ▷ nm (Échecs) knight; **faire ~ seul** to go it alone; **allée** ou **piste cavalière** riding path

**cavalièrement** [kavaljɛʀmã] adv offhandedly

**cave** [kav] nf cellar; (cabaret) (cellar) nightclub ▷ adj: **yeux ~s** sunken eyes; **joues ~s** hollow cheeks

**caveau, x** [kavo] nm vault

**caverne** [kavɛʀn(ə)] nf cave

**caverneux, -euse** [kavɛʀnø, -øz] adj cavernous

**caviar** [kavjaʀ] nm caviar(e)

**cavité** [kavite] nf cavity

**Cayenne** [kajɛn] n Cayenne

**CB** [sibi] sigle f (= citizens' band, canaux banalisés) CB = **carte bancaire**

**CC** sigle m = **corps consulaire**; **compte courant**

**CCI** sigle f = **Chambre de commerce et d'industrie**

**CCP** sigle m = **compte chèque postal**

**CD** sigle m (= chemin départemental) secondary road, = B road (Brit); (= compact disc) CD; (= comité directeur) steering committee; (Pol) = **corps diplomatique**

**CDD** sigle m (= contrat à durée déterminée) fixed-term contract

**CDI** sigle m (= Centre de documentation et d'information) school library; (= contrat à durée indéterminée) permanent ou open-ended contract

**CD-ROM** [sedeʀɔm] nm inv (= Compact Disc Read Only Memory) CD-Rom

**CDS** sigle m (= Centre des démocrates sociaux) political party

**CE** sigle f (= Communauté européenne) EC; (Comm) = **caisse d'épargne** ▷ sigle m (Industrie) = **comité d'entreprise**; (Scol) = **cours élémentaire**

⊘ MOT-CLÉ

**ce, cette** [sə, sɛt] (devant nm **cet** + voyelle ou h aspiré; pl **ces**) adj dém (proximité) this; these pl; (non-proximité) that; those pl; **cette maison(-ci/là)** this/that house; **cette nuit** (qui vient) tonight; (passée) last night

▷ pron 1: **c'est** it's, it is; **c'est petit/grand/un livre** it's ou it is small/big/a book; **c'est un peintre** he's ou he is a painter; **ce sont des peintres** they're ou they are painters; **c'est le facteur** etc (à la porte) it's the postman etc; **qui est-ce?** who is it?; (en désignant) who is he/she?; **qu'est-ce?** what is it?; **c'est toi qui lui as parlé** it was you who spoke to him

2: **c'est que: c'est qu'il est lent/qu'il n'a pas faim** the fact is, he's slow/he's not hungry

3 (expressions): **c'est ça** (correct) that's it, that's right; **c'est toi qui le dis!** that's what YOU say!; voir aussi **c'est-à-dire**; voir **-ci**; **est-ce que**; **n'est-ce pas**

4: **ce qui, ce que** what; (chose qui): **il est bête, ce qui me chagrine** he's stupid, which saddens me; **tout ce qui bouge** everything that ou which moves; **tout ce que je sais** all I know; **ce dont j'ai parlé** what I talked about; **ce que c'est grand!** it's so big!

**CEA** sigle m (= Commissariat à l'énergie atomique) ≈ AEA (= Atomic Energy Authority) (Brit) ≈ AEC = **Atomic Energy Commission** (US)

**CECA** [seka] sigle f (= Communauté européenne du charbon et de l'acier) ECSC (= European Coal and Steel Community)

**ceci** [səsi] pron this

**cécité** [sesite] nf blindness

**céder** [sede] vt to give up ▷ vi (pont, barrage) to give way; (personne) to give in; **~ à** to yield to, give in to

**cédérom** [sedeʀɔm] nm CD-ROM

**CEDEX** [sedɛks] sigle m (= courrier d'entreprise à distribution exceptionnelle) accelerated postal service for bulk users

**cédille** [sedij] nf cedilla

**cèdre** [sɛdʀ(ə)] nm cedar

**CEE** sigle f (= Communauté économique européenne) EEC

**CEI** sigle f (= Communauté des États indépendants) CIS

**ceindre** [sɛ̃dʀ(ə)] vt (mettre) to put on; (entourer): **~ qch de qch** to put sth round sth

**ceinture** [sɛ̃tyʀ] nf belt; (taille) waist; (fig) ring; belt; circle; **~ de sauvetage** lifebelt (Brit), life preserver (US); **~ de sécurité** safety ou seat belt; **~ (de sécurité) à enrouleur** inertia reel seat belt; **~ verte** green belt

**ceinturer** [sɛ̃tyʀe] vt (saisir) to grasp (round the waist); (entourer) to surround

**ceinturon** [sɛ̃tyʀɔ̃] nm belt

**cela** [səla] pron that; (comme sujet indéfini) it; **~ m'étonne que** it surprises me that; **quand/où ~?** when/where (was that)?

**célébrant** [selebʀã] nm (Rel) celebrant

**célébration** [selebʀasjɔ̃] nf celebration

**célèbre** [selebʀ(ə)] adj famous

**célébrer** [selebʀe] vt to celebrate; (louer) to extol

**célébrité** [selebʀite] nf fame; (star) celebrity

**céleri** [sɛlʀi] nm: **~(-rave)** celeriac; **~ (en branche)** celery

**célérité** [seleʀite] nf speed, swiftness

**céleste** [selɛst(ə)] adj celestial; heavenly

**célibat** [seliba] nm celibacy, bachelor/spinsterhood

**célibataire** [selibatɛʀ] adj single, unmarried ▷ nm/f bachelor/unmarried ou single woman; **mère ~** single ou unmarried mother

**celle, celles** [sɛl] pron voir **celui**

**cellier** [selje] nm storeroom

**cellophane®** [selɔfan] nf cellophane

**cellulaire** [selylɛʀ] adj (Bio) cell cpd, cellular; **voiture ~** ou **fourgon ~** prison ou police van; **régime ~** confinement

**cellule** [selyl] nf (gén) cell; **~ (photo-électrique)**

electronic eye

**cellulite** [selylit] *nf* cellulite

**celluloïd®** [selyloid] *nm* Celluloid

**cellulose** [selyloz] *nf* cellulose

**celte** [sɛlt(ə)], **celtique** [sɛltik] *adj* Celt, Celtic

🅞 MOT-CLÉ

**celui, celle** [səlɥi, sɛl] *(mpl* **ceux,** *fpl* **celles)** *pron*
**1: celui-ci/là, celle-ci/là** this one/that one;
**ceux-ci, celles-ci** these (ones); **ceux-là, celles-là** those (ones); **celui de mon frère** my brother's; **celui du salon/du dessous** the one in *(ou* from) the lounge/below
**2: celui qui bouge** the one which *ou* that moves; *(personne)* the one who moves; **celui que je vois** the one (which *ou* that) I see; *(personne)* the one (whom) I see; **celui dont je parle** the one I'm talking about
**3** *(valeur indéfinie):* **celui qui veut** whoever wants

**cénacle** [senakl(ə)] *nm* (literary) coterie *ou* set

**cendre** [sɑ̃dʀ(ə)] *nf* ash; **~s** *(d'un foyer)* ash(es), cinders; *(volcaniques)* ash *sg*; *(d'un défunt)* ashes; **sous la ~** *(Culin)* in (the) embers

**cendré, e** [sɑ̃dʀe] *adj (couleur)* ashen; **(piste) ~e** cinder track

**cendreux, -euse** [sɑ̃dʀø, -øz] *adj (terrain, substance)* cindery; *(teint)* ashen

**cendrier** [sɑ̃dʀije] *nm* ashtray

**cène** [sɛn] *nf:* **la ~** (Holy) Communion; *(Art)* the Last Supper

**censé, e** [sɑ̃se] *adj:* **être ~ faire** to be supposed to do

**censément** [sɑ̃semɑ̃] *adv* supposedly

**censeur** [sɑ̃sœʀ] *nm (Scol)* deputy head *(Brit)*, vice-principal *(US)*; *(Ciné, Pol)* censor

**censure** [sɑ̃syʀ] *nf* censorship

**censurer** [sɑ̃syʀe] *vt (Ciné, Presse)* to censor; *(Pol)* to censure

**cent** [sɑ̃] *num* a hundred, one hundred; **pour ~** (%) per cent (%); **faire les ~ pas** to pace up and down ▷ *nm (US, Canada, partie de l'euro etc)* cent

**centaine** [sɑ̃tɛn] *nf:* **une ~ (de)** about a hundred, a hundred or so; *(Comm)* a hundred; **plusieurs ~s (de)** several hundred; **des ~s (de)** hundreds (of)

**centenaire** [sɑ̃tnɛʀ] *adj* hundred-year-old ▷ *nm/f* centenarian ▷ *nm (anniversaire)* centenary

**centième** [sɑ̃tjɛm] *num* hundredth

**centigrade** [sɑ̃tigʀad] *nm* centigrade

**centigramme** [sɑ̃tigʀam] *nm* centigramme

**centilitre** [sɑ̃tilitʀ(ə)] *nm* centilitre *(Brit)*, centiliter *(US)*

**centime** [sɑ̃tim] *nm* centime; **~ d'euro** euro cent

**centimètre** [sɑ̃timɛtʀ(ə)] *nm* centimetre *(Brit)*, centimeter *(US)*; *(ruban)* tape measure, measuring tape

**centrafricain, e** [sɑ̃tʀafʀikɛ̃, -ɛn] *adj* of *ou* from the Central African Republic

**central, e, -aux** [sɑ̃tʀal, -o] *adj* central ▷ *nm:* **~ (téléphonique)** (telephone) exchange ▷ *nf:* **~e d'achat** *(Comm)* central buying service; **~e électrique/nucléaire** electric/nuclear power station; **~e syndicale** group of affiliated trade unions

**centralisation** [sɑ̃tʀalizasjɔ̃] *nf* centralization

**centraliser** [sɑ̃tʀalize] *vt* to centralize

**centralisme** [sɑ̃tʀalism(ə)] *nm* centralism

**centraméricain, e** [sɑ̃tʀameʀikɛ̃, -ɛn] *adj* Central American

**centre** [sɑ̃tʀ(ə)] *nm* centre *(Brit)*, center *(US)*; **~ commercial/sportif/culturel** shopping/ sports/arts centre; **~ aéré** outdoor centre; **~ d'appels** call centre; **~ d'apprentissage** training college; **~ d'attraction** centre of attraction; **~ de gravité** centre of gravity; **~ de loisirs** leisure centre; **~ d'enfouissement des déchets** landfill site; **~ hospitalier** hospital complex; **~ de tri** *(Postes)* sorting office; **~s nerveux** *(Anat)* nerve centres

**centrer** [sɑ̃tʀe] *vt* to centre *(Brit)*, center *(US)* ▷ *vi (Football)* to centre the ball

**centre-ville** [sɑ̃tʀəvil] *(pl* **centres-villes)** *nm* town centre *(Brit) ou* center *(US)*, downtown (area) *(US)*

**centrifuge** [sɑ̃tʀifyʒ] *adj:* **force ~** centrifugal force

**centrifuger** [sɑ̃tʀifyʒe] *vt* to centrifuge

**centrifugeuse** [sɑ̃tʀifyʒøz] *nf (pour fruits)* juice extractor

**centripète** [sɑ̃tʀipɛt] *adj:* **force ~** centripetal force

**centrisme** [sɑ̃tʀism(ə)] *nm* centrism

**centriste** [sɑ̃tʀist(ə)] *adj, nm/f* centrist

**centuple** [sɑ̃typl(ə)] *nm:* **le ~ de qch** a hundred times sth; **au ~** a hundredfold

**centupler** [sɑ̃typle] *vi, vt* to increase a hundredfold

**CEP** *sigle m* = **Certificat d'études (primaires)**

**cep** [sɛp] *nm (vine)* stock

**cépage** [sepaʒ] *nm (type of)* vine

**cèpe** [sɛp] *nm (edible)* boletus

**cependant** [səpɑ̃dɑ̃] *adv* however, nevertheless

**céramique** [seʀamik] *adj* ceramic ▷ *nf* ceramic; *(art)* ceramics *sg*

**céramiste** [seʀamist(ə)] *nm/f* ceramist

**cerbère** [sɛʀbɛʀ] *nm (fig: péj)* bad-tempered doorkeeper

**cerceau, x** [sɛʀso] *nm (d'enfant, de tonnelle)* hoop

**cercle** [sɛʀkl(ə)] *nm* circle; *(objet)* band, hoop; **décrire un ~** *(avion)* to circle; *(projectile)* to describe a circle; **~ d'amis** circle of friends; **~ de famille** family circle; **~ vicieux** vicious circle

**cercler** [sɛʀkle] *vt:* **lunettes cerclées d'or** gold-rimmed glasses

**cercueil** [sɛʀkœj] *nm* coffin

**céréale** [seʀeal] *nf* cereal

**céréalier, -ière** [seʀealje, -jɛʀ] *adj (production, cultures)* cereal *cpd*

**cérébral, e, -aux** [seʀebʀal, -o] *adj (Anat)* cerebral, brain *cpd*; *(fig)* mental, cerebral

**cérémonial** [seʀemɔnjal] *nm* ceremonial
**cérémonie** [seʀemɔni] *nf* ceremony;
  **cérémonies** *nfpl* (*péj*) fuss *sg*, to-do *sg*
**cérémonieux, -euse** [seʀemɔnjø, -øz] *adj*
  ceremonious, formal
**cerf** [sɛʀ] *nm* stag
**cerfeuil** [sɛʀfœj] *nm* chervil
**cerf-volant** [sɛʀvɔlɑ̃] *nm* kite; **jouer au ~** to fly
  a kite
**cerisaie** [səʀizɛ] *nf* cherry orchard
**cerise** [səʀiz] *nf* cherry
**cerisier** [səʀizje] *nm* cherry (tree)
**CERN** [sɛʀn] *sigle m* (= *Centre européen de recherche
  nucléaire*) CERN
**cerné, e** [sɛʀne] *adj*: **les yeux ~s** with dark rings
  *ou* shadows under the eyes
**cerner** [sɛʀne] *vt* (*Mil etc*) to surround; (*fig*:
  *problème*) to delimit, define
**cernes** [sɛʀn(ə)] *nfpl* (dark) rings, shadows
  (under the eyes)
**certain, e** [sɛʀtɛ̃, -ɛn] *adj* certain; (*sûr*): **~ (de/
  que)** certain *ou* sure (of/ that); **d'un ~ âge** past
  one's prime, not so young; **un ~ temps** (quite)
  some time; **sûr et ~** absolutely certain; **~s** *pron*
  some
**certainement** [sɛʀtɛnmɑ̃] *adv* (*probablement*)
  most probably *ou* likely; (*bien sûr*) certainly, of
  course
**certes** [sɛʀt(ə)] *adv* admittedly; of course;
  indeed (yes)
**certificat** [sɛʀtifika] *nm* certificate; **C~
  d'études (primaires)** *former school leaving
  certificate* (*taken at the end of primary education*); **C~
  de fin d'études secondaires** school leaving
  certificate
**certifié, e** [sɛʀtifje] *adj*: **professeur ~** qualified
  teacher; (*Admin*): **copie ~e conforme (à
  l'original)** certified copy (of the original)
**certifier** [sɛʀtifje] *vt* to certify, guarantee; **~ à
  qn que** to assure sb that, guarantee to sb that; **~
  qch à qn** to guarantee sth to sb
**certitude** [sɛʀtityd] *nf* certainty
**cérumen** [seʀymɛn] *nm* (ear)wax
**cerveau, x** [sɛʀvo] *nm* brain; **~ électronique**
  electronic brain
**cervelas** [sɛʀvəla] *nm* saveloy
**cervelle** [sɛʀvɛl] *nf* (*Anat*) brain; (*Culin*) brain(s);
  **se creuser la ~** to rack one's brains
**cervical, e, -aux** [sɛʀvikal, -o] *adj* cervical
**cervidés** [sɛʀvide] *nmpl* cervidae
**CES** *sigle m* (= *Collège d'enseignement secondaire*)
  ≈ (junior) secondary school (*Brit*), ≈ junior high
  school (*US*)
**ces** [se] *adj dém voir* **ce**
**césarienne** [sezaʀjɛn] *nf* caesarean (*Brit*) *ou*
  cesarean (*US*) (section)
**cessantes** [sɛsɑ̃t] *adj fpl*: **toutes affaires ~**
  forthwith
**cessation** [sɛsasjɔ̃] *nf*: **~ des hostilités**
  cessation of hostilities; **~ de paiements/
  commerce** suspension of payments/trading
**cesse** [sɛs]: **sans ~** *adv* continually, constantly;

continuously; **il n'avait de ~ que** he would not
  rest until
**cesser** [sese] *vt* to stop ▷ *vi* to stop, cease; **~ de
  faire** to stop doing; **faire ~** (*bruit, scandale*) to put
  a stop to
**cessez-le-feu** [seselfø] *nm inv* ceasefire
**cession** [sesjɔ̃] *nf* transfer
**c'est** [sɛ] *voir* **ce**
**c'est-à-dire** [sɛtadiʀ] *adv* that is (to say);
  (*demander de préciser*): **c'est-à-dire?** what does
  that mean?; **c'est-à-dire que ...** (*en conséquence*)
  which means that ...; (*manière d'excuse*) well, in
  fact ...
**CET** *sigle m* (= *Collège d'enseignement technique*)
  (*formerly*) *technical school*
**cet** [sɛt] *adj dém voir* **ce**
**cétacé** [setase] *nm* cetacean
**cette** [sɛt] *adj dém voir* **ce**
**ceux** [sø] *pron voir* **celui**
**cévenol, e** [sevnɔl] *adj* of *ou* from the Cévennes
  region
**cf.** *abr* (= *confer*) cf, cp
**CFAO** *sigle f* (= *conception de fabrication assistée par
  ordinateur*) CAM
**CFC** *sigle mpl* (= *chlorofluorocarbures*) CFC
**CFDT** *sigle f* (= *Confédération française démocratique du
  travail*) *trade union*
**CFF** *sigle m* (= *Chemins de fer fédéraux*) *Swiss railways*
**CFL** *sigle m* (= *Chemins de fer luxembourgeois*)
  *Luxembourg railways*
**CFP** *sigle m* = **Centre de formation
  professionnelle** ▷ *sigle f* = **Compagnie française
  des pétroles**
**CFTC** *sigle f* (= *Confédération française des travailleurs
  chrétiens*) *trade union*
**CGC** *sigle f* (= *Confédération générale des cadres*)
  *management union*
**CGPME** *sigle f* = **Confédération générale des
  petites et moyennes entreprises**
**CGT** *sigle f* (= *Confédération générale du travail*) *trade
  union*
**CH** *abr* (= *Confédération helvétique*) CH
**ch.** *abr* = **charges; chauffage; cherche**
**chacal** [ʃakal] *nm* jackal
**chacun, e** [ʃakœ̃, -yn] *pron* each; (*indéfini*)
  everyone, everybody
**chagrin, e** [ʃagʀɛ̃, -in] *adj* morose ▷ *nm* grief,
  sorrow; **avoir du ~** to be grieved *ou* sorrowful
**chagriner** [ʃagʀine] *vt* to grieve, distress;
  (*contrarier*) to bother, worry
**chahut** [ʃay] *nm* uproar
**chahuter** [ʃayte] *vt* to rag, bait ▷ *vi* to make an
  uproar
**chahuteur, -euse** [ʃaytœʀ, -øz] *nm/f* rowdy
**chai** [ʃe] *nm* wine and spirit store(house)
**chaîne** [ʃɛn] *nf* chain; (*Radio, TV*) channel;
  (*Inform*) string; **chaînes** *nfpl* (*liens, asservissement*)
  fetters, bonds; **travail à la ~** production line
  work; **réactions en ~** chain reactions; **faire la
  ~** to form a (human) chain; **~ alimentaire** food
  chain; **~ compacte** music centre; **~ d'entraide**
  mutual aid association; **~ (haute-fidélité** *ou*

**hi-fi)** hi-fi system; ~ **(de montage** ou **de fabrication)** production ou assembly line; ~ **(de montagnes)** (mountain) range; ~ **de solidarité** solidarity network; ~ **(stéréo** ou **audio)** stereo (system)

**chaînette** [ʃɛnɛt] nf (small) chain

**chaînon** [ʃɛnɔ̃] nm link

**chair** [ʃɛʀ] nf flesh ▷ adj: **(couleur)** ~ flesh-coloured; **avoir la** ~ **de poule** to have goose pimples ou goose flesh; **bien en** ~ plump, well-padded; **en** ~ **et en os** in the flesh; ~ **à saucisses** sausage meat

**chaire** [ʃɛʀ] nf (d'église) pulpit; (d'université) chair

**chaise** [ʃɛz] nf chair; ~ **de bébé** high chair; ~ **électrique** electric chair; ~ **longue** deckchair

**chaland** [ʃalɑ̃] nm (bateau) barge

**châle** [ʃal] nm shawl

**chalet** [ʃalɛ] nm chalet

**chaleur** [ʃalœʀ] nf heat; (fig) warmth; fire, fervour (Brit), fervor (US); heat; **en** ~ (Zool) on heat

**chaleureusement** [ʃalœʀøzmɑ̃] adv warmly

**chaleureux, -euse** [ʃalœʀø, -øz] adj warm

**challenge** [ʃalɑ̃ʒ] nm contest, tournament

**challenger** [ʃalɑ̃ʒɛʀ] nm (Sport) challenger

**chaloupe** [ʃalup] nf launch; (de sauvetage) lifeboat

**chalumeau, x** [ʃalymo] nm blowlamp (Brit), blowtorch

**chalut** [ʃaly] nm trawl (net); **pêcher au** ~ to trawl

**chalutier** [ʃalytje] nm trawler; (pêcheur) trawlerman

**chamade** [ʃamad] nf: **battre la** ~ to beat wildly

**chamailler** [ʃamaje]: **se chamailler** vi to squabble, bicker

**chamarré, e** [ʃamaʀe] adj richly brocaded

**chambard** [ʃɑ̃baʀ] nm rumpus

**chambardement** [ʃɑ̃baʀdəmɑ̃] nm: **c'est le grand** ~ everything has been (ou is being) turned upside down

**chambarder** [ʃɑ̃baʀde] vt to turn upside down

**chamboulement** [ʃɑ̃bulmɑ̃] nm disruption

**chambouler** [ʃɑ̃bule] vt to disrupt, turn upside down

**chambranle** [ʃɑ̃bʀɑ̃l] nm (door) frame

**chambre** [ʃɑ̃bʀ(ə)] nf bedroom; (Tech) chamber; (Pol) chamber, house; (Jur) court; (Comm) chamber; federation; **faire** ~ **à part** to sleep in separate rooms; **stratège/alpiniste en** ~ armchair strategist/mountaineer; ~ **à un lit/ deux lits** single/twin-bedded room; ~ **pour une/deux personne(s)** single/double room; ~ **d'accusation** court of criminal appeal; ~ **d'agriculture (CA)** body responsible for the agricultural interests of a département; ~ **à air** (de pneu) (inner) tube; ~ **d'amis** spare ou guest room; ~ **de combustion** combustion chamber; ~ **de commerce et d'industrie (CCI)** chamber of commerce and industry; ~ **à coucher** bedroom; **la C~ des députés** the Chamber of Deputies, = the House (of Commons) (Brit), = the

House of Representatives (US); ~ **forte** strongroom; ~ **froide** ou **frigorifique** cold room; ~ **à gaz** gas chamber; ~ **d'hôte** = bed and breakfast (in private home); ~ **des machines** engine-room; ~ **des métiers (CM)** chamber of commerce for trades; ~ **meublée** bedsit(ter) (Brit), furnished room; ~ **noire** (Photo) dark room

**chambrée** [ʃɑ̃bʀe] nf room

**chambrer** [ʃɑ̃bʀe] vt (vin) to bring to room temperature

**chameau, x** [ʃamo] nm camel

**chamois** [ʃamwa] nm chamois ▷ adj: **(couleur)** ~ fawn, buff

**champ** [ʃɑ̃] nm (aussi Inform) field; (Photo: aussi: **dans le champ)** in the picture; **prendre du** ~ to draw back; **laisser le** ~ **libre à qn** to leave sb a clear field; ~ **d'action** sphere of operation(s); ~ **de bataille** battlefield; ~ **de courses** racecourse; ~ **d'honneur** field of honour; ~ **de manœuvre** (Mil) parade ground; ~ **de mines** minefield; ~ **de tir** shooting ou rifle range; ~ **visuel** field of vision

**Champagne** [ʃɑ̃paɲ] nf: **la** ~ Champagne, the Champagne region

**champagne** [ʃɑ̃paɲ] nm champagne

**champenois, e** [ʃɑ̃pənwa, -waz] adj of ou from Champagne; (vin): **méthode ~e** champagne-type

**champêtre** [ʃɑ̃pɛtʀ(ə)] adj country cpd, rural

**champignon** [ʃɑ̃piɲɔ̃] nm mushroom; (terme générique) fungus; (fam: accélérateur) accelerator, gas pedal (US); ~ **de couche** ou **de Paris** button mushroom; ~ **vénéneux** toadstool, poisonous mushroom

**champion, ne** [ʃɑ̃pjɔ̃, -ɔn] adj, nm/f champion

**championnat** [ʃɑ̃pjɔna] nm championship

**chance** [ʃɑ̃s] nf: **la** ~ luck; **une** ~ a stroke ou piece of luck ou good fortune; (occasion) a lucky break; **chances** nfpl (probabilités) chances; **avoir de la** ~ to be lucky; **il a des ~s de gagner** he has a chance of winning; **il y a de fortes ~s pour que Paul soit malade** it's highly probable that Paul is ill; **bonne ~!** good luck!; **encore une ~ que tu viennes!** it's lucky you're coming!; **je n'ai pas de** ~ I'm out of luck; (toujours) I never have any luck; **donner sa** ~ **à qn** to give sb a chance

**chancelant, e** [ʃɑ̃slɑ̃, -ɑ̃t] adj (personne) tottering; (santé) failing

**chanceler** [ʃɑ̃sle] vi to totter

**chancelier** [ʃɑ̃səlje] nm (allemand) chancellor; (d'ambassade) secretary

**chancellerie** [ʃɑ̃sɛlʀi] nf (en France) ministry of justice; (en Allemagne) chancellery; (d'ambassade) chancery

**chanceux, -euse** [ʃɑ̃sø, -øz] adj lucky, fortunate

**chancre** [ʃɑ̃kʀ(ə)] nm canker

**chandail** [ʃɑ̃daj] nm (thick) jumper ou sweater

**Chandeleur** [ʃɑ̃dlœʀ] nf: **la** ~ Candlemas

**chandelier** [ʃɑ̃dəlje] nm candlestick; (à plusieurs branches) candelabra

**chandelle** [ʃɑ̃dɛl] nf (tallow) candle; (Tennis):

**faire une ~** to lob; (*Aviat*): **monter en ~** to climb vertically; **tenir la ~** to play gooseberry; **dîner aux ~s** candlelight dinner

**change** [ʃɑ̃ʒ] *nm* (*Comm*) exchange; **opérations de ~** (foreign) exchange transactions; **contrôle des ~s** exchange control; **gagner/perdre au ~** to be better/worse off (for it); **donner le ~ à qn** (*fig*) to lead sb up the garden path

**changeant, e** [ʃɑ̃ʒɑ̃, -ɑ̃t] *adj* changeable, fickle

**changement** [ʃɑ̃ʒmɑ̃] *nm* change; **~ de vitesse** (*dispositif*) gears *pl*; (*action*) gear change

**changer** [ʃɑ̃ʒe] *vt* (*modifier*) to change, alter; (*remplacer, Comm, rhabiller*) to change ▷ *vi* to change, alter; **se changer** *vi* to change (o.s.); **~ de** (*remplacer: adresse, nom, voiture etc*) to change one's; **~ de train** to change trains; **~ d'air** to get a change of air; **~ de couleur/direction** to change colour/direction; **~ d'idée** to change one's mind; **~ de place avec qn** to change places with sb; **~ de vitesse** (*Auto*) to change gear; **~ qn/qch de place** to move sb/sth to another place; **~ (de bus etc)** to change (buses etc); **~ qch en** to change sth into

**changeur** [ʃɑ̃ʒœʀ] *nm* (*personne*) moneychanger; **~ automatique** change machine; **~ de disques** record changer, autochange

**chanoine** [ʃanwan] *nm* canon

**chanson** [ʃɑ̃sɔ̃] *nf* song

**chansonnette** [ʃɑ̃sɔnɛt] *nf* ditty

**chansonnier** [ʃɑ̃sɔnje] *nm* cabaret artist (*specializing in political satire*); (*recueil*) song book

**chant** [ʃɑ̃] *nm* song; (*art vocal*) singing; (*d'église*) hymn; (*de poème*) canto; (*Tech*): **posé de** *ou* **sur ~** placed edgeways; **~ de Noël** Christmas carol

**chantage** [ʃɑ̃taʒ] *nm* blackmail; **faire du ~** to use blackmail; **soumettre qn à un ~** to blackmail sb

**chantant, e** [ʃɑ̃tɑ̃, -ɑ̃t] *adj* (*accent, voix*) sing-song

**chanter** [ʃɑ̃te] *vt, vi* to sing; **~ juste/faux** to sing in tune/out of tune; **si cela lui chante** (*fam*) if he feels like it *ou* fancies it

**chanterelle** [ʃɑ̃tʀɛl] *nf* chanterelle (*edible mushroom*)

**chanteur, -euse** [ʃɑ̃tœʀ, -øz] *nm/f* singer; **~ de charme** crooner

**chantier** [ʃɑ̃tje] *nm* (*building*) site; (*sur une route*) roadworks *pl*; **mettre en ~** to start work on; **~ naval** shipyard

**chantilly** [ʃɑ̃tiji] *nf voir* **crème**

**chantonner** [ʃɑ̃tɔne] *vi, vt* to sing to oneself, hum

**chantre** [ʃɑ̃tʀ(ə)] *nm* (*fig*) eulogist

**chanvre** [ʃɑ̃vʀ(ə)] *nm* hemp

**chaos** [kao] *nm* chaos

**chaotique** [kaɔtik] *adj* chaotic

**chap.** *abr* (= *chapitre*) ch

**chapardage** [ʃapaʀdaʒ] *nm* pilfering

**chaparder** [ʃapaʀde] *vt* to pinch

**chapeau, x** [ʃapo] *nm* hat; (*Presse*) introductory paragraph; **~!** well done!; **~ melon** bowler hat; **~ mou** trilby; **~x de roues** hub caps

**chapeauter** [ʃapote] *vt* (*Admin*) to head, oversee

**chapelain** [ʃaplɛ̃] *nm* (*Rel*) chaplain

**chapelet** [ʃaplɛ] *nm* (*Rel*) rosary; (*fig*): **un ~ de** a string of; **dire son ~** to tell one's beads

**chapelier, -ière** [ʃapəlje, -jɛʀ] *nm/f* hatter; milliner

**chapelle** [ʃapɛl] *nf* chapel; **~ ardente** chapel of rest

**chapellerie** [ʃapɛlʀi] *nf* (*magasin*) hat shop; (*commerce*) hat trade

**chapelure** [ʃaplyʀ] *nf* (dried) breadcrumbs *pl*

**chaperon** [ʃapʀɔ̃] *nm* chaperon

**chaperonner** [ʃapʀɔne] *vt* to chaperon

**chapiteau, x** [ʃapito] *nm* (*Archit*) capital; (*de cirque*) marquee, big top

**chapitre** [ʃapitʀ(ə)] *nm* chapter; (*fig*) subject, matter; **avoir voix au ~** to have a say in the matter

**chapitrer** [ʃapitʀe] *vt* to lecture, reprimand

**chapon** [ʃapɔ̃] *nm* capon

**chaque** [ʃak] *adj* each, every; (*indéfini*) every

**char** [ʃaʀ] *nm* (*à foin etc*) cart, waggon; (*de carnaval*) float; **~ (d'assaut)** tank

**charabia** [ʃaʀabja] *nm* (*péj*) gibberish, gobbledygook (*Brit*)

**charade** [ʃaʀad] *nf* riddle; (*mimée*) charade

**charbon** [ʃaʀbɔ̃] *nm* coal; **~ de bois** charcoal

**charbonnage** [ʃaʀbɔnaʒ] *nm*: **les ~s de France** the (French) Coal Board *sg*

**charbonnier** [ʃaʀbɔnje] *nm* coalman

**charcuterie** [ʃaʀkytʀi] *nf* (*magasin*) pork butcher's shop and delicatessen; (*produits*) cooked pork meats *pl*

**charcutier, -ière** [ʃaʀkytje, -jɛʀ] *nm/f* pork butcher

**chardon** [ʃaʀdɔ̃] *nm* thistle

**chardonneret** [ʃaʀdɔnʀɛ] *nm* goldfinch

**charentais, e** [ʃaʀɑ̃tɛ, -ɛz] *adj* *ou* from Charente ▷ *nf* (*pantoufle*) slipper

**charge** [ʃaʀʒ(ə)] *nf* (*fardeau*) load; (*explosif, Élec, Mil, Jur*) charge; (*rôle, mission*) responsibility; **charges** *nfpl* (*du loyer*) service charges; **à la ~ de** (*dépendant de*) dependent upon, supported by; (*aux frais de*) chargeable to, payable by; **j'accepte, à ~ de revanche** I accept, provided I can do the same for you (in return) one day; **prendre en ~** to take charge of; (*véhicule*) to take on; (*dépenses*) to take care of; **~ utile** (*Auto*) live load; (*Comm*) payload; **~s sociales** social security contributions

**chargé** [ʃaʀʒe] *adj* (*voiture, animal, personne*) laden; (*fusil, batterie, caméra*) loaded; (*occupé: emploi du temps, journée*) busy, full; (*estomac*) heavy, full; (*langue*) furred; (*décoration, style*) heavy, ornate ▷ *nm*: **~ d'affaires** chargé d'affaires; **~ de cours** ≈ lecturer; **~ de** (*responsable de*) responsible for

**chargement** [ʃaʀʒəmɑ̃] *nm* (*action*) loading; charging; (*objets*) load

**charger** [ʃaʀʒe] *vt* (*voiture, fusil, caméra*) to load; (*batterie*) to charge ▷ *vi* (*Mil etc*) to charge; **se ~ de** *vt* to see to, take care of; **~ qn de qch/faire qch** to give sb the responsibility for sth/of doing sth; to put sb in charge of sth/doing sth;

**se ~ de faire qch** to take it upon o.s. to do sth

**chargeur** [ʃaʀʒœʀ] *nm* (*dispositif: d'arme à feu*) magazine; (: *Photo*) cartridge; **~ de batterie** (*Élec*) battery charger

**chariot** [ʃaʀjo] *nm* trolley; (*charrette*) waggon; **~ élévateur** fork-lift truck

**charisme** [kaʀism(ə)] *nm* charisma

**charitable** [ʃaʀitabl(ə)] *adj* charitable; kind

**charité** [ʃaʀite] *nf* charity; **faire la ~** to give to charity; to do charitable works; **faire la ~ à** to give (something) to; **fête/vente de ~** fête/sale in aid of charity

**charivari** [ʃaʀivaʀi] *nm* hullabaloo

**charlatan** [ʃaʀlatã] *nm* charlatan

**charlotte** [ʃaʀlɔt] *nf* (*Culin*) charlotte

**charmant, e** [ʃaʀmã, -ãt] *adj* charming

**charme** [ʃaʀm(ə)] *nm* charm; **charmes** *nmpl* (*appas*) charms; **c'est ce qui en fait le ~** that is its attraction; **faire du ~** to be charming, turn on the charm; **aller** *ou* **se porter comme un ~** to be in the pink

**charmer** [ʃaʀme] *vt* to charm; **je suis charmé de ...** I'm delighted to ...

**charmeur, -euse** [ʃaʀmœʀ, -øz] *nm/f* charmer; **~ de serpents** snake charmer

**charnel, le** [ʃaʀnɛl] *adj* carnal

**charnier** [ʃaʀnje] *nm* mass grave

**charnière** [ʃaʀnjɛʀ] *nf* hinge; (*fig*) turning-point

**charnu, e** [ʃaʀny] *adj* fleshy

**charogne** [ʃaʀɔɲ] *nf* carrion *no pl*; (*fam!*) bastard (!)

**charolais, e** [ʃaʀɔlɛ, -ɛz] *adj* of *ou* from the Charolais

**charpente** [ʃaʀpãt] *nf* frame(work); (*fig*) structure, framework; (*carrure*) build, frame

**charpenté, e** [ʃaʀpãte] *adj*: **bien** *ou* **solidement ~** (*personne*) well-built; (*texte*) well-constructed

**charpenterie** [ʃaʀpãtʀi] *nf* carpentry

**charpentier** [ʃaʀpãtje] *nm* carpenter

**charpie** [ʃaʀpi] *nf*: **en ~** (*fig*) in shreds *ou* ribbons

**charretier** [ʃaʀtje] *nm* carter; **de ~** (*péj: langage, manières*) uncouth

**charrette** [ʃaʀɛt] *nf* cart

**charrier** [ʃaʀje] *vt* to carry (along); to cart, carry ▷ *vi* (*fam*) to exaggerate

**charrue** [ʃaʀy] *nf* plough (*Brit*), plow (*US*)

**charte** [ʃaʀt(ə)] *nf* charter

**charter** [tʃaʀtœʀ] *nm* (*vol*) charter flight; (*avion*) charter plane

**chasse** [ʃas] *nf* hunting; (*au fusil*) shooting; (*poursuite*) chase; (*aussi*: **chasse d'eau**) flush; **la ~ est ouverte** the hunting season is open; **la ~ est fermée** it is the close (*Brit*) *ou* closed (*US*) season; **aller à la ~** to go hunting; **prendre en ~, donner la ~ à** to give chase to; **tirer la ~ (d'eau)** to flush the toilet, pull the chain; **~ aérienne** aerial pursuit; **~ à courre** hunting; **~ à l'homme** manhunt; **~ gardée** private hunting grounds *pl*; **~ sous-marine** underwater fishing

**châsse** [ʃas] *nf* reliquary, shrine

**chassé-croisé** [ʃasekʀwaze] (*pl* **chassés-croisés**) *nm* (*Danse*) chassé-croisé; (*fig*) mix-up (*where people miss each other in turn*)

**chasse-neige** [ʃasnɛʒ] *nm inv* snowplough (*Brit*), snowplow (*US*)

**chasser** [ʃase] *vt* to hunt; (*expulser*) to chase away *ou* out, drive away *ou* out; (*dissiper*) to chase *ou* sweep away; to dispel, drive away

**chasseur, -euse** [ʃasœʀ, -øz] *nm/f* hunter ▷ *nm* (*avion*) fighter; (*domestique*) page (boy), messenger (boy); **~ d'images** roving photographer; **~ de têtes** (*fig*) headhunter; **~s alpins** mountain infantry

**chassieux, -euse** [ʃasjø, -øz] *adj* sticky, gummy

**châssis** [ʃasi] *nm* (*Auto*) chassis; (*cadre*) frame; (*de jardin*) cold frame

**chaste** [ʃast(ə)] *adj* chaste

**chasteté** [ʃastəte] *nf* chastity

**chasuble** [ʃazybl(ə)] *nf* chasuble; **robe ~** pinafore dress (*Brit*), jumper (*US*)

**chat¹** [ʃa] *nm* cat; **~ sauvage** wildcat

**chat²** [tʃat] *nm* (*Internet: salon*) chat room (: *conversation*) chat

**châtaigne** [ʃatɛɲ] *nf* chestnut

**châtaignier** [ʃatɛɲe] *nm* chestnut (tree)

**châtain** [ʃatẽ] *adj inv* chestnut (brown); (*personne*) chestnut-haired

**château, x** [ʃato] *nm* castle; **~ d'eau** water tower; **~ fort** stronghold, fortified castle; **~ de sable** sand castle

**châtelain, e** [ʃatlẽ, -ɛn] *nm/f* lord/lady of the manor ▷ *nf* (*ceinture*) chatelaine

**châtier** [ʃatje] *vt* to punish, castigate; (*fig: style*) to polish, refine

**chatière** [ʃatjɛʀ] *nf* (*porte*) cat flap

**châtiment** [ʃatimã] *nm* punishment, castigation; **~ corporel** corporal punishment

**chatoiement** [ʃatwamã] *nm* shimmer(ing)

**chaton** [ʃatɔ̃] *nm* (*Zool*) kitten; (*Bot*) catkin; (*de bague*) bezel; stone

**chatouillement** [ʃatujmã] *nm* (*gén*) tickling; (*dans le nez, la gorge*) tickle

**chatouiller** [ʃatuje] *vt* to tickle; (*l'odorat, le palais*) to titillate

**chatouilleux, -euse** [ʃatujø, -øz] *adj* ticklish; (*fig*) touchy, over-sensitive

**chatoyant, e** [ʃatwajã, -ãt] *adj* (*reflet, étoffe*) shimmering; (*couleurs*) sparkling

**chatoyer** [ʃatwaje] *vi* to shimmer

**châtrer** [ʃatʀe] *vt* (*mâle*) to castrate; (*femelle*) to spay; (*cheval*) to geld; (*chat, chien*) to doctor (*Brit*), fix (*US*); (*fig*) to mutilate

**chatte** [ʃat] *nf* (she-)cat

**chatter** [tʃate] *vi* (*Internet*) to chat

**chatterton** [ʃatɛʀtɔ̃] *nm* (*ruban isolant: Élec*) (adhesive) insulating tape

**chaud, e** [ʃo, -od] *adj* (*gén*) warm; (*très chaud*) hot; (*fig: félicitations*) hearty; (*discussion*) heated; **il fait ~** it's warm; it's hot; **manger ~** to have something hot to eat; **avoir ~** to be warm; to be hot; **tenir ~** to keep hot; **ça me tient ~** it keeps me warm; **tenir au ~** to keep in a warm place;

**rester au ~** to stay in the warm
**chaudement** [ʃodmɑ̃] *adv* warmly; *(fig)* hotly
**chaudière** [ʃodjɛʀ] *nf* boiler
**chaudron** [ʃodʀɔ̃] *nm* cauldron
**chaudronnerie** [ʃodʀɔnʀi] *nf* (*usine*) boilerworks; (*activité*) boilermaking; (*boutique*) coppersmith's workshop
**chauffage** [ʃofaʒ] *nm* heating; **~ au gaz/à l'électricité/au charbon** gas/electric/solid fuel heating; **~ central** central heating; **~ par le sol** underfloor heating
**chauffagiste** [ʃofaʒist(ə)] *nm* (*installateur*) heating engineer
**chauffant, e** [ʃofɑ̃, -ɑ̃t] *adj*: **couverture ~e** electric blanket; **plaque ~e** hotplate
**chauffard** [ʃofaʀ] *nm* (*péj*) reckless driver; road hog; (*après un accident*) hit-and-run driver
**chauffe-bain** [ʃofbɛ̃] *nm* = **chauffe-eau**
**chauffe-biberon** [ʃofbibʀɔ̃] *nm* (baby's) bottle warmer
**chauffe-eau** [ʃofo] *nm inv* water heater
**chauffe-plats** [ʃofpla] *nm inv* dish warmer
**chauffer** [ʃofe] *vt* to heat ▷ *vi* to heat up, warm up; (*trop chauffer: moteur*) to overheat; **se chauffer** *vi* (*se mettre en train*) to warm up; (*au soleil*) to warm o.s.
**chaufferie** [ʃofʀi] *nf* boiler room
**chauffeur** [ʃofœʀ] *nm* driver; (*privé*) chauffeur; **voiture avec/sans ~** chauffeur-driven/self-drive car; **~ de taxi** taxi driver
**chauffeuse** [ʃoføz] *nf* fireside chair
**chauler** [ʃole] *vt* (*mur*) to whitewash
**chaume** [ʃom] *nm* (*du toit*) thatch; (*tiges*) stubble
**chaumière** [ʃomjɛʀ] *nf* (thatched) cottage
**chaussée** [ʃose] *nf* road(way); (*digue*) causeway
**chausse-pied** [ʃospje] *nm* shoe-horn
**chausser** [ʃose] *vt* (*bottes, skis*) to put on; (*enfant*) to put shoes on; (*soulier*) to fit; **~ du 38/42** to take size 38/42; **~ grand/bien** to be big-/well-fitting; **se chausser** to put one's shoes on
**chausse-trappe** [ʃostʀap] *nf* trap
**chaussette** [ʃosɛt] *nf* sock
**chausseur** [ʃosœʀ] *nm* (*marchand*) footwear specialist, shoemaker
**chausson** [ʃosɔ̃] *nm* slipper; (*de bébé*) bootee; **~ (aux pommes)** (apple) turnover
**chaussure** [ʃosyʀ] *nf* shoe; (*commerce*): **la ~** the shoe industry *ou* trade; **~s basses** flat shoes; **~s montantes** ankle boots; **~s de ski** ski boots
**chaut** [ʃo] *vb*: **peu me ~** it matters little to me
**chauve** [ʃov] *adj* bald
**chauve-souris** [ʃovsuʀi] (*pl* **chauves-souris**) *nf* bat
**chauvin, e** [ʃovɛ̃, -in] *adj* chauvinistic; jingoistic
**chauvinisme** [ʃovinism(ə)] *nm* chauvinism; jingoism
**chaux** [ʃo] *nf* lime; **blanchi à la ~** whitewashed
**chavirer** [ʃaviʀe] *vi* to capsize, overturn
**chef** [ʃɛf] *nm* head, leader; (*patron*) boss; (*de cuisine*) chef; **au premier ~** extremely, to the nth degree; **de son propre ~** on his *ou* her own initiative; **général/commandant en ~**

general-/commander-in-chief; **~ d'accusation** (*Jur*) charge, count (of indictment); **~ d'atelier** (shop) foreman; **~ de bureau** head clerk; **~ de clinique** senior hospital lecturer; **~ d'entreprise** company head; **~ d'équipe** team leader; **~ d'état** head of state; **~ de famille** head of the family; **~ de file** (*de parti etc*) leader; **~ de gare** station master; **~ d'orchestre** conductor (*Brit*), leader (*US*); **~ de rayon** department(al) supervisor; **~ de service** departmental head
**chef-d'œuvre** [ʃɛdœvʀ(ə)] (*pl* **chefs-d'œuvre**) *nm* masterpiece
**chef-lieu** [ʃɛfljø] (*pl* **chefs-lieux**) *nm* county town
**cheftaine** [ʃɛftɛn] *nf* (guide) captain
**cheik, cheikh** [ʃɛk] *nm* sheik
**chemin** [ʃəmɛ̃] *nm* path; (*itinéraire, direction, trajet*) way; **en ~, ~ faisant** on the way; **~ de fer** railway (*Brit*), railroad (*US*); **par ~ de fer** by rail; **les ~s de fer** the railways (*Brit*), the railroad (*US*); **~ de terre** dirt track
**cheminée** [ʃəmine] *nf* chimney; (*à l'intérieur*) chimney piece, fireplace; (*de bateau*) funnel
**cheminement** [ʃəminmɑ̃] *nm* progress; course
**cheminer** [ʃəmine] *vi* to walk (along)
**cheminot** [ʃəmino] *nm* railwayman (*Brit*), railroad worker (*US*)
**chemise** [ʃəmiz] *nf* shirt; (*dossier*) folder; **~ de nuit** nightdress
**chemiserie** [ʃəmizʀi] *nf* (gentlemen's) outfitters'
**chemisette** [ʃəmizɛt] *nf* short-sleeved shirt
**chemisier** [ʃəmizje] *nm* blouse
**chenal, -aux** [ʃənal, -o] *nm* channel
**chenapan** [ʃənapɑ̃] *nm* (*garnement*) rascal; (*péj: vaurien*) rogue
**chêne** [ʃɛn] *nm* oak (tree); (*bois*) oak
**chenet** [ʃənɛ] *nm* fire-dog, andiron
**chenil** [ʃənil] *nm* kennels *pl*
**chenille** [ʃənij] *nf* (*Zool*) caterpillar; (*Auto*) caterpillar track; **véhicule à ~s** tracked vehicle, caterpillar
**chenillette** [ʃənijɛt] *nf* tracked vehicle
**cheptel** [ʃɛptɛl] *nm* livestock
**chèque** [ʃɛk] *nm* cheque (*Brit*), check (*US*); **faire/toucher un ~** to write/cash a cheque; **par ~** by cheque; **~ barré/sans provision** crossed (*Brit*) / bad cheque; **~ en blanc** blank cheque; **~ au porteur** cheque to bearer; **~ postal** post office cheque, ≈ giro cheque (*Brit*); **~ de voyage** traveller's cheque
**chèque-cadeau** [ʃɛkkado] (*pl* **chèques-cadeaux**) *nm* gift token
**chèque-repas** (*pl* **chèques-repas**) [ʃɛkʀəpɑ], **chèque-restaurant** (*pl* **chèques-restaurant**) [ʃɛkʀɛstɔʀɑ̃] *nm* ≈ luncheon voucher
**chéquier** [ʃekje] *nm* cheque book (*Brit*), checkbook (*US*)
**cher, -ère** [ʃɛʀ] *adj* (*aimé*) dear; (*coûteux*) expensive, dear ▷ *adv*: **coûter/payer ~** to cost/pay a lot ▷ *nf*: **la bonne chère** good food; **cela**

**coûte** ~ it's expensive, it costs a lot of money; **mon ~, ma chère** my dear

**chercher** [ʃɛRʃe] vt to look for; (gloire etc) to seek; **~ des ennuis/la bagarre** to be looking for trouble/a fight; **aller ~** to go for, go and fetch; **~ à faire** to try to do

**chercheur, -euse** [ʃɛRʃœR, -øz] nm/f researcher, research worker; **~ de** seeker of; hunter of; **~ d'or** gold digger

**chère** [ʃɛR] adj f, nf voir **cher**

**chèrement** [ʃɛRmã] adv dearly

**chéri, e** [ʃeRi] adj beloved, dear; **(mon) ~** darling

**chérir** [ʃeRiR] vt to cherish

**cherté** [ʃɛRte] nf: **la ~ de la vie** the high cost of living

**chérubin** [ʃeRybɛ̃] nm cherub

**chétif, -ive** [ʃetif, -iv] adj puny, stunted

**cheval, -aux** [ʃəval, -o] nm horse; (Auto): **~ (vapeur) (CV)** horsepower no pl; **50 chevaux (au frein)** 50 brake horsepower, 50 b.h.p.; **10 chevaux (fiscaux)** 10 horsepower (for tax purposes); **faire du ~** to ride; **à ~** on horseback; **~ sur** astride, straddling; (fig) overlapping; **~ d'arçons** vaulting horse; **~ à bascule** rocking horse; **~ de bataille** charger; (fig) hobby-horse; **~ de course** race horse; **chevaux de bois** (des manèges) wooden (fairground) horses; (manège) merry-go-round

**chevaleresque** [ʃəvalRɛsk(ə)] adj chivalrous

**chevalerie** [ʃəvalRi] nf chivalry; knighthood

**chevalet** [ʃəvalɛ] nm easel

**chevalier** [ʃəvalje] nm knight; **~ servant** escort

**chevalière** [ʃəvaljɛR] nf signet ring

**chevalin, e** [ʃəvalɛ̃, -in] adj of horses, equine; (péj) horsy; **boucherie ~e** horse-meat butcher's

**cheval-vapeur** [ʃəvalvapœR, ʃəvo-] (pl **chevaux-vapeur**) nm voir **cheval**

**chevauchée** [ʃəvoʃe] nf ride; cavalcade

**chevauchement** [ʃəvoʃmã] nm overlap

**chevaucher** [ʃəvoʃe] vi (aussi: **se chevaucher**) to overlap (each other) ▷ vt to be astride, straddle

**chevaux** [ʃəvo] nmpl voir **cheval**

**chevelu, e** [ʃəvly] adj with a good head of hair, hairy (péj)

**chevelure** [ʃəvlyR] nf hair no pl

**chevet** [ʃəvɛ] nm: **au ~ de qn** at sb's bedside; **lampe de ~** bedside lamp

**cheveu, x** [ʃəvø] nm hair ▷ nmpl (chevelure) hair sg; **avoir les ~x courts/en brosse** to have short hair/a crew cut; **se faire couper les ~x** to get ou have one's hair cut; **tiré par les ~x** (histoire) farfetched

**cheville** [ʃəvij] nf (Anat) ankle; (de bois) peg; (pour enfoncer une vis) plug; **être en ~ avec qn** to be in cahoots with sb; **~ ouvrière** (fig) kingpin

**chèvre** [ʃɛvR(ə)] nf (she-)goat; **ménager la ~ et le chou** to try to please everyone

**chevreau, x** [ʃəvRo] nm kid

**chèvrefeuille** [ʃɛvRəfœj] nm honeysuckle

**chevreuil** [ʃəvRœj] nm roe deer inv; (Culin) venison

**chevron** [ʃəvRɔ̃] nm (poutre) rafter; (motif) chevron, v(-shape); **à ~s** chevron-patterned; (petits) herringbone

**chevronné, e** [ʃəvRɔne] adj seasoned, experienced

**chevrotant, e** [ʃəvRɔtã, -ãt] adj quavering

**chevroter** [ʃəvRɔte] vi (personne, voix) to quaver

**chevrotine** [ʃəvRɔtin] nf buckshot no pl

**chewing-gum** [ʃwiŋɡɔm] nm chewing gum

Ⓞ **MOT-CLÉ**

**chez** [ʃe] prép **1** (à la demeure de) at; (: direction) to; **chez qn** at/to sb's house ou place; **chez moi** at home; (direction) home

**2** (à l'entreprise de): **il travaille chez Renault** he works for Renault, he works at Renault('s)

**3** (+profession): at; (: direction) to; **chez le boulanger/dentiste** at ou to the baker's/dentist's

**4** (dans le caractère, l'œuvre de) in; **chez les renards/Racine** in foxes/Racing; **chez les Français** among the French; **chez lui, c'est un devoir** for him, it's a duty

▷ nm inv: **mon chez moi/ton chez toi** etc my/your etc home ou place

**chez-soi** [ʃeswa] nm inv home

**Chf. cent.** abr (= chauffage central) c.h

**chiadé, e** [ʃjade] adj (fam: fignolé, soigné) wicked

**chialer** [ʃjale] vi (fam) to blubber; **arrête de ~!** stop blubbering!

**chiant, e** [ʃjã, -ãt] adj (fam!) bloody annoying (vulgar: Brit) damn annoying; **qu'est-ce qu'il est ~!** he's such a bloody pain! (!)

**chic** [ʃik] adj inv chic, smart; (généreux) nice, decent ▷ nm stylishness; **avoir le ~ de ou pour** to have the knack of ou for; **de ~** adv off the cuff; **~!** great!, terrific!

**chicane** [ʃikan] nf (obstacle) zigzag; (querelle) squabble

**chicaner** [ʃikane] vi (ergoter): **~ sur** to quibble about

**chiche** [ʃiʃ] adj (mesquin) niggardly, mean; (pauvre) meagre (Brit), meager (US) ▷ excl (en réponse à un défi) you're on!; **tu n'es pas ~ de lui parler!** you wouldn't (dare) speak to her!

**chichement** [ʃiʃmã] adv (pauvrement) meagrely (Brit), meagerly (US); (mesquinement) meanly

**chichi** [ʃiʃi] nm (fam) fuss; **faire des ~s** to make a fuss

**chichis** [ʃiʃi] (fam) nmpl fuss sg

**chicorée** [ʃikɔRe] nf (café) chicory; (salade) endive; **~ frisée** curly endive

**chicot** [ʃiko] nm stump

**chien** [ʃjɛ̃] nm dog; (de pistolet) hammer; **temps de ~** rotten weather; **vie de ~** dog's life; **couché en ~ de fusil** curled up; **~ d'aveugle** guide dog; **~ de chasse** gun dog; **~ de garde** guard dog; **~ policier** police dog; **~ de race** pedigree dog; **~ de traîneau** husky

**chiendent** [ʃjɛ̃dã] nm couch grass

**chien-loup** [ʃjɛ̃lu] (pl **chiens-loups**) nm

wolfhound

**chienne** [ʃjɛn] nf (she-)dog, bitch

**chier** [ʃje] vi (fam!) to crap (!), shit (!); **faire ~ qn** (importuner) to bug sb; (causer des ennuis à) to piss sb around (!); **se faire ~** (s'ennuyer) to be bored rigid

**chiffe** [ʃif] nf: **il est mou comme une ~, c'est une ~ molle** he's spineless ou wet

**chiffon** [ʃifɔ̃] nm (piece of) rag

**chiffonné, e** [ʃifɔne] adj (fatigué: visage) worn-looking

**chiffonner** [ʃifɔne] vt to crumple, crease; (tracasser) to concern

**chiffonnier** [ʃifɔnje] nm ragman, rag-and-bone man; (meuble) chiffonier

**chiffrable** [ʃifʀabl(ə)] adj numerable

**chiffre** [ʃifʀ(ə)] nm (représentant un nombre) figure; numeral; (montant, total) total, sum; (d'un code) code, cipher; **~s romains/arabes** roman/arabic figures ou numerals; **en ~s ronds** in round figures; **écrire un nombre en ~s** to write a number in figures; **~ d'affaires (CA)** turnover; **~ de ventes** sales figures

**chiffrer** [ʃifʀe] vt (dépense) to put a figure to, assess; (message) to (en)code, cipher ▷ vi: **~ à, se ~ à** to add up to

**chignole** [ʃiɲɔl] nf drill

**chignon** [ʃiɲɔ̃] nm chignon, bun

**chiite** [ʃiit] adj Shiite ▷ nm/f: **Chiite** Shiite

**Chili** [ʃili] nm: **le ~** Chile

**chilien, ne** [ʃiljɛ̃, -ɛn] adj Chilean ▷ nm/f: **Chilien, ne** Chilean

**chimère** [ʃimɛʀ] nf (wild) dream, pipe dream, idle fancy

**chimérique** [ʃimeʀik] adj (utopique) fanciful

**chimie** [ʃimi] nf chemistry

**chimio** [ʃimjo], **chimiothérapie** [ʃimjoteʀapi] nf chemotherapy

**chimique** [ʃimik] adj chemical; **produits ~s** chemicals

**chimiste** [ʃimist(ə)] nm/f chemist

**chimpanzé** [ʃɛ̃pɑ̃ze] nm chimpanzee

**chinchilla** [ʃɛ̃ʃila] nm chinchilla

**Chine** [ʃin] nf: **la ~** China; **la ~ libre, la république de ~** the Republic of China, Nationalist China (Taiwan)

**chine** [ʃin] nm rice paper; (porcelaine) china (vase)

**chiné, e** [ʃine] adj flecked

**chinois, e** [ʃinwa, -waz] adj Chinese; (fig: péj) pernickety, fussy ▷ nm (Ling) Chinese ▷ nm/f: **Chinois, e** Chinese

**chinoiserie** [ʃinwazʀi], **chinoiseries** nf(pl) (péj) red tape, fuss

**chiot** [ʃjo] nm pup(py)

**chiper** [ʃipe] vt (fam) to pinch

**chipie** [ʃipi] nf shrew

**chipolata** [ʃipolata] nf chipolata

**chipoter** [ʃipote] vi (manger) to nibble; (ergoter) to quibble, haggle

**chips** [ʃips] nfpl (aussi: **pommes chips**) crisps (Brit), (potato) chips (US)

**chique** [ʃik] nf quid, chew

**chiquenaude** [ʃiknod] nf flick, flip

**chiquer** [ʃike] vi to chew tobacco

**chiromancie** [kiʀɔmɑ̃si] nf palmistry

**chiromancien, ne** [kiʀɔmɑ̃sjɛ̃, -ɛn] nm/f palmist

**chiropracteur** [kiʀɔpʀaktœʀ] nm, **chiropraticien, ne** [kiʀɔpʀatisjɛ̃, -ɛn] nm/f chiropractor

**chirurgical, e, -aux** [ʃiʀyʀʒikal, -o] adj surgical

**chirurgie** [ʃiʀyʀʒi] nf surgery; **~ esthétique** cosmetic ou plastic surgery

**chirurgien** [ʃiʀyʀʒjɛ̃] nm surgeon; **~ dentiste** dental surgeon

**chiure** [ʃjyʀ] nf: **~s de mouche** fly specks

**ch.-l.** abr = **chef-lieu**

**chlore** [klɔʀ] nm chlorine

**chloroforme** [klɔʀɔfɔʀm(ə)] nm chloroform

**chlorophylle** [klɔʀɔfil] nf chlorophyll

**chlorure** [klɔʀyʀ] nm chloride

**choc** [ʃɔk] nm impact; shock; crash; (moral) shock; (affrontement) clash ▷ adj: **prix ~** amazing ou incredible price/prices; **de ~** (troupe, traitement) shock cpd; (patron etc) high-powered; **~ opératoire/nerveux** post-operative/nervous shock; **~ en retour** return shock; (fig) backlash

**chocolat** [ʃɔkɔla] nm chocolate; (boisson) (hot) chocolate; **~ chaud** hot chocolate; **~ à cuire** cooking chocolate; **~ au lait** milk chocolate; **~ en poudre** drinking chocolate

**chocolaté, e** [ʃɔkɔlate] adj chocolate cpd, chocolate-flavoured

**chocolaterie** [ʃɔkɔlatʀi] nf (fabrique) chocolate factory

**chocolatier, -ière** [ʃɔkɔlatje, -jɛʀ] nm/f chocolate maker

**chœur** [kœʀ] nm (chorale) choir; (Opéra, Théât) chorus; (Archit) choir, chancel; **en ~** in chorus

**choir** [ʃwaʀ] vi to fall

**choisi, e** [ʃwazi] adj (de premier choix) carefully chosen; select; **textes ~s** selected writings

**choisir** [ʃwaziʀ] vt to choose; (entre plusieurs) to choose, select; **~ de faire qch** to choose ou opt to do sth

**choix** [ʃwa] nm choice; selection; **avoir le ~** to have the choice; **je n'avais pas le ~** I had no choice; **de premier ~** (Comm) class ou grade one; **de ~** choice cpd, selected; **au ~** as you wish ou prefer; **de mon/son ~** of my/his ou her choosing

**choléra** [kɔleʀa] nm cholera

**cholestérol** [kɔlesteʀɔl] nm cholesterol

**chômage** [ʃomaʒ] nm unemployment; **mettre au ~** to make redundant, put out of work; **être au ~** to be unemployed ou out of work; **~ partiel** short-time working; **~ structurel** structural unemployment; **~ technique** lay-offs pl

**chômer** [ʃome] vi to be unemployed, be idle; **jour chômé** public holiday

**chômeur, -euse** [ʃomœʀ, -øz] nm/f unemployed person, person out of work

**chope** [ʃɔp] nf tankard

**choper** [ʃɔpe] (fam) vt (objet, maladie) to catch

**choquant, e** [ʃɔkɑ̃, -ɑ̃t] adj shocking

**choquer** [ʃɔke] vt (offenser) to shock; (commotionner) to shake (up)

**choral, e** [kɔʀal] adj choral ▷ nf choral society, choir

**chorégraphe** [kɔʀegʀaf] nm/f choreographer

**chorégraphie** [kɔʀegʀafi] nf choreography

**choriste** [kɔʀist(ə)] nm/f choir member; (Opéra) chorus member

**chorus** [kɔʀys] nm: **faire ~ (avec)** to voice one's agreement (with)

**chose** [ʃoz] nf thing ▷ nm (fam: machin) thingamajig ▷ adj inv: **être/se sentir tout ~** (bizarre) to be/feel a bit odd; (malade) to be/feel out of sorts; **dire bien des ~s à qn** to give sb's regards to sb; **parler de ~(s) et d'autre(s)** to talk about one thing and another; **c'est peu de ~** it's nothing much

**chou, x** [ʃu] nm cabbage ▷ adj inv cute; **mon petit ~** (my) sweetheart; **faire ~ blanc** to draw a blank; **feuille de ~** (fig: journal) rag; **~ à la crème** cream bun (made of choux pastry); **~ de Bruxelles** Brussels sprout

**choucas** [ʃuka] nm jackdaw

**chouchou, te** [ʃuʃu, -ut] nm/f (Scol) teacher's pet

**chouchouter** [ʃuʃute] vt to pet

**choucroute** [ʃukʀut] nf sauerkraut; **~ garnie** sauerkraut with cooked meats and potatoes

**chouette** [ʃwɛt] nf owl ▷ adj (fam) great, smashing

**chou-fleur** [ʃuflœʀ] (pl **choux-fleurs**) nm cauliflower

**chou-rave** [ʃuʀav] (pl **choux-raves**) nm kohlrabi

**choyer** [ʃwaje] vt to cherish; to pamper

**CHR** sigle m = **Centre hospitalier régional**

**chrétien, ne** [kʀetjɛ̃, -ɛn] adj, nm/f Christian

**chrétiennement** [kʀetjɛnmɑ̃] adv in a Christian way ou spirit

**chrétienté** [kʀetjɛ̃te] nf Christendom

**Christ** [kʀist] nm: **le ~** Christ; **christ** (crucifix etc) figure of Christ; **Jésus ~** Jesus Christ

**christianiser** [kʀistjanize] vt to convert to Christianity

**christianisme** [kʀistjanism(ə)] nm Christianity

**chromatique** [kʀomatik] adj chromatic

**chrome** [kʀom] nm chromium; (revêtement) chrome, chromium

**chromé, e** [kʀome] adj chrome-plated, chromium-plated

**chromosome** [kʀomozom] nm chromosome

**chronique** [kʀonik] adj chronic ▷ nf (de journal) column, page; (historique) chronicle; (Radio, TV): **la ~ sportive/théâtrale** the sports/theatre review; **la ~ locale** local news and gossip

**chroniqueur** [kʀonikœʀ] nm columnist; chronicler

**chrono** [kʀono] nm (fam) = **chronomètre**

**chronologie** [kʀonolɔʒi] nf chronology

**chronologique** [kʀonolɔʒik] adj chronological

**chronologiquement** [kʀonolɔʒikmɑ̃] adv chronologically

**chronomètre** [kʀonometʀ(ə)] nm stopwatch

**chronométrer** [kʀonometʀe] vt to time

**chronométreur** [kʀonometʀœʀ] nm timekeeper

**chrysalide** [kʀizalid] nf chrysalis

**chrysanthème** [kʀizɑ̃tɛm] nm chrysanthemum

**CHU** sigle m (= Centre hospitalo-universitaire) ≈ (teaching) hospital

**chu, e** [ʃy] pp de **choir**

**chuchotement** [ʃyʃotmɑ̃] nm whisper

**chuchoter** [ʃyʃote] vt, vi to whisper

**chuintement** [ʃɥɛ̃tmɑ̃] nm hiss

**chuinter** [ʃɥɛ̃te] vi to hiss

**chut** excl [ʃyt] sh! ▷ vb [ʃy] voir **choir**

**chute** [ʃyt] nf fall; (de bois, papier: déchet) scrap; **la ~ des cheveux** hair loss; **faire une ~ (de 10 m)** to fall (10 m); **~s de pluie/neige** rain/snowfalls; **~ (d'eau)** waterfall; **~ du jour** nightfall; **~ libre** free fall; **~ des reins** small of the back

**Chypre** [ʃipʀ] nm Cyprus

**chypriote** [ʃipʀiɔt] adj, nm/f = **cypriote**

**-ci, ci-** [si] adv voir **par; ci-contre; ci-joint** etc ▷ adj dém: **ce garçon-~/-là** this/that boy; **ces femmes-~/-là** these/those women

**CIA** sigle f CIA

**cial** abr = **commercial**

**ciao** [tʃao] excl (fam) (bye-)bye

**ci-après** [siapʀɛ] adv hereafter

**cibiste** [sibist(ə)] nm CB enthusiast

**cible** [sibl(ə)] nf target

**cibler** [sible] vt to target

**ciboire** [sibwaʀ] nm ciborium (vessel)

**ciboule** [sibul] nf (large) chive

**ciboulette** [sibulɛt] nf (small) chive

**ciboulot** [sibulo] nm (fam) head, nut; **il n'a rien dans le ~** he's got nothing between his ears

**cicatrice** [sikatʀis] nf scar

**cicatriser** [sikatʀize] vt to heal; **se cicatriser** to heal (up), form a scar

**ci-contre** [sikɔ̃tʀ(ə)] adv opposite

**CICR** sigle m (= Comité international de la Croix-Rouge) ICRC

**ci-dessous** [sidəsu] adv below

**ci-dessus** [sidəsy] adv above

**ci-devant** [sidəvɑ̃] nm/f inv aristocrat who lost his/her title in the French Revolution

**CIDJ** sigle m (= Centre d'information et de documentation de la jeunesse) careers advisory service

**cidre** [sidʀ(ə)] nm cider

**cidrerie** [sidʀəʀi] nf cider factory

**Cie** abr (= compagnie) Co

**ciel** [sjɛl] nm sky; (Rel) heaven; **ciels** nmpl (Peinture etc) skies; **cieux** nmpl sky sg, skies; (Rel) heaven sg; **à ~ ouvert** open-air; (mine) opencast; **tomber du ~** (arriver à l'improviste) to appear out of the blue; (être stupéfait) to be unable to believe one's eyes; **C-!** good heavens!; **~ de lit** canopy

**cierge** [sjɛʀʒ(ə)] nm candle; **~ pascal** Easter candle

**cieux** [sjø] nmpl voir **ciel**

**cigale** [sigal] nf cicada

**cigare** [sigaʀ] nm cigar

**cigarette** [sigaʀɛt] nf cigarette; **~ (à) bout**

**filtre** filter cigarette
**ci-gît** [siʒi] *adv* here lies
**cigogne** [sigɔɲ] *nf* stork
**ciguë** [sigy] *nf* hemlock
**ci-inclus, e** [siɛ̃kly, -yz] *adj, adv* enclosed
**ci-joint, e** [siʒwɛ̃, -ɛ̃t] *adj, adv* enclosed; **veuillez trouver ~** please find enclosed
**cil** [sil] *nm* (eye)lash
**ciller** [sije] *vi* to blink
**cimaise** [simɛz] *nf* picture rail
**cime** [sim] *nf* top; (*montagne*) peak
**ciment** [simɑ̃] *nm* cement; **~ armé** reinforced concrete
**cimenter** [simɑ̃te] *vt* to cement
**cimenterie** [simɑ̃tʀi] *nf* cement works *sg*
**cimetière** [simtjɛʀ] *nm* cemetery; (*d'église*) churchyard; **~ de voitures** scrapyard
**cinéaste** [sineast(ə)] *nm/f* film-maker
**ciné-club** [sineklœb] *nm* film club; film society
**cinéma** [sinema] *nm* cinema; **aller au ~** to go to the cinema *ou* pictures *ou* movies; **~ d'animation** cartoon (film)
**cinémascope®** [sinemaskɔp] *nm* Cinemascope®
**cinémathèque** [sinematɛk] *nf* film archives *pl ou* library
**cinématographie** [sinematɔgʀafi] *nf* cinematography
**cinématographique** [sinematɔgʀafik] *adj* film *cpd*, cinema *cpd*
**cinéphile** [sinefil] *nm/f* film buff
**cinérama®** [sinerama] *nm*: **en ~** in Cinerama®
**cinétique** [sinetik] *adj* kinetic
**cingalais, cinghalais, e** [sɛ̃galɛ, -ɛz] *adj* Sin(g)halese
**cinglant, e** [sɛ̃glɑ̃, -ɑ̃t] *adj* (*propos, ironie*) scathing, biting; (*échec*) crushing
**cinglé, e** [sɛ̃gle] *adj* (*fam*) crazy
**cingler** [sɛ̃gle] *vt* to lash; (*fig*) to sting ▷ *vi* (*Navig*): **~ vers** to make *ou* head for
**cinq** [sɛ̃k] *num* five
**cinquantaine** [sɛ̃kɑ̃tɛn] *nf*: **une ~ (de)** about fifty; **avoir la ~ (de)** (*âge*) to be around fifty
**cinquante** [sɛ̃kɑ̃t] *num* fifty
**cinquantenaire** [sɛ̃kɑ̃tnɛʀ] *adj, nm/f* fifty-year-old
**cinquantième** [sɛ̃kɑ̃tjɛm] *num* fiftieth
**cinquième** [sɛ̃kjɛm] *num* fifth
**cinquièmement** [sɛ̃kjɛmmɑ̃] *adv* fifthly
**cintre** [sɛ̃tʀ(ə)] *nm* coat-hanger; (*Archit*) arch; **plein ~** semicircular arch
**cintré, e** [sɛ̃tʀe] *adj* curved; (*chemise*) fitted, slim-fitting
**CIO** *sigle m* (= *Comité international olympique*) IOC (= *International Olympic Committee*); (= *centre d'information et d'orientation*) careers advisory centre
**cirage** [siʀaʒ] *nm* (shoe) polish
**circoncis, e** [siʀkɔ̃si, -iz] *adj* circumcized
**circoncision** [siʀkɔ̃sizjɔ̃] *nf* circumcision
**circonférence** [siʀkɔ̃feʀɑ̃s] *nf* circumference

**circonflexe** [siʀkɔ̃flɛks(ə)] *adj*: **accent ~** circumflex accent
**circonlocution** [siʀkɔ̃lɔkysjɔ̃] *nf* circumlocution
**circonscription** [siʀkɔ̃skʀipsjɔ̃] *nf* district; **~ électorale** (*d'un député*) constituency; **~ militaire** military area
**circonscrire** [siʀkɔ̃skʀiʀ] *vt* to define, delimit; (*incendie*) to contain; (*propriété*) to mark out; (*sujet*) to define
**circonspect, e** [siʀkɔ̃spɛkt] *adj* circumspect, cautious
**circonspection** [siʀkɔ̃spɛksjɔ̃] *nf* circumspection, caution
**circonstance** [siʀkɔ̃stɑ̃s] *nf* circumstance; (*occasion*) occasion; **œuvre de ~** occasional work; **air de ~** appropriate demeanour (*Brit*) *ou* demeanor (*US*); **~s atténuantes** mitigating circumstances
**circonstancié, e** [siʀkɔ̃stɑ̃sje] *adj* detailed
**circonstanciel, le** [siʀkɔ̃stɑ̃sjɛl] *adj*: **complément/proposition ~(le)** adverbial phrase/clause
**circonvenir** [siʀkɔ̃vniʀ] *vt* to circumvent
**circonvolutions** [siʀkɔ̃vɔlysjɔ̃] *nfpl* twists, convolutions
**circuit** [siʀkɥi] *nm* (*trajet*) tour, (round) trip; (*Élec, Tech*) circuit; **~ automobile** motor circuit; **~ de distribution** distribution network; **~ fermé** closed circuit; **~ intégré** integrated circuit
**circulaire** [siʀkylɛʀ] *adj, nf* circular
**circulation** [siʀkylɑsjɔ̃] *nf* circulation; (*Auto*): **la ~** (the) traffic; **bonne/mauvaise ~** good/bad circulation; **mettre en ~** to put into circulation
**circulatoire** [siʀkylatwaʀ] *adj*: **avoir des troubles ~s** to have problems with one's circulation
**circuler** [siʀkyle] *vi* to drive (along); to walk along; (*train etc*) to run; (*sang, devises*) to circulate; **faire ~** (*nouvelle*) to spread (about), circulate; (*badauds*) to move on
**cire** [siʀ] *nf* wax; **~ à cacheter** sealing wax
**ciré** [siʀe] *nm* oilskin
**cirer** [siʀe] *vt* to wax, polish
**cireur** [siʀœʀ] *nm* shoeshine boy
**cireuse** [siʀøz] *nf* floor polisher
**cireux, -euse** [siʀø, -øz] *adj* (*fig: teint*) sallow, waxen
**cirque** [siʀk(ə)] *nm* circus; (*arène*) amphitheatre (*Brit*), amphitheater (*US*); (*Géo*) cirque; (*fig: désordre*) chaos, bedlam; (: *chichis*) carry-on
**cirrhose** [siʀoz] *nf*: **~ du foie** cirrhosis of the liver
**cisaille** [sizaj], **cisailles** *nf(pl)* (gardening) shears *pl*
**cisailler** [sizaje] *vt* to clip
**ciseau, x** [sizo] *nm*: **~ (à bois)** chisel ▷ *nmpl* (pair of) scissors; **sauter en ~x** to do a scissors jump; **~ à froid** cold chisel
**ciseler** [sizle] *vt* to chisel, carve
**ciselure** [sizlyʀ] *nf* engraving; (*bois*) carving

**Cisjordanie** [sisʒɔʀdani] nf: **la** ~ the West Bank (of Jordan)

**citadelle** [sitadɛl] nf citadel

**citadin, e** [sitadɛ̃, -in] nm/f city dweller ▷ adj town cpd, city cpd, urban

**citation** [sitasjɔ̃] nf (d'auteur) quotation; (Jur) summons sg; (Mil: récompense) mention

**cité** [site] nf town; (plus grande) city; ~ **ouvrière** (workers') housing estate; ~ **universitaire** students' residences pl

**cité-dortoir** [sitedɔʀtwaʀ] (pl **cités-dortoirs**) nf dormitory town

**cité-jardin** [siteʒaʀdɛ̃] (pl **cités-jardins**) nf garden city

**citer** [site] vt (un auteur) to quote (from); (nommer) to name; (Jur) to summon; ~ **(en exemple)** (personne) to hold up (as an example); **je ne veux** ~ **personne** I don't want to name names

**citerne** [sitɛʀn(ə)] nf tank

**cithare** [sitaʀ] nf zither

**citoyen, ne** [sitwajɛ̃, -ɛn] nm/f citizen

**citoyenneté** [sitwajɛnte] nf citizenship

**citrique** [sitʀik] adj: **acide** ~ citric acid

**citron** [sitʀɔ̃] nm lemon; ~ **pressé** (fresh) lemon juice; ~ **vert** lime

**citronnade** [sitʀɔnad] nf lemonade

**citronné, e** [sitʀɔne] adj (boisson) lemon-flavoured (Brit) ou -flavored (US); (eau de toilette) lemon-scented

**citronnelle** [sitʀɔnɛl] nf citronella

**citronnier** [sitʀɔnje] nm lemon tree

**citrouille** [sitʀuj] nf pumpkin

**cive** [siv] nf chive

**civet** [sive] nm stew; ~ **de lièvre** jugged hare

**civette** [sivɛt] nf (Bot) chives pl; (Zool) civet (cat)

**civière** [sivjɛʀ] nf stretcher

**civil, e** [sivil] adj (Jur, Admin, poli) civil; (non militaire) civilian ▷ nm civilian; **en** ~ in civilian clothes; **dans le** ~ in civilian life

**civilement** [sivilmɑ̃] adv (poliment) civilly; **se marier** ~ to have a civil wedding

**civilisation** [sivilizasjɔ̃] nf civilization

**civilisé, e** [sivilize] adj civilized

**civiliser** [sivilize] vt to civilize

**civilité** [sivilite] nf civility; **présenter ses ~s** to present one's compliments

**civique** [sivik] adj civic; **instruction** ~ (Scol) civics sg

**civisme** [sivism(ə)] nm public-spiritedness

**cl.** abr (= centilitre) cl

**clafoutis** [klafuti] nm batter pudding (containing fruit)

**claie** [klɛ] nf grid, riddle

**clair, e** [klɛʀ] adj light; (chambre) light, bright; (eau, son, fig) clear ▷ adv: **voir** ~ to see clearly ▷ nm: **mettre au** ~ (notes etc) to tidy up; **tirer qch au** ~ to clear sth up, clarify sth; **bleu** ~ light blue; **pour être** ~ so as to make it plain; **y voir** ~ (comprendre) to understand, see; **le plus** ~ **de son temps/argent** the better part of his time/money; **en** ~ (non codé) in clear; ~ **de lune** moonlight

**claire** [klɛʀ] nf: (**huître de**) ~ fattened oyster

**clairement** [klɛʀmɑ̃] adv clearly

**claire-voie** [klɛʀvwa]: **à** ~ adj letting the light through; openwork cpd

**clairière** [klɛʀjɛʀ] nf clearing

**clair-obscur** [klɛʀɔpskyʀ] (pl **clairs-obscurs**) nm half-light; (fig) uncertainty

**clairon** [klɛʀɔ̃] nm bugle

**claironner** [klɛʀɔne] vt (fig) to trumpet, shout from the rooftops

**clairsemé, e** [klɛʀsəme] adj sparse

**clairvoyance** [klɛʀvwajɑ̃s] nf clear-sightedness

**clairvoyant, e** [klɛʀvwajɑ̃, -ɑ̃t] adj perceptive, clear-sighted

**clam** [klam] nm (Zool) clam

**clamer** [klame] vt to proclaim

**clameur** [klamœʀ] nf clamour (Brit), clamor (US)

**clan** [klɑ̃] nm clan

**clandestin, e** [klɑ̃dɛstɛ̃, -in] adj clandestine, covert; (Pol) underground, clandestine; **passager** ~ stowaway

**clandestinement** [klɑ̃dɛstinmɑ̃] adv secretly; **s'embarquer** ~ to stow away

**clandestinité** [klɑ̃dɛstinite] nf: **dans la** ~ (en secret) under cover; (en se cachant: vivre) underground; **entrer dans la** ~ to go underground

**clapet** [klapɛ] nm (Tech) valve

**clapier** [klapje] nm (rabbit) hutch

**clapotement** [klapɔtmɑ̃] nm lap(ping)

**clapoter** [klapɔte] vi to lap

**clapotis** [klapɔti] nm lap(ping)

**claquage** [klakaʒ] nm pulled ou strained muscle

**claque** [klak] nf (gifle) slap; (Théât) claque ▷ nm (chapeau) opera hat

**claquement** [klakmɑ̃] nm (de porte: bruit répété) banging; (: bruit isolé) slam

**claquemurer** [klakmyʀe]: **se claquemurer** vi to shut o.s. away, closet o.s

**claquer** [klake] vi (drapeau) to flap; (porte) to bang, slam; (coup de feu) to ring out ▷ vt (porte) to slam, bang; (doigts) to snap; **elle claquait des dents** her teeth were chattering; **se** ~ **un muscle** to pull ou strain a muscle

**claquettes** [klakɛt] nfpl tap-dancing sg

**clarification** [klaʀifikasjɔ̃] nf (fig) clarification

**clarifier** [klaʀifje] vt (fig) to clarify

**clarinette** [klaʀinɛt] nf clarinet

**clarinettiste** [klaʀinetist(ə)] nm/f clarinettist

**clarté** [klaʀte] nf lightness; brightness; (d'un son, de l'eau) clearness; (d'une explication) clarity

**classe** [klɑs] nf class; (Scol: local) class(room); (: leçon) class; (: élèves) class, form; **1ère/2ème** ~ 1st/2nd class; **un (soldat de) deuxième** ~ (Mil: armée de terre) ≈ private (soldier); (: armée de l'air) ≈ aircraftman (Brit), ≈ airman basic (US); **de** ~ luxury cpd; **faire ses ~s** (Mil) to do one's (recruit's) training; **faire la** ~ (Scol) to be a ou the teacher; to teach; **aller en** ~ to go to school; **aller en** ~ **verte/de neige/de mer** to go to the countryside/skiing/to the seaside with the school; ~ **préparatoire** class which prepares students for the Grandes Écoles entry exams; see note; ~ **sociale** social class; ~ **touriste** economy class

● **CLASSES PRÉPARATOIRES**
●
● Classes préparatoires are the two years of
● intensive study which coach students for
● the competitive entry examinations to the
● "grandes écoles". These extremely
● demanding courses follow the
● "baccalauréat" and are usually done at a
● "lycée". Schools which provide such classes
● are more highly regarded than those which
● do not.

**classement** [klɑsmɑ̃] nm classifying; filing; grading; closing; (rang: Scol) place; (: Sport) placing; (liste: Scol) class list (in order of merit); (: Sport) placings pl; **premier au ~ général** (Sport) first overall
**classer** [klɑse] vt (idées, livres) to classify; (papiers) to file; (candidat, concurrent) to grade; (personne: juger: péj) to rate; (Jur: affaire) to close; **se ~ premier/dernier** to come first/last; (Sport) to finish first/last
**classeur** [klɑsœR] nm file; (meuble) filing cabinet; ~ **à feuillets mobiles** ring binder
**classification** [klasifikɑsjɔ̃] nf classification
**classifier** [klasifje] vt to classify
**classique** [klasik] adj classical; (habituel) standard, classic ▷ nm classic; classical author; **études ~s** classical studies, classics
**claudication** [klodikɑsjɔ̃] nf limp
**clause** [kloz] nf clause
**claustrer** [klostRe] vt to confine
**claustrophobie** [klostRɔfɔbi] nf claustrophobia
**clavecin** [klavsɛ̃] nm harpsichord
**claveciniste** [klavsinist(ə)] nm/f harpsichordist
**clavicule** [klavikyl] nf clavicle, collarbone
**clavier** [klavje] nm keyboard
**clé, clef** [kle] nf key; (Mus) clef; (de mécanicien) spanner (Brit), wrench (US) ▷ adj: **problème/position ~** key problem/position; **mettre sous ~ to place** under lock and key; **prendre la ~ des champs** to run away, make off; **prix ~s en main** (d'une voiture) on-the-road price; (d'un appartement) price with immediate entry; ~ **de sol/de fa/d'ut** treble/bass/alto clef; **livre/film** etc **à ~** book/film etc in which real people are depicted under fictitious names; **à la ~** (à la fin) at the end of it all; ~ **anglaise** = clé **à molette**; ~ **de contact** ignition key; ~ **à molette** adjustable spanner (Brit) ou wrench, monkey wrench; ~ **USB** USB key; ~ **de voûte** keystone
**clématite** [klematit] nf clematis
**clémence** [klemɑ̃s] nf mildness; leniency
**clément, e** [klemɑ̃, -ɑ̃t] adj (temps) mild; (indulgent) lenient
**clémentine** [klemɑ̃tin] nf (Bot) clementine
**clenche** [klɑ̃ʃ] nf latch
**cleptomane** [klɛptɔman] nm/f = **kleptomane**

**clerc** [klɛR] nm: ~ **de notaire** ou **d'avoué** lawyer's clerk
**clergé** [klɛRʒe] nm clergy
**clérical, e, -aux** [klerikal, -o] adj clerical
**cliché** [kliʃe] nm (Photo) negative; print; (Typo) (printing) plate; (Ling) cliché
**client, e** [klijɑ̃, -ɑ̃t] nm/f (acheteur) customer, client; (d'hôtel) guest, patron; (du docteur) patient; (de l'avocat) client
**clientèle** [klijɑ̃tɛl] nf (du magasin) customers pl, clientèle; (du docteur, de l'avocat) practice; **accorder sa ~** to give one's custom to; **retirer sa ~ à** to take one's business away from
**cligner** [kliɲe] vi: ~ **des yeux** to blink (one's eyes); ~ **de l'œil** to wink
**clignotant** [kliɲɔtɑ̃] nm (Auto) indicator
**clignoter** [kliɲɔte] vi (étoiles etc) to twinkle; (lumière: à intervalles réguliers) to flash; (: vaciller) to flicker; (yeux) to blink
**climat** [klima] nm climate
**climatique** [klimatik] adj climatic
**climatisation** [klimatizɑsjɔ̃] nf air conditioning
**climatisé, e** [klimatize] adj air-conditioned
**climatiseur** [klimatizœR] nm air conditioner
**clin d'œil** [klɛ̃dœj] nm wink; **en un clin d'œil** in a flash
**clinique** [klinik] adj clinical ▷ nf nursing home, (private) clinic
**clinquant, e** [klɛ̃kɑ̃, -ɑ̃t] adj flashy
**clip** [klip] nm (pince) clip; (vidéo) pop (ou promotional) video
**clique** [klik] nf (péj: bande) clique, set; **prendre ses ~s et ses claques** to pack one's bags
**cliquer** [klike] vi (Inform) to click; ~ **deux fois** to double-click
**cliqueter** [klikte] vi to clash; (ferraille, clefs, monnaie) to jangle, jingle; (verres) to chink
**cliquetis** [klikti] nm jangle; jingle; chink
**clitoris** [klitɔRis] nm clitoris
**clivage** [klivaʒ] nm cleavage; (fig) rift, split
**cloaque** [klɔak] nm (fig) cesspit
**clochard, e** [klɔʃaR, -aRd(ə)] nm/f tramp
**cloche** [klɔʃ] nf (d'église) bell; (fam) clot; (chapeau) cloche (hat); ~ **à fromage** cheese-cover
**cloche-pied** [klɔʃpje]: **à ~** adv on one leg, hopping (along)
**clocher** [klɔʃe] nm church tower; (en pointe) steeple ▷ vi (fam) to be ou go wrong; **de ~** (péj) parochial
**clocheton** [klɔʃtɔ̃] nm pinnacle
**clochette** [klɔʃɛt] nf bell
**clodo** [klɔdo] nm (fam: = clochard) tramp
**cloison** [klwazɔ̃] nf partition (wall); ~ **étanche** (fig) impenetrable barrier, brick wall (fig)
**cloisonner** [klwazɔne] vt to partition (off), to divide up; (fig) to compartmentalize
**cloître** [klwatR(ə)] nm cloister
**cloîtrer** [klwatRe] vt: **se cloîtrer** to shut o.s. away; (Rel) to enter a convent ou monastery
**clonage** [klɔnaʒ] nm cloning
**clone** [klɔn] nm clone

**cloner** [klone] vt to clone
**clope** [klɔp] (fam) nm ou f fag (Brit), cigarette
**clopin-clopant** [klɔpɛ̃klɔpɑ̃] adv hobbling along; (fig) so-so
**clopiner** [klɔpine] vi to hobble along
**cloporte** [klɔpɔʀt(ə)] nm woodlouse
**cloque** [klɔk] nf blister
**cloqué, e** [klɔke] adj: **étoffe ~e** seersucker
**cloquer** [klɔke] vi (peau, peinture) to blister
**clore** [klɔʀ] vt to close; **~ une session** (Inform) to log out
**clos, e** [klo, -oz] pp de **clore** ▷ adj voir **maison**; **huis; vase** ▷ nm (enclosed) field
**clôt** [klo] vb voir **clore**
**clôture** [klotyʀ] nf closure, closing; (barrière) enclosure, fence
**clôturer** [klotyʀe] vt (terrain) to enclose, close off; (festival, débats) to close
**clou** [klu] nm nail; (Méd) boil; **clous** nmpl = **passage clouté; pneus à ~s** studded tyres; **le ~ du spectacle** the highlight of the show; **~ de girofle** clove
**clouer** [klue] vt to nail down (ou up); (fig): **~ sur/ contre** to pin to/against
**clouté, e** [klute] adj studded
**clown** [klun] nm clown; **faire le ~** (fig) to clown (about), play the fool
**clownerie** [klunʀi] nf clowning no pl; **faire des ~s** to clown around
**club** [klœb] nm club
**CM** sigle f = **chambre des métiers** ▷ sigle m = **conseil municipal**; (Scol) = **cours moyen**
**cm.** abr (= centimètre) cm
**CMU** sigle f (= couverture maladie universelle) system of free health care for those on low incomes
**CNAT** sigle f (= Commission nationale d'aménagement du territoire) national development agency
**CNC** sigle m (= Conseil national de la consommation) national consumers' council
**CNDP** sigle m = **Centre national de documentation pédagogique**
**CNE** sigle m (= Contrat nouvelles embauches) less stringent type of employment contract for use by small companies
**CNED** sigle m (= Centre national d'enseignement à distance) ≈ Open University
**CNIL** sigle f (= Commission nationale de l'informatique et des libertés) board which enforces law on data protection
**CNIT** sigle m (= Centre national des industries et des techniques) exhibition centre in Paris
**CNJA** sigle m (= Centre national des jeunes agriculteurs) farmers' union
**CNL** sigle f (= Confédération nationale du logement) consumer group for housing
**CNRS** sigle m = **Centre national de la recherche scientifique**
**c/o** abr (= care of) c/o
**coagulant** [kɔagylɑ̃] nm (Méd) coagulant
**coaguler** [kɔagyle]: **se coaguler** vi to coagulate
**coaliser** [kɔalize]: **se coaliser** vi to unite, join forces

**coalition** [kɔalisjɔ̃] nf coalition
**coasser** [kɔase] vi to croak
**coauteur** [kɔotœʀ] nm co-author
**coaxial, e, -aux** [kɔaksjal, -o] adj coaxial
**cobaye** [kɔbaj] nm guinea-pig
**cobra** [kɔbʀa] nm cobra
**coca®** [kɔka] nm Coke®
**cocagne** [kɔkaɲ] nf: **pays de ~** land of plenty; **mât de ~** greasy pole (fig)
**cocaïne** [kɔkain] nf cocaine
**cocarde** [kɔkaʀd(ə)] nf rosette
**cocardier, -ière** [kɔkaʀdje, -jɛʀ] adj jingoistic, chauvinistic; militaristic
**cocasse** [kɔkas] adj comical, funny
**coccinelle** [kɔksinɛl] nf ladybird (Brit), ladybug (US)
**coccyx** [kɔksis] nm coccyx
**cocher** [kɔʃe] nm coachman ▷ vt to tick off; (entailler) to notch
**cochère** [kɔʃɛʀ] adj f voir **porte**
**cochon, ne** [kɔʃɔ̃, -ɔn] nm pig ▷ nm/f (péj: sale) (filthy) pig; (: méchant) swine ▷ adj (fam) dirty, smutty; **~ d'Inde** guinea-pig; **~ de lait** (Culin) sucking pig
**cochonnaille** [kɔʃɔnaj] nf (péj: charcuterie) (cold) pork
**cochonnerie** [kɔʃɔnʀi] nf (fam: saleté) filth; (: marchandises) rubbish, trash
**cochonnet** [kɔʃɔnɛ] nm (Boules) jack
**cocker** [kɔkɛʀ] nm cocker spaniel
**cocktail** [kɔktɛl] nm cocktail; (réception) cocktail party
**coco** [kɔko] nm voir **noix**; (fam) bloke (Brit), dude (US)
**cocon** [kɔkɔ̃] nm cocoon
**cocorico** [kɔkɔʀiko] excl, nm cock-a-doodle-do
**cocotier** [kɔkɔtje] nm coconut palm
**cocotte** [kɔkɔt] nf (en fonte) casserole; **ma ~** (fam) sweetie (pie); **~ (minute)®** pressure cooker; **~ en papier** paper shape
**cocu** [kɔky] nm cuckold
**code** [kɔd] nm code; **se mettre en ~(s)** to dip (Brit) ou dim (US) one's (head)lights; **~ à barres** bar code; **~ de caractère** (Inform) character code; **~ civil** Common Law; **~ machine** machine code; **~ pénal** penal code; **~ postal** (numéro) postcode (Brit), zip code (US); **~ de la route** highway code; **~ secret** cipher
**codéine** [kɔdein] nf codeine
**coder** [kɔde] vt to (en)code
**codétenu, e** [kɔdetny] nm/f fellow prisoner ou inmate
**codicille** [kɔdisil] nm codicil
**codifier** [kɔdifje] vt to codify
**codirecteur, -trice** [kɔdiʀɛktœʀ, -tʀis] nm/f co-director
**coéditeur, -trice** [kɔeditœʀ, -tʀis] nm/f co-publisher; (rédacteur) co-editor
**coefficient** [kɔefisjɑ̃] nm coefficient; **~ d'erreur** margin of error
**coéquipier, -ière** [kɔekipje, -jɛʀ] nm/f team-mate, partner

**coercition** [kɔɛʀsisjɔ̃] *nf* coercion

**cœur** [kœʀ] *nm* heart; *(Cartes: couleur)* hearts *pl*; (: *carte*) heart; *(Culin)*: ~ **de laitue/d'artichaut** lettuce/artichoke heart; *(fig)*: ~ **du débat** heart of the debate; ~ **de l'été** height of summer; ~ **de la forêt** depths *pl* of the forest; **affaire de** ~ love affair; **avoir bon** ~ to be kind-hearted; **avoir mal au** ~ to feel sick; **contre** *ou* **sur son** ~ to one's breast; **opérer qn à** ~ **ouvert** to perform open-heart surgery on sb; **recevoir qn à** ~ **ouvert** to welcome sb with open arms; **parler à** ~ **ouvert** to open one's heart; **de tout son** ~ with all one's heart; **avoir le** ~ **gros** *ou* **serré** to have a heavy heart; **en avoir le** ~ **net** to be clear in one's own mind (about it); **par** ~ by heart; **de bon** ~ willingly; **avoir à** ~ **de faire** to be very keen to do; **cela lui tient à** ~ that's (very) close to his heart; **prendre les choses à** ~ to take things to heart; **à** ~ **joie** to one's heart's content; **être de tout** ~ **avec qn** to be (completely) in accord with sb

**coexistence** [kɔɛgzistɑ̃s] *nf* coexistence

**coexister** [kɔɛgziste] *vi* to coexist

**coffrage** [kɔfʀaʒ] *nm* *(Constr: dispositif)* form(work)

**coffre** [kɔfʀ(ə)] *nm* *(meuble)* chest; *(coffre-fort)* safe; *(d'auto)* boot *(Brit)*, trunk *(US)*; **avoir du** ~ *(fam)* to have a lot of puff

**coffre-fort** [kɔfʀəfɔʀ] *(pl* **coffres-forts)** *nm* safe

**coffrer** [kɔfʀe] *vt* *(fam)* to put inside, lock up

**coffret** [kɔfʀɛ] *nm* casket; ~ **à bijoux** jewel box

**cogérant, e** [kɔʒeʀɑ̃, -ɑ̃t] *nm/f* joint manager/manageress

**cogestion** [kɔʒestjɔ̃] *nf* joint management

**cogiter** [kɔʒite] *vi* to cogitate

**cognac** [kɔɲak] *nm* brandy, cognac

**cognement** [kɔɲmɑ̃] *nm* knocking

**cogner** [kɔɲe] *vi* to knock, bang; **se cogner** *vi* to bump o.s.

**cohabitation** [kɔabitasjɔ̃] *nf* living together; *(Pol, Jur)* cohabitation

**cohabiter** [kɔabite] *vi* to live together

**cohérence** [kɔeʀɑ̃s] *nf* coherence

**cohérent, e** [kɔeʀɑ̃, -ɑ̃t] *adj* coherent

**cohésion** [kɔezjɔ̃] *nf* cohesion

**cohorte** [kɔɔʀt(ə)] *nf* troop

**cohue** [kɔy] *nf* crowd

**coi, coite** [kwa, kwat] *adj*: **rester** ~ to remain silent

**coiffe** [kwaf] *nf* headdress

**coiffé, e** [kwafe] *adj*: **bien/mal** ~ with tidy/untidy hair; ~ **d'un béret** wearing a beret; ~ **en arrière** with one's hair brushed *ou* combed back; ~ **en brosse** with a crew cut

**coiffer** [kwafe] *vt* *(fig)* to cover, top; ~ **qn** to do sb's hair; ~ **qn d'un béret** to put a beret on sb; **se coiffer** *vi* to do one's hair; to put on a *ou* one's hat

**coiffeur, -euse** [kwafœʀ, -øz] *nm/f* hairdresser ▷ *nf* *(table)* dressing table

**coiffure** [kwafyʀ] *nf* *(cheveux)* hairstyle, hairdo; *(chapeau)* hat, headgear *no pl*; *(art)*: **la** ~ hairdressing

**coin** [kwɛ̃] *nm* corner; *(pour graver)* die; *(pour coincer)* wedge; *(poinçon)* hallmark; **l'épicerie du** ~ the local grocer; **dans le** ~ *(aux alentours)* in the area, around about; locally; **au** ~ **du feu** by the fireside; **du** ~ **de l'œil** out of the corner of one's eye; **regard en** ~ side(ways) glance; **sourire en** ~ half-smile

**coincé, e** [kwɛ̃se] *adj* stuck, jammed; *(fig: inhibé)* inhibited, with hang-ups

**coincer** [kwɛ̃se] *vt* to jam; *(fam)* to catch (out); to nab; **se coincer** *vi* to get stuck *ou* jammed

**coïncidence** [kɔɛ̃sidɑ̃s] *nf* coincidence

**coïncider** [kɔɛ̃side] *vi*: ~ **(avec)** to coincide (with); *(correspondre: témoignage etc)* to correspond *ou* tally (with)

**coin-coin** [kwɛ̃kwɛ̃] *nm inv* quack

**coing** [kwɛ̃] *nm* quince

**coït** [kɔit] *nm* coitus

**coite** [kwat] *adj f voir* **coi**

**coke** [kɔk] *nm* coke

**col** [kɔl] *nm* *(de chemise)* collar; *(encolure, cou)* neck; *(de montagne)* pass; ~ **roulé** polo-neck; ~ **de l'utérus** cervix

**coléoptère** [kɔleɔptɛʀ] *nm* beetle

**colère** [kɔlɛʀ] *nf* anger; **une** ~ a fit of anger; **être en** ~ **(contre qn)** to be angry (with sb); **mettre qn en** ~ to make sb angry; **se mettre en** ~ to get angry

**coléreux, -euse** [kɔleʀø, -øz] *adj*, **colérique** [kɔleʀik] ▷ *adj* quick-tempered, irascible

**colibacille** [kɔlibasil] *nm* colon bacillus

**colibacillose** [kɔlibasiloz] *nf* colibacillosis

**colifichet** [kɔlifiʃɛ] *nm* trinket

**colimaçon** [kɔlimasɔ̃] *nm*: **escalier en** ~ spiral staircase

**colin** [kɔlɛ̃] *nm* hake

**colin-maillard** [kɔlɛ̃majaʀ] *nm* *(jeu)* blind man's buff

**colique** [kɔlik] *nf* diarrhoea *(Brit)*, diarrhea *(US)*; *(douleurs)* colic (pains *pl*); *(fam: personne ou chose ennuyeuse)* pain

**colis** [kɔli] *nm* parcel; **par** ~ **postal** by parcel post

**colistier, -ière** [kɔlistje, -jɛʀ] *nm/f* fellow candidate

**colite** [kɔlit] *nf* colitis

**coll.** *abr* = **collection**; (= *collaborateurs*): **et** ~ et al

**collaborateur, -trice** [kɔlabɔʀatœʀ, -tʀis] *nm/f* *(aussi Pol)* collaborator; *(d'une revue)* contributor

**collaboration** [kɔlabɔʀasjɔ̃] *nf* collaboration

**collaborer** [kɔlabɔʀe] *vi* to collaborate; *(aussi:* **collaborer à)** to collaborate on; *(revue)* to contribute to

**collage** [kɔlaʒ] *nm* *(Art)* collage

**collagène** [kɔlaʒɛn] *nm* collagen

**collant, e** [kɔlɑ̃, -ɑ̃t] *adj* sticky; *(robe etc)* clinging, skintight; *(péj)* clinging ▷ *nm* *(bas)* tights *pl*

**collatéral, e, -aux** [kɔlateʀal, -o] *nm/f* collateral

**collation** [kɔlasjɔ̃] *nf* light meal

**colle** [kɔl] *nf* glue; *(à papiers peints)* (wallpaper)

paste; (*devinette*) teaser, riddle; (*Scol fam*) detention; ~ **forte** superglue®

**collecte** [kɔlɛkt(ə)] *nf* collection; **faire une** ~ to take up a collection

**collecter** [kɔlɛkte] *vt* to collect

**collecteur** [kɔlɛktœʀ] *nm* (*égout*) main sewer

**collectif, -ive** [kɔlɛktif, -iv] *adj* collective; (*visite, billet etc*) group *cpd* ▷ *nm*: ~ **budgétaire** mini-budget (*Brit*), mid-term budget; **immeuble** ~ block of flats

**collection** [kɔlɛksjɔ̃] *nf* collection; (*Édition*) series; **pièce de** ~ collector's item; **faire (la)** ~ **de** to collect; (**toute**) **une** ~ **de** ... (*fig*) a (complete) set of ...

**collectionner** [kɔlɛksjɔne] *vt* (*tableaux, timbres*) to collect

**collectionneur, -euse** [kɔlɛksjɔnœʀ, -øz] *nm/f* collector

**collectivement** [kɔlɛktivmɑ̃] *adv* collectively

**collectiviser** [kɔlɛktivize] *vt* to collectivize

**collectivisme** [kɔlɛktivism(ə)] *nm* collectivism

**collectiviste** [kɔlɛktivist(ə)] *adj* collectivist

**collectivité** [kɔlɛktivite] *nf* group; **la** ~ the community, the collectivity; **les ~s locales** local authorities

**collège** [kɔlɛʒ] *nm* (*école*) (secondary) school; *see note*; (*assemblée*) body; ~ **électoral** electoral college

● **COLLÈGE**
●
● A *collège* is a state secondary school for
● children between 11 and 15 years of age.
● Pupils follow a national curriculum which
● prescribes a common core along with
● several options. Schools are free to arrange
● their own timetable and choose their own
● teaching methods. Before leaving this
● phase of their education, students are
● assessed by examination and course work
● for their "brevet des collèges".

**collégial, e, -aux** [kɔleʒjal, -o] *adj* collegiate

**collégien, ne** [kɔleʒjɛ̃, -ɛn] *nm/f* secondary school pupil (*Brit*), high school student (*US*)

**collègue** [kɔlɛg] *nm/f* colleague

**coller** [kɔle] *vt* (*papier, timbre*) to stick (on); (*affiche*) to stick up; (*appuyer, placer contre*): ~ **son front à la vitre** to press one's face to the window; (*enveloppe*) to stick down; (*morceaux*) to stick *ou* glue together; (*fam: mettre, fourrer*) to stick, shove; (*Scol fam*) to keep in, give detention to ▷ *vi* (*être collant*) to be sticky; (*adhérer*) to stick; ~ **qch sur** to stick (*ou* paste *ou* glue) sth on(to); ~ **à** to stick to; (*fig*) to cling to

**collerette** [kɔlʀɛt] *nf* ruff; (*Tech*) flange

**collet** [kɔlɛ] *nm* (*piège*) snare, noose; (*cou*): **prendre qn au** ~ to grab sb by the throat; ~ **monté** *adj inv* straight-laced

**colleter** [kɔlte] *vt* (*adversaire*) to collar, grab by the throat; **se** ~ **avec** to wrestle with

**colleur** [kɔlœʀ] *nm*: ~ **d'affiches** bill-poster

**collier** [kɔlje] *nm* (*bijou*) necklace; (*de chien, Tech*) collar; ~ (**de barbe**), **barbe en** ~ narrow beard along the line of the jaw; ~ **de serrage** choke collar

**collimateur** [kɔlimatœʀ] *nm*: **être dans le** ~ (*fig*) to be in the firing line; **avoir qn/qch dans le** ~ (*fig*) to have sb/sth in one's sights

**colline** [kɔlin] *nf* hill

**collision** [kɔlizjɔ̃] *nf* collision, crash; **entrer en** ~ (**avec**) to collide (with)

**colloque** [kɔlɔk] *nm* colloquium, symposium

**collusion** [kɔlyzjɔ̃] *nf* collusion

**collutoire** [kɔlytwaʀ] *nm* (*Méd*) oral medication; (*en bombe*) throat spray

**collyre** [kɔliʀ] *nm* (*Méd*) eye lotion

**colmater** [kɔlmate] *vt* (*fuite*) to seal off; (*brèche*) to plug, fill in

**Cologne** [kɔlɔɲ] *n* Cologne

**colombage** [kɔlɔ̃baʒ] *nm* half-timbering; **une maison à ~s** a half-timbered house

**colombe** [kɔlɔ̃b] *nf* dove

**Colombie** [kɔlɔ̃bi] *nf*: **la** ~ Colombia

**colombien, ne** [kɔlɔ̃bjɛ̃, -ɛn] *adj* Colombian ▷ *nm/f*: **Colombien, ne** Colombian

**colon** [kɔlɔ̃] *nm* settler; (*enfant*) boarder (*in children's holiday camp*)

**côlon** [kɔlɔ̃] *nm* colon (*Méd*)

**colonel** [kɔlɔnɛl] *nm* colonel; (*de l'armée de l'air*) group captain

**colonial, e, -aux** [kɔlɔnjal, -o] *adj* colonial

**colonialisme** [kɔlɔnjalism(ə)] *nm* colonialism

**colonialiste** [kɔlɔnjalist(ə)] *adj, nm/f* colonialist

**colonie** [kɔlɔni] *nf* colony; ~ (**de vacances**) holiday camp (*for children*)

**colonisation** [kɔlɔnizasjɔ̃] *nf* colonization

**coloniser** [kɔlɔnize] *vt* to colonize

**colonnade** [kɔlɔnad] *nf* colonnade

**colonne** [kɔlɔn] *nf* column; **se mettre en** ~ **par deux/quatre** to get into twos/fours; **en** ~ **par deux** in double file; ~ **de secours** rescue party; ~ (**vertébrale**) spine, spinal column

**colonnette** [kɔlɔnɛt] *nf* small column

**colophane** [kɔlɔfan] *nf* rosin

**colorant** [kɔlɔʀɑ̃] *nm* colo(u)ring

**coloration** [kɔlɔʀasjɔ̃] *nf* colour(ing) (*Brit*), color(ing) (*US*); **se faire faire une** ~ (*chez le coiffeur*) to have one's hair dyed

**coloré, e** [kɔlɔʀe] *adj* (*fig*) colo(u)rful

**colorer** [kɔlɔʀe] *vt* to colour (*Brit*), color (*US*); **se colorer** *vi* to turn red; to blush

**coloriage** [kɔlɔʀjaʒ] *nm* colo(u)ring

**colorier** [kɔlɔʀje] *vt* to colo(u)r (in); **album à** ~ colouring book

**coloris** [kɔlɔʀi] *nm* colo(u)r, shade

**coloriste** [kɔlɔʀist(ə)] *nm/f* colo(u)rist

**colossal, e, -aux** [kɔlɔsal, -o] *adj* colossal, huge

**colosse** [kɔlɔs] *nm* giant

**colostrum** [kɔlɔstʀɔm] *nm* colostrum

**colporter** [kɔlpɔʀte] *vt* to peddle

**colporteur, -euse** [kɔlpɔʀtœʀ, -øz] *nm/f*

hawker, pedlar

**colt** [kɔlt] *nm* revolver, Colt®

**coltiner** [kɔltine] *vt* to lug about

**colza** [kɔlza] *nm* rape(seed)

**coma** [kɔma] *nm* coma; **être dans le ~** to be in a coma

**comateux, -euse** [kɔmatø, -øz] *adj* comatose

**combat** [kɔ̃ba] *vb voir* **combattre** ▷ *nm* fight; fighting *no pl*; **~ de boxe** boxing match; **~ de rues** street fighting *no pl*; **~ singulier** single combat

**combatif, -ive** [kɔ̃batif, -iv] *adj* with a lot of fight

**combativité** [kɔ̃bativite] *nf* fighting spirit

**combattant** [kɔ̃batɑ̃] *vb voir* **combattre** ▷ *nm* combatant; *(d'une rixe)* brawler; **ancien ~** war veteran

**combattre** [kɔ̃batʀ(ə)] *vi* to fight ▷ *vt* to fight; *(épidémie, ignorance)* to combat

**combien** [kɔ̃bjɛ̃] *adv (quantité)* how much; *(nombre)* how many; *(exclamatif)* how; **~ de** how much; how many; **~ de temps** how long, how much time; **c'est ~?, ça fait ~?** how much is it?; **~ coûte/pèse ceci?** how much does this cost/weigh?; **vous mesurez ~?** what size are you?; **ça fait ~ en largeur?** how wide is that?

**combinaison** [kɔ̃binɛzɔ̃] *nf* combination; *(astuce)* device, scheme; *(de femme)* slip; *(d'aviateur)* flying suit; *(d'homme-grenouille)* wetsuit; *(bleu de travail)* boilersuit *(Brit)*, coveralls *pl (US)*

**combine** [kɔ̃bin] *nf* trick; *(péj)* scheme, fiddle *(Brit)*

**combiné** [kɔ̃bine] *nm (aussi:* **combiné téléphonique)** receiver; *(Ski)* combination (event); *(vêtement de femme)* corselet

**combiner** [kɔ̃bine] *vt* to combine; *(plan, horaire)* to work out, devise

**comble** [kɔ̃bl(ə)] *adj (salle)* packed (full) ▷ *nm (du bonheur, plaisir)* height; **combles** *nmpl (Constr)* attic *sg*, loft *sg*; **de fond en ~** from top to bottom; **pour ~ de malchance** to cap it all; **c'est le ~!** that beats everything!, that takes the biscuit! *(Brit)*; **sous les ~s** in the attic

**combler** [kɔ̃ble] *vt (trou)* to fill in; *(besoin, lacune)* to fill; *(déficit)* to make good; *(satisfaire)* to gratify, fulfil *(Brit)*, fulfill *(US)*; **~ qn de joie** to fill sb with joy; **~ qn d'honneurs** to shower sb with honours

**combustible** [kɔ̃bystibl(ə)] *adj* combustible ▷ *nm* fuel

**combustion** [kɔ̃bystjɔ̃] *nf* combustion

**COMECON** [kɔmekɔn] *sigle m* Comecon

**comédie** [kɔmedi] *nf* comedy; *(fig)* playacting *no pl*; **jouer la ~** *(fig)* to put on an act; **la C~ française**; *see note;* **~ musicale** musical

**comédien, ne** [kɔmedjɛ̃, -ɛn] *nm/f* actor/actress; *(comique)* comedy actor/actress, comedian/comedienne; *(fig)* sham

**comestible** [kɔmɛstibl(ə)] *adj* edible; **comestibles** *nmpl* foods

**comète** [kɔmɛt] *nf* comet

**comice** [kɔmis] *nm*: **~ agricole** agricultural show

**comique** [kɔmik] *adj (drôle)* comical; *(Théât)* comic ▷ *nm (artiste)* comic, comedian; **le ~ de qch** the funny *ou* comical side of sth

**comité** [kɔmite] *nm* committee; **petit ~** select group; **~ directeur** management committee; **~ d'entreprise (CE)** works council; **~ des fêtes** festival committee

**commandant** [kɔmɑ̃dɑ̃] *nm (gén)* commander, commandant; *(Mil: grade)* major; *(: armée de l'air)* squadron leader; *(Navig)* captain; **~ (de bord)** *(Aviat)* captain

**commande** [kɔmɑ̃d] *nf (Comm)* order; *(Inform)* command; **commandes** *nfpl (Aviat etc)* controls; **passer une ~ (de)** to put in an order (for); **sur ~** to order; **~ à distance** remote control; **véhicule à double ~** vehicle with dual controls

**commandement** [kɔmɑ̃dmɑ̃] *nm* command; *(ordre)* command, order; *(Rel)* commandment

**commander** [kɔmɑ̃de] *vt (Comm)* to order; *(diriger, ordonner)* to command; **~ à** *(Mil)* to command; *(contrôler, maîtriser)* to have control over; **~ à qn de faire** to command *ou* order sb to do

**commanditaire** [kɔmɑ̃ditɛʀ] *nm* sleeping *(Brit)* ou silent *(US)* partner

**commandite** [kɔmɑ̃dit] *nf*: **(société en) ~** limited partnership

**commanditer** [kɔmɑ̃dite] *vt (Comm)* to finance, back; to commission

**commando** [kɔmɑ̃do] *nm* commando (squad)

 **MOT-CLÉ**

**comme** [kɔm] *prép* **1** *(comparaison)* like; **tout comme son père** just like his father; **fort comme un bœuf** as strong as an ox; **joli comme tout** ever so pretty

**2** *(manière)* like; **faites-le comme ça** do it like this, do it this way; **comme ça ou cela on n'aura pas d'ennuis** that way we won't have any problems; **comme ci, comme ça** so-so, middling; **comment ça va? — comme ça** how are things? — OK; **comme on dit** as they say

**3** *(en tant que)* as a; **donner comme prix** to give as a prize; **travailler comme secrétaire** to work as a secretary

**4**: **comme quoi** *(d'où il s'ensuit que)* which shows that; **il a écrit une lettre comme quoi il ...** he's written a letter saying that ...

**5**: **comme il faut** *adv* properly

▷ *adj* (*correct*) proper, correct

▷ *conj* **1** (*ainsi que*) as; **elle écrit comme elle parle** she writes as she talks; **comme si** as if **2** (*au moment où, alors que*) as; **il est parti comme j'arrivais** he left as I arrived **3** (*parce que, puisque*) as, since; **comme il était en retard, il ...** as he was late, he ...

▷ *adv*: **comme il est fort/c'est bon!** he's so strong/it's so good!; **il est malin comme c'est pas permis** he's as smart as anything

**commémoratif, -ive** [kɔmemɔʀatif, -iv] *adj* commemorative; **un monument ~** a memorial

**commémoration** [kɔmemɔʀasjɔ̃] *nf* commemoration

**commémorer** [kɔmemɔʀe] *vt* to commemorate

**commencement** [kɔmɑ̃smɑ̃] *nm* beginning, start, commencement; **commencements** *nmpl* (*débuts*) beginnings

**commencer** [kɔmɑ̃se] *vt* to begin, start, commence ▷ *vi* to begin, start, commence; **~ à** *ou* **de faire** to begin *ou* start doing; **~ par qch** to begin with sth; **~ par faire qch** to begin by doing sth

**commensal, e, -aux** [kɔmɑ̃sal, -o] *nm/f* companion at table

**comment** [kɔmɑ̃] *adv* how; **~?** (*que dites-vous*) (I beg your) pardon?; **~!** what! ▷ *nm*: **le ~ et le pourquoi** the whys and wherefores; **et ~!** and how!; **~ donc!** of course!; **~ faire?** how will we do it?; **~ se fait-il que ...?** how is it that ...?

**commentaire** [kɔmɑ̃tɛʀ] *nm* comment; remark; **~ (de texte)** (*Scol*) commentary; **~ sur image** voice-over

**commentateur, -trice** [kɔmɑ̃tatœʀ, -tʀis] *nm/f* commentator

**commenter** [kɔmɑ̃te] *vt* (*jugement, événement*) to comment (up)on; (*Radio, TV: match, manifestation*) to cover, give a commentary on

**commérages** [kɔmeʀaʒ] *nmpl* gossip *sg*

**commerçant, e** [kɔmɛʀsɑ̃, -ɑ̃t] *adj* commercial; trading; (*rue*) shopping *cpd*; (*personne*) commercially shrewd ▷ *nm/f* shopkeeper, trader

**commerce** [kɔmɛʀs(ə)] *nm* (*activité*) trade, commerce; (*boutique*) business; **le petit ~** small shop owners *pl*, small traders *pl*; **faire ~ de** to trade in; (*fig: péj*) to trade on; **chambre de ~** Chamber of Commerce; **livres de ~** (account) books; **vendu dans le ~** sold in the shops; **vendu hors-~** sold directly to the public; **~ en** *ou* **de gros/détail** wholesale/retail trade; **~ électronique** e-commerce; **~ équitable** fair trade; **~ intérieur/extérieur** home/foreign trade

**commercer** [kɔmɛʀse] *vi*: **~ avec** to trade with

**commercial, e, -aux** [kɔmɛʀsjal, -o] *adj* commercial, trading; (*péj*) commercial ▷ *nm*: **les commerciaux** the commercial people

**commercialisable** [kɔmɛʀsjalizabl(ə)] *adj* marketable

**commercialisation** [kɔmɛʀsjalizasjɔ̃] *nf* marketing

**commercialiser** [kɔmɛʀsjalize] *vt* to market

**commère** [kɔmɛʀ] *nf* gossip

**commettant** [kɔmetɑ̃] *vb voir* **commettre** ▷ *nm* (*Jur*) principal

**commettre** [kɔmetʀ(ə)] *vt* to commit; **se commettre** *vi* to compromise one's good name

**commis¹** [kɔmi] *nm* (*de magasin*) (shop) assistant (*Brit*), sales clerk (*US*); (*de banque*) clerk; **~ voyageur** commercial traveller (*Brit*) *ou* traveler (*US*)

**commis², e** [kɔmi, -iz] *pp de* **commettre**

**commisération** [kɔmizeʀasjɔ̃] *nf* commiseration

**commissaire** [kɔmisɛʀ] *nm* (*de police*) ≈ (police) superintendent (*Brit*), ≈ (police) captain (*US*); (*de rencontre sportive etc*) steward; **~ du bord** (*Navig*) purser; **~ aux comptes** (*Admin*) auditor

**commissaire-priseur** [kɔmisɛʀpʀizœʀ] (*pl* **commissaires-priseurs**) *nm* (official) auctioneer

**commissariat** [kɔmisaʀja] *nm*: **~ (de police)** police station; (*Admin*) commissionership

**commission** [kɔmisjɔ̃] *nf* (*comité, pourcentage*) commission; (*message*) message; (*course*) errand; **commissions** *nfpl* (*achats*) shopping *sg*; **~ d'examen** examining board

**commissionnaire** [kɔmisjɔnɛʀ] *nm* delivery boy (*ou* man); messenger; (*Transports*) (forwarding) agent

**commissure** [kɔmisyʀ] *nf*: **les ~s des lèvres** the corners of the mouth

**commode** [kɔmɔd] *adj* (*pratique*) convenient, handy; (*facile*) easy; (*air, personne*) easy-going; (*personne*): **pas ~** awkward (to deal with) ▷ *nf* chest of drawers

**commodité** [kɔmɔdite] *nf* convenience

**commotion** [kɔmɔsjɔ̃] *nf*: **~ (cérébrale)** concussion

**commotionné, e** [kɔmɔsjɔne] *adj* shocked, shaken

**commuer** [kɔmɥe] *vt* to commute

**commun, e** [kɔmœ̃, -yn] *adj* common; (*pièce*) communal, shared; (*réunion, effort*) joint ▷ *nf* (*Admin*) commune, ≈ district; (*: urbaine*) ≈ borough; **communs** *nmpl* (*bâtiments*) outbuildings; **cela sort du ~** it's out of the ordinary; **le ~ des mortels** the common run of people; **sans ~e mesure** incomparable; **être à** (*chose*) to be shared by; **en ~** (*faire*) jointly; **mettre en ~** to pool, share; **peu ~** unusual; **d'un ~ accord** of one accord; with one accord

**communal, e, -aux** [kɔmynal, -o] *adj* (*Admin*) of the commune, ≈ (district *ou* borough) council *cpd*

**communard, e** [kɔmynaʀ, -aʀd(ə)] *nm/f* (*Hist*) Communard; (*péj: communiste*) commie

**communautaire** [kɔmynotɛʀ] *adj* community *cpd*

**communauté** [kɔmynote] *nf* community; (*Jur*): **régime de la ~** communal estate settlement

**commune** [kɔmyn] *adj f, nf voir* **commun**

**communément** [kɔmynemã] *adv* commonly
**Communes** [kɔmyn] *nfpl* (*en Grande-Bretagne: parlement*) Commons
**communiant, e** [kɔmynjã, -ãt] *nm/f* communicant; **premier ~** child taking his first communion
**communicant, e** [kɔmynikã, -ãt] *adj* communicating
**communicatif, -ive** [kɔmynikatif, -iv] *adj* (*personne*) communicative; (*rire*) infectious
**communication** [kɔmynikasjɔ̃] *nf* communication; **~ (téléphonique)** (telephone) call; **avoir la ~ (avec)** to get *ou* be through (to); **vous avez la ~** you're through; **donnez-moi la ~ avec** put me through to; **mettre qn en ~ avec qn** (*en contact*) to put sb in touch with sb; (*au téléphone*) to connect sb with sb; **~ interurbaine** long-distance call; **~ en PCV** reverse charge (*Brit*) *ou* collect (*US*) call; **~ avec préavis** personal call
**communier** [kɔmynje] *vi* (*Rel*) to receive communion; (*fig*) to be united
**communion** [kɔmynjɔ̃] *nf* communion
**communiqué** [kɔmynike] *nm* communiqué; **~ de presse** press release
**communiquer** [kɔmynike] *vt* (*nouvelle, dossier*) to pass on, convey; (*maladie*) to pass on; (*peur etc*) to communicate; (*chaleur, mouvement*) to transmit ▷ *vi* to communicate; **~ avec** (*salle*) to communicate with; **se ~ à** (*se propager*) to spread to
**communisme** [kɔmynism(ə)] *nm* communism
**communiste** [kɔmynist(ə)] *adj, nm/f* communist
**commutateur** [kɔmytatœʀ] *nm* (*Élec*) (change-over) switch, commutator
**commutation** [kɔmytasjɔ̃] *nf* (*Inform*): **~ de messages** message switching; **~ de paquets** packet switching
**Comores** [kɔmɔʀ] *nfpl*: **les (îles) ~** the Comoros (Islands)
**comorien, ne** [kɔmɔʀjɛ̃, -ɛn] *adj* of *ou* from the Comoros
**compact, e** [kɔ̃pakt] *adj* dense; compact
**compagne** [kɔ̃paɲ] *nf* companion
**compagnie** [kɔ̃paɲi] *nf* (*firme, Mil*) company; (*groupe*) gathering, (*présence*). **la ~ de qn** sb's company; **homme/femme de ~** escort; **tenir ~ à qn** to keep sb company; **fausser ~ à qn** to give sb the slip, slip *ou* sneak away from sb; **en ~ de** in the company of; **Dupont et ~, Dupont et Cie** Dupont and Company, Dupont and Co; **~ aérienne** airline (company)
**compagnon** [kɔ̃paɲɔ̃] *nm* companion; (*autrefois: ouvrier*) craftsman; journeyman
**comparable** [kɔ̃paʀabl(ə)] *adj*: **~ (à)** comparable (to)
**comparaison** [kɔ̃paʀɛzɔ̃] *nf* comparison; (*métaphore*) simile; **en ~ (de)** in comparison (with); **par ~ (à)** by comparison (with)
**comparaître** [kɔ̃paʀɛtʀ(ə)] *vi*: **~ (devant)** to appear (before)

**comparatif, -ive** [kɔ̃paʀatif, -iv] *adj, nm* comparative
**comparativement** [kɔ̃paʀativmã] *adv* comparatively; **~ à** by comparison with
**comparé, e** [kɔ̃paʀe] *adj*: **littérature** *etc* **~e** comparative literature *etc*
**comparer** [kɔ̃paʀe] *vt* to compare; **~ qch/qn à** *ou* **et** (*pour choisir*) to compare sth/sb with *ou* and; (*pour établir une similitude*) to compare sth/sb to *ou* and
**comparse** [kɔ̃paʀs(ə)] *nm/f* (*péj*) associate, stooge
**compartiment** [kɔ̃paʀtimã] *nm* compartment
**compartimenté, e** [kɔ̃paʀtimãte] *adj* partitioned; (*fig*) compartmentalized
**comparu, e** [kɔ̃paʀy] *pp de* **comparaître**
**comparution** [kɔ̃paʀysjɔ̃] *nf* appearance
**compas** [kɔ̃pa] *nm* (*Géom*) (pair of) compasses *pl*; (*Navig*) compass
**compassé, e** [kɔ̃pase] *adj* starchy, formal
**compassion** [kɔ̃pasjɔ̃] *nf* compassion
**compatibilité** [kɔ̃patibilite] *nf* compatibility
**compatible** [kɔ̃patibl(ə)] *adj*: **~ (avec)** compatible (with)
**compatir** [kɔ̃patiʀ] *vi*: **~ (à)** to sympathize (with)
**compatissant, e** [kɔ̃patisã, -ãt] *adj* sympathetic
**compatriote** [kɔ̃patʀijɔt] *nm/f* compatriot, fellow countryman/woman
**compensateur, -trice** [kɔ̃pãsatœʀ, -tʀis] *adj* compensatory
**compensation** [kɔ̃pãsasjɔ̃] *nf* compensation; (*Banque*) clearing; **en ~** in *ou* as compensation
**compensé, e** [kɔ̃pãse] *adj*: **semelle ~e** platform sole
**compenser** [kɔ̃pãse] *vt* to compensate for, make up for
**compère** [kɔ̃pɛʀ] *nm* accomplice; fellow musician *ou* comedian *etc*
**compétence** [kɔ̃petãs] *nf* competence
**compétent, e** [kɔ̃petã, -ãt] *adj* (*apte*) competent, capable; (*Jur*) competent
**compétitif, -ive** [kɔ̃petitif, -iv] *adj* competitive
**compétition** [kɔ̃petisjɔ̃] *nf* (*gén*) competition; (*Sport: épreuve*) event; **la ~** competitive sport; **être en ~ avec** to be competing with; **la ~ automobile** motor racing
**compétitivité** [kɔ̃petitivite] *nf* competitiveness
**compilateur** [kɔ̃pilatœʀ] *nm* (*Inform*) compiler
**compiler** [kɔ̃pile] *vt* to compile
**complainte** [kɔ̃plɛ̃t] *nf* lament
**complaire** [kɔ̃plɛʀ]: **se complaire** *vi*: **se ~ dans/parmi** to take pleasure in/in being among
**complaisais** *etc* [kɔ̃plɛze] *vb voir* **complaire**
**complaisamment** [kɔ̃plɛzamã] *adv* kindly; complacently
**complaisance** [kɔ̃plɛzãs] *nf* kindness; (*péj*) indulgence; (: *fatuité*) complacency; **attestation de ~** *certificate produced to oblige a patient etc*; **pavillon de ~** flag of convenience
**complaisant, e** [kɔ̃plɛzã, -ãt] *vb voir* **complaire**

▷ adj (aimable) kind; obliging; (péj) accommodating; (: fat) complacent

**complaît** [kɔ̃plɛ] vb voir **complaire**

**complément** [kɔ̃plemɑ̃] nm complement; (reste) remainder; (Ling) complement; ~ **d'information** (Admin) supplementary ou further information; ~ **d'agent** agent; ~ **(d'objet) direct/indirect** direct/indirect object; ~ **(circonstanciel) de lieu/temps** adverbial phrase of place/time; ~ **de nom** possessive phrase

**complémentaire** [kɔ̃plemɑ̃tɛʀ] adj complementary; (additionnel) supplementary

**complet, -ète** [kɔ̃plɛ, -ɛt] adj complete; (plein: hôtel etc) full ▷ nm (aussi: **complet-veston**) suit; **au (grand)** ~ all together

**complètement** [kɔ̃plɛtmɑ̃] adv (en entier) completely; (absolument: fou, faux etc) absolutely; (à fond: étudier etc) fully, in depth

**compléter** [kɔ̃plete] vt (porter à la quantité voulue) to complete; (augmenter) to complement, supplement; to add to; **se compléter** vi (personnes) to complement one another; (collection etc) to become complete

**complexe** [kɔ̃plɛks(ə)] adj complex ▷ nm (Psych) complex, hang-up; (bâtiments): ~ **hospitalier/ industriel** hospital/industrial complex

**complexé, e** [kɔ̃plɛkse] adj mixed-up, hung-up

**complexité** [kɔ̃plɛksite] nf complexity

**complication** [kɔ̃plikasjɔ̃] nf complexity, intricacy; (difficulté, ennui) complication; **complications** nfpl (Méd) complications

**complice** [kɔ̃plis] nm accomplice

**complicité** [kɔ̃plisite] nf complicity

**compliment** [kɔ̃plimɑ̃] nm (louange) compliment; **compliments** nmpl (félicitations) congratulations

**complimenter** [kɔ̃plimɑ̃te] vt: ~ **qn (sur ou de)** to congratulate ou compliment sb (on)

**compliqué, e** [kɔ̃plike] adj complicated, complex, intricate; (personne) complicated

**compliquer** [kɔ̃plike] vt to complicate; **se compliquer** vi (situation) to become complicated; **se ~ la vie** to make life difficult ou complicated for o.s

**complot** [kɔ̃plo] nm plot

**comploter** [kɔ̃plɔte] vi, vt to plot

**complu, e** [kɔ̃ply] pp de **complaire**

**comportement** [kɔ̃pɔʀtəmɑ̃] nm behaviour (Brit), behavior (US); (Tech: d'une pièce, d'un véhicule) behavio(u)r, performance

**comporter** [kɔ̃pɔʀte] vt to be composed of, consist of, comprise; (être équipé de) to have; (impliquer) to entail, involve; **se comporter** vi to behave; (Tech) to behave, perform

**composant** [kɔ̃pozɑ̃] nm component, constituent

**composante** [kɔ̃pozɑ̃t] nf component

**composé, e** [kɔ̃poze] adj (visage, air) studied; (Bio, Chimie, Ling) compound ▷ nm (Chimie, Ling) compound; ~ **de** made up of

**composer** [kɔ̃poze] vt (musique, texte) to compose; (mélange, équipe) to make up; (faire partie de) to make up, form; (Typo) to (type)set ▷ vi (Scol) to sit ou do a test; (transiger) to come to terms; **se ~ de** to be composed of, be made up of; ~ **un numéro** (au téléphone) to dial a number

**composite** [kɔ̃pozit] adj heterogeneous

**compositeur, -trice** [kɔ̃pozitœʀ, -tʀis] nm/f (Mus) composer; (Typo) compositor, typesetter

**composition** [kɔ̃pozisjɔ̃] nf composition; (Scol) test; (Typo) (type)setting, composition; **de bonne ~** (accommodant) easy to deal with; **amener qn à ~** to get sb to come to terms; ~ **française** (Scol) French essay

**compost** [kɔ̃pɔst] nm compost

**composter** [kɔ̃pɔste] vt to date-stamp; to punch

**composteur** [kɔ̃pɔstœʀ] nm date stamp; punch; (Typo) composing stick

**compote** [kɔ̃pɔt] nf stewed fruit no pl; ~ **de pommes** stewed apples

**compotier** [kɔ̃pɔtje] nm fruit dish ou bowl

**compréhensible** [kɔ̃pʀeɑ̃sibl(ə)] adj comprehensible; (attitude) understandable

**compréhensif, -ive** [kɔ̃pʀeɑ̃sif, -iv] adj understanding

**compréhension** [kɔ̃pʀeɑ̃sjɔ̃] nf understanding; comprehension

**comprendre** [kɔ̃pʀɑ̃dʀ(ə)] vt to understand; (se composer de) to comprise, consist of; (inclure) to include; **se faire ~** to make o.s. understood; to get one's ideas across; **mal ~** to misunderstand

**compresse** [kɔ̃pʀɛs] nf compress

**compresser** [kɔ̃pʀese] vt to squash in, crush together; (Inform) to zip

**compresseur** [kɔ̃pʀɛsœʀ] adj m voir **rouleau**

**compressible** [kɔ̃pʀesibl(ə)] adj (Physique) compressible; (dépenses) reducible

**compression** [kɔ̃pʀesjɔ̃] nf compression; (d'un crédit etc) reduction

**comprimé, e** [kɔ̃pʀime] adj: **air** ~ compressed air ▷ nm tablet

**comprimer** [kɔ̃pʀime] vt to compress; (fig: crédit etc) to reduce, cut down

**compris, e** [kɔ̃pʀi, -iz] pp de **comprendre** ▷ adj (inclus) included; ~? understood?, is that clear?; ~ **entre** (situé) contained between; **la maison ~e/non ~e, y/non ~ la maison** including/ excluding the house; **service** ~ service (charge) included; **100 euros tout** ~ 100 euros all inclusive ou all-in

**compromettant, e** [kɔ̃pʀometɑ̃, -ɑ̃t] adj compromising

**compromettre** [kɔ̃pʀometʀ(ə)] vt to compromise

**compromis** [kɔ̃pʀomi] vb voir **compromettre** ▷ nm compromise

**compromission** [kɔ̃pʀomisjɔ̃] nf compromise, deal

**comptabiliser** [kɔ̃tabilize] vt (valeur) to post; (fig) to evaluate

**comptabilité** [kɔ̃tabilite] nf (activité, technique) accounting, accountancy; (d'une société: comptes) accounts *pl*, books *pl*; (: *service*) accounts office *ou* department; **~ à partie double** double-entry book-keeping

**comptable** [kɔ̃tabl(ə)] *nm/f* accountant ▷ *adj* accounts *cpd*, accounting

**comptant** [kɔ̃tã] *adv*: **payer** ~ to pay cash; **acheter** ~ to buy for cash

**compte** [kɔ̃t] *nm* count, counting; (*total, montant*) count, (right) number; (*bancaire, facture*) account; **comptes** *nmpl* accounts, books; (*fig*) explanation *sg*; **ouvrir un** ~ to open an account; **rendre des ~s à qn** (*fig*) to be answerable to sb; **faire le** ~ **de** to count up, make a count of; **tout ~ fait** on the whole; **à ce ~-là** (*dans ce cas*) in that case; (*à ce train-là*) at that rate; **en fin de** ~ (*fig*) all things considered, weighing it all up; **au bout du** ~ in the final analysis; **à bon** ~ at a favourable price; (*fig*) lightly; **avoir son** ~ (*fig: fam*) to have had it; **pour le** ~ **de** on behalf of; **pour son propre** ~ for one's own benefit; **pour le** ~ **de qn** (*à son sujet*) about sb; **travailler à son** ~ to work for oneself; **mettre qch sur le** ~ **de qn** (*le rendre responsable*) to attribute sth to sb; **prendre qch à son** ~ to take responsibility for sth; **trouver son** ~ **à qch** to do well out of sth; **régler un** ~ (*s'acquitter de qch*) to settle an account; (*se venger*) to get one's own back; **rendre** ~ (**à qn**) **de qch** to give (sb) an account of sth; **tenir** ~ **de qch** to take sth into account; ~ **tenu de** taking into account; ~ **en banque** bank account; ~ **chèque(s)** current account; ~ **chèque postal (CCP)** Post Office account; ~ **client** (*sur bilan*) accounts receivable; ~ **courant (CC)** current account; ~ **de dépôt** deposit account; ~ **d'exploitation** operating account; ~ **fournisseur** (*sur bilan*) accounts payable; ~ **à rebours** countdown; ~ **rendu** account, report; (*de film, livre*) review; *voir aussi* **rendre**

**compte-gouttes** [kɔ̃tgut] *nm inv* dropper

**compter** [kɔ̃te] *vt* to count; (*facturer*) to charge for; (*avoir à son actif, comporter*) to have; (*prévoir*) to allow, reckon; (*tenir compte de, inclure*) to include; (*penser, espérer*): ~ **réussir/revenir** to expect to succeed/return ▷ *vi* to count; (*être économe*) to economize; (*être non négligeable*) to count, matter; (*valoir*): ~ **pour** to count for; (*figurer*): ~ **parmi** to be *ou* rank among; ~ **sur** to count (up)on; ~ **avec qch/qn** to reckon with *ou* take account of sth/sb; ~ **sans qch/qn** to reckon without sth/sb; **sans** ~ **que** besides which; **à** ~ **du 10 janvier** (*Comm*) (as) from 10th January

**compte-tours** [kɔ̃ttuʀ] *nm inv* rev(olution) counter

**compteur** [kɔ̃tœʀ] *nm* meter; ~ **de vitesse** speedometer

**comptine** [kɔ̃tin] *nf* nursery rhyme

**comptoir** [kɔ̃twaʀ] *nm* (*de magasin*) counter; (*de café*) counter, bar; (*colonial*) trading post

**compulser** [kɔ̃pylse] *vt* to consult

**comte, comtesse** [kɔ̃t, kɔ̃tɛs] *nm/f* count/ countess

**con, ne** [kɔ̃, kɔn] *adj* (*fam!*) bloody (Brit) *ou* damned stupid (!)

**concasser** [kɔ̃kase] *vt* (*pierre, sucre*) to crush; (*poivre*) to grind

**concave** [kɔ̃kav] *adj* concave

**concéder** [kɔ̃sede] *vt* to grant; (*défaite, point*) to concede; ~ **que** to concede that

**concentration** [kɔ̃sɑ̃tʀasjɔ̃] *nf* concentration

**concentrationnaire** [kɔ̃sɑ̃tʀasjɔnɛʀ] *adj* of *ou* in concentration camps

**concentré** [kɔ̃sɑ̃tʀe] *nm* concentrate; ~ **de tomates** tomato purée

**concentrer** [kɔ̃sɑ̃tʀe] *vt* to concentrate; **se concentrer** to concentrate

**concentrique** [kɔ̃sɑ̃tʀik] *adj* concentric

**concept** [kɔ̃sɛpt] *nm* concept

**concepteur, -trice** [kɔ̃sɛptœʀ, -tʀis] *nm/f* designer

**conception** [kɔ̃sɛpsjɔ̃] *nf* conception; (*d'une machine etc*) design

**concernant** [kɔ̃sɛʀnɑ̃] *prép* (*se rapportant à*) concerning; (*en ce qui concerne*) as regards

**concerner** [kɔ̃sɛʀne] *vt* to concern; **en ce qui me concerne** as far as I am concerned; **en ce qui concerne ceci** as far as this is concerned, with regard to this

**concert** [kɔ̃sɛʀ] *nm* concert; **de** ~ *adv* in unison; together

**concertation** [kɔ̃sɛʀtasjɔ̃] *nf* (*échange de vues*) dialogue; (*rencontre*) meeting

**concerter** [kɔ̃sɛʀte] *vt* to devise; **se concerter** *vi* (*collaborateurs etc*) to put our (*ou* their *etc*) heads together, consult (each other)

**concertiste** [kɔ̃sɛʀtist(ə)] *nm/f* concert artist

**concerto** [kɔ̃sɛʀto] *nm* concerto

**concession** [kɔ̃sesjɔ̃] *nf* concession

**concessionnaire** [kɔ̃sesjɔnɛʀ] *nm/f* agent, dealer

**concevable** [kɔ̃svabl(ə)] *adj* conceivable

**concevoir** [kɔ̃svwaʀ] *vt* (*idée, projet*) to conceive (of); (*méthode, plan d'appartement, décoration etc*) to plan, design; (*enfant*) to conceive; **maison bien/mal conçue** well-/badly-designed *ou* -planned house

**concierge** [kɔ̃sjɛʀʒ(ə)] *nm/f* caretaker; (*d'hôtel*) head porter

**conciergerie** [kɔ̃sjɛʀʒəʀi] *nf* caretaker's lodge

**concile** [kɔ̃sil] *nm* council, synod

**conciliable** [kɔ̃siljabl(ə)] *adj* (*opinions etc*) reconcilable

**conciliabules** [kɔ̃siljabyl] *nmpl* (private) discussions, confabulations (Brit)

**conciliant, e** [kɔ̃siljɑ̃, -ɑ̃t] *adj* conciliatory

**conciliateur, -trice** [kɔ̃siljatœʀ, -tʀis] *nm/f* mediator, go-between

**conciliation** [kɔ̃siljasjɔ̃] *nf* conciliation

**concilier** [kɔ̃silje] *vt* to reconcile; **se concilier qn/l'appui de qn** to win sb over/sb's support

**concis, e** [kɔ̃si, -iz] *adj* concise

**concision** [kɔ̃sizjɔ̃] *nf* concision, conciseness

**concitoyen, ne** [kɔ̃sitwajɛ̃, -ɛn] *nm/f* fellow citizen

**C**

**conclave** [kɔ̃klav] *nm* conclave

**concluant, e** [kɔ̃klɥɑ̃, -ɑ̃t] *vb voir* **conclure** ▷ *adj* conclusive

**conclure** [kɔ̃klyʀ] *vt* to conclude; (*signer: accord, pacte*) to enter into; (*déduire*): ~ **qch de qch** to deduce sth from sth; ~ **à l'acquittement** to decide in favour of an acquittal; ~ **au suicide** to come to the conclusion (*ou* (*Jur*) to pronounce) that it is a case of suicide; ~ **un marché** to clinch a deal; **j'en conclus que** from that I conclude that

**conclusion** [kɔ̃klyzjɔ̃] *nf* conclusion; **conclusions** *nfpl* (*Jur*) submissions; findings; **en** ~ in conclusion

**concocter** [kɔ̃kɔkte] *vt* to concoct

**conçois** [kɔ̃swa], **conçoive** *etc* [kɔ̃swav] *vb voir* **concevoir**

**concombre** [kɔ̃kɔ̃bʀ(ə)] *nm* cucumber

**concomitant, e** [kɔ̃kɔmitɑ̃, -ɑ̃t] *adj* concomitant

**concordance** [kɔ̃kɔʀdɑ̃s] *nf* concordance; **la ~ des temps** (*Ling*) the sequence of tenses

**concordant, e** [kɔ̃kɔʀdɑ̃, -ɑ̃t] *adj* (*témoignages, versions*) corroborating

**concorde** [kɔ̃kɔʀd(ə)] *nf* concord

**concorder** [kɔ̃kɔʀde] *vi* to tally, agree

**concourir** [kɔ̃kuʀiʀ] *vi* (*Sport*) to compete; ~ **à** *vt* (*effet etc*) to work towards

**concours** [kɔ̃kuʀ] *vb voir* **concourir** ▷ *nm* competition; (*Scol*) competitive examination; (*assistance*) aid, help; **recrutement par voie de** ~ recruitment by (competitive) examination; **apporter son** ~ **à** to give one's support to; ~ **de circonstances** combination of circumstances; ~ **hippique** horse show; *voir* **hors-concours**

**concret, -ète** [kɔ̃kʀɛ, -ɛt] *adj* concrete

**concrètement** [kɔ̃kʀɛtmɑ̃] *adv* in concrete terms

**concrétisation** [kɔ̃kʀetizasjɔ̃] *nf* realization

**concrétiser** [kɔ̃kʀetize] *vt* to realize; **se concrétiser** *vi* to materialize

**conçu, e** [kɔ̃sy] *pp de* **concevoir**

**concubin, e** [kɔ̃kybɛ̃, -in] *nm/f* (*Jur*) cohabitant

**concubinage** [kɔ̃kybinaʒ] *nm* (*Jur*) cohabitation

**concupiscence** [kɔ̃kypisɑ̃s] *nf* concupiscence

**concurremment** [kɔ̃kyʀamɑ̃] *adv* concurrently; jointly

**concurrence** [kɔ̃kyʀɑ̃s] *nf* competition; **jusqu'à ~ de** up to; ~ **déloyale** unfair competition

**concurrencer** [kɔ̃kyʀɑ̃se] *vt* to compete with; **ils nous concurrencent dangereusement** they are a serious threat to us

**concurrent, e** [kɔ̃kyʀɑ̃, -ɑ̃t] *adj* competing ▷ *nm/f* (*Sport, Écon etc*) competitor; (*Scol*) candidate

**concurrentiel, le** [kɔ̃kyʀɑ̃sjɛl] *adj* competitive

**conçus** [kɔ̃sy] *vb voir* **concevoir**

**condamnable** [kɔ̃danabl(ə)] *adj* (*action, opinion*) reprehensible

**condamnation** [kɔ̃danasjɔ̃] *nf* (*action*) condemnation; sentencing; (*peine*) sentence; conviction; ~ **à mort** death sentence

**condamné, e** [kɔ̃dane] *nm/f* (*Jur*) convict

**condamner** [kɔ̃dane] *vt* (*blâmer*) to condemn; (*Jur*) to sentence; (*porte, ouverture*) to fill in, block up; (*malade*) to give up (hope for); (*obliger*): ~ **qn à qch/à faire** to condemn sb to sth/to do; ~ **qn à deux ans de prison** to sentence sb to two years' imprisonment; ~ **qn à une amende** to impose a fine on sb

**condensateur** [kɔ̃dɑ̃satœʀ] *nm* condenser

**condensation** [kɔ̃dɑ̃sasjɔ̃] *nf* condensation

**condensé** [kɔ̃dɑ̃se] *nm* digest

**condenser** [kɔ̃dɑ̃se]: **se condenser** *vi* to condense

**condescendance** [kɔ̃desɑ̃dɑ̃s] *nf* condescension

**condescendant, e** [kɔ̃desɑ̃dɑ̃, -ɑ̃t] *adj* (*personne, attitude*) condescending

**condescendre** [kɔ̃desɑ̃dʀ(ə)] *vi*: ~ **à** to condescend to

**condiment** [kɔ̃dimɑ̃] *nm* condiment

**condisciple** [kɔ̃disipl(ə)] *nm/f* school fellow, fellow student

**condition** [kɔ̃disjɔ̃] *nf* condition; **conditions** *nfpl* (*tarif, prix*) terms; (*circonstances*) conditions; **sans** ~ *adj* unconditional ▷ *adv* unconditionally; **sous ~ que** on condition that; **à ~ de** *ou* **que** provided that; **en bonne** ~ in good condition; **mettre en** ~ (*Sport etc*) to get fit; (*Psych*) to condition (mentally); **~s de vie** living conditions

**conditionnel, le** [kɔ̃disjɔnɛl] *adj* conditional ▷ *nm* conditional (tense)

**conditionnement** [kɔ̃disjɔnmɑ̃] *nm* (*emballage*) packaging; (*fig*) conditioning

**conditionner** [kɔ̃disjɔne] *vt* (*déterminer*) to determine; (*Comm: produit*) to package; (*fig: personne*) to condition; **air conditionné** air conditioning; **réflexe conditionné** conditioned reflex

**condoléances** [kɔ̃dɔleɑ̃s] *nfpl* condolences

**conducteur, -trice** [kɔ̃dyktœʀ, -tʀis] *adj* (*Élec*) conducting ▷ *nm/f* (*Auto etc*) driver; (*d'une machine*) operator ▷ *nm* (*Élec etc*) conductor

**conduire** [kɔ̃dɥiʀ] *vt* (*véhicule, passager*) to drive; (*délégation, troupeau*) to lead; **se conduire** *vi* to behave; ~ **vers/à** to lead towards/to; ~ **qn quelque part** to take sb somewhere; to drive sb somewhere

**conduit, e** [kɔ̃dɥi, -it] *pp de* **conduire** ▷ *nm* (*Tech*) conduit, pipe; (*Anat*) duct, canal

**conduite** [kɔ̃dɥit] *nf* (*en auto*) driving; (*comportement*) behaviour (*Brit*), behavior (*US*); (*d'eau, de gaz*) pipe; **sous la ~ de** led by; ~ **forcée** pressure pipe; ~ **à gauche** left-hand drive; ~ **intérieure** saloon (car)

**cône** [kon] *nm* cone; **en forme de ~** cone-shaped

**conf.** *abr* = **confort**; **tt ~** all mod cons (*Brit*)

**confection** [kɔ̃fɛksjɔ̃] *nf* (*fabrication*) making; (*Couture*): **la ~** the clothing industry, the rag trade (*fam*); **vêtement de ~** ready-to-wear *ou*

off-the-peg garment
**confectionner** [kɔ̃fɛksjɔne] *vt* to make
**confédération** [kɔ̃fedeʀasjɔ̃] *nf* confederation
**conférence** [kɔ̃feʀɑ̃s] *nf* (*exposé*) lecture;
(*pourparlers*) conference; ~ **de presse** press
conference; ~ **au sommet** summit
(conference)
**conférencier, -ière** [kɔ̃feʀɑ̃sje, -jɛʀ] *nm/f*
lecturer
**conférer** [kɔ̃feʀe] *vt*: ~ **à qn** (*titre, grade*) to confer
on sb; ~ **à qch/qn** (*aspect etc*) to endow sth/sb
with, give (to) sth/sb
**confesser** [kɔ̃fese] *vt* to confess; **se confesser** *vi*
(*Rel*) to go to confession
**confesseur** [kɔ̃fesœʀ] *nm* confessor
**confession** [kɔ̃fesjɔ̃] *nf* confession; (*culte:
catholique etc*) denomination
**confessionnal, -aux** [kɔ̃fesjɔnal, -o] *nm*
confessional
**confessionnel, le** [kɔ̃fesjɔnɛl] *adj*
denominational
**confetti** [kɔ̃feti] *nm* confetti *no pl*
**confiance** [kɔ̃fjɑ̃s] *nf* confidence, trust; faith;
**avoir ~ en** to have confidence *ou* faith in, trust;
**faire ~ à** to trust; **en toute ~** with complete
confidence; **de ~** trustworthy, reliable; **mettre
qn en ~** to win sb's trust; **vote de ~** (*Pol*) vote of
confidence; **inspirer ~ à** to inspire confidence
in; ~ **en soi** self-confidence; *voir* **question**
**confiant, e** [kɔ̃fjɑ̃, -ɑ̃t] *adj* confident; trusting
**confidence** [kɔ̃fidɑ̃s] *nf* confidence
**confident, e** [kɔ̃fidɑ̃, -ɑ̃t] *nm/f* confidant/
confidante
**confidentiel, le** [kɔ̃fidɑ̃sjɛl] *adj* confidential
**confidentiellement** [kɔ̃fidɑ̃sjɛlmɑ̃] *adv* in
confidence, confidentially
**confier** [kɔ̃fje] *vt*: ~ **à qn** (*objet en dépôt, travail etc*)
to entrust to sb; (*secret, pensée*) to confide to sb;
**se confier à qn** to confide in sb
**configuration** [kɔ̃figyʀasjɔ̃] *nf* configuration,
layout; (*Inform*) configuration
**configurer** [kɔ̃figyʀe] *vt* to configure
**confiné, e** [kɔ̃fine] *adj* enclosed; (*air*) stale
**confiner** [kɔ̃fine] *vt*: ~ **à** to confine to; (*toucher*)
to border on; **se ~ dans** *ou* **à** to confine o.s. to
**confins** [kɔ̃fɛ̃] *nmpl*: **aux ~ de** on the borders of
**confirmation** [kɔ̃fiʀmasjɔ̃] *nf* confirmation
**confirmer** [kɔ̃fiʀme] *vt* to confirm; ~ **qn dans
une croyance/ses fonctions** to strengthen sb
in a belief/his duties
**confiscation** [kɔ̃fiskasjɔ̃] *nf* confiscation
**confiserie** [kɔ̃fizʀi] *nf* (*magasin*) confectioner's
*ou* sweet shop (Brit), candy store (US);
**confiseries** *nfpl* (*bonbons*) confectionery *sg*,
sweets, candy *no pl*
**confiseur, -euse** [kɔ̃fizœʀ, -øz] *nm/f*
confectioner
**confisquer** [kɔ̃fiske] *vt* to confiscate
**confit, e** [kɔ̃fi, -it] *adj*: **fruits ~s** crystallized
fruits ▷ *nm*: ~ **d'oie** potted goose
**confiture** [kɔ̃fityʀ] *nf* jam; ~ **d'oranges**
(orange) marmalade

**conflagration** [kɔ̃flagʀasjɔ̃] *nf* cataclysm
**conflictuel, le** [kɔ̃fliktɥɛl] *adj* full of clashes *ou*
conflicts
**conflit** [kɔ̃fli] *nm* conflict
**confluent** [kɔ̃flyɑ̃] *nm* confluence
**confondre** [kɔ̃fɔ̃dʀ(ə)] *vt* (*jumeaux, faits*) to
confuse, mix up; (*témoin, menteur*) to confound;
**se confondre** *vi* to merge; **se ~ en excuses** to
offer profuse apologies, apologize profusely; ~
**qch/qn avec qch/qn d'autre** to mistake sth/sb
for sth/sb else
**confondu, e** [kɔ̃fɔ̃dy] *pp de* **confondre** ▷ *adj*
(*stupéfait*) speechless, overcome; **toutes
catégories ~es** taking all categories together
**conformation** [kɔ̃fɔʀmasjɔ̃] *nf* conformation
**conforme** [kɔ̃fɔʀm(ə)] *adj*: ~ **à** (*en accord avec*) in
accordance with, in keeping with; (*identique à*)
true to; **copie certifiée ~** (*Admin*) certified copy;
~ **à la commande** as per order
**conformé, e** [kɔ̃fɔʀme] *adj*: **bien ~** well-formed
**conformément** [kɔ̃fɔʀmemɑ̃] *adv*: ~ **à** in
accordance with
**conformer** [kɔ̃fɔʀme] *vt*: ~ **qch à** to model sth
on; **se ~ à** to conform to
**conformisme** [kɔ̃fɔʀmism(ə)] *nm* conformity
**conformiste** [kɔ̃fɔʀmist(ə)] *adj, nm/f*
conformist
**conformité** [kɔ̃fɔʀmite] *nf* conformity;
agreement; **en ~ avec** in accordance with
**confort** [kɔ̃fɔʀ] *nm* comfort; **tout ~** (*Comm*) with
all mod cons (Brit) *ou* modern conveniences
**confortable** [kɔ̃fɔʀtabl(ə)] *adj* comfortable
**confortablement** [kɔ̃fɔʀtabləmɑ̃] *adv*
comfortably
**conforter** [kɔ̃fɔʀte] *vt* to reinforce, strengthen
**confrère** [kɔ̃fʀɛʀ] *nm* colleague; fellow member
**confrérie** [kɔ̃fʀeʀi] *nf* brotherhood
**confrontation** [kɔ̃fʀɔ̃tasjɔ̃] *nf* confrontation
**confronté, e** [kɔ̃fʀɔ̃te] *adj*: ~ **à** confronted by,
facing
**confronter** [kɔ̃fʀɔ̃te] *vt* to confront; (*textes*) to
compare, collate
**confus, e** [kɔ̃fy, -yz] *adj* (*vague*) confused;
(*embarrassé*) embarrassed
**confusément** [kɔ̃fyzemɑ̃] *adv* (*distinguer, ressentir*)
vaguely; (*parler*) confusedly
**confusion** [kɔ̃fyzjɔ̃] *nf* (*voir confus*) confusion;
embarrassment; (*voir confondre*) confusion;
mixing up; (*erreur*) confusion; ~ **des peines** (*Jur*)
concurrency of sentences
**congé** [kɔ̃ʒe] *nm* (*vacances*) holiday; (*arrêt de
travail*) time off *no pl*, leave *no pl*; (*Mil*) leave *no pl*;
(*avis de départ*) notice; **en ~** on holiday; off
(work); on leave; **semaine/jour de ~** week/day
off; **prendre ~ de qn** to take one's leave of sb;
**donner son ~ à** to hand *ou* give in one's notice
to; ~ **de maladie** sick leave; ~ **de maternité**
maternity leave; ~**s payés** paid holiday *ou* leave
**congédier** [kɔ̃ʒedje] *vt* to dismiss
**congélateur** [kɔ̃ʒelatœʀ] *nm* freezer, deep
freeze
**congélation** [kɔ̃ʒelasjɔ̃] *nf* freezing; (*de l'huile*)

congealing

**congeler** [kɔ̃ʒle]: **se congeler** vi to freeze

**congénère** [kɔ̃ʒenɛʀ] nm/f fellow (bear ou lion etc), fellow creature

**congénital, e, -aux** [kɔ̃ʒenital, -o] adj congenital

**congère** [kɔ̃ʒɛʀ] nf snowdrift

**congestion** [kɔ̃ʒɛstjɔ̃] nf congestion; ~ **cérébrale** stroke; ~ **pulmonaire** congestion of the lungs

**congestionner** [kɔ̃ʒɛstjɔne] vt to congest; (Méd) to flush

**conglomérat** [kɔ̃glɔmeʀa] nm conglomerate

**Congo** [kɔ̃go] nm: **le ~** (pays, fleuve) the Congo

**congolais, e** [kɔ̃gɔlɛ, -ɛz] adj Congolese ▷ nm/f: **Congolais, e** Congolese

**congratuler** [kɔ̃gʀatyle] vt to congratulate

**congre** [kɔ̃gʀ(ə)] nm conger (eel)

**congrégation** [kɔ̃gʀegasjɔ̃] nf (Rel) congregation; (gén) assembly; gathering

**congrès** [kɔ̃gʀɛ] nm congress

**congressiste** [kɔ̃gʀesist(ə)] nm/f delegate, participant (at a congress)

**congru, e** [kɔ̃gʀy] adj: **la portion ~e** the smallest ou meanest share

**conifère** [kɔnifɛʀ] nm conifer

**conique** [kɔnik] adj conical

**conjecture** [kɔ̃ʒɛktyʀ] nf conjecture, speculation no pl

**conjecturer** [kɔ̃ʒɛktyʀe] vt, vi to conjecture

**conjoint, e** [kɔ̃ʒwɛ̃, -wɛ̃t] adj joint ▷ nm/f spouse

**conjointement** [kɔ̃ʒwɛ̃tmɑ̃] adv jointly

**conjonctif, -ive** [kɔ̃ʒɔ̃ktif, -iv] adj: **tissu ~** connective tissue

**conjonction** [kɔ̃ʒɔ̃ksjɔ̃] nf (Ling) conjunction

**conjonctivite** [kɔ̃ʒɔ̃ktivit] nf conjunctivitis

**conjoncture** [kɔ̃ʒɔ̃ktyʀ] nf circumstances pl; **la ~ (économique)** the economic climate ou situation

**conjoncturel, le** [kɔ̃ʒɔ̃ktyʀɛl] adj: **variations/ tendances ~les** economic fluctuations/trends

**conjugaison** [kɔ̃ʒygɛzɔ̃] nf (Ling) conjugation

**conjugal, e, -aux** [kɔ̃ʒygal, -o] adj conjugal; married

**conjugué, e** [kɔ̃ʒyge] adj combined

**conjuguer** [kɔ̃ʒyge] vt (Ling) to conjugate; (efforts etc) to combine

**conjuration** [kɔ̃ʒyʀasjɔ̃] nf conspiracy

**conjuré, e** [kɔ̃ʒyʀe] nm/f conspirator

**conjurer** [kɔ̃ʒyʀe] vt (sort, maladie) to avert; (implorer): ~ **qn de faire qch** to beseech ou entreat sb to do sth

**connais** [kɔnɛ], **connaissais** etc [kɔnɛsɛ] vb voir **connaître**

**connaissance** [kɔnɛsɑ̃s] nf (savoir) knowledge no pl; (personne connue) acquaintance; (conscience) consciousness; **connaissances** nfpl knowledge no pl; **être sans ~** to be unconscious; **perdre/ reprendre ~** to lose/regain consciousness; **à ma/sa ~** to (the best of) my/his knowledge; **faire ~ avec qn** ou **la ~ de qn** (rencontrer) to meet

sb; (apprendre à connaître) to get to know sb; **avoir ~ de** to be aware of; **prendre ~ de** (document etc) to peruse; **en ~ de cause** with full knowledge of the facts; **de ~** (personne, visage) familiar

**connaissant** etc [kɔnɛsɑ̃] vb voir **connaître**

**connaissement** [kɔnɛsmɑ̃] nm bill of lading

**connaisseur, -euse** [kɔnɛsœʀ, -øz] nm/f connoisseur ▷ adj expert

**connaître** [kɔnɛtʀ(ə)] vt to know; (éprouver) to experience; (avoir) to have; to enjoy; ~ **de nom/ vue** to know by name/sight; **se connaître** vi to know each other; (soi-même) to know o.s.; **ils se sont connus à Genève** they (first) met in Geneva; **s'y ~ en qch** to know about sth

**connasse** [kɔnas] nf (fam!) stupid bitch (!) ou cow (!)

**connecté, e** [kɔnɛkte] adj (Inform) on line

**connecter** [kɔnɛkte] vt to connect; **se connecter à Internet** to log onto the internet

**connerie** [kɔnʀi] nf (fam) (bloody) stupid (Brit) ou damn-fool (US) thing to do ou say

**connexe** [kɔnɛks(ə)] adj closely related

**connexion** [kɔnɛksjɔ̃] nf connection

**connivence** [kɔnivɑ̃s] nf connivance

**connotation** [kɔnɔtasjɔ̃] nf connotation

**connu, e** [kɔny] pp de **connaître** ▷ adj (célèbre) well-known

**conque** [kɔ̃k] nf (coquille) conch (shell)

**conquérant, e** [kɔ̃keʀɑ̃, -ɑ̃t] nm/f conqueror

**conquérir** [kɔ̃keʀiʀ] vt to conquer, win

**conquerrai** etc [kɔ̃kɛʀʀe] vb voir **conquérir**

**conquête** [kɔ̃kɛt] nf conquest

**conquière, conquiers** etc [kɔ̃kjɛʀ] vb voir **conquérir**

**conquis, e** [kɔ̃ki, -iz] pp de **conquérir**

**consacrer** [kɔ̃sakʀe] vt (Rel): ~ **qch (à)** to consecrate sth (to); (fig: usage etc) to sanction, establish; (employer): ~ **qch à** to devote ou dedicate sth to; **se consacrer à qch/faire** to dedicate ou devote o.s. to sth/to doing

**consanguin, e** [kɔ̃sɑ̃gɛ̃, -in] adj between blood relations; **frère ~** half-brother (on father's side); **mariage ~** intermarriage

**consciemment** [kɔ̃sjamɑ̃] adv consciously

**conscience** [kɔ̃sjɑ̃s] nf conscience; (perception) consciousness; **avoir/prendre ~ de** to be/ become aware of; **perdre/reprendre ~** to lose/ regain consciousness; **avoir bonne/mauvaise ~** to have a clear/guilty conscience; **en (toute) ~** in all conscience

**consciencieux, -euse** [kɔ̃sjɑ̃sjø, -øz] adj conscientious

**conscient, e** [kɔ̃sjɑ̃, -ɑ̃t] adj conscious; ~ **de** aware ou conscious of

**conscription** [kɔ̃skʀipsjɔ̃] nf conscription

**conscrit** [kɔ̃skʀi] nm conscript

**consécration** [kɔ̃sekʀasjɔ̃] nf consecration

**consécutif, -ive** [kɔ̃sekytif, -iv] adj consecutive; ~ **à** following upon

**consécutivement** [kɔ̃sekytivmɑ̃] adv consecutively; ~ **à** following on

**conseil** [kɔ̃sɛj] nm (avis) piece of advice, advice no

pl; (*assemblée*) council; (*expert*): ~ **en recrutement** recruitment consultant ▷ *adj*: **ingénieur-~** engineering consultant; **tenir ~** to hold a meeting; to deliberate; **donner un ~** *ou* **des ~s à qn** to give sb (a piece of) advice; **demander ~ à qn** to ask sb's advice; **prendre ~ (auprès de qn)** to take advice (from sb); ~ **d'administration (CA)** board (of directors); ~ **de classe** (*Scol*) *meeting of teachers, parents and class representatives to discuss pupils' progress*; ~ **de discipline** disciplinary committee; ~ **général** regional council; *see note*; ~ **de guerre** court-martial; **le ~ des ministres** = the Cabinet; ~ **municipal (CM)** town council; ~ **régional** *regional board of elected representatives*; ~ **de révision** recruitment *ou* draft (US) board

⬤ **CONSEIL GÉNÉRAL**
⬤
⬤ Each "département" of France is run by a
⬤ *Conseil général*, whose remit covers personnel,
⬤ transport infrastructure, housing, school
⬤ grants and economic development. The
⬤ council is made up of "conseillers
⬤ généraux", each of whom represents a
⬤ "canton" and is elected for a six-year term.
⬤ Half of the council's membership are
⬤ elected every three years.

**conseiller¹** [kɔ̃seje] *vt* (*personne*) to advise; (*méthode, action*) to recommend, advise; ~ **qch à qn** to recommend sth to sb; ~ **à qn de faire qch** to advise sb to do sth
**conseiller², -ière** [kɔ̃seje, -ɛR] *nm/f* adviser; ~ **général** regional councillor; ~ **matrimonial** marriage guidance counsellor; ~ **municipal** town councillor; ~ **d'orientation** (*Scol*) careers adviser (*Brit*), (school) counselor (*US*)
**consensuel, le** [kɔ̃sɑ̃sɥɛl] *adj* consensual
**consensus** [kɔ̃sɛ̃sys] *nm* consensus
**consentement** [kɔ̃sɑ̃tmɑ̃] *nm* consent
**consentir** [kɔ̃sɑ̃tiR] *vt*: ~ **(à qch/faire)** to agree *ou* consent (to sth/to doing); ~ **qch à qn** to grant sb sth
**conséquence** [kɔ̃sekɑ̃s] *nf* consequence, outcome; **conséquences** *nfpl* consequences, repercussions; **en ~** (*donc*) consequently; (*de façon appropriée*) accordingly; **ne pas tirer à ~** to be unlikely to have any repercussions; **sans ~** unimportant; **de ~** important
**conséquent, e** [kɔ̃sekɑ̃, -ɑ̃t] *adj* logical, rational; (*fam: important*) substantial; **par ~** consequently
**conservateur, -trice** [kɔ̃sɛRvatœR, -tRis] *adj* conservative ▷ *nm/f* (*Pol*) conservative; (*de musée*) curator
**conservation** [kɔ̃sɛRvasjɔ̃] *nf* retention; keeping; preservation
**conservatisme** [kɔ̃sɛRvatism(ə)] *nm* conservatism
**conservatoire** [kɔ̃sɛRvatwaR] *nm* academy; (*Écologie*) conservation area

**conserve** [kɔ̃sɛRv(ə)] *nf* (*gén pl*) canned *ou* tinned (*Brit*) food; **~s de poisson** canned *ou* tinned (*Brit*) fish; **en ~** canned, tinned (*Brit*); **de ~** (*ensemble*) in concert; (*naviguer*) in convoy
**conservé, e** [kɔ̃sɛRve] *adj*: **bien ~** (*personne*) well-preserved
**conserver** [kɔ̃sɛRve] *vt* (*faculté*) to retain, keep; (*habitude*) to keep up; (*amis, livres*) to keep; (*préserver, Culin*) to preserve; **se conserver** *vi* (*aliments*) to keep; (*aussi:* **"conserver au frais"**) "store in a cool place"
**conserverie** [kɔ̃sɛRvəRi] *nf* canning factory
**considérable** [kɔ̃sideRabl(ə)] *adj* considerable, significant, extensive
**considération** [kɔ̃sideRasjɔ̃] *nf* consideration; (*estime*) esteem, respect; **considérations** *nfpl* (*remarques*) reflections; **prendre en ~** to take into consideration *ou* account; **ceci mérite ~** this is worth considering; **en ~ de** given, because of
**considéré, e** [kɔ̃sideRe] *adj* respected; **tout bien ~** all things considered
**considérer** [kɔ̃sideRe] *vt* to consider; (*regarder*) to consider, study; ~ **qch comme** to regard sth as
**consigne** [kɔ̃siɲ] *nf* (*Comm*) deposit; (*de gare*) left luggage (office) (*Brit*), checkroom (*US*); (*punition: Scol*) detention; (*: Mil*) confinement to barracks; (*ordre, instruction*) instructions *pl*; ~ **automatique** left-luggage locker; **~s de sécurité** safety instructions
**consigné, e** [kɔ̃siɲe] *adj* (*Comm: bouteille, emballage*) returnable; **non ~** non-returnable
**consigner** [kɔ̃siɲe] *vt* (*note, pensée*) to record; (*marchandises*) to deposit; (*punir: Mil*) to confine to barracks; (*: élève*) to put in detention; (*Comm*) to put a deposit on
**consistance** [kɔ̃sistɑ̃s] *nf* consistency
**consistant, e** [kɔ̃sistɑ̃, -ɑ̃t] *adj* thick; solid
**consister** [kɔ̃siste] *vi*: ~ **en/dans/à faire** to consist of/in/in doing
**consœur** [kɔ̃sœR] *nf* (lady) colleague; fellow member
**consolation** [kɔ̃sɔlasjɔ̃] *nf* consolation *no pl*, comfort *no pl*
**console** [kɔ̃sɔl] *nf* console; ~ **graphique** *ou* **de visualisation** (*Inform*) visual display unit, VDU; ~ **de jeux** games console
**consoler** [kɔ̃sɔle] *vt* to console; **se ~ (de qch)** to console o.s. (for sth)
**consolider** [kɔ̃sɔlide] *vt* to strengthen, reinforce; (*fig*) to consolidate; **bilan consolidé** consolidated balance sheet
**consommateur, -trice** [kɔ̃sɔmatœR, -tRis] *nm/f* (*Écon*) consumer; (*dans un café*) customer
**consommation** [kɔ̃sɔmasjɔ̃] *nf* consumption; (*Jur*) consummation; (*boisson*) drink; ~ **aux 100 km** (*Auto*) (fuel) consumption per 100 km, = miles per gallon (mpg), = gas mileage (*US*); **de ~** (*biens, société*) consumer *cpd*
**consommé, e** [kɔ̃sɔme] *adj* consummate ▷ *nm* consommé

**consommer** [kɔ̃sɔme] vt (personne) to eat ou drink, consume; (voiture, usine, poêle) to use, consume; (Jur) to consummate ▷ vi (dans un café) to (have a) drink

**consonance** [kɔ̃sɔnãs] nf consonance; **nom à ~ étrangère** foreign-sounding name

**consonne** [kɔ̃sɔn] nf consonant

**consortium** [kɔ̃sɔrsjɔm] nm consortium

**consorts** [kɔ̃sɔr] nmpl: **et ~** (péj) and company, and his bunch ou like

**conspirateur, -trice** [kɔ̃spiratœr, -tris] nm/f conspirator, plotter

**conspiration** [kɔ̃spirasjɔ̃] nf conspiracy

**conspirer** [kɔ̃spire] vi to conspire, plot; **~ à** (tendre à) to conspire to

**conspuer** [kɔ̃spɥe] vt to boo, shout down

**constamment** [kɔ̃stamã] adv constantly

**constance** [kɔ̃stãs] nf permanence, constancy; (d'une amitié) steadfastness; **travailler avec ~** to work steadily; **il faut de la ~ pour la supporter** (fam) you need a lot of patience to put up with her

**constant, e** [kɔ̃stã, -ãt] adj constant; (personne) steadfast ▷ nf constant

**Constantinople** [kɔ̃stãtinɔpl(ə)] n Constantinople

**constat** [kɔ̃sta] nm (d'huissier) certified report (by bailiff); (de police) report; (observation) (observed) fact, observation; (affirmation) statement; **~ (à l'amiable)** (jointly agreed) statement for insurance purposes

**constatation** [kɔ̃statasjɔ̃] nf noticing; certifying; (remarque) observation

**constater** [kɔ̃state] vt (remarquer) to note, notice; (Admin, Jur: attester) to certify; (dégâts) to note; **~ que** (dire) to state that

**constellation** [kɔ̃stelasjɔ̃] nf constellation

**constellé, e** [kɔ̃stele] adj: **~ de** (étoiles) studded ou spangled with; (taches) spotted with

**consternant, e** [kɔ̃stɛrnã, -ãt] adj (nouvelle) dismaying; (attristant, étonnant: bêtise) appalling

**consternation** [kɔ̃stɛrnasjɔ̃] nf consternation, dismay

**consterner** [kɔ̃stɛrne] vt to dismay

**constipation** [kɔ̃stipasjɔ̃] nf constipation

**constipé, e** [kɔ̃stipe] adj constipated; (fig) stiff

**constituant, e** [kɔ̃stitɥɑ̃, -ãt] adj (élément) constituent; **assemblée ~e** (Pol) constituent assembly

**constitué, e** [kɔ̃stitɥe] adj: **~ de** made up ou composed of; **bien ~** of sound constitution; well-formed

**constituer** [kɔ̃stitɥe] vt (comité, équipe) to set up, form; (dossier, collection) to put together, build up; (éléments, parties: composer) to make up, constitute; (représenter, être) to constitute; **se ~ prisonnier** to give o.s. up; **se ~ partie civile** to bring an independent action for damages

**constitution** [kɔ̃stitysjɔ̃] nf setting up; building up; (composition) composition, make-up; (santé, Pol) constitution

**constitutionnel, le** [kɔ̃stitysjɔnɛl] adj constitutional

**constructeur** [kɔ̃strʏktœr] nm manufacturer, builder

**constructif, -ive** [kɔ̃strʏktif, -iv] adj (positif) constructive

**construction** [kɔ̃strʏksjɔ̃] nf construction, building

**construire** [kɔ̃strɥir] vt to build, construct; **se construire** vi: **l'immeuble s'est construit très vite** the building went up ou was built very quickly

**consul** [kɔ̃syl] nm consul

**consulaire** [kɔ̃sylɛr] adj consular

**consulat** [kɔ̃syla] nm consulate

**consultant, e** [kɔ̃syltã, -ãt] adj consultant

**consultatif, -ive** [kɔ̃syltatif, -iv] adj advisory

**consultation** [kɔ̃syltasjɔ̃] nf consultation; **consultations** nfpl (Pol) talks; **être en ~** (délibération) to be in consultation; (médecin) to be consulting; **aller à la ~** (Méd) to go to the surgery (Brit) ou doctor's office (US); **heures de ~** (Méd) surgery (Brit) ou office (US) hours

**consulter** [kɔ̃sylte] vt to consult ▷ vi (médecin) to hold surgery (Brit), be in (the office) (US); **se consulter** vi to confer

**consumer** [kɔ̃syme] vt to consume; **se consumer** vi to burn; **se ~ de chagrin/douleur** to be consumed with sorrow/grief

**consumérisme** [kɔ̃symerism(ə)] nm consumerism

**contact** [kɔ̃takt] nm contact; **au ~ de** (air, peau) on contact with; (gens) through contact with; **mettre/couper le ~** (Auto) to switch on/off the ignition; **entrer en ~** (fils, objets) to come into contact, make contact; **se mettre en ~ avec** (Radio) to make contact with; **prendre ~ avec** (relation d'affaires, connaissance) to get in touch ou contact with

**contacter** [kɔ̃takte] vt to contact, get in touch with

**contagieux, -euse** [kɔ̃taʒjø, -øz] adj contagious; infectious

**contagion** [kɔ̃taʒjɔ̃] nf contagion

**container** [kɔ̃tɛnɛr] nm container

**contamination** [kɔ̃taminasjɔ̃] nf infection; contamination

**contaminer** [kɔ̃tamine] vt (par un virus) to infect; (par des radiations) to contaminate

**conte** [kɔ̃t] nm tale; **~ de fées** fairy tale

**contemplatif, -ive** [kɔ̃tãplatif, -iv] adj contemplative

**contemplation** [kɔ̃tãplasjɔ̃] nf contemplation; (Rel, Philosophie) meditation

**contempler** [kɔ̃tãple] vt to contemplate, gaze at

**contemporain, e** [kɔ̃tãpɔrɛ̃, -ɛn] adj, nm/f contemporary

**contenance** [kɔ̃tnãs] nf (d'un récipient) capacity; (attitude) bearing, attitude; **perdre ~** to lose one's composure; **se donner une ~** to give the impression of composure; **faire bonne ~ (devant)** to put on a bold front (in the face of)

**conteneur** [kɔ̃tnœr] nm container; **~ (de**

**bouteilles)** bottle bank

**conteneurisation** [kɔ̃tnœʀizɑsjɔ̃] *nf*
containerization

**contenir** [kɔ̃tniʀ] *vt* to contain; *(avoir une capacité de)* to hold; **se contenir** *vi (se retenir)* to control o.s. *ou* one's emotions, contain o.s.

**content, e** [kɔ̃tɑ̃, -ɑ̃t] *adj* pleased, glad; ~ **de** pleased with; **je serais ~ que tu ...** I would be pleased if you ...

**contentement** [kɔ̃tɑ̃tmɑ̃] *nm* contentment, satisfaction

**contenter** [kɔ̃tɑ̃te] *vt* to satisfy, please; *(envie)* to satisfy; **se ~ de** to content o.s. with

**contentieux** [kɔ̃tɑ̃sjø] *nm (Comm)* litigation; (: *service)* litigation department; *(Pol etc)* contentious issues *pl*

**contenu, e** [kɔ̃tny] *pp de* **contenir** ▷ *nm (d'un bol)* contents *pl*; *(d'un texte)* content

**conter** [kɔ̃te] *vt* to recount, relate; **en ~ de belles à qn** to tell tall stories to sb

**contestable** [kɔ̃tɛstabl(ə)] *adj* questionable

**contestataire** [kɔ̃tɛstatɛʀ] *adj (journal, étudiant)* anti-establishment ▷ *nm/f* (anti-establishment) protester

**contestation** [kɔ̃tɛstɑsjɔ̃] *nf* questioning, contesting; *(Pol):* **la ~** anti-establishment activity, protest

**conteste** [kɔ̃tɛst(ə):]: **sans ~** *adv* unquestionably, indisputably

**contesté, e** [kɔ̃tɛste] *adj (roman, écrivain)* controversial

**contester** [kɔ̃tɛste] *vt* to question, contest ▷ *vi (Pol: gén)* to protest, rebel (against established authority)

**conteur, -euse** [kɔ̃tœʀ, -øz] *nm/f* story-teller

**contexte** [kɔ̃tɛkst(ə)] *nm* context

**contiendrai** [kɔ̃tjɛ̃dʀe], **contiens** *etc* [kɔ̃tjɛ̃] *vb voir* **contenir**

**contigu, ë** [kɔ̃tigy] *adj:* ~ **(à)** adjacent (to)

**continent** [kɔ̃tinɑ̃] *nm* continent

**continental, e, -aux** [kɔ̃tinɑ̃tal, -o] *adj* continental

**contingences** [kɔ̃tɛ̃ʒɑ̃s] *nfpl* contingencies

**contingent** [kɔ̃tɛ̃ʒɑ̃] *nm (Mil)* contingent; *(Comm)* quota

**contingenter** [kɔ̃tɛ̃ʒɑ̃te] *vt (Comm)* to fix a quota on

**contins** *etc* [kɔ̃tɛ̃] *vb voir* **contenir**

**continu, e** [kɔ̃tiny] *adj* continuous; **(courant) ~** direct current, DC

**continuation** [kɔ̃tinɥɑsjɔ̃] *nf* continuation

**continuel, le** [kɔ̃tinɥɛl] *adj (qui se répète)* constant, continual; *(continu)* continuous

**continuellement** [kɔ̃tinɥɛlmɑ̃] *adv* continually; continuously

**continuer** [kɔ̃tinɥe] *vt (travail, voyage etc)* to continue (with), carry on (with), go on with; *(prolonger: alignement, rue)* to continue ▷ *vi (pluie, vie, bruit)* to continue, go on; *(voyageur)* to go on; **se continuer** *vi* to carry on; ~ **à** *ou* **de faire** to go on *ou* continue doing

**continuité** [kɔ̃tinɥite] *nf* continuity;

continuation

**contondant, e** [kɔ̃tɔ̃dɑ̃, -ɑ̃t] *adj:* **arme ~e** blunt instrument

**contorsion** [kɔ̃tɔʀsjɔ̃] *nf* contortion

**contorsionner** [kɔ̃tɔʀsjɔne]: **se contorsionner** *vi* to contort o.s., writhe about

**contorsionniste** [kɔ̃tɔʀsjɔnist(ə)] *nm/f* contortionist

**contour** [kɔ̃tuʀ] *nm* outline, contour; **contours** *nmpl (d'une rivière etc)* windings

**contourner** [kɔ̃tuʀne] *vt* to bypass, walk *ou* drive) round

**contraceptif, -ive** [kɔ̃tʀasɛptif, -iv] *adj, nm* contraceptive

**contraception** [kɔ̃tʀasɛpsjɔ̃] *nf* contraception

**contracté, e** [kɔ̃tʀakte] *adj (muscle)* tense, contracted; *(personne: tendu)* tense, tensed up; **article ~** *(Ling)* contracted article

**contracter** [kɔ̃tʀakte] *vt (muscle etc)* to tense, contract; *(maladie, dette, obligation)* to contract; *(assurance)* to take out; **se contracter** *vi (métal, muscles)* to contract

**contraction** [kɔ̃tʀaksjɔ̃] *nf* contraction

**contractuel, le** [kɔ̃tʀaktɥel] *adj* contractual ▷ *nm/f (agent)* traffic warden; *(employé)* contract employee

**contradiction** [kɔ̃tʀadiksjɔ̃] *nf* contradiction

**contradictoire** [kɔ̃tʀadiktwaʀ] *adj* contradictory, conflicting; **débat ~** (open) debate

**contraignant, e** [kɔ̃tʀɛɲɑ̃, -ɑ̃t] *vb voir* **contraindre** ▷ *adj* restricting

**contraindre** [kɔ̃tʀɛ̃dʀ(ə)] *vt:* ~ **qn à faire** to force *ou* compel sb to do

**contraint, e** [kɔ̃tʀɛ̃, -ɛ̃t] *pp de* **contraindre** ▷ *adj (mine, air)* constrained, forced ▷ *nf* constraint; **sans ~e** unrestrainedly, unconstrainedly

**contraire** [kɔ̃tʀɛʀ] *adj, nm* opposite; ~ **à** contrary to; **au ~** *adv* on the contrary

**contrairement** [kɔ̃tʀɛʀmɑ̃] *adv:* ~ **à** contrary to, unlike

**contralto** [kɔ̃tʀalto] *nm* contralto

**contrariant, e** [kɔ̃tʀaʀjɑ̃, -ɑ̃t] *adj (personne)* contrary, perverse; *(incident)* annoying

**contrarier** [kɔ̃tʀaʀje] *vt (personne)* to annoy, bother; *(fig)* to impede: to thwart, frustrate

**contrariété** [kɔ̃tʀaʀjete] *nf* annoyance

**contraste** [kɔ̃tʀast(ə)] *nm* contrast

**contraster** [kɔ̃tʀaste] *vt, vi* to contrast

**contrat** [kɔ̃tʀa] *nm* contract; *(fig: accord, pacte)* agreement; ~ **de travail** employment contract

**contravention** [kɔ̃tʀavɑ̃sjɔ̃] *nf (infraction):* ~ **à** contravention of; *(amende)* fine; *(PV pour stationnement interdit)* parking ticket; **dresser ~ à** *(automobiliste)* to book; to write out a parking ticket for

**contre** [kɔ̃tʀ(ə)] *prép* against; *(en échange)* (in exchange) for; **par ~** on the other hand

**contre-amiral, -aux** [kɔ̃tʀamiʀal, -o] *nm* rear admiral

**contre-attaque** [kɔ̃tʀatak] *nf* counterattack

**contre-attaquer** [kɔ̃tʀatake] *vi* to

93

counterattack

**contre-balancer** [kɔ̃tʀəbalɑ̃se] *vt* to counterbalance; *(fig)* to offset

**contrebande** [kɔ̃tʀəbɑ̃d] *nf (trafic)* contraband, smuggling; *(marchandise)* contraband, smuggled goods *pl*; **faire la ~ de** to smuggle

**contrebandier, -ière** [kɔ̃tʀəbɑ̃dje, -jɛʀ] *nm/f* smuggler

**contrebas** [kɔ̃tʀəba]: **en ~** *adv* (down) below

**contrebasse** [kɔ̃tʀəbas] *nf* (double) bass

**contrebassiste** [kɔ̃tʀəbasist(ə)] *nm/f* (double) bass player

**contre-braquer** [kɔ̃tʀəbʀake] *vi* to steer into a skid

**contrecarrer** [kɔ̃tʀəkaʀe] *vt* to thwart

**contrechamp** [kɔ̃tʀəʃɑ̃] *nm (Ciné)* reverse shot

**contrecœur** [kɔ̃tʀəkœʀ]: **à ~** *adv* (be)grudgingly, reluctantly

**contrecoup** [kɔ̃tʀəku] *nm* repercussions *pl*; **par ~** as an indirect consequence

**contre-courant** [kɔ̃tʀəkuʀɑ̃]: **à ~** *adv* against the current

**contredire** [kɔ̃tʀədiʀ] *vt (personne)* to contradict; *(témoignage, assertion, faits)* to refute; **se contredire** *vi* to contradict o.s.

**contredit, e** [kɔ̃tʀədi, -it] *pp de* **contredire** ▷ *nm*: **sans ~** without question

**contrée** [kɔ̃tʀe] *nf* region; land

**contre-écrou** [kɔ̃tʀekʀu] *nm* lock nut

**contre-enquête** [kɔ̃tʀɑ̃kɛt] *nf* counter-inquiry

**contre-espionnage** [kɔ̃tʀɛspjɔnaʒ] *nm* counter-espionage

**contre-exemple** [kɔ̃tʀɛgzɑ̃pl(ə)] *nf* counter-example

**contre-expertise** [kɔ̃tʀɛkspɛʀtiz] *nf* second (expert) assessment

**contrefaçon** [kɔ̃tʀəfasɔ̃] *nf* forgery; **~ de brevet** patent infringement

**contrefaire** [kɔ̃tʀəfɛʀ] *vt (document, signature)* to forge, counterfeit; *(personne, démarche)* to mimic; *(dénaturer: sa voix etc)* to disguise

**contrefait, e** [kɔ̃tʀəfɛ, -ɛt] *pp de* **contrefaire** ▷ *adj* misshapen, deformed

**contrefasse** [kɔ̃tʀəfas], **contreferai** *etc* [kɔ̃tʀəfʀe] *vb voir* **contrefaire**

**contre-filet** [kɔ̃tʀəfilɛ] *nm (Culin)* sirloin

**contreforts** [kɔ̃tʀəfɔʀ] *nmpl* foothills

**contre-haut** [kɔ̃tʀəo]: **en ~** *adv* (up) above

**contre-indication** [kɔ̃tʀɛ̃dikasjɔ̃] *nf* contraindication

**contre-indiqué, e** [kɔ̃tʀɛ̃dike] *adj (Méd)* contraindicated

**contre-interrogatoire** [kɔ̃tʀɛ̃teʀɔgatwaʀ] *nm*: **faire subir un ~ à qn** to cross-examine sb

**contre-jour** [kɔ̃tʀəʒuʀ]: **à ~** *adv* against the light

**contremaître** [kɔ̃tʀəmɛtʀ(ə)] *nm* foreman

**contre-manifestant, e** [kɔ̃tʀəmanifɛstɑ̃, -ɑ̃t] *nm/f* counter-demonstrator

**contre-manifestation** [kɔ̃tʀəmanifɛstasjɔ̃] *nf* counter-demonstration

**contremarque** [kɔ̃tʀəmaʀk(ə)] *nf (ticket)* pass-out ticket

**contre-offensive** [kɔ̃tʀɔfɑ̃siv] *nf* counteroffensive

**contre-ordre** [kɔ̃tʀɔʀdʀ(ə)] *nm* = **contrordre**

**contrepartie** [kɔ̃tʀəpaʀti] *nf* compensation; **en ~** in compensation; in return

**contre-performance** [kɔ̃tʀəpɛʀfɔʀmɑ̃s] *nf* below-average performance

**contrepèterie** [kɔ̃tʀəpetʀi] *nf* spoonerism

**contre-pied** [kɔ̃tʀəpje] *nm (inverse, opposé)*: **le ~ de …** the exact opposite of …; **prendre le ~ de** to take the opposing view of; to take the opposite course to; **prendre qn à ~** *(Sport)* to wrong-foot sb

**contre-plaqué** [kɔ̃tʀəplake] *nm* plywood

**contre-plongée** [kɔ̃tʀəplɔ̃ʒe] *nf* low-angle shot

**contrepoids** [kɔ̃tʀəpwa] *nm* counterweight, counterbalance; **faire ~** to act as a counterbalance

**contrepoil** [kɔ̃tʀəpwal]: **à ~** *adv* the wrong way

**contrepoint** [kɔ̃tʀəpwɛ̃] *nm* counterpoint

**contrepoison** [kɔ̃tʀəpwazɔ̃] *nm* antidote

**contrer** [kɔ̃tʀe] *vt* to counter

**contre-révolution** [kɔ̃tʀəʀevɔlysjɔ̃] *nf* counter-revolution

**contre-révolutionnaire** [kɔ̃tʀəʀevɔlysjɔnɛʀ] *nm/f* counter-revolutionary

**contresens** [kɔ̃tʀəsɑ̃s] *nm* misinterpretation; *(mauvaise traduction)* mistranslation; *(absurdité)* nonsense *no pl*; **à ~** *adv* the wrong way

**contresigner** [kɔ̃tʀəsiɲe] *vt* to countersign

**contretemps** [kɔ̃tʀətɑ̃] *nm* hitch, contretemps; **à ~** *adv (Mus)* out of time; *(fig)* at an inopportune moment

**contre-terrorisme** [kɔ̃tʀətɛʀɔʀism(ə)] *nm* counter-terrorism

**contre-terroriste** [kɔ̃tʀətɛʀɔʀist(ə)] *nm/f* counter-terrorist

**contre-torpilleur** [kɔ̃tʀətɔʀpijœʀ] *nm* destroyer

**contrevenant, e** [kɔ̃tʀəvnɑ̃, -ɑ̃t] *vb voir* **contrevenir** ▷ *nm/f* offender

**contrevenir** [kɔ̃tʀəvniʀ]: **~ à** *vt* to contravene

**contre-voie** [kɔ̃tʀəvwa]: **à ~** *adv (en sens inverse)* on the wrong track; *(du mauvais côté)* on the wrong side

**contribuable** [kɔ̃tʀibɥabl(ə)] *nm/f* taxpayer

**contribuer** [kɔ̃tʀibɥe]: **~ à** *vt* to contribute towards

**contribution** [kɔ̃tʀibysjɔ̃] *nf* contribution; **les ~s** *(bureaux)* the tax office; **mettre à ~** to call upon; **~s directes/indirectes** direct/indirect taxation

**contrit, e** [kɔ̃tʀi, -it] *adj* contrite

**contrôlable** [kɔ̃tʀolabl(ə)] *adj (maîtrisable: situation, débit)* controllable; *(alibi, déclarations)* verifiable

**contrôle** [kɔ̃tʀol] *nm* checking *no pl*, check; supervision; monitoring; *(test)* test, examination; **perdre le ~ de son véhicule** to lose control of one's vehicle; **~ des changes** *(Comm)* exchange controls; **~ continu** *(Scol)* continuous assessment; ~ **d'identité** identity check; ~ **des naissances** birth control; ~ **des prix** price control

**contrôler** [kɔ̃tʀole] vt (*vérifier*) to check; (*surveiller*) to supervise; to monitor, control; (*maîtriser*, Comm: *firme*) to control; **se contrôler** vi to control o.s.

**contrôleur, -euse** [kɔ̃tʀolœʀ, -øz] nm/f (*de train*) (ticket) inspector; (*de bus*) (bus) conductor/tress; ~ **de la navigation aérienne**, ~ **aérien** air traffic controller; ~ **financier** financial controller

**contrordre** [kɔ̃tʀɔʀdʀ(ə)] nm counter-order, countermand; **sauf** ~ unless otherwise directed

**controverse** [kɔ̃tʀɔvɛʀs(ə)] nf controversy

**controversé, e** [kɔ̃tʀɔvɛʀse] adj (*personnage, question*) controversial

**contumace** [kɔ̃tymas]: **par** ~ adv in absentia

**contusion** [kɔ̃tyzjɔ̃] nf bruise, contusion

**contusionné, e** [kɔ̃tyzjɔne] adj bruised

**conurbation** [kɔnyʀbasjɔ̃] nf conurbation

**convaincant, e** [kɔ̃vɛ̃kɑ̃, -ɑ̃t] vb voir **convaincre** ▷ adj convincing

**convaincre** [kɔ̃vɛ̃kʀ(ə)] vt: ~ **qn (de qch)** to convince sb (of sth); ~ **qn (de faire)** to persuade sb (to do); ~ **qn de** (Jur: *délit*) to convict sb of

**convaincu, e** [kɔ̃vɛ̃ky] pp de **convaincre** ▷ adj: **d'un ton** ~ with conviction

**convainquais** etc [kɔ̃vɛ̃kɛ] vb voir **convaincre**

**convalescence** [kɔ̃valesɑ̃s] nf convalescence; **maison de** ~ convalescent home

**convalescent, e** [kɔ̃valesɑ̃, -ɑ̃t] adj, nm/f convalescent

**convenable** [kɔ̃vnabl(ə)] adj suitable; (*décent*) acceptable, proper; (*assez bon*) decent, acceptable; adequate, passable

**convenablement** [kɔ̃vnabləmɑ̃] adv (*placé, choisi*) suitably; (*s'habiller, s'exprimer*) properly; (*payé, logé*) decently

**convenance** [kɔ̃vnɑ̃s] nf: **à ma/votre** ~ to my/your liking; **convenances** nfpl proprieties

**convenir** [kɔ̃vniʀ] vt to be suitable; ~ **à** to suit; **il convient de** it is advisable to; (*bienséant*) it is right ou proper to; ~ **de** (*bien-fondé de qch*) to admit (to), acknowledge; (*date, somme etc*) to agree upon; ~ **que** (*admettre*) to admit that, acknowledge the fact that; ~ **de faire qch** to agree to do sth; **il a été convenu que** it has been agreed that; **comme convenu** as agreed

**convention** [kɔ̃vɑ̃sjɔ̃] nf convention; **conventions** nfpl (*convenances*) convention sg, social conventions; **de** ~ conventional; ~ **collective** (Écon) collective agreement

**conventionnalisme** [kɔ̃vɑ̃sjɔnalism(ə)] nm (*des idées*) conventionality

**conventionné, e** [kɔ̃vɑ̃sjɔne] adj (Admin) applying charges laid down by the state

**conventionnel, le** [kɔ̃vɑ̃sjɔnɛl] adj conventional

**conventionnellement** [kɔ̃vɑ̃sjɔnɛlmɑ̃] adv conventionally

**conventuel, le** [kɔ̃vɑ̃tɥɛl] adj monastic;

monastery cpd, conventual, convent cpd

**convenu, e** [kɔ̃vny] pp de **convenir** ▷ adj agreed

**convergent, e** [kɔ̃vɛʀʒɑ̃, -ɑ̃t] adj convergent

**converger** [kɔ̃vɛʀʒe] vi to converge; ~ **vers** ou **sur** to converge on

**conversation** [kɔ̃vɛʀsɑsjɔ̃] nf conversation; **avoir de la** ~ to be a good conversationalist

**converser** [kɔ̃vɛʀse] vi to converse

**conversion** [kɔ̃vɛʀsjɔ̃] nf conversion; (Ski) kick turn

**convertible** [kɔ̃vɛʀtibl(ə)] adj (Écon) convertible; **(canapé)** ~ sofa bed

**convertir** [kɔ̃vɛʀtiʀ] vt: ~ **qn (à)** to convert sb (to); ~ **qch en** to convert sth into; **se** ~ **(à)** to be converted (to)

**convertisseur** [kɔ̃vɛʀtisœʀ] nm (Élec) converter

**convexe** [kɔ̃vɛks(ə)] adj convex

**conviction** [kɔ̃viksjɔ̃] nf conviction

**conviendrai** [kɔ̃vjɛ̃dʀe], **conviens** etc [kɔ̃vjɛ̃] vb voir **convenir**

**convier** [kɔ̃vje] vt: ~ **qn à** (*dîner etc*) to (cordially) invite sb to; ~ **qn à faire** to urge sb to do

**convint** etc [kɔ̃vɛ̃] vb voir **convenir**

**convive** [kɔ̃viv] nm/f guest (at table)

**convivial, e** [kɔ̃vivjal] adj (Inform) user-friendly

**convocation** [kɔ̃vɔkasjɔ̃] nf (voir **convoquer**) convening, convoking; summoning; invitation; (*document*) notification to attend; summons sg

**convoi** [kɔ̃vwa] nm (*de voitures, prisonniers*) convoy; (*train*) train; ~ **(funèbre)** funeral procession

**convoiter** [kɔ̃vwate] vt to covet

**convoitise** [kɔ̃vwatiz] nf covetousness; (*sexuelle*) lust, desire

**convoler** [kɔ̃vɔle] vi: ~ **(en justes noces)** to be wed

**convoquer** [kɔ̃vɔke] vt (*assemblée*) to convene, convoke; (*subordonné, témoin*) to summon; (*candidat*) to ask to attend; ~ **qn (à)** (*réunion*) to invite sb (to attend)

**convoyer** [kɔ̃vwaje] vt to escort

**convoyeur** [kɔ̃vwajœʀ] nm (Navig) escort ship; ~ **de fonds** security guard

**convulsé, e** [kɔ̃vylse] adj (*visage*) distorted

**convulsif, -ive** [kɔ̃vylsif, -iv] adj convulsive

**convulsions** [kɔ̃vylsjɔ̃] nfpl convulsions

**cookie** [kuki] nm (Inform) cookie

**coopérant** [kɔɔpeʀɑ̃] nm ≈ person doing Voluntary Service Overseas (Brit), ≈ member of the Peace Corps (US)

**coopératif, -ive** [kɔɔpeʀatif, -iv] adj, nf co-operative

**coopération** [kɔɔpeʀasjɔ̃] nf co-operation; (Admin): **la C~** ≈ Voluntary Service Overseas (Brit) ou the Peace Corps (US) (done as alternative to military service)

**coopérer** [kɔɔpeʀe] vi: ~ **(à)** to co-operate (in)

**coordination** [kɔɔʀdinasjɔ̃] nf coordination

**coordonnateur, -trice** [kɔɔʀdɔnatœʀ, -tʀis] adj coordinating ▷ nm/f coordinator

**coordonné, e** [kɔɔʀdɔne] adj coordinated ▷ nf (Ling) coordinate clause; **coordonnés** nmpl (*vêtements*) coordinates; **coordonnées** *nfpl* (*Math*) coordinates; (*détails personnels*) address, phone number, schedule *etc*; whereabouts; **donnez-moi vos ~** (*fam*) can I have your details please?

**coordonner** [kɔɔʀdɔne] *vt* to coordinate

**copain, copine** [kɔpɛ̃, kɔpin] *nm/f* mate (*Brit*), pal ▷ *adj*: **être ~ avec** to be pally with

**copeau, x** [kɔpo] *nm* shaving; (*de métal*) turning

**Copenhague** [kɔpənag] *n* Copenhagen

**copie** [kɔpi] *nf* copy; (*Scol*) script, paper; exercise; **~ certifiée conforme** certified copy; **~ papier** (*Inform*) hard copy

**copier** [kɔpje] *vt, vi* to copy; **~ sur** to copy from

**copieur** [kɔpjœʀ] *nm* (photo)copier

**copieusement** [kɔpjøzmɑ̃] *adv* copiously

**copieux, -euse** [kɔpjø, -øz] *adj* copious, hearty

**copilote** [kɔpilɔt] *nm* (*Aviat*) co-pilot; (*Auto*) co-driver, navigator

**copinage** [kɔpinaʒ] *nm*: **obtenir qch par ~** to get sth through contacts

**copine** [kɔpin] *nf voir* **copain**

**copiste** [kɔpist(ə)] *nm/f* copyist, transcriber

**coproduction** [kɔpʀɔdyksjɔ̃] *nf* coproduction, joint production

**copropriétaire** [kɔpʀɔpʀijetɛʀ] *nm/f* co-owner

**copropriété** [kɔpʀɔpʀijete] *nf* co-ownership, joint ownership; **acheter en ~** to buy on a co-ownership basis

**copulation** [kɔpylasjɔ̃] *nf* copulation

**copyright** [kɔpiʀajt] *nm* copyright

**coq** [kɔk] *nm* cockerel, rooster ▷ *adj inv* (*Boxe*): **poids ~** bantamweight; **~ de bruyère** grouse; **~ du village** (*fig: péj*) ladykiller; **~ au vin** coq au vin

**coq-à-l'âne** [kɔkalɑn] *nm inv* abrupt change of subject

**coque** [kɔk] *nf* (*de noix, mollusque*) shell; (*de bateau*) hull; **à la ~** (*Culin*) (soft-)boiled

**coquelet** [kɔklɛ] *nm* (*Culin*) cockerel

**coquelicot** [kɔkliko] *nm* poppy

**coqueluche** [kɔklyʃ] *nf* whooping-cough; (*fig*): **être la ~ de qn** to be sb's flavour of the month

**coquet, te** [kɔkɛ, -ɛt] *adj* appearance-conscious; (*joli*) pretty

**coquetier** [kɔktje] *nm* egg-cup

**coquettement** [kɔkɛtmɑ̃] *adv* (*s'habiller*) attractively; (*meubler*) prettily

**coquetterie** [kɔkɛtʀi] *nf* appearance-consciousness

**coquillage** [kɔkijaʒ] *nm* (*mollusque*) shellfish *inv*; (*coquille*) shell

**coquille** [kɔkij] *nf* shell; (*Typo*) misprint; **~ de beurre** shell of butter; **~ d'œuf** *adj* (*couleur*) eggshell; **~ de noix** nutshell; **~ St Jacques** scallop

**coquillettes** [kɔkijɛt] *nfpl* pasta shells

**coquin, e** [kɔkɛ̃, -in] *adj* mischievous, roguish; (*polisson*) naughty ▷ *nm/f* (*péj*) rascal

**cor** [kɔʀ] *nm* (*Mus*) horn; (*Méd*): **~ (au pied)** corn; **réclamer à ~ et à cri** to clamour for; **~ anglais** cor anglais; **~ de chasse** hunting horn

**corail, -aux** [kɔʀaj, -o] *nm* coral *no pl*

**Coran** [kɔʀɑ̃] *nm*: **le ~** the Koran

**coraux** [kɔʀo] *nmpl de* **corail**

**corbeau, x** [kɔʀbo] *nm* crow

**corbeille** [kɔʀbɛj] *nf* basket; (*Inform*) recycle bin; (*Bourse*): **la ~ ≈** the floor (of the Stock Exchange); **~ de mariage** (*fig*) wedding presents *pl*; **~ à ouvrage** work-basket; **~ à pain** breadbasket; **~ à papier** waste paper basket *ou* bin

**corbillard** [kɔʀbijaʀ] *nm* hearse

**cordage** [kɔʀdaʒ] *nm* rope; **cordages** *nmpl* (*de voilure*) rigging *sg*

**corde** [kɔʀd(ə)] *nf* rope; (*de violon, raquette, d'arc*) string; (*trame*): **la ~** the thread; (*Athlétisme, Auto*): **la ~** the rails *pl*; **les ~s** (*Boxe*) the ropes; **les (instruments à) ~s** (*Mus*) the strings, the stringed instruments; **semelles de ~** rope soles; **tenir la ~** (*Athlétisme, Auto*) to be in the inside lane; **tomber des ~s** to rain cats and dogs; **tirer sur la ~** to go too far; **la ~ sensible** the right chord; **usé jusqu'à la ~** threadbare; **~ à linge** washing *ou* clothes line; **~ lisse** (climbing) rope; **~ à nœuds** knotted climbing rope; **~ raide** tightrope; **~ à sauter** skipping rope; **~s vocales** vocal cords

**cordeau, x** [kɔʀdo] *nm* string, line; **tracé au ~** as straight as a die

**cordée** [kɔʀde] *nf* (*d'alpinistes*) rope, roped party

**cordelière** [kɔʀdəljɛʀ] *nf* cord (belt)

**cordial, e, aux** [kɔʀdjal, -o] *adj* warm, cordial ▷ *nm* cordial, pick-me-up

**cordialement** [kɔʀdjalmɑ̃] *adv* cordially, heartily; (*formule épistolaire*) (kind) regards

**cordialité** [kɔʀdjalite] *nf* warmth, cordiality

**cordillère** [kɔʀdijɛʀ] *nf*: **la ~ des Andes** the Andes cordillera *ou* range

**cordon** [kɔʀdɔ̃] *nm* cord, string; **~ sanitaire/de police** sanitary/police cordon; **~ littoral** sandbank, sandbar; **~ ombilical** umbilical cord

**cordon-bleu** [kɔʀdɔ̃blø] *adj, nm/f* cordon bleu

**cordonnerie** [kɔʀdɔnʀi] *nf* shoe repairer's *ou* mender's (shop)

**cordonnier** [kɔʀdɔnje] *nm* shoe repairer *ou* mender, cobbler

**cordouan, e** [kɔʀduɑ̃, -an] *adj* Cordovan

**Cordoue** [kɔʀdu] *n* Cordoba

**Corée** [kɔʀe] *nf*: **la ~** Korea; **la ~ du Sud/du Nord** South/North Korea; **la République (démocratique populaire) de ~** the (Democratic People's) Republic of Korea

**coréen, ne** [kɔʀeɛ̃, -ɛn] *adj* Korean ▷ *nm* (*Ling*) Korean ▷ *nm/f*: **Coréen, ne** Korean

**coreligionnaire** [kɔʀəliʒjɔnɛʀ] *nm/f* fellow Christian/Muslim/Jew *etc*

**Corfou** [kɔʀfu] *n* Corfu

**coriace** [kɔʀjas] *adj* tough

**coriandre** [kɔʀjɑ̃dʀ(ə)] *nf* coriander

**Corinthe** [kɔʀɛ̃t] *n* Corinth

**cormoran** [kɔʀmɔʀɑ̃] *nm* cormorant

**cornac** [kɔʀnak] *nm* elephant driver

**corne** [kɔʀn(ə)] *nf* horn; (*de cerf*) antler; (*de la peau*) callus; **~ d'abondance** horn of plenty; **~**

**de brume** (*Navig*) foghorn
**cornée** [kɔʀne] *nf* cornea
**corneille** [kɔʀnɛj] *nf* crow
**cornélien, ne** [kɔʀneljɛ̃, -ɛn] *adj* (*débat etc*)
where love and duty conflict
**cornemuse** [kɔʀnəmyz] *nf* bagpipes *pl*; **joueur
de ~** piper
**corner**[1] [kɔʀnɛʀ] *nm* (*Football*) corner (kick)
**corner**[2] [kɔʀne] *vt* (*pages*) to make dog-eared ▷ *vi*
(*klaxonner*) to blare out
**cornet** [kɔʀnɛ] *nm* (*paper*) cone; (*de glace*)
cornet, cone; **~ à pistons** cornet
**cornette** [kɔʀnɛt] *nf* cornet (*headgear*)
**corniaud** [kɔʀnjo] *nm* (*chien*) mongrel; (*péj*) twit,
clot
**corniche** [kɔʀniʃ] *nf* (*de meuble, neigeuse*) cornice;
(*route*) coast road
**cornichon** [kɔʀniʃɔ̃] *nm* gherkin
**Cornouailles** [kɔʀnwaj] *nf(pl)* Cornwall
**cornue** [kɔʀny] *nf* retort
**corollaire** [kɔʀɔlɛʀ] *nm* corollary
**corolle** [kɔʀɔl] *nf* corolla
**coron** [kɔʀɔ̃] *nm* mining cottage; mining village
**coronaire** [kɔʀɔnɛʀ] *adj* coronary
**corporation** [kɔʀpɔʀasjɔ̃] *nf* corporate body;
(*au Moyen-Âge*) guild
**corporel, le** [kɔʀpɔʀɛl] *adj* bodily; (*punition*)
corporal; **soins ~s** care *sg* of the body
**corps** [kɔʀ] *nm* (*gén*) body; (*cadavre*) (dead) body;
**à son ~ défendant** against one's will; **à ~
perdu** headlong; **perdu ~ et biens** lost with all
hands; **prendre ~** to take shape; **faire ~ avec** to
be joined to; to form one body with; **~ d'armée
(CA)** army corps; **~ de ballet** corps de ballet; **~
constitués** (*Pol*) constitutional bodies; **le ~
consulaire (CC)** the consular corps; **~ à ~** *adv*
hand-to-hand ▷ *nm* clinch; **le ~ du délit** (*Jur*)
corpus delicti; **le ~ diplomatique (CD)** the
diplomatic corps; **le ~ électoral** the electorate;
**le ~ enseignant** the teaching profession; **~
étranger** (*Méd*) foreign body; **~
expéditionnaire** task force; **~ de garde**
guardroom; **~ législatif** legislative body; **le ~
médical** the medical profession
**corpulence** [kɔʀpylãs] *nf* build; (*embonpoint*)
stoutness (*Brit*), corpulence; **de forte ~** of large
build
**corpulent, e** [kɔʀpylã, -ãt] *adj* stout (*Brit*),
corpulent
**corpus** [kɔʀpys] *nm* (*Ling*) corpus
**correct, e** [kɔʀɛkt] *adj* (*exact*) accurate, correct;
(*bienséant, honnête*) correct; (*passable*) adequate
**correctement** [kɔʀɛktəmã] *adv* accurately;
correctly; adequately
**correcteur, -trice** [kɔʀɛktœʀ, -tʀis] *nm/f* (*Scol*)
examiner, marker; (*Typo*) proofreader
**correctif, -ive** [kɔʀɛktif, -iv] *adj* corrective ▷ *nm*
(*mise au point*) rider, qualification
**correction** [kɔʀɛksjɔ̃] *nf* (*voir corriger*) correction;
marking; (*voir correct*) correctness; (*rature,
surcharge*) correction, emendation; (*coups*)
thrashing; **~ sur écran** (*Inform*) screen editing;

**~ (des épreuves)** proofreading
**correctionnel, le** [kɔʀɛksjɔnɛl] *adj* (*Jur*):
**tribunal ~** ≈ criminal court
**corrélation** [kɔʀelasjɔ̃] *nf* correlation
**correspondance** [kɔʀɛspɔ̃dãs] *nf*
correspondence; (*de train, d'avion*) connection;
**ce train assure la ~ avec l'avion de 10 heures**
this train connects with the 10 o'clock plane;
**cours par ~** correspondence course; **vente par
~** mail-order business
**correspondancier, -ière** [kɔʀɛspɔ̃dɑsje, -jɛʀ]
*nm/f* correspondence clerk
**correspondant, e** [kɔʀɛspɔ̃dã, -ãt] *nm/f*
correspondent; (*Tél*) person phoning (*ou* being
phoned)
**correspondre** [kɔʀɛspɔ̃dʀ(ə)] *vi* (*données,
témoignages*) to correspond, tally; (*chambres*) to
communicate; **~ à** to correspond to; **~ avec qn**
to correspond with sb
**Corrèze** [kɔʀɛz] *nf*: **la ~** the Corrèze
**corrézien, ne** [kɔʀezjɛ̃, -ɛn] *adj* *ou* from the
Corrèze
**corrida** [kɔʀida] *nf* bullfight
**corridor** [kɔʀidɔʀ] *nm* corridor, passage
**corrigé** [kɔʀiʒe] *nm* (*Scol*) correct version; fair
copy
**corriger** [kɔʀiʒe] *vt* (*devoir*) to correct, mark;
(*texte*) to correct, emend; (*erreur, défaut*) to
correct, put right; (*punir*) to thrash; **~ qn de**
(*défaut*) to cure sb of; **se ~ de** to cure o.s. of
**corroborer** [kɔʀɔbɔʀe] *vt* to corroborate
**corroder** [kɔʀɔde] *vt* to corrode
**corrompre** [kɔʀɔ̃pʀ(ə)] *vt* (*dépraver*) to corrupt;
(*acheter: témoin etc*) to bribe
**corrompu, e** [kɔʀɔ̃py] *adj* corrupt
**corrosif, -ive** [kɔʀozif, -iv] *adj* corrosive
**corrosion** [kɔʀozjɔ̃] *nf* corrosion
**corruption** [kɔʀypsjɔ̃] *nf* corruption; bribery
**corsage** [kɔʀsaʒ] *nm* (*d'une robe*) bodice;
(*chemisier*) blouse
**corsaire** [kɔʀsɛʀ] *nm* pirate, corsair; privateer
**corse** [kɔʀs(ə)] *adj* Corsican ▷ *nm/f*: **Corse**
Corsican ▷ *nf*: **la C~** Corsica
**corsé, e** [kɔʀse] *adj* vigorous; (*café etc*) full-
flavoured (*Brit*) *ou* -flavored (*US*); (*goût*) full; (*fig*)
spicy; tricky
**corselet** [kɔʀsəlɛ] *nm* corselet
**corser** [kɔʀse] *vt* (*difficulté*) to aggravate;
(*intrigue*) to liven up; (*sauce*) to add spice to
**corset** [kɔʀsɛ] *nm* corset; (*d'une robe*) bodice; **~
orthopédique** surgical corset
**corso** [kɔʀso] *nm*: **~ fleuri** procession of floral
floats
**cortège** [kɔʀtɛʒ] *nm* procession
**cortisone** [kɔʀtizɔn] *nf* (*Méd*) cortisone
**corvée** [kɔʀve] *nf* chore, drudgery *no pl*; (*Mil*)
fatigue (duty)
**cosaque** [kɔzak] *nm* cossack
**cosignataire** [kɔsiɲatɛʀ] *adj, nm/f* co-signatory
**cosinus** [kɔsinys] *nm* (*Math*) cosine
**cosmétique** [kɔsmetik] *nm* (*pour les cheveux*)
hair-oil; (*produit de beauté*) beauty care product

**cosmétologie** [kɔsmetɔlɔʒi] *nf* beauty care
**cosmique** [kɔsmik] *adj* cosmic
**cosmonaute** [kɔsmɔnot] *nm/f* cosmonaut, astronaut
**cosmopolite** [kɔsmɔpɔlit] *adj* cosmopolitan
**cosmos** [kɔsmɔs] *nm* outer space; cosmos
**cosse** [kɔs] *nf* (*Bot*) pod, hull
**cossu, e** [kɔsy] *adj* opulent-looking, well-to-do
**Costa Rica** [kɔstaʀika] *nm*: **le** ~ Costa Rica
**costaricien, ne** [kɔstaʀisjɛ̃, -ɛn] *adj* Costa Rican
▷ *nm/f*: **Costaricien, ne** Costa Rican
**costaud, e** [kɔsto, -od] *adj* strong, sturdy
**costume** [kɔstym] *nm* (*d'homme*) suit; (*de théâtre*) costume
**costumé, e** [kɔstyme] *adj* dressed up
**costumier, -ière** [kɔstymje, -jɛʀ] *nm/f* (*fabricant, loueur*) costumier; (*Théât*) wardrobe master/mistress
**cotangente** [kɔtɑ̃ʒɑ̃t] *nf* (*Math*) cotangent
**cotation** [kɔtasjɔ̃] *nf* quoted value
**cote** [kɔt] *nf* (*en Bourse etc*) quotation; quoted value; (*d'un cheval*): **la** ~ **de** the odds *pl* on; (*d'un candidat etc*) rating; (*mesure: sur une carte*) spot height; (: *sur un croquis*) dimension; (*de classement*) (classification) mark; reference number; **avoir la** ~ to be very popular; **inscrit à la** ~ quoted on the Stock Exchange; ~ **d'alerte** danger *ou* flood level; ~ **mal taillée** (*fig*) compromise; ~ **de popularité** popularity rating
**coté, e** [kɔte] *adj*: **être** ~ to be listed *ou* quoted; **être** ~ **en Bourse** to be quoted on the Stock Exchange; **être bien/mal** ~ to be highly/poorly rated
**côte** [kot] *nf* (*rivage*) coast(line); (*pente*) slope; (: *sur une route*) hill; (*Anat*) rib; (*d'un tricot, tissu*) rib, ribbing *no pl*; ~ **à** ~ *adv* side by side; **la C~ (d'Azur)** the (French) Riviera; **la C~ d'Ivoire** the Ivory Coast; ~ **de porc** pork chop
**côté** [kote] *nm* (*gén*) side; (*direction*) way, direction; **de chaque** ~ **(de)** on each side of; **de tous les** ~**s** from all directions; **de quel** ~ **est-il parti?** which way *ou* in which direction did he go?; **de ce/de l'autre** ~ this/the other way; **d'un** ~ ... **de l'autre** ~ ... (*alternative*) on (the) one hand ... on the other (hand) ...; **du** ~ **de** (*provenance*) from; (*direction*) towards; **du** ~ **de Lyon** (*proximité*) near Lyons; **du** ~ **gauche** on the left-hand side; **de** ~ *adv* sideways; on one side; to one side; aside; **laisser de** ~ to leave on one side; **mettre de** ~ to put on one side, put aside; **de mon** ~ (*quant à moi*) for my part; **à** ~ *adv* (right) nearby; beside next door; (*d'autre part*) besides; **à** ~ **de** beside; next to; (*fig*) in comparison to; **à** ~ **(de la cible)** off target, wide (of the mark); **être aux** ~**s de** to be by the side of
**coteau, x** [kɔto] *nm* hill
**côtelé, e** [kotle] *adj* ribbed; **pantalon en velours** ~ corduroy trousers *pl*
**côtelette** [kotlɛt] *nf* chop
**coter** [kɔte] *vt* (*Bourse*) to quote

**coterie** [kɔtʀi] *nf* set
**côtier, -ière** [kotje, -jɛʀ] *adj* coastal
**cotisation** [kɔtizasjɔ̃] *nf* subscription, dues *pl*; (*pour une pension*) contributions *pl*
**cotiser** [kɔtize] *vi*: ~ **(à)** to pay contributions (to); (*à une association*) to subscribe (to); **se cotiser** to club together
**coton** [kɔtɔ̃] *nm* cotton; ~ **hydrophile** cotton wool (*Brit*), absorbent cotton (*US*)
**cotonnade** [kɔtɔnad] *nf* cotton (fabric)
**Coton-Tige®** [kɔtɔ̃tiʒ] *nm* cotton bud®
**côtoyer** [kotwaje] *vt* to be close to; (*rencontrer*) to rub shoulders with; (*longer*) to run alongside; (*fig: friser*) to be bordering *ou* verging on
**cotte** [kɔt] *nf*: ~ **de mailles** coat of mail
**cou** [ku] *nm* neck
**couac** [kwak] *nm* (*fam*) bum note
**couard, e** [kwaʀ, -aʀd(ə)] *adj* cowardly
**couchage** [kuʃaʒ] *nm voir* **sac**
**couchant** [kuʃɑ̃] *adj*: **soleil** ~ setting sun
**couche** [kuʃ] *nf* (*strate: gén, Géo*) layer, stratum (*pl* -a); (*de peinture, vernis*) coat; (*de poussière, crème*) layer; (*de bébé*) nappy (*Brit*), diaper (*US*); ~ **d'ozone** ozone layer; **couches** *nfpl* (*Méd*) confinement *sg*; ~**s sociales** social levels *ou* strata
**couché, e** [kuʃe] *adj* (*étendu*) lying down; (*au lit*) in bed
**couche-culotte** [kuʃkylɔt] (*pl* **couches-culottes**) *nf* (plastic-coated) disposable nappy (*Brit*) *ou* diaper (*US*)
**coucher** [kuʃe] *nm* (*du soleil*) setting ▷ *vt* (*personne*) to put to bed; (: *loger*) to put up; (*objet*) to lay on its side; (*écrire*) to inscribe, couch ▷ *vi* (*dormir*) to sleep, spend the night; ~ **avec qn** to sleep with sb, go to bed with sb; **se coucher** *vi* (*pour dormir*) to go to bed; (*pour se reposer*) to lie down; (*soleil*) to set, go down; **à prendre avant le** ~ (*Méd*) take at night *ou* before going to bed; ~ **de soleil** sunset
**couchette** [kuʃɛt] *nf* couchette; (*de marin*) bunk
**coucheur** [kuʃœʀ] *nm*: **mauvais** ~ awkward customer
**couci-couça** [kusikusa] *adv* (*fam*) so-so
**coucou** [kuku] *nm* cuckoo ▷ *excl* peek-a-boo
**coude** [kud] *nm* (*Anat*) elbow; (*de tuyau, de la route*) bend; ~ **à** ~ *adv* shoulder to shoulder, side by side
**coudée** [kude] *nf*: **avoir ses** ~**s franches** (*fig*) to have a free rein
**cou-de-pied** [kudpje] (*pl* **cous-de-pied**) *nm* instep
**coudoyer** [kudwaje] *vt* to brush past *ou* against; (*fig*) to rub shoulders with
**coudre** [kudʀ(ə)] *vt* (*bouton*) to sew on; (*robe*) to sew (up) ▷ *vi* to sew
**couenne** [kwan] *nf* (*de lard*) rind
**couette** [kwɛt] *nf* duvet, (continental) quilt; **couettes** *nfpl* (*cheveux*) bunches
**couffin** [kufɛ̃] *nm* Moses basket; (straw) basket
**couilles** [kuj] *nfpl* (*fam!*) balls (!)
**couiner** [kwine] *vi* to squeal

**coulage** [kulaʒ] *nm* (*Comm*) loss of stock (*due to theft or negligence*)

**coulant, e** [kulɑ̃, -ɑ̃t] *adj* (*indulgent*) easy-going; (*fromage etc*) runny

**coulée** [kule] *nf* (*de lave, métal en fusion*) flow; ~ **de neige** snowslide

**couler** [kule] *vi* to flow, run; (*fuir: stylo, récipient*) to leak; (*sombrer: bateau*) to sink ▷ *vt* (*cloche, sculpture*) to cast; (*bateau*) to sink; (*fig*) to ruin, bring down; (: *passer*): ~ **une vie heureuse** to enjoy a happy life; **se ~ dans** (*interstice etc*) to slip into; **faire ~** (*eau*) to run; **faire ~ un bain** to run a bath; **il a coulé une bielle** (*Auto*) his big end went; ~ **de source** to follow on naturally; ~ **à pic** to sink *ou* go straight to the bottom

**couleur** [kulœʀ] *nf* colour (*Brit*), color (*US*); (*Cartes*) suit; **couleurs** *nfpl* (*du teint*) colo(u)r *sg*; **les ~s** (*Mil*) the colo(u)rs; **en ~s** (*film*) in colo(u)r; **télévision en ~s** colo(u)r television; **de ~** (*homme, femme*) colo(u)red; **sous ~ de** on the pretext of; **de quelle ~** of what colo(u)r

**couleuvre** [kulœvʀ(ə)] *nf* grass snake

**coulisse** [kulis] *nf* (*Tech*) runner; **coulisses** *nfpl* (*Théât*) wings; (*fig*): **dans les ~s** behind the scenes; **porte à ~** sliding door

**coulisser** [kulise] *vi* to slide, run

**couloir** [kulwaʀ] *nm* corridor, passage; (*d'avion*) aisle; (*de bus*) gangway; (: *sur la route*) bus lane; (*Sport: de piste*) lane; (*Géo*) gully; ~ **aérien** air corridor *ou* lane; ~ **de navigation** shipping lane

**coulpe** [kulp(ə)] *nf*: **battre sa ~** to repent openly

**coup** [ku] *nm* (*heurt, choc*) knock; (*affectif*) blow, shock; (*agressif*) blow; (*avec arme à feu*) shot; (*de l'horloge*) chime; stroke; (*Sport*) stroke; shot; blow; (*fam: fois*) time; (*Échecs*) move; ~ **de coude/genou** nudge (with the elbow)/ with the knee; **à ~s de hache/marteau** (hitting) with an axe/a hammer; ~ **de tonnerre** clap of thunder; ~ **de sonnette** ring of the bell; ~ **de crayon/pinceau** stroke of the pencil/brush; **donner un ~ de balai** to sweep up, give the floor a sweep; **donner un ~ de chiffon** to go round with the duster; **avoir le ~** (*fig*) to have the knack; **être dans le/hors du ~** to be/not to be in on it; **boire un ~** to have a drink; **d'un seul ~** (*subitement*) suddenly; (*à la fois*) at one go; in one blow; **du ~** so (you see); **du premier ~** first time *ou* go, at the first attempt; **du même ~** at the same time; **à ~ sûr** definitely, without fail; **après ~** afterwards; ~ **sur ~** in quick succession; **être sur un ~** to be on to something; **sur le ~** outright; **sous le ~ de** (*surprise etc*) under the influence of; **tomber sous le ~ de la loi** to constitute a statutory offence; **à tous les ~s** every time; **il a raté son ~** he missed his turn; **pour le ~** for once; ~ **bas** (*fig*): **donner un ~ bas à qn** to hit sb below the belt; ~ **de chance** stroke of luck; ~ **de chapeau** (*fig*) pat on the back; ~ **de couteau** stab (of a knife); ~ **dur** hard blow; ~ **d'éclat** (great) feat; ~ **d'envoi** kick-off; ~ **d'essai** first attempt; ~ **d'état** coup d'état; ~ **de feu** shot; ~ **de filet** (*Police*) haul; ~ **de foudre** (*fig*) love at first sight; ~ **fourré** stab in the back; ~ **franc** free kick; ~ **de frein** (sharp) braking *no pl*; ~ **de fusil** rifle shot; ~ **de grâce** coup de grâce; ~ **du lapin** (*Auto*) whiplash; ~ **de main**: **donner un ~ de main à qn** to give sb a (helping) hand; ~ **de maître** master stroke; ~ **d'œil** glance; ~ **de pied** kick; ~ **de poing** punch; ~ **de soleil** sunburn *no pl*; ~ **de téléphone** phone call; ~ **de tête** (*fig*) (sudden) impulse; ~ **de théâtre** (*fig*) dramatic turn of events; ~ **de vent** gust of wind; **en ~ de vent** (*rapidement*) in a tearing hurry

**coupable** [kupabl(ə)] *adj* guilty; (*pensée*) guilty, culpable ▷ *nm/f* (*gén*) culprit; (*Jur*) guilty party; ~ **de** guilty of

**coupant, e** [kupɑ̃, -ɑ̃t] *adj* (*lame*) sharp; (*fig: voix, ton*) cutting

**coupe** [kup] *nf* (*verre*) goblet; (*à fruits*) dish; (*Sport*) cup; (*de cheveux, de vêtement*) cut; (*graphique, plan*) (cross) section; **être sous la ~ de** to be under the control of; **faire des ~s sombres dans** to make drastic cuts in

**coupé, e** [kupe] *adj* (*communications, route*) cut, blocked; (*vêtement*): **bien/mal ~** well/badly cut ▷ *nm* (*Auto*) coupé ▷ *nf* (*Navig*) gangway

**coupe-circuit** [kupsiʀkɥi] *nm inv* cutout, circuit breaker

**coupe-feu** [kupfø] *nm inv* firebreak

**coupe-gorge** [kupgɔʀʒ(ə)] *nm inv* cut-throats' den

**coupe-ongles** [kupɔ̃gl(ə)] *nm inv* (*pince*) nail clippers; (*ciseaux*) nail scissors

**coupe-papier** [kuppapje] *nm inv* paper knife

**couper** [kupe] *vt* to cut; (*retrancher*) to cut (out), take out; (*route, courant*) to cut off; (*appétit*) to take away; (*fièvre*) to take down, reduce; (*vin, cidre*) to blend; (: *à table*) to dilute (with water) ▷ *vi* to cut; (*prendre un raccourci*) to take a short-cut; (*Cartes: diviser le paquet*) to cut; (: *avec l'atout*) to trump; **se couper** *vi* (*se blesser*) to cut o.s.; (*en témoignant etc*) to give o.s. away; ~ **l'appétit à qn** to spoil sb's appetite; ~ **la parole à qn** to cut sb short; ~ **les vivres à qn** to cut off sb's vital supplies; ~ **le contact** *ou* **l'allumage** (*Auto*) to turn off the ignition; ~ **les ponts avec qn** to break with sb; **se faire ~ les cheveux** to have *ou* get one's hair cut

**couperet** [kupʀɛ] *nm* cleaver, chopper

**couperosé, e** [kupʀoze] *adj* blotchy

**couple** [kupl(ə)] *nm* couple; ~ **de torsion** torque

**coupler** [kuple] *vt* to couple (together)

**couplet** [kuplɛ] *nm* verse

**coupleur** [kuplœʀ] *nm*: ~ **acoustique** acoustic coupler

**coupole** [kupɔl] *nf* dome; cupola

**coupon** [kupɔ̃] *nm* (*ticket*) coupon; (*de tissu*) remnant; roll

**coupon-réponse** [kupɔ̃ʀepɔ̃s] (*pl* **coupons-réponses**) *nm* reply coupon

**coupure** [kupyʀ] *nf* cut; (*billet de banque*) note; (*de journal*) cutting; ~ **de courant** power cut

**cour** [kuʀ] *nf* (*de ferme, jardin*) (court)yard; (*d'immeuble*) back yard; (*Jur, royale*) court; **faire la ~ à qn** to court sb; **~ d'appel** appeal court (*Brit*), appellate court (*US*); **~ d'assises** court of assizes, ≈ Crown Court (*Brit*); **~ de cassation** final court of appeal; **~ des comptes** (*Admin*) revenue court; **~ martiale** court-martial; **~ de récréation** (*Scol*) schoolyard, playground

**courage** [kuʀaʒ] *nm* courage, bravery

**courageusement** [kuʀaʒøzmɑ̃] *adv* bravely, courageously

**courageux, -euse** [kuʀaʒø, -øz] *adj* brave, courageous

**couramment** [kuʀamɑ̃] *adv* commonly; (*parler*) fluently

**courant, e** [kuʀɑ̃, -ɑ̃t] *adj* (*fréquent*) common; (*Comm, gén: normal*) standard; (*en cours*) current ▷ *nm* current; (*fig*) movement; trend; **être au ~ (de)** (*fait, nouvelle*) to know (about); **mettre qn au ~ (de)** (*fait, nouvelle*) to tell sb (about); (*nouveau travail etc*) to teach sb the basics (of), brief sb (about); **se tenir au ~ (de)** (*techniques etc*) to keep o.s. up-to-date (on); **dans le ~ de** (*pendant*) in the course of; **~ octobre** *etc* in the course of October *etc*; **le 10 ~** (*Comm*) the 10th inst.; **~ d'air** draught (*Brit*), draft (*US*); **~ électrique** (electric) current, power

**courbature** [kuʀbatyʀ] *nf* ache

**courbaturé, e** [kuʀbatyʀe] *adj* aching

**courbe** [kuʀb(ə)] *adj* curved ▷ *nf* curve; **~ de niveau** contour line

**courber** [kuʀbe] *vt* to bend; **~ la tête** to bow one's head; **se courber** *vi* (*branche etc*) to bend, curve; (*personne*) to bend (down)

**courbette** [kuʀbɛt] *nf* low bow

**coure** *etc* [kuʀ] *vb voir* **courir**

**coureur, -euse** [kuʀœʀ, -øz] *nm/f* (*Sport*) runner (*ou* driver); (*péj*) womanizer/manhunter; **~ cycliste/automobile** racing cyclist/driver

**courge** [kuʀʒ(ə)] *nf* (*Bot*) gourd; (*Culin*) marrow

**courgette** [kuʀʒɛt] *nf* courgette (*Brit*), zucchini (*US*)

**courir** [kuʀiʀ] *vi* (*gén*) to run; (*se dépêcher*) to rush; (*fig: rumeurs*) to go round; (*Comm: intérêt*) to accrue ▷ *vt* (*Sport: épreuve*) to compete in; (*risque*) to run; (*danger*) to face; **~ les cafés/bals** to do the rounds of the cafés/ dances; **le bruit court que** the rumour is going round that; **par les temps qui courent** at the present time; **~ après qn** to run after sb, chase (after) sb; **laisser ~** to let things alone; **faire ~ qn** to make sb run around (all over the place); **tu peux (toujours) ~!** you've got a hope!

**couronne** [kuʀɔn] *nf* crown; (*de fleurs*) wreath, circlet; **~ (funéraire** *ou* **mortuaire)** (funeral) wreath

**couronnement** [kuʀɔnmɑ̃] *nm* coronation, crowning; (*fig*) crowning achievement

**couronner** [kuʀɔne] *vt* to crown

**courons** [kuʀɔ̃], **courrai** *etc* [kuʀe] *vb voir* **courir**

**courre** [kuʀ] *vb voir* **chasse**

**courriel** [kuʀjɛl] *nm* email; **envoyer qch par ~** to email sth

**courrier** [kuʀje] *nm* mail, post; (*lettres à écrire*) letters *pl*; (*rubrique*) column; **qualité ~** letter quality; **long/moyen ~** *adj* (*Aviat*) long-/medium-haul; **~ du cœur** problem page; **~ électronique** electronic mail, E-mail

**courroie** [kuʀwa] *nf* strap; (*Tech*) belt; **~ de transmission/de ventilateur** driving/fan belt

**courrons** *etc* [kuʀɔ̃] *vb voir* **courir**

**courroucé, e** [kuʀuse] *adj* wrathful

**cours** [kuʀ] *vb voir* **courir** ▷ *nm* (*leçon*) lesson; class; (*série de leçons*) course; (*cheminement*) course; (*écoulement*) flow; (*avenue*) walk; (*Comm*) rate; price; (*Bourse*) quotation; **donner libre ~ à** to give free expression to; **avoir ~** (*monnaie*) to be legal tender; (*fig*) to be current; (*Scol*) to have a class *ou* lecture; **en ~** (*année*) current; (*travaux*) in progress; **en ~ de route** on the way; **au ~ de** in the course of, during; **le ~ du change** the exchange rate; **~ d'eau** waterway; **~ élémentaire (CE)** 2nd and 3rd years of primary school; **~ moyen (CM)** 4th and 5th years of primary school; **~ préparatoire** ≈ infants' class (*Brit*), ≈ 1st grade (*US*); **~ du soir** night school

**course** [kuʀs(ə)] *nf* running; (*Sport: épreuve*) race; (*trajet: du soleil*) course; (: *d'un projectile*) flight; (: *d'une pièce mécanique*) travel; (*excursion*) outing; climb; (*d'un taxi, autocar*) journey, trip; (*petite mission*) errand; **courses** *nfpl* (*achats*) shopping *sg*; (*Hippisme*) races; **faire les** *ou* **ses ~s** to go shopping; **jouer aux ~s** to bet on the races; **à bout de ~** (*épuisé*) exhausted; **~ automobile** car race; **~ de côte** (*Auto*) hill climb; **~ par étapes** *ou* **d'étapes** race in stages; **~ d'obstacles** obstacle race; **~ à pied** walking race; **~ de vitesse** sprint; **~s de chevaux** horse racing

**coursier, -ière** [kuʀsje, -jɛʀ] *nm/f* courier

**court, e** [kuʀ, kuʀt(ə)] *adj* short ▷ *adv* short ▷ *nm*: **~ (de tennis)** (tennis) court; **tourner ~** to come to a sudden end; **couper ~ à** to cut short; **à ~ de** short of; **prendre qn de ~** to catch sb unawares; **pour faire ~** briefly, to cut a long story short; **ça fait ~** that's not very long; **tirer à la ~e paille** to draw lots; **faire la ~e échelle à qn** to give sb a leg up; **~ métrage** (*Ciné*) short (film)

**court-bouillon** [kuʀbujɔ̃] (*pl* **courts-bouillons**) *nm* court-bouillon

**court-circuit** [kuʀsiʀkɥi] (*pl* **courts-circuits**) *nm* short-circuit

**court-circuiter** [kuʀsiʀkɥite] *vt* (*fig*) to bypass

**courtier, -ière** [kuʀtje, -jɛʀ] *nm/f* broker

**courtisan** [kuʀtizɑ̃] *nm* courtier

**courtisane** [kuʀtizan] *nf* courtesan

**courtiser** [kuʀtize] *vt* to court, woo

**courtois, e** [kuʀtwa, -waz] *adj* courteous

**courtoisement** [kuʀtwazmɑ̃] *adv* courteously

**courtoisie** [kuʀtwazi] *nf* courtesy

**couru, e** [kuʀy] *pp de* **courir** ▷ *adj* (*spectacle etc*) popular; **c'est ~ (d'avance)!** (*fam*) it's a safe bet!

**cousais** *etc* [kuze] *vb voir* **coudre**

**couscous** [kuskus] *nm* couscous

**cousin, e** [kuzɛ̃, -in] *nm/f* cousin ▷ *nm* (*Zool*) mosquito; ~ **germain** first cousin

**cousons** *etc* [kuzɔ̃] *vb voir* **coudre**

**coussin** [kusɛ̃] *nm* cushion; ~ **d'air** (*Tech*) air cushion

**cousu, e** [kuzy] *pp de* **coudre** ▷ *adj*: ~ **d'or** rolling in riches

**coût** [ku] *nm* cost; **le ~ de la vie** the cost of living

**coûtant** [kutɑ̃] *adj m*: **au prix ~** at cost price

**couteau, x** [kuto] *nm* knife; ~ **à cran d'arrêt** flick-knife; ~ **de cuisine** kitchen knife; ~ **à pain** bread knife; ~ **de poche** pocket knife

**couteau-scie** [kutosi] (*pl* **couteaux-scies**) *nm* serrated(-edged) knife

**coutelier, -ière** [kutəlje, -jɛʀ] *adj*: **l'industrie coutelière** the cutlery industry; ~ *nm* cutler

**coutellerie** [kutɛlʀi] *nf* cutlery shop; cutlery

**coûter** [kute] *vt* to cost ▷ *vi*: ~ **à qn** to cost sb a lot; ~ **cher** to be expensive; ~ **cher à qn** (*fig*) to cost sb dear *ou* dearly; **combien ça coûte?** how much is it?, what does it cost?; **coûte que coûte** at all costs

**coûteux, -euse** [kutø, -øz] *adj* costly, expensive

**coutume** [kutym] *nf* custom; **de ~** usual, customary

**coutumier, -ière** [kutymje, -jɛʀ] *adj* customary; **elle est coutumière du fait** that's her usual trick

**couture** [kutyʀ] *nf* sewing; dress-making; (*points*) seam

**couturier** [kutyʀje] *nm* fashion designer, couturier

**couturière** [kutyʀjɛʀ] *nf* dressmaker

**couvée** [kuve] *nf* brood, clutch

**couvent** [kuvɑ̃] *nm* (*de sœurs*) convent; (*de frères*) monastery; (*établissement scolaire*) convent (school)

**couver** [kuve] *vt* to hatch; (*maladie*) to be sickening for ▷ *vi* (*feu*) to smoulder (*Brit*), smolder (*US*); (*révolte*) to be brewing; ~ **qn/qch des yeux** to look lovingly at sb/sth; (*convoiter*) to look longingly at sb/sth

**couvercle** [kuvɛʀkl(ə)] *nm* lid; (*de bombe aérosol etc, qui se visse*) cap, top

**couvert, e** [kuvɛʀ, -ɛʀt(ə)] *pp de* **couvrir** ▷ *adj* (*ciel*) overcast; (*coiffé d'un chapeau*) wearing a hat ▷ *nm* place setting; (*place à table*) place; (*au restaurant*) cover charge; **couverts** *nmpl* place settings; cutlery *sg*; ~ **de** covered with *ou* in; **bien ~** (*habillé*) well wrapped up; **mettre le ~** to lay the table; **à ~** under cover; **sous le ~ de** under the shelter of; (*fig*) under cover of

**couverture** [kuvɛʀtyʀ] *nf* (*de lit*) blanket; (*de bâtiment*) roofing; (*de livre, fig: d'un espion etc, Assurances*) cover; (*Presse*) coverage; **de ~** (*lettre etc*) covering; ~ **chauffante** electric blanket

**couveuse** [kuvøz] *nf* (*à poules*) sitter, brooder; (*de maternité*) incubator

**couvre** *etc* [kuvʀ(ə)] *vb voir* **couvrir**

**couvre-chef** [kuvʀəʃɛf] *nm* hat

**couvre-feu, x** [kuvʀəfø] *nm* curfew

**couvre-lit** [kuvʀəli] *nm* bedspread

**couvre-pieds** [kuvʀəpje] *nm inv* quilt

**couvreur** [kuvʀœʀ] *nm* roofer

**couvrir** [kuvʀiʀ] *vt* to cover; (*dominer, étouffer: voix, pas*) to drown out; (*erreur*) to cover up; (*Zool: s'accoupler à*) to cover; **se couvrir** *vi* (*ciel*) to cloud over; (*s'habiller*) to cover up, wrap up; (*se coiffer*) to put on one's hat; (*par une assurance*) to cover o.s.; **se ~ de** (*fleurs, boutons*) to become covered in

**cover-girl** [kɔvœʀg[w]oɛʀl] *nf* model

**cow-boy** [koboj] *nm* cowboy

**coyote** [kɔjɔt] *nm* coyote

**CP** *sigle m* = **cours préparatoire**

**CPAM** *sigle f* (= *Caisse primaire d'assurances maladie*) health insurance office

**cps** *abr* (= *caractères par seconde*) cps

**cpt** *abr* = **comptant**

**CQFD** *abr* (= *ce qu'il fallait démontrer*) QED = **quod erat demonstrandum**

**CR** *sigle m* = **compte rendu**

**crabe** [kʀab] *nm* crab

**crachat** [kʀaʃa] *nm* spittle *no pl*, spit *no pl*

**craché, e** [kʀaʃe] *adj*: **son père tout ~** the spitting image of his (*ou* her) father

**cracher** [kʀaʃe] *vi* to spit ▷ *vt* to spit out; (*fig: lave etc*) to belch (out); ~ **du sang** to spit blood

**crachin** [kʀaʃɛ̃] *nm* drizzle

**crachiner** [kʀaʃine] *vi* to drizzle

**crachoir** [kʀaʃwaʀ] *nm* spittoon; (*de dentiste*) bowl

**crachotement** [kʀaʃɔtmɑ̃] *nm* crackling *no pl*

**crachoter** [kʀaʃɔte] *vi* (*haut-parleur, radio*) to crackle

**crack** [kʀak] *nm* (*intellectuel*) whiz kid; (*sportif*) ace; (*poulain*) hot favourite (*Brit*) *ou* favorite (*US*)

**Cracovie** [kʀakɔvi] *n* Cracow

**cradingue** [kʀadɛ̃g] *adj* (*fam*) disgustingly dirty, filthy-dirty

**craie** [kʀɛ] *nf* chalk

**craignais** *etc* [kʀɛɲɛ] *vb voir* **craindre**

**craindre** [kʀɛ̃dʀ(ə)] *vt* to fear, be afraid of; (*être sensible à: chaleur, froid*) to be easily damaged by; ~ **de/que** to be afraid of/that; **je crains qu'il (ne) vienne** I am afraid he may have come

**crainte** [kʀɛ̃t] *nf* fear; **de ~ de/que** for fear of/that

**craintif, -ive** [kʀɛ̃tif, -iv] *adj* timid

**craintivement** [kʀɛ̃tivmɑ̃] *adv* timidly

**cramer** [kʀame] *vi* (*fam*) to burn

**cramoisi, e** [kʀamwazi] *adj* crimson

**crampe** [kʀɑ̃p] *nf* cramp; ~ **d'estomac** stomach cramp

**crampon** [kʀɑ̃pɔ̃] *nm* (*de semelle*) stud; (*Alpinisme*) crampon

**cramponner** [kʀɑ̃pɔne]: **se cramponner** *vi*: **se ~ (à)** to hang *ou* cling on (to)

**cran** [kʀɑ̃] *nm* (*entaille*) notch; (*de courroie*) hole; (*courage*) guts *pl*; ~ **d'arrêt/de sûreté** safety catch; ~ **de mire** bead

**crâne** [kʀɑn] *nm* skull

**crâner** [kʀɑne] *vi* (*fam*) to swank, show off

**crânien, ne** [kʀɑnjɛ̃, -ɛn] *adj* cranial, skull *cpd*,

**C**

brain *cpd*

**crapaud** [kʀapo] *nm* toad

**crapule** [kʀapyl] *nf* villain

**crapuleux, -euse** [kʀapylø, -øz] *adj*: **crime ~** villainous crime

**craquelure** [kʀaklyʀ] *nf* crack; crackle *no pl*

**craquement** [kʀakmɑ̃] *nm* crack, snap; (*du plancher*) creak, creaking *no pl*

**craquer** [kʀake] *vi* (*bois, plancher*) to creak; (*fil, branche*) to snap; (*couture*) to come apart, burst; (*fig*) to break down, fall apart; (: *être enthousiasmé*) to go wild ▷ *vt*: ~ **une allumette** to strike a match

**crasse** [kʀas] *nf* grime, filth ▷ *adj* (*fig*: *ignorance*) crass

**crasseux, -euse** [kʀasø, øz] *adj* filthy

**crassier** [kʀasje] *nm* slag heap

**cratère** [kʀatɛʀ] *nm* crater

**cravache** [kʀavaʃ] *nf* (riding) crop

**cravacher** [kʀavaʃe] *vt* to use the crop on

**cravate** [kʀavat] *nf* tie

**cravater** [kʀavate] *vt* to put a tie on; (*fig*) to grab round the neck

**crawl** [kʀol] *nm* crawl

**crawlé, e** [kʀole] *adj*: **dos ~** backstroke

**crayeux, -euse** [kʀɛjø, -øz] *adj* chalky

**crayon** [kʀɛjɔ̃] *nm* pencil; (*de rouge à lèvres etc*) stick, pencil; **écrire au ~** to write in pencil; **~ à bille** ball-point pen; **~ de couleur** crayon; **~ optique** light pen

**crayon-feutre** [kʀɛjɔ̃føtʀ(ə)] (*pl* **crayons-feutres**) *nm* felt(-tip) pen

**crayonner** [kʀɛjɔne] *vt* to scribble, sketch

**CRDP** *sigle m* (= *Centre régional de documentation pédagogique*) *teachers' resource centre*

**créance** [kʀeɑ̃s] *nf* (*Comm*) (financial) claim, (recoverable) debt; **donner ~ à qch** to lend credence to sth

**créancier, -ière** [kʀeɑ̃sje, -jɛʀ] *nm/f* creditor

**créateur, -trice** [kʀeatœʀ, -tʀis] *adj* creative ▷ *nm/f* creator; **le C~** (*Rel*) the Creator

**créatif, -ive** [kʀeatif, -iv] *adj* creative

**création** [kʀeasjɔ̃] *nf* creation

**créativité** [kʀeativite] *nf* creativity

**créature** [kʀeatyʀ] *nf* creature

**crécelle** [kʀesɛl] *nf* rattle

**crèche** [kʀɛʃ] *nf* (*de Noël*) crib; *see note*; (*garderie*) crèche, day nursery

⬤ **CRÈCHE**
⬤
⬤ In France the Christmas crib (*crèche*) usually
⬤ contains figurines representing a miller, a
⬤ wood-cutter and other villagers as well as
⬤ the Holy Family and the traditional cow,
⬤ donkey and shepherds. The Three Wise Men
⬤ are added to the nativity scene at Epiphany
⬤ (6 January, Twelfth Night).

**crédence** [kʀedɑ̃s] *nf* (small) sideboard

**crédibilité** [kʀedibilite] *nf* credibility

**crédible** [kʀedibl(ə)] *adj* credible

**crédit** [kʀedi] *nm* (*gén*) credit; **crédits** *nmpl* funds; **acheter à ~** to buy on credit *ou* on easy terms; **faire ~ à qn** to give sb credit; **~ municipal** pawnshop; **~ relais** bridging loan

**crédit-bail** [kʀedibaj] (*pl* **crédits-bails**) *nm* (*Écon*) leasing

**créditer** [kʀedite] *vt*: **~ un compte (de)** to credit an account (with)

**créditeur, -trice** [kʀeditœʀ, -tʀis] *adj* in credit, credit *cpd* ▷ *nm/f* customer in credit

**credo** [kʀedo] *nm* credo, creed

**crédule** [kʀedyl] *adj* credulous, gullible

**crédulité** [kʀedylite] *nf* credulity, gullibility

**créer** [kʀee] *vt* to create; (*Théât*: *pièce*) to produce (for the first time); (: *rôle*) to create

**crémaillère** [kʀemajɛʀ] *nf* (*Rail*) rack; (*tige crantée*) trammel; **direction à ~** (*Auto*) rack and pinion steering; **pendre la ~** to have a house-warming party

**crémation** [kʀemasjɔ̃] *nf* cremation

**crématoire** [kʀematwaʀ] *adj*: **four ~** crematorium

**crématorium** [kʀematɔʀjɔm] *nm* crematorium

**crème** [kʀɛm] *nf* cream; (*entremets*) cream dessert ▷ *adj inv* cream; **un (café) ~** = a white coffee; **~ chantilly** whipped cream, crème Chantilly; **~ fouettée** whipped cream; **~ glacée** ice cream; **~ à raser** shaving cream; **~ solaire** sun cream

**crémerie** [kʀɛmʀi] *nf* dairy; (*tearoom*) teashop

**crémeux, -euse** [kʀemø, -øz] *adj* creamy

**crémier, -ière** [kʀemje, -jɛʀ] *nm/f* dairyman/-woman

**créneau, x** [kʀeno] *nm* (*de fortification*) crenel(le); (*fig, aussi Comm*) gap, slot; (*Auto*): **faire un ~** to reverse into a parking space (*between cars alongside the kerb*)

**créole** [kʀeɔl] *adj, nm/f* Creole

**crêpe** [kʀɛp] *nf* (*galette*) pancake ▷ *nm* (*tissu*) crêpe; (*de deuil*) black mourning crêpe; (*ruban*) black armband (*ou* hatband *ou* ribbon); **semelle (de) ~** crêpe sole; **~ de Chine** crêpe de Chine

**crêpé, e** [kʀepe] *adj* (*cheveux*) backcombed

**crêperie** [kʀepʀi] *nf* pancake shop *ou* restaurant

**crépi** [kʀepi] *nm* roughcast

**crépir** [kʀepiʀ] *vt* to roughcast

**crépitement** [kʀepitmɑ̃] *nm* (*du feu*) crackling *no pl*; (*d'une arme automatique*) rattle *no pl*

**crépiter** [kʀepite] *vi* to sputter, splutter, crackle

**crépon** [kʀepɔ̃] *nm* seersucker

**CREPS** [kʀɛps] *sigle m* (= *Centre régional d'éducation physique et sportive*) = sports *ou* leisure centre

**crépu, e** [kʀepy] *adj* frizzy, fuzzy

**crépuscule** [kʀepyskyl] *nm* twilight, dusk

**crescendo** [kʀeʃendo] *nm, adv* (*Mus*) crescendo; **aller ~** (*fig*) to rise higher and higher, grow ever greater

**cresson** [kʀesɔ̃] *nm* watercress

**Crète** [kʀɛt] *nf*: **la ~** Crete

**crête** [kʀɛt] *nf* (*de coq*) comb; (*de vague, montagne*) crest

**crétin, e** [kʀetɛ̃, -in] *nm/f* cretin

**crétois, e** [kʀetwa, -waz] *adj* Cretan

**cretonne** [kʀətɔn] *nf* cretonne

**creuser** [kʀøze] *vt* (*trou, tunnel*) to dig; (*sol*) to dig a hole in; (*bois*) to hollow out; (*fig*) to go (deeply) into; **ça creuse** that gives you a real appetite; **se ~ (la cervelle)** to rack one's brains

**creuset** [kʀøzɛ] *nm* crucible; (*fig*) melting pot, (*severe*) test

**creux, -euse** [kʀø, -øz] *adj* hollow ▷ *nm* hollow; (*fig: sur graphique etc*) trough; **heures creuses** slack periods; off-peak periods; **le ~ de l'estomac** the pit of the stomach

**crevaison** [kʀəvezɔ̃] *nf* puncture, flat

**crevant, e** [kʀəva, -ɑ̃t] *adj* (*fam: fatigant*) knackering; (*: très drôle*) priceless

**crevasse** [kʀəvas] *nf* (*dans le sol*) crack, fissure; (*de glacier*) crevasse; (*de la peau*) crack

**crevé, e** [kʀəve] *adj* (*fam: fatigué*) worn out, dead beat

**crève-cœur** [kʀɛvkœʀ] *nm inv* heartbreak

**crever** [kʀəve] *vt* (*papier*) to tear, break; (*tambour, ballon*) to burst ▷ *vi* (*pneu*) to burst; (*automobiliste*) to have a puncture (*Brit*) *ou* a flat (*tire*) (*US*); (*abcès, outre, nuage*) to burst (open); (*fam*) to die; **cela lui a crevé un œil** it blinded him in one eye; **~ l'écran** to have real screen presence

**crevette** [kʀəvɛt] *nf*: **~ (rose)** prawn; **~ grise** shrimp

**CRF** *sigle f* (= *Croix-Rouge française*) French Red Cross

**cri** [kʀi] *nm* cry, shout; (*d'animal: spécifique*) cry, call; **à grands ~s** at the top of one's voice; **c'est le dernier ~** (*fig*) it's the latest fashion

**criant, e** [kʀijɑ̃, -ɑ̃t] *adj* (*injustice*) glaring

**criard, e** [kʀijaʀ, -aʀd(ə)] *adj* (*couleur*) garish, loud; (*voix*) yelling

**crible** [kʀibl(ə)] *nm* riddle; (*mécanique*) screen, jig; **passer qch au ~** to put sth through a riddle; (*fig*) to go over sth with a fine-tooth comb

**criblé, e** [kʀible] *adj*: **~ de** riddled with

**cric** [kʀik] *nm* (*Auto*) jack

**cricket** [kʀikɛt] *nm* cricket

**criée** [kʀije] *nf*: **(vente à la) ~** (*sale by*) auction

**crier** [kʀije] *vi* (*pour appeler*) to shout, cry (out); (*de peur, de douleur etc*) to scream, yell; (*fig: grincer*) to squeal, screech ▷ *vt* (*ordre, injure*) to shout (out), yell (out); **sans ~ gare** without warning; **~ grâce** to cry for mercy; **~ au secours** to shout for help

**crieur, -euse** [kʀijœʀ, -øz] *nm/f*: **~ de journaux** newspaper seller

**crime** [kʀim] *nm* crime; (*meurtre*) murder

**Crimée** [kʀime] *nf*: **la ~** the Crimea

**criminalité** [kʀiminalite] *nf* criminality, crime

**criminel, le** [kʀiminɛl] *adj* criminal ▷ *nm/f* criminal; murderer; **~ de guerre** war criminal

**criminologie** [kʀiminɔlɔʒi] *nf* criminology

**criminologiste** [kʀiminɔlɔʒist(ə)] *nm/f* criminologist

**criminologue** [kʀiminɔlɔg] *nm/f* criminologist

**crin** [kʀɛ̃] *nm* hair *no pl*; (*fibre*) horsehair; **à tous ~s, à tout ~** diehard, out-and-out

**crinière** [kʀinjɛʀ] *nf* mane

**crique** [kʀik] *nf* creek, inlet

**criquet** [kʀikɛ] *nm* grasshopper

**crise** [kʀiz] *nf* crisis (*pl* crises); (*Méd*) attack; fit; **~ cardiaque** heart attack; **~ de foi** crisis of belief; **~ de foie** bilious attack; **~ de nerfs** attack of nerves

**crispant, e** [kʀispɑ̃, -ɑ̃t] *adj* annoying, irritating

**crispation** [kʀispasjɔ̃] *nf* (*spasme*) twitch; (*contraction*) contraction; tenseness

**crispé, e** [kʀispe] *adj* tense, nervous

**crisper** [kʀispe] *vt* to tense; (*poings*) to clench; **se crisper** to tense; to clench; (*personne*) to get tense

**crissement** [kʀismɑ̃] *nm* crunch; rustle; screech

**crisser** [kʀise] *vi* (*neige*) to crunch; (*tissu*) to rustle; (*pneu*) to screech

**cristal, -aux** [kʀistal, -o] *nm* crystal; **crystaux** *nmpl* (*objets*) crystal(ware) *sg*; **~ de plomb** (lead) crystal; **~ de roche** rock-crystal; **cristaux de soude** washing soda *sg*

**cristallin, e** [kʀistalɛ̃, -in] *adj* crystal-clear ▷ *nm* (*Anat*) crystalline lens

**cristalliser** [kʀistalize] *vi, vt*, **se cristalliser** *vi* to crystallize

**critère** [kʀitɛʀ] *nm* criterion (*pl* -ia)

**critiquable** [kʀitikabl(ə)] *adj* open to criticism

**critique** [kʀitik] *adj* critical ▷ *nm/f* (*de théâtre, musique*) critic ▷ *nf* criticism; (*Théât etc: article*) review; **la ~** (*activité*) criticism; (*personnes*) the critics *pl*

**critiquer** [kʀitike] *vt* (*dénigrer*) to criticize; (*évaluer, juger*) to assess, examine (critically)

**croasser** [kʀɔase] *vi* to caw

**croate** [kʀɔat] *adj* Croatian ▷ *nm* (*Ling*) Croat, Croatian

**Croatie** [kʀɔasi] *nf*: **la ~** Croatia

**croc** [kʀo] *nm* (*dent*) fang; (*de boucher*) hook

**croc-en-jambe** [kʀɔkɑ̃ʒɑ̃b] (*pl* crocs-en-jambe) *nm*: **faire un ~ à qn** to trip sb up

**croche** [kʀɔʃ] *nf* (*Mus*) quaver (*Brit*), eighth note (*US*); **double ~** semiquaver (*Brit*), sixteenth note (*US*)

**croche-pied** [kʀɔʃpje] *nm* = **croc-en-jambe**

**crochet** [kʀɔʃɛ] *nm* hook; (*clef*) picklock; (*détour*) detour; (*Boxe*): **~ du gauche** left hook; (*Tricot: aiguille*) crochet hook; (*: technique*) crochet; **crochets** *nmpl* (*Typo*) square brackets; **vivre aux ~s de qn** to live *ou* sponge off sb

**crocheter** [kʀɔʃte] *vt* (*serrure*) to pick

**crochu, e** [kʀɔʃy] *adj* hooked; claw-like

**crocodile** [kʀɔkɔdil] *nm* crocodile

**crocus** [kʀɔkys] *nm* crocus

**croire** [kʀwaʀ] *vt* to believe; **~ qn honnête** to believe sb (to be) honest; **se ~ fort** to think one is strong; **~ que** to believe *ou* think that; **vous croyez?** do you think so?; **~ être/faire** to think one is/does; **~ à, ~ en** to believe in

**croîs** *etc* [kʀwa] *vb voir* **croître**

**croisade** [kʀwazad] *nf* crusade

**croisé, e** [kʀwaze] *adj (veston)* double-breasted
▷ *nm (guerrier)* crusader ▷ *nf (fenêtre)* window,
casement; **~e d'ogives** intersecting ribs; **à la ~e
des chemins** at the crossroads

**croisement** [kʀwazmɑ̃] *nm (carrefour)* crossroads
*sg*; *(Bio)* crossing; crossbreed

**croiser** [kʀwaze] *vt (personne, voiture)* to pass;
*(route)* to cross, cut across; *(Bio)* to cross ▷ *vi
(Navig)* to cruise; **~ les jambes/bras** to cross
one's legs/ fold one's arms; **se croiser** *vi
(personnes, véhicules)* to pass each other; *(routes)* to
cross, intersect; *(lettres)* to cross (in the post);
*(regards)* to meet; **se ~ les bras** *(fig)* to twiddle
one's thumbs

**croiseur** [kʀwazœʀ] *nm* cruiser *(warship)*

**croisière** [kʀwazjɛʀ] *nf* cruise; **vitesse de ~**
*(Auto etc)* cruising speed

**croisillon** [kʀwazijɔ̃] *nm*: **motif/fenêtre à ~s**
lattice pattern/window

**croissais** *etc* [kʀwasɛ] *vb voir* **croître**

**croissance** [kʀwasɑ̃s] *nf* growing, growth;
**troubles de la ~** growing pains; **maladie de ~**
growth disease; **~ économique** economic
growth

**croissant, e** [kʀwasɑ̃, -ɑ̃t] *vb voir* **croître** ▷ *adj*
growing; rising ▷ *nm (à manger)* croissant;
*(motif)* crescent; **~ de lune** crescent moon

**croître** [kʀwatʀ(ə)] *vi* to grow; *(lune)* to wax

**croix** [kʀwa] *nf* cross; **en ~** *adj, adv* in the form
of a cross; **la C~ Rouge** the Red Cross

**croquant, e** [kʀɔkɑ̃, -ɑ̃t] *adj* crisp, crunchy
▷ *nm/f (péj)* yokel, (country) bumpkin

**croque-madame** [kʀɔkmadam] *nm inv* toasted
*cheese sandwich with a fried egg on top*

**croque-mitaine** [kʀɔkmitɛn] *nm* bog(e)y-man
*(pl* -men)

**croque-monsieur** [kʀɔkməsjø] *nm inv* toasted
*ham and cheese sandwich*

**croque-mort** [kʀɔkmɔʀ] *nm (péj)* pallbearer

**croquer** [kʀɔke] *vt (manger)* to crunch; to
munch; *(dessiner)* to sketch ▷ *vi* to be crisp *ou*
crunchy; **chocolat à ~** plain dessert chocolate

**croquet** [kʀɔkɛ] *nm* croquet

**croquette** [kʀɔkɛt] *nf* croquette

**croquis** [kʀɔki] *nm* sketch

**cross** [kʀɔs], **cross-country** [kʀɔskuntʀi] *(pl
~(-countries))* *nm* cross-country race *ou* run;
cross-country racing *ou* running

**crosse** [kʀɔs] *nf (de fusil)* butt; *(de revolver)* grip;
*(d'évêque)* crook, crosier; *(de hockey)* hockey stick

**crotale** [kʀɔtal] *nm* rattlesnake

**crotte** [kʀɔt] *nf* droppings *pl*; **~!** *(fam)* damn!

**crotté, e** [kʀɔte] *adj* muddy, mucky

**crottin** [kʀɔtɛ̃] *nm*: **~ (de cheval)** (horse) dung
*ou* manure

**croulant, e** [kʀulɑ̃, -ɑ̃t] *nm/f (fam)* old fogey

**crouler** [kʀule] *vi (s'effondrer)* to collapse; *(être
délabré)* to be crumbling

**croupe** [kʀup] *nf* croup, rump; **en ~** pillion

**croupier** [kʀupje] *nm* croupier

**croupion** [kʀupjɔ̃] *nm (d'un oiseau)* rump; *(Culin)*
parson's nose

**croupir** [kʀupiʀ] *vi* to stagnate

**CROUS** [kʀus] *sigle m* (= *Centre régional des œuvres
universitaires et scolaires*) *students' representative body*

**croustade** [kʀustad] *nf (Culin)* croustade

**croustillant, e** [kʀustijɑ̃, -ɑ̃t] *adj* crisp; *(fig)*
spicy

**croustiller** [kʀustije] *vi* to be crisp *ou* crusty

**croûte** [kʀut] *nf* crust; *(du fromage)* rind; *(de vol-
au-vent)* case; *(Méd)* scab; **en ~** *(Culin)* in pastry,
in a pie; **~ aux champignons** mushrooms on
toast; **~ au fromage** cheese on toast *no pl*; **~ de
pain** *(morceau)* crust (of bread); **~ terrestre**
earth's crust

**croûton** [kʀutɔ̃] *nm (Culin)* crouton; *(bout du pain)*
crust, heel

**croyable** [kʀwajabl(ə)] *adj* believable, credible

**croyais** *etc* [kʀwajɛ] *vb voir* **croire**

**croyance** [kʀwajɑ̃s] *nf* belief

**croyant, e** [kʀwajɑ̃, -ɑ̃t] *vb voir* **croire** ▷ *adj*:
**être/ne pas être ~** to be/not to be a believer
▷ *nm/f* believer

**Crozet** [kʀɔze] *n*: **les îles ~** the Crozet Islands

**CRS** *sigle fpl* (= *Compagnies républicaines de sécurité*)
*state security police force* ▷ *sigle m* member of the CRS

**cru, e** [kʀy] *pp de* **croire** ▷ *adj (non cuit)* raw;
*(lumière, couleur)* harsh; *(description)* crude;
*(paroles, langage: franc)* blunt; *(: grossier)* crude
▷ *nm (vignoble)* vineyard; *(vin)* wine ▷ *nf (d'un
cours d'eau)* swelling, rising; **de son (propre) ~**
*(fig)* of his own devising; **monter à ~** to ride
bareback; **du ~** local; **en ~e** in spate

**crû** [kʀy] *pp de* **croître**

**cruauté** [kʀyote] *nf* cruelty

**cruche** [kʀyʃ] *nf* pitcher, (earthenware) jug

**crucial, e, -aux** [kʀysjal, -o] *adj* crucial

**crucifier** [kʀysifje] *vt* to crucify

**crucifix** [kʀysifi] *nm* crucifix

**crucifixion** [kʀysifiksjɔ̃] *nf* crucifixion

**cruciforme** [kʀysifɔʀm(ə)] *adj* cruciform, cross-
shaped

**cruciverbiste** [kʀysivɛʀbist(ə)] *nm/f* crossword
puzzle enthusiast

**crudité** [kʀydite] *nf* crudeness *no pl*; harshness
*no pl*; **crudités** *nfpl (Culin)* mixed salads *(as hors-
d'œuvre)*

**crue** [kʀy] *nf voir* **cru**

**cruel, le** [kʀyɛl] *adj* cruel

**cruellement** [kʀyɛlmɑ̃] *adv* cruelly

**crûment** [kʀymɑ̃] *adv (voir cru)* harshly; bluntly;
crudely

**crus, crûs** *etc* [kʀy] *vb voir* **croire; croître**

**crustacés** [kʀystase] *nmpl* shellfish

**crypte** [kʀipt(ə)] *nf* crypt

**CSA** *sigle f* (= *Conseil supérieur de l'audiovisuel*) *French
broadcasting regulatory body*, ≈ IBA (Brit), ≈ FCC (US)

**cse** *abr* = **cause**

**CSEN** *sigle f* (= *Confédération syndicale de l'éducation
nationale*) *group of teachers' unions*

**CSG** *sigle f* (= *contribution sociale généralisée*)
*supplementary social security contribution in aid of the
underprivileged*

**CSM** *sigle m* (= *Conseil supérieur de la magistrature*)

French magistrates' council
**Cte** abr = **Comtesse**
**CU** sigle f = **communauté urbaine**
**Cuba** [kyba] nm: **le ~** Cuba
**cubage** [kybaʒ] nm cubage, cubic content
**cubain, e** [kybɛ̃, -ɛn] adj Cuban ▷ nm/f:
  **Cubain, e** Cuban
**cube** [kyb] nm cube; (jouet) brick, building block;
  **gros ~** powerful motorbike; **mètre ~** cubic
  metre; **2 au ~ = 8** 2 cubed is 8; **élever au ~** to
  cube
**cubique** [kybik] adj cubic
**cubisme** [kybism(ə)] nm cubism
**cubiste** [kybist(ə)] adj, nm/f cubist
**cubitus** [kybitys] nm ulna
**cueillette** [kœjɛt] nf picking, gathering;
  harvest ou crop (of fruit)
**cueillir** [kœjiʀ] vt (fruits, fleurs) to pick, gather;
  (fig) to catch
**cuiller, cuillère** [kɥijɛʀ] nf spoon; **~ à café**
  coffee spoon; (Culin) ≈ teaspoonful; **~ à soupe**
  soup spoon; (Culin) ≈ tablespoonful
**cuillerée** [kɥijʀe] nf spoonful; (Culin): **~ à**
  **soupe/café** tablespoonful/teaspoonful
**cuir** [kɥiʀ] nm leather; (avant tannage) hide; **~**
  **chevelu** scalp
**cuirasse** [kɥiʀas] nf breastplate
**cuirassé** [kɥiʀase] nm (Navig) battleship
**cuire** [kɥiʀ] vt: **(faire) ~** (aliments) to cook; (au
  four) to bake; (poterie) to fire ▷ vi to cook; (picoter)
  to smart, sting, burn; **bien cuit** (viande) well
  done; **trop cuit** overdone; **pas assez cuit**
  underdone; **cuit à point** medium done; done
  to a turn
**cuisant, e** [kɥizɑ̃, -ɑ̃t] vb voir **cuire** ▷ adj (douleur)
  smarting, burning; (fig: souvenir, échec) bitter
**cuisine** [kɥizin] nf (pièce) kitchen; (art culinaire)
  cookery, cooking; (nourriture) cooking, food;
  **faire la ~** to cook
**cuisiné, e** [kɥizine] adj: **plat ~** ready-made meal
  ou dish
**cuisiner** [kɥizine] vt to cook; (fam) to grill ▷ vi
  to cook
**cuisinette** [kɥizinɛt] nf kitchenette
**cuisinier, -ière** [kɥizinje, -jɛʀ] nm/f cook ▷ nf
  (poêle) cooker; **cuisinière électrique/à gaz**
  electric/gas cooker
**cuisis** etc [kɥizi] vb voir **cuire**
**cuissardes** [kɥisaʀd] nfpl (de pêcheur) waders; (de
  femme) thigh boots
**cuisse** [kɥis] nf (Anat) thigh; (Culin) leg
**cuisson** [kɥisɔ̃] nf cooking; (de poterie) firing
**cuissot** [kɥiso] nm haunch
**cuistre** [kɥistʀ(ə)] nm prig
**cuit, e** [kɥi, -it] pp de **cuire** ▷ nf (fam): **prendre**
  **une ~** to get plastered ou smashed
**cuivre** [kɥivʀ(ə)] nm copper; **les ~s** (Mus) the
  brass; **~ rouge** copper; **~ jaune** brass
**cuivré, e** [kɥivʀe] adj coppery; (peau) bronzed
**cul** [ky] nm (fam!) arse (Brit !), ass (US !), bum
  (Brit); **~ de bouteille** bottom of a bottle
**culasse** [kylas] nf (Auto) cylinder-head; (de

fusil) breech
**culbute** [kylbyt] nf somersault; (accidentelle)
  tumble, fall
**culbuter** [kylbyte] vi to (take a) tumble, fall
  (head over heels)
**culbuteur** [kylbytœʀ] nm (Auto) rocker arm
**cul-de-jatte** [kydʒat] (pl **culs-de-jatte**) nm/f
  legless cripple
**cul-de-sac** [kydsak] (pl **culs-de-sac**) nm cul-de-
  sac
**culinaire** [kylinɛʀ] adj culinary
**culminant, e** [kylminɑ̃, -ɑ̃t] adj: **point ~** highest
  point; (fig) height, climax
**culminer** [kylmine] vi to reach its highest
  point; to tower
**culot** [kylo] nm (d'ampoule) cap; (effronterie) cheek,
  nerve
**culotte** [kylɔt] nf (de femme) panties pl, knickers
  pl (Brit); (d'homme) underpants pl; (pantalon)
  trousers pl (Brit), pants pl (US); **~ de cheval**
  riding breeches pl
**culotté, e** [kylɔte] adj (pipe) seasoned; (cuir)
  mellowed; (effronté) cheeky
**culpabiliser** [kylpabilize] vt: **~ qn** to make sb
  feel guilty
**culpabilité** [kylpabilite] nf guilt
**culte** [kylt(ə)] adj: **livre/film ~** cult film/book
  ▷ nm (religion) religion; (hommage, vénération)
  worship; (protestant) service
**cultivable** [kyltivabl(ə)] adj cultivable
**cultivateur, -trice** [kyltivatœʀ, -tʀis] nm/f
  farmer
**cultivé, e** [kyltive] adj (personne) cultured,
  cultivated
**cultiver** [kyltive] vt to cultivate; (légumes) to
  grow, cultivate
**culture** [kyltyʀ] nf cultivation; growing;
  (connaissances etc) culture; **(champs de) ~s**
  land(s) under cultivation; **~ physique** physical
  training
**culturel, le** [kyltyʀɛl] adj cultural
**culturisme** [kyltyʀism(ə)] nm body-building
**culturiste** [kyltyʀist(ə)] nm/f body-builder
**cumin** [kymɛ̃] nm (Culin) cumin
**cumul** [kymyl] nm (voir cumuler) holding (ou
  drawing) concurrently; **~ de peines** sentences
  to run consecutively
**cumulable** [kymylabl(ə)] adj (fonctions) which
  may be held concurrently
**cumuler** [kymyle] vt (emplois, honneurs) to hold
  concurrently; (salaires) to draw concurrently;
  (Jur: droits) to accumulate
**cupide** [kypid] adj greedy, grasping
**cupidité** [kypidite] nf greed
**curable** [kyʀabl(ə)] adj curable
**Curaçao** [kyʀaso] n Curaçao ▷ nm: **curaçao**
  curaçao
**curare** [kyʀaʀ] nm curare
**curatif, -ive** [kyʀatif, -iv] adj curative
**cure** [kyʀ] nf (Méd) course of treatment; (Rel)
  cure, ≈ living; presbytery, ≈ vicarage; **faire une**
  **~ de fruits** to go on a fruit cure ou diet; **faire**

une ~ **thermale** to take the waters; **n'avoir ~ de** to pay no attention to; ~ **d'amaigrissement** slimming course; ~ **de repos** rest cure; ~ **de sommeil** sleep therapy *no pl*

**curé** [kyʀe] *nm* parish priest; **M le ~ = Vicar**

**cure-dent** [kyʀdɑ̃] *nm* toothpick

**curée** [kyʀe] *nf (fig)* scramble for the pickings

**cure-ongles** [kyʀɔ̃gl(ə)] *nm inv* nail cleaner

**cure-pipe** [kyʀpip] *nm* pipe cleaner

**curer** [kyʀe] *vt* to clean out; **se ~ les dents** to pick one's teeth

**curetage** [kyʀtaʒ] *nm (Méd)* curettage

**curieusement** [kyʀjøzmɑ̃] *adv* oddly

**curieux, -euse** [kyʀjø, -øz] *adj (étrange)* strange, curious; *(indiscret)* curious, inquisitive; *(intéressé)* inquiring, curious ▷ *nmpl (badauds)* onlookers, bystanders

**curiosité** [kyʀjozite] *nf* curiosity, inquisitiveness; *(objet)* curio(sity); *(site)* unusual feature *ou* sight

**curiste** [kyʀist(ə)] *nm/f person taking the waters at a spa*

**curriculum vitae** [kyʀikylɔmvite] *nm inv* curriculum vitae

**curry** [kyʀi] *nm* curry; **poulet au ~** curried chicken, chicken curry

**curseur** [kyʀsœʀ] *nm (Inform)* cursor; *(de règle)* slide; *(de fermeture-éclair)* slider

**cursif, -ive** [kyʀsif, -iv] *adj*: **écriture cursive** cursive script

**cursus** [kyʀsys] *nm* degree course

**curviligne** [kyʀviliɲ] *adj* curvilinear

**cutané, e** [kytane] *adj* cutaneous, skin *cpd*

**cuti-réaction** [kytiʀeaksjɔ̃] *nf (Méd)* skin-test

**cuve** [kyv] *nf* vat; *(à mazout etc)* tank

**cuvée** [kyve] *nf* vintage

**cuvette** [kyvɛt] *nf (récipient)* bowl, basin; *(du lavabo)* (wash)basin; *(des w.-c.)* pan; *(Géo)* basin

**CV** *sigle m (Auto)* = **cheval vapeur**; *(Admin)* = **curriculum vitae**

**CVS** *sigle adj (= corrigées des variations saisonnières)* seasonally adjusted

**cx** *abr (= coefficient de pénétration dans l'air)* drag coefficient

**cyanure** [sjanyʀ] *nm* cyanide

**cybercafé** [sibɛʀkafe] *nm* cybercafé

**cyberculture** [sibɛʀkyltyʀ] *nf* cyberculture

**cyberespace** [sibɛʀɛspas] *nm* cyberspace

**cybernaute** [sibɛʀnot] *nm/f* Internet user

**cybernétique** [sibɛʀnetik] *nf* cybernetics *sg*

**cyclable** [siklabl(ə)] *adj*: **piste ~** cycle track

**cyclamen** [siklamɛn] *nm* cyclamen

**cycle** [sikl(ə)] *nm* cycle; *(Scol)*: **premier/second ~ =** middle/upper school *(Brit)*, ≈ junior/senior high school (US)

**cyclique** [siklik] *adj* cyclic(al)

**cyclisme** [siklism(ə)] *nm* cycling

**cycliste** [siklist(ə)] *nm/f* cyclist ▷ *adj* cycle *cpd*; **coureur ~** racing cyclist

**cyclo-cross** [siklɔkʀɔs] *nm (Sport)* cyclo-cross; *(épreuve)* cyclo-cross race

**cyclomoteur** [siklɔmɔtœʀ] *nm* moped

**cyclomotoriste** [siklɔmɔtɔʀist(ə)] *nm/f* moped rider

**cyclone** [siklon] *nm* hurricane

**cyclotourisme** [siklɔtuʀism(ə)] *nm* (bi)cycle touring

**cygne** [siɲ] *nm* swan

**cylindre** [silɛ̃dʀ(ə)] *nm* cylinder; **moteur à 4 ~s en ligne** straight-4 engine

**cylindrée** [silɛ̃dʀe] *nf (Auto)* (cubic) capacity; **une (voiture de) grosse ~** a big-engined car

**cylindrique** [silɛ̃dʀik] *adj* cylindrical

**cymbale** [sɛ̃bal] *nf* cymbal

**cynique** [sinik] *adj* cynical

**cyniquement** [sinikmɑ̃] *adv* cynically

**cynisme** [sinism(ə)] *nm* cynicism

**cyprès** [sipʀɛ] *nm* cypress

**cypriote** [sipʀijɔt] *adj* Cypriot ▷ *nm/f*: **Cypriote** Cypriot

**cyrillique** [siʀilik] *adj* Cyrillic

**cystite** [sistit] *nf* cystitis

**cytise** [sitiz] *nm* laburnum

**cytologie** [sitɔlɔʒi] *nf* cytology

# Dd

**D, d** [de] *nm inv* D, d ▷ *abr:* **D** (*Météorologie:* = *dépression*) low, depression; **D comme Désiré** D for David (*Brit*) *ou* Dog (*US*); *voir* **système d'** *prép*, *art voir* **de**

**Dacca** [daka] *n* Dacca

**dactylo** [daktilo] *nf* (*aussi:* **dactylographe**) typist; (*aussi:* **dactylographie**) typing, typewriting

**dactylographier** [daktilɔgʀafje] *vt* to type (out)

**dada** [dada] *nm* hobby-horse

**dadais** [dadɛ] *nm* ninny, lump

**dague** [dag] *nf* dagger

**dahlia** [dalja] *nm* dahlia

**dahoméen, ne** [daɔmeɛ̃, -ɛn] *adj* Dahomean

**Dahomey** [daɔme] *nm:* **le ~** Dahomey

**daigner** [deɲe] *vt* to deign

**daim** [dɛ̃] *nm* (*fallow*) deer *inv*; (*peau*) buckskin; (*imitation*) suede

**dais** [dɛ] *nm* (*tenture*) canopy

**Dakar** [dakaʀ] *n* Dakar

**dal.** *abr* (= *décalitre*) dal.

**dallage** [dalaʒ] *nm* paving

**dalle** [dal] *nf* slab; (*au sol*) paving stone, flag(stone); **que ~** nothing at all, damn all (*Brit*)

**daller** [dale] *vt* to pave

**dalmatien, ne** [dalmasjɛ̃, -ɛn] *nm/f* (*chien*) Dalmatian

**daltonien, ne** [daltɔnjɛ̃, -ɛn] *adj* colour-blind (*Brit*), color-blind (*US*)

**daltonisme** [daltɔnism(ə)] *nm* colour (*Brit*) *ou* color (*US*) blindness

**dam** [dam] *nm:* **au grand ~ de** much to the detriment (*ou* annoyance) of

**Damas** [dama] *n* Damascus

**damas** [dama] *nm* (*étoffe*) damask

**damassé, e** [damase] *adj* damask *cpd*

**dame** [dam] *nf* lady; (*Cartes, Échecs*) queen; **dames** *nfpl* (*jeu*) draughts *sg* (*Brit*), checkers *sg* (*US*); **les (toilettes des) ~s** the ladies' (toilets); **~ de charité** benefactress; **~ de compagnie** lady's companion

**dame-jeanne** [damʒɑn] (*pl* **dames-jeannes**) *nf* demijohn

**damer** [dame] *vt* to ram *ou* pack down; **~ le pion à** (*fig*) to get the better of

**damier** [damje] *nm* draughts board (*Brit*),

checkerboard (*US*); (*dessin*) check (pattern); **en ~** check

**damner** [dɑne] *vt* to damn

**dancing** [dɑ̃siŋ] *nm* dance hall

**dandiner** [dɑ̃dine]: **se dandiner** *vi* to sway about; (*en marchant*) to waddle along

**Danemark** [danmaʀk] *nm:* **le ~** Denmark

**danger** [dɑ̃ʒe] *nm* danger; **mettre en ~** to endanger, put in danger; **être en ~ de mort** to be in peril of one's life; **être hors de ~** to be out of danger

**dangereusement** [dɑ̃ʒʀøzmɑ̃] *adv* dangerously

**dangereux, -euse** [dɑ̃ʒʀø, -øz] *adj* dangerous

**danois, e** [danwa, -waz] *adj* Danish ▷ *nm* (*Ling*) Danish ▷ *nm/f:* **Danois, e** Dane

## ⊙ MOT-CLÉ

**dans** [dɑ̃] *prép* **1** (*position*) in; (*à l'intérieur de*) inside; **c'est dans le tiroir/le salon** it's in the drawer/lounge; **dans la boîte** in *ou* inside the box; **marcher dans la ville/la rue** to walk about the town/along the street; **je l'ai lu dans le journal** I read it in the newspaper; **être dans les meilleurs** to be among *ou* one of the best

**2** (*direction*) into; **elle a couru dans le salon** she ran into the lounge

**3** (*provenance*) out of, from; **je l'ai pris dans le tiroir/salon** I took it out of *ou* from the drawer/lounge; **boire dans un verre** to drink out of *ou* from a glass

**4** (*temps*) in; **dans deux mois** in two months, in two months' time

**5** (*approximation*) about; **dans les 20 euros** about 20 euros

**dansant, e** [dɑ̃sɑ̃, -ɑ̃t] *adj:* **soirée ~e** evening of dancing; (*bal*) dinner dance

**danse** [dɑ̃s] *nf:* **la ~** dancing; (*classique*) (ballet) dancing; **une ~** a dance; **~ du ventre** belly dancing

**danser** [dɑ̃se] *vi, vt* to dance

**danseur, -euse** [dɑ̃sœʀ, -øz] *nm/f* ballet dancer; (*au bal etc*) dancer; (: *cavalier*) partner; **~ de claquettes** tap-dancer; **en danseuse** (*à vélo*)

standing on the pedals
**Danube** [danyb] *nm*: **le ~** the Danube
**DAO** *sigle m* (= *dessin assisté par ordinateur*) CAD
**dard** [daʀ] *nm* sting (*organ*)
**darder** [daʀde] *vt* to shoot, send forth
**dare-dare** [daʀdaʀ] *adv* in double quick time
**Dar-es-Salaam, Dar-es-Salam** [daʀɛsalam] *n*
Dar-es-Salaam
**darne** [daʀn] *nf* steak (*of fish*)
**darse** [daʀs(ə)] *nf* sheltered dock (*in a Mediterranean port*)
**dartre** [daʀtʀ(ə)] *nf* sore
**datation** [datasjɔ̃] *nf* dating
**date** [dat] *nf* date; **faire ~** to mark a milestone;
**de longue ~** *adj* longstanding; **~ de naissance**
date of birth; **~ limite** deadline; (*d'un aliment:*
*aussi:* **date limite de vente**) sell-by date
**dater** [date] *vt,vi* to date; **~ de** to date from, go
back to; **à ~ de** (as) from
**dateur** [datœʀ] *nm* (*de montre*) date indicator;
**timbre ~** date stamp
**datif** [datif] *nm* dative
**datte** [dat] *nf* date
**dattier** [datje] *nm* date palm
**daube** [dob] *nf*: **bœuf en ~** beef casserole
**dauphin** [dofɛ̃] *nm* (*Zool*) dolphin; (*du roi*)
dauphin; (*fig*) heir apparent
**Dauphiné** [dofine] *nm*: **le ~** the Dauphiné
**dauphinois, e** [dofinwa, -waz] *adj* of *ou* from
the Dauphiné
**daurade** [dɔʀad] *nf* sea bream
**davantage** [davɑ̃taʒ] *adv* more; (*plus longtemps*)
longer; **~ de** more; **~ que** more than
**DB** *sigle f* (*Mil*) = **division blindée**
**DCA** *sigle f* (= *défense contre avions*) anti-aircraft
defence
**DCT** *sigle m* (= *diphtérie coqueluche tétanos*) DPT
**DDASS** [das] *sigle f* (= *Direction départementale
d'action sanitaire et sociale*) ≈ DWP (= *Department of
Work and Pensions* (Brit)), ≈ SSA (= *Social Security
Administration* (US))
**DDT** *sigle m* (= *dichloro-diphénol-trichloréthane*) DDT

---

⭕ **MOT-CLÉ**

**de, d'** (*de + le = **du**, de + les = **des***) *prép* **1**
(*appartenance*) of; **le toit de la maison** the roof
of the house; **la voiture d'Elisabeth/de mes
parents** Elizabeth's/my parents' car
**2** (*provenance*) from; **il vient de Londres** he
comes from London; **de Londres à Paris** from
London to Paris; **elle est sortie du cinéma** she
came out of the cinema
**3** (*moyen*) with; **je l'ai fait de mes propres
mains** I did it with my own two hands
**4** (*caractérisation, mesure*): **un mur de brique/
bureau d'acajou** a brick wall/mahogany desk;
**un billet de 10 euros** a 10 euro note; **une pièce
de 2 m de large** *ou* **large de 2 m** a room 2 m
wide, a 2m-wide room; **un bébé de 10 mois** a
10-month-old baby; **12 mois de crédit/travail**
12 months' credit/work; **elle est payée 20**

euros de l'heure she's paid 20 euros an hour *ou*
per hour; **augmenter de 10 euros** to increase
by 10 euros; **trois jours de libres** three free
days, three days free; **un verre d'eau** a glass of
water; **il mange de tout** he'll eat anything
**5** (*rapport*) from; **de quatre à six** from four to
six
**6** (*de la part de*): **estimé de ses collègues**
respected by his colleagues
**7** (*cause*): **mourir de faim** to die of hunger;
**rouge de colère** red with fury
**8** (*vb +de +infin*) to; **il m'a dit de rester** he told
me to stay
**9** (*en apposition*): **cet imbécile de Paul** that idiot
Paul; **le terme de franglais** the term
"franglais"
▷ *art* **1** (*phrases affirmatives*) some (*souvent omis*);
**du vin, de l'eau, des pommes** (some) wine,
(some) water, (some) apples; **des enfants sont
venus** some children came; **pendant des mois**
for months
**2** (*phrases interrogatives et négatives*) any; **a-t-il du
vin?** has he got any wine?; **il n'a pas de
pommes/d'enfants** he hasn't (got) any apples/
children, he has no apples/children

---

**dé** [de] *nm* (*à jouer*) die *ou* dice; (*aussi:* **dé à coudre**)
thimble; **dés** *nmpl* (*jeu*) (game of) dice; **un coup
de dés** a throw of the dice; **couper en dés**
(*Culin*) to dice
**DEA** *sigle m* (= *Diplôme d'études approfondies*) post-
graduate diploma
**dealer** [dilœʀ] *nm* (*fam*) (drug) pusher
**déambulateur** [deɑ̃bylatœʀ] *nm* zimmer®
**déambuler** [deɑ̃byle] *vi* to stroll about
**déb.** *abr* = **débutant**; (*Comm*) = **à débattre**
**débâcle** [debakl(ə)] *nf* rout
**déballage** [debalaʒ] *nm* (*de marchandises*) display
(*of loose goods*); (*fig: fam*) outpourings *pl*
**déballer** [debale] *vt* to unpack
**débandade** [debɑ̃dad] *nf* scattering; (*déroute*)
rout
**débander** [debɑ̃de] *vt* to unbandage
**débaptiser** [debatize] *vt* (*rue*) to rename
**débarbouiller** [debaʀbuje] *vt* to wash; **se
débarbouiller** *vi* to wash (one's face)
**débarcadère** [debaʀkadɛʀ] *nm* landing stage
(*Brit*), wharf
**débardeur** [debaʀdœʀ] *nm* docker, stevedore;
(*maillot*) slipover, tank top
**débarquement** [debaʀkəmɑ̃] *nm* unloading,
landing; disembarkation; (*Mil*) landing; **le D~**
the Normandy landings
**débarquer** [debaʀke] *vt* to unload, land ▷ *vi* to
disembark; (*fig*) to turn up
**débarras** [debaʀa] *nm* lumber room; (*placard*)
junk cupboard; (*remise*) outhouse; **bon ~!** good
riddance!
**débarrasser** [debaʀase] *vt* to clear ▷ *vi* (*enlever le
couvert*) to clear away; **~ qn de** (*vêtements, paquets*)
to relieve sb of; (*habitude, ennemi*) to rid sb of; **~
qch de** (*fouillis etc*) to clear sth of; **se débarrasser**

**de** vt to get rid of; to rid o.s. of

**débat** [deba] vb voir **débattre** ▷ nm discussion, debate; **débats** nmpl (Pol) proceedings, debates

**débattre** [debatʀ(ə)] vt to discuss, debate; **se débattre** vi to struggle

**débauchage** [deboʃaʒ] nm (licenciement) laying off (of staff); (par un concurrent) poaching

**débauche** [deboʃ] nf debauchery; **une ~ de** (fig) a profusion of; (: de couleurs) a riot of

**débauché, e** [deboʃe] adj debauched ▷ nm/f profligate

**débaucher** [deboʃe] vt (licencier) to lay off, dismiss; (salarié d'une autre entreprise) to poach; (entraîner) to lead astray, debauch; (inciter à la grève) to incite

**débile** [debil] adj weak, feeble; (fam: idiot) dim-witted ▷ nm/f: **~ mental, e** mental defective

**débilitant, e** [debilitã, -ãt] adj debilitating

**débilité** [debilite] nf debility; (fam: idiotie) stupidity; **~ mentale** mental debility

**débiner** [debine]: **se débiner** vi to do a bunk (Brit), clear out

**débit** [debi] nm (d'un liquide, fleuve) (rate of) flow; (d'un magasin) turnover (of goods); (élocution) delivery; (bancaire) debit; **avoir un ~ de 10 euros** to be 10 euros in debit; **~ de boissons** drinking establishment; **~ de tabac** tobacconist's (shop) (Brit), tobacco ou smoke shop (US)

**débiter** [debite] vt (compte) to debit; (liquide, gaz) to yield, produce, give out; (couper: bois, viande) to cut up; (vendre) to retail; (péj: paroles etc) to come out with, churn out

**débiteur, -trice** [debitœʀ, -tʀis] nm/f debtor ▷ adj in debit; (compte) debit cpd

**déblai** [deblɛ] nm (nettoyage) clearing; **déblais** nmpl (terre) earth; (décombres) rubble

**déblaiement** [deblɛmã] nm clearing; **travaux de ~** earth moving sg

**déblatérer** [deblatere] vi: **~ contre** to go on about

**déblayer** [debleje] vt to clear; **~ le terrain** (fig) to clear the ground

**déblocage** [deblɔkaʒ] nm (des prix, cours) unfreezing

**débloquer** [deblɔke] vt (frein, fonds) to release; (prix) to unfreeze ▷ vi (fam) to talk rubbish

**débobiner** [debɔbine] vt to unwind

**déboires** [debwaʀ] nmpl setbacks

**déboisement** [debwazmã] nm deforestation

**déboiser** [debwaze] vt to clear of trees; (région) to deforest; **se déboiser** vi (colline, montagne) to become bare of trees

**déboîter** [debwate] vt (Auto) to pull out; **se ~ le genou** etc to dislocate one's knee etc

**débonnaire** [debɔnɛʀ] adj easy-going, good-natured

**débordant, e** [debɔʀdã, -ãt] adj (joie) unbounded; (activité) exuberant

**débordé, e** [debɔʀde] adj: **être ~ de** (travail, demandes) to be snowed under with

**débordement** [debɔʀdəmã] nm overflowing

**déborder** [debɔʀde] vi to overflow; (lait etc) to boil over ▷ vt (Mil, Sport) to outflank; **~ (de) qch** (dépasser) to extend beyond sth; **~ de** (joie, zèle) to be brimming over with ou bursting with

**débouché** [debuʃe] nm (pour vendre) outlet; (perspective d'emploi) opening; (sortie) au **~ de la vallée** where the valley opens out (onto the plain)

**déboucher** [debuʃe] vt (évier, tuyau etc) to unblock; (bouteille) to uncork, open ▷ vi: **~ de** to emerge from, come out of; **~ sur** to come out onto; to open out onto; (fig) to arrive at, lead up to

**débouler** [debule] vi to go (ou come) tumbling down; (sans tomber) to come careering down ▷ vt: **~ l'escalier** to belt down the stairs

**déboulonner** [debulɔne] vt to dismantle; (fig: renvoyer) to dismiss; (: détruire le prestige de) to discredit

**débours** [debuʀ] nmpl outlay

**débourser** [debuʀse] vt to pay out, lay out

**déboussoler** [debusɔle] vt to disorientate, disorient

**debout** [dəbu] adv: **être ~** (personne) to be standing, stand; (: levé, éveillé) to be up (and about); (chose) to be upright; **être encore ~** (fig: en état) to be still going; to be still standing; (: to be still up; **mettre qn ~** to get sb to his feet; **mettre qch ~** to stand sth up; **se mettre ~** to get up (on one's feet); **se tenir ~** to stand; **~!** get up!; **cette histoire ne tient pas ~** this story doesn't hold water

**débouter** [debute] vt (Jur) to dismiss; **~ qn de sa demande** to dismiss sb's petition

**déboutonner** [debutɔne] vt to undo, unbutton; **se déboutonner** vi to come undone ou unbuttoned

**débraillé, e** [debʀaje] adj slovenly, untidy

**débrancher** [debʀãʃe] vt (appareil électrique) to unplug; (téléphone, courant électrique) to disconnect, cut off

**débrayage** [debʀɛjaʒ] nm (Auto) clutch; (: action) disengaging the clutch; (grève) stoppage; **faire un double ~** to double-declutch

**débrayer** [debʀeje] vi (Auto) to declutch, disengage the clutch; (cesser le travail) to stop work

**débridé, e** [debʀide] adj unbridled, unrestrained

**débrider** [debʀide] vt (cheval) to unbridle; (Culin: volaille) to untruss

**débris** [debʀi] nm (fragment) fragment ▷ nmpl (déchets) pieces, debris sg; rubbish sg (Brit), garbage sg (US)

**débrouillard, e** [debʀujaʀ, -aʀd(ə)] adj smart, resourceful

**débrouillardise** [debʀujaʀdiz] nf smartness, resourcefulness

**débrouiller** [debʀuje] vt to disentangle, untangle; (fig) to sort out, unravel; **se débrouiller** vi to manage

**débroussailler** [debʀusaje] vt to clear (of

**d**

brushwood)

**débusquer** [debyske] *vt* to drive out (from cover)

**début** [deby] *nm* beginning, start; **débuts** *nmpl* beginnings; *(de carrière)* début *sg*; **faire ses ~s** to start out; **au ~** in *ou* at the beginning, at first; **au ~ de** at the beginning *ou* start of; **dès le ~** from the start

**débutant, e** [debytã, -ãt] *nm/f* beginner, novice

**débuter** [debyte] *vi* to begin, start; *(faire ses débuts)* to start out

**deçà** [dəsa]: **en ~ de** *prép* this side of; **en ~** *adv* on this side

**décacheter** [dekaʃte] *vt* to unseal, open

**décade** [dekad] *nf* (10 jours) (period of) ten days; (10 ans) decade

**décadence** [dekadãs] *nf* decadence; decline

**décadent, e** [dekadã, -ãt] *adj* decadent

**décaféiné, e** [dekafeine] *adj* decaffeinated, caffeine-free

**décalage** [dekalaʒ] *nm* move forward *ou* back; shift forward *ou* back; *(écart)* gap; *(désaccord)* discrepancy; **~ horaire** time difference (between time zones), time-lag

**décalaminer** [dekalamine] *vt* to decoke

**décalcification** [dekalsifikasjõ] *nf* decalcification

**décalcifier** [dekalsifje]: **se décalcifier** *vr* to decalcify

**décalcomanie** [dekalkɔmani] *nf* transfer

**décaler** [dekale] *vt* (dans le temps: avancer) to bring forward; (: retarder) to put back; (changer de position) to shift forward *ou* back; **~ de 10 cm** to move forward *ou* back by 10 cm; **~ de deux heures** to bring *ou* move forward two hours; to put back two hours

**décalitre** [dekalitʀ(ə)] *nm* decalitre (Brit), decaliter (US)

**décalogue** [dekalɔg] *nm* Decalogue

**décalquer** [dekalke] *vt* to trace; (par pression) to transfer

**décamètre** [dekamɛtʀ(ə)] *nm* decametre (Brit), decameter (US)

**décamper** [dekãpe] *vi* to clear out *ou* off

**décan** [dekã] *nm* (Astrologie) decan

**décanter** [dekãte] *vt* to (allow to) settle (and decant); **se décanter** *vi* to settle

**décapage** [dekapaʒ] *nm* stripping; scouring; sanding

**décapant** [dekapã] *nm* acid solution; scouring agent; paint stripper

**décaper** [dekape] *vt* to strip; (avec abrasif) to scour; (avec papier de verre) to sand

**décapiter** [dekapite] *vt* to behead; (par accident) to decapitate; (fig) to cut the top off; (: organisation) to remove the top people from

**décapotable** [dekapɔtabl(ə)] *adj* convertible

**décapoter** [dekapɔte] *vt* to put down the top of

**décapsuler** [dekapsyle] *vt* to take the cap *ou* top off

**décapsuleur** [dekapsylœʀ] *nm* bottle-opener

**décarcasser** [dekaʀkase] *vt*: **se ~ pour qn/pour**

**faire qch** (fam) to slog one's guts out for sb/to do sth

**décathlon** [dekatlõ] *nm* decathlon

**décati, e** [dekati] *adj* faded, aged

**décédé, e** [desede] *adj* deceased

**décéder** [desede] *vi* to die

**décelable** [des(ə)labl(ə)] *adj* discernible

**déceler** [desle] *vt* to discover, detect; (révéler) to indicate, reveal

**décélération** [deseleʀasjõ] *nf* deceleration

**décélérer** [deseleʀe] *vi* to decelerate, slow down

**décembre** [desãbʀ(ə)] *nm* December; voir aussi **juillet**

**décemment** [desamã] *adv* decently

**décence** [desãs] *nf* decency

**décennal, e, -aux** [desenal, -o] *adj* (qui dure dix ans) having a term of ten years, ten-year; (qui revient tous les dix ans) ten-yearly

**décennie** [desni] *nf* decade

**décent, e** [desã, -ãt] *adj* decent

**décentralisation** [desãtʀalizasjõ] *nf* decentralization

**décentraliser** [desãtʀalize] *vt* to decentralize

**décentrer** [desãtʀe] *vt* to throw off centre; **se décentrer** *vi* to move off-centre

**déception** [desepsjõ] *nf* disappointment

**décerner** [desɛʀne] *vt* to award

**décès** [desɛ] *nm* death, decease; **acte de ~** death certificate

**décevant, e** [dɛsvã, -ãt] *adj* disappointing

**décevoir** [dɛsvwaʀ] *vt* to disappoint

**déchaîné, e** [deʃene] *adj* unbridled, raging

**déchaînement** [deʃɛnmã] *nm* (de haine, violence) outbreak, outburst

**déchaîner** [deʃene] *vt* (passions, colère) to unleash; (rires etc) to give rise to, arouse; **se déchaîner** *vi* to be unleashed; (rires) to burst out; (se mettre en colère) to fly into a rage; **se ~ contre qn** to unleash one's fury on sb

**déchanter** [deʃãte] *vi* to become disillusioned

**décharge** [deʃaʀʒ(ə)] *nf* (dépôt d'ordures) rubbish tip *ou* dump; (électrique) electrical discharge; (salve) volley of shots; **à la ~ de** in defence of

**déchargement** [deʃaʀʒəmã] *nm* unloading

**décharger** [deʃaʀʒe] *vt* (marchandise, véhicule) to unload; (Élec) to discharge; (arme: neutraliser) to unload; (: faire feu) to discharge, fire; **~ qn de** (responsabilité) to relieve sb of, release sb from; **~ sa colère (sur)** to vent one's anger (on); **~ sa conscience** to unburden one's conscience; **se ~ dans** (se déverser) to flow into; **se ~ d'une affaire sur qn** to hand a matter over to sb

**décharné, e** [deʃaʀne] *adj* bony, emaciated, fleshless

**déchaussé, e** [deʃose] *adj* (dent) loose

**déchausser** [deʃose] *vt* (personne) to take the shoes off; (skis) to take off; **se déchausser** *vi* to take off one's shoes; (dent) to come *ou* work loose

**dèche** [dɛʃ] *nf* (fam): **être dans la ~** to be flat broke

**déchéance** [deʃeãs] *nf* (déclin) degeneration,

decay, decline; (*chute*) fall

**déchet** [defɛ] *nm* (*de bois, tissu etc*) scrap; (*perte: gén Comm*) wastage, waste; **déchets** *nmpl* (*ordures*) refuse *sg*, rubbish *sg* (*Brit*), garbage *sg* (*US*); **~s radioactifs** radioactive waste

**déchiffrage** [defifraʒ] *nm* sight-reading

**déchiffrer** [defifre] *vt* to decipher

**déchiqueté, e** [defikte] *adj* jagged(-edged), ragged

**déchiqueter** [defikte] *vt* to tear *ou* pull to pieces

**déchirant, e** [defiʀɑ̃, -ɑ̃t] *adj* heart-breaking, heart-rending

**déchiré, e** [defiʀe] *adj* torn; (*fig*) heart-broken

**déchirement** [defiʀmɑ̃] *nm* (*chagrin*) wrench, heartbreak; (*gén pl: conflit*) rift, split

**déchirer** [defiʀe] *vt* to tear, rip; (*mettre en morceaux*) to tear up; (*pour ouvrir*) to tear off; (*arracher*) to tear out; (*fig*) to tear apart; **se déchirer** *vi* to tear, rip; **se ~ un muscle/tendon** to tear a muscle/tendon

**déchirure** [defiʀyʀ] *nf* (*accroc*) tear, rip; **~ musculaire** torn muscle

**déchoir** [defwaʀ] *vi* (*personne*) to lower o.s., demean o.s.; **~ de** to fall from

**déchu, e** [defy] *pp de* **déchoir** ▷ *adj* fallen; (*roi*) deposed

**décibel** [desibɛl] *nm* decibel

**décidé, e** [deside] *adj* (*personne, air*) determined; **c'est ~** it's decided; **être ~ à faire** to be determined to do

**décidément** [desidemɑ̃] *adv* undoubtedly; really

**décider** [deside] *vt*: **~ qch** to decide on sth; **~ de faire/que** to decide to do/that; **~ qn (à faire qch)** to persuade *ou* induce sb (to do sth); **~ de qch** to decide upon sth; (*chose*) to determine sth; **se décider** *vi* (*personne*) to decide, make up one's mind; (*problème, affaire*) to be resolved; **se ~ à qch** to decide on sth; **se ~ à faire** to decide *ou* make up one's mind to do; **se ~ pour qch** to decide on *ou* in favour of sth

**décideur** [desidœʀ] *nm* decision-maker

**décilitre** [desilitʀ(ə)] *nm* decilitre (*Brit*), deciliter (*US*)

**décimal, e, -aux** [desimal, -o] *adj, nf* decimal

**décimalisation** [desimalizɑsjɔ̃] *nf* decimalization

**décimaliser** [desimalize] *vt* to decimalize

**décimer** [desime] *vt* to decimate

**décimètre** [desimɛtʀ(ə)] *nm* decimetre (*Brit*), decimeter (*US*); **double ~** (20 cm) ruler

**décisif, -ive** [desizif, -iv] *adj* decisive; (*qui l'emporte*): **le facteur/l'argument ~** the deciding factor/argument

**décision** [desizjɔ̃] *nf* decision; (*fermeté*) decisiveness, decision; **prendre une ~** to make a decision; **prendre la ~ de faire** to take the decision to do; **emporter** *ou* **faire la ~** to be decisive

**déclamation** [deklamɑsjɔ̃] *nf* declamation; (*péj*) ranting, spouting

**déclamatoire** [deklamatwaʀ] *adj* declamatory

**déclamer** [deklame] *vt* to declaim; (*péj*) to spout ▷ *vi*: **~ contre** to rail against

**déclarable** [deklaʀabl(ə)] *adj* (*marchandise*) dutiable; (*revenus*) declarable

**déclaration** [deklaʀɑsjɔ̃] *nf* declaration; registration; (*discours: Pol etc*) statement; (*compte rendu*) report; **fausse ~** misrepresentation; **~ (d'amour)** declaration; **~ de décès** registration of death; **~ de guerre** declaration of war; **~ (d'impôts)** statement of income, tax declaration, ≈ tax return; **~ (de sinistre)** (insurance) claim; **~ de revenus** statement of income

**déclaré, e** [deklaʀe] *adj* (*juré*) avowed

**déclarer** [deklaʀe] *vt* to declare, announce; (*revenus, employés, marchandises*) to declare; (*décès, naissance*) to register; (*vol etc: à la police*) to report; **rien à ~** nothing to declare; **se déclarer** *vi* (*feu, maladie*) to break out; **~ la guerre** to declare war

**déclassé, e** [deklɑse] *adj* relegated, downgraded; (*matériel*) (to be) sold off

**déclassement** [deklɑsmɑ̃] *nm* relegation, downgrading; (*Rail etc*) change of class

**déclasser** [deklɑse] *vt* to relegate, downgrade; (*déranger: fiches, livres*) to get out of order

**déclenchement** [deklɑ̃ʃmɑ̃] *nm* release; setting off

**déclencher** [deklɑ̃ʃe] *vt* (*mécanisme etc*) to release; (*sonnerie*) to set off, activate; (*attaque, grève*) to launch; (*provoquer*) to trigger off; **se déclencher** *vi* to release itself; to go off

**déclencheur** [deklɑ̃ʃœʀ] *nm* release mechanism

**déclic** [deklik] *nm* trigger mechanism; (*bruit*) click

**déclin** [deklɛ̃] *nm* decline

**déclinaison** [deklinɛzɔ̃] *nf* declension

**décliner** [dekline] *vi* to decline ▷ *vt* (*invitation*) to decline, refuse; (*responsabilité*) to refuse to accept; (*nom, adresse*) to state; (*Ling*) to decline; **se décliner** (*Ling*) to decline

**déclivité** [deklivite] *nf* slope, incline; **en ~** sloping, on the incline

**décloisonner** [deklwazɔne] *vt* to decompartmentalize

**déclouer** [deklue] *vt* to unnail

**décocher** [dekɔʃe] *vt* to hurl; (*flèche, regard*) to shoot

**décoction** [dekɔksjɔ̃] *nf* decoction

**décodage** [dekɔdaʒ] *nm* deciphering, decoding

**décoder** [dekɔde] *vt* to decipher, decode

**décodeur** [dekɔdœʀ] *nm* decoder

**décoiffé, e** [dekwafe] *adj*: **elle est toute ~e** her hair is in a mess

**décoiffer** [dekwafe] *vt*: **~ qn** to disarrange *ou* mess up sb's hair; to take sb's hat off; **se décoiffer** *vi* to take off one's hat

**décoincer** [dekwɛ̃se] *vt* to unjam, loosen

**déçois** *etc* [deswa], **déçoive** *etc* [deswav] *vb voir* **décevoir**

**décolérer** [dekɔleʀe] *vi*: **il ne décolère pas** he's still angry, he hasn't calmed down

**décollage** [dekɔlaʒ] *nm* (*Aviat, Écon*) takeoff

**décollé, e** [dekɔle] *adj:* **oreilles ~es** sticking-out ears

**décollement** [dekɔlmã] *nm* (*Méd*): **~ de la rétine** retinal detachment

**décoller** [dekɔle] *vt* to unstick ▷ *vi* to take off; (*projet, entreprise*) to take off, get off the ground; **se décoller** *vi* to come unstuck

**décolleté, e** [dekɔlte] *adj* low-necked, low-cut; (*femme*) wearing a low-cut dress ▷ *nm* low neck(line); (*épaules*) (bare) neck and shoulders; (*plongeant*) cleavage

**décolleter** [dekɔlte] *vt* (*vêtement*) to give a low neckline to; (*Tech*) to cut

**décolonisation** [dekɔlɔnizasjɔ̃] *nf* decolonization

**décoloniser** [dekɔlɔnize] *vt* to decolonize

**décolorant** [dekɔlɔrɑ̃] *nm* decolorant, bleaching agent

**décoloration** [dekɔlɔrɑsjɔ̃] *nf*: **se faire faire une ~** (*chez le coiffeur*) to have one's hair bleached *ou* lightened

**décoloré, e** [dekɔlɔre] *adj* (*vêtement*) faded; (*cheveux*) bleached

**décolorer** [dekɔlɔre] *vt* (*tissu*) to fade; (*cheveux*) to bleach, lighten; **se décolorer** *vi* to fade

**décombres** [dekɔ̃br(ə)] *nmpl* rubble *sg*, debris *sg*

**décommander** [dekɔmɑ̃de] *vt* to cancel; (*invités*) to put off; **se décommander** *vi* to cancel, cry off

**décomposé, e** [dekɔ̃poze] *adj* (*pourri*) decomposed; (*visage*) haggard, distorted

**décomposer** [dekɔ̃poze] *vt* to break up; (*Chimie*) to decompose; (*Math*) to factorize; **se décomposer** *vi* to decompose

**décomposition** [dekɔ̃pozisjɔ̃] *nf* breaking up; decomposition; factorization; **en ~** (*organisme*) in a state of decay, decomposing

**décompresser** [dekɔ̃prese] *vi* (*fam: se détendre*) to unwind

**décompresseur** [dekɔ̃presœr] *nm* decompressor

**décompression** [dekɔ̃presjɔ̃] *nf* decompression

**décomprimer** [dekɔ̃prime] *vt* to decompress

**décompte** [dekɔ̃t] *nm* deduction; (*facture*) breakdown (of an account), detailed account

**décompter** [dekɔ̃te] *vt* to deduct

**déconcentration** [dekɔ̃sɑ̃trɑsjɔ̃] *nf* (*des industries etc*) dispersal; **~ des pouvoirs** devolution

**déconcentré, e** [dekɔ̃sɑ̃tre] *adj* (*sportif etc*) who has lost (his/her) concentration

**déconcentrer** [dekɔ̃sɑ̃tre] *vt* (*Admin*) to disperse; **se déconcentrer** *vi* to lose (one's) concentration

**déconcertant, e** [dekɔ̃sɛrtɑ̃, -ɑ̃t] *adj* disconcerting

**déconcerter** [dekɔ̃sɛrte] *vt* to disconcert, confound

**déconditionner** [dekɔ̃disjɔne] *vt*: **~ l'opinion américaine** to change the way the Americans have been forced to think

**déconfit, e** [dekɔ̃fi, -it] *adj* crestfallen, downcast

**déconfiture** [dekɔ̃fityr] *nf* collapse, ruin; (*morale*) defeat

**décongélation** [dekɔ̃ʒelɑsjɔ̃] *nf* defrosting, thawing

**décongeler** [dekɔ̃ʒle] *vt* to thaw (out)

**décongestionner** [dekɔ̃ʒɛstjɔne] *vt* (*Méd*) to decongest; (*rues*) to relieve congestion in

**déconnecter** [dekɔnɛkte] *vt* to disconnect

**déconner** [dekɔne] *vi* (*fam!: en parlant*) to talk (a load of) rubbish (*Brit*) *ou* garbage (*US*); (: *faire des bêtises*) to muck about; **sans ~** no kidding

**déconseiller** [dekɔ̃seje] *vt*: **~ qch (à qn)** to advise (sb) against sth; **~ à qn de faire** to advise sb against doing; **c'est déconseillé** it's not advised *ou* advisable

**déconsidérer** [dekɔ̃sidere] *vt* to discredit

**décontamination** [dekɔ̃tɑminɑsjɔ̃] *nf* decontamination

**décontaminer** [dekɔ̃tɑmine] *vt* to decontaminate

**décontenancer** [dekɔ̃tnɑ̃se] *vt* to disconcert, discountenance

**décontracté, e** [dekɔ̃trɑkte] *adj* relaxed

**décontracter** [dekɔ̃trɑkte] *vt*, **se décontracter** *vi* to relax

**décontraction** [dekɔ̃trɑksjɔ̃] *nf* relaxation

**déconvenue** [dekɔ̃vny] *nf* disappointment

**décor** [dekɔr] *nm* décor; (*paysage*) scenery; **décors** *nmpl* (*Théât*) scenery *sg*, decor *sg*; (*Ciné*) set *sg*; **changement de ~** (*fig*) change of scene; **entrer dans le ~** (*fig*) to run off the road; **en ~ naturel** (*Ciné*) on location

**décorateur, -trice** [dekɔratœr, -tris] *nm/f* (interior) decorator; (*Ciné*) set designer

**décoratif, -ive** [dekɔratif, -iv] *adj* decorative

**décoration** [dekɔrɑsjɔ̃] *nf* decoration

**décorer** [dekɔre] *vt* to decorate

**décortiqué, e** [dekɔrtike] *adj* shelled; hulled

**décortiquer** [dekɔrtike] *vt* to shell; (*riz*) to hull; (*fig*) to dissect

**décorum** [dekɔrɔm] *nm* decorum; etiquette

**décote** [dekɔt] *nf* tax relief

**découcher** [dekuʃe] *vi* to spend the night away

**découdre** [dekudr(ə)] *vt* (*vêtement, couture*) to unpick, take the stitching out of; (*bouton*) to take off; **se découdre** *vi* to come unstitched; (*bouton*) to come off; **en ~** (*fig*) to fight, do battle

**découler** [dekule] *vi*: **~ de** to ensue *ou* follow from

**découpage** [dekupaʒ] *nm* cutting up; carving; (*image*) cut-out (figure); **~ électoral** division into constituencies

**découper** [dekupe] *vt* (*papier, tissu etc*) to cut up; (*volaille, viande*) to carve; (*détacher: manche, article*) to cut out; **se ~ sur** (*ciel, fond*) to stand out against

**découplé, e** [dekuple] *adj:* **bien ~** well-built, well-proportioned

**découpure** [dekupyr] *nf*: **~s** (*morceaux*) cut-out bits; (*d'une côte, arête*) indentations, jagged outline sg

**décourageant, e** [dekuʀaʒɑ̃, ɑ̃t] *adj* discouraging; *(personne, attitude)* discouraging, negative

**découragement** [dekuʀaʒmɑ̃] *nm* discouragement, despondency

**décourager** [dekuʀaʒe] *vt* to discourage, dishearten; *(dissuader)* to discourage, put off; **se décourager** *vi* to lose heart, become discouraged; **~ qn de faire/de qch** to discourage sb from doing/from sth, put sb off doing/sth

**décousu, e** [dekuzy] *pp de* **découdre** ▷ *adj* unstitched; *(fig)* disjointed, disconnected

**découvert, e** [dekuvɛʀ, -ɛʀt(ə)] *pp de* **découvrir** ▷ *adj (tête)* bare, uncovered; *(lieu)* open, exposed ▷ *nm (bancaire)* overdraft ▷ *nf* discovery; **à ~** *adv (Mil)* exposed, without cover; *(fig)* openly ▷ *adj (Comm)* overdrawn; **à visage ~** openly; **aller à la ~e de** to go in search of

**découvrir** [dekuvʀiʀ] *vt* to discover; *(apercevoir)* to see; *(enlever ce qui couvre ou protège)* to uncover; *(montrer, dévoiler)* to reveal; **se découvrir** *vi* to take off one's hat; *(se déshabiller)* to take something off; *(au lit)* to uncover o.s.; *(ciel)* to clear; **se ~ des talents** to find hidden talents in o.s.

**décrasser** [dekʀase] *vt* to clean

**décrêper** [dekʀepe] *vt (cheveux)* to straighten

**décrépi, e** [dekʀepi] *adj* peeling; with roughcast rendering removed

**décrépit, e** [dekʀepi, -it] *adj* decrepit

**décrépitude** [dekʀepityd] *nf* decrepitude; decay

**decrescendo** [dekʀeʃɛndo] *nm (Mus)* decrescendo; **aller ~** *(fig)* to decline, be on the wane

**décret** [dekʀɛ] *nm* decree

**décréter** [dekʀete] *vt* to decree; *(ordonner)* to order

**décret-loi** [dekʀɛlwa] *nm* statutory order

**décrié, e** [dekʀije] *adj* disparaged

**décrire** [dekʀiʀ] *vt* to describe; *(courbe, cercle)* to follow, describe

**décrisper** [dekʀispe] *vt* to defuse

**décrit, e** [dekʀi, -it] *pp de* **décrire**

**décrivais** *etc* [dekʀivɛ] *vb voir* **décrire**

**décrochage** [dekʀɔʃaʒ] *nm*: **~ scolaire** *(Scol)* ≈ truancy

**décrochement** [dekʀɔʃmɑ̃] *nm (d'un mur etc)* recess

**décrocher** [dekʀɔʃe] *vt (dépendre)* to take down; *(téléphone)* to take off the hook; *(: pour répondre)*: **~ (le téléphone)** to pick up *ou* lift the receiver; *(fig: contrat etc)* to get, land ▷ *vi* to drop out; to switch off; **se décrocher** *vi (tableau, rideau)* to fall down

**décroîs** *etc* [dekʀwa] *vb voir* **décroître**

**décroiser** [dekʀwaze] *vt (bras)* to unfold; *(jambes)* to uncross

**décroissant, e** [dekʀwasɑ̃, -ɑ̃t] *vb voir* **décroître** ▷ *adj* decreasing, declining, diminishing; **par ordre ~** in descending order

**décroître** [dekʀwatʀ(ə)] *vi* to decrease,

decline diminish

**décrotter** [dekʀɔte] *vt (chaussures)* to clean the mud from; **se ~ le nez** to pick one's nose

**décru, e** [dekʀy] *pp de* **décroître**

**décrue** [dekʀy] *nf* drop in level (of the waters)

**décrypter** [dekʀipte] *vt* to decipher

**déçu, e** [desy] *pp de* **décevoir** ▷ *adj* disappointed

**déculotter** [dekylɔte] *vt*: **~ qn** to take off *ou* down sb's trousers; **se déculotter** *vi* to take off *ou* down one's trousers

**déculpabiliser** [dekylpabilize] *vt (personne)* to relieve of guilt; *(chose)* to decriminalize

**décuple** [dekypl(ə)] *nm*: **le ~ de** ten times; **au ~** tenfold

**décupler** [dekyple] *vt, vi* to increase tenfold

**déçut** *etc* [desy] *vb voir* **décevoir**

**dédaignable** [dedɛɲabl(ə)] *adj*: **pas ~** not to be despised

**dédaigner** [dedɛɲe] *vt* to despise, scorn; *(négliger)* to disregard, spurn; **~ de faire** to consider it beneath one to do, not deign to do

**dédaigneusement** [dedɛɲøzmɑ̃] *adv* scornfully, disdainfully

**dédaigneux, -euse** [dedɛɲø, -øz] *adj* scornful, disdainful

**dédain** [dedɛ̃] *nm* scorn, disdain

**dédale** [dedal] *nm* maze

**dedans** [dədɑ̃] *adv* inside; *(pas en plein air)* indoors, inside ▷ *nm* inside; **au ~** on the inside; inside; **en ~** *(vers l'intérieur)* inwards; *voir aussi* **là**

**dédicace** [dedikas] *nf (imprimée)* dedication; *(manuscrite, sur une photo etc)* inscription

**dédicacer** [dedikase] *vt*: **~ (à qn)** to sign (for sb), autograph (for sb), inscribe (to sb)

**dédié, e** [dedje] *adj*: **ordinateur ~** dedicated computer

**dédier** [dedje] *vt* to dedicate

**dédire** [dediʀ]: **se dédire** *vi* to go back on one's word; *(se rétracter)* to retract, recant

**dédit, e** [dedi, -it] *pp de* **dédire** ▷ *nm (Comm)* forfeit, penalty

**dédommagement** [dedɔmaʒmɑ̃] *nm* compensation

**dédommager** [dedɔmaʒe] *vt*: **~ qn (de)** to compensate sb (for); *(fig)* to repay sb (for)

**dédouaner** [dedwane] *vt* to clear through customs

**dédoublement** [dedubləmɑ̃] *nm* splitting; *(Psych)*: **~ de la personnalité** split *ou* dual personality

**dédoubler** [deduble] *vt (classe, effectifs)* to split (into two); *(couverture etc)* to unfold; *(manteau)* to remove the lining of; **~ un train/les trains** to run a relief train/additional trains; **se dédoubler** *vi (Psych)* to have a split personality

**dédramatiser** [dedʀamatize] *vt (situation)* to defuse; *(événement)* to play down

**déductible** [dedyktibl(ə)] *adj* deductible

**déduction** [dedyksjɔ̃] *nf (d'argent)* deduction; *(raisonnement)* deduction, inference

**déduire** [dedɥiʀ] *vt*: **~ qch (de)** *(ôter)* to deduct sth (from); *(conclure)* to deduce *ou* infer sth (from)

**d**

**déesse** [deɛs] nf goddess

**DEFA** sigle m (= Diplôme d'État relatif aux fonctions d'animation) diploma for senior youth leaders

**défaillance** [defajɑ̃s] nf (syncope) blackout; (fatigue) (sudden) weakness no pl; (technique) fault, failure; (morale etc) weakness; ~ **cardiaque** heart failure

**défaillant, e** [defajɑ̃, -ɑ̃t] adj defective; (Jur: témoin) defaulting

**défaillir** [defajiʀ] vi to faint; to feel faint; (mémoire etc) to fail

**défaire** [defɛʀ] vt (installation, échafaudage) to take down, dismantle; (paquet etc, nœud, vêtement) to undo; (bagages) to unpack; (ouvrage) to undo, unpick; (cheveux) to take out; **se défaire** vi to come undone; **se ~ de** vt (se débarrasser de) to get rid of; (se séparer de) to part with; **~ le lit** (pour changer les draps) to strip the bed; (pour se coucher) to turn back the bedclothes

**défait, e** [defɛ, -ɛt] pp de **défaire** ▷ adj (visage) haggard, ravaged ▷ nf defeat

**défaites** [defɛt] vb voir **défaire**

**défaitisme** [defetism(ə)] nm defeatism

**défaitiste** [defetist(ə)] adj, nm/f defeatist

**défalcation** [defalkɑsjɔ̃] nf deduction

**défalquer** [defalke] vt to deduct

**défasse** etc [defas] vb voir **défaire**

**défausser** [defose] vt to get rid of; **se défausser** vi (Cartes) to discard

**défaut** [defo] nm (moral) fault, failing, defect; (d'étoffe, métal) fault, flaw, defect; (manque, carence): **~ de** lack of; shortage of; (Inform) bug; **~ de la cuirasse** (fig) chink in the armour (Brit) ou armor (US); **en ~** at fault; in the wrong; **faire ~** (manquer) to be lacking; **à ~** adv failing that; **à ~ de** for lack ou want of; **par ~** (Jur) in his (ou her etc) absence

**défaveur** [defavœʀ] nf disfavour (Brit), disfavor (US)

**défavorable** [defavɔʀabl(ə)] adj unfavourable (Brit), unfavorable (US)

**défavoriser** [defavɔʀize] vt to put at a disadvantage

**défectif, -ive** [defɛktif, -iv] adj: **verbe ~** defective verb

**défection** [defɛksjɔ̃] nf defection, failure to give support ou assistance; failure to appear; **faire ~** (d'un parti etc) to withdraw one's support, leave

**défectueux, -euse** [defɛktɥø, -øz] adj faulty, defective

**défectuosité** [defɛktɥozite] nf defectiveness no pl; (défaut) defect, fault

**défendable** [defɑ̃dabl(ə)] adj defensible

**défendeur, -eresse** [defɑ̃dœʀ, -dʀɛs] nm/f (Jur) defendant

**défendre** [defɑ̃dʀ(ə)] vt to defend; (interdire) to forbid; **~ à qn qch/de faire** to forbid sb sth/to do; **il est défendu de cracher** spitting (is) prohibited ou is not allowed; **c'est défendu** it is forbidden; **se défendre** vi to defend o.s.; **il se défend** (fig) he can hold his own; **ça se défend**

(fig) it holds together; **se ~ de/contre** (se protéger) to protect o.s. from/against; **se ~ de** (se garder de) to refrain from; (nier): **se ~ de vouloir** to deny wanting

**défenestrer** [defənɛstʀe] vt to throw out of the window

**défense** [defɑ̃s] nf defence (Brit), defense (US); (d'éléphant etc) tusk; **ministre de la ~** Minister of Defence (Brit), Defence Secretary; **la ~ nationale** defence, the defence of the realm (Brit); **la ~ contre avions** anti-aircraft defence; **"~ de fumer/cracher"** "no smoking/spitting", "smoking/spitting prohibited"; **prendre la ~ de qn** to stand up for sb; **~ des consommateurs** consumerism

**défenseur** [defɑ̃sœʀ] nm defender; (Jur) counsel for the defence

**défensif, -ive** [defɑ̃sif, -iv] adj, nf defensive; **être sur la défensive** to be on the defensive

**déféquer** [defeke] vi to defecate

**déferai** etc [defʀe] vb voir **défaire**

**déférence** [defeʀɑ̃s] nf deference

**déférent, e** [defeʀɑ̃, -ɑ̃t] adj (poli) deferential, deferent

**déférer** [defeʀe] vt (Jur) to refer; **~ à** vt (requête, décision) to defer to; **~ qn à la justice** to hand sb over to justice

**déferlant, e** [defɛʀlɑ̃, -ɑ̃t] adj: **vague ~e** breaker

**déferlement** [defɛʀləmɑ̃] nm breaking; surge

**déferler** [defɛʀle] vi (vagues) to break; (fig) to surge

**défi** [defi] nm (provocation) challenge; (bravade) defiance; **mettre qn au ~ de faire qch** to challenge sb to do sth; **relever un ~** to take up ou accept a challenge

**défiance** [defjɑ̃s] nf mistrust, distrust

**déficeler** [defisle] vt (paquet) to undo, untie

**déficience** [defisjɑ̃s] nf deficiency

**déficient, e** [defisjɑ̃, -ɑ̃t] adj deficient

**déficit** [defisit] nm (Comm) deficit; (Psych etc: manque) defect; **~ budgétaire** budget deficit; **être en ~** to be in deficit

**déficitaire** [defisitɛʀ] adj (année, récolte) bad; **entreprise/budget ~** business/budget in deficit

**défier** [defje] vt (provoquer) to challenge; (fig) to defy, brave; **se ~** (se méfier de) to distrust, mistrust; **~ qn de faire** to challenge ou defy sb to do; **~ qn à** to challenge sb to; **~ toute comparaison/concurrence** to be incomparable/unbeatable

**défigurer** [defigyʀe] vt to disfigure; (boutons etc) to mar ou spoil the looks of); (fig: œuvre) to mutilate, deface

**défilé** [defile] nm (Géo) (narrow) gorge ou pass; (soldats) parade; (manifestants) procession, march; **un ~ de** (voitures, visiteurs etc) a stream of

**défiler** [defile] vi (troupes) to march past; (sportifs) to parade; (manifestants) to march; (visiteurs) to pour, stream; **se défiler** vi (se dérober) to slip away, sneak off; **faire ~** (bande, film) to put on; (Inform) to scroll

**défini, e** [defini] *adj* definite
**définir** [definiʀ] *vt* to define
**définissable** [definisabl(ə)] *adj* definable
**définitif, -ive** [definitif, -iv] *adj* (*final*) final,
definitive; (*pour longtemps*) permanent,
definitive; (*sans appel*) final, definite ▷ *nf*: **en
définitive** eventually; (*somme toute*) when all is
said and done
**définition** [definisjɔ̃] *nf* definition; (*de mots
croisés*) clue; (*TV*) (picture) resolution
**définitivement** [definitivmã] *adv* definitively;
permanently; definitely
**défit** *etc* [defi] *vb voir* **défaire**
**déflagration** [deflagʀasjɔ̃] *nf* explosion
**déflation** [deflasjɔ̃] *nf* deflation
**déflationniste** [deflasjɔnist(ə)] *adj*
deflationist, deflationary
**déflecteur** [deflɛktœʀ] *nm* (*Auto*) quarterlight
(*Brit*), deflector (*US*)
**déflorer** [deflɔʀe] *vt* (*jeune fille*) to deflower; (*fig*)
to spoil the charm of
**défoncé, e** [defɔ̃se] *adj* smashed in; broken
down; (*route*) full of potholes ▷ *nm/f* addict
**défoncer** [defɔ̃se] *vt* (*caisse*) to stave in; (*porte*) to
smash in *ou* down; (*lit, fauteuil*) to burst (the
springs of); (*terrain, route*) to rip *ou* plough up; **se
défoncer** *vi* (*se donner à fond*) to give it all one's
got
**défont** [defɔ̃] *vb voir* **défaire**
**déformant, e** [defɔʀmã, -ãt] *adj*: **glace ~e** *ou*
**miroir ~** distorting mirror
**déformation** [defɔʀmasjɔ̃] *nf* loss of shape;
deformation; distortion; **~ professionnelle**
conditioning by one's job
**déformer** [defɔʀme] *vt* to put out of shape;
(*corps*) to deform; (*pensée, fait*) to distort; **se
déformer** *vi* to lose its shape
**défoulement** [defulmã] *nm* release of tension;
unwinding
**défouler** [defule]: **se défouler** *vi* (*Psych*) to work
off one's tensions, release one's pent-up
feelings; (*gén*) to unwind, let off steam
**défraîchi, e** [defʀeʃi] *adj* faded; (*article à vendre*)
shop-soiled
**défraîchir** [defʀeʃiʀ]: **se défraîchir** *vi* to fade; to
become shop-soiled
**défrayer** [defʀeje] *vt*: **~ qn** to pay sb's expenses;
**~ la chronique** to be in the news; **~ la
conversation** to be the main topic of
conversation
**défrichement** [defʀiʃmã] *nm* clearance
**défricher** [defʀiʃe] *vt* to clear (for cultivation)
**défriser** [defʀize] *vt* (*cheveux*) to straighten; (*fig*)
to annoy
**défroisser** [defʀwase] *vt* to smooth out
**défroque** [defʀɔk] *nf* cast-off
**défroqué** [defʀɔke] *nm* former monk (*ou* priest)
**défroquer** [defʀɔke] *vi* (*aussi:* **se défroquer**) to
give up the cloth, renounce one's vows
**défunt, e** [defœ̃, -œ̃t] *adj*: **son ~ père** his late
father ▷ *nm/f* deceased
**dégagé, e** [degaʒe] *adj* clear; (*ton, air*) casual,

jaunty
**dégagement** [degaʒmã] *nm* emission; freeing;
clearing; (*espace libre*) clearing; passage;
clearance; (*Football*) clearance; **voie de ~** slip
road; **itinéraire de ~** alternative route (*to relieve
traffic congestion*)
**dégager** [degaʒe] *vt* (*exhaler*) to give off, emit;
(*délivrer*) to free, extricate; (*Mil: troupes*) to relieve;
(*désencombrer*) to clear; (*isoler, mettre en valeur*) to
bring out; (*crédits*) to release; **se dégager** *vi*
(*odeur*) to emanate, be given off; (*passage, ciel*) to
clear; **~ qn de** (*engagement, parole etc*) to release *ou*
free sb from; **se ~ de** (*fig: engagement etc*) to get
out of; (*: promesse*) to go back on
**dégaine** [degɛn] *nf* awkward way of walking
**dégainer** [degene] *vt* to draw
**dégarni, e** [degaʀni] *adj* bald
**dégarnir** [degaʀniʀ] *vt* (*vider*) to empty, clear; **se
dégarnir** *vi* to empty; to be cleaned out *ou*
cleared; (*tempes, crâne*) to go bald
**dégâts** [dega] *nmpl* damage *sg*; **faire des ~** to
damage
**dégauchir** [degoʃiʀ] *vt* (*Tech*) to surface
**dégazer** [degaze] *vi* (*pétrolier*) to clean its tanks
**dégel** [deʒɛl] *nm* thaw; (*fig: des prix etc*)
unfreezing
**dégeler** [deʒle] *vt* to thaw (out); (*fig*) to unfreeze
▷ *vi* to thaw (out); **se dégeler** *vi* (*fig*) to thaw out
**dégénéré, e** [deʒeneʀe] *adj, nm/f* degenerate
**dégénérer** [deʒeneʀe] *vi* to degenerate; (*empirer*)
to go from bad to worse; (*devenir*): **~ en** to
degenerate into
**dégénérescence** [deʒeneʀesãs] *nf*
degeneration
**dégingandé, e** [deʒɛ̃gãde] *adj* gangling, lanky
**dégivrage** [deʒivʀaʒ] *nm* defrosting; de-icing
**dégivrer** [deʒivʀe] *vt* (*frigo*) to defrost; (*vitres*) to
de-ice
**dégivreur** [deʒivʀœʀ] *nm* defroster; de-icer
**déglinguer** [deglɛ̃ge] *vt* to bust
**déglutir** [deglytiʀ] *vt, vi* to swallow
**déglutition** [deglytisjɔ̃] *nf* swallowing
**dégonflé, e** [degɔ̃fle] *adj* (*pneu*) flat; (*fam*)
chicken ▷ *nm/f* (*fam*) coward
**dégonfler** [degɔ̃fle] *vt* (*pneu, ballon*) to let down,
deflate ▷ *vi* (*désenfler*) to go down; **se dégonfler**
*vi* (*fam*) to chicken out
**dégorger** [degɔʀʒe] *vi* (*Culin*): **faire ~** to leave to
sweat; (*aussi:* **se dégorger**: *rivière*): **~ dans** to flow
into ▷ *vt* to disgorge
**dégoter** [degɔte] *vt* (*fam*) to dig up, find
**dégouliner** [deguline] *vi* to trickle, drip; **~ de** to
be dripping with
**dégoupiller** [degupije] *vt* (*grenade*) to take the
pin out of
**dégourdi, e** [deguʀdi] *adj* smart, resourceful
**dégourdir** [deguʀdiʀ] *vt* to warm (up); **se ~ (les
jambes)** to stretch one's legs
**dégoût** [degu] *nm* disgust, distaste
**dégoûtant, e** [degutã, -ãt] *adj* disgusting
**dégoûté, e** [degute] *adj* disgusted; **~ de** sick of
**dégoûter** [degute] *vt* to disgust; **cela me**

**dégoûte** I find this disgusting *ou* revolting; ~ **qn de qch** to put sb off sth; **se ~ de** to get *ou* become sick of

**dégoutter** [degute] *vi* to drip; ~ **de** to be dripping with

**dégradant, e** [degʀadã, -ãt] *adj* degrading

**dégradation** [degʀadasjɔ̃] *nf* reduction in rank; defacement; degradation, debasement; deterioration; (*aussi:* **dégradations**: *dégâts*) damage *no pl*

**dégradé, e** [degʀade] *adj* (*couleur*) shaded off; (*teintes*) faded; (*cheveux*) layered ▷ *nm* (*Peinture*) gradation

**dégrader** [degʀade] *vt* (*Mil: officier*) to degrade; (*abîmer*) to damage, deface; (*avilir*) to degrade, debase; **se dégrader** *vi* (*relations, situation*) to deteriorate

**dégrafer** [degʀafe] *vt* to unclip, unhook, unfasten

**dégraissage** [degʀɛsaʒ] *nm* (*Écon*) cutbacks *pl*; ~ **et nettoyage à sec** dry cleaning

**dégraissant** [degʀɛsã] *nm* spot remover

**dégraisser** [degʀese] *vt* (*soupe*) to skim; (*vêtement*) to take the grease marks out of; (*Écon*) to cut back; (: *entreprise*) to slim down

**degré** [dəgʀe] *nm* degree; (*d'escalier*) step; **brûlure au 1er/2ème ~** 1st/2nd degree burn; **équation du 1er/2ème ~** linear/quadratic equation; **le premier ~** (*Scol*) primary level; **alcool à 90 ~s** surgical spirit; **vin de 10 ~s** 10° wine (*on Gay-Lussac scale*); **par ~(s)** *adv* by degrees, gradually

**dégressif, -ive** [degʀesif, -iv] *adj* on a decreasing scale, degressive; **tarif ~** decreasing rate of charge

**dégrèvement** [degʀɛvmã] *nm* tax relief

**dégrever** [degʀəve] *vt* to grant tax relief to; to reduce the tax burden on

**dégriffé, e** [degʀife] *adj* (*vêtement*) sold without the designer's label; **voyage ~** discount holiday

**dégringolade** [degʀɛ̃gɔlad] *nf* tumble; (*fig*) collapse

**dégringoler** [degʀɛ̃gɔle] *vi* to tumble (down); (*fig: prix, monnaie etc*) to collapse

**dégriser** [degʀize] *vt* to sober up

**dégrossir** [degʀosiʀ] *vt* (*bois*) to trim; (*fig*) to work out roughly; (: *personne*) to knock the rough edges off

**déguenillé, e** [degnije] *adj* ragged, tattered

**déguerpir** [degɛʀpiʀ] *vi* to clear off

**dégueulasse** [degœlas] *adj* (*fam*) disgusting

**dégueuler** [degœle] *vi* (*fam*) to puke, throw up

**déguisé, e** [degize] *adj* disguised; dressed up; ~ **en** disguised (*ou* dressed up) as

**déguisement** [degizmã] *nm* disguise; (*habits: pour s'amuser*) dressing-up clothes; (: *pour tromper*) disguise

**déguiser** [degize] *vt* to disguise; **se déguiser (en)** *vi* (*se costumer*) to dress up (as); (*pour tromper*) to disguise o.s. (as)

**dégustation** [degystasjɔ̃] *nf* tasting; sampling; savouring (*Brit*), savoring (*US*); (*séance*): ~ **de vin(s)** wine-tasting

**déguster** [degyste] *vt* (*vins*) to taste; (*fromages etc*) to sample; (*savourer*) to enjoy, savour (*Brit*), savor (*US*)

**déhancher** [deɑ̃ʃe]: **se déhancher** *vi* to sway one's hips; to lean (one's weight) on one hip

**dehors** [dəɔʀ] *adv* outside; (*en plein air*) outdoors, outside ▷ *nm* outside ▷ *nmpl* (*apparences*) appearances; **jeter/mettre** *sg*; **mettre** *ou* **jeter ~** to throw out; **au ~** outside; (*en apparence*) outwardly; **au ~ de** outside; **de ~** from outside; **en ~** outside; outwards; **en ~ de** apart from

**déifier** [deifje] *vt* to deify

**déjà** [deʒa] *adv* already; (*auparavant*) before, already; **as-tu ~ été en France?** have you been to France before?; **c'est ~ pas mal** that's not too bad (at all); **c'est ~ quelque chose** (at least) it's better than nothing; **quel nom, ~?** what was the name again?

**déjanter** [deʒɑ̃te]: **se déjanter** *vi* (*pneu*) to come off the rim

**déjà-vu** [deʒavy] *nm*: **c'est du ~** there's nothing new in that

**déjeté, e** [deʒte] *adj* lop-sided, crooked

**déjeuner** [deʒœne] *vi* to (have) lunch; (*le matin*) to have breakfast ▷ *nm* lunch; (*petit déjeuner*) breakfast; ~ **d'affaires** business lunch

**déjouer** [deʒwe] *vt* to elude, to foil, thwart

**déjuger** [deʒyʒe]: **se déjuger** *vi* to go back on one's opinion

**delà** [dəla] *adv*: **par ~**, **en ~ (de)**, **au ~ (de)** beyond

**délabré, e** [delabʀe] *adj* dilapidated, broken-down

**délabrement** [delabʀəmã] *nm* decay, dilapidation

**délabrer** [delabʀe]: **se délabrer** *vi* to fall into decay, become dilapidated

**délacer** [delase] *vt* to unlace, undo

**délai** [delɛ] *nm* (*attente*) waiting period; (*sursis*) extension (of time); (*temps accordé: aussi:* **délais**) time limit; **sans ~** without delay; **à bref ~** shortly, very soon; at short notice; **dans les ~s** within the time limit; **un ~ de 30 jours** a period of 30 days; **comptez un ~ de livraison de 10 jours** allow 10 days for delivery

**délaissé, e** [delese] *adj* abandoned, deserted; neglected

**délaisser** [delese] *vt* (*abandonner*) to abandon, desert; (*négliger*) to neglect

**délassant, e** [delasã, -ãt] *adj* relaxing

**délassement** [delasmã] *nm* relaxation

**délasser** [delase] *vt* (*reposer*) to relax; (*divertir*) to divert, entertain; **se délasser** *vi* to relax

**délateur, -trice** [delatœʀ, -tʀis] *nm/f* informer

**délation** [delasjɔ̃] *nf* denouncement, informing

**délavé, e** [delave] *adj* faded

**délayage** [delejaʒ] *nm* mixing; thinning down

**délayer** [deleje] *vt* (*Culin*) to mix (with water *etc*); (*peinture*) to thin down; (*fig*) to pad out, spin out

**delco®** [delko] *nm* (*Auto*) distributor; **tête de delco** distributor cap

**délectation** [delɛktasjɔ̃] *nf* delight

**délecter** [delɛkte]: **se délecter** vi: **se ~ de** to revel ou delight in

**délégation** [delegasjɔ̃] nf delegation; **~ de pouvoir** delegation of power

**délégué, e** [delege] adj delegated ▷ nm/f delegate; representative; **ministre ~ à** minister with special responsibility for

**déléguer** [delege] vt to delegate

**délestage** [delɛstaʒ] nm: **itinéraire de ~** alternative route (to relieve traffic congestion)

**délester** [delɛste] vt (navire) to unballast; **~ une route** to relieve traffic congestion on a road by diverting traffic

**Delhi** [dɛli] n Delhi

**délibérant, e** [delibeʀɑ̃, -ɑ̃t] adj: **assemblée ~e** deliberative assembly

**délibératif, -ive** [delibeʀatif, -iv] adj: **avoir voix délibérative** to have voting rights

**délibération** [delibeʀasjɔ̃] nf deliberation

**délibéré, e** [delibeʀe] adj (conscient) deliberate; (déterminé) determined, resolute; **de propos ~** (à dessein, exprès) intentionally

**délibérément** [delibeʀemɑ̃] adv deliberately; (résolument) resolutely

**délibérer** [delibeʀe] vi to deliberate

**délicat, e** [delika, -at] adj delicate; (plein de tact) tactful; (attentionné) thoughtful; (exigeant) fussy, particular; **procédés peu ~s** unscrupulous methods

**délicatement** [delikatmɑ̃] adv delicately; (avec douceur) gently

**délicatesse** [delikatɛs] nf delicacy; tactfulness; thoughtfulness; **délicatesses** nfpl attentions, consideration sg

**délice** [delis] nm delight

**délicieusement** [delisjøzmɑ̃] adv deliciously; delightfully

**délicieux, -euse** [delisjø, -øz] adj (au goût) delicious; (sensation, impression) delightful

**délictueux, -euse** [deliktɥø, -øz] adj criminal

**délié, e** [delje] adj nimble, agile; (mince) slender, fine ▷ nm: **les ~s** the upstrokes (in handwriting)

**délier** [delje] vt to untie; **~ qn de** (serment etc) to free ou release sb from

**délimitation** [delimitasjɔ̃] nf delimitation

**délimiter** [delimite] vt to delimit

**délinquance** [delɛ̃kɑ̃s] nf criminality; **~ juvénile** juvenile delinquency

**délinquant, e** [delɛ̃kɑ̃, -ɑ̃t] adj, nm/f delinquent

**déliquescence** [delikesɑ̃s] nf: **en ~** in a state of decay

**déliquescent, e** [delikesɑ̃, -ɑ̃t] adj decaying

**délirant, e** [deliʀɑ̃, -ɑ̃t] adj (Méd: fièvre) delirious; (imagination) frenzied; (fam: déraisonnable) crazy

**délire** [deliʀ] nm (fièvre) delirium; (fig) frenzy; (: folie) lunacy

**délirer** [deliʀe] vi to be delirious; (fig) to be raving

**délit** [deli] nm (criminal) offence; **~ de droit commun** violation of common law; **~ de fuite** failure to stop after an accident; **~ d'initiés** insider dealing ou trading; **~ de presse**

violation of the press laws

**délivrance** [delivʀɑ̃s] nf freeing, release; (sentiment) relief

**délivrer** [delivʀe] vt (prisonnier) to (set) free, release; (passeport, certificat) to issue; **~ qn de** (ennemis) to set sb free from, deliver ou free sb from; (fig) to rid sb of

**délocalisation** [delɔkalizasjɔ̃] nf relocation

**délocaliser** [delɔkalize] vt (entreprise, emplois) relocate

**déloger** [delɔʒe] vt (locataire) to turn out; (objet coincé, ennemi) to dislodge

**déloyal, e, -aux** [delwajal, -o] adj (personne, conduite) disloyal; (procédé) unfair

**Delphes** [dɛlf] n Delphi

**delta** [dɛlta] nm (Géo) delta

**deltaplane®** [dɛltaplan] nm hang-glider

**déluge** [delyʒ] nm (biblique) Flood, Deluge; (grosse pluie) downpour, deluge; (grand nombre): **~ de** flood of

**déluré, e** [delyʀe] adj smart, resourceful; (péj) forward, pert

**démagnétiser** [demaɲetize] vt to demagnetize

**démagogie** [demagɔʒi] nf demagogy

**démagogique** [demagɔʒik] adj demagogic, popularity-seeking; (Pol) vote-catching

**démagogue** [demagɔg] adj demagogic ▷ nm demagogue

**démaillé, e** [demaje] adj (bas) laddered (Brit), with a run (ou runs)

**demain** [dəmɛ̃] adv tomorrow; **~ matin/soir** tomorrow morning/evening; **~ midi** tomorrow at midday; **à ~!** see you tomorrow!

**demande** [dəmɑ̃d] nf (requête) request; (revendication) demand; (Admin, formulaire) application; (Écon): **la ~** demand; **"~s d'emploi"** "situations wanted"; **à la ~ générale** by popular request; **~ en mariage** (marriage) proposal; **faire sa ~ (en mariage)** to propose (marriage); **~ de naturalisation** application for naturalization; **~ de poste** job application

**demandé, e** [dəmɑ̃de] adj (article etc): **très ~** (very) much in demand

**demander** [dəmɑ̃de] vt to ask for; (question: date, heure, chemin) to ask; (requérir, nécessiter) to require, demand; **~ qch à qn** to ask sb for sth, ask sb sth; **ils demandent deux secrétaires et un ingénieur** they're looking for two secretaries and an engineer; **~ la main de qn** to ask for sb's hand (in marriage); **~ pardon à qn** to apologize to sb; **~ à ou de voir/faire** to ask to see/ask if one can do; **~ à qn de faire** to ask sb to do; **~ que/ pourquoi** to ask that/why; **se ~ si/pourquoi** etc to wonder if/why etc; (sens purement réfléchi) to ask o.s. if/why etc; **on vous demande au téléphone** you're wanted on the phone, there's someone for you on the phone; **il ne demande que ça** that's all he wants; **je ne demande pas mieux** I'm asking nothing more; **il ne demande qu'à faire** all he wants is to do

**demandeur, -euse** [dəmɑ̃dœʀ, -øz] nm/f: **~**

**d'emploi** job-seeker

**démangeaison** [demɑ̃ʒɛzɔ̃] nf itching

**démanger** [demɑ̃ʒe] vi to itch; **la main me démange** my hand is itching; **l'envie** ou **ça me démange de faire** I'm itching to do

**démantèlement** [demɑ̃tɛlmɑ̃] nm breaking up

**démanteler** [demɑ̃tle] vt to break up; to demolish

**démaquillant** [demakijɑ̃] nm make-up remover

**démaquiller** [demakije] vt: **se démaquiller** to remove one's make-up

**démarcage** [demaʀkaʒ] nm = **démarquage**

**démarcation** [demaʀkasjɔ̃] nf demarcation

**démarchage** [demaʀʃaʒ] nm (Comm) door-to-door selling

**démarche** [demaʀʃ(ə)] nf (allure) gait, walk; (intervention) step; approach; (fig: intellectuelle) thought processes pl; approach; **faire** ou **entreprendre des ~s** to take action; **faire des ~s auprès de qn** to approach sb

**démarcheur, -euse** [demaʀʃœʀ, -øz] nm/f (Comm) door-to-door salesman/woman; (Pol etc) canvasser

**démarquage** [demaʀkaʒ] nm marking down

**démarque** [demaʀk(ə)] nf (Comm: d'un article) mark-down

**démarqué, e** [demaʀke] adj (Football) unmarked; (Comm) reduced; **prix ~s** marked-down prices

**démarquer** [demaʀke] vt (prix) to mark down; (joueur) to stop marking; **se démarquer** vi (Sport) to shake off one's marker

**démarrage** [demaʀaʒ] nm starting no pl, start; **~ en côte** hill start

**démarrer** [demaʀe] vt to start up ▷ vi (conducteur) to start (up); (véhicule) to move off; (travaux, affaire) to get moving; (coureur: accélérer) to pull away

**démarreur** [demaʀœʀ] nm (Auto) starter

**démasquer** [demaske] vt to unmask; **se démasquer** to unmask; (fig) to drop one's mask

**démâter** [demate] vt to dismast ▷ vi to be dismasted

**démêlant, e** [demelɑ̃, -ɑ̃t] adj: **baume ~, crème ~e** (hair) conditioner

**démêler** [demele] vt to untangle, disentangle

**démêlés** [demele] nmpl problems

**démembrement** [demɑ̃bʀəmɑ̃] nm dismemberment

**démembrer** [demɑ̃bʀe] vt to dismember

**déménagement** [demenaʒmɑ̃] nm (du point de vue du locataire etc) move; (: du déménageur) removal (Brit), moving (US); **entreprise/camion de ~** removal (Brit) ou moving (US) firm/van

**déménager** [demenaʒe] vt (meubles) to (re)move ▷ vi to move (house)

**déménageur** [demenaʒœʀ] nm removal man (Brit), (furniture) mover (US); (entrepreneur) furniture remover

**démence** [demɑ̃s] nf madness, insanity; (Méd)

dementia

**démener** [demne]: **se démener** vi to thrash about; (fig) to exert o.s.

**dément, e** [demɑ̃, -ɑ̃t] vb voir **démentir** ▷ adj (fou) mad (Brit), crazy; (fam) brilliant, fantastic

**démenti** [demɑ̃ti] nm refutation

**démentiel, le** [demɑ̃sjɛl] adj insane

**démentir** [demɑ̃tiʀ] vt (nouvelle, témoin) to refute; (faits etc) to belie, refute; **~ que** to deny that; **ne pas se ~** not to fail, keep up

**démerder** [demɛʀde]: **se démerder** vi (fam!) to bloody well manage for o.s.

**démériter** [demeʀite] vi: **~ auprès de qn** to come down in sb's esteem

**démesure** [deməzyʀ] nf immoderation, immoderateness

**démesuré, e** [deməzyʀe] adj immoderate, disproportionate

**démesurément** [deməzyʀemɑ̃] adv disproportionately

**démettre** [demɛtʀ(ə)] vt: **~ qn de** (fonction, poste) to dismiss sb from; **se ~ (de ses fonctions)** to resign (from) one's duties; **se ~ l'épaule** etc to dislocate one's shoulder etc

**demeurant** [dəmœʀɑ̃]: **au ~** adv for all that

**demeure** [dəmœʀ] nf residence; **dernière ~** (fig) last resting place; **mettre qn en ~ de faire** to enjoin ou order sb to do; **à ~** adv permanently

**demeuré, e** [dəmœʀe] adj backward ▷ nm/f backward person

**demeurer** [dəmœʀe] vi (habiter) to live; (séjourner) to stay; (rester) to remain; **en ~ là** (personne) to leave it at that; (: choses) to be left at that

**demi, e** [dəmi] adj: **et ~, trois heures/ bouteilles et ~es** three and a half hours/ bottles, three hours/bottles and a half ▷ nm (bière: = 0.25 litre) ≈ half-pint; (Football) half-back; **il est 2 heures et ~e** it's half past 2; **il est midi et ~** it's half past 12; **~ de mêlée/d'ouverture** (Rugby) scrum/fly half; **à ~** adv half-; **ouvrir à ~** to half-open; **faire les choses à ~** to do things by halves; **à la ~e** (heure) on the half-hour

**demi...** [dəmi] préfixe half-, semi..., demi-

**demi-bas** [dəmibɑ] nm inv (chaussette) knee-sock

**demi-bouteille** [dəmibutɛj] nf half-bottle

**demi-cercle** [dəmisɛʀkl(ə)] nm semicircle; **en ~** adj semicircular ▷ adv in a semicircle

**demi-douzaine** [dəmiduzɛn] nf half-dozen, half a dozen

**demi-finale** [dəmifinal] nf semifinal

**demi-finaliste** [dəmifinalist(ə)] nm/f semifinalist

**demi-fond** [dəmifɔ̃] nm (Sport) medium-distance running

**demi-frère** [dəmifʀɛʀ] nm half-brother

**demi-gros** [dəmigʀo] nm inv wholesale trade

**demi-heure** [dəmijœʀ] nf: **une ~** a half-hour, half an hour

**demi-jour** [dəmiʒuʀ] nm half-light

**demi-journée** [dəmiʒuʀne] nf half-day, half a day

**démilitariser** [demilitaʀize] vt to demilitarize
**demi-litre** [dəmilitʀ(ə)] nm half-litre (Brit),
half-liter (US), half a litre ou liter
**demi-livre** [dəmilivʀ(ə)] nf half-pound, half a
pound
**demi-longueur** [dəmilɔ̃gœʀ] nf (Sport) half-
length, half a length
**demi-lune** [dəmilyn]: **en ~** adj inv semicircular
**demi-mal** [dəmimal] nm: **il n'y a que ~** there's
not much harm done
**demi-mesure** [dəmimzyʀ] nf half-measure
**demi-mot** [dəmimo]: **à ~** adv without having to
spell things out
**déminer** [demine] vt to clear of mines
**démineur** [deminœʀ] nm bomb disposal expert
**demi-pension** [dəmipɑ̃sjɔ̃] nf half-board; **être
en ~** (Scol) to take school meals
**demi-pensionnaire** [dəmipɑ̃sjɔnɛʀ] nm/f (Scol)
half-boarder
**demi-place** [dəmiplas] nf half-price; (Transports)
half-fare
**démis, e** [demi, -iz] pp de **démettre** ▷ adj (épaule
etc) dislocated
**demi-saison** [dəmisɛzɔ̃] nf: **vêtements de ~**
spring ou autumn clothing
**demi-sel** [dəmisɛl] adj inv slightly salted
**demi-sœur** [dəmisœʀ] nf half-sister
**demi-sommeil** [dəmisɔmɛj] nm doze
**demi-soupir** [dəmisupiʀ] nm (Mus) quaver (Brit)
ou eighth note (US) rest
**démission** [demisjɔ̃] nf resignation; **donner sa
~** to give ou hand in one's notice, hand in one's
resignation
**démissionnaire** [demisjɔnɛʀ] adj outgoing
▷ nm/f person resigning
**démissionner** [demisjɔne] vi (de son poste) to
resign, give ou hand in one's notice
**demi-tarif** [dəmitaʀif] nm half-price;
(Transports) half-fare
**demi-ton** [dəmitɔ̃] nm (Mus) semitone
**demi-tour** [dəmituʀ] nm about-turn; **faire un
~** (Mil etc) to make an about-turn; **faire ~** to turn
(and go) back; (Auto) to do a U-turn
**démobilisation** [demɔbilizasjɔ̃] nf
demobilization; (fig) demotivation,
demoralization
**démobiliser** [demɔbilize] vt to demobilize; (fig)
to demotivate, demoralize
**démocrate** [demɔkʀat] adj democratic ▷ nm/f
democrat
**démocrate-chrétien, ne** [demɔkʀatkʀetjɛ̃,
-ɛn] nm/f Christian Democrat
**démocratie** [demɔkʀasi] nf democracy; **~
populaire/libérale** people's/liberal democracy
**démocratique** [demɔkʀatik] adj democratic
**démocratiquement** [demɔkʀatikmɑ̃] adv
democratically
**démocratisation** [demɔkʀatizasjɔ̃] nf
democratization
**démocratiser** [demɔkʀatize] vt to democratize
**démodé, e** [demɔde] adj old-fashioned
**démoder** [demɔde]: **se démoder** vi to go out of
fashion

**démographe** [demɔgʀaf] nm/f demographer
**démographie** [demɔgʀafi] nf demography
**démographique** [demɔgʀafik] adj
demographic; **poussée ~** increase in
population
**demoiselle** [dəmwazɛl] nf (jeune fille) young
lady; (célibataire) single lady, maiden lady; **~
d'honneur** bridesmaid
**démolir** [demɔliʀ] vt to demolish; (fig: personne)
to do for
**démolisseur** [demɔlisœʀ] nm demolition
worker
**démolition** [demɔlisjɔ̃] nf demolition
**démon** [demɔ̃] nm demon, fiend; evil spirit;
(enfant turbulent) devil, demon; **le ~ du jeu/des
femmes** a mania for gambling/women; **le D~**
the Devil
**démonétiser** [demɔnetize] vt to demonetize
**démoniaque** [demɔnjak] adj fiendish
**démonstrateur, -trice** [demɔ̃stʀatœʀ, -tʀis]
nm/f demonstrator
**démonstratif, -ive** [demɔ̃stʀatif, -iv] adj, nm
(aussi Ling) demonstrative
**démonstration** [demɔ̃stʀasjɔ̃] nf
demonstration; (aérienne, navale) display
**démontable** [demɔ̃tabl(ə)] adj folding
**démontage** [demɔ̃taʒ] nm dismantling
**démonté, e** [demɔ̃te] adj (fig) raging, wild
**démonte-pneu** [demɔ̃təpnø] nm tyre lever
(Brit), tire iron (US)
**démonter** [demɔ̃te] vt (machine etc) to take
down, dismantle; (pneu, porte) to take off;
(cavalier) to throw, unseat; (fig: personne) to
disconcert; **se démonter** vi (personne) to lose
countenance
**démontrable** [demɔ̃tʀabl(ə)] adj demonstrable
**démontrer** [demɔ̃tʀe] vt to demonstrate, show
**démoralisant, e** [demɔʀalizɑ̃, -ɑ̃t] adj
demoralizing
**démoralisateur, -trice** [demɔʀalizatœʀ, -tʀis]
adj demoralizing
**démoraliser** [demɔʀalize] vt to demoralize
**démordre** [demɔʀdʀ] vi (aussi: **ne pas démordre
de**) to refuse to give up, stick to
**démouler** [demule] vt (gâteau) to turn out
**démultiplication** [demyltiplikasjɔ̃] nf
demultiplication; reduction ratio
**démuni, e** [demyni] adj (sans argent)
impoverished; **~ de** without, lacking in
**démunir** [demyniʀ] vt: **~ qn de** to deprive sb of;
**se ~ de** to part with, give up
**démuseler** [demyzle] vt to unmuzzle
**démystifier** [demistifje] vt to demystify
**démythifier** [demitifje] vt to demythologize
**dénatalité** [denatalite] nf fall in the birth rate
**dénationalisation** [denasjɔnalizasjɔ̃] nf
denationalization
**dénationaliser** [denasjɔnalize] vt to
denationalize
**dénaturé, e** [denatyʀe] adj (alcool) denaturized;
(goûts) unnatural

**dénaturer** [denatyʀe] vt (goût) to alter (completely); (pensée, fait) to distort, misrepresent

**dénégations** [denegasjɔ̃] nfpl denials

**déneigement** [denɛʒmɑ̃] nm snow clearance

**déneiger** [deneʒe] vt to clear snow from

**déni** [deni] nm: ~ **(de justice)** denial of justice

**déniaiser** [denjeze] vt: ~ **qn** to teach sb about life

**dénicher** [deniʃe] vt to unearth

**dénicotinisé, e** [denikɔtinize] adj nicotine-free

**denier** [dənje] nm (monnaie) formerly, a coin of small value; (de bas) denier; ~ **du culte** contribution to parish upkeep; ~s **publics** public money; **de ses (propres) ~s** out of one's own pocket

**dénier** [denje] vt to deny; ~ **qch à qn** to deny sb sth

**dénigrement** [denigʀəmɑ̃] nm denigration; **campagne de** ~ smear campaign

**dénigrer** [denigʀe] vt to denigrate, run down

**dénivelé, e** [denivle] adj (chaussée) on a lower level ▷ nm difference in height

**déniveler** [denivle] vt to make uneven; to put on a lower level

**dénivellation** [denivɛlasjɔ̃] nf, **dénivellement** [denivelmɑ̃] ▷ nm difference in level; (pente) ramp; (creux) dip

**dénombrer** [denɔ̃bʀe] vt (compter) to count; (énumérer) to enumerate, list

**dénominateur** [denɔminatœʀ] nm denominator; ~ **commun** common denominator

**dénomination** [denɔminasjɔ̃] nf designation, appellation

**dénommé, e** [denɔme] adj: **le ~ Dupont** the man by the name of Dupont

**dénommer** [denɔme] vt to name

**dénoncer** [denɔ̃se] vt to denounce; **se dénoncer** vi to give o.s. up, come forward

**dénonciation** [denɔ̃sjasjɔ̃] nf denunciation

**dénoter** [denɔte] vt to denote

**dénouement** [denumɑ̃] nm outcome, conclusion; (Théât) dénouement

**dénouer** [denwe] vt to unknot, undo

**dénoyauter** [denwajote] vt to stone; **appareil à** ~ stoner

**dénoyauteur** [denwajotœʀ] nm stoner

**denrée** [dɑ̃ʀe] nf commodity; (aussi: **denrée alimentaire**) food(stuff)

**dense** [dɑ̃s] adj dense

**densité** [dɑ̃site] nf denseness; (Physique) density

**dent** [dɑ̃] nf tooth; **avoir/garder une ~ contre qn** to have/hold a grudge against sb; **se mettre qch sous la ~** to eat sth; **être sur les ~s** to be on one's last legs; **faire ses ~s** to teethe, cut (one's) teeth; **en ~s de scie** serrated; (irrégulier) jagged; **avoir les ~s longues** (fig) to be ruthlessly ambitious; ~ **de lait/sagesse** milk/wisdom tooth

**dentaire** [dɑ̃tɛʀ] adj dental; **cabinet** ~ dental surgery; **école** ~ dental school

**denté, e** [dɑ̃te] adj: **roue ~e** cog wheel

**dentelé, e** [dɑ̃tle] adj jagged, indented

**dentelle** [dɑ̃tɛl] nf lace no pl

**dentelure** [dɑ̃tlyʀ] nf (aussi: **dentelures**) jagged outline

**dentier** [dɑ̃tje] nm denture

**dentifrice** [dɑ̃tifʀis] adj, nm: **(pâte)** ~ toothpaste; **eau** ~ mouthwash

**dentiste** [dɑ̃tist(ə)] nm/f dentist

**dentition** [dɑ̃tisjɔ̃] nf teeth pl, dentition

**dénucléariser** [denykleaʀize] vt to make nuclear-free

**dénudé, e** [denyde] adj bare

**dénuder** [denyde] vt to bare; **se dénuder** (personne) to strip

**dénué, e** [denɥe] adj: ~ **de** lacking in; (intérêt) devoid of

**dénuement** [denymɑ̃] nm destitution

**dénutrition** [denytʀisjɔ̃] nf undernourishment

**déodorant** [deɔdɔʀɑ̃] nm deodorant

**déodoriser** [deɔdɔʀize] vt to deodorize

**déontologie** [deɔ̃tɔlɔʒi] nf code of ethics; (professionnelle) (professional) code of practice

**dép.** abr (= département) dept; (= départ) dep.

**dépannage** [depanaʒ] nm: **service/camion de** ~ (Auto) breakdown service/truck

**dépanner** [depane] vt (voiture, télévision) to fix, repair; (fig) to bail out, help out

**dépanneur** [depanœʀ] nm (Auto) breakdown mechanic; (TV) television engineer

**dépanneuse** [depanøz] nf breakdown lorry (Brit), tow truck (US)

**dépareillé, e** [depaʀeje] adj (collection, service) incomplete; (gant, volume, objet) odd

**déparer** [depaʀe] vt to spoil, mar

**départ** [depaʀ] nm leaving no pl, departure; (Sport) start; (sur un horaire) departure; **à son** ~ when he left; **au** ~ (au début) initially, at the start; **courrier au** ~ outgoing mail

**départager** [depaʀtaʒe] vt to decide between

**département** [depaʀtəmɑ̃] nm department; see note

● **DÉPARTEMENTS**
●
● France is divided into 96 administrative
● units called départements. These local
● government divisions are headed by a state-
● appointed 'préfet', and administered by an
● elected 'Conseil général'. Départements are
● usually named after prominent
● geographical features such as rivers or
● mountain ranges.

**départemental, e, -aux** [depaʀtəmɑ̃tal, -o] adj departmental

**départementaliser** [depaʀtəmɑ̃talize] vt to devolve authority to

**départir** [depaʀtiʀ] se ~ **de** vt to abandon, depart from

**dépassé, e** [depase] adj superseded, outmoded; (fig) out of one's depth

**dépassement** [depasmɑ̃] nm (Auto)

overtaking no pl

**dépasser** [depɑse] vt (véhicule, concurrent) to overtake; (endroit) to pass, go past; (somme, limite) to exceed; (fig: en beauté etc) to surpass, outshine; (être en saillie sur) to jut out above (ou in front of); (dérouter): **cela me dépasse** it's beyond me ▷ vi (Auto) to overtake; (jupon) to show; **se dépasser** vi to excel o.s.

**dépassionner** [depasjɔne] vt (débat etc) to take the heat out of

**dépaver** [depave] vt to remove the cobblestones from

**dépaysé, e** [depeize] adj disorientated

**dépaysement** [depeizmɑ̃] nm disorientation; change of scenery

**dépayser** [depeize] vt (désorienter) to disorientate; (changer agréablement) to provide with a change of scenery.

**dépecer** [depəse] vt (boucher) to joint, cut up; (animal) to dismember

**dépêche** [depɛʃ] nf dispatch; ~ **(télégraphique)** telegram, wire

**dépêcher** [depeʃe] vt to dispatch; **se dépêcher** vi to hurry; **se ~ de faire qch** to hasten to do sth, hurry (in order) to do sth

**dépeindre** [depɛ̃dʀ(ə)] vt to depict

**dépénalisation** [depenalizasjɔ̃] nf decriminalization

**dépendance** [depɑ̃dɑ̃s] nf (interdépendance) dependence no pl, dependency; (bâtiment) outbuilding

**dépendant, e** [depɑ̃dɑ̃, -ɑ̃t] vb voir **dépendre** ▷ adj (financièrement) dependent

**dépendre** [depɑ̃dʀ(ə)] vt (tableau) to take down; ~ **de** vt to depend on, to be dependent on; (appartenir) to belong to; **ça dépend** it depends

**dépens** [depɑ̃] nmpl: **aux ~ de** at the expense of

**dépense** [depɑ̃s] nf spending no pl, expense, expenditure no pl; (fig) consumption; (: de temps, de forces) expenditure; **pousser qn à la ~** to make sb incur an expense; **~ physique** (physical) exertion; **~s de fonctionnement** revenue expenditure; **~s d'investissement** capital expenditure; **~s publiques** public expenditure

**dépenser** [depɑ̃se] vt to spend; (gaz, eau) to use; (fig) to expend, use up; **se dépenser** vi (se fatiguer) to exert o.s.

**dépensier, -ière** [depɑ̃sje, -jɛʀ] adj: **il est ~** he's a spendthrift

**déperdition** [depɛʀdisjɔ̃] nf loss

**dépérir** [depeʀiʀ] vi (personne) to waste away; (plante) to wither

**dépersonnaliser** [depɛʀsɔnalize] vt to depersonalize

**dépêtrer** [depetʀe] vt: **se ~ de** (situation) to extricate o.s. from

**dépeuplé, e** [depœple] adj depopulated

**dépeuplement** [depœpləmɑ̃] nm depopulation

**dépeupler** [depœple] vt to depopulate; **se dépeupler** vi to be depopulated

**déphasage** [defazaʒ] nm (fig) being out of touch

**déphasé, e** [defaze] adj (Élec) out of phase; (fig) out of touch

**déphaser** [defaze] vt (fig) to put out of touch

**dépilation** [depilasjɔ̃] nf hair loss; hair removal

**dépilatoire** [depilatwaʀ] adj depilatory, hair-removing

**dépiler** [depile] vt (épiler) to depilate, remove hair from

**dépistage** [depistaʒ] nm (Méd) screening

**dépister** [depiste] vt to detect; (Méd) to screen; (voleur) to track down; (poursuivants) to throw off the scent

**dépit** [depi] nm vexation, frustration; **en ~ de** prép in spite of; **en ~ du bon sens** contrary to all good sense

**dépité, e** [depite] adj vexed, frustrated

**dépiter** [depite] vt to vex, frustrate

**déplacé, e** [deplase] adj (propos) out of place, uncalled-for; **personne ~e** displaced person

**déplacement** [deplasmɑ̃] nm moving; shifting; transfer; (voyage) trip, travelling no pl (Brit), traveling no pl (US); **en ~** away (on a trip); **~ d'air** displacement of air; **~ de vertèbre** slipped disc

**déplacer** [deplase] vt (table, voiture) to move, shift; (employé) to transfer, move; **se déplacer** vi (objet) to move; (organe) to become displaced; (personne: bouger) to move, walk; (: voyager) to travel ▷ vt (vertèbre etc) to displace

**déplaire** [deplɛʀ] vi: **ceci me déplaît** I don't like this, I dislike this; **il cherche à nous ~** he's trying to displease us ou be disagreeable to us; **se ~ quelque part** to dislike it ou be unhappy somewhere

**déplaisant, e** [deplɛzɑ̃, -ɑ̃t] vb voir **déplaire** ▷ adj disagreeable, unpleasant

**déplaisir** [deplɛziʀ] nm displeasure, annoyance

**déplaît** [deplɛ] vb voir **déplaire**

**dépliant** [deplijɑ̃] nm leaflet

**déplier** [deplije] vt to unfold; **se déplier** vi (parachute) to open

**déplisser** [deplise] vt to smooth out

**déploiement** [deplwamɑ̃] nm (voir déployer) deployment; display

**déplomber** [deplɔ̃be] vt (caisse, compteur) to break (open) the seal of; (Inform) to hack into

**déplorable** [deplɔʀabl(ə)] adj deplorable; lamentable

**déplorer** [deplɔʀe] vt (regretter) to deplore; (pleurer sur) to lament

**déployer** [deplwaje] vt to open out, spread; (Mil) to deploy; (montrer) to display, exhibit

**déplu** [deply] pp de **déplaire**

**dépointer** [depwɛ̃te] vi to clock out

**dépoli, e** [depɔli] adj: **verre ~** frosted glass

**dépolitiser** [depɔlitize] vt to depoliticize

**dépopulation** [depɔpylasjɔ̃] nf depopulation

**déportation** [depɔʀtasjɔ̃] nf deportation

**déporté, e** [depɔʀte] nm/f deportee; (1939–45) concentration camp prisoner

**déporter** [depɔʀte] vt (Pol) to deport; (dévier) to carry off course; **se déporter** vi (voiture) to swerve

**déposant, e** [depozā, -āt] nm/f (*épargnant*) depositor

**dépose** [depoz] nf taking out; taking down

**déposé, e** [depoze] adj registered; *voir aussi* **marque**

**déposer** [depoze] vt (*gén: mettre, poser*) to lay down, put down, set down; (*à la banque, à la consigne*) to deposit; (*caution*) to put down; (*passager*) to drop (off), set down; (*démonter: serrure, moteur*) to take out; (*: rideau*) to take down; (*roi*) to depose; (*Admin: faire enregistrer*) to file; to register ▷ vi to form a sediment *ou* deposit; (*Jur*): ~ **(contre)** to testify *ou* give evidence (against); **se déposer** vi to settle; ~ **son bilan** (*Comm*) to go into (voluntary) liquidation

**dépositaire** [depoziteʀ] nm/f (*Jur*) depository; (*Comm*) agent; ~ **agréé** authorized agent

**déposition** [depozisjɔ̃] nf (*Jur*) deposition

**déposséder** [deposede] vt to dispossess

**dépôt** [depo] nm (*à la banque, sédiment*) deposit; (*entrepôt, réserve*) warehouse, store; (*gare*) depot; (*prison*) cells pl; ~ **d'ordures** rubbish (*Brit*) *ou* garbage (*US*) dump, tip (*Brit*); ~ **de bilan** (voluntary) liquidation; ~ **légal** registration of copyright

**dépoter** [depote] vt (*plante*) to take from the pot, transplant

**dépotoir** [depotwaʀ] nm dumping ground, rubbish (*Brit*) *ou* garbage (*US*) dump; ~ **nucléaire** nuclear (waste) dump

**dépouille** [depuj] nf (*d'animal*) skin, hide; (*humaine*): ~ **(mortelle)** mortal remains pl

**dépouillé, e** [depuje] adj (*fig*) bare, bald; ~ **de** stripped of; lacking in

**dépouillement** [depujmā] nm (*de scrutin*) count, counting *no pl*

**dépouiller** [depuje] vt (*animal*) to skin; (*spolier*) to deprive of one's possessions; (*documents*) to go through, peruse; ~ **qn/qch de** to strip sb/sth of; ~ **le scrutin** to count the votes

**dépourvu, e** [depuʀvy] adj: ~ **de** lacking in, without; **au ~** adv: **prendre qn au ~** to catch sb unawares

**dépoussiérer** [depusjere] vt to remove dust from

**dépravation** [depravasjɔ̃] nf depravity

**dépravé, e** [deprave] adj depraved

**dépraver** [deprave] vt to deprave

**dépréciation** [depresjasjɔ̃] nf depreciation

**déprécier** [depresje] vt to reduce the value of; **se déprécier** vi to depreciate

**déprédations** [depredasjɔ̃] nfpl damage sg

**dépressif, -ive** [depresif, -iv] adj depressive

**dépression** [depresjɔ̃] nf depression; ~ **(nerveuse)** (nervous) breakdown

**déprimant, e** [deprimā, -āt] adj depressing

**déprime** [deprim] nf (*fam*): **la ~** depression

**déprimé, e** [deprime] adj (*découragé*) depressed

**déprimer** [deprime] vt to depress

**déprogrammer** [deprograme] vt (*supprimer*) to cancel

**DEPS** sigle (= *dernier entré premier sorti*) LIFO (= *last in first out*)

**dépt** abr (= *département*) dept

**dépuceler** [depysle] vt (*fam*) to take the virginity of

### ◯ MOT-CLÉ

**depuis** [dəpɥi] prép **1** (*point de départ dans le temps*) since; **il habite Paris depuis 1983/l'an dernier** he has been living in Paris since 1983/ last year; **depuis quand?** since when?; **depuis quand le connaissez-vous?** how long have you known him?; **depuis lors** since then
**2** (*temps écoulé*) for; **il habite Paris depuis cinq ans** he has been living in Paris for five years; **je le connais depuis trois ans** I've known him for three years; **depuis combien de temps êtes-vous ici?** how long have you been here?
**3** (*lieu*): **il a plu depuis Metz** it's been raining since Metz; **elle a téléphoné depuis Valence** she rang from Valence
**4** (*quantité, rang*) from; **depuis les plus petits jusqu'aux plus grands** from the youngest to the oldest
▷ adv (*temps*) since (then); **je ne lui ai pas parlé depuis** I haven't spoken to him since (then); **depuis que** conj (ever) since; **depuis qu'il m'a dit ça** (ever) since he said that to me

**dépuratif, -ive** [depyratif, -iv] adj depurative, purgative

**députation** [depytasjɔ̃] nf deputation; (*fonction*) position of deputy, ≈ parliamentary seat (*Brit*), ≈ seat in Congress (*US*)

**député, e** [depyte] nm/f (*Pol*) deputy, ≈ Member of Parliament (*Brit*), ≈ Congressman/woman (*US*)

**députer** [depyte] vt to delegate; ~ **qn auprès de** to send sb (as a representative) to

**déracinement** [derasinmā] nm (*gén*) uprooting; (*d'un préjugé*) eradication

**déraciner** [derasine] vt to uproot

**déraillement** [derajmā] nm derailment

**dérailler** [deraje] vi (*train*) to be derailed, go off *ou* jump the rails; (*fam*) to be completely off the track; **faire ~** to derail

**dérailleur** [derajœr] nm (*de vélo*) dérailleur gears pl

**déraison** [derezɔ̃] nf unreasonableness

**déraisonnable** [derezɔnabl(ə)] adj unreasonable

**déraisonner** [derezɔne] vi to talk nonsense, rave

**dérangement** [derāʒmā] nm (*gêne, déplacement*) trouble; (*gastrique etc*) disorder; (*mécanique*) breakdown; **en ~** (*téléphone*) out of order

**déranger** [derāʒe] vt (*personne*) to trouble, bother, disturb; (*projets*) to disrupt, upset; (*objets, vêtements*) to disarrange; **se déranger** to put o.s. out; (*se déplacer*) to (take the trouble to) come (*ou* go) out; **est-ce que cela vous dérange si ...?** do you mind if ...?; **ça te**

**dérangerait de faire ...?** would you mind doing ...?; **ne vous dérangez pas** don't go to any trouble; don't disturb yourself

**dérapage** [deʀapaʒ] *nm* skid, skidding *no pl*; going out of control

**déraper** [deʀape] *vi* (*voiture*) to skid; (*personne, semelles, couteau*) to slip; (*fig: économie etc*) to go out of control

**dératé, e** [deʀate] *nm/f*: **courir comme un ~** to run like the clappers

**dératiser** [deʀatize] *vt* to rid of rats

**déréglé, e** [deʀegle] *adj* (*mœurs*) dissolute

**dérèglement** [deʀɛgləmɑ̃] *nm* upsetting *no pl*, upset

**déréglementation** [deʀɛgləmɑ̃tasjɔ̃] *nf* deregulation

**dérégler** [deʀegle] *vt* (*mécanisme*) to put out of order, cause to break down; (*estomac*) to upset; **se dérégler** *vi* to break down, go wrong

**dérider** [deʀide] *vt*, **se dérider** *vi* to cheer up

**dérision** [deʀizjɔ̃] *nf* derision; **tourner en ~** to deride; **par ~** in mockery

**dérisoire** [deʀizwaʀ] *adj* derisory

**dérivatif** [deʀivatif] *nm* distraction

**dérivation** [deʀivasjɔ̃] *nf* derivation; diversion

**dérive** [deʀiv] *nf* (*de dériveur*) centre-board; **aller à la ~** (*Navig, fig*) to drift; **~ des continents** (*Géo*) continental drift

**dérivé, e** [deʀive] *adj* derived ▷ *nm* (*Ling*) derivative; (*Tech*) by-product ▷ *nf* (*Math*) derivative

**dériver** [deʀive] *vt* (*Math*) to derive; (*cours d'eau etc*) to divert ▷ *vi* (*bateau*) to drift; **~ de** to derive from

**dériveur** [deʀivœʀ] *nm* sailing dinghy

**dermatite** [dɛʀmatit] *nf* dermatitis

**dermato** [dɛʀmato] *nm/f* (*fam: = dermatologue*) dermatologist

**dermatologie** [dɛʀmatɔlɔʒi] *nf* dermatology

**dermatologue** [dɛʀmatɔlɔg] *nm/f* dermatologist

**dermatose** [dɛʀmatoz] *nf* dermatosis

**dermite** [dɛʀmit] *nf* = **dermatite**

**dernier, -ière** [dɛʀnje, -jɛʀ] *adj* (*dans le temps, l'espace*) last; (*le plus récent: gén avant n*) latest, last; (*final, ultime: effort*) final; (*échelon, grade*) top, highest ▷ *nm* (*étage*) top floor; **lundi/le mois ~** last Monday/month; **du ~ chic** extremely smart; **le ~ cri** the last word (in fashion); **les ~s honneurs** the last tribute; **le ~ soupir, rendre le ~ soupir** to breathe one's last; **en ~** *adv* last; **ce ~, cette dernière** the latter

**dernièrement** [dɛʀnjɛʀmɑ̃] *adv* recently

**dernier-né, dernière-née** [dɛʀnjene, dɛʀnjɛʀne] *nm/f* (*enfant*) last-born

**dérobade** [deʀɔbad] *nf* side-stepping *no pl*

**dérobé, e** [deʀɔbe] *adj* (*porte*) secret, hidden; **à la ~e** surreptitiously

**dérober** [deʀɔbe] *vt* to steal; (*cacher*): **~ qch à (la vue de) qn** to conceal *ou* hide sth from sb('s view); **se dérober** *vi* (*s'esquiver*) to slip away; (*fig*) to shy away; **se ~ sous** (*s'effondrer*) to give way

beneath; **se ~** (*justice, regards*) to hide from; (*obligation*) to shirk

**dérogation** [deʀɔgasjɔ̃] *nf* (special) dispensation

**déroger** [deʀɔʒe]: **~ à** *vt* to go against, depart from

**dérouiller** [deʀuje] *vt*: **se ~ les jambes** to stretch one's legs

**déroulement** [deʀulmɑ̃] *nm* (*d'une opération etc*) progress

**dérouler** [deʀule] *vt* (*ficelle*) to unwind; (*papier*) to unroll; **se dérouler** *vi* to unwind; to unroll, come unrolled; (*avoir lieu*) to take place; (*se passer*) to go

**déroutant, e** [deʀutɑ̃, -ɑ̃t] *adj* disconcerting

**déroute** [deʀut] *nf* (*Mil*) rout; (*fig*) total collapse; **mettre en ~** to rout; **en ~** routed

**dérouter** [deʀute] *vt* (*avion, train*) to reroute, divert; (*étonner*) to disconcert, throw (out)

**derrick** [deʀik] *nm* derrick (*over oil well*)

**derrière** [dɛʀjɛʀ] *adv, prép* behind ▷ *nm* (*d'une maison*) back; (*postérieur*) behind, bottom; **les pattes de ~** the back legs, the hind legs; **par ~** from behind; (*fig*) in an underhand way, behind one's back

**derviche** [dɛʀviʃ] *nm* dervish

**DES** *sigle m* (= *diplôme d'études supérieures*) university post-graduate degree

**des** [de] *art voir* **de**

**dès** [dɛ] *prép* from; **~ que** *conj* as soon as; **~ à présent** here and now; **~ son retour** as soon as he was (*ou* is) back; **~ réception** upon receipt; **~ lors** *adv* from then on; **~ lors que** *conj* from the moment (that)

**désabusé, e** [dezabyze] *adj* disillusioned

**désaccord** [dezakɔʀ] *nm* disagreement

**désaccordé, e** [dezakɔʀde] *adj* (*Mus*) out of tune

**désacraliser** [desakʀalize] *vt* to deconsecrate; (*fig: profession, institution*) to take the mystique out of

**désaffecté, e** [dezafɛkte] *adj* disused

**désaffection** [dezafɛksjɔ̃] *nf*: **~ pour** estrangement from

**désagréable** [dezagʀeable(ə)] *adj* unpleasant, disagreeable

**désagréablement** [dezagʀeabləmɑ̃] *adv* disagreeably, unpleasantly

**désagrégation** [dezagʀegasjɔ̃] *nf* disintegration

**désagréger** [dezagʀeʒe]: **se désagréger** *vi* to disintegrate, break up

**désagrément** [dezagʀemɑ̃] *nm* annoyance, trouble *no pl*

**désaltérant, e** [dezalteʀɑ̃, -ɑ̃t] *adj* thirst-quenching

**désaltérer** [dezalteʀe] *vt*: **se désaltérer** to quench one's thirst; **ça désaltère** it's thirst-quenching, it quenches your thirst

**désamorcer** [dezamɔʀse] *vt* to remove the primer from; (*fig*) to defuse; (*: prévenir*) to forestall

**désappointé, e** [dezapwɛ̃te] *adj* disappointed

123

**désapprobateur, -trice** [dezapʀɔbatœʀ, -tʀis] *adj* disapproving

**désapprobation** [dezapʀɔbasjɔ̃] *nf* disapproval

**désapprouver** [dezapʀuve] *vt* to disapprove of

**désarçonner** [dezaʀsɔne] *vt* to unseat, throw; *(fig)* to throw, nonplus *(Brit)*, disconcert

**désargenté, e** [dezaʀʒɑ̃te] *adj* impoverished

**désarmant, e** [dezaʀmɑ̃, -ɑ̃t] *adj* disarming

**désarmé, e** [dezaʀme] *adj (fig)* disarmed

**désarmement** [dezaʀməmɑ̃] *nm* disarmament

**désarmer** [dezaʀme] *vt (Mil, aussi fig)* to disarm; *(Navig)* to lay up; *(fusil)* to unload; (: *mettre le cran de sûreté*) to put the safety catch on ▷ *vi (pays)* to disarm; *(haine)* to wane; *(personne)* to give up

**désarroi** [dezaʀwa] *nm* helplessness, disarray

**désarticulé, e** [dezaʀtikyle] *adj (pantin, corps)* dislocated

**désarticuler** [dezaʀtikyle] *vt*: **se désarticuler** to contort (o.s.)

**désassorti, e** [dezasɔʀti] *adj* non-matching, unmatched; *(magasin, marchand)* sold out

**désastre** [dezastʀ(ə)] *nm* disaster

**désastreux, -euse** [dezastʀø, -øz] *adj* disastrous

**désavantage** [dezavɑ̃taʒ] *nm* disadvantage; *(inconvénient)* drawback, disadvantage

**désavantager** [dezavɑ̃taʒe] *vt* to put at a disadvantage

**désavantageux, -euse** [dezavɑ̃taʒø, -øz] *adj* unfavourable, disadvantageous

**désaveu** [dezavø] *nm* repudiation; *(déni)* disclaimer

**désavouer** [dezavwe] *vt* to disown, repudiate, disclaim

**désaxé, e** [dezakse] *adj (fig)* unbalanced

**désaxer** [dezakse] *vt (roue)* to put out of true; *(personne)* to throw off balance

**desceller** [desele] *vt (pierre)* to pull free

**descendance** [desɑ̃dɑ̃s] *nf (famille)* descendants *pl*, issue; *(origine)* descent

**descendant, e** [desɑ̃dɑ̃, -ɑ̃t] *vb voir* **descendre** ▷ *nm/f* descendant

**descendeur, -euse** [desɑ̃dœʀ, -øz] *nm/f (Sport)* downhiller

**descendre** [desɑ̃dʀ(ə)] *vt (escalier, montagne)* to go *(ou* come) down; *(valise, paquet)* to take *ou* get down; *(étagère etc)* to lower; *(fam: abattre)* to shoot down; (: *boire)* to knock back ▷ *vi* to go *(ou* come) down; *(passager: s'arrêter)* to get out, alight; *(niveau, température)* to go *ou* come down, fall, drop; *(marée)* to go out; ~ **à pied/en voiture** to walk/drive down, go down on foot/by car; ~ **de** *(famille)* to be descended from; ~ **du train** to get out *ou* off the train; ~ **d'un arbre** to climb down from a tree; ~ **de cheval** to dismount, get off one's horse; ~ **à l'hôtel** to stay at a hotel; ~ **dans la rue** *(manifester)* to take to the streets; ~ **en ville** to go into town, go down town

**descente** [desɑ̃t] *nf* descent, going down; *(chemin)* way down; *(Ski)* downhill (race); **au milieu de la** ~ halfway down; **freinez dans les ~s** use the brakes going downhill; ~ **de lit** bedside rug; ~ **(de police)** (police) raid

**descriptif, -ive** [dɛskʀiptif, -iv] *adj* descriptive ▷ *nm* explanatory leaflet

**description** [dɛskʀipsjɔ̃] *nf* description

**désembourber** [dezɑ̃buʀbe] *vt* to pull out of the mud

**désembourgeoiser** [dezɑ̃buʀʒwaze] *vt*: ~ **qn** to get sb out of his *(ou* her) middle-class attitudes

**désembuer** [dezɑ̃bɥe] *vt* to demist

**désemparé, e** [dezɑ̃paʀe] *adj* bewildered, distraught; *(bateau, avion)* crippled

**désemparer** [dezɑ̃paʀe] *vi*: **sans** ~ without stopping

**désemplir** [dezɑ̃pliʀ] *vi*: **ne pas** ~ to be always full

**désenchanté, e** [dezɑ̃ʃɑ̃te] *adj* disenchanted, disillusioned

**désenchantement** [dezɑ̃ʃɑ̃tmɑ̃] *nm* disenchantment, disillusion

**désenclaver** [dezɑ̃klave] *vt* to open up

**désencombrer** [dezɑ̃kɔ̃bʀe] *vt* to clear

**désenfler** [dezɑ̃fle] *vi* to become less swollen

**désengagement** [dezɑ̃gaʒmɑ̃] *nm (Pol)* disengagement

**désensabler** [dezɑ̃sable] *vt* to pull out of the sand

**désensibiliser** [desɑ̃sibilize] *vt (Méd)* to desensitize

**désenvenimer** [dezɑ̃vnime] *vt (plaie)* to remove the poison from; *(fig)* to take the sting out of

**désépaissir** [dezepesiʀ] *vt* to thin (out)

**déséquilibre** [dezekilibʀ(ə)] *nm (position)*: **être en** ~ to be unsteady; *(fig: des forces, du budget)* imbalance; *(Psych)* unbalance

**déséquilibré, e** [dezekilibʀe] *nm/f (Psych)* unbalanced person

**déséquilibrer** [dezekilibʀe] *vt* to throw off balance

**désert, e** [dezɛʀ, -ɛʀt(ə)] *adj* deserted ▷ *nm* desert

**déserter** [dezɛʀte] *vi, vt* to desert

**déserteur** [dezɛʀtœʀ] *nm* deserter

**désertion** [dezɛʀsjɔ̃] *nf* desertion

**désertique** [dezɛʀtik] *adj* desert *cpd*; *(inculte)* barren, empty

**désescalade** [dezeskalad] *nf (Mil)* de-escalation

**désespérant, e** [dezɛspeʀɑ̃, -ɑ̃t] *adj* hopeless, despairing

**désespéré, e** [dezɛspeʀe] *adj* desperate; *(regard)* despairing; **état** ~ *(Méd)* hopeless condition

**désespérément** [dezɛspeʀemɑ̃] *adv* desperately

**désespérer** [dezɛspeʀe] *vt* to drive to despair ▷ *vi*, **se désespérer** *vi* to despair; ~ **de** to despair of

**désespoir** [dezɛspwaʀ] *nm* despair; **être** *ou* **faire le** ~ **de qn** to be the despair of sb; **en** ~ **de cause** in desperation

**déshabillé, e** [dezabije] *adj* undressed ▷ *nm* négligée

**déshabiller** [dezabije] *vt* to undress; **se déshabiller** *vi* to undress (o.s.)

**déshabituer** [dezabitɥe] *vt*: **se** ~ **de** to get out of the habit of

**désherbant** [dezɛʀbɑ̃] *nm* weed-killer

**désherber** [dezɛʀbe] *vt* to weed

**déshérité, e** [dezeʀite] *adj* disinherited ▷ *nm/f*: **les ~s** (*pauvres*) the underprivileged, the deprived

**déshériter** [dezeʀite] *vt* to disinherit

**déshonneur** [dezɔnœʀ] *nm* dishonour (*Brit*), dishonor (*US*), disgrace

**déshonorer** [dezɔnɔʀe] *vt* to dishonour (*Brit*), dishonor (*US*), bring disgrace upon; **se déshonorer** *vi* to bring dishono(u)r on o.s.

**déshumaniser** [dezymanize] *vt* to dehumanize

**déshydratation** [dezidʀatasjɔ̃] *nf* dehydration

**déshydraté, e** [dezidʀate] *adj* dehydrated

**déshydrater** [dezidʀate] *vt* to dehydrate

**desiderata** [deziderata] *nmpl* requirements

**design** [dizajn] *adj* (*mobilier*) designer *cpd* ▷ *nm* (*industrial*) design

**désignation** [deziɲasjɔ̃] *nf* naming, appointment; (*signe, mot*) name, designation

**designer** [dizajnɛʀ] *nm* designer

**désigner** [deziɲe] *vt* (*montrer*) to point out, indicate; (*dénommer*) to denote, refer to; (*nommer: candidat etc*) to name, appoint

**désillusion** [dezilyzjɔ̃] *nf* disillusion(ment)

**désillusionner** [dezilyzjɔne] *vt* to disillusion

**désincarné, e** [dezɛ̃kaʀne] *adj* disembodied

**désinence** [dezinɑ̃s] *nf* ending, inflexion

**désinfectant, e** [dezɛ̃fɛktɑ̃, -ɑ̃t] *adj, nm* disinfectant

**désinfecter** [dezɛ̃fɛkte] *vt* to disinfect

**désinfection** [dezɛ̃fɛksjɔ̃] *nf* disinfection

**désinformation** [dezɛ̃fɔʀmasjɔ̃] *nf* disinformation

**désintégration** [dezɛ̃tegʀasjɔ̃] *nf* disintegration

**désintégrer** [dezɛ̃tegʀe] *vt* to break up; **se désintégrer** *vi* to disintegrate

**désintéressé, e** [dezɛ̃teʀese] *adj* (*généreux, bénévole*) disinterested, unselfish

**désintéressement** [dezɛ̃teʀesmɑ̃] *nm* (*générosité*) disinterestedness

**désintéresser** [dezɛ̃teʀese] *vt*: **se désintéresser (de)** to lose interest (in)

**désintérêt** [dezɛ̃teʀɛ] *nm* (*indifférence*) disinterest

**désintoxication** [dezɛ̃tɔksikasjɔ̃] *nf* treatment for alcoholism (*ou* drug addiction); **faire une cure de ~** to have *ou* undergo treatment for alcoholism (*ou* drug addiction)

**désintoxiquer** [dezɛ̃tɔksike] *vt* to treat for alcoholism (*ou* drug addiction)

**désinvolte** [dezɛ̃vɔlt(ə)] *adj* casual, off-hand

**désinvolture** [dezɛ̃vɔltyʀ] *nf* casualness

**désir** [deziʀ] *nm* wish; (*fort, sensuel*) desire

**désirable** [deziʀabl(ə)] *adj* desirable

**désirer** [deziʀe] *vt* to want, wish for; (*sexuellement*) to desire; **je désire ...** (*formule de politesse*) I would like ...; **il désire que tu l'aides** he would like *ou* he wants you to help him; **~ faire** to want *ou* wish to do; **ça laisse à ~** it

leaves something to be desired

**désireux, -euse** [deziʀø, -øz] *adj*: **~ de faire** anxious to do

**désistement** [dezistəmɑ̃] *nm* withdrawal

**désister** [deziste]: **se désister** *vi* to stand down, withdraw

**désobéir** [dezɔbeiʀ] *vi*: **~ (à qn/qch)** to disobey (sb/sth)

**désobéissance** [dezɔbeisɑ̃s] *nf* disobedience

**désobéissant, e** [dezɔbeisɑ̃, -ɑ̃t] *adj* disobedient

**désobligeant, e** [dezɔbliʒɑ̃, -ɑ̃t] *adj* disagreeable, unpleasant

**désobliger** [dezɔbliʒe] *vt* to offend

**désodorisant** [dezɔdɔʀizɑ̃] *nm* air freshener, deodorizer

**désodoriser** [dezɔdɔʀize] *vt* to deodorize

**désœuvré, e** [dezœvʀe] *adj* idle

**désœuvrement** [dezœvʀəmɑ̃] *nm* idleness

**désolant, e** [dezɔlɑ̃, -ɑ̃t] *adj* distressing

**désolation** [dezɔlasjɔ̃] *nf* (*affliction*) distress, grief; (*d'un paysage etc*) desolation, devastation

**désolé, e** [dezɔle] *adj* (*paysage*) desolate; **je suis ~** I'm sorry

**désoler** [dezɔle] *vt* to distress, grieve; **se désoler** *vi* to be upset

**désolidariser** [desɔlidaʀize] *vt*: **se ~ de** *ou* **d'avec** to dissociate o.s. from

**désopilant, e** [dezɔpilɑ̃, -ɑ̃t] *adj* screamingly funny, hilarious

**désordonné, e** [dezɔʀdɔne] *adj* untidy, disorderly

**désordre** [dezɔʀdʀ(ə)] *nm* disorder(liness), untidiness; (*anarchie*) disorder; **désordres** *nmpl* (*Pol*) disturbances, disorder *sg*; **en ~** in a mess, untidy

**désorganiser** [dezɔʀganize] *vt* to disorganize

**désorienté, e** [dezɔʀjɑ̃te] *adj* disorientated; (*fig*) bewildered

**désorienter** [dezɔʀjɑ̃te] *vt* (*fig*) to confuse

**désormais** [dezɔʀmɛ] *adv* in future, from now on

**désosser** [dezɔse] *vt* to bone

**despote** [dɛspɔt] *nm* despot; (*fig*) tyrant

**despotique** [dɛspɔtik] *adj* despotic

**despotisme** [dɛspɔtism(ə)] *nm* despotism

**desquamer** [dɛskwame]: **se desquamer** *vi* to flake off

**desquels, desquelles** [dekɛl] *prép* + *pron voir* **lequel**

**DESS** *sigle m* (= *Diplôme d'études supérieures spécialisées*) post-graduate diploma

**dessaisir** [deseziʀ] *vt*: **~ un tribunal d'une affaire** to remove a case from a court; **se ~ de** *vt* to give up, part with

**dessaler** [desale] *vt* (*eau de mer*) to desalinate; (*Culin: morue etc*) to soak; (*fig fam: délurer*): **~ qn** to teach sb a thing or two ▷ *vi* (*voilier*) to capsize

**Desse** *abr* = **duchesse**

**desséché, e** [deseʃe] *adj* dried up

**dessèchement** [deseʃmɑ̃] *nm* drying out; dryness; hardness

**dessécher** [deseʃe] *vt* (*terre, plante*) to dry out,

d

parch; *(peau)* to dry out; *(volontairement: aliments etc)* to dry, dehydrate; *(fig: cœur)* to harden; **se dessécher** *vi* to dry out; *(peau, lèvres)* to go dry

**dessein** [desɛ̃] *nm* design; **dans le ~ de** with the intention of; **à ~** intentionally, deliberately

**desseller** [desele] *vt* to unsaddle

**desserrer** [desere] *vt* to loosen; *(frein)* to release; *(poing, dents)* to unclench; *(objets alignés)* to space out; **ne pas ~ les dents** not to open one's mouth

**dessert** [desɛʀ] *vb voir* **desservir** ▷ *nm* dessert, pudding

**desserte** [desɛʀt(ə)] *nf (table)* side table; *(transport)*: **la ~ du village est assurée par autocar** there is a coach service to the village; **chemin** *ou* **voie de ~** service road

**desservir** [desɛʀviʀ] *vt (ville, quartier)* to serve; (: *voie de communication)* to lead into; *(vicaire: paroisse)* to serve; *(nuire à: personne)* to do a disservice to; *(débarrasser)*: **~ (la table)** to clear the table

**dessiller** [desije] *vt (fig)*: **~ les yeux à qn** to open sb's eyes

**dessin** [desɛ̃] *nm (œuvre, art)* drawing; *(motif)* pattern, design; *(contour)* (out)line; **le ~ industriel** draughtsmanship *(Brit)*, draftsmanship *(US)*; **~ animé** cartoon *(film)*; **~ humoristique** cartoon

**dessinateur, -trice** [desinatœʀ, -tʀis] *nm/f* drawer; *(de bandes dessinées)* cartoonist; *(industriel)* draughtsman *(Brit)*, draftsman *(US)*; **dessinatrice de mode** fashion designer

**dessiner** [desine] *vt* to draw; *(concevoir: carrosserie, maison)* to design; *(robe: taille)* to show off; **se dessiner** *vi (forme)* to be outlined; *(fig: solution)* to emerge

**dessoûler** [desule] *vt, vi* to sober up

**dessous** [dəsu] *adv* underneath, beneath ▷ *nm* underside; *(étage inférieur)*: **les voisins du ~** the downstairs neighbours ▷ *nmpl (sous-vêtements)* underwear *sg*; *(fig)* hidden aspects; **en ~** underneath; below; *(fig: en catimini)* slyly, on the sly; **par ~** underneath; below; **de ~ le lit** from under the bed; **au-~** *adv* below; **au-~ de** *prép* below; *(peu digne de)* beneath; **au-~ de tout** the (absolute) limit; **avoir le ~** to get the worst of it

**dessous-de-bouteille** [dəsudbutɛj] *nm* bottle mat

**dessous-de-plat** [dəsudpla] *nm inv* tablemat

**dessous-de-table** [dəsudtabl(ə)] *nm (fig)* bribe, under-the-counter payment

**dessus** [dəsy] *adv* on top; *(collé, écrit)* on it ▷ *nm* top; *(étage supérieur)*: **les voisins/ l'appartement du ~** the upstairs neighbours/ flat; **en ~** above; **par ~** *adv* over it ▷ *prép* over; **au-~** above; **au-~ de** above; **avoir/prendre le ~** to have/get the upper hand; **reprendre le ~** to get over it; **bras ~ bras dessous** arm in arm; **sens ~ dessous** upside down; *voir* **ci-**; **là-dessus-de-lit** [dəsydli] *nm inv* bedspread

**déstabiliser** [destabilize] *vt (Pol)* to destabilize

**destin** [dɛstɛ̃] *nm* fate; *(avenir)* destiny

**destinataire** [dɛstinatɛʀ] *nm/f (Postes)* addressee; *(d'un colis)* consignee; *(d'un mandat)* payee; **aux risques et périls du ~** at owner's risk

**destination** [dɛstinasjɔ̃] *nf (lieu)* destination; *(usage)* purpose; **à ~ de** *(avion etc)* bound for; *(voyageur)* bound for, travelling to

**destinée** [dɛstine] *nf* fate; *(existence, avenir)* destiny

**destiner** [dɛstine] *vt*: **~ qn à** *(poste, sort)* to destine sb for; **~ qn/qch à** *(prédestiner)* to mark sb/sth out for; **~ qch à** *(envisager d'affecter)* to intend to use sth for; **~ qch à qn** *(envisager de donner)* to intend to give sth to sb, intend sb to have sth; *(adresser)* to intend sth for sb; **se ~ à l'enseignement** to intend to become a teacher; **être destiné à** *(sort)* to be destined to + *verbe*; *(usage)* to be intended ou meant for; *(sort)* to be in store for

**destituer** [dɛstitɥe] *vt* to depose; **~ qn de ses fonctions** to relieve sb of his duties

**destitution** [dɛstitysjɔ̃] *nf* deposition

**destructeur, -trice** [dɛstʀyktœʀ, -tʀis] *adj* destructive

**destructif, -ive** [dɛstʀyktif, -iv] *adj* destructive

**destruction** [dɛstʀyksjɔ̃] *nf* destruction

**déstructuré, e** [destʀyktyʀe] *adj*: **vêtements ~s** casual clothes

**déstructurer** [destʀyktyʀe] *vt* to break down, take to pieces

**désuet, -ète** [desɥɛ, -ɛt] *adj* outdated, outmoded

**désuétude** [desɥetyd] *nf*: **tomber en ~** to fall into disuse, become obsolete

**désuni, e** [dezyni] *adj* divided, disunited

**désunion** [dezynjɔ̃] *nf* disunity

**désunir** [dezyniʀ] *vt* to disunite; **se désunir** *vi (athlète)* to get out of one's stride

**détachable** [detaʃabl(ə)] *adj (coupon etc)* tear-off *cpd*; *(capuche etc)* detachable

**détachant** [detaʃɑ̃] *nm* stain remover

**détaché, e** [detaʃe] *adj (fig)* detached ▷ *nm/f (représentant)* person on secondment *(Brit)* ou a posting

**détachement** [detaʃmɑ̃] *nm* detachment; *(fonctionnaire, employé)*: **être en ~** to be on secondment *(Brit)* ou a posting

**détacher** [detaʃe] *vt (enlever)* to detach, remove; *(délier)* to untie; *(Admin)*: **~ qn (auprès de** ou **à)** to send sb on secondment (to) *(Brit)*, post sb (to); *(Mil)* to detail; *(vêtement: nettoyer)* to remove the stains from; **se détacher** *vi (tomber)* to come off; to come out; *(se défaire)* to come undone; *(Sport)* to pull ou break away; *(se délier: chien, prisonnier)* to break loose; **se ~ sur** to stand out against; **se ~ de** *(se désintéresser)* to grow away from

**détail** [detaj] *nm* detail; *(Comm)*: **le ~** retail; **prix de ~** retail price; **au ~** *adv (Comm)* retail; (: *individuellement)* separately; **donner le ~ de** to give a detailed account of; *(compte)* to give a breakdown of; **en ~** in detail

**détaillant, e** [detajɑ̃, -ɑ̃t] *nm/f* retailer

**détaillé, e** [detaje] *adj (récit)* detailed
**détailler** [detaje] *vt (Comm)* to sell retail; to sell separately; *(expliquer)* to explain in detail; to detail; *(examiner)* to look over, examine
**détaler** [detale] *vi (lapin)* to scamper off; *(fam: personne)* to make off, scarper *(fam)*
**détartrant** [detaʀtʀɑ̃] *nm* descaling agent *(Brit)*, scale remover
**détartrer** [detaʀtʀe] *vt* to descale; *(dents)* to scale
**détaxe** [detaks(ə)] *nf (réduction)* reduction in tax; *(suppression)* removal of tax; *(remboursement)* tax refund
**détaxer** [detakse] *vt (réduire)* to reduce the tax on; *(ôter)* to remove the tax on
**détecter** [detɛkte] *vt* to detect
**détecteur** [detɛktœʀ] *nm* detector, sensor; ~ **de mensonges** lie detector; ~ **(de mines)** mine detector
**détection** [detɛksjɔ̃] *nf* detection
**détective** [detɛktiv] *nm* detective; ~ **(privé)** private detective *ou* investigator
**déteindre** [detɛ̃dʀ(ə)] *vi* to fade; *(fig)*: ~ **sur** to rub off on
**déteint, e** [detɛ̃, -ɛ̃t] *pp de* **déteindre**
**dételer** [detle] *vt* to unharness; *(voiture, wagon)* to unhitch ▷ *vi (fig: s'arrêter)* to leave off (working)
**détendeur** [detɑ̃dœʀ] *nm (de bouteille à gaz)* regulator
**détendre** [detɑ̃dʀ(ə)] *vt (fil)* to slacken, loosen; *(personne, atmosphère)* to relax; *(: situation)* to relieve; **se détendre** *vi* to lose its tension; to relax
**détenir** [detniʀ] *vt (fortune, objet, secret)* to be in possession of; *(prisonnier)* to detain; *(record)* to hold; ~ **le pouvoir** to be in power
**détente** [detɑ̃t] *nf* relaxation; *(Pol)* détente; *(d'une arme)* trigger; *(d'un athlète qui saute)* spring
**détenteur, -trice** [detɑ̃tœʀ, -tʀis] *nm/f* holder
**détention** [detɑ̃sjɔ̃] *nf (voir détenir)* possession; detention; holding; ~ **préventive** (pre-trial) custody
**détenu, e** [detny] *pp de* **détenir** ▷ *nm/f* prisoner
**détergent** [detɛʀʒɑ̃] *nm* detergent
**détérioration** [deteʀjɔʀɑsjɔ̃] *nf* damaging; deterioration
**détériorer** [deteʀjɔʀe] *vt* to damage; **se détériorer** *vi* to deteriorate
**déterminant, e** [detɛʀminɑ̃, -ɑ̃t] *adj*: **un facteur** ~ a determining factor ▷ *nm (Ling)* determiner
**détermination** [detɛʀminɑsjɔ̃] *nf* determining; *(résolution)* decision; *(fermeté)* determination
**déterminé, e** [detɛʀmine] *adj (résolu)* determined; *(précis)* specific, definite
**déterminer** [detɛʀmine] *vt (fixer)* to determine; *(décider)*: ~ **qn à faire** to decide sb to do; **se ~ à faire** to make up one's mind to do
**déterminisme** [detɛʀminism(ə)] *nm* determinism

**déterré, e** [deteʀe] *nm/f*: **avoir une mine de** ~ to look like death warmed up *(Brit)* ou warmed over *(US)*
**déterrer** [deteʀe] *vt* to dig up
**détersif, -ive** [detɛʀsif, -iv] *adj, nm* detergent
**détestable** [detɛstabl(ə)] *adj* foul, detestable
**détester** [detɛste] *vt* to hate, detest
**détiendrai** [detjɛ̃dʀe], **détiens** *etc* [detjɛ̃] *vb voir* **détenir**
**détonant, e** [detɔnɑ̃, -ɑ̃t] *adj*: **mélange** ~ explosive mixture
**détonateur** [detɔnatœʀ] *nm* detonator
**détonation** [detɔnɑsjɔ̃] *nf* detonation, bang, report (of a gun)
**détoner** [detɔne] *vi* to detonate, explode
**détonner** [detɔne] *vi (Mus)* to go out of tune; *(fig)* to clash
**détordre** [detɔʀdʀ(ə)] *vt* to untwist, unwind
**détour** [detuʀ] *nm* detour; *(tournant)* bend, curve; *(fig: subterfuge)* roundabout means; **sans** ~ *(fig)* plainly
**détourné, e** [detuʀne] *adj (sentier, chemin, moyen)* roundabout
**détournement** [detuʀnəmɑ̃] *nm* diversion, rerouting; ~ **d'avion** hijacking; ~ **(de fonds)** embezzlement *ou* misappropriation (of funds); ~ **de mineur** corruption of a minor
**détourner** [detuʀne] *vt* to divert; *(avion)* to divert, reroute; *(: par la force)* to hijack; *(yeux, tête)* to turn away; *(de l'argent)* to embezzle, misappropriate; **se détourner** to turn away; ~ **la conversation** to change the subject; ~ **qn de son devoir** to divert sb from his duty; ~ **l'attention (de qn)** to distract *ou* divert (sb's) attention
**détracteur, -trice** [detʀaktœʀ, -tʀis] *nm/f* disparager, critic
**détraqué, e** [detʀake] *adj (machine, santé)* broken-down ▷ *nm/f (fam)*: **c'est un** ~ he's unhinged
**détraquer** [detʀake] *vt* to put out of order; *(estomac)* to upset; **se détraquer** *vi* to go wrong
**détrempe** [detʀɑ̃p] *nf (Art)* tempera
**détrempé, e** [detʀɑ̃pe] *adj (sol)* sodden, waterlogged
**détremper** [detʀɑ̃pe] *vt (peinture)* to water down
**détresse** [detʀɛs] *nf* distress; **en** ~ *(avion etc)* in distress; **appel/signal de** ~ distress call/signal
**détriment** [detʀimɑ̃] *nm*: **au** ~ **de** to the detriment of
**détritus** [detʀitys] *nmpl* rubbish *sg*, refuse *sg*, garbage *sg (US)*
**détroit** [detʀwa] *nm* strait; **le** ~ **de Bering** *ou* **Behring** the Bering Strait; **le** ~ **de Gibraltar** the Straits of Gibraltar; **le** ~ **du Bosphore** the Bosphorus; **le** ~ **de Magellan** the Strait of Magellan, the Magellan Strait
**détromper** [detʀɔ̃pe] *vt* to disabuse; **se détromper** *vi*: **détrompez-vous** don't believe it
**détrôner** [detʀone] *vt* to dethrone, depose; *(fig)* to oust, dethrone
**détrousser** [detʀuse] *vt* to rob

**détruire** [detʀɥiʀ] vt to destroy; (fig: santé, réputation) to ruin; (documents) to shred
**détruit, e** [detʀɥi, -it] pp de **détruire**
**dette** [dɛt] nf debt; ~ **publique** ou **de l'État** national debt
**DEUG** [døg] sigle m = **Diplôme d'études universitaires générales**; see note

● **DEUG**
●
● French students sit their DEUG ('diplôme
● d'études universitaires générales') after two
● years at university. They can then choose to
● leave university altogether, or go on to study
● for their 'licence'. The certificate specifies
● the student's major subject and may be
● awarded with distinction.

**deuil** [dœj] nm (perte) bereavement; (période) mourning; (chagrin) grief; **porter le** ~ to wear mourning; **prendre le/être en** ~ to go into/be in mourning
**DEUST** [dœst] sigle m = **Diplôme d'études universitaires scientifiques et techniques**
**deux** [dø] num two; **les** ~ both; **ses** ~ **mains** both his hands, his two hands; **à** ~ **pas** a short distance away; **tous les** ~ **mois** every two months, every other month; ~ **points** colon sg
**deuxième** [døzjɛm] num second
**deuxièmement** [døzjɛmmã] adv secondly, in the second place
**deux-pièces** [døpjɛs] nm inv (tailleur) two-piece (suit); (de bain) two-piece (swimsuit); (appartement) two-roomed flat (Brit) ou apartment (US)
**deux-roues** [døru] nm two-wheeled vehicle
**deux-temps** [døtã] adj two-stroke
**devais** etc [dəve] vb voir **devoir**
**dévaler** [devale] vt to hurtle down
**dévaliser** [devalize] vt to rob, burgle
**dévalorisant, e** [devalɔʀizã, -ãt] adj depreciatory
**dévalorisation** [devalɔʀizasjɔ̃] nf depreciation
**dévaloriser** [devalɔʀize] vt to reduce the value of; **se dévaloriser** vi to depreciate
**dévaluation** [devalɥasjɔ̃] nf depreciation; (Écon: mesure) devaluation
**dévaluer** [devalɥe] vt, **se dévaluer** vi to devalue
**devancer** [dəvãse] vt to be ahead of; (distancer) to get ahead of; (arriver avant) to arrive before; (prévenir) to anticipate; ~ **l'appel** (Mil) to enlist before call-up
**devancier, -ière** [dəvãsje, -jɛʀ] nm/f precursor
**devant** [dəvã] vb voir **devoir** ▷ adv in front; (à distance: en avant) ahead ▷ prép in front of; ahead of; (avec mouvement: passer) past; (fig) before, in front of; (: face à) faced with, in the face of; (: vu) in view of ▷ nm front; **prendre les ~s** to make the first move; **de** ~ (roue, porte) front; **les pattes de** ~ the front legs, the forelegs; **par** ~ (boutonner) at the front; (entrer) the front way; **par-~ notaire** in the presence of a notary; **aller**

**au-~ de qn** to go out to meet sb; **aller au-~ de** (désirs de qn) to anticipate; **aller au-~ des ennuis** ou **difficultés** to be asking for trouble
**devanture** [dəvãtyʀ] nf (façade) (shop) front; (étalage) display; (shop) window
**dévastateur, -trice** [devastatœʀ, -tʀis] adj devastating
**dévastation** [devastasjɔ̃] nf devastation
**dévaster** [devaste] vt to devastate
**déveine** [devɛn] nf rotten luck no pl
**développement** [devlɔpmã] nm development
**développer** [devlɔpe] vt, **se développer** vi to develop
**devenir** [dəvniʀ] vi to become; ~ **instituteur** to become a teacher; **que sont-ils devenus?** what has become of them?
**devenu, e** [dəvny] pp de **devenir**
**dévergondé, e** [devɛʀgɔ̃de] adj wild, shameless
**dévergonder** [devɛʀgɔ̃de] vt, **se dévergonder** vi to get into bad ways
**déverrouiller** [devɛʀuje] vt to unbolt
**devers** [dəvɛʀ] adv: **par** ~ **soi** to oneself
**déverser** [devɛʀse] vt (liquide) to pour (out); (ordures) to tip (out); **se** ~ **dans** (fleuve, mer) to flow into
**déversoir** [devɛʀswaʀ] nm overflow
**dévêtir** [devetiʀ] vt, **se dévêtir** vi to undress
**devez** [dəve] vb voir **devoir**
**déviation** [devjasjɔ̃] nf deviation; (Auto) diversion (Brit), detour (US); ~ **de la colonne (vertébrale)** curvature of the spine
**dévider** [devide] vt to unwind
**dévidoir** [devidwaʀ] nm reel
**deviendrai** [dəvjɛ̃dʀe], **deviens** etc [dəvjɛ̃] vb voir **devenir**
**dévier** [devje] vt (fleuve, circulation) to divert; (coup) to deflect ▷ vi to veer (off course); **(faire)** ~ (projectile) to deflect; (véhicule) to push off course
**devin** [dəvɛ̃] nm soothsayer, seer
**deviner** [dəvine] vt to guess; (prévoir) to foretell, foresee; (apercevoir) to distinguish
**devinette** [dəvinɛt] nf riddle
**devint** etc [dəvɛ̃] vb voir **devenir**
**devis** [dəvi] nm estimate, quotation; ~ **descriptif/estimatif** detailed/preliminary estimate
**dévisager** [devizaʒe] vt to stare at
**devise** [dəviz] nf (formule) motto, watchword; (Écon: monnaie) currency; **devises** nfpl (argent) currency sg
**deviser** [dəvize] vi to converse
**dévisser** [devise] vt to unscrew, undo; **se dévisser** vi to come unscrewed
**de visu** [devizy] adv: **se rendre compte de qch** ~ to see sth for o.s.
**dévitaliser** [devitalize] vt (dent) to remove the nerve from
**dévoiler** [devwale] vt to unveil
**devoir** [dəvwaʀ] nm duty; (Scol) piece of homework, homework no pl; (: en classe) exercise ▷ vt (argent, respect): ~ **qch (à qn)** to owe (sb) sth;

(*suivi de l'infinitif: obligation*): **il doit le faire** he has to do it, he must do it; (: *fatalité*): **cela devait arriver un jour** it was bound to happen; (: *intention*): **il doit partir demain** he is (due) to leave tomorrow; (: *probabilité*): **il doit être tard** it must be late; **se faire un ~ de faire qch** to make it one's duty to do sth; **~s de vacances** homework set for the holidays; **se ~ de faire qch** to be duty bound to do sth; **je devrais faire** I ought to *ou* should do; **tu n'aurais pas dû** you ought not to have *ou* shouldn't have; **comme il se doit** (*comme il faut*) as is right and proper

**dévolu, e** [devɔly] *adj*: **~ à** allotted to ▷ *nm*: **jeter son ~ sur** to fix one's choice on

**devons** [dəvɔ̃] *vb voir* **devoir**

**dévorant, e** [devɔʀɑ̃, -ɑ̃t] *adj* (*faim, passion*) raging

**dévorer** [devɔʀe] *vt* to devour; (*feu, soucis*) to consume; **~ qn/qch des yeux** *ou* **du regard** (*fig*) to eye sb/sth intently; (: *convoitise*) to eye sb/sth greedily

**dévot, e** [devo, -ɔt] *adj* devout, pious ▷ *nm/f* devout person; **un faux ~** a falsely pious person

**dévotion** [devosjɔ̃] *nf* devoutness; **être à la ~ de qn** to be totally devoted to sb; **avoir une ~ pour qn** to worship sb

**dévoué, e** [devwe] *adj* devoted

**dévouement** [devumɑ̃] *nm* devotion, dedication

**dévouer** [devwe]: **se dévouer** *vi* (*se sacrifier*): **se ~ (pour)** to sacrifice o.s. (for); (*se consacrer*): **se ~ à** to devote *ou* dedicate o.s. to

**dévoyé, e** [devwaje] *adj* delinquent

**dévoyer** [devwaje] *vt* to lead astray; **se dévoyer** *vi* to go off the rails; **~ l'opinion publique** to influence public opinion

**devrai** *etc* [dəvʀe] *vb voir* **devoir**

**dextérité** [dɛksteʀite] *nf* skill, dexterity

**dézipper** [dezipe] *vt* (*Inform*) to unzip

**dfc** *abr* (= *désire faire connaissance*) *in personal column of newspaper*

**DG** *sigle m* = **directeur général**

**dg.** *abr* (= *décigramme*) dg.

**DGE** *sigle f* (= *Dotation globale d'équipement*) *state contribution to local government budget*

**DGSE** *sigle f* (= *Direction générale de la sécurité extérieure*) ≈ MI6 (*Brit*), ≈ CIA (*US*)

**diabète** [djabɛt] *nm* diabetes *sg*

**diabétique** [djabetik] *nm/f* diabetic

**diable** [djɑbl(ə)] *nm* devil; **une musique du ~** an unholy racket; **il fait une chaleur du ~** it's fiendishly hot; **avoir le ~ au corps** to be the very devil

**diablement** [djɑbləmɑ̃] *adv* fiendishly

**diableries** [djɑbləʀi] *nfpl* (*d'enfant*) devilment *sg*, mischief *sg*

**diablesse** [djɑblɛs] *nf* (*petite fille*) little devil

**diablotin** [djɑblɔtɛ̃] *nm* imp; (*pétard*) cracker

**diabolique** [djɑbɔlik] *adj* diabolical

**diabolo** [djɑbɔlo] *nm* (*jeu*) diabolo; (*boisson*) lemonade and fruit cordial; **~(-menthe)**

lemonade and mint cordial

**diacre** [djakʀ(ə)] *nm* deacon

**diadème** [djadɛm] *nm* diadem

**diagnostic** [djagnɔstik] *nm* diagnosis *sg*

**diagnostiquer** [djagnɔstike] *vt* to diagnose

**diagonal, e, -aux** [djagɔnal, -o] *adj, nf* diagonal; **en ~e** diagonally; **lire en ~e** (*fig*) to skim through

**diagramme** [djagʀam] *nm* chart, graph

**dialecte** [djalɛkt(ə)] *nm* dialect

**dialectique** [djalɛktik] *adj* dialectic(al)

**dialogue** [djalɔg] *nm* dialogue; **~ de sourds** dialogue of the deaf

**dialoguer** [djalɔge] *vi* to converse; (*Pol*) to have a dialogue

**dialoguiste** [djalɔgist(ə)] *nm/f* dialogue writer

**dialyse** [djaliz] *nf* dialysis

**diamant** [djamɑ̃] *nm* diamond

**diamantaire** [djamɑ̃tɛʀ] *nm* diamond dealer

**diamétralement** [djametʀalmɑ̃] *adv* diametrically; **~ opposés** (*opinions*) diametrically opposed

**diamètre** [djamɛtʀ(ə)] *nm* diameter

**diapason** [djapazɔ̃] *nm* tuning fork; (*fig*): **être/ se mettre au ~ (de)** to be/get in tune (with)

**diaphane** [djafan] *adj* diaphanous

**diaphragme** [djafʀagm(ə)] *nm* (*Anat, Photo*) diaphragm; (*contraceptif*) diaphragm, cap; **ouverture du ~** (*Photo*) aperture

**diapo** [djapo], **diapositive** [djapozitiv] *nf* transparency, slide

**diaporama** [djapɔʀama] *nm* slide show

**diapré, e** [djapʀe] *adj* many-coloured (*Brit*), many-colored (*US*)

**diarrhée** [djaʀe] *nf* diarrhoea (*Brit*), diarrhea (*US*)

**diatribe** [djatʀib] *nf* diatribe

**dichotomie** [dikɔtɔmi] *nf* dichotomy

**dictaphone** [diktafɔn] *nm* Dictaphone®

**dictateur** [diktatœʀ] *nm* dictator

**dictatorial, e, -aux** [diktatɔʀjal, -o] *adj* dictatorial

**dictature** [diktatyʀ] *nf* dictatorship

**dictée** [dikte] *nf* dictation; **prendre sous ~** to take down (*sth dictated*)

**dicter** [dikte] *vt* to dictate

**diction** [diksjɔ̃] *nf* diction, delivery; **cours de ~** speech production lesson(s)

**dictionnaire** [diksjɔnɛʀ] *nm* dictionary; **~ géographique** gazetteer

**dicton** [diktɔ̃] *nm* saying, dictum

**didacticiel** [didaktisjɛl] *nm* educational software

**didactique** [didaktik] *adj* didactic

**dièse** [djɛz] *nm* (*Mus*) sharp

**diesel** [djezɛl] *nm, adj inv* diesel

**diète** [djɛt] *nf* diet; **être à la ~** to be on a diet

**diététicien, ne** [djetetisjɛ̃, -ɛn] *nm/f* dietician

**diététique** [djetetik] *nf* dietetics *sg* ▷ *adj*: **magasin ~** health food shop (*Brit*) *ou* store (*US*)

**dieu, x** [djø] *nm* god; **D~** God; **le bon D~** the good Lord; **mon D~!** good heavens!

**diffamant, e** [difamɑ̃, -ɑ̃t] *adj* slanderous, defamatory; libellous

**diffamation** [difamɑsjɔ̃] *nf* slander; (*écrite*) libel; **attaquer qn en ~** to sue sb for slander (*ou* libel)

**diffamatoire** [difamatwaʀ] *adj* slanderous, defamatory; libellous

**diffamer** [difame] *vt* to slander, defame; to libel

**différé** [difeʀe] *adj* (*Inform*): **traitement ~** batch processing; **crédit ~** deferred credit ▷ *nm* (TV): **en ~** (pre-)recorded

**différemment** [difeʀamɑ̃] *adv* differently

**différence** [difeʀɑ̃s] *nf* difference; **à la ~ de** unlike

**différenciation** [difeʀɑ̃sjɑsjɔ̃] *nf* differentiation

**différencier** [difeʀɑ̃sje] *vt* to differentiate; **se différencier** *vi* (*organisme*) to become differentiated; **se ~ de** to differentiate o.s. from; (*être différent*) to differ from

**différend** [difeʀɑ̃] *nm* difference (of opinion), disagreement

**différent, e** [difeʀɑ̃, -ɑ̃t] *adj*: **~ (de)** different (from); **~s objets** different *ou* various objects; **à ~es reprises** on various occasions

**différentiel, le** [difeʀɑ̃sjɛl] *adj, nm* differential

**différer** [difeʀe] *vt* to postpone, put off ▷ *vi*: **~ (de)** to differ (from); **~ de faire** (*tarder*) to delay doing

**difficile** [difisil] *adj* difficult; (*exigeant*) hard to please, difficult (to please); **faire le** *ou* **la ~** to be hard to please, be difficult

**difficilement** [difisilmɑ̃] *adv* (*marcher, s'expliquer etc*) with difficulty; **~ lisible/compréhensible** difficult *ou* hard to read/understand

**difficulté** [difikylte] *nf* difficulty; **en ~** (*bateau, alpiniste*) in trouble *ou* difficulties; **avoir de la ~ à faire** to have difficulty (in) doing

**difforme** [difɔʀm(ə)] *adj* deformed, misshapen

**difformité** [difɔʀmite] *nf* deformity

**diffracter** [difʀakte] *vt* to diffract

**diffus, e** [dify, -yz] *adj* diffuse

**diffuser** [difyze] *vt* (*chaleur, bruit, lumière*) to diffuse; (*émission, musique*) to broadcast; (*nouvelle, idée*) to circulate; (*Comm: livres, journaux*) to distribute

**diffuseur** [difyzœʀ] *nm* diffuser; distributor

**diffusion** [difyzjɔ̃] *nf* diffusion, broadcast(ing); circulation; distribution

**digérer** [diʒeʀe] *vt* (*personne*) to digest; (*: machine*) to process; (*fig: accepter*) to stomach, put up with

**digeste** [diʒɛst(ə)] *adj* easily digestible

**digestible** [diʒɛstibl(ə)] *adj* digestible

**digestif, -ive** [diʒɛstif, -iv] *adj* digestive ▷ *nm* (after-dinner) liqueur

**digestion** [diʒɛstjɔ̃] *nf* digestion

**digit** [didʒit] *nm*: **~ binaire** binary digit

**digital, e, -aux** [diʒital, -o] *adj* digital

**digitale** [diʒital] *nf* digitalis, foxglove

**digne** [diɲ] *adj* dignified; **~ de** worthy of; **~ de foi** trustworthy

**dignitaire** [diɲitɛʀ] *nm* dignitary

**dignité** [diɲite] *nf* dignity

**digression** [digʀesjɔ̃] *nf* digression

**digue** [dig] *nf* dike, dyke; (*pour protéger la côte*) sea wall

**dijonnais, e** [diʒɔnɛ, -ɛz] *adj* of *ou* from Dijon ▷ *nm/f*: **Dijonnais, e** inhabitant *ou* native of Dijon

**diktat** [diktat] *nm* diktat

**dilapidation** [dilapidɑsjɔ̃] *nf* (*voir vb*) squandering; embezzlement, misappropriation

**dilapider** [dilapide] *vt* to squander, waste; (*détourner: biens, fonds publics*) to embezzle, misappropriate

**dilater** [dilate] *vt* to dilate; (*gaz, métal*) to cause to expand; (*ballon*) to distend; **se dilater** *vi* to expand

**dilemme** [dilɛm] *nm* dilemma

**dilettante** [diletɑ̃t] *nm/f* dilettante; **en ~** in a dilettantish way

**dilettantisme** [diletɑ̃tism(ə)] *nm* dilettant(e)ism

**diligence** [diliʒɑ̃s] *nf* stagecoach, diligence; (*empressement*) despatch; **faire ~** to make haste

**diligent, e** [diliʒɑ̃, -ɑ̃t] *adj* prompt and efficient; diligent

**diluant** [dilɥɑ̃] *nm* thinner(s)

**diluer** [dilɥe] *vt* to dilute

**dilution** [dilysjɔ̃] *nf* dilution

**diluvien, ne** [dilyvjɛ̃, -ɛn] *adj*: **pluie ~ne** torrential rain

**dimanche** [dimɑ̃ʃ] *nm* Sunday; **le ~ des Rameaux/de Pâques** Palm/Easter Sunday; *voir aussi* **lundi**

**dîme** [dim] *nf* tithe

**dimension** [dimɑ̃sjɔ̃] *nf* (*grandeur*) size; (*gén pl: cotes, Math: de l'espace*) dimension

**diminué, e** [diminɥe] *adj* (*personne: physiquement*) run-down; (*: mentalement*) less alert

**diminuer** [diminɥe] *vt* to reduce, decrease; (*ardeur etc*) to lessen; (*personne: physiquement*) to undermine; (*dénigrer*) to belittle ▷ *vi* to decrease, diminish

**diminutif** [diminytif] *nm* (*Ling*) diminutive; (*surnom*) pet name

**diminution** [diminysjɔ̃] *nf* decreasing, diminishing

**dînatoire** [dinatwaʀ] *adj*: **goûter ~** ≈ high tea (*Brit*); **apéritif ~** ≈ evening buffet

**dinde** [dɛ̃d] *nf* turkey; (*femme stupide*) goose

**dindon** [dɛ̃dɔ̃] *nm* turkey

**dindonneau, x** [dɛ̃dɔno] *nm* turkey poult

**dîner** [dine] *nm* dinner ▷ *vi* to have dinner; **~ d'affaires/de famille** business/family dinner

**dînette** [dinɛt] *nf* (*jeu*): **jouer à la ~** to play at tea parties

**dingue** [dɛ̃g] *adj* (*fam*) crazy

**dinosaure** [dinozɔʀ] *nm* dinosaur

**diocèse** [djɔsɛz] *nm* diocese

**diode** [djɔd] *nf* diode

**diphasé, e** [difaze] *adj* (*Élec*) two-phase

**diphtérie** [difteʀi] *nf* diphtheria

**diphtongue** [diftɔ̃g] *nf* diphthong

**diplomate** [diplomat] *adj* diplomatic ▷ *nm* diplomat; (*fig: personne habile*) diplomatist; (*Culin: gâteau*) *dessert made of sponge cake, candied fruit and custard*, ≈ trifle (*Brit*)
**diplomatie** [diplomasi] *nf* diplomacy
**diplomatique** [diplomatik] *adj* diplomatic
**diplôme** [diplom] *nm* diploma certificate; (*examen*) (*diploma*) examination
**diplômé, e** [diplome] *adj* qualified
**dire** [diʀ] *nm*: **au ~ de** according to; **leurs ~s** what they say ▷ *vt* to say; (*secret, mensonge*) to tell; **~ l'heure/la vérité** to tell the time/the truth; **dis pardon/merci** say sorry/thank you; **~ qch à qn** to tell sb sth; **~ à qn qu'il fasse** *ou* **de faire** to tell sb to do; **~ que** to say that; **on dit que** they say that; **comme on dit** as they say; **on dirait que** it looks (*ou* sounds *etc*) as though; **on dirait du vin** you'd *ou* one would think it was wine; **que dites-vous de** (*penser*) what do you think of; **si cela lui dit** if he feels like it, if he fancies it; **cela ne me dit rien** that doesn't appeal to me; **à vrai ~** truth to tell; **pour ainsi ~** so to speak; **cela va sans ~** that goes without saying; **dis donc!, dites donc!** (*pour attirer l'attention*) hey!; (*au fait*) by the way; **et ~ que ...** and to think that ...; **ceci** *ou* **cela dit** that being said; (*à ces mots*) whereupon; **c'est dit, voilà qui est dit** so that's settled; **il n'y a pas à ~** there's no getting away from it; **c'est ~ si ...** that just shows that ...; **c'est beaucoup/peu ~** that's saying a lot/not saying much; **se dire** *vi* (*à soi-même*) to say to oneself; (*se prétendre*): **se ~ malade** *etc* to say (that) one is ill *etc*; **ça se dit ... en anglais** that is ... in English; **cela ne se dit pas comme ça** you don't say it like that; **se ~ au revoir** to say goodbye (to each other)
**direct, e** [diʀɛkt] *adj* direct ▷ *nm* (*train*) through train; **en ~** (*émission*) live; **train/bus ~** express train/bus
**directement** [diʀɛktəmɑ̃] *adv* directly
**directeur, -trice** [diʀɛktœʀ, -tʀis] *nm/f* (*d'entreprise*) director; (*de service*) manager/eress; (*d'école*) head(teacher) (*Brit*), principal (*US*); **comité ~** management *ou* steering committee; **~ général** general manager; **~ de thèse** ≈ PhD supervisor
**direction** [diʀɛksjɔ̃] *nf* management; conducting; supervision; (*Auto*) steering; (*sens*) direction; **sous la ~ de** (*Mus*) conducted by; **en ~ de** (*avion, train, bateau*) for; **"toutes ~s"** (*Auto*) "all routes"
**directive** [diʀɛktiv] *nf* directive, instruction
**directorial, e, -aux** [diʀɛktɔʀjal, -o] *adj* (*bureau*) director's; manager's; head teacher's
**directrice** [diʀɛktʀis] *adj f, nf voir* **directeur**
**dirent** [diʀ] *vb voir* **dire**
**dirigeable** [diʀiʒabl(ə)] *adj, nm*: **(ballon) ~** dirigible
**dirigeant, e** [diʀiʒɑ̃, -ɑ̃t] *adj* managerial; (*classes*) ruling ▷ *nm/f* (*d'un parti etc*) leader; (*d'entreprise*) manager, member of the management

**diriger** [diʀiʒe] *vt* (*entreprise*) to manage, run; (*véhicule*) to steer; (*orchestre*) to conduct; (*recherches, travaux*) to supervise, be in charge of; (*braquer: regard, arme*): **~ sur** to point *ou* level *ou* aim at; (*fig: critiques*): **~ contre** to aim at; **se diriger** *vi* (*s'orienter*) to find one's way; **se ~ vers** *ou* **sur** to make *ou* head for
**dirigisme** [diʀiʒism(ə)] *nm* (*Écon*) state intervention, interventionism
**dirigiste** [diʀiʒist(ə)] *adj* interventionist
**dis** [di], **disais** *etc* [dizɛ] *vb voir* **dire**
**discal, e, -aux** [diskal, -o] *adj* (*Méd*): **hernie ~e** slipped disc
**discernement** [disɛʀnəmɑ̃] *nm* discernment, judgment
**discerner** [disɛʀne] *vt* to discern, make out
**disciple** [disipl(ə)] *nm/f* disciple
**disciplinaire** [disiplinɛʀ] *adj* disciplinary
**discipline** [disiplin] *nf* discipline
**discipliné, e** [disipline] *adj* (well-)disciplined
**discipliner** [disipline] *vt* to discipline; (*cheveux*) to control
**discobole** [diskɔbɔl] *nm/f* discus thrower
**discographie** [diskɔgʀafi] *nf* discography
**discontinu, e** [diskɔ̃tiny] *adj* intermittent; (*bande: sur la route*) broken
**discontinuer** [diskɔ̃tinɥe] *vi*: **sans ~** without stopping, without a break
**disconvenir** [diskɔ̃vniʀ] *vi*: **ne pas ~ de qch/que** not to deny sth/that
**discophile** [diskɔfil] *nm/f* record enthusiast
**discordance** [diskɔʀdɑ̃s] *nf* discordance; conflict
**discordant, e** [diskɔʀdɑ̃, -ɑ̃t] *adj* discordant; conflicting
**discorde** [diskɔʀd(ə)] *nf* discord, dissension
**discothèque** [diskɔtɛk] *nf* (*disques*) record collection; (*: dans une bibliothèque*) **~ (de prêt)** record library; (*boîte de nuit*) disco(thèque)
**discourais** *etc* [diskuʀɛ] *vb voir* **discourir**
**discourir** [diskuʀiʀ] *vi* to discourse, hold forth
**discours** [diskuʀ] *vb voir* **discourir** ▷ *nm* speech; **~ direct/indirect** (*Ling*) direct/indirect *ou* reported speech
**discourtois, e** [diskuʀtwa, waz] *adj* discourteous
**discrédit** [diskʀedi] *nm*: **jeter le ~ sur** to discredit
**discréditer** [diskʀedite] *vt* to discredit
**discret, -ète** [diskʀɛ, -ɛt] *adj* discreet; (*fig: musique, style*) unobtrusive; (*: endroit*) quiet
**discrètement** [diskʀɛtmɑ̃] *adv* discreetly
**discrétion** [diskʀesjɔ̃] *nf* discretion; **à la ~ de qn** at sb's discretion; in sb's hands; **à ~** (*boisson etc*) unlimited, as much as one wants
**discrétionnaire** [diskʀesjɔnɛʀ] *adj* discretionary
**discrimination** [diskʀiminɑsjɔ̃] *nf* discrimination; **sans ~** indiscriminately
**discriminatoire** [diskʀiminatwaʀ] *adj* discriminatory
**disculper** [diskylpe] *vt* to exonerate

**discussion** [diskysjɔ̃] nf discussion
**discutable** [diskytabl(ə)] adj (contestable) doubtful; (à débattre) debatable
**discuté, e** [diskyte] adj controversial
**discuter** [diskyte] vt (contester) to question, dispute; (débattre: prix) to discuss ▷ vi to talk; (ergoter) to argue; ~ **de** to discuss
**dise** etc [diz] vb voir **dire**
**disert, e** [dizɛʀ, -ɛʀt(ə)] adj loquacious
**disette** [dizɛt] nf food shortage
**diseuse** [dizøz] nf: ~ **de bonne aventure** fortune-teller
**disgrâce** [disgʀɑs] nf disgrace; **être en** ~ to be in disgrace
**disgracié, e** [disgʀasje] adj (en disgrâce) disgraced
**disgracieux, -euse** [disgʀasjø, -øz] adj ungainly, awkward
**disjoindre** [disʒwɛ̃dʀ(ə)] vt to take apart; **se disjoindre** vi to come apart
**disjoint, e** [disʒwɛ̃, -wɛ̃t] pp de **disjoindre** ▷ adj loose
**disjoncteur** [disʒɔ̃ktœʀ] nm (Élec) circuit breaker
**dislocation** [dislɔkɑsjɔ̃] nf dislocation
**disloquer** [dislɔke] vt (membre) to dislocate; (chaise) to dismantle; (troupe) to disperse; **se disloquer** vi (parti, empire) to break up; **se ~ l'épaule** to dislocate one's shoulder
**disons** etc [dizɔ̃] vb voir **dire**
**disparaître** [dispaʀɛtʀ(ə)] vi to disappear; (à la vue) to vanish, disappear; to be hidden ou concealed; (être manquant) to go missing, disappear; (se perdre: traditions etc) to die out; (personne: mourir) to die; **faire** ~ (objet, tache, trace) to remove; (personne) to get rid of
**disparate** [dispaʀat] adj disparate; (couleurs) ill-assorted
**disparité** [dispaʀite] nf disparity
**disparition** [dispaʀisjɔ̃] nf disappearance
**disparu, e** [dispaʀy] pp de **disparaître** ▷ nm/f missing person; (défunt) departed; **être porté ~** to be reported missing
**dispendieux, -euse** [dispɑ̃djø, -øz] adj extravagant, expensive
**dispensaire** [dispɑ̃sɛʀ] nm community clinic
**dispense** [dispɑ̃s] nf exemption; (permission) special permission; ~ **d'âge** special exemption from age limit
**dispenser** [dispɑ̃se] vt (donner) to lavish, bestow; (exempter): ~ **qn de** to exempt sb from; **se ~ de** vt to avoid, get out of
**disperser** [dispɛʀse] vt to scatter; (fig: son attention) to dissipate; **se disperser** vi to scatter; (fig) to dissipate one's efforts
**dispersion** [dispɛʀsjɔ̃] nf scattering; (des efforts) dissipation
**disponibilité** [dispɔnibilite] nf availability; (Admin): **être en** ~ to be on leave of absence; **disponibilités** nfpl (Comm) liquid assets
**disponible** [dispɔnibl(ə)] adj available
**dispos** [dispo] adj m: **(frais et)** ~ fresh (as a daisy)

**disposé, e** [dispoze] adj (d'une certaine manière) arranged, laid-out; **bien/mal** ~ (humeur) in a good/bad mood; **bien/mal** ~ **pour** ou **envers qn** well/badly disposed towards sb; ~ **à** (prêt à) willing ou prepared to
**disposer** [dispoze] vt (arranger, placer) to arrange; (inciter): ~ **qn à qch/faire qch** to dispose ou incline sb towards sth/to do sth ▷ vi: **vous pouvez** ~ you may leave; ~ **de** vt to have (at one's disposal); **se ~ à faire** to prepare to do, be about to do
**dispositif** [dispozitif] nm device; (fig) system, plan of action; set-up; (d'un texte de loi) operative part; ~ **de sûreté** safety device
**disposition** [dispozisjɔ̃] nf (arrangement) arrangement, layout; (humeur) mood; (tendance) tendency; **dispositions** nfpl (mesures) steps, measures; (préparatifs) arrangements; (de loi, testament) provisions; (aptitudes) bent sg, aptitude sg; **à la ~ de qn** at sb's disposal
**disproportion** [dispʀɔpɔʀsjɔ̃] nf disproportion
**disproportionné, e** [dispʀɔpɔʀsjone] adj disproportionate, out of all proportion
**dispute** [dispyt] nf quarrel, argument
**disputer** [dispyte] vt (match) to play; (combat) to fight; (course) to run; **se disputer** vi to quarrel, have a quarrel; (match, combat, course) to take place; ~ **qch à qn** to fight with sb for ou over sth
**disquaire** [diskɛʀ] nm/f record dealer
**disqualification** [diskalifikɑsjɔ̃] nf disqualification
**disqualifier** [diskalifje] vt to disqualify; **se disqualifier** vi to bring discredit on o.s.
**disque** [disk(ə)] nm (Mus) record; (Inform) disk, disc; (forme, pièce) disc; (Sport) discus; ~ **compact** compact disc; ~ **compact interactif** CD-I®; ~ **dur** hard disk; ~ **d'embrayage** (Auto) clutch plate; ~ **laser** compact disc; ~ **de stationnement** parking disc; ~ **système** system disk
**disquette** [diskɛt] nf diskette, floppy (disk)
**dissection** [disɛksjɔ̃] nf dissection
**dissemblable** [disɑ̃blabl(ə)] adj dissimilar
**dissemblance** [disɑ̃blɑ̃s] nf dissimilarity, difference
**dissémination** [diseminɑsjɔ̃] nf (voir vb) scattering; dispersal; (des armes) proliferation
**disséminer** [disemine] vt to scatter; (troupes: sur un territoire) to disperse
**dissension** [disɑ̃sjɔ̃] nf dissension; **dissensions** nfpl dissension
**disséquer** [diseke] vt to dissect
**dissertation** [disɛʀtɑsjɔ̃] nf (Scol) essay
**disserter** [disɛʀte] vi: ~ **sur** to discourse upon
**dissidence** [disidɑ̃s] nf (concept) dissidence; **rejoindre la** ~ to join the dissidents
**dissident, e** [disidɑ̃, -ɑ̃t] adj, nm/f dissident
**dissimilitude** [disimilityd] nf dissimilarity
**dissimulateur, -trice** [disimylatœʀ, -tʀis] adj dissembling ▷ nm/f dissembler
**dissimulation** [disimylɑsjɔ̃] nf concealing; (duplicité) dissimulation; ~ **de bénéfices/de**

**revenus** concealment of profits/income
**dissimulé, e** [disimyle] adj (personne: secret)
secretive; (: fourbe, hypocrite) deceitful
**dissimuler** [disimyle] vt to conceal; **se**
**dissimuler** vi to conceal o.s.; to be concealed
**dissipation** [disipasjɔ̃] nf squandering;
unruliness; (débauche) dissipation
**dissipé, e** [disipe] adj (indiscipliné) unruly
**dissiper** [disipe] vt to dissipate; (fortune) to
squander, fritter away; **se dissiper** vi (brouillard)
to clear, disperse; (doutes) to disappear, melt
away; (élève) to become undisciplined ou unruly
**dissociable** [disɔsjabl(ə)] adj separable
**dissocier** [disɔsje] vt to dissociate; **se dissocier**
vi (éléments, groupe) to break up, split up; **se ~ de**
(groupe, point de vue) to dissociate o.s. from
**dissolu, e** [disɔly] adj dissolute
**dissoluble** [disɔlybl(ə)] adj (Pol: assemblée)
dissolvable
**dissolution** [disɔlysjɔ̃] nf dissolving; (Pol, Jur)
dissolution
**dissolvant, e** [disɔlvɑ̃, -ɑ̃t] vb voir **dissoudre**
▷ nm (Chimie) solvent; **~ (gras)** nail polish
remover
**dissonant, e** [disɔnɑ̃, -ɑ̃t] adj discordant
**dissoudre** [disudʀ(ə)] vt, **se dissoudre** vi to
dissolve
**dissous, -oute** [disu, -ut] pp de **dissoudre**
**dissuader** [disɥade] vt: **~ qn de faire/de qch** to
dissuade sb from doing/from sth
**dissuasif, -ive** [disɥazif, iv] adj dissuasive
**dissuasion** [disɥazjɔ̃] nf dissuasion; **force de ~**
deterrent power
**distance** [distɑ̃s] nf distance; (fig: écart) gap; **à ~**
at ou from a distance; (mettre en marche,
commander) by remote control; **(situé) à ~**
(Inform) remote; **tenir qn à ~** to keep sb at a
distance; **se tenir à ~** to keep one's distance; **à**
**une ~ de 10 km, à 10 km de ~** 10 km away, at a
distance of 10 km; **à deux ans de ~** with a gap
of two years; **prendre ses ~s** to space out;
**garder ses ~s** to keep one's distance; **tenir la ~**
(Sport) to cover the distance, last the course; **~**
**focale** (Photo) focal length
**distancer** [distɑ̃se] vt to outdistance, leave
behind
**distancier** [distɑ̃sje]: **se distancier** vi to
distance o.s.
**distant, e** [distɑ̃, -ɑ̃t] adj (réservé) distant, aloof;
(éloigné) distant, far away; **~ de** (lieu) far away ou
a long way from; **~ de 5 km (d'un lieu)** 5 km
away (from a place)
**distendre** [distɑ̃dʀ(ə)] vt, **se distendre** vi to
distend
**distillation** [distilasjɔ̃] nf distillation, distilling
**distillé, e** [distile] adj: **eau ~e** distilled water
**distiller** [distile] vt to distil; (fig) to exude; to
elaborate
**distillerie** [distilʀi] nf distillery
**distinct, e** [distɛ̃(kt), distɛ̃kt(ə)] adj distinct
**distinctement** [distɛ̃ktəmɑ̃] adv distinctly
**distinctif, -ive** [distɛ̃ktif, -iv] adj distinctive

**distinction** [distɛ̃ksjɔ̃] nf distinction
**distingué, e** [distɛ̃ge] adj distinguished
**distinguer** [distɛ̃ge] vt to distinguish; **se**
**distinguer** vi (s'illustrer) to distinguish o.s.;
(différer): **se ~ (de)** to distinguish o.s. ou be
distinguished (from)
**distinguo** [distɛ̃go] nm distinction
**distorsion** [distɔʀsjɔ̃] nf (gén) distortion; (fig:
déséquilibre) disparity, imbalance
**distraction** [distʀaksjɔ̃] nf (manque d'attention)
absent-mindedness; (oubli) lapse (in
concentration ou attention); (détente) diversion,
recreation; (passe-temps) distraction,
entertainment
**distraire** [distʀɛʀ] vt (déranger) to distract;
(divertir) to entertain, divert; (détourner: somme
d'argent) to divert, misappropriate; **se distraire**
vi to amuse ou enjoy o.s.
**distrait, e** [distʀɛ, -ɛt] pp de **distraire** ▷ adj
absent-minded
**distraitement** [distʀɛtmɑ̃] adv absent-
mindedly
**distrayant, e** [distʀɛjɑ̃, -ɑ̃t] vb voir **distraire**
▷ adj entertaining
**distribuer** [distʀibɥe] vt to distribute; to hand
out; (Cartes) to deal (out); (courrier) to deliver
**distributeur** [distʀibytœʀ] nm (Auto, Comm)
distributor; (automatique) (vending) machine; **~**
**de billets** (Rail) ticket machine; (Banque) cash
dispenser
**distribution** [distʀibysjɔ̃] nf distribution;
(postale) delivery; (choix d'acteurs) casting;
**circuits de ~** (Comm) distribution network; **~**
**des prix** (Scol) prize giving
**district** [distʀik(t)] nm district
**dit, e** [di, dit] pp de **dire** ▷ adj (fixé): **le jour ~** the
arranged day; (surnommé): **X, ~ Pierrot** X,
known as ou called Pierrot
**dites** [dit] vb voir **dire**
**dithyrambique** [ditiʀɑ̃bik] adj eulogistic
**DIU** sigle m (= dispositif intra-utérin) IUD
**diurétique** [djyʀetik] adj, nm diuretic
**diurne** [djyʀn(ə)] adj diurnal, daytime cpd
**divagations** [divagasjɔ̃] nfpl ramblings;
ravings
**divaguer** [divage] vi to ramble; (malade) to rave
**divan** [divɑ̃] nm divan
**divan-lit** [divɑ̃li] nm divan (bed)
**divergence** [divɛʀʒɑ̃s] nf divergence; **des ~s**
**d'opinion au sein de ...** differences of opinion
within ...
**divergent, e** [divɛʀʒɑ̃, -ɑ̃t] adj divergent
**diverger** [divɛʀʒe] vi to diverge
**divers, e** [divɛʀ, -ɛʀs(ə)] adj (varié) diverse,
varied; (différent) different, various; **(frais) ~**
(Comm) sundries, miscellaneous (expenses);
**"~" (rubrique)** "miscellaneous"
**diversement** [divɛʀsəmɑ̃] adv in various ou
diverse ways
**diversification** [divɛʀsifikasjɔ̃] nf
diversification
**diversifier** [divɛʀsifje] vt, **se diversifier** vi to

diversify

**diversion** [divɛʀsjɔ̃] nf diversion; **faire ~** to create a diversion

**diversité** [divɛʀsite] nf diversity, variety

**divertir** [divɛʀtiʀ] vt to amuse, entertain; **se divertir** vi to amuse ou enjoy o.s.

**divertissant, e** [divɛʀtisɑ̃, -ɑ̃t] adj entertaining

**divertissement** [divɛʀtismɑ̃] nm entertainment; (Mus) divertimento, divertissement

**dividende** [dividɑ̃d] nm (Math, Comm) dividend

**divin, e** [divɛ̃, -in] adj divine; (fig: excellent) heavenly, divine

**divinateur, -trice** [divinatœʀ, -tʀis] adj perspicacious

**divinatoire** [divinatwaʀ] adj (art, science) divinatory; **baguette ~** divining rod

**diviniser** [divinize] vt to deify

**divinité** [divinite] nf divinity

**divisé, e** [divize] adj divided

**diviser** [divize] vt (gén, Math) to divide; (morceler, subdiviser) to divide (up), split (up); **se ~ en** to divide into; **~ par** to divide by

**diviseur** [divizœʀ] nm (Math) divisor

**divisible** [divizibl(ə)] adj divisible

**division** [divizjɔ̃] nf (gén) division; **~ du travail** (Écon) division of labour

**divisionnaire** [divizjɔnɛʀ] adj: **commissaire ~** ≈ chief superintendent (Brit), ≈ police chief (US)

**divorce** [divɔʀs(ə)] nm divorce

**divorcé, e** [divɔʀse] nm/f divorcee

**divorcer** [divɔʀse] vi to get a divorce, get divorced; **~ de** ou **d'avec qn** to divorce sb

**divulgation** [divylgasjɔ̃] nf disclosure

**divulguer** [divylge] vt to divulge, disclose

**dix** [di, dis, diz] num ten

**dix-huit** [dizɥit] num eighteen

**dix-huitième** [dizɥitjɛm] num eighteenth

**dixième** [dizjɛm] num tenth

**dix-neuf** [diznœf] num nineteen

**dix-neuvième** [diznœvjɛm] num nineteenth

**dix-sept** [disɛt] num seventeen

**dix-septième** [disɛtjɛm] num seventeenth

**dizaine** [dizɛn] nf (10) ten; (environ 10): **une ~ (de)** about ten, ten or so

**Djakarta** [dʒakaʀta] n Djakarta

**Djibouti** [dʒibuti] n Djibouti

**dl** abr (= décilitre) dl

**DM** abr (= Deutschmark) DM

**dm.** abr (= décimètre) dm.

**do** [do] nm (note) C; (en chantant la gamme) do(h)

**docile** [dɔsil] adj docile

**docilement** [dɔsilmɑ̃] adv docilely

**docilité** [dɔsilite] nf docility

**dock** [dɔk] nm dock; (hangar, bâtiment) warehouse

**docker** [dɔkɛʀ] nm docker

**docte** [dɔkt(ə)] adj (péj) learned

**docteur, e** [dɔktœʀ] nm/f doctor; **~ en médecine** doctor of medicine

**doctoral, e, -aux** [dɔktɔʀal, -o] adj pompous, bombastic

**doctorat** [dɔktɔʀa] nm: **~ (d'Université)**

≈ doctorate; **~ d'État** ≈ PhD; **~ de troisième cycle** ≈ doctorate

**doctoresse** [dɔktɔʀɛs] nf lady doctor

**doctrinaire** [dɔktʀinɛʀ] adj doctrinaire; (sentencieux) pompous, sententious

**doctrinal, e, -aux** [dɔktʀinal, o] adj doctrinal

**doctrine** [dɔktʀin] nf doctrine

**document** [dɔkymɑ̃] nm document

**documentaire** [dɔkymɑ̃tɛʀ] adj, nm documentary

**documentaliste** [dɔkymɑ̃talist(ə)] nm/f archivist; (Presse, TV) researcher

**documentation** [dɔkymɑ̃tasjɔ̃] nf documentation, literature; (Presse, TV: service) research

**documenté, e** [dɔkymɑ̃te] adj well-informed, well-documented; well-researched

**documenter** [dɔkymɑ̃te] vt: **se ~ (sur)** to gather information ou material (on ou about)

**Dodécanèse** [dɔdekanɛz] nm Dodecanese (Islands)

**dodeliner** [dɔdline] vi: **~ de la tête** to nod one's head gently

**dodo** [dɔdo] nm: **aller faire ~** to go to beddy-byes

**dodu, e** [dɔdy] adj plump

**dogmatique** [dɔgmatik] adj dogmatic

**dogmatisme** [dɔgmatism(ə)] nm dogmatism

**dogme** [dɔgm(ə)] nm dogma

**dogue** [dɔg] nm mastiff

**doigt** [dwa] nm finger; **à deux ~s de** within an ace (Brit) ou an inch of; **un ~ de lait/whisky** a drop of milk/whisky; **désigner** ou **montrer du ~** to point at; **au ~ et à l'œil** to the letter; **connaître qch sur le bout du ~** to know sth backwards; **mettre le ~ sur la plaie** (fig) to find the sensitive spot; **~ de pied** toe

**doigté** [dwate] nm (Mus) fingering; (fig: habileté) diplomacy, tact

**doigtier** [dwatje] nm fingerstall

**dois** etc [dwa] vb voir **devoir**

**doit** etc [dwa] vb voir **devoir**

**doive** etc [dwav] vb voir **devoir**

**doléances** [dɔleɑ̃s] nfpl complaints; (réclamations) grievances

**dolent, e** [dɔlɑ̃, -ɑ̃t] adj doleful, mournful

**dollar** [dɔlaʀ] nm dollar

**dolmen** [dɔlmɛn] nm dolmen

**DOM** [dɔm] sigle m ou mpl = **Département(s) d'outre-mer**

**domaine** [dɔmɛn] nm estate, property; (fig) domain, field; **tomber dans le ~ public** (livre etc) to be out of copyright; **dans tous les ~s** in all areas

**domanial, e, -aux** [dɔmanjal, -o] adj national, state cpd

**dôme** [dom] nm dome

**domestication** [dɔmɛstikasjɔ̃] nf (voir domestiquer) domestication; harnessing

**domesticité** [dɔmɛstisite] nf (domestic) staff

**domestique** [dɔmɛstik] adj domestic ▷ nm/f servant, domestic

**domestiquer** [dɔmɛstike] vt to domesticate; (vent, marées) to harness

**domicile** [dɔmisil] nm home, place of residence; **à ~** at home; **élire ~ à** to take up residence in; **sans ~ fixe** of no fixed abode; **~ conjugal** marital home; **~ légal** domicile

**domicilié, e** [dɔmisilje] adj: **être ~ à** to have one's home in ou at

**dominant, e** [dɔminā, -āt] adj dominant; (plus important) predominant ▷ nf (caractéristique) dominant characteristic; (couleur) dominant colour

**dominateur, -trice** [dɔminatœR, -tRis] adj dominating; (qui aime à dominer) domineering

**domination** [dɔminɑsjɔ̃] nf domination

**dominer** [dɔmine] vt to dominate; (passions etc) to control, master; (surpasser) to outclass, surpass; (surplomber) to tower above, dominate ▷ vi to be in the dominant position; **se dominer** vi to control o.s.

**dominicain, e** [dɔminikɛ̃, -ɛn] adj Dominican

**dominical, e, -aux** [dɔminikal, -o] adj Sunday cpd, dominical

**Dominique** [dɔminik] nf: **la ~** Dominica

**domino** [dɔmino] nm domino; **dominos** nmpl (jeu) dominoes sg

**dommage** [dɔmaʒ] nm (préjudice) harm, injury; (dégâts, pertes) damage no pl; **c'est ~ de faire/que** it's a shame ou pity to do/that; **quel ~!** what a pity ou shame!; **~s corporels** physical injury

**dommages-intérêts** [dɔmaʒ(əz)ɛ̃teRɛ] nmpl damages

**dompter** [dɔ̃te] vt to tame

**dompteur, -euse** [dɔ̃tœR, -øz] nm/f trainer; (de lion) lion tamer

**DOM-ROM** [dɔmRɔm], **DOM-TOM** [dɔmtɔm] sigle m ou mpl (= Département(s) et Régions/ Territoire(s) d'outre-mer) French overseas departments and regions; see note

### DOM-TOM, ROM ET COM

There are four "Départements d'outre-mer" or DOMs: Guadeloupe, Martinique, La Réunion and French Guyana. They are run in the same way as metropolitan "départements" and their inhabitants are French citizens. In administrative terms they are also "Régions", and in this regard are also referred to as "ROM" (Régions d'outre-mer").The term "DOM-TOM" is still commonly used, but the term "Territoire d'outre-mer" has been superseded by that of "Collectivité d'outre-mer" (COM). The COMs include French Polynesia, Wallis-and-Futuna, New Caledonia and polar territories. They are independent, but each is supervised by a representative of the French government.

**don** [dɔ̃] nm (cadeau) gift; (charité) donation; (aptitude) gift, talent; **avoir des ~s pour** to have a gift ou talent for; **faire ~ de** to make a gift of; **~ en argent** cash donation

**donateur, -trice** [dɔnatœR, -tRis] nm/f donor

**donation** [dɔnɑsjɔ̃] nf donation

**donc** [dɔ̃k] conj therefore, so; (après une digression) so, then; (intensif): **voilà ~ la solution** so there's the solution; **je disais ~ que ...** as I was saying, ...; **venez ~ dîner à la maison** do come for dinner; **allons ~!** come now!; **faites ~** go ahead

**donjon** [dɔ̃ʒɔ̃] nm keep

**don Juan** [dɔ̃ʒɥɑ̃] nm Don Juan

**donnant, e** [dɔnā, -āt] adj: **~, ~** fair's fair

**donne** [dɔn] nf (Cartes): **il y a mauvaise** ou **fausse ~** there's been a misdeal

**donné, e** [dɔne] adj (convenu) given; (pas cher) very cheap ▷ nf (Math, Inform, gén) datum; **c'est ~** it's a gift; **étant ~ ...** given ...

**données** [dɔne] nfpl data

**donner** [dɔne] vt to give; (vieux habits etc) to give away; (spectacle) to put on; (film) to show; **~ qch à qn** to give sb sth, give sth to sb; **~ sur** (fenêtre, chambre) to look (out) onto; **~ dans** (piège etc) to fall into; **faire ~ l'infanterie** (Mil) to send in the infantry; **~ l'heure à qn** to tell sb the time; **~ le ton** (fig) to set the tone; **~ à penser/ entendre que ...** to make one think/give one to understand that ...; **se ~ à fond (à son travail)** to give one's all (to one's work); **se ~ du mal** ou **de la peine (pour faire qch)** to go to a lot of trouble (to do sth); **s'en ~ à cœur joie** (fam) to have a great time (of it)

**donneur, -euse** [dɔnœR, -øz] nm/f (Méd) donor; (Cartes) dealer; **~ de sang** blood donor

🔘 **MOT-CLÉ**

**dont** [dɔ̃] pron relatif **1** (appartenance: objets) whose, of which; (: êtres animés) whose; **la maison dont le toit est rouge** the house the roof of which is red, the house whose roof is red; **l'homme dont je connais la sœur** the man whose sister I know

**2** (parmi lesquel(le)s): **deux livres, dont l'un est ...** two books, one of which is ...; **il y avait plusieurs personnes, dont Gabrielle** there were several people, among them Gabrielle; **10 blessés, dont 2 grièvement** 10 injured, 2 of them seriously

**3** (complément d'adjectif, de verbe): **le fils dont il est si fier** the son he's so proud of; **ce dont je parle** what I'm talking about; **la façon dont il l'a fait** the way (in which) he did it

**donzelle** [dɔ̃zɛl] nf (péj) young madam

**dopage** [dɔpaʒ] nm doping

**dopant** [dɔpā] nm dope

**doper** [dɔpe] vt to dope; **se doper** vi to take dope

**doping** [dɔpiŋ] nm doping; (excitant) dope

**dorade** [dɔRad] nf = **daurade**

**doré, e** [dɔRe] adj golden; (avec dorure) gilt, gilded

**dorénavant** [dɔRenavā] adv from now on, henceforth

**dorer** [dɔʀe] vt (cadre) to gild; **(faire) ~** (Culin) to brown; (: gâteau) to glaze; **se ~ au soleil** to sunbathe; **~ la pilule à qn** to sugar the pill for sb

**dorloter** [dɔʀlɔte] vt to pamper, cosset (Brit); **se faire ~** to be pampered ou cosseted

**dormant, e** [dɔʀmɑ̃, -ɑ̃t] adj: **eau ~e** still water

**dorme** etc [dɔʀm(ə)] vb voir **dormir**

**dormeur, -euse** [dɔʀmœʀ, -øz] nm/f sleeper

**dormir** [dɔʀmiʀ] vi to sleep; (être endormi) to be asleep; **~ à poings fermés** to sleep very soundly

**dorsal, e, -aux** [dɔʀsal, -o] adj dorsal; voir **rouleau**

**dortoir** [dɔʀtwaʀ] nm dormitory

**dorure** [dɔʀyʀ] nf gilding

**doryphore** [dɔʀifɔʀ] nm Colorado beetle

**dos** [do] nm back; (de livre) spine; **"voir au ~"** "see over"; **robe décolletée dans le ~** low-backed dress; **de ~** from the back, from behind; **~ à ~** back to back; **sur le ~** on one's back; **à ~ de chameau** riding on a camel; **avoir bon ~** to be a good excuse; **se mettre qn à ~** to turn sb against one

**dosage** [dozaʒ] nm mixture

**dos-d'âne** [dodɑn] nm humpback; **pont en dos-d'âne** humpbacked bridge

**dose** [doz] nf (Méd) dose; **forcer la ~** (fig) to overstep the mark

**doser** [doze] vt to measure out; (mélanger) to mix in the correct proportions; (fig) to expend in the right amounts ou proportions; to strike a balance between

**doseur** [dozœʀ] nm measure; **bouchon ~** measuring cap

**dossard** [dosaʀ] nm number (worn by competitor)

**dossier** [dosje] nm (renseignements, fichier) file; (enveloppe) folder, file; (de chaise) back; (Presse) feature; **le ~ social/monétaire** (fig) the social/financial question; **~ suspendu** suspension file

**dot** [dɔt] nf dowry

**dotation** [dɔtasjɔ̃] nf block grant; endowment

**doté, e** [dɔte] adj: **~ de** equipped with

**doter** [dɔte] vt: **~ qn/qch de** to equip sb/sth with

**douairière** [dwɛʀjɛʀ] nf dowager

**douane** [dwan] nf (poste, bureau) customs pl; (taxes) (customs) duty; **passer la ~** to go through customs; **en ~** (marchandises, entrepôt) bonded

**douanier, -ière** [dwanje, -jɛʀ] adj customs cpd ▷ nm customs officer

**doublage** [dublaʒ] nm (Ciné) dubbing

**double** [dubl(ə)] adj, adv double ▷ nm (2 fois plus): **le ~ (de)** twice as much (ou many) (as), double the amount (ou number) (of); (autre exemplaire) duplicate, copy; (sosie) double; (Tennis) doubles sg; **voir ~** to see double; **en ~ (exemplaire)** in duplicate; **faire ~ emploi** to be redundant; **à ~ sens** with a double meaning; **à ~ tranchant** two-edged; **~ carburateur** twin carburettor; **à ~s commandes** dual-control; **~ messieurs/mixte** men's/mixed doubles sg; **~ toit** (de tente)

fly sheet; **~ vue** second sight

**doublé, e** [duble] adj (vêtement): **~ (de)** lined (with)

**double-cliquer** [dubl(ə)klike] vi (Inform) to double-click

**doublement** [dubləmɑ̃] nm doubling; twofold increase ▷ adv doubly; (pour deux raisons) in two ways, on two counts

**doubler** [duble] vt (multiplier par 2) to double; (vêtement) to line; (dépasser) to overtake, pass; (film) to dub; (acteur) to stand in for ▷ vi to double, increase twofold; **se ~ de** to be coupled with; **~ (la classe)** (Scol) to repeat a year; **~ un cap** (Navig) to round a cape; (fig) to get over a hurdle

**doublure** [dublyʀ] nf lining; (Ciné) stand-in

**douce** [dus] adj f voir **doux**

**douceâtre** [dusɑtʀ(ə)] adj sickly sweet

**doucement** [dusmɑ̃] adv gently; (à voix basse) softly; (lentement) slowly

**doucereux, -euse** [dusʀø, -øz] adj (péj) sugary

**douceur** [dusœʀ] nf softness; sweetness; mildness; gentleness; **douceurs** nfpl (friandises) sweets (Brit), candy sg (US); **en ~** gently

**douche** [duʃ] nf shower; **douches** nfpl shower room sg; **prendre une ~** to have ou take a shower; **~ écossaise** (fig): **~ froide** (fig) let-down

**doucher** [duʃe] vt: **~ qn** to give sb a shower; (mouiller) to drench sb; (fig) to give sb a telling-off; **se doucher** vi to have ou take a shower

**doudoune** [dudun] nf padded jacket; (fam) boob

**doué, e** [dwe] adj gifted, talented; **~ de** endowed with; **être ~ pour** to have a gift for

**douille** [duj] nf (Élec) socket; (de projectile) case

**douillet, te** [dujɛ, -ɛt] adj cosy; (péj) soft

**douleur** [dulœʀ] nf pain; (chagrin) grief, distress; **ressentir des ~s** to feel pain; **il a eu la ~ de perdre son père** he suffered the grief of losing his father

**douloureux, -euse** [duluʀø, -øz] adj painful

**doute** [dut] nm doubt; **sans ~** adv no doubt; (probablement) probably; **sans nul** ou **aucun ~** without (a) doubt; **hors de ~** beyond doubt; **nul ~ que** there's no doubt that; **mettre en ~** to call into question; **mettre en ~ que** to question whether

**douter** [dute] vt to doubt; **~ de** vt (allié) to doubt, have (one's) doubts about; (résultat) to be doubtful of; **~ que** to doubt whether ou if; **j'en doute** I have my doubts; **se ~ de qch/que** to suspect sth/that; **je m'en doutais** I suspected as much; **il ne se doutait de rien** he didn't suspect a thing

**douteux, -euse** [dutø, -øz] adj (incertain) doubtful; (discutable) dubious, questionable; (péj) dubious-looking

**douve** [duv] nf (de château) moat; (de tonneau) stave

**Douvres** [duvʀ(ə)] n Dover

**doux, douce** [du, dus] adj (lisse, moelleux, pas vif: couleur, non calcaire: eau) soft; (sucré, agréable) sweet; (peu fort: moutarde etc, clément: climat) mild;

*(pas brusque)* gentle; **en douce** *(partir etc)* on the quiet

**douzaine** [duzɛn] *nf* (12) dozen; *(environ 12)*: **une ~ (de)** a dozen or so, twelve or so

**douze** [duz] *num* twelve; **les D~** *(membres de la CEE)* the Twelve

**douzième** [duzjɛm] *num* twelfth

**doyen, ne** [dwajɛ̃, -ɛn] *nm/f (en âge, ancienneté)* most senior member; *(de faculté)* dean

**DPLG** *sigle (= diplômé par le gouvernement)* extra certificate for architects, engineers etc

**Dr** *abr (= docteur)* Dr

**dr.** *abr (= droit(e))* R, r

**draconien, ne** [drakɔnjɛ̃, -ɛn] *adj* draconian, stringent

**dragage** [draɡaʒ] *nm* dredging

**dragée** [draʒe] *nf* sugared almond; *(Méd)* (sugar-coated) pill

**dragéifié, e** [draʒeifje] *adj (Méd)* sugar-coated

**dragon** [draɡɔ̃] *nm* dragon

**drague** [draɡ] *nf (filet)* dragnet; *(bateau)* dredger

**draguer** [draɡe] *vt (rivière: pour nettoyer)* to dredge; *(: pour trouver qch)* to drag; *(fam)* to try and pick up, chat up (Brit) ▷ *vi (fam)* to try and pick sb up, chat sb up (Brit)

**dragueur** [draɡœr] *nm (aussi:* **dragueur de mines)** minesweeper; *(fam):* **quel ~!** he's a great one for picking up girls!

**drain** [drɛ̃] *nm (Méd)* drain

**drainage** [drɛnaʒ] *nm* drainage

**drainer** [drene] *vt* to drain; *(fig: visiteurs, région)* to drain off

**dramatique** [dramatik] *adj* dramatic; *(tragique)* tragic ▷ *nf (TV)* (television) drama

**dramatisation** [dramatizasjɔ̃] *nf* dramatization

**dramatiser** [dramatize] *vt* to dramatize

**dramaturge** [dramatyrʒ(ə)] *nm* dramatist, playwright

**drame** [dram] *nm (Théât)* drama; *(catastrophe)* drama, tragedy; **~ familial** family drama

**drap** [dra] *nm (de lit)* sheet; *(tissu)* woollen fabric; **~ de plage** beach towel

**drapé** [drape] *nm (d'un vêtement)* hang

**drapeau, x** [drapo] *nm* flag; **sous les ~x** with the colours (Brit) *ou* colors (US), in the army

**draper** [drape] *vt* to drape; *(robe, jupe)* to arrange

**draperies** [drapri] *nfpl* hangings

**drap-housse** [draus] *(pl* **draps-housses)** *nm* fitted sheet

**drapier** [drapje] *nm (woollen)* cloth manufacturer; *(marchand)* clothier

**drastique** [drastik] *adj* drastic

**dressage** [drɛsaʒ] *nm* training

**dresser** [drese] *vt (mettre vertical, monter: tente)* to put up, erect; *(fig: liste, bilan, contrat)* to draw up; *(animal)* to train; **se dresser** *vi (falaise, obstacle)* to stand; *(avec grandeur, menace)* to tower (up); *(personne)* to draw o.s. up; **~ l'oreille** to prick up one's ears; **~ la table** to set *ou* lay the table; **~ qn contre qn d'autre** to set sb against sb else; **~ un procès-verbal** *ou* **une contravention à qn**

**to book sb**

**dresseur, -euse** [drɛsœr, -øz] *nm/f* trainer

**dressoir** [drɛswar] *nm* dresser

**dribbler** [drible] *vt, vi (Sport)* to dribble

**drille** [drij] *nm:* **joyeux ~** cheerful sort

**drogue** [drɔɡ] *nf* drug; **la ~** drugs *pl*; **~ dure/douce** hard/soft drugs *pl*

**drogué, e** [drɔɡe] *nm/f* drug addict

**droguer** [drɔɡe] *vt (victime)* to drug; *(malade)* to give drugs to; **se droguer** *vi (aux stupéfiants)* to take drugs; *(péj: de médicaments)* to dose o.s. up

**droguerie** [drɔɡri] *nf* ≈ hardware shop (Brit) *ou* store (US)

**droguiste** [drɔɡist(ə)] *nm* ≈ keeper *(ou* owner) of a hardware shop *ou* store

**droit, e** [drwa, drwat] *adj (non courbe)* straight; *(vertical)* upright, straight; *(fig: loyal, franc)* upright, straight(forward); *(opposé à gauche)* right, right-hand ▷ *adv* straight ▷ *nm (prérogative, Boxe)* right; *(taxe)* duty, tax; *(: d'inscription)* fee; *(lois, branche):* **le ~** law ▷ *nf (Pol)* right (wing); *(ligne)* straight line; **~ au but** *ou* **au fait/cœur** straight to the point/heart; **avoir le ~ de** to be allowed to; **avoir ~ à** to be entitled to; **être en ~ de** to have a *ou* the right to; **faire ~ à** to grant, accede to; **être dans son ~** to be within one's rights; **à bon ~** *(justement)* with good reason; **de quel ~?** by what right?; **à qui de ~** to whom it may concern; **à ~e** on the right; *(direction)* (to the) right; **à ~e de** to the right of; **de ~e, sur votre ~e** on your right; *(Pol)* right-wing; **~ d'auteur** copyright; **avoir ~ de cité (dans)** *(fig)* to belong (to); **~ coutumier** common law; **~ de regard** right of access *ou* inspection; **~ de réponse** right to reply; **~ de visite** (right of) access; **~ de vote** (right to) vote; **~s d'auteur** royalties; **~ de douane** customs duties; **~s de l'homme** human rights; **~s d'inscription** enrolment *ou* registration fees

**droitement** [drwatmɑ̃] *adv (agir)* uprightly

**droitier, -ière** [drwatje, -jɛr] *nm/f* right-handed person

**droiture** [drwatyr] *nf* uprightness, straightness

**drôle** [drol] *adj (amusant)* funny, amusing; *(bizarre)* funny, peculiar; **un ~ de ...** *(bizarre)* a strange *ou* funny ...; *(intensif)* an incredible ..., a terrific ...

**drôlement** [drolmɑ̃] *adv* funnily; peculiarly; *(très)* terribly, awfully; **il fait ~ froid** it's awfully cold

**drôlerie** [drolri] *nf* funniness; funny thing

**dromadaire** [drɔmadɛr] *nm* dromedary

**dru, e** [dry] *adj (cheveux)* thick, bushy; *(pluie)* heavy ▷ *adv (pousser)* thickly; *(tomber)* heavily

**drugstore** [drœɡstɔr] *nm* drugstore

**druide** [druid] *nm* Druid

**ds** *abr* = **dans**

**DST** *sigle f (= Direction de la surveillance du territoire)* internal security service, ≈ MI5 (Brit)

**DT** *sigle m (= diphtérie tétanos)* vaccine

**DTCP** *sigle m* (= *diphtérie tétanos coqueluche polio*) *vaccine*

**DTP** *sigle m* (= *diphtérie tétanos polio*) *vaccine*

**DTTAB** *sigle m* (= *diphtérie tétanos typhoïde A et B*) *vaccine*

**du** [dy] *art voir* **de**

**dû, due** [dy] *pp de* **devoir** ▷ *adj* (*somme*) owing, owed; (: *venant à échéance*) due; (*causé par*): **dû à** due to ▷ *nm* due; (*somme*) **dues** *pl*

**dualisme** [dɥalism(ə)] *nm* dualism

**Dubaï, Dubay** [dybaj] *n* Dubai

**dubitatif, -ive** [dybitatif, -iv] *adj* doubtful, dubious

**Dublin** [dyblɛ̃] *n* Dublin

**duc** [dyk] *nm* duke

**duché** [dyʃe] *nm* dukedom, duchy

**duchesse** [dyʃɛs] *nf* duchess

**duel** [dɥɛl] *nm* duel

**duettiste** [dɥetist(ə)] *nm/f* duettist

**duffel-coat** [dœfœlkot] *nm* duffel coat

**dûment** [dymã] *adv* duly

**dumping** [dœmpiŋ] *nm* dumping

**dune** [dyn] *nf* dune

**Dunkerque** [dœ̃kɛrk] *n* Dunkirk

**duo** [dɥo] *nm* (*Mus*) duet; (*fig: couple*) duo, pair

**dupe** [dyp] *nf* dupe ▷ *adj*: (**ne pas**) **être ~ de** (not) to be taken in by

**duper** [dype] *vt* to dupe, deceive

**duperie** [dypri] *nf* deception, dupery

**duplex** [dyplɛks] *nm* (*appartement*) split-level apartment, duplex; (*TV*): **émission en ~** link-up

**duplicata** [dyplikata] *nm* duplicate

**duplicateur** [dyplikatœr] *nm* duplicator; **~ à alcool** spirit duplicator

**duplicité** [dyplisite] *nf* duplicity

**duquel** [dykɛl] *prép + pron voir* **lequel**

**dur, e** [dyr] *adj* (*pierre, siège, travail, problème*) hard; (*lumière, voix, climat*) harsh; (*sévère*) hard, harsh; (*cruel*) hard(-hearted); (*porte, col*) stiff; (*viande*) tough ▷ *adv* hard ▷ *nf*: **à la ~e** rough; **mener la vie ~e à qn** to give sb a hard time; **~ d'oreille** hard of hearing

**durabilité** [dyrabilite] *nf* durability

**durable** [dyrabl(ə)] *adj* lasting

**durablement** [dyrabləmã] *adv* for the long term

**durant** [dyrã] *prép* (*au cours de*) during; (*pendant*) for; **~ des mois, des mois ~** for months

**durcir** [dyrsir] *vt, vi*, **se durcir** *vi* to harden

**durcissement** [dyrsismã] *nm* hardening

**durée** [dyre] *nf* length; (*d'une pile etc*) life; (*déroulement: des opérations etc*) duration; **pour une ~ illimitée** for an unlimited length of time; **de courte ~** (*séjour, répit*) brief, short-term; **de longue ~** (*effet*) long-term; **pile de longue ~** long-life battery

**durement** [dyrmã] *adv* harshly

**durent** [dyr] *vb voir* **devoir**

**durer** [dyre] *vi* to last

**dureté** [dyrte] *nf* (*voir dur*) hardness; harshness; stiffness; toughness

**durillon** [dyrijɔ̃] *nm* callus

**durit®** [dyrit] *nf* (car radiator) hose

**DUT** *sigle m* = **Diplôme universitaire de technologie**

**dut** *etc* [dy] *vb voir* **devoir**

**duvet** [dyvɛ] *nm* down; (**sac de couchage en**) **~** down-filled sleeping bag

**duveteux, -euse** [dyvtø, -øz] *adj* downy

**DVD** *sigle m* (= *digital versatile disc*) DVD

**dynamique** [dinamik] *adj* dynamic

**dynamiser** [dinamize] *vt* to pep up, enliven; (*équipe, service*) to inject some dynamism into

**dynamisme** [dinamism(ə)] *nm* dynamism

**dynamite** [dinamit] *nf* dynamite

**dynamiter** [dinamite] *vt* to (blow up with) dynamite

**dynamo** [dinamo] *nf* dynamo

**dynastie** [dinasti] *nf* dynasty

**dysenterie** [disãtri] *nf* dysentery

**dyslexie** [dislɛksi] *nf* dyslexia, word blindness

**dyslexique** [dislɛksik] *adj* dyslexic

**dyspepsie** [dispɛpsi] *nf* dyspepsia

# Ee

**E, e** [ə] *nm inv* E, e ▷ *abr* (= Est) E; **E comme
Eugène** E for Edward (*Brit*) *ou* Easy (*US*)
**EAO** *sigle m* (= *enseignement assisté par ordinateur*)
CAL (= *computer-aided learning*)
**EAU** *sigle mpl* (= *Émirats arabes unis*) UAE (= *United
Arab Emirates*)
**eau, x** [o] *nf* water ▷ *nfpl* waters; **prendre l'~**
(*chaussure etc*) to leak, let in water; **prendre les
~x** to take the waters; **faire ~** to leak; **tomber à
l'~** (*fig*) to fall through; **à l'~ de rose** slushy,
sentimental; **~ bénite** holy water; **~ de
Cologne** eau de Cologne; **~ courante** running
water; **~ distillée** distilled water; **~ douce**
fresh water; **~ de Javel** bleach; **~ lourde** heavy
water; **~ minérale** mineral water; **~ oxygénée**
hydrogen peroxide; **~ plate** still water; **~ de
pluie** rainwater; **~ salée** salt water; **~ de
toilette** toilet water; **~x ménagères** dirty
water (*from washing up etc*); **~x territoriales**
territorial waters; **~x usées** liquid waste
**eau-de-vie** [odvi] (*pl* **eaux-de-vie**) *nf* brandy
**eau-forte** [ofɔʀt(ə)] (*pl* **eaux-fortes**) *nf* etching
**ébahi, e** [ebai] *adj* dumbfounded, flabbergasted
**ébahir** [ebaiʀ] *vt* to astonish, astound
**ébats** [eba] *vb voir* **ébattre** ▷ *nmpl* frolics,
gambols
**ébattre** [ebatʀ(ə)]: **s'ébattre** *vi* to frolic
**ébauche** [eboʃ] *nf* (rough) outline, sketch
**ébaucher** [eboʃe] *vt* to sketch out, outline; (*fig*):
**~ un sourire/geste** to give a hint of a smile/
make a slight gesture; **s'ébaucher** *vi* to take
shape
**ébène** [ebɛn] *nf* ebony
**ébéniste** [ebenist(ə)] *nm* cabinetmaker
**ébénisterie** [ebenistʀi] *nf* cabinetmaking;
(*bâti*) cabinetwork
**éberlué, e** [ebɛʀlɥe] *adj* astounded,
flabbergasted
**éblouir** [ebluiʀ] *vt* to dazzle
**éblouissant, e** [ebluisɑ̃, -ɑ̃t] *adj* dazzling
**éblouissement** [ebluismɑ̃] *nm* dazzle; (*faiblesse*)
dizzy turn
**ébonite** [ebɔnit] *nf* vulcanite
**éborgner** [ebɔʀɲe] *vt*: **~ qn** to blind sb in one eye
**éboueur** [ebwœʀ] *nm* dustman (*Brit*), garbage
man (*US*)

**ébouillanter** [ebujɑ̃te] *vt* to scald; (*Culin*) to
blanch; **s'ébouillanter** *vi* to scald o.s
**éboulement** [ebulmɑ̃] *nm* falling rocks *pl*, rock
fall; (*amas*) heap of boulders *etc*
**ébouler** [ebule]: **s'ébouler** *vi* to crumble,
collapse
**éboulis** [ebuli] *nmpl* fallen rocks
**ébouriffé, e** [ebuʀife] *adj* tousled, ruffled
**ébouriffer** [ebuʀife] *vt* to tousle, ruffle
**ébranlement** [ebʀɑ̃lmɑ̃] *nm* shaking
**ébranler** [ebʀɑ̃le] *vt* to shake; (*rendre instable: mur,
santé*) to weaken; **s'ébranler** *vi* (*partir*) to move
off
**ébrécher** [ebʀeʃe] *vt* to chip
**ébriété** [ebʀijete] *nf*: **en état d'~** in a state of
intoxication
**ébrouer** [ebʀue]: **s'ébrouer** *vi* (*souffler*) to snort;
(*s'agiter*) to shake o.s.
**ébruiter** [ebʀɥite] *vt*, **s'ébruiter** *vi* to spread
**ébullition** [ebylisjɔ̃] *nf* boiling point; **en ~**
boiling; (*fig*) in an uproar
**écaille** [ekaj] *nf* (*de poisson*) scale; (*de coquillage*)
shell; (*matière*) tortoiseshell; (*de roc etc*) flake
**écaillé, e** [ekaje] *adj* (*peinture*) flaking
**écailler** [ekaje] *vt* (*poisson*) to scale; (*huître*) to
open; **s'écailler** *vi* to flake *ou* peel (off)
**écarlate** [ekaʀlat] *adj* scarlet
**écarquiller** [ekaʀkije] *vt*: **~ les yeux** to stare
wide-eyed
**écart** [ekaʀ] *nm* gap; (*embardée*) swerve; (*saut*)
sideways leap; (*fig*) departure, deviation; **à l'~**
*adv* out of the way; **à l'~ de** *prép* away from; (*fig*)
out of; **faire le grand ~** (*Danse, Gymnastique*) to
do the splits; **~ de conduite** misdemeanour
**écarté, e** [ekaʀte] *adj* (*lieu*) out-of-the-way,
remote; (*ouvert*): **les jambes ~es** legs apart; **les
bras ~s** arms outstretched
**écarteler** [ekaʀtəle] *vt* to quarter; (*fig*) to tear
**écartement** [ekaʀtəmɑ̃] *nm* space, gap; (*Rail*)
gauge
**écarter** [ekaʀte] *vt* (*séparer*) to move apart,
separate; (*éloigner*) to push back, move away;
(*ouvrir: bras, jambes*) to spread, open; (: *rideau*) to
draw (back); (*éliminer: candidat, possibilité*) to
dismiss; (*Cartes*) to discard; **s'écarter** *vi* to part;
(*personne*) to move away; **s'~ de** to wander from

**ecchymose** [ekimoz] *nf* bruise
**ecclésiastique** [eklezjastik] *adj* ecclesiastical
▷ *nm* ecclesiastic
**écervelé, e** [esɛʀvəle] *adj* scatterbrained, featherbrained
**ECG** *sigle m* (= *électrocardiogramme*) ECG
**échafaud** [eʃafo] *nm* scaffold
**échafaudage** [eʃafodaʒ] *nm* scaffolding; (*fig*) heap, pile
**échafauder** [eʃafode] *vt* (*plan*) to construct
**échalas** [eʃala] *nm* stake, pole; (*personne*) beanpole
**échalote** [eʃalɔt] *nf* shallot
**échancré, e** [eʃɑ̃kʀe] *adj* (*robe, corsage*) low-necked; (*côte*) indented
**échancrure** [eʃɑ̃kʀyʀ] *nf* (*de robe*) scoop neckline; (*de côte, arête rocheuse*) indentation
**échange** [eʃɑ̃ʒ] *nm* exchange; **en ~** in exchange; **en ~ de** in exchange *ou* return for; **libre ~** free trade; **~ de lettres/politesses/vues** exchange of letters/civilities/views; **~s commerciaux** trade; **~s culturels** cultural exchanges
**échangeable** [eʃɑ̃ʒabl(ə)] *adj* exchangeable
**échanger** [eʃɑ̃ʒe] *vt*: **~ qch (contre)** to exchange sth (for)
**échangeur** [eʃɑ̃ʒœʀ] *nm* (*Auto*) interchange
**échantillon** [eʃɑ̃tijɔ̃] *nm* sample
**échantillonnage** [eʃɑ̃tijonaʒ] *nm* selection of samples
**échappatoire** [eʃapatwaʀ] *nf* way out
**échappée** [eʃape] *nf* (*vue*) vista; (*Cyclisme*) breakaway
**échappement** [eʃapmɑ̃] *nm* (*Auto*) exhaust; **~ libre** cutout
**échapper** [eʃape]: **~ à** *vt* (*gardien*) to escape (from); (*punition, péril*) to escape; **~ à qn** (*détail, sens*) to escape sb; (*objet qu'on tient: aussi:* **échapper des mains de qn**) to slip out of sb's hands; **laisser ~** to let fall; (*cri etc*) to let out; **s'échapper** *vi* to escape; **l'~ belle** to have a narrow escape
**écharde** [eʃaʀd(ə)] *nf* splinter (of wood)
**écharpe** [eʃaʀp(ə)] *nf* scarf; (*de maire*) sash; (*Méd*) sling; **prendre en ~** (*dans une collision*) to hit sideways on
**écharper** [eʃaʀpe] *vt* to tear to pieces
**échasse** [eʃas] *nf* stilt
**échassier** [eʃasje] *nm* wader
**échauder** [eʃode] *vt*: **se faire ~** (*fig*) to get one's fingers burnt
**échauffement** [eʃofmɑ̃] *nm* overheating; (*Sport*) warm-up
**échauffer** [eʃofe] *vt* (*métal, moteur*) to overheat; (*fig: exciter*) to fire, excite; **s'échauffer** *vi* (*Sport*) to warm up; (*discussion*) to become heated
**échauffourée** [eʃofuʀe] *nf* clash, brawl; (*Mil*) skirmish
**échéance** [eʃeɑ̃s] *nf* (*d'un paiement: date*) settlement date; (: *somme due*) financial commitment(s); (*fig*) deadline; **à brève/longue ~** *adj* short-/long-term ▷ *adv* in the short/long term

**échéancier** [eʃeɑ̃sje] *nm* schedule
**échéant** [eʃeɑ̃]: **le cas ~** *adv* if the case arises
**échec** [eʃɛk] *nm* failure; (*Échecs*): **~ et mat/au roi** checkmate/check; **échecs** *nmpl* (*jeu*) chess *sg*; **mettre en ~** to put in check; **tenir en ~** to hold in check; **faire ~ à** to foil, thwart
**échelle** [eʃɛl] *nf* ladder; (*fig, d'une carte*) scale; **à l'~ de** on the scale of; **sur une grande/petite ~** on a large/small scale; **faire la courte ~ à qn** to give sb a leg up; **~ de corde** rope ladder
**échelon** [eʃlɔ̃] *nm* (*d'échelle*) rung; (*Admin*) grade
**échelonner** [eʃlone] *vt* to space out, spread out; (*versement*) **échelonné** (payment) by instalments
**écheveau, x** [ɛʃvo] *nm* skein, hank
**échevelé, e** [eʃəvle] *adj* tousled, dishevelled; (*fig*) wild, frenzied
**échine** [eʃin] *nf* backbone, spine
**échiner** [eʃine]: **s'échiner** *vi* (*se fatiguer*) to work o.s. to the bone
**échiquier** [eʃikje] *nm* chessboard
**écho** [eko] *nm* echo; **échos** *nmpl* (*potins*) gossip *sg*, rumours; (*Presse: rubrique*) "news in brief"; **rester sans ~** (*suggestion etc*) to come to nothing; **se faire l'~ de** to repeat, spread about
**échographie** [ekɔgʀafi] *nf* ultrasound (scan)
**échoir** [eʃwaʀ] *vi* (*dette*) to fall due; (*délais*) to expire; **~ à** *vt* to fall to
**échoppe** [eʃɔp] *nf* stall, booth
**échouer** [eʃwe] *vi* to fail; (*débris etc: sur la plage*) to be washed up; (*aboutir: personne dans un café etc*) to arrive ▷ *vt* (*bateau*) to ground; **s'échouer** *vi* to run aground
**échu, e** [eʃy] *pp de* **échoir** ▷ *adj* due, mature
**échut** *etc* [eʃy] *vb voir* **échoir**
**éclabousser** [eklabuse] *vt* to splash; (*fig*) to tarnish
**éclaboussure** [eklabusyʀ] *nf* splash; (*fig*) stain
**éclair** [eklɛʀ] *nm* (*d'orage*) flash of lightning, lightning *no pl*; (*Photo: de flash*) flash; (*fig*) flash, spark; (*gâteau*) éclair
**éclairage** [eklɛʀaʒ] *nm* lighting
**éclairagiste** [eklɛʀaʒist(ə)] *nm/f* lighting engineer
**éclaircie** [eklɛʀsi] *nf* bright *ou* sunny interval
**éclaircir** [eklɛʀsiʀ] *vt* to lighten; (*fig*) to clear up, clarify; (*Culin*) to thin (down); **s'éclaircir** *vi* (*ciel*) to brighten up, clear; (*cheveux*) to go thin; (*situation etc*) to become clearer; **s'~ la voix** to clear one's throat
**éclaircissement** [eklɛʀsismɑ̃] *nm* clearing up, clarification
**éclairer** [eklɛʀe] *vt* (*lieu*) to light (up); (*personne: avec une lampe de poche etc*) to light the way for; (*fig: instruire*) to enlighten; (: *rendre compréhensible*) to shed light on ▷ *vi*: **~ mal/bien** to give a poor/good light; **s'éclairer** *vi* (*phare, rue*) to light up; (*situation etc*) to become clearer; **s'~ à la bougie/l'électricité** to use candlelight/have electric lighting
**éclaireur, -euse** [eklɛʀœʀ, -øz] *nm/f* (*scout*) (boy) scout/(girl) guide ▷ *nm* (*Mil*) scout; **partir en ~**

**éclat** [ekla] nm (de bombe, de verre) fragment; (du soleil, d'une couleur etc) brightness, brilliance; (d'une cérémonie) splendour; (scandale): **faire un ~** to cause a commotion; **action d'~** outstanding action; **voler en ~s** to shatter; **des ~s de verre** broken glass; flying glass; **~ de rire** burst ou roar of laughter; **~ de voix** shout

**éclatant, e** [eklatã, -ãt] adj brilliant, bright; (succès) resounding; (revanche) devastating

**éclater** [eklate] vi (pneu) to burst; (bombe) to explode; (guerre, épidémie) to break out; (groupe, parti) to break up; **~ de rire/en sanglots** to burst out laughing/sobbing

**éclectique** [eklɛktik] adj eclectic

**éclipse** [eklips(ə)] nf eclipse

**éclipser** [eklipse] vt to eclipse; **s'éclipser** vi to slip away

**éclopé, e** [eklɔpe] adj lame

**éclore** [eklɔʀ] vi (œuf) to hatch; (fleur) to open (out)

**éclosion** [eklozjõ] nf blossoming

**écluse** [eklyz] nf lock

**éclusier** [eklyzje] nm lock keeper

**éco-** [eko] préfixe eco-

**écœurant, e** [ekœʀã, -ãt] adj sickening; (gâteau etc) sickly

**écœurement** [ekœʀmã] nm disgust

**écœurer** [ekœʀe] vt: **~ qn** to make sb feel sick; (fig: démoraliser) to disgust sb

**école** [ekɔl] nf school; **aller à l'~** to go to school; **faire ~** to collect a following; **les grandes ~s** prestige university-level colleges with competitive entrance examinations; **~ maternelle** nursery school; see note; **~ primaire** primary (Brit) ou grade (US) school; **~ secondaire** secondary (Brit) ou high (US) school; **~ privée/publique/élémentaire** private/state/elementary school; **~ de dessin/danse/musique** art/dancing/music school; **~ hôtelière** catering college; **~ normale (d'instituteurs) (ENI)** primary school teachers' training college; **~ normale supérieure (ENS)** grande école for training secondary school teachers; **~ de secrétariat** secretarial college

⬤ **ÉCOLE MATERNELLE**
⬤
⬤ Nursery school (kindergarten) (l'école
⬤ maternelle) is publicly funded in France and,
⬤ though not compulsory, is attended by most
⬤ children between the ages of three and six.
⬤ Statutory education begins with primary
⬤ (grade) school (l'école primaire) and is attended
⬤ by children between the ages of six and 10 or
⬤ 11.

**écolier, -ière** [ekɔlje, -jɛʀ] nm/f schoolboy/girl

**écolo** [ekɔlo] nm/f (fam) ecologist ▷ adj ecological

**écologie** [ekɔlɔʒi] nf ecology; (sujet scolaire) environmental studies pl

**écologique** [ekɔlɔʒik] adj ecological; environmental

**écologiste** [ekɔlɔʒist(ə)] nm/f ecologist; environmentalist

**éconduire** [ekõdɥiʀ] vt to dismiss

**économat** [ekɔnɔma] nm (fonction) bursarship (Brit), treasurership (US); (bureau) bursar's office (Brit), treasury (US)

**économe** [ekɔnɔm] adj thrifty ▷ nm/f (de lycée etc) bursar (Brit), treasurer (US)

**économétrie** [ekɔnɔmetʀi] nf econometrics sg

**économie** [ekɔnɔmi] nf (vertu) economy, thrift; (gain: d'argent, de temps etc) saving; (science) economics sg; (situation économique) economics sg; **économies** nfpl (pécule) savings; **faire des ~s** to save up; **une ~ de temps/d'argent** a saving in time/of money; **~ dirigée** planned economy; **~ de marché** market economy

**économique** [ekɔnɔmik] adj (avantageux) economical; (Écon) economic

**économiquement** [ekɔnɔmikmã] adv economically; **les ~ faibles** (Admin) the low-paid, people on low incomes

**économiser** [ekɔnɔmize] vt, vi to save

**économiseur** [ekɔnɔmizœʀ] nm: **~ d'écran** (Inform) screen saver

**économiste** [ekɔnɔmist(ə)] nm/f economist

**écoper** [ekɔpe] vi to bale out; (fig) to cop it; **~ (de)** vt to get

**écorce** [ekɔʀs(ə)] nf bark; (de fruit) peel

**écorcer** [ekɔʀse] vt to bark

**écorché, e** [ekɔʀʃe] adj: **~ vif** flayed alive ▷ nm cut-away drawing

**écorcher** [ekɔʀʃe] vt (animal) to skin; (égratigner) to graze; **~ une langue** to speak a language brokenly; **s'~ le genou** etc to scrape ou graze one's knee etc

**écorchure** [ekɔʀʃyʀ] nf graze

**écorner** [ekɔʀne] vt (taureau) to dehorn; (livre) to make dog-eared

**écossais, e** [ekɔsɛ, -ɛz] adj Scottish, Scots; (whisky, confiture) Scotch; (écharpe, tissu) tartan ▷ nm (Ling) Scots; (: gaélique) Gaelic; (tissu) tartan (cloth) ▷ nm/f: **Écossais, e** Scot, Scotsman/woman; **les É~** the Scots

**Écosse** [ekɔs] nf: **l'~** Scotland

**écosser** [ekɔse] vt to shell

**écosystème** [ekɔsistɛm] nm ecosystem

**écot** [eko] nm: **payer son ~** to pay one's share

**écoulement** [ekulmã] nm (de faux billets) circulation; (de stock) selling

**écouler** [ekule] vt to dispose of; **s'écouler** vi (eau) to flow (out); (foule) to drift away; (jours, temps) to pass (by)

**écourter** [ekuʀte] vt to curtail, cut short

**écoute** [ekut] nf (Navig: cordage) sheet; (Radio, TV): **temps d'~** (listening ou viewing) time; **heure de grande ~** peak listening ou viewing time; **prendre l'~** to tune in; **rester à l'~ (de)** to stay tuned in (to); **~s téléphoniques** phone tapping sg

**écouter** [ekute] vt to listen to

**écouteur** [ekutœʀ] nm (Tél) (additional)

141

earpiece; **écouteurs** *nmpl* (*Radio*) headphones, headset *sg*

**écoutille** [ekutij] *nf* hatch

**écr.** *abr* = **écrire**

**écrabouiller** [ekrabuje] *vt* to squash, crush

**écran** [ekrɑ̃] *nm* screen; (*Inform*) screen, VDU; ~ **de fumée/d'eau** curtain of smoke/water; **porter à l'** ~ (*Ciné*) to adapt for the screen; **le petit** ~ television, the small screen

**écrasant, e** [ekrazɑ̃, -ɑ̃t] *adj* overwhelming

**écraser** [ekraze] *vt* to crush; (*piéton*) to run over; (*Inform*) to overwrite; **se faire** ~ to be run over; **écrase(-toi)!** shut up!; **s'~ (au sol)** to crash; **s'~ contre** to crash into

**écrémé, e** [ekreme] *adj* (*lait*) skimmed

**écrémer** [ekreme] *vt* to skim

**écrevisse** [ekrəvis] *nf* crayfish *inv*

**écrier** [ekrije]: **s'écrier** *vi* to exclaim

**écrin** [ekrɛ̃] *nm* case, box

**écrire** [ekrir] *vt, vi* to write ▷ *vi*: **ça s'écrit comment?** how is it spelt?; ~ **à qn que** to write and tell sb that; **s'écrire** *vi* to write to one another

**écrit, e** [ekri, -it] *pp de* **écrire** ▷ *adj*: **bien/mal** ~ well/badly written ▷ *nm* document; (*examen*) written paper; **par** ~ in writing

**écriteau, x** [ekrito] *nm* notice, sign

**écritoire** [ekritwar] *nf* writing case

**écriture** [ekrityr] *nf* writing; (*Comm*) entry; **écritures** *nfpl* (*Comm*) accounts, books; **l'É~ (sainte), les É~s** the Scriptures

**écrivain** [ekrivɛ̃] *nm* writer

**écrivais** *etc* [ekrivɛ] *vb voir* **écrire**

**écrou** [ekru] *nm* nut

**écrouer** [ekrue] *vt* to imprison; (*provisoirement*) to remand in custody

**écroulé, e** [ekrule] *adj* (*de fatigue*) exhausted; (*par un malheur*) overwhelmed; ~ **(de rire)** in stitches

**écroulement** [ekrulmɑ̃] *nm* collapse

**écrouler** [ekrule]: **s'écrouler** *vi* to collapse

**écru, e** [ekry] *adj* (*toile*) raw, unbleached; (*couleur*) off-white, écru

**écu** [eky] *nm* (*bouclier*) shield; (*monnaie: ancienne*) crown; (: *de la CEE*) ecu

**écueil** [ekœj] *nm* reef; (*fig*) pitfall; stumbling block

**écuelle** [ekɥɛl] *nf* bowl

**éculé, e** [ekyle] *adj* (*chaussure*) down-at-heel; (*fig: péj*) hackneyed

**écume** [ekym] *nf* foam; (*Culin*) scum; ~ **de mer** meerschaum

**écumer** [ekyme] *vt* (*Culin*) to skim; (*fig*) to plunder ▷ *vi* (*mer*) to foam; (*fig*) to boil with rage

**écumoire** [ekymwar] *nf* skimmer

**écureuil** [ekyrœj] *nm* squirrel

**écurie** [ekyri] *nf* stable

**écusson** [ekysɔ̃] *nm* badge

**écuyer, -ère** [ekɥije, -ɛr] *nm/f* rider

**eczéma** [ɛgzema] *nm* eczema

**éd.** *abr* = **édition**

**édam** [edam] *nm* (*fromage*) edam

**edelweiss** [edɛlvajs] *nm inv* edelweiss

**éden** [edɛn] *nm* Eden

**édenté, e** [edɑ̃te] *adj* toothless

**EDF** *sigle f* (= *Électricité de France*) national electricity company

**édifiant, e** [edifjɑ̃, -ɑ̃t] *adj* edifying

**édification** [edifikasjɔ̃] *nf* (*d'un bâtiment*) building, erection

**édifice** [edifis] *nm* building, edifice

**édifier** [edifje] *vt* to build, erect; (*fig*) to edify

**édiles** [edil] *nmpl* city fathers

**Édimbourg** [edɛ̃bur] *n* Edinburgh

**édit** [edi] *nm* edict

**édit.** *abr* = **éditeur**

**éditer** [edite] *vt* (*publier*) to publish; (: *disque*) to produce; (*préparer: texte, Inform*) to edit

**éditeur, -trice** [editœr, -tris] *nm/f* publisher; editor; ~ **de textes** (*Inform*) text editor

**édition** [edisjɔ̃] *nf* editing *no pl*; (*série d'exemplaires*) edition; (*industrie du livre*): **l'~** publishing; ~ **sur écran** (*Inform*) screen editing

**édito** [edito] *nm* (*fam: éditorial*) editorial, leader

**éditorial, -aux** [editɔrjal, -o] *nm* editorial, leader

**éditorialiste** [editɔrjalist(ə)] *nm/f* editorial *ou* leader writer

**édredon** [edrədɔ̃] *nm* eiderdown, comforter (*US*)

**éducateur, -trice** [edykatœr, -tris] *nm/f* teacher; ~ **spécialisé** specialist teacher

**éducatif, -ive** [edykatif, -iv] *adj* educational

**éducation** [edykasjɔ̃] *nf* education; (*familiale*) upbringing; (*manières*) (good) manners *pl*; **bonne/mauvaise** ~ good/bad upbringing; **sans** ~ bad-mannered, ill-bred; **l'É~ (nationale)** = the Department for Education; ~ **permanente** continuing education; ~ **physique** physical education

**édulcorant** [edylkɔrɑ̃] *nm* sweetener

**édulcorer** [edylkɔre] *vt* to sweeten; (*fig*) to tone down

**éduquer** [edyke] *vt* to educate; (*élever*) to bring up; (*faculté*) to train; **bien/mal éduqué** well/badly brought up

**EEG** *sigle m* (= *électroencéphalogramme*) EEG

**effacé, e** [efase] *adj* (*fig*) retiring, unassuming

**effacer** [efase] *vt* to erase, rub out; (*bande magnétique*) to erase; (*Inform: fichier, fiche*) to delete; **s'effacer** *vi* (*inscription etc*) to wear off; (*pour laisser passer*) to step aside; ~ **le ventre** to pull one's stomach in

**effarant, e** [efarɑ̃, -ɑ̃t] *adj* alarming

**effaré, e** [efare] *adj* alarmed

**effarement** [efarmɑ̃] *nm* alarm

**effarer** [efare] *vt* to alarm

**effarouchement** [efaruʃmɑ̃] *nm* alarm

**effaroucher** [efaruʃe] *vt* to frighten *ou* scare away; (*personne*) to alarm

**effectif, -ive** [efɛktif, -iv] *adj* real; effective ▷ *nm* (*Mil*) strength; (*Scol*) total number of pupils, size; ~**s** numbers, strength *sg*; (*Comm*) manpower *sg*; **réduire l'~ de** to downsize

**effectivement** [efɛktivmɑ̃] *adv* effectively;

(*réellement*) actually, really; (*en effet*) indeed

**effectuer** [efɛktɥe] *vt* (*opération, mission*) to carry out; (*déplacement, trajet*) to make, complete; (*mouvement*) to execute, make; **s'effectuer** *vi* to be carried out

**efféminé, e** [efemine] *adj* effeminate

**effervescence** [efɛʀvesɑ̃s] *nf* (*fig*): **en ~** in a turmoil

**effervescent, e** [efɛʀvesɑ̃, -ɑ̃t] *adj* (*cachet, boisson*) effervescent; (*fig*) agitated, in a turmoil

**effet** [efɛ] *nm* (*résultat, artifice*) effect; (*impression*) impression; (*Comm*) bill; (*Jur: d'une loi, d'un jugement*): **avec ~ rétroactif** applied retrospectively; **effets** *nmpl* (*vêtements etc*) things; **~ de style/couleur/lumière** stylistic/colour/lighting effect; **~s de voix** dramatic effects with one's voice; **faire de l'~** (*médicament, menace*) to have an effect, be effective; **sous l'~ de** under the effect of; **donner de l'~ à une balle** (*Tennis*) to put some spin on a ball; **à cet ~** to that end; **en ~** *adv* indeed; **~ (de commerce)** bill of exchange; **~ de serre** greenhouse effect; **~s spéciaux** (*Ciné*) special effects

**effeuiller** [efœje] *vt* to remove the leaves (*ou* petals) from

**efficace** [efikas] *adj* (*personne*) efficient; (*action, médicament*) effective

**efficacité** [efikasite] *nf* efficiency; effectiveness

**effigie** [efiʒi] *nf* effigy; **brûler qn en ~** to burn an effigy of sb

**effilé, e** [efile] *adj* slender; (*pointe*) sharp; (*carrosserie*) streamlined

**effiler** [efile] *vt* (*cheveux*) to thin (out); (*tissu*) to fray

**effilocher** [efilɔʃe] *vt*: **s'effilocher** *vi* to fray

**efflanqué, e** [eflɑ̃ke] *adj* emaciated

**effleurement** [eflœʀmɑ̃] *nm*: **touche à ~** touch-sensitive control *ou* key

**effleurer** [eflœʀe] *vt* to brush (against); (*sujet*) to touch upon; (*idée, pensée*): **~ qn** to cross sb's mind

**effluves** [eflyv] *nmpl* exhalation(s)

**effondré, e** [efɔ̃dʀe] *adj* (*abattu: par un malheur, échec*) overwhelmed

**effondrement** [efɔ̃dʀəmɑ̃] *nm* collapse

**effondrer** [efɔ̃dʀe]: **s'effondrer** *vi* to collapse

**efforcer** [efɔʀse]: **s'efforcer de** *vt*: **s'~ de faire** to try hard to do

**effort** [efɔʀ] *nm* effort; **faire un ~** to make an effort; **faire tous ses ~s** to try one's hardest; **faire l'~ de ...** to make the effort to ...; **sans ~** *adj* effortless ▷ *adv* effortlessly; **~ de mémoire** attempt to remember; **~ de volonté** effort of will

**effraction** [efʀaksjɔ̃] *nf* breaking-in; **s'introduire par ~ dans** to break into

**effrangé, e** [efʀɑ̃ʒe] *adj* fringed; (*effiloché*) frayed

**effrayant, e** [efʀɛjɑ̃, -ɑ̃t] *adj* frightening, fearsome; (*sens affaibli*) dreadful

**effrayer** [efʀeje] *vt* to frighten, scare; (*rebuter*) to put off; **s'effrayer (de)** *vi* to be frightened *ou* scared (by)

**effréné, e** [efʀene] *adj* wild

**effritement** [efʀitmɑ̃] *nm* crumbling; erosion; slackening off

**effriter** [efʀite]: **s'effriter** *vi* to crumble; (*monnaie*) to be eroded; (*valeurs*) to slacken off

**effroi** [efʀwa] *nm* terror, dread *no pl*

**effronté, e** [efʀɔ̃te] *adj* insolent

**effrontément** [efʀɔ̃temɑ̃] *adv* insolently

**effronterie** [efʀɔ̃tʀi] *nf* insolence

**effroyable** [efʀwajabl(ə)] *adj* horrifying, appalling

**effusion** [efyzjɔ̃] *nf* effusion; **sans ~ de sang** without bloodshed

**égailler** [egaje]: **s'égailler** *vi* to scatter, disperse

**égal, e, -aux** [egal, -o] *adj* (*identique, ayant les mêmes droits*) equal; (*plan: surface*) even, level; (*constant: vitesse*) steady; (*équitable*) even ▷ *nm/f* equal; **être ~ à** (*prix, nombre*) to be equal to; **ça m'est ~** it's all the same to me, it doesn't matter to me, I don't mind; **c'est ~, ...** all the same, ...; **sans ~** matchless, unequalled; **à l'~ de** (*comme*) just like; **d'~ à ~** as equals

**également** [egalmɑ̃] *adv* equally; evenly; steadily; (*aussi*) too, as well

**égaler** [egale] *vt* to equal

**égalisateur, -trice** [egalizatœʀ, -tʀis] *adj* (*Sport*): **but ~** equalizing goal, equalizer

**égalisation** [egalizasjɔ̃] *nf* (*Sport*) equalization

**égaliser** [egalize] *vt* (*sol, salaires*) to level (out); (*chances*) to equalize ▷ *vi* (*Sport*) to equalize

**égalitaire** [egalitɛʀ] *adj* egalitarian

**égalitarisme** [egalitaʀism(ə)] *nm* egalitarianism

**égalité** [egalite] *nf* equality; evenness; steadiness; (*Math*) identity; **être à ~ (de points)** to be level; **~ de droits** equality of rights; **~ d'humeur** evenness of temper

**égard** [egaʀ] *nm*: **~s** *nmpl* consideration *sg*; **à cet ~** in this respect; **à certains ~s/tous ~s** in certain respects/all respects; **eu ~ à** in view of; **par ~ pour** out of consideration for; **sans ~ pour** without regard for; **à l'~ de** *prép* towards; (*en ce qui concerne*) concerning, as regards

**égaré, e** [egaʀe] *adj* lost

**égarement** [egaʀmɑ̃] *nm* distraction; aberration

**égarer** [egaʀe] *vt* (*objet*) to mislay; (*moralement*) to lead astray; **s'égarer** *vi* to get lost, lose one's way; (*objet*) to go astray; (*fig: dans une discussion*) to wander

**égayer** [egeje] *vt* (*personne*) to amuse; (: *remonter*) to cheer up; (*récit, endroit*) to brighten up, liven up

**Égée** [eʒe] *adj*: **la mer ~** the Aegean (Sea)

**égéen, ne** [eʒeɛ̃, -ɛn] *adj* Aegean

**égérie** [eʒeʀi] *nf*: **l'~ de qn/qch** the brains behind sb/sth

**égide** [eʒid] *nf*: **sous l'~ de** under the aegis of

**églantier** [eglɑ̃tje] *nm* wild *ou* dog rose(-bush)

**églantine** [eglɑ̃tin] *nf* wild *ou* dog rose

**églefin** [egləfɛ̃] *nm* haddock

**église** [egliz] *nf* church
**égocentrique** [egɔsɑ̃tʀik] *adj* egocentric, self-centred
**égocentrisme** [egɔsɑ̃tʀism(ə)] *nm* egocentricity
**égoïne** [egɔin] *nf* handsaw
**égoïsme** [egɔism(ə)] *nm* selfishness, egoism
**égoïste** [egɔist(ə)] *adj* selfish, egoistic ▷ *nm/f* egoist
**égoïstement** [egɔistəmɑ̃] *adv* selfishly
**égorger** [egɔʀʒe] *vt* to cut the throat of
**égosiller** [egozije]: **s'égosiller** *vi* to shout o.s. hoarse
**égotisme** [egɔtism(ə)] *nm* egotism, egoism
**égout** [egu] *nm* sewer; **eaux d'~** sewage
**égoutier** [egutje] *nm* sewer worker
**égoutter** [egute] *vt* (*linge*) to wring out; (*vaisselle, fromage*) to drain ▷ *vi*, **s'égoutter** *vi* to drip
**égouttoir** [egutwaʀ] *nm* draining board; (*mobile*) draining rack
**égratigner** [egʀatiɲe] *vt* to scratch; **s'égratigner** *vi* to scratch o.s.
**égratignure** [egʀatiɲyʀ] *nf* scratch
**égrener** [egʀəne] *vt*: **~ une grappe, ~ des raisins** to pick grapes off a bunch; **s'égrener** *vi* (*fig: heures etc*) to pass by; (*: notes*) to chime out
**égrillard, e** [egʀijaʀ, -aʀd(ə)] *adj* ribald, bawdy
**Égypte** [eʒipt] *nf*: **l'~** Egypt
**égyptien, ne** [eʒipsjɛ̃, -ɛn] *adj* Egyptian ▷ *nm/f*: **Égyptien, ne** Egyptian
**égyptologue** [eʒiptɔlɔg] *nm/f* Egyptologist
**eh** [e] *excl* hey!; **eh bien** well
**éhonté, e** [eɔ̃te] *adj* shameless, brazen (*Brit*)
**éjaculation** [eʒakylasjɔ̃] *nf* ejaculation
**éjaculer** [eʒakyle] *vi* to ejaculate
**éjectable** [eʒɛktabl(ə)] *adj*: **siège ~** ejector seat
**éjecter** [eʒɛkte] *vt* (*Tech*) to eject; (*fam*) to kick *ou* chuck out
**éjection** [eʒɛksjɔ̃] *nf* ejection
**élaboration** [elabɔʀasjɔ̃] *nf* elaboration
**élaboré, e** [elabɔʀe] *adj* (*complexe*) elaborate
**élaborer** [elabɔʀe] *vt* to elaborate; (*projet, stratégie*) to work out; (*rapport*) to draft
**élagage** [elagaʒ] *nm* pruning
**élaguer** [elage] *vt* to prune
**élan** [elɑ̃] *nm* (*Zool*) elk, moose; (*Sport: avant le saut*) run up; (*de véhicule*) momentum; (*fig: de tendresse etc*) surge; **prendre son ~/de l'~** to take a run up/gather speed; **perdre son ~** to lose one's momentum
**élancé, e** [elɑ̃se] *adj* slender
**élancement** [elɑ̃smɑ̃] *nm* shooting pain
**élancer** [elɑ̃se]: **s'élancer** *vi* to dash, hurl o.s.; (*fig: arbre, clocher*) to soar (upwards)
**élargir** [elaʀʒiʀ] *vt* to widen; (*vêtement*) to let out; (*Jur*) to release; **s'élargir** *vi* to widen; (*vêtement*) to stretch
**élargissement** [elaʀʒismɑ̃] *nm* widening; letting out
**élasticité** [elastisite] *nf* (*aussi Écon*) elasticity; **~ de l'offre/de la demande** flexibility of supply/demand

**élastique** [elastik] *adj* elastic ▷ *nm* (*de bureau*) rubber band; (*pour la couture*) elastic *no pl*
**élastomère** [elastɔmɛʀ] *nm* elastomer
**Elbe** [ɛlb] *nf*: **l'île d'~** (the Island of) Elba; (*fleuve*): **l'~** the Elbe
**eldorado** [ɛldɔʀado] *nm* Eldorado
**électeur, -trice** [elɛktœʀ, -tʀis] *nm/f* elector, voter
**électif, -ive** [elɛktif, -iv] *adj* elective
**élection** [elɛksjɔ̃] *nf* election; **élections** *nfpl* (*Pol*) election(s); **sa terre/patrie d'~** the land/country of one's choice; **~ partielle** ≈ by-election; **~s législatives/présidentielles** general/presidential election *sg*; *see note*

● **ÉLECTIONS LÉGISLATIVES**

● *Élections législatives* are held in France every
● five years to elect "députés" to the
● "Assemblée nationale". The president is
● chosen in the "élection présidentielle",
● which also comes round every five years.
● Voting is by direct universal suffrage and is
● divided into two rounds. The ballots always
● take place on a Sunday.

**électoral, e, -aux** [elɛktɔʀal, -o] *adj* electoral, election *cpd*
**électoralisme** [elɛktɔʀalism(ə)] *nm* electioneering
**électorat** [elɛktɔʀa] *nm* electorate
**électricien, ne** [elɛktʀisjɛ̃, -ɛn] *nm/f* electrician
**électricité** [elɛktʀisite] *nf* electricity; **allumer/éteindre l'~** to put on/off the light; **~ statique** static electricity
**électrification** [elɛktʀifikɑsjɔ̃] *nf* (*Rail*) electrification; (*d'un village etc*) laying on of electricity
**électrifier** [elɛktʀifje] *vt* (*Rail*) to electrify
**électrique** [elɛktʀik] *adj* electric(al)
**électriser** [elɛktʀize] *vt* to electrify
**électro...** [elɛktʀɔ] *préfixe* electro...
**électro-aimant** [elɛktʀɔɛmɑ̃] *nm* electromagnet
**électrocardiogramme** [elɛktʀɔkaʀdjɔgʀam] *nm* electrocardiogram
**électrocardiographe** [elɛktʀɔkaʀdjɔgʀaf] *nm* electrocardiograph
**électrochoc** [elɛktʀɔʃɔk] *nm* electric shock treatment
**électrocuter** [elɛktʀɔkyte] *vt* to electrocute
**électrocution** [elɛktʀɔkysjɔ̃] *nf* electrocution
**électrode** [elɛktʀɔd] *nf* electrode
**électro-encéphalogramme** [elɛktʀɔ-ɑ̃sefalɔgʀam] *nm* electroencephalogram
**électrogène** [elɛktʀɔʒɛn] *adj*: **groupe ~** generating set
**électrolyse** [elɛktʀɔliz] *nf* electrolysis *sg*
**électromagnétique** [elɛktʀɔmaɲetik] *adj* electromagnetic
**électroménager** [elɛktʀɔmenaʒe] *adj*:

**appareils ~s** domestic (electrical) appliances ▷ nm: **l'~** household appliances

**électron** [elɛktʁɔ̃] nm electron

**électronicien, ne** [elɛktʁɔnisjɛ̃, -ɛn] nm/f electronics (Brit) ou electrical (US) engineer

**électronique** [elɛktʁɔnik] adj electronic ▷ nf (science) electronics sg

**électronucléaire** [elɛktʁɔnykleɛʁ] adj nuclear power cpd ▷ nm: **l'~** nuclear power

**électrophone** [elɛktʁɔfɔn] nm record player

**électrostatique** [elɛktʁɔstatik] adj electrostatic ▷ nf electrostatics sg

**élégamment** [elegamɑ̃] adv elegantly

**élégance** [elegɑ̃s] nf elegance

**élégant, e** [elegɑ̃, -ɑ̃t] adj elegant; (solution) neat, elegant; (attitude, procédé) courteous, civilized

**élément** [elemɑ̃] nm element; (pièce) component, part; **éléments** nmpl elements

**élémentaire** [elemɑ̃tɛʁ] adj elementary; (Chimie) elemental

**éléphant** [elefɑ̃] nm elephant; **~ de mer** elephant seal

**éléphanteau, x** [elefɑ̃to] nm baby elephant

**éléphantesque** [elefɑ̃tɛsk(ə)] adj elephantine

**élevage** [ɛlvaʒ] nm breeding; (de bovins) cattle breeding ou rearing; (ferme) cattle farm

**élévateur** [elevatœʁ] nm elevator

**élévation** [elevasjɔ̃] nf (gén) elevation; (voir élever) raising; (voir s'élever) rise

**élevé, e** [ɛlve] adj (prix, sommet) high; (fig: noble) elevated; **bien/mal ~** well-/ill-mannered

**élève** [elɛv] nm/f pupil; **~ infirmière** student nurse

**élever** [ɛlve] vt (enfant) to bring up, raise; (bétail, volaille) to breed; (abeilles) to keep; (hausser: taux, niveau) to raise; (fig: âme, esprit) to elevate; (édifier: monument) to put up, erect; **s'élever** vi (avion, alpiniste) to go up; (niveau, température, aussi: cri etc) to rise; (survenir: difficultés) to arise; **s'~ à** (frais, dégâts) to amount to, add up to; **s'~ contre** to rise up against; **~ une protestation/critique** to raise a protest/make a criticism; **~ qn au rang de** to raise ou elevate sb to the rank of; **~ un nombre au carré/au cube** to square/cube a number

**éleveur, -euse** [ɛlvœʁ, -øz] nm/f stock breeder

**elfe** [ɛlf(ə)] nm elf

**élidé, e** [elide] adj elided

**élider** [elide] vt to elide

**éligibilité** [eliʒibilite] nf eligibility

**éligible** [eliʒibl(ə)] adj eligible

**élimé, e** [elime] adj worn (thin), threadbare

**élimination** [eliminasjɔ̃] nf elimination

**éliminatoire** [eliminatwaʁ] adj eliminatory; (Sport) disqualifying ▷ nf (Sport) heat

**éliminer** [elimine] vt to eliminate

**élire** [eliʁ] vt to elect; **~ domicile à** to take up residence in ou at

**élision** [elizjɔ̃] nf elision

**élite** [elit] nf elite; **tireur d'~** crack rifleman; **chercheur d'~** top-notch researcher

**élitisme** [elitism(ə)] nm elitism

**élitiste** [elitist(ə)] adj elitist

**élixir** [eliksiʁ] nm elixir

**elle** [ɛl] pron (sujet) she; (: chose) it; (complément) her; it; **~s** (sujet) they; (complément) them; **~-même** herself; itself; **~s-mêmes** themselves; voir **il**

**ellipse** [elips(ə)] nf ellipse; (Ling) ellipsis sg

**elliptique** [eliptik] adj elliptical

**élocution** [elɔkysjɔ̃] nf delivery; **défaut d'~** speech impediment

**éloge** [elɔʒ] nm praise gen no pl; **faire l'~ de** to praise

**élogieusement** [elɔʒjøzmɑ̃] adv very favourably

**élogieux, -euse** [elɔʒjø, -øz] adj laudatory, full of praise

**éloigné, e** [elwaɲe] adj distant, far-off

**éloignement** [elwaɲmɑ̃] nm removal; putting off; estrangement; (fig: distance) distance

**éloigner** [elwaɲe] vt (objet): **~ qch (de)** to move ou take sth away (from); (personne): **~ qn (de)** to take sb away ou remove sb (from); (échéance) to put off, postpone; (soupçons, danger) to ward off; **s'éloigner (de)** vi (personne) to go away (from); (véhicule) to move away (from); (affectivement) to become estranged (from)

**élongation** [elɔ̃gasjɔ̃] nf strained muscle

**éloquence** [elɔkɑ̃s] nf eloquence

**éloquent, e** [elɔkɑ̃, -ɑ̃t] adj eloquent

**élu, e** [ely] pp de **élire** ▷ nm/f (Pol) elected representative

**élucider** [elyside] vt to elucidate

**élucubrations** [elykybʁasjɔ̃] nfpl wild imaginings

**éluder** [elyde] vt to evade

**élus** etc [ely] vb voir **élire**

**élusif, -ive** [elyzif, -iv] adj elusive

**Élysée** [elize] nm: **(le palais de) l'~** the Élysée palace; see note; **les Champs ~s** the Champs Élysées

⊙ **L'ÉLYSÉE**
◦
◦ The palais de l'Élysée, situated in the heart of
◦ Paris just off the Champs Élysées, is the
◦ official residence of the French President.
◦ Built in the eighteenth century, it has
◦ performed its present function since 1876.
◦ A shorter form of its name, "l'Élysée" is
◦ frequently used to refer to the presidency
◦ itself.

**émacié, e** [emasje] adj emaciated

**émail, -aux** [emaj, -o] nm enamel

**e-mail** [imɛl] nm email; **envoyer qch par ~** to email sth

**émaillé, e** [emaje] adj enamelled; (fig): **~ de** dotted with

**émailler** [emaje] vt to enamel

**émanation** [emanasjɔ̃] nf emanation

**émancipation** [emɑ̃sipasjɔ̃] nf emancipation

**émancipé, e** [ēmãsipe] *adj* emancipated

**émanciper** [ēmãsipe] *vt* to emancipate;
**s'émanciper** *(fig)* to become emancipated *ou*
liberated

**émaner** [emane]: **~ de** *vt* to emanate from;
*(Admin)* to proceed from

**émarger** [emaʀʒe] *vt* to sign; **~ de 1000 euros
à un budget** to receive 1000 euros out of a
budget

**émasculer** [emaskyle] *vt* to emasculate

**emballage** [ãbalaʒ] *nm* wrapping; packing;
*(papier)* wrapping; *(carton)* packaging

**emballer** [ãbale] *vt* to wrap (up); *(dans un carton)*
to pack (up); *(fig: fam)* to thrill (to bits);
**s'emballer** *vi (moteur)* to race; *(cheval)* to bolt;
*(fig: personne)* to get carried away

**emballeur, -euse** [ãbalœʀ, -øz] *nm/f* packer

**embarcadère** [ãbaʀkadɛʀ] *nm* landing stage
*(Brit)*, pier

**embarcation** [ãbaʀkasjɔ̃] *nf* (small) boat,
(small) craft *inv*

**embardée** [ãbaʀde] *nf* swerve; **faire une ~** to
swerve

**embargo** [ãbaʀgo] *nm* embargo; **mettre l'~ sur**
to put an embargo on, embargo

**embarquement** [ãbaʀkəmã] *nm* embarkation;
loading; boarding

**embarquer** [ãbaʀke] *vt (personne)* to embark;
*(marchandise)* to load; *(fam)* to cart off; *(: arrêter)* to
nick ▷ *vi (passager)* to board; *(Navig)* to ship
water; **s'embarquer** *vi* to board; **s'~ dans**
*(affaire, aventure)* to embark upon

**embarras** [ãbaʀa] *nm (obstacle)* hindrance;
*(confusion)* embarrassment; *(ennuis)*: **être dans
l'~** to be in a predicament *ou* an awkward
position; *(gêne financière)* to be in difficulties; **~
gastrique** stomach upset

**embarrassant, e** [ãbaʀasã, -ãt] *adj*
cumbersome; embarrassing; awkward

**embarrassé, e** [ãbaʀase] *adj (encombré)*
encumbered; *(gêné)* embarrassed; *(explications
etc)* awkward

**embarrasser** [ãbaʀase] *vt (encombrer)* to clutter
(up); *(gêner)* to hinder, hamper; *(fig)* to cause
embarrassment to; to put in an awkward
position; **s'embarrasser de** *vi* to burden o.s.
with

**embauche** [ãboʃ] *nf* hiring; **bureau d'~** labour
office

**embaucher** [ãboʃe] *vt* to take on, hire;
**s'embaucher comme** *vi* to get (o.s.) a job as

**embauchoir** [ãboʃwaʀ] *nm* shoetree

**embaumer** [ãbome] *vt* to embalm; *(parfumer)* to
fill with its fragrance; **~ la lavande** to be
fragrant with (the scent of) lavender

**embellie** [ãbeli] *nf* bright spell, brighter
period

**embellir** [ãbeliʀ] *vt* to make more attractive;
*(une histoire)* to embellish ▷ *vi* to grow lovelier *ou*
more attractive

**embellissement** [ãbelismã] *nm*
embellishment

**embêtant, e** [ãbetã, -ãt] *adj* annoying

**embêtement** [ãbetmã] *nm* problem, difficulty;
**embêtements** *nmpl* trouble *sg*

**embêter** [ãbete] *vt* to bother; **s'embêter** *vi*
*(s'ennuyer)* to be bored; **ça m'embête** it bothers
me; **il ne s'embête pas!** *(ironique)* he does all
right for himself!

**emblée** [ãble]: **d'~** *adv* straightaway

**emblème** [ãblɛm] *nm* emblem

**emboiner** [ãbɔbine] *vt (enjôler)*: **~ qn** to get
round sb

**emboîtable** [ãbwatabl(ə)] *adj* interlocking

**emboîter** [ãbwate] *vt* to fit together;
**s'emboîter dans** to fit into; **s'~ (l'un dans
l'autre)** to fit together; **~ le pas à qn** to follow
in sb's footsteps

**embolie** [ãbɔli] *nf* embolism

**embonpoint** [ãbɔ̃pwɛ̃] *nm* stoutness *(Brit)*,
corpulence; **prendre de l'~** to grow stout *(Brit)*
*ou* corpulent

**embouché, e** [ãbuʃe] *adj*: **mal ~** foul-mouthed

**embouchure** [ãbuʃyʀ] *nf (Géo)* mouth; *(Mus)*
mouthpiece

**embourber** [ãbuʀbe]: **s'embourber** *vi* to get
stuck in the mud; *(fig)*: **s'~ dans** to sink into

**embourgeoiser** [ãbuʀʒwaze]: **s'embourgeoiser**
*vi* to adopt a middle-class outlook

**embout** [ãbu] *nm (de canne)* tip; *(de tuyau)* nozzle

**embouteillage** [ãbutejaʒ] *nm* traffic jam,
(traffic) holdup *(Brit)*

**embouteiller** [ãbuteje] *vt (véhicules etc)* to block

**emboutir** [ãbutiʀ] *vt (Tech)* to stamp; *(heurter)* to
crash into, ram

**embranchement** [ãbʀãʃmã] *nm (routier)*
junction; *(classification)* branch

**embrancher** [ãbʀãʃe] *vt (tuyaux)* to join; **~ qch
sur** to join sth to

**embraser** [ãbʀaze]: **s'embraser** *vi* to flare up

**embrassade** [ãbʀasad] *nf (gén pl)* hugging and
kissing *no pl*

**embrasse** [ãbʀas] *nf (de rideau)* tie-back, loop

**embrasser** [ãbʀase] *vt* to kiss; *(sujet, période)* to
embrace, encompass; *(carrière)* to embark on;
*(métier)* to go in for, take up; **~ du regard** to
take in *(with eyes)*; **s'embrasser** *vi* to kiss (each
other)

**embrasure** [ãbʀazyʀ] *nf*: **dans l'~ de la porte**
in the door(way)

**embrayage** [ãbʀɛjaʒ] *nm* clutch

**embrayer** [ãbʀeje] *vi (Auto)* to let in the clutch
▷ *vt (fig: affaire)* to set in motion; **~ sur qch** to
begin on sth

**embrigader** [ãbʀigade] *vt* to recruit

**embrocher** [ãbʀɔʃe] *vt* to (put on a) spit *(ou*
skewer)

**embrouillamini** [ãbʀujamini] *nm (fam)* muddle

**embrouillé, e** [ãbʀuje] *adj (affaire)* confused,
muddled

**embrouiller** [ãbʀuje] *vt (fils)* to tangle (up);
*(fiches, idées, personne)* to muddle up;
**s'embrouiller** *vi* to get in a muddle

**embroussaillé, e** [ãbʀusaje] *adj* overgrown,

scrubby; *(cheveux)* bushy, shaggy

**embruns** [ɑ̃bʀœ̃] *nmpl* sea spray *sg*

**embryologie** [ɑ̃bʀijɔlɔʒi] *nf* embryology

**embryon** [ɑ̃bʀijɔ̃] *nm* embryo

**embryonnaire** [ɑ̃bʀijɔnɛʀ] *adj* embryonic

**embûches** [ɑ̃byʃ] *nfpl* pitfalls, traps

**embué, e** [ɑ̃bɥe] *adj* misted up; **yeux ~s de larmes** eyes misty with tears

**embuscade** [ɑ̃byskad] *nf* ambush; **tendre une ~ à** to lay an ambush for

**embusqué, e** [ɑ̃byske] *adj* in ambush ▷ *nm (péj)* shirker, skiver *(Brit)*

**embusquer** [ɑ̃byske]: **s'embusquer** *vi* to take up position (for an ambush)

**émêché, e** [emeʃe] *adj* tipsy, merry

**émeraude** [ɛmʀod] *nf* emerald ▷ *adj inv* emerald-green

**émergence** [emɛʀʒɑ̃s] *nf (fig)* emergence

**émerger** [emɛʀʒe] *vi* to emerge; *(faire saillie, aussi fig)* to stand out

**émeri** [ɛmʀi] *nm*: **toile** *ou* **papier ~** emery paper

**émérite** [emeʀit] *adj* highly skilled

**émerveillement** [emɛʀvɛjmɑ̃] *nm* wonderment

**émerveiller** [emɛʀveje] *vt* to fill with wonder; **s'émerveiller de** *vi* to marvel at

**émet** *etc* [emɛ] *vb voir* **émettre**

**émétique** [emetik] *nm* emetic

**émetteur, -trice** [emetœʀ, -tʀis] *adj* transmitting; **(poste) ~** transmitter

**émetteur-récepteur** [emetœʀʀesɛptœʀ] *(pl* **émetteurs-récepteurs** *) nm* transceiver

**émettre** [emɛtʀ(ə)] *vt (son, lumière)* to give out, emit; *(message etc: Radio)* to transmit; *(billet, timbre, emprunt, chèque)* to issue; *(hypothèse, avis)* to voice, put forward; *(vœu)* to express ▷ *vi*: **~ sur ondes courtes** to broadcast on short wave

**émeus** *etc* [emø] *vb voir* **émouvoir**

**émeute** [emøt] *nf* riot

**émeutier, -ière** [emøtje, -jɛʀ] *nm/f* rioter

**émeuve** *etc* [emœv] *vb voir* **émouvoir**

**émietter** [emjete] *vt (pain, terre)* to crumble; *(fig)* to split up, disperse; **s'émietter** *vi (pain, terre)* to crumble

**émigrant, e** [emigʀɑ̃, -ɑ̃t] *nm/f* emigrant

**émigration** [emigʀɑsjɔ̃] *nf* emigration

**émigré, e** [emigʀe] *nm/f* expatriate

**émigrer** [emigʀe] *vi* to emigrate

**émincer** [emɛ̃se] *vt (Culin)* to slice thinly

**éminemment** [eminamɑ̃] *adv* eminently

**éminence** [eminɑ̃s] *nf* distinction; *(colline)* knoll, hill; **Son É~** His Eminence; **~ grise** éminence grise

**éminent, e** [eminɑ̃, -ɑ̃t] *adj* distinguished

**émir** [emiʀ] *nm* emir

**émirat** [emiʀa] *nm* emirate; **les É~s arabes unis (EAU)** the United Arab Emirates (UAE)

**émis, e** [emi, -iz] *pp de* **émettre**

**émissaire** [emisɛʀ] *nm* emissary

**émission** [emisjɔ̃] *nf (voir émettre)* emission; transmission; issue; *(Radio, TV)* programme, broadcast

**émit** *etc* [emi] *vb voir* **émettre**

**emmagasinage** [ɑ̃magazinaʒ] *nm* storage; storing away

**emmagasiner** [ɑ̃magazine] *vt* to (put into) store; *(fig)* to store up

**emmailloter** [ɑ̃majɔte] *vt* to wrap up

**emmanchure** [ɑ̃mɑ̃ʃyʀ] *nf* armhole

**emmêlement** [ɑ̃mɛlmɑ̃] *nm (état)* tangle

**emmêler** [ɑ̃mele] *vt* to tangle (up); *(fig)* to muddle up; **s'emmêler** *vi* to get into a tangle

**emménagement** [ɑ̃menaʒmɑ̃] *nm* settling in

**emménager** [ɑ̃menaʒe] *vi* to move in; **~ dans** to move into

**emmener** [ɑ̃mne] *vt* to take (with one); *(comme otage, capture)* to take away; **~ qn au concert** to take sb to a concert

**emmental, emmenthal** [emɛtal] *nm (fromage)* Emmenthal

**emmerder** [ɑ̃mɛʀde] *(fam!)* *vt* to bug, bother; **s'emmerder** *vi (s'ennuyer)* to be bored stiff; **je t'emmerde!** to hell with you!

**emmitoufler** [ɑ̃mitufle] *vt* to wrap up (warmly); **s'emmitoufler** to wrap (o.s.) up (warmly)

**emmurer** [ɑ̃myʀe] *vt* to wall up, immure

**émoi** [emwa] *nm (agitation, effervescence)* commotion; *(trouble)* agitation; **en ~** *(sens)* excited, stirred

**émollient, e** [emɔljɑ̃, -ɑ̃t] *adj (Méd)* emollient

**émoluments** [emɔlymɑ̃] *nmpl* remuneration *sg*, fee *sg*

**émonder** [emɔ̃de] *vt (arbre etc)* to prune; *(amande etc)* to blanch

**émoticone** [emɔtikɔn] *nm (Inform)* smiley

**émotif, -ive** [emɔtif, -iv] *adj* emotional

**émotion** [emosjɔ̃] *nf* emotion; **avoir des ~s** *(fig)* to get a fright; **donner des ~s à** to give a fright to; **sans ~** without emotion, coldly

**émotionnant, e** [emosjɔnɑ̃, -ɑ̃t] *adj* upsetting

**émotionnel, le** [emosjɔnɛl] *adj* emotional

**émotionner** [emosjɔne] *vt* to upset

**émoulu, e** [emuly] *adj*: **frais ~ de** fresh from, just out of

**émoussé, e** [emuse] *adj* blunt

**émousser** [emuse] *vt* to blunt; *(fig)* to dull

**émoustiller** [emustije] *vt* to titillate, arouse

**émouvant, e** [emuvɑ̃, -ɑ̃t] *adj* moving

**émouvoir** [emuvwaʀ] *vt (troubler)* to stir, affect; *(toucher, attendrir)* to move; *(indigner)* to rouse; *(effrayer)* to disturb, worry; **s'émouvoir** *vi* to be affected; to be moved; to be roused; to be disturbed *ou* worried

**empailler** [ɑ̃paje] *vt* to stuff

**empailleur, -euse** [ɑ̃pajœʀ, -øz] *nm/f (d'animaux)* taxidermist

**empaler** [ɑ̃pale] *vt* to impale

**empaquetage** [ɑ̃paktaʒ] *nm* packing, packaging

**empaqueter** [ɑ̃pakte] *vt* to pack up

**emparer** [ɑ̃paʀe]: **s'emparer de** *vt (objet)* to seize, grab; *(comme otage, Mil)* to seize; *(peur etc)* to take hold of

**empâter** [ɑ̃pate]: **s'empâter** vi to thicken out

**empattement** [ɑ̃patmɑ̃] nm (Auto) wheelbase; (Typo) serif

**empêché, e** [ɑ̃peʃe] adj detained

**empêchement** [ɑ̃pɛʃmɑ̃] nm (unexpected) obstacle, hitch

**empêcher** [ɑ̃peʃe] vt to prevent; **~ qn de faire** to prevent ou stop sb (from) doing; **~ que qch (n')arrive/qn (ne) fasse** to prevent sth from happening/sb from doing; **il n'empêche que** nevertheless, be that as it may; **il n'a pas pu s'~ de rire** he couldn't help laughing

**empêcheur** [ɑ̃peʃœʀ] nm: **~ de danser en rond** spoilsport, killjoy (Brit)

**empeigne** [ɑ̃pɛɲ] nf upper (of shoe)

**empennage** [ɑ̃pɛnaʒ] nm (Aviat) tailplane

**empereur** [ɑ̃pʀœʀ] nm emperor

**empesé, e** [ɑ̃pəze] adj (fig) stiff, starchy

**empeser** [ɑ̃pəze] vt to starch

**empester** [ɑ̃pɛste] vt (lieu) to stink out ▷ vi to stink, reek; **~ le tabac/le vin** to stink ou reek of tobacco/wine

**empêtrer** [ɑ̃petʀe] vt: **s'empêtrer dans** (fils etc, aussi fig) to get tangled up in

**emphase** [ɑ̃faz] nf pomposity, bombast; **avec ~** pompously

**emphatique** [ɑ̃fatik] adj emphatic

**empiècement** [ɑ̃pjɛsmɑ̃] nm (Couture) yoke

**empierrer** [ɑ̃pjeʀe] vt (route) to metal

**empiéter** [ɑ̃pjete]: **~ sur** vt to encroach upon

**empiffrer** [ɑ̃pifʀe]: **s'empiffrer** vi (péj) to stuff o.s.

**empiler** [ɑ̃pile] vt to pile (up), stack (up); **s'empiler** vi to pile up

**empire** [ɑ̃piʀ] nm empire; (fig) influence; **style E~** Empire style; **sous l'~ de** in the grip of

**empirer** [ɑ̃piʀe] vi to worsen, deteriorate

**empirique** [ɑ̃piʀik] adj empirical

**empirisme** [ɑ̃piʀism(ə)] nm empiricism

**emplacement** [ɑ̃plasmɑ̃] nm site; **sur l'~ de** on the site of

**emplâtre** [ɑ̃plɑtʀ(ə)] nm plaster; (fam) twit

**emplette** [ɑ̃plɛt] nf: **faire l'~ de** to purchase; **emplettes** shopping sg; **faire des ~s** to go shopping

**emplir** [ɑ̃pliʀ] vt to fill; **s'emplir (de)** vi to fill (with)

**emploi** [ɑ̃plwa] nm use; (Comm, Écon): **l'~** employment; (poste) job, situation; **d'~ facile** easy to use; **le plein ~** full employment; **~ du temps** timetable, schedule

**emploie** etc [ɑ̃plwa] vb voir **employer**

**employé, e** [ɑ̃plwaje] nm/f employee; **~ de bureau/banque** office/bank employee ou clerk; **~ de maison** domestic (servant)

**employer** [ɑ̃plwaje] vt (outil, moyen, méthode, mot) to use; (ouvrier, main-d'œuvre) to employ; **s'~ à qch/à faire** to apply ou devote o.s. to sth/to doing

**employeur, -euse** [ɑ̃plwajœʀ, -øz] nm/f employer

**empocher** [ɑ̃pɔʃe] vt to pocket

**empoignade** [ɑ̃pwaɲad] nf row, set-to

**empoigne** [ɑ̃pwaɲ] nf: **foire d'~** free-for-all

**empoigner** [ɑ̃pwaɲe] vt to grab; **s'empoigner** vi (fig) to have a row ou set-to

**empois** [ɑ̃pwa] nm starch

**empoisonnement** [ɑ̃pwazɔnmɑ̃] nm poisoning; (fam: ennui) annoyance, irritation

**empoisonner** [ɑ̃pwazɔne] vt to poison; (empester: air, pièce) to stink out; (fam): **~ qn** to drive sb mad; **s'empoisonner** vi to poison o.s.; **~ l'atmosphère** (aussi fig) to poison the atmosphere; (aussi: **il nous empoisonne l'existence**) he's the bane of our life

**empoissonner** [ɑ̃pwasɔne] vt (étang, rivière) to stock with fish

**emporté, e** [ɑ̃pɔʀte] adj (personne, caractère) fiery

**emportement** [ɑ̃pɔʀtəmɑ̃] nm fit of rage, anger no pl

**emporte-pièce** [ɑ̃pɔʀtəpjɛs] nm inv (Tech) punch; **à l'~** adj (fig) incisive

**emporter** [ɑ̃pɔʀte] vt to take (with one); (en dérobant ou enlevant, emmener: blessés, voyageurs) to take away; (entraîner) to carry away ou along; (arracher) to tear off; (rivière, vent) to carry away; (Mil: position) to take; (avantage, approbation) to win; **s'emporter** vi (de colère) to fly into a rage, lose one's temper; **la maladie qui l'a emporté** the illness which caused his death; **l'~** to gain victory; **l'~ (sur)** to get the upper hand (of); (méthode etc) to prevail (over); **boissons à ~** take-away drinks

**empoté, e** [ɑ̃pɔte] adj (maladroit) clumsy

**empourpré, e** [ɑ̃puʀpʀe] adj crimson

**empreint, e** [ɑ̃pʀɛ̃, -ɛ̃t] adj: **~ de** marked with; tinged with ▷ nf (de pied, main) print; (fig) stamp, mark; **~e (digitale)** fingerprint; **~e écologique** carbon footprint

**empressé, e** [ɑ̃pʀese] adj attentive; (péj) overanxious to please, overattentive

**empressement** [ɑ̃pʀɛsmɑ̃] nm eagerness

**empresser** [ɑ̃pʀese]: **s'empresser** vi: **s'~ auprès de qn** to surround sb with attentions; **s'~ de faire** to hasten to do

**emprise** [ɑ̃pʀiz] nf hold, ascendancy; **sous l'~ de** under the influence of

**emprisonnement** [ɑ̃pʀizɔnmɑ̃] nm imprisonment

**emprisonner** [ɑ̃pʀizɔne] vt to imprison, jail

**emprunt** [ɑ̃pʀœ̃] nm borrowing no pl, loan (from debtor's point of view); (Ling etc) borrowing; **nom d'~** assumed name; **~ d'État** government ou state loan; **~ public à 5%** 5% public loan

**emprunté, e** [ɑ̃pʀœ̃te] adj (fig) ill-at-ease, awkward

**emprunter** [ɑ̃pʀœ̃te] vt to borrow; (itinéraire) to take, follow; (style, manière) to adopt, assume

**emprunteur, -euse** [ɑ̃pʀœ̃tœʀ, -øz] nm/f borrower

**empuantir** [ɑ̃pɥɑ̃tiʀ] vt to stink out

**EMT** sigle f (= éducation manuelle et technique) handwork as a school subject

**ému, e** [emy] *pp de* **émouvoir** ▷ *adj* excited;
touched; moved

**émulation** [emylɑsjɔ̃] *nf* emulation

**émule** [emyl] *nm/f* imitator

**émulsion** [emylsjɔ̃] *nf* emulsion; (*cosmétique*)
(water-based) lotion

**émut** *etc* [emy] *vb voir* **émouvoir**

**EN** *sigle f* = **Éducation nationale**; *voir* **éducation**

⭘ **MOT-CLÉ**

**en** [ɑ̃] *prép* **1** (*endroit, pays*) in; (*direction*) to;
**habiter en France/ville** to live in France/town;
**aller en France/ville** to go to France/town
**2** (*moment, temps*) in; **en été/juin** in summer/
June; **en 3 jours/20 ans** in 3 days/20 years
**3** (*moyen*) by; **en avion/taxi** by plane/taxi
**4** (*composition*) made of; **c'est en verre/coton/
laine** it's (made of) glass/cotton/wool; **en
métal/plastique** made of metal/plastic; **un
collier en argent** a silver necklace; **en deux
volumes/une pièce** in two volumes/one piece
**5** (*description, état*): **une femme (habillée) en
rouge** a woman (dressed) in red; **peindre qch
en rouge** to paint sth red; **en T/étoile** T-/star-
shaped; **en chemise/chaussettes** in one's
shirt sleeves/socks; **en soldat** as a soldier; **en
civil** in civilian clothes; **cassé en plusieurs
morceaux** broken into several pieces; **en
réparation** being repaired, under repair; **en
vacances** on holiday; **en bonne santé** healthy,
in good health; **en deuil** in mourning; **le
même en plus grand** the same but *ou* only
bigger
**6** (*avec gérondif*) while; on; **en dormant** while
sleeping, as one sleeps; **en sortant** on going
out, as he *etc* went out; **sortir en courant** to
run out; **en apprenant la nouvelle, il s'est
évanoui** he fainted at the news *ou* when he
heard the news
**7** (*matière*): **fort en math** good at maths;
**expert en** expert in
**8** (*conformité*): **en tant que** as; **en bon
politicien, il ...** good politician that he is, he
..., like a good *ou* true politician, he ...; **je te
parle en ami** I'm talking to you as a friend
▷ *pron* **1** (*indéfini*): **j'en ai/veux** I have/want
some; **en as-tu?** have you got any?; **il n'y en a
pas** there isn't *ou* aren't any; **je n'en veux pas** I
don't want any; **j'en ai deux** I've got two;
**combien y en a-t-il?** how many (of them) are
there?; **j'en ai assez** I've got enough (of it *ou*
them); (*j'en ai marre*) I've had enough; **où en
étais-je?** where was I?
**2** (*provenance*) from there; **j'en viens** I've come
from there
**3** (*cause*): **il en est malade/perd le sommeil** he
is ill/can't sleep because of it
**4** (*de la part de*): **elle en est aimée** she is loved by
him (*ou* them *etc*)
**5** (*complément de nom, d'adjectif, de verbe*): **j'en
connais les dangers** I know its *ou* the dangers;

**j'en suis fier/ai besoin** I am proud of it/need it;
**il en est ainsi** *ou* **de même pour moi** it's the
same for me, same here

**ENA** [ena] *sigle f* (= *École nationale d'administration*)
grande école for training civil servants

**énarque** [enaʀk(ə)] *nm/f* former ENA student

**encablure** [ɑ̃kablyʀ] *nf* (*Navig*) cable's length

**encadrement** [ɑ̃kadʀəmɑ̃] *nm* framing;
training; (*de porte*) frame; **~ du crédit** credit
restrictions

**encadrer** [ɑ̃kadʀe] *vt* (*tableau, image*) to frame;
(*fig: entourer*) to surround; (*personnel, soldats etc*) to
train; (*Comm: crédit*) to restrict

**encadreur** [ɑ̃kadʀœʀ] *nm* (picture) framer

**encaisse** [ɑ̃kɛs] *nf* cash in hand; **~ or/
métallique** gold/gold and silver reserves

**encaissé, e** [ɑ̃kese] *adj* (*vallée*) steep-sided;
(*rivière*) with steep banks

**encaisser** [ɑ̃kese] *vt* (*chèque*) to cash; (*argent*) to
collect; (*fig: coup, défaite*) to take

**encaisseur** [ɑ̃kesœʀ] *nm* collector (*of debts etc*)

**encan** [ɑ̃kɑ̃]: **à l'~** *adv* by auction

**encanailler** [ɑ̃kanaje] *vi*: **s'encanailler** *vi* to
become vulgar *ou* common; to mix with the
riff-raff

**encart** [ɑ̃kaʀ] *nm* insert; **~ publicitaire**
publicity insert

**encarter** [ɑ̃kaʀte] *vt* to insert

**en-cas** [ɑ̃kɑ] *nm inv* snack

**encastrable** [ɑ̃kastʀabl(ə)] *adj* (*four, élément*) that
can be built in

**encastré, e** [ɑ̃kastʀe] *adj* (*four, baignoire*) built-in

**encastrer** [ɑ̃kastʀe] *vt*: **~ qch dans** (*mur*) to
embed sth in(to); (*boîtier*) to fit sth into;
**s'encastrer dans** *vi* to fit into; (*heurter*) to crash
into

**encaustique** [ɑ̃kɔstik] *nf* polish, wax

**encaustiquer** [ɑ̃kɔstike] *vt* to polish, wax

**enceinte** [ɑ̃sɛ̃t] *adj f*: **~ (de six mois)** (six
months) pregnant ▷ *nf* (*mur*) wall; (*espace*)
enclosure; **~ (acoustique)** speaker

**encens** [ɑ̃sɑ̃] *nm* incense

**encenser** [ɑ̃sɑ̃se] *vt* to (in)cense; (*fig*) to praise
to the skies

**encensoir** [ɑ̃sɑ̃swaʀ] *nm* thurible (*Brit*), censer

**encéphalogramme** [ɑ̃sefalɔgʀam] *nm*
encephalogram

**encercler** [ɑ̃sɛʀkle] *vt* to surround

**enchaîné** [ɑ̃ʃene] *nm* (*Ciné*) link shot

**enchaînement** [ɑ̃ʃɛnmɑ̃] *nm* (*fig*) linking

**enchaîner** [ɑ̃ʃene] *vt* to chain up; (*mouvements,
séquences*) to link (together) ▷ *vi* to carry on

**enchanté, e** [ɑ̃ʃɑ̃te] *adj* (*ravi*) delighted;
(*ensorcelé*) enchanted; **~ (de faire votre
connaissance)** pleased to meet you, how do
you do?

**enchantement** [ɑ̃ʃɑ̃tmɑ̃] *nm* delight; (*magie*)
enchantment; **comme par ~** as if by magic

**enchanter** [ɑ̃ʃɑ̃te] *vt* to delight

**enchanteur, -teresse** [ɑ̃ʃɑ̃tœʀ, -tʀɛs] *adj*
enchanting

**enchâsser** [ãʃase] vt: ~ **qch (dans)** to set sth (in)
**enchère** [ãʃɛʀ] nf bid; **faire une** ~ to (make a) bid; **mettre/vendre aux ~s** to put up for (sale by)/sell by auction; **les ~s montent** the bids are rising; **faire monter les ~s** (fig) to raise the bidding
**enchérir** [ãʃeʀiʀ] vi: ~ **sur qn** (aux enchères, aussi fig) to outbid sb
**enchérisseur, -euse** [ãʃeʀisœʀ, -øz] nm/f bidder
**enchevêtrement** [ãʃvɛtʀəmã] nm tangle
**enchevêtrer** [ãʃvetʀe] vt to tangle (up)
**enclave** [ãklav] nf enclave
**enclaver** [ãklave] vt to enclose, hem in
**enclencher** [ãklãʃe] vt (mécanisme) to engage; (fig: affaire) to set in motion; **s'enclencher** vi to engage
**enclin, e** [ãklɛ̃, -in] adj: ~ **à qch/à faire** inclined ou prone to sth/to do
**enclore** [ãklɔʀ] vt to enclose
**enclos** [ãklo] nm enclosure; (clôture) fence
**enclume** [ãklym] nf anvil
**encoche** [ãkɔʃ] nf notch
**encoder** [ãkɔde] vt to encode
**encodeur** [ãkɔdœʀ] nm encoder
**encoignure** [ãkɔɲyʀ] nf corner
**encoller** [ãkɔle] vt to paste
**encolure** [ãkɔlyʀ] nf (tour de cou) collar size; (col, cou) neck
**encombrant, e** [ãkɔ̃bʀã, -ãt] adj cumbersome, bulky
**encombre** [ãkɔ̃bʀ(ə)]: **sans ~** adv without mishap ou incident
**encombré, e** [ãkɔ̃bʀe] adj (pièce, passage) cluttered; (lignes téléphoniques) engaged; (marché) saturated
**encombrement** [ãkɔ̃bʀəmã] nm (d'un lieu) cluttering (up); (d'un objet: dimensions) bulk
**encombrer** [ãkɔ̃bʀe] vt to clutter (up); (gêner) to hamper; **s'encombrer de** vi (bagages etc) to load ou burden o.s. with; ~ **le passage** to block ou obstruct the way
**encontre** [ãkɔ̃tʀ(ə)]: **à l'~ de** prép against, counter to
**encorbellement** [ãkɔʀbɛlmã] nm: **fenêtre en ~** oriel window
**encorder** [ãkɔʀde] vt: **s'encorder** (Alpinisme) to rope up

⬤ **MOT-CLÉ**

**encore** [ãkɔʀ] adv **1** (continuation) still; **il y travaille encore** he's still working on it; **pas encore** not yet
**2** (de nouveau) again; **j'irai encore demain** I'll go again tomorrow; **encore une fois** (once) again; **encore un effort** one last effort; **encore deux jours** two more days
**3** (intensif) even, still; **encore plus fort/mieux** even louder/better, louder/better still; **hier encore** even yesterday; **non seulement ..., mais encore ...** not only ..., but also ...; **encore!** (insatisfaction) not again!; **quoi encore?**

what now?
**4** (restriction) even so ou then, only; **encore pourrais-je le faire si ...** even so, I might be able to do it if ...; **si encore** if only; **encore que** conj although

**encourageant, e** [ãkuʀaʒã, -ãt] adj encouraging
**encouragement** [ãkuʀaʒmã] nm encouragement; (récompense) incentive
**encourager** [ãkuʀaʒe] vt to encourage; ~ **qn à faire qch** to encourage sb to do sth
**encourir** [ãkuʀiʀ] vt to incur
**encrasser** [ãkʀase] vt to foul up; (Auto etc) to soot up
**encre** [ãkʀ(ə)] nf ink; ~ **de Chine** Indian ink; ~ **indélébile** indelible ink; ~ **sympathique** invisible ink
**encrer** [ãkʀe] vt to ink
**encreur** [ãkʀœʀ] adj m: **rouleau** ~ inking roller
**encrier** [ãkʀije] nm inkwell
**encroûter** [ãkʀute]: **s'encroûter** vi (fig) to get into a rut, get set in one's ways
**encyclique** [ãsiklik] nf encyclical
**encyclopédie** [ãsiklɔpedi] nf encyclopaedia (Brit), encyclopedia (US)
**encyclopédique** [ãsiklɔpedik] adj encyclopaedic (Brit), encyclopedic (US)
**endémique** [ãdemik] adj endemic
**endetté, e** [ãdete] adj in debt; (fig): **très ~ envers qn** deeply indebted to sb
**endettement** [ãdɛtmã] nm debts pl
**endetter** [ãdete] vt, **s'endetter** vi to get into debt
**endeuiller** [ãdœje] vt to plunge into mourning; **manifestation endeuillée par** event over which a tragic shadow was cast by
**endiablé, e** [ãdjable] adj furious; (enfant) boisterous
**endiguer** [ãdige] vt to dyke (up); (fig) to check, hold back
**endimanché, e** [ãdimãʃe] adj in one's Sunday best
**endimancher** [ãdimãʃe] vt: **s'endimancher** to put on one's Sunday best; **avoir l'air endimanché** to be all done up to the nines (fam)
**endive** [ãdiv] nf chicory no pl
**endocrine** [ãdɔkʀin] adj f: **glande ~** endocrine (gland)
**endoctrinement** [ãdɔktʀinmã] nm indoctrination
**endoctriner** [ãdɔktʀine] vt to indoctrinate
**endolori, e** [ãdɔlɔʀi] adj painful
**endommager** [ãdɔmaʒe] vt to damage
**endormant, e** [ãdɔʀmã, -ãt] adj dull, boring
**endormi, e** [ãdɔʀmi] pp de **endormir** ▷ adj (personne) asleep; (fig: indolent, lent) sluggish; (engourdi: main, pied) numb
**endormir** [ãdɔʀmiʀ] vt to put to sleep; (chaleur etc) to send to sleep; (Méd: dent, nerf) to anaesthetize; (fig: soupçons) to allay; **s'endormir**

*vi* to fall asleep, go to sleep

**endoscope** [ãdɔskɔp] *nm* (*Méd*) endoscope

**endoscopie** [ãdɔskɔpi] *nf* endoscopy

**endosser** [ãdose] *vt* (*responsabilité*) to take, shoulder; (*chèque*) to endorse; (*uniforme, tenue*) to put on, don

**endroit** [ãdRwa] *nm* place; (*localité*): **les gens de l'~** the local people; (*opposé à l'envers*) right side; **à cet ~** in this place; **à l'~** right side out; the right way up; (*vêtement*) the right way out; **à l'~ de** *prép* regarding, with regard to; **par ~s** in places

**enduire** [ãdɥiR] *vt* to coat; **~ qch de** to coat sth with

**enduit, e** [ãdɥi, -it] *pp de* **enduire** ▷ *nm* coating

**endurance** [ãdyRãs] *nf* endurance

**endurant, e** [ãdyRã, -ãt] *adj* tough, hardy

**endurcir** [ãdyRsiR] *vt* (*physiquement*) to toughen; (*moralement*) to harden; **s'endurcir** *vi* to become tougher; to become hardened

**endurer** [ãdyRe] *vt* to endure, bear

**énergétique** [enɛRʒetik] *adj* (*ressources etc*) energy *cpd*; (*aliment*) energizing

**énergie** [enɛRʒi] *nf* (*Physique*) energy; (*Tech*) power; (*fig: physique*) energy; (*: morale*) vigour, spirit; **~ éolienne/solaire** wind/solar power

**énergique** [enɛRʒik] *adj* energetic; vigorous; (*mesures*) drastic, stringent

**énergiquement** [enɛRʒikmã] *adv* energetically; drastically

**énergisant, e** [enɛRʒizã, -ãt] *adj* energizing

**énergumène** [enɛRgymɛn] *nm* rowdy character *ou* customer

**énervant, e** [enɛRvã, -ãt] *adj* irritating

**énervé, e** [enɛRve] *adj* nervy, on edge; (*agacé*) irritated

**énervement** [enɛRvəmã] *nm* nerviness; irritation

**énerver** [enɛRve] *vt* to irritate, annoy; **s'énerver** *vi* to get excited, get worked up

**enfance** [ãfãs] *nf* (*âge*) childhood; (*fig*) infancy; (*enfants*) children *pl*; **c'est l'~ de l'art** it's child's play; **petite ~** infancy; **souvenir/ami d'~** childhood memory/friend; **retomber en ~** to lapse into one's second childhood

**enfant** [ãfã] *nm/f* child; **~ adoptif/naturel** adopted/natural child; **bon ~** *adj* good-natured, easy-going; **~ de chœur** *nm* (*Rel*) altar boy; **~ prodige** child prodigy; **~ unique** only child

**enfanter** [ãfãte] *vi* to give birth ▷ *vt* to give birth to

**enfantillage** [ãfãtijaʒ] *nm* (*péj*) childish behaviour *no pl*

**enfantin, e** [ãfãtɛ̃, -in] *adj* childlike; (*péj*) childish; (*langage*) child *cpd*

**enfer** [ãfɛR] *nm* hell; **allure/bruit d'~** horrendous speed/noise

**enfermer** [ãfɛRme] *vt* to shut up; (*à clef, interner*) to lock up; **s'enfermer** to shut o.s. away; **s'~ à clé** to lock o.s. in; **s'~ dans la solitude/le mutisme** to retreat into solitude/silence

**enferrer** [ãfɛRe]: **s'enferrer** *vi*: **s'~ dans** to tangle o.s. up in

**enfiévré, e** [ãfjevRe] *adj* (*fig*) feverish

**enfilade** [ãfilad] *nf*: **une ~ de** a series *ou* line of; **prendre des rues en ~** to cross directly from one street into the next

**enfiler** [ãfile] *vt* (*vêtement*): **~ qch** to slip sth on, slip into sth; (*insérer*): **~ qch dans** to stick sth into; (*rue, couloir*) to take; (*perles*) to string; (*aiguille*) to thread; **s'enfiler dans** *vi* to disappear into

**enfin** [ãfɛ̃] *adv* at last; (*en énumérant*) lastly; (*de restriction, résignation*) still; (*eh bien*) well; (*pour conclure*) in a word

**enflammé, e** [ãflame] *adj* (*torche, allumette*) burning; (*Méd: plaie*) inflamed; (*fig: nature, discours, déclaration*) fiery

**enflammer** [ãflame] *vt* to set fire to; (*Méd*) to inflame; **s'enflammer** *vi* to catch fire; to become inflamed

**enflé, e** [ãfle] *adj* swollen; (*péj: style*) bombastic, turgid

**enfler** [ãfle] *vi* to swell (up); **s'enfler** *vi* to swell

**enflure** [ãflyR] *nf* swelling

**enfoncé, e** [ãfɔ̃se] *adj* staved-in, smashed-in; (*yeux*) deep-set

**enfoncement** [ãfɔ̃smã] *nm* (*recoin*) nook

**enfoncer** [ãfɔ̃se] *vt* (*clou*) to drive in; (*faire pénétrer*): **~ qch dans** to push (*ou* drive) sth into; (*forcer: porte*) to break open; (*: plancher*) to cause to cave in; (*défoncer: côtes etc*) to smash; (*fam: surpasser*) to lick, beat (hollow) ▷ *vi* (*dans la vase etc*) to sink in; (*sol, surface porteuse*) to give way; **s'enfoncer** *vi* to sink; **s'~ dans** to sink into; (*forêt, ville*) to disappear into; **~ un chapeau sur la tête** to cram *ou* jam a hat on one's head; **~ qn dans la dette** to drag sb into debt

**enfouir** [ãfwiR] *vt* (*dans le sol*) to bury; (*dans un tiroir etc*) to tuck away; **s'enfouir dans/sous** to bury o.s. in/under

**enfourcher** [ãfuRʃe] *vt* to mount; **~ son dada** (*fig*) to get on one's hobby-horse

**enfourner** [ãfuRne] *vt* to put in the oven; (*poterie*) to put in the kiln; **~ qch dans** to shove *ou* stuff sth into; **s'enfourner dans** (*personne*) to dive into

**enfreignais** *etc* [ãfRɛɲɛ] *vb voir* **enfreindre**

**enfreindre** [ãfRɛ̃dR(ə)] *vt* to infringe, break

**enfuir** [ãfɥiR]: **s'enfuir** *vi* to run away *ou* off

**enfumer** [ãfyme] *vt* to smoke out

**enfuyais** *etc* [ãfɥijɛ] *vb voir* **enfuir**

**engagé, e** [ãgaʒe] *adj* (*littérature etc*) engagé, committed

**engageant, e** [ãgaʒã, -ãt] *adj* attractive, appealing

**engagement** [ãgaʒmã] *nm* taking on, engaging; starting; investing; (*promesse*) commitment; (*Mil: combat*) engagement; (*: recrutement*) enlistment; (*Sport*) entry; **prendre l'~ de faire** to undertake to do; **sans ~** (*Comm*) without obligation

**engager** [ãgaʒe] *vt* (*embaucher*) to take on,

151

engage; (*commencer*) to start; (*lier*) to bind, commit; (*impliquer, entraîner*) to involve; (*investir*) to invest, lay out; (*faire intervenir*) to engage; (*Sport: concurrents, chevaux*) to enter; (*inciter*): **~ qn à faire** to urge sb to do; (*faire pénétrer*): **~ qch dans** to insert sth into; **~ qn à qch** to urge sth on sb; **s'engager** *vi* to get taken on; (*Mil*) to enlist; (*promettre, politiquement*) to commit o.s.; (*débuter*) to start (up); **s'~ à faire** to undertake to do; **s'~ dans** (*rue, passage*) to enter, turn into; (*s'emboîter*) to engage *ou* fit into; (*fig: affaire, discussion*) to enter into, embark on

**engazonner** [ɑ̃gazɔne] *vt* to turf

**engeance** [ɑ̃ʒɑ̃s] *nf* mob

**engelures** [ɑ̃ʒlyʀ] *nfpl* chilblains

**engendrer** [ɑ̃ʒɑ̃dʀe] *vt* to father; (*fig*) to create, breed

**engin** [ɑ̃ʒɛ̃] *nm* machine instrument; vehicle; (*péj*) gadget; (*Aviat: avion*) aircraft *inv*; (: *missile*) missile; **~ blindé** armoured vehicle; **~ (explosif)** (explosive) device; **~s (spéciaux)** missiles

**englober** [ɑ̃glɔbe] *vt* to include

**engloutir** [ɑ̃glutiʀ] *vt* to swallow up; (*fig: dépenses*) to devour; **s'engloutir** *vi* to be engulfed

**englué, e** [ɑ̃glye] *adj* sticky

**engoncé, e** [ɑ̃gɔ̃se] *adj*: **~ dans** cramped in

**engorgement** [ɑ̃gɔʀʒəmɑ̃] *nm* blocking; (*Méd*) engorgement

**engorger** [ɑ̃gɔʀʒe] *vt* to obstruct, block; **s'engorger** *vi* to become blocked

**engouement** [ɑ̃gumɑ̃] *nm* (sudden) passion

**engouffrer** [ɑ̃gufʀe] *vt* to swallow up, devour; **s'engouffrer dans** to rush into

**engourdi, e** [ɑ̃guʀdi] *adj* numb

**engourdir** [ɑ̃guʀdiʀ] *vt* to numb; (*fig*) to dull, blunt; **s'engourdir** *vi* to go numb

**engrais** [ɑ̃gʀɛ] *nm* manure; **~ (chimique)** (chemical) fertilizer; **~ organique/ inorganique** organic/inorganic fertilizer

**engraisser** [ɑ̃gʀese] *vt* to fatten (up); (*terre: fertiliser*) to fertilize ▷ *vi* (*péj*) to get fat(ter)

**engranger** [ɑ̃gʀɑ̃ʒe] *vt* (*foin*) to bring in; (*fig*) to store away

**engrenage** [ɑ̃gʀənaʒ] *nm* gears *pl*, gearing; (*fig*) chain

**engueuler** [ɑ̃gœle] *vt* (*fam*) to bawl at *ou* out

**enguirlander** [ɑ̃giʀlɑ̃de] *vt* (*fam*) to give sb a bawling out, bawl at

**enhardir** [ɑ̃aʀdiʀ]: **s'enhardir** *vi* to grow bolder

**ENI** [eni] *sigle f* = **école normale (d'instituteurs)**

**énième** [ɛnjɛm] *adj* = **nième**

**énigmatique** [enigmatik] *adj* enigmatic

**énigmatiquement** [enigmatikmɑ̃] *adv* enigmatically

**énigme** [enigm(ə)] *nf* riddle

**enivrant, e** [ɑ̃nivʀɑ̃, -ɑ̃t] *adj* intoxicating

**enivrer** [ɑ̃nivʀe] *vt*: **s'enivrer** to get drunk; **s'~ de** (*fig*) to become intoxicated with

**enjambée** [ɑ̃ʒɑ̃be] *nf* stride; **d'une ~** with one stride

**enjamber** [ɑ̃ʒɑ̃be] *vt* to stride over; (*pont etc*) to span, straddle

**enjeu, x** [ɑ̃ʒø] *nm* stakes *pl*

**enjoindre** [ɑ̃ʒwɛ̃dʀ(ə)] *vt*: **~ à qn de faire** to enjoin *ou* order sb to do

**enjôler** [ɑ̃ʒole] *vt* to coax, wheedle

**enjôleur, -euse** [ɑ̃ʒolœʀ, -øz] *adj* (*sourire, paroles*) winning

**enjolivement** [ɑ̃ʒɔlivmɑ̃] *nm* embellishment

**enjoliver** [ɑ̃ʒɔlive] *vt* to embellish

**enjoliveur** [ɑ̃ʒɔlivœʀ] *nm* (*Auto*) hub cap

**enjoué, e** [ɑ̃ʒwe] *adj* playful

**enlacer** [ɑ̃lase] *vt* (*étreindre*) to embrace, hug; (*lianes*) to wind round, entwine

**enlaidir** [ɑ̃lediʀ] *vt* to make ugly ▷ *vi* to become ugly

**enlevé, e** [ɑ̃lve] *adj* (*morceau de musique*) played brightly

**enlèvement** [ɑ̃lɛvmɑ̃] *nm* removal; (*rapt*) abduction, kidnapping; **l'~ des ordures ménagères** refuse collection

**enlever** [ɑ̃lve] *vt* (*ôter: gén*) to remove; (: *vêtement, lunettes*) to take off; (: *Méd: organe*) to remove; (*emporter: ordures etc*) to collect, take away; (*kidnapper*) to abduct, kidnap; (*obtenir: prix, contrat*) to win; (*Mil: position*) to take; (*morceau de piano etc*) to execute with spirit *ou* brio; (*prendre*): **~ qch à qn** to take sth (away) from sb; **s'enlever** *vi* (*tache*) to come out *ou* off; **la maladie qui nous l'a enlevé** (*euphémisme*) the illness which took him from us

**enliser** [ɑ̃lize]: **s'enliser** *vi* to sink, get stuck; (*dialogue etc*) to get bogged down

**enluminure** [ɑ̃lyminyʀ] *nf* illumination

**ENM** *sigle f* (= *École nationale de la magistrature*) *grande école for law students*

**enneigé, e** [ɑ̃neʒe] *adj* snowy; (*col*) snowed-up; (*maison*) snowed-in

**enneigement** [ɑ̃nɛʒmɑ̃] *nm* depth of snow, snowfall; **bulletin d'~** snow report

**ennemi, e** [enmi] *adj* hostile; (*Mil*) enemy *cpd* ▷ *nm/f* enemy; **être ~ de** to be strongly averse *ou* opposed to

**ennième** [ɛnjɛm] *adj* = **nième**

**ennoblir** [ɑ̃nɔbliʀ] *vt* to ennoble

**ennui** [ɑ̃nɥi] *nm* (*lassitude*) boredom; (*difficulté*) trouble *no pl*; **avoir des ~s** to have problems; **s'attirer des ~s** to cause problems for o.s.

**ennuie** *etc* [ɑ̃nɥi] *vb voir* **ennuyer**

**ennuyé, e** [ɑ̃nɥije] *adj* (*air, personne*) preoccupied, worried

**ennuyer** [ɑ̃nɥije] *vt* to bother; (*lasser*) to bore; **s'ennuyer** *vi* to be bored; (*s'ennuyer de: regretter*) to miss; **si cela ne vous ennuie pas** if it's no trouble to you

**ennuyeux, -euse** [ɑ̃nɥijø, -øz] *adj* boring, tedious; (*agaçant*) annoying

**énoncé** [enɔse] *nm* terms *pl*; wording; (*Ling*) utterance

**énoncer** [enɔse] *vt* to say, express; (*conditions*) to set out, lay down, state

**énonciation** [enɔsjɑsjɔ̃] *nf* statement

**enorgueillir** [ɑ̃nɔʀgœjiʀ]: **s'enorgueillir de** *vt* to pride o.s. on; to boast

**énorme** [enɔʀm(ə)] adj enormous, huge

**énormément** [enɔʀmemã] adv enormously, tremendously; ~ **de neige/gens** an enormous amount of snow/number of people

**énormité** [enɔʀmite] nf enormity, hugeness; (propos) outrageous remark

**en part.** abr (= en particulier) esp.

**enquérir** [ãkeʀiʀ]: **s'enquérir de** vt to inquire about

**enquête** [ãkɛt] nf (de journaliste, de police) investigation; (judiciaire, administrative) inquiry; (sondage d'opinion) survey

**enquêter** [ãkete] vi to investigate; to hold an inquiry; (faire un sondage): ~ **(sur)** to do a survey (on), carry out an opinion poll (on)

**enquêteur, -euse** ou **-trice** [ãketœʀ, -øz, -tʀis] nm/f officer in charge of an investigation; person conducting a survey; pollster

**enquiers, enquière** etc [ãkjɛʀ] vb voir **enquérir**

**enquiquiner** [ãkikine] vt to rile, irritate

**enquis, e** [ãki, -iz] pp de **enquérir**

**enraciné, e** [ãʀasine] adj deep-rooted

**enragé, e** [ãʀaʒe] adj (Méd) rabid, with rabies; (furieux) furiously angry; (fig) fanatical; ~ **de** wild about

**enrageant, e** [ãʀaʒã, -ãt] adj infuriating

**enrager** [ãʀaʒe] vi to be furious, be in a rage; **faire ~ qn** to make sb wild with anger

**enrayer** [ãʀeje] vt to check, stop; **s'enrayer** vi (arme à feu) to jam

**enrégimenter** [ãʀeʒimãte] vt (péj) to enlist

**enregistrement** [ãʀʒistʀəmã] nm recording; (Admin) registration; ~ **des bagages** (à l'aéroport) baggage check-in; ~ **magnétique** tape-recording

**enregistrer** [ãʀʒistʀe] vt (Mus) to record; (Inform) to save; (remarquer, noter) to note, record; (Comm: commande) to note, enter; (fig: mémoriser) to make a mental note of; (Admin) to register; (aussi: **faire enregistrer**: bagages: par train) to register; (: à l'aéroport) to check in

**enregistreur, -euse** [ãʀʒistʀœʀ, -øz] adj (machine) recording cpd ▷ nm (appareil): ~ **de vol** (Aviat) flight recorder

**enrhumé, e** [ãʀyme] adj: **il est ~** he has a cold

**enrhumer** [ãʀyme]: **s'enrhumer** vi to catch a cold

**enrichir** [ãʀiʃiʀ] vt to make rich(er); (fig) to enrich; **s'enrichir** vi to get rich(er)

**enrichissant, e** [ãʀiʃisã, -ãt] adj instructive

**enrichissement** [ãʀiʃismã] nm enrichment

**enrober** [ãʀɔbe] vt: ~ **qch de** to coat sth with; (fig) to wrap sth up in

**enrôlement** [ãʀolmã] nm enlistment

**enrôler** [ãʀole] vt to enlist; **s'enrôler (dans)** vi to enlist (in)

**enroué, e** [ãʀwe] adj hoarse

**enrouer** [ãʀwe]: **s'enrouer** vi to go hoarse

**enrouler** [ãʀule] vt (fil, corde) to wind (up); **s'enrouler** to coil up; ~ **qch autour de** to wind sth (a)round

**enrouleur, -euse** [ãʀulœʀ, -øz] adj (Tech) winding ▷ nm voir **ceinture**

**enrubanné, e** [ãʀybane] adj trimmed with ribbon

**ENS** sigle f = **école normale supérieure**

**ensabler** [ãsable] vt (port, canal) to silt up, sand up; (embarcation) to strand (on a sandbank); **s'ensabler** vi to silt up; to get stranded

**ensacher** [ãsaʃe] vt to pack into bags

**ENSAM** sigle f (= École nationale supérieure des arts et métiers) grande école for engineering students

**ensanglanté, e** [ãsãglãte] adj covered with blood

**enseignant, e** [ãsɛɲã, -ãt] adj teaching ▷ nm/f teacher

**enseigne** [ãsɛɲ] nf sign ▷ nm: ~ **de vaisseau** lieutenant; **à telle ~ que** so much so that; **être logés à la même ~** (fig) to be in the same boat; ~ **lumineuse** neon sign

**enseignement** [ãsɛɲmã] nm teaching; ~ **ménager** home economics; ~ **primaire** primary (Brit) ou grade school (US) education; ~ **secondaire** secondary (Brit) ou high school (US) education

**enseigner** [ãseɲe] vt, vi to teach; ~ **qch à qn/à qn que** to teach sb sth/sb that

**ensemble** [ãsãbl(ə)] adv together ▷ nm (assemblage, Math) set; (totalité): **l'~ du/de la** the whole ou entire; (vêtement féminin) ensemble, suit; (unité, harmonie) unity; (résidentiel) housing development; **aller ~** to go together; **impression/idée d'~** overall ou general impression/idea; **dans l'~** (en gros) on the whole; **dans son ~** overall, in general; ~ **vocal/musical** vocal/musical ensemble

**ensemblier** [ãsãblije] nm interior designer

**ensemencer** [ãsmãse] vt to sow

**enserrer** [ãseʀe] vt to hug (tightly)

**ENSET** [ɛnsɛt] sigle f (= École normale supérieure de l'enseignement technique) grande école for training technical teachers

**ensevelir** [ãsəvliʀ] vt to bury

**ensilage** [ãsilaʒ] nm (aliment) silage

**ensoleillé, e** [ãsɔleje] adj sunny

**ensoleillement** [ãsɔlɛjmã] nm period ou hours pl of sunshine

**ensommeillé, e** [ãsɔmeje] adj sleepy, drowsy

**ensorceler** [ãsɔʀsəle] vt to enchant, bewitch

**ensuite** [ãsɥit] adv then, next; (plus tard) afterwards, later; ~ **de quoi** after which

**ensuivre** [ãsɥivʀ(ə)]: **s'ensuivre** vi to follow, ensue; **il s'ensuit que ...** it follows that ...; **et tout ce qui s'ensuit** and all that goes with it

**entaché, e** [ãtaʃe] adj: ~ **de** marred by; ~ **de nullité** null and void

**entacher** [ãtaʃe] vt to soil

**entaille** [ãtaj] nf (encoche) notch; (blessure) cut; **se faire une ~** to cut o.s.

**entailler** [ãtaje] vt to notch; to cut; **s'~ le doigt** to cut one's finger

**entamer** [ãtame] vt to start; (hostilités, pourparlers) to open; (fig: altérer) to make a dent in; to damage

**entartrer** [ātaʀtʀe]: **s'entartrer** vi to fur up; (dents) to become covered with plaque

**entassement** [ātɑsmā] nm (tas) pile, heap

**entasser** [ātɑse] vt (empiler) to pile up, heap up; (tenir à l'étroit) to cram together; **s'entasser** vi to pile up; to cram; **s'~ dans** to cram into

**entendement** [ātādmā] nm understanding

**entendre** [ātādʀ(ə)] vt to hear; (comprendre) to understand; (vouloir dire) to mean; (vouloir): **~ être obéi/que** to intend ou mean to be obeyed/that; **j'ai entendu dire que** I've heard (it said) that; **je suis heureux de vous l'~ dire** I'm pleased to hear you say it; **~ parler de** to hear of; **laisser ~ que, donner à ~ que** to let it be understood that; **~ raison** to see sense, listen to reason; **qu'est-ce qu'il ne faut pas ~!** whatever next!; **j'ai mal entendu** I didn't catch what was said; **je vous entends très mal** I can hardly hear you; **s'entendre** vi (sympathiser) to get on; (se mettre d'accord) to agree; **s'~ à qch/à faire** (être compétent) to be good at sth/doing; **ça s'entend** (est audible) it's audible; **je m'entends** I mean; **entendons-nous!** let's be clear what we mean

**entendu, e** [ātādy] pp de **entendre** ▷ adj (réglé) agreed; (au courant: air) knowing; **étant ~ que** since (it's understood ou agreed that); **(c'est) ~** all right, agreed; **c'est ~** (concession) all right, granted; **bien ~** of course

**entente** [ātāt] nf (entre amis, pays) understanding, harmony; (accord, traité) agreement, understanding; **à double ~** (sens) with a double meaning

**entériner** [āteʀine] vt to ratify, confirm

**entérite** [āteʀit] nf enteritis no pl

**enterrement** [āteʀmā] nm burying; (cérémonie) funeral, burial; (cortège funèbre) funeral procession

**enterrer** [āteʀe] vt to bury

**entêtant, e** [ātɛtā, -āt] adj heady

**en-tête** [ātɛt] nm heading; (de papier à lettres) letterhead; **papier à ~** headed notepaper

**entêté, e** [ātete] adj stubborn

**entêtement** [ātɛtmā] nm stubbornness

**entêter** [ātete]: **s'entêter** vi: **s'~ (à faire)** to persist (in doing)

**enthousiasmant, e** [ātuzjasmā, -āt] adj exciting

**enthousiasme** [ātuzjasm(ə)] nm enthusiasm; **avec ~** enthusiastically

**enthousiasmé, e** [ātuzjasme] adj filled with enthusiasm

**enthousiasmer** [ātuzjasme] vt to fill with enthusiasm; **s'~ (pour qch)** to get enthusiastic (about sth)

**enthousiaste** [ātuzjast(ə)] adj enthusiastic

**enticher** [ātiʃe]: **s'enticher de** vt to become infatuated with

**entier, -ière** [ātje, -jɛʀ] adj (non entamé, en totalité) whole; (total, complet) complete; (fig: caractère) unbending, averse to compromise ▷ nm (Math)

whole; **en ~** totally; in its entirety; **se donner tout ~ à qch** to devote o.s. completely to sth; **lait ~** full-cream milk; **pain ~** wholemeal bread; **nombre ~** whole number

**entièrement** [ātjɛʀmā] adv entirely, completely, wholly

**entité** [ātite] nf entity

**entomologie** [ātɔmɔlɔʒi] nf entomology

**entonner** [ātɔne] vt (chanson) to strike up

**entonnoir** [ātɔnwaʀ] nm (ustensile) funnel; (trou) shell-hole, crater

**entorse** [ātɔʀs(ə)] nf (Méd) sprain; (fig): **~ à la loi/au règlement** infringement of the law/rule; **se faire une ~ à la cheville/au poignet** to sprain one's ankle/wrist

**entortiller** [ātɔʀtije] vt (envelopper): **~ qch dans/avec** to wrap sth in/with; (enrouler): **~ qch autour de** to twist ou wind sth (a)round; (fam): **~ qn** to get (a)round sb; (: duper) to hoodwink sb (Brit), trick sb; **s'entortiller dans** vi (draps) to roll o.s. up in; (fig: réponses) to get tangled up in

**entourage** [ātuʀaʒ] nm circle; family (circle); (d'une vedette etc) entourage; (ce qui enclôt) surround

**entouré, e** [ātuʀe] adj (recherché, admiré) popular; **~ de** surrounded by

**entourer** [ātuʀe] vt to surround; (apporter son soutien à) to rally round; **~ de** to surround with; (trait) to encircle with; **s'entourer de** vi to surround o.s. with; **s'~ de précautions** to take all possible precautions

**entourloupette** [ātuʀlupɛt] nf mean trick

**entournures** [ātuʀnyʀ] nfpl: **gêné aux ~ in** financial difficulties; (fig) a bit awkward

**entracte** [ātʀakt(ə)] nm interval

**entraide** [ātʀɛd] nf mutual aid ou assistance

**entraider** [ātʀede]: **s'entraider** vi to help each other

**entrailles** [ātʀaj] nfpl entrails; (humaines) bowels

**entrain** [ātʀɛ̃] nm spirit; **avec ~** (répondre, travailler) energetically; **faire qch sans ~** to do sth half-heartedly ou without enthusiasm

**entraînant, e** [ātʀɛnā, -āt] adj (musique) stirring, rousing

**entraînement** [ātʀɛnmā] nm training; (Tech): **~ à chaîne/galet** chain/wheel drive; **manquer d'~** to be unfit; **~ par ergots/friction** (Inform) tractor/friction feed

**entraîner** [ātʀene] vt (tirer: wagons) to pull; (charrier) to carry ou drag along; (Tech) to drive; (emmener: personne) to take (off); (mener à l'assaut, influencer) to lead; (Sport) to train; (impliquer) to entail; (causer) to lead to, bring about; **~ qn à faire** (inciter) to lead sb to do; **s'entraîner** vi (Sport) to train; **s'~ à qch/à faire** to train o.s. for sth/to do

**entraîneur** [ātʀɛnœʀ] nm (Sport) coach, trainer; (Hippisme) trainer

**entraîneuse** [ātʀɛnøz] nf (de bar) hostess

**entrapercevoir** [ātʀapɛʀsəvwaʀ] vt to catch a glimpse of

**entrave** [ɑ̃tʀav] *nf* hindrance

**entraver** [ɑ̃tʀave] *vt* (*circulation*) to hold up; (*action, progrès*) to hinder, hamper

**entre** [ɑ̃tʀ(ə)] *prép* between; (*parmi*) among(st); **l'un d'~ eux/nous** one of them/us; **le meilleur d'~ eux/nous** the best of them/us; **ils préfèrent rester ~ eux** they prefer to keep to themselves; **~ autres (choses)** among other things; **~ nous, ...** between ourselves ..., between you and me ...; **ils se battent ~ eux** they are fighting among(st) themselves

**entrebâillé, e** [ɑ̃tʀəbaje] *adj* half-open, ajar

**entrebâillement** [ɑ̃tʀəbajmɑ̃] *nm*: **dans l'~ (de la porte)** in the half-open door

**entrebâiller** [ɑ̃tʀəbaje] *vt* to half open

**entrechat** [ɑ̃tʀəʃa] *nm* leap

**entrechoquer** [ɑ̃tʀəʃɔke]: **s'entrechoquer** *vi* to knock *ou* bang together

**entrecôte** [ɑ̃tʀəkot] *nf* entrecôte *ou* rib steak

**entrecoupé, e** [ɑ̃tʀəkupe] *adj* (*paroles, voix*) broken

**entrecouper** [ɑ̃tʀəkupe] *vt*: **~ qch de** to intersperse sth with; **~ un récit/voyage de** to interrupt a story/journey with; **s'entrecouper** *vi* (*traits, lignes*) to cut across each other

**entrecroiser** [ɑ̃tʀəkʀwaze] *vt*, **s'entrecroiser** *vi* to intertwine

**entrée** [ɑ̃tʀe] *nf* entrance; (*accès: au cinéma etc*) admission; (*billet*) (admission) ticket; (*Culin*) first course; (*Comm: de marchandises*) entry; (*Inform*) entry, input; **entrées** *nfpl*: **avoir ses ~s chez** *ou* **auprès de** to be a welcome visitor to; **d'~** *adv* from the outset; **erreur d'~** input error; **"~ interdite"** "no admittance *ou* entry"; **~ des artistes** stage door; **~ en matière** introduction; **~ principale** main entrance; **~ en scène** entrance; **~ de service** service entrance

**entrefaites** [ɑ̃tʀəfɛt]: **sur ces ~** *adv* at this juncture

**entrefilet** [ɑ̃tʀəfilɛ] *nm* (*article*) paragraph, short report

**entregent** [ɑ̃tʀəʒɑ̃] *nm*: **avoir de l'~** to have an easy manner

**entrejambes** [ɑ̃tʀəʒɑ̃b] *nm inv* crotch

**entrelacement** [ɑ̃tʀəlasmɑ̃] *nm*: **un ~ de ...** a network of ...

**entrelacer** [ɑ̃tʀəlase] *vt*, **s'entrelacer** *vi* to intertwine

**entrelarder** [ɑ̃tʀəlaʀde] *vt* to lard; (*fig*): **entrelardé de** interspersed with

**entremêler** [ɑ̃tʀəmele] *vt*: **~ qch de** to (inter)mingle sth with

**entremets** [ɑ̃tʀəmɛ] *nm* (cream) dessert

**entremetteur, -euse** [ɑ̃tʀəmɛtœʀ, -øz] *nm/f* go-between

**entremettre** [ɑ̃tʀəmɛtʀ(ə)]: **s'entremettre** *vi* to intervene

**entremise** [ɑ̃tʀəmiz] *nf* intervention; **par l'~ de** through

**entrepont** [ɑ̃tʀəpɔ̃] *nm* steerage; **dans l'~** in steerage

**entreposer** [ɑ̃tʀəpoze] *vt* to store, put into storage

**entrepôt** [ɑ̃tʀəpo] *nm* warehouse

**entreprenant, e** [ɑ̃tʀəpʀənɑ̃, -ɑ̃t] *vb voir* **entreprendre** ▷ *adj* (*actif*) enterprising; (*trop galant*) forward

**entreprendre** [ɑ̃tʀəpʀɑ̃dʀ(ə)] *vt* (*se lancer dans*) to undertake; (*commencer*) to begin *ou* start (upon); (*personne*) to buttonhole; **~ qn sur un sujet** to tackle sb on a subject; **~ de faire** to undertake to do

**entrepreneur** [ɑ̃tʀəpʀənœʀ] *nm*: **~ (en bâtiment)** (building) contractor; **~ de pompes funèbres** funeral director, undertaker

**entreprenne** *etc* [ɑ̃tʀəpʀɛn] *vb voir* **entreprendre**

**entrepris, e** [ɑ̃tʀəpʀi, -iz] *pp de* **entreprendre** ▷ *nf* (*société*) firm, business; (*action*) undertaking, venture

**entrer** [ɑ̃tʀe] *vi* to go (*ou* come) in, enter ▷ *vt* (*Inform*) to input, enter; (**faire**) **~ qch dans** to get sth into; **~ dans** (*gén*) to enter; (*pièce*) to go (*ou* come) into, enter; (*club*) to join; (*heurter*) to run into; (*partager: vues, craintes de qn*) to share; (*être une composante de*) to go into; (*faire partie de*) to form part of; **~ au couvent** to enter a convent; **~ à l'hôpital** to go into hospital; **~ dans le système** (*Inform*) to log in; **~ en fureur** to become angry; **~ en ébullition** to start to boil; **~ en scène** to come on stage; **laisser ~ qn/qch** to let sb/sth in; **faire ~** (*visiteur*) to show in

**entresol** [ɑ̃tʀəsɔl] *nm* entresol, mezzanine

**entre-temps** [ɑ̃tʀətɑ̃] *adv* meanwhile, (in the) meantime

**entretenir** [ɑ̃tʀətniʀ] *vt* to maintain; (*amitié*) to keep alive; (*famille, maîtresse*) to support, keep; **~ qn (de)** to speak to sb (about); **s'entretenir (de)** to converse (about); **~ qn dans l'erreur** to let sb remain in ignorance

**entretenu, e** [ɑ̃tʀətny] *pp de* **entretenir** ▷ *adj* (*femme*) kept; **bien/mal ~** (*maison, jardin*) well/badly kept

**entretien** [ɑ̃tʀətjɛ̃] *nm* maintenance; (*discussion*) discussion, talk; (*audience*) interview; **frais d'~** maintenance charges

**entretiendrai** [ɑ̃tʀətjɛ̃dʀe], **entretiens** *etc* [ɑ̃tʀətjɛ̃] *vb voir* **entretenir**

**entretuer** [ɑ̃tʀətɥe]: **s'entretuer** *vi* to kill one another

**entreverrai** [ɑ̃tʀəvɛʀe], **entrevit** *etc* [ɑ̃tʀəvi] *vb voir* **entrevoir**

**entrevoir** [ɑ̃tʀəvwaʀ] *vt* (*à peine*) to make out; (*brièvement*) to catch a glimpse of

**entrevu, e** [ɑ̃tʀəvy] *pp de* **entrevoir** ▷ *nf* meeting; (*audience*) interview

**entrouvert, e** [ɑ̃tʀuvɛʀ, -ɛʀt(ə)] *pp de* **entrouvrir** ▷ *adj* half-open

**entrouvrir** [ɑ̃tʀuvʀiʀ] *vt*, **s'entrouvrir** *vi* to half open

**énumération** [enymeʀasjɔ̃] *nf* enumeration

**énumérer** [enymeʀe] *vt* to list, enumerate

**envahir** [ɑ̃vaiʀ] *vt* to invade; (*inquiétude, peur*) to come over

**envahissant, e** [ɑ̃vaisɑ̃, -ɑ̃t] adj (péj: personne) interfering, intrusive

**envahissement** [ɑ̃vaismɑ̃] nm invasion

**envahisseur** [ɑ̃vaisœʀ] nm (Mil) invader

**envasement** [ɑ̃nvazmɑ̃] nm silting up

**envaser** [ɑ̃vaze]: **s'envaser** vi to get bogged down (in the mud)

**enveloppe** [ɑ̃vlɔp] nf (de lettre) envelope; (Tech) casing; outer layer; **mettre sous ~** to put in an envelope; **~ autocollante** self-seal envelope; **~ budgétaire** budget; **~ à fenêtre** window envelope

**envelopper** [ɑ̃vlɔpe] vt to wrap; (fig) to envelop, shroud; **s'~ dans un châle/une couverture** to wrap o.s. in a shawl/blanket

**envenimer** [ɑ̃vnime] vt to aggravate; **s'envenimer** vi (plaie) to fester; (situation, relations) to worsen

**envergure** [ɑ̃vɛʀgyʀ] nf (d'un oiseau, avion) wingspan; (fig: étendue) scope; (: valeur) calibre

**enverrai** etc [ɑ̃vɛʀe] vb voir **envoyer**

**envers** [ɑ̃vɛʀ] prép towards, to ▷ nm other side; (d'une étoffe) wrong side; **à l'~** upside down; back to front; (vêtement) inside out; **~ et contre tous** ou **tout** against all opposition

**enviable** [ɑ̃vjabl(ə)] adj enviable; **peu ~** unenviable

**envie** [ɑ̃vi] nf (sentiment) envy; (souhait) desire, wish; (tache sur la peau) birthmark; (filet de peau) hangnail; **avoir ~ de** to feel like; (désir plus fort) to want; **avoir ~ de faire** to feel like doing; to want to do; **avoir ~ que** to wish that; **donner à qn l'~ de faire** to make sb want to do; **ça lui fait ~** he would like that

**envier** [ɑ̃vje] vt to envy; **~ qch à qn** to envy sb sth; **n'avoir rien à ~ à** to have no cause to be envious of

**envieux, -euse** [ɑ̃vjø, -øz] adj envious

**environ** [ɑ̃viʀɔ̃] adv: **~ 3 h/2 km, 3 h/2km ~** (around) about 3 o'clock/2 km, 3 o'clock/2 km or so

**environnant, e** [ɑ̃viʀɔnɑ̃, -ɑ̃t] adj surrounding

**environnement** [ɑ̃viʀɔnmɑ̃] nm environment

**environnementaliste** [ɑ̃viʀɔnmɑ̃talist(ə)] nm/f environmentalist

**environner** [ɑ̃viʀɔne] vt to surround

**environs** [ɑ̃viʀɔ̃] nmpl surroundings; **aux ~ de** around

**envisageable** [ɑ̃vizaʒabl(ə)] adj conceivable

**envisager** [ɑ̃vizaʒe] vt (examiner, considérer) to view, contemplate; (avoir en vue) to envisage; **~ de faire** to consider doing

**envoi** [ɑ̃vwa] nm sending; (paquet) parcel, consignment; **~ contre remboursement** (Comm) cash on delivery

**envoie** etc [ɑ̃vwa] vb voir **envoyer**

**envol** [ɑ̃vɔl] nm takeoff

**envolée** [ɑ̃vɔle] nf (fig) flight

**envoler** [ɑ̃vɔle]: **s'envoler** vi (oiseau) to fly away ou off; (avion) to take off; (papier, feuille) to blow away; (fig) to vanish (into thin air)

**envoûtant, e** [ɑ̃vutɑ̃, -ɑ̃t] adj enchanting

**envoûtement** [ɑ̃vutmɑ̃] nm bewitchment

**envoûter** [ɑ̃vute] vt to bewitch

**envoyé, e** [ɑ̃vwaje] nm/f (Pol) envoy; (Presse) correspondent ▷ adj: **bien ~** (remarque, réponse) well-aimed

**envoyer** [ɑ̃vwaje] vt to send; (lancer) to hurl, throw; **~ une gifle/un sourire à qn** to aim a blow/flash a smile at sb; **~ les couleurs** to run up the colours; **~ chercher** to send for; **~ par le fond** (bateau) to send to the bottom

**envoyeur, -euse** [ɑ̃vwajœʀ, -øz] nm/f sender

**enzyme** [ɑ̃zim] nf ou m enzyme

**éolien, ne** [eɔljɛ̃, -ɛn] adj wind cpd ▷ nf wind turbine; **pompe ~ne** windpump

**EOR** sigle m (= élève officier de réserve) ≈ military cadet

**éosine** [eɔzin] nf eosin (antiseptic used in France to treat skin ailments)

**épagneul, e** [epaɲœl] nm/f spaniel

**épais, se** [epɛ, -ɛs] adj thick

**épaisseur** [epesœʀ] nf thickness

**épaissir** [epesiʀ] vt, **s'épaissir** vi to thicken

**épaississement** [epesismɑ̃] nm thickening

**épanchement** [epɑ̃ʃmɑ̃] nm: **un ~ de synovie** water on the knee; **épanchements** nmpl (fig) (sentimental) outpourings

**épancher** [epɑ̃ʃe] vt to give vent to; **s'épancher** vi to open one's heart; (liquide) to pour out

**épandage** [epɑ̃daʒ] nm manure spreading

**épanoui, e** [epanwi] adj (éclos, ouvert, développé) blooming; (radieux) radiant

**épanouir** [epanwiʀ]: **s'épanouir** vi (fleur) to bloom, open out; (visage) to light up; (fig: se développer) to blossom (out); (: mentalement) to open up

**épanouissement** [epanwismɑ̃] nm blossoming; opening up

**épargnant, e** [epaʀɲɑ̃, -ɑ̃t] nm/f saver, investor

**épargne** [epaʀɲ(ə)] nf saving; **l'~-logement** property investment

**épargner** [epaʀɲe] vt to save; (ne pas tuer ou endommager) to spare ▷ vi to save; **~ qch à qn** to spare sb sth

**éparpillement** [epaʀpijmɑ̃] nm (de papier) scattering; (des efforts) dissipation

**éparpiller** [epaʀpije] vt to scatter; (pour répartir) to disperse; (fig: efforts) to dissipate; **s'éparpiller** vi to scatter; (fig) to dissipate one's efforts

**épars, e** [epaʀ, -aʀs(ə)] adj (maisons) scattered; (cheveux) sparse

**épatant, e** [epatɑ̃, -ɑ̃t] adj (fam) super, splendid

**épaté, e** [epate] adj: **nez ~** flat nose (with wide nostrils)

**épater** [epate] vt to amaze; (impressionner) to impress

**épaule** [epol] nf shoulder

**épaulé-jeté** [epoleʒəte] (pl **épaulés-jetés**) nm (Sport) clean-and-jerk

**épaulement** [epolmɑ̃] nm escarpment; (mur) retaining wall

**épauler** [epole] vt (aider) to back up, support;

*(arme)* to raise (to one's shoulder) ▷ *vi* to (take) aim

**épaulette** [epolɛt] *nf* (*Mil, d'un veston*) epaulette; (*de combinaison*) shoulder strap

**épave** [epav] *nf* wreck

**épée** [epe] *nf* sword

**épeler** [eple] *vt* to spell

**éperdu, e** [epɛrdy] *adj* (*personne*) overcome; (*sentiment*) passionate; (*fuite*) frantic

**éperdument** [epɛrdymɑ̃] *adv* (*aimer*) wildly; (*espérer*) fervently

**éperlan** [epɛrlɑ̃] *nm* (*Zool*) smelt

**éperon** [eprɔ̃] *nm* spur

**éperonner** [eprɔne] *vt* to spur (on); (*navire*) to ram

**épervier** [epɛrvje] *nm* (*Zool*) sparrowhawk; (*Pêche*) casting net

**éphèbe** [efɛb] *nm* beautiful young man

**éphémère** [efemɛr] *adj* ephemeral, fleeting

**éphéméride** [efemerid] *nf* block *ou* tear-off calendar

**épi** [epi] *nm* (*de blé, d'orge*) ear; ~ **de cheveux** tuft of hair; **stationnement/se garer en ~** parking/to park at an angle to the kerb

**épice** [epis] *nf* spice

**épicé, e** [epise] *adj* highly spiced, spicy; (*fig*) spicy

**épicéa** [episea] *nm* spruce

**épicentre** [episɑ̃tr(ə)] *nm* epicentre

**épicer** [epise] *vt* to spice; (*fig*) to add spice to

**épicerie** [episri] *nf* (*magasin*) grocer's shop; (*denrées*) groceries *pl*; ~ **fine** delicatessen (shop)

**épicier, -ière** [episje, -jɛr] *nm/f* grocer

**épicurien, ne** [epikyrjɛ̃, -ɛn] *adj* epicurean

**épidémie** [epidemi] *nf* epidemic

**épidémique** [epidemik] *adj* epidemic

**épiderme** [epidɛrm(ə)] *nm* skin, epidermis

**épidermique** [epidɛrmik] *adj* skin *cpd*, epidermic

**épier** [epje] *vt* to spy on, watch closely; (*occasion*) to look out for

**épieu, x** [epjø] *nm* (hunting-)spear

**épigramme** [epigram] *nf* epigram

**épigraphe** [epigraf] *nf* epigraph

**épilation** [epilasjɔ̃] *nf* removal of unwanted hair

**épilatoire** [epilatwar] *adj* depilatory, hair-removing

**épilepsie** [epilɛpsi] *nf* epilepsy

**épileptique** [epilɛptik] *adj, nm/f* epileptic

**épiler** [epile] *vt* (*jambes*) to remove the hair from; (*sourcils*) to pluck; **s'~ les jambes** to remove the hair from one's legs; **s'~ les sourcils** to pluck one's eyebrows; **se faire ~** to get unwanted hair removed; **crème à ~** hair-removing *ou* depilatory cream; **pince à ~** eyebrow tweezers

**épilogue** [epilɔg] *nm* (*fig*) conclusion, dénouement

**épiloguer** [epilɔge] *vi*: ~ **sur** to hold forth on

**épinards** [epinar] *nmpl* spinach *sg*

**épine** [epin] *nf* thorn, prickle; (*d'oursin etc*) spine, prickle; ~ **dorsale** backbone

**épineux, -euse** [epinø, -øz] *adj* thorny, prickly

**épinglage** [epɛ̃glaʒ] *nm* pinning

**épingle** [epɛ̃gl(ə)] *nf* pin; **tirer son ~ du jeu** to play one's game well; **tiré à quatre ~s** well turned-out; **monter qch en ~** to build sth up, make a thing of sth (*fam*); ~ **à chapeau** hatpin; ~ **à cheveux** hairpin; **virage en ~ à cheveux** hairpin bend; ~ **de cravate** tie pin; ~ **de nourrice** *ou* **de sûreté** *ou* **double** safety pin, nappy (*Brit*) *ou* diaper (*US*) pin

**épingler** [epɛ̃gle] *vt* (*badge, décoration*): ~ **qch sur** to pin sth on(to); (*Couture: tissu, robe*) to pin together; (*fam*) to catch, nick

**épinière** [epinjɛr] *adj f voir* **moelle**

**Épiphanie** [epifani] *nf* Epiphany

**épique** [epik] *adj* epic

**épiscopal, e, -aux** [episkɔpal, -o] *adj* episcopal

**épiscopat** [episkɔpa] *nm* bishopric, episcopate

**épisiotomie** [epizjɔtomi] *nf* (*Méd*) episiotomy

**épisode** [epizɔd] *nm* episode; **film/roman à ~s** serialized film/novel, serial

**épisodique** [epizɔdik] *adj* occasional

**épisodiquement** [epizɔdikmɑ̃] *adv* occasionally

**épissure** [episyr] *nf* splice

**épistémologie** [epistemɔlɔʒi] *nf* epistemology

**épistolaire** [epistɔlɛr] *adj* epistolary; **être en relations ~s avec qn** to correspond with sb

**épitaphe** [epitaf] *nf* epitaph

**épithète** [epitɛt] *nf* (*nom, surnom*) epithet; **adjectif ~** attributive adjective

**épître** [epitr(ə)] *nf* epistle

**éploré, e** [eplɔre] *adj* in tears, tearful

**épluchage** [eplyʃaʒ] *nm* peeling; (*de dossier etc*) careful reading *ou* analysis

**épluche-légumes** [eplyʃlegym] *nm inv* potato peeler

**éplucher** [eplyʃe] *vt* (*fruit, légumes*) to peel; (*comptes, dossier*) to go over with a fine-tooth comb

**éplucheur** [eplyʃœr] *nm* (automatic) peeler

**épluchures** [eplyʃyr] *nfpl* peelings

**épointer** [epwɛ̃te] *vt* to blunt

**éponge** [epɔ̃ʒ] *nf* sponge; **passer l'~ (sur)** (*fig*) to let bygones be bygones (with regard to); **jeter l'~** (*fig*) to throw in the towel; ~ **métallique** scourer

**éponger** [epɔ̃ʒe] *vt* (*liquide*) to mop *ou* sponge up; (*surface*) to sponge; (*fig: déficit*) to soak up, absorb; **s'~ le front** to mop one's brow

**épopée** [epɔpe] *nf* epic

**époque** [epɔk] *nf* (*de l'histoire*) age, era; (*de l'année, la vie*) time; **d'~** *adj* (*meuble*) period *cpd*; **à cette ~** at this (*ou* that) time *ou* period; **faire ~** to make history

**épouiller** [epuje] *vt* to pick lice off; (*avec un produit*) to delouse

**époumoner** [epumɔne]: **s'époumoner** *vi* to shout (*ou* sing) o.s. hoarse

**épouse** [epuz] *nf* wife

**épouser** [epuze] *vt* to marry; (*fig: idées*) to espouse; (: *forme*) to fit

**épousstage** [epustaʒ] nm dusting
**épousseter** [epuste] vt to dust
**époustouflant, e** [epustuflɑ̃, -ɑ̃t] adj
staggering, mind-boggling
**époustoufler** [epustufle] vt to flabbergast,
astound
**épouvantable** [epuvɑ̃tabl(ə)] adj appalling,
dreadful
**épouvantablement** [epuvɑ̃tabləmɑ̃] adj
terribly, dreadfully
**épouvantail** [epuvɑ̃taj] nm (à moineaux)
scarecrow; (fig) bog(e)y; bugbear
**épouvante** [epuvɑ̃t] nf terror; **film d'~** horror
film
**épouvanter** [epuvɑ̃te] vt to terrify
**époux** [epu] nm husband ▷ nmpl: **les ~** the
(married) couple, the husband and wife
**éprendre** [eprɑ̃dr(ə)]: **s'éprendre de** vt to fall in
love with
**épreuve** [eprœv] nf (d'examen) test; (malheur,
difficulté) trial, ordeal; (Photo) print; (Typo) proof;
(Sport) event; **à l'~ des balles/du feu** (vêtement)
bulletproof/fireproof; **à toute ~** unfailing;
**mettre à l'~** to put to the test; **~ de force** trial
of strength; (fig) showdown; **~ de résistance**
test of resistance; **~ de sélection** (Sport) heat
**épris, e** [epri, -iz] vb voir **éprendre** ▷ adj: **~ de** in
love with
**éprouvant, e** [epruvɑ̃, -ɑ̃t] adj trying
**éprouvé, e** [epruve] adj tested, proven
**éprouver** [epruve] vt (tester) to test; (mettre à
l'épreuve) to put to the test; (marquer, faire souffrir)
to afflict, distress; (ressentir) to experience
**éprouvette** [epruvɛt] nf test tube
**EPS** sigle f (= Éducation physique et sportive) ≈ PE
**épuisant, e** [epɥizɑ̃, -ɑ̃t] adj exhausting
**épuisé, e** [epɥize] adj exhausted; (livre) out of
print
**épuisement** [epɥizmɑ̃] nm exhaustion;
**jusqu'à ~ des stocks** while stocks last
**épuiser** [epɥize] vt (fatiguer) to exhaust, wear ou
tire out; (stock, sujet) to exhaust; **s'épuiser** vi to
wear ou tire o.s. out, exhaust o.s.; (stock) to run
out
**épuisette** [epɥizɛt] nf landing net; shrimping
net
**épuration** [epyrasjɔ̃] nf purification; purging;
refinement
**épure** [epyr] nf working drawing
**épurer** [epyre] vt (liquide) to purify; (parti,
administration) to purge; (langue, texte) to refine
**équarrir** [ekarir] vt (pierre, arbre) to square (off);
(animal) to quarter
**équateur** [ekwatœr] nm equator; **(la
république de) l'É~** Ecuador
**équation** [ekwasjɔ̃] nf equation; **mettre en ~**
to equate; **~ du premier/second degré** simple/
quadratic equation
**équatorial, e, -aux** [ekwatɔrjal, -o] adj
equatorial
**équatorien, ne** [ekwatɔrjɛ̃, -ɛn] adj Ecuadorian
▷ nm/f: **Équatorien, ne** Ecuadorian

**équerre** [ekɛr] nf (à dessin) (set) square; (pour
fixer) brace; **en ~** at right angles; **à l'~, d'~**
straight; **double ~** T-square
**équestre** [ekɛstr(ə)] adj equestrian
**équeuter** [ekøte] vt (Culin) to remove the stalk(s)
from
**équidé** [ekide] nm (Zool) member of the horse
family
**équidistance** [ekɥidistɑ̃s] nf: **à ~ (de)**
equidistant (from)
**équidistant, e** [ekɥidistɑ̃, -ɑ̃t] adj: **~ (de)**
equidistant (from)
**équilatéral, e, -aux** [ekɥilateral, -o] adj
equilateral
**équilibrage** [ekilibraʒ] nm (Auto): **~ des roues**
wheel balancing
**équilibre** [ekilibr(ə)] nm balance; (d'une balance)
equilibrium; **~ budgétaire** balanced budget;
**garder/perdre l'~** to keep/lose one's balance;
**être en ~** to be balanced; **mettre en ~** to make
steady; **avoir le sens de l'~** to be well-balanced
**équilibré, e** [ekilibre] adj (fig) well-balanced,
stable
**équilibrer** [ekilibre] vt to balance; **s'équilibrer**
vi (poids) to balance; (fig: défauts etc) to balance
each other out
**équilibriste** [ekilibrist(ə)] nm/f tightrope
walker
**équinoxe** [ekinɔks] nm equinox
**équipage** [ekipaʒ] nm crew; **en grand ~** in great
array
**équipe** [ekip] nf team; (bande: parfois péj) bunch;
**travailler par ~s** to work in shifts; **travailler
en ~** to work as a team; **faire ~ avec** to team up
with; **~ de chercheurs** research team; **~ de
secours** ou **de sauvetage** rescue team
**équipé, e** [ekipe] adj (cuisine etc) equipped,
fitted(-out) ▷ nf escapade
**équipement** [ekipmɑ̃] nm equipment;
**équipements** nmpl amenities, facilities;
installations; **biens/dépenses d'~** capital
goods/expenditure; **ministère de l'É~**
department of public works; **~s sportifs/
collectifs** sports/community facilities ou
resources
**équiper** [ekipe] vt to equip; (voiture, cuisine) to
equip, fit out; **~ qn/qch de** to equip sb/sth with;
**s'équiper** vi (sportif) to equip o.s., kit o.s. out
**équipier, -ière** [ekipje, -jɛr] nm/f team member
**équitable** [ekitabl(ə)] adj fair
**équitablement** [ekitabləmɑ̃] adv fairly,
equitably
**équitation** [ekitasjɔ̃] nf (horse-)riding; **faire
de l'~** to go (horse-)riding
**équité** [ekite] nf equity
**équivaille** etc [ekivaj] vb voir **équivaloir**
**équivalence** [ekivalɑ̃s] nf equivalence
**équivalent, e** [ekivalɑ̃, -ɑ̃t] adj, nm equivalent
**équivaloir** [ekivalwar]: **~ à** vt to be equivalent
to; (représenter) to amount to
**équivaut** etc [ekivo] vb voir **équivaloir**
**équivoque** [ekivɔk] adj equivocal, ambiguous;

**(louche)** dubious ▷ *nf* ambiguity
**érable** [eʀabl(ə)] *nm* maple
**éradication** [eʀadikɑsjɔ̃] *nf* eradication
**éradiquer** [eʀadike] *vt* to eradicate
**érafler** [eʀafle] *vt* to scratch; **s'~ la main/les jambes** to scrape *ou* scratch one's hand/legs
**éraflure** [eʀaflyʀ] *nf* scratch
**éraillé, e** [eʀɑje] *adj* *(voix)* rasping, hoarse
**ère** [ɛʀ] *nf* era; **en l'an 1050 de notre ~** in the year 1050 A.D.
**érection** [eʀɛksjɔ̃] *nf* erection
**éreintant, e** [eʀɛ̃tɑ̃, -ɑ̃t] *adj* exhausting
**éreinté, e** [eʀɛ̃te] *adj* exhausted
**éreintement** [eʀɛ̃tmɑ̃] *nm* exhaustion
**éreinter** [eʀɛ̃te] *vt* to exhaust, wear out; *(fig: critiquer)* to slate; **s'~ (à faire qch/à qch)** to wear o.s. out (doing sth/with sth)
**ergonomie** [ɛʀgɔnɔmi] *nf* ergonomics *sg*
**ergonomique** [ɛʀgɔnɔmik] *adj* ergonomic
**ergot** [ɛʀgo] *nm* *(de coq)* spur; *(Tech)* lug
**ergoter** [ɛʀgɔte] *vi* to split hairs, argue over details
**ergoteur, -euse** [ɛʀgɔtœʀ, -øz] *nm/f* hairsplitter
**ériger** [eʀiʒe] *vt* *(monument)* to erect; **~ qch en principe/loi** to make sth a principle/law; **s'~ en critique (de)** to set o.s. up as a critic (of)
**ermitage** [ɛʀmitaʒ] *nm* retreat
**ermite** [ɛʀmit] *nm* hermit
**éroder** [eʀɔde] *vt* to erode
**érogène** [eʀɔʒɛn] *adj* erogenous
**érosion** [eʀɔzjɔ̃] *nf* erosion
**érotique** [eʀɔtik] *adj* erotic
**érotiquement** [eʀɔtikmɑ̃] *adv* erotically
**érotisme** [eʀɔtism(ə)] *nm* eroticism
**errance** [ɛʀɑ̃s] *nf* wandering
**errant, e** [ɛʀɑ̃, -ɑ̃t] *adj*: **un chien ~** a stray dog
**erratum** [ɛʀatɔm, -a] *(pl* **errata)** *nm* erratum
**errements** [ɛʀmɑ̃] *nmpl* misguided ways
**errer** [ɛʀe] *vi* to wander
**erreur** [ɛʀœʀ] *nf* mistake, error; *(Inform)* error; *(morale)*: **~s** *nfpl* errors; **être dans l'~** to be wrong; **induire qn en ~** to mislead sb; **par ~** by mistake; **sauf ~** unless I'm mistaken; **faire ~** to be mistaken; **~ de date** mistake in the date; **~ de fait** error of fact; **~ d'impression** *(Typo)* misprint; **~ judiciaire** miscarriage of justice; **~ de jugement** error of judgment; **~ matérielle** *ou* **d'écriture** clerical error; **~ tactique** tactical error
**erroné, e** [ɛʀɔne] *adj* wrong, erroneous
**ersatz** [ɛʀzats] *nm* substitute, ersatz; **~ de café** coffee substitute
**éructer** [eʀykte] *vi* to belch
**érudit, e** [eʀydi, -it] *adj* erudite, learned ▷ *nm/f* scholar
**érudition** [eʀydisjɔ̃] *nf* erudition, scholarship
**éruptif, -ive** [eʀyptif, -iv] *adj* eruptive
**éruption** [eʀypsjɔ̃] *nf* eruption; *(cutanée)* outbreak; *(: boutons)* rash; *(fig: de joie, colère, folie)* outburst
**E/S** *abr (= entrée/sortie)* I/O (= in/out)
**es** [ɛ] *vb voir* **être**

**ès** [ɛs] *prép*: **licencié ès lettres/sciences** ≈ Bachelor of Arts/Science; **docteur ès lettres** ≈ doctor of philosophy, ≈ PhD
**esbroufe** [ɛsbʀuf] *nf*: **faire de l'~** to have people on
**escabeau, x** [ɛskabo] *nm* *(tabouret)* stool; *(échelle)* stepladder
**escadre** [ɛskadʀ(ə)] *nf* *(Navig)* squadron; *(Aviat)* wing
**escadrille** [ɛskadʀij] *nf* *(Aviat)* flight
**escadron** [ɛskadʀɔ̃] *nm* squadron
**escalade** [ɛskalad] *nf* climbing *no pl*; *(Pol etc)* escalation
**escalader** [ɛskalade] *vt* to climb, scale
**escalator** [ɛskalatɔʀ] *nm* escalator
**escale** [ɛskal] *nf* *(Navig)* call; *(: port)* port of call; *(Aviat)* stop(over); **faire ~ à** to put in at, call in at; to stop over at; **~ technique** *(Aviat)* refuelling stop
**escalier** [ɛskalje] *nm* stairs *pl*; **dans l'~** *ou* **les ~s** on the stairs; **descendre l'~** *ou* **les ~s** to go downstairs; **~ mécanique** *ou* **roulant** escalator; **~ de secours** fire escape; **~ de service** backstairs; **~ à vis** *ou* **en colimaçon** spiral staircase
**escalope** [ɛskalɔp] *nf* escalope
**escamotable** [ɛskamɔtabl(ə)] *adj* *(train d'atterrissage, antenne)* retractable; *(table, lit)* foldaway
**escamoter** [ɛskamɔte] *vt* *(esquiver)* to get round, evade; *(faire disparaître)* to conjure away; *(dérober: portefeuille etc)* to snatch; *(train d'atterrissage)* to retract; *(mots)* to miss out
**escapade** [ɛskapad] *nf*: **faire une ~** to go on a jaunt; *(s'enfuir)* to run away *ou* off
**escarbille** [ɛskaʀbij] *nf* bit of grit
**escarcelle** [ɛskaʀsɛl] *nf*: **faire tomber dans l'~** *(argent)* to bring in
**escargot** [ɛskaʀgo] *nm* snail
**escarmouche** [ɛskaʀmuʃ] *nf* *(Mil)* skirmish; *(fig: propos hostiles)* angry exchange
**escarpé, e** [ɛskaʀpe] *adj* steep
**escarpement** [ɛskaʀpəmɑ̃] *nm* steep slope
**escarpin** [ɛskaʀpɛ̃] *nm* flat(-heeled) shoe
**escarre** [ɛskaʀ] *nf* bedsore
**Escaut** [ɛsko] *nm*; **l'~** the Scheldt
**escient** [ɛsjɑ̃] *nm*: **à bon ~** advisedly
**esclaffer** [ɛsklafe]: **s'esclaffer** *vi* to guffaw
**esclandre** [ɛsklɑ̃dʀ(ə)] *nm* scene, fracas
**esclavage** [ɛsklavaʒ] *nm* slavery
**esclavagiste** [ɛsklavaʒist(ə)] *adj* pro-slavery ▷ *nm/f* supporter of slavery
**esclave** [ɛsklav] *nm/f* slave; **être ~ de** *(fig)* to be a slave of
**escogriffe** [ɛskɔgʀif] *nm* *(péj)* beanpole
**escompte** [ɛskɔ̃t] *nm* discount
**escompter, -euse** [ɛskɔ̃te] *vt* *(Comm)* to discount; *(espérer)* to expect, reckon upon; **~ que** to reckon *ou* expect that
**escorte** [ɛskɔʀt(ə)] *nf* escort; **faire ~ à** to escort
**escorter** [ɛskɔʀte] *vt* to escort
**escorteur** [ɛskɔʀtœʀ] *nm* *(Navig)* escort (ship)

e

**escouade** [ɛskwad] *nf* squad; *(fig: groupe de personnes)* group

**escrime** [ɛskʀim] *nf* fencing; **faire de l'**~ to fence

**escrimer** [ɛskʀime]: **s'escrimer** *vi*: **s'**~ **à faire** to wear o.s. out doing

**escrimeur, -euse** [ɛskʀimœʀ, -øz] *nm/f* fencer

**escroc** [ɛskʀo] *nm* swindler, con-man

**escroquer** [ɛskʀoke] *vt*: ~ **qn (de qch)/qch à qn** to swindle sb (out of sth)/sth out of sb

**escroquerie** [ɛskʀokʀi] *nf* swindle

**ésotérique** [ezoteʀik] *adj* esoteric

**espace** [ɛspas] *nm* space; ~ **publicitaire** advertising space; ~ **vital** living space

**espacé, e** [ɛspase] *adj* spaced out

**espacement** [ɛspasmɑ̃] *nm*: ~ **proportionnel** proportional spacing *(on printer)*

**espacer** [ɛspase] *vt* to space out; **s'espacer** *vi* *(visites etc)* to become less frequent

**espadon** [ɛspadɔ̃] *nm* swordfish *inv*

**espadrille** [ɛspadʀij] *nf* rope-soled sandal

**Espagne** [ɛspaɲ(ə)] *nf*: **l'**~ Spain

**espagnol, e** [ɛspaɲɔl] *adj* Spanish ▷ *nm (Ling)* Spanish ▷ *nm/f*: **Espagnol, e** Spaniard

**espagnolette** [ɛspaɲɔlɛt] *nf* (window) catch; **fermé à l'**~ resting on the catch

**espalier** [ɛspalje] *nm* *(arbre fruitier)* espalier

**espèce** [ɛspɛs] *nf* *(Bio, Bot, Zool)* species *inv*; *(gén: sorte)* sort, kind, type; *(péj)*: ~ **de maladroit/de brute!** you clumsy oaf/you brute!; **espèces** *nfpl* *(Comm)* cash *sg*; *(Rel)* species; **de toute** ~ of all kinds *ou* sorts; **en l'**~ *adv* in the case in point; **payer en** ~**s** to pay (in) cash; **cas d'**~ individual case; **l'**~ **humaine** humankind

**espérance** [ɛspeʀɑ̃s] *nf* hope; ~ **de vie** life expectancy

**espéranto** [ɛspeʀɑ̃to] *nm* Esperanto

**espérer** [ɛspeʀe] *vt* to hope for; **j'espère (bien)** I hope so; ~ **que/faire** to hope that/to do; ~ **en** to trust in

**espiègle** [ɛspjɛgl(ə)] *adj* mischievous

**espièglerie** [ɛspjɛgləʀi] *nf* mischievousness; *(tour, farce)* piece of mischief, prank

**espion, ne** [ɛspjɔ̃, -ɔn] *nm/f* spy; **avion** ~ spy plane

**espionnage** [ɛspjɔnaʒ] *nm* espionage, spying; **film/roman d'**~ spy film/novel

**espionner** [ɛspjɔne] *vt* to spy (up)on

**esplanade** [ɛsplanad] *nf* esplanade

**espoir** [ɛspwaʀ] *nm* hope; **l'**~ **de qch/de faire qch** the hope of sth/of doing sth; **avoir bon** ~ **que ...** to have high hopes that ...; **garder l'**~ **que ...** to remain hopeful that ...; **un** ~ **de la boxe/du ski** one of boxing's/skiing's hopefuls, one of the hopes of boxing/skiing; **sans** ~ *adj* hopeless

**esprit** [ɛspʀi] *nm* *(pensée, intellect)* mind; *(humour, ironie)* wit; *(mentalité, d'une loi etc, fantôme etc)* spirit; **l'**~ **d'équipe/de compétition** team/competitive spirit; **faire de l'**~ to try to be witty; **reprendre ses** ~**s** to come to; **perdre l'**~ to lose one's mind; **avoir bon/mauvais** ~ to be

of a good/bad disposition; **avoir l'**~ **à faire qch** to have a mind to do sth; **avoir l'**~ **critique** to be critical; ~ **de contradiction** contrariness; ~ **de corps** esprit de corps; ~ **de famille** family loyalty; **l'**~ **malin** *(le diable)* the Evil One; ~**s chagrins** fault-finders

**esquif** [ɛskif] *nm* skiff

**esquimau, de, -x** [ɛskimo, -od] *adj* Eskimo ▷ *nm (Ling)* Eskimo; *(glace)*: **E**~® ice lolly *(Brit)*, popsicle *(US)* ▷ *nm/f*: **Esquimau, de** Eskimo; **chien** ~ husky

**esquinter** [ɛskɛ̃te] *vt* *(fam)* to mess up; **s'esquinter** *vi*: **s'**~ **à faire qch** to knock o.s. out doing sth

**esquisse** [ɛskis] *nf* sketch; **l'**~ **d'un sourire/changement** a hint of a smile/of change

**esquisser** [ɛskise] *vt* to sketch; **s'esquisser** *vi* *(amélioration)* to begin to be detectable; ~ **un sourire** to give a hint of a smile

**esquive** [ɛskiv] *nf* *(Boxe)* dodging; *(fig)* sidestepping

**esquiver** [ɛskive] *vt* to dodge; **s'esquiver** *vi* to slip away

**essai** [esɛ] *nm* trying; *(tentative)* attempt, try; *(Rugby)* try; *(Littérature)* essay; **essais** *nmpl* *(Auto)* trials; **à l'**~ on a trial basis; ~ **gratuit** *(Comm)* free trial

**essaim** [esɛ̃] *nm* swarm

**essaimer** [eseme] *vi* to swarm; *(fig)* to spread, expand

**essayage** [esɛjaʒ] *nm* *(d'un vêtement)* trying on, fitting; **salon d'**~ fitting room; **cabine d'**~ fitting room *(cubicle)*

**essayer** [eseje] *vt* *(gén)* to try; *(vêtement, chaussures)* to try (on); *(restaurant, méthode, voiture)* to try (out) ▷ *vi* to try; ~ **de faire** to try *ou* attempt to do; **s'**~ **à faire** to try one's hand at doing; **essayez un peu!** *(menace)* just you try!

**essayeur, -euse** [esɛjœʀ, -øz] *nm/f* *(chez un tailleur etc)* fitter

**essayiste** [esejist(ə)] *nm/f* essayist

**ESSEC** [esɛk] *sigle f* (= *École supérieure des sciences économiques et sociales*) *grande école for management and business studies*

**essence** [esɑ̃s] *nf* *(de voiture)* petrol *(Brit)*, gas(oline) *(US)*; *(extrait de plante, Philosophie)* essence; *(espèce: d'arbre)* species *inv*; **prendre de l'**~ to get (some) petrol *ou* gas; **par** ~ *(essentiellement)* essentially; ~ **de citron/rose** lemon/rose oil; ~ **sans plomb** unleaded petrol; ~ **de térébenthine** turpentine

**essentiel, le** [esɑ̃sjɛl] *adj* essential ▷ *nm*: **l'**~ **d'un discours/d'une œuvre** the essence of a speech/work of art; **emporter l'**~ to take the essentials; **c'est l'**~ *(ce qui importe)* that's the main thing; **l'**~ **de** *(la majeure partie)* the main part of

**essentiellement** [esɑ̃sjɛlmɑ̃] *adv* essentially

**esseulé, e** [esœle] *adj* forlorn

**essieu, x** [esjø] *nm* axle

**essor** [esɔʀ] *nm* *(de l'économie etc)* rapid expansion; **prendre son** ~ *(oiseau)* to fly off

**essorage** [esɔraʒ] nm wringing out; spin-drying; spinning; shaking

**essorer** [esɔre] vt (en tordant) to wring (out); (par la force centrifuge) to spin-dry; (salade) to spin; (: en secouant) to shake dry

**essoreuse** [esɔRøz] nf mangle, wringer; (à tambour) spin-dryer

**essoufflé, e** [esufle] adj out of breath, breathless

**essouffler** [esufle] vt to make breathless; **s'essouffler** vi to get out of breath; (fig: économie) to run out of steam

**essuie** etc [esɥi] vb voir **essuyer**

**essuie-glace** [esɥiglas] nm windscreen (Brit) ou windshield (US) wiper

**essuie-mains** [esɥimɛ̃] nm inv hand towel

**essuierai** etc [esɥiRe] vb voir **essuyer**

**essuie-tout** [esɥitu] nm inv kitchen paper

**essuyer** [esɥije] vt to wipe; (fig: subir) to suffer; **s'essuyer** (après le bain) to dry o.s.; ~ **la vaisselle** to dry up, dry the dishes

**est** [ɛ] vb voir **être** ▷ nm [ɛst]: **l'**~ the east ▷ adj inv east; (région) east(ern); **à l'**~ in the east; (direction) to the east, east(wards); **à l'**~ **de** (to the) east of; **les pays de l'E**~ the eastern countries

**estafette** [estafet] nf (Mil) dispatch rider

**estafilade** [estafilad] nf gash, slash

**est-allemand, e** [estalmɑ̃, -ɑ̃d] adj East German

**estaminet** [estaminɛ] nm tavern

**estampe** [estɑ̃p] nf print, engraving

**estamper** [estɑ̃pe] vt (monnaies etc) to stamp; (fam: escroquer) to swindle

**estampille** [estɑ̃pij] nf stamp

**est-ce que** [ɛskə] adv: ~ **c'est cher/c'était bon?** is it expensive/was it good?; **quand est-ce qu'il part?** when does he leave?, when is he leaving?; **où est-ce qu'il va?** where's he going?; voir aussi **que**

**este** [ɛst(ə)] adj Estonian ▷ nm/f: **Este** Estonian

**esthète** [ɛstɛt] nm/f aesthete

**esthéticienne** [ɛstetisjɛn] nf beautician

**esthétique** [ɛstetik] adj (sens, jugement) aesthetic; (beau) attractive, aesthetically pleasing ▷ nf aesthetics sg; **l'**~ **industrielle** industrial design

**esthétiquement** [ɛstetikmɑ̃] adv aesthetically

**estimable** [ɛstimabl(ə)] adj respected

**estimatif, -ive** [ɛstimatif, -iv] adj estimated

**estimation** [ɛstimɑsjɔ̃] nf valuation; assessment; **d'après mes ~s** according to my calculations

**estime** [ɛstim] nf esteem, regard; **avoir de l'**~ **pour qn** to think highly of sb

**estimer** [ɛstime] vt (respecter) to esteem, hold in high regard; (expertiser) to value; (évaluer) to assess, estimate; (penser): ~ **que/être** to consider that/o.s. to be; **s'estimer satisfait/ heureux** vi to feel satisfied/happy; **j'estime la distance à 10 km** I reckon the distance to be 10 km

**estival, e, -aux** [ɛstival, -o] adj summer cpd;

**station ~e** (summer) holiday resort

**estivant, e** [ɛstivɑ̃, -ɑ̃t] nm/f (summer) holiday-maker

**estoc** [ɛstɔk] nm: **frapper d'**~ **et de taille** to cut and thrust

**estocade** [ɛstɔkad] nf death-blow

**estomac** [ɛstɔma] nm stomach; **avoir mal à l'**~ to have stomach ache; **avoir l'**~ **creux** to have an empty stomach

**estomaqué, e** [ɛstɔmake] adj flabbergasted

**estompe** [ɛstɔ̃p] nf stump; (dessin) stump drawing

**estompé, e** [ɛstɔ̃pe] adj blurred

**estomper** [ɛstɔ̃pe] vt (Art) to shade off; (fig) to blur, dim; **s'estomper** vi (sentiments) to soften; (contour) to become blurred

**Estonie** [ɛstɔni] nf: **l'**~ Estonia

**estonien, ne** [ɛstɔnjɛ̃, -ɛn] adj Estonian ▷ nm (Ling) Estonian ▷ nm/f: **Estonien, ne** Estonian

**estrade** [ɛstRad] nf platform, rostrum

**estragon** [ɛstRagɔ̃] nm tarragon

**estropié, e** [ɛstRɔpje] nm/f cripple

**estropier** [ɛstRɔpje] vt to cripple, maim; (fig) to twist, distort

**estuaire** [ɛstɥɛR] nm estuary

**estudiantin, e** [ɛstydjɑ̃tɛ̃, -in] adj student cpd

**esturgeon** [ɛstyRʒɔ̃] nm sturgeon

**et** [e] conj and; **et lui?** what about him?; **et alors?, et (puis) après?** so what?; (ensuite) and then?

**ét.** abr = **étage**

**ETA** [eta] sigle m (Pol) ETA

**étable** [etabl(ə)] nf cowshed

**établi, e** [etabli] adj established ▷ nm (work)bench

**établir** [etabliR] vt (papiers d'identité, facture) to make out; (liste, programme) to draw up; (gouvernement, artisan etc: aider à s'installer) to set up, establish; (entreprise, atelier, camp) to set up; (réputation, usage, fait, culpabilité, relations) to establish; (Sport: record) to set; **s'établir** vi (se faire: entente etc) to be established; **s'**~ **(à son compte)** to set up in business; **s'**~ **à/près de** to settle in/near

**établissement** [etablismɑ̃] nm making out; drawing up; setting up, establishing; (entreprise, institution) establishment; ~ **de crédit** credit institution; ~ **hospitalier** hospital complex; ~ **industriel** industrial plant, factory; ~ **scolaire** school, educational establishment

**étage** [etaʒ] nm (d'immeuble) storey (Brit), story (US), floor; (de fusée) stage; (Géo: de culture, végétation) level; **au 2ème** ~ on the 2nd (Brit) ou 3rd (US) floor; **à l'**~ upstairs; **maison à deux ~s** two-storey ou -storey house; **de bas** ~ adj low-born; (médiocre) inferior

**étager** [etaʒe] vt (cultures) to lay out in tiers; **s'étager** vi (prix) to range; (zones, cultures) to lie on different levels

**étagère** [etaʒɛR] nf (rayon) shelf; (meuble) shelves pl, set of shelves

**étai** [etɛ] nm stay, prop

161

**étain** [etɛ̃] *nm* tin; (*Orfèvrerie*) pewter *no pl*
**étais** *etc* [etɛ] *vb voir* **être**
**étal** [etal] *nm* stall
**étalage** [etalaʒ] *nm* display; (*vitrine*) display window; **faire ~ de** to show off, parade
**étalagiste** [etalaʒist(ə)] *nm/f* window-dresser
**étale** [etal] *adj* (*mer*) slack
**étalement** [etalmɑ̃] *nm* spreading; (*échelonnement*) staggering
**étaler** [etale] *vt* (*carte, nappe*) to spread (out); (*peinture, liquide*) to spread; (*échelonner: paiements, dates, vacances*) to spread, stagger; (*exposer: marchandises*) to display; (*richesses, connaissances*) to parade; **s'étaler** *vi* (*liquide*) to spread out; (*fam*) to come a cropper (*Brit*), fall flat on one's face; **s'~ sur** (*paiements etc*) to be spread over
**étalon** [etalɔ̃] *nm* (*mesure*) standard; (*cheval*) stallion; **l'~-or** the gold standard
**étalonner** [etalɔne] *vt* to calibrate
**étamer** [etame] *vt* (*casserole*) to tin(plate); (*glace*) to silver
**étamine** [etamin] *nf* (*Bot*) stamen; (*tissu*) butter muslin
**étanche** [etɑ̃ʃ] *adj* (*récipient, aussi fig*) watertight; (*montre, vêtement*) waterproof; **~ à l'air** airtight
**étanchéité** [etɑ̃ʃeite] *nf* watertightness; airtightness
**étancher** [etɑ̃ʃe] *vt* (*liquide*) to stop (flowing); **~ sa soif** to quench *ou* slake one's thirst
**étançon** [etɑ̃sɔ̃] *nm* (*Tech*) prop
**étançonner** [etɑ̃sɔne] *vt* to prop up
**étang** [etɑ̃] *nm* pond
**étant** [etɑ̃] *vb voir* **être; donné**
**étape** [etap] *nf* stage; (*lieu d'arrivée*) stopping place; (*Cyclisme*) staging point; **faire ~ à** to stop off at; **brûler les ~s** (*fig*) to cut corners
**état** [eta] *nm* (*Pol, condition*) state; (*d'un article d'occasion etc*) condition, state; (*liste*) inventory, statement; (*condition: professionnelle*) profession, trade; (*: sociale*) status; **en ~** in good/poor condition; **en ~ (de marche)** in (working) order; **remettre en ~** to repair; **hors d'~** out of order; **être en ~/hors d'~ de faire** to be in a state/in no fit state to do; **en tout ~ de cause** in any event; **être dans tous ses ~s** to be in a state; **faire ~ de** (*alléguer*) to put forward; **en ~ d'arrestation** under arrest; **~ de grâce** (*Rel*) state of grace; (*fig*) honeymoon period; **en ~ de grâce** (*fig*) inspired; **en ~ d'ivresse** under the influence of drink; **~ de choses** (*situation*) state of affairs; **~ civil** civil status; (*bureau*) registry office (*Brit*); **~ d'esprit** frame of mind; **~ des lieux** inventory of fixtures; **~ de santé** state of health; **~ de siège/d'urgence** state of siege/emergency; **~ de veille** (*Psych*) waking state; **~s d'âme** moods; **les É-s barbaresques** the Barbary States; **les É-s du Golfe** the Gulf States; **~s de service** service record *sg*
**étatique** [etatik] *adj* state *cpd*, State *cpd*
**étatisation** [etatizasjɔ̃] *nf* nationalization
**étatiser** [etatize] *vt* to bring under state control
**étatisme** [etatism(ə)] *nm* state control

**étatiste** [etatist(ə)] *adj* (*doctrine etc*) of state control ▷ *nm/f* partisan of state control
**état-major** [etamaʒɔʀ] (*pl* **états-majors**) *nm* (*Mil*) staff; (*d'un parti etc*) top advisers *pl*; (*d'une entreprise*) top management
**État-providence** [etapʀɔvidɑ̃s] *nm* welfare state
**États-Unis** [etazyni] *nmpl*: **les ~ (d'Amérique)** the United States (of America)
**étau, x** [eto] *nm* vice (*Brit*), vise (*US*)
**étayer** [eteje] *vt* to prop *ou* shore up; (*fig*) to back up
**et cætera, et cetera** [ɛtseteʀa], **etc.** *adv* et cetera, and so on, etc
**été** [ete] *pp de* **être** ▷ *nm* summer; **en ~** in summer
**éteignais** *etc* [etɛɲɛ] *vb voir* **éteindre**
**éteignoir** [etɛɲwaʀ] *nm* (candle) snuffer; (*péj*) killjoy, wet blanket
**éteindre** [etɛ̃dʀ(ə)] *vt* (*lampe, lumière, radio, chauffage*) to turn *ou* switch off; (*cigarette, incendie, bougie*) to put out, extinguish; (*Jur: dette*) to extinguish; **s'éteindre** *vi* to go off; to go out; (*mourir*) to pass away
**éteint, e** [etɛ̃, -ɛ̃t] *pp de* **éteindre** ▷ *adj* (*fig*) lacklustre, dull; (*volcan*) extinct; **tous feux ~s** (*Auto: rouler*) without lights
**étendard** [etɑ̃daʀ] *nm* standard
**étendre** [etɑ̃dʀ(ə)] *vt* (*appliquer: pâte, liquide*) to spread; (*déployer: carte etc*) to spread out; (*sur un fil: lessive, linge*) to hang up *ou* out; (*bras, jambes, par terre: blessé*) to stretch out; (*diluer*) to dilute, thin; (*fig: agrandir*) to extend; (*fam: adversaire*) to floor; **s'étendre** *vi* (*augmenter, se propager*) to spread; (*terrain, forêt etc*): **s'~ jusqu'à/de ... à** to stretch as far as/from ... to; **s'~ (sur)** (*s'allonger*) to stretch out (upon); (*se coucher*) to lie down (on); (*fig: expliquer*) to elaborate *ou* enlarge (upon)
**étendu, e** [etɑ̃dy] *adj* extensive ▷ *nf* (*d'eau, de sable*) stretch, expanse; (*importance*) extent
**éternel, le** [etɛʀnɛl] *adj* eternal; **les neiges ~les** perpetual snow
**éternellement** [etɛʀnɛlmɑ̃] *adv* eternally
**éterniser** [etɛʀnize]: **s'éterniser** *vi* to last for ages; (*personne*) to stay for ages
**éternité** [etɛʀnite] *nf* eternity; **il y a** *ou* **ça fait une ~ que** it's ages since; **de toute ~** from time immemorial
**éternuement** [etɛʀnymɑ̃] *nm* sneeze
**éternuer** [etɛʀnɥe] *vi* to sneeze
**êtes** [ɛt] *vb voir* **être**
**étêter** [etete] *vt* (*arbre*) to poll(ard); (*clou, poisson*) to cut the head off
**éther** [etɛʀ] *nm* ether
**éthéré, e** [eteʀe] *adj* ethereal
**Éthiopie** [etjɔpi] *nf*: **l'~** Ethiopia
**éthiopien, ne** [etjɔpjɛ̃, -ɛn] *adj* Ethiopian
**éthique** [etik] *adj* ethical ▷ *nf* ethics *sg*
**ethnie** [ɛtni] *nf* ethnic group
**ethnique** [ɛtnik] *adj* ethnic
**ethnographe** [ɛtnɔgʀaf] *nm/f* ethnographer
**ethnographie** [ɛtnɔgʀafi] *nf* ethnography

**ethnographique** [ɛtnɔgʀafik] *adj* ethnographic(al)

**ethnologie** [ɛtnɔlɔʒi] *nf* ethnology

**ethnologique** [ɛtnɔlɔʒik] *adj* ethnological

**ethnologue** [ɛtnɔlɔg] *nm/f* ethnologist

**éthylique** [etilik] *adj* alcoholic

**éthylisme** [etilism(ə)] *nm* alcoholism

**étiage** [etjaʒ] *nm* low water

**étiez** [etje] *vb voir* **être**

**étincelant, e** [etɛ̃slɑ̃, -ɑ̃t] *adj* sparkling

**étinceler** [etɛ̃sle] *vi* to sparkle

**étincelle** [etɛ̃sɛl] *nf* spark

**étioler** [etjɔle]: **s'étioler** *vi* to wilt

**étions** [etjɔ̃] *vb voir* **être**

**étique** [etik] *adj* skinny, bony

**étiquetage** [etiktaʒ] *nm* labelling

**étiqueter** [etikte] *vt* to label

**étiquette** [etikɛt] *vb voir* **étiqueter** ▷ *nf* label; (*protocole*): **l'~** etiquette

**étirer** [etiʀe] *vt* to stretch; (*ressort*) to stretch out; **s'étirer** *vi* (*personne*) to stretch; (*convoi, route*): **s'~ sur** to stretch out over

**étoffe** [etɔf] *nf* material, fabric; **avoir l'~ d'un chef** *etc* to be cut out to be a leader *etc*; **avoir de l'~** to be a forceful personality

**étoffer** [etɔfe] *vt* to flesh out; **s'étoffer** *vi* to fill out

**étoile** [etwal] *nf* star ▷ *adj*: **danseuse** *ou* **danseur** **~** leading dancer; **la bonne/mauvaise ~ de qn** sb's lucky/unlucky star; **à la belle ~** (out) in the open; **~ filante** shooting star; **~ de mer** starfish; **~ polaire** pole star

**étoilé, e** [etwale] *adj* starry

**étole** [etɔl] *nf* stole

**étonnamment** [etɔnamɑ̃] *adv* amazingly

**étonnant, e** [etɔnɑ̃, -ɑ̃t] *adj* surprising

**étonné, e** [etɔne] *adj* stifling

**étonnement** [etɔnmɑ̃] *nm* surprise; **à mon grand ~ ...** to my great surprise *ou* amazement ...

**étonner** [etɔne] *vt* to surprise; **s'étonner que/ de** to be surprised that/at; **cela m'~ait (que)** (*j'en doute*) I'd be (very) surprised (if)

**étouffant, e** [etufɑ̃, -ɑ̃t] *adj* stifling

**étouffé, e** [etufe] *adj* (*asphyxié*) suffocated; (*assourdi: cris, rires*) smothered ▷ *nf*: **à l'~e** (*Culin: poisson, légumes*) steamed; (: *viande*) braised

**étouffement** [etufmɑ̃] *nm* suffocation

**étouffer** [etufe] *vt* to suffocate; (*bruit*) to muffle; (*scandale*) to hush up ▷ *vi* to suffocate; (*avoir trop chaud; aussi fig*) to feel stifled; **s'étouffer** *vi* (*en mangeant etc*) to choke

**étouffoir** [etufwaʀ] *nm* (*Mus*) damper

**étourderie** [etuʀdəʀi] *nf* heedlessness *no pl*; thoughtless blunder; **faute d'~** careless mistake

**étourdi, e** [etuʀdi] *adj* (*distrait*) scatterbrained, heedless

**étourdiment** [etuʀdimɑ̃] *adv* rashly

**étourdir** [etuʀdiʀ] *vt* (*assommer*) to stun, daze; (*griser*) to make dizzy *ou* giddy

**étourdissant, e** [etuʀdisɑ̃, -ɑ̃t] *adj* staggering

**étourdissement** [etuʀdismɑ̃] *nm* dizzy spell

**étourneau, x** [etuʀno] *nm* starling

**étrange** [etʀɑ̃ʒ] *adj* strange

**étrangement** [etʀɑ̃ʒmɑ̃] *adv* strangely

**étranger, -ère** [etʀɑ̃ʒe, -ɛʀ] *adj* foreign; (*pas de la famille, non familier*) strange ▷ *nm/f* foreigner; stranger ▷ *nm*: **l'~** foreign countries; **à l'~** abroad; **de l'~** from abroad; **~ à** (*mal connu*) unfamiliar to; (*sans rapport*) irrelevant to

**étrangeté** [etʀɑ̃ʒte] *nf* strangeness

**étranglé, e** [etʀɑ̃gle] *adj*: **d'une voix ~e** in a strangled voice

**étranglement** [etʀɑ̃gləmɑ̃] *nm* (*d'une vallée etc*) constriction, narrow passage

**étrangler** [etʀɑ̃gle] *vt* to strangle; (*fig: presse, libertés*) to stifle; **s'étrangler** *vi* (*en mangeant etc*) to choke; (*se resserrer*) to make a bottleneck

**étrave** [etʀav] *nf* stem

 **MOT-CLÉ**

**être** [ɛtʀ(ə)] *nm* being; **être humain** human being

▷ *vb copule* **1** (*état, description*) to be; **il est instituteur** he is *ou* he's a teacher; **vous êtes grand/intelligent/fatigué** you are *ou* you're tall/clever/tired

**2** (*+à: appartenir*) to be; **le livre est à Paul** the book is Paul's *ou* belongs to Paul; **c'est à moi/ eux** it is *ou* it's mine/theirs

**3** (*+de: provenance*): **il est de Paris** he is from Paris; (*appartenance;* ): **il est des nôtres** he is one of us

**4** (*date*): **nous sommes le 10 janvier** it's the 10th of January (today)

▷ *vi* to be; **je ne serai pas ici demain** I won't be here tomorrow

▷ *vb aux* **1** to have; to be; **être arrivé/allé** to have arrived/gone; **il est parti** he has left, he has gone

**2** (*forme passive*) to be; **être fait par** to be made by; **il a été promu** he has been promoted

**3** (*+à +inf: obligation, but*): **c'est à réparer** it needs repairing; **c'est à essayer** it should be tried; **il est à espérer que ...** it is *ou* it's to be hoped that ...

▷ *vb impers* **1**: **il est** (*avec adjectif*) it is; **il est impossible de le faire** it's impossible to do it

**2** (*heure, date*): **il est 10 heures** it is *ou* it's 10 o'clock

**3** (*emphatique*): **c'est moi** it's me; **c'est à lui de le faire** it's up to him to do it; *voir aussi* **est-ce que; n'est-ce pas; c'est-à-dire; ce**

**étreindre** [etʀɛ̃dʀ(ə)] *vt* to clutch, grip; (*amoureusement, amicalement*) to embrace; **s'étreindre** to embrace

**étreinte** [etʀɛ̃t] *nf* clutch, grip; embrace; **resserrer son ~ autour de** (*fig*) to tighten one's grip on *ou* around

**étrenner** [etʀene] *vt* to use (*ou* wear) for the first time

## étrennes | éveil

**étrennes** [etʀɛn] *nfpl (cadeaux)* New Year's present; *(gratifications)* ≈ Christmas box *sg*, ≈ Christmas bonus

**étrier** [etʀije] *nm* stirrup

**étriller** [etʀije] *vt (cheval)* to curry; *(fam: battre)* to slaughter *(fig)*

**étriper** [etʀipe] *vt* to gut; *(fam)*: ~ **qn** to tear sb's guts out

**étriqué, e** [etʀike] *adj* skimpy

**étroit, e** [etʀwa, -wat] *adj* narrow; *(vêtement)* tight; *(fig: serré)* close, tight; **à l'~** cramped; ~ **d'esprit** narrow-minded

**étroitement** [etʀwatmɑ̃] *adv* closely

**étroitesse** [etʀwatɛs] *nf* narrowness; ~ **d'esprit** narrow-mindedness

**étrusque** [etʀysk(ə)] *adj* Etruscan

**étude** [etyd] *nf* studying; *(ouvrage, rapport, Mus)* study; *(de notaire: bureau)* office; *(: charge)* practice; *(Scol: salle de travail)* study room; **études** *nfpl (Scol)* studies; **être à l'~** *(projet etc)* to be under consideration; **faire des ~s (de droit/ médecine)** to study (law/medicine); **~s secondaires/supérieures** secondary/higher education; **~ de cas** case study; **~ de faisabilité** feasibility study; **~ de marché** *(Écon)* market research

**étudiant, e** [etydjɑ̃, -ɑ̃t] *adj, nm/f* student

**étudié, e** [etydje] *adj (démarche)* studied; *(système)* carefully designed; *(prix)* keen

**étudier** [etydje] *vt, vi* to study

**étui** [etɥi] *nm* case

**étuve** [etyv] *nf* steamroom; *(appareil)* sterilizer

**étuvée** [etyve]: **à l'~** *adv* braised

**étymologie** [etimɔlɔʒi] *nf* etymology

**étymologique** [etimɔlɔʒik] *adj* etymological

**eu, eue** [y] *pp de* **avoir**

**EU** *sigle mpl* (= États-Unis) US

**EUA** *sigle mpl* (= États-Unis d'Amérique) USA

**eucalyptus** [økaliptys] *nm* eucalyptus

**Eucharistie** [økaʀisti] *nf*: **l'~** the Eucharist, the Lord's Supper

**eucharistique** [økaʀistik] *adj* eucharistic

**euclidien, ne** [øklidjɛ̃, -ɛn] *adj* Euclidian

**eugénique** [øʒenik] *adj* eugenic ▷ *nf* eugenics *sg*

**eugénisme** [øʒenism(ə)] *nm* eugenics *sg*

**euh** [ø] *excl* er

**eunuque** [ønyk] *nm* eunuch

**euphémique** [øfemik] *adj* euphemistic

**euphémisme** [øfemism(ə)] *nm* euphemism

**euphonie** [øfɔni] *nf* euphony

**euphorbe** [øfɔʀb(ə)] *nf (Bot)* spurge

**euphorie** [øfɔʀi] *nf* euphoria

**euphorique** [øfɔʀik] *adj* euphoric

**euphorisant, e** [øfɔʀizɑ̃, -ɑ̃t] *adj* exhilarating

**eurafricain, e** [øʀafʀikɛ̃, -ɛn] *adj* Eurafrican

**eurasiatique** [øʀazjatik] *adj* Eurasiatic

**Eurasie** [øʀazi] *nf*: **l'~** Eurasia

**eurasien, ne** [øʀazjɛ̃, -ɛn] *adj* Eurasian

**EURATOM** [øʀatɔm] *sigle f* Euratom

**eurent** [yʀ(ə)] *vb voir* **avoir**

**euro** [øʀo] *nm* euro

**euro-** [øʀo] *préfixe* Euro-

**eurocrate** [øʀɔkʀat] *nm/f (péj)* Eurocrat

**eurodevise** [øʀɔdəviz] *nf* Eurocurrency

**eurodollar** [øʀodɔlaʀ] *nm* Eurodollar

**Euroland** [øʀɔlɑ̃d] *nm* Euroland

**euromonnaie** [øʀomɔnɛ] *nf* Eurocurrency

**Europe** [øʀɔp] *nf*: **l'~** Europe; **l'~ centrale** Central Europe; **l'~ verte** European agriculture

**européanisation** [øʀɔpeanizasjɔ̃] *nf* Europeanization

**européaniser** [øʀɔpeanize] *vt* to Europeanize

**européen, ne** [øʀɔpeɛ̃, -ɛn] *adj* European ▷ *nm/f*: **Européen, ne** European

**eurosceptique** [øʀosɛptik] *nm/f* Eurosceptic

**Eurovision** [øʀovizjɔ̃] *nf* Eurovision; **émission en ~** Eurovision broadcast

**eus** *etc* [y] *vb voir* **avoir**

**euthanasie** [øtanazi] *nf* euthanasia

**eux** [ø] *pron (sujet)* they; *(objet)* them; **~, ils ont fait ...** THEY did ...

**évacuation** [evakɥasjɔ̃] *nf* evacuation

**évacué, e** [evakɥe] *nm/f* evacuee

**évacuer** [evakɥe] *vt (salle, région)* to evacuate, clear; *(occupants, population)* to evacuate; *(toxine etc)* to evacuate, discharge

**évadé, e** [evade] *adj* escaped ▷ *nm/f* escapee

**évader** [evade]: **s'évader** *vi* to escape

**évaluation** [evalɥasjɔ̃] *nf* assessment, evaluation

**évaluer** [evalɥe] *vt* to assess, evaluate

**évanescent, e** [evanesɑ̃, -ɑ̃t] *adj* evanescent

**évangélique** [evɑ̃ʒelik] *adj* evangelical

**évangélisation** [evɑ̃ʒelizasjɔ̃] *nf* evangelization

**évangéliser** [evɑ̃ʒelize] *vt* to evangelize

**évangéliste** [evɑ̃ʒelist(ə)] *nm* evangelist

**évangile** [evɑ̃ʒil] *nm* gospel; *(texte de la Bible)*: **É~** Gospel; **ce n'est pas l'É~** *(fig)* it's not gospel

**évanoui, e** [evanwi] *adj* in a faint; **tomber ~** to faint

**évanouir** [evanwiʀ]: **s'évanouir** *vi* to faint, pass out; *(disparaître)* to vanish, disappear

**évanouissement** [evanwismɑ̃] *nm (syncope)* fainting fit; *(Méd)* loss of consciousness

**évaporation** [evapɔʀasjɔ̃] *nf* evaporation

**évaporé, e** [evapɔʀe] *adj* giddy, scatterbrained

**évaporer** [evapɔʀe]: **s'évaporer** *vi* to evaporate

**évasé, e** [evaze] *adj (jupe etc)* flared

**évaser** [evaze] *vt (tuyau)* to widen, open out; *(jupe, pantalon)* to flare; **s'évaser** *vi* to widen, open out

**évasif, -ive** [evazif, -iv] *adj* evasive

**évasion** [evazjɔ̃] *nf* escape; **littérature d'~** escapist literature; **~ des capitaux** *(Écon)* flight of capital; **~ fiscale** tax avoidance

**évasivement** [evazivmɑ̃] *adv* evasively

**évêché** [evefe] *nm (fonction)* bishopric; *(palais)* bishop's palace

**éveil** [evɛj] *nm* awakening; **être en ~** to be alert; **mettre qn en ~, donner l'~ à qn** to arouse sb's suspicions; **activités d'~** early-learning activities

**éveillé, e** [eveje] *adj* awake; *(vif)* alert, sharp
**éveiller** [eveje] *vt* to (a)waken; **s'éveiller** *vi* to (a)waken; *(fig)* to be aroused
**événement** [evɛnmɑ̃] *nm* event
**éventail** [evɑ̃taj] *nm* fan; *(choix)* range; **en ~** fanned out; fan-shaped
**éventaire** [evɑ̃tɛʀ] *nm* stall, stand
**éventé, e** [evɑ̃te] *adj (parfum, vin)* stale
**éventer** [evɑ̃te] *vt (secret, complot)* to uncover; *(avec un éventail)* to fan; **s'éventer** *vi (parfum, vin)* to go stale
**éventrer** [evɑ̃tʀe] *vt* to disembowel; *(fig)* to tear *ou* rip open
**éventualité** [evɑ̃tɥalite] *nf* eventuality; possibility; **dans l'~ de** in the event of; **parer à toute ~** to guard against all eventualities
**éventuel, le** [evɑ̃tɥɛl] *adj* possible
**éventuellement** [evɑ̃tɥɛlmɑ̃] *adv* possibly
**évêque** [evɛk] *nm* bishop
**Everest** [ɛvʀɛst] *nm*: **(mont) ~** (Mount) Everest
**évertuer** [evɛʀtɥe]: **s'évertuer** *vi*: **s'~ à faire** to try very hard to do
**éviction** [eviksjɔ̃] *nf* ousting, supplanting; *(de locataire)* eviction
**évidemment** [evidamɑ̃] *adv* obviously
**évidence** [evidɑ̃s] *nf* obviousness; *(fait)* obvious fact; **se rendre à l'~** to bow before the evidence; **nier l'~** to deny the evidence; **à l'~** evidently; **de toute ~** quite obviously *ou* evidently; **en ~** conspicuous; **mettre en ~** to bring to the fore
**évident, e** [evidɑ̃, -ɑ̃t] *adj* obvious, evident; **ce n'est pas ~** *(cela pose des problèmes)* it's not (all that) straightforward, it's not as simple as all that
**évider** [evide] *vt* to scoop out
**évier** [evje] *nm* (kitchen) sink
**évincer** [evɛ̃se] *vt* to oust, supplant
**évitable** [evitabl(ə)] *adj* avoidable
**évitement** [evitmɑ̃] *nm*: **place d'~** *(Auto)* passing place
**éviter** [evite] *vt* to avoid; **~ de faire/que qch ne se passe** to avoid doing/sth happening; **~ qch à qn** to spare sb sth
**évocateur, -trice** [evɔkatœʀ, -tʀis] *adj* evocative, suggestive
**évocation** [evɔkasjɔ̃] *nf* evocation
**évolué, e** [evɔlɥe] *adj* advanced; *(personne)* broad-minded
**évoluer** [evɔlɥe] *vi (enfant, maladie)* to develop; *(situation, moralement)* to evolve, develop; *(aller et venir: danseur etc)* to move about, circle
**évolutif, -ive** [evɔlytif, -iv] *adj* evolving
**évolution** [evɔlysjɔ̃] *nf* development; evolution; **évolutions** *nfpl* movements
**évolutionnisme** [evɔlysjɔnism(ə)] *nm* evolutionism
**évoquer** [evɔke] *vt* to call to mind, evoke; *(mentionner)* to mention
**ex.** *abr* (= *exemple*) ex.
**ex-** [ɛks] *préfixe* ex-
**exacerbé, e** [ɛgzasɛʀbe] *adj (orgueil, sensibilité)* exaggerated

**exacerber** [ɛgzasɛʀbe] *vt* to exacerbate
**exact, e** [ɛgzakt] *adj (précis)* exact, accurate, precise; *(correct)* correct; *(ponctuel)* punctual; **l'heure ~e** the right *ou* exact time
**exactement** [ɛgzaktəmɑ̃] *adv* exactly, accurately, precisely; correctly; *(c'est cela même)* exactly
**exaction** [ɛgzaksjɔ̃] *nf (d'argent)* exaction; *(gén pl: actes de violence)* abuse(s)
**exactitude** [ɛgzaktityd] *nf* exactitude, accurateness, precision
**ex aequo** [ɛgzeko] *adj* equally placed; **classé 1er ~** placed equal first
**exagération** [ɛgzaʒeʀasjɔ̃] *nf* exaggeration
**exagéré, e** [ɛgzaʒeʀe] *adj (prix etc)* excessive
**exagérément** [ɛgzaʒeʀemɑ̃] *adv* excessively
**exagérer** [ɛgzaʒeʀe] *vt* to exaggerate ▷ *vi (abuser)* to go too far; *(dépasser les bornes)* to overstep the mark; *(déformer les faits)* to exaggerate; **s'exagérer qch** to exaggerate sth
**exaltant, e** [ɛgzaltɑ̃, -ɑ̃t] *adj* exhilarating
**exaltation** [ɛgzaltasjɔ̃] *nf* exaltation
**exalté, e** [ɛgzalte] *adj* (over)excited ▷ *nm/f (péj)* fanatic
**exalter** [ɛgzalte] *vt (enthousiasmer)* to excite, elate; *(glorifier)* to exalt
**examen** [ɛgzamɛ̃] *nm* examination; *(Scol)* exam, examination; **à l'~** *(dossier, projet)* under consideration; *(Comm)* on approval; **~ blanc** mock exam(ination); **~ de la vue** sight test
**examinateur, -trice** [ɛgzaminatœʀ, -tʀis] *nm/f* examiner
**examiner** [ɛgzamine] *vt* to examine
**exaspérant, e** [ɛgzaspeʀɑ̃, -ɑ̃t] *adj* exasperating
**exaspération** [ɛgzaspeʀasjɔ̃] *nf* exasperation
**exaspéré, e** [ɛgzaspeʀe] *adj* exasperated
**exaspérer** [ɛgzaspeʀe] *vt* to exasperate; *(aggraver)* to exacerbate
**exaucer** [ɛgzose] *vt (vœu)* to grant, fulfil; **~ qn** to grant sb's wishes
**ex cathedra** [ɛkskatedʀa] *adj, adv* ex cathedra
**excavateur** [ɛkskavatœʀ] *nm* excavator, mechanical digger
**excavation** [ɛkskavasjɔ̃] *nf* excavation
**excavatrice** [ɛkskavatʀis] *nf* = **excavateur**
**excédent** [ɛksedɑ̃] *nm* surplus; **en ~** surplus; **payer 60 euros d'~** *(de bagages)* to pay 60 euros excess baggage; **~ de bagages** excess baggage; **~ commercial** trade surplus
**excédentaire** [ɛksedɑ̃tɛʀ] *adj* surplus, excess
**excéder** [ɛksede] *vt (dépasser)* to exceed; *(agacer)* to exasperate; **excédé de fatigue** exhausted; **excédé de travail** worn out with work
**excellence** [ɛksɛlɑ̃s] *nf* excellence; *(titre)* Excellency; **par ~** par excellence
**excellent, e** [ɛksɛlɑ̃, -ɑ̃t] *adj* excellent
**exceller** [ɛksele] *vi*: **~ (dans)** to excel (in)
**excentricité** [ɛksɑ̃tʀisite] *nf* eccentricity
**excentrique** [ɛksɑ̃tʀik] *adj* eccentric; *(quartier)* outlying ▷ *nm/f* eccentric
**excentriquement** [ɛksɑ̃tʀikmɑ̃] *adv* eccentrically

**excepté, e** [ɛksɛpte] *adj, prép*: **les élèves ~s, ~ les élèves** except for *ou* apart from the pupils; **~ si/ quand** except if/when; **~ que** except that

**excepter** [ɛksɛpte] *vt* to except

**exception** [ɛksɛpsjɔ̃] *nf* exception; **faire ~** to be an exception; **faire une ~** to make an exception; **sans ~** without exception; **à l'~ de** except for, with the exception of; **d'~** *(mesure, loi)* special, exceptional

**exceptionnel, le** [ɛksɛpsjɔnɛl] *adj* exceptional; *(prix)* special

**exceptionnellement** [ɛksɛpsjɔnɛlmɑ̃] *adv* exceptionally; *(par exception)* by way of an exception, on this occasion

**excès** [ɛksɛ] *nm* surplus ▷ *nmpl* excesses; **à l'~** *(méticuleux, généreux)* to excess; **avec ~** to excess; **sans ~** in moderation; **tomber dans l'~ inverse** to go to the opposite extreme; **~ de langage** immoderate language; **~ de pouvoir** abuse of power; **~ de vitesse** speeding *no pl*, exceeding the speed limit; **~ de zèle** overzealousness *no pl*

**excessif, -ive** [ɛksesif, -iv] *adj* excessive

**excessivement** [ɛksesivmɑ̃] *adv* *(trop: cher)* excessively, inordinately; *(très: riche, laid)* extremely, incredibly; **manger/boire ~** to eat/drink to excess

**exciper** [ɛksipe]: **~ de** *vt* to plead

**excipient** [ɛksipjɑ̃] *nm* *(Méd)* inert base, excipient

**exciser** [ɛksize] *vt* *(Méd)* to excise

**excision** [ɛksizjɔ̃] *nf* *(Méd)* excision; *(rituelle)* circumcision

**excitant, e** [ɛksitɑ̃, -ɑ̃t] *adj* exciting ▷ *nm* stimulant

**excitation** [ɛksitasjɔ̃] *nf* *(état)* excitement

**excité, e** [ɛksite] *adj* excited

**exciter** [ɛksite] *vt* to excite; *(café etc)* to stimulate; **s'exciter** *vi* to get excited; **~ qn à** *(révolte etc)* to incite sb to

**exclamation** [ɛksklamasjɔ̃] *nf* exclamation

**exclamer** [ɛksklame]: **s'exclamer** *vi* to exclaim

**exclu, e** [ɛkskly] *pp de* **exclure** ▷ *adj*: **il est/n'est pas ~ que ...** it's out of the question/not impossible that ...; **ce n'est pas ~** it's not impossible, I don't rule that out

**exclure** [ɛksklyʀ] *vt* *(faire sortir)* to expel; *(ne pas compter)* to exclude, leave out; *(rendre impossible)* to exclude, rule out

**exclusif, -ive** [ɛksklyzif, -iv] *adj* exclusive; **avec la mission exclusive/dans le but ~ de ...** with the sole mission/aim of ...; **agent ~** sole agent

**exclusion** [ɛksklyzjɔ̃] *nf* expulsion; **à l'~ de** with the exclusion *ou* exception of

**exclusivement** [ɛksklyzivmɑ̃] *adv* exclusively

**exclusivité** [ɛksklyzivite] *nf* exclusiveness; *(Comm)* exclusive rights *pl*; **passer en ~** *(film)* to go on general release

**excommunier** [ɛkskɔmynje] *vt* to excommunicate

**excréments** [ɛkskʀemɑ̃] *nmpl* excrement *sg*, faeces

**excréter** [ɛkskʀete] *vt* to excrete

**excroissance** [ɛkskʀwasɑ̃s] *nf* excrescence, outgrowth

**excursion** [ɛkskyʀsjɔ̃] *nf* *(en autocar)* excursion, trip; *(à pied)* walk, hike; **faire une ~** to go on an excursion *ou* a trip; to go on a walk *ou* hike

**excursionniste** [ɛkskyʀsjɔnist(ə)] *nm/f* tripper; hiker

**excusable** [ɛkskyzabl(ə)] *adj* excusable

**excuse** [ɛkskyz] *nf* excuse; **excuses** *nfpl* apology *sg*, apologies; **faire des ~s** to apologize; **faire ses ~s** to offer one's apologies; **mot d'~** *(Scol)* note from one's parent(s) *(to explain absence etc)*; **lettre d'~s** letter of apology

**excuser** [ɛkskyze] *vt* to excuse; **~ qn de qch** *(dispenser)* to excuse sb from sth; **s'excuser (de)** to apologize (for); **"excusez-moi"** "I'm sorry"; *(pour attirer l'attention)* "excuse me"; **se faire ~** to ask to be excused

**exécrable** [ɛgzekʀabl(ə)] *adj* atrocious

**exécrer** [ɛgzekʀe] *vt* to loathe, abhor

**exécutant, e** [ɛgzekytɑ̃, -ɑ̃t] *nm/f* performer

**exécuter** [ɛgzekyte] *vt* *(prisonnier)* to execute; *(tâche etc)* to execute, carry out; *(Mus: jouer)* to perform, execute; *(Inform)* to run; **s'exécuter** *vi* to comply

**exécuteur, -trice** [ɛgzekytœʀ, -tʀis] *nm/f* *(testamentaire)* executor ▷ *nm* *(bourreau)* executioner

**exécutif, -ive** [ɛgzekytif, -iv] *adj, nm* *(Pol)* executive

**exécution** [ɛgzekysjɔ̃] *nf* execution; carrying out; **mettre à ~** to carry out

**exécutoire** [ɛgzekytwaʀ] *adj* *(Jur)* (legally) binding

**exégèse** [ɛgzezɛz] *nf* exegesis

**exégète** [ɛgzezɛt] *nm* exegete

**exemplaire** [ɛgzɑ̃plɛʀ] *adj* exemplary ▷ *nm* copy

**exemple** [ɛgzɑ̃pl(ə)] *nm* example; **par ~** for instance, for example; *(valeur intensive)* really!; **sans ~** *(bêtise, gourmandise etc)* unparalleled; **donner l'~** to set an example; **prendre ~ sur** to take as a model; **à l'~ de** just like; **pour l'~** *(punir)* as an example

**exempt, e** [ɛgzɑ̃, -ɑ̃t] *adj*: **~ de** *(dispensé de)* exempt from; *(sans)* free from; **~ de taxes** tax-free

**exempter** [ɛgzɑ̃te] *vt*: **~ de** to exempt from

**exercé, e** [ɛgzɛʀse] *adj* trained

**exercer** [ɛgzɛʀse] *vt* *(pratiquer)* to exercise, practise; *(faire usage de: prérogative)* to exercise; *(effectuer: influence, contrôle, pression)* to exert; *(former)* to exercise, train ▷ *vi* *(médecin)* to be in practice; **s'exercer** *vi (sportif, musicien)* to practise; *(se faire sentir: pression etc)*: **s'~ (sur ou contre)** to be exerted (on); **s'~ à faire qch** to train o.s. to do sth

**exercice** [ɛgzɛʀsis] *nm* practice; exercising; *(tâche, travail)* exercise; *(Comm, Admin: période)* accounting period; **l'~** *(sportive etc)* exercise; *(Mil)* drill; **en ~** *(juge)* in office; *(médecin)* practising; **dans l'~ de ses fonctions** in the discharge of his duties; **~s d'assouplissement** limbering-up (exercises)

**exergue** [ɛgzɛʀg(ə)] *nm*: **mettre en ~** (*inscription*) to inscribe; **porter en ~** to be inscribed with

**exhalaison** [ɛgzalɛzɔ̃] *nf* exhalation

**exhaler** [ɛgzale] *vt* (*parfum*) to exhale; (*souffle, son, soupir*) to utter, breathe; **s'exhaler** *vi* to rise (up)

**exhausser** [ɛgzose] *vt* to raise (up)

**exhausteur** [ɛgzostœʀ] *nm* extractor fan

**exhaustif, -ive** [ɛgzostif, -iv] *adj* exhaustive

**exhiber** [ɛgzibe] *vt* (*montrer: papiers, certificat*) to present, produce; (*péj*) to display, flaunt; **s'exhiber** (*personne*) to parade; (*exhibitionniste*) to expose o.s.

**exhibitionnisme** [ɛgzibisjɔnism(ə)] *nm* exhibitionism

**exhibitionniste** [ɛgzibisjɔnist(ə)] *nm/f* exhibitionist

**exhortation** [ɛgzɔʀtasjɔ̃] *nf* exhortation

**exhorter** [ɛgzɔʀte] *vt*: **~ qn à faire** to urge sb to do

**exhumer** [ɛgzyme] *vt* to exhume

**exigeant, e** [ɛgziʒɑ̃, -ɑ̃t] *adj* demanding; (*péj*) hard to please

**exigence** [ɛgziʒɑ̃s] *nf* demand, requirement

**exiger** [ɛgziʒe] *vt* to demand, require

**exigible** [ɛgziʒibl(ə)] *adj* (*Comm, Jur*) payable

**exigu, ë** [ɛgzigy] *adj* cramped, tiny

**exiguïté** [ɛgziɡɥite] *nf* (*d'un lieu*) cramped nature

**exil** [ɛgzil] *nm* exile; **en ~** in exile

**exilé, e** [ɛgzile] *nm/f* exile

**exiler** [ɛgzile] *vt* to exile; **s'exiler** to go into exile

**existant, e** [ɛgzistɑ̃, -ɑ̃t] *adj* (*actuel, présent*) existing

**existence** [ɛgzistɑ̃s] *nf* existence; **dans l'~** in life

**existentialisme** [ɛgzistɑ̃sjalism(ə)] *nm* existentialism

**existentiel, le** [ɛgzistɑ̃sjɛl] *adj* existential

**exister** [ɛgziste] *vi* to exist; **il existe un/des** there is a/are (some)

**exode** [ɛgzɔd] *nm* exodus

**exonération** [ɛgzɔneʀasjɔ̃] *nf* exemption

**exonéré, e** [ɛgzɔneʀe] *adj*: **~ de TVA** zero-rated (for VAT)

**exonérer** [ɛgzɔneʀe] *vt*: **~ de** to exempt from

**exorbitant, e** [ɛgzɔʀbitɑ̃, -ɑ̃t] *adj* exorbitant

**exorbité, e** [ɛgzɔʀbite] *adj*: **yeux ~s** bulging eyes

**exorciser** [ɛgzɔʀsize] *vt* to exorcize

**exorde** [ɛgzɔʀd(ə)] *nm* introduction

**exotique** [ɛgzɔtik] *adj* exotic

**exotisme** [ɛgzɔtism(ə)] *nm* exoticism

**expansif, -ive** [ɛkspɑ̃sif, -iv] *adj* expansive, communicative

**expansion** [ɛkspɑ̃sjɔ̃] *nf* expansion

**expansionniste** [ɛkspɑ̃sjɔnist(ə)] *adj* expansionist

**expansivité** [ɛkspɑ̃sivite] *nf* expansiveness

**expatrié, e** [ɛkspatʀije] *nm/f* expatriate

**expatrier** [ɛkspatʀije] *vt* (*argent*) to take *ou* send

out of the country; **s'expatrier** to leave one's country

**expectative** [ɛkspɛktativ] *nf*: **être dans l'~** to be waiting to see

**expectorant, e** [ɛkspɛktɔʀɑ̃, -ɑ̃t] *adj*: **sirop ~** expectorant (syrup)

**expectorer** [ɛkspɛktɔʀe] *vi* to expectorate

**expédient** [ɛkspedjɑ̃] *nm* (*parfois péj*) expedient; **vivre d'~s** to live by one's wits

**expédier** [ɛkspedje] *vt* (*lettre, paquet*) to send; (*troupes, renfort*) to dispatch; (*péj: travail etc*) to dispose of, dispatch

**expéditeur, -trice** [ɛkspeditœʀ, -tʀis] *nm/f* (*Postes*) sender

**expéditif, -ive** [ɛkspeditif, -iv] *adj* quick, expeditious

**expédition** [ɛkspedisjɔ̃] *nf* sending; (*scientifique, sportive, Mil*) expedition; **~ punitive** punitive raid

**expéditionnaire** [ɛkspedisjɔnɛʀ] *adj*: **corps ~** (*Mil*) task force

**expérience** [ɛkspeʀjɑ̃s] *nf* (*de la vie, des choses*) experience; (*scientifique*) experiment; **avoir de l'~** to have experience, be experienced; **avoir l'~ de** to have experience of; **faire l'~ de qch** to experience sth; **~ de chimie/d'électricité** chemical/electrical experiment

**expérimental, e, -aux** [ɛkspeʀimɑ̃tal, -o] *adj* experimental

**expérimentalement** [ɛkspeʀimɑ̃talmɑ̃] *adv* experimentally

**expérimenté, e** [ɛkspeʀimɑ̃te] *adj* experienced

**expérimenter** [ɛkspeʀimɑ̃te] *vt* (*machine, technique*) to test out, experiment with

**expert, e** [ɛkspɛʀ, -ɛʀt(ə)] *adj*: **~ en** expert in ▷ *nm* (*spécialiste*) expert; **~ en assurances** insurance valuer

**expert-comptable** [ɛkspɛʀkɔ̃tabl(ə)] (*pl* **experts-comptables**) *nm* ≈ chartered (*Brit*) *ou* certified public (*US*) accountant

**expertise** [ɛkspɛʀtiz] *nf* valuation; assessment; valuer's (*ou* assessor's) report; (*Jur*) (forensic) examination

**expertiser** [ɛkspɛʀtize] *vt* (*objet de valeur*) to value; (*voiture accidentée etc*) to assess damage to

**expier** [ɛkspje] *vt* to expiate, atone for

**expiration** [ɛkspiʀasjɔ̃] *nf* expiry (*Brit*), expiration; breathing out *no pl*

**expirer** [ɛkspiʀe] *vi* (*prendre fin, littéraire: mourir*) to expire; (*respirer*) to breathe out

**explétif, -ive** [ɛkspletif, -iv] *adj* (*Ling*) expletive

**explicable** [ɛksplikabl(ə)] *adj*: **pas ~** inexplicable

**explicatif, -ive** [ɛksplikatif, -iv] *adj* (*mot, texte, note*) explanatory

**explication** [ɛksplikasjɔ̃] *nf* explanation; (*discussion*) discussion; **~ de texte** (*Scol*) critical analysis (of a text)

**explicite** [ɛksplisit] *adj* explicit

**explicitement** [ɛksplisitmɑ̃] *adv* explicitly

**expliciter** [ɛksplisite] *vt* to make explicit

**expliquer** [ɛksplike] *vt* to explain; **~ (à qn)**

**comment/que** to point out *ou* explain (to sb) how/that; **s'expliquer** (*se faire comprendre*: *personne*) to explain o.s.; (*discuter*) to discuss things; (*se disputer*) to have it out; (*comprendre*): **je m'explique son retard/absence** I understand his lateness/absence; **son erreur s'explique** one can understand his mistake

**exploit** [ɛksplwa] *nm* exploit, feat

**exploitable** [ɛskplwatabl(ə)] *adj* (*gisement etc*) that can be exploited; **~ par une machine** machine-readable

**exploitant** [ɛksplwatɑ̃] *nm* farmer

**exploitation** [ɛksplwatasjɔ̃] *nf* exploitation; running; (*entreprise*): **~ agricole** farming concern

**exploiter** [ɛksplwate] *vt* to exploit; (*entreprise, ferme*) to run, operate

**exploiteur, -euse** [ɛksplwatœʀ, -øz] *nm/f* (*péj*) exploiter

**explorateur, -trice** [ɛksplɔʀatœʀ, -tʀis] *nm/f* explorer

**exploration** [ɛksplɔʀasjɔ̃] *nf* exploration

**explorer** [ɛksplɔʀe] *vt* to explore

**exploser** [ɛksploze] *vi* to explode, blow up; (*engin explosif*) to go off; (*fig: joie, colère*) to burst out, explode; (: *personne: de colère*) to explode, flare up; **faire ~** (*bombe*) to explode, detonate; (*bâtiment, véhicule*) to blow up

**explosif, -ive** [ɛksplozif, -iv] *adj, nm* explosive

**explosion** [ɛksplozjɔ̃] *nf* explosion; **~ de joie/colère** outburst of joy/rage; **~ démographique** population explosion

**exponentiel, le** [ɛkspɔnɑ̃sjɛl] *adj* exponential

**exportateur, -trice** [ɛkspɔʀtatœʀ, -tʀis] *adj* exporting ▷ *nm* exporter

**exportation** [ɛkspɔʀtasjɔ̃] *nf* export

**exporter** [ɛkspɔʀte] *vt* to export

**exposant** [ɛkspozɑ̃] *nm* exhibitor; (*Math*) exponent

**exposé, e** [ɛkspoze] *nm* (*écrit*) exposé; (*oral*) talk ▷ *adj*: **~ au sud** facing south, with a southern aspect; **bien ~** well situated; **très ~** very exposed

**exposer** [ɛkspoze] *vt* (*montrer: marchandise*) to display; (: *peinture*) to exhibit, show; (*parler de: problème, situation*) to explain, expose, set out; (*mettre en danger, orienter: maison etc*) to expose; **~ qn/qch à** to expose sb/sth to; **~ sa vie** to risk one's life; **s'exposer à** (*soleil, danger*) to expose o.s. to; (*critiques, punition*) to lay o.s. open to

**exposition** [ɛkspozisjɔ̃] *nf* (*voir exposer*) displaying; exhibiting; explanation, exposition; exposure; (*voir exposé*) aspect, situation; (*manifestation*) exhibition; (*Photo*) exposure; (*introduction*) exposition

**exprès¹** [ɛkspʀɛ] *adv* (*délibérément*) on purpose; (*spécialement*) specially; **faire ~ de faire qch** to do sth on purpose

**exprès², -esse** [ɛkspʀɛs] *adj* (*ordre, défense*) express, formal ▷ *adj inv, adv* (*Postes*) express; **envoyer qch en ~** to send sth express

**express** [ɛkspʀɛs] *adj, nm*: (**café**) **~** espresso;

(**train**) **~** fast train

**expressément** [ɛkspʀɛsemɑ̃] *adv* expressly, specifically

**expressif, -ive** [ɛkspʀesif, -iv] *adj* expressive

**expression** [ɛkspʀɛsjɔ̃] *nf* expression; **réduit à sa plus simple ~** reduced to its simplest terms; **liberté/moyens d'~** freedom/means of expression; **~ toute faite** set phrase

**expressionnisme** [ɛkspʀɛsjɔnism(ə)] *nm* expressionism

**expressivité** [ɛkspʀɛsivite] *nf* expressiveness

**exprimer** [ɛkspʀime] *vt* (*sentiment, idée*) to express; (*faire sortir: jus, liquide*) to press out; **s'exprimer** *vi* (*personne*) to express o.s.

**expropriation** [ɛkspʀɔpʀijasjɔ̃] *nf* expropriation; **frapper d'~** to put a compulsory purchase order on

**exproprier** [ɛkspʀɔpʀije] *vt* to buy up (*ou* buy the property of) by compulsory purchase, expropriate

**expulser** [ɛkspylse] *vt* (*d'une salle, d'un groupe*) to expel; (*locataire*) to evict; (*Football*) to send off

**expulsion** [ɛkspylsjɔ̃] *nf* expulsion; eviction; sending off

**expurger** [ɛkspyʀʒe] *vt* to expurgate, bowdlerize

**exquis, e** [ɛkski, -iz] *adj* (*gâteau, parfum, élégance*) exquisite; (*personne, temps*) delightful

**exsangue** [ɛksɑ̃g] *adj* bloodless, drained of blood

**exsuder** [ɛksyde] *vt* to exude

**extase** [ɛkstaz] *nf* ecstasy; **être en ~** to be in raptures

**extasier** [ɛkstazje]: **s'extasier** *vi*: **s'~ sur** to go into raptures over

**extatique** [ɛkstatik] *adj* ecstatic

**extenseur** [ɛkstɑ̃sœʀ] *nm* (*Sport*) chest expander

**extensible** [ɛkstɑ̃sibl(ə)] *adj* extensible

**extensif, -ive** [ɛkstɑ̃sif, -iv] *adj* extensive

**extension** [ɛkstɑ̃sjɔ̃] *nf* (*d'un muscle, ressort*) stretching; (*Méd*): **à l'~** in traction; (*fig*) extension; expansion

**exténuant, e** [ɛkstenɥɑ̃, -ɑ̃t] *adj* exhausting

**exténuer** [ɛkstenɥe] *vt* to exhaust

**extérieur, e** [ɛksteʀjœʀ] *adj* (*de dehors: porte, mur etc*) outer, outside; (: *commerce, politique*) foreign; (: *influences, pressions*) external; (*au dehors: escalier, w.-c.*) outside; (*apparent: calme, gaieté etc*) outer ▷ *nm* (*d'une maison, d'un récipient etc*) outside, exterior; (*d'une personne: apparence*) exterior; (*d'un pays, d'un groupe social*): **l'~** the outside world; **à l'~** (*dehors*) outside; (*fig: à l'étranger*) abroad

**extérieurement** [ɛksteʀjœʀmɑ̃] *adv* (*de dehors*) on the outside; (*en apparence*) on the surface

**extérioriser** [ɛksteʀjɔʀize] *vt* to exteriorize

**extermination** [ɛkstɛʀminasjɔ̃] *nf* extermination, wiping out

**exterminer** [ɛkstɛʀmine] *vt* to exterminate, wipe out

**externat** [ɛkstɛʀna] *nm* day school

**externe** [ɛkstɛʀn(ə)] *adj* external, outer ▷ *nm/f* (*Méd*) non-resident medical student, extern

(US); (Scol) day pupil
**extincteur** [ɛkstɛ̃ktœʀ] nm (fire) extinguisher
**extinction** [ɛkstɛ̃ksjɔ̃] nf extinction; (Jur: d'une
dette) extinguishment; ~ **de voix** (Méd) loss of
voice
**extirper** [ɛkstiʀpe] vt (tumeur) to extirpate;
(plante) to root out, pull up; (préjugés) to eradicate
**extorquer** [ɛkstɔʀke] vt (de l'argent, un
renseignement): ~ **qch à qn** to extort sth from sb
**extorsion** [ɛkstɔʀsjɔ̃] nf: ~ **de fonds** extortion of
money
**extra** [ɛkstʀa] adj inv first-rate; (marchandises)
top-quality ▷ nm inv extra help ▷ préfixe extra(-)
**extraction** [ɛkstʀaksjɔ̃] nf extraction
**extrader** [ɛkstʀade] vt to extradite
**extradition** [ɛkstʀadisjɔ̃] nf extradition
**extra-fin, e** [ɛkstʀafɛ̃, -in] adj extra-fine
**extra-fort, e** [ɛkstʀafɔʀ] adj extra strong
**extraire** [ɛkstʀɛʀ] vt to extract
**extrait, e** [ɛkstʀɛ, -ɛt] pp de **extraire** ▷ nm (de
plante) extract; (de film, livre) extract, excerpt; ~
**de naissance** birth certificate
**extra-lucide** [ɛkstʀalysid] adj: **voyante** ~
clairvoyant
**extraordinaire** [ɛkstʀaɔʀdinɛʀ] adj
extraordinary; (Pol, Admin) special;
**ambassadeur** ~ ambassador extraordinary;
**assemblée** ~ extraordinary meeting; **par** ~ by
some unlikely chance
**extraordinairement** [ɛkstʀaɔʀdinɛʀmɑ̃] adv
extraordinarily
**extrapoler** [ɛkstʀapole] vt, vi to extrapolate
**extra-sensoriel, le** [ɛkstʀasɑ̃sɔʀjɛl] adj
extrasensory
**extra-terrestre** [ɛkstʀatɛʀɛstʀ(ə)] nm/f

extraterrestrial
**extra-utérin, e** [ɛkstʀaytɛʀɛ̃, -in] adj
extrauterine
**extravagance** [ɛkstʀavagɑ̃s] nf extravagance
no pl; extravagant behaviour no pl
**extravagant, e** [ɛkstʀavagɑ̃, -ɑ̃t] adj (personne,
attitude) extravagant; (idée) wild
**extraverti, e** [ɛkstʀavɛʀti] adj extrovert
**extrayais** etc [ɛkstʀɛjɛ] vb voir **extraire**
**extrême** [ɛkstʀɛm] adj, nm extreme; (intensif):
**d'une** ~ **simplicité/brutalité** extremely
simple/brutal; **d'un** ~ **à l'autre** from one
extreme to another; **à l'** ~ in the extreme; **à l'** ~
**rigueur** in the absolute extreme
**extrêmement** [ɛkstʀɛmmɑ̃] adv extremely
**extrême-onction** [ɛkstʀɛmɔ̃ksjɔ̃] (pl
**extrêmes-onctions**) nf (Rel) last rites pl,
Extreme Unction
**Extrême-Orient** [ɛkstʀɛmɔʀjɑ̃] nm: **l'** ~ the Far
East
**extrême-oriental, e, -aux** [ɛkstʀɛmɔʀjɑ̃tal, -o]
adj Far Eastern
**extrémisme** [ɛkstʀemism(ə)] nm extremism
**extrémiste** [ɛkstʀemist(ə)] adj, nm/f extremist
**extrémité** [ɛkstʀemite] nf (bout) end; (situation)
straits pl, plight; (geste désespéré) extreme action;
**extrémités** nfpl (pieds et mains) extremities; **à la**
**dernière** ~ (à l'agonie) on the point of death
**extroverti, e** [ɛkstʀovɛʀti] adj = **extraverti**
**exubérance** [ɛgzybeʀɑ̃s] nf exuberance
**exubérant, e** [ɛgzybeʀɑ̃, -ɑ̃t] adj exuberant
**exulter** [ɛgzylte] vi to exult
**exutoire** [ɛgzytwaʀ] nm outlet, release
**ex-voto** [ɛksvɔto] nm inv ex-voto
**eye-liner** [ajlajnœʀ] nm eyeliner

e

# Ff

**F, f** [ɛf] *nm inv* F, f ▷ *abr* = **féminin**; (= *franc*) fr.;
(= *Fahrenheit*) F; (= *frère*) Br(o).; (= *femme*) W;
(*appartement*): **un F2/F3** a 2-/3-roomed flat (*Brit*)
*ou* apartment (*US*); **F comme François** F for
Frederick (*Brit*) *ou* Fox (*US*)
**fa** [fa] *nm inv* (*Mus*) F; (*en chantant la gamme*) fa
**fable** [fabl(ə)] *nf* fable; (*mensonge*) story, tale
**fabricant** [fabʀikã] *nm* manufacturer, maker
**fabrication** [fabʀikasjɔ̃] *nf* manufacture,
making
**fabrique** [fabʀik] *nf* factory
**fabriquer** [fabʀike] *vt* to make; (*industriellement*)
to manufacture, make; (*construire: voiture*) to
manufacture, build; (: *maison*) to build; (*fig:
inventer: histoire, alibi*) to make up; (*fam*): **qu'est-
ce qu'il fabrique?** what is he up to?; **~ en série**
to mass-produce
**fabulateur, -trice** [fabylatœʀ, -tʀis] *nm/f*: **c'est
un ~** he fantasizes, he makes up stories
**fabulation** [fabylasjɔ̃] *nf* (*Psych*) fantasizing
**fabuleusement** [fabyløzmã] *adv* fabulously,
fantastically
**fabuleux, -euse** [fabylø, -øz] *adj* fabulous,
fantastic
**fac** [fak] *abr f* (*fam*: = *faculté*) Uni (*Brit: fam*)
= college (*US*)
**façade** [fasad] *nf* front, façade; (*fig*) façade
**face** [fas] *nf* face; (*fig: aspect*) side ▷ *adj*: **le côté ~**
heads; **perdre/sauver la ~** to lose/save face;
**regarder qn en ~** to look sb in the face; **la
maison/le trottoir d'en ~** the house/pavement
opposite; **en ~ de** *prép* opposite; in front of;
**de ~** *adv* from the front; face on; **~ à** *prép*
facing; (*fig*) faced with, in the face of; **faire ~ à**
to face; **faire ~ à la demande** (*Comm*) to meet
the demand; **~ à ~** *adv* facing each other ▷ *nm
inv* encounter
**face-à-main** [fasamɛ̃] (*pl* **faces-à-main**) *nm*
lorgnette
**facéties** [fasesi] *nfpl* jokes, pranks
**facétieux, -euse** [fasesjø, -øz] *adj* mischievous
**facette** [fasɛt] *nf* facet
**fâché, e** [faʃe] *adj* angry; (*désolé*) sorry
**fâcher** [faʃe] *vt* to anger; **se fâcher** *vi* to get
angry; **se ~ avec** (*se brouiller*) to fall out with
**fâcherie** [faʃʀi] *nf* quarrel

**fâcheusement** [faʃøzmã] *adv* unpleasantly;
(*impressionné etc*) badly; **avoir ~ tendance à** to
have an irritating tendency to
**fâcheux, -euse** [faʃø, -øz] *adj* unfortunate,
regrettable
**facho** [faʃo] *adj*, *nm/f* (*fam*: = *fasciste*) fascist
**facial, e, -aux** [fasjal, -o] *adj* facial
**faciès** [fasjɛs] *nm* (*visage*) features *pl*
**facile** [fasil] *adj* easy; (*accommodant*) easy-going
**facilement** [fasilmã] *adv* easily
**facilité** [fasilite] *nf* easiness; (*disposition, don*)
aptitude; (*moyen, occasion, possibilité*): **il a la ~ de
rencontrer les gens** he has every opportunity
to meet people; **facilités** *nfpl* facilities; (*Comm*)
terms; **~s de crédit** credit terms; **~s de
paiement** easy terms
**faciliter** [fasilite] *vt* to make easier
**façon** [fasɔ̃] *nf* (*manière*) way; (*d'une robe etc*)
making-up; cut; (: *main-d'œuvre*) labour (*Brit*),
labor (*US*); (*imitation*): **châle ~ cachemire**
cashmere-style shawl; **façons** *nfpl* (*péj*) fuss *sg*;
**faire des ~s** (*péj: être affecté*) to be affected; (: *faire
des histoires*) to make a fuss; **de quelle ~?** (in)
what way?; **sans ~** *adv* without fuss ▷ *adj*
unaffected; **d'une autre ~** in another way; **en
aucune ~** in no way; **de ~ à** so as to; **de ~ à ce
que**, **de (telle) ~ que** so that; **de toute ~**
anyway, in any case; (**c'est une**) **~ de parler** it's
a way of putting it; **travail à ~** tailoring
**façonner** [fasɔne] *vt* (*fabriquer*) to manufacture;
(*travailler: matière*) to shape, fashion; (*fig*) to
mould, shape
**fac-similé** [faksimile] *nm* facsimile
**facteur, -trice** [faktœʀ, -tʀis] *nm/f* postman/
woman (*Brit*), mailman/woman (*US*) ▷ *nm*
(*Math*, *gén*) factor; **~ d'orgues** organ builder; **~
de pianos** piano maker; **~ rhésus** rhesus factor
**factice** [faktis] *adj* artificial
**faction** [faksjɔ̃] *nf* (*groupe*) faction; (*Mil*) guard *ou*
sentry (duty); watch; **en ~** on guard; standing
watch
**factionnaire** [faksjɔnɛʀ] *nm* guard, sentry
**factoriel, le** [faktɔʀjɛl] *adj*, *nf* factorial
**factotum** [faktɔtɔm] *nm* odd-job man,
dogsbody (*Brit*)
**factuel, le** [faktɥɛl] *adj* factual

**facturation** [faktyʀɑsjɔ̃] *nf* invoicing; (*bureau*) invoicing (office)

**facture** [faktyʀ] *nf* (*à payer: gén*) bill; (: *Comm*) invoice; (*d'un artisan, artiste*) technique, workmanship

**facturer** [faktyʀe] *vt* to invoice

**facturier, -ière** [faktyʀje, -jɛʀ] *nm/f* invoice clerk

**facultatif, -ive** [fakyltatif, -iv] *adj* optional; (*arrêt de bus*) request *cpd*

**faculté** [fakylte] *nf* (*intellectuelle, d'université*) faculty; (*pouvoir, possibilité*) power

**fadaises** [fadɛz] *nfpl* twaddle *sg*

**fade** [fad] *adj* insipid

**fading** [fadiŋ] *nm* (*Radio*) fading

**fagot** [fago] *nm* (*de bois*) bundle of sticks

**fagoté, e** [fagɔte] *adj* (*fam*): **drôlement ~** oddly dressed

**faible** [fɛbl(ə)] *adj* weak; (*voix, lumière, vent*) faint; (*élève, copie*) poor; (*rendement, intensité, revenu etc*) low ▷ *nm* weak point; (*pour quelqu'un*) weakness, soft spot; **~ d'esprit** feeble-minded

**faiblement** [fɛbləmɑ̃] *adv* weakly; (*peu: éclairer etc*) faintly

**faiblesse** [fɛblɛs] *nf* weakness

**faiblir** [feblir] *vi* to weaken; (*lumière*) to dim; (*vent*) to drop

**faïence** [fajɑ̃s] *nf* earthenware *no pl*; (*objet*) piece of earthenware

**faignant, e** [fɛɲɑ̃, -ɑ̃t] *nm/f* = **fainéant, e**

**faille** [faj] *vb voir* **falloir** ▷ *nf* (*Géo*) fault; (*fig*) flaw, weakness

**failli, e** [faji] *adj, nm/f* bankrupt

**faillible** [fajibl(ə)] *adj* fallible

**faillir** [fajiʀ] *vi*: **j'ai failli tomber/lui dire** I almost *ou* nearly fell/told him; **~ à une promesse/un engagement** to break a promise/an agreement

**faillite** [fajit] *nf* bankruptcy; (*échec: d'une politique etc*) collapse; **être en ~** to be bankrupt; **faire ~** to go bankrupt

**faim** [fɛ̃] *nf* hunger; (*fig*): **~ d'amour/de richesse** hunger *ou* yearning for love/wealth; **avoir ~** to be hungry; **rester sur sa ~** (*aussi fig*) to be left wanting more

**fainéant, e** [feneɑ̃, -ɑ̃t] *nm/f* idler, loafer

**fainéantise** [feneɑ̃tiz] *nf* idleness, laziness

 **MOT-CLÉ**

**faire** [fɛʀ] *vt* **1** (*fabriquer, être l'auteur de*) to make; (*produire*) to produce; (*construire: maison, bateau*) to build; **faire du vin/une offre/un film** to make wine/an offer/a film; **faire du bruit** to make a noise

**2** (*effectuer: travail, opération*) to do; **que faites-vous?** (*quel métier etc*) what do you do?; (*quelle activité: au moment de la question*) what are you doing?; **que faire?** what are we going to do?, what can be done (about it)?; **faire la lessive/le ménage** to do the washing/the housework

**3** (*études*) to do; (*sport, musique*) to play; **faire du droit/du français** to do law/French; **faire du rugby/piano** to play rugby/the piano; **faire du cheval/du ski** to go riding/skiing

**4** (*visiter*): **faire les magasins** to go shopping; **faire l'Europe** to tour *ou* do Europe

**5** (*simuler*): **faire le malade/l'ignorant** to act the invalid/the fool

**6** (*transformer, avoir un effet sur*): **faire de qn un frustré/avocat** to make sb frustrated/a lawyer; **ça ne me fait rien** (*m'est égal*) I don't care *ou* mind; (*me laisse froid*) it has no effect on me; **ça ne fait rien** it doesn't matter; **faire que** (*impliquer*) to mean that

**7** (*calculs, prix, mesures*): **deux et deux font quatre** two and two are *ou* make four; **ça fait 10 m/15 euros** it's 10 m/15 euros; **je vous le fais 10 euros** I'll let you have it for 10 euros

**8** (*vb +de*): **qu'a-t-il fait de sa valise/de sa sœur?** what has he done with his case/his sister?

**9**: **ne faire que**: **il ne fait que critiquer** (*sans cesse*) all he (ever) does is criticize; (*seulement*) he's only criticizing

**10** (*dire*) to say; **vraiment? fit-il** really? he said

**11** (*maladie*) to have; **faire du diabète/de la tension** to have diabetes *sg*/high blood pressure

▷ *vi* **1** (*agir, s'y prendre*) to act, do; **il faut faire vite** we (*ou* you *etc*) must act quickly; **comment a-t-il fait pour?** how did he manage to?; **faites comme chez vous** make yourself at home; **je n'ai pas pu faire autrement** there was nothing else I could do

**2** (*paraître*) to look; **faire vieux/démodé** to look old/old-fashioned; **ça fait bien** it looks good; **tu fais jeune dans cette robe** that dress makes you look young(er)

**3** (*remplaçant un autre verbe*) to do; **ne le casse pas comme je l'ai fait** don't break it as I did; **je peux le voir? — faites!** can I see it? — please do!; **remets-le en place — je viens de le faire** put it back in its place — I just have (done)

▷ *vb impers* **1**: **il fait beau** *etc* the weather is fine *etc*; *voir aussi* **jour; froid** *etc*

**2** (*temps écoulé, durée*): **ça fait deux ans qu'il est parti** it's two years since he left; **ça fait deux ans qu'il y est** he's been there for two years

▷ *vb aux* **1**: **faire** (+*infinitif: action directe*) to make; **faire tomber/bouger qch** to make sth fall/move; **faire démarrer un moteur/chauffer de l'eau** to start up an engine/heat some water; **cela fait dormir** it makes you sleep; **faire travailler les enfants** to make the children work *ou* get the children to work; **il m'a fait traverser la rue** he helped me to cross the road

**2** (*indirectement, par un intermédiaire*): **faire réparer qch** to get *ou* have sth repaired; **faire punir les enfants** to have the children punished; **il m'a fait ouvrir la porte** he got me to open the door

**se faire** *vi* **1** (*vin, fromage*) to mature

**2**: **cela se fait beaucoup/ne se fait pas** it's

done a lot/not done
**3** (*+nom ou pron*): **se faire une jupe** to make o.s. a skirt; **se faire des amis** to make friends; **se faire du souci** to worry; **se faire des illusions** to delude o.s.; **se faire beaucoup d'argent** to make a lot of money; **il ne s'en fait pas** he doesn't worry
**4** (*+adj: devenir*): **se faire vieux** to be getting old; (*délibérément*): **se faire beau** to do o.s. up
**5**: **se faire à** (*s'habituer*) to get used to; **je n'arrive pas à me faire à la nourriture/au climat** I can't get used to the food/climate
**6** (*infinitif*): **se faire examiner la vue/opérer** to have one's eyes tested/have an operation; **se faire couper les cheveux** to get one's hair cut; **il va se faire tuer/punir** he's going to get himself killed/get (himself) punished; **il s'est fait aider** he got somebody to help him; **il s'est fait aider par Simon** he got Simon to help him; **se faire faire un vêtement** to get a garment made for o.s.
**7** (*impersonnel*): **comment se fait-il/faisait-il que?** how is it/was it that?; **il peut se faire que nous utilisions ...** it's possible that we could use ...

**faire-part** [fɛʀpaʀ] *nm inv* announcement (*of birth, marriage etc*)
**fair-play** [fɛʀplɛ] *adj inv* fair play
**fais** [fɛ] *vb voir* **faire**
**faisabilité** [fəzabilite] *nf* feasibility
**faisable** [fəzabl(ə)] *adj* feasible
**faisais** *etc* [fəzɛ] *vb voir* **faire**
**faisan, e** [fəzã, -an] *nm/f* pheasant
**faisandé, e** [fəzãde] *adj* high (*bad*); (*fig péj*) corrupt, decadent
**faisceau, x** [fɛso] *nm* (*de lumière etc*) beam; (*de branches etc*) bundle
**faiseur, -euse** [fəzœʀ, -øz] *nm/f* (*gén: péj*): **~ de** maker of ▷ *nm* (*bespoke*) tailor; **~ d'embarras** fusspot; **~ de projets** schemer
**faisons** *etc* [fəzõ] *vb voir* **faire**
**faisselle** [fɛsɛl] *nf* cheese strainer
**fait¹** [fɛ] *vb voir* **faire** ▷ *nm* (*événement*) event, occurrence; (*réalité, donnée*) fact; **le ~ que/de manger** the fact that/of eating; **être le ~ de** (*causé par*) to be the work of; **être au ~ (de)** to be informed (of); **mettre qn au ~** to inform sb, put sb in the picture; **au ~** (*à propos*) by the way; **en venir au ~** to get to the point; **de ~** *adj* (*opposé à: de droit*) de facto ▷ *adv* in fact; **du ~ de ceci/qu'il a menti** because of ou on account of this/his having lied; **de ce ~** therefore, for this reason; **en ~** in fact; **en ~ de repas** by way of a meal; **prendre ~ et cause pour qn** to support sb, side with sb; **prendre qn sur le ~** to catch sb in the act; **dire à qn son ~** to give sb a piece of one's mind; **hauts ~s** (*exploits*) exploits; **~ d'armes** feat of arms; **~ divers** (short) news item; **les ~s et gestes de qn** sb's actions ou doings
**fait², e** [fɛ, fɛt] *pp de* **faire** ▷ *adj* (*mûr: fromage,*

*melon*) ripe; (*maquillé: yeux*) made-up; (*vernis: ongles*) painted, polished; **un homme ~** a grown man; **tout(e) ~(e)** (*préparé à l'avance*) ready-made; **c'en est ~ de notre tranquillité** that's the end of our peace; **c'est bien ~ (pour lui ou eux etc)** it serves him (ou them *etc*) right
**faîte** [fɛt] *nm* top; (*fig*) pinnacle, height
**faites** [fɛt] *vb voir* **faire**
**faîtière** [fɛtjɛʀ] *nf* (*de tente*) ridge pole
**faitout** [fɛtu] *nm* stewpot
**fakir** [fakiʀ] *nm* (*Théât*) wizard
**falaise** [falɛz] *nf* cliff
**falbalas** [falbala] *nmpl* fripperies, frills
**fallacieux, -euse** [falasjø, -øz] *adj* (*raisonnement*) fallacious; (*apparences*) deceptive; (*espoir*) illusory
**falloir** [falwaʀ] *vb impers*: **il faut faire les lits** we (*ou you etc*) have to ou must make the beds; **il faut que je fasse les lits** I have to ou must make the beds; **il a fallu qu'il parte** he had to leave; **il faudrait qu'elle rentre** she ought to go home; **il va ~ 10 euros** we'll (*ou I'll etc*) need 10 euros; **il doit ~ du temps** that must take time; **il vous faut tourner à gauche après l'église** you have to turn left past the church; **nous avons ce qu'il (nous) faut** we have what we need; **il faut qu'il ait oublié** he must have forgotten; **il a fallu qu'il l'apprenne** he would have to hear about it; **il ne fallait pas** (*pour remercier*) you shouldn't have (done); **faut le faire!** (it) takes some doing! ▷ *vi*: **s'en falloir: il s'en est fallu de 10 euros/5 minutes** we (*ou they etc*) were 10 euros short/5 minutes late (*ou early*); **il s'en faut de beaucoup qu'il soit ...** he is far from being ...; **il s'en est fallu de peu que cela n'arrive** it very nearly happened; **ou peu s'en faut** or just about, or as good as; **comme il faut** *adj* proper ▷ *adv* properly
**fallu** [faly] *pp de* **falloir**
**falot, e** [falo, -ɔt] *adj* dreary, colourless (*Brit*), colorless (*US*) ▷ *nm* lantern
**falsification** [falsifikasjõ] *nf* falsification
**falsifier** [falsifje] *vt* to falsify
**famé, e** [fame] *adj*: **mal ~** disreputable, of ill repute
**famélique** [famelik] *adj* half-starved
**fameux, -euse** [famø, -øz] *adj* (*illustre: parfois péj*) famous; (*bon: repas, plat etc*) first-rate, first-class; (*intensif*): **un ~ problème** *etc* a real problem *etc*; **pas ~** not great, not much good
**familial, e, -aux** [familjal, -o] *adj* family *cpd* ▷ *nf* (*Auto*) family estate car (*Brit*), station wagon (*US*)
**familiariser** [familjaʀize] *vt*: **~ qn avec** to familiarize sb with; **se ~ avec** to familiarize o.s. with
**familiarité** [familjaʀite] *nf* familiarity; informality; **familiarités** *nfpl* familiarities; **~ avec** (*sujet, science*) familiarity with
**familier, -ière** [familje, -jɛʀ] *adj* (*connu, impertinent*) familiar; (*dénotant une certaine intimité*) informal, friendly; (*Ling*) informal,

colloquial ▷ *nm* regular (visitor)

**familièrement** [familjɛʁmɑ̃] *adv* (*sans façon*: *s'entretenir*) informally; (*cavalièrement*) familiarly

**famille** [famij] *nf* family; **il a de la ~ à Paris** he has relatives in Paris

**famine** [famin] *nf* famine

**fan** [fan] *nm/f* fan

**fana** [fana] *adj*, *nm/f* (*fam*) = **fanatique**

**fanal, -aux** [fanal, -o] *nm* beacon; lantern

**fanatique** [fanatik] *adj*: ~ **(de)** fanatical (about) ▷ *nm/f* fanatic

**fanatisme** [fanatism(ə)] *nm* fanaticism

**fane** [fan] *nf* top

**fané, e** [fane] *adj* faded

**faner** [fane]: **se faner** *vi* to fade

**faneur, -euse** [fanœʁ, -øz] *nm/f* haymaker ▷ *nf* (*Tech*) tedder

**fanfare** [fɑ̃faʁ] *nf* (*orchestre*) brass band; (*musique*) fanfare; **en ~** (*avec bruit*) noisily

**fanfaron, ne** [fɑ̃faʁɔ̃, -ɔn] *nm/f* braggart

**fanfaronnades** [fɑ̃faʁɔnad] *nfpl* bragging *no pl*

**fanfreluches** [fɑ̃fʁəlyʃ] *nfpl* trimming *no pl*

**fange** [fɑ̃ʒ] *nf* mire

**fanion** [fanjɔ̃] *nm* pennant

**fanon** [fanɔ̃] *nm* (*de baleine*) plate of baleen; (*repli de peau*) dewlap, wattle

**fantaisie** [fɑ̃tezi] *nf* (*spontanéité*) fancy, imagination; (*caprice*) whim; extravagance; (*Mus*) fantasia ▷ *adj*: **bijou (de)** ~ (piece of) costume jewellery (*Brit*) *ou* jewelry (*US*); **pain (de)** ~ fancy bread

**fantaisiste** [fɑ̃tezist(ə)] *adj* (*péj*) unorthodox, eccentric ▷ *nm/f* (*de music-hall*) variety artist *ou* entertainer

**fantasmagorique** [fɑ̃tasmagɔʁik] *adj* phantasmagorical

**fantasme** [fɑ̃tasm(ə)] *nm* fantasy

**fantasmer** [fɑ̃tasme] *vi* to fantasize

**fantasque** [fɑ̃task(ə)] *adj* whimsical, capricious; fantastic

**fantassin** [fɑ̃tasɛ̃] *nm* infantryman

**fantastique** [fɑ̃tastik] *adj* fantastic

**fantoche** [fɑ̃tɔʃ] *nm* (*péj*) puppet

**fantomatique** [fɑ̃tɔmatik] *adj* ghostly

**fantôme** [fɑ̃tom] *nm* ghost, phantom

**FAO** *sigle f* (= *Food and Agricultural Organization*) ΓΑΟ

**faon** [fɑ̃] *nm* fawn (*deer*)

**FAQ** *abr f* (= *foire aux questions*) FAQ *pl* (= *frequently asked questions*)

**faramineux, -euse** [faʁaminø, -øz] *adj* (*fam*) fantastic

**farandole** [faʁɑ̃dɔl] *nf* farandole

**farce** [faʁs(ə)] *nf* (*viande*) stuffing; (*blague*) (practical) joke; (*Théât*) farce; **faire une ~ à qn** to play a (practical) joke on sb; ~**s et attrapes** jokes and novelties

**farceur, -euse** [faʁsœʁ, -øz] *nm/f* practical joker; (*fumiste*) clown

**farci, e** [faʁsi] *adj* (*Culin*) stuffed

**farcir** [faʁsiʁ] *vt* (*viande*) to stuff; (*fig*): ~ **qch de** to stuff sth with; **se farcir** (*fam*): **je me suis farci la vaisselle** I've got stuck *ou* landed with the washing-up

**fard** [faʁ] *nm* make-up; ~ **à joues** blusher

**fardeau, x** [faʁdo] *nm* burden

**farder** [faʁde] *vt* to make up; (*vérité*) to disguise; **se farder** to make o.s. up

**farfelu, e** [faʁfəly] *adj* wacky (*fam*), harebrained

**farfouiller** [faʁfuje] *vi* (*péj*) to rummage around

**fariboles** [faʁibɔl] *nfpl* nonsense *no pl*

**farine** [faʁin] *nf* flour; ~ **de blé** wheatflour; ~ **de maïs** cornflour (*Brit*), cornstarch (*US*); ~ **lactée** (*pour bouillie*) baby cereal

**fariner** [faʁine] *vt* to flour

**farineux, -euse** [faʁinø, -øz] *adj* (*sauce, pomme*) floury ▷ *nmpl* (*aliments*) starchy foods

**farniente** [faʁnjɛnte] *nm* idleness

**farouche** [faʁuʃ] *adj* shy, timid; (*sauvage*) savage, wild; (*violent*) fierce

**farouchement** [faʁuʃmɑ̃] *adv* fiercely

**fart** [faʁ(t)] *nm* (ski) wax

**farter** [faʁte] *vt* to wax

**fascicule** [fasikyl] *nm* volume

**fascinant, e** [fasinɑ̃, -ɑ̃t] *adj* fascinating

**fascination** [fasinɑsjɔ̃] *nf* fascination

**fasciner** [fasine] *vt* to fascinate

**fascisant, e** [faʃizɑ̃, -ɑ̃t] *adj* fascistic

**fascisme** [faʃism(ə)] *nm* fascism

**fasciste** [faʃist(ə)] *adj*, *nm/f* fascist

**fasse** *etc* [fas] *vb voir* **faire**

**faste** [fast(ə)] *nm* splendour (*Brit*), splendor (*US*) ▷ *adj*: **c'est un jour ~** it's his (*ou* our *etc*) lucky day

**fastidieux, -euse** [fastidjø, -øz] *adj* tedious, tiresome

**fastueux, -euse** [fastyø, -øz] *adj* sumptuous, luxurious

**fat** [fa] *adj m* conceited, smug

**fatal, e** [fatal] *adj* fatal; (*inévitable*) inevitable

**fatalement** [fatalmɑ̃] *adv* inevitably

**fatalisme** [fatalism(ə)] *nm* fatalism

**fataliste** [fatalist(ə)] *adj* fatalistic

**fatalité** [fatalite] *nf* (*destin*) fate; (*coïncidence*) fateful coincidence; (*caractère inévitable*) inevitability

**fatidique** [fatidik] *adj* fateful

**fatigant, e** [fatigɑ̃, -ɑ̃t] *adj* tiring, (*agaçant*) tiresome

**fatigue** [fatig] *nf* tiredness, fatigue; (*détérioration*) fatigue; **les ~s du voyage** the wear and tear of the journey

**fatigué, e** [fatige] *adj* tired

**fatiguer** [fatige] *vt* to tire, make tired; (*Tech*) to put a strain on, strain; (*fig: importuner*) to wear out ▷ *vi* (*moteur*) to labour (*Brit*), labor (*US*), strain; **se fatiguer** *vi* to get tired; to tire o.s. (out); **se ~ à faire qch** to tire o.s. out doing sth

**fatras** [fatʁa] *nm* jumble, hotchpotch

**fatuité** [fatɥite] *nf* conceitedness, smugness

**faubourg** [fobuʁ] *nm* suburb

**faubourien, ne** [fobuʁjɛ̃, -ɛn] *adj* (*accent*) working-class

**fauché, e** [foʃe] *adj* (*fam*) broke

*f*

173

**faucher** [foʃe] vt (herbe) to cut; (champs, blés) to reap; (fig) to cut down; to mow down; (fam: voler) to pinch, nick

**faucheur, -euse** [foʃœʀ, -øz] nm/f reaper, mower

**faucille** [fosij] nf sickle

**faucon** [fokɔ̃] nm falcon, hawk

**faudra** etc [fodʀa] vb voir **falloir**

**faufil** [fofil] nm (Couture) tacking thread

**faufilage** [fofilaʒ] nm (Couture) tacking

**faufiler** [fofile] vt to tack, baste; **se faufiler** vi: **se ~ dans** to edge one's way into; **se ~ parmi/ entre** to thread one's way among/between

**faune** [fon] nf (Zool) wildlife, fauna; (fig péj) set, crowd ▷ nm faun; **~ marine** marine (animal) life

**faussaire** [fosɛʀ] nm/f forger

**fausse** [fos] adj f voir **faux**

**faussement** [fosmɑ̃] adv (accuser) wrongly, wrongfully; (croire) falsely, erroneously

**fausser** [fose] vt (objet) to bend, buckle; (fig) to distort; **~ compagnie à qn** to give sb the slip

**fausset** [fosɛ] nm: **voix de ~** falsetto voice

**fausseté** [foste] nf wrongness; falseness

**faut** [fo] vb voir **falloir**

**faute** [fot] nf (erreur) mistake, error; (péché, manquement) misdemeanour; (Football etc) offence; (Tennis) fault; (responsabilité): **par la ~ de** through the fault of, because of; **c'est de sa/ ma ~** it's his/my fault; **être en ~** to be in the wrong; **prendre qn en ~** to catch sb out; **~ de** (temps, argent) for ou through lack of; **~ de mieux** for want of anything ou something better; **sans ~** adv without fail; **~ de frappe** typing error; **~ d'inattention** careless mistake; **~ d'orthographe** spelling mistake; **~ professionnelle** professional misconduct no pl

**fauteuil** [fotœj] nm armchair; **~ à bascule** rocking chair; **~ club** (big) easy chair; **~ d'orchestre** seat in the front stalls (Brit) ou the orchestra (US); **~ roulant** wheelchair

**fauteur** [fotœʀ] nm: **~ de troubles** trouble-maker

**fautif, -ive** [fotif, -iv] adj (incorrect) incorrect, inaccurate; (responsable) at fault, in the wrong; (coupable) guilty ▷ nm/f culprit

**fauve** [fov] nm wildcat; (peintre) Fauve ▷ adj (couleur) fawn

**fauvette** [fovɛt] nf warbler

**fauvisme** [fovism(ə)] nm (Art) Fauvism

**faux¹** [fo] nf scythe

**faux², fausse** [fo, fos] adj (inexact) wrong; (piano, voix) out of tune; (falsifié) fake, forged; (sournois, postiche) false ▷ adv (Mus) out of tune ▷ nm (copie) fake, forgery; (opposé au vrai): **le ~** falsehood; **le ~ numéro/la fausse clé** the wrong number/key; **faire fausse route** to go the wrong way; **faire ~ bond à qn** to let sb down; **~ ami** (Ling) faux ami; **~ col** detachable collar; **~ départ** (Sport, fig) false start; **~ frais** nmpl extras, incidental expenses; **~ frère** (fig péj) false friend; **~ mouvement** awkward

movement; **~ nez** false nose; **~ nom** assumed name; **~ pas** tripping no pl; (fig) faux pas; **~ témoignage** (délit) perjury; **fausse alerte** false alarm; **fausse clé** skeleton key; **fausse couche** (Méd) miscarriage; **fausse joie** vain joy; **fausse note** wrong note

**faux-filet** [fofilɛ] nm sirloin

**faux-fuyant** [fofɥijɑ̃] nm equivocation

**faux-monnayeur** [fomɔnɛjœʀ] nm counterfeiter, forger

**faux-semblant** [fosɑ̃blɑ̃] nm pretence (Brit), pretense (US)

**faux-sens** [fosɑ̃s] nm mistranslation

**faveur** [favœʀ] nf favour (Brit), favor (US); **traitement de ~** preferential treatment; **à la ~ de** under cover of; (grâce à) thanks to; **en ~ de** in favo(u)r of

**favorable** [favɔʀabl(ə)] adj favo(u)rable

**favori, te** [favɔʀi, -it] adj, nm/f favo(u)rite

**favoris** [favɔʀi] nmpl (barbe) sideboards (Brit), sideburns

**favoriser** [favɔʀize] vt to favour (Brit), favor (US)

**favoritisme** [favɔʀitism(ə)] nm (péj) favo(u)ritism

**fax** [faks] nm fax

**faxer** vt to fax

**fayot** [fajo] nm (fam) crawler

**FB** abr (= franc belge) BF, FB

**FBI** sigle m FBI

**FC** sigle m (= Football Club) FC

**fébrile** [febʀil] adj feverish, febrile; **capitaux ~s** (Écon) hot money

**fébrilement** [febʀilmɑ̃] adv feverishly

**fécal, e, -aux** [fekal, -o] adj voir **matière**

**fécond, e** [fekɔ̃, -ɔ̃d] adj fertile

**fécondation** [fekɔ̃dasjɔ̃] nf fertilization

**féconder** [fekɔ̃de] vt to fertilize

**fécondité** [fekɔ̃dite] nf fertility

**fécule** [fekyl] nf potato flour

**féculent** [fekylɑ̃] nm starchy food

**fédéral, e, -aux** [federal, -o] adj federal

**fédéralisme** [federalism(ə)] nm federalism

**fédéraliste** [federalist(ə)] adj federalist

**fédération** [federasjɔ̃] nf federation; **la F~ française de football** the French football association

**fée** [fe] nf fairy

**féerie** [feʀi] nf enchantment

**féerique** [feʀik] adj magical, fairytale cpd

**feignant, e** [fɛɲɑ̃, -ɑ̃t] nm/f = **fainéant, e**

**feindre** [fɛ̃dʀ(ə)] vt to feign ▷ vi to dissemble; **~ de faire** to pretend to do

**feint, e** [fɛ̃, fɛ̃t] pp de **feindre** ▷ adj feigned ▷ nf (Sport: escrime) feint; (: Football, Rugby) dummy (Brit), fake (US); (fam: ruse) sham

**feinter** [fɛ̃te] vi (Sport: escrime) to feint; (: Football, Rugby) to dummy (Brit), fake (US) ▷ vt (fam: tromper) to fool

**fêlé, e** [fele] adj (aussi fig) cracked

**fêler** [fele] vt to crack

**félicitations** [felisitasjɔ̃] nfpl congratulations

**félicité** [felisite] nf bliss

**féliciter** [felisite] vt: ~ **qn (de)** to congratulate sb (on)

**félin, e** [felē, -in] adj feline ⊳ nm (big) cat

**félon, ne** [felɔ̃, -ɔn] adj perfidious, treacherous

**félonie** [felɔni] nf treachery

**fêlure** [felyʀ] nf crack

**femelle** [fəmɛl] adj (aussi Élec, Tech) female ⊳ nf female

**féminin, e** [feminē, -in] adj feminine; (sexe) female; (équipe, vêtements etc) women's; (parfois péj: homme) effeminate ⊳ nm (Ling) feminine

**féminiser** [feminize] vt to feminize; (rendre efféminé) to make effeminate; **se féminiser** vi: **cette profession se féminise** this profession is attracting more women

**féminisme** [feminism(ə)] nm feminism

**féministe** [feminist(ə)] adj, nf feminist

**féminité** [feminite] nf femininity

**femme** [fam] nf woman; (épouse) wife; **être très ~** to be very much a woman; **devenir ~** to attain womanhood; **~ d'affaires** businesswoman; **~ de chambre** chambermaid; **~ fatale** femme fatale; **~ au foyer** housewife; **~ d'intérieur** (real) homemaker; **~ de ménage** domestic help, cleaning lady; **~ du monde** society woman; **~-objet** sex object; **~ de tête** determined, intellectual woman

**fémoral, e, -aux** [femɔral, -o] adj femoral

**fémur** [femyʀ] nm femur, thighbone

**FEN** [fɛn] sigle f (= Fédération de l'Éducation nationale) teachers' trades union

**fenaison** [fənɛzɔ̃] nf haymaking

**fendillé, e** [fādije] adj (terre etc) crazed

**fendre** [fādʀ(ə)] vt (couper en deux) to split; (fissurer) to crack; (fig: traverser) to cut through; to push one's way through; **se fendre** vi to crack

**fendu, e** [fādy] adj (sol, mur) cracked; (jupe) slit

**fenêtre** [fənɛtʀ(ə)] nf window; **~ à guillotine** sash window

**fennec** [fenɛk] nm fennec

**fenouil** [fənuj] nm fennel

**fente** [fāt] nf slit; (fissure) crack

**féodal, e, -aux** [feɔdal, -o] adj feudal

**féodalisme** [feɔdalism(ə)] nm feudalism

**féodalité** [feɔdalite] nf feudalism

**fer** [fɛʀ] nm iron; (de cheval) shoe; **fers** nmpl (Méd) forceps; **mettre aux ~s** (enchaîner) to put in chains; **au ~ rouge** with a red-hot iron; **santé/main de ~** iron constitution/hand; **~ à cheval** horseshoe; **en ~ à cheval** (fig) horseshoe-shaped; **~ forgé** wrought iron; **~ à friser** curling tongs; **~ de lance** spearhead; **~ (à repasser)** iron; **~ à souder** soldering iron

**ferai** etc [fəʀe] vb voir **faire**

**fer-blanc** [fɛʀblā] nm tin(plate)

**ferblanterie** [fɛʀblātʀi] nf tinplate making; (produit) tinware

**ferblantier** [fɛʀblātje] nm tinsmith

**férié, e** [feʀje] adj: **jour ~** public holiday

**ferions** etc [fəʀjɔ̃] vb voir **faire**

**férir** [feʀiʀ]: **sans coup ~** adv without meeting any opposition

**fermage** [fɛʀmaʒ] nm tenant farming

**ferme** [fɛʀm(ə)] adj firm ⊳ adv (travailler etc) hard; (discuter) ardently ⊳ nf (exploitation) farm; (maison) farmhouse; **tenir ~** to stand firm

**fermé, e** [fɛʀme] adj closed, shut; (gaz, eau etc) off; (fig: personne) uncommunicative; (: milieu) exclusive

**fermement** [fɛʀməmā] adv firmly

**ferment** [fɛʀmā] nm ferment

**fermentation** [fɛʀmātasjɔ̃] nf fermentation

**fermenter** [fɛʀmāte] vi to ferment

**fermer** [fɛʀme] vt to close, shut; (cesser l'exploitation de) to close down, shut down; (eau, lumière, électricité, robinet) to put off, turn off; (aéroport, route) to close ⊳ vi to close, shut; to close down, shut down; **se fermer** vi (yeux) to close, shut; (fleur, blessure) to close up; **~ à clef** to lock; **~ au verrou** to bolt; **~ les yeux (sur qch)** (fig) to close one's eyes (to sth); **se ~ à** (pitié, amour) to close one's heart ou mind to

**fermeté** [fɛʀməte] nf firmness

**fermette** [fɛʀmɛt] nf farmhouse

**fermeture** [fɛʀmətyʀ] nf closing; shutting; closing ou shutting down; putting ou turning off; (dispositif) catch; fastening, fastener; **heure de ~** (Comm) closing time; **jour de ~** (Comm) day on which the shop (etc) is closed; **~ éclair®** ou **à glissière** zip (fastener) (Brit), zipper; voir **fermer**

**fermier, -ière** [fɛʀmje, -jɛʀ] nm/f farmer ⊳ nf (femme de fermier) farmer's wife ⊳ adj: **beurre/ cidre ~** farm butter/cider

**fermoir** [fɛʀmwaʀ] nm clasp

**féroce** [feʀɔs] adj ferocious, fierce

**férocement** [feʀɔsmā] adv ferociously

**férocité** [feʀɔsite] nf ferocity, ferociousness

**ferons** etc [fəʀɔ̃] vb voir **faire**

**ferraille** [feʀaj] nf scrap iron; **mettre à la ~** to scrap; **bruit de ~** clanking

**ferrailler** [feʀaje] vi to clank

**ferrailleur** [feʀajœʀ] nm scrap merchant

**ferrant** [feʀā] adj m voir **maréchal-ferrant**

**ferré, e** [feʀe] adj (chaussure) hobnailed; (canne) steel-tipped; **~ sur** (fam: savant) well up on

**ferrer** [feʀe] vt (cheval) to shoe; (chaussure) to nail; (canne) to tip; (poisson) to strike

**ferreux, euse** [feʀø, -øz] adj ferrous

**ferronnerie** [feʀɔnʀi] nf ironwork; **~ d'art** wrought iron work

**ferronnier** [feʀɔnje] nm craftsman in wrought iron; (marchand) ironware merchant

**ferroviaire** [feʀɔvjɛʀ] adj rail cpd, railway cpd (Brit), railroad cpd (US)

**ferrugineux, -euse** [feʀyʒinø, -øz] adj ferruginous

**ferrure** [feʀyʀ] nf (ornamental) hinge

**ferry** [feʀe], **ferry-boat** [feʀebot] nm ferry

**fertile** [fɛʀtil] adj fertile; **~ en incidents** eventful, packed with incidents

**fertilisant** [fɛʀtilizā] nm fertilizer

**fertilisation** [fɛʀtilizasjɔ̃] nf fertilization

**fertiliser** [fɛʀtilize] vt to fertilize

**fertilité** [fɛʀtilite] nf fertility

**féru, e** [feʀy] *adj*: ~ **de** with a keen interest in

**férule** [feʀyl] *nf*: **être sous la ~ de qn** to be under sb's (iron) rule

**fervent, e** [fɛʀvɑ̃, -ɑ̃t] *adj* fervent

**ferveur** [fɛʀvœʀ] *nf* fervour (*Brit*), fervor (*US*)

**fesse** [fɛs] *nf* buttock; **les ~s** the bottom *sg*, the buttocks

**fessée** [fese] *nf* spanking

**fessier** [fesje] *nm* (*fam*) behind

**festin** [fɛstɛ̃] *nm* feast

**festival** [fɛstival] *nm* festival

**festivalier** [fɛstivalje] *nm* festival-goer

**festivités** [fɛstivite] *nfpl* festivities, merrymaking *sg*

**feston** [fɛstɔ̃] *nm* (*Archit*) festoon; (*Couture*) scallop

**festoyer** [fɛstwaje] *vi* to feast

**fêtard** [fetaʀ] *nm* (*péj*) high liver, merrymaker

**fête** [fɛt] *nf* (*religieuse*) feast; (*publique*) holiday; (*en famille etc*) celebration; (*kermesse*) fête, fair, festival; (*du nom*) feast day, name day; **faire la ~** to live it up; **faire ~ à qn** to give sb a warm welcome; **se faire une ~ de** to look forward to; to enjoy; **ça va être sa ~!** (*fam*) he's going to get it!; **jour de ~** holiday; **les ~s (de fin d'année)** the festive season; **la salle/le comité des ~s** the village hall/festival committee; **la ~ des Mères/Pères** Mother's/Father's Day; **~ de charité** charity fair *ou* fête; **~ foraine** (fun)fair; **la ~ de la musique** *see note*; **~ mobile** movable feast (day); **la F~ Nationale** the national holiday

**Fête-Dieu** [fɛtdjø] *nf*: **la ~** Corpus Christi

**fêter** [fete] *vt* to celebrate; (*personne*) to have a celebration for

**fétiche** [fetiʃ] *nm* fetish; **animal ~, objet ~** mascot

**fétichisme** [fetiʃism(ə)] *nm* fetishism

**fétichiste** [fetiʃist(ə)] *adj* fetishist

**fétide** [fetid] *adj* fetid

**fétu** [fety] *nm*: **~ de paille** wisp of straw

**feu¹** [fø] *adj inv*: **~ son père** his late father

**feu², x** [fø] *nm* (*gén*) fire; (*signal lumineux*) light; (*de cuisinière*) ring; (*sensation de brûlure*) burning (sensation); **feux** *nmpl* fire *sg*; (*Auto*) (traffic) lights; **tous ~x éteints** (*Navig, Auto*) without lights; **au ~!** (*incendie*) fire!; **à ~ doux/vif** over a slow/brisk heat; **à petit ~** (*Culin*) over a gentle heat; (*fig*) slowly; **faire ~** to fire; **ne pas faire long ~** (*fig*) not to last long; **commander le ~** (*Mil*) to give the order to (open) fire; **tué au ~** (*Mil*) killed in action; **mettre à ~** (*fusée*) to fire off; **pris entre deux ~x** caught in the crossfire;

**en ~** on fire; **être tout ~ tout flamme (pour)** (*passion*) to be aflame with passion (for); (*enthousiasme*) to be fired with enthusiasm (for); **prendre ~** to catch fire; **mettre le ~ à** to set fire to, set on fire; **faire du ~** to make a fire; **avez-vous du ~?** (*pour cigarette*) have you (got) a light?; **~ rouge/vert/orange** (*Auto*) red/green/amber (*Brit*) *ou* yellow (*US*) light; **donner le ~ vert à qch/qn** (*fig*) to give sth/sb the go-ahead *ou* green light; **~ arrière** (*Auto*) rear light; **~ d'artifice** firework; (*spectacle*) fireworks *pl*; **~ de camp** campfire; **~ de cheminée** chimney fire; **~ de joie** bonfire; **~ de paille** (*fig*) flash in the pan; **~x de brouillard** (*Auto*) fog lights *ou* lamps; **~x de croisement** (*Auto*) dipped (*Brit*) *ou* dimmed (*US*) headlights; **~x de position** (*Auto*) sidelights; **~x de route** (*Auto*) headlights (on full (*Brit*) *ou* high (*US*) beam); **~x de stationnement** parking lights

**feuillage** [fœjaʒ] *nm* foliage, leaves *pl*

**feuille** [fœj] *nf* (*d'arbre*) leaf; **~ (de papier)** sheet (of paper); **rendre ~ blanche** (*Scol*) to give in a blank paper; **~ d'or/de métal** gold/metal leaf; **~ de chou** (*péj: journal*) rag; **~ d'impôts** tax form; **~ de maladie** medical expenses claim form; **~ morte** dead leaf; **~ de paye** pay slip; **~ de présence** attendance sheet; **~ de température** temperature chart; **~ de vigne** (*Bot*) vine leaf; (*sur statue*) fig leaf; **~ volante** loose sheet

**feuillet** [fœjɛ] *nm* leaf, page

**feuilletage** [fœjtaʒ] *nm* (*aspect feuilleté*) flakiness

**feuilleté, e** [fœjte] *adj* (*Culin*) flaky; (*verre*) laminated

**feuilleter** [fœjte] *vt* (*livre*) to leaf through

**feuilleton** [fœjtɔ̃] *nm* serial

**feuillette** *etc* [fœjɛt] *vb voir* **feuilleter**

**feuillu, e** [fœjy] *adj* leafy ▷ *nm* broad-leaved tree

**feulement** [følmɑ̃] *nm* growl

**feutre** [føtʀ(ə)] *nm* felt; (*chapeau*) felt hat; (*stylo*) felt-tip(ped pen)

**feutré, e** [føtʀe] *adj* feltlike; (*pas, voix*) muffled

**feutrer** [føtʀe] *vt* to felt; (*fig: bruits*) to muffle ▷ *vi*, **se feutrer** *vi* (*tissu*) to felt

**feutrine** [føtʀin] *nf* (lightweight) felt

**fève** [fɛv] *nf* broad bean; (*dans la galette des Rois*) charm (*hidden in cake eaten on Twelfth Night*)

**février** [fevʀije] *nm* February; *voir aussi* **juillet**

**fez** [fɛz] *nm* fez

**FF** *abr* (= *franc français*) FF

**FFA** *sigle fpl* (= *Forces françaises en Allemagne*) *French forces in Germany*

**FFF** *abr* = **Fédération française de football**

**FFI** *sigle fpl* = **Forces françaises de l'intérieur (1942–45)** ▷ *sigle m* member of the FFI

**FFL** *sigle fpl* (= *Forces françaises libres*) Free French Army

**Fg** *abr* = **faubourg**

**FGA** *sigle m* (= *Fonds de garantie automobile*) *fund financed through insurance premiums, to compensate victims of uninsured losses*

**FGEN** *sigle f* (= *Fédération générale de l'éducation nationale*) *teachers' trade union*

**fi** [fi] *excl*: **faire fi de** to snap one's fingers at
**fiabilité** [fjabilite] *nf* reliability
**fiable** [fjabl(ə)] *adj* reliable
**fiacre** [fjakʀ(ə)] *nm* (hackney) cab *ou* carriage
**fiançailles** [fjɑ̃saj] *nfpl* engagement *sg*
**fiancé, e** [fjɑ̃se] *nm/f* fiancé (fiancée) ▷ *adj*: **être ~ (à)** to be engaged (to)
**fiancer** [fjɑ̃se]: **se fiancer** *vi*: **se ~ (avec)** to become engaged (to)
**fiasco** [fjasko] *nm* fiasco
**fibranne** [fibʀan] *nf* bonded fibre *ou* fiber (US)
**fibre** [fibʀ(ə)] *nf* fibre, fiber (US); **avoir la ~ paternelle/militaire** to be a born father/soldier; **~ optique** optical fibre *ou* fiber; **~ de verre** fibreglass (*Brit*), fiberglass (US), glass fibre *ou* fiber
**fibreux, -euse** [fibʀø, -øz] *adj* fibrous; (*viande*) stringy
**fibrome** [fibʀom] *nm* (*Méd*) fibroma
**ficelage** [fislaʒ] *nm* tying (up)
**ficelé, e** [fisle] *adj* (*fam*): **être mal ~** (*habillé*) to be badly got up; **bien/mal ~** (*conçu: roman, projet*) well/badly put together
**ficeler** [fisle] *vt* to tie up
**ficelle** [fisɛl] *nf* string *no pl*; (*morceau*) piece *ou* length of string; (*pain*) stick of French bread; **ficelles** *nfpl* (*fig*) strings; **tirer sur la ~** (*fig*) to go too far
**fiche** [fiʃ] *nf* (*carte*) (index) card; (*formulaire*) form; (*Élec*) plug; **~ de paye** pay slip; **~ signalétique** (*Police*) identification card; **~ technique** data sheet, specification *ou* spec sheet
**ficher** [fiʃe] *vt* (*dans un fichier*) to file; (: *Police*) to put on file; (*fam*) to do; (: *donner*) to give; (: *mettre*) to stick *ou* shove; (*planter*): **~ qch dans** to stick *ou* drive sth into; **~ qn à la porte** (*fam*) to chuck sb out; **fiche(-moi) le camp** (*fam*) clear off; **fiche-moi la paix** (*fam*) leave me alone; **se ~ dans** (*s'enfoncer*) to get stuck in, embed itself in; **se ~ de** (*fam*) to make fun of; not to care about
**fichier** [fiʃje] *nm* (*gén*, *Inform*) file; (*à cartes*) card index; **~ actif** *ou* **en cours d'utilisation** (*Inform*) active file; **~ d'adresses** mailing list; **~ d'archives** (*Inform*) archive file
**fichu, e** [fiʃy] *pp de* **ficher** (*fam*) ▷ *adj* (*fam: fini, inutilisable*) bust, done for; (: *intensif*) wretched, darned ▷ *nm* (*foulard*) (head)scarf; **être ~ de** to be capable of; **mal ~** feeling lousy; useless; **bien ~** great
**fictif, -ive** [fiktif, -iv] *adj* fictitious
**fiction** [fiksjɔ̃] *nf* fiction; (*fait imaginé*) invention
**fictivement** [fiktivmɑ̃] *adv* fictitiously
**fidèle** [fidɛl] *adj*: **~ (à)** faithful (to) ▷ *nm/f* (*Rel*): **les ~s** the faithful; (*à l'église*) the congregation
**fidèlement** [fidɛlmɑ̃] *adv* faithfully
**fidélité** [fidelite] *nf* faithfulness
**Fidji** [fidʒi] *nfpl*: **(les îles) ~** Fiji
**fiduciaire** [fidysjɛʀ] *adj* fiduciary; **héritier ~** heir, trustee; **monnaie ~** flat money
**fief** [fjɛf] *nm* fief; (*fig*) preserve; stronghold
**fieffé, e** [fjefe] *adj* (*ivrogne, menteur*) arrant, out-and-out

**fiel** [fjɛl] *nm* gall
**fiente** [fjɑ̃t] *nf* (*bird*) droppings *pl*
**fier¹** [fje]: **se ~ à** *vt* to trust
**fier², fière** [fjɛʀ] *adj* proud; **~ de** proud of; **avoir fière allure** to cut a fine figure
**fièrement** [fjɛʀmɑ̃] *adv* proudly
**fierté** [fjɛʀte] *nf* pride
**fièvre** [fjɛvʀ(ə)] *nf* fever; **avoir de la ~/39 de ~** to have a high temperature/a temperature of 39° C; **~ typhoïde** typhoid fever
**fiévreusement** [fjevʀøzmɑ̃] *adv* (*fig*) feverishly
**fiévreux, -euse** [fjevʀø, -øz] *adj* feverish
**FIFA** [fifa] *sigle f* (= *Fédération internationale de Football association*) FIFA
**fifre** [fifʀ(ə)] *nm* fife; (*personne*) fife-player
**fig** *abr* (= *figure*) fig
**figé, e** [fiʒe] *adj* (*manières*) stiff; (*société*) rigid; (*sourire*) fixed
**figer** [fiʒe] *vt* to congeal; (*fig: personne*) to freeze, root to the spot; **se figer** *vi* to congeal; to freeze; (*institutions etc*) to become set, stop evolving
**fignoler** [fiɲɔle] *vt* to put the finishing touches to
**figue** [fig] *nf* fig
**figuier** [figje] *nm* fig tree
**figurant, e** [figyʀɑ̃, -ɑ̃t] *nm/f* (*Théât*) walk-on; (*Ciné*) extra
**figuratif, -ive** [figyʀatif, -iv] *adj* representational, figurative
**figuration** [figyʀasjɔ̃] *nf* walk-on parts *pl*; extras *pl*
**figure** [figyʀ] *nf* (*visage*) face; (*image, tracé, forme, personnage*) figure; (*illustration*) picture, diagram; **faire ~ de** to look like; **faire bonne ~** to put up a good show; **faire triste ~** to be a sorry sight; **~ de rhétorique** figure of speech
**figuré, e** [figyʀe] *adj* (*sens*) figurative
**figurer** [figyʀe] *vi* to appear ▷ *vt* to represent; **se ~ que** to imagine that; **figurez-vous que ...** would you believe that ...?
**figurine** [figyʀin] *nf* figurine
**fil** [fil] *nm* (*brin, fig: d'une histoire*) thread; (*du téléphone*) cable, wire; (*textile de lin*) linen; (*d'un couteau: tranchant*) edge; **au ~ des années** with the passing of the years; **au ~ de l'eau** with the stream *ou* current; **de ~ en aiguille** one thing leading to another; **ne tenir qu'à un ~** (*vie, réussite etc*) to hang by a thread; **donner du ~ à retordre à qn** to make life difficult for sb; **donner/recevoir un coup de ~** to make/get a phone call; **~ à coudre** (*sewing*) thread *ou* yarn; **~ dentaire** dental floss; **~ électrique** electric wire; **~ de fer** wire; **~ de fer barbelé** barbed wire; **~ à pêche** fishing line; **~ à plomb** plumb line; **~ à souder** soldering wire
**filament** [filamɑ̃] *nm* (*Élec*) filament; (*de liquide*) trickle, thread
**filandreux, -euse** [filɑ̃dʀø, -øz] *adj* stringy
**filant, e** [filɑ̃, -ɑ̃t] *adj*: **étoile ~e** shooting star
**filasse** [filas] *adj inv* white blond
**filature** [filatyʀ] *nf* (*fabrique*) mill; (*policière*)

# file | finir

shadowing *no pl*, tailing *no pl*; **prendre qn en ~** to shadow *ou* tail sb

**file** [fil] *nf* line; **~ d'attente)** queue (*Brit*), line (*US*); **prendre la ~** to join the (end of the) queue *ou* line; **prendre la ~ de droite** (*Auto*) to move into the right-hand lane; **se mettre en ~** to form a line; (*Auto*) to get into lane; **stationner en double ~** (*Auto*) to double-park; **à la ~** *adv* (*d'affilée*) in succession; (*à la suite*) one after another; **à la** *ou* **en ~ indienne** in single file

**filer** [file] *vt* (*tissu, toile, verre*) to spin; (*dérouler: câble etc*) to pay *ou* let out; (*prendre en filature*) to shadow, tail; (*fam: donner*): **~ qch à qn** to slip sb sth ▷ *vi* (*bas, maille, liquide, pâte*) to run; (*aller vite*) to fly past *ou* by; (*fam: partir*) to make off; **~ à l'anglaise** to take French leave; **~ doux** to behave o.s., toe the line; **~ un mauvais coton** to be in a bad way

**filet** [filɛ] *nm* net; (*Culin*) fillet; (*d'eau, de sang*) trickle; **tendre un ~** (*police*) to set a trap; **~ (à bagages)** (*Rail*) luggage rack; **~ (à provisions)** string bag

**filetage** [filtaʒ] *nm* threading; thread

**fileter** [filte] *vt* to thread

**filial, e, -aux** [filjal, -o] *adj* filial ▷ *nf* (*Comm*) subsidiary; affiliate

**filiation** [filjɑsjɔ̃] *nf* filiation

**filière** [filjɛʀ] *nf*: **passer par la ~** to go through the (administrative) channels; **suivre la ~** to work one's way up (through the hierarchy)

**filiforme** [filifɔʀm(ə)] *adj* spindly; threadlike

**filigrane** [filigʀan] *nm* (*d'un billet, timbre*) watermark; **en ~** (*fig*) showing just beneath the surface

**filin** [filɛ̃] *nm* (*Navig*) rope

**fille** [fij] *nf* girl; (*opposé à fils*) daughter; **vieille ~** old maid; **~ de joie** prostitute; **~ de salle** waitress

**fille-mère** [fijmɛʀ] (*pl* **filles-mères**) *nf* unmarried mother

**fillette** [fijɛt] *nf* (little) girl

**filleul, e** [fijœl] *nm/f* godchild, godson (goddaughter)

**film** [film] *nm* (*pour photo*) (roll of) film; (*œuvre*) film, picture, movie; (*couche*) film; **~ muet/parlant** silent/talking picture *ou* movie; **~ alimentaire** clingfilm; **~ d'amour/d'animation/d'horreur** romantic/animated/horror film; **~ comique** comedy; **~ policier** thriller

**filmer** [filme] *vt* to film

**filon** [filɔ̃] *nm* vein, lode; (*fig*) lucrative line, money-spinner

**filou** [filu] *nm* (*escroc*) swindler

**fils** [fis] *nm* son; **~ de famille** moneyed young man; **~ à papa** (*péj*) daddy's boy

**filtrage** [filtʀaʒ] *nm* filtering

**filtrant, e** [filtʀɑ̃, -ɑ̃t] *adj* (*huile solaire etc*) filtering

**filtre** [filtʀ(ə)] *nm* filter; **"~ ou sans ~?"** (*cigarettes*) "tipped or plain?"; **~ à air** air filter

**filtrer** [filtʀe] *vt* to filter; (*fig: candidats, visiteurs*)

to screen ▷ *vi* to filter (through)

**fin¹** [fɛ̃] *nf* end; **fins** *nfpl* (*but*) ends; **à (la) ~ mai**, **~ mai** at the end of May; **en ~ de semaine** at the end of the week; **prendre ~** to come to an end; **toucher à sa ~** to be drawing to a close; **mettre ~ à** to put an end to; **mener à bonne ~** to bring to a successful conclusion; **à cette ~** to this end; **à toutes ~s utiles** for your information; **à la ~** in the end, eventually; **sans ~** *adj* endless ▷ *adv* endlessly; **~ de non-recevoir** (*Jur, Admin*) objection; **~ de section** (*de ligne d'autobus*) (fare) stage

**fin², e** [fɛ̃, fin] *adj* (*papier, couche, fil*) thin; (*cheveux, poudre, pointe, visage*) fine; (*taille*) neat, slim; (*esprit, remarque*) subtle; shrewd ▷ *adv* (*moudre, couper*) finely ▷ *nm*: **vouloir jouer au plus ~ (avec qn)** to try to outsmart sb ▷ *nf* (*alcool*) liqueur brandy; **c'est ~!** (*ironique*) how clever!; **~ prêt/soûl** quite ready/drunk; **un ~ gourmet** a gourmet; **un ~ tireur** a crack shot; **avoir la vue/l'ouïe ~e** to have sharp eyes/ears, have keen eyesight/hearing; **or/linge/vin ~** fine gold/linen/wine; **le ~ fond de** the very depths of; **le ~ mot de** the real story behind; **la ~e fleur de** the flower of; **une ~e mouche** (*fig*) a sly customer; **~es herbes** mixed herbs

**final, e** [final] *adj*, *nf* final ▷ *nm* (*Mus*) finale; **quarts de ~e** quarter finals; **8èmes/16èmes de ~e** 2nd/1st round (*in 5 round knock-out competition*)

**finalement** [finalmɑ̃] *adv* finally, in the end; (*après tout*) after all

**finaliste** [finalist(ə)] *nm/f* finalist

**finalité** [finalite] *nf* (*but*) aim, goal; (*fonction*) purpose

**finance** [finɑ̃s] *nf* finance; **finances** *nfpl* (*situation financière*) finances; (*activités financières*) finance *sg*; **moyennant ~** for a fee *ou* consideration

**financement** [finɑ̃smɑ̃] *nm* financing

**financer** [finɑ̃se] *vt* to finance

**financier, -ière** [finɑ̃sje, -jɛʀ] *adj* financial ▷ *nm* financier

**financièrement** [finɑ̃sjɛʀmɑ̃] *adv* financially

**finasser** [finase] *vi* (*péj*) to wheel and deal

**finaud, e** [fino, -od] *adj* wily

**fine** [fin] *adj f*, *nf voir* **fin, e**

**finement** [finmɑ̃] *adv* thinly; finely; neatly; slimly; subtly; shrewdly

**finesse** [finɛs] *nf* thinness; fineness; neatness; slimness; subtlety; shrewdness; **finesses** *nfpl* (*subtilités*) niceties; finer points

**fini, e** [fini] *adj* finished; (*Math*) finite; (*intensif*): **un menteur ~** a liar through and through ▷ *nm* (*d'un objet manufacturé*) finish

**finir** [finiʀ] *vt* to finish ▷ *vi* to finish, end; **~ quelque part** to end *ou* finish up somewhere; **~ de faire** to finish doing; (*cesser*) to stop doing; **~ par faire** to end *ou* finish up doing; **il finit par m'agacer** he's beginning to get on my nerves; **~ en pointe/tragédie** to end in a point/in tragedy; **en ~ avec** to be *ou* have done with; **à n'en plus ~** (*route, discussions*) never-ending; **il**

va mal ~ he will come to a bad end; **c'est bientôt fini?** *(reproche)* have you quite finished?

**finish** [finiʃ] *nm* (*Sport*) finish

**finissage** [finisaʒ] *nm* finishing

**finisseur, -euse** [finisœʀ, -øz] *nm/f* (*Sport*) strong finisher

**finition** [finisjɔ̃] *nf* finishing; finish

**finlandais, e** [fɛ̃lɑ̃dɛ, -ɛz] *adj* Finnish ▷ *nm/f*: **Finlandais, e** Finn

**Finlande** [fɛ̃lɑ̃d] *nf*: **la ~** Finland

**finnois, e** [finwa, -waz] *adj* Finnish ▷ *nm* (*Ling*) Finnish

**fiole** [fjɔl] *nf* phial

**fiord** [fjɔʀ(d)] *nm* = **fjord**

**fioriture** [fjɔʀityʀ] *nf* embellishment, flourish

**fioul** [fjul] *nm* fuel oil

**firent** [fiʀ] *vb voir* **faire**

**firmament** [fiʀmamɑ̃] *nm* firmament, skies *pl*

**firme** [fiʀm(ə)] *nf* firm

**fis** [fi] *vb voir* **faire**

**fisc** [fisk] *nm* tax authorities *pl*, ≈ Inland Revenue (*Brit*), ≈ Internal Revenue Service (*US*)

**fiscal, e, -aux** [fiskal, -o] *adj* tax *cpd*, fiscal

**fiscaliser** [fiskalize] *vt* to subject to tax

**fiscaliste** [fiskalist(ə)] *nm/f* tax specialist

**fiscalité** [fiskalite] *nf* tax system; (*charges*) taxation

**fissible** [fisibl(ə)] *adj* fissile

**fission** [fisjɔ̃] *nf* fission

**fissure** [fisyʀ] *nf* crack

**fissurer** [fisyʀe] *vt*, **se fissurer** *vi* to crack

**fiston** [fistɔ̃] *nm* (*fam*) son, lad

**fit** [fi] *vb voir* **faire**

**FIV** *sigle f* (= *fécondation in vitro*) IVF

**fixage** [fiksaʒ] *nm* (*Photo*) fixing

**fixateur** [fiksatœʀ] *nm* (*Photo*) fixer; (*pour cheveux*) hair cream

**fixatif** [fiksatif] *nm* fixative

**fixation** [fiksasjɔ̃] *nf* fixing; fastening; setting; (*de ski*) binding; (*Psych*) fixation

**fixe** [fiks(ə)] *adj* fixed; (*emploi*) steady, regular ▷ *nm* (*salaire*) basic salary; **à heure ~** at a set time; **menu à prix ~** set menu

**fixé, e** [fikse] *adj* (*heure, jour*) appointed; **être ~ (sur)** to have made up one's mind (about); to know for certain (about)

**fixement** [fiksəmɑ̃] *adv* fixedly, steadily

**fixer** [fikse] *vt* (*attacher*): **~ qch (à/sur)** to fix ou fasten sth (to/onto); (*déterminer*) to fix, set; (*Chimie, Photo*) to fix; (*poser son regard sur*) to look hard at, stare at; **se fixer** (*s'établir*) to settle down; **~ son choix sur qch** to decide on sth; **se ~ sur** (*attention*) to focus on

**fixité** [fiksite] *nf* fixedness

**fjord** [fjɔʀ(d)] *nm* fjord, fiord

**fl.** *abr* (= *fleuve*) r, R; (= *florin*) fl

**flacon** [flakɔ̃] *nm* bottle

**flagada** [flagada] *adj inv* (*fam: fatigué*) shattered

**flagellation** [flaʒelasjɔ̃] *nf* flogging

**flageller** [flaʒele] *vt* to flog, scourge

**flageoler** [flaʒɔle] *vi* to have knees like jelly

**flageolet** [flaʒɔlɛ] *nm* (*Mus*) flageolet; (*Culin*) dwarf kidney bean

**flagornerie** [flagɔʀnəʀi] *nf* toadying, fawning

**flagorneur, -euse** [flagɔʀnœʀ, -øz] *nm/f* toady, fawner

**flagrant, e** [flagʀɑ̃, -ɑ̃t] *adj* flagrant, blatant; **en ~ délit** in the act, in flagrante delicto

**flair** [flɛʀ] *nm* sense of smell; (*fig*) intuition

**flairer** [fleʀe] *vt* (*humer*) to sniff (at); (*détecter*) to scent

**flamand, e** [flamɑ̃, -ɑ̃d] *adj* Flemish ▷ *nm* (*Ling*) Flemish ▷ *nm/f*: **Flamand, e** Fleming; **les F~s** the Flemish

**flamant** [flamɑ̃] *nm* flamingo

**flambant** [flɑ̃bɑ̃] *adv*: **~ neuf** brand new

**flambé, e** [flɑ̃be] *adj* (*Culin*) flambé ▷ *nf* blaze; (*fig*) flaring-up, explosion

**flambeau, x** [flɑ̃bo] *nm* (flaming) torch; **se passer le ~** (*fig*) to hand down the (*ou* a) tradition

**flambée** [flɑ̃be] *nf* (*feu*) blaze; (*Comm*): **~ des prix** (sudden) shooting up of prices

**flamber** [flɑ̃be] *vi* to blaze (up) ▷ *vt* (*poulet*) to singe; (*aiguille*) to sterilize

**flambeur, -euse** [flɑ̃bœʀ, -øz] *nm/f* big-time gambler

**flamboyant, e** [flɑ̃bwajɑ̃, -ɑ̃t] *adj* blazing; flaming

**flamboyer** [flɑ̃bwaje] *vi* to blaze (up); (*fig*) to flame

**flamenco** [flamɛnko] *nm* flamenco

**flamingant, e** [flamɛ̃gɑ̃, -ɑ̃t] *adj* Flemish-speaking ▷ *nm/f*: **Flamingant, e** Flemish speaker; (*Pol*) Flemish nationalist

**flamme** [flam] *nf* flame; (*fig*) fire, fervour; **en ~s** on fire, ablaze

**flammèche** [flamɛʃ] *nf* (flying) spark

**flammerole** [flamʀɔl] *nf* will-o'-the-wisp

**flan** [flɑ̃] *nm* (*Culin*) custard tart *ou* pie

**flanc** [flɑ̃] *nm* side; (*Mil*) flank; **à ~ de colline** on the hillside; **prêter le ~ à** (*fig*) to lay o.s. open to

**flancher** [flɑ̃ʃe] *vi* (*cesser de fonctionner*) to fail, pack up; (*armée*) to quit

**Flandre** [flɑ̃dʀ(ə)] *nf*: **la ~** (*aussi*: **les Flandres**) Flanders

**flanelle** [flanɛl] *nf* flannel

**flâner** [flɑne] *vi* to stroll

**flânerie** [flɑnʀi] *nf* stroll

**flâneur, -euse** [flɑnœʀ, -øz] *adj* idle ▷ *nm/f* stroller

**flanquer** [flɑ̃ke] *vt* to flank; (*fam: jeter*): **~ par terre/à la porte** to fling to the ground/chuck out; (: *donner*): **~ la frousse à qn** to put the wind up sb, give sb an awful fright

**flapi, e** [flapi] *adj* dog-tired

**flaque** [flak] *nf* (*d'eau*) puddle; (*d'huile, de sang etc*) pool

**flash** [flaʃ] (*pl* **-es**) *nm* (*Photo*) flash; **~ (d'information)** newsflash

**flasque** [flask(ə)] *adj* flabby ▷ *nf* (*flacon*) flask

**flatter** [flate] *vt* to flatter; (*caresser*) to stroke; **se ~ de qch** to pride o.s. on sth

**flatterie** [flatʀi] *nf* flattery

**flatteur, -euse** [flatœR, -øz] adj flattering ▷ nm/f flatterer

**flatulence** [flatylãs], **flatuosité** [flatɥozite] nf (Méd) flatulence, wind

**FLB** abr (= franco long du bord) FAS ▷ sigle m (Pol) = **Front de libération de la Bretagne**

**FLC** sigle m = **Front de libération de la Corse**

**fléau, x** [fleo] nm scourge, curse; (de balance) beam; (pour le blé) flail

**fléchage** [fleʃaʒ] nm (d'un itinéraire) signposting

**flèche** [flɛʃ] nf arrow; (de clocher) spire; (de grue) jib; (trait d'esprit, critique) shaft; **monter en ~** (fig) to soar, rocket; **partir en ~** (fig) to be off like a shot; **à ~ variable** (avion) swing-wing cpd

**flécher** [fleʃe] vt to arrow, mark with arrows

**fléchette** [fleʃɛt] nf dart; **fléchettes** nfpl (jeu) darts sg

**fléchir** [fleʃiR] vt (corps, genou) to bend; (fig) to sway, weaken ▷ vi (poutre) to sag, bend; (fig) to weaken, flag; (: baisser: prix) to fall off

**fléchissement** [fleʃismã] nm bending; sagging; flagging; (de l'économie) dullness

**flegmatique** [flɛgmatik] adj phlegmatic

**flegme** [flɛgm(ə)] nm composure

**flemmard, e** [flemaR, -aRd(ə)] nm/f lazybones sg, loafer

**flemme** [flɛm] nf (fam): **j'ai la ~ de le faire** I can't be bothered

**flétan** [fletã] nm (Zool) halibut

**flétrir** [fletRiR] vt to wither; (stigmatiser) to condemn (in the most severe terms); **se flétrir** vi to wither

**fleur** [flœR] nf flower; (d'un arbre) blossom; **être en ~** (arbre) to be in blossom; **tissu à ~s** flowered ou flowery fabric; **la (fine) ~ de** (fig) the flower of; **être ~ bleue** to be soppy ou sentimental; **à ~ de terre** just above the ground; **faire une ~ à qn** to do sb a favour (Brit) ou favor (US); **~ de lis** fleur-de-lis

**fleurer** [flœRe] vt: **~ la lavande** to have the scent of lavender

**fleuret** [flœRɛ] nm (arme) foil; (sport) fencing

**fleurette** [flœRɛt] nf: **conter ~ à qn** to whisper sweet nothings to sb

**fleuri, e** [flœRi] adj in flower ou bloom; surrounded by flowers; (fig: style) flowery; (: teint) glowing

**fleurir** [flœRiR] vi (rose) to flower; (arbre) to blossom; (fig) to flourish ▷ vt (tombe) to put flowers on; (chambre) to decorate with flowers

**fleuriste** [flœRist(ə)] nm/f florist

**fleuron** [flœRɔ̃] nm jewel (fig)

**fleuve** [flœv] nm river; **roman-~** saga; **discours-~** interminable speech

**flexibilité** [flɛksibilite] nf flexibility

**flexible** [flɛksibl(ə)] adj flexible

**flexion** [flɛksjɔ̃] nf flexing, bending; (Ling) inflection

**flibustier** [flibystje] nm buccaneer

**flic** [flik] nm (fam: péj) cop

**flingue** [flɛ̃g] nm (fam) shooter

**flipper** nm [flipœR] pinball (machine) ▷ vi

[flipe] (fam: être déprimé) to feel down, be on a downer; (: être exalté) to freak out

**flirt** [flœRt] nm flirting; (personne) boyfriend, girlfriend

**flirter** [flœRte] vi to flirt

**FLN** sigle m = **Front de libération nationale (during the Algerian war)**

**FLNKS** sigle m (= Front de libération nationale kanak et socialiste) political movement in New Caledonia

**flocon** [flɔkɔ̃] nm flake; (de laine etc: boulette) flock; **~s d'avoine** oat flakes, porridge oats

**floconneux, -euse** [flɔkɔnø, -øz] adj fluffy, fleecy

**flonflons** [flɔ̃flɔ̃] nmpl blare sg

**flopée** [flɔpe] nf: **une ~ de** loads of

**floraison** [flɔRɛzɔ̃] nf flowering; blossoming; flourishing; voir **fleurir**

**floral, e, -aux** [flɔRal, -o] adj floral, flower cpd

**floralies** [flɔRali] nfpl flower show sg

**flore** [flɔR] nf flora

**Florence** [flɔRãs] n (ville) Florence

**florentin, e** [flɔRãtɛ̃, -in] adj Florentine

**floriculture** [flɔRikyltyR] nf flower-growing

**florissant, e** [flɔRisã, -ãt] vb voir **fleurir** ▷ adj flourishing; (santé, teint, mine) blooming

**flot** [flo] nm flood, stream; (marée) flood tide; **flots** nmpl (de la mer) waves; **être à ~** (Navig) to be afloat; (fig) to be on an even keel; **à ~s** (couler) in torrents; **entrer à ~s** to stream ou pour in

**flottage** [flɔtaʒ] nm (du bois) floating

**flottaison** [flɔtɛzɔ̃] nf: **ligne de ~** waterline

**flottant, e** [flɔtã, -ãt] adj (vêtement) loose(-fitting); (cours, barème) floating

**flotte** [flɔt] nf (Navig) fleet; (fam) water; rain

**flottement** [flɔtmã] nm (fig) wavering, hesitation; (Écon) floating

**flotter** [flɔte] vi to float; (nuage, odeur) to drift; (drapeau) to fly; (vêtements) to hang loose ▷ vb impers (fam: pleuvoir): **il flotte** it's raining ▷ vt to float; **faire ~** to float

**flotteur** [flɔtœR] nm float

**flottille** [flɔtij] nf flotilla

**flou, e** [flu] adj fuzzy, blurred; (fig) woolly (Brit), vague; (non ajusté: robe) loose(-fitting)

**flouer** [flue] vt to swindle

**FLQ** abr (= franco long du quai) FAQ

**fluctuant, e** [flyktɥã, -ãt] adj (prix, cours) fluctuating; (opinions) changing

**fluctuation** [flyktɥasjɔ̃] nf fluctuation

**fluctuer** [flyktɥe] vi to fluctuate

**fluet, te** [flyɛ, -ɛt] adj thin, slight; (voix) thin

**fluide** [flyid] adj fluid; (circulation etc) flowing freely ▷ nm fluid; (force) (mysterious) power

**fluidifier** [flyidifje] vt to make fluid

**fluidité** [flyidite] nf fluidity; free flow

**fluor** [flyɔR] nm fluorine

**fluoré, e** [flyɔRe] adj fluoridated

**fluorescent, e** [flyɔResã, -ãt] adj fluorescent

**flûte** [flyt] nf (aussi: **flûte traversière**) flute; (verre) flute glass; (pain) long loaf; **petite ~** piccolo; **~! drat it!; ~ (à bec)** recorder; **~ de Pan** panpipes pl

**flûtiste** [flytist(ə)] *nm/f* flautist, flute player
**fluvial, e, -aux** [flyvjal, -o] *adj* river *cpd*, fluvial
**flux** [fly] *nm* incoming tide; *(écoulement)* flow; **le ~ et le re~** the ebb and flow
**fluxion** [flyksjɔ̃] *nf*: ~ **de poitrine** pneumonia
**FM** *sigle f* (= *frequency modulation*) FM
**Fme** *abr* (= *femme*) W
**FMI** *sigle m* (= *Fonds monétaire international*) IMF
**FN** *sigle m* (= *Front national*) ≈ NF (= *National Front*)
**FNAC** [fnak] *sigle f* (= *Fédération nationale des achats des cadres*) chain of discount shops (hi-fi, photo etc)
**FNSEA** *sigle f* (= *Fédération nationale des syndicats d'exploitants agricoles*) farmers' union
**FO** *sigle f* (= *Force ouvrière*) trades union
**foc** [fɔk] *nm* jib
**focal, e, -aux** [fɔkal, -o] *adj* focal ▷ *nf* focal length
**focaliser** [fɔkalize] *vt* to focus
**foehn** [føn] *nm* foehn, föhn
**fœtal, e, -aux** [fetal, -o] *adj* fetal, foetal (Brit)
**fœtus** [fetys] *nm* fetus, foetus (Brit)
**foi** [fwa] *nf* faith; **sous la ~ du serment** under *ou* on oath; **ajouter ~ à** to lend credence to; **faire ~** *(prouver)* to be evidence; **digne de ~** reliable; **sur la ~ de** on the word *ou* strength of; **être de bonne/mauvaise ~** to be in good faith/ not to be in good faith; **ma ~!** well!
**foie** [fwa] *nm* liver; ~ **gras** foie gras
**foin** [fwɛ̃] *nm* hay; **faire les ~s** to make hay; **faire du ~** *(fam)* to kick up a row
**foire** [fwaʀ] *nf* fair; *(fête foraine)* (fun) fair; *(fig: désordre, confusion)* bear garden; ~ **aux questions** *(Internet)* frequently asked questions; **faire la ~** to whoop it up; ~ **(exposition)** trade fair
**fois** [fwa] *nf* time; **une/deux ~** once/twice; **trois/vingt ~** three/twenty times; **deux ~ deux** twice two; **deux/quatre ~ plus grand (que)** twice/four times as big (as); **une ~** *(passé)* once; *(futur)* sometime; **une (bonne) ~ pour toutes** once and for all; **encore une ~** again, once more; **il était une ~** once upon a time; **une ~ que c'est fait** once it's done; **une ~ parti** once he *(ou I etc)* had left; **des ~** *(parfois)* sometimes; **si des ~ ...** *(fam)* if ever ...; **non mais des ~!** *(fam)* (now) look here!; **à la ~** *(ensemble)* (all) at once; **à la ~ grand et beau** both tall and handsome
**foison** [fwazɔ̃] *nf*: **une ~ de** an abundance of; **à ~** *adv* in plenty
**foisonnant, e** [fwazɔnɑ̃, -ɑ̃t] *adj* teeming
**foisonnement** [fwazɔnmɑ̃] *nm* profusion, abundance
**foisonner** [fwazɔne] *vi* to abound; ~ **en** *ou* **de** to abound in
**fol** [fɔl] *adj m voir* **fou**
**folâtre** [fɔlɑtʀ(ə)] *adj* playful
**folâtrer** [fɔlɑtʀe] *vi* to frolic (about)
**folichon, ne** [fɔliʃɔ̃, -ɔn] *adj*: **ça n'a rien de ~** it's not a lot of fun
**folie** [fɔli] *nf* *(d'une décision, d'un acte)* madness, folly; *(état)* madness, insanity; *(acte)* folly; **la ~ des grandeurs** delusions of grandeur; **faire des ~s** *(en dépenses)* to be extravagant

**folklore** [fɔlklɔʀ] *nm* folklore
**folklorique** [fɔlklɔʀik] *adj* folk *cpd*; *(fam)* weird
**folle** [fɔl] *adj f, nf voir* **fou**
**follement** [fɔlmɑ̃] *adv* *(très)* madly, wildly
**follet** [fɔlɛ] *adj m*: **feu ~** will-o'-the-wisp
**fomentateur, -trice** [fɔmɑ̃tatœʀ, -tʀis] *nm/f* agitator
**fomenter** [fɔmɑ̃te] *vt* to stir up, foment
**foncé, e** [fɔ̃se] *adj* dark; **bleu ~** dark blue
**foncer** [fɔ̃se] *vt* to make darker; *(Culin: moule etc)* to line ▷ *vi* to go darker; *(fam: aller vite)* to tear *ou* belt along; ~ **sur** to charge at
**fonceur, -euse** [fɔ̃sœʀ, -øz] *nm/f* whizz kid
**foncier, -ière** [fɔ̃sje, -jɛʀ] *adj* *(honnêteté etc)* basic, fundamental; *(malhonnêteté)* deep-rooted; *(Comm)* real estate *cpd*
**foncièrement** [fɔ̃sjɛʀmɑ̃] *adv* basically; *(absolument)* thoroughly
**fonction** [fɔ̃ksjɔ̃] *nf* *(rôle, Math, Ling)* function; *(emploi, poste)* post, position; **fonctions** *nfpl* *(professionnelles)* duties; **entrer en ~s** to take up one's post *ou* duties; to take up office; **voiture de ~** company car; **être ~ de** *(dépendre de)* to depend on; **en ~ de** *(par rapport à)* according to; **faire ~ de** to serve as; **la ~ publique** the state *ou* civil *(Brit)* service
**fonctionnaire** [fɔ̃ksjɔnɛʀ] *nm/f* state employee *ou* official; *(dans l'administration)* ≈ civil servant *(Brit)*
**fonctionnariser** [fɔ̃ksjɔnaʀize] *vt* *(Admin: personne)* to give the status of a state employee to
**fonctionnel, le** [fɔ̃ksjɔnɛl] *adj* functional
**fonctionnellement** [fɔ̃ksjɔnɛlmɑ̃] *adv* functionally
**fonctionnement** [fɔ̃ksjɔnmɑ̃] *nm* working; functioning; operation
**fonctionner** [fɔ̃ksjɔne] *vi* to work, function; *(entreprise)* to operate, function; **faire ~** to work, operate
**fond** [fɔ̃] *nm voir aussi* **fonds**; *(d'un récipient, trou)* bottom; *(d'une salle, scène)* back; *(d'un tableau, décor)* background; *(opposé à la forme)* content; *(petite quantité)*: **un ~ de verre** a drop; *(Sport)*: **le ~** long distance (running); **course/épreuve de ~** long-distance race/trial; **au ~ de** at the bottom of; at the back of; **aller au ~ des choses** to get to the root of things; **le ~ de sa pensée** his *(ou her)* true thoughts *ou* feelings; **sans ~** *adj* bottomless; **envoyer par le ~** *(Navig: couler)* to sink, scuttle; **à ~** *adv* *(connaître, soutenir)* thoroughly; *(appuyer, visser)* right down *ou* home; **à ~ (de train)** *adv* *(fam)* full tilt; **dans le ~, au ~** *adv* *(en somme)* basically, really; **de ~ en comble** *adv* from top to bottom; ~ **sonore** background noise; background music; ~ **de teint** foundation
**fondamental, e, -aux** [fɔ̃damɑ̃tal, -o] *adj* fundamental
**fondamentalement** [fɔ̃damɑ̃talmɑ̃] *adv* fundamentally
**fondamentalisme** [fɔ̃damɑ̃talism(ə)] *nm* fundamentalism

**f**

**fondamentaliste** [fɔ̃damɑ̃talist(ə)] *adj, nm/f* fundamentalist

**fondant, e** [fɔ̃dɑ̃, -ɑ̃t] *adj (neige)* melting; *(poire)* that melts in the mouth; *(chocolat)* fondant

**fondateur, -trice** [fɔ̃datœʀ, -tʀis] *nm/f* founder; **membre ~** founder *(Brit)* ou founding *(US)* member

**fondation** [fɔ̃dasjɔ̃] *nf* founding; *(établissement)* foundation; **fondations** *nfpl (d'une maison)* foundations; **travail de ~** foundation works *pl*

**fondé, e** [fɔ̃de] *adj (accusation etc)* well-founded ▷ *nm*: **~ de pouvoir** authorized representative; **mal ~** unfounded; **être ~ à croire** to have grounds for believing ou good reason to believe

**fondement** [fɔ̃dmɑ̃] *nm (derrière)* behind; **fondements** *nmpl* foundations; **sans ~** *adj (rumeur etc)* groundless, unfounded

**fonder** [fɔ̃de] *vt* to found; *(fig)*: **~ qch sur** to base sth on; **se ~ sur** *(personne)* to base o.s. on; **~ un foyer** *(se marier)* to set up home

**fonderie** [fɔ̃dʀi] *nf* smelting works *sg*

**fondeur, -euse** [fɔ̃dœʀ, -øz] *nm/f (skieur)* long-distance skier ▷ *nm*: **(ouvrier) ~** caster

**fondre** [fɔ̃dʀ(ə)] *vt* to melt; *(dans l'eau: sucre, sel)* to dissolve; *(fig: mélanger)* to merge, blend ▷ *vi* to melt; to dissolve; *(fig)* to melt away; *(se précipiter)*: **~ sur** to swoop down on; **se fondre** *vi (se combiner, se confondre)* to merge into each other; to dissolve; **~ en larmes** to dissolve into tears

**fondrière** [fɔ̃dʀijɛʀ] *nf* rut

**fonds** [fɔ̃] *nm (de bibliothèque)* collection; *(Comm)*: **~ (de commerce)** business; *(fig)*: **~ de probité** *etc* fund of integrity *etc* ▷ *nmpl (argent)* funds; **à ~ perdus** *adv* with little or no hope of getting the money back; **être en ~** to be in funds; **mise de ~** investment, (capital) outlay; **F~ monétaire international (FMI)** International Monetary Fund (IMF); **~ de roulement** *nm* float

**fondu, e** [fɔ̃dy] *adj (beurre, neige)* melted; *(métal)* molten ▷ *nm (Ciné)*: **~ (enchaîné)** dissolve ▷ *nf (Culin)* fondue

**fongicide** [fɔ̃ʒisid] *nm* fungicide

**font** [fɔ̃] *vb voir* **faire**

**fontaine** [fɔ̃tɛn] *nf* fountain; *(source)* spring

**fontanelle** [fɔ̃tanɛl] *nf* fontanelle

**fonte** [fɔ̃t] *nf* melting; *(métal)* cast iron; **la ~ des neiges** the (spring) thaw

**fonts baptismaux** [fɔ̃batismo] *nmpl* (baptismal) font *sg*

**foot** [fut], **football** [futbol] *nm* football, soccer

**footballeur, -euse** [futbolœʀ, -øz] *nm/f* footballer *(Brit)*, football ou soccer player

**footing** [futiŋ] *nm* jogging; **faire du ~** to go jogging

**for** [fɔʀ] *nm*: **dans** ou **en son ~ intérieur** in one's heart of hearts

**forage** [fɔʀaʒ] *nm* drilling, boring

**forain, e** [fɔʀɛ̃, -ɛn] *adj* fairground *cpd* ▷ *nm (marchand)* stallholder; *(acteur etc)* fairground entertainer

**forban** [fɔʀbɑ̃] *nm (pirate)* pirate; *(escroc)* crook

**forçat** [fɔʀsa] *nm* convict

**force** [fɔʀs(ə)] *nf* strength; *(puissance: surnaturelle etc)* power; *(Physique, Mécanique)* force; **forces** *nfpl (physiques)* strength *sg*; *(Mil)* forces; *(effectifs)*: **d'importantes ~s de police** large contingents of police; **avoir de la ~** to be strong; **être à bout de ~** to have no strength left; **à la ~ du poignet** *(fig)* by the sweat of one's brow; **à ~ de faire** by dint of doing; **arriver en ~** *(nombreux)* to arrive in force; **cas de ~ majeure** case of absolute necessity; *(Assurances)* act of God; **~ de la nature** natural force; **de ~** *adv* forcibly, by force; **de toutes mes/ses ~s** with all my/his strength; **par la ~** using force; **par la ~ des choses/ d'habitude** by force of circumstances/habit; **à toute ~** *(absolument)* at all costs; **faire ~ de rames/voiles** to ply the oars/cram on sail; **être de ~ à faire** to be up to doing; **de première ~** first class; **la ~ armée** *(les troupes)* the army; **~ d'âme** fortitude; **~ de frappe** strike force; **~ d'inertie** force of inertia; **la ~ publique** the authorities responsible for public order; **~s d'intervention** *(Mil, Police)* peace-keeping force *sg*; **les ~s de l'ordre** the police

**forcé, e** [fɔʀse] *adj* forced; *(bain)* unintended; *(inévitable)*: **c'est ~!** it's inevitable!, it HAS to be!

**forcément** [fɔʀsemɑ̃] *adv* necessarily; inevitably; *(bien sûr)* of course

**forcené, e** [fɔʀsəne] *adj* frenzied ▷ *nm/f* maniac

**forceps** [fɔʀsɛps] *nm* forceps *pl*

**forcer** [fɔʀse] *vt (contraindre)*: **~ qn à faire** to force sb to do; *(porte, serrure, plante)* to force; *(moteur, voix)* to strain ▷ *vi (Sport)* to overtax o.s.; **se ~ à faire qch** to force o.s. to do sth; **~ la dose/ l'allure** to overdo it/increase the pace; **~ l'attention/le respect** to command attention/ respect; **~ la consigne** to bypass orders

**forcing** [fɔʀsiŋ] *nm (Sport)*: **faire le ~** to pile on the pressure

**forcir** [fɔʀsiʀ] *vi (grossir)* to broaden out; *(vent)* to freshen

**forclore** [fɔʀklɔʀ] *vt (Jur: personne)* to debar

**forclusion** [fɔʀklyzjɔ̃] *nf (Jur)* debarment

**forer** [fɔʀe] *vt* to drill, bore

**forestier, -ière** [fɔʀɛstje, -jɛʀ] *adj* forest *cpd*

**foret** [fɔʀɛ] *nm* drill

**forêt** [fɔʀɛ] *nf* forest; **Office National des F~s** *(Admin)* ≈ Forestry Commission *(Brit)*, ≈ National Forest Service *(US)*; **la F~ Noire** the Black Forest

**foreuse** [fɔʀøz] *nf* (electric) drill

**forfait** [fɔʀfɛ] *nm (Comm)* fixed ou set price; all-in deal ou price; *(crime)* infamy; **déclarer ~** to withdraw; **gagner par ~** to win by a walkover; **travailler à ~** to work for a lump sum

**forfaitaire** [fɔʀfɛtɛʀ] *adj* set; inclusive

**forfait-vacances** [fɔʀfɛvakɑ̃s] *(pl* **forfaits-vacances)** *nm* package holiday

**forfanterie** [fɔʀfɑ̃tʀi] *nf* boastfulness *no pl*

**forge** [fɔʀʒ(ə)] *nf* forge, smithy

**forgé, e** [fɔʀʒe] *adj*: **~ de toutes pièces** *(histoire)* completely fabricated

**forger** [fɔʀʒe] *vt* to forge; *(fig: personnalité)* to form; *(: prétexte)* to contrive, make up
**forgeron** [fɔʀʒəʀɔ̃] *nm* (black)smith
**formaliser** [fɔʀmalize]: **se formaliser** *vi*: **se ~ (de)** to take offence (at)
**formalisme** [fɔʀmalism(ə)] *nm* formality
**formalité** [fɔʀmalite] *nf* formality
**format** [fɔʀma] *nm* size; **petit ~** small size; *(Photo)* 35 mm (film)
**formater** [fɔʀmate] *vt (disque)* to format; **non formaté** unformatted
**formateur, -trice** [fɔʀmatœʀ, -tʀis] *adj* formative
**formation** [fɔʀmasjɔ̃] *nf* forming; *(éducation)* training; *(Mus)* group; *(Mil, Aviat, Géo)* formation; **la ~ permanente** *ou* **continue** continuing education; **la ~ professionnelle** vocational training
**forme** [fɔʀm(ə)] *nf (gén)* form; *(d'un objet)* shape, form; **formes** *nfpl (bonnes manières)* proprieties; *(d'une femme)* figure *sg*; **en ~ de poire** pear-shaped, in the shape of a pear; **sous ~ de** in the form of; in the guise of; **sous ~ de cachets** in the form of tablets; **être en (bonne** *ou* **pleine) ~**, **avoir la ~** *(Sport etc)* to be on form; **en bonne et due ~** in due form; **pour la ~** for the sake of form; **sans autre ~ de procès** *(fig)* without further ado; **prendre ~** to take shape
**formel, le** [fɔʀmɛl] *adj (preuve, décision)* definite, positive; *(logique)* formal
**formellement** [fɔʀmɛlmɑ̃] *adv (interdit)* strictly
**former** [fɔʀme] *vt (gén)* to form; *(éduquer: soldat, ingénieur etc)* to train; **se former** to form; to train
**formidable** [fɔʀmidabl(ə)] *adj* tremendous
**formidablement** [fɔʀmidabləmɑ̃] *adv* tremendously
**formol** [fɔʀmɔl] *nm* formalin, formol
**formosan, e** [fɔʀmozɑ̃, -an] *adj* Formosan
**Formose** [fɔʀmoz] *nm* Formosa
**formulaire** [fɔʀmylɛʀ] *nm* form
**formulation** [fɔʀmylasjɔ̃] *nf* formulation; expression; *voir* **formuler**
**formule** [fɔʀmyl] *nf (gén)* formula; *(formulaire)* form; **selon la ~ consacrée** as one says; **~ de politesse** polite phrase; *(en fin de lettre)* letter ending
**formuler** [fɔʀmyle] *vt (émettre: réponse, vœux)* to formulate; *(expliciter: sa pensée)* to express
**forniquer** [fɔʀnike] *vi* to fornicate
**fort, e** [fɔʀ, fɔʀt(ə)] *adj* strong; *(intensité, rendement)* high, great; *(corpulent)* large; *(doué)*: **être ~ (en)** to be good (at) *ou* **fort (serrer, frapper)** hard; *(sonner)* loud(ly); *(beaucoup)* greatly, very much; *(très)* very ▷ *nm (édifice)* fort; *(point fort)* strong point, forte; *(gén pl: personne, pays)*: **le ~**, **les ~s** the strong; **c'est un peu ~!** it's a bit much!; **à plus ~e raison** even more so, all the more reason; **avoir ~ à faire avec qn** to have a hard job with sb; **se faire ~ de faire** to claim one can do; **~ bien/peu** very well/few; **au plus ~ de** *(au milieu de)* in the thick of, at the height of; **~e tête** rebel

**fortement** [fɔʀtəmɑ̃] *adv* strongly; *(s'intéresser)* deeply
**forteresse** [fɔʀtəʀɛs] *nf* fortress
**fortifiant** [fɔʀtifjɑ̃] *nm* tonic
**fortifications** [fɔʀtifikasjɔ̃] *nfpl* fortifications
**fortifier** [fɔʀtifje] *vt* to strengthen, fortify; *(Mil)* to fortify; **se fortifier** *vi (personne, santé)* to grow stronger
**fortin** [fɔʀtɛ̃] *nm* (small) fort
**fortiori** [fɔʀtjɔʀi]: **à ~** *adv* all the more so
**FORTRAN** [fɔʀtʀã] *nm* FORTRAN
**fortuit, e** [fɔʀtɥi, -it] *adj* fortuitous, chance *cpd*
**fortuitement** [fɔʀtɥitmɑ̃] *adv* fortuitously
**fortune** [fɔʀtyn] *nf* fortune; **faire ~** to make one's fortune; **de ~** *adj* makeshift; *(compagnon)* chance *cpd*
**fortuné, e** [fɔʀtyne] *adj* wealthy, well-off
**forum** [fɔʀɔm] *nm* forum
**fosse** [fos] *nf (grand trou)* pit; *(tombe)* grave; **la ~ aux lions/ours** the lions' den/bear pit; **~ commune** common *ou* communal grave; **~ (d'orchestre)** (orchestra) pit; **à purin** cesspit; **~ septique** septic tank; **~s nasales** nasal fossae
**fossé** [fose] *nm* ditch; *(fig)* gulf, gap
**fossette** [fosɛt] *nf* dimple
**fossile** [fosil] *nm* fossil ▷ *adj* fossilized, fossil *cpd*
**fossilisé, e** [fosilize] *adj* fossilized
**fossoyeur** [foswajœʀ] *nm* gravedigger
**fou, fol, folle** [fu, fol] *adj (aussi: Méd)* mad, crazy; *(déréglé etc)* wild, erratic; *(mèche)* stray; *(herbe)* wild; *(fam: extrême, très grand)* terrific, tremendous ▷ *nm/f* madman/woman ▷ *nm (du roi)* jester, fool; *(Échecs)* bishop; **~ à lier, ~ furieux (folle furieuse)** raving mad; **être ~ de** to be mad *ou* crazy about; *(chagrin, joie, colère)* to be wild with; **faire le ~** to play *ou* act the fool; **avoir le ~ rire** to have the giggles
**foucade** [fukad] *nf* caprice
**foudre** [fudʀ(ə)] *nf* lightning; **foudres** *nfpl (fig: colère)* wrath *sg*
**foudroyant, e** [fudʀwajã, -ãt] *adj* devastating; *(maladie, poison)* violent
**foudroyer** [fudʀwaje] *vt* to strike down; **~ qn du regard** to look daggers at sb; **il a été foudroyé** he was struck by lightning
**fouet** [fwɛ] *nm* whip; *(Culin)* whisk; **de plein ~** *adv* head on
**fouettement** [fwɛtmɑ̃] *nm* lashing *no pl*
**fouetter** [fwete] *vt* to whip; to whisk
**fougasse** [fugas] *nf type of flat pastry*
**fougère** [fuʒɛʀ] *nf* fern
**fougue** [fug] *nf* ardour (Brit), ardor (US), spirit
**fougueusement** [fugøzmɑ̃] *adv* ardently
**fougueux, -euse** [fugø, -øz] *adj* fiery, ardent
**fouille** [fuj] *nf* search; **fouilles** *nfpl (archéologiques)* excavations; **passer à la ~** to be searched
**fouillé, e** [fuje] *adj* detailed
**fouiller** [fuje] *vt* to search; *(creuser)* to dig; *(: archéologue)* to excavate; *(approfondir: étude etc)* to go into ▷ *vi (archéologue)* to excavate; **~ dans/ parmi** to rummage in/among

**fouillis** [fuji] nm jumble, muddle
**fouine** [fwin] nf stone marten
**fouiner** [fwine] vi (péj): ~ **dans** to nose around ou about in
**fouineur, -euse** [fwinœʀ, -øz] adj nosey ▷ nm/f nosey parker, snooper
**fouir** [fwiʀ] vt to dig
**fouisseur, -euse** [fwisœʀ, -øz] adj burrowing
**foulage** [fulaʒ] nm pressing
**foulante** [fulãt] adjf: **pompe** ~ force pump
**foulard** [fulaʀ] nm scarf
**foule** [ful] nf crowd; **une** ~ **de** masses of; **venir en** ~ to come in droves
**foulée** [fule] nf stride; **dans la** ~ **de** on the heels of
**fouler** [fule] vt to press; (sol) to tread upon; **se fouler** vi (fam) to overexert o.s.; **se** ~ **la cheville** to sprain one's ankle; ~ **aux pieds** to trample underfoot
**foulure** [fulyʀ] nf sprain
**four** [fuʀ] nm oven; (de potier) kiln; (Théât: échec) flop; **allant au** ~ ovenproof
**fourbe** [fuʀb(ə)] adj deceitful
**fourberie** [fuʀbəʀi] nf deceit
**fourbi** [fuʀbi] nm (fam) gear, junk
**fourbir** [fuʀbiʀ] vt: ~ **ses armes** (fig) to get ready for the fray
**fourbu, e** [fuʀby] adj exhausted
**fourche** [fuʀʃ(ə)] nf pitchfork; (de bicyclette) fork
**fourcher** [fuʀʃe] vi: **ma langue a fourché** it was a slip of the tongue
**fourchette** [fuʀʃɛt] nf fork; (Statistique) bracket, margin
**fourchu, e** [fuʀʃy] adj split; (arbre etc) forked
**fourgon** [fuʀgɔ̃] nm van; (Rail) wag(g)on; ~ **mortuaire** hearse
**fourgonnette** [fuʀgɔnɛt] nf (delivery) van
**fourmi** [fuʀmi] nf ant; **avoir des ~s** (fig) to have pins and needles
**fourmilière** [fuʀmiljɛʀ] nf ant-hill; (fig) hive of activity
**fourmillement** [fuʀmijmã] nm (démangeaison) pins and needles pl; (grouillement) swarming no pl
**fourmiller** [fuʀmije] vi to swarm; ~ **de** to be teeming with, be swarming with
**fournaise** [fuʀnɛz] nf blaze; (fig) furnace, oven
**fourneau, x** [fuʀno] nm stove
**fournée** [fuʀne] nf batch
**fourni, e** [fuʀni] adj (barbe, cheveux) thick; (magasin): **bien** ~ **(en)** well stocked (with)
**fournil** [fuʀni] nm bakehouse
**fournir** [fuʀniʀ] vt to supply; (preuve, exemple) to provide, supply; (effort) to put in; ~ **qch à qn** to supply sth to sb, supply ou provide sb with sth; ~ **qn en** (Comm) to supply sb with; **se** ~ **chez** to shop at
**fournisseur, -euse** [fuʀnisœʀ, -øz] nm/f supplier; (Internet): ~ **d'accès à Internet** (Internet) service provider
**fourniture** [fuʀnityʀ] nf supply(ing); **fournitures** nfpl supplies; ~**s de bureau** office

supplies, stationery; ~**s scolaires** school stationery
**fourrage** [fuʀaʒ] nm fodder
**fourrager¹** [fuʀaʒe] vi: ~ **dans/parmi** to rummage through/among
**fourrager², -ère** [fuʀaʒe, -ɛʀ] adj fodder cpd ▷ nf (Mil) fourragère
**fourré, e** [fuʀe] adj (bonbon, chocolat) filled; (manteau, botte) fur-lined ▷ nm thicket
**fourreau, x** [fuʀo] nm sheath; (de parapluie) cover; **robe** ~ figure-hugging dress
**fourrer** [fuʀe] vt (fam): ~ **qch dans** to stick ou shove sth into; **se** ~ **dans/sous** to get into/ under; **se** ~ **dans** (une mauvaise situation) to land o.s. in
**fourre-tout** [fuʀtu] nm inv (sac) holdall; (péj) junk room (ou cupboard); (fig) rag-bag
**fourreur** [fuʀœʀ] nm furrier
**fourrière** [fuʀjɛʀ] nf pound
**fourrure** [fuʀyʀ] nf fur; (sur l'animal) coat; **manteau/col de** ~ fur coat/collar
**fourvoyer** [fuʀvwaje]: **se fourvoyer** vi to go astray, stray; **se** ~ **dans** to stray into
**foutre** [futʀ(ə)] vt (fam!) = **ficher#**; (fam)
**foutu, e** [futy] adj (fam!) = **fichu**
**foyer** [fwaje] nm (de cheminée) hearth; (fig) seat, centre; (famille) family; (domicile) home; (local de réunion) (social) club; (résidence) hostel; (salon) foyer; (Optique, Photo) focus; **lunettes à double** ~ bi-focal glasses
**FP** sigle f (= franchise postale) exemption from postage
**FPA** sigle f (= Formation professionnelle pour adultes) adult education
**FPLP** sigle m (= Front populaire de la libération de la Palestine) PFLP (= Popular Front for the Liberation of Palestine)
**fracas** [fʀaka] nm din; crash
**fracassant, e** [fʀakasã, -ãt] adj sensational, staggering
**fracasser** [fʀakase] vt to smash; **se fracasser contre** ou **sur** to crash against
**fraction** [fʀaksjɔ̃] nf fraction
**fractionnement** [fʀaksjɔnmã] nm division
**fractionner** [fʀaksjɔne] vt to divide (up), split (up)
**fracture** [fʀaktyʀ] nf fracture; ~ **du crâne** fractured skull; ~ **de la jambe** broken leg
**fracturer** [fʀaktyʀe] vt (coffre, serrure) to break open; (os, membre) to fracture
**fragile** [fʀaʒil] adj fragile, delicate; (fig) frail
**fragiliser** [fʀaʒilize] vt to weaken, make fragile
**fragilité** [fʀaʒilite] nf fragility
**fragment** [fʀagmã] nm (d'un objet) fragment, piece; (d'un texte) passage, extract
**fragmentaire** [fʀagmãtɛʀ] adj sketchy
**fragmenter** [fʀagmãte] vt to split up
**frai** [fʀɛ] nm spawn; (ponte) spawning
**fraîche** [fʀɛʃ] adjf voir **frais**
**fraîchement** [fʀɛʃmã] adv (sans enthousiasme) coolly; (récemment) freshly, newly
**fraîcheur** [fʀɛʃœʀ] nf coolness; freshness; voir **frais**

**fraîchir** [fʀeʃiʀ] *vi* to get cooler; *(vent)* to freshen
**frais, fraîche** [fʀɛ, fʀɛʃ] *adj (air, eau, accueil)* cool; *(petit pois, œufs, nouvelles, couleur, troupes)* fresh; **le voilà ~!** he's in a (right) mess! ▷ *adv (récemment)* newly, fresh(ly); **il fait ~** it's cool; **servir ~** chill before serving, serve chilled ▷ *nm:* **mettre au ~** to put in a cool place; **prendre le ~** to take a breath of cool air ▷ *nmpl (débours)* expenses; *(Comm)* costs; charges; **faire des ~** to spend; to go to a lot of expense; **faire les ~ de** to bear the brunt of; **faire les ~ de la conversation** *(parler)* to do most of the talking; *(en être le sujet)* to be the topic of conversation; **il en a été pour ses ~** he could have spared himself the trouble; **rentrer dans ses ~** to recover one's expenses; **~ de déplacement** travel(ling) expenses; **~ d'entretien** upkeep; **~ généraux** overheads; **~ de scolarité** school fees, tuition *(US)*
**fraise** [fʀɛz] *nf* strawberry; *(Tech)* countersink (bit); *(de dentiste)* drill; **~ des bois** wild strawberry
**fraiser** [fʀeze] *vt* to countersink; *(Culin: pâte)* to knead
**fraiseuse** [fʀɛzøz] *nf (Tech)* milling machine
**fraisier** [fʀezje] *nm* strawberry plant
**framboise** [fʀɑ̃bwaz] *nf* raspberry
**framboisier** [fʀɑ̃bwazje] *nm* raspberry bush
**franc, franche** [fʀɑ̃, fʀɑ̃ʃ] *adj (personne)* frank, straightforward; *(visage)* open; *(net: refus, couleur)* clear; *(: coupure)* clean; *(intensif)* downright; *(exempt):* **~ de port** post free, postage paid; *(zone, port)* free; *(boutique)* duty-free ▷ *adv:* **parler ~** to be frank *ou* candid ▷ *nm* franc
**français, e** [fʀɑ̃sɛ, -ɛz] *adj* French ▷ *nm (Ling)* French ▷ *nm/f:* **Français, e** Frenchman/woman; **les F~** the French
**franc-comtois, e** *(mpl* **francs-comtois)** [fʀɑ̃kɔ̃twa, -waz] *adj* of *ou* from (the) Franche-Comté
**France** [fʀɑ̃s] *nf:* **la ~** France; **en ~** in France; **~ 2, ~ 3** *public-sector television channels; see note*

● **FRANCE TÉLÉVISION**
●
● *France 2 and France 3 are public-sector*
● *television channels. France 2 is a national*
● *general interest and entertainment*
● *channel; France 3 provides regional news*
● *and information as well as programmes for*
● *the national network.*

**Francfort** [fʀɑ̃kfɔʀ] *n* Frankfurt
**franche** [fʀɑ̃ʃ] *adj f voir* **franc**
**Franche-Comté** [fʀɑ̃ʃkɔ̃te] *nf* Franche-Comté
**franchement** [fʀɑ̃ʃmɑ̃] *adv* frankly; clearly; *(tout à fait)* downright ▷ *excl* well, really!; *voir* **franc**
**franchir** [fʀɑ̃ʃiʀ] *vt (obstacle)* to clear, get over; *(seuil, ligne, rivière)* to cross; *(distance)* to cover
**franchisage** [fʀɑ̃ʃizaʒ] *nm (Comm)* franchising
**franchise** [fʀɑ̃ʃiz] *nf* frankness; *(douanière, d'impôt)* exemption; *(Assurances)* excess; *(Comm)*

**franchise; ~ de bagages** baggage allowance
**franchissable** [fʀɑ̃ʃisabl(ə)] *adj (obstacle)* surmountable
**francilien, ne** [fʀɑ̃siljɛ̃, -ɛn] *adj* of *ou* from the Île-de-France region ▷ *nm/f:* **Francilien, ne** person from the Île-de-France region
**franciscain, e** [fʀɑ̃siskɛ̃, -ɛn] *adj* Franciscan
**franciser** [fʀɑ̃size] *vt* to gallicize, Frenchify
**franc-jeu** [fʀɑ̃ʒø] *nm:* **jouer ~** to play fair
**franc-maçon** [fʀɑ̃masɔ̃] *(pl* **francs-maçons)** *nm* Freemason
**franc-maçonnerie** [fʀɑ̃masɔnʀi] *nf* Freemasonry
**franco** [fʀɑ̃ko] *adv (Comm):* **~ (de port)** postage paid
**franco...** [fʀɑ̃ko] *préfixe* franco-
**franco-canadien** [fʀɑ̃kokanadjɛ̃] *nm (Ling)* Canadian French
**francophile** [fʀɑ̃kofil] *adj* Francophile
**francophobe** [fʀɑ̃kofɔb] *adj* Francophobe
**francophone** [fʀɑ̃kofɔn] *adj* French-speaking ▷ *nm/f* French speaker
**francophonie** [fʀɑ̃kofɔni] *nf* French-speaking communities *pl*
**franco-québécois** [fʀɑ̃kokebekwa] *nm (Ling)* Quebec French
**franc-parler** [fʀɑ̃paʀle] *nm inv* outspokenness
**franc-tireur** [fʀɑ̃tiʀœʀ] *nm (Mil)* irregular; *(fig)* freelance
**frange** [fʀɑ̃ʒ] *nf* fringe; *(cheveux)* fringe *(Brit)*, bangs *(US)*
**frangé, e** [fʀɑ̃ʒe] *adj (tapis, nappe):* **~ de** trimmed with
**frangin** [fʀɑ̃ʒɛ̃] *nm (fam)* brother
**frangine** [fʀɑ̃ʒin] *nf (fam)* sis, sister
**frangipane** [fʀɑ̃ʒipan] *nf* almond paste
**franglais** [fʀɑ̃glɛ] *nm* Franglais
**franquette** [fʀɑ̃kɛt]: **à la bonne ~** *adv* without any fuss
**frappant, e** [fʀapɑ̃, -ɑ̃t] *adj* striking
**frappe** [fʀap] *nf (d'une dactylo, pianiste, machine à écrire)* touch; *(Boxe)* punch; *(péj)* hood, thug
**frappé, e** [fʀape] *adj (Culin)* iced; **~ de panique** panic-stricken; **~ de stupeur** thunderstruck, dumbfounded
**frapper** [fʀape] *vt* to hit, strike; *(étonner)* to strike; *(monnaie)* to strike, stamp; **se frapper** *vi (s'inquiéter)* to get worked up; **~ à la porte** to knock at the door; **~ dans ses mains** to clap one's hands; **~ du poing sur** to bang one's fist on; **~ un grand coup** *(fig)* to strike a blow
**frasques** [fʀask(ə)] *nfpl* escapades; **faire des ~** to get up to mischief
**fraternel, le** [fʀatɛʀnɛl] *adj* brotherly, fraternal
**fraternellement** [fʀatɛʀnɛlmɑ̃] *adv* in a brotherly way
**fraterniser** [fʀatɛʀnize] *vi* to fraternize
**fraternité** [fʀatɛʀnite] *nf* brotherhood
**fratricide** [fʀatʀisid] *adj* fratricidal
**fraude** [fʀod] *nf* fraud; *(Scol)* cheating; **passer qch en ~** to smuggle sth in *(ou* out); **~ fiscale** tax evasion

**frauder** [fʀode] vi, vt to cheat; ~ **le fisc** to evade paying tax(es)

**fraudeur, -euse** [fʀodœʀ, -øz] nm/f person guilty of fraud; (candidat) candidate who cheats; (au fisc) tax evader

**frauduleusement** [fʀodyløzmɑ̃] adv fraudulently

**frauduleux, -euse** [fʀodylø, -øz] adj fraudulent

**frayer** [fʀeje] vt to open up, clear ▷ vi to spawn; (fréquenter): ~ **avec** to mix ou associate with; **se ~ un passage dans** to clear o.s. a path through, force one's way through

**frayeur** [fʀejœʀ] nf fright

**fredaines** [fʀadɛn] nfpl mischief sg, escapades

**fredonner** [fʀadɔne] vt to hum

**freezer** [fʀizœʀ] nm freezing compartment

**frégate** [fʀegat] nf frigate

**frein** [fʀɛ̃] nm brake; **mettre un ~ à** (fig) to put a brake on, check; **sans ~** (sans limites) unchecked; ~ **à main** handbrake; ~ **moteur** engine braking; **~s à disques** disc brakes; **~s à tambour** drum brakes

**freinage** [fʀenaʒ] nm braking; **distance de ~** braking distance; **traces de ~** tyre (Brit) ou tire (US) marks

**freiner** [fʀene] vi to brake ▷ vt (progrès etc) to check

**frelaté, e** [fʀalate] adj adulterated; (fig) tainted

**frêle** [fʀɛl] adj frail, fragile

**frelon** [fʀalɔ̃] nm hornet

**freluquet** [fʀalykɛ] nm (péj) whippersnapper

**frémir** [fʀemiʀ] vi (de froid, de peur) to tremble, shiver; (de joie) to quiver; (eau) to (begin to) bubble

**frémissement** [fʀemismɑ̃] nm shiver; quiver; bubbling no pl

**frêne** [fʀɛn] nm ash (tree)

**frénésie** [fʀenezi] nf frenzy

**frénétique** [fʀenetik] adj frenzied, frenetic

**frénétiquement** [fʀenetikmɑ̃] adv frenetically

**fréon**® [fʀeɔ̃] nm Freon®

**fréquemment** [fʀekamɑ̃] adv frequently

**fréquence** [fʀekɑ̃s] nf frequency

**fréquent, e** [fʀekɑ̃, -ɑ̃t] adj frequent

**fréquentable** [fʀekɑ̃tabl(ə)] adj: **il est peu ~** he's not the type one can associate oneself with

**fréquentation** [fʀekɑ̃tasjɔ̃] nf frequenting; seeing; **fréquentations** nfpl company sg

**fréquenté, e** [fʀekɑ̃te] adj: **très ~** (very) busy; **mal ~** patronized by disreputable elements

**fréquenter** [fʀekɑ̃te] vt (lieu) to frequent; (personne) to see; **se fréquenter** to see a lot of each other

**frère** [fʀɛʀ] nm brother ▷ adj: **partis/pays ~s** sister parties/countries

**fresque** [fʀɛsk(ə)] nf (Art) fresco

**fret** [fʀɛ] nm freight

**fréter** [fʀete] vt to charter

**frétiller** [fʀetije] vi to wriggle; to quiver; ~ **de la queue** to wag its tail

**fretin** [fʀatɛ̃] nm: **le menu ~** the small fry

**freudien, ne** [fʀødjɛ̃, -ɛn] adj Freudian

**freux** [fʀø] nm (Zool) rook

**friable** [fʀijabl(ə)] adj crumbly

**friand, e** [fʀijɑ̃, -ɑ̃d] adj: ~ **de** very fond of ▷ nm (Culin) small minced-meat (Brit) ou ground-meat (US) pie; (: sucré) small almond cake

**friandise** [fʀijɑ̃diz] nf sweet

**fric** [fʀik] nm (fam) cash, bread

**fricassée** [fʀikase] nf fricassee

**fric-frac** [fʀikfʀak] nm break-in

**friche** [fʀiʃ]: **en ~** adj, adv (lying) fallow

**friction** [fʀiksjɔ̃] nf (massage) rub, rub-down; (chez le coiffeur) scalp massage; (Tech, fig) friction

**frictionner** [fʀiksjɔne] vt to rub (down); to massage

**frigidaire**® [fʀiʒidɛʀ] nm refrigerator

**frigide** [fʀiʒid] adj frigid

**frigidité** [fʀiʒidite] nf frigidity

**frigo** [fʀigo] nm (= frigidaire) fridge

**frigorifier** [fʀigɔʀifje] vt to refrigerate; (fig: personne) to freeze

**frigorifique** [fʀigɔʀifik] adj refrigerating

**frileusement** [fʀiløzmɑ̃] adv with a shiver

**frileux, -euse** [fʀilø, -øz] adj sensitive to (the) cold; (fig) overcautious

**frimas** [fʀimɑ] nmpl wintry weather sg

**frime** [fʀim] nf (fam): **c'est de la ~** it's all put on; **pour la ~** just for show

**frimer** [fʀime] vi to put on an act

**frimeur, -euse** [fʀimœʀ, -øz] nm/f poser

**frimousse** [fʀimus] nf (sweet) little face

**fringale** [fʀɛ̃gal] nf: **avoir la ~** to be ravenous

**fringant, e** [fʀɛ̃gɑ̃, -ɑ̃t] adj dashing

**fringues** [fʀɛ̃g] nfpl (fam) clothes, gear no pl

**fripé, e** [fʀipe] adj crumpled

**friperie** [fʀipʀi] nf (commerce) secondhand clothes shop; (vêtements) secondhand clothes

**fripes** [fʀip] nfpl secondhand clothes

**fripier, -ière** [fʀipje, -jɛʀ] nm/f secondhand clothes dealer

**fripon, ne** [fʀipɔ̃, -ɔn] adj roguish, mischievous ▷ nm/f rascal, rogue

**fripouille** [fʀipuj] nf scoundrel

**frire** [fʀiʀ] vt (aussi: **faire frire**) ▷ vi to fry

**Frisbee**® [fʀizbi] nm Frisbee®

**frise** [fʀiz] nf frieze

**frisé, e** [fʀize] adj curly, curly-haired ▷ nf: **(chicorée) ~e** curly endive

**friser** [fʀize] vt to curl; (fig: surface) to skim, graze; (: mort) to come within a hair's breadth of; (: hérésie) to verge on ▷ vi (cheveux) to curl; (personne) to have curly hair; **se faire ~** to have one's hair curled

**frisette** [fʀizɛt] nf little curl

**frisotter** [fʀizɔte] vi (cheveux) to curl tightly

**frisquet** [fʀiskɛ] adj m chilly

**frisson** [fʀisɔ̃], **frissonnement** [fʀisɔnmɑ̃] nm shudder, shiver; quiver

**frissonner** [fʀisɔne] vi (personne) to shudder, shiver; (feuilles) to quiver

**frit, e** [fʀi, fʀit] pp de **frire** ▷ adj fried ▷ nf: **(pommes) ~es** chips (Brit), French fries

**friterie** [fʀitʀi] nf ≈ chip shop (Brit),

≈ hamburger stand (US)

**friteuse** [fʀitøz] nf chip pan (Brit), deep (fat) fryer

**friture** [fʀityʀ] nf (huile) (deep) fat; (plat): ~ **(de poissons)** fried fish; (Radio) crackle, crackling no pl; **fritures** nfpl (aliments frits) fried food sg

**frivole** [fʀivɔl] adj frivolous

**frivolité** [fʀivɔlite] nf frivolity

**froc** [fʀɔk] nm (Rel) habit; (fam: pantalon) trousers pl, pants pl

**froid, e** [fʀwa, fʀwad] adj cold ▷ nm cold; (absence de sympathie) coolness no pl; **il fait** ~ it's cold; **avoir** ~ to be cold; **prendre** ~ to catch a chill ou cold; **à** ~ adv (démarrer) (from) cold; **(pendant) les grands ~s** (in) the depths of winter, (during) the cold season; **jeter un** ~ (fig) to cast a chill; **être en** ~ **avec** to be on bad terms with; **battre** ~ **à qn** to give sb the cold shoulder

**froidement** [fʀwadmɑ̃] adv (accueillir) coldly; (décider) coolly

**froideur** [fʀwadœʀ] nf coolness no pl

**froisser** [fʀwase] vt to crumple (up), crease; (fig) to hurt, offend; **se froisser** vi to crumple, crease; to take offence (Brit) ou offense (US); **se ~ un muscle** to strain a muscle

**frôlement** [fʀolmɑ̃] nm (contact) light touch

**frôler** [fʀole] vt to brush against; (projectile) to skim past; (fig) to come within a hair's breadth of, come very close to

**fromage** [fʀɔmaʒ] nm cheese; ~ **blanc** soft white cheese; ~ **de tête** pork brawn

**fromager, -ère** [fʀɔmaʒe, -ɛʀ] nm/f cheese merchant ▷ adj (industrie) cheese cpd

**fromagerie** [fʀɔmaʒʀi] nf cheese dairy

**froment** [fʀɔmɑ̃] nm wheat

**fronce** [fʀɔ̃s] nf (de tissu) gather

**froncement** [fʀɔ̃smɑ̃] nm: ~ **de sourcils** frown

**froncer** [fʀɔ̃se] vt to gather; ~ **les sourcils** to frown

**frondaisons** [fʀɔ̃dɛzɔ̃] nfpl foliage sg

**fronde** [fʀɔ̃d] nf sling; (fig) rebellion, rebelliousness

**frondeur, -euse** [fʀɔ̃dœʀ, -øz] adj rebellious

**front** [fʀɔ̃] nm forehead, brow; (Mil, Météorologie, Pol) front; **avoir le ~ de faire** to have the effrontery to do; **de ~** adv (se heurter) head-on; (rouler) together (2 or 3 abreast); (simultanément) at once; **faire ~ à** to face up to; ~ **de mer** (sea) front

**frontal, e, -aux** [fʀɔ̃tal, -o] adj frontal

**frontalier, -ière** [fʀɔ̃talje, -jɛʀ] adj border cpd, frontier cpd ▷ nm/f: **(travailleurs) ~s** workers who cross the border to go to work, commuters from across the border

**frontière** [fʀɔ̃tjɛʀ] nf (Géo, Pol) frontier, border; (fig) frontier, boundary

**frontispice** [fʀɔ̃tispis] nm frontispiece

**fronton** [fʀɔ̃tɔ̃] nm pediment; (de pelote basque) (front) wall

**frottement** [fʀɔtmɑ̃] nm rubbing, scraping; **frottements** nmpl (fig: difficultés) friction sg

**frotter** [fʀɔte] vi to rub, scrape ▷ vt to rub; (pour

nettoyer) to rub (up); (: avec une brosse) to scrub; ~ **une allumette** to strike a match; **se ~ à qn** to cross swords with sb; **se ~ à qch** to come up against sth; **se ~ les mains** (fig) to rub one's hands (gleefully)

**frottis** [fʀɔti] nm (Méd) smear

**frottoir** [fʀɔtwaʀ] nm (d'allumettes) friction strip; (pour encaustiquer) (long-handled) brush

**frou-frou** [fʀufʀu] (pl **frous-frous**) nm rustle

**frousse** [fʀus] nf (fam: peur): **avoir la ~** to be in a blue funk

**fructifier** [fʀyktifje] vi to yield a profit; **faire ~** to turn to good account

**fructueux, -euse** [fʀyktɥø, -øz] adj fruitful; profitable

**frugal, e, -aux** [fʀygal, -o] adj frugal

**frugalement** [fʀygalmɑ̃] adv frugally

**frugalité** [fʀygalite] nf frugality

**fruit** [fʀɥi] nm fruit gen no pl; ~**s de mer** (Culin) seafood(s); ~**s secs** dried fruit sg

**fruité, e** [fʀɥite] adj (vin) fruity

**fruiterie** [fʀɥitʀi] nf (boutique) greengrocer's (Brit), fruit (and vegetable) store (US)

**fruitier, -ière** [fʀɥitje, -jɛʀ] adj: **arbre ~** fruit tree ▷ nm/f fruiterer (Brit), fruit merchant (US)

**fruste** [fʀyst(ə)] adj unpolished, uncultivated

**frustrant, e** [fʀystʀɑ̃, -ɑ̃t] adj frustrating

**frustration** [fʀystʀasjɔ̃] nf frustration

**frustré, e** [fʀystʀe] adj frustrated

**frustrer** [fʀystʀe] vt to frustrate; (priver): ~ **qn de qch** to deprive sb of sth

**FS** abr (= franc suisse) FS, SF

**FSE** sigle m (= foyer socio-éducatif) community home

**FTP** sigle mpl (= Francs-tireurs et partisans) Communist Resistance in 1940–45

**fuchsia** [fyʃja] nm fuchsia

**fuel** [fjul], **fuel-oil** [fjulɔjl] nm fuel oil; (pour chauffer) heating oil

**fugace** [fygas] adj fleeting

**fugitif, -ive** [fyʒitif, -iv] adj (lueur, amour) fleeting; (prisonnier etc) runaway ▷ nm/f fugitive, runaway

**fugue** [fyg] nf (d'un enfant) running away no pl; (Mus) fugue; **faire une ~** to run away, abscond

**fuir** [fɥiʀ] vt to flee from; (éviter) to shun ▷ vi to run away; (gaz, robinet) to leak

**fuite** [fɥit] nf flight; (écoulement) leak, leakage; (divulgation) leak; **être en ~** to be on the run; **mettre en ~** to put to flight; **prendre la ~** to take flight

**fulgurant, e** [fylgyʀɑ̃, -ɑ̃t] adj lightning cpd, dazzling

**fulminant, e** [fylminɑ̃, -ɑ̃t] adj (lettre, regard) furious; ~ **de colère** raging with anger

**fulminer** [fylmine] vi: ~ **(contre)** to thunder forth (against)

**fumant, e** [fymɑ̃, -ɑ̃t] adj smoking; (liquide) steaming; **un coup ~** (fam) a master stroke

**fumé, e** [fyme] adj (Culin) smoked; (verre) tinted ▷ nf smoke; **partir en ~e** to go up in smoke

**fume-cigarette** [fymsigaʀɛt] nm inv cigarette

holder

**fumer** [fyme] *vi* to smoke; *(liquide)* to steam ▷ *vt* to smoke; *(terre, champ)* to manure

**fumerie** [fymʀi] *nf*: ~ **d'opium** opium den

**fumerolles** [fymʀɔl] *nfpl* gas and smoke *(from volcano)*

**fûmes** [fym] *vb voir* **être**

**fumet** [fymɛ] *nm* aroma

**fumeur, -euse** [fymœʀ, -øz] *nm/f* smoker; **(compartiment)** ~**s** smoking compartment

**fumeux, -euse** [fymø, -øz] *adj* *(péj)* woolly *(Brit)*, hazy

**fumier** [fymje] *nm* manure

**fumigation** [fymigasjɔ̃] *nf* fumigation

**fumigène** [fymiʒɛn] *adj* smoke *cpd*

**fumiste** [fymist(ə)] *nm (ramoneur)* chimney sweep ▷ *nm/f (péj: paresseux)* shirker; *(charlatan)* phoney

**fumisterie** [fymistəʀi] *nf (péj)* fraud, con

**fumoir** [fymwaʀ] *nm* smoking room

**funambule** [fynɑ̃byl] *nm* tightrope walker

**funèbre** [fynɛbʀ(ə)] *adj* funeral *cpd*; *(fig)* doleful; funereal

**funérailles** [fyneʀaj] *nfpl* funeral *sg*

**funéraire** [fyneʀɛʀ] *adj* funeral *cpd*, funerary

**funeste** [fynɛst(ə)] *adj* disastrous; deathly

**funiculaire** [fynikylɛʀ] *nm* funicular *(railway)*

**FUNU** [fyny] *sigle f* (= *Force d'urgence des Nations unies*) UNEF (= *United Nations Emergency Forces*)

**fur** [fyʀ]: **au ~ et à mesure** *adv* as one goes along; **au ~ et à mesure que** as; **au ~ et à mesure de leur progression** as they advance *(ou* advanced)

**furax** [fyʀaks] *adj inv (fam)* livid

**furent** [fyʀ] *vb voir* **être**

**furet** [fyʀɛ] *nm* ferret

**fureter** [fyʀte] *vi (péj)* to nose about

**fureur** [fyʀœʀ] *nf* fury; *(passion)*: ~ **de** passion for; **faire** ~ to be all the rage

**furibard, e** [fyʀibaʀ, -aʀd(ə)] *adj (fam)* livid, absolutely furious

**furibond, e** [fyʀibɔ̃, -ɔ̃d] *adj* livid, absolutely furious

**furie** [fyʀi] *nf* fury; *(femme)* shrew, vixen; **en ~** *(mer)* raging

**furieusement** [fyʀjøzmɑ̃] *adv* furiously

**furieux, -euse** [fyʀjø, -øz] *adj* furious

**furoncle** [fyʀɔ̃kl(ə)] *nm* boil

**furtif, -ive** [fyʀtif, -iv] *adj* furtive

**furtivement** [fyʀtivmɑ̃] *adv* furtively

**fus** [fy] *vb voir* **être**

**fusain** [fyzɛ̃] *nm (Bot)* spindle-tree; *(Art)* charcoal

**fuseau, x** [fyzo] *nm (pantalon)* (ski-)pants *pl*; *(pour filer)* spindle; **en ~** *(jambes)* tapering; *(colonne)* bulging; ~ **horaire** time zone

**fusée** [fyze] *nf* rocket; ~ **éclairante** flare

**fuselage** [fyzlaʒ] *nm* fuselage

**fuselé, e** [fyzle] *adj* slender; *(galbé)* tapering

**fuser** [fyze] *vi (rires etc)* to burst forth

**fusible** [fyzibl(ə)] *nm (Élec: fil)* fuse wire; *(: fiche)* fuse

**fusil** [fyzi] *nm (de guerre, à canon rayé)* rifle, gun; *(de chasse, à canon lisse)* shotgun, gun; ~ **à deux coups** double-barrelled rifle *ou* shotgun; ~ **sous-marin** spear-gun

**fusilier** [fyzilje] *nm (Mil)* rifleman

**fusillade** [fyzijad] *nf* gunfire *no pl*, shooting *no pl*; *(combat)* gun battle

**fusiller** [fyzije] *vt* to shoot; ~ **qn du regard** to look daggers at sb

**fusil-mitrailleur** [fyzimitʀajœʀ] *(pl* **fusils-mitrailleurs**) *nm* machine gun

**fusion** [fyzjɔ̃] *nf* fusion, melting; *(fig)* merging; *(Comm)* merger; **en ~** *(métal, roches)* molten

**fusionnement** [fyzjɔnmɑ̃] *nm* merger

**fusionner** [fyzjɔne] *vi* to merge

**fustiger** [fystiʒe] *vt* to denounce

**fut** [fy] *vb voir* **être**

**fût** [fy] *vb voir* **être** ▷ *nm (tonneau)* barrel, cask; *(de canon)* stock; *(d'arbre)* bole, trunk; *(de colonne)* shaft

**futaie** [fytɛ] *nf* forest, plantation

**futé, e** [fyte] *adj* crafty

**fûtes** [fyt] *vb voir* **être**

**futile** [fytil] *adj (inutile)* futile; *(frivole)* frivolous

**futilement** [fytilmɑ̃] *adv* frivolously

**futilité** [fytilite] *nf* futility; frivolousness; *(chose futile)* futile pursuit *(ou* thing *etc)*

**futon** [fytɔ̃] *nm* futon

**futur, e** [fytyʀ] *adj, nm* future; **son ~ époux** her husband-to-be; **au ~** *(Ling)* in the future

**futuriste** [fytyʀist(ə)] *adj* futuristic

**futurologie** [fytyʀɔlɔʒi] *nf* futurology

**fuyant, e** [fɥijɑ̃, -ɑ̃t] *vb voir* **fuir** ▷ *adj (regard etc)* evasive; *(lignes etc)* receding; *(perspective)* vanishing

**fuyard, e** [fɥijaʀ, -aʀd(ə)] *nm/f* runaway

**fuyons** *etc* [fɥijɔ̃] *vb voir* **fuir**

# Gg

**G, g** [ʒe] *nm inv* G, g ▷ *abr* (= *gramme*) g; (= *gauche*)
L, l; **G comme Gaston** G for George; **le G8** (*Pol*)
the G8 nations, the Group of Eight
**gabardine** [gabaʀdin] *nf* gabardine
**gabarit** [gabaʀi] *nm* (*fig: dimension, taille*) size;
(: *valeur*) calibre; (*Tech*) template; **du même ~**
(*fig*) of the same type, of that ilk
**gabegie** [gabʒi] *nf* (*péj*) chaos
**Gabon** [gabɔ̃] *nm*: **le ~** Gabon
**gabonais, e** [gabɔnɛ, -ɛz] *adj* Gabonese
**gâcher** [gaʃe] *vt* (*gâter*) to spoil, ruin; (*gaspiller*) to
waste; (*plâtre*) to temper; (*mortier*) to mix
**gâchette** [gaʃɛt] *nf* trigger
**gâchis** [gaʃi] *nm* (*désordre*) mess; (*gaspillage*)
waste *no pl*
**gadget** [gadʒɛt] *nm* thingumajig; (*nouveauté*)
gimmick
**gadin** [gadɛ̃] *nm* (*fam*): **prendre un ~** to come a
cropper (*Brit*)
**gadoue** [gadu] *nf* sludge
**gaélique** [gaelik] *adj* Gaelic ▷ *nm* (*Ling*) Gaelic
**gaffe** [gaf] *nf* (*instrument*) boat hook; (*fam: erreur*)
blunder; **faire ~** (*fam*) to watch out
**gaffer** [gafe] *vi* to blunder
**gaffeur, -euse** [gafœʀ, -øz] *nm/f* blunderer
**gag** [gag] *nm* gag
**gaga** [gaga] *adj* (*fam*) gaga
**gage** [gaʒ] *nm* (*dans un jeu*) forfeit; (*fig: de fidélité*)
token; **gages** *nmpl* (*salaire*) wages; (*garantie*)
guarantee *sg*; **mettre en ~** to pawn; **laisser en
~** to leave as security
**gager** [gaʒe] *vt*: **~ que** to bet *ou* wager that
**gageure** [gaʒyʀ] *nf*: **c'est une ~** it's attempting
the impossible
**gagnant, e** [gaɲɑ̃, -ɑ̃t] *adj*: **billet/numéro ~**
winning ticket/number ▷ *adv*: **jouer ~** (*aux
courses*) to be bound to win ▷ *nm/f* winner
**gagne-pain** [gaɲpɛ̃] *nm inv* job
**gagne-petit** [gaɲpəti] *nm inv* low wage earner
**gagner** [gaɲe] *vt* (*concours, procès, pari*) to win;
(*somme d'argent, revenu*) to earn; (*aller vers, atteindre*)
to reach; (*s'emparer de*) to overcome; (*envahir*) to
spread to; (*se concilier*): **~ qn** to win sb over ▷ *vi*
to win; (*fig*) to gain; **~ du temps/de la place** to
gain time/save space; **~ sa vie** to earn one's
living; **~ du terrain** (*aussi fig*) to gain ground; **~**

**qn de vitesse** to outstrip sb; (*aussi fig*): **~ à faire**
(*s'en trouver bien*) to be better off doing; **il y gagne**
it's in his interest, it's to his advantage
**gagneur** [gaɲœʀ] *nm* winner
**gai, e** [ge] *adj* cheerful; (*livre, pièce de théâtre*)
light-hearted; (*un peu ivre*) merry
**gaiement** [gemɑ̃] *adv* cheerfully
**gaieté** [gete] *nf* cheerfulness; **gaietés** *nfpl*
(*souvent ironique*) delights; **de ~ de cœur** with a
light heart
**gaillard, e** [gajaʀ, -aʀd(ə)] *adj* (*robuste*) sprightly;
(*grivois*) bawdy, ribald ▷ *nm/f* (*strapping*) fellow/
wench
**gaillardement** [gajaʀdəmɑ̃] *adv* cheerfully
**gain** [gɛ̃] *nm* (*revenu*) earnings *pl*; (*bénéfice: gén pl*)
profits *pl*; (*au jeu: gén pl*) winnings *pl*; (*fig: de
temps, place*) saving; (: *avantage*) benefit; (: *lucre*)
gain; **avoir ~ de cause** to win the case; (*fig*) to
be proved right; **obtenir ~ de cause** (*fig*) to win
out
**gaine** [gɛn] *nf* (*corset*) girdle; (*fourreau*) sheath;
(*de fil électrique etc*) outer covering
**gaine-culotte** [gɛnkylɔt] (*pl* **gaines-culottes**) *nf*
pantie girdle
**gainer** [gene] *vt* to cover
**gala** [gala] *nm* official reception; **soirée de ~**
gala evening
**galamment** [galamɑ̃] *adv* courteously
**galant, e** [galɑ̃, -ɑ̃t] *adj* (*courtois*) courteous,
gentlemanly; (*entreprenant*) flirtatious, gallant,
(*aventure, poésie*) amorous; **en ~e compagnie**
(*homme*) with a lady friend; (*femme*) with a
gentleman friend
**galanterie** [galɑ̃tʀi] *nf* gallantry
**galantine** [galɑ̃tin] *nf* galantine
**Galapagos** [galapagɔs] *nfpl*: **les (îles) ~** the
Galapagos Islands
**galaxie** [galaksi] *nf* galaxy
**galbe** [galb(ə)] *nm* curve(s); shapeliness
**galbé, e** [galbe] *adj* (*jambes*) (well-)rounded;
**bien ~** shapely
**gale** [gal] *nf* (*Méd*) scabies *sg*; (*de chien*) mange
**galéjade** [galeʒad] *nf* tall story
**galère** [galɛʀ] *nf* galley
**galérer** [galere] *vi* (*fam*) to work hard, slave
(away)

g

**galerie** [galʀi] *nf* gallery; (*Théât*) circle; (*de voiture*) roof rack; (*fig: spectateurs*) audience; ~ **marchande** shopping mall; ~ **de peinture** (*private*) art gallery

**galérien** [galeʀjɛ̃] *nm* galley slave

**galet** [galɛ] *nm* pebble; (*Tech*) wheel; **galets** *nmpl* pebbles, shingle *sg*

**galette** [galɛt] *nf* (*gâteau*) flat pastry cake; (*crêpe*) savoury pancake; **la ~ des Rois** *cake traditionally eaten on Twelfth Night*

**galeux, -euse** [galø, -øz] *adj*: **un chien ~** a mangy dog

**Galice** [galis] *nf*: **la ~** Galicia (*in Spain*)

**Galicie** [galisi] *nf*: **la ~** Galicia; (*in Central Europe*)

**galiléen, ne** [galileɛ̃, -ɛn] *adj* Galilean

**galimatias** [galimatja] *nm* (*péj*) gibberish

**galipette** [galipɛt] *nf*: **faire des ~s** to turn somersaults

**Galles** [gal] *nfpl*: **le pays de ~** Wales

**gallicisme** [galisism(ə)] *nm* French idiom; (*tournure fautive*) gallicism

**gallois, e** [galwa, -waz] *adj* Welsh ▷ *nm* (*Ling*) Welsh ▷ *nm/f*: **Gallois, e** Welshman(-woman)

**gallo-romain, e** [galoʀɔmɛ̃, -ɛn] *adj* Gallo-Roman

**galoche** [galɔʃ] *nf* clog

**galon** [galɔ̃] *nm* (*Mil*) stripe; (*décoratif*) piece of braid; **prendre du ~** to be promoted

**galop** [galo] *nm* gallop; **au ~** at a gallop; ~ **d'essai** (*fig*) trial run

**galopade** [galɔpad] *nf* stampede

**galopant, e** [galɔpɑ̃, -ɑ̃t] *adj*: **inflation ~e** galloping inflation; **démographie ~e** exploding population

**galoper** [galɔpe] *vi* to gallop

**galopin** [galɔpɛ̃] *nm* urchin, ragamuffin

**galvaniser** [galvanize] *vt* to galvanize

**galvaudé, e** [galvode] *adj* (*expression*) hackneyed; (*mot*) clichéd

**galvauder** [galvode] *vt* to debase

**gambade** [gɑ̃bad] *nf*: **faire des ~s** to skip *ou* frisk about

**gambader** [gɑ̃bade] *vi* to skip *ou* frisk about

**gamberger** [gɑ̃bɛʀʒe] (*fam*) *vi* to (have a) think ▷ *vt* to dream up

**Gambie** [gɑ̃bi] *nf*: **la ~** (*pays*) Gambia; (*fleuve*) the Gambia

**gamelle** [gamɛl] *nf* mess tin; billy can; (*fam*): **ramasser une ~** to fall flat on one's face

**gamin, e** [gamɛ̃, -in] *nm/f* kid ▷ *adj* mischievous, playful

**gaminerie** [gaminʀi] *nf* mischievousness, playfulness

**gamme** [gam] *nf* (*Mus*) scale; (*fig*) range

**gammé, e** [game] *adj*: **croix ~e** swastika

**Gand** [gɑ̃] *n* Ghent

**Gange** [gɑ̃ʒ] *nm*: **le ~** the Ganges

**gang** [gɑ̃g] *nm* gang

**ganglion** [gɑ̃glijɔ̃] *nm* ganglion; (*lymphatique*) gland; **avoir des ~s** to have swollen glands

**gangrène** [gɑ̃gʀɛn] *nf* gangrene; (*fig*) corruption; corrupting influence

**gangster** [gɑ̃gstɛʀ] *nm* gangster

**gangstérisme** [gɑ̃gsteʀism(ə)] *nm* gangsterism

**gangue** [gɑ̃g] *nf* coating

**ganse** [gɑ̃s] *nf* braid

**gant** [gɑ̃] *nm* glove; **prendre des ~s** (*fig*) to handle the situation with kid gloves; **relever le ~** (*fig*) to take up the gauntlet; ~ **de crin** massage glove; ~ **de toilette** (*face*) flannel (*Brit*), face cloth; **~s de boxe** boxing gloves; **~s de caoutchouc** rubber gloves

**ganté, e** [gɑ̃te] *adj*: ~ **de blanc** wearing white gloves

**ganterie** [gɑ̃tʀi] *nf* glove trade; (*magasin*) glove shop

**garage** [gaʀaʒ] *nm* garage; ~ **à vélos** bicycle shed

**garagiste** [gaʀaʒist(ə)] *nm/f* (*propriétaire*) garage owner; (*mécanicien*) garage mechanic

**garant, e** [gaʀɑ̃, -ɑ̃t] *nm/f* guarantor ▷ *nm* guarantee; **se porter ~ de** to vouch for; to be answerable for

**garantie** [gaʀɑ̃ti] *nf* guarantee, warranty; (*gage*) security, surety; (**bon de**) ~ guarantee *ou* warranty slip; ~ **de bonne exécution** performance bond

**garantir** [gaʀɑ̃tiʀ] *vt* to guarantee; (*protéger*): ~ **de** to protect from; **je vous garantis que** I can assure you that; **garanti pure laine/2 ans** guaranteed pure wool/for 2 years

**garce** [gaʀs(ə)] *nf* (*péj*) bitch

**garçon** [gaʀsɔ̃] *nm* boy; (*célibataire*) bachelor; (*jeune homme*) boy, lad; (*aussi*: **garçon de café**) waiter; ~ **boucher/coiffeur** butcher's/hairdresser's assistant; ~ **de courses** messenger; ~ **d'écurie** stable lad; ~ **manqué** tomboy

**garçonnet** [gaʀsɔnɛ] *nm* small boy

**garçonnière** [gaʀsɔnjɛʀ] *nf* bachelor flat

**garde** [gaʀd(ə)] *nm* (*de prisonnier*) guard; (*de domaine etc*) warden; (*soldat, sentinelle*) guardsman ▷ *nf* guarding; looking after; (*soldats, Boxe, Escrime*) guard; (*faction*) watch; (*d'une arme*) hilt; (*Typo: aussi*: **page** *ou* **feuille de garde**) flyleaf; (: *collée*) endpaper; **de ~** *adj, adv* on duty; **monter la ~** to stand guard; **être sur ses ~s** to be on one's guard; **mettre en ~** to warn; **mise en ~** warning; **prendre ~ (à)** to be careful (of); **avoir la ~ des enfants** (*après divorce*) to have custody of the children; ~ **champêtre** *nm* rural policeman; ~ **du corps** *nm* bodyguard; ~ **d'enfants** *nf* child minder; ~ **forestier** *nm* forest warden; ~ **mobile** *nm, nf* mobile guard; ~ **des Sceaux** *nm* ≈ Lord Chancellor (*Brit*), ≈ Attorney General (*US*); ~ **à vue** *nf* (*Jur*) ≈ police custody

**garde-à-vous** [gaʀdavu] *nm inv*: **être/se mettre au ~** to be at/stand to attention; ~ **(fixe)!** (*Mil*) attention!

**garde-barrière** [gaʀdəbaʀjɛʀ] (*pl* **gardes-barrière(s)**) *nm/f* level-crossing keeper

**garde-boue** [gaʀdəbu] *nm inv* mudguard

**garde-chasse** [gaʀdəʃas] (*pl* **gardes-chasse(s)**)

*nm* gamekeeper

**garde-côte** [gaʀdəkot] *nm* (*vaisseau*) coastguard boat

**garde-feu** [gaʀdəfø] *nm inv* fender

**garde-fou** [gaʀdəfu] *nm* railing, parapet

**garde-malade** [gaʀdəmalad] (*pl* **gardes-malade(s)**) *nf* home nurse

**garde-manger** [gaʀdmɑ̃ʒe] *nm inv* (*boîte*) meat safe; (*placard*) pantry, larder

**garde-meuble** [gaʀdəmœbl(ə)] *nm* furniture depository

**garde-pêche** [gaʀdəpɛʃ] *nm inv* (*personne*) water bailiff; (*navire*) fisheries protection ship

**garder** [gaʀde] *vt* (*conserver*) to keep; (*: sur soi: vêtement, chapeau*) to keep on; (*surveiller: enfants*) to look after; (*: immeuble, lieu, prisonnier*) to guard; **se garder** *vi* (*aliment: se conserver*) to keep; **se ~ de faire** to be careful not to do; ~ **le lit/la chambre** to stay in bed/indoors; ~ **le silence** to keep silent *ou* quiet; ~ **la ligne** to keep one's figure; ~ **à vue** to keep in custody; **pêche/chasse gardée** private fishing/hunting (ground)

**garderie** [gaʀdəʀi] *nf* day nursery, crèche

**garde-robe** [gaʀdəʀɔb] *nf* wardrobe

**gardeur, -euse** [gaʀdœʀ, -øz] *nm/f* (*de vaches*) cowherd; (*de chèvres*) goatherd

**gardian** [gaʀdjɑ̃] *nm* cowboy (*in the Camargue*)

**gardien, ne** [gaʀdjɛ̃, -ɛn] *nm/f* (*garde*) guard; (*de prison*) warder; (*de domaine, réserve*) warden; (*de musée etc*) attendant; (*de phare, cimetière*) keeper; (*d'immeuble*) caretaker; (*fig*) guardian; ~ **de but** goalkeeper; ~ **de nuit** night watchman; ~ **de la paix** policeman

**gardiennage** [gaʀdjɛnaʒ] *nm* (*emploi*) caretaking; **société de ~** security firm

**gardon** [gaʀdɔ̃] *nm* roach

**gare** [gaʀ] *nf* (*railway*) station, train station (*US*) ▷ *excl*: ~ **à ...** mind ...!, watch out for ...!; ~ **à ne pas ...** mind you don't ...; ~ **à toi!** watch out!; **sans crier ~** without warning; ~ **maritime** harbour station; ~ **routière** coach (*Brit*) *ou* bus station; (*de camions*) haulage (*Brit*) *ou* trucking (*US*) depot; ~ **de triage** marshalling yard

**garenne** [gaʀɛn] *nf voir* **lapin**

**garer** [gaʀe] *vt* to park; **se garer** to park; (*pour laisser passer*) to draw into the side

**gargantuesque** [gaʀgɑ̃tɥɛsk(ə)] *adj* gargantuan

**gargariser** [gaʀgaʀize]: **se gargariser** *vi* to gargle; **se ~ de** (*fig*) to revel in

**gargarisme** [gaʀgaʀism(ə)] *nm* gargling *no pl*; (*produit*) gargle

**gargote** [gaʀgɔt] *nf* cheap restaurant, greasy spoon (*fam*)

**gargouille** [gaʀguj] *nf* gargoyle

**gargouillement** [gaʀgujmɑ̃] *nm* = **gargouillis**

**gargouiller** [gaʀguje] *vi* (*estomac*) to rumble; (*eau*) to gurgle

**gargouillis** [gaʀguji] *nm* (*gén pl: voir vb*) rumbling; gurgling

**garnement** [gaʀnəmɑ̃] *nm* rascal, scallywag

**garni, e** [gaʀni] *adj* (*plat*) served with vegetables (*and chips, pasta or rice*) ▷ *nm* (*appartement*) furnished accommodation *no pl* (*Brit*) *ou* accommodations *pl* (*US*)

**garnir** [gaʀniʀ] *vt* to decorate; (*remplir*) to fill; (*recouvrir*) to cover; **se garnir** *vi* (*pièce, salle*) to fill up; ~ **qch de** (*orner*) to decorate sth with; to trim sth with; (*approvisionner*) to fill *ou* stock sth with; (*protéger*) to fit sth with; (*Culin*) to garnish sth with

**garnison** [gaʀnizɔ̃] *nf* garrison

**garniture** [gaʀnityʀ] *nf* (*Culin: légumes*) vegetables *pl*; (*: persil etc*) garnish; (*: farce*) filling; (*décoration*) trimming; (*protection*) fittings *pl*; ~ **de cheminée** mantelpiece ornaments *pl*; ~ **de frein** (*Auto*) brake lining; ~ **intérieure** (*Auto*) interior trim; ~ **périodique** sanitary towel (*Brit*) *ou* napkin (*US*)

**garrigue** [gaʀig] *nf* scrubland

**garrot** [gaʀo] *nm* (*Méd*) tourniquet; (*torture*) garrotte

**garrotter** [gaʀote] *vt* to tie up; (*fig*) to muzzle

**gars** [gɑ] *nm* lad; (*type*) guy

**Gascogne** [gaskɔɲ] *nf*: **la ~** Gascony

**gascon, ne** [gaskɔ̃, -ɔn] *adj* Gascon ▷ *nm*: **G~** (*hâbleur*) braggart

**gas-oil** [gazɔjl] *nm* diesel oil

**gaspillage** [gaspijaʒ] *nm* waste

**gaspiller** [gaspije] *vt* to waste

**gaspilleur, -euse** [gaspijœʀ, -øz] *adj* wasteful

**gastrique** [gastʀik] *adj* gastric, stomach *cpd*

**gastro-entérite** [gastʀoɑ̃teʀit] *nf* (*Méd*) gastro-enteritis

**gastro-intestinal, e, -aux** [gastʀoɛ̃testinal, -o] *adj* gastrointestinal

**gastronome** [gastʀɔnɔm] *nm/f* gourmet

**gastronomie** [gastʀɔnɔmi] *nf* gastronomy

**gastronomique** [gastʀɔnɔmik] *adj*: **menu ~** gourmet menu

**gâteau, x** [gɑto] *nm* cake ▷ *adj inv* (*fam: trop indulgent*): **papa-/maman-~** doting father/mother; ~ **d'anniversaire** birthday cake; ~ **de riz** ≈ rice pudding; ~ **sec** biscuit

**gâter** [gɑte] *vt* to spoil; **se gâter** *vi* (*dent, fruit*) to go bad; (*temps, situation*) to change for the worse

**gâterie** [gɑtʀi] *nf* little treat

**gâteux, -euse** [gɑtø, -øz] *adj* senile

**gâtisme** [gɑtism(ə)] *nm* senility

**GATT** [gat] *sigle m* (= *General Agreement on Tariffs and Trade*) GATT

**gauche** [goʃ] *adj* left, left-hand; (*maladroit*) awkward, clumsy ▷ *nf* (*Pol*) left (wing); (*Boxe*) left; **à ~** on the left; (*direction*) (to the) left; **à ~ de** (*on ou* to the) left of; **à la ~ de** to the left of; **sur votre ~** on your left; **de ~** (*Pol*) left-wing

**gauchement** [goʃmɑ̃] *adv* awkwardly, clumsily

**gaucher, -ère** [goʃe, -ɛʀ] *adj* left-handed

**gaucherie** [goʃʀi] *nf* awkwardness, clumsiness

**gauchir** [goʃiʀ] *vt* (*planche, objet*) to warp; (*fig: fait, idée*) to distort

**gauchisant, e** [goʃizɑ̃, -ɑ̃t] *adj* with left-wing tendencies

**g**

191

**gauchisme** [goʃism(ə)] nm leftism
**gauchiste** [goʃist(ə)] adj, nm/f leftist
**gaufre** [gofR(ə)] nf (pâtisserie) waffle; (de cire) honeycomb
**gaufrer** [gofRe] vt (papier) to emboss; (tissu) to goffer
**gaufrette** [gofRɛt] nf wafer
**gaufrier** [gofRije] nm (moule) waffle iron
**Gaule** [gol] nf: **la ~** Gaul
**gaule** [gol] nf (perche) (long) pole; (canne à pêche) fishing rod
**gauler** [gole] vt (arbre) to beat (using a long pole to bring down fruit); (fruits) to beat down (with a pole)
**gaullisme** [golism(ə)] nm Gaullism
**gaulliste** [golist(ə)] adj, nm/f Gaullist
**gaulois, e** [golwa, -waz] adj Gallic; (grivois) bawdy ▷ nm/f: **Gaulois, e** Gaul
**gauloiserie** [golwazri] nf bawdiness
**gausser** [gose]: **se ~ de** vt to deride
**gaver** [gave] vt to force-feed; (fig): **~ de** to cram with, fill up with; (personne): **se ~ de** to stuff o.s. with
**gay** [gɛ] adj, nm (fam) gay
**gaz** [gɑz] nm inv gas; **mettre les ~** (Auto) to put one's foot down; **chambre/masque à ~** gas chamber/mask; **~ en bouteille** bottled gas; **~ butane** Calor gas® (Brit), butane gas; **~ carbonique** carbon dioxide; **~ hilarant** laughing gas; **~ lacrymogène** tear gas; **~ naturel** natural gas; **~ de ville** town gas (Brit), manufactured domestic gas
**gaze** [gɑz] nf gauze
**gazéifié, e** [gazeifje] adj carbonated, aerated
**gazelle** [gazɛl] nf gazelle
**gazer** [gɑze] vt to gas ▷ vi (fam) to be going ou working well
**gazette** [gazɛt] nf news sheet
**gazeux, -euse** [gazø, -øz] adj gaseous; (eau) sparkling; (boisson) fizzy
**gazoduc** [gazɔdyk] nm gas pipeline
**gazole** [gazɔl] nm = **gas-oil**
**gazomètre** [gazɔmɛtR(ə)] nm gasometer
**gazon** [gazɔ̃] nm (herbe) turf, grass; (pelouse) lawn
**gazonner** [gazɔne] vt (terrain) to grass over
**gazouillement** [gazujmɑ̃] nm (voir vb) chirping; babbling
**gazouiller** [gazuje] vi (oiseau) to chirp; (enfant) to babble
**gazouillis** [gazuji] nmpl chirp sg
**GB** sigle f (= Grande Bretagne) GB
**gd** abr (= grand) L
**GDF** sigle m (= Gaz de France) national gas company
**geai** [ʒɛ] nm jay
**géant, e** [ʒeɑ̃, -ɑ̃t] adj gigantic, giant; (Comm) giant-size ▷ nm/f giant
**geignement** [ʒɛɲmɑ̃] nm groaning, moaning
**geindre** [ʒɛ̃dR(ə)] vi to groan, moan
**gel** [ʒɛl] nm frost; (de l'eau) freezing; (fig: des salaires, prix) freeze; freezing; (produit de beauté) gel; **~ douche** shower gel
**gélatine** [ʒelatin] nf gelatine

**gélatineux, -euse** [ʒelatinø, -øz] adj jelly-like, gelatinous
**gelé, e** [ʒəle] adj frozen ▷ nf jelly; (gel) frost; **~ blanche** hoarfrost, white frost
**geler** [ʒəle] vt, vi to freeze; **il gèle** it's freezing
**gélule** [ʒelyl] nf capsule
**gelures** [ʒəlyR] nfpl frostbite sg
**Gémeaux** [ʒemo] nmpl: **les ~** Gemini, the Twins; **être des ~** to be Gemini
**gémir** [ʒemiR] vi to groan, moan
**gémissement** [ʒemismɑ̃] nm groan, moan
**gemme** [ʒɛm] nf gem(stone)
**gémonies** [ʒemɔni] nfpl: **vouer qn aux ~** to subject sb to public scorn
**gén.** abr (= généralement) gen.
**gênant, e** [ʒenɑ̃, -ɑ̃t] adj (objet) awkward, in the way; (histoire, personne) embarrassing
**gencive** [ʒɑ̃siv] nf gum
**gendarme** [ʒɑ̃daRm(ə)] nm gendarme
**gendarmer** [ʒɑ̃daRme]: **se gendarmer** vi to kick up a fuss
**gendarmerie** [ʒɑ̃daRməRi] nf military police force in countryside and small towns; their police station or barracks
**gendre** [ʒɑ̃dR(ə)] nm son-in-law
**gène** [ʒɛn] nm (Bio) gene
**gêne** [ʒɛn] nf (à respirer, bouger) discomfort, difficulty; (dérangement) bother, trouble; (manque d'argent) financial difficulties pl ou straits pl; (confusion) embarrassment; **sans ~** adj inconsiderate
**gêné, e** [ʒene] adj embarrassed; (dépourvu d'argent) short (of money)
**généalogie** [ʒenealɔʒi] nf genealogy
**généalogique** [ʒenealɔʒik] adj genealogical
**gêner** [ʒene] vt (incommoder) to bother; (encombrer) to hamper; (bloquer le passage) to be in the way of; (déranger) to bother; (embarrasser): **~ qn** to make sb feel ill-at-ease; **se gêner** to put o.s. out; **ne vous gênez pas!** (ironique) go right ahead!, don't mind me!; **je vais me ~!** (ironique) why should I care?
**général, e, -aux** [ʒeneRal, -o] adj, nm general ▷ nf: **(répétition) ~e** final dress rehearsal; **en ~** usually, in general; **à la satisfaction ~e** to everyone's satisfaction
**généralement** [ʒeneRalmɑ̃] adv generally
**généralisable** [ʒeneRalizabl(ə)] adj generally applicable
**généralisation** [ʒeneRalizasjɔ̃] nf generalization
**généraliser** [ʒeneRalize] vt, vi to generalize; **se généraliser** vi to become widespread
**généraliste** [ʒeneRalist(ə)] nm/f (Méd) general practitioner, GP
**généralité** [ʒeneRalite] nf: **la ~ des ...** the majority of ...; **généralités** nfpl generalities; (introduction) general points
**générateur, -trice** [ʒeneRatœR, -tRis] adj: **~ de** which causes ou brings about ▷ nf (Élec) generator
**génération** [ʒeneRasjɔ̃] nf generation

**généreusement** [ʒenerøzmɑ̃] adv generously
**généreux, -euse** [ʒenerø, -øz] adj generous
**générique** [ʒenerik] adj generic ▷ nm (Ciné, TV) credits pl, credit titles pl
**générosité** [ʒenerozite] nf generosity
**Gênes** [ʒɛn] n Genoa
**genèse** [ʒənɛz] nf genesis
**genêt** [ʒənɛ] nm (Bot) broom no pl
**généticien, ne** [ʒenetisjɛ̃, -ɛn] nm/f geneticist
**génétique** [ʒenetik] adj genetic ▷ nf genetics sg
**génétiquement** [ʒenetikmɑ̃] adv genetically
**gêneur, -euse** [ʒɛnœr, -øz] nm/f (personne qui gêne) obstacle; (importun) intruder
**Genève** [ʒənɛv] n Geneva
**genevois, e** [ʒənəvwa, -waz] adj Genevan
**genévrier** [ʒənevrije] nm juniper
**génial, e, -aux** [ʒenjal, -o] adj of genius; (fam) fantastic, brilliant
**génie** [ʒeni] nm genius; (Mil): **le ~** ≈ the Engineers pl; **avoir du ~** to have genius; **~ civil** civil engineering; **~ génétique** genetic engineering
**genièvre** [ʒənjɛvr(ə)] nm (Bot) juniper (tree); (boisson) Dutch gin; **grain de ~** juniper berry
**génisse** [ʒenis] nf heifer; **foie de ~** ox liver
**génital, e, -aux** [ʒenital, -o] adj genital
**génitif** [ʒenitif] nm genitive
**génocide** [ʒenɔsid] nm genocide
**génois, e** [ʒenwa, -waz] adj Genoese ▷ nf (gâteau) ≈ sponge cake
**genou, x** [ʒnu] nm knee; **à ~x** on one's knees; **se mettre à ~x** to kneel down
**genouillère** [ʒənujɛr] nf (Sport) kneepad
**genre** [ʒɑ̃r] nm (espèce, sorte) kind, type, sort; (allure) manner; (Ling) gender; (Art) genre; (Zool etc) genus; **se donner du ~** to give o.s. airs; **avoir bon ~** to have style; **avoir mauvais ~** to be ill-mannered
**gens** [ʒɑ̃] nmpl (fin some phrases) people pl; **les ~ d'Église** the clergy; **les ~ du monde** society people; **~ de maison** domestics
**gentiane** [ʒɑ̃sjan] nf gentian
**gentil, le** [ʒɑ̃ti, -ij] adj kind; (enfant: sage) good; (sympa: endroit etc) nice; **c'est très ~ à vous** it's very kind ou good ou nice of you
**gentilhommière** [ʒɑ̃tijɔmjɛʀ] nf (small) manor house ou country seat
**gentillesse** [ʒɑ̃tijɛs] nf kindness
**gentillet, te** [ʒɑ̃tijɛ, -ɛt] adj nice little
**gentiment** [ʒɑ̃timɑ̃] adv kindly
**génuflexion** [ʒenyflɛksjɔ̃] nf genuflexion
**géo** abr (= géographie) geography
**géodésique** [ʒeɔdezik] adj geodesic
**géographe** [ʒeɔgraf] nm/f geographer
**géographie** [ʒeɔgrafi] nf geography
**géographique** [ʒeɔgrafik] adj geographical
**geôlier** [ʒolje] nm jailer
**géologie** [ʒeɔlɔʒi] nf geology
**géologique** [ʒeɔlɔʒik] adj geological
**géologiquement** [ʒeɔlɔʒikmɑ̃] adv geologically
**géologue** [ʒeɔlɔg] nm/f geologist
**géomètre** [ʒeɔmɛtr(ə)] nm: **(arpenteur-)~**

(land) surveyor
**géométrie** [ʒeɔmetri] nf geometry; **à ~ variable** (Aviat) swing-wing
**géométrique** [ʒeɔmetrik] adj geometric
**géophysique** [ʒeɔfizik] nf geophysics sg
**géopolitique** [ʒeɔpolitik] nf geopolitics sg
**Géorgie** [ʒeɔrʒi] nf: **la ~** (URSS, USA) Georgia; **la ~ du Sud** South Georgia
**géorgien, ne** [ʒeɔrʒjɛ̃, -ɛn] adj Georgian
**géostationnaire** [ʒeɔstasjɔnɛr] adj geostationary
**géothermique** [ʒeɔtɛrmik] adj: **énergie ~** geothermal energy
**gérance** [ʒerɑ̃s] nf management; **mettre en ~** to appoint a manager for; **prendre en ~** to take over (the management of)
**géranium** [ʒeranjɔm] nm geranium
**gérant, e** [ʒerɑ̃, -ɑ̃t] nm/f manager/manageress; **~ d'immeuble** managing agent
**gerbe** [ʒɛrb(ə)] nf (de fleurs, d'eau) spray; (de blé) sheaf; (fig) shower, burst
**gercé, e** [ʒɛrse] adj chapped
**gercer** [ʒɛrse] vi, **se gercer** vi to chap
**gerçure** [ʒɛrsyr] nf crack
**gérer** [ʒere] vt to manage
**gériatrie** [ʒerjatri] nf geriatrics sg
**gériatrique** [ʒerjatrik] adj geriatric
**germain, e** [ʒɛrmɛ̃, -ɛn] adj: **cousin ~** first cousin
**germanique** [ʒɛrmanik] adj Germanic
**germaniste** [ʒɛrmanist(ə)] nm/f German scholar
**germe** [ʒɛrm(ə)] nm germ
**germer** [ʒɛrme] vi to sprout; (semence, aussi fig) to germinate
**gérondif** [ʒerɔ̃dif] nm gerund; (en latin) gerundive
**gérontologie** [ʒerɔ̃tɔlɔʒi] nf gerontology
**gérontologue** [ʒerɔ̃tɔlɔg] nm/f gerontologist
**gésier** [ʒezje] nm gizzard
**gésir** [ʒezir] vi to be lying (down); voir aussi **ci-gît**
**gestation** [ʒɛstasjɔ̃] nf gestation
**geste** [ʒɛst(ə)] nm gesture; move; motion; **il fit un ~ de la main pour m'appeler** he signed to me to come over, he waved me over; **ne faites pas un** (ne bouger pas) don't move
**gesticuler** [ʒɛstikyle] vi to gesticulate
**gestion** [ʒɛstjɔ̃] nf management; **~ des disques** (Inform) housekeeping; **~ de fichier(s)** (Inform) file management
**gestionnaire** [ʒɛstjɔnɛr] nm/f administrator; **~ de fichiers** (Inform) file manager
**geyser** [ʒezɛr] nm geyser
**Ghana** [gana] nm: **le ~** Ghana
**ghetto** [gɛto] nm ghetto
**gibecière** [ʒibsjɛr] nf (de chasseur) gamebag; (sac en bandoulière) shoulder bag
**gibelotte** [ʒiblɔt] nf rabbit fricassee in white wine
**gibet** [ʒibɛ] nm gallows pl
**gibier** [ʒibje] nm (animaux) game; (fig) prey
**giboulée** [ʒibule] nf sudden shower
**giboyeux, -euse** [ʒibwajø, -øz] adj well-stocked

with game
**Gibraltar** [ʒibʀaltaʀ] *nm* Gibraltar
**gibus** [ʒibys] *nm* opera hat
**giclée** [ʒikle] *nf* spurt, squirt
**gicler** [ʒikle] *vi* to spurt, squirt
**gicleur** [ʒiklœʀ] *nm* (Auto) jet
**GIE** *sigle m* = **groupement d'intérêt économique**
**gifle** [ʒifl(ə)] *nf* slap (in the face)
**gifler** [ʒifle] *vt* to slap (in the face)
**gigantesque** [ʒigɑ̃tɛsk(ə)] *adj* gigantic
**gigantisme** [ʒigɑ̃tism(ə)] *nm* (Méd) gigantism; (des mégalopoles) vastness
**gigaoctet** [ʒigaɔktɛ] *nm* gigabyte
**GIGN** *sigle m* (= Groupe d'intervention de la gendarmerie nationale) special crack force of the gendarmerie, ≈ SAS (Brit)
**gigogne** [ʒigɔɲ] *adj*: **lits ~s** truckle (Brit) ou trundle (US) beds; **tables/poupées ~s** nest of tables/dolls
**gigolo** [ʒigɔlo] *nm* gigolo
**gigot** [ʒigo] *nm* leg (of mutton ou lamb)
**gigoter** [ʒigɔte] *vi* to wriggle (about)
**gilet** [ʒilɛ] *nm* waistcoat; (pull) cardigan; (de corps) vest; **~ pare-balles** bulletproof jacket; **~ de sauvetage** life jacket
**gin** [dʒin] *nm* gin
**gingembre** [ʒɛ̃ʒɑ̃bʀ(ə)] *nm* ginger
**gingivite** [ʒɛ̃ʒivit] *nf* inflammation of the gums, gingivitis
**ginseng** [ʒinsɛŋ] *nm* ginseng
**girafe** [ʒiʀaf] *nf* giraffe
**giratoire** [ʒiʀatwaʀ] *adj*: **sens ~** roundabout
**girofle** [ʒiʀɔfl(ə)] *nm*: **clou de ~** clove
**giroflée** [ʒiʀɔfle] *nf* wallflower
**girolle** [ʒiʀɔl] *nf* chanterelle
**giron** [ʒiʀɔ̃] *nm* (genoux) lap; (fig: sein) bosom
**Gironde** [ʒiʀɔ̃d] *nf*: **la ~** the Gironde
**girophare** [ʒiʀɔfaʀ] *nm* revolving (flashing) light
**girouette** [ʒiʀwɛt] *nf* weather vane ou cock
**gis** [ʒi], **gisais** *etc* [ʒize] *vb voir* **gésir**
**gisement** [ʒizmɑ̃] *nm* deposit
**gît** [ʒi] *vb voir* **gésir**
**gitan, e** [ʒitɑ̃, -an] *nm/f* gipsy
**gîte** [ʒit] *nm* home; shelter; (du lièvre) form; **~ (rural)** (country) holiday cottage ou apartment
**gîter** [ʒite] *vi* (Navig) to list
**givrage** [ʒivʀaʒ] *nm* icing
**givrant, e** [ʒivʀɑ̃, -ɑ̃t] *adj*: **brouillard ~** freezing fog
**givre** [ʒivʀ(ə)] *nm* (hoar)frost
**givré, e** [ʒivʀe] *adj*: **citron ~/orange ~e** lemon/orange sorbet (served in fruit skin)
**glabre** [glabʀ(ə)] *adj* hairless; (menton) clean-shaven
**glaçage** [glasaʒ] *nm* (au sucre) icing; (au blanc d'œuf, de la viande) glazing
**glace** [glas] *nf* ice; (crème glacée) ice cream; (verre) sheet of glass; (miroir) mirror; (de voiture) window; **glaces** *nfpl* (Géo) ice sheets, ice *sg*; **de ~** (fig: accueil, visage) frosty, icy; **rester de ~** to remain unmoved

**glacé, e** [glase] *adj* icy; (boisson) iced
**glacer** [glase] *vt* to freeze; (boisson) to chill, ice; (gâteau) to ice (Brit), frost (US); (papier, tissu) to glaze; (fig): **~ qn** to chill sb; (fig) to make sb's blood run cold
**glaciaire** [glasjɛʀ] *adj* (période) ice *cpd*; (relief) glacial
**glacial, e** [glasjal] *adj* icy
**glacier** [glasje] *nm* (Géo) glacier; (marchand) ice-cream maker
**glacière** [glasjɛʀ] *nf* icebox
**glaçon** [glasɔ̃] *nm* icicle; (pour boisson) ice cube
**gladiateur** [gladjatœʀ] *nm* gladiator
**glaïeul** [glajœl] *nm* gladiola
**glaire** [glɛʀ] *nf* (Méd) phlegm *no pl*
**glaise** [glɛz] *nf* clay
**glaive** [glɛv] *nm* two-edged sword
**gland** [glɑ̃] *nm* (de chêne) acorn; (décoration) tassel; (Anat) glans
**glande** [glɑ̃d] *nf* gland
**glander** [glɑ̃de] *vi* (fam) to fart around (Brit) (!), screw around (US) (!)
**glaner** [glane] *vt*, *vi* to glean
**glapir** [glapiʀ] *vi* to yelp
**glapissement** [glapismɑ̃] *nm* yelping
**glas** [glɑ] *nm* knell, toll
**glauque** [glok] *adj* dull blue-green
**glissade** [glisad] *nf* (par jeu) slide; (chute) slip; (dérapage) skid; **faire des ~s** to slide
**glissant, e** [glisɑ̃, -ɑ̃t] *adj* slippery
**glisse** [glis] *nf*: **sports de ~** sports involving sliding or gliding (eg skiing, surfing, windsurfing)
**glissement** [glismɑ̃] *nm* sliding; (fig) shift; **~ de terrain** landslide
**glisser** [glise] *vi* (avancer) to glide ou slide along; (coulisser, tomber) to slide; (déraper) to slip; (être glissant) to be slippery ▷ *vt*: **~ qch sous/dans/à** to slip sth under/into/to; **~ sur** (fig: détail etc) to skate over; **se ~ dans/entre** to slip into/between
**glissière** [glisjɛʀ] *nf* slide channel; **à ~** (porte, fenêtre) sliding; **~ de sécurité** (Auto) crash barrier
**glissoire** [gliswaʀ] *nf* slide
**global, e, -aux** [glɔbal, -o] *adj* overall
**globalement** [glɔbalmɑ̃] *adv* taken as a whole
**globe** [glɔb] *nm* globe; **sous ~** under glass; **~ oculaire** eyeball; **le ~ terrestre** the globe
**globe-trotter** [glɔbtʀɔtœʀ] *nm* globe-trotter
**globule** [glɔbyl] *nm* (du sang): **~ blanc/rouge** white/red corpuscle
**globuleux, -euse** [glɔbylø, -øz] *adj*: **yeux ~** protruding eyes
**gloire** [glwaʀ] *nf* glory; (mérite) distinction, credit; (personne) celebrity
**glorieux, -euse** [glɔʀjø, -øz] *adj* glorious
**glorifier** [glɔʀifje] *vt* to glorify, extol; **se ~ de** to glory in
**gloriole** [glɔʀjɔl] *nf* vainglory
**glose** [gloz] *nf* gloss
**glossaire** [glɔsɛʀ] *nm* glossary
**glotte** [glɔt] *nf* (Anat) glottis
**glouglouter** [gluglute] *vi* to gurgle

**gloussement** [glusmɑ̃] nm (de poule) cluck; (rire) chuckle
**glousser** [gluse] vi to cluck; (rire) to chuckle
**glouton, ne** [glutɔ̃, -ɔn] adj gluttonous, greedy
**gloutonnerie** [glutɔnʀi] nf gluttony
**glu** [gly] nf birdlime
**gluant, e** [glyɑ̃, -ɑ̃t] adj sticky, gummy
**glucide** [glysid] nm carbohydrate
**glucose** [glykoz] nm glucose
**gluten** [glytɛn] nm gluten
**glycérine** [gliserin] nf glycerine
**glycine** [glisin] nf wisteria
**GMT** sigle adj (= Greenwich Mean Time) GMT
**gnangnan** [nɑ̃nɑ̃] adj inv (fam: livre, film) soppy
**GNL** sigle m (= gaz naturel liquéfié) LNG (= liquefied natural gas)
**gnôle** [njol] nf (fam) booze no pl; **un petit verre de** ~ a drop of the hard stuff
**gnome** [gnom] nm gnome
**gnon** [ɲɔ̃] nm (fam: coup de poing) bash; (: marque) dent
**GO** sigle fpl (= grandes ondes) LW ▷ sigle m (= gentil organisateur) title given to leaders on Club Méditerranée holidays; extended to refer to easy-going leader of any group
**Go** abr (= gigaoctet) GB
**go** [go]: **tout de go** adv straight out
**goal** [gol] nm goalkeeper
**gobelet** [gɔblɛ] nm (en métal) tumbler; (en plastique) beaker; (à dés) cup
**gober** [gɔbe] vt to swallow
**goberger** [gɔbɛʀʒe]: **se goberger** vi to cosset o.s.
**Gobi** [gɔbi] n: **désert de** ~ Gobi Desert
**godasse** [gɔdas] nf (fam) shoe
**godet** [gɔdɛ] nm pot; (Couture) unpressed pleat
**godiller** [gɔdije] vi (Navig) to scull; (Ski) to wedeln
**goéland** [gɔelɑ̃] nm (sea)gull
**goélette** [gɔelɛt] nf schooner
**goémon** [gɔemɔ̃] nm wrack
**gogo** [gɔgo] nm (péj) mug, sucker; **à** ~ adv galore
**goguenard, e** [gɔgnaʀ, -aʀd(ə)] adj mocking
**goguette** [gɔgɛt] nf: **en** ~ on the binge
**goinfre** [gwɛ̃fʀ(ə)] nm glutton
**goinfrer** [gwɛ̃fʀe]: **se goinfrer** vi to make a pig of o.s.; **se** ~ **de** to guzzle
**goitre** [gwatʀ(ə)] nm goitre
**golf** [gɔlf] nm (jeu) golf; (terrain) golf course; ~ **miniature** crazy ou miniature golf
**golfe** [gɔlf(ə)] nm gulf; bay; **le** ~ **d'Aden** the Gulf of Aden; **le** ~ **de Gascogne** the Bay of Biscay; **le** ~ **du Lion** the Gulf of Lions; **le** ~ **Persique** the Persian Gulf
**golfeur, -euse** [gɔlfœʀ, -øz] nm/f golfer
**gominé, e** [gɔmine] adj slicked down
**gomme** [gɔm] nf (à effacer) rubber (Brit), eraser; (résine) gum; **boule** ou **pastille de** ~ throat pastille
**gommé, e** [gɔme] adj: **papier** ~ gummed paper
**gommer** [gɔme] vt (effacer) to rub out (Brit), erase; (enduire de gomme) to gum
**gond** [gɔ̃] nm hinge; **sortir de ses** ~**s** (fig) to fly off the handle

**gondole** [gɔ̃dɔl] nf gondola; (pour l'étalage) shelves pl, gondola
**gondoler** [gɔ̃dɔle]: **se gondoler** vi to warp, buckle; (fam: rire) to hoot with laughter; to be in stitches
**gondolier** [gɔ̃dɔlje] nm gondolier
**gonflable** [gɔ̃flabl(ə)] adj inflatable
**gonflage** [gɔ̃flaʒ] nm inflating, blowing up
**gonflé, e** [gɔ̃fle] adj swollen; (ventre) bloated; (fam: culotté): **être** ~ to have a nerve
**gonflement** [gɔ̃fləmɑ̃] nm inflation; (Méd) swelling
**gonfler** [gɔ̃fle] vt (pneu, ballon) to inflate, blow up; (nombre, importance) to inflate ▷ vi (pied etc) to swell (up); (Culin: pâte) to rise
**gonfleur** [gɔ̃flœʀ] nm air pump
**gong** [gɔ̃g] nm gong
**gonzesse** [gɔ̃zɛs] nf (fam) chick, bird (Brit)
**goret** [gɔʀɛ] nm piglet
**gorge** [gɔʀʒ(ə)] nf (Anat) throat; (poitrine) breast; (Géo) gorge; (rainure) groove; **avoir mal à la** ~ to have a sore throat; **avoir la** ~ **serrée** to have a lump in one's throat
**gorgé, e** [gɔʀʒe] adj: ~ **de** filled with; (eau) saturated with ▷ nf mouthful; sip; gulp; **boire à petites/grandes** ~**es** to take little sips/big gulps
**gorille** [gɔʀij] nm gorilla; (fam) bodyguard
**gosier** [gozje] nm throat
**gosse** [gɔs] nm/f kid
**gothique** [gɔtik] adj gothic
**gouache** [gwaʃ] nf gouache
**gouaille** [gwaj] nf street wit, cocky humour (Brit) ou humor (US)
**goudron** [gudʀɔ̃] nm (asphalte) tar(mac) (Brit), asphalt; (du tabac) tar
**goudronner** [gudʀɔne] vt to tar(mac) (Brit), asphalt
**gouffre** [gufʀ(ə)] nm abyss, gulf
**goujat** [guʒa] nm boor
**goujon** [guʒɔ̃] nm gudgeon
**goulée** [gule] nf gulp
**goulet** [gulɛ] nm bottleneck
**goulot** [gulo] nm neck; **boire au** ~ to drink from the bottle
**goulu, e** [guly] adj greedy
**goulûment** [gulymɑ̃] adv greedily
**goupille** [gupij] nf (metal) pin
**goupiller** [gupije] vt to pin (together)
**goupillon** [gupijɔ̃] nm (Rel) sprinkler; (brosse) bottle brush; **le** ~ (fig) the cloth, the clergy
**gourd, e** [guʀ, guʀd(ə)] adj numb (with cold); (fam) oafish
**gourde** [guʀd(ə)] nf (récipient) flask; (fam) (clumsy) clot ou oaf
**gourdin** [guʀdɛ̃] nm club, bludgeon
**gourer** [guʀe] (fam): **se gourer** vi to boob
**gourmand, e** [guʀmɑ̃, -ɑ̃d] adj greedy
**gourmandise** [guʀmɑ̃diz] nf greed; (bonbon) sweet (Brit), piece of candy (US)
**gourmet** [guʀmɛ] nm epicure
**gourmette** [guʀmɛt] nf chain bracelet
**gourou** [guʀu] nm guru

**g**

**gousse** [gus] *nf* (*de vanille etc*) pod; ~ **d'ail** clove of garlic

**gousset** [gusε] *nm* (*de gilet*) fob

**goût** [gu] *nm* taste; (*fig: appréciation*) taste, liking; **le (bon)** ~ good taste; **de bon** ~ in good taste, tasteful; **de mauvais** ~ in bad taste, tasteless; **avoir bon/mauvais** ~ (*aliment*) to taste nice/nasty; (*personne*) to have good/bad taste; **avoir du/manquer de** ~ to have/lack taste; **avoir du** ~ **pour** to have a liking for; **prendre** ~ **à** to develop a taste *ou* a liking for

**goûter** [gute] *vt* (*essayer*) to taste; (*apprécier*) to enjoy ▷ *vi* to have (afternoon) tea ▷ *nm* (afternoon) tea; ~ **à** to taste, sample; ~ **de** to have a taste of; ~ **d'enfants/d'anniversaire** children's tea/birthday party

**goutte** [gut] *nf* drop; (*Méd*) gout; (*alcool*) nip (*Brit*), tot (*Brit*), drop (*US*); **gouttes** *nfpl* (*Méd*) drops; ~ **à** ~ *adv* a drop at a time; **tomber** ~ **à** ~ to drip

**goutte-à-goutte** [gutagut] *nm inv* (*Méd*) drip; **alimenter au** ~ to drip-feed

**gouttelette** [gutlɛt] *nf* droplet

**goutter** [gute] *vi* to drip

**gouttière** [gutjɛR] *nf* gutter

**gouvernail** [guvɛRnaj] *nm* rudder; (*barre*) helm, tiller

**gouvernant, e** [guvɛRnɑ̃, -ɑ̃t] *adj* ruling *cpd* ▷ *nf* housekeeper; (*d'un enfant*) governess

**gouverne** [guvɛRn(ə)] *nf*: **pour sa** ~ for his guidance

**gouvernement** [guvɛRnəma] *nm* government

**gouvernemental, e, -aux** [guvɛRnəmɑ̃tal, -o] *adj* (*politique*) government *cpd*; (*journal, parti*) pro-government

**gouverner** [guvɛRne] *vt* to govern; (*diriger*) to steer; (*fig*) to control

**gouverneur** [guvɛRnœR] *nm* governor; (*Mil*) commanding officer

**goyave** [gɔjav] *nf* guava

**GPL** *sigle m* (= *gaz de pétrole liquéfié*) LPG (= *liquefied petroleum gas*)

**GQG** *sigle m* (= *grand quartier général*) GHQ

**grabataire** [gRabatɛR] *adj* bedridden ▷ *nm/f* bedridden invalid

**grâce** [gRɑs] *nf* grace; (*faveur*) favour; (*Jur*) pardon; **grâces** *nfpl* (*Rel*) grace *sg*; **de bonne/mauvaise** ~ with (a) good/bad grace; **dans les bonnes** ~**s de qn** in favour with sb; **faire** ~ **à qn de qch** to spare sb sth; **rendre** ~(**s**) **à** to give thanks to; **demander** ~ to beg for mercy; **droit de** ~ right of reprieve; **recours en** ~ plea for pardon; ~ **à** *prép* thanks to

**gracier** [gRasje] *vt* to pardon

**gracieusement** [gRasjøzma] *adv* graciously, kindly; (*gratuitement*) freely; (*avec grâce*) gracefully

**gracieux, -euse** [gRasjø, -øz] *adj* (*charmant, élégant*) graceful; (*aimable*) gracious, kind; **à titre** ~ free of charge

**gracile** [gRasil] *adj* slender

**gradation** [gRadɑsjɔ̃] *nf* gradation

**grade** [gRad] *nm* (*Mil*) rank; (*Scol*) degree; **monter en** ~ to be promoted

**gradé** [gRade] *nm* (*Mil*) officer

**gradin** [gRadɛ̃] *nm* (*dans un théâtre*) tier; (*de stade*) step; **gradins** *nmpl* (*de stade*) terracing *no pl* (*Brit*), standing area; **en** ~**s** terraced

**graduation** [gRadɥasjɔ̃] *nf* graduation

**gradué, e** [gRadɥe] *adj* (*exercices*) graded (for difficulty); (*thermomètre, verre*) graduated

**graduel, le** [gRadɥɛl] *adj* gradual; progressive

**graduer** [gRadɥe] *vt* (*effort etc*) to increase gradually; (*règle, verre*) to graduate

**graffiti** [gRafiti] *nmpl* graffiti

**grain** [gRɛ̃] *nm* (*gén*) grain; (*de chapelet*) bead; (*Navig*) squall; (*averse*) heavy shower; (*fig: petite quantité*): **un** ~ **de** a touch of; ~ **de beauté** beauty spot; ~ **de café** coffee bean; ~ **de poivre** peppercorn; ~ **de poussière** speck of dust; ~ **de raisin** grape

**graine** [gRɛn] *nf* seed; **mauvaise** ~ (*mauvais sujet*) bad lot; **une** ~ **de voyou** a hooligan in the making

**graineterie** [gRɛntRi] *nf* seed merchant's (shop)

**grainetier, -ière** [gRɛntje, -jɛR] *nm/f* seed merchant

**graissage** [gRɛsaʒ] *nm* lubrication, greasing

**graisse** [gRɛs] *nf* fat; (*lubrifiant*) grease; ~ **saturée** saturated fat

**graisser** [gRɛse] *vt* to lubricate, grease; (*tacher*) to make greasy

**graisseux, -euse** [gRɛsø, -øz] *adj* greasy; (*Anat*) fatty

**grammaire** [gRamɛR] *nf* grammar

**grammatical, e, -aux** [gRamatikal, -o] *adj* grammatical

**gramme** [gRam] *nm* gramme

**grand, e** [gRɑ̃, gRɑ̃d] *adj* (*haut*) tall; (*gros, vaste, large*) big, large; (*long*) long; (*sens abstraits*) great ▷ *adv*: ~ **ouvert** wide open; **un** ~ **buveur** a heavy drinker; **un** ~ **homme** a great man; **son** ~ **frère** his big *ou* older brother; **avoir** ~ **besoin de** to be in dire *ou* desperate need of; **il est** ~ **temps de** it's high time to; **il est assez** ~ **pour** he's big *ou* old enough to; **voir** ~ to think big; **en** ~ on a large scale; **au** ~ **air** in the open (air); **les** ~**s blessés/brûlés** the severely injured/burned; **de** ~ **matin** at the crack of dawn; ~ **écart** splits *pl*; ~ **ensemble** housing scheme; ~ **jour** broad daylight; ~ **livre** (*Comm*) ledger; ~ **magasin** department store; ~ **malade** very sick person; ~ **public** general public; ~**e personne** grown-up; ~**e surface** hypermarket, superstore; **les** ~**es écoles** *prestige university-level colleges with competitive entrance examinations; see note*; ~**es lignes** (*Rail*) main lines; ~**es vacances** summer holidays

**GRANDES ÉCOLES**

The *grandes écoles* are highly-respected institutes of higher education which train students for specific careers. Students who

have spent two years after the
"baccalauréat" in the "classes
préparatoires" are recruited by competitive
entry examination. The prestigious *grandes
écoles* have a strong corporate identity and
tend to furnish France with its intellectual,
administrative and political élite.

**grand-angle** [gʀɑ̃tɑ̃gl(ə)] (*pl* **grands-angles**) *nm*
(*Photo*) wide-angle lens
**grand-angulaire** [gʀɑ̃tɑ̃gylɛʀ] (*pl* **grands-
angulaires**) *nm* (*Photo*) wide-angle lens
**grand-chose** [gʀɑ̃ʃoz] *nm/f inv*: **pas** ~ not much
**Grande-Bretagne** [gʀɑ̃dbʀətaɲ] *nf*: **la** ~ (Great)
Britain; **en** ~ in (Great) Britain
**grandement** [gʀɑ̃dmɑ̃] *adv* (*tout à fait*) greatly;
(*largement*) easily; (*généreusement*) lavishly
**grandeur** [gʀɑ̃dœʀ] *nf* (*dimension*) size; (*fig:
ampleur, importance*) magnitude; (: *gloire, puissance*)
greatness; ~ **nature** *adj* life-size
**grand-guignolesque** [gʀɑ̃giɲɔlɛsk(ə)] *adj*
gruesome
**grandiloquent, e** [gʀɑ̃dilɔkɑ̃, -ɑ̃t] *adj*
bombastic, grandiloquent
**grandiose** [gʀɑ̃djoz] *adj* (*paysage, spectacle*)
imposing
**grandir** [gʀɑ̃diʀ] *vi* (*enfant, arbre*) to grow; (*bruit,
hostilité*) to increase, grow ▷ *vt*: ~ **qn** (*vêtement,
chaussure*) to make sb look taller; (*fig*) to make sb
grow in stature
**grandissant, e** [gʀɑ̃disɑ̃, -ɑ̃t] *adj* growing
**grand-mère** [gʀɑ̃mɛʀ] (*pl* **grand(s)-mères**) *nf*
grandmother
**grand-messe** [gʀɑ̃mɛs] *nf* high mass
**grand-oncle** [gʀɑ̃tɔ̃kl(ə), gʀɑ̃zɔ̃kl(ə)] (*pl* **grands-
oncles**) *nm* great-uncle
**grand-peine** [gʀɑ̃pɛn]: **à** ~ *adv* with (great)
difficulty
**grand-père** [gʀɑ̃pɛʀ] (*pl* **grands-pères**) *nm*
grandfather
**grand-route** [gʀɑ̃ʀut] *nf* main road
**grand-rue** [gʀɑ̃ʀy] *nf* high street
**grands-parents** [gʀɑ̃paʀɑ̃] *nmpl* grandparents
**grand-tante** [gʀɑ̃tɑ̃t] (*pl* **grand(s)-tantes**) *nf*
great-aunt
**grand-voile** [gʀɑ̃vwal] *nf* mainsail
**grange** [gʀɑ̃ʒ] *nf* barn
**granit, granite** [gʀanit] *nm* granite
**granitique** [gʀanitik] *adj* granite; (*terrain*)
granitic
**granule** [gʀanyl] *nm* small pill
**granulé** [gʀanyle] *nm* granule
**granuleux, -euse** [gʀanylø, -øz] *adj* granular
**graphe** [gʀaf] *nm* graph
**graphie** [gʀafi] *nf* written form
**graphique** [gʀafik] *adj* graphic ▷ *nm* graph
**graphisme** [gʀafism(ə)] *nm* graphic arts *pl*;
graphics *sg*; (*écriture*) handwriting
**graphiste** [gʀafist(ə)] *nm/f* graphic designer
**graphologie** [gʀafɔlɔʒi] *nf* graphology
**graphologue** [gʀafɔlɔg] *nm/f* graphologist
**grappe** [gʀap] *nf* cluster; ~ **de raisin** bunch of

grapes
**grappiller** [gʀapije] *vt* to glean
**grappin** [gʀapɛ̃] *nm* grapnel; **mettre le** ~ **sur**
(*fig*) to get one's claws on
**gras, se** [gʀa, gʀas] *adj* (*viande, soupe*) fatty;
(*personne*) fat; (*surface, main, cheveux*) greasy; (*terre*)
sticky; (*toux*) loose, phlegmy; (*rire*) throaty;
(*plaisanterie*) coarse; (*crayon*) soft-lead; (*Typo*) bold
▷ *nm* (*Culin*) fat; **faire la ~se matinée** to have a
lie-in (*Brit*), sleep late; **matière ~se** fat
(content)
**gras-double** [gʀadubl(ə)] *nm* (*Culin*) tripe
**grassement** [gʀasmɑ̃] *adv* (*généreusement*): ~
**payé** handsomely paid; (*grossièrement: rire*)
coarsely
**grassouillet, te** [gʀasujɛ, -ɛt] *adj* podgy, plump
**gratifiant, e** [gʀatifjɑ̃, -ɑ̃t] *adj* gratifying,
rewarding
**gratification** [gʀatifikasjɔ̃] *nf* bonus
**gratifier** [gʀatifje] *vt*: ~ **qn de** to favour (*Brit*) *ou*
favor (*US*) sb with; to reward sb with; (*sourire etc*)
to favo(u)r sb with
**gratin** [gʀatɛ̃] *nm* (*Culin*) cheese- (*ou* crumb-
)topped dish; (: *croûte*) topping; **au** ~ au gratin;
**tout le ~ parisien** all the best people of Paris
**gratiné** [gʀatine] *adj* (*Culin*) au gratin; (*fam*)
hellish ▷ *nf* (*soupe*) onion soup au gratin
**gratis** [gʀatis] *adv, adj* free
**gratitude** [gʀatityd] *nf* gratitude
**gratte-ciel** [gʀatsjɛl] *nm inv* skyscraper
**grattement** [gʀatmɑ̃] *nm* (*bruit*) scratching
(noise)
**gratte-papier** [gʀatpapje] *nm inv* (*péj*)
penpusher
**gratter** [gʀate] *vt* (*frotter*) to scrape; (*enlever*) to
scrape off; (*bras, bouton*) to scratch; **se gratter** to
scratch o.s.
**grattoir** [gʀatwaʀ] *nm* scraper
**gratuit, e** [gʀatɥi, -ɥit] *adj* (*entrée*) free; (*billet*)
free, complimentary; (*fig*) gratuitous
**gratuité** [gʀatɥite] *nf* being free (of charge);
gratuitousness
**gratuitement** [gʀatɥitmɑ̃] *adv* (*sans payer*) free;
(*sans preuve, motif*) gratuitously
**gravats** [gʀava] *nmpl* rubble *sg*
**grave** [gʀav] *adj* (*dangereux: maladie, accident*)
serious, bad; (*sérieux: sujet, problème*) serious,
grave; (*personne, air*) grave, solemn; (*voix, son*)
deep, low-pitched ▷ *nm* (*Mus*) low register; **ce
n'est pas ~!** it's all right, don't worry; **blessé ~**
seriously injured person
**graveleux, -euse** [gʀavlø, -øz] *adj* (*terre*)
gravelly; (*fruit*) gritty; (*contes, propos*) smutty
**gravement** [gʀavmɑ̃] *adv* seriously; badly;
gravely
**graver** [gʀave] *vt* (*plaque, nom*) to engrave; (*CD,
DVD*) to burn; (*fig*): ~ **qch dans son esprit/sa
mémoire** to etch sth in one's mind/memory
**graveur** [gʀavœʀ] *nm* engraver; ~ **de CD/DVD**
CD/DVD burner *or* writer
**gravier** [gʀavje] *nm* (loose) gravel *no pl*
**gravillons** [gʀavijɔ̃] *nmpl* gravel *sg*, loose

**g**

chippings *ou* gravel

**gravir** [gʀaviʀ] *vt* to climb (up)

**gravitation** [gʀavitɑsjɔ̃] *nf* gravitation

**gravité** [gʀavite] *nf* (*voir* **grave**) seriousness; gravity; (*Physique*) gravity

**graviter** [gʀavite] *vi*: ~ **autour de** to revolve around

**gravure** [gʀavyʀ] *nf* engraving; (*reproduction*) print; plate

**gré** [gʀe] *nm*: **à son** ~ *adj* to his liking ▷ *adv* as he pleases; **au** ~ **de** according to, following; **contre le** ~ **de qn** against sb's will; **de son (plein)** ~ of one's own free will; **de** ~ **ou de force** whether one likes it or not; **de bon** ~ willingly; **bon** ~ **mal** ~ like it or not; willy-nilly; **de** ~ **à** ~ (*Comm*) by mutual agreement; **savoir (bien)** ~ **à qn de qch** to be (most) grateful to sb for sth

**grec, grecque** [gʀɛk] *adj* Greek; (*classique: vase etc*) Grecian ▷ *nm* (*Ling*) Greek ▷ *nm/f*: **Grec, Grecque** Greek

**Grèce** [gʀɛs] *nf*: **la** ~ Greece

**gredin, e** [gʀədɛ̃, -in] *nm/f* rogue, rascal

**gréement** [gʀemɑ̃] *nm* rigging

**greffe** [gʀɛf] *nf* graft; transplant ▷ *nm* (*Jur*) office

**greffer** [gʀefe] *vt* (*Bot, Méd: tissu*) to graft; (*Méd: organe*) to transplant

**greffier** [gʀefje] *nm* clerk of the court

**grégaire** [gʀegɛʀ] *adj* gregarious

**grège** [gʀɛʒ] *adj*: **soie** ~ raw silk

**grêle** [gʀɛl] *adj* (very) thin ▷ *nf* hail

**grêlé, e** [gʀele] *adj* pockmarked

**grêler** [gʀele] *vb impers*: **il grêle** it's hailing ▷ *vt*: **la région a été grêlée** the region was damaged by hail

**grêlon** [gʀelɔ̃] *nm* hailstone

**grelot** [gʀəlo] *nm* little bell

**grelottant, e** [gʀəlɔtɑ̃, -ɑ̃t] *adj* shivering, shivery

**grelotter** [gʀəlɔte] *vi* (*trembler*) to shiver

**Grenade** [gʀənad] *n* Granada ▷ *nf* (*île*) Grenada

**grenade** [gʀənad] *nf* (*explosive*) grenade; (*Bot*) pomegranate; ~ **lacrymogène** teargas grenade

**grenadier** [gʀənadje] *nm* (*Mil*) grenadier; (*Bot*) pomegranate tree

**grenadine** [gʀənadin] *nf* grenadine

**grenat** [gʀəna] *adj inv* dark red

**grenier** [gʀənje] *nm* (*de maison*) attic; (*de ferme*) loft

**grenouille** [gʀənuj] *nf* frog

**grenouillère** [gʀənujɛʀ] *nf* (*de bébé*) leggings; (: *combinaison*) sleepsuit

**grenu, e** [gʀəny] *adj* grainy, grained

**grès** [gʀɛ] *nm* (*roche*) sandstone; (*poterie*) stoneware

**grésil** [gʀezi] *nm* (fine) hail

**grésillement** [gʀezijmɑ̃] *nm* sizzling; crackling

**grésiller** [gʀezije] *vi* to sizzle; (*Radio*) to crackle

**grève** [gʀɛv] *nf* (*d'ouvriers*) strike; (*plage*) shore; **se mettre en/faire** ~ to go on/be on strike; ~ **bouchon** partial strike (*in key areas of a company*);

~ **de la faim** hunger strike; ~ **perlée** go-slow (*Brit*), slowdown (*US*); ~ **sauvage** wildcat strike; ~ **de solidarité** sympathy strike; ~ **surprise** lightning strike; ~ **sur le tas** sit down strike; ~ **tournante** strike by rota; ~ **du zèle** work-to-rule (*Brit*), slowdown (*US*)

**grever** [gʀəve] *vt* (*budget, économie*) to put a strain on; **grevé d'impôts** crippled by taxes; **grevé d'hypothèques** heavily mortgaged

**gréviste** [gʀevist(ə)] *nm/f* striker

**gribouillage** [gʀibujaʒ] *nm* scribble, scrawl

**gribouiller** [gʀibuje] *vt* to scribble, scrawl ▷ *vi* to doodle

**gribouillis** [gʀibuji] *nm* (*dessin*) doodle; (*action*) doodling *no pl*; (*écriture*) scribble

**grief** [gʀijɛf] *nm* grievance; **faire** ~ **à qn de** to reproach sb for

**grièvement** [gʀijɛvmɑ̃] *adv* seriously

**griffe** [gʀif] *nf* claw; (*fig*) signature; (: *d'un couturier, parfumeur*) label, signature

**griffé, e** [gʀife] *adj* designer(-label) *cpd*

**griffer** [gʀife] *vt* to scratch

**griffon** [gʀifɔ̃] *nm* (*chien*) griffon

**griffonnage** [gʀifɔnaʒ] *nm* scribble

**griffonner** [gʀifɔne] *vt* to scribble

**griffure** [gʀifyʀ] *nf* scratch

**grignoter** [gʀiɲɔte] *vt, vi* to nibble

**gril** [gʀil] *nm* steak *ou* grill pan

**grillade** [gʀijad] *nf* grill

**grillage** [gʀijaʒ] *nm* (*treillis*) wire netting; (*clôture*) wire fencing

**grillager** [gʀijaʒe] *vt* (*objet*) to put wire netting on; (*périmètre, jardin*) to put wire fencing around

**grille** [gʀij] *nf* (*portail*) (metal) gate; (*clôture*) railings *pl*; (*d'égout*) (metal) grate; (*fig*) grid

**grille-pain** [gʀijpɛ̃] *nm inv* toaster

**griller** [gʀije] *vt* (*aussi*: **faire griller:** *pain*) to toast; (: *viande*) to grill (*Brit*), broil (*US*); (: *café*) to roast; (*fig: ampoule etc*) to burn out, blow; ~ **un feu rouge** to jump the lights (*Brit*), run a stoplight (*US*) ▷ *vi* (*brûler*) to be roasting

**grillon** [gʀijɔ̃] *nm* (*Zool*) cricket

**grimace** [gʀimas] *nf* grimace; (*pour faire rire*): **faire des ~s** to pull *ou* make faces

**grimacer** [gʀimase] *vi* to grimace

**grimacier, -ière** [gʀimasje, -jɛʀ] *adj*: **c'est un enfant** ~ that child is always pulling faces

**grimer** [gʀime] *vt* to make up

**grimoire** [gʀimwaʀ] *nm* (*illisible*) unreadable scribble; (*livre de magie*) book of magic spells

**grimpant, e** [gʀɛ̃pɑ̃, -ɑ̃t] *adj*: **plante ~e** climbing plant, climber

**grimper** [gʀɛ̃pe] *vi, vt* to climb ▷ *nm*: **le** ~ (*Sport*) rope-climbing; ~ **à/sur** to climb (up)/climb onto

**grimpeur, -euse** [gʀɛ̃pœʀ, -øz] *nm/f* climber

**grinçant, e** [gʀɛ̃sɑ̃, -ɑ̃t] *adj* grating

**grincement** [gʀɛ̃smɑ̃] *nm* grating (noise); creaking (noise)

**grincer** [gʀɛ̃se] *vi* (*porte, roue*) to grate; (*plancher*) to creak; ~ **des dents** to grind one's teeth

**grincheux, -euse** [gʀɛ̃ʃø, -øz] *adj* grumpy

**gringalet** [gʀɛ̃galɛ] *adj m* puny ▷ *nm* weakling
**griotte** [gʀijɔt] *nf* Morello cherry
**grippal, e, -aux** [gʀipal, -o] *adj* (*état*) flu-like
**grippe** [gʀip] *nf* flu, influenza; **avoir la ~** to
have (the) flu; **prendre qn/qch en ~** (*fig*) to take
a sudden dislike to sb/sth; **~ aviaire** bird flu; **~**
**porcine** swine flu
**grippé, e** [gʀipe] *adj*: **être ~** to have (the) flu;
(*moteur*) to have seized up (*Brit*) *ou* jammed
**gripper** [gʀipe] *vt, vi* to jam
**grippe-sou** [gʀipsu] *nm/f* penny pincher
**gris, e** [gʀi, gʀiz] *adj* grey (*Brit*), gray (*US*); (*ivre*)
tipsy ▷ *nm* (*couleur*) grey (*Brit*), gray (*US*); **il fait ~**
it's a dull *ou* grey day; **faire ~e mine** to look
miserable *ou* morose; **faire ~e mine à qn** to
give sb a cool reception
**grisaille** [gʀizaj] *nf* greyness (*Brit*), grayness
(*US*), dullness
**grisant, e** [gʀizɑ̃, -ɑ̃t] *adj* intoxicating,
exhilarating
**grisâtre** [gʀizɑtʀ(ə)] *adj* greyish (*Brit*), grayish
(*US*)
**griser** [gʀize] *vt* to intoxicate; **se ~ de** (*fig*) to
become intoxicated with
**griserie** [gʀizʀi] *nf* intoxication
**grisonnant, e** [gʀizɔnɑ̃, -ɑ̃t] *adj* greying (*Brit*),
graying (*US*)
**grisonner** [gʀizɔne] *vi* to be going grey (*Brit*) *ou*
gray (*US*)
**Grisons** [gʀizɔ̃] *nmpl*: **les ~** Graubünden
**grisou** [gʀizu] *nm* firedamp
**gris-vert** [gʀivɛʀ] *adj* grey-green
**grive** [gʀiv] *nf* (*Zool*) thrush
**grivois, e** [gʀivwa, -waz] *adj* saucy
**grivoiserie** [gʀivwazʀi] *nf* sauciness
**Groenland** [gʀɔɛnlɑ̃d] *nm*: **le ~** Greenland
**grog** [gʀɔg] *nm* grog
**groggy** [gʀɔgi] *adj inv* dazed
**grogne** [gʀɔɲ] *nf* grumble
**grognement** [gʀɔɲmɑ̃] *nm* grunt; growl
**grogner** [gʀɔɲe] *vi* to growl; (*fig*) to grumble
**grognon, ne** [gʀɔɲɔ̃, -ɔn] *adj* grumpy, grouchy
**groin** [gʀwɛ̃] *nm* snout
**grommeler** [gʀɔmle] *vi* to mutter to o.s.
**grondement** [gʀɔ̃dmɑ̃] *nm* rumble; growl
**gronder** [gʀɔ̃de] *vi* (*canon, moteur, tonnerre*) to
rumble; (*animal*) to growl; (*fig: révolte*) to be
brewing ▷ *vt* to scold
**groom** [gʀum] *nm* page, bellhop (*US*)
**gros, se** [gʀo, gʀos] *adj* big, large; (*obèse*) fat;
(*problème, quantité*) great; (*travaux, dégâts*)
extensive; (*large: trait, fil*) thick, heavy ▷ *adv*:
**risquer/gagner ~** to risk/win a lot ▷ *nm*
(*Comm*): **le ~** the wholesale business; **écrire ~** to
write in big letters; **prix de ~** wholesale price;
**par ~ temps/~se mer** in rough weather/heavy
seas; **le ~ de** the main body of; (*du travail etc*) the
bulk of; **en avoir ~ sur le cœur** to be upset; **en**
**~** roughly; (*Comm*) wholesale; **~ lot** jackpot; **~**
**mot** coarse word, vulgarity; **~ œuvre** shell (of
building); **~ plan** (*Photo*) close-up; **~ porteur**
wide-bodied aircraft, jumbo (jet); **~ sel** cooking

salt; **~ titre** headline; **~se caisse** big drum
**groseille** [gʀozɛj] *nf*: **~ (rouge)/(blanche)** red/
white currant; **~ à maquereau** gooseberry
**groseillier** [gʀozeje] *nm* red *ou* white currant
bush; gooseberry bush
**grosse** [gʀos] *adj f voir* **gros** ▷ *nf* (*Comm*) gross
**grossesse** [gʀosɛs] *nf* pregnancy; **~ nerveuse**
phantom pregnancy
**grosseur** [gʀosœʀ] *nf* size; fatness; (*tumeur*)
lump
**grossier, -ière** [gʀosje, -jɛʀ] *adj* coarse; (*travail*)
rough; crude; (*évident: erreur*) gross
**grossièrement** [gʀosjɛʀmɑ̃] *adv* coarsely;
roughly; crudely; (*en gros*) roughly
**grossièreté** [gʀosjɛʀte] *nf* coarseness; rudeness
**grossir** [gʀosiʀ] *vi* (*personne*) to put on weight;
(*fig*) to grow, get bigger; (*rivière*) to swell ▷ *vt* to
increase; (*exagérer*) to exaggerate; (*au microscope*)
to magnify, enlarge; (*vêtement*): **~ qn** to make sb
look fatter
**grossissant, e** [gʀosisɑ̃, -ɑ̃t] *adj* magnifying,
enlarging
**grossissement** [gʀosismɑ̃] *nm* (*optique*)
magnification
**grossiste** [gʀosist(ə)] *nm/f* wholesaler
**grosso modo** [gʀosomɔdo] *adv* roughly
**grotesque** [gʀotɛsk(ə)] *adj* grotesque
**grotte** [gʀot] *nf* cave
**grouiller** [gʀuje] *vi* (*foule*) to mill about; (*fourmis*)
to swarm about; **~ de** to be swarming with
**groupe** [gʀup] *nm* group; **cabinet de ~** group
practice; **médecine de ~** group practice; **~**
**électrogène** generator; **~ de parole** support
group; **~ de pression** pressure group; **~**
**sanguin** blood group; **~ scolaire** school
complex
**groupement** [gʀupmɑ̃] *nm* grouping; (*groupe*)
group; **~ d'intérêt économique (GIE)** ≈ trade
association
**grouper** [gʀupe] *vt* to group; (*ressources, moyens*)
to pool; **se grouper** to get together
**groupuscule** [gʀupyskyl] *nm* clique
**gruau** [gʀyo] *nm*: **pain de ~** wheaten bread
**grue** [gʀy] *nf* crane; **faire le pied de ~** (*fam*) to
hang around (waiting), kick one's heels (*Brit*)
**gruger** [gʀyʒe] *vt* to cheat, dupe
**grumeaux** [gʀymo] *nmpl* (*Culin*) lumps
**grumeleux, -euse** [gʀymlø, -øz] *adj* (*sauce etc*)
lumpy; (*peau etc*) bumpy
**grutier** [gʀytje] *nm* crane driver
**gruyère** [gʀyjɛʀ] *nm* gruyère (*Brit*) *ou* Swiss
cheese
**Guadeloupe** [gwadlup] *nf*: **la ~** Guadeloupe
**guadeloupéen, ne** [gwadlupeɛ̃, -ɛn] *adj*
Guadelupian
**Guatémala** [gwatemala] *nm*: **le ~** Guatemala
**guatémalien, ne** [gwatemaljɛ̃, -ɛn] *adj*
Guatemalan
**guatémaltèque** [gwatemaltɛk] *adj*
Guatemalan
**gué** [ge] *nm* ford; **passer à ~** to ford
**guenilles** [gənij] *nfpl* rags

g

**guenon** [gən5] *nf* female monkey

**guépard** [gepaʀ] *nm* cheetah

**guêpe** [gɛp] *nf* wasp

**guêpier** [gepje] *nm* (*fig*) trap

**guère** [gɛʀ] *adv* (*avec adjectif, adverbe*): **ne ... ~** hardly; (*avec verbe*): **ne ... ~** (*tournure négative*) much; hardly ever; (very) long; **il n'y a ~ que/ de** there's hardly anybody (*ou* anything) but/ hardly any

**guéridon** [geʀid5] *nm* pedestal table

**guérilla** [geʀija] *nf* guerrilla warfare

**guérillero** [geʀijeʀo] *nm* guerrilla

**guérir** [geʀiʀ] *vt* (*personne, maladie*) to cure; (*membre, plaie*) to heal ▷ *vi* (*personne*) to recover, be cured; (*plaie, chagrin*) to heal; **~ de** to be cured of, recover from; **~ qn de** to cure sb of

**guérison** [geʀiz5] *nf* curing; healing; recovery

**guérissable** [geʀisabl(ə)] *adj* curable

**guérisseur, -euse** [geʀisœʀ, -øz] *nm/f* healer

**guérite** [geʀit] *nf* (*Mil*) sentry box; (*sur un chantier*) (workman's) hut

**Guernesey** [gɛʀnəzɛ] *nf* Guernsey

**guernesiais, e** [gɛʀnəzjɛ, -ɛz] *adj* of *ou* from Guernsey

**guerre** [gɛʀ] *nf* war; (*méthode*): **~ atomique/de tranchées** atomic/trench warfare *no pl*; **en ~** at war; **faire la ~ à** to wage war against; **de ~ lasse** (*fig*) tired of fighting *ou* resisting; **de bonne ~** fair and square; **~ civile/mondiale** civil/world war; **~ froide/sainte** cold/holy war; **~ d'usure** war of attrition

**guerrier, -ière** [geʀje, -jɛʀ] *adj* warlike ▷ *nm/f* warrior

**guerroyer** [geʀwaje] *vi* to wage war

**guet** [gɛ] *nm*: **faire le ~** to be on the watch *ou* look-out

**guet-apens** [gɛtapã] (*pl* **guets-apens**) *nm* ambush

**guêtre** [gɛtʀ(ə)] *nf* gaiter

**guetter** [gete] *vt* (*épier*) to watch (intently); (*attendre*) to watch (out) for; (: *pour surprendre*) to be lying in wait for

**guetteur** [gɛtœʀ] *nm* look-out

**gueule** [gœl] *nf* mouth; (*fam: visage*) mug; (: *bouche*) gob (!), mouth; **ta ~!** (*fam*) shut up!; **~ de bois** (*fam*) hangover

**gueule-de-loup** [gœldəlu] (*pl* **gueules-de-loup**) *nf* snapdragon

**gueuler** [gœle] *vi* (*fam*) to bawl

**gueuleton** [gœlt5] *nm* (*fam*) blowout (*Brit*), big meal

**gueux** [gø] *nm* beggar; (*coquin*) rogue

**gui** [gi] *nm* mistletoe

**guibole** [gibɔl] *nf* (*fam*) leg

**guichet** [giʃɛ] *nm* (*de bureau, banque*) counter, window; (*d'une porte*) wicket, hatch; **les ~s** (*à la gare, au théâtre*) the ticket office; **jouer à ~s fermés** to play to a full house

**guichetier, -ière** [giʃtje, -jɛʀ] *nm/f* counter clerk

**guide** [gid] *nm* guide; (*livre*) guide(book) ▷ *nf* (*fille scout*) (girl) guide (*Brit*), girl scout (*US*); **guides** *nfpl* (*d'un cheval*) reins

**guider** [gide] *vt* to guide

**guidon** [gid5] *nm* handlebars *pl*

**guigne** [giɲ] *nf* (*fam*): **avoir la ~** to be jinxed

**guignol** [giɲɔl] *nm* ≈ Punch and Judy show; (*fig*) clown

**guillemets** [gijmɛ] *nmpl*: **entre ~** in inverted commas *ou* quotation marks; **~ de répétition** ditto marks

**guilleret, te** [gijʀɛ, -ɛt] *adj* perky, bright

**guillotine** [gijɔtin] *nf* guillotine

**guillotiner** [gijɔtine] *vt* to guillotine

**guimauve** [gimov] *nf* (*Bot*) marshmallow; (*fig*) sentimentality, sloppiness

**guimbarde** [gɛ̃baʀd(ə)] *nf* old banger (*Brit*), jalopy

**guindé, e** [gɛ̃de] *adj* stiff, starchy

**Guinée** [gine] *nf*: **la (République de) ~** (the Republic of) Guinea; **la ~ équatoriale** Equatorial Guinea

**Guinée-Bissau** [ginebiso] *nf*: **la ~** Guinea-Bissau

**guinéen, ne** [gineɛ̃, -ɛn] *adj* Guinean

**guingois** [gɛ̃gwa]: **de ~** *adv* askew

**guinguette** [gɛ̃gɛt] *nf* open-air café or dance hall

**guirlande** [giʀlãd] *nf* garland; (*de papier*) paper chain; **~ lumineuse** lights *pl*, fairy lights *pl* (*Brit*); **~ de Noël** tinsel *no pl*

**guise** [giz] *nf*: **à votre ~** as you wish *ou* please; **en ~ de** by way of

**guitare** [gitaʀ] *nf* guitar

**guitariste** [gitaʀist(ə)] *nm/f* guitarist, guitar player

**gustatif, -ive** [gystatif, -iv] *adj* gustatory; *voir* **papille**

**guttural, e, -aux** [gytyʀal, -o] *adj* guttural

**guyanais, e** [gɥijanɛ, -ɛz] *adj* Guyanese, Guyanan; (*français*) Guianese, Guianan

**Guyane** [gɥijan] *nf*: **la ~** Guyana; **la ~ (française)** (French) Guiana

**gvt** *abr* (= *gouvernement*) govt

**gym** [ʒim] *nf* (*exercices*) gym

**gymkhana** [ʒimkana] *nm* rally; **~ motocycliste** (motorbike) scramble (*Brit*), motocross

**gymnase** [ʒimnɑz] *nm* gym(nasium)

**gymnaste** [ʒimnast(ə)] *nm/f* gymnast

**gymnastique** [ʒimnastik] *nf* gymnastics *sg*; (*au réveil etc*) keep-fit exercises *pl*; **~ corrective** remedial gymnastics

**gynécologie** [ʒinekɔlɔʒi] *nf* gynaecology (*Brit*), gynecology (*US*)

**gynécologique** [ʒinekɔlɔʒik] *adj* gynaecological (*Brit*), gynecological (*US*)

**gynécologue** [ʒinekɔlɔg] *nm/f* gynaecologist (*Brit*), gynecologist (*US*)

**gypse** [ʒips(ə)] *nm* gypsum

**gyrophare** [ʒiʀɔfaʀ] *nm* (*sur une voiture*) revolving (flashing) light

# Hh

**H, h** [aʃ] *nm inv* H, h ▷ *abr* (= *homme*) M;
(= *hydrogène*) H = **heure**; **à l'heure** H at zero
hour; **bombe** H H bomb; **H comme Henri** H
for Harry (*Brit*) *ou* How (*US*)
**ha.** *abr* (= *hectare*) ha.
**hab.** *abr* = **habitant**
**habile** [abil] *adj* skilful; (*malin*) clever
**habilement** [abilmɑ̃] *adv* skilfully; cleverly
**habileté** [abilte] *nf* skill, skilfulness; cleverness
**habilité, e** [abilite] *adj*: ~ **à faire** entitled to do,
empowered to do
**habiliter** [abilite] *vt* to empower, entitle
**habillage** [abijaʒ] *nm* dressing
**habillé, e** [abije] *adj* dressed; (*chic*) dressy;
(*Tech*): ~ **de** covered with; encased in
**habillement** [abijmɑ̃] *nm* clothes *pl*; (*profession*)
clothing industry
**habiller** [abije] *vt* to dress; (*fournir en vêtements*) to
clothe; **s'habiller** to dress (o.s.); (*se déguiser,
mettre des vêtements chic*) to dress up; **s'~ de/en** to
dress in/dress up as; **s'~ chez/à** to buy one's
clothes from/at
**habilleuse** [abijøz] *nf* (*Ciné, Théât*) dresser
**habit** [abi] *nm* outfit; **habits** *nmpl* (*vêtements*)
clothes; ~ **(de soirée)** tails *pl*; evening dress;
**prendre l'~** (*Rel: entrer en religion*) to enter (holy)
orders
**habitable** [abitabl(ə)] *adj* (in)habitable
**habitacle** [abitakl(ə)] *nm* cockpit; (*Auto*)
passenger cell
**habitant, e** [abitɑ̃, -ɑ̃t] *nm/f* inhabitant; (*d'une
maison*) occupant, occupier; **loger chez l'~** to
stay with the locals
**habitat** [abita] *nm* housing conditions *pl*; (*Bot,
Zool*) habitat
**habitation** [abitasjɔ̃] *nf* living; (*demeure*)
residence, home; (*maison*) house; **~s à loyer
modéré (HLM)** low-rent, state-owned housing,
≈ council housing *sg* (*Brit*), ≈ public housing
units (*US*)
**habité, e** [abite] *adj* inhabited; lived in
**habiter** [abite] *vt* to live in; (*sentiment*) to dwell
in ▷ *vi*: ~ **à/dans** to live in *ou* at/in; ~ **chez** *ou*
**avec qn** to live with sb; ~ **16 rue Montmartre**
to live at number 16 rue Montmartre; ~ **rue
Montmartre** to live in rue Montmartre

**habitude** [abityd] *nf* habit; **avoir l'~ de faire** to
be in the habit of doing; **avoir l'~ des enfants**
to be used to children; **prendre l'~ de faire qch**
to get into the habit of doing sth; **perdre une ~**
to get out of a habit; **d'~** usually; **comme d'~** as
usual; **par ~** out of habit
**habitué, e** [abitɥe] *adj*: **être ~ à** to be used *ou*
accustomed to ▷ *nm/f* regular visitor; (*client*)
regular (customer)
**habituel, le** [abitɥɛl] *adj* usual
**habituellement** [abitɥɛlmɑ̃] *adv* usually
**habituer** [abitɥe] *vt*: ~ **qn à** to get sb used to;
**s'habituer à** to get used to
**'hâbleur, -euse** ['ɑblœʀ, -øz] *adj* boastful
**'hache** ['aʃ] *nf* axe
**'haché, e** ['aʃe] *adj* minced (*Brit*), ground (*US*);
(*persil*) chopped; (*fig*) jerky
**'hache-légumes** ['aʃlegym] *nm inv* vegetable
chopper
**'hacher** ['aʃe] *vt* (*viande*) to mince (*Brit*), grind
(*US*); (*persil*) to chop; (*couteau*) (*meat*) cleaver
finely; to chop finely
**'hachette** ['aʃɛt] *nf* hatchet
**'hache-viande** ['aʃvjɑ̃d] *nm inv* (*meat*) mincer
(*Brit*) *ou* grinder (*US*); (*couteau*) (*meat*) cleaver
**'hachis** ['aʃi] *nm* mince *no pl* (*Brit*), hamburger
meat (*US*); ~ **de viande** minced (*Brit*) *ou* ground
(*US*) meat
**'hachisch** ['aʃiʃ] *nm* hashish
**'hachoir** ['aʃwaʀ] *nm* chopper; (*meat*) mincer
(*Brit*) *ou* grinder (*US*); (*planche*) chopping board
**'hachurer** ['aʃyʀe] *vt* to hatch
**'hachures** ['aʃyʀ] *nfpl* hatching *sg*
**'hagard, e** ['agaʀ, -aʀd(ə)] *adj* wild, distraught
**'haie** ['ɛ] *nf* hedge; (*Sport*) hurdle; (*fig: rang*) line,
row; **200 m ~s** 200 m hurdles; ~ **d'honneur**
guard of honour
**'haillons** ['ajɔ̃] *nmpl* rags
**'haine** ['ɛn] *nf* hatred
**'haineux, -euse** ['ɛnø, -øz] *adj* full of hatred
**'haïr** ['aiʀ] *vt* to detest, hate; **se 'haïr** to hate
each other
**'hais** ['ɛ], **'haïs** *etc* ['ai] *vb voir* **'haïr**
**'haïssable** ['aisabl(ə)] *adj* detestable
**Haïti** [aiti] *n* Haiti
**haïtien, ne** [aisjɛ̃, -ɛn] *adj* Haitian

'halage ['alaʒ] nm: chemin de ~ towpath
'hâle ['ɑl] nm (sun)tan
'hâlé, e ['ɑle] adj (sun)tanned, sunburnt
haleine [alɛn] nf breath; perdre ~ to get out of
breath; à perdre ~ until one is gasping for
breath; avoir mauvaise ~ to have bad breath;
reprendre ~ to get one's breath back; hors d'~
out of breath; tenir en ~ to hold spellbound;
(en attente) to keep in suspense; de longue ~ adj
long-term
'haler ['ale] vt to haul in; (remorquer) to tow
'haleter ['alte] vi to pant
'hall ['ol] nm hall
hallali [alali] nm kill
'halle ['al] nf (covered) market; 'halles nfpl
central food market sg
'hallebarde ['albard] nf halberd; il pleut des ~s
(fam) it's bucketing down
hallucinant, e [alysinɑ̃, -ɑ̃t] adj staggering
hallucination [alysinasjɔ̃] nf hallucination
hallucinatoire [alysinatwar] adj hallucinatory
halluciné, e [alysine] nm/f person suffering
from hallucinations; (fou) (raving) lunatic
hallucinogène [a(l)lysinɔʒɛn] adj
hallucinogenic ▷ nm hallucinogen
'halo ['alo] nm halo
halogène [alɔʒɛn] nm: lampe (à) ~ halogen
lamp
'halte ['alt(ə)] nf stop, break; (escale) stopping
place; (Rail) halt ▷ excl stop!; faire ~ to stop
'halte-garderie ['altgardəri] (pl 'haltes-
garderies) nf crèche
haltère [altɛʀ] nm (à boules, disques) dumbbell,
barbell; (poids et) ~s weightlifting
haltérophile [alterɔfil] nm/f weightlifter
haltérophilie [alterɔfili] nf weightlifting
'hamac ['amak] nm hammock
'Hambourg ['ɑ̃bur] n Hamburg
'hamburger ['ɑ̃burgœr] nm hamburger
'hameau, x ['amo] nm hamlet
hameçon [amsɔ̃] nm (fish) hook
'hampe ['ɑ̃p] nf (de drapeau etc) pole; (de lance)
shaft
'hamster ['amstɛr] nm hamster
'hanche ['ɑ̃ʃ] nf hip
'hand-ball ['ɑ̃dbal] nm handball
'handballeur, -euse ['ɑ̃dbalœr, -øz] nm/f
handball player
'handicap ['ɑ̃dikap] nm handicap
'handicapé, e ['ɑ̃dikape] adj handicapped ▷ nm/
f physically (ou mentally) handicapped person;
~ moteur spastic
'handicaper ['ɑ̃dikape] vt to handicap
'hangar ['ɑ̃gar] nm shed; (Aviat) hangar
'hanneton ['antɔ̃] nm cockchafer
'Hanovre ['anɔvr(ə)] n Hanover
'hanter ['ɑ̃te] vt to haunt
'hantise ['ɑ̃tiz] nf obsessive fear
'happer ['ape] vt to snatch; (train etc) to hit
'harangue ['arɑ̃g] nf harangue
'haranguer ['arɑ̃ge] vt to harangue
'haras ['arɑ] nm stud farm

'harassant, e ['arasɑ̃, -ɑ̃t] adj exhausting
'harcèlement ['arsɛlmɑ̃] nm harassment; ~
sexuel sexual harassment
'harceler ['arsəle] vt (Mil, Chasse) to harass,
harry; (importuner) to plague
'hardes ['ard(ə)] nfpl rags
'hardi, e ['ardi] adj bold, daring
'hardiesse ['ardjɛs] nf audacity; avoir la ~ de to
have the audacity ou effrontery to
'harem ['arɛm] nm harem
'hareng ['arɑ̃] nm herring
'hargne ['arɲ(ə)] nf aggressivity, aggressiveness
'hargneusement ['arɲøzmɑ̃] adv belligerently,
aggressively
'hargneux, -euse ['arɲø, -øz] adj (propos,
personne) belligerent, aggressive; (chien) fierce
'haricot ['ariko] nm bean; ~ blanc/rouge
haricot/kidney bean; ~ vert French (Brit) ou
green bean
harmonica [armɔnika] nm mouth organ
harmonie [armɔni] nf harmony
harmonieux, -euse [armɔnjø, -øz] adj
harmonious
harmonique [armɔnik] adj, nm ou f harmonic
harmoniser [armɔnize] vt to harmonize;
s'harmoniser (couleurs, teintes) to go well
together
harmonium [armɔnjɔm] nm harmonium
'harnaché, e ['arnaʃe] adj (fig) rigged out
'harnachement ['arnaʃmɑ̃] nm (habillement) rig-
out; (équipement) harness, equipment
'harnacher ['arnaʃe] vt to harness
'harnais ['arnɛ] nm harness
'haro ['aro] nm: crier ~ sur qn/qch to inveigh
against sb/sth
'harpe ['arp(ə)] nf harp
'harpie ['arpi] nf harpy
'harpiste ['arpist(ə)] nm/f harpist
'harpon ['arpɔ̃] nm harpoon
'harponner ['arpɔne] vt to harpoon; (fam) to
collar
'hasard ['azar] nm: le ~ chance, fate; un ~ a
coincidence; (aubaine, chance) a stroke of luck;
au ~ (sans but) aimlessly; (à l'aveuglette) at
random, haphazardly; par ~ by chance;
comme par ~ as if by chance; à tout ~ on the
off chance; (en cas de besoin) just in case
'hasarder ['azarde] vt (mot) to venture; (fortune)
to risk; se ~ à faire to risk doing, venture to do
'hasardeux, -euse ['azardø, -øz] adj hazardous,
risky; (hypothèse) rash
'haschisch ['aʃiʃ] nm hashish
'hâte ['ɑt] nf haste; à la ~ hurriedly, hastily; en
~ posthaste, with all possible speed; avoir ~ de
to be eager ou anxious to
'hâter ['ɑte] vt to hasten; se 'hâter to hurry; se
~ de to hurry ou hasten to
'hâtif, -ive ['ɑtif, -iv] adj (travail) hurried;
(décision) hasty; (légume) early
'hâtivement ['ɑtivmɑ̃] adv hurriedly; hastily
'hauban ['obɑ̃] nm (Navig) shroud
'hausse ['os] nf rise, increase; (de fusil) backsight

adjuster; **à la** ~ upwards; **en** ~ rising
'**hausser** ['ose] *vt* to raise; ~ **les épaules** to
shrug (one's shoulders); **se** ~ **sur la pointe des
pieds** to stand (up) on tiptoe *ou* tippy-toe (US)
'**haut, e** ['o, 'ot] *adj* high; (*grand*) tall; (*son, voix*)
high(-pitched) ▷ *adv* high ▷ *nm* top (part); **de 3
m de** ~**, ~ de 3 m** 3 m high, 3 m in height; **en** ~
**montagne** high up in the mountains; **en** ~
**lieu** in high places; **à** ~**e voix, (tout)** ~ aloud,
out loud; **des** ~**s et des bas** ups and downs; **du**
~ **de** from the top of; **tomber de** ~ to fall from a
height; (*fig*) to have one's hopes dashed; **dire
qch bien** ~ to say sth plainly; **prendre qch de
(très)** ~ to react haughtily to sth; **traiter qn de**
~ to treat sb with disdain; **de** ~ **en bas** from top
to bottom; downwards; ~ **en couleur** (*chose*)
highly coloured; (*personne*): **un personnage** ~
**en couleur** a colourful character; **plus** ~
higher up, further up; (*dans un texte*) above;
(*parler*) louder; **en** ~ up above; at (*ou* to) the top;
(*dans une maison*) upstairs; **en** ~ **de** at the top of; ~
**les mains!** hands up!, stick 'em up!; **la** ~**e
couture/coiffure** haute couture/coiffure; ~
**débit** (*Inform*) broadband; ~**e fidélité** hi-fi, high
fidelity; **la** ~**e finance** high finance; ~**e
trahison** high treason
'**hautain, e** ['otɛ̃, -ɛn] *adj* (*personne, regard*)
haughty
'**hautbois** ['obwɑ] *nm* oboe
'**hautboïste** ['oboist(ə)] *nm/f* oboist
'**haut-de-forme** ['odfɔRm(ə)] (*pl* '**hauts-de-
forme**) *nm* top hat
'**haute-contre** ['otkɔ̃tR(ə)] (*pl* '**hautes-contre**)
*nf* counter-tenor
'**hautement** ['otmɑ̃] *adv* (*ouvertement*) openly;
(*supérieurement*): ~ **qualifié** highly qualified
'**hauteur** ['otœR] *nf* height; (*Géo*) height, hill;
(*fig*) loftiness; haughtiness; **à** ~ **de** up to (the
level of); **à** ~ **des yeux** at eye level; **à la** ~ **de** (*sur
la même ligne*) level with; by; (*fig*) equal to; **à la** ~
(*fig*) up to it, equal to the task
'**Haute-Volta** ['otvɔlta] *nf*: **la** ~ Upper Volta
'**haut-fond** ['ofɔ̃] (*pl* '**hauts-fonds**) *nm* shallow
'**haut-fourneau** ['ofuRno] (*pl* '**hauts-fourneaux**)
*nm* blast *ou* smelting furnace
'**haut-le-cœur** ['olkœR] *nm inv* retch, heave
'**haut-le-corps** ['olkɔR] *nm inv* start, jump
'**haut-parleur** ['opaRlœR] (*pl* **-s**) *nm*
(loud)speaker
'**hauturier, -ière** ['otyRje, -jɛR] *adj* (*Navig*) deep-
sea
'**havanais, e** ['avanɛ, -ɛz] *adj* of *ou* from Havana
'**Havane** ['avan] *nf*: **la** ~ Havana ▷ *nm*: '**havane**
(*cigare*) Havana
'**hâve** ['ɑv] *adj* gaunt
'**havrais, e** ['avRɛ, -ɛz] *adj* of *ou* from Le Havre
'**havre** ['ɑvR(ə)] *nm* haven
'**havresac** ['avRəsak] *nm* haversack
**Hawaï** [awai] *n* Hawaii; **les îles** ~ the Hawaiian
Islands
**hawaïen, ne** [awajɛ̃, -ɛn] *adj* Hawaiian ▷ *nm*
(*Ling*) Hawaiian

'**Haye** ['ɛ] *n*: **la** ~ the Hague
'**hayon** ['ɛjɔ̃] *nm* tailgate
**HCR** *sigle m* (= *Haut-Commissariat des Nations unies
pour les réfugiés*) UNHCR
**hdb.** *abr* (= *heures de bureau*) o.h. = **office hours**
'**hé** ['e] *excl* hey!
**hebdo** [ɛbdo] *nm* (*fam*) weekly
**hebdomadaire** [ɛbdɔmadɛR] *adj, nm* weekly
**hébergement** [ebɛRʒəmɑ̃] *nm* accommodation,
lodging; taking in
**héberger** [ebɛRʒe] *vt* to accommodate, lodge;
(*réfugiés*) to take in
**hébergeur** [ebɛRʒœR] *nm* (*Internet*) host
**hébété, e** [ebete] *adj* dazed
**hébétude** [ebetyd] *nf* stupor
**hébraïque** [ebRaik] *adj* Hebrew, Hebraic
**hébreu, x** [ebRø] *adj m, nm* Hebrew
**Hébrides** [ebRid] *nf*: **les** ~ the Hebrides
**HEC** *sigle fpl* (= *École des hautes études commerciales*)
grande école for management and business studies
**hécatombe** [ekatɔ̃b] *nf* slaughter
**hectare** [ɛktaR] *nm* hectare, 10,000 square
metres
**hecto...** [ɛkto] *préfixe* hecto...
**hectolitre** [ɛktɔlitR(ə)] *nm* hectolitre
**hédoniste** [edɔnist(ə)] *adj* hedonistic
**hégémonie** [eʒemɔni] *nf* hegemony
'**hein** ['ɛ̃] *excl* eh?; (*sollicitant l'approbation*): **tu
m'approuves, ~?** so I did the right thing then?;
**Paul est venu, ~?** Paul came, did he?; **que fais-
tu, ~?** hey! what are you doing?
'**hélas** ['elɑs] *excl* alas! ▷ *adv* unfortunately
'**héler** ['ele] *vt* to hail
**hélice** [elis] *nf* propeller
**hélicoïdal, e, -aux** [elikɔidal, -o] *adj* helical;
helicoid
**hélicoptère** [elikɔptɛR] *nm* helicopter
**héliogravure** [eljɔgRavyR] *nf* heliogravure
**héliomarin, e** [eljɔmaRɛ̃, -in] *adj*: **centre** ~ *centre
offering sea and sun therapy*
**héliotrope** [eljɔtRɔp] *nm* (*Bot*) heliotrope
**héliport** [elipɔR] *nm* heliport
**héliporté, e** [elipɔRte] *adj* transported by
helicopter
**hélium** [eljɔm] *nm* helium
**hellénique** [elenik] *adj* Hellenic
**hellénisant, e** [elenizɑ̃, -ɑ̃t], **helléniste**
[elenist(ə)] *nm/f* hellenist
**Helsinki** [ɛlzinki] *n* Helsinki
**helvète** [ɛlvɛt] *adj* Helvetian ▷ *nm/f*: **Helvète**
Helvetian
**Helvétie** [ɛlvesi] *nf*: **la** ~ Helvetia
**helvétique** [ɛlvetik] *adj* Swiss
**hématologie** [ematɔlɔʒi] *nf* (*Méd*) haematology.
**hématome** [ematom] *nm* haematoma
**hémicycle** [emisikl(ə)] *nm* semicircle; (*Pol*): **l'**~
*the benches* (*in French parliament*)
**hémiplégie** [emipleʒi] *nf* paralysis of one side,
hemiplegia
**hémisphère** [emisfɛR] *nf*: ~ **nord/sud**
northern/southern hemisphere
**hémisphérique** [emisfeRik] *adj* hemispherical

**hémoglobine** [emɔglɔbin] *nf* haemoglobin (*Brit*), hemoglobin (*US*)

**hémophile** [emɔfil] *adj* haemophiliac (*Brit*), hemophiliac (*US*)

**hémophilie** [emɔfili] *nf* haemophilia (*Brit*), hemophilia (*US*)

**hémorragie** [emɔraʒi] *nf* bleeding *no pl*, haemorrhage (*Brit*), hemorrhage (*US*); ~ **cérébrale** cerebral haemorrhage; ~ **interne** internal bleeding *ou* haemorrhage

**hémorroïdes** [emɔʀɔid] *nfpl* piles, haemorrhoids (*Brit*), hemorrhoids (*US*)

**hémostatique** [emɔstatik] *adj* haemostatic (*Brit*), hemostatic (*US*)

'**henné** ['ene] *nm* henna

'**hennir** ['eniʀ] *vi* to neigh, whinny

'**hennissement** ['enismɑ̃] *nm* neighing, whinnying

'**hep** ['ɛp] *excl* hey!

**hépatite** [epatit] *nf* hepatitis, liver infection

**héraldique** [eʀaldik] *adj* heraldry

**herbacé, e** [ɛʀbase] *adj* herbaceous

**herbage** [ɛʀbaʒ] *nm* pasture

**herbe** [ɛʀb(ə)] *nf* grass; (*Culin, Méd*) herb; **en** ~ unripe; (*fig*) budding; **touffe/brin d'**~ clump/blade of grass

**herbeux, -euse** [ɛʀbø, -øz] *adj* grassy

**herbicide** [ɛʀbisid] *nm* weed-killer

**herbier** [ɛʀbje] *nm* herbarium

**herbivore** [ɛʀbivɔʀ] *nm* herbivore

**herboriser** [ɛʀbɔʀize] *vi* to collect plants

**herboriste** [ɛʀbɔʀist(ə)] *nm/f* herbalist

**herboristerie** [ɛʀbɔʀistʀi] *nf* (*magasin*) herbalist's shop; (*commerce*) herb trade

**herculéen, ne** [ɛʀkyleɛ̃, -ɛn] *adj* (*fig*) herculean

'**hère** ['ɛʀ] *nm*: **pauvre** ~ poor wretch

**héréditaire** [eʀeditɛʀ] *adj* hereditary

**hérédité** [eʀedite] *nf* heredity

**hérésie** [eʀezi] *nf* heresy

**hérétique** [eʀetik] *nm/f* heretic

'**hérissé, e** ['eʀise] *adj* bristling; ~ **de** spiked with; (*fig*) bristling with

'**hérisser** ['eʀise] *vt*: ~ **qn** (*fig*) to ruffle sb; **se** '**hérisser** *vi* to bristle, bristle up

'**hérisson** ['eʀisɔ̃] *nm* hedgehog

**héritage** [eʀitaʒ] *nm* inheritance; (*fig*) heritage; (: *legs*) legacy; **faire un (petit)** ~ to come into (a little) money

**hériter** [eʀite] *vi*: ~ **de qch (de qn)** to inherit sth (from sb); ~ **de qn** to inherit sb's property

**héritier, -ière** [eʀitje, -jɛʀ] *nm/f* heir/heiress

**hermaphrodite** [ɛʀmafʀɔdit] *adj* (*Bot, Zool*) hermaphrodite

**hermétique** [ɛʀmetik] *adj* (*à l'air*) airtight; (*à l'eau*) watertight; (*fig: écrivain, style*) abstruse; (: *visage*) impenetrable

**hermétiquement** [ɛʀmetikmɑ̃] *adv* hermetically

**hermine** [ɛʀmin] *nf* ermine

**hernie** ['ɛʀni] *nf* hernia

**héroïne** [eʀɔin] *nf* heroine; (*drogue*) heroin

**héroïnomane** [eʀɔinɔman] *nm/f* heroin addict

**héroïque** [eʀɔik] *adj* heroic

**héroïquement** [eʀɔikmɑ̃] *adv* heroically

**héroïsme** [eʀɔism(ə)] *nm* heroism

'**héron** ['eʀɔ̃] *nm* heron

'**héros** ['eʀo] *nm* hero

**herpès** [ɛʀpɛs] *nm* herpes

'**herse** ['ɛʀs(ə)] *nf* harrow; (*de château*) portcullis

**hertz** [ɛʀts] *nm* (*Élec*) hertz

**hertzien, ne** [ɛʀtsjɛ̃, -ɛn] *adj* (*Élec*) Hertzian

**hésitant, e** [ezitɑ̃, -ɑ̃t] *adj* hesitant

**hésitation** [ezitasjɔ̃] *nf* hesitation

**hésiter** [ezite] *vi*: ~ **(à faire)** to hesitate (to do); ~ **sur qch** to hesitate over sth

**hétéro** [eteʀo] *adj inv* (*hétérosexuel(le)*) hetero

**hétéroclite** [eteʀɔklit] *adj* heterogeneous; (*objets*) sundry

**hétérogène** [eteʀɔʒɛn] *adj* heterogeneous

**hétérosexuel, le** [eteʀɔsɛkɥɛl] *adj* heterosexual

'**hêtre** ['ɛtʀ(ə)] *nm* beech

**heure** [œʀ] *nf* hour; (*Scol*) period; (*moment, moment fixé*) time; **c'est l'**~ it's time; **pourriez-vous me donner l'**~, **s'il vous plaît?** could you tell me the time, please?; **quelle** ~ **est-il?** what time is it?; **2** ~**s (du matin)** 2 o'clock (in the morning); **à la bonne** ~! (*parfois ironique*) splendid!; **être à l'**~ to be on time; (*montre*) to be right; **le bus passe à l'**~ the bus runs on the hour; **mettre à l'**~ to set right; **100 km à l'**~ ≈ 60 miles an *ou* per hour; **à toute** ~ at any time; **24** ~**s sur 24** round the clock, 24 hours a day; **à l'**~ **qu'il est** at this time (of day); (*fig*) now; **à l'**~ **actuelle** at the present time; **sur l'**~ at once; **pour l'**~ for the time being; **d'**~ **en** ~ from one hour to the next; (*régulièrement*) hourly; **d'une** ~ **à l'autre** from hour to hour; **de bonne** ~ early; **deux** ~**s de marche/travail** two hours' walking/work; **une** ~ **d'arrêt** an hour's break *ou* stop; ~ **d'été** summer time (*Brit*), daylight saving time (*US*); ~ **de pointe** rush hour; ~**s de bureau** office hours; ~**s supplémentaires** overtime *sg*

➤**heureusement** [œʀøzmɑ̃] *adv* (*par bonheur*) fortunately, luckily; ~ **que ...** it's a good job that ..., fortunately ...

**heureux, -euse** [œʀø, -øz] *adj* happy; (*chanceux*) lucky, fortunate; (*judicieux*) felicitous, fortunate; **être** ~ **de qch** to be pleased *ou* happy about sth; **être** ~ **de faire/que** to be pleased *ou* happy to do/that; **s'estimer** ~ **de qch/que** to consider o.s. fortunate with sth/that; **encore** ~ **que ...** just as well that ...

'**heurt** ['œʀ] *nm* (*choc*) collision; '**heurts** *nmpl* (*fig*) clashes

'**heurté, e** ['œʀte] *adj* (*fig*) jerky, uneven; (: *couleurs*) clashing

'**heurter** ['œʀte] *vt* (*mur*) to strike, hit; (*personne*) to collide with; (*fig*) to go against, upset; **se** '**heurter** (*couleurs, tons*) to clash; **se** ~ **à** to collide with; (*fig*) to come up against; ~ **qn de front** to clash head-on with sb

'**heurtoir** ['œʀtwaʀ] *nm* door knocker

**hévéa** [evea] *nm* rubber tree

**hexagonal, e, -aux** [ɛgzagɔnal, -o] adj
hexagonal; (français) French (see note at hexagone)
**hexagone** [ɛgzagɔn] nm hexagon; **(la France)**
France (because of its roughly hexagonal shape)
**HF** sigle f (= haute fréquence) HF
**hiatus** [jatys] nm hiatus
**hibernation** [ibɛrnasjɔ̃] nf hibernation
**hiberner** [ibɛrne] vi to hibernate
**hibiscus** [ibiskys] nm hibiscus
**'hibou, x** ['ibu] nm owl
**'hic** ['ik] nm (fam) snag
**'hideusement** ['idøzmɑ̃] adv hideously
**'hideux, -euse** ['idø, -øz] adj hideous
**hier** [jɛr] adv yesterday; ~ **matin/soir/midi**
yesterday morning/evening/at midday; **toute
la journée d'~** all day yesterday; **toute la
matinée d'~** all yesterday morning
**'hiérarchie** ['jeraRʃi] nf hierarchy
**'hiérarchique** ['jeraRʃik] adj hierarchic
**'hiérarchiquement** ['jeraRʃikmɑ̃] adv
hierarchically
**'hiérarchiser** ['jeraRʃize] vt to organize into a
hierarchy
**'hiéroglyphe** ['jeRɔglif] nm hieroglyphic
**'hiéroglyphique** ['jeRɔglifik] adj hieroglyphic
**'hi-fi** ['ifi] nf inv hi-fi
**hilarant, e** [ilaRɑ̃, -ɑ̃t] adj hilarious
**hilare** [ilaR] adj mirthful
**hilarité** [ilaRite] nf hilarity, mirth
**Himalaya** [imalaja] nm: **l'~** the Himalayas pl
**himalayen, ne** [imalajɛ̃, -ɛn] adj Himalayan
**hindou, e** [ɛ̃du] adj, nm/f Hindu; (Indien) Indian
**hindouisme** [ɛ̃duism(ə)] nm Hinduism
**Hindoustan** [ɛ̃dustɑ̃] nm: **l'~** Hindustan
**'hippie** ['ipi] nm/f hippy
**hippique** [ipik] adj equestrian, horse cpd
**hippisme** [ipism(ə)] nm (horse-)riding
**hippocampe** [ipokɑ̃p] nm sea horse
**hippodrome** [ipodRom] nm racecourse
**hippophagique** [ipofaʒik] adj: **boucherie ~**
horse butcher's
**hippopotame** [ipopotam] nm hippopotamus
**hirondelle** [iRɔ̃del] nf swallow
**hirsute** [iRsyt] adj (personne) hairy; (barbe)
shaggy; (tête) tousled
**hispanique** [ispanik] adj Hispanic
**hispanisant, e** [ispanizɑ̃, -ɑ̃t], **hispaniste**
[ispanist(ə)] nm/f Hispanist
**hispano-américain, e** [ispanɔameRikɛ̃, -ɛn] adj
Spanish-American
**hispano-arabe** [ispanɔaRab] adj Hispano-
Moresque
**'hisser** ['ise] vt to hoist, haul up; **se 'hisser sur**
to haul o.s. up onto
**histoire** [istwaR] nf (science, événements) history;
(anecdote, récit, mensonge) story; (affaire) business
no pl; (chichis: gén pl) fuss no pl; **histoires** nfpl
(ennuis) trouble sg; **l'~ de France** French history,
the history of France; **l'~ sainte** biblical
history; ~ **géo** humanities pl; **une ~ de** (fig) a
question of
**histologie** [istɔlɔʒi] nf histology

**historien, ne** [istɔRjɛ̃, -ɛn] nm/f historian
**historique** [istɔRik] adj historical; (important)
historic ⊳ nm (exposé, récit): **faire l'~ de** to give
the background to
**historiquement** [istɔRikmɑ̃] adv historically
**'hit-parade** ['itpaRad] nm: **le ~** the charts
**HIV** sigle m (= human immunodeficiency virus) HIV
**hiver** [ivɛR] nm winter; **en ~** in winter
**hivernal, e, -aux** [ivɛRnal, -o] adj (de l'hiver)
winter cpd; (comme en hiver) wintry
**hivernant, e** [ivɛRnɑ̃, -ɑ̃t] nm/f winter holiday-
maker
**hiverner** [ivɛRne] vi to winter
**HLM** sigle m ou f (= habitations à loyer modéré) low-
rent, state-owned housing; **un(e) ~** ≈ a council flat
(ou house) (Brit), ≈ a public housing unit (US)
**Hme** abr (= homme) M
**HO** abr (= hors œuvre) labour not included (on
invoices)
**'hobby** ['ɔbi] nm hobby
**'hochement** ['ɔʃmɑ̃] nm: ~ **de tête** nod; shake of
the head
**'hocher** ['ɔʃe] vt: ~ **la tête** to nod; (signe négatif ou
dubitatif) to shake one's head
**'hochet** ['ɔʃe] nm rattle
**'hockey** ['ɔkɛ] nm: ~ **(sur glace/gazon)** (ice/
field) hockey
**'hockeyeur, -euse** ['ɔkɛjœR, -øz] nm/f hockey
player
**'holà** ['ɔla] nm: **mettre le ~ à qch** to put a stop to
sth
**'holding** ['ɔldiŋ] nm holding company
**'hold-up** ['ɔldœp] nm inv hold-up
**'hollandais, e** ['ɔlɑ̃dɛ, -ɛz] adj Dutch ⊳ nm (Ling)
Dutch ⊳ nm/f: **'Hollandais, e** Dutchman/
woman; **les 'Hollandais** the Dutch
**'Hollande** ['ɔlɑ̃d] nf: **la ~** Holland ⊳ nm:
**'hollande** (fromage) Dutch cheese
**holocauste** [ɔlɔkost(ə)] nm holocaust
**hologramme** [ɔlɔgRam] nm hologram
**'homard** ['ɔmaR] nm lobster
**homéopathe** [ɔmeɔpat] n homoeopath
**homéopathie** [ɔmeɔpati] nf homoeopathy
**homéopathique** [ɔmeɔpatik] adj homoeopathic
**homérique** [ɔmeRik] adj Homeric
**homicide** [ɔmisid] nm murder ⊳ nm/f
murderer/eress; ~ **involontaire** manslaughter
**hommage** [ɔmaʒ] nm tribute; **hommages** nmpl:
**présenter ses ~s** to pay one's respects; **rendre
~ à** to pay tribute ou homage to; **en ~ de** as a
token of; **faire ~ de qch à qn** to present sb with
sth
**homme** [ɔm] nm man; (espèce humaine): **l'~** man,
mankind; ~ **d'affaires** businessman; ~ **des
cavernes** caveman; ~ **d'Église** churchman,
clergyman; ~ **d'État** statesman; ~ **de loi**
lawyer; ~ **de main** hired man; ~ **de paille**
stooge; ~ **politique** politician; **l'~ de la rue** the
man in the street; ~ **à tout faire** odd-job man
**homme-grenouille** [ɔmgRənuj] (pl **hommes-
grenouilles**) nm frogman
**homme-orchestre** [ɔmɔRkɛstR(ə)] (pl **hommes-**

orchestres) nm one-man band

**homme-sandwich** [ɔmsɑ̃dwitʃ] (pl **hommes-sandwichs**) nm sandwich (board) man

**homo** [ɔmo] adj, nm/f = **homosexuel**

**homogène** [ɔmɔʒɛn] adj homogeneous

**homogénéisé, e** [ɔmɔʒeneize] adj: **lait ~** homogenized milk

**homogénéité** [ɔmɔʒeneite] nf homogeneity

**homologation** [ɔmɔlɔgasjɔ̃] nf ratification; official recognition

**homologue** [ɔmɔlɔg] nm/f counterpart, opposite number

**homologué, e** [ɔmɔlɔge] adj (Sport) officially recognized, ratified; (tarif) authorized

**homologuer** [ɔmɔlɔge] vt (Jur) to ratify; (Sport) to recognize officially, ratify

**homonyme** [ɔmɔnim] nm (Ling) homonym; (d'une personne) namesake

**homosexualité** [ɔmɔsɛksɥalite] nf homosexuality

**homosexuel, le** [ɔmɔsɛksɥɛl] adj homosexual

'**Honduras** ['ɔ̃dyʀas] nm: **le ~** Honduras

'**hondurien, ne** ['ɔ̃dyʀjɛ̃, -ɛn] adj Honduran

'**Hong-Kong** ['ɔ̃gkɔ̃g] n Hong Kong

'**hongre** ['ɔ̃gʀ(ə)] adj (cheval) gelded ▷ nm gelding

'**Hongrie** ['ɔ̃gʀi] nf: **la ~** Hungary

'**hongrois, e** ['ɔ̃gʀwa, -waz] adj Hungarian ▷ nm (Ling) Hungarian ▷ nm/f: '**Hongrois, e** Hungarian

**honnête** [ɔnɛt] adj (intègre) honest; (juste, satisfaisant) fair

**honnêtement** [ɔnɛtmɑ̃] adv honestly

**honnêteté** [ɔnɛtte] nf honesty

**honneur** [ɔnœʀ] nm honour; (mérite): **l'~ lui revient** the credit is his; **à qui ai-je l'~?** to whom have I the pleasure of speaking?; "**j'ai l'~ de ...**" "I have the honour of ..."; **en l'~ de** (personne) in honour of; (événement) on the occasion of; **faire ~ à** (engagements) to honour; (famille, professeur) to be a credit to; (fig: repas etc) to do justice to; **être à l'~** to be in the place of honour; **être en ~** to be in favour; **membre d'~** honorary member; **table d'~** top table

**Honolulu** [ɔnɔlyly] n Honolulu

**honorable** [ɔnɔʀabl(ə)] adj worthy, honourable; (suffisant) decent

**honorablement** [ɔnɔʀabləmɑ̃] adv honourably; decently

**honoraire** [ɔnɔʀɛʀ] adj honorary; **honoraires** nmpl fees; **professeur ~** professor emeritus

**honorer** [ɔnɔʀe] vt to honour; (estimer) to hold in high regard; (faire honneur à) to do credit to; **~ qn de** to honour sb with; **s'honorer de** to pride o.s. upon

**honorifique** [ɔnɔʀifik] adj honorary

'**honte** ['ɔ̃t] nf shame; **avoir ~ de** to be ashamed of; **faire ~ à qn** to make sb (feel) ashamed

'**honteusement** ['ɔ̃tøzmɑ̃] adv ashamedly; shamefully

'**honteux, -euse** ['ɔ̃tø, -øz] adj ashamed; (conduite, acte) shameful, disgraceful

**hôpital, -aux** [ɔpital, -o] nm hospital

'**hoquet** ['ɔkɛ] nm hiccough; **avoir le ~** to have (the) hiccoughs

'**hoqueter** ['ɔkte] vi to hiccough

**horaire** [ɔʀɛʀ] adj hourly ▷ nm timetable, schedule; **horaires** nmpl (heures de travail) hours; **~ flexible** ou **mobile** ou **à la carte** ou **souple** flex(i)time

'**horde** ['ɔʀd(ə)] nf horde

'**horions** ['ɔʀjɔ̃] nmpl blows

**horizon** [ɔʀizɔ̃] nm horizon; (paysage) landscape, view; **sur l'~** on the skyline ou horizon

**horizontal, e, -aux** [ɔʀizɔ̃tal, -o] adj horizontal ▷ nf: **à l'~e** on the horizontal

**horizontalement** [ɔʀizɔ̃talmɑ̃] adv horizontally

**horloge** [ɔʀlɔʒ] nf clock; **l'~ parlante** the speaking clock; **~ normande** grandfather clock; **~ physiologique** biological clock

**horloger, -ère** [ɔʀlɔʒe, -ɛʀ] nm/f watchmaker; clockmaker

**horlogerie** [ɔʀlɔʒʀi] nf watchmaking; watchmaker's (shop); clockmaker's (shop); **pièces d'~** watch parts ou components

'**hormis** ['ɔʀmi] prép save

**hormonal, e, -aux** [ɔʀmɔnal, -o] adj hormonal

**hormone** [ɔʀmɔn] nf hormone

**horodaté, e** [ɔʀɔdate] adj (ticket) time- and date-stamped; (stationnement) pay and display

**horodateur, -trice** [ɔʀɔdatœʀ, -tʀis] adj (appareil) for stamping the time and date ▷ nm/f (parking) ticket machine

**horoscope** [ɔʀɔskɔp] nm horoscope

**horreur** [ɔʀœʀ] nf horror; **avoir ~ de** to loathe, detest; **quelle ~!** how awful!; **cela me fait ~** I find that awful

**horrible** [ɔʀibl(ə)] adj horrible

**horriblement** [ɔʀibləmɑ̃] adv horribly

**horrifiant, e** [ɔʀifjɑ̃, -ɑ̃t] adj horrifying

**horrifier** [ɔʀifje] vt to horrify

**horrifique** [ɔʀifik] adj horrific

**horripilant, e** [ɔʀipilɑ̃, -ɑ̃t] adj exasperating

**horripiler** [ɔʀipile] vt to exasperate

'**hors** ['ɔʀ] prép except (for); **~ de** out of; **~ ligne** (Inform) off line; **~ pair** outstanding; **~ de propos** inopportune; **~ série** (sur mesure) made-to-order; (exceptionnel) exceptional; **~ service (HS)**, **~ d'usage** out of service; **être ~ de soi** to be beside o.s.

'**hors-bord** ['ɔʀbɔʀ] nm inv outboard motor; (canot) speedboat (with outboard motor)

'**hors-concours** ['ɔʀkɔ̃kuʀ] adj inv ineligible to compete; (fig) in a class of one's own

'**hors-d'œuvre** ['ɔʀdœvʀ(ə)] nm inv hors d'œuvre

'**hors-jeu** ['ɔʀʒø] nm inv being offside no pl

'**hors-la-loi** ['ɔʀlalwa] nm inv outlaw

'**hors-piste, 'hors-pistes** ['ɔʀpist] nm inv (Ski) cross-country

**hors-taxe** [ɔʀtaks] adj (sur une facture, prix) excluding VAT; (boutique, marchandises) duty-free

'**hors-texte** ['ɔʀtɛkst(ə)] nm inv plate

**hortensia** [ɔʀtɑ̃sja] *nm* hydrangea
**horticole** [ɔʀtikɔl] *adj* horticultural
**horticulteur, -trice** [ɔʀtikyltœʀ, -tʀis] *nm/f* horticulturalist (*Brit*), horticulturist (*US*)
**horticulture** [ɔʀtikyltyʀ] *nf* horticulture
**hospice** [ɔspis] *nm* (*de vieillards*) home; (*asile*) hospice
**hospitalier, -ière** [ɔspitalje, -jɛʀ] *adj* (*accueillant*) hospitable; (*Méd: service, centre*) hospital *cpd*
**hospitalisation** [ɔspitalizasjɔ̃] *nf* hospitalization
**hospitaliser** [ɔspitalize] *vt* to take (*ou* send) to hospital, hospitalize
**hospitalité** [ɔspitalite] *nf* hospitality
**hospitalo-universitaire** [ɔspitalɔynivɛʀsitɛʀ] *adj*: **centre ~ (CHU)** ≈ (teaching) hospital
**hostie** [ɔsti] *nf* host; (*Rel*)
**hostile** [ɔstil] *adj* hostile
**hostilité** [ɔstilite] *nf* hostility; **hostilités** *nfpl* hostilities
**hôte** [ot] *nm* (*maître de maison*) host; (*client*) patron; (*fig*) inhabitant, occupant ▷ *nm/f* (*invité*) guest; **~ payant** paying guest
**hôtel** [otɛl] *nm* hotel; **aller à l'~** to stay in a hotel; **~ (particulier)** (private) mansion; **~ de ville** town hall
**hôtelier, -ière** [otəlje, -jɛʀ] *adj* hotel *cpd* ▷ *nm/f* hotelier, hotel-keeper
**hôtellerie** [otɛlʀi] *nf* (*profession*) hotel business; (*auberge*) inn
**hôtesse** [otɛs] *nf* hostess; **~ de l'air** flight attendant; **~ (d'accueil)** receptionist
**'hotte** [ˈɔt] *nf* (*panier*) basket (*carried on the back*); (*de cheminée*) hood; **~ aspirante** cooker hood
**'houblon** [ˈublɔ̃] *nm* (*Bot*) hop; (*pour la bière*) hops *pl*
**'houe** [ˈu] *nf* hoe
**'houille** [ˈuj] *nf* coal; **~ blanche** hydroelectric power
**'houiller, -ère** [ˈuje, -ɛʀ] *adj* coal *cpd*; (*terrain*) coal-bearing ▷ *nf* coal mine
**'houle** [ˈul] *nf* swell
**'houlette** [ˈulɛt] *nf*: **sous la ~ de** under the guidance of
**'houleux, -euse** [ˈulø, -øz] *adj* heavy, swelling; (*fig*) stormy, turbulent
**'houppe** [ˈup], **'houppette** [ˈupɛt] *nf* powder puff; (*cheveux*) tuft
**'hourra** [ˈuʀa] *nm* cheer ▷ *excl* hurrah!
**'houspiller** [ˈuspije] *vt* to scold
**'housse** [ˈus] *nf* cover; (*pour protéger provisoirement*) dust cover; (*pour recouvrir à neuf*) loose *ou* stretch cover; **~ (penderie)** hanging wardrobe
**'houx** [ˈu] *nm* holly
**hovercraft** [ovœʀkʀaft] *nm* hovercraft
**HS** *abr* = **hors service**
**HT** *abr* = **hors taxe**
**'hublot** [ˈyblo] *nm* porthole
**'huche** [ˈyʃ] *nf*: **~ à pain** bread bin
**'huées** [ˈɥe] *nfpl* boos
**'huer** [ˈɥe] *vt* to boo; (*hibou, chouette*) to hoot
**huile** [ɥil] *nf* oil; (*Art*) oil painting; (*fam*) bigwig;

**mer d'~** (*très calme*) glassy sea, sea of glass; **faire tache d'~** (*fig*) to spread; **~ d'arachide** groundnut oil; **~ essentielle** essential oil; **~ de foie de morue** cod-liver oil; **~ de ricin** castor oil; **~ solaire** suntan oil; **~ de table** salad oil
**huiler** [ɥile] *vt* to oil
**huilerie** [ɥilʀi] *nf* (*usine*) oil-works
**huileux, -euse** [ɥilø, -øz] *adj* oily
**huilier** [ɥilje] *nm* (oil and vinegar) cruet
**huis** [ɥi] *nm*: **à ~ clos** in camera
**huissier** [ɥisje] *nm* usher; (*Jur*) ≈ bailiff
**'huit** [ˈɥi(t)] *num* eight; **samedi en ~** a week on Saturday; **dans ~ jours** in a week('s time)
**'huitaine** [ˈɥiten] *nf*: **une ~ de** about eight, eight or so; **une ~ de jours** a week or so
**'huitante** [ˈɥitɑ̃t] *num* (*Suisse*) eighty
**'huitième** [ˈɥitjɛm] *num* eighth
**huître** [ɥitʀ(ə)] *nf* oyster
**'hululement** [ˈylylmɑ̃] *nm* hooting
**'hululer** [ˈylyle] *vi* to hoot
**humain, e** [ymɛ̃, -ɛn] *adj* human; (*compatissant*) humane ▷ *nm* human (being)
**humainement** [ymɛnmɑ̃] *adv* humanly; humanely
**humanisation** [ymanizasjɔ̃] *nf* humanization
**humaniser** [ymanize] *vt* to humanize
**humaniste** [ymanist(ə)] *nm/f* (*Ling*) classicist; humanist
**humanitaire** [ymanitɛʀ] *adj* humanitarian
**humanitarisme** [ymanitaʀism(ə)] *nm* humanitarianism
**humanité** [ymanite] *nf* humanity
**humanoïde** [ymanɔid] *nm/f* humanoid
**humble** [œ̃bl(ə)] *adj* humble
**humblement** [œ̃bləmɑ̃] *adv* humbly
**humecter** [ymɛkte] *vt* to dampen; **s'~ les lèvres** to moisten one's lips
**'humer** [ˈyme] *vt* to inhale; (*pour sentir*) to smell
**humérus** [ymeʀys] *nm* (*Anat*) humerus
**humeur** [ymœʀ] *nf* mood; (*tempérament*) temper; (*irritation*) bad temper; **de bonne/mauvaise ~** in a good/bad mood; **être d'~ à faire qch** to be in the mood for doing sth
**humide** [ymid] *adj* (*linge*) damp; (*main, yeux*) moist; (*climat, chaleur*) humid; (*saison, route*) wet
**humidificateur** [ymidifikatœʀ] *nm* humidifier
**humidifier** [ymidifje] *vt* to humidify
**humidité** [ymidite] *nf* humidity; dampness; **traces d'~** traces of moisture *ou* damp
**humiliant, e** [ymiljɑ̃, -ɑ̃t] *adj* humiliating
**humiliation** [ymiljasjɔ̃] *nf* humiliation
**humilier** [ymilje] *vt* to humiliate; **s'~ devant qn** to humble o.s. before sb
**humilité** [ymilite] *nf* humility
**humoriste** [ymɔʀist(ə)] *nm/f* humorist
**humoristique** [ymɔʀistik] *adj* humorous; humoristic
**humour** [ymuʀ] *nm* humour; **avoir de l'~** to have a sense of humour; **~ noir** sick humour
**humus** [ymys] *nm* humus
**'huppé, e** [ˈype] *adj* crested; (*fam*) posh
**'hurlement** [ˈyʀləmɑ̃] *nm* howling *no pl*, howl;

**h**

yelling *no pl*, yell

**'hurler** ['yʀle] *vi* to howl, yell; *(fig: vent)* to howl; (*: couleurs etc*) to clash; **~ à la mort** *(chien)* to bay at the moon

**hurluberlu** [yʀlybɛʀly] *nm (péj)* crank ▷ *adj* cranky

**'hutte** ['yt] *nf* hut

**hybride** [ibʀid] *adj* hybrid

**hydratant, e** [idʀatɑ̃, -ɑ̃t] *adj (crème)* moisturizing

**hydrate** [idʀat] *nm*: **~s de carbone** carbohydrates

**hydrater** [idʀate] *vt* to hydrate

**hydraulique** [idʀolik] *adj* hydraulic

**hydravion** [idʀavjɔ̃] *nm* seaplane, hydroplane

**hydro...** [idʀɔ] *préfixe* hydro...

**hydrocarbure** [idʀɔkaʀbyʀ] *nm* hydrocarbon

**hydrocution** [idʀɔkysjɔ̃] *nf* immersion syncope

**hydro-électrique** [idʀɔelɛktʀik] *adj* hydroelectric

**hydrogène** [idʀɔʒɛn] *nm* hydrogen

**hydroglisseur** [idʀɔglisœʀ] *nm* hydroplane

**hydrographie** [idʀɔgʀafi] *nf (fleuves)* hydrography

**hydrophile** [idʀɔfil] *adj voir* **coton**

**hyène** [jɛn] *nf* hyena

**hygiène** [iʒjɛn] *nf* hygiene; **~ intime** personal hygiene

**hygiénique** [iʒenik] *adj* hygienic

**hymne** [imn(ə)] *nm* hymn; **~ national** national anthem

**hyper...** [ipɛʀ] *préfixe* hyper...

**hyperlien** [ipɛʀljɛ̃] *nm (Inform)* hyperlink

**hypermarché** [ipɛʀmaʀʃe] *nm* hypermarket

**hypermétrope** [ipɛʀmetʀɔp] *adj* long-sighted

**hypernerveux, -euse** [ipɛʀnɛʀvø, -øz] *adj* highly-strung

**hypersensible** [ipɛʀsɑ̃sibl(ə)] *adj*

hypersensitive

**hypertendu, e** [ipɛʀtɑ̃dy] *adj* having high blood pressure, hypertensive

**hypertension** [ipɛʀtɑ̃sjɔ̃] *nf* high blood pressure, hypertension

**hypertexte** [ipɛʀtɛkst] *nm (Inform)* hypertext

**hypertrophié, e** [ipɛʀtʀɔfje] *adj* hypertrophic

**hypnose** [ipnoz] *nf* hypnosis

**hypnotique** [ipnɔtik] *adj* hypnotic

**hypnotiser** [ipnɔtize] *vt* to hypnotize

**hypnotiseur** [ipnɔtizœʀ] *nm* hypnotist

**hypnotisme** [ipnɔtism(ə)] *nm* hypnotism

**hypocondriaque** [ipɔkɔ̃dʀijak] *adj* hypochondriac

**hypocrisie** [ipɔkʀizi] *nf* hypocrisy

**hypocrite** [ipɔkʀit] *adj* hypocritical ▷ *nm/f* hypocrite

**hypocritement** [ipɔkʀitmɑ̃] *adv* hypocritically

**hypotendu, e** [ipɔtɑ̃dy] *adj* having low blood pressure, hypotensive

**hypotension** [ipɔtɑ̃sjɔ̃] *nf* low blood pressure, hypotension

**hypoténuse** [ipɔtenyz] *nf* hypotenuse

**hypothécaire** [ipɔtekɛʀ] *adj* mortgage; **garantie/prêt ~** mortgage security/loan

**hypothèque** [ipɔtɛk] *nf* mortgage

**hypothéquer** [ipɔteke] *vt* to mortgage

**hypothermie** [ipɔtɛʀmi] *nf* hypothermia

**hypothèse** [ipɔtɛz] *nf* hypothesis; **dans l'~ où** assuming that

**hypothétique** [ipɔtetik] *adj* hypothetical

**hypothétiquement** [ipɔtetikmɑ̃] *adv* hypothetically

**hystérectomie** [isteʀɛktɔmi] *nf* hysterectomy

**hystérie** [isteʀi] *nf* hysteria; **~ collective** mass hysteria

**hystérique** [isteʀik] *adj* hysterical

**Hz** *abr* (= Hertz) Hz

# Ii

**I, i** [i] *nm inv* I, i; **I comme Irma** I for Isaac (*Brit*) *ou* Item (*US*)

**IAC** *sigle f* (= *insémination artificielle entre conjoints*) AIH

**IAD** *sigle f* (= *insémination artificielle par donneur extérieur*) AID

**ibère** [ibɛʀ] *adj* Iberian ▷ *nm/f*: **Ibère** Iberian

**ibérique** [ibeʀik] *adj*: **la péninsule ~** the Iberian peninsula

**ibid.** [ibid] *abr* (= *ibidem*) ibid., ib.

**iceberg** [isbɛʀg] *nm* iceberg

**ici** [isi] *adv* here; **jusqu'~** as far as this; (*temporel*) until now; **d'~ là** by then; (*en attendant*) in the meantime; **d'~ peu** before long

**icône** [ikon] *nf* (*aussi Inform*) icon

**iconoclaste** [ikɔnɔklast(ə)] *nm/f* iconoclast

**iconographie** [ikɔnɔgʀafi] *nf* iconography; (*illustrations*) (collection of) illustrations

**id.** [id] *abr* (=*idem*) id.

**idéal, e, -aux** [ideal, -o] *adj* ideal ▷ *nm* ideal; (*système de valeurs*) ideals *pl*

**idéalement** [idealmɑ̃] *adv* ideally

**idéalisation** [idealizasjɔ̃] *nf* idealization

**idéaliser** [idealize] *vt* to idealize

**idéalisme** [idealism(ə)] *nm* idealism

**idéaliste** [idealist(ə)] *adj* idealistic ▷ *nm/f* idealist

**idée** [ide] *nf* idea; (*illusion*): **se faire des ~s** to imagine things, get ideas into one's head; **avoir dans l'~ que** to have an idea that; **mon ~, c'est que ...** I suggest that ..., I think that ...; **à l'~ de/que** at the idea of/that, at the thought of/that; **je n'ai pas la moindre ~** I haven't the faintest idea; **avoir ~ que** to have an idea that; **avoir des ~s larges/étroites** to be broad-/narrow-minded; **venir à l'~ de qn** to occur to sb; **en voilà des ~s!** the very idea!; **~ fixe** idée fixe, obsession; **~s noires** black *ou* dark thoughts; **~s reçues** accepted ideas *ou* wisdom

**identifiable** [idɑ̃tifjabl(ə)] *adj* identifiable

**identifiant** [idɑ̃tifjɑ̃] *nm* (*Inform*) login

**identification** [idɑ̃tifikasjɔ̃] *nf* identification

**identifier** [idɑ̃tifje] *vt* to identify; **~ qch/qn à** to identify sth/sb with; **s'~ avec** *ou* **à qn/qch** (*héros etc*) to identify with sb/sth

**identique** [idɑ̃tik] *adj*: **~ (à)** identical (to)

**identité** [idɑ̃tite] *nf* identity; **~ judiciaire** (*Police*) ≈ Criminal Records Office

**idéogramme** [ideɔgʀam] *nm* ideogram

**idéologie** [ideɔlɔʒi] *nf* ideology

**idéologique** [ideɔlɔʒik] *adj* ideological

**idiomatique** [idjɔmatik] *adj*: **expression ~** idiom, idiomatic expression

**idiome** [idjom] *nm* (*Ling*) idiom

**idiot, e** [idjo, idjɔt] *adj* idiotic ▷ *nm/f* idiot

**idiotie** [idjɔsi] *nf* idiocy; (*propos*) idiotic remark

**idiotisme** [idjɔtism(ə)] *nm* idiom, idiomatic phrase

**idoine** [idwan] *adj* fitting

**idolâtrer** [idɔlatʀe] *vt* to idolize

**idolâtrie** [idɔlatʀi] *nf* idolatry

**idole** [idɔl] *nf* idol

**idylle** [idil] *nf* idyll

**idyllique** [idilik] *adj* idyllic

**if** [if] *nm* yew

**IFOP** [ifɔp] *sigle m* (= *Institut français d'opinion publique*) French market research institute

**IGH** *sigle m* = **immeuble de grande hauteur**

**igloo** [iglu] *nm* igloo

**IGN** *sigle m* = **Institut géographique national**

**ignare** [iɲaʀ] *adj* ignorant

**ignifuge** [iɲifyʒ] *adj* fireproofing ▷ *nm* fireproofing (substance)

**ignifuger** [iɲifyʒe] *vt* to fireproof

**ignoble** [iɲɔbl(ə)] *adj* vile

**ignominie** [iɲɔmini] *nf* ignominy; (*acte*) ignominious *ou* base act

**ignominieux, -euse** [iɲɔminjø, øz] *adj* ignominious

**ignorance** [iɲɔʀɑ̃s] *nf* ignorance; **dans l'~ de** in ignorance of, ignorant of

**ignorant, e** [iɲɔʀɑ̃, -ɑ̃t] *adj* ignorant ▷ *nm/f*: **faire l'~** to pretend one doesn't know; **~ de** ignorant of, not aware of; **~ en** ignorant of, knowing nothing of

**ignoré, e** [iɲɔʀe] *adj* unknown

**ignorer** [iɲɔʀe] *vt* (*ne pas connaître*) not to know, be unaware *ou* ignorant of; (*être sans expérience de*: *plaisir, guerre etc*) not to know about, have no experience of; (*bouder: personne*) to ignore; **j'ignore comment/si** I do not know how/if; **~ que** to be unaware that, not to know that; **je**

**n'ignore pas que** ... I'm not forgetting that ..., I'm not unaware that ...; **je l'ignore** I don't know

**IGPN** sigle f (= Inspection générale de la police nationale) police disciplinary body

**IGS** sigle f (= Inspection générale des services) police disciplinary body for Paris

**iguane** [igwan] nm iguana

**il** [il] pron he; (animal, chose, en tournure impersonnelle) it; NB: en anglais les navires et les pays sont en général assimilés aux femelles, et les bébés aux choses, si le sexe n'est pas spécifié; **ils** they; **il neige** it's snowing; voir aussi **avoir**

**île** [il] nf island; **les Î~s** the West Indies; **l'~ de Beauté** Corsica; **l'~ Maurice** Mauritius; **les ~s anglo-normandes** the Channel Islands; **les ~s Britanniques** the British Isles; **les ~s Cocos** ou **Keeling** the Cocos ou Keeling Islands; **les ~s Cook** the Cook Islands; **les ~s Scilly** the Scilly Isles, the Scillies; **les ~s Shetland** the Shetland Islands, Shetland; **les ~s Sorlingues**; = **les îles Scilly**; **les ~s Vierges** the Virgin Islands

**iliaque** [iljak] adj (Anat): **os/artère ~** iliac bone/artery

**illégal, e, -aux** [ilegal, -o] adj illegal, unlawful (Admin)

**illégalement** [ilegalmã] adv illegally

**illégalité** [ilegalite] nf illegality; unlawfulness; **être dans l'~** to be outside the law

**illégitime** [ileʒitim] adj illegitimate; (optimisme, sévérité) unjustified, unwarranted

**illégitimement** [ileʒitimmã] adv illegitimately

**illégitimité** [ileʒitimite] nf illegitimacy; **gouverner dans l'~** to rule illegally

**illettré, e** [iletre] adj, nm/f illiterate

**illicite** [ilisit] adj illicit

**illicitement** [ilisitmã] adv illicitly

**illico** [iliko] adv (fam) pronto

**illimité, e** [ilimite] adj (immense) boundless, unlimited; (congé, durée) indefinite, unlimited

**illisible** [ilizibl(ə)] adj illegible; (roman) unreadable

**illisiblement** [iliziblǝmã] adv illegibly

**illogique** [iloʒik] adj illogical

**illogisme** [iloʒism(ə)] nm illogicality

**illumination** [ilyminasjɔ̃] nf illumination, floodlighting; (inspiration) flash of inspiration; **illuminations** nfpl illuminations, lights

**illuminé, e** [ilymine] adj lit up; illuminated, floodlit ⊳ nm/f (fig: péj) crank

**illuminer** [ilymine] vt to light up; (monument, rue: pour une fête) to illuminate, floodlight; **s'illuminer** vi to light up

**illusion** [ilyzjɔ̃] nf illusion; **se faire des ~s** to delude o.s.; **faire ~** to delude ou fool people; **~ d'optique** optical illusion

**illusionner** [ilyzjɔne] vt to delude; **s'~ (sur qn/qch)** to delude o.s. (about sb/sth)

**illusionnisme** [ilyzjɔnism(ə)] nm conjuring

**illusionniste** [ilyzjɔnist(ə)] nm/f conjuror

**illusoire** [ilyzwaʀ] adj illusory, illusive

**illustrateur** [ilystʀatœʀ] nm illustrator

**illustratif, -ive** [ilystʀatif, -iv] adj illustrative

**illustration** [ilystʀasjɔ̃] nf illustration; (d'un ouvrage: photos) illustrations pl

**illustre** [ilystʀ(ə)] adj illustrious, renowned

**illustré, e** [ilystʀe] adj illustrated ⊳ nm illustrated magazine; (pour enfants) comic

**illustrer** [ilystʀe] vt to illustrate; **s'illustrer** to become famous, win fame

**îlot** [ilo] nm small island, islet; (de maisons) block; (petite zone): **un ~ de verdure** an island of greenery, a patch of green

**ils** [il] pron voir **il**

**image** [imaʒ] nf (gén) picture; (comparaison, ressemblance, Optique) image; **~ de** picture ou image of; **~ d'Épinal** (social) stereotype; **~ de marque** brand image; (d'une personne) (public) image; (d'une entreprise) corporate image; **~ pieuse** holy picture

**imagé, e** [imaʒe] adj full of imagery

**imaginable** [imaʒinabl(ə)] adj imaginable; **difficilement ~** hard to imagine

**imaginaire** [imaʒinɛʀ] adj imaginary

**imaginatif, -ive** [imaʒinatif, -iv] adj imaginative

**imagination** [imaʒinasjɔ̃] nf imagination; (chimère) fancy, imagining; **avoir de l'~** to be imaginative, have a good imagination

**imaginer** [imaʒine] vt to imagine; (croire): **qu'allez-vous ~ là?** what on earth are you thinking of?; (inventer: expédient, mesure) to devise, think up; **s'imaginer** vt (se figurer: scène etc) to imagine, picture; **s'~ à 60 ans** to picture ou imagine o.s. at 60; **s'~ que** to imagine that; **s'~ pouvoir faire qch** to think one can do sth; **j'imagine qu'il a voulu plaisanter** I suppose he was joking; **~ de faire** (se mettre dans l'idée de) to dream up the idea of doing

**imbattable** [ɛ̃batabl(ə)] adj unbeatable

**imbécile** [ɛ̃besil] adj idiotic ⊳ nm/f idiot; (Méd) imbecile

**imbécillité** [ɛ̃besilite] nf idiocy; imbecility; idiotic action (ou remark etc)

**imberbe** [ɛ̃bɛʀb(ə)] adj beardless

**imbiber** [ɛ̃bibe] vt: **~ qch de** to moisten ou wet sth with; **s'imbiber de** to become saturated with; **imbibé(e) d'eau** (chaussures, étoffe) saturated; (terre) waterlogged

**imbriqué, e** [ɛ̃bʀike] adj overlapping

**imbriquer** [ɛ̃bʀike]: **s'imbriquer** vi to overlap (each other); (fig) to become interlinked ou interwoven

**imbroglio** [ɛ̃bʀɔljo] nm imbroglio

**imbu, e** [ɛ̃by] adj: **~ de** full of; **~ de soi-même/sa supériorité** full of oneself/one's superiority

**imbuvable** [ɛ̃byvabl(ə)] adj undrinkable

**imitable** [imitabl(ə)] adj imitable; **facilement ~** easily imitated

**imitateur, -trice** [imitatœʀ, -tʀis] nm/f (gén) imitator; (Music-Hall: d'une personnalité) impersonator

**imitation** [imitasjɔ̃] nf imitation; impersonation; **sac ~ cuir** bag in imitation ou

simulated leather; **à l'~ de** in imitation of
**imiter** [imite] *vt* to imitate; *(personne)* to imitate,
impersonate; *(contrefaire: signature, document)* to
forge, copy; *(ressembler à)* to look like; **il se leva
et je l'imitai** he got up and I did likewise
**imm.** *abr* = **immeuble**
**immaculé, e** [imakyle] *adj* spotless,
immaculate; **l'I~e Conception** (*Rel*) the
Immaculate Conception
**immanent, e** [imanɑ̃, -ɑ̃t] *adj* immanent
**immangeable** [ɛ̃mɑ̃ʒabl(ə)] *adj* inedible,
uneatable
**immanquable** [ɛ̃mɑ̃kabl(ə)] *adj (cible)*
impossible to miss; *(fatal, inévitable)* bound to
happen, inevitable
**immanquablement** [ɛ̃mɑ̃kabləmɑ̃] *adv*
inevitably
**immatériel, le** [imateʀjɛl] *adj* ethereal;
*(Philosophie)* immaterial
**immatriculation** [imatʀikylɑsjɔ̃] *nf*
registration
**immatriculer** [imatʀikyle] *vt* to register; **faire/
se faire ~** to register; **voiture immatriculée
dans la Seine** car with a Seine registration
(number)
**immature** [imatyʀ] *adj* immature
**immaturité** [imatyʀite] *nf* immaturity
**immédiat, e** [imedja, -at] *adj* immediate ▷ *nm*:
**dans l'~** for the time being; **dans le voisinage
~ de** in the immediate vicinity of
**immédiatement** [imedjatmɑ̃] *adv*
immediately
**immémorial, e, -aux** [imemɔʀjal, -o] *adj*
ancient, age-old
**immense** [imɑ̃s] *adj* immense
**immensément** [imɑ̃semɑ̃] *adv* immensely
**immensité** [imɑ̃site] *nf* immensity
**immerger** [imɛʀʒe] *vt* to immerse, submerge;
*(câble etc)* to lay under water; *(déchets)* to dump
at sea; **s'immerger** *vi (sous-marin)* to dive,
submerge
**immérité, e** [imeʀite] *adj* undeserved
**immersion** [imɛʀsjɔ̃] *nf* immersion
**immettable** [ɛ̃mɛtabl(ə)] *adj* unwearable
**immeuble** [imœbl(ə)] *nm* building ▷ *adj (Jur)*
immovable, real; **~ locatif** block of rented flats
*(Brit)*, rental building *(US)*; **~ de rapport**
investment property
**immigrant, e** [imigʀɑ̃, -ɑ̃t] *nm/f* immigrant
**immigration** [imigʀɑsjɔ̃] *nf* immigration
**immigré, e** [imigʀe] *nm/f* immigrant
**immigrer** [imigʀe] *vi* to immigrate
**imminence** [iminɑ̃s] *nf* imminence
**imminent, e** [iminɑ̃, -ɑ̃t] *adj* imminent,
impending
**immiscer** [imise]: **s'immiscer** *vi*: **s'~ dans** to
interfere in *ou* with
**immixtion** [imiksjɔ̃] *nf* interference
**immobile** [imɔbil] *adj* still, motionless; *(pièce de
machine)* fixed; *(fig)* unchanging; **rester/se
tenir ~** to stay/keep still
**immobilier, -ière** [imɔbilje, -jɛʀ] *adj* property

*cpd*, in real property ▷ *nm*: **l'~** the property *ou*
the real estate business
**immobilisation** [imɔbilizɑsjɔ̃] *nf*
immobilization; **immobilisations** *nfpl (Jur)*
fixed assets
**immobiliser** [imɔbilize] *vt (gén)* to immobilize;
*(circulation, véhicule, affaires)* to bring to a
standstill; **s'immobiliser** *(personne)* to stand
still; *(machine, véhicule)* to come to a halt *ou* a
standstill
**immobilisme** [imɔbilism(ə)] *nm* strong
resistance *ou* opposition to change
**immobilité** [imɔbilite] *nf* immobility
**immodéré, e** [imɔdeʀe] *adj* immoderate,
inordinate
**immodérément** [imɔdeʀemɑ̃] *adv*
immoderately
**immoler** [imɔle] *vt* to sacrifice
**immonde** [imɔ̃d] *adj* foul; *(sale: ruelle, taudis)*
squalid
**immondices** [imɔ̃dis] *nfpl (ordures)* refuse *sg*;
*(saletés)* filth *sg*
**immoral, e, -aux** [imɔʀal, -o] *adj* immoral
**immoralisme** [imɔʀalism(ə)] *nm* immoralism
**immoralité** [imɔʀalite] *nf* immorality
**immortaliser** [imɔʀtalize] *vt* to immortalize
**immortel, le** [imɔʀtɛl] *adj* immortal ▷ *nf (Bot)*
everlasting (flower)
**immuable** [imɥabl(ə)] *adj (inébranlable)*
immutable; *(qui ne change pas)* unchanging;
*(personne)*: **~ dans ses convictions** immoveable
(in one's convictions)
**immunisation** [imynizɑsjɔ̃] *nf* immunization
**immunisé, e** [im(m)ynize] *adj*: **~ contre**
immune to
**immuniser** [imynize] *vt (Méd)* to immunize; **~
qn contre** to immunize sb against; *(fig)* to
make sb immune to
**immunitaire** [imynitɛʀ] *adj* immune
**immunité** [imynite] *nf* immunity; **~
diplomatique** diplomatic immunity; **~
parlementaire** parliamentary privilege
**immunologie** [imynɔlɔʒi] *nf* immunology
**immutabilité** [imytabilite] *nf* immutability
**impact** [ɛ̃pakt] *nm* impact; **point d'~** point of
impact
**impair, e** [ɛ̃pɛʀ] *adj* odd ▷ *nm* faux pas, blunder;
**numéros ~s** odd numbers
**impalpable** [ɛ̃palpabl(ə)] *adj* impalpable
**impaludation** [ɛ̃palydɑsjɔ̃] *nf* inoculation
against malaria
**imparable** [ɛ̃paʀabl(ə)] *adj* unstoppable
**impardonnable** [ɛ̃paʀdɔnabl(ə)] *adj*
unpardonable, unforgivable; **vous êtes ~
d'avoir fait cela** it's unforgivable of you to
have done that
**imparfait, e** [ɛ̃paʀfɛ, -ɛt] *adj* imperfect ▷ *nm*
*(Ling)* imperfect (tense)
**imparfaitement** [ɛ̃paʀfɛtmɑ̃] *adv* imperfectly
**impartial, e, -aux** [ɛ̃paʀsjal, -o] *adj* impartial,
unbiased
**impartialité** [ɛ̃paʀsjalite] *nf* impartiality

**impartir** [ε̃paʀtiʀ] *vt*: ~ **qch à qn** to assign sth to sb; *(dons)* to bestow sth upon sb; **dans les délais impartis** in the time allowed

**impasse** [ε̃pɑs] *nf* dead-end, cul-de-sac; *(fig)* deadlock; **être dans l'~** *(négociations)* to have reached deadlock; ~ **budgétaire** budget deficit

**impassibilité** [ε̃pasibilite] *nf* impassiveness

**impassible** [ε̃pasibl(ə)] *adj* impassive

**impassiblement** [ε̃pasibləmɑ̃] *adv* impassively

**impatiemment** [ε̃pasjamɑ̃] *adv* impatiently

**impatience** [ε̃pasjɑ̃s] *nf* impatience

**impatient, e** [ε̃pasjɑ̃, -ɑ̃t] *adj* impatient; ~ **de faire qch** keen *ou* impatient to do sth

**impatienter** [ε̃pasjɑ̃te] *vt* to irritate, annoy; **s'impatienter** *vi* to get impatient; **s'~ de/ contre** to lose patience at/with, grow impatient at/with

**impayable** [ε̃pejabl(ə)] *adj* (drôle) priceless

**impayé, e** [ε̃peje] *adj* unpaid, outstanding

**impeccable** [ε̃pekabl(ə)] *adj* faultless, impeccable; *(propre)* spotlessly clean; *(chic)* impeccably dressed; *(fam)* smashing

**impeccablement** [ε̃pekabləmɑ̃] *adv* impeccably

**impénétrable** [ε̃penetrabl(ə)] *adj* impenetrable

**impénitent, e** [ε̃penitɑ̃, -ɑ̃t] *adj* unrepentant

**impensable** [ε̃pɑ̃sabl(ə)] *adj* unthinkable, unbelievable

**imper** [ε̃pεʀ] *nm* (imperméable) mac

**impératif, -ive** [ε̃peʀatif, -iv] *adj* imperative; *(Jur)* mandatory ▷ *nm* (Ling) imperative; **impératifs** *nmpl* requirements; demands

**impérativement** [ε̃peʀativmɑ̃] *adv* imperatively

**impératrice** [ε̃peʀatʀis] *nf* empress

**imperceptible** [ε̃pεʀsεptibl(ə)] *adj* imperceptible

**imperceptiblement** [ε̃pεʀsεptibləmɑ̃] *adv* imperceptibly

**imperdable** [ε̃pεʀdabl(ə)] *adj* that cannot be lost

**imperfectible** [ε̃pεʀfεktibl(ə)] *adj* which cannot be perfected

**imperfection** [ε̃pεʀfεksjɔ̃] *nf* imperfection

**impérial, e, -aux** [ε̃peʀjal, -o] *adj* imperial ▷ *nf* upper deck; **autobus à ~e** double-decker bus

**impérialisme** [ε̃peʀjalism(ə)] *nm* imperialism

**impérialiste** [ε̃peʀjalist(ə)] *adj* imperialist

**impérieusement** [ε̃peʀjøzmɑ̃] *adv*: **avoir ~ besoin de qch** to have urgent need of sth

**impérieux, -euse** [ε̃peʀjø, -øz] *adj* (caractère, ton) imperious; *(obligation, besoin)* pressing, urgent

**impérissable** [ε̃peʀisabl(ə)] *adj* undying, imperishable

**imperméabilisation** [ε̃pεʀmeabilizasjɔ̃] *nf* waterproofing

**imperméabiliser** [ε̃pεʀmeabilize] *vt* to waterproof

**imperméable** [ε̃pεʀmeabl(ə)] *adj* waterproof; *(Géo)* impermeable; *(fig)*: ~ **à** impervious to ▷ *nm* raincoat; ~ **à l'air** airtight

**impersonnel, le** [ε̃pεʀsɔnεl] *adj* impersonal

**impertinemment** [ε̃pεʀtinamɑ̃] *adv* impertinently

**impertinence** [ε̃pεʀtinɑ̃s] *nf* impertinence

**impertinent, e** [ε̃pεʀtinɑ̃, -ɑ̃t] *adj* impertinent

**imperturbable** [ε̃pεʀtyʀbabl(ə)] *adj* (personne) imperturbable; *(sang-froid)* unshakeable; **rester ~** to remain unruffled

**imperturbablement** [ε̃pεʀtyʀbabləmɑ̃] *adv* imperturbably; unshakeably

**impétrant, e** [ε̃petʀɑ̃, -ɑ̃t] *nm/f* (Jur) applicant

**impétueux, -euse** [ε̃petɥø, -øz] *adj* fiery

**impétuosité** [ε̃petɥozite] *nf* fieriness

**impie** [ε̃pi] *adj* impious, ungodly

**impiété** [ε̃pjete] *nf* impiety

**impitoyable** [ε̃pitwajabl(ə)] *adj* pitiless, merciless

**impitoyablement** [ε̃pitwajabləmɑ̃] *adv* mercilessly

**implacable** [ε̃plakabl(ə)] *adj* implacable

**implacablement** [ε̃plakabləmɑ̃] *adv* implacably

**implant** [ε̃plɑ̃] *nm* (Méd) implant

**implantation** [ε̃plɑ̃tasjɔ̃] *nf* establishment; settling; implantation

**implanter** [ε̃plɑ̃te] *vt* (usine, industrie, usage) to establish; *(colons etc)* to settle; *(idée, préjugé)* to implant; **s'implanter dans** *vi* to be established in; to settle in; to become implanted in

**implémenter** [ε̃plemɑ̃te] *vt* (aussi Inform) to implement

**implication** [ε̃plikasjɔ̃] *nf* implication

**implicite** [ε̃plisit] *adj* implicit

**implicitement** [ε̃plisitmɑ̃] *adv* implicitly

**impliquer** [ε̃plike] *vt* to imply; ~ **qn (dans)** to implicate sb (in)

**implorant, e** [ε̃plɔʀɑ̃, -ɑ̃t] *adj* imploring

**implorer** [ε̃plɔʀe] *vt* to implore

**imploser** [ε̃plɔze] *vi* to implode

**implosion** [ε̃plɔzjɔ̃] *nf* implosion

**impoli, e** [ε̃pɔli] *adj* impolite, rude

**impoliment** [ε̃pɔlimɑ̃] *adv* impolitely

**impolitesse** [ε̃pɔlitεs] *nf* impoliteness, rudeness; *(propos)* impolite *ou* rude remark

**impondérable** [ε̃pɔ̃deʀabl(ə)] *nm* imponderable

**impopulaire** [ε̃pɔpylεʀ] *adj* unpopular

**impopularité** [ε̃pɔpylaʀite] *nf* unpopularity

**importable** [ε̃pɔʀtabl(ə)] *adj* (Comm: marchandise) importable; *(vêtement: immettable)* unwearable

**importance** [ε̃pɔʀtɑ̃s] *nf* importance; **avoir de l'~** to be important; **sans ~** unimportant; **d'~** important, considerable; **quelle ~?** what does it matter?

**important, e** [ε̃pɔʀtɑ̃, -ɑ̃t] *adj* important; *(en quantité)* considerable, sizeable; *(: gamme, dégâts)* extensive; *(péj: airs, ton)* self-important ▷ *nm*: **l'~** the important thing

**importateur, -trice** [ε̃pɔʀtatœʀ, -tʀis] *adj* importing ▷ *nm/f* importer; **pays ~ de blé** wheat-importing country

**importation** [ε̃pɔʀtasjɔ̃] *nf* import; introduction; *(produit)* import

**importer** [ε̃pɔʀte] *vt* (Comm) to import;

*(maladies, plantes)* to introduce ▷ *vi (être important)* to matter; ~ **à qn** to matter to sb; **il importe de** it is important to; **il importe qu'il fasse** he must do, it is important that he should do; **peu m'importe** I don't mind, I don't care; **peu importe** it doesn't matter; **peu importe (que)** it doesn't matter (if); **peu importe le prix** never mind the price; *voir aussi* **n'importe**

**import-export** [ɛ̃pɔʀɛkspɔʀ] *nm* import-export business

**importun, e** [ɛ̃pɔʀtœ̃, -yn] *adj* irksome, importunate; *(arrivée, visite)* inopportune, ill-timed ▷ *nm* intruder

**importuner** [ɛ̃pɔʀtyne] *vt* to bother

**imposable** [ɛ̃pozabl(ə)] *adj* taxable

**imposant, e** [ɛ̃pozɑ̃, -ɑ̃t] *adj* imposing

**imposé, e** [ɛ̃poze] *adj (soumis à l'impôt)* taxed; *(Gym etc: figures)* set

**imposer** [ɛ̃poze] *vt (taxer)* to tax; *(Rel):* ~ **les mains** to lay on hands; ~ **qch à qn** to impose sth on sb; **s'imposer** *vi (être nécessaire)* to be imperative; *(montrer sa proéminence)* to stand out, emerge; *(artiste: se faire connaître)* to win recognition, come to the fore; **en** ~ to be imposing; **en** ~ **à** to impress; **ça s'impose** it's essential, it's vital

**imposition** [ɛ̃pozisjɔ̃] *nf (Admin)* taxation

**impossibilité** [ɛ̃pɔsibilite] *nf* impossibility; **être dans l'**~ **de faire** to be unable to do, find it impossible to do

**impossible** [ɛ̃pɔsibl(ə)] *adj* impossible ▷ *nm*: **l'**~ the impossible; ~ **à faire** impossible to do; **il m'est** ~ **de le faire** it is impossible for me to do it, I can't possibly do it; **faire l'**~ **(pour que)** to do one's utmost (so that); **si, par** ~ ... if, by some miracle ...

**imposteur** [ɛ̃postœʀ] *nm* impostor

**imposture** [ɛ̃postyʀ] *nf* imposture, deception

**impôt** [ɛ̃po] *nm* tax; *(taxes)* taxation, taxes *pl*; **impôts** *nmpl (contributions)* (income) tax *sg*; **payer 1000 euros d'**~**s** to pay 1,000 euros in tax; ~ **direct/indirect** direct/indirect tax; ~ **sur le chiffre d'affaires** tax on turnover; ~ **foncier** land tax; ~ **sur la fortune** wealth tax; ~ **sur les plus-values** capital gains tax; ~ **sur le revenu** income tax; ~ **sur le RPP** personal income tax; ~ **sur les sociétés** tax on companies; ~**s locaux** rates, local taxes *(US)*, ≈ council tax *(Brit)*

**impotence** [ɛ̃potɑ̃s] *nf* disability

**impotent, e** [ɛ̃potɑ̃, -ɑ̃t] *adj* disabled

**impraticable** [ɛ̃pʀatikabl(ə)] *adj (projet)* impracticable, unworkable; *(piste)* impassable

**imprécation** [ɛ̃pʀekasjɔ̃] *nf* imprecation

**imprécis, e** [ɛ̃pʀesi, -iz] *adj (contours, souvenir)* imprecise, vague; *(tir)* inaccurate, imprecise

**imprécision** [ɛ̃pʀesizjɔ̃] *nf* imprecision

**imprégner** [ɛ̃pʀeɲe] *vt (tissu, tampon)*: ~ **(de)** to soak *ou* impregnate (with); *(lieu, air)*: ~ **(de)** to fill (with); *(amertume, ironie)* to pervade; **s'imprégner de** *vi* to become impregnated with; to be filled with; *(fig)* to absorb

**imprenable** [ɛ̃pʀənabl(ə)] *adj (forteresse)*

**impregnable**; **vue** ~ unimpeded outlook

**impresario** [ɛ̃pʀesaʀjo] *nm* manager, impresario

**impression** [ɛ̃pʀesjɔ̃] *nf* impression; *(d'un ouvrage, tissu)* printing; *(Photo)* exposure; **faire bonne** ~ to make a good impression; **donner une** ~ **de/l'**~ **que** to give the impression of/that; **avoir l'**~ **de/que** to have the impression of/that; **faire** ~ to make an impression; ~**s de voyage** impressions of one's journey

**impressionnable** [ɛ̃pʀesjɔnabl(ə)] *adj* impressionable

**impressionnant, e** [ɛ̃pʀesjɔnɑ̃, -ɑ̃t] *adj* impressive; upsetting

**impressionner** [ɛ̃pʀesjɔne] *vt (frapper)* to impress; *(troubler)* to upset; *(Photo)* to expose

**impressionnisme** [ɛ̃pʀesjɔnism(ə)] *nm* impressionism

**impressionniste** [ɛ̃pʀesjɔnist(ə)] *adj, nm/f* impressionist

**imprévisible** [ɛ̃pʀevizibl(ə)] *adj* unforeseeable; *(réaction, personne)* unpredictable

**imprévoyance** [ɛ̃pʀevwajɑ̃s] *nf* lack of foresight

**imprévoyant, e** [ɛ̃pʀevwajɑ̃, -ɑ̃t] *adj* lacking in foresight; *(en matière d'argent)* improvident

**imprévu, e** [ɛ̃pʀevy] *adj* unforeseen, unexpected ▷ *nm* unexpected incident; **l'**~ the unexpected; **en cas d'**~ if anything unexpected happens; **sauf** ~ barring anything unexpected

**imprimante** [ɛ̃pʀimɑ̃t] *nf (Inform)* printer; ~ **à bulle d'encre** bubblejet printer; ~ **à jet d'encre** ink-jet printer; ~ **à laser** laser printer; ~ **(ligne par) ligne** line printer; ~ **à marguerite** daisy-wheel printer

**imprimé** [ɛ̃pʀime] *nm (formulaire)* printed form; *(Postes)* printed matter *no pl*; *(tissu)* printed fabric; **un** ~ **à fleurs/pois** *(tissu)* a floral/polka-dot print

**imprimer** [ɛ̃pʀime] *vt* to print; *(Inform)* to print (out); *(apposer: visa, cachet)* to stamp; *(empreinte etc)* to imprint; *(publier)* to publish; *(communiquer: mouvement, impulsion)* to impart, transmit

**imprimerie** [ɛ̃pʀimʀi] *nf* printing; *(établissement)* printing works *sg*; *(atelier)* printing house, printery

**imprimeur** [ɛ̃pʀimœʀ] *nm* printer; ~**-éditeur/-libraire** printer and publisher/bookseller

**improbable** [ɛ̃pʀɔbabl(ə)] *adj* unlikely, improbable

**improductif, -ive** [ɛ̃pʀɔdyktif, -iv] *adj* unproductive

**impromptu, e** [ɛ̃pʀɔ̃pty] *adj* impromptu; *(départ)* sudden

**imprononçable** [ɛ̃pʀɔnɔ̃sabl(ə)] *adj* unpronounceable

**impropre** [ɛ̃pʀɔpʀ(ə)] *adj* inappropriate; ~ **à** unsuitable for

**improprement** [ɛ̃pʀɔpʀəmɑ̃] *adv* improperly

**impropriété** [ɛ̃pʀɔpʀijete] *nf*: ~ **(de langage)** incorrect usage *no pl*

**improvisation** [ɛ̃pʀɔvizasjɔ̃] *nf* improvization

**improvisé, e** [ɛ̃pʀɔvize] *adj* makeshift, improvized; (*jeu etc*) scratch, improvized; **avec des moyens ~s** using whatever comes to hand
**improviser** [ɛ̃pʀɔvize] *vt, vi* to improvize; **s'improviser** (*secours, réunion*) to be improvized; **s'~ cuisinier** to (decide to) act as cook; **~ qn cuisinier** to get sb to act as cook
**improviste** [ɛ̃pʀɔvist(ə)]: **à l'~** *adv* unexpectedly, without warning
**imprudemment** [ɛ̃pʀydamɑ̃] *adv* carelessly; unwisely, imprudently
**imprudence** [ɛ̃pʀydɑ̃s] *nf* carelessness *no pl*; imprudence *no pl*; act of carelessness; (:) foolish *ou* unwise action
**imprudent, e** [ɛ̃pʀydɑ̃, -ɑ̃t] *adj* (*conducteur, geste, action*) careless; (*remarque*) unwise, imprudent; (*projet*) foolhardy
**impubère** [ɛ̃pybɛʀ] *adj* below the age of puberty
**impubliable** [ɛ̃pyblijabl(ə)] *adj* unpublishable
**impudemment** [ɛ̃pydamɑ̃] *adv* impudently
**impudence** [ɛ̃pydɑ̃s] *nf* impudence
**impudent, e** [ɛ̃pydɑ̃, -ɑ̃t] *adj* impudent
**impudeur** [ɛ̃pydœʀ] *nf* shamelessness
**impudique** [ɛ̃pydik] *adj* shameless
**impuissance** [ɛ̃pɥisɑ̃s] *nf* helplessness; ineffectualness; impotence
**impuissant, e** [ɛ̃pɥisɑ̃, -ɑ̃t] *adj* helpless; (*sans effet*) ineffectual; (*sexuellement*) impotent ▷ *nm* impotent man; **~ à faire qch** powerless to do sth
**impulsif, -ive** [ɛ̃pylsif, -iv] *adj* impulsive
**impulsion** [ɛ̃pylsjɔ̃] *nf* (*Élec, instinct*) impulse; (*élan, influence*) impetus
**impulsivement** [ɛ̃pylsivmɑ̃] *adv* impulsively
**impulsivité** [ɛ̃pylsivite] *nf* impulsiveness
**impunément** [ɛ̃pynemɑ̃] *adv* with impunity
**impuni, e** [ɛ̃pyni] *adj* unpunished
**impunité** [ɛ̃pynite] *nf* impunity
**impur, e** [ɛ̃pyʀ] *adj* impure
**impureté** [ɛ̃pyʀte] *nf* impurity
**imputable** [ɛ̃pytabl(ə)] *adj* (*attribuable*): **~ à** imputable to, ascribable to; (*Comm: somme*): **~ sur** chargeable to
**imputation** [ɛ̃pytasjɔ̃] *nf* imputation, charge
**imputer** [ɛ̃pyte] *vt* (*attribuer*): **~ qch à** to ascribe *ou* impute sth to; (*Comm*): **~ qch à** *ou* **sur** to charge sth to
**imputrescible** [ɛ̃pytʀesibl(ə)] *adj* rotproof
**in** [in] *adj inv* in, trendy
**INA** [ina] *sigle m* (= *Institut national de l'audio-visuel*) library of television archives
**inabordable** [inabɔʀdabl(ə)] *adj* (*lieu*) inaccessible; (*cher*) prohibitive
**inaccentué, e** [inaksɑ̃tɥe] *adj* (*Ling*) unstressed
**inacceptable** [inaksɛptabl(ə)] *adj* unacceptable
**inaccessible** [inaksesibl(ə)] *adj* inaccessible; (*objectif*) unattainable; (*insensible*): **~ à** impervious to
**inaccoutumé, e** [inakutyme] *adj* unaccustomed
**inachevé, e** [inaʃve] *adj* unfinished
**inactif, -ive** [inaktif, -iv] *adj* inactive, idle

**inaction** [inaksjɔ̃] *nf* inactivity
**inactivité** [inaktivite] *nf* (*Admin*): **en ~** out of active service
**inadaptation** [inadaptasjɔ̃] *nf* (*Psych*) maladjustment
**inadapté, e** [inadapte] *adj* (*Psych: adulte, enfant*) maladjusted ▷ *nm/f* (*péj: adulte: asocial*) misfit; **~ à** not adapted to, unsuited to
**inadéquat, e** [inadekwa, wat] *adj* inadequate
**inadéquation** [inadekwasjɔ̃] *nf* inadequacy
**inadmissible** [inadmisibl(ə)] *adj* inadmissible
**inadvertance** [inadvɛʀtɑ̃s]: **par ~** *adv* inadvertently
**inaliénable** [inaljenabl(ə)] *adj* inalienable
**inaltérable** [inalteʀabl(ə)] *adj* (*matière*) stable; (*fig*) unchanging; **~ à** unaffected by; **couleur ~ (au lavage/à la lumière)** fast colour/fade-resistant colour
**inamovible** [inamɔvibl(ə)] *adj* fixed; (*Jur*) irremovable
**inanimé, e** [inanime] *adj* (*matière*) inanimate; (*évanoui*) unconscious; (*sans vie*) lifeless
**inanité** [inanite] *nf* futility
**inanition** [inanisjɔ̃] *nf*: **tomber d'~** to faint with hunger (and exhaustion)
**inaperçu, e** [inapɛʀsy] *adj*: **passer ~** to go unnoticed
**inappétence** [inapetɑ̃s] *nf* lack of appetite
**inapplicable** [inaplikabl(ə)] *adj* inapplicable
**inapplication** [inaplikasjɔ̃] *nf* lack of application
**inappliqué, e** [inaplike] *adj* lacking in application
**inappréciable** [inapʀesjabl(ə)] *adj* (*service*) invaluable; (*différence, nuance*) inappreciable
**inapte** [inapt(ə)] *adj*: **~ à** incapable of; (*Mil*) unfit for
**inaptitude** [inaptityd] *nf* inaptitude; unfitness
**inarticulé, e** [inartikyle] *adj* inarticulate
**inassimilable** [inasimilabl(ə)] *adj* that cannot be assimilated
**inassouvi, e** [inasuvi] *adj* unsatisfied, unfulfilled
**inattaquable** [inatakabl(ə)] *adj* (*Mil*) unassailable; (*texte, preuve*) irrefutable
**inattendu, e** [inatɑ̃dy] *adj* unexpected ▷ *nm*: **l'~** the unexpected
**inattentif, -ive** [inatɑ̃tif, -iv] *adj* inattentive; **~ à** (*dangers, détails*) heedless of
**inattention** [inatɑ̃sjɔ̃] *nf* inattention; (*inadvertance*): **une minute d'~** a minute of inattention, a minute's carelessness; **par ~** inadvertently; **faute d'~** careless mistake
**inaudible** [inodibl(ə)] *adj* inaudible
**inaugural, e, -aux** [inɔgyʀal, -o] *adj* (*cérémonie*) inaugural, opening; (*vol, voyage*) maiden
**inauguration** [inɔgyʀasjɔ̃] *nf* unveiling; opening; **discours/cérémonie d'~** inaugural speech/ceremony
**inaugurer** [inɔgyʀe] *vt* (*monument*) to unveil; (*exposition, usine*) to open; (*fig*) to inaugurate
**inauthenticité** [inɔtɑ̃tisite] *nf* inauthenticity

**inavouable** [inavwabl(ə)] *adj* undisclosable; (*honteux*) shameful

**inavoué, e** [inavwe] *adj* unavowed

**INC** *sigle m* (= *Institut national de la consommation*) consumer research organization

**inca** [ɛ̃ka] *adj inv* Inca ▷ *nm/f*: **Inca** Inca

**incalculable** [ɛ̃kalkylabl(ə)] *adj* incalculable; **un nombre ~ de** countless numbers of

**incandescence** [ɛ̃kɑ̃desɑ̃s] *nf* incandescence; **en ~** incandescent, white-hot; **porter à ~ to** heat white-hot; **lampe/manchon à ~** incandescent lamp/(gas) mantle

**incandescent, e** [ɛ̃kɑ̃desɑ̃, -ɑ̃t] *adj* incandescent, white-hot

**incantation** [ɛ̃kɑ̃tasjɔ̃] *nf* incantation

**incantatoire** [ɛ̃kɑ̃tatwaʀ] *adj*: **formule ~** incantation

**incapable** [ɛ̃kapabl(ə)] *adj* incapable; **~ de faire** incapable of doing; (*empêché*) unable to do

**incapacitant, e** [ɛ̃kapasitɑ̃, -ɑ̃t] *adj* (*Mil*) incapacitating

**incapacité** [ɛ̃kapasite] *nf* incapability; (*Jur*) incapacity; **être dans l'~ de faire** to be unable to do; **~ permanente/de travail** permanent/ industrial disablement; **~ électorale** ineligibility to vote

**incarcération** [ɛ̃kaʀseʀasjɔ̃] *nf* incarceration

**incarcérer** [ɛ̃kaʀseʀe] *vt* to incarcerate

**incarnat, e** [ɛ̃kaʀna, -at] *adj* (rosy) pink

**incarnation** [ɛ̃kaʀnasjɔ̃] *nf* incarnation

**incarné, e** [ɛ̃kaʀne] *adj* incarnate; (*ongle*) ingrown

**incarner** [ɛ̃kaʀne] *vt* to embody, personify; (*Théât*) to play; (*Rel*) to incarnate; **s'incarner dans** *vi* (*Rel*) to be incarnate in

**incartade** [ɛ̃kaʀtad] *nf* prank, escapade

**incassable** [ɛ̃kasabl(ə)] *adj* unbreakable

**incendiaire** [ɛ̃sɑ̃djɛʀ] *adj* incendiary; (*fig: discours*) inflammatory ▷ *nm/f* fire-raiser, arsonist

**incendie** [ɛ̃sɑ̃di] *nm* fire; **~ criminel** arson *no pl*; **~ de forêt** forest fire

**incendier** [ɛ̃sɑ̃dje] *vt* (*mettre le feu à*) to set fire to, set alight; (*brûler complètement*) to burn down

**incertain, e** [ɛ̃sɛʀtɛ̃, -en] *adj* uncertain; (*temps*) uncertain, unsettled, (*imprécis: contours*) indistinct, blurred

**incertitude** [ɛ̃sɛʀtityd] *nf* uncertainty

**incessamment** [ɛ̃sesamɑ̃] *adv* very shortly

**incessant, e** [ɛ̃sesɑ̃, -ɑ̃t] *adj* incessant, unceasing

**incessible** [ɛ̃sesibl(ə)] *adj* (*Jur*) non-transferable

**inceste** [ɛ̃sɛst(ə)] *nm* incest

**incestueux, -euse** [ɛ̃sɛstɥø, -øz] *adj* incestuous

**inchangé, e** [ɛ̃ʃɑ̃ʒe] *adj* unchanged, unaltered

**inchantable** [ɛ̃ʃɑ̃tabl(ə)] *adj* unsingable

**inchauffable** [ɛ̃ʃofabl(ə)] *adj* impossible to heat

**incidemment** [ɛ̃sidamɑ̃] *adv* in passing

**incidence** [ɛ̃sidɑ̃s] *nf* (*effet, influence*) effect; (*Physique*) incidence

**incident** [ɛ̃sidɑ̃] *nm* incident; **~ de frontière** border incident; **~ de parcours** minor hitch *ou*

setback; **~ technique** technical difficulties *pl*, technical hitch

**incinérateur** [ɛ̃sineʀatœʀ] *nm* incinerator

**incinération** [ɛ̃sineʀasjɔ̃] *nf* (*d'ordures*) incineration; (*crémation*) cremation

**incinérer** [ɛ̃sineʀe] *vt* (*ordures*) to incinerate; (*mort*) to cremate

**incise** [ɛ̃siz] *nf* (*Ling*) interpolated clause

**inciser** [ɛ̃size] *vt* to make an incision in; (*abcès*) to lance

**incisif, -ive** [ɛ̃sizif, -iv] *adj* incisive, cutting ▷ *nf* incisor

**incision** [ɛ̃sizjɔ̃] *nf* incision; (*d'un abcès*) lancing

**incitation** [ɛ̃sitasjɔ̃] *nf* (*encouragement*) incentive; (*provocation*) incitement

**inciter** [ɛ̃site] *vt*: **~ qn à (faire) qch** to prompt *ou* encourage sb to do sth; (*à la révolte etc*) to incite sb to do sth

**incivil, e** [ɛ̃sivil] *adj* uncivil

**incivilité** [ɛ̃sivilite] *nf* (*grossièreté*) incivility; **incivilités** *nfpl* antisocial behaviour *sg*

**inclinable** [ɛ̃klinabl(ə)] *adj* (*dossier etc*) tilting; **siège à dossier ~** reclining seat

**inclinaison** [ɛ̃klinɛzɔ̃] *nf* (*déclivité: d'une route etc*) incline; (: *d'un toit*) slope; (*état penché: d'un mur*) lean; (: *de la tête*) tilt; (: *d'un navire*) list

**inclination** [ɛ̃klinasjɔ̃] *nf* (*penchant*) inclination, tendency; **montrer de l'~ pour les sciences** *etc* to show an inclination for the sciences *etc*; **~s égoïstes/altruistes** egoistic/altruistic tendencies; **~ de (la) tête** nod (of the head); **~ (de buste)** bow

**incliner** [ɛ̃kline] *vt* (*bouteille*) to tilt; (*tête*) to incline; (*inciter*): **~ qn à qch/à faire** to encourage sb towards sth/to do ▷ *vi*: **~ à qch/à faire** (*tendre à, pencher pour*) to incline towards sth/doing, tend towards sth/to do; **s'incliner** *vi* (*route*) to slope; (*toit*) to be sloping; **s'~ (devant)** to bow (before)

**inclure** [ɛ̃klyʀ] *vt* to include; (*joindre à un envoi*) to enclose; **jusqu'au 10 mars inclus** until 10th March inclusive

**inclus, e** [ɛ̃kly, -yz] *pp de* **inclure** ▷ *adj* (*joint à un envoi*) enclosed; (*compris: frais, dépense*) included; (*Math: ensemble*): **~ dans** included in; **jusqu'au troisième chapitre** up to and including the third chapter

**inclusion** [ɛ̃klyzjɔ̃] *nf* (*voir inclure*) inclusion; enclosing

**inclusivement** [ɛ̃klyzivmɑ̃] *adv* inclusively

**inclut** [ɛ̃kly] *vb voir* **inclure**

**incoercible** [ɛ̃kɔɛʀsibl(ə)] *adj* uncontrollable

**incognito** [ɛ̃kɔɲito] *adv* incognito ▷ *nm*: **garder l'~** to remain incognito

**incohérence** [ɛ̃kɔeʀɑ̃s] *nf* inconsistency; incoherence

**incohérent, e** [ɛ̃kɔeʀɑ̃, -ɑ̃t] *adj* inconsistent; incoherent

**incollable** [ɛ̃kɔlabl(ə)] *adj* (*riz*) that does not stick; (*fam: personne*): **il est ~** he's got all the answers

**incolore** [ɛ̃kɔlɔʀ] *adj* colourless

**incomber** [ɛ̃kɔ̃be]: ~ **à** vt (devoirs, responsabilité) to rest ou be incumbent upon; (: frais, travail) to be the responsibility of

**incombustible** [ɛ̃kɔ̃bystibl(ə)] adj incombustible

**incommensurable** [ɛ̃kɔmɑ̃syrabl(ə)] adj immeasurable

**incommodant, e** [ɛ̃kɔmɔdɑ̃, -ɑ̃t] adj (bruit) annoying; (chaleur) uncomfortable

**incommode** [ɛ̃kɔmɔd] adj inconvenient; (posture, siège) uncomfortable

**incommodément** [ɛ̃kɔmɔdemɑ̃] adv (installé, assis) uncomfortably; (logé, situé) inconveniently

**incommoder** [ɛ̃kɔmɔde] vt: ~ **qn** to bother ou inconvenience sb; (embarrasser) to make sb feel uncomfortable ou ill at ease

**incommodité** [ɛ̃kɔmɔdite] nf inconvenience

**incommunicable** [ɛ̃kɔmynikabl(ə)] adj (Jur: droits, privilèges) non-transferable; (pensée) incommunicable

**incomparable** [ɛ̃kɔ̃parabl(ə)] adj not comparable; (inégalable) incomparable, matchless

**incomparablement** [ɛ̃kɔ̃parabləmɑ̃] adv incomparably

**incompatibilité** [ɛ̃kɔ̃patibilite] nf incompatibility; ~ **d'humeur** (mutual) incompatibility

**incompatible** [ɛ̃kɔ̃patibl(ə)] adj incompatible

**incompétence** [ɛ̃kɔ̃petɑ̃s] nf lack of expertise; incompetence

**incompétent, e** [ɛ̃kɔ̃petɑ̃, -ɑ̃t] adj (ignorant) inexpert; (incapable) incompetent, not competent

**incomplet, -ète** [ɛ̃kɔ̃plɛ, -ɛt] adj incomplete

**incomplètement** [ɛ̃kɔ̃plɛtmɑ̃] adv not completely, incompletely

**incompréhensible** [ɛ̃kɔ̃preɑ̃sibl(ə)] adj incomprehensible

**incompréhensif, -ive** [ɛ̃kɔ̃preɑ̃sif, -iv] adj lacking in understanding, unsympathetic

**incompréhension** [ɛ̃kɔ̃preɑ̃sjɔ̃] nf lack of understanding

**incompressible** [ɛ̃kɔ̃presibl(ə)] adj (Physique) incompressible; (fig: dépenses) that cannot be reduced; (Jur: peine) irreducible

**incompris, e** [ɛ̃kɔ̃pri, -iz] adj misunderstood

**inconcevable** [ɛ̃kɔ̃svabl(ə)] adj (conduite etc) inconceivable; (mystère) incredible

**inconciliable** [ɛ̃kɔ̃siljabl(ə)] adj irreconcilable

**inconditionnel, le** [ɛ̃kɔ̃disjɔnɛl] adj unconditional; (partisan) unquestioning ▷ nm/f (partisan) unquestioning supporter

**inconditionnellement** [ɛ̃kɔ̃disjɔnɛlmɑ̃] adv unconditionally

**inconduite** [ɛ̃kɔ̃dɥit] nf bad ou unsuitable behaviour no pl

**inconfort** [ɛ̃kɔ̃fɔr] nm lack of comfort, discomfort

**inconfortable** [ɛ̃kɔ̃fɔrtabl(ə)] adj uncomfortable

**inconfortablement** [ɛ̃kɔ̃fɔrtabləmɑ̃] adv uncomfortably

**incongru, e** [ɛ̃kɔ̃gry] adj unseemly; (remarque) ill-chosen, incongruous

**incongruité** [ɛ̃kɔ̃gryite] nf unseemliness; incongruity; (parole incongrue) ill-chosen remark

**inconnu, e** [ɛ̃kɔny] adj unknown; (sentiment, plaisir) new, strange ▷ nm/f stranger; unknown person (ou artist etc) ▷ nm: **l'~** the unknown ▷ nf (Math) unknown; (fig) unknown factor

**inconsciemment** [ɛ̃kɔ̃sjamɑ̃] adv unconsciously

**inconscience** [ɛ̃kɔ̃sjɑ̃s] nf unconsciousness; recklessness

**inconscient, e** [ɛ̃kɔ̃sjɑ̃, -ɑ̃t] adj unconscious; (irréfléchi) reckless ▷ nm (Psych): **l'~** the subconscious, the unconscious; ~ **de** unaware of

**inconséquence** [ɛ̃kɔ̃sekɑ̃s] nf inconsistency; thoughtlessness; (action, parole) thoughtless thing to do (ou say)

**inconséquent, e** [ɛ̃kɔ̃sekɑ̃, -ɑ̃t] adj (illogique) inconsistent; (irréfléchi) thoughtless

**inconsidéré, e** [ɛ̃kɔ̃sidere] adj ill-considered

**inconsidérément** [ɛ̃kɔ̃sideremɑ̃] adv thoughtlessly

**inconsistant, e** [ɛ̃kɔ̃sistɑ̃, -ɑ̃t] adj flimsy, weak; (crème etc) runny

**inconsolable** [ɛ̃kɔ̃sɔlabl(ə)] adj inconsolable

**inconstance** [ɛ̃kɔ̃stɑ̃s] nf inconstancy, fickleness

**inconstant, e** [ɛ̃kɔ̃stɑ̃, -ɑ̃t] adj inconstant, fickle

**inconstitutionnel, le** [ɛ̃kɔ̃stitysjɔnɛl] adj unconstitutional

**incontestable** [ɛ̃kɔ̃tɛstabl(ə)] adj unquestionable, indisputable

**incontestablement** [ɛ̃kɔ̃tɛstabləmɑ̃] adv unquestionably, indisputably

**incontesté, e** [ɛ̃kɔ̃tɛste] adj undisputed

**incontinence** [ɛ̃kɔ̃tinɑ̃s] nf (Méd) incontinence

**incontinent, e** [ɛ̃kɔ̃tinɑ̃, -ɑ̃t] adj (Méd) incontinent ▷ adv (tout de suite) forthwith

**incontournable** [ɛ̃kɔ̃turnabl(ə)] adj unavoidable

**incontrôlable** [ɛ̃kɔ̃trolabl(ə)] adj unverifiable

**incontrôlé, e** [ɛ̃kɔ̃trole] adj uncontrolled

**inconvenance** [ɛ̃kɔ̃vnɑ̃s] nf (parole, action) impropriety

**inconvenant, e** [ɛ̃kɔ̃vnɑ̃, -ɑ̃t] adj unseemly, improper

**inconvénient** [ɛ̃kɔ̃venjɑ̃] nm (d'une situation, d'un projet) disadvantage, drawback; (d'un remède, changement etc) risk, inconvenience; **si vous n'y voyez pas d'~** if you have no objections; **y a-t-il un ~ à ...?** (risque) isn't there a risk in ...?; (objection) is there any objection to ...?

**inconvertible** [ɛ̃kɔ̃vertibl(ə)] adj inconvertible

**incorporation** [ɛ̃kɔrpɔrasjɔ̃] nf (Mil) call-up

**incorporé, e** [ɛ̃kɔrpɔre] adj (micro etc) built-in

**incorporel, le** [ɛ̃kɔrpɔrɛl] adj (Jur): **biens ~s** intangible property

**incorporer** [ɛ̃kɔrpɔre] vt: ~ **(à)** to mix in (with); (paragraphe etc): ~ **(dans)** to incorporate (in);

(*territoire, immigrants*): ~ **(dans)** to incorporate (into); (*Mil: appeler*) to recruit, call up; (: *affecter*): ~ **qn dans** to enlist sb into

**incorrect, e** [ɛ̃kɔʀɛkt] *adj* (*impropre, inconvenant*) improper; (*défectueux*) faulty; (*inexact*) incorrect; (*impoli*) impolite; (*déloyal*) underhand

**incorrectement** [ɛ̃kɔʀɛktəmɑ̃] *adv* improperly; faultily; incorrectly; impolitely; in an underhand way

**incorrection** [ɛ̃kɔʀɛksjɔ̃] *nf* impropriety; incorrectness; underhand nature; (*terme impropre*) impropriety; (*action, remarque*) improper behaviour (*ou* remark)

**incorrigible** [ɛ̃kɔʀiʒibl(ə)] *adj* incorrigible

**incorruptible** [ɛ̃kɔʀyptibl(ə)] *adj* incorruptible

**incrédibilité** [ɛ̃kʀedibilite] *nf* incredibility

**incrédule** [ɛ̃kʀedyl] *adj* incredulous; (Rel) unbelieving

**incrédulité** [ɛ̃kʀedylite] *nf* incredulity; **avec ~** incredulously

**increvable** [ɛ̃kʀəvabl(ə)] *adj* (*pneu*) puncture-proof; (*fam*) tireless

**incriminer** [ɛ̃kʀimine] *vt* (*personne*) to incriminate; (*action, conduite*) to bring under attack; (*bonne foi, honnêteté*) to call into question; **livre/article incriminé** offending book/article

**incrochetable** [ɛ̃kʀɔʃtabl(ə)] *adj* (*serrure*) that can't be picked, burglarproof

**incroyable** [ɛ̃kʀwajabl(ə)] *adj* incredible, unbelievable

**incroyablement** [ɛ̃kʀwajabləmɑ̃] *adv* incredibly, unbelievably

**incroyant, e** [ɛ̃kʀwajɑ̃, -ɑ̃t] *nm/f* non-believer

**incrustation** [ɛ̃kʀystasjɔ̃] *nf* inlaying *no pl*; inlay; (*dans une chaudière etc*) fur *no pl*, scale *no pl*

**incruster** [ɛ̃kʀyste] *vt* (Art): ~ **qch dans/qch de** to inlay sth into/sth with; (*radiateur etc*) to coat with scale *ou* fur; **s'incruster** *vi* (*invité*) to take root; (*radiateur etc*) to become coated with scale *ou* fur; **s' ~ dans** (*corps étranger, caillou*) to become embedded in

**incubateur** [ɛ̃kybatœʀ] *nm* incubator

**incubation** [ɛ̃kybasjɔ̃] *nf* incubation

**inculpation** [ɛ̃kylpasjɔ̃] *nf* charging *no pl*; charge; **sous l' ~ de** on a charge of

**inculpé, e** [ɛ̃kylpe] *nm/f* accused

**inculper** [ɛ̃kylpe] *vt*: ~ **(de)** to charge (with)

**inculquer** [ɛ̃kylke] *vt*: ~ **qch à** to inculcate sth in, instil into

**inculte** [ɛ̃kylt(ə)] *adj* uncultivated; (*esprit, peuple*) uncultured; (*barbe*) unkempt

**incultivable** [ɛ̃kyltivabl(ə)] *adj* (*terrain*) unworkable

**inculture** [ɛ̃kyltyʀ] *nf* lack of education

**incurable** [ɛ̃kyʀabl(ə)] *adj* incurable

**incurie** [ɛ̃kyʀi] *nf* carelessness

**incursion** [ɛ̃kyʀsjɔ̃] *nf* incursion, foray

**incurvé, e** [ɛ̃kyʀve] *adj* curved

**incurver** [ɛ̃kyʀve] *vt* (*barre de fer*) to bend into a curve; **s'incurver** *vi* (*planche, route*) to bend

**Inde** [ɛ̃d] *nf*: **l' ~** India

**indécemment** [ɛ̃desamɑ̃] *adv* indecently

**indécence** [ɛ̃desɑ̃s] *nf* indecency; (*propos, acte*) indecent remark (*ou* act *etc*)

**indécent, e** [ɛ̃desɑ̃, -ɑ̃t] *adj* indecent

**indéchiffrable** [ɛ̃deʃifʀabl(ə)] *adj* indecipherable

**indéchirable** [ɛ̃deʃiʀabl(ə)] *adj* tear-proof

**indécis, e** [ɛ̃desi, -iz] *adj* indecisive; (*perplexe*) undecided

**indécision** [ɛ̃desizjɔ̃] *nf* indecision, indecisiveness

**indéclinable** [ɛ̃deklinabl(ə)] *adj* (Ling: *mot*) indeclinable

**indécomposable** [ɛ̃dekɔ̃pozabl(ə)] *adj* that cannot be broken down

**indécrottable** [ɛ̃dekʀɔtabl(ə)] *adj* (*fam*) hopeless

**indéfectible** [ɛ̃defɛktibl(ə)] *adj* (*attachement*) indestructible

**indéfendable** [ɛ̃defɑ̃dabl(ə)] *adj* indefensible

**indéfini, e** [ɛ̃defini] *adj* (*imprécis, incertain*) undefined; (*illimité*, Ling) indefinite

**indéfiniment** [ɛ̃definimɑ̃] *adv* indefinitely

**indéfinissable** [ɛ̃definisabl(ə)] *adj* indefinable

**indéformable** [ɛ̃defɔʀmabl(ə)] *adj* that keeps its shape

**indélébile** [ɛ̃delebil] *adj* indelible

**indélicat, e** [ɛ̃delika, -ɑt] *adj* tactless; (*malhonnête*) dishonest

**indélicatesse** [ɛ̃delikatɛs] *nf* tactlessness; dishonesty

**indémaillable** [ɛ̃demajabl(ə)] *adj* run-resist

**indemne** [ɛ̃dɛmn(ə)] *adj* unharmed

**indemnisable** [ɛ̃dɛmnizabl(ə)] *adj* entitled to compensation

**indemnisation** [ɛ̃dɛmnizasjɔ̃] *nf* (*somme*) indemnity, compensation

**indemniser** [ɛ̃dɛmnize] *vt*: ~ **qn (de)** to compensate sb (for); **se faire ~** to get compensation

**indemnité** [ɛ̃dɛmnite] *nf* (*dédommagement*) compensation *no pl*; (*allocation*) allowance; ~ **de licenciement** redundancy payment; ~ **de logement** housing allowance; ~ **parlementaire** ≈ MP's (*Brit*) *ou* Congressman's (US) salary

**indémontable** [ɛ̃demɔ̃tabl(ə)] *adj* (*meuble etc*) that cannot be dismantled, in one piece

**indéniable** [ɛ̃denjabl(ə)] *adj* undeniable, indisputable

**indéniablement** [ɛ̃denjabləmɑ̃] *adv* undeniably

**indépendamment** [ɛ̃depɑ̃damɑ̃] *adv* independently; ~ **de** independently of; (*abstraction faite de*) irrespective of; (*en plus de*) over and above

**indépendance** [ɛ̃depɑ̃dɑ̃s] *nf* independence; ~ **matérielle** financial independence

**indépendant, e** [ɛ̃depɑ̃dɑ̃, -ɑ̃t] *adj* independent; ~ **de** independent of; **chambre ~e** room with private entrance; **travailleur ~** self-employed worker

**indépendantiste** [ɛ̃depɑ̃dɑ̃tist(ə)] *adj, nm/f* separatist

**indéracinable** [ɛ̃deʀasinabl(ə)] *adj* (*fig: croyance etc*) ineradicable

**indéréglable** [ɛ̃deʀeglabl(ə)] *adj* which will not break down

**indescriptible** [ɛ̃dɛskʀiptibl(ə)] *adj* indescribable

**indésirable** [ɛ̃deziʀabl(ə)] *adj* undesirable

**indestructible** [ɛ̃dɛstʀyktibl(ə)] *adj* indestructible; (*marque, impression*) indelible

**indéterminable** [ɛ̃detɛʀminabl(ə)] *adj* indeterminable

**indétermination** [ɛ̃detɛʀminasjɔ̃] *nf* indecision, indecisiveness

**indéterminé, e** [ɛ̃detɛʀmine] *adj* unspecified; indeterminate; indeterminable

**index** [ɛ̃dɛks] *nm* (*doigt*) index finger; (*d'un livre etc*) index; **mettre à l'~** to blacklist

**indexation** [ɛ̃dɛksasjɔ̃] *nf* indexing

**indexé, e** [ɛ̃dɛkse] *adj* (*Écon*): **~ (sur)** index-linked (to)

**indexer** [ɛ̃dɛkse] *vt* (*salaire, emprunt*): **~ (sur)** to index (on)

**indicateur** [ɛ̃dikatœʀ] *nm* (*Police*) informer; (*livre*) guide; (: *liste*) directory; (*Tech*) gauge; indicator; (*Écon*) indicator ⊳ *adj*: **poteau ~** signpost; **tableau ~** indicator (board); **~ des chemins de fer** railway timetable; **~ de direction** (*Auto*) indicator; **~ immobilier** property gazette; **~ de niveau** level, gauge; **~ de pression** pressure gauge; **~ de rues** street directory; **~ de vitesse** speedometer

**indicatif, -ive** [ɛ̃dikatif, -iv] *adj*: **à titre ~** for (your) information ⊳ *nm* (*Ling*) indicative; (*d'une émission*) theme *ou* signature tune; (*Tél*) dialling code; **~ d'appel** (*Radio*) call sign

**indication** [ɛ̃dikasjɔ̃] *nf* indication; (*renseignement*) information *no pl*; **indications** *nfpl* (*directives*) instructions; **~ d'origine** (*Comm*) place of origin

**indice** [ɛ̃dis] *nm* (*marque, signe*) indication, sign; (*Police: lors d'une enquête*) clue; (*Jur: présomption*) piece of evidence; (*Science, Écon, Tech*) index; (*Admin*) grading; rating; **~ du coût de la vie** cost-of-living index; **~ inférieur** subscript; **~ d'octane** octane rating; **~ des prix** price index; **~ de traitement** salary grading

**indicible** [ɛ̃disibl(ə)] *adj* inexpressible

**indien, ne** [ɛ̃djɛ̃, -ɛn] *adj* Indian ⊳ *nm/f*: **Indien, ne** (*d'Amérique*) Native American; (*d'Inde*) Indian

**indifféremment** [ɛ̃difeʀamɑ̃] *adv* (*sans distinction*) equally; indiscriminately

**indifférence** [ɛ̃difeʀɑ̃s] *nf* indifference

**indifférencié, e** [ɛ̃difeʀɑ̃sje] *adj* undifferentiated

**indifférent, e** [ɛ̃difeʀɑ̃, -ɑ̃t] *adj* (*peu intéressé*) indifferent; **~ à** (*insensible à*) indifferent to, unconcerned about; (*peu intéressant pour*) indifferent to; immaterial to; **ça m'est ~ (que ...)** it doesn't matter to me (whether ...)

**indifférer** [ɛ̃difeʀe] *vt*: **cela m'indiffère** I'm indifferent about it

**indigence** [ɛ̃diʒɑ̃s] *nf* poverty; **être dans l'~** to be destitute

**indigène** [ɛ̃diʒɛn] *adj* native, indigenous; (*de la région*) local ⊳ *nm/f* native

**indigent, e** [ɛ̃diʒɑ̃, -ɑ̃t] *adj* destitute, poverty-stricken; (*fig*) poor

**indigeste** [ɛ̃diʒɛst(ə)] *adj* indigestible

**indigestion** [ɛ̃diʒɛstjɔ̃] *nf* indigestion *no pl*; **avoir une ~** to have indigestion

**indignation** [ɛ̃diɲasjɔ̃] *nf* indignation; **avec ~** indignantly

**indigne** [ɛ̃diɲ] *adj*: **~ (de)** unworthy (of)

**indigné, e** [ɛ̃diɲe] *adj* indignant

**indignement** [ɛ̃diɲmɑ̃] *adv* shamefully

**indigner** [ɛ̃diɲe] *vt* to make indignant; **s'indigner (de/contre)** *vi* to be (*ou* become) indignant (at)

**indignité** [ɛ̃diɲite] *nf* unworthiness *no pl*; (*acte*) shameful act

**indigo** [ɛ̃digo] *nm* indigo

**indiqué, e** [ɛ̃dike] *adj* (*date, lieu*) given, appointed; (*adéquat*) appropriate, suitable; (*conseillé*) advisable; (*remède, traitement*) appropriate

**indiquer** [ɛ̃dike] *vt* (*désigner*): **~ qch/qn à qn** to point sth/sb out to sb; (*pendule, aiguille*) to show; (*étiquette, plan*) to show, indicate; (*faire connaître: médecin, lieu*): **~ qch/qn à qn** to tell sb of sth/sb; (*renseigner sur*) to point out, tell; (*déterminer: date, lieu*) to give, state; (*dénoter*) to indicate, point to; **~ du doigt** to point out; **~ de la main** to indicate with one's hand; **~ du regard** to glance towards *ou* in the direction of; **pourriez-vous m'~ les toilettes/l'heure?** could you direct me to the toilets/tell me the time?

**indirect, e** [ɛ̃diʀɛkt] *adj* indirect

**indirectement** [ɛ̃diʀɛktəmɑ̃] *adv* indirectly; (*apprendre*) in a roundabout way

**indiscernable** [ɛ̃disɛʀnabl(ə)] *adj* undiscernable

**indiscipline** [ɛ̃disiplin] *nf* lack of discipline

**indiscipliné, e** [ɛ̃disipline] *adj* undisciplined; (*fig*) unmanageable

**indiscret, -ète** [ɛ̃diskʀɛ, -ɛt] *adj* indiscreet

**indiscrétion** [ɛ̃diskʀesjɔ̃] *nf* indiscretion; **sans ~, ...** without wishing to be indiscreet, ...

**indiscutable** [ɛ̃diskytabl(ə)] *adj* indisputable

**indiscutablement** [ɛ̃diskytabləmɑ̃] *adv* indisputably

**indiscuté, e** [ɛ̃dispyte] *adj* (*incontesté: droit, chef*) undisputed

**indispensable** [ɛ̃dispɑ̃sabl(ə)] *adj* indispensable, essential; **~ à qn/pour faire qch** essential for sb/to do sth

**indisponibilité** [ɛ̃dispɔnibilite] *nf* unavailability

**indisponible** [ɛ̃dispɔnibl(ə)] *adj* unavailable

**indisposé, e** [ɛ̃dispoze] *adj* indisposed, unwell

**indisposer** [ɛ̃dispoze] *vt* (*incommoder*) to upset; (*déplaire à*) to antagonize

**indisposition** [ɛ̃dispozisjɔ̃] *nf* (slight) illness, indisposition

**indissociable** [ɛ̃disɔsjabl(ə)] adj indissociable
**indissoluble** [ɛ̃disɔlybl(ə)] adj indissoluble
**indissolublement** [ɛ̃disɔlyblǝmɑ̃] adv indissolubly
**indistinct, e** [ɛ̃distɛ̃, -ɛ̃kt(ə)] adj indistinct
**indistinctement** [ɛ̃distɛ̃ktǝmɑ̃] adv (voir, prononcer) indistinctly; (sans distinction) without distinction, indiscriminately
**individu** [ɛ̃dividy] nm individual
**individualiser** [ɛ̃dividɥalize] vt to individualize; (personnaliser) to tailor to individual requirements; **s'individualiser** vi to develop one's own identity
**individualisme** [ɛ̃dividɥalism(ə)] nm individualism
**individualiste** [ɛ̃dividɥalist(ə)] nm/f individualist
**individualité** [ɛ̃dividɥalite] nf individuality
**individuel, le** [ɛ̃dividɥɛl] adj (gén) individual; (opinion, livret, contrôle, avantages) personal; **chambre ~le** single room; **maison ~le** detached house; **propriété ~le** personal ou private property
**individuellement** [ɛ̃dividɥɛlmɑ̃] adv individually
**indivis, e** [ɛ̃divi, -iz] adj (Jur: bien, succession) indivisible; (: cohéritiers, propriétaires) joint
**indivisible** [ɛ̃divizibl(ə)] adj indivisible
**Indochine** [ɛ̃dɔʃin] nf: **l'~** Indochina
**indochinois, e** [ɛ̃dɔʃinwa, -waz] adj Indochinese
**indocile** [ɛ̃dɔsil] adj unruly
**indo-européen, ne** [ɛ̃dɔøʀɔpeɛ̃, -ɛn] adj Indo-European ▷ nm (Ling) Indo-European
**indolence** [ɛ̃dɔlɑ̃s] nf indolence
**indolent, e** [ɛ̃dɔlɑ̃, -ɑ̃t] adj indolent
**indolore** [ɛ̃dɔlɔʀ] adj painless
**indomptable** [ɛ̃dɔ̃tabl(ə)] adj untameable; (fig) invincible, indomitable
**indompté, e** [ɛ̃dɔ̃te] adj (cheval) unbroken
**Indonésie** [ɛ̃dɔnezi] nf: **l'~** Indonesia
**indonésien, ne** [ɛ̃dɔnezjɛ̃, -ɛn] adj Indonesian ▷ nm/f: **Indonésien, ne** Indonesian
**indu, e** [ɛ̃dy] adj: **à des heures ~es** at an ungodly hour
**indubitable** [ɛ̃dybitabl(ə)] adj indubitable
**indubitablement** [ɛ̃dybitablǝmɑ̃] adv indubitably
**induction** [ɛ̃dyksjɔ̃] nf induction
**induire** [ɛ̃dɥiʀ] vt: **~ qch de** to induce sth from; **~ qn en erreur** to lead sb astray, mislead sb
**indulgence** [ɛ̃dylʒɑ̃s] nf indulgence; leniency; **avec ~** indulgently; leniently
**indulgent, e** [ɛ̃dylʒɑ̃, -ɑ̃t] adj (parent, regard) indulgent; (juge, examinateur) lenient
**indûment** [ɛ̃dymɑ̃] adv without due cause; (illégitimement) wrongfully
**industrialisation** [ɛ̃dystʀijalizɑsjɔ̃] nf industrialization
**industrialisé, e** [ɛ̃dystʀijalize] adj industrialized
**industrialiser** [ɛ̃dystʀijalize] vt to

industrialize; **s'industrialiser** vi to become industrialized
**industrie** [ɛ̃dystʀi] nf industry; **~ automobile/textile** car/textile industry; **~ du spectacle** entertainment business
**industriel, le** [ɛ̃dystʀijɛl] adj industrial; (produit industriellement: pain etc) mass-produced, factory-produced ▷ nm industrialist; (fabricant) manufacturer
**industriellement** [ɛ̃dystʀijɛlmɑ̃] adv industrially
**industrieux, -euse** [ɛ̃dystʀijø, -øz] adj industrious
**inébranlable** [inebʀɑ̃labl(ə)] adj (masse, colonne) solid; (personne, certitude, foi) steadfast, unwavering
**inédit, e** [inedi, -it] adj (correspondance etc) (hitherto) unpublished; (spectacle, moyen) novel, original
**ineffable** [inefabl(ə)] adj inexpressible, ineffable
**ineffaçable** [inefasabl(ə)] adj indelible
**inefficace** [inefikas] adj (remède, moyen) ineffective; (machine, employé) inefficient
**inefficacité** [inefikasite] nf ineffectiveness; inefficiency
**inégal, e, -aux** [inegal, -o] adj unequal; (irrégulier) uneven
**inégalable** [inegalabl(e)] adj matchless
**inégalé, e** [inegale] adj unmatched, unequalled
**inégalement** [inegalmɑ̃] adv unequally
**inégalité** [inegalite] nf inequality; unevenness no pl; **~ de deux hauteurs** difference ou disparity between two heights; **~s de terrain** uneven ground
**inélégance** [inelegɑ̃s] nf inelegance
**inélégant, e** [inelegɑ̃, -ɑ̃t] adj inelegant; (indélicat) discourteous
**inéligible** [ineliʒibl(ə)] adj ineligible
**inéluctable** [inelyktabl(ə)] adj inescapable
**inéluctablement** [inelyktablǝmɑ̃] adv inescapably
**inemployable** [inɑ̃plwajabl(ə)] adj unusable
**inemployé, e** [inɑ̃plwaje] adj unused
**inénarrable** [inenaʀabl(ə)] adj hilarious
**inepte** [inɛpt(ə)] adj inept
**ineptie** [inɛpsi] nf ineptitude; (propos) nonsense no pl
**inépuisable** [inepɥizabl(ə)] adj inexhaustible
**inéquitable** [inekitabl(ə)] adj inequitable
**inerte** [inɛʀt(ə)] adj lifeless; (apathique) passive, inert; (Physique, Chimie) inert
**inertie** [inɛʀsi] nf inertia
**inescompté, e** [inɛskɔ̃te] adj unexpected, unhoped-for
**inespéré, e** [inɛspeʀe] adj unhoped-for, unexpected
**inesthétique** [inɛstetik] adj unsightly
**inestimable** [inɛstimabl(e)] adj priceless; (fig: bienfait) invaluable
**inévitable** [inevitabl(ə)] adj unavoidable; (fatal, habituel) inevitable

**inévitablement** [inevitabləmã] *adv* inevitably
**inexact, e** [inɛgzakt] *adj* inaccurate, inexact;
   *(non ponctuel)* unpunctual
**inexactement** [inɛgzaktəmã] *adv* inaccurately
**inexactitude** [inɛgzaktityd] *nf* inaccuracy
**inexcusable** [inɛkskyzabl(ə)] *adj* inexcusable,
   unforgivable
**inexécutable** [inɛgzekytabl(ə)] *adj*
   impracticable, unworkable; *(Mus)* unplayable
**inexistant, e** [inɛgzistã, -ãt] *adj* non-existent
**inexorable** [inɛgzɔrabl(ə)] *adj* inexorable;
   *(personne: dur)*: **~ (à)** unmoved (by)
**inexorablement** [inɛgzɔrabləmã] *adv*
   inexorably
**inexpérience** [inɛksperjãs] *nf* inexperience,
   lack of experience
**inexpérimenté, e** [inɛksperimãte] *adj*
   inexperienced; *(arme, procédé)* untested
**inexplicable** [inɛksplikabl(ə)] *adj* inexplicable
**inexplicablement** [inɛksplikabləmã] *adv*
   inexplicably
**inexpliqué, e** [inɛksplike] *adj* unexplained
**inexploitable** [inɛksplwatabl(ə)] *adj (gisement,
   richesse)* unexploitable; *(données, renseignements)*
   unusable
**inexploité, e** [inɛksplwate] *adj* unexploited,
   untapped
**inexploré, e** [inɛksplɔre] *adj* unexplored
**inexpressif, -ive** [inɛksprɛsif, -iv] *adj*
   inexpressive; *(regard etc)* expressionless
**inexpressivité** [inɛksprɛsivite] *nf*
   expressionlessness
**inexprimable** [inɛksprimabl(ə)] *adj*
   inexpressible
**inexprimé, e** [inɛksprime] *adj* unspoken,
   unexpressed
**inexpugnable** [inɛkspygnabl(ə)] *adj*
   impregnable
**inextensible** [inɛkstãsibl(ə)] *adj (tissu)* non-
   stretch
**in extenso** [inɛkstɛso] *adv* in full
**inextinguible** [inɛkstɛgibl(ə)] *adj (soif)*
   unquenchable; *(rire)* uncontrollable
**in extremis** [inɛkstremis] *adv* at the last
   minute *▷ adj* last-minute; *(testament)* death
   bed *cpd*
**inextricable** [inɛkstrikabl(ə)] *adj* inextricable
**inextricablement** [inɛkstrikabləmã] *adv*
   inextricably
**infaillibilité** [ɛ̃fajibilite] *nf* infallibility
**infaillible** [ɛ̃fajibl(ə)] *adj* infallible; *(instinct)*
   infallible, unerring
**infailliblement** [ɛ̃fajibləmã] *adv (certainement)*
   without fail
**infaisable** [ɛ̃fəzabl(ə)] *adj (travail etc)* impossible,
   impractical
**infamant, e** [ɛ̃famã, -ãt] *adj* libellous,
   defamatory
**infâme** [ɛ̃fam] *adj* vile
**infamie** [ɛ̃fami] *nf* infamy
**infanterie** [ɛ̃fãtri] *nf* infantry
**infanticide** [ɛ̃fãtisid] *nm/f* child-murderer,

murderess *▷ nm (meurtre)* infanticide
**infantile** [ɛ̃fãtil] *adj (Méd)* infantile, child *cpd*;
   *(péj: ton, réaction)* infantile, childish
**infantilisme** [ɛ̃fãtilism(ə)] *nm* infantilism
**infarctus** [ɛ̃farktys] *nm*: **~ (du myocarde)**
   coronary (thrombosis)
**infatigable** [ɛ̃fatigabl(ə)] *adj* tireless,
   indefatigable
**infatigablement** [ɛ̃fatigabləmã] *adv* tirelessly,
   indefatigably
**infatué, e** [ɛ̃fatɥe] *adj* conceited; **~ de** full of
**infécond, e** [ɛ̃fekɔ̃, -ɔ̃d] *adj* infertile, barren
**infect, e** [ɛ̃fɛkt] *adj* vile, foul; *(repas, vin)*
   revolting, foul
**infecter** [ɛ̃fɛkte] *vt (atmosphère, eau)* to
   contaminate; *(Méd)* to infect; **s'infecter** *vi* to
   become infected *ou* septic
**infectieux, -euse** [ɛ̃fɛksjø, -øz] *adj* infectious
**infection** [ɛ̃fɛksjɔ̃] *nf* infection
**inféoder** [ɛ̃feɔde] *vt*: **s'inféoder à** to pledge
   allegiance to
**inférer** [ɛ̃fere] *vt*: **~ qch de** to infer sth from
**inférieur, e** [ɛ̃ferjœr] *adj* lower; *(en qualité,
   intelligence)* inferior *▷ nm/f* inferior; **~ à** *(somme,
   quantité)* less *ou* smaller than; *(moins bon que)*
   inferior to; *(tâche: pas à la hauteur de)* unequal to
**infériorité** [ɛ̃ferjɔrite] *nf* inferiority; **~ en
   nombre** inferiority in numbers
**infernal, e, -aux** [ɛ̃fɛrnal, -o] *adj (chaleur, rythme)*
   infernal; *(méchanceté, complot)* diabolical
**infester** [ɛ̃fɛste] *vt* to infest; **infesté de
   moustiques** infested with mosquitoes,
   mosquito-ridden
**infidèle** [ɛ̃fidɛl] *adj* unfaithful; *(Rel)* infidel
**infidélité** [ɛ̃fidelite] *nf* unfaithfulness *no pl*
**infiltration** [ɛ̃filtrɑsjɔ̃] *nf* infiltration
**infiltrer** [ɛ̃filtre]: **s'~ dans** to
   penetrate into; *(liquide)* to seep into; *(fig:
   noyauter)* to infiltrate
**infime** [ɛ̃fim] *adj* minute, tiny; *(inférieur)* lowly
**infini, e** [ɛ̃fini] *adj* infinite *▷ nm* infinity; **à l'~**
   *(Math)* to infinity; *(discourir)* ad infinitum,
   endlessly; *(agrandir, varier)* infinitely; *(à perte de
   vue)* endlessly (into the distance)
**infiniment** [ɛ̃finimã] *adv* infinitely; **~ grand/
   petit** *(Math)* infinitely great/infinitesimal
**infinité** [ɛ̃finite] *nf*: **une ~ de** an infinite
   number of
**infinitésimal, e, -aux** [ɛ̃finitezimal, -o] *adj*
   infinitesimal
**infinitif, -ive** [ɛ̃finitif, -iv] *adj, nm* infinitive
**infirme** [ɛ̃firm(ə)] *adj* disabled *▷ nm/f* disabled
   person; **~ de guerre** war cripple; **~ du travail**
   industrially disabled person
**infirmer** [ɛ̃firme] *vt* to invalidate
**infirmerie** [ɛ̃firməri] *nf* sick bay
**infirmier, -ière** [ɛ̃firmje, -jɛr] *nm/f* nurse *▷ adj*:
   **élève ~** student nurse; **infirmière chef** sister;
   **infirmière diplômée** registered nurse;
   **infirmière visiteuse** visiting nurse, ≈ district
   nurse *(Brit)*
**infirmité** [ɛ̃firmite] *nf* disability

**inflammable** [ɛ̃flamabl(ə)] *adj* (in)flammable

**inflammation** [ɛ̃flamasjɔ̃] *nf* inflammation

**inflammatoire** [ɛ̃flamatwaʀ] *adj* (*Méd*) inflammatory

**inflation** [ɛ̃flɑsjɔ̃] *nf* inflation; ~ **rampante/galopante** creeping/galloping inflation

**inflationniste** [ɛ̃flɑsjɔnist(ə)] *adj* inflationist

**infléchir** [ɛ̃fleʃiʀ] *vt* (*fig: politique*) to reorientate, redirect; **s'infléchir** *vi* (*poutre, tringle*) to bend, sag

**inflexibilité** [ɛ̃flɛksibilite] *nf* inflexibility

**inflexible** [ɛ̃flɛksibl(ə)] *adj* inflexible

**inflexion** [ɛ̃flɛksjɔ̃] *nf* inflexion; ~ **de la tête** slight nod (of the head)

**infliger** [ɛ̃fliʒe] *vt*: ~ **qch (à qn)** to inflict sth (on sb); (*amende, sanction*) to impose sth (on sb)

**influençable** [ɛ̃flyɑ̃sabl(ə)] *adj* easily influenced

**influence** [ɛ̃flyɑ̃s] *nf* influence; (*d'un médicament*) effect

**influencer** [ɛ̃flyɑ̃se] *vt* to influence

**influent, e** [ɛ̃flyɑ̃, -ɑ̃t] *adj* influential

**influer** [ɛ̃flye]: ~ **sur** *vt* to have an influence upon

**influx** [ɛ̃fly] *nm*: ~ **nerveux** (nervous) impulse

**infobulle** [ɛ̃fobyl] *nf* (*Inform*) help bubble

**infographie** [ɛ̃fɔgrafi] *nf* computer graphics *sg*

**informateur, -trice** [ɛ̃fɔʀmatœʀ, -tʀis] *nm/f* informant

**informaticien, ne** [ɛ̃fɔʀmatisjɛ̃, -ɛn] *nm/f* computer scientist

**informatif, -ive** [ɛ̃fɔʀmatif, -iv] *adj* informative

**information** [ɛ̃fɔʀmɑsjɔ̃] *nf* (*renseignement*) piece of information; (*Presse, TV: nouvelle*) item of news; (*diffusion de renseignements, Inform*) information; (*Jur*) inquiry, investigation; **informations** *nfpl* (*TV*) news *sg*; **voyage d'~** fact-finding trip; **agence d'~** news agency; **journal d'~** quality (*Brit*) *ou* serious newspaper

**informatique** [ɛ̃fɔʀmatik] *nf* (*technique*) data processing; (*science*) computer science ▷ *adj* computer *cpd*

**informatisation** [ɛ̃fɔʀmatizasjɔ̃] *nf* computerization

**informatiser** [ɛ̃fɔʀmatize] *vt* to computerize

**informe** [ɛ̃fɔʀm(ə)] *adj* shapeless

**informé, e** [ɛ̃fɔʀme] *adj*: **jusqu'à plus ample ~** until further information is available

**informel, le** [ɛ̃fɔʀmɛl] *adj* informal

**informer** [ɛ̃fɔʀme] *vt*: ~ **qn (de)** to inform sb (of) ▷ *vi* (*Jur*): ~ **contre qn/sur qch** to initiate inquiries about sb/sth; **s'informer (sur)** to inform o.s. (about); **s'~ (de qch/si)** to inquire *ou* find out (about sth/whether *ou* if)

**informulé, e** [ɛ̃fɔʀmyle] *adj* unformulated

**infortune** [ɛ̃fɔʀtyn] *nf* misfortune

**infos** [ɛ̃fo] *nfpl* (= *informations*) news

**infraction** [ɛ̃fʀaksjɔ̃] *nf* offence; ~ **à** violation *ou* breach of; **être en** ~ to be in breach of the law

**infranchissable** [ɛ̃fʀɑ̃ʃisabl(ə)] *adj* impassable; (*fig*) insuperable

**infrarouge** [ɛ̃fʀaʀuʒ] *adj, nm* infrared

**infrason** [ɛ̃fʀasɔ̃] *nm* infrasonic vibration

**infrastructure** [ɛ̃fʀastʀyktyʀ] *nf* (*d'une route etc*) substructure; (*Aviat, Mil*) ground installations *pl*; (*touristique etc*) facilities *pl*

**infréquentable** [ɛ̃fʀekɑ̃tabl(ə)] *adj* not to be associated with

**infroissable** [ɛ̃fʀwasabl(ə)] *adj* crease-resistant

**infructueux, -euse** [ɛ̃fʀyktɥø, -øz] *adj* fruitless, unfruitful

**infus, e** [ɛ̃fy, -yz] *adj*: **avoir la science ~e** to have innate knowledge

**infuser** [ɛ̃fyze] *vt* (*aussi*: **faire infuser**: *thé*) to brew; (: *tisane*) to infuse ▷ *vi* to brew; to infuse; **laisser** ~ (to leave) to brew

**infusion** [ɛ̃fyzjɔ̃] *nf* (*tisane*) infusion, herb tea

**ingambe** [ɛ̃gɑ̃b] *adj* spry, nimble

**ingénier** [ɛ̃ʒenje]: **s'ingénier** *vi*: **s'~ à faire** to strive to do

**ingénierie** [ɛ̃ʒeniʀi] *nf* engineering

**ingénieur** [ɛ̃ʒenjœʀ] *nm* engineer; ~ **agronome/chimiste** agricultural/chemical engineer; ~ **conseil** consulting engineer; ~ **du son** sound engineer

**ingénieusement** [ɛ̃ʒenjøzmɑ̃] *adv* ingeniously

**ingénieux, -euse** [ɛ̃ʒenjø, -øz] *adj* ingenious, clever

**ingéniosité** [ɛ̃ʒenjozite] *nf* ingenuity

**ingénu, e** [ɛ̃ʒeny] *adj* ingenuous, artless ▷ *nf* (*Théât*) ingénue

**ingénuité** [ɛ̃ʒenɥite] *nf* ingenuousness

**ingénument** [ɛ̃ʒenymɑ̃] *adv* ingenuously

**ingérence** [ɛ̃ʒeʀɑ̃s] *nf* interference

**ingérer** [ɛ̃ʒeʀe]: **s'ingérer** *vi*: **s'~ dans** to interfere in

**ingouvernable** [ɛ̃guvɛʀnabl(ə)] *adj* ungovernable

**ingrat, e** [ɛ̃gʀa, -at] *adj* (*personne*) ungrateful; (*sol*) poor; (*travail, sujet*) arid, thankless; (*visage*) unprepossessing

**ingratitude** [ɛ̃gʀatityd] *nf* ingratitude

**ingrédient** [ɛ̃gʀedjɑ̃] *nm* ingredient

**inguérissable** [ɛ̃geʀisabl(ə)] *adj* incurable

**ingurgiter** [ɛ̃gyʀʒite] *vt* to swallow; **faire ~ qch à qn** to make sb swallow sth; (*fig: connaissances*) to force sth into sb

**inhabile** [inabil] *adj* clumsy; (*fig*) inept

**inhabitable** [inabitabl(ə)] *adj* uninhabitable

**inhabité, e** [inabite] *adj* (*régions*) uninhabited; (*maison*) unoccupied

**inhabituel, le** [inabitɥɛl] *adj* unusual

**inhalateur** [inalatœʀ] *nm* inhaler; ~ **d'oxygène** oxygen mask

**inhalation** [inalɑsjɔ̃] *nf* (*Méd*) inhalation; **faire des ~s** to use an inhalation bath

**inhaler** [inale] *vt* to inhale

**inhérent, e** [ineʀɑ̃, -ɑ̃t] *adj*: ~ **à** inherent in

**inhiber** [inibe] *vt* to inhibit

**inhibition** [inibisjɔ̃] *nf* inhibition

**inhospitalier, -ière** [inɔspitalje, -jɛʀ] *adj* inhospitable

**inhumain, e** [inymɛ̃, -ɛn] *adj* inhuman

**inhumation** [inymɑsjɔ̃] *nf* interment, burial

**inhumer** [inyme] *vt* to inter, bury

**inimaginable** [inimaʒinabl(ə)] *adj* unimaginable

**inimitable** [inimitabl(ə)] *adj* inimitable

**inimitié** [inimitje] *nf* enmity

**ininflammable** [inɛ̃flamabl(ə)] *adj* non-flammable

**inintelligent, e** [inɛ̃teliʒã, -ãt] *adj* unintelligent

**inintelligible** [inɛ̃teliʒibl(ə)] *adj* unintelligible

**inintelligiblement** [inɛ̃teliʒibləmã] *adv* unintelligibly

**inintéressant, e** [inɛ̃teʀɛsã, -ãt] *adj* uninteresting

**ininterrompu, e** [inɛ̃teʀɔ̃py] *adj* (*file, série*) unbroken; (*flot, vacarme*) uninterrupted, non-stop; (*effort*) unremitting, continuous

**iniquité** [inikite] *nf* iniquity

**initial, e, -aux** [inisjal, -o] *adj, nf* initial; **initiales** *nfpl* initials

**initialement** [inisjalmã] *adv* initially

**initialiser** [inisjalize] *vt* to initialize

**initiateur, -trice** [inisjatœʀ, -tʀis] *nm/f* initiator; (*d'une mode, technique*) innovator, pioneer

**initiation** [inisjasjɔ̃] *nf* initiation

**initiatique** [inisjatik] *adj* (*rites, épreuves*) initiatory

**initiative** [inisjativ] *nf* initiative; **prendre l'~ de qch/de faire** to take the initiative for sth/of doing; **avoir de l'~** to have initiative, show enterprise; **esprit/qualités d'~** spirit/qualities of initiative; **à** *ou* **sur l'~ de qn** on sb's initiative; **de sa propre ~** on one's own initiative

**initié, e** [inisje] *adj* initiated ▷ *nm/f* initiate

**initier** [inisje] *vt* to initiate; **~ qn à** to initiate sb into; (*faire découvrir: art, jeu*) to introduce sb to; **s'initier à** *vi* (*métier, profession, technique*) to become initiated into

**injectable** [ɛ̃ʒɛktabl(ə)] *adj* injectable

**injecté, e** [ɛ̃ʒɛkte] *adj:* **yeux ~s de sang** bloodshot eyes

**injecter** [ɛ̃ʒɛkte] *vt* to inject

**injection** [ɛ̃ʒɛksjɔ̃] *nf* injection; **à ~** (*Auto*) fuel injection *cpd*

**injonction** [ɛ̃ʒɔ̃ksjɔ̃] *nf* injunction, order; **~ de payer** (*Jur*) order to pay

**injouable** [ɛ̃ʒwabl(ə)] *adj* unplayable

**injure** [ɛ̃ʒyʀ] *nf* insult, abuse *no pl*

**injurier** [ɛ̃ʒyʀje] *vt* to insult, abuse

**injurieux, -euse** [ɛ̃ʒyʀjø, -øz] *adj* abusive, insulting

**injuste** [ɛ̃ʒyst(ə)] *adj* unjust, unfair

**injustement** [ɛ̃ʒystəmã] *adv* unjustly, unfairly

**injustice** [ɛ̃ʒystis] *nf* injustice

**injustifiable** [ɛ̃ʒystifjabl(ə)] *adj* unjustifiable

**injustifié, e** [ɛ̃ʒystifje] *adj* unjustified, unwarranted

**inlassable** [ɛ̃lasabl(ə)] *adj* tireless, indefatigable

**inlassablement** [ɛ̃lasabləmã] *adv* tirelessly

**inné, e** [ine] *adj* innate, inborn

**innocemment** [inɔsamã] *adv* innocently

**innocence** [inɔsãs] *nf* innocence

**innocent, e** [inɔsã, -ãt] *adj* innocent ▷ *nm/f* innocent person; **faire l'~** to play *ou* come the innocent

**innocenter** [inɔsãte] *vt* to clear, prove innocent

**innocuité** [inɔkɥite] *nf* innocuousness

**innombrable** [inɔ̃bʀabl(ə)] *adj* innumerable

**innommable** [inɔmabl(ə)] *adj* unspeakable

**innovateur, -trice** [inɔvatœʀ, -tʀis] *adj* innovatory

**innovation** [inɔvasjɔ̃] *nf* innovation

**innover** [inɔve] *vi:* **~ en matière d'art** to break new ground in the field of art

**inobservance** [inɔpsɛʀvãs] *nf* non-observance

**inobservation** [inɔpsɛʀvasjɔ̃] *nf* non-observation, inobservance

**inoccupé, e** [inɔkype] *adj* unoccupied

**inoculer** [inɔkyle] *vt:* **~ qch à qn** (*volontairement*) to inoculate sb with sth; (*accidentellement*) to infect sb with sth; **~ qn contre** to inoculate sb against

**inodore** [inɔdɔʀ] *adj* (*gaz*) odourless; (*fleur*) scentless

**inoffensif, -ive** [inɔfãsif, -iv] *adj* harmless, innocuous

**inondable** [inɔ̃dabl(ə)] *adj* (*zone etc*) liable to flooding

**inondation** [inɔ̃dasjɔ̃] *nf* flooding *no pl*; (*torrent, eau*) flood

**inonder** [inɔ̃de] *vt* to flood; (*fig*) to inundate, overrun; **~ de** (*fig*) to flood *ou* swamp with

**inopérable** [inɔpeʀabl(ə)] *adj* inoperable

**inopérant, e** [inɔpeʀã, -ãt] *adj* inoperative, ineffective

**inopiné, e** [inɔpine] *adj* unexpected, sudden

**inopinément** [inɔpinemã] *adv* unexpectedly

**inopportun, e** [inɔpɔʀtœ̃, -yn] *adj* ill-timed, untimely; inappropriate; (*moment*) inopportune

**inorganisation** [inɔʀganizasjɔ̃] *nf* lack of organization

**inorganisé, e** [inɔʀganize] *adj* (*travailleurs*) non-organized

**inoubliable** [inublijabl(ə)] *adj* unforgettable

**inouï, e** [inwi] *adj* unheard-of, extraordinary

**inox** [inɔks] *adj, nm* (= *inoxydable*) stainless (steel)

**inoxydable** [inɔksidabl(ə)] *adj* stainless; (*couverts*) stainless steel *cpd*

**inqualifiable** [ɛ̃kalifjabl(ə)] *adj* unspeakable

**inquiet, -ète** [ɛ̃kjɛ, -ɛt] *adj* (*par nature*) anxious; (*momentanément*) worried; **~ de qch/au sujet de qn** worried about sth/sb

**inquiétant, e** [ɛ̃kjetã, -ãt] *adj* worrying, disturbing

**inquiéter** [ɛ̃kjete] *vt* to worry, disturb; (*harceler*) to harass; **s'inquiéter** to worry, become anxious; **s'~ de** to worry about; (*s'enquérir de*) to inquire about

**inquiétude** [ɛ̃kjetyd] *nf* anxiety; **donner de l'~** *ou* **des ~s à** to worry; **avoir de l'~** *ou* **des ~s au sujet de** to feel anxious *ou* worried about

**inquisiteur, -trice** [ɛ̃kizitœʀ, -tʀis] *adj* (*regards, questions*) inquisitive, prying

**inquisition** [ɛ̃kizisjɔ̃] *nf* inquisition
**INRA** [inʀa] *sigle m* = **Institut national de la recherche agronomique**
**inracontable** [ɛ̃ʀakɔ̃tabl(ə)] *adj* (*trop osé*) unrepeatable; (*trop compliqué*): **l'histoire est ~** the story is too complicated to relate
**insaisissable** [ɛ̃sezisabl(ə)] *adj* elusive
**insalubre** [ɛ̃salybʀ(ə)] *adj* unhealthy, insalubrious
**insalubrité** [ɛ̃salybʀite] *nf* unhealthiness, insalubrity
**insanité** [ɛ̃sanite] *nf* madness *no pl*, insanity *no pl*
**insatiable** [ɛ̃sasjabl(ə)] *adj* insatiable
**insatisfaction** [ɛ̃satisfaksjɔ̃] *nf* dissatisfaction
**insatisfait, e** [ɛ̃satisfɛ, -ɛt] *adj* (*non comblé*) unsatisfied; (: *passion, envie*) unfulfilled; (*mécontent*) dissatisfied
**inscription** [ɛ̃skʀipsjɔ̃] *nf* (*sur un mur, écriteau etc*) inscription; (*à une institution: voir s'inscrire*) enrolment; registration
**inscrire** [ɛ̃skʀiʀ] *vt* (*marquer: sur son calepin etc*) to note *ou* write down; (: *sur un mur, une affiche etc*) to write; (: *dans la pierre, le métal*) to inscribe; (*mettre: sur une liste, un budget etc*) to put down; (*enrôler: soldat*) to enlist; **~ qn à** (*club, école etc*) to enrol sb at; **s'inscrire** *vi* (*pour une excursion etc*) to put one's name down; **s'~** (**à**) (*club, parti*) to join; (*université*) to register *ou* enrol (at); (*examen, concours*) to register *ou* enter (for); **s'~ dans** (*se situer: négociations etc*) to come within the scope of; **s'~ en faux contre** to deny (strongly); (*Jur*) to challenge
**inscrit, e** [ɛ̃skʀi, it] *pp de* **inscrire** ▷ *adj* (*étudiant, électeur etc*) registered
**insécable** [ɛ̃sekabl(ə)] *adj* (*Inform*) indivisible; **espace ~** hard space
**insecte** [ɛ̃sɛkt(ə)] *nm* insect
**insecticide** [ɛ̃sɛktisid] *nm* insecticide
**insécurité** [ɛ̃sekyʀite] *nf* insecurity, lack of security
**INSEE** [inse] *sigle m* (= *Institut national de la statistique et des études économiques*) *national institute of statistical and economic information*
**insémination** [ɛ̃seminasjɔ̃] *nf* insemination
**insensé, e** [ɛ̃sɑ̃se] *adj* insane, mad
**insensibiliser** [ɛ̃sɑ̃sibilize] *vt* to anaesthetize; (*à une allergie*) to desensitize; **~ à qch** (*fig*) to cause to become insensitive to sth
**insensibilité** [ɛ̃sɑ̃sibilite] *nf* insensitivity
**insensible** [ɛ̃sɑ̃sibl(ə)] *adj* (*nerf, membre*) numb; (*dur, indifférent*) insensitive; (*imperceptible*) imperceptible
**insensiblement** [ɛ̃sɑ̃sibləmɑ̃] *adv* (*doucement, peu à peu*) imperceptibly
**inséparable** [ɛ̃sepaʀabl(ə)] *adj*: **~ (de)** inseparable (from) ▷ *nmpl*: **~s** (*oiseaux*) lovebirds
**insérer** [ɛ̃seʀe] *vt* to insert; **s'~ dans** to fit into; (*fig*) to come within
**INSERM** [ɛ̃sɛʀm] *sigle m* (= *Institut national de la santé et de la recherche médicale*) *national institute for medical research*

**insert** [ɛ̃sɛʀ] *nm enclosed fireplace burning solid fuel*
**insertion** [ɛ̃sɛʀsjɔ̃] *nf* (*d'une personne*) integration
**insidieusement** [ɛ̃sidjøzmɑ̃] *adv* insidiously
**insidieux, -euse** [ɛ̃sidjø, -øz] *adj* insidious
**insigne** [ɛ̃siɲ] *nm* (*d'un parti, club*) badge ▷ *adj* distinguished; **insignes** *nmpl* (*d'une fonction*) insignia *pl*
**insignifiant, e** [ɛ̃siɲifjɑ̃, -ɑ̃t] *adj* insignificant; (*somme, affaire, détail*) trivial, insignificant
**insinuant, e** [ɛ̃sinɥɑ̃, -ɑ̃t] *adj* ingratiating
**insinuation** [ɛ̃sinɥasjɔ̃] *nf* innuendo, insinuation
**insinuer** [ɛ̃sinɥe] *vt* to insinuate, imply; **s'insinuer dans** *vi* to seep into; (*fig*) to worm one's way into, creep into
**insipide** [ɛ̃sipid] *adj* insipid
**insistance** [ɛ̃sistɑ̃s] *nf* insistence; **avec ~** insistently
**insistant, e** [ɛ̃sistɑ̃, -ɑ̃t] *adj* insistent
**insister** [ɛ̃siste] *vi* to insist; (*s'obstiner*) to keep on; **~ sur** (*détail, note*) to stress; **~ pour qch/ pour faire qch** to be insistent about sth/about doing sth
**insociable** [ɛ̃sɔsjabl(ə)] *adj* unsociable
**insolation** [ɛ̃sɔlasjɔ̃] *nf* (*Méd*) sunstroke *no pl*; (*ensoleillement*) period of sunshine
**insolence** [ɛ̃sɔlɑ̃s] *nf* insolence *no pl*; **avec ~** insolently
**insolent, e** [ɛ̃sɔlɑ̃, -ɑ̃t] *adj* insolent
**insolite** [ɛ̃sɔlit] *adj* strange, unusual
**insoluble** [ɛ̃sɔlybl(ə)] *adj* insoluble
**insolvable** [ɛ̃sɔlvabl(ə)] *adj* insolvent
**insomniaque** [ɛ̃sɔmnjak] *adj*, *nm/f* insomniac
**insomnie** [ɛ̃sɔmni] *nf* insomnia *no pl*, sleeplessness *no pl*; **avoir des ~s** to suffer from insomnia
**insondable** [ɛ̃sɔ̃dabl(ə)] *adj* unfathomable
**insonore** [ɛ̃sɔnɔʀ] *adj* soundproof
**insonorisation** [ɛ̃sɔnɔʀizasjɔ̃] *nf* soundproofing
**insonoriser** [ɛ̃sɔnɔʀize] *vt* to soundproof
**insouciance** [ɛ̃susjɑ̃s] *nf* carefree attitude; heedless attitude
**insouciant, e** [ɛ̃susjɑ̃, -ɑ̃t] *adj* carefree; (*imprévoyant*) heedless
**insoumis, e** [ɛ̃sumi, -iz] *adj* (*caractère, enfant*) rebellious, refractory; (*contrée, tribu*) unsubdued; (*Mil: soldat*) absent without leave ▷ *nm* (*Mil: soldat*) absentee
**insoumission** [ɛ̃sumisjɔ̃] *nf* rebelliousness; (*Mil*) absence without leave
**insoupçonnable** [ɛ̃supsɔnabl(ə)] *adj* above suspicion
**insoupçonné, e** [ɛ̃supsɔne] *adj* unsuspected
**insoutenable** [ɛ̃sutnabl(ə)] *adj* (*argument*) untenable; (*chaleur*) unbearable
**inspecter** [ɛ̃spɛkte] *vt* to inspect
**inspecteur, -trice** [ɛ̃spɛktœʀ, -tʀis] *nm/f* inspector; (*des assurances*) assessor; **~ d'Académie** (regional) director of education; **~ (de l'enseignement) primaire** primary school inspector; **~ des finances** ≈ tax inspector (*Brit*),

223

≈ Internal Revenue Service agent (US); ~ **(de police)** (police) inspector

**inspection** [ɛ̃spɛksjɔ̃] *nf* inspection

**inspirateur, -trice** [ɛ̃spiʀatœʀ, -tʀis] *nm/f* (*instigateur*) instigator; (*animateur*) inspirer

**inspiration** [ɛ̃spiʀasjɔ̃] *nf* inspiration; breathing in *no pl*; (*idée*) flash of inspiration, brainwave; **sous l'~ de** prompted by

**inspiré, e** [ɛ̃spiʀe] *adj*: **être bien/mal ~ de faire qch** to be well-advised/ill-advised to do sth

**inspirer** [ɛ̃spiʀe] *vt* (*gén*) to inspire ▷ *vi* (*aspirer*) to breathe in; **s'inspirer de** (*artiste*) to draw one's inspiration from; (*tableau*) to be inspired by; **~ qch à qn** (*œuvre, projet, action*) to inspire sb with sth; (*dégoût, crainte, horreur*) to fill sb with sth; **ça ne m'inspire pas** I'm not keen on the idea

**instabilité** [ɛ̃stabilite] *nf* instability

**instable** [ɛ̃stabl(ə)] *adj* (*meuble, équilibre*) unsteady; (*population, temps*) unsettled; (*paix, régime, caractère*) unstable

**installateur** [ɛ̃stalatœʀ] *nm* fitter

**installation** [ɛ̃stalasjɔ̃] *nf* installation; putting in *ou* up; fitting out; settling in; (*appareils etc*) fittings *pl*, installations *pl*; **installations** *nfpl* installations; (*industrielles*) plant *sg*; (*de loisirs*) facilities

**installé, e** [ɛ̃stale] *adj*: **bien/mal ~** well/poorly equipped; (*personne*) well/not very well set up *ou* organized

**installer** [ɛ̃stale] *vt* (*loger*): **~ qn** to get sb settled, install sb; (*asseoir, coucher*) to settle (down); (*placer*) to put, place; (*meuble*) to put in; (*rideau, étagère, tente*) to put up; (*gaz, électricité etc*) to put in, install; (*appartement*) to fit out; (*aménager*): **~ une salle de bains dans une pièce** to fit out a room with a bathroom suite; **s'installer** *vi* (*s'établir: artisan, dentiste etc*) to set o.s. up; (*se loger*): **s'~ à l'hôtel/chez qn** to move into a hotel/in with sb; (*emménager*) to settle in; (*sur un siège, à un emplacement*) to settle (down); (*fig: maladie, grève*) to take a firm hold *ou* grip

**instamment** [ɛ̃stamɑ̃] *adv* urgently

**instance** [ɛ̃stɑ̃s] *nf* (*Jur: procédure*) (legal) proceedings *pl*; (*Admin: autorité*) authority; **instances** *nfpl* (*prières*) entreaties; **affaire en ~** matter pending; **courrier en ~** mail ready for posting; **être en ~ de divorce** to be awaiting a divorce; **train en ~ de départ** train on the point of departure; **tribunal de première ~** court of first instance; **en seconde ~** on appeal

**instant** [ɛ̃stɑ̃] *nm* moment, instant; **dans un ~** in a moment; **à l'~** this instant; **je l'ai vu à l'~** I've just this minute seen him, I saw him a moment ago; **à l'~ (même) où** at the (very) moment that *ou* when, (just) as; **à chaque ~, à tout ~** at any moment; constantly; **pour l'~** for the moment, for the time being; **par ~s** at times; **de tous les ~s** perpetual; **dès l'~ où** *ou* **que ...** from the moment when ..., since that moment when ...

**instantané, e** [ɛ̃stɑ̃tane] *adj* (*lait, café*) instant; (*explosion, mort*) instantaneous ▷ *nm* snapshot

**instantanément** [ɛ̃stɑ̃tanemɑ̃] *adv* instantaneously

**instar** [ɛ̃staʀ]: **à l'~ de** *prép* following the example of, like

**instaurer** [ɛ̃stɔʀe] *vt* to institute; **s'instaurer** *vi* to set o.s. up; (*collaboration etc*) to be established

**instigateur, -trice** [ɛ̃stigatœʀ, -tʀis] *nm/f* instigator

**instigation** [ɛ̃stigɑsjɔ̃] *nf*: **à l'~ de qn** at sb's instigation

**instiller** [ɛ̃stile] *vt* to instil, apply

**instinct** [ɛ̃stɛ̃] *nm* instinct; **d'~** (*spontanément*) instinctively; **~ grégaire** herd instinct; **~ de conservation** instinct of self-preservation

**instinctif, -ive** [ɛ̃stɛ̃ktif, -iv] *adj* instinctive

**instinctivement** [ɛ̃stɛ̃ktivmɑ̃] *adv* instinctively

**instit** [ɛ̃stit] (*fam*) *nm/f* (primary school) teacher

**instituer** [ɛ̃stitɥe] *vt* to institute, set up; **s'~ défenseur d'une cause** to set o.s up as defender of a cause

**institut** [ɛ̃stity] *nm* institute; **~ de beauté** beauty salon; **~ médico-légal** mortuary; **I~ universitaire de technologie (IUT)** technical college

**instituteur, -trice** [ɛ̃stitytœʀ, -tʀis] *nm/f* (primary (*Brit*) *ou* grade (*US*) school) teacher

**institution** [ɛ̃stitysjɔ̃] *nf* institution; (*collège*) private school

**institutionnaliser** [ɛ̃stitysjɔnalize] *vt* to institutionalize

**instructeur, -trice** [ɛ̃stʀyktœʀ, -tʀis] *adj* (*Mil*): **sergent ~** drill sergeant; (*Jur*): **juge ~** examining (*Brit*) *ou* committing (*US*) magistrate ▷ *nm/f* instructor

**instructif, -ive** [ɛ̃stʀyktif, -iv] *adj* instructive

**instruction** [ɛ̃stʀyksjɔ̃] *nf* (*enseignement, savoir*) education; (*Jur*) (preliminary) investigation and hearing; (*directive*) instruction; (*Admin: document*) directive; **instructions** *nfpl* instructions; (*mode d'emploi*) directions, instructions; **~ civique** civics *sg*; **~ primaire/ publique** primary/public education; **~ religieuse** religious education; **~ professionnelle** vocational training

**instruire** [ɛ̃stʀɥiʀ] *vt* (*élèves*) to teach; (*recrues*) to train; (*Jur: affaire*) to conduct the investigation for; **s'instruire** to educate o.s.; **s'~ auprès de qn de qch** (*s'informer*) to find sth out from sb; **~ qn de qch** (*informer*) to inform *ou* advise sb of sth; **~ contre qn** (*Jur*) to investigate sb

**instruit, e** [ɛ̃stʀɥi, -it] *pp de* **instruire** ▷ *adj* educated

**instrument** [ɛ̃stʀymɑ̃] *nm* instrument; **~ à cordes/vent** stringed/wind instrument; **~ de mesure** measuring instrument; **~ de musique** musical instrument; **~ de travail** (working) tool

**instrumental, e, -aux** [ɛ̃stʀymɑ̃tal, -o] *adj* instrumental

**instrumentation** [ɛ̃stʀymɑ̃tasjɔ̃] *nf* instrumentation

**instrumentiste** [ɛ̃stʀymɑ̃tist(ə)] nm/f
instrumentalist
**insu** [ɛ̃sy] nm: **à l'~ de qn** without sb knowing
**insubmersible** [ɛ̃sybmɛʀsibl(ə)] adj unsinkable
**insubordination** [ɛ̃sybɔʀdinɑsjɔ̃] nf
rebelliousness; (Mil) insubordination
**insubordonné, e** [ɛ̃sybɔʀdɔne] adj
insubordinate
**insuccès** [ɛ̃syksɛ] nm failure
**insuffisamment** [ɛ̃syfizamɑ̃] adv insufficiently
**insuffisance** [ɛ̃syfizɑ̃s] nf insufficiency;
inadequacy; **insuffisances** nfpl (lacunes)
inadequacies; **~ cardiaque** cardiac
insufficiency no pl; **~ hépatique** liver deficiency
**insuffisant, e** [ɛ̃syfizɑ̃, -ɑ̃t] adj insufficient;
(élève, travail) inadequate
**insuffler** [ɛ̃syfle] vt: **~ qch dans** to blow sth into;
**~ qch à qn** to inspire sb with sth
**insulaire** [ɛ̃sylɛʀ] adj island cpd; (attitude)
insular
**insularité** [ɛ̃sylaʀite] nf insularity
**insuline** [ɛ̃sylin] nf insulin
**insultant, e** [ɛ̃syltɑ̃, -ɑ̃t] adj insulting
**insulte** [ɛ̃sylt(ə)] nf insult
**insulter** [ɛ̃sylte] vt to insult
**insupportable** [ɛ̃sypɔʀtabl(ə)] adj unbearable
**insurgé, e** [ɛ̃syʀʒe] adj, nm/f insurgent, rebel
**insurger** [ɛ̃syʀʒe]: **s'insurger** vi: **s'~ (contre)** to
rise up ou rebel (against)
**insurmontable** [ɛ̃syʀmɔ̃tabl(ə)] adj (difficulté)
insuperable; (aversion) unconquerable
**insurpassable** [ɛ̃syʀpasabl(ə)] adj
unsurpassable, unsurpassed
**insurrection** [ɛ̃syʀɛksjɔ̃] nf insurrection, revolt
**insurrectionnel, le** [ɛ̃syʀɛksjɔnɛl] adj
insurrectionary
**intact, e** [ɛ̃takt] adj intact
**intangible** [ɛ̃tɑ̃ʒibl(ə)] adj intangible; (principe)
inviolable
**intarissable** [ɛ̃taʀisabl(ə)] adj inexhaustible
**intégral, e, -aux** [ɛ̃tegʀal, -o] adj complete ▷ nf
(Math) integral; (œuvres complètes) complete
works
**intégralement** [ɛ̃tegʀalmɑ̃] adv in full, fully
**intégralité** [ɛ̃tegʀalite] nf (d'une somme, d'un
revenu) whole (ou full) amount; **dans son ~** in its
entirety
**intégrant, e** [ɛ̃tegʀɑ̃, -ɑ̃t] adj: **faire partie ~e de**
to be an integral part of, be part and parcel of
**intégration** [ɛ̃tegʀasjɔ̃] nf integration
**intégrationniste** [ɛ̃tegʀasjɔnist(ə)] adj, nm/f
integrationist
**intégré, e** [ɛ̃tegʀe] adj: **circuit ~** integrated
circuit
**intègre** [ɛ̃tegʀ(ə)] adj perfectly honest, upright
**intégrer** [ɛ̃tegʀe] vt: **~ qch à** ou **dans** to
integrate sth into; **s'~ à** ou **dans** to become
integrated into
**intégrisme** [ɛ̃tegʀism(ə)] nm fundamentalism
**intégriste** [ɛ̃tegʀist(ə)] adj, nm/f
fundamentalist
**intégrité** [ɛ̃tegʀite] nf integrity

**intellect** [ɛ̃telɛkt] nm intellect
**intellectuel, le** [ɛ̃telɛktɥɛl] adj, nm/f
intellectual; (péj) highbrow
**intellectuellement** [ɛ̃telɛktɥɛlmɑ̃] adv
intellectually
**intelligemment** [ɛ̃teliʒamɑ̃] adv intelligently
**intelligence** [ɛ̃teliʒɑ̃s] nf intelligence;
(compréhension): **l'~ de** the understanding of;
(complicité): **regard d'~** glance of complicity,
meaningful ou knowing look; (accord): **vivre en
bonne ~ avec qn** to be on good terms with sb;
**intelligences** nfpl (Mil, fig) secret contacts; **être
d'~** to have an understanding; **~ artificielle**
artificial intelligence (A.I.)
**intelligent, e** [ɛ̃teliʒɑ̃, -ɑ̃t] adj intelligent;
(capable): **~ en affaires** competent in business
**intelligentsia** [ɛ̃telidʒɛnsja] nf intelligentsia
**intelligible** [ɛ̃teliʒibl(ə)] adj intelligible
**intello** [ɛ̃telo] adj, nm/f (fam) highbrow
**intempérance** [ɛ̃tɑ̃peʀɑ̃s] nf overindulgence no
pl; intemperance no pl
**intempérant, e** [ɛ̃tɑ̃peʀɑ̃, -ɑ̃t] adj
overindulgent; (moralement) intemperate
**intempéries** [ɛ̃tɑ̃peʀi] nfpl bad weather sg
**intempestif, -ive** [ɛ̃tɑ̃pɛstif, -iv] adj untimely
**intenable** [ɛ̃tnabl(ə)] adj unbearable
**intendance** [ɛ̃tɑ̃dɑ̃s] nf (Mil) supply corps;
(: bureau) supplies office; (Scol) bursar's office
**intendant, e** [ɛ̃tɑ̃dɑ̃, -ɑ̃t] nm/f (Mil)
quartermaster; (Scol) bursar; (d'une propriété)
steward
**intense** [ɛ̃tɑ̃s] adj intense
**intensément** [ɛ̃tɑ̃semɑ̃] adv intensely
**intensif, -ive** [ɛ̃tɑ̃sif, -iv] adj intensive; **cours ~**
crash course; **~ en main-d'œuvre** labour-
intensive; **~ en capital** capital-intensive
**intensification** [ɛ̃tɑ̃sifikasjɔ̃] nf intensification
**intensifier** [ɛ̃tɑ̃sifje] vt, **s'intensifier** vi to
intensify
**intensité** [ɛ̃tɑ̃site] nf intensity
**intensivement** [ɛ̃tɑ̃sivmɑ̃] adv intensively
**intenter** [ɛ̃tɑ̃te] vt: **~ un procès contre** ou **à qn**
to start proceedings against sb
**intention** [ɛ̃tɑ̃sjɔ̃] nf intention; (Jur) intent;
**avoir l'~ de faire** to intend to do, have the
intention of doing; **dans l'~ de faire qch** with
a view to doing sth; **à l'~ de** prép for;
(renseignement) for the benefit ou information of;
(film, ouvrage) aimed at; **à cette ~** with this aim
in view; **sans ~** unintentionally; **faire qch
sans mauvaise ~** to do sth without ill intent;
**agir dans une bonne ~** to act with good
intentions
**intentionné, e** [ɛ̃tɑ̃sjone] adj: **bien ~** well-
meaning ou -intentioned; **mal ~** ill-
intentioned
**intentionnel, le** [ɛ̃tɑ̃sjonɛl] adj intentional,
deliberate
**intentionnellement** [ɛ̃tɑ̃sjonɛlmɑ̃] adv
intentionally, deliberately
**inter** [ɛ̃tɛʀ] nm (Tél: interurbain) long-distance
call service; (Sport): **~ gauche/droit** inside-

left/-right

**interactif, -ive** [ɛ̃tɛʀaktif, -iv] adj (aussi Inform) interactive

**interaction** [ɛ̃tɛʀaksjɔ̃] nf interaction

**interbancaire** [ɛ̃tɛʀbɑ̃kɛʀ] adj interbank

**intercalaire** [ɛ̃tɛʀkalɛʀ] adj, nm: **(feuillet) ~** insert; **(fiche) ~** divider

**intercaler** [ɛ̃tɛʀkale] vt to insert; **s'intercaler entre** vi to come in between; to slip in between

**intercéder** [ɛ̃tɛʀsede] vi: **~ (pour qn)** to intercede (on behalf of sb)

**intercepter** [ɛ̃tɛʀsɛpte] vt to intercept; (lumière, chaleur) to cut off

**intercepteur** [ɛ̃tɛʀsɛptœʀ] nm (Aviat) interceptor

**interception** [ɛ̃tɛʀsɛpsjɔ̃] nf interception; **avion d'~** interceptor

**intercession** [ɛ̃tɛʀsesjɔ̃] nf intercession

**interchangeable** [ɛ̃tɛʀʃɑ̃ʒabl(ə)] adj interchangeable

**interclasse** [ɛ̃tɛʀklɑs] nm (Scol) break (between classes)

**interclubs** [ɛ̃tɛʀklœb] adj inv interclub

**intercommunal, e, -aux** [ɛ̃tɛʀkɔmynal, -o] adj intervillage, intercommunity

**intercommunautaire** [ɛ̃tɛʀkɔmynotɛʀ] adj intercommunity

**intercontinental, e, -aux** [ɛ̃tɛʀkɔ̃tinɑtal, -o] adj intercontinental

**intercostal, e, -aux** [ɛ̃tɛʀkɔstal, -o] adj intercostal, between the ribs

**interdépartemental, e, -aux** [ɛ̃tɛʀdepaʀtəmɑ̃tal, -o] adj interdepartmental

**interdépendance** [ɛ̃tɛʀdepɑ̃dɑ̃s] nf interdependence

**interdépendant, e** [ɛ̃tɛʀdepɑ̃dɑ̃, -ɑ̃t] adj interdependent

**interdiction** [ɛ̃tɛʀdiksjɔ̃] nf ban; **~ de faire qch** ban on doing sth; **~ de séjour** (Jur) order banning ex-prisoner from frequenting specified places

**interdire** [ɛ̃tɛʀdiʀ] vt to forbid; (Admin: stationnement, meeting, passage) to ban, prohibit; (: journal, livre) to ban; **~ qch à qn** to forbid sb sth; **~ à qn de faire** to forbid sb to do, prohibit sb from doing; (empêchement) to prevent ou preclude sb from doing; **s'interdire qch** vi (éviter) to refrain ou abstain from sth; (se refuser): **il s'interdit d'y penser** he doesn't allow himself to think about it

**interdisciplinaire** [ɛ̃tɛʀdisiplinɛʀ] adj interdisciplinary

**interdit, e** [ɛ̃tɛʀdi, -it] pp de **interdire** ▷ adj (stupéfait) taken aback; (défendu) forbidden, prohibited ▷ nm interdict, prohibition; **film ~ aux moins de 18/13 ans** ≈ 18-/PG-rated film; **sens ~** one way; **stationnement ~** no parking; **~ de chéquier** having cheque book facilities suspended; **~ de séjour** subject to an "interdiction de séjour"

**intéressant, e** [ɛ̃teʀesɑ̃, -ɑ̃t] adj interesting; **faire l'~** to draw attention to o.s.

**intéressé, e** [ɛ̃teʀese] adj (parties) involved,

concerned; (amitié, motifs) self-interested ▷ nm: **l'~** the interested party; **les ~s** those concerned ou involved

**intéressement** [ɛ̃teʀesmɑ̃] nm (Comm) profit-sharing

**intéresser** [ɛ̃teʀese] vt to interest; (toucher) to be of interest ou concern to; (Admin: concerner) to affect, concern; (Comm: travailleur) to give a share in the profits to; (: partenaire) to interest (in the business); **s'intéresser à** vi to take an interest in, be interested in; **~ qn à qch** to get sb interested in sth

**intérêt** [ɛ̃teʀɛ] nm (aussi Comm) interest; (égoïsme) self-interest; **porter de l'~ à qn** to take an interest in sb; **agir par ~** to act out of self-interest; **avoir des ~s dans** (Comm) to have a financial interest ou a stake in; **avoir ~ à faire** to do well to do; **il y a ~ à ...** it would be a good thing to ...; **~ composé** compound interest

**interface** [ɛ̃tɛʀfas] nf (Inform) interface

**interférence** [ɛ̃tɛʀfeʀɑ̃s] nf interference

**interférer** [ɛ̃tɛʀfeʀe] vi: **~ (avec)** to interfere (with)

**intergouvernemental, e, -aux** [ɛ̃tɛʀguvɛʀnəmɑ̃tal, -o] adj intergovernmental

**intérieur, e** [ɛ̃teʀjœʀ] adj (mur, escalier, poche) inside; (commerce, politique) domestic; (cour, calme, vie) inner; (navigation) inland ▷ nm (d'une maison, d'un récipient etc) inside; (d'un pays, aussi: décor, mobilier) interior; (Pol): **l'I~** (the Department of) the Interior, ≈ the Home Office (Brit); **à l'~ (de)** inside; (fig) within; **de l'~** (fig) from the inside; **en ~** (Ciné) in the studio; **vêtement d'~** indoor garment

**intérieurement** [ɛ̃teʀjœʀmɑ̃] adv inwardly

**intérim** [ɛ̃teʀim] nm (période) interim period; (travail) temping; **agence d'~** temping agency; **assurer l'~ (de)** to deputize (for); **président par ~** interim president; **travailler en ~** to temp

**intérimaire** [ɛ̃teʀimɛʀ] adj temporary, interim ▷ nm/f (secrétaire etc) temporary, temp (Brit); (suppléant) deputy

**intérioriser** [ɛ̃teʀjɔʀize] vt to internalize

**interjection** [ɛ̃tɛʀʒɛksjɔ̃] nf interjection

**interjeter** [ɛ̃tɛʀʒəte] vt (Jur): **~ appel** to lodge an appeal

**interligne** [ɛ̃tɛʀliɲ] nm inter-line space ▷ nf (Typo) lead, leading; **simple/double ~** single/double spacing

**interlocuteur, -trice** [ɛ̃tɛʀlɔkytœʀ, -tʀis] nm/f speaker; (Pol): **~ valable** valid representative; **son ~** the person he ou she was speaking to

**interlope** [ɛ̃tɛʀlɔp] adj illicit; (milieu, bar) shady

**interloquer** [ɛ̃tɛʀlɔke] vt to take aback

**interlude** [ɛ̃tɛʀlyd] nm interlude

**intermède** [ɛ̃tɛʀmɛd] nm interlude

**intermédiaire** [ɛ̃tɛʀmedjɛʀ] adj intermediate; middle; half-way ▷ nm/f intermediary; (Comm) middleman; **sans ~** directly; **par l'~ de** through

**interminable** [ɛ̃tɛʀminabl(ə)] adj never-ending

**interminablement** [ɛ̃tɛʀminabləmɑ̃] *adv*
interminably
**interministériel, le** [ɛ̃tɛʀministɛʀjɛl] *adj*:
**comité ~** interdepartmental committee
**intermittence** [ɛ̃tɛʀmitɑ̃s] *nf*: **par ~**
intermittently, sporadically
**intermittent, e** [ɛ̃tɛʀmitɑ̃, -ɑ̃t] *adj*
intermittent, sporadic
**internat** [ɛ̃tɛʀna] *nm* (*Scol*) boarding school
**international, e, -aux** [ɛ̃tɛʀnasjɔnal, -o] *adj*,
*nm/f* international
**internationalisation** [ɛ̃tɛʀnasjɔnalizasjɔ̃] *nf*
internationalization
**internationaliser** [ɛ̃tɛʀnasjɔnalize] *vt* to
internationalize
**internationalisme** [ɛ̃tɛʀnasjɔnalism(ə)] *nm*
internationalism
**internaute** [ɛ̃tɛʀnot] *nm/f* Internet user
**interne** [ɛ̃tɛʀn(ə)] *adj* internal ▷ *nm/f* (*Scol*)
boarder; (*Méd*) houseman (*Brit*), intern (*US*)
**internement** [ɛ̃tɛʀnəmɑ̃] *nm* (*Pol*) internment;
(*Méd*) confinement
**interner** [ɛ̃tɛʀne] *vt* (*Pol*) to intern; (*Méd*) to
confine to a mental institution
**Internet** [ɛ̃tɛʀnɛt] *nm*: **l'~** the Internet
**interparlementaire** [ɛ̃tɛʀpaʀləmɑ̃tɛʀ] *adj*
interparliamentary
**interpellation** [ɛ̃tɛʀpelasjɔ̃] *nf* interpellation;
(*Pol*) question
**interpeller** [ɛ̃tɛʀpele] *vt* (*appeler*) to call out to;
(*apostropher*) to shout at; (*Police*) to take in for
questioning; (*Pol*) to question; **s'interpeller** *vi*
to exchange insults
**interphone** [ɛ̃tɛʀfɔn] *nm* intercom
**interplanétaire** [ɛ̃tɛʀplanetɛʀ] *adj*
interplanetary
**Interpol** [ɛ̃tɛʀpɔl] *sigle m* Interpol
**interpoler** [ɛ̃tɛʀpole] *vt* to interpolate
**interposer** [ɛ̃tɛʀpoze] *vt* to interpose;
**s'interposer** *vi* to intervene; **par personnes
interposées** through a third party
**interprétariat** [ɛ̃tɛʀpretaʀja] *nm* interpreting
**interprétation** [ɛ̃tɛʀpretasjɔ̃] *nf* interpretation
**interprète** [ɛ̃tɛʀpʀɛt] *nm/f* interpreter; (*porte-
parole*) spokesman
**interpréter** [ɛ̃tɛʀpʀete] *vt* to interpret
**interprofessionnel, le** [ɛ̃tɛʀpʀɔfesjɔnɛl] *adj*
interprofessional
**interrogateur, -trice** [ɛ̃teʀɔgatœʀ, -tʀis] *adj*
questioning, inquiring ▷ *nm/f* (*Scol*) (oral)
examiner
**interrogatif, -ive** [ɛ̃teʀɔgatif, -iv] *adj* (*Ling*)
interrogative
**interrogation** [ɛ̃teʀɔgasjɔ̃] *nf* question; (*Scol*)
(written *ou* oral) test
**interrogatoire** [ɛ̃teʀɔgatwaʀ] *nm* (*Police*)
questioning *no pl*; (*Jur*) cross-examination,
interrogation
**interroger** [ɛ̃teʀɔʒe] *vt* to question; (*Inform*) to
search; (*Scol: candidat*) to test; **~ qn (sur qch)** to
question sb (about sth); **~ qn du regard** to look
questioningly at sb, give sb a questioning look;

**s'~ sur qch** to ask o.s. about sth, ponder (about)
sth
**interrompre** [ɛ̃teʀɔ̃pʀ(ə)] *vt* (*gén*) to interrupt;
(*travail, voyage*) to break off, interrupt;
**s'interrompre** *vi* to break off
**interrupteur** [ɛ̃teʀyptœʀ] *nm* switch
**interruption** [ɛ̃teʀypsjɔ̃] *nf* interruption; **sans
~** without a break; **~ de grossesse** termination
of pregnancy; **~ volontaire de grossesse**
voluntary termination of pregnancy, abortion
**interscolaire** [ɛ̃tɛʀskɔlɛʀ] *adj* interschool(s)
**intersection** [ɛ̃tɛʀsɛksjɔ̃] *nf* intersection
**intersidéral, e, -aux** [ɛ̃tɛʀsideʀal, -o] *adj*
interstellar
**interstice** [ɛ̃tɛʀstis] *nm* crack, slit
**intersyndical, e, -aux** [ɛ̃tɛʀsɛ̃dikal, -o] *adj*
interunion
**interurbain** [ɛ̃teʀyʀbɛ̃] (*Tél*) *nm* long-distance
call service ▷ *adj* long-distance
**intervalle** [ɛ̃tɛʀval] *nm* (*espace*) space; (*de temps*)
interval; **dans l'~** in the meantime; **à deux
mois d'~** after a space of two months; **à ~s
rapprochés** at close intervals; **par ~s** at
intervals
**intervenant, e** [ɛ̃tɛʀvənɑ̃, -ɑ̃t] *vb voir* **intervenir**
▷ *nm/f* speaker (*at conference*)
**intervenir** [ɛ̃tɛʀvəniʀ] *vi* (*gén*) to intervene;
(*survenir*) to take place; (*faire une conférence*) to give
a talk *ou* lecture; **~ auprès de/en faveur de qn**
to intervene with/on behalf of sb; **la police a
dû ~** police had to step in *ou* intervene; **les
médecins ont dû ~** the doctors had to operate
**intervention** [ɛ̃tɛʀvɑ̃sjɔ̃] *nf* intervention;
(*conférence*) talk, paper; **~ (chirurgicale)**
operation
**interventionnisme** [ɛ̃tɛʀvɑ̃sjɔnism(ə)] *nm*
interventionism
**interventionniste** [ɛ̃tɛʀvɑ̃sjɔnist(ə)] *adj*
interventionist
**intervenu, e** [ɛ̃tɛʀv(ə)ny] *pp de* **intervenir**
**intervertible** [ɛ̃tɛʀvɛʀtibl(ə)] *adj*
interchangeable
**intervertir** [ɛ̃tɛʀvɛʀtiʀ] *vt* to invert (the order
of), reverse
**interviendrai** [ɛ̃tɛʀvjɛ̃dʀe], **interviens** *etc*
[ɛ̃tɛʀvjɛ̃] *vb voir* **intervenir**
**interview** [ɛ̃tɛʀvju] *nf* interview
**interviewer** [ɛ̃tɛʀvjuve] *vt* to interview ▷ *nm*
[ɛ̃tɛʀvjuvœʀ] (*journaliste*) interviewer
**intervins** *etc* [ɛ̃tɛʀvɛ̃] *vb voir* **intervenir**
**intestat** [ɛ̃tɛsta] *adj* (*Jur*): **décéder ~** to die
intestate
**intestin, e** [ɛ̃tɛstɛ̃, -in] *adj* internal ▷ *nm*
intestine; **~ grêle** small intestine
**intestinal, e, -aux** [ɛ̃tɛstinal, -o] *adj* intestinal
**intime** [ɛ̃tim] *adj* intimate; (*vie, journal*) private;
(*convictions*) inmost; (*dîner, cérémonie*) held among
friends, quiet ▷ *nm/f* close friend
**intimement** [ɛ̃timmɑ̃] *adv* (*profondément*) deeply,
firmly; (*étroitement*) intimately
**intimer** [ɛ̃time] *vt* (*Jur*) to notify; **~ à qn l'ordre
de faire** to order sb to do

**intimidant, e** [ɛ̃timidɑ̃, -ɑ̃t] *adj* intimidating
**intimidation** [ɛ̃timidasjɔ̃] *nf* intimidation;
**manœuvres d'~** (*action*) acts of intimidation;
(*stratégie*) intimidatory tactics
**intimider** [ɛ̃timide] *vt* to intimidate
**intimité** [ɛ̃timite] *nf* intimacy; (*vie privée*)
privacy; private life; **dans l'~** in private; (*sans
formalités*) with only a few friends, quietly
**intitulé** [ɛ̃tityle] *nm* title
**intituler** [ɛ̃tityle] *vt*: **comment a-t-il intitulé
son livre?** what title did he give his book?;
**s'intituler** *vi* to be entitled; (*personne*) to call o.s.
**intolérable** [ɛ̃tɔleʀabl(ə)] *adj* intolerable
**intolérance** [ɛ̃tɔleʀɑ̃s] *nf* intolerance; **~ aux
antibiotiques** intolerance to antibiotics
**intolérant, e** [ɛ̃tɔleʀɑ̃, -ɑ̃t] *adj* intolerant
**intonation** [ɛ̃tɔnasjɔ̃] *nf* intonation
**intouchable** [ɛ̃tuʃabl(ə)] *adj* (*fig*) above the law,
sacrosanct; (*Rel*) untouchable
**intox** [ɛ̃tɔks] (*fam*) *nf* brainwashing
**intoxication** [ɛ̃tɔksikasjɔ̃] *nf* poisoning *no pl*;
(*toxicomanie*) drug addiction; (*fig*) brainwashing;
**~ alimentaire** food poisoning
**intoxiqué, e** [ɛ̃tɔksike] *nm/f* addict
**intoxiquer** [ɛ̃tɔksike] *vt* to poison; (*fig*) to
brainwash; **s'intoxiquer** to poison o.s.
**intradermique** [ɛ̃tʀadɛʀmik] *adj, nf*:
**(injection) ~** intradermal *ou* intracutaneous
injection
**intraduisible** [ɛ̃tʀadɥizibl(ə)] *adj*
untranslatable; (*fig*) inexpressible
**intraitable** [ɛ̃tʀɛtabl(ə)] *adj* inflexible,
uncompromising
**intramusculaire** [ɛ̃tʀamyskylɛʀ] *adj, nf*:
**(injection) ~** intramuscular injection
**intranet** [ɛ̃tʀanɛt] *nm* intranet
**intransigeance** [ɛ̃tʀɑ̃ziʒɑ̃s] *nf* intransigence
**intransigeant, e** [ɛ̃tʀɑ̃ziʒɑ̃, -ɑ̃t] *adj*
intransigent; (*morale, passion*) uncompromising
**intransitif, -ive** [ɛ̃tʀɑ̃zitif, -iv] *adj* (*Ling*)
intransitive
**intransportable** [ɛ̃tʀɑ̃spɔʀtabl(ə)] *adj* (*blessé*)
unable to travel
**intraveineux, -euse** [ɛ̃tʀavɛnø, -øz] *adj*
intravenous
**intrépide** [ɛ̃tʀepid] *adj* dauntless, intrepid
**intrépidité** [ɛ̃tʀepidite] *nf* dauntlessness
**intrigant, e** [ɛ̃tʀigɑ̃, -ɑ̃t] *nm/f* schemer
**intrigue** [ɛ̃tʀig] *nf* intrigue; (*scénario*) plot
**intriguer** [ɛ̃tʀige] *vi* to scheme ▷ *vt* to puzzle,
intrigue
**intrinsèque** [ɛ̃tʀɛ̃sɛk] *adj* intrinsic
**introductif, -ive** [ɛ̃tʀɔdyktif, -iv] *adj*
introductory
**introduction** [ɛ̃tʀɔdyksjɔ̃] *nf* introduction;
**paroles/chapitre d'~** introductory words/
chapter; **lettre/mot d'~** letter/note of
introduction
**introduire** [ɛ̃tʀɔdɥiʀ] *vt* to introduce; (*visiteur*)
to show in; (*aiguille, clef*): **~ qch dans** to insert *ou*
introduce sth into; (*personne*): **~ à qch** to
introduce to sth; (: *présenter*): **~ qn à qn/dans un**

club to introduce sb to sb/to a club; **s'introduire**
*vi* (*techniques, usages*) to be introduced; **s'~ dans**
to gain entry into; to get o.s. accepted into; (*eau,
fumée*) to get into; **~ au clavier** to key in
**introduit, e** [ɛ̃tʀɔdɥi, -it] *pp de* **introduire** ▷ *adj*:
**bien ~** (*personne*) well-received
**introniser** [ɛ̃tʀɔnize] *vt* to enthrone
**introspection** [ɛ̃tʀɔspɛksjɔ̃] *nf* introspection
**introuvable** [ɛ̃tʀuvabl(ə)] *adj* which cannot be
found; (*Comm*) unobtainable
**introverti, e** [ɛ̃tʀɔvɛʀti] *nm/f* introvert
**intrus, e** [ɛ̃tʀy, -yz] *nm/f* intruder
**intrusion** [ɛ̃tʀyzjɔ̃] *nf* intrusion; (*ingérence*)
interference
**intuitif, -ive** [ɛ̃tɥitif, -iv] *adj* intuitive
**intuition** [ɛ̃tɥisjɔ̃] *nf* intuition; **avoir une ~** to
have a feeling; **avoir l'~ de qch** to have an
intuition of sth; **avoir de l'~** to have intuition
**intuitivement** [ɛ̃tɥitivmɑ̃] *adv* intuitively
**inusable** [inyzabl(ə)] *adj* hard-wearing
**inusité, e** [inyzite] *adj* rarely used
**inutile** [inytil] *adj* useless; (*superflu*)
unnecessary
**inutilement** [inytilmɑ̃] *adv* needlessly
**inutilisable** [inytilizabl(ə)] *adj* unusable
**inutilisé, e** [inytilize] *adj* unused
**inutilité** [inytilite] *nf* uselessness
**invaincu, e** [ɛ̃vɛ̃ky] *adj* unbeaten; (*armée, peuple*)
unconquered
**invalide** [ɛ̃valid] *adj* disabled ▷ *nm/f*: **~ de
guerre** disabled ex-serviceman; **~ du travail**
industrially disabled person
**invalider** [ɛ̃valide] *vt* to invalidate
**invalidité** [ɛ̃validite] *nf* disability
**invariable** [ɛ̃vaʀjabl(ə)] *adj* invariable
**invariablement** [ɛ̃vaʀjabləmɑ̃] *adv* invariably
**invasion** [ɛ̃vazjɔ̃] *nf* invasion
**invective** [ɛ̃vɛktiv] *nf* invective
**invectiver** [ɛ̃vɛktive] *vt* to hurl abuse at ▷ *vi*: **~
contre** to rail against
**invendable** [ɛ̃vɑ̃dabl(ə)] *adj* unsaleable,
unmarketable
**invendu, e** [ɛ̃vɑ̃dy] *adj* unsold ▷ *nm* return;
**invendus** *nmpl* unsold goods
**inventaire** [ɛ̃vɑ̃tɛʀ] *nm* inventory; (*Comm: liste*)
stocklist; (: *opération*) stocktaking *no pl*; (*fig*)
survey; **faire un ~** to make an inventory;
(*Comm*) to take stock; **faire** *ou* **procéder à l'~** to
take stock
**inventer** [ɛ̃vɑ̃te] *vt* to invent; (*subterfuge*) to
devise, invent; (*histoire, excuse*) to make up,
invent; **~ de faire** to hit on the idea of doing
**inventeur, -trice** [ɛ̃vɑ̃tœʀ, -tʀis] *nm/f* inventor
**inventif, -ive** [ɛ̃vɑ̃tif, -iv] *adj* inventive
**invention** [ɛ̃vɑ̃sjɔ̃] *nf* invention; (*imagination,
inspiration*) inventiveness
**inventivité** [ɛ̃vɑ̃tivite] *nf* inventiveness
**inventorier** [ɛ̃vɑ̃tɔʀje] *vt* to make an inventory
of
**invérifiable** [ɛ̃veʀifjabl(ə)] *adj* unverifiable
**inverse** [ɛ̃vɛʀs(ə)] *adj* (*ordre*) reverse; (*sens*)
opposite; (*rapport*) inverse ▷ *nm* reverse; inverse;

en proportion ~ in inverse proportion; **dans le sens ~ des aiguilles d'une montre** anti-clockwise; **en sens ~** in (ou from) the opposite direction; **à l'~** conversely

**inversement** [ɛ̃vɛʀsəmɑ̃] adv conversely

**inverser** [ɛ̃vɛʀse] vt to reverse, invert; (Élec) to reverse

**inversion** [ɛ̃vɛʀsjɔ̃] nf reversal; inversion

**invertébré, e** [ɛ̃vɛʀtebʀe] adj, nm invertebrate

**inverti, e** [ɛ̃vɛʀti] nm/f homosexual

**investigation** [ɛ̃vɛstigasjɔ̃] nf investigation, inquiry

**investir** [ɛ̃vɛstiʀ] vt to invest; **s'investir** vi (Psych) to involve o.s.; **~ qn de** to vest ou invest sb with

**investissement** [ɛ̃vɛstismɑ̃] nm investment; (Psych) involvement

**investisseur** [ɛ̃vɛstisœʀ] nm investor

**investiture** [ɛ̃vɛstityʀ] nf investiture; (à une élection) nomination

**invétéré, e** [ɛ̃vetere] adj (habitude) ingrained; (bavard, buveur) inveterate

**invincible** [ɛ̃vɛ̃sibl(ə)] adj invincible, unconquerable

**invinciblement** [ɛ̃vɛ̃sibləmɑ̃] adv (fig) invincibly

**inviolabilité** [ɛ̃vjɔlabilite] nf: **~ parlementaire** parliamentary immunity

**inviolable** [ɛ̃vjɔlabl(ə)] adj inviolable

**invisible** [ɛ̃vizibl(ə)] adj invisible; (fig: personne) not available

**invitation** [ɛ̃vitasjɔ̃] nf invitation; **à/sur l'~ de qn** at/on sb's invitation; **carte/lettre d'~** invitation card/letter

**invite** [ɛ̃vit] nf invitation

**invité, e** [ɛ̃vite] nm/f guest

**inviter** [ɛ̃vite] vt to invite; **~ qn à faire qch** to invite sb to do sth; (chose) to induce ou tempt sb to do sth

**invivable** [ɛ̃vivabl(ə)] adj unbearable, impossible

**involontaire** [ɛ̃vɔlɔ̃tɛʀ] adj (mouvement) involuntary; (insulte) unintentional; (complice) unwitting

**involontairement** [ɛ̃vɔlɔ̃tɛʀmɑ̃] adv involuntarily

**invoquer** [ɛ̃vɔke] vt (Dieu, muse) to call upon, invoke; (prétexte) to put forward (as an excuse); (témoignage) to call upon; (loi, texte) to refer to; **~ la clémence de qn** to beg sb ou appeal to sb for clemency

**invraisemblable** [ɛ̃vʀɛsɑ̃blabl(ə)] adj unlikely, improbable; (bizarre) incredible

**invraisemblance** [ɛ̃vʀɛsɑ̃blɑ̃s] nf unlikelihood no pl, improbability

**invulnérable** [ɛ̃vylneʀabl(ə)] adj invulnerable

**iode** [jɔd] nm iodine

**iodé, e** [jɔde] adj iodized

**ion** [jɔ̃] nm ion

**ionique** [jɔnik] adj (Archit) Ionic; (Science) ionic

**ioniseur** [jɔnizœʀ] nm ionizer

**iota** [jɔta] nm: **sans changer un ~** without changing one iota ou the tiniest bit

**IPC** sigle m (= Indice des prix à la consommation) CPI

**iPod**® [aipɔd] nm iPod®

**IR.** abr = **infrarouge**

**IRA** sigle f (= Irish Republican Army) IRA

**irai** etc [iʀe] vb voir **aller**

**Irak** [iʀak] nm: **l'~** Iraq ou Irak

**irakien, ne** [iʀakjɛ̃, -ɛn] adj Iraqi ▷ nm/f: **Irakien, ne** Iraqi

**Iran** [iʀɑ̃] nm: **l'~** Iran

**iranien, ne** [iʀanjɛ̃, -ɛn] adj Iranian ▷ nm (Ling) Iranian ▷ nm/f: **Iranien, ne** Iranian

**Iraq** [iʀak] nm = **Irak**

**iraquien, ne** [iʀakjɛ̃, -ɛn] adj, nm/f = **irakien, ne**

**irascible** [iʀasibl(ə)] adj short-tempered, irascible

**irions** etc [iʀjɔ̃] vb voir **aller**

**iris** [iʀis] nm iris

**irisé, e** [iʀize] adj iridescent

**irlandais, e** [iʀlɑ̃dɛ, -ɛz] adj, nm (Ling) Irish ▷ nm/f: **Irlandais, e** Irishman/woman; **les I~** the Irish

**Irlande** [iʀlɑ̃d] nf: **l'~** (pays) Ireland; (état) the Irish Republic, the Republic of Ireland, Eire; **~ du Nord** Northern Ireland, Ulster; **~ du Sud** Southern Ireland, Irish Republic, Eire; **la mer d'~** the Irish Sea

**ironie** [iʀɔni] nf irony

**ironique** [iʀɔnik] adj ironical

**ironiquement** [iʀɔnikmɑ̃] adv ironically

**ironiser** [iʀɔnize] vi to be ironical

**irons** etc [iʀɔ̃] vb voir **aller**

**IRPP** sigle m (= impôt sur le revenu des personnes physiques) income tax

**irradiation** [iʀadjasjɔ̃] nf irradiation

**irradier** [iʀadje] vi to radiate ▷ vt to irradiate

**irraisonné, e** [iʀɛzɔne] adj irrational, unreasoned

**irrationnel, le** [iʀasjɔnɛl] adj irrational

**irrattrapable** [iʀatʀapabl(ə)] adj (retard) that cannot be made up; (bévue) that cannot be made good

**irréalisable** [iʀealizabl(ə)] adj unrealizable; (projet) impracticable

**irréalisme** [iʀealism(ə)] nm lack of realism

**irréaliste** [iʀealist(ə)] adj unrealistic

**irréalité** [iʀealite] nf unreality

**irrecevable** [iʀsəvabl(ə)] adj unacceptable

**irréconciliable** [iʀekɔ̃siljabl(ə)] adj irreconcilable

**irrécouvrable** [iʀekuvʀabl(ə)] adj irrecoverable

**irrécupérable** [iʀekypeʀabl(ə)] adj unreclaimable, beyond repair; (personne) beyond redemption ou recall

**irrécusable** [iʀekyzabl(ə)] adj (témoignage) unimpeachable; (preuve) incontestable, indisputable

**irréductible** [iʀedyktibl(ə)] adj indomitable, implacable; (Math: fraction, équation) irreducible

**irréductiblement** [iʀedyktibləmɑ̃] adv implacably

**irréel, le** [iʀeɛl] adj unreal

**irréfléchi, e** [iʀefleʃi] adj thoughtless

**irréfutable** [iʀefytabl(ə)] adj irrefutable

**irréfutablement** [iʀefytabləmɑ̃] *adv* irrefutably

**irrégularité** [iʀegylaʀite] *nf* irregularity; unevenness *no pl*

**irrégulier, -ière** [iʀegylje, -jɛʀ] *adj* irregular; *(surface, rythme, écriture)* uneven, irregular; *(élève, athlète)* erratic

**irrégulièrement** [iʀegyljɛʀmɑ̃] *adv* irregularly

**irrémédiable** [iʀemedjabl(ə)] *adj* irreparable

**irrémédiablement** [iʀemedjabləmɑ̃] *adv* irreparably

**irremplaçable** [iʀɑ̃plasabl(ə)] *adj* irreplaceable

**irréparable** [iʀepaʀabl(ə)] *adj* beyond repair, irreparable; *(fig)* irreparable

**irrépréhensible** [iʀepʀeɑ̃sibl(ə)] *adj* irreproachable

**irrépressible** [iʀepʀesibl(ə)] *adj* irrepressible

**irréprochable** [iʀepʀɔʃabl(ə)] *adj* irreproachable, beyond reproach; *(tenue, toilette)* impeccable

**irrésistible** [iʀezistibl(ə)] *adj* irresistible; *(preuve, logique)* compelling

**irrésistiblement** [iʀezistibləmɑ̃] *adv* irresistibly

**irrésolu, e** [iʀezɔly] *adj* irresolute

**irrésolution** [iʀezɔlysjɔ̃] *nf* irresoluteness

**irrespectueux, -euse** [iʀɛspɛktɥø, -øz] *adj* disrespectful

**irrespirable** [iʀɛspiʀabl(ə)] *adj* unbreathable; *(fig)* oppressive, stifling

**irresponsabilité** [iʀɛspɔ̃sabilite] *nf* irresponsibility

**irresponsable** [iʀɛspɔ̃sabl(ə)] *adj* irresponsible

**irrévérencieux, -euse** [iʀeveʀɑ̃sjø, -øz] *adj* irreverent

**irréversible** [iʀevɛʀsibl(ə)] *adj* irreversible

**irréversiblement** [iʀevɛʀsibləmɑ̃] *adv* irreversibly

**irrévocable** [iʀevɔkabl(ə)] *adj* irrevocable

**irrévocablement** [iʀevɔkabləmɑ̃] *adv* irrevocably

**irrigation** [iʀigasjɔ̃] *nf* irrigation

**irriguer** [iʀige] *vt* to irrigate

**irritabilité** [iʀitabilite] *nf* irritability

**irritable** [iʀitabl(ə)] *adj* irritable

**irritant, e** [iʀitɑ̃, -ɑ̃t] *adj* irritating; *(Méd)* irritant

**irritation** [iʀitasjɔ̃] *nf* irritation

**irrité, e** [iʀite] *adj* irritated

**irriter** [iʀite] *vt* *(agacer)* to irritate, annoy; *(Méd: enflammer)* to irritate; **s'~ contre qn/de qch** to get annoyed *ou* irritated with sb/at sth

**irruption** [iʀypsjɔ̃] *nf* irruption *no pl*; **faire ~ dans** to burst into

**ISBN** *sigle m* (= *International Standard Book Number*) ISBN

**ISF** *sigle m* (= *impôt de solidarité sur la fortune*) wealth tax

**Islam** [islam] *nm* Islam

**islamique** [islamik] *adj* Islamic

**islamiste** [islamist(ə)] *adj, nm/f* Islamic

**islandais, e** [islɑ̃dɛ, -ɛz] *adj* Icelandic ▷ *nm* (*Ling*) Icelandic ▷ *nm/f*: **I-, e** Icelander

**Islande** [islɑ̃d] *nf*: **l'~** Iceland

**ISMH** *sigle m* = **Inventaire supplémentaire des monuments historiques**; **monument inscrit à l'~** = listed building

**isocèle** [izɔsɛl] *adj* isoceles

**isolant, e** [izɔlɑ̃, -ɑ̃t] *adj* insulating; *(insonorisant)* soundproofing ▷ *nm* insulator

**isolateur** [izɔlatœʀ] *nm* (*Élec*) insulator

**isolation** [izɔlasjɔ̃] *nf* insulation; **~ acoustique/thermique** sound/thermal insulation

**isolationnisme** [izɔlasjɔnism(ə)] *nm* isolationism

**isolé, e** [izɔle] *adj* isolated; *(Élec)* insulated

**isolement** [izɔlmɑ̃] *nm* isolation; solitary confinement

**isolément** [izɔlemɑ̃] *adv* in isolation

**isoler** [izɔle] *vt* to isolate; *(prisonnier)* to put in solitary confinement; *(ville)* to cut off, isolate; *(Élec)* to insulate

**isoloir** [izɔlwaʀ] *nm* polling booth

**isorel®** [izɔʀɛl] *nm* hardboard

**isotherme** [izɔtɛʀm(ə)] *adj* (*camion*) refrigerated

**Israël** [isʀaɛl] *nm*: **l'~** Israel

**israélien, ne** [isʀaeljɛ̃, -ɛn] *adj* Israeli ▷ *nm/f*: **Israélien, ne** Israeli

**israélite** [isʀaelit] *adj* Jewish; *(dans l'Ancien Testament)* Israelite ▷ *nm/f*: **Israélite** Jew/Jewess; Israelite

**issu, e** [isy] *adj*: **~ de** descended from; *(fig)* stemming from ▷ *nf* *(ouverture, sortie)* exit; *(solution)* way out, solution; *(dénouement)* outcome; **à l'~e de** at the conclusion *ou* close of; **rue sans ~e** dead end, no through road *(Brit)*, no outlet *(US)*; **~e de secours** emergency exit

**Istamboul, Istanbul** [istɑ̃bul] *n* Istanbul

**isthme** [ism(ə)] *nm* isthmus

**Italie** [itali] *nf*: **l'~** Italy

**italien, ne** [italjɛ̃, -ɛn] *adj* Italian ▷ *nm* (*Ling*) Italian ▷ *nm/f*: **Italien, ne** Italian

**italique** [italik] *nm*: **en ~(s)** in italics

**item** [itɛm] *nm* item; *(question)* question, test

**itinéraire** [itineʀɛʀ] *nm* itinerary, route

**itinérant, e** [itineʀɑ̃, -ɑ̃t] *adj* itinerant, travelling

**ITP** *sigle m* (= *ingénieur des travaux publics*) civil engineer

**IUT** *sigle m* = **Institut universitaire de technologie**

**IVG** *sigle f* (= *interruption volontaire de grossesse*) abortion

**ivoire** [ivwaʀ] *nm* ivory

**ivoirien, ne** [ivwaʀjɛ̃, -ɛn] *adj* of *ou* from the Ivory Coast

**ivraie** [ivʀɛ] *nf*: **séparer le bon grain de l'~** *(fig)* to separate the wheat from the chaff

**ivre** [ivʀ(ə)] *adj* drunk; **~ de** *(colère)* wild with; *(bonheur)* drunk *ou* intoxicated with; **~ mort** dead drunk

**ivresse** [ivʀɛs] *nf* drunkenness; *(euphorie)* intoxication

**ivrogne** [ivʀɔɲ] *nm/f* drunkard

**J, j** [ʒi] *nm inv* J, j ▷ *abr* = **jour**; **jour J** D-day; (= *Joule*) J; **J comme Joseph** J for Jack (*Brit*) *ou* Jig (*US*)

**j'** [ʒ] *pron voir* **je**

**jabot** [ʒabo] *nm* (*Zool*) crop; (*de vêtement*) jabot

**jacasser** [ʒakase] *vi* to chatter

**jachère** [ʒaʃɛʀ] *nf*: (**être**) **en ~** (to lie) fallow

**jacinthe** [ʒasɛ̃t] *nf* hyacinth; **~ des bois** bluebell

**jack** [dʒak] *nm* jack plug

**jacquard** [ʒakaʀ] *adj inv* Fair Isle

**jacquerie** [ʒakʀi] *nf* riot

**jade** [ʒad] *nm* jade

**jadis** [ʒadis] *adv* in times past, formerly

**jaguar** [ʒagwaʀ] *nm* (*Zool*) jaguar

**jaillir** [ʒajiʀ] *vi* (*liquide*) to spurt out, gush out; (*lumière*) to flood out; (*fig*) to rear up; to burst out

**jaillissement** [ʒajismɑ̃] *nm* spurt, gush

**jais** [ʒɛ] *nm* jet; (**d'un noir**) **de ~** jet-black

**jalon** [ʒalɔ̃] *nm* range pole; (*fig*) milestone; **poser des ~s** (*fig*) to pave the way

**jalonner** [ʒalɔne] *vt* to mark out; (*fig*) to mark, punctuate

**jalousement** [ʒaluzmɑ̃] *adv* jealously

**jalouser** [ʒaluze] *vt* to be jealous of

**jalousie** [ʒaluzi] *nf* jealousy; (*store*) (venetian) blind

**jaloux, -ouse** [ʒalu, -uz] *adj* jealous; **être ~ de qn/qch** to be jealous of sb/sth

**jamaïquain, e** [ʒamaikɛ̃, -ɛn] *adj* Jamaican

**Jamaïque** [ʒamaik] *nf*: **la ~** Jamaica

**jamais** [ʒamɛ] *adv* never; (*sans négation*) ever; **ne ... ~** never; **~ de la vie!** never!; **si ~ ...** if ever ...; **à (tout) ~**, **pour ~** for ever, for ever and ever

**jambage** [ʒɑ̃baʒ] *nm* (*de lettre*) downstroke; (*de porte*) jamb

**jambe** [ʒɑ̃b] *nf* leg; **à toutes ~s** as fast as one's legs can carry one

**jambières** [ʒɑ̃bjɛʀ] *nfpl* legwarmers; (*Sport*) shin pads

**jambon** [ʒɑ̃bɔ̃] *nm* ham

**jambonneau, x** [ʒɑ̃bɔno] *nm* knuckle of ham

**jante** [ʒɑ̃t] *nf* (wheel) rim

**janvier** [ʒɑ̃vje] *nm* January; *voir aussi* **juillet**

**Japon** [ʒapɔ̃] *nm*: **le ~** Japan

**japonais, e** [ʒapɔnɛ, -ɛz] *adj* Japanese ▷ *nm* (*Ling*) Japanese ▷ *nm/f*: **Japonais, e** Japanese

**japonaiserie** [ʒapɔnɛzʀi] *nf* (*bibelot*) Japanese curio

**jappement** [ʒapmɑ̃] *nm* yap, yelp

**japper** [ʒape] *vi* to yap, yelp

**jaquette** [ʒakɛt] *nf* (*de cérémonie*) morning coat; (*de femme*) jacket; (*de livre*) dust cover, (dust) jacket

**jardin** [ʒaʀdɛ̃] *nm* garden; **~ d'acclimatation** zoological gardens *pl*; **~ botanique** botanical gardens *pl*; **~ d'enfants** nursery school; **~ potager** vegetable garden; **~ public** (public) park, public gardens *pl*; **~s suspendus** hanging gardens; **~ zoologique** zoological gardens

**jardinage** [ʒaʀdinaʒ] *nm* gardening

**jardiner** [ʒaʀdine] *vi* to garden, do some gardening

**jardinet** [ʒaʀdinɛ] *nm* little garden

**jardinier, -ière** [ʒaʀdinje, -jɛʀ] *nm/f* gardener ▷ *nf* (*de fenêtre*) window box; **jardinière d'enfants** nursery school teacher; **jardinière (de légumes)** (*Culin*) mixed vegetables

**jargon** [ʒaʀgɔ̃] *nm* (*charabia*) gibberish; (*publicitaire, scientifique etc*) jargon

**jarre** [ʒaʀ] *nf* (earthenware) jar

**jarret** [ʒaʀɛ] *nm* back of knee; (*Culin*) knuckle, shin

**jarretelle** [ʒaʀtɛl] *nf* suspender (*Brit*), garter (*US*)

**jarretière** [ʒaʀtjɛʀ] *nf* garter

**jars** [ʒaʀ] *nm* (*Zool*) gander

**jaser** [ʒaze] *vi* to chatter, prattle; (*indiscrètement*) to gossip

**jasmin** [ʒasmɛ̃] *nm* jasmine

**jaspe** [ʒasp(ə)] *nm* jasper

**jaspé, e** [ʒaspe] *adj* marbled, mottled

**jatte** [ʒat] *nf* basin, bowl

**jauge** [ʒoʒ] *nf* (*capacité*) capacity, tonnage; (*instrument*) gauge; **~ (de niveau) d'huile** dipstick

**jauger** [ʒoʒe] *vt* to gauge the capacity of; (*fig*) to size up; **~ 3 000 tonneaux** to measure 3,000 tons

**jaunâtre** [ʒonɑtʀ(ə)] *adj* (*couleur, teint*) yellowish

**jaune** [ʒon] *adj, nm* yellow ▷ *nm/f* Asiatic; (*briseur de grève*) blackleg ▷ *adv* (*fam*): **rire ~** to laugh on the other side of one's face; **~ d'œuf** (egg) yolk

**jaunir** [ʒoniʀ] *vi, vt* to turn yellow

**jaunisse** [ʒonis] *nf* jaundice

**Java** [ʒava] *nf* Java

**java** [ʒava] *nf* (*fam*): **faire la ~** to live it up, have a real party

**javanais, e** [ʒavanɛ, -ɛz] *adj* Javanese

**Javel** [ʒavɛl] *nf voir* **eau**

**javelliser** [ʒavelize] *vt* (*eau*) to chlorinate

**javelot** [ʒavlo] *nm* javelin; (*Sport*): **faire du ~** to throw the javelin

**jazz** [dʒaz] *nm* jazz

**J.-C.** *abr* = **Jésus-Christ**

**je, j'** [ʒ(ə)] *pron* I

**jean** [dʒin] *nm* jeans *pl*

**jeannette** [ʒanɛt] *nf* (*planchette*) sleeve board; (*petite fille scout*) Brownie

**jeep**® [(d)ʒip] *nf* (*Auto*) Jeep®

**jérémiades** [ʒeʀemjad] *nfpl* moaning *sg*

**jerrycan** [ʒeʀikan] *nm* jerry can

**Jersey** [ʒɛʀzɛ] *nf* Jersey

**jersey** [ʒɛʀzɛ] *nm* jersey; (*Tricot*): **pointe de ~** stocking stitch

**jersiais, e** [ʒɛʀzjɛ, -ɛz] *adj* Jersey *cpd*, of *ou* from Jersey

**Jérusalem** [ʒeʀyzalɛm] *n* Jerusalem

**jésuite** [ʒezɥit] *nm* Jesuit

**Jésus-Christ** [ʒezykʀi(st)] *n* Jesus Christ; **600 avant/après ~** *ou* **J.-C.** 600 B.C./A.D.

**jet**[1] [ʒɛ] *nm* (*lancer*) throwing *no pl*, throw; (*jaillissement*) jet; spurt; (*de tuyau*) nozzle; (*fig*): **premier ~** (*ébauche*) rough outline; **arroser au ~** to hose; **d'un (seul) ~** (*d'un seul coup*) at (*ou* in) one go; **du premier ~** at the first attempt *ou* shot; **~ d'eau** spray; (*fontaine*) fountain

**jet**[2] [dʒɛt] *nm* (*avion*) jet

**jetable** [ʒətabl(ə)] *adj* disposable

**jeté** [ʒəte] *nm* (*Tricot*): **un ~** make one; **~ de table** (table) runner; **~ de lit** bedspread

**jetée** [ʒəte] *nf* jetty; pier

**jeter** [ʒəte] *vt* (*gén*) to throw; (*se défaire de*) to throw away *ou no pl*, throw out; (*son, lueur etc*) to give out; **~ qch à qn** to throw sth to sb; (*de façon agressive*) to throw sth at sb; (*Navig*): **~ l'ancre** to cast anchor; **~ un coup d'œil (à)** to take a look (at); **~ les bras en avant/la tête en arrière** to throw one's arms forward/one's head back(ward); **~ l'effroi parmi** to spread fear among; **~ un sort à qn** to cast a spell on sb; **~ qn dans la misère** to reduce sb to poverty; **~ qn dehors/en prison** to throw sb out/into prison; **~ l'éponge** (*fig*) to throw in the towel; **~ des fleurs à qn** (*fig*) to say lovely things to sb; **~ la pierre à qn** (*accuser, blâmer*) to accuse sb; **se ~ sur** to throw o.s. onto; **se ~ dans** (*fleuve*) to flow into; **se ~ par la fenêtre** to throw o.s. out of the window; **se ~ à l'eau** (*fig*) to take the plunge

**jeton** [ʒətɔ̃] *nm* (*au jeu*) counter; (*de téléphone*) token; **~s de présence** (director's) fees

**jette** *etc* [ʒɛt] *vb voir* **jeter**

**jeu, x** [ʒø] *nm* (*divertissement, Tech: d'une pièce*) play; (*défini par des règles, Tennis: partie, Football etc: façon de jouer*) game; (*Théât etc*) acting; (*fonctionnement*) working, interplay; (*série d'objets, jouet*) set; (*Cartes*) hand; (*au casino*): **le ~** gambling; **cacher son ~** (*fig*) to keep one's cards hidden, conceal one's hand; **c'est un ~ d'enfant!** (*fig*) it's child's play!; **en ~** at stake; at work; (*Football*) in play; **remettre en ~** to throw in; **entrer/mettre en ~** to come/bring into play; **par ~** (*pour s'amuser*) for fun; **d'entrée de ~** (*tout de suite, dès le début*) from the outset; **entrer dans le ~/le ~ de qn** (*fig*) to play the game/sb's game; **jouer gros ~** to play for high stakes; **se piquer/se prendre au ~** to get excited over/get caught up in the game; **~ d'arcade** video game; **~ de boules** game of bowls; (*endroit*) bowling pitch; (*boules*) set of bowls; **~ de cartes** card game; (*paquet*) pack of cards; **~ de construction** building set; **~ d'échecs** chess set; **~ d'écritures** (*Comm*) paper transaction; **~ électronique** electronic game; **~ de hasard** game of chance; **~ de mots** pun; **le ~ de l'oie** snakes and ladders *sg*; **~ d'orgue(s)** organ stop; **~ de patience** puzzle; **~ de physionomie** facial expressions *pl*; **~ de société** parlour game; **~ télévisé** television game; **~ vidéo** computer game; **~x de lumière** lighting effects; **J-x olympiques (JO)** Olympic Games

**jeu-concours** [ʒøkɔ̃kuʀ] (*pl* jeux-concours) *nm* competition

**jeudi** [ʒødi] *nm* Thursday; **~ saint** Maundy Thursday; *voir aussi* **lundi**

**jeun** [ʒœ̃]: **à ~** *adv* on an empty stomach

**jeune** [ʒœn] *adj* young ▷ *adv*: **faire/s'habiller ~** to look/dress young; **les ~s** young people, the young; **~ fille** *nf* girl; **~ homme** *nm* young man; **~ loup** *nm* (*Pol, Écon*) young go-getter; **~ premier** leading man; **~s gens** *nmpl* young people; **~s mariés** *nmpl* newly weds

**jeûne** [ʒøn] *nm* fast

**jeûner** [ʒøne] *vt* to fast, go without food

**jeunesse** [ʒœnɛs] *nf* youth; (*aspect*) youthfulness; (*jeunes*) young people *pl*, youth

**jf** *sigle f* = **jeune fille**

**jh** *sigle m* = **jeune homme**

**JI** *sigle m* = **juge d'instruction**

**jiu-jitsu** [ʒyʒitsy] *nm inv* (*Sport*) jujitsu

**JMF** *sigle f* (= *Jeunesses musicales de France*) association to promote music among the young

**JO** *sigle m* = **Journal officiel** ▷ *sigle mpl* = **Jeux olympiques**

**joaillerie** [ʒoajʀi] *nf* jewel trade; jewellery (*Brit*), jewelry (*US*)

**joaillier, -ière** [ʒoaje, -jɛʀ] *nm/f* jeweller (*Brit*), jeweler (*US*)

**job** [dʒob] *nm* job

**jobard** [ʒobaʀ] *nm* (*péj*) sucker, mug

**jockey** [ʒokɛ] *nm* jockey

**jodler** [ʒodle] *vi* to yodel

**jogging** [dʒogiŋ] *nm* tracksuit (*Brit*), sweatsuit (*US*); **faire du ~** to jog, go jogging

**joie** [ʒwa] *nf* joy

**joignais** *etc* [ʒwaɲɛ] *vb voir* **joindre**

**joindre** [ʒwɛ̃dʀ(ə)] *vt* to join; **~ qch à** (*à une lettre*) to enclose sth with; (*à un mail*) to attach sth to; (*contacter*) to contact, get in touch with; **~ les mains/talons** to put one's hands/heels together; **~ les deux bouts** (*fig: du mois*) to make ends meet; **se joindre** (*mains etc*) to come together; **se ~ à qn** to join sb; **se ~ à qch** to join in sth

**joint, e** [ʒwɛ̃, -ɛ̃t] *pp de* **joindre** ▷ *adj:* **~ à** (*lettre, paquet*) attached (to), enclosed (with); **pièce ~e** (*de lettre*) enclosure; (*de mail*) attachment ▷ *nm* joint; (*ligne*) join; (*de ciment etc*) pointing *no pl*; **chercher/trouver le ~** (*fig*) to look for/come up with the answer; **~ de cardan** cardan joint; **~ de culasse** cylinder head gasket; **~ de robinet** washer; **~ universel** universal joint

**jointure** [ʒwɛ̃tyʀ] *nf* (*Anat: articulation*) joint; (*Tech: assemblage*) joint; (*: ligne*) join

**joker** [ʒɔkɛʀ] *nm* (*Cartes*) joker; (*Inform*): (**caractère**) **~** wild card

**joli, e** [ʒɔli] *adj* pretty, attractive; **une ~e somme/situation** a nice little sum/situation; **un ~ gâchis** *etc* a nice mess *etc*; **c'est du ~!** that's very nice!; **tout ça, c'est bien ~ mais ...** that's all very well but ...

**joliment** [ʒɔlimɑ̃] *adv* prettily, attractively; (*fam: très*) pretty

**jonc** [ʒɔ̃] *nm* (bul)rush; (*bague, bracelet*) band

**joncher** [ʒɔ̃ʃe] *vt* (*choses*) to be strewed on; **jonché de** strewn with

**jonction** [ʒɔ̃ksjɔ̃] *nf* joining; (**point de**) **~** (*de routes*) junction; (*de fleuves*) confluence; **opérer une ~** (*Mil etc*) to rendez-vous

**jongler** [ʒɔ̃gle] *vi* to juggle; (*fig*): **~ avec** to juggle with, play with

**jongleur, -euse** [ʒɔ̃glœʀ, -øz] *nm/f* juggler

**jonquille** [ʒɔ̃kij] *nf* daffodil

**Jordanie** [ʒɔʀdani] *nf:* **la ~** Jordan

**jordanien, ne** [ʒɔʀdanjɛ̃, -ɛn] *adj* Jordanian ▷ *nm/f:* **Jordanien, ne** Jordan

**jouable** [ʒwabl(ə)] *adj* playable

**joue** [ʒu] *nf* cheek; **mettre en ~** to take aim at

**jouer** [ʒwe] *vt* (*partie, carte, coup, Mus: morceau*) to play; (*somme d'argent, réputation*) to stake, wager; (*pièce, rôle*) to perform; (*film*) to show; (*simuler: sentiment*) to affect, feign ▷ *vi* to play; (*Théât, Ciné*) to act, perform; (*bois, porte: se voiler*) to warp; (*clef, pièce: avoir du jeu*) to be loose; (*entrer ou être en jeu*) to come into play, come into it; **~ sur** (*miser*) to gamble on; **~ de** (*Mus*) to play; **~ du couteau/ des coudes** to use knives/one's elbows; **~ à** (*jeu, sport, roulette*) to play; **~ au héros** to act *ou* play the hero; **~ avec** (*risquer*) to gamble with; **se ~ de** (*difficultés*) to make light of; **se ~ de qn** to deceive *ou* dupe sb; **~ un tour à qn** to play a trick on sb; **~ la comédie** (*fig*) to put on an act, put it on; **~ aux courses** to back horses, bet on horses; **~ à la baisse/hausse** (*Bourse*) to play for a fall/rise; **~ serré** to play a close game; **~ de malchance** to be dogged with ill-luck; **~ sur les mots** to play with words; **à toi/nous de ~** it's your/our go *ou* turn

**jouet** [ʒwɛ] *nm* toy; **être le ~ de** (*illusion etc*) to be

the victim of

**joueur, -euse** [ʒwœʀ, -øz] *nm/f* player ▷ *adj* (*enfant, chat*) playful; **être beau/mauvais ~** to be a good/bad loser

**joufflu, e** [ʒufly] *adj* chubby(-cheeked)

**joug** [ʒu] *nm* yoke

**jouir** [ʒwiʀ]: **~ de** *vt* to enjoy

**jouissance** [ʒwisɑ̃s] *nf* pleasure; (*Jur*) use

**jouisseur, -euse** [ʒwisœʀ, -øz] *nm/f* sensualist

**joujou** [ʒuʒu] *nm* (*fam*) toy

**jour** [ʒuʀ] *nm* day; (*opposé à la nuit*) day, daytime; (*clarté*) daylight; (*fig: aspect*): **sous un ~ favorable/nouveau** in a favourable/new light; (*ouverture*) opening; (*Couture*) openwork *no pl*; **au ~ le ~** from day to day; **de nos ~s** these days, nowadays; **tous les ~s** every day; **de ~ en ~** day by day; **d'un ~ à l'autre** from one day to the next; **du ~ au lendemain** overnight; **il fait ~** it's daylight; **en plein ~** in broad daylight; **au ~** in daylight; **au petit ~** at daybreak; **au grand ~** (*fig*) in the open; **mettre au ~** to uncover, disclose; **être à ~** to be up to date; **mettre à ~** to bring up to date, update; **mise à ~** updating; **donner le ~ à** to give birth to; **voir le ~** to be born; **se faire ~** (*fig*) to become clear; **~ férié** public holiday; **le ~ J** D-day; **~ ouvrable** working day

**Jourdain** [ʒuʀdɛ̃] *nm:* **le ~** the (River) Jordan

**journal, -aux** [ʒuʀnal, -o] *nm* (news)paper; (*personnel*) journal, diary; **~ de bord** log; **~ de mode** fashion magazine; **le J~ officiel (de la République française) (JO)** *bulletin giving details of laws and official announcements*; **~ parlé/télévisé** radio/television news *sg*

**journalier, -ière** [ʒuʀnalje, -jɛʀ] *adj* daily; (*banal*) everyday ▷ *nm* day labourer

**journalisme** [ʒuʀnalism(ə)] *nm* journalism

**journaliste** [ʒuʀnalist(ə)] *nm/f* journalist

**journalistique** [ʒuʀnalistik] *adj* journalistic

**journée** [ʒuʀne] *nf* day; **la ~ continue** the 9 to 5 working day (*with short lunch break*)

**journellement** [ʒuʀnɛlmɑ̃] *adv* (*tous les jours*) daily; (*souvent*) every day

**joute** [ʒut] *nf* (*tournoi*) duel; (*verbale*) duel, battle of words

**jouvence** [ʒuvɑ̃s] *nf:* **bain de ~** rejuvenating experience

**jouxter** [ʒukste] *vt* to adjoin

**jovial** [ʒɔvjal] *adj* jovial, jolly

**jovialité** [ʒɔvjalite] *nf* joviality

**joyau, x** [ʒwajo] *nm* gem, jewel

**joyeusement** [ʒwajøzmɑ̃] *adv* joyfully, gladly

**joyeux, -euse** [ʒwajø, -øz] *adj* joyful, merry; **~ Noël!** Merry *ou* Happy Christmas!; **joyeuses Pâques!** Happy Easter!; **~ anniversaire!** many happy returns!

**JT** *sigle m* = **journal télévisé**

**jubilation** [ʒybilɑsjɔ̃] *nf* jubilation

**jubilé** [ʒybile] *nm* jubilee

**jubiler** [ʒybile] *vi* to be jubilant, exult

**jucher** [ʒyʃe] *vt:* **~ qch sur** to perch sth (up)on ▷ *vi* (*oiseau*): **~ sur** to perch (up)on; **se ~ sur** to perch o.s. (up)on

**judaïque** [ʒydaik] *adj (loi)* Judaic; *(religion)* Jewish

**judaïsme** [ʒydaism(ə)] *nm* Judaism

**judas** [ʒyda] *nm (trou)* spy-hole

**Judée** [ʒyde] *nf:* **la ~** Jud(a)ea

**judéo-** [ʒydeɔ] *préfixe* Judeo-

**judéo-allemand, e** [ʒydeɔalmã, -ãd] *adj, nm* Yiddish

**judéo-chrétien, ne** [ʒydeɔkʀetjɛ̃, -ɛn] *adj* Judeo-Christian

**judiciaire** [ʒydisjɛʀ] *adj* judicial

**judicieusement** [ʒydisjøzmã] *adv* judiciously

**judicieux, -euse** [ʒydisjø, -øz] *adj* judicious

**judo** [ʒydo] *nm* judo

**judoka** [ʒydɔka] *nm/f* judoka

**juge** [ʒyʒ] *nm* judge; **~ d'instruction** examining *(Brit) ou* committing *(US)* magistrate; **~ de paix** justice of the peace; **~ de touche** linesman

**jugé** [ʒyʒe]: **au ~** *adv* by guesswork

**jugement** [ʒyʒmã] *nm* judgment; *(Jur: au pénal)* sentence; *(: au civil)* decision; **~ de valeur** value judgment

**jugeote** [ʒyʒɔt] *nf (fam)* gumption

**juger** [ʒyʒe] *vt* to judge ▷ *nm:* **au ~** by guesswork; **~ qn/qch satisfaisant** to consider sb/sth (to be) satisfactory; **~ que** to think *ou* consider that; **~ bon de faire** to consider it a good idea to do, see fit to do; **~ de** *vt* to judge; **jugez de ma surprise** imagine my surprise

**jugulaire** [ʒygylɛʀ] *adj* jugular ▷ *nf (Mil)* chinstrap

**juguler** [ʒygyle] *vt (maladie)* to halt; *(révolte)* to suppress; *(inflation etc)* to control, curb

**juif, -ive** [ʒɥif, -iv] *adj* Jewish ▷ *nm/f:* **Juif, ive** Jew/Jewess *ou* Jewish woman

**juillet** [ʒɥijɛ] *nm* July; **le premier ~** the first of July *(Brit)*, July first *(US)*; **le deux/onze ~** the second/eleventh of July, July second/eleventh; **il est venu le 5 ~** he came on 5th July *ou* July 5th; **en ~** in July; **début/fin ~** at the beginning/ end of July; *see note*

⬤ **Le 14 juillet**
⬤
⬤  *Le 14 juillet* is a national holiday in France and
⬤  commemorates the storming of the Bastille
⬤  during the French Revolution. Throughout
⬤  the country there are celebrations, which
⬤  feature parades, music, dancing and
⬤  firework displays. In Paris a military parade
⬤  along the Champs-Élysées is attended by
⬤  the President.

**juin** [ʒɥɛ̃] *nm* June; *voir aussi* **juillet**

**juive** [ʒwiv] *adj, nf voir* **juif**

**jumeau, -elle, -x** [ʒymo, -ɛl] *adj, nm/f* twin; **maisons jumelles** semidetached houses

**jumelage** [ʒymlaʒ] *nm* twinning

**jumeler** [ʒymle] *vt* to twin; **roues jumelées** double wheels; **billets de loterie jumelés** double series lottery tickets; **pari jumelé** double bet

**jumelle** [ʒymɛl] *adj f, nf voir* **jumeau** ▷ *vb voir* **jumeler**

**jumelles** [ʒymɛl] *nfpl* binoculars

**jument** [ʒymã] *nf* mare

**jungle** [ʒɔ̃gl(ə)] *nf* jungle

**junior** [ʒynjɔʀ] *adj* junior

**junte** [ʒœ̃t] *nf* junta

**jupe** [ʒyp] *nf* skirt

**jupe-culotte** [ʒypkylɔt] *(pl* **jupes-culottes**) *nf* divided skirt, culotte(s)

**jupette** [ʒypɛt] *nf* short skirt

**jupon** [ʒypɔ̃] *nm* waist slip *ou* petticoat

**Jura** [ʒyʀa] *nm:* **le ~** the Jura (Mountains)

**jurassien, ne** [ʒyʀasjɛ̃, -ɛn] *adj of ou* from the Jura Mountains

**juré, e** [ʒyʀe] *nm/f* juror ▷ *adj:* **ennemi ~** sworn *ou* avowed enemy

**jurer** [ʒyʀe] *vt (obéissance etc)* to swear, vow ▷ *vi (dire des jurons)* to swear, curse; *(dissoner):* **~ (avec)** to clash (with); *(s'engager):* **~ de faire/que** to swear *ou* vow to do/that; *(affirmer):* **~ que** to swear *ou* vouch that; **~ de qch** *(s'en porter garant)* to swear to sth; **ils ne jurent que par lui** they swear by him; **je vous jure!** honestly!

**juridiction** [ʒyʀidiksjɔ̃] *nf* jurisdiction; *(tribunal, tribunaux)* court(s) of law

**juridique** [ʒyʀidik] *adj* legal

**juridiquement** [ʒyʀidikmã] *adv (devant la justice)* juridically; *(du point de vue du droit)* legally

**jurisconsulte** [ʒyʀikɔ̃sylt(ə)] *nm* jurisconsult

**jurisprudence** [ʒyʀispʀydãs] *nf (Jur: décisions)* (legal) precedents; *(principes juridiques)* jurisprudence; **faire ~** *(faire autorité)* to set a precedent

**juriste** [ʒyʀist(ə)] *nm/f* jurist; lawyer

**juron** [ʒyʀɔ̃] *nm* curse, swearword

**jury** [ʒyʀi] *nm (Jur)* jury; *(Scol)* board (of examiners), jury

**jus** [ʒy] *nm* juice; *(de viande)* gravy, (meat) juice; **~ de fruits** fruit juice; **~ de raisin/tomates** grape/tomato juice

**jusant** [ʒyzã] *nm* ebb (tide)

**jusqu'au-boutiste** [ʒyskobutist(ə)] *nm/f* extremist, hardliner

**jusque** [ʒysk(ə)]: **jusqu'à** *prép (endroit)* as far as, (up) to; *(moment)* until, till; *(limite)* up to; **~ sur/ dans** up to, as far as; *(y compris)* even on/in; **~ vers** until about; **jusqu'à ce que** *conj* until; **~- là** *(temps)* until then; *(espace)* up to there; **jusqu'ici** *(temps)* until now; *(espace)* up to here; **jusqu'à présent** until now, so far

**justaucorps** [ʒystokɔʀ] *nm inv (Danse, Sport)* leotard

**juste** [ʒyst(ə)] *adj (équitable)* just, fair; *(légitime)* just, justified; *(exact, vrai)* right; *(étroit, insuffisant)* tight ▷ *adv* right; tight; *(chanter)* in tune; *(seulement)* just; **~ assez/au-dessus** just enough/above; **pouvoir tout ~ faire** to be only just able to do; **au ~** exactly, actually; **comme de ~** of course, naturally; **le ~ milieu** the happy

medium; **à ~ titre** rightfully
**justement** [ʒystəmã] *adv* rightly; justly;
(*précisément*): **c'est ~ ce qu'il fallait faire** that's
just *ou* precisely what needed doing
**justesse** [ʒystɛs] *nf* (*précision*) accuracy; (*d'une
remarque*) aptness; (*d'une opinion*) soundness; **de ~**
just, by a narrow margin
**justice** [ʒystis] *nf* (*équité*) fairness, justice;
(*Admin*) justice; **rendre la ~** to dispense justice;
**traduire en ~** to bring before the courts;
**obtenir ~** to obtain justice; **rendre ~ à qn** to do
sb justice; **se faire ~** to take the law into one's
own hands; (*se suicider*) to take one's life
**justiciable** [ʒystisjabl(ə)] *adj*: **~ de** (*Jur*)
answerable to

**justicier, -ière** [ʒystisje, -jɛʀ] *nm/f* judge,
righter of wrongs
**justifiable** [ʒystifjabl(ə)] *adj* justifiable
**justificatif, -ive** [ʒystifikatif, -iv] *adj* (*document
etc*) supporting ▷ *nm* supporting proof
**justification** [ʒystifikɑsjɔ̃] *nf* justification
**justifier** [ʒystifje] *vt* to justify; **~ de** *vt* to prove;
**non justifié** unjustified; **justifié à droite/
gauche** ranged right/left
**jute** [ʒyt] *nm* jute
**juteux, -euse** [ʒytø, -øz] *adj* juicy
**juvénile** [ʒyvenil] *adj* young, youthful
**juxtaposer** [ʒykstapoze] *vt* to juxtapose
**juxtaposition** [ʒykstapozisjɔ̃] *nf*
juxtaposition

# Kk

**K, k** [kɑ] *nm inv* K, k ▷ *abr* (= *kilo*) kg; **K comme Kléber** K for King
**K 7** [kasɛt] *nf* cassette
**Kaboul, Kabul** [kabul] *n* Kabul
**kabyle** [kabil] *adj* Kabyle ▷ *nm* (*Ling*) Kabyle ▷ *nm/f:* **Kabyle** Kabyle
**Kabylie** [kabili] *nf:* **la ~** Kabylia
**kafkaïen, ne** [kafkajɛ̃, -ɛn] *adj* Kafkaesque
**kaki** [kaki] *adj inv* khaki
**Kalahari** [kalaaʀi] *n:* **désert de ~** Kalahari Desert
**kaléidoscope** [kaleidɔskɔp] *nm* kaleidoscope
**Kampala** [kɑ̃pala] *n* Kampala
**Kampuchéa** [kɑ̃putʃea] *nm:* **le ~ (démocratique)** (the People's Republic of) Kampuchea
**kangourou** [kɑ̃guʀu] *nm* kangaroo
**kaolin** [kaɔlɛ̃] *nm* kaolin
**kapok** [kapɔk] *nm* kapok
**karaoke** [kaʀaoke] *nm* karaoke
**karaté** [kaʀate] *nm* karate
**kart** [kaʀt] *nm* go-cart
**karting** [kaʀtiŋ] *nm* go-carting, karting
**kascher** [kaʃɛʀ] *adj inv* kosher
**kayak** [kajak] *nm* kayak
**Kazakhstan** [kazakstɑ̃] *nm* Kazakhstan
**Kenya** [kenja] *nm:* **le ~** Kenya
**kenyan, e** [kenjɑ̃, -an] *adj* Kenyan ▷ *nm/f:* **Kenyan, e** Kenyan
**képi** [kepi] *nm* kepi
**Kerguelen** [kɛʀɡelɛn] *nfpl:* **les (îles) ~** Kerguelen
**kermesse** [kɛʀmɛs] *nf* bazaar, (charity) fête; village fair
**kérosène** [keʀozɛn] *nm* jet fuel; rocket fuel
**kg** *abr* (= *kilogramme*) kg
**KGB** *sigle m* KGB
**khmer, -ère** [kmɛʀ] *adj* Khmer ▷ *nm* (*Ling*) Khmer
**khôl** [kol] *nm* khol
**kibboutz** [kibuts] *nm* kibbutz
**kidnapper** [kidnape] *vt* to kidnap
**kidnappeur, -euse** [kidnapœʀ, -øz] *nm/f* kidnapper
**kidnapping** [kidnapiŋ] *nm* kidnapping
**Kilimandjaro** [kilimɑ̃dʒaʀo] *nm:* **le ~** Mount Kilimanjaro

**kilo** [kilo] *nm* kilo
**kilogramme** [kilɔɡʀam] *nm* kilogramme (*Brit*), kilogram (*US*)
**kilométrage** [kilɔmetʀaʒ] *nm* number of kilometres travelled, ≈ mileage
**kilomètre** [kilɔmetʀ(ə)] *nm* kilometre (*Brit*), kilometer (*US*); **~s-heure** kilometres per hour
**kilométrique** [kilɔmetʀik] *adj* (*distance*) in kilometres; **compteur ~** ≈ mileage indicator
**kilooctet** [kilɔɔktɛ] *nm* kilobyte
**kilowatt** [kilɔwat] *nm* kilowatt
**kinésithérapeute** [kineziteʀapøt] *nm/f* physiotherapist
**kinésithérapie** [kineziteʀapi] *nf* physiotherapy
**kiosque** [kjɔsk(ə)] *nm* kiosk, stall; (*Tél etc*) *telephone and/or videotext information service;* **~ à journaux** newspaper kiosk
**kir** [kiʀ] *nm* kir (*white wine with blackcurrant liqueur*)
**Kirghizistan** [kiʀɡizistɑ̃] *nm* Kirghizia
**kirsch** [kiʀʃ] *nm* kirsch
**kit** [kit] *nm* kit; **~ piéton** *ou* **mains libres** hands-free kit; **en ~** in kit form
**kitchenette** [kitʃ(ə)nɛt] *nf* kitchenette
**kiwi** [kiwi] *nm* (*Zool*) kiwi; (*Bot*) kiwi (fruit)
**klaxon** [klaksɔn] *nm* horn
**klaxonner** [klaksɔne] *vi, vt* to hoot (*Brit*), honk (one's horn) (*US*)
**kleptomane** [klɛptɔman] *nm/f* kleptomaniac
**km** *abr* (= *kilomètre*) km
**km/h** *abr* = **kilomètres/heure**
**knock-out** [nɔkawt] *nm* knock-out
**Ko** *abr* (*Inform*: = *kilooctet*) kB
**K.-O.** [kao] *adj inv* (knocked) out, out for the count
**koala** [kɔala] *nm* koala (bear)
**kolkhoze** [kɔlkoz] *nm* kolkhoz
**Kosovo** [kɔsɔvo] *nm:* **le ~** Kosovo
**Koweit** [kɔwɛt] *nm:* **le ~** Kuwait, Koweit
**koweitien, ne** [kɔwɛtjɛ̃, -ɛn] *adj* Kuwaiti ▷ *nm/f:* **Koweitien, ne** Kuwaiti
**krach** [kʀak] *nm* (*Écon*) crash
**kraft** [kʀaft] *nm* brown *ou* kraft paper
**Kremlin** [kʀɛmlɛ̃] *nm:* **le ~** the Kremlin
**Kuala Lumpur** [kwalalympuʀ] *n* Kuala

Lumpur

**kurde** [kyʀd(ə)] *adj* Kurdish ▷ *nm* (*Ling*) Kurdish
▷ *nm/f*: **Kurde** Kurd

**Kurdistan** [kyʀdistã] *nm*: **le** ~ Kurdistan

**Kuweit** [kɔwɛt] *nm* = **Koweit**

**kW** *abr* (= *kilowatt*) kW

**k-way**® [kawe] *nm* (lightweight nylon) cagoule

**kW/h** *abr* (= *kilowatt/heure*) kW/h

**kyrielle** [kiʀjɛl] *nf*: **une** ~ **de** a stream of

**kyste** [kist(ə)] *nm* cyst

# L l

**L, l** [ɛl] *nm inv* L, l ⊳ *abr* (= *litre*) l; *(Scol)*: **L ès L = Licence ès Lettres**; **L en D = Licence en Droit**; **L comme Louis** L for Lucy *(Brit)* ou Love *(US)*

**l'** [l] *art déf voir* **le**

**la** [la] *art déf, pron voir* **le** ⊳ *nm* *(Mus)* A; *(en chantant la gamme)* la

**là** [la] *adv voir aussi* **-ci**; **celui** there; *(ici)* here; *(dans le temps)* then; **est-ce que Catherine est là?** is Catherine there *(ou* here*)*?; **c'est là que** this is where; **là où** where; **de là** *(fig)* hence; **par là** *(fig)* by that; **tout est là** *(fig)* that's what it's all about

**là-bas** [labɑ] *adv* there

**label** [labɛl] *nm* stamp, seal

**labeur** [labœʀ] *nm* toil *no pl*, toiling *no pl*

**labo** [labo] *nm* (= *laboratoire*) lab

**laborantin, e** [labɔʀɑ̃tɛ̃, -in] *nm/f* laboratory assistant

**laboratoire** [labɔʀatwaʀ] *nm* laboratory; **~ de langues/d'analyses** language/(medical) analysis laboratory

**laborieusement** [labɔʀjøzmɑ̃] *adv* laboriously

**laborieux, -euse** [labɔʀjø, -øz] *adj (tâche)* laborious; **classes laborieuses** working classes

**labour** [labuʀ] *nm* ploughing *no pl (Brit)*, plowing *no pl (US)*; **labours** *nmpl (champs)* ploughed fields; **cheval de ~** plough- *ou* cart-horse; **bœuf de ~** ox

**labourage** [labuʀaʒ] *nm* ploughing *(Brit)*, plowing *(US)*

**labourer** [labuʀe] *vt* to plough *(Brit)*, plow *(US)*; *(fig)* to make deep gashes *ou* furrows in

**laboureur** [labuʀœʀ] *nm* ploughman *(Brit)*, plowman *(US)*

**labrador** [labʀadɔʀ] *nm (chien)* labrador; *(Géo)*: **le L~** Labrador

**labyrinthe** [labiʀɛ̃t] *nm* labyrinth, maze

**lac** [lak] *nm* lake; **le ~ Léman** Lake Geneva; **les Grands L~s** the Great Lakes; *voir aussi* **lacs**

**lacer** [lase] *vt* to lace *ou* do up

**lacérer** [laseʀe] *vt* to tear to shreds

**lacet** [lasɛ] *nm (de chaussure)* lace; *(de route)* sharp bend; *(piège)* snare; **chaussures à ~s** lace-up *ou* lacing shoes

**lâche** [lɑʃ] *adj (poltron)* cowardly; *(desserré)* loose, slack; *(morale, mœurs)* lax ⊳ *nm/f* coward

**lâchement** [lɑʃmɑ̃] *adv (par peur)* like a coward; *(par bassesse)* despicably

**lâcher** [lɑʃe] *nm (de ballons, oiseaux)* release ⊳ *vt* to let go of; *(ce qui tombe, abandonner)* to drop; *(oiseau, animal: libérer)* to release, set free; *(fig: mot, remarque)* to let slip, come out with; *(Sport: distancer)* to leave behind ⊳ *vi (fil, amarres)* to break, give way; *(freins)* to fail; **~ les amarres** *(Navig)* to cast off (the moorings); **~ prise** to let go

**lâcheté** [lɑʃte] *nf* cowardice; *(bassesse)* lowness

**lacis** [lasi] *nm (de ruelles)* maze

**laconique** [lakɔnik] *adj* laconic

**laconiquement** [lakɔnikmɑ̃] *adv* laconically

**lacrymal, e, aux** [lakʀimal, -o] *adj (canal, glande)* tear *cpd*

**lacrymogène** [lakʀimɔʒɛn] *adj*: **grenade/gaz ~** tear gas grenade/tear gas

**lacs** [lɑ] *nm (piège)* snare

**lactation** [laktasjɔ̃] *nf* lactation

**lacté, e** [lakte] *adj* milk *cpd*

**lactique** [laktik] *adj*: **acide/ferment ~** lactic acid/ferment

**lactose** [laktoz] *nm* lactose, milk sugar

**lacune** [lakyn] *nf* gap

**lacustre** [lakystʀ(ə)] *adj* lake *cpd*, lakeside *cpd*

**lad** [lad] *nm* stable-lad

**là-dedans** [ladədɑ̃] *adv* inside (there), in it; *(fig)* in that

**là-dehors** [ladəɔʀ] *adv* out there

**là-derrière** [ladɛʀjɛʀ] *adv* behind there; *(fig)* behind that

**là-dessous** [ladsu] *adv* underneath, under there; *(fig)* behind that

**là-dessus** [ladsy] *adv* on there; *(fig)* at that point; (: *à ce sujet*) about that

**là-devant** [ladvɑ̃] *adv* there (in front)

**ladite** [ladit] *adj voir* **ledit**

**ladre** [ladʀ(ə)] *adj* miserly

**lagon** [lagɔ̃] *nm* lagoon

**Lagos** [lagɔs] *n* Lagos

**lagune** [lagyn] *nf* lagoon

**là-haut** [lao] *adv* up there

**laïc** [laik] *adj, nm/f* = **laïque**

**laïciser** [laisize] *vt* to secularize

**laïcité** [laisite] *nf* secularity, secularism
**laid, e** [lɛ, lɛd] *adj* ugly; *(fig: acte)* mean, cheap
**laideron** [lɛdʀɔ̃] *nm* ugly girl
**laideur** [lɛdœʀ] *nf* ugliness *no pl*; meanness *no pl*
**laie** [lɛ] *nf* wild sow
**lainage** [lɛnaʒ] *nm* woollen garment; *(étoffe)* woollen material
**laine** [lɛn] *nf* wool; ~ **peignée** worsted (wool); ~ **à tricoter** knitting wool; ~ **de verre** glass wool; ~ **vierge** new wool
**laineux, -euse** [lɛnø, -øz] *adj* woolly
**lainier, -ière** [lenje, -jɛʀ] *adj* *(industrie etc)* woollen
**laïque** [laik] *adj* lay, civil; *(Scol)* state *cpd* *(as opposed to private and Roman Catholic)* ▷ *nm/f* layman(-woman)
**laisse** [lɛs] *nf* *(de chien)* lead, leash; **tenir en** ~ to keep on a lead *ou* leash
**laissé-pour-compte, laissée-, laissés-** [lesepuʀkɔ̃t] *adj* *(Comm)* unsold; *(: refusé)* returned ▷ *nm/f* *(fig)* reject; **les laissés-pour-compte de la reprise économique** those who are left out of the economic upturn
**laisser** [lɛse] *vt* to leave ▷ *vb aux*: ~ **qn faire** to let sb do; **se** ~ **exploiter** to let o.s. be exploited; **se** ~ **aller** to let o.s. go; ~ **qn tranquille** to let *ou* leave sb alone; **laisse-toi faire** let me *(ou* him) do it; **rien ne laisse penser que...** there is no reason to think that...; **cela ne laisse pas de surprendre** nonetheless it is surprising
**laisser-aller** [leseale] *nm* carelessness, slovenliness
**laisser-faire** [lesefɛʀ] *nm* laissez-faire
**laissez-passer** [lesepase] *nm inv* pass
**lait** [lɛ] *nm* milk; **frère/sœur de** ~ foster brother/sister; ~ **écrémé/concentré/condensé** skimmed/condensed/evaporated milk; ~ **en poudre** powdered milk, milk powder; ~ **de chèvre/vache** goat's/cow's milk; ~ **maternel** mother's milk; ~ **démaquillant/de beauté** cleansing/beauty lotion
**laitage** [lɛtaʒ] *nm* milk product
**laiterie** [lɛtʀi] *nf* dairy
**laiteux, -euse** [lɛtø, -øz] *adj* milky
**laitier, -ière** [letje, -jɛʀ] *adj* dairy ▷ *nm/f* milkman (dairywoman)
**laiton** [lɛtɔ̃] *nm* brass
**laitue** [lety] *nf* lettuce
**laïus** [lajys] *nm* *(péj)* spiel
**lama** [lama] *nm* llama
**lambeau, x** [lãbo] *nm* scrap; **en ~x** in tatters, tattered
**lambin, e** [lãbɛ̃, -in] *adj* *(péj)* slow
**lambiner** [lãbine] *vi* *(péj)* to dawdle
**lambris** [lãbʀi] *nm* panelling *no pl*
**lambrissé, e** [lãbʀise] *adj* panelled
**lame** [lam] *nf* blade; *(vague)* wave; *(lamelle)* strip; ~ **de fond** ground swell *no pl*; ~ **de rasoir** razor blade
**lamé** [lame] *nm* lamé
**lamelle** [lamɛl] *nf* *(lame)* small blade; *(morceau)* sliver; *(de champignon)* gill; **couper en ~s** to slice thinly

**lamentable** [lamãtabl(ə)] *adj* *(déplorable)* appalling; *(pitoyable)* pitiful
**lamentablement** [lamãtabləmã] *adv* *(échouer)* miserably; *(se conduire)* appallingly
**lamentation** [lamãtasjɔ̃] *nf* wailing *no pl*, lamentation; moaning *no pl*
**lamenter** [lamãte]: **se lamenter** *vi*: **se** ~ **(sur)** to moan (over)
**laminage** [laminaʒ] *nm* lamination
**laminer** [lamine] *vt* to laminate; *(fig: écraser)* to wipe out
**laminoir** [laminwaʀ] *nm* rolling mill; **passer au** ~ *(fig)* to go *(ou* put) through the mill
**lampadaire** [lãpadɛʀ] *nm* *(de salon)* standard lamp; *(dans la rue)* street lamp
**lampe** [lãp(ə)] *nf* lamp; *(Tech)* valve; ~ **à alcool** spirit lamp; ~ **de poche** torch *(Brit)*, flashlight *(US)*; ~ **à souder** blowlamp; ~ **témoin** warning light
**lampée** [lãpe] *nf* gulp, swig
**lampe-tempête** [lãptãpɛt] *(pl* **lampes-tempête)** *nf* storm lantern
**lampion** [lãpjɔ̃] *nm* Chinese lantern
**lampiste** [lãpist(ə)] *nm* light (maintenance) man; *(fig)* underling
**lamproie** [lãpʀwa] *nf* lamprey
**lance** [lãs] *nf* spear; ~ **d'arrosage** garden hose; ~ **à eau** water hose; ~ **d'incendie** fire hose
**lancée** [lãse] *nf*: **être/continuer sur sa** ~ to be under way/keep going
**lance-flammes** [lãsflam] *nm inv* flamethrower
**lance-fusées** [lãsfyze] *nm inv* rocket launcher
**lance-grenades** [lãsgʀənad] *nm inv* grenade launcher
**lancement** [lãsmã] *nm* launching *no pl*, launch; **offre de** ~ introductory offer
**lance-missiles** [lãsmisil] *nm inv* missile launcher
**lance-pierres** [lãspjɛʀ] *nm inv* catapult
**lancer** [lãse] *nm* *(Sport)* throwing *no pl*, throw; *(Pêche)* rod and reel fishing ▷ *vt* to throw; *(émettre, projeter)* to throw out, send out; *(produit, fusée, bateau, artiste)* to launch; *(injure)* to hurl, fling; *(proclamation, mandat d'arrêt)* to issue; *(emprunt)* to float; *(moteur)* to send roaring away; ~ **qch à qn** to throw sth to sb; *(de façon agressive)* to throw sth at sb; ~ **un cri** *ou* **un appel** to shout *ou* call out; **se lancer** *vi* *(prendre de l'élan)* to build up speed; *(se précipiter)*: **se** ~ **sur** *ou* **contre** to rush at; **se** ~ **dans** *(discussion)* to launch into; *(aventure)* to embark on; *(les affaires, la politique)* to go into; ~ **du poids** *nm* putting the shot
**lance-roquettes** [lãsʀɔkɛt] *nm inv* rocket launcher
**lance-torpilles** [lãstɔʀpij] *nm inv* torpedo tube
**lanceur, -euse** [lãsœʀ, -øz] *nm/f* bowler; *(Baseball)* pitcher ▷ *nm* *(Espace)* launcher
**lancinant, e** [lãsinã, -ãt] *adj* *(regrets etc)* haunting; *(douleur)* shooting
**lanciner** [lãsine] *vi* to throb; *(fig)* to nag

**landais, e** [lɑ̃dɛ, -ɛz] *adj* of *ou* from the Landes
**landau** [lɑ̃do] *nm* pram (*Brit*), baby carriage (*US*)
**lande** [lɑ̃d] *nf* moor
**Landes** [lɑ̃d] *nfpl*: **les ~** the Landes
**langage** [lɑ̃gaʒ] *nm* language; **~ d'assemblage** (*Inform*) assembly language; **~ du corps** body language; **~ évolué/machine** (*Inform*) high-level/machine language; **~ de programmation** (*Inform*) programming language
**lange** [lɑ̃ʒ] *nm* flannel blanket; **langes** *nmpl* swaddling clothes
**langer** [lɑ̃ʒe] *vt* to change (the nappy (*Brit*) *ou* diaper (*US*) of); **table à ~** changing table
**langoureusement** [lɑ̃guʀøzmɑ̃] *adv* languorously
**langoureux, -euse** [lɑ̃guʀø, -øz] *adj* languorous
**langouste** [lɑ̃gust(ə)] *nf* crayfish *inv*
**langoustine** [lɑ̃gustin] *nf* Dublin Bay prawn
**langue** [lɑ̃g] *nf* (*Anat, Culin*) tongue; (*Ling*) language; (*bande*): **~ de terre** spit of land; **tirer la ~ (à)** to stick out one's tongue (at); **donner sa ~ au chat** to give up, give in; **de ~ française** French-speaking; **~ de bois** officialese; **~ maternelle** native language, mother tongue; **~ verte** slang; **~ vivante** modern language
**langue-de-chat** [lɑ̃gdəʃa] *nf* finger biscuit
**languedocien, ne** [lɑ̃gdɔsjɛ̃, -ɛn] *adj* of *ou* from the Languedoc
**languette** [lɑ̃gɛt] *nf* tongue
**langueur** [lɑ̃gœʀ] *nf* languidness
**languir** [lɑ̃giʀ] *vi* to languish; (*conversation*) to flag; **se languir** *vi* to be languishing; **faire ~ qn** to keep sb waiting
**languissant, e** [lɑ̃gisɑ̃, -ɑ̃t] *adj* languid
**lanière** [lanjɛʀ] *nf* (*de fouet*) lash; (*de valise, bretelle*) strap
**lanoline** [lanɔlin] *nf* lanolin
**lanterne** [lɑ̃tɛʀn(ə)] *nf* (*portable*) lantern; (*électrique*) light, lamp; (*de voiture*) (side)light; **~ rouge** (*fig*) tail-ender; **~ vénitienne** Chinese lantern
**lanterneau, x** [lɑ̃tɛʀno] *nm* skylight
**lanterner** [lɑ̃tɛʀne] *vi*: **faire ~ qn** to keep sb hanging around
**Laos** [laɔs] *nm*: **le ~** Laos
**laotien, ne** [laɔsjɛ̃, -ɛn] *adj* Laotian
**lapalissade** [lapalisad] *nf* statement of the obvious
**La Paz** [lapaz] *n* La Paz
**laper** [lape] *vt* to lap up
**lapereau, x** [lapʀo] *nm* young rabbit
**lapidaire** [lapidɛʀ] *adj* stone *cpd*; (*fig*) terse
**lapider** [lapide] *vt* to stone
**lapin** [lapɛ̃] *nm* rabbit; (*fourrure*) cony; **coup du ~** rabbit punch; **poser un ~ à qn** to stand sb up; **~ de garenne** wild rabbit
**lapis** [lapis], **lapis-lazuli** [lapislazyli] *nm inv* lapis lazuli
**lapon, e** [lapɔ̃, -ɔn] *adj* Lapp, Lappish ▷ *nm* (*Ling*)

Lapp, Lappish ▷ *nm/f*: **Lapon, e** Lapp, Laplander
**Laponie** [lapɔni] *nf*: **la ~** Lapland
**laps** [laps] *nm*: **~ de temps** space of time, time *no pl*
**lapsus** [lapsys] *nm* slip
**laquais** [lakɛ] *nm* lackey
**laque** [lak] *nf* lacquer; (*brute*) shellac; (*pour cheveux*) hair spray ▷ *nm* lacquer; piece of lacquer ware
**laqué, e** [lake] *adj* lacquered
**laquelle** [lakɛl] *pron voir* **lequel**
**larbin** [laʀbɛ̃] *nm* (*péj*) flunkey
**larcin** [laʀsɛ̃] *nm* theft
**lard** [laʀ] *nm* (*graisse*) fat; (*bacon*) (streaky) bacon
**larder** [laʀde] *vt* (*Culin*) to lard
**lardon** [laʀdɔ̃] *nm* (*Culin*) piece of chopped bacon; (*fam: enfant*) kid
**large** [laʀʒ(ə)] *adj* wide; broad; (*fig*) generous ▷ *adv*: **calculer/voir ~** to allow extra/think big ▷ *nm* (*largeur*): **5 m de ~** 5 m wide *ou* in width; (*mer*): **le ~** the open sea; **en ~** *adv* sideways; **au ~ de** off; **~ d'esprit** broad-minded; **ne pas en mener ~** to have one's heart in one's boots
**largement** [laʀʒəmɑ̃] *adv* widely; (*de loin*) greatly; (*amplement, au minimum*) easily; (*sans compter: donner etc*) generously
**largesse** [laʀʒɛs] *nf* generosity; **largesses** *nfpl* liberalities
**largeur** [laʀʒœʀ] *nf* (*qu'on mesure*) width; (*impression visuelle*) wideness, width; breadth; broadness
**larguer** [laʀge] *vt* to drop; (*fam: se débarrasser de*) to get rid of; **~ les amarres** to cast off (the moorings)
**larme** [laʀm(ə)] *nf* tear; (*fig*): **une ~ de** a drop of; **en ~s** in tears; **pleurer à chaudes ~s** to cry one's eyes out, cry bitterly
**larmoyant, e** [laʀmwajɑ̃, -ɑ̃t] *adj* tearful
**larmoyer** [laʀmwaje] *vi* (*yeux*) to water; (*se plaindre*) to whimper
**larron** [laʀɔ̃] *nm* thief
**larve** [laʀv(ə)] *nf* (*Zool*) larva; (*fig*) worm
**larvé, e** [laʀve] *adj* (*fig*) latent
**laryngite** [laʀɛ̃ʒit] *nf* laryngitis
**laryngologiste** [laʀɛ̃gɔlɔʒist(ə)] *nm/f* throat specialist
**larynx** [laʀɛ̃ks] *nm* larynx
**las, lasse** [lɑ, lɑs] *adj* weary
**lasagne** [lazaɲ] *nf* lasagne
**lascar** [laskaʀ] *nm* character; (*malin*) rogue
**lascif, -ive** [lasif, -iv] *adj* lascivious
**laser** [lazɛʀ] *nm*: (*rayon*) **~** laser (beam); **chaîne** *ou* **platine ~** compact disc (player); **disque ~** compact disc
**lassant, e** [lɑsɑ̃, -ɑ̃t] *adj* tiresome, wearisome
**lasse** [lɑs] *adj f voir* **las**
**lasser** [lase] *vt* to weary, tire; **se ~ de** to grow weary *ou* tired of
**lassitude** [lɑsityd] *nf* lassitude, weariness
**lasso** [laso] *nm* lasso; **prendre au ~** to lasso
**latent, e** [latɑ̃, -ɑ̃t] *adj* latent

**latéral, e, aux** [lateʀal, -o] *adj* side *cpd*, lateral
**latéralement** [lateʀalmɑ̃] *adv* edgeways;
  (*arriver, souffler*) from the side
**latex** [latɛks] *nm inv* latex
**latin, e** [latɛ̃, -in] *adj* Latin ▷ *nm* (*Ling*) Latin
  ▷ *nm/f:* **Latin, e** Latin; **j'y perds mon ~** it's all
  Greek to me
**latiniste** [latinist(ə)] *nm/f* Latin scholar (*ou*
  student)
**latino-américain, e** [latinɔameʀikɛ̃, -ɛn] *adj*
  Latin-American
**latitude** [latityd] *nf* latitude; (*fig*): **avoir la ~ de**
  **faire** to be left free *ou* to be at liberty to do; **à 48°**
  **de ~ Nord** at latitude 48° North; **sous toutes**
  **les ~s** (*fig*) world-wide, throughout the world
**latrines** [latʀin] *nfpl* latrines
**latte** [lat] *nf* lath, slat; (*de plancher*) board
**lattis** [lati] *nm* lathwork
**laudanum** [lodanɔm] *nm* laudanum
**laudatif, -ive** [lodatif, -iv] *adj* laudatory
**lauréat, e** [lɔʀea, -at] *nm/f* winner
**laurier** [lɔʀje] *nm* (*Bot*) laurel; (*Culin*) bay leaves
  *pl*; **lauriers** *nmpl* (*fig*) laurels
**laurier-rose** [lɔʀjeʀoz] (*pl* **lauriers-roses**) *nm*
  oleander
**laurier-tin** [lɔʀjetɛ̃] (*pl* **lauriers-tins**) *nm*
  laurustinus
**lavable** [lavabl(ə)] *adj* washable
**lavabo** [lavabo] *nm* washbasin; **lavabos** *nmpl*
  toilet *sg*
**lavage** [lavaʒ] *nm* washing *no pl*, wash; **~**
  **d'estomac/d'intestin** stomach/intestinal
  wash; **~ de cerveau** brainwashing *no pl*
**lavande** [lavɑ̃d] *nf* lavender
**lavandière** [lavɑ̃djɛʀ] *nf* washerwoman
**lave** [lav] *nf* lava *no pl*
**lave-glace** [lavglas] *nm* (*Auto*) windscreen (*Brit*)
  *ou* windshield (*US*) washer
**lave-linge** [lavlɛ̃ʒ] *nm inv* washing machine
**lavement** [lavmɑ̃] *nm* (*Méd*) enema
**laver** [lave] *vt* to wash; (*tache*) to wash off; (*fig:*
  *affront*) to avenge; **se laver** to have a wash,
  wash; **se ~ les mains/dents** to wash one's
  hands/clean one's teeth; **~ la vaisselle/le linge**
  to wash the dishes/clothes; **~ qn de** (*accusation*)
  to clear sb of
**laverie** [lavʀi] *nf:* **~ (automatique)**
  launderette
**lavette** [lavɛt] *nf* (*chiffon*) dish cloth; (*brosse*) dish
  mop; (*fam: homme*) wimp, drip
**laveur, -euse** [lavœʀ, -øz] *nm/f* cleaner
**lave-vaisselle** [lavvɛsɛl] *nm inv* dishwasher
**lavis** [lavi] *nm* (*technique*) washing; (*dessin*) wash
  drawing
**lavoir** [lavwaʀ] *nm* wash house; (*bac*) washtub
**laxatif, -ive** [laksatif, -iv] *adj, nm* laxative
**laxisme** [laksism(ə)] *nm* laxity
**laxiste** [laksist(ə)] *adj* lax
**layette** [lɛjɛt] *nf* layette
**layon** [lɛjɔ̃] *nm* trail
**lazaret** [lazaʀɛ] *nm* quarantine area
**lazzi** [ladzi] *nm* gibe

**LCR** *sigle f* (= *Ligue communiste révolutionnaire*)
  political party

 **MOT-CLÉ**

**le, l', la** [l(ə)] (*pl* **les**) *art déf* **1** the; **le livre/la**
  **pomme/l'arbre** the book/the apple/the tree;
  **les étudiants** the students
  **2** (*noms abstraits*): **le courage/l'amour/la**
  **jeunesse** courage/love/youth
  **3** (*indiquant la possession*): **se casser la jambe** *etc*
  to break one's leg *etc*; **levez la main** put your
  hand up; **avoir les yeux gris/le nez rouge** to
  have grey eyes/a red nose
  **4** (*temps*): **le matin/soir** in the morning/
  evening; mornings/evenings; **le jeudi** *etc*
  (*d'habitude*) on Thursdays *etc*; (*ce jeudi-là etc*) on
  (the) Thursday; **nous venons le 3 décembre**
  (*parlé*) we're coming on the 3rd of December *ou*
  on December the 3rd; (*écrit*) we're coming (on)
  3rd *ou* 3 December
  **5** (*distribution, évaluation*) a, an; **trois euros le**
  **mètre/kilo** three euros a *ou* per metre/kilo; **le**
  **tiers/quart de** a third/quarter of
  ▷ *pron* **1** (*personne: mâle*) him; (*: femelle*) her;
  (*: pluriel*) them; **je le/la/les vois** I can see him/
  her/them
  **2** (*animal, chose: singulier*) it; (*: pluriel*) them; **je le**
  (*ou* **la**) **vois** I can see it; **je les vois** I can see
  them
  **3** (*remplaçant une phrase*): **je ne le savais pas** I
  didn't know (about it); **il était riche et ne l'est**
  **plus** he was once rich but no longer is

**lé** [le] *nm* (*de tissu*) width; (*de papier peint*) strip,
  length
**leader** [lidœʀ] *nm* leader
**leadership** [lidœʀʃip] *nm* (*Pol*) leadership
**leasing** [liziŋ] *nm* leasing
**lèche-bottes** [lɛʃbɔt] *nm inv* bootlicker
**lèchefrite** [lɛʃfʀit] *nf* dripping pan *ou* tray
**lécher** [leʃe] *vt* to lick; (*laper: lait, eau*) to lick *ou*
  lap up; (*finir, polir*) to over-refine; **~ les vitrines**
  to go window-shopping; **se ~ les doigts/lèvres**
  to lick one's fingers/lips
**lèche-vitrines** [lɛʃvitʀin] *nm inv:* **faire du ~** to
  go window-shopping
**leçon** [ləsɔ̃] *nf* lesson; **faire la ~** to teach; **faire**
  **la ~ à** (*fig*) to give a lecture to; **~s de conduite**
  driving lessons; **~s particulières** private
  lessons *ou* tuition *sg* (*Brit*)
**lecteur, -trice** [lɛktœʀ, -tʀis] *nm/f* reader;
  (*d'université*) (foreign language) assistant (*Brit*),
  (foreign) teaching assistant (*US*) ▷ *nm* (*Tech*): **~**
  **de cassettes** cassette player; **~ de CD/DVD**
  (*Inform: d'ordinateur*) CD/DVD drive; (*de salon*) CD/
  DVD player; **~ MP3** MP3 player
**lectorat** [lɛktɔʀa] *nm* (foreign language *ou*
  teaching) assistantship
**lecture** [lɛktyʀ] *nf* reading
**LED** [lɛd] *sigle f* (= *light emitting diode*) LED
**ledit** [lədi], **ladite** [ladit] (*mpl* **lesdits** [ledi]) (*fpl*

**lesdites** [ledit]) *adj* the aforesaid
**légal, e, -aux** [legal, -o] *adj* legal
**légalement** [legalmɑ̃] *adv* legally
**légalisation** [legalizasjɔ̃] *nf* legalization
**légaliser** [legalize] *vt* to legalize
**légalité** [legalite] *nf* legality, lawfulness; **être dans/sortir de la ~** to be within/step outside the law
**légat** [lega] *nm* (*Rel*) legate
**légataire** [legatɛʀ] *nm* legatee
**légendaire** [leʒɑ̃dɛʀ] *adj* legendary
**légende** [leʒɑ̃d] *nf* (*mythe*) legend; (*de carte, plan*) key, legend; (*de dessin*) caption
**léger, -ère** [leʒe, -ɛʀ] *adj* light; (*bruit, retard*) slight; (*boisson, parfum*) weak; (*couche, étoffe*) thin; (*superficiel*) thoughtless; (*volage*) free and easy; flighty; (*peu sérieux*) lightweight; **blessé ~** slightly injured person; **à la légère** *adv* (*parler, agir*) rashly, thoughtlessly
**légèrement** [leʒɛʀmɑ̃] *adv* lightly; thoughtlessly, rashly; **~ plus grand** slightly bigger
**légèreté** [leʒɛʀte] *nf* lightness; thoughtlessness
**légiférer** [leʒifeʀe] *vi* to legislate
**légion** [leʒjɔ̃] *nf* legion; **la L~ étrangère** the Foreign Legion; **la L~ d'honneur** the Legion of Honour; *see note*

⊙ **LÉGION D'HONNEUR**

Created by Napoleon in 1802 to reward services to the French nation, the *Légion d'honneur* is a prestigious group of men and women headed by the President of the Republic, "the Grand Maître". Members receive a nominal tax-free payment each year.

**légionnaire** [leʒjɔnɛʀ] *nm* (*Mil*) legionnaire; (*de la Légion d'honneur*) holder of the Legion of Honour
**législateur** [leʒislatœʀ] *nm* legislator, lawmaker
**législatif, -ive** [leʒislatif, -iv] *adj* legislative; **législatives** *nfpl* general election *sg*
**législation** [leʒislasjɔ̃] *nf* legislation
**législature** [leʒislatyʀ] *nf* legislature; (*période*) term (of office)
**légiste** [leʒist(ə)] *nm* jurist ▷ *adj*: **médecin ~** forensic scientist (*Brit*), medical examiner (*US*)
**légitime** [leʒitim] *adj* (*Jur*) lawful, legitimate; (*enfant*) legitimate; (*fig*) rightful, legitimate; **en état de ~ défense** in self-defence
**légitimement** [leʒitimmɑ̃] *adv* lawfully; legitimately; rightfully
**légitimer** [leʒitime] *vt* (*enfant*) to legitimize; (*justifier: conduite etc*) to justify
**légitimité** [leʒitimite] *nf* (*Jur*) legitimacy
**legs** [lɛg] *nm* legacy
**léguer** [lege] *vt*: **~ qch à qn** (*Jur*) to bequeath sth to sb; (*fig*) to hand sth down *ou* pass sth on to sb
**légume** [legym] *nm* vegetable; **~s verts** green

vegetables; **~s secs** pulses
**légumier** [legymje] *nm* vegetable dish
**leitmotiv** [lejtmɔtiv] *nm* leitmotiv, leitmotif
**Léman** [lemɑ̃] *nm voir* **lac**
**lendemain** [lɑ̃dmɛ̃] *nm*: **le ~** the next *ou* following day; **le ~ matin/soir** the next *ou* following morning/evening; **le ~ de** the day after; **au ~ de** in the days following; in the wake of; **penser au ~** to think of the future; **sans ~** short-lived; **de beaux ~s** bright prospects; **des ~s qui chantent** a rosy future
**lénifiant, e** [lenifjɑ̃, -ɑ̃t] *adj* soothing
**léniniste** [leninist(ə)] *adj, nm/f* Leninist
**lent, e** [lɑ̃, lɑ̃t] *adj* slow
**lente** [lɑ̃t] *nf* nit
**lentement** [lɑ̃tmɑ̃] *adv* slowly
**lenteur** [lɑ̃tœʀ] *nf* slowness *no pl*; **lenteurs** *nfpl* (*actions, décisions lentes*) slowness *sg*
**lentille** [lɑ̃tij] *nf* (*Optique*) lens *sg*; (*Bot*) lentil; **~ d'eau** duckweed; **~s de contact** contact lenses
**léonin, e** [leɔnɛ̃, -in] *adj* (*fig: contrat etc*) one-sided
**léopard** [leɔpaʀ] *nm* leopard
**LEP** [lɛp] *sigle m* (= *lycée d'enseignement professionnel*) *secondary school for vocational training, pre-1986*
**lèpre** [lɛpʀ(ə)] *nf* leprosy
**lépreux, -euse** [lepʀø, -øz] *nm/f* leper ▷ *adj* (*fig*) flaking, peeling

⊙ **MOT-CLÉ**

**lequel, laquelle** [ləkɛl, lakɛl] (*mpl* **lesquels**, *fpl* **lesquelles**) (*à + lequel* = **auquel**, *de + lequel* = **duquel**) *pron* **1** (*interrogatif*) which, which one
**2** (*relatif: personne: sujet*) who; (: *objet, après préposition*) whom; (*sujet: possessif*) whose; (: *chose*) which; **je l'ai proposé au directeur, lequel est d'accord** I suggested it to the director, who agrees; **la femme à laquelle j'ai acheté mon chien** the woman from whom I bought my dog; **le pont sur lequel nous sommes passés** the bridge (over) which we crossed; **un homme sur la compétence duquel on peut compter** a man whose competence one can count on
▷ *adj*: **auquel cas** in which case

**les** [le] *art déf, pron voir* **le**
**lesbienne** [lɛsbjɛn] *nf* lesbian
**lesdits, lesdites** [ledi], [ledit] *adj voir* **ledit**
**lèse-majesté** [lɛzmaʒɛste] *nf inv*: **crime de ~** crime of lese-majesty
**léser** [leze] *vt* to wrong; (*Méd*) to injure
**lésiner** [lezine] *vt*: **~ (sur)** to skimp (on)
**lésion** [lezjɔ̃] *nf* lesion, damage *no pl*; **~s cérébrales** brain damage
**Lesotho** [lezɔto] *nm*: **le ~** Lesotho
**lesquels, lesquelles** [lekɛl] *pron voir* **lequel**
**lessivable** [lesivabl(ə)] *adj* washable
**lessive** [lesiv] *nf* (*poudre*) washing powder; (*linge*) washing *no pl*, wash; (*opération*) washing *no pl*; **faire la ~** to do the washing
**lessivé, e** [lesive] *adj* (*fam*) washed out
**lessiver** [lesive] *vt* to wash

**lessiveuse** [lesivøz] *nf (récipient)* washtub
**lessiviel** [lesivjɛl] *adj* detergent
**lest** [lɛst] *nm* ballast; **jeter** *ou* **lâcher du ~** *(fig)* to make concessions
**leste** [lɛst(ə)] *adj (personne, mouvement)* sprightly, nimble; *(désinvolte: manières)* offhand; *(osé: plaisanterie)* risqué
**lestement** [lɛstəmã] *adv* nimbly
**lester** [lɛste] *vt* to ballast
**letchi** [lɛtʃi] *nm* = **litchi**
**léthargie** [letaRʒi] *nf* lethargy
**léthargique** [letaRʒik] *adj* lethargic
**letton, ne** [lɛtɔ̃, -ɔn] *adj* Latvian, Lett
**Lettonie** [lɛtɔni] *nf*: **la ~** Latvia
**lettre** [lɛtR(ə)] *nf* letter; **lettres** *nfpl (étude, culture)* literature *sg*; *(Scol)* arts (subjects); **à la ~** *(au sens propre)* literally; *(ponctuellement)* to the letter; **en ~s majuscules** *ou* **capitales** in capital letters, in capitals; **en toutes ~s** in words, in full; **~ de change** bill of exchange; **~ piégée** letter bomb; **~ de voiture (aérienne)** (air) waybill, (air) bill of lading; **~s de noblesse** pedigree
**lettré, e** [letRe] *adj* well-read, scholarly
**lettre-transfert** [lɛtRətRãsfɛR] *(pl* **lettres-transferts)** *nf* (pressure) transfer
**leu** [lø] *nm voir* **queue**
**leucémie** [løsemi] *nf* leukaemia

⊙ MOT-CLÉ

**leur** [lœR] *adj poss* their; **leur maison** their house; **leurs amis** their friends; **à leur approche** as they came near; **à leur vue** at the sight of them
▷ *pron* **1** *(objet indirect)* (to) them; **je leur ai dit la vérité** I told them the truth; **je le leur ai donné** I gave it to them, I gave them it
**2** *(possessif)*: **le (la) leur, les leurs** theirs

**leurre** [lœR] *nm (appât)* lure; *(fig)* delusion; *(: piège)* snare
**leurrer** [lœRe] *vt* to delude, deceive
**leurs** [lœR] *adj voir* **leur**
**levain** [ləvɛ̃] *nm* leaven; **sans ~** unleavened
**levant, e** [ləvã, -ãt] *adj*: **soleil ~** rising sun ▷ *nm*: **le L~** the Levant; **au soleil ~** at sunrise
**levantin, e** [ləvãtɛ̃, -in] *adj* Levantine ▷ *nm/f*: **Levantin, e** Levantine
**levé, e** [ləve] *adj*: **être ~** to be up ▷ *nm*: **~ de terrain** land survey; **à mains ~es** *(vote)* by a show of hands; **au pied ~** at a moment's notice
**levée** [ləve] *nf (Postes)* collection; *(Cartes)* trick; **~ de boucliers** general outcry; **~ du corps** collection of the body from house of the deceased, before funeral; **~ d'écrou** release from custody; **~ de terre** levee; **~ de troupes** levy
**lever** [ləve] *vt (vitre, bras etc)* to raise; *(soulever de terre, supprimer: interdiction, siège)* to lift; *(: difficulté)* to remove; *(séance)* to close; *(impôts, armée)* to levy; *(Chasse: lièvre)* to start; *(: perdrix)* to flush;

*(fam: fille)* to pick up ▷ *vi (Culin)* to rise ▷ *nm*: **au ~** on getting up; **se lever** *vi* to get up; *(soleil)* to rise; *(jour)* to break; *(brouillard)* to lift; **levez-vous!, lève-toi!** stand up!, get up!; **ça va se ~** the weather will clear; **~ du jour** daybreak; **~ du rideau** *(Théât)* curtain; **~ de rideau** *(pièce)* curtain raiser; **~ de soleil** sunrise
**lève-tard** [lɛvtaR] *nm/f inv* late riser
**lève-tôt** [lɛvto] *nm/f inv* early riser, early bird
**levier** [ləvje] *nm* lever; **faire ~ sur** to lever up *(ou* off); **~ de changement de vitesse** gear lever
**lévitation** [levitasjɔ̃] *nf* levitation
**levraut** [ləvRo] *nm (Zool)* leveret
**lèvre** [lɛvR(ə)] *nf* lip; **lèvres** *nfpl (d'une plaie)* edges; **petites/grandes ~s** labia minora/majora; **du bout des ~s** half-heartedly
**lévrier** [levRije] *nm* greyhound
**levure** [ləvyR] *nf* yeast; **~ chimique** baking powder
**lexical, e, -aux** [lɛksikal, -o] *adj* lexical
**lexicographe** [lɛksikɔgRaf] *nm/f* lexicographer
**lexicographie** [lɛksikɔgRafi] *nf* lexicography, dictionary writing
**lexicologie** [lɛksikɔlɔʒi] *nf* lexicology
**lexique** [lɛksik] *nm* vocabulary, lexicon; *(glossaire)* vocabulary
**lézard** [lezaR] *nm* lizard; *(peau)* lizard skin
**lézarde** [lezaRd(ə)] *nf* crack
**lézarder** [lezaRde]: **se lézarder** *vi* to crack
**liaison** [ljezɔ̃] *nf (rapport)* connection, link; *(Rail, Aviat etc)* link; *(relation: d'amitié)* friendship; *(: d'affaires)* relationship; *(: amoureuse)* affair; *(Culin, Phonétique)* liaison; **entrer/être en ~ avec** to get/be in contact with; **~ radio** radio contact; **~ (de transmission de données)** *(Inform)* data link
**liane** [ljan] *nf* creeper
**liant, e** [ljã, -ãt] *adj* sociable
**liasse** [ljas] *nf* wad, bundle
**Liban** [libã] *nm*: **le ~** (the) Lebanon
**libanais** [libanɛ, -ɛz] *adj* Lebanese ▷ *nm/f*: **Libanais, e** Lebanese
**libations** [libasjɔ̃] *nfpl* libations
**libelle** [libɛl] *nm* lampoon
**libellé** [libele] *nm* wording
**libeller** [libele] *vt (chèque, mandat)*: **~ (au nom de)** to make out (to); *(lettre)* to word
**libellule** [libelyl] *nf* dragonfly
**libéral, e, -aux** [liberal, -o] *adj, nm/f* liberal; **les professions ~es** the professions
**libéralement** [liberalmã] *adv* liberally
**libéralisation** [liberalizasjɔ̃] *nf* liberalization; **~ du commerce** easing of trade restrictions
**libéraliser** [liberalize] *vt* to liberalize
**libéralisme** [liberalism(ə)] *nm* liberalism
**libéralité** [liberalite] *nf* liberality *no pl*, generosity *no pl*
**libérateur, -trice** [liberatœR, -tRis] *adj* liberating ▷ *nm/f* liberator
**libération** [liberasjɔ̃] *nf* liberation, freeing; release; discharge; **~ conditionnelle** release on

parole

**libéré, e** [libeʀe] *adj* liberated; ~ **de** freed from; **être ~ sous caution/sur parole** to be released on bail/on parole

**libérer** [libeʀe] *vt* (*délivrer*) to free, liberate; (: *moralement, Psych*) to liberate; (*relâcher: prisonnier*) to release; (: *soldat*) to discharge; (*dégager: gaz, cran d'arrêt*) to release; (*Écon: échanges commerciaux*) to ease restrictions on; **se libérer** (*de rendez-vous*) to try and be free, get out of previous engagements; ~ **qn de** (*liens, dette*) to free sb from; (*promesse*) to release sb from

**Libéria** [libeʀja] *nm*: **le ~** Liberia

**libérien, ne** [libeʀjɛ̃, -ɛn] *adj* Liberian ▷ *nm/f*: **Libérien, ne** Liberian

**libéro** [libeʀo] *nm* (*Football*) sweeper

**libertaire** [libeʀtɛʀ] *adj* libertarian

**liberté** [libeʀte] *nf* freedom; (*loisir*) free time; **libertés** *nfpl* (*privautés*) liberties; **mettre/être en ~** to set/be free; **en ~ provisoire/surveillée/ conditionnelle** on bail/probation/parole; ~ **d'association** right of association; ~ **de conscience** freedom of conscience; ~ **du culte** freedom of worship; ~ **d'esprit** independence of mind; ~ **d'opinion** freedom of thought; ~ **de la presse** freedom of the press; ~ **de réunion** right to hold meetings; ~ **syndicale** union rights *pl*; ~**s individuelles** personal freedom *sg*; ~**s publiques** civil rights

**libertin, e** [libeʀtɛ̃, -in] *adj* libertine, licentious

**libertinage** [libeʀtinaʒ] *nm* licentiousness

**libidineux, -euse** [libidinø, -øz] *adj* lustful

**libido** [libido] *nf* libido

**libraire** [libʀɛʀ] *nm/f* bookseller

**libraire-éditeur** [libʀɛʀeditœʀ] (*pl* **libraires-éditeurs**) *nm* publisher and bookseller

**librairie** [libʀɛʀi] *nf* bookshop

**librairie-papeterie** [libʀɛʀipapetʀi] (*pl* **librairies-papeteries**) *nf* bookseller's and stationer's

**libre** [libʀ(ə)] *adj* free; (*route*) clear; (*place etc*) vacant, free; (*fig: propos, manières*) open; (*Scol*) private and Roman Catholic (*as opposed to "laïque"*); **de ~** (*place*) free; ~ **de qch/de faire** free from sth/to do; **vente ~** (*Comm*) unrestricted sale; ~ **arbitre** free will; ~ **concurrence** free-market economy; ~ **entreprise** free enterprise

**libre-échange** [libʀeʃɑ̃ʒ] *nm* free trade

**librement** [libʀəmɑ̃] *adv* freely

**libre-penseur, -euse** [libʀəpɑ̃sœʀ, -øz] *nm/f* free thinker

**libre-service** [libʀəsɛʀvis] *nm inv* (*magasin*) self-service store; (*restaurant*) self-service restaurant

**librettiste** [libʀetist(ə)] *nm/f* librettist

**Libye** [libi] *nf*: **la ~** Libya

**libyen, ne** [libjɛ̃, -ɛn] *adj* Libyan ▷ *nm/f*: **Libyen, ne** Libyan

**lice** [lis] *nf*: **entrer en ~** (*fig*) to enter the lists

**licence** [lisɑ̃s] *nf* (*permis*) permit; (*diplôme*) (first) degree; *see note*; (*liberté*) liberty; (*poétique, orthographique*) licence (Brit), license (US); (*des*

*mœurs*) licentiousness; ~ **ès lettres/en droit** arts/law degree

⊜ **LICENCE**
⊜
⊜ After the "DEUG", French university
⊜ students undertake a third year of study to
⊜ complete their *licence*. This is roughly
⊜ equivalent to a bachelor's degree in Britain.

**licencié, e** [lisɑ̃sje] *nm/f* (*Scol*): ~ **ès lettres/en droit** = Bachelor of Arts/Law, arts/law graduate; (*Sport*) permit-holder

**licenciement** [lisɑ̃simɑ̃] *nm* dismissal; redundancy; laying off *no pl*

**licencier** [lisɑ̃sje] *vt* (*renvoyer*) to dismiss; (*débaucher*) to make redundant; to lay off

**licencieux, -euse** [lisɑ̃sjø, -øz] *adj* licentious

**lichen** [likɛn] *nm* lichen

**licite** [lisit] *adj* lawful

**licorne** [likɔʀn(ə)] *nf* unicorn

**licou** [liku] *nm* halter

**lie** [li] *nf* dregs *pl*, sediment

**lié, e** [lje] *adj*: **très ~ avec** (*fig*) very friendly with *ou* close to; ~ **par** (*serment, promesse*) bound by; **avoir partie ~e** (**avec qn**) to be involved (with sb)

**Liechtenstein** [liftɛnftajn] *nm*: **le ~** Liechtenstein

**lie-de-vin** [lidvɛ̃] *adj inv* wine(-coloured)

**liège** [ljɛʒ] *nm* cork

**liégeois, e** [ljeʒwa, -waz] *adj* of *ou* from Liège ▷ *nm/f*: **Liégeois, e** inhabitant *ou* native of Liège; **café/chocolat ~** *coffee/chocolate ice cream topped with whipped cream*

**lien** [ljɛ̃] *nm* (*corde, fig: affectif, culturel*) bond; (*rapport*) link, connection; (*analogie*) link; ~ **de parenté** family tie

**lier** [lje] *vt* (*attacher*) to tie up; (*joindre*) to link up; (*fig: unir, engager*) to bind; (*Culin*) to thicken; ~ **qch à** (*attacher*) to tie sth to; (*associer*) to link sth to; ~ **conversation** (**avec**) to strike up a conversation (with); **se lier avec** to make friends with

**lierre** [ljɛʀ] *nm* ivy

**liesse** [ljɛs] *nf*: **être en ~** to be jubilant

**lieu, x** [ljø] *nm* place; **lieux** *nmpl* (*locaux*) premises; (*endroit: d'un accident etc*) scene *sg*; **en ~ sûr** in a safe place; **en haut ~** in high places; **vider** *ou* **quitter les ~x** to leave the premises; **arriver/être sur les ~x** to arrive/be on the scene; **en premier ~** in the first place; **en dernier ~** lastly; **avoir ~** to take place; **avoir ~ de faire** to have grounds *ou* good reason for doing; **tenir ~ de** to take the place of; (*servir de*) to serve as; **donner ~ à** to give rise to, give cause for; **au ~ de** instead of; **au ~ qu'il y aille** instead of him going; ~ **commun** commonplace; ~ **géométrique** locus; ~ **de naissance** place of birth

**lieu-dit** [ljødi] (*pl* **lieux-dits**) *nm* locality

**lieue** [ljø] *nf* league

**lieutenant** [ljøtnɑ̃] *nm* lieutenant; ~ **de vaisseau** (*Navig*) lieutenant

**lieutenant-colonel** [ljøtnɑ̃kɔlɔnɛl] (*pl* **lieutenants-colonels**) *nm* (*armée de terre*) lieutenant colonel; (*armée de l'air*) wing commander (*Brit*), lieutenant colonel (*US*)

**lièvre** [ljɛvʀ(ə)] *nm* hare; (*coureur*) pacemaker; **lever un ~** (*fig*) to bring up a prickly subject

**liftier, -ière** [liftje, -jɛʀ] *nm,f* lift (*Brit*) *ou* elevator (*US*) attendant

**lifting** [liftiŋ] *nm* face lift

**ligament** [ligamɑ̃] *nm* ligament

**ligature** [ligatyʀ] *nf* ligature

**lige** [liʒ] *adj*: **homme ~** (*péj*) henchman

**ligne** [liɲ] *nf* (*gén*) line; (*Transports: liaison*) service; (: *trajet*) route; (*silhouette*): **garder la ~** to keep one's figure; **en ~** (*Inform*) on line; **en ~ droite** as the crow flies; **"à la ~"** "new paragraph"; **entrer en ~ de compte** to be taken into account; to come into it; **~ de but/médiane** goal/halfway line; **~ d'arrivée/de départ** finishing/starting line; **~ de conduite** course of action; **~ directrice** guiding line; **~ fixe** (*Tél*) fixed line (phone); **~ d'horizon** skyline; **~ de mire** line of sight; **~ de touche** touchline

**ligné, e** [liɲe] *adj*: **papier ~** ruled paper ▷ *nf* (*race, famille*) line, lineage; (*postérité*) descendants *pl*

**ligneux, -euse** [liɲø, -øz] *adj* ligneous, woody

**lignite** [liɲit] *nm* lignite

**ligoter** [ligɔte] *vt* to tie up

**ligue** [lig] *nf* league

**liguer** [lige]: **se liguer** *vi* to form a league; **se ~ contre** (*fig*) to combine against

**lilas** [lila] *nm* lilac

**lillois, e** [lilwa, -waz] *adj* of *ou* from Lille

**Lima** [lima] *n* Lima

**limace** [limas] *nf* slug

**limaille** [limaj] *nf*: **~ de fer** iron filings *pl*

**limande** [limɑ̃d] *nf* dab

**limande-sole** [limɑ̃dsɔl] *nf* lemon sole

**limbes** [lɛ̃b] *nmpl* limbo *sg*; **être dans les ~** (*fig: projet etc*) to be up in the air

**lime** [lim] *nf* (*Tech*) file; (*Bot*) lime; **~ à ongles** nail file

**limer** [lime] *vt* (*bois, métal*) to file (down); (*ongles*) to file; (*fig: prix*) to pare down

**limier** [limje] *nm* (*Zool*) bloodhound; (*détective*) sleuth

**liminaire** [liminɛʀ] *adj* (*propos*) introductory

**limitatif, -ive** [limitatif, -iv] *adj* restrictive

**limitation** [limitasjɔ̃] *nf* limitation, restriction; **sans ~ de temps** with no time limit; **~ des naissances** birth control; **~ de vitesse** speed limit

**limite** [limit] *nf* (*de terrain*) boundary; (*partie ou point extrême*) limit; **dans la ~ de** within the limits of; **à la ~** (*au pire*) if the worst comes (*ou* came) to the worst; **sans ~s** (*bêtise, richesse, pouvoir*) limitless, boundless; **vitesse/charge ~** maximum speed/load; **cas ~** borderline case; **date ~** deadline; **date ~ de vente/**

**consommation** sell-by/best-before date; **prix ~** upper price limit; **~ d'âge** maximum age, age limit

**limiter** [limite] *vt* (*restreindre*) to limit, restrict; (*délimiter*) to border, form the boundary of; **se ~ (à qch/à faire)** (*personne*) to limit *ou* confine o.s. (to sth/to doing sth); **se ~ à** (*chose*) to be limited to

**limitrophe** [limitʀɔf] *adj* border *cpd*; **~ de** bordering on

**limogeage** [limɔʒaʒ] *nm* dismissal

**limoger** [limɔʒe] *vt* to dismiss

**limon** [limɔ̃] *nm* silt

**limonade** [limɔnad] *nf* lemonade (*Brit*), (lemon) soda (*US*)

**limonadier, -ière** [limɔnadje, -jɛʀ] *nm/f* (*commerçant*) café owner; (*fabricant de limonade*) soft drinks manufacturer

**limoneux, -euse** [limɔnø, -øz] *adj* muddy

**limousin, e** [limuzɛ̃, -in] *adj* of *ou* from Limousin ▷ *nm* (*région*): **le L~** the Limousin ▷ *nf* limousine

**limpide** [lɛ̃pid] *adj* limpid

**lin** [lɛ̃] *nm* (*Bot*) flax; (*tissu, toile*) linen

**linceul** [lɛ̃sœl] *nm* shroud

**linéaire** [lineɛʀ] *adj* linear ▷ *nm*: **~ (de vente)** shelves *pl*

**linéament** [lineamɑ̃] *nm* outline

**linge** [lɛ̃ʒ] *nm* (*serviettes etc*) linen; (*pièce de tissu*) cloth; (*aussi*: **linge de corps**) underwear; (*aussi*: **linge de toilette**) towel; (*lessive*) washing; **~ sale** dirty linen

**lingère** [lɛ̃ʒɛʀ] *nf* linen maid

**lingerie** [lɛ̃ʒʀi] *nf* lingerie, underwear

**lingot** [lɛ̃go] *nm* ingot

**linguiste** [lɛ̃gɥist(ə)] *nm/f* linguist

**linguistique** [lɛ̃gɥistik] *adj* linguistic ▷ *nf* linguistics *sg*

**lino** [lino], **linoléum** [linɔleɔm] *nm* lino(leum)

**linotte** [linɔt] *nf*: **tête de ~** bird brain

**linteau, x** [lɛ̃to] *nm* lintel

**lion, ne** [ljɔ̃, ljɔn] *nm/f* lion (lioness); (*signe*): **le L~** Leo, the Lion; **être du L~** to be Leo; **~ de mer** sea lion

**lionceau, x** [ljɔ̃so] *nm* lion cub

**liposuccion** [lipɔsyksjɔ̃] *nf* liposuction

**lippu, e** [lipy] *adj* thick-lipped

**liquéfier** [likefje] *vt* to liquefy; **se liquéfier** *vi* (*gaz etc*) to liquefy; (*fig: personne*) to succumb

**liqueur** [likœʀ] *nf* liqueur

**liquidateur, -trice** [likidatœʀ, -tʀis] *nm/f* (*Jur*) receiver; **~ judiciaire** official liquidator

**liquidation** [likidasjɔ̃] *nf* liquidation; (*Comm*) clearance (sale); **~ judiciaire** compulsory liquidation

**liquide** [likid] *adj* liquid ▷ *nm* liquid; (*Comm*): **en ~** in ready money *ou* cash

**liquider** [likide] *vt* (*société, biens, témoin gênant*) to liquidate; (*compte, problème*) to settle; (*Comm: articles*) to clear, sell off

**liquidités** [likidite] *nfpl* (*Comm*) liquid assets

**liquoreux, -euse** [likɔʀø, -øz] *adj* syrupy

**lire** [liʀ] *nf (monnaie)* lira ▷ *vt, vi* to read; ~ **qch à qn** to read sth (out) to sb

**lis** *vb* [li] *voir* **lire** ▷ *nm* [lis] = **lys**

**lisais** *etc* [lizɛ] *vb voir* **lire**

**Lisbonne** [lizbɔn] *n* Lisbon

**lise** *etc* [liz] *vb voir* **lire**

**liseré** [lizʀe] *nm* border, edging

**liseron** [lizʀɔ̃] *nm* bindweed

**liseuse** [lizøz] *nf* book-cover; *(veste)* bed jacket

**lisible** [lizibl(ə)] *adj* legible; *(digne d'être lu)* readable

**lisiblement** [lizibləmɑ̃] *adv* legibly

**lisière** [lizjɛʀ] *nf (de forêt)* edge; *(de tissu)* selvage

**lisons** [lizɔ̃] *vb voir* **lire**

**lisse** [lis] *adj* smooth

**lisser** [lise] *vt* to smooth

**lisseur** [lisœʀ] *nm* straighteners *pl*

**listage** [listaʒ] *nm (Inform)* listing

**liste** [list(ə)] *nf* list; *(Inform)* listing; **faire la ~ de** to list, make out a list of; ~ **d'attente** waiting list; ~ **civile** civil list; ~ **électorale** electoral roll; ~ **de mariage** wedding (present) list; ~ **noire** hit list

**lister** [liste] *vt* to list

**listéria** [listeʀja] *nf* listeria

**listing** [listiŋ] *nm (Inform)* listing; **qualité ~** draft quality

**lit** [li] *nm (gén)* bed; **faire son ~** to make one's bed; **aller/se mettre au ~** to go to/get into bed; **chambre avec un grand ~** room with a double bed; **prendre le ~** to take to one's bed; **d'un premier ~** *(Jur)* of a first marriage; ~ **de camp** camp bed *(Brit)*, cot *(US)*; ~ **d'enfant** cot *(Brit)*, crib *(US)*

**litanie** [litani] *nf* litany

**lit-cage** [likaʒ] *(pl* **lits-cages**) *nm* folding bed

**litchi** [litʃi] *nm* lychee

**literie** [litʀi] *nf* bedding; *(linge)* bedding, bedclothes *pl*

**litho** [lito], **lithographie** [litɔɡʀafi] *nf* litho(graphy); *(épreuve)* litho(graph)

**litière** [litjɛʀ] *nf* litter

**litige** [litiʒ] *nm* dispute; **en ~** in contention

**litigieux, -euse** [litiʒjø, -øz] *adj* litigious, contentious

**litote** [litɔt] *nf* understatement

**litre** [litʀ(ə)] *nm* litre; *(récipient)* litre measure

**littéraire** [liteʀɛʀ] *adj* literary

**littéral, e, -aux** [liteʀal, -o] *adj* literal

**littéralement** [liteʀalmɑ̃] *adv* literally

**littérature** [liteʀatyʀ] *nf* literature

**littoral, e, -aux** [litɔʀal, -o] *adj* coastal ▷ *nm* coast

**Lituanie** [litɥani] *nf*: **la ~** Lithuania

**lituanien, ne** [litɥanjɛ̃, -ɛn] *adj* Lithuanian ▷ *nm (Ling)* Lithuanian ▷ *nm/f*: **Lituanien, ne** Lithuanian

**liturgie** [lityʀʒi] *nf* liturgy

**liturgique** [lityʀʒik] *adj* liturgical

**livide** [livid] *adj* livid, pallid

**living** [liviŋ], **living-room** [liviŋʀum] *nm* living room

**livrable** [livʀabl(ə)] *adj (Comm)* that can be delivered

**livraison** [livʀɛzɔ̃] *nf* delivery; ~ **à domicile** home delivery (service)

**livre** [livʀ(ə)] *nm* book; *(imprimerie etc)*: **le ~** the book industry ▷ *nf (poids, monnaie)* pound; **traduire qch à ~ ouvert** to translate sth off the cuff *ou* at sight; ~ **blanc** official report *(on war, natural disaster etc, prepared by independent body)*; ~ **de bord** *(Navig)* logbook; ~ **de comptes** account(s) book; ~ **de cuisine** cookery book *(Brit)*, cookbook; ~ **de messe** mass *ou* prayer book; ~ **d'or** visitors' book; ~ **de poche** paperback *(small and cheap)*; ~ **sterling** pound sterling; ~ **verte** green pound

**livré, e** [livʀe] *nf* livery ▷ *adj*: ~ **à** *(l'anarchie etc)* given over to; ~ **à soi-même** left to oneself *ou* one's own devices

**livrer** [livʀe] *vt (Comm)* to deliver; *(otage, coupable)* to hand over; *(secret, information)* to give away; **se ~ à** *(se confier)* to confide in; *(se rendre)* to give o.s. up to; *(s'abandonner à: débauche etc)* to give o.s. up *ou* over to; *(faire: pratiques, actes)* to indulge in; *(travail)* to be engaged in, engage in; *(: sport)* to practise; *(: enquête)* to carry out; ~ **bataille** to give battle

**livresque** [livʀɛsk(ə)] *adj (péj)* bookish

**livret** [livʀɛ] *nm* booklet; *(d'opéra)* libretto; ~ **de caisse d'épargne** *(savings)* bank-book; ~ **de famille** *(official)* family record book; ~ **scolaire** *(school)* report book

**livreur, -euse** [livʀœʀ, -øz] *nm/f* delivery boy *ou* man/girl *ou* woman

**LO** *sigle f (= Lutte ouvrière)* political party

**lob** [lɔb] *nm* lob

**lobe** [lɔb] *nm*: ~ **de l'oreille** ear lobe

**lober** [lɔbe] *vt* to lob

**local, e, -aux** [lɔkal, -o] *adj* local ▷ *nm (salle)* premises *pl* ▷ *nmpl* premises

**localement** [lɔkalmɑ̃] *adv* locally

**localisé, e** [lɔkalize] *adj* localized

**localiser** [lɔkalize] *vt (repérer)* to locate, place; *(limiter)* to localize, confine

**localité** [lɔkalite] *nf* locality

**locataire** [lɔkatɛʀ] *nm/f* tenant; *(de chambre)* lodger

**locatif, -ive** [lɔkatif, -iv] *adj (charges, réparations)* incumbent upon the tenant; *(valeur)* rental; *(immeuble)* with rented flats, used as a letting *ou* rental *(US)* concern

**location** [lɔkasjɔ̃] *nf (par le locataire)* renting; *(par l'usager: de voiture etc)* hiring *(Brit)*, renting *(US)*; *(par le propriétaire)* renting out, letting; hiring out *(Brit)*; *(de billets, places)* booking; *(bureau)* booking office; **"~ de voitures"** "car hire *(Brit)* ou rental *(US)*"

**location-vente** [lɔkasjɔ̃vɑ̃t] *nf* form of hire purchase *(Brit)* ou installment plan *(US)*

**lock-out** [lɔkawt] *nm inv* lockout

**locomoteur, -trice** [lɔkɔmɔtœʀ, -tʀis] *adj, nf* locomotive

**locomotion** [lɔkɔmɔsjɔ̃] *nf* locomotion

**locomotive** [lɔkɔmɔtiv] *nf* locomotive, engine; *(fig)* pacesetter, pacemaker

**locuteur, -trice** [lɔkytœʀ, -tʀis] *nm/f* (*Ling*) speaker

**locution** [lɔkysjɔ̃] *nf* phrase

**loden** [lɔdɛn] *nm* loden

**lofer** [lɔfe] *vi* (*Navig*) to luff

**logarithme** [lɔgaʀitm(ə)] *nm* logarithm

**loge** [lɔʒ] *nf* (*Théât: d'artiste*) dressing room; (: *de spectateurs*) box; (*de concierge, franc-maçon*) lodge

**logeable** [lɔʒabl(ə)] *adj* habitable; *(spacieux)* roomy

**logement** [lɔʒmɑ̃] *nm* flat (*Brit*), apartment (*US*); accommodation *no pl* (*Brit*), accommodations *pl* (*US*); **le ~** housing; **chercher un ~** to look for a flat *ou* apartment, look for accommodation(s); **construire des ~s bon marché** to build cheap housing *sg*; **crise du ~** housing shortage; **~ de fonction** (*Admin*) company flat *ou* apartment, accommodation(s) provided with one's job

**loger** [lɔʒe] *vt* to accommodate ▷ *vi* to live; **se loger: trouver à se ~** to find accommodation; **se ~ dans** (*balle, flèche*) to lodge itself in

**logeur, -euse** [lɔʒœʀ, -øz] *nm/f* landlord (landlady)

**loggia** [lɔdʒja] *nf* loggia

**logiciel** [lɔʒisjɛl] *nm* (*Inform*) piece of software

**logicien, ne** [lɔʒisjɛ̃, -ɛn] *nm/f* logician

**logique** [lɔʒik] *adj* logical ▷ *nf* logic; **c'est ~** it stands to reason

**logiquement** [lɔʒikmɑ̃] *adv* logically

**logis** [lɔʒi] *nm* home; abode, dwelling

**logisticien, ne** [lɔʒistisjɛ̃, -ɛn] *nm/f* logistician

**logistique** [lɔʒistik] *nf* logistics *sg* ▷ *adj* logistic

**logo** [lɔgo], **logotype** [lɔgɔtip] *nm* logo

**loi** [lwa] *nf* law; **faire la ~** to lay down the law; **les ~s de la mode** (*fig*) the dictates of fashion; **proposition de ~** (private member's) bill; **projet de ~** (government) bill

**loi-cadre** [lwakadʀ(ə)] (*pl* **lois-cadres**) *nf* (*Pol*) blueprint law

**loin** [lwɛ̃] *adv* far; (*dans le temps: futur*) a long way off; (: *passé*) a long time ago; **plus ~** further; **moins ~ (que)** not as far (as); **~ de** far from; **~ d'ici** a long way from here; **pas ~ de 100 euros** not far off 100 euros; **au ~** far off; **de ~** *adv* from a distance; (*fig: de beaucoup*) by far; **il vient de ~** he's come a long way; he comes from a long way away; **de ~ en ~** here and there; (*de temps en temps*) (every) now and then; **~ de là** (*au contraire*) far from it

**lointain, e** [lwɛ̃tɛ̃, -ɛn] *adj* faraway, distant; (*dans le futur, passé*) distant, far-off; (*cause, parent*) remote, distant ▷ *nm*: **dans le ~** in the distance

**loi-programme** [lwapʀɔgʀam] (*pl* **lois-programmes**) *nf* (*Pol*) act providing framework for *government programme*

**loir** [lwaʀ] *nm* dormouse

**Loire** [lwaʀ] *nf*: **la ~** the Loire

**loisible** [lwazibl(ə)] *adj*: **il vous est ~ de ...** you are free to ...

**loisir** [lwaziʀ] *nm*: **heures de ~** spare time;

**loisirs** *nmpl* leisure *sg*; (*activités*) leisure activities; **avoir le ~ de faire** to have the time *ou* opportunity to do; **(tout) à ~** (*en prenant son temps*) at leisure; (*autant qu'on le désire*) at one's pleasure

**lombaire** [lɔ̃bɛʀ] *adj* lumbar

**lombalgie** [lɔ̃balʒi] *nf* back pain

**londonien, ne** [lɔ̃dɔnjɛ̃, -ɛn] *adj* London *cpd*, of London ▷ *nm/f*: **Londonien, ne** Londoner

**Londres** [lɔ̃dʀ(ə)] *n* London

**long, longue** [lɔ̃, lɔ̃g] *adj* long ▷ *adv*: **en savoir ~** to know a great deal ▷ *nm*: **de 3 m de ~** 3 m long, 3 m in length ▷ *nf*: **à la longue** in the end; **faire ~ feu** to fizzle out; **ne pas faire ~ feu** not to last long; **au ~ cours** (*Navig*) ocean *cpd*, ocean-going; **de longue date** *adj* long-standing; **longue durée** *adj* long-term; **de longue haleine** *adj* long-term; **être ~ à faire** to take a long time to do; **en ~** *adv* lengthwise, lengthways; **(tout) le ~ de** (all) along; **tout au ~ de** (*année, vie*) throughout; **de ~ en large** (*marcher*) to and fro, up and down; **en ~ et en large** (*fig*) in every detail

**longanimité** [lɔ̃ganimite] *nf* forbearance

**long-courrier** [lɔ̃kuʀje] *nm* (*Aviat*) long-haul aircraft

**longe** [lɔ̃ʒ] *nf* (*corde: pour attacher*) tether; (*pour mener*) lead; (*Culin*) loin

**longer** [lɔ̃ʒe] *vt* to go (*ou* walk *ou* drive) along(side); (*mur, route*) to border

**longévité** [lɔ̃ʒevite] *nf* longevity

**longiligne** [lɔ̃ʒiliɲ] *adj* long-limbed

**longitude** [lɔ̃ʒityd] *nf* longitude; **à 45° de ~ ouest** at 45° longitude west

**longitudinal, e, -aux** [lɔ̃ʒitydinal, -o] *adj* longitudinal, lengthways; (*entaille, vallée*) running lengthways

**longtemps** [lɔ̃tɑ̃] *adv* (for) a long time, (for) long; **ça ne va pas durer ~** it won't last long; **avant ~** before long; **pour/pendant ~** for a long time; **je n'en ai pas pour ~** I shan't be long; **mettre ~ à faire** to take a long time to do; **il en a pour ~** he'll be a long time; **il y a ~ que je travaille** I have been working (for) a long time; **il n'y a pas ~ que je l'ai rencontré** it's not long since I met him

**longue** [lɔ̃g] *adj f voir* **long**

**longuement** [lɔ̃gmɑ̃] *adv* (*longtemps: parler, regarder*) for a long time; (*en détail: expliquer, raconter*) at length

**longueur** [lɔ̃gœʀ] *nf* length; **longueurs** *nfpl* (*fig: d'un film etc*) tedious parts; **sur une ~ de 10 km** for *ou* over 10 km; **en ~** *adv* lengthwise, lengthways; **tirer en ~** to drag on; **à ~ de journée** all day long; **d'une ~** (*gagner*) by a length; **~ d'onde** wavelength

**longue-vue** [lɔ̃gvy] *nf* telescope

**look** [luk] (*fam*) *nm* look, image

**looping** [lupiŋ] *nm* (*Aviat*): **faire des ~s** to loop the loop

**lopin** [lɔpɛ̃] *nm*: **~ de terre** patch of land

**loquace** [lɔkas] *adj* talkative, loquacious

**loque** [lɔk] nf (personne) wreck; **loques** nfpl (habits) rags; **être** ou **tomber en ~s** to be in rags
**loquet** [lɔkɛ] nm latch
**lorgner** [lɔʀɲe] vt to eye; (convoiter) to have one's eye on
**lorgnette** [lɔʀɲɛt] nf opera glasses pl
**lorgnon** [lɔʀɲɔ̃] nm (face-à-main) lorgnette; (pince-nez) pince-nez
**loriot** [lɔʀjo] nm (golden) oriole
**lorrain, e** [lɔʀɛ̃, -ɛn] adj of ou from Lorraine; **quiche ~e** quiche
**lors** [lɔʀ]: **~ de** prép (au moment de) at the time of; (pendant) during; **~ même que** even though
**lorsque** [lɔʀsk(ə)] conj when, as
**losange** [lɔzɑ̃ʒ] nm diamond; (Géom) lozenge; **en ~** diamond-shaped
**lot** [lo] nm (part) share; (de loterie) prize; (fig: destin) fate, lot; (Comm, Inform) batch; **~ de consolation** consolation prize
**loterie** [lɔtʀi] nf lottery; (tombola) raffle; **L~ nationale** French national lottery
**loti, e** [lɔti] adj: **bien/mal ~** well-/badly off, lucky/unlucky
**lotion** [losjɔ̃] nf lotion; **~ après rasage** after-shave (lotion); **~ capillaire** hair lotion
**lotir** [lɔtiʀ] vt (terrain: diviser) to divide into plots; (: vendre) to sell by lots
**lotissement** [lɔtismɑ̃] nm (groupe de maisons, d'immeubles) housing development; (parcelle) (building) plot, lot
**loto** [lɔto] nm lotto
**lotte** [lɔt] nf (Zool: de rivière) burbot; (: de mer) monkfish
**louable** [lwabl(ə)] adj (appartement, garage) rentable; (action, personne) praiseworthy, commendable
**louage** [lwaʒ] nm: **voiture de ~** hired (Brit) ou rented (US) car; (à louer) hire (Brit) ou rental (US) car
**louange** [lwɑ̃ʒ] nf: **à la ~ de** in praise of; **louanges** nfpl praise sg
**loubar, loubard** [lubaʀ] nm (fam) lout
**louche** [luʃ] adj shady, dubious ▷ nf ladle
**loucher** [luʃe] vi to squint; (fig): **~ sur** to have one's (beady) eye on
**louer** [lwe] vt (maison: propriétaire) to let, rent (out); (: locataire) to rent; (voiture etc) to hire out (Brit), rent (out); to hire (Brit), rent; (réserver) to book; (faire l'éloge de) to praise; **"à ~"** "to let" (Brit), "for rent" (US); **~ qn de** to praise sb for; **se ~ de** to congratulate o.s. on
**loufoque** [lufɔk] adj (fam) crazy, zany
**loukoum** [lukum] nm Turkish delight
**loulou** [lulu] nm (chien) spitz; **~ de Poméranie** Pomeranian (dog)
**loup** [lu] nm wolf; (poisson) bass; (masque) (eye) mask; **jeune ~** young go-getter; **~ de mer** (marin) old seadog
**loupe** [lup] nf magnifying glass; **~ de noyer** burr walnut; **à la ~** (fig) in minute detail
**louper** [lupe] vt (fam: manquer) to miss; (: gâcher) to mess up, bungle

**lourd, e** [luʀ, luʀd(ə)] adj heavy; (chaleur, temps) sultry; (fig: personne, style) heavy-handed ▷ adv: **peser ~** to be heavy; **~ de** (menaces) charged with; (conséquences) fraught with; **artillerie/industrie ~e** heavy artillery/industry
**lourdaud, e** [luʀdo, -od] adj oafish
**lourdement** [luʀdəmɑ̃] adv heavily; **se tromper ~** to make a big mistake
**lourdeur** [luʀdœʀ] nf heaviness; **~ d'estomac** indigestion no pl
**loustic** [lustik] nm (fam péj) joker
**loutre** [lutʀ(ə)] nf otter; (fourrure) otter skin
**louve** [luv] nf she-wolf
**louveteau, x** [luvto] nm (Zool) wolf-cub; (scout) cub (scout)
**louvoyer** [luvwaje] vi (Navig) to tack; (fig) to hedge, evade the issue
**lover** [lɔve]: **se lover** vi to coil up
**loyal, e, -aux** [lwajal, -o] adj (fidèle) loyal, faithful; (fair-play) fair
**loyalement** [lwajalmɑ̃] adv loyally, faithfully; fairly
**loyalisme** [lwajalism(ə)] nm loyalty
**loyauté** [lwajote] nf loyalty, faithfulness; fairness
**loyer** [lwaje] nm rent; **~ de l'argent** interest rate
**LP** sigle m (= lycée professionnel) secondary school for vocational training
**LPO** sigle f (= Ligue pour la protection des oiseaux) bird protection society
**LSD** sigle m (= Lyserg Säure Diäthylamid) LSD
**lu, e** [ly] pp de **lire**
**lubie** [lybi] nf whim, craze
**lubricité** [lybʀisite] nf lust
**lubrifiant** [lybʀifjɑ̃] nm lubricant
**lubrifier** [lybʀifje] vt to lubricate
**lubrique** [lybʀik] adj lecherous
**lucarne** [lykaʀn(ə)] nf skylight
**lucide** [lysid] adj (conscient) lucid, conscious; (perspicace) clear-headed
**lucidité** [lysidite] nf lucidity
**luciole** [lysjɔl] nf firefly
**lucratif, -ive** [lykʀatif, -iv] adj lucrative; profitable; **à but non ~** non profit-making
**ludique** [lydik] adj play cpd, playing
**ludothèque** [lydɔtɛk] nf toy library
**luette** [lɥɛt] nf uvula
**lueur** [lɥœʀ] nf (chatoyante) glimmer no pl; (métallique, mouillée) gleam no pl; (rougeoyante) glow no pl; (pâle) (faint) light; (fig) spark; (: d'espérance) glimmer, gleam
**luge** [lyʒ] nf sledge (Brit), sled (US); **faire de la ~** to sledge (Brit), sled (US), toboggan
**lugubre** [lygybʀ(ə)] adj gloomy; dismal

**Ⓞ** MOT-CLÉ

**lui** [lɥi] pp de **luire**
▷ pron **1** (objet indirect: mâle) (to) him; (: femelle) (to) her; (: chose, animal) (to) it; **je lui ai parlé** I have spoken to him (ou to her); **il lui a offert**

**un cadeau** he gave him (ou her) a present; **je le lui ai donné** I gave it to him (ou her)
**2** (après préposition, comparatif: personne) him; (: chose, animal) it; **elle est contente de lui** she is pleased with him; **je la connais mieux que lui** I know her better than he does; **cette voiture est à lui** this car belongs to him, this is HIS car
**3** (sujet, forme emphatique) he; **lui, il est à Paris** HE is in Paris; **c'est lui qui l'a fait** HE did it

**lui-même** [lɥimɛm] pron (personne) himself; (chose) itself
**luire** [lɥiʀ] vi (gén) to shine, gleam; (surface mouillée) to glisten; (reflets chauds, cuivrés) to glow
**luisant, e** [lɥizã, -ãt] vb voir **luire** ▷ adj shining, gleaming
**lumbago** [lɔ̃bago] nm lumbago
**lumière** [lymjɛʀ] nf light; **lumières** nfpl (d'une personne) knowledge sg, wisdom sg; **à la ~ de** by the light of; (fig: événements) in the light of; **fais de la ~** let's have some light, give us some light; **faire (toute) la ~ sur** (fig) to clarify (completely); **mettre en ~** (fig) to highlight; **~ du jour/soleil** day/sunlight
**luminaire** [lyminɛʀ] nm lamp, light
**lumineux, -euse** [lyminø, -øz] adj (émettant de la lumière) luminous; (éclairé) illuminated; (ciel, journée, couleur) bright; (relatif à la lumière: rayon etc) of light, light cpd; (fig: regard) radiant
**luminosité** [lyminɔzite] nf (Tech) luminosity
**lump** [lœp] nm: **œufs de ~** lump-fish roe
**lunaire** [lynɛʀ] adj lunar, moon cpd
**lunatique** [lynatik] adj whimsical, temperamental
**lunch** [lœntʃ] nm (réception) buffet lunch
**lundi** [lœdi] nm Monday; **on est ~** it's Monday; **le ~ 20 août** Monday 20th August; **il est venu ~** he came on Monday; **le(s) ~(s)** on Mondays; **à ~!** see you (on) Monday!; **~ de Pâques** Easter Monday; **~ de Pentecôte** Whit Monday (Brit)
**lune** [lyn] nf moon; **pleine/nouvelle ~** full/new moon; **être dans la ~** (distrait) to have one's head in the clouds; **~ de miel** honeymoon
**luné, e** [lyne] adj: **bien/mal ~** in a good/bad mood
**lunette** [lynɛt] nf: **~s** nfpl glasses, spectacles; (protectrices) goggles; **~ d'approche** telescope; **~ arrière** (Auto) rear window; **~s noires** dark glasses; **~s de soleil** sunglasses
**lurent** [lyʀ] vb voir **lire**
**lurette** [lyʀɛt] nf: **il y a belle ~** ages ago
**luron, ne** [lyʀɔ̃, -ɔn] nm/f lad/lass; **joyeux** ou **gai ~** gay dog
**lus** etc [ly] vb voir **lire**
**lustre** [lystʀ(ə)] nm (de plafond) chandelier; (fig: éclat) lustre
**lustrer** [lystʀe] vt: **~ qch** (faire briller) to make sth shine; (user) to make sth shiny
**lut** [ly] vb voir **lire**
**luth** [lyt] nm lute
**luthier** [lytje] nm (stringed-)instrument maker

**lutin** [lytɛ̃] nm imp, goblin
**lutrin** [lytʀɛ̃] nm lectern
**lutte** [lyt] nf (conflit) struggle; (Sport): **la ~** wrestling; **de haute ~** after a hard-fought struggle; **~ des classes** class struggle; **~ libre** (Sport) all-in wrestling
**lutter** [lyte] vi to fight, struggle; (Sport) to wrestle
**lutteur, -euse** [lytœʀ, -øz] nm/f (Sport) wrestler; (fig) battler, fighter
**luxation** [lyksasjɔ̃] nf dislocation
**luxe** [lyks(ə)] nm luxury; **un ~ de** (détails, précautions) a wealth of; **de ~** adj luxury cpd
**Luxembourg** [lyksãbuʀ] nm: **le ~** Luxembourg
**luxembourgeois, e** [lyksãbuʀʒwa, -waz] adj of ou from Luxembourg ▷ nm/f:
**Luxembourgeois, e** inhabitant ou native of Luxembourg
**luxer** [lykse] vt: **se ~ l'épaule** to dislocate one's shoulder
**luxueusement** [lyksɥøzmã] adv luxuriously
**luxueux, -euse** [lyksɥø, -øz] adj luxurious
**luxure** [lyksyʀ] nf lust
**luxuriant, e** [lyksyʀjã, -ãt] adj luxuriant, lush
**luzerne** [lyzɛʀn(ə)] nf lucerne, alfalfa
**lycée** [lise] nm (state) secondary (Brit) ou high (US) school; **~ technique** technical secondary ou high school; see note

**◉ LYCÉE**

◉ French pupils spend the last three years of
◉ their secondary education at a lycée, where
◉ they sit their "baccalauréat" before leaving
◉ school or going on to higher education.
◉ There are various types of lycée, including
◉ the "lycées d'enseignement technologique",
◉ providing technical courses, and "lycées
◉ d'enseignement professionnel", providing
◉ vocational courses. Some lycées, particularly
◉ those with a wide catchment area or those
◉ which run specialist courses, have boarding
◉ facilities.

**lycéen, ne** [liseɛ̃, -ɛn] nm/f secondary school pupil
**Lycra®** [likʀa] nm Lycra®
**lymphatique** [lɛ̃fatik] adj (fig) lethargic, sluggish
**lymphe** [lɛ̃f] nf lymph
**lyncher** [lɛ̃ʃe] vt to lynch
**lynx** [lɛ̃ks] nm lynx
**Lyon** [ljɔ̃] n Lyons
**lyonnais, e** [ljɔnɛ, -ɛz] adj of ou from Lyons; (Culin) Lyonnaise
**lyophilisé, e** [ljɔfilize] adj freeze-dried
**lyre** [liʀ] nf lyre
**lyrique** [liʀik] adj lyrical; (Opéra) lyric; **artiste ~** opera singer; **comédie ~** comic opera; **théâtre ~** opera house (for light opera)
**lyrisme** [liʀism(ə)] nm lyricism
**lys** [lis] nm lily

# Mm

**M, m** [ɛm] *nm inv* M, m ▷ *abr* = **majeur**;
**masculin**; **mètre**; **Monsieur**; (= *million*) M; **M
comme Marcel** M for Mike

**m'** [m] *pron voir* **me**

**MA** *sigle m* = **maître auxiliaire**

**ma** [ma] *adj poss voir* **mon**

**maboul, e** [mabul] *adj* (*fam*) loony

**macabre** [makabʀ(ə)] *adj* macabre, gruesome

**macadam** [makadam] *nm* tarmac (*Brit*), asphalt

**macaron** [makaʀɔ̃] *nm* (*gâteau*) macaroon;
(*insigne*) (round) badge

**macaroni** [makaʀɔni] *nm*, **macaronis** *nmpl*
macaroni *sg*; **~(s) au gratin** macaroni cheese
(*Brit*), macaroni and cheese (*US*)

**Macédoine** [masedwan] *nf* Macedonia

**macédoine** [masedwan] *nf:* **~ de fruits** fruit
salad; **~ de légumes** mixed vegetables *pl*

**macérer** [maseʀe] *vi, vt* to macerate

**mâchefer** [maʃfɛʀ] *nm* clinker, cinders *pl*

**mâcher** [maʃe] *vt* to chew; **ne pas ~ ses mots**
not to mince one's words; **~ le travail à qn** (*fig*)
to spoon-feed sb, do half sb's work for him

**machiavélique** [makjavelik] *adj* Machiavellian

**machin** [maʃɛ̃] *nm* (*fam*) thingamajig, thing;
(*personne*) **M~** what's-his-name

**machinal, e, -aux** [maʃinal, -o] *adj* mechanical,
automatic

**machinalement** [maʃinalmɑ̃] *adv*
mechanically, automatically

**machination** [maʃinasjɔ̃] *nf* scheming, frame-
up

**machine** [maʃin] *nf* machine; (*locomotive*; *de
navire etc*) engine; (*fig: rouages*) machinery; (*fam:
personne*): **M~** what's-her-name; **faire ~ arrière**
(*Navig*) to go astern; (*fig*) to back-pedal; **~ à
laver/coudre/tricoter** washing/sewing/
knitting machine; **~ à écrire** typewriter; **~ à
sous** fruit machine; **~ à vapeur** steam engine

**machine-outil** [maʃinuti] (*pl* **machines-outils**)
*nf* machine tool

**machinerie** [maʃinʀi] *nf* machinery, plant;
(*d'un navire*) engine room

**machinisme** [maʃinism(ə)] *nm* mechanization

**machiniste** [maʃinist(ə)] *nm* (*Théât*) scene
shifter; (*de bus, métro*) driver

**macho** [matʃo] (*fam*) *nm* male chauvinist

**mâchoire** [maʃwaʀ] *nf* jaw; **~ de frein** brake
shoe

**mâchonner** [maʃone] *vt* to chew (at)

**maçon** [masɔ̃] *nm* bricklayer; (*constructeur*)
builder

**mâcon** [makɔ̃] *nm* Mâcon wine

**maçonner** [masone] *vt* (*revêtir*) to face, render
(with cement); (*boucher*) to brick up

**maçonnerie** [masonʀi] *nf* (*murs: de brique*)
brickwork; (: *de pierre*) masonry, stonework;
(*activité*) bricklaying; building; **~ de béton**
concrete

**maçonnique** [masonik] *adj* masonic

**macramé** [makʀame] *nm* macramé

**macrobiotique** [makʀɔbjɔtik] *adj* macrobiotic

**macrocosme** [makʀɔkɔsm(ə)] *nm* macrocosm

**macro-économie** [makʀɔekɔnɔmi] *nf*
macroeconomics *sg*

**maculer** [makyle] *vt* to stain; (*Typo*) to mackle

**Madagascar** [madagaskaʀ] *nf* Madagascar

**Madame** [madam] (*pl* **Mesdames** [medam]) *nf:*
**~ X** Mrs X; **occupez-vous de ~/Monsieur/
Mademoiselle** please serve this lady/
gentleman/(young) lady; **bonjour ~/
Monsieur/Mademoiselle** good morning; (*ton
déférent*) good morning Madam/Sir/Madam; (*le
nom est connu*) good morning Mrs X/Mr X/Miss X;
**~/Monsieur/Mademoiselle!** (*pour appeler*)
excuse me!; (*ton déférent*) Madam/Sir/Miss!; **~/
Monsieur/Mademoiselle** (*sur lettre*) Dear
Madam/Sir/Madam; **chère ~/cher Monsieur/
chère Mademoiselle** Dear Mrs X/Mr X/Miss X;
**~ la Directrice** the director; the manageress;
the head teacher; **Mesdames** Ladies

**Madeleine** [madlɛn] *nf:* **îles de la ~** *nfpl* Magdalen
Islands

**madeleine** [madlɛn] *nf* madeleine, ≈ sponge
finger cake

**Mademoiselle** [madmwazɛl] (*pl*
**Mesdemoiselles** [medmwazɛl]) *nf* Miss; *voir
aussi* **Madame**

**Madère** [madɛʀ] *nf* Madeira ▷ *nm:* **madère**
Madeira (wine)

**madone** [madon] *nf* Madonna

**madré, e** [madʀe] *adj* crafty, wily

**Madrid** [madʀid] *n* Madrid

**madrier** [madʀije] nm beam
**madrigal, -aux** [madʀigal, -o] nm madrigal
**madrilène** [madʀilɛn] adj of ou from Madrid
**maestria** [maɛstʀija] nf (masterly) skill
**maestro** [maɛstʀo] nm maestro
**mafia, maffia** [mafja] nf Maf(f)ia
**magasin** [magazɛ̃] nm (boutique) shop; (entrepôt) warehouse; (d'arme, appareil-photo) magazine; **en ~** (Comm) in stock; **faire les ~s** to go (a)round the shops, do the shops; **~ d'alimentation** grocer's (shop) (Brit), grocery store (US)
**magasinier** [magazinje] nm warehouseman
**magazine** [magazin] nm magazine
**mage** [maʒ] nm: **les Rois M~s** the Magi, the (Three) Wise Men
**Maghreb** [magʀɛb] nm: **le ~** the Maghreb, North(-West) Africa
**maghrébin, e** [magʀebɛ̃, -in] adj of ou from the Maghreb ▷ nm/f: **Maghrébin, e** North African, Maghrebi
**magicien, ne** [maʒisjɛ̃, -ɛn] nm/f magician
**magie** [maʒi] nf magic; **~ noire** black magic
**magique** [maʒik] adj (occulte) magic; (fig) magical
**magistral, e, -aux** [maʒistʀal, -o] adj (œuvre, adresse) masterly; (ton) authoritative; (gifle etc) sound, resounding; (ex cathedra): **enseignement ~** lecturing, lectures pl; **cours ~** lecture
**magistrat** [maʒistʀa] nm magistrate
**magistrature** [maʒistʀatyʀ] nf magistracy, magistrature; **~ assise** judges pl, bench; **~ debout** state prosecutors pl
**magma** [magma] nm (Géo) magma; (fig) jumble
**magnanime** [maɲanim] adj magnanimous
**magnanimité** [maɲanimite] nf magnanimity
**magnat** [magna] nm tycoon, magnate
**magner** [maɲe]: **se magner** vi (fam) to get a move on
**magnésie** [maɲezi] nf magnesia
**magnésium** [maɲezjɔm] nm magnesium
**magnétique** [maɲetik] adj magnetic
**magnétiser** [maɲetize] vt to magnetize; (fig) to mesmerize, hypnotize
**magnétiseur, -euse** [maɲetizœʀ, -øz] nm/f hypnotist
**magnétisme** [maɲetism(ə)] nm magnetism
**magnéto** [maɲeto] nm (à cassette) cassette deck; (magnétophone) tape recorder
**magnétophone** [maɲetɔfɔn] nm tape recorder; **~ à cassettes** cassette recorder
**magnétoscope** [maɲetɔskɔp] nm: **~ (à cassette)** video (recorder)
**magnificence** [maɲifisɑ̃s] nf (faste) magnificence, splendour (Brit), splendor (US); (générosité) munificence, lavishness
**magnifier** [maɲifje] vt (glorifier) to glorify; (idéaliser) to idealize
**magnifique** [maɲifik] adj magnificent
**magnifiquement** [maɲifikmɑ̃] adv magnificently
**magnolia** [maɲɔlja] nm magnolia

**magnum** [magnɔm] nm magnum
**magot** [mago] nm (argent) pile (of money); (économies) nest egg
**magouille** [maguj] nf (fam) scheming
**magret** [magʀɛ] nm: **~ de canard** duck breast
**mahométan, e** [maɔmetɑ̃, -an] adj Mohammedan, Mahometan
**mai** [mɛ] nm May; see note; voir aussi **juillet**

⊜ **LE PREMIER MAI**
⊜
⊜ Le premier mai is a public holiday in France
⊜ and commemorates the trades union
⊜ demonstrations in the United States in 1886
⊜ when workers demanded the right to an
⊜ eight-hour working day. Sprigs of lily of the
⊜ valley are traditionally exchanged. Le 8 mai is
⊜ also a public holiday and commemorates
⊜ the surrender of the German army to
⊜ Eisenhower on 7 May, 1945. It is marked by
⊜ parades of ex-servicemen and ex-
⊜ servicewomen in most towns. The social
⊜ upheavals of May and June 1968, with their
⊜ student demonstrations, workers' strikes
⊜ and general rioting, are usually referred to
⊜ as "les événements de mai 68". De Gaulle's
⊜ Government survived, but reforms in
⊜ education and a move towards
⊜ decentralization ensued.

**maigre** [mɛgʀ(ə)] adj (very) thin, skinny; (viande) lean; (fromage) low-fat; (végétation) thin, sparse; (fig) poor, meagre, skimpy ▷ adv: **faire ~** not to eat meat; **jours ~s** days of abstinence, fish days
**maigrelet, te** [mɛgʀələ, -ɛt] adj skinny, scrawny
**maigreur** [mɛgʀœʀ] nf thinness
**maigrichon, ne** [megʀiʃɔ̃, -ɔn] adj = **maigrelet, te**
**maigrir** [megʀiʀ] vi to get thinner, lose weight ▷ vt: **~ qn** (vêtement) to make sb look slim(mer)
**mail** [mɛl] nm email
**mailing** [mɛliŋ] nm direct mail no pl; **un ~** a mailshot
**maille** [maj] nf (boucle) stitch; (ouverture) hole (in the mesh); **avoir ~ à partir avec qn** to have a brush with sb; **~ à l'endroit/à l'envers** knit one/purl one; (boucle) plain/purl stitch
**maillechort** [majʃɔʀ] nm nickel silver
**maillet** [majɛ] nm mallet
**maillon** [majɔ̃] nm link
**maillot** [majo] nm (aussi: **maillot de corps**) vest; (de danseur) leotard; (de sportif) jersey; **~ de bain** bathing costume (Brit), swimsuit; (d'homme) bathing trunks pl; **~ deux pièces** two-piece swimsuit, bikini; **~ jaune** yellow jersey
**main** [mɛ̃] nf hand; **la ~ dans la ~** hand in hand; **à deux ~s** with both hands; **à une ~** with one hand; **à la ~** (tenir, avoir) in one's hand; (faire, tricoter etc) by hand; **se donner la ~** to hold hands; **donner** ou **tendre la ~ à qn** to hold out one's hand to sb; **se serrer la ~** to shake hands;

**serrer la ~ à qn** to shake hands with sb; **sous la ~** to ou at hand; **haut les ~s!** hands up!; **à ~ levée** (*Art*) freehand; **à ~s levées** (*voter*) with a show of hands; **attaque à ~ armée** armed attack; **à ~ droite/gauche** to the right/left; **à remettre en ~s propres** to be delivered personally; **de première ~** (*renseignement*) first-hand; (*Comm: voiture etc*) with only one previous owner; **faire ~ basse sur** to help o.s. to; **mettre la dernière ~ à** to put the finishing touches to; **mettre la ~ à la pâte** (*fig*) to lend a hand; **avoir/passer la ~** (*Cartes*) to lead/hand over the lead; **s'en laver les ~s** (*fig*) to wash one's hands of it; **se faire/perdre la ~** to get one's hand in/lose one's touch; **avoir qch bien en ~** to have got the hang of sth; **en un tour de ~** (*fig*) in the twinkling of an eye; **~ courante** handrail

**mainate** [mɛnat] *nm* myna(h) bird

**main-d'œuvre** [mɛ̃dœvʀ(ə)] *nf* manpower, labour (*Brit*), labor (*US*)

**main-forte** [mɛ̃fɔʀt(ə)] *nf*: **prêter ~ à qn** to come to sb's assistance

**mainmise** [mɛ̃miz] *nf* seizure; (*fig*): **avoir la ~ sur** to have a grip ou stranglehold on

**mains-libres** [mɛ̃libʀ] *adj inv* (*téléphone, kit*) hands-free

**maint, e** [mɛ̃, mɛ̃t] *adj* many a; **~s** many; **à ~es reprises** time and (time) again

**maintenance** [mɛ̃tnɑ̃s] *nf* maintenance, servicing

**maintenant** [mɛ̃tnɑ̃] *adv* now; (*actuellement*) nowadays

**maintenir** [mɛ̃tniʀ] *vt* (*retenir, soutenir*) to support; (*contenir: foule etc*) to keep in check, hold back; (*conserver*) to maintain, uphold; (*affirmer*) to maintain; **se maintenir** *vi* (*paix, temps*) to hold; (*préjugé*) to persist; (*malade*) to remain stable

**maintien** [mɛ̃tjɛ̃] *nm* maintaining, upholding; (*attitude*) bearing; **~ de l'ordre** maintenance of law and order

**maintiendrai** [mɛ̃tjɛ̃dʀe], **maintiens** *etc* [mɛ̃tjɛ̃] *vb voir* **maintenir**

**maire** [mɛʀ] *nm* mayor

**mairie** [meʀi] *nf* (*endroit*) town hall; (*administration*) town council

**mais** [mɛ] *conj* but; **~ non!** of course not!; **~ enfin** but after all; (*indignation*) look here!; **~ encore?** is that all?

**maïs** [mais] *nm* maize (*Brit*), corn (*US*)

**maison** [mɛzɔ̃] *nf* (*bâtiment*) house; (*chez-soi*) home; (*Comm*) firm; (*famille*): **ami de la ~** friend of the family ▷ *adj inv* (*Culin*) home-made; (*: au restaurant*) made by the chef; (*Comm*) in-house, own; (*fam*) first-rate; **à la ~** at home; (*direction*) home; **~ d'arrêt** (short-stay) prison; **~ centrale** prison; **~ close** brothel; **~ de correction** ≈ remand home (*Brit*), ≈ reformatory (*US*); **~ de la culture** ≈ arts centre; **~ des jeunes** ≈ youth club; **~ mère** parent company; **~ de passe** ; **maison close**; **~ de repos** convalescent home; **~ de retraite** old people's home; **~ de santé**

mental home

**Maison-Blanche** [mɛzɔ̃blɑ̃ʃ] *nf*: **la ~** the White House

**maisonnée** [mɛzɔne] *nf* household, family

**maisonnette** [mɛzɔnɛt] *nf* small house

**maître, -esse** [mɛtʀ(ə), mɛtʀɛs] *nm/f* master (mistress); (*Scol*) teacher, schoolmaster(-mistress) ▷ *nm* (*peintre etc*) master; (*titre*): **M~ (Mᵉ)** Maître, *term of address for lawyers etc* ▷ *nf* (*amante*) mistress ▷ *adj* (*principal, essentiel*) main; **maison de ~** family seat; **être ~ de** (*soi-même, situation*) to be in control of; **se rendre ~ de** (*pays, ville*) to gain control of; (*situation, incendie*) to bring under control; **être passé ~ dans l'art de** to be a (past) master in the art of; **une maîtresse femme** a forceful woman; **~ d'armes** fencing master; **~ auxiliaire (MA)** (*Scol*) temporary teacher; **~ chanteur** blackmailer; **~ de chapelle** choirmaster; **~ de conférences** ≈ senior lecturer (*Brit*), ≈ assistant professor (*US*); **~/maîtresse d'école** teacher, schoolmaster/-mistress; **~ d'hôtel** (*domestique*) butler; (*d'hôtel*) head waiter; **~ de maison** host; **~ nageur** lifeguard; **~ d'œuvre** (*Constr*) project manager; **~ d'ouvrage** (*Constr*) client; **~ queux** chef; **maîtresse de maison** hostess, (*ménagère*) housewife

**maître-assistant, e** [mɛtʀasistɑ̃, -ɑ̃t] (*pl* **maîtres-assistants, es**) *nm/f* ≈ lecturer

**maîtrise** [mɛtʀiz] *nf* (*aussi:* **maîtrise de soi**) self-control; (*habileté*) skill, mastery; (*suprématie*) mastery, command; (*diplôme*) ≈ master's degree; *see note*; (*chefs d'équipe*) supervisory staff

**MAÎTRISE**

The *maîtrise* is a French degree which is awarded to university students if they successfully complete two more years' study after the "DEUG". Students wishing to go on to do research or to take the "agrégation" must hold a *maîtrise*.

**maîtriser** [mɛtʀize] *vt* (*cheval, incendie*) to (bring under) control; (*sujet*) to master; (*émotion*) to control; **se maîtriser** to control o.s.

**majesté** [maʒɛste] *nf* majesty

**majestueux, -euse** [maʒɛstɥø, -øz] *adj* majestic

**majeur, e** [maʒœʀ] *adj* (*important*) major; (*Jur*) of age; (*fig*) adult ▷ *nm/f* (*Jur*) person who has come of age who has attained his (ou her) majority ▷ *nm* (*doigt*) middle finger; **en ~e partie** for the most part; **la ~e partie de** the major part of

**major** [maʒɔʀ] *nm* adjutant; (*Scol*): **~ de la promotion** first in one's year

**majoration** [maʒɔʀasjɔ̃] *nf* increase

**majordome** [maʒɔʀdɔm] *nm* major-domo

**majorer** [maʒɔʀe] *vt* to increase

**majorette** [maʒɔʀɛt] *nf* majorette

**majoritaire** [maʒɔʀitɛʀ] *adj* majority *cpd*;

**système/scrutin** ~ majority system/ballot
**majorité** [maʒɔʀite] nf: (gén) majority; (parti)
party in power; **en** ~ (composé etc) mainly
**Majorque** [maʒɔʀk(ə)] nf Majorca
**majuscule** [maʒyskyl] adj, nf: **(lettre)** ~ capital
(letter)
**mal, maux** [mal, mo] nm (opposé au bien) evil;
(tort, dommage) harm; (douleur physique) pain,
ache; (maladie) illness, sickness no pl; (difficulté,
peine) trouble; (souffrance morale) pain ▷ adv
badly ▷ adj: **c'est** ~ **(de faire)** it's bad ou wrong
(to do); **être** ~ to be uncomfortable; **être** ~ **avec
qn** to be on bad terms with sb; **être au plus** ~
(malade) to be very bad; (brouillé) to be at daggers
drawn; **il comprend** ~ he has difficulty in
understanding; **il a** ~ **compris** he
misunderstood; ~ **tourner** to go wrong; **dire/
penser du** ~ **de** to speak/think ill of; **ne
vouloir de** ~ **à personne** to wish nobody any
ill; **il n'a rien fait de** ~ he has done nothing
wrong; **avoir du** ~ **à faire qch** to have trouble
doing sth; **se donner du** ~ **pour faire qch** to go
to a lot of trouble to do sth; **ne voir aucun** ~ **à** to
see no harm in, see nothing wrong in;
**craignant** ~ **faire** fearing he etc was doing the
wrong thing; **sans penser** ou **songer à** ~
without meaning any harm; **faire du** ~ **à qn** to
hurt sb; to harm sb; **se faire** ~ to hurt o.s.; **se
faire** ~ **au pied** to hurt one's foot; **ça fait** ~ it
hurts; **j'ai** ~ **(ici)** it hurts (here); **j'ai** ~ **au dos**
my back aches, I've got a pain in my back; **avoir**
~ **à la tête/à la gorge** to have a headache/a sore
throat; **avoir** ~ **aux dents/à l'oreille** to have
toothache/earache; **avoir le** ~ **de l'air** to be
airsick; **avoir le** ~ **du pays** to be homesick; ~ **de
mer** seasickness; ~ **de la route** carsickness; ~
**en point** adj inv in a bad state; **maux de ventre**
stomach ache sg; voir aussi **cœur**
**malabar** [malabaʀ] nm (fam) muscle man
**malade** [malad] adj ill, sick; (poitrine, jambe) bad;
(plante) diseased; (fig: entreprise, monde) ailing
▷ nm/f invalid, sick person; (à l'hôpital etc)
patient; **tomber** ~ to fall ill; **être** ~ **du cœur** to
have heart trouble ou a bad heart; **grand** ~
seriously ill person; ~ **mental** mentally sick ou
ill person
**maladie** [maladi] nf (spécifique) disease, illness;
(mauvaise santé) illness, sickness; (fig: manie)
mania; **être rongé par la** ~ to be wasting away
(through illness); ~ **d'Alzheimer** Alzheimer's
disease; ~ **de peau** skin disease
**maladif, -ive** [maladif, -iv] adj sickly; (curiosité,
besoin) pathological
**maladresse** [maladʀɛs] nf clumsiness no pl;
(gaffe) blunder
**maladroit, e** [maladʀwa, -wat] adj clumsy
**maladroitement** [maladʀwatmɑ̃] adv clumsily
**mal-aimé, e** [maleme] nm/f unpopular person;
(de la scène politique, de la société) persona non grata
**malais, e** [malɛ, -ɛz] adj Malay, Malayan ▷ nm
(Ling) Malay ▷ nm/f: **Malais, e** Malay, Malayan
**malaise** [malɛz] nm (Méd) feeling of faintness;

feeling of discomfort; (fig) uneasiness, malaise;
**avoir un** ~ to feel faint ou dizzy
**malaisé, e** [maleze] adj difficult
**Malaisie** [malɛzi] nf: **la** ~ Malaya, West
Malaysia; **la péninsule de** ~ the Malay
Peninsula
**malappris, e** [malapʀi, -iz] nm/f ill-mannered
ou boorish person
**malaria** [malaʀja] nf malaria
**malavisé, e** [malavize] adj ill-advised, unwise
**Malawi** [malawi] nm: **le** ~ Malawi
**malaxer** [malakse] vt (pétrir) to knead; (mêler) to
mix
**Malaysia** [malɛzja] nf: **la** ~ Malaysia
**malbouffe** [malbuf] nf (fam): **la** ~ junk food
**malchance** [malʃɑ̃s] nf misfortune, ill luck no pl;
**par** ~ unfortunately; **quelle** ~! what bad luck!
**malchanceux, -euse** [malʃɑ̃sø, -øz] adj unlucky
**malcommode** [malkɔmɔd] adj impractical,
inconvenient
**Maldives** [maldiv] nfpl: **les** ~ the Maldive Islands
**maldonne** [maldɔn] nf (Cartes) misdeal; **il y a** ~
(fig) there's been a misunderstanding
**mâle** [mɑl] adj (Élec, Tech) male; (viril: voix, traits)
manly ▷ nm male
**malédiction** [malediksjɔ̃] nf curse
**maléfice** [malefis] nm evil spell
**maléfique** [malefik] adj evil, baleful
**malencontreusement** [malɑ̃kɔ̃tʀøzmɑ̃] adv
(arriver) at the wrong moment; (rappeler,
mentionner) inopportunely
**malencontreux, -euse** [malɑ̃kɔ̃tʀø, -øz] adj
unfortunate, untoward
**malentendant, e** [malɑ̃tɑ̃dɑ̃, -ɑ̃t] nm/f: **les ~s**
the hard of hearing
**malentendu** [malɑ̃tɑ̃dy] nm misunderstanding
**malfaçon** [malfasɔ̃] nf fault
**malfaisant, e** [malfəzɑ̃, -ɑ̃t] adj evil, harmful
**malfaiteur** [malfɛtœʀ] nm lawbreaker,
criminal; (voleur) thief
**malfamé, e** [malfame] adj disreputable, of ill
repute
**malfrat** [malfʀa] nm villain, crook
**malgache** [malgaʃ] adj Malagasy, Madagascan
▷ nm (Ling) Malagasy ▷ nm/f: **Malgache**
Malagasy, Madagascan
**malgré** [malgʀe] prép in spite of, despite; ~ **tout**
adv in spite of everything
**malhabile** [malabil] adj clumsy
**malheur** [malœʀ] nm (situation) adversity,
misfortune; (événement) misfortune; (: plus fort)
disaster, tragedy; **par** ~ unfortunately; **quel** ~!
what a shame ou pity!; **faire un** ~ (fam: un éclat)
to do something desperate; (: avoir du succès) to
be a smash hit
**malheureusement** [malœʀøzmɑ̃] adv
unfortunately
**malheureux, -euse** [malœʀø, -øz] adj (triste)
unhappy, miserable; (infortuné, regrettable)
unfortunate; (malchanceux) unlucky;
(insignifiant) wretched ▷ nm/f (infortuné, misérable)
poor soul; (indigent, miséreux) unfortunate

creature; **les ~** the destitute; **avoir la main malheureuse** *(au jeu)* to be unlucky; *(tout casser)* to be ham-fisted

**malhonnête** [malɔnɛt] *adj* dishonest

**malhonnêtement** [malɔnɛtmã] *adv* dishonestly

**malhonnêteté** [malɔnɛtte] *nf* dishonesty; rudeness *no pl*

**Mali** [mali] *nm*: **le ~** Mali

**malice** [malis] *nf* mischievousness; *(méchanceté)*: **par ~** out of malice *ou* spite; **sans ~** guileless

**malicieusement** [malisjøzmã] *adv* mischievously

**malicieux, -euse** [malisjø, -øz] *adj* mischievous

**malien, ne** [maljɛ̃, -ɛn] *adj* Malian

**malignité** [maliɲite] *nf* *(d'une tumeur, d'un mal)* malignancy

**malin, -igne** [malɛ̃, -iɲ] *adj* *(futé: f gén:* **maline**) smart, shrewd; *(: sourire)* knowing; *(Méd, influence)* malignant; **faire le ~** to show off; **éprouver un ~ plaisir à** to take malicious pleasure in

**malingre** [malɛ̃gʀ(ə)] *adj* puny

**malintentionné, e** [malɛ̃tãsjɔne] *adj* ill-intentioned, malicious

**malle** [mal] *nf* trunk; *(Auto)*: **~ (arrière)** boot *(Brit)*, trunk *(US)*

**malléable** [maleabl(ə)] *adj* malleable

**malle-poste** [malpɔst(ə)] *(pl* **malles-poste**) *nf* mail coach

**mallette** [malɛt] *nf* *(valise)* (small) suitcase; *(aussi:* **mallette de voyage**) overnight case; *(pour documents)* attaché case

**malmener** [malməne] *vt* to manhandle; *(fig)* to give a rough ride to

**malnutrition** [malnytʀisjɔ̃] *nf* malnutrition

**malodorant, e** [malɔdɔʀã, -ãt] *adj* foul-smelling

**malotru** [malɔtʀy] *nm* lout, boor

**Malouines** [malwin] *nfpl*: **les ~** the Falklands, the Falkland Islands

**malpoli, e** [malpɔli] *nm/f* rude individual

**malpropre** [malpʀɔpʀ(ə)] *adj* *(personne, vêtement)* dirty; *(travail)* slovenly; *(histoire, plaisanterie)* unsavoury *(Brit)*, unsavory *(US)*, smutty; *(malhonnête)* dishonest

**malpropreté** [malpʀɔpʀəte] *nf* dirtiness

**malsain, e** [malsɛ̃, -ɛn] *adj* unhealthy

**malséant, e** [malseã, -ãt] *adj* unseemly, unbecoming

**malsonnant, e** [malsɔnã, -ãt] *adj* offensive

**malt** [malt] *nm* malt; **pur ~** *(whisky)* malt (whisky)

**maltais, e** [maltɛ, -ɛz] *adj* Maltese

**Malte** [malt(ə)] *nf* Malta

**malté, e** [malte] *adj* *(lait etc)* malted

**maltraiter** [maltʀete] *vt* *(brutaliser)* to manhandle, ill-treat; *(critiquer, éreinter)* to slate *(Brit)*, roast

**malus** [malys] *nm* *(Assurances)* car insurance weighting, penalty

**malveillance** [malvɛjãs] *nf* *(animosité)* ill will; *(intention de nuire)* malevolence; *(Jur)* malicious intent *no pl*

**malveillant, e** [malvɛjã, -ãt] *adj* malevolent, malicious

**malvenu, e** [malvəny] *adj*: **être ~ de** *ou* **à faire qch** not to be in a position to do sth

**malversation** [malvɛʀsasjɔ̃] *nf* embezzlement, misappropriation (of funds)

**mal-vivre** [malvivʀ] *nm inv* malaise

**maman** [mamã] *nf* mum(my) *(Brit)*, mom *(US)*

**mamelle** [mamɛl] *nf* teat

**mamelon** [mamlɔ̃] *nm* *(Anat)* nipple; *(colline)* knoll, hillock

**mamie** [mami] *nf* *(fam)* granny

**mammifère** [mamifɛʀ] *nm* mammal

**mammouth** [mamut] *nm* mammoth

**manager** [manadʒɛʀ] *nm* *(Sport)* manager; *(Comm)*: **~ commercial** commercial director

**manche** [mãʃ] *nf* *(de vêtement)* sleeve; *(d'un jeu, tournoi)* round; *(Géo)*: **la M~** the (English) Channel ▷ *nm* *(d'outil, casserole)* handle; *(de pelle, pioche etc)* shaft; *(de violon, guitare)* neck; *(fam)* clumsy oaf; **faire la ~** to pass the hat; **~ à air** *nf* *(Aviat)* wind-sock; **~ à balai** *nm* broomstick; *(Aviat, Inform)* joystick

**manchette** [mãʃɛt] *nf* *(de chemise)* cuff; *(coup)* forearm blow; *(titre)* headline

**manchon** [mãʃɔ̃] *nm* *(de fourrure)* muff; **~ à incandescence** incandescent (gas) mantle

**manchot** [mãʃo] *nm* one-armed man; armless man; *(Zool)* penguin

**mandarine** [mãdaʀin] *nf* mandarin (orange), tangerine

**mandat** [mãda] *nm* *(postal)* postal *ou* money order; *(d'un député etc)* mandate; *(procuration)* power of attorney, proxy; *(Police)* warrant; **~ d'amener** summons *sg*; **~ d'arrêt** warrant for arrest; **~ de dépôt** committal order; **~ de perquisition** *(Police)* search warrant

**mandataire** [mãdatɛʀ] *nm/f* *(représentant, délégué)* representative; *(Jur)* proxy

**mandat-carte** [mãdakaʀt(ə)] *(pl* **mandats-cartes**) *nm* money order (in postcard form)

**mandater** [mãdate] *vt* *(personne)* to appoint; *(Pol: député)* to elect

**mandat-lettre** [mãdalɛtʀ(ə)] *(pl* **mandats-lettres**) *nm* money order (with space for correspondence)

**mandchou, e** [mãtʃu] *adj* Manchu, Manchurian ▷ *nm* *(Ling)* Manchu ▷ *nm/f*: **Mandchou, e** Manchu

**Mandchourie** [mãtʃuʀi] *nf*: **la ~** Manchuria

**mander** [mãde] *vt* to summon

**mandibule** [mãdibyl] *nf* mandible

**mandoline** [mãdɔlin] *nf* mandolin(e)

**manège** [manɛʒ] *nm* riding school; *(à la foire)* roundabout *(Brit)*, merry-go-round; *(fig)* game, ploy; **faire un tour de ~** to go for a ride on a *ou* the roundabout *etc*; **~ (de chevaux de bois)** roundabout *(Brit)*, merry-go-round

**manette** [manɛt] *nf* lever, tap; **~ de jeu** *(Inform)* joystick

**manganèse** [mãganɛz] nm manganese

**mangeable** [mãʒabl(ə)] adj edible, eatable

**mangeaille** [mãʒaj] nf (péj) grub

**mangeoire** [mãʒwaʀ] nf trough, manger

**manger** [mãʒe] vt to eat; (ronger: rouille etc) to eat into ou away; (utiliser, consommer) to eat up ▷ vi to eat

**mange-tout** [mãʒtu] nm inv mange-tout

**mangeur, -euse** [mãʒœʀ, -øz] nm/f eater

**mangouste** [mãgust(ə)] nf mongoose

**mangue** [mãg] nf mango

**maniabilité** [manjabilite] nf (d'un outil) handiness; (d'un véhicule, voilier) manoeuvrability

**maniable** [manjabl(ə)] adj (outil) handy; (voiture, voilier) easy to handle; manoeuvrable (Brit), maneuverable (US); (fig: personne) easily influenced, manipulable

**maniaque** [manjak] adj (pointilleux, méticuleux) finicky, fussy; (atteint de manie) suffering from a mania ▷ nm/f maniac

**manie** [mani] nf mania; (tic) odd habit

**maniement** [manimã] nm handling; ~ d'armes arms drill

**manier** [manje] vt to handle; se manier vi (fam) to get a move on

**maniéré, e** [manjeʀe] adj affected

**manière** [manjɛʀ] nf (façon) way, manner; (genre, style) style; **manières** nfpl (attitude) manners; (chichis) fuss sg; **de ~ à** so as to; **de telle ~ que** in such a way that; **de cette ~** in this way ou manner; **d'une ~ générale** generally speaking, as a general rule; **de toute ~** in any case; **d'une certaine ~** in a (certain) way; **faire des ~s** to put on airs; **employer la ~ forte** to use strong-arm tactics

**manif** [manif] nf (manifestation) demo

**manifestant, e** [manifɛstã, -ãt] nm/f demonstrator

**manifestation** [manifɛstasjõ] nf (de joie, mécontentement) expression, demonstration; (symptôme) outward sign; (fête etc) event; (Pol) demonstration

**manifeste** [manifɛst(ə)] adj obvious, evident ▷ nm manifesto

**manifestement** [manifɛstəmã] adv obviously

**manifester** [manifɛste] vt (volonté, intentions) to show, indicate; (joie, peur) to express, show ▷ vi (Pol) to demonstrate; se manifester vi (émotion) to show ou express itself; (difficultés) to arise; (symptômes) to appear; (témoin etc) to come forward

**manigance** [manigãs] nf scheme

**manigancer** [manigãse] vt to plot, devise

**Manille** [manij] n Manila

**manioc** [manjɔk] nm cassava, manioc

**manipulateur, -trice** [manipylatœʀ, -tʀis] nm/f (technicien) technician, operator; (prestidigitateur) conjurer; (péj) manipulator

**manipulation** [manipylasjõ] nf handling; manipulation

**manipuler** [manipyle] vt to handle; (fig) to manipulate

**manivelle** [manivɛl] nf crank

**manne** [man] nf (Rel) manna; (fig) godsend

**mannequin** [mankɛ̃] nm (Couture) dummy; (Mode) model

**manœuvrable** [manœvʀabl(ə)] adj (bateau, véhicule) manoeuvrable (Brit), maneuverable (US)

**manœuvre** [manœvʀ(ə)] nf (gén) manoeuvre (Brit), maneuver (US) ▷ nm (ouvrier) labourer (Brit), laborer (US)

**manœuvrer** [manœvʀe] vt to manoeuvre (Brit), maneuver (US); (levier, machine) to operate; (personne) to manipulate ▷ vi to manoeuvre ou maneuver

**manoir** [manwaʀ] nm manor ou country house

**manomètre** [manɔmɛtʀ(ə)] nm gauge, manometer

**manquant, e** [mãkã, -ãt] adj missing

**manque** [mãk] nm (insuffisance): ~ **de** lack of; (vide) emptiness, gap; (Méd) withdrawal; **manques** nmpl (lacunes) faults, defects; **par ~ de** for want of; ~ **à gagner** loss of profit ou earnings

**manqué** [mãke] adj failed; **garçon ~** tomboy

**manquement** [mãkmã] nm: ~ **à** (discipline, règle) breach of

**manquer** [mãke] vi (faire défaut) to be lacking; (être absent) to be missing; (échouer) to fail ▷ vt to miss ▷ vb impers: **il (nous) manque encore 10 euros** we are still 10 euros short; **il manque des pages (au livre)** there are some pages missing ou some pages are missing (from the book); **l'argent qui leur manque** the money they need ou are short of; **le pied/la voix lui manqua** he missed his footing/his voice failed him; ~ **à qn** (absent etc): **il/cela me manque** I miss him/that; ~ **à** vt (règles etc) to be in breach of, fail to observe; ~ **de** vt to lack; (Comm) to be out of (stock of); **ne pas ~ de faire: il n'a pas manqué de le dire** he certainly said it; ~ **(de) faire: il a manqué (de) se tuer** he very nearly got killed; **il ne manquerait plus qu'il fasse** all we need now is for him to do; **je n'y manquerai pas** leave it to me, I'll definitely do it

**mansarde** [mãsaʀd(ə)] nf attic

**mansardé, e** [mãsaʀde] adj attic cpd

**mansuétude** [mãsɥetyd] nf leniency

**mante** [mãt] nf: ~ **religieuse** praying mantis

**manteau, x** [mãto] nm coat; ~ **de cheminée** mantelpiece; **sous le ~** (fig) under cover

**mantille** [mãtij] nf mantilla

**manucure** [manykyʀ] nf manicurist

**manuel, le** [manɥɛl] adj manual ▷ nm/f manually gifted pupil (as opposed to intellectually gifted) ▷ nm (ouvrage) manual, handbook

**manuellement** [manɥɛlmã] adv manually

**manufacture** [manyfaktyʀ] nf (établissement) factory; (fabrication) manufacture

**manufacturé, e** [manyfaktyʀe] adj manufactured

m

255

**manufacturier, -ière** [manyfaktyʀje, -jɛʀ] *nm/f* factory owner

**manuscrit, e** [manyskʀi, -it] *adj* handwritten ▷ *nm* manuscript

**manutention** [manytɑ̃sjɔ̃] *nf (Comm)* handling; *(local)* storehouse

**manutentionnaire** [manytɑ̃sjɔnɛʀ] *nm/f* warehouseman(-woman), packer

**manutentionner** [manytɑ̃sjɔne] *vt* to handle

**mappemonde** [mapmɔ̃d] *nf (plane)* map of the world; *(sphère)* globe

**maquereau, x** [makʀo] *nm* mackerel *inv*; *(fam: proxénète)* pimp

**maquerelle** [makʀɛl] *nf (fam)* madam

**maquette** [makɛt] *nf (d'un décor, bâtiment, véhicule)* (scale) model; *(Typo)* mockup; (: *d'une page illustrée, affiche)* paste-up; (: *prêt à la reproduction)* artwork

**maquignon** [makiɲɔ̃] *nm* horse-dealer

**maquillage** [makijaʒ] *nm* making up; faking; *(produits)* make-up

**maquiller** [makije] *vt (personne, visage)* to make up; *(truquer: passeport, statistique)* to fake; (: *voiture volée)* to do over *(respray etc)*; **se maquiller** to make o.s. up

**maquilleur, -euse** [makijœʀ, -øz] *nm/f* make-up artist

**maquis** [maki] *nm (Géo)* scrub; *(fig)* tangle; *(Mil)* maquis, underground fighting *no pl*

**maquisard, e** [makizaʀ, -aʀd(ə)] *nm/f* maquis, member of the Resistance

**marabout** [maʀabu] *nm (Zool)* marabou(t)

**maraîcher, -ère** [maʀeʃe, maʀeʃɛʀ] *adj*: **cultures maraîchères** market gardening *sg* ▷ *nm/f* market gardener

**marais** [maʀɛ] *nm* marsh, swamp; **~ salant** saltworks

**marasme** [maʀasm(ə)] *nm (Pol, Écon)* stagnation, sluggishness; *(accablement)* dejection, depression

**marathon** [maʀatɔ̃] *nm* marathon

**marâtre** [maʀɑtʀ(ə)] *nf* cruel mother

**maraude** [maʀod] *nf* pilfering, thieving *(of poultry, crops)*; *(dans un verger)* scrumping; *(vagabondage)* prowling; **en ~** on the prowl; *(taxi)* cruising

**maraudeur, -euse** [maʀodœʀ, -øz] *nm/f* marauder; prowler

**marbre** [maʀbʀ(ə)] *nm (pierre, statue)* marble; *(d'une table, commode)* marble top; *(Typo)* stone, bed; **rester de ~** to remain stonily indifferent

**marbrer** [maʀbʀe] *vt* to mottle, blotch; *(Tech: papier)* to marble

**marbrerie** [maʀbʀəʀi] *nf (atelier)* marble mason's workshop; *(industrie)* marble industry

**marbrures** [maʀbʀyʀ] *nfpl* blotches *pl*; *(Tech)* marbling *sg*

**marc** [maʀ] *nm (de raisin, pommes)* marc; **~ de café** coffee grounds *pl ou* dregs *pl*

**marcassin** [maʀkasɛ̃] *nm* young wild boar

**marchand, e** [maʀʃɑ̃, -ɑ̃d] *nm/f* shopkeeper, tradesman(-woman); *(au marché)* stallholder; *(spécifique)*: **~ de cycles/tapis** bicycle/carpet dealer; **~ de charbon/vins** coal/wine merchant ▷ *adj*: **prix/valeur ~(e)** market price/value; **qualité ~e** standard quality; **~ en gros/au détail** wholesaler/retailer; **~ de biens** real estate agent; **~ de canons** *(péj)* arms dealer; **~ de couleurs** ironmonger *(Brit)*, hardware dealer *(US)*; **~/e de fruits** fruiterer *(Brit)*, fruit seller *(US)*; **~/e de journaux** newsagent; **~/e de légumes** greengrocer *(Brit)*, produce dealer *(US)*; **~/e de poisson** fishmonger *(Brit)*, fish seller *(US)*; **~/e de(s) quatre-saisons** costermonger *(Brit)*, street vendor *(selling fresh fruit and vegetables)*; **~ de sable** *(fig)* sandman; **~ de tableaux** art dealer

**marchandage** [maʀʃɑ̃daʒ] *nm* bargaining; *(péj: électoral)* bargaining, manoeuvring

**marchander** [maʀʃɑ̃de] *vt (article)* to bargain *ou* haggle over; *(éloges)* to be sparing with ▷ *vi* to bargain, haggle

**marchandisage** [maʀʃɑ̃dizaʒ] *nm* merchandizing

**marchandise** [maʀʃɑ̃diz] *nf* goods *pl*, merchandise *no pl*

**marche** [maʀʃ(ə)] *nf (d'escalier)* step; *(activité)* walking; *(promenade, trajet, allure)* walk; *(démarche)* walk, gait; *(Mil etc, Mus)* march; *(fonctionnement)* running; *(progression)* progress; course; **à une heure de ~** an hour's walk *(away)*; **ouvrir/fermer la ~** to lead the way/ bring up the rear; **dans le sens de la ~** *(Rail)* facing the engine; **en ~** *(monter etc)* while the vehicle is moving *ou* in motion; **mettre en ~** to start; **remettre qch en ~** to set *ou* start sth going again; **se mettre en ~** *(personne)* to get moving; *(machine)* to start; **~ arrière** *(Auto)* reverse *(gear)*; **faire ~ arrière** *(Auto)* to reverse; *(fig)* to backtrack, back-pedal; **~ à suivre** *(correct)* procedure; *(sur notice)* *(step by step)* instructions *pl*

**marché** [maʀʃe] *nm (lieu, Comm, Écon)* market; *(ville)* trading centre; *(transaction)* bargain, deal; **par-dessus le ~** into the bargain; **faire son ~** to do one's shopping; **mettre le ~ en main à qn** to tell sb to take it or leave it; **~ au comptant** *(Bourse)* spot market; **~ aux fleurs** flower market; **~ noir** black market; **faire du ~ noir** to buy and sell on the black market; **~ aux puces** flea market; **~ à terme** *(Bourse)* forward market; **~ du travail** labour market

**marchepied** [maʀʃəpje] *nm (Rail)* step; *(Auto)* running board; *(fig)* stepping stone

**marcher** [maʀʃe] *vi* to walk; *(Mil)* to march; *(aller: voiture, train, affaires)* to go; *(prospérer)* to go well; *(fonctionner)* to work, run; *(fam)* to go along, agree; (: *croire naïvement)* to be taken in; **~ sur** to walk on; *(mettre le pied sur)* to step on *ou* in; *(Mil)* to march upon; **~ dans** *(herbe etc)* to walk in *ou* on; *(flaque)* to step in; **faire ~ qn** *(pour rire)* to pull sb's leg; *(pour tromper)* to lead sb up the garden path

**marcheur, -euse** [maʀʃœʀ, -øz] *nm/f* walker

**mardi** [maʀdi] *nm* Tuesday; **M~ gras** Shrove Tuesday; *voir aussi* **lundi**

**mare** [maʀ] *nf* pond; **~ de sang** pool of blood

**marécage** [maʀekaʒ] *nm* marsh, swamp

**marécageux, -euse** [maʀekaʒø, -øz] *adj* marshy, swampy

**maréchal, -aux** [maʀeʃal, -o] *nm* marshal; **~ des logis** (*Mil*) sergeant

**maréchal-ferrant** [maʀeʃalfɛʀɑ̃, maʀeʃo-] (*pl* **maréchaux-ferrants**) *nm* blacksmith

**maréchaussée** [maʀeʃose] *nf* (*humoristique*: *gendarmes*) constabulary (*Brit*), police

**marée** [maʀe] *nf* tide; (*poissons*) fresh (sea) fish; **~ haute/basse** high/low tide; **~ montante/ descendante** rising/ebb tide; **~ noire** oil slick

**marelle** [maʀɛl] *nf*: **(jouer à) la ~** (to play) hopscotch

**marémotrice** [maʀemɔtʀis] *adj f* tidal

**mareyeur, -euse** [maʀejœʀ, -øz] *nm/f* wholesale (sea) fish merchant

**margarine** [maʀgaʀin] *nf* margarine

**marge** [maʀʒ(ə)] *nf* margin; **en ~** in the margin; **en ~ de** (*fig*) on the fringe of; (*en dehors de*) cut off from; (*qui se rapporte à*) connected with; **~ bénéficiaire** profit margin, mark-up; **~ de sécurité** safety margin

**margelle** [maʀʒɛl] *nf* coping

**margeur** [maʀʒœʀ] *nm* margin stop

**marginal, e, -aux** [maʀʒinal, -o] *adj* marginal ▷ *nm/f* dropout

**marguerite** [maʀgəʀit] *nf* marguerite, (oxeye) daisy

**marguillier** [maʀgije] *nm* churchwarden

**mari** [maʀi] *nm* husband

**mariage** [maʀjaʒ] *nm* (*union, état, fig*) marriage; (*noce*) wedding; **~ civil/religieux** civil/church wedding (*Brit*) *ou* civil/church wedding; **un ~ de raison/ d'amour** a marriage of convenience/a love match; **~ blanc** unconsummated marriage; **~ en blanc** white wedding

**marié, e** [maʀje] *adj* married ▷ *nm/f* (bride)groom/bride; **les ~s** the bride and groom; **les (jeunes) ~s** the newly-weds

**marier** [maʀje] *vt* to marry; (*fig*) to blend; **se ~ (avec)** to marry, get married (to); (*fig*) to blend (with)

**marijuana** [maʀiʒwana] *nf* marijuana

**marin, e** [maʀɛ̃, -in] *adj* sea *cpd*, marine ▷ *nm* sailor ▷ *nf* navy; (*Art*) seascape; (*couleur*) navy (blue); **avoir le pied ~** to be a good sailor; (*garder son équilibre*) to have one's sea legs; **~e de guerre** navy; **~e marchande** merchant navy; **~e à voiles** sailing ships *pl*

**marina** [maʀina] *nf* marina

**marinade** [maʀinad] *nf* marinade

**marine** [maʀin] *adj f, nf voir* **marin** ▷ *adj inv* navy (blue) ▷ *nm* (*Mil*) marine

**mariner** [maʀine] *vi, vt* to marinate, marinade

**marinier** [maʀinje] *nm* bargee

**marinière** [maʀinjɛʀ] *nf* (*blouse*) smock ▷ *adj inv*: **moules ~** (*Culin*) mussels in white wine

**marionnette** [maʀjɔnɛt] *nf* puppet

**marital, e, -aux** [maʀital, -o] *adj*: **autorisation ~e** husband's permission

**maritalement** [maʀitalmɑ̃] *adv*: **vivre ~** to live together (as husband and wife)

**maritime** [maʀitim] *adj* sea *cpd*, maritime; (*ville*) coastal, seaside; (*droit*) shipping, maritime

**marjolaine** [maʀʒɔlɛn] *nf* marjoram

**marketing** [maʀkətiŋ] *nm* (*Comm*) marketing

**marmaille** [maʀmɑj] *nf* (*péj*) (gang of) brats *pl*

**marmelade** [maʀməlad] *nf* (*compote*) stewed fruit, compote; **~ d'oranges** (orange) marmalade; **en ~** (*fig*) crushed (to a pulp)

**marmite** [maʀmit] *nf* (cooking-)pot

**marmiton** [maʀmitɔ̃] *nm* kitchen boy

**marmonner** [maʀmɔne] *vt, vi* to mumble, mutter

**marmot** [maʀmo] *nm* (*fam*) brat

**marmotte** [maʀmɔt] *nf* marmot

**marmotter** [maʀmɔte] *vt* (*prière*) to mumble, mutter

**marne** [maʀn(ə)] *nf* (*Géo*) marl

**Maroc** [maʀɔk] *nm*: **le ~** Morocco

**marocain, e** [maʀɔkɛ̃, -ɛn] *adj* Moroccan ▷ *nm/f*: **Marocain, e** Moroccan

**maroquin** [maʀɔkɛ̃] *nm* (*peau*) morocco (leather); (*fig*) (minister's) portfolio

**maroquinerie** [maʀɔkinʀi] *nf* (*industrie*) leather craft; (*commerce*) leather shop; (*articles*) fine leather goods *pl*

**maroquinier** [maʀɔkinje] *nm* (*fabricant*) leather craftsman; (*marchand*) leather dealer

**marotte** [maʀɔt] *nf* fad

**marquant, e** [maʀkɑ̃, -ɑ̃t] *adj* outstanding

**marque** [maʀk(ə)] *nf* mark; (*Sport, Jeu*) score; (*Comm: de produits*) brand, make; (: *de disques*) label; (*insigne: d'une fonction*) badge; (*fig*): **~ d'affection** token of affection; **~ de joie** sign of joy; **à vos ~s!** (*Sport*) on your marks!; **de ~** *adj* (*Comm*) brand-name *cpd*; proprietary; (*fig*) high-class; (: *personnage, hôte*) distinguished; **produit de ~** quality product; **~ déposée** registered trademark; **~ de fabrique** trademark

**marqué, e** [maʀke] *adj* marked

**marquer** [maʀke] *vt* to mark; (*inscrire*) to write down; (*bétail*) to brand; (*Sport: but etc*) to score; (: *joueur*) to mark; (*accentuer: taille etc*) to emphasize; (*manifester: refus, intérêt*) to show ▷ *vi* (*événement, personnalité*) to stand out, be outstanding; (*Sport*) to score; **~ qn de son influence/empreinte** to have an influence/ leave its impression on sb; **~ un temps d'arrêt** to pause momentarily; **~ le pas** (*fig*) to mark time; **il a marqué ce jour-là d'une pierre blanche** that was a red-letter day for him; **~ les points** (*tenir la marque*) to keep the score

**marqueté, e** [maʀkəte] *adj* inlaid

**marqueterie** [maʀkətʀi] *nf* inlaid work, marquetry

**marqueur, -euse** [maʀkœʀ, -øz] *nm/f* (*Sport: de but*) scorer ▷ *nm* (*crayon feutre*) marker pen

**marquis, e** [maʀki, -iz] *nm/f* marquis *ou* marquess (marchioness) ▷ *nf* (*auvent*) glass

*m*

canopy *ou* awning

**Marquises** [maʀkiz] *nfpl*: **les (îles)** ~ the Marquesas Islands

**marraine** [maʀɛn] *nf* godmother; (*d'un navire, d'une rose etc*) namer

**Marrakech** [maʀakɛʃ] *n* Marrakech *ou* Marrakesh

**marrant, e** [maʀɑ̃, -ɑ̃t] *adj* (*fam*) funny

**marre** [maʀ] *adv* (*fam*): **en avoir** ~ **de** to be fed up with

**marrer** [maʀe]: **se marrer** *vi* (*fam*) to have a (good) laugh

**marron, ne** [maʀɔ̃, -ɔn] *nm* (*fruit*) chestnut ▷ *adj inv* brown ▷ *adj* (*péj*) crooked; (: *faux*) bogus; ~**s glacés** marrons glacés

**marronnier** [maʀɔnje] *nm* chestnut (tree)

**Mars** [maʀs] *nm ou f* Mars

**mars** [maʀs] *nm* March; *voir aussi* **juillet**

**marseillais, e** [maʀsɛje, -ɛz] *adj* of *ou* from Marseilles ▷ *nf*: **la M~e** *the French national anthem*; *see note*

**Marseille** [maʀsɛj] *n* Marseilles

**marsouin** [maʀswɛ̃] *nm* porpoise

**marsupiaux** [maʀsypjo] *nmpl* marsupials

**marteau, x** [maʀto] *nm* hammer; (*de porte*) knocker; ~ **pneumatique** pneumatic drill

**marteau-pilon** [maʀtopilɔ̃] (*pl* **marteaux-pilons**) *nm* power hammer

**marteau-piqueur** [maʀtopikœʀ] (*pl* **marteaux-piqueurs**) *nm* pneumatic drill

**martel** [maʀtɛl] *nm*: **se mettre** ~ **en tête** to worry o.s.

**martèlement** [maʀtɛlmɑ̃] *nm* hammering

**marteler** [maʀtəle] *vt* to hammer; (*mots, phrases*) to rap out

**martial, e, -aux** [maʀsjal, -o] *adj* martial; **cour ~e** court-martial

**martien, ne** [maʀsjɛ̃, -ɛn] *adj* Martian, of *ou* from Mars

**martinet** [maʀtinɛ] *nm* (*fouet*) small whip; (*Zool*) swift

**martingale** [maʀtɛ̃gal] *nf* (*Couture*) half-belt; (*Jeu*) winning formula

**martiniquais, e** [maʀtinikɛ, -ɛz] *adj* of *ou* from Martinique

**Martinique** [maʀtinik] *nf*: **la** ~ Martinique

**martin-pêcheur** (*pl* **martins-pêcheurs**) [maʀtɛ̃pɛʃœʀ] *nm* kingfisher

**martre** [maʀtʀ(ə)] *nf* marten; ~ **zibeline** sable

**martyr, e** [maʀtiʀ] *nm/f* martyr ▷ *adj* martyred; **enfants** ~**s** battered children

**martyre** [maʀtiʀ] *nm* martyrdom; (*fig: sens affaibli*) agony, torture; **souffrir le** ~ to suffer agonies

**martyriser** [maʀtiʀize] *vt* (*Rel*) to martyr; (*fig*) to bully; (: *enfant*) to batter

**mas** [mɑ(s)] *nm* *traditional house or farm in Provence*

**mascara** [maskaʀa] *nm* mascara

**mascarade** [maskaʀad] *nf* masquerade

**mascotte** [maskɔt] *nf* mascot

**masculin, e** [maskylɛ̃, -in] *adj* masculine; (*sexe, population*) male; (*équipe, vêtements*) men's; (*viril*) manly ▷ *nm* masculine

**masochisme** [mazɔʃism(ə)] *nm* masochism

**masochiste** [mazɔʃist(ə)] *adj* masochistic ▷ *nm/f* masochist

**masque** [mask(ə)] *nm* mask; ~ **de beauté** face pack; ~ **à gaz** gas mask; ~ **de plongée** diving mask

**masqué, e** [maske] *adj* masked

**masquer** [maske] *vt* (*cacher: porte, goût*) to hide, conceal; (*dissimuler: vérité, projet*) to mask, obscure

**massacrant, e** [masakʀɑ̃, -ɑ̃t] *adj*: **humeur ~e** foul temper

**massacre** [masakʀ(ə)] *nm* massacre, slaughter; **jeu de** ~ (*fig*) wholesale slaughter

**massacrer** [masakʀe] *vt* to massacre, slaughter; (*fig: adversaire*) to slaughter; (: *texte etc*) to murder

**massage** [masaʒ] *nm* massage

**masse** [mas] *nf* mass; (*péj*): **la** ~ the masses *pl*; (*Élec*) earth; (*maillet*) sledgehammer; **masses** *nfpl* masses; **une** ~ **de, des** ~**s de** (*fam*) masses *ou* loads of; **en** ~ *adv* (*en bloc*) in bulk; (*en foule*) en masse ▷ *adj* (*exécutions, production*) mass *cpd*; ~ **monétaire** (*Écon*) money supply; ~ **salariale** (*Comm*) wage(s) bill

**massepain** [maspɛ̃] *nm* marzipan

**masser** [mase] *vt* (*assembler*) to gather; (*pétrir*) to massage; **se masser** *vi* to gather

**masseur, -euse** [masœʀ, -øz] *nm/f* (*personne*) masseur(-euse) ▷ *nm* (*appareil*) massager

**massicot** [masiko] *nm* (*Typo*) guillotine

**massif, -ive** [masif, -iv] *adj* (*porte*) solid, massive; (*visage*) heavy, large; (*bois, or*) solid; (*dose*) massive; (*déportations etc*) mass *cpd* ▷ *nm* (*montagneux*) massif; (*de fleurs*) clump, bank

**massivement** [masivmɑ̃] *adv* (*répondre*) en masse; (*administrer, injecter*) in massive doses

**massue** [masy] *nf* club, bludgeon ▷ *adj inv*: **argument** ~ sledgehammer argument

**mastectomie** [mastɛktɔmi] *nf* mastectomy

**mastic** [mastik] *nm* (*pour vitres*) putty; (*pour fentes*) filler

**masticage** [mastikaʒ] *nm* (*d'une fente*) filling; (*d'une vitre*) puttying

**mastication** [mastikasjɔ̃] *nf* chewing, mastication

**mastiquer** [mastike] *vt* (*aliment*) to chew, masticate; (*fente*) to fill; (*vitre*) to putty

**mastoc** [mastɔk] *adj inv* hefty

**mastodonte** [mastɔdɔ̃t] *nm* monster (*fig*)

**masturbation** [mastyʀbasjɔ̃] *nf* masturbation
**masturber** [mastyʀbe] *vt*: **se masturber** to masturbate
**m'as-tu-vu** [matyvy] *nm/f inv* show-off
**masure** [mazyʀ] *nf* tumbledown cottage
**mat, e** [mat] *adj* (*couleur, métal*) mat(t); (*bruit, son*) dull ▷ *adj inv* (*Échecs*): **être ~** to be checkmate
**mât** [mɑ] *nm* (*Navig*) mast; (*poteau*) pole, post
**matamore** [matamɔʀ] *nm* braggart, blusterer
**match** [matʃ] *nm* match; **~ nul** draw, tie (US); **faire ~ nul** to draw (*Brit*), tie (US); **~ aller** first leg; **~ retour** second leg, return match
**matelas** [matla] *nm* mattress; **~ pneumatique** air bed *ou* mattress; **~ à ressorts** spring *ou* interior-sprung mattress
**matelassé, e** *adj* padded; (*tissu*) quilted
**matelasser** [matlase] *vt* to pad
**matelot** [matlo] *nm* sailor, seaman
**mater** [mate] *vt* (*personne*) to bring to heel, subdue; (*révolte*) to put down; (*fam*) to watch, look at
**matérialisation** [materjalizasjɔ̃] *nf* materialization
**matérialiser** [materjalize]: **se matérialiser** *vi* to materialize
**matérialisme** [materjalism(ə)] *nm* materialism
**matérialiste** [materjalist(ə)] *adj* materialistic ▷ *nm/f* materialist
**matériau, x** [materjo] *nm* material; **matériaux** *nmpl* material(s); **~x de construction** building materials
**matériel, le** [materjɛl] *adj* material; (*organisation, aide, obstacle*) practical; (*fig: péj: personne*) materialistic ▷ *nm* equipment *no pl*; (*de camping etc*) gear *no pl*; (*Inform*) hardware; **il n'a pas le temps ~ de le faire** he doesn't have the time (needed) to do it; **~ d'exploitation** (*Comm*) plant; **~ roulant** rolling stock
**matériellement** [materjɛlmɑ̃] *adv* (*financièrement*) materially; **être à l'aise** comfortably off; **je n'en ai ~ pas le temps** I simply do not have the time
**maternel, le** [matɛʀnɛl] *adj* (*amour, geste*) motherly, maternal; (*grand-père, oncle*) maternal ▷ *nf* (*aussi*: **école maternelle**) (state) nursery school
**materner** [matɛʀne] *vt* (*personne*) to mother
**maternisé, e** [matɛʀnize] *adj*: **lait ~** (*infant*) formula
**maternité** [matɛʀnite] *nf* (*établissement*) maternity hospital; (*état de mère*) motherhood, maternity; (*grossesse*) pregnancy
**math** [mat] *nfpl* maths (*Brit*), math (US)
**mathématicien, ne** [matematisjɛ̃, -ɛn] *nm/f* mathematician
**mathématique** [matematik] *adj* mathematical
**mathématiques** [matematik] *nfpl* mathematics *sg*
**matheux, -euse** [matø, -øz] *nm/f* (*fam*) maths (*Brit*) *ou* math (US) student; (*fort en math*) mathematical genius

**maths** [mat] *nfpl* maths (*Brit*), math (US)
**matière** [matjɛʀ] *nf* (*Physique*) matter; (*Comm, Tech*) material; matter *no pl*; (*fig: d'un livre etc*) subject matter; (*Scol*) subject; **en ~ de** as regards; **donner ~ à** to give cause to; **~ plastique** plastic; **~s fécales** faeces; **~s grasses** fat (content) *sg*; **~s premières** raw materials
**MATIF** [matif] *sigle m* (= *Marché à terme des instruments financiers*) body which regulates the activities of the French Stock Exchange
**Matignon** [matiɲɔ̃] *nm*: **(l'hôtel) ~** the French Prime Minister's residence; *see note*

⬤ **HÔTEL MATIGNON**
⬤
⬤ The *hôtel Matignon* is the Paris office and
⬤ residence of the French Prime Minister. By
⬤ extension, the term "Matignon" is often
⬤ used to refer to the Prime Minister and his
⬤ or her staff.

**matin** [matɛ̃] *nm, adv* morning; **le ~** (*pendant le matin*) in the morning; **demain ~** tomorrow morning; **le lendemain ~** (the) next morning; **du ~ au soir** from morning till night; **une heure du ~** one o'clock in the morning; **de grand** *ou* **bon ~** early in the morning
**matinal, e, -aux** [matinal, -o] *adj* (*toilette, gymnastique*) morning *cpd*; (*de bonne heure*) early; **être ~** (*personne*) to be up early; (*: habituellement*) to be an early riser
**matinée** [matine] *nf* morning; (*spectacle*) matinée, afternoon performance
**matois, e** [matwa, -waz] *adj* wily
**matou** [matu] *nm* tom(cat)
**matraquage** [matʀakaʒ] *nm* beating up; **~ publicitaire** plug, plugging
**matraque** [matʀak] *nf* (*de malfaiteur*) cosh (*Brit*), club; (*de policier*) truncheon (*Brit*), billy (US)
**matraquer** [matʀake] *vt* to beat up (with a truncheon *ou* billy); to cosh (*Brit*), club; (*fig: touristes etc*) to rip off; (*: disque*) to plug
**matriarcal, e, -aux** [matʀijaʀkal, -o] *adj* matriarchal
**matrice** [matʀis] *nf* (*Anat*) womb; (*Tech*) mould; (*Math etc*) matrix
**matricule** [matʀikyl] *nf* (*aussi*: **registre matricule**) roll, register ▷ *nm* (*aussi*: **numéro matricule**) (*Mil*) regimental number; (*: Admin*) reference number
**matrimonial, e, -aux** [matʀimɔnjal, -o] *adj* marital, marriage *cpd*
**matrone** [matʀɔn] *nf* matron
**mâture** [mɑtyʀ] *nf* masts *pl*
**maturité** [matyʀite] *nf* maturity; (*d'un fruit*) ripeness, maturity
**maudire** [modiʀ] *vt* to curse
**maudit, e** [modi, -it] *adj* (*fam: satané*) blasted, confounded
**maugréer** [mogʀee] *vi* to grumble
**mauresque** [mɔʀɛsk(ə)] *adj* Moorish
**Maurice** [mɔʀis] *nf*: **(l'île) ~** Mauritius

**m**

**mauricien, ne** [mɔRisjɛ̃, -ɛn] *adj* Mauritian
**Mauritanie** [mɔRitani] *nf*: **la ~** Mauritania
**mauritanien, ne** [mɔRitanjɛ̃, -ɛn] *adj* Mauritanian
**mausolée** [mozɔle] *nm* mausoleum
**maussade** [mosad] *adj* (*air, personne*) sullen; (*ciel, temps*) dismal
**mauvais, e** [mɔvɛ, -ɛz] *adj* bad; (*méchant, malveillant*) malicious, spiteful; (*faux*): **le ~ numéro** the wrong number ▷ *nm*: **le ~** the bad side ▷ *adv*: **il fait ~** the weather is bad; **sentir ~** to have a nasty smell, smell bad *ou* nasty; **la mer est ~e** the sea is rough; **~ coucheur** awkward customer; **~ coup** (*fig*) criminal venture; **~ garçon** tough; **~ pas** tight spot; **~ plaisant** hoaxer; **~ traitements** ill treatment *sg*; **~e herbe** weed; **~e langue** gossip, scandalmonger (*Brit*); **~e passe** difficult situation; (*période*) bad patch; **~e tête** rebellious *ou* headstrong customer
**mauve** [mov] *adj* (*couleur*) mauve ▷ *nf* (*Bot*) mallow
**mauviette** [movjɛt] *nf* (*péj*) weakling
**maux** [mo] *nmpl voir* **mal**
**max.** *abr* (= *maximum*) max
**maximal, e, -aux** [maksimal, -o] *adj* maximal
**maxime** [maksim] *nf* maxim
**maximum** [maksimɔm] *adj, nm* maximum; **atteindre un/son ~** to reach a/his peak; **au ~** *adv* (*le plus possible*) to the full; as much as one can; (*tout au plus*) at the (very) most *ou* maximum
**Mayence** [majɑ̃s] *n* Mainz
**mayonnaise** [majɔnɛz] *nf* mayonnaise
**Mayotte** [majɔt] *nf* Mayotte
**mazout** [mazut] *nm* (fuel) oil; **chaudière/poêle à ~** oil-fired boiler/stove
**mazouté, e** [mazute] *adj* oil-polluted
**MDM** *sigle mpl* (= *Médecins du Monde*) medical association for aid to Third World countries
**Mᵉ** *abr* = **Maître**
**me, m'** [m(ə)] *pron* me; (*réfléchi*) myself
**méandres** [meɑ̃dR(ə)] *nmpl* meanderings
**mec** [mɛk] *nm* (*fam*) guy, bloke (*Brit*)
**mécanicien, ne** [mekanisjɛ̃, -ɛn] *nm/f* mechanic; (*Rail*) (train *ou* engine) driver; **~ navigant** *ou* **de bord** (*Aviat*) flight engineer
**mécanique** [mekanik] *adj* mechanical ▷ *nf* (*science*) mechanics *sg*; (*technologie*) mechanical engineering; (*mécanisme*) mechanism; engineering; works *pl*; **ennui ~** engine trouble *no pl*; **s'y connaître en ~** to be mechanically minded; **~ hydraulique** hydraulics *sg*; **~ ondulatoire** wave mechanics *sg*
**mécaniquement** [mekanikmɑ̃] *adv* mechanically
**mécanisation** [mekanizɑsjɔ̃] *nf* mechanization
**mécaniser** [mekanize] *vt* to mechanize
**mécanisme** [mekanism(ə)] *nm* mechanism; **~ des taux de change** exchange rate mechanism
**mécano** [mekano] *nm* (*fam*) mechanic
**mécène** [mesɛn] *nm* patron
**méchamment** [meʃamɑ̃] *adv* nastily,

maliciously; spitefully; viciously
**méchanceté** [meʃɑ̃ste] *nf* (*d'une personne, d'une parole*) nastiness, maliciousness, spitefulness; (*parole, action*) nasty *ou* spiteful *ou* malicious remark (*ou* action)
**méchant, e** [meʃɑ̃, -ɑ̃t] *adj* nasty, malicious, spiteful; (*enfant: pas sage*) naughty; (*animal*) vicious; (*avant le nom: péjorative*) nasty
**mèche** [mɛʃ] *nf* (*de lampe, bougie*) wick; (*d'un explosif*) fuse; (*Méd*) pack, dressing; (*de vilebrequin, perceuse*) bit; (*de dentiste*) drill; (*de fouet*) lash; (*de cheveux*) lock; **se faire faire des ~s** (*chez le coiffeur*) to have one's hair streaked, have highlights put in one's hair; **vendre la ~** to give the game away; **de ~ avec** in league with
**méchoui** [meʃwi] *nm* whole sheep barbecue
**mécompte** [mekɔ̃t] *nm* (*erreur*) miscalculation; (*déception*) disappointment
**méconnais** etc [mekɔnɛ] *vb voir* **méconnaître**
**méconnaissable** [mekɔnɛsabl(ə)] *adj* unrecognizable
**méconnaissais** etc [mekɔnɛsɛ] *vb voir* **méconnaître**
**méconnaissance** [mekɔnɛsɑ̃s] *nf* ignorance
**méconnaître** [mekɔnɛtR(ə)] *vt* (*ignorer*) to be unaware of; (*mésestimer*) to misjudge
**méconnu, e** [mekɔny] *pp de* **méconnaître** ▷ *adj* (*génie etc*) unrecognized
**mécontent, e** [mekɔ̃tɑ̃, -ɑ̃t] *adj*: **~ (de)** (*insatisfait*) discontented *ou* dissatisfied *ou* displeased (with); (*contrarié*) annoyed (at) ▷ *nm/f* malcontent, dissatisfied person
**mécontentement** [mekɔ̃tɑ̃tmɑ̃] *nm* dissatisfaction, discontent, displeasure; annoyance
**mécontenter** [mekɔ̃tɑ̃te] *vt* to displease
**Mecque** [mɛk] *nf*: **la ~** Mecca
**mécréant, e** [mekReɑ̃, -ɑ̃t] *adj* (*peuple*) infidel; (*personne*) atheistic
**méd.** *abr* = **médecin**
**médaille** [medaj] *nf* medal
**médaillé, e** [medaje] *nm/f* (*Sport*) medal-holder
**médaillon** [medajɔ̃] *nm* (*portrait*) medallion; (*bijou*) locket; (*Culin*) médaillon; **en ~** *adj* (*carte etc*) inset
**médecin** [medsɛ̃] *nm* doctor; **~ du bord** (*Navig*) ship's doctor; **~ généraliste** general practitioner, GP; **~ légiste** forensic scientist (*Brit*), medical examiner (*US*); **~ traitant** family doctor, GP
**médecine** [medsin] *nf* medicine; **~ générale** general medicine; **~ infantile** paediatrics *sg* (*Brit*), pediatrics *sg* (*US*); **~ légale** forensic medicine; **~ préventive** preventive medicine; **~ du travail** occupational *ou* industrial medicine; **~s parallèles** *ou* **douces** alternative medicine
**MEDEF** [medɛf] *sigle m* (= *Mouvement des entreprises de France*) French employers' confederation
**médian, e** [medjɑ̃, -an] *adj* median
**médias** [medja] *nmpl*: **les ~** the media
**médiateur, -trice** [medjatœR, -tRis] *nm/f voir*

**médiation** mediator; arbitrator

**médiathèque** [medjatɛk] nf media library

**médiation** [medjɑsjɔ̃] nf mediation; (dans conflit social etc) arbitration

**médiatique** [medjatik] adj media cpd

**médiatisé, e** [medjatize] adj reported in the media; **ce procès a été très ~** (péj) this trial was turned into a media event

**médiator** [medjatɔʀ] nm plectrum

**médical, e, -aux** [medikal, -o] adj medical; **visiteur** ou **délégué ~** medical rep ou representative

**médicalement** [medikalmã] adv medically

**médicament** [medikamã] nm medicine, drug

**médicamenteux, -euse** [medikamɑ̃tø, -øz] adj medicinal

**médication** [medikɑsjɔ̃] nf medication

**médicinal, e, -aux** [medisinal, -o] adj medicinal

**médico-légal, e, -aux** [medikɔlegal, -o] adj forensic

**médico-social, e, -aux** [medikɔsɔsjal, -o] adj: **assistance ~e** medical and social assistance

**médiéval, e, -aux** [medjeval, -o] adj medieval

**médiocre** [medjɔkʀ(ə)] adj mediocre, poor

**médiocrité** [medjɔkʀite] nf mediocrity

**médire** [mediʀ] vi: **~ de** to speak ill of

**médisance** [medizɑ̃s] nf scandalmongering no pl (Brit), mud-slinging no pl; (propos) piece of scandal ou malicious gossip

**médisant, e** [medizɑ̃, -ɑ̃t] vb voir **médire** ▷ adj slanderous, malicious

**médit, e** [medi, -it] pp de **médire**

**méditatif, -ive** [meditatif, -iv] adj thoughtful

**méditation** [meditɑsjɔ̃] nf meditation

**méditer** [medite] vt (approfondir) to meditate on, ponder (over); (combiner) to meditate ▷ vi to meditate; **~ de faire** to contemplate doing, plan to do

**Méditerranée** [meditɛʀane] nf: **la (mer) ~** the Mediterranean (Sea)

**méditerranéen, ne** [meditɛʀaneɛ̃, -ɛn] adj Mediterranean ▷ nm/f: **Méditerranéen, ne** Mediterranean

**médium** [medjɔm] nm medium (spiritualist)

**médius** [medjys] nm middle finger

**méduse** [medyz] nf jellyfish

**méduser** [medyze] vt to dumbfound

**meeting** [mitiŋ] nm (Pol, Sport) rally, meeting; **~ d'aviation** air show

**méfait** [mefɛ] nm (faute) misdemeanour, wrongdoing; **méfaits** nmpl (ravages) ravages

**méfiance** [mefjɑ̃s] nf mistrust, distrust

**méfiant, e** [mefjɑ̃, -ɑ̃t] adj mistrustful, distrustful

**méfier** [mefje]: **se méfier** vi to be wary; (faire attention) to be careful; **se ~ de** vt to mistrust, distrust, be wary of; to be careful about

**mégalomane** [megalɔman] adj megalomaniac

**mégalomanie** [megalɔmani] nf megalomania

**mégalopole** [megalɔpɔl] nf megalopolis

**méga-octet** [megaɔktɛ] nm megabyte

**mégarde** [megaʀd(ə)] nf: **par ~** accidentally; (par erreur) by mistake

**mégatonne** [megatɔn] nf megaton

**mégère** [meʒɛʀ] nf (péj: femme) shrew

**mégot** [mego] nm cigarette end ou butt

**mégoter** [megɔte] vi to nitpick

**meilleur, e** [mɛjœʀ] adj, adv better; (valeur superlative) best ▷ nm: **le ~** (celui qui...) the best (one); (ce qui...) the best ▷ nf: **la ~e** the best (one); **le ~ des deux** the better of the two; **de ~e heure** earlier; **~ marché** cheaper

**méjuger** [meʒyʒe] vt to misjudge

**mél** [mɛl] nm email

**mélancolie** [melɑ̃kɔli] nf melancholy, gloom

**mélancolique** [melɑ̃kɔlik] adj melancholy, gloomy

**mélange** [melɑ̃ʒ] nm (opération) mixing; blending; (résultat) mixture; blend; **sans ~** unadulterated

**mélanger** [melɑ̃ʒe] vt (substances) to mix; (vins, couleurs) to blend; (mettre en désordre, confondre) to mix up, muddle (up); **se mélanger** (liquides, couleurs) to blend, mix

**mélanine** [melanin] nf melanin

**mélasse** [melas] nf treacle, molasses sg

**mêlée** [mele] nf (bataille, cohue) mêlée, scramble; (lutte, conflit) tussle, scuffle; (Rugby) scrum(mage)

**mêler** [mele] vt (substances, odeurs, races) to mix; (embrouiller) to muddle (up), mix up; **se mêler** to mix; (se joindre, s'allier) to mingle; **se ~ à** (personne) to join; to mix with; (: odeurs etc) to mingle with; **se ~ de** (personne) to meddle with, interfere in; **mêle-toi de tes affaires!** mind your own business!; **~ à** ou **avec** ou **de** to mix with; to mingle with; **~ qn à** (affaire) to get sb mixed up ou involved in

**mélo** [melo] nm adj = **mélodrame**; **mélodramatique**

**mélodie** [melɔdi] nf melody

**mélodieux, -euse** [melɔdjø, -øz] adj melodious, tuneful

**mélodique** [melɔdik] adj melodic

**mélodramatique** [melɔdʀamatik] adj melodramatic

**mélodrame** [melɔdʀam] nm melodrama

**mélomane** [melɔman] nm/f music lover

**melon** [məlɔ̃] nm (Bot) (honeydew) melon; (aussi: **chapeau melon**) bowler (hat); **~ d'eau** watermelon

**mélopée** [melɔpe] nf monotonous chant

**membrane** [mɑ̃bʀan] nf membrane

**membre** [mɑ̃bʀ(ə)] nm (Anat) limb; (personne, pays, élément) member ▷ adj member; **être ~ de** to be a member of; **~ (viril)** (male) organ

**mémé** [meme] nf (fam) granny; (: vieille femme) old dear

⊙ MOT-CLÉ

**même** [mɛm] adj **1** (avant le nom) same; **en même temps** at the same time; **ils ont les mêmes goûts** they have the same ou similar tastes

**2** (*après le nom: renforcement*): **il est la loyauté même** he is loyalty itself; **ce sont ses paroles/celles-là même** they are his very words/the very ones

▷ *pron*: **le (la) même** the same one

▷ *adv* **1** (*renforcement*): **il n'a même pas pleuré** he didn't even cry; **même lui l'a dit** even HE said it; **ici même** at this very place; **même si** even if

**2**: **à même**: **à même la bouteille** straight from the bottle; **à même la peau** next to the skin; **être à même de faire** to be in a position to do, be able to do; **mettre qn à même de faire** to enable sb to do

**3**: **de même** likewise; **faire de même** to do likewise *ou* the same; **lui de même** so does (*ou* did *ou* is) he; **de même que** just as; **il en va de même pour** the same goes for

**mémento** [memẽto] *nm* (*agenda*) appointments diary; (*ouvrage*) summary

**mémo** [memo] (*fam*) *nm* memo

**mémoire** [memwaʀ] *nf* memory ▷ *nm* (*Admin, Jur*) memorandum; (*Scol*) dissertation, paper; **avoir la ~ des visages/chiffres** to have a (good) memory for faces/figures; **n'avoir aucune ~** to have a terrible memory; **avoir de la ~** to have a good memory; **à la ~ de** the *ou* in memory of; **pour ~** *adv* for the record; **de ~** *adv* from memory; **de ~ d'homme** in living memory; **mettre en ~** (*Inform*) to store; **~ morte** ROM; **~ vive** RAM

**mémoires** [memwaʀ] *nmpl* memoirs

**mémorable** [memɔʀabl(ə)] *adj* memorable

**mémorandum** [memɔʀɑ̃dɔm] *nm* memorandum; (*carnet*) notebook

**mémorial, -aux** [memɔʀjal, -o] *nm* memorial

**mémoriser** [memɔʀize] *vt* to memorize; (*Inform*) to store

**menaçant, e** [mənasɑ̃, -ɑ̃t] *adj* threatening, menacing

**menace** [mənas] *nf* threat; **~ en l'air** empty threat

**menacer** [mənase] *vt* to threaten; **~ qn de qch/de faire qch** to threaten sb with sth/to do sth

**ménage** [menaʒ] *nm* (*travail*) housekeeping, housework; (*couple*) (married) couple; (*famille, Admin*) household; **faire le ~** to do the housework; **faire des ~s** to work as a cleaner (*in private homes*); **monter son ~** to set up house; **se mettre en ~ (avec)** to set up house (with); **heureux en ~** happily married; **faire bon ~ avec** to get on well with; **~ de poupée** doll's kitchen set; **~ à trois** love triangle

**ménagement** [menaʒmɑ̃] *nm* care and attention; **ménagements** *nmpl* (*égards*) consideration *sg*, attention *sg*

**ménager¹** [menaʒe] *vt* (*traiter avec mesure*) to handle with tact; (*traiter considérément*) to treat considerately; (*utiliser*) to use with care; (*: avec économie*) to use sparingly; (*prendre soin de*) to take (great) care of,

look after; (*organiser*) to arrange; (*installer*) to put in; to make; **se ménager** to look after o.s.; **~ qch à qn** (*réserver*) to have sth in store for sb

**ménager², -ère** [menaʒe, -ɛʀ] *adj* household *cpd*, domestic ▷ *nf* (*femme*) housewife; (*couverts*) canteen (of cutlery)

**ménagerie** [menaʒʀi] *nf* menagerie

**mendiant, e** [mɑ̃djɑ̃, -ɑ̃t] *nm/f* beggar

**mendicité** [mɑ̃disite] *nf* begging

**mendier** [mɑ̃dje] *vi* to beg ▷ *vt* to beg (for); (*fig: éloges, compliments*) to fish for

**menées** [məne] *nfpl* intrigues, manœuvres (*Brit*), maneuvers (*US*); (*Comm*) activities

**mener** [məne] *vt* to lead; (*enquête*) to conduct; (*affaires*) to manage, conduct, run ▷ *vi*: **~ (à la marque)** to lead, be in the lead; **~ à/dans** (*emmener*) to take to/into; **~ qch à bonne fin** *ou* **à terme** *ou* **à bien** to see sth through (to a successful conclusion), complete sth successfully

**meneur, -euse** [mənœʀ, -øz] *nm/f* leader; (*péj: agitateur*) ringleader; **~ d'hommes** born leader; **~ de jeu** host, quizmaster (*Brit*)

**menhir** [meniʀ] *nm* standing stone

**méningite** [menẽʒit] *nf* meningitis *no pl*

**ménisque** [menisk] *nm* (*Anat*) meniscus

**ménopause** [menɔpoz] *nf* menopause

**menotte** [mənɔt] *nf* (*langage enfantin*) handie; **menottes** *nfpl* handcuffs; **passer les ~s à** to handcuff

**mens** [mɑ̃] *vb voir* **mentir**

**mensonge** [mɑ̃sɔ̃ʒ] *nm*: **le ~** lying *no pl*; **un ~** a lie

**mensonger, -ère** [mɑ̃sɔ̃ʒe, -ɛʀ] *adj* false

**menstruation** [mɑ̃stʀyasjɔ̃] *nf* menstruation

**menstruel, le** [mɑ̃stʀyɛl] *adj* menstrual

**mensualiser** [mɑ̃syalize] *vt* to pay monthly

**mensualité** [mɑ̃syalite] *nf* (*somme payée*) monthly payment; (*somme perçue*) monthly salary

**mensuel, le** [mɑ̃syɛl] *adj* monthly ▷ *nm/f* (*employé*) employee paid monthly ▷ *nm* (*Presse*) monthly

**mensuellement** [mɑ̃syɛlmɑ̃] *adv* monthly

**mensurations** [mɑ̃syʀasjɔ̃] *nfpl* measurements

**mentais** *etc* [mɑ̃tɛ] *vb voir* **mentir**

**mental, e, -aux** [mɑ̃tal, -o] *adj* mental

**mentalement** [mɑ̃talmɑ̃] *adv* in one's head, mentally

**mentalité** [mɑ̃talite] *nf* mentality

**menteur, -euse** [mɑ̃tœʀ, -øz] *nm/f* liar

**menthe** [mɑ̃t] *nf* mint; **~ (à l'eau)** peppermint cordial

**mentholé, e** [mɑ̃tɔle] *adj* menthol *cpd*, mentholated

**mention** [mɑ̃sjɔ̃] *nf* (*note*) note, comment; (*Scol*): **~ (très) bien/passable** (*very*) good/satisfactory pass; **faire ~ de** to mention; **"rayer la ~ inutile"** "delete as appropriate"

**mentionner** [mɑ̃sjɔne] *vt* to mention

**mentir** [mɑ̃tiʀ] *vi* to lie

**menton** [mɑ̃tɔ̃] *nm* chin

**mentonnière** [mɑ̃tɔnjɛʀ] *nf* chin strap
**menu, e** [məny] *adj* (*mince*) (*petit*) tiny;
(*frais, difficulté*) minor ▷ *adv* (*couper, hacher*) very
fine ▷ *nm* menu; **par le ~** (*raconter*) in minute
detail; **~ touristique** popular *ou* tourist menu;
**~e monnaie** small change
**menuet** [mənɥɛ] *nm* minuet
**menuiserie** [mənɥizʀi] *nf* (*travail*) joinery,
carpentry; (*d'amateur*) woodwork; (*local*) joiner's
workshop; (*ouvrages*) woodwork *no pl*
**menuisier** [mənɥizje] *nm* joiner, carpenter
**méprendre** [mepʀɑ̃dʀ(ə)]: **se méprendre** *vi*: **se
méprendre sur** to be mistaken about
**mépris, e** [mepʀi, -iz] *pp de* **méprendre** ▷ *nm*
(*dédain*) contempt, scorn; (*indifférence*): **le ~ de**
contempt *ou* disregard for; **au ~ de** regardless
of, in defiance of
**méprisable** [mepʀizabl(ə)] *adj* contemptible,
despicable
**méprisant, e** [mepʀizɑ̃, -ɑ̃t] *adj* contemptuous,
scornful
**méprise** [mepʀiz] *nf* mistake, error;
(*malentendu*) misunderstanding
**mépriser** [mepʀize] *vt* to scorn, despise; (*gloire,
danger*) to scorn, spurn
**mer** [mɛʀ] *nf* sea; (*marée*) tide; **~ fermée** inland
sea; **en ~** at sea; **prendre la ~** to put out to sea;
**en haute** *ou* **pleine ~** off shore, on the open sea;
**la ~ Adriatique** the Adriatic (Sea); **la ~ des
Antilles** *ou* **des Caraïbes** the Caribbean (Sea);
**la ~ Baltique** the Baltic (Sea); **la ~ Caspienne**
the Caspian Sea; **la ~ de Corail** the Coral Sea; **la
~ Égée** the Aegean (Sea); **la ~ Ionienne** the
Ionian Sea; **la ~ Morte** the Dead Sea; **la ~ Noire**
the Black Sea; **la ~ du Nord** the North Sea; **la ~
Rouge** the Red Sea; **la ~ des Sargasses** the
Sargasso Sea; **les ~s du Sud** the South Seas; **la
~ Tyrrhénienne** the Tyrrhenian Sea
**mercantile** [mɛʀkɑ̃til] *adj* (*péj*) mercenary
**mercantilisme** [mɛʀkɑ̃tilism(ə)] *nm* (*esprit
mercantile*) mercenary attitude
**mercenaire** [mɛʀsənɛʀ] *nm* mercenary
**mercerie** [mɛʀsəʀi] *nf* (*Couture*) haberdashery
(*Brit*), notions *pl* (*US*); (*boutique*) haberdasher's
(shop) (*Brit*), notions store (*US*)
**merci** [mɛʀsi] *excl* thank you ▷ *nf*: **à la ~ de qn/
qch** at sb's mercy/the mercy of sth; **~ beaucoup**
thank you very much; **~ de** *ou* **pour** thank you
for; **sans ~** *adj* merciless ▷ *adv* mercilessly
**mercier, -ière** [mɛʀsje, -jɛʀ] *nm/f* haberdasher
**mercredi** [mɛʀkʀədi] *nm* Wednesday; **~ des
Cendres** Ash Wednesday; *voir aussi* **lundi**
**mercure** [mɛʀkyʀ] *nm* mercury
**merde** [mɛʀd(ə)] (*fam!*) *nf* shit (!) ▷ *excl* (bloody)
hell (!)
**merdeux, -euse** [mɛʀdø, -øz] *nm/f* (*fam!*) little
bugger (*Brit*) (!), little devil
**mère** [mɛʀ] *nf* mother ▷ *adj inv* mother *cpd*; **~
célibataire** single parent, unmarried mother
**merguez** [mɛʀgɛz] *nf spicy North African sausage*
**méridien** [meʀidjɛ̃] *nm* meridian
**méridional, e, -aux** [meʀidjɔnal, -o] *adj*

southern; (*du midi de la France*) Southern (French)
▷ *nm/f* Southerner
**meringue** [məʀɛ̃g] *nf* meringue
**mérinos** [meʀinos] *nm* merino
**merisier** [məʀizje] *nm* wild cherry (tree)
**méritant, e** [meʀitɑ̃, -ɑ̃t] *adj* deserving
**mérite** [meʀit] *nm* merit; **le ~ (de ceci) lui
revient** the credit (for this) is his
**mériter** [meʀite] *vt* to deserve; **~ de réussir** to
deserve to succeed; **il mérite qu'on fasse ...** he
deserves people to do ...
**méritocratie** [meʀitɔkʀasi] *nf* meritocracy
**méritoire** [meʀitwaʀ] *adj* praiseworthy,
commendable
**merlan** [mɛʀlɑ̃] *nm* whiting
**merle** [mɛʀl(ə)] *nm* blackbird
**mérou** [meʀu] *nm* grouper (*fish*)
**merveille** [mɛʀvɛj] *nf* marvel, wonder; **faire ~**
*ou* **des ~s** to work wonders; **à ~** perfectly,
wonderfully
**merveilleux, -euse** [mɛʀvɛjø, -øz] *adj*
marvellous, wonderful
**mes** [me] *adj poss voir* **mon**
**mésalliance** [mezaljɑ̃s] *nf* misalliance,
mismatch
**mésallier** [mezalje]: **se mésallier** *vi* to marry
beneath (*ou* above) o.s.
**mésange** [mezɑ̃ʒ] *nf* tit(mouse); **~ bleue** bluetit
**mésaventure** [mezavɑ̃tyʀ] *nf* misadventure,
misfortune
**Mesdames** [medam] *nfpl voir* **Madame**
**Mesdemoiselles** [medmwazɛl] *nfpl voir*
**Mademoiselle**
**mésentente** [mezɑ̃tɑ̃t] *nf* dissension,
disagreement
**mésestimer** [mezɛstime] *vt* to underestimate,
underrate
**Mésopotamie** [mezɔpɔtami] *nf*: **la ~**
Mesopotamia
**mesquin, e** [mɛskɛ̃, -in] *adj* mean, petty
**mesquinerie** [mɛskinʀi] *nf* meanness *no pl*,
pettiness *no pl*
**mess** [mɛs] *nm* mess
**message** [mesaʒ] *nm* message; **~ d'erreur**
(*Inform*) error message; **~ électronique** (*Inform*)
email; **~ publicitaire** ad, advertisement; **~
téléphoné** telegram dictated by telephone
**messager, -ère** [mesaʒe, -ɛʀ] *nm/f* messenger
**messagerie** [mesaʒʀi] *nf*: **~ électronique**
electronic mail, email; **~ instantanée** instant
messaging, IM; **~ rose** *lonely hearts and contact
service on videotext*; **~s aériennes/maritimes** air
freight/shipping service *sg*; **~s de presse** press
distribution service; **~ vocale** voice mail
**messe** [mɛs] *nf* mass; **aller à la ~** to go to mass;
**~ de minuit** midnight mass; **faire des ~s
basses** (*fig, péj*) to mutter
**messie** [mesi] *nm*: **le M~** the Messiah
**Messieurs** [mesjø] *nmpl voir* **Monsieur**
**mesure** [məzyʀ] *nf* (*évaluation, dimension*)
measurement; (*étalon, récipient, contenu*)
measure; (*Mus: cadence*) time, tempo; (: *division*)

**m**

bar; (*retenue*) moderation; (*disposition*) measure, step; **unité/système de ~** unit/system of measurement; **sur ~** (*costume*) made-to-measure; (*fig*) personally adapted; **à la ~ de** (*fig: personne*) worthy of; (*chambre etc*) on the same scale as; **dans la ~ où** insofar as, inasmuch as; **dans une certaine ~** to some *ou* a certain extent; **à ~ que** as; **en ~** (*Mus*) in time *ou* tempo; **être en ~ de** to be in a position to; **dépasser la ~** (*fig*) to overstep the mark

**mesuré, e** [məzyʀe] *adj* (*ton, effort*) measured; (*personne*) restrained

**mesurer** [məzyʀe] *vt* to measure; (*juger*) to weigh up, assess; (*limiter*) to limit, ration; (*modérer*) to moderate; (*proportionner*): **~ qch à** to match sth to, gear sth to; **se ~ avec** to have a confrontation with; to tackle; **il mesure 1 m 80** he's 1 m 80 tall

**met** [mɛ] *vb voir* **mettre**

**métabolisme** [metabɔlism(ə)] *nm* metabolism

**métairie** [meteʀi] *nf* smallholding

**métal, -aux** [metal, -o] *nm* metal

**métalangage** [metalɑ̃gaʒ] *nm* metalanguage

**métallique** [metalik] *adj* metallic

**métallisé, e** [metalize] *adj* metallic

**métallurgie** [metalyʀʒi] *nf* metallurgy

**métallurgique** [metalyʀʒik] *adj* steel *cpd*, metal *cpd*

**métallurgiste** [metalyʀʒist(ə)] *nm/f* (*ouvrier*) steel *ou* metal worker; (*industriel*) metallurgist

**métamorphose** [metamɔʀfoz] *nf* metamorphosis

**métamorphoser** [metamɔʀfoze] *vt* to transform

**métaphore** [metafɔʀ] *nf* metaphor

**métaphorique** [metafɔʀik] *adj* metaphorical, figurative

**métaphoriquement** [metafɔʀikmɑ̃] *adv* metaphorically

**métaphysique** [metafizik] *nf* metaphysics *sg* ▷ *adj* metaphysical

**métapsychique** [metapsiʃik] *adj* psychic, parapsychological

**métayer, -ère** [meteje, metɛjɛʀ] *nm/f* (tenant) farmer

**météo** [meteo] *nf* (*bulletin*) (weather) forecast; (*service*) ≈ Met Office (*Brit*), ≈ National Weather Service (*US*)

**météore** [meteɔʀ] *nm* meteor

**météorite** [meteɔʀit] *nm ou f* meteorite

**météorologie** [meteɔʀɔlɔʒi] *nf* (*étude*) meteorology; (*service*) ≈ Meteorological Office (*Brit*), ≈ National Weather Service (*US*)

**météorologique** [meteɔʀɔlɔʒik] *adj* meteorological, weather *cpd*

**météorologue** [meteɔʀɔlɔg], **météorologiste** [meteɔʀɔlɔʒist(ə)] *nm/f* meteorologist, weather forecaster

**métèque** [metɛk] *nm* (*péj*) wop (!)

**méthane** [metan] *nm* methane

**méthanier** [metanje] *nm* (*bateau*) (liquefied) gas carrier *ou* tanker

**méthode** [metɔd] *nf* method; (*livre, ouvrage*) manual, tutor

**méthodique** [metɔdik] *adj* methodical

**méthodiquement** [metɔdikmɑ̃] *adv* methodically

**méthodiste** [metɔdist(ə)] *adj, nm/f* (*Rel*) Methodist

**méthylène** [metilɛn] *nm*: **bleu de ~** *nm* methylene blue

**méticuleux, -euse** [metikylø, -øz] *adj* meticulous

**métier** [metje] *nm* (*profession: gén*) job; (: *manuel*) trade; (: *artisanal*) craft; (*technique, expérience*) (acquired) skill *ou* technique; (*aussi*: **métier à tisser**) (weaving) loom; **être du ~** to be in the trade *ou* profession

**métis, se** [metis] *adj, nm/f* half-caste, half-breed

**métisser** [metise] *vt* to cross(breed)

**métrage** [metʀaʒ] *nm* (*de tissu*) length; (*Ciné*) footage, length; **long/moyen/court ~** feature *ou* full-length/medium-length/short film

**mètre** [mɛtʀ(ə)] *nm* metre (*Brit*), meter (*US*); (*règle*) (metre *ou* meter) rule; (*ruban*) tape measure; **~ carré/cube** square/cubic metre *ou* meter

**métrer** [metʀe] *vt* (*Tech*) to measure (in metres *ou* meters); (*Constr*) to survey

**métreur, -euse** [metʀœʀ, -øz] *nm/f*: **~ (vérificateur), métreuse (vérificatrice)** (quantity) surveyor

**métrique** [metʀik] *adj* metric ▷ *nf* metrics *sg*

**métro** [metʀo] *nm* underground (*Brit*), subway (*US*)

**métronome** [metʀɔnɔm] *nm* metronome

**métropole** [metʀɔpɔl] *nf* (*capitale*) metropolis; (*pays*) home country

**métropolitain, e** [metʀɔpɔlitɛ̃, -ɛn] *adj* metropolitan

**mets** [mɛ] *nm* dish ▷ *vb voir* **mettre**

**mettable** [mɛtabl(ə)] *adj* fit to be worn, decent

**metteur** [mɛtœʀ] *nm*: **~ en scène** (*Théât*) producer; (*Ciné*) director; **~ en ondes** (*Radio*) producer

---

◯ **MOT-CLÉ**

**mettre** [mɛtʀ(ə)] *vt* **1** (*placer*) to put; **mettre en bouteille/en sac** to bottle/put in bags *ou* sacks; **mettre qch à la poste** to post sth (*Brit*), mail sth (*US*); **mettre en examen (pour)** to charge (with) (*Brit*), indict (for) (*US*); **mettre une note gaie/amusante** to inject a cheerful/an amusing note; **mettre qn debout/assis** to help sb up *ou* to their feet/help sb to sit down **2** (*vêtements: revêtir*) to put on; (: *porter*) to wear; **mets ton gilet** put your cardigan on; **je ne mets plus mon manteau** I no longer wear my coat **3** (*faire fonctionner: chauffage, électricité*) to put on; (: *réveil, minuteur*) to set; (*installer: gaz, eau*) to put in, lay on; **mettre en marche** to start up **4** (*consacrer*): **mettre du temps/deux heures à**

**faire qch** to take time/two hours to do sth; **y mettre du sien** to pull one's weight
**5** (*noter, écrire*) to say, put (down); **qu'est-ce qu'il a mis sur la carte?** what did he say *ou* write on the card?; **mettez au pluriel ...** put ... into the plural
**6** (*supposer*): **mettons que ...** let's suppose *ou* say that ...
**7** (*faire* + *vb*): **faire mettre le gaz/l'électricité** to have gas/electricity put in *ou* installed
**se mettre** *vi* **1** (*se placer*): **vous pouvez vous mettre là** you can sit (*ou* stand) there; **où ça se met?** where does it go?; **se mettre au lit** to get into bed; **se mettre au piano** to sit down at the piano; **se mettre à l'eau** to get into the water; **se mettre de l'encre sur les doigts** to get ink on one's fingers
**2** (*s'habiller*): **se mettre en maillot de bain** to get into *ou* put on a swimsuit; **n'avoir rien à se mettre** to have nothing to wear
**3** (*dans rapports*): **se mettre bien/mal avec qn** to get on the right/wrong side of sb; **se mettre qn à dos** to get on sb's bad side; **se mettre avec qn** (*prendre parti*) to side with sb; (*faire équipe*) to team up with sb; (*en ménage*) to move in with sb
**4**: **se mettre à** to begin, start; **se mettre à faire** to begin *ou* start doing *ou* to do; **se mettre au piano** to start learning the piano; **se mettre au régime** to go on a diet; **se mettre au travail/à l'étude** to get down to work/one's studies; **il est temps de s'y mettre** it's time we got down to it *ou* got on with it

**meublant, e** [mœblɑ̃, -ɑ̃t] *adj* (*tissus etc*) effective (in the room)
**meuble** [mœbl(ə)] *nm* (*objet*) piece of furniture; (*ameublement*) furniture *no pl* ▷ *adj* (*terre*) loose, friable; (*Jur*): **biens ~s** movables
**meublé** [mœble] *nm* (*pièce*) furnished room; (*appartement*) furnished flat (*Brit*) *ou* apartment (*US*)
**meubler** [mœble] *vt* to furnish; (*fig*): **~ qch (de)** to fill sth (with); **se meubler** to furnish one's house
**meuf** [mœf] *nf* (*fam*) woman
**meugler** [møgle] *vi* to low, moo
**meule** [møl] *nf* (*à broyer*) millstone; (*à aiguiser*) grindstone; (*à polir*) buff wheel; (*de foin, blé*) stack; (*de fromage*) round
**meunerie** [mønʀi] *nf* (*industrie*) flour trade; (*métier*) milling
**meunier, -ière** [mønje, -jɛʀ] *nm* miller ▷ *nf* miller's wife ▷ *adj f* (*Culin*) meunière
**meurs** *etc* [mœʀ] *vb voir* **mourir**
**meurtre** [mœʀtʀ(ə)] *nm* murder
**meurtrier, -ière** [mœʀtʀije, -jɛʀ] *adj* (*arme, épidémie, combat*) deadly; (*accident*) fatal; (*carrefour, route*) lethal; (*fureur, instincts*) murderous ▷ *nm/f* murderer(-ess) ▷ *nf* (*ouverture*) loophole
**meurtrir** [mœʀtʀiʀ] *vt* to bruise; (*fig*) to wound
**meurtrissure** [mœʀtʀisyʀ] *nf* bruise; (*fig*) scar
**meus** *etc* [mœ] *vb voir* **mouvoir**

**Meuse** [møz] *nf*: **la ~** the Meuse
**meute** [møt] *nf* pack
**meuve** *etc* [mœv] *vb voir* **mouvoir**
**mévente** [mevɑ̃t] *nf* slump (in sales)
**mexicain, e** [mɛksikɛ̃, -ɛn] *adj* Mexican ▷ *nm/f*: **Mexicain, e** Mexican
**Mexico** [mɛksiko] *n* Mexico City
**Mexique** [mɛksik] *nm*: **le ~** Mexico
**mezzanine** [mɛdzanin] *nf* mezzanine (floor)
**MF** *sigle mpl* = **millions de francs** ▷ *sigle f* (*Radio*: = *modulation de fréquence*) FM
**Mgr** *abr* = **Monseigneur**
**mi** [mi] *nm* (*Mus*) E; (*en chantant la gamme*) mi
**mi...** [mi] *préfixe* half(-), mid-; **à la mi-janvier** in mid-January; **mi-bureau, mi-chambre** half office, half bedroom; **à mi-jambes/-corps** (up *ou* down) to the knees/waist; **à mi-hauteur/-pente** halfway up (*ou* down)/up (*ou* down) the hill
**miaou** [mjau] *nm* miaow
**miaulement** [mjolmɑ̃] *nm* (*cri*) miaow; (*continu*) miaowing *no pl*
**miauler** [mjole] *vi* to miaow
**mi-bas** [miba] *nm inv* knee-length sock
**mica** [mika] *nm* mica
**mi-carême** [mikaʀɛm] *nf*: **la ~** the third Thursday in Lent
**miche** [miʃ] *nf* round *ou* cob loaf
**mi-chemin** [miʃmɛ̃]: **à ~** *adv* halfway, midway
**mi-clos, e** [miklo, -kloz] *adj* half-closed
**micmac** [mikmak] *nm* (*péj*) carry-on
**mi-côte** [mikot]: **à ~** *adv* halfway up (*ou* down) the hill
**mi-course** [mikuʀs]: **à ~** *adv* halfway through the race
**micro** [mikʀo] *nm* mike, microphone; **~ cravate** lapel mike
**microbe** [mikʀɔb] *nm* germ, microbe
**microbiologie** [mikʀɔbjɔlɔʒi] *nf* microbiology
**microchirurgie** [mikʀoʃiʀyʀʒi] *nf* microsurgery
**microclimat** [mikʀoklima] *nm* microclimate
**microcosme** [mikʀokɔsm(ə)] *nm* microcosm
**micro-édition** [mikʀoedisjɔ̃] *nf* desk-top publishing
**micro-électronique** [mikʀoelɛktʀɔnik] *nf* microelectronics *sg*
**microfiche** [mikʀofiʃ] *nf* microfiche
**microfilm** [mikʀofilm] *nm* microfilm
**micro-onde** [mikʀoɔ̃d] *nf*: **four à ~s** microwave oven
**micro-ordinateur** [mikʀoɔʀdinatœʀ] *nm* microcomputer
**micro-organisme** [mikʀoɔʀganism(ə)] *nm* micro-organism
**microphone** [mikʀofɔn] *nm* microphone
**microplaquette** [mikʀoplakɛt] *nf* microchip
**microprocesseur** [mikʀopʀɔsɛsœʀ] *nm* microprocessor
**microscope** [mikʀoskɔp] *nm* microscope; **au ~** under *ou* through the microscope
**microscopique** [mikʀoskɔpik] *adj* microscopic
**microsillon** [mikʀosijɔ̃] *nm* long-playing record

**m**

**MIDEM** [midɛm] sigle m (= Marché international du disque et de l'édition musicale) music industry trade fair

**midi** [midi] nm (milieu du jour) midday, noon; (moment du déjeuner) lunchtime; (sud) south; (: de la France): **le M~** the South (of France), the Midi; **à ~** at 12 (o'clock) ou midday ou noon; **tous les ~s** every lunchtime; **le repas de ~** lunch; **en plein ~** (right) in the middle of the day; (sud) facing south

**midinette** [midinɛt] nf silly young townie

**mie** [mi] nf inside (of the loaf)

**miel** [mjɛl] nm honey; **être tout ~** (fig) to be all sweetness and light

**mielleux, -euse** [mjɛlø, -øz] adj (péj) sugary, honeyed

**mien, ne** [mjɛ̃, mjɛn] adj, pron: **le (la) ~(ne), les ~s** mine; **les ~s** (ma famille) my family

**miette** [mjɛt] nf (de pain, gâteau) crumb; (fig: de la conversation etc) scrap; **en ~s** (fig) in pieces ou bits

○ **MOT-CLÉ**

**mieux** [mjø] adv **1** (d'une meilleure façon): **mieux (que)** better (than); **elle travaille/mange mieux** she works/eats better; **aimer mieux** to prefer; **j'attendais mieux de vous** I expected better of you; **elle va mieux** she is better; **de mieux en mieux** better and better

**2** (de la meilleure façon) best; **ce que je sais le mieux** what I know best; **les livres les mieux faits** the best made books

**3** (intensif): **vous feriez mieux de faire ...** you would be better to do ...; **crier à qui mieux mieux** to try to shout each other down
▷ adj **1** (plus à l'aise, en meilleure forme) better; **se sentir mieux** to feel better

**2** (plus satisfaisant) better; **c'est mieux ainsi** it's better like this; **c'est le mieux des deux** it's the better of the two; **le/la mieux, les mieux** the best; **demandes-lui, c'est le mieux** ask him, it's the best thing

**3** (plus joli) better-looking; (plus gentil) nicer; **il est mieux que son frère** (plus beau) he's better-looking than his brother; (plus gentil) he's nicer than his brother; **il est mieux sans moustache** he looks better without a moustache

**4**: **au mieux** at best; **au mieux avec** on the best of terms with; **pour le mieux** for the best; **qui mieux est** even better, better still
▷ nm **1** (progrès) improvement

**2**: **de mon/ton mieux** as best I/you can (ou could); **faire de son mieux** to do one's best; **du mieux qu'il peut** the best he can; **faute de mieux** for lack ou want of anything better, failing anything better

**mieux-être** [mjøzɛtr(ə)] nm greater well-being; (financier) improved standard of living

**mièvre** [mjɛvr(ə)] adj sickly sentimental

**mignon, ne** [miɲɔ̃, -ɔn] adj sweet, cute

**migraine** [migrɛn] nf headache; migraine

**migrant, e** [migrɑ̃, -ɑ̃t] adj, nm/f migrant

**migrateur, -trice** [migratœr, -tris] adj migratory

**migration** [migrɑsjɔ̃] nf migration

**mijaurée** [miʒɔre] nf pretentious (young) madam

**mijoter** [miʒɔte] vt to simmer; (préparer avec soin) to cook lovingly; (affaire, projet) to plot, cook up
▷ vi to simmer

**mil** [mil] num = **mille**

**Milan** [milɑ̃] n Milan

**milanais, e** [milanɛ, -ɛz] adj Milanese

**mildiou** [mildju] nm mildew

**milice** [milis] nf militia

**milicien, ne** [milisjɛ̃, -ɛn] nm/f militiaman(-woman)

**milieu, x** [miljø] nm (centre) middle; (fig) middle course ou way; (aussi: **juste milieu**) happy medium; (Bio, Géo) environment; (entourage social) milieu; (familial) background; circle; (pègre): **le ~** the underworld; **au ~ de** in the middle of; **au beau** ou **en plein ~ (de)** right in the middle (of); **~ de terrain** (Football: joueur) midfield player; (: joueurs) midfield

**militaire** [militɛr] adj military ▷ nm serviceman; **service ~** military service

**militant, e** [militɑ̃, -ɑ̃t] adj, nm/f militant

**militantisme** [militɑ̃tism(ə)] nm militancy

**militariser** [militarize] vt to militarize

**militarisme** [militarism(ə)] nm (péj) militarism

**militer** [milite] vi to be a militant; **~ pour/contre** to militate in favour of/against

**milk-shake** [milkʃɛk] nm milk shake

**mille** [mil] num a ou one thousand ▷ nm (mesure): **~ (marin)** nautical mile; **mettre dans le ~** to hit the bull's-eye; (fig) to be bang on (target)

**millefeuille** [milfœj] nm cream ou vanilla slice

**millénaire** [milenɛr] nm millennium ▷ adj thousand-year-old; (fig) ancient

**mille-pattes** [milpat] nm inv centipede

**millésime** [milezim] nm year

**millésimé, e** [milezime] adj vintage cpd

**millet** [mijɛ] nm millet

**milliard** [miljar] nm milliard, thousand million (Brit), billion (US)

**milliardaire** [miljardɛr] nm/f multimillionaire (Brit), billionaire (US)

**millième** [miljɛm] num thousandth

**millier** [milje] nm thousand; **un ~ (de)** a thousand or so, about a thousand; **par ~s** in (their) thousands, by the thousand

**milligramme** [miligram] nm milligramme (Brit), milligram (US)

**millimétré, e** [milimetre] adj: **papier ~** graph paper

**millimètre** [milimɛtr(ə)] nm millimetre (Brit), millimeter (US)

**million** [miljɔ̃] nm million; **deux ~s de** two million; **riche à ~s** worth millions

**millionième** [miljɔnjɛm] num millionth

**millionnaire** [miljɔnɛr] nm/f millionaire

**mi-lourd** [milur] adj m, nm light heavyweight

**mime** [mim] *nm/f* (*acteur*) mime(r); (*imitateur*) mimic ▷ *nm* (*art*) mime, miming
**mimer** [mime] *vt* to mime; (*singer*) to mimic, take off
**mimétisme** [mimetism(ə)] *nm* (*Bio*) mimicry
**mimique** [mimik] *nf* (*funny*) face; (*signes*) gesticulations *pl*, sign language *no pl*
**mimosa** [mimoza] *nm* mimosa
**mi-moyen** [mimwajɛ̃] *adj m, nm* welterweight
**MIN** *sigle m* (= *Marché d'intérêt national*) *wholesale market for fruit, vegetables and agricultural produce*
**min.** *abr* (= *minimum*) min
**minable** [minabl(ə)] *adj* (*personne*) shabby (-looking); (*travail*) pathetic
**minaret** [minaʀɛ] *nm* minaret
**minauder** [minode] *vi* to mince, simper
**minauderies** [minodʀi] *nfpl* simpering *sg*
**mince** [mɛ̃s] *adj* thin; (*personne, taille*) slim; (*fig: profit, connaissances*) slight, small; (: *prétexte*) weak ▷ *excl:* ~ **(alors)!** darn it!
**minceur** [mɛ̃sœʀ] *nf* thinness slimness, slenderness
**mincir** [mɛ̃siʀ] *vi* to get slimmer *ou* thinner
**mine** [min] *nf* (*physionomie*) expression, look; (*extérieur*) exterior, appearance; (*de crayon*) lead; (*gisement, exploitation, explosif*) mine; **mines** *nfpl* (*péj*) simpering airs; **les M~s** (*Admin*) *the national mining and geological service, the government vehicle testing department*; **avoir bonne ~** (*personne*) to look well; (*ironique*) to look an utter idiot; **avoir mauvaise ~** to look unwell; **faire ~ de faire** to make a pretence of doing; **ne pas payer de ~** to be not much to look at; ~ **de rien** *adv* with a casual air; although you wouldn't think so; ~ **de charbon** coal mine; ~ **à ciel ouvert** opencast (*Brit*) *ou* open-air (*US*) mine
**miner** [mine] *vt* (*saper*) to undermine, erode; (*Mil*) to mine
**minerai** [minʀɛ] *nm* ore
**minéral, e, -aux** [mineʀal, -o] *adj* mineral; (*Chimie*) inorganic ▷ *nm* mineral
**minéralier** [mineʀalje] *nm* (*bateau*) ore tanker
**minéralisé, e** [mineʀalize] *adj* mineralized
**minéralogie** [mineʀalɔʒi] *nf* mineralogy
**minéralogique** [mineʀalɔʒik] *adj* mineralogical; **plaque ~** number (*Brit*) *ou* license (*US*) plate; **numéro ~** registration (*Brit*) *ou* license (*US*) number
**minet, te** [minɛ, -ɛt] *nm/f* (*chat*) pussy-cat; (*péj*) young trendy
**mineur, e** [minœʀ] *adj* minor ▷ *nm/f* (*Jur*) minor ▷ *nm* (*travailleur*) miner; (*Mil*) sapper; ~ **de fond** face worker
**miniature** [minjatyʀ] *adj, nf* miniature
**miniaturisation** [minjatyʀizasjɔ̃] *nf* miniaturization
**miniaturiser** [minjatyʀize] *vt* to miniaturize
**minibus** [minibys] *nm* minibus
**mini-cassette** [minikasɛt] *nf* cassette (recorder)
**minichaîne** [miniʃɛn] *nf* mini system
**minier, -ière** [minje, -jɛʀ] *adj* mining

**mini-jupe** [miniʒyp] *nf* mini-skirt
**minimal, e, -aux** [minimal, -o] *adj* minimum
**minimaliste** [minimalist(ə)] *adj* (*Art*) minimalist
**minime** [minim] *adj* minor, minimal ▷ *nm/f* (*Sport*) junior
**minimiser** [minimize] *vt* to minimize; (*fig*) to play down
**minimum** [minimɔm] *adj, nm* minimum; **au ~** at the very least; ~ **vital** (*salaire*) living wage; (*niveau de vie*) subsistence level
**mini-ordinateur** [miniɔʀdinatœʀ] *nm* minicomputer
**ministère** [ministɛʀ] *nm* (*cabinet*) government; (*département*) ministry (*Brit*), department; (*Rel*) ministry; ~ **public** (*Jur*) Prosecution, State Prosecutor
**ministériel, le** [ministeʀjɛl] *adj* government *cpd*; ministerial, departmental; (*partisan*) pro-government
**ministrable** [ministʀabl(ə)] *adj* (*Pol*): **il est ~** he's a potential minister
**ministre** [ministʀ(ə)] *nm* minister (*Brit*), secretary; (*Rel*) minister; ~ **d'État** senior minister *ou* secretary
**Minitel®** [minitɛl] *nm videotext terminal and service*
**minium** [minjɔm] *nm* red lead paint
**minois** [minwa] *nm* little face
**minorer** [minɔʀe] *vt* to cut, reduce
**minoritaire** [minɔʀitɛʀ] *adj* minority *cpd*
**minorité** [minɔʀite] *nf* minority; **être en ~** to be in the *ou* a minority; **mettre en ~** (*Pol*) to defeat
**Minorque** [minɔʀk] *nf* Minorca
**minorquin, e** [minɔʀkɛ̃, -in] *adj* Minorcan
**minoterie** [minɔtʀi] *nf* flour-mill
**minuit** [minɥi] *nm* midnight
**minuscule** [minyskyl] *adj* minute, tiny ▷ *nf:* **(lettre) ~** small letter
**minutage** [minytaʒ] *nm* timing
**minute** [minyt] *nf* minute; (*Jur: original*) minute, draft ▷ *excl* just a minute!, hang on!; **à la ~** (*présent*) (just) this instant; (*passé*) there and then; **entrecôte** *ou* **steak ~** minute steak
**minuter** [minyte] *vt* to time
**minuterie** [minytʀi] *nf* time switch
**minuteur** [minytœʀ] *nm* timer
**minutie** [minysi] *nf* meticulousness; minute detail; **avec ~** meticulously; in minute detail
**minutieusement** [minysjøzmɑ̃] *adv* (*organiser, travailler*) meticulously; (*examiner*) minutely
**minutieux, -euse** [minysjø, -øz] *adj* (*personne*) meticulous; (*inspection*) minutely detailed; (*travail*) requiring painstaking attention to detail
**mioche** [mjɔʃ] *nm* (*fam*) nipper, brat
**mirabelle** [miʀabɛl] *nf* (*fruit*) (cherry) plum; (*eau-de-vie*) plum brandy
**miracle** [miʀakl(ə)] *nm* miracle
**miraculé, e** [miʀakyle] *adj* who has been miraculously cured (*ou* rescued)
**miraculeux, -euse** [miʀakylø, -øz] *adj*

**m**

miraculous

**mirador** [miʀadɔʀ] nm (Mil) watchtower

**mirage** [miʀaʒ] nm mirage

**mire** [miʀ] nf (d'un fusil) sight; (TV) test card; **point de ~** target; (fig) focal point; **ligne de ~** line of sight

**mirent** [miʀ] vb voir **mettre**

**mirer** [miʀe] vt (œufs) to candle; **se mirer** vi: **se ~ dans** (personne) to gaze at one's reflection in; (: chose) to be mirrored in

**mirifique** [miʀifik] adj wonderful

**mirobolant, e** [miʀɔbɔlɑ̃, -ɑ̃t] adj fantastic

**miroir** [miʀwaʀ] nm mirror

**miroiter** [miʀwate] vi to sparkle, shimmer; **faire ~ qch à qn** to paint sth in glowing colours for sb, dangle sth in front of sb's eyes

**miroiterie** [miʀwatʀi] nf (usine) mirror factory; (magasin) mirror dealer's (shop)

**Mis** abr = **marquis**

**mis, e** [mi, miz] pp de **mettre** ▷ adj (couvert, table) set, laid; (personne): **bien ~** well dressed ▷ nf (argent: au jeu) stake; (tenue) clothing; attire; **être de ~e** to be acceptable ou in season; **~e en bouteilles** bottling; **~e en examen** charging, indictment; **~e à feu** blast-off; **~e de fonds** capital outlay; **~e à jour** (Inform) update; **~e à mort** kill; **~e à pied** (d'un employé) suspension; lay-off; **~e sur pied** (d'une affaire, entreprise) setting up; **~e en plis** set; **~e au point** (Photo) focusing; (fig) clarification; **~e à prix** reserve (Brit) ou upset price; **~e en scène** production

**misaine** [mizɛn] nf: **mât de ~** foremast

**misanthrope** [mizɑ̃tʀɔp] nm/f misanthropist

**Mise** abr = **marquise**

**mise** [miz] adj f, nf voir **mis**

**miser** [mize] vt (enjeu) to stake, bet; **~ sur** vt (cheval, numéro) to bet on; (fig) to bank ou count on

**misérable** [mizeʀabl(ə)] adj (lamentable, malheureux) pitiful, wretched; (pauvre) poverty-stricken; (insignifiant, mesquin) miserable ▷ nm/f wretch; (miséreux) poor wretch

**misère** [mizɛʀ] nf (pauvreté) (extreme) poverty, destitution; **misères** nfpl (malheurs) woes, miseries; (ennuis) little troubles; **être dans la ~** to be destitute ou poverty-stricken; **salaire de ~** starvation wage; **faire des ~s à qn** to torment sb; **~ noire** utter destitution, abject poverty

**miséreux, -euse** [mizeʀø, -øz] adj poverty-stricken ▷ nm/f down-and-out

**miséricorde** [mizeʀikɔʀd(ə)] nf mercy, forgiveness

**miséricordieux, -euse** [mizeʀikɔʀdjø, -øz] adj merciful, forgiving

**misogyne** [mizɔʒin] adj misogynous ▷ nm/f misogynist

**missel** [misɛl] nm missal

**missile** [misil] nm missile

**mission** [misjɔ̃] nf mission; **partir en ~** (Admin, Pol) to go on an assignment

**missionnaire** [misjɔnɛʀ] nm/f missionary

**missive** [misiv] nf missive

**mistral** [mistʀal] nm mistral (wind)

**mit** [mi] vb voir **mettre**

**mitaine** [mitɛn] nf mitt(en)

**mite** [mit] nf clothes moth

**mité, e** [mite] adj moth-eaten

**mi-temps** [mitɑ̃] nf inv (Sport: période) half; (: pause) half-time; **à ~** adj, adv part-time

**miteux, -euse** [mitø, -øz] adj seedy, shabby

**mitigé, e** [mitiʒe] adj (conviction, ardeur) lukewarm; (sentiments) mixed

**mitonner** [mitɔne] vt (préparer) to cook with loving care; (fig) to cook up quietly

**mitoyen, ne** [mitwajɛ̃, -ɛn] adj common, party cpd; **maisons ~nes** semi-detached houses; (plus de deux) terraced (Brit) ou row (US) houses

**mitraille** [mitʀaj] nf (balles de fonte) grapeshot; (décharge d'obus) shellfire

**mitrailler** [mitʀaje] vt to machine-gun; (fig: photographier) to snap away at; **~ qn de** to pelt ou bombard sb with

**mitraillette** [mitʀajɛt] nf submachine gun

**mitrailleur** [mitʀajœʀ] nm machine gunner ▷ adj m: **fusil ~** machine gun

**mitrailleuse** [mitʀajøz] nf machine gun

**mitre** [mitʀ(ə)] nf mitre

**mitron** [mitʀɔ̃] nm baker's boy

**mi-voix** [mivwa]: **à ~** adv in a low ou hushed voice

**mixage** [miksaʒ] nm (Ciné) (sound) mixing

**mixer, mixeur** [miksœʀ] nm (Culin) (food) mixer

**mixité** [miksite] nf (Scol) coeducation

**mixte** [mikst(ə)] adj (gén) mixed; (Scol) mixed, coeducational; **à usage ~** dual-purpose; **cuisinière ~** combined gas and electric cooker; **équipe ~** combined team

**mixture** [mikstyʀ] nf mixture; (fig) concoction

**MJC** sigle f (= maison des jeunes et de la culture) community arts centre and youth club

**ml** abr (= millilitre) ml

**MLF** sigle m (= Mouvement de libération de la femme) Women's Movement

**Mlle** (pl **-s**) abr = **Mademoiselle**

**MM** abr = **Messieurs**; voir **Monsieur**

**Mme** (pl **-s**) abr = **Madame**

**MMS** sigle m (= Multimedia messaging service) MMS

**mn.** abr (= minute) min

**mnémotechnique** [mnemɔteknik] adj mnemonic

**MNS** sigle m (= maître nageur sauveteur) ≈ lifeguard

**MO** sigle f (= main-d'œuvre) labour costs (on invoices)

**Mo** abr = **méga-octet**; **métro**

**mobile** [mɔbil] adj mobile; (amovible) loose, removable; (pièce de machine) moving; (élément de meuble etc) movable ▷ nm (motif) motive; (œuvre d'art) mobile; (Physique) moving object ou body; **(téléphone) ~** mobile (phone) (Brit), cell (phone) (US)

**mobilier, -ière** [mɔbilje, -jɛʀ] adj (Jur) personal ▷ nm (meubles) furniture; **valeurs mobilières** transferable securities; **vente mobilière** sale of personal property ou chattels

**mobilisation** [mɔbilizasjɔ̃] *nf* mobilization
**mobiliser** [mɔbilize] *vt* (*Mil, gén*) to mobilize
**mobilité** [mɔbilite] *nf* mobility
**mobylette**® [mɔbilɛt] *nf* moped
**mocassin** [mɔkasɛ̃] *nm* moccasin
**moche** [mɔʃ] *adj* (*fam: laid*) ugly; (: *mauvais,
méprisable*) rotten
**modalité** [mɔdalite] *nf* form, mode; **modalités**
*nfpl* (*d'un accord etc*) clauses, terms; ~**s de
paiement** methods of payment
**mode** [mɔd] *nf* fashion; (*commerce*) fashion
trade *ou* industry ▷ *nm* (*manière*) form, mode,
method; (*Ling*) mood; (*Inform, Mus*) mode;
**travailler dans la** ~ to be in the fashion
business; **à la** ~ fashionable, in fashion; ~
**dialogué** (*Inform*) interactive *ou* conversational
mode; ~ **d'emploi** directions *pl* (for use); ~ **de
vie** way of life
**modelage** [mɔdlaʒ] *nm* modelling
**modelé** [mɔdle] *nm* (*Géo*) relief; (*du corps etc*)
contours *pl*
**modèle** [mɔdɛl] *adj* model ▷ *nm* model; (*qui pose:
de peintre*) sitter; (*type*) type; (*gabarit, patron*)
pattern; ~ **courant** *ou* **de série** (*Comm*)
production model; ~ **déposé** registered design;
~ **réduit** small-scale model
**modeler** [mɔdle] *vt* (*Art*) to model, mould;
(*vêtement, érosion*) to mould, shape; ~ **qch sur/
d'après** to model sth on
**modélisation** [mɔdelizasjɔ̃] *nf* (*Math*)
modelling
**modéliste** [mɔdelist(ə)] *nm/f* (*Couture*) designer;
(*de modèles réduits*) model maker
**modem** [mɔdɛm] *nm* (*Inform*) modem
**modérateur, -trice** [mɔderatœr, -tris] *adj*
moderating ▷ *nm/f* moderator
**modération** [mɔderasjɔ̃] *nf* moderation; ~ **de
peine** reduction of sentence
**modéré, e** [mɔdere] *adj, nm/f* moderate
**modérément** [mɔderemã] *adv* moderately, in
moderation
**modérer** [mɔdere] *vt* to moderate; **se modérer**
*vi* to restrain o.s
**moderne** [mɔdɛrn(ə)] *adj* modern ▷ *nm* (*Art*)
modern style; (*ameublement*) modern furniture
**modernisation** [mɔdɛrnizasjɔ̃] *nf*
modernization
**moderniser** [mɔdɛrnize] *vt* to modernize
**modernisme** [mɔdɛrnism(ə)] *nm* modernism
**modernité** [mɔdɛrnite] *nf* modernity
**modeste** [mɔdɛst(ə)] *adj* modest; (*origine*)
humble, lowly
**modestement** [mɔdɛstəmã] *adv* modestly
**modestie** [mɔdɛsti] *nf* modesty; **fausse** ~ false
modesty
**modicité** [mɔdisite] *nf*: **la** ~ **des prix** *etc* the low
prices *etc*
**modificatif, -ive** [mɔdifikatif, -iv] *adj*
modifying
**modification** [mɔdifikasjɔ̃] *nf* modification
**modifier** [mɔdifje] *vt* to modify, alter; (*Ling*) to
modify; **se modifier** *vi* to alter

**modique** [mɔdik] *adj* (*salaire, somme*) modest
**modiste** [mɔdist(ə)] *nf* milliner
**modulaire** [mɔdylɛr] *adj* modular
**modulation** [mɔdylasjɔ̃] *nf* modulation; ~ **de
fréquence (FM** *ou* **MF)** frequency modulation
(FM)
**module** [mɔdyl] *nm* module
**moduler** [mɔdyle] *vt* to modulate; (*air*) to
warble
**moelle** [mwal] *nf* marrow; (*fig*) pith, core; ~
**épinière** spinal chord
**moelleux, -euse** [mwalø, -øz] *adj* soft; (*au goût,
à l'ouïe*) mellow; (*gracieux, souple*) smooth
**moellon** [mwalɔ̃] *nm* rubble stone
**mœurs** [mœr] *nfpl* (*conduite*) morals; (*manières*)
manners; (*pratiques sociales*) habits; (*mode de vie*)
life style *sg*; (*d'une espèce animale*) behaviour *sg*
(*Brit*), behavior *sg* (*US*); **femme de mauvaises** ~
loose woman; **passer dans les** ~ to become the
custom; **contraire aux bonnes** ~ contrary to
proprieties
**mohair** [mɔɛr] *nm* mohair
**moi** [mwa] *pron* me; (*emphatique*): ~, **je** ... for my
part, I ..., I myself ... ▷ *nm inv* (*Psych*) ego, self; **à
~!** (*à l'aide*) help (me)!
**moignon** [mwaɲɔ̃] *nm* stump
**moi-même** [mwamɛm] *pron* myself;
(*emphatique*) I myself
**moindre** [mwɛ̃dr(ə)] *adj* lesser; lower; **le (la)** ~,
**les** ~**s** the least; the slightest; **le (la)** ~ **de** the
least of; **c'est la** ~ **des choses** it's nothing at all
**moindrement** [mwɛ̃drəmã] *adv*: **pas le** ~ not in
the least
**moine** [mwan] *nm* monk, friar
**moineau, x** [mwano] *nm* sparrow

⭕ **MOT-CLÉ**

**moins** [mwɛ̃] *adv* **1** (*comparatif*): **moins (que)**
less (than); **moins grand que** less tall than,
not as tall as; **il a trois ans de moins que moi**
he's three years younger than me; **il est moins
intelligent que moi** he's not as clever as me,
he's less clever than me; **moins je travaille,
mieux je me porte** the less I work, the better I
feel
**2** (*superlatif*): **le moins** (the) least; **c'est ce que
j'aime le moins** it's what I like (the) least;
**le(la) moins doué(e)** the least gifted; **au
moins, du moins** at least; **pour le moins** at
the very least
**3**: **moins de** (*quantité*) less (than); (*nombre*) fewer
(than); **moins de sable/d'eau** less sand/water;
**moins de livres/gens** fewer books/people;
**moins de deux ans** less than two years; **moins
de midi** not yet midday
**4**: **de moins, en moins: 100 euros/3 jours de
moins** 100 euros/3 days less; **trois livres en
moins** three books fewer; three books too few;
**de l'argent en moins** less money; **le soleil en
moins** but for the sun, minus the sun; **de
moins en moins** less and less; **en moins de**

**deux** in a flash *ou* a trice
**5**: **à moins de**, **à moins que** unless; **à moins de faire** unless we do (*ou* he does *etc*); **à moins que tu ne fasses** unless you do; **à moins d'un accident** barring any accident
▷ *prép*: **quatre moins deux** four minus two; **dix heures moins cinq** five to ten; **il fait moins cinq** it's five (degrees) below (freezing), it's minus five; **il est moins cinq** it's five to
▷ *nm* (*signe*) minus sign

**moins-value** [mwɛvaly] *nf* (Écon, Comm) depreciation
**moire** [mwaʀ] *nf* moiré
**moiré, e** [mwaʀe] *adj* (*tissu, papier*) moiré, watered; (*reflets*) shimmering
**mois** [mwa] *nm* month; (*salaire, somme dû*) (monthly) pay *ou* salary; **treizième ~, double ~** extra month's salary
**moïse** [mɔiz] *nm* Moses basket
**moisi, e** [mwazi] *adj* mouldy (Brit), moldy (US), mildewed ▷ *nm* mould, mold, mildew; **odeur de ~** musty smell
**moisir** [mwaziʀ] *vi* to go mouldy (Brit) *ou* moldy (US); (*fig*) to rot; (*personne*) to hang about ▷ *vt* to make mouldy *ou* moldy
**moisissure** [mwazisyʀ] *nf* mould *no pl* (Brit), mold *no pl* (US)
**moisson** [mwasɔ̃] *nf* harvest; (*époque*) harvest (time); (*fig*): **faire une ~ de** to gather a wealth of
**moissonner** [mwasɔne] *vt* to harvest, reap; (*fig*) to collect
**moissonneur, -euse** [mwasɔnœʀ, -øz] *nm/f* harvester, reaper ▷ *nf* (*machine*) harvester
**moissonneuse-batteuse** [mwasɔnøzbatøz] (*pl* **moissonneuses-batteuses**) *nf* combine harvester
**moite** [mwat] *adj* (*peau, mains*) sweaty, sticky; (*atmosphère*) muggy
**moitié** [mwatje] *nf* half; (*épouse*): **sa ~** his better half; **la ~ half**; **la ~ de** half (of), half the amount (*ou* number) of; **la ~ du temps/des gens** half the time/the people; **à la ~ de** halfway through; **~ moins grand** half as tall; **~ plus long** half as long again, longer by half; **à ~** half (*avant le verbe*), half- (*avant l'adjectif*); **à ~ prix** (at) half price, half-price; **de ~** by half; **~ ~** half-and-half
**moka** [mɔka] *nm* (*café*) mocha coffee; (*gâteau*) mocha cake
**mol** [mɔl] *adj m voir* **mou**
**molaire** [mɔlɛʀ] *nf* molar
**moldave** [mɔldav] *adj* Moldavian
**Moldavie** [mɔldavi] *nf*: **la ~** Moldavia
**môle** [mol] *nm* jetty
**moléculaire** [mɔlekylɛʀ] *adj* molecular
**molécule** [mɔlekyl] *nf* molecule
**moleskine** [mɔlɛskin] *nf* imitation leather
**molester** [mɔlɛste] *vt* to manhandle, maul (about)
**molette** [mɔlɛt] *nf* toothed *ou* cutting wheel
**mollasse** [mɔlas] *adj* (*péj: sans énergie*) sluggish;

(: *flasque*) flabby
**molle** [mɔl] *adj f voir* **mou**
**mollement** [mɔlmɑ̃] *adv* softly; (*péj*) sluggishly; (*protester*) feebly
**mollesse** [mɔlɛs] *nf* (*voir mou*) softness; flabbiness; limpness; sluggishness; feebleness
**mollet** [mɔlɛ] *nm* calf ▷ *adj m*: **œuf ~** soft-boiled egg
**molletière** [mɔltjɛʀ] *adj f*: **bande ~** puttee
**molleton** [mɔltɔ̃] *nm* (*Textiles*) felt
**molletonné, e** [mɔltɔne] *adj* (*gants etc*) fleece-lined
**mollir** [mɔliʀ] *vi* (*jambes*) to give way; (Navig: *vent*) to drop, die down; (*fig: personne*) to relent; (: *courage*) to fail, flag
**mollusque** [mɔlysk(ə)] *nm* (Zool) mollusc; (*fig: personne*) lazy lump
**molosse** [mɔlɔs] *nm* big ferocious dog
**môme** [mom] *nm/f* (*fam: enfant*) brat; (: *fille*) bird (Brit), chick
**moment** [mɔmɑ̃] *nm* moment; (*occasion*): **profiter du ~** to take (advantage of) the opportunity; **ce n'est pas le ~** this is not the right time; **à un certain ~** at some point; **à un ~ donné** at a certain point; **à quel ~?** when exactly?; **au même ~** at the same time; (*instant*) at the same moment; **pour un bon ~** for a good while; **pour le ~** for the moment, for the time being; **au ~ de** at the time of; **au ~ où** as; at a time when; **à tout ~** at any time *ou* moment; (*continuellement*) constantly, continually; **en ce ~** at the moment; (*aujourd'hui*) at present; **sur le ~** at the time; **par ~s** now and then, at times; **d'un ~ à l'autre** any time (now); **du ~ où** *ou* **que** seeing that, since; **n'avoir pas un ~ à soi** not to have a minute to oneself
**momentané, e** [mɔmɑ̃tane] *adj* temporary, momentary
**momentanément** [mɔmɑ̃tanemɑ̃] *adv* for a moment, for a while
**momie** [mɔmi] *nf* mummy
**mon** [mɔ̃], **ma** [ma] (*pl* **mes** [me]) *adj poss* my
**monacal, e, -aux** [mɔnakal, -o] *adj* monastic
**Monaco** [mɔnako] *nm*: **le ~** Monaco
**monarchie** [mɔnaʀʃi] *nf* monarchy
**monarchiste** [mɔnaʀʃist(ə)] *adj, nm/f* monarchist
**monarque** [mɔnaʀk(ə)] *nm* monarch
**monastère** [mɔnastɛʀ] *nm* monastery
**monastique** [mɔnastik] *adj* monastic
**monceau, x** [mɔ̃so] *nm* heap
**mondain, e** [mɔ̃dɛ̃, -ɛn] *adj* (*soirée, vie*) society *cpd*; (*obligations*) social; (*peintre, écrivain*) fashionable; (*personne*) society *cpd* ▷ *nm/f* society man/woman, socialite ▷ *nf*: **la Mondaine, la police ~e** ≈ the vice squad
**mondanités** [mɔ̃danite] *nfpl* (*vie mondaine*) society life *sg*; (*paroles*) (society) small talk *sg*; (*Presse*) (society) gossip column *sg*
**monde** [mɔ̃d] *nm* world; (*high*) society; **le ~** (high) society; (*milieu*): **être du même ~** to move in the same circles; (*gens*): **il y a du ~**

(*beaucoup de gens*) there are a lot of people; (*quelques personnes*) there are some people; **y a-t-il du ~ dans le salon?** is there anybody in the lounge?; **beaucoup/peu de ~** many/few people; **le meilleur** *etc* **du ~** the best *etc* in the world; **mettre au ~** to bring into the world; **pas le moins du ~** not in the least; **se faire un ~ de qch** to make a great deal of fuss about sth; **tour du ~** round-the-world trip; **homme/femme du ~** society man/woman

**mondial, e, -aux** [mɔ̃djal, -o] *adj* (*population*) world *cpd*; (*influence*) world-wide

**mondialement** [mɔ̃djalmɑ̃] *adv* throughout the world

**mondialisation** [mɔ̃djalizasjɔ̃] *nf* (*d'une technique*) global application; (*d'un conflit*) global spread

**mondovision** [mɔ̃dovizjɔ̃] *nf* (world coverage by) satellite television

**monégasque** [mɔnegask(ə)] *adj* Monegasque, of *ou* from Monaco ▷ *nm/f*: **Monégasque** Monegasque

**monétaire** [mɔnetɛʀ] *adj* monetary

**monétarisme** [mɔnetaʀism(ə)] *nm* monetarism

**monétique** [mɔnetik] *nf* electronic money

**mongol, e** [mɔ̃gɔl] *adj* Mongol, Mongolian ▷ *nm* (*Ling*) Mongolian ▷ *nm/f*: **Mongol, e** (*Méd*) Mongol, Mongoloid; (*de la Mongolie*) Mongolian

**Mongolie** [mɔ̃gɔli] *nf*: **la ~** Mongolia

**mongolien, ne** [mɔ̃gɔljɛ̃, -ɛn] *adj, nm/f* mongol

**mongolisme** [mɔ̃gɔlism(ə)] *nm* mongolism, Down's syndrome

**moniteur, -trice** [mɔnitœʀ, -tʀis] *nm/f* (*Sport*) instructor (instructress); (*de colonie de vacances*) supervisor ▷ *nm* (*écran*) monitor; **~ cardiaque** cardiac monitor; **~ d'auto-école** driving instructor

**monitorage** [mɔnitɔʀaʒ] *nm* monitoring

**monitorat** [mɔnitɔʀa] *nm* (*formation*) instructor's training (course); (*fonction*) instructorship

**monnaie** [mɔnɛ] *nf* (*pièce*) coin; (*Écon: gén: moyen d'échange*) currency; (*petites pièces*): **avoir de la ~** to have (some) change; **faire de la ~** to get (some) change; **avoir/faire la ~ de 20 euros** to have change of/get change for 20 euros; **faire** *ou* **donner à qn la ~ de 20 euros** to give sb change for 20 euros, change 20 euros for sb; **rendre à qn la ~ (sur 20 euros)** to give sb the change (from *ou* out of 20 euros); **servir de ~ d'échange** (*fig*) to be used as a bargaining counter *ou* as bargaining counters; **payer en ~ de singe** to fob (sb) off with empty promises; **c'est ~ courante** it's a common occurrence; **~ légale** legal tender

**monnayable** [mɔnɛjabl(ə)] *adj* (*vendable*) convertible into cash; **mes services sont ~s** my services are worth money

**monnayer** [mɔneje] *vt* to convert into cash; (*talent*) to capitalize on

**monnayeur** [mɔnɛjœʀ] *nm voir* **faux**

**mono** [mɔno] *nf* (*monophonie*) mono ▷ *nm* (*moniski*) monoski

**monochrome** [mɔnokʀom] *adj* monochrome

**monocle** [mɔnokl(ə)] *nm* monocle, eyeglass

**monocoque** [mɔnokɔk] *adj* (*voiture*) monocoque ▷ *nm* (*voilier*) monohull

**monocorde** [mɔnokɔʀd(ə)] *adj* monotonous

**monoculture** [mɔnokyltyʀ] *nf* single-crop farming, monoculture

**monogamie** [mɔnogami] *nf* monogamy

**monogramme** [mɔnogʀam] *nm* monogram

**monokini** [mɔnokini] *nm* one-piece bikini, bikini pants *pl*

**monolingue** [mɔnolɛ̃g] *adj* monolingual

**monolithique** [mɔnolitik] *adj* (*lit, fig*) monolithic

**monologue** [mɔnolɔg] *nm* monologue, soliloquy; **~ intérieur** stream of consciousness

**monologuer** [mɔnologe] *vi* to soliloquize

**monôme** [mɔnom] *nm* (*Math*) monomial; (*d'étudiants*) students' rag procession

**monoparental, e, -aux** [mɔnopaʀɑ̃tal, -o] *adj*: **famille ~e** single-parent *ou* one-parent family

**monophasé, e** [mɔnofaze] *adj* single-phase *cpd*

**monophonie** [mɔnofɔni] *nf* monophony

**monoplace** [mɔnoplas] *adj, nm, nf* single-seater, one-seater

**monoplan** [mɔnoplɑ̃] *nm* monoplane

**monopole** [mɔnopɔl] *nm* monopoly

**monopolisation** [mɔnopolizasjɔ̃] *nf* monopolization

**monopoliser** [mɔnopolize] *vt* to monopolize

**monorail** [mɔnoʀaj] *nm* monorail; monorail train

**monoski** [mɔnoski] *nm* monoski

**monosyllabe** [mɔnosilab] *nm* monosyllable, word of one syllable

**monosyllabique** [mɔnosilabik] *adj* monosyllabic

**monotone** [mɔnotɔn] *adj* monotonous

**monotonie** [mɔnotɔni] *nf* monotony

**monseigneur** [mɔ̃sɛɲœʀ] *nm* (*archevêque, évêque*) Your (*ou* His) Grace; (*cardinal*) Your (*ou* His) Eminence; **M~ Thomas** Bishop Thomas; Cardinal Thomas

**Monsieur** [məsjø] (*pl* **Messieurs** [mesjø]) *nm* (*titre*) Mr; (*homme quelconque*): **un/le monsieur** a/the gentleman; *voir aussi* **Madame**

**monstre** [mɔ̃stʀ(ə)] *nm* monster ▷ *adj* (*fam: effet, publicité*) massive; **un travail ~** a fantastic amount of work; an enormous job; **~ sacré** superstar

**monstrueux, -euse** [mɔ̃stʀyø, -øz] *adj* monstrous

**monstruosité** [mɔ̃stʀyozite] *nf* monstrosity

**mont** [mɔ̃] *nm*: **par ~s et par vaux** up hill and down dale; **le M~ Blanc** Mont Blanc; **~ de Vénus** mons veneris

**montage** [mɔ̃taʒ] *nm* putting up; (*d'un bijou*) mounting, setting; (*d'une machine etc*) assembly; (*Photo*) photomontage; (*Ciné*) editing; **~ sonore** sound editing

**montagnard, e** [mɔ̃taɲaʀ, -aʀd(ə)] *adj*
mountain *cpd* ▷ *nm/f* mountain-dweller
**montagne** [mɔ̃taɲ] *nf* (*cime*) mountain; (*région*):
**la ~** the mountains *pl*; **la haute ~** the high
mountains; **les ~s Rocheuses** the Rocky
Mountains, the Rockies; **~s russes** big dipper
*sg*, switchback *sg*
**montagneux, -euse** [mɔ̃taɲø, -øz] *adj*
mountainous; hilly
**montant, e** [mɔ̃tɑ̃, -ɑ̃t] *adj* (*mouvement, marée*)
rising; (*chemin*) uphill; (*robe, corsage*) high-
necked ▷ *nm* (*somme, total*) (sum) total, (total)
amount; (*de fenêtre*) upright; (*de lit*) post
**mont-de-piété** [mɔ̃dpjete] (*pl* **monts-de-piété**)
*nm* pawnshop
**monte** [mɔ̃t] *nf* (*accouplement*): **la ~** stud; (*d'un
jockey*) seat
**monté, e** [mɔ̃te] *adj*: **être ~ contre qn** to be
angry with sb; (*fourni, équipé*): **~ en** equipped
with
**monte-charge** [mɔ̃tʃaʀʒ(ə)] *nm inv* goods lift,
hoist
**montée** [mɔ̃te] *nf* rising, rise; (*escalade*) ascent,
climb; (*chemin*) way up; (*côte*) hill; **au milieu de
la ~** halfway up; **le moteur chauffe dans les
~s** the engine overheats going uphill
**Monténégro** [mɔ̃tenegʀo] *nm*: **le ~** Montenegro
**monte-plats** [mɔ̃tpla] *nm inv* service lift
**monter** [mɔ̃te] *vt* (*escalier, côte*) to go (*ou* come)
up; (*valise, paquet*) to take (*ou* bring) up; (*cheval*)
to mount; (*femelle*) to cover, serve; (*tente,
échafaudage*) to put up; (*machine*) to assemble;
(*bijou*) to mount, set; (*: manche*) to set in; (*Ciné*) to edit; (*Théât*) to put
on, stage; (*société, coup etc*) to set up; (*fournir,
équiper*) to equip ▷ *vi* to go (*ou* come) up; (*avion,
voiture*) to climb, go up; (*chemin, niveau,
température, voix, prix*) to go up, rise; (*brouillard,
bruit*) to rise, come up; (*passager*) to get on; (*à
cheval*): **~ bien/mal** to ride well/badly; **~ à
cheval/bicyclette** to get on *ou* mount a horse/
bicycle; (*faire du cheval etc*) to ride (a horse), to
(ride a) bicycle; **~ à pied/en voiture** to walk/
drive up, go up on foot/by car; **~ dans le train/
l'avion** to get into the train/plane, board the
train/plane; **~ sur** to climb up onto; **~ sur** *ou* **à
un arbre/une échelle** to climb (up) a tree/
ladder; **~ à bord** (to get on) board; **~ à la tête de
qn** to go to sb's head; **~ sur les planches** to go
on the stage; **~ en grade** to be promoted; **se
monter** (*s'équiper*) to equip o.s., get kitted out
(*Brit*); **se ~ à** (*frais etc*) to add up to, come to; **~ qn
contre qn** to set sb against sb; **~ la tête à qn** to
give sb ideas
**monteur, -euse** [mɔ̃tœʀ, -øz] *nm/f* (*Tech*) fitter;
(*Ciné*) (film) editor
**montgolfière** [mɔ̃gɔlfjɛʀ] *nf* hot-air balloon
**monticule** [mɔ̃tikyl] *nm* mound
**montmartrois, e** [mɔ̃maʀtʀwa, -waz] *adj* of *ou*
from Montmartre
**montre** [mɔ̃tʀ(ə)] *nf* watch; (*ostentation*): **pour
la ~** for show; **~ en main** exactly, to the minute;

**faire ~ de** to show, display; **contre la ~** (*Sport*)
against the clock; **~ de plongée** diver's watch
**montréalais, e** [mɔ̃ʀealɛ, -ɛz] *adj* of *ou* from
Montreal ▷ *nm/f*: **Montréalais, e** Montrealer
**montre-bracelet** [mɔ̃tʀəbʀaslɛ] (*pl* **montres-
bracelets**) *nf* wrist watch
**montrer** [mɔ̃tʀe] *vt* to show; **se montrer** to
appear; **~ qch à qn** to show sb sth; **~ qch du
doigt** to point to sth, point one's finger at sth;
**se ~ intelligent** to prove (to be) intelligent
**montreur, -euse** [mɔ̃tʀœʀ, -øz] *nm/f*: **~ de
marionnettes** puppeteer
**monture** [mɔ̃tyʀ] *nf* (*bête*) mount; (*d'une bague*)
setting; (*de lunettes*) frame
**monument** [mɔnymɑ̃] *nm* monument; **~ aux
morts** war memorial
**monumental, e, -aux** [mɔnymɑ̃tal, -o] *adj*
monumental
**moquer** [mɔke]: **se ~ de** *vt* to make fun of,
laugh at; (*fam: se désintéresser de*) not to care
about; (*tromper*): **se ~ de qn** to take sb for a ride
**moquerie** [mɔkʀi] *nf* mockery *no pl*
**moquette** [mɔkɛt] *nf* fitted carpet, wall-to-wall
carpeting *no pl*
**moquetter** [mɔkete] *vt* to carpet
**moqueur, -euse** [mɔkœʀ, -øz] *adj* mocking
**moral, e, -aux** [mɔʀal, -o] *adj* moral ▷ *nm*
morale ▷ *nf* (*conduite*) morals *pl* (*règles*), moral
code, ethic; (*valeurs*) moral standards *pl*,
morality; (*science*) ethics *sg*, moral philosophy;
(*conclusion: d'une fable etc*) moral; **au ~**, **sur le
plan ~** morally; **avoir le ~ à zéro** to be really
down; **faire la ~e à** to lecture, preach at
**moralement** [mɔʀalmɑ̃] *adv* morally
**moralisateur, -trice** [mɔʀalizatœʀ, -tʀis] *adj*
moralizing, sanctimonious ▷ *nm/f* moralizer
**moraliser** [mɔʀalize] *vt* (*sermonner*) to lecture,
preach at
**moraliste** [mɔʀalist(ə)] *nm/f* moralist ▷ *adj*
moralistic
**moralité** [mɔʀalite] *nf* (*d'une action, attitude*)
morality; (*conduite*) morals *pl*; (*conclusion,
enseignement*) moral
**moratoire** [mɔʀatwaʀ] *adj m*: **intérêts ~s** (*Écon*)
interest on arrears
**morbide** [mɔʀbid] *adj* morbid
**morceau, x** [mɔʀso] *nm* piece, bit; (*d'une œuvre*)
passage, extract; (*Mus*) piece; (*Culin: de viande*)
cut; **mettre en ~x** to pull to pieces *ou* bits
**morceler** [mɔʀsəle] *vt* to break up, divide up
**morcellement** [mɔʀsɛlmɑ̃] *nm* breaking up
**mordant, e** [mɔʀdɑ̃, -ɑ̃t] *adj* scathing, cutting;
(*froid*) biting ▷ *nm* (*dynamisme, énergie*) spirit;
(*fougue*) bite, punch
**mordicus** [mɔʀdikys] *adv* (*fam*) obstinately,
stubbornly
**mordiller** [mɔʀdije] *vt* to nibble at, chew at
**mordoré, e** [mɔʀdɔʀe] *adj* lustrous bronze
**mordre** [mɔʀdʀ(ə)] *vt* to bite; (*lime, vis*) to bite
into ▷ *vi* (*poisson*) to bite; **~ dans** to bite into; **~
sur** (*fig*) to go over into, overlap into; **~ à qch**
(*comprendre, aimer*) to take to; **~ à l'hameçon** to

bite, rise to the bait

**mordu, e** [mɔʀdy] *pp de* **mordre** ▷ *adj* (*amoureux*) smitten ▷ *nm/f*: **un ~ du jazz/de la voile** a jazz/ sailing fanatic *ou* buff

**morfondre** [mɔʀfɔ̃dʀ(ə)]: **se morfondre** *vi* to mope

**morgue** [mɔʀg(ə)] *nf* (*arrogance*) haughtiness; (*lieu: de la police*) morgue; (: *à l'hôpital*) mortuary

**moribond, e** [mɔʀibɔ̃, -ɔ̃d] *adj* dying, moribund

**morille** [mɔʀij] *nf* morel (*mushroom*)

**mormon, e** [mɔʀmɔ̃, -ɔn] *adj, nm/f* Mormon

**morne** [mɔʀn(ə)] *adj* (*personne, visage*) glum, gloomy; (*temps, vie*) dismal, dreary

**morose** [mɔʀoz] *adj* sullen, morose; (*marché*) sluggish

**morphine** [mɔʀfin] *nf* morphine

**morphinomane** [mɔʀfinɔman] *nm/f* morphine addict

**morphologie** [mɔʀfɔlɔʒi] *nf* morphology

**morphologique** [mɔʀfɔlɔʒik] *adj* morphological

**mors** [mɔʀ] *nm* bit

**morse** [mɔʀs(ə)] *nm* (*Zool*) walrus; (*Tél*) Morse (code)

**morsure** [mɔʀsyʀ] *nf* bite

**mort**[1] [mɔʀ] *nf* death; **se donner la ~** to take one's own life; **de ~** (*silence, pâleur*) deathly; **blessé à ~** fatally wounded *ou* injured; **à la vie, à la ~** for better, for worse; **~ clinique** brain death; **~ subite du nourrisson, ~ au berceau** cot death

**mort**[2] [mɔʀ, mɔʀt(ə)] *pp de* **mourir** ▷ *adj* dead ▷ *nm/f* (*défunt*) dead man/woman; (*victime*): **il y a eu plusieurs ~s** several people were killed, there were several killed ▷ *nm* (*Cartes*) dummy; **~ ou vif** dead or alive; **~ de peur/fatigue** frightened to death/dead tired; **~s et blessés** casualties; **faire le ~** to play dead; (*fig*) to lie low

**mortadelle** [mɔʀtadɛl] *nf* mortadella

**mortalité** [mɔʀtalite] *nf* mortality, death rate

**mort-aux-rats** [mɔʀtoʀa] *nf inv* rat poison

**mortel, le** [mɔʀtɛl] *adj* (*poison etc*) deadly, lethal; (*accident, blessure*) fatal; (*Rel: danger, frayeur*) mortal; (*fig: froid*) deathly; (: *ennui, soirée*) deadly (boring) ▷ *nm/f* mortal

**mortellement** [mɔʀtɛlmɑ̃] *adv* (*blessé etc*) fatally, mortally; (*pâle etc*) deathly; (*fig: ennuyeux etc*) deadly

**morte-saison** [mɔʀtəsɛzɔ̃] (*pl* **mortes-saisons**) *nf* slack *ou* off season

**mortier** [mɔʀtje] *nm* (*gén*) mortar

**mortifier** [mɔʀtifje] *vt* to mortify

**mort-né, e** [mɔʀne] *adj* (*enfant*) stillborn; (*fig*) abortive

**mortuaire** [mɔʀtɥɛʀ] *adj* funeral *cpd*; **avis ~s** death announcements, intimations; **chapelle ~** mortuary chapel; **couronne ~** (funeral) wreath; **domicile ~** house of the deceased; **drap ~** pall

**morue** [mɔʀy] *nf* (*Zool*) cod *inv*; (*Culin: salée*) salt-cod

**morvandeau, -elle, x** [mɔʀvɑ̃do, -ɛl] *adj* of *ou*

from the Morvan region

**morveux, -euse** [mɔʀvø, -øz] *adj* (*fam*) snotty-nosed

**mosaïque** [mɔzaik] *nf* (*Art*) mosaic; (*fig*) patchwork

**Moscou** [mɔsku] *n* Moscow

**moscovite** [mɔskɔvit] *adj* of *ou* from Moscow, Moscow *cpd* ▷ *nm/f*: **Moscovite** Muscovite

**mosquée** [mɔske] *nf* mosque

**mot** [mo] *nm* word; (*message*) line, note; (*bon mot etc*) saying; **le ~ de la fin** the last word; **~ à ~** *adj, adv* word for word; **~ pour ~** word for word, verbatim; **sur** *ou* **à ces ~s** with these words; **en un ~** in a word; **à ~s couverts** in veiled terms; **prendre qn au ~** to take sb at his word; **se donner le ~** to send the word round; **avoir son ~ à dire** to have a say; **~ d'ordre** watchword; **~ de passe** password; **~s croisés** crossword (puzzle) *sg*

**motard** [mɔtaʀ] *nm* biker; (*policier*) motorcycle cop

**motel** [mɔtɛl] *nm* motel

**moteur, -trice** [mɔtœʀ, -tʀis] *adj* (*Anat, Physiol*) motor; (*Tech*) driving; (*Auto*): **à 4 roues motrices** 4-wheel drive ▷ *nm* engine, motor; (*fig*) mover, mainspring; **à ~** power-driven, motor *cpd*; **~ à deux temps** two-stroke engine; **~ à explosion** internal combustion engine; **~ à réaction** jet engine; **~ de recherche** search engine; **~ thermique** heat engine

**motif** [mɔtif] *nm* (*cause*) motive; (*décoratif*) design, pattern, motif; (*d'un tableau*) subject, motif; (*Mus*) figure, motif; **motifs** *nmpl* (*Jur*) grounds *pl*; **sans ~** *adj* groundless

**motion** [mosjɔ̃] *nf* motion; **~ de censure** motion of censure, vote of no confidence

**motivation** [mɔtivasjɔ̃] *nf* motivation

**motivé, e** [mɔtive] *adj* (*acte*) justified; (*personne*) motivated

**motiver** [mɔtive] *vt* (*justifier*) to justify, account for; (*Admin, Jur, Psych*) to motivate

**moto** [mɔto] *nf* (*motor*)bike; **~ verte** *ou* **de trial** trail (*Brit*) *ou* dirt (*US*) bike

**moto-cross** [mɔtokʀɔs] *nm* motocross

**motoculteur** [mɔtokyltœʀ] *nm* (motorized) cultivator

**motocyclette** [mɔtosiklɛt] *nf* motorbike, motorcycle

**motocyclisme** [mɔtosiklism(ə)] *nm* motorcycle racing

**motocycliste** [mɔtosiklist(ə)] *nm/f* motorcyclist

**motoneige** [mɔtonɛʒ] *nf* snow bike

**motorisé, e** [mɔtoʀize] *adj* (*troupe*) motorized; (*personne*) having one's own transport

**motrice** [mɔtʀis] *adj f voir* **moteur**

**motte** [mɔt] *nf*: **~ de terre** lump of earth, clod (of earth); **~ de gazon** turf, sod; **~ de beurre** lump of butter

**motus** [mɔtys] *excl*: **~ (et bouche cousue)!** mum's the word!

**mou, mol, molle** [mu, mɔl] *adj* soft; (*péj: visage*,

*traits*) flabby; (: *geste*) limp; (: *personne*) sluggish;
(: *résistance, protestations*) feeble ▷ *nm* (*homme mou*)
wimp; (*abats*) lights *pl*, lungs *pl*; (*de la corde*):
**avoir du ~** to be slack; **donner du ~** to slacken,
loosen; **avoir les jambes molles** to be weak at
the knees

**mouchard, e** [muʃaʀ, -aʀd(ə)] *nm/f* (*péj: Scol*)
sneak; (: *Police*) stool pigeon, grass (*Brit*) ▷ *nm*
(*appareil*) control device; (: *de camion*) tachograph

**mouche** [muʃ] *nf* fly; (*Escrime*) button; (*de
taffetas*) patch; **prendre la ~** to go into a huff;
**faire ~** to score a bull's-eye

**moucher** [muʃe] *vt* (*enfant*) to blow the nose of;
(*chandelle*) to snuff (out); **se moucher** to blow
one's nose

**moucheron** [muʃʀɔ̃] *nm* midge

**moucheté, e** [muʃte] *adj* (*cheval*) dappled; (*laine*)
flecked; (*Escrime*) buttoned

**mouchoir** [muʃwaʀ] *nm* handkerchief, hanky;
**~ en papier** tissue, paper hanky

**moudre** [mudʀ(ə)] *vt* to grind

**moue** [mu] *nf* pout; **faire la ~** to pout; (*fig*) to
pull a face

**mouette** [mwɛt] *nf* (sea)gull

**moufette, mouffette** [mufɛt] *nf* skunk

**moufle** [mufl(ə)] *nf* (*gant*) mitt(en); (*Tech*) pulley
block

**mouflon** [muflɔ̃] *nm* mouf(f)lon

**mouillage** [muja3] *nm* (*Navig: lieu*) anchorage,
moorings *pl*

**mouillé, e** [muje] *adj* wet

**mouiller** [muje] *vt* (*humecter*) to wet, moisten;
(*tremper*): **~ qn/qch** to make sb/sth wet; (*Culin:
ragoût*) to add stock *ou* wine to; (*couper, diluer*) to
water down; (*mine etc*) to lay ▷ *vi* (*Navig*) to lie *ou*
be at anchor; **se mouiller** to get wet; (*fam*) to
commit o.s; (*fam*) to get (o.s.) involved; **~ l'ancre** to
drop *ou* cast anchor

**mouillette** [mujɛt] *nf* (*bread*) finger

**mouillure** [mujyʀ] *nf* wet *no pl*; (*tache*) wet patch

**moulage** [mula3] *nm* moulding (*Brit*), molding
(*US*); casting; (*objet*) cast

**moulais** *etc* [mulɛ] *vb voir* **moudre**

**moulant, e** [mulã, -ãt] *adj* figure-hugging

**moule** [mul] *vb voir* **moudre** ▷ *nf* (*mollusque*)
mussel ▷ *nm* (*creux, Culin*) mould (*Brit*), mold
(*US*); (*modèle plein*) cast; **~ à gâteau** *nm* cake tin
(*Brit*) *ou* pan (*US*); **~ à gaufre** *nm* waffle iron; **~ à
tarte** *nm* pie *ou* flan dish

**moulent** [mul] *vb voir* **moudre; mouler**

**mouler** [mule] *vt* (*brique*) to mould (*Brit*), mold
(*US*); (*statue*) to cast; (*visage, bas-relief*) to make a
cast of; (*lettre*) to shape with care; (*vêtement*) to
hug, fit closely round; **~ qch sur** (*fig*) to model
sth on

**moulin** [mulɛ̃] *nm* mill; (*fam*) engine; **~ à café**
coffee mill; **~ à eau** watermill; **~ à légumes**
(vegetable) shredder; **~ à paroles** (*fig*)
chatterbox; **~ à poivre** pepper mill; **~ à prières**
prayer wheel; **~ à vent** windmill

**mouliner** [muline] *vt* to shred

**moulinet** [mulinɛ] *nm* (*de treuil*) winch; (*de canne*

*à pêche*) reel; (*mouvement*): **faire des ~s avec qch**
to whirl sth around

**moulinette®** [mulinɛt] *nf* (vegetable) shredder

**moulons** *etc* [mulɔ̃] *vb voir* **moudre**

**moulu, e** [muly] *pp de* **moudre** ▷ *adj* (*café*)
ground

**moulure** [mulyʀ] *nf* (*ornement*) moulding (*Brit*),
molding (*US*)

**mourant, e** [muʀã, -ãt] *vb voir* **mourir** ▷ *adj*
dying ▷ *nm/f* dying man/woman

**mourir** [muʀiʀ] *vi* to die; (*civilisation*) to die out;
**~ assassiné** to be murdered; **~ de froid/faim/
vieillesse** to die of exposure/hunger/old age; **~
de faim/d'ennui** (*fig*) to be starving/be bored to
death; **~ d'envie de faire** to be dying to do;
**s'ennuyer à ~** to be bored to death

**mousquetaire** [muskətɛʀ] *nm* musketeer

**mousqueton** [muskətɔ̃] *nm* (*fusil*) carbine;
(*anneau*) snap-link, karabiner

**moussant, e** [musã, -ãt] *adj* foaming; **bain ~**
foam *ou* bubble bath, bath foam

**mousse** [mus] *nf* (*Bot*) moss; (*écume: sur eau, bière*)
froth, foam; (: *shampooing*) lather; (*de champagne*)
bubbles *pl*; (*Culin*) mousse; (*en caoutchouc etc*)
foam ▷ *nm* (*Navig*) ship's boy; **bain de ~** bubble
bath; **bas ~** stretch stockings; **balle ~** rubber
ball; **~ carbonique** (fire-fighting) foam; **~ de
nylon** nylon foam; (*tissu*) stretch nylon; **~ à
raser** shaving foam

**mousseline** [muslin] *nf* (*Textiles*) muslin;
chiffon; **pommes ~** (*Culin*) creamed potatoes

**mousser** [muse] *vi* to foam; to lather

**mousseux, -euse** [musø, -øz] *adj* (*chocolat*)
frothy; (*eau*) foamy, frothy; (*vin*) sparkling ▷ *nm*:
**(vin) ~** sparkling wine

**mousson** [musɔ̃] *nf* monsoon

**moussu, e** [musy] *adj* mossy

**moustache** [mustaʃ] *nf* moustache;
**moustaches** *nfpl* (*d'animal*) whiskers *pl*

**moustachu, e** [mustaʃy] *adj* wearing a
moustache

**moustiquaire** [mustikɛʀ] *nf* (*rideau*) mosquito
net; (*chassis*) mosquito screen

**moustique** [mustik] *nm* mosquito

**moutarde** [mutaʀd(ə)] *nf* mustard ▷ *adj inv*
mustard(-coloured)

**moutardier** [mutaʀdje] *nm* mustard jar

**mouton** [mutɔ̃] *nm* (*Zool, péj*) sheep *inv*; (*peau*)
sheepskin; (*Culin*) mutton

**mouture** [mutyʀ] *nf* grinding; (*péj*) rehash

**mouvant, e** [muvã, -ãt] *adj* unsettled;
changing; shifting

**mouvement** [muvmã] *nm* (*gen, aussi: mécanisme*)
movement; (*ligne courbe*) contours *pl*; (*fig:
tumulte, agitation*) activity, bustle; (: *impulsion*)
impulse; reaction; (*geste*) gesture; (*Mus: rythme*)
tempo; **en ~** in motion; on the move; **mettre
qch en ~** to set sth in motion, set sth going; **~
d'humeur** fit *ou* burst of temper; **~ d'opinion**
trend of (public) opinion; **le ~ perpétuel**
perpetual motion

**mouvementé, e** [muvmãte] *adj* (*vie, poursuite*)

eventful; (*réunion*) turbulent

**mouvoir** [muvwaʀ] *vt* (*levier, membre*) to move; (*machine*) to drive; **se mouvoir** to move

**moyen, ne** [mwajɛ̃, -ɛn] *adj* average; (*tailles, prix*) medium; (*de grandeur moyenne*) medium-sized ▷ *nm* (*façon*) means *sg*, way ▷ *nf* average; (*Statistique*) mean; (*Scol*) pass mark; (*Auto*) average speed; **moyens** *nmpl* (*capacités*) means; **au ~ de** by means of; **y a-t-il ~ de ...?** is it possible to ...?, can one ...?; **par quel ~?** how?, which way?, by which means?; **par tous les ~s** by every possible means, every possible way; **avec les ~s du bord** (*fig*) with what's available *ou* what comes to hand; **employer les grands ~s** to resort to drastic measures; **par ses propres ~s** all by oneself; **en ~ne** on (an) average; **faire la ~ne** to work out the average; **~ de locomotion/d'expression** means of transport/expression; **~ âge** Middle Ages; **~ de transport** means of transport; **~ne d'âge** average age; **~ne entreprise** (*Comm*) medium-sized firm

**moyenâgeux, -euse** [mwajɛnaʒø, -øz] *adj* medieval

**moyen-courrier** [mwajɛ̃kuʀje] *nm* (*Aviat*) medium-haul aircraft

**moyennant** [mwajɛnɑ̃] *prép* (*somme*) for; (*service, conditions*) in return for; (*travail, effort*) with

**moyennement** [mwajɛnmɑ̃] *adv* fairly, moderately; (*faire*) fairly *ou* moderately well

**Moyen-Orient** [mwajɛ̃nɔʀjɑ̃] *nm*: **le ~** the Middle East

**moyeu, x** [mwajø] *nm* hub

**mozambicain, e** [mɔzɑ̃bikɛ̃, -ɛn] *adj* Mozambican

**Mozambique** [mɔzɑ̃bik] *nm*: **le ~** Mozambique

**MRAP** *sigle m* = **Mouvement contre le racisme et pour l'amitié entre les peuples**

**MRG** *sigle m* (= *Mouvement des radicaux de gauche*) political party

**ms** *abr* (= *manuscrit*) MS., ms

**MSF** *sigle mpl* = **Médecins sans frontières**

**MST** *sigle f* (= *maladie sexuellement transmissible*) STD (= *sexually transmitted disease*)

**mû, mue** [my] *pp de* **mouvoir**

**mucosité** [mykozite] *nf* mucus *no pl*

**mucus** [mykys] *nm* mucus *no pl*

**mue** [my] *pp de* **mouvoir** ▷ *nf* moulting (*Brit*), molting (*US*); sloughing; breaking of the voice

**muer** [mɥe] *vi* (*oiseau, mammifère*) to moult (*Brit*), molt (*US*); (*serpent*) to slough (its skin); (*jeune garçon*): **il mue** his voice is breaking; **se ~ en** to transform into

**muet, te** [mɥɛ, -ɛt] *adj* dumb; (*fig*): **~ d'admiration** *etc* speechless with admiration *etc*; (*joie, douleur, Ciné*) silent; (*Ling: lettre*) silent, mute; (*carte*) blank ▷ *nm/f* mute ▷ *nm*: **le ~** (*Ciné*) the silent cinema *ou* (*esp US*) movies

**mufle** [myfl(ə)] *nm* muzzle; (*goujat*) boor ▷ *adj* boorish

**mugir** [myʒiʀ] *vi* (*bœuf*) to bellow; (*vache*) to low, moo; (*fig*) to howl

**mugissement** [myʒismɑ̃] *nm* (*voir mugir*) bellowing; lowing, mooing; howling

**muguet** [mygɛ] *nm* (*Bot*) lily of the valley; (*Méd*) thrush

**mulâtre, tresse** [mylɑtʀ(ə), -tʀɛs] *nm/f* mulatto

**mule** [myl] *nf* (*Zool*) (she-)mule

**mules** [myl] *nfpl* (*pantoufles*) mules

**mulet** [mylɛ] *nm* (*Zool*) (he-)mule; (*poisson*) mullet

**muletier, -ière** [myltje, -jɛʀ] *adj*: **sentier** *ou* **chemin ~** mule track

**mulot** [mylo] *nm* fieldmouse

**multicolore** [myltikɔlɔʀ] *adj* multicoloured (*Brit*), multicolored (*US*)

**multicoque** [myltikɔk] *nm* multihull

**multidisciplinaire** [myltidisiplinɛʀ] *adj* multidisciplinary

**multiforme** [myltifɔʀm(ə)] *adj* many-sided

**multilatéral, e, -aux** [myltilateʀal, -o] *adj* multilateral

**multimilliardaire** [myltimiljaʀdɛʀ], **multimillionnaire** [myltimiljɔnɛʀ] *adj, nm/f* multimillionaire

**multinational, e, -aux** [myltinasjɔnal, -o] *adj*, *nf* multinational

**multiple** [myltipl(ə)] *adj* multiple, numerous; (*varié*) many, manifold ▷ *nm* (*Math*) multiple

**multiplex** [myltiplɛks] *nm* (*Radio*) live link-up

**multiplicateur** [myltiplikatœʀ] *nm* multiplier

**multiplication** [myltiplikasjɔ̃] *nf* multiplication

**multiplicité** [myltiplisite] *nf* multiplicity

**multiplier** [myltiplije] *vt* to multiply; **se multiplier** *vi* to multiply; (*fig: personne*) to be everywhere at once

**multiprogrammation** [myltipʀɔgʀamasjɔ̃] *nf* (*Inform*) multiprogramming

**multipropriété** [myltipʀɔpʀijete] *nf* timesharing *no pl*

**multirisque** [myltiʀisk] *adj*: **assurance ~** multiple-risk insurance

**multisalles** [myltisal] *adj*: (**cinéma**) **~** multiplex (cinema)

**multitraitement** [myltitʀɛtmɑ̃] *nm* (*Inform*) multiprocessing

**multitude** [myltityd] *nf* multitude; mass; **une ~ de** a vast number of, a multitude of

**Munich** [mynik] *n* Munich

**munichois, e** [mynikwa, -waz] *adj* of *ou* from Munich

**municipal, e, -aux** [mynisipal, -o] *adj* municipal; town *cpd*

**municipalité** [mynisipalite] *nf* (*corps municipal*) town council, corporation; (*commune*) town, municipality

**munificence** [mynifisɑ̃s] *nf* munificence

**munir** [myniʀ] *vt*: **~ qn/qch de** to equip sb/sth with; **se ~ de** to provide o.s. with

**munitions** [mynisjɔ̃] *nfpl* ammunition *sg*

**muqueuse** [mykøz] *nf* mucous membrane

**mur** [myʀ] *nm* wall; (*fig*) stone *ou* brick wall;

**faire le ~** (*interne, soldat*) to jump the wall; **~ du son** sound barrier

**mûr, e** [myʀ] *adj* ripe; (*personne*) mature ▷ *nf* (*de la ronce*) blackberry; (*du mûrier*) mulberry

**muraille** [myʀɑj] *nf* (high) wall

**mural, e, -aux** [myʀal, -o] *adj* wall *cpd* ▷ *nm* (*Art*) mural

**mûre** [myʀ] *nf voir* **mûr**

**mûrement** [myʀmɑ̃] *adv*: **ayant ~ réfléchi** having given the matter much thought

**murène** [myʀɛn] *nf* moray (eel)

**murer** [myʀe] *vt* (*enclos*) to wall (in); (*porte, issue*) to wall up; (*personne*) to wall up *ou* in

**muret** [myʀɛ] *nm* low wall

**mûrier** [myʀje] *nm* mulberry tree; (*ronce*) blackberry bush

**mûrir** [myʀiʀ] *vi* (*fruit, blé*) to ripen; (*abcès, furoncle*) to come to a head; (*fig: idée, personne*) to mature; (*projet*) to develop ▷ *vt* (*fruit, blé*) to ripen; (*personne*) to (make) mature; (*pensée, projet*) to nurture

**murmure** [myʀmyʀ] *nm* murmur; **murmures** *nmpl* (*plaintes*) murmurings, mutterings

**murmurer** [myʀmyʀe] *vi* to murmur; (*se plaindre*) to mutter, grumble

**mus** *etc* [my] *vb voir* **mouvoir**

**musaraigne** [myzaʀɛɲ] *nf* shrew

**musarder** [myzaʀde] *vi* to idle (about); (*en marchant*) to dawdle (along)

**musc** [mysk] *nm* musk

**muscade** [myskad] *nf* (*aussi:* **noix muscade**) nutmeg

**muscat** [myska] *nm* (*raisin*) muscat grape; (*vin*) muscatel (wine)

**muscle** [myskl(ə)] *nm* muscle

**musclé, e** [myskle] *adj* (*personne, corps*) muscular; (*fig: politique, régime etc*) strong-arm *cpd*

**muscler** [myskle] *vt* to develop the muscles of

**musculaire** [myskylɛʀ] *adj* muscular

**musculation** [myskylasjɔ̃] *nf*: **exercices de ~** muscle-developing exercises

**musculature** [myskylatyʀ] *nf* muscle structure, muscles *pl*, musculature

**muse** [myz] *nf* muse

**museau, x** [myzo] *nm* muzzle

**musée** [myze] *nm* museum; (*de peinture*) art gallery

**museler** [myzle] *vt* to muzzle

**muselière** [myzəljɛʀ] *nf* muzzle

**musette** [myzɛt] *nf* (*sac*) lunch bag ▷ *adj inv* (*orchestre etc*) accordion *cpd*

**muséum** [myzeɔm] *nm* museum

**musical, e, -aux** [myzikal, -o] *adj* musical

**music-hall** [myzikol] *nm* variety theatre; (*genre*) variety

**musicien, ne** [myzisjɛ̃, -ɛn] *adj* musical ▷ *nm/f* musician

**musique** [myzik] *nf* music; (*fanfare*) band; **faire de la ~** to make music; (*jouer d'un instrument*) to play an instrument; **~ de chambre** chamber music; **~ de fond** background music

**musqué, e** [myske] *adj* musky

**must** [mœst] *nm* must

**musulman, e** [myzylmɑ̃, -an] *adj, nm/f* Moslem, Muslim

**mutant, e** [mytɑ̃, -ɑ̃t] *nm/f* mutant

**mutation** [mytasjɔ̃] *nf* (*Admin*) transfer; (*Bio*) mutation

**muter** [myte] *vt* (*Admin*) to transfer

**mutilation** [mytilasjɔ̃] *nf* mutilation

**mutilé, e** [mytile] *nm/f* disabled person (*through loss of limbs*); **~ de guerre** disabled ex-serviceman; **grand ~** severely disabled person

**mutiler** [mytile] *vt* to mutilate, maim; (*fig*) to mutilate, deface

**mutin, e** [mytɛ̃, -in] *adj* (*enfant, air, ton*) mischievous, impish ▷ *nm/f* (*Mil, Navig*) mutineer

**mutiner** [mytine]: **se mutiner** *vi* to mutiny

**mutinerie** [mytinʀi] *nf* mutiny

**mutisme** [mytism(ə)] *nm* silence

**mutualiste** [mytɥalist(ə)] *adj*: **société ~** mutual benefit society, ≈ Friendly Society

**mutualité** [mytɥalite] *nf* (*assurance*) mutual (benefit) insurance scheme

**mutuel, le** [mytɥɛl] *adj* mutual ▷ *nf* mutual benefit society

**mutuellement** [mytɥɛlmɑ̃] *adv* each other, one another

**Myanmar** [mjanmaʀ] *nm* Myanmar

**myocarde** [mjɔkaʀd(ə)] *nm voir* **infarctus**

**myope** [mjɔp] *adj* short-sighted

**myopie** [mjɔpi] *nf* short-sightedness, myopia

**myosotis** [mjozɔtis] *nm* forget-me-not

**myriade** [miʀjad] *nf* myriad

**myrtille** [miʀtij] *nf* bilberry (*Brit*), blueberry (*US*), whortleberry

**mystère** [mistɛʀ] *nm* mystery

**mystérieusement** [misteʀjøzmɑ̃] *adv* mysteriously

**mystérieux, -euse** [misteʀjø, -øz] *adj* mysterious

**mysticisme** [mistisism(ə)] *nm* mysticism

**mystificateur, -trice** [mistifikatœʀ, -tʀis] *nm/f* hoaxer, practical joker

**mystification** [mistifikasjɔ̃] *nf* (*tromperie, mensonge*) hoax; (*mythe*) mystification

**mystifier** [mistifje] *vt* to fool, take in; (*tromper*) to mystify

**mystique** [mistik] *adj* mystic, mystical ▷ *nm/f* mystic

**mythe** [mit] *nm* myth

**mythifier** [mitifje] *vt* to turn into a myth, mythologize

**mythique** [mitik] *adj* mythical

**mythologie** [mitɔlɔʒi] *nf* mythology

**mythologique** [mitɔlɔʒik] *adj* mythological

**mythomane** [mitɔman] *adj, nm/f* mythomaniac

# Nn

**N, n** [ɛn] *nm inv* N, n ▷ *abr* (= *nord*) N; **N comme Nicolas** N for Nelly (*Brit*) *ou* Nan (*US*)

**n'** [n] *adv voir* **ne**

**nabot** [nabo] *nm* dwarf

**nacelle** [nasɛl] *nf* (*de ballon*) basket

**nacre** [nakʀ(ə)] *nf* mother-of-pearl

**nacré, e** [nakʀe] *adj* pearly

**nage** [naʒ] *nf* swimming; (*manière*) style of swimming, stroke; **traverser/s'éloigner à la ~** to swim across/away; **en ~** bathed in perspiration; **~ indienne** sidestroke; **~ libre** freestyle; **~ papillon** butterfly

**nageoire** [naʒwaʀ] *nf* fin

**nager** [naʒe] *vi* to swim; (*fig: ne rien comprendre*) to be all at sea; **~ dans** to be swimming in; (*vêtements*) to be lost in; **~ dans le bonheur** to be overjoyed

**nageur, -euse** [naʒœʀ, -øz] *nm/f* swimmer

**naguère** [nagɛʀ] *adv* (*il y a peu de temps*) not long ago; (*autrefois*) formerly

**naïf, -ïve** [naif, naiv] *adj* naïve

**nain, e** [nɛ̃, nɛn] *adj, nm/f* dwarf

**Nairobi** [naiʀɔbi] *n* Nairobi

**nais** [nɛ], **naissais** *etc* [nɛsɛ] *vb voir* **naître**

**naissance** [nɛsɑ̃s] *nf* birth; **donner ~ à** to give birth to; (*fig*) to give rise to; **prendre ~** to originate; **aveugle de ~** born blind; **Français de ~** French by birth; **à la ~ des cheveux** at the roots of the hair; **lieu de ~** place of birth

**naissant, e** [nɛsɑ̃, -ɑ̃t] *vb voir* **naître** ▷ *adj* budding, incipient; (*jour*) dawning

**naît** [nɛ] *vb voir* **naître**

**naître** [nɛtʀ(ə)] *vi* to be born; (*conflit, complications*): **~ de** to arise from, be born out of; **~ à** (*amour, poésie*) to awaken to; **je suis né en 1960** I was born in 1960; **il naît plus de filles que de garçons** there are more girls born than boys; **faire ~** (*fig*) to give rise to, arouse

**naïvement** [naivmɑ̃] *adv* naïvely

**naïveté** [naivte] *nf* naivety

**nana** [nana] *nf* (*fam: fille*) bird (*Brit*), chick

**nantais, e** [nɑ̃tɛ, -ɛz] *adj* of *ou* from Nantes

**nantir** [nɑ̃tiʀ] *vt*: **~ qn de** to provide sb with; **les nantis** (*péj*) the well-to-do

**napalm** [napalm] *nm* napalm

**naphtaline** [naftalin] *nf*: **boules de ~** mothballs

**Naples** [napl(ə)] *n* Naples

**napolitain, e** [napɔlitɛ̃, -ɛn] *adj* Neapolitan; **tranche ~e** Neapolitan ice cream

**nappe** [nap] *nf* tablecloth; (*fig*) sheet; layer; **~ de mazout** oil slick; **~ (phréatique)** water table

**napper** [nape] *vt*: **~ qch de** to coat sth with

**napperon** [napʀɔ̃] *nm* table-mat; **~ individuel** place mat

**naquis** *etc* [naki] *vb voir* **naître**

**narcisse** [naʀsis] *nm* narcissus

**narcissique** [naʀsisik] *adj* narcissistic

**narcissisme** [naʀsisism(ə)] *nm* narcissism

**narcodollars** [naʀkodɔlaʀ] *nmpl* drug money *no pl*

**narcotique** [naʀkɔtik] *adj, nm* narcotic

**narguer** [naʀge] *vt* to taunt

**narine** [naʀin] *nf* nostril

**narquois, e** [naʀkwa, -waz] *adj* derisive, mocking

**narrateur, -trice** [naʀatœʀ, -tʀis] *nm/f* narrator

**narration** [naʀasjɔ̃] *nf* narration, narrative; (*Scol*) essay

**narrer** [naʀe] *vt* to tell the story of, recount

**NASA** [nasa] *sigle f* (= *National Aeronautics and Space Administration*) NASA

**nasal, e, -aux** [nazal, -o] *adj* nasal

**naseau, x** [nazo] *nm* nostril

**nasillard, e** [nazijaʀ, -aʀd(ə)] *adj* nasal

**nasiller** [nazije] *vi* to speak with a (nasal) twang

**nasse** [nas] *nf* fish-trap

**natal, e** [natal] *adj* native

**nataliste** [natalist(ə)] *adj* supporting a rising birth rate

**natalité** [natalite] *nf* birth rate

**natation** [natasjɔ̃] *nf* swimming; **faire de la ~** to go swimming (*regularly*)

**natif, -ive** [natif, -iv] *adj* native

**nation** [nasjɔ̃] *nf* nation; **les N~s unies (NU)** the United Nations (UN)

**national, e, -aux** [nasjɔnal, -o] *adj* national ▷ *nf*: **(route) ~e** ≈ A road (*Brit*), ≈ state highway (*US*); **obsèques ~es** state funeral

**nationalisation** [nasjɔnalizasjɔ̃] *nf* nationalization

**nationaliser** [nasjɔnalize] *vt* to nationalize

**nationalisme** [nasjɔnalism(ə)] *nm* nationalism

**nationaliste** [nasjɔnalist(ə)] *adj, nm/f* nationalist

**nationalité** [nasjɔnalite] *nf* nationality; **de ~ française** of French nationality

**natte** [nat] *nf* (*tapis*) mat; (*cheveux*) plait

**natter** [nate] *vt* (*cheveux*) to plait

**naturalisation** [natyralizasjɔ̃] *nf* naturalization

**naturaliser** [natyralize] *vt* to naturalize; (*empailler*) to stuff

**naturaliste** [natyralist(ə)] *nm/f* naturalist; (*empailleur*) taxidermist

**nature** [natyr] *nf* nature ▷ *adj, adv* (*Culin*) plain, without seasoning or sweetening; (*café, thé: sans lait*) black; (*: sans sucre*) without sugar; **payer en ~** to pay in kind; **peint d'après ~** painted from life; **être de ~ à faire qch** (*propre à*) to be the sort of thing (*ou* person) to do sth; **~ morte** still-life

**naturel, le** [natyrɛl] *adj* natural ▷ *nm* naturalness; (*caractère*) disposition, nature; (*autochtone*) native; (*aussi*: **au naturel**: *Culin*) in water; in its own juices

**naturellement** [natyrɛlmɑ̃] *adv* naturally; (*bien sûr*) of course

**naturisme** [natyrism(ə)] *nm* naturism

**naturiste** [natyrist(ə)] *nm/f* naturist

**naufrage** [nofraʒ] *nm* (ship)wreck; (*fig*) wreck; **faire ~** to be shipwrecked

**naufragé, e** [nofraʒe] *nm/f* shipwreck victim, castaway

**nauséabond, e** [nozeabɔ̃, -ɔ̃d] *adj* foul, nauseous

**nausée** [noze] *nf* nausea; **avoir la ~** to feel sick; **avoir des ~s** to have waves of nausea, feel nauseous *ou* sick

**nautique** [notik] *adj* nautical, water *cpd*; **sports ~s** water sports

**nautisme** [notism(ə)] *nm* water sports *pl*

**naval, e** [naval] *adj* naval

**navarrais, e** [navarɛ, -ɛz] *adj* Navarrese

**navet** [navɛ] *nm* turnip; (*péj*) third-rate film

**navette** [navɛt] *nf* shuttle; (*en car etc*) shuttle (service); **faire la ~ (entre)** to go to and fro (between), shuttle (between); **~ spatiale** space shuttle

**navigabilité** [navigabilite] *nf* (*d'un navire*) seaworthiness; (*d'un avion*) airworthiness

**navigable** [navigabl(ə)] *adj* navigable

**navigant, e** [navigɑ̃, -ɑ̃t] *adj* (*Aviat: personnel*) flying ▷ *nm/f*: **les ~s** the flying staff *ou* personnel

**navigateur** [navigatœr] *nm* (*Navig*) seafarer, sailor; (*Aviat*) navigator; (*Inform*) browser

**navigation** [navigasjɔ̃] *nf* navigation, sailing; (*Comm*) shipping; **compagnie de ~** shipping company; **~ spatiale** space navigation

**naviguer** [navige] *vi* to navigate, sail

**navire** [navir] *nm* ship; **~ de guerre** warship; **~ marchand** merchantman

**navire-citerne** [navirsitɛrn(ə)] *nm* (*pl* **navires-citernes**) *nm* tanker

**navire-hôpital** [navirɔpital, -to] *nm* (*pl* **navires-hôpitaux**) *nm* hospital ship

**navrant, e** [navrɑ̃, -ɑ̃t] *adj* (*affligeant*) upsetting; (*consternant*) annoying

**navrer** [navre] *vt* to upset, distress; **je suis navré (de/de faire/que)** I'm so sorry (for/for doing/that)

**NB** *abr* (= *nota bene*) NB

**nbr.** *abr* = **nombreux**

**nbses** *abr* = **nombreuses**

**ND** *sigle f* = **Notre Dame**

**NDA** *sigle f* = **note de l'auteur**

**NDE** *sigle f* = **note de l'éditeur**

**NDLR** *sigle f* = **note de la rédaction**

**NDT** *sigle f* = **note du traducteur**

**ne, n'** [n(ə)] *adv voir* **pas**; **plus**; **jamais** *etc*; (*explétif*) *non traduit*

**né, e** [ne] *pp* de **naître**; **né en 1960** born in 1960; **née Scott** née Scott; **né(e) de ... et de ...** son/ daughter of ... and of ...; **né d'une mère française** having a French mother; **né pour commander** born to lead ▷ *adj*: **un comédien né** a born comedian

**néanmoins** [neɑ̃mwɛ̃] *adv* nevertheless, yet

**néant** [neɑ̃] *nm* nothingness; **réduire à ~** to bring to nought; (*espoir*) to dash

**nébuleux, -euse** [nebylø, -øz] *adj* (*ciel*) cloudy; (*fig*) nebulous ▷ *nf* (*Astronomie*) nebula

**nébuliser** [nebylize] *vt* (*liquide*) to spray

**nébulosité** [nebylozite] *nf* cloud cover; **~ variable** cloudy in places

**nécessaire** [nesesɛr] *adj* necessary ▷ *nm* necessary; (*sac*) kit; **faire le ~** to do the necessary; **n'emporter que le strict ~** to take only what is strictly necessary; **~ de couture** sewing kit; **~ de toilette** toilet bag; **~ de voyage** overnight bag

**nécessairement** [nesesɛrmɑ̃] *adv* necessarily

**nécessité** [nesesite] *nf* necessity; **se trouver dans la ~ de faire qch** to find it necessary to do sth; **par ~** out of necessity

**nécessiter** [nesesite] *vt* to require

**nécessiteux, -euse** [nesesitø, -øz] *adj* needy

**nec plus ultra** [nekplysyltra] *nm*: **le ~ de** the last word in

**nécrologie** [nekrɔlɔʒi] *nf* obituary

**nécrologique** [nekrɔlɔʒik] *adj*: **article ~** obituary; **rubrique ~** obituary column

**nécromancie** [nekrɔmɑ̃si] *nf* necromancy

**nécrose** [nekroz] *nf* necrosis

**nectar** [nɛktar] *nm* nectar

**nectarine** [nɛktarin] *nf* nectarine

**néerlandais, e** [neɛrlɑ̃dɛ, -ɛz] *adj* Dutch, of the Netherlands ▷ *nm* (*Ling*) Dutch ▷ *nm/f*: **Néerlandais, e** Dutchman/woman; **les N~** the Dutch

**nef** [nɛf] *nf* (*d'église*) nave

**néfaste** [nefast(ə)] *adj* baneful; ill-fated

**négatif, -ive** [negatif, iv] *adj* negative ▷ *nm* (*Photo*) negative

**négation** [negasjɔ̃] *nf* denial; (*Ling*) negation

**négativement** [negativmɑ̃] *adv*: **répondre ~** to give a negative response

**négligé, e** [negliʒe] *adj* (*en désordre*) slovenly ▷ *nm* (*tenue*) negligee

**négligeable** [negliʒabl(ə)] *adj* insignificant,

negligible

**négligemment** [negliʒamɑ̃] *adv* carelessly

**négligence** [negliʒɑ̃s] *nf* carelessness *no pl*; *(faute)* careless omission

**négligent, e** [negliʒɑ̃, -ɑ̃t] *adj* careless; *(Jur etc)* negligent

**négliger** [negliʒe] *vt (épouse, jardin)* to neglect; *(tenue)* to be careless about; *(avis, précautions)* to disregard, overlook; **~ de faire** to fail to do, not bother to do; **se négliger** to neglect o.s

**négoce** [negɔs] *nm* trade

**négociable** [negɔsjabl(ə)] *adj* negotiable

**négociant** [negɔsjɑ̃] *nm* merchant

**négociateur** [negɔsjatœR] *nm* negotiator

**négociation** [negɔsjasjɔ̃] *nf* negotiation; **~s collectives** collective bargaining *sg*

**négocier** [negɔsje] *vi, vt* to negotiate

**nègre** [nɛgR(ə)] *nm (péj)* Negro; *(péj: écrivain)* ghost writer ▷ *adj (péj)* Negro

**négresse** [negRɛs] *nf (péj)* Negress

**négrier** [negRije] *nm (fig)* slave driver

**neige** [nɛʒ] *nf* snow; **battre les œufs en ~** *(Culin)* to whip *ou* beat the egg whites until stiff; **~ carbonique** dry ice; **~ fondue** *(par terre)* slush; *(qui tombe)* sleet; **~ poudreuse** powdery snow

**neiger** [neʒe] *vi* to snow

**neigeux, -euse** [nɛʒø, -øz] *adj* snowy, snow-covered

**nénuphar** [nenyfaR] *nm* water-lily

**néo-calédonien, ne** [neɔkaledɔnjɛ̃, -ɛn] *adj* New Caledonian ▷ *nm/f*: **Néo-calédonien, ne** native of New Caledonia

**néocapitalisme** [neokapitalism(ə)] *nm* neocapitalism

**néo-colonialisme** [neokɔlɔnjalism(ə)] *nm* neocolonialism

**néologisme** [neɔlɔʒism(ə)] *nm* neologism

**néon** [neɔ̃] *nm* neon

**néo-natal, e** [neonatal] *adj* neonatal

**néophyte** [neɔfit] *nm/f* novice

**néo-zélandais, e** [neozelɑ̃dɛ, -ɛz] *adj* New Zealand *cpd* ▷ *nm/f*: **Néo-zélandais, e** New Zealander

**Népal** [nepal] *nm*: **le ~** Nepal

**népalais, e** [nepalɛ, -ɛz] *adj* Nepalese, Nepali ▷ *nm (Ling)* Nepalese, Nepali ▷ *nm/f*: **Népalais, e** Nepalese, Nepali

**néphrétique** [nefRetik] *adj (Méd: colique)* nephritic

**néphrite** [nefRit] *nf (Méd)* nephritis

**népotisme** [nepɔtism(ə)] *nm* nepotism

**nerf** [nɛR] *nm* nerve; *(fig)* spirit; *(: forces)* stamina; **nerfs** *nmpl* nerves; **être** *ou* **vivre sur les ~s** to live on one's nerves; **être à bout de ~s** to be at the end of one's tether; **passer ses ~s sur qn** to take it out on sb

**nerveusement** [nɛRvøzmɑ̃] *adv* nervously

**nerveux, -euse** [nɛRvø, -øz] *adj* nervous; *(cheval)* highly-strung; *(voiture)* nippy, responsive; *(tendineux)* sinewy

**nervosité** [nɛRvozite] *nf* nervousness; *(émotivité)* excitability

**nervure** [nɛRvyR] *nf (de feuille)* vein; *(Archit, Tech)* rib

**n'est-ce pas** [nɛspɑ] *adv* isn't it?, won't you? *etc (selon le verbe qui précède)*; **c'est bon, n'est-ce pas?** it's good, isn't it?; **il a peur, n'est-ce pas?** he's afraid, isn't he?; **n'est-ce pas que c'est bon?** don't you think it's good?; **lui, n'est-ce pas, il peut se le permettre** he, of course, can afford to do that, can't he?

**net, nette** [nɛt] *adj (sans équivoque, distinct)* clear; *(photo)* sharp; *(évident)* definite; *(propre)* neat, clean; *(Comm: prix, salaire, poids)* net ▷ *adv (refuser)* flatly ▷ *nm*: **mettre au ~** to copy out; **s'arrêter ~** to stop dead; **la lame a cassé ~** the blade snapped clean through; **faire place nette** to make a clean sweep; **~ d'impôt** tax free

**Net** [nɛt] *nm (Internet)*: **le ~** the Net

**netiquette** [netikɛt] *nf* netiquette

**nettement** [nɛtmɑ̃] *adv (distinctement)* clearly; *(évidemment)* definitely; *(avec comparatif, superlatif)*: **~ mieux** definitely *ou* clearly better

**netteté** [nɛtte] *nf* clearness

**nettoie** *etc* [nɛtwa] *vb voir* **nettoyer**

**nettoiement** [netwamɑ̃] *nm (Admin)* cleaning; **service du ~** refuse collection

**nettoierai** *etc* [nɛtwaRe] *vb voir* **nettoyer**

**nettoyage** [nɛtwajaʒ] *nm* cleaning; **~ à sec** dry cleaning

**nettoyant** [netwajɑ̃] *nm (produit)* cleaning agent

**nettoyer** [nɛtwaje] *vt* to clean; *(fig)* to clean out

**neuf¹** [nœf] *num* nine

**neuf², neuve** [nœf, nœv] *adj* new ▷ *nm*: **repeindre à ~** to redecorate; **remettre à ~** to do up (as good as new), refurbish; **n'acheter que du ~** to buy everything new; **quoi de ~?** what's new?

**neurasthénique** [nøRastenik] *adj* neurasthenic

**neurochirurgie** [nøRoʃiRyRʒi] *nf* neurosurgery

**neurochirurgien** [nøRoʃiRyRʒjɛ̃] *nm* neurosurgeon

**neuroleptique** [nøRolɛptik] *adj* neuroleptic

**neurologie** [nøRolɔʒi] *nf* neurology

**neurologique** [nøRolɔʒik] *adj* neurological

**neurologue** [nøRolɔg] *nm/f* neurologist

**neurone** [nøRɔn] *nm* neuron(e)

**neuropsychiatre** [nøRopsikjatR(ə)] *nm/f* neuropsychiatrist

**neutralisation** [nøtRalizasjɔ̃] *nf* neutralization

**neutraliser** [nøtRalize] *vt* to neutralize

**neutralisme** [nøtRalism(ə)] *nm* neutralism

**neutralité** [nøtRalite] *nf* neutrality

**neutre** [nøtR(ə)] *adj, nm (Ling)* neutral

**neutron** [nøtRɔ̃] *nm* neutron

**neuve** [nœv] *adj f voir* **neuf**

**neuvième** [nœvjɛm] *num* ninth

**neveu, x** [nəvø] *nm* nephew

**névralgie** [nevRalʒi] *nf* neuralgia

**névralgique** [nevRalʒik] *adj (fig: sensible)* sensitive; **centre ~** nerve centre

**névrite** [nevRit] *nf* neuritis

**névrose** [nevRoz] *nf* neurosis

**névrosé, e** [nevRoze] *adj, nm/f* neurotic

**névrotique** [nevRɔtik] *adj* neurotic

**New York** [njujɔrk] *n* New York
**new-yorkais, e** [njujɔrkɛ, -ɛz] *adj* of *ou* from New York, New York *cpd* ▷ *nm/f*: **New-Yorkais, e** New Yorker
**nez** [ne] *nm* nose; **rire au ~ de qn** to laugh in sb's face; **avoir du ~** to have flair; **avoir le ~ fin** to have foresight; **~ à ~ avec** face to face with; **à vue de ~** roughly
**NF** *sigle mpl* = **nouveaux francs** ▷ *sigle f* (*Industrie:* = *norme française*) industrial standard
**ni** [ni] *conj*: **ni l'un ni l'autre ne sont** *ou* **n'est** neither one nor the other is; **il n'a rien dit ni fait** he hasn't said or done anything
**Niagara** [njagara] *nm*: **les chutes du ~** the Niagara Falls
**niais, e** [njɛ, -ɛz] *adj* silly, thick
**niaiserie** [njɛzri] *nf* gullibility; (*action, propos, futilité*) silliness
**Nicaragua** [nikaragwa] *nm*: **le ~** Nicaragua
**nicaraguayen, ne** [nikaragwajɛ̃, -ɛn] *adj* Nicaraguan ▷ *nm/f*: **Nicaraguayen, ne** Nicaraguan
**Nice** [nis] *n* Nice
**niche** [niʃ] *nf* (*du chien*) kennel; (*de mur*) recess, niche; (*farce*) trick
**nichée** [niʃe] *nf* brood, nest
**nicher** [niʃe] *vi* to nest; **se ~ dans** (*personne: se blottir*) to snuggle into; (*: se cacher*) to hide in; (*objet*) to lodge itself in
**nichon** [niʃɔ̃] *nm* (*fam*) boob, tit
**nickel** [nikɛl] *nm* nickel
**niçois, e** [niswa, -waz] *adj* of *ou* from Nice; (*Culin*) Niçoise
**nicotine** [nikɔtin] *nf* nicotine
**nid** [ni] *nm* nest; (*fig: repaire etc*) den, lair; **~ d'abeilles** (*Couture, Textile*) honeycomb stitch; **~ de poule** pothole
**nièce** [njɛs] *nf* niece
**nième** [ɛnjɛm] *adj*: **la ~ fois** the nth *ou* umpteenth time
**nier** [nje] *vt* to deny
**nigaud, e** [nigo, -od] *nm/f* booby, fool
**Niger** [niʒɛr] *nm*: **le ~** Niger; (*fleuve*) the Niger
**Nigéria** [niʒerja] *nm ou f* Nigeria
**nigérian, e** [niʒerjɑ̃, -an] *adj* Nigerian ▷ *nm/f*: **Nigérian, e** Nigerian
**nigérien, ne** [niʒerjɛ̃, -ɛn] *adj* of *ou* from Niger
**night-club** [najtklœb] *nm* nightclub
**nihilisme** [niilism(ə)] *nm* nihilism
**nihiliste** [niilist(ə)] *adj* nihilist, nihilistic
**Nil** [nil] *nm*: **le ~** the Nile
**n'importe** [nɛ̃pɔrt(ə)] *adv*: **n'importe!** no matter!; **n'importe qui/quoi/où** anybody/ anything/anywhere; **n'importe quoi!** (*fam: désapprobation*) what rubbish!; **n'importe quand** any time; **n'importe quel/quelle** any; **n'importe lequel/laquelle** any (one); **n'importe comment** (*sans soin*) carelessly; **n'importe comment, il part ce soir** he's leaving tonight in any case
**nippes** [nip] *nfpl* (*fam*) togs
**nippon, e** *ou* **ne** [nipɔ̃, -ɔn] *adj* Japanese

**nique** [nik] *nf*: **faire la ~ à** to thumb one's nose at (*fig*)
**nitouche** [nituʃ] *nf* (*péj*): **c'est une sainte ~** she looks as if butter wouldn't melt in her mouth
**nitrate** [nitrat] *nm* nitrate
**nitrique** [nitrik] *adj*: **acide ~** nitric acid
**nitroglycérine** [nitrɔɡliserin] *nf* nitroglycerin(e)
**niveau, x** [nivo] *nm* level; (*des élèves, études*) standard; **au ~ de** at the level of; (*personne*) on a level with; **de ~ (avec)** level (with); **le ~ de la mer** sea level; **~ (à bulle)** spirit level; **~ (d'eau)** water level; **~ de vie** standard of living
**niveler** [nivle] *vt* to level
**niveleuse** [nivløz] *nf* (*Tech*) grader
**nivellement** [nivelmɑ̃] *nm* levelling
**nivernais, e** [nivɛrnɛ, -ɛz] *adj* of *ou* from Nevers (and region) ▷ *nm/f*: **Nivernais, e** inhabitant *ou* native of Nevers (and region)
**NL** *sigle f* = **nouvelle lune**
**NN** *abr* (= *nouvelle norme*) revised standard of hotel classification
**n°** *abr* (*numéro*) no
**nobiliaire** [nɔbiljɛr] *adj f voir* **particule**
**noble** [nɔbl(ə)] *adj* noble; (*de qualité: métal etc*) precious ▷ *nm/f* noble(man/-woman)
**noblesse** [nɔblɛs] *nf* (*classe sociale*) nobility; (*d'une action etc*) nobleness
**noce** [nɔs] *nf* wedding; (*gens*) wedding party (*ou* guests *pl*); **il l'a épousée en secondes ~s** she was his second wife; **faire la ~** (*fam*) to go on a binge; **~s d'or/d'argent/de diamant** golden/ silver/diamond wedding
**noceur** [nɔsœr] *nm* (*fam*): **c'est un sacré ~** he's a real party animal
**nocif, -ive** [nɔsif, -iv] *adj* harmful, noxious
**noctambule** [nɔktɑ̃byl] *nm* night-bird
**nocturne** [nɔktyrn(ə)] *adj* nocturnal ▷ *nf* (*Sport*) floodlit fixture; (*d'un magasin*) late opening
**Noël** [nɔɛl] *nm* Christmas; **la (fête de) ~** Christmas time
**nœud** [nø] *nm* (*de corde, du bois, Navig*) knot; (*ruban*) bow; (*fig: liens*) bond, tie; (*: d'une question*) crux; (*Théât etc*): **le ~ de l'action** the web of events; **~ coulant** noose; **~ gordien** Gordian knot; **~ papillon** bow tie
**noie** *etc* [nwa] *vb voir* **noyer**
**noir, e** [nwar] *adj* black; (*obscur, sombre*) dark ▷ *nm/f* black man/woman ▷ *nm*: **dans le ~** in the dark ▷ *nf* (*Mus*) crotchet (*Brit*), quarter note (*US*); **il fait ~** it is dark; **au ~** *adv* (*acheter, vendre*) on the black market; **travail au ~** moonlighting
**noirâtre** [nwaratr(ə)] *adj* (*teinte*) blackish
**noirceur** [nwarsœr] *nf* blackness; darkness
**noircir** [nwarsir] *vt, vi* to blacken
**noise** [nwaz] *nf*: **chercher ~ à** to try and pick a quarrel with
**noisetier** [nwaztje] *nm* hazel (tree)
**noisette** [nwazɛt] *nf* hazelnut; (*morceau: de beurre etc*) small knob ▷ *adj* (*yeux*) hazel
**noix** [nwa] *nf* walnut; (*fam*) twit; (*Culin*): **une ~**

**de beurre** a knob of butter; **à la** ~ *(fam)* worthless; ~ **de cajou** cashew nut; ~ **de coco** coconut; ~ **muscade** nutmeg; ~ **de veau** *(Culin)* round fillet of veal

**nom** [nɔ̃] *nm* name; *(Ling)* noun; **connaître qn de** ~ to know sb by name; **au** ~ **de** in the name of; ~ **d'une pipe** *ou* **d'un chien!** *(fam)* for goodness' sake!; ~ **de Dieu!** *(fam!)* bloody hell! *(Brit)*, my God!; ~ **commun/propre** common/ proper noun; ~ **composé** *(Ling)* compound noun; ~ **déposé** trade name; ~ **d'emprunt** assumed name; ~ **de famille** surname; ~ **de fichier** file name; ~ **de jeune fille** maiden name

**nomade** [nɔmad] *adj* nomadic ▷ *nm/f* nomad

**nombre** [nɔ̃bʀ(ə)] *nm* number; **venir en** ~ to come in large numbers; **depuis** ~ **d'années** for many years; **ils sont au** ~ **de trois** there are three of them; **au** ~ **de mes amis** among my friends; **sans** ~ countless; **(bon)** ~ **de** *(beaucoup, plusieurs)* a (large) number of; ~ **premier/entier** prime/whole number

**nombreux, -euse** [nɔ̃bʀø, -øz] *adj* many, numerous; *(avec nom sg: foule etc)* large; **peu** ~ few; small; **de** ~ **cas** many cases

**nombril** [nɔ̃bʀi] *nm* navel

**nomenclature** [nɔmɑ̃klatyʀ] *nf* wordlist; list of items

**nominal, e, -aux** [nɔminal, -o] *adj* nominal; *(appel, liste)* of names

**nominatif, -ive** [nɔminatif, -iv] *nm* *(Ling)* nominative ▷ *adj:* **liste nominative** list of names; **carte nominative** calling card; **titre** ~ registered name

**nomination** [nɔminasjɔ̃] *nf* nomination

**nommément** [nɔmemɑ̃] *adv* *(désigner)* by name

**nommer** [nɔme] *vt* *(baptiser)* to name, give a name to; *(qualifier)* to call; *(mentionner)* to name, give the name of; *(élire)* to appoint, nominate; **se nommer: il se nomme Pascal** his name's Pascal, he's called Pascal

**non** [nɔ̃] *adv* *(réponse)* no; *(suivi d'un adjectif, adverbe)* not; **Paul est venu,** ~? Paul came, didn't he?; **répondre** *ou* **dire que** ~ to say no; ~ **pas que** not that; ~ **plus: moi** ~ **plus** neither do I, I don't either; **je préférerais que** ~ I would prefer not; **il se trouve que** ~ perhaps not; **je pense que** ~ I don't think so; ~ **mais!** well really!; ~ **mais des fois!** you must be joking!; ~ **alcoolisé** non-alcoholic; ~ **loin/seulement** not far/only

**nonagénaire** [nɔnaʒenɛʀ] *nm/f* nonagenarian

**non-agression** [nɔnagʀesjɔ̃] *nf:* **pacte de** ~ non-aggression pact

**nonante** [nɔnɑ̃t] *num* *(Belgique, Suisse)* ninety

**non-assistance** [nɔnasistɑ̃s] *nf* *(Jur):* ~ **à personne en danger** *failure to render assistance to a person in danger*

**nonce** [nɔ̃s] *nm* *(Rel)* nuncio

**nonchalamment** [nɔ̃ʃalamɑ̃] *adv* nonchalantly

**nonchalance** [nɔ̃ʃalɑ̃s] *nf* nonchalance, casualness

**nonchalant, e** [nɔ̃ʃalɑ̃, -ɑ̃t] *adj* nonchalant, casual

**non-conformisme** [nɔ̃kɔ̃fɔʀmism(ə)] *nm* nonconformism

**non-conformiste** [nɔ̃kɔ̃fɔʀmist(ə)] *adj, nm/f* non-conformist

**non-conformité** [nɔ̃kɔ̃fɔʀmite] *nf* nonconformity

**non-croyant, e** [nɔ̃kʀwajɑ̃, -ɑ̃t] *nm/f* *(Rel)* non-believer

**non-engagé, e** [nɔnɑ̃gaʒe] *adj* non-aligned

**non-fumeur** [nɔ̃fymœʀ] *nm* non-smoker

**non-ingérence** [nɔnɛ̃ʒeʀɑ̃s] *nf* non-interference

**non-initié, e** [nɔ̃ninisje] *nm/f* lay person; **les** ~**s** the uninitiated

**non-inscrit, e** [nɔnɛ̃skʀi, -it] *nm/f* *(Pol: député)* independent

**non-intervention** [nɔnɛ̃tɛʀvɑ̃sjɔ̃] *nf* non-intervention

**non-lieu** [nɔ̃ljø] *nm:* **il y a eu** ~ the case was dismissed

**nonne** [nɔn] *nf* nun

**nonobstant** [nɔnɔpstɑ̃] *prép* notwithstanding

**non-paiement** [nɔ̃pɛmɑ̃] *nm* non-payment

**non-prolifération** [nɔ̃pʀɔliferasjɔ̃] *nf* non-proliferation

**non-résident** [nɔ̃ʀezidɑ̃] *nm* *(Écon)* non-resident

**non-retour** [nɔ̃ʀətuʀ] *nm:* **point de** ~ point of no return

**non-sens** [nɔ̃sɑ̃s] *nm* absurdity

**non-spécialiste** [nɔ̃spesjalist(ə)] *nm/f* non-specialist

**non-stop** [nɔnstɔp] *adj inv* nonstop

**non-syndiqué, e** [nɔ̃sɛ̃dike] *nm/f* non-union member

**non-violence** [nɔ̃vjɔlɑ̃s] *nf* nonviolence

**non-violent, e** [nɔ̃vjɔlɑ̃, -ɑ̃t] *adj* non-violent

**nord** [nɔʀ] *nm* North ▷ *adj* northern; north; **au** ~ *(situation)* in the north; *(direction)* to the north; **au** ~ **de** north of, to the north of; **perdre le** ~ to lose one's way *(fig)*

**nord-africain, e** [nɔʀafʀikɛ̃, -ɛn] *adj* North-African ▷ *nm/f:* **Nord-Africain, e** North African

**nord-américain, e** [nɔʀamerikɛ̃, -ɛn] *adj* North American ▷ *nm/f:* **Nord-Américain, e** North American

**nord-coréen, ne** [nɔʀkɔreɛ̃, -ɛn] *adj* North Korean ▷ *nm/f:* **Nord-Coréen, ne** North Korean

**nord-est** [nɔʀɛst] *nm* North-East

**nordique** [nɔʀdik] *adj* *(pays, race)* Nordic; *(langues)* Scandinavian, Nordic ▷ *nm/f:* **Nordique** Scandinavian

**nord-ouest** [nɔʀwɛst] *nm* North-West

**nord-vietnamien, ne** [nɔʀvjɛtnamjɛ̃, -ɛn] *adj* North Vietnamese ▷ *nm/f:* **Nord-Vietnamien, ne** North Vietnamese

**normal, e, -aux** [nɔʀmal, -o] *adj* normal ▷ *nf:* **la** ~**e** the norm, the average

**normalement** [nɔʀmalmɑ̃] *adv* *(en général)* normally; *(comme prévu):* ~, **il le fera demain** he should be doing it tomorrow, he's supposed to do it tomorrow

**n**

**normalien, ne** [nɔʀmaljɛ̃, -ɛn] nm/f student of École normale supérieure

**normalisation** [nɔʀmalizasjɔ̃] nf standardization; normalization

**normaliser** [nɔʀmalize] vt (Comm, Tech) to standardize; (Pol) to normalize

**normand, e** [nɔʀmɑ̃, -ɑ̃d] adj (de Normandie) Norman ▷ nm/f: **Normand, e** (de Normandie) Norman

**Normandie** [nɔʀmɑ̃di] nf: **la** ~ Normandy

**norme** [nɔʀm(ə)] nf norm; (Tech) standard

**Norvège** [nɔʀvɛʒ] nf: **la** ~ Norway

**norvégien, ne** [nɔʀveʒjɛ̃, -ɛn] adj Norwegian ▷ nm (Ling) Norwegian ▷ nm/f: **Norvégien, ne** Norwegian

**nos** [no] adj poss voir **notre**

**nostalgie** [nɔstalʒi] nf nostalgia

**nostalgique** [nɔstalʒik] adj nostalgic

**notable** [nɔtabl(ə)] adj notable, noteworthy; (marqué) noticeable, marked ▷ nm prominent citizen

**notablement** [nɔtabləmɑ̃] adv notably; (sensiblement) noticeably

**notaire** [nɔtɛʀ] nm notary; solicitor

**notamment** [nɔtamɑ̃] adv in particular, among others

**notariat** [nɔtaʀja] nm profession of notary (ou solicitor)

**notarié, e** [nɔtaʀje] adj: **acte** ~ deed drawn up by a notary (ou solicitor)

**notation** [nɔtasjɔ̃] nf notation

**note** [nɔt] nf (écrite, Mus) note; (Scol) mark (Brit), grade; (facture) bill; **prendre des** ~**s** to take notes; **prendre** ~ **de** to note; (par écrit) to note, write down; **dans la** ~ exactly right; **forcer la** ~ to exaggerate; **une** ~ **de tristesse/de gaieté** a sad/happy note; ~ **de service** memorandum

**noté, e** [nɔte] adj: **être bien/mal** ~ (employé etc) to have a good/bad record

**noter** [nɔte] vt (écrire) to write down, note; (remarquer) to note, notice; (Scol, Admin: donner une appréciation) to mark, give a grade to; **notez bien que ...** (please) note that ...

**notice** [nɔtis] nf summary, short article; (brochure): ~ **explicative** explanatory leaflet, instruction booklet

**notification** [nɔtifikasjɔ̃] nf notification

**notifier** [nɔtifje] vt: ~ **qch à qn** to notify sb of sth, notify sth to sb

**notion** [nosjɔ̃] nf notion, idea; **notions** nfpl (rudiments) rudiments

**notoire** [nɔtwaʀ] adj widely known; (en mal) notorious; **le fait est** ~ the fact is common knowledge

**notoriété** [nɔtɔʀjete] nf: **c'est de** ~ **publique** it's common knowledge

**notre, nos** [nɔtʀ(ə), no] adj poss our

**nôtre** [notʀ(ə)] adj ours ▷ pron: **le/la** ~ ours; **les** ~**s** ours; (alliés etc) our own people; **soyez des** ~**s** join us

**nouba** [nuba] nf (fam): **faire la** ~ to live it up

**nouer** [nwe] vt to tie, knot; (fig: alliance etc) to

strike up; ~ **la conversation** to start a conversation; **se nouer** vi: **c'est là où l'intrigue se noue** it's at that point that the strands of the plot come together; **ma gorge se noua** a lump came to my throat

**noueux, -euse** [nwø, -øz] adj gnarled

**nougat** [nuga] nm nougat

**nougatine** [nugatin] nf kind of nougat

**nouille** [nuj] nf (fam) noodle (Brit), fathead; **nouilles** nfpl (pâtes) noodles; pasta sg

**nounou** [nunu] nf nanny

**nounours** [nunuʀs] nm teddy (bear)

**nourri, e** [nuʀi] adj (feu etc) sustained

**nourrice** [nuʀis] nf ≈ baby-minder; (autrefois) wet-nurse

**nourrir** [nuʀiʀ] vt to feed; (fig: espoir) to harbour, nurse; **logé nourri** with board and lodging; ~ **au sein** to breast-feed; **se** ~ **de légumes** to live on vegetables

**nourrissant, e** [nuʀisɑ̃, -ɑ̃t] adj nourishing, nutritious

**nourrisson** [nuʀisɔ̃] nm (unweaned) infant

**nourriture** [nuʀityʀ] nf food

**nous** [nu] pron (sujet) we; (objet) us

**nous-mêmes** [numɛm] pron ourselves

**nouveau, nouvel, -elle, x** [nuvo, -ɛl] adj new; (original) novel ▷ nm/f new pupil (ou employee) ▷ nm: **il y a du** ~ there's something new ▷ nf (piece of) news sg; (Littérature) short story; **nouvelles** nfpl (Presse, TV) news; **de** ~ **à** ~ again; **je suis sans nouvelles de lui** I haven't heard from him; **Nouvel An** New Year; ~ **venu, nouvelle venue** newcomer; ~**x mariés** newly-weds; **nouvelle vague** new wave

**nouveau-né, e** [nuvone] nm/f newborn (baby)

**nouveauté** [nuvote] nf novelty; (chose nouvelle) innovation, something new; (Comm) new film (ou book ou creation etc)

**nouvel** adj m, **nouvelle** adj f, nf [nuvɛl] voir **nouveau**

**Nouvelle-Angleterre** [nuvɛlɑ̃glətɛʀ] nf: **la** ~ New England

**Nouvelle-Calédonie** [nuvɛlkaledɔni] nf: **la** ~ New Caledonia

**Nouvelle-Écosse** [nuvɛlekɔs] nf: **la** ~ Nova Scotia

**Nouvelle-Galles du Sud** [nuvɛlgaldysyd] nf: **la** ~ New South Wales

**Nouvelle-Guinée** [nuvɛlgine] nf: **la** ~ New Guinea

**nouvellement** [nuvɛlmɑ̃] adv (arrivé etc) recently, newly

**Nouvelle-Orléans** [nuvɛlɔʀleɑ̃] nf: **la** ~ New Orleans

**Nouvelles-Hébrides** [nuvɛlsebʀid] nfpl: **les** ~ the New Hebrides

**Nouvelle-Zélande** [nuvɛlzelɑ̃d] nf: **la** ~ New Zealand

**nouvelliste** [nuvelist(ə)] nm/f editor ou writer of short stories

**novateur, -trice** [nɔvatœʀ, -tʀis] adj innovative ▷ nm/f innovator

**novembre** [nɔvɑ̄bʀ(ə)] nm November; see note; voir aussi **juillet**

**novice** [nɔvis] adj inexperienced ▷ nm/f novice
**noviciat** [nɔvisja] nm (Rel) noviciate
**noyade** [nwajad] nf drowning no pl
**noyau, x** [nwajo] nm (de fruit) stone; (Bio, Physique) nucleus; (Élec, Géo, fig: centre) core; (fig: d'artistes etc) group; (: de résistants etc) cell
**noyautage** [nwajotaʒ] nm (Pol) infiltration
**noyauter** [nwajote] vt (Pol) to infiltrate
**noyé, e** [nwaje] nm/f drowning (ou drowned) man/woman ▷ adj (fig: dépassé) out of one's depth
**noyer** [nwaje] nm walnut (tree); (bois) walnut ▷ vt to drown; (fig) to flood; to submerge; (Auto: moteur) to flood; **se noyer** to be drowned, drown; (suicide) to drown o.s.; **~ son chagrin** to drown one's sorrows; **~ le poisson** to duck the issue
**NSP** sigle m (Rel) = **Notre Saint Père**; (dans les sondages: = ne sais pas) don't know
**NT** sigle m (= Nouveau Testament) NT
**NU** sigle fpl (= Nations unies) UN
**nu, e** [ny] adj naked; (membres) naked, bare; (chambre, fil, plaine) bare ▷ nm (Art) nude; **le nu intégral** total nudity; **se mettre nu** to strip; **mettre à nu** to bare
**nuage** [nɥaʒ] nm cloud; **être dans les ~s** (distrait) to have one's head in the clouds; **~ de lait** drop of milk
**nuageux, -euse** [nɥaʒø, -øz] adj cloudy
**nuance** [nɥɑ̄s] nf (de couleur, sens) shade; **il y a une ~ (entre)** there's a slight difference (between); **une ~ de tristesse** a tinge of sadness
**nuancé, e** [nɥɑ̄se] adj (opinion) finely-shaded, subtly differing; **être ~ dans ses opinions** to have finely-shaded opinions
**nuancer** [nɥɑ̄se] vt (pensée, opinion) to qualify
**nubile** [nybil] adj nubile
**nucléaire** [nykleɛʀ] adj nuclear ▷ nm nuclear power
**nudisme** [nydism(ə)] nm nudism
**nudiste** [nydist(ə)] adj, nm/f nudist
**nudité** [nydite] nf voir **nu** nudity, nakedness; bareness
**nuée** [nɥe] nf: **une ~ de** a cloud ou host ou swarm of
**nues** [ny] nfpl: **tomber des ~** to be taken aback; **porter qn aux ~** to praise sb to the skies
**nui** [nɥi] pp de **nuire**
**nuire** [nɥiʀ] vi to be harmful; **~ à** to harm, do damage to
**nuisance** [nɥizɑ̄s] nf nuisance; **nuisances** nfpl

pollution sg
**nuisible** [nɥizibl(ə)] adj harmful; **(animal) ~** pest
**nuisis** etc [nɥizi] vb voir **nuire**
**nuit** [nɥi] nf night; **payer sa ~** to pay for one's overnight accommodation; **il fait ~** it's dark; **cette ~ (hier)** last night; (aujourd'hui) tonight; **de ~ (vol, service)** night cpd; **~ blanche** sleepless night; **~ de noces** wedding night; **~ de Noël** Christmas Eve
**nuitamment** [nɥitamɑ̄] adv by night
**nuitées** [nɥite] nfpl overnight stays, beds occupied (in statistics)
**nul, nulle** [nyl] adj (aucun) no; (minime) nil, non-existent; (non valable) null; (péj) useless, hopeless ▷ pron none, no one; **résultat ~, match ~** draw; **nulle part** adv nowhere
**nullement** [nylmɑ̄] adv by no means
**nullité** [nylite] nf nullity; (péj) hopelessness; (: personne) hopeless individual, nonentity
**numéraire** [nymeʀɛʀ] nm cash; metal currency
**numéral, e, -aux** [nymeʀal, -o] adj numeral
**numérateur** [nymeʀatœʀ] nm numerator
**numération** [nymeʀasjɔ̄] nf: **~ décimale/binaire** decimal/binary notation; **~ globulaire** blood count
**numérique** [nymeʀik] adj numerical; (Inform) digital
**numériquement** [nymeʀikmɑ̄] adv numerically; (Inform) digitally
**numériser** [nymeʀize] vt (Inform) to digitize
**numéro** [nymeʀo] nm number; (spectacle) act, turn; **faire ou composer un ~** to dial a number; **~ d'identification personnel** personal identification number (PIN); **~ d'immatriculation ou minéralogique ou de police** registration (Brit) ou license (US) number; **~ de téléphone** (tele)phone number; **~ vert** ≈ Freefone® number (Brit), ≈ toll-free number (US)
**numérotage** [nymeʀotaʒ] nm numbering
**numérotation** [nymeʀotasjɔ̄] nf numeration
**numéroter** [nymeʀote] vt to number
**numerus clausus** [nymeʀysklozys] nm inv restriction ou limitation of numbers
**numismate** [nymismat] nm/f numismatist, coin collector
**nu-pieds** [nypje] nm inv sandal ▷ adj inv barefoot
**nuptial, e, -aux** [nypsjal, -o] adj nuptial; wedding cpd
**nuptialité** [nypsjalite] nf: **taux de ~** marriage rate
**nuque** [nyk] nf nape of the neck
**nu-tête** [nytɛt] adj inv bareheaded
**nutritif, -ive** [nytʀitif, -iv] adj nutritional; (aliment) nutritious, nourishing
**nutrition** [nytʀisjɔ̄] nf nutrition
**nutritionnel, le** [nytʀisjɔnɛl] adj nutritional
**nutritionniste** [nytʀisjɔnist(ə)] nm/f nutritionist
**nylon** [nilɔ̄] nm nylon
**nymphomane** [nɛ̄fɔman] adj, nf nymphomaniac

**n**

# Oo

**O, o** [o] *nm inv* O, o ▷ *abr* (= *ouest*) W; **O comme Oscar** O for Oliver (*Brit*) *ou* Oboe (*US*)

**OAS** *sigle f* (= *Organisation de l'armée secrète*) *organization opposed to Algerian independence* (1961–63)

**oasis** [ɔazis] *nf ou m* oasis

**obédience** [ɔbedjãs] *nf* allegiance

**obéir** [ɔbeiʀ] *vi* to obey; **~ à** to obey; (*moteur, véhicule*) to respond to

**obéissance** [ɔbeisãs] *nf* obedience

**obéissant, e** [ɔbeisã, -ãt] *adj* obedient

**obélisque** [ɔbelisk(ə)] *nm* obelisk

**obèse** [ɔbɛz] *adj* obese

**obésité** [ɔbezite] *nf* obesity

**objecter** [ɔbʒɛkte] *vt* (*prétexter*) to plead, put forward as an excuse; **~ qch à** (*argument*) to put forward sth against; **~ (à qn) que** to object (to sb) that

**objecteur** [ɔbʒɛktœʀ] *nm*: **~ de conscience** conscientious objector

**objectif, -ive** [ɔbʒɛktif, -iv] *adj* objective ▷ *nm* (*Optique, Photo*) lens *sg*; (*Mil: fig*) objective; **~ grand angulaire/à focale variable** wide-angle/zoom lens

**objection** [ɔbʒɛksjõ] *nf* objection; **~ de conscience** conscientious objection

**objectivement** [ɔbʒɛktivmã] *adv* objectively

**objectivité** [ɔbʒɛktivite] *nf* objectivity

**objet** [ɔbʒɛ] *nm* (*chose*) object; (*d'une discussion, recherche*) subject; **être** *ou* **faire l'~ de** (*discussion*) to be the subject of; (*soins*) to be given *ou* shown; **sans ~** *adj* purposeless; (*sans fondement*) groundless; **~ d'art** objet d'art; **~s personnels** personal items; **~s de toilette** toiletries; **~s trouvés** lost property *sg* (*Brit*), lost-and-found *sg* (*US*); **~s de valeur** valuables

**obligataire** [ɔbligatɛʀ] *adj* bond *cpd* ▷ *nm/f* bondholder, debenture holder

**obligation** [ɔbligasjõ] *nf* obligation; (*gén pl: devoir*) duty; (*Comm*) bond, debenture; **sans ~ d'achat** with no obligation (to buy); **être dans l'~ de faire** to be obliged to do; **avoir l'~ de faire** to be under an obligation to do; **~s familiales** family obligations *ou* responsibilities; **~s militaires** military obligations *ou* duties

**obligatoire** [ɔbligatwaʀ] *adj* compulsory, obligatory

**obligatoirement** [ɔbligatwaʀmã] *adv* compulsorily; (*fatalement*) necessarily

**obligé, e** [ɔbliʒe] *adj* (*redevable*): **être très ~ à qn** to be most obliged to sb; (*contraint*): **je suis (bien) ~ (de le faire)** I have to (do it); (*nécessaire: conséquence*) necessary; **c'est ~!** it's inevitable!

**obligeamment** [ɔbliʒamã] *adv* obligingly

**obligeance** [ɔbliʒãs] *nf*: **avoir l'~ de** to be kind *ou* good enough to

**obligeant, e** [ɔbliʒã, -ãt] *adj* obliging; kind

**obliger** [ɔbliʒe] *vt* (*contraindre*): **~ qn à faire** to force *ou* oblige sb to do; (*Jur: engager*) to bind; (*rendre service à*) to oblige

**oblique** [ɔblik] *adj* oblique; **regard ~** sidelong glance; **en ~** *adv* diagonally

**obliquer** [ɔblike] *vi*: **~ vers** to turn off towards

**oblitération** [ɔbliteʀasjõ] *nf* cancelling *no pl*, cancellation; obstruction

**oblitérer** [ɔblitere] *vt* (*timbre-poste*) to cancel; (*Méd: canal, vaisseau*) to obstruct

**oblong, oblongue** [ɔblõ, ɔblõg] *adj* oblong

**obnubiler** [ɔbnybile] *vt* to obsess

**obole** [ɔbɔl] *nf* offering

**obscène** [ɔpsɛn] *adj* obscene

**obscénité** [ɔpsenite] *nf* obscenity

**obscur, e** [ɔpskyʀ] *adj* (*sombre*) dark; (*fig: raisons*) obscure; (: *sentiment, malaise*) vague; (: *personne, vie*) humble, lowly

**obscurcir** [ɔpskyʀsiʀ] *vt* to darken; (*fig*) to obscure; **s'obscurcir** *vi* to grow dark

**obscurité** [ɔpskyʀite] *nf* darkness; **dans l'~** in the dark, in darkness; (*anonymat, médiocrité*) in obscurity

**obsédant, e** [ɔpsedã, -ãt] *adj* obsessive

**obsédé, e** [ɔpsede] *nm/f* fanatic; **~(e) sexuel(le)** sex maniac

**obséder** [ɔpsede] *vt* to obsess, haunt

**obsèques** [ɔpsɛk] *nfpl* funeral *sg*

**obséquieux, -euse** [ɔpsekjø, -øz] *adj* obsequious

**observance** [ɔpsɛʀvãs] *nf* observance

**observateur, -trice** [ɔpsɛʀvatœʀ, -tʀis] *adj* observant, perceptive ▷ *nm/f* observer

**observation** [ɔpsɛʀvasjõ] *nf* observation; (*d'un règlement etc*) observance; (*commentaire*) observation, remark; (*reproche*) reproof; **en** ~ (*Méd*) under observation

**observatoire** [ɔpsɛRvatwaR] *nm* observatory; (*lieu élevé*) observation post, vantage point

**observer** [ɔpsɛRve] *vt* (*regarder*) to observe, watch; (*examiner*) to examine; (*scientifiquement, aussi: règlement, jeûne etc*) to observe; (*surveiller*) to watch; (*remarquer*) to observe, notice; **faire ~ qch à qn** (*dire*) to point out sth to sb; **s'observer** *vi* (*se surveiller*) to keep a check on o.s.

**obsession** [ɔpsesjɔ̃] *nf* obsession; **avoir l'~ de** to have an obsession with

**obsessionnel, le** [ɔpsesjɔnɛl] *adj* obsessive

**obsolescent, e** [ɔpsɔlesɑ̃, -ɑ̃t] *adj* obsolescent

**obstacle** [ɔpstakl(ə)] *nm* obstacle; (*Équitation*) jump, hurdle; **faire ~ à** (*lumière*) to block out; (*projet*) to hinder, put obstacles in the path of; **~s antichars** tank defences

**obstétricien, ne** [ɔpstetRisjɛ̃, -ɛn] *nm/f* obstetrician

**obstétrique** [ɔpstetRik] *nf* obstetrics *sg*

**obstination** [ɔpstinasjɔ̃] *nf* obstinacy

**obstiné, e** [ɔpstine] *adj* obstinate

**obstinément** [ɔpstinemɑ̃] *adv* obstinately

**obstiner** [ɔpstine]: **s'obstiner** *vi* to insist, dig one's heels in; **s'~ à faire** to persist (obstinately) in doing; **s'~ sur qch** to keep working at sth, labour away at sth

**obstruction** [ɔpstRyksjɔ̃] *nf* obstruction, blockage; (*Sport*) obstruction; **faire de l'~** (*fig*) to be obstructive

**obstruer** [ɔpstRye] *vt* to block, obstruct; **s'obstruer** *vi* to become blocked

**obtempérer** [ɔptɑ̃pere] *vi* to obey; **~ à** to obey, comply with

**obtenir** [ɔptəniR] *vt* to obtain, get; (*total*) to arrive at, reach; (*résultat*) to achieve, obtain; **~ de pouvoir faire** to obtain permission to do; **~ qch à qn** to obtain sth for sb; **~ de qn qu'il fasse** to get sb to agree to do(ing)

**obtention** [ɔptɑ̃sjɔ̃] *nf* obtaining

**obtenu, e** [ɔpt(ə)ny] *pp de* **obtenir**

**obtiendrai** [ɔptjɛ̃dRe], **obtiens** [ɔptjɛ̃], **obtint** *etc* [ɔptɛ̃] *vb voir* **obtenir**

**obturateur** [ɔptyRatœR] *nm* (*Photo*) shutter; **~ à rideau** focal plane shutter

**obturation** [ɔptyRasjɔ̃] *nf* closing (up); **~ (dentaire)** filling; **vitesse d'~** (*Photo*) shutter speed

**obturer** [ɔptyRe] *vt* to close (up); (*dent*) to fill

**obtus, e** [ɔpty, -yz] *adj* obtuse

**obus** [ɔby] *nm* shell; **~ explosif** high-explosive shell; **~ incendiaire** incendiary device, fire bomb

**obvier** [ɔbvje]: **~ à** *vt* to obviate

**OC** *sigle fpl* (= *ondes courtes*) SW

**occasion** [ɔkazjɔ̃] *nf* (*aubaine, possibilité*) opportunity; (*circonstance*) occasion; (*Comm: article non neuf*) secondhand buy; (: *acquisition avantageuse*) bargain; **à plusieurs ~s** on several occasions; **à la première ~** at the first *ou* earliest opportunity; **avoir l'~ de faire** to have

the opportunity to do; **être l'~ de** to occasion, give rise to; **à l'~** *adv* sometimes, on occasions; (*un jour*) some time; **à l'~ de** on the occasion of; **d'~** *adj, adv* secondhand

**occasionnel, le** [ɔkazjɔnɛl] *adj* (*fortuit*) chance *cpd*; (*non régulier*) occasional; (: *travail*) casual

**occasionnellement** [ɔkazjɔnɛlmɑ̃] *adv* occasionally, from time to time

**occasionner** [ɔkazjɔne] *vt* to cause, bring about; **~ qch à qn** to cause sb sth

**occident** [ɔksidɑ̃] *nm*: **l'O~** the West

**occidental, e, -aux** [ɔksidɑ̃tal, -o] *adj* western; (*Pol*) Western ▷ *nm/f* Westerner

**occidentaliser** [ɔksidɑ̃talize] *vt* (*coutumes, mœurs*) to westernize

**occiput** [ɔksipyt] *nm* back of the head, occiput

**occire** [ɔksiR] *vt* to slay

**occitan, e** [ɔksitɑ̃, -an] *adj* of the langue d'oc, of Provençal French

**occlusion** [ɔklyzjɔ̃] *nf*: **~ intestinale** obstruction of the bowel

**occulte** [ɔkylt(ə)] *adj* occult, supernatural

**occulter** [ɔkylte] *vt* (*fig*) to overshadow

**occupant, e** [ɔkypɑ̃, -ɑ̃t] *adj* occupying ▷ *nm/f* (*d'un appartement*) occupier, occupant; (*d'un véhicule*) occupant ▷ *nm* (*Mil*) occupying forces *pl*; (*Pol: d'usine etc*) occupier

**occupation** [ɔkypasjɔ̃] *nf* occupation; **l'O~** the Occupation (of France)

**occupationnel, le** [ɔkypasjɔnɛl] *adj*: **thérapie ~le** occupational therapy

**occupé, e** [ɔkype] *adj* (*Mil, Pol*) occupied; (*personne: affairé, pris*) busy; (*esprit: absorbé*) occupied; (*place, sièges*) taken; (*toilettes, ligne*) engaged

**occuper** [ɔkype] *vt* to occupy; (*poste, fonction*) to hold; (*main-d'œuvre*) to employ; **s'~ (à qch)** to occupy o.s ou keep o.s busy (with sth); **s'~ de** (*être responsable de*) to be in charge of; (*se charger de: affaire*) to take charge of, deal with; (: *clients etc*) to attend to; (*s'intéresser à, pratiquer: politique etc*) to be involved in; **ça occupe trop de place** it takes up too much room

**occurrence** [ɔkyRɑ̃s] *nf*: **en l'~** in this case

**OCDE** *sigle f* (= *Organisation de coopération et de développement économique*) OECD

**océan** [ɔseɑ̃] *nm* ocean; **l'~ Indien** the Indian Ocean

**Océanie** [ɔseani] *nf*: **l'~** Oceania, South Sea Islands

**océanique** [ɔseanik] *adj* oceanic

**océanographe** [ɔseanɔgRaf] *nm/f* oceanographer

**océanographie** [ɔseanɔgRafi] *nf* oceanography

**océanologie** [ɔseanɔlɔʒi] *nf* oceanology

**ocelot** [ɔslo] *nm* (*Zool*) ocelot; (*fourrure*) ocelot fur

**ocre** [ɔkR(ə)] *adj inv* ochre

**octane** [ɔktan] *nm* octane

**octante** [ɔktɑ̃t] *num* (*Belgique, Suisse*) eighty

**octave** [ɔktav] *nf* octave

**octet** [ɔktɛ] *nm* byte

**octobre** [ɔktɔbR(ə)] *nm* October; *voir aussi* **juillet**

**o**

**octogénaire** [ɔktɔʒenɛʀ] *adj, nm/f* octogenarian
**octogonal, e, -aux** [ɔktɔgɔnal, -o] *adj* octagonal
**octogone** [ɔktɔgɔn] *nm* octagon
**octroi** [ɔktʀwa] *nm* granting
**octroyer** [ɔktʀwaje] *vt*: ~ **qch à qn** to grant sth to sb, grant sb sth
**oculaire** [ɔkylɛʀ] *adj* ocular, eye *cpd* ▷ *nm (de microscope)* eyepiece
**oculiste** [ɔkylist(ə)] *nm/f* eye specialist, oculist
**ode** [ɔd] *nf* ode
**odeur** [ɔdœʀ] *nf* smell
**odieusement** [ɔdjøzmɑ̃] *adv* odiously
**odieux, -euse** [ɔdjø, -øz] *adj* odious, hateful
**odontologie** [ɔdɔ̃tɔlɔʒi] *nf* odontology
**odorant, e** [ɔdɔʀɑ̃, -ɑ̃t] *adj* sweet-smelling, fragrant
**odorat** [ɔdɔʀa] *nm* (sense of) smell; **avoir l'~ fin** to have a keen sense of smell
**odoriférant, e** [ɔdɔʀifeʀɑ̃, -ɑ̃t] *adj* sweet-smelling, fragrant
**odyssée** [ɔdise] *nf* odyssey
**OEA** *sigle f* (= *Organisation des États américains*) OAS
**œcuménique** [ekymenik] *adj* ecumenical
**œdème** [edɛm] *nm* oedema (Brit), edema (US)
**œil** [œj] (*pl* **yeux** [jø]) *nm* eye; **avoir un ~ poché** *ou* **au beurre noir** to have a black eye; **à l'~** (*fam*) for free; **à l'~ nu** with the naked eye; **tenir qn à l'~** to keep an eye *ou* a watch on sb; **avoir l'~ à** to keep an eye on; **faire de l'~ à qn** to make eyes at sb; **voir qch d'un bon/mauvais ~** to view sth in a favourable/an unfavourable light; **à l'~ vif** with a lively expression; **à mes/ses yeux** in my/his eyes; **de ses propres yeux** with his own eyes; **fermer les yeux (sur)** (*fig*) to turn a blind eye (to); **les yeux fermés** (*aussi fig*) with one's eyes shut; **fermer l'~** to get a moment's sleep; **~ pour ~, dent pour dent** an eye for an eye, a tooth for a tooth; **pour les beaux yeux de qn** (*fig*) for love of sb; **~ de verre** glass eye
**œil-de-bœuf** [œjdəbœf] (*pl* **œils-de-bœuf**) *nm* bull's-eye (window)
**œillade** [œjad] *nf*: **lancer une ~ à qn** to wink at sb, give sb a wink; **faire des ~s à** to make eyes at
**œillères** [œjɛʀ] *nfpl* blinkers (Brit), blinders (US); **avoir des ~** (*fig*) to be blinkered, wear blinders
**œillet** [œjɛ] *nm* (Bot) carnation; (*trou*) eyelet
**œnologue** [enɔlɔg] *nm/f* wine expert
**œsophage** [ezɔfaʒ] *nm* oesophagus (Brit), esophagus (US)
**œstrogène** [ɛstʀɔʒɛn] *adj* oestrogen (Brit), estrogen (US)
**œuf** [œf] *nm* egg; **étouffer dans l'~** to nip in the bud; **~ à la coque/dur/mollet** boiled/hard-boiled/soft-boiled egg; **~ au plat/poché** fried/poached egg; **~s brouillés** scrambled eggs; **~ de Pâques** Easter egg; **~ à repriser** darning egg
**œuvre** [œvʀ(ə)] *nf* (*tâche*) task, undertaking; (*ouvrage achevé, livre, tableau etc*) work; (*ensemble de la production artistique*) works *pl*; (*organisation charitable*) charity ▷ *nm* (*d'un artiste*) works *pl*; (*Constr*): **le gros ~** the shell; **œuvres** *nfpl* (*actes*)

deeds, works; **être/se mettre à l'~** to be at/get (down) to work; **mettre en ~** (*moyens*) to make use of; (*plan, loi, projet etc*) to implement; **~ d'art** work of art; **bonnes ~s** good works *ou* deeds; **~s de bienfaisance** charitable works
**OFCE** *sigle m* (= *Observatoire français des conjonctures économiques*) economic research institute
**offensant, e** [ɔfɑ̃sɑ̃, -ɑ̃t] *adj* offensive, insulting
**offense** [ɔfɑ̃s] *nf* (*affront*) insult; (*Rel: péché*) transgression, trespass
**offenser** [ɔfɑ̃se] *vt* to offend, hurt; (*principes, Dieu*) to offend against; **s'offenser de** *vi* to take offence (Brit) *ou* offense (US) at
**offensif, -ive** [ɔfɑ̃sif, -iv] *adj* (*armes, guerre*) offensive ▷ *nf* offensive; (*fig: du froid, de l'hiver*) onslaught; **passer à l'offensive** to go into the attack *ou* offensive
**offert, e** [ɔfɛʀ, -ɛʀt(ə)] *pp de* **offrir**
**offertoire** [ɔfɛʀtwaʀ] *nm* offertory
**office** [ɔfis] *nm* (*charge*) office; (*agence*) bureau, agency; (*Rel*) service ▷ *nm ou f* (*pièce*) pantry; **faire ~ de** to act as; to do duty as; **d'~** automatically; **bons ~s** (Pol) good offices; **~ du tourisme** tourist bureau
**officialiser** [ɔfisjalize] *vt* to make official
**officiel, le** [ɔfisjɛl] *adj, nm/f* official
**officiellement** [ɔfisjɛlmɑ̃] *adv* officially
**officier** [ɔfisje] *nm* officer ▷ *vi* (Rel) to officiate; **~ de l'état-civil** registrar; **~ ministériel** member of the legal profession; **~ de police** ≈ police officer
**officieusement** [ɔfisjøzmɑ̃] *adv* unofficially
**officieux, -euse** [ɔfisjø, -øz] *adj* unofficial
**officinal, e, -aux** [ɔfisinal, -o] *adj*: **plantes ~es** medicinal plants
**officine** [ɔfisin] *nf* (*de pharmacie*) dispensary; (*Admin: pharmacie*) pharmacy; (*gén péj: bureau*) agency, office
**offrais** *etc* [ɔfʀɛ] *vb voir* **offrir**
**offrande** [ɔfʀɑ̃d] *nf* offering
**offrant** [ɔfʀɑ̃] *nm*: **au plus ~** to the highest bidder
**offre** [ɔfʀ(ə)] *vb voir* **offrir** ▷ *nf* offer; (*aux enchères*) bid; (*Admin: soumission*) tender; (*Écon*): **l'~** supply; **~ d'emploi** job advertised; **"~s d'emploi"** "situations vacant"; **~ publique d'achat (OPA)** takeover bid; **~s de service** offer of service
**offrir** [ɔfʀiʀ] *vt*: **~ (à qn)** to offer (to sb); (*faire cadeau*) to give to (sb); **s'offrir** *vi* (*se présenter: occasion, paysage*) to present itself ▷ *vt* (*se payer: vacances, voiture*) to treat o.s. to; **~ (à qn) de faire qch** to offer to do sth (for sb); **~ à boire à qn** to offer sb a drink; **s'~ à faire qch** to offer *ou* volunteer to do sth; **s'~ comme guide/en otage** to offer one's services as (a) guide/offer o.s. as (a) hostage; **s'~ aux regards** (*personne*) to expose o.s. to the public gaze
**offset** [ɔfsɛt] *nm* offset (printing)
**offusquer** [ɔfyske] *vt* to offend; **s'offusquer de** to take offence (Brit) *ou* offense (US) at, be offended by

**ogive** [ɔʒiv] *nf* (*Archit*) diagonal rib; (*d'obus, de missile*) nose cone; **voûte en ~** rib vault; **arc en ~** lancet arch; **~ nucléaire** nuclear warhead

**OGM** *sigle m* GMO

**ogre** [ɔgʀ(ə)] *nm* ogre

**oh** [o] *excl* oh!; **oh la la!** oh (dear)!; **pousser des oh! et des ah!** to gasp with admiration

**oie** [wa] *nf* (*Zool*) goose; **~ blanche** (*fig*) young innocent

**oignon** [ɔɲɔ̃] *nm* (*Culin*) onion; (*de tulipe etc: bulbe*) bulb; (*Méd*) bunion; **ce ne sont pas tes ~s** (*fam*) that's none of your business

**oindre** [wɛ̃dʀ(ə)] *vt* to anoint

**oiseau, x** [wazo] *nm* bird; **~ de proie** bird of prey

**oiseau-mouche** [wazomuʃ] (*pl* **oiseaux-mouches**) *nm* hummingbird

**oiseleur** [wazlœʀ] *nm* bird-catcher

**oiselier, -ière** [wazəlje, -jɛʀ] *nm/f* bird-seller

**oisellerie** [wazɛlʀi] *nf* bird shop

**oiseux, -euse** [wazø, -øz] *adj* pointless, idle; (*sans valeur, importance*) trivial

**oisif, -ive** [wazif, -iv] *adj* idle ▷ *nm/f* (*péj*) man/lady of leisure

**oisillon** [wazijɔ̃] *nm* little *ou* baby bird

**oisiveté** [wazivte] *nf* idleness

**OIT** *sigle f* (= Organisation internationale du travail) ILO

**OK** [okɛ] *excl* OK!, all right!

**OL** *sigle fpl* (= ondes longues) LW

**oléagineux, -euse** [ɔleaʒinø, -øz] *adj* oleaginous, oil-producing

**oléiculture** [ɔleikyltyʀ] *nm* olive growing

**oléoduc** [ɔleɔdyk] *nm* (oil) pipeline

**olfactif, -ive** [ɔlfaktif, -iv] *adj* olfactory

**olibrius** [ɔlibʀijys] *nm* oddball

**oligarchie** [ɔligaʀʃi] *nf* oligarchy

**oligo-élément** [ɔligoelemɑ̃] *nm* trace element

**oligopole** [ɔligɔpɔl] *nm* oligopoly

**olivâtre** [ɔlivɑtʀ(ə)] *adj* olive-greenish; (*teint*) sallow

**olive** [ɔliv] *nf* (*Bot*) olive ▷ *adj inv* olive-green

**oliveraie** [ɔlivʀɛ] *nf* olive grove

**olivier** [ɔlivje] *nm* olive (tree); (*bois*) olive (wood)

**olographe** [ɔlɔgʀaf] *adj*: **testament ~** will written, dated and signed by the testator

**OLP** *sigle f* (= Organisation de libération de la Palestine) PLO

**olympiade** [ɔlɛ̃pjad] *nf* (*période*) Olympiad; **les ~s** (*jeux*) the Olympiad *sg*

**olympien, ne** [ɔlɛ̃pjɛ̃, -ɛn] *adj* Olympian, of Olympian aloofness

**olympique** [ɔlɛ̃pik] *adj* Olympic

**OM** *sigle fpl* (= ondes moyennes) MW

**Oman** [ɔman] *nm*: **l'~, le sultanat d'~** (the Sultanate of) Oman

**ombilical, e, -aux** [ɔ̃bilikal, -o] *adj* umbilical

**ombrage** [ɔ̃bʀaʒ] *nm* (*ombre*) (leafy) shade; (*fig*): **prendre ~ de** to take umbrage at; **faire** *ou* **porter ~ à qn** to offend sb

**ombragé, e** [ɔ̃bʀaʒe] *adj* shaded, shady

**ombrageux, -euse** [ɔ̃bʀaʒø, -øz] *adj* (*cheval*) skittish, nervous; (*personne*) touchy, easily offended

**ombre** [ɔ̃bʀ(ə)] *nf* (*espace non ensoleillé*) shade; (*ombre portée, tache*) shadow; **à l'~** in the shade; (*fam: en prison*) behind bars; **à l'~ de** in the shade of; (*tout près de, fig*) in the shadow of; **tu me fais de l'~** you're in my light; **ça nous donne de l'~** it gives us (some) shade; **il n'y a pas l'~ d'un doute** there's not the shadow of a doubt; **dans l'~** in the shade; **vivre dans l'~** (*fig*) to live in obscurity; **laisser dans l'~** (*fig*) to leave in the dark; **~ à paupières** eye shadow; **~ portée** shadow; **~s chinoises** (*spectacle*) shadow show *sg*

**ombrelle** [ɔ̃bʀɛl] *nf* parasol, sunshade

**ombrer** [ɔ̃bʀe] *vt* to shade

**OMC** *sigle f* (= organisation mondiale du commerce) WTO

**omelette** [ɔmlɛt] *nf* omelette; **~ baveuse** runny omelette; **~ au fromage/au jambon** cheese/ham omelette; **~ aux herbes** omelette with herbs; **~ norvégienne** baked Alaska

**omettre** [ɔmɛtʀ(ə)] *vt* to omit, leave out; **~ de faire** to fail *ou* omit to do

**omis, e** [ɔmi, -iz] *pp de* **omettre**

**omission** [ɔmisjɔ̃] *nf* omission

**omnibus** [ɔmnibys] *nm* slow *ou* stopping train

**omnipotent, e** [ɔmnipɔtɑ̃, -ɑ̃t] *adj* omnipotent

**omnipraticien, ne** [ɔmnipʀatisjɛ̃, -ɛn] *nm/f* (*Méd*) general practitioner

**omniprésent, e** [ɔmnipʀezɑ̃, -ɑ̃t] *adj* omnipresent

**omniscient, e** [ɔmnisjɑ̃, -ɑ̃t] *adj* omniscient

**omnisports** [ɔmnispɔʀ] *adj inv* (*club*) general sports *cpd*; (*salle*) multi-purpose *cpd*; (*terrain*) all-purpose *cpd*

**omnium** [ɔmnjɔm] *nm* (*Comm*) corporation; (*Cyclisme*) omnium; (*Courses*) open handicap

**omnivore** [ɔmnivɔʀ] *adj* omnivorous

**omoplate** [ɔmɔplat] *nf* shoulder blade

**OMS** *sigle f* (= Organisation mondiale de la santé) WHO

○ **MOT-CLÉ**

**on** [ɔ̃] *pron* **1** (*indéterminé*) you, one; **on peut le faire ainsi** you *ou* one can do it like this, it can be done like this; **on dit que ...** they say that ..., it is said that ..

**2** (*quelqu'un*): **on les a attaqués** they were attacked; **on vous demande au téléphone** there's a phone call for you, you're wanted on the phone; **on frappe à la porte** someone's knocking at the door

**3** (*nous*) we; **on va y aller demain** we're going tomorrow

**4** (*les gens*) they; **autrefois, on croyait ...** they used to believe ..

**5**: **on ne peut plus** *adv*: **on ne peut plus stupide** as stupid as can be

**once** [ɔ̃s] *nf*: **une ~ de** an ounce of

287

**oncle** [ɔ̃kl(ə)] nm uncle
**onction** [ɔ̃ksjɔ̃] nf voir **extrême-onction**
**onctueux, -euse** [ɔ̃ktɥø, -øz] adj creamy, smooth; (fig) smooth, unctuous
**onde** [ɔ̃d] nf (Physique) wave; **sur l'**~ on the waters; **sur les** ~**s** on the radio; **mettre en** ~**s** to produce for the radio; ~ **de choc** shock wave; ~**s courtes (OC)** short wave sg; **petites** ~**s (PO)**, ~**s moyennes (OM)** medium wave sg; **grandes** ~**s (GO)**, ~**s longues (OL)** long wave sg; ~**s sonores** sound waves
**ondée** [ɔ̃de] nf shower
**on-dit** [ɔ̃di] nm inv rumour
**ondoyer** [ɔ̃dwaje] vi to ripple, wave ▷ vt (Rel) to baptize (in an emergency)
**ondulant, e** [ɔ̃dylɑ̃, -ɑ̃t] adj (démarche) swaying; (ligne) undulating
**ondulation** [ɔ̃dylasjɔ̃] nf undulation; wave
**ondulé, e** [ɔ̃dyle] adj undulating; wavy
**onduler** [ɔ̃dyle] vi to undulate; (cheveux) to wave
**onéreux, -euse** [ɔneʀø, -øz] adj costly; **à titre** ~ in return for payment
**ONF** sigle m (= Office national des forêts) ≈ Forestry Commission (Brit), ≈ National Forest Service (US)
**ONG** sigle f (= organisation non-gouvernemental) NGO
**ongle** [ɔ̃gl(ə)] nm (Anat) nail; **manger** ou **ronger ses** ~**s** to bite one's nails; **se faire les** ~**s** to do one's nails
**onglet** [ɔ̃glɛ] nm (rainure) (thumbnail) groove; (bande de papier) tab
**onguent** [ɔ̃gɑ̃] nm ointment
**onirique** [ɔniʀik] adj dreamlike, dream cpd
**onirisme** [ɔniʀism(ə)] nm dreams pl
**onomatopée** [ɔnɔmatɔpe] nf onomatopoeia
**ont** [ɔ̃] vb voir **avoir**
**ontarien, ne** [ɔ̃taʀjɛ̃, -ɛn] adj Ontarian
**ONU** [ɔny] sigle f (= Organisation des Nations unies) UN(O)
**onusien, ne** [ɔnyzjɛ̃, -ɛn] adj of the UN(O), of the United Nations (Organization)
**onyx** [ɔniks] nm onyx
**onze** [ɔ̃z] num eleven
**onzième** [ɔ̃zjɛm] num eleventh
**op** [ɔp] nf (opération): **salle d'op** (operating) theatre
**OPA** sigle f = **offre publique d'achat**
**opacité** [ɔpasite] nf opaqueness
**opale** [ɔpal] nf opal
**opalescent, e** [ɔpalesɑ̃, -ɑ̃t] adj opalescent
**opalin, e** [ɔpalɛ̃, -in] adj, nf opaline
**opaque** [ɔpak] adj (vitre, verre) opaque; (brouillard, nuit) impenetrable
**OPE** sigle f (= offre publique d'échange) take-over bid where bidder offers shares in his company in exchange for shares in target company
**OPEP** [ɔpɛp] sigle f (= Organisation des pays exportateurs de pétrole) OPEC
**opéra** [ɔpeʀa] nm opera; (édifice) opera house
**opérable** [ɔpeʀabl(ə)] adj operable
**opéra-comique** [ɔpeʀakɔmik] (pl **opéras-comiques**) nm light opera, opéra comique

**opérant, e** [ɔpeʀɑ̃, -ɑ̃t] adj (mesure) effective
**opérateur, -trice** [ɔpeʀatœʀ, -tʀis] nm/f operator; ~ **(de prise de vues)** cameraman
**opération** [ɔpeʀasjɔ̃] nf operation; (Comm) dealing; **salle/table d'**~ operating theatre/table; ~ **de sauvetage** rescue operation; ~ **à cœur ouvert** open-heart surgery no pl
**opérationnel, le** [ɔpeʀasjɔnɛl] adj operational
**opératoire** [ɔpeʀatwaʀ] adj (manœuvre, méthode) operating; (choc etc) post-operative
**opéré, e** [ɔpeʀe] nm/f post-operative patient
**opérer** [ɔpeʀe] vt (Méd) to operate on; (faire, exécuter) to carry out, make ▷ vi (remède: faire effet) to act, work; (procéder) to proceed; (Méd) to operate; **s'opérer** vi (avoir lieu) to occur, take place; **se faire** ~ to have an operation; **se faire** ~ **des amygdales/du cœur** to have one's tonsils out/have a heart operation
**opérette** [ɔpeʀɛt] nf operetta, light opera
**ophtalmique** [ɔftalmik] adj ophthalmic
**ophtalmologie** [ɔftalmɔlɔʒi] nf ophthalmology
**ophtalmologue** [ɔftalmɔlɔg] nm/f ophthalmologist
**opiacé, e** [ɔpjase] adj opiate
**opiner** [ɔpine] vi: ~ **de la tête** to nod assent ▷ vt: ~ **à** to consent to
**opiniâtre** [ɔpinjɑtʀ(ə)] adj stubborn
**opiniâtreté** [ɔpinjɑtʀəte] nf stubbornness
**opinion** [ɔpinjɔ̃] nf opinion; **l'**~ **(publique)** public opinion; **avoir bonne/mauvaise** ~ **de** to have a high/low opinion of
**opiomane** [ɔpjɔman] nm/f opium addict
**opium** [ɔpjɔm] nm opium
**OPJ** sigle m (= officier de police judiciaire) ≈ DC (= Detective Constable)
**opportun, e** [ɔpɔʀtœ̃, -yn] adj timely, opportune; **en temps** ~ at the appropriate time
**opportunément** [ɔpɔʀtynemɑ̃] adv opportunely
**opportunisme** [ɔpɔʀtynism(ə)] nm opportunism
**opportuniste** [ɔpɔʀtynist(ə)] adj, nm/f opportunist
**opportunité** [ɔpɔʀtynite] nf timeliness, opportuneness
**opposant, e** [ɔpozɑ̃, -ɑ̃t] adj opposing ▷ nm/f opponent
**opposé, e** [ɔpoze] adj (direction, rive) opposite; (faction) opposing; (couleurs) contrasting; (opinions, intérêts) conflicting; (contre): ~ **à** opposed to, against ▷ nm: **l'**~ the other ou opposite side (ou direction); (contraire) the opposite; **être** ~ **à** to be opposed to; **à l'**~ (fig) on the other hand; **à l'**~ **de** on the other ou opposite side from; (fig) contrary to, unlike
**opposer** [ɔpoze] vt (meubles, objets) to place opposite each other; (personnes, armées, équipes) to oppose; (couleurs, termes, tons) to contrast; (comparer: livres, avantages) to contrast; ~ **qch à** (comme obstacle, défense) to set sth against; (comme objection) to put sth forward against; (en contraste) to set sth opposite; to match sth with;

**s'opposer** vi (sens réciproque) to conflict; to clash; to face each other; to contrast; **s'~ à** (interdire, empêcher) to oppose; (tenir tête à) to rebel against; **sa religion s'y oppose** it's against his religion; **s'~ à ce que qn fasse** to be opposed to sb's doing

**opposition** [ɔpozisjɔ̃] nf opposition; **par ~** in contrast; **par ~ à** as opposed to, in contrast with; **entrer en ~ avec** to come into conflict with; **être en ~ avec** (idées, conduite) to be at variance with; **faire ~ à un chèque** to stop a cheque

**oppressant, e** [ɔpʀesɑ̃, -ɑ̃t] adj oppressive

**oppresser** [ɔpʀese] vt to oppress; **se sentir oppressé** to feel breathless

**oppresseur** [ɔpʀesœʀ] nm oppressor

**oppressif, -ive** [ɔpʀesif, -iv] adj oppressive

**oppression** [ɔpʀesjɔ̃] nf oppression; (malaise) feeling of suffocation

**opprimer** [ɔpʀime] vt (asservir: peuple, faibles) to oppress; (étouffer: liberté, opinion) to suppress, stifle; (chaleur etc) to suppress, oppress

**opprobre** [ɔpʀɔbʀ(ə)] nm disgrace

**opter** [ɔpte] vi: **~ pour** to opt for; **~ entre** to choose between

**opticien, ne** [ɔptisjɛ̃, -ɛn] nm/f optician

**optimal, e, -aux** [ɔptimal, -o] adj optimal

**optimisation** [ɔptimizasjɔ̃] nf optimization

**optimiser** [ɔptimize] vt to optimize

**optimisme** [ɔptimism(ə)] nm optimism

**optimiste** [ɔptimist(ə)] adj optimistic ▷ nm/f optimist

**optimum** [ɔptimɔm] adj, nm optimum

**option** [ɔpsjɔ̃] nf option; (Auto: supplément) optional extra; **matière à ~** (Scol) optional subject (Brit), elective (US); **prendre une ~ sur** to take (out) an option on; **~ par défaut** (Inform) default (option)

**optionnel, le** [ɔpsjɔnɛl] adj optional

**optique** [ɔptik] adj (nerf) optic; (verres) optical ▷ nf (Photo: lentilles etc) optics pl; (science, industrie) optics sg; (fig: manière de voir) perspective

**opulence** [ɔpylɑ̃s] nf wealth, opulence

**opulent, e** [ɔpylɑ̃, -ɑ̃t] adj wealthy, opulent; (formes, poitrine) ample, generous

**OPV** sigle f (= offre publique de vente) public offer of sale

**or** [ɔʀ] nm gold ▷ conj now, but; **d'or** (fig) golden; **en or** gold (cpd); (occasion) golden; **un mari/enfant en or** a treasure; **une affaire en or** (achat) a real bargain; (commerce) a gold mine; **plaqué or** gold-plated; **or noir** black gold

**oracle** [ɔʀɑkl(ə)] nm oracle

**orage** [ɔʀaʒ] nm (thunder)storm

**orageux, -euse** [ɔʀaʒø, -øz] adj stormy

**oraison** [ɔʀɛzɔ̃] nf orison, prayer; **~ funèbre** funeral oration

**oral, e, -aux** [ɔʀal, -o] adj (déposition, promesse) oral, verbal; (Méd): **par voie ~e** by mouth, orally ▷ nm (Scol) oral

**oralement** [ɔʀalmɑ̃] adv orally

**orange** [ɔʀɑ̃ʒ] adj inv, nf orange; **~ sanguine**

blood orange; **~ pressée** freshly-squeezed orange juice

**orangé, e** [ɔʀɑ̃ʒe] adj orangey, orange-coloured

**orangeade** [ɔʀɑ̃ʒad] nf orangeade

**oranger** [ɔʀɑ̃ʒe] nm orange tree

**orangeraie** [ɔʀɑ̃ʒʀɛ] nf orange grove

**orangerie** [ɔʀɑ̃ʒʀi] nf orangery

**orang-outan, orang-outang** [ɔʀɑ̃utɑ̃] nm orang-utan

**orateur** [ɔʀatœʀ] nm speaker; orator

**oratoire** [ɔʀatwaʀ] nm (lieu, chapelle) oratory; (au bord du chemin) wayside shrine ▷ adj oratorical

**oratorio** [ɔʀatɔʀjo] nm oratorio

**orbital, e, -aux** [ɔʀbital, -o] adj orbital; **station ~e** space station

**orbite** [ɔʀbit] nf (Anat) (eye-)socket; (Physique) orbit; **mettre sur ~** to put into orbit; (fig) to launch; **dans l'~ de** (fig) within the sphere of influence of

**Orcades** [ɔʀkad] nfpl: **les ~** the Orkneys, the Orkney Islands

**orchestral, e, -aux** [ɔʀkɛstʀal, -o] adj orchestral

**orchestrateur, -trice** [ɔʀkɛstʀatœʀ, -tʀis] nm/f orchestrator

**orchestration** [ɔʀkɛstʀasjɔ̃] nf orchestration

**orchestre** [ɔʀkɛstʀ(ə)] nm orchestra; (de jazz, danse) band; (places) stalls pl (Brit), orchestra (US)

**orchestrer** [ɔʀkɛstʀe] vt (Mus) to orchestrate; (fig) to mount, stage-manage

**orchidée** [ɔʀkide] nf orchid

**ordinaire** [ɔʀdinɛʀ] adj ordinary; (coutumier: maladresse etc) usual; (de tous les jours) everyday; (modèle, qualité) standard ▷ nm ordinary; (menus) everyday fare ▷ nf (essence) ≈ two-star (petrol) (Brit), ≈ regular (gas) (US); **d'~** usually, normally; **à l'~** usually, ordinarily

**ordinairement** [ɔʀdinɛʀmɑ̃] adv ordinarily, usually

**ordinal, e, -aux** [ɔʀdinal, -o] adj ordinal

**ordinateur** [ɔʀdinatœʀ] nm computer; **mettre sur ~** to computerize, put on computer; **~ de bureau** desktop computer; **~ individuel** ou **personnel** personal computer; **~ portable** laptop (computer)

**ordination** [ɔʀdinasjɔ̃] nf ordination

**ordonnance** [ɔʀdɔnɑ̃s] nf organization; (groupement, disposition) layout; (Méd) prescription; (Jur) order; (Mil) orderly, batman (Brit); **d'~** (Mil) regulation cpd; **officier d'~** aide-de-camp

**ordonnateur, -trice** [ɔʀdɔnatœʀ, -tʀis] nm/f (d'une cérémonie, fête) organizer; **~ des pompes funèbres** funeral director

**ordonné, e** [ɔʀdɔne] adj tidy, orderly; (Math) ordered ▷ nf (Math) Y-axis, ordinate

**ordonner** [ɔʀdɔne] vt (agencer) to organize, arrange; (: meubles, appartement) to lay out, arrange; (donner un ordre): **~ à qn de faire** to order sb to do; (Math) to (arrange in) order; (Rel) to ordain; (Méd) to prescribe; (Jur) to order; **s'ordonner** vi (faits) to organize themselves

**ordre** [ɔRdR(ə)] *nm* (*gén*) order; (*propreté et soin*) orderliness, tidiness; (*association professionnelle, honorifique*) association; (*Comm*): **à l'~ de** payable to; (*nature*): **d'~ pratique** of a practical nature; **ordres** *nmpl* (*Rel*) holy orders; **avoir de l'~ to** be tidy *ou* orderly; **mettre en ~** to tidy (up), put in order; **mettre bon ~ à** to put to rights, sort out; **procéder par ~** to take things one at a time; **être aux ~s de qn/sous les ~s de qn** to be at sb's disposal/under sb's command; **rappeler qn à l'~** to call sb to order; **jusqu'à nouvel ~** until further notice; **dans le même ~ d'idées** in this connection; **par ~ d'entrée en scène** in order of appearance; **un ~ de grandeur** some idea of the size (*ou* amount); **de premier ~** first-rate; **~ de grève** strike call; **~ du jour** (*d'une réunion*) agenda; (*Mil*) order of the day; **à l'~ du jour** on the agenda; (*fig*) topical; (*Mil*: *citer*) in dispatches; **~ de mission** (*Mil*) orders *pl*; **~ public** law and order; **~ de route** marching orders *pl*

**ordure** [ɔRdyR] *nf* filth *no pl*; (*propos, écrit*) obscenity, (piece of) filth; **ordures** *nfpl* (*balayures, déchets*) rubbish *sg*, refuse *sg*; **~s ménagères** household refuse

**ordurier, -ière** [ɔRdyRje, -jɛR] *adj* lewd, filthy

**oreille** [ɔRɛj] *nf* (*Anat*) ear; (*de marmite, tasse*) handle; (*Tech*: *d'un écrou*) wing; **avoir de l'~** to have a good ear (for music); **avoir l'~ fine** to have good *ou* sharp ears; **l'~ basse** crestfallen, dejected; **se faire tirer l'~** to take a lot of persuading; **dire qch à l'~ de qn** to have a word in sb's ear (about sth)

**oreiller** [ɔReje] *nm* pillow

**oreillette** [ɔRɛjɛt] *nf* (*Anat*) auricle

**oreillons** [ɔRejɔ̃] *nmpl* mumps *sg*

**ores** [ɔR]: **d'~ et déjà** *adv* already

**orfèvre** [ɔRfɛvR(ə)] *nm* goldsmith; silversmith

**orfèvrerie** [ɔRfɛvRəRi] *nf* (*art, métier*) goldsmith's (*ou* silversmith's) trade; (*ouvrage*) (silver *ou* gold) plate

**orfraie** [ɔRfRɛ] *nm* white-tailed eagle; **pousser des cris d'~** to yell at the top of one's voice

**organe** [ɔRgan] *nm* organ; (*véhicule, instrument*) instrument; (*voix*) voice; (*porte-parole*) representative, mouthpiece; **~s de commande** (*Tech*) controls; **~s de transmission** (*Tech*) transmission system *sg*

**organigramme** [ɔRganigRam] *nm* (*hiérarchique, structure*) organization chart; (*des opérations*) flow chart

**organique** [ɔRganik] *adj* organic

**organisateur, -trice** [ɔRganizatœR, -tRis] *nm/f* organizer

**organisation** [ɔRganizasjɔ̃] *nf* organization; **O~ des Nations unies (ONU)** United Nations (Organization) (UN, UNO); **O~ mondiale de la santé (OMS)** World Health Organization (WHO); **O~ du traité de l'Atlantique Nord (OTAN)** North Atlantic Treaty Organization (NATO)

**organisationnel, le** [ɔRganizasjɔnɛl] *adj* organizational

**organiser** [ɔRganize] *vt* to organize; (*mettre sur pied*: *service etc*) to set up; **s'organiser** *vi* to get organized

**organisme** [ɔRganism(ə)] *nm* (*Bio*) organism; (*corps humain*) body; (*Admin, Pol etc*) body, organism

**organiste** [ɔRganist(ə)] *nm/f* organist

**orgasme** [ɔRgasm(ə)] *nm* orgasm, climax

**orge** [ɔR3(ə)] *nf* barley

**orgeat** [ɔR3a] *nm*: **sirop d'~** barley water

**orgelet** [ɔR3əlɛ] *nm* sty(e)

**orgie** [ɔR3i] *nf* orgy

**orgue** [ɔRg(ə)] *nm* organ; **orgues** *nfpl* organ *sg*; **~ de Barbarie** barrel *ou* street organ

**orgueil** [ɔRgœj] *nm* pride

**orgueilleux, -euse** [ɔRgœjø, -øz] *adj* proud

**Orient** [ɔRjɑ̃] *nm*: **l'~** the East, the Orient

**orientable** [ɔRjɑ̃tabl(ə)] *adj* (*phare, lampe etc*) adjustable

**oriental, e, -aux** [ɔRjɑ̃tal, -o] *adj* oriental, eastern; (*frontière*) eastern ▷ *nm/f*: **Oriental, e** Oriental

**orientation** [ɔRjɑ̃tasjɔ̃] *nf* positioning; adjustment; orientation; direction; (*d'une maison etc*) aspect; (*d'un journal*) leanings *pl*; **avoir le sens de l'~** to have a (good) sense of direction; **course d'~** orienteering exercise; **~ professionnelle** careers advice *ou* guidance; (*service*) careers advisory service

**orienté, e** [ɔRjɑ̃te] *adj* (*fig*: *article, journal*) slanted; **bien/mal ~** (*appartement*) well/badly positioned; **~ au sud** facing south, with a southern aspect

**orienter** [ɔRjɑ̃te] *vt* (*situer*) to position; (*placer, disposer*: *pièce mobile*) to adjust, position; (*tourner*) to direct, turn; (*voyageur, touriste, recherches*) to direct; (*fig*: *élève*) to orientate; **s'orienter** *vi* (*se repérer*) to find one's bearings; **s'~ vers** (*fig*) to turn towards

**orienteur, -euse** [ɔRjɑ̃tœR, -øz] *nm/f* (*Scol*) careers adviser

**orifice** [ɔRifis] *nm* opening, orifice

**oriflamme** [ɔRiflam] *nf* banner, standard

**origan** [ɔRigɑ̃] *nm* oregano

**originaire** [ɔRiʒinɛR] *adj* original; **être ~ de** (*pays, lieu*) to be a native of; (*provenir de*) to originate from; to be native to

**original, e, -aux** [ɔRiʒinal, -o] *adj* original; (*bizarre*) eccentric ▷ *nm/f* (*fam*: *excentrique*) eccentric; (: *fantaisiste*) joker ▷ *nm* (*document etc, Art*) original; (*dactylographie*) top copy

**originalité** [ɔRiʒinalite] *nf* (*d'un nouveau modèle*) originality *no pl*; (*excentricité, bizarrerie*) eccentricity

**origine** [ɔRiʒin] *nf* origin; (*d'un message, appel téléphonique*) source; (*d'une révolution, réussite*) root; **origines** *nfpl* (*d'une personne*) origins; **d'~** of origin; (*pneus etc*) original; (*bureau postal*) dispatching; **d'~ française** of French origin; **dès l'~** at *ou* from the outset; **à l'~** originally; **avoir son ~ dans** to have its origins in, originate in

**originel, le** [ɔʀiʒinɛl] *adj* original
**originellement** [ɔʀiʒinɛlmɑ̃] *adv* (*à l'origine*) originally; (*dès l'origine*) from the beginning
**oripeaux** [ɔʀipo] *nmpl* rags
**ORL** *sigle f* (= *oto-rhino-laryngologie*) ENT ▷ *sigle m/f* (= *oto-rhino-laryngologiste*) ENT specialist; **être en ~** (*malade*) to be in the ENT hospital *ou* department
**orme** [ɔʀm(ə)] *nm* elm
**orné, e** [ɔʀne] *adj* ornate; **~ de** adorned *ou* decorated with
**ornement** [ɔʀnəmɑ̃] *nm* ornament; (*fig*) embellishment, adornment; **~s sacerdotaux** vestments
**ornemental, e, -aux** [ɔʀnəmɑ̃tal, -o] *adj* ornamental
**ornementer** [ɔʀnəmɑ̃te] *vt* to ornament
**orner** [ɔʀne] *vt* to decorate, adorn; **~ qch de** to decorate sth with
**ornière** [ɔʀnjɛʀ] *nf* rut; (*fig*): **sortir de l'~** (*routine*) to get out of the rut; (*impasse*) to get out of a spot
**ornithologie** [ɔʀnitɔlɔʒi] *nf* ornithology
**ornithologue** [ɔʀnitɔlɔg] *nm/f* ornithologist; **~ amateur** birdwatcher
**orphelin, e** [ɔʀfəlɛ̃, -in] *adj* orphan(ed) ▷ *nm/f* orphan; **~ de père/mère** fatherless/motherless
**orphelinat** [ɔʀfəlina] *nm* orphanage
**ORSEC** [ɔʀsɛk] *sigle f* = **Organisation des secours**; **le plan ~** *disaster contingency plan*
**ORSECRAD** [ɔʀsɛkʀad] *sigle m* = **ORSEC en cas d'accident nucléaire**
**orteil** [ɔʀtɛj] *nm* toe; **gros ~** big toe
**ORTF** *sigle m* (= *Office de radio-diffusion télévision française*) (*former*) French broadcasting corporation
**orthodontiste** [ɔʀtɔdɔ̃tist(ə)] *nm/f* orthodontist
**orthodoxe** [ɔʀtɔdɔks(ə)] *adj* orthodox
**orthodoxie** [ɔʀtɔdɔksi] *nf* orthodoxy
**orthogénie** [ɔʀtɔʒeni] *nf* family planning
**orthographe** [ɔʀtɔgʀaf] *nf* spelling
**orthographier** [ɔʀtɔgʀafje] *vt* to spell; **mal orthographié** misspelt
**orthopédie** [ɔʀtɔpedi] *nf* orthopaedics *sg* (*Brit*), orthopedics *sg* (*US*)
**orthopédique** [ɔʀtɔpedik] *adj* orthopaedic (*Brit*), orthopedic (*US*)
**orthopédiste** [ɔʀtɔpedist(ə)] *nm/f* orthopaedic (*Brit*) *ou* orthopedic (*US*) specialist
**orthophonie** [ɔʀtɔfɔni] *nf* (*Méd*) speech therapy; (*Ling*) correct pronunciation
**orthophoniste** [ɔʀtɔfɔnist(ə)] *nm/f* speech therapist
**ortie** [ɔʀti] *nf* (stinging) nettle; **~ blanche** white dead-nettle
**OS** *sigle m* = **ouvrier spécialisé**
**os** [ɔs] *nm* bone; **sans os** (*Boucherie*) off the bone, boned; **os à moelle** marrowbone
**oscillation** [ɔsilasjɔ̃] *nf* oscillation; **oscillations** *nfpl* (*fig*) fluctuations
**osciller** [ɔsile] *vi* (*pendule*) to swing; (*au vent etc*) to rock; (*Tech*) to oscillate; (*fig*): **~ entre** to

waver *ou* fluctuate between
**osé, e** [oze] *adj* daring, bold
**oseille** [ozɛj] *nf* sorrel
**oser** [oze] *vi, vt* to dare; **~ faire** to dare (to) do
**osier** [ozje] *nm* (*Bot*) willow; **d'~, en ~** wicker(work) *cpd*
**Oslo** [ɔslo] *n* Oslo
**osmose** [ɔsmoz] *nf* osmosis
**ossature** [ɔsatyʀ] *nf* (*Anat*: *squelette*) frame, skeletal structure; (*: du visage*) bone structure; (*fig*) framework
**osselet** [ɔslɛ] *nm* (*Anat*) ossicle; **jouer aux ~s** to play jacks
**ossements** [ɔsmɑ̃] *nmpl* bones
**osseux, -euse** [ɔsø, -øz] *adj* bony; (*tissu, maladie, greffe*) bone *cpd*
**ossifier** [ɔsifje]: **s'ossifier** *vi* to ossify
**ossuaire** [ɔsɥɛʀ] *nm* ossuary
**Ostende** [ɔstɑ̃d] *n* Ostend
**ostensible** [ɔstɑ̃sibl(ə)] *adj* conspicuous
**ostensiblement** [ɔstɑ̃sibləmɑ̃] *adv* conspicuously
**ostensoir** [ɔstɑ̃swaʀ] *nm* monstrance
**ostentation** [ɔstɑ̃tasjɔ̃] *nf* ostentation; **faire ~ de** to parade, make a display of
**ostentatoire** [ɔstɑ̃tatwaʀ] *adj* ostentatious
**ostracisme** [ɔstʀasism(ə)] *nm* ostracism; **frapper d'~** to ostracize
**ostréicole** [ɔstʀeikɔl] *adj* oyster *cpd*
**ostréiculture** [ɔstʀeikyltyʀ] *nf* oyster-farming
**otage** [ɔtaʒ] *nm* hostage; **prendre qn comme ~** to take sb hostage
**OTAN** [ɔtɑ̃] *sigle f* (= *Organisation du traité de l'Atlantique Nord*) NATO
**otarie** [ɔtaʀi] *nf* sea-lion
**ôter** [ote] *vt* to remove; (*soustraire*) to take away; **~ qch à qn** to take sth (away) from sb; **~ qch de** to remove sth from; **six ôté de dix égale quatre** six from ten equals *ou* is four
**otite** [ɔtit] *nf* ear infection
**oto-rhino** [ɔtɔʀino(-)], **oto-rhino-laryngologiste** *nm/f* ear, nose and throat specialist
**ottomane** [ɔtɔman] *nf* ottoman
**ou** [u] *conj* or; **ou ... ou** either ... or; **ou bien** or (else)

⊙ MOT-CLÉ

**où** [u] *pron relatif* **1** (*position, situation*) where, that (*souvent omis*); **la chambre où il était** the room (that) he was in, the room where he was; **la ville où je l'ai rencontré** the town where I met him; **la pièce d'où il est sorti** the room he came out of; **le village d'où je viens** the village I come from; **les villes par où il est passé** the towns he went through
**2** (*temps, état*) that (*souvent omis*); **le jour où il est parti** the day (that) he left; **au prix où c'est** at the price it is
▷ *adv* **1** (*interrogation*) where; **où est-il/va-t-il?** where is he/is he going?; **par où?** which way?;

**d'où vient que ...?** how come ...?
**2** (*position*) where; **je sais où il est** I know
where he is; **où que l'on aille** wherever you go

**OUA** *sigle f* (= *Organisation de l'unité africaine*) OAU
(= *Organization of African Unity*)
**ouais** [wɛ] *excl* yeah
**ouate** [wat] *nf* cotton wool (*Brit*), cotton (*US*);
(*bourre*) padding, wadding; ~ **(hydrophile)**
cotton wool (*Brit*), (absorbent) cotton (*US*)
**ouaté, e** [wate] *adj* cotton-wool; (*doublé*)
padded; (*fig: atmosphère*) cocoon-like; (: *pas, bruit*)
muffled
**oubli** [ubli] *nm* (*acte*): **l'~ de** forgetting;
(*étourderie*) forgetfulness *no pl*; (*négligence*)
omission, oversight; (*absence de souvenirs*)
oblivion; ~ **de soi** self-effacement, self-
negation
**oublier** [ublije] *vt* (*gén*) to forget; (*ne pas voir:*
*erreurs etc*) to miss; (*ne pas mettre: virgule, nom*) to
leave out, forget; (*laisser quelque part: chapeau etc*)
to leave behind; **s'oublier** *vi* to forget o.s.;
(*enfant, animal*) to have an accident (*euphemism*); ~
**l'heure** to forget (about) the time
**oubliettes** [ublijɛt] *nfpl* dungeon *sg*; **(jeter) aux**
~ (*fig*) (to put) completely out of mind
**oublieux, -euse** [ublijø, -øz] *adj* forgetful
**oued** [wɛd] *nm* wadi
**ouest** [wɛst] *nm* west ▷ *adj inv* west; (*région*)
western; **à l'~** in the west, (to the) west,
westwards; **à l'~ de** (to the) west of; **vent d'~**
westerly wind
**ouest-allemand, e** [wɛstalmɑ̃, -ɑ̃d] *adj* West
German
**ouf** [uf] *excl* phew!
**Ouganda** [ugɑ̃da] *nm*: **l'~** Uganda
**ougandais, e** [ugɑ̃dɛ, -ɛz] *adj* Ugandan
**oui** [wi] *adv* yes; **répondre (par)** ~ to answer
yes; **mais ~, bien sûr** yes, of course; **je pense**
**que** ~ I think so; **pour un ~ ou pour un non** for
no apparent reason
**ouï-dire** [widiʀ]: **par** ~ *adv* by hearsay
**ouïe** [wi] *nf* hearing; **ouïes** *nfpl* (*de poisson*) gills;
(*de violon*) sound-hole *sg*
**ouïr** [wiʀ] *vt* to hear; **avoir ouï dire que** to have
heard it said that
**ouistiti** [wistiti] *nm* marmoset
**ouragan** [uʀagɑ̃] *nm* hurricane; (*fig*) storm
**Oural** [uʀal] *nm*: **l'~** (*fleuve*) the Ural; (*aussi:* **les**
**monts Oural**) the Urals, the Ural Mountains
**ourdir** [uʀdiʀ] *vt* (*complot*) to hatch
**ourdou** [uʀdu] *adj inv* Urdu ▷ *nm* (*Ling*) Urdu
**ourlé, e** [uʀle] *adj* hemmed; (*fig*) rimmed
**ourler** [uʀle] *vt* to hem
**ourlet** [uʀlɛ] *nm* hem; (*de l'oreille*) rim; **faire un**
~ **à** to hem
**ours** [uʀs] *nm* bear; ~ **brun/blanc** brown/polar
bear; ~ **marin** fur seal; ~ **mal léché** uncouth
fellow; ~ **(en peluche)** teddy (bear)
**ourse** [uʀs(ə)] *nf* (*Zool*) she-bear; **la Grande/**
**Petite O~** the Great/Little Bear, Ursa Major/
Minor

**oursin** [uʀsɛ̃] *nm* sea urchin
**ourson** [uʀsɔ̃] *nm* (bear-)cub
**ouste** [ust(ə)] *excl* hop it!
**outil** [uti] *nm* tool
**outillage** [utijaʒ] *nm* set of tools; (*d'atelier*)
equipment *no pl*
**outiller** [utije] *vt* (*ouvrier, usine*) to equip
**outrage** [utʀaʒ] *nm* insult; **faire subir les**
**derniers ~s à** (*femme*) to ravish; ~ **aux bonnes**
**mœurs** (*Jur*) outrage to public decency; ~ **à**
**magistrat** (*Jur*) contempt of court; ~ **à la**
**pudeur** (*Jur*) indecent behaviour *no pl*
**outragé, e** [utʀaʒe] *adj* offended; outraged
**outrageant, e** [utʀaʒɑ̃, -ɑ̃t] *adj* offensive
**outrager** [utʀaʒe] *vt* to offend gravely; (*fig:*
*contrevenir à*) to outrage, insult
**outrageusement** [utʀaʒøzmɑ̃] *adv*
outrageously
**outrance** [utʀɑ̃s] *nf* excessiveness *no pl*, excess;
**à** ~ *adv* excessively, to excess
**outrancier, -ière** [utʀɑ̃sje, -jɛʀ] *adj* extreme
**outre** [utʀ(ə)] *nf* goatskin, water skin ▷ *prép*
besides ▷ *adv*: **passer** ~ to carry on regardless;
**passer** ~ **à** to disregard, take no notice of; **en** ~
besides, moreover; ~ **que** apart from the fact
that; ~ **mesure** immoderately; unduly
**outré, e** [utʀe] *adj* (*flatterie, éloge*) excessive,
exaggerated; (*indigné, scandalisé*) outraged
**outre-Atlantique** [utʀatlɑ̃tik] *adv* across the
Atlantic
**outrecuidance** [utʀəkɥidɑ̃s] *nf*
presumptuousness *no pl*
**outre-Manche** [utʀəmɑ̃ʃ] *adv* across the
Channel
**outremer** [utʀəmɛʀ] *adj inv* ultramarine
**outre-mer** [utʀəmɛʀ] *adv* overseas; **d'~**
overseas
**outrepasser** [utʀəpase] *vt* to go beyond, exceed
**outrer** [utʀe] *vt* (*pensée, attitude*) to exaggerate;
(*indigner: personne*) to outrage
**outre-Rhin** [utʀəʀɛ̃] *adv* across the Rhine, in
Germany
**outsider** [awtsajdœʀ] *nm* outsider
**ouvert, e** [uvɛʀ, -ɛʀt(ə)] *pp de* **ouvrir** ▷ *adj* open;
(*robinet, gaz etc*) on; **à bras ~s** with open arms
**ouvertement** [uvɛʀtəmɑ̃] *adv* openly
**ouverture** [uvɛʀtyʀ] *nf* opening; (*Mus*)
overture; (*Pol*): **l'~** the widening of the political
spectrum; (*Photo*): ~ **(du diaphragme)**
aperture; **ouvertures** *nfpl* (*propositions*)
overtures; ~ **d'esprit** open-mindedness;
**heures d'~** (*Comm*) opening hours; **jours d'~**
(*Comm*) days of opening
**ouvrable** [uvʀabl(ə)] *adj*: **jour** ~ working day,
weekday; **heures ~s** business hours
**ouvrage** [uvʀaʒ] *nm* (*tâche, de tricot etc, Mil*) work
*no pl*; (*objet: Couture, Art*) (piece of) work; (*texte,*
*livre*) work; **panier** *ou* **corbeille à** ~ work basket;
~ **d'art** (*Génie Civil*) bridge or tunnel *etc*
**ouvragé, e** [uvʀaʒe] *adj* finely embroidered (*ou*
worked *ou* carved)
**ouvrant, e** [uvʀɑ̃, -ɑ̃t] *vb voir* **ouvrir** ▷ *adj*: **toit** ~

sunroof
**ouvré, e** [uvʀe] *adj* finely-worked; **jour ~** working day
**ouvre-boîte, ouvre-boîtes** [uvʀəbwat] *nm inv* tin (*Brit*) *ou* can opener
**ouvre-bouteille, ouvre-bouteilles** [uvʀəbutɛj] *nm inv* bottle-opener
**ouvreuse** [uvʀøz] *nf* usherette
**ouvrier, -ière** [uvʀije, -jɛʀ] *nm/f* worker ▷ *nf* (*Zool*) worker (bee) ▷ *adj* working-class; (*problèmes, conflit*) industrial, labour *cpd* (*Brit*), labor *cpd* (*US*); (*revendications*) workers'; **classe ouvrière** working class; **~ agricole** farmworker; **~ qualifié** skilled worker; **~ spécialisé (OS)** semiskilled worker; **~ d'usine** factory worker
**ouvrir** [uvʀiʀ] *vt* (*gén*) to open; (*brèche, passage*) to open up; (*commencer l'exploitation de, créer*) to open (up); (*eau, électricité, chauffage, robinet*) to turn on; (*Méd: abcès*) to open up, cut open ▷ *vi* to open; to open up; (*Cartes*): **~ à trèfle** to open in clubs; **s'ouvrir** *vi* to open; **s'~ à** (*art etc*) to open one's mind to; **s'~ à qn (de qch)** to open one's heart to sb (about sth); **s'~ les veines** to slash *ou* cut one's wrists; **~ sur** to open onto; **~ l'appétit à qn** to whet sb's appetite; **~ des horizons** to

open up new horizons; **~ l'esprit** to broaden one's horizons; **~ une session** (*Inform*) to log in
**ouvroir** [uvʀwaʀ] *nm* workroom, sewing room
**ovaire** [ɔvɛʀ] *nm* ovary
**ovale** [ɔval] *adj* oval
**ovation** [ɔvasjɔ̃] *nf* ovation
**ovationner** [ɔvasjɔne] *vt*: **~ qn** to give sb an ovation
**ovin, e** [ɔvɛ̃, -in] *adj* ovine
**OVNI** [ɔvni] *sigle m* (= *objet volant non identifié*) UFO
**ovoïde** [ɔvɔid] *adj* egg-shaped
**ovulation** [ɔvylasjɔ̃] *nf* (*Physiol*) ovulation
**ovule** [ɔvyl] *nm* (*Physiol*) ovum; (*Méd*) pessary
**oxfordien, ne** [ɔksfɔʀdjɛ̃, -ɛn] *adj* Oxonian ▷ *nm/f*: **Oxfordien, ne** Oxonian
**oxydable** [ɔksidabl(ə)] *adj* liable to rust
**oxyde** [ɔksid] *nm* oxide; **~ de carbone** carbon monoxide
**oxyder** [ɔkside]: **s'oxyder** *vi* to become oxidized
**oxygéné, e** [ɔksiʒene] *adj*: **eau ~e** hydrogen peroxide; **cheveux ~s** bleached hair
**oxygène** [ɔksiʒɛn] *nm* oxygen; (*fig*): **cure d'~** fresh air cure
**ozone** [ozɔn] *nm* ozone; **trou dans la couche d'~** hole in the ozone layer

# Pp

**P, p** [pe] *nm inv* P, p ▷ *abr* (= *Père*) Fr; (= *page*) p; **P comme Pierre** P for Peter

**PA** *sigle fpl* = **petites annonces**

**PAC** *sigle f* (= *Politique agricole commune*) CAP

**pacage** [pakaʒ] *nm* grazing, pasture

**pacemaker** [pɛsmɛkœʀ] *nm* pacemaker

**pachyderme** [paʃidɛʀm(ə)] *nm* pachyderm; elephant

**pacificateur, -trice** [pasifikatœʀ, -tʀis] *adj* pacificatory

**pacification** [pasifikasjɔ̃] *nf* pacification

**pacifier** [pasifje] *vt* to pacify

**pacifique** [pasifik] *adj* (*personne*) peaceable; (*intentions, coexistence*) peaceful ▷ *nm*: **le P~, l'océan P~** the Pacific (Ocean)

**pacifiquement** [pasifikmɑ̃] *adv* peaceably; peacefully

**pacifisme** [pasifism(ə)] *nm* pacifism

**pacifiste** [pasifist(ə)] *nm/f* pacifist

**pack** [pak] *nm* pack

**pacotille** [pakɔtij] *nf* (*péj*) cheap goods *pl*; **de ~** cheap

**PACS** [paks] *sigle m* (= *pacte civil de solidarité*) ≈ civil partnership

**pacser** [pakse]: **se pacser** *vi* ≈ to form a civil partnership

**pacte** [pakt(ə)] *nm* pact, treaty

**pactiser** [paktize] *vi*: **~ avec** to come to terms with

**pactole** [paktɔl] *nm* gold mine (*fig*)

**paddock** [padɔk] *nm* paddock

**Padoue** [padu] *n* Padua

**PAF** *sigle f* (= *Police de l'air et des frontières*) *police authority responsible for civil aviation, border control etc* ▷ *sigle m* (= *paysage audiovisuel français*) *French broadcasting scene*

**pagaie** [pagɛ] *nf* paddle

**pagaille** [pagaj] *nf* mess, shambles *sg*; **il y en a en ~** there are loads *ou* heaps of them

**paganisme** [paganism(ə)] *nm* paganism

**pagayer** [pageje] *vi* to paddle

**page** [paʒ] *nf* page; (*passage: d'un roman*) passage ▷ *nm* page (boy); **mettre en ~s** to make up (into pages); **mise en ~** layout; **à la ~** (*fig*) up-to-date; **~ d'accueil** (*Inform*) home page; **~ blanche** blank page; **~ de garde** endpaper; **~ Web**

(*Inform*) web page

**page-écran** [paʒekʀɑ̃] (*pl* **pages-écrans**) *nf* (*Inform*) screen page

**pagination** [paʒinasjɔ̃] *nf* pagination

**paginer** [paʒine] *vt* to paginate

**pagne** [paɲ] *nm* loincloth

**pagode** [pagɔd] *nf* pagoda

**paie** [pɛ] *nf* = **paye**

**paiement** [pɛmɑ̃] *nm* = **payement**

**païen, ne** [pajɛ̃, -ɛn] *adj, nm/f* pagan, heathen

**paillard, e** [pajar, -aʀd(ə)] *adj* bawdy

**paillasse** [pajas] *nf* (*matelas*) straw mattress; (*d'un évier*) draining board

**paillasson** [pɑjasɔ̃] *nm* doormat

**paille** [pɑj] *nf* straw; (*défaut*) flaw; **être sur la ~** to be ruined; **~ de fer** steel wool

**paillé, e** [pɑje] *adj* with a straw seat

**pailleté, e** [pɑjte] *adj* sequined

**paillette** [pɑjɛt] *nf* speck, flake; **paillettes** *nfpl* (*décoratives*) sequins, spangles; **lessive en ~s** soapflakes *pl*

**pain** [pɛ̃] *nm* (*substance*) bread; (*unité*) loaf (of bread); (*morceau*): **~ de cire** *etc* bar of wax *etc*; (*Culin*): **~ de poisson/légumes** fish/vegetable loaf; **petit ~** (bread) roll; **~ bis/complet** brown/ wholemeal (*Brit*) *ou* wholewheat (*US*) bread; **~ de campagne** farmhouse bread; **~ d'épice** ≈ gingerbread; **~ grillé** toast; **~ de mie** sandwich loaf; **~ perdu** French toast; **~ de seigle** rye bread; **~ de sucre** sugar loaf

**pair, e** [pɛʀ] *adj* (*nombre*) even ▷ *nm* peer; **aller de ~ (avec)** to go hand in hand *ou* together (with); **au ~** (*Finance*) at par; **valeur au ~** par value; **jeune fille au ~** au pair

**paire** [pɛʀ] *nf* pair; **une ~ de lunettes/tenailles** a pair of glasses/pincers; **faire la ~: les deux font la ~** they are two of a kind

**pais** [pɛ] *vb voir* **paître**

**paisible** [pezibl(ə)] *adj* peaceful, quiet

**paisiblement** [peziblɑ̃mɑ̃] *adv* peacefully, quietly

**paître** [pɛtʀ(ə)] *vi* to graze

**paix** [pɛ] *nf* peace; (*fig*) peacefulness, peace; **faire la ~ avec** to make peace with; **avoir la ~** to have peace (and quiet)

**Pakistan** [pakistɑ̃] *nm*: **le ~** Pakistan

**pakistanais, e** [pakistanɛ, -ɛz] *adj* Pakistani
**PAL** *sigle m* (= *Phase Alternation Line*) PAL
**palabrer** [palabʀe] *vi* to argue endlessly
**palabres** [palabʀ(ə)] *nfpl ou mpl* endless
discussions
**palace** [palas] *nm* luxury hotel
**palais** [palɛ] *nm* palace; (*Anat*) palate; **le P~
Bourbon** *the seat of the French National Assembly*; **le
P~ de l'Élysée** the Élysée Palace; **~ des
expositions** exhibition centre; **le P~ de
Justice** the Law Courts *pl*
**palan** [palɑ̃] *nm* hoist
**pale** [pal] *nf* (*d'hélice*) blade; (*de roue*) paddle
**pâle** [pɑl] *adj* pale; (*fig*): **une ~ imitation** a pale
imitation; **bleu ~** pale blue; **~ de colère** white
*ou* pale with anger
**palefrenier** [palfʀənje] *nm* groom (*for horses*)
**paléontologie** [paleɔ̃tɔlɔʒi] *nf* paleontology
**paléontologiste** [paleɔ̃tɔlɔʒist(ə)],
**paléontologue** [paleɔ̃tɔlɔg] *nm/f*
paleontologist
**Palerme** [palɛʀm(ə)] *n* Palermo
**Palestine** [palɛstin] *nf*: **la ~** Palestine
**palestinien, ne** [palɛstinjɛ̃, -ɛn] *adj* Palestinian
▷ *nm/f*: **Palestinien, ne** Palestinian
**palet** [palɛ] *nm* disc; (*Hockey*) puck
**paletot** [palto] *nm* (short) coat
**palette** [palɛt] *nf* palette; (*de produits*) range
**palétuvier** [paletyvje] *nm* mangrove
**pâleur** [pɑlœʀ] *nf* paleness
**palier** [palje] *nm* (*d'escalier*) landing; (*fig*) level,
plateau; (: *phase stable*) levelling (*Brit*) *ou* leveling
(*US*) off, new level; (*Tech*) bearing; **nos voisins
de ~** our neighbo(u)rs across the landing (*Brit*)
*ou* the hall (*US*); **en ~** *adv* level; **par ~s** in stages
**palière** [paljɛʀ] *adj f* landing *cpd*
**pâlir** [pɑliʀ] *vi* to turn *ou* go pale; (*couleur*) to
fade; **faire ~ qn** (*de jalousie*) to make sb green
(with envy)
**palissade** [palisad] *nf* fence
**palissandre** [palisɑ̃dʀ(ə)] *nm* rosewood
**palliatif** [paljatif] *nm* palliative; (*expédient*)
stopgap measure
**pallier** [palje] *vt*: **~ à** *vt* to offset, make up for
**palmarès** [palmaʀɛs] *nm* record (of
achievements); (*Scol*) prize list; (*Sport*) list of
winners
**palme** [palm(ə)] *nf* (*Bot*) palm leaf; (*symbole*)
palm; (*de plongeur*) flipper; **~s (académiques)**
*decoration for services to education*
**palmé, e** [palme] *adj* (*pattes*) webbed
**palmeraie** [palməʀɛ] *nf* palm grove
**palmier** [palmje] *nm* palm tree
**palmipède** [palmiped] *nm* palmiped,
webfooted bird
**palois, e** [palwa, -waz] *adj ou* from Pau ▷ *nm/f*:
**Palois, e** inhabitant *ou* native of Pau
**palombe** [palɔ̃b] *nf* woodpigeon, ringdove
**pâlot, te** [pɑlo, -ɔt] *adj* pale, peaky
**palourde** [paluʀd(ə)] *nf* clam
**palpable** [palpabl(ə)] *adj* tangible, palpable
**palper** [palpe] *vt* to feel, finger

**palpitant, e** [palpitɑ̃, -ɑ̃t] *adj* thrilling, gripping
**palpitation** [palpitasjɔ̃] *nf* palpitation
**palpiter** [palpite] *vi* (*cœur, pouls*) to beat; (: *plus
fort*) to pound, throb; (*narines, chair*) to quiver
**paludisme** [palydism(ə)] *nm* malaria
**palustre** [palystʀ(ə)] *adj* (*coquillage etc*) marsh
*cpd*; (*fièvre*) malarial
**pâmer** [pɑme]: **se pâmer** *vi* to swoon; (*fig*): **se ~
devant** to go into raptures over
**pâmoison** [pɑmwazɔ̃] *nf*: **tomber en ~** to
swoon
**pampa** [pɑ̃pa] *nf* pampas *pl*
**pamphlet** [pɑ̃flɛ] *nm* lampoon, satirical tract
**pamphlétaire** [pɑ̃fletɛʀ] *nm/f* lampoonist
**pamplemousse** [pɑ̃pləmus] *nm* grapefruit
**pan** [pɑ̃] *nm* section, piece; (*côté: d'un prisme, d'une
tour*) side, face ▷ *excl* bang!; **~ de chemise** shirt
tail; **~ de mur** section of wall
**panacée** [panase] *nf* panacea
**panachage** [panaʃaʒ] *nm* blend, mix; (*Pol*) *voting
for candidates from different parties instead of for the set
list of one party*
**panache** [panaʃ] *nm* plume; (*fig*) spirit, panache
**panaché, e** [panaʃe] *adj*: **œillet ~** variegated
carnation; **glace ~e** mixed ice cream; **salade ~e**
mixed salad; **bière ~e** shandy
**panais** [panɛ] *nm* parsnip
**Panama** [panama] *nm*: **le ~** Panama
**panaméen, ne** [panameɛ̃, -ɛn] *adj* Panamanian
▷ *nm/f*: **Panaméen, ne** Panamanian
**panaris** [panaʀi] *nm* whitlow
**pancarte** [pɑ̃kaʀt(ə)] *nf* sign, notice; (*dans un
défilé*) placard
**pancréas** [pɑ̃kʀeas] *nm* pancreas
**panda** [pɑ̃da] *nm* panda
**pandémie** [pɑ̃demi] *nf* pandemic
**pané, e** [pane] *adj* fried in breadcrumbs
**panégyrique** [paneʒiʀik] *nm*: **faire le ~ de qn**
to extol sb's merits *ou* virtues
**panier** [panje] *nm* basket; (*à diapositives*)
magazine; **mettre au ~** to chuck away; **~ de
crabes: c'est un ~ de crabes** (*fig*) they're
constantly at one another's throats; **~ percé**
(*fig*) spendthrift; **~ à provisions** shopping
basket; **~ à salade** (*Culin*) salad shaker; (*Police*)
paddy wagon, police van
**panier-repas** [panjɛʀ(ə)pa] (*pl* **paniers-repas**)
*nm* packed lunch
**panification** [panifikasjɔ̃] *nf* bread-making
**panique** [panik] *adj* panicky ▷ *nf* panic
**paniquer** [panike] *vi* to panic
**panne** [pan] *nf* (*d'un mécanisme, moteur*)
breakdown; **être/tomber en ~** to have broken
down/break down; **être en ~ d'essence** *ou* **en ~
sèche** to have run out of petrol (*Brit*) *ou* gas (*US*);
**mettre en ~** (*Navig*) to bring to; **~ d'électricité**
*ou* **de courant** power *ou* electrical failure
**panneau, x** [pano] *nm* (*écriteau*) sign, notice; (*de
boiserie, de tapisserie etc*) panel; **tomber dans le ~**
(*fig*) to walk into the trap; **~ d'affichage** notice
(*Brit*) *ou* bulletin (*US*) board; **~ électoral** board
for election poster; **~ indicateur** signpost; **~**

**p**

**publicitaire** hoarding (*Brit*), billboard (*US*); ~ **de signalisation** roadsign; ~ **solaire** solar panel

**panonceau, x** [panɔso] *nm* (*de magasin etc*) sign; (*de médecin etc*) plaque

**panoplie** [panɔpli] *nf* (*jouet*) outfit; (*d'armes*) display; (*fig*) array

**panorama** [panɔrama] *nm* (*vue*) all-round view, panorama; (*peinture*) panorama; (*fig: étude complète*) complete overview

**panoramique** [panɔramik] *adj* panoramic; (*carrosserie*) with panoramic windows ▷ *nm* (*Ciné*, *TV*) panoramic shot

**panse** [pɑ̃s] *nf* paunch

**pansement** [pɑ̃smɑ̃] *nm* dressing, bandage; ~ **adhésif** sticking plaster (*Brit*), bandaid® (*US*)

**panser** [pɑ̃se] *vt* (*plaie*) to dress, bandage; (*bras*) to put a dressing on, bandage; (*cheval*) to groom

**pantacourt** [pɑ̃takur] *nm* cropped trousers *pl*

**pantalon** [pɑ̃talɔ̃] *nm* trousers *pl* (*Brit*), pants *pl* (*US*), pair of trousers *ou* pants; ~ **de ski** ski pants *pl*

**pantalonnade** [pɑ̃talɔnad] *nf* slapstick (comedy)

**pantelant, e** [pɑ̃tlɑ̃, -ɑ̃t] *adj* gasping for breath, panting

**panthère** [pɑ̃tɛʀ] *nf* panther

**pantin** [pɑ̃tɛ̃] *nm* (*jouet*) jumping jack; (*péj: personne*) puppet

**pantois** [pɑ̃twa] *adj m*: **rester** ~ to be flabbergasted

**pantomime** [pɑ̃tɔmim] *nf* mime; (*pièce*) mime show; (*péj*) fuss, carry-on

**pantouflard, e** [pɑ̃tuflar, -ard(ə)] *adj* (*péj*) stay-at-home

**pantoufle** [pɑ̃tufl(ə)] *nf* slipper

**panure** [panyr] *nf* breadcrumbs *pl*

**PAO** *sigle f* (= *publication assistée par ordinateur*) DTP

**paon** [pɑ̃] *nm* peacock

**papa** [papa] *nm* dad(dy)

**papauté** [papote] *nf* papacy

**papaye** [papaj] *nf* pawpaw

**pape** [pap] *nm* pope

**paperasse** [papras] *nf* (*péj*) bumf *no pl*, papers *pl*; forms *pl*

**paperasserie** [paprasri] *nf* (*péj*) red tape *no pl*; paperwork *no pl*

**papeterie** [papetri] *nf* (*fabrication du papier*) paper-making (industry); (*usine*) paper mill; (*magasin*) stationer's (shop (*Brit*)); (*articles*) stationery

**papetier, -ière** [paptje, -jɛr] *nm/f* paper-maker; stationer

**papetier-libraire** [paptjɛlibrɛr] (*pl* **papetiers-libraires**) *nm* bookseller and stationer

**papi** [papi] *nm* (*fam*) granddad

**papier** [papje] *nm* paper; (*feuille*) sheet *ou* piece of paper; (*article*) article; (*écrit officiel*) document; **papiers** *nmpl* (*aussi*: **papiers d'identité**) (identity) papers; **sur le** ~ (*théoriquement*) on paper; **noircir du** ~ to write page after page; ~ **couché/glacé** art/glazed paper; ~

**(d')aluminium** aluminium (*Brit*) *ou* aluminum (*US*) foil, tinfoil; ~ **d'Arménie** incense paper; ~ **bible** India *ou* bible paper; ~ **de brouillon** rough *ou* scrap paper; ~ **bulle** manil(l)a paper; ~ **buvard** blotting paper; ~ **calque** tracing paper; ~ **carbone** carbon paper; ~ **collant** Sellotape® (*Brit*), Scotch tape® (*US*), sticky tape; ~ **en continu** continuous stationery; ~ **à dessin** drawing paper; ~ **d'emballage** wrapping paper; ~ **gommé** gummed paper; ~ **hygiénique** toilet paper; ~ **journal** newsprint; (*pour emballer*) newspaper; ~ **à lettres** writing paper, notepaper; ~ **mâché** papier-mâché; ~ **machine** typing paper; ~ **peint** wallpaper; ~ **pelure** India paper; ~ **à pliage accordéon** fanfold paper; ~ **de soie** tissue paper; ~ **thermique** thermal paper; ~ **de tournesol** litmus paper; ~ **de verre** sandpaper

**papier-filtre** [papjefiltr(ə)] (*pl* **papiers-filtres**) *nm* filter paper

**papier-monnaie** [papjemɔnɛ] (*pl* **papiers-monnaies**) *nm* paper money

**papille** [papij] *nf*: ~**s gustatives** taste buds

**papillon** [papijɔ̃] *nm* butterfly; (*fam: contravention*) (parking) ticket; (*Tech: écrou*) wing *ou* butterfly nut; ~ **de nuit** moth

**papillonner** [papijɔne] *vi* to flit from one thing (*ou* person) to another

**papillote** [papijɔt] *nf* (*pour cheveux*) curlpaper; (*de gigot*) (paper) frill

**papilloter** [papijɔte] *vi* (*yeux*) to blink; (*paupières*) to flutter; (*lumière*) to flicker

**papotage** [papɔtaʒ] *nm* chitchat

**papoter** [papɔte] *vi* to chatter

**papou, e** [papu] *adj* Papuan

**Papouasie-Nouvelle-Guinée** [papwazinuvelgine] *nf*: **la** ~ Papua-New-Guinea

**paprika** [paprika] *nm* paprika

**papyrus** [papirys] *nm* papyrus

**pâque** [pɑk] *nf*: **la** ~ Passover; *voir aussi* **Pâques**

**paquebot** [pakbo] *nm* liner

**pâquerette** [pɑkrɛt] *nf* daisy

**Pâques** [pɑk] *nm, nfpl*: **faire ses** ~ to do one's Easter duties; **l'île de** ~ Easter Island

**paquet** [pakɛ] *nm* packet; (*colis*) parcel; (*ballot*) bundle; (*dans négociations*) package (deal); (*fig: tas*): ~ **de** pile *ou* heap of; **paquets** *nmpl* (*bagages*) bags; **mettre le** ~ (*fam*) to give one's all; ~ **de mer** big wave

**paquetage** [paktaʒ] *nm* (*Mil*) kit, pack

**paquet-cadeau** [pakɛkado] (*pl* **paquets-cadeaux**) *nm* gift-wrapped parcel

**par** [par] *prép* by; **finir** *etc* ~ to end *etc* with; ~ **amour** out of love; **passer** ~ **Lyon/la côte** to go via *ou* through Lyons/along by the coast; ~ **la fenêtre** (*jeter, regarder*) out of the window; **trois** ~ **jour/personne** three a *ou* per day/head; **deux** ~ **deux** two at a time; (*marcher etc*) in twos; ~ **où?** which way?; ~ **ici** this way; (*dans le coin*) round here; ~**-ci,** ~**-là** here and there

**para** [para] *nm* (*parachutiste*) para

**parabole** [parabɔl] *nf* (*Rel*) parable; (*Géom*)

parabola

**parabolique** [paʀabɔlik] *adj* parabolic; **antenne ~** satellite dish

**parachever** [paʀaʃve] *vt* to perfect

**parachutage** [paʀaʃytaʒ] *nm* (*de soldats, vivres*) parachuting-in; **nous sommes contre le ~ d'un candidat parisien dans notre circonscription** (*Pol, fig*) we are against a Parisian candidate being landed on us

**parachute** [paʀaʃyt] *nm* parachute

**parachuter** [paʀaʃyte] *vt* (*soldat etc*) to parachute; (*fig*) to pitchfork; **il a été parachuté à la tête de l'entreprise** he was brought in from outside as head of the company

**parachutisme** [paʀaʃytism(ə)] *nm* parachuting

**parachutiste** [paʀaʃytist(ə)] *nm/f* parachutist; (*Mil*) paratrooper

**parade** [paʀad] *nf* (*spectacle, défilé*) parade; (*Escrime, Boxe*) parry; (*ostentation*): **faire ~ de** to display, show off; (*défense, riposte*): **trouver la ~ à une attaque** to find the answer to an attack; **de ~** *adj* ceremonial; (*superficiel*) superficial, outward

**parader** [paʀade] *vi* to swagger (around), show off

**paradis** [paʀadi] *nm* heaven, paradise; **P~ terrestre** (*Rel*) Garden of Eden; (*fig*) heaven on earth

**paradisiaque** [paʀadizjak] *adj* heavenly, divine

**paradoxal, e, -aux** [paʀadɔksal, -o] *adj* paradoxical

**paradoxalement** [paʀadɔksalmã] *adv* paradoxically

**paradoxe** [paʀadɔks(ə)] *nm* paradox

**parafe** [paʀaf] *nm*, **parafer** [paʀafe] ▷ *vt* = **paraphe; parapher**

**paraffine** [paʀafin] *nf* paraffin; paraffin wax

**paraffiné, e** [paʀafine] *adj*: **papier ~** wax(ed) paper

**parafoudre** [paʀafudʀ(ə)] *nm* (*Élec*) lightning conductor

**parages** [paʀaʒ] *nmpl* (*Navig*) waters; **dans les ~ (de)** in the area *ou* vicinity (of)

**paragraphe** [paʀagʀaf] *nm* paragraph

**Paraguay** [paʀagwɛ] *nm*: **le ~** Paraguay

**paraguayen, ne** [paʀagwajɛ̃, -ɛn] *adj* Paraguayan ▷ *nm/f*: **Paraguayen, ne** Paraguayan

**paraître** [paʀɛtʀ(ə)] *vb copule* to seem, look, appear ▷ *vi* to appear; (*être visible*) to show; (*Presse, Édition*) to be published, come out, appear; (*briller*) to show off; **laisser ~ qch** to let (sth) show ▷ *vb impers*: **il paraît que** it seems *ou* appears that; **il me paraît que** it seems to me that; **il paraît absurde de** it seems absurd to; **il ne paraît pas son âge** he doesn't look his age; **~ en justice** to appear before the court(s); **~ en scène/en public/à l'écran** to appear on stage/in public/on the screen

**parallèle** [paʀalɛl] *adj* parallel; (*police, marché*) unofficial; (*société, énergie*) alternative ▷ *nm*

(*comparaison*): **faire un ~ entre** to draw a parallel between; (*Géo*) parallel ▷ *nf* parallel (line); **en ~** in parallel; **mettre en ~** (*choses opposées*) to compare; (*choses semblables*) to parallel

**parallèlement** [paʀalɛlmã] *adv* in parallel; (*fig: en même temps*) at the same time

**parallélépipède** [paʀalelepipɛd] *nm* parallelepiped

**parallélisme** [paʀalelism(ə)] *nm* parallelism; (*Auto*) wheel alignment

**parallélogramme** [paʀalelɔgʀam] *nm* parallelogram

**paralyser** [paʀalize] *vt* to paralyze

**paralysie** [paʀalizi] *nf* paralysis

**paralytique** [paʀalitik] *adj, nm/f* paralytic

**paramédical, e, -aux** [paʀamedikal, -o] *adj* paramedical

**paramètre** [paʀamɛtʀ(ə)] *nm* parameter

**paramilitaire** [paʀamilitɛʀ] *adj* paramilitary

**paranoïa** [paʀanɔja] *nf* paranoia

**paranoïaque** [paʀanɔjak] *nm/f* paranoiac

**paranormal, e, -aux** [paʀanɔʀmal, -o] *adj* paranormal

**parapet** [paʀapɛ] *nm* parapet

**paraphe** [paʀaf] *nm* (*trait*) flourish; (*signature*) initials *pl*; signature

**parapher** [paʀafe] *vt* to initial; to sign

**paraphrase** [paʀafʀɑz] *nf* paraphrase

**paraphraser** [paʀafʀɑze] *vt* to paraphrase

**paraplégie** [paʀapleʒi] *nf* paraplegia

**paraplégique** [paʀapleʒik] *adj, nm/f* paraplegic

**parapluie** [paʀaplɥi] *nm* umbrella; **~ atomique** *ou* **nucléaire** nuclear umbrella; **~ pliant** telescopic umbrella

**parapsychique** [paʀapsiʃik] *adj* parapsychological

**parapsychologie** [paʀapsikɔlɔʒi] *nf* parapsychology

**parapublic, -ique** [paʀapyblik] *adj* partly state-controlled

**parascolaire** [paʀaskɔlɛʀ] *adj* extracurricular

**parasitaire** [paʀazitɛʀ] *adj* parasitic(al)

**parasite** [paʀazit] *nm* parasite ▷ *adj* (*Bot, Bio*) parasitic(al); **parasites** *nmpl* (*Tél*) interference *sg*

**parasitisme** [paʀazitism(ə)] *nm* parasitism

**parasol** [paʀasɔl] *nm* parasol, sunshade

**paratonnerre** [paʀatɔnɛʀ] *nm* lightning conductor

**paravent** [paʀavã] *nm* folding screen; (*fig*) screen

**parc** [paʀk] *nm* (*public*) park, gardens *pl*; (*de château etc*) grounds *pl*; (*pour le bétail*) pen, enclosure; (*d'enfant*) playpen; (*Mil: entrepôt*) depot; (*ensemble d'unités*) stock; (*de voitures etc*) fleet; **~ d'attractions** amusement park; **~ automobile** (*d'un pays*) number of cars on the roads; **~ à huîtres** oyster bed; **~ à thème** theme park; **~ national** national park; **~ naturel** nature reserve; **~ de stationnement** car park; **~ zoologique** zoological gardens *pl*

**parcelle** [paʀsɛl] *nf* fragment, scrap; *(de terrain)* plot, parcel

**parcelliser** [paʀselize] *vt* to divide *ou* split up

**parce que** [paʀsk(ə)] *conj* because

**parchemin** [paʀʃəmɛ̃] *nm* parchment

**parcheminé, e** [paʀʃəmine] *adj* wrinkled; *(papier)* with a parchment finish

**parcimonie** [paʀsimɔni] *nf* parsimony, parsimoniousness

**parcimonieux, -euse** [paʀsimɔnjø, -øz] *adj* parsimonious, miserly

**parcmètre** [paʀkmɛtʀ(ə)], **parcomètre** [paʀkɔmɛtʀ(ə)] *nm* parking meter

**parcotrain** [paʀkɔtʀɛ̃] *nm* station car park *(Brit)* *ou* parking lot *(US)*, park-and-ride car park *(Brit)*

**parcourir** [paʀkuʀiʀ] *vt (trajet, distance)* to cover; *(article, livre)* to skim *ou* glance through; *(lieu)* to go all over, travel up and down; *(frisson, vibration)* to run through; **~ des yeux** to run one's eye over

**parcours** [paʀkuʀ] *vb voir* **parcourir** ▷ *nm (trajet)* journey; *(itinéraire)* route; *(Sport: terrain)* course; *(: tour)* round; run; lap; **~ du combattant** assault course

**parcouru, e** [paʀkuʀy] *pp de* **parcourir**

**par-delà** [paʀdəla] *prép* beyond

**par-dessous** [paʀdəsu] *prép, adv* under(neath)

**pardessus** [paʀdəsy] *nm* overcoat

**par-dessus** [paʀdəsy] *prép* over (the top of) ▷ *adv* over (the top); **~ le marché** on top of it all

**par-devant** [paʀdəvɑ̃] *prép* in the presence of, before ▷ *adv* at the front; round the front

**pardon** [paʀdɔ̃] *nm* forgiveness *no pl* ▷ *excl (excuses)* (I'm) sorry; *(pour interpeller etc)* excuse me; *(demander de répéter)* (I beg your) pardon? *(Brit)*, pardon me? *(US)*

**pardonnable** [paʀdɔnabl(ə)] *adj* forgivable, excusable

**pardonner** [paʀdɔne] *vt* to forgive; **~ qch à qn** to forgive sb for sth; **qui ne pardonne pas** *(maladie, erreur)* fatal

**paré, e** [paʀe] *adj* ready, prepared

**pare-balles** [paʀbal] *adj inv* bulletproof

**pare-boue** [paʀbu] *nm inv* mudflap

**pare-brise** [paʀbʀiz] *nm inv* windscreen *(Brit)*, windshield *(US)*

**pare-chocs** [paʀʃɔk] *nm inv* bumper *(Brit)*, fender *(US)*

**pare-étincelles** [paʀetɛ̃sɛl] *nm inv* fireguard

**pare-feu** [paʀfø] *nm inv* firebreak ▷ *adj inv*: **portes ~** fire(resistant) doors

**pareil, le** [paʀɛj] *adj (identique)* the same, alike; *(similaire)* similar; *(tel)*: **un courage/livre ~** such courage/a book, courage/a book like this; **de ~s livres** such books ▷ *adv*: **habillés ~** dressed the same (way), dressed alike; **faire ~** to do the same (thing); **j'en veux un ~** I'd like one just like it; **rien de ~** no *(ou* any) such thing, nothing *(ou* anything) like it; **ses ~s** one's fellow men; one's peers; **ne pas avoir son (sa) ~(le)** to be second to none; **~ à** the same as; similar to; **sans ~** unparalleled, unequalled;

**c'est du ~ au même** it comes to the same thing, it's six (of one) and half-a-dozen (of the other); **en ~ cas** in such a case; **rendre la ~le à qn** to pay sb back in his own coin

**pareillement** [paʀɛjmɑ̃] *adv* the same, alike; in such a way; *(également)* likewise

**parement** [paʀmɑ̃] *nm (Constr: revers d'un col, d'une manche)* facing; *(Rel)*: **~ d'autel** antependium

**parent, e** [paʀɑ̃, -ɑ̃t] *nm/f*: **un/une ~/e** a relative *ou* relation ▷ *adj*: **être ~ de** to be related to; **parents** *nmpl (père et mère)* parents; *(famille, proches)* relatives, relations; **~ unique** lone parent; **~s par alliance** relatives *ou* relations by marriage; **~s en ligne directe** blood relations

**parental, e, -aux** [paʀɑ̃tal, -o] *adj* parental

**parenté** [paʀɑ̃te] *nf (lien)* relationship; *(personnes)* relatives *pl*, relations *pl*

**parenthèse** [paʀɑ̃tɛz] *nf (ponctuation)* bracket, parenthesis; *(Math)* bracket; *(digression)* parenthesis, digression; **ouvrir/fermer la ~** to open/close brackets; **entre ~s** in brackets; *(fig)* incidentally

**parer** [paʀe] *vt* to adorn; *(Culin)* to dress, trim; *(éviter)* to ward off; **~ à** *(danger)* to ward off; *(inconvénient)* to deal with; **se ~ de** *(fig: qualité, titre)* to assume; **~ à toute éventualité** to be ready for every eventuality; **~ au plus pressé** to attend to what's most urgent

**pare-soleil** [paʀsɔlɛj] *nm inv* sun visor

**paresse** [paʀɛs] *nf* laziness

**paresser** [paʀese] *vi* to laze around

**paresseusement** [paʀɛsøzmɑ̃] *adv* lazily; sluggishly

**paresseux, -euse** [paʀɛsø, -øz] *adj* lazy; *(fig)* slow, sluggish ▷ *nm (Zool)* sloth

**parfaire** [paʀfɛʀ] *vt* to perfect, complete

**parfait, e** [paʀfɛ, -ɛt] *pp de* **parfaire** ▷ *adj* perfect ▷ *nm (Ling)* perfect (tense); *(Culin)* parfait ▷ *excl* fine, excellent

**parfaitement** [paʀfɛtmɑ̃] *adv* perfectly ▷ *excl* (most) certainly

**parfaites** [paʀfɛt], **parfasse** [paʀfas], **parferai** *etc* [paʀfʀe] *vb voir* **parfaire**

**parfois** [paʀfwa] *adv* sometimes

**parfum** [paʀfœ̃] *nm (produit)* perfume, scent; *(odeur: de fleur)* scent, fragrance; *(: de tabac, vin)* aroma; *(goût: de glace, milk-shake)* flavour *(Brit)*, flavor *(US)*

**parfumé, e** [paʀfyme] *adj (fleur, fruit)* fragrant; *(papier à lettres etc)* scented; *(femme)* wearing perfume *ou* scent, perfumed; *(aromatisé)*: **~ au café** coffee-flavoured *(Brit)* *ou* -flavored *(US)*

**parfumer** [paʀfyme] *vt (odeur, bouquet)* to perfume; *(mouchoir)* to put scent *ou* perfume on; *(crème, gâteau)* to flavour *(Brit)*, flavor *(US)*; **se parfumer** to put on (some) perfume *ou* scent; *(d'habitude)* to use perfume *ou* scent

**parfumerie** [paʀfymʀi] *nf (commerce)* perfumery; *(produits)* perfumes *pl*; *(boutique)* perfume shop *(Brit)* *ou* store *(US)*

**pari** [paʀi] *nm* bet, wager; *(Sport)* bet; **~ mutuel urbain (PMU)** *system of betting on horses*

**paria** [paʀja] *nm* outcast
**parier** [paʀje] *vt* to bet; **j'aurais parié que si/non** I'd have said he (*ou* you *etc*) would/wouldn't
**parieur** [paʀjœʀ] *nm* (*turfiste etc*) punter
**Paris** [paʀi] *n* Paris
**parisien, ne** [paʀizjɛ̃, -ɛn] *adj* Parisian; (*Géo, Admin*) Paris *cpd* ▷ *nm/f*: **Parisien, ne** Parisian
**paritaire** [paʀitɛʀ] *adj*: **commission** ~ joint commission
**parité** [paʀite] *nf* parity; ~ **de change** (*Écon*) exchange parity
**parjure** [paʀʒyʀ] *nm* (*faux serment*) false oath, perjury; (*violation de serment*) breach of oath, perjury ▷ *nm/f* perjurer
**parjurer** [paʀʒyʀe]: **se parjurer** *vi* to perjure o.s
**parka** [paʀka] *nf* parka
**parking** [paʀkiŋ] *nm* (*lieu*) car park (*Brit*), parking lot (*US*)
**parlant, e** [paʀlɑ̃, -ɑ̃t] *adj* (*fig*) graphic, vivid; (: *comparaison, preuve*) eloquent; (*Ciné*) talking ▷ *adv*: **généralement** ~ generally speaking
**parlé, e** [paʀle] *adj*: **langue ~e** spoken language
**parlement** [paʀləmɑ̃] *nm* parliament; **le P~ européen** the European Parliament
**parlementaire** [paʀləmɑ̃tɛʀ] *adj* parliamentary ▷ *nm/f* (*député*) ≈ Member of Parliament (*Brit*) *ou* Congress (*US*); parliamentarian; (*négociateur*) negotiator, mediator
**parlementarisme** [paʀləmɑ̃taʀism(ə)] *nm* parliamentary government
**parlementer** [paʀləmɑ̃te] *vi* (*ennemis*) to negotiate, parley; (*s'entretenir, discuter*) to argue at length, have lengthy talks
**parler** [paʀle] *nm* speech; dialect ▷ *vi* to speak, talk; (*avouer*) to talk; ~ **(à qn) de** to talk *ou* speak (to sb) about; ~ **pour qn** (*intercéder*) to speak for sb; ~ **en l'air** to say the first thing that comes into one's head; ~ **le/en français** to speak French/in French; ~ **affaires** to talk business; ~ **en dormant/du nez** to talk in one's sleep/through one's nose; **sans ~ de** (*fig*) not to mention, to say nothing of; **tu parles!** you must be joking!; **n'en parlons plus!** let's forget it!
**parleur** [paʀlœʀ] *nm*: **beau** ~ fine talker
**parloir** [paʀlwaʀ] *nm* (*d'une prison, d'un hôpital*) visiting room; (*Rel*) parlour (*Brit*), parlor (*US*)
**parlote** [paʀlɔt] *nf* chitchat
**Parme** [paʀm(ə)] *n* Parma
**parme** [paʀm(ə)] *adj* violet (blue)
**parmesan** [paʀməzɑ̃] *nm* Parmesan (cheese)
**parmi** [paʀmi] *prép* among(st)
**parodie** [paʀɔdi] *nf* parody
**parodier** [paʀɔdje] *vt* (*œuvre, auteur*) to parody
**paroi** [paʀwa] *nf* wall; (*cloison*) partition; ~ **rocheuse** rock face
**paroisse** [paʀwas] *nf* parish
**paroissial, e, -aux** [paʀwasjal, -o] *adj* parish *cpd*
**paroissien, ne** [paʀwasjɛ̃, -ɛn] *nm/f* parishioner ▷ *nm* prayer book
**parole** [paʀɔl] *nf* (*faculté*): **la** ~ speech; (*mot, promesse*) word; (*Rel*): **la bonne** ~ the word of God; **paroles** *nfpl* (*Mus*) words, lyrics; **tenir** ~ to keep one's word; **avoir la** ~ to have the floor; **n'avoir qu'une** ~ to be true to one's word; **donner la** ~ **à qn** to hand over to sb; **prendre la** ~ to speak; **demander la** ~ to ask for permission to speak; **perdre la** ~ to lose the power of speech; (*fig*) to lose one's tongue; **je le crois sur** ~ I'll take his word for it, I'll take him at his word; **temps de** ~ (*TV, Radio etc*) discussion time; **ma ~!** my word!, good heavens!; ~ **d'honneur** word of honour (*Brit*) *ou* honor (*US*)
**parolier, -ière** [paʀɔlje, -jɛʀ] *nm/f* lyricist; (*Opéra*) librettist
**paroxysme** [paʀɔksism(ə)] *nm* height, paroxysm
**parpaing** [paʀpɛ̃] *nm* bond-stone, parpen
**parquer** [paʀke] *vt* (*voiture, matériel*) to park; (*bestiaux*) to pen (in *ou* up); (*prisonniers*) to pack in
**parquet** [paʀkɛ] *nm* (*parquet*) floor; (*Jur: bureau*) public prosecutor's office; **le** ~ **(général)** (*magistrats*) ≈ the Bench
**parqueter** [paʀkəte] *vt* to lay a parquet floor in
**parrain** [paʀɛ̃] *nm* godfather; (*d'un navire*) namer; (*d'un nouvel adhérent*) sponsor, proposer
**parrainage** [paʀɛnaʒ] *nm* sponsorship
**parrainer** [paʀɛne] *vt* (*nouvel adhérent*) to sponsor, propose; (*entreprise*) to promote, sponsor
**parricide** [paʀisid] *nm, nf* parricide
**pars** [paʀ] *vb voir* **partir**
**parsemer** [paʀsəme] *vt* (*feuilles, papiers*) to be scattered over; ~ **qch de** to scatter sth with
**parsi, e** [paʀsi] *adj* Parsee
**part** [paʀ] *vb voir* **partir** ▷ *nf* (*qui revient à qn*) share; (*fraction, partie*) part; (*de gâteau, fromage*) portion; (*Finance*) (non-voting) share; **prendre** ~ **à** (*débat etc*) to take part in; (*soucis, douleur de qn*) to share in; **faire** ~ **de qch à qn** to announce sth to sb, inform sb of sth; **pour ma** ~ as for me, as far as I'm concerned; **à** ~ **entière** *adj* full; **de la** ~ **de** (*au nom de*) on behalf of; (*donné par*) from; **c'est de la** ~ **de qui?** (*au téléphone*) who's calling *ou* speaking (please)?; **de toute(s)** ~**(s)** from all sides *ou* quarters; **de** ~ **et d'autre** on both sides, on either side; **de** ~ **en** ~ right through; **d'une** ~ ... **d'autre** ~ on the one hand ... on the other hand; **nulle/autre/quelque** ~ nowhere/elsewhere/somewhere; **à** ~ *adv* separately; (*de côté*) aside ▷ *prép* apart from, except for ▷ *adj* exceptional, special; **pour une large** *ou* **bonne** ~ to a great extent; **prendre qch en bonne/mauvaise** ~ to take sth well/badly; **faire la** ~ **des choses** to make allowances; **faire la** ~ **du feu** (*fig*) to cut one's losses; **faire la** ~ **(trop) belle à qn** to give sb more than his (*ou* her) share
**part.** *abr* = **particulier**
**partage** [paʀtaʒ] *nm voir* **partager** sharing (out) *no pl*, share-out; sharing; dividing up; (*Pol: de suffrages*) share; **recevoir qch en** ~ to receive sth as one's share (*ou* lot); **sans** ~ undivided

**partagé, e** [paʀtaʒe] *adj* (*opinions etc*) divided; (*amour*) shared; **être ~ entre** to be shared between; **être ~ sur** to be divided about

**partager** [paʀtaʒe] *vt* to share; (*distribuer, répartir*) to share (out); (*morceler, diviser*) to divide (up); **se partager** *vt* (*héritage etc*) to share between themselves (*ou* ourselves *etc*)

**partance** [paʀtɑ̃s]: **en ~** *adv* outbound, due to leave; **en ~ pour** (bound) for

**partant, e** [paʀtɑ̃, -ɑ̃t] *vb voir* **partir** ▷ *adj*: **être ~ pour qch** (*d'accord pour*) to be quite ready for sth ▷ *nm* (*Sport*) starter; (*Hippisme*) runner

**partenaire** [paʀtənɛʀ] *nm/f* partner; **~s sociaux** management and workforce

**parterre** [paʀtɛʀ] *nm* (*de fleurs*) (flower) bed, border; (*Théât*) stalls *pl*

**parti** [paʀti] *nm* (*Pol*) party; (*décision*) course of action; (*personne à marier*) match; **tirer ~ de** to take advantage of, turn to good account; **prendre le ~ de faire** to make up one's mind to do, resolve to do; **prendre le ~ de qn** to stand up for sb, side with sb; **prendre ~ (pour/contre)** to take sides *ou* a stand (for/against); **prendre son ~ de** to come to terms with; **~ pris** bias

**partial, e, -aux** [paʀsjal, -o] *adj* biased, partial

**partialement** [paʀsjalmɑ̃] *adv* in a biased way

**partialité** [paʀsjalite] *nf* bias, partiality

**participant, e** [paʀtisipɑ̃, -ɑ̃t] *nm/f* participant; (*à un concours*) entrant; (*d'une société*) member

**participation** [paʀtisipasjɔ̃] *nf* participation; sharing; (*Comm*) interest; **la ~ aux bénéfices** profit-sharing; **la ~ ouvrière** worker participation; **"avec la ~ de ..."** "featuring ..."

**participe** [paʀtisip] *nm* participle; **~ passé/présent** past/present participle

**participer** [paʀtisipe]: **~ à** *vt* (*course, réunion*) to take part in; (*profits etc*) to share in; (*frais etc*) to contribute to; (*entreprise: financièrement*) to cooperate in; (*chagrin, succès de qn*) to share (in); **~ de** *vt* to partake of.

**particulariser** [paʀtikylaʀize] *vt*: **se particulariser** to mark o.s. (*ou* itself) out

**particularisme** [paʀtikylaʀism(ə)] *nm* sense of identity

**particularité** [paʀtikylaʀite] *nf* particularity; (*distinctive*) characteristic, feature

**particule** [paʀtikyl] *nf* particle; **~ (nobiliaire)** nobiliary particle

**particulier, -ière** [paʀtikylje, -jɛʀ] *adj* (*personnel, privé*) private; (*spécial*) special, particular; (*caractéristique*) characteristic, distinctive; (*spécifique*) particular ▷ *nm* (*individu: Admin*) private individual; **"~ vend ..."** (*Comm*) "for sale privately ...", "for sale by owner ..." (*US*); **~ à** peculiar to; **en ~** *adv* (*surtout*) in particular, particularly; (*à part*) separately; (*en privé*) in private

**particulièrement** [paʀtikyljɛʀmɑ̃] *adv* particularly

**partie** [paʀti] *nf* (*gén*) part; (*profession, spécialité*) field, subject; (*Jur etc: protagonistes*) party; (*de*

cartes, tennis etc) game; (*fig: lutte, combat*) struggle, fight; **une ~ de campagne/de pêche** an outing in the country/a fishing party *ou* trip; **en ~** *adv* partly, in part; **faire ~ de** to belong to; (*chose*) to be part of; **prendre qn à ~** to take sb to task; (*malmener*) to set on sb; **en grande ~** largely, in the main; **ce n'est que ~ remise** it will be for another time *ou* the next time; **avoir ~ liée avec qn** to be in league with sb; **~ civile** (*Jur*) party claiming damages in a criminal case

**partiel, le** [paʀsjɛl] *adj* partial ▷ *nm* (*Scol*) class exam

**partiellement** [paʀsjɛlmɑ̃] *adv* partially, partly

**partir** [paʀtiʀ] *vi* (*gén*) to go; (*quitter*) to go, leave; (*s'éloigner*) to go (*ou* drive *etc*) away *ou* off; (*moteur*) to start; (*pétard*) to go off; (*bouchon*) to come out; (*bouton*) to come off; **~ de** (*lieu: quitter*) to leave; (*: commencer à*) to start from; (*date*) to run *ou* start from; **~ pour/à** (*lieu, pays etc*) to leave for/go off to; **à ~ de** from

**partisan, e** [paʀtizɑ̃, -an] *nm/f* partisan; (*d'un parti, régime etc*) supporter ▷ *adj* (*lutte, querelle*) partisan, one-sided; **être ~ de qch/faire** to be in favour (*Brit*) *ou* favor (*US*) of sth/doing

**partitif, -ive** [paʀtitif, -iv] *adj*: **article ~** partitive article

**partition** [paʀtisjɔ̃] *nf* (*Mus*) score

**partout** [paʀtu] *adv* everywhere; **~ où il allait** everywhere *ou* wherever he went; **trente ~** (*Tennis*) thirty all

**paru** [paʀy] *pp de* **paraître**

**parure** [paʀyʀ] *nf* (*bijoux etc*) finery *no pl*; jewellery *no pl* (*Brit*), jewelry *no pl* (*US*); (*assortiment*) set

**parus** *etc* [paʀy] *vb voir* **paraître**

**parution** [paʀysjɔ̃] *nf* publication, appearance

**parvenir** [paʀvəniʀ]: **~ à** *vt* (*atteindre*) to reach; (*obtenir, arriver à*) to attain; (*réussir*): **~ à faire** to manage to do, succeed in doing; **faire ~ qch à qn** to have sth sent to sb

**parvenu, e** [paʀvəny] *pp de* **parvenir** ▷ *nm/f* (*péj*) parvenu, upstart

**parviendrai** [paʀvjɛ̃dʀe], **parviens** *etc* [paʀvjɛ̃] *vb voir* **parvenir**

**parvis** [paʀvi] *nm* square (*in front of a church*)

Ⓞ **MOT-CLÉ**

**pas¹** [pɑ] *adv* **1** (*en corrélation avec ne, non etc*) not; **il ne pleure pas** (*habituellement*) he does not *ou* doesn't cry; (*maintenant*) he's not *ou* isn't crying; **je ne mange pas de viande** I don't *ou* do not eat meat; **il n'a pas pleuré/ne pleurera pas** he did not *ou* didn't/will not *ou* won't cry; **ils n'ont pas de voiture/d'enfants** they haven't got a car/any children, they have no car/children; **il m'a dit de ne pas le faire** he told me not to do it; **non pas que ...** not that ..

**2** (*employé sans ne etc*): **pas moi** not me, not I, I don't (*ou* can't *etc*); **elle travaille, (mais) lui pas** *ou* **pas lui** she works but he doesn't *ou* does not; **une pomme pas mûre** an apple which isn't ripe; **pas plus tard qu'hier** only yesterday; **pas du tout** not at all; **pas de sucre, merci** no sugar, thanks; **ceci est à vous ou pas?** is this yours or not?, is this yours or isn't it?

**3: pas mal** (joli: personne, maison) not bad; **pas mal fait** not badly done ou made; **comment ça va? — pas mal** how are things? — not bad; **pas mal de** quite a lot of

**pas²** [pɑ] nm (allure, mesure) pace; (démarche) tread; (enjambée, Danse, fig: étape) step; (bruit) (foot)step; (trace) footprint; (allure) pace; (d'un cheval) walk; (mesure) pace; (Tech: de vis, d'écrou) thread; **~ à ~** step by step; **au ~** at a walking pace; **de ce ~** (à l'instant même) straightaway, at once; **marcher à grands ~** to stride along; **mettre qn au ~** to bring sb to heel; **au ~ de gymnastique/de course** at a jog trot/at a run; **à ~ de loup** stealthily; **faire les cent ~** to pace up and down; **faire les premiers ~** to make the first move; **retourner** ou **revenir sur ses ~** to retrace one's steps; **se tirer d'un mauvais ~** to get o.s. out of a tight spot; **sur le ~ de la porte** on the doorstep; **le ~ de Calais** (détroit) the Straits pl of Dover; **~ de porte** (fig) key money

**pascal, e, -aux** [paskal, -o] adj Easter cpd
**passable** [pɑsabl(ə)] adj passable, tolerable
**passablement** [pɑsabləmɑ̃] adv (pas trop mal) reasonably well; (beaucoup) quite a lot
**passade** [pɑsad] nf passing fancy, whim
**passage** [pɑsaʒ] nm (fait de passer) voir **passer**; (lieu, prix de la traversée, extrait de livre etc) passage; (chemin) way; (itinéraire): **sur le ~ du cortège** along the route of the procession; **"laissez/ n'obstruez pas le ~"** "keep clear/do not obstruct"; **au ~** (en passant) as I (ou he etc) went by; **de ~** (touristes) passing through; (amants etc) casual; **~ clouté** pedestrian crossing; **"~ interdit"** "no entry"; **~ à niveau** level (Brit) ou grade (US) crossing; **"~ protégé"** right of way over secondary road(s) on your right; **~ souterrain** subway (Brit), underpass; **~ à tabac** beating-up; **~ à vide** (fig) bad patch
**passager, -ère** [pɑsaʒe, -ɛʀ] adj passing; (hôte) short-stay cpd; (oiseau) migratory ▷ nm/f passenger; **~ clandestin** stowaway
**passagèrement** [pɑsaʒɛʀmɑ̃] adv temporarily, for a short time
**passant, e** [pɑsɑ̃, -ɑ̃t] adj (rue, endroit) busy ▷ nm/f passer-by ▷ nm (pour ceinture etc) loop; **en ~: remarquer qch en ~** to notice sth in passing
**passation** [pɑsɑsjɔ̃] nf (Jur: d'un acte) signing; **~ des pouvoirs** transfer ou handover of power
**passe** [pɑs] nf (Sport, magnétique) pass; (Navig) channel ▷ nm (passe-partout) master ou skeleton key; **être en ~ de faire** to be on the way to doing; **être dans une mauvaise ~** (fig) to be going through a bad patch; **être dans une bonne ~** (fig) to be in a healthy situation; **~ d'armes** (fig) heated exchange
**passé, e** [pɑse] adj (événement, temps) past;

(couleur, tapisserie) faded; (précédent): **dimanche ~** last Sunday ▷ prép after ▷ nm past; (Ling) past (tense); **il est ~ midi** ou **midi ~** it's gone (Brit) ou past twelve; **~ de mode** out of fashion; **~ composé** perfect (tense); **~ simple** past historic
**passe-droit** [pɑsdʀwa] nm special privilege
**passéiste** [pɑseist(ə)] adj backward-looking
**passementerie** [pɑsmɑ̃tʀi] nf trimmings pl
**passe-montagne** [pɑsmɔ̃taɲ] nm balaclava
**passe-partout** [pɑspaʀtu] nm inv master ou skeleton key ▷ adj inv all-purpose
**passe-passe** [pɑspɑs] nm: **tour de ~** trick, sleight of hand no pl
**passe-plat** [pɑspla] nm serving hatch
**passeport** [pɑspɔʀ] nm passport
**passer** [pɑse] vi (se rendre, aller) to go; (voiture, piétons: défiler) to pass (by), go by; (faire une halte rapide: facteur, laitier etc) to come, call; (: pour rendre visite) to call ou drop in; (courant, air, lumière, franchir un obstacle etc) to get through; (accusé, projet de loi): **~ devant** to come before; (film, émission) to be on; (temps, jours) to pass, go by; (liquide, café) to go through; (être digéré, avalé) to go down; (couleur, papier) to fade; (mode) to die out; (douleur) to pass, go away; (Cartes) to pass; (Scol) to go up (to the next class); (devenir): **~ président** to be appointed ou become president ▷ vt (frontière, rivière etc) to cross; (douane) to go through; (examen) to sit, take; (visite médicale etc) to have; (journée, temps) to spend; (donner): **~ qch à qn** to pass sth to sb; to give sb sth; (transmettre): **~ qch à qn** to pass sth on to sb; (enfiler: vêtement) to slip on; (faire entrer, mettre): **(faire) ~ qch dans/par** to get sth into/through; (café) to pour the water on; (thé, soupe) to strain; (film, pièce) to show, put on; (disque) to play, put on; (marché, accord) to agree on; (tolérer): **~ qch à qn** to let sb get away with sth; **se passer** vi (avoir lieu: scène, action) to take place; (se dérouler: entretien etc) to go; (arriver): **que s'est-il passé?** what happened?; (s'écouler: semaine etc) to pass, go by; **se ~ de** vt to go ou do without; **se ~ les mains sous l'eau/de l'eau sur le visage** to put one's hands under the tap/run water over one's face; **en passant** in passing; **par** to go through; **passez devant/par ici** go in front/ this way; **~ sur** vt (faute, détail inutile) to pass over; **~ dans les mœurs/l'usage** to become the custom/normal usage; **~ avant qch/qn** (fig) to come before sth/sb; **laisser ~** (air, lumière, personne) to let through; (occasion) to let slip, miss; (erreur) to overlook; **faire ~** (message) to get over ou across; **faire ~ à qn le goût de qch** to cure sb of his (ou her) taste for sth; **~ à la radio/ fouille** to be X-rayed/searched; **~ à la radio/ télévision** to be on the radio/on television; **~ à table** to sit down to eat; **~ au salon** to go through ou into the sitting room; **~ à l'opposition** to go over to the opposition; **~ aux aveux** to confess, make a confession; **~ à l'action** to go into action; **~ pour riche** to be

taken for a rich man; **il passait pour avoir** he was said to have; **faire ~ qn/qch pour** to make sb/sth out to be; **passe encore de le penser, mais de le dire!** it's one thing to think it, but to say it!; **passons!** let's say no more (about it); **et j'en passe!** and that's not all!; **~ en seconde, ~ la seconde** (*Auto*) to change into second; **~ qch en fraude** to smuggle sth in (*ou* out); **~ la main par la portière** to stick one's hand out of the door; **~ le balai/l'aspirateur** to sweep up/hoover; **~ commande/la parole à qn** to hand over to sb; **je vous passe M. X** (*je vous mets en communication avec lui*) I'm putting you through to Mr X; (*je lui passe l'appareil*) here is Mr X, I'll hand you over to Mr X; **~ prendre** to (come and) collect

**passereau, x** [pasʀo] *nm* sparrow

**passerelle** [pasʀɛl] *nf* footbridge; (*de navire, avion*) gangway; (*Navig*): **~ (de commandement)** bridge

**passe-temps** [pɑstɑ̃] *nm inv* pastime

**passette** [pasɛt] *nf* (tea-)strainer

**passeur, -euse** [pasœʀ, -øz] *nm/f* smuggler

**passible** [pasibl(ə)] *adj*: **~ de** liable to

**passif, -ive** [pasif, -iv] *adj* passive ▷ *nm* (*Ling*) passive; (*Comm*) liabilities *pl*

**passion** [pasjɔ̃] *nf* passion; **avoir la ~ de** to have a passion for; **fruit de la ~** passion fruit

**passionnant, e** [pasjɔnɑ̃, -ɑ̃t] *adj* fascinating

**passionné, e** [pasjɔne] *adj* (*personne, tempérament*) passionate; (*description*) impassioned ▷ *nm/f*: **c'est un ~ d'échecs** he's a chess fanatic; **être ~ de** *ou* **pour qch** to have a passion for sth

**passionnel, le** [pasjɔnɛl] *adj* of passion

**passionnément** [pasjɔnemɑ̃] *adv* passionately

**passionner** [pasjɔne] *vt* (*personne*) to fascinate, grip; (*débat, discussion*) to inflame; **se ~ pour** to take an avid interest in; to have a passion for

**passivement** [pasivmɑ̃] *adv* passively

**passivité** [pasivite] *nf* passivity, passiveness

**passoire** [paswaʀ] *nf* sieve; (*à légumes*) colander; (*à thé*) strainer

**pastel** [pastɛl] *nm, adj inv* (*Art*) pastel

**pastèque** [pastɛk] *nf* watermelon

**pasteur** [pastœʀ] *nm* (*protestant*) minister, pastor

**pasteurisation** [pastœʀizasjɔ̃] *nf* pasteurization

**pasteurisé, e** [pastœʀize] *adj* pasteurized

**pasteuriser** [pastœʀize] *vt* to pasteurize

**pastiche** [pastiʃ] *nm* pastiche

**pastille** [pastij] *nf* (*à sucer*) lozenge, pastille; (*de papier etc*) (small) disc; **~s pour la toux** cough drops *ou* lozenges

**pastis** [pastis] *nm* anise-flavoured alcoholic drink

**pastoral, e, -aux** [pastɔʀal, -o] *adj* pastoral

**patagon, ne** [patagɔ̃, -ɔn] *adj* Patagonian

**Patagonie** [patagɔni] *nf*: **la ~** Patagonia

**patate** [patat] *nf* spud; **~ douce** sweet potato

**pataud, e** [pato, -od] *adj* lumbering

**patauger** [patoʒe] *vi* (*pour s'amuser*) to splash about; (*avec effort*) to wade about; (*fig*) to flounder; **~ dans** (*en marchant*) to wade through

**patch** [patʃ] *nm* nicotine patch

**patchouli** [patʃuli] *nm* patchouli

**patchwork** [patʃwœʀk] *nm* patchwork

**pâte** [pɑt] *nf* (*à tarte*) pastry; (*à pain*) dough; (*à frire*) batter; (*substance molle*) paste; cream; **pâtes** *nfpl* (*macaroni etc*) pasta *sg*; **fromage à ~ dure/molle** hard/soft cheese; **~ d'amandes** almond paste; **~ brisée** shortcrust (*Brit*) *ou* pie crust (*US*) pastry; **~ à choux/feuilletée** choux/puff *ou* flaky (*Brit*) pastry; **~ de fruits** crystallized fruit *no pl*; **~ à modeler** modelling clay, Plasticine® (*Brit*); **~ à papier** paper pulp

**pâté** [pate] *nm* (*charcuterie: terrine*) pâté; (*tache*) ink blot; (*de sable*) sandpie; **~ (en croûte)** ≈ meat pie; **~ de foie** liver pâté; **~ de maisons** block (of houses)

**pâtée** [pate] *nf* mash, feed

**patelin** [patlɛ̃] *nm* little place

**patente** [patɑ̃t] *nf* (*Comm*) trading licence (*Brit*) *ou* license (*US*)

**patenté, e** [patɑ̃te] *adj* (*Comm*) licensed; (*fig: attitré*) registered, (officially) recognized

**patère** [patɛʀ] *nf* (coat-)peg

**paternalisme** [patɛʀnalism(ə)] *nm* paternalism

**paternaliste** [patɛʀnalist(ə)] *adj* paternalistic

**paternel, le** [patɛʀnɛl] *adj* (*amour, soins*) fatherly; (*ligne, autorité*) paternal

**paternité** [patɛʀnite] *nf* paternity, fatherhood

**pâteux, -euse** [patø, -øz] *adj* thick; pasty; **avoir la bouche** *ou* **langue pâteuse** to have a furred (*Brit*) *ou* coated tongue

**pathétique** [patetik] *adj* pathetic, moving

**pathologie** [patɔlɔʒi] *nf* pathology

**pathologique** [patɔlɔʒik] *adj* pathological

**patibulaire** [patibylɛʀ] *adj* sinister

**patiemment** [pasjamɑ̃] *adv* patiently

**patience** [pasjɑ̃s] *nf* patience; **être à bout de ~** to have run out of patience; **perdre/prendre ~** to lose (one's)/have patience

**patient, e** [pasjɑ̃, -ɑ̃t] *adj, nm/f* patient

**patienter** [pasjɑ̃te] *vi* to wait

**patin** [patɛ̃] *nm* skate; (*sport*) skating; (*de traîneau, luge*) runner; (*pièce de tissu*) cloth pad (*used as slippers to protect polished floor*); **~ (de frein)** brake block; **~s (à glace)** (ice) skates; **~s à roulettes** roller skates

**patinage** [patinaʒ] *nm* skating; **~ artistique/de vitesse** figure/speed skating

**patine** [patin] *nf* sheen

**patiner** [patine] *vi* to skate; (*embrayage*) to slip; (*roue, voiture*) to spin; **se patiner** *vi* (*meuble, cuir*) to acquire a sheen, become polished

**patineur, -euse** [patinœʀ, -øz] *nm/f* skater

**patinoire** [patinwaʀ] *nf* skating rink, (ice) rink

**patio** [patjo] *nm* patio

**pâtir** [patiʀ]: **~ de** *vt* to suffer because of

**pâtisserie** [patisʀi] *nf* (*boutique*) cake shop; (*métier*) confectionery; (*à la maison*) pastry- *ou* cake-making, baking; **pâtisseries** *nfpl* (*gâteaux*) pastries, cakes

**pâtissier, -ière** [pɑtisje, -jɛʀ] *nm/f* pastrycook; confectioner

**patois** [patwa] *nm* dialect, patois

**patraque** [patʀak] *(fam) adj* peaky, off-colour

**patriarche** [patʀijaʀʃ(ə)] *nm* patriarch

**patrie** [patʀi] *nf* homeland

**patrimoine** [patʀimwan] *nm* inheritance, patrimony; *(culture)* heritage; **~ génétique** *ou* **héréditaire** genetic inheritance

**patriote** [patʀijɔt] *adj* patriotic ▷ *nm/f* patriot

**patriotique** [patʀijɔtik] *adj* patriotic

**patriotisme** [patʀijɔtism(ə)] *nm* patriotism

**patron, ne** [patʀɔ̃, -ɔn] *nm/f (chef)* boss, manager(-ess); *(propriétaire)* owner, proprietor(-tress); *(employeur)* employer; *(Méd)* ≈ senior consultant; *(Rel)* patron saint ▷ *nm (Couture)* pattern; **~ de thèse** supervisor (of postgraduate thesis)

**patronage** [patʀɔnaʒ] *nm* patronage; *(organisation, club)* (parish) youth club; (parish) children's club

**patronal, e, -aux** [patʀɔnal, -o] *adj (syndicat, intérêts)* employers'

**patronat** [patʀɔna] *nm* employers pl

**patronner** [patʀɔne] *vt* to sponsor, support

**patronnesse** [patʀɔnɛs] *adj f*: **dame ~** patroness

**patronyme** [patʀɔnim] *nm* name

**patronymique** [patʀɔnimik] *adj*: **nom ~** patronymic (name)

**patrouille** [patʀuj] *nf* patrol

**patrouiller** [patʀuje] *vi* to patrol, be on patrol

**patrouilleur** [patʀujœʀ] *nm (Aviat)* scout (plane); *(Navig)* patrol boat

**patte** [pat] *nf (jambe)* leg; *(pied: de chien, chat)* paw; (: *d'oiseau)* foot; *(languette)* strap; (: *de poche)* flap; *(favoris)*: **~s (de lapin)** (short) sideburns; **à ~ d'éléphant** *adj (pantalon)* flared; **~s de mouche** *(fig)* spidery scrawl *sg*; **~s d'oie** *(fig)* crow's feet

**pattemouille** [patmuj] *nf* damp cloth *(for ironing)*

**pâturage** [pɑtyʀaʒ] *nm* pasture

**pâture** [pɑtyʀ] *nf* food

**paume** [pom] *nf* palm

**paumé, e** [pome] *nm/f (fam)* drop-out

**paumer** [pome] *vt (fam)* to lose

**paupérisation** [popeʀizasjɔ̃] *nf* pauperization

**paupérisme** [popeʀism(ə)] *nm* pauperism

**paupière** [popjɛʀ] *nf* eyelid

**paupiette** [popjɛt] *nf*: **~s de veau** veal olives

**pause** [poz] *nf (arrêt)* break; *(en parlant, Mus)* pause; **~ de midi** lunch break

**pause-café** [pozkafe] *(pl* **pauses-café)** *nf* coffee-break

**pauvre** [povʀ(ə)] *adj* poor ▷ *nm/f* poor man/woman; **les ~s** the poor; **~ en calcium** low in calcium

**pauvrement** [povʀəmɑ̃] *adv* poorly

**pauvreté** [povʀəte] *nf (état)* poverty; **pauvreté énergétique** fuel poverty

**pavage** [pavaʒ] *nm* paving; cobbles *pl*

**pavaner** [pavane]: **se pavaner** *vi* to strut about

**pavé, e** [pave] *adj (cour)* paved; *(rue)* cobbled ▷ *nm (bloc)* paving stone; cobblestone; *(pavage)* paving; *(bifteck)* slab of steak; *(fam: livre)* hefty tome; **être sur le ~** *(sans domicile)* to be on the streets; *(sans emploi)* to be out of a job; **~ numérique** *(Inform)* keypad

**pavillon** [pavijɔ̃] *nm (de banlieue)* small (detached) house; *(kiosque)* lodge; pavilion; *(d'hôpital)* ward; *(Mus: de cor etc)* bell; *(Anat: de l'oreille)* pavilion, pinna; *(Navig)* flag; **~ de complaisance** flag of convenience

**pavoiser** [pavwaze] *vt* to deck with flags ▷ *vi* to put out flags; *(fig)* to rejoice, exult

**pavot** [pavo] *nm* poppy

**payable** [pɛjabl(ə)] *adj* payable

**payant, e** [pɛjɑ̃, -ɑ̃t] *adj (spectateurs etc)* paying; *(billet)* that you pay for, to be paid for; *(fig: entreprise)* profitable; **c'est ~** you have to pay, there is a charge

**paye** [pɛj] *nf* pay, wages *pl*

**payement** [pɛjmɑ̃] *nm* payment

**payer** [peje] *vt (créancier, employé, loyer)* to pay; *(achat, réparations, fig: faute)* to pay for ▷ *vi* to pay; *(métier)* to pay, be well-paid; *(effort, tactique etc)* to pay off; **être bien/mal payé** to be well/badly paid; **il me l'a fait ~ 10 euros** he charged me 10 euros for it; **~ qn de** *(ses efforts, peines)* to reward sb for; **~ qch à qn** to buy sth for sb, buy sb sth; **ils nous ont payé le voyage** they paid for our trip; **~ de sa personne** to give of oneself; **~ d'audace** to act with great daring; **~ cher qch** to pay dear(ly) for sth; **cela ne paie pas de mine** it doesn't look much; **se ~ qch** to buy o.s. sth; **se ~ de mots** to shoot one's mouth off; **se ~ la tête de qn** to take the mickey out of sb *(Brit)*, make a fool of sb; *(duper)* to take sb for a ride

**payeur, -euse** [pɛjœʀ, -øz] *adj (organisme, bureau)* payments *cpd* ▷ *nm/f* payer

**pays** [pei] *nm (territoire, habitants)* country, land; *(région)* region; *(village)* village; **du ~** *adj* local; **le ~ de Galles** Wales

**paysage** [peizaʒ] *nm* landscape

**paysager, -ère** [peizaʒe, -ɛʀ] *adj (jardin, parc)* landscaped

**paysagiste** [peizaʒist(ə)] *nm/f (de jardin)* landscape gardener; *(Art)* landscapist, landscape painter

**paysan, ne** [peizɑ̃, -an] *nm/f* countryman/-woman; farmer; *(péj)* peasant ▷ *adj* country *cpd*, farming, farmers'

**paysannat** [peizana] *nm* peasantry

**Pays-Bas** [peiba] *nmpl*: **les ~** the Netherlands

**PC** *sigle m (Pol)* = **parti communiste**; *(Inform:* = *personal computer)* PC; *(= prêt conventionné)* type of loan for house purchase; *(Constr)* = **permis de construire**; *(Mil)* = **poste de commandement**

**pcc** *abr (= pour copie conforme)* c.c

**Pce** *abr* = **prince**

**Pcesse** *abr* = **princesse**

**PCV** *abr* = **percevoir**; *voir* **communication**

**PDA** *sigle m (= personal digital assistant)* PDA

**p de p** *abr* = **pas de porte**

**PDG** *sigle m* = **président directeur général**

**p.-ê.** *abr* = **peut-être**

**PEA** *sigle m* (= **plan d'épargne en actions**) building society savings plan

**péage** [peaʒ] *nm* toll; (*endroit*) tollgate; **pont à ~** toll bridge

**peau, x** [po] *nf* skin; (*cuir*): **gants de ~** leather gloves; **être bien/mal dans sa ~** to be at ease/odds with oneself; **se mettre dans la ~ de qn** to put o.s. in sb's place *ou* shoes; **faire ~ neuve** (*se renouveler*) to change one's image; **~ de chamois** (*chiffon*) chamois leather, shammy; **~ d'orange** orange peel

**peaufiner** [pofine] *vt* to polish (up)

**Peau-Rouge** [poRuʒ] *nm/f* Red Indian, red skin

**peccadille** [pekadij] *nf* trifle, peccadillo

**péché** [peʃe] *nm* sin; **~ mignon** weakness

**pêche** [pɛʃ] *nf* (*sport, activité*) fishing; (*poissons pêchés*) catch; (*fruit*) peach; **aller à la ~** to go fishing; **avoir la ~** (*fam*) to be on (top) form; **~ à la ligne** (*en rivière*) angling; **~ sous-marine** deep-sea fishing

**pêche-abricot** [pɛʃabʀiko] (*pl* **pêches-abricots**) *nf* yellow peach

**pécher** [peʃe] *vi* (*Rel*) to sin; (*fig: personne*) to err; (*: chose*) to be flawed; **~ contre la bienséance** to break the rules of good behaviour

**pêcher** [peʃe] *nm* peach tree ▷ *vi* to go fishing; (*en rivière*) to go angling ▷ *vt* (*attraper*) to catch, land; (*chercher*) to fish for; **~ au chalut** to trawl

**pêcheur, -eresse** [peʃœR, peʃRɛs] *nm/f* sinner

**pêcheur** [peʃœR] *nm voir* **pêcher** fisherman; angler; **~ de perles** pearl diver

**pectine** [pɛktin] *nf* pectin

**pectoral, e, -aux** [pɛktɔRal, -o] *adj* (*Anat*) pectoral; (*sirop*) throat *cpd*, cough *cpd* ▷ *nmpl* pectoral muscles

**pécule** [pekyl] *nm* savings *pl*, nest egg; (*d'un détenu*) earnings *pl* (*paid on release*)

**pécuniaire** [pekynjɛR] *adj* financial

**pédagogie** [pedagɔʒi] *nf* educational methods *pl*, pedagogy

**pédagogique** [pedagɔʒik] *adj* educational; **formation ~** teacher training

**pédagogue** [pedagɔg] *nm/f* teacher, education(al)ist

**pédale** [pedal] *nf* pedal; **mettre la ~ douce** to soft-pedal

**pédaler** [pedale] *vi* to pedal

**pédalier** [pedalje] *nm* pedal and gear mechanism

**pédalo** [pedalo] *nm* pedalo, pedal-boat

**pédant, e** [pedã, -ãt] *adj* (*péj*) pedantic ▷ *nm/f* pedant

**pédantisme** [pedãtism(ə)] *nm* pedantry

**pédéraste** [pedeRast(ə)] *nm* homosexual, pederast

**pédérastie** [pedeRasti] *nf* homosexuality, pederasty

**pédestre** [pedɛstR(ə)] *adj*: **tourisme ~** hiking; **randonnée ~** (*activité*) rambling; (*excursion*) ramble

**pédiatre** [pedjatR(ə)] *nm/f* paediatrician (*Brit*), pediatrician *ou* pediatrist (*US*), child specialist

**pédiatrie** [pedjatRi] *nf* paediatrics *sg* (*Brit*), pediatrics *sg* (*US*)

**pédicure** [pedikyR] *nm/f* chiropodist

**pedigree** [pedigRe] *nm* pedigree

**peeling** [piliŋ] *nm* exfoliation treatment

**PEEP** *sigle f* = **Fédération des parents d'élèves de l'enseignement public**

**pègre** [pɛgR(ə)] *nf* underworld

**peignais** *etc* [pɛɲɛ] *vb voir* **peindre**

**peigne** [pɛɲ] *vb voir* **peindre; peigner** ▷ *nm* comb

**peigné, e** [pɛɲe] *adj*: **laine ~e** wool worsted; combed wool

**peigner** [pɛɲe] *vt* to comb (the hair of); **se peigner** to comb one's hair

**peignez** *etc* [pɛɲe] *vb voir* **peindre**

**peignoir** [pɛɲwaR] *nm* dressing gown; **~ de bain** bathrobe; **~ de plage** beach robe

**peignons** [pɛɲɔ̃] *vb voir* **peindre**

**peinard, e** [penaR, -aRd(ə)] *adj* (*emploi*) cushy (*Brit*), easy; (*personne*): **on est ~ ici** we're left in peace here

**peindre** [pɛ̃dR(ə)] *vt* to paint; (*fig*) to portray, depict

**peine** [pɛn] *nf* (*affliction*) sorrow, sadness *no pl*; (*mal, effort*) trouble *no pl*, effort; (*difficulté*) difficulty; (*punition, châtiment*) punishment; (*Jur*) sentence; **faire de la ~ à qn** to distress *ou* upset sb; **prendre la ~ de faire** to go to the trouble of doing; **se donner de la ~** to make an effort; **ce n'est pas la ~ de faire** there's no point in doing, it's not worth doing; **ce n'est pas la ~ que vous fassiez** there's no point (in) you doing; **avoir de la ~ à faire** to have difficulty doing; **donnez-vous** *ou* **veuillez-vous donner la ~ d'entrer** please do come in; **c'est ~ perdue** it's a waste of time (and effort); **à ~** *adv* scarcely, hardly, barely; **à ~ ... que** hardly ... than; **c'est à ~ si ...** it's (*ou* it was) a job to ...; **sous ~:** **sous ~ d'être puni** for fear of being punished; **défense d'afficher sous ~ d'amende** billposters will be fined; **~ capitale** capital punishment; **~ de mort** death sentence *ou* penalty

**peiner** [pene] *vi* to work hard; to struggle; (*moteur, voiture*) to labour (*Brit*), labor (*US*) ▷ *vt* to grieve, sadden

**peint, e** [pɛ̃, pɛ̃t] *pp de* **peindre**

**peintre** [pɛ̃tR(ə)] *nm* painter; **~ en bâtiment** house painter, painter and decorator; **~ d'enseignes** signwriter

**peinture** [pɛ̃tyR] *nf* painting; (*couche de couleur, couleur*) paint; (*surfaces peintes: aussi:* **peintures**) paintwork; **je ne peux pas le voir en ~** I can't stand the sight of him; **~ mate/brillante** matt/gloss paint; **"~ fraîche"** "wet paint"

**péjoratif, -ive** [peʒɔRatif, -iv] *adj* pejorative, derogatory

**Pékin** [pekɛ̃] *n* Peking

**pékinois, e** [pekinwa, -waz] *adj* Pekin(g)ese ▷ *nm* (*chien*) peke, pekin(g)ese; (*Ling*) Mandarin,

Pekin(g)ese ▷ *nm/f*: **Pékinois, e** Pekin(g)ese
**PEL** *sigle m* (= *plan d'épargne logement*) *savings scheme providing lower-interest mortgages*
**pelade** [pəlad] *nf* alopecia
**pelage** [pəlaʒ] *nm* coat, fur
**pelé, e** [pəle] *adj* (*chien*) hairless; (*vêtement*) threadbare; (*terrain*) bare
**pêle-mêle** [pɛlmɛl] *adv* higgledy-piggledy
**peler** [pəle] *vt, vi* to peel
**pèlerin** [pɛlʀɛ̃] *nm* pilgrim
**pèlerinage** [pɛlʀinaʒ] *nm* (*voyage*) pilgrimage; (*lieu*) place of pilgrimage, shrine
**pèlerine** [pɛlʀin] *nf* cape
**pélican** [pelikɑ̃] *nm* pelican
**pelisse** [pəlis] *nf* fur-lined cloak
**pelle** [pɛl] *nf* shovel; (*d'enfant, de terrassier*) spade; **~ à gâteau** cake slice; **~ mécanique** mechanical digger
**pelletée** [pɛlte] *nf* shovelful; spadeful
**pelleter** [pɛlte] *vt* to shovel (up)
**pelleteuse** [pɛltøz] *nf* mechanical digger, excavator
**pelletier** [pɛltje] *nm* furrier
**pellicule** [pelikyl] *nf* film; **pellicules** *nfpl* (*Méd*) dandruff *sg*
**Péloponnèse** [pelɔpɔnɛz] *nm*: **le ~** the Peloponnese
**pelote** [pəlɔt] *nf* (*de fil, laine*) ball; (*d'épingles*) pin cushion; **~ basque** pelota
**peloter** [pəlɔte] *vt* (*fam*) to feel (up); **se peloter** *vi* to pet
**peloton** [pəlɔtɔ̃] *nm* (*groupe*: *de personnes*) group; (: *de pompiers, gendarmes*) squad; (: *Sport*) pack; (*de laine*) ball; **~ d'exécution** firing squad
**pelotonner** [pəlɔtɔne]: **se pelotonner** *vi* to curl (o.s.) up
**pelouse** [pəluz] *nf* lawn; (*Hippisme*) *spectating area inside racetrack*
**peluche** [pəlyʃ] *nf* (bit of) fluff; **animal en ~** soft toy, fluffy animal
**pelucher** [p(ə)lyʃe] *vi* to become fluffy, fluff up
**pelucheux, -euse** [p(ə)lyʃø, -øz] *adj* fluffy
**pelure** [pəlyʀ] *nf* peeling, peel *no pl*; **~ d'oignon** onion skin
**pénal, e, -aux** [penal, -o] *adj* penal
**pénalisation** [penalizasjɔ̃] *nf* (*Sport*) sanction, penalty
**pénaliser** [penalize] *vt* to penalize
**pénalité** [penalite] *nf* penalty
**penalty, ies** [penalti, -z] *nm* (*Sport*) penalty (kick)
**pénard, e** [penaʀ, -aʀd(ə)] *adj* = **peinard**
**pénates** [penat] *nmpl*: **regagner ses ~** to return to the bosom of one's family
**penaud, e** [pəno, -od] *adj* sheepish, contrite
**penchant** [pɑ̃ʃɑ̃] *nm*: **un ~ à faire/à qch** a tendency to do/to sth; **un ~ pour qch** a liking *ou* fondness for sth
**penché, e** [pɑ̃ʃe] *adj* slanting
**pencher** [pɑ̃ʃe] *vi* to tilt, lean over ▷ *vt* to tilt; **se pencher** *vi* to lean over; (*se baisser*) to bend down; **se ~ sur** to bend over; (*fig*: *problème*) to

look into; **se ~ au dehors** to lean out; **~ pour** to be inclined to favour (*Brit*) *ou* favor (*US*)
**pendable** [pɑ̃dabl(ə)] *adj*: **tour ~** rotten trick; **c'est un cas ~!** he (*ou* she) deserves to be shot!
**pendaison** [pɑ̃dɛzɔ̃] *nf* hanging
**pendant, e** [pɑ̃dɑ̃, -ɑ̃t] *adj* hanging (out); (*Admin, Jur*) pending ▷ *nm* counterpart; matching piece ▷ *prép* during; **faire ~ à** to match; to be the counterpart of; **~ que** while; **~s d'oreilles** drop *ou* pendant earrings
**pendeloque** [pɑ̃dlɔk] *nf* pendant
**pendentif** [pɑ̃dɑ̃tif] *nm* pendant
**penderie** [pɑ̃dʀi] *nf* wardrobe; (*placard*) walk-in cupboard
**pendiller** [pɑ̃dije] *vi* to flap (about)
**pendre** [pɑ̃dʀ(ə)] *vt, vi* to hang; **se ~ (à)** (*se suicider*) to hang o.s. (on); **~ à** to hang (down) from; **~ qch à** (*mur*) to hang sth (up) on; (*plafond*) to hang sth (up) from; **se ~ à** (*se suspendre*) to hang from
**pendu, e** [pɑ̃dy] *pp de* **pendre** ▷ *nm/f* hanged man (*ou* woman)
**pendulaire** [pɑ̃dylɛʀ] *adj* pendular, of a pendulum
**pendule** [pɑ̃dyl] *nf* clock ▷ *nm* pendulum
**pendulette** [pɑ̃dylɛt] *nf* small clock
**pêne** [pɛn] *nm* bolt
**pénétrant, e** [penetʀɑ̃, -ɑ̃t] *adj* (*air, froid*) biting; (*pluie*) that soaks right through you; (*fig*: *odeur*) noticeable; (*œil, regard*) piercing; (*clairvoyant, perspicace*) perceptive ▷ *nf* (*route*) expressway
**pénétration** [penetʀasjɔ̃] *nf* (*fig*: *d'idées etc*) penetration; (*perspicacité*) perception
**pénétré, e** [penetʀe] *adj* (*air, ton*) earnest; **être ~ de soi-même/son importance** to be full of oneself/one's own importance
**pénétrer** [penetʀe] *vi* to come *ou* get in ▷ *vt* to penetrate; **~ dans** to enter; (*froid, projectile*) to penetrate; (: *air, eau*) to come into, get into; (*mystère, secret*) to fathom; **se ~ de qch** to get sth firmly set in one's mind
**pénible** [penibl(ə)] *adj* (*astreignant*) hard; (*affligeant*) painful; (*personne, caractère*) tiresome; **il m'est ~ de ...** I'm sorry to ...
**péniblement** [penibləmɑ̃] *adv* with difficulty
**péniche** [peniʃ] *nf* barge; **~ de débarquement** landing craft *inv*
**pénicilline** [penisilin] *nf* penicillin
**péninsulaire** [penɛ̃sylɛʀ] *adj* peninsular
**péninsule** [penɛ̃syl] *nf* peninsula
**pénis** [penis] *nm* penis
**pénitence** [penitɑ̃s] *nf* (*repentir*) penitence; (*peine*) penance; (*punition, châtiment*) punishment; **mettre un enfant en ~** ≈ to make a child stand in the corner; **faire ~** to do a penance
**pénitencier** [penitɑ̃sje] *nm* prison, penitentiary (*US*)
**pénitent, e** [penitɑ̃, -ɑ̃t] *adj* penitent
**pénitentiaire** [penitɑ̃sjɛʀ] *adj* prison *cpd*, penitentiary (*US*)
**pénombre** [penɔ̃bʀ(ə)] *nf* half-light

**p**

**pensable** [pɑ̃sabl(ə)] *adj*: **ce n'est pas ~** it's unthinkable

**pensant, e** [pɑ̃sɑ̃, -ɑ̃t] *adj*: **bien ~** right-thinking

**pense-bête** [pɑ̃sbɛt] *nm* aide-mémoire, mnemonic device

**pensée** [pɑ̃se] *nf* thought; (*démarche, doctrine*) thinking *no pl*; (*Bot*) pansy; **se représenter qch par la ~** to conjure up a mental picture of sth; **en ~** in one's mind

**penser** [pɑ̃se] *vi* to think ▷ *vt* to think; (*concevoir: problème, machine*) to think out; **~ à** to think of; (*songer à: ami, vacances*) to think of *ou* about; (*réfléchir à: problème, offre*): **~ à qch** to think about sth, think sth over; **~ à faire qch** to think of doing sth; **~ faire qch** to be thinking of doing sth, intend to do sth; **faire ~ à** to remind one of; **n'y pensons plus** let's forget it; **vous n'y pensez pas!** don't let it bother you!; **sans ~ à mal** without meaning any harm; **je le pense aussi** I think so too; **je pense que oui/non** I think so/don't think so

**penseur** [pɑ̃sœʀ] *nm* thinker; **libre ~** free-thinker

**pensif, -ive** [pɑ̃sif, -iv] *adj* pensive, thoughtful

**pension** [pɑ̃sjɔ̃] *nf* (*allocation*) pension; (*prix du logement*) board and lodging, bed and board; (*maison particulière*) boarding house; (*hôtel*) guesthouse, hotel; (*école*) boarding school; **prendre ~ chez** to take board and lodging at; **prendre qn en ~** to take sb (in) as a lodger; **mettre en ~** to send to boarding school; **~ alimentaire** (*d'étudiant*) living allowance; (*de divorcée*) maintenance allowance; alimony; **~ complète** full board; **~ de famille** boarding house, guesthouse; **~ de guerre/d'invalidité** war/disablement pension

**pensionnaire** [pɑ̃sjɔnɛʀ] *nm/f* boarder; guest

**pensionnat** [pɑ̃sjɔna] *nm* boarding school

**pensionné, e** [pɑ̃sjɔne] *nm/f* pensioner

**pensivement** [pɑ̃sivmɑ̃] *adv* pensively, thoughtfully

**pensum** [pɛ̃sɔm] *nm* (*Scol*) punishment exercise; (*fig*) chore

**pentagone** [pɛ̃tagɔn] *nm* pentagon; **le P~** the Pentagon

**pentathlon** [pɛ̃tatlɔ̃] *nm* pentathlon

**pente** [pɑ̃t] *nf* slope; **en ~** *adj* sloping

**Pentecôte** [pɑ̃tkot] *nf*: **la ~** Whitsun (*Brit*), Pentecost; (*dimanche*) Whitsunday (*Brit*); **lundi de ~** Whit Monday (*Brit*)

**pénurie** [penyʀi] *nf* shortage; **~ de main-d'œuvre** undermanning

**PEP** [pɛp] *sigle m* (= *plan d'épargne populaire*) *individual savings plan*

**pépé** [pepe] *nm* (*fam*) grandad

**pépère** [pepɛʀ] *adj* (*fam*) cushy; (*fam*) quiet ▷ *nm* (*fam*) grandad

**pépier** [pepje] *vi* to chirp, tweet

**pépin** [pepɛ̃] *nm* (*Bot: graine*) pip; (*fam: ennui*) snag, hitch; (*: parapluie*) brolly (*Brit*), umbrella

**pépinière** [pepinjɛʀ] *nf* nursery; (*fig*) nest, breeding-ground

**pépiniériste** [pepinjeʀist(ə)] *nm* nurseryman

**pépite** [pepit] *nf* nugget

**PEPS** *abr* (= *premier entré premier sorti*) first in first out

**PER** [pɛʀ] *sigle m* (= *plan d'épargne retraite*) *type of personal pension plan*

**perçant, e** [pɛʀsɑ̃, -ɑ̃t] *adj* (*vue, regard, yeux*) sharp, keen; (*cri, voix*) piercing, shrill

**percée** [pɛʀse] *nf* (*trouée*) opening; (*Mil, Comm: fig*) breakthrough; (*Sport*) break

**perce-neige** [pɛʀsənɛʒ] *nm ou f inv* snowdrop

**perce-oreille** [pɛʀsɔʀɛj] *nm* earwig

**percepteur** [pɛʀsɛptœʀ] *nm* tax collector

**perceptible** [pɛʀsɛptibl(ə)] *adj* (*son, différence*) perceptible; (*impôt*) payable, collectable

**perception** [pɛʀsɛpsjɔ̃] *nf* perception; (*d'impôts etc*) collection; (*bureau*) tax (collector's) office

**percer** [pɛʀse] *vt* to pierce; (*ouverture etc*) to make; (*mystère, énigme*) to penetrate ▷ *vi* to come through; (*réussir*) to break through; **~ une dent** to cut a tooth

**perceuse** [pɛʀsøz] *nf* drill; **~ à percussion** hammer drill

**percevable** [pɛʀsəvabl(ə)] *adj* collectable, payable

**percevoir** [pɛʀsəvwaʀ] *vt* (*distinguer*) to perceive, detect; (*taxe, impôt*) to collect; (*revenu, indemnité*) to receive

**perche** [pɛʀʃ(ə)] *nf* (*Zool*) perch; (*bâton*) pole; **~ à son** (*sound*) boom

**percher** [pɛʀʃe] *vt*: **~ qch sur** to perch sth on ▷ *vi*, **se percher** *vi* (*oiseau*) to perch

**perchiste** [pɛʀʃist(ə)] *nm/f* (*Sport*) pole vaulter; (*TV etc*) boom operator

**perchoir** [pɛʀʃwaʀ] *nm* perch; (*fig*) presidency of the French National Assembly

**perclus, e** [pɛʀkly, -yz] *adj*: **~ de** (*rhumatismes*) crippled with

**perçois** *etc* [pɛʀswa] *vb voir* **percevoir**

**percolateur** [pɛʀkɔlatœʀ] *nm* percolator

**perçu, e** [pɛʀsy] *pp de* **percevoir**

**percussion** [pɛʀkysjɔ̃] *nf* percussion

**percussionniste** [pɛʀkysjɔnist(ə)] *nm/f* percussionist

**percutant, e** [pɛʀkytɑ̃, -ɑ̃t] *adj* (*article etc*) resounding, forceful

**percuter** [pɛʀkyte] *vt* to strike; (*véhicule*) to crash into ▷ *vi*: **~ contre** to crash into

**percuteur** [pɛʀkytœʀ] *nm* firing pin, hammer

**perdant, e** [pɛʀdɑ̃, -ɑ̃t] *nm/f* loser ▷ *adj* losing

**perdition** [pɛʀdisjɔ̃] *nf* (*morale*) ruin; **en ~** (*Navig*) in distress; **lieu de ~** den of vice

**perdre** [pɛʀdʀ(ə)] *vt* to lose; (*gaspiller: temps, argent*) to waste; (*: occasion*) to waste, miss; (*personne: moralement etc*) to ruin ▷ *vi* to lose; (*sur une vente etc*) to lose out; (*récipient*) to leak; **se perdre** *vi* (*s'égarer*) to get lost, lose one's way; (*fig: se gâter*) to go to waste; (*disparaître*) to disappear, vanish; **il ne perd rien pour attendre** it can wait, it'll keep

**perdreau, x** [pɛʀdʀo] *nm* (young) partridge

**perdrix** [pɛʀdʀi] *nf* partridge

**perdu, e** [pɛʀdy] *pp de* **perdre** ▷ *adj* (*enfant, cause, objet*) lost; (*isolé*) out-of-the-way; (*Comm: emballage*) non-returnable; (*récolte etc*) ruined; (*malade*): **il est ~** there's no hope left for him; **à vos moments ~s** in your spare time

**père** [pɛʀ] *nm* father; **pères** *nmpl* (*ancêtres*) forefathers; **de ~ en fils** from father to son; **~ de famille** father; family man; **mon ~** (*Rel*) Father; **le ~ Noël** Father Christmas

**pérégrinations** [peʀegʀinɑsjɔ̃] *nfpl* travels

**péremption** [peʀɑpsjɔ̃] *nf*: **date de ~** expiry date

**péremptoire** [peʀɑptwaʀ] *adj* peremptory

**pérennité** [peʀenite] *nf* durability, lasting quality

**péréquation** [peʀekwɑsjɔ̃] *nf* (*des salaires*) realignment; (*des prix, impôts*) equalization

**perfectible** [pɛʀfɛktibl(ə)] *adj* perfectible

**perfection** [pɛʀfɛksjɔ̃] *nf* perfection; **à la ~** *adv* to perfection

**perfectionné, e** [pɛʀfɛksjɔne] *adj* sophisticated

**perfectionnement** [pɛʀfɛksjɔnmɑ̃] *nm* improvement

**perfectionner** [pɛʀfɛksjɔne] *vt* to improve, perfect; **se ~ en anglais** to improve one's English

**perfectionniste** [pɛʀfɛksjɔnist(ə)] *nm/f* perfectionist

**perfide** [pɛʀfid] *adj* perfidious, treacherous

**perfidie** [pɛʀfidi] *nf* treachery

**perforant, e** [pɛʀfɔʀɑ̃, -ɑ̃t] *adj* (*balle*) armour-piercing (*Brit*), armor-piercing (*US*)

**perforateur, -trice** [pɛʀfɔʀatœʀ, -tʀis] *nm/f* punch-card operator ▷ *nm* (*perceuse*) borer; drill ▷ *nf* (*perceuse*) borer; drill; (*pour cartes*) card-punch; (*de bureau*) punch

**perforation** [pɛʀfɔʀɑsjɔ̃] *nf* perforation; punching; (*trou*) hole

**perforatrice** [pɛʀfɔʀatʀis] *nf voir* **perforateur**

**perforé, e** [pɛʀfɔʀe] *adj*: **bande ~** punched tape; **carte ~** punch card

**perforer** [pɛʀfɔʀe] *vt* to perforate, punch a hole *ou* holes in; (*ticket, bande, carte*) to punch

**perforeuse** [pɛʀfɔʀøz] *nf* (*machine*) (card) punch; (*personne*) card punch operator

**performance** [pɛʀfɔʀmɑ̃s] *nf* performance

**performant, e** [pɛʀfɔʀmɑ̃, -ɑ̃t] *adj* (*Écon: produit, entreprise*) high-return *cpd*; (*Tech: appareil, machine*) high-performance *cpd*

**perfusion** [pɛʀfyzjɔ̃] *nf* perfusion; **faire une ~ à qn** to put sb on a drip

**péricliter** [peʀiklite] *vi* to go downhill

**péridurale** [peʀidyʀal] *nf* epidural

**périgourdin, e** [peʀiguʀdɛ̃, -in] *adj* of *ou* from the Perigord

**péril** [peʀil] *nm* peril; **au ~ de sa vie** at the risk of his life; **à ses risques et ~s** at his (*ou* her) own risk

**périlleux, -euse** [peʀijø, -øz] *adj* perilous

**périmé, e** [peʀime] *adj* (out)dated; (*Admin*) out-of-date, expired

**périmètre** [peʀimɛtʀ(ə)] *nm* perimeter

**périnatal, e** [peʀinatal] *adj* perinatal

**période** [peʀjɔd] *nf* period

**périodique** [peʀjɔdik] *adj* (*phases*) periodic; (*publication*) periodical; (*Math: fraction*) recurring ▷ *nm* periodical; **garniture** *ou* **serviette ~** sanitary towel (*Brit*) *ou* napkin (*US*)

**périodiquement** [peʀjɔdikmɑ̃] *adv* periodically

**péripéties** [peʀipesi] *nfpl* events, episodes

**périphérie** [peʀifeʀi] *nf* periphery; (*d'une ville*) outskirts *pl*

**périphérique** [peʀifeʀik] *adj* (*quartiers*) outlying; (*Anat, Tech*) peripheral; (*station de radio*) operating from a neighbouring country ▷ *nm* (*Inform*) peripheral; (*Auto*): (**boulevard**) **~** ring road (*Brit*), beltway (*US*)

**périphrase** [peʀifʀaz] *nf* circumlocution

**périple** [peʀipl(ə)] *nm* journey

**périr** [peʀiʀ] *vi* to die, perish

**périscolaire** [peʀiskɔlɛʀ] *adj* extracurricular

**périscope** [peʀiskɔp] *nm* periscope

**périssable** [peʀisabl(ə)] *adj* perishable

**péristyle** [peʀistil] *nm* peristyle

**péritonite** [peʀitɔnit] *nf* peritonitis

**perle** [pɛʀl(ə)] *nf* pearl; (*de plastique, métal, sueur*) bead; (*personne, chose*) gem, treasure; (*erreur*) gem, howler

**perlé, e** [pɛʀle] *adj* (*rire*) rippling, tinkling; (*travail*) exquisite; (*orge*) pearl *cpd*; **grève ~e** go-slow, selective strike (action)

**perler** [pɛʀle] *vi* to form in droplets

**perlier, -ière** [pɛʀlje, -jɛʀ] *adj* pearl *cpd*

**permanence** [pɛʀmanɑ̃s] *nf* permanence; (*local*) (duty) office, strike headquarters; (*service des urgences*) emergency service; (*Scol*) study room; **assurer une ~** (*service public, bureaux*) to operate *ou* maintain a basic service; **être de ~** to be on call *ou* duty; **en ~** *adv* (*toujours*) permanently; (*continûment*) continuously

**permanent, e** [pɛʀmanɑ̃, -ɑ̃t] *adj* permanent; (*spectacle*) continuous; (*armée, comité*) standing ▷ *nf* perm ▷ *nm/f* (*d'un syndicat, parti*) paid official

**perméable** [pɛʀmeabl(ə)] *adj* (*terrain*) permeable; **~ à** (*fig*) receptive *ou* open to

**permettre** [pɛʀmɛtʀ(ə)] *vt* to allow, permit; **~ à qn de faire/qch** to allow sb to do/sth; **se ~ de faire qch** to take the liberty of doing sth; **permettez!** excuse me!

**permis, e** [pɛʀmi, -iz] *pp de* **permettre** ▷ *nm* permit, licence (*Brit*), license (*US*); **~ de chasse** hunting permit; **~ (de conduire)** (driving) licence (*Brit*), (driver's) license (*US*); **~ de construire** planning permission (*Brit*), building permit (*US*); **~ d'inhumer** burial certificate; **~ poids lourds** ≈ HGV (driving) licence (*Brit*), ≈ class E (driver's) license (*US*); **~ de séjour** residence permit; **~ de travail** work permit

**permissif, -ive** [pɛʀmisif, -iv] *adj* permissive

**permission** [pɛʀmisjɔ̃] *nf* permission; (*Mil*) leave; (*: papier*) pass; **en ~** on leave; **avoir la ~ de faire** to have permission to do, be allowed to do

**permissionnaire** [pɛʀmisjɔnɛʀ] *nm* soldier on leave

**P**

**permutable** [pɛʀmytabl(ə)] *adj* which can be changed *ou* switched around

**permuter** [pɛʀmyte] *vt* to change around, permutate ▷ *vi* to change, swap

**pernicieux, -euse** [pɛʀnisjø, -øz] *adj* pernicious

**péroné** [peʀɔne] *nm* fibula

**pérorer** [peʀɔʀe] *vi* to hold forth

**Pérou** [peʀu] *nm*: **le ~** Peru

**perpendiculaire** [pɛʀpɑ̃dikylɛʀ] *adj, nf* perpendicular

**perpendiculairement** [pɛʀpɑ̃dikylɛʀmɑ̃] *adv* perpendicularly

**perpète** [pɛʀpɛt] *nf*: **à ~** *(fam: loin)* miles away; *(: longtemps)* forever

**perpétrer** [pɛʀpetʀe] *vt* to perpetrate

**perpétuel, le** [pɛʀpetɥɛl] *adj* perpetual; *(Admin etc)* permanent; for life

**perpétuellement** [pɛʀpetɥɛlmɑ̃] *adv* perpetually, constantly

**perpétuer** [pɛʀpetɥe] *vt* to perpetuate; **se perpétuer** *(usage, injustice)* to be perpetuated; *(espèces)* to survive

**perpétuité** [pɛʀpetɥite] *nf*: **à ~** *adj, adv* for life; **être condamné à ~** to be sentenced to life imprisonment, receive a life sentence

**perplexe** [pɛʀplɛks(ə)] *adj* perplexed, puzzled

**perplexité** [pɛʀplɛksite] *nf* perplexity

**perquisition** [pɛʀkizisjɔ̃] *nf* (police) search

**perquisitionner** [pɛʀkizisjɔne] *vi* to carry out a search

**perron** [peʀɔ̃] *nm* steps *pl* (in front of mansion etc)

**perroquet** [peʀɔkɛ] *nm* parrot

**perruche** [peʀyʃ] *nf* budgerigar (Brit), budgie (Brit), parakeet (US)

**perruque** [peʀyk] *nf* wig

**persan, e** [pɛʀsɑ̃, -an] *adj* Persian ▷ *nm* (Ling) Persian

**perse** [pɛʀs(ə)] *adj* Persian ▷ *nm* (Ling) Persian ▷ *nm/f*: **Perse** Persian ▷ *nf*: **la P~** Persia

**persécuter** [pɛʀsekyte] *vt* to persecute

**persécution** [pɛʀsekysjɔ̃] *nf* persecution

**persévérance** [pɛʀseveʀɑ̃s] *nf* perseverance

**persévérant, e** [pɛʀseveʀɑ̃, -ɑ̃t] *adj* persevering

**persévérer** [pɛʀseveʀe] *vi* to persevere; **~ à croire que** to continue to believe that

**persiennes** [pɛʀsjɛn] *nfpl* (slatted) shutters

**persiflage** [pɛʀsiflaʒ] *nm* mockery *no pl*

**persifleur, -euse** [pɛʀsiflœʀ, -øz] *adj* mocking

**persil** [pɛʀsi] *nm* parsley

**persillé, e** [pɛʀsije] *adj* (sprinkled) with parsley; *(fromage)* veined; *(viande)* marbled, with fat running through

**Persique** [pɛʀsik] *adj*: **le golfe ~** the (Persian) Gulf

**persistance** [pɛʀsistɑ̃s] *nf* persistence

**persistant, e** [pɛʀsistɑ̃, -ɑ̃t] *adj* persistent; *(feuilles)* evergreen; **à feuillage ~** evergreen

**persister** [pɛʀsiste] *vi* to persist; **~ à faire qch** to persist in doing sth

**personnage** [pɛʀsɔnaʒ] *nm* (notable) personality; figure; *(individu)* character, individual; *(Théât)* character; *(Peinture)* figure

**personnaliser** [pɛʀsɔnalize] *vt* to personalize; *(appartement)* to give a personal touch to

**personnalité** [pɛʀsɔnalite] *nf* personality; *(personnage)* prominent figure

**personne** [pɛʀsɔn] *nf* person ▷ *pron* nobody, no one; *(quelqu'un)* anybody, anyone; **personnes** *nfpl* people *pl*; **il n'y a ~** there's nobody in *ou* there, there isn't anybody in *ou* there; **10 euros par ~** 10 euros per person *ou* a head; **en ~** personally, in person; **~ âgée** elderly person; **~ à charge** (Jur) dependent; **~ morale** *ou* **civile** (Jur) legal entity

**personnel, le** [pɛʀsɔnɛl] *adj* personal; *(égoïste: personne)* selfish, self-centred; *(idée, opinion)* **j'ai des idées ~les à ce sujet** I have my own ideas about that ▷ *nm* personnel, staff; **service du ~** personnel department

**personnellement** [pɛʀsɔnɛlmɑ̃] *adv* personally

**personnification** [pɛʀsɔnifikasjɔ̃] *nf* personification; **c'est la ~ de la cruauté** he's cruelty personified

**personnifier** [pɛʀsɔnifje] *vt* to personify; to typify; **c'est l'honnêteté personnifiée** he *(ou* she *etc)* is honesty personified

**perspective** [pɛʀspɛktiv] *nf* (Art) perspective; *(vue, coup d'œil)* view; *(point de vue)* viewpoint, angle; *(chose escomptée, envisagée)* prospect; **en ~** in prospect

**perspicace** [pɛʀspikas] *adj* clear-sighted, gifted with *ou* showing) insight

**perspicacité** [pɛʀspikasite] *nf* insight, perspicacity

**persuader** [pɛʀsɥade] *vt*: **~ qn (de/de faire)** to persuade sb (of/to do); **j'en suis persuadé** I'm quite sure *ou* convinced (of it)

**persuasif, -ive** [pɛʀsɥazif, -iv] *adj* persuasive

**persuasion** [pɛʀsɥazjɔ̃] *nf* persuasion

**perte** [pɛʀt(ə)] *nf* loss; *(de temps)* waste; *(fig: morale)* ruin; **pertes** *nfpl* losses; **à ~** (Comm) at a loss; **à ~ de vue** as far as the eye can *(ou* could) see; *(fig)* interminably; **en pure ~** for absolutely nothing; **courir à sa ~** to be on the road to ruin; **être en ~ de vitesse** *(fig)* to be losing momentum; **avec ~ et fracas** forcibly; **~ de chaleur** heat loss; **~ sèche** dead loss; **~s blanches** (vaginal) discharge *sg*

**pertinemment** [pɛʀtinamɑ̃] *adv* to the point; *(savoir)* perfectly well, full well

**pertinence** [pɛʀtinɑ̃s] *nf* pertinence, relevance; discernment

**pertinent, e** [pɛʀtinɑ̃, -ɑ̃t] *adj* (remarque) apt, pertinent, relevant; *(analyse)* discerning, judicious

**perturbateur, -trice** [pɛʀtyʀbatœʀ, -tʀis] *adj* disruptive

**perturbation** [pɛʀtyʀbasjɔ̃] *nf* (dans un service public) disruption; *(agitation, trouble)* perturbation; **~ (atmosphérique)** atmospheric disturbance

**perturber** [pɛʀtyʀbe] *vt* to disrupt; (Psych) to perturb, disturb

**péruvien, ne** [peʀyvjɛ̃, -ɛn] *adj* Peruvian ▷ *nm/f*:

**Péruvien, ne** Peruvian

**pervenche** [pɛʀvɑ̃ʃ] nf periwinkle; (fam) traffic warden (Brit), meter maid (US)

**pervers, e** [pɛʀvɛʀ, -ɛʀs(ə)] adj perverted, depraved; (malfaisant) perverse

**perversion** [pɛʀvɛʀsjɔ̃] nf perversion

**perversité** [pɛʀvɛʀsite] nf depravity; perversity

**perverti, e** [pɛʀvɛʀti] nm/f pervert

**pervertir** [pɛʀvɛʀtiʀ] vt to pervert

**pesage** [pəzaʒ] nm weighing; (Hippisme: action) weigh-in; (: salle) weighing room; (: enceinte) enclosure

**pesamment** [pəzamɑ̃] adv heavily

**pesant, e** [pəzɑ̃, -ɑ̃t] adj heavy; (fig) burdensome ▷ nm: **valoir son ~ de** to be worth one's weight in

**pesanteur** [pəzɑ̃tœʀ] nf gravity

**pèse-bébé** [pɛzbebe] nm (baby) scales pl

**pesée** [pəze] nf weighing; (Boxe) weigh-in; (pression) pressure

**pèse-lettre** [pɛzlɛtʀ(ə)] nm letter scales pl

**pèse-personne** [pɛzpɛʀsɔn] nm (bathroom) scales pl

**peser** [pəze] vt to weigh; (considérer, comparer) to weigh up ▷ vi to be heavy; (fig) to carry weight; **~ sur** (levier, bouton) to press, push; (fig: accabler) to lie heavy on; (: influencer) to influence; **~ à qn** to weigh heavy on sb

**pessaire** [pɛsɛʀ] nm pessary

**pessimisme** [pesimism(ə)] nm pessimism

**pessimiste** [pesimist(ə)] adj pessimistic ▷ nm/f pessimist

**peste** [pɛst(ə)] nf plague; (fig) pest, nuisance

**pester** [pɛste] vi: **~ contre** to curse

**pesticide** [pɛstisid] nm pesticide

**pestiféré, e** [pɛstifeʀe] nm/f plague victim

**pestilentiel, le** [pɛstilɑ̃sjɛl] adj foul

**pet** [pɛ] nm (fam!) fart (!)

**pétale** [petal] nm petal

**pétanque** [petɑ̃k] nf type of bowls; see note

⬤ **PÉTANQUE**
⬤
⬤
⬤ Pétanque is a version of the game of "boules",
⬤ played on a variety of hard surfaces.
⬤ Standing with their feet together, players
⬤ throw steel bowls at a wooden jack. Pétanque
⬤ originated in the South of France and is still
⬤ very much associated with that area.

**pétarade** [petaʀad] nf backfiring no pl

**pétarader** [petaʀade] vi to backfire

**pétard** [petaʀ] nm (feu d'artifice) banger (Brit), firecracker; (de cotillon) cracker; (Rail) detonator

**pet-de-nonne** [pɛdnɔn] nm (pl pets-de-nonne) ≈ choux bun

**péter** [pete] vi (fam: casser, sauter) to burst; to bust; (fam!) to fart (!)

**pète-sec** [pɛtsɛk] adj inv abrupt, sharp (-tongued)

**pétillant, e** [petijɑ̃, -ɑ̃t] adj sparkling

**pétiller** [petije] vi (flamme, bois) to crackle;

(mousse, champagne) to bubble; (pierre, métal) to glisten; (yeux) to sparkle; (fig): **~ d'esprit** to sparkle with wit

**petit, e** [pəti, -it] adj (gén) small; (main, objet, colline, en âge: enfant) small, little; (mince, fin: personne, taille, pluie) slight; (voyage) short, little; (bruit etc) faint, slight; (mesquin) mean; (peu important) minor ▷ nm/f (petit enfant) little one, child; **petits** nmpl (d'un animal) young pl; **faire des ~s** to have kittens (ou puppies etc); **en ~** in miniature; **mon ~** son; little one; **ma ~e** dear; little one; **pauvre ~** poor little thing; **la classe des ~s** the infant class; **pour ~s et grands** for children and adults; **les tout-~s** the little ones, the tiny tots; **~ à ~** bit by bit, gradually; **~(e) ami/e** boyfriend/girlfriend; **les ~es annonces** the small ads; **~ déjeuner** breakfast; **~ doigt** little finger; **le ~ écran** the small screen; **~ four** petit four; **~ pain** (bread) roll; **~e monnaie** small change; **~e vérole** smallpox; **~s pois** petit pois pl, garden peas; **~es gens** people of modest means

**petit-beurre** [pətibœʀ] (pl **petits-beurre**) nm sweet butter biscuit (Brit) ou cookie (US)

**petit-bourgeois, petite-bourgeoise** [pətibuʀʒwa, pətitbuʀʒwaz] (pl **petit(e)s-bourgeois(es)**) adj (péj) petit-bourgeois, middle-class

**petite-fille** [pətitfij] (pl **petites-filles**) nf granddaughter

**petitement** [pətitmɑ̃] adv poorly; meanly; **être logé ~** to be in cramped accommodation

**petitesse** [pətitɛs] nf smallness; (d'un salaire, de revenus) modestness; (mesquinerie) meanness

**petit-fils** [pətifis] (pl **petits-fils**) nm grandson

**pétition** [petisjɔ̃] nf petition; **faire signer une ~** to get up a petition

**pétitionnaire** [petisjɔnɛʀ] nm/f petitioner

**pétitionner** [petisjɔne] vi to petition

**petit-lait** [pətilɛ] (pl **petits-laits**) nm whey no pl

**petit-nègre** [pətinɛgʀ(ə)] nm (péj) pidgin French

**petits-enfants** [pətizɑ̃fɑ̃] nmpl grandchildren

**petit-suisse** [pətisɥis] (pl **petits-suisses**) nm small individual pot of cream cheese

**pétoche** [petɔʃ] nf (fam): **avoir la ~** to be scared out of one's wits

**pétri, e** [petʀi] adj: **~ d'orgueil** filled with pride

**pétrifier** [petʀifje] vt to petrify; (fig) to paralyze, transfix

**pétrin** [petʀɛ̃] nm kneading-trough; (fig): **dans le ~** in a jam ou fix

**pétrir** [petʀiʀ] vt to knead

**pétrochimie** [petʀɔʃimi] nf petrochemistry

**pétrochimique** [petʀɔʃimik] adj petrochemical

**pétrodollar** [petʀɔdɔlaʀ] nm petrodollar

**pétrole** [petʀɔl] nm oil; (aussi: **pétrole lampant**) paraffin (Brit), kerosene (US)

**pétrolier, -ière** [petʀɔlje, -jɛʀ] adj oil cpd; (pays) oil-producing ▷ nm (navire) oil tanker; (financier) oilman; (technicien) petroleum engineer

**pétrolifère** [petʀɔlifɛʀ] adj oil(-bearing)

**P et T** sigle fpl = **postes et télécommunications**

**P**

**pétulant, e** [petylɑ̃, -ɑ̃t] *adj* exuberant

○ **MOT-CLÉ**

**peu** [pø] *adv* **1** (*modifiant verbe, adjectif, adverbe*): **il boit peu** he doesn't drink (very) much; **il est peu bavard** he's not very talkative; **peu avant/ après** shortly before/afterwards; **pour peu qu'il fasse** if he should do, if by any chance he does
**2** (*modifiant nom*): **peu de: peu de gens/ d'arbres** few *ou* not (very) many people/trees; **il a peu d'espoir** he hasn't (got) much hope, he has little hope; **pour peu de temps** for (only) a short while; **à peu de frais** for very little cost
**3**: **peu à peu** little by little; **à peu près** just about, more or less; **à peu près 10 kg/10 euros** approximately 10 kg/10 euros
▷ *nm* **1**: **le peu de gens qui** the few people who; **le peu de sable qui** what little sand, the little sand which
**2**: **un peu** a little; **un petit peu** a little bit; **un peu d'espoir** a little hope; **elle est un peu bavarde** she's rather talkative; **un peu plus/ moins de** slightly more/less (*ou* fewer) than; **pour un peu il ..., un peu plus et il ...** he very nearly *ou* all but ...; **essayez un peu!** have a go!, just try it!
▷ *pron*: **peu le savent** few know (it); **avant** *ou* **sous peu** shortly, before long; **depuis peu** for a short *ou* little while; (*au passé*) a short *ou* little while ago; **de peu** (only) just; **c'est peu de chose** it's nothing; **il est de peu mon cadet** he's just a little *ou* bit younger than me

**peuplade** [pœplad] *nf* (*horde, tribu*) tribe, people
**peuple** [pœpl(ə)] *nm* people; (*masse*): **un ~ de vacanciers** a crowd of holiday-makers; **il y a du ~** there are a lot of people
**peuplé, e** [pœple] *adj*: **très/peu ~** densely/ sparsely populated
**peupler** [pœple] *vt* (*pays, région*) to populate; (*étang*) to stock; (*hommes, poissons*) to inhabit; (*fig: imagination, rêves*) to fill; **se peupler** *vi* (*ville, région*) to become populated; (*fig: s'animer*) to fill (up), be filled
**peuplier** [pøplije] *nm* poplar (tree)
**peur** [pœʀ] *nf* fear; **avoir ~ (de/de faire/que)** to be frightened *ou* afraid (of/of doing/that); **prendre ~** to take fright; **faire ~ à** to frighten; **de ~ de/que** for fear of/that; **j'ai ~ qu'il ne soit trop tard** I'm afraid it might be too late; **j'ai ~ qu'il (ne) vienne (pas)** I'm afraid he may (not) come
**peureux, -euse** [pœʀø, -øz] *adj* fearful, timorous
**peut** [pø] *vb voir* **pouvoir**
**peut-être** [pøtɛtʀ(ə)] *adv* perhaps, maybe; **~ que** perhaps, maybe; **~ bien qu'il fera/est** he may well do/be
**peuvent** [pœv], **peux** *etc* [pø] *vb voir* **pouvoir**
**p. ex.** *abr* (= *par exemple*) e.g.

**phalange** [falɑ̃ʒ] *nf* (*Anat*) phalanx; (*Mil: fig*) phalanx
**phallique** [falik] *adj* phallic
**phallocrate** [falɔkʀat] *nm* male chauvinist
**phallocratie** [falɔkʀasi] *nf* male chauvinism
**phallus** [falys] *nm* phallus
**pharaon** [faʀaɔ̃] *nm* Pharaoh
**phare** [faʀ] *nm* (*en mer*) lighthouse; (*d'aéroport*) beacon; (*de véhicule*) headlight, headlamp (*Brit*)
▷ *adj*: **produit ~** leading product; **se mettre en ~s, mettre ses ~s** to put one's headlights on; **~s de recul** reversing (*Brit*) *ou* back-up (*US*) lights
**pharmaceutique** [faʀmasøtik] *adj* pharmaceutic(al)
**pharmacie** [faʀmasi] *nf* (*science*) pharmacology; (*magasin*) chemist's (*Brit*), pharmacy; (*officine*) dispensary; (*produits*) pharmaceuticals *pl*; (*armoire*) medicine chest *ou* cupboard, first-aid cupboard
**pharmacien, ne** [faʀmasjɛ̃, -ɛn] *nm/f* pharmacist, chemist (*Brit*)
**pharmacologie** [faʀmakɔlɔʒi] *nf* pharmacology
**pharyngite** [faʀɛ̃ʒit] *nf* pharyngitis *no pl*
**pharynx** [faʀɛ̃ks] *nm* pharynx
**phase** [faz] *nf* phase
**phénoménal, e, -aux** [fenɔmenal, -o] *adj* phenomenal
**phénomène** [fenɔmɛn] *nm* phenomenon; (*monstre*) freak
**philanthrope** [filɑ̃tʀɔp] *nm/f* philanthropist
**philanthropie** [filɑ̃tʀɔpi] *nf* philanthropy
**philanthropique** [filɑ̃tʀɔpik] *adj* philanthropic
**philatélie** [filateli] *nf* philately, stamp collecting
**philatélique** [filatelik] *adj* philatelic
**philatéliste** [filatelist(ə)] *nm/f* philatelist, stamp collector
**philharmonique** [filaʀmɔnik] *adj* philharmonic
**philippin, e** [filipɛ̃, -in] *adj* Filipino
**Philippines** [filipin] *nfpl*: **les ~** the Philippines
**philistin** [filistɛ̃] *nm* philistine
**philo** [filo] *nf* (*fam*: = *philosophie*) philosophy
**philosophe** [filɔzɔf] *nm/f* philosopher ▷ *adj* philosophical
**philosopher** [filɔzɔfe] *vi* to philosophize
**philosophie** [filɔzɔfi] *nf* philosophy
**philosophique** [filɔzɔfik] *adj* philosophical
**philosophiquement** [filɔzɔfikmɑ̃] *adv* philosophically
**philtre** [filtʀ(ə)] *nm* philtre, love potion
**phlébite** [flebit] *nf* phlebitis
**phlébologue** [flebɔlɔg] *nm/f* vein specialist
**phobie** [fɔbi] *nf* phobia
**phonétique** [fɔnetik] *adj* phonetic ▷ *nf* phonetics *sg*
**phonétiquement** [fɔnetikmɑ̃] *adv* phonetically
**phonographe** [fɔnɔgʀaf] *nm* (wind-up) gramophone
**phoque** [fɔk] *nm* seal; (*fourrure*) sealskin

**phosphate** [fɔsfat] *nm* phosphate
**phosphaté, e** [fɔsfate] *adj* phosphate-enriched
**phosphore** [fɔsfɔʀ] *nm* phosphorus
**phosphoré, e** [fɔsfɔʀe] *adj* phosphorous
**phosphorescent, e** [fɔsfɔʀesɑ̃, -ɑ̃t] *adj* luminous
**phosphorique** [fɔsfɔʀik] *adj*: **acide ~** phosphoric acid
**photo** [fɔto] *nf* (*photographie*) photo ▷ *adj*: **appareil/pellicule ~** camera/film; **en ~** in *ou* on a photo; **prendre en ~** to take a photo of; **aimer la/faire de la ~** to like taking/take photos; **~ en couleurs** colour photo; **~ d'identité** passport photo
**photo...** [fɔtɔ] *préfixe* photo...
**photocopie** [fɔtɔkɔpi] *nf* (*procédé*) photocopying; (*document*) photocopy
**photocopier** [fɔtɔkɔpje] *vt* to photocopy
**photocopieur** [fɔtɔkɔpjœʀ] *nm*, **photocopieuse** [fɔtɔkɔpjøz] *nf* (photo)copier
**photo-électrique** [fɔtɔelɛktʀik] *adj* photo-electric
**photo-finish** [fɔtofiniʃ] (*pl* **photos-finish**) *nf* (*appareil*) photo finish camera; (*photo*) photo finish picture; **il y a eu ~ pour la troisième place** there was a photo finish for third place
**photogénique** [fɔtɔʒenik] *adj* photogenic
**photographe** [fɔtɔgʀaf] *nm/f* photographer
**photographie** [fɔtɔgʀafi] *nf* (*procédé, technique*) photography; (*cliché*) photograph; **faire de la ~** to do photography as a hobby; (*comme métier*) to be a photographer
**photographier** [fɔtɔgʀafje] *vt* to photograph, take
**photographique** [fɔtɔgʀafik] *adj* photographic
**photogravure** [fɔtɔgʀavyʀ] *nf* photoengraving
**photomaton®** [fɔtɔmatɔ̃] *nm* photo-booth, photomat
**photomontage** [fɔtɔmɔ̃taʒ] *nm* photomontage
**photophone** [fɔtɔfɔn] *nm* camera phone
**photo-robot** [fɔtɔʀɔbo] *nf* Identikit® (picture)
**photosensible** [fɔtɔsɑ̃sibl(ə)] *adj* photosensitive
**photostat** [fɔtɔsta] *nm* photostat
**phrase** [fʀɑz] *nf* (*Ling*) sentence; (*propos, Mus*) phrase; **phrases** *nfpl* (*péj*) flowery language *sg*
**phraséologie** [fʀazeɔlɔʒi] *nf* phraseology; (*rhétorique*) flowery language
**phraseur, -euse** [fʀazœʀ, -øz] *nm/f*: **c'est un ~** he uses such flowery language
**phrygien, ne** [fʀiʒjɛ̃, -ɛn] *adj*: **bonnet ~** Phrygian cap
**phtisie** [ftizi] *nf* consumption
**phylloxéra** [filɔkseʀa] *nm* phylloxera
**physicien, ne** [fizisjɛ̃, -ɛn] *nm/f* physicist
**physiologie** [fizjɔlɔʒi] *nf* physiology
**physiologique** [fizjɔlɔʒik] *adj* physiological
**physiologiquement** [fizjɔlɔʒikmɑ̃] *adv* physiologically
**physionomie** [fizjɔnɔmi] *nf* face; (*d'un paysage etc*) physiognomy

**physionomiste** [fizjɔnɔmist(ə)] *nm/f* good judge of faces; person who has a good memory for faces
**physiothérapie** [fizjɔteʀapi] *nf* natural medicine, alternative medicine
**physique** [fizik] *adj* physical ▷ *nm* physique ▷ *nf* physics *sg*; **au ~** physically
**physiquement** [fizikmɑ̃] *adv* physically
**phytothérapie** [fitɔteʀapi] *nf* herbal medicine
**p.i.** *abr* = **par intérim**; *voir* **intérim**
**piaffer** [pjafe] *vi* to stamp
**piaillement** [pjɑjmɑ̃] *nm* squawking *no pl*
**piailler** [pjɑje] *vi* to squawk
**pianiste** [pjanist(ə)] *nm/f* pianist
**piano** [pjano] *nm* piano; **~ à queue** grand piano
**pianoter** [pjanɔte] *vi* to tinkle away (at the piano); (*tapoter*): **~ sur** to drum one's fingers on
**piaule** [pjol] *nf* (*fam*) pad
**piauler** [pjole] *vi* (*enfant*) to whimper; (*oiseau*) to cheep
**PIB** *sigle m* (= *produit intérieur brut*) GDP
**pic** [pik] *nm* (*instrument*) pick(axe); (*montagne*) peak; (*Zool*) woodpecker; **à ~** *adv* vertically; (*fig*) just at the right time; **couler à ~** (*bateau*) to go straight down; **~ à glace** ice pick
**picard, e** [pikaʀ, -aʀd(ə)] *adj* of *ou* from Picardy
**Picardie** [pikaʀdi] *nf*: **la ~** Picardy
**picaresque** [pikaʀɛsk(ə)] *adj* picaresque
**piccolo** [pikɔlo] *nm* piccolo
**pichenette** [piʃnɛt] *nf* flick
**pichet** [piʃɛ] *nm* jug
**pickpocket** [pikpɔkɛt] *nm* pickpocket
**pick-up** [pikœp] *nm inv* record player
**picorer** [pikɔʀe] *vt* to peck
**picot** [piko] *nm* sprocket; **entraînement par roue à ~s** sprocket feed
**picotement** [pikɔtmɑ̃] *nm* smarting *no pl*, prickling *no pl*
**picoter** [pikɔte] *vt* (*oiseau*) to peck ▷ *vi* (*irriter*) to smart, prickle
**pictural, e, -aux** [piktyʀal, -o] *adj* pictorial
**pie** [pi] *nf* magpie; (*fig*) chatterbox ▷ *adj inv*: **cheval ~** piebald; **vache ~** black and white cow
**pièce** [pjɛs] *nf* (*d'un logement*) room; (*Théât*) play; (*de mécanisme, machine*) part; (*de monnaie*) coin; (*Couture*) patch; (*document*) document; (*de drap, fragment, d'une collection*) piece; (*de bétail*) head; **mettre en ~s** to smash to pieces; **deux euros ~** two euros each; **vendre à la ~** to sell separately *ou* individually; **travailler/payer à la ~** to do piecework/pay piece rate; **de toutes ~s: c'est inventé de toutes ~s** it's a complete fabrication; **un maillot une ~** a one-piece swimsuit; **un deux-~s cuisine** a two-room(ed) flat (*Brit*) *ou* apartment (*US*) with kitchen; **tout d'une ~** (*personne: franc*) blunt; (: *sans souplesse*) inflexible; **~ à conviction** exhibit; **~ d'eau** ornamental lake *ou* pond; **~ d'identité: avez-vous une ~ d'identité?** have you got any (means of) identification?; **~ jointe** (*Inform*) attachment; **~ montée** tiered cake; **~ de rechange** spare (part); **~ de résistance** pièce de

P

résistance; (*plat*) main dish; **~s détachées** spares, (spare) parts; **en ~s détachées** (*à monter*) in kit form; **~s justificatives** supporting documents

**pied** [pje] *nm* foot; (*de verre*) stem; (*de table*) leg; (*de lampe*) base; (*plante*) plant; **~s nus** barefoot; **à ~** on foot; **à ~ sec** without getting one's feet wet; **à ~ d'œuvre** ready to start (work); **au ~ de la lettre** literally; **au ~ levé** at a moment's notice; **de ~ en cap** from head to foot; **en ~** (*portrait*) full-length; **avoir ~** to be able to touch the bottom, not to be out of one's depth; **avoir le ~ marin** to be a good sailor; **perdre ~** to lose one's footing; (*fig*) to get out of one's depth; **sur ~** (*Agr*) on the stalk, uncut; (*debout, rétabli*) up and about; **mettre sur ~** (*entreprise*) to set up; **mettre à ~** to suspend; to lay off; **mettre qn au ~ du mur** to get sb with his (*ou* her) back to the wall; **sur le ~ de guerre** ready for action; **sur un ~ d'égalité** on an equal footing; **sur ~ d'intervention** on stand-by; **faire du ~ à qn** (*prévenir*) to give sb a (warning) kick; (*galamment*) to play footsie with sb; **mettre les ~s quelque part** to set foot somewhere; **faire des ~s et des mains** (*fig*) to move heaven and earth, pull out all the stops; **c'est le ~!** (*fam*) it's terrific!; **se lever du bon ~/du ~ gauche** to get out of bed on the right/wrong side; **~ de lit** footboard; **~ de nez: faire un ~ de nez à** to thumb one's nose at; **~ de vigne** vine

**pied-à-terre** [pjetatɛʀ] *nm inv* pied-à-terre
**pied-bot** [pjebo] (*pl* **pieds-bots**) *nm* person with a club foot
**pied-de-biche** [pjedbiʃ] (*pl* **pieds-de-biche**) *nm* claw; (*Couture*) presser foot
**pied-de-poule** [pjedpul] *adj inv* hound's-tooth
**piédestal, -aux** [pjedɛstal, -o] *nm* pedestal
**pied-noir** [pjenwaʀ] (*pl* **pieds-noirs**) *nm* Algerian-born Frenchman
**piège** [pjɛʒ] *nm* trap; **prendre au ~** to trap
**piéger** [pjeʒe] *vt* (*animal, fig*) to trap; (*avec une bombe*) to booby-trap; **lettre/voiture piégée** letter-/car-bomb
**piercing** [pjɛʀsiŋ] *nm* piercing
**pierraille** [pjɛʀɑj] *nf* loose stones *pl*
**pierre** [pjɛʀ] *nf* stone; **première ~** (*d'un édifice*) foundation stone; **mur de ~s sèches** drystone wall; **faire d'une ~ deux coups** to kill two birds with one stone; **~ à briquet** flint; **~ fine** semiprecious stone; **~ ponce** pumice stone; **~ de taille** freestone *no pl*; **~ tombale** tombstone, gravestone; **~ de touche** touchstone
**pierreries** [pjɛʀʀi] *nfpl* gems, precious stones
**pierreux, -euse** [pjɛʀø, -øz] *adj* stony
**piété** [pjete] *nf* piety
**piétinement** [pjetinmɑ̃] *nm* stamping *no pl*
**piétiner** [pjetine] *vi* (*trépigner*) to stamp (one's foot); (*marquer le pas*) to stand about; (*fig*) to be at a standstill ▷ *vt* to trample on
**piéton, ne** [pjetɔ̃, -ɔn] *nm/f* pedestrian ▷ *adj* pedestrian *cpd*
**piétonnier, -ière** [pjetɔnje, -jɛʀ] *adj*

pedestrian *cpd*
**piètre** [pjɛtʀ(ə)] *adj* poor, mediocre
**pieu, x** [pjø] *nm* (*piquet*) post; (*pointu*) stake; (*fam: lit*) bed
**pieusement** [pjøzmɑ̃] *adv* piously
**pieuvre** [pjœvʀ(ə)] *nf* octopus
**pieux, -euse** [pjø, -øz] *adj* pious
**pif** [pif] *nm* (*fam*) conk (*Brit*), beak; **au ~ = au pifomètre**
**piffer** [pife] *vt* (*fam*): **je ne peux pas le ~** I can't stand him
**pifomètre** [pifɔmɛtʀ(ə)] *nm* (*fam*): **choisir** *etc* **au ~** to follow one's nose when choosing *etc*
**pige** [piʒ] *nf* piecework rate
**pigeon** [piʒɔ̃] *nm* pigeon; **~ voyageur** homing pigeon
**pigeonnant, e** [piʒɔnɑ̃, -ɑ̃t] *adj* full, well-developed
**pigeonneau, x** [piʒɔno] *nm* young pigeon
**pigeonnier** [piʒɔnje] *nm* pigeon loft, dovecot(e)
**piger** [piʒe] *vi* (*fam*) to get it ▷ *vt* (*fam*) to get, understand
**pigiste** [piʒist(ə)] *nm/f* (*typographe*) typesetter on piecework; (*journaliste*) freelance journalist (*paid by the line*)
**pigment** [pigmɑ̃] *nm* pigment
**pignon** [piɲɔ̃] *nm* (*de mur*) gable; (*d'engrenage*) cog(wheel), gearwheel; (*graine*) pine kernel; **avoir ~ sur rue** (*fig*) to have a prosperous business
**pile** [pil] *nf* (*tas, pilier*) pile; (*Élec*) battery ▷ *adj*: **le côté ~** tails ▷ *adv* (*net, brusquement*) dead; (*à temps, à point nommé*) just at the right time; **à deux heures ~** at two on the dot; **jouer à ~ ou face** to toss up (for it); **~ ou face?** heads or tails?
**piler** [pile] *vt* to crush, pound
**pileux, -euse** [pilø, -øz] *adj*: **système ~** (body) hair
**pilier** [pilje] *nm* (*colonne, support*) pillar; (*personne*) mainstay; (*Rugby*) prop (forward)
**pillage** [pijaʒ] *nm* pillaging, plundering, looting
**pillard, e** [pijaʀ, -aʀd(ə)] *nm/f* looter; plunderer
**piller** [pije] *vt* to pillage, plunder, loot
**pilleur, -euse** [pijœʀ, -øz] *nm/f* looter
**pilon** [pilɔ̃] *nm* (*instrument*) pestle; (*de volaille*) drumstick; **mettre un livre au ~** to pulp a book
**pilonner** [pilɔne] *vt* to pound
**pilori** [pilɔʀi] *nm*: **mettre** *ou* **clouer au ~** to pillory
**pilotage** [pilɔtaʒ] *nm* piloting; flying; **~ automatique** automatic piloting; **~ sans visibilité** blind flying
**pilote** [pilɔt] *nm* pilot; (*de char, voiture*) driver ▷ *adj* pilot *cpd*; **usine/ferme ~** experimental factory/farm; **~ de chasse/d'essai/de ligne** fighter/test/airline pilot; **~ de course** racing driver
**piloter** [pilɔte] *vt* (*navire*) to pilot; (*avion*) to fly; (*automobile*) to drive; (*fig*): **~ qn** to guide sb round
**pilotis** [pilɔti] *nm* pile; stilt
**pilule** [pilyl] *nf* pill; **prendre la ~** to be on the

pill; ~ **du lendemain** morning-after pill

**pimbêche** [pɛ̃bɛʃ] *nf* (*péj*) stuck-up girl

**piment** [pimɑ̃] *nm* (*Bot*) pepper, capsicum; (*fig*) spice, piquancy; ~ **rouge** (*Culin*) chilli

**pimenté, e** [pimɑ̃te] *adj* hot and spicy

**pimenter** [pimɑ̃te] *vt* (*plat*) to season (with peppers *ou* chillis); (*fig*) to add *ou* give spice to

**pimpant, e** [pɛ̃pɑ̃, -ɑ̃t] *adj* spruce

**pin** [pɛ̃] *nm* pine (tree); (*bois*) pine(wood)

**pinacle** [pinakl(ə)] *nm*: **porter qn au** ~ (*fig*) to praise sb to the skies

**pinard** [pinaʀ] *nm* (*fam*) (cheap) wine, plonk (*Brit*)

**pince** [pɛ̃s] *nf* (*outil*) pliers *pl*; (*de homard, crabe*) pincer, claw; (*Couture: pli*) dart; ~ **à sucre/glace** sugar/ice tongs *pl*; ~ **à épiler** tweezers *pl*; ~ **à linge** clothes peg (*Brit*) *ou* pin (*US*); ~ **universelle** (universal) pliers *pl*; ~**s de cycliste** bicycle clips

**pincé, e** [pɛ̃se] *adj* (*air*) stiff; (*mince: bouche*) pinched ▷ *nf*: **une ~e de** a pinch of

**pinceau, x** [pɛ̃so] *nm* (paint)brush

**pincement** [pɛ̃smɑ̃] *nm*: ~ **au cœur** twinge of regret

**pince-monseigneur** [pɛ̃smɔ̃sɛɲœʀ] (*pl* **pinces-monseigneur**) *nf* crowbar

**pince-nez** [pɛ̃sne] *nm inv* pince-nez

**pincer** [pɛ̃se] *vt* to pinch; (*Mus: cordes*) to pluck; (*Couture*) to dart, put darts in; (*fam*) to nab; **se ~ le doigt** to squeeze *ou* nip one's finger; **se ~ le nez** to hold one's nose

**pince-sans-rire** [pɛ̃ssɑ̃ʀiʀ] *adj inv* deadpan

**pincettes** [pɛ̃sɛt] *nfpl* tweezers; (*pour le feu*) (fire) tongs

**pinçon** [pɛ̃sɔ̃] *nm* pinch mark

**pinède** [pinɛd] *nf* pinewood, pine forest

**pingouin** [pɛ̃gwɛ̃] *nm* penguin

**ping-pong** [piŋpɔ̃g] *nm* table tennis

**pingre** [pɛ̃gʀ(ə)] *adj* niggardly

**pinson** [pɛ̃sɔ̃] *nm* chaffinch

**pintade** [pɛ̃tad] *nf* guinea-fowl

**pin up** [pinœp] *nf inv* pin-up (girl)

**pioche** [pjɔʃ] *nf* pickaxe

**piocher** [pjɔʃe] *vt* to dig up (with a pickaxe); (*fam*) to swot (*Brit*) *ou* grind (*US*) at; ~ **dans** to dig into

**piolet** [pjɔlɛ] *nm* ice axe

**pion, ne** [pjɔ̃, pjɔn] *nm/f* (*Scol*: student paid to supervise schoolchildren ▷ *nm* (*Échecs*) pawn; (*Dames*) piece, draught (*Brit*), checker (*US*)

**pionnier** [pjɔnje] *nm* pioneer

**pipe** [pip] *nf* pipe; **fumer la** *ou* **une** ~ to smoke a pipe; ~ **de bruyère** briar pipe

**pipeau, x** [pipo] *nm* (reed-)pipe

**pipe-line** [piplin] *nm* pipeline

**piper** [pipe] *vt* (*dé*) to load; (*carte*) to mark; **sans** ~ **mot** (*fam*) without a squeak; **les dés sont pipés** (*fig*) the dice are loaded

**pipette** [pipɛt] *nf* pipette

**pipi** [pipi] *nm* (*fam*): **faire** ~ to have a wee

**piquant, e** [pikɑ̃, -ɑ̃t] *adj* (*barbe, rosier etc*) prickly; (*saveur, sauce*) hot, pungent; (*fig: description, style*)

racy; (: *mordant, caustique*) biting ▷ *nm* (*épine*) thorn, prickle; (*de hérisson*) quill, spine; (*fig*) spiciness, spice

**pique** [pik] *nf* (*arme*) pike; (*fig*): **envoyer** *ou* **lancer des ~s à qn** to make cutting remarks to sb ▷ *nm* (*Cartes: couleur*) spades *pl*; (: *carte*) spade

**piqué, e** [pike] *adj* (*Couture*) (machine-)stitched; quilted; (*livre, glace*) mildewed; (*vin*) sour; (*Mus: note*) staccato; (*fam: personne*) nuts ▷ *nm* (*Aviat*) dive; (*Textiles*) piqué

**pique-assiette** [pikasjɛt] *nm/f inv* (*péj*) scrounger, sponger

**pique-fleurs** [pikflœʀ] *nm inv* flower holder

**pique-nique** [piknik] *nm* picnic

**pique-niquer** [piknike] *vi* to (have a) picnic

**pique-niqueur, -euse** [piknikœʀ, -øz] *nm/f* picnicker

**piquer** [pike] *vt* (*percer*) to prick; (*Méd*) to give an injection to; (: *animal blessé etc*) to put to sleep; (*insecte, fumée, ortie*) to sting; (: *poivre*) to burn; (: *froid*) to bite; (*Couture*) to machine (stitch); (*intérêt etc*) to arouse; (*fam: prendre*) to pick up; (: *voler*) to pinch; (: *arrêter*) to nab; (*planter*): ~ **qch dans** to stick sth into; (*fixer*): ~ **qch à** *ou* **sur** to pin sth onto ▷ *vi* (*oiseau, avion*) to go into a dive; (*saveur*) to be pungent; to be sour; **se piquer** (*avec une aiguille*) to prick o.s.; (*se faire une piqûre*) to inject o.s.; (*se vexer*) to get annoyed; **se ~ de faire** to pride o.s. on doing; ~ **sur** to swoop down on; to head straight for; ~ **du nez** (*avion*) to go into a nose-dive; ~ **une tête** (*plonger*) to dive headfirst; ~ **un galop/un cent mètres** to break into a gallop/put on a sprint; ~ **une crise** to throw a fit; ~ **au vif** (*fig*) to sting

**piquet** [pikɛ] *nm* (*pieu*) post, stake; (*de tente*) peg; **mettre un élève au** ~ to make a pupil stand in the corner; ~ **de grève** (strike) picket; ~ **d'incendie** fire-fighting squad

**piqueté, e** [pikte] *adj*: ~ **de** dotted with

**piquette** [pikɛt] *nf* (*fam*) cheap wine, plonk (*Brit*)

**piqûre** [pikyʀ] *nf* (*d'épingle*) prick; (*d'ortie*) sting; (*de moustique*) bite; (*Méd*) injection, shot (*US*); (*Couture*) (straight) stitch; straight stitching; (*de ver*) hole; (*tache*) (spot of) mildew; **faire une** ~ **à qn** to give sb an injection

**piranha** [piʀana] *nm* piranha

**piratage** [piʀataʒ] *nm* (*Inform*) piracy

**pirate** [piʀat] *adj* pirate *cpd* ▷ *nm* pirate; (*fig: escroc*) crook, shark; (*Inform*) hacker; ~ **de l'air** hijacker

**pirater** [piʀate] *vi* (*Inform*) to hack ▷ *vt* (*Inform*) to hack into

**piraterie** [piʀatʀi] *nf* (act of) piracy; ~ **aérienne** hijacking

**pire** [piʀ] *adj* (*comparatif*) worse; (*superlatif*): **le (la) ~ ...** the worst ... ▷ *nm*: **le ~ (de)** the worst (of)

**Pirée** [piʀe] *n* Piraeus

**pirogue** [piʀɔg] *nf* dugout (canoe)

**pirouette** [piʀwɛt] *nf* pirouette; (*fig: volte-face*) about-turn

**pis** [pi] *nm* (*de vache*) udder; (*pire*): **le ~** the worst

**P**

▷ *adj, adv* worse; **qui ~ est** what is worse; **au ~ aller** if the worst comes to the worst, at worst

**pis-aller** [pizale] *nm inv* stopgap

**pisciculture** [pisikyltyʀ] *nf* fish farming

**piscine** [pisin] *nf* (swimming) pool; **~ couverte** indoor (swimming) pool

**Pise** [piz] *n* Pisa

**pissenlit** [pisɑ̃li] *nm* dandelion

**pisser** [pise] *vi (fam!)* to pee

**pissotière** [pisɔtjɛʀ] *nf (fam)* public urinal

**pistache** [pistaʃ] *nf* pistachio (nut)

**pistard** [pistaʀ] *nm (Cyclisme)* track cyclist

**piste** [pist(ə)] *nf (d'un animal, sentier)* track, trail; *(indice)* lead; *(de stade, de magnétophone: de cirque)* ring; *(de danse)* floor; *(de patinage)* rink; *(de ski)* run; *(Aviat)* runway; **~ cavalière** bridle path; **~ cyclable** cycle track, bikeway *(US)*; **~ sonore** sound track

**pister** [piste] *vt* to track, trail

**pisteur** [pistœʀ] *nm (Ski)* member of the ski patrol

**pistil** [pistil] *nm* pistil

**pistolet** [pistɔlɛ] *nm (arme)* pistol, gun; *(à peinture)* spray gun; **~ à bouchon/air comprimé** popgun/airgun; **~ à eau** water pistol

**pistolet-mitrailleur** [pistɔlɛmitʀajœʀ] *(pl* **pistolets-mitrailleurs***) nm* submachine gun

**piston** [pistɔ̃] *nm (Tech)* piston; *(Mus)* valve; *(fig: appui)* string-pulling

**pistonner** [pistɔne] *vt (candidat)* to pull strings for

**pitance** [pitɑ̃s] *nf (péj)* (means of) sustenance

**piteusement** [pitøzmɑ̃] *adv (échouer)* miserably

**piteux, -euse** [pitø, -øz] *adj* pitiful, sorry *(avant le nom)*; **en ~ état** in a sorry state

**pitié** [pitje] *nf* pity; **sans ~** *adj* pitiless, merciless; **faire ~** to inspire pity; **il me fait ~** I pity him, I feel sorry for him; **avoir ~ de** *(compassion)* to pity, feel sorry for; *(merci)* to have pity *ou* mercy on; **par ~!** for pity's sake!

**piton** [pitɔ̃] *nm (clou)* peg, bolt; **~ rocheux** rocky outcrop

**pitoyable** [pitwajabl(ə)] *adj* pitiful

**pitre** [pitʀ(ə)] *nm* clown

**pitrerie** [pitʀəʀi] *nf* tomfoolery *no pl*

**pittoresque** [pitɔʀɛsk(ə)] *adj* picturesque; *(expression, détail)* colourful *(Brit)*, colorful *(US)*

**pivert** [pivɛʀ] *nm* green woodpecker

**pivoine** [pivwan] *nf* peony

**pivot** [pivo] *nm* pivot; *(d'une dent)* post

**pivoter** [pivɔte] *vi (fauteuil)* to swivel; *(porte)* to revolve; **~ sur ses talons** to swing round

**pixel** [piksɛl] *nm* pixel

**pizza** [pidza] *nf* pizza

**PJ** *sigle f* = **police judiciaire** ▷ *sigle fpl (= pièces jointes)* encl

**PL** *sigle m (Auto)* = **poids lourd**

**Pl.** *abr* = **place**

**placage** [plakaʒ] *nm (bois)* veneer

**placard** [plakaʀ] *nm (armoire)* cupboard; *(affiche)* poster, notice; *(Typo)* galley; **~ publicitaire** display advertisement

**placarder** [plakaʀde] *vt (affiche)* to put up; *(mur)* to stick posters on

**place** [plas] *nf (emplacement, situation, classement)* place; *(de ville, village)* square; *(Écon)*: **~ financière/boursière** money/stock market; *(espace libre)* room, space; *(de parking)* space; *(siège: de train, cinéma, voiture)* seat; *(prix: au cinéma etc)* price; (: *dans un bus, taxi)* fare; *(emploi)* job; **en ~** *(mettre)* in its place; **de ~ en ~, par ~s** here and there, in places; **sur ~** on the spot; **faire ~ à** to give way to; **faire de la ~ à** to make room for; **ça prend de la ~** it takes up a lot of room *ou* space; **prendre ~** to take one's place; **remettre qn à sa ~** to put sb in his *(ou* her) place; **ne pas rester** *ou* **tenir en ~** to be always on the go; **à la ~ de** in place of, instead of; **une quatre ~s** *(Auto)* a four-seater; **il y a 20 ~s assises/debout** there are 20 seats/there is standing room for 20; **~ forte** fortified town; **~ d'honneur** place *(ou* seat) of honour *(Brit) ou* honor *(US)*

**placé, e** [plase] *adj (Hippisme)* placed; **haut ~** *(fig)* high-ranking; **être bien/mal ~** to be well/ badly placed; *(spectateur)* to have a good/bad seat; **être bien/mal ~ pour faire** to be in/not to be in a position to do

**placebo** [plasebo] *nm* placebo

**placement** [plasmɑ̃] *nm* placing; *(Finance)* investment; **agence** *ou* **bureau de ~** employment agency

**placenta** [plasɑ̃ta] *nm* placenta

**placer** [plase] *vt* to place, put; *(convive, spectateur)* to seat; *(capital, argent)* to place, invest; *(dans la conversation)* to put *ou* get in; **~ qn chez** to get sb a job at *(ou* with); **se ~ au premier rang** to go and stand *(ou* sit) in the first row

**placide** [plasid] *adj* placid

**placidité** [plasidite] *nf* placidity

**placier, -ière** [plasje, -jɛʀ] *nm/f* commercial rep(resentative), salesman/woman

**Placoplâtre®** [plakoplatʀ] *nm* plasterboard

**plafond** [plafɔ̃] *nm* ceiling

**plafonner** [plafɔne] *vt (pièce)* to put a ceiling (up) in ▷ *vi* to reach one's *(ou* a) ceiling

**plafonnier** [plafɔnje] *nm* ceiling light; *(Auto)* interior light

**plage** [plaʒ] *nf* beach; *(station)* (seaside) resort; *(fig)* band, bracket; *(de disque)* track, band; **~ arrière** *(Auto)* parcel *ou* back shelf

**plagiaire** [plaʒjɛʀ] *nm/f* plagiarist

**plagiat** [plaʒja] *nm* plagiarism

**plagier** [plaʒje] *vt* to plagiarize

**plagiste** [plaʒist(ə)] *nm/f* beach attendant

**plaid** [plɛd] *nm (tartan)* car rug, lap robe *(US)*

**plaidant, e** [plɛdɑ̃, -ɑ̃t] *adj* litigant

**plaider** [plede] *vi (avocat)* to plead; *(plaignant)* to go to court, litigate ▷ *vt* to plead; **~ pour** *(fig)* to speak for

**plaideur, -euse** [plɛdœʀ, -øz] *nm/f* litigant

**plaidoirie** [plɛdwaʀi] *nf (Jur)* speech for the defence *(Brit) ou* defense *(US)*

**plaidoyer** [plɛdwaje] *nm (Jur)* speech for the defence *(Brit) ou* defense *(US)*; *(fig)* plea

**plaie** [plɛ] *nf* wound
**plaignant, e** [plɛɲɑ̃, -ɑ̃t] *vb voir* **plaindre** ▷ *nm/f* plaintiff
**plaindre** [plɛ̃dʀ(ə)] *vt* to pity, feel sorry for; **se plaindre** *vi* (*gémir*) to moan; (*protester, rouspéter*): **se ~ (à qn) (de)** to complain (to sb) (about); (*souffrir*): **se ~ de** to complain of
**plaine** [plɛn] *nf* plain
**plain-pied** [plɛ̃pje]: **de ~** *adv* at street-level; (*fig*) straight; **de ~ (avec)** on the same level (as)
**plaint, e** [plɛ̃, -ɛ̃t] *pp de* **plaindre** ▷ *nf* (*gémissement*) moan, groan; (*doléance*) complaint; **porter ~e** to lodge a complaint
**plaintif, -ive** [plɛ̃tif, -iv] *adj* plaintive
**plaire** [plɛʀ] *vi* to be a success, be successful; to please; **~ à**: **cela me plaît** I like it; **essayer de ~ à qn** (*en étant serviable etc*) to try and please sb; **elle plaît aux hommes** she's a success with men, men like her; **se ~ quelque part** to like being somewhere, like it somewhere; **se ~ à faire** to take pleasure in doing; **ce qu'il vous plaira** what(ever) you like *ou* wish; **s'il vous/te plaît** please
**plaisamment** [plɛzamɑ̃] *adv* pleasantly
**plaisance** [plɛzɑ̃s] *nf* (*aussi*: **navigation de plaisance**) (pleasure) sailing, yachting
**plaisancier** [plɛzɑ̃sje] *nm* amateur sailor, yachting enthusiast
**plaisant, e** [plɛzɑ̃, -ɑ̃t] *adj* pleasant; (*histoire, anecdote*) amusing
**plaisanter** [plɛzɑ̃te] *vi* to joke ▷ *vt* (*personne*) to tease, make fun of; **pour ~** for a joke; **on ne plaisante pas avec cela** that's no joking matter; **tu plaisantes!** you're joking *ou* kidding!
**plaisanterie** [plɛzɑ̃tʀi] *nf* joke; joking *no pl*
**plaisantin** [plɛzɑ̃tɛ̃] *nm* joker; (*fumiste*) fly-by-night
**plaise** *etc* [plɛz] *vb voir* **plaire**
**plaisir** [pleziʀ] *nm* pleasure; **faire ~ à qn** (*délibérément*) to be nice to sb, please sb; (*cadeau, nouvelle etc*): **ceci me fait ~** I'm delighted *ou* very pleased with this; **prendre ~ à/à faire** to take pleasure in/in doing; **j'ai le ~ de ...** it is with great pleasure that I ...; **M. et Mme X ont le ~ de vous faire part de ...**, M. and Mme X are pleased to announce ...; **se faire un ~ de faire qch** to be (only too) pleased to do sth; **faites-moi le ~ de ...** would you mind ..., would you be kind enough to ...; **à ~** freely; for the sake of it; **au ~ (de vous revoir)** (I hope to) see you again; **pour le** *ou* **pour son** *ou* **par ~** for pleasure
**plaît** [plɛ] *vb voir* **plaire**
**plan, e** [plɑ̃, -an] *adj* flat ▷ *nm* plan; (*Géom*) plane; (*fig*) level, plane; (*Ciné*) shot; **au premier/second ~** in the foreground/middle distance; **à l'arrière ~** in the background; **mettre qch au premier ~** (*fig*) to consider sth to be of primary importance; **sur le ~ sexuel** sexually, as far as sex is concerned; **laisser/rester en ~** to abandon/be abandoned; **~ d'action** plan of action; **~ directeur** (*Écon*)

master plan; **~ d'eau** lake; pond; **~ de travail** work-top, work surface; **~ de vol** (*Aviat*) flight plan
**planche** [plɑ̃ʃ] *nf* (*pièce de bois*) plank, (wooden) board; (*illustration*) plate; (*de salades, radis, poireaux*) bed; (*d'un plongeoir*) (diving) board; **les ~s** (*Théât*) the boards; **en ~s** *adj* wooden; **faire la ~** (*dans l'eau*) to float on one's back; **avoir du pain sur la ~** to have one's work cut out; **~ à découper** chopping board; **~ à dessin** drawing board; **~ à pain** breadboard; **~ à repasser** ironing board; **~ (à roulettes)** (*planche*) skateboard; (*sport*) skateboarding; **~ de salut** (*fig*) sheet anchor; **~ à voile** (*planche*) windsurfer, sailboard; (*sport*) windsurfing
**plancher** [plɑ̃ʃe] *nm* floor; (*planches*) floorboards *pl*; (*fig*) minimum level ▷ *vi* to work hard
**planchiste** [plɑ̃ʃist(ə)] *nm/f* windsurfer
**plancton** [plɑ̃ktɔ̃] *nm* plankton
**planer** [plane] *vi* (*oiseau, avion*) to glide; (*fumée, vapeur*) to float, hover; (*drogué*) to be (on a) high; **~ sur** (*fig*) to hang over; to hover above
**planétaire** [planetɛʀ] *adj* planetary
**planétarium** [planetaʀjɔm] *nm* planetarium
**planète** [planɛt] *nf* planet
**planeur** [plancœʀ] *nm* glider
**planification** [planifikasjɔ̃] *nf* (*economic*) planning
**planifier** [planifje] *vt* to plan
**planisphère** [planisfɛʀ] *nm* planisphere
**planning** [planiŋ] *nm* programme (*Brit*), program (*US*), schedule; **~ familial** family planning
**planque** [plɑ̃k] *nf* (*fam: combine, filon*) cushy (*Brit*) *ou* easy number; (: *cachette*) hideout
**planquer** [plɑ̃ke] *vt* (*fam*) to hide (away), stash away; **se planquer** to hide
**plant** [plɑ̃] *nm* seedling, young plant
**plantage** [plɑ̃taʒ] *nm* (*d'ordinateur*) crash
**plantaire** [plɑ̃tɛʀ] *adj voir* **voûte**
**plantation** [plɑ̃tasjɔ̃] *nf* planting; (*de fleurs, légumes*) bed; (*exploitation*) plantation
**plante** [plɑ̃t] *nf* plant; **~ d'appartement** house *ou* pot plant; **~ du pied** sole (of the foot); **~ verte** house plant
**planter** [plɑ̃te] *vt* (*plante*) to plant; (*enfoncer*) to hammer *ou* drive in; (*tente*) to put up, pitch; (*drapeau, échelle, décors*) to put up; (*fam: mettre*) to dump; (: *abandonner*): **~ là** to ditch; **se planter** *vi* (*fam: se tromper*) to get it wrong; (*ordinateur*) to crash; **~ qch dans** to hammer *ou* drive sth into; to stick sth into; **se ~ dans** to sink into; to get stuck in; **se ~ devant** to plant o.s. in front of
**planteur** [plɑ̃tœʀ] *nm* planter
**planton** [plɑ̃tɔ̃] *nm* orderly
**plantureux, -euse** [plɑ̃tyʀø, -øz] *adj* (*repas*) copious, lavish; (*femme*) buxom
**plaquage** [plakaʒ] *nm* (*Rugby*) tackle
**plaque** [plak] *nf* plate; (*de verre*) sheet; (*de verglas, d'eczéma*) patch; (*dentaire*) plaque; (*avec inscription*) plaque; **~ (minéralogique** *ou* **de police** *ou* **d'immatriculation)** number (*Brit*) *ou* license

**P**

(US) plate; ~ **de beurre** slab of butter; ~ **chauffante** hotplate; ~ **de chocolat** bar of chocolate; ~ **de cuisson** hob; ~ **d'identité** identity disc; ~ **tournante** (*fig*) centre (*Brit*), center (*US*)

**plaqué, e** [plake] *adj*: ~ **or/argent** gold-/silver-plated ▷ *nm*: ~ **or/argent** gold/silver plate; ~ **acajou** with a mahogany veneer

**plaquer** [plake] *vt* (*bijou*) to plate; (*bois*) to veneer; (*aplatir*): ~ **qch sur/contre** to make sth stick *ou* cling to; (*Rugby*) to bring down; (*fam: laisser tomber*) to drop, ditch; **se** ~ **contre** to flatten o.s. against; ~ **qn contre** to pin sb to

**plaquette** [plakɛt] *nf* tablet; (*de chocolat*) bar; (*de beurre*) slab, packet; (*livre*) small volume; (*Méd: de pilules, gélules*) pack, packet; ~ **de frein** (*Auto*) brake pad

**plasma** [plasma] *nm* plasma

**plastic** [plastik] *nm* plastic explosive

**plastifié, e** [plastifje] *adj* plastic-coated

**plastifier** [plastifje] *vt* (*document, photo*) to laminate

**plastiquage** [plastikaʒ] *nm* bombing, bomb attack

**plastique** [plastik] *adj* plastic ▷ *nm* plastic ▷ *nf* plastic arts *pl*; (*d'une statue*) modelling

**plastiquer** [plastike] *vt* to blow up

**plastiqueur** [plastikœr] *nm* terrorist (*planting a plastic bomb*)

**plastron** [plastrɔ̃] *nm* shirt front

**plastronner** [plastrɔne] *vi* to swagger

**plat, e** [pla, -at] *adj* flat; (*fade: vin*) flat-tasting, insipid; (*personne, livre*) dull ▷ *nm* (*récipient, Culin*) dish; (*d'un repas*): **le premier** ~ the first course; (*partie plate*): **le** ~ **de la main** the flat of the hand; (: *d'une route*) flat (part); **à** ~ **ventre** *adv* face down; (*tomber*) flat on one's face; **à** ~ *adj* (*pneu, batterie*) flat; (*fam: fatigué*) dead beat, tired out; ~ **cuisiné** pre-cooked meal (*ou* dish); ~ **du jour** dish of the day; ~ **principal** *ou* **de résistance** main course; ~**s préparés** convenience food(s)

**platane** [platan] *nm* plane tree

**plateau, x** [plato] *nm* (*support*) tray; (*d'une table*) top; (*d'une balance*) pan; (*Géo*) plateau; (*de tourne-disques*) turntable; (*Ciné*) set; (*TV*): **nous avons deux journalistes sur le** ~ **ce soir** we have two journalists with us tonight; ~ **à fromages** cheeseboard

**plateau-repas** [platoʀəpa] (*pl* **plateaux-repas**) *nm* tray meal, TV dinner (*US*)

**plate-bande** [platbɑ̃d] (*pl* **plates-bandes**) *nf* flower bed

**platée** [plate] *nf* dish(ful)

**plate-forme** [platfɔʀm(ə)] (*pl* **plates-formes**) *nf* platform; ~ **de forage/pétrolière** drilling/oil rig

**platine** [platin] *nm* platinum ▷ *nf* (*d'un tourne-disque*) turntable; ~ **disque/cassette** record/cassette deck; ~ **laser** *ou* **compact-disc** compact disc (player)

**platitude** [platityd] *nf* platitude

**platonique** [platɔnik] *adj* platonic

**plâtras** [platʀa] *nm* rubble *no pl*

**plâtre** [platʀ(ə)] *nm* (*matériau*) plaster; (*statue*) plaster statue; (*Méd*) (plaster) cast; **plâtres** *nmpl* plasterwork *sg*; **avoir un bras dans le** ~ to have an arm in plaster

**plâtrer** [platʀe] *vt* to plaster; (*Méd*) to set *ou* put in a (plaster) cast

**plâtrier** [platʀije] *nm* plasterer

**plausible** [plozibl(ə)] *adj* plausible

**play-back** [plɛbak] *nm* miming

**play-boy** [plɛbɔj] *nm* playboy

**plébiscite** [plebisit] *nm* plebiscite

**plébisciter** [plebisite] *vt* (*approuver*) to give overwhelming support to; (*élire*) to elect by an overwhelming majority

**plectre** [plɛktʀ(ə)] *nm* plectrum

**plein, e** [plɛ̃, -ɛn] *adj* full; (*porte, roue*) solid; (*chienne, jument*) big (with young) ▷ *nm*: **faire le** ~ **(d'essence)** to fill up (with petrol (*Brit*) *ou* gas (*US*)) ▷ *prép*: **avoir de l'argent** ~ **les poches** to have loads of money; ~ **de** full of; **avoir les mains** ~**es** to have one's hands full; **à** ~**es mains** (*ramasser*) in handfuls; (*empoigner*) firmly; **à** ~ **régime** at maximum revs; (*fig*) at full speed; **à** ~ **temps** full-time; **en** ~ **air** in the open air; **jeux en** ~ **air** outdoor games; **en** ~**e mer** on the open sea; **en** ~ **soleil** in direct sunlight; **en** ~**e nuit/rue** in the middle of the night/street; **en** ~ **milieu** right in the middle; **en** ~ **jour** in broad daylight; **les** ~**s** the downstrokes (*in handwriting*); **faire le** ~ **des voix** to get the maximum number of votes possible; **en** ~ **sur** right on; **en avoir** ~ **le dos** (*fam*) to have had it up to here

**pleinement** [plɛnmɑ̃] *adv* fully; to the full

**plein-emploi** [plɛnɑ̃plwa] *nm* full employment

**plénière** [plenjɛʀ] *adj f*: **assemblée** ~ plenary assembly

**plénipotentiaire** [plenipɔtɑ̃sjɛʀ] *nm* plenipotentiary

**plénitude** [plenityd] *nf* fullness

**pléthore** [pletɔʀ] *nf*: ~ **de** overabundance *ou* plethora of

**pléthorique** [pletɔʀik] *adj* (*classes*) overcrowded; (*documentation*) excessive

**pleurer** [plœʀe] *vi* to cry; (*yeux*) to water ▷ *vt* to mourn (for); ~ **sur** *vt* to lament (over), bemoan; ~ **de rire** to laugh till one cries

**pleurésie** [plœʀezi] *nf* pleurisy

**pleureuse** [plœʀøz] *nf* professional mourner

**pleurnicher** [plœʀniʃe] *vi* to snivel, whine

**pleurs** [plœʀ] *nmpl*: **en** ~ in tears

**pleut** [plø] *vb voir* **pleuvoir**

**pleutre** [pløtʀ(ə)] *adj* cowardly

**pleuvait** *etc* [pløvɛ] *vb voir* **pleuvoir**

**pleuviner** [pløvine] *vb impers* to drizzle

**pleuvoir** [pløvwaʀ] *vb impers* to rain ▷ *vi* (*fig*): ~ **(sur)** to shower down (upon), be showered upon; **il pleut** it's raining; **il pleut des cordes** *ou* **à verse** *ou* **à torrents** it's pouring (down), it's raining cats and dogs

**pleuvra** etc [pløvʀa] vb voir **pleuvoir**

**plexiglas®** [plɛksiglas] nm Plexiglas® (US)

**pli** [pli] nm fold; (de jupe) pleat; (de pantalon) crease; (aussi: **faux pli**) crease; (enveloppe) envelope; (lettre) letter; (Cartes) trick; **prendre le ~ de faire** to get into the habit of doing; **ça ne fait pas un ~!** don't you worry!; **~ d'aisance** inverted pleat

**pliable** [plijabl(ə)] adj pliable, flexible

**pliage** [plijaʒ] nm folding; (Art) origami

**pliant, e** [plijɑ̃, -ɑ̃t] adj folding ▷ nm folding stool, campstool

**plier** [plije] vt to fold; (pour ranger) to fold up; (table pliante) to fold down; (genou, bras) to bend ▷ vi to bend; (fig) to yield; **se ~ à** to submit to; **~ bagages** (fig) to pack up (and go)

**plinthe** [plɛ̃t] nf skirting board

**plissé, e** [plise] adj (jupe, robe) pleated; (peau) wrinkled; (Géo) folded ▷ nm (Couture) pleats pl

**plissement** [plismɑ̃] nm (Géo) fold

**plisser** [plise] vt (chiffonner: papier, étoffe) to crease; (rider: front) to furrow, wrinkle; (: bouche) to pucker; (jupe) to put pleats in; **se plisser** vi (vêtement, étoffe) to crease

**pliure** [plijyʀ] nf (du bras, genou) bend; (d'un ourlet) fold

**plomb** [plɔ̃] nm (métal) lead; (d'une cartouche) (lead) shot; (Pêche) sinker; (sceau) (lead) seal; (Élec) fuse; **de ~** (soleil) blazing; **sans ~** (essence) unleaded; **sommeil de ~** heavy ou very deep sleep; **mettre à ~** to plumb

**plombage** [plɔ̃baʒ] nm (de dent) filling

**plomber** [plɔ̃be] vt (canne, ligne) to weight (with lead); (colis, wagon) to put a lead seal on; (Tech: mur) to plumb; (dent) to fill (Brit), stop (US); (Inform) to protect

**plomberie** [plɔ̃bʀi] nf plumbing

**plombier** [plɔ̃bje] nm plumber

**plonge** [plɔ̃ʒ] nf: **faire la ~** to be a washer-up (Brit) ou dishwasher (person)

**plongeant, e** [plɔ̃ʒɑ̃, -ɑ̃t] adj (vue) from above; (tir, décolleté) plunging

**plongée** [plɔ̃ʒe] nf (Sport) diving no pl; (: sans scaphandre) skin diving; (de sous-marin) submersion, dive; **en ~** (sous-marin) submerged; (prise de vue) high angle

**plongeoir** [plɔ̃ʒwaʀ] nm diving board

**plongeon** [plɔ̃ʒɔ̃] nm dive

**plonger** [plɔ̃ʒe] vi to dive ▷ vt: **~ qch dans** to plunge sth into; **~ dans un sommeil profond** to sink straight into a deep sleep; **~ qn dans l'embarras** to throw sb into a state of confusion

**plongeur, -euse** [plɔ̃ʒœʀ, -øz] nm/f diver; (de café) washer-up (Brit), dishwasher (person)

**plot** [plo] nm (Élec) contact

**ploutocratie** [plutɔkʀasi] nf plutocracy

**ploutocratique** [plutɔkʀatik] adj plutocratic

**ployer** [plwaje] vt to bend ▷ vi to bend; (plancher) to sag

**plu** [ply] pp de **plaire; pleuvoir**

**pluie** [plɥi] nf rain; (averse, ondée): **une ~ brève** a

shower; (fig): **~ de** shower of; **une ~ fine** fine rain; **retomber en ~** to shower down; **sous la ~** in the rain

**plumage** [plymaʒ] nm plumage no pl, feathers pl

**plume** [plym] nf feather; (pour écrire) (pen) nib; (fig) pen; **dessin à la ~** pen and ink drawing

**plumeau, x** [plymo] nm feather duster

**plumer** [plyme] vt to pluck

**plumet** [plymɛ] nm plume

**plumier** [plymje] nm pencil box

**plupart** [plypaʀ]: **la ~** pron the majority, most (of them); **la ~ des** most, the majority of; **la ~ du temps/d'entre nous** most of the time/of us; **pour la ~** adv for the most part, mostly

**pluralisme** [plyʀalism(ə)] nm pluralism

**pluralité** [plyʀalite] nf plurality

**pluridisciplinaire** [plyʀidisiplinɛʀ] adj multidisciplinary

**pluriel** [plyʀjɛl] nm plural; **au ~** in the plural

**plus¹** [ply] vb voir **plaire**

 MOT-CLÉ

**plus²** [ply] adv **1** (forme négative): **ne ... plus** no more, no longer; **je n'ai plus d'argent** I've got no more money ou no money left; **il ne travaille plus** he's no longer working, he doesn't work any more

**2** [ply, plyz] (+voyelle: comparatif) more, ...+er; (superlatif): **le plus** the most, the ...+est; **plus grand/intelligent (que)** bigger/more intelligent (than); **le plus grand/intelligent** the biggest/most intelligent; **tout au plus** at the very most

**3** [plys] (davantage) more; **il travaille plus (que)** he works more (than); **plus il travaille, plus il est heureux** the more he works, the happier he is; **plus de pain** more bread; **plus de 10 personnes/trois heures/quatre kilos** more than ou over 10 people/three hours/four kilos; **trois heures de plus que** three hours more than; **plus de minuit** after ou past midnight; **de plus** what's more, moreover; **il a trois ans de plus que moi** he's three years older than me; **trois kilos en plus** three kilos more; **en plus de** in addition to; **de plus en plus more** and more; **en plus de cela ...** what is more ...; **plus ou moins** more or less; **ni plus ni moins** no more, no less; **sans plus** (but) no more than that, (but) that's all; **qui plus est** what is more ▷ prép [plys]: **quatre plus deux** four plus two

**plusieurs** [plyzjœʀ] adj, pron several; **ils sont ~** there are several of them

**plus-que-parfait** [plyskəpaʀfɛ] nm pluperfect, past perfect

**plus-value** [plyvaly] nf (d'un bien) appreciation; (bénéfice) capital gain; (budgétaire) surplus

**plut** [ply] vb voir **plaire; pleuvoir**

**plutonium** [plytɔnjɔm] nm plutonium

**plutôt** [plyto] adv rather; **je ferais ~ ceci** I'd rather ou sooner do this; **fais ~ comme ça** try

**P**

this way instead; **~ que (de) faire** rather than *ou* instead of doing

**pluvial, e, -aux** [plyvjal, -o] *adj (eaux)* rain *cpd*

**pluvieux, -euse** [plyvjø, -øz] *adj* rainy, wet

**pluviosité** [plyvjozite] *nf* rainfall

**PM** *sigle f* = **Police militaire**

**p.m.** *abr* (= *pour mémoire*) for the record

**PME** *sigle fpl* = **petites et moyennes entreprises**

**PMI** *sigle fpl* = **petites et moyennes industries**
▷ *sigle f* = **protection maternelle et infantile**

**PMU** *sigle m* = **pari mutuel urbain**; (*café*) betting agency; *see note*

● **PMU**
●
● The PMU ("pari mutuel urbain") is a
● Government-regulated network of betting
● counters run from bars displaying the PMU
● sign. Punters buy fixed-price tickets
● predicting winners or finishing positions in
● horse races. The traditional bet is the
● "tiercé", a triple bet, although other
● multiple bets ("quarté" and so on) are
● becoming increasingly popular.

**PNB** *sigle m* (= *produit national brut*) GNP

**pneu** [pnø] *nm* (*de roue*) tyre (Brit), tire (US); (*message*) letter sent by pneumatic tube

**pneumatique** [pnømatik] *adj* pneumatic; (*gonflable*) inflatable ▷ *nm* tyre (Brit), tire (US)

**pneumonie** [pnømɔni] *nf* pneumonia

**PO** *sigle fpl* (= *petites ondes*) MW

**po** [po] *abr voir* **science**

**p.o.** *abr* (= *par ordre*) p.p. (*on letters etc*)

**Pô** [po] *nm*: **le Pô** the Po

**poche** [pɔʃ] *nf* pocket; (*déformation*): **faire une/ des ~(s)** to bag; (*sous les yeux*) bag, pouch; (*Zool*) pouch ▷ *nm* (*livre de poche*) (pocket-size) paperback; **de ~** pocket *cpd*; **en être de sa ~** to be out of pocket; **c'est dans la ~** it's in the bag

**poché, e** [pɔʃe] *adj*: **œuf ~** poached egg; **œil ~** black eye

**pocher** [pɔʃe] *vt* (*Culin*) to poach; (*Art*) to sketch ▷ *vi* (*vêtement*)

**poche-revolver** [pɔʃRəvɔlvɛR] (*pl* **poches-revolver**) *nf* hip pocket

**pochette** [pɔʃɛt] *nf* (*de timbres*) wallet, envelope; (*d'aiguilles etc*) case; (*sac: de femme*) clutch bag, purse; (: *d'homme*) bag; (*sur veston*) breast pocket; (*mouchoir*) breast pocket handkerchief; **~ d'allumettes** book of matches; **~ de disque** record sleeve; **~ surprise** lucky bag

**pochoir** [pɔʃwaR] *nm* (*Art: cache*) stencil; (: *tampon*) transfer

**podcast** [pɔdkast] *nm* (*Inform*) podcast

**podcaster** [pɔdkaste] *vi* (*Inform*) to podcast

**podium** [pɔdjɔm] *nm* podium

**poêle** [pwal] *nm* stove ▷ *nf*: **~ (à frire)** frying pan

**poêlon** [pwɑlɔ̃] *nm* casserole

**poème** [pɔɛm] *nm* poem

**poésie** [pɔezi] *nf* (*poème*) poem; (*art*): **la ~** poetry

**poète** [pɔɛt] *nm* poet; (*fig*) dreamer ▷ *adj* poetic

**poétique** [pɔetik] *adj* poetic

**pognon** [pɔɲɔ̃] *nm* (*fam: argent*) dough

**poids** [pwa] *nm* weight; (*Sport*) shot; **vendre au ~** to sell by weight; **de ~** *adj* (*argument etc*) weighty; **prendre du ~** to put on weight; **faire le ~** (*fig*) to measure up; **~ plume/mouche/coq/ moyen** (*Boxe*) feather/fly/bantam/ middleweight; **~ et haltères** weight lifting *sg*; **~ lourd** (*Boxe*) heavyweight; (*camion: aussi*: **PL**) (big) lorry (Brit), truck (US); (: *Admin*) large goods vehicle (Brit), truck (US); **~ mort** dead weight; **~ utile** net weight

**poignant, e** [pwaɲɑ̃, -ɑ̃t] *adj* poignant, harrowing

**poignard** [pwaɲaR] *nm* dagger

**poignarder** [pwaɲaRde] *vt* to stab, knife

**poigne** [pwaɲ] *nf* grip; (*fig*) firm-handedness; **à ~ firm-handed**

**poignée** [pwaɲe] *nf* (*de sel etc, fig*) handful; (*de couvercle, porte*) handle; **~ de main** handshake

**poignet** [pwaɲɛ] *nm* (*Anat*) wrist; (*de chemise*) cuff

**poil** [pwal] *nm* (*Anat*) hair; (*de pinceau, brosse*) bristle; (*de tapis, tissu*) strand; (*pelage*) coat; (*ensemble des poils*): **avoir du ~ sur la poitrine** to have hair(s) on one's chest, have a hairy chest; **à ~** *adj* (*fam*) starkers; **au ~** *adj* (*fam*) hunky-dory; **de tout ~** of all kinds; **être de bon/ mauvais ~** to be in a good/bad mood; **~ à gratter** itching powder

**poilu, e** [pwaly] *adj* hairy

**poinçon** [pwɛ̃sɔ̃] *nm* awl; bodkin; (*marque*) hallmark

**poinçonner** [pwɛ̃sɔne] *vt* (*marchandise*) to stamp; (*bijou etc*) to hallmark; (*billet, ticket*) to clip, punch

**poinçonneuse** [pwɛ̃sɔnøz] *nf* (*outil*) punch

**poindre** [pwɛ̃dR(ə)] *vi* (*fleur*) to come up; (*aube*) to break; (*jour*) to dawn

**poing** [pwɛ̃] *nm* fist; **dormir à ~s fermés** to sleep soundly

**point** [pwɛ̃] *vb voir* **poindre** ▷ *nm* (*marque, signe*) dot; (: *de ponctuation*) full stop, period (US); (*moment, de score etc, fig*: question) point; (*endroit*) spot; (*Couture, Tricot*) stitch ▷ *adv* = **pas**; **ne ... ~** not (at all); **faire le ~** (*Navig*) to take a bearing; (*fig*) to take stock (of the situation); **faire le ~ sur** to review; **en tout ~** in every respect; **sur le ~ de faire** (just) about to do; **au ~ que, à tel ~ que** so much so that; **mettre au ~** (*mécanisme, procédé*) to develop; (*appareil photo*) to focus; (*affaire*) to settle; **à ~** (*Culin*) just right; (: *viande*) medium; **à ~ (nommé)** just at the right time; **~ de croix/tige/chaînette** (*Couture*) cross/stem/ chain stitch; **~ mousse/jersey** (*Tricot*) garter/ stocking stitch; **~ de départ/d'arrivée/d'arrêt** departure/arrival/stopping point; **~ chaud** (*Mil, Pol*) hot spot; **~ de chute** landing place; (*fig*) stopping-off point; **~ (de côté)** stitch (*pain*); **~ culminant** summit; (*fig*) height, climax; **~ d'eau** spring, water point; **~ d'exclamation**

exclamation mark; ~ **faible** weak spot; ~ **final** full stop, period (US); ~ **d'interrogation** question mark; ~ **mort** (Finance) break-even point; **au ~ mort** (Auto) in neutral; (affaire, entreprise) at a standstill; ~ **noir** (sur le visage) blackhead; (Auto) accident black spot; ~ **de non-retour** point of no return; ~ **de repère** landmark; (dans le temps) point of reference; ~ **de vente** retail outlet; ~ **de vue** viewpoint; (fig: opinion) point of view; **du ~ de vue de** from the point of view of; ~**s cardinaux** points of the compass, cardinal points; ~**s de suspension** suspension points

**pointage** [pwɛtaʒ] nm ticking off; checking in

**pointe** [pwɛt] nf point; (de la côte) headland; (allusion) dig; sally; (fig): **une ~ d'ail/d'accent** a touch ou hint of garlic/of an accent; **pointes** nfpl (Danse) points, point shoes; **être à la ~ de** (fig) to be in the forefront of; **faire** ou **pousser une ~ jusqu'à ...** to press on as far as ...; **sur la ~ des pieds** on tiptoe; **en ~** adv (tailler) into a point ▷ adj pointed, tapered; **de ~** adj (technique etc) leading; (vitesse) maximum, top; **heures/jours de ~** peak hours/days; **faire du 180 en ~** (Auto) to have a top ou maximum speed of 180; **faire des ~s** (Danse) to dance on points; ~ **d'asperge** asparagus tip; ~ **de courant** surge (of current); ~ **de vitesse** burst of speed

**pointer** [pwɛte] vt (cocher) to tick off; (employés etc) to check in; (diriger: canon, longue-vue, doigt): ~ **vers qch** to point at sth; (Mus: note) to dot ▷ vi (employé) to clock in ou on; (pousses) to come through; (jour) to break; ~ **les oreilles** (chien) to prick up its ears

**pointeur, -euse** [pwɛtœr, -øz] nm/f timekeeper ▷ nf timeclock ▷ nm (Inform) cursor

**pointillé** [pwɛtije] nm (trait) dotted line; (Art) stippling no pl

**pointilleux, -euse** [pwɛtijø, -øz] adj particular, pernickety

**pointu, e** [pwɛty] adj pointed; (clou) sharp; (voix) shrill; (analyse) precise

**pointure** [pwɛtyr] nf size

**point-virgule** [pwɛvirgyl] (pl **points-virgules**) nm semi-colon

**poire** [pwar] nf pear; (fam; péj) mug; ~ **électrique** (pear-shaped) switch; ~ **à injections** syringe

**poireau, x** [pwaro] nm leek

**poireauter** [pwarote] vi (fam) to hang about (waiting)

**poirier** [pwarje] nm pear tree; (Sport): **faire le ~** to do a headstand

**pois** [pwa] nm (Bot) pea; (sur une étoffe) dot, spot; **à ~** (cravate etc) spotted, polka-dot cpd; ~ **chiche** chickpea; ~ **de senteur** sweet pea; ~ **cassés** split peas

**poison** [pwazɔ̃] nm poison

**poisse** [pwas] nf rotten luck

**poisser** [pwase] vt to make sticky

**poisseux, -euse** [pwasø, -øz] adj sticky

**poisson** [pwasɔ̃] nm fish gen inv; **les P~s** (signe) Pisces, the Fish; **être des P~s** to be Pisces; **pêcher** ou **prendre du ~** ou **des ~s** to fish; ~ **d'avril** April fool; (blague) April fool's day trick; see note; ~ **rouge** goldfish

● POISSON D'AVRIL

The traditional April Fools' Day prank in France involves attaching a cut-out paper fish, known as a "poisson d'avril", to the back of one's victim, without being caught.

**poisson-chat** [pwasɔ̃ʃa] (pl **poissons-chats**) nm catfish

**poissonnerie** [pwasɔnri] nf fishmonger's (Brit), fish store (US)

**poissonneux, -euse** [pwasɔnø, -øz] adj abounding in fish

**poissonnier, -ière** [pwasɔnje, -jɛr] nm/f fishmonger (Brit), fish merchant (US) ▷ nf (ustensile) fish kettle

**poisson-scie** [pwasɔ̃si] (pl **poissons-scies**) nm sawfish

**poitevin, e** [pwatvɛ̃, -in] adj (région) of ou from Poitou; (ville) of ou from Poitiers

**poitrail** [pwatraj] nm (d'un cheval etc) breast

**poitrine** [pwatrin] nf (Anat) chest; (seins) bust, bosom; (Culin) breast; ~ **de bœuf** brisket

**poivre** [pwavr(ə)] nm pepper; ~ **en grains/moulu** whole/ground pepper; ~ **de cayenne** cayenne (pepper); ~ **et sel** adj (cheveux) pepper-and-salt

**poivré, e** [pwavre] adj peppery

**poivrer** [pwavre] vt to pepper

**poivrier** [pwavrije] nm (Bot) pepper plant

**poivrière** [pwavrijɛr] nf pepperpot, pepper shaker (US)

**poivron** [pwavrɔ̃] nm pepper, capsicum; ~ **vert/rouge** green/red pepper

**poix** [pwa] nf pitch (tar)

**poker** [pɔkɛr] nm: **le ~** poker; **partie de ~** (fig) gamble; ~ **d'as** four aces

**polaire** [pɔlɛr] adj polar

**polar** [pɔlar] (fam) nm detective novel

**polarisation** [pɔlarizasjɔ̃] nf (Physique, Élec) polarization; (fig) focusing

**polariser** [pɔlarize] vt to polarize; (fig: attirer) to attract; (: réunir, concentrer) to focus; **être polarisé sur** (personne) to be completely bound up with ou absorbed by

**pôle** [pol] nm (Géo, Élec) pole; **le ~ Nord/Sud** the North/South Pole; ~ **d'attraction** (fig) centre of attraction

**polémique** [pɔlemik] adj controversial, polemic(al) ▷ nf controversy

**polémiquer** [pɔlemike] vi to be involved in controversy

**polémiste** [pɔlemist(ə)] nm/f polemist, polemicist

**poli, e** [pɔli] adj polite; (lisse) smooth; polished

**police** [pɔlis] nf police; (discipline): **assurer la ~ de** ou **dans** to keep order in; **peine de simple ~**

*sentence given by a magistrates' or police court*; ~ **(d'assurance)** (insurance) policy; ~ **(de caractères)** (*Typo, Inform*) font, typeface; ~ **judiciaire (PJ)** ≈ Criminal Investigation Department (CID) (*Brit*), ≈ Federal Bureau of Investigation (FBI) (*US*); ~ **des mœurs** ≈ vice squad; ~ **secours** ≈ emergency services *pl*

**polichinelle** [pɔliʃinɛl] *nm* Punch; (*péj*) buffoon; **secret de** ~ open secret

**policier, -ière** [pɔlisje, -jɛʀ] *adj* police *cpd* ▷ *nm* policeman; (*aussi*: **roman policier**) detective novel

**policlinique** [pɔliklinik] *nf* ≈ outpatients *sg* (clinic)

**poliment** [pɔlimɑ̃] *adv* politely

**polio** [pɔljo] *nf* (*aussi*: **poliomyélite**) polio ▷ *nm/f* (*aussi*: **poliomyélitique**) polio patient *ou* case

**poliomyélite** [pɔljɔmjelit] *nf* poliomyelitis

**poliomyélitique** [pɔljɔmjelitik] *nm/f* polio patient *ou* case

**polir** [pɔliʀ] *vt* to polish

**polisson, ne** [pɔlisɔ̃, -ɔn] *adj* naughty

**politesse** [pɔlitɛs] *nf* politeness; **politesses** *nfpl* (exchange of) courtesies; **rendre une** ~ **à qn** to return sb's favour (*Brit*) *ou* favor (*US*)

**politicard** [pɔlitikaʀ] *nm* (*péj*) politico, political schemer

**politicien, ne** [pɔlitisjɛ̃, -ɛn] *adj* political ▷ *nm/f* politician

**politique** [pɔlitik] *adj* political ▷ *nf* (*science, activité*) politics *sg*; (*principes, tactique*) policy, policies *pl* ▷ *nm* (*politicien*) politician; ~ **étrangère/intérieure** foreign/domestic policy

**politique-fiction** [pɔlitikfiksjɔ̃] *nf* political fiction

**politiquement** [pɔlitikmɑ̃] *adv* politically

**politisation** [pɔlitizasjɔ̃] *nf* politicization

**politiser** [pɔlitize] *vt* to politicize; ~ **qn** to make sb politically aware

**pollen** [pɔlɛn] *nm* pollen

**polluant, e** [pɔlɥɑ̃, -ɑ̃t] *adj* polluting ▷ *nm* polluting agent, pollutant

**polluer** [pɔlɥe] *vt* to pollute

**pollueur, -euse** [pɔlɥœʀ, -øz] *nm/f* polluter

**pollution** [pɔlysjɔ̃] *nf* pollution

**polo** [pɔlo] *nm* (*sport*) polo; (*tricot*) polo shirt

**Pologne** [pɔlɔɲ] *nf*: **la** ~ Poland

**polonais, e** [pɔlɔnɛ, -ɛz] *adj* Polish ▷ *nm* (*Ling*) Polish ▷ *nm/f*: **Polonais, e** Pole

**poltron, ne** [pɔltʀɔ̃, -ɔn] *adj* cowardly

**poly...** [pɔli] *préfixe* poly...

**polyamide** [pɔliamid] *nf* polyamide

**polychrome** [pɔlikʀom] *adj* polychrome, polychromatic

**polyclinique** [pɔliklinik] *nf* (private) clinic (*treating different illnesses*)

**polycopie** [pɔlikɔpi] *nf* (*procédé*) duplicating; (*reproduction*) duplicated copy

**polycopié, e** [pɔlikɔpje] *adj* duplicated ▷ *nm* handout, duplicated notes *pl*

**polycopier** [pɔlikɔpje] *vt* to duplicate

**polyculture** [pɔlikyltyʀ] *nf* mixed farming

**polyester** [pɔliɛstɛʀ] *nm* polyester

**polyéthylène** [pɔlietilɛn] *nm* polyethylene

**polygame** [pɔligam] *adj* polygamous

**polygamie** [pɔligami] *nf* polygamy

**polyglotte** [pɔliglɔt] *adj* polyglot

**polygone** [pɔligɔn] *nm* polygon

**Polynésie** [pɔlinezi] *nf*: **la** ~ Polynesia; **la** ~ **française** French Polynesia

**polynésien, ne** [pɔlinezjɛ̃, -ɛn] *adj* Polynesian

**polynôme** [pɔlinom] *nm* polynomial

**polype** [pɔlip] *nm* polyp

**polystyrène** [pɔlistiʀɛn] *nm* polystyrene

**polytechnicien, ne** [pɔliteknisjɛ̃, -ɛn] *nm/f* student or former student of the *École polytechnique*

**Polytechnique** [pɔliteknik] *nf*: (**École**) ~ prestigious military academy producing high-ranking officers and engineers

**polyvalent, e** [pɔlivalɑ̃, -ɑ̃t] *adj* (*vaccin*) polyvalent; (*personne*) versatile; (*salle*) multi-purpose ▷ *nm* ≈ tax inspector

**pomélo** [pɔmelo] *nm* pomelo, grapefruit

**pommade** [pɔmad] *nf* ointment, cream

**pomme** [pɔm] *nf* (*Bot*) apple; (*boule décorative*) knob; (*pomme de terre*): **steak ~s (frites)** steak and chips (*Brit*) *ou* (French) fries (*US*); **tomber dans les ~s** (*fam*) to pass out; ~ **d'Adam** Adam's apple; **~s allumettes** French fries (*thin-cut*); ~ **d'arrosoir** (sprinkler) rose; ~ **de pin** pine *ou* fir cone; ~ **de terre** potato; **~s vapeur** boiled potatoes

**pommé, e** [pɔme] *adj* (*chou etc*) firm

**pommeau, x** [pɔmo] *nm* (*boule*) knob; (*de selle*) pommel

**pommelé, e** [pɔmle] *adj*: **gris** ~ dapple grey

**pommette** [pɔmɛt] *nf* cheekbone

**pommier** [pɔmje] *nm* apple tree

**pompe** [pɔ̃p] *nf* pump; (*faste*) pomp (and ceremony); ~ **à eau/essence** water/petrol pump; ~ **à huile** oil pump; ~ **à incendie** fire engine (*apparatus*); **~s funèbres** undertaker's *sg*, funeral parlour *sg* (*Brit*), mortician's *sg* (*US*)

**Pompéi** [pɔ̃pei] *n* Pompeii

**pompéien, ne** [pɔ̃pejɛ̃, -ɛn] *adj* Pompeiian

**pomper** [pɔ̃pe] *vt* to pump; (*évacuer*) to pump out; (*aspirer*) to pump up; (*absorber*) to soak up ▷ *vi* to pump

**pompeusement** [pɔ̃pøzmɑ̃] *adv* pompously

**pompeux, -euse** [pɔ̃pø, -øz] *adj* pompous

**pompier** [pɔ̃pje] *nm* fireman ▷ *adj m* (*style*) pretentious, pompous

**pompiste** [pɔ̃pist(ə)] *nm/f* petrol (*Brit*) *ou* gas (*US*) pump attendant

**pompon** [pɔ̃pɔ̃] *nm* pompom, bobble

**pomponner** [pɔ̃pɔne] *vt* to titivate (*Brit*), dress up

**ponce** [pɔ̃s] *nf*: **pierre** ~ pumice stone

**poncer** [pɔ̃se] *vt* to sand (down)

**ponceuse** [pɔ̃søz] *nf* sander

**poncif** [pɔ̃sif] *nm* cliché

**ponction** [pɔ̃ksjɔ̃] *nf* (*d'argent etc*) withdrawal; ~ **lombaire** lumbar puncture

**ponctualité** [pɔ̃ktɥalite] *nf* punctuality

**ponctuation** [pɔ̃ktɥasjɔ̃] *nf* punctuation
**ponctuel, le** [pɔ̃ktɥɛl] *adj* (*à l'heure, Tech*) punctual; (*fig: opération etc*) one-off, single; (*scrupuleux*) punctilious, meticulous
**ponctuellement** [pɔ̃ktɥɛlmɑ̃] *adv* punctually; punctiliously, meticulously
**ponctuer** [pɔ̃ktɥe] *vt* to punctuate; (*Mus*) to phrase
**pondéré, e** [pɔ̃deʀe] *adj* level-headed, composed
**pondérer** [pɔ̃deʀe] *vt* to balance
**pondeuse** [pɔ̃døz] *nf* layer, laying hen
**pondre** [pɔ̃dʀ(ə)] *vt* to lay; (*fig*) to produce ▷ *vi* to lay
**poney** [pɔnɛ] *nm* pony
**pongiste** [pɔ̃ʒist(ə)] *nm/f* table tennis player
**pont** [pɔ̃] *nm* bridge; (*Auto*): ~ **arrière/avant** rear/front axle; (*Navig*) deck; **faire le** ~ to take the extra day off; *see note*; **faire un** ~ **d'or à qn** to offer sb a fortune to take a job; ~ **aérien** airlift; ~ **basculant** bascule bridge; ~ **d'envol** flight deck; ~ **élévateur** hydraulic ramp; ~ **de graissage** ramp (*in garage*); ~ **à péage** tollbridge; ~ **roulant** travelling crane; ~ **suspendu** suspension bridge; ~ **tournant** swing bridge; **P~s et Chaussées** highways department

**FAIRE LE PONT**

The expression "faire le pont" refers to the practice of taking a Monday or Friday off to make a long weekend if a public holiday falls on a Tuesday or Thursday. The French commonly take an extra day off work to give four consecutive days' holiday at "l'Ascension", "le 14 juillet" and le "15 août".

**ponte** [pɔ̃t] *nf* laying; (*œufs pondus*) clutch ▷ *nm* (*fam*) big shot
**pontife** [pɔ̃tif] *nm* pontiff
**pontifier** [pɔ̃tifje] *vi* to pontificate
**pont-levis** [pɔ̃lvi] (*pl* **ponts-levis**) *nm* drawbridge
**ponton** [pɔ̃tɔ̃] *nm* pontoon (*on water*)
**pop** [pɔp] *adj inv* pop ▷ *nm*: **le** ~ pop (*music*)
**pop-corn** [pɔpkɔʀn] *nm* popcorn
**popeline** [pɔplin] *nf* poplin
**populace** [pɔpylas] *nf* (*péj*) rabble
**populaire** [pɔpylɛʀ] *adj* popular; (*manifestation*) mass *cpd*, of the people; (*milieux, clientèle*) working-class; (*Ling: mot etc*) used by the lower classes (of society)
**populariser** [pɔpylaʀize] *vt* to popularize
**popularité** [pɔpylaʀite] *nf* popularity
**population** [pɔpylasjɔ̃] *nf* population; ~ **active/agricole** working/farming population
**populeux, -euse** [pɔpylø, -øz] *adj* densely populated
**porc** [pɔʀ] *nm* (*Zool*) pig; (*Culin*) pork; (*peau*) pigskin
**porcelaine** [pɔʀsəlɛn] *nf* (*substance*) porcelain, china; (*objet*) piece of china(ware)

**porcelet** [pɔʀsəlɛ] *nm* piglet
**porc-épic** [pɔʀkepik] (*pl* **porcs-épics**) *nm* porcupine
**porche** [pɔʀʃ(ə)] *nm* porch
**porcher, -ère** [pɔʀʃe, -ɛʀ] *nm/f* pig-keeper
**porcherie** [pɔʀʃəʀi] *nf* pigsty
**porcin, e** [pɔʀsɛ̃, -in] *adj* (*race*) porcine; (*élevage*) pig *cpd*; (*fig*) piglike
**pore** [pɔʀ] *nm* pore
**poreux, -euse** [pɔʀø, -øz] *adj* porous
**porno** [pɔʀno] *adj* porno ▷ *nm* porn
**pornographie** [pɔʀnɔgʀafi] *nf* pornography
**pornographique** [pɔʀnɔgʀafik] *adj* pornographic
**port** [pɔʀ] *nm* (*Navig*) harbour (*Brit*), harbor (*US*), port; (*ville, Inform*) port; (*de l'uniforme etc*) wearing; (*pour lettre*) postage; (*pour colis, aussi: posture*) carriage; ~ **de commerce/de pêche** commercial/fishing port; **arriver à bon** ~ to arrive safe and sound; ~ **d'arme** (*Jur*) carrying of a firearm; ~ **d'attache** (*Navig*) port of registry; (*fig*) home base; ~ **d'escale** port of call; ~ **franc** free port
**portable** [pɔʀtabl(ə)] *adj* (*vêtement*) wearable; (*portatif*) portable; (*téléphone*) mobile (*Brit*), cell (*US*) ▷ *nm* (*Inform*) laptop (computer); (*téléphone*) mobile (phone) (*Brit*), cell (phone) (*US*)
**portail** [pɔʀtaj] *nm* gate; (*de cathédrale*) portal
**portant, e** [pɔʀtɑ̃, -ɑ̃t] (*murs*) structural, supporting; (*roues*) running; **bien/mal** ~ in good/poor health
**portatif, -ive** [pɔʀtatif, -iv] *adj* portable
**porte** [pɔʀt(ə)] *nf* door; (*de ville, forteresse, Ski*) gate; **mettre à la** ~ to throw out; **prendre la** ~ to leave, go away; **à ma/sa** ~ (*tout près*) on my/his (*ou* her) doorstep; ~ **(d'embarquement)** (*Aviat*) (departure) gate; ~ **d'entrée** front door; ~ **à** ~ *nm* door-to-door selling; ~ **de secours** emergency exit; ~ **de service** service entrance
**porté, e** [pɔʀte] *adj*: **être** ~ **à faire qch** to be apt to do sth, tend to do sth; **être** ~ **sur qch** to be partial to sth
**porte-à-faux** [pɔʀtafo] *nm*: **en** ~ cantilevered; (*fig*) in an awkward position
**porte-aiguilles** [pɔʀtegɥij] *nm inv* needle case
**porte-avions** [pɔʀtavjɔ̃] *nm inv* aircraft carrier
**porte-bagages** [pɔʀtbagaʒ] *nm inv* luggage rack (*ou* basket *etc*)
**porte-bébé** [pɔʀtbebe] *nm* baby sling *ou* carrier
**porte-bonheur** [pɔʀtbɔnœʀ] *nm inv* lucky charm
**porte-bouteilles** [pɔʀtbutɛj] *nm inv* bottle carrier; (*à casiers*) wine rack
**porte-cartes** [pɔʀtəkaʀt(ə)] *nm inv* (*de cartes d'identité*) card holder; (*de cartes géographiques*) map wallet
**porte-cigarettes** [pɔʀtsigaʀɛt] *nm inv* cigarette case
**porte-clefs** [pɔʀtəkle] *nm inv* key ring
**porte-conteneurs** [pɔʀtəkɔ̃tnœʀ] *nm inv* container ship
**porte-couteau, x** [pɔʀtkuto] *nm* knife rest

**P**

**porte-crayon** [pɔʀtkʀɛjɔ̃] *nm* pencil holder
**porte-documents** [pɔʀtdɔkymɑ̃] *nm inv* attaché *ou* document case
**porte-drapeau, x** [pɔʀtdʀapo] *nm* standard bearer
**portée** [pɔʀte] *nf* (*d'une arme*) range; (*fig: importance*) impact, import; (: *capacités*) scope, capability; (*de chatte etc*) litter; (*Mus*) stave, staff; **à/hors de ~ (de)** within/out of reach (of); **à ~ de (la) main** within (arm's) reach; **à ~ de voix** within earshot; **à la ~ de qn** (*fig*) at sb's level, within sb's capabilities; **à la ~ de toutes les bourses** to suit every pocket, within everyone's means
**portefaix** [pɔʀtəfɛ] *nm inv* porter
**porte-fenêtre** [pɔʀtfənɛtʀ(ə)] (*pl* **portes-fenêtres**) *nf* French window
**portefeuille** [pɔʀtəfœj] *nm* wallet; (*Pol, Bourse*) portfolio; **faire un lit en ~** to make an apple-pie bed
**porte-jarretelles** [pɔʀtʒaʀtɛl] *nm inv* suspender belt (*Brit*), garter belt (*US*)
**porte-jupe** [pɔʀtəʒyp] *nm* skirt hanger
**portemanteau, x** [pɔʀtmɑ̃to] *nm* coat rack
**porte-mine** [pɔʀtəmin] *nm* propelling (*Brit*) *ou* mechanical (*US*) pencil
**porte-monnaie** [pɔʀtmɔnɛ] *nm inv* purse
**porte-parapluies** [pɔʀtpaʀaplɥi] *nm inv* umbrella stand
**porte-parole** [pɔʀtpaʀɔl] *nm inv* spokesperson
**porte-plume** [pɔʀtəplym] *nm inv* penholder
**porter** [pɔʀte] *vt* (*charge ou sac etc, aussi: fœtus*) to carry; (*sur soi: vêtement, barbe, bague*) to wear; (*fig: responsabilité etc*) to bear, carry; (*inscription, marque, titre, patronyme: arbre: fruits, fleurs*) to bear; (*jugement*) to pass; (*apporter*): **~ qch quelque part/à qn** to take sth somewhere/to sb; (*inscrire*): **~ qch sur** to put sth down on; to enter sth in ▷ *vi* (*voix, regard, canon*) to carry; (*coup, argument*) to hit home; **se porter** *vi* (*se sentir*): **se ~ bien/mal** to be well/unwell; (*aller*): **se ~ vers** to go towards; **~ sur** (*peser*) to rest on; (*accent*) to fall on; (*conférence etc*) to concern; (*heurter*) to strike; **être porté à faire** to be apt *ou* inclined to do; **elle portait le nom de Rosalie** she was called Rosalie; **~ qn au pouvoir** to bring sb to power; **~ bonheur à qn** to bring sb luck; **~ qn à croire** to lead sb to believe; **~ son âge** to look one's age; **~ un toast** to drink a toast; **~ de l'argent au crédit d'un compte** to credit an account with some money; **se ~ partie civile** *to associate in a court action with the public prosecutor*; **se ~ garant de qch** to guarantee sth, vouch for sth; **se ~ candidat à la députation** ≈ to stand for Parliament (*Brit*), ≈ run for Congress (*US*); **se faire ~ malade** to report sick; **~ la main à son chapeau** to raise one's hand to one's hat; **~ son effort sur** to direct one's efforts towards; **~ un fait à la connaissance de qn** to bring a fact to sb's attention *ou* notice
**porte-savon** [pɔʀtsavɔ̃] *nm* soap dish
**porte-serviettes** [pɔʀtsɛʀvjɛt] *nm inv* towel rail

**portes-ouvertes** [pɔʀtuvɛʀt(ə)] *adj inv*: **journée ~** open day
**porteur, -euse** [pɔʀtœʀ, -øz] *adj* (*Comm*) strong, promising; (*nouvelle, chèque etc*): **être ~ de** to be the bearer of ▷ *nm/f* (*de messages*) bearer ▷ *nm* (*de bagages*) porter; (*Comm: de chèque*) bearer; (: *d'actions*) holder; **(avion) gros ~** wide-bodied aircraft, jumbo (jet)
**porte-voix** [pɔʀtəvwa] *nm inv* megaphone, loudhailer (*Brit*)
**portier** [pɔʀtje] *nm* doorman, commissionnaire (*Brit*)
**portière** [pɔʀtjɛʀ] *nf* door
**portillon** [pɔʀtijɔ̃] *nm* gate
**portion** [pɔʀsjɔ̃] *nf* (*part*) portion, share; (*partie*) portion, section
**portique** [pɔʀtik] *nm* (*Sport*) crossbar; (*Archit*) portico; (*Rail*) gantry
**porto** [pɔʀto] *nm* port (wine)
**portoricain, e** [pɔʀtɔʀikɛ̃, -ɛn] *adj* Puerto Rican
**Porto Rico** [pɔʀtɔʀiko] *nf* Puerto Rico
**portrait** [pɔʀtʀɛ] *nm* portrait; (*photographie*) photograph; (*fig*): **elle est le ~ de sa mère** she's the image of her mother
**portraitiste** [pɔʀtʀetist(ə)] *nm/f* portrait painter
**portrait-robot** [pɔʀtʀɛʀɔbo] *nm* Identikit® *ou* Photo-fit ® (*Brit*) picture
**portuaire** [pɔʀtɥɛʀ] *adj* port *cpd*, harbour *cpd* (*Brit*), harbor *cpd* (*US*)
**portugais, e** [pɔʀtygɛ, -ɛz] *adj* Portuguese ▷ *nm* (*Ling*) Portuguese ▷ *nm/f*: **Portugais, e** Portuguese
**Portugal** [pɔʀtygal] *nm*: **le ~** Portugal
**POS** *sigle m* (= *plan d'occupation des sols*) zoning ordinances *ou* regulations
**pose** [poz] *nf* (*de moquette*) laying; (*de rideaux, papier peint*) hanging; (*attitude, d'un modèle*) pose; (*Photo*) exposure
**posé, e** [poze] *adj* calm, unruffled
**posément** [pozemɑ̃] *adv* calmly
**posemètre** [pozmɛtʀ(ə)] *nm* exposure meter
**poser** [poze] *vt* (*déposer*): **~ qch (sur)/qn à** to put sth down (on)/drop sb at; (*placer*): **~ qch sur/quelque part** to put sth on/somewhere; (*installer: moquette, carrelage*) to lay; (*rideaux, papier peint*) to hang; (*Math: chiffre*) to put (down); (*question*) to ask; (*principe, conditions*) to lay *ou* set down; (*problème*) to formulate; (*difficulté*) to pose; (*personne: mettre en valeur*) to give standing to ▷ *vi* (*modèle*) to pose; to sit; **se poser** (*oiseau, avion*) to land; (*question*) to arise; **se ~ en** to pass o.s off as, pose as; **~ son** *ou* **un regard sur qn/qch** to turn one's gaze on sb/sth; **~ sa candidature** to apply; (*Pol*) to put o.s. up for election
**poseur, -euse** [pozœʀ, -øz] *nm/f* (*péj*) show-off, poseur; **~ de parquets/carrelages** floor/tile layer
**positif, -ive** [pozitif, -iv] *adj* positive
**position** [pozisjɔ̃] *nf* position; **prendre ~** (*fig*) to take a stand

**positionner** [pozisjɔne] vt to position; (compte en banque) to calculate the balance of
**positivement** [pozitivmã] adv positively
**posologie** [pozɔlɔʒi] nf directions pl for use, dosage
**possédant, e** [pɔsedã, -ãt] adj (classe) wealthy ▷ nm/f: **les ~s** the haves, the wealthy
**possédé, e** [pɔsede] nm/f person possessed
**posséder** [pɔsede] vt to own, possess; (qualité, talent) to have, possess; (bien connaître: métier, langue) to have mastered, have a thorough knowledge of; (sexuellement, aussi: suj: colère) to possess; (fam: duper) to take in
**possesseur** [pɔsesœʀ] nm owner
**possessif, -ive** [pɔsesif, -iv] adj, nm (Ling) possessive
**possession** [pɔsesjɔ̃] nf ownership no pl; possession; (aussi: **être/entrer en possession de qch**) to be in/take possession of sth
**possibilité** [pɔsibilite] nf possibility; **possibilités** nfpl (moyens) means; (potentiel) potential sg; **avoir la ~ de faire** to be in a position to do; to have the opportunity to do
**possible** [pɔsibl(ə)] adj possible; (projet, entreprise) feasible ▷ nm: **faire son ~** to do all one can, do one's utmost; (**ce n'est**) **pas ~!** impossible!; **le plus/moins de livres ~** as many/few books as possible; **dès que ~** as soon as possible; **gentil** etc **au ~** as nice etc as it is possible to be
**postal, e, -aux** [pɔstal, -o] adj postal, post office cpd; **sac ~** mailbag, postbag
**postdater** [pɔstdate] vt to postdate
**poste** [pɔst(ə)] nf (service) post, postal service; (administration, bureau) post office ▷ nm (fonction, Mil) post; (Tél) extension; (de radio etc) set; (de budget) item; **postes** nfpl post office sg; **P~s télécommunications et télédiffusion (PTT)** postal and telecommunications service; **agent** ou **employé des ~s** post office worker; **mettre à la ~** to post; **~ de commandement (PC)** nm (Mil etc) headquarters; **~ de contrôle** nm checkpoint; **~ de douane** nm customs post; **~ émetteur** nm transmitting set; **~ d'essence** nm filling station; **~ d'incendie** nm fire point; **~ de péage** nm tollgate; **~ de pilotage** nm cockpit; **~ (de police)** nm police station; **~ de radio** nm radio set; **~ restante (PR)** nf poste restante (Brit), general delivery (US); **~ de secours** nm first-aid post; **~ de télévision** nm television set; **~ de travail** nm work station
**poster** vt [pɔste] to post ▷ nm [pɔstɛʀ] poster; **se poster** to position o.s
**postérieur, e** [pɔsteʀjœʀ] adj (date) later; (partie) back ▷ nm (fam) behind
**postérieurement** [pɔsteʀjœʀmã] adv later, subsequently; **~ à** after
**posteriori** [pɔsteʀjɔʀi]: **a ~** adv with hindsight, a posteriori
**postérité** [pɔsteʀite] nf posterity
**postface** [pɔstfas] nf appendix
**posthume** [pɔstym] adj posthumous
**postiche** [pɔstiʃ] adj false ▷ nm hairpiece

**postier, -ière** [pɔstje, -jɛʀ] nm/f post office worker
**postillon** [pɔstijɔ̃] nm: **envoyer des ~s** to splutter
**postillonner** [pɔstijɔne] vi to splutter
**post-natal, e** [pɔstnatal] adj postnatal
**postopératoire** [pɔstɔpeʀatwaʀ] adj post-operative
**postscolaire** [pɔstskɔlɛʀ] adj further, continuing
**post-scriptum** [pɔstskʀiptɔm] nm inv postscript
**postsynchronisation** [pɔstsɛ̃kʀɔnizasjɔ̃] nf dubbing
**postsynchroniser** [pɔstsɛ̃kʀɔnize] vt to dub
**postulant, e** [pɔstylã, -ãt] nm/f (candidat) applicant; (Rel) postulant
**postulat** [pɔstyla] nm postulate
**postuler** [pɔstyle] vt (emploi) to apply for, put in for
**posture** [pɔstyʀ] nf posture, position; (fig) position
**pot** [po] nm jar, pot; (en plastique, carton) carton; (en métal) tin; (fam): **avoir du ~** to be lucky; **boire** ou **prendre un ~** (fam) to have a drink; **découvrir le ~ aux roses** to find out what's been going on; **~ catalytique** catalytic converter; **~ (de chambre)** (chamber)pot; **~ d'échappement** exhaust pipe; **~ de fleurs** plant pot, flowerpot; (plante) pot plant; **~ à tabac** tobacco jar
**potable** [pɔtabl(ə)] adj (fig: boisson) drinkable; (: travail, devoir) decent; **eau (non) ~** (not) drinking water
**potache** [pɔtaʃ] nm schoolboy
**potage** [pɔtaʒ] nm soup
**potager, -ère** [pɔtaʒe, -ɛʀ] adj (plante) edible, vegetable cpd; (**jardin**) **~** kitchen ou vegetable garden
**potasse** [pɔtas] nf potassium hydroxide; (engrais) potash
**potasser** [pɔtase] vt (fam) to swot up (Brit), cram
**potassium** [pɔtasjɔm] nm potassium
**pot-au-feu** [pɔtofø] nm inv (beef) stew; (viande) stewing beef ▷ adj (fam: personne) stay-at-home
**pot-de-vin** [pɔdvɛ̃] (pl **pots-de-vin**) nm bribe
**pote** [pɔt] nm (fam) mate (Brit), pal
**poteau, x** [pɔto] nm post; **~ de départ/arrivée** starting/finishing post; **~ (d'exécution)** execution post, stake; **~ indicateur** signpost; **~ télégraphique** telegraph pole; **~x (de but)** goal-posts
**potée** [pɔte] nf hotpot (of pork and cabbage)
**potelé, e** [pɔtle] adj plump, chubby
**potence** [pɔtãs] nf gallows sg; **en ~** T-shaped
**potentat** [pɔtãta] nm potentate; (fig: péj) despot
**potentiel, le** [pɔtãsjɛl] adj, nm potential
**potentiellement** [pɔtãsjɛlmã] adv potentially
**poterie** [pɔtʀi] nf (fabrication) pottery; (objet) piece of pottery
**potiche** [pɔtiʃ] nf large vase
**potier** [pɔtje] nm potter
**potins** [pɔtɛ̃] nmpl gossip sg

**p**

**potion** [posjɔ̃] nf potion
**potiron** [pɔtiʀɔ̃] nm pumpkin
**pot-pourri** [popuʀi] (pl **pots-pourris**) nm (Mus) medley
**pou, x** [pu] nm louse
**pouah** [pwa] excl ugh!, yuk!
**poubelle** [pubɛl] nf (dust)bin
**pouce** [pus] nm thumb; **se tourner** ou **se rouler les ~s** (fig) to twiddle one's thumbs; **manger sur le ~** to eat on the run, snatch something to eat
**poudre** [pudʀ(ə)] nf powder; (fard) (face) powder; (explosif) gunpowder; **en ~: café en ~** instant coffee; **savon en ~** soap powder; **lait en ~** dried ou powdered milk; **~ à canon** gunpowder; **~ à éternuer** sneezing powder; **~ à récurer** scouring powder; **~ de riz** face powder
**poudrer** [pudʀe] vt to powder
**poudreux, -euse** [pudʀø, -øz] adj dusty; (neige) powdery, powder cpd
**poudrier** [pudʀije] nm (powder) compact
**poudrière** [pudʀijɛʀ] nf powder magazine; (fig) powder keg
**pouf** [puf] nm pouffe
**pouffer** [pufe] vi: **~ (de rire)** to snigger; to giggle
**pouffiasse** [pufjas] nf (fam) fat cow; (prostituée) tart
**pouilleux, -euse** [pujø, -øz] adj flea-ridden; (fig) seedy
**poulailler** [pulaje] nm henhouse; (Théât): **le ~** the gods sg
**poulain** [pulɛ̃] nm foal; (fig) protégé
**poularde** [pulaʀd(ə)] nf fatted chicken
**poule** [pul] nf (Zool) hen; (Culin) (boiling) fowl; (Sport) (round-robin) tournament; (Rugby) group; (fam) bird (Brit), chick, broad (US); (prostituée) tart; **~ d'eau** moorhen; **~ mouillée** coward; **~ pondeuse** laying hen, layer; **~ au riz** chicken and rice
**poulet** [pulɛ] nm chicken; (fam) cop
**poulette** [pulɛt] nf (jeune poule) pullet
**pouliche** [puliʃ] nf filly
**poulie** [puli] nf pulley
**poulpe** [pulp(ə)] nm octopus
**pouls** [pu] nm pulse; (Anat): **prendre le ~ de qn** to take sb's pulse
**poumon** [pumɔ̃] nm lung; **~ d'acier** ou **artificiel** iron ou artificial lung
**poupe** [pup] nf stern; **en ~** astern
**poupée** [pupe] nf doll; **jouer à la ~** to play with one's doll (ou dolls); **de ~** (très petit): **jardin de ~** doll's garden, pocket-handkerchief-sized garden
**poupin, e** [pupɛ̃, -in] adj chubby
**poupon** [pupɔ̃] nm babe-in-arms
**pouponner** [pupɔne] vi to fuss (around)
**pouponnière** [pupɔnjɛʀ] nf crèche, day nursery
**pour** [puʀ] prép for ▷ nm: **le ~ et le contre** the pros and cons; **~ faire** (so as) to do, in order to do; **~ avoir fait** for having done; **~ que** so that, in order that; **~ moi** (à mon avis, pour ma part) for my part, personally; **~ riche qu'il soit** rich

though he may be; **~ 20 euros d'essence** 20 euros' worth of petrol; **~ cent** per cent; **~ ce qui est de** as for; **y être ~ quelque chose** to have something to do with it
**pourboire** [puʀbwaʀ] nm tip
**pourcentage** [puʀsɑ̃taʒ] nm percentage; **travailler au ~** to work on commission
**pourchasser** [puʀʃase] vt to pursue
**pourfendeur** [puʀfɑ̃dœʀ] nm sworn opponent
**pourfendre** [puʀfɑ̃dʀ(ə)] vt to assail
**pourlécher** [puʀleʃe]: **se pourlécher** vi to lick one's lips
**pourparlers** [puʀpaʀle] nmpl talks, negotiations; **être en ~ avec** to be having talks with
**pourpre** [puʀpʀ(ə)] adj crimson
**pourquoi** [puʀkwa] adv, conj why ▷ nm inv: **le ~ (de)** the reason (for)
**pourrai** etc [puʀe] vb voir **pouvoir**
**pourri, e** [puʀi] adj rotten; (roche, pierre) crumbling; (temps, climat) filthy, foul ▷ nm: **sentir le ~** to smell rotten
**pourriel** [puʀjɛl] nm (Inform) spam
**pourrir** [puʀiʀ] vi to rot; (fruit) to go rotten ou bad; (fig: situation) to deteriorate ▷ vt to rot; (fig: corrompre: personne) to corrupt; (: gâter: enfant) to spoil thoroughly
**pourrissement** [puʀismɑ̃] nm deterioration
**pourriture** [puʀityʀ] nf rot
**pourrons** etc [puʀɔ̃] vb voir **pouvoir**
**poursuis** etc [puʀsɥi] vb voir **poursuivre**
**poursuite** [puʀsɥit] nf pursuit, chase; **poursuites** nfpl (Jur) legal proceedings; **(course) ~** track race; (fig) chase
**poursuivant, e** [puʀsɥivɑ̃, -ɑ̃t] vb voir **poursuivre** ▷ nm/f pursuer; (Jur) plaintiff
**poursuivre** [puʀsɥivʀ(ə)] vt to pursue, chase (after); (relancer) to hound, harry; (obséder) to haunt; (Jur) to bring proceedings against, prosecute; (: au civil) to sue; (but) to strive towards; (voyage, études) to carry on with, continue ▷ vi to carry on, go on; **se poursuivre** vi to go on, continue
**pourtant** [puʀtɑ̃] adv yet; **mais ~** nevertheless, but even so; **c'est ~ facile** (and) yet it's easy
**pourtour** [puʀtuʀ] nm perimeter
**pourvoi** [puʀvwa] nm appeal
**pourvoir** [puʀvwaʀ] nm (Comm) supply ▷ vt: **~ qch/qn de** to equip sth/sb with ▷ vi: **~ à** to provide for; (emploi) to fill; **se pourvoir** vi (Jur): **se ~ en cassation** to take one's case to the Court of Appeal
**pourvoyeur, -euse** [puʀvwajœʀ, -øz] nm/f supplier
**pourvu, e** [puʀvy] pp de **pourvoir** ▷ adj: **~ de** equipped with; **~ que** conj (si) provided that, so long as; (espérons que) let's hope (that)
**pousse** [pus] nf growth; (bourgeon) shoot
**poussé, e** [puse] adj sophisticated, advanced; (moteur) souped-up
**pousse-café** [puskafe] nm inv (after-dinner)

liqueur

**poussée** [puse] nf thrust; (*coup*) push; (*Méd*) eruption; (*fig*) upsurge

**pousse-pousse** [puspus] nm inv rickshaw

**pousser** [puse] vt to push; (*acculer*) to drive sb to do sth; (*moteur, voiture*) to drive hard; (*émettre: cri etc*) to give; (*stimuler*) to urge on; to drive hard; (*poursuivre*) to carry on; (*inciter*): **~ qn à faire qch** to urge ou press sb to do sth ▷ vi to push; (*croître*) to grow; (*aller*): **~ plus loin** to push on a bit further; **se pousser** vi to move over; **faire ~** (*plante*) to grow; **~ le dévouement** etc **jusqu'à ...** to take devotion etc as far as ...

**poussette** [pusɛt] nf (*voiture d'enfant*) pushchair (*Brit*), stroller (*US*)

**poussette-canne** [pusɛtkan] (pl **poussettes-cannes**) nf baby buggy (*Brit*), (folding) stroller (*US*)

**poussier** [pusje] nm coaldust

**poussière** [pusjɛʀ] nf dust; (*grain*) speck of dust; **et des ~s** (*fig*) and a bit; **~ de charbon** coaldust

**poussiéreux, -euse** [pusjeʀø, -øz] adj dusty

**poussif, -ive** [pusif, -iv] adj wheezy, wheezing

**poussin** [pusɛ̃] nm chick

**poussoir** [puswaʀ] nm button

**poutre** [putʀ(ə)] nf beam; (*en fer, ciment armé*) girder; **~s apparentes** exposed beams

**poutrelle** [putʀɛl] nf (*petite poutre*) small beam; (*barre d'acier*) girder

🅞 **MOT-CLÉ**

**pouvoir** [puvwaʀ] nm power; (*Pol: dirigeants*): **le pouvoir** those in power; **les pouvoirs publics** the authorities; **avoir pouvoir de faire** (*autorisation*) to have (the) authority to do; (*droit*) to have the right to do; **pouvoir absolu** absolute power; **pouvoir absorbant** absorbency; **pouvoir d'achat** purchasing power; **pouvoir calorifique** calorific value
▷ vb semi-aux **1** (*être en état de*) can, be able to; **je ne peux pas le réparer** I can't ou I am not able to repair it; **déçu de ne pas pouvoir le faire** disappointed not to be able to do it
**2** (*avoir la permission*) can, may, be allowed to; **vous pouvez aller au cinéma** you can ou may go to the pictures
**3** (*probabilité, hypothèse*) may, might, could; **il a pu avoir un accident** he may ou might ou could have had an accident; **il aurait pu le dire!** he might ou could have said (so)!
**4** (*expressions*): **tu ne peux pas savoir!** you have no idea!; **tu peux le dire!** you can say that again!
▷ vb impers may, might, could; **il peut arriver que** it may ou might ou could happen that; **il pourrait pleuvoir** it might rain
▷ vt **1** can, be able to; **j'ai fait tout ce que j'ai pu** I did all I could; **je n'en peux plus** (*épuisé*) I'm exhausted; (*à bout*) I can't take any more
**2** (*vb + adj ou adv comparatif*): **je me porte on ne peut mieux** I'm absolutely fine, I couldn't be

better; **elle est on ne peut plus gentille** she couldn't be nicer, she's as nice as can be

**se pouvoir** vi: **il se peut que** it may ou might be that; **cela se pourrait** that's quite possible

**PP** sigle f (= *préventive de la pellagre: vitamine*) niacin ▷ abr (= *pages*) pp

**p.p.** abr (= *par procuration*) p.p.

**p.p.c.m.** sigle m (*Math:* = *plus petit commun multiple*) LCM (= *lowest common multiple*)

**PQ** sigle f (*Canada:* = *province de Québec*) PQ

**PR** sigle m = **parti républicain** ▷ sigle f = **poste restante**

**pr** abr = **pour**

**pragmatique** [pʀagmatik] adj pragmatic

**pragmatisme** [pʀagmatism(ə)] nm pragmatism

**Prague** [pʀag] n Prague

**prairie** [pʀeʀi] nf meadow

**praline** [pʀalin] nf (*bonbon*) sugared almond; (*au chocolat*) praline

**praliné, e** [pʀaline] adj (*amande*) sugared; (*chocolat, glace*) praline cpd

**praticable** [pʀatikabl(ə)] adj (*route etc*) passable, practicable; (*projet*) practicable

**praticien, ne** [pʀatisjɛ̃, -ɛn] nm/f practitioner

**pratiquant, e** [pʀatikɑ̃, -ɑ̃t] adj practising (*Brit*), practicing (*US*)

**pratique** [pʀatik] nf practice ▷ adj practical; (*commode: horaire etc*) convenient; (*: outil*) handy, useful; **dans la ~** in (actual) practice; **mettre en ~** to put into practice

**pratiquement** [pʀatikmɑ̃] adv (*dans la pratique*) in practice; (*pour ainsi dire*) practically, virtually

**pratiquer** [pʀatike] vt to practise (*Brit*), practice (*US*); (*Sport etc*) to go in for, play; (*appliquer: méthode, théorie*) to apply; (*intervention, opération*) to carry out; (*ouverture, abri*) to make ▷ vi (*Rel*) to be a churchgoer

**pré** [pʀe] nm meadow

**préados** [pʀeado] nmpl pre-teens

**préalable** [pʀealabl(ə)] adj preliminary; **condition ~ (de)** precondition (for), prerequisite (for); **sans avis ~** without prior ou previous notice; **au ~** first, beforehand

**préalablement** [pʀealablmɑ̃] adv first, beforehand

**Préalpes** [pʀealp(ə)] nfpl: **les ~** the Pre-Alps

**préalpin, e** [pʀealpɛ̃, -in] adj of the Pre-Alps

**préambule** [pʀeɑ̃byl] nm preamble; (*fig*) prelude; **sans ~** straight away

**préau, x** [pʀeo] nm (*d'une cour d'école*) covered playground; (*d'un monastère, d'une prison*) inner courtyard

**préavis** [pʀeavi] nm notice; **~ de congé** notice; **communication avec ~** (*Tél*) personal ou person-to-person call

**prébende** [pʀebɑ̃d] nf (*péj*) remuneration

**précaire** [pʀekɛʀ] adj precarious

**précaution** [pʀekosjɔ̃] nf precaution; **avec ~** cautiously; **prendre des** ou **ses ~s** to take precautions; **par ~** as a precaution; **pour plus**

**de** ~ to be on the safe side; **~s oratoires** carefully phrased remarks

**précautionneux, -euse** [pʀekosjɔnø, -øz] *adj* cautious, careful

**précédemment** [pʀesedamɑ̃] *adv* before, previously

**précédent, e** [pʀesedɑ̃, -ɑ̃t] *adj* previous ▷ *nm* precedent; **sans** ~ unprecedented; **le jour** ~ the day before, the previous day

**précéder** [pʀesede] *vt* to precede; *(marcher ou rouler devant)* to be in front of; *(arriver avant)* to get ahead of

**précepte** [pʀesɛpt(ə)] *nm* precept

**précepteur, -trice** [pʀesɛptœʀ, -tʀis] *nm/f* (private) tutor

**préchauffer** [pʀeʃofe] *vt* to preheat

**prêcher** [pʀeʃe] *vt, vi* to preach

**prêcheur, -euse** [pʀeʃœʀ, -øz] *adj* moralizing ▷ *nm/f* (*Rel*) preacher; *(fig)* moralizer

**précieusement** [pʀesjøzmɑ̃] *adv* *(avec soin)* carefully; *(avec préciosité)* preciously

**précieux, -euse** [pʀesjø, -øz] *adj* precious; *(collaborateur, conseils)* invaluable; *(style, écrivain)* précieux, precious

**préciosité** [pʀesjozite] *nf* preciosity, preciousness

**précipice** [pʀesipis] *nm* drop, chasm; *(fig)* abyss; **au bord du** ~ at the edge of the precipice

**précipitamment** [pʀesipitamɑ̃] *adv* hurriedly, hastily

**précipitation** [pʀesipitasjɔ̃] *nf* *(hâte)* haste; **~s (atmosphériques)** precipitation *sg*

**précipité, e** [pʀesipite] *adj* *(respiration)* fast; *(pas)* hurried; *(départ)* hasty

**précipiter** [pʀesipite] *vt* *(faire tomber)*: ~ **qn/qch du haut de** to throw *ou* hurl sb/sth off *ou* from; *(hâter: marche)* to quicken; (: *départ*) to hasten; **se précipiter** *vi* *(événements)* to move faster; *(respiration)* to speed up; **se ~ sur/vers** to rush at/ towards; **se ~ au-devant de qn** to throw o.s. before sb

**précis, e** [pʀesi, -iz] *adj* precise; *(tir, mesures)* accurate, precise ▷ *nm* handbook

**précisément** [pʀesizemɑ̃] *adv* precisely; **ma vie n'est pas ~ distrayante** my life is not exactly entertaining

**préciser** [pʀesize] *vt* *(expliquer)* to be more specific about, clarify; *(spécifier)* to state, specify; **se préciser** *vi* to become clear(er)

**précision** [pʀesizjɔ̃] *nf* precision; accuracy; *(détail)* point *ou* detail *(made clear or to be clarified)*; **précisions** *nfpl* further details

**précoce** [pʀekɔs] *adj* early; *(enfant)* precocious; *(calvitie)* premature

**précocité** [pʀekɔsite] *nf* earliness; precociousness

**préconçu, e** [pʀekɔ̃sy] *adj* preconceived

**préconiser** [pʀekɔnize] *vt* to advocate

**précuit, e** [pʀekɥi, -it] *adj* precooked

**précurseur** [pʀekyʀsœʀ] *adj m* precursory ▷ *nm* forerunner, precursor

**prédateur** [pʀedatœʀ] *nm* predator

**prédécesseur** [pʀedesesœʀ] *nm* predecessor

**prédécoupé, e** [pʀedekupe] *adj* pre-cut

**prédestiner** [pʀedɛstine] *vt*: ~ **qn à qch/à faire** to predestine sb for sth/to do

**prédicateur** [pʀedikatœʀ] *nm* preacher

**prédiction** [pʀediksjɔ̃] *nf* prediction

**prédilection** [pʀedilɛksjɔ̃] *nf*: **avoir une ~ pour** to be partial to; **de ~** favourite (*Brit*), favorite (*US*)

**prédire** [pʀediʀ] *vt* to predict

**prédisposer** [pʀedispoze] *vt*: ~ **qn à qch/à faire** to predispose sb to sth/to do

**prédisposition** [pʀedispozisjɔ̃] *nf* predisposition

**prédit, e** [pʀedi, -it] *pp de* **prédire**

**prédominance** [pʀedɔminɑ̃s] *nf* predominance

**prédominant, e** [pʀedɔminɑ̃, -ɑ̃t] *adj* predominant; prevailing

**prédominer** [pʀedɔmine] *vi* to predominate; *(avis)* to prevail

**pré-électoral, e, -aux** [pʀeelɛktɔʀal, -o] *adj* pre-election *cpd*

**pré-emballé, e** [pʀeɑ̃bale] *adj* pre-packed

**prééminent, e** [pʀeeminɑ̃, -ɑ̃t] *adj* pre-eminent

**préemption** [pʀeɑ̃psjɔ̃] *nf*: **droit de** ~ (*Jur*) pre-emptive right

**pré-encollé, e** [pʀeɑ̃kɔle] *adj* pre-pasted

**préétabli, e** [pʀeetabli] *adj* pre-established

**préexistant, e** [pʀeɛɡzistɑ̃, -ɑ̃t] *adj* pre-existing

**préfabriqué, e** [pʀefabʀike] *adj* prefabricated; *(péj: sourire)* artificial ▷ *nm* prefabricated material

**préface** [pʀefas] *nf* preface

**préfacer** [pʀefase] *vt* to write a preface for

**préfectoral, e, -aux** [pʀefɛktɔʀal, -o] *adj* prefectorial

**préfecture** [pʀefɛktyʀ] *nf* prefecture; *see note*; ~ **de police** police headquarters

**préférable** [pʀefeʀabl(ə)] *adj* preferable

**préféré, e** [pʀefeʀe] *adj, nm/f* favourite (*Brit*), favorite (*US*)

**préférence** [pʀefeʀɑ̃s] *nf* preference; **de** ~ preferably; **de** *ou* **par** ~ **à** in preference to, rather than; **donner la** ~ **à qn** to give preference to sb; **par ordre de** ~ in order of preference; **obtenir la** ~ **sur** to have preference over

**préférentiel, le** [pʀefeʀɑ̃sjɛl] *adj* preferential

**préférer** [pʀefeʀe] *vt*: ~ **qn/qch (à)** to prefer sb/ sth (to), like sb/sth better (than); ~ **faire** to prefer to do; **je préférerais du thé** I would rather have tea, I'd prefer tea

**préfet** [pʀefɛ] *nm* prefect; **~ de police** ≈ Chief Constable (*Brit*), ≈ Police Commissioner (*US*)

**préfigurer** [pʀefigyʀe] *vt* to prefigure

**préfixe** [pʀefiks(ə)] *nm* prefix

**préhistoire** [pʀeistwaʀ] *nf* prehistory

**préhistorique** [pʀeistɔʀik] *adj* prehistoric

**préjudice** [pʀeʒydis] *nm* (*matériel*) loss; (*moral*) harm *no pl*; **porter ~ à** to harm, be detrimental to; **au ~ de** at the expense of

**préjudiciable** [pʀeʒydisjabl(ə)] *adj*: **~ à** prejudicial *ou* harmful to

**préjugé** [pʀeʒyʒe] *nm* prejudice; **avoir un ~ contre** to be prejudiced against; **bénéficier d'un ~ favorable** to be viewed favourably

**préjuger** [pʀeʒyʒe]: **~ de** *vt* to prejudge

**prélasser** [pʀelɑse]: **se prélasser** *vi* to lounge

**prélat** [pʀela] *nm* prelate

**prélavage** [pʀelavaʒ] *nm* pre-wash

**prélèvement** [pʀelɛvmɑ̃] *nm* deduction; withdrawal; **faire un ~ de sang** to take a blood sample

**prélever** [pʀelve] *vt* (*échantillon*) to take; **~ (sur)** (*argent*) to deduct (from); (*: sur son compte*) to withdraw (from)

**préliminaire** [pʀeliminɛʀ] *adj* preliminary; **préliminaires** *nmpl* preliminaries; (*négociations*) preliminary talks

**prélude** [pʀelyd] *nm* prelude; (*avant le concert*) warm-up

**prématuré, e** [pʀematyʀe] *adj* premature; (*retraite*) early ▷ *nm* premature baby

**prématurément** [pʀematyʀemɑ̃] *adv* prematurely

**préméditation** [pʀemeditasjɔ̃] *nf*: **avec ~** *adj* premeditated ▷ *adv* with intent

**préméditer** [pʀemedite] *vt* to premeditate, plan

**prémices** [pʀemis] *nfpl* beginnings

**premier, -ière** [pʀəmje, -jɛʀ] *adj* first; (*branche, marche, grade*) bottom; (*fig: fondamental*) basic; prime; (*en importance*) first, foremost ▷ *nm* (*premier étage*) first (*Brit*) *ou* second (*US*) floor ▷ *nf* (*Auto*) first (gear); (*Rail, Aviat etc*) first class; (*Scol: classe*) penultimate school year (*age 16-17*); (*Théât*) first night; (*Ciné*) première; (*exploit*) first; **au ~ abord** at first sight; **au ~ ou du ~ coup** at the first attempt *ou* go; **de ~ ordre** first-class, first-rate; **de première qualité, de ~ choix** best *ou* top quality; **de première importance** of the highest importance; **de première nécessité** absolutely essential; **le ~ venu** the first person to come along; **jeune ~** leading man; **le ~ de l'an** New Year's Day; **enfant du ~ lit** child of a first marriage; **en ~ lieu** in the first place; **~ âge** (*d'un enfant*) the first three months (of life); **P~ Ministre** Prime Minister

**premièrement** [pʀəmjɛʀmɑ̃] *adv* firstly

**première-née** [pʀəmjɛʀne] (*pl* **premières-nées**) *nf* first-born

**premier-né** [pʀəmjene] (*pl* **premiers-nés**) *nm*

first-born

**prémisse** [pʀemis] *nf* premise

**prémolaire** [pʀemɔlɛʀ] *nf* premolar

**prémonition** [pʀemɔnisjɔ̃] *nf* premonition

**prémonitoire** [pʀemɔnitwaʀ] *adj* premonitory

**prémunir** [pʀemyniʀ]: **se prémunir** *vi*: **se ~ contre** to protect o.s. from, guard against

**prenant, e** [pʀənɑ̃, -ɑ̃t] *vb voir* **prendre** ▷ *adj* absorbing, engrossing

**prénatal, e** [pʀenatal] *adj* (*Méd*) antenatal; (*allocation*) maternity *cpd*

**prendre** [pʀɑ̃dʀ(ə)] *vt* to take; (*aller chercher*) to get, fetch; (*se procurer*) to get; (*réserver: place*) to book; (*acquérir: du poids, de la valeur*) to put on, gain; (*malfaiteur, poisson*) to catch; (*passager*) to pick up; (*personnel, aussi: couleur, goût*) to take on; (*locataire*) to take in; (*traiter: enfant, problème*) to handle; (*voix, ton*) to put on; (*prélever: pourcentage, argent*) to take off; (*ôter*): **~ qch à** to take sth from; (*coincer*): **se ~ les doigts dans** to get one's fingers caught in ▷ *vi* (*liquide, ciment*) to set; (*greffe, vaccin*) to take; (*mensonge*) to be successful; (*feu: foyer*) to go; (*: incendie*) to start; (*allumette*) to light; (*se diriger*): **~ à gauche** to turn (to the) left; **~ son origine** *ou* **sa source** (*mot, rivière*) to have its source; **~ qn pour** to take sb for; **se ~ pour** to think one is; **~ sur soi de faire qch** to take it upon o.s. to do sth; **~ qn en sympathie/horreur** to get to like/loathe sb; **à tout ~** all things considered; **s'en ~ à** (*agresser*) to set about; (*passer sa colère sur*) to take it out on; (*critiquer*) to attack; (*remettre en question*) to challenge; **se ~ d'amitié/d'affection pour** to befriend/become fond of; **s'y ~** (*procéder*) to set about it; **s'y ~ à l'avance** to see to it in advance; **s'y ~ à deux fois** to try twice, make two attempts

**preneur** [pʀənœʀ] *nm*: **être ~** to be willing to buy; **trouver ~** to find a buyer

**preniez** [pʀənje] *vb voir* **prendre**

**prenne** *etc* [pʀɛn] *vb voir* **prendre**

**prénom** [pʀenɔ̃] *nm* first name

**prénommer** [pʀenɔme] *vt*: **elle se prénomme Claude** her (first) name is Claude

**prénuptial, e, -aux** [pʀenypsjal, -o] *adj* prémarital

**préoccupant, e** [pʀeɔkypɑ̃, -ɑ̃t] *adj* worrying

**préoccupation** [pʀeɔkypasjɔ̃] *nf* (*souci*) concern; (*idée fixe*) preoccupation

**préoccupé, e** [pʀeɔkype] *adj* concerned; preoccupied

**préoccuper** [pʀeɔkype] *vt* (*tourmenter, tracasser*) to concern; (*absorber, obséder*) to preoccupy; **se ~ de qch** to be concerned about sth; to show concern about sth

**préparateur, -trice** [pʀepaʀatœʀ, -tʀis] *nm/f* assistant

**préparatifs** [pʀepaʀatif] *nmpl* preparations

**préparation** [pʀepaʀasjɔ̃] *nf* preparation; (*Scol*) piece of homework

**préparatoire** [pʀepaʀatwaʀ] *adj* preparatory

**préparer** [pʀepaʀe] *vt* to prepare; (*café, repas*) to

make; (*examen*) to prepare for; (*voyage, entreprise*) to plan; **se préparer** *vi* (*orage, tragédie*) to brew, be in the air; **se ~ (à qch/à faire)** to prepare (o.s.) *ou* get ready (for sth/to do); **~ qch à qn** (*surprise etc*) to have sth in store for sb; **~ qn à qch** (*nouvelle etc*) to prepare sb for sth

**prépondérance** [pʀepɔ̃deʀɑ̃s] *nf*: **~ (sur)** predominance (over)

**prépondérant, e** [pʀepɔ̃deʀɑ̃, -ɑ̃t] *adj* major, dominating; **voix ~e** casting vote

**préposé, e** [pʀepoze] *adj*: **~ à** in charge of ▷ *nm/f* (*gén: employé*) employee; (*Admin: facteur*) postman/woman (Brit), mailman/woman (US); (*de la douane etc*) official; (*de vestiaire*) attendant

**préposer** [pʀepoze] *vt*: **~ qn à qch** to appoint sb to sth

**préposition** [pʀepozisjɔ̃] *nf* preposition

**prérentrée** [pʀeʀɑ̃tʀe] *nf* in-service training period before start of school term

**préretraite** [pʀeʀətʀɛt] *nf* early retirement

**prérogative** [pʀeʀɔgativ] *nf* prerogative

**près** [pʀɛ] *adv* near, close; **~ de** *prép* near (to), close to; (*environ*) nearly, almost; **~ d'ici** near here; **de ~** *adv* closely; **à cinq kg ~** to within about five kg; **à cela ~ que** apart from the fact that; **je ne suis pas ~ de lui pardonner** I'm nowhere near ready to forgive him; **on n'est pas à un jour ~** one day (either way) won't make any difference, we're not going to quibble over the odd day

**présage** [pʀezaʒ] *nm* omen

**présager** [pʀezaʒe] *vt* (*prévoir*) to foresee; (*annoncer*) to portend

**pré-salé** [pʀesale] (*pl* **prés-salés**) *nm* (*Culin*) salt-meadow lamb

**presbyte** [pʀɛsbit] *adj* long-sighted (Brit), far-sighted (US)

**presbytère** [pʀɛsbitɛʀ] *nm* presbytery

**presbytérien, ne** [pʀɛsbiteʀjɛ̃, -ɛn] *adj, nm/f* Presbyterian

**presbytie** [pʀɛsbisi] *nf* long-sightedness (Brit), far-sightedness (US)

**prescience** [pʀesjɑ̃s] *nf* prescience, foresight

**préscolaire** [pʀeskɔlɛʀ] *adj* preschool *cpd*

**prescription** [pʀeskʀipsjɔ̃] *nf* (*instruction*) order, instruction; (*Méd, Jur*) prescription

**prescrire** [pʀeskʀiʀ] *vt* to prescribe; **se prescrire** *vi* (*Jur*) to lapse

**prescrit, e** [pʀeskʀi, -it] *pp de* **prescrire** ▷ *adj* (*date etc*) stipulated

**préséance** [pʀeseɑ̃s] *nf* precedence *no pl*

**présélection** [pʀeselɛksjɔ̃] *nf* (*de candidats*) short-listing; **effectuer une ~** to draw up a shortlist

**présélectionner** [pʀeselɛksjɔne] *vt* to preselect; (*dispositif*) to preset; (*candidats*) to make an initial selection from among, short-list (Brit)

**présence** [pʀezɑ̃s] *nf* presence; (*au bureau etc*) attendance; **en ~** face to face; **en ~ de** in (the) presence of; (*fig*) in the face of; **faire acte de ~** to put in a token appearance; **~ d'esprit** presence of mind

**présent, e** [pʀezɑ̃, -ɑ̃t] *adj, nm* present; (*Admin, Comm*): **la ~e lettre/loi** this letter/law ▷ *nm/f*: **les ~s** (*personnes*) those present ▷ *nf* (*Comm: lettre*): **la ~e** this letter; **à ~** now, at present; **dès à ~** here and now; **jusqu'à ~** up till now, until now; **à ~ que** now that

**présentable** [pʀezɑ̃tabl(ə)] *adj* presentable

**présentateur, -trice** [pʀezɑ̃tatœʀ, -tʀis] *nm/f* presenter

**présentation** [pʀezɑ̃tasjɔ̃] *nf* presentation; introduction; (*allure*) appearance

**présenter** [pʀezɑ̃te] *vt* to present; (*invité, candidat*) to introduce; (*félicitations, condoléances*) to offer; (*montrer: billet, pièce d'identité*) to show, produce; (*faire inscrire: candidat*) to put forward; (*soumettre*) to submit ▷ *vi*: **~ mal/bien** to have an unattractive/a pleasing appearance; **se présenter** *vi* (*sur convocation*) to report, come; (*se faire connaître*) to come forward; (*à une élection*) to stand; (*occasion*) to arise; **se ~ à un examen** to sit an exam; **se ~ bien/mal** to look good/not too good

**présentoir** [pʀezɑ̃twaʀ] *nm* (*étagère*) display shelf; (*vitrine*) showcase; (*étal*) display stand

**préservatif** [pʀezɛʀvatif] *nm* condom, sheath

**préservation** [pʀezɛʀvasjɔ̃] *nf* protection, preservation

**préserver** [pʀezɛʀve] *vt*: **~ de** (*protéger*) to protect from; (*sauver*) to save from

**présidence** [pʀezidɑ̃s] *nf* presidency; chairmanship

**président** [pʀezidɑ̃] *nm* (*Pol*) president; (*d'une assemblée, Comm*) chairman; **~ directeur général (PDG)** chairman and managing director (Brit), chairman and president (US); **~ du jury** (*Jur*) foreman of the jury; (*d'examen*) chief examiner

**présidente** [pʀezidɑ̃t] *nf* president; (*femme du président*) president's wife; (*d'une réunion*) chairwoman

**présidentiable** [pʀezidɑ̃sjabl(ə)] *adj, nm/f* potential president

**présidentiel, le** [pʀezidɑ̃sjɛl] *adj* presidential; **présidentielles** *nfpl* presidential election(s)

**présider** [pʀezide] *vt* to preside over; (*dîner*) to be the guest of honour (Brit) *ou* honor (US) at; **~ à** *vt* to direct; to govern

**présomption** [pʀezɔ̃psjɔ̃] *nf* presumption

**présomptueux, -euse** [pʀezɔ̃ptɥø, -øz] *adj* presumptuous

**presque** [pʀɛsk(ə)] *adv* almost, nearly; **~ rien** hardly anything; **~ pas** hardly (at all); **~ pas de** hardly any; **personne, ou ~** next to nobody, hardly anyone; **la ~ totalité (de)** almost *ou* nearly all

**presqu'île** [pʀɛskil] *nf* peninsula

**pressant, e** [pʀesɑ̃, -ɑ̃t] *adj* urgent; (*personne*) insistent; **se faire ~** to become insistent

**presse** [pʀɛs] *nf* press; (*affluence*): **heures de ~** busy times; **sous ~** gone to press; **mettre sous ~** to send to press; **avoir une bonne/mauvaise ~** to have a good/bad press; **~ féminine**

women's magazines *pl*; ~ **d'information** quality newspapers *pl*

**pressé, e** [pʀese] *adj* in a hurry; *(air)* hurried; *(besogne)* urgent ▷ *nm*: **aller au plus** ~ to see to first things first; **être** ~ **de faire qch** to be in a hurry to do sth; **orange ~e** freshly squeezed orange juice

**presse-citron** [pʀessitʀɔ̃] *nm inv* lemon squeezer

**presse-fruits** [pʀesfʀɥi] *nm inv* lemon squeezer

**pressentiment** [pʀesɑ̃timɑ̃] *nm* foreboding, premonition

**pressentir** [pʀesɑ̃tiʀ] *vt* to sense; *(prendre contact avec)* to approach

**presse-papiers** [pʀespapje] *nm inv* paperweight

**presse-purée** [pʀespyʀe] *nm inv* potato masher

**presser** [pʀese] *vt (fruit, éponge)* to squeeze; *(interrupteur, bouton)* to press, push; *(allure, affaire)* to speed up; *(débiteur etc)* to press; *(inciter)*: ~ **qn de faire** to urge *ou* press sb to do ▷ *vi* to be urgent; **se presser** *(se hâter)* to hurry (up); *(se grouper)* to crowd; **rien ne presse** there's no hurry; **se** ~ **contre qn** to squeeze up against sb; ~ **le pas** to quicken one's step; ~ **qn entre ses bras** to squeeze sb tight

**pressing** [pʀesiŋ] *nm (repassage)* steam-pressing; *(magasin)* dry-cleaner's

**pression** [pʀesjɔ̃] *nf* pressure; *(bouton)* press stud *(Brit)*, snap fastener; **faire** ~ **sur** to put pressure on; **sous** ~ pressurized, under pressure; *(fig)* keyed up; ~ **artérielle** blood pressure

**pressoir** [pʀeswaʀ] *nm (wine ou oil etc)* press

**pressurer** [pʀesyʀe] *vt (fig)* to squeeze

**pressurisé, e** [pʀesyʀize] *adj* pressurized

**prestance** [pʀestɑ̃s] *nf* presence, imposing bearing

**prestataire** [pʀestateʀ] *nm/f* person receiving benefits; *(Comm)*: ~ **de services** provider of services

**prestation** [pʀestasjɔ̃] *nf (allocation)* benefit; *(d'une assurance)* cover *no pl*; *(d'une entreprise)* service provided; *(d'un joueur, artiste)* performance; ~ **de serment** taking the oath; ~ **de service** provision of a service; **~s familiales** ≈ child benefit

**preste** [pʀest(ə)] *adj* nimble

**prestement** [pʀestəmɑ̃] *adv* nimbly

**prestidigitateur, -trice** [pʀestidiʒitatœʀ, -tʀis] *nm/f* conjurer

**prestidigitation** [pʀestidiʒitasjɔ̃] *nf* conjuring

**prestige** [pʀestiʒ] *nm* prestige

**prestigieux, -euse** [pʀestiʒjø, -øz] *adj* prestigious

**présumer** [pʀezyme] *vt*: ~ **que** to presume *ou* assume that; ~ **de** to overrate; ~ **qn coupable** to presume sb guilty

**présupposé** [pʀesypoze] *nm* presupposition

**présupposer** [pʀesypoze] *vt* to presuppose

**présupposition** [pʀesypozisjɔ̃] *nf* presupposition

**présure** [pʀezyʀ] *nf* rennet

**prêt, e** [pʀɛ, pʀɛt] *adj* ready ▷ *nm* lending *no pl*; *(somme prêtée)* loan; ~ **à faire** ready to do; ~ **à tout** ready for anything; ~ **sur gages** pawnbroking *no pl*

**prêt-à-porter** [pʀɛtapɔʀte] *(pl* prêts-à-porter*)* *nm* ready-to-wear *ou* off-the-peg *(Brit)* clothes *pl*

**prétendant** [pʀetɑ̃dɑ̃] *nm* pretender; *(d'une femme)* suitor

**prétendre** [pʀetɑ̃dʀ(ə)] *vt (affirmer)*: ~ **que** to claim that; *(avoir l'intention de)*: ~ **faire** to mean *ou* intend to do sth; ~ **à** *vt (droit, titre)* to lay claim to

**prétendu, e** [pʀetɑ̃dy] *adj (supposé)* so-called

**prétendument** [pʀetɑ̃dymɑ̃] *adv* allegedly

**prête-nom** [pʀɛtnɔ̃] *nm (péj)* figurehead; *(Comm etc)* dummy

**prétentieux, -euse** [pʀetɑ̃sjø, -øz] *adj* pretentious

**prétention** [pʀetɑ̃sjɔ̃] *nf* pretentiousness; *(exigence, ambition)* claim; **sans** ~ unpretentious

**prêter** [pʀete] *vt (livres, argent)*: ~ **qch (à)** to lend sth (to); *(supposer)*: ~ **à qn** *(caractère, propos)* to attribute to sb ▷ *vi*: **se prêter** *(tissu, cuir)* to give; ~ **à** *(commentaires etc)* to be open to, give rise to; **se** ~ **à** to lend o.s. to; *(manigances etc)* to go along with; ~ **assistance à** to give help to; ~ **attention** to pay attention; ~ **serment** to take the oath; ~ **l'oreille** to listen

**prêteur, -euse** [pʀetœʀ, -øz] *nm/f* moneylender; ~ **sur gages** pawnbroker

**prétexte** [pʀetɛkst(ə)] *nm* pretext, excuse; **sous aucun** ~ on no account; **sous (le)** ~ **que/de** on the pretext that/of

**prétexter** [pʀetɛkste] *vt* to give as a pretext *ou* an excuse

**prêtre** [pʀetʀ(ə)] *nm* priest

**prêtre-ouvrier** [pʀetʀuvʀije] *(pl* prêtres-ouvriers*)* *nm* worker-priest

**prêtrise** [pʀetʀiz] *nf* priesthood

**preuve** [pʀœv] *nf* proof; *(indice)* proof, evidence *no pl*; **jusqu'à** ~ **du contraire** until proved otherwise; **faire** ~ **de** to show; **faire ses ~s** to prove o.s. *(ou* itself*)*; ~ **matérielle** material evidence

**prévaloir** [pʀevalwaʀ] *vi* to prevail; **se** ~ **de** *vt* to take advantage of; *(tirer vanité de)* to pride o.s. on

**prévarication** [pʀevaʀikasjɔ̃] *nf* maladministration

**prévaut** *etc* [pʀevo] *vb voir* **prévaloir**

**prévenances** [pʀevnɑ̃s] *nfpl* thoughtfulness *sg*, kindness *sg*

**prévenant, e** [pʀevnɑ̃, -ɑ̃t] *adj* thoughtful, kind

**prévenir** [pʀevniʀ] *vt (éviter)* to avoid, prevent; *(anticiper)* to anticipate; ~ **qn (de)** *(avertir)* to warn sb (about); *(informer)* to tell *ou* inform sb (about); ~ **qn contre** *(influencer)* to prejudice sb against

**préventif, -ive** [pʀevɑ̃tif, -iv] *adj* preventive

**prévention** [pʀevɑ̃sjɔ̃] *nf* prevention; *(préjugé)* prejudice; *(Jur)* custody, detention; ~ **routière** road safety

**prévenu, e** [pʀevny] *nm/f* (*Jur*) defendant, accused

**prévisible** [pʀevizibl(ə)] *adj* foreseeable

**prévision** [pʀevizjɔ̃] *nf*: **~s** predictions; (*météorologiques, économiques*) forecast *sg*; **en ~ de** in anticipation of; **~s météorologiques** *ou* **du temps** weather forecast *sg*

**prévisionnel, le** [pʀevizjɔnɛl] *adj* concerned with future requirements

**prévit** *etc* [pʀevi] *vb voir* **prévoir**

**prévoir** [pʀevwaʀ] *vt* (*deviner*) to foresee; (*s'attendre à*) to expect, reckon on; (*prévenir*) to anticipate; (*organiser*) to plan; (*préparer, réserver*) to allow; **prévu pour quatre personnes** designed for four people; **prévu pour 10 h** scheduled for 10 o'clock

**prévoyance** [pʀevwajɑ̃s] *nf* foresight; **société/ caisse de ~** provident society/contingency fund

**prévoyant, e** [pʀevwajɑ̃, -ɑ̃t] *vb voir* **prévoir** ▷ *adj* gifted with (*ou* showing) foresight, far-sighted

**prévu, e** [pʀevy] *pp de* **prévoir**

**prier** [pʀije] *vi* to pray ▷ *vt* (*Dieu*) to pray to; (*implorer*) to beg; (*demander*): **~ qn de faire** to ask sb to do; (*inviter*): **~ qn à dîner** to invite sb to dinner; **se faire ~** to need coaxing *ou* persuading; **je vous en prie** (*allez-y*) please do; (*de rien*) don't mention it; **je vous prie de faire** please (would you) do

**prière** [pʀijɛʀ] *nf* prayer; (*demande instante*) plea, entreaty; **"~ de faire ..."** "please do ..."

**primaire** [pʀimɛʀ] *adj* primary; (*péj: personne*) simple-minded; (*: idées*) simplistic ▷ *nm* (*Scol*) primary education

**primauté** [pʀimote] *nf* (*fig*) primacy

**prime** [pʀim] *nf* (*bonification*) bonus; (*subside*) allowance; (*Comm: cadeau*) free gift; (*Assurances, Bourse*) premium ▷ *adj*: **de ~ abord** at first glance; **~ de risque** danger money *no pl*; **~ de transport** travel allowance

**primer** [pʀime] *vt* (*l'emporter sur*) to prevail over; (*récompenser*) to award a prize to ▷ *vi* to dominate, prevail

**primesautier, -ière** [pʀimsotje, -jɛʀ] *adj* impulsive

**primeur** [pʀimœʀ] *nf*: **avoir la ~ de** to be the first to hear (*ou* see *etc*); **primeurs** *nfpl* (*fruits, légumes*) early fruits and vegetables; **marchand de ~** greengrocer (*Brit*), produce dealer (*US*)

**primevère** [pʀimvɛʀ] *nf* primrose

**primitif, -ive** [pʀimitif, -iv] *adj* primitive; (*originel*) original ▷ *nm/f* primitive

**primo** [pʀimo] *adv* first (of all), firstly

**primordial, e, -aux** [pʀimɔʀdjal, -o] *adj* essential, primordial

**prince** [pʀɛ̃s] *nm* prince; **~ charmant** Prince Charming; **~ de Galles** *nm inv* (*tissu*) check cloth; **~ héritier** crown prince

**princesse** [pʀɛ̃sɛs] *nf* princess

**princier, -ière** [pʀɛ̃sje, -jɛʀ] *adj* princely

**principal, e, -aux** [pʀɛ̃sipal, -o] *adj* principal, main ▷ *nm* (*Scol*) head (teacher) (*Brit*), principal (*US*); (*essentiel*) main thing ▷ *nf* (*Ling*): (**proposition**) **~e** main clause

**principalement** [pʀɛ̃sipalmɑ̃] *adv* principally, mainly

**principauté** [pʀɛ̃sipote] *nf* principality

**principe** [pʀɛ̃sip] *nm* principle; **partir du ~ que** to work on the principle *ou* assumption that; **pour le ~** on principle, for the sake of it; **de ~** *adj* (*hostilité*) automatic; (*accord*) in principle; **par ~** on principle; **en ~** (*habituellement*) as a rule; (*théoriquement*) in principle

**printanier, -ière** [pʀɛ̃tanje, -jɛʀ] *adj* spring, spring-like

**printemps** [pʀɛ̃tɑ̃] *nm* spring; **au ~** in spring

**priori** [pʀijɔʀi]: **a ~** *adv* at first glance, initially; a priori

**prioritaire** [pʀijɔʀitɛʀ] *adj* having priority; (*Auto*) having right of way; (*Inform*) foreground

**priorité** [pʀijɔʀite] *nf* (*Auto*): **avoir la ~ (sur)** to have right of way (over); **~ à droite** right of way to vehicles coming from the right; **en ~** as a (matter of) priority

**pris, e** [pʀi, pʀiz] *pp de* **prendre** ▷ *adj* (*place*) taken; (*billets*) sold; (*journée, mains*) full; (*personne*) busy; (*crème, ciment*) set; (*Méd: enflammé*): **avoir le nez/la gorge ~(e)** to have a stuffy nose/a bad throat; (*saisi*): **être ~ de peur/ de fatigue** to be stricken with fear/overcome with fatigue

**prise** [pʀiz] *nf* (*d'une ville*) capture; (*Pêche, Chasse*) catch; (*de judo ou catch, point d'appui ou pour empoigner*) hold; (*Élec: fiche*) plug; (*: femelle*) socket; (*: au mur*) point; **en ~** (*Auto*) in gear; **être aux ~s avec** to be grappling with; to be battling with; **lâcher ~** to let go; **donner ~ à** (*fig*) to give rise to; **avoir ~ sur qn** to have a hold over sb; **~ en charge** (*taxe*) pick-up charge; (*par la sécurité sociale*) undertaking to reimburse costs; **~ de contact** initial meeting, first contact; **~ de courant** power point; **~ d'eau** water (supply) point; tap; **~ multiple** adaptor; **~ d'otages** hostage-taking; **~ à partie** (*Jur*) action against a judge; **~ de sang** blood test; **~ de son** sound recording; **~ de tabac** pinch of snuff; **~ de terre** earth; **~ de vue** (*photo*) shot; (*action*): **~ de vue(s)** filming, shooting

**priser** [pʀize] *vt* (*tabac, héroïne*) to take; (*estimer*) to prize, value ▷ *vi* to take snuff

**prisme** [pʀism(ə)] *nm* prism

**prison** [pʀizɔ̃] *nf* prison; **aller/être en ~** to go to/be in prison *ou* jail; **faire de la ~** to serve time; **être condamné à cinq ans de ~** to be sentenced to five years' imprisonment *ou* five years in prison

**prisonnier, -ière** [pʀizɔnje, -jɛʀ] *nm/f* prisoner ▷ *adj* captive; **faire qn ~** to take sb prisoner

**prit** [pʀi] *vb voir* **prendre**

**privatif, -ive** [pʀivatif, -iv] *adj* (*jardin etc*) private; (*peine*) which deprives one of one's liberties

**privations** [pʀivasjɔ̃] *nfpl* privations, hardships

**privatisation** [pʀivatizasjɔ̃] *nf* privatization

**privatiser** [pʀivatize] *vt* to privatize

**privautés** [pʀivote] *nfpl* liberties
**privé, e** [pʀive] *adj* private; (*dépourvu*): ~ **de**
without, lacking; **en ~, dans le ~** in private
**priver** [pʀive] *vt*: ~ **qn de** to deprive sb of; **se ~**
**de** to go *ou* do without; **ne pas se ~ de faire** not
to refrain from doing
**privilège** [pʀivilɛʒ] *nm* privilege
**privilégié, e** [pʀivileʒje] *adj* privileged
**privilégier** [pʀivileʒje] *vt* to favour (*Brit*), favor
(*US*)
**prix** [pʀi] *nm* (*valeur*) price; (*récompense, Scol*)
prize; **mettre à ~** to set a reserve (*Brit*) *ou* an
upset (*US*) price on; **au ~ fort** at a very high
price; **acheter qch à ~ d'or** to pay a (small)
fortune for sth; **hors de ~** exorbitantly priced;
**à aucun ~** not at any price; **à tout ~** at all costs;
**grand ~** (*Sport*) Grand Prix; ~ **d'achat/de vente/**
**de revient** purchasing/selling/cost price; ~
**conseillé** manufacturer's recommended price
(MRP)
**pro** [pʀo] *nm* (= *professionnel*) pro
**probabilité** [pʀobabilite] *nf* probability; **selon**
**toute ~** in all probability
**probable** [pʀobabl(ə)] *adj* likely, probable
**probablement** [pʀobabləmã] *adv* probably
**probant, e** [pʀobɑ̃, -ɑ̃t] *adj* convincing
**probatoire** [pʀobatwaʀ] *adj* (*examen, test*)
preliminary; (*stage*) probationary, trial *cpd*
**probité** [pʀobite] *nf* integrity, probity
**problématique** [pʀoblematik] *adj*
problematic(al) ▷ *nf* problematics *sg*; (*problème*)
problem
**problème** [pʀoblɛm] *nm* problem
**procédé** [pʀosede] *nm* (*méthode*) process;
(*comportement*) behaviour *no pl* (*Brit*), behavior *no*
*pl* (*US*)
**procéder** [pʀosede] *vi* to proceed; to behave; ~ **à**
*vt* to carry out
**procédure** [pʀosedyʀ] *nf* (*Admin, Jur*) procedure
**procès** [pʀosɛ] *nm* (*Jur*) trial; (: *poursuites*)
proceedings *pl*; **être en ~ avec** to be involved in
a lawsuit with; **faire le ~ de qn/qch** (*fig*) to put
sb/sth on trial; **sans autre forme de ~** without
further ado
**processeur** [pʀosesœʀ] *nm* processor
**procession** [pʀosesjɔ̃] *nf* procession
**processus** [pʀosesys] *nm* process
**procès-verbal, -aux** [pʀosɛveʀbal, -o] *nm*
(*constat*) statement; (*aussi*: **PV**): **avoir un ~** to get
a parking ticket; to be booked; (*de réunion*)
minutes *pl*
**prochain, e** [pʀoʃɛ̃, -ɛn] *adj* next; (*proche*)
impending; near ▷ *nm* fellow man; **la ~e fois/**
**semaine ~e** next time/week; **à la ~e!** (*fam*): **à la**
**~e fois** see you!, till the next time!; **un ~ jour**
(some day) soon
**prochainement** [pʀoʃɛnmã] *adv* soon, shortly
**proche** [pʀoʃ] *adj* nearby; (*dans le temps*)
imminent; close at hand; (*parent, ami*) close;
**proches** *nmpl* (*parents*) close relatives, next of
kin; (*amis*): **l'un de ses ~s** one of those close to
him (*ou* her); **être ~ (de)** to be near, be close (to);

**de ~ en ~** gradually
**Proche-Orient** [pʀoʃoʀjɑ̃] *nm*: **le ~** the Near East
**proclamation** [pʀoklamasjɔ̃] *nf* proclamation
**proclamer** [pʀoklame] *vt* to proclaim; (*résultat*
*d'un examen*) to announce
**procréer** [pʀokʀee] *vt* to procreate
**procuration** [pʀokyʀasjɔ̃] *nf* proxy; power of
attorney; **voter par ~** to vote by proxy
**procurer** [pʀokyʀe] *vt* (*fournir*): ~ **qch à qn** to get
*ou* obtain sth for sb; (*causer: plaisir etc*): ~ **qch à**
**qn** to bring *ou* give sb sth; **se procurer** *vt* to get
**procureur** [pʀokyʀœʀ] *nm* public prosecutor; ~
**général** public prosecutor (*in appeal court*)
**prodigalité** [pʀodigalite] *nf* (*générosité*)
generosity; (*extravagance*) extravagance,
wastefulness
**prodige** [pʀodiʒ] *nm* (*miracle, merveille*) marvel,
wonder; (*personne*) prodigy
**prodigieusement** [pʀodiʒjøzmã] *adv*
tremendously
**prodigieux, -euse** [pʀodiʒjø, -øz] *adj*
prodigious; phenomenal
**prodigue** [pʀodig] *adj* (*généreux*) generous;
(*dépensier*) extravagant, wasteful; **fils ~** prodigal
son
**prodiguer** [pʀodige] *vt* (*argent, biens*) to be lavish
with; (*soins, attentions*): ~ **qch à qn** to lavish sth
on sb
**producteur, -trice** [pʀodyktœʀ, -tʀis] *adj*: ~ **de**
**blé** wheat-producing; (*Ciné*): **société**
**productrice** film *ou* movie company ▷ *nm/f*
producer
**productif, -ive** [pʀodyktif, -iv] *adj* productive
**production** [pʀodyksjɔ̃] *nf* (*gén*) production;
(*rendement*) output; (*produits*) products *pl*, goods
*pl*; (*œuvres*): **la ~ dramatique du XVIIe siècle**
the plays of the 17th century
**productivité** [pʀodyktivite] *nf* productivity
**produire** [pʀodɥiʀ] *vt, vi* to produce; **se**
**produire** *vi* (*acteur*) to perform, appear;
(*événement*) to happen, occur
**produit, e** [pʀodɥi, -it] *pp de* **produire** ▷ *nm* (*gén*)
product; ~ **d'entretien** cleaning product; ~
**national brut (PNB)** gross national product
(GNP); ~ **net** net profit; ~ **pour la vaisselle**
washing-up (*Brit*) *ou* dish-washing (US) liquid;
~ **des ventes** income from sales; **~s agricoles**
farm produce *sg*; **~s alimentaires** foodstuffs;
**~s de beauté** beauty products, cosmetics
**proéminent, e** [pʀoeminã, -ãt] *adj* prominent
**prof** [pʀof] *nm* (*fam*: = *professeur*) teacher;
professor; lecturer
**prof.** [pʀof] *abr* = **professeur; professionnel**
**profane** [pʀofan] *adj* (*Rel*) secular; (*ignorant, non*
*initié*) uninitiated ▷ *nm/f* layman
**profaner** [pʀofane] *vt* to desecrate; (*fig:*
*sentiment*) to defile; (: *talent*) to debase
**proférer** [pʀofeʀe] *vt* to utter
**professer** [pʀofese] *vt* to profess
**professeur, e** [pʀofesœʀ] *nm/f* teacher; (*titulaire*
*d'une chaire*) professor; ~ **(de faculté)**
(university) lecturer

**p**

**profession** [pʀɔfɛsjɔ̃] nf (libérale) profession; (gén) occupation; **faire ~ de** (opinion, religion) to profess; **de ~** by profession; **"sans ~"** "unemployed"; (femme mariée) "housewife"

**professionnel, le** [pʀɔfɛsjɔnɛl] adj professional ▷ nm/f professional; (ouvrier qualifié) skilled worker

**professoral, e, -aux** [pʀɔfɛsɔʀal, -o] adj professorial; **le corps ~** the teaching profession

**professorat** [pʀɔfɛsɔʀa] nm: **le ~** the teaching profession

**profil** [pʀɔfil] nm profile; (d'une voiture) line, contour; **de ~** in profile

**profilé, e** [pʀɔfile] adj shaped; (aile etc) streamlined

**profiler** [pʀɔfile] vt to streamline; **se profiler** vi (arbre, tour) to stand out, be silhouetted

**profit** [pʀɔfi] nm (avantage) benefit, advantage; (Comm, Finance) profit; **au ~ de** in aid of; **tirer** ou **retirer ~ de** to profit from; **mettre à ~** to take advantage of; to turn to good account; **~s et pertes** (Comm) profit and loss(es)

**profitable** [pʀɔfitabl(ə)] adj beneficial; profitable

**profiter** [pʀɔfite] vi: **~ de** to take advantage of; to make the most of; **~ de ce que ...** to take advantage of the fact that ...; **~ à** to be of benefit to, benefit; to be profitable to

**profiteur, -euse** [pʀɔfitœʀ, -øz] nm/f (péj) profiteer

**profond, e** [pʀɔfɔ̃, -ɔ̃d] adj deep; (méditation, mépris) profound; **peu ~** (eau, vallée, puits) shallow; (coupure) superficial; **au plus ~ de** in the depths of, at the (very) bottom of; **la France ~e** the heartlands of France

**profondément** [pʀɔfɔ̃demɑ̃] adv deeply; profoundly

**profondeur** [pʀɔfɔ̃dœʀ] nf depth

**profusément** [pʀɔfyzemɑ̃] adv profusely

**profusion** [pʀɔfyzjɔ̃] nf profusion; **à ~** in plenty

**progéniture** [pʀɔʒenityʀ] nf offspring inv

**progiciel** [pʀɔʒisjɛl] nm (Inform) (software) package; **~ d'application** applications package, applications software no pl

**progouvernemental, e, -aux** [pʀɔguvɛʀnəmɑ̃tal, -o] adj pro-government cpd

**programmable** [pʀɔgʀamabl(ə)] adj programmable

**programmateur, -trice** [pʀɔgʀamatœʀ, -tʀis] nm/f (Ciné, TV) programme (Brit) ou program (US) planner ▷ nm (de machine à laver etc) timer

**programmation** [pʀɔgʀamasjɔ̃] nf programming

**programme** [pʀɔgʀam] nm programme (Brit), program (US); (TV, Radio) program(me)s pl; (Scol) syllabus, curriculum; (Inform) program; **au ~ de ce soir** (TV) among tonight's program(me)s

**programmé, e** [pʀɔgʀame] adj: **enseignement ~** programmed learning

**programmer** [pʀɔgʀame] vt (TV, Radio) to put on, show; (organiser, prévoir) to schedule; (Inform) to program

**programmeur, -euse** [pʀɔgʀamœʀ, -øz] nm/f (computer) programmer

**progrès** [pʀɔgʀɛ] nm progress no pl; **faire des/être en ~** to make/be making progress

**progresser** [pʀɔgʀese] vi to progress; (troupes etc) to make headway ou progress

**progressif, -ive** [pʀɔgʀesif, -iv] adj progressive

**progression** [pʀɔgʀesjɔ̃] nf progression; (d'une troupe etc) advance, progress

**progressiste** [pʀɔgʀesist(ə)] adj progressive

**progressivement** [pʀɔgʀesivmɑ̃] adv progressively

**prohiber** [pʀɔibe] vt to prohibit, ban

**prohibitif, -ive** [pʀɔibitif, -iv] adj prohibitive

**prohibition** [pʀɔibisjɔ̃] nf ban, prohibition; (Hist) Prohibition

**proie** [pʀwa] nf prey no pl; **être la ~ de** to fall prey to; **être en ~ à** (doutes, sentiment) to be prey to; (douleur, mal) to be suffering

**projecteur** [pʀɔʒɛktœʀ] nm projector; (de théâtre, cirque) spotlight

**projectile** [pʀɔʒɛktil] nm missile; (d'arme) projectile, bullet (ou shell etc)

**projection** [pʀɔʒɛksjɔ̃] nf projection; showing; **conférence avec ~s** lecture with slides (ou a film)

**projectionniste** [pʀɔʒɛksjɔnist(ə)] nm/f (Ciné) projectionist

**projet** [pʀɔʒɛ] nm plan; (ébauche) draft; **faire des ~s** to make plans; **~ de loi** bill

**projeter** [pʀɔʒte] vt (envisager) to plan; (film, photos) to project; (passer) to show; (ombre, lueur) to throw, cast, project; (jeter) to throw up (ou off ou out); **~ de faire qch** to plan to do sth

**prolétaire** [pʀɔletɛʀ] adj, nm/f proletarian

**prolétariat** [pʀɔletaʀja] nm proletariat

**prolétarien, -ne** [pʀɔletaʀjɛ̃, -ɛn] adj proletarian

**prolifération** [pʀɔlifeʀasjɔ̃] nf proliferation

**proliférer** [pʀɔlifeʀe] vi to proliferate

**prolifique** [pʀɔlifik] adj prolific

**prolixe** [pʀɔliks(ə)] adj verbose

**prolo** [pʀɔlo] nm/f (fam: = prolétaire) prole (péj)

**prologue** [pʀɔlɔg] nm prologue

**prolongateur** [pʀɔlɔ̃gatœʀ] nm (Élec) extension cable

**prolongation** [pʀɔlɔ̃gasjɔ̃] nf prolongation; extension; **prolongations** nfpl (Football) extra time sg

**prolongement** [pʀɔlɔ̃ʒmɑ̃] nm extension; **prolongements** nmpl (fig) repercussions, effects; **dans le ~ de** running on from

**prolonger** [pʀɔlɔ̃ʒe] vt (débat, séjour) to prolong; (délai, billet, rue) to extend; (chose) to be a continuation ou an extension of; **se prolonger** vi to go on

**promenade** [pʀɔmnad] nf walk (ou drive ou ride); **faire une ~** to go for a walk; **une ~ (à pied)/en voiture/à vélo** a walk/drive/(bicycle) ride

**promener** [pʀɔmne] vt (personne, chien) to take out for a walk; (fig) to carry around; to trail round; (*doigts, regard*): ~ **qch sur** to run sth over; **se promener** *vi* (*à pied*) to go for (*ou* be out for) a walk; (*en voiture*) to go for (*ou* be out for) a drive; (*fig*): **se ~ sur** to wander over

**promeneur, -euse** [pʀɔmnœʀ, -øz] *nm/f* walker, stroller

**promenoir** [pʀɔmənwaʀ] *nm* gallery, (covered) walkway

**promesse** [pʀɔmɛs] *nf* promise; ~ **d'achat** commitment to buy

**prometteur, -euse** [pʀɔmɛtœʀ, -øz] *adj* promising

**promettre** [pʀɔmɛtʀ(ə)] *vt* to promise ▷ *vi* (*récolte, arbre*) to look promising; (*enfant, musicien*) to be promising; **se ~ de faire** to resolve *ou* mean to do; ~ **à qn de faire** to promise sb that one will do

**promeus** *etc* [pʀɔmø] *vb voir* **promouvoir**

**promis, e** [pʀɔmi, -iz] *pp de* **promettre** ▷ *adj*: **être ~ à qch** (*destiné*) to be destined for sth

**promiscuité** [pʀɔmiskɥite] *nf* crowding; lack of privacy

**promit** [pʀɔmi] *vb voir* **promettre**

**promontoire** [pʀɔmɔ̃twaʀ] *nm* headland

**promoteur, -trice** [pʀɔmɔtœʀ, -tʀis] *nm/f* (*instigateur*) instigator, promoter; ~ **(immobilier)** property developer (*Brit*), real estate promoter (*US*)

**promotion** [pʀɔmɔsjɔ̃] *nf* (*avancement*) promotion; (*Scol*) year (*Brit*), class; **en ~** (*Comm*) on promotion, on (special) offer

**promotionnel, le** [pʀɔmɔsjɔnɛl] *adj* (*article*) on promotion, on (special) offer; (*vente*) promotional

**promouvoir** [pʀɔmuvwaʀ] *vt* to promote

**prompt, e** [pʀɔ̃, pʀɔ̃t] *adj* swift, rapid; (*intervention, changement*) sudden; ~ **à faire qch** quick to do sth

**promptement** [pʀɔ̃ptəmɑ̃] *adv* swiftly

**prompteur®** [pʀɔ̃tœʀ] *nm* Autocue® (*Brit*), Teleprompter® (*US*)

**promptitude** [pʀɔ̃tityd] *nf* swiftness, rapidity

**promu, e** [pʀɔmy] *pp de* **promouvoir**

**promulguer** [pʀɔmylge] *vt* to promulgate

**prôner** [pʀone] *vt* (*louer*) to laud, extol; (*préconiser*) to advocate, commend

**pronom** [pʀɔnɔ̃] *nm* pronoun

**pronominal, e, -aux** [pʀɔnɔminal, -o] *adj* pronominal; (*verbe*) reflexive, pronominal

**prononcé, e** [pʀɔnɔ̃se] *adj* pronounced, marked

**prononcer** [pʀɔnɔ̃se] *vt* (*son, mot, jugement*) to pronounce; (*dire*) to utter; (*allocution*) to deliver ▷ *vi* (*Jur*) to deliver *ou* give a verdict; ~ **bien/mal** to have good/poor pronunciation; **se prononcer** *vi* to reach a decision, give a verdict; **se ~ sur** to give an opinion on; **se ~ contre** to come down against; **ça se prononce comment?** how do you pronounce this?

**prononciation** [pʀɔnɔ̃sjasjɔ̃] *nf* pronunciation

**pronostic** [pʀɔnɔstik] *nm* (*Méd*) prognosis; (*fig: aussi*: **pronostics**) forecast

**pronostiquer** [pʀɔnɔstike] *vt* (*Méd*) to prognosticate; (*annoncer, prévoir*) to forecast, foretell

**pronostiqueur, -euse** [pʀɔnɔstikœʀ, -øz] *nm/f* forecaster

**propagande** [pʀɔpagɑ̃d] *nf* propaganda; **faire de la ~ pour qch** to plug *ou* push sth

**propagandiste** [pʀɔpagɑ̃dist(ə)] *nm/f* propagandist

**propagation** [pʀɔpagasjɔ̃] *nf* propagation

**propager** [pʀɔpaʒe] *vt* to spread; **se propager** *vi* to spread; (*Physique*) to be propagated

**propane** [pʀɔpan] *nm* propane

**propension** [pʀɔpɑ̃sjɔ̃] *nf*: ~ **à (faire) qch** propensity to (do) sth

**prophète** [pʀɔfɛt], **prophétesse** [pʀɔfetɛs] *nm/f* prophet(ess)

**prophétie** [pʀɔfesi] *nf* prophecy

**prophétique** [pʀɔfetik] *adj* prophetic

**prophétiser** [pʀɔfetize] *vt* to prophesy

**prophylactique** [pʀɔfilaktik] *adj* prophylactic

**propice** [pʀɔpis] *adj* favourable (*Brit*), favorable (*US*)

**proportion** [pʀɔpɔʀsjɔ̃] *nf* proportion; **il n'y a aucune ~ entre le prix demandé et le prix réel** the asking price bears no relation to the real price; **à ~ de** proportionally to, in proportion to; **en ~ (de)** in proportion (to); **hors de ~** out of proportion; **toute(s) ~(s) gardée(s)** making due allowance(s)

**proportionné, e** [pʀɔpɔʀsjɔne] *adj*: **bien ~** well-proportioned; ~ **à** proportionate to

**proportionnel, le** [pʀɔpɔʀsjɔnɛl] *adj* proportional; ~ **à** proportional to ▷ *nf* proportional representation

**proportionnellement** [pʀɔpɔʀsjɔnɛlmɑ̃] *adv* proportionally, proportionately

**proportionner** [pʀɔpɔʀsjɔne] *vt*: ~ **qch à** to proportion *ou* adjust sth to

**propos** [pʀɔpo] *nm* (*paroles*) talk *no pl*, remark; (*intention, but*) intention, aim; (*sujet*): **à quel ~?** what about?; **à ~ de** about, regarding; **à tout ~** for no reason at all; **à ce ~** on that subject, in this connection; **à ~** *adv* by the way; (*opportunément*) (just) at the right moment; **hors de ~, mal à ~** *adv* at the wrong moment

**proposer** [pʀɔpoze] *vt* (*suggérer*): ~ **qch (à qn)/de faire** to suggest sth (to sb)/doing, propose sth (to sb)/(to) do; (*offrir*): ~ **qch à qn/de faire** to offer sth sth/to do; (*candidat*) to nominate, put forward; (*loi, motion*) to propose; **se ~ (pour faire)** to offer one's services (to do); **se ~ de faire** to intend *ou* propose to do

**proposition** [pʀɔpozisjɔ̃] *nf* suggestion; proposal; offer; (*Ling*) clause; **sur la ~ de** at the suggestion of; ~ **de loi** private bill

**propre** [pʀɔpʀ(ə)] *adj* clean; (*net*) neat, tidy; (*qui ne salit pas: chien, chat*) house-trained; (: *enfant*) toilet-trained; (*fig: honnête*) honest; (*possessif*) own; (*sens*) literal; (*particulier*): ~ **à** peculiar to, characteristic of; (*approprié*): ~ **à** suitable *ou* appropriate for; (*de nature à*): ~ **à faire** likely to do, that will do ▷ *nm*: **recopier au ~** to make a fair copy of; (*particularité*): **le ~ de** the peculiarity of, the distinctive feature of; **au ~** (*Ling*) literally; **appartenir à qn en ~** to belong to sb (exclusively); **~ à rien** *nm/f* (*péj*) good-for-nothing

**proprement** [pRɔpRəmɑ̃] *adv* cleanly; neatly, tidily; **à ~ parler** strictly speaking; **le village ~ dit** the actual village, the village itself

**propret, te** [pRɔpRɛ, -ɛt] *adj* neat and tidy, spick-and-span

**propreté** [pRɔpRəte] *nf* cleanliness, cleanness; neatness, tidiness

**propriétaire** [pRɔpRijetɛR] *nm/f* owner; (*d'hôtel etc*) proprietor(-tress), owner; (*pour le locataire*) landlord(-lady); **~ (immobilier)** house-owner; householder; **~ récoltant** grower; **~ (terrien)** landowner

**propriété** [pRɔpRijete] *nf* (*droit*) ownership; (*objet, immeuble etc*) property *gen no pl*; (*villa*) residence, property; (*terres*) property *gen no pl*, land *gen no pl*; (*qualité, Chimie, Math*) property; (*correction*) appropriateness, suitability; **~ artistique et littéraire** artistic and literary copyright; **~ industrielle** patent rights *pl*

**propulser** [pRɔpylse] *vt* (*missile*) to propel; (*projeter*) to hurl, fling

**propulsion** [pRɔpylsjɔ̃] *nf* propulsion

**prorata** [pRɔRata] *nm inv*: **au ~ de** in proportion to, on the basis of

**prorogation** [pRɔRɔgɑsjɔ̃] *nf* deferment; extension; adjournment

**proroger** [pRɔRɔʒe] *vt* to put back, defer; (*prolonger*) to extend; (*assemblée*) to adjourn, prorogue

**prosaïque** [pRɔzaik] *adj* mundane, prosaic

**proscription** [pRɔskRipsjɔ̃] *nf* banishment; (*interdiction*) banning; prohibition

**proscrire** [pRɔskRiR] *vt* (*bannir*) to banish; (*interdire*) to ban, prohibit

**prose** [pRoz] *nf* prose (*style*)

**prosélyte** [pRɔzelit] *nm/f* proselyte, convert

**prospecter** [pRɔspɛkte] *vt* to prospect; (*Comm*) to canvass

**prospecteur-placier** [pRɔspɛktœRplasje] (*pl* **prospecteurs-placiers**) *nm* placement officer

**prospectif, -ive** [pRɔspɛktif, -iv] *adj* prospective

**prospectus** [pRɔspɛktys] *nm* (*feuille*) leaflet; (*dépliant*) brochure, leaflet

**prospère** [pRɔspɛR] *adj* prosperous; (*santé, entreprise*) thriving, flourishing

**prospérer** [pRɔspeRe] *vi* to thrive

**prospérité** [pRɔspeRite] *nf* prosperity

**prostate** [pRɔstat] *nf* prostate (gland)

**prosterner** [pRɔstɛRne]: **se prosterner** *vi* to bow low, prostrate o.s

**prostituée** [pRɔstitɥe] *nf* prostitute

**prostitution** [pRɔstitysjɔ̃] *nf* prostitution

**prostré, e** [pRɔstRe] *adj* prostrate

**protagoniste** [pRɔtagɔnist(ə)] *nm* protagonist

**protecteur, -trice** [pRɔtɛktœR, -tRis] *adj* protective; (*air, ton: péj*) patronizing ▷ *nm/f* (*défenseur*) protector; (*des arts*) patron

**protection** [pRɔtɛksjɔ̃] *nf* protection; (*d'un personnage influent: aide*) patronage; **écran de ~** protective screen; **~ civile** state-financed civilian rescue service; **~ maternelle et infantile (PMI)** social service concerned with child welfare

**protectionnisme** [pRɔtɛksjɔnism(ə)] *nm* protectionism

**protectionniste** [pRɔtɛksjɔnist(ə)] *adj* protectionist

**protégé, e** [pRɔteʒe] *nm/f* protégé(e)

**protège-cahier** [pRɔtɛʒkaje] *nm* exercise book cover

**protéger** [pRɔteʒe] *vt* to protect; (*aider, patronner: personne, arts*) to be a patron of; (*: carrière*) to further; **se ~ de/contre** to protect o.s. from

**protège-slip** [pRɔtɛʒslip] *nm* panty liner

**protéine** [pRɔtein] *nf* protein

**protestant, e** [pRɔtɛstɑ̃, -ɑ̃t] *adj, nm/f* Protestant

**protestantisme** [pRɔtɛstɑ̃tism(ə)] *nm* Protestantism

**protestataire** [pRɔtɛstatɛR] *nm/f* protestor

**protestation** [pRɔtɛstasjɔ̃] *nf* (*plainte*) protest; (*déclaration*) protestation, profession

**protester** [pRɔteste] *vi*: **~ (contre)** to protest (against *ou* about); **~ de** (*son innocence, sa loyauté*) to protest

**prothèse** [pRɔtɛz] *nf* artificial limb, prosthesis; **~ dentaire** (*appareil*) denture; (*science*) dental engineering

**protocolaire** [pRɔtɔkɔlɛR] *adj* formal; (*questions, règles*) of protocol

**protocole** [pRɔtɔkɔl] *nm* protocol; (*fig*) etiquette; **~ d'accord** draft treaty; **~ opératoire** (*Méd*) operating procedure

**prototype** [pRɔtɔtip] *nm* prototype

**protubérance** [pRɔtybeRɑ̃s] *nf* bulge, protuberance

**protubérant, e** [pRɔtybeRɑ̃, -ɑ̃t] *adj* protruding, bulging, protuberant

**proue** [pRu] *nf* bow(s *pl*), prow

**prouesse** [pRuɛs] *nf* feat

**prouver** [pRuve] *vt* to prove

**provenance** [pRɔvnɑ̃s] *nf* origin; (*de mot, coutume*) source; **avion en ~ de** plane (arriving) from

**provençal, e, -aux** [pRɔvɑ̃sal, -o] *adj* Provençal ▷ *nm* (*Ling*) Provençal

**Provence** [pRɔvɑ̃s] *nf*: **la ~** Provence

**provenir** [pRɔvniR]: **~ de** *vt* to come from; (*résulter de*) to be due to, be the result of

**proverbe** [pRɔvɛRb(ə)] *nm* proverb

**proverbial, e, -aux** [pRɔvɛRbjal, -o] *adj* proverbial

**providence** [pRɔvidɑ̃s] *nf*: **la ~** providence

**providentiel, le** [pRɔvidɑ̃sjɛl] *adj* providential

**province** [pRɔvɛ̃s] *nf* province

**provincial, e, -aux** [pRɔvɛ̃sjal, -o] *adj, nm/f* provincial

**proviseur** [pRɔvizœR] *nm* ≈ head (teacher) (*Brit*), ≈ principal (*US*)

**provision** [pRɔvizjɔ̃] *nf* (*réserve*) stock, supply; (*avance: à un avocat, avoué*) retainer, retaining fee;

(*Comm*) funds *pl* (in account); reserve;
**provisions** *nfpl* (*vivres*) provisions, food *no pl*;
**faire ~ de** to stock up with; **placard** *ou* **armoire**
**à ~s** food cupboard
**provisoire** [pʀɔvizwaʀ] *adj* temporary; (*Jur*)
provisional; **mise en liberté ~** release on bail
**provisoirement** [pʀɔvizwaʀmɑ̃] *adv*
temporarily, for the time being
**provocant, e** [pʀɔvɔkɑ̃, -ɑ̃t] *adj* provocative
**provocateur, -trice** [pʀɔvɔkatœʀ, -tʀis] *adj*
provocative ▷ *nm* (*meneur*) agitator
**provocation** [pʀɔvɔkasjɔ̃] *nf* provocation
**provoquer** [pʀɔvɔke] *vt* (*défier*) to provoke;
(*causer*) to cause, bring about; (: *curiosité*) to
arouse, give rise to; (: *aveux*) to prompt, elicit;
(*inciter*): **~ qn à** to incite sb to
**prox.** *abr* = **proximité**
**proxénète** [pʀɔksenɛt] *nm* procurer
**proxénétisme** [pʀɔksenetism(ə)] *nm* procuring
**proximité** [pʀɔksimite] *nf* nearness, closeness,
proximity; (*dans le temps*) imminence, closeness;
**à ~** near *ou* close by; **à ~ de** near (to), close to
**prude** [pʀyd] *adj* prudish
**prudemment** [pʀydamɑ̃] *adv* (*voir prudent*)
carefully; cautiously; prudently; wisely, sensibly
**prudence** [pʀydɑ̃s] *nf* carefulness; caution;
prudence; **avec ~** carefully; cautiously; wisely;
**par (mesure de) ~** as a precaution
**prudent, e** [pʀydɑ̃, -ɑ̃t] *adj* (*pas téméraire*) careful,
cautious, prudent; (: *en général*) safety-
conscious; (*sage, conseillé*) wise, sensible; (*réservé*)
cautious; **ce n'est pas ~** it's risky; it's not
sensible; **soyez ~** take care, be careful
**prune** [pʀyn] *nf* plum
**pruneau, x** [pʀyno] *nm* prune
**prunelle** [pʀynɛl] *nf* pupil; (*œil*) eye; (*Bot*) sloe;
(*eau de vie*) sloe gin
**prunier** [pʀynje] *nm* plum tree
**Prusse** [pʀys] *nf*: **la ~** Prussia
**PS** *sigle m* = **parti socialiste**; (= *post-scriptum*) PS
**psalmodier** [psalmɔdje] *vt* to chant; (*fig*) to
drone out
**psaume** [psom] *nm* psalm
**pseudonyme** [psødɔnim] *nm* (*gén*) fictitious
name; (*d'écrivain*) pseudonym, pen name; (*de
comédien*) stage name
**PSIG** *sigle m* (= *Peloton de surveillance et d'intervention
de gendarmerie*) *type of police commando squad*
**PSU** *sigle m* = **parti socialiste unifié**
**psy** [psi] *nm/f* (*fam*: = *psychiatre, psychologue*) shrink
**psychanalyse** [psikanaliz] *nf* psychoanalysis
**psychanalyser** [psikanalize] *vt* to
psychoanalyze; **se faire ~** to undergo
(psycho)analysis
**psychanalyste** [psikanalist(ə)] *nm/f*
psychoanalyst
**psychanalytique** [psikanalitik] *adj*
psychoanalytical
**psychédélique** [psikedelik] *adj* psychedelic
**psychiatre** [psikjatʀ(ə)] *nm/f* psychiatrist
**psychiatrie** [psikjatʀi] *nf* psychiatry
**psychiatrique** [psikjatʀik] *adj* psychiatric;

(*hôpital*) mental, psychiatric
**psychique** [psiʃik] *adj* psychological
**psychisme** [psiʃism(ə)] *nm* psyche
**psychologie** [psikɔlɔʒi] *nf* psychology
**psychologique** [psikɔlɔʒik] *adj* psychological
**psychologiquement** [psikɔlɔʒikmɑ̃] *adv*
psychologically
**psychologue** [psikɔlɔg] *nm/f* psychologist;
**être ~** (*fig*) to be a good psychologist
**psychomoteur, -trice** [psikɔmɔtœʀ, -tʀis] *adj*
psychomotor
**psychopathe** [psikɔpat] *nm/f* psychopath
**psychopédagogie** [psikɔpedagɔʒi] *nf*
educational psychology
**psychose** [psikoz] *nf* (*Méd*) psychosis; (*obsession,
idée fixe*) obsessive fear
**psychosomatique** [psikɔsɔmatik] *adj*
psychosomatic
**psychothérapie** [psikɔteʀapi] *nf*
psychotherapy
**psychotique** [psikɔtik] *adj* psychotic
**PTCA** *sigle m* = **poids total en charge autorisé**
**Pte** *abr* = **Porte**
**pte** *abr* (= *pointe*) pt
**PTMA** *sigle m* (= *poids total maximum autorisé*)
maximum loaded weight
**PTT** *sigle fpl* = **poste**
**pu** [py] *pp de* **pouvoir**
**puanteur** [pɥɑ̃tœʀ] *nf* stink, stench
**pub** [pyb] *nf* (*fam*) = **publicité**; **la ~** advertising
**pubère** [pybɛʀ] *adj* pubescent
**puberté** [pybɛʀte] *nf* puberty
**pubis** [pybis] *nm* (*bas-ventre*) pubes *pl*; (*os*) pubis
**public, -ique** [pyblik] *adj* public; (*école,
instruction*) state *cpd*; (*scrutin*) open ▷ *nm* public;
(*assistance*) audience; **en ~** in public; **le grand ~**
the general public
**publication** [pyblikasjɔ̃] *nf* publication
**publiciste** [pyblisist(ə)] *nm/f* adman
**publicitaire** [pyblisitɛʀ] *adj* advertising *cpd*;
(*film, voiture*) publicity *cpd*; (*vente*) promotional
▷ *nm* adman; **rédacteur ~** copywriter
**publicité** [pyblisite] *nf* (*méthode, profession*)
advertising; (*annonce*) advertisement;
(*révélations*) publicity
**publier** [pyblije] *vt* to publish; (*nouvelle*) to
publicize, make public
**publipostage** [pyblipɔstaʒ] *nm* mailshot,
(mass) mailing
**publique** [pyblik] *adj f voir* **public**
**publiquement** [pyblikmɑ̃] *adv* publicly
**puce** [pys] *nf* flea; (*Inform*) chip; (**marché aux**)
**~s** flea market *sg*; **mettre la ~ à l'oreille de qn**
to give sb something to think about
**puceau, x** [pyso] *adj m*: **être ~** to be a virgin
**pucelle** [pysɛl] *adj f*: **être ~** to be a virgin
**puceron** [pysʀɔ̃] *nm* aphid
**pudeur** [pydœʀ] *nf* modesty
**pudibond, e** [pydibɔ̃, -ɔ̃d] *adj* prudish
**pudique** [pydik] *adj* (*chaste*) modest; (*discret*)
discreet
**pudiquement** [pydikmɑ̃] *adv* modestly

**P**

**puer** [pɥe] (*péj*) *vi* to stink ▷ *vt* to stink of, reek of
**puéricultrice** [pɥeʀikyltʀis] *nf* ≈ nursery nurse
**puériculture** [pɥeʀikyltyʀ] *nf* infant care
**puéril, e** [pɥeʀil] *adj* childish
**puérilement** [pɥeʀilmɑ̃] *adv* childishly
**puérilité** [pɥeʀilite] *nf* childishness; (*acte, idée*) childish thing
**pugilat** [pyʒila] *nm* (fist) fight
**puis** [pɥi] *vb voir* **pouvoir** ▷ *adv* (*ensuite*) then; (*dans une énumération*) next; (*en outre*): **et** ~ and (then); **et** ~ (**après** *ou* **quoi**)**?** so (what)?
**puisard** [pɥizaʀ] *nm* (*égout*) cesspool
**puiser** [pɥize] *vt*: ~ (**dans**) to draw (from); ~ **dans qch** to dip into sth
**puisque** [pɥisk(ə)] *conj* since; (*valeur intensive*): ~ **je te le dis!** I'm telling you!
**puissamment** [pɥisamɑ̃] *adv* powerfully
**puissance** [pɥisɑ̃s] *nf* power; **en** ~ *adj* potential; **deux (à la)** ~ **cinq** two to the power (of) five
**puissant, e** [pɥisɑ̃, -ɑ̃t] *adj* powerful
**puisse** *etc* [pɥis] *vb voir* **pouvoir**
**puits** [pɥi] *nm* well; ~ **artésien** artesian well; ~ **de mine** mine shaft; ~ **de science** fount of knowledge
**pull** [pyl], **pull-over** [pylɔvœʀ] *nm* sweater, jumper (*Brit*)
**pulluler** [pylyle] *vi* to swarm; (*fig: erreurs*) to abound, proliferate
**pulmonaire** [pylmɔnɛʀ] *adj* lung *cpd*; (*artère*) pulmonary
**pulpe** [pylp(ə)] *nf* pulp
**pulsation** [pylsasjɔ̃] *nf* (*Méd*) beat
**pulsé** [pylse] *adj m*: **chauffage à air** ~ warm air heating
**pulsion** [pylsjɔ̃] *nf* (*Psych*) drive, urge
**pulvérisateur** [pylveʀizatœʀ] *nm* spray
**pulvérisation** [pylveʀizasjɔ̃] *nf* spraying
**pulvériser** [pylveʀize] *vt* (*solide*) to pulverize; (*liquide*) to spray; (*fig: anéantir: adversaire*) to pulverize; (: *record*) to smash, shatter; (: *argument*) to demolish
**puma** [pyma] *nm* puma, cougar
**punaise** [pynɛz] *nf* (*Zool*) bug; (*clou*) drawing pin (*Brit*), thumb tack (*US*)
**punch** [pɔ̃ʃ] *nm* (*boisson*) punch [pœnʃ] (*Boxe*) punching ability; (*fig*) punch
**punching-ball** [pœnʃiŋbol] *nm* punchball
**punir** [pyniʀ] *vt* to punish; ~ **qn de qch** to punish sb for sth
**punitif, -ive** [pynitif, -iv] *adj* punitive
**punition** [pynisjɔ̃] *nf* punishment
**pupille** [pypij] *nf* (*Anat*) pupil ▷ *nm/f* (*enfant*) ward; ~ **de l'État** child in care; ~ **de la Nation** war orphan
**pupitre** [pypitʀ(ə)] *nm* (*Scol*) desk; (*Rel*) lectern; (*de chef d'orchestre*) rostrum; ~ **de commande** control panel
**pur, e** [pyʀ] *adj* pure; (*vin*) undiluted; (*whisky*) neat; (*intentions*) honourable (*Brit*), honorable (*US*) ▷ *nm* (*personne*) hard-liner; **en** ~**e perte** fruitlessly, to no avail
**purée** [pyʀe] *nf*: ~ (**de pommes de terre**) ≈ mashed potatoes *pl*; ~ **de marrons** chestnut purée; ~ **de pois** (*fig*) peasoup(er)
**purement** [pyʀmɑ̃] *adv* purely
**pureté** [pyʀte] *nf* purity
**purgatif** [pyʀgatif] *nm* purgative, purge
**purgatoire** [pyʀgatwaʀ] *nm* purgatory
**purge** [pyʀʒ(ə)] *nf* (*Pol*) purge; (*Méd*) purging *no pl*; purge
**purger** [pyʀʒe] *vt* (*radiateur*) to flush (out), drain; (*circuit hydraulique*) to bleed; (*Méd, Pol*) to purge; (*Jur: peine*) to serve
**purification** [pyʀifikasjɔ̃] *nf* (*de l'eau*) purification; ~ **ethnique** ethnic cleansing
**purifier** [pyʀifje] *vt* to purify; (*Tech: métal*) to refine
**purin** [pyʀɛ̃] *nm* liquid manure
**puriste** [pyʀist(ə)] *nm/f* purist
**puritain, e** [pyʀitɛ̃, -ɛn] *adj, nm/f* Puritan
**puritanisme** [pyʀitanism(ə)] *nm* Puritanism
**pur-sang** [pyʀsɑ̃] *nm inv* thoroughbred, pure-bred
**purulent, e** [pyʀylɑ̃, -ɑ̃t] *adj* purulent
**pus** [py] *vb voir* **pouvoir** ▷ *nm* pus
**pusillanime** [pyzilanim] *adj* fainthearted
**pustule** [pystyl] *nf* pustule
**putain** [pytɛ̃] *nf* (*fam!*) whore (*!*); **ce/cette** ~ **de** ... this bloody (*Brit*) *ou* goddamn (*US*) ... (*!*)
**putois** [pytwa] *nm* polecat; **crier comme un** ~ to yell one's head off
**putréfaction** [pytʀefaksjɔ̃] *nf* putrefaction
**putréfier** [pytʀefje] *vt*, **se putréfier** *vi* to putrefy, rot
**putride** [pytʀid] *adj* putrid
**putsch** [putʃ] *nm* (*Pol*) putsch
**puzzle** [pœzl(ə)] *nm* jigsaw (puzzle)
**PV** *sigle m* = **procès-verbal**
**PVC** *sigle f* (= *polychlorure de vinyle*) PVC
**PVD** *sigle mpl* (= *pays en voie de développement*) developing countries
**Px** *abr* = **prix**
**pygmée** [pigme] *nm* pygmy
**pyjama** [piʒama] *nm* pyjamas *pl*, pair of pyjamas
**pylône** [pilon] *nm* pylon
**pyramide** [piʀamid] *nf* pyramid
**pyrénéen, ne** [piʀeneɛ̃, -ɛn] *adj* Pyrenean
**Pyrénées** [piʀene] *nfpl*: **les** ~ the Pyrenees
**pyrex®** [piʀɛks] *nm* Pyrex®
**pyrogravure** [piʀɔgʀavyʀ] *nf* poker-work
**pyromane** [piʀɔman] *nm/f* arsonist
**python** [pitɔ̃] *nm* python

# Qq

**Q, q** [ky] *nm inv* Q, q ▷ *abr* (= *quintal*) q; **Q comme Quintal** Q for Queen

**Qatar** [kataʀ] *nm*: **le ~** Qatar

**QCM** *sigle m* (= *questionnaire à choix multiples*) multiple-choice test

**QG** *sigle m* (= *quartier général*) HQ

**QHS** *sigle m* (= *quartier de haute sécurité*) high-security wing *ou* prison

**QI** *sigle m* (= *quotient intellectuel*) IQ

**qqch.** *abr* (= *quelque chose*) sth

**qqe** *abr* = **quelque**

**qqes** *abr* = **quelques**

**qqn** *abr* (= *quelqu'un*) sb, s.o.

**quadra** [k(w)adʀa] (*fam*) *nm/f* (= *quadragénaire*) person in his (*ou* her) forties; **les ~s** forty somethings (*fam*)

**quadragénaire** [kadʀaʒenɛʀ] *nm/f* (*de quarante ans*) forty-year-old; (*de quarante à cinquante ans*) man/woman in his/her forties

**quadrangulaire** [kwadʀãgylɛʀ] *adj* quadrangular

**quadrature** [kwadʀatyʀ] *nf*: **c'est la ~ du cercle** it's like trying to square the circle

**quadrichromie** [kwadʀikʀɔmi] *nf* four-colour (*Brit*) *ou* -color (*US*) printing

**quadrilatère** [k(w)adʀilatɛʀ] *nm* (*Géom, Mil*) quadrilateral; (*terrain*) four-sided area

**quadrillage** [kadʀijaʒ] *nm* (*lignes etc*) square pattern, criss-cross pattern

**quadrillé, e** [kadʀije] *adj* (*papier*) squared

**quadriller** [kadʀije] *vt* (*papier*) to mark out in squares; (*Police: ville, région etc*) to keep under tight control, be positioned throughout

**quadrimoteur** [k(w)adʀimɔtœʀ] *nm* four-engined plane

**quadripartite** [kwadʀipaʀtit] *adj* (*entre pays*) four-power; (*entre partis*) four-party

**quadriphonie** [kadʀifɔni] *nf* quadraphony

**quadriréacteur** [k(w)adʀiʀeaktœʀ] *nm* four-engined jet

**quadrupède** [k(w)adʀypɛd] *nm* quadruped

**quadruple** [k(w)adʀypl(ə)] *nm*: **le ~ de** four times as much as

**quadrupler** [k(w)adʀyple] *vt, vi* to quadruple, increase fourfold

**quadruplés, -ées** [k(w)adʀyple] *nm/fpl* quadruplets, quads

**quai** [ke] *nm* (*de port*) quay; (*de gare*) platform; (*de cours d'eau, canal*) embankment; **être à ~** (*navire*) to be alongside; (*train*) to be in the station; **le Q~ d'Orsay** *offices of the French Ministry for Foreign Affairs*; **le Q~ des Orfèvres** *central police headquarters*

**qualifiable** [kalifjabl(ə)] *adj*: **ce n'est pas ~** it defies description

**qualificatif, -ive** [kalifikatif, -iv] *adj* (*Ling*) qualifying ▷ *nm* (*terme*) term; (*Ling*) qualifier

**qualification** [kalifikasjɔ̃] *nf* qualification

**qualifié, e** [kalifje] *adj* qualified; (*main d'œuvre*) skilled

**qualifier** [kalifje] *vt* to qualify; (*appeler*): **~ qch/qn de** to describe sth/sb as; **se qualifier** *vi* (*Sport*) to qualify; **être qualifié pour** to be qualified for

**qualitatif, -ive** [kalitatif, -iv] *adj* qualitative

**qualité** [kalite] *nf* quality; (*titre, fonction*) position; **en ~ de** in one's capacity as; **ès ~s** in an official capacity; **avoir ~ pour** to have authority to; **de ~** *adj* quality *cpd*; **rapport ~-prix** value (for money)

**quand** [kɑ̃] *conj, adv* when; **~ je serai riche** when I'm rich; **~ même** (*cependant, pourtant*) nevertheless; (*tout de même*) all the same; really; **~ bien même** even though

**quant** [kɑ̃] *nm*: **~ à** *prép* (*pour ce qui est de*) as for, as to; (*au sujet de*) regarding

**quant-à-soi** [kɑ̃taswa] *nm*: **rester sur son ~** to remain aloof

**quantième** [kɑ̃tjɛm] *nm* date, day (of the month)

**quantifiable** [kɑ̃tifjabl(ə)] *adj* quantifiable

**quantifier** [kɑ̃tifje] *vt* to quantify

**quantitatif, -ive** [kɑ̃titatif, -iv] *adj* quantitative

**quantitativement** [kɑ̃titativmɑ̃] *adv* quantitatively

**quantité** [kɑ̃tite] *nf* quantity, amount; (*Science*) quantity; (*grand nombre*): **une** *ou* **des ~(s) de** a great deal of; a lot of; **en grande ~** in large quantities; **en ~s industrielles** in vast amounts; **du travail en ~** a great deal of work; **~ de** many

**quarantaine** [kaʀɑ̃tɛn] *nf* (*isolement*)

quarantine; *(âge):* **avoir la ~** to be around forty; *(nombre):* **une ~ (de)** forty or so, about forty; **mettre en ~** to put into quarantine; *(fig)* to send to Coventry *(Brit)*, ostracize

**quarante** [kaʀɑ̃t] *num* forty

**quarantième** [kaʀɑ̃tjɛm] *num* fortieth

**quark** [kwaʀk] *nm* quark

**quart** [kaʀ] *nm (fraction)* quarter; *(surveillance)* watch; *(partie):* **un ~ de poulet/fromage** a chicken quarter/a quarter of a cheese; **un ~ de beurre** a quarter kilo of butter, ≈ a half pound of butter; **un ~ de vin** a quarter litre of wine; **une livre un ~** ou **et ~** one and a quarter pounds; **le ~ de** a quarter of; **~ d'heure** quarter of an hour; **deux heures et** ou **un ~** (a) quarter past two, (a) quarter after two (US); **il est le ~** it's (a) quarter past ou after (US); **une heure moins le ~** (a) quarter to one, (a) quarter of one (US); **il est moins le ~** it's (a) quarter to; **être de/prendre le ~** to keep/take the watch; **~ de tour** quarter turn; **au ~ de tour** *(fig)* straight off; **~s de finale** *(Sport)* quarter finals

**quarté** [kaʀte] *nm (Courses)* system of forecast betting giving first four horses

**quarteron** [kaʀtəʀɔ̃] *nm (péj)* small bunch, handful

**quartette** [kwaʀtɛt] *nm* quartet(te)

**quartier** [kaʀtje] *nm (de ville)* district, area; *(de bœuf, de la lune)* quarter; *(de fruit, fromage)* piece; **quartiers** *nmpl (Mil, Blason)* quarters; **cinéma/salle de ~** local cinema/hall; **avoir ~ libre** to be free; *(Mil)* to have leave from barracks; **ne pas faire de ~** to spare no one, give no quarter; **~ commerçant/résidentiel** shopping/residential area; **~ général (QG)** headquarters (HQ)

**quartier-maître** [kaʀtjemɛtʀ(ə)] *nm* ≈ leading seaman

**quartz** [kwaʀts] *nm* quartz

**quasi** [kazi] *adv* almost, nearly ▷ *préfixe:* **~-certitude** near certainty

**quasiment** [kazimɑ̃] *adv* almost, very nearly

**quaternaire** [kwatɛʀnɛʀ] *adj (Géo)* Quaternary

**quatorze** [katɔʀz(ə)] *num* fourteen

**quatorzième** [katɔʀzjɛm] *num* fourteenth

**quatrain** [katʀɛ̃] *nm* quatrain

**quatre** [katʀ(ə)] *num* four; **à ~ pattes** on all fours; **tiré à ~ épingles** dressed up to the nines; **faire les ~ cent coups** to be a bit wild; **se mettre en ~ pour qn** to go out of one's way for sb; **~ à ~** *(monter, descendre)* four at a time; **à ~ mains** *(jouer)* four-handed

**quatre-vingt-dix** [katʀəvɛ̃dis] *num* ninety

**quatre-vingts** [katʀəvɛ̃] *num* eighty

**quatre-vingt-un** *num* eighty-one

**quatrième** [katʀijɛm] *num* fourth

**quatuor** [kwatɥɔʀ] *nm* quartet(te)

○ MOT-CLÉ

**que** [kə] *conj* **1** *(introduisant complétive)* that; **il sait que tu es là** he knows (that) you're here; **je**

veux que tu acceptes I want you to accept; **il a dit que oui** he said he would *(ou* it was *etc)*

**2** *(reprise d'autres conjonctions):* **quand il rentrera et qu'il aura mangé** when he gets back and (when) he has eaten; **si vous y allez ou que vous ...** if you go there or if you ...

**3** *(en tête de phrase: hypothèse, souhait etc):* **qu'il le veuille ou non** whether he likes it or not; **qu'il fasse ce qu'il voudra!** let him do as he pleases!

**4** *(but):* **tenez-le qu'il ne tombe pas** hold it so (that) it doesn't fall

**5** *(après comparatif)* than; as; *voir aussi* **plus; aussi; autant** *etc*

**6** *(seulement):* **ne ... que** only; **il ne boit que de l'eau** he only drinks water

**7** *(temps):* **elle venait à peine de sortir qu'il se mit à pleuvoir** she had just gone out when it started to rain, no sooner had she gone out than it started to rain; **il y a quatre ans qu'il est parti** it is four years since he left, he left four years ago

▷ *adv (exclamation):* **qu'il** ou **qu'est-ce qu'il est bête/court vite!** he's so silly!/he runs so fast!; **que de livres!** what a lot of books!

▷ *pron* **1** *(relatif: chose)* whom; *(: chose)* that, which; **l'homme que je vois** the man (whom) I see; **le livre que tu vois** the book (that ou which) you see; **un jour que j'étais ...** a day when I was ..

**2** *(interrogatif)* what; **que fais-tu?, qu'est-ce que tu fais?** what are you doing?; **qu'est-ce que c'est?** what is it?, what's that?; **que faire?** what can one do?; **que préfères-tu, celui-ci ou celui-là?** which (one) do you prefer, this one or that one?

**Québec** [kebɛk] *n (ville)* Quebec ▷ *nm:* **le ~** Quebec (Province)

**québécois, e** [kebekwa, -waz] *adj* Quebec *cpd* ▷ *nm (Ling)* Quebec French ▷ *nm/f:* **Québécois, e** Quebecois, Quebec(k)er

○ MOT-CLÉ

**quel, quelle** [kɛl] *adj* **1** *(interrogatif: personne)* who; *(: chose)* what; which; **quel est cet homme?** who is this man?; **quel est ce livre?** what is this book?; **quel livre/homme?** what book/man?; *(parmi un certain choix)* which book/man?; **quels acteurs préférez-vous?** which actors do you prefer?; **dans quels pays êtes-vous allé?** which ou what countries did you go to?

**2** *(exclamatif):* **quelle surprise/coïncidence!** what a surprise/coincidence!

**3:** **quel(le) que soit le coupable** whoever is guilty; **quel que soit votre avis** whatever your opinion (may be)

**quelconque** [kɛlkɔ̃k] *adj (médiocre)* indifferent, poor; *(sans attrait)* ordinary, plain; *(indéfini):* **un ami/prétexte ~** some friend/pretext or other;

un livre ~ **suffira** any book will do; **pour une raison** ~ for some reason (or other)

⊙ MOT-CLÉ

**quelque** [kɛlkə] *adj* **1** some; a few; (*tournure interrogative*) any; **quelque espoir** some hope; **il a quelques amis** he has a few *ou* some friends; **a-t-il quelques amis?** has he any friends?; **les quelques livres qui** the few books which; **20 kg et quelque(s)** a bit over 20 kg; **il habite à quelque distance d'ici** he lives some distance *ou* way (away) from here
**2**: **quelque ... que** whatever, whichever; **quelque livre qu'il choisisse** whatever (*ou* whichever) book he chooses; **par quelque temps qu'il fasse** whatever the weather
**3**: **quelque chose** something; (*tournure interrogative*) anything; **quelque chose d'autre** something else; anything else; **y être pour quelque chose** to have something to do with it; **faire quelque chose à qn** to have an effect on sb, do something to sb; **quelque part** somewhere; anywhere; **en quelque sorte** as it were
▷ *adv* **1** (*environ*): **quelque 100 mètres** some 100 metres
**2**: **quelque peu** rather, somewhat

**quelquefois** [kɛlkəfwa] *adv* sometimes
**quelques-uns, --unes** [kɛlkəzœ̃, -yn] *pron* some, a few; ~ **des lecteurs** some of the readers
**quelqu'un** [kɛlkœ̃] *pron* someone, somebody; (*tournure interrogative ou négative +*) anyone *ou* anybody; **quelqu'un d'autre** someone *ou* somebody else; anybody else
**quémander** [kemɑ̃de] *vt* to beg for
**qu'en dira-t-on** [kɑ̃diʀatɔ̃] *nm inv*: **le qu'en dira-t-on** gossip, what people say
**quenelle** [kənɛl] *nf* quenelle
**quenouille** [kənuj] *nf* distaff
**querelle** [kəʀɛl] *nf* quarrel; **chercher ~ à qn** to pick a quarrel with sb
**quereller** [kəʀele]: **se quereller** *vi* to quarrel
**querelleur, -euse** [kəʀɛlœʀ, -øz] *adj* quarrelsome
**qu'est-ce que** [kɛskə] *voir* **que**
**qu'est-ce qui** [kɛski] *voir* **qui**
**question** [kɛstjɔ̃] *nf* (*gén*) question; (*fig*) matter; issue; **il a été ~ de** we (*ou* they) spoke about; **il est ~ de les emprisonner** there's talk of them being jailed; **c'est une ~ de temps** it's a matter *ou* question of time; **de quoi est-il ~?** what is it about?; **il n'en est pas ~** there's no question of it; **en ~** in question; **hors de ~** out of the question; **je ne me suis jamais posé la ~** I've never thought about it; **(re)mettre en ~** (*autorité, science*) to question; **poser la ~ de confiance** (*Pol*) to ask for a vote of confidence; **~ piège** (*d'apparence facile*) trick question; (*pour nuire*) loaded question; **~ subsidiaire** tiebreaker
**questionnaire** [kɛstjɔnɛʀ] *nm* questionnaire

**questionner** [kɛstjɔne] *vt* to question
**quête** [kɛt] *nf* (*collecte*) collection; (*recherche*) quest, search; **faire la ~** (*à l'église*) to take the collection; (*artiste*) to pass the hat round; **se mettre en ~ de qch** to go in search of sth
**quêter** [kete] *vi* (*à l'église*) to take the collection; (*dans la rue*) to collect money (for charity) ▷ *vt* to seek
**quetsche** [kwɛtʃ(ə)] *nf* damson
**queue** [kø] *nf* tail; (*fig: du classement*) bottom; (: *de poêle*) handle; (: *de fruit, feuille*) stalk; (: *de train, colonne, file*) rear; (*file: de personnes*) queue (*Brit*), line (*US*); **en ~ (de train)** at the rear (of the train); **faire la ~** to queue (up) (*Brit*), line up (*US*); **se mettre à la ~** to join the queue *ou* line; **histoire sans ~ ni tête** cock and bull story; **à la ~ leu leu** in single file; (*fig*) one after the other; ~ **de cheval** ponytail; ~ **de poisson: faire une ~ de poisson à qn** (*Auto*) to cut in front of sb; **finir en ~ de poisson** (*film*) to come to an abrupt end
**queue-de-pie** [kødpi] (*pl* **queues-de-pie**) *nf* (*habit*) tails *pl*, tail coat
**queux** [kø] *adj m voir* **maître**
**qui** [ki] *pron* (*personne*) who; (*avec préposition*) whom; (*chose, animal*) which, that; (*interrogatif indirect: sujet*): **je me demande ~ est là?** I wonder who is there?; (: *objet*): **elle ne sait à ~ se plaindre** she doesn't know who to complain to *ou* to whom to complain; **qu'est-ce ~ est sur la table?** what is on the table?; **à ~ est ce sac?** whose bag is this?; **à ~ parlais-tu?** who were you talking to?, to whom were you talking?; **chez ~ allez-vous?** whose house are you going to?; **amenez ~ vous voulez** bring who(ever) you like; **~ est-ce ~ ...?** who?; **~ est-ce que ...?** who?; whom?; ~ **que ce soit** whoever it may be
**quiche** [kiʃ] *nf* quiche; ~ **lorraine** quiche Lorraine
**quiconque** [kikɔ̃k] *pron* (*celui qui*) whoever, anyone who; (*n'importe qui, personne*) anyone, anybody
**quidam** [kɥidam] *nm* (*hum*) fellow
**quiétude** [kjetyd] *nf* (*d'un lieu*) quiet, tranquillity; (*d'une personne*) peace (of mind), serenity; **en toute ~** in complete peace; (*mentale*) with complete peace of mind
**quignon** [kiɲɔ̃] *nm*: ~ **de pain** (*croûton*) crust of bread; (*morceau*) hunk of bread
**quille** [kij] *nf* ninepin, skittle (*Brit*); (*Navig: d'un bateau*) keel; (**jeu de**) ~**s** ninepins *sg*, skittles *sg* (*Brit*)
**quincaillerie** [kɛ̃kajʀi] *nf* (*ustensiles, métier*) hardware, ironmongery (*Brit*); (*magasin*) hardware shop *ou* store (*US*), ironmonger's (*Brit*)
**quincaillier, -ière** [kɛ̃kaje, -jɛʀ] *nm/f* hardware dealer, ironmonger (*Brit*)
**quinconce** [kɛ̃kɔ̃s] *nm*: **en ~** in staggered rows
**quinine** [kinin] *nf* quinine
**quinqua** [kɛ̃ka] (*fam*) *nm/f* (= *quinquagénaire*) person in his (*ou* her) fifties; **les ~s** fifty somethings (*fam*)

q

**quinquagénaire** [kɛ̃kaʒenɛʀ] *nm/f* (*de cinquante ans*) fifty-year old; (*de cinquante à soixante ans*) man/woman in his/her fifties

**quinquennal, e, -aux** [kɛ̃kenal, -o] *adj* five-year, quinquennial

**quinquennat** [kɛ̃kena] *nm* five year term of office (*of French President*)

**quintal, -aux** [kɛ̃tal, -o] *nm* quintal (*100 kg*)

**quinte** [kɛ̃t] *nf*: ~ (**de toux**) coughing fit

**quintessence** [kɛ̃tesɑ̃s] *nf* quintessence, very essence

**quintette** [kɛ̃tɛt] *nm* quintet(te)

**quintuple** [kɛ̃typl(ə)] *nm*: **le ~ de** five times as much as

**quintupler** [kɛ̃typle] *vt, vi* to increase fivefold

**quintuplés, -ées** [kɛ̃typle] *nm/fpl* quintuplets, quins

**quinzaine** [kɛ̃zɛn] *nf*: **une ~ (de)** about fifteen, fifteen or so; **une ~ (de jours)** (*deux semaines*) a fortnight (*Brit*), two weeks; ~ **publicitaire** *ou* **commerciale** (two-week) sale

**quinze** [kɛ̃z] *num* fifteen; **demain en ~** a fortnight (*Brit*) *ou* two weeks tomorrow; **dans ~ jours** in a fortnight('s time) (*Brit*), in two weeks(' time)

**quinzième** [kɛ̃zjɛm] *num* fifteenth

**quiproquo** [kipʀɔko] *nm* (*méprise sur une personne*) mistake; (*malentendu sur un sujet*) misunderstanding; (*Théât*) (case of) mistaken identity

**Quito** [kito] *n* Quito

**quittance** [kitɑ̃s] *nf* (*reçu*) receipt; (*facture*) bill

**quitte** [kit] *adj*: **être ~ envers qn** to be no longer in sb's debt; (*fig*) to be quits with sb; **être ~ de** (*obligation*) to be clear of; **en être ~ à bon compte** to have got off lightly; ~ **à faire** even if it means doing; ~ **ou double** (*jeu*) double or quits; (*fig*): **c'est du ~ ou double** it's a big risk

**quitter** [kite] *vt* to leave; (*espoir, illusion*) to give up; (*vêtement*) to take off; **se quitter** (*couples, interlocuteurs*) to part; **ne quittez pas** (*au téléphone*) hold the line; **ne pas ~ qn d'une semelle** to stick to sb like glue

**quitus** [kitys] *nm* final discharge; **donner ~ à** to discharge

**qui-vive** [kiviv] *nm inv*: **être sur le ~** to be on the alert

**quoi** [kwa] *pron* (*interrogatif*) what; ~ **de neuf** *ou* **de nouveau?** what's new *ou* the news?; **as-tu de ~ écrire?** have you anything to write with?; **il n'a pas de ~ se l'acheter** he can't afford it, he hasn't got the money to buy it; **il y a de ~ être fier** that's something to be proud of; **"il n'y a pas de ~"** "(please) don't mention it", "not at all"; ~ **qu'il arrive** whatever happens; ~ **qu'il en soit** be that as it may; ~ **que ce soit** anything at all; **en ~ puis-je vous aider?** how can I help you?; **à ~ bon?** what's the use *ou* point?; **et puis ~ encore!** what(ever) next!; ~ **faire?** what's to be done?; **sans ~** (*ou sinon*) otherwise

**quoique** [kwak(ə)] *conj* (al)though

**quolibet** [kɔlibɛ] *nm* gibe, jeer

**quorum** [kɔʀɔm] *nm* quorum

**quota** [kwɔta] *nm* quota

**quote-part** [kɔtpaʀ] *nf* share

**quotidien, ne** [kɔtidjɛ̃, -ɛn] *adj* (*journalier*) daily; (*banal*) ordinary, everyday ▷ *nm* (*journal*) daily (paper); (*vie quotidienne*) daily life, day-to-day existence; **les grands ~s** the big (national) dailies

**quotidiennement** [kɔtidjɛnmɑ̃] *adv* daily, every day

**quotient** [kɔsjɑ̃] *nm* (*Math*) quotient; ~ **intellectuel (QI)** intelligence quotient (IQ)

**quotité** [kɔtite] *nf* (*Finance*) quota

# Rr

**R, r** [ɛʀ] *nm inv* R, r ⊳ *abr* = **route; rue; R comme Raoul** R for Robert (*Brit*) *ou* Roger (*US*)

**rab** [ʀab] (*fam*), **rabiot** [ʀabjo] *nm* extra, more

**rabâcher** [ʀabɑʃe] *vi* to harp on ⊳ *vt* keep on repeating

**rabais** [ʀabɛ] *nm* reduction, discount; **au ~** at a reduction *ou* discount

**rabaisser** [ʀabese] *vt* (*rabattre*) to reduce; (*dénigrer*) to belittle

**rabane** [ʀaban] *nf* raffia (matting)

**Rabat** [ʀaba(t)] *n* Rabat

**rabat** [ʀaba] *vb voir* **rabattre** ⊳ *nm* flap

**rabat-joie** [ʀabaʒwa] *nm/f inv* killjoy (*Brit*), spoilsport

**rabatteur, -euse** [ʀabatœʀ, -øz] *nm/f* (*de gibier*) beater; (*péj*) tout

**rabattre** [ʀabatʀ(ə)] *vt* (*couvercle, siège*) to pull down; (*col*) to turn down; (*couture*) to stitch down; (*gibier*) to drive; (*somme d'un prix*) to deduct, take off; (*orgueil, prétentions*) to humble; (*Tricot*) to decrease; **se rabattre** *vi* (*bords, couvercle*) to fall shut; (*véhicule, coureur*) to cut in; **se ~ sur** (*accepter*) to fall back on

**rabattu, e** [ʀabaty] *pp de* **rabattre** ⊳ *adj* turned down

**rabbin** [ʀabɛ̃] *nm* rabbi

**rabique** [ʀabik] *adj* rabies *cpd*

**râble** [ʀɑbl(ə)] *nm* back; (*Culin*) saddle

**râblé, e** [ʀɑble] *adj* broad-backed, stocky

**rabot** [ʀabo] *nm* plane

**raboter** [ʀabote] *vt* to plane (down)

**raboteux, -euse** [ʀabotø, -øz] *adj* uneven, rough

**rabougri, e** [ʀabugʀi] *adj* stunted

**rabrouer** [ʀabʀue] *vt* to snub, rebuff

**racaille** [ʀakɑj] *nf* (*péj*) rabble, riffraff

**raccommodage** [ʀakɔmɔdaʒ] *nm* mending *no pl*, repairing *no pl*; darning *no pl*

**raccommoder** [ʀakɔmɔde] *vt* to mend, repair; (*chaussette etc*) to darn; (*fam: réconcilier: amis, ménage*) to bring together again; **se ~ (avec)** (*fam*) to patch it up (with)

**raccompagner** [ʀakɔ̃paɲe] *vt* to take *ou* see back

**raccord** [ʀakɔʀ] *nm* link; **~ de maçonnerie** pointing *no pl*; **~ de peinture** join; touch-up

**raccordement** [ʀakɔʀdəmɑ̃] *nm* joining up; connection

**raccorder** [ʀakɔʀde] *vt* to join (up), link up; (*pont etc*) to connect, link; **se ~ à** to join up with; (*fig: se rattacher à*) to tie in with; **~ au réseau du téléphone** to connect to the telephone service

**raccourci** [ʀakuʀsi] *nm* short cut; **en ~** in brief

**raccourcir** [ʀakuʀsiʀ] *vt* to shorten ⊳ *vi* (*vêtement*) to shrink

**raccroc** [ʀakʀo]: **par ~** *adv* by chance

**raccrocher** [ʀakʀɔʃe] *vt* (*tableau, vêtement*) to hang back up; (*récepteur*) to put down; (*fig: affaire*) to save ⊳ *vi* (*Tél*) to hang up, ring off; **se ~ à** *vt* to cling to, hang on to; **ne raccrochez pas** (*Tél*) hold on, don't hang up

**race** [ʀas] *nf* race; (*d'animaux, fig: espèce*) breed; (*ascendance, origine*) stock, race; **de ~** *adj* purebred, pedigree

**racé, e** [ʀase] *adj* thoroughbred

**rachat** [ʀaʃa] *nm* buying; buying back; redemption; atonement

**racheter** [ʀaʃte] *vt* (*article perdu*) to buy another; (*davantage*): **~ du lait/trois œufs** to buy more milk/another three eggs *ou* three more eggs; (*après avoir vendu*) to buy back; (*d'occasion*) to buy; (*Comm: part, firme*) to buy up; (: *pension, rente*) to redeem; (*Rel: pécheur*) to redeem; (: *péché*) to atone for, expiate; (*mauvaise conduite, oubli, défaut*) to make up for; **se racheter** (*Rel*) to redeem o.s.; (*gén*) to make amends, make up for it

**rachitique** [ʀaʃitik] *adj* suffering from rickets; (*fig*) scraggy, scrawny

**rachitisme** [ʀaʃitism(ə)] *nm* rickets *sg*

**racial, e, -aux** [ʀasjal, -o] *adj* racial

**racine** [ʀasin] *nf* root; (*fig: attache*) roots *pl*; **~ carrée/cubique** square/cube root; **prendre ~** (*fig*) to take root; to put down roots

**racisme** [ʀasism(ə)] *nm* racism, racialism

**raciste** [ʀasist(ə)] *adj, nm/f* racist, racialist

**racket** [ʀakɛt] *nm* racketeering *no pl*

**racketteur** [ʀakɛtœʀ] *nm* racketeer

**raclée** [ʀakle] *nf* (*fam*) hiding, thrashing

**raclement** [ʀakləmɑ̃] *nm* (*bruit*) scraping (noise)

**racler** [ʀakle] *vt* (*os, plat*) to scrape; (*tache, boue*) to scrape off; (*fig: instrument*) to scrape on; (*chose: frotter contre*) to scrape (against)

**raclette** | **rage**

**raclette** [ʀɑklɛt] *nf* (*Culin*) raclette (*Swiss cheese dish*)
**racloir** [ʀɑklwaʀ] *nm* (*outil*) scraper
**racolage** [ʀakɔlaʒ] *nm* soliciting; touting
**racoler** [ʀakɔle] *vt* (*attirer: prostituée*) to solicit; (: *parti, marchand*) to tout for; (*attraper*) to pick up
**racoleur, -euse** [ʀakɔlœʀ, -øz] *adj* (*péj*) cheap and alluring ▷ *nm* (*péj: de clients etc*) tout ▷ *nf* streetwalker
**racontars** [ʀakɔtaʀ] *nmpl* stories, gossip *sg*
**raconter** [ʀakɔ̃te] *vt*: ~ (**à qn**) (*décrire*) to relate (to sb), tell (sb) about; (*dire*) to tell (sb)
**racorni, e** [ʀakɔʀni] *adj* hard(ened)
**racornir** [ʀakɔʀniʀ] *vt* to harden
**radar** [ʀadaʀ] *nm* radar; **système** ~ radar system; **écran** ~ radar screen
**rade** [ʀad] *nf* (natural) harbour; **en** ~ **de Toulon** in Toulon harbour; **rester en** ~ (*fig*) to be left stranded
**radeau, x** [ʀado] *nm* raft; ~ **de sauvetage** life raft
**radial, e, -aux** [ʀadjal, -o] *adj* radial
**radiant, e** [ʀadjɑ̃, -ɑ̃t] *adj* radiant
**radiateur** [ʀadjatœʀ] *nm* radiator, heater; (*Auto*) radiator; ~ **électrique/à gaz** electric/gas heater *ou* fire
**radiation** [ʀadjasjɔ̃] *nf* (*d'un nom etc*) striking off *no pl*; (*Physique*) radiation
**radical, e, -aux** [ʀadikal, -o] *adj* radical ▷ *nm* (*Ling*) stem; (*Math*) root sign; (*Pol*) radical
**radicalement** [ʀadikalmɑ̃] *adv* radically, completely
**radicaliser** [ʀadikalize] *vt* (*durcir: opinions etc*) to harden; **se radicaliser** *vi* (*mouvement etc*) to become more radical
**radicalisme** [ʀadikalism(ə)] *nm* (*Pol*) radicalism
**radier** [ʀadje] *vt* to strike off
**radiesthésie** [ʀadjɛstezi] *nf* divination (by radiation)
**radiesthésiste** [ʀadjɛstezist(ə)] *nm/f* diviner
**radieux, -euse** [ʀadjø, -øz] *adj* (*visage, personne*) radiant; (*journée, soleil*) brilliant, glorious
**radin, e** [ʀadɛ̃, -in] *adj* (*fam*) stingy
**radio** [ʀadjo] *nf* radio; (*Méd*) X-ray ▷ *nm* (*personne*) radio operator; **à la** ~ on the radio; **avoir la** ~ to have a radio; **passer à la** ~ to be on the radio; **se faire faire une** ~/**une** ~ **des poumons** to have an X-ray/a chest X-ray
**radio...** [ʀadjo] *préfixe* radio...
**radioactif, -ive** [ʀadjoaktif, -iv] *adj* radioactive
**radioactivité** [ʀadjoaktivite] *nf* radioactivity
**radioamateur** [ʀadjoamatœʀ] *nm* (radio) ham
**radiobalise** [ʀadjobaliz] *nf* radio beacon
**radiocassette** [ʀadjokasɛt] *nf* cassette radio
**radiodiffuser** [ʀadjodifyze] *vt* to broadcast
**radiodiffusion** [ʀadjodifyzjɔ̃] *nf* (radio) broadcasting
**radioélectrique** [ʀadjoelɛktʀik] *adj* radio *cpd*
**radiographie** [ʀadjoɡʀafi] *nf* radiography; (*photo*) X-ray photograph, radiograph
**radiographier** [ʀadjoɡʀafje] *vt* to X-ray; **se faire** ~ to have an X-ray

**radioguidage** [ʀadjoɡidaʒ] *nm* (*Navig, Aviat*) radio control; (*Auto*) (broadcast of) traffic information
**radioguider** [ʀadjoɡide] *vt* (*Navig, Aviat*) to guide by radio, control by radio
**radiologie** [ʀadjolɔʒi] *nf* radiology
**radiologique** [ʀadjolɔʒik] *adj* radiological
**radiologue** [ʀadjolɔɡ] *nm/f* radiologist
**radiophonique** [ʀadjofɔnik] *adj*: **programme/ émission/jeu** ~ radio programme/broadcast/ game
**radio-réveil** [ʀadjoʀevɛj] *nm* clock radio
**radioscopie** [ʀadjoskɔpi] *nf* radioscopy
**radio-taxi** [ʀadjotaksi] *nm* radiotaxi
**radiotélescope** [ʀadjoteleskɔp] *nm* radiotelescope
**radiotélévisé, e** [ʀadjotelevize] *adj* broadcast on radio and television
**radiothérapie** [ʀadjoteʀapi] *nf* radiotherapy
**radis** [ʀadi] *nm* radish; ~ **noir** horseradish *no pl*
**radium** [ʀadjɔm] *nm* radium
**radoter** [ʀadɔte] *vi* to ramble on
**radoub** [ʀadu] *nm*: **bassin** *ou* **cale de** ~ dry dock
**radouber** [ʀadube] *vt* to repair, refit
**radoucir** [ʀadusiʀ]: **se radoucir** *vi* (*se réchauffer*) to become milder; (*se calmer*) to calm down; to soften
**radoucissement** [ʀadusismɑ̃] *nm* milder period, better weather
**rafale** [ʀafal] *nf* (*vent*) gust (of wind); (*de balles, d'applaudissements*) burst; ~ **de mitrailleuse** burst of machine-gun fire
**raffermir** [ʀafɛʀmiʀ] *vt*, **se raffermir** *vi* (*tissus, muscle*) to firm up; (*fig*) to strengthen
**raffermissement** [ʀafɛʀmismɑ̃] *nm* (*fig*) strengthening
**raffinage** [ʀafinaʒ] *nm* refining
**raffiné, e** [ʀafine] *adj* refined
**raffinement** [ʀafinmɑ̃] *nm* refinement
**raffiner** [ʀafine] *vt* to refine
**raffinerie** [ʀafinʀi] *nf* refinery
**raffoler** [ʀafɔle]: ~ **de** *vt* to be very keen on
**raffut** [ʀafy] *nm* (*fam*) row, racket
**rafiot** [ʀafjo] *nm* tub
**rafistoler** [ʀafistɔle] *vt* (*fam*) to patch up
**rafle** [ʀɑfl(ə)] *nf* (*de police*) roundup, raid
**rafler** [ʀɑfle] *vt* (*fam*) to swipe, nick
**rafraîchir** [ʀafʀeʃiʀ] *vt* (*atmosphère, température*) to cool (down); (*aussi*: **mettre à rafraîchir**) to chill; (*air, eau*) to freshen up; (: *boisson*) to refresh; (*fig: rénover*) to brighten up ▷ *vi*: **mettre du vin/une boisson à** ~ to chill wine/a drink; **se rafraîchir** to grow cooler; to freshen up; (*personne: en buvant etc*) to refresh o.s.; ~ **la mémoire à qn** to refresh sb's memory
**rafraîchissant, e** [ʀafʀeʃisɑ̃, -ɑ̃t] *adj* refreshing
**rafraîchissement** [ʀafʀeʃismɑ̃] *nm* cooling; (*boisson*) cool drink; **rafraîchissements** *nmpl* (*boissons, fruits etc*) refreshments
**ragaillardir** [ʀaɡajaʀdiʀ] *vt* (*fam*) to perk *ou* buck up
**rage** [ʀaʒ] *nf* (*Méd*): **la** ~ rabies; (*fureur*) rage,

fury; **faire** ~ to rage; ~ **de dents** (raging) toothache

**rager** [ʀaʒe] vi to fume (with rage); **faire** ~ **qn** to enrage sb, get sb mad

**rageur, -euse** [ʀaʒœʀ, -øz] adj snarling; ill-tempered

**raglan** [ʀaɡlɑ̃] adj inv raglan

**ragot** [ʀaɡo] nm (fam) malicious gossip no pl

**ragoût** [ʀaɡu] nm (plat) stew

**ragoûtant, e** [ʀaɡutɑ̃, -ɑ̃t] adj: **peu** ~ unpalatable

**rai** [ʀɛ] nm: **un** ~ **de soleil/lumière** a shaft of sunlight/light

**raid** [ʀɛd] nm (Mil) raid; (attaque aérienne) air raid; (Sport) long-distance trek

**raide** [ʀɛd] adj (tendu) taut, tight; (escarpé) steep; (droit: cheveux) straight; (ankylosé, dur, guindé) stiff; (fam: cher) steep, stiff; (: sans argent) flat broke; (osé, licencieux) daring ▷ adv (en pente) steeply; ~ **mort** stone dead

**raideur** [ʀɛdœʀ] nf steepness; stiffness

**raidir** [ʀediʀ] vt (muscles) to stiffen; (câble) to pull taut, tighten; **se raidir** vi to stiffen; to become taut; (personne: se crisper) to tense up; (: devenir intransigeant) to harden

**raidissement** [ʀedismɑ̃] nm stiffening; tightening; hardening

**raie** [ʀɛ] nf (Zool) skate, ray; (rayure) stripe; (des cheveux) parting

**raifort** [ʀɛfɔʀ] nm horseradish

**rail** [ʀaj] nm (barre d'acier) rail; (chemins de fer) railways pl (Brit), railroads pl (US); **les** ~**s** (la voie ferrée) the rails, the track sg; **par** ~ by rail; ~ **conducteur** live ou conductor rail

**railler** [ʀaje] vt to scoff at, jeer at

**raillerie** [ʀajʀi] nf mockery

**railleur, -euse** [ʀajœʀ, -øz] adj mocking

**rainurage** [ʀenyʀaʒ] nm (Auto) uneven road surface

**rainure** [ʀenyʀ] nf groove; slot

**rais** [ʀɛ] nm inv = **rai**

**raisin** [ʀɛzɛ̃] nm (aussi: **raisins**) grapes pl; (variété): ~ **blanc/noir** white (ou green)/black grape; ~ **muscat** muscat grape; ~**s secs** raisins

**raison** [ʀɛzɔ̃] nf reason; **avoir** ~ to be right; **donner** ~ **à qn** (personne) to agree with sb; (fait) to prove sb right; **avoir** ~ **de qn/qch** to get the better of sb/sth; **se faire une** ~ to learn to live with it; **perdre la** ~ to become insane; (fig) to take leave of one's senses; **recouvrer la** ~ to come to one's senses; **ramener qn à la** ~ to make sb see sense; **demander** ~ **à qn de** (affront etc) to demand satisfaction from sb for; **entendre** ~ to listen to reason, see reason; **plus que de** ~ too much, more than is reasonable; ~ **de plus** all the more reason; **à plus forte** ~ all the more so; **en** ~ **de** (à cause de) because of; (à proportion de) in proportion to; **à** ~ **de** at the rate of; ~ **d'État** reason of state; ~ **d'être** raison d'être; ~ **sociale** corporate name

**raisonnable** [ʀɛzɔnabl(ə)] adj reasonable, sensible

**raisonnablement** [ʀɛzɔnabləmɑ̃] adv reasonably

**raisonné, e** [ʀɛzɔne] adj reasoned

**raisonnement** [ʀɛzɔnmɑ̃] nm reasoning; arguing; argument

**raisonner** [ʀɛzɔne] vi (penser) to reason; (argumenter, discuter) to argue ▷ vt (personne) to reason with; (attitude: justifier) to reason out; **se raisonner** to reason with oneself

**raisonneur, -euse** [ʀɛzɔnœʀ, -øz] adj (péj) quibbling

**rajeunir** [ʀaʒœniʀ] vt (coiffure, robe): ~ **qn** to make sb look younger; (cure etc) to rejuvenate; (fig: rafraîchir) to brighten up; (: moderniser) to give a new look to; (: en recrutant) to inject new blood into ▷ vi (personne) to become (ou look) younger; (entreprise, quartier) to be modernized

**rajout** [ʀaʒu] nm addition

**rajouter** [ʀaʒute] vt (commentaire) to add; ~ **du sel/un œuf** to add some more salt/another egg; ~ **que** to add that; **en** ~ to lay it on thick

**rajustement** [ʀaʒystəmɑ̃] nm adjustment

**rajuster** [ʀaʒyste] vt (vêtement) to straighten, tidy; (salaires) to adjust; (machine) to readjust; **se rajuster** to tidy ou straighten o.s. up

**râle** [ʀɑl] nm groan; ~ **d'agonie** death rattle

**ralenti** [ʀalɑ̃ti] nm: **au** ~ (Ciné) in slow motion; (fig) at a slower pace; **tourner au** ~ (Auto) to tick over, idle

**ralentir** [ʀalɑ̃tiʀ] vt, vi, **se ralentir** vi to slow down

**ralentissement** [ʀalɑ̃tismɑ̃] nm slowing down

**râler** [ʀɑle] vi to groan; (fam) to grouse, moan (and groan)

**ralliement** [ʀalimɑ̃] nm (rassemblement) rallying; (adhésion: à une cause, une opinion) winning over; **point/signe de** ~ rallying point/sign

**rallier** [ʀalje] vt (rassembler) to rally; (rejoindre) to rejoin; (gagner à sa cause) to win over; **se** ~ **à** (avis) to come over ou round to

**rallonge** [ʀalɔ̃ʒ] nf (de table) (extra) leaf; (argent etc) extra no pl; (Élec) extension (cable ou flex); (fig: de crédit etc) extension

**rallonger** [ʀalɔ̃ʒe] vt to lengthen

**rallumer** [ʀalyme] vt to light up again, relight; (fig) to revive; **se rallumer** vi (lumière) to come on again

**rallye** [ʀali] nm rally; (Pol) march

**ramages** [ʀamaʒ] nmpl (dessin) leaf pattern sg; (chants) songs

**ramassage** [ʀamasaʒ] nm: ~ **scolaire** school bus service

**ramassé, e** [ʀamase] adj (trapu) squat, stocky; (concis: expression etc) compact

**ramasse-miettes** [ʀamasmjɛt] nm inv table-tidy

**ramasser** [ʀamase] vt (objet tombé ou par terre: fam) to pick up; (recueillir) to collect; (récolter) to gather; (: pommes de terre) to lift; **se ramasser** vi (sur soi-même) to huddle up; to crouch

**ramasseur, -euse** [ʀamasœʀ, -øz] nm/f: ~ **de balles** ballboy/girl

**r**

343

**ramassis** [Ramɑsi] *nm* (*péj: de gens*) bunch; (: *de choses*) jumble

**rambarde** [Rɑ̃baRd(ə)] *nf* guardrail

**rame** [Ram] *nf* (*aviron*) oar; (*de métro*) train; (*de papier*) ream; ~ **de haricots** bean support; **faire force de ~s** to row hard

**rameau, x** [Ramo] *nm* (small) branch; (*fig*) branch; **les R~x** (*Rel*) Palm Sunday *sg*

**ramener** [Ramne] *vt* to bring back; (*reconduire*) to take back; (*rabattre: couverture, visière*): ~ **qch sur** to pull sth back over; ~ **qch à** (*réduire à, Math*) to reduce sth to; ~ **qn à la vie/raison** to bring sb back to life/bring sb to his (*ou* her) senses; **se ramener** *vi* (*fam*) to roll *ou* turn up; **se ~ à** (*se réduire à*) to come *ou* boil down to

**ramequin** [Ramkɛ̃] *nm* ramekin

**ramer** [Rame] *vi* to row

**rameur, -euse** [RamœR, -øz] *nm/f* rower

**rameuter** [Ramøte] *vt* to gather together

**ramier** [Ramje] *nm*: (**pigeon**) ~ woodpigeon

**ramification** [Ramifikasjɔ̃] *nf* ramification

**ramifier** [Ramifje]: **se ramifier** *vi* (*tige, secte, réseau*): **se ~ (en)** to branch out (into); (*veines, nerfs*) to ramify

**ramolli, e** [Ramɔli] *adj* soft

**ramollir** [RamɔliR] *vt* to soften; **se ramollir** *vi* (*os, tissus*) to get (*ou* go) soft; (*beurre, asphalte*) to soften

**ramonage** [Ramɔnaʒ] *nm* (chimney-)sweeping

**ramoner** [Ramɔne] *vt* (*cheminée*) to sweep; (*pipe*) to clean

**ramoneur** [RamɔnœR] *nm* (chimney) sweep

**rampe** [Rɑ̃p] *nf* (*d'escalier*) banister(s *pl*); (*dans un garage, d'un terrain*) ramp; (*Théât*): **la ~** the footlights *pl*; (*lampes: lumineuse, de balisage*) floodlights *pl*; **passer la ~** (*toucher le public*) to get across to the audience; ~ **de lancement** launching pad

**ramper** [Rɑ̃pe] *vi* (*reptile, animal*) to crawl; (*plante*) to creep

**rancard** [Rɑ̃kaR] *nm* (*fam*) date; tip

**rancart** [Rɑ̃kaR] *nm*: **mettre au ~** (*article, projet*) to scrap; (*personne*) to put on the scrapheap

**rance** [Rɑ̃s] *adj* rancid

**rancir** [Rɑ̃siR] *vi* to go off, go rancid

**rancœur** [Rɑ̃kœR] *nf* rancour (*Brit*), rancor (*US*), resentment

**rançon** [Rɑ̃sɔ̃] *nf* ransom; (*fig*): **la ~ du succès** *etc* the price of success *etc*

**rançonner** [Rɑ̃sɔne] *vt* to hold to ransom

**rancune** [Rɑ̃kyn] *nf* grudge, rancour (*Brit*), rancor (*US*); **garder ~ à qn (de qch)** to bear sb a grudge (for sth); **sans ~!** no hard feelings!

**rancunier, -ière** [Rɑ̃kynje, -jɛR] *adj* vindictive, spiteful

**randonnée** [Rɑ̃dɔne] *nf* ride; (*à pied*) walk, ramble; hike, hiking *no pl*

**randonneur, -euse** [Rɑ̃dɔnœR, -øz] *nm/f* hiker

**rang** [Rɑ̃] *nm* (*rangée*) row; (*de perles*) row, string, rope; (*grade, condition sociale, classement*) rank; **rangs** *nmpl* (*Mil*) ranks; **se mettre en ~s/sur un ~** to get into *ou* form rows/a line; **sur trois** ~**s** (*lined up*) three deep; **se mettre en ~s par quatre** to form fours *ou* rows of four; **se mettre sur les ~s** (*fig*) to get into the running; **au premier** ~ in the first row; (*fig*) ranking first; **rentrer dans le** ~ to get into line; **au ~ de** (*au nombre de*) among (the ranks of); **avoir ~ de** to hold the rank of

**rangé, e** [Rɑ̃ʒe] *adj* (*sérieux*) orderly, steady

**rangée** [Rɑ̃ʒe] *nf* row

**rangement** [Rɑ̃ʒmɑ̃] *nm* tidying-up, putting-away; **faire des ~s** to tidy up

**ranger** [Rɑ̃ʒe] *vt* (*classer, grouper*) to order, arrange; (*mettre à sa place*) to put away; (*voiture dans la rue*) to park; (*mettre de l'ordre dans*) to tidy up; (*arranger, disposer: en cercle etc*) to arrange; (*fig: classer*): ~ **qn/qch parmi** to rank sb/sth among; **se ranger** *vi* (*se placer, se disposer: autour d'une table etc*) to take one's place, sit round; (*véhicule, conducteur: s'écarter*) to pull over; (: *s'arrêter*) to pull in; (*piéton*) to step aside; (*s'assagir*) to settle down; **se ~ à** (*avis*) to come round to, fall in with

**ranimer** [Ranime] *vt* (*personne évanouie*) to bring round; (*revigorer: forces, courage*) to restore; (*réconforter: troupes etc*) to kindle new life in; (*douleur, souvenir*) to revive; (*feu*) to rekindle

**rap** [Rap] *nm* rap (music)

**rapace** [Rapas] *nm* bird of prey ▷ *adj* (*péj*) rapacious, grasping; ~ **diurne/nocturne** diurnal/nocturnal bird of prey

**rapatrié, e** [RapatRije] *nm/f* repatriate (*esp French North African settler*)

**rapatriement** [RapatRimɑ̃] *nm* repatriation

**rapatrier** [RapatRije] *vt* to repatriate; (*capitaux*) to bring (back) into the country

**râpe** [Rɑp] *nf* (*Culin*) grater; (*à bois*) rasp

**râpé, e** [Rɑpe] *adj* (*tissu*) threadbare; (*Culin*) grated

**râper** [Rɑpe] *vt* (*Culin*) to grate; (*gratter, râcler*) to rasp

**rapetasser** [Raptase] *vt* (*fam*) to patch up

**rapetisser** [Raptise] *vt*: ~ **qch** to shorten sth; to make sth look smaller ▷ *vi*, **se rapetisser** *vi* to shrink

**râpeux, -euse** [Rapø, -øz] *adj* rough

**raphia** [Rafja] *nm* raffia

**rapide** [Rapid] *adj* fast; (*prompt*) quick; (*intelligence*) quick ▷ *nm* express (train); (*de cours d'eau*) rapid

**rapidement** [Rapidmɑ̃] *adv* fast; quickly

**rapidité** [Rapidite] *nf* speed; quickness

**rapiécer** [Rapjese] *vt* to patch

**rappel** [Rapɛl] *nm* (*d'un ambassadeur, Mil*) recall; (*Théât*) curtain call; (*Méd: vaccination*) booster; (*Admin: de salaire*) back pay *no pl*; (*d'une aventure, d'un nom*) reminder; (*de limitation de vitesse: sur écriteau*) speed limit sign (*reminder*); (*Tech*) return; (*Navig*) sitting out; (*Alpinisme: aussi*: **rappel de corde**) abseiling *no pl*, roping down *no pl*; abseil; ~ **à l'ordre** call to order

**rappeler** [Raple] *vt* (*pour faire revenir, retéléphoner*) to call back; (*ambassadeur, Mil*) to recall; (*acteur*) to call back (onto the stage); (*faire se souvenir*): ~

**qch à qn** to remind sb of sth; **se rappeler** vt (se souvenir de) to remember, recall; **~ qn à la vie** to bring sb back to life; **~ qn à la décence** to recall sb to a sense of decency; **ça rappelle la Provence** it's reminiscent of Provence, it reminds you of Provence; **se ~ que...** to remember that...

**rappelle** etc [Rapɛl] vb voir **rappeler**

**rappliquer** [Raplike] vi (fam) to turn up

**rapport** [RapɔR] nm (compte rendu) report; (profit) yield, return; revenue; (lien, analogie) relationship; (corrélation) connection; (proportion: Math, Tech) ratio; **rapports** nmpl (entre personnes, pays) relations; **avoir ~ à** to have something to do with, concern; **être en ~ avec** (idée de corrélation) to be related to; **être/se mettre en ~ avec qn** to be/get in touch with sb; **par ~ à** (comparé à) in relation to; (à propos de) with regard to; **sous le ~ de** from the point of view of; **sous tous (les) ~s** in all respects; **~s (sexuels)** (sexual) intercourse sg; **~ qualité-prix** value (for money)

**rapporté, e** [RapɔRte] adj: **pièce ~e** (Couture) patch

**rapporter** [RapɔRte] vt (rendre, ramener) to bring back; (apporter davantage) to bring more; (Couture) to sew on; (investissement) to yield; (: activité) to bring in; (relater) to report; (Jur: annuler) to revoke ▷ vi (investissement) to give a good return ou yield; (activité) to be very profitable; (péj: moucharder) to tell; **~ qch à** (fig: rattacher) to relate sth to; **se ~ à** (correspondre à) to relate to; **s'en ~ à** to rely on

**rapporteur, -euse** [RapɔRtœR, -øz] nm/f (de procès, commission) reporter; (péj) telltale ▷ nm (Géom) protractor

**rapproché, e** [RapRɔʃe] adj (proche) near, close at hand; **~s** (l'un de l'autre) at close intervals

**rapprochement** [RapRɔʃmɑ̃] nm (réconciliation: de nations, familles) reconciliation; (analogie, rapport) parallel

**rapprocher** [RapRɔʃe] vt (chaise d'une table): **~ qch (de)** to bring sth closer (to); (deux objets) to bring closer together; (réunir) to bring together; (comparer) to establish a parallel between; **se rapprocher** vi to draw closer ou nearer; (fig: familles, pays) to come together; to come closer together; **se ~ de** to come closer to; (présenter une analogie avec) to be close to

**rapt** [Rapt] nm abduction

**raquette** [Rakɛt] nf (de tennis) racket; (de ping-pong) bat; (à neige) snowshoe

**rare** [RaR] adj rare; (main-d'œuvre, denrées) scarce; (cheveux, herbe) sparse; **il est ~ que** it's rare that, it's unusual that; **se faire ~** to become scarce; (fig: personne) to make oneself scarce

**raréfaction** [RaRefaksjɔ̃] nf scarcity; (de l'air) rarefaction

**raréfier** [RaRefje]: **se raréfier** vi to grow scarce; (air) to rarefy

**rarement** [RaRmɑ̃] adv rarely, seldom

**rareté** [RaRte] nf voir **rare** rarity; scarcity

**rarissime** [RaRisim] adj extremely rare

**RAS** abr = **rien à signaler**

**ras, e** [Rɑ, Rɑz] adj (tête, cheveux) close-cropped; (poil, herbe) short; (mesure, cuillère) level ▷ adv short; **faire table ~e** to make a clean sweep; **en ~e campagne** in open country; **à ~ bords** to the brim; **au ~ de** level with; **en avoir ~ le bol** (fam) to be fed up; **~ du cou** adj (pull, robe) crew-neck

**rasade** [Rɑzad] nf glassful

**rasant, e** [Rɑzɑ̃, ɑ̃t] adj (Mil: balle, tir) grazing; (fam) boring

**rascasse** [Raskas] nf (Zool) scorpion fish

**rasé, e** [Rɑze] adj: **~ de frais** freshly shaven; **~ de près** close-shaven

**rase-mottes** [Rɑzmɔt] nm inv: **faire du ~** to hedgehop; **vol en ~** hedgehopping

**raser** [Rɑze] vt (barbe, cheveux) to shave off; (menton, personne) to shave; (fam: ennuyer) to bore; (démolir) to raze (to the ground); (frôler) to graze, skim; **se raser** to shave; (fam) to be bored (to tears)

**rasoir** [RɑzwaR] nm razor; **~ électrique** electric shaver ou razor; **~ mécanique** ou **de sûreté** safety razor

**rassasier** [Rasazje] vt to satisfy; **être rassasié** (dégoûté) to be sated; to have had more than enough

**rassemblement** [Rɑsɑ̃bləmɑ̃] nm (groupe) gathering; (Pol) union; association; (Mil): **le ~** parade

**rassembler** [Rɑsɑ̃ble] vt (réunir) to assemble, gather; (regrouper, amasser) to gather together; collect; **se rassembler** vi to gather; **~ ses idées/ ses esprits/son courage** to collect one's thoughts/gather one's wits/screw up one's courage

**rasseoir** [RaswaR]: **se rasseoir** vi to sit down again

**rassir** [RasiR] vi to go stale

**rassis, e** [Rasi, -iz] adj (pain) stale

**rassurant, e** [RasyRɑ̃, -ɑ̃t] adj (nouvelles etc) reassuring

**rassuré, e** [RasyRe] adj: **ne pas être très ~** to be rather ill at ease

**rassurer** [RasyRe] vt to reassure; **se rassurer** to be reassured; **rassure-toi** don't worry

**rat** [Ra] nm rat; **~ d'hôtel** hotel thief; **~ musqué** muskrat

**ratatiné, e** [Ratatine] adj shrivelled (up), wrinkled

**ratatiner** [Ratatine] vt to shrivel; (peau) to wrinkle; **se ratatiner** vi to shrivel; to become wrinkled

**ratatouille** [Ratatuj] nf (Culin) ratatouille

**rate** [Rat] nf female rat; (Anat) spleen

**raté, e** [Rate] adj (tentative) unsuccessful, failed ▷ nm/f failure ▷ nm misfiring no pl

**râteau, x** [Rɑto] nm rake

**râtelier** [Rɑtəlje] nm rack; (fam) false teeth pl

**rater** [Rate] vi (ne pas partir: coup de feu) to fail to go off; (affaire, projet etc) to go wrong, fail ▷ vt (cible, train, occasion) to miss; (démonstration, plat) to

*r*

spoil; (*examen*) to fail; ~ **son coup** to fail, not to bring it off

**raticide** [Ratisid] *nm* rat poison

**ratification** [Ratifikɑsjɔ̃] *nf* ratification

**ratifier** [Ratifje] *vt* to ratify

**ratio** [Rasjo] *nm* ratio

**ration** [Rɑsjɔ̃] *nf* ration; (*fig*) share; ~ **alimentaire** food intake

**rationalisation** [Rasjɔnalizasjɔ̃] *nf* rationalization

**rationaliser** [Rasjɔnalize] *vt* to rationalize

**rationnel, le** [Rasjɔnɛl] *adj* rational

**rationnellement** [Rasjɔnɛlmɑ̃] *adv* rationally

**rationnement** [Rasjɔnmɑ̃] *nm* rationing; **ticket de** ~ ration coupon

**rationner** [Rasjɔne] *vt* to ration; (*personne*) to put on rations; **se rationner** to ration o.s.

**ratisser** [Ratise] *vt* (*allée*) to rake; (*feuilles*) to rake up; (*armée, police*) to comb; ~ **large** to cast one's net wide

**raton** [Ratɔ̃] *nm*: ~ **laveur** raccoon

**RATP** *sigle f* (= *Régie autonome des transports parisiens*) Paris transport authority

**rattacher** [Rataʃe] *vt* (*animal, cheveux*) to tie up again; (*incorporer: Admin etc*): ~ **qch à** to join sth to, unite sth with; (*fig: relier*): ~ **qch à** to link sth with, relate sth to; (: *lier*): ~ **qn à** to bind *ou* tie sb to; **se** ~ **à** (*fig: avoir un lien avec*) to be linked (*ou* connected) with

**rattrapage** [Ratrapaʒ] *nm* (*Scol*) remedial classes *pl*; (*Écon*) catching up

**rattraper** [Ratrape] *vt* (*fugitif*) to recapture; (*retenir, empêcher de tomber*) to catch (hold of); (*atteindre, rejoindre*) to catch up with; (*réparer: erreur*) to make up for; **se rattraper** *vi* (*regagner: du temps*) to make up for lost time; (: *de l'argent etc*) to make good one's losses; (*réparer une gaffe etc*) to make up for it; **se** ~ **(à)** (*se raccrocher*) to stop o.s. falling (by catching hold of); ~ **son retard/le temps perdu** to make up (for) lost time

**rature** [RatyR] *nf* deletion, erasure

**raturer** [RatyRe] *vt* to cross out, delete, erase

**rauque** [Rok] *adj* raucous; hoarse

**ravagé, e** [Ravaʒe] *adj* (*visage*) harrowed

**ravager** [Ravaʒe] *vt* to devastate, ravage

**ravages** [Ravaʒ] *nmpl* ravages; **faire des** ~ to wreak havoc; (*fig: séducteur*) to break hearts

**ravalement** [Ravalmɑ̃] *nm* restoration

**ravaler** [Ravale] *vt* (*mur, façade*) to restore; (*déprécier*) to lower; (*avaler de nouveau*) to swallow again; ~ **sa colère/son dégoût** to stifle one's anger/swallow one's distaste

**ravauder** [Ravode] *vt* to repair, mend

**rave** [Rav] *nf* (*Bot*) rape

**ravi, e** [Ravi] *adj* delighted; **être** ~ **de/que** to be delighted with/that

**ravier** [Ravje] *nm* hors d'œuvre dish

**ravigote** [Ravigɔt] *adj*: **sauce** ~ oil and vinegar dressing with shallots

**ravigoter** [Ravigɔte] *vt* (*fam*) to buck up

**ravin** [Ravɛ̃] *nm* gully, ravine

**raviner** [Ravine] *vt* to furrow, gully

**ravioli** [Ravjɔli] *nmpl* ravioli *sg*

**ravir** [RaviR] *vt* (*enchanter*) to delight; (*enlever*): ~ **qch à qn** to rob sb of sth; **à** ~ *adv* delightfully, beautifully; **être beau à** ~ to be ravishingly beautiful

**raviser** [Ravize]: **se raviser** *vi* to change one's mind

**ravissant, e** [Ravisɑ̃, -ɑ̃t] *adj* delightful

**ravissement** [Ravismɑ̃] *nm* (*enchantement, délice*) rapture

**ravisseur, -euse** [RavisœR, -øz] *nm/f* abductor, kidnapper

**ravitaillement** [Ravitajmɑ̃] *nm* resupplying; refuelling; (*provisions*) supplies *pl*; **aller au** ~ to go for fresh supplies; ~ **en vol** (*Aviat*) in-flight refuelling

**ravitailler** [Ravitaje] *vt* to resupply; (*véhicule*) to refuel; **se ravitailler** *vi* to get fresh supplies

**raviver** [Ravive] *vt* (*feu*) to rekindle, revive; (*douleur*) to revive; (*couleurs*) to brighten up

**ravoir** [RavwaR] *vt* to get back

**rayé, e** [Reje] *adj* (*à rayures*) striped; (*éraflé*) scratched

**rayer** [Reje] *vt* (*érafler*) to scratch; (*barrer*) to cross *ou* score out; (*d'une liste: radier*) to cross *ou* strike off

**rayon** [Rɛjɔ̃] *nm* (*de soleil etc*) ray; (*Géom*) radius; (*de roue*) spoke; (*étagère*) shelf; (*de grand magasin*) department; (*fig: domaine*) responsibility, concern; (*de ruche*) (honey)comb; **dans un** ~ **de** within a radius of; **rayons** *nmpl* (*radiothérapie*) radiation; ~ **d'action** range; ~ **de braquage** (*Auto*) turning circle; ~ **laser** laser beam; ~ **de soleil** sunbeam, ray of sunlight *ou* sunshine; ~**s X** X-rays

**rayonnage** [Rɛjɔnaʒ] *nm* set of shelves

**rayonnant, e** [Rɛjɔnɑ̃, -ɑ̃t] *adj* radiant

**rayonne** [Rɛjɔn] *nf* rayon

**rayonnement** [Rɛjɔnmɑ̃] *nm* radiation; (*fig: éclat*) radiance; (: *influence*) influence

**rayonner** [Rɛjɔne] *vi* (*chaleur, énergie*) to radiate; (*fig: émotion*) to shine forth; (: *visage*) to be radiant; (*avenues, axes*) to radiate; (*touriste*) to go touring (*from one base*)

**rayure** [RejyR] *nf* (*motif*) stripe; (*éraflure*) scratch; (*rainure, d'un fusil*) groove; **à** ~**s** striped

**raz-de-marée** [Radmare] *nm inv* tidal wave

**razzia** [Razja] *nf* raid, foray

**RBE** *sigle m* (= *revenu brut d'exploitation*) gross profit (*of a farm*)

**R-D** *sigle f* (= *Recherche-Développement*) R & D

**RDA** *sigle f* (= *République démocratique allemande*) GDR

**rdc** *abr* = **rez-de-chaussée**

**ré** [Re] *nm* (*Mus*) D; (*en chantant la gamme*) re

**réabonnement** [Reabɔnmɑ̃] *nm* renewal of subscription

**réabonner** [Reabɔne] *vt*: ~ **qn à** to renew sb's subscription to; **se** ~ **(à)** to renew one's subscription (to)

**réac** [Reak] *adj, nm/f* (*fam*: = *réactionnaire*)

reactionary

**réacteur** [ʀeaktœʀ] *nm* jet engine; ~ **nucléaire** nuclear reactor

**réactif** [ʀeaktif] *nm* reagent

**réaction** [ʀeaksjɔ̃] *nf* reaction; **par** ~ jet-propelled; **avion/moteur à** ~ jet (plane)/jet engine; ~ **en chaîne** chain reaction

**réactionnaire** [ʀeaksjɔnɛʀ] *adj, nm/f* reactionary

**réactualiser** [ʀeaktɥalize] *vt* to update, bring up to date

**réadaptation** [ʀeadaptasjɔ̃] *nf* readjustment; rehabilitation

**réadapter** [ʀeadapte] *vt* to readjust; (*Méd*) to rehabilitate; **se** ~ **(à)** to readjust (to)

**réaffirmer** [ʀeafiʀme] *vt* to reaffirm, reassert

**réagir** [ʀeaʒiʀ] *vi* to react

**réajuster** [ʀeaʒyste] *vt* = **rajuster**

**réalisable** [ʀealizabl(ə)] *adj* (*projet, plan*) feasible; (*Comm: valeur*) realizable

**réalisateur, -trice** [ʀealizatœʀ, -tʀis] *nm/f* (*TV, Ciné*) director

**réalisation** [ʀealizasjɔ̃] *nf* carrying out; realization; fulfilment; achievement; production; (*œuvre*) production, work; (*création*) creation

**réaliser** [ʀealize] *vt* (*projet, opération*) to carry out, realize; (*rêve, souhait*) to realize, fulfil; (*exploit*) to achieve; (*achat, vente*) to make; (*film*) to produce; (*se rendre compte de, Comm: bien, capital*) to realize; **se réaliser** *vi* to be realized

**réalisme** [ʀealism(ə)] *nm* realism

**réaliste** [ʀealist(ə)] *adj* realistic; (*peintre, roman*) realist ▷ *nm/f* realist

**réalité** [ʀealite] *nf* reality; **en** ~ in (actual) fact; **dans la** ~ in reality; ~ **virtuelle** virtual reality

**réanimation** [ʀeanimasjɔ̃] *nf* resuscitation; **service de** ~ intensive care unit

**réanimer** [ʀeanime] *vt* (*Méd*) to resuscitate

**réapparaître** [ʀeapaʀɛtʀ(ə)] *vi* to reappear

**réapparition** [ʀeapaʀisjɔ̃] *nf* reappearance

**réapprovisionner** [ʀeapʀɔvizjɔne] *vt* (*magasin*) to restock; **se** ~ **(en)** to restock (with)

**réarmement** [ʀeaʀməmɑ̃] *nm* rearmament

**réarmer** [ʀeaʀme] *vt* (*arme*) to reload ▷ *vi* (*état*) to rearm

**réassortiment** [ʀeasɔʀtimɑ̃] *nm* (*Comm*) restocking

**réassortir** [ʀeasɔʀtiʀ] *vt* to match up

**réassurance** [ʀeasyʀɑ̃s] *nf* reinsurance

**réassurer** [ʀeasyʀe] *vt* to reinsure

**rebaptiser** [ʀəbatize] *vt* (*rue*) to rename

**rébarbatif, -ive** [ʀebaʀbatif, -iv] *adj* forbidding; (*style*) off-putting (*Brit*), crabbed

**rebattre** [ʀəbatʀ(ə)] *vt*: ~ **les oreilles à qn de qch** to keep harping on to sb about sth

**rebattu, e** [ʀəbaty] *pp de* **rebattre** ▷ *adj* hackneyed

**rebelle** [ʀəbɛl] *nm/f* rebel ▷ *adj* (*troupes*) rebel; (*enfant*) rebellious; (*mèche etc*) unruly; ~ **à qch** unamenable to sth; ~ **à faire** unwilling to do sth

**rebeller** [ʀəbele]: **se rebeller** *vi* to rebel

**rébellion** [ʀebeljɔ̃] *nf* rebellion; (*rebelles*) rebel forces *pl*

**rebiffer** [ʀəbife]: **se rebiffer** *vr* to fight back

**reboisement** [ʀəbwazmɑ̃] *nm* reafforestation

**reboiser** [ʀəbwaze] *vt* to replant with trees, reafforest

**rebond** [ʀəbɔ̃] *nm* (*voir rebondir*) bounce; rebound

**rebondi, e** [ʀəbɔ̃di] *adj* (*ventre*) rounded; (*joues*) chubby, well-rounded

**rebondir** [ʀəbɔ̃diʀ] *vi* (*ballon: au sol*) to bounce; (*: contre un mur*) to rebound; (*fig: procès, action, conversation*) to get moving again, be suddenly revived

**rebondissement** [ʀəbɔ̃dismɑ̃] *nm* new development

**rebord** [ʀəbɔʀ] *nm* edge

**reboucher** [ʀəbuʃe] *vt* (*flacon*) to put the stopper (*ou* top) back on, recork; (*trou*) to stop up

**rebours** [ʀəbuʀ]: **à** ~ *adv* the wrong way

**rebouteux, -euse** [ʀəbutø, -øz] *nm/f* (*péj*) bonesetter

**reboutonner** [ʀəbutɔne] *vt* (*vêtement*) to button up (again)

**rebrousse-poil** [ʀəbʀuspwal]: **à** ~ *adv* the wrong way

**rebrousser** [ʀəbʀuse] *vt* (*cheveux, poils*) to brush back, brush up; ~ **chemin** to turn back

**rebuffade** [ʀəbyfad] *nf* rebuff

**rébus** [ʀebys] *nm inv* (*jeu d'esprit*) rebus; (*fig*) puzzle

**rebut** [ʀəby] *nm*: **mettre au** ~ to scrap, discard

**rebutant, e** [ʀəbytɑ̃, -ɑ̃t] *adj* (*travail, démarche*) off-putting, disagreeable

**rebuter** [ʀəbyte] *vt* to put off

**récalcitrant, e** [ʀekalsitʀɑ̃, -ɑ̃t] *adj* refractory, recalcitrant

**recaler** [ʀəkale] *vt* (*Scol*) to fail

**récapitulatif, -ive** [ʀekapitylatif, -iv] *adj* (*liste, tableau*) summary *cpd*, that sums up

**récapituler** [ʀekapityle] *vt* to recapitulate; (*résumer*) to sum up

**recel** [ʀəsɛl] *nm* receiving (stolen goods)

**receler** [ʀəsəle] *vt* (*produit d'un vol*) to receive; (*malfaiteur*) to harbour; (*fig*) to conceal

**receleur, -euse** [ʀəsəlœʀ, -øz] *nm/f* receiver

**récemment** [ʀesamɑ̃] *adv* recently

**recensement** [ʀəsɑ̃smɑ̃] *nm* census; inventory

**recenser** [ʀəsɑ̃se] *vt* (*population*) to take a census of; (*inventorier*) to make an inventory of; (*dénombrer*) to list

**récent, e** [ʀesɑ̃, -ɑ̃t] *adj* recent

**récépissé** [ʀesepise] *nm* receipt

**réceptacle** [ʀesɛptakl(ə)] *nm* (*où les choses aboutissent*) recipient; (*où les choses sont stockées*) repository; (*Bot*) receptacle

**récepteur, -trice** [ʀesɛptœʀ, -tʀis] *adj* receiving ▷ *nm* receiver; ~ **(de radio)** radio set *ou* receiver

**réceptif, -ive** [ʀesɛptif, -iv] *adj*: ~ **(à)** receptive (to)

**réception** [ʀesɛpsjɔ̃] *nf* receiving *no pl*; (*d'une marchandise, commande*) receipt; (*accueil*) reception, welcome; (*bureau*) reception (desk);

r

(*réunion mondaine*) reception, party; (*pièces*) reception rooms *pl*; (*Sport: après un saut*) landing; (*du ballon*) catching *no pl*; **jour/heures de ~** day/hours for receiving visitors (*ou* students *etc*)

**réceptionner** [ʀesɛpsjɔne] *vt* (*Comm*) to take delivery of; (*Sport: ballon*) to catch (and control)

**réceptionniste** [ʀesɛpsjɔnist(ə)] *nm/f* receptionist

**réceptivité** [ʀesɛptivite] *nf* (*à une influence*) receptiveness; (*à une maladie*) susceptibility

**récessif, -ive** [ʀesesif, -iv] *adj* (*Biol*) recessive

**récession** [ʀesesjɔ̃] *nf* recession

**recette** [ʀəsɛt] *nf* (*Culin*) recipe; (*fig*) formula, recipe; (*Comm*) takings *pl*; (*Admin: bureau*) tax *ou* revenue office; **recettes** *nfpl* (*Comm: rentrées*) receipts; **faire ~** (*spectacle, exposition*) to be a winner

**receveur, -euse** [ʀəsvœʀ, -øz] *nm/f* (*des contributions*) tax collector; (*des postes*) postmaster/mistress; (*d'autobus*) conductor/conductress; (*Méd: de sang, organe*) recipient

**recevoir** [ʀəsvwaʀ] *vt* to receive; (*lettre, prime*) to receive, get; (*client, patient, représentant*) to see; (*jour, soleil: pièce*) to get; (*Scol: candidat*) to pass ▷ *vi* to receive visitors; to give parties; to see patients *etc*; **se recevoir** *vi* (*athlète*) to land; **~ qn à dîner** to invite sb to dinner; **il reçoit de huit à 10** he's at home from eight to 10, he will see visitors from eight to 10; (*docteur, dentiste etc*) he sees patients from eight to 10; **être reçu** (*à un examen*) to pass; **être bien/mal reçu** to be well/badly received

**rechange** [ʀəʃɑ̃ʒ]: **de ~** *adj* (*pièces, roue*) spare; (*fig: solution*) alternative; **des vêtements de ~** a change of clothes

**rechaper** [ʀəʃape] *vt* to remould (*Brit*), remold (*US*), retread

**réchapper** [ʀeʃape]: **~ de** *ou* **à** *vt* (*accident, maladie*) to come through; **va-t-il en ~?** is he going to get over it?, is he going to come through (it)?

**recharge** [ʀəʃaʀʒ(ə)] *nf* refill

**rechargeable** [ʀəʃaʀʒabl(ə)] *adj* refillable; rechargeable

**recharger** [ʀəʃaʀʒe] *vt* (*camion, fusil, appareil photo*) to reload; (*briquet, stylo*) to refill; (*batterie*) to recharge

**réchaud** [ʀeʃo] *nm* (portable) stove, plate-warmer

**réchauffé** [ʀeʃofe] *nm* (*nourriture*) reheated food; (*fig*) stale news (*ou* joke *etc*)

**réchauffement** [ʀeʃofmɑ̃] *nm* warming (up); **le ~ de la planète** global warming

**réchauffer** [ʀeʃofe] *vt* (*plat*) to reheat; (*mains, personne*) to warm; **se réchauffer** *vi* to get warmer; **se ~ les doigts** to warm (up) one's fingers

**rêche** [ʀɛʃ] *adj* rough

**recherche** [ʀəʃɛʀʃ(ə)] *nf* (*action*): **la ~ de** the search for; (*raffinement*) affectedness, studied elegance; (*scientifique etc*): **la ~** research; **recherches** *nfpl* (*de la police*) investigations;

(*scientifiques*) research *sg*; **être/se mettre à la ~ de** to be/go in search of

**recherché, e** [ʀəʃɛʀʃe] *adj* (*rare, demandé*) much sought-after; (*entouré: acteur, femme*) in demand; (*raffiné*) studied, affected

**rechercher** [ʀəʃɛʀʃe] *vt* (*objet égaré, personne*) to look for, search for; (*témoins, coupable, main-d'œuvre*) to look for; (*causes d'un phénomène, nouveau procédé*) to try to find; (*bonheur etc, l'amitié de qn*) to seek; **"~ et remplacer"** (*Inform*) "find and replace"

**rechigner** [ʀəʃiɲe] *vi*: **~ (à)** to balk (at)

**rechute** [ʀəʃyt] *nf* (*Méd*) relapse; (*dans le péché, le vice*) lapse; **faire une ~** to have a relapse

**rechuter** [ʀəʃyte] *vi* (*Méd*) to relapse

**récidive** [ʀesidiv] *nf* (*Jur*) second (*ou* subsequent) offence; (*fig*) repetition; (*Méd*) recurrence

**récidiver** [ʀesidive] *vi* to commit a second (*ou* subsequent) offence; (*fig*) to do it again

**récidiviste** [ʀesidivist(ə)] *nm/f* second (*ou* habitual) offender, recidivist

**récif** [ʀesif] *nm* reef

**récipiendaire** [ʀesipjɑ̃dɛʀ] *nm* recipient (*of diploma etc*); (*d'une société*) newly elected member

**récipient** [ʀesipjɑ̃] *nm* container

**réciproque** [ʀesipʀɔk] *adj* reciprocal ▷ *nf*: **la ~** (*l'inverse*) the converse

**réciproquement** [ʀesipʀɔkmɑ̃] *adv* reciprocally; **et ~** and vice versa

**récit** [ʀesi] *nm* (*action de narrer*) telling; (*conte, histoire*) story

**récital** [ʀesital] *nm* recital

**récitant, e** [ʀesitɑ̃, -ɑ̃t] *nm/f* narrator

**récitation** [ʀesitasjɔ̃] *nf* recitation

**réciter** [ʀesite] *vt* to recite

**réclamation** [ʀeklamasjɔ̃] *nf* complaint; **réclamations** *nfpl* (*bureau*) complaints department *sg*

**réclame** [ʀeklam] *nf*: **la ~** advertising; **une ~** an ad(vertisement), an advert (*Brit*); **faire de la ~ (pour qch/qn)** to advertise (sth/sb); **article en ~** special offer

**réclamer** [ʀeklame] *vt* (*aide, nourriture etc*) to ask for; (*revendiquer: dû, part, indemnité*) to claim, demand; (*nécessiter*) to demand, require ▷ *vi* to complain; **se ~ de** to give as one's authority; to claim filiation with

**reclassement** [ʀəklɑsmɑ̃] *nm* reclassifying; regrading; rehabilitation

**reclasser** [ʀəklɑse] *vt* (*fiches, dossiers*) to reclassify; (*fig: fonctionnaire etc*) to regrade; (*: ouvrier licencié*) to place, rehabilitate

**reclus, e** [ʀəkly, -yz] *nm/f* recluse

**réclusion** [ʀeklyzjɔ̃] *nf* imprisonment; **~ à perpétuité** life imprisonment

**recoiffer** [ʀəkwafe] *vt*: **~ un enfant** to do a child's hair again; **se recoiffer** to do one's hair again

**recoin** [ʀəkwɛ̃] *nm* nook, corner; (*fig*) hidden recess

**reçois** *etc* [ʀəswa] *vb voir* **recevoir**

**reçoive** *etc* [ʀəswav] *vb voir* **recevoir**

**recoller** [Rəkɔle] vt (enveloppe) to stick back down

**récolte** [Rekɔlt(ə)] nf harvesting, gathering; (produits) harvest, crop; (fig) crop, collection; (: d'observations) findings

**récolter** [Rekɔlte] vt to harvest, gather (in); (fig) to get

**recommandable** [Rəkɔmɑ̃dabl(ə)] adj commendable; **peu ~** not very commendable

**recommandation** [Rəkɔmɑ̃dɑsjɔ̃] nf recommendation

**recommandé** [Rəkɔmɑ̃de] nm (méthode etc) recommended; (Postes): **en ~** by registered mail

**recommander** [Rəkɔmɑ̃de] vt to recommend; (qualités etc) to commend; (Postes) to register; **~ qch à qn** to recommend sth to sb; **~ à qn de faire** to recommend sb to do; **~ qn auprès de qn** ou **à qn** to recommend sb to sb; **il est recommandé de faire ...** it is recommended that one does ...; **se ~ à qn** to commend o.s. to sb; **se ~ de qn** to give sb's name as a reference

**recommencer** [Rəkɔmɑ̃se] vt (reprendre: lutte, séance) to resume, start again; (refaire: travail, explications) to start afresh, start (over) again; (récidiver: erreur) to make again ▷ vi to start again; (récidiver) to do it again; **~ à faire** to start doing again; **ne recommence pas!** don't do that again!

**récompense** [Rekɔ̃pɑ̃s] nf reward; (prix) award; **recevoir qch en ~** to get sth as a reward, be rewarded with sth

**récompenser** [Rekɔ̃pɑ̃se] vt: **~ qn (de** ou **pour)** to reward sb (for)

**réconciliation** [Rekɔ̃siljɑsjɔ̃] nf reconciliation

**réconcilier** [Rekɔ̃silje] vt to reconcile; **~ qn avec qn** to reconcile sb with sb; **~ qn avec qch** to reconcile sb to sth; **se réconcilier (avec)** to be reconciled (with)

**reconductible** [Rəkɔ̃dyktibl(ə)] adj (Jur: contrat, bail) renewable

**reconduction** [Rəkɔ̃dyksjɔ̃] nf renewal; (Pol: d'une politique) continuation

**reconduire** [Rəkɔ̃dɥiʀ] vt (raccompagner) to take ou see back; (: à la porte) to show out; (: à son domicile) to see home, take home; (Jur, Pol: renouveler) to renew

**réconfort** [Rekɔ̃fɔʀ] nm comfort

**réconfortant, e** [Rekɔ̃fɔʀtɑ̃, -ɑ̃t] adj (idée, paroles) comforting; (boisson) fortifying

**réconforter** [Rekɔ̃fɔʀte] vt (consoler) to comfort; (revigorer) to fortify

**reconnais** etc [R(ə)kɔnɛ] vb voir **reconnaître**

**reconnaissable** [Rəkɔnɛsabl(ə)] adj recognizable

**reconnaissance** [Rəkɔnɛsɑ̃s] nf recognition; acknowledgement; (gratitude) gratitude, gratefulness; (Mil) reconnaissance, recce; **en ~** (Mil) on reconnaissance; **~ de dette** acknowledgement of a debt, IOU

**reconnaissant, e** [Rəkɔnɛsɑ̃, -ɑ̃t] vb voir **reconnaître** ▷ adj grateful; **je vous serais ~ de bien vouloir** I should be most grateful if you would (kindly)

**reconnaître** [Rəkɔnɛtʀ(ə)] vt to recognize; (Mil: lieu) to reconnoitre; (Jur: enfant, dette, droit) to acknowledge; **~ que** to admit ou acknowledge that; **~ qn/qch à** (l'identifier grâce à) to recognize sb/sth by; **~ à qn: je lui reconnais certaines qualités** I recognize certain qualities in him; **se ~ quelque part** (s'y retrouver) to find one's way around (a place)

**reconnu, e** [R(ə)kɔny] pp de **reconnaître** ▷ adj (indiscuté, connu) recognized

**reconquérir** [Rəkɔ̃keʀiʀ] vt to reconquer, recapture; (sa dignité etc) to recover

**reconquête** [Rəkɔ̃kɛt] nf recapture; recovery

**reconsidérer** [Rəkɔ̃sideʀe] vt to reconsider

**reconstituant, e** [Rəkɔ̃stitɥɑ̃, -ɑ̃t] adj (régime) strength-building ▷ nm tonic, pick-me-up

**reconstituer** [Rəkɔ̃stitɥe] vt (monument ancien) to recreate, build a replica of; (fresque, vase brisé) to piece together, reconstitute; (événement, accident) to reconstruct; (fortune, patrimoine) to rebuild; (Bio: tissus etc) to regenerate

**reconstitution** [Rəkɔ̃stitysjɔ̃] nf (d'un accident etc) reconstruction

**reconstruction** [Rəkɔ̃stʀyksjɔ̃] nf rebuilding, reconstruction

**reconstruire** [Rəkɔ̃stʀɥiʀ] vt to rebuild, reconstruct

**reconversion** [Rəkɔ̃vɛʀsjɔ̃] nf (du personnel) redeployment

**reconvertir** [Rəkɔ̃vɛʀtiʀ] vt (usine) to reconvert; (personnel, troupes etc) to redeploy; **se ~ dans** (un métier, une branche) to move into, be redeployed into

**recopier** [Rəkɔpje] vt (transcrire) to copy out again, write out again; (mettre au propre: devoir) to make a clean ou fair copy of

**record** [Rəkɔʀ] nm, adj record; **~ du monde** world record

**recoucher** [Rəkuʃe] vt (enfant) to put back to bed

**recoudre** [Rəkudʀ(ə)] vt (bouton) to sew back on; (plaie, incision) to sew (back) up, stitch up

**recoupement** [Rəkupmɑ̃] nm: **faire un ~** ou **des ~s** to cross-check; **par ~** by cross-checking

**recouper** [Rəkupe] vt (tranche) to cut again; (vêtement) to recut ▷ vi (Cartes) to cut again; **se recouper** vi (témoignages) to tie ou match up

**recourais** etc [Rəkuʀɛ] vb voir **recourir**

**recourbé, e** [Rəkuʀbe] adj curved; hooked; bent

**recourber** [Rəkuʀbe] vt (branche, tige de métal) to bend

**recourir** [Rəkuʀiʀ] vi (courir de nouveau) to run again; (refaire une course) to race again; **~ à** vt (ami, agence) to turn ou appeal to; (force, ruse, emprunt) to resort to, have recourse to

**recours** [Rəkuʀ] vb voir **recourir** ▷ nm (Jur) appeal; **avoir ~ à**; **= recourir à**; **dernier ~** as a last resort; **sans ~** final; with no way out; **~ en grâce** plea for clemency (ou pardon)

**recouru, e** [Rəkuʀy] pp de **recourir**

**recousu, e** [Rəkuzy] pp de **recoudre**

**recouvert, e** [Rəkuvɛʀ, -ɛʀt(ə)] pp de **recouvrir**

**recouvrable** [Rəkuvʀabl(ə)] adj (somme)

recoverable

**recouvrais** etc [RəkuvRɛ] vb voir **recouvrer**; **recouvrir**

**recouvrement** [RəkuvRəmɑ̃] nm recovery

**recouvrer** [RəkuvRe] vt (vue, santé etc) to recover, regain; (impôts) to collect; (créance) to recover

**recouvrir** [RəkuvRiR] vt (couvrir à nouveau) to re-cover; (couvrir entièrement: aussi fig) to cover; (cacher, masquer) to conceal, hide; **se recouvrir** (se superposer) to overlap

**recracher** [RəkRaʃe] vt to spit out

**récréatif, -ive** [RekReatif, -iv] adj of entertainment; recreational

**récréation** [RekReasjɔ̃] nf recreation, entertainment; (Scol) break

**recréer** [RəkRee] vt to recreate

**récrier** [RekRije]: **se récrier** vi to exclaim

**récriminations** [RekRiminasjɔ̃] nfpl remonstrations, complaints

**récriminer** [RekRimine] vi: ~ **contre qn/qch** to remonstrate against sb/sth

**recroqueviller** [RəkRɔkvije]: **se recroqueviller** vi (feuilles) to curl ou shrivel up; (personne) to huddle up

**recru, e** [RəkRy] adj: ~ **de fatigue** exhausted ▷ nf recruit

**recrudescence** [RəkRydesɑ̃s] nf fresh outbreak

**recrutement** [RəkRytmɑ̃] nm recruiting, recruitment

**recruter** [RəkRyte] vt to recruit

**rectal, e, -aux** [Rɛktal, -o] adj: **par voie ~e** rectally

**rectangle** [Rɛktɑ̃gl(ə)] nm rectangle

**rectangulaire** [Rɛktɑ̃gylɛR] adj rectangular

**recteur** [RɛktœR] nm ≈ (regional) director of education (Brit), ≈ state superintendent of education (US)

**rectificatif, -ive** [Rɛktifikatif, -iv] adj corrected ▷ nm correction

**rectification** [Rɛktifikasjɔ̃] nf correction

**rectifier** [Rɛktifje] vt (tracé, virage) to straighten; (calcul, adresse) to correct; (erreur, faute) to rectify, put right

**rectiligne** [Rɛktiliɲ] adj straight; (Géom) rectilinear

**rectitude** [Rɛktityd] nf rectitude, uprightness

**recto** [Rɛkto] nm front (of a sheet of paper)

**rectorat** [RɛktɔRa] nm (fonction) position of recteur; (bureau) recteur's office; voir aussi **recteur**

**rectum** [Rɛktɔm] nm rectum

**reçu, e** [Rəsy] pp de **recevoir** ▷ adj (admis, consacré) accepted ▷ nm (Comm) receipt

**recueil** [Rəkœj] nm collection

**recueillement** [Rəkœjmɑ̃] nm meditation, contemplation

**recueilli, e** [Rəkœji] adj contemplative

**recueillir** [RəkœjiR] vt to collect; (voix, suffrages) to win; (accueillir: réfugiés, chat) to take in; **se recueillir** vi to gather one's thoughts; to meditate

**recuire** [RəkɥiR] vi: **faire ~** to recook

**recul** [Rəkyl] nm retreat; recession; decline;

(d'arme à feu) recoil, kick; **avoir un mouvement de ~** to recoil, start back; **prendre du ~** to stand back; **avec le ~** with the passing of time, in retrospect

**reculade** [Rəkylad] nf (péj) climb-down

**reculé, e** [Rəkyle] adj remote

**reculer** [Rəkyle] vi to move back, back away; (Auto) to reverse, back (up); (fig: civilisation, épidémie) to (be on the) decline; (: se dérober) to shrink back ▷ vt to move back; to reverse, back (up); (fig: possibilités, limites) to extend; (: date, décision) to postpone; ~ **devant** (danger, difficulté) to shrink from; ~ **pour mieux sauter** (fig) to postpone the evil day

**reculons** [Rəkylɔ̃]: **à ~** adv backwards

**récupérable** [RekypeRabl(ə)] adj (créance) recoverable; (heures) which can be made up; (ferraille) salvageable

**récupération** [RekypeRasjɔ̃] nf (de métaux etc) salvage, reprocessing; (Pol) bringing into line

**récupérer** [RekypeRe] vt (rentrer en possession de) to recover, get back; (: forces) to recover; (déchets etc) to salvage (for reprocessing); (remplacer: journée, heures de travail) to make up; (délinquant etc) to rehabilitate; (Pol) to bring into line ▷ vi to recover

**récurer** [RekyRe] vt to scour; **poudre à ~** scouring powder

**reçus** etc [Rəsy] vb voir **recevoir**

**récusable** [Rekyzabl(ə)] adj (témoin) challengeable; (témoignage) impugnable

**récuser** [Rekyze] vt to challenge; **se récuser** to decline to give an opinion

**recyclage** [Rəsiklaʒ] nm reorientation; retraining; recycling; **cours de ~** retraining course

**recycler** [Rəsikle] vt (Scol) to reorientate; (employés) to retrain; (matériau) to recycle; **se recycler** to retrain; to go on a retraining course

**rédacteur, -trice** [RedaktœR, -tRis] nm/f (journaliste) writer; subeditor; (d'ouvrage de référence) editor, compiler; ~ **en chef** chief editor; ~ **publicitaire** copywriter

**rédaction** [Redaksjɔ̃] nf writing; (rédacteurs) editorial staff; (bureau) editorial office(s); (Scol: devoir) essay, composition

**reddition** [Redisjɔ̃] nf surrender

**redéfinir** [RedefiniR] vt to redefine

**redemander** [Rədmɑ̃de] vt (renseignement) to ask again for; (nourriture): ~ **de** to ask for more (ou another); (objet prêté): ~ **qch** to ask for sth back

**redémarrer** [RədemaRe] vi (véhicule) to start again, get going again; (fig: industrie etc) to get going again

**rédemption** [Redɑ̃psjɔ̃] nf redemption

**redéploiement** [Rədeplwamɑ̃] nm redeployment

**redescendre** [Rədesɑ̃dR(ə)] vi (à nouveau) to go back down; (après la montée) to go down (again) ▷ vt (pente etc) to go down

**redevable** [Rədvabl(ə)] adj: **être ~ de qch à qn** (somme) to owe sb sth; (fig) to be indebted to sb for sth

**redevance** [ʀədvɑ̃s] *nf* (*Tél*) rental charge; (*TV*) licence (*Brit*) *ou* license (*US*) fee

**redevenir** [ʀədvəniʀ] *vi* to become again

**rédhibitoire** [ʀedibitwaʀ] *adj*: **vice ~** (*Jur*) latent defect in merchandise that renders the sales contract void; (*fig*: *défaut*) crippling

**rediffuser** [ʀədifyze] *vt* (*Radio, TV*) to repeat, broadcast again

**rediffusion** [ʀədifyzjɔ̃] *nf* repeat (programme)

**rédiger** [ʀediʒe] *vt* to write; (*contrat*) to draw up

**redire** [ʀədiʀ] *vt* to repeat; **trouver à ~ à** to find fault with

**redistribuer** [ʀədistʀibɥe] *vt* (*cartes etc*) to deal again; (*richesses, tâches, revenus*) to redistribute

**redite** [ʀədit] *nf* (needless) repetition

**redondance** [ʀədɔ̃dɑ̃s] *nf* redundancy

**redonner** [ʀədɔne] *vt* (*restituer*) to give back, return; (*du courage, des forces*) to restore

**redoublé, e** [ʀəduble] *adj*: **à coups ~s** even harder, twice as hard

**redoubler** [ʀəduble] *vi* (*tempête, violence*) to intensify, get even stronger *ou* fiercer *etc*; (*Scol*) to repeat a year ▷ *vt* (*Scol*: *classe*) to repeat; (*Ling*: *lettre*) to double; **le vent redouble de violence** the wind is blowing twice as hard

**redoutable** [ʀədutabl(ə)] *adj* formidable, fearsome

**redouter** [ʀədute] *vt* to fear; (*appréhender*) to dread; **~ de faire** to dread doing

**redoux** [ʀədu] *nm* milder spell

**redressement** [ʀədʀɛsmɑ̃] *nm* (*de l'économie etc*) putting right; **maison de ~** reformatory; **~ fiscal** repayment of back taxes

**redresser** [ʀədʀese] *vt* (*arbre, mât*) to set upright, right; (*pièce tordue*) to straighten out; (*Aviat, Auto*) to straighten up; (*situation, économie*) to put right; **se redresser** *vi* (*objet penché*) to right itself; to straighten up; (*personne*) to sit (*ou* stand) up; to sit (*ou* stand) up straight; (*fig*: *pays, situation*) to recover; **~ (les roues)** (*Auto*) to straighten up

**redresseur** [ʀədʀesœʀ] *nm*: **~ de torts** righter of wrongs

**réducteur, -trice** [ʀedyktœʀ, -tʀis] *adj* simplistic

**réduction** [ʀedyksjɔ̃] *nf* reduction; **en ~** *adv* in miniature, scaled-down

**réduire** [ʀedɥiʀ] *vt* (*gén, Culin, Math*) to reduce; (*prix, dépenses*) to cut, reduce; (*carte*) to scale down, reduce; (*Méd*: *fracture*) to set; **~ qn/qch à** to reduce sb/sth to; **se ~ à** (*revenir à*) to boil down to; **se ~ en** (*se transformer en*) to be reduced to; **en être réduit à** to be reduced to

**réduit, e** [ʀedɥi, -it] *pp de* **réduire** ▷ *adj* (*prix, tarif, échelle*) reduced; (*mécanisme*) scaled-down; (*vitesse*) reduced ▷ *nm* tiny room; recess

**rééditer** [ʀeedite] *vt* to republish

**réédition** [ʀeedisjɔ̃] *nf* new edition

**rééducation** [ʀeedykasjɔ̃] *nf* (*d'un membre*) re-education; (*de délinquants, d'un blessé*) rehabilitation; **~ de la parole** speech therapy;

**centre de ~** physiotherapy *ou* physical therapy (*US*) centre

**rééduquer** [ʀeedyke] *vt* to reeducate; to rehabilitate

**réel, le** [ʀeɛl] *adj* real ▷ *nm*: **le ~** reality

**réélection** [ʀeelɛksjɔ̃] *nf* re-election

**rééligible** [ʀeeliʒibl(ə)] *adj* re-eligible

**réélire** [ʀeeliʀ] *vt* to re-elect

**réellement** [ʀeɛlmɑ̃] *adv* really

**réembaucher** [ʀeɑ̃boʃe] *vt* to take on again

**réemploi** [ʀeɑ̃plwa] *nm* = **remploi**

**réemployer** [ʀeɑ̃plwaje] *vt* (*méthode, produit*) to re-use; (*argent*) to reinvest; (*personnel, employé*) to re-employ

**rééquilibrer** [ʀeekilibʀe] *vt* (*budget*) to balance (again)

**réescompte** [ʀeɛskɔ̃t] *nm* rediscount

**réessayer** [ʀeeseje] *vt* to try on again

**réévaluation** [ʀeevalɥasjɔ̃] *nf* revaluation

**réévaluer** [ʀeevalɥe] *vt* to revalue

**réexaminer** [ʀeɛgzamine] *vt* to re-examine

**réexpédier** [ʀeɛkspedje] *vt* (*à l'envoyeur*) to return, send back; (*au destinataire*) to send on, forward

**réexporter** [ʀeɛkspɔʀte] *vt* to re-export

**réf.** *abr* = **référence(s)**; **V/~.** Your ref

**refaire** [ʀəfɛʀ] *vt* (*faire de nouveau, recommencer*) to do again; (*réparer, restaurer*) to do up; **se refaire** *vi* (*en argent*) to make up one's losses; **en ~ une santé** to recuperate; **se ~ à qch** (*se réhabituer à*) to get used to sth again

**refasse** *etc* [ʀəfas] *vb voir* **refaire**

**réfection** [ʀefɛksjɔ̃] *nf* repair; **en ~** under repair

**réfectoire** [ʀefɛktwaʀ] *nm* refectory

**referai** *etc* [ʀ(ə)fʀe] *vb voir* **refaire**

**référé** [ʀefeʀe] *nm* (*Jur*) emergency interim proceedings *ou* ruling

**référence** [ʀefeʀɑ̃s] *nf* reference; **références** *nfpl* (*recommandations*) reference *sg*; **faire ~ à** to refer to; **ouvrage de ~** reference work; **ce n'est pas une ~** (*fig*) that's no recommendation

**référendum** [ʀefeʀɑ̃dɔm] *nm* referendum

**référer** [ʀefeʀe]: **se ~ à** *vt* to refer to; **en ~ à qn** to refer the matter to sb

**refermer** [ʀəfɛʀme] *vt* to close again, shut again

**refiler** [ʀəfile] *vt* (*fam*): **~ qch à qn** to palm (*Brit*) *ou* fob sth off on sb; to pass sth on to sb

**refit** *etc* [ʀəfi] *vb voir* **refaire**

**réfléchi, e** [ʀefleʃi] *adj* (*caractère*) thoughtful; (*action*) well-thought-out; (*Ling*) reflexive

**réfléchir** [ʀefleʃiʀ] *vt* to reflect ▷ *vi* to think; **~ à** *ou* **sur** to think about; **c'est tout réfléchi** my mind's made up

**réflecteur** [ʀeflɛktœʀ] *nm* (*Auto*) reflector

**reflet** [ʀəflɛ] *nm* reflection; (*sur l'eau etc*) sheen *no pl*, glint; **reflets** *nmpl* gleam *sg*

**refléter** [ʀəflete] *vt* to reflect; **se refléter** *vi* to be reflected

**réflex** [ʀeflɛks] *adj inv* (*Photo*) reflex

**réflexe** [ʀeflɛks(ə)] *adj, nm* reflex; **~ conditionné** conditioned reflex

**r**

**réflexion** [ʀeflɛksjɔ̃] *nf* (*de la lumière etc, pensée*) reflection; (*fait de penser*) thought; (*remarque*) remark; **réflexions** *nfpl* (*méditations*) thought *sg*, reflection *sg*; **sans** ~ without thinking; ~ **faite**, **à la** ~ après réflexion, on reflection; **délai de** ~ cooling-off period; **groupe de** ~ think tank

**réflexologie** [ʀeflɛksɔlɔʒi] *nf* reflexology

**refluer** [ʀəflye] *vi* to flow back; (*foule*) to surge back

**reflux** [ʀəfly] *nm* (*de la mer*) ebb; (*fig*) backward surge

**refondre** [ʀəfɔ̃dʀ(ə)] *vt* (*texte*) to recast

**refont** [ʀ(ə)fɔ̃] *vb voir* **refaire**

**reformater** [ʀəfɔʀmate] *vt* to reformat

**réformateur, -trice** [ʀefɔʀmatœʀ, -tʀis] *nm/f* reformer ▷ *adj* (*mesures*) reforming

**Réformation** [ʀefɔʀmɑsjɔ̃] *nf*: **la** ~ the Reformation

**réforme** [ʀefɔʀm(ə)] *nf* reform; (*Mil*) declaration of unfitness for service; discharge (*on health grounds*); (*Rel*): **la R**~ the Reformation

**réformé, e** [ʀefɔʀme] *adj, nm/f* (*Rel*) Protestant

**reformer** [ʀəfɔʀme] *vt*, **se reformer** *vi* to reform; ~ **les rangs** (*Mil*) to fall in again

**réformer** [ʀefɔʀme] *vt* to reform; (*Mil: recrue*) to declare unfit for service; (*: soldat*) to discharge, invalid out; (*matériel*) to scrap

**réformisme** [ʀefɔʀmism(ə)] *nm* reformism, policy of reform

**réformiste** [ʀefɔʀmist(ə)] *adj, nm/f* (*Pol*) reformist

**refoulé, e** [ʀəfule] *adj* (*Psych*) repressed

**refoulement** [ʀəfulmɑ̃] *nm* (*d'une armée*) driving back; (*Psych*) repression

**refouler** [ʀəfule] *vt* (*envahisseurs*) to drive back, repulse; (*liquide*) to force back; (*fig*) to suppress; (*Psych*) to repress

**réfractaire** [ʀefʀaktɛʀ] *adj* (*minerai*) refractory; (*brique*) fire *cpd*; (*maladie*) which is resistant to treatment; (*prêtre*) non-juring; **soldat** ~ draft evader; **être** ~ **à** to resist

**réfracter** [ʀefʀakte] *vt* to refract

**réfraction** [ʀefʀaksjɔ̃] *nf* refraction

**refrain** [ʀəfʀɛ̃] *nm* (*Mus*) refrain, chorus; (*air, fig*) tune

**refréner, réfréner** [ʀəfʀene, ʀefʀene] *vt* to curb, check

**réfrigérant, e** [ʀefʀiʒeʀɑ̃, -ɑ̃t] *adj* refrigerant, cooling

**réfrigérateur** [ʀefʀiʒeʀatœʀ] *nm* refrigerator; ~-**congélateur** fridge-freezer

**réfrigération** [ʀefʀiʒeʀasjɔ̃] *nf* refrigeration

**réfrigéré, e** [ʀefʀiʒeʀe] *adj* (*camion, wagon*) refrigerated

**réfrigérer** [ʀefʀiʒeʀe] *vt* to refrigerate; (*fam: glacer: aussi fig*) to cool

**refroidir** [ʀəfʀwadiʀ] *vt* to cool; (*fig*) to have a cooling effect on ▷ *vi* to cool (down); **se refroidir** *vi* (*prendre froid*) to catch a chill; (*temps*) to get cooler ou colder; (*fig*) to cool (off)

**refroidissement** [ʀəfʀwadismɑ̃] *nm* cooling; (*grippe etc*) chill

**refuge** [ʀəfyʒ] *nm* refuge; (*pour piétons*) (traffic) island; **demander** ~ **à qn** to ask sb for refuge

**réfugié, e** [ʀefyʒje] *adj, nm/f* refugee

**réfugier** [ʀefyʒje]: **se réfugier** *vi* to take refuge

**refus** [ʀəfy] *nm* refusal; **ce n'est pas de** ~ I won't say no, it's very welcome

**refuser** [ʀəfyze] *vt* to refuse; (*Scol: candidat*) to fail ▷ *vi* to refuse; ~ **qch à qn/de faire** to refuse sb sth/to do; ~ **du monde** to have to turn people away; **se** ~ **à qch** ou **à faire qch** to refuse to do sth; **il ne se refuse rien** he doesn't stint himself; **se** ~ **à qn** to refuse sb

**réfutable** [ʀefytabl(ə)] *adj* refutable

**réfuter** [ʀefyte] *vt* to refute

**regagner** [ʀəgaɲe] *vt* (*argent, faveur*) to win back; (*lieu*) to get back to; ~ **le temps perdu** to make up for lost time; ~ **du terrain** to regain ground

**regain** [ʀəgɛ̃] *nm* (*herbe*) second crop of hay; (*renouveau*): ~ **de qch** renewed sth

**régal** [ʀegal] *nm* treat; **un** ~ **pour les yeux** a pleasure ou delight to look at

**régalade** [ʀegalad] *adv*: **à la** ~ from the bottle (held away from the lips)

**régaler** [ʀegale] *vt*: ~ **qn** to treat sb to a delicious meal; ~ **qn de** to treat sb to; **se régaler** *vi* to have a delicious meal; (*fig*) to enjoy o.s

**regard** [ʀəgaʀ] *nm* (*coup d'œil*) look, glance; (*expression*) look (in one's eye); **parcourir/ menacer du** ~ to cast an eye over/look threateningly at; **au** ~ **de** (*loi, morale*) from the point of view of; **en** ~ (*vis à vis*) opposite; **en** ~ **de** in comparison with

**regardant, e** [ʀəgaʀdɑ̃, -ɑ̃t] *adj*: **très/peu** ~ **(sur)** quite fussy/very free (about); (*économe*) very tight-fisted/quite generous (with)

**regarder** [ʀəgaʀde] *vt* (*examiner, observer, lire*) to look at; (*film, télévision, match*) to watch; (*envisager: situation, avenir*) to view; (*considérer: son intérêt etc*) to be concerned with; (*être orienté vers*): ~ **(vers)** to face; (*concerner*) to concern ▷ *vi* to look; ~ **à** *vt* (*dépense, qualité, détails*) to be fussy with ou over; ~ **à faire** to hesitate to do; **dépenser sans** ~ to spend freely; ~ **qn/qch comme** to regard sb/sth as; ~ **(qch) dans le dictionnaire** to look (sth up) in the dictionary; ~ **par la fenêtre** to look out of the window; **cela me regarde** it concerns me, it's my business

**régate** [ʀegat], **régates** *nf(pl)* regatta

**régénérer** [ʀeʒeneʀe] *vt* to regenerate; (*fig*) to revive

**régent** [ʀeʒɑ̃] *nm* regent

**régenter** [ʀeʒɑ̃te] *vt* to rule over; to dictate to

**régie** [ʀeʒi] *nf* (*Comm, Industrie*) state-owned company; (*Théât, Ciné*) production; (*Radio, TV*) control room; **la** ~ **de l'État** state control

**regimber** [ʀəʒɛ̃be] *vi* to balk, jib

**régime** [ʀeʒim] *nm* (*Pol Géo*) régime; (*Admin: carcéral, fiscal etc*) system; (*Méd*) diet; (*Tech*) (engine) speed; (*fig*) rate, pace; (*de bananes, dattes*) bunch; **se mettre au/suivre un** ~ to go on/be on a diet; ~ **sans sel** salt-free diet; **à bas/**

**haut** ~ (Auto) at low/high revs; **à plein** ~ flat out, at full speed; ~ **matrimonial** marriage settlement
**régiment** [ʀeʒimɑ̃] nm (Mil: unité) regiment; (fig: fam): **un** ~ **de** an army of; **un copain de** ~ a pal from military service ou (one's) army days
**région** [ʀeʒjɔ̃] nf region; **la** ~ **parisienne** the Paris area
**régional, e, -aux** [ʀeʒjɔnal, -o] adj regional
**régionalisation** [ʀeʒjɔnalizasjɔ̃] nf regionalization
**régionalisme** [ʀeʒjɔnalism(ə)] nm regionalism
**régir** [ʀeʒiʀ] vt to govern
**régisseur** [ʀeʒisœʀ] nm (d'un domaine) steward; (Ciné, TV) assistant director; (Théât) stage manager
**registre** [ʀəʒistʀ(ə)] nm (livre) register; logbook; ledger; (Mus, Ling) register; (d'orgue) stop; ~ **de comptabilité** ledger; ~ **de l'état civil** register of births, marriages and deaths
**réglable** [ʀeglabl(ə)] adj (siège, flamme etc) adjustable; (achat) payable
**réglage** [ʀegla3] nm (d'une machine) adjustment; (d'un moteur) tuning
**réglé, e** [ʀegle] adj well-ordered; stable, steady; (papier) ruled; (arrangé) settled
**règle** [ʀɛgl(ə)] nf (instrument) ruler; (loi, prescription) rule; **règles** nfpl (Physiol) period sg; **avoir pour** ~ **de** to make it a rule that ou to; **en** ~ (papiers d'identité) in order; **être/se mettre en** ~ to be/put o.s. straight with the authorities; **en** ~ **générale** as a (general) rule; **être la** ~ to be the rule; **être de** ~ to be usual; ~ **à calcul** slide rule; ~ **de trois** (Math) rule of three
**règlement** [ʀɛgləmɑ̃] nm settling; (paiement) settlement; (arrêté) regulation; (règles, statuts) regulations pl, rules pl; ~ **à la commande** cash with order; ~ **de compte(s)** settling of scores; ~ **en espèces/par chèque** payment in cash/by cheque; ~ **intérieur** (Scol) school rules pl; (Admin) by-laws pl; ~ **judiciaire** compulsory liquidation
**réglementaire** [ʀɛgləmɑ̃tɛʀ] adj conforming to the regulations; (tenue, uniforme) regulation cpd
**réglementation** [ʀɛgləmɑ̃tasjɔ̃] nf regulation, control; (règlements) regulations pl
**réglementer** [ʀɛgləmɑ̃te] vt to regulate, control
**régler** [ʀegle] vt (mécanisme, machine) to regulate, adjust; (moteur) to tune; (thermostat etc) to set, adjust; (emploi du temps etc) to organize, plan; (question, conflit, facture, dette) to settle; (fournisseur) to settle up with, pay; (papier) to rule; ~ **qch sur** to model sth on; ~ **son compte** to sort sb out, settle sb; ~ **un compte** to settle a score with sb
**réglisse** [ʀeglis] nf ou m liquorice; **bâton de** ~ liquorice stick
**règne** [ʀɛɲ] nm (d'un roi etc, fig) reign; (Bio): **le** ~ **végétal/animal** the vegetable/animal kingdom
**régner** [ʀeɲe] vi (roi) to rule, reign; (fig) to reign
**regonfler** [ʀ(ə)gɔ̃fle] vt (ballon, pneu) to reinflate, blow up again

**regorger** [ʀəgɔʀʒe] vi to overflow; ~ **de** to overflow with, be bursting with
**régresser** [ʀegʀese] vi (phénomène) to decline; (enfant, malade) to regress
**régressif, -ive** [ʀegʀesif, -iv] adj regressive
**régression** [ʀegʀesjɔ̃] nf decline; regression; **être en** ~ to be on the decline
**regret** [ʀəgʀɛ] nm regret; **à** ~ with regret; **avec** ~ regretfully; **être au** ~ **de devoir/ne pas pouvoir faire** to regret to have to/that one is unable to do; **j'ai le** ~ **de vous informer que ...** I regret to inform you that ...
**regrettable** [ʀəgʀɛtabl(ə)] adj regrettable
**regretter** [ʀəgʀete] vt to regret; (personne) to miss; ~ **d'avoir fait** to regret doing; ~ **que** to regret that, be sorry that; **non, je regrette** no, I'm sorry
**regroupement** [ʀ(ə)gʀupmɑ̃] nm grouping together; (groupe) group
**regrouper** [ʀəgʀupe] vt (grouper) to group together; (contenir) to include, comprise; **se regrouper** vi to gather (together)
**régularisation** [ʀegylaʀizasjɔ̃] nf (de papiers, passeport) putting in order; (de sa situation: par le mariage) regularization; (d'un mécanisme) regulation
**régulariser** [ʀegylaʀize] vt (fonctionnement, trafic) to regulate; (passeport, papiers) to put in order; (sa situation) to straighten out, regularize
**régularité** [ʀegylaʀite] nf regularity
**régulateur, -trice** [ʀegylatœʀ, -tʀis] adj regulating ▷ nm (Tech): ~ **de vitesse/de température** speed/temperature regulator
**régulation** [ʀegylasjɔ̃] nf (du trafic) regulation; ~ **des naissances** birth control
**régulier, -ière** [ʀegylje, -jɛʀ] adj (gén) regular; (vitesse, qualité) steady; (répartition, pression) even; (Transports: ligne, service) scheduled, regular; (légal, réglementaire) lawful, in order; (fam: correct) straight, on the level
**régulièrement** [ʀegyljɛʀmɑ̃] adv regularly; steadily; evenly; normally
**régurgiter** [ʀegyʀʒite] vt to regurgitate
**réhabiliter** [ʀeabilite] vt to rehabilitate; (fig) to restore to favour (Brit) ou favor (US)
**réhabituer** [ʀeabitɥe] vt: **se** ~ **à qch/à faire qch** to get used to sth again/to doing sth again
**rehausser** [ʀəose] vt to heighten, raise; (fig) to set off, enhance
**réimporter** [ʀeɛ̃pɔʀte] vt to reimport
**réimposer** [ʀeɛ̃poze] vt (Finance) to reimpose; to tax again
**réimpression** [ʀeɛ̃pʀesjɔ̃] nf reprinting; (ouvrage) reprint
**réimprimer** [ʀeɛ̃pʀime] vt to reprint
**Reims** [ʀɛ̃s] n Rheims
**rein** [ʀɛ̃] nm kidney; **reins** nmpl (dos) back sg; **avoir mal aux** ~s to have backache; ~ **artificiel** kidney machine
**réincarnation** [ʀeɛ̃kaʀnasjɔ̃] nf reincarnation
**réincarner** [ʀeɛ̃kaʀne]: **se réincarner** vr to be reincarnated

**reine** [Rɛn] *nf* queen

**reine-claude** [Rɛnklod] *nf* greengage

**reinette** [Rɛnɛt] *nf* rennet, pippin

**réinitialisation** [Reinisjalizasjɔ̃] *nf* (*Inform*) reset

**réinscriptible** [Reɛ̃skRiptibl] *adj* (*CD, DVD*) rewritable

**réinsérer** [Reɛ̃seRe] *vt* (*délinquant, handicapé etc*) to rehabilitate

**réinsertion** [Reɛ̃sɛRsjɔ̃] *nf* rehabilitation

**réintégrer** [Reɛ̃tegRe] *vt* (*lieu*) to return to; (*fonctionnaire*) to reinstate

**réitérer** [Reitere] *vt* to repeat, reiterate

**rejaillir** [RəʒajiR] *vi* to splash up; **~ sur** to splash up onto; (*fig*) to rebound on; to fall upon

**rejet** [Rəʒɛ] *nm* (*action, aussi Méd*) rejection; (*Poésie*) enjambement, rejet; (*Bot*) shoot

**rejeter** [Rəʒte] *vt* (*relancer*) to throw back; (*vomir*) to bring *ou* throw up; (*écarter*) to reject; (*déverser*) to throw out, discharge; (*reporter*): **~ un mot à la fin d'une phrase** to transpose a word to the end of a sentence; **se ~ sur qch** (*accepter faute de mieux*) to fall back on sth; **~ la tête/les épaules en arrière** to throw one's head/pull one's shoulders back; **~ la responsabilité de qch sur qn** to lay the responsibility for sth at sb's door

**rejeton** [Rəʒtɔ̃] *nm* offspring

**rejette** *etc* [R(ə)ʒɛt] *vb voir* **rejeter**

**rejoignais** *etc* [R(ə)ʒwaɲɛ] *vb voir* **rejoindre**

**rejoindre** [Rəʒwɛ̃dR(ə)] *vt* (*famille, régiment*) to rejoin, return to; (*lieu*) to get (back) to; (*route etc*) to meet, join; (*rattraper*) to catch up (with); **se rejoindre** *vi* to meet; **je te rejoins au café** I'll see *ou* meet you at the café

**réjoui, e** [Reʒwi] *adj* joyous

**réjouir** [ReʒwiR] *vt* to delight; **se réjouir** *vi* to be delighted; **se ~ de qch/de faire** to be delighted about sth/to do; **se ~ que** to be delighted that

**réjouissances** [Reʒwisɑ̃s] *nfpl* (*joie*) rejoicing *sg*; (*fête*) festivities, merry-making *sg*

**réjouissant, e** [Reʒwisɑ̃, -ɑ̃t] *adj* heartening, delighting

**relâche** [Rəlɑʃ]: **faire ~** *vi* (*navire*) to put into port; (*Ciné*) to be closed; **c'est le jour de ~** (*Ciné*) it's closed today; **sans ~** *adv* without respite *ou* a break

**relâché, e** [Rəlɑʃe] *adj* loose, lax

**relâchement** [Rəlɑʃmɑ̃] *nm* (*d'un prisonnier*) release; (*de la discipline, musculaire*) relaxation

**relâcher** [Rəlɑʃe] *vt* (*ressort, prisonnier*) to release; (*étreinte, cordes*) to loosen; (*discipline*) to relax ▷ *vi* (*Navig*) to put into port; **se relâcher** *vi* to loosen; (*discipline*) to become slack *ou* lax; (*élève etc*) to slacken off

**relais** [Rəlɛ] *nm* (*Sport*): (**course de**) **~** relay (race); (*Radio, TV*) relay; (*intermédiaire*) go-between; **équipe de ~** shift team; (*Sport*) relay team; **prendre le ~ (de)** to take over (from); **~ de poste** post house, coaching inn; **~ routier** ≈ transport café (*Brit*), ≈ truck stop (*US*)

**relance** [Rəlɑ̃s] *nf* boosting, revival; (*Écon*) reflation

**relancer** [Rəlɑ̃se] *vt* (*balle*) to throw back (again); (*moteur*) to restart; (*fig*) to boost, revive; (*personne*): **~ qn** to pester sb; to get on to sb again

**relater** [Rəlate] *vt* to relate, recount

**relatif, -ive** [Rəlatif, -iv] *adj* relative

**relation** [Rəlasjɔ̃] *nf* (*récit*) account, report; (*rapport*) relation(ship); **relations** *nfpl* (*rapports*) relations; relationship; (*connaissances*) connections; **être/entrer en ~(s) avec** to be in contact *ou* be dealing/get in contact with; **mettre qn en ~(s) avec** to put sb in touch with; **~s internationales** international relations; **~s publiques** public relations; **~s (sexuelles)** sexual relations, (sexual) intercourse *sg*

**relativement** [Rəlativmɑ̃] *adv* relatively; **~ à** in relation to

**relativiser** [Rəlativize] *vt* to see in relation to; to put into context

**relativité** [Rəlativite] *nf* relativity

**relax** [Rəlaks] *adj inv*, **relaxe** [Rəlaks(ə)] ▷ *adj* relaxed, informal, casual; easy-going; (**fauteuil-**)**~** *nm* reclining chair

**relaxant, e** [Rəlaksɑ̃, -ɑ̃t] *adj* (*cure, médicament*) relaxant; (*ambiance*) relaxing

**relaxation** [R(ə)laksasjɔ̃] *nf* relaxation

**relaxer** [Rəlakse] *vt* to relax; (*Jur*) to discharge; **se relaxer** *vi* to relax

**relayer** [Rəleje] *vt* (*collaborateur, coureur etc*) to relieve, take over from; (*Radio, TV*) to relay; **se relayer** (*dans une activité*) to take it in turns

**relecture** [R(ə)lɛktyR] *nf* rereading

**relégation** [R(ə)legasjɔ̃] *nf* (*Sport*) relegation

**reléguer** [Rəlege] *vt* to relegate; **~ au second plan** to push into the background

**relent** [Rəlɑ̃], **relents** *nm(pl)* stench *sg*

**relevé, e** [Rəlve] *adj* (*bord de chapeau*) turned-up; (*manches*) rolled-up; (*fig: style*) elevated; (: *sauce*) highly-seasoned ▷ *nm* (*lecture*) reading; (*de cotes*) plotting; (*liste*) statement; list; (*facture*) account; **~ de compte** bank statement; **~ d'identité bancaire (RIB)** (bank) account number

**relève** [Rəlɛv] *nf* relief; (*équipe*) relief team (*ou* troops *pl*); **prendre la ~** to take over

**relèvement** [Rəlɛvmɑ̃] *nm* (*d'un taux, niveau*) raising

**relever** [Rəlve] *vt* (*statue, meuble*) to stand up again; (*personne tombée*) to help up; (*vitre, plafond, niveau de vie*) to raise; (*pays, économie, entreprise*) to put back on its feet; (*col*) to turn up; (*style, conversation*) to elevate; (*plat, sauce*) to season; (*sentinelle, équipe*) to relieve; (*souligner: fautes, points*) to pick out; (*constater: traces etc*) to find, pick up; (*répliquer à: remarque*) to react to, reply to; (: *défi*) to accept, take up; (*noter: adresse etc*) to take down, note; (: *plan*) to sketch; (: *cotes etc*) to plot; (*compteur*) to read; (*ramasser: cahiers, copies*) to collect, take in ▷ *vi* (*jupe, bord*) to ride up; **~ de** *vt* (*maladie*) to be recovering from; (*être du ressort de*) to be a matter for; (*Admin: dépendre de*) to come under; (*fig*) to pertain to; **se relever** *vi* (*se* *remettre debout*) to get up; (*fig*): **se ~ (de)** to recover (from); **~ qn de** (*fonctions*) to relieve sb of; **~ la tête** to look up; to hold up one's head

**relief** [Rəljɛf] *nm* relief; (*de pneu*) tread pattern; **reliefs** *nmpl* (*restes*) remains; **en ~** in relief; (*photographie*) three-dimensional; **mettre en ~** (*fig*) to bring out, highlight

**relier** [Rəlje] *vt* to link up; (*livre*) to bind; **~ qch à** to link sth to; **livre relié cuir** leather-bound book

**relieur, -euse** [RəljœR, -øz] *nm/f* (book)binder

**religieusement** [R(ə)liʒjøzmã] *adv* religiously; (*enterré, mariés*) in church; **vivre ~** to lead a religious life

**religieux, -euse** [Rəliʒjø, -øz] *adj* religious ▷ *nm* monk ▷ *nf* nun; (*gâteau*) cream bun

**religion** [Rəliʒjɔ̃] *nf* religion; (*piété, dévotion*) faith; **entrer en ~** to take one's vows

**reliquaire** [RəlikɛR] *nm* reliquary

**reliquat** [Rəlika] *nm* (*d'une somme*) balance; (*Jur: de succession*) residue

**relique** [Rəlik] *nf* relic

**relire** [RəliR] *vt* (*à nouveau*) to reread, read again; (*vérifier*) to read over; **se relire** to read through what one has written

**reliure** [RəljyR] *nf* binding; (*art, métier*): **la ~** book-binding

**reloger** [R(ə)lɔʒe] *vt* (*locataires, sinistrés*) to rehouse

**relooker** [Rəluke] *vt*: **~ qn** to give sb a makeover

**relu, e** [Rəly] *pp de* **relire**

**reluire** [RəlɥiR] *vi* to gleam

**reluisant, e** [Rəlɥizã, -ãt] *vb voir* **reluire** ▷ *adj* gleaming; **peu ~** (*fig*) unattractive; unsavoury (Brit), unsavory (US)

**reluquer** [R(ə)lyke] *vt* (*fam*) to eye (up), ogle

**remâcher** [Rəmɑʃe] *vt* to chew *ou* ruminate over

**remailler** [Rəmaje] *vt* (*tricot*) to darn; (*filet*) to mend

**remaniement** [Rəmanimã] *nm*: **~ ministériel** Cabinet reshuffle

**remanier** [Rəmanje] *vt* to reshape, recast; (*Pol*) to reshuffle

**remarier** [R(ə)maRje]: **se remarier** *vi* to remarry, get married again

**remarquable** [R(ə)maRkabl(ə)] *adj* remarkable

**remarquablement** [R(ə)maRkabləmã] *adv* remarkably

**remarque** [RəmaRk(ə)] *nf* remark; (*écrite*) note

**remarquer** [RəmaRke] *vt* (*voir*) to notice; (*dire*): **~ que** to remark that; **se ~** to be noticeable; **se faire ~** to draw attention to o.s.; **faire ~ (à qn) que** to point out (to sb) that; **faire ~ qch (à qn)** to point sth out (to sb); **remarquez, ...** mark you, ..., mind you, ...

**remballer** [Rãbale] *vt* to wrap up (again); (*dans un carton*) to pack up (again)

**rembarrer** [RãbaRe] *vt*: **~ qn** (*repousser*) to rebuff sb; (*remettre à sa place*) to put sb in his (*ou* her) place

**remblai** [Rãblɛ] *nm* embankment

**remblayer** [Rãbleje] *vt* to bank up; (*fossé*) to fill in

**rembobiner** [Rãbobine] *vt* to rewind

**rembourrage** [RãbuRaʒ] *nm* stuffing; padding

**rembourré, e** [RãbuRe] *adj* padded

**rembourrer** [RãbuRe] *vt* to stuff; (*dossier, vêtement, souliers*) to pad

**remboursable** [Rãbursabl(ə)] *adj* repayable

**remboursement** [Rãbursəmã] *nm* repayment; **envoi contre ~** cash on delivery

**rembourser** [RãbuRse] *vt* to pay back, repay

**rembrunir** [RãbRyniR]: **se rembrunir** *vi* to grow sombre (Brit) *ou* somber (US)

**remède** [Rəmɛd] *nm* (*médicament*) medicine; (*traitement, fig*) remedy, cure; **trouver un ~ à** (*Méd, fig*) to find a cure for

**remédier** [Rəmedje]: **~ à** *vt* to remedy

**remembrement** [RəmãbRəmã] *nm* (*Agr*) regrouping of lands

**remémorer** [RəmemɔRe]: **se remémorer** *vt* to recall, recollect

**remerciements** [RəmɛRsimã] *nmpl* thanks; **(avec) tous mes ~** (with) grateful *ou* many thanks

**remercier** [RəmɛRsje] *vt* to thank; (*congédier*) to dismiss; **~ qn de/d'avoir fait** to thank sb for/for having done; **non, je vous remercie** no thank you

**remettre** [RəmɛtR(ə)] *vt* (*vêtement*): **~ qch** to put sth back on, put sth on again; (*replacer*): **~ qch quelque part** to put sth back somewhere; (*ajouter*): **~ du sel/un sucre** to add more salt/another lump of sugar; (*rétablir: personne*): **~ qn** to set sb back on his (*ou* her) feet; (*rendre, restituer*): **~ qch à qn** to give sth back to sb, return sth to sb; (*donner, confier: paquet, argent*): **~ qch à qn** to hand sth over to sb, deliver sth to sb; (*prix, décoration*): **~ qch à qn** to present sb with sth; (*ajourner*): **~ qch (à)** to postpone sth *ou* put sth off (until); **se remettre** *vi* to get better, recover; **~ de** to recover from, get over; **s'en ~ à** to leave it (up) to; **se ~ à faire/qch** to start doing/sth again; **~ un moteur/une machine en marche** to get an engine/a machine going again; **~ en état/en ordre** to repair/sort out; **~ en cause/question** to challenge/question again; **~ sa démission** to hand in one's notice; **~ qch à neuf** to make sth as good as new; **~ qn à sa place** (*fig*) to put sb in his (*ou* her) place

**réminiscence** [Reminisãs] *nf* reminiscence

**remis, e** [Rəmi, -iz] *pp de* **remettre** ▷ *nf* delivery; presentation; (*rabais*) discount; (*local*) shed; **en marche/en ordre** starting up again/sorting out; **~ en cause/question** calling into question/challenging; **~ de fonds** remittance; **~ en jeu** (*Football*) throw-in; **~ à neuf** restoration; **~ de peine** remission of sentence

**remiser** [Rəmize] *vt* to put away

**rémission** [Remisjɔ̃]: **sans ~** *adj* irremediable *adv* unremittingly

**remodeler** [Rəmɔdle] *vt* to remodel; (*fig: restructurer*) to restructure

r

**rémois, e** [ʀemwa, -waz] *adj* of *ou* from Rheims
▷ *nm/f*: **Rémois, e** *nm* inhabitant *ou* native of Rheims
**remontant** [ʀəmɔ̃tɑ̃] *nm* tonic, pick-me-up
**remontée** [ʀəmɔ̃te] *nf* rising; ascent; **~s**
**mécaniques** (*Ski*) ski lifts, ski tows
**remonte-pente** [ʀəmɔ̃tpɑ̃t] *nm* ski lift, (ski)
tow
**remonter** [ʀəmɔ̃te] *vi* (*à nouveau*) to go back up;
(*à cheval*) to remount; (*après une descente*) to go up
(again); (*en voiture*) to get back in; (*jupe*) to ride
up ▷ *vt* (*pente*) to go up; (*fleuve*) to sail (*ou* swim
*etc*) up; up; (*manches, pantalon*) to roll up; (*col*) to
turn up; (*niveau, limite*) to raise; (*fig: personne*) to
buck up; (*moteur, meuble*) to put back together,
reassemble; (*garde-robe etc*) to renew, replenish;
(*montre, mécanisme*) to wind up; **~ le moral à qn**
to raise sb's spirits; **~ à** (*dater de*) to date *ou* go
back to; **~ en voiture** to get back into the car
**remontoir** [ʀəmɔ̃twaʀ] *nm* winding
mechanism, winder
**remontrance** [ʀəmɔ̃tʀɑ̃s] *nf* reproof,
reprimand
**remontrer** [ʀəmɔ̃tʀe] *vt* (*montrer de nouveau*): **~**
**qch (à qn)** to show sth again (to sb); (*fig*): **en ~ à**
to prove one's superiority over
**remords** [ʀəmɔʀ] *nm* remorse *no pl*; **avoir des ~**
to feel remorse, be conscience-stricken
**remorque** [ʀəmɔʀk(ə)] *nf* trailer; **prendre/être**
**en ~** to tow/be on tow; **être à la ~** (*fig*) to tag
along (behind)
**remorquer** [ʀəmɔʀke] *vt* to tow
**remorqueur** [ʀəmɔʀkœʀ] *nm* tug(boat)
**rémoulade** [ʀemulad] *nf* dressing with mustard and
herbs
**rémouleur** [ʀemulœʀ] *nm* (knife- *ou* scissor-)
grinder
**remous** [ʀəmu] *nm* (*d'un navire*) (back)wash *no pl*;
(*de rivière*) swirl, eddy *pl*; (*fig*) stir *sg*
**rempailler** [ʀɑ̃paje] *vt* to reseat (*with straw*)
**rempart** [ʀɑ̃paʀ] *nm* rampart; **faire à qn un ~**
**de son corps** to shield sb with one's (own) body
**remparts** [ʀɑ̃paʀ] *nmpl* walls, ramparts
**rempiler** [ʀɑ̃pile] *vt* (*dossiers, livres etc*) to pile up
again ▷ *vi* (*Mil: fam*) to join up again
**remplaçant, e** [ʀɑ̃plasɑ̃, -ɑ̃t] *nm/f* replacement,
substitute, stand-in; (*Théât*) understudy; (*Scol*)
supply (*Brit*) *ou* substitute (*US*) teacher
**remplacement** [ʀɑ̃plasmɑ̃] *nm* replacement;
(*job*) replacement work *no pl*; (*suppléance: Scol*)
supply (*Brit*) *ou* substitute (*US*) teacher; **assurer**
**le ~ de qn** (*remplaçant*) to stand in *ou* substitute
for sb; **faire des ~s** (*professeur*) to do supply *ou*
substitute teaching; (*médecin*) to do locum work
**remplacer** [ʀɑ̃plase] *vt* to replace; (*prendre*
*temporairement la place de*) to stand in for; (*tenir lieu*
*de*) to take the place of, act as a substitute for; **~**
**qch/qn par** to replace sth/sb with
**rempli, e** [ʀɑ̃pli] *adj* (*emploi du temps*) full, busy; **~**
**de** full of, filled with
**remplir** [ʀɑ̃pliʀ] *vt* to fill (up); (*questionnaire*) to
fill out *ou* up; (*obligations, fonction, condition*) to
fulfil; **se remplir** *vi* to fill up; **~ qch de** to fill

sth with
**remplissage** [ʀɑ̃plisaʒ] *nm* (*fig: péj*) padding
**remploi** [ʀɑ̃plwa] *nm* re-use
**rempocher** [ʀɑ̃pɔʃe] *vt* to put back into one's
pocket
**remporter** [ʀɑ̃pɔʀte] *vt* (*marchandise*) to take
away; (*fig*) to win, achieve
**rempoter** [ʀɑ̃pɔte] *vt* to repot
**remuant, e** [ʀəmɥɑ̃, -ɑ̃t] *adj* restless
**remue-ménage** [ʀəmymenaʒ] *nm inv*
commotion
**remuer** [ʀəmɥe] *vt* to move; (*café, sauce*) to stir
▷ *vi* to move; (*fig: opposants*) to show signs of
unrest; **se remuer** *vi* to move; (*se démener*) to stir
o.s.; (*fam*) to get a move on
**rémunérateur, -trice** [ʀemyneʀatœʀ, -tʀis] *adj*
remunerative, lucrative
**rémunération** [ʀemyneʀasjɔ̃] *nf* remuneration
**rémunérer** [ʀemyneʀe] *vt* to remunerate, pay
**renâcler** [ʀənɑkle] *vi* to snort; (*fig*) to grumble,
balk
**renaissance** [ʀənɛsɑ̃s] *nf* rebirth, revival; **la R~**
the Renaissance
**renaître** [ʀənɛtʀ(ə)] *vi* to be revived; **~ à la vie**
to take on a new lease of life; **~ à l'espoir** to find
fresh hope
**rénal, e, -aux** [ʀenal, -o] *adj* renal, kidney *cpd*
**renard** [ʀənaʀ] *nm* fox
**renardeau** [ʀənaʀdo] *nm* fox cub
**rencard** [ʀɑ̃kaʀ] *nm* = **rancard**
**rencart** [ʀɑ̃kaʀ] *nm* = **rancart**
**renchérir** [ʀɑ̃ʃeʀiʀ] *vi* to become more
expensive; (*fig*): **~ (sur)** to add something (to)
**renchérissement** [ʀɑ̃ʃeʀismɑ̃] *nm* increase (in
the cost *ou* price of)
**rencontre** [ʀɑ̃kɔ̃tʀ(ə)] *nf* (*de cours d'eau*)
confluence; (*de véhicules*) collision; (*entrevue,*
*congrès, match etc*) meeting; (*imprévue*) encounter;
**faire la ~ de qn** to meet sb; **aller à la ~ de qn** to
go and meet sb; **amours de ~** casual love affairs
**rencontrer** [ʀɑ̃kɔ̃tʀe] *vt* to meet; (*mot, expression*)
to come across; (*difficultés*) to meet with; **se**
**rencontrer** to meet; (*véhicules*) to collide
**rendement** [ʀɑ̃dmɑ̃] *nm* (*d'un travailleur, d'une*
*machine*) output; (*d'une culture*) yield; (*d'un*
*investissement*) return; **à plein ~** at full capacity
**rendez-vous** [ʀɑ̃devu] *nm* (*rencontre*)
appointment; (: *d'amoureux*) date; (*lieu*) meeting
place; **donner ~ à qn** to arrange to meet sb;
**recevoir sur ~** to have an appointment system;
**fixer un ~ à qn** to give sb an appointment;
**avoir/prendre ~ (avec)** to have/make an
appointment (with); **prendre ~ chez le**
**médecin** to make an appointment with the
doctor; **~ spatial** *ou* **orbital** docking (in space)
**rendormir** [ʀɑ̃dɔʀmiʀ]: **se rendormir** *vr* to go
back to sleep
**rendre** [ʀɑ̃dʀ(ə)] *vt* (*livre, argent etc*) to give back,
return; (*otages, visite, politesse, Jur: verdict*) to
return; (*honneurs*) to pay; (*sang, aliments*) to bring
up; (*sons: instrument*) to produce, make; (*exprimer,*
*traduire*) to render; (*jugement*) to pronounce,

render; (faire devenir): **~ qn célèbre/qch possible** to make sb famous/sth possible; **se rendre** vi (capituler) to surrender, give o.s. up; (aller): **se ~ quelque part** to go somewhere; **se ~ à** (arguments etc) to bow to; (ordres) to comply with; **se ~ compte de qch** to realize sth; **~ la vue/la santé à qn** to restore sb's sight/health; **~ la liberté à qn** to set sb free; **~ la monnaie** to give change; **se ~ insupportable/malade** to become unbearable/make o.s. ill

**rendu, e** [Rɑ̃dy] pp de **rendre** ▷ adj (fatigué) exhausted

**renégat, e** [Rənega, -at] nm/f renegade

**renégocier** [Rənegɔsje] vt to renegotiate

**rênes** [Rɛn] nfpl reins

**renfermé, e** [Rɑ̃fɛRme] adj (fig) withdrawn ▷ nm: **sentir le ~** to smell stuffy

**renfermer** [Rɑ̃fɛRme] vt to contain; **se renfermer (sur soi-même)** to withdraw into o.s

**renfiler** [Rɑ̃file] vt (collier) to rethread; (pull) to slip on

**renflé, e** [Rɑ̃fle] adj bulging, bulbous

**renflement** [Rɑ̃fləmɑ̃] nm bulge

**renflouer** [Rɑ̃flue] vt to refloat; (fig) to set back on its (ou his/her etc) feet (again)

**renfoncement** [Rɑ̃fɔ̃smɑ̃] nm recess

**renforcer** [Rɑ̃fɔRse] vt to reinforce; **~ qn dans ses opinions** to confirm sb's opinion

**renfort** [Rɑ̃fɔR]: **~s** nmpl reinforcements; **en ~** as a back-up; **à grand ~ de** with a great deal of

**renfrogné, e** [Rɑ̃fRɔɲe] adj sullen, scowling

**renfrogner** [Rɑ̃fRɔɲe]: **se renfrogner** vi to scowl

**rengager** [Rɑ̃gaʒe] vt (personnel) to take on again; **se rengager** (Mil) to re-enlist

**rengaine** [Rɑ̃gɛn] nf (péj) old tune

**rengainer** [Rɑ̃gene] vt (revolver) to put back in its holster; (épée) to sheathe; (fam: compliment, discours) to save, withhold

**rengorger** [Rɑ̃gɔRʒe]: **se rengorger** vi (fig) to puff o.s. up

**renier** [Rənje] vt (parents) to disown, repudiate; (engagements) to go back on; (foi) to renounce

**renifler** [Rənifle] vi to sniff ▷ vt (tabac) to sniff up; (odeur) to sniff

**rennais, e** [Rɛnɛ, -ɛz] adj of ou from Rennes ▷ nm/f: **Rennais, e** inhabitant ou native of Rennes

**renne** [Rɛn] nm reindeer inv

**renom** [Rənɔ̃] nm reputation; (célébrité) renown; **vin de grand ~** highly renowned wine

**renommé, e** [R(ə)nɔme] adj celebrated, renowned ▷ nf fame

**renoncement** [Rənɔ̃smɑ̃] nm abnegation, renunciation

**renoncer** [Rənɔ̃se] vi: **~ à** vt to give up; **~ à faire** to give up the idea of doing; **j'y renonce!** I give up!

**renouer** [Rənwe] vt (cravate etc) to retie; (fig: conversation, liaison) to renew, resume; **~ avec** (tradition) to revive; (habitude) to take up again; **~ avec qn** to take up with sb again

**renouveau, x** [Rənuvo] nm revival; **~ de succès** renewed success

**renouvelable** [R(ə)nuvlabl(ə)] adj (contrat, bail, énergie) renewable; (expérience) which can be renewed

**renouveler** [Rənuvle] vt to renew; (exploit, méfait) to repeat; **se renouveler** vi (incident) to recur, happen again, be repeated; (cellules etc) to be renewed ou replaced; (artiste, écrivain) to try something new

**renouvellement** [R(ə)nuvɛlmɑ̃] nm renewal; recurrence

**rénovation** [Renɔvasjɔ̃] nf renovation; restoration; reform(ing); redevelopment

**rénover** [Renɔve] vt (immeuble) to renovate, do up; (meuble) to restore; (enseignement) to reform; (quartier) to redevelop

**renseignement** [Rɑ̃sɛɲmɑ̃] nm information no pl, piece of information; (Mil) intelligence no pl; **prendre des ~s sur** to make inquiries about, ask for information about; **(guichet des) ~s** information desk; **(service des) ~s** (Tél) directory inquiries (Brit), information (US); **service de ~s** (Mil) intelligence service; **les ~s généraux** ≈ the secret police

**renseigner** [Rɑ̃seɲe] vt: **~ qn (sur)** to give information to sb (about); **se renseigner** vi to ask for information, make inquiries

**rentabiliser** [Rɑ̃tabilize] vt (capitaux, production) to make profitable

**rentabilité** [Rɑ̃tabilite] nf profitability; cost-effectiveness; (d'un investissement) return; **seuil de ~** break-even point

**rentable** [Rɑ̃tabl(ə)] adj profitable; cost-effective

**rente** [Rɑ̃t] nf income; (pension) pension; (titre) government stock ou bond; **~ viagère** life annuity

**rentier, -ière** [Rɑ̃tje, -jɛR] nm/f person of private ou independent means

**rentrée** [Rɑ̃tRe] nf: **~ (d'argent)** cash no pl coming in; **la ~ (des classes ou scolaire)** the start of the new school year; **la ~ (parlementaire)** the reopening ou reassembly of parliament; **faire sa ~** (artiste, acteur) to make a comeback

**rentrer** [Rɑ̃tRe] vi (entrer de nouveau) to go (ou come) back in; (entrer) to go (ou come) in; (revenir chez soi) to go (ou come) (back) home; (air, clou: pénétrer) to go in; (revenu, argent) to come in ▷ vt (foins) to bring in; (véhicule) to put away; (chemise dans pantalon etc) to tuck in; (griffes) to draw in; (train d'atterrissage) to raise; (fig: larmes, colère etc) to hold back; **~ le ventre** to pull in one's stomach; **~ dans** to go (ou come) back into; to go (ou come) into; (famille, patrie) to go back ou return to; (heurter) to crash into; (appartenir à) to be included in; (: catégorie etc) to fall into; **~ dans l'ordre** to get back to normal; **~ dans ses frais** to recover one's expenses (ou initial outlay)

**renverrai** etc [Rɑ̃veRe] vb voir **renvoyer**

**renversant, e** [Rɑ̃vɛRsɑ̃, -ɑ̃t] adj amazing, astounding

**renverse** [Rɑ̃vɛRs(ə)]: **à la ~** adv backwards

**renversé, e** [ʀɑ̃vɛʀse] adj (écriture) backhand; (image) reversed; (stupéfait) staggered

**renversement** [ʀɑ̃vɛʀsəmɑ̃] nm (d'un régime, des traditions) overthrow; ~ **de la situation** reversal of the situation

**renverser** [ʀɑ̃vɛʀse] vt (faire tomber: chaise, verre) to knock over, overturn; (piéton) to knock down; (liquide, contenu) to spill, upset; (retourner: verre, image) to turn upside down, invert; (: ordre des mots etc) to reverse; (fig: gouvernement etc) to overthrow; (stupéfier) to bowl over, stagger; **se renverser** vi to fall over; to overturn; to spill; **se ~ (en arrière)** to lean back; **~ la tête/le corps (en arrière)** to tip one's head back/throw oneself back; **~ la vapeur** (fig) to change course

**renvoi** [ʀɑ̃vwa] nm dismissal; return; reflection; postponement; (référence) cross-reference; (éructation) belch

**renvoyer** [ʀɑ̃vwaje] vt to send back; (congédier) to dismiss; (Tennis) to return; (lumière) to reflect; (son) to echo; (ajourner): ~ **qch (à)** to postpone sth (until); ~ **qch à qn** (rendre) to return sth to sb; ~ **qn à** (fig) to refer sb to

**réorganisation** [ʀeɔʀganizasjɔ̃] nf reorganization

**réorganiser** [ʀeɔʀganize] vt to reorganize

**réorienter** [ʀeɔʀjɑ̃te] vt to reorient(ate), redirect

**réouverture** [ʀeuvɛʀtyʀ] nf reopening

**repaire** [ʀəpɛʀ] nm den

**repaître** [ʀəpɛtʀ(ə)] vt to feast; to feed; **se ~ de** vt (animal) to feed on; (fig) to wallow ou revel in

**répandre** [ʀepɑ̃dʀ(ə)] vt (renverser) to spill; (étaler, diffuser) to spread; (lumière) to shed; (chaleur, odeur) to give off; **se répandre** vi to spill; to spread; **se ~ en** (injures etc) to pour out

**répandu, e** [ʀepɑ̃dy] pp de **répandre** ▷ adj (opinion, usage) widespread

**réparable** [ʀepaʀabl(ə)] adj (montre etc) repairable; (perte etc) which can be made up for

**reparaître** [ʀəpaʀɛtʀ(ə)] vi to reappear

**réparateur, -trice** [ʀepaʀatœʀ, -tʀis] nm/f repairer

**réparation** [ʀepaʀasjɔ̃] nf repairing no pl, repair; **en ~** (machine etc) under repair; **demander à qn ~ de** (offense etc) to ask sb to make amends for

**réparer** [ʀepaʀe] vt to repair; (fig: offense) to make up for, atone for; (: oubli, erreur) to put right

**reparler** [ʀəpaʀle] vi: ~ **de qn/qch** to talk about sb/sth again; ~ **à qn** to speak to sb again

**repars** etc [ʀəpaʀ] vb voir **repartir**

**repartie** [ʀəpaʀti] nf retort; **avoir de la ~** to be quick at repartee

**repartir** [ʀəpaʀtiʀ] vi to set off again; to leave again; (fig) to get going again, pick up again; ~ **à zéro** to start from scratch (again)

**répartir** [ʀepaʀtiʀ] vt (pour attribuer) to share out; (pour disperser, disposer) to divide up; (poids, chaleur) to distribute; (étaler: dans le temps): ~ **sur** to spread over; (classer, diviser): ~ **en** to divide into,

split up into; **se répartir** vt (travail, rôles) to share out between themselves

**répartition** [ʀepaʀtisjɔ̃] nf sharing out; dividing up; distribution

**repas** [ʀəpɑ] nm meal; **à l'heure des ~** at mealtimes

**repassage** [ʀəpɑsaʒ] nm ironing

**repasser** [ʀəpɑse] vi to come (ou go) back ▷ vt (vêtement, tissu) to iron; (examen) to retake, resit; (film) to show again; (lame) to sharpen; (leçon, rôle: revoir) to go over (again); (plat, pain): ~ **qch à qn** to pass sth back to sb

**repasseuse** [ʀəpɑsøz] nf (machine) ironing machine

**repayer** [ʀəpeje] vt to pay again

**repêchage** [ʀəpɛʃaʒ] nm (Scol): **question de ~** question to give candidates a second chance

**repêcher** [ʀəpɛʃe] vt (noyé) to recover the body of, fish out; (fam: candidat) to pass (by inflating marks); to give a second chance to

**repeindre** [ʀəpɛ̃dʀ(ə)] vt to repaint

**repentir** [ʀəpɑ̃tiʀ] nm repentance; **se repentir** vi: **se ~ (de)** to repent (of)

**répercussions** [ʀepɛʀkysjɔ̃] nfpl repercussions

**répercuter** [ʀepɛʀkyte] vt (réfléchir, renvoyer: son, voix) to reflect; (faire transmettre: consignes, charges etc) to pass on; **se répercuter** vi (bruit) to reverberate; (fig): **se ~ sur** to have repercussions on

**repère** [ʀəpɛʀ] nm mark; (monument etc) landmark; **(point de) ~** point of reference

**repérer** [ʀəpeʀe] vt (erreur, connaissance) to spot; (abri, ennemi) to locate; **se repérer** vi to get one's bearings; **se faire ~** to be spotted

**répertoire** [ʀepɛʀtwaʀ] nm (liste) (alphabetical) list; (carnet) index notebook; (Inform) directory; (de carnet) thumb index; (indicateur) directory, index; (d'un théâtre, artiste) repertoire

**répertorier** [ʀepɛʀtɔʀje] vt to itemize, list

**répéter** [ʀepete] vt to repeat; (préparer: leçon) ▷ aussi vi to learn, go over; (Théât) to rehearse; **se répéter** (redire) to repeat o.s.; (se reproduire) to be repeated, recur

**répéteur** [ʀepetœʀ] nm (Tél) repeater

**répétitif, -ive** [ʀepetitif, -iv] adj repetitive

**répétition** [ʀepetisjɔ̃] nf repetition; (Théât) rehearsal; **répétitions** nfpl (leçons) private coaching sg; **armes à ~** repeater weapons; **~ générale** final dress rehearsal

**repeupler** [ʀəpœple] vt to repopulate; (forêt, rivière) to restock

**repiquage** [ʀəpikaʒ] nm pricking out, planting out; re-recording

**repiquer** [ʀəpike] vt (plants) to prick out, plant out; (enregistrement) to re-record

**répit** [ʀepi] nm respite; **sans ~** without letting up

**replacer** [ʀəplase] vt to replace, put back

**replanter** [ʀəplɑ̃te] vt to replant

**replat** [ʀəpla] nm ledge

**replâtrer** [ʀəplɑtʀe] vt (mur) to replaster

**replet, -ète** [ʀəplɛ, -ɛt] adj chubby, fat

**repli** [ʀəpli] *nm* (*d'une étoffe*) fold; (*Mil*, *fig*) withdrawal

**replier** [ʀəplije] *vt* (*rabattre*) to fold down *ou* over; **se replier** *vi* (*armée*) to withdraw, fall back; **se ~ sur soi-même** to withdraw into oneself

**réplique** [ʀeplik] *nf* (*repartie*, *fig*) reply; (*objection*) retort; (*Théât*) line; (*copie*) replica; **donner la ~ à** to play opposite; **sans ~** *adj* no-nonsense; irrefutable

**répliquer** [ʀeplike] *vi* to reply; (*avec impertinence*) to answer back; (*riposter*) to retaliate

**replonger** [ʀəplɔ̃ʒe] *vt*: **~ qch dans** to plunge sth back into; **se ~ dans** (*journal etc*) to immerse o.s. in again

**répondant, e** [ʀepɔ̃dɑ̃, -ɑ̃t] *nm/f* (*garant*) guarantor, surety

**répondeur** [ʀepɔ̃dœʀ] *nm* answering machine

**répondre** [ʀepɔ̃dʀ(ə)] *vi* to answer, reply; (*freins*, *mécanisme*) to respond; **~ à** *vt* to reply to, answer; (*avec impertinence*): **~ à qn** to answer sb back; (*invitation*, *convocation*) to reply to; (*affection*, *salut*) to return; (*provocation*: *mécanisme etc*) to respond to; (*correspondre à*: *besoin*) to answer; (: *conditions*) to meet; (: *description*) to match; **~ que** to answer *ou* reply that; **~ de** to answer for

**réponse** [ʀepɔ̃s] *nf* answer, reply; **avec ~ payée** (*Postes*) reply-paid, post-paid (US); **avoir ~ à tout** to have an answer for everything; **en ~ à** in reply to; **carte-/bulletin-~** reply card/slip

**report** [ʀəpɔʀ] *nm* postponement; transfer; **~ d'incorporation** (*Mil*) deferment

**reportage** [ʀəpɔʀtaʒ] *nm* (*bref*) report; (*écrit*: *documentaire*) story; article; (*en direct*) commentary; (*genre*, *activité*): **le ~** reporting

**reporter** *nm* [ʀəpɔʀtɛʀ] reporter ▷ *vt* [ʀəpɔʀte] (*total*): **~ qch sur** to carry sth forward *ou* over to; (*ajourner*): **~ qch (à)** to postpone sth (until); (*transférer*): **~ qch sur** to transfer sth to; **se ~ à** (*époque*) to think back to; (*document*) to refer to

**repos** [ʀəpo] *nm* rest; (*fig*) peace (and quiet); (*mental*) peace of mind; (*Mil*): **~!** (stand) at ease!; **en ~** at rest; **au ~** at rest; (*soldat*) at ease; **de tout ~** safe

**reposant, e** [ʀ(ə)pozɑ̃, -ɑ̃t] *adj* restful; (*sommeil*) refreshing

**repose** [ʀəpoz] *nf* refitting

**reposé, e** [ʀəpoze] *adj* fresh, rested; **à tête ~e** in a leisurely way, taking time to think

**repose-pied** [ʀəpozpje] *nm inv* footrest

**reposer** [ʀəpoze] *vt* (*verre*, *livre*) to put down; (*rideaux*, *carreaux*) to put back; (*délasser*) to rest; (*problème*) to reformulate ▷ *vi* (*liquide*, *pâte*) to settle, rest; (*personne*): **ici repose ...** here lies ...; **~ sur** to be built on; (*fig*) to rest on; **se reposer** *vi* to rest; **se ~ sur qn** to rely on sb

**repoussant, e** [ʀəpusɑ̃, -ɑ̃t] *adj* repulsive

**repoussé, e** [ʀəpuse] *adj* (*cuir*) embossed (by hand)

**repousser** [ʀəpuse] *vi* to grow again ▷ *vt* to repel, repulse; (*offre*) to turn down, reject; (*tiroir*, *personne*) to push back; (*différer*) to put back

**répréhensible** [ʀepʀeɑ̃sibl(ə)] *adj* reprehensible

**reprendre** [ʀəpʀɑ̃dʀ(ə)] *vt* (*prisonnier*, *ville*) to recapture; (*objet prêté*, *donné*) to take back; (*chercher*): **je viendrai te ~ à 4 h** I'll come and fetch you *ou* I'll come back for you at 4; (*se resservir de*): **~ du pain/un œuf** to take (*ou* eat) more bread/another egg; (*Comm*: *article usagé*) to take back; to take in part exchange; (*firme*, *entreprise*) to take over; (*travail*, *promenade*) to resume; (*emprunter*: *argument*, *idée*) to take up, use; (*refaire*: *article etc*) to go over again; (*jupe etc*) to alter; (*émission*, *pièce*) to put on again; (*réprimander*) to tell off; (*corriger*) to correct ▷ *vi* (*classes*, *pluie*) to start (up) again; (*activités*, *travaux*, *combats*) to resume, start (up) again; (*affaires*, *industrie*) to pick up; (*dire*): **reprit-il** he went on; **se reprendre** (*se ressaisir*) to recover, pull o.s. together; **s'y ~** to make another attempt; **~ des forces** to recover one's strength; **~ courage** to take new heart; **~ ses habitudes/sa liberté** to get back into one's old habits/regain one's freedom; **~ la route** to resume one's journey, set off again; **~ connaissance** to come to, regain consciousness; **~ haleine** *ou* **son souffle** to get one's breath back; **~ la parole** to speak again

**repreneur** [ʀəpʀənœʀ] *nm* company fixer *ou* doctor

**reprenne** *etc* [ʀəpʀɛn] *vb voir* **reprendre**

**représailles** [ʀəpʀezaj] *nfpl* reprisals, retaliation *sg*

**représentant, e** [ʀəpʀezɑ̃tɑ̃, -ɑ̃t] *nm/f* representative

**représentatif, -ive** [ʀəpʀezɑ̃tatif, -iv] *adj* representative

**représentation** [ʀəpʀezɑ̃tasjɔ̃] *nf* representation; performing; (*symbole*, *image*) representation; (*spectacle*) performance; (*Comm*): **la ~** commercial travelling; sales representation; **frais de ~** (*d'un diplomate*) entertainment allowance

**représenter** [ʀəpʀezɑ̃te] *vt* to represent; (*donner*: *pièce*, *opéra*) to perform; **se représenter** *vt* (*se figurer*) to imagine; to visualize ▷ *vi*: **se ~ à** (*Pol*) to stand *ou* run again at; (*Scol*) to resit

**répressif, -ive** [ʀepʀesif, -iv] *adj* repressive

**répression** [ʀepʀesjɔ̃] *nf voir* **réprimer** suppression; repression; (*Pol*): **la ~** repression; **mesures de ~** repressive measures

**réprimande** [ʀepʀimɑ̃d] *nf* reprimand, rebuke

**réprimander** [ʀepʀimɑ̃de] *vt* to reprimand, rebuke

**réprimer** [ʀepʀime] *vt* (*émotions*) to suppress; (*peuple etc*) repress

**repris, e** [ʀəpʀi, -iz] *pp de* **reprendre** ▷ *nm*: **~ de justice** ex-prisoner, ex-convict

**reprise** [ʀəpʀiz] *nf* (*recommencement*) resumption; (*économique*) recovery; (*TV*) repeat; (*Ciné*) rerun; (*Boxe etc*) round; (*Auto*) acceleration *no pl*; (*Comm*) trade-in, part exchange; (*de location*) sum asked for any extras or improvements made to the property; (*raccommodage*) darn; mend; **la ~ des hostilités** the resumption of hostilities; **à**

**plusieurs ~s** on several occasions, several times

**repriser** [RəpRize] *vt* to darn; to mend; **aiguille/coton à ~** darning needle/thread

**réprobateur, -trice** [RepRɔbatœR, -tRis] *adj* reproving

**réprobation** [RepRɔbasjɔ̃] *nf* reprobation

**reproche** [RəpRɔʃ] *nm (remontrance)* reproach; **ton/air de ~** reproachful tone/look; **faire des ~s à qn** to reproach sb; **faire ~ à qn de qch** to reproach sb for sth; **sans ~(s)** beyond *ou* above reproach

**reprocher** [RəpRɔʃe] *vt:* **~ qch à qn** to reproach *ou* blame sb for sth; **~ qch à** *(machine, théorie)* to have sth against; **se ~ qch/d'avoir fait qch** to blame o.s for sth/for doing sth

**reproducteur, -trice** [RəpRɔdyktœR, -tRis] *adj* reproductive

**reproduction** [RəpRɔdyksjɔ̃] *nf* reproduction; **~ interdite** all rights (of reproduction) reserved

**reproduire** [RəpRɔdɥiR] *vt* to reproduce; **se reproduire** *vi (Bio)* to reproduce; *(recommencer)* to recur, re-occur

**reprographie** [RəpRɔgRafi] *nf* (photo)copying

**réprouvé, e** [RepRuve] *nm/f* reprobate

**réprouver** [RepRuve] *vt* to reprove

**reptation** [Reptasjɔ̃] *nf* crawling

**reptile** [Reptil] *nm* reptile

**repu, e** [Rəpy] *pp de* **repaître** ▷ *adj* satisfied, sated

**républicain, e** [Repyblikɛ̃, -ɛn] *adj, nm/f* republican

**république** [Repyblik] *nf* republic; **R~ arabe du Yémen** Yemen Arab Republic; **R~ Centrafricaine** Central African Republic; **R~ de Corée** South Korea; **R~ dominicaine** Dominican Republic; **R~ d'Irlande** Irish Republic, Eire; **R~ populaire de Chine** People's Republic of China; **R~ populaire démocratique de Corée** Democratic People's Republic of Korea; **R~ populaire du Yémen** People's Democratic Republic of Yemen

**répudier** [Repydje] *vt (femme)* to repudiate; *(doctrine)* to renounce

**répugnance** [Repyɲɑ̃s] *nf* repugnance, loathing; **avoir** *ou* **éprouver de la ~ pour** *(médicament, comportement, travail etc)* to have an aversion to; **avoir** *ou* **éprouver de la ~ à faire qch** to be reluctant to do sth

**répugnant, e** [Repyɲɑ̃, -ɑ̃t] *adj* repulsive, loathsome

**répugner** [Repyɲe]: **~ à** *vt:* **~ à qn** to repel *ou* disgust sb; **~ à faire** to be loath *ou* reluctant to do

**répulsion** [Repylsjɔ̃] *nf* repulsion

**réputation** [Repytasjɔ̃] *nf* reputation; **avoir la ~ d'être ...** to have a reputation for being ...; **connaître qn/qch de ~** to know sb/sth by repute; **de ~ mondiale** world-renowned

**réputé, e** [Repyte] *adj* renowned; **être ~ pour** to have a reputation for, be renowned for

**requérir** [RəkeRiR] *vt (nécessiter)* to require, call

for; *(au nom de la loi)* to call upon; *(Jur: peine)* to call for, demand

**requête** [Rəkɛt] *nf* request, petition; *(Jur)* petition

**requiem** [Rekɥijɛm] *nm* requiem

**requiers** *etc* [RəkjɛR] *vb voir* **requérir**

**requin** [Rəkɛ̃] *nm* shark

**requinquer** [Rəkɛ̃ke] *vt* to set up, pep up

**requis, e** [Rəki, -iz] *pp de* **requérir** ▷ *adj* required

**réquisition** [Rekizisjɔ̃] *nf* requisition

**réquisitionner** [Rekizisjɔne] *vt* to requisition

**réquisitoire** [RekizitwaR] *nm (Jur)* closing speech for the prosecution; *(fig):* **~ contre** indictment of

**RER** *sigle m* (= *Réseau express régional*) Greater Paris high speed train service

**rescapé, e** [Reskape] *nm/f* survivor

**rescousse** [Reskus] *nf:* **aller à la ~ de qn** to go to sb's aid *ou* rescue; **appeler qn à la ~** to call on sb for help

**réseau, x** [Rezo] *nm* network

**réséda** [Rezeda] *nm (Bot)* reseda, mignonette

**réservation** [RezɛRvasjɔ̃] *nf* reservation; booking

**réserve** [RezɛRv(ə)] *nf (retenue)* reserve; *(entrepôt)* storeroom; *(restriction, aussi: d'Indiens)* reservation; *(de pêche, chasse)* preserve; *(restrictions):* **faire des ~s** to have reservations; **officier de ~** reserve officer; **sous toutes ~s** with all reserve; *(dire)* with reservations; **sous ~ de** subject to; **sans ~** *adv* unreservedly; **en ~** in reserve; **de ~** *(provisions etc)* in reserve

**réservé, e** [RezɛRve] *adj (discret)* reserved; *(chasse, pêche)* private; **~ à** *ou* **pour** reserved for

**réserver** [RezɛRve] *vt (gén)* to reserve; *(chambre, billet etc)* to book, reserve; *(mettre de côté, garder):* **~ qch pour** *ou* **à** to keep *ou* save sth for; **~ qch à qn** to reserve (*ou* book) sth for sb; *(fig: destiner)* to have sth in store for sb; **se ~ le droit de faire** to reserve the right to do

**réserviste** [RezɛRvist(ə)] *nm* reservist

**réservoir** [RezɛRvwaR] *nm* tank

**résidence** [Rezidɑ̃s] *nf* residence; **~ principale/secondaire** main/second home; **~ universitaire** hall of residence; **(en) ~ surveillée** (under) house arrest

**résident, e** [Rezidɑ̃, -ɑ̃t] *nm/f (ressortissant)* foreign resident; *(d'un immeuble)* resident ▷ *adj (Inform)* resident

**résidentiel, le** [Rezidɑ̃sjɛl] *adj* residential

**résider** [Rezide] *vi:* **~ à** *ou* **dans** *ou* **en** to reside in; **~ dans** *(fig)* to lie in

**résidu** [Rezidy] *nm* residue *no pl*

**résiduel, le** [Rezidɥɛl] *adj* residual

**résignation** [Reziɲasjɔ̃] *nf* resignation

**résigné, e** [Reziɲe] *adj* resigned

**résigner** [Reziɲe] *vt* to relinquish, resign; **se résigner** *vi:* **se ~ (à qch/à faire)** to resign o.s. (to sth/to doing)

**résiliable** [Reziljabl(ə)] *adj* which can be terminated

**résilier** [Rezilje] *vt* to terminate

**résille** [ʀezij] *nf* (hair)net

**résine** [ʀezin] *nf* resin

**résiné, e** [ʀezine] *adj:* **vin** ~ retsina

**résineux, -euse** [ʀezinø, -øz] *adj* resinous ▷ *nm* coniferous tree

**résistance** [ʀezistɑ̃s] *nf* resistance; *(de réchaud, bouilloire: fil)* element

**résistant, e** [ʀezistɑ̃, -ɑ̃t] *adj (personne)* robust, tough; *(matériau)* strong, hard-wearing ▷ *nm/f (patriote)* Resistance worker *ou* fighter

**résister** [ʀeziste] *vi* to resist; ~ **à** *vt (assaut, tentation)* to resist; *(effort, souffrance)* to withstand; *(matériau, plante)* to stand up to, withstand; *(personne: désobéir à)* to stand up to, oppose

**résolu, e** [ʀezɔly] *pp de* **résoudre** ▷ *adj (ferme)* resolute; **être ~ à qch/faire** to be set upon sth/ doing

**résolument** [ʀezɔlymɑ̃] *adv* resolutely, steadfastly; ~ **contre qch** firmly against sth

**résolution** [ʀezɔlysjɔ̃] *nf* solving; *(fermeté, décision, Inform)* resolution; **prendre la ~ de** to make a resolution to

**résolvais** *etc* [ʀezɔlvɛ] *vb voir* **résoudre**

**résonance** [ʀezɔnɑ̃s] *nf* resonance

**résonner** [ʀezɔne] *vi (cloche, pas)* to reverberate, resound; *(salle)* to be resonant; ~ **de** to resound with

**résorber** [ʀezɔʀbe]: **se résorber** *vi (Méd)* to be resorbed; *(fig)* to be absorbed

**résoudre** [ʀezudʀ(ə)] *vt* to solve; ~ **qn à faire qch** to get sb to make up his *(ou* her) mind to do sth; ~ **de faire** to resolve to do; **se ~ à faire** to bring o.s. to do

**respect** [ʀɛspɛ] *nm* respect; **tenir en ~** to keep at bay

**respectabilité** [ʀɛspɛktabilite] *nf* respectability

**respectable** [ʀɛspɛktabl(ə)] *adj* respectable

**respecter** [ʀɛspɛkte] *vt* to respect; **faire ~** to enforce; **le lexicographe qui se respecte** *(fig)* any self-respecting lexicographer

**respectif, -ive** [ʀɛspɛktif, -iv] *adj* respective

**respectivement** [ʀɛspɛktivmɑ̃] *adv* respectively

**respectueusement** [ʀɛspɛktɥøzmɑ̃] *adv* respectfully

**respectueux, -euse** [ʀɛspɛktɥø, -øz] *adj* respectful; ~ **de** respectful of

**respirable** [ʀɛspiʀabl(ə)] *adj:* **peu ~** unbreathable

**respiration** [ʀɛspiʀasjɔ̃] *nf* breathing *no pl;* **faire une ~ complète** to breathe in and out; **retenir sa ~** to hold one's breath; ~ **artificielle** artificial respiration

**respiratoire** [ʀɛspiʀatwaʀ] *adj* respiratory

**respirer** [ʀɛspiʀe] *vi* to breathe; *(fig: se reposer)* to get one's breath, have a break; *(: être soulagé)* to breathe again ▷ *vt* to breathe (in), inhale; *(manifester: santé, calme etc)* to exude

**resplendir** [ʀɛsplɑ̃diʀ] *vi* to shine; *(fig)* ~ **(de)** to be radiant (with)

**resplendissant, e** [ʀɛsplɑ̃disɑ̃, -ɑ̃t] *adj* radiant

**responsabilité** [ʀɛspɔ̃sabilite] *nf* responsibility; *(légale)* liability; **refuser la ~ de** to deny responsibility (*ou* liability) for; **prendre ses ~s** to assume responsibility for one's actions; ~ **civile** civil liability; ~ **pénale/ morale/collective** criminal/moral/collective responsibility

**responsable** [ʀɛspɔ̃sabl(ə)] *adj* responsible ▷ *nm/f (du ravitaillement etc)* person in charge; *(de parti, syndicat)* official; ~ **de** responsible for; *(légalement: de dégâts etc)* liable for; *(chargé de)* in charge of, responsible for

**resquiller** [ʀɛskije] *vi (au cinéma, au stade)* to get in on the sly; *(dans le train)* to fiddle a free ride

**resquilleur, -euse** [ʀɛskijœʀ, -øz] *nm/f (qui n'est pas invité)* gatecrasher; *(qui ne paie pas)* fare dodger

**ressac** [ʀəsak] *nm* backwash

**ressaisir** [ʀəseziʀ]: **se ressaisir** *vi* to regain one's self-control; *(équipe sportive)* to rally

**ressasser** [ʀəsase] *vt (remâcher)* to keep turning over; *(redire)* to keep trotting out

**ressemblance** [ʀəsɑ̃blɑ̃s] *nf (visuelle)* resemblance, similarity, likeness; *(: Art)* likeness; *(analogie, trait commun)* similarity

**ressemblant, e** [ʀəsɑ̃blɑ̃, -ɑ̃t] *adj (portrait)* lifelike, true to life

**ressembler** [ʀəsɑ̃ble]: ~ **à** *vt* to be like, resemble; *(visuellement)* to look like; **se ressembler** *vi* to be (*ou* look) alike

**ressemeler** [ʀəsəmle] *vt* to (re)sole

**ressens** *etc* [ʀ(ə)sɑ̃] *vb voir* **ressentir**

**ressentiment** [ʀəsɑ̃timɑ̃] *nm* resentment

**ressentir** [ʀəsɑ̃tiʀ] *vt* to feel; **se ~ de** to feel (*ou* show) the effects of

**resserre** [ʀəsɛʀ] *nf* shed

**resserrement** [ʀ(ə)sɛʀmɑ̃] *nm* narrowing; strengthening; *(goulet)* narrow part

**resserrer** [ʀəsɛʀe] *vt (pores)* to close; *(nœud, boulon)* to tighten (up); *(fig: liens)* to strengthen; **se resserrer** *vi (route, vallée)* to narrow; *(liens)* to strengthen; **se ~ (autour de)** to draw closer (around), to close in (on)

**ressers** *etc* [ʀ(ə)sɛʀ] *vb voir* **resservir**

**resservir** [ʀəsɛʀviʀ] *vi* to do *ou* serve again ▷ *vt:* ~ **qch (à qn)** to serve sth up again (to sb); ~ **de qch (à qn)** to give (sb) a second helping of sth; ~ **qn (d'un plat)** to give sb a second helping (of a dish); **se ~ de** *(plat)* to take a second helping of; *(outil etc)* to use again

**ressort** [ʀəsɔʀ] *vb voir* **ressortir** ▷ *nm (pièce)* spring; *(force morale)* spirit; *(recours):* **en dernier ~** as a last resort; *(compétence):* **être du ~ de** to fall within the competence of

**ressortir** [ʀəsɔʀtiʀ] *vi* to go (*ou* come) out (again); *(contraster)* to stand out; ~ **de** *(résulter de):* **il ressort de ceci que** it emerges from this that; ~ **à** *(Jur)* to come under the jurisdiction of; *(Admin)* to be the concern of; **faire ~** *(fig: souligner)* to bring out

**ressortissant, e** [ʀəsɔʀtisɑ̃, -ɑ̃t] *nm/f* national

**ressouder** [ʀəsude] *vt* to solder together again

**ressource** [ʀəsuʀs(ə)] *nf:* **avoir la ~ de** to have

the possibility of; **ressources** nfpl resources; (fig) possibilities; **leur seule ~ était de** the only course open to them was to; **~s d'énergie** energy resources

**ressusciter** [ʀesysite] vt to resuscitate, restore to life; (fig) to revive, bring back ▷ vi to rise (from the dead); (fig: pays) to come back to life

**restant, e** [ʀɛstɑ̃, -ɑ̃t] adj remaining ▷ nm: **le ~ (de)** the remainder (of); **un ~ de** (de trop) some leftover; (fig: vestige) a remnant ou last trace of

**restaurant** [ʀɛstɔʀɑ̃] nm restaurant; **manger au ~** to eat out; **~ d'entreprise** staff canteen ou cafeteria (US); **~ universitaire (RU)** university refectory ou cafeteria (US)

**restaurateur, -trice** [ʀɛstɔʀatœʀ, -tʀis] nm/f restaurant owner, restaurateur; (de tableaux) restorer

**restauration** [ʀɛstɔʀasjɔ̃] nf restoration; (hôtellerie) catering; **~ rapide** fast food

**restaurer** [ʀɛstɔʀe] vt to restore; **se restaurer** vi to have something to eat

**restauroute** [ʀɛstɔʀut] nm = **restoroute**

**reste** [ʀɛst(ə)] nm (restant): **le ~ (de)** the rest (of); (de trop): **un ~ (de)** some leftover; (vestige): **un ~ de** a remnant ou last trace of; (Math) remainder; **restes** nmpl leftovers; (d'une cité etc, dépouille mortelle) remains; **avoir du temps de ~** to have time to spare; **ne voulant pas être en ~** not wishing to be outdone; **partir sans attendre** ou **demander son ~** (fig) to leave without waiting to hear more; **du ~, au ~** adv besides, moreover; **pour le ~, quant au ~** adv as for the rest

**rester** [ʀɛste] vi (dans un lieu, un état, une position) to stay, remain; (subsister) to remain, be left; (durer) to last, live on ▷ vb impers: **il reste du pain/deux œufs** there's some bread/there are two eggs left (over); **il reste du temps/10 minutes** there's some time/there are 10 minutes left; **il me reste assez de temps** I have enough time left; **voilà tout ce qui (me) reste** that's all I've got left; **ce qui reste à faire** what remains to be done; **ce qui me reste à faire** what remains for me to do; **(il) reste à savoir/établir si ...** it remains to be seen/established if ou whether ...; **il n'en reste pas moins que ...** the fact remains that ..., it's nevertheless a fact that ...; **en ~ à** (stade, menaces) to go no further than, only go as far as; **restons-en là** let's leave it at that; **~ sur une impression** to retain an impression; **y ~: il a failli y ~** he nearly met his end

**restituer** [ʀɛstitɥe] vt (objet, somme): **~ qch (à qn)** to return ou restore sth (to sb); (énergie) to release; (son) to reproduce

**restitution** [ʀɛstitysjɔ̃] nf restoration

**restoroute** [ʀɛstɔʀut] nm motorway (Brit) ou highway (US) restaurant

**restreindre** [ʀɛstʀɛ̃dʀ(ə)] vt to restrict, limit; **se restreindre** (dans ses dépenses etc) to cut down; (champ de recherches) to restrict

**restreint, e** [ʀɛstʀɛ̃, -ɛ̃t] pp de **restreindre** ▷ adj restricted, limited

**restrictif, -ive** [ʀɛstʀiktif, -iv] adj restrictive, limiting

**restriction** [ʀɛstʀiksjɔ̃] nf restriction; (condition) qualification; **restrictions** nfpl (mentales) reservations; **sans ~** adv unreservedly

**restructuration** [ʀəstʀyktyʀasjɔ̃] nf restructuring

**restructurer** [ʀəstʀyktyʀe] vt to restructure

**résultante** [ʀezyltɑ̃t] nf (conséquence) result, consequence

**résultat** [ʀezylta] nm result; (conséquence) outcome no pl, result; (d'élection etc) results pl; **résultats** nmpl (d'une enquête) findings; **~s sportifs** sports results

**résulter** [ʀezylte]: **~ de** vt to result from, be the result of; **il résulte de ceci que ...** the result of this is that ...

**résumé** [ʀezyme] nm summary, résumé; **faire le ~ de** to summarize; **en ~** adv in brief; (pour conclure) to sum up

**résumer** [ʀezyme] vt (texte) to summarize; (récapituler) to sum up; (fig) to epitomize, typify; **se résumer** vi (personne) to sum up (one's ideas); **se ~ à** to come down to

**resurgir** [ʀəsyʀʒiʀ] vi to reappear, re-emerge

**résurrection** [ʀezyʀɛksjɔ̃] nf resurrection; (fig) revival

**rétablir** [ʀetabliʀ] vt to restore, re-establish; (personne: traitement): **~ qn** to restore sb to health, help sb recover; (Admin): **~ qn dans son emploi/ses droits** to reinstate sb in his post/restore sb's rights; **se rétablir** vi (guérir) to recover; (silence, calme) to return, be restored; (Gym etc): **se ~ (sur)** to pull o.s. up (onto)

**rétablissement** [ʀetablismɑ̃] nm restoring; recovery; pull-up

**rétamer** [ʀetame] vt to re-coat, re-tin

**rétameur** [ʀetamœʀ] nm tinker

**retaper** [ʀətape] vt (maison, voiture etc) to do up; (fam: revigorer) to buck up; (redactylographier) to retype

**retard** [ʀətaʀ] nm (d'une personne attendue) lateness no pl; (sur l'horaire, un programme, une échéance) delay; (fig: scolaire, mental etc) backwardness; **être en ~** (pays) to be backward; (dans paiement, travail) to be behind; **en ~ (de deux heures)** (two hours) late; **avoir un ~ de deux km** (Sport) to be two km behind; **rattraper son ~** to catch up; **avoir du ~** to be late; (sur un programme) to be behind (schedule); **prendre du ~** (train, avion) to be delayed; (montre) to lose (time); **sans ~** adv without delay; **~ à l'allumage** (Auto) retarded spark; **~ scolaire** backwardness at school

**retardataire** [ʀətaʀdatɛʀ] adj late; (enfant, idées) backward ▷ nm/f latecomer; backward child

**retardé, e** [ʀətaʀde] adj backward

**retardement** [ʀətaʀdəmɑ̃]: **à ~** adj delayed action cpd; **bombe à ~** time bomb

**retarder** [ʀətaʀde] vt (sur un horaire): **~ qn (d'une heure)** to delay sb (an hour); (sur un programme): **~ qn (de trois mois)** to set sb back ou delay sb (three months); (*départ, date*): ~ **qch (de deux jours)** to put sth back (two days), delay sth (for *ou* by two days); (*horloge*) to put back ▷ *vi* (*montre*) to be slow; (: *habituellement*) to lose (time); **je retarde (d'une heure)** I'm (an hour) slow

**retendre** [Rətɑ̃dR(ə)] *vt* (*câble etc*) to stretch again; (*Mus: cordes*) to retighten

**retenir** [RətniR] *vt* (*garder, retarder*) to keep, detain; (*maintenir: objet qui glisse, fig: colère, larmes, rire*) to hold back; (: *chaleur, odeur*) to retain; (*fig: empêcher d'agir*): ~ **qn (de faire)** to hold sb back (from doing); (*se rappeler*) to retain; (*réserver*) to reserve; (*accepter*) to accept; (*prélever*): ~ **qch (sur)** to deduct sth (from); **se retenir** (*euphémisme*) to hold on; (*se raccrocher*): **se ~ à** to hold onto; (*se contenir*): **se ~ de faire** to restrain o.s. from doing; ~ **son souffle** *ou* **haleine** to hold one's breath; ~ **qn à dîner** to ask sb to stay for dinner; **je pose trois et je retiens deux** put down three and carry two

**rétention** [Retɑ̃sjɔ̃] *nf*: ~ **d'urine** urine retention

**retentir** [Rətɑ̃tiR] *vi* to ring out; (*salle*): ~ **de** to ring *ou* resound with; ~ **sur** *vt* (*fig*) to have an effect upon

**retentissant, e** [Rətɑ̃tisɑ̃, -ɑ̃t] *adj* resounding; (*fig*) impact-making

**retentissement** [Rətɑ̃tismɑ̃] *nm* (*retombées*) repercussions *pl*; effect, impact

**retenu, e** [Rətny] *pp de* **retenir** ▷ *adj* (*place*) reserved; (*personne: empêché*) held up; (*propos: contenu, discret*) restrained ▷ *nf* (*prélèvement*) deduction; (*Math*) number to carry over; (*Scol*) detention; (*modération*) (self-)restraint; (*réserve*) reserve, reticence; (*Auto*) tailback

**réticence** [Retisɑ̃s] *nf* reticence *no pl*, reluctance *no pl*; **sans ~** without hesitation

**réticent, e** [Retisɑ̃, -ɑ̃t] *adj* reticent, reluctant

**retiendrai** [Rətjɛ̃dRe], **retiens** *etc* [Rətjɛ̃] *vb voir* **retenir**

**rétif, -ive** [Retif, -iv] *adj* restive

**rétine** [Retin] *nf* retina

**retint** *etc* [Rətɛ̃] *vb voir* **retenir**

**retiré, e** [RətiRe] *adj* (*solitaire*) secluded; (*éloigné*) remote

**retirer** [RətiRe] *vt* to withdraw; (*vêtement, lunettes*) to take off, remove; (*enlever*): ~ **qch à qn** to take sth from sb; (*extraire*): ~ **qn/qch de** to take sb away from/sth out of, remove sb/sth from; (*reprendre: bagages, billets*) to collect, pick up; ~ **des avantages de** to derive advantages from; **se retirer** *vi* (*partir, reculer*) to withdraw; (*prendre sa retraite*) to retire; **se ~ de** to withdraw from; to retire from

**retombées** [Rətɔ̃be] *nfpl* (*radioactives*) fallout *sg*; (*fig*) fallout; spin-offs

**retomber** [Rətɔ̃be] *vi* (*à nouveau*) to fall again; (*rechuter*): ~ **malade/dans l'erreur** to fall ill again/fall back into error; (*atterrir: après un saut etc*) to land; (*tomber, redescendre*) to fall back; (*pendre*) to fall, hang (down); (*échoir*): ~ **sur qn** to

fall on sb

**retordre** [RətɔRdR(ə)] *vt*: **donner du fil à ~ à qn** to make life difficult for sb

**rétorquer** [RetɔRke] *vt*: ~ **(à qn) que** to retort (to sb) that

**retors, e** [RətɔR, -ɔRs(ə)] *adj* wily

**rétorsion** [RetɔRsjɔ̃] *nf*: **mesures de ~** reprisals

**retouche** [Rətuʃ] *nf* touching up *no pl*; alteration; **faire une ~** *ou* **des ~s à** to touch up

**retoucher** [Rətuʃe] *vt* (*photographie, tableau*) to touch up; (*texte, vêtement*) to alter

**retour** [RətuR] *nm* return; **au ~** (*en arrivant*) when we (*ou* they *etc*) get (*ou* got) back; (*en route*) on the way back; **pendant le ~** on the way *ou* journey back; **à mon/ton ~** on my/your return; **au ~ de** on the return of; **être de ~ (de)** to be back (from); **de ~ à .../chez moi** back at .../back home; **en ~** *adv* in return; **par ~ du courrier** by return of post; **par un juste ~ des choses** by a favourable twist of fate; **match ~** return match; ~ **en arrière** (*Ciné*) flashback; (*mesure*) backward step; ~ **de bâton** kickback; ~ **de chariot** carriage return; ~ **à l'envoyeur** (*Postes*) return to sender; ~ **de flamme** backfire; ~ **(automatique) à la ligne** (*Inform*) wordwrap; ~ **de manivelle** (*fig*) backfire; ~ **offensif** renewed attack; ~ **aux sources** (*fig*) return to basics

**retournement** [RətuRnəmɑ̃] *nm* (*d'une personne: revirement*) turning (round); ~ **de la situation** reversal of the situation

**retourner** [RətuRne] *vt* (*dans l'autre sens: matelas, crêpe*) to turn (over); (: *caisse*) to turn upside down; (: *sac, vêtement*) to turn inside out; (*fig: argument*) to turn back; (*en remuant: terre, sol, foin*) to turn over; (*émouvoir: personne*) to shake; (*renvoyer, restituer*): ~ **qch à qn** to return sth to sb ▷ *vi* (*aller, revenir*): ~ **quelque part/à** to go back *ou* return somewhere/to; ~ **à** (*état, activité*) to return to, go back to; **se retourner** *vi* to turn over; (*tourner la tête*) to turn round; **s'en ~** to go back; **se retourner contre** (*fig*) to turn against; **savoir de quoi il retourne** to know what it is all about; ~ **sa veste** (*fig*) to turn one's coat; ~ **en arrière** *ou* **sur ses pas** to turn back, retrace one's steps; ~ **aux sources** to go back to basics

**retracer** [RətRase] *vt* to relate, recount

**rétracter** [RetRakte] *vt*, **se rétracter** *vi* to retract

**retraduire** [RətRadɥiR] *vt* to translate again; (*dans la langue de départ*) to translate back

**retrait** [RətRɛ] *nm voir* **retirer** withdrawal; collection; *voir* **se retirer** withdrawal; (*rétrécissement*) shrinkage; **en ~** *adj* set back; **écrire en ~** to indent; ~ **du permis (de conduire)** disqualification from driving (*Brit*), revocation of driver's license (*US*)

**retraite** [RətRɛt] *nf* (*d'une armée, Rel, refuge*) retreat; (*d'un employé*) retirement; (*revenu*) (retirement) pension; **être/mettre à la ~** to be retired/pension off *ou* retire; **prendre sa ~** to retire; ~ **anticipée** early retirement; ~ **aux flambeaux** torchlight tattoo

**r**

**retraité, e** [RətRete] *adj* retired ▷ *nm/f* (old age) pensioner

**retraitement** [RətREtmã] *nm* reprocessing

**retraiter** [Rətrete] *vt* to reprocess

**retranchement** [RətRãʃmã] *nm* entrenchment; **poursuivre qn dans ses derniers ~s** to drive sb into a corner

**retrancher** [RətRãʃe] *vt* (*passage, détails*) to take out, remove; (*nombre, somme*): **~ qch de** to take ou deduct sth from; (*couper*) to cut off; **se ~ derrière/dans** to entrench o.s. behind/in; (*fig*) to take refuge behind/in

**retranscrire** [RətRãskRiR] *vt* to retranscribe

**retransmettre** [RətRãsmEtR(ə)] *vt* (*Radio*) to broadcast, relay; (*TV*) to show

**retransmission** [RətRãsmisjɔ̃] *nf* broadcast; showing

**retravailler** [Rətravaje] *vi* to start work again ▷ *vt* to work on again

**retraverser** [Rətraverse] *vt* (*dans l'autre sens*) to cross back over

**rétréci, e** [Retresi] *adj* (*idées, esprit*) narrow

**rétrécir** [RetResiR] *vt* (*vêtement*) to take in ▷ *vi* to shrink; **se rétrécir** *vi* to narrow

**rétrécissement** [Retresismã] *nm* narrowing

**retremper** [RətRãpe] *vt*: **se ~ dans** (*fig*) to reimmerse o.s. in

**rétribuer** [Retribɥe] *vt* (*travail*) to pay for; (*personne*) to pay

**rétribution** [Retribysjɔ̃] *nf* payment

**rétro** [Retro] *adj inv* old-style ▷ *nm* (*rétroviseur*) (rear-view) mirror; **la mode ~** the nostalgia vogue

**rétroactif, -ive** [Retroaktif, -iv] *adj* retroactive

**rétrocéder** [Retrosede] *vt* to retrocede

**rétrocession** [Retrosesjɔ̃] *nf* retrocession

**rétrofusée** [Retrofyze] *nf* retrorocket

**rétrograde** [Retrograd] *adj* reactionary, backward-looking

**rétrograder** [Retrograde] *vi* (*élève*) to fall back; (*économie*) to regress; (*Auto*) to change down

**rétroprojecteur** [RetroprɔʒEktœR] *nm* overhead projector

**rétrospectif, -ive** [Retrospektif, -iv] *adj, nf* retrospective

**rétrospectivement** [Retrospektivmã] *adv* in retrospect

**retroussé, e** [Rətruse] *adj*: **nez ~** turned-up nose

**retrousser** [Rətruse] *vt* to roll up; (*fig: nez*) to wrinkle; (: *lèvres*) to curl

**retrouvailles** [Rətruvaj] *nfpl* reunion *sg*

**retrouver** [Rətruve] *vt* (*fugitif, objet perdu*) to find; (*occasion*) to find again; (*calme, santé*) to regain; (*reconnaître: expression, style*) to recognize; (*revoir*) to see again; (*rejoindre*) to meet (again), join; **se retrouver** *vi* to meet; (*s'orienter*) to find one's way; **se ~ quelque part** to find o.s. somewhere; to end up somewhere; **se ~ seul/sans argent** to find o.s. alone/with no money; **se ~ dans** (*calculs, dossiers, désordre*) to make sense of; **s'y ~** (*rentrer dans ses frais*) to break even

**rétroviseur** [RetrovizœR] *nm* (rear-view) mirror

**réunifier** [Reynifje] *vt* to reunify

**Réunion** [Reynjɔ̃] *nf*: **la ~, l'île de la ~** Réunion

**réunion** [Reynjɔ̃] *nf* bringing together; joining; (*séance*) meeting

**réunionnais, e** [ReynjɔnE, -ɛz] *adj* of ou from Réunion

**réunir** [ReyniR] *vt* (*convoquer*) to call together; (*rassembler*) to gather together; (*cumuler*) to combine; (*rapprocher*) to bring together (again), reunite; (*rattacher*) to join (together); **se réunir** *vi* (*se rencontrer*) to meet; (*s'allier*) to unite

**réussi, e** [Reysi] *adj* successful

**réussir** [ReysiR] *vi* to succeed, be successful; (*à un examen*) to pass; (*plante, culture*) to thrive, do well ▷ *vt* to make a success of; to bring off; **~ à faire** to succeed in doing; **~ à qn** to go right for sb; (*aliment*) to agree with sb; **le travail/le mariage lui réussit** work/married life agrees with him

**réussite** [Reysit] *nf* success; (*Cartes*) patience

**réutiliser** [Reytilize] *vt* to re-use

**revaloir** [RəvalwaR] *vt*: **je vous revaudrai cela** I'll repay you some day; (*en mal*) I'll pay you back for this

**revalorisation** [Rəvalɔrizasjɔ̃] *nf* revaluation; raising

**revaloriser** [Rəvalɔrize] *vt* (*monnaie*) to revalue; (*salaires, pensions*) to raise the level of; (*institution, tradition*) to reassert the value of

**revanche** [Rəvãʃ] *nf* revenge; **prendre sa ~ (sur)** to take one's revenge (on); **en ~** (*par contre*) on the other hand; (*en compensation*) in return

**rêvasser** [Rɛvase] *vi* to daydream

**rêve** [REv] *nm* dream; (*activité psychique*): **le ~** dreaming; **paysage/silence de ~** dreamlike landscape/silence; **~ éveillé** daydreaming *no pl*, daydream

**rêvé, e** [Reve] *adj* (*endroit, mari etc*) ideal

**revêche** [Rəvɛʃ] *adj* surly, sour-tempered

**réveil** [Revɛj] *nm* (*d'un dormeur*) waking up *no pl*; (*fig*) awakening; (*pendule*) alarm (clock); **au ~** when I (*ou* you *etc*) wake (*ou* woke) up, on waking (up); **sonner le ~** (*Mil*) to sound the reveille

**réveille-matin** [Revɛjmatɛ̃] *nm inv* alarm clock

**réveiller** [Reveje] *vt* (*personne*) to wake up; (*fig*) to awaken, revive; **se réveiller** *vi* to wake up; (*fig*) to be revived, reawaken

**réveillon** [Revɛjɔ̃] *nm* Christmas Eve; (*de la Saint-Sylvestre*) New Year's Eve; Christmas Eve (*ou* New Year's Eve) party *ou* dinner

**réveillonner** [Revɛjɔne] *vi* to celebrate Christmas Eve (*ou* New Year's Eve)

**révélateur, -trice** [Revelatœr, -tris] *adj*: **~ (de qch)** revealing (sth) ▷ *nm* (*Photo*) developer

**révélation** [Revelasjɔ̃] *nf* revelation

**révéler** [Revele] *vt* (*gén*) to reveal; (*divulguer*) to disclose, reveal; (*dénoter*) to reveal, show; (*faire connaître au public*): **~ qn/qch** to make sb/sth widely known, bring sb/sth to the public's notice; **se révéler** *vi* to be revealed, reveal

itself; **se ~ facile/faux** to prove (to be) easy/
false; **se ~ cruel/un allié sûr** to show o.s. to be
cruel/a trustworthy ally

**revenant, e** [Rəvnã, -āt] *nm/f* ghost

**revendeur, -euse** [RəvãdœR, -øz] *nm/f*
(*détaillant*) retailer; (*d'occasions*) secondhand
dealer

**revendicatif, -ive** [Rəvãdikatif, -iv] *adj*
(*mouvement*) protest *cpd*

**revendication** [Rəvãdikasjɔ̃] *nf* claim, demand;
**journée de ~** day of action (in support of one's
claims)

**revendiquer** [Rəvãdike] *vt* to claim, demand;
(*responsabilité*) to claim ▷ *vi* to agitate in favour
of one's claims

**revendre** [RəvãdR(ə)] *vt* (*d'occasion*) to resell;
(*détailler*) to sell; (*vendre davantage de*): **~ du sucre/
un foulard/deux bagues** to sell more sugar/
another scarf/another two rings; **à ~** *adv* (*en
abondance*) to spare

**revenir** [RəvniR] *vi* to come back; (*Culin*): **faire ~**
to brown; (*coûter*): **~ cher/à 100 euros (à qn)** to
cost (sb) a lot/100 euros; **~ à** (*études, projet*) to
return to, go back to; (*équivalant à*) to amount to;
**~ à qn** (*rumeur, nouvelle*) to get back to sb, reach
sb's ears; (*part, honneur*) to go to sb, be sb's;
(*souvenir, nom*) to come back to sb; **~ de** (*fig:
maladie, étonnement*) to recover from; **~ sur**
(*question, sujet*) to go back over; (*engagement*) to go
back on; **~ à la charge** to return to the attack; **~
à soi** to come round; **n'en pas ~: je n'en
reviens** I can't get over it; **~ sur ses pas** to
retrace one's steps; **cela revient à dire que/au
même** it amounts to saying that/to the same
thing; **~ de loin** (*fig*) to have been at death's
door

**revente** [Rəvãt] *nf* resale

**revenu, e** [Rəvny] *pp de* **revenir** ▷ *nm* income;
(*de l'État*) revenue; (*d'un capital*) yield; **revenus**
*nmpl* income *sg*; **~ national brut** gross national
income

**rêver** [Reve] *vi, vt* to dream; (*rêvasser*) to
(day)dream; **~ de** (*voir en rêve*) to dream of *ou*
about; **~ de qch/de faire** to dream of sth/of
doing; **~ à** to dream of

**réverbération** [RevERbeRasjɔ̃] *nf* reflection

**réverbère** [RevERbER] *nm* street lamp *ou* light

**réverbérer** [RevERbeRe] *vt* to reflect

**reverdir** [RəvERdiR] *vi* (*arbre etc*) to turn green
again

**révérence** [ReveRãs] *nf* (*vénération*) reverence;
(*salut: d'homme*) bow; (: *de femme*) curtsey

**révérencieux, -euse** [ReveRãsjø, -øz] *adj*
reverent

**révérend, e** [ReveRã, -ãd] *adj*: **le ~ père Pascal**
the Reverend Father Pascal

**révérer** [ReveRe] *vt* to revere

**rêverie** [REvRi] *nf* daydreaming *no pl*, daydream

**reverrai** *etc* [RəvERe] *vb voir* **revoir**

**revers** [RəvER] *nm* (*de feuille, main*) back; (*d'étoffe*)
wrong side; (*de pièce, médaille*) back, reverse;
(*Tennis, Ping-Pong*) backhand; (*de veston*) lapel; (*de

*pantalon*) turn-up; (*fig: échec*) setback; **~ de
fortune** reverse of fortune; **d'un ~ de main**
with the back of one's hand; **le ~ de la
médaille** (*fig*) the other side of the coin;
**prendre à ~** (*Mil*) to take from the rear

**reverser** [RəvERse] *vt* (*reporter: somme etc*): **~ sur**
to put back into; (*liquide*): **~ (dans)** to pour some
more (into)

**réversible** [RevERsibl(ə)] *adj* reversible

**revêtement** [Rəvɛtmã] *nm* (*de paroi*) facing; (*des
sols*) flooring; (*de chaussée*) surface; (*de tuyau etc*:
*enduit*) coating

**revêtir** [RəvetiR] *vt* (*habit*) to don, put on; (*fig*) to
take on; **~ qn de** to dress sb in; (*fig*) to endow ou
invest sb with; **~ qch de** to cover sth with; (*fig*)
to cloak sth in; **~ d'un visa** to append a visa to

**rêveur, -euse** [REvœR, -øz] *adj* dreamy ▷ *nm/f*
dreamer

**reviendrai** *etc* [Rəvjɛ̃dRe] *vb voir* **revenir**

**revienne** *etc* [Rəvjɛn] *vb voir* **revenir**

**revient** [Rəvjɛ̃] *vb voir* **revenir** ▷ *nm*: **prix de ~**
cost price

**revigorer** [RəvigɔRe] *vt* to invigorate, revive,
buck up

**revint** *etc* [Rəvɛ̃] *vb voir* **revenir**

**revirement** [RəviRmã] *nm* change of mind;
(*d'une situation*) reversal

**revis** *etc* [Rəvi] *vb voir* **revoir**

**révisable** [Revizabl(ə)] *adj* (*procès, taux etc*)
reviewable, subject to review

**réviser** [Revize] *vt* (*texte, Scol: matière*) to revise;
(*comptes*) to audit; (*machine, installation, moteur*) to
overhaul, service; (*Jur: procès*) to review

**révision** [Revizjɔ̃] *nf* revision; auditing *no pl*;
overhaul, servicing *no pl*; review; **conseil de ~**
(*Mil*) recruiting board; **faire ses ~s** (*Scol*) to do
one's revision (*Brit*), revise (*Brit*), review (*US*); **la
~ des 10 000 km** (*Auto*) the 10,000 km service

**révisionnisme** [Revizjɔnism(ə)] *nm*
revisionism

**revisser** [Rəvise] *vt* to screw back again

**revit** [Rəvi] *vb voir* **revoir**

**revitaliser** [Rəvitalize] *vt* to revitalize

**revivifier** [Rəvivifje] *vt* to revitalize

**revivre** [RəvivR(ə)] *vi* (*reprendre des forces*) to come
alive again; (*traditions*) to be revived ▷ *vt* (*épreuve,
moment*) to relive; **faire ~** (*mode, institution, usage*)
to bring back to life

**révocable** [Revɔkabl(ə)] *adj* (*délégué*)
dismissible; (*contrat*) revocable

**révocation** [Revɔkasjɔ̃] *nf* dismissal; revocation

**revoir** [RəvwaR] *vt* to see again; (*réviser*) to revise
(*Brit*), review (*US*) ▷ *nm*: **au ~** goodbye; **dire au ~
à qn** to say goodbye to sb; **se revoir** (*amis*) to
meet (again), see each other again

**révoltant, e** [Revɔltã, -ãt] *adj* revolting

**révolte** [Revɔlt(ə)] *nf* rebellion, revolt

**révolter** [Revɔlte] *vt* to revolt, outrage; **se
révolter** *vi*: **se ~ (contre)** to rebel (against); **se ~
(à)** to be outraged (by)

**révolu, e** [Revɔly] *adj* past; (*Admin*): **âgé de 18
ans ~s** over 18 years of age; **après trois ans ~s**

**r**

when three full years have passed

**révolution** [ʀevɔlysjɔ̃] nf revolution; **être en ~** *(pays etc)* to be in revolt; **la ~ industrielle** the industrial revolution

**révolutionnaire** [ʀevɔlysjɔnɛʀ] adj, nm/f revolutionary

**révolutionner** [ʀevɔlysjɔne] vt to revolutionize; *(fig)* to stir up

**revolver** [ʀevɔlvɛʀ] nm gun; *(à barillet)* revolver

**révoquer** [ʀevɔke] vt *(fonctionnaire)* to dismiss, remove from office; *(arrêt, contrat)* to revoke

**revoyais** etc [ʀəvwaje] vb voir **revoir**

**revu, e** [ʀəvy] pp de **revoir** ▷ nf *(inventaire, examen)* review; *(Mil: défilé)* review, march past; *(: inspection)* inspection, review; *(périodique)* review, magazine; *(pièce satirique)* revue; *(de music-hall)* variety show; **passer en ~** to review, inspect; *(fig)* to review; **~ de (la) presse** press review

**révulsé, e** [ʀevylse] adj *(yeux)* rolled upwards; *(visage)* contorted

**Reykjavik** [ʀekjavik] n Reykjavik

**rez-de-chaussée** [ʀedʃose] nm inv ground floor

**rez-de-jardin** [ʀedʒaʀdɛ̃] nm inv garden level

**RF** sigle f = **République française**

**RFA** sigle f (= *République fédérale d'Allemagne)* FRG

**RFO** sigle f (= *Radio-Télévision Française d'Outre-mer)* French overseas broadcasting service

**RG** sigle mpl (= *renseignements généraux)* security section of the police force

**rhabiller** [ʀabije] vt: **se rhabiller** to get dressed again, put one's clothes on again

**rhapsodie** [ʀapsɔdi] nf rhapsody

**rhéostat** [ʀeɔsta] nm rheostat

**rhésus** [ʀezys] adj, nm rhesus; **~ positif/négatif** rhesus positive/negative

**rhétorique** [ʀetɔʀik] nf rhetoric ▷ adj rhetorical

**Rhin** [ʀɛ̃] nm: **le ~** the Rhine

**rhinite** [ʀinit] nf rhinitis

**rhinocéros** [ʀinɔseʀɔs] nm rhinoceros

**rhinopharyngite** [ʀinɔfaʀɛ̃ʒit] nf throat infection

**rhodanien, ne** [ʀɔdanjɛ̃, -ɛn] adj Rhône cpd, of the Rhône

**Rhodes** [ʀɔd] n: **(l'île de) ~** (the island of) Rhodes

**Rhodésie** [ʀɔdezi] nf: **la ~** Rhodesia

**rhodésien, ne** [ʀɔdezjɛ̃, -ɛn] adj Rhodesian

**rhododendron** [ʀɔdɔdɛ̃dʀɔ̃] nm rhododendron

**Rhône** [ʀon] nm: **le ~** the Rhone

**rhubarbe** [ʀybaʀb(ə)] nf rhubarb

**rhum** [ʀɔm] nm rum

**rhumatisant, e** [ʀymatizɑ̃, -ɑ̃t] adj, nm/f rheumatic

**rhumatismal, e, -aux** [ʀymatismal, -o] adj rheumatic

**rhumatisme** [ʀymatism(ə)] nm rheumatism no pl

**rhumatologie** [ʀymatɔlɔʒi] nf rheumatology

**rhumatologue** [ʀymatɔlɔg] nm/f rheumatologist

**rhume** [ʀym] nm cold; **~ de cerveau** head cold;

**le ~ des foins** hay fever

**rhumerie** [ʀɔmʀi] nf *(distillerie)* rum distillery

**RI** sigle m *(Mil)* = **régiment d'infanterie**

**ri** [ʀi] pp de **rire**

**riant, e** [ʀjɑ̃, -ɑ̃t] vb voir **rire** ▷ adj smiling, cheerful; *(campagne, paysage)* pleasant

**RIB** sigle m = **relevé d'identité bancaire**

**ribambelle** [ʀibɑ̃bɛl] nf: **une ~ de** a herd ou swarm of

**ricain, e** [ʀikɛ̃, -ɛn] adj *(fam)* Yank, Yankee

**ricanement** [ʀikanmɑ̃] nm snigger; giggle

**ricaner** [ʀikane] vi *(avec méchanceté)* to snigger; *(bêtement, avec gêne)* to giggle

**riche** [ʀiʃ] adj *(gén)* rich; *(personne, pays)* rich, wealthy; **~ en** rich in; **~ de** full of; rich in

**richement** [ʀiʃmɑ̃] adv richly

**richesse** [ʀiʃɛs] nf wealth; *(fig)* richness; **richesses** nfpl wealth sg; treasures; **~ en vitamines** high vitamin content

**richissime** [ʀiʃisim] adj extremely rich ou wealthy

**ricin** [ʀisɛ̃] nm: **huile de ~** castor oil

**ricocher** [ʀikɔʃe] vi: **~ (sur)** to rebound (off); *(sur l'eau)* to bounce (on ou off); **faire ~ (galet)** to skim

**ricochet** [ʀikɔʃe] nm rebound; bounce; **faire ~** to rebound, bounce; *(fig)* to rebound; **faire des ~s** to skip stones; **par ~** adv on the rebound; *(fig)* as an indirect result

**rictus** [ʀiktys] nm grin, (snarling) grimace

**ride** [ʀid] nf wrinkle; *(fig)* ripple

**ridé, e** [ʀide] adj wrinkled

**rideau, x** [ʀido] nm curtain; **tirer/ouvrir les ~x** to draw/open the curtains; **~ de fer** metal shutter; *(Pol)*: **le ~ de fer** the Iron Curtain

**ridelle** [ʀidɛl] nf slatted side *(of truck)*

**rider** [ʀide] vt to wrinkle; *(fig)* to ripple, ruffle the surface of; **se rider** vi to become wrinkled

**ridicule** [ʀidikyl] adj ridiculous ▷ nm ridiculousness no pl; **le ~** ridicule; *(travers: gén pl)* absurdities pl; **tourner en ~** to ridicule

**ridiculement** [ʀidikylmɑ̃] adv ridiculously

**ridiculiser** [ʀidikylize] vt to ridicule; **se ridiculiser** to make a fool of o.s

**ridule** [ʀidyl] nf *(euph: ride)* little wrinkle

**rie** etc [ʀi] vb voir **rire**

⊙ **MOT-CLÉ**

**rien** [ʀjɛ̃] pron **1: (ne) ... rien** nothing; *(tournure négative)* anything; **qu'est-ce que vous avez? — rien** what have you got? — nothing; **il n'a rien dit/fait** he said/did nothing, he hasn't said/done anything; **il n'a rien** *(n'est pas blessé)* he's all right; **ça ne fait rien** it doesn't matter; **il n'y est pour rien** he's got nothing to do with it **2** *(quelque chose)*: **a-t-il jamais rien fait pour nous?** has he ever done anything for us? **3: rien de: rien d'intéressant** nothing interesting; **rien d'autre** nothing else; **rien du tout** nothing at all; **il n'a rien d'un champion** he's no champion, there's nothing of the champion about him

**4**: **rien que** just, only; nothing but; **rien que pour lui faire plaisir** only *ou* just to please him; **rien que la vérité** nothing but the truth; **rien que cela** that alone
▷ *excl*: **de rien!** not at all!, don't mention it!; **il n'en est rien!** nothing of the sort!; **rien à faire!** it's no good!, it's no use!
▷ *nm*: **un petit rien** (*cadeau*) a little something; **des riens** trivia *pl*; **un rien de** a hint of; **en un rien de temps** in no time at all; **avoir peur d'un rien** to be frightened of the slightest thing

**rieur, -euse** [ʀjœʀ, -øz] *adj* cheerful
**rigide** [ʀiʒid] *adj* stiff; (*fig*) rigid; (*moralement*) strict
**rigidité** [ʀiʒidite] *nf* stiffness; **la ~ cadavérique** rigor mortis
**rigolade** [ʀigɔlad] *nf*: **la ~** fun; (*fig*): **c'est de la ~** it's a big farce; (*c'est facile*) it's a cinch
**rigole** [ʀigɔl] *nf* (*conduit*) channel; (*filet d'eau*) rivulet
**rigoler** [ʀigɔle] *vi* (*rire*) to laugh; (*s'amuser*) to have (some) fun; (*plaisanter*) to be joking *ou* kidding
**rigolo, ote** [ʀigɔlo, -ɔt] *adj* (*fam*) funny ▷ *nm/f* comic; (*péj*) fraud, phoney
**rigorisme** [ʀigɔʀism(ə)] *nm* (moral) rigorism
**rigoriste** [ʀigɔʀist(ə)] *adj* rigorist
**rigoureusement** [ʀiguʀøzmɑ̃] *adv* rigorously; **~ vrai/interdit** strictly true/forbidden
**rigoureux, -euse** [ʀiguʀø, -øz] *adj* (*morale*) rigorous, strict; (*personne*) stern, strict; (*climat, châtiment*) rigorous, harsh, severe; (*interdiction, neutralité*) strict; (*preuves, analyse, méthode*) rigorous
**rigueur** [ʀigœʀ] *nf* rigour (*Brit*), rigor (*US*); strictness; harshness; **"tenue de soirée de ~"** "evening dress (to be worn)"; **être de ~** to be the usual thing, be the rule; **à la ~** at a pinch; possibly; **tenir ~ à qn de qch** to hold sth against sb
**riions** *etc* [ʀijɔ̃] *vb voir* **rire**
**rillettes** [ʀijɛt] *nfpl* = potted meat *sg*
**rime** [ʀim] *nf* rhyme; **n'avoir ni ~ ni raison** to have neither rhyme nor reason
**rimer** [ʀime] *vi*: **~ (avec)** to rhyme (with); **ne ~ à rien** not to make sense
**Rimmel®** [ʀimɛl] *nm* mascara
**rinçage** [ʀɛ̃saʒ] *nm* rinsing (out); (*opération*) rinse
**rince-doigts** [ʀɛ̃sdwa] *nm inv* finger-bowl
**rincer** [ʀɛ̃se] *vt* to rinse; (*récipient*) to rinse out; **se ~ la bouche** to rinse one's mouth out
**ring** [ʀiŋ] *nm* (boxing) ring; **monter sur le ~** (*aussi fig*) to enter the ring; (: *faire carrière de boxeur*) to take up boxing
**ringard, e** [ʀɛ̃gaʀ, -aʀd(ə)] *adj* (*péj*) old-fashioned
**Rio de Janeiro** [ʀiodʒaneʀ(o)] *n* Rio de Janeiro
**rions** [ʀjɔ̃] *vb voir* **rire**
**ripaille** [ʀipaj] *nf*: **faire ~** to feast
**riper** [ʀipe] *vi* to slip, slide

**ripoliné, e** [ʀipɔline] *adj* enamel-painted
**riposte** [ʀipɔst(ə)] *nf* retort, riposte; (*fig*) counter-attack, reprisal
**riposter** [ʀipɔste] *vi* to retaliate ▷ *vt*: **~ que** to retort that; **~ à** *vt* to counter; to reply to
**ripper** [ʀipe] *vt* (*Inform*) to rip
**rire** [ʀiʀ] *vi* to laugh; (*se divertir*) to have fun; (*plaisanter*) to joke ▷ *nm* laugh; **le ~** laughter; **~ de** *vt* to laugh at; **se ~ de** to make light of; **tu veux ~!** you must be joking!; **~ aux éclats/aux larmes** to roar with laughter/laugh until one cries; **~ jaune** to force oneself to laugh; **~ sous cape** to laugh up one's sleeve; **~ au nez de qn** to laugh in sb's face; **pour ~** (*pas sérieusement*) for a joke *ou* a laugh
**ris** [ʀi] *vb voir* **rire** ▷ *nm*: **~ de veau** (calf) sweetbread
**risée** [ʀize] *nf*: **être la ~ de** to be the laughing stock of
**risette** [ʀizɛt] *nf*: **faire ~ (à)** to give a nice little smile (to)
**risible** [ʀizibl(ə)] *adj* laughable, ridiculous
**risque** [ʀisk(ə)] *nm* risk; **l'attrait du ~** the lure of danger; **prendre des ~s** to take risks; **à ses ~s et périls** at his own risk; **au ~ de** at the risk of; **~ d'incendie** fire risk; **~ calculé** calculated risk
**risqué, e** [ʀiske] *adj* risky; (*plaisanterie*) risqué, daring
**risquer** [ʀiske] *vt* to risk; (*allusion, question*) to venture, hazard; **tu risques qu'on te renvoie** you risk being dismissed; **ça ne risque rien** it's quite safe; **~ de: il risque de se tuer** he could get *ou* risks getting himself killed; **il a risqué de se tuer** he almost got himself killed; **ce qui risque de se produire** what might *ou* could well happen; **il ne risque pas de recommencer** there's no chance of him doing that again; **se risquer dans** (*s'aventurer*) to venture into; **se risquer à faire** (*tenter*) to dare to do; **~ le tout pour le tout** to risk the lot
**risque-tout** [ʀiskətu] *nm/f inv* daredevil
**rissoler** [ʀisɔle] *vi, vt*: **(faire) ~** to brown
**ristourne** [ʀistuʀn(ə)] *nf* rebate; discount
**rit** *etc* [ʀi] *vb voir* **rire**
**rite** [ʀit] *nm* rite; (*fig*) ritual
**ritournelle** [ʀituʀnɛl] *nf* (*fig*) tune; **c'est toujours la même ~** (*fam*) it's always the same old story
**rituel, le** [ʀitɥɛl] *adj, nm* ritual
**rituellement** [ʀitɥɛlmɑ̃] *adv* religiously
**riv.** *abr* (= *rivière*) R
**rivage** [ʀivaʒ] *nm* shore
**rival, e, -aux** [ʀival, -o] *adj, nm/f* rival; **sans ~** *adj* unrivalled
**rivaliser** [ʀivalize] *vi*: **~ avec** to rival, vie with; (*être comparable*) to hold its own against, compare with; **~ avec qn de** (*élégance etc*) to vie with *ou* rival sb in
**rivalité** [ʀivalite] *nf* rivalry
**rive** [ʀiv] *nf* shore; (*de fleuve*) bank
**river** [ʀive] *vt* (*clou, pointe*) to clinch; (*plaques*) to

**r**

rivet together; **être rivé sur/à** to be riveted on/to

**riverain, e** [ʀivʀɛ̃, -ɛn] *adj* riverside *cpd*; lakeside *cpd*; roadside *cpd* ▷ *nm/f* riverside (*ou* lakeside) resident; local *ou* roadside resident

**rivet** [ʀivɛ] *nm* rivet

**riveter** [ʀivte] *vt* to rivet (together)

**Riviera** [ʀivjɛʀa] *nf*: **la ~ (italienne)** the Italian Riviera

**rivière** [ʀivjɛʀ] *nf* river; **~ de diamants** diamond rivière

**rixe** [ʀiks(ə)] *nf* brawl, scuffle

**Riyad** [ʀijad] *n* Riyadh

**riz** [ʀi] *nm* rice; **~ au lait** ≈ rice pudding

**rizière** [ʀizjɛʀ] *nf* paddy field

**RMC** *sigle f* = **Radio Monte Carlo**

**RMI** *sigle m* (= *revenu minimum d'insertion*) ≈ income support (*Brit*), ≈ welfare (*US*)

**RN** *sigle f* = **route nationale**

**robe** [ʀɔb] *nf* dress; (*de juge, d'ecclésiastique*) robe; (*de professeur*) gown; (*pelage*) coat; **~ de soirée/de mariée** evening/wedding dress; **~ de baptême** christening robe; **~ de chambre** dressing gown; **~ de grossesse** maternity dress

**robinet** [ʀɔbinɛ] *nm* tap, faucet (*US*); **~ du gaz** gas tap; **~ mélangeur** mixer tap

**robinetterie** [ʀɔbinɛtʀi] *nf* taps *pl*, plumbing

**roboratif, -ive** [ʀɔbɔʀatif, -iv] *adj* bracing, invigorating

**robot** [ʀɔbo] *nm* robot; **~ de cuisine** food processor

**robotique** [ʀɔbɔtik] *nf* robotics *sg*

**robotiser** [ʀɔbɔtize] *vt* (*personne, travailleur*) to turn into a robot; (*monde, vie*) to automate

**robuste** [ʀɔbyst(ə)] *adj* robust, sturdy

**robustesse** [ʀɔbystɛs] *nf* robustness, sturdiness

**roc** [ʀɔk] *nm* rock

**rocade** [ʀɔkad] *nf* (*Auto*) bypass

**rocaille** [ʀɔkaj] *nf* (*pierres*) loose stones *pl*; (*terrain*) rocky *ou* stony ground; (*jardin*) rockery, rock garden ▷ *adj* (*style*) rocaille

**rocailleux, -euse** [ʀɔkajø, -øz] *adj* rocky, stony; (*voix*) harsh

**rocambolesque** [ʀɔkɑ̃bɔlɛsk(ə)] *adj* fantastic, incredible

**roche** [ʀɔʃ] *nf* rock

**rocher** [ʀɔʃe] *nm* rock; (*Anat*) petrosal bone

**rochet** [ʀɔʃɛ] *nm*: **roue à ~** ratchet wheel

**rocheux, -euse** [ʀɔʃø, -øz] *adj* rocky; **les (montagnes) Rocheuses** the Rockies, the Rocky Mountains

**rock** [ʀɔk], **rock and roll** [ʀɔkɛnʀɔl] *nm* (*musique*) rock(-'n'-roll); (*danse*) rock

**rocker** [ʀɔkœʀ] *nm* (*chanteur*) rock musician; (*adepte*) rock fan

**rocking-chair** [ʀɔkiŋ(t)ʃɛʀ] *nm* rocking chair

**rococo** [ʀɔkɔkɔ] *nm* rococo ▷ *adj* rococo

**rodage** [ʀɔdaʒ] *nm* running in (*Brit*), breaking in (*US*); **en ~** (*Auto*) running *ou* breaking in

**rodé, e** [ʀɔde] *adj* run in (*Brit*), broken in (*US*); (*personne*): **à qch** having got the hang of sth

**rodéo** [ʀɔdeo] *nm* rodeo

**roder** [ʀɔde] *vt* (*moteur, voiture*) to run in (*Brit*), break in (*US*); **~ un spectacle** to iron out the initial problems of a show

**rôder** [ʀode] *vi* to roam *ou* wander about; (*de façon suspecte*) to lurk (about *ou* around)

**rôdeur, -euse** [ʀodœʀ, -øz] *nm/f* prowler

**rodomontades** [ʀɔdɔmɔ̃tad] *nfpl* bragging *sg*; sabre rattling *sg*

**rogatoire** [ʀɔgatwaʀ] *adj*: **commission ~** letters rogatory

**rogne** [ʀɔɲ] *nf*: **être en ~** to be mad *ou* in a temper; **se mettre en ~** to get mad *ou* in a temper

**rogner** [ʀɔɲe] *vt* to trim; (*fig*) to whittle down; **~ sur** (*fig*) to cut down *ou* back on

**rognons** [ʀɔɲɔ̃] *nmpl* kidneys

**rognures** [ʀɔɲyʀ] *nfpl* trimmings

**rogue** [ʀɔg] *adj* arrogant

**roi** [ʀwa] *nm* king; **les R~s mages** the Three Wise Men, the Magi; **le jour** *ou* **la fête des R~s**, **les R~s** Twelfth Night; *see note*

⊚ **FÊTE DES ROIS**
⊚
⊚ The *'fête des Rois'* is celebrated on 6 January.
⊚ Figurines representing the Three Wise Men
⊚ are traditionally added to the Christmas
⊚ crib ('crèche') and people eat 'galette des
⊚ Rois', a flat cake in which a porcelain charm
⊚ ('la fève') is hidden. Whoever finds the
⊚ charm is king or queen for the day and can
⊚ choose a partner.

**roitelet** [ʀwatlɛ] *nm* wren; (*péj*) kinglet

**rôle** [ʀol] *nm* role; (*contribution*) part

**rollers** [ʀɔlœʀ] *nmpl* Rollerblades®

**rollmops** [ʀɔlmɔps] *nm* rollmop

**romain, e** [ʀɔmɛ̃, -ɛn] *adj* Roman ▷ *nm/f*: **Romain, e** Roman ▷ *nf* (*Culin*) cos (lettuce)

**roman, e** [ʀɔmɑ̃, -an] *adj* (*Archit*) Romanesque; (*Ling*) Romance *cpd*, Romanic ▷ *nm* novel; **~ d'amour** love story; **~ d'espionnage** spy novel *ou* story; **~ noir** thriller; **~ policier** detective novel

**romance** [ʀɔmɑ̃s] *nf* ballad

**romancer** [ʀɔmɑ̃se] *vt* to romanticize

**romanche** [ʀɔmɑ̃ʃ] *adj, nm* Romansh

**romancier, -ière** [ʀɔmɑ̃sje, -jɛʀ] *nm/f* novelist

**romand, e** [ʀɔmɑ̃, -ɑ̃d] *adj* of *ou* from French-speaking Switzerland ▷ *nm/f*: **Romand, e** French-speaking Swiss

**romanesque** [ʀɔmanɛsk(ə)] *adj* (*fantastique*) fantastic; storybook *cpd*; (*sentimental*) romantic; (*Littérature*) novelistic

**roman-feuilleton** [ʀɔmɑ̃fœjtɔ̃] (*pl* **romans-feuilletons**) *nm* serialized novel

**roman-fleuve** [ʀɔmɑ̃flœv] (*pl* **romans-fleuves**) *nm* saga, roman-fleuve

**romanichel, le** [ʀɔmaniʃɛl] *nm/f* gipsy

**roman-photo** [ʀɔmɑ̃fɔto] (*pl* **romans-photos**) *nm* (*romantic*) picture story

**romantique** [ʀɔmɑ̃tik] *adj* romantic

**romantisme** [ʀɔmɑ̃tism(ə)] *nm* romanticism

**romarin** [ʀɔmaʀɛ̃] *nm* rosemary
**rombière** [ʀɔ̃bjɛʀ] *nf* (*péj*) old bag
**Rome** [ʀɔm] *n* Rome
**rompre** [ʀɔ̃pʀ(ə)] *vt* to break; (*entretien, fiançailles*) to break off ▷ *vi* (*fiancés*) to break it off; **se rompre** *vi* to break; (*Méd*) to burst, rupture; **se ~ les os** *ou* **le cou** to break one's neck; **~ avec** to break with; **à tout ~** *adv* wildly; **applaudir à tout ~** to bring down the house, applaud wildly; **~ la glace** (*fig*) to break the ice; **rompez (les rangs)!** (*Mil*) dismiss!, fall out!
**rompu, e** [ʀɔ̃py] *pp de* **rompre** ▷ *adj* (*fourbu*) exhausted, worn out; **~ à** with wide experience of; inured to
**romsteck** [ʀɔ̃mstɛk] *nm* rump steak *no pl*
**ronce** [ʀɔ̃s] *nf* (*Bot*) bramble branch; (*Menuiserie*): **~ de noyer** burr walnut; **ronces** *nfpl* brambles, thorns
**ronchonner** [ʀɔ̃ʃɔne] *vi* (*fam*) to grouse, grouch
**rond, e** [ʀɔ̃, ʀɔ̃d] *adj* round; (*joues, mollets*) well-rounded; (*fam: ivre*) tight; (*sincère, décidé*): **être ~ en affaires** to be on the level, to do business, do an honest deal ▷ *nm* (*cercle*) ring; (*fam: sou*): **je n'ai plus un ~** I haven't a penny left ▷ *nf* (*gén: de surveillance*) rounds *pl*, patrol; (*danse*) round (dance); (*Mus*) semibreve (*Brit*), whole note (*US*) ▷ *adv*: **tourner ~** (*moteur*) to run smoothly; **ça ne tourne pas ~** (*fig*) there's something not quite right about it; **pour faire un compte ~** to make (it) a round figure, to round (it) off; **avoir le dos ~** to be round-shouldered; **en ~** (*s'asseoir, danser*) in a ring; **à la ~e** (*alentour*): **à 10 km à la ~e** for 10 km round; (*à chacun son tour*): **passer qch à la ~e** to pass sth (a)round; **faire des ~s de jambe** to bow and scrape; **~ de serviette** napkin ring
**rond-de-cuir** [ʀɔ̃dkɥiʀ] (*pl* **ronds-de-cuir**) *nm* (*péj*) penpusher
**rondelet, te** [ʀɔ̃dlɛ, -ɛt] *adj* plump; (*fig: somme*) tidy; (: *bourse*) well-lined, fat
**rondelle** [ʀɔ̃dɛl] *nf* (*Tech*) washer; (*tranche*) slice, round
**rondement** [ʀɔ̃dmɑ̃] *adv* (*avec décision*) briskly; (*loyalement*) frankly
**rondeur** [ʀɔ̃dœʀ] *nf* (*d'un bras, des formes*) plumpness; (*bonhomie*) friendly straightforwardness; **rondeurs** *nfpl* (*d'une femme*) curves
**rondin** [ʀɔ̃dɛ̃] *nm* log
**rond-point** [ʀɔ̃pwɛ̃] (*pl* **ronds-points**) *nm* roundabout (*Brit*), traffic circle (*US*)
**ronflant, e** [ʀɔ̃flɑ̃, -ɑ̃t] *adj* (*péj*) high-flown, grand
**ronflement** [ʀɔ̃flɑ̃mɑ̃] *nm* snore, snoring *no pl*
**ronfler** [ʀɔ̃fle] *vi* to snore; (*moteur, poêle*) to hum; (: *plus fort*) to roar
**ronger** [ʀɔ̃ʒe] *vt* to gnaw (at); (*vers, rouille*) to eat into; **~ son frein** to champ (at) the bit; (*fig*): **se ~ de souci, se ~ les sangs** to worry o.s. sick, fret; **se ~ les ongles** to bite one's nails
**rongeur, -euse** [ʀɔ̃ʒœʀ, -øz] *nm/f* rodent
**ronronnement** [ʀɔ̃ʀɔnmɑ̃] *nm* purring; (*bruit*)

purr
**ronronner** [ʀɔ̃ʀɔne] *vi* to purr
**roque** [ʀɔk] *nm* (*Échecs*) castling
**roquefort** [ʀɔkfɔʀ] *nm* Roquefort
**roquer** [ʀɔke] *vi* to castle
**roquet** [ʀɔkɛ] *nm* nasty little lap-dog
**roquette** [ʀɔkɛt] *nf* rocket; **~ antichar** antitank rocket
**rosace** [ʀozas] *nf* (*vitrail*) rose window, rosace; (*motif: de plafond etc*) rose
**rosaire** [ʀozɛʀ] *nm* rosary
**rosbif** [ʀɔsbif] *nm*: **du ~** roasting beef; (*cuit*) roast beef; **un ~** a joint of (roasting) beef
**rose** [ʀoz] *nf* rose; (*vitrail*) rose window ▷ *adj* pink; **~ bonbon** *adj inv* candy pink; **~ des vents** compass card
**rosé, e** [ʀoze] *adj* pinkish; (*vin*) **~** rosé (wine)
**roseau, x** [ʀozo] *nm* reed
**rosée** [ʀoze] *adj f voir* **rosé** ▷ *nf*: **goutte de ~** dewdrop
**roseraie** [ʀozʀɛ] *nf* rose garden; (*plantation*) rose nursery
**rosette** [ʀozɛt] *nf* rosette (*gen of the Légion d'honneur*)
**rosier** [ʀozje] *nm* rosebush, rose tree
**rosir** [ʀoziʀ] *vi* to go pink
**rosse** [ʀɔs] *nf* (*péj: cheval*) nag ▷ *adj* nasty, vicious
**rosser** [ʀose] *vt* (*fam*) to thrash
**rossignol** [ʀɔsiɲɔl] *nm* (*Zool*) nightingale; (*crochet*) picklock
**rot** [ʀo] *nm* belch; (*de bébé*) burp
**rotatif, -ive** [ʀɔtatif, -iv] *adj* rotary ▷ *nf* rotary press
**rotation** [ʀɔtasjɔ̃] *nf* rotation; (*fig*) rotation, swap-around; (*renouvellement*) turnover; **par ~** on a rota (*Brit*) *ou* rotation (*US*) basis; **~ des cultures** crop rotation; **~ des stocks** stock turnover
**rotatoire** [ʀɔtatwaʀ] *adj*: **mouvement ~** rotary movement
**roter** [ʀɔte] *vi* (*fam*) to burp, belch
**rôti** [ʀoti] *nm*: **du ~** roasting meat; (*cuit*) roast meat; **un ~ de bœuf/porc** a joint of (roasting) beef/pork
**rotin** [ʀɔtɛ̃] *nm* rattan (cane); **fauteuil en ~** cane (arm)chair
**rôtir** [ʀotiʀ] *vt* (*aussi*: **faire rôtir**) to roast ▷ *vi* to roast; **se ~ au soleil** to bask in the sun
**rôtisserie** [ʀotisʀi] *nf* (*restaurant*) steakhouse; (*comptoir, magasin*) roast meat counter (*ou* shop)
**rôtissoire** [ʀotiswaʀ] *nf* (roasting) spit
**rotonde** [ʀɔtɔ̃d] *nf* (*Archit*) rotunda; (*Rail*) engine shed
**rotondité** [ʀɔtɔ̃dite] *nf* roundness
**rotor** [ʀɔtɔʀ] *nm* rotor
**Rotterdam** [ʀɔtɛʀdam] *n* Rotterdam
**rotule** [ʀɔtyl] *nf* kneecap, patella
**roturier, -ière** [ʀɔtyʀje, -jɛʀ] *nm/f* commoner
**rouage** [ʀwaʒ] *nm* cog(wheel), gearwheel; (*de montre*) part; (*fig*) cog; **rouages** *nmpl* (*fig*) internal structure *sg*
**Rouanda** [ʀwãda] *nm*: **le ~** Rwanda

**r**

**roubaisien, ne** [ʀubɛzjɛ̃, -ɛn] *adj* of *ou* from Roubaix

**roublard, e** [ʀublaʀ, -aʀd(ə)] *adj* (*péj*) crafty, wily

**rouble** [ʀubl(ə)] *nm* rouble

**roucoulement** [ʀukulmɑ̃] *nm* (*de pigeons, fig*) coo, cooing

**roucouler** [ʀukule] *vi* to coo; (*fig: péj*) to warble; (: *amoureux*) to bill and coo

**roue** [ʀu] *nf* wheel; **faire la ~** (*paon*) to spread *ou* fan its tail; (*Gym*) to do a cartwheel; **descendre en ~ libre** to freewheel *ou* coast down; **pousser à la ~** to put one's shoulder to the wheel; **grande ~** (*à la foire*) big wheel; **~ à aubes** paddle wheel; **~ dentée** cogwheel; **~ de secours** spare wheel

**roué, e** [ʀwe] *adj* wily

**rouennais, e** [ʀwanɛ, -ɛz] *adj* of *ou* from Rouen

**rouer** [ʀwe] *vt*: **~ qn de coups** to give sb a thrashing

**rouet** [ʀwɛ] *nm* spinning wheel

**rouge** [ʀuʒ] *adj, nm/f* red ▷ *nm* red; (*fard*) rouge; (*vin*) ~ red wine; **passer au ~** (*signal*) to go red; (*automobiliste*) to go through a red light; **porter au ~** (*métal*) to bring to red heat; **sur la liste ~** (*Tél*) ex-directory (*Brit*), unlisted (*US*); **~ de honte/colère** red with shame/anger; **se fâcher tout/voir ~** to blow one's top/see red; **~ (à lèvres)** lipstick

**rougeâtre** [ʀuʒɑtʀ(ə)] *adj* reddish

**rougeaud, e** [ʀuʒo, -od] *adj* (*teint*) red; (*personne*) red-faced

**rouge-gorge** [ʀuʒɡɔʀʒ(ə)] *nm* robin (redbreast)

**rougeoiement** [ʀuʒwamɑ̃] *nm* reddish glow

**rougeole** [ʀuʒɔl] *nf* measles *sg*

**rougeoyant, e** [ʀuʒwajɑ̃, -ɑ̃t] *adj* (*ciel, braises*) glowing; (*aube, reflets*) glowing red

**rougeoyer** [ʀuʒwaje] *vi* to glow red

**rouget** [ʀuʒɛ] *nm* mullet

**rougeur** [ʀuʒœʀ] *nf* redness; (*du visage*) red face; **rougeurs** *nfpl* (*Méd*) red blotches

**rougir** [ʀuʒiʀ] *vi* (*de honte, timidité*) to blush, flush; (*de plaisir, colère*) to flush; (*fraise, tomate*) to go *ou* turn red; (*ciel*) to redden

**rouille** [ʀuj] *adj inv* rust-coloured, rusty ▷ *nf* rust; (*Culin*) spicy (*Provençal*) *sauce served with fish dishes*

**rouillé, e** [ʀuje] *adj* rusty

**rouiller** [ʀuje] *vt* to rust ▷ *vi* to rust, go rusty; **se rouiller** *vi* to rust; (*fig: mentalement*) to become rusty; (: *physiquement*) to grow stiff

**roulade** [ʀulad] *nf* (*Gym*) roll; (*Culin*) rolled meat *no pl*; (*Mus*) roulade, run

**roulage** [ʀulaʒ] *nm* (*transport*) haulage

**roulant, e** [ʀulɑ̃, -ɑ̃t] *adj* (*meuble*) on wheels; (*surface, trottoir*) moving; **matériel ~** (*Rail*) rolling stock; **personnel ~** (*Rail*) train crews *pl*

**roulé, e** [ʀule] *adj*: **bien ~e** (*fam: femme*) shapely, curvy

**rouleau, x** [ʀulo] *nm* (*de papier, tissu, pièces de monnaie, Sport*) roll; (*de machine à écrire*) roller, platen; (*à mise en plis, à peinture, vague*) roller; **être au bout du ~** (*fig*) to be at the end of the line; **~**

**compresseur** steamroller; **~ à pâtisserie** rolling pin; **~ de pellicule** roll of film

**roulé-boulé** [ʀulebule] (*pl* **roulés-boulés**) (*Sport*) roll

**roulement** [ʀulmɑ̃] *nm* (*bruit*) rumbling *no pl*, rumble; (*rotation*) rotation; turnover; (: *de capitaux*) circulation; **par ~** on a rota (*Brit*) *ou* rotation (*US*) basis; **~ (à billes)** ball bearings *pl*; **~ de tambour** drum roll; **~ d'yeux** roll(ing) of the eyes

**rouler** [ʀule] *vt* to roll; (*papier, tapis*) to roll up; (*Culin: pâte*) to roll out; (*fam*) to do, con ▷ *vi* (*bille, boule*) to roll; (*voiture, train*) to go, run; (*automobiliste*) to drive; (*cycliste*) to ride; (*bateau*) to roll; (*tonnerre*) to rumble, roll; (*dégringoler*): **~ en bas de** to roll down; **~ sur** (*conversation*) to turn on; **se ~ dans** (*boue*) to roll in; (*couverture*) to roll o.s. (up) in; **~ dans la farine** (*fam*) to con; **~ les épaules/hanches** to sway one's shoulders/wiggle one's hips; **~ les "r"** to roll one's r's; **~ sur l'or** to be rolling in money, be rolling in it; **~ (sa bosse)** to go places

**roulette** [ʀulɛt] *nf* (*de table, fauteuil*) castor; (*de pâtissier*) pastry wheel; (*jeu*): **la ~** roulette; **à ~s** on castors; **la ~ russe** Russian roulette

**roulis** [ʀuli] *nm* roll(ing)

**roulotte** [ʀulɔt] *nf* caravan

**roumain, e** [ʀumɛ̃, -ɛn] *adj* Rumanian, Romanian ▷ *nm* (*Ling*) Rumanian, Romanian ▷ *nm/f*: **Roumain, e** Rumanian, Romanian

**Roumanie** [ʀumani] *nf*: **la ~** Rumania, Romania

**roupiller** [ʀupije] *vi* (*fam*) to sleep

**rouquin, e** [ʀukɛ̃, -in] *nm/f* (*péj*) redhead

**rouspéter** [ʀuspete] *vi* (*fam*) to moan, grouse

**rousse** [ʀus] *adj f voir* **roux**

**rousseur** [ʀusœʀ] *nf*: **tache de ~** freckle

**roussi** [ʀusi] *nm*: **ça sent le ~** there's a smell of burning; (*fig*) I can smell trouble

**roussir** [ʀusiʀ] *vt* to scorch ▷ *vi* (*feuilles*) to go *ou* turn brown; (*Culin*): **faire ~** to brown

**routage** [ʀutaʒ] *nm* (*collective*) mailing

**routard, e** [ʀutaʀ, -aʀd(ə)] *nm/f* traveller

**route** [ʀut] *nf* road; (*fig: chemin*) way; (*itinéraire, parcours*) route; (*fig: voie*) road, path; **par (la) ~** by road; **il y a trois heures de ~** it's a three-hour ride *ou* journey; **en ~** *adv* on the way; **en ~!** let's go!; **en cours de ~** en route; **mettre en ~** to start up; **se mettre en ~** to set off; **faire ~ vers** to head towards; **faire fausse ~** (*fig*) to be on the wrong track; **~ nationale (RN)** ≈ A-road (*Brit*), ≈ state highway (*US*)

**routier, -ière** [ʀutje, -jɛʀ] *adj* road *cpd* ▷ *nm* (*camionneur*) (long-distance) lorry (*Brit*) *ou* truck driver; (*restaurant*) ≈ transport café (*Brit*), ≈ truck stop (*US*); (*scout*) ≈ rover; (*cycliste*) road racer ▷ *nf* (*voiture*) touring car; **vieux ~** old stager; **carte routière** road map

**routine** [ʀutin] *nf* routine; **visite/contrôle de ~** routine visit/check

**routinier, -ière** [ʀutinje, -jɛʀ] *adj* (*péj: travail*) humdrum, routine; (: *personne*) addicted to routine

**rouvert, e** [RUVƐR, -ƐRt(ə)] *pp de* **rouvrir**
**rouvrir** [RUVRiR] *vt, vi* to reopen, open again; **se**
  **rouvrir** *vi (blessure)* to open up again
**roux, rousse** [RU, RUS] *adj* red; *(personne)* red-
  haired ▷ *nm/f* redhead ▷ *nm (Culin)* roux
**royal, e, -aux** [RWajal, -o] *adj* royal; *(fig)* fit for a
  king, princely; blissful; thorough
**royalement** [Rwajalmɑ̃] *adv* royally
**royaliste** [Rwajalist(ə)] *adj, nm/f* royalist
**royaume** [Rwajom] *nm* kingdom; *(fig)* realm; **le**
  **~ des cieux** the kingdom of heaven
**Royaume-Uni** [Rwajomyni] *nm*: **le ~** the United
  Kingdom
**royauté** [Rwajote] *nf (dignité)* kingship; *(régime)*
  monarchy
**RP** *sigle f* (= *recette principale*) ≈ main post office
  = **région parisienne** ▷ *sigle fpl* (= *relations*
  *publiques*) PR
**RPR** *sigle m* (= *Rassemblement pour la République*)
  political party
**R.S.V.P.** *abr* (= *répondez s'il vous plaît*) R.S.V.P
**RTB** *sigle f* = **Radio-Télévision belge**
**Rte** *abr* = **route**
**RTL** *sigle f* = **Radio-Télévision Luxembourg**
**RU** [Ry] *sigle m* = **restaurant universitaire**
**ruade** [Ryad] *nf* kick
**Ruanda** [Rwɑ̃da] *nm*: **le ~** Rwanda
**ruban** [Rybɑ̃] *nm (gén)* ribbon; *(pour ourlet, couture)*
  binding; *(de télescripteur etc)* tape; *(d'acier)* strip; **~**
  **adhésif** adhesive tape; **~ carbone** carbon
  ribbon
**rubéole** [Rybeɔl] *nf* German measles *sg*, rubella
**rubicond, e** [Rybikɔ̃, -ɔ̃d] *adj* rubicund, ruddy
**rubis** [Rybi] *nm* ruby; *(Horlogerie)* jewel; **payer ~**
  **sur l'ongle** to pay cash on the nail
**rubrique** [RybRik] *nf (titre, catégorie)* heading,
  rubric; *(Presse: article)* column
**ruche** [Ryʃ] *nf* hive
**rucher** [Ryʃe] *nm* apiary
**rude** [Ryd] *adj (barbe, toile)* rough; *(métier, tâche)*
  hard, tough; *(climat)* severe, harsh; *(bourru)*
  harsh, rough; *(fruste)* rugged, tough; *(fam)* jolly
  good; **être mis à ~ épreuve** to be put through
  the mill
**rudement** [Rydmɑ̃] *adv (tomber, frapper)* hard;
  *(traiter, reprocher)* harshly; *(fam: très)* terribly;
  *(: beaucoup)* terribly hard
**rudesse** [RydƐs] *nf* roughness; toughness;
  severity; harshness
**rudimentaire** [Rydimɑ̃tƐR] *adj* rudimentary,
  basic
**rudiments** [Rydimɑ̃] *nmpl* rudiments; basic
  knowledge *sg*; basic principles
**rudoyer** [Rydwaje] *vt* to treat harshly
**rue** [Ry] *nf* street; **être/jeter qn à la ~** to be on
  the streets/throw sb out onto the street
**ruée** [Rɥe] *nf* rush; **la ~ vers l'or** the gold rush
**ruelle** [Rɥɛl] *nf* alley(way)
**ruer** [Rɥe] *vi (cheval)* to kick out; **se ruer** *vi*: **se ~**
  **sur** to pounce on; **se ~ vers/dans/hors de** to
  rush *ou* dash towards/into/out of; **~ dans les**
  **brancards** to become rebellious

**rugby** [Rygbi] *nm* rugby (football); **~ à treize/**
  **quinze** rugby league/union
**rugir** [RyʒiR] *vi* to roar
**rugissement** [Ryʒismɑ̃] *nm* roar, roaring *no pl*
**rugosité** [Rygozite] *nf* roughness; *(aspérité)*
  rough patch
**rugueux, -euse** [Rygø, -øz] *adj* rough
**ruine** [Rɥin] *nf* ruin; **ruines** *nfpl* ruins; **tomber**
  **en ~** to fall into ruin(s)
**ruiner** [Rɥine] *vt* to ruin
**ruineux, -euse** [Rɥinø, -øz] *adj* terribly
  expensive to buy *(ou* run), ruinous; extravagant
**ruisseau, x** [Rɥiso] *nm* stream, brook; *(caniveau)*
  gutter; *(fig)*: **~x de larmes/sang** floods of tears/
  streams of blood
**ruisselant, e** [Rɥislɑ̃, -ɑ̃t] *adj* streaming
**ruisseler** [Rɥisle] *vi* to stream; **~ (d'eau)** to be
  streaming (with water); **~ de lumière** to
  stream with light
**ruissellement** [Rɥisɛlmɑ̃] *nm* streaming; **~ de**
  **lumière** stream of light
**rumeur** [RymœR] *nf (bruit confus)* rumbling;
  hubbub *no pl*; *(protestation)* murmur(ing);
  *(nouvelle)* rumour *(Brit)*, rumor *(US)*
**ruminer** [Rymine] *vt (herbe)* to ruminate; *(fig)* to
  ruminate on *ou* over, chew over ▷ *vi (vache)* to
  chew the cud, ruminate
**rumsteck** [Rɔ̃mstɛk] *nm* = **romsteck**
**rupestre** [RypɛstR(ə)] *adj (plante)* rock cpd; *(art)*
  wall *cpd*
**rupture** [RyptyR] *nf (de câble, digue)* breaking; *(de*
  *tendon)* rupture, tearing; *(de négociations etc)*
  breakdown; *(de contrat)* breach; *(séparation,*
  *désunion)* break-up, split; **en ~ de ban** at odds
  with authority; **en ~ de stock** *(Comm)* out of
  stock
**rural, e, -aux** [RyRal, -o] *adj* rural, country cpd
  ▷ *nmpl*: **les ruraux** country people
**ruse** [Ryz] *nf*: **la ~** cunning, craftiness; trickery;
  **une ~** a trick, a ruse; **par ~** by trickery
**rusé, e** [Ryze] *adj* cunning, crafty
**russe** [Rys] *adj* Russian ▷ *nm (Ling)* Russian
  ▷ *nm/f*: **Russe** Russian
**Russie** [Rysi] *nf*: **la ~** Russia; **la ~ blanche** White
  Russia; **la ~ soviétique** Soviet Russia
**rustine** [Rystin] *nf* repair patch *(for bicycle inner*
  *tube)*
**rustique** [Rystik] *adj* rustic; *(plante)* hardy
**rustre** [RystR(ə)] *nm* boor
**rut** [Ryt] *nm*: **être en ~** *(animal domestique)* to be in
  *ou* on heat; *(animal sauvage)* to be rutting
**rutabaga** [Rytabaga] *nm* swede
**rutilant, e** [Rytilɑ̃, -ɑ̃t] *adj* gleaming
**RV** *sigle m* = **rendez-vous**
**Rwanda** [Rwɑ̃da] *nm*: **le ~** Rwanda
**rythme** [Ritm(ə)] *nm* rhythm; *(vitesse)* rate; *(: de*
  *la vie)* pace, tempo; **au ~ de 10 par jour** at the
  rate of 10 a day
**rythmé, e** [Ritme] *adj* rhythmic(al)
**rythmer** [Ritme] *vt* to give rhythm to
**rythmique** [Ritmik] *adj* rhythmic(al) ▷ *nf*
  rhythmics *sg*

r

# Ss

**S, s** [ɛs] *nm inv* S, s ▷ *abr* (= *sud*) S; (= *seconde*) sec; (= *siècle*) c., century; **S comme Suzanne** S for Sugar

**s'** [s] *pron voir* **se**

**s/** *abr* = **sur**

**SA** *sigle f* = **société anonyme**; (= *Son Altesse*) HH

**sa** [sa] *adj possessif voir* **son**

**sabbatique** [sabatik] *adj*: **année ~** sabbatical year

**sable** [sabl(ə)] *nm* sand; **~s mouvants** quicksand(s)

**sablé** [sable] *adj* (*allée*) sandy ▷ *nm* shortbread biscuit; **pâte ~e** (*Culin*) shortbread dough

**sabler** [sable] *vt* to sand; (*contre le verglas*) to grit; **~ le champagne** to drink champagne

**sableux, -euse** [sablø, -øz] *adj* sandy

**sablier** [sablije] *nm* hourglass; (*de cuisine*) egg timer

**sablière** [sablijɛʀ] *nf* sand quarry

**sablonneux, -euse** [sablɔnø, -øz] *adj* sandy

**saborder** [sabɔʀde] *vt* (*navire*) to scuttle; (*fig*) to wind up, shut down

**sabot** [sabo] *nm* clog; (*de cheval, bœuf*) hoof; **~ (de Denver)** (wheel) clamp; **~ de frein** brake shoe

**sabotage** [sabɔtaʒ] *nm* sabotage

**saboter** [sabɔte] *vt* (*travail, morceau de musique*) to botch, make a mess of; (*machine, installation, négociation etc*) to sabotage

**saboteur, -euse** [sabɔtœʀ, -øz] *nm/f* saboteur

**sabre** [sabʀ(ə)] *nm* sabre; **le ~** (*fig*) the sword, the army

**sabrer** [sabʀe] *vt* to cut down

**sac** [sak] *nm* bag; (*à charbon etc*) sack; (*pillage*) sack(ing); **mettre à ~** to sack; **~ à provisions/de voyage** shopping/travelling bag; **~ de couchage** sleeping bag; **~ à dos** rucksack; **~ à main** handbag; **~ de plage** beach bag

**saccade** [sakad] *nf* jerk; **par ~s** jerkily; haltingly

**saccadé, e** [sakade] *adj* jerky

**saccage** [sakaʒ] *nm* havoc

**saccager** [sakaʒe] *vt* (*piller*) to sack, lay waste; (*dévaster*) to create havoc in, wreck

**saccharine** [sakaʀin] *nf* saccharin(e)

**saccharose** [sakaʀoz] *nm* sucrose

**SACEM** [sasɛm] *sigle f* (= *Société des auteurs, compositeurs et éditeurs de musique*) body responsible for collecting and distributing royalties

**sacerdoce** [sasɛʀdɔs] *nm* priesthood; (*fig*) calling, vocation

**sacerdotal, e, -aux** [sasɛʀdɔtal, -o] *adj* priestly, sacerdotal

**sachant** *etc* [saʃɑ̃] *vb voir* **savoir**

**sache** *etc* [saʃ] *vb voir* **savoir**

**sachet** [saʃɛ] *nm* (small) bag; (*de lavande, poudre, shampooing*) sachet; **thé en ~s** tea bags; **~ de thé** tea bag

**sacoche** [sakɔʃ] *nf* (*gén*) bag; (*de bicyclette*) saddlebag; (*du facteur*) (post)bag; (*d'outils*) toolbag

**sacquer** [sake] *vt* (*fam: candidat, employé*) to sack; (: *réprimander, mal noter*) to plough

**sacraliser** [sakʀalize] *vt* to make sacred

**sacre** [sakʀ(ə)] *nm* coronation; consecration

**sacré, e** [sakʀe] *adj* sacred; (*fam: satané*) blasted; (: *fameux*): **un ~ ...** a heck of a ...; (*Anat*) sacral

**sacrement** [sakʀəmɑ̃] *nm* sacrament; **les derniers ~s** the last rites

**sacrer** [sakʀe] *vt* (*roi*) to crown; (*évêque*) to consecrate ▷ *vi* to curse, swear

**sacrifice** [sakʀifis] *nm* sacrifice; **faire le ~ de** to sacrifice

**sacrificiel, le** [sakʀifisjɛl] *adj* sacrificial

**sacrifier** [sakʀifje] *vt* to sacrifice; **~ à** *vt* to conform to; **se sacrifier** to sacrifice o.s.; **articles sacrifiés** (*Comm*) items sold at rock-bottom *ou* give-away prices

**sacrilège** [sakʀilɛʒ] *nm* sacrilege ▷ *adj* sacrilegious

**sacristain** [sakʀistɛ̃] *nm* sexton; sacristan

**sacristie** [sakʀisti] *nf* sacristy; (*culte protestant*) vestry

**sacro-saint, e** [sakʀosɛ̃, -ɛ̃t] *adj* sacrosanct

**sadique** [sadik] *adj* sadistic ▷ *nm/f* sadist

**sadisme** [sadism(ə)] *nm* sadism

**sadomasochisme** [sadɔmazoʃism(ə)] *nm* sadomasochism

**sadomasochiste** [sadɔmazoʃist(ə)] *nm/f* sadomasochist

**safari** [safaʀi] *nm* safari; **faire un ~** to go on safari

**safari-photo** [safaʀifoto] *nm* photographic

safari

**SAFER** [safɛʀ] *sigle f* (= *Société d'aménagement foncier et d'établissement rural*) organization with the right to buy land in order to retain it for agricultural use

**safran** [safʀɑ̃] *nm* saffron

**saga** [saga] *nf* saga

**sagace** [sagas] *adj* sagacious, shrewd

**sagacité** [sagasite] *nf* sagacity, shrewdness

**sagaie** [sagɛ] *nf* assegai

**sage** [saʒ] *adj* wise; (*enfant*) good ▷ *nm* wise man; sage

**sage-femme** [saʒfam] *nf* midwife

**sagement** [saʒmɑ̃] *adv* (*raisonnablement*) wisely, sensibly; (*tranquillement*) quietly

**sagesse** [saʒɛs] *nf* wisdom

**Sagittaire** [saʒitɛʀ] *nm*: **le** ~ Sagittarius, the Archer; **être du** ~ to be Sagittarius

**Sahara** [saaʀa] *nm*: **le** ~ the Sahara (Desert); **le** ~ **occidental** (*pays*) Western Sahara

**saharien, ne** [saaʀjɛ̃, -ɛn] *adj* Saharan ▷ *nf* safari jacket

**Sahel** [saɛl] *nm*: **le** ~ the Sahel

**sahélien, ne** [saeljɛ̃, -ɛn] *adj* Sahelian

**saignant, e** [sɛɲɑ̃, -ɑ̃t] *adj* (*viande*) rare; (*blessure, plaie*) bleeding

**saignée** [seɲe] *nf* (*Méd*) bleeding *no pl*, bloodletting *no pl*; (*Anat*): **la** ~ **du bras** the bend of the arm; (*fig: Mil*) heavy losses *pl*; (: *prélèvement*) savage cut

**saignement** [sɛɲmɑ̃] *nm* bleeding; ~ **de nez** nosebleed

**saigner** [seɲe] *vi* to bleed ▷ *vt* to bleed; (*animal*) to bleed to death; ~ **qn à blanc** (*fig*) to bleed sb white; ~ **du nez** to have a nosebleed

**Saigon** [sajgɔ̃] *n* Saigon

**saillant, e** [sajɑ̃, -ɑ̃t] *adj* (*pommettes, menton*) prominent; (*corniche etc*) projecting; (*fig*) salient, outstanding

**saillie** [saji] *nf* (*sur un mur etc*) projection; (*trait d'esprit*) witticism; (*accouplement*) covering, serving; **faire** ~ to project, stick out; **en** ~, **formant** ~ projecting, overhanging

**saillir** [sajiʀ] *vi* to project, stick out; (*veine, muscle*) to bulge ▷ *vt* (*Élevage*) to cover, serve

**sain, e** [sɛ̃, sɛn] *adj* healthy; (*dents, constitution*) healthy, sound; (*lectures*) wholesome; ~ **et sauf** safe and sound, unharmed; ~ **d'esprit** sound in mind, sane

**saindoux** [sɛ̃du] *nm* lard

**sainement** [sɛnmɑ̃] *adv* (*vivre*) healthily; (*raisonner*) soundly

**saint, e** [sɛ̃, sɛ̃t] *adj* holy; (*fig*) saintly ▷ *nm/f* saint; **la S~e Vierge** the Blessed Virgin

**saint-bernard** [sɛ̃bɛʀnaʀ] *nm inv* (*chien*) St Bernard

**Sainte-Hélène** [sɛ̃telɛn] *nf* St Helena

**Sainte-Lucie** [sɛ̃tlysi] *nf* Saint Lucia

**Saint-Esprit** [sɛ̃tɛspʀi] *nm*: **le** ~ the Holy Spirit *ou* Ghost

**sainteté** [sɛ̃tte] *nf* holiness; saintliness

**Saint-Laurent** [sɛ̃lɔʀɑ̃] *nm*: **le** ~ the St Lawrence

**Saint-Marin** [sɛ̃maʀɛ̃] *nm*: **le** ~ San Marino

**Saint-Père** [sɛ̃pɛʀ] *nm*: **le** ~ the Holy Father, the Pontiff

**Saint-Pierre** [sɛ̃pjɛʀ] *nm* Saint Peter; (*église*) Saint Peter's

**Saint-Pierre-et-Miquelon** [sɛ̃pjɛʀemiklɔ̃] *nm* Saint Pierre and Miquelon

**Saint-Siège** [sɛ̃sjɛʒ] *nm*: **le** ~ the Holy See

**Saint-Sylvestre** [sɛ̃silvɛstʀ(ə)] *nf*: **la** ~ New Year's Eve

**Saint-Thomas** [sɛ̃tɔma] *nf* Saint Thomas

**Saint-Vincent et les Grenadines** [sɛ̃vɛ̃sɑ̃elegʀənadin] *nm* St Vincent and the Grenadines

**sais** *etc* [sɛ] *vb voir* **savoir**

**saisie** [sezi] *nf* seizure; **à la** ~ (*texte*) being keyed; ~ **(de données)** (data) capture

**saisine** [sezin] *nf* (*Jur*) submission of a case to the court

**saisir** [seziʀ] *vt* to take hold of, grab; (*fig: occasion*) to seize; (*comprendre*) to grasp; (*entendre*) to get, catch; (*émotions*) to take hold of, come over; (*Inform*) to capture, keyboard; (*Culin*) to fry quickly; (*Jur: biens, publication*) to seize; (: *juridiction*): ~ **un tribunal d'une affaire** to submit *ou* refer a case to a court; **se** ~ **de** *vt* to seize; **être saisi** (*frappé de*) to be overcome

**saisissant, e** [sezisɑ̃, -ɑ̃t] *adj* startling, striking; (*froid*) biting

**saisissement** [sezismɑ̃] *nm*: **muet/figé de** ~ speechless/frozen with emotion

**saison** [sezɔ̃] *nf* season; **la belle/mauvaise** ~ the summer/winter months; **être de** ~ to be in season; **en/hors** ~ in/out of season; **haute/basse/morte** ~ high/low/slack season; **la** ~ **des pluies/des amours** the rainy/mating season

**saisonnier, -ière** [sezɔnje, -jɛʀ] *adj* seasonal ▷ *nm* (*travailleur*) seasonal worker; (*vacancier*) seasonal holidaymaker

**sait** [sɛ] *vb voir* **savoir**

**salace** [salas] *adj* salacious

**salade** [salad] *nf* (*Bot*) lettuce *etc* (*generic term*); (*Culin*) (green) salad; (*fam*) tangle, muddle; **salades** *nfpl* (*fam*): **raconter des ~s** to tell tales (*fam*); **haricots en** ~ bean salad; ~ **de concombres** cucumber salad; ~ **de fruits** fruit salad; ~ **niçoise** salade niçoise; ~ **russe** Russian salad; ~ **de tomates** tomato salad; ~ **verte** green salad

**saladier** [saladje] *nm* (salad) bowl

**salaire** [salɛʀ] *nm* (*annuel, mensuel*) salary; (*hebdomadaire, journalier*) pay, wages *pl*; (*fig*) reward; ~ **de base** basic salary (*ou* wage); ~ **de misère** starvation wage; ~ **minimum interprofessionnel de croissance (SMIC)** *index-linked guaranteed minimum wage*

**salaison** [salɛzɔ̃] *nf* salting; **salaisons** *nfpl* salt meat *sg*

**salamandre** [salamɑ̃dʀ(ə)] *nf* salamander

**salami** [salami] *nm* salami *no pl*, salami sausage

**salant** [salɑ̃] *adj m*: **marais** ~ salt pan

**salarial, e, -aux** [salaʀjal, -o] *adj* salary *cpd*, wage(s) *cpd*

**salariat** [salaʀja] *nm* salaried staff
**salarié, e** [salaʀje] *adj* salaried; wage-earning
▷ *nm/f* salaried employee; wage-earner
**salaud** [salo] *nm (fam!)* sod (!), bastard (!)
**sale** [sal] *adj* dirty; *(fig: avant le nom)* nasty
**salé, e** [sale] *adj (liquide, saveur)* salty; *(Culin)*
salted, salt *cpd*; *(fig)* spicy, juicy; *(: note, facture)*
steep, stiff ▷ *nm (porc salé)* salt pork; **petit ~**
≈ boiling bacon
**salement** [salmɑ̃] *adv (manger etc)* dirtily,
messily
**saler** [sale] *vt* to salt
**saleté** [salte] *nf (état)* dirtiness; *(crasse)* dirt,
filth; *(tache etc)* dirt *no pl*, something dirty, dirty
mark; *(fig: tour)* filthy trick; *(: chose sans valeur)*
rubbish *no pl*; *(: obscénité)* filth *no pl*; *(: microbe etc)*
bug; **vivre dans la ~** to live in squalor
**salière** [saljɛʀ] *nf* saltcellar
**saligaud** [saligo] *nm (fam!)* bastard (!), sod (!)
**salin, e** [salɛ̃, -in] *adj* saline ▷ *nf* saltworks *sg*
**salinité** [salinite] *nf* salinity, salt-content
**salir** [saliʀ] *vt* to (make) dirty; *(fig)* to soil the
reputation of; **se salir** to get dirty
**salissant, e** [salisɑ̃, -ɑ̃t] *adj (tissu)* which shows
the dirt; *(métier)* dirty, messy
**salissure** [salisyʀ] *nf* dirt *no pl*; *(tache)* dirty
mark
**salive** [saliv] *nf* saliva
**saliver** [salive] *vi* to salivate
**salle** [sal] *nf* room; *(d'hôpital)* ward; *(de restaurant)*
dining room; *(d'un cinéma)* auditorium; *(: public)*
audience; **faire ~ comble** to have a full house;
**~ d'armes** *(pour l'escrime)* arms room; **~
d'attente** waiting room; **~ de bain(s)**
bathroom; **~ de bal** ballroom; **~ de cinéma**
cinema; **~ de classe** classroom; **~ commune**
*(d'hôpital)* ward; **~ de concert** concert hall; **~ de
consultation** consulting room *(Brit)*, office
*(US)*; **~ de danse** dance hall; **~ de douches**
shower-room; **~ d'eau** shower-room; **~
d'embarquement** *(à l'aéroport)* departure
lounge; **~ d'exposition** showroom; **~ de jeux**
games room; playroom; **~ des machines**
engine room; **~ à manger** dining room;
*(mobilier)* dining room suite; **~ obscure** cinema
*(Brit)*, movie theater *(US)*; **~ d'opération**
*(d'hôpital)* operating theatre; **~ des professeurs**
staffroom; **~ de projection** film theatre; **~ de
séjour** living room; **~ de spectacle** theatre,
cinema; **~ des ventes** saleroom
**salmonellose** [salmɔneloz] *nf (Méd)* salmonella
poisoning
**Salomon** [salɔmɔ̃]: **les îles ~** the Solomon
Islands
**salon** [salɔ̃] *nm* lounge, sitting room; *(mobilier)*
lounge suite; *(exposition)* exhibition, show;
*(mondain, littéraire)* salon; **~ de coiffure**
hairdressing salon; **~ de discussion** *(Inform)*
chatroom; **~ de thé** tearoom
**salopard** [salɔpaʀ] *nm (fam!)* bastard (!)
**salope** [salɔp] *nf (fam!)* bitch (!)
**saloper** [salɔpe] *vt (fam!)* to muck up, mess up

**saloperie** [salɔpʀi] *nf (fam!)* filth *no pl*; dirty
trick, rubbish *no pl*
**salopette** [salɔpɛt] *nf* dungarees *pl*; *(d'ouvrier)*
overall(s)
**salpêtre** [salpɛtʀ(ə)] *nm* saltpetre
**salsifis** [salsifi] *nm* salsify, oyster plant
**SALT** [salt] *sigle (= Strategic Arms Limitation Talks ou
Treaty)* SALT
**saltimbanque** [saltɛ̃bɑ̃k] *nm/f* (travelling)
acrobat
**salubre** [salybʀ(ə)] *adj* healthy, salubrious
**salubrité** [salybʀite] *nf* healthiness, salubrity;
**~ publique** public health
**saluer** [salɥe] *vt (pour dire bonjour, fig)* to greet;
*(pour dire au revoir)* to take one's leave; *(Mil)* to
salute
**salut** [saly] *nm (sauvegarde)* safety; *(Rel)*
salvation; *(geste)* wave; *(parole)* greeting; *(Mil)*
salute ▷ *excl (fam: pour dire bonjour)* hi (there);
*(: pour dire au revoir)* see you!, bye!
**salutaire** [salytɛʀ] *adj (remède)* beneficial;
*(conseils)* salutary
**salutations** [salytasjɔ̃] *nfpl* greetings; **recevez
mes ~ distinguées** *ou* **respectueuses** yours
faithfully
**salutiste** [salytist(ə)] *nm/f* Salvationist
**Salvador** [salvadɔʀ] *nm*: **le ~** El Salvador
**salve** [salv(ə)] *nf* salvo; volley of shots; **~
d'applaudissements** burst of applause
**Samarie** [samaʀi] *nf*: **la ~** Samaria
**samaritain** [samaʀitɛ̃] *nm*: **le bon S~** the Good
Samaritan
**samedi** [samdi] *nm* Saturday; *voir aussi* **lundi**
**Samoa** [samɔa] *nfpl*: **les (îles) ~** Samoa, the
Samoa Islands
**SAMU** [samy] *sigle m (= service d'assistance médicale
d'urgence)* ≈ ambulance (service) *(Brit)*,
≈ paramedics *(US)*
**sanatorium** [sanatɔʀjɔm] *nm* sanatorium
**sanctifier** [sɑ̃ktifje] *vt* to sanctify
**sanction** [sɑ̃ksjɔ̃] *nf* sanction; *(fig)* penalty;
**prendre des ~s contre** to impose sanctions on
**sanctionner** [sɑ̃ksjɔne] *vt (loi, usage)* to
sanction; *(punir)* to punish
**sanctuaire** [sɑ̃ktɥɛʀ] *nm* sanctuary
**sandale** [sɑ̃dal] *nf* sandal; **~s à lanières** strappy
sandals
**sandalette** [sɑ̃dalɛt] *nf* sandal
**sandwich** [sɑ̃dwitʃ] *nm* sandwich; **pris en ~**
sandwiched
**sang** [sɑ̃] *nm* blood; **en ~** covered in blood;
**jusqu'au ~** *(mordre, pincer)* till the blood comes;
**se faire du mauvais ~** to fret, get in a state
**sang-froid** [sɑ̃fʀwa] *nm* calm, sangfroid;
**garder/perdre/reprendre son ~** to keep/lose/
regain one's cool; **de ~** in cold blood
**sanglant, e** [sɑ̃glɑ̃, -ɑ̃t] *adj* bloody, covered in
blood; *(combat)* bloody; *(fig: reproche, affront)* cruel
**sangle** [sɑ̃gl(ə)] *nf* strap; **sangles** *nfpl (pour lit etc)*
webbing *sg*
**sangler** [sɑ̃gle] *vt* to strap up; *(animal)* to girth
**sanglier** [sɑ̃glije] *nm* (wild) boar

**sanglot** [sɑ̃glo] *nm* sob
**sangloter** [sɑ̃glɔte] *vi* to sob
**sangsue** [sɑ̃sy] *nf* leech
**sanguin, e** [sɑ̃gɛ̃, -in] *adj* blood *cpd*; (*fig*) fiery
▷ *nf* blood orange; (*Art*) red pencil drawing
**sanguinaire** [sɑ̃ginɛʀ] *adj* (*animal, personne*)
bloodthirsty; (*lutte*) bloody
**sanguinolent, e** [sɑ̃ginɔlɑ̃, -ɑ̃t] *adj* streaked
with blood
**Sanisette**® [sanizɛt] *nf* coin-operated public
lavatory
**sanitaire** [sanitɛʀ] *adj* health *cpd*; **sanitaires**
*nmpl* (*salle de bain et w.-c.*) bathroom *sg*;
**installation/appareil** ~ bathroom plumbing/
appliance
**sans** [sɑ̃] *prép* without; ~ **qu'il s'en aperçoive**
without him *ou* his noticing; ~ **scrupules**
unscrupulous; ~ **manches** sleeveless
**sans-abri** [sɑ̃zabʀi] *nmpl* homeless
**sans-emploi** [sɑ̃zɑ̃plwa] *nmpl* jobless
**sans-façon** [sɑ̃fasɔ̃] *adj inv* fuss-free; free and
easy
**sans-gêne** [sɑ̃ʒɛn] *adj inv* inconsiderate ▷ *nm inv*
(*attitude*) lack of consideration
**sans-logis** [sɑ̃lɔʒi] *nmpl* homeless
**sans-souci** [sɑ̃susi] *adj inv* carefree
**sans-travail** [sɑ̃tʀavaj] *nmpl* unemployed,
jobless
**santal** [sɑ̃tal] *nm* sandal(wood)
**santé** [sɑ̃te] *nf* health; **avoir une** ~ **de fer** to be
bursting with health; **être en bonne** ~ to be in
good health, be healthy; **boire à la** ~ **de qn** to
drink (to) sb's health; **"à la** ~ **de"** "here's to"; **à
ta** *ou* **votre** ~! cheers!; **service de** ~ (*dans un port
etc*) quarantine service; **la** ~ **publique** public
health
**Santiago** [sɑ̃tjago], **Santiago du Chili**
[sɑ̃tjagodyʃili] *n* Santiago (de Chile)
**santon** [sɑ̃tɔ̃] *nm ornamental figure at a Christmas
crib*
**saoudien, ne** [saudjɛ̃, -ɛn] *adj* Saudi (Arabian)
▷ *nm/f*: **Saoudien, ne** Saudi (Arabian)
**saoul, e** [su, sul] *adj* = **soûl, e**
**sape** [sap] *nf*: **travail de** ~ (*Mil*) sap; (*fig*)
insidious undermining process *ou* work; **sapes**
*nfpl* (*fam*) gear *sg*, togs
**saper** [sape] *vt* to undermine, sap; **se saper** *vi*
(*fam*) to dress
**sapeur** [sapœʀ] *nm* sapper
**sapeur-pompier** [sapœʀpɔ̃pje] *nm* fireman
**saphir** [safiʀ] *nm* sapphire; (*d'électrophone*)
needle, sapphire
**sapin** [sapɛ̃] *nm* fir (tree); (*bois*) fir; ~ **de Noël**
Christmas tree
**sapinière** [sapinjɛʀ] *nf* fir plantation *ou* forest
**SAR** *sigle f* (= *Son Altesse Royale*) HRH
**sarabande** [saʀabɑ̃d] *nf* saraband; (*fig*)
hullabaloo; whirl
**sarbacane** [saʀbakan] *nf* blowpipe, blowgun;
(*jouet*) peashooter
**sarcasme** [saʀkasm(ə)] *nm* sarcasm *no pl*;
(*propos*) piece of sarcasm

**sarcastique** [saʀkastik] *adj* sarcastic
**sarcastiquement** [saʀkastikmɑ̃] *adv*
sarcastically
**sarclage** [saʀklaʒ] *nm* weeding
**sarcler** [saʀkle] *vt* to weed
**sarcloir** [saʀklwaʀ] *nm* (weeding) hoe, spud
**sarcophage** [saʀkɔfaʒ] *nm* sarcophagus
**Sardaigne** [saʀdɛɲ] *nf*: **la** ~ Sardinia
**sarde** [saʀd(ə)] *adj* Sardinian
**sardine** [saʀdin] *nf* sardine; ~**s à l'huile**
sardines in oil
**sardinerie** [saʀdinʀi] *nf* sardine cannery
**sardinier, -ière** [saʀdinje, -jɛʀ] *adj* (*pêche,
industrie*) sardine *cpd* ▷ *nm* (*bateau*) sardine boat
**sardonique** [saʀdɔnik] *adj* sardonic
**sari** [saʀi] *nm* sari
**SARL** [saʀl] *sigle f* = **société à responsabilité
limitée**
**sarment** [saʀmɑ̃] *nm*: ~ (**de vigne**) vine shoot
**sarrasin** [saʀazɛ̃] *nm* buckwheat
**sarrau** [saʀo] *nm* smock
**Sarre** [saʀ] *nf*: **la** ~ the Saar
**sarriette** [saʀjɛt] *nf* savory
**sarrois, e** [saʀwa, -waz] *adj* Saar *cpd* ▷ *nm/f*:
**Sarrois, e** inhabitant *ou* native of the Saar
**sas** [sas] *nm* (*de sous-marin, d'engin spatial*) airlock;
(*d'écluse*) lock
**satané, e** [satane] *adj* (*fam*) confounded
**satanique** [satanik] *adj* satanic, fiendish
**satelliser** [satelize] *vt* (*fusée*) to put into orbit;
(*fig: pays*) to make into a satellite
**satellite** [satelit] *nm* satellite; **pays** ~ satellite
country
**satellite-espion** [satelitɛspjɔ̃] (*pl* **satellites-
espions**) *nm* spy satellite
**satellite-observatoire** [satelitɔpsɛʀvatwaʀ]
(*pl* **satellites-observatoires**) *nm* observation
satellite
**satellite-relais** [satelitʀəlɛ] (*pl* **satellites-relais**)
*nm* (TV) relay satellite
**satiété** [sasjete]: **à** ~ *adv* to satiety *ou* satiation;
(*répéter*) ad nauseam
**satin** [satɛ̃] *nm* satin
**satiné, e** [satine] *adj* satiny; (*peau*) satin-
smooth
**satinette** [satinɛt] *nf* satinet, sateen
**satire** [satiʀ] *nf* satire; **faire la** ~ to satirize
**satirique** [satiʀik] *adj* satirical
**satiriser** [satiʀize] *vt* to satirize
**satiriste** [satiʀist(ə)] *nm/f* satirist
**satisfaction** [satisfaksjɔ̃] *nf* satisfaction; **à ma
grande** ~ to my great satisfaction; **obtenir** ~ to
obtain *ou* get satisfaction; **donner** ~ **(à)** to give
satisfaction (to)
**satisfaire** [satisfɛʀ] *vt* to satisfy; **se satisfaire
de** to be satisfied *ou* content with; ~ **à** *vt*
(*engagement*) to fulfil; (*revendications, conditions*) to
satisfy, meet
**satisfaisant, e** [satisfəzɑ̃, -ɑ̃t] *vb voir* **satisfaire**
▷ *adj* satisfactory; (*qui fait plaisir*) satisfying
**satisfait, e** [satisfɛ, -ɛt] *pp de* **satisfaire** ▷ *adj*
satisfied; ~ **de** happy *ou* satisfied with

**satisfasse** [satisfas], **satisferai** etc [satisfRe] vb voir **satisfaire**

**saturation** [satyRɑsjɔ̃] nf saturation; **arriver à ~** to reach saturation point

**saturer** [satyRe] vt to saturate; **~ qn/qch de** to saturate sb/sth with

**saturnisme** [satyRnism(ə)] nm (Méd) lead poisoning

**satyre** [satiR] nm satyr; (péj) lecher

**sauce** [sos] nf sauce; (avec un rôti) gravy; **en ~** in a sauce; **~ blanche** white sauce; **~ chasseur** sauce chasseur; **~ tomate** tomato sauce

**saucer** [sose] vt (assiette) to soak up the sauce from

**saucière** [sosjɛR] nf sauceboat; gravy boat

**saucisse** [sosis] nf sausage

**saucisson** [sosisɔ̃] nm (slicing) sausage; **~ à l'ail** garlic sausage

**saucissonner** [sosisɔne] vt to cut up, slice ▷ vi to picnic

**sauf¹** [sof] prép except; **~ si** (à moins que) unless; **~ avis contraire** unless you hear to the contrary; **~ empêchement** barring (any) problems; **~ erreur** if I'm not mistaken; **~ imprévu** unless anything unforeseen arises, barring accidents

**sauf², sauve** [sof, sov] adj unharmed, unhurt; (fig: honneur) intact, saved; **laisser la vie sauve à qn** to spare sb's life

**sauf-conduit** [sofkɔ̃dɥi] nm safe-conduct

**sauge** [soʒ] nf sage

**saugrenu, e** [sogRəny] adj preposterous, ludicrous

**saule** [sol] nm willow (tree); **~ pleureur** weeping willow

**saumâtre** [somɑtR(ə)] adj briny; (désagréable: plaisanterie) unsavoury (Brit), unsavory (US)

**saumon** [somɔ̃] nm salmon inv ▷ adj inv salmon (pink)

**saumoné, e** [somɔne] adj: **truite ~e** salmon trout

**saumure** [somyR] nf brine

**sauna** [sona] nm sauna

**saupoudrer** [supudRe] vt: **~ qch de** to sprinkle sth with

**saupoudreuse** [supudRøz] nf dredger

**saur** [sɔR] adj m: **hareng ~** smoked ou red herring, kipper

**saurai** etc [sɔRe] vb voir **savoir**

**saut** [so] nm jump; (discipline sportive) jumping; **faire un ~** to (make a) jump ou leap; **faire un ~ chez qn** to pop over to sb's (place); **au ~ du lit** on getting out of bed; **~ en hauteur/longueur** high/long jump; **~ à la corde** skipping; **~ de page/ligne** (Inform) page/line break; **~ en parachute** parachuting no pl; **~ à la perche** pole vaulting; **~ à l'élastique** bungee jumping; **~ périlleux** somersault

**saute** [sot] nf: **~ de vent/température** sudden change of wind direction/in the temperature; **avoir des ~s d'humeur** to have sudden changes of mood

**sauté, e** [sote] adj (Culin) sauté ▷ nm: **~ de veau**

sauté of veal

**saute-mouton** [sotmutɔ̃] nm: **jouer à ~** to play leapfrog

**sauter** [sote] vi to jump, leap; (exploser) to blow up, explode; (: fusibles) to blow; (se rompre) to snap, burst; (se détacher) to pop out (ou off) ▷ vt to jump (over), leap (over); (fig: omettre) to skip, miss (out); **faire ~** to blow up; to burst open; (Culin) to sauté; **~ à pieds joints/à cloche-pied** to make a standing jump/to hop; **~ en parachute** to make a parachute jump; **~ à la corde** to skip; **~ de joie** to jump for joy; **~ de colère** to be hopping with rage ou hopping mad; **~ au cou de qn** to fly into sb's arms; **~ aux yeux** to be quite obvious; **~ au plafond** (fig) to hit the roof

**sauterelle** [sotRɛl] nf grasshopper

**sauterie** [sotRi] nf party, hop

**sauteur, -euse** [sotœR, -øz] nm/f (athlète) jumper ▷ nf (casserole) shallow pan, frying pan; **~ à la perche** pole vaulter; **~ à skis** skijumper

**sautillement** [sotijmɑ̃] nm hopping; skipping

**sautiller** [sotije] vi to hop; to skip

**sautoir** [sotwaR] nm chain; (Sport: emplacement) jumping pit; **~ (de perles)** string of pearls

**sauvage** [sovaʒ] adj (gén) wild; (peuplade) savage; (farouche) unsociable; (barbare) wild, savage; (non officiel) unauthorized, unofficial ▷ nm/f savage; (timide) unsociable type, recluse

**sauvagement** [sovaʒmɑ̃] adv savagely

**sauvageon, ne** [sovaʒɔ̃, -ɔn] nm/f little savage

**sauvagerie** [sovaʒRi] nf wildness; savagery; unsociability

**sauve** [sov] adj f voir **sauf**

**sauvegarde** [sovgaRd(ə)] nf safeguard; **sous la ~ de** under the protection of; **disquette/fichier de ~** (Inform) backup disk/file

**sauvegarder** [sovgaRde] vt to safeguard; (Inform: enregistrer) to save; (: copier) to back up

**sauve-qui-peut** [sovkipø] nm inv stampede, mad rush ▷ excl run for your life!

**sauver** [sove] vt to save; (porter secours à) to rescue; (récupérer) to salvage, rescue; **se sauver** vi (s'enfuir) to run away; (fam: partir) to be off; **~ qn de** to save sb from; **~ la vie à qn** to save sb's life; **~ les apparences** to keep up appearances

**sauvetage** [sovtaʒ] nm rescue; **~ en montagne** mountain rescue; **ceinture de ~** lifebelt (Brit), life preserver (US); **brassière** ou **gilet de ~** lifejacket (Brit), life preserver (US)

**sauveteur** [sovtœR] nm rescuer

**sauvette** [sovɛt]: **à la ~** adv (vendre) without authorization; (se marier etc) hastily, hurriedly; **vente à la ~** (unauthorized) street trading, (street) peddling

**sauveur** [sovœR] nm saviour (Brit), savior (US)

**SAV** sigle m = **service après-vente**

**savais** etc [save] vb voir **savoir**

**savamment** [savamɑ̃] adv (avec érudition) learnedly; (habilement) skilfully, cleverly

**savane** [savan] nf savannah

**savant, e** [savɑ̃, -ɑ̃t] adj scholarly, learned; (calé)

clever ▷ *nm* scientist; **animal** ~ performing animal

**savate** [savat] *nf* worn-out shoe; *(Sport)* French boxing

**saveur** [savœʀ] *nf* flavour *(Brit)*, flavor *(US)*; *(fig)* savour *(Brit)*, savor *(US)*

**Savoie** [savwa] *nf*: **la** ~ Savoy

**savoir** [savwaʀ] *vt* to know; *(être capable de)*: **il sait nager** he knows how to swim, he can swim ▷ *nm* knowledge; **se savoir** *(être connu)* to be known; **se savoir malade/incurable** to know that one is ill/incurably ill; **il est petit: tu ne peux pas ~!** you won't believe how small he is!; **vous n'êtes pas sans ~ que** you are not *ou* will not be unaware of the fact that; **je crois ~ que** ... I believe that ..., I think I know that ...; **je n'en sais rien** I (really) don't know; **à ~ (que)** that is, namely; **faire ~ qch à qn** to inform sb about sth, let sb know sth; **pas que je sache** not as far as I know; **sans le ~** *adv* unknowingly, unwittingly; **en ~ long** to know a lot

**savoir-faire** [savwaʀfɛʀ] *nm inv* savoir-faire, know-how

**savoir-vivre** [savwaʀvivʀ(ə)] *nm inv*: **le** ~ savoir-faire, good manners *pl*

**savon** [savɔ̃] *nm* *(produit)* soap; *(morceau)* bar *ou* tablet of soap; *(fam)*: **passer un ~ à qn** to give sb a good dressing-down

**savonner** [savɔne] *vt* to soap

**savonnerie** [savɔnʀi] *nf* soap factory

**savonnette** [savɔnɛt] *nf* bar *ou* tablet of soap

**savonneux, -euse** [savɔnø, -øz] *adj* soapy

**savons** [savɔ̃] *vb voir* **savoir**

**savourer** [savuʀe] *vt* to savour *(Brit)*, savor *(US)*

**savoureux, -euse** [savuʀø, -øz] *adj* tasty; *(fig)* spicy, juicy

**savoyard, e** [savwajaʀ, -aʀd(ə)] *adj* Savoyard

**Saxe** [saks(ə)] *nf*: **la** ~ Saxony

**saxo** [sakso], **saxophone** [saksɔfɔn] *nm* sax(ophone)

**saxophoniste** [saksɔfɔnist(ə)] *nm/f* saxophonist, sax(ophone) player

**saynète** [sɛnɛt] *nf* playlet

**SBB** *sigle f* (= *Schweizerische Bundesbahn*) *Swiss federal railways*

**sbire** [sbiʀ] *nm* (*péj*) henchman

**sc.** *abr* = **scène**

**s/c** *abr* (= *sous couvert de*) ≈ c/o

**scabreux, -euse** [skabʀø, -øz] *adj* risky; *(indécent)* improper, shocking

**scalpel** [skalpɛl] *nm* scalpel

**scalper** [skalpe] *vt* to scalp

**scampi** [skãpi] *nmpl* scampi

**scandale** [skãdal] *nm* scandal; *(tapage)*: **faire du** ~ to make a scene, create a disturbance; **faire** ~ to scandalize people; **au grand ~ de ...** to the great indignation of ...

**scandaleusement** [skãdaløzmã] *adv* scandalously, outrageously

**scandaleux, -euse** [skãdalø, -øz] *adj* scandalous, outrageous

**scandaliser** [skãdalize] *vt* to scandalize; **se ~ (de)** to be scandalized (by)

**scander** [skãde] *vt* *(vers)* to scan; *(mots, syllabes)* to stress separately; *(slogans)* to chant

**scandinave** [skãdinav] *adj* Scandinavian ▷ *nm/f*: **Scandinave** Scandinavian

**Scandinavie** [skãdinavi] *nf*: **la** ~ Scandinavia

**scanner** [skanɛʀ] *nm* (*Méd*) scanner

**scanographie** [skanɔgʀafi] *nf* (*Méd*) scanning; *(image)* scan

**scaphandre** [skafãdʀ(ə)] *nm* *(de plongeur)* diving suit; *(de cosmonaute)* spacesuit; ~ **autonome** aqualung

**scaphandrier** [skafãdʀije] *nm* diver

**scarabée** [skaʀabe] *nm* beetle

**scarlatine** [skaʀlatin] *nf* scarlet fever

**scarole** [skaʀɔl] *nf* endive

**scatologique** [skatɔlɔʒik] *adj* scatological, lavatorial

**sceau, x** [so] *nm* seal; *(fig)* stamp, mark; **sous le ~ du secret** under the seal of secrecy

**scélérat, e** [seleʀa, -at] *nm/f* villain, blackguard ▷ *adj* villainous, blackguardly

**sceller** [sele] *vt* to seal

**scellés** [sele] *nmpl* seals

**scénario** [senaʀjo] *nm* *(Ciné)* screenplay, script; *(: idée, plan)* scenario; *(fig)* pattern; scenario

**scénariste** [senaʀist(ə)] *nm/f* scriptwriter

**scène** [sɛn] *nf* *(gén)* scene; *(estrade, fig: théâtre)* stage; **entrer en** ~ to come on stage; **mettre en** ~ *(Théât)* to stage; *(Ciné)* to direct; *(fig)* to present, introduce; **sur le devant de la** ~ *(en pleine actualité)* in the forefront; **porter à la** ~ to adapt for the stage; **faire une** ~ **(à qn)** to make a scene (with sb); ~ **de ménage** domestic fight *ou* scene

**scénique** [senik] *adj* *(effets)* theatrical; *(art)* scenic

**scepticisme** [sɛptisism(ə)] *nm* scepticism

**sceptique** [sɛptik] *adj* sceptical ▷ *nm/f* sceptic

**sceptre** [sɛptʀ(ə)] *nm* sceptre

**schéma** [ʃema] *nm* *(diagramme)* diagram, sketch; *(fig)* outline

**schématique** [ʃematik] *adj* diagrammatic(al), schematic; *(fig)* oversimplified

**schématiquement** [ʃematikmã] *adv* schematically, diagrammatically

**schématisation** [ʃematizasjɔ̃] *nf* schematization; oversimplification

**schématiser** [ʃematize] *vt* to schematize; to (over)simplify

**schismatique** [ʃismatik] *adj* schismatic

**schisme** [ʃism(ə)] *nm* schism; rift, split

**schiste** [ʃist(ə)] *nm* schist

**schizophrène** [skizofʀɛn] *nm/f* schizophrenic

**schizophrénie** [skizofʀeni] *nf* schizophrenia

**sciatique** [sjatik] *adj*: **nerf** ~ sciatic nerve ▷ *nf* sciatica

**scie** [si] *nf* saw; *(fam: rengaine)* catch-tune; *(: personne)* bore; ~ **à bois** wood saw; ~ **circulaire** circular saw; ~ **à découper** fretsaw; ~ **à métaux** hacksaw; ~ **sauteuse** jigsaw

**sciemment** [sjamɑ̃] *adv* knowingly, wittingly

**science** [sjɑ̃s] *nf* science; (*savoir*) knowledge; (*savoir-faire*) art, skill; **~s économiques** economics; **~s humaines/sociales** social sciences; **~s naturelles** natural science *sg*, biology *sg*; **~s po** political studies

**science-fiction** [sjɑ̃sfiksjɔ̃] *nf* science fiction

**scientifique** [sjɑ̃tifik] *adj* scientific ▷ *nm/f* (*savant*) scientist; (*étudiant*) science student

**scientifiquement** [sjɑ̃tifikmɑ̃] *adv* scientifically

**scier** [sje] *vt* to saw; (*retrancher*) to saw off

**scierie** [siʀi] *nf* sawmill

**scieur** [sjœʀ] *nm*: **~ de long** pit sawyer

**Scilly** [sili]: **les îles ~** the Scilly Isles, the Scillies, the Isles of Scilly

**scinder** [sɛ̃de] *vt*, **se scinder** *vi* to split (up)

**scintillant, e** [sɛ̃tijɑ̃, -ɑ̃t] *adj* sparkling

**scintillement** [sɛ̃tijmɑ̃] *nm* sparkling *no pl*

**scintiller** [sɛ̃tije] *vi* to sparkle

**scission** [sisjɔ̃] *nf* split

**sciure** [sjyʀ] *nf*: **~ (de bois)** sawdust

**sclérose** [skleʀoz] *nf* sclerosis; (*fig*) ossification; **~ en plaques (SEP)** multiple sclerosis (MS)

**sclérosé, e** [skleʀoze] *adj* sclerosed, sclerotic; ossified

**scléroser** [skleʀoze]: **se scléroser** *vi* to become sclerosed; (*fig*) to become ossified

**scolaire** [skɔlɛʀ] *adj* school *cpd*; (*péj*) schoolish; **l'année ~** the school year; (*à l'université*) the academic year; **en âge ~** of school age

**scolarisation** [skɔlaʀizasjɔ̃] *nf* (*d'un enfant*) schooling; **la ~ d'une région** the provision of schooling in a region; **le taux de ~** the proportion of children in full-time education

**scolariser** [skɔlaʀize] *vt* to provide with schooling (*ou schools*)

**scolarité** [skɔlaʀite] *nf* schooling; **frais de ~** school fees (*Brit*), tuition (*US*)

**scolastique** [skɔlastik] *adj* (*péj*) scholastic

**scoliose** [skɔljoz] *nf* curvature of the spine, scoliosis

**scoop** [skup] *nm* (*Presse*) scoop, exclusive

**scooter** [skutœʀ] *nm* (motor) scooter

**scorbut** [skɔʀbyt] *nm* scurvy

**score** [skɔʀ] *nm* score; (*électoral etc*) result

**scories** [skɔʀi] *nfpl* scoria *pl*

**scorpion** [skɔʀpjɔ̃] *nm* (*signe*): **le S~** Scorpio, the Scorpion; **être du S~** to be Scorpio

**scotch** [skɔtʃ] *nm* (*whisky*) scotch, whisky; (*adhésif*) Sellotape® (*Brit*), Scotch tape® (*US*)

**scotcher** [skɔtʃe] *vt* to sellotape® (*Brit*), scotchtape® (*US*)

**scout, e** [skut] *adj*, *nm* scout

**scoutisme** [skutism(ə)] *nm* (boy) scout movement; (*activités*) scouting

**scribe** [skʀib] *nm* scribe; (*péj*) penpusher

**scribouillard** [skʀibujaʀ] *nm* penpusher

**script** [skʀipt(ə)] *nm* printing; (*Ciné*) (shooting) script

**scripte** [skʀipt(ə)] *nf* continuity girl

**script-girl** [skʀiptgœʀl] *nf* continuity girl

**scriptural, e, -aux** [skʀiptyʀal, -o] *adj*: **monnaie ~e** bank money

**scrupule** [skʀypyl] *nm* scruple; **être sans ~s** to be unscrupulous; **se faire un ~ de qch** to have scruples *ou* qualms about doing sth

**scrupuleusement** [skʀypyløzmɑ̃] *adv* scrupulously

**scrupuleux, -euse** [skʀypylø, -øz] *adj* scrupulous

**scrutateur, -trice** [skʀytatœʀ, -tʀis] *adj* searching ▷ *nm/f* scrutineer

**scruter** [skʀyte] *vt* to search, scrutinize; (*l'obscurité*) to peer into; (*motifs, comportement*) to examine, scrutinize

**scrutin** [skʀytɛ̃] *nm* (*vote*) ballot; (*ensemble des opérations*) poll; **~ proportionnel/majoritaire** election on a proportional/majority basis; **~ à deux tours** poll with two ballots *ou* rounds; **~ de liste** list system

**sculpter** [skylte] *vt* to sculpt; (*érosion*) to carve

**sculpteur** [skyltœʀ] *nm* sculptor

**sculptural, e, -aux** [skyltyʀal, -o] *adj* sculptural; (*fig*) statuesque

**sculpture** [skyltyʀ] *nf* sculpture; **~ sur bois** wood carving

**sdb.** *abr* = **salle de bain**

**SDF** *sigle m* (= *sans domicile fixe*) homeless person; **les ~** the homeless

**SDN** *sigle f* (= *Société des Nations*) League of Nations

**SE** *sigle f* (= *Son Excellence*) HE

### ○ MOT-CLÉ

**se, s'** [s(ə)] *pron* **1** (*emploi réfléchi*) oneself; (: *masc*) himself; (: *fém*) herself; (: *sujet non humain*) itself; (: *pl*) themselves; **se voir comme l'on est** to see o.s. as one is

**2** (*réciproque*) one another, each other; **ils s'aiment** they love one another *ou* each other

**3** (*passif*): **cela se répare facilement** it is easily repaired

**4** (*possessif*): **se casser la jambe/laver les mains** to break one's leg/wash one's hands

**séance** [seɑ̃s] *nf* (*d'assemblée, récréative*) meeting, session; (*de tribunal*) sitting, session; (*musicale, Ciné, Théât*) performance; **ouvrir/lever la ~** to open/close the meeting; **~ tenante** forthwith

**séant, e** [seɑ̃, -ɑ̃t] *adj* seemly, fitting ▷ *nm* posterior

**seau, x** [so] *nm* bucket, pail; **~ à glace** ice bucket

**sébum** [sebɔm] *nm* sebum

**sec, sèche** [sɛk, sɛʃ] *adj* dry; (*raisins, figues*) dried; (*cœur, personne: insensible*) hard, cold; (*maigre, décharné*) spare, lean; (*réponse, ton*) sharp, curt; (*démarrage*) sharp, sudden ▷ *nm*: **tenir au ~** to keep in a dry place ▷ *adv* hard; (*démarrer*) sharply; **boire ~** to be a heavy drinker; **je le bois ~** I drink it straight *ou* neat; **à pied ~** without getting one's feet wet; **à ~** *adj* dried up; (*à court d'argent*) broke

**SECAM** [sekam] *sigle m* (= *procédé séquentiel à*

*mémoire)* SECAM

**sécante** [sekɑ̃t] *nf* secant

**sécateur** [sekatœʀ] *nm* secateurs *pl* (Brit), shears *pl*, pair of secateurs *ou* shears

**sécession** [sesesjɔ̃] *nf*: **faire** ~ to secede; **la guerre de S~** the American Civil War

**séchage** [seʃaʒ] *nm* drying; *(de bois)* seasoning

**sèche** [sɛʃ] *adj f voir* **sec** ▷ *nf (fam)* cigarette, fag (Brit)

**sèche-cheveux** [sɛʃʃəvø] *nm inv* hair-drier

**sèche-linge** [sɛʃlɛ̃ʒ] *nm inv* drying cabinet

**sèche-mains** [sɛʃmɛ̃] *nm inv* hand drier

**sèchement** [sɛʃmɑ̃] *adv (frapper etc)* sharply; *(répliquer etc)* drily, sharply

**sécher** [seʃe] *vt* to dry; *(dessécher: peau, blé)* to dry (out); *(: étang)* to dry up; *(bois)* to season; *(fam: classe, cours)* to skip, miss ▷ *vi* to dry; to dry out; to dry up; *(fam: candidat)* to be stumped; **se sécher** *(après le bain)* to dry o.s.

**sécheresse** [seʃʀɛs] *nf* dryness; *(absence de pluie)* drought

**séchoir** [seʃwaʀ] *nm* drier

**second, e** [səgɔ̃, -ɔ̃d] *adj* second ▷ *nm (assistant)* second in command; *(étage)* second floor (Brit), third floor (US); *(Navig)* first mate ▷ *nf* second; *(Scol)* ≈ fifth form (Brit), ≈ tenth grade (US); **en ~** *(en second rang)* in second place; **voyager en ~e** to travel second-class; **doué de ~e vue** having (the gift of) second sight; **trouver son ~ souffle** *(Sport, fig)* to get one's second wind; **être dans un état ~** to be in a daze *(ou* trance); **de ~e main** second-hand

**secondaire** [səgɔ̃dɛʀ] *adj* secondary

**seconder** [səgɔ̃de] *vt* to assist; *(favoriser)* to back

**secouer** [səkwe] *vt* to shake; *(passagers)* to rock; *(traumatiser)* to shake (up); **se secouer** *(chien)* to shake itself; *(fam: se démener)* to shake o.s. up; ~ **la poussière d'un tapis** to shake the dust off a carpet; ~ **la tête** to shake one's head

**secourable** [səkuʀabl(ə)] *adj* helpful

**secourir** [səkuʀiʀ] *vt (aller sauver)* to (go and) rescue; *(prodiguer des soins à)* to help, assist; *(venir en aide à)* to assist, aid

**secourisme** [səkuʀism(ə)] *nm (premiers soins)* first aid; *(sauvetage)* life saving

**secouriste** [səkuʀist(ə)] *nm/f* first-aid worker

**secourons etc** [səkuʀɔ̃] *vb voir* **secourir**

**secours** [səkuʀ] *vb voir* **secourir** ▷ *nm* help, aid, assistance ▷ *nmpl* aid *sg*; **cela lui a été d'un grand** ~ this was a great help to him; **au ~!** help!; **appeler au** ~ to shout *ou* call for help; **appeler qn à son** ~ to call sb to one's assistance; **porter** ~ **à qn** to give sb assistance, help sb; **les premiers** ~ first aid *sg*; **le ~ en montagne** mountain rescue

**secouru, e** [səkuʀy] *pp de* **secourir**

**secousse** [səkus] *nf* jolt, bump; *(électrique)* shock; *(fig: psychologique)* jolt, shock; ~ **sismique** *ou* **tellurique** earth tremor

**secret, -ète** [səkʀɛ, -ɛt] *adj* secret; *(fig: renfermé)* reticent, reserved ▷ *nm* secret; *(discrétion absolue)*: **le** ~ secrecy; **en** ~ in secret, secretly; **au** ~ in solitary confinement; ~ **de fabrication** trade secret; ~ **professionnel** professional secrecy

**secrétaire** [səkʀetɛʀ] *nm/f* secretary ▷ *nm (meuble)* writing desk, secretaire; ~ **d'ambassade** embassy secretary; ~ **de direction** private *ou* personal secretary; ~ **d'État** ≈ junior minister; ~ **général (SG)** Secretary-General; *(Comm)* company secretary; ~ **de mairie** town clerk; ~ **médicale** medical secretary; ~ **de rédaction** sub-editor

**secrétariat** [s(ə)kʀetaʀja] *nm (profession)* secretarial work; *(bureau: d'entreprise, d'école)* (secretary's) office; *(: d'organisation internationale)* secretariat; *(Pol etc: fonction)* secretaryship, office of Secretary

**secrètement** [səkʀɛtmɑ̃] *adv* secretly

**sécréter** [sekʀete] *vt* to secrete

**sécrétion** [sekʀesjɔ̃] *nf* secretion

**sectaire** [sɛktɛʀ] *adj* sectarian, bigoted

**sectarisme** [sɛktaʀism(ə)] *nm* sectarianism

**secte** [sɛkt(ə)] *nf* sect

**secteur** [sɛktœʀ] *nm* sector; *(Admin)* district; *(Élec)*: **branché sur le** ~ plugged into the mains (supply); **fonctionne sur pile et** ~ battery or mains operated; **le** ~ **privé/public** *(Écon)* the private/public sector; **le** ~ **primaire/tertiaire** the primary/tertiary sector

**section** [sɛksjɔ̃] *nf* section; *(de parcours d'autobus)* fare stage; *(Mil: unité)* platoon; ~ **rythmique** rhythm section

**sectionner** [sɛksjɔne] *vt* to sever; **se sectionner** *vi* to be severed

**sectionneur** [sɛksjɔnœʀ] *nm (Élec)* isolation switch

**sectoriel, le** [sɛktɔʀjɛl] *adj* sector-based

**sectorisation** [sɛktɔʀizasjɔ̃] *nf* division into sectors

**sectoriser** [sɛktɔʀize] *vt* to divide into sectors

**sécu** [seky] *nf (fam:* = *sécurité sociale)* ≈ dole (Brit), ≈ Welfare (US)

**séculaire** [sekylɛʀ] *adj* secular; *(très vieux)* age-old

**séculariser** [sekylaʀize] *vt* to secularize

**séculier, -ière** [sekylje, -jɛʀ] *adj* secular

**sécurisant, e** [sekyʀizɑ̃, -ɑ̃t] *adj* secure, giving a sense of security

**sécuriser** [sekyʀize] *vt* to give a sense of security to

**sécurité** [sekyʀite] *nf* security; *(absence de danger)* safety; **impression de** ~ sense of security; **la** ~ **internationale** international security; **système de** ~ security *(ou* safety) system; **être en** ~ to be safe; **la** ~ **de l'emploi** job security; **la** ~ **routière** road safety; **la** ~ **sociale** ≈ (the) Social Security (Brit), ≈ (the) Welfare (US)

**sédatif, -ive** [sedatif, -iv] *adj, nm* sedative

**sédentaire** [sedɑ̃tɛʀ] *adj* sedentary

**sédiment** [sedimɑ̃] *nm* sediment; **sédiments** *nmpl (alluvions)* sediment *sg*

**sédimentaire** [sedimɑ̃tɛʀ] *adj* sedimentary

**sédimentation** [sedimɑ̃tasjɔ̃] *nf*

**S**

sedimentation

**séditieux, -euse** [sedisjø, -øz] *adj* insurgent; seditious

**sédition** [sedisjɔ̃] *nf* insurrection; sedition

**séducteur, -trice** [sedyktœʀ, -tʀis] *adj* seductive ▷ *nm/f* seducer (seductress)

**séduction** [sedyksjɔ̃] *nf* seduction; (*charme, attrait*) appeal, charm

**séduire** [sedɥiʀ] *vt* to charm; (*femme: abuser de*) to seduce; (*chose*) to appeal to

**séduisant, e** [sedɥizɑ̃, -ɑ̃t] *vb voir* **séduire** ▷ *adj* (*femme*) seductive; (*homme, offre*) very attractive

**séduit, e** [sedɥi, -it] *pp de* **séduire**

**segment** [sɛgmɑ̃] *nm* segment; (*Auto*): ~ **(de piston)** piston ring; ~ **de frein** brake shoe

**segmenter** [sɛgmɑ̃te] *vt*, **se segmenter** *vi* to segment

**ségrégation** [segʀegasjɔ̃] *nf* segregation

**ségrégationnisme** [segʀegasjɔnism(ə)] *nm* segregationism

**ségrégationniste** [segʀegasjɔnist(ə)] *adj* segregationist

**seiche** [sɛʃ] *nf* cuttlefish

**séide** [seid] *nm* (*péj*) henchman

**seigle** [sɛgl(ə)] *nm* rye

**seigneur** [sɛɲœʀ] *nm* lord; **le S~** the Lord

**seigneurial, e, -aux** [sɛɲœʀjal, -o] *adj* lordly, stately

**sein** [sɛ̃] *nm* breast; (*entrailles*) womb; **au ~ de** *prép* (*équipe, institution*) within; (*flots, bonheur*) in the midst of; **donner le ~ à** (*bébé*) to feed (at the breast); to breast-feed; **nourrir au ~** to breast-feed

**Seine** [sɛn] *nf*: **la ~** the Seine

**séisme** [seism(ə)] *nm* earthquake

**séismique** *etc* [seismik] *voir* **sismique** *etc*

**SEITA** [seita] *sigle f* = **Société d'exploitation industrielle des tabacs et allumettes**

**seize** [sɛz] *num* sixteen

**seizième** [sɛzjɛm] *num* sixteenth

**séjour** [seʒuʀ] *nm* stay; (*pièce*) living room

**séjourner** [seʒuʀne] *vi* to stay

**sel** [sɛl] *nm* salt; (*fig*) wit; spice; ~ **de cuisine/de table** cooking/table salt; ~ **gemme** rock salt; **~s de bain** bathsalts

**sélect, e** [selɛkt] *adj* select

**sélectif, -ive** [selɛktif, -iv] *adj* selective

**sélection** [selɛksjɔ̃] *nf* selection; **faire/opérer une ~ parmi** to make a selection from among; **épreuve de ~** (*Sport*) trial (for selection); ~ **naturelle** natural selection; ~ **professionnelle** professional recruitment

**sélectionné, e** [selɛksjɔne] *adj* (*joueur*) selected; (*produit*) specially selected

**sélectionner** [selɛksjɔne] *vt* to select

**sélectionneur, -euse** [selɛksjɔnœʀ, -øz] *nm/f* selector

**sélectivement** [selɛktivmɑ̃] *adv* selectively

**sélectivité** [selɛktivite] *nf* selectivity

**self** [sɛlf] *nm* (*fam*) self-service

**self-service** [sɛlfsɛʀvis] *adj* self-service ▷ *nm* self-service (restaurant); (*magasin*) self-service

shop

**selle** [sɛl] *nf* saddle; **selles** *nfpl* (*Méd*) stools; **aller à la ~** (*Méd*) to have a bowel movement; **se mettre en ~** to mount, get into the saddle

**seller** [sele] *vt* to saddle

**sellette** [sɛlɛt] *nf*: **être sur la ~** to be on the carpet (*fig*)

**sellier** [selje] *nm* saddler

**selon** [səlɔ̃] *prép* according to; (*en se conformant à*) in accordance with; ~ **moi** as I see it; ~ **que** according to, depending on whether

**SEm** *sigle f* (= *Son Éminence*) HE

**semailles** [səmaj] *nfpl* sowing *sg*

**semaine** [səmɛn] *nf* week; (*salaire*) week's wages *ou* pay, weekly wages *ou* pay; **en ~** during the week, on weekdays; **à la petite ~** from day to day; **la ~ sainte** Holy Week

**semainier** [səmenje] *nm* (*bracelet*) bracelet made up of seven bands; (*calendrier*) desk diary; (*meuble*) chest of (seven) drawers

**sémantique** [semãtik] *adj* semantic ▷ *nf* semantics *sg*

**sémaphore** [semafɔʀ] *nm* (*Rail*) semaphore signal

**semblable** [sãblabl(ə)] *adj* similar; (*de ce genre*): **de ~s mésaventures** such mishaps ▷ *nm* fellow creature *ou* man; ~ **à** similar to, like

**semblant** [sãblã] *nm*: **un ~ de vérité** a semblance of truth; **faire ~ (de faire)** to pretend (to do)

**sembler** [sãble] *vb copule* to seem ▷ *vb impers*: **il semble (bien) que/inutile de** it (really) seems *ou* appears that/useless to; **il me semble (bien) que** it (really) seems to me that, I (really) think that; **il me semble le connaître** I think *ou* I've a feeling I know him; ~ **être** to seem to be; **comme bon lui semble** as he sees fit; **me semble-t-il, à ce qu'il me semble** it seems to me, to my mind

**semelle** [səmɛl] *nf* sole; (*intérieure*) insole, inner sole; **battre la ~** to stamp one's feet (to keep them warm); (*fig*) to hang around (waiting); **~s compensées** platform soles

**semence** [səmɑ̃s] *nf* (*graine*) seed; (*clou*) tack

**semer** [səme] *vt* to sow; (*fig: éparpiller*) to scatter; (*confusion*) to spread; (: *poursuivants*) to lose, shake off; ~ **la discorde parmi** to sow discord among; **semé de** (*difficultés*) riddled with

**semestre** [səmɛstʀ(ə)] *nm* half-year; (*Scol*) semester

**semestriel, le** [səmɛstʀijɛl] *adj* half-yearly; semestral

**semeur, -euse** [səmœʀ, -øz] *nm/f* sower

**semi-automatique** [səmiɔtɔmatik] *adj* semiautomatic

**semiconducteur** [səmikɔ̃dyktœʀ] *nm* (*Inform*) semiconductor

**semi-conserve** [səmikɔ̃sɛʀv(ə)] *nf* semi-perishable foodstuff

**semi-fini** [səmifini] *adj m* (*produit*) semi-finished

**semi-liberté** [səmilibɛʀte] *nf* (*Jur*) partial release from prison (*in order to follow a profession or*

*undergo medical treatment)*
**sémillant, e** [semijɑ̃, -ɑ̃t] *adj* vivacious; dashing
**séminaire** [seminɛʀ] *nm* seminar; *(Rel)* seminary
**séminariste** [seminaʀist(ə)] *nm* seminarist
**sémiologie** [semjɔlɔʒi] *nf* semiology
**semi-public, -ique** [səmipyblik] *adj (Jur)* semipublic
**semi-remorque** [səmiʀəmɔʀk(ə)] *nf* trailer
▷ *nm* articulated lorry *(Brit)*, semi(trailer) *(US)*
**semis** [səmi] *nm (terrain)* seedbed, seed plot; *(plante)* seedling
**sémite** [semit] *adj* Semitic
**sémitique** [semitik] *adj* Semitic
**semoir** [səmwaʀ] *nm* seed-bag; seeder
**semonce** [səmɔ̃s] *nf*: **un coup de ~** a shot across the bows
**semoule** [səmul] *nf* semolina; **~ de riz** ground rice
**sempiternel, le** [sɛ̃pitɛʀnɛl] *adj* eternal, never-ending
**sénat** [sena] *nm* senate; *see note*

● **SÉNAT**

● The *Sénat* is the upper house of the French
● parliament and is housed in the Palais du
● Luxembourg in Paris. One-third of its
● members, "sénateurs" are elected for a
● nine-year term every three years by an
● electoral college consisting of the "députés"
● and other elected representatives. The *Sénat*
● has a wide range of powers but can be
● overridden by the lower house, the
● "Assemblée nationale" in case of dispute.

**sénateur** [senatœʀ] *nm* senator
**sénatorial, e, -aux** [senatɔʀjal, -o] *adj* senatorial, Senate *cpd*
**Sénégal** [senegal] *nm*: **le ~** Senegal
**sénégalais, e** [senegalɛ, -ɛz] *adj* Senegalese
**sénevé** [sɛnve] *nm (Bot)* mustard; *(graine)* mustard seed
**sénile** [senil] *adj* senile
**sénilité** [senilite] *nf* senility
**senior** [senjɔʀ] *nm/f (Sport)* senior
**sens** [sɑ̃] *vb voir* **sentir** ▷ *nm* [sɑ̃s] *(Physiol, instinct)* sense; *(signification)* meaning, sense; *(direction)* direction, way ▷ *nmpl (sensualité)* senses;
**reprendre ses ~** to regain consciousness; **avoir le ~ des affaires/de la mesure** to have business sense/a sense of moderation; **ça n'a pas de ~** that doesn't make (any) sense; **en dépit du bon ~** contrary to all good sense; **tomber sous le ~** to stand to reason, be perfectly obvious; **en un ~, dans un ~** in a way; **en ce ~ que** in the sense that; **à mon ~** to my mind; **dans le ~ des aiguilles d'une montre** clockwise; **dans le ~ de la longueur/largeur** lengthways/widthways; **dans le mauvais ~** the wrong way; in the wrong direction; **bon ~** good sense; **~ commun** common sense; **~**

**dessus dessous** upside down; **~ interdit, ~ unique** one-way street
**sensass** [sɑ̃sas] *adj (fam)* fantastic
**sensation** [sɑ̃sasjɔ̃] *nf* sensation; **faire ~** to cause a sensation, create a stir; **à ~ *(péj)*** sensational
**sensationnel, le** [sɑ̃sasjɔnɛl] *adj* sensational
**sensé, e** [sɑ̃se] *adj* sensible
**sensibilisation** [sɑ̃sibilizasjɔ̃] *nf* consciousness-raising; **une campagne de ~ de l'opinion** a campaign to raise public awareness
**sensibiliser** [sɑ̃sibilize] *vt* to sensitize; **~ qn (à)** to make sb sensitive (to)
**sensibilité** [sɑ̃sibilite] *nf* sensitivity; *(affectivité, émotivité)* sensitivity, sensibility
**sensible** [sɑ̃sibl(ə)] *adj* sensitive; *(aux sens)* perceptible; *(appréciable: différence, progrès)* appreciable, noticeable; *(quartier)* problem *cpd*; **~ à** sensitive to
**sensiblement** [sɑ̃sibləmɑ̃] *adv (notablement)* appreciably, noticeably; *(à peu près)*: **ils ont ~ le même poids** they weigh approximately the same
**sensiblerie** [sɑ̃sibləʀi] *nf* sentimentality; squeamishness
**sensitif, -ive** [sɑ̃sitif, -iv] *adj (nerf)* sensory; *(personne)* oversensitive
**sensoriel, le** [sɑ̃sɔʀjɛl] *adj* sensory, sensorial
**sensualité** [sɑ̃sɥalite] *nf* sensuality, sensuousness
**sensuel, le** [sɑ̃sɥɛl] *adj* sensual; sensuous
**sent** [sɑ̃] *vb voir* **sentir**
**sente** [sɑ̃t] *nf* path
**sentence** [sɑ̃tɑ̃s] *nf (jugement)* sentence; *(adage)* maxim
**sentencieusement** [sɑ̃tɑ̃sjøzmɑ̃] *adv* sententiously
**sentencieux, -euse** [sɑ̃tɑ̃sjø, -øz] *adj* sententious
**senteur** [sɑ̃tœʀ] *nf* scent, perfume
**senti, e** [sɑ̃ti] *adj*: **bien ~** *(mots etc)* well-chosen
**sentier** [sɑ̃tje] *nm* path
**sentiment** [sɑ̃timɑ̃] *nm* feeling; *(conscience, impression)*: **avoir le ~ de/que** to be aware of/have the feeling that; **recevez mes ~s respectueux** yours faithfully; **faire du ~ *(péj)*** to be sentimental; **si vous me prenez par les ~s** if you appeal to my feelings
**sentimental, e, -aux** [sɑ̃timɑ̃tal, -o] *adj* sentimental; *(vie, aventure)* love *cpd*
**sentimentalisme** [sɑ̃timɑ̃talism(ə)] *nm* sentimentalism
**sentimentalité** [sɑ̃timɑ̃talite] *nf* sentimentality
**sentinelle** [sɑ̃tinɛl] *nf* sentry; **en ~** standing guard; *(soldat: en faction)* on sentry duty
**sentir** [sɑ̃tiʀ] *vt (par l'odorat)* to smell; *(par le goût)* to taste; *(au toucher, fig)* to feel; *(répandre une odeur de)* to smell of; *(: ressemblance)* to smell like; *(avoir la saveur de)* to taste of; to taste like; *(fig: dénoter, annoncer)* to be indicative of; to smack of; to

foreshadow ▷ *vi* to smell; ~ **mauvais** to smell bad; **se ~ bien** to feel good; **se ~ mal** (*être indisposé*) to feel unwell *ou* ill; **se ~ le courage/la force de faire** to feel brave/strong enough to do; **ne plus se ~ de joie** to be beside o.s. with joy; **il ne peut pas le ~** (*fam*) he can't stand him

**seoir** [swaʀ]: ~ **à** *vt* to become, befit; **comme il (leur) sied** as it is fitting (to them)

**Séoul** [seul] *n* Seoul

**SEP** *sigle f* (= *sclérose en plaques*) MS

**séparation** [sepaʀasjɔ̃] *nf* separation; (*cloison*) division, partition; ~ **de biens** division of property (*in marriage settlement*); ~ **de corps** legal separation

**séparatisme** [sepaʀatism(ə)] *nm* separatism

**séparatiste** [sepaʀatist(ə)] *adj, nm/f* (Pol) separatist

**séparé, e** [sepaʀe] *adj* (*appartements, pouvoirs*) separate; (*époux*) separated; ~ **de** separate from; separated from

**séparément** [sepaʀemɑ̃] *adv* separately

**séparer** [sepaʀe] *vt* (*gén*) to separate; (*divergences etc*) to divide; to drive apart; (: *différences, obstacles*) to stand between; (*détacher*) ~ **qch de** to pull sth (off) from; (*dissocier*) to distinguish between; (*diviser*) ~ **qch par** to divide sth (up) with; ~ **une pièce en deux** to divide a room into two; **se séparer** (*époux*) to separate, part; (*prendre congé: amis etc*) to part, leave each other; (*adversaires*) to separate; (*se diviser: route, tige etc*) to divide; (*se détacher*): **se ~ (de)** to split off (from); to come off; **se ~ de** (*époux*) to separate *ou* part from; (*employé, objet personnel*) to part with

**sépia** [sepja] *nf* sepia

**sept** [sɛt] *num* seven

**septante** [sɛptɑ̃t] *num* (*Belgique, Suisse*) seventy

**septembre** [sɛptɑ̃bʀ(ə)] *nm* September; *voir aussi* **juillet**

**septennal, e, -aux** [sɛptenal, -o] *adj* seven-year; (*festival*) seven-year, septennial

**septennat** [sɛptena] *nm* seven-year term (of office)

**septentrional, e, -aux** [sɛptɑ̃tʀijɔnal, -o] *adj* northern

**septicémie** [sɛptisemi] *nf* blood poisoning, septicaemia

**septième** [sɛtjɛm] *num* seventh; **être au ~ ciel** to be on cloud nine

**septique** [sɛptik] *adj*: **fosse ~** septic tank

**septuagénaire** [sɛptɥaʒenɛʀ] *adj, nm/f* septuagenarian

**sépulcral, e, -aux** [sepylkʀal, -o] *adj* (*voix*) sepulchral

**sépulcre** [sepylkʀ(ə)] *nm* sepulchre

**sépulture** [sepyltyʀ] *nf* burial; (*tombeau*) burial place, grave

**séquelles** [sekɛl] *nfpl* after-effects; (*fig*) aftermath *sg*; consequences

**séquence** [sekɑ̃s] *nf* sequence

**séquentiel, le** [sekɑ̃sjɛl] *adj* sequential

**séquestration** [sekɛstʀasjɔ̃] *nf* illegal confinement; impounding

**séquestre** [sekɛstʀ(ə)] *nm* impoundment; **mettre sous ~** to impound

**séquestrer** [sekɛstʀe] *vt* (*personne*) to confine illegally; (*biens*) to impound

**serai** *etc* [səʀe] *vb voir* **être**

**sérail** [seʀaj] *nm* seraglio; harem; **rentrer au ~** to return to the fold

**serbe** [sɛʀb(ə)] *adj* Serbian ▷ *nm* (Ling) Serbian ▷ *nm/f*: **Serbe** Serb

**Serbie** [sɛʀbi] *nf*: **la ~** Serbia

**serbo-croate** [sɛʀbɔkʀɔat] *adj* Serbo-Croat, Serbo-Croatian ▷ *nm* (Ling) Serbo-Croat

**serein, e** [səʀɛ̃, -ɛn] *adj* serene; (*jugement*) dispassionate

**sereinement** [səʀɛnmɑ̃] *adv* serenely

**sérénade** [seʀenad] *nf* serenade; (*fam*) hullabaloo

**sérénité** [seʀenite] *nf* serenity

**serez** [səʀe] *vb voir* **être**

**serf, serve** [sɛʀ, sɛʀv(ə)] *nm/f* serf

**serfouette** [sɛʀfwɛt] *nf* weeding hoe

**serge** [sɛʀʒ(ə)] *nf* serge

**sergent** [sɛʀʒɑ̃] *nm* sergeant

**sergent-chef** [sɛʀʒɑ̃ʃɛf] *nm* staff sergeant

**sergent-major** [sɛʀʒɑ̃maʒɔʀ] *nm* ≈ quartermaster sergeant

**sériciculture** [seʀisikyltyʀ] *nf* silkworm breeding, sericulture

**série** [seʀi] *nf* (*de questions, d'accidents, TV*) series *inv*; (*de clés, casseroles, outils*) set; (*catégorie: Sport*) rank; class; **en ~** in quick succession; (Comm) mass *cpd*; **de ~** *adj* standard; **hors ~** (Comm) custom-built; (*fig*) outstanding; **imprimante ~** (*Inform*) serial printer; **soldes de fin de ~s** end of line special offers; **~ noire** *nm* (crime) thriller ▷ *nf* (*suite de malheurs*) run of bad luck

**sérier** [seʀje] *vt* to classify, sort out

**sérieusement** [seʀjøzmɑ̃] *adv* seriously; reliably; responsibly; **il parle ~** he's serious, he means it; **~?** are you serious?, do you mean it?

**sérieux, -euse** [seʀjø, -øz] *adj* serious; (*élève, employé*) reliable, responsible; (*client, maison*) reliable, dependable; (*offre, proposition*) genuine, serious; (*grave, sévère*) serious, solemn; (*maladie, situation*) serious, grave; (*important*) considerable ▷ *nm* seriousness; reliability; **ce n'est pas ~** (*raisonnable*) that's not on; **garder son ~** to keep a straight face; **manquer de ~** not to be very responsible (*ou* reliable); **prendre qch/qn au ~** to take sth/sb seriously

**sérigraphie** [seʀigʀafi] *nf* silk screen printing

**serin** [səʀɛ̃] *nm* canary

**seriner** [səʀine] *vt*: ~ **qch à qn** to drum sth into sb

**seringue** [səʀɛ̃g] *nf* syringe

**serions** *etc* [səʀjɔ̃] *vb voir* **être**

**serment** [sɛʀmɑ̃] *nm* (*juré*) oath; (*promesse*) pledge, vow; **prêter ~** to take the *ou* an oath; **faire le ~ de** to take a vow to, swear to; **sous ~** on *ou* under oath

**sermon** [sɛʀmɔ̃] *nm* sermon; (*péj*) sermon, lecture

**sermonner** [sɛʀmɔne] *vt* to lecture
**SERNAM** [sɛʀnam] *sigle m* (= *Service national de messageries*) rail delivery service
**sérologie** [seʀɔlɔʒi] *nf* serology
**séronégatif, -ive** [seʀonegatif, -iv] *adj* HIV negative
**séropositif, -ive** [seʀopozitif, -iv] *adj* HIV positive
**serpe** [sɛʀp(ə)] *nf* billhook
**serpent** [sɛʀpɑ̃] *nm* snake; ~ **à sonnettes** rattlesnake; ~ **monétaire (européen)** (European) monetary snake
**serpenter** [sɛʀpɑ̃te] *vi* to wind
**serpentin** [sɛʀpɑ̃tɛ̃] *nm* (*tube*) coil; (*ruban*) streamer
**serpillière** [sɛʀpijɛʀ] *nf* floorcloth
**serrage** [seʀaʒ] *nm* tightening; **collier de ~** clamp
**serre** [sɛʀ] *nf* (*Agr*) greenhouse; ~ **chaude** hothouse; ~ **froide** unheated greenhouse
**serré, e** [seʀe] *adj* (*tissu*) closely woven; (*réseau*) dense; (*écriture*) close; (*habits*) tight; (*fig: lutte, match*) tight, close-fought; (*passagers etc*) (tightly) packed; (*café*) strong ▷ *adv*: **jouer ~** to play it close, play a close game; **écrire ~** to write tightly, close-fought; **avoir la gorge ~e** to have a lump in one's throat
**serre-livres** [sɛʀlivʀ(ə)] *nm inv* book ends *pl*
**serrement** [sɛʀmɑ̃] *nm*: ~ **de main** handshake; ~ **de cœur** pang of anguish
**serrer** [seʀe] *vt* (*tenir*) to grip *ou* hold tight; (*comprimer, coincer*) to squeeze; (*poings, mâchoires*) to clench; (*vêtement*) to be too tight for; to fit tightly; (*rapprocher*) to close up, move closer together; (*ceinture, nœud, frein, vis*) to tighten ▷ *vi*: ~ **à droite** to keep to the right; to move into the right-hand lane; **se serrer** (*se rapprocher*) to squeeze up; **se ~ contre qn** to huddle up to sb; **se ~ les coudes** to stick together, back one another up; **se ~ la ceinture** to tighten one's belt; ~ **la main à qn** to shake sb's hand; ~ **qn dans ses bras** to hug sb, clasp sb in one's arms; ~ **la gorge à qn** (*chagrin*) to bring a lump to sb's throat; ~ **les dents** to clench *ou* grit one's teeth; ~ **qn de près** to follow close behind sb; ~ **le trottoir** to hug the kerb; ~ **sa droite** to keep well to the right; ~ **la vis à qn** to crack down harder on sb; ~ **les rangs** to close ranks
**serres** [sɛʀ] *nfpl* (*griffes*) claws, talons
**serre-tête** [sɛʀtɛt] *nm inv* (*bandeau*) headband; (*bonnet*) skullcap
**serrure** [seʀyʀ] *nf* lock
**serrurerie** [seʀyʀʀi] *nf* (*métier*) locksmith's trade; (*ferronnerie*) ironwork; ~ **d'art** ornamental ironwork
**serrurier** [seʀyʀje] *nm* locksmith
**sers, sert** [sɛʀ] *vb voir* **servir**
**sertir** [sɛʀtiʀ] *vt* (*pierre*) to set; (*pièces métalliques*) to crimp
**sérum** [seʀɔm] *nm* serum; ~ **antivenimeux** snakebite serum; ~ **sanguin** (blood) serum
**servage** [sɛʀvaʒ] *nm* serfdom

**servant** [sɛʀvɑ̃] *nm* server
**servante** [sɛʀvɑ̃t] *nf* (maid)servant
**serve** [sɛʀv] *nf voir* **serf** ▷ *vb voir* **servir**
**serveur, -euse** [sɛʀvœʀ, -øz] *nm/f* waiter (waitress) ▷ *nm* (*Inform*) server ▷ *adj*: **centre ~** (*Inform*) service centre
**servi, e** [sɛʀvi] *adj*: **être bien ~** to get a large helping (*ou* helpings); **vous êtes ~?** are you being served?
**serviable** [sɛʀvjabl(ə)] *adj* obliging, willing to help
**service** [sɛʀvis] *nm* (*gén*) service; (*série de repas*): **premier ~** first sitting; (*pourboire*) service (charge); (*assortiment de vaisselle*) set, service; (*linge de table*) set; (*bureau: de la vente etc*) department, section; (*travail*): **pendant le ~** on duty; **services** *nmpl* (*travail, Écon*) services, inclusive/exclusive of service; **faire le ~** to serve; **être en ~ chez qn** (*domestique*) to be in sb's service; **être au ~ de** (*patron, patrie*) to be in the service of; **être au ~ de qn** (*collaborateur, voiture*) to be at sb's service; **porte de ~** tradesman's entrance; **rendre ~ à** to help; **il aime rendre ~** he likes to help; **rendre un ~ à qn** to do sb a favour; **heures de ~** hours of duty; **être de ~** to be on duty; **reprendre du ~** to get back into action; **avoir 25 ans de ~** to have completed 25 years' service; **être/mettre en ~** to be in/put into service *ou* operation; **hors ~** not in use; out of order; ~ **à thé/café** tea/coffee set *ou* service; ~ **après-vente (SAV)** after-sales service; **en ~ commandé** on an official assignment; ~ **funèbre** funeral service; ~ **militaire** military service; *see note*; ~ **d'ordre** police (*ou* stewards) in charge of maintaining order; ~**s publics** public services, (public) utilities; ~**s secrets** secret service *sg*; ~**s sociaux** social services

**serviette** [sɛʀvjɛt] *nf* (*de table*) (table) napkin, serviette; (*de toilette*) towel; (*porte-documents*) briefcase; ~ **éponge** terry towel; ~ **hygiénique** sanitary towel

**servile** [sɛrvil] *adj* servile

**servir** [sɛrviʀ] *vt* (*gén*) to serve; (*dîneur: au restaurant*) to wait on; (*client: au magasin*) to serve, attend to; (*fig: aider*): ~ **qn** to aid sb; to serve sb's interests; to stand sb in good stead; (*Comm: rente*) to pay ▷ *vi* (*Tennis*) to serve; (*Cartes*) to deal; (*être militaire*) to serve; ~ **qch à qn** to serve sb with sth, help sb to sth; **qu'est-ce que je vous sers?** what can I get you?; **se servir** (*prendre d'un plat*) to help o.s.; (*s'approvisionner*): **se ~ chez** to shop at; **se ~ de** (*plat*) to help o.s. to; (*voiture, outil, relations*) to use; ~ **à qn** (*diplôme, livre*) to be of use to sb; **ça m'a servi pour faire** it was useful to me when I did; I used it to do; ~ **à qch/à faire** (*outil etc*) to be used for sth/for doing; **ça peut ~** it may come in handy; **à quoi cela sert-il (de faire)?** what's the use (of doing)?; **cela ne sert à rien** it's no use; ~ (**à qn**) **de ...** to serve as ... (for sb); ~ **à dîner (à qn)** to serve dinner (to sb)

**serviteur** [sɛrvitœʀ] *nm* servant

**servitude** [sɛrvityd] *nf* servitude; (*fig*) constraint; (*Jur*) easement

**servofrein** [sɛrvɔfʀɛ̃] *nm* servo(-assisted) brake

**servomécanisme** [sɛrvɔmekanism(ə)] *nm* servo system

**ses** [se] *adj possessif voir* **son**

**sésame** [sezam] *nm* (*Bot*) sesame; (*graine*) sesame seed

**session** [sesjɔ̃] *nf* session

**set** [sɛt] *nm* set; (*napperon*) placemat; ~ **de table** set of placemats

**seuil** [sœj] *nm* doorstep; (*fig*) threshold; **sur le ~ de la maison** in the doorway of his house, on his doorstep; **au ~ de** (*fig*) on the threshold *ou* brink *ou* edge of; ~ **de rentabilité** (*Comm*) breakeven point

**seul, e** [sœl] *adj* (*sans compagnie*) alone; (*avec nuance affective: isolé*) lonely; (*unique*): **un ~ livre** only one book, a single book; **le ~ livre** the only book; ~ **ce livre, ce livre ~** this book alone, only this book; **d'un ~ coup** (*soudainement*) all at once; (*à la fois*) at one blow ▷ *adv* (*vivre*) alone, on one's own; **parler tout ~** to talk to oneself; **faire qch (tout)** ~ to do sth (all) on one's own *ou* (all) by oneself ▷ *nm, nf*: **il en reste un(e) ~(e)** there's only one left; **pas un(e) ~(e)** not a single; **à lui (tout)** ~ single-handed, on his own; ~ **à** ~ in private

**seulement** [sœlmɑ̃] *adv* (*pas davantage*): ~ **cinq, cinq** ~ only five; (*exclusivement*): ~ **eux** only them, them alone; (*pas avant*): ~ **hier/à 10h** only yesterday/at 10 o'clock; (*mais, toutefois*): **il consent,** ~ **il demande des garanties** he agrees, only he wants guarantees; **non** ~ **... mais aussi** *ou* **encore** not only ... but also

**sève** [sɛv] *nf* sap

**sévère** [sevɛʀ] *adj* severe

**sévèrement** [sevɛʀmɑ̃] *adv* severely

**sévérité** [severite] *nf* severity

**sévices** [sevis] *nmpl* (*physical*) cruelty *sg*, ill treatment *sg*

**Séville** [sevil] *n* Seville

**sévir** [seviʀ] *vi* (*punir*) to use harsh measures, crack down; (*fléau*) to rage, be rampant; ~ **contre** (*abus*) to deal ruthlessly with, crack down on

**sevrage** [səvʀaʒ] *nm* weaning; deprivation; (*d'un toxicomane*) withdrawal

**sevrer** [səvʀe] *vt* to wean; (*fig*): ~ **qn de** to deprive sb of

**sexagénaire** [sɛgzaʒenɛʀ] *adj, nm/f* sexagenarian

**SExc** *sigle f* (= *Son Excellence*) HE

**sexe** [sɛks(ə)] *nm* sex; (*organe mâle*) member

**sexisme** [sɛksism(ə)] *nm* sexism

**sexiste** [sɛksist(ə)] *adj, nm* sexist

**sexologie** [sɛksɔlɔʒi] *nf* sexology

**sexologue** [sɛksɔlɔg] *nm/f* sexologist, sex specialist

**sextant** [sɛkstɑ̃] *nm* sextant

**sexualité** [sɛksɥalite] *nf* sexuality

**sexué, e** [sɛksɥe] *adj* sexual

**sexuel, le** [sɛksɥɛl] *adj* sexual; **acte** ~ sex act

**sexuellement** [sɛksɥɛlmɑ̃] *adv* sexually

**seyait** [sejɛ] *vb voir* **seoir**

**seyant, e** [sɛjɑ̃, -ɑ̃t] *vb voir* **seoir** ▷ *adj* becoming

**Seychelles** [seʃɛl] *nfpl*: **les** ~ the Seychelles

**SG** *sigle m* = **secrétaire général**

**SGEN** *sigle m* (= *Syndicat général de l'éducation nationale*) trades union

**shaker** [ʃekœʀ] *nm* (*cocktail*) shaker

**shampooiner** [ʃɑ̃pwine] *vt* to shampoo

**shampooineur, -euse** [ʃɑ̃pwinœʀ, -øz] *nm/f* (*personne*) junior (*who does the shampooing*)

**shampooing** [ʃɑ̃pwɛ̃] *nm* shampoo; **se faire un** ~ to shampoo one's hair; ~ **colorant** (*colour*) rinse; ~ **traitant** medicated shampoo

**Shetland** [ʃɛtlɑ̃d] *n*: **les îles** ~ the Shetland Islands, Shetland

**shoot** [ʃut] *nm* (*Football*) shot

**shooter** [ʃute] *vi* (*Football*) to shoot; **se shooter** (*drogué*) to mainline

**shopping** [ʃɔpiŋ] *nm*: **faire du** ~ to go shopping

**short** [ʃɔrt] *nm* (*pair of*) shorts *pl*

**SI** *sigle m* = **syndicat d'initiative**

### 🔵 MOT-CLÉ

**si** [si] *nm* (*Mus*) B; (*en chantant la gamme*) ti ▷ *adv* **1** (*oui*) yes; **"Paul n'est pas venu" — "si!"** "Paul hasn't come" — "Yes he has!"; **je vous assure que si** I assure you he did/she is *etc* **2** (*tellement*) so; **si gentil/rapidement** so kind/ fast; (*tant et*) **si bien que** so much so that; **si rapide qu'il soit** however fast he may be ▷ *conj* if; **si tu veux** if you want; **je me demande si** I wonder if *ou* whether; **si j'étais toi** if I were you; **si seulement** if only; **si ce n'est que** apart from; **une des plus belles, si**

**ce n'est la plus belle** one of the most
beautiful, if not THE most beautiful; **s'il est
aimable, eux par contre ...** while *ou* whereas
he's nice, they (on the other hand) ...

**siamois, e** [sjamwa, -waz] *adj* Siamese; **frères/
sœurs ~(es)** Siamese twins
**Sibérie** [sibeʀi] *nf*: **la ~** Siberia
**sibérien, ne** [sibeʀjɛ̃, -ɛn] *adj* Siberian ▷ *nm/f*:
**Sibérien, ne** Siberian
**sibyllin, e** [sibilɛ̃, -in] *adj* sibylline
**SICAV** [sikav] *sigle f* (= *société d'investissement à
capital variable*) open-ended investment trust, share in
such a trust
**Sicile** [sisil] *nf*: **la ~** Sicily
**sicilien, ne** [sisiljɛ̃, -ɛn] *adj* Sicilian
**sida** [sida] *nm* (= *syndrome immuno-déficitaire acquis*)
AIDS *sg*
**sidéral, e, -aux** [sideʀal, -o] *adj* sideral
**sidérant, e** [sideʀɑ̃, -ɑ̃t] *adj* staggering
**sidéré, e** [sideʀe] *adj* staggered
**sidérurgie** [sideʀyʀʒi] *nf* steel industry
**sidérurgique** [sideʀyʀʒik] *adj* steel *cpd*
**sidérurgiste** [sideʀyʀʒist(ə)] *nm/f* steel
worker
**siècle** [sjɛkl(ə)] *nm* century; (*époque*): **le ~ des
lumières/de l'atome** the age of
enlightenment/atomic age; (*Rel*): **le ~** the
world
**sied** [sje] *vb voir* **seoir**
**siège** [sjɛʒ] *nm* seat; (*d'entreprise*) head office;
(*d'organisation*) headquarters *pl*; (*Mil*) siege;
**lever le ~** to raise the siege; **mettre le ~ devant**
to besiege; **présentation par le ~** (*Méd*) breech
presentation; **~ avant/arrière** (*Auto*) front/back
seat; **~ baquet** bucket seat; **~ social** registered
office
**siéger** [sjeʒe] *vi* (*assemblée, tribunal*) to sit; (*résider,
se trouver*) to lie, be located
**sien, ne** [sjɛ̃, sjɛn] *pron*: **le(la) ~(ne), les
~s(~nes)**; his; hers; (*d'une chose*) its; **y mettre du
~** to pull one's weight; **faire des ~nes** (*fam*) to
be up to one's (usual) tricks; **les ~s** (*sa famille*)
one's family
**siérait** *etc* [sjeʀɛ] *vb voir* **seoir**
**Sierra Leone** [sjeʀaleone] *nf*: **la ~** Sierra Leone
**sieste** [sjɛst(ə)] *nf* (afternoon) snooze *ou* nap,
siesta; **faire la ~** to have a snooze *ou* nap
**sieur** [sjœʀ] *nm*: **le ~ Thomas** Mr Thomas; (*en
plaisantant*) Master Thomas
**sifflant, e** [siflɑ̃, -ɑ̃t] *adj* (*bruit*) whistling; (*toux*)
wheezing; (*consonne*) **~e** sibilant
**sifflement** [sifləmɑ̃] *nm* whistle, whistling *no
pl*; wheezing *no pl*; hissing *no pl*
**siffler** [sifle] *vi* (*gén*) to whistle; (*avec un sifflet*) to
blow (on) one's whistle; (*en respirant*) to wheeze;
(*serpent, vapeur*) to hiss ▷ *vt* (*chanson*) to whistle;
(*chien etc*) to whistle for; (*fille*) to whistle at;
(*pièce, orateur*) to hiss, boo; (*faute*) to blow one's
whistle at; (*fin du match, départ*) to blow one's
whistle for; (*fam: verre, bouteille*) to guzzle, knock
back (*Brit*)

**sifflet** [siflɛ] *nm* whistle; **sifflets** *nmpl* (*de
mécontentement*) whistles, boos; **coup de ~**
whistle
**siffloter** [siflɔte] *vi, vt* to whistle
**sigle** [sigl(ə)] *nm* acronym, (set of) initials *pl*
**signal, -aux** [siɲal, -o] *nm* (*signe convenu, appareil*)
signal; (*indice, écriteau*) sign; **donner le ~ de** to
give the signal for; **~ d'alarme** alarm signal; **~
d'alerte/de détresse** warning/distress signal; **~
horaire** time signal; **~ optique/sonore**
warning light/sound; visual/acoustic signal;
**signaux (lumineux)** (*Auto*) traffic signals;
**signaux routiers** road signs; (*lumineux*) traffic
lights
**signalement** [siɲalmɑ̃] *nm* description,
particulars *pl*
**signaler** [siɲale] *vt* to indicate; to announce; to
report; (*être l'indice de*) to indicate; (*faire
remarquer*): **~ qch à qn/à qn que** to point out sth
to sb/to sb that; (*appeler l'attention sur*): **~ qn à la
police** to bring sb to the notice of the police; **se
~ par** to distinguish o.s. by; **se ~ à l'attention
de qn** to attract sb's attention
**signalétique** [siɲaletik] *adj*: **fiche ~**
identification sheet
**signalisation** [siɲalizasjɔ̃] *nf* signalling,
signposting; signals *pl*; roadsigns *pl*; **panneau
de ~** roadsign
**signaliser** [siɲalize] *vt* to put up roadsigns on;
to put signals on
**signataire** [siɲatɛʀ] *nm/f* signatory
**signature** [siɲatyʀ] *nf* signature; (*action*)
signing
**signe** [siɲ] *nm* sign; (*Typo*) mark; **ne pas
donner ~ de vie** to give no sign of life; **c'est
bon ~** it's a good sign; **c'est ~ que** it's a sign
that; **faire un ~ de la main/tête** to give a sign
with one's hand/shake one's head; **faire ~ à qn**
(*fig*) to get in touch with sb; **faire ~ à qn
d'entrer** to motion (to) sb to come in; **en ~ de**
as a sign *ou* mark of; **le ~ de la croix** the sign of
the Cross; **~ de ponctuation** punctuation
mark; **~ du zodiaque** sign of the zodiac; **~s
particuliers** distinguishing marks
**signer** [siɲe] *vt* to sign; **se signer** *vi* to cross o.s
**signet** [siɲɛ] *nm* bookmark
**significatif, -ive** [siɲifikatif, -iv] *adj*
significant
**signification** [siɲifikasjɔ̃] *nf* meaning
**signifier** [siɲifje] *vt* (*vouloir dire*) to mean,
signify; (*faire connaître*): **~ qch (à qn)** to make sth
known (to sb); (*Jur*): **~ qch à qn** to serve notice
of sth on sb
**silence** [silɑ̃s] *nm* silence; (*Mus*) rest; **garder le
~ (sur qch)** to keep silent (about sth), say
nothing (about sth); **passer sous ~** to pass over
(in silence); **réduire au ~** to silence
**silencieusement** [silɑ̃sjøzmɑ̃] *adv* silently
**silencieux, -euse** [silɑ̃sjø, -øz] *adj* quiet, silent
▷ *nm* silencer (*Brit*), muffler (*US*)
**silex** [silɛks] *nm* flint
**silhouette** [silwɛt] *nf* outline, silhouette;

**S**

(*lignes, contour*) outline; (*figure*) figure
**silice** [silis] *nf* silica
**siliceux, -euse** [silisø, -øz] *adj* (*terrain*) chalky
**silicium** [silisjɔm] *nm* silicon; **plaquette de ~** silicon chip
**silicone** [silikon] *nf* silicone
**silicose** [silikoz] *nf* silicosis, dust disease
**sillage** [sijaʒ] *nm* wake; (*fig*) trail; **dans le ~ de** (*fig*) in the wake of
**sillon** [sijɔ̃] *nm* (*d'un champ*) furrow; (*de disque*) groove
**sillonner** [sijone] *vt* (*creuser*) to furrow; (*traverser*) to cross, criss-cross
**silo** [silo] *nm* silo
**simagrées** [simagʀe] *nfpl* fuss *sg*; airs and graces
**simiesque** [simjɛsk(ə)] *adj* monkey-like, ape-like
**similaire** [similɛʀ] *adj* similar
**similarité** [similaʀite] *nf* similarity
**simili** [simili] *nm* imitation; (*Typo*) half-tone ▷ *nf* half-tone engraving
**simili...** [simili] *préfixe* imitation *cpd*, artificial
**similicuir** [similikɥiʀ] *nm* imitation leather
**similigravure** [similigʀavyʀ] *nf* half-tone engraving
**similitude** [similityd] *nf* similarity
**simple** [sɛ̃pl(ə)] *adj* (*gén*) simple; (*non multiple*) single; **simples** *nmpl* (*Méd*) medicinal plants; **~ messieurs** *nm* (*Tennis*) men's singles *sg*; **un ~ particulier** an ordinary citizen; **une ~ formalité** a mere formality; **cela varie du ~ au double** it can double, it can double the price *etc*; **dans le plus ~ appareil** in one's birthday suit; **~ course** *adj* single; **~ d'esprit** *nm/f* simpleton; **~ soldat** private
**simplement** [sɛ̃pləmɑ̃] *adv* simply
**simplet, te** [sɛ̃plɛ, -ɛt] *adj* (*personne*) simple-minded
**simplicité** [sɛ̃plisite] *nf* simplicity; **en toute ~** quite simply
**simplification** [sɛ̃plifikasjɔ̃] *nf* simplification
**simplifier** [sɛ̃plifje] *vt* to simplify
**simpliste** [sɛ̃plist(ə)] *adj* simplistic
**simulacre** [simylakʀ(ə)] *nm* enactment; (*péj*): **un ~ de** a pretence of, a sham
**simulateur, -trice** [simylatœʀ, -tʀis] *nm/f* shammer, pretender; (*qui se prétend malade*) malingerer ▷ *nm:* **~ de vol** flight simulator
**simulation** [simylasjɔ̃] *nf* shamming, simulation; malingering
**simuler** [simyle] *vt* to sham, simulate
**simultané, e** [simyltane] *adj* simultaneous
**simultanéité** [simyltaneite] *nf* simultaneity
**simultanément** [simyltanemɑ̃] *adv* simultaneously
**Sinaï** [sinai] *nm:* **le ~** Sinai
**sinapisme** [sinapism(ə)] *nm* (*Méd*) mustard poultice
**sincère** [sɛ̃sɛʀ] *adj* sincere; genuine; heartfelt; **mes ~s condoléances** my deepest sympathy
**sincèrement** [sɛ̃sɛʀmɑ̃] *adv* sincerely;

genuinely
**sincérité** [sɛ̃seʀite] *nf* sincerity; **en toute ~** in all sincerity
**sinécure** [sinekyʀ] *nf* sinecure
**sine die** [sinedje] *adv* sine die, indefinitely
**sine qua non** [sinekwanɔn] *adj:* **condition ~** indispensable condition
**Singapour** [sɛ̃gapuʀ] *nm:* **le ~** Singapore
**singe** [sɛ̃ʒ] *nm* monkey; (*de grande taille*) ape
**singer** [sɛ̃ʒe] *vt* to ape, mimic
**singeries** [sɛ̃ʒʀi] *nfpl* antics; (*simagrées*) airs and graces
**singulariser** [sɛ̃gylaʀize] *vt* to mark out; **se singulariser** to call attention to o.s.
**singularité** [sɛ̃gylaʀite] *nf* peculiarity
**singulier, -ière** [sɛ̃gylje, -jɛʀ] *adj* remarkable, singular; (*Ling*) singular ▷ *nm* singular
**singulièrement** [sɛ̃gyljɛʀmɑ̃] *adv* singularly, remarkably
**sinistre** [sinistʀ(ə)] *adj* sinister; (*intensif*): **un ~ imbécile** an incredible idiot ▷ *nm* (*incendie*) blaze; (*catastrophe*) disaster; (*Assurances*) damage (*giving rise to a claim*)
**sinistré, e** [sinistʀe] *adj* disaster-stricken ▷ *nm/f* disaster victim
**sinistrose** [sinistʀoz] *nf* pessimism
**sino...** [sino] *préfixe:* **sino-indien** Sino-Indian, Chinese-Indian
**sinon** [sinɔ̃] *conj* (*autrement, sans quoi*) otherwise, or else; (*sauf*) except, other than; (*si ce n'est*) if not
**sinueux, -euse** [sinɥø, -øz] *adj* winding; (*fig*) tortuous
**sinuosités** [sinɥozite] *nfpl* winding *sg*, curves
**sinus** [sinys] *nm* (*Anat*) sinus; (*Géom*) sine
**sinusite** [sinyzit] *nf* sinusitis, sinus infection
**sinusoïdal, e, -aux** [sinyzɔidal, -o] *adj* sinusoidal
**sinusoïde** [sinyzɔid] *nf* sinusoid
**sionisme** [sjɔnism(ə)] *nm* Zionism
**sioniste** [sjɔnist(ə)] *adj, nm/f* Zionist
**siphon** [sifɔ̃] *nm* (*tube, d'eau gazeuse*) siphon; (*d'évier etc*) U-bend
**siphonner** [sifɔne] *vt* to siphon
**sire** [siʀ] *nm* (*titre*): **S~** Sire; **un triste ~** an unsavoury individual
**sirène** [siʀɛn] *nf* siren; **~ d'alarme** fire alarm; (*pendant la guerre*) air-raid siren
**sirop** [siʀo] *nm* (*à diluer: de fruit etc*) syrup, cordial (*Brit*); (*boisson*) fruit drink; (*pharmaceutique*) syrup, mixture; **~ de menthe** mint syrup *ou* cordial; **~ contre la toux** cough syrup *ou* mixture
**siroter** [siʀɔte] *vt* to sip
**sirupeux, -euse** [siʀypø, -øz] *adj* syrupy
**sis, e** [si, siz] *adj:* **~ rue de la Paix** located in the rue de la Paix
**sisal** [sizal] *nm* (*Bot*) sisal
**sismique** [sismik] *adj* seismic
**sismographe** [sismɔgʀaf] *nm* seismograph
**sismologie** [sismɔlɔʒi] *nf* seismology
**site** [sit] *nm* (*paysage, environnement*) setting;

(*d'une ville etc: emplacement*) site; ~ **(pittoresque)** beauty spot; **~s touristiques** places of interest; **~s naturels/historiques** natural/historic sites; ~ **web** (*Inform*) website

**sitôt** [sito] *adv*: ~ **parti** as soon as he *etc* had left; ~ **après** straight after; **pas de** ~ not for a long time; ~ **(après) que** as soon as

**situation** [sitɥasjɔ̃] *nf* (*gén*) situation; (*d'un édifice, d'une ville*) situation, position; (*emplacement*) location; **être en** ~ **de faire qch** to be in a position to do sth; ~ **de famille** marital status

**situé, e** [sitɥe] *adj*: **bien** ~ well situated, in a good location; ~ **à/près de** situated at/near

**situer** [sitɥe] *vt* to site, situate; (*en pensée*) to set, place; **se situer** *vi*: **se** ~ **à/près de** to be situated at/near

**SIVOM** [sivɔm] *sigle m* (= *Syndicat intercommunal à vocation multiple*) association of "*communes*"

**six** [sis] *num* six

**sixième** [sizjɛm] *num* sixth; **en** ~ (*Scol: classe*) first form (*Brit*), sixth grade (*US*)

**skaï®** [skaj] *nm* ≈ Leatherette®

**skate** [sket], **skate-board** [sketbɔʀd] *nm* (*sport*) skateboarding; (*planche*) skateboard

**sketch** [skɛtʃ] *nm* (variety) sketch

**ski** [ski] *nm* (*objet*) ski; (*sport*) skiing; **faire du** ~ to ski; ~ **alpin** Alpine skiing; ~ **court** short ski; ~ **évolutif** short ski method; ~ **de fond** cross-country skiing; ~ **nautique** water-skiing; ~ **de piste** downhill skiing; ~ **de randonnée** cross-country skiing

**ski-bob** [skibɔb] *nm* skibob

**skier** [skje] *vi* to ski

**skieur, -euse** [skjœʀ, -øz] *nm/f* skier

**skif, skiff** [skif] *nm* skiff

**slalom** [slalɔm] *nm* slalom; **faire du** ~ **entre** to slalom between

**slalomer** [slalɔme] *vi* (*entre des obstacles*) to weave in and out; (*Ski*) to slalom

**slalomeur, -euse** [slalɔmœʀ, -øz] *nm/f* (*Ski*) slalom skier

**slave** [slav] *adj* Slav(onic), Slavic ▷ *nm* (*Ling*) Slavonic ▷ *nm/f*: **Slave** Slav

**slip** [slip] *nm* (*sous-vêtement*) underpants *pl*, pants *pl* (*Brit*), briefs *pl*; (*de bain: d'homme*) (bathing *ou* swimming) trunks *pl*; (: *du bikini*) (bikini) briefs *pl ou* bottoms *pl*

**slogan** [slɔgã] *nm* slogan

**slovaque** [slɔvak] *adj* Slovak ▷ *nm* (*Ling*) Slovak ▷ *nm/f*: **Slovaque** Slovak

**Slovaquie** [slɔvaki] *nf*: **la** ~ Slovakia

**slovène** [slɔvɛn] *adj* Slovene ▷ *nm* (*Ling*) Slovene ▷ *nm/f*: **Slovène** Slovene

**Slovénie** [slɔveni] *nf*: **la** ~ Slovenia

**slow** [slo] *nm* (*danse*) slow number

**SM** *sigle f* (= *Sa Majesté*) HM

**SMAG** [smag] *sigle m* = **salaire minimum agricole garanti**

**smasher** [smaʃe] *vi* to smash the ball ▷ *vt* (*balle*) to smash

**SMIC** [smik] *sigle m* = **salaire minimum**

interprofessionnel de croissance; *see note*

**● SMIC**
●
● In France, the SMIC ("salaire minimum
● interprofessionnel de croissance") is the
● minimum hourly rate which workers over
● the age of 18 must legally be paid. It is index-
● linked and is raised each time the cost of
● living rises by 2 per cent.

**smicard, e** [smikaʀ, -aʀd(ə)] *nm/f* minimum wage earner

**smocks** [smɔk] *nmpl* (*Couture*) smocking *no pl*

**smoking** [smɔkiŋ] *nm* dinner *ou* evening suit

**SMS** *sigle m* = **short message service**; (*message*) text (message)

**SMUR** [smyʀ] *sigle m* (= *service médical d'urgence et de réanimation*) specialist mobile emergency unit

**snack** [snak] *nm* snack bar

**SNC** *abr* = **service non compris**

**SNCB** *sigle f* (= *Société nationale des chemins de fer belges*) Belgian railways

**SNCF** *sigle f* (= *Société nationale des chemins de fer français*) French railways

**SNES** [snɛs] *sigle m* (= *Syndicat national de l'enseignement secondaire*) secondary teachers' union

**SNE-sup** [ɛsɛnəsyp] *sigle m* (= *Syndicat national de l'enseignement supérieur*) university teachers' union

**SNJ** *sigle m* (= *Syndicat national des journalistes*) journalists' union

**snob** [snɔb] *adj* snobbish ▷ *nm/f* snob

**snober** [snɔbe] *vt*: ~ **qn** to give sb the cold shoulder, treat sb with disdain

**snobinard, e** [snɔbinaʀ, -aʀd(ə)] *nm/f* snooty *ou* stuck-up person

**snobisme** [snɔbism(ə)] *nm* snobbery

**SNSM** *sigle f* (= *Société nationale de sauvetage en mer*) national sea-rescue association

**s.o.** *abr* (= *sans objet*) no longer applicable

**sobre** [sɔbʀ(ə)] *adj* temperate, abstemious; (*élégance, style*) restrained, sober; ~ **de** (*gestes, compliments*) sparing of

**sobrement** [sɔbʀəmã] *adv* in moderation, abstemiously; soberly

**sobriété** [sɔbʀijete] *nf* temperance, abstemiousness; sobriety

**sobriquet** [sɔbʀikɛ] *nm* nickname

**soc** [sɔk] *nm* ploughshare

**sociabilité** [sɔsjabilite] *nf* sociability

**sociable** [sɔsjabl(ə)] *adj* sociable

**social, e, -aux** [sɔsjal, -o] *adj* social

**socialisant, e** [sɔsjalizã, -ãt] *adj* with socialist tendencies

**socialisation** [sɔsjalizasjɔ̃] *nf* socialisation

**socialiser** [sɔsjalize] *vt* to socialize

**socialisme** [sɔsjalism(ə)] *nm* socialism

**socialiste** [sɔsjalist(ə)] *adj*, *nm/f* socialist

**sociétaire** [sɔsjetɛʀ] *nm/f* member

**société** [sɔsjete] *nf* society; (*d'abeilles, de fourmis*) colony; (*sportive*) club; (*Comm*) company; **la bonne** ~ polite society; **se plaire dans la** ~ **de**

**S**

to enjoy the society of; **l'archipel de la S~** the Society Islands; **la ~ d'abondance/de consommation** the affluent/consumer society; **~ par actions** joint stock company; **~ anonyme (SA)** ≈ limited company (Ltd) (Brit), ≈ incorporated company (Inc.) (US); **~ d'investissement à capital variable (SICAV)** ≈ investment trust (Brit), ≈ mutual fund (US); **~ à responsabilité limitée (SARL)** type of limited liability company (with non-negotiable shares); **~ savante** learned society; **~ de services** service company

**socioculturel, le** [sɔsjokyltyʀɛl] adj sociocultural

**socio-économique** [sɔsjoekɔnɔmik] adj socioeconomic

**socio-éducatif, --ive** [sɔsjoedykatif, -iv] adj socioeducational

**sociolinguistique** [sɔsjolɛ̃ɡɥistik] adj sociolinguistic

**sociologie** [sɔsjɔlɔʒi] nf sociology

**sociologique** [sɔsjɔlɔʒik] adj sociological

**sociologue** [sɔsjɔlɔɡ] nm/f sociologist

**socio-professionnel, le** [sɔsjopʀɔfɛsjɔnɛl] adj socioprofessional

**socle** [sɔkl(ə)] nm (de colonne, statue) plinth, pedestal; (de lampe) base

**socquette** [sɔkɛt] nf ankle sock

**soda** [sɔda] nm (boisson) fizzy drink, soda (US)

**sodium** [sɔdjɔm] nm sodium

**sodomie** [sɔdɔmi] nf sodomy; buggery

**sodomiser** [sɔdɔmize] vt to sodomize; to bugger

**sœur** [sœʀ] nf sister; (religieuse) nun, sister; **~ Élisabeth** (Rel) Sister Elizabeth; **~ de lait** foster sister

**sofa** [sɔfa] nm sofa

**Sofia** [sɔfja] n Sofia

**SOFRES** [sɔfʀɛs] sigle f (= Société française d'enquête par sondage) company which conducts opinion polls

**soi** [swa] pron oneself; **cela va de ~** that ou it goes without saying, it stands to reason

**soi-disant** [swadizɑ̃] adj inv so-called ▷ adv supposedly

**soie** [swa] nf silk; (de porc, sanglier: poil) bristle

**soient** [swa] vb voir **être**

**soierie** [swaʀi] nf (industrie) silk trade; (tissu) silk

**soif** [swaf] nf thirst; (fig): **~ de** thirst ou craving for; **avoir ~** to be thirsty; **donner ~ à qn** to make sb thirsty

**soigné, e** [swaɲe] adj (tenue) well-groomed, neat; (travail) careful, meticulous; (fam) whopping; stiff

**soigner** [swaɲe] vt (malade, maladie: docteur) to treat; (: infirmière, mère) to nurse, look after; (blessé) to tend; (travail, détails) to take care over; (jardin, chevelure, invités) to look after

**soigneur** [swaɲœʀ] nm (Cyclisme, Football) trainer; (Boxe) second

**soigneusement** [swaɲøzmɑ̃] adv carefully

**soigneux, -euse** [swaɲø, -øz] adj (propre) tidy, neat; (méticuleux) painstaking, careful; **~ de** careful with

**soi-même** [swamɛm] pron oneself

**soin** [swɛ̃] nm (application) care; (propreté, ordre) tidiness, neatness; (responsabilité): **le ~ de qch** the care of sth; **soins** nmpl (à un malade, blessé) treatment sg, medical attention sg; (attentions, prévenance) care and attention sg; (hygiène) care sg; **~s de la chevelure/de beauté** hair/beauty care; **~s du corps/ménage** care of one's body/ the home; **avoir** ou **prendre ~ de** to take care of, look after; **avoir** ou **prendre ~ de faire** to take care to do; **faire qch avec (grand) ~** to do sth (very) carefully; **sans ~** adj careless; untidy; **les premiers ~s** first aid sg; **aux bons ~s de** c/o, care of; **être aux petits ~s pour qn** to wait on sb hand and foot, see to sb's every need; **confier qn aux ~s de qn** to hand sb over to sb's care

**soir** [swaʀ] nm, adv evening; **le ~** in the evening(s); **ce ~** this evening, tonight; **à ce ~!** see you this evening (ou tonight)!; **la veille au ~** the previous evening; **sept/dix heures du ~** seven in the evening/ten at night; **le repas/ journal du ~** the evening meal/newspaper; **dimanche ~** Sunday evening; **hier ~** yesterday evening; **demain ~** tomorrow evening, tomorrow night

**soirée** [swaʀe] nf evening; (réception) party; **donner en ~** (film, pièce) to give an evening performance of

**soit** [swa] vb voir **être** ▷ conj (à savoir) namely, to wit; (ou): **~ ... ~** either ... or ▷ adv so be it, very well; **~ un triangle ABC** let ABC be a triangle; **~ que ... ou que** ou **ou que** whether ... or whether

**soixantaine** [swasɑ̃tɛn] nf: **une ~ (de)** sixty or so, about sixty; **avoir la ~** to be around sixty

**soixante** [swasɑ̃t] num sixty

**soixante-dix** [swasɑ̃tdis] num seventy

**soixante-dixième** [swasɑ̃tdizjɛm] num seventieth

**soixante-huitard, e** [swazɑ̃tɥitaʀ, -aʀd(ə)] adj relating to the demonstrations of May 1968 ▷ nm/f participant in the demonstrations of May 1968

**soixantième** [swasɑ̃tjɛm] num sixtieth

**soja** [sɔʒa] nm soya; (graines) soya beans pl; **germes de ~** beansprouts

**sol** [sɔl] nm ground; (de logement) floor; (revêtement) flooring no pl; (territoire, Agr, Géo) soil; (Mus) G; (: en chantant la gamme) so(h)

**solaire** [sɔlɛʀ] adj solar, sun cpd

**solarium** [sɔlaʀjɔm] nm solarium

**soldat** [sɔlda] nm soldier; **S~ inconnu** Unknown Warrior ou Soldier; **~ de plomb** tin ou toy soldier

**solde** [sɔld(ə)] nf pay ▷ nm (Comm) balance; **soldes** nmpl ou nfpl (Comm) sales; (articles) sale goods; **à la ~ de qn** (péj) in sb's pay; **~ créditeur/débiteur** credit/debit balance; **~ à payer** balance outstanding; **en ~** at sale price; **aux ~s** at the sales

**solder** [sɔlde] vt (compte) to settle; (marchandise) to sell at sale price, sell off; **se ~ par** (fig) to end

in; **article soldé (à) 10 euros** item reduced to
10 euros
**soldeur, -euse** [sɔldœʀ, -øz] nm/f (Comm)
discounter
**sole** [sɔl] nf sole inv (fish)
**soleil** [sɔlɛj] nm sun; (lumière) sun(light); (temps
ensoleillé) sun(shine); (feu d'artifice) Catherine
wheel; (d'acrobate) grand circle; (Bot) sunflower;
**il y a** ou **il fait du** ~ it's sunny; **au** ~ in the sun;
**en plein** ~ in full sun; **le** ~ **levant/couchant**
the rising/setting sun; **le** ~ **de minuit** the
midnight sun
**solennel, le** [sɔlanɛl] adj solemn; ceremonial
**solennellement** [sɔlanɛlmã] adv solemnly
**solennité** [sɔlanite] nf (d'une fête) solemnity;
**solennités** nfpl (formalités) formalities
**solénoïde** [sɔlenɔid] nm (Élec) solenoid
**solfège** [sɔlfɛʒ] nm rudiments pl of music;
(exercices) ear training no pl
**solfier** [sɔlfje] vt: ~ **un morceau** to sing a piece
using the sol-fa
**soli** [sɔli] nmpl de **solo**
**solidaire** [sɔlidɛʀ] adj (personnes) who stand
together, who show solidarity; (pièces
mécaniques) interdependent; (Jur: engagement)
binding on all parties; (: débiteurs) jointly liable;
**être** ~ **de** (collègues) to stand by; (mécanisme) to be
bound up with, be dependent on
**solidairement** [sɔlidɛʀmã] adv jointly
**solidariser** [sɔlidaʀize]: **se** ~ **avec** vt to show
solidarity with
**solidarité** [sɔlidaʀite] nf (entre personnes)
solidarity; (de mécanisme, phénomènes)
interdependence; **par** ~ **(avec)** (cesser le travail
etc) in sympathy (with)
**solide** [sɔlid] adj solid; (mur, maison, meuble) solid,
sturdy; (connaissances, argument) sound; (personne)
robust, sturdy; (estomac) strong ▷ nm solid;
**avoir les reins ~s** (fig) to be in a good financial
position; to have sound financial backing
**solidement** [sɔlidmã] adv solidly; (fermement)
firmly
**solidifier** [sɔlidifje] vt, **se solidifier** vi to solidify
**solidité** [sɔlidite] nf solidity; sturdiness
**soliloque** [sɔlilɔk] nm soliloquy
**soliste** [sɔlist(ə)] nm/f soloist
**solitaire** [sɔlitɛʀ] adj (sans compagnie) solitary,
lonely; (isolé) solitary, isolated, lone; (lieu)
lonely ▷ nm/f recluse; loner ▷ nm (diamant, jeu)
solitaire
**solitude** [sɔlityd] nf loneliness; (paix) solitude
**solive** [sɔliv] nf joist
**sollicitations** [sɔlisitasjõ] nfpl (requêtes)
entreaties, appeals; (attractions) enticements;
(Tech) stress sg
**solliciter** [sɔlisite] vt (personne) to appeal to;
(emploi, faveur) to seek; (moteur) to prompt;
(occupations, attractions etc) ~ **qn** to appeal to sb's
curiosity etc; to entice sb; to make demands on
sb's time; ~ **qn de faire** to appeal to sb ou
request sb to do
**sollicitude** [sɔlisityd] nf concern

**solo** [sɔlo] nm (pl **soli** [sɔli]) (Mus) solo
**sol-sol** [sɔlsɔl] adj inv surface-to-surface
**solstice** [sɔlstis] nm solstice; ~ **d'hiver/d'été**
winter/summer solstice
**solubilisé, e** [sɔlybilize] adj soluble
**solubilité** [sɔlybilite] nf solubility
**soluble** [sɔlybl(ə)] adj (sucre, cachet) soluble;
(problème etc) soluble, solvable
**soluté** [sɔlyte] nm solution
**solution** [sɔlysjõ] nf solution; ~ **de continuité**
gap, break; ~ **de facilité** easy way out
**solutionner** [sɔlysjɔne] vt to solve, find a
solution for
**solvabilité** [sɔlvabilite] nf solvency
**solvable** [sɔlvabl(ə)] adj solvent
**solvant** [sɔlvã] nm solvent
**Somalie** [sɔmali] nf: **la** ~ Somalia
**somalien, ne** [sɔmaljẽ, -ɛn] adj Somalian
**somatique** [sɔmatik] adj somatic
**sombre** [sõbʀ(ə)] adj dark; (fig) sombre, gloomy;
(sinistre) awful, dreadful
**sombrer** [sõbʀe] vi (bateau) to sink, go down; ~
**corps et biens** to go down with all hands; ~
**dans** (misère, désespoir) to sink into
**sommaire** [sɔmɛʀ] adj (simple) basic; (expéditif)
summary ▷ nm summary; **faire le** ~ **de** to
make a summary of, summarize; **exécution** ~
summary execution
**sommairement** [sɔmɛʀmã] adv basically;
summarily
**sommation** [sɔmasjõ] nf (Jur) summons sg;
(avant de faire feu) warning
**somme** [sɔm] nf (Math) sum; (fig) amount;
(argent) sum, amount ▷ nm: **faire un** ~ to have a
(short) nap; **faire la** ~ **de** to add up; **en** ~, ~
**toute** adv all in all
**sommeil** [sɔmɛj] nm sleep; **avoir** ~ to be sleepy;
**avoir le** ~ **léger** to be a light sleeper; **en** ~ (fig)
dormant
**sommeiller** [sɔmeje] vi to doze; (fig) to lie
dormant
**sommelier** [sɔməlje] nm wine waiter
**sommer** [sɔme] vt: ~ **qn de faire** to command
ou order sb to do; (Jur) to summon sb to do
**sommes** [sɔm] vb voir **être**; voir aussi **somme**
**sommet** [sɔmɛ] nm top; (d'une montagne)
summit, top; (fig: de la perfection, gloire) height;
(Géom: d'angle) vertex; (conférence) summit
(conference)
**sommier** [sɔmje] nm bed base, bedspring (US);
(Admin: registre) register; ~ **à ressorts** (interior
sprung) divan base (Brit), box spring (US); ~ **à**
**lattes** slatted bed base
**sommité** [sɔmite] nf prominent person,
leading light
**somnambule** [sɔmnãbyl] nm/f sleepwalker
**somnambulisme** [sɔmnãbylism(ə)] nm
sleepwalking
**somnifère** [sɔmnifɛʀ] nm sleeping drug;
(comprimé) sleeping pill ou tablet
**somnolence** [sɔmnɔlãs] nf drowsiness
**somnolent, e** [sɔmnɔlã, -ãt] adj sleepy, drowsy

**S**

389

**somnoler** [sɔmnɔle] vi to doze
**somptuaire** [sɔptɥɛR] adj: **lois ~s** sumptuary laws; **dépenses ~s** extravagant expenditure sg
**somptueusement** [sɔptɥøzmɑ̃] adv sumptuously
**somptueux, -euse** [sɔptɥø, -øz] adj sumptuous; (cadeau) lavish
**somptuosité** [sɔptɥozite] nf sumptuousness; (d'un cadeau) lavishness
**son¹** [sɔ̃], **sa** [sa] (pl **ses** [se]) adj possessif (antécédent humain mâle) his; (: femelle) her; (: valeur indéfinie) one's, his (her); (: non humain) its; voir **il**
**son²** [sɔ̃] nm sound; (de blé etc) bran; ~ **et lumière** adj inv son et lumière
**sonar** [sɔnaR] nm (Navig) sonar
**sonate** [sɔnat] nf sonata
**sondage** [sɔ̃daʒ] nm (de terrain) boring, drilling; (de mer, atmosphère) sounding; probe; (enquête) survey, sounding out of opinion; ~ **(d'opinion)** (opinion) poll
**sonde** [sɔ̃d] nf (Navig) lead ou sounding line; (Météorologie) sonde; (Méd) probe; catheter; (d'alimentation) feeding tube; (Tech) borer, driller; (de forage, sondage) drill; (pour fouiller etc) probe; ~ **à avalanche** pole (for probing snow and locating victims); ~ **spatiale** probe
**sonder** [sɔ̃de] vt (Navig) to sound; (atmosphère, plaie, bagages etc) to probe; (Tech) to bore, drill; (fig: personne) to sound out; (: opinion) to probe; ~ **le terrain** (fig) to see how the land lies
**songe** [sɔ̃ʒ] nm dream
**songer** [sɔ̃ʒe] vi to dream; ~ **à** (rêver à) to muse over, think over; (penser à) to think of; (envisager) to contemplate, think of, consider; ~ **que** to consider that; to think that
**songerie** [sɔ̃ʒRi] nf reverie
**songeur, -euse** [sɔ̃ʒœR, -øz] adj pensive; **ça me laisse ~** that makes me wonder
**sonnailles** [sɔnaj] nfpl jingle of bells
**sonnant, e** [sɔnɑ̃, -ɑ̃t] adj: **en espèces ~es et trébuchantes** in coin of the realm; **à huit heures ~es** on the stroke of eight
**sonné, e** [sɔne] adj (fam) (passé): **il est midi ~** it's gone twelve; **il a quarante ans bien ~s** he's well into his forties
**sonner** [sɔne] vi (retentir) to ring; (donner une impression) to sound ▷ vt (cloche) to ring; (glas, tocsin) to sound; (portier, infirmière) to ring for; (messe) to ring the bell for; (fam: choc, coup) to knock out; ~ **du clairon** to sound the bugle; ~ **bien/mal/creux** to sound good/bad/hollow; ~ **faux** (instrument) to sound out of tune; (rire) to ring false; ~ **les heures** to strike the hours; **minuit vient de ~** midnight has just struck; ~ **chez qn** to ring sb's doorbell, ring at sb's door
**sonnerie** [sɔnRi] nf (son) ringing; (sonnette) bell; (mécanisme d'horloge) striking mechanism; (de téléphone portable) ringtone; ~ **d'alarme** alarm bell; ~ **de clairon** bugle call
**sonnet** [sɔnɛ] nm sonnet
**sonnette** [sɔnɛt] nf bell; ~ **d'alarme** alarm bell;

~ **de nuit** night-bell
**sono** [sɔno] nf (= sonorisation) PA (system); (d'une discothèque) sound system
**sonore** [sɔnɔR] adj (voix) sonorous, ringing; (salle, métal) resonant; (ondes, film, signal) sound cpd; (Ling) voiced; **effets ~s** sound effects
**sonorisation** [sɔnɔRizɑsjɔ̃] nf (installations) public address system; (d'une discothèque) sound system
**sonoriser** [sɔnɔRize] vt (film, spectacle) to add the sound track to; (salle) to fit with a public address system
**sonorité** [sɔnɔRite] nf (de piano, violon) tone; (de voix, mot) sonority; (d'une salle) resonance; acoustics pl
**sonothèque** [sɔnɔtɛk] nf sound library
**sont** [sɔ̃] vb voir **être**
**sophisme** [sɔfism(ə)] nm sophism
**sophiste** [sɔfist(ə)] nm/f sophist
**sophistication** [sɔfistikɑsjɔ̃] nf sophistication
**sophistiqué, e** [sɔfistike] adj sophisticated
**soporifique** [sɔpɔRifik] adj soporific
**soprano** [sɔpRano] nm/f soprano
**sorbet** [sɔRbɛ] nm water ice, sorbet
**sorbetière** [sɔRbətjɛR] nf ice-cream maker
**sorbier** [sɔRbje] nm service tree
**sorcellerie** [sɔRsɛlRi] nf witchcraft no pl, sorcery no pl
**sorcier, -ière** [sɔRsje, -jɛR] nm/f sorcerer (witch ou sorceress) ▷ adj: **ce n'est pas ~** (fam) it's as easy as pie
**sordide** [sɔRdid] adj sordid; squalid
**Sorlingues** [sɔRlɛ̃g] nfpl: **les (îles) ~** the Scilly Isles, the Isles of Scilly, the Scillies
**sornettes** [sɔRnɛt] nfpl twaddle sg
**sort** [sɔR] vb voir **sortir** ▷ nm (fortune, destinée) fate; (condition, situation) lot; (magique): **jeter un ~** to cast a spell; **un coup du ~** a blow dealt by fate; **le ~ en est jeté** the die is cast; **tirer au ~** to draw lots; **tirer qch au ~** to draw lots for sth
**sortable** [sɔRtabl(ə)] adj: **il n'est pas ~** you can't take him anywhere
**sortant, e** [sɔRtɑ̃, -ɑ̃t] vb voir **sortir** ▷ adj (numéro) which comes up (in a draw etc); (député, président) outgoing
**sorte** [sɔRt(ə)] vb voir **sortir** ▷ nf sort, kind; **une ~ de** a sort of; **de la ~** adv in that way; **en quelque ~** in a way; **de ~ à** so as to, in order to; **de (telle) ~ que, en ~ que** (de manière que) so that; (si bien que) so much so that; **faire en ~ que** to see to it that
**sortie** [sɔRti] nf (issue) way out, exit; (Mil) sortie; (fig: verbale) outburst, sally; (: parole incongrue) odd remark; (d'un gaz, de l'eau) outlet; (promenade) outing; (le soir: au restaurant etc) night out; (de produits) export; (de capitaux) outflow; (Comm: somme): **~s** items of expenditure; outgoings; (Inform) output; (d'imprimante) printout; **à sa ~** as he went out ou left; **à la ~ de l'école/l'usine** (moment) after school/work; when school/the factory comes out; (lieu) at the school/factory gates; **à la ~ de ce nouveau modèle** when this

new model comes (*ou* came) out, when they bring (*ou* brought) out this new model; ~ **de bain** (*vêtement*) bathrobe; "**~ de camions**" "vehicle exit"; ~ **papier** hard copy; ~ **de secours** emergency exit

**sortilège** [sɔʀtilɛʒ] *nm* (magic) spell

**sortir** [sɔʀtiʀ] *vi* (*gén*) to come out; (*partir, se promener, aller au spectacle etc*) to go out; (*bourgeon, plante, numéro gagnant*) to come up ▷ *vt* (*gén*) to take out; (*produit, ouvrage, modèle*) to bring out; (*boniments, incongruités*) to come out with; (*Inform*) to output; (: *sur papier*) to print out; (*fam: expulser*) to throw out ▷ *nm*: **au ~ de l'hiver/l'enfance** as winter/childhood nears its end; ~ **qch de** to take sth out of; ~ **qn d'embarras** to get sb out of trouble; ~ **de** (*gén*) to leave; (*endroit*) to go (*ou* come) out of, leave; (*rainure etc*) to come out of; (*maladie*) to get over; (*époque*) to get through; (*cadre, compétence*) to be outside; (*provenir de: famille etc*) to come from; ~ **de table** to leave the table; ~ **du système** (*Inform*) to log out; ~ **de ses gonds** (*fig*) to fly off the handle; **se ~ de** (*affaire, situation*) to get out of; **s'en ~** (*malade*) to pull through; (*d'une difficulté etc*) to come through all right; to get through, be able to manage

**SOS** *sigle m* mayday, SOS

**sosie** [sɔzi] *nm* double

**sot, sotte** [so, sɔt] *adj* silly, foolish ▷ *nm/f* fool

**sottement** [sɔtmɑ̃] *adv* foolishly

**sottise** [sɔtiz] *nf* silliness *no pl*, foolishness *no pl*; (*propos, acte*) silly *ou* foolish thing (to do *ou* say)

**sou** [su] *nm*: **près de ses ~s** tight-fisted; **sans le ~** penniless; ~ **à ~** penny by penny; **pas un ~ de bon sens** not a scrap *ou* an ounce of good sense; **de quatre ~s** worthless

**souahéli, e** [swaeli] *adj* Swahili ▷ *nm* (*Ling*) Swahili

**soubassement** [subɑsmɑ̃] *nm* base

**soubresaut** [subʀəso] *nm* (*de peur etc*) start; (*cahot: d'un véhicule*) jolt

**soubrette** [subʀɛt] *nf* soubrette, maidservant

**souche** [suʃ] *nf* (*d'arbre*) stump; (*de carnet*) counterfoil (*Brit*), stub; **dormir comme une ~** to sleep like a log; **de vieille ~** of old stock

**souci** [susi] *nm* (*inquiétude*) worry; (*préoccupation*) concern; (*Bot*) marigold; **se faire du ~** to worry; **avoir (le) ~ de** to have concern for; **par ~ de** for the sake of, out of concern for

**soucier** [susje]: **se ~ de** *vt* to care about

**soucieux, -euse** [susjø, -øz] *adj* concerned, worried; ~ **de** concerned about; **peu ~ de/que** caring little about/whether

**soucoupe** [sukup] *nf* saucer; ~ **volante** flying saucer

**soudain, e** [sudɛ̃, -ɛn] *adj* (*douleur, mort*) sudden ▷ *adv* suddenly, all of a sudden

**soudainement** [sudɛnmɑ̃] *adv* suddenly

**soudaineté** [sudɛnte] *nf* suddenness

**Soudan** [sudɑ̃] *nm*: **le ~** the Sudan

**soudanais, e** [sudanɛ, -ɛz] *adj* Sudanese

**soude** [sud] *nf* soda

**soudé, e** [sude] *adj* (*fig: pétales, organes*) joined

(together)

**souder** [sude] *vt* (*avec fil à souder*) to solder; (*par soudure autogène*) to weld; (*fig*) to bind *ou* knit together; to fuse (together); **se souder** *vi* (*os*) to knit (together)

**soudeur, -euse** [sudœʀ, -øz] *nm/f* (*ouvrier*) welder

**soudoyer** [sudwaje] *vt* (*péj*) to bribe, buy over

**soudure** [sudyʀ] *nf* soldering; welding; (*joint*) soldered joint; weld; **faire la ~** (*Comm*) to fill a gap; (*fig: assurer une transition*) to bridge the gap

**souffert, e** [sufɛʀ, -ɛʀt(ə)] *pp de* **souffrir**

**soufflage** [suflaʒ] *nm* (*du verre*) glass-blowing

**souffle** [sufl(ə)] *nm* (*en expirant*) breath; (*en soufflant*) puff, blow; (*respiration*) breathing; (*d'explosion, de ventilateur*) blast; (*du vent*) blowing; (*fig*) inspiration; **retenir son ~** to hold one's breath; **avoir du/manquer de ~** to have a lot of puff/be short of breath; **être à bout de ~** to be out of breath; **avoir le ~ court** to be short-winded; **un ~ d'air** *ou* **de vent** a breath of air, a puff of wind; ~ **au cœur** (*Méd*) heart murmur

**soufflé, e** [sufle] *adj* (*Culin*) soufflé; (*fam: ahuri, stupéfié*) staggered ▷ *nm* (*Culin*) soufflé

**souffler** [sufle] *vi* (*gén*) to blow; (*haleter*) to puff (and blow) ▷ *vt* (*feu, bougie*) to blow out; (*chasser: poussière etc*) to blow away; (*Tech: verre*) to blow; (*explosion*) to destroy (with its blast); (*dire*): ~ **qch à qn** to whisper sth to sb; (*fam: voler*): ~ **qch à qn** to pinch sth from sb; ~ **son rôle à qn** to prompt sb; **ne pas ~ mot** not to breathe a word; **laisser ~ qn** (*fig*) to give sb a breather

**soufflet** [suflɛ] *nm* (*instrument*) bellows *pl*; (*entre wagons*) vestibule; (*Couture*) gusset; (*gifle*) slap (in the face)

**souffleur, -euse** [suflœʀ, -øz] *nm/f* (*Théât*) prompter; (*Tech*) glass-blower

**souffrance** [sufʀɑ̃s] *nf* suffering; **en ~** (*marchandise*) awaiting delivery; (*affaire*) pending

**souffrant, e** [sufʀɑ̃, -ɑ̃t] *adj* unwell

**souffre-douleur** [sufʀədulœʀ] *nm inv* whipping boy (*Brit*), butt, underdog

**souffreteux, -euse** [sufʀətø, -øz] *adj* sickly

**souffrir** [sufʀiʀ] *vi* to suffer; (*éprouver des douleurs*) to be in pain ▷ *vt* to suffer, endure; (*supporter*) to bear, stand; (*admettre: exception etc*) to allow *ou* admit of; ~ **de** (*maladie, froid*) to suffer from; ~ **des dents** to have trouble with one's teeth; **ne pas pouvoir ~ qch/que** ... not to be able to endure *ou* bear sth/that ...; **faire ~ qn** (*personne*) to make sb suffer; (: *dents, blessure etc*) to hurt sb

**soufre** [sufʀ(ə)] *nm* sulphur (*Brit*), sulfur (*US*)

**soufrer** [sufʀe] *vt* (*vignes*) to treat with sulphur *ou* sulfur

**souhait** [swɛ] *nm* wish; **tous nos ~s de** good wishes *ou* our best wishes for; **riche** *etc* **à ~** as rich *etc* as one could wish; **à vos ~s!** bless you!

**souhaitable** [swɛtabl(ə)] *adj* desirable

**souhaiter** [swɛte] *vt* to wish for; ~ **le bonjour à qn** to bid sb good day; ~ **la bonne année à qn** to wish sb a happy New Year; **il est à ~ que** it is to

**S**

be hoped that

**souiller** [suje] vt to dirty, soil; (fig) to sully, tarnish

**souillure** [sujyʀ] nf stain

**soûl, e** [su, sul] adj drunk; (fig): ~ **de musique/ plaisirs** drunk with music/pleasure ▷ nm: **tout son** ~ to one's heart's content

**soulagement** [sulaʒmɑ̃] nm relief

**soulager** [sulaʒe] vt to relieve; ~ **qn de** to relieve sb of

**soûler** [sule] vt: ~ **qn** to get sb drunk; (boisson) to make sb drunk; (fig) to make sb's head spin ou reel; **se soûler** to get drunk; **se ~ de** (fig) to intoxicate o.s with

**soûlerie** [sulʀi] nf (péj) drunken binge

**soulèvement** [sulɛvmɑ̃] nm uprising; (Géo) upthrust

**soulever** [sulve] vt to lift; (vagues, poussière) to send up; (peuple) to stir up (to revolt); (enthousiasme) to arouse; (question, débat, protestations, difficultés) to raise; **se soulever** vi (peuple) to rise up; (personne couchée) to lift o.s. up; (couvercle etc) to lift; **cela me soulève le cœur** it makes me feel sick

**soulier** [sulje] nm shoe; ~**s bas** low-heeled shoes; ~**s plats/à talons** flat/heeled shoes

**souligner** [suliɲe] vt to underline; (fig) to emphasize, stress

**soumettre** [sumɛtʀ(ə)] vt (pays) to subject, subjugate; (rebelles) to put down, subdue; ~ **qn/ qch à** to subject sb/sth to; ~ **qch à qn** (projet etc) to submit sth to sb; **se ~ (à)** (se rendre, obéir) to submit (to); **se ~ à** (formalités etc) to submit to; (régime etc) to submit o.s. to

**soumis, e** [sumi, -iz] pp de **soumettre** ▷ adj submissive; **revenus ~ à l'impôt** taxable income

**soumission** [sumisjɔ̃] nf (voir se soumettre) submission; (docilité) submissiveness; (Comm) tender

**soumissionner** [sumisjɔne] vt (Comm: travaux) to bid for, tender for

**soupape** [supap] nf valve; ~ **de sûreté** safety valve

**soupçon** [supsɔ̃] nm suspicion; (petite quantité): **un ~ de** a hint ou touch of; **avoir ~ de** to suspect; **au dessus de tout ~** above (all) suspicion

**soupçonner** [supsɔne] vt to suspect; ~ **qn de qch/d'être** to suspect sb of sth/of being

**soupçonneux, -euse** [supsɔnø, -øz] adj suspicious

**soupe** [sup] nf soup; ~ **au lait** adj inv quick-tempered; ~ **à l'oignon/de poisson** onion/fish soup; ~ **populaire** soup kitchen

**soupente** [supɑ̃t] nf (mansarde) attic; (placard) cupboard (Brit) ou closet (US) under the stairs

**souper** [supe] vi to have supper ▷ nm supper; **avoir soupé de** (fam) to be sick and tired of

**soupeser** [supəze] vt to weigh in one's hand(s), feel the weight of; (fig) to weigh up

**soupière** [supjɛʀ] nf (soup) tureen

**soupir** [supiʀ] nm sigh; (Mus) crotchet rest (Brit),

quarter note rest (US); **rendre le dernier** ~ to breathe one's last

**soupirail, -aux** [supiʀaj, -o] nm (small) basement window

**soupirant** [supiʀɑ̃] nm (péj) suitor, wooer

**soupirer** [supiʀe] vi to sigh; ~ **après qch** to yearn for sth

**souple** [supl(ə)] adj supple; (col) soft; (fig: règlement, caractère) flexible; (: démarche, taille) lithe, supple

**souplesse** [suplɛs] nf suppleness; flexibility

**source** [suʀs(ə)] nf (point d'eau) spring; (d'un cours d'eau, fig) source; **prendre sa ~ à/dans** (cours d'eau) to have its source at/in; **tenir qch de bonne ~/de ~ sûre** to have sth on good authority/from a reliable source; ~ **thermale/ d'eau minérale** hot ou thermal/mineral spring

**sourcier, -ière** [suʀsje, -jɛʀ] nm water diviner

**sourcil** [suʀsij] nm (eye)brow

**sourcilière** [suʀsiljɛʀ] adj f voir **arcade**

**sourciller** [suʀsije] vi: **sans** ~ without turning a hair ou batting an eyelid

**sourcilleux, -euse** [suʀsijø, -øz] adj (hautain, sévère) haughty, supercilious; (pointilleux) finicky, pernickety

**sourd, e** [suʀ, suʀd(ə)] adj deaf; (bruit, voix) muffled; (couleur) muted; (douleur) dull; (lutte) silent, hidden; (Ling) voiceless ▷ nm/f deaf person; **être ~ à** to be deaf to

**sourdement** [suʀdəmɑ̃] adv (avec un bruit sourd) dully; (secrètement) silently

**sourdine** [suʀdin] nf (Mus) mute; **en ~** adv softly, quietly; **mettre une ~ à** (fig) to tone down

**sourd-muet, sourde-muette** [suʀmyɛ, suʀdmyɛt] adj deaf-and-dumb ▷ nm/f deaf-mute

**sourdre** [suʀdʀ(ə)] vi (eau) to spring up; (fig) to rise

**souriant, e** [suʀjɑ̃, -ɑ̃t] vb voir **sourire** ▷ adj cheerful

**souricière** [suʀisjɛʀ] nf mousetrap; (fig) trap

**sourie** etc [suʀi] vb voir **sourire**

**sourire** [suʀiʀ] nm smile ▷ vi to smile; ~ **à qn** to smile at sb; (fig) to appeal to sb; (: chance) to smile on sb; **faire un ~ à qn** to give sb a smile; **garder le ~** to keep smiling

**souris** [suʀi] nf (aussi Inform) mouse

**sournois, e** [suʀnwa, -waz] adj deceitful, underhand

**sournoisement** [suʀnwazmɑ̃] adv deceitfully

**sournoiserie** [suʀnwazʀi] nf deceitfulness, underhandedness

**sous** [su] prép (gén) under; ~ **la pluie/le soleil** in the rain/sunshine; ~ **mes yeux** before my eyes; ~ **terre** adj, adv underground; ~ **vide** adj, adv vacuum-packed; ~ **l'influence/l'action de** under the influence of/by the action of; ~ **antibiotiques/perfusion** on antibiotics/a drip; ~ **cet angle/ce rapport** from this angle/ in this respect; ~ **peu** adv shortly, before long

**sous...** [su, suz + vowel] préfixe sub-; under...

**sous-alimentation** [suzalimɑ̃tɑsjɔ̃] *nf* undernourishment

**sous-alimenté, e** [suzalimɑ̃te] *adj* undernourished

**sous-bois** [subwa] *nm inv* undergrowth

**sous-catégorie** [sukategɔʀi] *nf* subcategory

**sous-chef** [suʃɛf] *nm* deputy chief, second in command; **~ de bureau** deputy head clerk

**sous-comité** [sukɔmite] *nm* subcommittee

**sous-commission** [sukɔmisjɔ̃] *nf* subcommittee

**sous-continent** [sukɔ̃tinɑ̃] *nm* subcontinent

**sous-couche** [sukuʃ] *nf* (*de peinture*) undercoat

**souscripteur, -trice** [suskʀiptœʀ, -tʀis] *nm/f* subscriber

**souscription** [suskʀipsjɔ̃] *nf* subscription; **offert en ~** available on subscription

**souscrire** [suskʀiʀ]: **~ à** *vt* to subscribe to

**sous-cutané, e** [sukytane] *adj* subcutaneous

**sous-développé, e** [sudevlɔpe] *adj* underdeveloped

**sous-développement** [sudevlɔpmɑ̃] *nm* underdevelopment

**sous-directeur, -trice** [sudiʀɛktœʀ, -tʀis] *nm/f* assistant manager/manageress, submanager/manageress

**sous-emploi** [suzɑ̃plwa] *nm* underemployment

**sous-employé, e** [suzɑ̃plwaje] *adj* underemployed

**sous-ensemble** [suzɑ̃sɑ̃bl(ə)] *nm* subset

**sous-entendre** [suzɑ̃tɑ̃dʀ(ə)] *vt* to imply, infer

**sous-entendu, e** [suzɑ̃tɑ̃dy] *adj* implied; (*Ling*) understood ▷ *nm* innuendo

**sous-équipé, e** [suzekipe] *adj* under-equipped; **~ en infrastructures industrielles** (*Écon: pays, région*) with an insufficient industrial infrastructure

**sous-estimer** [suzɛstime] *vt* to underestimate

**sous-exploiter** [suzɛksplwate] *vt* to underexploit

**sous-exposer** [suzɛkspoze] *vt* to underexpose

**sous-fifre** [sufifʀ(ə)] *nm* (*péj*) underling

**sous-groupe** [sugʀup] *nm* subgroup

**sous-homme** [suzɔm] *nm* sub-human

**sous-jacent, e** [suʒasɑ̃, -ɑ̃t] *adj* underlying

**sous-lieutenant** [suljøtnɑ̃] *nm* sub-lieutenant

**sous-locataire** [sulɔkatɛʀ] *nm/f* subtenant

**sous-location** [sulɔkasjɔ̃] *nf* subletting

**sous-louer** [sulwe] *vt* to sublet

**sous-main** [sumɛ̃] *nm inv* desk blotter; **en ~** *adv* secretly

**sous-marin, e** [sumaʀɛ̃, -in] *adj* (*flore, volcan*) submarine; (*navigation, pêche, explosif*) underwater ▷ *nm* submarine

**sous-médicalisé, e** [sumedikalize] *adj* lacking adequate medical care

**sous-nappe** [sunap] *nf* undercloth

**sous-officier** [suzɔfisje] *nm* ≈ non-commissioned officer (NCO)

**sous-ordre** [suzɔʀdʀ(ə)] *nm* subordinate; **créancier en ~** creditor's creditor

**sous-payé, e** [supeje] *adj* underpaid

**sous-préfecture** [supʀefɛktyʀ] *nf* sub-prefecture

**sous-préfet** [supʀefɛ] *nm* sub-prefect

**sous-production** [supʀɔdyksjɔ̃] *nf* underproduction

**sous-produit** [supʀɔdɥi] *nm* by-product; (*fig*: *péj*) pale imitation

**sous-programme** [supʀɔgʀam] *nm* (*Inform*) subroutine

**sous-pull** [supul] *nm* thin poloneck sweater

**sous-secrétaire** [susəkʀetɛʀ] *nm*: **~ d'État** Under-Secretary of State

**soussigné, e** [susiɲe] *adj*: **je ~** I the undersigned

**sous-sol** [susɔl] *nm* basement; (*Géo*) subsoil

**sous-tasse** [sutas] *nf* saucer

**sous-tendre** [sutɑ̃dʀ(ə)] *vt* to underlie

**sous-titre** [sutitʀ(ə)] *nm* subtitle

**sous-titré, e** [sutitʀe] *adj* with subtitles

**soustraction** [sustʀaksjɔ̃] *nf* subtraction

**soustraire** [sustʀɛʀ] *vt* to subtract, take away; (*dérober*): **~ qch à qn** to remove sth from sb; **~ qn à** (*danger*) to shield sb from; **se ~** (*autorité, obligation, devoir*) to elude, escape from

**sous-traitance** [sutʀɛtɑ̃s(ə)] *nf* subcontracting

**sous-traitant** [sutʀɛtɑ̃] *nm* subcontractor

**sous-traiter** [sutʀete] *vt*, *vi* to subcontract

**soustrayais** *etc* [sustʀɛje] *vb voir* **soustraire**

**sous-verre** [suvɛʀ] *nm inv* glass mount

**sous-vêtement** [suvɛtmɑ̃] *nm* undergarment, item of underwear; **sous-vêtements** *nmpl* underwear *sg*

**soutane** [sutan] *nf* cassock, soutane

**soute** [sut] *nf* hold; **~ à bagages** baggage hold

**soutenable** [sutnabl(ə)] *adj* (*opinion*) tenable, defensible

**soutenance** [sutnɑ̃s] *nf*: **~ de thèse** ≈ viva (voce)

**soutènement** [sutɛnmɑ̃] *nm*: **mur de ~** retaining wall

**souteneur** [sutnœʀ] *nm* procurer

**soutenir** [sutniʀ] *vt* to support; (*assaut, choc, regard*) to stand up to, withstand; (*intérêt, effort*) to keep up; (*assurer*): **~ que** to maintain that; **se soutenir** (*dans l'eau etc*) to hold o.s. up; (*être soutenable: point de vue*) to be tenable; (*s'aider mutuellement*) to stand by each other; **~ la comparaison avec** to bear *ou* stand comparison with; **~ le regard de qn** to be able to look sb in the face

**soutenu, e** [sutny] *pp de* **soutenir** ▷ *adj* (*efforts*) sustained, unflagging; (*style*) elevated; (*couleur*) strong

**souterrain, e** [sutɛʀɛ̃, -ɛn] *adj* underground; (*fig*) subterranean ▷ *nm* underground passage

**soutien** [sutjɛ̃] *nm* support; **apporter son ~ à** to lend one's support to; **~ de famille** breadwinner

**soutiendrai** *etc* [sutjɛ̃dʀe] *vb voir* **soutenir**

**soutien-gorge** [sutjɛ̃gɔʀʒ(ə)] (*pl* **soutiens-gorge**) *nm* bra; (*de maillot de bain*) top

**soutiens** [sutjɛ̃], **soutint** *etc* [sutɛ̃] *vb voir* **soutenir**

**soutirer** [sutiʀe] *vt*: **~ qch à qn** to squeeze *ou* get sth out of sb

**souvenance** [suvnɑ̃s] *nf*: **avoir ~ de** to recollect

**souvenir** [suvniʀ] *nm* (*réminiscence*) memory; (*cadeau*) souvenir, keepsake; (*de voyage*) souvenir ▷ *vb*: **se ~ de** *vt* to remember; **se ~ que** to remember that; **garder le ~ de** to retain the memory of; **en ~ de** in memory *ou* remembrance of; **avec mes affectueux/ meilleurs ~s**, ... with love from, .../regards, ...

**souvent** [suvɑ̃] *adv* often; **peu ~** seldom, infrequently; **le plus ~** more often than not, most often

**souvenu, e** [suvəny] *pp de* **se souvenir**

**souverain, e** [suvʀɛ̃, -ɛn] *adj* sovereign; (*fig: mépris*) supreme ▷ *nm/f* sovereign, monarch

**souverainement** [suvʀɛnmɑ̃] *adv* (*sans appel*) with sovereign power; (*extrêmement*) supremely, intensely

**souveraineté** [suvʀɛnte] *nf* sovereignty

**souviendrai** [suvjɛ̃dʀe], **souviens** [suvjɛ̃], **souvint** *etc* [suvɛ̃] *vb voir* **se souvenir**

**soviétique** [sɔvjetik] *adj* Soviet ▷ *nm/f*: **Soviétique** Soviet citizen

**soviétologue** [sɔvjetɔlɔg] *nm/f* Kremlinologist

**soyeux, -euse** [swajø, -øz] *adj* silky

**soyez** *etc* [swaje] *vb voir* **être**

**soyons** *etc* [swajɔ̃] *vb voir* **être**

**SPA** *sigle f* (= *Société protectrice des animaux*) ≈ RSPCA (*Brit*), ≈ SPCA (*US*)

**spacieux, -euse** [spasjø, -øz] *adj* spacious; roomy

**spaciosité** [spasjozite] *nf* spaciousness

**spaghettis** [spageti] *nmpl* spaghetti *sg*

**sparadrap** [spaʀadʀa] *nm* adhesive *ou* sticking (*Brit*) plaster, bandaid® (*US*)

**Sparte** [spaʀt(ə)] *nf* Sparta

**spartiate** [spaʀsjat] *adj* Spartan; **spartiates** *nfpl* (*sandales*) Roman sandals

**spasme** [spazm(ə)] *nm* spasm

**spasmodique** [spazmɔdik] *adj* spasmodic

**spatial, e, -aux** [spasjal, -o] *adj* (*Aviat*) space *cpd*; (*Psych*) spatial

**spatule** [spatyl] *nf* (*ustensile*) slice; spatula; (*bout*) tip

**speaker, ine** [spikœʀ, -kʀin] *nm/f* announcer

**spécial, e, -aux** [spesjal, -o] *adj* special; (*bizarre*) peculiar

**spécialement** [spesjalmɑ̃] *adv* especially, particularly; (*tout exprès*) specially; **pas ~** not particularly

**spécialisation** [spesjalizasjɔ̃] *nf* specialization

**spécialisé, e** [spesjalize] *adj* specialised; **ordinateur ~** dedicated computer

**spécialiser** [spesjalize]: **se spécialiser** *vi* to specialize

**spécialiste** [spesjalist(ə)] *nm/f* specialist

**spécialité** [spesjalite] *nf* speciality; (*Scol*) special field; **~ pharmaceutique** patent medicine

**spécieux, -euse** [spesjø, -øz] *adj* specious

**spécification** [spesifikasjɔ̃] *nf* specification

**spécificité** [spesifisite] *nf* specificity

**spécifier** [spesifje] *vt* to specify, state

**spécifique** [spesifik] *adj* specific

**spécifiquement** [spesifikmɑ̃] *adv* (*typiquement*) typically; (*tout exprès*) specifically

**spécimen** [spesimɛn] *nm* specimen; (*revue etc*) specimen *ou* sample copy

**spectacle** [spɛktakl(ə)] *nm* (*tableau, scène*) sight; (*représentation*) show; (*industrie*) show business, entertainment; **se donner en ~** (*péj*) to make a spectacle *ou* an exhibition of o.s; **pièce/revue à grand ~** spectacular (play/revue); **au ~ de ...** at the sight of ...

**spectaculaire** [spɛktakylɛʀ] *adj* spectacular

**spectateur, -trice** [spɛktatœʀ, -tʀis] *nm/f* (*Ciné etc*) member of the audience; (*Sport*) spectator; (*d'un événement*) onlooker, witness

**spectre** [spɛktʀ(ə)] *nm* (*fantôme, fig*) spectre; (*Physique*) spectrum; **~ solaire** solar spectrum

**spéculateur, -trice** [spekylatœʀ, -tʀis] *nm/f* speculator

**spéculatif, -ive** [spekylatif, -iv] *adj* speculative

**spéculation** [spekylasjɔ̃] *nf* speculation

**spéculer** [spekyle] *vi* to speculate; **~ sur** (*Comm*) to speculate in; (*réfléchir*) to speculate on; (*tabler sur*) to bank *ou* rely on

**spéléologie** [speleɔlɔʒi] *nf* (*étude*) speleology; (*activité*) potholing

**spéléologue** [speleɔlɔg] *nm/f* speleologist; potholer

**spermatozoïde** [spɛʀmatozɔid] *nm* sperm, spermatozoon

**sperme** [spɛʀm(ə)] *nm* semen, sperm

**spermicide** [spɛʀmisid] *adj, nm* spermicide

**sphère** [sfɛʀ] *nf* sphere

**sphérique** [sferik] *adj* spherical

**sphincter** [sfɛ̃ktɛʀ] *nm* sphincter

**sphinx** [sfɛ̃ks] *nm inv* sphinx; (*Zool*) hawkmoth

**spiral, -aux** [spiʀal, -o] *nm* hairspring

**spirale** [spiʀal] *nf* spiral; **en ~** in a spiral

**spire** [spiʀ] *nf* (*d'une spirale*) turn; (*d'une coquille*) whorl

**spiritisme** [spiʀitism(ə)] *nm* spiritualism, spiritism

**spirituel, le** [spiʀitɥɛl] *adj* spiritual; (*fin, piquant*) witty; **musique ~le** sacred music; **concert ~** concert of sacred music

**spirituellement** [spiʀitɥɛlmɑ̃] *adv* spiritually; wittily

**spiritueux** [spiʀitɥø] *nm* spirit

**splendeur** [splɑ̃dœʀ] *nf* splendour (*Brit*), splendor (*US*)

**splendide** [splɑ̃did] *adj* splendid, magnificent

**spolier** [spɔlje] *vt*: **~ qn (de)** to despoil sb (of)

**spongieux, -euse** [spɔ̃ʒjø, -øz] *adj* spongy

**sponsor** [spɔ̃sɔʀ] *nm* sponsor

**sponsoriser** [spɔ̃sɔʀize] *vt* to sponsor

**spontané, e** [spɔ̃tane] *adj* spontaneous

**spontanéité** [spɔ̃taneite] *nf* spontaneity

**spontanément** [spɔ̃tanemɑ̃] *adv* spontaneously

**sporadique** [spɔʀadik] *adj* sporadic

**sporadiquement** [spɔʀadikmɑ̃] *adv*

sporadically

**sport** [spɔʀ] *nm* sport ▷ *adj inv* (*vêtement*) casual; (*fair-play*) sporting; **faire du ~** to do sport; **~ individuel/d'équipe** individual/team sport; **~ de combat** combative sport; **~s d'hiver** winter sports

**sportif, -ive** [spɔʀtif, -iv] *adj* (*journal, association, épreuve*) sports *cpd*; (*allure, démarche*) athletic; (*attitude, esprit*) sporting; **les résultats ~s** the sports results

**sportivement** [spɔʀtivmɑ̃] *adv* sportingly

**sportivité** [spɔʀtivite] *nf* sportsmanship

**spot** [spɔt] *nm* (*lampe*) spot(light); (*annonce*): **~ (publicitaire)** commercial (break)

**spray** [spʀɛ] *nm* spray, aerosol

**sprint** [spʀint] *nm* sprint; **piquer un ~** to put on a (final) spurt

**sprinter** [spʀintœʀ] sprinter ▷ *vi* [spʀinte] to sprint

**squale** [skwal] *nm* (*type of*) shark

**square** [skwaʀ] *nm* public garden(s)

**squash** [skwaʃ] *nm* squash

**squat** [skwat] *nm* (*lieu*) squat

**squatter** *nm* [skwatœʀ] squatter ▷ *vt* [skwate] to squat

**squelette** [skəlɛt] *nm* skeleton

**squelettique** [skəletik] *adj* scrawny; (*fig*) skimpy

**SRAS** *sigle m* (= *syndrome respiratoire aigu sévère*) SARS

**Sri Lanka** [sʀilɑ̃ka] *nm* Sri Lanka

**sri-lankais, e** [sʀilɑ̃kɛ, -ɛz] *adj* Sri-Lankan

**SS** *sigle f* = **sécurité sociale**; (= *Sa Sainteté*) HH

**ss** *abr* = **sous**

**SSR** *sigle f* (= *Société suisse romande*) the Swiss French-language broadcasting company

**St, Ste** *abr* (= *Saint(e)*) St

**stabilisateur, -trice** [stabilizatœʀ, -tʀis] *adj* stabilizing ▷ *nm* stabilizer; (*d'un véhicule*) anti-roll device; (*d'un avion*) tailplane

**stabiliser** [stabilize] *vt* to stabilize; (*terrain*) to consolidate

**stabilité** [stabilite] *nf* stability

**stable** [stabl(ə)] *adj* stable, steady

**stade** [stad] *nm* (*Sport*) stadium; (*phase, niveau*) stage

**stadier** [stadje] *nm* steward (*working in a stadium*), stage

**stage** [staʒ] *nm* training period; training course; (*d'avocat stagiaire*) articles *pl*; **~ en entreprise** work experience placement

**stagiaire** [staʒjɛʀ] *nm/f, adj* trainee (*cpd*)

**stagnant, e** [stagnɑ̃, -ɑ̃t] *adj* stagnant

**stagnation** [stagnasjɔ̃] *nf* stagnation

**stagner** [stagne] *vi* to stagnate

**stalactite** [stalaktit] *nf* stalactite

**stalagmite** [stalagmit] *nf* stalagmite

**stalle** [stal] *nf* stall, box

**stand** [stɑ̃d] *nm* (*d'exposition*) stand; (*de foire*) stall; **~ de tir** (*à la foire, Sport*) shooting range; **~ de ravitaillement** pit

**standard** [stɑ̃daʀ] *adj inv* standard ▷ *nm* (*type,*

*norme*) standard; (*téléphonique*) switchboard

**standardisation** [stɑ̃daʀdizasjɔ̃] *nf* standardization

**standardiser** [stɑ̃daʀdize] *vt* to standardize

**standardiste** [stɑ̃daʀdist(ə)] *nm/f* switchboard operator

**standing** [stɑ̃diŋ] *nm* standing; **immeuble de grand ~** block of luxury flats (*Brit*), condo(minium) (*US*)

**star** [staʀ] *nf* star

**starlette** [staʀlɛt] *nf* starlet

**starter** [staʀtœʀ] *nm* (*Auto*) choke; (*Sport: personne*) starter; **mettre le ~** to pull out the choke

**station** [stasjɔ̃] *nf* station; (*de bus*) stop; (*de villégiature*) resort; (*posture*): **la ~ debout** standing, an upright posture; **~ balnéaire** seaside resort; **~ de graissage** lubrication bay; **~ de lavage** carwash; **~ de ski** ski resort; **~ de sports d'hiver** winter sports resort; **~ de taxis** taxi rank (*Brit*) ou stand (*US*); **~ thermale** thermal spa; **~ de travail** workstation

**stationnaire** [stasjɔnɛʀ] *adj* stationary

**stationnement** [stasjɔnmɑ̃] *nm* parking; **zone de ~ interdit** no parking area; **~ alterné** parking on alternate sides

**stationner** [stasjɔne] *vi* to park

**station-service** [stasjɔ̃sɛʀvis] *nf* service station

**statique** [statik] *adj* static

**statisticien, ne** [statistisjɛ̃, -ɛn] *nm/f* statistician

**statistique** [statistik] *nf* (*science*) statistics *sg*; (*rapport, étude*) statistic ▷ *adj* statistical; **statistiques** *nfpl* (*données*) statistics *pl*

**statistiquement** [statistikmɑ̃] *adv* statistically

**statue** [staty] *nf* statue

**statuer** [statɥe] *vi*: **~ sur** to rule on, give a ruling on

**statuette** [statɥɛt] *nf* statuette

**statu quo** [statykwo] *nm* status quo

**stature** [statyʀ] *nf* stature; **de haute ~** of great stature

**statut** [staty] *nm* status; **statuts** *nmpl* (*Jur, Admin*) statutes

**statutaire** [statytɛʀ] *adj* statutory

**Sté** *abr* (= *société*) soc

**steak** [stɛk] *nm* steak

**stèle** [stɛl] *nf* stela, stele

**stellaire** [stelɛʀ] *adj* stellar

**stencil** [stɛnsil] *nm* stencil

**sténo** [stenɔ] *nm/f* (*aussi:* **sténographe**) shorthand typist (*Brit*), stenographer (*US*) ▷ *nf* (*aussi:* **sténographie**) shorthand; **prendre en ~** to take down in shorthand

**sténodactylo** [stenɔdaktilo] *nm/f* shorthand typist (*Brit*), stenographer (*US*)

**sténodactylographie** [stenɔdaktilɔgrafi] *nf* shorthand typing (*Brit*), stenography (*US*)

**sténographe** [stenɔgraf] *nm/f* shorthand typist (*Brit*), stenographer (*US*)

**sténographie** [stenɔgrafi] *nf* shorthand; **prendre en ~** to take down in shorthand

**sténographier** [stenɔgʀafje] *vt* to take down in shorthand

**sténographique** [stenɔgʀafik] *adj* shorthand *cpd*

**stentor** [stɑ̃tɔʀ] *nm*: **voix de ~** stentorian voice

**step®** [stɛp] *nm* step aerobics *sg*®, step Reebok®

**stéphanois, e** [stefanwa, -waz] *adj* of *ou* from Saint-Étienne

**steppe** [stɛp] *nf* steppe

**stère** [stɛʀ] *nm* stere

**stéréo** *nf* (*aussi*: **stéréophonie**) stereo; **émission en ~** stereo broadcast ▷ *adj* (*aussi*: **stéréophonique**) stereo

**stéréophonie** [steʀeɔfɔni] *nf* stereo(phony); **émission en ~** stereo broadcast

**stéréophonique** [steʀeɔfɔnik] *adj* stereo(phonic)

**stéréoscope** [steʀeɔskɔp] *nm* stereoscope

**stéréoscopique** [steʀeɔskɔpik] *adj* stereoscopic

**stéréotype** [steʀeɔtip] *nm* stereotype

**stéréotypé, e** [steʀeɔtipe] *adj* stereotyped

**stérile** [steʀil] *adj* sterile; (*terre*) barren; (*fig*) fruitless, futile

**stérilement** [steʀilmɑ̃] *adv* fruitlessly

**stérilet** [steʀilɛ] *nm* coil, loop

**stérilisateur** [steʀilizatœʀ] *nm* sterilizer

**stérilisation** [steʀilizasjɔ̃] *nf* sterilization

**stériliser** [steʀilize] *vt* to sterilize

**stérilité** [steʀilite] *nf* sterility

**sternum** [stɛʀnɔm] *nm* breastbone, sternum

**stéthoscope** [stetɔskɔp] *nm* stethoscope

**stick** [stik] *nm* stick

**stigmates** [stigmat] *nmpl* scars, marks; (*Rel*) stigmata *pl*

**stigmatiser** [stigmatize] *vt* to denounce, stigmatize

**stimulant, e** [stimylɑ̃, -ɑ̃t] *adj* stimulating ▷ *nm* (*Méd*) stimulant; (*fig*) stimulus, incentive

**stimulateur** [stimylatœʀ] *nm*: **~ cardiaque** pacemaker

**stimulation** [stimylasjɔ̃] *nf* stimulation

**stimuler** [stimyle] *vt* to stimulate

**stimulus** [stimylys] *nm* (*pl* **stimuli** [stimyli]) stimulus

**stipulation** [stipylasjɔ̃] *nf* stipulation

**stipuler** [stipyle] *vt* to stipulate, specify

**stock** [stɔk] *nm* stock; **en ~** in stock

**stockage** [stɔkaʒ] *nm* stocking; storage

**stocker** [stɔke] *vt* to stock; (*déchets*) to store

**Stockholm** [stɔkɔlm] *n* Stockholm

**stockiste** [stɔkist(ə)] *nm* stockist

**stoïcisme** [stɔisism(ə)] *nm* stoicism

**stoïque** [stɔik] *adj* stoic, stoical

**stoïquement** [stɔikmɑ̃] *adv* stoically

**stomacal, e, -aux** [stɔmakal, -o] *adj* gastric, stomach *cpd*

**stomatologie** [stɔmatɔlɔʒi] *nf* stomatology

**stomatologue** [stɔmatɔlɔg] *nm/f* stomatologist

**stop** [stɔp] *nm* (*Auto*: *écriteau*) stop sign; (: *signal*) brake-light; (*dans un télégramme*) stop ▷ *excl* stop!

**stoppage** [stɔpaʒ] *nm* invisible mending

**stopper** [stɔpe] *vt* to stop, halt; (*Couture*) to mend ▷ *vi* to stop, halt

**store** [stɔʀ] *nm* blind; (*de magasin*) shade, awning

**strabisme** [stʀabism(ə)] *nm* squint(ing)

**strangulation** [stʀɑ̃gylasjɔ̃] *nf* strangulation

**strapontin** [stʀapɔ̃tɛ̃] *nm* jump *ou* foldaway seat

**Strasbourg** [stʀazbuʀ] *n* Strasbourg

**strass** [stʀas] *nm* paste, strass

**stratagème** [stʀataʒɛm] *nm* stratagem

**strate** [stʀat] *nf* (*Géo*) stratum, layer

**stratège** [stʀatɛʒ] *nm* strategist

**stratégie** [stʀateʒi] *nf* strategy

**stratégique** [stʀateʒik] *adj* strategic

**stratégiquement** [stʀateʒikmɑ̃] *adv* strategically

**stratifié, e** [stʀatifje] *adj* (*Géo*) stratified; (*Tech*) laminated

**stratosphère** [stʀatɔsfɛʀ] *nf* stratosphere

**stress** [stʀɛs] *nm inv* stress

**stressant, e** [stʀɛsɑ̃, -ɑ̃t] *adj* stressful

**stresser** [stʀɛse] *vt* to stress, cause stress in

**strict, e** [stʀikt(ə)] *adj* strict; (*tenue, décor*) severe, plain; **son droit le plus ~** his most basic right; **dans la plus ~e intimité** strictly in private; **le ~ nécessaire/minimum** the bare essentials/minimum

**strictement** [stʀiktəmɑ̃] *adv* strictly; plainly

**strident, e** [stʀidɑ̃, -ɑ̃t] *adj* shrill, strident

**stridulations** [stʀidylasjɔ̃] *nfpl* stridulations, chirrings

**strie** [stʀi] *nf* streak; (*Anat, Géo*) stria

**strier** [stʀije] *vt* to streak; to striate

**strip-tease** [stʀiptiz] *nm* striptease

**strip-teaseuse** [stʀiptizøz] *nf* stripper, striptease artist

**striures** [stʀijyʀ] *nfpl* streaking *sg*

**strophe** [stʀɔf] *nf* verse, stanza

**structure** [stʀyktyʀ] *nf* structure; **~s d'accueil/touristiques** reception/tourist facilities

**structurer** [stʀyktyʀe] *vt* to structure

**strychnine** [stʀiknin] *nf* strychnine

**stuc** [styk] *nm* stucco

**studieusement** [stydjøzmɑ̃] *adv* studiously

**studieux, -euse** [stydjø, -øz] *adj* (*élève*) studious; (*vacances*) study *cpd*

**studio** [stydjo] *nm* (*logement*) studio flat (*Brit*) *ou* apartment (*US*); (*d'artiste, TV etc*) studio

**stupéfaction** [stypefaksjɔ̃] *nf* stupefaction, astonishment

**stupéfait, e** [stypefɛ, -ɛt] *adj* astonished

**stupéfiant, e** [stypefjɑ̃, -ɑ̃t] *adj* stunning, astonishing ▷ *nm* (*Méd*) drug, narcotic

**stupéfier** [stypefje] *vt* to stupefy; (*étonner*) to stun, astonish

**stupeur** [stypœʀ] *nf* (*inertie, insensibilité*) stupor; (*étonnement*) astonishment, amazement

**stupide** [stypid] *adj* stupid; (*hébété*) stunned

**stupidement** [stypidmɑ̃] *adv* stupidly

**stupidité** [stypidite] *nf* stupidity *no pl*; (*propos, action*) stupid thing (to say *ou* do)

**stups** [styp] *nmpl* = **stupéfiants**; **brigade des ~** narcotics bureau *ou* squad
**style** [stil] *nm* style; **meuble/robe de ~** piece of period furniture/period dress; **~ de vie** lifestyle
**stylé, e** [stile] *adj* well-trained
**stylet** [stilɛ] *nm* (*poignard*) stiletto; (*Chirurgie*) stylet
**stylisé, e** [stilize] *adj* stylized
**styliste** [stilist(ə)] *nm/f* designer; stylist
**stylistique** [stilistik] *nf* stylistics *sg* ▷ *adj* stylistic
**stylo** [stilo] *nm*: **~ (à encre)** (fountain) pen; **~ (à) bille** ballpoint pen
**stylo-feutre** [stiloføtR(ə)] *nm* felt-tip pen
**su, e** [sy] *pp de* **savoir** ▷ *nm*: **au su de** with the knowledge of
**suaire** [sɥɛR] *nm* shroud
**suant, e** [sɥɑ̃, -ɑ̃t] *adj* sweaty
**suave** [sɥav] *adj* (*odeur*) sweet; (*voix*) suave, smooth; (*coloris*) soft, mellow
**subalterne** [sybaltɛRn(ə)] *adj* (*employé, officier*) junior; (*rôle*) subordinate, subsidiary ▷ *nm/f* subordinate, inferior
**subconscient** [sypkɔ̃sjɑ̃] *nm* subconscious
**subdiviser** [sybdivize] *vt* to subdivide
**subdivision** [sybdivizjɔ̃] *nf* subdivision
**subir** [sybiR] *vt* (*affront, dégâts, mauvais traitements*) to suffer; (*influence, charme*) to be under, be subjected to; (*traitement, opération, châtiment*) to undergo; (*personne*) to suffer, be subjected to
**subit, e** [sybi, -it] *adj* sudden
**subitement** [sybitmɑ̃] *adv* suddenly, all of a sudden
**subjectif, -ive** [sybʒɛktif, -iv] *adj* subjective
**subjectivement** [sybʒɛktivmɑ̃] *adv* subjectively
**subjectivité** [sybʒɛktivite] *nf* subjectivity
**subjonctif** [sybʒɔ̃ktif] *nm* subjunctive
**subjuguer** [sybʒyge] *vt* to subjugate
**sublime** [syblim] *adj* sublime
**sublimer** [syblime] *vt* to sublimate
**submergé, e** [sybmɛRʒe] *adj* submerged; (*fig*): **~ de** snowed under with; overwhelmed with
**submerger** [sybmɛRʒe] *vt* to submerge; (*foule*) to engulf; (*fig*) to overwhelm
**submersible** [sybmɛRsibl(ə)] *nm* submarine
**subordination** [sybɔRdinasjɔ̃] *nf* subordination
**subordonné, e** [sybɔRdɔne] *adj, nm/f* subordinate; **~ à** (*personne*) subordinate to; (*résultats etc*) subject to, depending on
**subordonner** [sybɔRdɔne] *vt*: **~ qn/qch à** to subordinate sb/sth to
**subornation** [sybɔRnasjɔ̃] *nf* bribing
**suborner** [sybɔRne] *vt* to bribe
**subrepticement** [sybRɛptismɑ̃] *adv* surreptitiously
**subroger** [sybRɔʒe] *vt* (*Jur*) to subrogate
**subside** [sypsid] *nm* grant
**subsidiaire** [sypsidjɛR] *adj* subsidiary; **question ~** deciding question
**subsistance** [sybzistɑ̃s] *nf* subsistence; **pourvoir à la ~ de qn** to keep sb, provide for sb's subsistence *ou* keep

**subsister** [sybziste] *vi* (*rester*) to remain, subsist; (*vivre*) to live; (*survivre*) to live on
**subsonique** [sybsɔnik] *adj* subsonic
**substance** [sypstɑ̃s] *nf* substance; **en ~** in substance
**substantiel, le** [sypstɑ̃sjɛl] *adj* substantial
**substantif** [sypstɑ̃tif] *nm* noun, substantive
**substantiver** [sypstɑ̃tive] *vt* to nominalize
**substituer** [sypstitɥe] *vt*: **~ qn/qch à qn** (*représenter*) to substitute sb/sth for; **se ~ à qn** (*représenter*) to substitute for sb; (*évincer*) to substitute o.s. for sb
**substitut** [sypstity] *nm* (*Jur*) deputy public prosecutor; (*succédané*) substitute
**substitution** [sypstitysjɔ̃] *nf* substitution
**subterfuge** [syptɛRfyʒ] *nm* subterfuge
**subtil, e** [syptil] *adj* subtle
**subtilement** [syptilmɑ̃] *adv* subtly
**subtiliser** [syptilize] *vt*: **~ qch (à qn)** to spirit sth away (from sb)
**subtilité** [syptilite] *nf* subtlety
**subtropical, e, -aux** [sybtRɔpikal, -o] *adj* subtropical
**suburbain, e** [sybyRbɛ̃, -ɛn] *adj* suburban
**subvenir** [sybvəniR] *vt*: **~ à** vt to meet
**subvention** [sybvɑ̃sjɔ̃] *nf* subsidy, grant
**subventionner** [sybvɑ̃sjɔne] *vt* to subsidize
**subversif, -ive** [sybvɛRsif, -iv] *adj* subversive
**subversion** [sybvɛRsjɔ̃] *nf* subversion
**suc** [syk] *nm* (*Bot*) sap; (*de viande, fruit*) juice; **~s gastriques** gastric juices
**succédané** [syksedane] *nm* substitute
**succéder** [syksede]: **~ à** vt (*directeur, roi etc*) to succeed; (*venir après: dans une série*) to follow, succeed; **se succéder** vi (*accidents, années*) to follow one another
**succès** [syksɛ] *nm* success; **avec ~** successfully; **sans ~** unsuccessfully; **avoir du ~** to be a success, be successful; **à ~** successful; **livre à ~** bestseller; **~ de librairie** bestseller; **~ (féminins)** conquests
**successeur** [syksesœR] *nm* successor
**successif, -ive** [syksesif, -iv] *adj* successive
**succession** [syksesjɔ̃] *nf* (*série, Pol*) succession; (*Jur: patrimoine*) estate, inheritance; **prendre la ~ de** (*directeur*) to succeed, take over from; (*entreprise*) to take over
**successivement** [syksesivmɑ̃] *adv* successively
**succinct, e** [syksɛ̃, -ɛ̃t] *adj* succinct
**succinctement** [syksɛ̃tmɑ̃] *adv* succinctly
**succion** [syksjɔ̃] *nf*: **bruit de ~** sucking noise
**succomber** [sykɔ̃be] *vi* to die, succumb; (*fig*): **~ à** to give way to, succumb to
**succulent, e** [sykylɑ̃, -ɑ̃t] *adj* succulent
**succursale** [sykyRsal] *nf* branch; **magasin à ~s multiples** chain *ou* multiple store
**sucer** [syse] *vt* to suck
**sucette** [sysɛt] *nf* (*bonbon*) lollipop; (*de bébé*) dummy (*Brit*), comforter, pacifier (*US*)
**suçoter** [sysɔte] *vt* to suck
**sucre** [sykR(ə)] *nm* (*substance*) sugar; (*morceau*) lump of sugar, sugar lump *ou* cube; **~ de canne/**

**S**

**betterave** cane/beet sugar; **~ en morceaux/ cristallisé/en poudre** lump *ou* cube/ granulated/caster sugar; **~ glace** icing sugar; **~ d'orge** barley sugar

**sucré, e** [sykʀe] *adj* (*produit alimentaire*) sweetened; (*au goût*) sweet; (*péj*) sugary, honeyed

**sucrer** [sykʀe] *vt* (*thé, café*) to sweeten, put sugar in; **~ qn** to put sugar in sb's tea (*ou* coffee *etc*); **se sucrer** to help o.s. to sugar, have some sugar; (*fam*) to line one's pocket(s)

**sucrerie** [sykʀəʀi] *nf* (*usine*) sugar refinery; **sucreries** *nfpl* (*bonbons*) sweets, sweet things

**sucrier, -ière** [sykʀije, -jɛʀ] *adj* (*industrie*) sugar *cpd*; (*région*) sugar-producing ▷ *nm* (*fabricant*) sugar producer; (*récipient*) sugar bowl *ou* basin

**sud** [syd] *nm*: **le ~** the south ▷ *adj inv* south; (*côte*) south, southern; **au ~** (*situation*) in the south; (*direction*) to the south; **au ~ de** (to the) south of

**sud-africain, e** [sydafʀikɛ̃, -ɛn] *adj* South African ▷ *nm/f*: **Sud-Africain, e** South African

**sud-américain, e** [sydameʀikɛ̃, -ɛn] *adj* South American ▷ *nm/f*: **Sud-Américain, e** South American

**sudation** [sydasjɔ̃] *nf* sweating, sudation

**sud-coréen, ne** [sydkɔʀeɛ̃, -ɛn] *adj* South Korean ▷ *nm/f*: **Sud-Coréen, ne** South Korean

**sud-est** [sydɛst] *nm, adj inv* south-east

**sud-ouest** [sydwɛst] *nm, adj inv* south-west

**sud-vietnamien, ne** [sydvjɛtnamjɛ̃, -ɛn] *adj* South Vietnamese ▷ *nm/f*: **Sud-Vietnamien, ne** South Vietnamese

**Suède** [sɥɛd] *nf*: **la ~** Sweden

**suédois, e** [sɥedwa, -waz] *adj* Swedish ▷ *nm* (*Ling*) Swedish ▷ *nm/f*: **Suédois, e** Swede

**suer** [sɥe] *vi* to sweat; (*suinter*) to ooze ▷ *vt* (*fig*) to exude; **~ à grosses gouttes** to sweat profusely

**sueur** [sɥœʀ] *nf* sweat; **en ~** sweating, in a sweat; **avoir des ~s froides** to be in a cold sweat

**suffire** [syfiʀ] *vi* (*être assez*): **~ (à qn/pour qch/ pour faire)** to be enough *ou* sufficient (for sb/ for sth/to do); (*satisfaire*): **cela lui suffit** he's content with this, this is enough for him; **se suffire** *vi* to be self-sufficient; **cela suffit pour les irriter/qu'ils se fâchent** it's enough to annoy them/for them to get angry; **il suffit d'une négligence/qu'on oublie pour que ...** it only takes one act of carelessness/one only needs to forget for ...; **ça suffit!** that's enough!, that'll do!

**suffisamment** [syfizamɑ̃] *adv* sufficiently, enough; **~ de** sufficient, enough

**suffisance** [syfizɑ̃s] *nf* (*vanité*) self-importance, bumptiousness; (*quantité*): **en ~** in plenty

**suffisant, e** [syfizɑ̃, -ɑ̃t] *adj* (*temps, ressources*) sufficient; (*résultats*) satisfactory; (*vaniteux*) self-important, bumptious

**suffisons** *etc* [syfizɔ̃] *vb voir* **suffire**

**suffixe** [syfiks(ə)] *nm* suffix

**suffocant, e** [syfɔkɑ̃, -ɑ̃t] *adj* (*étouffant*) suffocating; (*stupéfiant*) staggering

**suffocation** [syfɔkasjɔ̃] *nf* suffocation

**suffoquer** [syfɔke] *vt* to choke, suffocate; (*stupéfier*) to stagger, astound ▷ *vi* to choke, suffocate; **~ de colère/d'indignation** to choke with anger/indignation

**suffrage** [syfʀaʒ] *nm* (*Pol: voix*) vote; (: *méthode*): **~ universel/direct/indirect** universal/direct/ indirect suffrage; (*du public etc*) approval *no pl*; **~s exprimés** valid votes

**suggérer** [syɡʒeʀe] *vt* to suggest; **~ que/de faire** to suggest that/doing

**suggestif, -ive** [syɡʒɛstif, -iv] *adj* suggestive

**suggestion** [syɡʒɛstjɔ̃] *nf* suggestion

**suggestivité** [syɡʒɛstivite] *nf* suggestiveness, suggestive nature

**suicidaire** [sɥisidɛʀ] *adj* suicidal

**suicide** [sɥisid] *nm* suicide ▷ *adj*: **opération ~** suicide mission

**suicidé, e** [sɥiside] *nm/f* suicide

**suicider** [sɥiside]: **se suicider** *vi* to commit suicide

**suie** [sɥi] *nf* soot

**suif** [sɥif] *nm* tallow

**suinter** [sɥɛ̃te] *vi* to ooze

**suis** [sɥi] *vb voir* **être; suivre**

**suisse** [sɥis] *adj* Swiss ▷ *nm* (*bedeau*) ≈ verger ▷ *nm/f*: **Suisse** Swiss *pl inv* ▷ *nf*: **la S~** Switzerland; **la S~ romande/allemande** French-speaking/German-speaking Switzerland; **~ romand** Swiss French

**suisse-allemand, e** [sɥisalmɑ̃, -ɑ̃d] *adj, nm/f* Swiss German

**Suissesse** [sɥisɛs] *nf* Swiss (woman *ou* girl)

**suit** [sɥi] *vb voir* **suivre**

**suite** [sɥit] *nf* (*continuation: d'énumération etc*) rest, remainder; (: *de feuilleton*) continuation; (: *second film etc sur le même thème*) sequel; (*série: de maisons, succès*): **une ~ de** a series *ou* succession of; (*Math*) series *sg*; (*conséquence*) result; (*ordre, liaison logique*) coherence; (*appartement, Mus*) suite; (*escorte*) retinue, suite; **suites** *nfpl* (*d'une maladie etc*) effects; **prendre la ~ de** (*directeur etc*) to succeed, take over from; **donner ~ à** (*requête, projet*) to follow up; **faire ~ à** to follow; (**faisant**) **~ à votre lettre du** further to your letter of the; **sans ~** *adj* incoherent, disjointed ▷ *adv* incoherently, disjointedly; **de ~** *adv* (*d'affilée*) in succession; (*immédiatement*) at once; **par la ~** afterwards, subsequently; **à la ~** *adv* one after the other; **à la ~ de** (*derrière*) behind; (*en conséquence de*) following; **par ~ de** owing to, as a result of; **avoir de la ~ dans les idées** to show great singleness of purpose; **attendre la ~ des événements** to (wait and see) what happens

**suivant, e** [sɥivɑ̃, -ɑ̃t] *vb voir* **suivre** ▷ *adj* next, following; (*ci-après*): **l'exercice ~** the following exercise ▷ *prép* (*selon*) according to; **~ que** according to whether; **au ~!** next!

**suive** *etc* [sɥiv] *vb voir* **suivre**

**suiveur** [sɥivœʀ] *nm* (*Cyclisme*) (official) follower; (*péj*) (camp) follower

**suivi, e** [sɥivi] *pp de* **suivre** ▷ *adj* (*régulier*)
regular; (*Comm: article*) in general production;
(*cohérent*) consistent; coherent ▷ *nm* follow-up;
**très/peu** ~ (*cours*) well-/poorly-attended; (*mode*)
widely/not widely adopted; (*feuilleton etc*)
widely/not widely followed

**suivre** [sɥivʀ(ə)] *vt* (*gén*) to follow; (*Scol: cours*) to
attend; (: *leçon*) to follow, attend to; (: *programme*)
to keep up with; (*Comm: article*) to continue to
stock ▷ *vi* to follow; (*élève: écouter*) to attend, pay
attention; (: *assimiler le programme*) to keep up,
follow; **se suivre** (*accidents, personnes, voitures etc*)
to follow one after the other; (*raisonnement*) to be
coherent; ~ **des yeux** to follow with one's eyes;
**faire** ~ (*lettre*) to forward; ~ **son cours** (*enquête
etc*) to run *ou* take its course; **"à ~"** "to be
continued"

**sujet, te** [syʒɛ, -ɛt] *adj*: **être** ~ **à** (*accidents*) to be
prone to; (*vertige etc*) to be liable *ou* subject to
▷ *nm/f* (*d'un souverain*) subject ▷ *nm* subject; **un** ~
**de dispute/discorde/mécontentement** a
cause for argument/dissension/dissatisfaction;
**c'est à quel** ~? what is it about?; **avoir** ~ **de se
plaindre** to have cause for complaint; **au** ~ **de**
*prép* about; ~ **à caution** *adj* questionable; ~ **de
conversation** topic *ou* subject of conversation;
~ **d'examen** (*Scol*) examination question;
examination paper; ~ **d'expérience** (*Bio etc*)
experimental subject

**sujétion** [syʒesjɔ̃] *nf* subjection; (*fig*)
constraint

**sulfater** [sylfate] *vt* to spray with copper
sulphate

**sulfureux, -euse** [sylfyʀø, -øz] *adj* sulphurous
(*Brit*), sulfurous (*US*)

**sulfurique** [sylfyʀik] *adj*: **acide** ~ sulphuric (*Brit*)
*ou* sulfuric (*US*) acid

**sulfurisé, e** [sylfyʀize] *adj*: **papier** ~ greaseproof
(*Brit*) *ou* wax (*US*) paper

**Sumatra** [symatʀa] *nf* Sumatra

**summum** [sɔmɔm] *nm*: **le** ~ **de** the height of

**super** [sypɛʀ] *adj inv* great, fantastic ▷ *nm*
(= *supercarburant*) ≈ 4-star (*Brit*), ≈ premium (*US*)

**superbe** [sypɛʀb(ə)] *adj* magnificent, superb
▷ *nf* arrogance

**superbement** [sypɛʀbəmɑ̃] *adv* superbly

**supercarburant** [sypɛʀkaʀbyʀɑ̃] *nm* ≈ 4-star
petrol (*Brit*), ≈ premium gas (*US*)

**supercherie** [sypɛʀʃəʀi] *nf* trick, trickery *no pl*;
(*fraude*) fraud

**supérette** [sypeʀɛt] *nf* minimarket

**superfétatoire** [sypɛʀfetatwaʀ] *adj*
superfluous

**superficie** [sypɛʀfisi] *nf* (*surface*) area; (*fig*)
surface

**superficiel, le** [sypɛʀfisjɛl] *adj* superficial

**superficiellement** [sypɛʀfisjɛlmɑ̃] *adv*
superficially

**superflu, e** [sypɛʀfly] *adj* superfluous ▷ *nm*: **le** ~
the superfluous

**superforme** [sypɛʀfɔʀm(ə)] *nf* (*fam*) top form,
excellent shape

**super-grand** [sypɛʀgʀɑ̃] *nm* superpower

**super-huit** [sypɛʀɥit] *adj*: **camera/film** ~
super-eight camera/film

**supérieur, e** [sypeʀjœʀ] *adj* (*lèvre, étages, classes*)
upper; (*plus élevé: température, niveau*): ~ **(à)** higher
(than); (*meilleur: qualité, produit*): ~ **(à)** superior
(to); (*excellent, hautain*) superior ▷ *nm/f* superior;
**Mère** ~**e** Mother Superior; **à l'étage** ~ on the
next floor up; ~ **en nombre** superior in number

**supérieurement** [sypeʀjœʀmɑ̃] *adv*
exceptionally well; (*avec adjectif*) exceptionally

**supériorité** [sypeʀjɔʀite] *nf* superiority

**superlatif** [sypɛʀlatif] *nm* superlative

**supermarché** [sypɛʀmaʀʃe] *nm* supermarket

**supernova** [sypɛʀnɔva] *nf* supernova

**superposable** [sypɛʀpozabl(ə)] *adj* (*figures*) that
may be superimposed; (*lits*) stackable

**superposer** [sypɛʀpoze] *vt* to superpose;
(*meubles, caisses*) to stack; (*faire chevaucher*) to
superimpose; **se superposer** (*images, souvenirs*)
to be superimposed; **lits superposés** bunk
beds

**superposition** [sypɛʀpozisjɔ̃] *nf* superposition;
superimposition

**superpréfet** [sypɛʀpʀefɛ] *nm prefect in charge of a
region*

**superproduction** [sypɛʀpʀɔdyksjɔ̃] *nf* (*film*)
spectacular

**superpuissance** [sypɛʀpɥisɑ̃s] *nf* superpower

**supersonique** [sypɛʀsɔnik] *adj* supersonic

**superstitieux, -euse** [sypɛʀstisjø, -øz] *adj*
superstitious

**superstition** [sypɛʀstisjɔ̃] *nf* superstition

**superstructure** [sypɛʀstʀyktyʀ] *nf*
superstructure

**supertanker** [sypɛʀtɑ̃kœʀ] *nm* supertanker

**superviser** [sypɛʀvize] *vt* to supervise

**supervision** [sypɛʀvizjɔ̃] *nf* supervision

**suppl.** *abr* = **supplément**

**supplanter** [syplɑ̃te] *vt* to supplant

**suppléance** [sypleɑ̃s] *nf* (*poste*) supply post (*Brit*),
substitute teacher's post (*US*)

**suppléant, e** [sypleɑ̃, -ɑ̃t] *adj* (*juge, fonctionnaire*)
deputy *cpd*; (*professeur*) supply *cpd* (*Brit*),
substitute *cpd* (*US*) ▷ *nm/f* deputy; supply *ou*
substitute teacher; **médecin** ~ locum

**suppléer** [syplee] *vt* (*ajouter: mot manquant etc*) to
supply, provide; (*compenser: lacune*) to fill in;
(: *défaut*) to make up for; (*remplacer: professeur*) to
stand in for; (: *juge*) to deputize for; ~ **à** *vt* to
make up for; to substitute for

**supplément** [syplemɑ̃] *nm* supplement; **un** ~
**de travail** extra *ou* additional work; **un** ~ **de
frites** *etc* an extra portion of chips *etc*; **un** ~ **de
10 euros** a supplement of 10 euros, an extra *ou*
additional 10 euros; **ceci est en** ~ (*au menu etc*)
this is extra, there is an extra charge for this; ~
**d'information** additional information

**supplémentaire** [syplemɑ̃tɛʀ] *adj* additional,
further; (*train, bus*) relief *cpd*, extra

**supplétif, -ive** [sypletif, -iv] *adj* (*Mil*) auxiliary

**suppliant, e** [syplijɑ̃, -ɑ̃t] *adj* imploring

**S**

399

**supplication** [syplikasjɔ̃] nf (Rel) supplication; **supplications** nfpl (adjurations) pleas, entreaties

**supplice** [syplis] nm (peine corporelle) torture no pl; form of torture; (douleur physique, morale) torture, agony; **être au ~** to be in agony

**supplier** [syplije] vt to implore, beseech

**supplique** [syplik] nf petition

**support** [sypɔʀ] nm support; (pour livre, outils) stand; **~ audio-visuel** audio-visual aid; **~ publicitaire** advertising medium

**supportable** [sypɔʀtabl(ə)] adj (douleur, température) bearable; (procédé, conduite) tolerable

**supporter** nm [sypɔʀtɛʀ] supporter, fan ▷ vt [sypɔʀte] (poids, poussée, Sport: concurrent, équipe) to support; (conséquences, épreuve) to bear, endure; (défauts, personne) to tolerate, put up with; (chose: chaleur etc) to withstand; (personne: chaleur, vin) to take

**supposé, e** [sypoze] adj (nombre) estimated; (auteur) supposed

**supposer** [sypoze] vt to suppose; (impliquer) to presuppose; **en supposant** ou **à ~ que** supposing (that)

**supposition** [sypozisjɔ̃] nf supposition

**suppositoire** [sypozitwaʀ] nm suppository

**suppôt** [sypo] nm (péj) henchman

**suppression** [sypʀesjɔ̃] nf (voir supprimer) removal; deletion; cancellation; suppression

**supprimer** [sypʀime] vt (cloison, cause, anxiété) to remove; (clause, mot) to delete; (congés, service d'autobus etc) to cancel; (publication, article) to suppress; (emplois, privilèges, témoin gênant) to do away with; **~ qch à qn** to deprive sb of sth

**suppurer** [sypyʀe] vi to suppurate

**supputations** [sypytasjɔ̃] nfpl calculations, reckonings

**supputer** [sypyte] vt to calculate, reckon

**supranational, e, -aux** [sypʀanasjɔnal, -o] adj supranational

**suprématie** [sypʀemasi] nf supremacy

**suprême** [sypʀɛm] adj supreme

**suprêmement** [sypʀɛmmɑ̃] adv supremely

MOT-CLÉ

**sur¹** [syʀ] prép **1** (position) on; (pardessus) over; (au-dessus) above; **pose-le sur la table** put it on the table; **je n'ai pas d'argent sur moi** I haven't any money on me

**2** (direction) towards; **en allant sur Paris** going towards Paris; **sur votre droite** on ou to your right

**3** (à propos de) on, about; **un livre/une conférence sur Balzac** a book/lecture on ou about Balzac

**4** (proportion, mesures) out of; by; **un sur 10** one in 10; (Scol) one out of 10; **sur 20, deux sont venus** out of 20, two came; **4 m sur 2** 4 m by 2; **avoir accident sur accident** to have one accident after another

**5** (cause): **sur sa recommandation** on ou at his recommendation; **sur son invitation** at his invitation

**6**: **sur ce** adv whereupon; **sur ce, il faut que je vous quitte** and now I must leave you

**sur², e** [syʀ] adj sour

**sûr, e** [syʀ] adj sure, certain; (digne de confiance) reliable; (sans danger) safe; **peu ~** unreliable; **~ de qch** sure ou certain of sth; **être ~ de qn** to be sure of sb; **~ et certain** absolutely certain; **~ de soi** self-assured, self-confident; **le plus ~ est de** the safest thing is to

**surabondance** [syʀabɔ̃dɑ̃s] nf overabundance

**surabondant, e** [syʀabɔ̃dɑ̃, -ɑ̃t] adj overabundant

**surabonder** [syʀabɔ̃de] vi to be overabundant; **~ de** to abound with, have an overabundance of

**suractivité** [syʀaktivite] nf hyperactivity

**suraigu, ë** [syʀegy] adj very shrill

**surajouter** [syʀaʒute] vt: **~ qch à** to add sth to

**suralimentation** [syʀalimɑ̃tasjɔ̃] nf overfeeding; (Tech: d'un moteur) supercharging

**suralimenté, e** [syʀalimɑ̃te] adj (personne) overfed; (moteur) supercharged

**suranné, e** [syʀane] adj outdated, outmoded

**surarmement** [syʀaʀməmɑ̃] nm (excess) stockpiling of arms (ou weapons)

**surbaissé, e** [syʀbese] adj lowered, low

**surcapacité** [syʀkapasite] nf overcapacity

**surcharge** [syʀʃaʀʒ(ə)] nf (de passagers, marchandises) excess load; (de détails, d'ornements) overabundance, excess; (correction) alteration; (Postes) surcharge; **prendre des passagers en ~** to take on excess ou extra passengers; **~ de bagages** excess luggage; **~ de travail** extra work

**surchargé, e** [syʀʃaʀʒe] adj (décoration, style) over-elaborate, overfussy; (voiture, emploi du temps) overloaded

**surcharger** [syʀʃaʀʒe] vt to overload; (timbre-poste) to surcharge; (décoration) to overdo

**surchauffe** [syʀʃof] nf overheating

**surchauffé, e** [syʀʃofe] adj overheated; (fig: imagination) overactive

**surchoix** [syʀʃwa] adj inv top-quality

**surclasser** [syʀklase] vt to outclass

**surconsommation** [syʀkɔ̃sɔmasjɔ̃] nf (Écon) overconsumption

**surcoté, e** [syʀkɔte] adj overpriced

**surcouper** [syʀkupe] vt to overtrump

**surcroît** [syʀkʀwa] nm: **~ de qch** additional sth; **par** ou **de ~** moreover; **en ~** in addition

**surdi-mutité** [syʀdimytite] nf: **atteint de ~** deaf and dumb

**surdité** [syʀdite] nf deafness; **atteint de ~ totale** profoundly deaf

**surdoué, e** [syʀdwe] adj gifted

**sureau, x** [syʀo] nm elder (tree)

**sureffectif** [syʀefɛktif] nm overmanning

**surélever** [syʀɛlve] vt to raise, heighten

**sûrement** [syʀmɑ̃] adv reliably; safely, securely; (certainement) certainly; **~ pas** certainly not

**suremploi** [syʀɑ̃plwa] *nm* (*Écon*) overemployment

**surenchère** [syʀɑ̃ʃɛʀ] *nf* (*aux enchères*) higher bid; (*sur prix fixe*) overbid; (*fig*) overstatement; outbidding tactics *pl*; ~ **de violence** build-up of violence; ~ **électorale** political (*ou* electoral) one-upmanship

**surenchérir** [syʀɑ̃ʃeʀiʀ] *vi* to bid higher; to raise one's bid; (*fig*) to try and outbid each other

**surendettement** [syʀɑ̃dɛtmɑ̃] *nm* excessive debt

**surent** [syʀ] *vb voir* **savoir**

**surentraîné, e** [syʀɑ̃tʀene] *adj* overtrained

**suréquipé, e** [syʀekipe] *adj* overequipped

**surestimer** [syʀɛstime] *vt* (*tableau*) to overvalue; (*possibilité, personne*) to overestimate

**sûreté** [syʀte] *nf* (*voir sûr*) reliability; safety; (*Jur*) guaranty; surety; **mettre en** ~ to put in a safe place; **pour plus de** ~ as an extra precaution; to be on the safe side; **la** ~ **de l'État** State security; **la S~ (nationale)** *division of the Ministère de l'Intérieur heading all police forces except the gendarmerie and the Paris préfecture de police*

**surexcité, e** [syʀɛksite] *adj* overexcited

**surexciter** [syʀɛksite] *vt* (*personne*) to overexcite; **cela surexcite ma curiosité** it really rouses my curiosity

**surexploiter** [syʀɛksplwate] *vt* to overexploit

**surexposer** [syʀɛkspoze] *vt* to overexpose

**surf** [sœʀf] *nm* surfing; **faire du** ~ to go surfing

**surface** [syʀfas] *nf* surface; (*superficie*) surface area; **faire** ~ to surface; **en** ~ *adv* near the surface; (*fig*) superficially; **la pièce fait 100 m²** **de** ~ the room has a surface area of 100m²; ~ **de** **réparation** (*Sport*) penalty area; ~ **porteuse** *ou* **de sustentation** (*Aviat*) aerofoil

**surfait, e** [syʀfɛ, -ɛt] *adj* overrated

**surfer** [sœʀfe] *vi* to surf; ~ **sur Internet** to surf the Internet

**surfeur, -euse** [sœʀf ʀ, -øz] *nm/f* surfer

**surfiler** [syʀfile] *vt* (*Couture*) to oversew

**surfin, e** [syʀfɛ̃, -in] *adj* superfine

**surgélateur** [syʀʒelatœʀ] *nm* deep freeze

**surgélation** [syʀʒelasjɔ̃] *nf* deep-freezing

**surgelé, e** [syʀʒəle] *adj* (deep-)frozen

**surgeler** [syʀʒəle] *vt* to (deep-)freeze

**surgir** [syʀʒiʀ] *vi* (*personne, véhicule*) to appear suddenly; (*jaillir*) to shoot up; (*montagne etc*) to rise up, loom up; (*fig: problème, conflit*) to arise

**surhomme** [syʀɔm] *nm* superman

**surhumain, e** [syʀymɛ̃, -ɛn] *adj* superhuman

**surimposer** [syʀɛ̃poze] *vt* to overtax

**surimpression** [syʀɛ̃pʀesjɔ̃] *nf* (*Photo*) double exposure; **en** ~ superimposed

**surimprimer** [syʀɛ̃pʀime] *vt* to overstrike, overprint

**Surinam** [syʀinam] *nm*: **le** ~ Surinam

**surinfection** [syʀɛ̃fɛksjɔ̃] *nf* (*Méd*) secondary infection

**surjet** [syʀʒɛ] *nm* (*Couture*) overcast seam

**sur-le-champ** [syʀləʃɑ̃] *adv* immediately

**surlendemain** [syʀlɑ̃dmɛ̃] *nm*: **le** ~ **(soir)** two days later (in the evening); **le** ~ **de** two days after

**surligneur** [syʀliɲœʀ] *nm* (*feutre*) highlighter (pen)

**surmenage** [syʀmənaʒ] *nm* overwork; **le** ~ **intellectuel** mental fatigue

**surmené, e** [syʀməne] *adj* overworked

**surmener** [syʀməne] *vt*, **se surmener** *vi* to overwork

**surmonter** [syʀmɔ̃te] *vt* (*coupole etc*) to surmount, top; (*vaincre*) to overcome, surmount

**surmultiplié, e** [syʀmyltiplije] *adj, nf*: (**vitesse**) ~**e** overdrive

**surnager** [syʀnaʒe] *vi* to float

**surnaturel, le** [syʀnatyʀɛl] *adj, nm* supernatural

**surnom** [syʀnɔ̃] *nm* nickname

**surnombre** [syʀnɔ̃bʀ(ə)] *nm*: **être en** ~ to be too many (*ou* one too many)

**surnommer** [syʀnɔme] *vt* to nickname

**surnuméraire** [syʀnymeʀɛʀ] *nm/f* supernumerary

**suroît** [syʀwa] *nm* sou'wester

**surpasser** [syʀpɑse] *vt* to surpass; **se surpasser** *vi* to surpass o.s., excel o.s.

**surpayer** [syʀpeje] *vt* (*personne*) to overpay; (*article etc*) to pay too much for

**surpeuplé, e** [syʀpœple] *adj* overpopulated

**surpeuplement** [syʀpœpləmɑ̃] *nm* overpopulation

**surpiquer** [syʀpike] *vt* (*Couture*) to overstitch

**surpiqûre** [syʀpikyʀ] *nf* (*Couture*) overstitching

**surplace** [syʀplas] *nm*: **faire du** ~ to mark time

**surplis** [syʀpli] *nm* surplice

**surplomb** [syʀplɔ̃] *nm* overhang; **en** ~ overhanging

**surplomber** [syʀplɔ̃be] *vi* to be overhanging ▷ *vt* to overhang; (*dominer*) to tower above

**surplus** [syʀply] *nm* (*Comm*) surplus; (*reste*): ~ **de** **bois** wood left over; **au** ~ moreover; ~ **américains** American army surplus *sg*

**surpopulation** [syʀpɔpylɑsjɔ̃] *nf* overpopulation

**surprenant, e** [syʀpʀənɑ̃, -ɑ̃t] *vb voir* **surprendre** ▷ *adj* amazing

**surprendre** [syʀpʀɑ̃dʀ(ə)] *vt* (*étonner, prendre à l'improviste*) to amaze, surprise; (*secret*) to discover; (*tomber sur: intrus etc*) to catch; (*fig*) to detect; to chance *ou* happen upon; (*clin d'œil*) to intercept; (*conversation*) to overhear; (*orage, nuit etc*) to catch out, take by surprise; ~ **la** **vigilance/bonne foi de qn** to catch sb out/ betray sb's good faith; **se** ~ **à faire** to catch *ou* find o.s. doing

**surprime** [syʀpʀim] *nf* additional premium

**surpris, e** [syʀpʀi, -iz] *pp de* **surprendre** ▷ *adj*: ~ **(de/que)** amazed *ou* surprised (at/that)

**surprise** [syʀpʀiz] *nf* surprise; **faire une** ~ **à qn** to give sb a surprise; **voyage sans** ~**s** uneventful journey; **par** ~ by surprise

**surprise-partie** [syʀpʀizpaʀti] *nf* party

**surprit** [syʀpʀi] *vb voir* **surprendre**

**surproduction** [syʀpʀɔdyksjɔ̃] *nf* overproduction

**surréaliste** [syʀʀealist(ə)] *adj, nm/f* surrealist

**sursaut** [syʀso] *nm* start, jump; **~ de** (*énergie, indignation*) sudden fit *ou* burst of; **en ~** *adv* with a start

**sursauter** [syʀsote] *vi* to (give a) start, jump

**surseoir** [syʀswaʀ]: **~ à** *vt* to defer; (*Jur*) to stay

**sursis** [syʀsi] *nm* (*Jur: gén*) suspended sentence; (*à l'exécution capitale, aussi fig*) reprieve; (*Mil*): **~ (d'appel ou d'incorporation)** deferment; **condamné à cinq mois (de prison) avec ~** given a five-month suspended (prison) sentence

**sursitaire** [syʀsiteʀ] *nm* (*Mil*) deferred conscript

**sursois** [syʀswa], **sursoyais** *etc* [syʀswaje] *vb voir* **surseoir**

**surtaxe** [syʀtaks(ə)] *nf* surcharge

**surtension** [syʀtɑ̃sjɔ̃] *nf* (*Élec*) overvoltage

**surtout** [syʀtu] *adv* (*avant tout, d'abord*) above all; (*spécialement, particulièrement*) especially; **il aime le sport, ~ le football** he likes sport, especially football; **cet été, il a ~ fait de la pêche** this summer he went fishing more than anything (else); **~ pas d'histoires!** no fuss now!; **~, ne dites rien!** whatever you do – don't say anything!; **~ pas!** certainly *ou* definitely not!; **~ que ...** especially as ...

**survécu, e** [syʀveky] *pp de* **survivre**

**surveillance** [syʀvejɑ̃s] *nf* watch; (*Police, Mil*) surveillance; **sous ~ médicale** under medical supervision; **la ~ du territoire** internal security; *voir aussi* DST

**surveillant, e** [syʀvejɑ̃, -ɑ̃t] *nm/f* (*de prison*) warder; (*Scol*) monitor; (*de travaux*) supervisor, overseer

**surveiller** [syʀveje] *vt* (*enfant, élèves, bagages*) to watch, keep an eye on; (*malade*) to watch over; (*prisonnier, suspect*) to keep (a) watch on; (*territoire, bâtiment*) to keep watch over; (*travaux, cuisson*) to supervise; (*Scol: examen*) to invigilate; **se surveiller** to keep a check *ou* watch on o.s.; **~ son langage/sa ligne** to watch one's language/figure

**survenir** [syʀvəniʀ] *vi* (*incident, retards*) to occur, arise; (*événement*) to take place; (*personne*) to appear, arrive

**survenu, e** [syʀv(ə)ny] *pp de* **survenir**

**survêt** [syʀvɛt], **survêtement** [syʀvɛtmɑ̃] *nm* tracksuit (*Brit*), sweat suit (*US*)

**survie** [syʀvi] *nf* survival; (*Rel*) afterlife; **équipement de ~** survival equipment; **une ~ de quelques mois** a few more months of life

**surviens** [syʀvjɛ̃], **survint** *etc* [syʀvɛ̃] *vb voir* **survenir**

**survit** *etc* [syʀvi] *vb voir* **survivre**

**survitrage** [syʀvitʀaʒ] *nm* double-glazing

**survivance** [syʀvivɑ̃s] *nf* relic

**survivant, e** [syʀvivɑ̃, -ɑ̃t] *vb voir* **survivre** ▷ *nm/f* survivor

**survivre** [syʀvivʀ(ə)] *vi* to survive; **~ à** *vt* (*accident etc*) to survive; (*personne*) to outlive; **la victime a peu de chance de ~** the victim has little hope of survival

**survol** [syʀvɔl] *nm* flying over

**survoler** [syʀvɔle] *vt* to fly over; (*fig: livre*) to skim through; (*: question, problèmes*) to skim over

**survolté, e** [syʀvɔlte] *adj* (*Élec*) stepped up, boosted; (*fig*) worked up

**sus** [sy(s)]: **en ~ de** *prép* in addition to, over and above; **en ~** *adv* in addition; **~ à** *excl*: **~ au tyran!** at the tyrant! *vb* [sy] *voir* **savoir**

**susceptibilité** [sysɛptibilite] *nf* sensitivity *no pl*

**susceptible** [sysɛptibl(ə)] *adj* touchy, sensitive; **~ d'amélioration** *ou* **d'être amélioré** that can be improved, open to improvement; **~ de faire** (*capacité*) able to do; (*probabilité*) liable to do

**susciter** [sysite] *vt* (*admiration*) to arouse; (*obstacles, ennuis*): **~ (à qn)** to create (for sb)

**susdit, e** [sysdi, -dit] *adj* foresaid

**susmentionné, e** [sysmɑ̃sjɔne] *adj* above-mentioned

**susnommé, e** [sysnɔme] *adj* above-named

**suspect, e** [syspɛ(kt), -ɛkt(ə)] *adj* suspicious; (*témoignage, opinions, vin etc*) suspect ▷ *nm/f* suspect; **peu ~ de** most unlikely to be suspected of

**suspecter** [syspɛkte] *vt* to suspect; (*honnêteté de qn*) to question, have one's suspicions about; **~ qn d'être/d'avoir fait qch** to suspect sb of being/having done sth

**suspendre** [syspɑ̃dʀ(ə)] *vt* (*accrocher: vêtement*): **~ qch (à)** to hang sth up (on); (*fixer: lustre etc*): **~ qch à** to hang sth from; (*interrompre, démettre*) to suspend; (*remettre*) to defer; **se ~ à** to hang from

**suspendu, e** [syspɑ̃dy] *pp de* **suspendre** ▷ *adj* (*accroché*): **~ à** hanging on (*ou* from); (*perché*): **~ au-dessus de** suspended over; (*Auto*): **bien/mal ~** with good/poor suspension; **être ~ aux lèvres de qn** to hang upon sb's every word

**suspens** [syspɑ̃]: **en ~** *adv* (*affaire*) in abeyance; **tenir en ~** to keep in suspense

**suspense** [syspɑ̃s] *nm* suspense

**suspension** [syspɑ̃sjɔ̃] *nf* suspension; deferment; (*Auto*) suspension; (*lustre*) pendant light fitting; **en ~** in suspension, suspended; **~ d'audience** adjournment

**suspicieux, -euse** [syspisjø, -øz] *adj* suspicious

**suspicion** [syspisjɔ̃] *nf* suspicion

**sustentation** [systɑ̃tasjɔ̃] *nf* (*Aviat*) lift; **base** *ou* **polygone de ~** support polygon

**sustenter** [systɑ̃te]: **se sustenter** *vi* to take sustenance

**susurrer** [sysyʀe] *vt* to whisper

**sut** [sy] *vb voir* **savoir**

**suture** [sytyʀ] *nf*: **point de ~** stitch

**suturer** [sytyʀe] *vt* to stitch up, suture

**suzeraineté** [syzʀɛnte] *nf* suzerainty

**svelte** [svɛlt(ə)] *adj* slender, svelte

**SVP** *sigle* (= *s'il vous plaît*) please

**Swaziland** [swazilɑ̃d] *nm*: **le ~** Swaziland

**sweat** [swit] *nm* (*fam*) sweatshirt

**sweat-shirt** [switʃœʀt] (*pl* **-s**) *nm* sweatshirt

**syllabe** [silab] *nf* syllable

**sylphide** [silfid] *nf (fig)*: **sa taille de** ~ her sylph-like figure
**sylvestre** [silvɛstʀ(ə)] *adj*: **pin** ~ Scots pine, Scotch fir
**sylvicole** [silvikɔl] *adj* forestry *cpd*
**sylviculteur** [silvikyltœʀ] *nm* forester
**sylviculture** [silvikyltyʀ] *nf* forestry, sylviculture
**symbole** [sɛ̃bɔl] *nm* symbol
**symbolique** [sɛ̃bɔlik] *adj* symbolic; *(geste, offrande)* token *cpd*; *(salaire, dommages-intérêts)* nominal
**symboliquement** [sɛ̃bɔlikmɑ̃] *adv* symbolically
**symboliser** [sɛ̃bɔlize] *vt* to symbolize
**symétrie** [simetʀi] *nf* symmetry
**symétrique** [simetʀik] *adj* symmetrical
**symétriquement** [simetʀikmɑ̃] *adv* symmetrically
**sympa** [sɛ̃pa] *adj inv* (= *sympathique*) nice; friendly; good
**sympathie** [sɛ̃pati] *nf (inclination)* liking; *(affinité)* fellow feeling; *(condoléances)* sympathy; **accueillir avec** ~ *(projet)* to receive favourably; **avoir de la** ~ **pour qn** to like sb, have a liking for sb; **témoignages de** ~ expressions of sympathy; **croyez à toute ma** ~ you have my deepest sympathy
**sympathique** [sɛ̃patik] *adj (personne, figure)* nice, friendly, likeable; *(geste)* friendly; *(livre)* good; *(déjeuner)* nice; *(réunion, endroit)* pleasant, nice
**sympathisant, e** [sɛ̃patizɑ̃, -ɑ̃t] *nm/f* sympathizer
**sympathiser** [sɛ̃patize] *vi (voisins etc: s'entendre)* to get on *(Brit) ou* along *(US)* (well); *(: se fréquenter)* to socialize, see each other; ~ **avec** to get on *ou* along (well) with, to see, socialize with
**symphonie** [sɛ̃fɔni] *nf* symphony
**symphonique** [sɛ̃fɔnik] *adj (orchestre, concert)* symphony *cpd*; *(musique)* symphonic
**symposium** [sɛ̃pozjɔm] *nm* symposium
**symptomatique** [sɛ̃ptɔmatik] *adj* symptomatic
**symptôme** [sɛ̃ptom] *nm* symptom
**synagogue** [sinagɔg] *nf* synagogue
**synchrone** [sɛ̃kʀɔn] *adj* synchronous
**synchronique** [sɛ̃kʀɔnik] *adj*: **tableau** ~ synchronic table of events
**synchronisation** [sɛ̃kʀɔnizasjɔ̃] *nf* synchronization; *(Auto)*: ~ **des vitesses** synchromesh
**synchronisé, e** [sɛ̃kʀɔnize] *adj* synchronized
**synchroniser** [sɛ̃kʀɔnize] *vt* to synchronize

**syncope** [sɛ̃kɔp] *nf (Méd)* blackout; *(Mus)* syncopation; **tomber en** ~ to faint, pass out
**syncopé, e** [sɛ̃kɔpe] *adj* syncopated
**syndic** [sɛ̃dik] *nm* managing agent
**syndical, e, -aux** [sɛ̃dikal, -o] *adj* (trade-)union *cpd*; **centrale ~e** group of affiliated trade unions
**syndicalisme** [sɛ̃dikalism(ə)] *nm (mouvement)* trade unionism; *(activités)* union(ist) activities *pl*
**syndicaliste** [sɛ̃dikalist(ə)] *nm/f* trade unionist
**syndicat** [sɛ̃dika] *nm (d'ouvriers, employés)* (trade(s)) union; *(autre association d'intérêts)* union, association; ~ **d'initiative (SI)** tourist office *ou* bureau; ~ **patronal** employers' syndicate, federation of employers; ~ **de propriétaires** association of property owners
**syndiqué, e** [sɛ̃dike] *adj* belonging to a (trade) union; **non** ~ non-union
**syndiquer** [sɛ̃dike]: **se syndiquer** *vi* to form a trade union; *(adhérer)* to join a trade union
**syndrome** [sɛ̃dʀom] *nm* syndrome; ~ **prémenstruel** premenstrual syndrome (PMS)
**synergie** [sinɛʀʒi] *nf* synergy
**synode** [sinɔd] *nm* synod
**synonyme** [sinɔnim] *adj* synonymous ▷ *nm* synonym; ~ **de** synonymous with
**synopsis** [sinɔpsis] *nm ou nf* synopsis
**synoptique** [sinɔptik] *adj*: **tableau** ~ synoptic table
**synovie** [sinɔvi] *nf* synovia; **épanchement de** ~ water on the knee
**syntaxe** [sɛ̃taks(ə)] *nf* syntax
**synthèse** [sɛ̃tɛz] *nf* synthesis; **faire la** ~ **de** to synthesize
**synthétique** [sɛ̃tetik] *adj* synthetic
**synthétiser** [sɛ̃tetize] *vt* to synthesize
**synthétiseur** [sɛ̃tetizœʀ] *nm (Mus)* synthesizer
**syphilis** [sifilis] *nf* syphilis
**Syrie** [siʀi] *nf*: **la** ~ Syria
**syrien, ne** [siʀjɛ̃, -ɛn] *adj* Syrian ▷ *nm/f*: **Syrien, ne** Syrian
**systématique** [sistematik] *adj* systematic
**systématiquement** [sistematikmɑ̃] *adv* systematically
**systématiser** [sistematize] *vt* to systematize
**système** [sistɛm] *nm* system; **le ~ D** resourcefulness; ~ **décimal** decimal system; ~ **expert** expert system; ~ **d'exploitation** *(Inform)* operating system; ~ **immunitaire** immune system; ~ **métrique** metric system; ~ **solaire** solar system

S

**T, t** [te] *nm inv* T, t ▷ *abr* (= *tonne*) t; **T comme Thérèse** T for Tommy

**t'** [t(ə)] *pron voir* **te**

**ta** [ta] *adj poss voir* **ton**

**tabac** [taba] *nm* tobacco; *(aussi:* **débit** *ou* **bureau de tabac)** tobacconist's (shop) ▷ *adj inv:* **(couleur)** ~ buff, tobacco *cpd;* **passer qn à** ~ to beat sb up; **faire un** ~ *(fam)* to be a big hit; ~ **blond/brun** light/dark tobacco; ~ **gris** shag; ~ **à priser** snuff

**tabagie** [tabaʒi] *nf* smoke den

**tabagisme** [tabaʒism(ə)] *nm* nicotine addiction; ~ **passif** passive smoking

**tabasser** [tabase] *vt* to beat up

**tabatière** [tabatjɛʀ] *nf* snuffbox

**tabernacle** [tabɛʀnakl(ə)] *nm* tabernacle

**table** [tabl(ə)] *nf* table; **avoir une bonne** ~ to keep a good table; **à** ~! dinner *etc* is ready!; **se mettre à** ~ to sit down to eat; *(fig: fam)* to come clean; **mettre** *ou* **dresser/desservir la** ~ to lay *ou* set/clear the table; **faire** ~ **rase de** to make a clean sweep of; ~ **basse** coffee table; ~ **de cuisson** *(à l'électricité)* hotplate; *(au gaz)* gas ring; ~ **d'écoute** wire-tapping set; ~ **d'harmonie** sounding board; ~ **d'hôte** set menu; ~ **de lecture** turntable; ~ **des matières** (table of) contents *pl;* ~ **de multiplication** multiplication table; ~ **des négociations** negotiating table; ~ **de nuit** *ou* **de chevet** bedside table; ~ **ronde** *(débat)* round table; ~ **roulante** (tea) trolley; ~ **de toilette** washstand; ~ **traçante** *(Inform)* plotter

**tableau, x** [tablo] *nm (Art)* painting; *(reproduction, fig)* picture; *(panneau)* board; *(schéma)* table, chart; ~ **d'affichage** notice board; ~ **de bord** dashboard; *(Aviat)* instrument panel; ~ **de chasse** tally; ~ **de contrôle** console, control panel; ~ **de maître** masterpiece; ~ **noir** blackboard

**tablée** [table] *nf (personnes)* table

**tabler** [table] *vi:* ~ **sur** to count *ou* bank on

**tablette** [tablɛt] *nf (planche)* shelf; ~ **de chocolat** bar of chocolate

**tableur** [tablœʀ] *nm (Inform)* spreadsheet

**tablier** [tablije] *nm* apron; *(de pont)* roadway; *(de cheminée)* (flue-)shutter

**tabou, e** [tabu] *adj, nm* taboo

**tabouret** [tabuʀɛ] *nm* stool

**tabulateur** [tabylatœʀ] *nm (Tech)* tabulator

**tac** [tak] *nm:* **du** ~ **au** ~ tit for tat

**tache** [taʃ] *nf (saleté)* stain, mark; *(Art: de couleur, lumière)* spot; splash, patch; **faire** ~ **d'huile** to spread, gain ground; ~ **de rousseur** *ou* **de son** freckle; ~ **de vin** *(sur la peau)* strawberry mark

**tâche** [taʃ] *nf* task; **travailler à la** ~ to do piecework

**tacher** [taʃe] *vt* to stain, mark; *(fig)* to sully, stain; **se tacher** *vi (fruits)* to become marked

**tâcher** [taʃe] *vi:* ~ **de faire** to try to do, endeavour *(Brit)* ou endeavor *(US)* to do

**tâcheron** [taʃʀɔ̃] *nm (fig)* drudge

**tacheté, e** [taʃte] *adj:* ~ **de** speckled *ou* spotted with

**tachisme** [taʃism(ə)] *nm (Peinture)* tachisme

**tachygraphe** [takigʀaf] *nm* tachograph

**tachymètre** [takimɛtʀ(ə)] *nm* tachometer

**tacite** [tasit] *adj* tacit

**tacitement** [tasitmɑ̃] *adv* tacitly

**taciturne** [tasityʀn(ə)] *adj* taciturn

**tacot** [tako] *nm (péj: voiture)* banger *(Brit)*, clunker *(US)*

**tact** [takt] *nm* tact; **avoir du** ~ to be tactful, have tact

**tacticien, ne** [taktisjɛ̃, -ɛn] *nm/f* tactician

**tactile** [taktil] *adj* tactile

**tactique** [taktik] *adj* tactical ▷ *nf (technique)* tactics *nsg; (plan)* tactic

**Tadjikistan** [tadʒikistɑ̃] *nm* Tajikistan

**taffetas** [tafta] *nm* taffeta

**Tage** [taʒ] *nm:* **le** ~ the (river) Tagus

**Tahiti** [taiti] *nf* Tahiti

**tahitien, ne** [taisjɛ̃, -ɛn] *adj* Tahitian

**taie** [tɛ] *nf:* ~ **(d'oreiller)** pillowslip, pillowcase

**taillader** [tɑjade] *vt* to gash

**taille** [tɑj] *nf* cutting; pruning; *(milieu du corps)* waist; *(hauteur)* height; *(grandeur)* size; **de** ~ **à faire** capable of doing; **de** ~ *adj* sizeable; **quelle** ~ **faites- vous?** what size are you?

**taillé, e** [taje] *adj (moustache, ongles, arbre)* trimmed; ~ **pour** *(fait pour, apte à)* cut out for; tailor-made for; ~ **en pointe** sharpened to a point

**taille-crayon, taille-crayons** [tɑjkʀɛjɔ̃] *nm inv*
pencil sharpener

**tailler** [tɑje] *vt* (*pierre, diamant*) to cut; (*arbre,
plante*) to prune; (*vêtement*) to cut out; (*crayon*) to
sharpen; **se tailler** *vt* (*ongles, barbe*) to trim, cut;
(*fig: réputation*) to gain, win ▷ *vi* (*fam: s'enfuir*) to
beat it; **~ dans** (*chair, bois*) to cut into; **~ grand/
petit** to be on the large/small side

**tailleur** [tɑjœʀ] *nm* (*couturier*) tailor; (*vêtement*)
suit, costume; **en ~** (*assis*) cross-legged; **~ de
diamants** diamond-cutter

**taillis** [tɑji] *nm* copse

**tain** [tɛ̃] *nm* silvering; **glace sans ~** two-way
mirror

**taire** [tɛʀ] *vt* to keep to o.s., conceal ▷ *vi*: **faire ~
qn** to make sb be quiet; (*fig*) to silence sb; **se
taire** *vi* (*s'arrêter de parler*) to fall silent, stop
talking; (*ne pas parler*) to be silent *ou* quiet;
(*s'abstenir de s'exprimer*) to keep quiet; (*bruit, voix*) to
disappear; **tais-toi!, taisez-vous!** be quiet!

**Taiwan** [tajwan] *nf* Taiwan

**talc** [talk] *nm* talc, talcum powder

**talé, e** [tale] *adj* (*fruit*) bruised

**talent** [talɑ̃] *nm* talent; **avoir du ~** to be
talented, have talent

**talentueux, -euse** [talɑ̃tɥø, -øz] *adj* talented

**talion** [taljɔ̃] *nm*: **la loi du ~** an eye for an eye

**talisman** [talismɑ̃] *nm* talisman

**talkie-walkie** [tɔkiwɔki] *nm* walkie-talkie

**taloche** [talɔʃ] *nf* (*fam: claque*) slap; (*Tech*) plaster
float

**talon** [talɔ̃] *nm* heel; (*de chèque, billet*) stub,
counterfoil (*Brit*); **~s plats/aiguilles** flat/
stiletto heels; **être sur les ~s de qn** to be on
sb's heels; **tourner les ~s** to turn on one's heel;
**montrer les ~s** (*fig*) to show a clean pair of
heels

**talonner** [talɔne] *vt* to follow hard behind; (*fig*)
to hound; (*Rugby*) to heel

**talonnette** [talɔnɛt] *nf* (*de chaussure*) heelpiece;
(*de pantalon*) stirrup

**talquer** [talke] *vt* to put talc(um powder) on

**talus** [taly] *nm* embankment; **~ de remblai/
déblai** embankment/excavation slope

**tamarin** [tamaʀɛ̃] *nm* (*Bot*) tamarind

**tambour** [tɑ̃buʀ] *nm* (*Mus, also Tech*) drum;
(*musicien*) drummer; (*porte*) revolving door(s *pl*);
**sans ~ ni trompette** unobtrusively

**tambourin** [tɑ̃buʀɛ̃] *nm* tambourine

**tambouriner** [tɑ̃buʀine] *vi*: **~ contre** to drum
against *ou* on

**tambour-major** [tɑ̃buʀmaʒɔʀ] (*pl* **tambours-
majors**) *nm* drum major

**tamis** [tami] *nm* sieve

**Tamise** [tamiz] *nf*: **la ~** the Thames

**tamisé, e** [tamize] *adj* (*fig*) subdued, soft

**tamiser** [tamize] *vt* to sieve, sift

**tampon** [tɑ̃pɔ̃] *nm* (*de coton, d'ouate*) pad; (*aussi:
**tampon hygiénique** *ou* **périodique**) tampon;
(*amortisseur, Inform: aussi:* **mémoire tampon**)
buffer; (*bouchon*) plug, stopper; (*cachet, timbre*)
stamp; (*Chimie*) buffer; **~ encreur** inking pad; **~**

**(à récurer)** scouring pad

**tamponné, e** [tɑ̃pɔne] *adj*: **solution ~e** buffer
solution

**tamponner** [tɑ̃pɔne] *vt* (*timbres*) to stamp;
(*heurter*) to crash *ou* ram into; (*essuyer*) to mop up;
**se tamponner** (*voitures*) to crash (into each
other)

**tamponneuse** [tɑ̃pɔnøz] *adj f*: **autos ~s**
dodgems, bumper cars

**tam-tam** [tamtam] *nm* tomtom

**tancer** [tɑ̃se] *vt* to scold

**tanche** [tɑ̃ʃ] *nf* tench

**tandem** [tɑ̃dɛm] *nm* tandem; (*fig*) duo, pair

**tandis** [tɑ̃di]: **~ que** *conj* while

**tangage** [tɑ̃gaʒ] *nm* pitching (and tossing)

**tangent, e** [tɑ̃ʒɑ̃, -ɑ̃t] *adj* (*Math*): **~ à** tangential
to; (*fam: de justesse*) close ▷ *nf* (*Math*) tangent

**Tanger** [tɑ̃ʒe] *n* Tangier

**tango** [tɑ̃go] *nm* (*Mus*) tango ▷ *adj inv* (*couleur*)
dark orange

**tanguer** [tɑ̃ge] *vi* to pitch (and toss)

**tanière** [tanjɛʀ] *nf* lair, den

**tanin** [tanɛ̃] *nm* tannin

**tank** [tɑ̃k] *nm* tank

**tanker** [tɑ̃kɛʀ] *nm* tanker

**tankini** [tɑ̃kini] *nm* tankini

**tanné, e** [tane] *adj* weather-beaten

**tanner** [tane] *vt* to tan

**tannerie** [tanʀi] *nf* tannery

**tanneur** [tanœʀ] *nm* tanner

**tant** [tɑ̃] *adv* so much; **~ de** (*sable, eau*) so much;
(*gens, livres*) so many; **~ que** *conj* as long as; **~
que** (*comparatif*) as much as; **~ mieux** that's
great; so much the better; **~ mieux pour lui**
good for him; **~ pis** too bad; **un ~ soit peu** (*un
peu*) a little bit; (*même un peu*) (even) remotely; **~
bien que mal** as well as can be expected; **~ s'en
faut** far from it, not by a long way

**tante** [tɑ̃t] *nf* aunt

**tantinet** [tɑ̃tinɛ]: **un ~** *adv* a tiny bit

**tantôt** [tɑ̃to] *adv* (*parfois*): **~ ... ~** now ... now; (*cet
après-midi*) this afternoon

**Tanzanie** [tɑ̃zani] *nf*: **la ~** Tanzania

**tanzanien, ne** [tɑ̃zanjɛ̃, -ɛn] *adj* Tanzanian

**TAO** *sigle f* (= *traduction assistée par ordinateur*) MAT
(= *machine-aided translation*)

**taon** [tɑ̃] *nm* horsefly, gadfly

**tapage** [tapaʒ] *nm* uproar, din; (*fig*) fuss, row; **~
nocturne** (*Jur*) disturbance of the peace (*at
night*)

**tapageur, -euse** [tapaʒœʀ, -øz] *adj* (*bruyant:
enfants etc*) noisy; (*toilette*) loud, flashy; (*publicité*)
obtrusive

**tape** [tap] *nf* slap

**tape-à-l'œil** [tapalœj] *adj inv* flashy, showy

**taper** [tape] *vt* (*personne*) to clout; (*porte*) to bang,
slam; (*dactylographier*) to type (out); (*Inform*) to
key(board); (*fam: emprunter*): **~ qn de 10 euros** to
touch sb for 10 euros, cadge 10 euros off sb ▷ *vi*
(*soleil*) to beat down; **se taper** *vt* (*fam: travail*) to
get landed with; (: *boire, manger*) to down; **~ sur
qn** to thump sb; (*fig*) to run sb down; **~ sur qch**

(clou etc) to hit sth; (table etc) to bang on sth; ~ **à** (porte etc) to knock on; ~ **dans** (se servir) to dig into; ~ **des mains/pieds** to clap one's hands/stamp one's feet; ~ **(à la machine)** to type

**tapi, e** [tapi] adj: ~ **dans/derrière** (blotti) crouching ou cowering in/behind; (caché) hidden away in/behind

**tapinois** [tapinwa]: **en ~** adv stealthily

**tapioca** [tapjɔka] nm tapioca

**tapir** [tapiʀ]: **se tapir** vi to hide away

**tapis** [tapi] nm carpet; (de table) cloth; **mettre sur le ~** (fig) to bring up for discussion; **aller au ~** (Boxe) to go down; **envoyer au ~** (Boxe) to floor; ~ **roulant** conveyor belt; ~ **de sol** (de tente) groundsheet; ~ **de souris** (Inform) mouse mat

**tapis-brosse** [tapibʀɔs] nm doormat

**tapisser** [tapise] vt (avec du papier peint) to paper; (recouvrir): ~ **qch (de)** to cover sth (with)

**tapisserie** [tapisʀi] nf (tenture, broderie) tapestry; (: travail) tapestry-making; (: ouvrage) tapestry work; (papier peint) wallpaper; (fig): **faire ~** to sit out, be a wallflower

**tapissier, -ière** [tapisje, -jɛʀ] nm/f: **~-décorateur** upholsterer and decorator

**tapoter** [tapɔte] vt to pat, tap

**taquet** [takɛ] nm (cale) wedge; (cheville) peg

**taquin, e** [takɛ̃, -in] adj teasing

**taquiner** [takine] vt to tease

**taquinerie** [takinʀi] nf teasing no pl

**tarabiscoté, e** [taʀabiskɔte] adj over-ornate, fussy

**tarabuster** [taʀabyste] vt to bother, worry

**tarama** [taʀama] nm (Culin) taramasalata

**tarauder** [taʀode] vt (Tech) to tap; to thread; (fig) to pierce

**tard** [taʀ] adv late; **au plus ~** at the latest; **plus ~** later (on) ▷ nm: **sur le ~** (à une heure avancée) late in the day; (vers la fin de la vie) late in life

**tarder** [taʀde] vi (chose) to be a long time coming; (personne): ~ **à faire** to delay doing; **il me tarde d'être** I am longing to be; **sans (plus) ~** without (further) delay

**tardif, -ive** [taʀdif, -iv] adj (heure, repas, fruit) late; (talent, goût) late in developing

**tardivement** [taʀdivmã] adv late

**tare** [taʀ] nf (Comm) tare; (fig) defect; blemish

**taré, e** [taʀe] nm/f cretin

**targette** [taʀʒɛt] nf (verrou) bolt

**targuer** [taʀge]: **se ~ de** vt to boast about

**tarif** [taʀif] nm (liste) price list, tariff (Brit); (barème) rate, rates pl, tariff (Brit); (: de taxis etc) fares pl; **voyager à plein ~/à ~ réduit** to travel at full/reduced fare

**tarifaire** [taʀifɛʀ] adj (voir tarif) relating to price lists etc

**tarifé, e** [taʀife] adj: **~ 10 euros** priced at 10 euros

**tarifer** [taʀife] vt to fix the price ou rate for

**tarification** [taʀifikasjɔ̃] nf fixing of a price scale

**tarir** [taʀiʀ] vi to dry up, run dry ▷ vt to dry up

**tarot** [taʀo], **tarots** nm(pl) tarot cards

**tartare** [taʀtaʀ] adj (Culin) tartar(e)

**tarte** [taʀt(ə)] nf tart; ~ **aux pommes/à la crème** apple/custard tart

**tartelette** [taʀtəlɛt] nf tartlet

**tartine** [taʀtin] nf slice of bread (and butter (ou jam)); ~ **de miel** slice of bread and honey; ~ **beurrée** slice of bread and butter

**tartiner** [taʀtine] vt to spread; **fromage à ~** cheese spread

**tartre** [taʀtʀ(ə)] nm (des dents) tartar; (de chaudière) fur, scale

**tas** [ta] nm heap, pile; (fig): **un ~ de** heaps of, lots of; **en ~** in a heap ou pile; **dans le ~** (fig) in the crowd; among them; **formé sur le ~** trained on the job

**Tasmanie** [tasmani] nf: **la ~** Tasmania

**tasmanien, ne** [tasmanjɛ̃, -ɛn] adj Tasmanian

**tasse** [tas] nf cup; **boire la ~** (en se baignant) to swallow a mouthful; ~ **à café/thé** coffee/teacup

**tassé, e** [tase] adj: **bien ~** (café etc) strong

**tasseau, x** [taso] nm length of wood

**tassement** [tasmã] nm (de vertèbres) compression; (Écon, Pol: ralentissement) fall-off, slowdown; (Bourse) dullness

**tasser** [tase] vt (terre, neige) to pack down; (entasser): ~ **qch dans** to cram sth into; **se tasser** vi (terrain) to settle; (personne: avec l'âge) to shrink; (fig) to sort itself out, settle down

**tâter** [tate] vt to feel; (fig) to sound out; ~ **de** (prison etc) to have a taste of; **se tâter** (hésiter) to be in two minds; ~ **le terrain** (fig) to test the ground

**tatillon, ne** [tatijɔ̃, -ɔn] adj pernickety

**tâtonnement** [tatɔnmã] nm: **par ~s** (fig) by trial and error

**tâtonner** [tatɔne] vi to grope one's way along; (fig) to grope around (in the dark)

**tâtons** [tatɔ̃]: **à ~** adv: **chercher/avancer à ~** to grope around for/grope one's way forward

**tatouage** [tatwaʒ] nm tattooing; (dessin) tattoo

**tatouer** [tatwe] vt to tattoo

**taudis** [todi] nm hovel, slum

**taule** [tol] nf (fam) nick (Brit), jail

**taupe** [top] nf mole; (peau) moleskin

**taupinière** [topinjɛʀ] nf molehill

**taureau, x** [tɔʀo] nm bull; (signe): **le T~** Taurus, the Bull; **être du T~** to be Taurus

**taurillon** [tɔʀijɔ̃] nm bull-calf

**tauromachie** [tɔʀɔmaʃi] nf bullfighting

**taux** [to] nm rate; (d'alcool) level; ~ **d'escompte** discount rate; ~ **d'intérêt** interest rate; ~ **de mortalité** mortality rate

**tavelé, e** [tavle] adj marked

**taverne** [tavɛʀn(ə)] nf inn, tavern

**taxable** [taksabl(ə)] adj taxable

**taxation** [taksasjɔ̃] nf taxation; (Tél) charges pl

**taxe** [taks(ə)] nf tax; (douanière) duty; **toutes ~s comprises (TTC)** inclusive of tax; ~ **de base** (Tél) unit charge; ~ **de séjour** tourist tax; ~ **à ou sur la valeur ajoutée (TVA)** value added tax (VAT)

**taxer** [takse] vt (personne) to tax; (produit) to put a

tax on, tax; ~ **qn de qch** (*qualifier*) to call sb sth; (*accuser*) to accuse sb of sth, tax sb with sth
**taxi** [taksi] *nm* taxi
**taxidermie** [taksidɛʀmi] *nf* taxidermy
**taxidermiste** [taksidɛʀmist(ə)] *nm/f* taxidermist
**taximètre** [taksimɛtʀ(ə)] *nm* (taxi)meter
**taxiphone** [taksifɔn] *nm* pay phone
**TB** *abr* = **très bien, très bon**
**tbe** *abr* (= *très bon état*) VGC, vgc
**TCF** *sigle m* (= *Touring Club de France*) ≈ AA *ou* RAC (*Brit*), ≈ AAA (*US*)
**Tchad** [tʃad] *nm*: **le** ~ Chad
**tchadien, ne** [tʃadjɛ̃, -ɛn] *adj* Chad(ian), of *ou* from Chad
**tchao** [tʃao] *excl* (*fam*) bye(-bye)!
**tchécoslovaque** [tʃekɔslɔvak] *adj* Czechoslovak(ian) ▷ *nm/f*: **Tchécoslovaque** Czechoslovak(ian)
**Tchécoslovaquie** [tʃekɔslɔvaki] *nf*: **la** ~ Czechoslovakia
**tchèque** [tʃɛk] *adj* Czech ▷ *nm* (*Ling*) Czech ▷ *nm/f*: **Tchèque** Czech; **la République** ~ the Czech Republic
**Tchétchénie** [tʃetʃeni] *nf*: **la** ~ Chechnya
**TCS** *sigle m* (= *Touring Club de Suisse*) ≈ AA *ou* RAC (*Brit*), ≈ AAA (*US*)
**TD** *sigle mpl* = **travaux dirigés**
**te, t'** [t(ə)] *pron* you; (*réfléchi*) yourself
**té** [te] *nm* T-square
**technicien, ne** [tɛknisjɛ̃, -ɛn] *nm/f* technician
**technicité** [tɛknisite] *nf* technical nature
**technico-commercial, e, -aux** [tɛknikokɔmɛʀsjal, -o] *adj*: **agent** ~ sales technician
**technique** [tɛknik] *adj* technical ▷ *nf* technique
**techniquement** [tɛknikmɑ̃] *adv* technically
**techno** [tɛkno] *nf* (*fam: Mus*): **la (musique)** ~ techno (music); (*fam*) = **technologie**
**technocrate** [tɛknɔkʀat] *nm/f* technocrat
**technocratie** [tɛknɔkʀasi] *nf* technocracy
**technologie** [tɛknɔlɔʒi] *nf* technology
**technologique** [tɛknɔlɔʒik] *adj* technological
**technologue** [tɛknɔlɔg] *nm/f* technologist
**teck** [tɛk] *nm* teak
**teckel** [tekɛl] *nm* dachshund
**tee-shirt** [tiʃœʀt] *nm* T-shirt, tee-shirt
**Téhéran** [teeʀɑ̃] *n* Teheran
**teigne** [tɛɲ] *vb voir* **teindre** ▷ *nf* (*Zool*) moth; (*Méd*) ringworm
**teigneux, -euse** [tɛɲø, -øz] *adj* (*péj*) nasty, scabby
**teindre** [tɛ̃dʀ(ə)] *vt* to dye; **se** ~ **(les cheveux)** to dye one's hair
**teint, e** [tɛ̃, tɛ̃t] *pp de* **teindre** ▷ *adj* dyed ▷ *nm* (*du visage: permanent*) complexion, colouring (*Brit*), coloring (*US*); (*momentané*) colour (*Brit*), color (*US*) ▷ *nf* shade, colour, color; (*fig: petite dose*): **une ~e de** a hint of; **grand** ~ *adj inv* colourfast; **bon** ~ *adj inv* (*couleur*) fast; (*tissu*) colourfast; (*personne*) staunch, firm

**teinté, e** [tɛ̃te] *adj* (*verres*) tinted; (*bois*) stained; ~ **acajou** mahogany-stained; ~ **de** (*fig*) tinged with
**teinter** [tɛ̃te] *vt* to tint; (*bois*) to stain; (*fig: d'ironie etc*) to tinge
**teinture** [tɛ̃tyʀ] *nf* dyeing; (*substance*) dye; (*Méd*): ~ **d'iode** tincture of iodine
**teinturerie** [tɛ̃tyʀʀi] *nf* dry cleaner's
**teinturier, -ière** [tɛ̃tyʀje, -jɛʀ] *nm/f* dry cleaner
**tel, telle** [tɛl] *adj* (*pareil*) such; (*indéfini*) such-and-such a, a given; (*comme*): ~ **un/des** ... like a/like ...; (*intensif*): **un ~/de ~s** ... such (a)/such ...; **rien de** ~ nothing like it, no such thing; ~ **que** *conj* like, such as; ~ **quel** as it is *ou* stands (*ou* was *etc*)
**tél.** *abr* = **téléphone**
**Tel Aviv** [tɛlaviv] *n* Tel Aviv
**télé** [tele] *nf* (*télévision*) TV, telly (*Brit*); **à la** ~ on TV *ou* telly
**télébenne** [telebɛn] *nm, nf* telecabine, gondola
**télécabine** [telekabin] *nm, nf* telecabine, gondola
**télécarte** [telekaʀt(ə)] *nf* phonecard
**téléchargeable** [teleʃaʀʒabl] *adj* downloadable
**téléchargement** [teleʃaʀʒemɑ̃] *nm* (*action*) downloading; (*fichier*) download
**télécharger** [teleʃaʀʒe] *vt* (*Inform*) to download
**TELECOM** [telekɔm] *abr* (= *Télécommunications*) ≈ Telecom.
**télécommande** [telekɔmɑ̃d] *nf* remote control
**télécommander** [telekɔmɑ̃de] *vt* to operate by remote control, radio-control
**télécommunications** [telekɔmynikasjɔ̃] *nfpl* telecommunications
**télécopie** [telekɔpi] *nf* fax, telefax
**télécopieur** [telekɔpjœʀ] *nm* fax (machine)
**télédétection** [teledetɛksjɔ̃] *nf* remote sensing
**télédiffuser** [teledifyze] *vt* to broadcast (on television)
**télédiffusion** [teledifyzjɔ̃] *nf* television broadcasting
**télédistribution** [teledistʀibysjɔ̃] *nf* cable TV
**téléenseignement** [teleɑ̃sɛɲmɑ̃] *nm* distance teaching (*ou* learning)
**téléférique** [teleferik] *nm* = **téléphérique**
**téléfilm** [telefilm] *nm* film made for TV, TV film
**télégramme** [telegʀam] *nm* telegram
**télégraphe** [telegʀaf] *nm* telegraph
**télégraphie** [telegʀafi] *nf* telegraphy
**télégraphier** [telegʀafje] *vt* to telegraph, cable
**télégraphique** [telegʀafik] *adj* telegraph *cpd*, telegraphic; (*fig*) telegraphic
**télégraphiste** [telegʀafist(ə)] *nm/f* telegraphist
**téléguider** [telegide] *vt* to operate by remote control, radio-control
**téléinformatique** [teleɛ̃fɔʀmatik] *nf* remote access computing
**téléjournal, -aux** [teleʒuʀnal, -o] *nm* television news magazine programme
**télématique** [telematik] *nf* telematics *nsg* ▷ *adj* telematic
**téléobjectif** [teleɔbʒɛktif] *nm* telephoto lens *nsg*

**t**

**téléopérateur, trice** [teleɔpeʀatœʀ, tʀis] nm/f call-centre operator

**télépathie** [telepati] nf telepathy

**téléphérique** [telefeʀik] nm cable-car

**téléphone** [telefɔn] nm telephone; **avoir le ~** to be on the (tele)phone; **au ~** on the phone; **~ arabe** bush telegraph; **~ à carte** cardphone; **~ avec appareil photo** cameraphone; **~ mobile** ou **portable** mobile (phone) (Brit), cell (phone) (US); **~ rouge** hotline; **~ sans fil** cordless (tele)phone

**téléphoner** [telefɔne] vt to telephone ▷ vi to telephone; to make a phone call; **~ à** to phone up, ring up, call up

**téléphonie** [telefɔni] nf telephony

**téléphonique** [telefɔnik] adj telephone cpd, phone cpd; **cabine ~** call box (Brit), (tele)phone box (Brit) ou booth; **conversation/appel ~** (tele)phone conversation/call

**téléphoniste** [telefɔnist(ə)] nm/f telephonist, telephone operator; (d'entreprise) switchboard operator

**téléport** [telepɔʀ] nm teleport

**téléprospection** [telepʀɔspɛksjɔ̃] nf telesales

**téléréalité** [teleʀealite] nf reality TV

**télescopage** [teleskɔpaʒ] nm crash

**télescope** [teleskɔp] nm telescope

**télescoper** [teleskɔpe] vt to smash up; **se télescoper** (véhicules) to collide, crash into each other

**télescopique** [teleskɔpik] adj telescopic

**téléscripteur** [teleskʀiptœʀ] nm teleprinter

**télésiège** [telesjɛʒ] nm chairlift

**téléski** [teleski] nm ski-tow; **~ à archets** T-bar tow; **~ à perche** button lift

**téléspectateur, -trice** [telespɛktatœʀ, -tʀis] nm/f (television) viewer

**télétexte®** [teletɛkst] nm Teletext®

**téléthon** [teletɔ̃] nm telethon

**télétransmission** [teletʀɑ̃smisjɔ̃] nf remote transmission

**télétype** [teletip] nm teleprinter

**télévente** [televɑ̃t] nf telesales

**téléviser** [televize] vt to televise

**téléviseur** [televizœʀ] nm television set

**télévision** [televizjɔ̃] nf television; **(poste de) ~** television (set); **avoir la ~** to have a television; **à la ~** on television; **~ par câble/satellite** cable/ satellite television

**télex** [telɛks] nm telex

**télexer** [telɛkse] vt to telex

**télexiste** [telɛksist(ə)] nm/f telex operator

**telle** [tɛl] adj f voir **tel**

**tellement** [tɛlmɑ̃] adv (tant) so much; (si) so; **~ plus grand (que)** so much bigger (than); **~ de** (sable, eau) so much; (gens, livres) so many; **il s'est endormi ~ il était fatigué** he was so tired (that) he fell asleep; **pas ~** not really; **pas ~ fort/lentement** not (all) that strong/slowly; **il ne mange pas ~** he doesn't eat (all that) much

**tellurique** [telyʀik] adj: **secousse ~** earth tremor

**téméraire** [temeʀɛʀ] adj reckless, rash

**témérité** [temeʀite] nf recklessness, rashness

**témoignage** [temwaɲaʒ] nm (Jur: déclaration) testimony no pl, evidence no pl; (: faits) evidence no pl; (gén: rapport, récit) account; (fig: d'affection etc) token, mark; expression

**témoigner** [temwaɲe] vt (manifester: intérêt, gratitude) to show ▷ vi (Jur) to testify, give evidence; **~ que** to testify that; (fig: démontrer) to reveal that, testify to the fact that; **~ de** vt (confirmer) to bear witness to, testify to

**témoin** [temwɛ̃] nm witness; (fig) testimony; (Sport) baton; (Constr) telltale ▷ adj control cpd, test cpd; **~ le fait que ...** (as) witness the fact that ...; **appartement-~** show flat (Brit), model apartment (US); **être ~ de** (voir) to witness; **prendre à ~** to call to witness; **~ à charge** witness for the prosecution; **~ de connexion** (Inform) cookie; **T~ de Jehovah** Jehovah's Witness; **~ de moralité** character reference; **~ oculaire** eyewitness

**tempe** [tɑ̃p] nf (Anat) temple

**tempérament** [tɑ̃peʀamɑ̃] nm temperament, disposition; (santé) constitution; **à ~** (vente) on deferred (payment) terms; (achat) by instalments, hire purchase cpd; **avoir du ~** to be hot-blooded

**tempérance** [tɑ̃peʀɑ̃s] nf temperance; **société de ~** temperance society

**tempérant, e** [tɑ̃peʀɑ̃, -ɑ̃t] adj temperate

**température** [tɑ̃peʀatyʀ] nf temperature; **prendre la ~ de** to take the temperature of; (fig) to gauge the feeling of; **avoir** ou **faire de la ~** to be running ou have a temperature

**tempéré, e** [tɑ̃peʀe] adj temperate

**tempérer** [tɑ̃peʀe] vt to temper

**tempête** [tɑ̃pɛt] nf storm; **~ de sable/neige** sand/snowstorm; **vent de ~** gale

**tempêter** [tɑ̃pete] vi to rant and rave

**temple** [tɑ̃pl(ə)] nm temple; (protestant) church

**tempo** [tɛmpo] nm tempo

**temporaire** [tɑ̃pɔʀɛʀ] adj temporary

**temporairement** [tɑ̃pɔʀɛʀmɑ̃] adv temporarily

**temporel, le** [tɑ̃pɔʀɛl] adj temporal

**temporisateur, -trice** [tɑ̃pɔʀizatœʀ, -tʀis] adj temporizing, delaying

**temporisation** [tɑ̃pɔʀizasjɔ̃] nf temporizing, playing for time

**temporiser** [tɑ̃pɔʀize] vi to temporize, play for time

**temps** [tɑ̃] nm (atmosphérique) weather; (durée) time; (époque) time, times pl; (Ling) tense; (Mus) beat; (Tech) stroke; **les ~ changent/sont durs** times are changing/hard; **il fait beau/ mauvais ~** the weather is fine/bad; **avoir le ~/ tout le ~/juste le ~** to have time/plenty of time/ just enough time; **avoir fait son ~** (fig) to have had its (ou his etc) day; **en ~ de paix/guerre** in peacetime/wartime; **en ~ utile** ou **voulu** in due time ou course; **de ~ en ~, de ~ à autre** from time to time, now and again; **en même ~** at the same time; **à ~** (partir, arriver) in time; **à plein/ mi-~** adv, adj full-/part-time; **à ~ partiel** adv, adj part-time; **dans le ~** at one time; **de tout ~** always; **du ~ que** at the time when, in the days when; **dans le** ou **du** ou **au ~ où** at the time when; **pendant ce ~** in the meantime; **~ d'accès** (*Inform*) access time; **~ d'arrêt** pause, halt; **~ mort** (*Sport*) stoppage (time); (*Comm*) slack period; **~ partagé** (*Inform*) time-sharing; **~ réel** (*Inform*) real time

**tenable** [tənabl(ə)] *adj* bearable

**tenace** [tənas] *adj* tenacious, persistent

**ténacité** [tenasite] *nf* tenacity, persistence

**tenailler** [tənaje] *vt* (*fig*) to torment, torture

**tenailles** [tənaj] *nfpl* pincers

**tenais** *etc* [t(ə)nε] *vb voir* **tenir**

**tenancier, -ière** [tənãsje, -jεʀ] *nm/f* (*d'hôtel, de bistro*) manager (manageress)

**tenant, e** [tənã, -ãt] *adj* *f voir* **séance** ▷ *nm/f* (*Sport*): **~ du titre** title-holder ▷ *nm*: **d'un seul ~** in one piece; **les ~s et les aboutissants** (*fig*) the ins and outs

**tendance** [tãdãs] *nf* (*opinions*) leanings *pl*, sympathies *pl*; (*inclination*) tendency; (*évolution*) trend; **~ à la hausse/baisse** upward/downward trend; **avoir ~ à** to have a tendency to, tend to

**tendancieux, -euse** [tãdãsjø, -øz] *adj* tendentious

**tendeur** [tãdœʀ] *nm* (*de vélo*) chain-adjuster; (*de câble*) wire-strainer; (*de tente*) runner; (*attache*) elastic strap

**tendinite** [tãdinit] *nf* tendinitis, tendonitis

**tendon** [tãdɔ̃] *nm* tendon, sinew; **~ d'Achille** Achilles' tendon

**tendre** [tãdʀ(ə)] *adj* (*viande, légumes*) tender; (*bois, roche, couleur*) soft; (*affectueux*) tender, loving ▷ *vt* (*élastique, peau*) to stretch, draw tight; (*muscle*) to tense; (*donner*): **~ qch à qn** to hold sth out to sb; to offer sb sth; (*fig: piège*) to set, lay; (*tapisserie*): **tendu de soie** hung with silk, with silk hangings; **se tendre** *vi* (*corde*) to tighten; (*relations*) to become strained; **~ à qch/à faire** to tend towards sth/to do; **~ l'oreille** to prick up one's ears; **~ la main/le bras** to hold out one's hand/stretch out one's arm; **~ la perche à qn** (*fig*) to throw sb a line

**tendrement** [tãdʀəmã] *adv* tenderly, lovingly

**tendresse** [tãdʀεs] *nf* tenderness; **tendresses** *nfpl* (*caresses etc*) tenderness *no pl*, caresses

**tendu, e** [tãdy] *pp de* **tendre** ▷ *adj* tight; tensed; strained

**ténèbres** [tenεbʀ(ə)] *nfpl* darkness *nsg*

**ténébreux, -euse** [tenebʀø, -øz] *adj* obscure, mysterious; (*personne*) saturnine

**Ténérife** [tenerif] *nf* Tenerife

**teneur** [tənœʀ] *nf* content, substance; (*d'une lettre*) terms *pl*, content; **~ en cuivre** copper content

**ténia** [tenja] *nm* tapeworm

**tenir** [t(ə)niʀ] *vt* to hold; (*magasin, hôtel*) to run; (*promesse*) to keep ▷ *vi* to hold; (*neige, gel*) to last; (*survivre*) to survive; **se tenir** *vi* (*avoir lieu*) to be held, take place; (*être: personne*) to stand; **se ~ droit** to stand up (*ou* sit up) straight; **bien se ~** to behave well; **se ~ à qch** to hold on to sth; **s'en ~ à qch** to confine o.s. to sth; to stick to sth; **~ à** *vt* to be attached to, care about (*ou* for); (*avoir pour cause*) to be due to, stem from; **~ à faire** to want to do, be keen to do; **à ce que qn fasse qch** to be anxious that sb should do sth; **~ de** *vt* to partake of; (*ressembler à*) to take after; **ça ne tient qu'à lui** it is entirely up to him; **~ qn pour** to take sb for; **~ qch de qn** (*histoire*) to have heard *ou* learnt sth from sb; (*qualité, défaut*) to have inherited *ou* got sth from sb; **~ les comptes** to keep the books; **~ un rôle** to play a part; **~ de la place** to take up space *ou* room; **~ l'alcool** to be able to hold a drink; **~ le coup** to hold out; **~ bon** to stand *ou* hold fast; **~ trois jours/deux mois** (*résister*) to hold out *ou* last three days/two months; **~ au chaud/à l'abri** to keep hot/under shelter *ou* cover; **~ prêt** to have ready; **~ sa langue** (*fig*) to hold one's tongue; **tiens (***ou* **tenez), voilà le stylo** there's the pen!; **tiens, Alain!** look, here's Alain!; **tiens?** (*surprise*) really?; **tiens-toi bien!** (*pour informer*) brace yourself!, take a deep breath!

**tennis** [tenis] *nm* tennis; (*aussi:* **court de tennis**) tennis court ▷ *nmpl ou fpl* (*aussi:* **chaussures de tennis**) tennis *ou* gym shoes; **~ de table** table tennis

**tennisman** [tenisman] *nm* tennis player

**ténor** [tenɔʀ] *nm* tenor

**tension** [tãsjɔ̃] *nf* tension; (*fig: des relations, de la situation*) tension; (*: concentration, effort*) strain; (*Méd*) blood pressure; **faire** *ou* **avoir de la ~** to have high blood pressure; **~ nerveuse/raciale** nervous/racial tension

**tentaculaire** [tãtakylεʀ] *adj* (*fig*) sprawling

**tentacule** [tãtakyl] *nm* tentacle

**tentant, e** [tãtã, -ãt] *adj* tempting

**tentateur, -trice** [tãtatœʀ, -tʀis] *adj* tempting ▷ *nm* (*Rel*) tempter

**tentation** [tãtasjɔ̃] *nf* temptation

**tentative** [tãtativ] *nf* attempt, bid; **~ d'évasion** escape bid; **~ de suicide** suicide attempt

**tente** [tãt] *nf* tent; **~ à oxygène** oxygen tent

**tenter** [tãte] *vt* (*éprouver, attirer*) to tempt; (*essayer*): **~ qch/de faire** to attempt *ou* try sth/to do; **être tenté de** to be tempted to; **~ sa chance** to try one's luck

**tenture** [tãtyʀ] *nf* hanging

**tenu, e** [təny] *pp de* **tenir** ▷ *adj* (*maison, comptes*): **bien ~** well-kept; (*obligé*): **~ de faire** under an obligation to do ▷ *nf* (*action de tenir*) running; keeping; holding; (*vêtements*) clothes *pl*, gear; (*allure*) dress *no pl*, appearance; (*comportement*) manners *pl*, behaviour (Brit), behavior (US); **être en ~e** to be dressed (up); **se mettre en ~e** to dress (up); **en grande ~e** in full dress; **en petite ~e** scantily dressed *ou* clad; **avoir de la ~e** to have good manners; (*journal*) to have a high standard; **~e de combat** combat gear *ou* dress; **~e de pompier** fireman's uniform; **~e de route** (*Auto*) road-holding; **~e de soirée** evening dress; **~e de sport/voyage** sports/

travelling clothes *pl ou* gear *no pl*

**ténu, e** [teny] *adj* (*indice, nuance*) tenuous, subtle; (*fil, objet*) fine; (*voix*) thin

**TER** *abr m* (= *Train Régional Express*) local train

**ter** [tɛʀ] *adj*: **16** ~ 16b ou B

**térébenthine** [teʀebātin] *nf*: (**essence de**) ~ (oil of) turpentine

**tergal®** [tɛʀgal] *nm* Terylene®

**tergiversations** [tɛʀʒivɛʀsɑsjɔ̃] *nfpl* shilly-shallying *no pl*

**tergiverser** [tɛʀʒivɛʀse] *vi* to shilly-shally

**terme** [tɛʀm(ə)] *nm* term; (*fin*) end; **être en bons/mauvais ~s avec qn** to be on good/bad terms with sb; **vente/achat à ~** (*Comm*) forward sale/purchase; **au ~ de** at the end of; **en d'autres ~s** in other words; **moyen ~** (*solution intermédiaire*) middle course; **à court/long ~** *adj* short-/long-term *ou* -range ▷ *adv* in the short/long term; **à ~** *adj* (*Méd*) full-term ▷ *adv* sooner or later, eventually; (*Méd*) at term; **avant ~** (*Méd*) ▷ *adj* premature ▷ *adv* prematurely; **mettre un ~ à** to put an end *ou* a stop to; **toucher à son ~** to be nearing its end

**terminaison** [tɛʀminɛzɔ̃] *nf* (*Ling*) ending

**terminal, e, -aux** [tɛʀminal, -o] *adj* (*partie, phase*) final; (*Méd*) terminal ▷ *nm* terminal ▷ *nf* (*Scol*) ≈ sixth form *ou* year (*Brit*), ≈ twelfth grade (*US*)

**terminer** [tɛʀmine] *vt* to end; (*travail, repas*) to finish; **se terminer** *vi* to end; **se ~ par** to end with

**terminologie** [tɛʀminɔlɔʒi] *nf* terminology

**terminus** [tɛʀminys] *nm* terminus; ~! all change!

**termite** [tɛʀmit] *nm* termite, white ant

**termitière** [tɛʀmitjɛʀ] *nf* ant-hill

**ternaire** [tɛʀnɛʀ] *adj* compound

**terne** [tɛʀn(ə)] *adj* dull

**ternir** [tɛʀniʀ] *vt* to dull; (*fig*) to sully, tarnish; **se ternir** *vi* to become dull

**terrain** [tɛʀɛ̃] *nm* (*sol, fig*) ground; (*Comm*) land *no pl*, plot (of land); (: *à bâtir*) site; **sur le ~** (*fig*) on the field; **~ de football/rugby** football/rugby pitch (*Brit*) *ou* field (*US*); **~ d'atterrissage** landing strip; **~ d'aviation** airfield; **~ de camping** campsite; **un ~ d'entente** an area of agreement; **~ de golf** golf course; **~ de jeu** playground; (*Sport*) games field; **~ de sport** sports ground; **~ vague** waste ground *no pl*

**terrasse** [tɛʀas] *nf* terrace; (*de café*) pavement area, terrasse; **à la ~** (*café*) outside

**terrassement** [tɛʀasmɑ̃] *nm* earth-moving, earthworks *pl*; embankment

**terrasser** [tɛʀase] *vt* (*adversaire*) to floor, bring down; (*maladie etc*) to lay low

**terrassier** [tɛʀasje] *nm* navvy, roadworker

**terre** [tɛʀ] *nf* (*gén, aussi Élec*) earth; (*substance*) soil, earth; (*opposé à mer*) land *no pl*; (*contrée*) land; **terres** *nfpl* (*terrains*) lands, land *nsg*; **travail de la ~** work on the land; **en ~** (*pipe, poterie*) clay *cpd*; **mettre en ~** (*plante etc*) to plant; (*personne: enterrer*) to bury; **à** *ou* **par ~** (*mettre, être*) on the ground (*ou* floor); (*jeter, tomber*) to the ground,

down; **~ à ~** *adj inv* down-to-earth, matter-of-fact; **la T~ Adélie** Adélie Coast *ou* Land; **~ de bruyère** (heath-)peat; **~ cuite** earthenware; terracotta; **la ~ ferme** dry land, terra firma; **la T~ de Feu** Tierra del Fuego; **~ glaise** clay; **la T~ promise** the Promised Land; **la T~ Sainte** the Holy Land

**terreau** [tɛʀo] *nm* compost

**Terre-Neuve** [tɛʀnœv] *nf*: **la ~** (*aussi*: **l'île de Terre-Neuve**) Newfoundland

**terre-plein** [tɛʀplɛ̃] *nm* platform

**terrer** [tɛʀe]: **se terrer** *vi* to hide away; to go to ground

**terrestre** [tɛʀɛstʀ(ə)] *adj* (*surface*) earth's, of the earth; (*Bot, Zool, Mil*) land *cpd*; (*Rel*) earthly, worldly

**terreur** [tɛʀœʀ] *nf* terror *no pl*, fear

**terreux, -euse** [tɛʀø, -øz] *adj* muddy; (*goût*) earthy

**terrible** [tɛʀibl(ə)] *adj* terrible, dreadful; (*fam: fantastique*) terrific

**terriblement** [tɛʀibləmɑ̃] *adv* (*très*) terribly, awfully

**terrien, ne** [tɛʀjɛ̃, -ɛn] *adj*: **propriétaire ~** landowner ▷ *nm/f* countryman/woman, man/woman of the soil; (*non martien etc*) earthling; (*non marin*) landsman

**terrier** [tɛʀje] *nm* burrow, hole; (*chien*) terrier

**terrifiant, e** [tɛʀifjɑ̃, -ɑ̃t] *adj* (*effrayant*) terrifying; (*extraordinaire*) terrible, awful

**terrifier** [tɛʀifje] *vt* to terrify

**terril** [tɛʀil] *nm* slag heap

**terrine** [tɛʀin] *nf* (*récipient*) terrine; (*Culin*) pâté

**territoire** [tɛʀitwaʀ] *nm* territory; **T~ des Afars et des Issas** French Territory of Afars and Issas

**territorial, e, -aux** [tɛʀitɔʀjal, -o] *adj* territorial; **eaux ~es** territorial waters; **armée ~e** regional defence force, ≈ Territorial Army (*Brit*); **collectivités ~es** local and regional authorities

**terroir** [tɛʀwaʀ] *nm* (*Agr*) soil; (*région*) region; **accent du ~** country *ou* rural accent

**terroriser** [tɛʀɔʀize] *vt* to terrorize

**terrorisme** [tɛʀɔʀism(ə)] *nm* terrorism

**terroriste** [tɛʀɔʀist(ə)] *nm/f* terrorist

**tertiaire** [tɛʀsjɛʀ] *adj* tertiary ▷ *nm* (*Écon*) tertiary sector, service industries *pl*

**tertiarisation** [tɛʀsjaʀizɑsjɔ̃] *nf* expansion or development of the service sector

**tertre** [tɛʀtʀ(ə)] *nm* hillock, mound

**tes** [te] *adj poss voir* **ton**

**tesson** [tesɔ̃] *nm*: **~ de bouteille** piece of broken bottle

**test** [tɛst] *nm* test; **~ de grossesse** pregnancy test

**testament** [tɛstamɑ̃] *nm* (*Jur*) will; (*fig*) legacy; (*Rel*) **T~** Testament; **faire son ~** to make one's will

**testamentaire** [tɛstamɑ̃tɛʀ] *adj* of a will

**tester** [tɛste] *vt* to test

**testicule** [tɛstikyl] *nm* testicle

**tétanie** [tetani] *nf* tetany

**tétanos** [tetanos] *nm* tetanus

**têtard** [tɛtaʀ] *nm* tadpole

**tête** [tɛt] *nf* head; (*cheveux*) hair *no pl*; (*visage*) face; (*longueur*): **gagner d'une (courte)** ~ to win by a (short) head; (*Football*) header; **de** ~ *adj* (*wagon etc*) front *cpd*; (*concurrent*) leading ▷ *adv* (*calculer*) in one's head, mentally; **par** ~ (*par personne*) per head; **se mettre en** ~ **que** to get it into one's head that; **se mettre en** ~ **de faire** to take it into one's head to do; **prendre la** ~ **de qch** to take the lead in sth; **perdre la** ~ (*fig: s'affoler*) to lose one's head; (: *devenir fou*) to go off one's head; **ça ne va pas, la** ~? (*fam*) are you crazy?; **tenir** ~ **à qn** to stand up to ou defy sb; **la** ~ **en bas** with one's head down; **la** ~ **la première** (*tomber*) head-first; **la** ~ **basse** hanging one's head; **avoir la** ~ **dure** (*fig*) to be thickheaded; **faire une** ~ (*Football*) to head the ball; **faire la** ~ (*fig*) to sulk; **en** ~ (*Sport*) in the lead; at the front ou head; **de la** ~ **aux pieds** from head to toe; ~ **d'affiche** (*Théât etc*) top of the bill; ~ **de bétail** head *inv* of cattle; ~ **brûlée** desperado; ~ **chercheuse** homing device; ~ **d'enregistrement** recording head; ~ **d'impression** printhead; ~ **de lecture** (playback) head; ~ **de ligne** (*Transports*) start of the line; ~ **de liste** (*Pol*) chief candidate; ~ **de mort** skull and crossbones; ~ **de pont** (*Mil*) bridge- ou beachhead; ~ **de série** (*Tennis*) seeded player, seed; ~ **de Turc** (*fig*) whipping boy (*Brit*), butt; ~ **de veau** (*Culin*) calf's head

**tête-à-queue** [tɛtakø] *nm inv*: **faire un** ~ to spin round

**tête-à-tête** [tɛtatɛt] *nm inv* tête-à-tête; (*service*) breakfast set for two; **en** ~ in private, alone together

**tête-bêche** [tɛtbɛʃ] *adv* head to tail

**tétée** [tete] *nf* (*action*) sucking; (*repas*) feed

**téter** [tete] *vt*: ~ (**sa mère**) to suck at one's mother's breast, feed

**tétine** [tetin] *nf* teat; (*sucette*) dummy (*Brit*), pacifier (*US*)

**téton** [tetɔ̃] *nm* breast

**têtu, e** [tety] *adj* stubborn, pigheaded

**texte** [tɛkst(ə)] *nm* text; (*Scol: d'un devoir*) subject, topic; **apprendre son** ~ (*Théât*) to learn one's lines; **un** ~ **de loi** the wording of a law

**textile** [tɛkstil] *adj* textile *cpd* ▷ *nm* textile; (*industrie*) textile industry

**Texto®** [tɛksto] *nm* text (message)

**texto** [tɛksto] (*fam*) *adj* word for word

**textuel, le** [tɛkstɥɛl] *adj* literal, word for word

**textuellement** [tɛkstɥɛlmɑ̃] *adv* literally

**texture** [tɛkstyʀ] *nf* texture; (*fig: d'un texte, livre*) feel

**TF1** *sigle f* (= *Télévision française 1*) *TV channel*

**TG** *sigle f* = **Trésorerie générale**

**TGI** *sigle m* = **tribunal de grande instance**

**TGV** *sigle m* = **train à grande vitesse**

**thaï, e** [taj] *adj* Thai ▷ *nm* (*Ling*) Thai

**thaïlandais, e** [tailɑ̃dɛ, -ɛz] *adj* Thai

**Thaïlande** [tailɑ̃d] *nf*: **la** ~ Thailand

**thalassothérapie** [talasɔteʀapi] *nf* sea-water therapy

**thé** [te] *nm* tea; (*réunion*) tea party; **prendre le** ~ to have tea; ~ **au lait/citron** tea with milk/lemon

**théâtral, e, -aux** [teatʀal, -o] *adj* theatrical

**théâtre** [teatʀ(ə)] *nm* theatre; (*techniques, genre*) drama, theatre; (*activité*) stage, theatre; (*œuvres*) plays *pl*, dramatic works *pl*; (*fig: lieu*): **le** ~ **de** the scene of; (*péj*) histrionics *pl*, playacting; **faire du** ~ (*en professionnel*) to be on the stage; (*en amateur*) to do some acting; ~ **filmé** filmed stage productions *pl*

**thébain, e** [tebɛ̃, -ɛn] *adj* Theban

**Thèbes** [tɛb] *n* Thebes

**théière** [tejɛʀ] *nf* teapot

**théine** [tein] *nf* theine

**théisme** [teism(ə)] *nm* theism

**thématique** [tematik] *adj* thematic

**thème** [tɛm] *nm* theme; (*Scol: traduction*) prose (composition); ~ **astral** birth chart

**théocratie** [teɔkʀasi] *nf* theocracy

**théologie** [teɔlɔʒi] *nf* theology

**théologien, ne** [teɔlɔʒjɛ̃, -ɛn] *nm* theologian

**théologique** [teɔlɔʒik] *adj* theological

**théorème** [teɔʀɛm] *nm* theorem

**théoricien, ne** [teɔʀisjɛ̃, -ɛn] *nm/f* theoretician, theorist

**théorie** [teɔʀi] *nf* theory; **en** ~ in theory

**théorique** [teɔʀik] *adj* theoretical

**théoriquement** [teɔʀikmɑ̃] *adv* theoretically

**théoriser** [teɔʀize] *vi* to theorize

**thérapeutique** [teʀapøtik] *adj* therapeutic ▷ *nf* (*Méd: branche*) therapeutics *nsg*; (: *traitement*) therapy

**thérapie** [teʀapi] *nf* therapy; ~ **de groupe** group therapy

**thermal, e, -aux** [tɛʀmal, -o] *adj* thermal; **station** ~**e** spa; **cure** ~**e** water cure

**thermes** [tɛʀm(ə)] *nmpl* thermal baths; (*romains*) thermae *pl*

**thermique** [tɛʀmik] *adj* (*énergie*) thermic; (*unité*) thermal

**thermodynamique** [tɛʀmɔdinamik] *nf* thermodynamics *nsg*

**thermoélectrique** [tɛʀmoelɛktʀik] *adj* thermoelectric

**thermomètre** [tɛʀmɔmɛtʀ(ə)] *nm* thermometer

**thermonucléaire** [tɛʀmɔnykleɛʀ] *adj* thermonuclear

**thermos®** [tɛʀmos] *nm ou nf*: (**bouteille**) **thermos** vacuum ou Thermos® flask (*Brit*) ou bottle (*US*)

**thermostat** [tɛʀmɔsta] *nm* thermostat

**thésauriser** [tezɔʀize] *vi* to hoard money

**thèse** [tɛz] *nf* thesis

**Thessalie** [tesali] *nf*: **la** ~ Thessaly

**thibaude** [tibod] *nf* carpet underlay

**thon** [tɔ̃] *nm* tuna (fish)

**thonier** [tɔnje] *nm* tuna boat

**thoracique** [tɔʀasik] *adj* thoracic

**thorax** [tɔʀaks] nm thorax
**thrombose** [tʀɔ̃boz] nf thrombosis
**thym** [tɛ̃] nm thyme
**thyroïde** [tiʀɔid] nf thyroid (gland)
**TI** sigle m = **tribunal d'instance**
**tiare** [tjaʀ] nf tiara
**Tibet** [tibɛ] nm: **le ~** Tibet
**tibétain, e** [tibetɛ̃, -ɛn] adj Tibetan
**tibia** [tibja] nm shin; (os) shinbone, tibia
**Tibre** [tibʀ(ə)] nm: **le ~** the Tiber
**TIC** sigle fpl (= technologies de l'information et de la communication) ICT sg
**tic** [tik] nm tic, (nervous) twitch; (de langage etc) mannerism
**ticket** [tikɛ] nm ticket; **~ de caisse** till receipt; **~ modérateur** patient's contribution towards medical costs; **~ de quai** platform ticket; **~ repas** luncheon voucher
**tic-tac** [tiktak] nm inv tick-tock
**tictaquer** [tiktake] vi to tick (away)
**tiède** [tjɛd] adj (bière etc) lukewarm; (thé, café etc) tepid; (bain, accueil, sentiment) lukewarm; (vent, air) mild, warm ▷ adv: **boire ~** to drink things lukewarm
**tièdement** [tjɛdmɑ̃] adv coolly, half-heartedly
**tiédeur** [tjedœʀ] nf lukewarmness; (du vent, de l'air) mildness
**tiédir** [tjediʀ] vi (se réchauffer) to grow warmer; (refroidir) to cool
**tien, tienne** [tjɛ̃, tjɛn] pron: **le ~ (la ~ne), les ~s (~nes)** yours; **à la ~ne!** cheers!
**tiendrai** etc [tjɛ̃dʀe] vb voir **tenir**
**tienne** [tjɛn] vb voir **tenir** ▷ pron voir **tien**
**tiens** [tjɛ̃] vb, excl voir **tenir**
**tierce** [tjɛʀs(ə)] adj f, nf voir **tiers**
**tiercé** [tjɛʀse] nm system of forecast betting giving first three horses
**tiers, tierce** [tjɛʀ, tjɛʀs(ə)] adj third ▷ nm (Jur) third party; (fraction) third ▷ nf (Mus) third; (Cartes) tierce; **une tierce personne** a third party; **assurance au ~** third-party insurance; **le ~ monde** the third world; **~ payant** direct payment by insurers of medical expenses; **~ provisionnel** interim payment of tax
**tifs** [tif] (fam) nmpl hair
**TIG** sigle m = **travail d'intérêt général**
**tige** [tiʒ] nf stem; (baguette) rod
**tignasse** [tiɲas] nf (péj) shock ou mop of hair
**Tigre** [tigʀ(ə)] nm: **le ~** the Tigris
**tigre** [tigʀ(ə)] nm tiger
**tigré, e** [tigʀe] adj (rayé) striped; (tacheté) spotted
**tigresse** [tigʀɛs] nf tigress
**tilleul** [tijœl] nm lime (tree), linden (tree); (boisson) lime(-blossom) tea
**tilt** [tilt(ə)] nm: **faire ~** (fig: échouer) to miss the target; (: inspirer) to ring a bell
**timbale** [tɛ̃bal] nf (metal) tumbler; **timbales** nfpl (Mus) timpani, kettledrums
**timbrage** [tɛ̃bʀaʒ] nm: **dispensé de ~** post(age) paid
**timbre** [tɛ̃bʀ(ə)] nm (tampon) stamp; (aussi: **timbre-poste**) (postage) stamp; (cachet de la poste) postmark; (sonnette) bell; (Mus: de voix, instrument) timbre, tone; **~ anti-tabac** nicotine patch; **~ dateur** date stamp
**timbré, e** [tɛ̃bʀe] adj (enveloppe) stamped; (voix) resonant; (fam: fou) cracked, nuts
**timbrer** [tɛ̃bʀe] vt to stamp
**timide** [timid] adj (emprunté) shy, timid; (timoré) timid, timorous
**timidement** [timidmɑ̃] adv shyly; timidly
**timidité** [timidite] nf shyness; timidity
**timonerie** [timɔnʀi] nf wheelhouse
**timonier** [timɔnje] nm helmsman
**timoré, e** [timɔʀe] adj timorous
**tint** etc [tɛ̃] vb voir **tinter**
**tintamarre** [tɛ̃tamaʀ] nm din, uproar
**tintement** [tɛ̃tmɑ̃] nm ringing, chiming; **~s d'oreilles** ringing in the ears
**tinter** [tɛ̃te] vi to ring, chime; (argent, clés) to jingle
**Tipp-Ex®** [tipɛks] nm Tipp-Ex®
**tique** [tik] nf tick (insect)
**tiquer** [tike] vi (personne) to make a face
**TIR** sigle mpl (= Transports internationaux routiers) TIR
**tir** [tiʀ] nm (sport) shooting; (fait ou manière de tirer) firing no pl; (Football) shot; (stand) shooting gallery; **~ d'obus/de mitraillette** shell/machine gun fire; **~ à l'arc** archery; **~ de barrage** barrage fire; **~ au fusil** (rifle) shooting; **~ au pigeon** (d'argile) clay pigeon shooting
**tirade** [tiʀad] nf tirade
**tirage** [tiʀaʒ] nm (action) printing; (Photo) print; (Inform) printout; (de journal) circulation; (de livre) (print-)run; edition; (de cheminée) draught (Brit), draft (US); (de loterie) draw; (fig: désaccord) friction; **~ au sort** drawing lots
**tiraillement** [tiʀajmɑ̃] nm (douleur) sharp pain; (fig: doutes) agony no pl of indecision; (conflits) friction no pl
**tirailler** [tiʀaje] vt to pull at, tug at; (fig) to gnaw at ▷ vi to fire at random
**tirailleur** [tiʀajœʀ] nm skirmisher
**tirant** [tiʀɑ̃] nm: **~ d'eau** draught (Brit), draft (US)
**tire** [tiʀ] nf: **vol à la ~** pickpocketing
**tiré** [tiʀe] adj (visage, traits) drawn ▷ nm (Comm) drawee; **~ par les cheveux** far-fetched; **~ à part** off-print
**tire-au-flanc** [tiʀoflɑ̃] nm inv (péj) skiver
**tire-bouchon** [tiʀbuʃɔ̃] nm corkscrew
**tire-bouchonner** [tiʀbuʃɔne] vt to twirl
**tire-d'aile** [tiʀdɛl]: **à tire-d'aile** adv swiftly
**tire-fesses** [tiʀfɛs] nm inv ski-tow
**tire-lait** [tiʀlɛ] nm inv breast-pump
**tire-larigot** [tiʀlaʀigo]: **à ~** adv as much as one likes, to one's heart's content
**tirelire** [tiʀliʀ] nf moneybox
**tirer** [tiʀe] vt (gén) to pull; (extraire): **~ qch de** to take ou pull sth out of; to get sth out of; to extract sth from; (tracer: ligne, trait) to draw, trace; (fermer: volet, porte, trappe) to pull to, close; (: rideau) to draw; (choisir: carte, conclusion, aussi

Comm: *chèque*) to draw; (*en faisant feu: balle, coup*) to fire; (: *animal*) to shoot; (*journal, livre, photo*) to print; (*Football: corner etc*) to take ▷ vi (*faire feu*) to fire; (*faire du tir, Football*) to shoot; (*cheminée*) to draw; **se tirer** vi (*fam*) to push off; (*aussi:* **s'en tirer**) to pull through; ~ **sur** (*corde, poignée*) to pull on *ou* at; (*faire feu sur*) to shoot *ou* fire at; (*pipe*) to draw on; (*fig: avoisiner*) to verge *ou* border on; ~ **six mètres** (*Navig*) to draw six metres of water; ~ **son nom de** to take *ou* get its name from; ~ **la langue** to stick out one's tongue; ~ **qn de** (*embarras etc*) to help *ou* get sb out of; ~ **à l'arc/la carabine** to shoot with a bow and arrow/with a rifle; ~ **en longueur** to drag on; ~ **à sa fin** to be drawing to an end; ~ **les cartes** to read *ou* tell the cards

**tiret** [tiʀɛ] nm dash; (*en fin de ligne*) hyphen

**tireur** [tiʀœʀ] nm gunman; (*Comm*) drawer; **bon ~** good shot; ~ **d'élite** marksman; ~ **de cartes** fortuneteller

**tiroir** [tiʀwaʀ] nm drawer

**tiroir-caisse** [tiʀwaʀkɛs] nm till

**tisane** [tizan] nf herb tea

**tison** [tizɔ̃] nm brand

**tisonner** [tizɔne] vt to poke

**tisonnier** [tizɔnje] nm poker

**tissage** [tisaʒ] nm weaving *no pl*

**tisser** [tise] vt to weave

**tisserand, e** [tisʀɑ̃, -ɑ̃d] nm/f weaver

**tissu¹** [tisy] nm fabric, material, cloth *no pl*; (*fig*) fabric; (*Anat, Bio*) tissue; ~ **de mensonges** web of lies

**tissu², e** [tisy] adj: ~ **de** woven through with

**tissu-éponge** [tisyepɔ̃ʒ] nm (terry) towelling *no pl*

**titane** [titan] nm titanium

**titanesque** [titanɛsk(ə)] adj titanic

**titiller** [titile] vt to titillate

**titrage** [titʀaʒ] nm (*d'un film*) titling; (*d'un alcool*) determination of alcohol content

**titre** [titʀ(ə)] nm (*gén*) title; (*de journal*) headline; (*diplôme*) qualification; (*Comm*) security; (*Chimie*) titre; **en ~** (*champion, responsable*) official, recognized; **à juste ~** with just cause, rightly; **à quel ~?** on what grounds?; **à aucun ~** on no account; **au même ~ (que)** in the same way (as); **au ~ de la coopération** etc in the name of cooperation etc; **à ~ d'exemple** as an *ou* by way of an example; **à ~ exceptionnel** exceptionally; **à ~ d'information** for (your) information; **à ~ gracieux** free of charge; **à ~ d'essai** on a trial basis; **à ~ privé** in a private capacity; ~ **courant** running head; ~ **de propriété** title deed; ~ **de transport** ticket

**titré, e** [titʀe] adj (*livre, film*) entitled; (*personne*) titled

**titrer** [titʀe] vt (*Chimie*) to titrate; to assay; (*Presse*) to run as a headline; (*vin*): ~ **10°** to be 10° proof

**titubant, e** [titybɑ̃, -ɑ̃t] adj staggering, reeling

**tituber** [titybe] vi to stagger *ou* reel (along)

**titulaire** [titylɛʀ] adj (*Admin*) appointed, with tenure ▷ nm (*Admin*) incumbent; **être ~ de** to hold

**titularisation** [titylaʀizasjɔ̃] nf granting of tenure

**titulariser** [titylaʀize] vt to give tenure to

**TNP** sigle m = **Théâtre national populaire**

**TNT** sigle m (= *Trinitrotoluène*) TNT ▷ sigle f (= *Télévision numérique terrestre*) digital television

**toast** [tost] nm slice *ou* piece of toast; (*de bienvenue*) (welcoming) toast; **porter un ~ à qn** to propose *ou* drink a toast to sb

**toboggan** [tɔbɔgɑ̃] nm toboggan; (*jeu*) slide; (*Auto*) flyover (*Brit*), overpass (*US*); ~ **de secours** (*Aviat*) escape chute

**toc** [tɔk] nm: **en ~** imitation cpd

**tocsin** [tɔksɛ̃] nm alarm (bell)

**toge** [tɔʒ] nf toga; (*de juge*) gown

**Togo** [tɔgo] nm: **le ~** Togo

**togolais, e** [tɔgɔlɛ, -ɛz] adj Togolese

**tohu-bohu** [tɔybɔy] nm (*désordre*) confusion; (*tumulte*) commotion

**toi** [twa] pron you; ~, **tu l'as fait?** did YOU do it?

**toile** [twal] nf (*matériau*) cloth *no pl*; (*bâche*) piece of canvas; (*tableau*) canvas; **grosse ~** canvas; **tisser sa ~** (*araignée*) to spin its web; ~ **d'araignée** spider's web; (*au plafond etc: à enlever*) cobweb; ~ **cirée** oilcloth; ~ **émeri** emery cloth; ~ **de fond** (*fig*) backdrop; ~ **de jute** hessian; ~ **de lin** linen; ~ **de tente** canvas

**toilettage** [twalɛtaʒ] nm grooming *no pl*; (*d'un texte*) tidying up

**toilette** [twalɛt] nf wash; (*s'habiller et se préparer*) getting ready, washing and dressing; (*habits*) outfit; dress *no pl*; **toilettes** nfpl toilet *nsg*; **les ~s des dames/messieurs** the ladies'/gents' (toilets) (*Brit*), the ladies'/men's (rest)room (*US*); **faire sa ~** to have a wash, get washed; **faire la ~ de** (*animal*) to groom; (*voiture etc*) to clean, wash; (*texte*) to tidy up; **articles de ~** toiletries; ~ **intime** personal hygiene

**toi-même** [twamɛm] pron yourself

**toise** [twaz] nf: **passer à la ~** to have one's height measured

**toiser** [twaze] vt to eye up and down

**toison** [twazɔ̃] nf (*de mouton*) fleece; (*cheveux*) mane

**toit** [twa] nm roof; ~ **ouvrant** sun roof

**toiture** [twatyʀ] nf roof

**Tokyo** [tɔkjo] n Tokyo

**tôle** [tol] nf sheet metal *no pl*; (*plaque*) steel (*ou* iron) sheet; **tôles** nfpl (*carrosserie*) bodywork *nsg* (*Brit*), body *nsg*; panels; ~ **d'acier** sheet steel *no pl*; ~ **ondulée** corrugated iron

**Tolède** [tɔlɛd] n Toledo

**tolérable** [tɔleʀabl(ə)] adj tolerable, bearable

**tolérance** [tɔleʀɑ̃s] nf tolerance; (*hors taxe*) allowance

**tolérant, e** [tɔleʀɑ̃, -ɑ̃t] adj tolerant

**tolérer** [tɔleʀe] vt to tolerate; (*Admin: hors taxe etc*) to allow

**tôlerie** [tolʀi] nf sheet metal manufacture; (*atelier*) sheet metal workshop; (*ensemble des tôles*) panels *pl*

**tollé** [tɔle] *nm*: **un ~ (de protestations)** a general outcry

**TOM** [tɔm] *sigle nm(pl)* = **territoire(s) d'outre-mer**

**tomate** [tɔmat] *nf* tomato

**tombal, e** [tɔbal] *adj*: **pierre ~e** tombstone, gravestone

**tombant, e** [tɔbɑ̃, -ɑ̃t] *adj* (*fig*) drooping, sloping

**tombe** [tɔb] *nf* (*sépulture*) grave; (*avec monument*) tomb

**tombeau, x** [tɔbo] *nm* tomb; **à ~ ouvert** at breakneck speed

**tombée** [tɔbe] *nf*: **à la ~ du jour** *ou* **de la nuit** at the close of day, at nightfall

**tomber** [tɔbe] *vi* to fall ▷ *vt*: **~ la veste** to slip off one's jacket; **laisser ~** to drop; **~ sur** *vt* (*rencontrer*) to come across; (*attaquer*) to set about; **~ de fatigue/sommeil** to drop from exhaustion/be falling asleep on one's feet; **~ à l'eau** (*fig: projet etc*) to fall through; **~ en panne** to break down; **~ juste** (*opération, calcul*) to come out right; **~ en ruine** to fall into ruins; **ça tombe bien/mal** (*fig*) that's come at the right/wrong time; **il est bien/mal tombé** (*fig*) he's been lucky/unlucky

**tombereau, x** [tɔbro] *nm* tipcart

**tombeur** [tɔbœʀ] *nm* (*péj*) Casanova

**tombola** [tɔbɔla] *nf* tombola

**Tombouctou** [tɔbuktu] *n* Timbuktu

**tome** [tɔm] *nm* volume

**tommette** [tɔmɛt] *nf* hexagonal floor tile

**ton¹, ta** (*pl* **tes**) [tɔ̃, ta, te] *adj poss* your

**ton²** [tɔ̃] *nm* (*gén*) tone; (*Mus*) key; (*couleur*) shade, tone; (*de la voix: hauteur*) pitch; **donner le ~** to set the tone; **élever** *ou* **hausser le ~** to raise one's voice; **de bon ~** in good taste; **si vous le prenez sur ce ~** if you're going to take it like that; **~ sur ~** in matching shades

**tonal, e** [tɔnal] *adj* tonal

**tonalité** [tɔnalite] *nf* (*au téléphone*) dialling tone; (*Mus*) tonality; (: *ton*) key; (*fig*) tone

**tondeuse** [tɔ̃døz] *nf* (*à gazon*) (lawn)mower; (*du coiffeur*) clippers *pl*; (*pour la tonte*) shears *pl*

**tondre** [tɔ̃dʀ(ə)] *vt* (*pelouse, herbe*) to mow; (*haie*) to cut, clip; (*mouton, toison*) to shear; (*cheveux*) to crop

**tondu, e** [tɔ̃dy] *pp de* **tondre** ▷ *adj* (*cheveux*) cropped; (*mouton, crâne*) shorn

**Tonga** [tɔ̃ga]: **les îles ~** Tonga

**tongs** [tɔ̃g] *nfpl* flip-flops (*Brit*), thongs (*US*)

**tonicité** [tɔnisite] *nf* (*Méd: des tissus*) tone; (*fig: de l'air, la mer*) bracing effect

**tonifiant, e** [tɔnifjɑ̃, -ɑ̃t] *adj* invigorating, revivifying

**tonifier** [tɔnifje] *vt* (*air, eau*) to invigorate; (*peau, organisme*) to tone up

**tonique** [tɔnik] *adj* fortifying; (*personne*) dynamic ▷ *nm, nf* tonic

**tonitruant, e** [tɔnitʀyɑ̃, -ɑ̃t] *adj*: **voix ~e** thundering voice

**Tonkin** [tɔ̃kɛ̃] *nm*: **le ~** Tonkin, Tongking

**tonkinois, e** [tɔ̃kinwa, -waz] *adj* Tonkinese

**tonnage** [tɔnaʒ] *nm* tonnage

**tonnant, e** [tɔnɑ̃, -ɑ̃t] *adj* thunderous

**tonne** [tɔn] *nf* metric ton, tonne

**tonneau, x** [tɔno] *nm* (*à vin, cidre*) barrel; (*Navig*) ton; **faire des ~x** (*voiture, avion*) to roll over

**tonnelet** [tɔnlɛ] *nm* keg

**tonnelier** [tɔnəlje] *nm* cooper

**tonnelle** [tɔnɛl] *nf* bower, arbour (*Brit*), arbor (*US*)

**tonner** [tɔne] *vi* to thunder; (*parler avec véhémence*): **~ contre qn/qch** to inveigh against sb/sth; **il tonne** it is thundering, there's some thunder

**tonnerre** [tɔnɛʀ] *nm* thunder; **coup de ~** (*fig*) thunderbolt, bolt from the blue; **un ~ d'applaudissements** thunderous applause; **du ~** (*fam*) terrific

**tonsure** [tɔ̃syʀ] *nf* bald patch; (*de moine*) tonsure

**tonte** [tɔ̃t] *nf* shearing

**tonton** [tɔ̃tɔ̃] *nm* uncle

**tonus** [tɔnys] *nm* (*des muscles*) tone; (*d'une personne*) dynamism

**top** [tɔp] *nm*: **au troisième ~** at the third stroke ▷ *adj*: **~ secret** top secret ▷ *excl* go!

**topaze** [tɔpaz] *nf* topaz

**toper** [tɔpe] *vi*: **tope-/topez-là** it's a deal!, you're on!

**topinambour** [tɔpinɑ̃buʀ] *nm* Jerusalem artichoke

**topo** [tɔpo] *nm* (*discours, exposé*) talk; (*fam*) spiel

**topographie** [tɔpɔgʀafi] *nf* topography

**topographique** [tɔpɔgʀafik] *adj* topographical

**toponymie** [tɔpɔnimi] *nf* study of place names, toponymy

**toquade** [tɔkad] *nf* fad, craze

**toque** [tɔk] *nf* (*de fourrure*) fur hat; **~ de jockey/juge** jockey's/judge's cap; **~ de cuisinier** chef's hat

**toqué, e** [tɔke] *adj* (*fam*) touched, cracked

**torche** [tɔʀʃ(ə)] *nf* torch; **se mettre en ~** (*parachute*) to candle

**torcher** [tɔʀʃe] *vt* (*fam*) to wipe

**torchère** [tɔʀʃɛʀ] *nf* flare

**torchon** [tɔʀʃɔ̃] *nm* cloth, duster; (*à vaisselle*) tea towel *ou* cloth

**tordre** [tɔʀdʀ(ə)] *vt* (*chiffon*) to wring; (*barre, fig: visage*) to twist; **se tordre** *vi* (*barre*) to bend; (*roue*) to twist, buckle; (*ver, serpent*) to writhe; **se ~ le pied/bras** to twist one's foot/arm; **se ~ de douleur/rire** to writhe in pain/be doubled up with laughter

**tordu, e** [tɔʀdy] *pp de* **tordre** ▷ *adj* (*fig*) warped, twisted

**torero** [tɔʀeʀo] *nm* bullfighter

**tornade** [tɔʀnad] *nf* tornado

**toron** [tɔʀɔ̃] *nm* strand (of rope)

**Toronto** [tɔʀɔ̃to] *n* Toronto

**torontois, e** [tɔʀɔ̃twa, -waz] *adj* Torontonian ▷ *nm/f*: **Torontois, e** Torontonian

**torpeur** [tɔʀpœʀ] *nf* torpor, drowsiness

**torpille** [tɔʀpij] *nf* torpedo

**torpiller** [tɔʀpije] vt to torpedo
**torpilleur** [tɔʀpijœʀ] nm torpedo boat
**torréfaction** [tɔʀefaksjɔ̃] nf roasting
**torréfier** [tɔʀefje] vt to roast
**torrent** [tɔʀɑ̃] nm torrent, mountain stream; (fig): **un ~ de** a torrent ou flood of; **il pleut à ~s** the rain is lashing down
**torrentiel, le** [tɔʀɑ̃sjɛl] adj torrential
**torride** [tɔʀid] adj torrid
**tors, torse** ou **torte** [tɔʀ, tɔʀs(ə) ᵉou ʰtɔʀt(ə)] adj twisted
**torsade** [tɔʀsad] nf twist; (Archit) cable moulding (Brit) ou molding (US)
**torsader** [tɔʀsade] vt to twist
**torse** [tɔʀs(ə)] nm torso; (poitrine) chest
**torsion** [tɔʀsjɔ̃] nf (action) twisting; (Tech, Physique) torsion
**tort** [tɔʀ] nm (défaut) fault; (préjudice) wrong no pl; **torts** nmpl (Jur) fault nsg; **avoir ~** to be wrong; **être dans son ~** to be in the wrong; **donner ~ à qn** to lay the blame on sb; (fig) to prove sb wrong; **causer du ~ à** to harm; to be harmful ou detrimental to; **en ~** in the wrong, at fault; **à ~** wrongly; **à ~ ou à raison** rightly or wrongly; **à ~ et à travers** wildly
**torte** [tɔʀt(ə)] adj f voir **tors**
**torticolis** [tɔʀtikɔli] nm stiff neck
**tortiller** [tɔʀtije] vt (corde, mouchoir) to twist; (doigts) to twiddle; **se tortiller** vi to wriggle, squirm
**tortionnaire** [tɔʀsjɔnɛʀ] nm torturer
**tortue** [tɔʀty] nf tortoise; (fig) slowcoach (Brit), slowpoke (US)
**tortueux, -euse** [tɔʀtɥø, -øz] adj (rue) twisting; (fig) tortuous
**torture** [tɔʀtyʀ] nf torture
**torturer** [tɔʀtyʀe] vt to torture; (fig) to torment
**torve** [tɔʀv(ə)] adj: **regard ~** menacing ou grim look
**toscan, e** [tɔskɑ̃, -an] adj Tuscan
**Toscane** [tɔskan] nf: **la ~** Tuscany
**tôt** [to] adv early; **~ ou tard** sooner or later; **si ~** so early; (déjà) so soon; **au plus ~** at the earliest, as soon as possible; **plus ~** earlier; **il eut ~ fait de faire ...** he soon did ...
**total, e, -aux** [tɔtal, -o] adj, nm total; **au ~** in total ou all; (fig) all in all; **faire le ~** to work out the total
**totalement** [tɔtalmɑ̃] adv totally, completely
**totalisateur** [tɔtalizatœʀ] nm adding machine
**totaliser** [tɔtalize] vt to total (up)
**totalitaire** [tɔtalitɛʀ] adj totalitarian
**totalitarisme** [tɔtalitaʀism(ə)] nm totalitarianism
**totalité** [tɔtalite] nf: **la ~ de: la ~ des élèves** all (of) the pupils; **la ~ de la population/classe** the whole population/class; **en ~** entirely
**totem** [tɔtɛm] nm totem
**toubib** [tubib] nm (fam) doctor
**touchant, e** [tuʃɑ̃, -ɑ̃t] adj touching
**touche** [tuʃ] nf (de piano, de machine à écrire) key; (de violon) fingerboard; (de télécommande etc) key,

button; (Peinture etc) stroke, touch; (fig: de couleur, nostalgie) touch, hint; (Rugby) line-out; (Football: aussi: **remise en touche**) throw-in; (aussi: **ligne de touche**) touch-line; (Escrime) hit; **en ~** in (ou into) touch; **avoir une drôle de ~** to look a sight; **~ de commande/de fonction/de retour** (Inform) control/function/return key; **~ à effleurement** ou **sensitive** touch-sensitive control ou key
**touche-à-tout** [tuʃatu] nm inv (péj: gén: enfant) meddler; (: fig: inventeur etc) dabbler
**toucher** [tuʃe] nm touch ▷ vt to touch; (palper) to feel; (atteindre: d'un coup de feu etc) to hit; (affecter) to touch, affect; (concerner) to concern, affect; (contacter) to reach, contact; (recevoir: récompense) to receive, get; (: salaire) to draw, get; (chèque) to cash; (aborder: problème, sujet) to touch on; **au ~** to the touch; by the feel; **se toucher** (être en contact) to touch; **~ à** to touch; (modifier) to touch, tamper ou meddle with; (traiter de, concerner) to have to do with, concern; **je vais lui en ~ un mot** I'll have a word with him about it; **~ au but** (fig) to near one's goal; **~ à sa fin** to be drawing to a close
**touffe** [tuf] nf tuft
**touffu, e** [tufy] adj thick, dense; (fig) complex, involved
**toujours** [tuʒuʀ] adv always; (encore) still; (constamment) forever; **depuis ~** always; **essaie ~** (you can) try anyway; **pour ~** forever; **~ est-il que** the fact remains that; **~ plus** more and more
**toulonnais, e** [tulɔnɛ, -ɛz] adj of ou from Toulon
**toulousain, e** [tuluzɛ̃, -ɛn] adj of ou from Toulouse
**toupet** [tupɛ] nm quiff (Brit), tuft; (fam) nerve, cheek (Brit)
**toupie** [tupi] nf (spinning) top
**tour** [tuʀ] nf tower; (immeuble) high-rise block (Brit) ou building (US), tower block (Brit); (Échecs) castle, rook ▷ nm (excursion: à pied) stroll, walk; (: en voiture etc) run, ride; (: plus long) trip; (Sport: aussi: **tour de piste**) lap; (d'être servi ou de jouer etc, tournure, de vis ou clef) turn; (de roue etc) revolution; (circonférence): **de 3 m de ~** 3 m round, with a circumference ou girth of 3 m; (Pol: aussi: **tour de scrutin**) ballot; (ruse, de prestidigitation, de cartes) trick; (de potier) wheel; (à bois, métaux) lathe; **faire le ~ de** to go (a)round; (à pied) to walk (a)round; (fig) to review; **faire le ~ de l'Europe** to tour Europe; **faire un ~** to go for a walk; (en voiture etc) to go for a ride; **faire 2 ~s** to go (a)round twice; (hélice etc) to turn ou revolve twice; **fermer à double ~** vi to double-lock the door; **c'est au ~ de Renée** it's Renée's turn; **à ~ de rôle, ~ à ~** in turn; **à ~ de bras** with all one's strength; (fig) non-stop, relentlessly; **~ de taille/tête** waist/head measurement; **~ de chant** song recital; **~ de contrôle** nf control tower; **le T~ de France** the Tour de France; see note; **~ de garde** spell of duty; **~ d'horizon** (fig) general survey; **~ de lit** valance; **~ de main**

dexterity, knack; **en un ~ de main** (as) quick as a flash; **~ de passe-passe** trick, sleight of hand; **~ de reins** sprained back

---

◉ **TOUR DE FRANCE**

◉ The *Tour de France* is an annual road race for
◉ professional cyclists. It takes about three
◉ weeks to complete and is divided into daily
◉ stages, or "étapes" of approximately 175km
◉ (110 miles) over terrain of varying levels of
◉ difficulty. The leading cyclist wears a yellow
◉ jersey, the "maillot jaune". The route varies;
◉ it is not usually confined to France but
◉ always ends in Paris. In addition, there are a
◉ number of time trials.

---

**tourangeau, elle, x** [tuRɑ̃ʒo, -ɛl] *adj* (*de la région*) of *ou* from Touraine; (*de la ville*) of *ou* from Tours

**tourbe** [tuRb(ə)] *nf* peat

**tourbière** [tuRbjɛR] *nf* peat-bog

**tourbillon** [tuRbijɔ̃] *nm* whirlwind; (*d'eau*) whirlpool; (*fig*) whirl, swirl

**tourbillonner** [tuRbijɔne] *vi* to whirl, swirl; (*objet, personne*) to whirl *ou* twirl round

**tourelle** [tuRɛl] *nf* turret

**tourisme** [tuRism(ə)] *nm* tourism; **agence de ~** tourist agency; **avion/voiture de ~** private plane/car; **faire du ~** to do some sightseeing, go touring

**touriste** [tuRist(ə)] *nm/f* tourist

**touristique** [tuRistik] *adj* tourist *cpd*; (*région*) touristic (*péj*), with tourist appeal

**tourment** [tuRmɑ̃] *nm* torment

**tourmente** [tuRmɑ̃t] *nf* storm

**tourmenté, e** [tuRmɑ̃te] *adj* tormented, tortured; (*mer, période*) turbulent

**tourmenter** [tuRmɑ̃te] *vt* to torment; **se tourmenter** *vi* to fret, worry o.s.

**tournage** [tuRnaʒ] *nm* (*d'un film*) shooting

**tournant, e** [tuRnɑ̃, -ɑ̃t] *adj* (*feu, scène*) revolving; (*chemin*) winding; (*escalier*) spiral *cpd*; (*mouvement*) circling ▷ *nm* (*de route*) bend (Brit), curve (US); (*fig*) turning point; *voir* **plaque**; **grève**

**tourné, e** [tuRne] *adj* (*lait, vin*) sour, off; (*Menuiserie: bois*) turned; (*fig: compliment*) well-phrased; **bien ~** (*femme*) shapely; **mal ~** (*lettre*) badly expressed; **avoir l'esprit mal ~** to have a dirty mind

**tournebroche** [tuRnəbRɔʃ] *nm* roasting spit

**tourne-disque** [tuRnədisk(ə)] *nm* record player

**tournedos** [tuRnədo] *nm* tournedos

**tournée** [tuRne] *nf* (*du facteur etc*) round; (*d'artiste, politicien*) tour; (*au café*) round (of drinks); **faire la ~ de** to go (a)round

**tournemain** [tuRnəmɛ̃]: **en un ~** *adv* in a flash

**tourner** [tuRne] *vt* to turn; (*sauce, mélange*) to stir; (*contourner*) to get (a)round; (*Ciné*) to shoot; to make ▷ *vi* to run; (*moteur*) to run; (*compteur*) to tick away; (*lait etc*) to turn (sour); (*fig: chance, vie*) to turn out; **se tourner** *vi* to turn (a)round;

**se ~ vers** to turn to; to turn towards; **bien ~** to turn out well; **~ autour de** to go (a)round; (*planète*) to revolve (a)round; (*péj*) to hang (a)round; **~ autour du pot** (*fig*) to go (a)round in circles; **~ à/en** to turn into; **~ à la pluie/au rouge** to turn rainy/red; **~ en ridicule** to ridicule; **~ le dos à** (*mouvement*) to turn one's back on; (*position*) to have one's back to; **~ court** to come to a sudden end; **se ~ les pouces** to twiddle one's thumbs; **~ la tête** to look away; **la tête à qn** (*fig*) to go to sb's head; **~ de l'œil** to pass out; **~ la page** (*fig*) to turn the page

**tournesol** [tuRnəsɔl] *nm* sunflower

**tourneur** [tuRnœR] *nm* turner; lathe-operator

**tournevis** [tuRnəvis] *nm* screwdriver

**tourniquer** [tuRnike] *vi* to go (a)round in circles

**tourniquet** [tuRnikɛ] *nm* (*pour arroser*) sprinkler; (*portillon*) turnstile; (*présentoir*) revolving stand, spinner; (*Chirurgie*) tourniquet

**tournis** [tuRni] *nm*: **avoir/donner le ~** to feel/make dizzy

**tournoi** [tuRnwa] *nm* tournament

**tournoyer** [tuRnwaje] *vi* (*oiseau*) to wheel (a)round; (*fumée*) to swirl (a)round

**tournure** [tuRnyR] *nf* (*Ling: syntaxe*) turn of phrase; form; (: *d'une phrase*) phrasing; (*évolution*): **la ~ de qch** the way sth is developing; (*aspect*): **la ~ de** the look of; **la ~ des événements** the turn of events; **prendre ~** to take shape

**tour-opérateur** [tuRɔperatœR] *nm* tour operator

**tourte** [tuRt(ə)] *nf* pie

**tourteau, x** [tuRto] *nm* (*Agr*) oilcake, cattle-cake; (*Zool*) edible crab

**tourtereaux** [tuRtəro] *nmpl* lovebirds

**tourterelle** [tuRtəRɛl] *nf* turtledove

**tourtière** [tuRtjɛR] *nf* pie dish *ou* plate

**tous** [tu] *adj* [tus] ▷ *pron voir* **tout**

**Toussaint** [tusɛ̃] *nf*: **la ~** All Saints' Day

**tousser** [tuse] *vi* to cough

**toussoter** [tusɔte] *vi* to have a slight cough; (*pour avertir*) to give a slight cough

---

◯ **MOT-CLÉ**

**tout, e** [tu, tut] (*mpl* **tous**, *fpl* **toutes**) *adj* **1** (*avec article singulier*) all; **tout le lait** all the milk; **toute la nuit** all night, the whole night; **tout le livre** the whole book; **tout un pain** a whole loaf; **tout le temps** all the time, the whole time; **c'est tout le contraire** it's quite the opposite; **c'est toute une affaire** *ou* **histoire** it's quite a business, it's a whole rigmarole
**2** (*avec article pluriel*) every; all; **tous les livres** all the books; **toutes les nuits** every night; **toutes les fois** every time; **toutes les trois/deux semaines** every third/other *ou* second week, every three/two weeks; **tous les deux** both *ou* each of us (*ou* them *ou* you); **toutes les trois** all three of us (*ou* them *ou* you)

**3** (*sans article*): **à tout âge** at any age; **pour toute nourriture, il avait ...** his only food was ...; **de tous côtés, de toutes parts** from everywhere, from every side
▷ *pron* everything, all; **il a tout fait** he's done everything; **je les vois tous** I can see them all *ou* all of them; **nous y sommes tous allés** all of us went, we all went; **c'est tout** that's all; **en tout** in all; **en tout et pour tout** all in all; **tout ce qu'il sait** all he knows; **c'était tout ce qu'il y a de chic** it was the last word *ou* the ultimate in chic
▷ *nm* whole; **le tout** all of it (*ou* them); **le tout est de ...** the main thing is to ...; **pas du tout** not at all; **elle a tout d'une mère/d'une intrigante** she's a real *ou* true mother/ schemer; **du tout au tout** utterly
▷ *adv* **1** (*très, complètement*) very; **tout près** *ou* **à côté** very near; **le tout premier** the very first; **tout seul** all alone; **il était tout rouge** he was really *ou* all red; **parler tout bas** to speak very quietly; **le livre tout entier** the whole book; **tout en haut** right at the top; **tout droit** straight ahead
**2**: **tout en** while; **tout en travaillant** while working, as he *etc* works
**3**: **tout d'abord** first of all; **tout à coup** suddenly; **tout à fait** absolutely; **tout à fait!** exactly!; **tout à l'heure** a short while ago; (*futur*) in a short while, shortly; **à tout à l'heure!** see you later!; **il répondit tout court que non** he just answered no (and that was all); **tout de même** all the same; **tout le monde** everybody; **tout ou rien** all or nothing; **tout simplement** quite simply; **tout de suite** immediately, straight away

**tout-à-l'égout** [tutalegu] *nm inv* mains drainage
**toutefois** [tutfwa] *adv* however
**toutou** [tutu] *nm* (*fam*) doggie
**tout-petit** [tup(ə)ti] *nm* toddler
**tout-puissant, toute-puissante** [tupɥisɑ̃, tutpɥisɑ̃t] *adj* all-powerful, omnipotent
**tout-venant** [tuvnɑ̃] *nm*: **le ~** everyday stuff
**toux** [tu] *nf* cough
**toxémie** [tɔksemi] *nf* toxaemia (*Brit*), toxemia (*US*)
**toxicité** [tɔksisite] *nf* toxicity
**toxicologie** [tɔksikɔlɔʒi] *nf* toxicology
**toxicomane** [tɔksikɔman] *nm/f* drug addict
**toxicomanie** [tɔksikɔmani] *nf* drug addiction
**toxine** [tɔksin] *nf* toxin
**toxique** [tɔksik] *adj* toxic, poisonous
**toxoplasmose** [tɔksoplasmoz] *nf* toxoplasmosis
**TP** *sigle mpl* = **travaux pratiques**; **travaux publics**
▷ *sigle m* = **trésor public**
**TPG** *sigle m* = **Trésorier-payeur général**
**tps** *abr* = **temps**
**trac** [tʀak] *nm* nerves *pl*; (*Théât*) stage fright; **avoir le ~** to get an attack of nerves; to have

stage fright; **tout à ~** all of a sudden
**traçant, e** [tʀasɑ̃, -ɑ̃t] *adj*: **table ~e** (*Inform*) (graph) plotter
**tracas** [tʀaka] *nm* bother *no pl*, worry *no pl*
**tracasser** [tʀakase] *vt* to worry, bother; (*harceler*) to harass; **se tracasser** *vi* to worry o.s., fret
**tracasserie** [tʀakasʀi] *nf* annoyance *no pl*; harassment *no pl*
**tracassier, -ière** [tʀakasje, -jɛʀ] *adj* irksome
**trace** [tʀas] *nf* (*empreintes*) tracks *pl*; (*marques, aussi fig*) mark; (*restes, vestige*) trace; (*indice*) sign; (*aussi*: **suivre à la trace**) to track; **~s de pas** footprints
**tracé** [tʀase] *nm* (*contour*) line; (*plan*) layout
**tracer** [tʀase] *vt* to draw; (*mot*) to trace; (*piste*) to open up; (*fig: chemin*) to show
**traceur** [tʀasœʀ] *nm* (*Inform*) plotter
**trachée** [tʀaʃe], **trachée-artère** [tʀaʃeaʀtɛʀ] *nf* windpipe, trachea
**trachéite** [tʀakeit] *nf* tracheitis
**tract** [tʀakt] *nm* tract, pamphlet; (*publicitaire*) handout
**tractations** [tʀaktɑsjɔ̃] *nfpl* dealings, bargaining *nsg*
**tracter** [tʀakte] *vt* to tow
**tracteur** [tʀaktœʀ] *nm* tractor
**traction** [tʀaksjɔ̃] *nf* traction; (*Gym*) pull-up; **~ avant/arrière** front-wheel/rear-wheel drive; **~ électrique** electric(al) traction *ou* haulage
**trad.** *abr* (= *traduit*) translated; (= *traduction*) translation; (= *traducteur*) translator
**tradition** [tʀadisjɔ̃] *nf* tradition
**traditionalisme** [tʀadisjɔnalism(ə)] *nm* traditionalism
**traditionaliste** [tʀadisjɔnalist(ə)] *adj, nm/f* traditionalist
**traditionnel, le** [tʀadisjɔnɛl] *adj* traditional
**traditionnellement** [tʀadisjɔnɛlmɑ̃] *adv* traditionally
**traducteur, -trice** [tʀadyktœʀ, -tʀis] *nm/f* translator
**traduction** [tʀadyksjɔ̃] *nf* translation
**traduire** [tʀadɥiʀ] *vt* to translate; (*exprimer*) to render, convey; **se ~ par** to find expression in; **~ en français** to translate into French; **~ en justice** to bring before the courts
**traduis** *etc* [tʀadɥi] *vb voir* **traduire**
**traduisible** [tʀadɥizibl(ə)] *adj* translatable
**traduit, e** [tʀadɥi, -it] *pp de* **traduire**
**trafic** [tʀafik] *nm* traffic; **~ d'armes** arms dealing; **~ de drogue** drug peddling
**trafiquant, e** [tʀafikɑ̃, -ɑ̃t] *nm/f* trafficker; dealer
**trafiquer** [tʀafike] *vt* (*péj*) to doctor, tamper with ▷ *vi* to traffic, be engaged in trafficking
**tragédie** [tʀaʒedi] *nf* tragedy
**tragédien, ne** [tʀaʒedjɛ̃, -ɛn] *nm/f* tragedian/ tragedienne
**tragi-comique** [tʀaʒikɔmik] *adj* tragi-comic
**tragique** [tʀaʒik] *adj* tragic ▷ *nm*: **prendre qch au ~** to make a tragedy out of sth

**t**

417

**tragiquement** [tʀaʒikmɑ̃] *adv* tragically
**trahir** [tʀaiʀ] *vt* to betray; *(fig)* to give away,
reveal; **se trahir** to betray o.s., give o.s. away
**trahison** [tʀaizɔ̃] *nf* betrayal; *(Jur)* treason
**traie** *etc* [tʀɛ] *vb voir* **traire**
**train** [tʀɛ̃] *nm* (Rail) train; *(allure)* pace; *(fig:
ensemble)* set; **être en ~ de faire qch** to be doing
sth; **mettre qch en ~** to get sth under way;
**mettre qn en ~** to put sb in good spirits; **se
mettre en ~** *(commencer)* to get started; *(faire de la
gymnastique)* to warm up; **se sentir en ~** to feel
in good form; **aller bon ~** to make good
progress; **~ avant/arrière** front-wheel/rear-
wheel axle unit; **~ à grande vitesse (TGV)**
high-speed train; **~ d'atterrissage**
undercarriage; **~ autos-couchettes** car-
sleeper train; **~ électrique** *(jouet)* (electric)
train set; **~ de pneus** set of tyres *ou* tires; **~ de
vie** style of living
**traînailler** [tʀɛnaje] *vi* = **traînasser**
**traînant, e** [tʀɛnɑ̃, -ɑ̃t] *adj* *(voix, ton)* drawling
**traînard, e** [tʀɛnaʀ, -aʀd(ə)] *nm/f* *(péj)*
slowcoach *(Brit)*, slowpoke *(US)*
**traînasser** [tʀɛnase] *vi* to dawdle
**traîne** [tʀɛn] *nf* *(de robe)* train; **être à la ~** to be in
tow; *(en arrière)* to lag behind; *(en désordre)* to be
lying around
**traîneau, x** [tʀɛno] *nm* sleigh, sledge
**traînée** [tʀɛne] *nf* streak, trail; *(péj)* slut
**traîner** [tʀɛne] *vt* *(remorque)* to pull; *(enfant, chien)*
to drag *ou* trail along; *(maladie)*: **il traîne un
rhume depuis l'hiver** he has a cold which has
been dragging on since winter ▷ *vi* *(être en
désordre)* to lie around; *(marcher lentement)* to
dawdle (along); *(vagabonder)* to hang about; *(agir
lentement)* to idle about; *(durer)* to drag on; **se
traîner** *vi* *(ramper)* to crawl along; *(marcher avec
difficulté)* to drag o.s. along; *(durer)* to drag on; **se
~ par terre** to crawl (on the ground); **~ qn au
cinéma** to drag sb to the cinema; **~ les pieds** to
drag one's feet; **~ par terre** to trail on the
ground; **~ en longueur** to drag out
**training** [tʀɛniŋ] *nm* *(pull)* tracksuit top;
*(chaussure)* trainer *(Brit)*, sneaker *(US)*
**train-train** [tʀɛ̃tʀɛ̃] *nm* humdrum routine
**traire** [tʀɛʀ] *vt* to milk
**trait, e** [tʀɛ, -ɛt] *pp de* **traire** ▷ *nm* *(ligne)* line; *(de
dessin)* stroke; *(caractéristique)* feature, trait;
*(flèche)* dart, arrow; shaft; **traits** *nmpl* *(du visage)*
features; **d'un ~** *(boire)* in one gulp; **de ~** *adj*
*(animal)* draught *(Brit)*, draft *(US)*; **avoir ~ à** to
concern; **~ pour ~** line for line; **~ de caractère**
characteristic, trait; **~ d'esprit** flash of wit; **~
de génie** brainwave; **~ d'union** hyphen; *(fig)*
link
**traitable** [tʀɛtabl(ə)] *adj* *(personne)*
accommodating; *(sujet)* manageable
**traitant, e** [tʀɛtɑ̃, -ɑ̃t] *adj*: **votre médecin ~**
your usual *ou* family doctor; **shampooing ~**
medicated shampoo; **crème ~e** conditioning
cream, conditioner
**traite** [tʀɛt] *nf* *(Comm)* draft; *(Agr)* milking;

*(trajet)* stretch; **d'une (seule) ~** without
stopping *(once)*; **la ~ des noirs** the slave trade;
**la ~ des blanches** the white slave trade
**traité** [tʀete] *nm* treaty
**traitement** [tʀɛtmɑ̃] *nm* treatment; processing;
*(salaire)* salary; **suivre un ~** to undergo
treatment; **mauvais ~** ill-treatment; **~ de
données** *ou* **de l'information** *(Inform)* data
processing; **~ hormono-supplétif** hormone
replacement therapy; **~ par lots** *(Inform)* batch
processing; **~ de texte** *(Inform)* word processing
**traiter** [tʀete] *vt* *(gén)* to treat; *(Tech: matériaux)* to
process, treat; *(Inform)* to process; *(affaire)* to deal
with, handle; *(qualifier)*: **~ qn d'idiot** to call sb a
fool ▷ *vi* to deal; **~ de** *vt* to deal with; **bien/mal
~** to treat well/ill-treat
**traiteur** [tʀɛtœʀ] *nm* caterer
**traître, -esse** [tʀɛtʀ(ə), -tʀɛs] *adj* *(dangereux)*
treacherous ▷ *nm* traitor; **prendre qn en ~** to
make an insidious attack on sb
**traîtrise** [tʀetʀiz] *nf* treachery
**trajectoire** [tʀaʒɛktwaʀ] *nf* trajectory, path
**trajet** [tʀaʒɛ] *nm* journey; *(itinéraire)* route; *(fig)*
path, course
**tralala** [tʀalala] *nm* *(péj)* fuss
**tram** [tʀam] *nm* tram *(Brit)*, streetcar *(US)*
**trame** [tʀam] *nf* *(de tissu)* weft; *(fig)* framework;
texture; *(Typo)* screen
**tramer** [tʀame] *vt* to plot, hatch
**trampoline** [tʀɑ̃pɔlin], **trampolino** [tʀɑ̃pɔlino]
*nm* trampoline; *(Sport)* trampolining
**tramway** [tʀamwɛ] *nm* tram(way); *(voiture)*
tram(car) *(Brit)*, streetcar *(US)*
**tranchant, e** [tʀɑ̃ʃɑ̃, -ɑ̃t] *adj* sharp; *(fig: personne)*
peremptory; *(: couleurs)* striking ▷ *nm* *(d'un
couteau)* cutting edge; *(de la main)* edge; **à double
~** *(argument, procédé)* double-edged
**tranche** [tʀɑ̃ʃ] *nf* *(morceau)* slice; *(arête)* edge;
*(partie)* section; *(série)* block; *(d'impôts, revenus etc)*
bracket; *(loterie)* issue; **~ d'âge** age bracket; **~
(de silicium)** wafer
**tranché, e** [tʀɑ̃ʃe] *adj* *(couleurs)* distinct, sharply
contrasted; *(opinions)* clear-cut, definite ▷ *nf*
trench
**trancher** [tʀɑ̃ʃe] *vt* to cut, sever; *(fig: résoudre)* to
settle ▷ *vi* to be decisive; *(entre deux choses)* to
settle the argument; **~ avec** to contrast sharply
with
**tranchet** [tʀɑ̃ʃɛ] *nm* knife
**tranchoir** [tʀɑ̃ʃwaʀ] *nm* chopper
**tranquille** [tʀɑ̃kil] *adj* calm, quiet; *(enfant, élève)*
quiet; *(rassuré)* easy in one's mind, with one's
mind at rest; **se tenir ~** *(enfant)* to be quiet;
**avoir la conscience ~** to have an easy
conscience; **laisse-moi/laisse-ça ~** leave me/it
alone
**tranquillement** [tʀɑ̃kilmɑ̃] *adv* calmly
**tranquillisant, e** [tʀɑ̃kilizɑ̃, -ɑ̃t] *adj* *(nouvelle)*
reassuring ▷ *nm* tranquillizer
**tranquilliser** [tʀɑ̃kilize] *vt* to reassure; **se
tranquilliser** to calm (o.s.) down
**tranquillité** [tʀɑ̃kilite] *nf* quietness, peace (and

quiet); **en toute** ~ with complete peace of mind; ~ **d'esprit** peace of mind

**transaction** [tʀɑ̃zaksjɔ̃] nf (Comm) transaction, deal

**transafricain, e** [tʀɑ̃safʀikɛ̃, -ɛn] adj transafrican

**transalpin, e** [tʀɑ̃zalpɛ̃, -in] adj transalpine

**transaméricain, e** [tʀɑ̃zameʀikɛ̃, -ɛn] adj transamerican

**transat** [tʀɑ̃zat] nm deckchair ▷ nf = **course transatlantique**

**transatlantique** [tʀɑ̃zatlɑ̃tik] adj transatlantic ▷ nm transatlantic liner

**transborder** [tʀɑ̃sbɔʀde] vt to tran(s)ship

**transcendant, e** [tʀɑ̃sɑ̃dɑ̃, -ɑ̃t] adj (Philosophie, Math) transcendental; (supérieur) transcendent

**transcodeur** [tʀɑ̃skɔdœʀ] nm compiler

**transcontinental, e, -aux** [tʀɑ̃skɔ̃tinɑ̃tal, -o] adj transcontinental

**transcription** [tʀɑ̃skʀipsjɔ̃] nf transcription

**transcrire** [tʀɑ̃skʀiʀ] vt to transcribe

**transe** [tʀɑ̃s] nf: **entrer en** ~ to go into a trance; **transes** nfpl agony nsg

**transférable** [tʀɑ̃sfeʀabl(ə)] adj transferable

**transfèrement** [tʀɑ̃sfɛʀmɑ̃] nm transfer

**transférer** [tʀɑ̃sfeʀe] vt to transfer

**transfert** [tʀɑ̃sfɛʀ] nm transfer

**transfiguration** [tʀɑ̃sfigyʀasjɔ̃] nf transformation, transfiguration

**transfigurer** [tʀɑ̃sfigyʀe] vt to transform

**transfo** [tʀɑ̃sfo] nm (= transformateur) transformer

**transformable** [tʀɑ̃sfɔʀmabl(ə)] adj convertible

**transformateur** [tʀɑ̃sfɔʀmatœʀ] nm transformer

**transformation** [tʀɑ̃sfɔʀmasjɔ̃] nf transformation; (Rugby) conversion; **industries de** ~ processing industries

**transformer** [tʀɑ̃sfɔʀme] vt to transform, alter ("alter" implique un changement moins radical); (matière première, appartement, Rugby) to convert; ~ **en** to transform into; to turn into; to convert into; **se transformer** vi to be transformed; to alter

**transfuge** [tʀɑ̃sfyʒ] nm renegade

**transfuser** [tʀɑ̃sfyze] vt to transfuse

**transfusion** [tʀɑ̃sfyzjɔ̃] nf: ~ **sanguine** blood transfusion

**transgénique** [tʀɑ̃sʒenik] adj transgenic

**transgresser** [tʀɑ̃sgʀese] vt to contravene, disobey

**transhumance** [tʀɑ̃zymɑ̃s] nf transhumance, seasonal move to new pastures

**transi, e** [tʀɑ̃zi] adj numb (with cold), chilled to the bone

**transiger** [tʀɑ̃ziʒe] vi to compromise, come to an agreement; ~ **sur** ou **avec qch** to compromise on sth

**transistor** [tʀɑ̃zistɔʀ] nm transistor

**transistorisé, e** [tʀɑ̃zistɔʀize] adj transistorized

**transit** [tʀɑ̃zit] nm transit; **de** ~ transit cpd; **en** ~ in transit

**transitaire** [tʀɑ̃zitɛʀ] nm/f forwarding agent

**transiter** [tʀɑ̃zite] vi to pass in transit

**transitif, -ive** [tʀɑ̃zitif, -iv] adj transitive

**transition** [tʀɑ̃zisjɔ̃] nf transition; **de** ~ transitional

**transitoire** [tʀɑ̃zitwaʀ] adj (mesure, gouvernement) transitional, provisional; (fugitif) transient

**translucide** [tʀɑ̃slysid] adj translucent

**transmet** etc [tʀɑ̃smɛ] vb voir **transmettre**

**transmettais** etc [tʀɑ̃smɛtɛ] vb voir **transmettre**

**transmetteur** [tʀɑ̃smɛtœʀ] nm transmitter

**transmettre** [tʀɑ̃smɛtʀ(ə)] vt (passer): ~ **qch à qn** to pass sth on to sb; (TV, Radio: retransmettre) to broadcast

**transmis, e** [tʀɑ̃smi, -iz] pp de **transmettre**

**transmissible** [tʀɑ̃smisibl(ə)] adj transmissible

**transmission** [tʀɑ̃smisjɔ̃] nf transmission, passing on; (Auto) transmission; **transmissions** nfpl (Mil) ≈ signals corps nsg; ~ **de données** (Inform) data transmission; ~ **de pensée** thought transmission

**transocéanien, ne** [tʀɑ̃zɔseanjɛ̃, -ɛn] **transocéanique** [tʀɑ̃zɔseanik] adj transoceanic

**transparaître** [tʀɑ̃spaʀɛtʀ(ə)] vi to show (through)

**transparence** [tʀɑ̃spaʀɑ̃s] nf transparence; **par** ~ (regarder) against the light; (voir) showing through

**transparent, e** [tʀɑ̃spaʀɑ̃, -ɑ̃t] adj transparent

**transpercer** [tʀɑ̃spɛʀse] vt to go through, pierce

**transpiration** [tʀɑ̃spiʀasjɔ̃] nf perspiration

**transpirer** [tʀɑ̃spiʀe] vi to perspire; (information, nouvelle) to come to light

**transplant** [tʀɑ̃splɑ̃] nm transplant

**transplantation** [tʀɑ̃splɑ̃tasjɔ̃] nf transplant

**transplanter** [tʀɑ̃splɑ̃te] vt (Méd, Bot) to transplant; (personne) to uproot, move

**transport** [tʀɑ̃spɔʀ] nm transport; (émotions): ~ **de colère** fit of rage; ~ **de joie** transport of delight; ~ **de voyageurs/marchandises** passenger/goods transportation; ~**s en commun** public transport nsg; ~**s routiers** haulage (Brit), trucking (US)

**transportable** [tʀɑ̃spɔʀtabl(ə)] adj (marchandises) transportable; (malade) fit (enough) to be moved

**transporter** [tʀɑ̃spɔʀte] vt to carry, move; (Comm) to transport, convey; (fig): ~ **qn (de joie)** to send sb into raptures; **se** ~ **quelque part** (fig) to let one's imagination carry one away (somewhere)

**transporteur** [tʀɑ̃spɔʀtœʀ] nm haulage contractor (Brit), trucker (US)

**transposer** [tʀɑ̃spoze] vt to transpose

**transposition** [tʀɑ̃spozisjɔ̃] nf transposition

**transrhénan, e** [tʀɑ̃sʀenɑ̃, -an] adj transrhenane

**transsaharien, ne** [tʀɑ̃ssaaʀjɛ̃, -ɛn] adj trans-Saharan

**t**

**transsexuel, le** [tʀɑ̃ssɛksɥɛl] *adj, nm/f* transsexual

**transsibérien, ne** [tʀɑ̃ssiberjɛ̃, -ɛn] *adj* trans-Siberian

**transvaser** [tʀɑ̃svaze] *vt* to decant

**transversal, e, -aux** [tʀɑ̃svɛʀsal, -o] *adj* transverse, cross(-); *(route etc)* cross-country; *(mur, chemin, rue)* running at right angles; *(Auto)*: **axe ~** main cross-country road *(Brit)* ou highway *(US)*

**transversalement** [tʀɑ̃svɛʀsalmɑ̃] *adv* crosswise

**trapèze** [tʀapɛz] *nm (Géom)* trapezium; *(au cirque)* trapeze

**trapéziste** [tʀapezist(ə)] *nm/f* trapeze artist

**trappe** [tʀap] *nf (de cave, grenier)* trap door; *(piège)* trap

**trappeur** [tʀapœʀ] *nm* trapper, fur trader

**trapu, e** [tʀapy] *adj* squat, stocky

**traquenard** [tʀaknaʀ] *nm* trap

**traquer** [tʀake] *vt* to track down; *(harceler)* to hound

**traumatisant, e** [tʀomatizɑ̃, -ɑ̃t] *adj* traumatic

**traumatiser** [tʀomatize] *vt* to traumatize

**traumatisme** [tʀomatism(ə)] *nm* traumatism

**traumatologie** [tʀomatɔlɔʒi] *nf* branch of medicine concerned with accidents

**travail, -aux** [tʀavaj, -o] *nm (gén)* work; *(tâche, métier)* work *no pl*, job; *(Écon, Méd)* labour *(Brit)*, labor *(US)*; *(Inform)* job ▷ *nmpl (de réparation, agricoles etc)* work *nsg*; *(sur route)* roadworks; *(de construction)* building (work) *nsg*; **être/entrer en ~** *(Méd)* to be in/go into labour; **être sans ~** *(employé)* to be out of work, be unemployed; **~ d'intérêt général (TIG)** ≈ community service; **~ (au) noir** moonlighting; **~ posté** shiftwork; **travaux des champs** farmwork *nsg*; **travaux dirigés (TD)** *(Scol)* supervised practical work *nsg*; **travaux forcés** hard labour *nsg*; **travaux manuels** *(Scol)* handicrafts; **travaux ménagers** housework *nsg*; **travaux pratiques (TP)** *(gén)* practical work; *(en laboratoire)* lab work *(Brit)*, lab *(US)*; **travaux publics (TP)** ≈ public works *nsg*

**travaillé, e** [tʀavaje] *adj (style)* polished

**travailler** [tʀavaje] *vi* to work; *(bois)* to warp ▷ *vt (bois, métal)* to work; *(pâte)* to knead; *(objet d'art, discipline, fig: influencer)* to work on; **cela le travaille** it is on his mind; **~ la terre** to work the land; **~ son piano** to do one's piano practice; **~ à** to work on; *(fig: contribuer à)* to work towards; **~ à faire** to endeavour *(Brit)* ou endeavor *(US)* to do

**travailleur, -euse** [tʀavajœʀ, -øz] *adj* hard-working ▷ *nm/f* worker; **~ de force** labourer *(Brit)*, laborer *(US)*; **~ intellectuel** non-manual worker; **~ social** social worker; **travailleuse familiale** home help

**travailliste** [tʀavajist(ə)] *adj* ≈ Labour *cpd* ▷ *nm/f* member of the Labour party

**travée** [tʀave] *nf* row; *(Archit)* bay; span

**traveller's** [tʀavlœʀs], **traveller's chèque** [tʀavlœʀsʃɛk] *nm* traveller's cheque

**travelling** [tʀavliŋ] *nm (chariot)* dolly; *(technique)* tracking; **~ optique** zoom shots *pl*

**travelo** [tʀavlo] *nm (fam)* (drag) queen

**travers** [tʀavɛʀ] *nm* fault, failing; **en ~ (de)** across; **au ~ (de)** through; **de ~** *adj* askew ▷ *adv* sideways; *(fig)* the wrong way; **à ~** through; **regarder de ~** *(fig)* to look askance at

**traverse** [tʀavɛʀs(ə)] *nf (de voie ferrée)* sleeper; **chemin de ~** shortcut

**traversée** [tʀavɛʀse] *nf* crossing

**traverser** [tʀavɛʀse] *vt (gén)* to cross; *(ville, tunnel, aussi: percer, fig)* to go through; *(ligne, trait)* to run across

**traversin** [tʀavɛʀsɛ̃] *nm* bolster

**travesti** [tʀavɛsti] *nm (costume)* fancy dress; *(artiste de cabaret)* female impersonator, drag artist; *(comme mode de vie)* transvestite

**travestir** [tʀavɛstiʀ] *vt (vérité)* to misrepresent; **se travestir** *(se costumer)* to dress up; *(artiste)* to put on drag; *(Psych)* to dress as a woman

**trayais etc** [tʀɛjɛ] *vb voir* **traire**

**trayeuse** [tʀɛjøz] *nf* milking machine

**trébucher** [tʀebyʃe] *vi*: **~ (sur)** to stumble (over), trip (over)

**trèfle** [tʀɛfl(ə)] *nm (Bot)* clover; *(Cartes: couleur)* clubs *pl*; *(: carte)* club; **~ à quatre feuilles** four-leaf clover

**treillage** [tʀɛjaʒ] *nm* lattice work

**treille** [tʀɛj] *nf (tonnelle)* vine arbour *(Brit)* ou arbor *(US)*; *(vigne)* climbing vine

**treillis** [tʀeji] *nm (métallique)* wire-mesh; *(toile)* canvas; *(Mil: tenue)* combat uniform; *(pantalon)* combat trousers *pl*

**treize** [tʀɛz] *num* thirteen

**treizième** [tʀɛzjɛm] *num* thirteenth; *see note*

◉ **TREIZIÈME MOIS**

◉ The *treizième mois* is an end-of-year bonus
◉ roughly corresponding to one month's
◉ salary. For many employees it is a standard
◉ part of their salary package.

**tréma** [tʀema] *nm* diaeresis

**tremblant, e** [tʀɑ̃blɑ̃, -ɑ̃t] *adj* trembling, shaking

**tremble** [tʀɑ̃bl(ə)] *nm (Bot)* aspen

**tremblé, e** [tʀɑ̃ble] *adj* shaky

**tremblement** [tʀɑ̃bləmɑ̃] *nm* trembling *no pl*, shaking *no pl*, shivering *no pl*; **~ de terre** earthquake

**trembler** [tʀɑ̃ble] *vi* to tremble, shake; **~ de** *(froid, fièvre)* to shiver ou tremble with; *(peur)* to shake ou tremble with; **~ pour qn** to fear for sb

**tremblotant, e** [tʀɑ̃blɔtɑ̃, -ɑ̃t] *adj* trembling

**trembloter** [tʀɑ̃blɔte] *vi* to tremble ou shake slightly

**trémolo** [tʀemɔlo] *nm (d'un instrument)* tremolo; *(de la voix)* quaver

**trémousser** [tʀemuse]: **se trémousser** *vi* to jig about, wriggle about

**trempe** [tʀɑ̃p] *nf* (*fig*): **de cette/sa ~** of this/his calibre (*Brit*) *ou* caliber (*US*)

**trempé, e** [tʀɑ̃pe] *adj* soaking (wet), drenched; (*Tech*): **acier ~** tempered steel

**tremper** [tʀɑ̃pe] *vt* to soak, drench; (*aussi*: **faire tremper, mettre à tremper**) to soak; (*plonger*): **~ qch dans** to dip sth in(to) ▷ *vi* to soak; (*fig*): **~ dans** to be involved *ou* have a hand in; **se tremper** *vi* to have a quick dip; **se faire ~** to get soaked *ou* drenched

**trempette** [tʀɑ̃pɛt] *nf*: **faire ~** to go paddling

**tremplin** [tʀɑ̃plɛ̃] *nm* springboard; (*Ski*) ski jump

**trentaine** [tʀɑ̃tɛn] *nf* (*âge*): **avoir la ~** to be around thirty; **une ~ (de)** thirty or so, about thirty

**trente** [tʀɑ̃t] *num* thirty; **voir ~-six chandelles** (*fig*) to see stars; **être/se mettre sur son ~ et un** to be/get dressed to kill; **~-trois tours** *nm* long-playing record, LP

**trentième** [tʀɑ̃tjɛm] *num* thirtieth

**trépanation** [tʀepanasjɔ̃] *nf* trepan

**trépaner** [tʀepane] *vt* to trepan, trephine

**trépasser** [tʀepase] *vi* to pass away

**trépidant, e** [tʀepidɑ̃, -ɑ̃t] *adj* (*fig: rythme*) pulsating; (*: vie*) hectic

**trépidation** [tʀepidɑsjɔ̃] *nf* (*d'une machine, d'un moteur*) vibration; (*fig: de la vie*) whirl

**trépider** [tʀepide] *vi* to vibrate

**trépied** [tʀepje] *nm* (*d'appareil*) tripod; (*meuble*) trivet

**trépignement** [tʀepiɲmɑ̃] *nm* stamping (of feet)

**trépigner** [tʀepiɲe] *vi* to stamp (one's feet)

**très** [tʀɛ] *adv* very; **~ beau/bien** very beautiful/well; **~ critiqué** much criticized; **~ industrialisé** highly industrialized; **j'ai ~ faim** I'm very hungry

**trésor** [tʀezɔʀ] *nm* treasure; (*Admin*) finances *pl*; (*d'une organisation*) funds *pl*; **~ (public) (TP)** public revenue; (*service*) public revenue office

**trésorerie** [tʀezɔʀʀi] *nf* (*fonds*) funds *pl*; (*gestion*) accounts *pl*; (*bureaux*) accounts department; (*poste*) treasurership; **difficultés de ~** cash problems, shortage of cash *ou* funds; **~ générale (TG)** *local government finance office*

**trésorier, -ière** [tʀezɔʀje, -jɛʀ] *nm/f* treasurer

**Trésorier-payeur** [tʀezɔʀjepejœʀ] *nm*: **~ général (TPG)** paymaster

**tressaillement** [tʀesɑjmɑ̃] *nm* shiver, shudder, quiver

**tressaillir** [tʀesajiʀ] *vi* (*de peur etc*) to shiver, shudder; (*de joie*) to quiver

**tressauter** [tʀesote] *vi* to start, jump

**tresse** [tʀɛs] *nf* (*de cheveux*) braid, plait; (*cordon, galon*) braid

**tresser** [tʀese] *vt* (*cheveux*) to braid, plait; (*fil, jonc*) to plait; (*corbeille*) to weave; (*corde*) to twist

**tréteau, x** [tʀeto] *nm* trestle; **les ~x** (*fig: Théât*) the boards

**treuil** [tʀœj] *nm* winch

**trêve** [tʀɛv] *nf* (*Mil, Pol*) truce; (*fig*) respite; **sans ~** unremittingly; **~ de ... enough of this ...; les États de la T~** the Trucial States

**tri** [tʀi] *nm* (*voir trier*) sorting (out) *no pl*; selection; screening; (*Inform*) sort; (*Postes: action*) sorting; (*: bureau*) sorting office

**triage** [tʀijaʒ] *nm* (*Rail*) shunting; (*gare*) marshalling yard

**trial** [tʀijal] *nm* (*Sport*) scrambling

**triangle** [tʀijɑ̃gl(ə)] *nm* triangle; **~ isocèle/équilatéral** isosceles/equilateral triangle; **~ rectangle** right-angled triangle

**triangulaire** [tʀijɑ̃gylɛʀ] *adj* triangular

**triathlon** [tʀi(j)atlɔ̃] *nm* triathlon

**tribal, e, -aux** [tʀibal, -o] *adj* tribal

**tribord** [tʀibɔʀ] *nm*: **à ~** to starboard, on the starboard side

**tribu** [tʀiby] *nf* tribe

**tribulations** [tʀibylɑsjɔ̃] *nfpl* tribulations, trials

**tribunal, -aux** [tʀibynal, -o] *nm* (*Jur*) court; (*Mil*) tribunal; **~ de police/pour enfants** police/juvenile court; **~ d'instance (TI)** ≈ magistrates' court (*Brit*), ≈ district court (*US*); **~ de grande instance (TGI)** ≈ High Court (*Brit*), ≈ Supreme Court (*US*)

**tribune** [tʀibyn] *nf* (*estrade*) platform, rostrum; (*débat*) forum; (*d'église, de tribunal*) gallery; (*de stade*) stand; **~ libre** (*Presse*) opinion column

**tribut** [tʀiby] *nm* tribute

**tributaire** [tʀibytɛʀ] *adj*: **être ~ de** to be dependent on; (*Géo*) to be a tributary of

**tricentenaire** [tʀisɑ̃tnɛʀ] *nm* tercentenary, tricentennial

**tricher** [tʀiʃe] *vi* to cheat

**tricherie** [tʀiʃʀi] *nf* cheating *no pl*

**tricheur, -euse** [tʀiʃœʀ, -øz] *nm/f* cheat

**trichromie** [tʀikʀɔmi] *nf* three-colour (*Brit*) *ou* -color (*US*) printing

**tricolore** [tʀikɔlɔʀ] *adj* three-coloured (*Brit*), three-colored (*US*); (*français: drapeau*) red, white and blue; (*: équipe etc*) French

**tricot** [tʀiko] *nm* (*technique, ouvrage*) knitting *no pl*; (*tissu*) knitted fabric; (*vêtement*) jersey, sweater; **~ de corps** vest (*Brit*), undershirt (*US*)

**tricoter** [tʀikɔte] *vt* to knit; **machine/aiguille à ~** knitting machine/needle (*Brit*) *ou* pin (*US*)

**trictrac** [tʀiktʀak] *nm* backgammon

**tricycle** [tʀisikl(ə)] *nm* tricycle

**tridimensionnel, le** [tʀidimɑ̃sjɔnɛl] *adj* three-dimensional

**triennal, e, -aux** [tʀienal, -o] *adj* (*prix, foire, élection*) three-yearly; (*charge, mandat, plan*) three-year

**trier** [tʀije] *vt* (*classer*) to sort (out); (*choisir*) to select; (*visiteurs*) to screen; (*Postes, Inform*) to sort

**trieur, -euse** [tʀijœʀ, -øz] *nm/f* sorter

**trigonométrie** [tʀigɔnɔmetʀi] *nf* trigonometry

**trigonométrique** [tʀigɔnɔmetʀik] *adj* trigonometric

**trilingue** [tʀilɛ̃g] *adj* trilingual

**trilogie** [tʀilɔʒi] *nf* trilogy

**trimaran** [tʀimaʀɑ̃] *nm* trimaran

**trimbaler** [tʀɛ̃bale] *vt* to cart around, trail

**t**

along

**trimer** [tʀime] vi to slave away

**trimestre** [tʀimɛstʀ(ə)] nm (Scol) term; (Comm) quarter

**trimestriel, le** [tʀimɛstʀijɛl] adj quarterly; (Scol) end-of-term

**trimoteur** [tʀimɔtœʀ] nm three-engined aircraft

**tringle** [tʀɛ̃gl(ə)] nf rod

**Trinité** [tʀinite] nf Trinity

**Trinité et Tobago** [tʀiniteetɔbago] nf Trinidad and Tobago

**trinquer** [tʀɛ̃ke] vi to clink glasses; (fam) to cop it; **à qch/la santé de qn** to drink to sth/sb

**trio** [tʀijo] nm trio

**triolet** [tʀijɔlɛ] nm (Mus) triplet

**triomphal, e, -aux** [tʀijɔ̃fal, -o] adj triumphant, triumphal

**triomphalement** [tʀijɔ̃falmɑ̃] adv triumphantly

**triomphant, e** [tʀijɔ̃fɑ̃, -ɑ̃t] adj triumphant

**triomphateur, -trice** [tʀijɔ̃fatœʀ, -tʀis] nm/f (triumphant) victor

**triomphe** [tʀijɔ̃f] nm triumph; **être reçu/porté en ~** to be given a triumphant welcome/be carried shoulder-high in triumph

**triompher** [tʀijɔ̃fe] vi to triumph; **~ de** to triumph over, overcome

**triparti, e** [tʀipaʀti] adj (aussi: **tripartite**: réunion, assemblée) tripartite, three-party

**triperie** [tʀipʀi] nf tripe shop

**tripes** [tʀip] nfpl (Culin) tripe nsg; (fam) guts

**triplace** [tʀiplas] adj three-seater cpd

**triple** [tʀipl(ə)] adj (à trois éléments) triple; (trois fois plus grand) treble ▷ nm: **le ~ (de)** (comparaison) three times as much (as); **en ~ exemplaire** in triplicate; **~ saut** (Sport) triple jump

**triplé** [tʀiple] nm hat-trick (Brit), triple success

**triplement** [tʀipləmɑ̃] adv (à un degré triple) three times over; (de trois façons) in three ways; (pour trois raisons) on three counts ▷ nm trebling, threefold increase

**tripler** [tʀiple] vi, vt to triple, treble, increase threefold

**triplés, -ées** [tʀiple] nm/fpl triplets

**Tripoli** [tʀipoli] n Tripoli

**triporteur** [tʀipɔʀtœʀ] nm delivery tricycle

**tripot** [tʀipo] nm (péj) dive

**tripotage** [tʀipɔtaʒ] nm (péj) jiggery-pokery

**tripoter** [tʀipote] vt to fiddle with, finger ▷ vi (fam) to rummage about

**trique** [tʀik] nf cudgel

**trisannuel, le** [tʀizanɥɛl] adj triennial

**trisomie** [tʀizɔmi] nf Down's syndrome

**triste** [tʀist(ə)] adj sad; (péj): **~ personnage/affaire** sorry individual/affair; **c'est pas ~!** (fam) it's something else!

**tristement** [tʀistəmɑ̃] adv sadly

**tristesse** [tʀistɛs] nf sadness

**triton** [tʀitɔ̃] nm triton

**triturer** [tʀityʀe] vt (pâte) to knead; (objets) to manipulate

**trivial, e, -aux** [tʀivjal, -o] adj coarse, crude; (commun) mundane

**trivialité** [tʀivjalite] nf coarseness, crudeness; mundaneness

**troc** [tʀɔk] nm (Écon) barter; (transaction) exchange, swap

**troène** [tʀɔɛn] nm privet

**troglodyte** [tʀɔglɔdit] nm/f cave dweller, troglodyte

**trognon** [tʀɔɲɔ̃] nm (de fruit) core; (de légume) stalk

**trois** [tʀwa] num three

**trois-huit** [tʀwaɥit] nmpl: **faire les ~** to work eight-hour shifts (round the clock)

**troisième** [tʀwazjɛm] num third; **le ~ âge** the years of retirement

**troisièmement** [tʀwazjɛmmɑ̃] adv thirdly

**trois quarts** [tʀwakaʀ] nmpl: **les ~ de** three-quarters of

**trolleybus** [tʀɔlɛbys] nm trolley bus

**trombe** [tʀɔ̃b] nf waterspout; **des ~s d'eau** a downpour; **en ~** (arriver, passer) like a whirlwind

**trombone** [tʀɔ̃bɔn] nm (Mus) trombone; (de bureau) paper clip; **~ à coulisse** slide trombone

**tromboniste** [tʀɔ̃bɔnist(ə)] nm/f trombonist

**trompe** [tʀɔ̃p] nf (d'éléphant) trunk; (Mus) trumpet, horn; **~ d'Eustache** Eustachian tube; **~s utérines** Fallopian tubes

**trompe-l'œil** [tʀɔ̃plœj] nm: **en trompe-l'œil** in trompe-l'œil style

**tromper** [tʀɔ̃pe] vt to deceive; (fig: espoir, attente) to disappoint; (vigilance, poursuivants) to elude; **se tromper** vi to make a mistake, be mistaken; **se tromper de voiture/jour** to take the wrong car/get the day wrong; **se ~ de 3 cm/20 euros** to be out by 3 cm/20 euros

**tromperie** [tʀɔ̃pʀi] nf deception, trickery no pl

**trompette** [tʀɔ̃pɛt] nf trumpet; **en ~** (nez) turned-up

**trompettiste** [tʀɔ̃petist(ə)] nm/f trumpet player

**trompeur, -euse** [tʀɔ̃pœʀ, -øz] adj deceptive, misleading

**tronc** [tʀɔ̃] nm (Bot, Anat) trunk; (d'église) collection box; **~ d'arbre** tree trunk; **~ commun** (Scol) common-core syllabus; **~ de cône** truncated cone

**tronche** [tʀɔ̃ʃ] nf (fam) mug, face

**tronçon** [tʀɔ̃sɔ̃] nm section

**tronçonner** [tʀɔ̃sɔne] vt (arbre) to saw up; (pierre) to cut up

**tronçonneuse** [tʀɔ̃sɔnøz] nf chain saw

**trône** [tʀon] nm throne; **monter sur le ~** to ascend the throne

**trôner** [tʀone] vi (fig) to have (ou take) pride of place (Brit), have the place of honour (Brit) ou honor (US)

**tronquer** [tʀɔ̃ke] vt to truncate; (fig) to curtail

**trop** [tʀo] adv too; (avec verbe) too much; (aussi: **trop nombreux**) too many; (aussi: **trop souvent**) too often; **~ peu (nombreux)** too few; **~ longtemps** (for) too long; **~ de** (nombre) too many; (*quantité*) too much; **de ~**, **en ~: des livres en ~** a few books too many, a few extra books; **du lait en ~** too much milk; **trois livres/cinq euros de ~** three books too many/ five euros too much

**trophée** [tʀɔfe] *nm* trophy

**tropical, e, -aux** [tʀɔpikal, -o] *adj* tropical

**tropique** [tʀɔpik] *nm* tropic; **tropiques** *nmpl* tropics; **~ du Cancer/Capricorne** Tropic of Cancer/Capricorn

**trop-plein** [tʀɔplɛ̃] *nm* (*tuyau*) overflow *ou* outlet (pipe); (*liquide*) overflow

**troquer** [tʀɔke] *vt:* **~ qch contre** to barter *ou* trade sth for; (*fig*) to swap sth for

**trot** [tʀo] *nm* trot; **aller au ~** to trot along; **partir au ~** to set off at a trot

**trotter** [tʀɔte] *vi* to trot; (*fig*) to scamper along (*ou* about)

**trotteuse** [tʀɔtøz] *nf* (*de montre*) second hand

**trottiner** [tʀɔtine] *vi* (*fig*) to scamper along (*ou* about)

**trottinette** [tʀɔtinɛt] *nf* (child's) scooter

**trottoir** [tʀɔtwaʀ] *nm* pavement (*Brit*), sidewalk (*US*); **faire le ~** (*péj*) to walk the streets; **~ roulant** moving pavement (*Brit*) *ou* walkway

**trou** [tʀu] *nm* hole; (*fig*) gap; (*Comm*) deficit; **~ d'aération** (air) vent; **~ d'air** air pocket; **~ de mémoire** blank, lapse of memory; **~ noir** black hole; **~ de la serrure** keyhole

**troublant, e** [tʀublɑ̃, -ɑ̃t] *adj* disturbing

**trouble** [tʀubl(ə)] *adj* (*liquide*) cloudy; (*image, mémoire*) indistinct, hazy; (*affaire*) shady, murky ▷ *adv* indistinctly ▷ *nm* (*désarroi*) distress, agitation; (*émoi sensuel*) turmoil, agitation; (*embarras*) confusion; (*zizanie*) unrest, discord; **troubles** *nmpl* (*Pol*) disturbances, troubles, unrest *nsg*; (*Méd*) trouble *nsg*, disorders; **~s de la personnalité** personality problems; **~s de la vision** eye trouble

**trouble-fête** [tʀubləfɛt] *nm/f inv* spoilsport

**troubler** [tʀuble] *vt* (*embarrasser*) to confuse, disconcert; (*émouvoir*) to agitate; to disturb; to perturb; (*perturber: ordre etc*) to disrupt, disturb; (*liquide*) to make cloudy; **se troubler** (*personne*) to become flustered *ou* confused; **~ l'ordre public** to cause a breach of the peace

**troué, e** [tʀue] *adj* with a hole (*ou* holes) in it ▷ *nf* gap; (*Mil*) breach

**trouer** [tʀue] *vt* to make a hole (*ou* holes) in; (*fig*) to pierce

**trouille** [tʀuj] *nf* (*fam*): **avoir la ~** to be scared stiff, be scared out of one's wits

**troupe** [tʀup] *nf* (*Mil*) troop; (*groupe*) troop, group; **la ~** (*Mil: l'armée*) the army; (*: les simples soldats*) the troops *pl*; **~ (de théâtre)** (theatrical) company; **~s de choc** shock troops

**troupeau, x** [tʀupo] *nm* (*de moutons*) flock; (*de vaches*) herd

**trousse** [tʀus] *nf* case, kit; (*d'écolier*) pencil case; (*de docteur*) instrument case; **aux ~s de** (*fig*) on the heels *ou* tail of; **~ à outils** toolkit; **~ de toilette** toilet *ou* sponge (*Brit*) bag

**trousseau, x** [tʀuso] *nm* (*de mariée*) trousseau; **~ de clefs** bunch of keys

**trouvaille** [tʀuvaj] *nf* find; (*fig: idée, expression etc*) brainwave

**trouvé, e** [tʀuve] *adj:* **tout ~** ready-made

**trouver** [tʀuve] *vt* to find; (*rendre visite*): **aller/ venir ~ qn** to go/come and see sb; **je trouve que** I find *ou* think that; **~ à boire/critiquer** to find something to drink/criticize; **~ asile/ refuge** to find refuge/shelter; **se trouver** *vi* (*être*) to be; (*être soudain*) to find o.s.; **se ~ être/ avoir** to happen to be/have; **il se trouve que** it happens that, it turns out that; **se ~ bien** to feel well; **se ~ mal** to pass out

**truand** [tʀyɑ̃] *nm* villain, crook

**truander** [tʀyɑ̃de] *vi* (*fam*) to cheat, do

**trublion** [tʀyblijɔ̃] *nm* troublemaker

**truc** [tʀyk] *nm* (*astuce*) way, device; (*de cinéma, prestidigitateur*) trick effect; (*chose*) thing; (*machin*) thingumajig, whatsit (*Brit*); **avoir le ~** to have the knack; **c'est pas son** (*ou* mon *etc*) **~** (*fam*) it's not really his (*ou* my *etc*) thing

**truchement** [tʀyʃmɑ̃] *nm:* **par le ~ de qn** through (the intervention of) sb

**trucider** [tʀyside] *vt* (*fam*) to do in, bump off

**truculence** [tʀykylɑ̃s] *nf* colourfulness (*Brit*), colorfulness (*US*)

**truculent, e** [tʀykylɑ̃, -ɑ̃t] *adj* colourful (*Brit*), colorful (*US*)

**truelle** [tʀyɛl] *nf* trowel

**truffe** [tʀyf] *nf* truffle; (*nez*) nose

**truffé, e** [tʀyfe] *adj:* **~ de** (*fig*) peppered with; (*fautes*) riddled with; (*pièges*) bristling with

**truffer** [tʀyfe] *vt* (*Culin*) to garnish with truffles; **truffé de** (*fig: citations*) peppered with; (*: pièges*) bristling with

**truie** [tʀɥi] *nf* sow

**truite** [tʀɥit] *nf* trout *inv*

**truquage** [tʀyka3] *nm* fixing; (*Ciné*) special effects *pl*

**truquer** [tʀyke] *vt* (*élections, serrure, dés*) to fix; (*Ciné*) to use special effects in

**trust** [tʀœst] *nm* (*Comm*) trust

**truster** [tʀœste] *vt* (*Comm*) to monopolize

**ts** *abr* = **tous**

**tsar** [dzaʀ] *nm* tsar

**tsé-tsé** [tsetse] *nf:* **mouche ~** tsetse fly

**TSF** *sigle f* (= *télégraphie sans fil*) wireless

**tsigane** [tsigan] *adj, nm/f* = **tzigane**

**TSVP** *abr* (= *tournez s'il vous plaît*) PTO

**tt** *abr* = **tout**

**TT, TTA** *sigle m* (= *transit temporaire (autorisé)*) *vehicle registration for cars etc bought in France for export tax-free by non-residents*

**TTC** *abr* = **toutes taxes comprises**

**ttes** *abr* = **toutes**

**TU** *sigle m* = **temps universel**

**tu**[1] [ty] *pron* you ▷ *nm:* **employer le tu** to use the "tu" form

**tu**[2]**, e** [ty] *pp de* **taire**

**tuant, e** [tɥɑ̃, -ɑ̃t] *adj* (*épuisant*) killing; (*énervant*) infuriating

**tuba** [tyba] *nm* (*Mus*) tuba; (*Sport*) snorkel
**tubage** [tybaʒ] *nm* (*Méd*) intubation
**tube** [tyb] *nm* tube; (*de canalisation, métallique etc*) pipe; (*chanson, disque*) hit song *ou* record; ~ **digestif** alimentary canal, digestive tract; ~ **à essai** test tube
**tuberculeux, -euse** [tybɛRkylø, -øz] *adj* tubercular ▷ *nm/f* tuberculosis *ou* TB patient
**tuberculose** [tybɛRkyloz] *nf* tuberculosis, TB
**tubulaire** [tybylɛR] *adj* tubular
**tubulure** [tybylyR] *nf* pipe; piping *no pl*; (*Auto*): ~ **d'échappement/d'admission** exhaust/inlet manifold
**TUC** [tyk] *sigle m* (= *travail d'utilité collective*) community work scheme for the young unemployed
**tuciste** [tysist(ə)] *nm/f* young person on a community work scheme
**tué, e** [tɥe] *nm/f*: **cinq ~s** five killed *ou* dead
**tue-mouche** [tymuʃ] *adj*: **papier ~(s)** flypaper
**tuer** [tɥe] *vt* to kill; **se tuer** (*se suicider*) to kill o.s.; (*dans un accident*) to be killed; **se ~ au travail** (*fig*) to work o.s. to death
**tuerie** [tyRi] *nf* slaughter *no pl*, massacre
**tue-tête** [tytɛt]: **à ~** *adv* at the top of one's voice
**tueur** [tɥœR] *nm* killer; ~ **à gages** hired killer
**tuile** [tɥil] *nf* tile; (*fam*) spot of bad luck, blow
**tulipe** [tylip] *nf* tulip
**tulle** [tyl] *nm* tulle
**tuméfié, e** [tymefje] *adj* puffy, swollen
**tumeur** [tymœR] *nf* growth, tumour (*Brit*), tumor (*US*)
**tumulte** [tymylt(ə)] *nm* commotion, hubbub
**tumultueux, -euse** [tymyltɥø, -øz] *adj* stormy, turbulent
**tuner** [tynɛR] *nm* tuner
**tungstène** [tœ̃kstɛn] *nm* tungsten
**tunique** [tynik] *nf* tunic; (*de femme*) smock, tunic
**Tunis** [tynis] *n* Tunis
**Tunisie** [tynizi] *nf*: **la ~** Tunisia
**tunisien, ne** [tynizjɛ̃, -ɛn] *adj* Tunisian ▷ *nm/f*: **Tunisien, ne** Tunisian
**tunisois, e** [tynizwa, -waz] *adj* of *ou* from Tunis
**tunnel** [tynɛl] *nm* tunnel; **le ~ sous la Manche** the Channel Tunnel, the Chunnel
**TUP** *sigle m* (= *titre universel de paiement*) ≈ payment slip
**turban** [tyRbɑ̃] *nm* turban
**turbin** [tyRbɛ̃] *nm* (*fam*) work *no pl*
**turbine** [tyRbin] *nf* turbine
**turbo** [tyRbo] *nm* turbo; **un moteur ~** a turbo(-charged) engine
**turbomoteur** [tyRbɔmɔtœR] *nm* turbo(-boosted) engine
**turbopropulseur** [tyRbɔpRɔpylsœR] *nm* turboprop
**turboréacteur** [tyRbɔReaktœR] *nm* turbojet
**turbot** [tyRbo] *nm* turbot
**turbotrain** [tyRbɔtRɛ̃] *nm* turbotrain
**turbulences** [tyRbylɑ̃s] *nfpl* (*Aviat*) turbulence *sg*
**turbulent, e** [tyRbylɑ̃, -ɑ̃t] *adj* boisterous, unruly
**turc, turque** [tyRk(ə)] *adj* Turkish; (*w.-c.*)

seatless ▷ *nm* (*Ling*) Turkish ▷ *nm/f*: **Turc, Turque** Turk/Turkish woman; **à la turque** *adv* (*assis*) cross-legged
**turf** [tyRf] *nm* racing
**turfiste** [tyRfist(ə)] *nm/f* racegoer
**Turks et Caïques** [tyRkekaik], **Turks et Caicos** [tyRkekaikɔs] *nfpl* Turks and Caicos Islands
**turpitude** [tyRpityd] *nf* base act, baseness *no pl*
**turque** [tyRk(ə)] *adj f, nf* *voir* **turc**
**Turquie** [tyRki] *nf*: **la ~** Turkey
**turquoise** [tyRkwaz] *nf, adj inv* turquoise
**tus** *etc* [ty] *vb voir* **taire**
**tut** *etc* [ty] *vb voir* **taire**
**tutelle** [tytɛl] *nf* (*Jur*) guardianship; (*Pol*) trusteeship; **sous la ~ de** (*fig*) under the supervision of
**tuteur, -trice** [tytœR, -tRis] *nm/f* (*Jur*) guardian; (*de plante*) stake, support
**tutoiement** [tytwamɑ̃] *nm* use of familiar "tu" form
**tutoyer** [tytwaje] *vt*: ~ **qn** to address sb as "tu"
**tutti quanti** [tutikwɑ̃ti] *nmpl*: **et ~** and all the rest (of them)
**tutu** [tyty] *nm* (*Danse*) tutu
**tuyau, x** [tɥijo] *nm* pipe; (*flexible*) tube; (*fam: conseil*) tip; (: *mise au courant*) gen *no pl*; ~ **d'arrosage** hosepipe; ~ **d'échappement** exhaust pipe; ~ **d'incendie** fire hose
**tuyauté, e** [tɥijote] *adj* fluted
**tuyauterie** [tɥijotRi] *nf* piping *no pl*
**tuyère** [tɥijɛR] *nf* nozzle
**TV** [teve] *nf* TV, telly (*Brit*)
**TVA** *sigle f* (= *taxe à*) *ou* *sur la valeur ajoutée*, VAT
**TVHD** *abr f* (= *télévision haute-définition*) HDTV
**tweed** [twid] *nm* tweed
**tympan** [tɛ̃pɑ̃] *nm* (*Anat*) eardrum
**type** [tip] *nm* type; (*personne, chose: représentant*) classic example, epitome; (*fam*) chap, guy ▷ *adj* typical, standard; **avoir le ~ nordique** to be Nordic-looking
**typé, e** [tipe] *adj* ethnic (*euph*)
**typhoïde** [tifɔid] *nf* typhoid (fever)
**typhon** [tifɔ̃] *nm* typhoon
**typhus** [tifys] *nm* typhus (fever)
**typique** [tipik] *adj* typical
**typiquement** [tipikmɑ̃] *adv* typically
**typographe** [tipɔgRaf] *nm/f* typographer
**typographie** [tipɔgRafi] *nf* typography; (*procédé*) letterpress (printing)
**typographique** [tipɔgRafik] *adj* typographical; letterpress *cpd*
**typologie** [tipɔlɔʒi] *nf* typology
**tyran** [tiRɑ̃] *nm* tyrant
**tyrannie** [tiRani] *nf* tyranny
**tyrannique** [tiRanik] *adj* tyrannical
**tyranniser** [tiRanize] *vt* to tyrannize
**Tyrol** [tiRɔl] *nm*: **le ~** the Tyrol
**tyrolien, ne** [tiRɔljɛ̃, -ɛn] *adj* Tyrolean
**tzar** [dzaR] *nm* = **tsar**
**tzigane** [dzigan] *adj* gipsy, tzigane ▷ *nm/f* (Hungarian) gipsy, Tzigane

# Uu

**U, u** [y] *nm inv* U, u; **U comme Ursule** U for Uncle

**ubiquité** [ybikɥite] *nf*: **avoir le don d'~** to be everywhere at once, be ubiquitous

**UDF** *sigle f* (= *Union pour la démocratie française*) political party

**UE** *sigle f* (= *Union européenne*) EU

**UEFA** [yefa] *sigle f* (= *Union of European Football Associations*) UEFA

**UEM** *sigle f* (= *Union économique et monétaire*) EMU

**UER** *sigle f* (= *unité d'enseignement et de recherche*) old title of UFR; (= *Union européenne de radiodiffusion*) EBU (= *European Broadcasting Union*)

**UFC** *sigle f* (= *Union fédérale des consommateurs*) national consumer group

**UFR** *sigle f* (= *unité de formation et de recherche*) ≈ university department

**UHF** *sigle f* (= *ultra-haute fréquence*) UHF

**UHT** *sigle* (= *ultra-haute température*) UHT

**UIT** *sigle f* (= *Union internationale des télécommunications*) ITU (= *International Telecommunications Union*)

**Ukraine** [ykʀɛn] *nf*: **l'~** the Ukraine

**ukrainien, ne** [ykʀɛnjɛ̃, -ɛn] *adj* Ukrainian ▷ *nm* (*Ling*) Ukrainian ▷ *nm/f*: **Ukrainien, ne** Ukrainian

**ulcère** [ylsɛʀ] *nm* ulcer; **~ à l'estomac** stomach ulcer

**ulcérer** [ylseʀe] *vt* (*Méd*) to ulcerate; (*fig*) to sicken, appal

**ulcéreux, -euse** [ylseʀø, -øz] *adj* (*plaie, lésion*) ulcerous; (*membre*) ulcerated

**ULM** *sigle m* (= *ultra léger motorisé*) microlight

**ultérieur, e** [ylteʀjœʀ] *adj* later, subsequent; **remis à une date ~e** postponed to a later date

**ultérieurement** [ylteʀjœʀmɑ̃] *adv* later

**ultimatum** [yltimatɔm] *nm* ultimatum

**ultime** [yltim] *adj* final

**ultra...** [yltʀa] *préfixe* ultra...

**ultramoderne** [yltʀamɔdɛʀn(ə)] *adj* ultra-modern

**ultra-rapide** [yltʀaʀapid] *adj* ultra-fast

**ultra-sensible** [yltʀasɑ̃sibl(ə)] *adj* (*Photo*) high-speed

**ultrason, ultra-son** [yltʀasɔ̃] *nm* ultrasound *no pl*; **ultra(-)sons** *nmpl* ultrasonics

**ultraviolet, ultra-violet, te** [yltʀavjɔlɛ, -ɛt] *adj* ultraviolet ▷ *nm*: **les ultra(-)violets** ultraviolet rays

**ululer** [ylyle] *vi* = **hululer**

**UME** *sigle f* (= *Union monétaire européenne*) EMU

**UMP** *sigle f* (= *Union pour un mouvement populaire*) political party

○ MOT-CLÉ

**un, une** [œ̃, yn] *art indéf* a; (*devant voyelle*) an; **un garçon/vieillard** a boy/an old man; **une fille** a girl

▷ *pron* one; **l'un des meilleurs** one of the best; **l'un ..., l'autre** (the) one ..., the other; **les uns ..., les autres** some ..., others; **l'un et l'autre** both (of them); **l'un ou l'autre** either (of them); **l'un l'autre, les uns les autres** each other, one another; **pas un seul** not a single one; **un par un** one by one

▷ *num* one; **une pomme seulement** one apple only

▷ *nf*: **la une** (*Presse*) the front page

**unanime** [ynanim] *adj* unanimous; **ils sont ~s (à penser que)** they are unanimous (in thinking that)

**unanimement** [ynanimmɑ̃] *adv* (*par tous*) unanimously; (*d'un commun accord*) with one accord

**unanimité** [ynanimite] *nf* unanimity, **à l'~** unanimously; **faire l'~** to be approved unanimously

**UNEF** [ynɛf] *sigle f* = **Union nationale des étudiants de France**

**UNESCO** [ynɛsko] *sigle f* (= *United Nations Educational, Scientific and Cultural Organization*) UNESCO

**Unetelle** [yntɛl] *nf voir* **Untel**

**UNI** *sigle f* = **Union nationale interuniversitaire**

**uni, e** [yni] *adj* (*ton, tissu*) plain; (*surface*) smooth, even; (*famille*) close(-knit); (*pays*) united

**UNICEF** [ynisɛf] *sigle m ou f* (= *United Nations International Children's Emergency Fund*) UNICEF

**unidirectionnel, le** [ynidiʀɛksjɔnɛl] *adj* unidirectional, one-way

**unième** [ynjɛm] *num*: **vingt/trente et ~**

twenty-/thirty-first; **cent ~ (one)** hundred and first

**unificateur, -trice** [ynifikatœʀ, -tʀis] *adj* unifying

**unification** [ynifikasjɔ̃] *nf* uniting; unification; standardization

**unifier** [ynifje] *vt* to unite, unify; *(systèmes)* to standardize, unify; **s'unifier** *vi* to become united

**uniforme** [ynifɔʀm(ə)] *adj (mouvement)* regular, uniform; *(surface, ton)* even; *(objets, maisons)* uniform; *(fig: vie, conduite)* unchanging ▷ *nm* uniform; **être sous l'~** *(Mil)* to be serving

**uniformément** [ynifɔʀmemã] *adv* uniformly

**uniformisation** [ynifɔʀmizasjɔ̃] *nf* standardization

**uniformiser** [ynifɔʀmize] *vt* to make uniform; *(systèmes)* to standardize

**uniformité** [ynifɔʀmite] *nf* regularity; uniformity; evenness

**unijambiste** [yniʒãbist(ə)] *nm/f* one-legged man/woman

**unilatéral, e, -aux** [ynilateʀal, -o] *adj* unilateral; **stationnement ~** parking on one side only

**unilatéralement** [ynilateʀalmã] *adv* unilaterally

**uninominal, e, -aux** [yninɔminal, -o] *adj* uncontested

**union** [ynjɔ̃] *nf* union; **~ conjugale** union of marriage; **~ de consommateurs** consumers' association; **~ libre** free love; **l'U~ des Républiques socialistes soviétiques (URSS)** the Union of Soviet Socialist Republics (USSR); **l'U~ soviétique** the Soviet Union

**unique** [ynik] *adj (seul)* only; *(le même)*: **un prix/ système ~** a single price/system; *(exceptionnel)* unique; **ménage à salaire ~** one-salary family; **route à voie ~** single-lane road; **fils/fille ~** only son/daughter, only child; **~ en France** the only one of its kind in France

**uniquement** [ynikmã] *adv* only, solely; *(juste)* only, merely

**unir** [yniʀ] *vt (nations)* to unite; *(éléments, couleurs)* to combine; *(en mariage)* to unite, join together; **~ qch à** to unite sth with; to combine sth with; **s'unir** *vi* to unite; *(en mariage)* to be joined together; **s'~ à** *ou* **avec** to unite with

**unisexe** [yniseks] *adj* unisex

**unisson** [ynisɔ̃] *nf*: **à l'~** *adv* in unison

**unitaire** [yniteʀ] *adj* unitary; *(Pol)* unitarian; **prix ~** unit price

**unité** [ynite] *nf (harmonie, cohésion)* unity; *(Comm, Mil, de mesure, Math)* unit; **~ centrale** central processing unit; **~ de valeur** (university) course, credit

**univers** [yniveʀ] *nm* universe

**universalisation** [yniveʀsalizasjɔ̃] *nf* universalization

**universaliser** [yniveʀsalize] *vt* to universalize

**universalité** [yniveʀsalite] *nf* universality

**universel, le** [yniveʀsɛl] *adj* universal; *(esprit)*

all-embracing

**universellement** [yniveʀsɛlmã] *adv* universally

**universitaire** [yniveʀsiteʀ] *adj* university *cpd*; *(diplôme, études)* academic, university *cpd* ▷ *nm/f* academic

**université** [yniveʀsite] *nf* university

**univoque** [ynivɔk] *adj* unambiguous; *(Math)* one-to-one

**UNR** *sigle f (= Union pour la nouvelle république)* former political party

**UNSS** *sigle f* = **Union nationale du sport scolaire**

**Untel, Unetelle** [œ̃tɛl, yntɛl] *nm/f*: **Monsieur ~** Mr so-and-so

**uranium** [yʀanjɔm] *nm* uranium

**urbain, e** [yʀbɛ̃, -ɛn] *adj* urban, city *cpd*, town *cpd*; *(poli)* urbane

**urbanisation** [yʀbanizasjɔ̃] *nf* urbanization

**urbaniser** [yʀbanize] *vt* to urbanize

**urbanisme** [yʀbanism(ə)] *nm* town planning

**urbaniste** [yʀbanist(ə)] *nm/f* town planner

**urbanité** [yʀbanite] *nf* urbanity

**urée** [yʀe] *nf* urea

**urémie** [yʀemi] *nf* uraemia *(Brit)*, uremia *(US)*

**urgence** [yʀʒãs] *nf* urgency; *(Méd etc)* emergency; **d'~** *adj* emergency *cpd* ▷ *adv* as a matter of urgency; **en cas d'~** in case of emergency; **service des ~s** emergency service

**urgent, e** [yʀʒã, -ãt] *adj* urgent

**urinaire** [yʀineʀ] *adj* urinary

**urinal, -aux** [yʀinal, -o] *nm* (bed) urinal

**urine** [yʀin] *nf* urine

**uriner** [yʀine] *vi* to urinate

**urinoir** [yʀinwaʀ] *nm* (public) urinal

**urne** [yʀn(ə)] *nf (électorale)* ballot box; *(vase)* urn; **aller aux ~s** *(voter)* to go to the polls

**urologie** [yʀɔlɔʒi] *nf* urology

**URSS** *(parfois : yʀs) sigle f (= Union des Républiques Socialistes Soviétiques)* USSR

**URSSAF** [yʀsaf] *sigle f (= Union pour le recouvrement de la sécurité sociale et des allocations familiales)* administrative body responsible for social security funds and payments

**urticaire** [yʀtikeʀ] *nf* nettle rash, urticaria

**Uruguay** [yʀygwɛ] *nm*: **l'~** Uruguay

**uruguayen, ne** [yʀygwajɛ̃, -ɛn] *adj* Uruguayan ▷ *nm/f*: **Uruguayen, ne** Uruguayan

**us** [ys] *nmpl*: **us et coutumes** (habits and) customs

**USA** *sigle mpl (= United States of America)* USA

**usage** [yzaʒ] *nm (emploi, utilisation)* use; *(coutume)* custom; *(éducation)* (good) manners *pl*, (good) breeding; *(Ling)*: **l'~** usage; **faire ~ de** *(pouvoir, droit)* to exercise; **avoir l'~ de** to have the use of; **à l'~** *adv* with use; **à l'~ de** *(pour)* for (use of); **en ~ in** use; **hors d'~** out of service; **à ~ interne** to be taken; **à ~ externe** for external use only

**usagé, e** [yzaʒe] *adj (usé)* worn; *(d'occasion)* used

**usager, -ère** [yzaʒe, -ɛʀ] *nm/f* user

**usé, e** [yze] *adj* worn (down *ou* out *ou* away); ruined; *(banal)* hackneyed

**user** [yze] *vt (outil)* to wear down; *(vêtement)* to

wear out; (*matière*) to wear away; (*consommer: charbon etc*) to use; (*fig: santé*) to ruin; (: *personne*) to wear out; **s'user** *vi* to wear; to wear out; (*fig*) to decline; **s'~ à la tâche** to wear o.s. out with work; **~ de** *vt* (*moyen, procédé*) to use, employ; (*droit*) to exercise

**usine** [yzin] *nf* factory; **~ atomique** nuclear power plant; **~ à gaz** gasworks *sg*; **~ marémotrice** tidal power station

**usiner** [yzine] *vt* (*Tech*) to machine; (*fabriquer*) to manufacture

**usité, e** [yzite] *adj* in common use, common; **peu ~** rarely used

**ustensile** [ystãsil] *nm* implement; **~ de cuisine** kitchen utensil

**usuel, le** [yzɥɛl] *adj* everyday, common

**usufruit** [yzyfrɥi] *nm* usufruct

**usuraire** [yzyrɛr] *adj* usurious

**usure** [yzyr] *nf* wear; worn state; (*de l'usurier*) usury; **avoir qn à l'~** to wear sb down; **~ normale** fair wear and tear

**usurier, -ière** [yzyrje, -jɛr] *nm/f* usurer

**usurpateur, -trice** [yzyrpatœr, -tris] *nm/f* usurper

**usurpation** [yzyrpasjɔ̃] *nf* usurpation

**usurper** [yzyrpe] *vt* to usurp

**UTA** *sigle f* = **Union des transporteurs aériens**

**utérin, e** [yterɛ̃, -in] *adj* uterine

**utérus** [yterys] *nm* uterus, womb

**utile** [ytil] *adj* useful; **~ à qn/qch** of use to sb/sth

**utilement** [ytilmã] *adv* usefully

**utilisable** [ytilizabl(ə)] *adj* usable

**utilisateur, -trice** [ytilizatœr, -tris] *nm/f* user

**utilisation** [ytilizasjɔ̃] *nf* use

**utiliser** [ytilize] *vt* to use

**utilitaire** [ytiliter] *adj* utilitarian; (*objets*) practical ▷ *nm* (*Inform*) utility

**utilité** [ytilite] *nf* usefulness *no pl*; use; **jouer les ~s** (*Théât*) to play bit parts; **reconnu d'~ publique** state-approved; **c'est d'une grande ~** it's extremely useful; **il n'y a aucune ~ à ...** there's no use in ...

**utopie** [ytɔpi] *nf* (*idée, conception*) utopian idea *ou* view; (*société etc idéale*) utopia

**utopique** [ytɔpik] *adj* utopian

**utopiste** [ytɔpist(ə)] *nm/f* utopian

**UV** *sigle f* (*Scol*) = **unité de valeur** ▷ *sigle mpl* (= *ultra-violets*) UV

**uvule** [yvyl] *nf* uvula

u

427

# Vv

**V, v** [ve] *nm inv* V, v ▷ *abr* (= *voir, verset*) v = **vers**; (*de poésie*) l.; (: *en direction de*) toward(s); **V comme Victor** V for Victor; **en V** V-shaped; **encolure en V** V-neck; **décolleté en V** plunging neckline

**va** [va] *vb voir* **aller**

**vacance** [vakɑ̃s] *nf* (*Admin*) vacancy; **vacances** *nfpl* holiday(s) *pl* (*Brit*), vacation *sg* (*US*); **les grandes ~s** the summer holidays *ou* vacation; **prendre des/ses ~s** to take a holiday *ou* vacation/one's holiday(s) *ou* vacation; **aller en ~s** to go on holiday *ou* vacation

**vacancier, -ière** [vakɑ̃sje, -jɛʀ] *nm/f* holidaymaker (*Brit*), vacationer (*US*)

**vacant, e** [vakɑ̃, -ɑ̃t] *adj* vacant

**vacarme** [vakaʀm(ə)] *nm* row, din

**vacataire** [vakatɛʀ] *nm/f* temporary (employee); (*enseignement*) supply (*Brit*) *ou* substitute (*US*) teacher; (*Université*) part-time temporary lecturer

**vaccin** [vaksɛ̃] *nm* vaccine; (*opération*) vaccination

**vaccination** [vaksinɑsjɔ̃] *nf* vaccination

**vacciner** [vaksine] *vt* to vaccinate; (*fig*) to make immune; **être vacciné** (*fig*) to be immune

**vache** [vaʃ] *nf* (*Zool*) cow; (*cuir*) cowhide ▷ *adj* (*fam*) rotten, mean; **~ à eau** (*canvas*) water bag; (**manger de la**) **~ enragée** (to go through) hard times; **~ à lait** (*péj*) mug, sucker; **~ laitière** dairy cow; **période des ~s maigres** lean times *pl*, lean period

**vachement** [vaʃmɑ̃] *adv* (*fam*) damned, really

**vacher, -ère** [vaʃe, -ɛʀ] *nm/f* cowherd

**vacherie** [vaʃʀi] *nf* (*fam*) meanness *no pl*; (*action*) dirty trick; (*propos*) nasty remark

**vacherin** [vaʃʀɛ̃] *nm* (*fromage*) vacherin cheese; (*gâteau*): **~ glacé** vacherin (*type of cream gâteau*)

**vachette** [vaʃɛt] *nf* calfskin

**vacillant, e** [vasijɑ̃, -ɑ̃t] *adj* wobbly; flickering; failing, faltering

**vaciller** [vasije] *vi* to sway, wobble; (*bougie, lumière*) to flicker; (*fig*) to be failing, falter; **~ dans ses réponses** to falter in one's replies; **~ dans ses résolutions** to waver in one's resolutions

**vacuité** [vakɥite] *nf* emptiness, vacuity

**vade-mecum** [vademekɔm] *nm inv* pocketbook

**vadrouille** [vadʀuj] *nf*: **être/partir en ~** to be on/go for a wander

**vadrouiller** [vadʀuje] *vi* to wander around *ou* about

**va-et-vient** [vaevjɛ̃] *nm inv* (*de pièce mobile*) to and fro (*ou* up and down) movement; (*de personnes, véhicules*) comings and goings *pl*, to-ings and fro-ings *pl*; (*Élec*) two-way switch

**vagabond, e** [vagabɔ̃, -ɔ̃d] *adj* wandering; (*imagination*) roaming, roving ▷ *nm* (*rôdeur*) tramp, vagrant; (*voyageur*) wanderer

**vagabondage** [vagabɔ̃daʒ] *nm* roaming, wandering; (*Jur*) vagrancy

**vagabonder** [vagabɔ̃de] *vi* to roam, wander

**vagin** [vaʒɛ̃] *nm* vagina

**vaginal, e, -aux** [vaʒinal, -o] *adj* vaginal

**vagissement** [vaʒismɑ̃] *nm* cry (*of newborn baby*)

**vague** [vag] *nf* wave ▷ *adj* vague; (*regard*) faraway; (*manteau, robe*) loose(-fitting); (*quelconque*): **un ~ bureau/cousin** some office/cousin or other ▷ *nm*: **être dans le ~** to be rather in the dark; **rester dans le ~** to keep things rather vague; **regarder dans le ~** to gaze into space; **~ à l'âme** *nm* vague melancholy; **~ d'assaut** *nf* (*Mil*) wave of assault; **~ de chaleur** *nf* heatwave; **~ de fond** *nf* ground swell; **~ de froid** *nf* cold spell

**vaguelette** [vaglɛt] *nf* ripple

**vaguement** [vagmɑ̃] *adv* vaguely

**vaillamment** [vajamɑ̃] *adv* bravely, gallantly

**vaillant, e** [vajɑ̃, -ɑ̃t] *adj* (*courageux*) brave, gallant; (*robuste*) vigorous, hale and hearty; **n'avoir plus un sou ~** to be penniless

**vaille** [vaj] *vb voir* **valoir**

**vain, e** [vɛ̃, vɛn] *adj* vain; **en ~** *adv* in vain

**vaincre** [vɛ̃kʀ(ə)] *vt* to defeat; (*fig*) to conquer, overcome

**vaincu, e** [vɛ̃ky] *pp de* **vaincre** ▷ *nm/f* defeated party

**vainement** [vɛnmɑ̃] *adv* vainly

**vainquais** *etc* [vɛ̃kɛ] *vb voir* **vaincre**

**vainqueur** [vɛ̃kœʀ] *nm* victor; (*Sport*) winner ▷ *adj m* victorious

**vais** [vɛ] *vb voir* **aller**

**vaisseau, x** [vɛso] *nm* (*Anat*) vessel; (*Navig*) ship,

vessel; ~ **spatial** spaceship
**vaisselier** [vɛsəlje] *nm* dresser
**vaisselle** [vɛsɛl] *nf* (*service*) crockery; (*plats etc à laver*) (dirty) dishes *pl*; **faire la** ~ to do the washing-up (*Brit*) *ou* the dishes
**val** (*pl* **vaux** *ou* **vals**) [val, vo] *nmpl* valley
**valable** [valabl(ə)] *adj* valid; (*acceptable*) decent, worthwhile
**valablement** [valabləmɑ̃] *adv* legitimately; (*de façon satisfaisante*) satisfactorily
**Valence** [valɑ̃s] *n* (*en Espagne*) Valencia; (*en France*) Valence
**valent** *etc* [val] *vb voir* **valoir**
**valet** [valɛ] *nm* valet; (*péj*) lackey; (*Cartes*) jack, knave (*Brit*); ~ **de chambre** manservant, valet; ~ **de ferme** farmhand; ~ **de pied** footman
**valeur** [valœR] *nf* (*gén*) value; (*mérite*) worth, merit; (*Comm: titre*) security; **mettre en** ~ (*bien*) to exploit; (*terrain, région*) to develop; (*fig*) to highlight; to show off to advantage; **avoir de la** ~ to be valuable; **prendre de la** ~ to go up *ou* gain in value; **sans** ~ worthless; ~ **absolue** absolute value; ~ **d'échange** exchange value; ~ **nominale** face value; ~**s mobilières** transferable securities
**valeureux, -euse** [valœRø, -øz] *adj* valorous
**validation** [validasjɔ̃] *nf* validation
**valide** [valid] *adj* (*en bonne santé*) fit, well; (*indemne*) able-bodied, fit; (*valable*) valid
**valider** [valide] *vt* to validate
**validité** [validite] *nf* validity
**valions** *etc* [valjɔ̃] *vb voir* **valoir**
**valise** [valiz] *nf* (suit)case; **faire sa** ~ to pack one's (suit)case; **la** ~ **(diplomatique)** the diplomatic bag
**vallée** [vale] *nf* valley
**vallon** [valɔ̃] *nm* small valley
**vallonné, e** [valɔne] *adj* undulating
**vallonnement** [valɔnmɑ̃] *nm* undulation
**valoir** [valwaR] *vi* (*être valable*) to hold, apply ▷ *vt* (*prix, valeur, effort*) to be worth; (*causer*): ~ **qch à qn** to earn sb sth; **se valoir** to be of equal merit; (*péj*) to be two of a kind; **faire** ~ (*droits, prérogatives*) to assert; (*domaine, capitaux*) to exploit; **faire** ~ **que** to point out that; **se faire** ~ to make the most of o.s.; **à** ~ on account; **à** ~ **sur** to be deducted from; **vaille que vaille** somehow or other; **cela ne me dit rien qui vaille** I don't like the look of it at all; **ce climat ne me vaut rien** this climate doesn't suit me; ~ **la peine** to be worth the trouble, be worth it; ~ **mieux**: **il vaut mieux se taire** it's better to say nothing; **il vaut mieux que je fasse/comme ceci** it's better if I do/like this; **ça ne vaut rien** it's worthless; **que vaut ce candidat?** how good is this applicant?
**valorisation** [valɔRizasjɔ̃] *nf* (economic) development; increased standing
**valoriser** [valɔRize] *vt* (*Écon*) to develop (the economy of); (*produit*) to increase the value of; (*Psych*) to increase the standing of; (*fig*) to highlight, bring out

**valse** [vals(ə)] *nf* waltz; **c'est la** ~ **des étiquettes** the prices don't stay the same from one moment to the next
**valser** [valse] *vi* to waltz; (*fig*): **aller** ~ to go flying
**valu, e** [valy] *pp de* **valoir**
**valve** [valv(ə)] *nf* valve
**vamp** [vɑ̃p] *nf* vamp
**vampire** [vɑ̃piR] *nm* vampire
**van** [vɑ̃] *nm* horse box (*Brit*) *ou* trailer (*US*)
**vandale** [vɑ̃dal] *nm/f* vandal
**vandalisme** [vɑ̃dalism(ə)] *nm* vandalism
**vanille** [vanij] *nf* vanilla; **glace à la** ~ vanilla ice cream
**vanillé, e** [vanije] *adj* vanilla *cpd*
**vanité** [vanite] *nf* vanity
**vaniteux, -euse** [vanitø, -øz] *adj* vain, conceited
**vanity-case** [vaniti(e)kɛz] *nm* vanity case
**vanne** [van] *nf* gate; (*fam: remarque*) dig, (nasty) crack; **lancer une** ~ **à qn** to have a go at sb (*Brit*), knock sb
**vanneau, x** [vano] *nm* lapwing
**vanner** [vane] *vt* to winnow
**vannerie** [vanRi] *nf* basketwork
**vantail, -aux** [vɑ̃taj, -o] *nm* door, leaf
**vantard, e** [vɑ̃taR, -aRd(ə)] *adj* boastful
**vantardise** [vɑ̃taRdiz] *nf* boastfulness *no pl*; boast
**vanter** [vɑ̃te] *vt* to speak highly of, vaunt; **se vanter** *vi* to boast, brag; **se** ~ **de** to pride o.s. on; (*péj*) to boast of
**va-nu-pieds** [vanypje] *nm/f inv* tramp, beggar
**vapeur** [vapœR] *nf* steam; (*émanation*) vapour (*Brit*), vapor (*US*), fumes *pl*; (*brouillard, buée*) haze; **vapeurs** *nfpl* (*bouffées*) vapours, vapors; **à** ~ steam-powered, steam *cpd*; **à toute** ~ full steam ahead; (*fig*) at full tilt; **renverser la** ~ to reverse engines; (*fig*) to backtrack, backpedal; **cuit à la** ~ steamed
**vapocuiseur** [vapɔkyizœR] *nm* pressure cooker
**vaporeux, -euse** [vapɔRø, -øz] *adj* (*flou*) hazy, misty; (*léger*) filmy, gossamer *cpd*
**vaporisateur** [vapɔRizatœR] *nm* spray
**vaporiser** [vapɔRize] *vt* (*Chimie*) to vaporize; (*parfum etc*) to spray
**vaquer** [vake] *vi* (*Admin*) to be on vacation; ~ **à ses occupations** to attend to one's affairs, go about one's business
**varappe** [vaRap] *nf* rock climbing
**varappeur, -euse** [vaRapœR, -øz] *nm/f* (rock) climber
**varech** [vaRɛk] *nm* wrack, varec
**vareuse** [vaRøz] *nf* (*blouson*) pea jacket; (*d'uniforme*) tunic
**variable** [vaRjabl(ə)] *adj* variable; (*temps, humeur*) changeable; (*Tech: à plusieurs positions etc*) adaptable; (*Ling*) inflectional; (*divers: résultats*) varied, various ▷ *nf* (*Inform, Math*) variable
**variante** [vaRjɑ̃t] *nf* variant
**variation** [vaRjasjɔ̃] *nf* variation; changing *no pl*, change; (*Mus*) variation

**varice** [vaʀis] *nf* varicose vein

**varicelle** [vaʀisɛl] *nf* chickenpox

**varié, e** [vaʀje] *adj* varied; *(divers)* various; **hors-d'œuvre ~s** selection of hors d'œuvres

**varier** [vaʀje] *vi* to vary; *(temps, humeur)* to change ▷ *vt* to vary

**variété** [vaʀjete] *nf* variety; **spectacle de ~s** variety show

**variole** [vaʀjɔl] *nf* smallpox

**variqueux, -euse** [vaʀikø, -øz] *adj* varicose

**Varsovie** [vaʀsɔvi] *n* Warsaw

**vas** [va] *vb voir* **aller**; **~-y!** [vazi] go on!

**vasculaire** [vaskylɛʀ] *adj* vascular

**vase** [vaz] *nm* vase ▷ *nf* silt, mud; **en ~ clos** in isolation; **~ de nuit** chamberpot; **~s communicants** communicating vessels

**vasectomie** [vazɛktɔmi] *nf* vasectomy

**vaseline** [vazlin] *nf* Vaseline®

**vaseux, -euse** [vazø, -øz] *adj* silty, muddy; *(fig: confus)* woolly, hazy; *(: fatigué)* peaky; *(: étourdi)* woozy

**vasistas** [vazistɑs] *nm* fanlight

**vasque** [vask(ə)] *nf* *(bassin)* basin; *(coupe)* bowl

**vassal, e, -aux** [vasal, -o] *nm/f* vassal

**vaste** [vast(ə)] *adj* vast, immense

**Vatican** [vatikɑ̃] *nm*: **le ~** the Vatican

**vaticiner** [vatisine] *vi* *(péj)* to make pompous predictions

**va-tout** [vatu] *nm*: **jouer son ~** to stake one's all

**vaudeville** [vodvil] *nm* vaudeville, light comedy

**vaudrai** *etc* [vodʀe] *vb voir* **valoir**

**vau-l'eau** [volo]: **à vau-l'eau** *adv* with the current; **s'en aller à vau-l'eau** *(fig: projets)* to be adrift

**vaurien, ne** [voʀjɛ̃, -ɛn] *nm/f* good-for-nothing, guttersnipe

**vaut** [vo] *vb voir* **valoir**

**vautour** [votuʀ] *nm* vulture

**vautrer** [votʀe]: **se vautrer** *vi*: **se ~ dans** to wallow in; **se ~ sur** to sprawl on

**vaux** [vo] *pl de* **val** ▷ *vb voir* **valoir**

**va-vite** [vavit]: **à la ~** *adv* in a rush

**vd** *abr* = **vend**

**VDQS** *sigle m* (= *vin délimité de qualité supérieure*) label guaranteeing quality of wine

**vds** *abr* = **vends**

**veau, x** [vo] *nm* *(Zool)* calf; *(Culin)* veal; *(peau)* calfskin; **tuer le ~ gras** to kill the fatted calf

**vecteur** [vɛktœʀ] *nm* vector; *(Mil, Bio)* carrier

**vécu, e** [veky] *pp de* **vivre** ▷ *adj* real(-life)

**vedettariat** [vədɛtaʀja] *nm* stardom; *(attitude)* acting like a star

**vedette** [vədɛt] *nf* *(artiste etc)* star; *(canot)* patrol boat; launch; **avoir la ~** to top the bill, get star billing; **mettre qn en ~** *(Ciné etc)* to give sb the starring role; *(fig)* to push sb into the limelight; **voler la ~ à qn** to steal the show from sb

**végétal, e, -aux** [veʒetal, -o] *adj* vegetable ▷ *nm* vegetable, plant

**végétalien, ne** [veʒetaljɛ̃, -ɛn] *adj, nm/f* vegan

**végétalisme** [veʒetalism(ə)] *nm* veganism

**végétarien, ne** [veʒetaʀjɛ̃, -ɛn] *adj, nm/f* vegetarian

**végétarisme** [veʒetaʀism(ə)] *nm* vegetarianism

**végétatif, -ive** [veʒetatif, -iv] *adj*: **une vie ~ive** a vegetable existence

**végétation** [veʒetasjɔ̃] *nf* vegetation; **végétations** *nfpl* *(Méd)* adenoids

**végéter** [veʒete] *vi* *(fig)* to vegetate

**véhémence** [veemɑ̃s] *nf* vehemence

**véhément, e** [veemɑ̃, -ɑ̃t] *adj* vehement

**véhicule** [veikyl] *nm* vehicle; **~ utilitaire** commercial vehicle

**véhiculer** [veikyle] *vt* *(personnes, marchandises)* to transport, convey; *(fig: idées, substances)* to convey, serve as a vehicle for

**veille** [vɛj] *nf* *(garde)* watch; *(Psych)* wakefulness; *(jour)*: **la ~** the day before, the previous day; **la ~ au soir** the previous evening; **la ~ de** the day before; **à la ~ de** on the eve of; **l'état de ~** the waking state

**veillée** [veje] *nf* *(soirée)* evening; *(réunion)* evening gathering; **~ d'armes** night before combat; *(fig)* vigil; **~ (mortuaire)** watch

**veiller** [veje] *vi* *(rester debout)* to stay ou sit up; *(ne pas dormir)* to be awake; *(être de garde)* to be on watch; *(être vigilant)* to be watchful ▷ *vt* *(malade, mort)* to watch over, sit up with; **~ à** *vt* to attend to, see to; **~ à ce que** to make sure that, see to it that; **~ sur** *vt* to keep a watch ou an eye on

**veilleur** [vɛjœʀ] *nm*: **~ de nuit** night watchman

**veilleuse** [vɛjøz] *nf* *(lampe)* night light; *(Auto)* sidelight; *(flamme)* pilot light; **en ~** *adj* *(lampe)* dimmed; *(fig: affaire)* shelved, set aside

**veinard, e** [vɛnaʀ, -aʀd(ə)] *nm/f* *(fam)* lucky devil

**veine** [vɛn] *nf* *(Anat, du bois etc)* vein; *(filon)* vein, seam; *(fam: chance)*: **avoir de la ~** to be lucky; *(inspiration)* inspiration

**veiné, e** [vene] *adj* veined; *(bois)* grained

**veineux, -euse** [venø, -øz] *adj* venous

**Velcro®** [vɛlkʀo] *nm* Velcro®

**vêler** [vele] *vi* to calve

**vélin** [velɛ̃] *nm*: **(papier) ~** vellum (paper)

**véliplanchiste** [veliplɑ̃ʃist(ə)] *nm/f* windsurfer

**velléitaire** [veleitɛʀ] *adj* irresolute, indecisive

**velléités** [veleite] *nfpl* vague impulses

**vélo** [velo] *nm* bike, cycle; **faire du ~** to go cycling

**véloce** [velɔs] *adj* swift

**vélocité** [velɔsite] *nf* *(Mus)* nimbleness, swiftness; *(vitesse)* velocity

**vélodrome** [velɔdʀɔm] *nm* velodrome

**vélomoteur** [velɔmɔtœʀ] *nm* moped

**véloski** [veloski] *nm* skibob

**velours** [vəluʀ] *nm* velvet; **~ côtelé** corduroy

**velouté, e** [vəlute] *adj* *(au toucher)* velvety; *(à la vue)* soft, mellow; *(au goût)* smooth, mellow ▷ *nm*: **~ d'asperges/de tomates** cream of asparagus/tomato soup

**velouteux, -euse** [vəlutø, -øz] *adj* velvety

**velu, e** [vəly] *adj* hairy

**venais** *etc* [vəne] *vb voir* **venir**

**venaison** [vənɛzɔ̃] *nf* venison

**vénal, e, -aux** [venal, -o] adj venal
**vénalité** [venalite] nf venality
**venant** [vənɑ̃] : **à tout ~** adv to all and sundry
**vendable** [vɑ̃dabl(ə)] adj saleable, marketable
**vendange** [vɑ̃dɑ̃ʒ] nf (opération, période: aussi: **vendanges**) grape harvest; (raisins) grape crop, grapes pl
**vendanger** [vɑ̃dɑ̃ʒe] vi to harvest the grapes
**vendangeur, -euse** [vɑ̃dɑ̃ʒœʀ, -øz] nm/f grape-picker
**vendéen, ne** [vɑ̃deɛ̃, -ɛn] adj of ou from the Vendée
**vendeur, -euse** [vɑ̃dœʀ, -øz] nm/f (de magasin) shop ou sales assistant (Brit), sales clerk (US); (Comm) salesman/woman ▷ nm (Jur) vendor, seller; **~ de journaux** newspaper seller
**vendre** [vɑ̃dʀ(ə)] vt to sell; **~ qch à qn** to sell sb sth; **cela se vend à la douzaine** these are sold by the dozen; **"à ~"** "for sale"
**vendredi** [vɑ̃dʀədi] nm Friday; **V~ saint** Good Friday; voir aussi **lundi**
**vendu, e** [vɑ̃dy] pp de **vendre** ▷ adj (péj) corrupt
**venelle** [vənɛl] nf alley
**vénéneux, -euse** [venenø, -øz] adj poisonous
**vénérable** [veneʀabl(ə)] adj venerable
**vénération** [veneʀasjɔ̃] nf veneration
**vénérer** [veneʀe] vt to venerate
**vénerie** [vɛnʀi] nf hunting
**vénérien, ne** [veneʀjɛ̃, -ɛn] adj venereal
**Venezuela** [venezɥela] nm: **le ~** Venezuela
**vénézuélien, ne** [venezɥeljɛ̃, -ɛn] adj Venezuelan ▷ nm/f: **Vénézuélien, ne** Venezuelan
**vengeance** [vɑ̃ʒɑ̃s] nf vengeance no pl, revenge no pl; (acte) act of vengeance ou revenge
**venger** [vɑ̃ʒe] vt to avenge; **se venger** vi to avenge o.s.; (par rancune) to take revenge; **se ~ de qch** to avenge o.s. for sth; to take one's revenge for sth; **se ~ de qn** to take revenge on sb; **se ~ sur** to wreak vengeance upon; to take revenge on ou through; to take it out on
**vengeur, -eresse** [vɑ̃ʒœʀ, -ʒʀɛs] adj vengeful ▷ nm/f avenger
**véniel, le** [venjɛl] adj venial
**venimeux, -euse** [vənimø, -øz] adj poisonous, venomous; (fig: haineux) venomous, vicious
**venin** [vənɛ̃] nm venom, poison; (fig) venom
**venir** [vəniʀ] vi to come; **~ de** to come from; **~ de faire: je viens d'y aller/de le voir** I've just been there/seen him; **s'il vient à pleuvoir** if it should rain, if it happens to rain; **en ~ à faire: j'en viens à croire que** I am coming to believe that; **où veux-tu en ~?** what are you getting at?; **il en est venu à mendier** he has been reduced to begging; **en ~ aux mains** to come to blows; **les années/générations à ~** the years/generations to come; **il me vient une idée** an idea has just occurred to me; **il me vient des soupçons** I'm beginning to be suspicious; **je te vois ~** I know what you're after; **faire ~** (docteur, plombier) to call (out); **d'où vient que ...?** how is it that ...?; **~ au monde** to come into the world
**Venise** [vəniz] n Venice

**vénitien, ne** [venisjɛ̃, -ɛn] adj Venetian
**vent** [vɑ̃] nm wind; **il y a du ~** it's windy; **c'est du ~** it's all hot air; **au ~** to windward; **sous le ~** to leeward; **avoir le ~ debout/arrière** to head into the wind/have the wind astern; **dans le ~** (fam) trendy; **prendre le ~** (fig) to see which way the wind blows; **avoir ~ de** to get wind of; **contre ~s et marées** come hell or high water
**vente** [vɑ̃t] nf sale; **la ~** (activité) selling; (secteur) sales pl; **mettre en ~** to put on sale; (objets personnels) to put up for sale; **~ de charité** jumble (Brit) ou rummage (US) sale; **~ par correspondance (VPC)** mail-order selling; **~ aux enchères** auction sale
**venté, e** [vɑ̃te] adj windswept, windy
**venter** [vɑ̃te] vb impers: **il vente** the wind is blowing
**venteux, -euse** [vɑ̃tø, -øz] adj windswept, windy
**ventilateur** [vɑ̃tilatœʀ] nm fan
**ventilation** [vɑ̃tilasjɔ̃] nf ventilation
**ventiler** [vɑ̃tile] vt to ventilate; (total, statistiques) to break down
**ventouse** [vɑ̃tuz] nf (ampoule) cupping glass; (de caoutchouc) suction pad; (Zool) sucker
**ventre** [vɑ̃tʀ(ə)] nm (Anat) stomach; (fig) belly; **prendre du ~** to be getting a paunch; **avoir mal au ~** to have (a) stomach ache
**ventricule** [vɑ̃tʀikyl] nm ventricle
**ventriloque** [vɑ̃tʀilɔk] nm/f ventriloquist
**ventripotent, e** [vɑ̃tʀipotɑ̃, -ɑ̃t] adj potbellied
**ventru, e** [vɑ̃tʀy] adj potbellied
**venu, e** [vəny] pp de **venir** ▷ adj: **être mal ~ à ou de faire** to have no grounds for doing, be in no position to do; **mal ~** ill-timed, unwelcome; **bien ~** timely, welcome ▷ nf coming
**vêpres** [vɛpʀ(ə)] nfpl vespers
**ver** [vɛʀ] nm worm; (des fruits etc) maggot; (du bois) woodworm no pl; **~ blanc** May beetle grub; **~ luisant** glow-worm; **~ à soie** silkworm; **~ solitaire** tapeworm; **~ de terre** earthworm
**véracité** [veʀasite] nf veracity
**véranda** [veʀɑ̃da] nf veranda(h)
**verbal, e, -aux** [vɛʀbal, -o] adj verbal
**verbalement** [vɛʀbalmɑ̃] adv verbally
**verbaliser** [vɛʀbalize] vi (Police) to book ou report an offender; (Psych) to verbalize
**verbe** [vɛʀb(ə)] nm (Ling) verb; (voix): **avoir le ~ sonore** to have a sonorous tone (of voice); (expression): **la magie du ~** the magic of language ou the word; (Rel): **le V~** the Word
**verbeux, -euse** [vɛʀbø, -øz] adj verbose, wordy
**verbiage** [vɛʀbjaʒ] nm verbiage
**verbosité** [vɛʀbozite] nf verbosity
**verdâtre** [vɛʀdɑtʀ(ə)] adj greenish
**verdeur** [vɛʀdœʀ] nf (vigueur) vigour (Brit), vigor (US), vitality; (crudité) forthrightness; (défaut de maturité) tartness, sharpness
**verdict** [vɛʀdik(t)] nm verdict
**verdir** [vɛʀdiʀ] vi, vt to turn green
**verdoyant, e** [vɛʀdwajɑ̃, -ɑ̃t] adj green, verdant
**verdure** [vɛʀdyʀ] nf (arbres, feuillages) greenery;

(*légumes verts*) green vegetables *pl*, greens *pl*

**véreux, -euse** [veRø, -øz] *adj* worm-eaten; (*malhonnête*) shady, corrupt

**verge** [veRʒ(ə)] *nf* (*Anat*) penis; (*baguette*) stick, cane

**verger** [veRʒe] *nm* orchard

**vergeture** [veRʒətyR] *nf gén pl* stretch mark

**verglacé, e** [veRglase] *adj* icy, iced-over

**verglas** [veRgla] *nm* (black) ice

**vergogne** [veRgɔɲ]: **sans ~** *adv* shamelessly

**véridique** [veRidik] *adj* truthful

**vérificateur, -trice** [veRifikatœR, -tRis] *nm/f* controller, checker ▷ *nf* (*machine*) verifier; **~ des comptes** (*Finance*) auditor

**vérification** [veRifikasjɔ̃] *nf* checking *no pl*, check; **~ d'identité** identity check

**vérifier** [veRifje] *vt* to check; (*corroborer*) to confirm, bear out; **se vérifier** *vi* to be confirmed *ou* verified

**vérin** [veRɛ̃] *nm* jack

**véritable** [veRitabl(ə)] *adj* real; (*ami, amour*) true; **un ~ désastre** an absolute disaster

**véritablement** [veRitabləmɑ̃] *adv* (*effectivement*) really; (*absolument*) absolutely

**vérité** [veRite] *nf* truth; (*d'un portrait*) lifelikeness; (*sincérité*) truthfulness, sincerity; **en ~, à la ~** to tell the truth

**verlan** [veRlɑ̃] *nm* (back) slang; *see note*

---

**VERLAN**

Verlan is a form of slang popularized in the 1950's. It consists of inverting a word's syllables, the term *verlan* itself coming from "l'envers" ("à l'envers" = back to front). Typical examples are "féca" ("café"), "ripou" ("pourri"), "meuf" ("femme"), and "beur" ("Arabe").

---

**vermeil, le** [veRmɛj] *adj* bright red, ruby red ▷ *nm* (*substance*) vermeil

**vermicelles** [veRmisɛl] *nmpl* vermicelli *sg*

**vermifuge** [veRmifyʒ] *nm*: **poudre ~** worm powder

**vermillon** [veRmijɔ̃] *adj inv* vermilion, scarlet

**vermine** [veRmin] *nf* vermin *pl*

**vermoulu, e** [veRmuly] *adj* worm-eaten, with woodworm

**vermout, vermouth** [veRmut] *nm* vermouth

**verni, e** [veRni] *adj* varnished; glazed; (*fam*) lucky; **cuir ~** patent leather; **souliers ~s** patent (leather) shoes

**vernir** [veRniR] *vt* (*bois, tableau, ongles*) to varnish; (*poterie*) to glaze

**vernis** [veRni] *nm* (*enduit*) varnish; glaze; (*fig*) veneer; **~ à ongles** nail varnish (*Brit*) *ou* polish

**vernissage** [veRnisaʒ] *nm* varnishing; glazing; (*d'une exposition*) preview

**vernisser** [veRnise] *vt* to glaze

**vérole** [veRɔl] *nf* (*variole*) smallpox; (*fam: syphilis*) pox

**Vérone** [veRɔn] *n* Verona

**verrai** *etc* [veRe] *vb voir* **voir**

**verre** [veR] *nm* glass; (*de lunettes*) lens *sg*; **verres** *nmpl* (*lunettes*) glasses; **boire** *ou* **prendre un ~** to have a drink; **~ à vin/à liqueur** wine/liqueur glass; **~ à dents** tooth mug; **~ dépoli** frosted glass; **~ de lampe** lamp glass *ou* chimney; **~ de montre** watch glass; **~ à pied** stemmed glass; **~s de contact** contact lenses; **~s fumés** tinted lenses

**verrerie** [veRRi] *nf* (*fabrique*) glassworks *sg*; (*activité*) glass-making, glass-working; (*objets*) glassware

**verrier** [veRje] *nm* glass-blower

**verrière** [veRjeR] *nf* (*grand vitrage*) window; (*toit vitré*) glass roof

**verrons** *etc* [veRɔ̃] *vb voir* **voir**

**verroterie** [veRɔtRi] *nf* glass beads *pl*, glass jewellery (*Brit*) *ou* jewelry (*US*)

**verrou** [veRu] *nm* (*targette*) bolt; (*fig*) constriction; **mettre le ~** to bolt the door; **mettre qn sous les ~s** to put sb behind bars

**verrouillage** [veRujaʒ] *nm* (*dispositif*) locking mechanism; (*Auto*): **~ central** *ou* **centralisé** central locking

**verrouiller** [veRuje] *vt* to bolt; to lock; (*Mil*: *brèche*) to close

**verrue** [veRy] *nf* wart; (*plantaire*) verruca; (*fig*) eyesore

**vers** [veR] *nm* line ▷ *nmpl* (*poésie*) verse *sg* ▷ *prép* (*en direction de*) toward(s); (*près de*) around (about); (*temporel*) about, around

**versant** [veRsɑ̃] *nm* slopes *pl*, side

**versatile** [veRsatil] *adj* fickle, changeable

**verse** [veRs(ə)]: **à ~** *adv*: **il pleut à ~** it's pouring (with rain)

**versé, e** [veRse] *adj*: **être ~ dans** (*science*) to be (well-)versed in

**Verseau** [veRso] *nm*: **le ~** Aquarius, the water-carrier; **être du ~** to be Aquarius

**versement** [veRsəmɑ̃] *nm* payment; (*sur un compte*) deposit, remittance; **en trois ~s** in three instalments

**verser** [veRse] *vt* (*liquide, grains*) to pour; (*larmes, sang*) to shed; (*argent*) to pay; (*soldat: affecter*): **~ qn dans** to assign sb to ▷ *vi* (*véhicule*) to overturn; (*fig*): **~ dans** to lapse into; **~ à un compte** to pay into an account

**verset** [veRse] *nm* verse; versicle

**verseur** [veRsœR] *adj m voir* **bec; bouchon**

**versification** [veRsifikasjɔ̃] *nf* versification

**versifier** [veRsifje] *vt* to put into verse ▷ *vi* to versify, write verse

**version** [veRsjɔ̃] *nf* version; (*Scol*) translation (*into the mother tongue*); **film en ~ originale** film in the original language

**verso** [veRso] *nm* back; **voir au ~** see over(leaf)

**vert, e** [veR, veRt(ə)] *adj* green; (*vin*) young; (*vigoureux*) sprightly; (*cru*) forthright ▷ *nm* green; **dire des ~es (et des pas mûres)** to say some pretty spicy things; **il en a vu des ~es** he's seen a thing or two; **~ bouteille** *adj inv* bottle-green; **~ d'eau** *adj inv* sea-green; **~**

**pomme** adj inv apple-green
**vert-de-gris** [vɛʀdəgʀi] nm verdigris ▷ adj inv grey(ish)-green
**vertébral, e, aux** [vɛʀtebʀal, -o] adj back cpd; voir **colonne**
**vertébré, e** [vɛʀtebʀe] adj, nm vertebrate
**vertèbre** [vɛʀtɛbʀ(ə)] nf vertebra
**vertement** [vɛʀtəmɑ̃] adv (réprimander) sharply
**vertical, e, -aux** [vɛʀtikal, -o] adj, nf vertical; **à la ~e** adv vertically
**verticalement** [vɛʀtikalmɑ̃] adv vertically
**verticalité** [vɛʀtikalite] nf verticalness, verticality
**vertige** [vɛʀtiʒ] nm (peur du vide) vertigo; (étourdissement) dizzy spell; (fig) fever; **ça me donne le ~** it makes me dizzy; (fig) it makes my head spin ou reel
**vertigineux, -euse** [vɛʀtiʒinø, -øz] adj (hausse, vitesse) breathtaking; (altitude, gorge) breathtakingly high (ou deep)
**vertu** [vɛʀty] nf virtue; **une ~** a saint, a paragon of virtue; **avoir la ~ de faire** to have the virtue of doing; **en ~ de** prép in accordance with
**vertueusement** [vɛʀtɥøzmɑ̃] adv virtuously
**vertueux, -euse** [vɛʀtɥø, -øz] adj virtuous
**verve** [vɛʀv(ə)] nf witty eloquence; **être en ~** to be in brilliant form
**verveine** [vɛʀvɛn] nf (Bot) verbena, vervain; (infusion) verbena tea
**vésicule** [vezikyl] nf vesicle; **~ biliaire** gall-bladder
**vespasienne** [vɛspazjɛn] nf urinal
**vespéral, e, -aux** [vɛspeʀal, -o] adj vespertine, evening cpd
**vessie** [vesi] nf bladder
**veste** [vɛst(ə)] nf jacket; **~ droite/croisée** single-/double-breasted jacket; **retourner sa ~** (fig) to change one's colours
**vestiaire** [vɛstjɛʀ] nm (au théâtre etc) cloakroom; (de stade etc) changing-room (Brit), locker-room (US); (métallique): (**armoire**) **~** locker
**vestibule** [vɛstibyl] nm hall
**vestige** [vɛstiʒ] nm (objet) relic; (fragment) trace; (fig) remnant, vestige; **vestiges** nmpl (d'une ville) remains; (d'une civilisation, du passé) remnants, relics
**vestimentaire** [vɛstimɑ̃tɛʀ] adj (dépenses) clothing; (détail) of dress; (élégance) sartorial
**veston** [vɛstɔ̃] nm jacket
**Vésuve** [vezyv] nm: **le ~** Vesuvius
**vêtais** etc [vɛtɛ] vb voir **vêtir**
**vêtement** [vɛtmɑ̃] nm garment, item of clothing; (Comm): **le ~** the clothing industry; **vêtements** nmpl clothes; **~s de sport** sportswear sg, sports clothes
**vétéran** [veteʀɑ̃] nm veteran
**vétérinaire** [veteʀinɛʀ] adj veterinary ▷ nm/f vet, veterinary surgeon (Brit), veterinarian (US)
**vétille** [vetij] nf trifle, triviality
**vétilleux, -euse** [vetijø, -øz] adj punctilious
**vêtir** [vetiʀ] vt to clothe, dress; **se vêtir** to dress (o.s.)

**vêtit** etc [veti] vb voir **vêtir**
**vétiver** [vetivɛʀ] nm (Bot) vetiver
**veto** [veto] nm veto; **droit de ~** right of veto; **mettre** ou **opposer un ~** to veto
**vêtu, e** [vɛty] pp de **vêtir** ▷ adj: **~ de** dressed in, wearing; **chaudement ~** warmly dressed
**vétuste** [vetyst(ə)] adj ancient, timeworn
**vétusté** [vetyste] nf age, delapidation
**veuf, veuve** [vœf, v v] adj widowed ▷ nm widower ▷ nf widow
**veuille** [vœj], **veuillez** etc [vœje] vb voir **vouloir**
**veule** [vøl] adj spineless
**veulent** etc [vœl] vb voir **vouloir**
**veulerie** [vølʀi] nf spinelessness
**veut** [vø] vb voir **vouloir**
**veuvage** [vœvaʒ] nm widowhood
**veuve** [vœv] adj f, nf voir **veuf**
**veux** [vø] vb voir **vouloir**
**vexant, e** [vɛksɑ̃, -ɑ̃t] adj (contrariant) annoying; (blessant) upsetting
**vexations** [vɛksasjɔ̃] nfpl humiliations
**vexatoire** [vɛksatwaʀ] adj: **mesures ~s** harassment sg
**vexer** [vɛkse] vt to hurt, upset; **se vexer** vi to be hurt, get upset
**VF** sigle f (Ciné) = **version française**
**VHF** sigle f (= Very High Frequency) VHF
**via** [vja] prép via
**viabiliser** [vjabilize] vt to provide with services (water etc)
**viabilité** [vjabilite] nf viability; (d'un chemin) practicability
**viable** [vjabl(ə)] adj viable
**viaduc** [vjadyk] nm viaduct
**viager, -ère** [vjaʒe, -ɛʀ] adj: **rente viagère** life annuity ▷ nm: **mettre en ~** to sell in return for a life annuity
**viande** [vjɑ̃d] nf meat
**viatique** [vjatik] nm (Rel) viaticum; (fig) provisions pl ou money for the journey
**vibrant, e** [vibʀɑ̃, -ɑ̃t] adj vibrating; (voix) vibrant; (émouvant) emotive
**vibraphone** [vibʀafɔn] nm vibraphone, vibes pl
**vibraphoniste** [vibʀafɔnist(ə)] nm/f vibraphone player
**vibration** [vibʀasjɔ̃] nf vibration
**vibratoire** [vibʀatwaʀ] adj vibratory
**vibrer** [vibʀe] vi to vibrate; (son, voix) to be vibrant; (fig) to be stirred; **faire ~** to (cause to) vibrate; to stir, thrill
**vibromasseur** [vibʀɔmasœʀ] nm vibrator
**vicaire** [vikɛʀ] nm curate
**vice...** [vis] préfixe vice-
**vice** [vis] nm vice; (défaut) fault; **~ caché** (Comm) latent ou inherent defect; **~ de forme** legal flaw ou irregularity
**vice-consul** [viskɔ̃syl] nm vice-consul
**vice-présidence** [vispʀezidɑ̃s] nf (d'un pays) vice-presidency; (d'une société) vice-presidency, vice-chairmanship (Brit)
**vice-président, e** [vispʀezidɑ̃, -ɑ̃t] nm/f vice-president; vice-chairman

**V**

**vice-roi** [visʀwa] *nm* viceroy

**vice-versa** [visevɛʀsa] *adv* vice versa

**vichy** [viʃi] *nm (toile)* gingham; *(eau)* Vichy water; **carottes V~** boiled carrots

**vichyssois, e** [viʃiswa, -waz] *adj* of *ou* from Vichy, Vichy *cpd* ▷ *nf (soupe)* vichyssoise (soup), cream of leek and potato soup ▷ *nm/f*: **Vichyssois, e** native *ou* inhabitant of Vichy

**vicié, e** [visje] *adj (air)* polluted, tainted; *(Jur)* invalidated

**vicier** [visje] *vt (Jur)* to invalidate

**vicieux, -euse** [visjø, -øz] *adj (pervers)* dirty(-minded); *(méchant)* nasty; *(fautif)* incorrect, wrong

**vicinal, e, -aux** [visinal, -o] *adj*: **chemin ~** byroad, byway

**vicissitudes** [visisityd] *nfpl* (trials and) tribulations

**vicomte** [vikɔ̃t] *nm* viscount

**vicomtesse** [vikɔ̃tɛs] *nf* viscountess

**victime** [viktim] *nf* victim; *(d'accident)* casualty; **être (la) ~ de** to be the victim of; **être ~ d'une attaque/d'un accident** to suffer a stroke/be involved in an accident

**victoire** [viktwaʀ] *nf* victory

**victorieusement** [viktɔʀjøzmɑ̃] *adv* triumphantly, victoriously

**victorieux, -euse** [viktɔʀjø, -øz] *adj* victorious; *(sourire, attitude)* triumphant

**victuailles** [viktɥaj] *nfpl* provisions

**vidange** [vidɑ̃ʒ] *nf (d'un fossé, réservoir)* emptying; *(Auto)* oil change; *(de lavabo: bonde)* waste outlet; **vidanges** *nfpl (matières)* sewage *sg*; **faire la ~** *(Auto)* to change the oil, do an oil change; **tuyau de ~** drainage pipe

**vidanger** [vidɑ̃ʒe] *vt* to empty; **faire ~ la voiture** to have the oil changed in one's car

**vide** [vid] *adj* empty ▷ *nm (Physique)* vacuum; *(espace)* (empty) space, gap; *(sous soi: dans une falaise etc)* drop; *(futilité, néant)* void; **~ de** empty of; *(de sens etc)* devoid of; **sous ~** *adv* in a vacuum; **emballé sous ~** vacuum-packed; **regarder dans le ~** to stare into space; **avoir peur du ~** to be afraid of heights; **parler dans le ~** to waste one's breath; **faire le ~** *(dans son esprit)* to make one's mind go blank; **faire le ~ autour de qn** to isolate sb; **à ~** *adv (sans occupants)* empty; *(sans charge)* unladen; *(Tech)* without gripping ou being in gear

**vidé, e** [vide] *adj (épuisé)* done in, all in

**vidéo** [video] *nf, adj inv* video; **~ inverse** reverse video

**vidéocassette** [videokasɛt] *nf* video cassette

**vidéoclip** [videoklip] *nm* music video

**vidéoclub** [videoklœb] *nm* video club

**vidéoconférence** [videokɔ̃feʀɑ̃s] *nf* videoconference

**vidéodisque** [videodisk] *nm* videodisc

**vide-ordures** [vidɔʀdyʀ] *nm inv* (rubbish) chute

**vidéotex®** [videotɛks] *nm* teletext

**vidéothèque** [videotɛk] *nf* video library

**vide-poches** [vidpɔʃ] *nm inv* tidy; *(Auto)* glove compartment

**vide-pomme** [vidpɔm] *nm inv* apple-corer

**vider** [vide] *vt* to empty; *(Culin: volaille, poisson)* to gut, clean out; *(régler: querelle)* to settle; *(fatiguer)* to wear out; *(fam: expulser)* to throw out, chuck out; **se vider** *vi* to empty; **~ les lieux** to quit ou vacate the premises

**videur** [vidœʀ] *nm (de boîte de nuit)* bouncer

**vie** [vi] *nf* life; **être en ~** to be alive; **sans ~** lifeless; **à ~** for life; **membre à ~** life member; **dans la ~ courante** in everyday life; **avoir la ~ dure** to have nine lives; to die hard; **mener la ~ dure à qn** to make life a misery for sb

**vieil** [vjɛj] *adj m voir* **vieux**

**vieillard** [vjɛjaʀ] *nm* old man; **les ~s** old people, the elderly

**vieille** [vjɛj] *adj f, nf voir* **vieux**

**vieilleries** [vjɛjʀi] *nfpl* old things *ou* stuff *sg*

**vieillesse** [vjɛjɛs] *nf* old age; *(vieillards)*: **la ~** the old *pl*, the elderly *pl*

**vieilli, e** [vjeji] *adj (marqué par l'âge)* aged; *(suranné)* dated

**vieillir** [vjejiʀ] *vi (prendre de l'âge)* to grow old; *(population, vin)* to age; *(doctrine, auteur)* to become dated ▷ *vt* to age; **il a beaucoup vieilli** he has aged a lot; **se vieillir** to make o.s. older

**vieillissement** [vjejismɑ̃] *nm* growing old; ageing

**vieillot, te** [vjɛjo, -ɔt] *adj* antiquated, quaint

**vielle** [vjɛl] *nf* hurdy-gurdy

**viendrai** *etc* [vjɛ̃dʀe] *vb voir* **venir**

**Vienne** [vjɛn] *n (en Autriche)* Vienna

**vienne** [vjɛn], **viens** *etc* [vjɛ̃] *vb voir* **venir**

**viennois, e** [vjɛnwa, -waz] *adj* Viennese

**viens** [vjɛ̃] *vb voir* **venir**

**vierge** [vjɛʀʒ(ə)] *adj* virgin; *(film)* blank; *(page)* clean, blank; *(jeune fille)*: **être ~** to be a virgin ▷ *nf* virgin; *(signe)*: **la V~** Virgo, the Virgin; **être de la V~** to be Virgo; **~ de** *(sans)* free from, unsullied by

**Viêtnam, Vietnam** [vjɛtnam] *nm*: **le ~** Vietnam; **le ~ du Nord/du Sud** North/South Vietnam

**vietnamien, ne** [vjɛtnamjɛ̃, -ɛn] *adj* Vietnamese ▷ *nm (Ling)* Vietnamese ▷ *nm/f*: **Vietnamien, ne** Vietnamese; **V~, ne du Nord/Sud** North/South Vietnamese

**vieux, vieil, vieille** [vjø, vjɛj] *adj* old ▷ *nm/f* old man/woman ▷ *nmpl*: **les ~** the old, old people; *(fam: parents)* the old folk *ou* ones; **un petit ~** a little old man; **mon ~/ma vieille** *(fam)* old man/girl; **pauvre ~** poor old soul; **prendre un coup de ~** to put years on; **se faire ~** to make o.s. look older; **un ~ de la vieille** one of the old brigade; **~ garçon** *nm* bachelor; **~ jeu** *adj inv* old-fashioned; **~ rose** *adj inv* old rose; **vieil or** *adj inv* old gold; **vieille fille** *nf* spinster

**vif, vive** [vif, viv] *adj (animé)* lively; *(alerte)* sharp, quick; *(brusque)* sharp, brusque; *(aigu)* sharp; *(lumière, couleur)* brilliant; *(air)* crisp; *(vent, émotion)* keen; *(froid)* bitter; *(fort: regret, déception)* great, deep; *(vivant)*: **brûlé ~** burnt alive; **eau vive** running water; **de vive voix** personally;

**piquer qn au ~** to cut sb to the quick; **tailler
dans le ~** to cut into the living flesh; **à ~** (plaie)
open; **avoir les nerfs à ~** to be on edge; **sur le ~**
(Art) from life; **entrer dans le ~ du sujet** to get
to the very heart of the matter
**vif-argent** [vifaR3ɑ̃] nm inv quicksilver
**vigie** [viʒi] nf (matelot) look-out; (poste) look-out
post, crow's nest
**vigilance** [viʒilɑ̃s] nf vigilance
**vigilant, e** [viʒilɑ̃, -ɑ̃t] adj vigilant
**vigile** [viʒil] nm (veilleur de nuit) (night)
watchman; (police privée) vigilante
**vigne** [viɲ] nf (plante) vine; (plantation) vineyard;
**~ vierge** Virginia creeper
**vigneron** [viɲ(ə)Rɔ̃] nm wine grower
**vignette** [viɲɛt] nf (motif) vignette; (de marque)
manufacturer's label ou seal; (petite illustration)
(small) illustration; (Admin) ≈ (road) tax disc
(Brit), ≈ license plate sticker (US); (: sur
médicament) price label (on medicines for
reimbursement by Social Security)
**vignoble** [viɲɔbl(ə)] nm (plantation) vineyard;
(vignes d'une région) vineyards pl
**vigoureusement** [viguRøzmɑ̃] adv vigorously
**vigoureux, -euse** [viguRø, -øz] adj vigorous,
robust
**vigueur** [vigœR] nf vigour (Brit), vigor (US);
**être/entrer en ~** to be in/come into force; **en ~**
current
**vil, e** [vil] adj vile, base; **à ~ prix** at a very low
price
**vilain, e** [vilɛ̃, -ɛn] adj (laid) ugly; (affaire, blessure)
nasty; (pas sage: enfant) naughty ▷ nm (paysan)
villein, villain; **ça va tourner au ~** things are
going to turn nasty; **~ mot** bad word
**vilainement** [vilɛnmɑ̃] adv badly
**vilebrequin** [vilbRəkɛ̃] nm (outil) (bit-)brace;
(Auto) crankshaft
**vilenie** [vilni] nf vileness no pl, baseness no pl
**vilipender** [vilipɑ̃de] vt to revile, vilify
**villa** [vila] nf (detached) house
**village** [vilaʒ] nm village; **~ de toile** tent village;
**~ de vacances** holiday village
**villageois, e** [vilaʒwa, -waz] adj village cpd
▷ nm/f villager
**ville** [vil] nf town; (importante) city;
(administration): **la ~** ≈ the Corporation, ≈ the
(town) council; **aller en ~** to go to town;
**habiter en ~** to live in town; **~ jumelée** twin
town; **~ nouvelle** new town
**ville-champignon** [vilʃɑ̃piɲɔ̃] (pl **villes-
champignons**) nf boom town
**ville-dortoir** [vildɔRtwaR] (pl **villes-dortoirs**) nf
dormitory town
**villégiature** [vileʒjatyR] nf (séjour) holiday; (lieu)
(holiday) resort
**vin** [vɛ̃] nm wine; **avoir le ~ gai/triste** to get
happy/miserable after a few drinks; **~ blanc/
rosé/rouge** white/rosé/red wine; **~ d'honneur**
reception; (with wine and snacks): **~ de messe**
altar wine; **~ ordinaire** ou **de table** table wine;
**~ de pays** local wine; voir aussi **AOC; VDQS**

**vinaigre** [vinɛgR(ə)] nm vinegar; **tourner au ~**
(fig) to turn sour; **~ de vin/d'alcool** wine/spirit
vinegar
**vinaigrette** [vinɛgRɛt] nf vinaigrette, French
dressing
**vinaigrier** [vinɛgRije] nm (fabricant) vinegar-
maker; (flacon) vinegar cruet ou bottle
**vinasse** [vinas] nf (péj) cheap wine, plonk (Brit)
**vindicatif, -ive** [vɛ̃dikatif, -iv] adj vindictive
**vindicte** [vɛ̃dikt(ə)] nf: **désigner qn à la ~
publique** to expose sb to public condemnation
**vineux, -euse** [vinø, -øz] adj win(e)y
**vingt** [vɛ̃, vɛ̃t] num (+ voyelle following ou 2nd pron)
twenty; **~-quatre heures sur ~-quatre**
twenty-four hours a day, round the clock
**vingtaine** [vɛ̃tɛn] nf: **une ~ (de)** around twenty,
twenty or so
**vingtième** [vɛ̃tjɛm] num twentieth
**vinicole** [vinikɔl] adj (production) wine cpd;
(région) wine-growing
**vinification** [vinifikasjɔ̃] nf wine-making,
wine production; (des sucres) vinification
**vins** etc [vɛ̃] vb voir **venir**
**vinyle** [vinil] nm vinyl
**viol** [vjɔl] nm (d'une femme) rape; (d'un lieu sacré)
violation
**violacé, e** [vjɔlase] adj purplish, mauvish
**violation** [vjɔlasjɔ̃] nf desecration; violation;
(d'un droit) breach
**violemment** [vjɔlamɑ̃] adv violently
**violence** [vjɔlɑ̃s] nf violence; **violences** nfpl
acts of violence; **faire ~ à qn** to do violence to
sb; **se faire ~** to force o.s
**violent, e** [vjɔlɑ̃, -ɑ̃t] adj violent; (remède)
drastic; (besoin, désir) intense, urgent
**violenter** [vjɔlɑ̃te] vt to assault (sexually)
**violer** [vjɔle] vt (femme) to rape; (sépulture) to
desecrate, violate; (loi, traité) to violate
**violet, te** [vjɔlɛ, -ɛt] adj, nm purple, mauve ▷ nf
(fleur) violet
**violeur** [vjɔlœR] nm rapist
**violine** [vjɔlin] nf deep purple
**violon** [vjɔlɔ̃] nm violin; (dans la musique folklorique
etc) fiddle; (fam: prison) lock-up; **premier ~** first
violin; **~ d'Ingres** (artistic) hobby
**violoncelle** [vjɔlɔ̃sɛl] nm cello
**violoncelliste** [vjɔlɔ̃selist(ə)] nm/f cellist
**violoniste** [vjɔlɔnist(ə)] nm/f violinist, violin-
player; (folklorique etc) fiddler
**VIP** sigle m (= Very Important Person) VIP
**vipère** [vipɛR] nf viper, adder
**virage** [viRaʒ] nm (d'un véhicule) turn; (d'une route,
piste) bend; (Chimie) change in colour (Brit) ou
color (US); (de cuti-réaction) positive reaction;
(Photo) toning; (fig: Pol) about-turn; **prendre un
~** to go into a bend, take a bend; **~ sans
visibilité** blind bend
**viral, e, -aux** [viRal, -o] adj viral
**virée** [viRe] nf (courte) run; (: à pied) walk; (longue)
trip; hike, walking tour
**virement** [viRmɑ̃] nm (Comm) transfer; **~
bancaire** (bank) credit transfer, ≈ (bank) giro

**V**

transfer (Brit); ~ **postal** Post office credit
transfer, = Girobank® transfer (Brit)
**virent** [viʀ] vb voir **voir**
**virer** [viʀe] vt (Comm): ~ **qch (sur)** to transfer sth
(into); (Photo) to tone; (fam: renvoyer) to sack,
boot out ▷ vi to turn; (Chimie) to change colour
(Brit) ou color (US); (cuti-réaction) to come up
positive; (Photo) to tone; ~ **au bleu** to turn blue;
~ **de bord** to tack; (fig) to change tack; ~ **sur**
**l'aile** to bank
**virevolte** [viʀvɔlt(ə)] nf twirl; (d'avis, d'opinion)
about-turn
**virevolter** [viʀvɔlte] vi to twirl around
**virginal, e, -aux** [viʀʒinal, -o] adj virginal
**virginité** [viʀʒinite] nf virginity; (fig) purity
**virgule** [viʀgyl] nf comma; (Math) point;
**quatre ~ deux** four point two; ~ **flottante**
floating decimal
**viril, e** [viʀil] adj (propre à l'homme) masculine;
(énergique, courageux) manly, virile
**viriliser** [viʀilize] vt to make (more) manly ou
masculine
**virilité** [viʀilite] nf (attributs masculins)
masculinity; (fermeté, courage) manliness;
(sexuelle) virility
**virologie** [viʀɔlɔʒi] nf virology
**virtualité** [viʀtɥalite] nf virtuality; potentiality
**virtuel, le** [viʀtɥɛl] adj potential; (théorique)
virtual
**virtuellement** [viʀtɥɛlmɑ̃] adj potentially;
(presque) virtually
**virtuose** [viʀtɥoz] nm/f (Mus) virtuoso; (gén)
master
**virtuosité** [viʀtɥozite] nf virtuosity;
masterliness, masterful skills pl
**virulence** [viʀylɑ̃s] nf virulence
**virulent, e** [viʀylɑ̃, -ɑ̃t] adj virulent
**virus** [viʀys] nm virus
**vis** vb [vi] voir **voir**; **vivre** ▷ nf [vis] screw; ~ **à tête**
**plate/ronde** flat-headed/round-headed screw;
~ **platinées** (Auto) (contact) points; ~ **sans fin**
worm, endless screw
**visa** [viza] nm (sceau) stamp; (validation de
passeport) visa; ~ **de censure** (censor's)
certificate
**visage** [vizaʒ] nm face; **à ~ découvert**
(franchement) openly
**visagiste** [vizaʒist(ə)] nm/f beautician
**vis-à-vis** [vizavi] adv face to face ▷ nm person
opposite; house etc opposite; ~ **de** prép opposite;
(fig) towards, vis-à-vis; **en ~** facing ou opposite
each other; **sans ~** (immeuble) with an open
outlook
**viscéral, e, -aux** [viseʀal, -o] adj (fig) deep-
seated, deep-rooted
**viscères** [viseʀ] nmpl intestines, entrails
**viscose** [viskoz] nf viscose
**viscosité** [viskozite] nf viscosity
**visée** [vize] nf (avec une arme) aiming; (Arpentage)
sighting; **visées** nfpl (intentions) designs; **avoir
des ~s sur qn/qch** to have designs on sb/sth
**viser** [vize] vi to aim ▷ vt to aim at; (concerner) to

be aimed ou directed at; (apposer un visa sur) to
stamp, visa; ~ **à qch/faire** to aim at sth/at
doing ou to do
**viseur** [vizœʀ] nm (d'arme) sights pl; (Photo)
viewfinder
**visibilité** [vizibilite] nf visibility; **sans ~**
(pilotage, virage) blind cpd
**visible** [vizibl(ə)] adj visible; (disponible): **est-il
~?** can he see me?, will he see visitors?
**visiblement** [vizibləmɑ̃] adv visibly, obviously
**visière** [vizjɛʀ] nf (de casquette) peak; (qui
s'attache) eyeshade
**vision** [vizjɔ̃] nf vision; (sens) (eye)sight, vision;
(fait de voir): **la ~** the sight of; **première ~**
(Ciné) first showing
**visionnaire** [vizjɔnɛʀ] adj, nm/f visionary
**visionner** [vizjɔne] vt to view
**visionneuse** [vizjɔnøz] nf viewer
**visiophone** [vizjɔfɔn] nm videophone
**visite** [vizit] nf visit; (visiteur) visitor; (touristique:
d'un musée etc) tour; (Comm: de représentant) call;
(expertise, d'inspection) inspection; (médicale, à
domicile) visit, call; **la ~** (Méd) medical
examination; (Mil: d'entrée) medicals pl;
(: quotidienne) sick parade; **faire une ~ à qn** to
call on sb, pay sb a visit; **rendre ~ à qn** to visit
sb, pay sb a visit; **être en ~ (chez qn)** to be
visiting (sb); **heures de ~** (hôpital, prison) visiting
hours; **le droit de ~** (Jur: aux enfants) right of
access, access; ~ **de douane** customs inspection
ou examination; ~ **guidée** guided tour
**visiter** [vizite] vt to visit; (musée, ville) to visit, go
round
**visiteur, -euse** [vizitœʀ, -øz] nm/f visitor; ~ **des
douanes** customs inspector; ~ **médical**
medical rep(resentative); ~ **de prison** prison
visitor
**vison** [vizɔ̃] nm mink
**visqueux, -euse** [viskø, -øz] adj viscous; (péj)
gooey; (: manières) slimy
**visser** [vise] vt: ~ **qch** (fixer, serrer) to screw sth on
**visu** [vizy]: **de ~** adv with one's own eyes
**visualisation** [vizɥalizasjɔ̃] nf (Inform) display;
**écran de ~** visual display unit (VDU)
**visualiser** [vizɥalize] vt to visualize; (Inform) to
display, bring up on screen
**visuel, le** [vizɥɛl] adj visual
**visuellement** [vizɥɛlmɑ̃] adv visually
**vit** [vi] vb voir **vivre**; **voir**
**vital, e, -aux** [vital, -o] adj vital
**vitalité** [vitalite] nf vitality
**vitamine** [vitamin] nf vitamin
**vitaminé, e** [vitamine] adj with (added)
vitamins
**vitaminique** [vitaminik] adj vitamin cpd
**vite** [vit] adv (rapidement) quickly, fast; (sans délai)
quickly; soon; **faire ~** (agir rapidement) to act fast;
(se dépêcher) to be quick; **ce sera ~ fini** this will
soon be finished; **viens ~** come quick(ly)
**vitesse** [vitɛs] nf (Auto: dispositif) gear;
**faire de la ~** to drive fast ou at speed; **prendre
qn de ~** to outstrip sb, get ahead of sb; **prendre**

**de la** ~ to pick up *ou* gather speed; **à toute** ~ at full *ou* top speed; **en perte de** ~ *(avion)* losing lift; *(fig)* losing momentum; **changer de** ~ *(Auto)* to change gear; ~ **acquise** momentum; ~ **de croisière** cruising speed; ~ **de pointe** top speed; ~ **du son** speed of sound

**viticole** [vitikɔl] *adj (industrie)* wine *cpd*; *(région)* wine-growing

**viticulteur** [vitikyltœʀ] *nm* wine grower

**viticulture** [vitikyltyʀ] *nf* wine growing

**vitrage** [vitʀaʒ] *nm (cloison)* glass partition; *(toit)* glass roof; *(rideau)* net curtain

**vitrail, -aux** [vitʀaj, -o] *nm* stained-glass window

**vitre** [vitʀ(ə)] *nf* (window) pane; *(de portière, voiture)* window

**vitré, e** [vitʀe] *adj* glass *cpd*

**vitrer** [vitʀe] *vt* to glaze

**vitreux, -euse** [vitʀø, -øz] *adj* vitreous; *(terne)* glassy

**vitrier** [vitʀije] *nm* glazier

**vitrifier** [vitʀifje] *vt* to vitrify; *(parquet)* to glaze

**vitrine** [vitʀin] *nf (devanture)* (shop) window; *(étalage)* display; *(petite armoire)* display cabinet; **en** ~ in the window, on display; ~ **publicitaire** display case, showcase

**vitriol** [vitʀijɔl] *nm* vitriol; **au** ~ *(fig)* vitriolic

**vitupérations** [vitypeʀasjɔ̃] *nfpl* invective *sg*

**vitupérer** [vitypeʀe] *vi* to rant and rave; ~ **contre** to rail against

**vivable** [vivabl(ə)] *adj (personne)* livable-with; *(endroit)* fit to live in

**vivace** *adj* [vivas] *(arbre, plante)* hardy; *(fig)* enduring ▷ *adv* [vivatʃe] *(Mus)* vivace

**vivacité** [vivasite] *nf (voir vif)* liveliness, vivacity; sharpness; brilliance

**vivant, e** [vivɑ̃, -ɑ̃t] *vb voir* **vivre** ▷ *adj (qui vit)* living, alive; *(animé)* lively; *(preuve, exemple)* living; *(langue)* modern ▷ *nm*: **du** ~ **de qn** in sb's lifetime; **les ~s et les morts** the living and the dead

**vivarium** [vivaʀjɔm] *nm* vivarium

**vivats** [viva] *nmpl* cheers

**vive** [viv] *adj f voir* **vif** ▷ *vb voir* **vivre** ▷ *excl*: ~ **le roi!** long live the king!; ~ **les vacances!** hurrah for the holidays!

**vivement** [vivmɑ̃] *adv* vivaciously; sharply ▷ *excl*: ~ **les vacances!** I can't wait for the holidays!, roll on the holidays!

**viveur** [vivœʀ] *nm (péj)* high liver, pleasure-seeker

**vivier** [vivje] *nm (au restaurant etc)* fish tank; *(étang)* fishpond

**vivifiant, e** [vivifjɑ̃, -ɑ̃t] *adj* invigorating

**vivifier** [vivifje] *vt* to invigorate; *(fig: souvenirs, sentiments)* to liven up, enliven

**vivions** [vivjɔ̃] *vb voir* **vivre**

**vivipare** [vivipaʀ] *adj* viviparous

**vivisection** [viviseksjɔ̃] *nf* vivisection

**vivoter** [vivɔte] *vi (personne)* to scrape a living, get by; *(fig: affaire etc)* to struggle along

**vivre** [vivʀ(ə)] *vi, vt* to live ▷ *nm*: **le ~ et le**

**logement** board and lodging; **vivres** *nmpl* provisions, food supplies; **il vit encore** he is still alive; **se laisser** ~ to take life as it comes; **ne plus** ~ *(être anxieux)* to live on one's nerves; **il a vécu** *(eu une vie aventureuse)* he has seen life; **ce régime a vécu** this regime has had its day; **être facile à** ~ to be easy to get on with; **faire** ~ **qn** *(pourvoir à sa subsistance)* to provide (a living) for sb; ~ **mal** *(chichement)* to have a meagre existence; ~ **de** *(salaire etc)* to live on

**vivrier, -ière** [vivʀije, -jɛʀ] *adj* food-producing *cpd*

**vlan** [vlɑ̃] *excl* wham!, bang!

**VO** *sigle f (Ciné)* = **version originale**; **voir un film en VO** to see a film in its original language

**v°** *abr* = **verso**

**vocable** [vɔkabl(ə)] *nm* term

**vocabulaire** [vɔkabylɛʀ] *nm* vocabulary

**vocal, e, -aux** [vɔkal, -o] *adj* vocal

**vocalique** [vɔkalik] *adj* vocalic, vowel *cpd*

**vocalise** [vɔkaliz] *nf* singing exercise

**vocaliser** [vɔkalize] *vi (Ling)* to vocalize; *(Mus)* to do one's singing exercises

**vocation** [vɔkasjɔ̃] *nf* vocation, calling; **avoir la** ~ to have a vocation

**vociférations** [vɔsifeʀasjɔ̃] *nfpl* cries of rage, screams

**vociférer** [vɔsifeʀe] *vi, vt* to scream

**vodka** [vɔdka] *nf* vodka

**vœu, x** [vø] *nm* wish; *(à Dieu)* vow; **faire** ~ **de** to take a vow of; **avec tous nos ~x** with every good wish *ou* our best wishes; **meilleurs ~x** best wishes; *(sur une carte)* "Season's Greetings"; **~x de bonheur** best wishes for your future happiness; **~x de bonne année** best wishes for the New Year

**vogue** [vɔg] *nf* fashion, vogue; **en** ~ in fashion, in vogue

**voguer** [vɔge] *vi* to sail

**voici** [vwasi] *prép (pour introduire, désigner)* here is; *(+ sg)* here are; *(+ pl)*: **et ~ que ...** and now it *(ou* he) ...; **il est parti ~ trois ans** he left three years ago; ~ **une semaine que je l'ai vue** it's a week since I've seen her; **me** ~ here I am; *voir aussi* **voilà**

**voie** [vwa] *vb voir* **voir** ▷ *nf* way; *(Rail)* track, line; *(Auto)* lane; **par** ~ **buccale** *ou* **orale** orally; **par** ~ **rectale** rectally; **suivre la** ~ **hiérarchique** to go through official channels; **ouvrir/montrer la** ~ to open up/show the way; **être en bonne** ~ to be shaping *ou* going well; **mettre qn sur la** ~ to put sb on the right track; **être en** ~ **d'achèvement/de rénovation** to be nearing completion/in the process of renovation; **à** ~ **étroite** narrow-gauge; **à** ~ **unique** single-track; **route à deux/trois ~s** two-/three-lane road; **par la** ~ **aérienne/maritime** by air/sea; ~ **d'eau** *(Navig)* leak; ~ **express** expressway; ~ **de fait** *(Jur)* assault (and battery); ~ **ferrée** track; railway line *(Brit)*, railroad *(US)*; **par ~ ferrée** by rail, by railroad; ~ **de garage** *(Rail)* siding; **la** ~ **lactée** the Milky Way; ~ **navigable** waterway;

~ **prioritaire** (*Auto*) road with right of way; ~ **privée** private road; **la ~ publique** the public highway

**voilà** [vwala] *prép* (*en désignant*) there is; (+*sg*) there are; (+*pl*) **les ~** *ou* **voici** here *ou* there they are; **en ~** *ou* **voici** un here's one, there's one; ~ *ou* **voici deux ans** two years ago; ~ *ou* **voici deux ans que** it's two years since; **et ~!** there we are!; ~ **tout** that's all; **"~** *ou* **voici"** (*en offrant etc*) "there *ou* here you are"

**voilage** [vwalaʒ] *nm* (*rideau*) net curtain; (*tissu*) net

**voile** [vwal] *nm* veil; (*tissu léger*) net ▷ *nf* sail; (*sport*) sailing; **prendre le ~** to take the veil; **mettre à la ~** to make way under sail; **~ du palais** *nm* soft palate, velum; **~ au poumon** *nm* shadow on the lung

**voiler** [vwale] *vt* to veil; (*Photo*) to fog; (*fausser: roue*) to buckle; (: *bois*) to warp; **se voiler** *vi* (*lune, regard*) to mist over; (*ciel*) to grow hazy; (*voix*) to become husky; (*roue, disque*) to buckle; (*planche*) to warp; **se ~ la face** to hide one's face

**voilette** [vwalɛt] *nf* (*hat*) veil

**voilier** [vwalje] *nm* sailing ship; (*de plaisance*) sailing boat

**voilure** [vwalyʀ] *nf* (*de voilier*) sails *pl*; (*d'avion*) aerofoils *pl* (*Brit*), airfoils *pl* (*US*); (*de parachute*) canopy

**voir** [vwaʀ] *vi, vt* to see; **se voir: se ~ critiquer/transformer** to be criticized/transformed; **cela se voit** (*cela arrive*) it happens; (*c'est visible*) that's obvious, it shows; **~ à faire qch** to see to it that sth is done; **~ loin** (*fig*) to be far-sighted; **~ venir** (*fig*) to wait and see; **faire ~ qch à qn** to show sb sth; **en faire ~ à qn** (*fig*) to give sb a hard time; **ne pas pouvoir ~ qn** (*fig*) not to be able to stand sb; **regardez ~** just look; **montrez ~** show (me); **dites ~** tell me; **voyons!** let's see now; (*indignation etc*) come (along) now!; **c'est à ~!** we'll see!; **c'est ce qu'on va ~!** we'll see about that!; **avoir quelque chose à ~ avec** to have something to do with; **ça n'a rien à ~ avec lui** that has nothing to do with him

**voire** [vwaʀ] *adv* indeed; nay; or even

**voirie** [vwaʀi] *nf* highway maintenance; (*administration*) highways department; (*enlèvement des ordures*) refuse (*Brit*) *ou* garbage (*US*) collection

**vois** [vwa] *vb voir* **voir**

**voisin, e** [vwazɛ̃, -in] *adj* (*proche*) neighbouring (*Brit*), neighboring (*US*); (*contigu*) next; (*ressemblant*) connected ▷ *nm/f* neighbo(u)r; (*de table, de dortoir etc*) person next to me (*ou* him *etc*); **~ de palier** neighbo(u)r across the landing (*Brit*) *ou* hall (*US*)

**voisinage** [vwazinaʒ] *nm* (*proximité*) proximity; (*environs*) vicinity; (*quartier, voisins*) neighbourhood (*Brit*), neighborhood (*US*); **relations de bon ~** neighbo(u)rly terms

**voisiner** [vwazine] *vi*: **~ avec** to be side by side with

**voit** [vwa] *vb voir* **voir**

**voiture** [vwatyʀ] *nf* car; (*wagon*) coach, carriage; **en ~!** all aboard!; **à bras** handcart; **~ d'enfant** pram (*Brit*), baby carriage (*US*); **~ d'infirme** invalid carriage; **~ de sport** sports car

**voiture-lit** [vwatyʀli] (*pl* **voitures-lits**) *nf* sleeper

**voiture-restaurant** [vwatyʀʀɛstɔʀɑ̃] (*pl* **voitures-restaurants**) *nf* dining car

**voix** [vwa] *nf* voice; (*Pol*) vote; **la ~ de la conscience/raison** the voice of conscience/reason; **à haute ~** aloud; **à ~ basse** in a low voice; **faire la grosse ~** to speak gruffly; **avoir de la ~** to have a good voice; **rester sans ~** to be speechless; **~ de basse/ténor** *etc* bass/tenor *etc* voice; **à deux/quatre ~** (*Mus*) in two/four parts; **avoir ~ au chapitre** to have a say in the matter; **mettre aux ~** to put to the vote; **~ off** voice-over

**vol** [vɔl] *nm* (*mode de locomotion*) flying; (*trajet, voyage, groupe d'oiseaux*) flight; (*mode d'appropriation*) theft, stealing; (*larcin*) theft; **à ~ d'oiseau** as the crow flies; **au ~: attraper qch au ~** to catch sth as it flies past; **saisir une remarque au ~** to pick up a passing remark; **prendre son ~** to take flight; **de haut ~** (*fig*) of the highest order; **en ~** in flight; **~ avec effraction** breaking and entering *no pl*, break-in; **~ à l'étalage** shoplifting *no pl*; **~ libre** hang-gliding; **~ à main armée** armed robbery; **~ de nuit** night flight; **~ plané** (*Aviat*) glide, gliding *no pl*; **~ à la tire** pickpocketing *no pl*; **~ à voile** gliding

**vol.** *abr* (= *volume*) vol

**volage** [vɔlaʒ] *adj* fickle

**volaille** [vɔlaj] *nf* (*oiseaux*) poultry *pl*; (*viande*) poultry *no pl*; (*oiseau*) fowl

**volailler** [vɔlaje] *nm* poulterer

**volant, e** [vɔlɑ̃, -ɑ̃t] *adj voir* **feuille** *etc* ▷ *nm* (*d'automobile*) (steering) wheel; (*de commande*) wheel; (*objet lancé*) shuttlecock; (*jeu*) battledore and shuttlecock; (*bande de tissu*) flounce; (*feuillet détachable*) tear-off portion; **le personnel ~, les ~s** (*Aviat*) the flight staff; **~ de sécurité** (*fig*) reserve, margin, safeguard

**volatil, e** [vɔlatil] *adj* volatile

**volatile** [vɔlatil] *nm* (*volaille*) bird; (*tout oiseau*) winged creature

**volatiliser** [vɔlatilize]: **se volatiliser** *vi* (*Chimie*) to volatilize; (*fig*) to vanish into thin air

**vol-au-vent** [vɔlovɑ̃] *nm inv* vol-au-vent

**volcan** [vɔlkɑ̃] *nm* volcano; (*fig: personne*) hothead

**volcanique** [vɔlkanik] *adj* volcanic; (*fig: tempérament*) volatile

**volcanologie** [vɔlkanɔlɔʒi] *nf* vulcanology

**volcanologue** [vɔlkanɔlɔg] *nm/f* vulcanologist

**volée** [vɔle] *nf* (*groupe d'oiseaux*) flight, flock; (*Tennis*) volley; **~ de coups/de flèches** volley of blows/arrows; **à la ~: rattraper à la ~** to catch in midair; **lancer à la ~** to fling about; **semer à la ~** to (sow) broadcast; **à toute ~** (*sonner les cloches*) vigorously; (*lancer un projectile*) with full force; **de haute ~** (*fig*) of the highest order

**voler** [vɔle] vi (avion, oiseau, fig) to fly; (voleur) to steal ▷ vt (objet) to steal; (personne) to rob; **~ en éclats** to smash to smithereens; **~ de ses propres ailes** (fig) to stand on one's own two feet; **~ au vent** to fly in the wind; **~ qch à qn** to steal sth from sb

**volet** [vɔlɛ] nm (de fenêtre) shutter; (Aviat) flap; (de feuillet, document) section; (fig: d'un plan) facet; **trié sur le ~** hand-picked

**voleter** [vɔlte] vi to flutter (about)

**voleur, -euse** [vɔlœʀ, -øz] nm/f thief ▷ adj thieving; **"au ~!"** "stop thief!"

**volière** [vɔljɛʀ] nf aviary

**volley** [vɔlɛ], **volley-ball** [vɔlɛbɔl] nm volleyball

**volleyeur, -euse** [vɔlɛjœʀ, -øz] nm/f volleyball player

**volontaire** [vɔlɔ̃tɛʀ] adj (acte, activité) voluntary; (délibéré) deliberate; (caractère, personne: décidé) self-willed ▷ nm/f volunteer

**volontairement** [vɔlɔ̃tɛʀmɑ̃] adv voluntarily; deliberately

**volontariat** [vɔlɔ̃taʀja] nm voluntary service

**volontarisme** [vɔlɔ̃taʀism(ə)] nm voluntarism

**volontariste** [vɔlɔ̃taʀist(ə)] adj, nm/f voluntarist

**volonté** [vɔlɔ̃te] nf (faculté de vouloir) will; (énergie, fermeté) will(power); (souhait, désir) wish; **se servir/boire à ~** to take/drink as much as one likes; **bonne ~** goodwill, willingness; **mauvaise ~** lack of goodwill, unwillingness

**volontiers** [vɔlɔ̃tje] adv (de bonne grâce) willingly; (avec plaisir) willingly, gladly; (habituellement, souvent) readily, willingly; **"~"** "with pleasure", "I'd be glad to"

**volt** [vɔlt] nm volt

**voltage** [vɔltaʒ] nm voltage

**volte-face** [vɔltəfas] nf inv about-turn; (fig) about-turn, U-turn; **faire ~** to do an about-turn; to do a U-turn

**voltige** [vɔltiʒ] nf (Équitation) trick riding; (au cirque) acrobatics sg; (Aviat) (aerial) acrobatics sg; **numéro de haute ~** acrobatic act

**voltiger** [vɔltiʒe] vi to flutter (about)

**voltigeur** [vɔltiʒœʀ] nm (au cirque) acrobat; (Mil) light infantryman

**voltmètre** [vɔltmɛtʀ(ə)] nm voltmeter

**volubile** [vɔlybil] adj voluble

**volubilis** [vɔlybilis] nm convolvulus

**volume** [vɔlym] nm volume; (Géom: solide) solid

**volumineux, -euse** [vɔlyminø, -øz] adj voluminous, bulky

**volupté** [vɔlypte] nf sensual delight ou pleasure

**voluptueusement** [vɔlyptɥøzmɑ̃] adv voluptuously

**voluptueux, -euse** [vɔlyptɥø, -øz] adj voluptuous

**volute** [vɔlyt] nf (Archit) volute; **~ de fumée** curl of smoke

**vomi** [vɔmi] nm vomit

**vomir** [vɔmiʀ] vi to vomit, be sick ▷ vt to vomit, bring up; (fig) to belch out, spew out; (exécrer) to loathe, abhor

**vomissements** [vɔmismɑ̃] nmpl (action) vomiting no pl; **des ~** vomit sg

**vomissure** [vɔmisyʀ] nf vomit no pl

**vomitif** [vɔmitif] nm emetic

**vont** [vɔ̃] vb voir **aller**

**vorace** [vɔʀas] adj voracious

**voracement** [vɔʀasmɑ̃] adv voraciously

**voracité** [vɔʀasite] nf voracity

**vos** [vo] adj poss voir **votre**

**Vosges** [voʒ] nfpl: **les ~** the Vosges

**vosgien, ne** [voʒjɛ̃, -ɛn] adj of ou from the Vosges ▷ nm/f inhabitant ou native of the Vosges

**VOST** sigle f (Ciné: = version originale sous-titrée) subtitled version

**votant, e** [vɔtɑ̃, -ɑ̃t] nm/f voter

**vote** [vɔt] nm vote; **~ par correspondance/procuration** postal/proxy vote; **~ à main levée** vote by show of hands; **~ secret, ~ à bulletins secrets** secret ballot

**voter** [vɔte] vi to vote ▷ vt (loi, décision) to vote for

**votre** [vɔtʀ(ə)] (pl **vos** [vo]) adj poss your

**vôtre** [votʀ(ə)] pron: **le ~, la ~, les ~s** yours; **les ~s** (fig) your family ou folks; **à la ~** (toast) your (good) health!

**voudrai** etc [vudʀe] vb voir **vouloir**

**voué, e** [vwe] adj: **~ à** doomed to, destined for

**vouer** [vwe] vt: **~ qch à** (Dieu/un saint) to dedicate sth to; **~ sa vie/son temps à** (étude, cause etc) to devote one's life/time to; **~ une haine/amitié éternelle à qn** to vow undying hatred/friendship to sb

 **MOT-CLÉ**

**vouloir** [vulwaʀ] nm: **le bon vouloir de qn** sb's goodwill; sb's pleasure

▷ vt **1** (exiger, désirer) to want; **vouloir faire/que qn fasse** to want to do/sb to do; **voulez-vous du thé?** would you like ou do you want some tea?; **vouloir qch à qn** to wish sth for sb; **que me veut-il?** what does he want with me?; **que veux-tu que je te dise?** what do you want me to say?; **sans le vouloir** (involontairement) without meaning to, unintentionally; **je voudrais ceci/faire** I would ou I'd like this/to do; **le hasard a voulu que ...** as fate would have it, ...; **la tradition veut que ...** tradition demands that ...; **... qui se veut moderne ...** which purports to be modern

**2** (consentir): **je veux bien** (bonne volonté) I'll be happy to; (concession) fair enough, that's fine; **oui, si on veut** (en quelque sorte) yes, if you like; **comme tu veux** as you wish; (en quelque sorte) if you like; **veuillez attendre** please wait; **veuillez agréer ...** (formule épistolaire) yours faithfully

**3**: **en vouloir** (être ambitieux) to be out to win; **en vouloir à qn** to bear sb a grudge; **je lui en veux d'avoir fait ça** I resent his having done that; **s'en vouloir (de)** to be annoyed with o.s. (for);

439

**il en veut à mon argent** he's after my money **4**: **vouloir de** to want; **la compagnie ne veut plus de lui** the firm doesn't want him any more; **elle ne veut pas de son aide** she doesn't want his help **5**: **vouloir dire** to mean

**voulu, e** [vuly] *pp de* **vouloir** ▷ *adj* (*requis*) required, requisite; (*délibéré*) deliberate, intentional
**voulus** *etc* [vuly] *vb voir* **vouloir**
**vous** [vu] *pron* you; (*objet indirect*) (to) you; (*réfléchi*) yourself; (*réciproque*) each other ▷ *nm*: **employer le ~** (*vouvoyer*) to use the "vous" form; **~-même** yourself; **~-mêmes** yourselves
**voûte** [vut] *nf* vault; **la ~ céleste** the vault of heaven; **~ du palais** (*Anat*) roof of the mouth; **~ plantaire** arch (of the foot)
**voûté, e** [vute] *adj* vaulted, arched; (*dos, personne*) bent, stooped
**voûter** [vute] *vt* (*Archit*) to arch, vault; **se voûter** *vi* (*dos, personne*) to become stooped
**vouvoiement** [vuvwamɑ̃] *nm* use of formal "vous" form
**vouvoyer** [vuvwaje] *vt*: **~ qn** to address sb as "vous"
**voyage** [vwajaʒ] *nm* journey, trip; (*fait de voyager*): **le ~** travel(ling); **partir/être en ~** to go off/be away on a journey *ou* trip; **faire un ~** to go on *ou* make a trip *ou* journey; **faire bon ~** to have a good journey; **les gens du ~** travelling people; **~ d'agrément/d'affaires** pleasure/ business trip; **~ de noces** honeymoon; **~ organisé** package tour
**voyager** [vwajaʒe] *vi* to travel
**voyageur, -euse** [vwajaʒœʀ, -øz] *nm/f* traveller; (*passager*) passenger ▷ *adj* (*tempérament*) nomadic, wayfaring; **~ (de commerce)** commercial traveller
**voyagiste** [vwajaʒist(ə)] *nm* tour operator
**voyais** *etc* [vwajɛ] *vb voir* **voir**
**voyance** [vwajɑ̃s] *nf* clairvoyance
**voyant, e** [vwajɑ̃, -ɑ̃t] *adj* (*couleur*) loud, gaudy ▷ *nm/f* (*personne qui voit*) sighted person ▷ *nm* (*signal*) (warning) light ▷ *nf* clairvoyant
**voyelle** [vwajɛl] *nf* vowel
**voyeur, -euse** [vwajœʀ, -øz] *nm/f* voyeur; peeping Tom
**voyeurisme** [vwajœʀism(ə)] *nm* voyeurism
**voyons** *etc* [vwajɔ̃] *vb voir* **voir**
**voyou** [vwaju] *nm* lout, hoodlum; (*enfant*) guttersnipe
**VPC** *sigle f* (= *vente par correspondance*) mail order selling
**vrac** [vʀak]: **en ~** *adv* higgledy-piggledy; (*Comm*) in bulk
**vrai, e** [vʀɛ] *adj* (*véridique: récit, faits*) true; (*non factice, authentique*) real ▷ *nm*: **le ~** the truth; **à ~ dire** to tell the truth; **il est ~ que** it is true that; **être dans le ~** to be right
**vraiment** [vʀɛmɑ̃] *adv* really

**vraisemblable** [vʀɛsɑ̃blabl(ə)] *adj* (*plausible*) likely, plausible; (*probable*) likely, probable
**vraisemblablement** [vʀɛsɑ̃blabləmɑ̃] *adv* in all likelihood, very likely
**vraisemblance** [vʀɛsɑ̃blɑ̃s] *nf* likelihood, plausibility; (*romanesque*) verisimilitude; **selon toute ~** in all likelihood
**vraquier** [vʀakje] *nm* freighter
**vrille** [vʀij] *nf* (*de plante*) tendril; (*outil*) gimlet; (*spirale*) spiral; (*Aviat*) spin
**vriller** [vʀije] *vt* to bore into, pierce
**vrombir** [vʀɔ̃biʀ] *vi* to hum
**vrombissant, e** [vʀɔ̃bisɑ̃, -ɑ̃t] *adj* humming
**vrombissement** [vʀɔ̃bismɑ̃] *nm* hum(ming)
**VRP** *sigle m* (= *voyageur, représentant, placier*) (sales) rep
**VTT** *sigle m* (= *vélo tout-terrain*) mountain bike
**vu¹** [vy] *prép* (*en raison de*) in view of; **vu que** in view of the fact that
**vu², e¹** [vy] *pp de* **voir** ▷ *adj*: **bien/mal vu** (*personne*) well/poorly thought of; (*conduite*) good/bad form ▷ *nm*: **au vu et au su de tous** openly and publicly; **ni vu ni connu** what the eye doesn't see ...!, no one will be any the wiser: **c'est tout vu** it's a foregone conclusion
**vue²** [vy] *nf* (*fait de voir*): **la ~ de** the sight of; (*sens, faculté*) (eye)sight; (*panorama, image, photo*) view; (*spectacle*) sight; **vues** *nfpl* (*idées*) views; (*dessein*) designs; **perdre la ~** to lose one's (eye)sight; **perdre de ~** to lose sight of; **à la ~ de tous** in full view of everybody; **hors de ~** out of sight; **à première ~** at first sight; **connaître de ~** to know by sight; **à ~** (*Comm*) at sight; **tirer à ~** to shoot on sight; **à ~ d'œil** *adv* visibly; (*à première vue*) at a quick glance; **avoir ~ sur** to have a view of; **en ~** (*visible*) in sight; (*Comm*) in the public eye; **avoir qch en ~** (*intentions*) to have one's sights on sth; **en ~ de faire** with the intention of doing, with a view to doing; **~ d'ensemble** overall view; **~ de l'esprit** theoretical view
**vulcanisation** [vylkanizasjɔ̃] *nf* vulcanization
**vulcaniser** [vylkanize] *vt* to vulcanize
**vulcanologie** [vylkanɔlɔʒi] *nf* = **volcanologie**
**vulcanologue** [vylkanɔlɔg] *nm/f* = **volcanologue**
**vulgaire** [vylgɛʀ] *adj* (*grossier*) vulgar, coarse; (*trivial*) commonplace, mundane; (*péj: quelconque*): **de ~s touristes/chaises de cuisine** common tourists/kitchen chairs; (*Bot, Zool: non latin*) common
**vulgairement** [vylgɛʀmɑ̃] *adv* vulgarly, coarsely; (*communément*) commonly
**vulgariser** [vylgaʀize] *vt* to popularize
**vulgarité** [vylgaʀite] *nf* vulgarity, coarseness
**vulnérabilité** [vylneʀabilite] *nf* vulnerability
**vulnérable** [vylneʀabl(ə)] *adj* vulnerable
**vulve** [vylv(ə)] *nf* vulva
**Vve** *abr* = **veuve**
**VVF** *sigle m* (= *village vacances famille*) state-subsidized holiday village
**vx** *abr* = **vieux**

# Ww

**W, w** [dubləve] *nm inv* W, w ▷ *abr* (= *watt*) W; **W comme William** W for William

**wagon** [vagɔ̃] *nm* (*de voyageurs*) carriage; (*de marchandises*) truck, wagon

**wagon-citerne** [vagɔ̃sitɛʀn(ə)] (*pl* **wagons-citernes**) *nm* tanker

**wagon-lit** [vagɔ̃li] (*pl* **wagons-lits**) *nm* sleeper, sleeping car

**wagonnet** [vagɔnɛ] *nm* small truck

**wagon-poste** [vagɔ̃pɔst(ə)] (*pl* **wagons-postes**) *nm* mail van

**wagon-restaurant** [vagɔ̃ʀɛstɔʀɑ̃] (*pl* **wagons-restaurants**) *nm* restaurant *ou* dining car

**Walkman**® [wɔkman] *nm* Walkman®, personal stereo

**Wallis et Futuna** [walisefytyna]: **les îles ~** the Wallis and Futuna Islands

**wallon, ne** [walɔ̃, -ɔn] *adj* Walloon ▷ *nm* (*Ling*) Walloon ▷ *nm/f*: **Wallon, ne** Walloon

**Wallonie** [walɔni] *nf*: **la ~** French-speaking (part of) Belgium

**water-polo** [watɛʀpɔlo] *nm* water polo

**waters** [watɛʀ] *nmpl* toilet *sg*, loo *sg* (*Brit*)

**watt** [wat] *nm* watt

**WC** [vese] *nmpl* toilet *sg*, lavatory *sg*

**Web** [wɛb] *nm inv*: **le ~** the (World Wide) Web

**webcam** [wɛbkam] *nf* webcam

**webmaster** [-mastœʀ], **webmestre** [-mɛstʀ] *nm/f* webmaster

**week-end** [wikɛnd] *nm* weekend

**western** [wɛstɛʀn] *nm* western

**Westphalie** [vɛsfali] *nf*: **la ~** Westphalia

**whisky** [wiski] (*pl* **whiskies**) *nm* whisky

**white-spirit** [wajtspiʀit] *nm* white spirit

**widget** [widʒɛt] *nm* (*Inform*) widget

**wifi, Wi-Fi** [wifi] *nm inv* (= *wireless fidelity*) wifi, Wi-Fi

**wok** [wɔk] *nm* wok

**WWW** *sigle m*: **World Wide Web** WWW

X

# Xx

**X, x** [iks] *nm inv* X, x ▷ *sigle m* = **(École) polytechnique**; **plainte contre X** (*Jur*) action against person or persons unknown; **X comme Xavier** X for Xmas

**xénophobe** [gzenɔfɔb] *adj* xenophobic ▷ *nm/f* xenophobe

**xénophobie** [gzenɔfɔbi] *nf* xenophobia

**xérès** [gzeʀɛs] *nm* sherry

**xylographie** [ksilɔgʀafi] *nf* xylography; (*image*) xylograph

**xylophone** [ksilɔfɔn] *nm* xylophone

# Yy

**Y, y** [igʀɛk] *nm inv* Y, y; **Y comme Yvonne** Y for Yellow (Brit) *ou* Yoke (US)

**y** [i] *adv (à cet endroit)* there; *(dessus)* on it *(ou* them); *(dedans)* in it *(ou* them) ▷ *pron* (about *ou* on *ou* of) it *(vérifier la syntaxe du verbe employé)*; **j'y pense** I'm thinking about it; *voir aussi* **aller**; **avoir**

**yacht** [jɔt] *nm* yacht

**yaourt** [jauʀt] *nm* yoghurt

**yaourtière** [jauʀtjɛʀ] *nf* yoghurt-maker

**Yémen** [jemɛn] *nm:* **le ~** Yemen

**yéménite** [jemenit] *adj* Yemeni

**yeux** [jø] *nmpl de* **œil**

**yoga** [jɔga] *nm* yoga

**yoghourt** [jɔguʀt] *nm* = **yaourt**

**yole** [jɔl] *nf* skiff

**yougoslave** [jugɔslav] *adj* Yugoslav(ian) ▷ *nm/f:* **Yougoslave** Yugoslav(ian)

**Yougoslavie** [jugɔslavi] *nf:* **la ~** Yugoslavia

**youyou** [juju] *nm* dinghy

**yo-yo** [jojo] *nm inv* yo-yo

**yucca** [juka] *nm* yucca (tree *ou* plant)

# Zz

**Z, z** [zɛd] *nm inv* Z, z; **Z comme Zoé** Z for Zebra

**ZAC** [zak] *sigle f* (= *zone d'aménagement concerté*) urban development zone

**ZAD** [zad] *sigle f* (= *zone d'aménagement différé*) future development zone

**Zaïre** [zaiʀ] *nm*: **le** ~ Zaïre

**zaïrois, e** [zaiʀwa, -waz] *adj* Zairian

**Zambèze** [zɑ̄bɛz] *nm*: **le** ~ the Zambezi

**Zambie** [zɑ̄bi] *nf*: **la** ~ Zambia

**zambien, ne** [zɑ̄bjɛ̄, -ɛn] *adj* Zambian

**zapper** [zape] *vi* to zap

**zapping** [zapiŋ] *nm*: **faire du** ~ to flick through the channels

**zébré, e** [zebre] *adj* striped, streaked

**zèbre** [zɛbʀ(ə)] *nm* (*Zool*) zebra

**zébrure** [zebʀyʀ] *nf* stripe, streak

**zélateur, -trice** [zelatœʀ, -tʀis] *nm/f* partisan, zealot

**zélé, e** [zele] *adj* zealous

**zèle** [zɛl] *nm* diligence, assiduousness; **faire du** ~ (*péj*) to be over-zealous

**zénith** [zenit] *nm* zenith

**ZEP** [zɛp] *sigle f* (= *zone d'éducation prioritaire*) area targeted for special help in education

**zéro** [zeʀo] *nm* zero, nought (*Brit*); **au-dessous de** ~ below zero (Centigrade), below freezing; **partir de** ~ to start from scratch; **réduire à** ~ to reduce to nothing; **trois (buts) à** ~ three (goals to) nil

**zeste** [zɛst(ə)] *nm* peel, zest; **un** ~ **de citron** a piece of lemon peel

**zézaiement** [zezɛmɑ̄] *nm* lisp

**zézayer** [zezeje] *vi* to have a lisp

**ZI** *sigle f* = **zone industrielle**

**zibeline** [ziblin] *nf* sable

**ZIF** [zif] *sigle f* (= *zone d'intervention foncière*) intervention zone

**zigouiller** [ziguje] *vt* (*fam*) to do in

**zigzag** [zigzag] *nm* zigzag

**zigzaguer** [zigzage] *vi* to zigzag (along)

**Zimbabwe** [zimbabwe] *nm*: **le** ~ Zimbabwe

**zimbabwéen, ne** [zimbabweɛ̄, -ɛn] *adj* Zimbabwean

**zinc** [zɛ̄g] *nm* (*Chimie*) zinc; (*comptoir*) bar, counter

**zinguer** [zɛ̄ge] *vt* to cover with zinc

**zipper** [zipe] *vt* (*Inform*) to zip

**zircon** [ziʀkɔ̄] *nm* zircon

**zizanie** [zizani] *nf*: **semer la** ~ to stir up ill-feeling

**zizi** [zizi] *nm* (*fam*) willy (*Brit*), peter (*US*)

**zodiacal, e, -aux** [zɔdjakal, -o] *adj* (*signe*) of the zodiac

**zodiaque** [zɔdjak] *nm* zodiac

**zona** [zona] *nm* shingles *sg*

**zonage** [zonaʒ] *nm* (*Admin*) zoning

**zonard, e** [zonaʀ, -aʀd] *nm/f* (*fam*) (young) hooligan *ou* thug

**zone** [zon] *nf* zone, area; (*quartiers*): **la** ~ the slum belt; **de seconde** ~ (*fig*) second-rate; ~ **d'action** (*Mil*) sphere of activity; ~ **bleue** ≈ restricted parking area; ~ **d'extension** *ou* **d'urbanisation** urban development area; ~ **franche** free zone; ~ **industrielle (ZI)** industrial estate; ~ **piétonne** pedestrian precinct; ~ **résidentielle** residential area; ~ **tampon** buffer zone

**zoner** [zone] *vi* (*fam*) to hang around

**zoo** [zoo] *nm* zoo

**zoologie** [zɔɔlɔʒi] *nf* zoology

**zoologique** [zɔɔlɔʒik] *adj* zoological

**zoologiste** [zɔɔlɔʒist(ə)] *nm/f* zoologist

**zoom** [zum] *nm* (*Photo*) zoom (lens)

**ZUP** [zyp] *sigle f* = **zone à urbaniser en priorité**; = **ZAC**

**Zurich** [zyʀik] *n* Zürich

**zut** [zyt] *excl* dash (it)! (*Brit*), nuts! (*US*)

# English – French

# Anglais – Français

# Aa

**A, a¹** [eɪ] n (letter) A, a m; (Scol: mark) A; (Mus) la m;
**A for Andrew, A for Able** (US) A comme
Anatole; **A shares** npl (Brit Stock Exchange)
actions fpl prioritaires

**a²** [eɪ, ə] (before vowel and silent h **an**) indef art **1**
un(e); **a book** un livre; **an apple** une pomme;
**she's a doctor** elle est médecin
**2** (instead of the number "one") un(e); **a year ago** il
y a un an; **a hundred/thousand** etc **pounds**
cent/mille etc livres
**3** (in expressing ratios, prices etc): **three a day/week**
trois par jour/semaine; **10 km an hour** 10 km à
l'heure; **£5 a person** 5£ par personne; **30p a
kilo** 30p le kilo

**a.** abbr = **acre**
**A2** n (Brit: Scol) deuxième partie de l'examen équivalent
au baccalauréat
**A.A.** n abbr (Brit: = Automobile Association) ≈ ACF m;
(US: = Associate in/of Arts) diplôme universitaire;
(= Alcoholics Anonymous) AA; (= anti-aircraft) AA
**A.A.A.** n abbr (= American Automobile Association)
≈ ACF m; (Brit) = **Amateur Athletics Association**
**A & R** n abbr (Mus) = **artists and repertoire**; ~
**man** découvreur m de talent
**AAUP** n abbr (= American Association of University
Professors) syndicat universitaire
**AB** abbr (Brit) = **able-bodied seaman**; (Canada)
= **Alberta**
**aback** [əˈbæk] adv: **to be taken** ~ être
décontenancé(e)
**abacus** (pl **abaci**) [ˈæbəkəs, -saɪ] n boulier m
**abandon** [əˈbændən] vt abandonner ▷ n
abandon m; **to ~ ship** évacuer le navire
**abandoned** [əˈbændənd] adj (child, house etc)
abandonné(e); (unrestrained) sans retenue
**abase** [əˈbeɪs] vt: **to ~ o.s. (so far as to do)**
s'abaisser (à faire)
**abashed** [əˈbæʃt] adj confus(e), embarrassé(e)
**abate** [əˈbeɪt] vi s'apaiser, se calmer
**abatement** [əˈbeɪtmənt] n: **noise ~** lutte f
contre le bruit
**abattoir** [ˈæbətwɑːʳ] n (Brit) abattoir m

**abbey** [ˈæbɪ] n abbaye f
**abbot** [ˈæbət] n père supérieur
**abbreviate** [əˈbriːvɪeɪt] vt abréger
**abbreviation** [əbriːvɪˈeɪʃən] n abréviation f
**ABC** n abbr (= American Broadcasting Company) chaîne
de télévision
**abdicate** [ˈæbdɪkeɪt] vt, vi abdiquer
**abdication** [æbdɪˈkeɪʃən] n abdication f
**abdomen** [ˈæbdəmən] n abdomen m
**abdominal** [æbˈdɔmɪnl] adj abdominal(e)
**abduct** [æbˈdʌkt] vt enlever
**abduction** [æbˈdʌkʃən] n enlèvement m
**Aberdonian** [æbəˈdəunɪən] adj d'Aberdeen ▷ n
habitant(e) d'Aberdeen, natif(-ive) d'Aberdeen
**aberration** [æbəˈreɪʃən] n anomalie f; **in a
moment of mental ~** dans un moment
d'égarement
**abet** [əˈbɛt] vt see **aid**
**abeyance** [əˈbeɪəns] n: **in ~** (law) en désuétude;
(matter) en suspens
**abhor** [əbˈhɔːʳ] vt abhorrer, exécrer
**abhorrent** [əbˈhɔrənt] adj odieux(-euse),
exécrable
**abide** [əˈbaɪd] vt souffrir, supporter; **I can't ~ it/
him** je ne le supporte pas
▶ **abide by** vt fus observer, respecter
**abiding** [əˈbaɪdɪŋ] adj (memory etc) durable
**ability** [əˈbɪlɪtɪ] n compétence f; capacité f; (skill)
talent m; **to the best of my ~** de mon mieux
**abject** [ˈæbdʒɛkt] adj (poverty) sordide; (coward)
méprisable; **an ~ apology** les excuses les plus
plates
**ablaze** [əˈbleɪz] adj en feu, en flammes; **~ with
light** resplendissant de lumière
**able** [ˈeɪbl] adj compétent(e); **to be ~ to do sth**
pouvoir faire qch, être capable de faire qch
**able-bodied** [ˈeɪblˈbɔdɪd] adj robuste; **~ seaman**
(Brit) matelot breveté
**ably** [ˈeɪblɪ] adv avec compétence or talent,
habilement
**ABM** n abbr = **anti-ballistic missile**
**abnormal** [æbˈnɔːməl] adj anormal(e)
**abnormality** [æbnɔːˈmælɪtɪ] n (condition)
caractère anormal; (instance) anomalie f
**aboard** [əˈbɔːd] adv à bord ▷ prep à bord de;
(train) dans

**abode** [ə'bəud] n (old) demeure f; (Law): **of no fixed ~** sans domicile fixe

**abolish** [ə'bɔlɪʃ] vt abolir

**abolition** [æbə'lɪʃən] n abolition f

**abominable** [ə'bɔmɪnəbl] adj abominable

**aborigine** [æbə'rɪdʒɪnɪ] n aborigène m/f

**abort** [ə'bɔːt] vt (Med) faire avorter; (Comput, fig) abandonner

**abortion** [ə'bɔːʃən] n avortement m; **to have an ~** se faire avorter

**abortionist** [ə'bɔːʃənɪst] n avorteur(-euse)

**abortive** [ə'bɔːtɪv] adj manqué(e)

**abound** [ə'baund] vi abonder; **to ~ in** abonder en, regorger de

🔘 KEYWORD

**about** [ə'baut] adv **1** (approximately) environ, à peu près; **about a hundred/thousand** etc environ cent/mille etc, une centaine (de)/un millier (de) etc; **it takes about 10 hours** ça prend environ or à peu près 10 heures; **at about 2 o'clock** vers 2 heures; **I've just about finished** j'ai presque fini

**2** (referring to place) çà et là, de-ci de-là; **to run about** courir çà et là; **to walk about** se promener, aller et venir; **is Paul about?** (Brit) est-ce que Paul est là?; **it's about here** c'est par ici, c'est dans les parages; **they left all their things lying about** ils ont laissé traîner toutes leurs affaires

**3**: **to be about to do sth** être sur le point de faire qch; **I'm not about to do all that for nothing** (inf) je ne vais quand même pas faire tout ça pour rien

**4** (opposite): **it's the other way about** (Brit) c'est l'inverse

▷ prep **1** (relating to) au sujet de, à propos de; **a book about London** un livre sur Londres; **what is it about?** de quoi s'agit-il?; **we talked about it** nous en avons parlé; **do something about it!** faites quelque chose!; **what** or **how about doing this?** et si nous faisions ceci?

**2** (referring to place) dans; **to walk about the town** se promener dans la ville

**above** [ə'bʌv] adv au-dessus ▷ prep au-dessus de; (more than) plus de; **mentioned ~** mentionné ci-dessus; **costing ~ £10** coûtant plus de 10 livres; **~ all** par-dessus tout, surtout

**aboveboard** [ə'bʌv'bɔːd] adj franc (franche), loyal(e); honnête

**abrasion** [ə'breɪʒən] n frottement m; (on skin) écorchure f

**abrasive** [ə'breɪzɪv] adj abrasif(-ive); (fig) caustique, agressif(-ive)

**abreast** [ə'brest] adv de front; **to keep ~ of** se tenir au courant de

**abridge** [ə'brɪdʒ] vt abréger

**abroad** [ə'brɔːd] adv à l'étranger; **there is a rumour ~ that ...** (fig) le bruit court que ...

**abrupt** [ə'brʌpt] adj (steep, blunt) abrupt(e); (sudden, gruff) brusque

**abruptly** [ə'brʌptlɪ] adv (speak, end) brusquement

**abscess** ['æbsɪs] n abcès m

**abscond** [əb'skɔnd] vi disparaître, s'enfuir

**absence** ['æbsəns] n absence f; **in the ~ of** (person) en l'absence de; (thing) faute de

**absent** ['æbsənt] adj absent(e); **~ without leave (AWOL)** (Mil) en absence irrégulière

**absentee** [æbsən'tiː] n absent(e)

**absenteeism** [æbsən'tiːɪzəm] n absentéisme m

**absent-minded** ['æbsənt'maɪndɪd] adj distrait(e)

**absent-mindedness** ['æbsənt'maɪndɪdnɪs] n distraction f

**absolute** ['æbsəluːt] adj absolu(e)

**absolutely** [æbsə'luːtlɪ] adv absolument

**absolve** [əb'zɔlv] vt: **to ~ sb (from)** (sin etc) absoudre qn (de); **to ~ sb from** (oath) délier qn de

**absorb** [əb'zɔːb] vt absorber; **to be ~ed in a book** être plongé(e) dans un livre

**absorbent** [əb'zɔːbənt] adj absorbant(e)

**absorbent cotton** [əb'zɔːbənt-] n (US) coton m hydrophile

**absorbing** [əb'zɔːbɪŋ] adj absorbant(e); (book, film etc) captivant(e)

**absorption** [əb'sɔːpʃən] n absorption f

**abstain** [əb'steɪn] vi: **to ~ (from)** s'abstenir (de)

**abstemious** [əb'stiːmɪəs] adj sobre, frugal(e)

**abstention** [əb'stenʃən] n abstention f

**abstinence** ['æbstɪnəns] n abstinence f

**abstract** ['æbstrækt] adj abstrait(e) ▷ n (summary) résumé m ▷ vt [æb'strækt] extraire

**absurd** [əb'səːd] adj absurde

**absurdity** [əb'səːdɪtɪ] n absurdité f

**ABTA** ['æbtə] n abbr = **Association of British Travel Agents**

**Abu Dhabi** ['æbuː'dɑːbɪ] n Ab(o)u Dhabî m

**abundance** [ə'bʌndəns] n abondance f

**abundant** [ə'bʌndənt] adj abondant(e)

**abuse** n [ə'bjuːs] (insults) insultes fpl, injures fpl; (ill-treatment) mauvais traitements mpl; (of power etc) abus m ▷ vt [ə'bjuːz] (insult) insulter; (ill-treat) malmener; (power etc) abuser de; **to be open to ~** se prêter à des abus

**abusive** [ə'bjuːsɪv] adj grossier(-ière), injurieux(-euse)

**abysmal** [ə'bɪzməl] adj exécrable; (ignorance etc) sans bornes

**abyss** [ə'bɪs] n abîme m, gouffre m

**AC** n abbr (US) = **athletic club**

**a/c** abbr (Banking etc) = **account; account current**

**academic** [ækə'demɪk] adj universitaire; (person: scholarly) intellectuel(-le); (pej: issue) oiseux(-euse), purement théorique ▷ n universitaire m/f; **~ freedom** liberté f académique

**academic year** n (University) année f universitaire; (Scol) année scolaire

**academy** [ə'kædəmɪ] n (learned body) académie f; (school) collège m; **military/naval ~** école militaire/navale; **~ of music** conservatoire m

**ACAS** ['eɪkæs] *n abbr* (*Brit*: = *Advisory, Conciliation and Arbitration Service*) organisme de conciliation et d'arbitrage des conflits du travail
**accede** [æk'siːd] *vi*: **to ~ to** (*request, throne*) accéder à
**accelerate** [æk'sɛləreɪt] *vt, vi* accélérer
**acceleration** [æksɛlə'reɪʃən] *n* accélération *f*
**accelerator** [æk'sɛləreɪtəʳ] *n* (*Brit*) accélérateur *m*
**accent** ['æksɛnt] *n* accent *m*
**accentuate** [æk'sɛntjueɪt] *vt* (*syllable*) accentuer; (*need, difference etc*) souligner
**accept** [ək'sɛpt] *vt* accepter
**acceptable** [ək'sɛptəbl] *adj* acceptable
**acceptance** [ək'sɛptəns] *n* acceptation *f*; **to meet with general ~** être favorablement accueilli par tous
**access** ['æksɛs] *n* accès *m* ▷ *vt* (*Comput*) accéder à; **to have ~ to** (*information, library etc*) avoir accès à, pouvoir utiliser *or* consulter; (*person*) avoir accès auprès de; **the burglars gained ~ through a window** les cambrioleurs sont entrés par une fenêtre
**accessible** [æk'sɛsəbl] *adj* accessible
**accession** [æk'sɛʃən] *n* accession *f*; (*of king*) avènement *m*; (*to library*) acquisition *f*
**accessory** [æk'sɛsərɪ] *n* accessoire *m*; **toilet accessories** (*Brit*) articles *mpl* de toilette; **~ to** (*Law*) accessoire à
**access road** *n* voie *f* d'accès; (*to motorway*) bretelle *f* de raccordement
**access time** *n* (*Comput*) temps *m* d'accès
**accident** ['æksɪdənt] *n* accident *m*; (*chance*) hasard *m*; **to meet with** *or* **to have an ~** avoir un accident; **I've had an ~** j'ai eu un accident; **~s at work** accidents du travail; **by ~** (*by chance*) par hasard; (*not deliberately*) accidentellement
**accidental** [æksɪ'dɛntl] *adj* accidentel(le)
**accidentally** [æksɪ'dɛntəlɪ] *adv* accidentellement
**Accident and Emergency Department** *n* (*Brit*) service *m* des urgences
**accident insurance** *n* assurance *f* accident
**accident-prone** ['æksɪdənt'prəun] *adj* sujet(te) aux accidents
**acclaim** [ə'kleɪm] *vt* acclamer ▷ *n* acclamations *fpl*
**acclamation** [æklə'meɪʃən] *n* (*approval*) acclamation *f*; (*applause*) ovation *f*
**acclimatize** [ə'klaɪmətaɪz] (*US*), **acclimate** [ə'klaɪmət] *vt*: **to become ~d** s'acclimater
**accolade** ['ækəleɪd] *n* accolade *f*; (*fig*) marque *f* d'honneur
**accommodate** [ə'kɔmədeɪt] *vt* loger, recevoir; (*oblige, help*) obliger; (*car etc*) contenir; (*adapt*): **to ~ one's plans to** adapter ses projets à
**accommodating** [ə'kɔmədeɪtɪŋ] *adj* obligeant(e), arrangeant(e)
**accommodation**, (*US*) **accommodations** [əkɔmə'deɪʃən(z)] *n(pl)* logement *m*; **he's found ~** il a trouvé à se loger; **"~ to let"** (*Brit*) "appartement *or* studio *etc* à louer"; **they have**

**~ for 500** ils peuvent recevoir 500 personnes, il y a de la place pour 500 personnes; **the hall has seating ~ for 600** (*Brit*) la salle contient 600 places assises
**accompaniment** [ə'kʌmpənɪmənt] *n* accompagnement *m*
**accompanist** [ə'kʌmpənɪst] *n* accompagnateur(-trice)
**accompany** [ə'kʌmpənɪ] *vt* accompagner
**accomplice** [ə'kʌmplɪs] *n* complice *m/f*
**accomplish** [ə'kʌmplɪʃ] *vt* accomplir
**accomplished** [ə'kʌmplɪʃt] *adj* accompli(e)
**accomplishment** [ə'kʌmplɪʃmənt] *n* (*skill: gen pl*) talent *m*; (*completion*) accomplissement *m*; (*achievement*) réussite *f*
**accord** [ə'kɔːd] *n* accord *m* ▷ *vt* accorder; **of his own ~** de son plein gré; **with one ~** d'un commun accord
**accordance** [ə'kɔːdəns] *n*: **in ~ with** conformément à
**according** [ə'kɔːdɪŋ]: **~ to** (*prep*) selon; **~ to plan** comme prévu
**accordingly** [ə'kɔːdɪŋlɪ] *adv* (*appropriately*) en conséquence; (*as a result*) par conséquent
**accordion** [ə'kɔːdɪən] *n* accordéon *m*
**accost** [ə'kɔst] *vt* accoster, aborder
**account** [ə'kaunt] *n* (*Comm*) compte *m*; (*report*) compte rendu, récit *m*; **accounts** *npl* (*Comm: records*) comptabilité *f*, comptes; **"~ payee only"** (*Brit*) "chèque non endossable"; **to keep an ~ of** noter; **to bring sb to ~ for sth/for having done sth** amener qn à rendre compte de qch/ d'avoir fait qch; **by all ~s** au dire de tous; **of little ~** de peu d'importance; **of no ~** sans importance; **on ~** en acompte; **to buy sth on ~** acheter qch à crédit; **on no ~** en aucun cas; **on ~ of** à cause de; **to take into ~, take ~ of** tenir compte de
▶ **account for** *vt fus* (*explain*) expliquer, rendre compte de; (*represent*) représenter; **all the children were ~ed for** aucun enfant ne manquait; **four people are still not ~ed for** on n'a toujours pas retrouvé quatre personnes
**accountability** [əkauntə'bɪlɪtɪ] *n* responsabilité *f*; (*financial, political*) transparence *f*
**accountable** [ə'kauntəbl] *adj*: **~ (for/to)** responsable (de/devant)
**accountancy** [ə'kauntənsɪ] *n* comptabilité *f*
**accountant** [ə'kauntənt] *n* comptable *m/f*
**accounting** [ə'kauntɪŋ] *n* comptabilité *f*
**accounting period** *n* exercice financier, période *f* comptable
**account number** *n* numéro *m* de compte
**account payable** *n* compte *m* fournisseurs
**account receivable** *n* compte *m* clients
**accredited** [ə'krɛdɪtd] *adj* (*person*) accrédité(e)
**accretion** [ə'kriːʃən] *n* accroissement *m*
**accrue** [ə'kruː] *vi* s'accroître; (*mount up*) s'accumuler; **to ~ to** s'ajouter à; **~d interest** intérêt couru
**accumulate** [ə'kjuːmjuleɪt] *vt* accumuler,

amasser ▷ vi s'accumuler, s'amasser

**accumulation** [əkju:mju'leɪʃən] n accumulation f

**accuracy** ['ækjʊrəsɪ] n exactitude f, précision f

**accurate** ['ækjʊrɪt] adj exact(e), précis(e); (device) précis

**accurately** ['ækjʊrɪtlɪ] adv avec précision

**accusation** [ækju'zeɪʃən] n accusation f

**accusative** [ə'kju:zətɪv] n (Ling) accusatif m

**accuse** [ə'kju:z] vt: **to ~ sb (of sth)** accuser qn (de qch)

**accused** [ə'kju:zd] n (Law) accusé(e)

**accuser** [ə'kju:zəʳ] n accusateur(-trice)

**accustom** [ə'kʌstəm] vt accoutumer, habituer; **to ~ o.s. to sth** s'habituer à qch

**accustomed** [ə'kʌstəmd] adj (usual) habituel(le); **~ to** habitué(e) or accoutumé(e) à

**AC/DC** abbr = **alternating current/direct current**

**ACE** [eɪs] n abbr = **American Council on Education**

**ace** [eɪs] n as m; **within an ~ of** (Brit) à deux doigts or un cheveu de

**acerbic** [ə'sə:bɪk] adj (also fig) acerbe

**acetate** ['æsɪteɪt] n acétate m

**ache** [eɪk] n mal m, douleur f ▷ vi (be sore) faire mal, être douloureux(-euse); (yearn): **to ~ to do sth** mourir d'envie de faire qch; **I've got stomach ~** or (US) **a stomach ~** j'ai mal à l'estomac; **my head ~s** j'ai mal à la tête; **I'm aching all over** j'ai mal partout

**achieve** [ə'tʃi:v] vt (aim) atteindre; (victory, success) remporter, obtenir; (task) accomplir

**achievement** [ə'tʃi:vmənt] n exploit m, réussite f; (of aims) réalisation f

**Achilles heel** [ə'kɪli:z-] n talon m d'Achille

**acid** ['æsɪd] adj, n acide (m)

**acidity** [ə'sɪdɪtɪ] n acidité f

**acid rain** n pluies fpl acides

**acid test** n (fig) épreuve décisive

**acknowledge** [ək'nɔlɪdʒ] vt (also: **acknowledge receipt of**) accuser réception de; (fact) reconnaître

**acknowledgement** [ək'nɔlɪdʒmənt] n (of letter) accusé m de réception; **acknowledgements** (in book) remerciements mpl

**ACLU** n abbr (= American Civil Liberties Union) ligue des droits de l'homme

**acme** ['ækmɪ] n point culminant

**acne** ['æknɪ] n acné m

**acorn** ['eɪkɔ:n] n gland m

**acoustic** [ə'ku:stɪk] adj acoustique

**acoustics** [ə'ku:stɪks] n, npl acoustique f

**acquaint** [ə'kweɪnt] vt: **to ~ sb with sth** mettre qn au courant de qch; **to be ~ed with** (person) connaître; (fact) savoir

**acquaintance** [ə'kweɪntəns] n connaissance f; **to make sb's ~** faire la connaissance de qn

**acquiesce** [ækwɪ'ɛs] vi (agree): **to ~ (in)** acquiescer (à)

**acquire** [ə'kwaɪəʳ] vt acquérir

**acquired** [ə'kwaɪəd] adj acquis(e); **an ~ taste** un goût acquis

**acquisition** [ækwɪ'zɪʃən] n acquisition f

**acquisitive** [ə'kwɪzɪtɪv] adj qui a l'instinct de possession or le goût de la propriété

**acquit** [ə'kwɪt] vt acquitter; **to ~ o.s. well** s'en tirer très honorablement

**acquittal** [ə'kwɪtl] n acquittement m

**acre** ['eɪkəʳ] n acre f (= 4047 m²)

**acreage** ['eɪkərɪdʒ] n superficie f

**acrid** ['ækrɪd] adj (smell) âcre; (fig) mordant(e)

**acrimonious** [ækrɪ'məʊnɪəs] adj acrimonieux(-euse), aigre

**acrobat** ['ækrəbæt] n acrobate m/f

**acrobatic** [ækrə'bætɪk] adj acrobatique

**acrobatics** [ækrə'bætɪks] n, npl acrobatie f

**acronym** ['ækrənɪm] n acronyme m

**Acropolis** [ə'krɔpəlɪs] n: **the ~** l'Acropole f

**across** [ə'krɔs] prep (on the other side) de l'autre côté de; (crosswise) en travers de ▷ adv de l'autre côté; en travers; **to walk ~ (the road)** traverser (la route); **to run/swim ~** traverser en courant/à la nage; **to take sb ~ the road** faire traverser la route à qn; **a road ~ the wood** une route qui traverse le bois; **the lake is 12 km ~** le lac fait 12 km de large; **~ from** en face de; **to get sth ~ (to sb)** faire comprendre qch (à qn)

**acrylic** [ə'krɪlɪk] adj, n acrylique (m)

**ACT** n abbr (= American College Test) examen de fin d'études secondaires

**act** [ækt] n acte m, action f; (Theat: part of play) acte; (: of performer) numéro m; (Law) loi f ▷ vi agir; (Theat) jouer; (pretend) jouer la comédie ▷ vt (role) jouer, tenir; **~ of God** (Law) catastrophe naturelle; **to catch sb in the ~** prendre qn sur le fait or en flagrant délit; **it's only an ~** c'est du cinéma; **to ~ Hamlet** (Brit) tenir or jouer le rôle d'Hamlet; **to ~ as** servir de; **it ~s as a deterrent** cela a un effet dissuasif; **~ing in my capacity as chairman, I …** en ma qualité de président, je …

▶ **act on** vt: **to ~ on sth** agir sur la base de qch

▶ **act out** vt (event) raconter en mimant; (fantasies) réaliser

▶ **act up** (inf) vi (person) se conduire mal; (knee, back, injury) jouer des tours; (machine) être capricieux(-ieuse)

**acting** ['æktɪŋ] adj suppléant(e), par intérim ▷ n (of actor) jeu m; (activity): **to do some ~** faire du théâtre (or du cinéma); **he is the ~ manager** il remplace (provisoirement) le directeur

**action** ['ækʃən] n action f; (Mil) combat(s) m(pl); (Law) procès m, action en justice ▷ vt (Comm) mettre en œuvre; **to bring an ~ against sb** (Law) poursuivre qn en justice, intenter un procès contre qn; **killed in ~** (Mil) tué au champ d'honneur; **out of ~** hors de combat; (machine etc) hors d'usage; **to take ~** agir, prendre des mesures; **to put a plan into ~** mettre un projet à exécution

**action replay** n (Brit TV) ralenti m

**activate** ['æktɪveɪt] vt (mechanism) actionner, faire fonctionner; (Chem, Physics) activer

**active** ['æktɪv] *adj* actif(-ive); (*volcano*) en activité; **to play an ~ part in** jouer un rôle actif dans
**active duty** *n* (*US Mil*) campagne *f*
**actively** ['æktɪvlɪ] *adv* activement; (*discourage*) vivement
**active partner** *n* (*Comm*) associé(e) *m/f*
**active service** *n* (*Brit Mil*) campagne *f*
**activist** ['æktɪvɪst] *n* activiste *m/f*
**activity** [æk'tɪvɪtɪ] *n* activité *f*
**activity holiday** *n* vacances actives
**actor** ['æktə<sup>r</sup>] *n* acteur *m*
**actress** ['æktrɪs] *n* actrice *f*
**actual** ['æktjuəl] *adj* réel(le), véritable; (*emphatic use*) lui-même (elle-même)
**actually** ['æktjuəlɪ] *adv* réellement, véritablement; (*in fact*) en fait
**actuary** ['æktjuərɪ] *n* actuaire *m*
**actuate** ['æktjueɪt] *vt* déclencher, actionner
**acuity** [ə'kju:ɪtɪ] *n* acuité *f*
**acumen** ['ækjumən] *n* perspicacité *f*; **business ~** sens *m* des affaires
**acupuncture** ['ækjupʌŋktʃə<sup>r</sup>] *n* acuponcture *f*
**acute** [ə'kju:t] *adj* aigu(ë); (*mind, observer*) pénétrant(e)
**A.D.** *adv abbr* (= *Anno Domini*) ap. J.-C. ▷ *n abbr* (*US Mil*) = **active duty**
**ad** [æd] *n abbr* = **advertisement**
**adamant** ['ædəmənt] *adj* inflexible
**Adam's apple** ['ædəmz-] *n* pomme *f* d'Adam
**adapt** [ə'dæpt] *vt* adapter ▷ *vi*: **to ~ (to)** s'adapter (à)
**adaptability** [ədæptə'bɪlɪtɪ] *n* faculté *f* d'adaptation
**adaptable** [ə'dæptəbl] *adj* (*device*) adaptable; (*person*) qui s'adapte facilement
**adaptation** [ædæp'teɪʃən] *n* adaptation *f*
**adapter, adaptor** [ə'dæptə<sup>r</sup>] *n* (*Elec*) adaptateur *m*; (*for several plugs*) prise *f* multiple
**ADC** *n abbr* (*Mil*) = **aide-de-camp**; (*US*: = *Aid to Dependent Children*) aide pour enfants assistés
**add** [æd] *vt* ajouter; (*figures: also*: **to add up**) additionner ▷ *vi*: **to ~ to** (*increase*) ajouter à, accroître ▷ *n* (*Internet*) **thanks for the ~** merci pour l'ajout
▶ **add on** *vt* ajouter ▷ *vi* (*fig*): **it doesn't ~ up** cela ne rime à rien
▶ **add up to** *vt fus* (*Math*) s'élever à; (*fig: mean*) signifier; **it doesn't ~ up to much** ça n'est pas grand-chose
**adder** ['ædə<sup>r</sup>] *n* vipère *f*
**addict** ['ædɪkt] *n* toxicomane *m/f*; (*fig*) fanatique *m/f*; **heroin ~** héroïnomane *m/f*; **drug ~** drogué(e) *m/f*
**addicted** [ə'dɪktɪd] *adj*: **to be ~ to** (*drink, drugs*) être adonné(e) à; (*fig: football etc*) être un(e) fanatique de
**addiction** [ə'dɪkʃən] *n* (*Med*) dépendance *f*
**addictive** [ə'dɪktɪv] *adj* qui crée une dépendance
**adding machine** ['ædɪŋ-] *n* machine *f* à calculer
**Addis Ababa** ['ædɪs'æbəbə] *n* Addis Abeba, Addis Ababa
**addition** [ə'dɪʃən] *n* (*adding up*) addition *f*; (*thing*

*added*) ajout *m*; **in ~** de plus, de surcroît; **in ~ to** en plus de
**additional** [ə'dɪʃənl] *adj* supplémentaire
**additive** ['ædɪtɪv] *n* additif *m*
**address** [ə'drɛs] *n* adresse *f*; (*talk*) discours *m*, allocution *f* ▷ *vt* adresser; (*speak to*) s'adresser à; **my ~ is** ... mon adresse, c'est ...; **form of ~** titre *m*; **what form of ~ do you use for ...?** comment s'adresse-t-on à ...?; **to ~ (o.s. to)** sth (*problem, issue*) aborder qch; **absolute/relative ~** (*Comput*) adresse absolue/relative
**address book** *n* carnet *m* d'adresses
**addressee** [ædrɛ'si:] *n* destinataire *m/f*
**Aden** ['eɪdən] *n*: **Gulf of ~** Golfe *m* d'Aden
**adenoids** ['ædɪnɔɪdz] *npl* végétations *fpl*
**adept** ['ædɛpt] *adj*: **~ at** expert(e) à *or* en
**adequate** ['ædɪkwɪt] *adj* (*enough*) suffisant(e); (*satisfactory*) satisfaisant(e); **to feel ~ to the task** se sentir à la hauteur de la tâche
**adequately** ['ædɪkwɪtlɪ] *adv* de façon adéquate
**adhere** [əd'hɪə<sup>r</sup>] *vi*: **to ~ to** adhérer à; (*fig: rule, decision*) se tenir à
**adhesion** [əd'hi:ʒən] *n* adhésion *f*
**adhesive** [əd'hi:zɪv] *adj* adhésif(-ive) ▷ *n* adhésif *m*
**adhesive tape** *n* (*Brit*) ruban *m* adhésif; (*US Med*) sparadrap *m*
**ad hoc** [æd'hɔk] *adj* (*decision*) de circonstance; (*committee*) ad hoc
**ad infinitum** ['ædɪnfɪ'naɪtəm] *adv* à l'infini
**adjacent** [ə'dʒeɪsənt] *adj* adjacent(e), contigu(ë); **~ to** adjacent à
**adjective** ['ædʒɛktɪv] *n* adjectif *m*
**adjoin** [ə'dʒɔɪn] *vt* jouxter
**adjoining** [ə'dʒɔɪnɪŋ] *adj* voisin(e), adjacent(e), attenant(e) ▷ *prep* voisin de, adjacent à
**adjourn** [ə'dʒə:n] *vt* ajourner ▷ *vi* suspendre la séance; lever la séance; clore la session; (*go*) se retirer; **to ~ a meeting till the following week** reporter une réunion à la semaine suivante; **they ~ed to the pub** (*Brit inf*) ils ont filé au pub
**adjournment** [ə'dʒə:nmənt] *n* (*period*) ajournement *m*
**Adjt** *abbr* (*Mil*: = *adjutant*) Adj
**adjudicate** [ə'dʒu:dɪkeɪt] *vt* (*contest*) juger; (*claim*) statuer (sur) ▷ *vi* se prononcer
**adjudication** [ədʒu:dɪ'keɪʃən] *n* (*Law*) jugement *m*
**adjust** [ə'dʒʌst] *vt* (*machine*) ajuster, régler; (*prices, wages*) rajuster ▷ *vi*: **to ~ (to)** s'adapter (à)
**adjustable** [ə'dʒʌstəbl] *adj* réglable
**adjuster** [ə'dʒʌstə<sup>r</sup>] *n see* **loss**
**adjustment** [ə'dʒʌstmənt] *n* (*of machine*) ajustage *m*, réglage *m*; (*of prices, wages*) rajustement *m*; (*of person*) adaptation *f*
**adjutant** ['ædʒətənt] *n* adjudant *m*
**ad-lib** [æd'lɪb] *vt, vi* improviser ▷ *n* improvisation *f* ▷ *adv*: **ad lib** à volonté, à discrétion
**adman** ['ædmæn] (*irreg*) *n* (*inf*) publicitaire *m*
**admin** ['ædmɪn] *n abbr* (*inf*) = **administration**
**administer** [əd'mɪnɪstə<sup>r</sup>] *vt* administrer; (*justice*) rendre

**administration** [ədmɪnɪs'treɪʃən] n (management) administration f; (government) gouvernement m

**administrative** [əd'mɪnɪstrətɪv] adj administratif(-ive)

**administrator** [əd'mɪnɪstreɪtər] n administrateur(-trice)

**admirable** ['ædmərəbl] adj admirable

**admiral** ['ædmərəl] n amiral m

**Admiralty** ['ædmərəltɪ] n (Brit: also: **Admiralty Board**) ministère m de la Marine

**admiration** [ædmə'reɪʃən] n admiration f

**admire** [əd'maɪər] vt admirer

**admirer** [əd'maɪərər] n (fan) admirateur(-trice)

**admiring** [əd'maɪərɪŋ] adj admiratif(-ive)

**admissible** [əd'mɪsəbl] adj acceptable, admissible; (evidence) recevable

**admission** [əd'mɪʃən] n admission f; (to exhibition, night club etc) entrée f; (confession) aveu m; "**~ free**", "**free ~**" "entrée libre"; **by his own ~** de son propre aveu

**admission charge** n droits mpl d'admission

**admit** [əd'mɪt] vt laisser entrer; admettre; (agree) reconnaître, admettre; (crime) reconnaître avoir commis; "**children not ~ted**" "entrée interdite aux enfants"; **this ticket ~s two** ce billet est valable pour deux personnes; **I must ~ that ...** je dois admettre or reconnaître que ...
  ▷ **admit of** vt fus admettre, permettre
  ▷ **admit to** vt fus reconnaître, avouer

**admittance** [əd'mɪtəns] n admission f, (droit m d')entrée f; "**no ~**" "défense d'entrer"

**admittedly** [əd'mɪtɪdlɪ] adv il faut en convenir

**admonish** [əd'mɒnɪʃ] vt donner un avertissement à; réprimander

**ad nauseam** [æd'nɔːsɪæm] adv à satiété

**ado** [ə'duː] n: **without (any) more ~** sans plus de cérémonies

**adolescence** [ædəu'lɛsns] n adolescence f

**adolescent** [ædəu'lɛsnt] adj, n adolescent(e)

**adopt** [ə'dɒpt] vt adopter

**adopted** [ə'dɒptɪd] adj adoptif(-ive), adopté(e)

**adoption** [ə'dɒpʃən] n adoption f

**adore** [ə'dɔːr] vt adorer

**adoring** [ə'dɔːrɪŋ] adj: **his ~ wife** sa femme qui est en adoration devant lui

**adoringly** [ə'dɔːrɪŋlɪ] adv avec adoration

**adorn** [ə'dɔːn] vt orner

**adornment** [ə'dɔːnmənt] n ornement m

**ADP** n abbr = **automatic data processing**

**adrenalin** [ə'drɛnəlɪn] n adrénaline f; **to get the ~ going** faire monter le taux d'adrénaline

**Adriatic** [eɪdrɪ'ætɪk] n: **the Adriatic (Sea)** la mer Adriatique, l'Adriatique f

**adrift** [ə'drɪft] adv à la dérive; **to come ~** (boat) aller à la dérive; (wire, rope, fastening etc) se défaire

**adroit** [ə'drɔɪt] adj adroit(e), habile

**ADSL** n abbr (asymmetric digital subscriber line) ADSL m

**ADT** abbr (US: = Atlantic Daylight Time) heure d'été de New York

**adult** ['ædʌlt] n adulte m/f ▷ adj (grown-up) adulte; (for adults) pour adultes

**adult education** n éducation f des adultes

**adulterate** [ə'dʌltəreɪt] vt frelater, falsifier

**adulterer** [ə'dʌltərər] n homme m adultère

**adulteress** [ə'dʌltərɪs] n femme f adultère

**adultery** [ə'dʌltərɪ] n adultère m

**adulthood** ['ædʌlthud] n âge m adulte

**advance** [əd'vɑːns] n avance f ▷ vt avancer ▷ vi s'avancer; **in ~** en avance, d'avance; **to make ~s to sb** (gen) faire des propositions à qn; (amorously) faire des avances à qn; **~ booking** location f; **~ notice**, **~ warning** préavis m; (verbal) avertissement m; **do I need to book in ~?** est-ce qu'il faut réserver à l'avance?

**advanced** [əd'vɑːnst] adj avancé(e); (Scol: studies) supérieur(e); **~ in years** d'un âge avancé

**advancement** [əd'vɑːnsmənt] n avancement m

**advantage** [əd'vɑːntɪdʒ] n (also Tennis) avantage m; **to take ~ of** (person) exploiter; (opportunity) profiter de; **it's to our ~** c'est notre intérêt; **it's to our ~ to ...** nous avons intérêt à ...

**advantageous** [ædvən'teɪdʒəs] adj avantageux(-euse)

**advent** ['ædvənt] n avènement m, venue f; **A~** (Rel) avent m

**Advent calendar** n calendrier m de l'avent

**adventure** [əd'vɛntʃər] n aventure f

**adventure playground** n aire f de jeux

**adventurous** [əd'vɛntʃərəs] adj aventureux(-euse)

**adverb** ['ædvəːb] n adverbe m

**adversary** ['ædvəsərɪ] n adversaire m/f

**adverse** ['ædvəːs] adj adverse; (effect) négatif(-ive); (weather, publicity) mauvais(e); (wind) contraire; **~ to** hostile à; **in ~ circumstances** dans l'adversité

**adversity** [əd'vəːsɪtɪ] n adversité f

**advert** ['ædvəːt] n abbr (Brit) = **advertisement**

**advertise** ['ædvətaɪz] vi faire de la publicité or de la réclame; (in classified ads etc) mettre une annonce ▷ vt faire de la publicité or de la réclame pour; (in classified ads etc) mettre une annonce pour vendre; **to ~ for** (staff) recruter par (voie d')annonce

**advertisement** [əd'vəːtɪsmənt] n publicité f, réclame f; (in classified ads etc) annonce f

**advertiser** ['ædvətaɪzər] n annonceur m

**advertising** ['ædvətaɪzɪŋ] n publicité f

**advertising agency** n agence f de publicité

**advertising campaign** n campagne f de publicité

**advice** [əd'vaɪs] n conseils mpl; (notification) avis m; **a piece of ~** un conseil; **to ask (sb) for ~** demander conseil (à qn); **to take legal ~** consulter un avocat

**advice note** n (Brit) avis m d'expédition

**advisable** [əd'vaɪzəbl] adj recommandable, indiqué(e)

**advise** [əd'vaɪz] vt conseiller; **to ~ sb of sth** aviser or informer qn de qch; **to ~ against sth/**

**doing sth** déconseiller qch/conseiller de ne pas faire qch; **you would be well/ill ~d to go** vous feriez mieux d'y aller/de ne pas y aller, vous auriez intérêt à y aller/à ne pas y aller

**advisedly** [əd'vaɪzɪdlɪ] adv (deliberately) délibérément

**adviser, advisor** [əd'vaɪzəʳ] n conseiller(-ère)

**advisory** [əd'vaɪzərɪ] adj consultatif(-ive); **in an ~ capacity** à titre consultatif

**advocate** n ['ædvəkət] (lawyer) avocat (plaidant); (upholder) défenseur m, avocat(e) ▷ vt ['ædvəkeɪt] recommander, prôner; **to be an ~ of** être partisan(e) de

**advt.** abbr = **advertisement**

**AEA** n abbr (Brit: = Atomic Energy Authority) ≈ AEN f (= Agence pour l'énergie nucléaire)

**AEC** n abbr (US: = Atomic Energy Commission) CEA m (= Commissariat à l'énergie atomique)

**AEEU** n abbr (Brit: = Amalgamated Engineering and Electrical Union) syndicat de techniciens et d'électriciens

**Aegean** [iː'dʒiːən] n, adj: **the ~ (Sea)** la mer Égée, l'Égée f

**aegis** ['iːdʒɪs] n: **under the ~ of** sous l'égide de

**aeon** ['iːən] n éternité f

**aerial** ['ɛərɪəl] n antenne f ▷ adj aérien(ne)

**aerobatics** ['ɛərəʊ'bætɪks] npl acrobaties aériennes

**aerobics** [ɛə'rəʊbɪks] n aérobic m

**aerodrome** ['ɛərədrəʊm] n (Brit) aérodrome m

**aerodynamic** ['ɛərəʊdaɪ'næmɪk] adj aérodynamique

**aeronautics** [ɛərə'nɔːtɪks] n aéronautique f

**aeroplane** ['ɛərəpleɪn] n (Brit) avion m

**aerosol** ['ɛərəsɔl] n aérosol m

**aerospace industry** ['ɛərəʊspeɪs-] n (industrie) aérospatiale f

**aesthetic** [ɪs'θɛtɪk] adj esthétique

**afar** [ə'fɑːʳ] adv: **from ~** de loin

**AFB** n abbr (US) = **Air Force Base**

**AFDC** n abbr (US: = Aid to Families with Dependent Children) aide pour enfants assistés

**affable** ['æfəbl] adj affable

**affair** [ə'fɛəʳ] n affaire f; (also: **love affair**) liaison f; aventure f; **affairs** (business) affaires

**affect** [ə'fɛkt] vt affecter; (subj: disease) atteindre

**affectation** [æfɛk'teɪʃən] n affectation f

**affected** [ə'fɛktɪd] adj affecté(e)

**affection** [ə'fɛkʃən] n affection f

**affectionate** [ə'fɛkʃənɪt] adj affectueux(-euse)

**affectionately** [ə'fɛkʃənɪtlɪ] adv affectueusement

**affidavit** [æfɪ'deɪvɪt] n (Law) déclaration écrite sous serment

**affiliated** [ə'fɪlɪeɪtɪd] adj affilié(e); **~ company** filiale f

**affinity** [ə'fɪnɪtɪ] n affinité f

**affirm** [ə'fəːm] vt affirmer

**affirmation** [æfə'meɪʃən] n affirmation f, assertion f

**affirmative** [ə'fəːmətɪv] adj affirmatif(-ive) ▷ n: **in the ~** dans or par l'affirmative

**affix** [ə'fɪks] vt apposer, ajouter

**afflict** [ə'flɪkt] vt affliger

**affliction** [ə'flɪkʃən] n affliction f

**affluence** ['æfluəns] n aisance f, opulence f

**affluent** ['æfluənt] adj opulent(e); (person, family, surroundings) aisé(e), riche; **the ~ society** la société d'abondance

**afford** [ə'fɔːd] vt (goods etc) avoir les moyens d'acheter or d'entretenir; (behaviour) se permettre; (provide) fournir, procurer; **can we ~ a car?** avons-nous de quoi acheter or les moyens d'acheter une voiture?; **I can't ~ the time** je n'ai vraiment pas le temps

**affordable** [ə'fɔːdəbl] adj abordable

**affray** [ə'freɪ] n (Brit Law) échauffourée f, rixe f

**affront** [ə'frʌnt] n affront m

**affronted** [ə'frʌntɪd] adj insulté(e)

**Afghan** ['æfgæn] adj afghan(e) ▷ n Afghan(e)

**Afghanistan** [æf'gænɪstæn] n Afghanistan m

**afield** [ə'fiːld] adv: **far ~** loin

**AFL-CIO** n abbr (= American Federation of Labor and Congress of Industrial Organizations) confédération syndicale

**afloat** [ə'fləʊt] adj à flot ▷ adv: **to stay ~** surnager; **to keep/get a business ~** maintenir à flot/lancer une affaire

**afoot** [ə'fʊt] adv: **there is something ~** il se prépare quelque chose

**aforementioned** [ə'fɔːmɛnʃənd] adj, **aforesaid** [ə'fɔːsɛd] ▷ adj susdit(e), susmentionné(e)

**afraid** [ə'freɪd] adj effrayé(e); **to be ~ of** or **to** avoir peur de; **I am ~ that** je crains que + sub; **I'm ~ so/not** oui/non, malheureusement

**afresh** [ə'frɛʃ] adv de nouveau

**Africa** ['æfrɪkə] n Afrique f

**African** ['æfrɪkən] adj africain(e) ▷ n Africain(e)

**African-American** ['æfrɪkənə'mɛrɪkən] adj afro-américain(e) ▷ n Afro-Américain(e)

**Afrikaans** [æfrɪ'kɑːns] n afrikaans m

**Afrikaner** [æfrɪ'kɑːnəʳ] n Afrikaner m/f

**Afro-American** ['æfrəʊə'mɛrɪkən] adj afro-américain(e)

**AFT** n abbr (= American Federation of Teachers) syndicat enseignant

**aft** [ɑːft] adv à l'arrière, vers l'arrière

**after** ['ɑːftəʳ] prep, adv après ▷ conj après que, après avoir or être + pp; **~ dinner** après (le) dîner; **the day ~ tomorrow** après demain; **it's quarter ~ two** (US) il est deux heures et quart; **~ having done/~ he left** après avoir fait/ après son départ; **to name sb ~ sb** donner à qn le nom de qn; **to ask ~ sb** demander des nouvelles de qn; **what/who are you ~?** que/qui cherchez-vous?; **the police are ~ him** la police est à ses trousses; **~ you!** après vous!; **~ all** après tout

**afterbirth** ['ɑːftəbəːθ] n placenta m

**aftercare** ['ɑːftəkɛəʳ] n (Brit Med) post-cure f

**after-effects** ['ɑːftərɪfɛkts] npl (of disaster, radiation, drink etc) répercussions fpl; (of illness) séquelles fpl, suites fpl

**afterlife** ['ɑːftəlaɪf] n vie future

**aftermath** ['ɑːftəmɑːθ] n conséquences fpl; **in the ~ of** dans les mois or années etc qui

a

451

suivirent, au lendemain de

**afternoon** [ˌɑːftə'nuːn] *n* après-midi *m or f*; **good ~!** bonjour!; (*goodbye*) au revoir!

**afters** ['ɑːftəz] *n* (*Brit inf: dessert*) dessert *m*

**after-sales service** [ˌɑːftə'seɪlz-] *n* service *m* après-vente, SAV *m*

**after-shave** ['ɑːftəʃeɪv], **after-shave lotion** *n* lotion *f* après-rasage

**aftershock** ['ɑːftəʃɔk] *n* réplique *f* (sismique)

**aftersun** ['ɑːftəsʌn], **aftersun cream, aftersun lotion** *n* après-soleil *m inv*

**aftertaste** ['ɑːftəteɪst] *n* arrière-goût *m*

**afterthought** ['ɑːftəθɔːt] *n*: **I had an ~** il m'est venu une idée après coup

**afterwards** ['ɑːftəwədz], (US) **afterward** ['ɑːftəwəd] *adv* après

**again** [ə'gen] *adv* de nouveau, encore (une fois); **to do sth ~** refaire qch; **not ... ~ ne ... plus; ~ and ~** à plusieurs reprises; **he's opened it ~** il l'a rouvert, il l'a de nouveau *or* l'a encore ouvert; **now and ~** de temps à autre

**against** [ə'genst] *prep* contre; (*compared to*) par rapport à; **~ a blue background** sur un fond bleu; (**as**) **~** (*Brit*) contre

**age** [eɪdʒ] *n* âge *m* ▷ *vt*, *vi* vieillir; **what ~ is he?** quel âge a-t-il?; **he is 20 years of ~** il a 20 ans; **under ~** mineur(e); **to come of ~** atteindre sa majorité; **it's been ~s since I saw you** ça fait une éternité que je ne t'ai pas vu

**aged** ['eɪdʒd] *adj* âgé(e); **~ 10** âgé de 10 ans; **the ~** ['eɪdʒɪd] ▷ *npl* les personnes âgées

**age group** *n* tranche *f* d'âge; **the 40 to 50 ~** la tranche d'âge des 40 à 50 ans

**ageing** ['eɪdʒɪŋ] *adj* vieillissant(e)

**ageless** ['eɪdʒlɪs] *adj* sans âge

**age limit** *n* limite *f* d'âge

**agency** ['eɪdʒənsɪ] *n* agence *f*; **through or by the ~ of** par l'entremise *or* l'action de

**agenda** [ə'dʒendə] *n* ordre *m* du jour; **on the ~** à l'ordre du jour

**agent** ['eɪdʒənt] *n* agent *m*; (*firm*) concessionnaire *m*

**aggravate** ['ægrəveɪt] *vt* (*situation*) aggraver; (*annoy*) exaspérer, agacer

**aggravation** [ˌægrə'veɪʃən] *n* agacements *mpl*

**aggregate** ['ægrɪgɪt] *n* ensemble *m*, total *m*; **on ~** (*Sport*) au total des points

**aggression** [ə'greʃən] *n* agression *f*

**aggressive** [ə'gresɪv] *adj* agressif(-ive)

**aggressiveness** [ə'gresɪvnɪs] *n* agressivité *f*

**aggressor** [ə'gresə<sup>r</sup>] *n* agresseur *m*

**aggrieved** [ə'griːvd] *adj* chagriné(e), affligé(e)

**aggro** ['ægrəu] *n* (*inf: physical*) grabuge *m*; (: *hassle*) embêtements *mpl*

**aghast** [ə'gɑːst] *adj* consterné(e), atterré(e)

**agile** ['ædʒaɪl] *adj* agile

**agility** [ə'dʒɪlɪtɪ] *n* agilité *f*, souplesse *f*

**agitate** ['ædʒɪteɪt] *vt* rendre inquiet(-ète) *or* agité(e) ▷ *vi* faire de l'agitation (politique); **to ~ for** faire campagne pour

**agitator** ['ædʒɪteɪtə<sup>r</sup>] *n* agitateur(-trice) (politique)

**AGM** *n abbr* (= *annual general meeting*) AG *f*

**ago** [ə'gəu] *adv*: **two days ~** il y a deux jours; **not long ~** il n'y a pas longtemps; **as long ~ as 1960** déjà en 1960; **how long ~?** il y a combien de temps (de cela)?

**agog** [ə'gɔg] *adj*: (**all**) **~** en émoi

**agonize** ['ægənaɪz] *vi*: **he ~d over the problem** ce problème lui a causé bien du tourment

**agonizing** ['ægənaɪzɪŋ] *adj* angoissant(e); (*cry*) déchirant(e)

**agony** ['ægənɪ] *n* (*pain*) douleur *f* atroce; (*distress*) angoisse *f*; **to be in ~** souffrir le martyre

**agony aunt** *n* (*Brit inf*) journaliste qui tient la rubrique du courrier du cœur

**agony column** *n* courrier *m* du cœur

**agree** [ə'griː] *vt* (*price*) convenir de ▷ *vi*: **to ~ with** (*person*) être d'accord avec; (*statements etc*) concorder avec; (*Ling*) s'accorder avec; **to ~ to do** accepter de *or* consentir à faire; **to ~ to sth** consentir à qch; **to ~ that** (*admit*) convenir *or* reconnaître que; **it was ~d that ...** il a été convenu que ...; **they ~ on this** ils sont d'accord sur ce point; **they ~d on going/a price** ils se mirent d'accord pour y aller/sur un prix; **garlic doesn't ~ with me** je ne supporte pas l'ail

**agreeable** [ə'griːəbl] *adj* (*pleasant*) agréable; (*willing*) consentant(e), d'accord; **are you ~ to this?** est-ce que vous êtes d'accord?

**agreed** [ə'griːd] *adj* (*time, place*) convenu(e); **to be ~** être d'accord

**agreement** [ə'griːmənt] *n* accord *m*; **in ~** d'accord; **by mutual ~** d'un commun accord

**agricultural** [ˌægrɪ'kʌltʃərəl] *adj* agricole

**agriculture** ['ægrɪkʌltʃə<sup>r</sup>] *n* agriculture *f*

**aground** [ə'graund] *adv*: **to run ~** s'échouer

**ahead** [ə'hed] *adv* en avant; devant; **go right or straight ~** (*direction*) allez tout droit; **go ~!** (*permission*) allez-y!; **~ of** devant; (*fig: schedule etc*) en avance sur; **~ of time** en avance; **they were (right) ~ of us** ils nous précédaient (de peu), ils étaient (juste) devant nous

**AI** *n abbr* = **Amnesty International**; (*Comput*) = **artificial intelligence**

**AIB** *n abbr* (*Brit*: = *Accident Investigation Bureau*) commission d'enquête sur les accidents

**AID** *n abbr* (= *artificial insemination by donor*) IAD *f*; (*US*: = *Agency for International Development*) agence pour le développement international

**aid** [eɪd] *n* aide *f*; (*device*) appareil *m* ▷ *vt* aider; **with the ~ of** avec l'aide de; **in ~ of** en faveur de; **to ~ and abet** (*Law*) se faire le complice de

**aide** [eɪd] *n* (*person*) assistant(e)

**AIDS** [eɪdz] *n abbr* (= *acquired immune (or immuno-)deficiency syndrome*) SIDA *m*

**AIH** *n abbr* (= *artificial insemination by husband*) IAC *f*

**ailing** ['eɪlɪŋ] *adj* (*person*) souffreteux(euse); (*economy*) malade

**ailment** ['eɪlmənt] *n* affection *f*

**aim** [eɪm] *vt*: **to ~ sth (at)** (*gun, camera*) braquer *or* pointer qch (sur); (*missile*) lancer qch (à *or* contre *or* en direction de); (*remark, blow*) destiner *or* adresser qch (à) ▷ *vi* (*also*: **to take aim**) viser ▷ *n*

*(objective)* but *m*; *(skill)*: **his ~ is bad** il vise mal;
**to ~ at** viser; *(fig)* viser (à); avoir pour but *or*
ambition; **to ~ to do** avoir l'intention de faire
**aimless** ['eɪmlɪs] *adj* sans but
**aimlessly** ['eɪmlɪslɪ] *adv* sans but
**ain't** [eɪnt] *(inf)* = **am not; aren't; isn't**
**air** [ɛəʳ] *n* air *m* ▷ *vt* aérer; *(idea, grievance, views)*
mettre sur le tapis; *(knowledge)* faire étalage de
▷ *cpd (currents, attack etc)* aérien(ne); **to throw**
**sth into the ~** *(ball etc)* jeter qch en l'air; **by ~**
par avion; **to be on the ~** *(Radio, TV: programme)*
être diffusé(e); *(: station)* émettre
**airbag** ['ɛəbæg] *n* airbag *m*
**air base** *n* base aérienne
**airbed** ['ɛəbɛd] *n* *(Brit)* matelas *m* pneumatique
**airborne** ['ɛəbɔːn] *adj* *(plane)* en vol; *(troops)*
aéroporté(e); *(particles)* dans l'air; **as soon as**
**the plane was ~** dès que l'avion eut décollé
**air cargo** *n* fret aérien
**air-conditioned** ['ɛəkən'dɪʃənd] *adj*
climatisé(e), à air conditionné
**air conditioning** [-kən'dɪʃnɪŋ] *n* climatisation *f*
**air-cooled** ['ɛəkuːld] *adj* à refroidissement à air
**aircraft** ['ɛəkrɑːft] *n inv* avion *m*
**aircraft carrier** *n* porte-avions *m inv*
**air cushion** *n* coussin *m* d'air
**airdrome** ['ɛədrəum] *n* *(US)* aérodrome *m*
**airfield** ['ɛəfiːld] *n* terrain *m* d'aviation
**Air Force** *n* Armée *f* de l'air
**air freight** *n* fret aérien
**air freshener** [-'frɛʃnəʳ] *n* désodorisant *m*
**airgun** ['ɛəgʌn] *n* fusil *m* à air comprimé
**air hostess** *n* *(Brit)* hôtesse *f* de l'air
**airily** ['ɛərɪlɪ] *adv* d'un air dégagé
**airing** ['ɛərɪŋ] *n*: **to give an ~ to** aérer; *(fig: ideas,*
*views etc)* mettre sur le tapis
**airing cupboard** *n* *(Brit)* placard qui contient la
*chaudière et dans lequel on met le linge à sécher*
**air letter** *n* *(Brit)* aérogramme *m*
**airlift** ['ɛəlɪft] *n* pont aérien
**airline** ['ɛəlaɪn] *n* ligne aérienne, compagnie
aérienne
**airliner** ['ɛəlaɪnəʳ] *n* avion *m* de ligne
**airlock** ['ɛəlɔk] *n* sas *m*
**airmail** ['ɛəmeɪl] *n*: **by ~** par avion
**air mattress** *n* matelas *m* pneumatique
**air mile** *n* air mile *m*
**airplane** ['ɛəpleɪn] *n* *(US)* avion *m*
**air pocket** *n* trou *m* d'air
**airport** ['ɛəpɔːt] *n* aéroport *m*
**air raid** *n* attaque aérienne
**air rifle** *n* carabine *f* à air comprimé
**airsick** ['ɛəsɪk] *adj*: **to be ~** avoir le mal de l'air
**airspace** ['ɛəspeɪs] *n* espace *m* aérien
**airspeed** ['ɛəspiːd] *n* vitesse relative
**airstrip** ['ɛəstrɪp] *n* terrain *m* d'atterrissage
**air terminal** *n* aérogare *f*
**airtight** ['ɛətaɪt] *adj* hermétique
**air time** *n* *(Radio, TV)* temps *m* d'antenne
**air traffic control** *n* contrôle *m* de la navigation
aérienne
**air-traffic controller** *n* aiguilleur *m* du ciel

**airway** ['ɛəweɪ] *n* *(Aviat)* voie aérienne; **airways**
*(Anat)* voies aériennes
**airy** ['ɛərɪ] *adj* bien aéré(e); *(manners)* dégagé(e)
**aisle** [aɪl] *n* *(of church: central)* allée *f* centrale;
*(: side)* nef *f* latérale, bas-côté *m*; *(in theatre,*
*supermarket)* allée; *(on plane)* couloir *m*
**aisle seat** *n* place *f* côté couloir
**ajar** [ə'dʒɑːʳ] *adj* entrouvert(e)
**AK** *abbr* *(US)* = **Alaska**
**aka** *abbr* *(= also known as)* alias
**akin** [ə'kɪn] *adj*: **~ to** semblable à, du même
ordre que
**AL** *abbr* *(US)* = **Alabama**
**ALA** *n abbr* = **American Library Association**
**Ala.** *abbr* *(US)* = **Alabama**
**à la carte** [ælæ'kɑːt] *adv* à la carte
**alacrity** [ə'lækrɪtɪ] *n*: **with ~** avec
empressement, promptement
**alarm** [ə'lɑːm] *n* alarme *f* ▷ *vt* alarmer
**alarm call** *n* coup *m* de fil pour réveiller; **could I**
**have an ~ at 7 am, please?** pouvez-vous me
réveiller à 7 heures, s'il vous plaît?
**alarm clock** *n* réveille-matin *m inv*, réveil *m*
**alarmed** [ə'lɑːmd] *adj* *(frightened)* alarmé(e);
*(protected by an alarm)* protégé(e) par un système
d'alarme; **to become ~** prendre peur
**alarming** [ə'lɑːmɪŋ] *adj* alarmant(e)
**alarmingly** [ə'lɑːmɪŋlɪ] *adv* d'une manière
alarmante; **~ close** dangereusement proche; **~**
**quickly** à une vitesse inquiétante
**alarmist** [ə'lɑːmɪst] *n* alarmiste *m/f*
**alas** [ə'læs] *excl* hélas
**Alas.** *abbr* *(US)* = **Alaska**
**Alaska** [ə'læskə] *n* Alaska *m*
**Albania** [æl'beɪnɪə] *n* Albanie *f*
**Albanian** [æl'beɪnɪən] *adj* albanais(e) ▷ *n*
Albanais(e); *(Ling)* albanais *m*
**albatross** ['ælbətrɔs] *n* albatros *m*
**albeit** [ɔːl'biːɪt] *conj* bien que + *sub*, encore que +
*sub*
**album** ['ælbəm] *n* album *m*
**albumen** ['ælbjumɪn] *n* albumine *f*; *(of egg)*
albumen *m*
**alchemy** ['ælkɪmɪ] *n* alchimie *f*
**alcohol** ['ælkəhɔl] *n* alcool *m*
**alcohol-free** ['ælkəhɔlfriː] *adj* sans alcool
**alcoholic** [ælkə'hɔlɪk] *adj, n* alcoolique *(m/f)*
**alcoholism** ['ælkəhɔlɪzəm] *n* alcoolisme *m*
**alcove** ['ælkəuv] *n* alcôve *f*
**Ald.** *abbr* = **alderman**
**alderman** ['ɔːldəmən] *n* conseiller municipal
*(en Angleterre)*
**ale** [eɪl] *n* bière *f*
**alert** [ə'lɜːt] *adj* alerte, vif (vive); *(watchful)*
vigilant(e) ▷ *n* alerte *f* ▷ *vt* alerter; **to ~ sb (to**
**sth)** attirer l'attention de qn (sur qch); **to ~ sb**
**to the dangers of sth** avertir qn des dangers de
qch; **on the ~** sur le qui-vive; *(Mil)* en état
d'alerte
**Aleutian Islands** [ə'luːʃən-] *npl* îles
Aléoutiennes
**A levels** *npl* ≈ baccalauréat *msg*

**Alexandria** [ˌælɪgˈzɑːndrɪə] n Alexandrie
**alfresco** [ælˈfreskəu] adj, adv en plein air
**algebra** [ˈældʒɪbrə] n algèbre m
**Algeria** [ælˈdʒɪərɪə] n Algérie f
**Algerian** [ælˈdʒɪərɪən] adj algérien(ne) ▷ n Algérien(ne)
**Algiers** [ælˈdʒɪəz] n Alger
**algorithm** [ˈælgərɪðəm] n algorithme m
**alias** [ˈeɪlɪəs] adv alias ▷ n faux nom, nom d'emprunt
**alibi** [ˈælɪbaɪ] n alibi m
**alien** [ˈeɪlɪən] n (from abroad) étranger(-ère); (from outer space) extraterrestre ▷ adj: ~ (to) étranger(-ère) (à)
**alienate** [ˈeɪlɪəneɪt] vt aliéner; (subj: person) s'aliéner
**alienation** [eɪlɪəˈneɪʃən] n aliénation f
**alight** [əˈlaɪt] adj, adv en feu ▷ vi mettre pied à terre; (passenger) descendre; (bird) se poser
**align** [əˈlaɪn] vt aligner
**alignment** [əˈlaɪnmənt] n alignement m; **it's out of ~ (with)** ce n'est pas aligné (avec)
**alike** [əˈlaɪk] adj semblable, pareil(le) ▷ adv de même; **to look ~** se ressembler
**alimony** [ˈælɪmənɪ] n (payment) pension f alimentaire
**alive** [əˈlaɪv] adj vivant(e); (active) plein(e) de vie; **~ with** grouillant(e) de; **~ to** sensible à
**alkali** [ˈælkəlaɪ] n alcali m

⭘ KEYWORD

**all** [ɔːl] adj (singular) tout(e); (plural) tous (toutes); **all day** toute la journée; **all night** toute la nuit; **all men** tous les hommes; **all five** tous les cinq; **all the food** toute la nourriture; **all the books** tous les livres; **all the time** tout le temps; **all his life** toute sa vie
▷ pron 1 tout; **I ate it all, I ate all of it** j'ai tout mangé; **all of us went** nous y sommes tous allés; **all of the boys went** tous les garçons y sont allés; **is that all?** c'est tout?; (in shop) ce sera tout?
2 (in phrases): **above all** surtout, par-dessus tout; **after all** après tout; **at all: not at all** (in answer to question) pas du tout; (in answer to thanks) je vous en prie!; **I'm not at all tired** je ne suis pas du tout fatigué(e); **anything at all will do** n'importe quoi fera l'affaire; **all in all** tout bien considéré, en fin de compte
▷ adv: **all alone** tout(e) seul(e); **it's not as hard as all that** ce n'est pas si difficile que ça; **all the more/the better** d'autant plus/mieux; **all but** presque, pratiquement; **to be all in** (Brit inf) être complètement à plat; **the score is 2 all** le score est de 2 partout

**Allah** [ˈælə] n Allah m
**all-around** [ɔːləˈraund] adj (US) = **all-round**
**allay** [əˈleɪ] vt (fears) apaiser, calmer
**all clear** n (also fig) fin f d'alerte
**allegation** [ælɪˈgeɪʃən] n allégation f

**allege** [əˈledʒ] vt alléguer, prétendre; **he is ~d to have said** il aurait dit
**alleged** [əˈledʒd] adj prétendu(e)
**allegedly** [əˈledʒɪdlɪ] adv à ce que l'on prétend, paraît-il
**allegiance** [əˈliːdʒəns] n fidélité f, obéissance f
**allegory** [ˈælɪgərɪ] n allégorie f
**all-embracing** [ˈɔːlɪmˈbreɪsɪŋ] adj universel(le)
**allergic** [əˈləːdʒɪk] adj: **~ to** allergique à; **I'm ~ to penicillin** je suis allergique à la pénicilline
**allergy** [ˈælədʒɪ] n allergie f
**alleviate** [əˈliːvɪeɪt] vt soulager, adoucir
**alley** [ˈælɪ] n ruelle f; (in garden) allée f
**alleyway** [ˈælɪweɪ] n ruelle f
**alliance** [əˈlaɪəns] n alliance f
**allied** [ˈælaɪd] adj allié(e)
**alligator** [ˈælɪgeɪtər] n alligator m
**all-important** [ˈɔːlɪmˈpɔːtənt] adj capital(e), crucial(e)
**all-in** [ˈɔːlɪn] adj, adv (Brit: charge) tout compris
**all-in wrestling** n (Brit) catch m
**alliteration** [əlɪtəˈreɪʃən] n allitération f
**all-night** [ˈɔːlˈnaɪt] adj ouvert(e) or qui dure toute la nuit
**allocate** [ˈæləkeɪt] vt (share out) répartir, distribuer; **to ~ sth to** (duties) assigner or attribuer qch à; (sum, time) allouer qch à; **to ~ sth for** affecter qch à
**allocation** [æləuˈkeɪʃən] n (see vb) répartition f; attribution f; allocation f; affectation f; (money) crédit(s) m(pl), somme(s) allouée(s)
**allot** [əˈlɔt] vt (share out) répartir, distribuer; **to ~ sth to** (time) allouer qch à; (duties) assigner qch à; **in the ~ted time** dans le temps imparti
**allotment** [əˈlɔtmənt] n (share) part f; (garden) lopin m de terre (loué à la municipalité)
**all-out** [ˈɔːlaut] adj (effort etc) total(e)
**allow** [əˈlau] vt (practice, behaviour) permettre, autoriser; (sum to spend etc) accorder, allouer; (sum, time estimated) compter, prévoir; (claim, goal) admettre; (concede): **to ~ that** convenir que; **to ~ sb to do** permettre à qn de faire, autoriser qn à faire; **he is ~ed to ...** on lui permet de ...; **smoking is not ~ed** il est interdit de fumer; **we must ~ three days for the journey** il faut compter trois jours pour le voyage
▷ **allow for** vt fus tenir compte de
**allowance** [əˈlauəns] n (money received) allocation f; (: from parent etc) subside m; (: for expenses) indemnité f; (US: pocket money) argent m de poche; (Tax) somme f déductible du revenu imposable, abattement m; **to make ~s for** (person) essayer de comprendre; (thing) tenir compte de
**alloy** [ˈælɔɪ] n alliage m
**all right** adv (feel, work) bien; (as answer) d'accord
**all-round** [ˈɔːlˈraund] adj compétent(e) dans tous les domaines; (athlete etc) complet(-ète)
**all-rounder** [ɔːlˈraundər] n (Brit): **to be a good ~** être doué(e) en tout
**allspice** [ˈɔːlspaɪs] n poivre m de la Jamaïque
**all-time** [ˈɔːlˈtaɪm] adj (record) sans précédent,

absolu(e)

**allude** [ə'lu:d] *vi*: **to ~ to** faire allusion à

**alluring** [ə'ljuərɪŋ] *adj* séduisant(e), alléchant(e)

**allusion** [ə'lu:ʒən] *n* allusion *f*

**alluvium** [ə'lu:vɪəm] *n* alluvions *fpl*

**ally** ['ælaɪ] *n* allié *m* ▷ *vt* [ə'laɪ]: **to ~ o.s. with** s'allier avec

**almighty** [ɔ:l'maɪtɪ] *adj* tout(e)-puissant(e); (*tremendous*) énorme

**almond** ['ɑ:mənd] *n* amande *f*

**almost** ['ɔ:lməust] *adv* presque; **he ~ fell** il a failli tomber

**alms** [ɑ:mz] *n* aumône(s) *f(pl)*

**aloft** [ə'lɔft] *adv* en haut, en l'air; (*Naut*) dans la mâture

**alone** [ə'ləun] *adj, adv* seul(e); **to leave sb ~** laisser qn tranquille; **to leave sth ~** ne pas toucher à qch; **let ~ ...** sans parler de ...; encore moins ...

**along** [ə'lɔŋ] *prep* le long de ▷ *adv*: **is he coming ~ with us?** vient-il avec nous?; **he was hopping/limping ~** il venait *or* avançait en sautillant/boitant; **~ with** avec, en plus de; (*person*) en compagnie de; **all ~** (*all the time*) depuis le début

**alongside** [ə'lɔŋ'saɪd] *prep* (*along*) le long de; (*beside*) à côté de ▷ *adv* bord à bord; côte à côte; **we brought our boat ~** (*of a pier, shore etc*) nous avons accosté

**aloof** [ə'lu:f] *adj* distant(e) ▷ *adv* à distance, à l'écart; **to stand ~** se tenir à l'écart *or* à distance

**aloofness** [ə'lu:fnɪs] *n* réserve (hautaine), attitude distante

**aloud** [ə'laud] *adv* à haute voix

**alphabet** ['ælfəbɛt] *n* alphabet *m*

**alphabetical** [ælfə'bɛtɪkl] *adj* alphabétique; **in ~ order** par ordre alphabétique

**alphanumeric** [ælfənju:'mɛrɪk] *adj* alphanumérique

**alpine** ['ælpaɪn] *adj* alpin(e), alpestre; **~ hut** cabane *f* or refuge *m* de montagne; **~ pasture** pâturage *m* (de montagne); **~ skiing** ski alpin

**Alps** [ælps] *npl*: **the ~** les Alpes *fpl*

**already** [ɔ:l'rɛdɪ] *adv* déjà

**alright** ['ɔ:l'raɪt] *adv* (*Brit*) = **all right**

**Alsace** [æl'sæs] *n* Alsace *f*

**Alsatian** [æl'seɪʃən] *adj* alsacien(ne), d'Alsace ▷ *n* Alsacien(ne); (*Brit: dog*) berger allemand

**also** ['ɔ:lsəu] *adv* aussi

**Alta.** *abbr* (*Canada*) = **Alberta**

**altar** ['ɔltər] *n* autel *m*

**alter** ['ɔltər] *vt, vi* changer

**alteration** [ɔltə'reɪʃən] *n* changement *m*, modification *f*; **alterations** *npl* (*Sewing*) retouches *fpl*; (*Archit*) modifications *fpl*; **timetable subject to ~s** horaires sujets à modifications

**altercation** [ɔltə'keɪʃən] *n* altercation *f*

**alternate** *adj* [ɔl'tə:nɪt] alterné(e), alternant(e), alternatif(-ive); (*US*) = **alternative** ▷ *vi* ['ɔltə:neɪt] alterner; **to ~ with** alterner avec; **on ~ days** un jour sur deux, tous les deux jours

**alternately** [ɔl'tə:nɪtlɪ] *adv* alternativement, en alternant

**alternating** ['ɔltə:neɪtɪŋ] *adj* (*current*) alternatif(-ive)

**alternative** [ɔl'tə:nətɪv] *adj* (*solution, plan*) autre, de remplacement; (*energy*) doux (douce); (*lifestyle*) parallèle ▷ *n* (*choice*) alternative *f*; (*other possibility*) autre possibilité *f*; **~ medicine** médecine alternative, médecine douce

**alternatively** [ɔl'tə:nətɪvlɪ] *adv*: **~ one could ...** une autre *or* l'autre solution serait de ...

**alternative medicine** *n* médecines *fpl* parallèles *or* douces

**alternator** ['ɔltə:neɪtər] *n* (*Aut*) alternateur *m*

**although** [ɔ:l'ðəu] *conj* bien que + *sub*

**altitude** ['æltɪtju:d] *n* altitude *f*

**alto** ['æltəu] *n* (*female*) contralto *m*; (*male*) haute-contre *f*

**altogether** [ɔ:ltə'gɛðər] *adv* entièrement, tout à fait; (*on the whole*) tout compte fait; (*in all*) en tout; **how much is that ~?** ça fait combien en tout?

**altruism** ['æltruɪzəm] *n* altruisme *m*

**altruistic** [æltru'ɪstɪk] *adj* altruiste

**aluminium** [ælju'mɪnɪəm] (*US*), **aluminum** [ə'lu:mɪnəm] *n* aluminium *m*

**alumna** (*pl* **-e**) [ə'lʌmnə, -ni:] *n* (*US Scol*) ancienne élève; (*University*) ancienne étudiante

**alumnus** (*pl* **alumni**) [ə'lʌmnəs, -naɪ] *n* (*US Scol*) ancien élève; (*University*) ancien étudiant

**always** ['ɔ:lweɪz] *adv* toujours

**Alzheimer's** ['æltshaɪməz], **Alzheimer's disease** *n* maladie *f* d'Alzheimer

**AM** *abbr* = **amplitude modulation** ▷ *n abbr* (= *Assembly Member*) député *m* au Parlement gallois

**am** [æm] *vb see* **be**

**a.m.** *adv abbr* (= *ante meridiem*) du matin

**AMA** *n abbr* = **American Medical Association**

**amalgam** [ə'mælgəm] *n* amalgame *m*

**amalgamate** [ə'mælgəmeɪt] *vt, vi* fusionner

**amalgamation** [əmælgə'meɪʃən] *n* fusion *f*; (*Comm*) fusionnement *m*

**amass** [ə'mæs] *vt* amasser

**amateur** ['æmətər] *n* amateur *m* ▷ *adj* (*Sport*) amateur *inv*; **~ dramatics** le théâtre amateur

**amateurish** ['æmətərɪʃ] *adj* (*pej*) d'amateur, un peu amateur

**amaze** [ə'meɪz] *vt* stupéfier; **to be ~d (at)** être stupéfait(e) (de)

**amazed** [ə'meɪzd] *adj* stupéfait(e)

**amazement** [ə'meɪzmənt] *n* surprise *f*, étonnement *m*

**amazing** [ə'meɪzɪŋ] *adj* étonnant(e), incroyable; (*bargain, offer*) exceptionnel(le)

**amazingly** [ə'meɪzɪŋlɪ] *adv* incroyablement

**Amazon** ['æməzən] *n* (*Geo, Mythology*) Amazone *f* ▷ *cpd* amazonien(ne), de l'Amazone; **the ~ basin** le bassin de l'Amazone; **the ~ jungle** la forêt amazonienne

**Amazonian** [æmə'zəunɪən] *adj* amazonien(ne)

**ambassador** [æm'bæsədəʳ] n ambassadeur m

**amber** ['æmbəʳ] n ambre m; **at ~** (Brit Aut) à l'orange

**ambidextrous** [æmbɪ'dɛkstrəs] adj ambidextre

**ambience** ['æmbɪəns] n ambiance f

**ambiguity** [æmbɪ'gjuɪtɪ] n ambiguïté f

**ambiguous** [æm'bɪgjuəs] adj ambigu(ë)

**ambition** [æm'bɪʃən] n ambition f

**ambitious** [æm'bɪʃəs] adj ambitieux(-euse)

**ambivalent** [æm'bɪvələnt] adj (attitude) ambivalent(e)

**amble** ['æmbl] vi (also: **to amble along**) aller d'un pas tranquille

**ambulance** ['æmbjuləns] n ambulance f; **call an ~!** appelez une ambulance!

**ambush** ['æmbuʃ] n embuscade f ▷ vt tendre une embuscade à

**ameba** [ə'mi:bə] n (US) = **amoeba**

**ameliorate** [ə'mi:lɪəreɪt] vt améliorer

**amen** ['ɑ:'mɛn] excl amen

**amenable** [ə'mi:nəbl] adj: **~ to** (advice etc) disposé(e) à écouter or suivre; **~ to the law** responsable devant la loi

**amend** [ə'mɛnd] vt (law) amender; (text) corriger; (habits) réformer ▷ vi s'amender, se corriger; **to make ~s** réparer ses torts, faire amende honorable

**amendment** [ə'mɛndmənt] n (to law) amendement m; (to text) correction f

**amenities** [ə'mi:nɪtɪz] npl aménagements mpl, équipements mpl

**amenity** [ə'mi:nɪtɪ] n charme m, agrément m

**America** [ə'mɛrɪkə] n Amérique f

**American** [ə'mɛrɪkən] adj américain(e) ▷ n Américain(e)

**American football** n (Brit) football m américain

**americanize** [ə'mɛrɪkənaɪz] vt américaniser

**amethyst** ['æmɪθɪst] n améthyste f

**Amex** ['æmɛks] n abbr = **American Stock Exchange**

**amiable** ['eɪmɪəbl] adj aimable, affable

**amicable** ['æmɪkəbl] adj amical(e); (Law) à l'amiable

**amicably** ['æmɪkəblɪ] adv amicalement

**amid** [ə'mɪd], **amidst** [ə'mɪdst] prep parmi, au milieu de

**amiss** [ə'mɪs] adj, adv: **there's something ~** il y a quelque chose qui ne va pas or qui cloche; **to take sth ~** prendre qch mal or de travers

**ammo** ['æməu] n abbr (inf) = **ammunition**

**ammonia** [ə'məunɪə] n (gas) ammoniac m; (liquid) ammoniaque f

**ammunition** [æmju'nɪʃən] n munitions fpl; (fig) arguments mpl

**ammunition dump** n dépôt m de munitions

**amnesia** [æm'ni:zɪə] n amnésie f

**amnesty** ['æmnɪstɪ] n amnistie f; **to grant an ~ to** accorder une amnistie à

**Amnesty International** n Amnesty International

**amoeba**, (US) **ameba** [ə'mi:bə] n amibe f

**amok** [ə'mɔk] adv: **to run ~** être pris(e) d'un accès de folie furieuse

**among** [ə'mʌŋ], **amongst** [ə'mʌŋst] prep parmi, entre

**amoral** [æ'mɔrəl] adj amoral(e)

**amorous** ['æmərəs] adj amoureux(-euse)

**amorphous** [ə'mɔ:fəs] adj amorphe

**amortization** [əmɔ:taɪ'zeɪʃən] n (Comm) amortissement m

**amount** [ə'maunt] n (sum of money) somme f; (total) montant m; (quantity) quantité f; nombre m ▷ vi: **to ~ to** (total) s'élever à; (be same as) équivaloir à, revenir à; **this ~s to a refusal** cela équivaut à un refus; **the total ~** (of money) le montant total

**amp** ['æmp], **ampère** ['æmpɛəʳ] n ampère m; **a 13 ~ plug** une fiche de 13 A

**ampersand** ['æmpəsænd] n signe &, "et" commercial

**amphetamine** [æm'fɛtəmi:n] n amphétamine f

**amphibian** [æm'fɪbɪən] n batracien m

**amphibious** [æm'fɪbɪəs] adj amphibie

**amphitheatre**, (US) **amphitheater** ['æmfɪθɪətəʳ] n amphithéâtre m

**ample** ['æmpl] adj ample, spacieux(-euse); (enough): **this is ~** c'est largement suffisant; **to have ~ time/room** avoir bien assez de temps/place, avoir largement le temps/la place

**amplifier** ['æmplɪfaɪəʳ] n amplificateur m

**amplify** ['æmplɪfaɪ] vt amplifier

**amply** ['æmplɪ] adv amplement, largement

**ampoule**, (US) **ampule** ['æmpu:l] n (Med) ampoule f

**amputate** ['æmpjuteɪt] vt amputer

**amputee** [æmpju'ti:] n amputé(e)

**Amsterdam** ['æmstədæm] n Amsterdam

**amt** abbr = **amount**

**Amtrak** ['æmtræk] (US) n société mixte de transports ferroviaires interurbains pour voyageurs

**amuck** [ə'mʌk] adv = **amok**

**amuse** [ə'mju:z] vt amuser; **to ~ o.s. with sth/ by doing sth** se divertir avec qch/à faire qch; **to be ~d at** être amusé par; **he was not ~d** il n'a pas apprécié

**amusement** [ə'mju:zmənt] n amusement m; (pastime) distraction f

**amusement arcade** n salle f de jeu

**amusement park** n parc m d'attractions

**amusing** [ə'mju:zɪŋ] adj amusant(e), divertissant(e)

**an** [æn, ən, n] indef art see **a**

**ANA** n abbr = **American Newspaper Association**; **American Nurses Association**

**anachronism** [ə'nækrənɪzəm] n anachronisme m

**anaemia**, (US) **anemia** [ə'ni:mɪə] n anémie f

**anaemic**, (US) **anemic** [ə'ni:mɪk] adj anémique

**anaesthetic**, (US) **anesthetic** [ænɪs'θɛtɪk] adj, n anesthésique m; **under the ~** sous anesthésie; **local/general ~** anesthésie locale/générale

**anaesthetist** [æ'ni:sθɪtɪst] n anesthésiste m/f

**anagram** ['ænəgræm] n anagramme m

**anal** ['eɪnl] adj anal(e)

**analgesic** [ænæl'dʒi:sɪk] *adj, n* analgésique (*m*)
**analogous** [ə'næləgəs] *adj*: ~ **(to** or **with)** analogue (à)
**analogue, analog** ['ænəlɔg] *adj* (*watch, computer*) analogique
**analogy** [ə'nælədʒɪ] *n* analogie *f*; **to draw an ~ between** établir une analogie entre
**analyse,** (*US*) **analyze** ['ænəlaɪz] *vt* analyser
**analysis** (*pl* **analyses**) [ə'næləsɪs, -si:z] *n* analyse *f*; **in the last** ~ en dernière analyse
**analyst** ['ænəlɪst] *n* (*political analyst etc*) analyste *m/f*; (*US*) psychanalyste *m/f*
**analytic** [ænə'lɪtɪk], **analytical** [ænə'lɪtɪkəl] *adj* analytique
**analyze** ['ænəlaɪz] *vt* (*US*) = **analyse**
**anarchic** [æ'nɑ:kɪk] *adj* anarchique
**anarchist** ['ænəkɪst] *adj, n* anarchiste (*m/f*)
**anarchy** ['ænəkɪ] *n* anarchie *f*
**anathema** [ə'næθɪmə] *n*: **it is ~ to him** il a cela en abomination
**anatomical** [ænə'tɔmɪkəl] *adj* anatomique
**anatomy** [ə'nætəmɪ] *n* anatomie *f*
**ANC** *n abbr* (= *African National Congress*) ANC *m*
**ancestor** ['ænsɪstəʳ] *n* ancêtre *m*, aïeul *m*
**ancestral** [æn'sɛstrəl] *adj* ancestral(e)
**ancestry** ['ænsɪstrɪ] *n* ancêtres *mpl*; ascendance *f*
**anchor** ['æŋkəʳ] *n* ancre *f* ▷ *vi* (*also*: **to drop anchor**) jeter l'ancre, mouiller ▷ *vt* mettre à l'ancre; (*fig*): **to ~ sth to** fixer qch à; **to weigh ~** lever l'ancre
**anchorage** ['æŋkərɪdʒ] *n* mouillage *m*, ancrage *m*
**anchor man, anchor woman** (*irreg*) *n* (TV, Radio) présentateur(-trice)
**anchovy** ['æntʃəvɪ] *n* anchois *m*
**ancient** ['eɪnʃənt] *adj* ancien(ne), antique; (*person*) d'un âge vénérable; (*car*) antédiluvien(ne); ~ **monument** monument *m* historique
**ancillary** [æn'sɪlərɪ] *adj* auxiliaire
**and** [ænd] *conj* et; ~ **so on** et ainsi de suite; **try ~ come** tâchez de venir; **come ~ sit here** venez vous asseoir ici; **he talked ~ talked** il a parlé pendant des heures; **better ~ better** de mieux en mieux; **more ~ more** de plus en plus
**Andes** ['ændi:z] *npl*: **the ~** les Andes *fpl*
**Andorra** [æn'dɔ:rə] *n* (principauté *f* d')Andorre *f*
**anecdote** ['ænɪkdəʊt] *n* anecdote *f*
**anemia** *etc* [ə'ni:mɪə] *n* (*US*) = **anaemia** *etc*
**anemic** [ə'ni:mɪk] *adj* = **anaemic**
**anemone** [ə'nɛmənɪ] *n* (*Bot*) anémone *f*; **sea ~** anémone de mer
**anesthesiologist** [ænɪsθi:zɪ'ɔlədʒɪst] *n* (*US*) anesthésiste *m/f*
**anesthetic** [ænɪs'θɛtɪk] *n, adj* (*US*) = **anaesthetic**
**anesthetist** [æ'ni:sθɪtɪst] *n* = **anaesthetist**
**anew** [ə'nju:] *adv* à nouveau
**angel** ['eɪndʒəl] *n* ange *m*
**angel dust** *n* poussière *f* d'ange
**anger** ['æŋgəʳ] *n* colère *f* ▷ *vt* mettre en colère, irriter
**angina** [æn'dʒaɪnə] *n* angine *f* de poitrine
**angle** ['æŋgl] *n* angle *m* ▷ *vi*: **to ~ for** (*trout*) pêcher; (*compliments*) chercher, quêter; **from their ~** de leur point de vue
**angler** ['æŋgləʳ] *n* pêcheur(-euse) à la ligne
**Anglican** ['æŋglɪkən] *adj, n* anglican(e)
**anglicize** ['æŋglɪsaɪz] *vt* angliciser
**angling** ['æŋglɪŋ] *n* pêche *f* à la ligne
**Anglo-** ['æŋgləu] *prefix* anglo(-)
**Anglo-French** ['æŋgləu'frentʃ] *adj* anglo-français(e)
**Anglo-Saxon** ['æŋgləu'sæksən] *adj, n* anglo-saxon(ne)
**Angola** [æŋ'gəulə] *n* Angola *m*
**Angolan** [æŋ'gəulən] *adj* angolais(e) ▷ *n* Angolais(e)
**angrily** ['æŋgrɪlɪ] *adv* avec colère
**angry** ['æŋgrɪ] *adj* en colère, furieux(-euse); (*wound*) enflammé(e); **to be ~ with sb/at sth** être furieux contre qn/de qch; **to get ~** se fâcher, se mettre en colère; **to make sb ~** mettre qn en colère
**anguish** ['æŋgwɪʃ] *n* angoisse *f*
**anguished** ['æŋgwɪʃt] *adj* (*mentally*) angoissé(e); (*physically*) plein(e) de souffrance
**angular** ['æŋgjuləʳ] *adj* anguleux(-euse)
**animal** ['ænɪməl] *n* animal *m* ▷ *adj* animal(e)
**animal rights** *npl* droits *mpl* de l'animal
**animate** *vt* ['ænɪmeɪt] animer ▷ *adj* ['ænɪmɪt] animé(e), vivant(e)
**animated** ['ænɪmeɪtɪd] *adj* animé(e)
**animation** [ænɪ'meɪʃən] *n* (*of person*) entrain *m*; (*of street, Cine*) animation *f*
**animosity** [ænɪ'mɔsɪtɪ] *n* animosité *f*
**aniseed** ['ænɪsi:d] *n* anis *m*
**Ankara** ['æŋkərə] *n* Ankara
**ankle** ['æŋkl] *n* cheville *f*
**ankle socks** *npl* socquettes *fpl*
**annex** [æneks] *n* (*Brit*: *also*: **annexe**) annexe *f* ▷ *vt* [ə'nɛks] annexer
**annexation** [ænɛks'eɪʃən] *n* annexion *f*
**annihilate** [ə'naɪəleɪt] *vt* annihiler, anéantir
**annihilation** [ənaɪə'leɪʃən] *n* anéantissement *m*
**anniversary** [ænɪ'və:sərɪ] *n* anniversaire *m*
**anniversary dinner** *n* dîner commémoratif or anniversaire
**annotate** ['ænəuteɪt] *vt* annoter
**announce** [ə'nauns] *vt* annoncer; (*birth, death*) faire part de; **he ~d that he wasn't going** il a déclaré qu'il n'irait pas
**announcement** [ə'naunsmənt] *n* annonce *f*; (*for births etc: in newspaper*) avis *m* de faire-part; (: *letter, card*) faire-part *m*; **I'd like to make an ~** j'ai une communication à faire
**announcer** [ə'naunsəʳ] *n* (*Radio, TV: between programmes*) speaker(ine) *m/f*; (: *in a programme*) présentateur(-trice)
**annoy** [ə'nɔɪ] *vt* agacer, ennuyer, contrarier; **to be ~ed (at sth/with sb)** être en colère or irrité (contre qch/qn); **don't get ~ed!** ne vous fâchez pas!

**annoyance** [ə'nɔɪəns] n mécontentement m, contrariété f

**annoying** [ə'nɔɪɪŋ] adj agaçant(e), contrariant(e)

**annual** ['ænjuəl] adj annuel(le) ▷ n (Bot) plante annuelle; (book) album m

**annual general meeting** n (Brit) assemblée générale annuelle

**annually** ['ænjuəlɪ] adv annuellement

**annual report** n rapport annuel

**annuity** [ə'njuːɪtɪ] n rente f; **life ~** rente viagère

**annul** [ə'nʌl] vt annuler; (law) abroger

**annulment** [ə'nʌlmənt] n (see vb) annulation f; abrogation f

**annum** ['ænəm] n see **per**

**Annunciation** [ənʌnsɪ'eɪʃən] n Annonciation f

**anode** ['ænəud] n anode f

**anoint** [ə'nɔɪnt] vt oindre

**anomalous** [ə'nɔmələs] adj anormal(e)

**anomaly** [ə'nɔməlɪ] n anomalie f

**anon.** [ə'nɔn] abbr = **anonymous**

**anonymity** [ænə'nɪmɪtɪ] n anonymat m

**anonymous** [ə'nɔnɪməs] adj anonyme; **to remain ~** garder l'anonymat

**anorak** ['ænəræk] n anorak m

**anorexia** [ænə'rɛksɪə] n (also: **anorexia nervosa**) anorexie f

**anorexic** [ænə'rɛksɪk] adj, n anorexique (m/f)

**another** [ə'nʌðə'] adj: **~ book** (one more) un autre livre, encore un livre, un livre de plus; (a different one) un autre livre ▷ pron un(e) autre, encore un(e), un(e) de plus; **~ drink?** encore un verre?; **in ~ five years** dans cinq ans; see also **one**

**ANSI** ['ænsɪ] n abbr (= American National Standards Institution) ANSI m (= Institut américain de normalisation)

**answer** ['ɑːnsə'] n réponse f; (to problem) solution f ▷ vi répondre ▷ vt (reply to) répondre à; (problem) résoudre; (prayer) exaucer; **in ~ to your letter** suite à or en réponse à votre lettre; **to ~ the phone** répondre (au téléphone); **to ~ the bell** or **the door** aller or venir ouvrir (la porte)

▶ **answer back** vi répondre, répliquer

▶ **answer for** vt fus répondre de, se porter garant de; (crime, one's actions) répondre de

▶ **answer to** vt fus (description) répondre or correspondre à

**answerable** ['ɑːnsərəbl] adj: **~ (to sb/for sth)** responsable (devant qn/de qch); **I am ~ to no-one** je n'ai de comptes à rendre à personne

**answering machine** ['ɑːnsərɪŋ-] n répondeur m

**answerphone** ['ɑːnsərfəun] n (esp Brit) répondeur m (téléphonique)

**ant** [ænt] n fourmi f

**ANTA** n abbr = **American National Theater and Academy**

**antagonism** [æn'tægənɪzəm] n antagonisme m

**antagonist** [æn'tægənɪst] n antagoniste m/f, adversaire m/f

**antagonistic** [æntægə'nɪstɪk] adj (attitude, feelings) hostile

**antagonize** [æn'tægənaɪz] vt éveiller l'hostilité

de, contrarier

**Antarctic** [ænt'ɑːktɪk] adj antarctique, austral(e) ▷ n: **the ~** l'Antarctique m

**Antarctica** [ænt'ɑːktɪkə] n Antarctique m, Terres Australes

**Antarctic Circle** n cercle m Antarctique

**Antarctic Ocean** n océan m Antarctique or Austral

**ante** ['æntɪ] n: **to up the ~** faire monter les enjeux

**ante...** ['æntɪ] prefix anté..., anti..., pré...

**anteater** ['æntiːtə'] n fourmilier m, tamanoir m

**antecedent** [æntɪ'siːdənt] n antécédent m

**antechamber** ['æntɪtʃeɪmbə'] n antichambre f

**antelope** ['æntɪləup] n antilope f

**antenatal** ['æntɪ'neɪtl] adj prénatal(e)

**antenatal clinic** n service m de consultation prénatale

**antenna** (pl **-e**) [æn'tɛnə, -niː] n antenne f

**anthem** ['ænθəm] n motet m; **national ~** hymne national

**ant-hill** ['ænthɪl] n fourmilière f

**anthology** [æn'θɔlədʒɪ] n anthologie f

**anthrax** ['ænθræks] n anthrax m

**anthropologist** [ænθrə'pɔlədʒɪst] n anthropologue m/f

**anthropology** [ænθrə'pɔlədʒɪ] n anthropologie f

**anti** ['æntɪ] prefix anti-

**anti-aircraft** ['æntɪ'ɛəkrɑːft] adj antiaérien(ne)

**anti-aircraft defence** n défense f contre avions, DCA f

**antiballistic** ['æntɪbə'lɪstɪk] adj antibalistique

**antibiotic** ['æntɪbaɪ'ɔtɪk] adj, n antibiotique m

**antibody** ['æntɪbɔdɪ] n anticorps m

**anticipate** [æn'tɪsɪpeɪt] vt s'attendre à, prévoir; (wishes, request) aller au devant de, devancer; **this is worse than I ~d** c'est pire que je ne pensais; **as ~d** comme prévu

**anticipation** [æntɪsɪ'peɪʃən] n attente f; **thanking you in ~** en vous remerciant d'avance, avec mes remerciements anticipés

**anticlimax** ['æntɪ'klaɪmæks] n déception f

**anticlockwise** ['æntɪ'klɔkwaɪz] (Brit) adv dans le sens inverse des aiguilles d'une montre

**antics** ['æntɪks] npl singeries fpl

**anticyclone** ['æntɪ'saɪkləun] n anticyclone m

**antidepressant** ['æntɪ'prɛsnt] n antidépresseur m

**antidote** ['æntɪdəut] n antidote m, contrepoison m

**antifreeze** ['æntɪfriːz] n antigel m

**anti-globalization** [æntɪgləubəlaɪ'zeɪʃən] n antimondialisation f

**antihistamine** [æntɪ'hɪstəmɪn] n antihistaminique m

**Antilles** [æn'tɪliːz] npl: **the ~** les Antilles fpl

**antipathy** [æn'tɪpəθɪ] n antipathie f

**antiperspirant** [æntɪ'pəːspɪrənt] n déodorant m

**Antipodean** [æntɪpə'diːən] adj australien(ne) et néozélandais(e), d'Australie et de Nouvelle-Zélande

**Antipodes** [æn'tɪpədiːz] npl: **the ~** l'Australie f

et la Nouvelle-Zélande

**antiquarian** [æntɪˈkweərɪən] *adj*: ~ **bookshop** librairie *f* d'ouvrages anciens ▷ *n* expert *m* en objets *or* livres anciens; amateur *m* d'antiquités

**antiquated** [ˈæntɪkweɪtɪd] *adj* vieilli(e), suranné(e), vieillot(te)

**antique** [ænˈtiːk] *n* (*ornament*) objet *m* d'art ancien; (*furniture*) meuble ancien ▷ *adj* ancien(ne); (*pre-mediaeval*) antique

**antique dealer** *n* antiquaire *m/f*

**antique shop** *n* magasin *m* d'antiquités

**antiquity** [ænˈtɪkwɪtɪ] *n* antiquité *f*

**anti-Semitic** [ˈæntɪsɪˈmɪtɪk] *adj* antisémite

**anti-Semitism** [ˈæntɪˈsɛmɪtɪzəm] *n* antisémitisme *m*

**antiseptic** [æntɪˈsɛptɪk] *adj*, *n* antiseptique (*m*)

**antisocial** [ˈæntɪˈsəʊʃəl] *adj* (*unfriendly*) peu liant(e), insociable; (*against society*) antisocial(e)

**antitank** [æntɪˈtæŋk] *adj* antichar

**antithesis** (*pl* **antitheses**) [ænˈtɪθɪsɪs, -siːz] *n* antithèse *f*

**antitrust** [æntɪˈtrʌst] *adj*: ~ **legislation** loi *f* anti-trust

**antiviral** [æntɪˈvaɪərəl] *adj* (*Med*) antiviral

**antivirus** [æntɪˈvaɪərəs] *adj* antivirus *inv*; ~ **software** (logiciel *m*) antivirus *m*

**antlers** [ˈæntləz] *npl* bois *mpl*, ramure *f*

**Antwerp** [ˈæntwəːp] *n* Anvers

**anus** [ˈeɪnəs] *n* anus *m*

**anvil** [ˈænvɪl] *n* enclume *f*

**anxiety** [æŋˈzaɪətɪ] *n* anxiété *f*; (*keenness*): ~ **to do** grand désir *or* impatience *f* de faire

**anxious** [ˈæŋkʃəs] *adj* (très) inquiet(-ète); (*always worried*) anxieux(-euse); (*worrying*) angoissant(e); (*keen*): ~ **to do/that** qui tient beaucoup à faire/à ce que + *sub*; impatient(e) de faire/que + *sub*; **I'm very** ~ **about you** je me fais beaucoup de souci pour toi

**anxiously** [ˈæŋkʃəslɪ] *adv* anxieusement

---

🔵 **KEYWORD**

**any** [ˈenɪ] *adj* **1** (*in questions etc: singular*) du, de l', de la; (*: plural*) des; **do you have any butter/ children/ink?** avez-vous du beurre/des enfants/de l'encre?
**2** (*with negative*) de, d'; **I don't have any money/ books** je n'ai pas d'argent/de livres; **without any difficulty** sans la moindre difficulté
**3** (*no matter which*) n'importe quel(le); (*each and every*) tout(e), chaque; **choose any book you like** vous pouvez choisir n'importe quel livre; **any teacher you ask will tell you** n'importe quel professeur vous le dira
**4** (*in phrases*): **in any case** de toute façon; **any day now** d'un jour à l'autre; **at any moment** à tout moment, d'un instant à l'autre; **at any rate** en tout cas; **any time** n'importe quand; **he might come (at) any time** il pourrait venir n'importe quand; **come (at) any time** venez quand vous voulez
▷ *pron* **1** (*in questions etc*) en; **have you got any?**

est-ce que vous en avez?; **can any of you sing?** est-ce que parmi vous il y en a qui savent chanter?
**2** (*with negative*) en; **I don't have any (of them)** je n'en ai pas, je n'en ai aucun
**3** (*no matter which one(s)*) n'importe lequel (*or* laquelle); (*anybody*) n'importe qui; **take any of those books (you like)** vous pouvez prendre n'importe lequel de ces livres
▷ *adv* **1** (*in questions etc*): **do you want any more soup/sandwiches?** voulez-vous encore de la soupe/des sandwichs?; **are you feeling any better?** est-ce que vous vous sentez mieux?
**2** (*with negative*): **I can't hear him any more** je ne l'entends plus; **don't wait any longer** n'attendez pas plus longtemps

**anybody** [ˈenɪbɔdɪ] *pron* n'importe qui; (*in interrogative sentences*) quelqu'un; (*in negative sentences*): **I don't see** ~ je ne vois personne; **if** ~ **should phone** ... si quelqu'un téléphone ...

**anyhow** [ˈenɪhaʊ] *adv* quoi qu'il en soit; (*haphazardly*) n'importe comment; **she leaves things just** ~ elle laisse tout traîner; **I shall go** ~ j'irai de toute façon

**anyone** [ˈenɪwʌn] *pron* = **anybody**

**anyplace** [ˈenɪpleɪs] *adv* (*US*) = **anywhere**

**anything** [ˈenɪθɪŋ] *pron* (*no matter what*) n'importe quoi; (*in interrogative sentences*) quelque chose; (*with negative*) ne ... rien; **I don't want** ~ je ne veux rien; **can you see** ~? tu vois quelque chose?; **if** ~ **happens to me** ... s'il m'arrive quoi que ce soit ...; **you can say** ~ **you like** vous pouvez dire ce que vous voulez; ~ **will do** n'importe quoi fera l'affaire; **he'll eat** ~ il mange de tout; ~ **else?** (*in shop*) avec ceci?; **it can cost** ~ **between £15 and £20** (*Brit*) ça peut coûter dans les 15 à 20 livres

**anytime** [ˈenɪtaɪm] *adv* (*at any moment*) d'un moment à l'autre; (*whenever*) n'importe quand

**anyway** [ˈenɪweɪ] *adv* de toute façon; ~, **I couldn't come even if I wanted to** de toute façon, je ne pouvais pas venir même si je le voulais; **I shall go** ~ j'irai quand même; **why are you phoning,** ~? au fait, pourquoi tu me téléphones?

**anywhere** [ˈenɪwɛəʳ] *adv* n'importe où; (*in interrogative sentences*) quelque part; (*in negative sentences*): **I can't see him** ~ je ne le vois nulle part; **can you see him** ~? tu le vois quelque part?; **put the books down** ~ pose les livres n'importe où; ~ **in the world** (*no matter where*) n'importe où dans le monde

**Anzac** [ˈænzæk] *n abbr* (= Australia-New Zealand Army Corps) soldat du corps ANZAC

**Anzac Day** *n voir article*

---

🔵 **ANZAC DAY**

🔵
🔵 *Anzac Day* est le 25 avril, jour férié en
🔵 Australie et en Nouvelle-Zélande
🔵 commémorant le débarquement des soldats

459

- du corps "ANZAC" à Gallipoli en 1915,
- pendant la Première Guerre mondiale. Ce
- fut la plus célèbre des campagnes du corps
- "ANZAC".

**apart** [ə'pɑːt] *adv* (*to one side*) à part; de côté; à l'écart; (*separately*) séparément; **to take/pull ~** démonter; **10 miles/a long way ~** à 10 miles/ très éloignés l'un de l'autre; **they are living ~** ils sont séparés; **~ from** (*prep*) à part, excepté
**apartheid** [ə'pɑːteɪt] *n* apartheid *m*
**apartment** [ə'pɑːtmənt] *n* (*US*) appartement *m*, logement *m*; (*room*) chambre *f*
**apartment building** *n* (*US*) immeuble *m*; maison divisée en appartements
**apathetic** [æpə'θεtɪk] *adj* apathique, indifférent(e)
**apathy** ['æpəθɪ] *n* apathie *f*, indifférence *f*
**APB** *n abbr* (*US*: = *all points bulletin*) *expression de la police signifiant "découvrir et appréhender le suspect"*
**ape** [eɪp] *n* (grand) singe ▷ *vt* singer
**Apennines** ['æpənaɪnz] *npl*: **the ~** les Apennins *mpl*
**aperitif** [ə'pεrɪtɪf] *n* apéritif *m*
**aperture** ['æpətʃuəʳ] *n* orifice *m*, ouverture *f*; (*Phot*) ouverture (du diaphragme)
**APEX** ['eɪpεks] *n abbr* (*Aviat*: = *advance purchase excursion*) APEX *m*
**apex** ['eɪpεks] *n* sommet *m*
**aphid** ['eɪfɪd] *n* puceron *m*
**aphrodisiac** [æfrəu'dɪzɪæk] *adj*, *n* aphrodisiaque (*m*)
**API** *n abbr* = **American Press Institute**
**apiece** [ə'piːs] *adv* (*for each person*) chacun(e), par tête; (*for each item*) chacun(e), la pièce
**aplomb** [ə'plɔm] *n* sang-froid *m*, assurance *f*
**APO** *n abbr* (*US*: = *Army Post Office*) *service postal de l'armée*
**apocalypse** [ə'pɔkəlɪps] *n* apocalypse *f*
**apolitical** [eɪpə'lɪtɪkl] *adj* apolitique
**apologetic** [əpɔlə'dʒεtɪk] *adj* (*tone, letter*) d'excuse; **to be very ~ about** s'excuser vivement de
**apologetically** [əpɔlə'dʒεtɪkəlɪ] *adv* (*say*) en s'excusant
**apologize** [ə'pɔlədʒaɪz] *vi*: **to ~ (for sth to sb)** s'excuser (de qch auprès de qn), présenter des excuses (à qn pour qch)
**apology** [ə'pɔlədʒɪ] *n* excuses *fpl*; **to send one's apologies** envoyer une lettre *or* un mot d'excuse, s'excuser (de ne pas pouvoir venir); **please accept my apologies** vous voudrez bien m'excuser
**apoplectic** [æpə'plεktɪk] *adj* (*Med*) apoplectique; (*inf*): **~ with rage** fou (folle) de rage
**apoplexy** ['æpəplεksɪ] *n* apoplexie *f*
**apostle** [ə'pɔsl] *n* apôtre *m*
**apostrophe** [ə'pɔstrəfɪ] *n* apostrophe *f*
**app** *n abbr* (*Comput*) = application
**appal**, (*US*) **appall** [ə'pɔːl] *vt* consterner, atterrer; horrifier

**Appalachian Mountains** [æpə'leɪʃən-] *npl*: **the ~ les** (monts *mpl*) Appalaches *mpl*
**appalling** [ə'pɔːlɪŋ] *adj* épouvantable; (*stupidity*) consternant(e); **she's an ~ cook** c'est une très mauvaise cuisinière
**apparatus** [æpə'reɪtəs] *n* appareil *m*, dispositif *m*; (*in gymnasium*) agrès *mpl*
**apparel** [ə'pærl] *n* (*US*) habillement *m*, confection *f*
**apparent** [ə'pærənt] *adj* apparent(e); **it is ~ that** il est évident que
**apparently** [ə'pærəntlɪ] *adv* apparemment
**apparition** [æpə'rɪʃən] *n* apparition *f*
**appeal** [ə'piːl] *vi* (*Law*) faire *or* interjeter appel ▷ *n* (*Law*) appel *m*; (*request*) appel; prière *f*; (*charm*) attrait *m*, charme *m*; **to ~ for** demander (instamment); implorer; **to ~ to** (*beg*) faire appel à; (*be attractive*) plaire à; **to ~ to sb for mercy** implorer la pitié de qn, prier *or* adjurer qn d'avoir pitié; **it doesn't ~ to me** cela ne m'attire pas; **right of ~** droit *m* de recours
**appealing** [ə'piːlɪŋ] *adj* (*attractive*) attrayant(e); (*touching*) attendrissant(e)
**appear** [ə'pɪəʳ] *vi* apparaître, se montrer; (*Law*) comparaître; (*publication*) paraître, sortir, être publié(e); (*seem*) paraître, sembler; **it would ~ that** il semble que; **to ~ in Hamlet** jouer dans Hamlet; **to ~ on TV** passer à la télé
**appearance** [ə'pɪərəns] *n* apparition *f*; parution *f*; (*look, aspect*) apparence *f*, aspect *m*; **to put in** *or* **make an ~** faire acte de présence; (*Theat*): **by order of ~** par ordre d'entrée en scène; **to keep up ~s** sauver les apparences; **to all ~s** selon toute apparence
**appease** [ə'piːz] *vt* apaiser, calmer
**appeasement** [ə'piːzmənt] *n* (*Pol*) apaisement *m*
**append** [ə'pεnd] *vt* (*Comput*) ajouter (à la fin d'un fichier)
**appendage** [ə'pεndɪdʒ] *n* appendice *m*
**appendices** [ə'pεndɪsiːz] *npl of* **appendix**
**appendicitis** [əpεndɪ'saɪtɪs] *n* appendicite *f*
**appendix** (*pl* **appendices**) [ə'pεndɪks, -siːz] *n* appendice *m*; **to have one's ~ out** se faire opérer de l'appendicite
**appetite** ['æpɪtaɪt] *n* appétit *m*; **that walk has given me an ~** cette promenade m'a ouvert l'appétit
**appetizer** ['æpɪtaɪzəʳ] *n* (*food*) amuse-gueule *m*; (*drink*) apéritif *m*
**appetizing** ['æpɪtaɪzɪŋ] *adj* appétissant(e)
**applaud** [ə'plɔːd] *vt*, *vi* applaudir
**applause** [ə'plɔːz] *n* applaudissements *mpl*
**apple** ['æpl] *n* pomme *f*; (*also*: **apple tree**) pommier *m*; **it's the ~ of my eye** j'y tiens comme à la prunelle de mes yeux
**apple pie** *n* tarte *f* aux pommes
**apple turnover** *n* chausson *m* aux pommes
**appliance** [ə'plaɪəns] *n* appareil *m*; **electrical ~s** l'électroménager *m*
**applicable** [ə'plɪkəbl] *adj* applicable; **the law is ~ from January** la loi entre en vigueur au mois de janvier; **to be ~ to** (*relevant*) valoir pour

**applicant** ['æplɪkənt] *n*: ~ **(for)** (*Admin: for benefit etc*) demandeur(-euse) (de); (*for post*) candidat(e) (à)
**application** [æplɪ'keɪʃən] *n* application *f*; (*for a job, a grant etc*) demande *f*; candidature *f*; (*Comput*) (logiciel *m*) applicatif *m*; **on** ~ sur demande
**application form** *n* formulaire *m* de demande
**application program** *n* (*Comput*) (logiciel *m*) applicatif *m*
**applications package** *n* (*Comput*) progiciel *m* d'application
**applied** [ə'plaɪd] *adj* appliqué(e); ~ **arts** *npl* arts décoratifs
**apply** [ə'plaɪ] *vt*: **to** ~ **(to)** (*paint, ointment*) appliquer (sur); (*law, etc*) appliquer (à) ▷ *vi*: **to** ~ **to** (*ask*) s'adresser à; (*be suitable for, relevant to*) s'appliquer à, être valable pour; **to** ~ **(for)** (*permit, grant*) faire une demande (en vue d'obtenir); (*job*) poser sa candidature (pour), faire une demande d'emploi (concernant); **to** ~ **the brakes** actionner les freins, freiner; **to** ~ **o.s. to** s'appliquer à
**appoint** [ə'pɔɪnt] *vt* (*to post*) nommer, engager; (*date, place*) fixer, désigner
**appointee** [əpɔɪn'tiː] *n* personne nommée; candidat retenu
**appointment** [ə'pɔɪntmənt] *n* (*to post*) nomination *f*; (*job*) poste *m*; (*arrangement to meet*) rendez-vous *m*; **to have an** ~ avoir un rendez-vous; **to make an** ~ **(with)** prendre rendez-vous (avec); **I'd like to make an** ~ je voudrais prendre rendez-vous; **"~s (vacant)"** (*Press*) "offres d'emploi"; **by** ~ sur rendez-vous
**apportion** [ə'pɔːʃən] *vt* (*share out*) répartir, distribuer; **to** ~ **sth to sb** attribuer *or* assigner *or* allouer qch à qn
**appraisal** [ə'preɪzl] *n* évaluation *f*
**appraise** [ə'preɪz] *vt* (*value*) estimer; (*situation etc*) évaluer
**appreciable** [ə'priːʃəbl] *adj* appréciable
**appreciably** [ə'priːʃəblɪ] *adv* sensiblement, de façon appréciable
**appreciate** [ə'priːʃɪeɪt] *vt* (*like*) apprécier, faire cas de; (*be grateful for*) être reconnaissant(e) de; (*assess*) évaluer; (*be aware of*) comprendre, se rendre compte de ▷ *vi* (*Finance*) prendre de la valeur; **I** ~ **your help** je vous remercie pour votre aide
**appreciation** [əpriːʃɪ'eɪʃən] *n* appréciation *f*; (*gratitude*) reconnaissance *f*; (*Finance*) hausse *f*, valorisation *f*
**appreciative** [ə'priːʃɪətɪv] *adj* (*person*) sensible; (*comment*) élogieux(-euse)
**apprehend** [æprɪ'hɛnd] *vt* appréhender, arrêter; (*understand*) comprendre
**apprehension** [æprɪ'hɛnʃən] *n* appréhension *f*, inquiétude *f*
**apprehensive** [æprɪ'hɛnsɪv] *adj* inquiet(-ète), appréhensif(-ive)
**apprentice** [ə'prɛntɪs] *n* apprenti *m* ▷ *vt*: **to be ~d to** être en apprentissage chez
**apprenticeship** [ə'prɛntɪsʃɪp] *n* apprentissage

*m*; **to serve one's** ~ faire son apprentissage
**appro.** ['æprəu] *abbr* (*Brit Comm: inf*) = **approval**
**approach** [ə'prəutʃ] *vi* approcher ▷ *vt* (*come near*) approcher de; (*ask, apply to*) s'adresser à; (*subject, passer-by*) aborder ▷ *n* approche *f*; accès *m*, abord *m*; démarche *f* (*auprès de qn*); démarche *f* (*intellectuelle*); **to** ~ **sb about sth** aller *or* venir voir qn pour qch
**approachable** [ə'prəutʃəbl] *adj* accessible
**approach road** *n* voie *f* d'accès
**approbation** [æprə'beɪʃən] *n* approbation *f*
**appropriate** *adj* [ə'prəuprɪɪt] (*tool etc*) qui convient, approprié(e); (*moment, remark*) opportun(e) ▷ *vt* [ə'prəuprɪeɪt] (*take*) s'approprier; (*allot*): **to** ~ **sth for** affecter qch à; ~ **for** *or* **to** approprié à; **it would not be** ~ **for me to comment** il ne me serait pas approprié de commenter
**appropriately** [ə'prəuprɪɪtlɪ] *adv* pertinemment, avec à-propos
**appropriation** [əprəuprɪ'eɪʃən] *n* dotation *f*, affectation *f*
**approval** [ə'pruːvəl] *n* approbation *f*; **to meet with sb's** ~ (*proposal etc*) recueillir l'assentiment de qn; **on** ~ (*Comm*) à l'examen
**approve** [ə'pruːv] *vt* approuver
▷ **approve of** *vt fus* (*thing*) approuver; (*person*): **they don't** ~ **of her** ils n'ont pas bonne opinion d'elle
**approved school** [ə'pruːvd-] *n* (*Brit*) centre *m* d'éducation surveillée
**approvingly** [ə'pruːvɪŋlɪ] *adv* d'un air approbateur
**approx.** *abbr* (= *approximately*) env
**approximate** [ə'prɒksɪmɪt] *adj* approximatif(-ive) ▷ *vt* [ə'prɒksɪmeɪt] se rapprocher de; être proche de
**approximately** [ə'prɒksɪmətlɪ] *adv* approximativement
**approximation** [ə'prɒksɪ'meɪʃən] *n* approximation *f*
**Apr.** *abbr* = **April**
**apr** *n abbr* (= *annual percentage rate*) taux (d'intérêt) annuel
**apricot** ['eɪprɪkɒt] *n* abricot *m*
**April** ['eɪprəl] *n* avril *m*; · **fool!** poisson d'avril!; *for phrases see also* **July**
**April Fools' Day** *n* le premier avril; *voir article*

**APRIL FOOLS' DAY**

*April Fools' Day* est le 1er avril, à l'occasion duquel on fait des farces de toutes sortes. Les victimes de ces farces sont les "April fools". Traditionnellement, on n'est censé faire des farces que jusqu'à midi.

**apron** ['eɪprən] *n* tablier *m*; (*Aviat*) aire *f* de stationnement
**apse** [æps] *n* (*Archit*) abside *f*
**APT** *n abbr* (*Brit*: = *advanced passenger train*) ≈ TGV *m*
**Apt.** *abbr* (= *apartment*) appt

461

**apt** [æpt] *adj* (*suitable*) approprié(e); (*able*): ~ **(at)** doué(e) (pour); apte (à); (*likely*): ~ **to do** susceptible de faire; ayant tendance à faire
**aptitude** ['æptɪtjuːd] *n* aptitude *f*
**aptitude test** *n* test *m* d'aptitude
**aptly** ['æptlɪ] *adv* à propos
**aqualung** ['ækwəlʌŋ] *n* scaphandre *m* autonome
**aquarium** [ə'kwɛərɪəm] *n* aquarium *m*
**Aquarius** [ə'kwɛərɪəs] *n* le Verseau; **to be** ~ être du Verseau
**aquatic** [ə'kwætɪk] *adj* aquatique; (*sport*) nautique
**aqueduct** ['ækwɪdʌkt] *n* aqueduc *m*
**AR** *abbr* (*US*) = **Arkansas**
**ARA** *n abbr* (*Brit*) = **Associate of the Royal Academy**
**Arab** ['ærəb] *n* Arabe *m/f* ▷ *adj* arabe
**Arabia** [ə'reɪbɪə] *n* Arabie *f*
**Arabian** [ə'reɪbɪən] *adj* arabe
**Arabian Desert** *n* désert *m* d'Arabie
**Arabian Sea** *n* mer *f* d'Arabie
**Arabic** ['ærəbɪk] *adj*, *n* arabe (*m*)
**Arabic numerals** *npl* chiffres *mpl* arabes
**arable** ['ærəbl] *adj* arable
**ARAM** *n abbr* (*Brit*) = **Associate of the Royal Academy of Music**
**arbiter** ['aːbɪtər] *n* arbitre *m*
**arbitrary** ['aːbɪtrərɪ] *adj* arbitraire
**arbitrate** ['aːbɪtreɪt] *vi* arbitrer; trancher
**arbitration** [aːbɪ'treɪʃən] *n* arbitrage *m*; **the dispute went to** ~ le litige a été soumis à arbitrage
**arbitrator** ['aːbɪtreɪtər] *n* arbitre *m*, médiateur(-trice)
**ARC** *n abbr* = **American Red Cross**
**arc** [aːk] *n* arc *m*
**arcade** [aː'keɪd] *n* arcade *f*; (*passage with shops*) passage *m*, galerie *f*; (*with games*) salle *f* de jeu
**arch** [aːtʃ] *n* arche *f*; (*of foot*) cambrure *f*, voûte *f* plantaire ▷ *vt* arquer, cambrer ▷ *adj* malicieux(-euse) ▷ *prefix*: ~(-) achevé(e); par excellence; **pointed** ~ ogive *f*
**archaeological** [aːkɪə'lɒdʒɪkl] *adj* archéologique
**archaeologist** [aːkɪ'ɔlədʒɪst] *n* archéologue *m/f*
**archaeology,** (*US*) **archeology** [aːkɪ'ɔlədʒɪ] *n* archéologie *f*
**archaic** [aː'keɪɪk] *adj* archaïque
**archangel** ['aːkeɪndʒəl] *n* archange *m*
**archbishop** [aːtʃ'bɪʃəp] *n* archevêque *m*
**archenemy** ['aːtʃ'ɛnɪmɪ] *n* ennemi *m* de toujours *or* par excellence
**archeology** [aːkɪ'ɔlədʒɪ] (*US*) = **archaeology**
**archer** ['aːtʃər] *n* archer *m*
**archery** ['aːtʃərɪ] *n* tir *m* à l'arc
**archetypal** ['aːkɪtaɪpəl] *adj* archétype
**archetype** ['aːkɪtaɪp] *n* prototype *m*, archétype *m*
**archipelago** [aːkɪ'pɛlɪgəu] *n* archipel *m*
**architect** ['aːkɪtɛkt] *n* architecte *m*
**architectural** [aːkɪ'tɛktʃərəl] *adj* architectural(e)

**architecture** ['aːkɪtɛktʃər] *n* architecture *f*
**archive** ['aːkaɪv] *n* (*often pl*) archives *fpl*
**archive file** *n* (*Comput*) fichier *m* d'archives
**archives** ['aːkaɪvz] *npl* archives *fpl*
**archivist** ['aːkɪvɪst] *n* archiviste *m/f*
**archway** ['aːtʃweɪ] *n* voûte *f*, porche voûté *or* cintré
**ARCM** *n abbr* (*Brit*) = **Associate of the Royal College of Music**
**Arctic** ['aːktɪk] *adj* arctique ▷ *n*: **the** ~ l'Arctique *m*
**Arctic Circle** *n* cercle *m* Arctique
**Arctic Ocean** *n* océan *m* Arctique
**ARD** *n abbr* (*US Med*) = **acute respiratory disease**
**ardent** ['aːdənt] *adj* fervent(e)
**ardour,** (*US*) **ardor** ['aːdər] *n* ardeur *f*
**arduous** ['aːdjuəs] *adj* ardu(e)
**are** [aːr] *vb see* **be**
**area** ['ɛərɪə] *n* (*Geom*) superficie *f*; (*zone*) région *f*; (*: smaller*) secteur *m*; (*in room*) coin *m*; (*knowledge, research*) domaine *m*; **the London** ~ la région Londonienne
**area code** (*US*) *n* (*Tel*) indicatif *m* de zone
**arena** [ə'riːnə] *n* arène *f*
**aren't** [aːnt] = **are not**
**Argentina** [aːdʒən'tiːnə] *n* Argentine *f*
**Argentinian** [aːdʒən'tɪnɪən] *adj* argentin(e) ▷ *n* Argentin(e)
**arguable** ['aːgjuəbl] *adj* discutable, contestable; **it is** ~ **whether** on peut se demander si
**arguably** ['aːgjuəblɪ] *adv*: **it is** ~ ... on peut soutenir que c'est ...
**argue** ['aːgjuː] *vi* (*quarrel*) se disputer; (*reason*) argumenter ▷ *vt* (*debate: case, matter*) débattre; **to** ~ **about sth (with sb)** se disputer (avec qn) au sujet de qch; **to** ~ **that** objecter *or* alléguer que, donner comme argument que
**argument** ['aːgjumənt] *n* (*quarrel*) dispute *f*, discussion *f*; (*reasons*) argument *m*; (*debate*) discussion, controverse *f*; ~ **for/against** argument pour/contre
**argumentative** [aːgju'mɛntətɪv] *adj* ergoteur(-euse), raisonneur(-euse)
**aria** ['aːrɪə] *n* aria *f*
**ARIBA** [ə'riːbə] *n abbr* (*Brit*) = **Associate of the Royal Institute of British Architects**
**arid** ['ærɪd] *adj* aride
**aridity** [ə'rɪdɪtɪ] *n* aridité *f*
**Aries** ['ɛərɪz] *n* le Bélier; **to be** ~ être du Bélier
**arise** (*pt* **arose,** *pp* **-n**) [ə'raɪz, ə'rəuz, ə'rɪzn] *vi* survenir, se présenter; **to** ~ **from** résulter de; **should the need** ~ en cas de besoin
**aristocracy** [ærɪs'tɔkrəsɪ] *n* aristocratie *f*
**aristocrat** ['ærɪstəkræt] *n* aristocrate *m/f*
**aristocratic** [ærɪstə'krætɪk] *adj* aristocratique
**arithmetic** [ə'rɪθmətɪk] *n* arithmétique *f*
**arithmetical** [ærɪθ'mɛtɪkl] *adj* arithmétique
**Ariz.** *abbr* (*US*) = **Arizona**
**ark** [aːk] *n*: **Noah's A**~ l'Arche *f* de Noé
**Ark.** *abbr* (*US*) = **Arkansas**

**arm** [ɑːm] n bras m ▷ vt armer; **arms** npl (weapons, Heraldry) armes fpl; **~ in ~** bras dessus bras dessous

**armaments** ['ɑːməmənts] npl (weapons) armement m

**armband** ['ɑːmbænd] n brassard m

**armchair** ['ɑːmtʃɛər] n fauteuil m

**armed** [ɑːmd] adj armé(e)

**armed forces** npl: **the ~** les forces armées

**armed robbery** n vol m à main armée

**Armenia** [ɑːˈmiːnɪə] n Arménie f

**Armenian** [ɑːˈmiːnɪən] adj arménien(ne) ▷ n Arménien(ne); (Ling) arménien m

**armful** ['ɑːmful] n brassée f

**armistice** ['ɑːmɪstɪs] n armistice m

**armour**, (US) **armor** ['ɑːməʳ] n armure f; (also: **armour-plating**) blindage m; (Mil: tanks) blindés mpl

**armoured car**, (US) **armored car** ['ɑːməd-] n véhicule blindé

**armoury**, (US) **armory** ['ɑːmərɪ] n arsenal m

**armpit** ['ɑːmpɪt] n aisselle f

**armrest** ['ɑːmrɛst] n accoudoir m

**arms control** n contrôle m des armements

**arms race** n course f aux armements

**army** ['ɑːmɪ] n armée f

**A road** n (Brit) ≈ route nationale

**aroma** [əˈrəumə] n arôme m

**aromatherapy** [ərəuməˈθɛrəpɪ] n aromathérapie f

**aromatic** [ærəˈmætɪk] adj aromatique

**arose** [əˈrəuz] pt of **arise**

**around** [əˈraund] adv (tout) autour; (nearby) dans les parages ▷ prep autour de; (near) près de; (fig: about) environ; (: date, time) vers; **is he ~?** est-il dans les parages or là?

**arousal** [əˈrauzəl] n (sexual) excitation sexuelle, éveil m

**arouse** [əˈrauz] vt (sleeper) éveiller; (curiosity, passions) éveiller, susciter; (anger) exciter

**arrange** [əˈreɪndʒ] vt arranger; (programme) arrêter, convenir de ▷ vi: **we have ~d for a car to pick you up** nous avons prévu qu'une voiture vienne vous prendre; **it was ~d that ...** il a été convenu que ..., il a été décidé que ...; **to ~ to do sth** prévoir de faire qch

**arrangement** [əˈreɪndʒmənt] n arrangement m; **to come to an ~ (with sb)** se mettre d'accord (avec qn); **home deliveries by ~** livraison à domicile sur demande; **arrangements** npl (plans etc) arrangements mpl, dispositions fpl; **I'll make ~s for you to be met** je vous enverrai chercher

**arrant** ['ærənt] adj: **he's talking ~ nonsense** il raconte vraiment n'importe quoi

**array** [əˈreɪ] n (of objects) déploiement m, étalage m; (Math, Comput) tableau m

**arrears** [əˈrɪəz] npl arriéré m; **to be in ~ with one's rent** devoir un arriéré de loyer, être en retard pour le paiement de son loyer

**arrest** [əˈrɛst] vt arrêter; (sb's attention) retenir, attirer ▷ n arrestation f; **under ~** en état d'arrestation

**arresting** [əˈrɛstɪŋ] adj (fig: beauty) saisissant(e); (: charm, candour) désarmant(e)

**arrival** [əˈraɪvl] n arrivée f; (Comm) arrivage m; (person) arrivant(e); **new ~** nouveau venu/nouvelle venue; (baby) nouveau-né(e)

**arrive** [əˈraɪv] vi arriver
▷ **arrive at** vt fus (decision, solution) parvenir à

**arrogance** ['ærəgəns] n arrogance f

**arrogant** ['ærəgənt] adj arrogant(e)

**arrow** ['ærəu] n flèche f

**arse** [ɑːs] n (Brit inf!) cul m (!)

**arsenal** ['ɑːsɪnl] n arsenal m

**arsenic** ['ɑːsnɪk] n arsenic m

**arson** ['ɑːsn] n incendie criminel

**art** [ɑːt] n art m; (craft) métier m; **work of ~** œuvre f d'art; **Arts** npl (Scol) les lettres fpl

**art college** n école f des beaux-arts

**artefact** ['ɑːtɪfækt] n objet fabriqué

**arterial** [ɑːˈtɪərɪəl] adj (Anat) artériel(le); (road etc) à grande circulation

**artery** ['ɑːtərɪ] n artère f

**artful** ['ɑːtful] adj rusé(e)

**art gallery** n musée m d'art; (saleroom) galerie f de peinture

**arthritis** [ɑːˈθraɪtɪs] n arthrite f

**artichoke** ['ɑːtɪtʃəuk] n artichaut m; **Jerusalem ~** topinambour m

**article** ['ɑːtɪkl] n article m; (Brit Law: training): **articles** npl ≈ stage m; **~s of clothing** vêtements mpl

**articles of association** npl (Comm) statuts mpl d'une société

**articulate** [adj ɑːˈtɪkjulɪt, vb ɑːˈtɪkjuleɪt] adj (person) qui s'exprime clairement et aisément; (speech) bien articulé(e), prononcé(e) clairement ▷ vi articuler, parler distinctement ▷ vt articuler

**articulated lorry** [ɑːˈtɪkjuleɪtɪd-] n (Brit) (camion m) semi-remorque m

**artifact** ['ɑːtɪfækt] n (US) objet fabriqué

**artifice** ['ɑːtɪfɪs] n ruse f

**artificial** [ɑːtɪˈfɪʃəl] adj artificiel(le)

**artificial insemination** [-ɪnsɛmɪˈneɪʃən] n insémination artificielle

**artificial intelligence** n intelligence artificielle

**artificial respiration** n respiration artificielle

**artillery** [ɑːˈtɪlərɪ] n artillerie f

**artisan** ['ɑːtɪzæn] n artisan(e)

**artist** ['ɑːtɪst] n artiste m/f

**artistic** [ɑːˈtɪstɪk] adj artistique

**artistry** ['ɑːtɪstrɪ] n art m, talent m

**artless** ['ɑːtlɪs] adj naïf (naïve), simple, ingénu(e)

**arts** [ɑːts] npl (Scol) lettres fpl

**art school** n ≈ école f des beaux-arts

**artwork** ['ɑːtwəːk] n maquette f (prête pour la photogravure)

**ARV** n abbr (= American Revised Version) traduction américaine de la Bible

**AS** n abbr (US Scol: = Associate in/of Science) diplôme

*universitaire* ▷ *abbr* (US) = **American Samoa**

**◯ KEYWORD**

**as** [æz] *conj* **1** (*time: moment*) comme, alors que; à mesure que; (*: duration*) tandis que; **he came in as I was leaving** il est arrivé comme je partais; **as the years went by** à mesure que les années passaient; **as from tomorrow** à partir de demain
**2** (*since, because*) comme, puisque; **he left early as he had to be home by 10** comme il *or* puisqu'il devait être de retour avant 10h, il est parti de bonne heure
**3** (*referring to manner, way*) comme; **do as you wish** faites comme vous voudrez; **as she said** comme elle disait
▷ *adv* **1** (*in comparisons*): **as big as** aussi grand que; **twice as big as** deux fois plus grand que; **big as it is** si grand que ce soit; **much as I like them, I ...** je les aime bien, mais je ...; **as much** *or* **many as** autant que; **as much money/many books as** autant d'argent/de livres que; **as soon as** dès que
**2** (*concerning*): **as for** *or* **to that** quant à cela, pour ce qui est de cela
**3**: **as if** *or* **though** comme si; **he looked as if he was ill** il avait l'air d'être malade; *see also* **long; such; well**
▷ *prep* (*in the capacity of*) en tant que, en qualité de; **he works as a driver** il travaille comme chauffeur; **as chairman of the company, he ...** en tant que président de la société, il ...; **dressed up as a cowboy** déguisé en cowboy; **he gave me it as a present** il me l'a offert, il m'en a fait cadeau

**ASA** *n abbr* (= *American Standards Association*) association de normalisation
**a.s.a.p.** *abbr* = **as soon as possible**
**asbestos** [æz'bɛstɒs] *n* asbeste *m*, amiante *m*
**ascend** [ə'sɛnd] *vt* gravir
**ascendancy** [ə'sɛndənsɪ] *n* ascendant *m*
**ascendant** [ə'sɛndənt] *n*: **to be in the ~** monter
**ascension** [ə'sɛnʃən] *n*: **the A~** (*Rel*) l'Ascension *f*
**Ascension Island** *n* île *f* de l'Ascension
**ascent** [ə'sɛnt] *n* (*climb*) ascension *f*
**ascertain** [æsə'teɪn] *vt* s'assurer de, vérifier; établir
**ascetic** [ə'sɛtɪk] *adj* ascétique
**asceticism** [ə'sɛtɪsɪzəm] *n* ascétisme *m*
**ASCII** ['æskiː] *n abbr* (= *American Standard Code for Information Interchange*) ASCII
**ascribe** [ə'skraɪb] *vt*: **to ~ sth to** attribuer qch à; (*blame*) imputer qch à
**ASCU** *n abbr* (US) = **Association of State Colleges and Universities**
**ASE** *n abbr* = **American Stock Exchange**
**ASH** [æʃ] *n abbr* (Brit: = *Action on Smoking and Health*) ligue anti-tabac
**ash** [æʃ] *n* (*dust*) cendre *f*; (*also*: **ash tree**) frêne *m*
**ashamed** [ə'ʃeɪmd] *adj* honteux(-euse), confus(e); **to be ~ of** avoir honte de; **to be ~ (of o.s.) for having done** avoir honte d'avoir fait
**ashen** ['æʃən] *adj* (*pale*) cendreux(-euse), blême
**ashore** [ə'ʃɔːʳ] *adv* à terre; **to go ~** aller à terre, débarquer
**ashtray** ['æʃtreɪ] *n* cendrier *m*
**Ash Wednesday** *n* mercredi *m* des Cendres
**Asia** ['eɪʃə] *n* Asie *f*
**Asia Minor** *n* Asie Mineure
**Asian** ['eɪʃən] *n* (*from Asia*) Asiatique *m/f*; (Brit: *from Indian subcontinent*) Indo-Pakistanais(-e)
▷ *adj* asiatique; indo-pakistanais(-e)
**Asiatic** [eɪsɪ'ætɪk] *adj* asiatique
**aside** [ə'saɪd] *adv* de côté; à l'écart ▷ *n* aparté *m*; **~ from** *prep* à part, excepté
**ask** [ɑːsk] *vt* demander; (*invite*) inviter; **to ~ sb sth/to do sth** demander à qn qch/de faire qch; **to ~ sb the time** demander l'heure à qn; **to ~ sb about sth** questionner qn au sujet de qch; se renseigner auprès de qn au sujet de qch; **to ~ about the price** s'informer du prix, se renseigner au sujet du prix; **to ~ (sb) a question** poser une question (à qn); **to ~ sb out to dinner** inviter qn au restaurant
▶ **ask after** *vt fus* demander des nouvelles de
▶ **ask for** *vt fus* demander; **it's just ~ing for trouble** *or* **for it** ce serait chercher des ennuis
**askance** [ə'skɑːns] *adv*: **to look ~ at sb** regarder qn de travers *or* d'un œil désapprobateur
**askew** [ə'skjuː] *adv* de travers, de guingois
**asking price** ['ɑːskɪŋ-] *n* prix demandé
**asleep** [ə'sliːp] *adj* endormi(e); **to be ~** dormir, être endormi; **to fall ~** s'endormir
**ASLEF** ['æzlɛf] *n abbr* (Brit: = *Associated Society of Locomotive Engineers and Firemen*) syndicat de cheminots
**AS level** *n abbr* (= *Advanced Subsidiary level*) première partie de l'examen équivalent au baccalauréat
**asp** [æsp] *n* aspic *m*
**asparagus** [əs'pærəgəs] *n* asperges *fpl*
**asparagus tips** *npl* pointes *fpl* d'asperges
**ASPCA** *n abbr* (= *American Society for the Prevention of Cruelty to Animals*) ≈ SPA *f*
**aspect** ['æspɛkt] *n* aspect *m*; (*direction in which a building etc faces*) orientation *f*, exposition *f*
**aspersions** [əs'pəːʃənz] *npl*: **to cast ~ on** dénigrer
**asphalt** ['æsfælt] *n* asphalte *m*
**asphyxiate** [æs'fɪksɪeɪt] *vt* asphyxier
**asphyxiation** [æsfɪksɪ'eɪʃən] *n* asphyxie *f*
**aspiration** [æspə'reɪʃən] *n* aspiration *f*
**aspire** [əs'paɪəʳ] *vi*: **to ~ to** aspirer à
**aspirin** ['æsprɪn] *n* aspirine *f*
**aspiring** [əs'paɪərɪŋ] *adj* (*artist, writer*) en herbe; (*manager*) potentiel(le)
**ass** [æs] *n* âne *m*; (*inf*) imbécile *m/f*; (US *inf!*) cul *m* (!)
**assail** [ə'seɪl] *vt* assaillir
**assailant** [ə'seɪlənt] *n* agresseur *m*; assaillant *m*
**assassin** [ə'sæsɪn] *n* assassin *m*
**assassinate** [ə'sæsɪneɪt] *vt* assassiner

**assassination** [əsæsɪ'neɪʃən] n assassinat m

**assault** [ə'sɔːlt] n (Mil) assaut m; (gen: attack) agression f; (Law): ~ (and battery) voies fpl de fait, coups mpl et blessures fpl ▷ vt attaquer; (sexually) violenter

**assemble** [ə'sɛmbl] vt assembler ▷ vi s'assembler, se rassembler

**assembly** [ə'sɛmblɪ] n (meeting) rassemblement m; (parliament) assemblée f; (construction) assemblage m

**assembly language** n (Comput) langage m d'assemblage

**assembly line** n chaîne f de montage

**assent** [ə'sɛnt] n assentiment m, consentement m ▷ vi: **to ~ (to sth)** donner son assentiment (à qch), consentir (à qch)

**assert** [ə'səːt] vt affirmer, déclarer; établir; (authority) faire valoir; (innocence) protester de; **to ~ o.s.** s'imposer

**assertion** [ə'səːʃən] n assertion f, affirmation f

**assertive** [ə'səːtɪv] adj assuré(e); péremptoire

**assess** [ə'sɛs] vt évaluer, estimer; (tax, damages) établir or fixer le montant de; (property etc: for tax) calculer la valeur imposable de; (person) juger la valeur de

**assessment** [ə'sɛsmənt] n évaluation f, estimation f; (of tax) fixation f; (of property) calcul m de la valeur imposable; (judgment): ~ **(of)** jugement m or opinion f (sur)

**assessor** [ə'sɛsər] n expert m (en matière d'impôt et d'assurance)

**asset** ['æsɛt] n avantage m, atout m; (person) atout; **assets** npl (Comm) capital m; avoir(s) m(pl); actif m

**asset-stripping** ['æsɛt'strɪpɪŋ] n (Comm) récupération f (et démantèlement m) d'une entreprise en difficulté

**assiduous** [ə'sɪdjuəs] adj assidu(e)

**assign** [ə'saɪn] vt (date) fixer, arrêter; **to ~ sth to** (task) assigner qch à; (resources) affecter qch à; (cause, meaning) attribuer qch à

**assignment** [ə'saɪnmənt] n (task) mission f; (homework) devoir m

**assimilate** [ə'sɪmɪleɪt] vt assimiler

**assimilation** [əsɪmɪ'leɪʃən] n assimilation f

**assist** [ə'sɪst] vt aider, assister; (injured person etc) secourir

**assistance** [ə'sɪstəns] n aide f, assistance f; secours mpl

**assistant** [ə'sɪstənt] n assistant(e), adjoint(e); (Brit: also: **shop assistant**) vendeur(-euse)

**assistant manager** n sous-directeur m

**assizes** [ə'saɪzɪz] npl assises fpl

**associate** [adj, n ə'səʊʃiɪt, vb ə'səʊʃieɪt] adj, n associé(e) ▷ vt associer ▷ vi: **to ~ with sb** fréquenter qn; ~ **director** directeur adjoint; **~d company** société affiliée

**association** [əsəusɪ'eɪʃən] n association f; **in ~ with** en collaboration avec

**association football** n (Brit) football m

**assorted** [ə'sɔːtɪd] adj assorti(e); **in ~ sizes** en plusieurs tailles

**assortment** [ə'sɔːtmənt] n assortiment m; (of people) mélange m

**Asst.** abbr = **assistant**

**assuage** [ə'sweɪdʒ] vt (grief, pain) soulager; (thirst, appetite) assouvir

**assume** [ə'sjuːm] vt supposer; (responsibilities etc) assumer; (attitude, name) prendre, adopter

**assumed name** [ə'sjuːmd-] n nom m d'emprunt

**assumption** [ə'sʌmpʃən] n supposition f, hypothèse f; (of power) assomption f, prise f; **on the ~ that** dans l'hypothèse où; (on condition that) à condition que

**assurance** [ə'ʃuərəns] n assurance f; **I can give you no ~s** je ne peux rien vous garantir

**assure** [ə'ʃuər] vt assurer

**assured** [ə'ʃuəd] adj assuré(e)

**AST** abbr (US: = Atlantic Standard Time) heure d'hiver de New York

**asterisk** ['æstərɪsk] n astérisque m

**astern** [ə'stəːn] adv à l'arrière

**asteroid** ['æstərɔɪd] n astéroïde m

**asthma** ['æsmə] n asthme m

**asthmatic** [æs'mætɪk] adj, n asthmatique m/f

**astigmatism** [ə'stɪgmətɪzəm] n astigmatisme m

**astir** [ə'stəːr] adv en émoi

**astonish** [ə'stɔnɪʃ] vt étonner, stupéfier

**astonished** [ə'stɔnɪʃd] adj étonné(e); **to be ~ at** être étonné(e) de

**astonishing** [ə'stɔnɪʃɪŋ] adj étonnant(e), stupéfiant(e); **I find it ~ that ...** je trouve incroyable que ... + sub

**astonishingly** [ə'stɔnɪʃɪŋlɪ] adv incroyablement

**astonishment** [ə'stɔnɪʃmənt] n (grand) étonnement m, stupéfaction f

**astound** [ə'staund] vt stupéfier, sidérer

**astray** [ə'streɪ] adv: **to go ~** s'égarer; (fig) quitter le droit chemin; **to lead ~** (morally) détourner du droit chemin; **to go ~ in one's calculations** faire fausse route dans ses calculs

**astride** [ə'straɪd] adv à cheval ▷ prep à cheval sur

**astringent** [əs'trɪndʒənt] adj astringent(e) ▷ n astringent m

**astrologer** [əs'trɔlədʒər] n astrologue m

**astrology** [əs'trɔlədʒɪ] n astrologie f

**astronaut** ['æstrənɔːt] n astronaute m/f

**astronomer** [əs'trɔnəmər] n astronome m

**astronomical** [æstrə'nɔmɪkl] adj astronomique

**astronomy** [əs'trɔnəmɪ] n astronomie f

**astrophysics** ['æstrəu'fɪzɪks] n astrophysique f

**astute** [əs'tjuːt] adj astucieux(-euse), malin(-igne)

**asunder** [ə'sʌndər] adv: **to tear ~** déchirer

**ASV** n abbr (= American Standard Version) traduction de la Bible

**asylum** [ə'saɪləm] n asile m; **to seek political ~** demander l'asile politique

**asylum seeker** [-siːkər] n demandeur(-euse) d'asile

**asymmetric** [eɪsɪ'mɛtrɪk], **asymmetrical**

[eɪsɪ'mɛtrɪkl] *adj* asymétrique

O **KEYWORD**

**at** [æt] *prep* **1** (*referring to position, direction*) à; **at the top** au sommet; **at home/school** à la maison *or* chez soi/à l'école; **at the baker's** à la boulangerie, chez le boulanger; **to look at sth** regarder qch
**2** (*referring to time*): **at 4 o'clock** à 4 heures; **at Christmas** à Noël; **at night** la nuit; **at times** par moments, parfois
**3** (*referring to rates, speed etc*) à; **at £1 a kilo** une livre le kilo; **two at a time** deux à la fois; **at 50 km/h** à 50 km/h; **at full speed** à toute vitesse
**4** (*referring to manner*): **at a stroke** d'un seul coup; **at peace** en paix
**5** (*referring to activity*): **to be at work** (*in the office etc*) être au travail; (*working*) travailler; **to play at cowboys** jouer aux cowboys; **to be good at sth** être bon en qch
**6** (*referring to cause*): **shocked/surprised/annoyed at sth** choqué par/étonné de/agacé par qch; **I went at his suggestion** j'y suis allé sur son conseil
**7** (@ *symbol*) arobase *f*

**ate** [eɪt] *pt of* **eat**
**atheism** ['eɪθɪɪzəm] *n* athéisme *m*
**atheist** ['eɪθɪɪst] *n* athée *m/f*
**Athenian** [ə'θiːnɪən] *adj* athénien(ne) ▷ *n* Athénien(ne)
**Athens** ['æθɪnz] *n* Athènes
**athlete** ['æθliːt] *n* athlète *m/f*
**athletic** [æθ'lɛtɪk] *adj* athlétique
**athletics** [æθ'lɛtɪks] *n* athlétisme *m*
**Atlantic** [ət'læntɪk] *adj* atlantique ▷ *n*: **the ~ (Ocean)** l'(océan *m*) Atlantique *m*
**atlas** ['ætləs] *n* atlas *m*
**Atlas Mountains** *npl*: **the ~** les monts *mpl* de l'Atlas, l'Atlas *m*
**A.T.M.** *n abbr* (= *Automated Telling Machine*) guichet *m* automatique
**atmosphere** ['ætməsfɪər] *n* (*air*) atmosphère *f*; (*fig: of place etc*) atmosphère, ambiance *f*
**atmospheric** [ætməs'fɛrɪk] *adj* atmosphérique
**atmospherics** [ætməs'fɛrɪks] *n* (*Radio*) parasites *mpl*
**atoll** ['ætɔl] *n* atoll *m*
**atom** ['ætəm] *n* atome *m*
**atom bomb** *n* bombe *f* atomique
**atomic** [ə'tɔmɪk] *adj* atomique
**atomic bomb** *n* bombe *f* atomique
**atomizer** ['ætəmaɪzər] *n* atomiseur *m*
**atone** [ə'təun] *vi*: **to ~ for** expier, racheter
**atonement** [ə'təunmənt] *n* expiation *f*
**ATP** *n abbr* (= *Association of Tennis Professionals*) ATP *f* (= *Association des tennismen professionnels*)
**atrocious** [ə'trəuʃəs] *adj* (*very bad*) atroce, exécrable
**atrocity** [ə'trɔsɪtɪ] *n* atrocité *f*
**atrophy** ['ætrəfɪ] *n* atrophie *f* ▷ *vt* atrophier ▷ *vi* s'atrophier

**attach** [ə'tætʃ] *vt* (*gen*) attacher; (*document, letter, to email*) joindre; (*employee, troops*) affecter; **to be ~ed to sb/sth** (*to like*) être attaché à qn/qch; **the ~ed letter** la lettre ci-jointe
**attaché** [ə'tæʃeɪ] *n* attaché *m*
**attaché case** *n* mallette *f*, attaché-case *m*
**attachment** [ə'tætʃmənt] *n* (*tool*) accessoire *m*; (*Comput*) fichier *m* joint; (*love*): **~ (to)** affection *f* (pour), attachement *m* (à)
**attack** [ə'tæk] *vt* attaquer; (*task etc*) s'attaquer à ▷ *n* attaque *f*; **heart ~** crise *f* cardiaque
**attacker** [ə'tækər] *n* attaquant *m*; agresseur *m*
**attain** [ə'teɪn] *vt* (*also*: **to attain to**) parvenir à, atteindre; (*knowledge*) acquérir
**attainments** [ə'teɪnmənts] *npl* connaissances *fpl*, résultats *mpl*
**attempt** [ə'tɛmpt] *n* tentative *f* ▷ *vt* essayer, tenter; **~ed theft** *etc* (*Law*) tentative de vol *etc*; **to make an ~ on sb's life** attenter à la vie de qn; **he made no ~ to help** il n'a rien fait pour m'aider *or* l'aider *etc*
**attempted** [ə'tɛmptɪd] *adj*: **~ murder/suicide** tentative *f* de meurtre/suicide
**attend** [ə'tɛnd] *vt* (*course*) suivre; (*meeting, talk*) assister à; (*school, church*) aller à, fréquenter; (*patient*) soigner, s'occuper de; **to ~ (up)on** servir; être au service de
   ▶ **attend to** *vt fus* (*needs, affairs etc*) s'occuper de; (*customer*) s'occuper de, servir
**attendance** [ə'tɛndəns] *n* (*being present*) présence *f*; (*people present*) assistance *f*
**attendant** [ə'tɛndənt] *n* employé(e); gardien(ne) ▷ *adj* concomitant(e), qui accompagne *or* s'ensuit
**attention** [ə'tɛnʃən] *n* attention *f*; **attentions** attentions *fpl*, prévenances *fpl* ▷ *excl* (*Mil*) garde-à-vous!; **at ~** (*Mil*) au garde-à-vous; **for the ~ of** (*Admin*) à l'attention de; **it has come to my ~ that ...** je constate que ...
**attentive** [ə'tɛntɪv] *adj* attentif(-ive); (*kind*) prévenant(e)
**attentively** [ə'tɛntɪvlɪ] *adv* attentivement, avec attention
**attenuate** [ə'tɛnjueɪt] *vt* atténuer ▷ *vi* s'atténuer
**attest** [ə'tɛst] *vi*: **to ~ to** témoigner de attester (de)
**attic** ['ætɪk] *n* grenier *m*, combles *mpl*
**attire** [ə'taɪər] *n* habit *m*, atours *mpl*
**attitude** ['ætɪtjuːd] *n* (*behaviour*) attitude *f*, manière *f*; (*posture*) pose *f*, attitude; (*view*): **~ (to)** attitude (envers)
**attorney** [ə'təːnɪ] *n* (*US: lawyer*) avocat *m*; (*having proxy*) mandataire *m*; **power of ~** procuration *f*
**Attorney General** *n* (*Brit*) ≈ procureur général; (*US*) ≈ garde *m* des Sceaux, ministre *m* de la Justice
**attract** [ə'trækt] *vt* attirer
**attraction** [ə'trækʃən] *n* (*gen pl: pleasant things*) attraction *f*, attrait *m*; (*Physics*) attraction; (*fig: towards sb, sth*) attirance *f*

**attractive** [əˈtræktɪv] *adj* séduisant(e), attrayant(e)
**attribute** [ˈætrɪbjuːt] *n* attribut *m* ▷ *vt* [əˈtrɪbjuːt]: **to ~ sth to** attribuer qch à
**attrition** [əˈtrɪʃən] *n*: **war of ~** guerre *f* d'usure
**Atty. Gen.** *abbr* = **Attorney General**
**ATV** *n abbr* (= *all terrain vehicle*) véhicule *m* tout-terrain
**atypical** [eɪˈtɪpɪkl] *adj* atypique
**aubergine** [ˈəubəʒiːn] *n* aubergine *f*
**auburn** [ˈɔːbən] *adj* auburn *inv*, châtain roux *inv*
**auction** [ˈɔːkʃən] *n* (*also*: **sale by auction**) vente *f* aux enchères ▷ *vt* (*also*: **to sell by auction**) vendre aux enchères; (*also*: **to put up for auction**) mettre aux enchères
**auctioneer** [ɔːkʃəˈnɪər] *n* commissaire-priseur *m*
**auction room** *n* salle *f* des ventes
**audacious** [ɔːˈdeɪʃəs] *adj* impudent(e); audacieux(-euse), intrépide
**audacity** [ɔːˈdæsɪtɪ] *n* impudence *f*; audace *f*
**audible** [ˈɔːdɪbl] *adj* audible
**audience** [ˈɔːdɪəns] *n* (*people*) assistance *f*, public *m*; (*on radio*) auditeurs *mpl*; (*at theatre*) spectateurs *mpl*; (*interview*) audience *f*
**audiovisual** [ɔːdɪəuˈvɪzjuəl] *adj* audio-visuel(le); **~ aids** supports *or* moyens audiovisuels
**audit** [ˈɔːdɪt] *n* vérification *f* des comptes, apurement *m* ▷ *vt* vérifier, apurer
**audition** [ɔːˈdɪʃən] *n* audition *f* ▷ *vi* auditionner
**auditor** [ˈɔːdɪtər] *n* vérificateur *m* des comptes
**auditorium** [ɔːdɪˈtɔːrɪəm] *n* auditorium *m*, salle *f* de concert *or* de spectacle
**Aug.** *abbr* = **August**
**augment** [ɔːgˈmɛnt] *vt*, *vi* augmenter
**augur** [ˈɔːgər] *vt* (*be a sign of*) présager, annoncer ▷ *vi*: **it ~s well** c'est bon signe *or* de bon augure, cela s'annonce bien
**August** [ˈɔːgəst] *n* août *m*; *for phrases see also* **July**
**august** [ɔːˈgʌst] *adj* majestueux(-euse), imposant(e)
**aunt** [ɑːnt] *n* tante *f*
**auntie, aunty** [ˈɑːntɪ] *n diminutive of* **aunt**
**au pair** [ˈəuˈpɛər] *n* (*also*: **au pair girl**) jeune fille *f* au pair
**aura** [ˈɔːrə] *n* atmosphère *f*; (*of person*) aura *f*
**auspices** [ˈɔːspɪsɪz] *npl*: **under the ~ of** sous les auspices de
**auspicious** [ɔːsˈpɪʃəs] *adj* de bon augure, propice
**austere** [ɔsˈtɪər] *adj* austère
**austerity** [ɔsˈtɛrɪtɪ] *n* austérité *f*
**Australasia** [ɔːstrəˈleɪzɪə] *n* Australasie *f*
**Australia** [ɔsˈtreɪlɪə] *n* Australie *f*
**Australian** [ɔsˈtreɪlɪən] *adj* australien(ne) ▷ *n* Australien(ne)
**Austria** [ˈɔstrɪə] *n* Autriche *f*
**Austrian** [ˈɔstrɪən] *adj* autrichien(ne) ▷ *n* Autrichien(ne)
**AUT** *n abbr* (Brit: = *Association of University Teachers*) syndicat universitaire
**authentic** [ɔːˈθɛntɪk] *adj* authentique

**authenticate** [ɔːˈθɛntɪkeɪt] *vt* établir l'authenticité de
**authenticity** [ɔːθɛnˈtɪsɪtɪ] *n* authenticité *f*
**author** [ˈɔːθər] *n* auteur *m*
**authoritarian** [ɔːθɔrɪˈtɛərɪən] *adj* autoritaire
**authoritative** [ɔːˈθɔrɪtətɪv] *adj* (*account*) digne de foi; (*study, treatise*) qui fait autorité; (*manner*) autoritaire
**authority** [ɔːˈθɔrɪtɪ] *n* autorité *f*; (*permission*) autorisation (formelle); **the authorities** les autorités *fpl*, l'administration *f*; **to have ~ to do sth** être habilité à faire qch
**authorization** [ɔːθəraɪˈzeɪʃən] *n* autorisation *f*
**authorize** [ˈɔːθəraɪz] *vt* autoriser
**authorized capital** [ˈɔːθəraɪzd-] *n* (*Comm*) capital social
**authorship** [ˈɔːθəʃɪp] *n* paternité *f* (*littéraire etc*)
**autistic** [ɔːˈtɪstɪk] *adj* autistique
**auto** [ˈɔːtəu] *n* (US) auto *f*, voiture *f*
**autobiography** [ɔːtəbaɪˈɔgrəfɪ] *n* autobiographie *f*
**autocratic** [ɔːtəˈkrætɪk] *adj* autocratique
**autograph** [ˈɔːtəgrɑːf] *n* autographe *m* ▷ *vt* signer, dédicacer
**autoimmune** [ɔːtəuɪˈmjuːn] *adj* auto-immune
**automat** [ˈɔːtəmæt] *n* (*vending machine*) distributeur *m* (automatique); (*US: place*) cafétéria *f* avec distributeurs automatiques
**automated** [ˈɔːtəmeɪtɪd] *adj* automatisé(e)
**automatic** [ɔːtəˈmætɪk] *adj* automatique ▷ *n* (*gun*) automatique *m*; (*washing machine*) lave-linge *m* automatique; (*car*) voiture *f* à transmission automatique
**automatically** [ɔːtəˈmætɪklɪ] *adv* automatiquement
**automatic data processing** *n* traitement *m* automatique des données
**automation** [ɔːtəˈmeɪʃən] *n* automatisation *f*
**automaton** (*pl* **automata**) [ɔːˈtɔmətən, -tə] *n* automate *m*
**automobile** [ˈɔːtəməbiːl] *n* (US) automobile *f*
**autonomous** [ɔːˈtɔnəməs] *adj* autonome
**autonomy** [ɔːˈtɔnəmɪ] *n* autonomie *f*
**autopsy** [ˈɔːtɔpsɪ] *n* autopsie *f*
**autumn** [ˈɔːtəm] *n* automne *m*
**auxiliary** [ɔːgˈzɪlɪərɪ] *adj*, *n* auxiliaire (*m/f*)
**AV** *n abbr* (= *Authorized Version*) traduction anglaise de la Bible ▷ *abbr* = **audiovisual**
**Av.** *abbr* (= *avenue*) Av
**avail** [əˈveɪl] *vt*: **to ~ o.s. of** user de; profiter de ▷ *n*: **to no ~** sans résultat, en vain, en pure perte
**availability** [əveɪləˈbɪlɪtɪ] *n* disponibilité *f*
**available** [əˈveɪləbl] *adj* disponible; **every ~ means** tous les moyens possibles *or* à sa (*or* notre *etc*) disposition; **is the manager ~?** est-ce que le directeur peut (me) recevoir?; (*on phone*) pourrais-je parler au directeur?; **to make sth ~ to sb** mettre qch à la disposition de qn
**avalanche** [ˈævəlɑːnʃ] *n* avalanche *f*
**avant-garde** [ˈævɑ̃ˈgɑːd] *adj* d'avant-garde
**avaricious** [ævəˈrɪʃəs] *adj* âpre au gain
**avdp.** *abbr* = **avoirdupoids**

467

**Ave.** *abbr* = **avenue**

**avenge** [ə'vɛndʒ] *vt* venger

**avenue** ['ævənjuː] *n* avenue *f*; *(fig)* moyen *m*

**average** ['ævərɪdʒ] *n* moyenne *f* ▷ *adj* moyen(ne) ▷ *vt* (*a certain figure*) atteindre *or* faire *etc* en moyenne; **on ~** en moyenne; **above/below (the) ~** au-dessus/en-dessous de la moyenne

  ▶ **average out** *vi*: **to ~ out at** représenter en moyenne, donner une moyenne de

**averse** [ə'vəːs] *adj*: **to be ~ to sth/doing** éprouver une forte répugnance envers qch/à faire; **I wouldn't be ~ to a drink** un petit verre ne serait pas de refus, je ne dirais pas non à un petit verre

**aversion** [ə'vəːʃən] *n* aversion *f*, répugnance *f*

**avert** [ə'vəːt] *vt* (*danger*) prévenir, écarter; (*one's eyes*) détourner

**aviary** ['eɪvɪərɪ] *n* volière *f*

**aviation** [eɪvɪ'eɪʃən] *n* aviation *f*

**avid** ['ævɪd] *adj* avide

**avidly** ['ævɪdlɪ] *adv* avidement, avec avidité

**avocado** [ævə'kɑːdəu] *n* (*Brit: also*: **avocado pear**) avocat *m*

**avoid** [ə'vɔɪd] *vt* éviter

**avoidable** [ə'vɔɪdəbl] *adj* évitable

**avoidance** [ə'vɔɪdəns] *n* le fait d'éviter

**avowed** [ə'vaud] *adj* déclaré(e)

**AVP** *n abbr* (*US*) = **assistant vice-president**

**AWACS** ['eɪwæks] *n abbr* (= *airborne warning and control system*) AWACS (*système aéroporté d'alerte et de contrôle*)

**await** [ə'weɪt] *vt* attendre; **~ing attention/ delivery** (*Comm*) en souffrance; **long ~ed** tant attendu(e)

**awake** [ə'weɪk] (*pt* **awoke**) [ə'wəuk] (*pp* **awoken**) [ə'wəukən] *adj* éveillé(e); (*fig*) en éveil ▷ *vt* éveiller ▷ *vi* s'éveiller; **~ to** conscient de; **to be ~** être réveillé(e); **he was still ~** il ne dormait pas encore

**awakening** [ə'weɪknɪŋ] *n* réveil *m*

**award** [ə'wɔːd] *n* (*for bravery*) récompense *f*; (*prize*) prix *m*; (*Law: damages*) dommages-intérêts *mpl* ▷ *vt* (*prize*) décerner; (*Law: damages*) accorder

**aware** [ə'wɛər] *adj*: **~ of** (*conscious*) conscient(e) de; (*informed*) au courant de; **to become ~ of/ that** prendre conscience de/que; se rendre compte de/que; **politically/socially ~** sensibilisé(e) aux or ayant pris conscience des problèmes politiques/sociaux; **I am fully ~ that** je me rends parfaitement compte que

**awareness** [ə'wɛənɪs] *n* conscience *f*, connaissance *f*; **to develop people's ~ (of)** sensibiliser le public (à)

**awash** [ə'wɔʃ] *adj* recouvert(e) (d'eau); **~ with** inondé(e) de

**away** [ə'weɪ] *adv* (au) loin; (*movement*): **she went ~** elle est partie ▷ *adj* (*not in, not here*) absent(e); **far ~** (au) loin; **two kilometres ~** à (une

distance de) deux kilomètres, à deux kilomètres de distance; **two hours ~ by car** à deux heures de voiture or de route; **the holiday was two weeks ~** il restait deux semaines jusqu'aux vacances; **~ from** loin de; **he's ~ for a week** il est parti (pour) une semaine; **he's ~ in Milan** il est (parti) à Milan; **to take sth ~ from sb** prendre qch à qn; **to take sth ~ from sth** (*subtract*) ôter qch de qch; **to work/pedal ~** travailler/pédaler à cœur joie; **to fade ~** (*colour*) s'estomper; (*sound*) s'affaiblir

**away game** *n* (*Sport*) match *m* à l'extérieur

**awe** [ɔː] *n* respect mêlé de crainte, effroi mêlé d'admiration

**awe-inspiring** ['ɔːɪnspaɪərɪŋ], **awesome** ['ɔːsəm] *adj* impressionnant(e)

**awesome** ['ɔːsəm] (*US*) *adj* (*inf*: *excellent*) génial(e)

**awestruck** ['ɔːstrʌk] *adj* frappé(e) d'effroi

**awful** ['ɔːfəl] *adj* affreux(-euse); **an ~ lot of** énormément de

**awfully** ['ɔːfəlɪ] *adv* (*very*) terriblement, vraiment

**awkward** ['ɔːkwəd] *adj* (*clumsy*) gauche, maladroit(e); (*inconvenient*) peu pratique; (*embarrassing*) gênant; **I can't talk just now, it's a bit ~** je ne peux pas parler tout de suite, c'est un peu difficile

**awkwardness** ['ɔːkwədnɪs] *n* (*embarrassment*) gêne *f*

**awl** [ɔːl] *n* alêne *f*

**awning** ['ɔːnɪŋ] *n* (*of tent*) auvent *m*; (*of shop*) store *m*; (*of hotel etc*) marquise *f* (de toile)

**awoke** [ə'wəuk] *pt of* **awake**

**awoken** [ə'wəukən] *pp of* **awake**

**AWOL** ['eɪwɔl] *abbr* (*Mil*) = **absent without leave**

**awry** [ə'raɪ] *adv*, *adj* de travers; **to go ~** mal tourner

**axe**, (*US*) **ax** [æks] *n* hache *f* ▷ *vt* (*employee*) renvoyer; (*project etc*) abandonner; (*jobs*) supprimer; **to have an ~ to grind** (*fig*) prêcher pour son saint

**axes** ['æksiːz] *npl of* **axis**

**axiom** ['æksɪəm] *n* axiome *m*

**axiomatic** [æksɪəu'mætɪk] *adj* axiomatique

**axis** (*pl* **axes**) ['æksɪs, -siːz] *n* axe *m*

**axle** ['æksl] *n* (*also*: **axle-tree**) essieu *m*

**ay, aye** [aɪ] *excl* (*yes*) oui *▷ n*: **the ay(e)s** les oui

**AYH** *n abbr* = **American Youth Hostels**

**AZ** *abbr* (*US*) = **Arizona**

**azalea** [ə'zeɪlɪə] *n* azalée *f*

**Azerbaijan** [æzəbaɪ'dʒɑːn] *n* Azerbaïdjan *m*

**Azerbaijani, Azeri** [æzəbaɪ'dʒɑːnɪ, ə'zeərɪ] *adj* azerbaïdjanais(e) *▷ n* Azerbaïdjanais(e)

**Azores** [ə'zɔːz] *npl*: **the ~** les Açores *fpl*

**AZT** *n abbr* (= *azidothymidine*) AZT *f*

**Aztec** ['æztɛk] *adj* aztèque *▷ n* Aztèque *m/f*

**azure** ['eɪʒər] *adj* azuré(e)

# Bb

**B, b** [biː] n (letter) B, b m; (Scol: mark) B; (Mus): **B** si
m; **B for Benjamin**, (US) **B for Baker** B comme
Berthe; **B road** n (Brit Aut) route
départementale
**b.** abbr = **born**
**B.A.** abbr = **British Academy**; (Scol) = **Bachelor of
Arts**
**babble** ['bæbl] vi babiller ▷ n babillage m
**baboon** [bə'buːn] n babouin m
**baby** ['beɪbɪ] n bébé m
**baby carriage** n (US) voiture f d'enfant
**baby food** n aliments mpl pour bébé(s)
**baby grand** n (also: **baby grand piano**) (piano m)
demi-queue m
**babyish** ['beɪbɪɪʃ] adj enfantin(e), de bébé
**baby-minder** ['beɪbɪmaɪndə^r] n (Brit)
gardienne f (d'enfants)
**baby-sit** ['beɪbɪsɪt] vi garder les enfants
**baby-sitter** ['beɪbɪsɪtə^r] n baby-sitter m/f
**baby wipe** n lingette f (pour bébé)
**bachelor** ['bætʃələ^r] n célibataire m; **B~ of Arts/
Science (BA/BSc)** ≈ licencié(e) ès or en lettres/
sciences; **B~ of Arts/Science degree (BA/BSc)**
n ≈ licence f ès or en lettres/sciences; voir article

⊚ **BACHELOR'S DEGREE**
⊚
⊚ Un Bachelor's degree est un diplôme accordé
⊚ après trois ou quatre années d'université.
⊚ Les Bachelor's degrees les plus courants sont le
⊚ "BA" (Bachelor of Arts), le "BSc" (Bachelor of
⊚ Science), le "BEd" (Bachelor of Education) et
⊚ le "LLB" (Bachelor of Laws).

**bachelor party** n (US) enterrement m de vie de
garçon
**back** [bæk] n (of person, horse) dos m; (of hand) dos,
revers m; (of house) derrière m; (of car, train)
arrière m; (of chair) dossier m; (of page) verso m;
(of crowd): **can the people at the ~ hear me
properly?** est-ce que les gens du fond peuvent
m'entendre?; (Football) arrière m; **to have one's
~ to the wall** (fig) être au pied du mur; **to break
the ~ of a job** (Brit) faire le gros d'un travail; **~
to front** à l'envers ▷ vt (financially) soutenir
(financièrement); (candidate: also: **back up**)

soutenir, appuyer; (horse: at races) parier or miser
sur; (car) (faire) reculer ▷ vi reculer; (car etc)
faire marche arrière ▷ adj (in compounds) de
derrière, à l'arrière; **~ seat/wheel** (Aut) siège m/
roue f arrière inv; **~ payments/rent** arriéré m de
paiements/loyer; **~ garden/room** jardin/pièce
sur l'arrière; **to take a ~ seat** (fig) se contenter
d'un second rôle, être relégué(e) au second plan
▷ adv (not forward) en arrière; (returned): **he's ~** il
est rentré, il est de retour; **when will you be ~?**
quand seras-tu de retour?; **he ran ~** il est
revenu en courant; (restitution): **throw the ball
~** renvoie la balle; **can I have it ~?** puis-je le
ravoir?, peux-tu me le rendre?; (again): **he
called ~** il a rappelé
▶ **back down** vi rabattre de ses prétentions
▶ **back on to** vt fus: **the house ~s on to the golf
course** la maison donne derrière sur le terrain
de golf
▶ **back out** vi (of promise) se dédire
▶ **back up** vt (person) soutenir; (Comput) faire
une copie de sauvegarde de
**backache** ['bækeɪk] n mal m au dos
**backbencher** [bæk'bentʃə^r] (Brit) n membre du
parlement sans portefeuille
**back benches** npl (Brit) voir article

⊚ **BACK BENCHES**
⊚
⊚ Le terme back benches désigne les bancs les
⊚ plus éloignés de l'allée centrale de la
⊚ Chambre des communes. Les députés qui
⊚ occupent ces bancs sont les "backbenchers"
⊚ et ils n'ont pas de portefeuille ministériel.

**backbiting** ['bækbaɪtɪŋ] n médisance(s) f(pl)
**backbone** ['bækbəun] n colonne vertébrale,
épine dorsale; **he's the ~ of the organization**
c'est sur lui que repose l'organisation
**backchat** ['bæktʃæt] n (Brit inf) impertinences fpl
**backcloth** ['bækklɔθ] n (Brit) toile f de fond
**backcomb** ['bækkəum] vt (Brit) crêper
**backdate** [bæk'deɪt] vt (letter) antidater; **~d pay
rise** augmentation f avec effet rétroactif
**back door** n porte f de derrière
**backdrop** ['bækdrɔp] n = **backcloth**

**backer** ['bækə<sup>r</sup>] n partisan m; (Comm) commanditaire m

**backfire** [bæk'faɪə<sup>r</sup>] vi (Aut) pétarader; (plans) mal tourner

**backgammon** ['bækgæmən] n trictrac m

**background** ['bækgraund] n arrière-plan m; (of events) situation f, conjoncture f; (basic knowledge) éléments mpl de base; (experience) formation f ▷ cpd (noise, music) de fond; ~ **reading** lecture(s) générale(s) (sur un sujet); **family ~** milieu familial

**backhand** ['bækhænd] n (Tennis: also: **backhand stroke**) revers m

**backhanded** ['bæk'hændɪd] adj (fig) déloyal(e); équivoque

**backhander** ['bæk'hændə<sup>r</sup>] n (Brit: bribe) pot-de-vin m

**backing** ['bækɪŋ] n (fig) soutien m, appui m; (Comm) soutien (financier); (Mus) accompagnement m

**backlash** ['bæklæʃ] n contre-coup m, répercussion f

**backlog** ['bæklɔg] n: ~ **of work** travail m en retard

**back number** n (of magazine etc) vieux numéro

**backpack** ['bækpæk] n sac m à dos

**backpacker** ['bækpækə<sup>r</sup>] n randonneur(-euse)

**back pain** n mal m de dos

**back pay** n rappel m de salaire

**backpedal** ['bækpɛdl] vi (fig) faire marche arrière

**backseat driver** ['bæksiːt-] n passager qui donne des conseils au conducteur

**backside** ['bæksaɪd] n (inf) derrière m, postérieur m

**backslash** ['bækslæʃ] n barre oblique inversée

**backslide** ['bækslaɪd] vi retomber dans l'erreur

**backspace** ['bækspeɪs] vi (in typing) appuyer sur la touche retour

**backstage** [bæk'steɪdʒ] adv dans les coulisses

**back-street** ['bækstriːt] adj (abortion) clandestin(e); ~ **abortionist** avorteur(-euse) (clandestin)

**backstroke** ['bækstrəuk] n dos crawlé

**backtrack** ['bæktræk] vi (fig) = **backpedal**

**backup** ['bækʌp] adj (train, plane) supplémentaire, de réserve; (Comput) de sauvegarde ▷ n (support) appui m, soutien m; (Comput: also: **backup file**) sauvegarde f

**backward** ['bækwəd] adj (movement) en arrière; (measure) rétrograde; (person, country) arriéré(e), attardé(e); (shy) hésitant(e); ~ **and forward movement** mouvement de va-et-vient

**backwards** ['bækwədz] adv (move, go) en arrière; (read a list) à l'envers, à rebours; (fall) à la renverse; (walk) à reculons; (in time) en arrière, vers le passé; **to know sth ~** or (US) ~ **and forwards** (inf) connaître qch sur le bout des doigts

**backwater** ['bækwɔːtə<sup>r</sup>] n (fig) coin reculé; bled perdu

**backyard** [bæk'jɑːd] n arrière-cour f

**bacon** ['beɪkən] n bacon m, lard m

**bacteria** [bæk'tɪərɪə] npl bactéries fpl

**bacteriology** [bæktɪərɪ'ɔlədʒɪ] n bactériologie f

**bad** [bæd] adj mauvais(e); (child) vilain(e); (mistake, accident) grave; (meat, food) gâté(e), avarié(e); **his ~ leg** sa jambe malade; **to go ~** (meat, food) se gâter; (milk) tourner; **to have a ~ time of it** traverser une mauvaise passe; **I feel ~ about it** (guilty) j'ai un peu mauvaise conscience; ~ **debt** créance douteuse; **in ~ faith** de mauvaise foi

**baddie, baddy** ['bædɪ] n (inf: Cine etc) méchant m

**bade** [bæd] pt of **bid**

**badge** [bædʒ] n insigne m; (of policeman) plaque f; (stick-on, sew-on) badge m

**badger** ['bædʒə<sup>r</sup>] n blaireau m ▷ vt harceler

**badly** ['bædlɪ] adv (work, dress etc) mal; **to reflect ~ on sb** donner une mauvaise image de qn; ~ **wounded** grièvement blessé; **he needs it ~** il en a absolument besoin; **things are going ~** les choses vont mal; ~ **off** (adj, adv) dans la gêne

**bad-mannered** ['bæd'mænəd] adj mal élevé(e)

**badminton** ['bædmɪntən] n badminton m

**bad-mouth** ['bæd'mauθ] vt (US inf) débiner

**bad-tempered** ['bæd'tɛmpəd] adj (by nature) ayant mauvais caractère; (on one occasion) de mauvaise humeur

**baffle** ['bæfl] vt (puzzle) déconcerter

**baffling** ['bæflɪŋ] adj déroutant(e), déconcertant(e)

**bag** [bæg] n sac m; (of hunter) gibecière f, chasse f ▷ vt (inf: take) empocher; s'approprier; (Tech) mettre en sacs; ~**s of** (inf: lots of) des tas de; **to pack one's ~s** faire ses valises or bagages; ~**s under the eyes** poches fpl sous les yeux

**bagful** ['bægful] n plein sac

**baggage** ['bægɪdʒ] n bagages mpl

**baggage allowance** n franchise f de bagages

**baggage reclaim** n (at airport) livraison f des bagages

**baggy** ['bægɪ] adj avachi(e), qui fait des poches

**Baghdad** [bæg'dæd] n Baghdâd, Bagdad

**bag lady** n (inf) clocharde f

**bagpipes** ['bægpaɪps] npl cornemuse f

**bag-snatcher** ['bægsnætʃə<sup>r</sup>] n (Brit) voleur m à l'arraché

**bag-snatching** ['bægsnætʃɪŋ] n (Brit) vol m à l'arraché

**Bahamas** [bə'hɑːməz] npl: **the ~** les Bahamas fpl

**Bahrain** [bɑː'reɪn] n Bahreïn m

**bail** [beɪl] n caution f ▷ vt (prisoner: also: **grant bail to**) mettre en liberté sous caution; (boat: also: **bail out**) écoper; **to be released on ~** être libéré(e) sous caution; see **bale**
▷ **bail out** vt (prisoner) payer la caution de

**bailiff** ['beɪlɪf] n huissier m

**bait** [beɪt] n appât m ▷ vt appâter; (fig: tease) tourmenter

**bake** [beɪk] vt (faire) cuire au four ▷ vi (bread etc) cuire (au four); (make cakes etc) faire de la pâtisserie

**baked beans** [beɪkt-] *npl* haricots blancs à la sauce tomate
**baked potato** *n* pomme *f* de terre en robe des champs
**baker** ['beɪkə'] *n* boulanger *m*
**bakery** ['beɪkərɪ] *n* boulangerie *f*; boulangerie industrielle
**baking** ['beɪkɪŋ] *n* (*process*) cuisson *f*
**baking powder** *n* levure *f* (chimique)
**baking tin** *n* (*for cake*) moule *m* à gâteaux; (*for meat*) plat *m* pour le four
**baking tray** *n* plaque *f* à gâteaux
**balaclava** [bælə'klɑːvə] *n* (*also*: **balaclava helmet**) passe-montagne *m*
**balance** ['bæləns] *n* équilibre *m*; (*Comm*: *sum*) solde *m*; (*remainder*) reste *m*; (*scales*) balance *f* ▷ *vt* mettre *or* faire tenir en équilibre; (*pros and cons*) peser; (*budget*) équilibrer; (*account*) balancer; (*compensate*) compenser, contrebalancer; **~ of trade/payments** balance commerciale/des comptes *or* paiements; **~ carried forward** solde *m* à reporter; **~ brought forward** solde reporté; **to ~ the books** arrêter les comptes, dresser le bilan
**balanced** ['bælənst] *adj* (*personality, diet*) équilibré(e); (*report*) objectif(-ive)
**balance sheet** *n* bilan *m*
**balcony** ['bælkənɪ] *n* balcon *m*; **do you have a room with a ~?** avez-vous une chambre avec balcon?
**bald** [bɔːld] *adj* chauve; (*tyre*) lisse
**baldness** ['bɔːldnɪs] *n* calvitie *f*
**bale** [beɪl] *n* balle *f*, ballot *m*
  ▶ **bale out** *vi* (*of a plane*) sauter en parachute ▷ *vt* (*Naut*: *water, boat*) écoper
**Balearic Islands** [bælɪ'ærɪk-] *npl*: **the ~** les (îles *fpl*) Baléares *fpl*
**baleful** ['beɪlful] *adj* funeste, maléfique
**balk** [bɔːk] *vi*: **to ~ (at)** (*person*) regimber (contre); (*horse*) se dérober (devant)
**Balkan** ['bɔːlkən] *adj* balkanique ▷ *n*: **the ~s** les Balkans *mpl*
**ball** [bɔːl] *n* boule *f*; (*football*) ballon *m*; (*for tennis, golf*) balle *f*; (*dance*) bal *m*; **to play ~** jouer au ballon (*or* à la balle); (*fig*) coopérer; **to be on the ~** (*fig*: *competent*) être à la hauteur; (: *alert*) être éveillé(e), être vif (vive); **to start the ~ rolling** (*fig*) commencer; **the ~ is in their court** (*fig*) la balle est dans leur camp
**ballad** ['bæləd] *n* ballade *f*
**ballast** ['bæləst] *n* lest *m*
**ball bearings** *n* roulement *m* à billes
**ball cock** *n* robinet *m* à flotteur
**ballerina** [bælə'riːnə] *n* ballerine *f*
**ballet** ['bæleɪ] *n* ballet *m*; (*art*) danse *f* (classique)
**ballet dancer** *n* danseur(-euse) de ballet
**ballet shoe** *n* chausson *m* de danse
**ballistic** [bə'lɪstɪk] *adj* balistique
**ballistics** [bə'lɪstɪks] *n* balistique *f*
**balloon** [bə'luːn] *n* ballon *m*; (*in comic strip*) bulle *f* ▷ *vi* gonfler
**balloonist** [bə'luːnɪst] *n* aéronaute *m/f*

**ballot** ['bælət] *n* scrutin *m*
**ballot box** *n* urne (électorale)
**ballot paper** *n* bulletin *m* de vote
**ballpark** ['bɔːlpɑːk] *n* (*US*) stade *m* de base-ball
**ballpark figure** *n* (*inf*) chiffre approximatif
**ballpoint** ['bɔːlpɔɪnt], **ballpoint pen** *n* stylo *m* à bille
**ballroom** ['bɔːlrum] *n* salle *f* de bal
**balls** [bɔːlz] *npl* (*inf!*) couilles *fpl* (!)
**balm** [bɑːm] *n* baume *m*
**balmy** ['bɑːmɪ] *adj* (*breeze, air*) doux (douce); (*Brit inf*) = **barmy**
**BALPA** ['bælpə] *n abbr* (= *British Airline Pilots' Association*) syndicat des pilotes de ligne
**balsa** ['bɔːlsə], **balsa wood** *n* balsa *m*
**balsam** ['bɔːlsəm] *n* baume *m*
**Baltic** [bɔːltɪk] *adj, n*: **the ~ (Sea)** la (mer) Baltique
**balustrade** [bæləs'treɪd] *n* balustrade *f*
**bamboo** [bæm'buː] *n* bambou *m*
**bamboozle** [bæm'buːzl] *vt* (*inf*) embobiner
**ban** [bæn] *n* interdiction *f* ▷ *vt* interdire; **he was ~ned from driving** (*Brit*) on lui a retiré le permis (de conduire)
**banal** [bə'nɑːl] *adj* banal(e)
**banana** [bə'nɑːnə] *n* banane *f*
**band** [bænd] *n* bande *f*; (*at a dance*) orchestre *m*; (*Mil*) musique *f*, fanfare *f*
  ▶ **band together** *vi* se liguer
**bandage** ['bændɪdʒ] *n* bandage *m*, pansement *m* ▷ *vt* (*wound, leg*) mettre un pansement *or* un bandage sur; (*person*) mettre un pansement *or* un bandage à
**Band-Aid**® ['bændeɪd] *n* (*US*) pansement adhésif
**B. & B.** *n abbr* = **bed and breakfast**
**bandit** ['bændɪt] *n* bandit *m*
**bandstand** ['bændstænd] *n* kiosque *m* (à musique)
**bandwagon** ['bændwægən] *n*: **to jump on the ~** (*fig*) monter dans *or* prendre le train en marche
**bandy** ['bændɪ] *vt* (*jokes, insults*) échanger
  ▶ **bandy about** *vt* employer à tout bout de champ *or* à tort et à travers
**bandy-legged** ['bændɪ'lɛgɪd] *adj* aux jambes arquées
**bane** [beɪn] *n*: **it** (*or* **he** *etc*) **is the ~ of my life** c'est *or* il est *etc* le drame de ma vie
**bang** [bæŋ] *n* détonation *f*; (*of door*) claquement *m*; (*blow*) coup (violent) ▷ *vt* frapper (violemment); (*door*) claquer ▷ *vi* détoner; claquer ▷ *adv*: **to be ~ on time** (*Brit inf*) être à l'heure pile; **to ~ at the door** cogner à la porte; **to ~ into sth** se cogner contre qch
**banger** ['bæŋə'] *n* (*Brit*: *car*: *also*: **old banger**) (vieux) tacot; (*Brit inf*: *sausage*) saucisse *f*; (*firework*) pétard *m*
**Bangkok** [bæŋ'kɔk] *n* Bangkok
**Bangladesh** [bæŋglə'dɛʃ] *n* Bangladesh *m*
**Bangladeshi** [bæŋglə'dɛʃɪ] *adj* du Bangladesh ▷ *n* habitant(e) du Bangladesh

**bangle** ['bæŋgl] n bracelet m

**bangs** [bæŋz] npl (US: fringe) frange f

**banish** ['bænɪʃ] vt bannir

**banister** ['bænɪstə'] n, **banisters** ['bænɪstəz] npl rampe f (d'escalier)

**banjo** (pl -es or -s) ['bændʒəu] n banjo m

**bank** [bæŋk] n banque f; (of river, lake) bord m, rive f; (of earth) talus m, remblai m ▷ vi (Aviat) virer sur l'aile; (Comm): **they ~ with Pitt's** leur banque or banquier est Pitt's
▶ **bank on** vt fus miser or tabler sur

**bank account** n compte m en banque

**bank balance** n solde m bancaire

**bank card** n (Brit) carte f d'identité bancaire

**bank charges** npl (Brit) frais mpl de banque

**bank draft** n traite f bancaire

**banker** ['bæŋkə'] n banquier m; **~'s card** (Brit) carte f d'identité bancaire; **~'s order** (Brit) ordre m de virement

**bank giro** n paiement m par virement

**bank holiday** n (Brit) jour férié (où les banques sont fermées); voir article

**banking** ['bæŋkɪŋ] n opérations fpl bancaires; profession f de banquier

**banking hours** npl heures fpl d'ouverture des banques

**bank loan** n prêt m bancaire

**bank manager** n directeur m d'agence (bancaire)

**banknote** ['bæŋknəut] n billet m de banque

**bank rate** n taux m de l'escompte

**bankrupt** ['bæŋkrʌpt] n failli(e) ▷ adj en faillite; **to go ~** faire faillite

**bankruptcy** ['bæŋkrʌptsɪ] n faillite f

**bank statement** n relevé m de compte

**banner** ['bænə'] n bannière f

**bannister** ['bænɪstə'] n, **bannisters** ['bænɪstəz] npl = **banister; banisters**

**banns** [bænz] npl bans mpl (de mariage)

**banquet** ['bæŋkwɪt] n banquet m, festin m

**bantam-weight** ['bæntəmweɪt] n poids m coq inv

**banter** ['bæntə'] n badinage m

**baptism** ['bæptɪzəm] n baptême m

**Baptist** ['bæptɪst] n baptiste m/f

**baptize** [bæp'taɪz] vt baptiser

**bar** [ba:'] n (pub) bar m; (counter) comptoir m, bar; (rod: of metal etc) barre f; (of window etc) barreau m; (of chocolate) tablette f, plaque f; (fig: obstacle) obstacle m; (prohibition) mesure f d'exclusion;

(Mus) mesure f ▷ vt (road) barrer; (window) munir de barreaux; (person) exclure; (activity) interdire; **~ of soap** savonnette f; **behind ~s** (prisoner) derrière les barreaux; **the B~** (Law) le barreau; **~ none** sans exception

**Barbados** [ba:'beɪdɔs] n Barbade f

**barbaric** [ba:'bærɪk] adj barbare

**barbarous** ['ba:bərəs] adj barbare, cruel(le)

**barbecue** ['ba:bɪkju:] n barbecue m

**barbed wire** ['ba:bd-] n fil m de fer barbelé

**barber** ['ba:bə'] n coiffeur m (pour hommes)

**barber's** ['ba:bə'z], **barber's shop**, (US) **barber shop** n salon m de coiffure (pour hommes); **to go to the barber's** aller chez le coiffeur

**barbiturate** [ba:'bɪtjurɪt] n barbiturique m

**Barcelona** [ba:sə'ləunə] n Barcelone

**bar chart** n diagramme m en bâtons

**bar code** n code m à barres, code-barre m

**bare** [bɛə'] adj nu(e) ▷ vt mettre à nu, dénuder; (teeth) montrer; **the ~ essentials** le strict nécessaire

**bareback** ['bɛəbæk] adv à cru, sans selle

**barefaced** ['bɛəfeɪst] adj impudent(e), effronté(e)

**barefoot** ['bɛəfut] adj, adv nu-pieds, (les) pieds nus

**bareheaded** [bɛə'hɛdɪd] adj, adv nu-tête, (la) tête nue

**barely** ['bɛəlɪ] adv à peine

**Barents Sea** ['bærənts-] n: **the ~** la mer de Barents

**bargain** ['ba:gɪn] n (transaction) marché m; (good buy) affaire f, occasion f ▷ vi (haggle) marchander; (negotiate) négocier, traiter; **into the ~** par-dessus le marché
▶ **bargain for** vt fus (inf): **he got more than he ~ed for!** il en a eu pour son argent!

**bargaining** ['ba:gənɪŋ] n marchandage m; négociations fpl

**bargaining position** n: **to be in a weak/strong ~** être en mauvaise/bonne position pour négocier

**barge** [ba:dʒ] n péniche f
▶ **barge in** vi (walk in) faire irruption; (interrupt talk) intervenir mal à propos
▶ **barge into** vt fus rentrer dans

**baritone** ['bærɪtəun] n baryton m

**barium meal** ['bɛərɪəm-] n (bouillie f de) sulfate m de baryum

**bark** [ba:k] n (of tree) écorce f; (of dog) aboiement m ▷ vi aboyer

**barley** ['ba:lɪ] n orge f

**barley sugar** n sucre m d'orge

**barmaid** ['ba:meɪd] n serveuse f (de bar), barmaid f

**barman** ['ba:mən] (irreg) n serveur m (de bar), barman m

**bar meal** n repas m de bistrot; **to go for a ~** aller manger au bistrot

**barmy** ['ba:mɪ] adj (Brit inf) timbré(e), cinglé(e)

**barn** [ba:n] n grange f

**barnacle** ['ba:nəkl] n anatife m, bernache f

**barn owl** n chouette-effraie f, chat-huant m

**barometer** [bə'rɒmɪtə'] n baromètre m
**baron** ['bærən] n baron m; **the press/oil ~s** les magnats mpl or barons mpl de la presse/du pétrole
**baroness** ['bærənɪs] n baronne f
**barrack** ['bærək] vt (Brit) chahuter
**barracking** ['bærəkɪŋ] n (Brit): **to give sb a ~** chahuter qn
**barracks** ['bærəks] npl caserne f
**barrage** ['bæraːʒ] n (Mil) tir m de barrage; (dam) barrage m; (of criticism) feu m
**barrel** ['bærəl] n tonneau m; (of gun) canon m
**barrel organ** n orgue m de Barbarie
**barren** ['bærən] adj stérile; (hills) aride
**barrette** [bə'rɛt] (US) n barrette f
**barricade** [bærɪ'keɪd] n barricade f ▷ vt barricader
**barrier** ['bærɪə'] n barrière f; (Brit: also: **crash barrier**) rail m de sécurité
**barrier cream** n (Brit) crème protectrice
**barring** ['bɑːrɪŋ] prep sauf
**barrister** ['bærɪstə'] n (Brit) avocat (plaidant); voir article

⊙ **BARRISTER**
⊙
⊙ En Angleterre, un barrister, que l'on appelle
⊙ également "barrister-at-law", est un avocat
⊙ qui représente ses clients devant la cour et
⊙ plaide pour eux. Le client doit d'abord passer
⊙ par l'intermédiaire d'un "solicitor". On
⊙ obtient le diplôme de barrister après avoir fait
⊙ des études dans l'une des "Inns of Court", les
⊙ quatre écoles de droit londoniennes.

**barrow** ['bærəu] n (cart) charrette f à bras
**barstool** ['bɑːstuːl] n tabouret m de bar
**Bart.** abbr (Brit) = **baronet**
**bartender** ['bɑːtɛndə'] n (US) serveur m (de bar), barman m
**barter** ['bɑːtə'] n échange m, troc m ▷ vt: **to ~ sth for** échanger qch contre
**base** [beɪs] n base f ▷ vt (troops): **to be ~d at** être basé(e) à; (opinion, belief): **to ~ sth on** baser or fonder qch sur ▷ adj vil(e), bas(se); **coffee-~d** à base de café; **a Paris-~d firm** une maison opérant de Paris or dont le siège est à Paris; **I'm ~d in London** je suis basé(e) à Londres
**baseball** ['beɪsbɔːl] n base-ball m
**baseball cap** n casquette f de base-ball
**baseboard** ['beɪsbɔːd] n (US) plinthe f
**base camp** n camp m de base
**Basel** [bɑːl] n = **Basle**
**baseline** ['beɪslaɪn] n (Tennis) ligne f de fond
**basement** ['beɪsmənt] n sous-sol m
**base rate** n taux m de base
**bases** ['beɪsiːz] npl of **basis** ['beɪsɪz] ▷ npl of **base**
**bash** [bæʃ] vt (inf) frapper, cogner ▷ n: **I'll have a ~ (at it)** (Brit inf) je vais essayer un coup; **~ed in** adj enfoncé(e), défoncé(e)
▶ **bash up** n (inf: car) bousiller; (: Brit: person) tabasser

**bashful** ['bæʃful] adj timide; modeste
**bashing** ['bæʃɪŋ] n (inf) raclée f; **Paki-~** = ratonnade f; **queer-~** chasse f aux pédés
**BASIC** ['beɪsɪk] n (Comput) BASIC m
**basic** ['beɪsɪk] adj (precautions, rules) élémentaire; (principles, research) fondamental(e); (vocabulary, salary) de base; (minimal) réduit(e) au minimum, rudimentaire
**basically** ['beɪsɪklɪ] adv (in fact) en fait; (essentially) fondamentalement
**basic rate** n (of tax) première tranche d'imposition
**basics** ['beɪsɪks] npl: **the ~** l'essentiel m
**basil** ['bæzl] n basilic m
**basin** ['beɪsn] n (vessel, also Geo) cuvette f, bassin m; (Brit: for food) bol m; (: bigger) saladier m; (also: **washbasin**) lavabo m
**basis** (pl **bases**) ['beɪsɪs, -siːz] n base f; **on a part-time/trial ~** à temps partiel/à l'essai; **on the ~ of what you've said** d'après or compte tenu de ce que vous dites
**bask** [bɑːsk] vi: **to ~ in the sun** se chauffer au soleil
**basket** ['bɑːskɪt] n corbeille f; (with handle) panier m
**basketball** ['bɑːskɪtbɔːl] n basket-ball m
**basketball player** n basketteur(-euse)
**Basle** [bɑːl] n Bâle
**basmati rice** [bəz'mætɪ-] n riz m basmati
**Basque** [bæsk] adj basque ▷ n Basque m/f; **the ~ Country** le Pays basque
**bass** [beɪs] n (Mus) basse f
**bass clef** n clé f de fa
**bass drum** n grosse caisse f
**bassoon** [bə'suːn] n basson m
**bastard** ['bɑːstəd] n enfant naturel(le), bâtard(e); (inf!) salaud m (!)
**baste** [beɪst] vt (Culin) arroser; (Sewing) bâtir, faufiler
**bat** [bæt] n chauve-souris f; (for baseball etc) batte f; (Brit: for table tennis) raquette f ▷ vt: **he didn't ~ an eyelid** il n'a pas sourcillé or bronché; **off one's own ~** de sa propre initiative
**batch** [bætʃ] n (of bread) fournée f; (of papers) liasse f; (of applicants, letters) paquet m; (of work) monceau m; (of goods) lot m
**bated** ['beɪtɪd] adj: **with ~ breath** en retenant son souffle
**bath** (pl **-s**) [bɑːθ, bɑːðz] n bain m; (bathtub) baignoire f ▷ vt baigner, donner un bain à; **to have a ~** prendre un bain; see also **baths**
**bathe** [beɪð] vi se baigner ▷ vt baigner; (wound etc) laver
**bather** ['beɪðə'] n baigneur(-euse)
**bathing** ['beɪðɪŋ] n baignade f
**bathing cap** n bonnet m de bain
**bathing costume**, (US) **bathing suit** n maillot m (de bain)
**bathmat** ['bɑːθmæt] n tapis m de bain
**bathrobe** ['bɑːθrəub] n peignoir m de bain
**bathroom** ['bɑːθrum] n salle f de bains
**baths** [bɑːðz] npl (Brit: also: **swimming baths**)

**b**

piscine f
**bath towel** n serviette f de bain
**bathtub** ['bɑ:θtʌb] n baignoire f
**batman** ['bætmən] (irreg) n (Brit Mil)
ordonnance f
**baton** ['bætən] n bâton m; (Mus) baguette f;
(club) matraque f
**battalion** [bə'tælɪən] n bataillon m
**batten** ['bætn] n (Carpentry) latte f; (Naut: on sail)
latte de voile
  ▶ **batten down** vt (Naut): **to ~ down the
  hatches** fermer les écoutilles
**batter** ['bætər] vt battre ▷ n pâte f à frire
**battered** ['bætəd] adj (hat, pan) cabossé(e); ~
**wife/child** épouse/enfant maltraité(e) or
martyr(e)
**battering ram** ['bætərɪŋ-] n bélier m; (fig)
**battery** ['bætərɪ] n (for torch, radio) pile f; (Aut,
Mil) batterie f
**battery charger** n chargeur m
**battery farming** n élevage m en batterie
**battle** ['bætl] n bataille f, combat m ▷ vi se
battre, lutter; **that's half the ~** (fig) c'est déjà
bien; **it's a** or **we're fighting a losing ~** (fig)
c'est perdu d'avance, c'est peine perdue
**battle dress** n tenue f de campagne or d'assaut
**battlefield** ['bætlfi:ld] n champ m de bataille
**battlements** ['bætlmənts] npl remparts mpl
**battleship** ['bætlʃɪp] n cuirassé m
**batty** ['bætɪ] adj (inf: person) toqué(e); (: idea,
behaviour) loufoque
**bauble** ['bɔ:bl] n babiole f
**baulk** [bɔ:lk] vi = **balk**
**bauxite** ['bɔ:ksaɪt] n bauxite f
**Bavaria** [bə'vɛərɪə] n Bavière f
**Bavarian** [bə'vɛərɪən] adj bavarois(e) ▷ n
Bavarois(e)
**bawdy** ['bɔ:dɪ] adj paillard(e)
**bawl** [bɔ:l] vi hurler, brailler
**bay** [beɪ] n (of sea) baie f; (Brit: for parking) place f
de stationnement; (: for loading) aire f de
chargement; (horse) bai(e) m/f; **B~ of Biscay**
golfe m de Gascogne; **to hold sb at ~** tenir qn à
distance or en échec
**bay leaf** n laurier m
**bayonet** ['beɪənɪt] n baïonnette f
**bay tree** n laurier m
**bay window** n baie vitrée
**bazaar** [bə'zɑ:r] n (shop, market) bazar m; (sale)
vente f de charité
**bazooka** [bə'zu:kə] n bazooka m
**BB** n abbr (Brit: = Boys' Brigade) mouvement de garçons
**BBB** n abbr (US: = Better Business Bureau) organisme de
défense du consommateur
**BBC** n abbr (= British Broadcasting Corporation) office
de la radiodiffusion et télévision britannique; voir article

⬤ **BBC**
⬤
⬤ La BBC est un organisme centralisé dont les
⬤ membres, nommés par l'État, gèrent les
⬤ chaînes de télévision publiques (BBC1, qui

⬤ présente des émissions d'intérêt général, et
⬤ BBC2, qui est plutôt orientée vers les
⬤ émissions plus culturelles, et les chaînes
⬤ numériques) et les stations de radio
⬤ publiques. Bien que non contrôlée par l'État,
⬤ la BBC est responsable devant le
⬤ "Parliament" quant au contenu des
⬤ émissions qu'elle diffuse. Par ailleurs, la
⬤ BBC offre un service mondial de diffusion
⬤ d'émissions, en anglais et dans 43 autres
⬤ langues, appelé "BBC World Service". La BBC
⬤ est financée par la redevance télévision et
⬤ par l'exportation d'émissions.

**B.C.** adv abbr (= before Christ) av. J.-C. ▷ abbr
(Canada) = **British Columbia**
**BCG** n abbr (= Bacillus Calmette-Guérin) BCG m
**BD** n abbr (= Bachelor of Divinity) diplôme universitaire
**B/D** abbr = **bank draft**
**BDS** n abbr (= Bachelor of Dental Surgery) diplôme
universitaire

⬤ **KEYWORD**

**be** [bi:] (pt **was, were**, pp **been**) aux vb **1** (with
present participle: forming continuous tenses): **what
are you doing?** que faites-vous?; **they're
coming tomorrow** ils viennent demain; **I've
been waiting for you for 2 hours** je t'attends
depuis 2 heures
**2** (with pp: forming passives) être; **to be killed** être
tué(e); **the box had been opened** la boîte avait
été ouverte; **he was nowhere to be seen** on ne
le voyait nulle part
**3** (in tag questions): **it was fun, wasn't it?** c'était
drôle, n'est-ce pas?; **he's good-looking, isn't
he?** il est beau, n'est-ce pas?; **she's back, is
she?** elle est rentrée, n'est-ce pas or alors?
**4** (+to+infinitive): **the house is to be sold**
(necessity) la maison doit être vendue; (future) la
maison va être vendue; **he's not to open it** il
ne doit pas l'ouvrir; **am I to understand
that ...?** dois-je comprendre que ...?; **he was to
have come yesterday** il devait venir hier
**5** (possibility, supposition): **if I were you, I ...** à
votre place, je ..., si j'étais vous, je ...
▷ vb+complement **1** (gen) être; **I'm English** je suis
anglais(e); **I'm tired** je suis fatigué(e); **I'm
hot/cold** j'ai chaud/froid; **he's a doctor** il est
médecin; **be careful/good/quiet!** faites
attention/soyez sages/taisez-vous!; **2 and 2 are
4** 2 et 2 font 4
**2** (of health) aller; **how are you?** comment allez-
vous?; **I'm better now** je vais mieux
maintenant; **he's fine now** il va bien
maintenant; **he's very ill** il est très malade
**3** (of age) avoir; **how old are you?** quel âge avez-
vous?; **I'm sixteen (years old)** j'ai seize ans
**4** (cost) coûter; **how much was the meal?**
combien a coûté le repas?; **that'll be £5, please**
ça fera 5 livres, s'il vous plaît; **this shirt is £17**
cette chemise coûte 17 livres

▷ vi **1** (*exist, occur etc*) être, exister; **the prettiest girl that ever was** la fille la plus jolie qui ait jamais existé; **is there a God?** y a-t-il un dieu?; **be that as it may** quoi qu'il en soit; **so be it** soit

**2** (*referring to place*) être, se trouver; **I won't be here tomorrow** je ne serai pas là demain; **Edinburgh is in Scotland** Édimbourg est *or* se trouve en Écosse

**3** (*referring to movement*) aller; **where have you been?** où êtes-vous allé(s)?

▷ *impers vb* **1** (*referring to time*) être; **it's 5 o'clock** il est 5 heures; **it's the 28th of April** c'est le 28 avril

**2** (*referring to distance*): **it's 10 km to the village** le village est à 10 km

**3** (*referring to the weather*) faire; **it's too hot/cold** il fait trop chaud/froid; **it's windy today** il y a du vent aujourd'hui

**4** (*emphatic*): **it's me/the postman** c'est moi/le facteur; **it was Maria who paid the bill** c'est Maria qui a payé la note

**B/E** *abbr* = **bill of exchange**

**beach** [biːtʃ] *n* plage *f* ▷ *vt* échouer

**beachcomber** ['biːtʃkəumər] *n* ramasseur *m* d'épaves; (*fig*) bon(-ne) *m/f* à rien

**beachwear** ['biːtʃwɛər] *n* tenues *fpl* de plage

**beacon** ['biːkən] *n* (*lighthouse*) fanal *m*; (*marker*) balise *f*; (*also*: **radio beacon**) radiophare *m*

**bead** [biːd] *n* perle *f*; (*of dew, sweat*) goutte *f*; **beads** *npl* (*necklace*) collier *m*

**beady** ['biːdɪ] *adj*: ~ **eyes** yeux *mpl* de fouine

**beagle** ['biːgl] *n* beagle *m*

**beak** [biːk] *n* bec *m*

**beaker** ['biːkər] *n* gobelet *m*

**beam** [biːm] *n* (*Archit*) poutre *f*; (*of light*) rayon *m*; (*Radio*) faisceau *m* radio ▷ *vi* rayonner; **to drive on full** *or* **main** *or* (*US*) **high** ~ rouler en pleins phares

**beaming** ['biːmɪŋ] *adj* (*sun, smile*) radieux(-euse)

**bean** [biːn] *n* haricot *m*; (*of coffee*) grain *m*

**beanpole** ['biːnpəul] *n* (*inf*) perche *f*

**beansprouts** ['biːnsprauts] *npl* pousses *fpl* *or* germes *mpl* de soja

**bear** [bɛər] (*pt* **bore**, *pp* **borne**) [bɔːr, bɔːn] *n* ours *m*, (*Stock Exchange*) baissier *m* ▷ *vt* porter; (*endure*) supporter; (*traces, signs*) porter; (*Comm: interest*) rapporter ▷ *vi*: **to ~ right/left** obliquer à droite/gauche, se diriger vers la droite/gauche; **to ~ the responsibility of** assumer la responsabilité de; **to ~ comparison with** soutenir la comparaison avec; **I can't ~ him** je ne peux pas le supporter *or* souffrir; **to bring pressure to ~ on sb** faire pression sur qn

▸ **bear out** *vt* (*theory, suspicion*) confirmer

▸ **bear up** *vi* supporter, tenir le coup; **he bore up well** il a tenu le coup

▸ **bear with** *vt fus* (*sb's moods, temper*) supporter; ~ **with me a minute** un moment, s'il vous plaît

**bearable** ['bɛərəbl] *adj* supportable

**beard** [bɪəd] *n* barbe *f*

**bearded** ['bɪədɪd] *adj* barbu(e)

**bearer** ['bɛərər] *n* porteur *m*; (*of passport etc*) titulaire *m/f*

**bearing** ['bɛərɪŋ] *n* maintien *m*, allure *f*; (*connection*) rapport *m*; (*Tech*): **(ball) bearings** *npl* roulement *m* (à billes); **to take a** ~ faire le point; **to find one's** ~**s** s'orienter

**beast** [biːst] *n* bête *f*; (*inf: person*) brute *f*

**beastly** ['biːstlɪ] *adj* infect(e)

**beat** [biːt] *n* battement *m*; (*Mus*) temps *m*, mesure *f*; (*of policeman*) ronde *f* ▷ *vt, vi* (*pt* -, *pp* - **en**) battre; **off the** ~**en track** hors des chemins *or* sentiers battus; **to** ~ **it** (*inf*) ficher le camp; **to** ~ **about the bush** tourner autour du pot; **that** ~**s everything!** c'est le comble!

▸ **beat down** *vt* (*door*) enfoncer; (*price*) faire baisser; (*seller*) faire descendre ▷ *vi* (*rain*) tambouriner; (*sun*) taper

▸ **beat off** *vt* repousser

▸ **beat up** *vt* (*eggs*) battre; (*inf: person*) tabasser

**beater** ['biːtər] *n* (*for eggs, cream*) fouet *m*, batteur *m*

**beating** ['biːtɪŋ] *n* raclée *f*

**beat-up** ['biːtʌp] *adj* (*inf*) déglingué(e)

**beautician** [bjuːˈtɪʃən] *n* esthéticien(ne)

**beautiful** ['bjuːtɪful] *adj* beau (belle)

**beautifully** ['bjuːtɪflɪ] *adv* admirablement

**beautify** ['bjuːtɪfaɪ] *vt* embellir

**beauty** ['bjuːtɪ] *n* beauté *f*; **the** ~ **of it is that ...** le plus beau, c'est que ...

**beauty contest** *n* concours *m* de beauté

**beauty parlour,** (*US*) **beauty parlor** [-ˈpɑːlər] *n* institut *m* de beauté

**beauty queen** *n* reine *f* de beauté

**beauty salon** *n* institut *m* de beauté

**beauty sleep** *n*: **I need my** ~ j'ai besoin de faire un gros dodo

**beauty spot** *n* (*on skin*) grain *m* de beauté; (*Brit Tourism*) site naturel (d'une grande beauté)

**beaver** ['biːvər] *n* castor *m*

**becalmed** [bɪˈkɑːmd] *adj* immobilisé(e) par le calme plat

**became** [bɪˈkeɪm] *pt of* **become**

**because** [bɪˈkɔz] *conj* parce que; ~ **of** (*prep*) à cause de

**beck** [bɛk] *n*: **to be at sb's** ~ **and call** être à l'entière disposition de qn

**beckon** ['bɛkən] *vt* (*also*: **beckon to**) faire signe (de venir) à

**become** [bɪˈkʌm] *vi* devenir; **to** ~ **fat/thin** grossir/maigrir; **to** ~ **angry** se mettre en colère; **it became known that** on apprit que; **what has** ~ **of him?** qu'est-il devenu?

**becoming** [bɪˈkʌmɪŋ] *adj* (*behaviour*) convenable, bienséant(e); (*clothes*) seyant(e)

**BECTU** ['bɛktu] *n abbr* (*Brit*) = **Broadcasting, Entertainment, Cinematographic and Theatre Union**

**BEd** *n abbr* (= *Bachelor of Education*) diplôme d'aptitude à l'enseignement

**bed** [bɛd] *n* lit *m*; (*of flowers*) parterre *m*; (*of coal, clay*) couche *f*; (*of sea, lake*) fond *m*; **to go to** ~

aller se coucher
▸ **bed down** vi se coucher
**bed and breakfast** n (terms) chambre et petit déjeuner; (place) ≈ chambre f d'hôte; voir article

⬤ **BED AND BREAKFAST**
⬤
⬤ Un bed and breakfast est une petite pension
⬤ dans une maison particulière ou une ferme
⬤ où l'on peut louer une chambre avec petit
⬤ déjeuner compris pour un prix modique par
⬤ rapport à ce que l'on paierait dans un hôtel.
⬤ Ces établissements sont communément
⬤ appelés "B & B", et sont signalés par une
⬤ pancarte dans le jardin ou au-dessus de la
⬤ porte.

**bedbug** ['bɛdbʌg] n punaise f
**bedclothes** ['bɛdkləʊðz] npl couvertures fpl et draps mpl
**bedcover** ['bɛdkʌvəʳ] n couvre-lit m, dessus-de-lit m
**bedding** ['bɛdɪŋ] n literie f
**bedevil** [bɪ'dɛvl] vt (harass) harceler; **to be ~led by** être victime de
**bedfellow** ['bɛdfɛləʊ] n: **they are strange ~s** (fig) ça fait un drôle de mélange
**bedlam** ['bɛdləm] n chahut m, cirque m
**bed linen** n draps mpl de lit (et taies fpl d'oreillers), literie f
**bedpan** ['bɛdpæn] n bassin m (hygiénique)
**bedpost** ['bɛdpəʊst] n colonne f de lit
**bedraggled** [bɪ'drægld] adj dépenaillé(e), les vêtements en désordre
**bedridden** ['bɛdrɪdn] adj cloué(e) au lit
**bedrock** ['bɛdrɔk] n (fig) principes essentiels or de base, essentiel m; (Geo) roche f en place, socle m
**bedroom** ['bɛdrum] n chambre f (à coucher)
**Beds** abbr (Brit) = **Bedfordshire**
**bed settee** n canapé-lit m
**bedside** ['bɛdsaɪd] n: **at sb's ~** au chevet de qn ▷ cpd (book, lamp) de chevet
**bedside lamp** n lampe f de chevet
**bedside table** n table f de chevet
**bedsit** ['bɛdsɪt], **bedsitter** ['bɛdsɪtəʳ] n (Brit) chambre meublée, studio m
**bedspread** ['bɛdsprɛd] n couvre-lit m, dessus-de-lit m
**bedtime** ['bɛdtaɪm] n: **it's ~** c'est l'heure de se coucher
**bee** [biː] n abeille f; **to have a ~ in one's bonnet (about sth)** être obnubilé(e) (par qch)
**beech** [biːtʃ] n hêtre m
**beef** [biːf] n bœuf m; **roast ~** rosbif m
▸ **beef up** vt (inf: support) renforcer; (: essay) étoffer
**beefburger** ['biːfbəːgəʳ] n hamburger m
**beehive** ['biːhaɪv] n ruche f
**bee-keeping** ['biːkiːpɪŋ] n apiculture f
**beeline** ['biːlaɪn] n: **to make a ~ for** se diriger tout droit vers

**been** [biːn] pp of **be**
**beep** [biːp] n bip m
**beeper** ['biːpəʳ] n (pager) bip m
**beer** [bɪəʳ] n bière f
**beer belly** n (inf) bedaine f (de buveur de bière)
**beer can** n canette f de bière
**beer garden** n (Brit) jardin m d'un pub (où l'on peut emmener ses consommations)
**beet** [biːt] n (vegetable) betterave f; (US: also: **red beet**) betterave (potagère)
**beetle** ['biːtl] n scarabée m, coléoptère m
**beetroot** ['biːtruːt] n (Brit) betterave f
**befall** [bɪ'fɔːl] vi, vt (irreg: like **fall**) advenir (à)
**befit** [bɪ'fɪt] vt seoir à
**before** [bɪ'fɔːʳ] prep (of time) avant; (of space) devant ▷ conj avant que + sub; avant de ▷ adv avant; **~ going** avant de partir; **~ she goes** avant qu'elle (ne) parte; **the week ~** la semaine précédente or d'avant; **I've seen it ~** je l'ai déjà vu; **I've never seen it ~** c'est la première fois que je le vois
**beforehand** [bɪ'fɔːhænd] adv au préalable, à l'avance
**befriend** [bɪ'frɛnd] vt venir en aide à; traiter en ami
**befuddled** [bɪ'fʌdld] adj: **to be ~** avoir les idées brouillées
**beg** [bɛg] vi mendier ▷ vt mendier; (favour) quémander, solliciter; (forgiveness, mercy etc) demander; (entreat) supplier; **to ~ sb to do sth** supplier qn de faire qch; **I ~ your pardon** (apologising) excusez-moi; (: not hearing) pardon?; **that ~s the question of ...** cela soulève la question de ..., cela suppose réglée la question de ...; see also **pardon**
**began** [bɪ'gæn] pt of **begin**
**beggar** ['bɛgəʳ] n (also: **beggarman, beggarwoman**) mendiant(e)
**begin** [bɪ'gɪn] (pt **began**, pp **begun** [bɪ'gɪn, -'gæn, -'gʌn]) vt, vi commencer; **to ~ doing** or **to do sth** commencer à faire qch; **~ning (from) Monday** à partir de lundi; **I can't ~ to thank you** je ne saurais vous remercier; **to ~ with** d'abord, pour commencer
**beginner** [bɪ'gɪnəʳ] n débutant(e)
**beginning** [bɪ'gɪnɪŋ] n commencement m, début m; **right from the ~** dès le début
**begrudge** [bɪ'grʌdʒ] vt: **to ~ sb sth** envier qch à qn; donner qch à contrecœur or à regret à qn
**beguile** [bɪ'gaɪl] vt (enchant) enjôler
**beguiling** [bɪ'gaɪlɪŋ] adj (charming) séduisant(e), enchanteur(eresse)
**begun** [bɪ'gʌn] pp of **begin**
**behalf** [bɪ'hɑːf] n: **on ~ of**, (US) **in ~ of** (representing) de la part de; au nom de; (for benefit of) pour le compte de; **on my/his ~** de ma/sa part
**behave** [bɪ'heɪv] vi se conduire, se comporter; (well: also: **behave o.s.**) se conduire bien or comme il faut
**behaviour**, (US) **behavior** [bɪ'heɪvjəʳ] n comportement m, conduite f

**behead** [bɪ'hɛd] vt décapiter
**beheld** [bɪ'hɛld] pt, pp of **behold**
**behind** [bɪ'haɪnd] prep derrière; (time) en retard sur; (supporting): **to be ~ sb** soutenir qn ▷ adv derrière; en retard ▷ n derrière m; **~ the scenes** dans les coulisses; **to leave sth ~** (forget) oublier de prendre qch; **to be ~ (schedule) with sth** être en retard dans qch
**behold** [bɪ'həʊld] vt (irreg: like **hold**) apercevoir, voir
**beige** [beɪʒ] adj beige
**Beijing** ['beɪ'dʒɪŋ] n Pékin
**being** ['biːɪŋ] n être m; **to come into ~** prendre naissance
**Beirut** [beɪ'ruːt] n Beyrouth
**Belarus** [bɛlə'rus] n Biélorussie f, Bélarus m
**Belarussian** [bɛlə'rʌʃən] adj biélorusse ▷ n Biélorusse m/f; (Ling) biélorusse m
**belated** [bɪ'leɪtɪd] adj tardif(-ive)
**belch** [bɛltʃ] vi avoir un renvoi, roter ▷ vt (also: **belch out**: smoke etc) vomir, cracher
**beleaguered** [bɪ'liːɡɪd] adj (city) assiégé(e); (army) cerné(e); (fig) sollicité(e) de toutes parts
**Belfast** ['bɛlfɑːst] n Belfast
**belfry** ['bɛlfrɪ] n beffroi m
**Belgian** ['bɛldʒən] adj belge, de Belgique ▷ n Belge m/f
**Belgium** ['bɛldʒəm] n Belgique f
**Belgrade** [bɛl'ɡreɪd] n Belgrade
**belie** [bɪ'laɪ] vt démentir; (give false impression of) occulter
**belief** [bɪ'liːf] n (opinion) conviction f; (trust, faith) foi f; (acceptance as true) croyance f; **it's beyond ~** c'est incroyable; **in the ~ that** dans l'idée que
**believable** [bɪ'liːvəbl] adj croyable
**believe** [bɪ'liːv] vt, vi croire, estimer; **to ~ in** (God) croire en; (ghosts, method) croire à; **I don't ~ in corporal punishment** je ne suis pas partisan des châtiments corporels; **he is ~d to be abroad** il serait à l'étranger
**believer** [bɪ'liːvər] n (in idea, activity) partisan(e); **~ in** partisan(e) de; (Rel) croyant(e)
**belittle** [bɪ'lɪtl] vt déprécier, rabaisser
**Belize** [bɛ'liːz] n Bélize m
**bell** [bɛl] n cloche f; (small) clochette f, grelot m; (on door) sonnette f; (electric) sonnerie f; **that rings a ~** (fig) cela me rappelle qch
**bell-bottoms** ['bɛlbɔtəmz] npl pantalon m à pattes d'éléphant
**bellboy** ['bɛlbɔɪ], (US) **bellhop** ['bɛlhɔp] n groom m, chasseur m
**belligerent** [bɪ'lɪdʒərənt] adj (at war) belligérant(e); (fig) agressif(-ive)
**bellow** ['bɛləʊ] vi (bull) meugler; (person) brailler ▷ vt (orders) hurler
**bellows** ['bɛləʊz] npl soufflet m
**bell pepper** n (esp US) poivron m
**bell push** n (Brit) bouton m de sonnette
**belly** ['bɛlɪ] n ventre m
**bellyache** ['bɛlɪeɪk] (inf) n colique f ▷ vi ronchonner
**belly button** (inf) n nombril m

**bellyful** ['bɛlɪful] n (inf): **I've had a ~** j'en ai ras le bol
**belong** [bɪ'lɔŋ] vi: **to ~ to** appartenir à; (club etc) faire partie de; **this book ~s here** ce livre va ici, la place de ce livre est ici
**belongings** [bɪ'lɔŋɪŋz] npl affaires fpl, possessions fpl; **personal ~** effets personnels
**Belorussia** [bɛlə'rʌʃə] n Biélorussie f
**Belorussian** [bɛlə'rʌʃən] adj, n = **Belarussian**
**beloved** [bɪ'lʌvɪd] adj (bien-)aimé(e), chéri(e) ▷ n bien-aimé(e)
**below** [bɪ'ləʊ] prep sous, au-dessous de ▷ adv en dessous; en contre-bas; **see ~** voir plus bas or plus loin or ci-dessous; **temperatures ~ normal** températures inférieures à la normale
**belt** [bɛlt] n ceinture f; (Tech) courroie f ▷ vt (thrash) donner une raclée à ▷ vi (Brit inf) filer (à toutes jambes); **industrial ~** zone industrielle
▶ **belt out** vt (song) chanter à tue-tête or à pleins poumons
▶ **belt up** vi (Brit inf) la boucler
**beltway** ['bɛltweɪ] n (US Aut) route f de ceinture; (: motorway) périphérique m
**bemoan** [bɪ'məʊn] vt se lamenter sur
**bemused** [bɪ'mjuːzd] adj médusé(e)
**bench** [bɛntʃ] n banc m; (in workshop) établi m; **the B~** (Law: judges) la magistrature, la Cour
**bench mark** n repère m
**bend** [bɛnd] (pt, pp **bent** [bɛnt]) vt courber; (leg, arm) plier ▷ vi se courber ▷ n (Brit: in road) virage m, tournant m; (in pipe, river) coude m
▶ **bend down** vi se baisser
▶ **bend over** vi se pencher
**bends** [bɛndz] npl (Med) maladie f des caissons
**beneath** [bɪ'niːθ] prep sous, au-dessous de; (unworthy of) indigne de ▷ adv dessous, au-dessous, en bas
**benefactor** ['bɛnɪfæktər] n bienfaiteur m
**benefactress** ['bɛnɪfæktrɪs] n bienfaitrice f
**beneficial** [bɛnɪ'fɪʃəl] adj: **~ (to)** salutaire (pour), bénéfique (à)
**beneficiary** [bɛnɪ'fɪʃərɪ] n (Law) bénéficiaire m/f
**benefit** ['bɛnɪfɪt] n avantage m, profit m; (allowance of money) allocation f ▷ vt faire du bien à, profiter à ▷ vi: **he'll ~ from it** cela lui fera du bien, il y gagnera or s'en trouvera bien
**benefit performance** n représentation f or gala m de bienfaisance
**Benelux** ['bɛnɪlʌks] n Bénélux m
**benevolent** [bɪ'nɛvələnt] adj bienveillant(e)
**BEng** n abbr (= Bachelor of Engineering) diplôme universitaire
**benign** [bɪ'naɪn] adj (person, smile) bienveillant(e), affable; (Med) bénin(-igne)
**bent** [bɛnt] pt, pp of **bend** ▷ n inclination f, penchant m ▷ adj (wire, pipe) coudé(e); (inf: dishonest) véreux(-euse); **to be ~ on** être résolu(e) à
**bequeath** [bɪ'kwiːð] vt léguer
**bequest** [bɪ'kwɛst] n legs m
**bereaved** [bɪ'riːvd] n: **the ~** la famille du disparu ▷ adj endeuillé(e)

**…ment** [bɪˈriːvmənt] n deuil m
**…ɛreɪ] n** béret m
**…Sea** [ˈbeɪrɪŋ-] n: **the ~** la mer de Béring
**berk** [bəːk] n (Brit inf) andouille m/f
**Berks** abbr (Brit) = **Berkshire**
**Berlin** [bəːˈlɪn] n Berlin; **East/West ~** Berlin Est/Ouest
**berm** [bəːm] n (US Aut) accotement m
**Bermuda** [bəːˈmjuːdə] n Bermudes fpl
**Bermuda shorts** npl bermuda m
**Bern** [bəːn] n Berne
**berry** [ˈbɛrɪ] n baie f
**berserk** [bəˈsəːk] adj: **to go ~** être pris(e) d'une rage incontrôlable; se déchaîner
**berth** [bəːθ] n (bed) couchette f; (for ship) poste m d'amarrage, mouillage m ▷ vi (in harbour) venir à quai; (at anchor) mouiller; **to give sb a wide ~** (fig) éviter qn
**beseech** (pt, pp **besought**) [bɪˈsiːtʃ, -ˈsɔːt] vt implorer, supplier
**beset** (pt, pp **~**) [bɪˈsɛt] vt assaillir ▷ adj: **~ with** semé(e) de
**besetting** [bɪˈsɛtɪŋ] adj: **his ~ sin** son vice, son gros défaut
**beside** [bɪˈsaɪd] prep à côté de; (compared with) par rapport à; **that's ~ the point** ça n'a rien à voir; **to be ~ o.s. (with anger)** être hors de soi
**besides** [bɪˈsaɪdz] adv en outre, de plus ▷ prep en plus de; (except) excepté
**besiege** [bɪˈsiːdʒ] vt (town) assiéger; (fig) assaillir
**besotted** [bɪˈsɔtɪd] adj (Brit): **~ with** entiché(e) de
**besought** [bɪˈsɔːt] pt, pp of **beseech**
**bespectacled** [bɪˈspɛktɪkld] adj à lunettes
**bespoke** [bɪˈspəuk] adj (Brit: garment) fait(e) sur mesure; **~ tailor** tailleur m à façon
**best** [bɛst] adj meilleur(e) ▷ adv le mieux; **the ~ part of** (quantity) le plus clair de, la plus grande partie de; **at ~** au mieux; **to make the ~ of sth** s'accommoder de qch (du mieux que l'on peut); **to do one's ~** faire de son mieux; **to the ~ of my knowledge** pour autant que je sache; **to the ~ of my ability** du mieux que je pourrai; **he's not exactly patient at the ~ of times** il n'est jamais spécialement patient; **the ~ thing to do is …** le mieux, c'est de …
**best-before date** n date f de limite d'utilisation or de consommation
**best man** (irreg) n garçon m d'honneur
**bestow** [bɪˈstəu] vt accorder; (title) conférer
**bestseller** [ˈbɛstˈsɛləʳ] n best-seller m, succès m de librairie
**bet** [bɛt] n pari m ▷ vt, vi (pt, pp **~** or **-ted**) parier; **it's a safe ~** (fig) il y a de fortes chances; **to ~ sb sth** parier qch à qn
**Bethlehem** [ˈbɛθlɪhɛm] n Bethléem
**betray** [bɪˈtreɪ] vt trahir
**betrayal** [bɪˈtreɪəl] n trahison f
**better** [ˈbɛtəʳ] adj meilleur(e) ▷ adv mieux ▷ vt améliorer ▷ n: **to get the ~ of** triompher de, l'emporter sur; **a change for the ~** une amélioration; **I had ~ go** il faut que je m'en

aille; **you had ~ do it** vous feriez mieux de le faire; **he thought ~ of it** il s'est ravisé; **to get ~** (Med) aller mieux; (improve) s'améliorer; **that's ~!** c'est mieux!; **~ off** adj plus à l'aise financièrement; (fig): **you'd be ~ off this way** vous vous en trouveriez mieux ainsi, ce serait mieux or plus pratique ainsi
**betting** [ˈbɛtɪŋ] n paris mpl
**betting shop** n (Brit) bureau m de paris
**between** [bɪˈtwiːn] prep entre ▷ adv au milieu, dans l'intervalle; **the road ~ here and London** la route d'ici à Londres; **we only had 5 ~ us** nous n'en avions que 5 en tout
**bevel** [ˈbɛvəl] n (also: **bevel edge**) biseau m
**beverage** [ˈbɛvərɪdʒ] n boisson f (gén sans alcool)
**bevy** [ˈbɛvɪ] n: **a ~ of** un essaim or une volée de
**bewail** [bɪˈweɪl] vt se lamenter sur
**beware** [bɪˈwɛəʳ] vt, vi: **to ~ (of)** prendre garde (à); **"~ of the dog"** "(attention) chien méchant"
**bewildered** [bɪˈwɪldəd] adj dérouté(e), ahuri(e)
**bewildering** [bɪˈwɪldrɪŋ] adj déroutant(e), ahurissant(e)
**bewitching** [bɪˈwɪtʃɪŋ] adj enchanteur(-teresse)
**beyond** [bɪˈjɔnd] prep (in space, time) au-delà de; (exceeding) au-dessus de ▷ adv au-delà; **~ doubt** hors de doute; **~ repair** irréparable
**b/f** abbr = **brought forward**
**BFPO** n abbr (= British Forces Post Office) service postal de l'armée
**bhp** n abbr (Aut: = brake horsepower) puissance f aux freins
**bi…** [baɪ] prefix bi…
**biannual** [baɪˈænjuəl] adj semestriel(le)
**bias** [ˈbaɪəs] n (prejudice) préjugé m, parti pris; (preference) prévention f
**biased, biassed** [ˈbaɪəst] adj partial(e), montrant un parti pris; **to be bias(s)ed against** avoir un préjugé contre
**biathlon** [baɪˈæθlən] n biathlon m
**bib** [bɪb] n bavoir m, bavette f
**Bible** [ˈbaɪbl] n Bible f
**bibliography** [bɪblɪˈɔgrəfɪ] n bibliographie f
**bicarbonate of soda** [baɪˈkɑːbənɪt-] n bicarbonate m de soude
**bicentenary** [baɪsɛnˈtiːnərɪ] n, **bicentennial** [baɪsɛnˈtɛnɪəl] ▷ n bicentenaire m
**biceps** [ˈbaɪsɛps] n biceps m
**bicker** [ˈbɪkəʳ] vi se chamailler
**bicycle** [ˈbaɪsɪkl] n bicyclette f
**bicycle path** n, **bicycle track** n piste f cyclable
**bicycle pump** n pompe f à vélo
**bid** [bɪd] n offre f; (at auction) enchère f; (attempt) tentative f ▷ vi (pt, pp **~**) faire une enchère or offre ▷ vt (pt **bade**) [bæd] (pp **-den**) [ˈbɪdn] faire une enchère or offre de; **to ~ sb good day** souhaiter le bonjour à qn
**bidden** [ˈbɪdn] pp of **bid**
**bidder** [ˈbɪdəʳ] n: **the highest ~** le plus offrant
**bidding** [ˈbɪdɪŋ] n enchères fpl
**bide** [baɪd] vt: **to ~ one's time** attendre son heure

**bidet** ['biːdeɪ] *n* bidet *m*
**bidirectional** ['baɪdɪ'rɛkʃənl] *adj* bidirectionnel(le)
**biennial** [baɪ'enɪəl] *adj* biennal(e), bisannuel(le) ▷ *n* biennale *f*; (*plant*) plante bisannuelle
**bier** [bɪə<sup>r</sup>] *n* bière *f* (*cercueil*)
**bifocals** [baɪ'fəuklz] *npl* lunettes *fpl* à double foyer
**big** [bɪg] *adj* (*in height: person, building, tree*) grand(e); (*in bulk, amount: person, parcel, book*) gros(se); **to do things in a ~ way** faire les choses en grand
**bigamy** ['bɪgəmɪ] *n* bigamie *f*
**big dipper** [-'dɪpə<sup>r</sup>] *n* montagnes *fpl* russes
**big end** *n* (*Aut*) tête *f* de bielle
**biggish** ['bɪgɪʃ] *adj* (*see big*) assez grand(e), assez gros(se)
**bigheaded** ['bɪg'hɛdɪd] *adj* prétentieux(-euse)
**big-hearted** ['bɪg'hɑːtɪd] *adj* au grand cœur
**bigot** ['bɪgət] *n* fanatique *m/f*, sectaire *m/f*
**bigoted** ['bɪgətɪd] *adj* fanatique, sectaire
**bigotry** ['bɪgətrɪ] *n* fanatisme *m*, sectarisme *m*
**big toe** *n* gros orteil
**big top** *n* grand chapiteau
**big wheel** *n* (*at fair*) grande roue
**bigwig** ['bɪgwɪg] *n* (*inf*) grosse légume, huile *f*
**bike** [baɪk] *n* vélo *m*, bécane *f*
**bike lane** *n* piste *f* cyclable
**bikini** [bɪ'kiːnɪ] *n* bikini *m*
**bilateral** [baɪ'lætərl] *adj* bilatéral(e)
**bile** [baɪl] *n* bile *f*
**bilingual** [baɪ'lɪŋgwəl] *adj* bilingue
**bilious** ['bɪlɪəs] *adj* bilieux(-euse); (*fig*) maussade, irritable
**bill** [bɪl] *n* note *f*, facture *f*; (*in restaurant*) addition *f*, note *f*; (*Pol*) projet *m* de loi; (*US: banknote*) billet *m* (de banque); (*notice*) affiche *f*; (*of bird*) bec *m*; (*Theat*): **on the ~** à l'affiche ▷ *vt* (*item*) facturer; (*customer*) remettre la facture à; **may I have the ~ please?** (est-ce que je peux avoir) l'addition, s'il vous plaît?; **put it on my ~** mettez-le sur mon compte; **"post no ~s"** "défense d'afficher"; **to fit** *or* **fill the ~** (*fig*) faire l'affaire; **~ of exchange** lettre *f* de change; **~ of lading** connaissement *m*; **~ of sale** contrat *m* de vente
**billboard** ['bɪlbɔːd] (*US*) *n* panneau *m* d'affichage
**billet** ['bɪlɪt] *n* cantonnement *m* (chez l'habitant) ▷ *vt* (*troops*) cantonner
**billfold** ['bɪlfəuld] *n* (*US*) portefeuille *m*
**billiards** ['bɪljədz] *n* (jeu *m* de) billard *m*
**billion** ['bɪljən] *n* (*Brit*) billion *m* (*million de millions*); (*US*) milliard *m*
**billow** ['bɪləu] *n* nuage *m* ▷ *vi* (*smoke*) s'élever en nuage; (*sail*) se gonfler
**billy goat** ['bɪlɪgəut] *n* bouc *m*
**bimbo** ['bɪmbəu] *n* (*inf*) ravissante idiote *f*
**bin** [bɪn] *n* boîte *f*; (*Brit: also:* **dustbin, litter bin**) poubelle *f*; (*for coal*) coffre *m*
**binary** ['baɪnərɪ] *adj* binaire
**bind** (*pt, pp* **bound**) [baɪnd, baund] *vt* attacher;

(*book*) relier; (*oblige*) obliger, contraindre ▷ *n* (*inf: nuisance*) scie *f*
▶ **bind over** *vt* (*Law*) mettre en liberté conditionnelle
▶ **bind up** *vt* (*wound*) panser; **to be bound up in** (*work, research etc*) être complètement absorbé par, être accroché par; **to be bound up with** (*person*) être accroché à
**binder** ['baɪndə<sup>r</sup>] *n* (*file*) classeur *m*
**binding** ['baɪndɪŋ] *n* (*of book*) reliure *f* ▷ *adj* (*contract*) qui constitue une obligation
**binge** [bɪndʒ] *n* (*inf*): **to go on a ~** faire la bringue
**bingo** ['bɪŋgəu] *n* sorte de jeu de loto pratiqué dans des établissements publics
**bin liner** *n* sac *m* poubelle
**binoculars** [bɪ'nɔkjuləz] *npl* jumelles *fpl*
**biochemistry** [baɪə'kɛmɪstrɪ] *n* biochimie *f*
**biodegradable** ['baɪəudɪ'greɪdəbl] *adj* biodégradable
**biodiversity** ['baɪəudaɪ'vəːsɪtɪ] *n* biodiversité *f*
**biofuel** ['baɪəufjuəl] *n* combustible *m* organique
**biographer** [baɪ'ɔgrəfə<sup>r</sup>] *n* biographe *m/f*
**biographic** [baɪə'græfɪk], **biographical** [baɪə'græfɪkl] *adj* biographique
**biography** [baɪ'ɔgrəfɪ] *n* biographie *f*
**biological** [baɪə'lɔdʒɪkl] *adj* biologique
**biological clock** *n* horloge *f* physiologique
**biologist** [baɪ'ɔlədʒɪst] *n* biologiste *m/f*
**biology** [baɪ'ɔlədʒɪ] *n* biologie *f*
**biometric** [baɪə'mɛtrɪk] *adj* biométrique
**biophysics** ['baɪə'fɪzɪks] *n* biophysique *f*
**biopic** ['baɪəupɪk] *n* film *m* biographique
**biopsy** ['baɪɔpsɪ] *n* biopsie *f*
**biosphere** ['baɪəsfɪə<sup>r</sup>] *n* biosphère *f*
**biotechnology** ['baɪəutɛk'nɔlədʒɪ] *n* biotechnologie *f*
**birch** [bəːtʃ] *n* bouleau *m*
**bird** [bəːd] *n* oiseau *m*; (*Brit inf: girl*) nana *f*
**bird flu** *n* grippe *f* aviaire
**bird of prey** *n* oiseau *m* de proie
**bird's-eye view** ['bəːdzaɪ-] *n* vue *f* à vol d'oiseau; (*fig*) vue d'ensemble *or* générale
**bird watcher** [-wɔtʃə<sup>r</sup>] *n* ornithologue *m/f* amateur
**birdwatching** ['bəːdwɔtʃɪŋ] *n* ornithologie *f* (*d'amateur*)
**Biro**® ['baɪərəu] *n* stylo *m* à bille
**birth** [bəːθ] *n* naissance *f*; **to give ~ to** donner naissance à, mettre au monde; (*subj: animal*) mettre bas
**birth certificate** *n* acte *m* de naissance
**birth control** *n* (*policy*) limitation *f* des naissances; (*methods*) méthode(s) contraceptive(s)
**birthday** ['bəːθdeɪ] *n* anniversaire *m* ▷ *cpd* (*cake, card etc*) d'anniversaire
**birthmark** ['bəːθmɑːk] *n* envie *f*, tache *f* de vin
**birthplace** ['bəːθpleɪs] *n* lieu *m* de naissance
**birth rate** *n* (taux *m* de) natalité *f*
**Biscay** ['bɪskeɪ] *n*: **the Bay of ~** le golfe de

b

Gascogne

**biscuit** ['bɪskɪt] *n* (*Brit*) biscuit *m*; (*US*) petit pain au lait

**bisect** [baɪ'sɛkt] *vt* couper *or* diviser en deux

**bisexual** ['baɪ'sɛksjuəl] *adj, n* bisexuel(le)

**bishop** ['bɪʃəp] *n* évêque *m*; (*Chess*) fou *m*

**bistro** ['bi:strəu] *n* petit restaurant *m*, bistrot *m*

**bit** [bɪt] *pt of* **bite** ▷ *n* morceau *m*; (*Comput*) bit *m*, élément *m* binaire; (*of tool*) mèche *f*; (*of horse*) mors *m*; **a ~ of** un peu de; **a ~ mad/dangerous** un peu fou/risqué; **~ by ~** petit à petit; **to come to ~s** (*break*) tomber en morceaux, se déglinguer; **bring all your ~s and pieces** apporte toutes tes affaires; **to do one's ~** y mettre du sien

**bitch** [bɪtʃ] *n* (*dog*) chienne *f*; (*inf!*) salope *f* (!), garce *f*

**bite** [baɪt] *vt, vi* (*pt* **bit**, *pp* **bitten** [bɪt, 'bɪtn]) mordre; (*insect*) piquer ▷ *n* morsure *f*; (*insect bite*) piqûre *f*; (*mouthful*) bouchée *f*; **let's have a ~ (to eat)** mangeons un morceau; **to ~ one's nails** se ronger les ongles

**biting** ['baɪtɪŋ] *adj* mordant(e)

**bit part** *n* (*Theat*) petit rôle

**bitten** ['bɪtn] *pp of* **bite**

**bitter** ['bɪtə'] *adj* amer(-ère); (*criticism*) cinglant(e); (*icy: weather, wind*) glacial(e) ▷ *n* (*Brit: beer*) bière *f* (*à forte teneur en houblon*); **to the ~ end** jusqu'au bout

**bitterly** ['bɪtəlɪ] *adv* (*complain, weep*) amèrement; (*oppose, criticise*) durement, âprement; (*jealous, disappointed*) horriblement; **it's ~ cold** il fait un froid de loup

**bitterness** ['bɪtənɪs] *n* amertume *f*; goût amer

**bittersweet** ['bɪtəswi:t] *adj* aigre-doux (douce)

**bitty** ['bɪtɪ] *adj* (*Brit inf*) décousu(e)

**bitumen** ['bɪtjumɪn] *n* bitume *m*

**bivouac** ['bɪvuæk] *n* bivouac *m*

**bizarre** [bɪ'zɑ:'] *adj* bizarre

**bk** *abbr* = **bank; book**

**BL** *n abbr* (= *Bachelor of Law(s), Bachelor of Letters*) *diplôme universitaire*; (*US:* = *Bachelor of Literature*) *diplôme universitaire*

**bl** *abbr* = **bill of lading**

**blab** [blæb] *vi* jaser, trop parler ▷ *vt* (*also:* **blab out**) laisser échapper, aller raconter

**black** [blæk] *adj* noir(e) ▷ *n* (*colour*) noir *m*; (*person*): **B~** noir(e) ▷ *vt* (*shoes*) cirer; (*Brit Industry*) boycotter; **to give sb a ~ eye** pocher l'œil à qn, faire un œil au beurre noir à qn; **there it is in ~ and white** (*fig*) c'est écrit noir sur blanc; **to be in the ~** (*in credit*) avoir un compte créditeur; **~ and blue** (*bruised*) couvert(e) de bleus
  ▸ **black out** *vi* (*faint*) s'évanouir

**black belt** *n* (*Judo etc*) ceinture noire; **he's a ~** il est ceinture noire

**blackberry** ['blækbərɪ] *n* mûre *f*

**blackbird** ['blækbə:d] *n* merle *m*

**blackboard** ['blækbɔ:d] *n* tableau noir

**black box** *n* (*Aviat*) boîte noire

**black coffee** *n* café noir

**Black Country** *n* (*Brit*): **the ~** le Pays Noir (*dans les Midlands*)

**blackcurrant** ['blæk'kʌrənt] *n* cassis *m*

**black economy** *n* (*Brit*) travail *m* au noir

**blacken** ['blækn] *vt* noircir

**Black Forest** *n*: **the ~** la Forêt Noire

**blackhead** ['blækhɛd] *n* point noir

**black hole** *n* (*Astronomy*) trou noir

**black ice** *n* verglas *m*

**blackjack** ['blækdʒæk] *n* (*Cards*) vingt-et-un *m*; (*US: truncheon*) matraque *f*

**blackleg** ['blæklɛg] *n* (*Brit*) briseur *m* de grève, jaune *m*

**blacklist** ['blæklɪst] *n* liste noire ▷ *vt* mettre sur la liste noire

**blackmail** ['blækmeɪl] *n* chantage *m* ▷ *vt* faire chanter, soumettre au chantage

**blackmailer** ['blækmeɪlə'] *n* maître-chanteur *m*

**black market** *n* marché noir

**blackout** ['blækaut] *n* panne *f* d'électricité; (*in wartime*) black-out *m*; (*TV*) interruption *f* d'émission; (*fainting*) syncope *f*

**black pepper** *n* poivre noir

**black pudding** *n* boudin (noir)

**Black Sea** *n*: **the ~** la mer Noire

**black sheep** *n* brebis galeuse

**blacksmith** ['blæksmɪθ] *n* forgeron *m*

**black spot** *n* (*Aut*) point noir

**bladder** ['blædə'] *n* vessie *f*

**blade** [bleɪd] *n* lame *f*; (*of oar*) plat *m*; (*of propeller*) pale *f*; **a ~ of grass** un brin d'herbe

**blame** [bleɪm] *n* faute *f*, blâme *m* ▷ *vt*: **to ~ sb/sth for sth** attribuer à qn/qch la responsabilité de qch; reprocher qch à qn/qch; **who's to ~?** qui est le fautif *or* coupable *or* responsable?; **I'm not to ~** ce n'est pas ma faute

**blameless** ['bleɪmlɪs] *adj* irréprochable

**blanch** [blɑ:ntʃ] *vi* (*person, face*) blêmir ▷ *vt* (*Culin*) blanchir

**bland** [blænd] *adj* affable; (*taste, food*) doux (douce), fade

**blank** [blæŋk] *adj* blanc (blanche); (*look*) sans expression, dénué(e) d'expression ▷ *n* espace *m* vide, blanc *m*; (*cartridge*) cartouche *f* à blanc; **his mind was a ~** il avait la tête vide; **we drew a ~** (*fig*) nous n'avons abouti à rien

**blank cheque**, (*US*) **blank check** *n* chèque *m* en blanc; **to give sb a ~ to do ...** (*fig*) donner carte blanche à qn pour faire ...

**blanket** ['blæŋkɪt] *n* couverture *f*; (*of snow, cloud*) couche *f* ▷ *adj* (*statement, agreement*) global(e), de portée générale; **to give ~ cover** (*insurance policy*) couvrir tous les risques

**blare** [blɛə'] *vi* (*brass band, horns, radio*) beugler

**blasé** ['blɑ:zeɪ] *adj* blasé(e)

**blasphemous** ['blæsfɪməs] *adj* (*words*) blasphématoire; (*person*) blasphémateur(-trice)

**blasphemy** ['blæsfɪmɪ] *n* blasphème *m*

**blast** [blɑ:st] *n* explosion *f*; (*shock wave*) souffle *m*; (*of air, steam*) bouffée *f* ▷ *vt* faire sauter *or* exploser ▷ *excl* (*Brit inf*) zut!; **(at) full ~** (*play music etc*) à plein volume

▸ **blast off** vi (Space) décoller

**blast-off** ['blɑːstɔf] n (Space) lancement m

**blatant** ['bleɪtənt] adj flagrant(e), criant(e)

**blatantly** ['bleɪtəntlɪ] adv (lie) ouvertement; **it's ~ obvious** c'est l'évidence même

**blaze** [bleɪz] n (fire) incendie m; (flames: of fire, sun etc) embrasement m; (: in hearth) flamme f, flambée f; (fig) flamboiement m ▷ vi (fire) flamber; (fig) flamboyer, resplendir ▷ vt: **to ~ a trail** (fig) montrer la voie; **in a ~ of publicity** à grand renfort de publicité

**blazer** ['bleɪzər] n blazer m

**bleach** [bliːtʃ] n (also: **household bleach**) eau f de Javel ▷ vt (linen) blanchir

**bleached** [bliːtʃt] adj (hair) oxygéné(e), décoloré(e)

**bleachers** ['bliːtʃəz] npl (US Sport) gradins mpl (en plein soleil)

**bleak** [bliːk] adj morne, désolé(e); (weather) triste, maussade; (smile) lugubre; (prospect, future) morose

**bleary-eyed** ['blɪərɪ'aɪd] adj aux yeux pleins de sommeil

**bleat** [bliːt] n bêlement m ▷ vi bêler

**bled** [bled] pt, pp of **bleed**

**bleed** (pt, pp **bled**) [bliːd, bled] vt saigner; (brakes, radiator) purger ▷ vi saigner; **my nose is ~ing** je saigne du nez

**bleep** [bliːp] n (Radio, TV) top m; (of pocket device) bip m ▷ vi émettre des signaux ▷ vt (doctor etc) appeler (au moyen d'un bip)

**bleeper** ['bliːpər] n (of doctor etc) bip m

**blemish** ['blemɪʃ] n défaut m; (on reputation) tache f

**blend** [blend] n mélange m ▷ vt mélanger ▷ vi (colours etc: also: **blend in**) se mélanger, se fondre, s'allier

**blender** ['blendər] n (Culin) mixeur m

**bless** (pt, pp **-ed** or **blest**) [bles, blest] vt bénir; **to be ~ed with** avoir le bonheur de jouir de or d'avoir; **~ you!** (after sneeze) à tes souhaits!

**blessed** ['blesɪd] adj (Rel: holy) béni(e); (happy) bienheureux(-euse); **it rains every ~ day** il ne se passe pas de jour sans qu'il ne pleuve

**blessing** ['blesɪŋ] n bénédiction f; (godsend) bienfait m; **to count one's ~s** s'estimer heureux, **it was a ~ in disguise** c'est un bien pour un mal

**blew** [bluː] pt of **blow**

**blight** [blaɪt] n (of plants) rouille f ▷ vt (hopes etc) anéantir, briser

**blimey** ['blaɪmɪ] excl (Brit inf) mince alors!

**blind** [blaɪnd] adj aveugle ▷ n (for window) store m ▷ vt aveugler; **to turn a ~ eye (on or to)** fermer les yeux (sur); **the blind** npl les aveugles mpl

**blind alley** n impasse f

**blind corner** n (Brit) virage m sans visibilité

**blind date** n rendez-vous galant (avec un(e) inconnu(e))

**blindfold** ['blaɪndfəʊld] n bandeau m ▷ adj, adv les yeux bandés ▷ vt bander les yeux à

**blindly** ['blaɪndlɪ] adv aveuglément

**blindness** ['blaɪndnɪs] n cécité f; (fig) aveuglement m

**blind spot** n (Aut etc) angle m aveugle; (fig) angle mort

**blink** [blɪŋk] vi cligner des yeux; (light) clignoter ▷ n: **the TV's on the ~** (inf) la télé ne va pas tarder à nous lâcher

**blinkers** ['blɪŋkəz] npl œillères fpl

**blinking** ['blɪŋkɪŋ] adj (Brit inf): **this ~ ...** ce fichu or sacré ...

**blip** [blɪp] n (on radar etc) spot m; (on graph) petite aberration; (fig) petite anomalie (passagère)

**bliss** [blɪs] n félicité f, bonheur m sans mélange

**blissful** ['blɪsful] adj (event, day) merveilleux(-euse); (smile) de bonheur; **a ~ sigh** un soupir d'aise; **in ~ ignorance** dans une ignorance béate

**blissfully** ['blɪsfulɪ] adv (smile) béatement; (happy) merveilleusement

**blister** ['blɪstər] n (on skin) ampoule f, cloque f; (on paintwork) boursouflure f ▷ vi (paint) se boursoufler, se cloquer

**BLit, BLitt** n abbr (= Bachelor of Literature) diplôme universitaire

**blithely** ['blaɪðlɪ] adv (unconcernedly) tranquillement; (joyfully) gaiement

**blithering** ['blɪðərɪŋ] adj (inf): **this ~ idiot** cet espèce d'idiot

**blitz** [blɪts] n bombardement (aérien); **to have a ~ on sth** (fig) s'attaquer à qch

**blizzard** ['blɪzəd] n blizzard m, tempête f de neige

**BLM** n abbr (US: = Bureau of Land Management) ≈ les domaines

**bloated** ['bləʊtɪd] adj (face) bouffi(e); (stomach, person) gonflé(e)

**blob** [blɒb] n (drop) goutte f; (stain, spot) tache f

**bloc** [blɒk] n (Pol) bloc m

**block** [blɒk] n bloc m; (in pipes) obstruction f; (toy) cube m; (of buildings) pâté m (de maisons) ▷ vt bloquer; (fig) faire obstacle à; (Comput) grouper; **the sink is ~ed** l'évier est bouché; **~ of flats** (Brit) immeuble (locatif); **3 ~s from here** à trois rues d'ici; **mental ~** blocage m; **~ and tackle** (Tech) palan m

▸ **block up** vt boucher

**blockade** [blɒˈkeɪd] n blocus m ▷ vt faire le blocus de

**blockage** ['blɒkɪdʒ] n obstruction f

**block booking** n réservation f en bloc

**blockbuster** ['blɒkbʌstər] n (film, book) grand succès

**block capitals** npl majuscules fpl d'imprimerie

**blockhead** ['blɒkhed] n imbécile m/f

**block letters** npl majuscules fpl

**block release** n (Brit) congé m de formation

**block vote** n (Brit) vote m de délégation

**blog** [blɒg] n blog m, blogue m ▷ vi bloguer

**blogger** ['blɒgər] (inf) n (person) blogueur(-euse) m/f

**blogging** [blɒgɪŋ] n blogging m

**bloke** [bləʊk] n (Brit inf) type m

**blond, blonde** [blɒnd] adj, n blond(e)

**blood** [blʌd] n sang m
**blood bank** n banque f du sang
**blood count** n numération f globulaire
**bloodcurdling** ['blʌdkə:dlɪŋ] adj à vous glacer le
sang
**blood donor** n donneur(-euse) de sang
**blood group** n groupe sanguin
**bloodhound** ['blʌdhaund] n limier m
**bloodless** ['blʌdlɪs] adj (victory) sans effusion de
sang; (pale) anémié(e)
**bloodletting** ['blʌdlɛtɪŋ] n (Med) saignée f; (fig)
effusion f de sang, représailles fpl
**blood poisoning** n empoisonnement m du sang
**blood pressure** n tension (artérielle); **to have
high/low** ~ faire de l'hypertension/
l'hypotension
**bloodshed** ['blʌdʃɛd] n effusion f de sang,
carnage m
**bloodshot** ['blʌdʃɔt] adj: ~ **eyes** yeux injectés de
sang
**blood sports** npl sports mpl sanguinaires
**bloodstained** ['blʌdsteɪnd] adj taché(e) de sang
**bloodstream** ['blʌdstri:m] n sang m, système
sanguin
**blood test** n analyse f de sang
**bloodthirsty** ['blʌdθə:stɪ] adj sanguinaire
**blood transfusion** n transfusion f de sang
**blood type** n groupe sanguin
**blood vessel** n vaisseau sanguin
**bloody** ['blʌdɪ] adj sanglant(e); (Brit inf!): **this
~ ...** ce foutu ..., ce putain de ... (!) ▷ adv: ~
**strong/good** (Brit: inf!) vachement or sacrément
fort/bon
**bloody-minded** ['blʌdɪ'maɪndɪd] adj (Brit inf)
contrariant(e), obstiné(e)
**bloom** [blu:m] n fleur f; (fig) épanouissement m
▷ vi être en fleur; (fig) s'épanouir; être
florissant(e)
**blooming** ['blu:mɪŋ] adj (inf): **this ~ ...** ce fichu
or sacré ...
**blossom** ['blɔsəm] n fleur(s) f(pl) ▷ vi être en
fleurs; (fig) s'épanouir; **to ~ into** (fig) devenir
**blot** [blɔt] n tache f ▷ vt tacher; (ink) sécher; **to
be a ~ on the landscape** gâcher le paysage; **to
~ one's copy book** (fig) faire un impair
▶ **blot out** vt (memories) effacer; (view) cacher,
masquer; (nation, city) annihiler
**blotchy** ['blɔtʃɪ] adj (complexion) couvert(e) de
marbrures
**blotting paper** ['blɔtɪŋ-] n buvard m
**blotto** ['blɔtəu] adj (inf) bourré(e)
**blouse** [blauz] n (feminine garment) chemisier m,
corsage m
**blow** [bləu] (pt **blew**, pp **-n**) [blu:, bləun] n coup
m ▷ vi souffler ▷ vt (glass) souffler; (instrument)
jouer de; (fuse) faire sauter; **to ~ one's nose** se
moucher; **to ~ a whistle** siffler; **to come to ~s**
en venir aux coups
▶ **blow away** vi s'envoler ▷ vt chasser, faire
s'envoler
▶ **blow down** vt faire tomber, renverser
▶ **blow off** vi s'envoler ▷ vt (hat) emporter;

(ship): **to ~ off course** faire dévier
▶ **blow out** vi (fire, flame) s'éteindre; (tyre)
éclater; (fuse) sauter
▶ **blow over** vi s'apaiser
▶ **blow up** vi exploser, sauter ▷ vt faire sauter;
(tyre) gonfler; (Phot) agrandir
**blow-dry** ['bləudraɪ] n (hairstyle) brushing m ▷ vt
faire un brushing à
**blowlamp** ['bləulæmp] n (Brit) chalumeau m
**blown** [bləun] pp of **blow**
**blow-out** ['bləuaut] n (of tyre) éclatement m;
(Brit: inf: big meal) gueuleton m
**blowtorch** ['bləutɔ:tʃ] n chalumeau m
**blowzy** ['blauzɪ] adj (Brit) peu soigné(e)
**BLS** n abbr (US) = **Bureau of Labor Statistics**
**blubber** ['blʌbər] n blanc m de baleine ▷ vi (pej)
pleurer comme un veau
**bludgeon** ['blʌdʒən] n gourdin m, trique f
**blue** [blu:] adj bleu(e); (depressed) triste; ~ **film/
joke** film m/histoire f pornographique; (only)
**once in a ~ moon** tous les trente-six du mois;
**out of the ~** (fig) à l'improviste, sans qu'on s'y
attende
**blue baby** n enfant bleu(e)
**bluebell** ['blu:bɛl] n jacinthe f des bois
**blueberry** ['blu:bərɪ] n myrtille f, airelle f
**bluebottle** ['blu:bɔtl] n mouche f à viande
**blue cheese** n (fromage) bleu m
**blue-chip** ['blu:tʃɪp] adj: ~ **investment**
investissement m de premier ordre
**blue-collar worker** ['blu:kɔlə<sup>r</sup>-] n ouvrier(-ère)
col bleu
**blue jeans** npl blue-jeans mpl
**blueprint** ['blu:prɪnt] n bleu m; (fig) projet m,
plan directeur
**blues** [blu:z] npl: **the ~** (Mus) le blues; **to have
the ~** (inf: feeling) avoir le cafard
**bluff** [blʌf] vi bluffer ▷ n bluff m; (cliff)
promontoire m, falaise f ▷ adj (person) bourru(e),
brusque; **to call sb's ~** mettre qn au défi
d'exécuter ses menaces
**blunder** ['blʌndər] n gaffe f, bévue f ▷ vi faire
une gaffe or une bévue; **to ~ into sb/sth** buter
contre qn/qch
**blunt** [blʌnt] adj (knife) émoussé(e), peu
tranchant(e); (pencil) mal taillé(e); (person)
brusque, ne mâchant pas ses mots ▷ vt
émousser; ~ **instrument** (Law) instrument
contondant
**bluntly** ['blʌntlɪ] adv carrément, sans prendre
de gants
**bluntness** ['blʌntnɪs] n (of person) brusquerie f,
franchise brutale
**blur** [blə:<sup>r</sup>] n (shape): **to become a ~** devenir flou
▷ vt brouiller, rendre flou(e)
**blurb** [blə:b] n (for book) texte m de présentation;
(pej) baratin m
**blurred** [blə:d] adj flou(e)
**blurt** [blə:t]: **to ~ out** vt (reveal) lâcher; (say)
balbutier, dire d'une voix entrecoupée
**blush** [blʌʃ] vi rougir ▷ n rougeur f
**blusher** ['blʌʃər] n rouge m à joues

**bluster** ['blʌstə<sup>r</sup>] n paroles fpl en l'air; (boasting) fanfaronnades fpl; (threats) menaces fpl en l'air ▷ vi parler en l'air; fanfaronner

**blustering** ['blʌstərɪŋ] adj fanfaron(ne)

**blustery** ['blʌstərɪ] adj (weather) à bourrasques

**Blvd** abbr (= boulevard) Bd

**BM** n abbr = **British Museum**; (Scol: = Bachelor of Medicine) diplôme universitaire

**BMA** n abbr = **British Medical Association**

**BMJ** n abbr = **British Medical Journal**

**BMus** n abbr (= Bachelor of Music) diplôme universitaire

**BMX** n abbr (= bicycle motorcross) BMX m

**BO** n abbr (inf: = body odour) odeurs corporelles; (US) = **box office**

**boar** [bɔː<sup>r</sup>] n sanglier m

**board** [bɔːd] n (wooden) planche f; (on wall) panneau m; (for chess etc) plateau m; (cardboard) carton m; (committee) conseil m, comité m; (in firm) conseil d'administration; (Naut, Aviat): **on ~** à bord ▷ vt (ship) monter à bord de; (train) monter dans; **full ~** (Brit) pension complète; **half ~** (Brit) demi-pension f; **~ and lodging** (n) chambre f avec pension; **with ~ and lodging** logé nourri; **above ~** (fig) régulier(-ère); **across the ~** (fig: adv) systématiquement; (: adj) de portée générale; **to go by the ~** (hopes, principles) être abandonné(e); (be unimportant) compter pour rien, n'avoir aucune importance
▶ **board up** vt (door) condamner (au moyen de planches, de tôle)

**boarder** ['bɔːdə<sup>r</sup>] n pensionnaire m/f; (Scol) interne m/f, pensionnaire

**board game** n jeu m de société

**boarding card** ['bɔːdɪŋ-] n (Aviat, Naut) carte f d'embarquement

**boarding house** ['bɔːdɪŋ-] n pension f

**boarding party** ['bɔːdɪŋ-] n section f d'abordage

**boarding pass** ['bɔːdɪŋ-] n (Brit) = **boarding card**

**boarding school** ['bɔːdɪŋ-] n internat m, pensionnat m

**board meeting** n réunion f du conseil d'administration

**board room** n salle f du conseil d'administration

**boardwalk** ['bɔːdwɔːk] n (US) cheminement m en planches

**boast** [bəust] vi: **to ~ (about or of)** se vanter (de) ▷ vt s'enorgueillir de ▷ n vantardise f; sujet m d'orgueil or de fierté

**boastful** ['bəustful] adj vantard(e)

**boastfulness** ['bəustfulnɪs] n vantardise f

**boat** [bəut] n bateau m; (small) canot m; barque f; **to go by ~** aller en bateau; **to be in the same ~** (fig) être logé à la même enseigne

**boater** ['bəutə<sup>r</sup>] n (hat) canotier m

**boating** ['bəutɪŋ] n canotage m

**boat people** npl boat people mpl

**boatswain** ['bəusn] n maître m d'équipage

**bob** [bɔb] vi (boat, cork on water: also: **bob up and down**) danser, se balancer ▷ n (Brit inf) = **shilling**

▶ **bob up** vi surgir or apparaître brusquement

**bobbin** ['bɔbɪn] n bobine f; (of sewing machine) navette f

**bobby** ['bɔbɪ] n (Brit inf) ≈ agent m (de police)

**bobby pin** ['bɔbɪ-] n (US) pince f à cheveux

**bobsleigh** ['bɔbsleɪ] n bob m

**bode** [bəud] vi: **to ~ well/ill (for)** être de bon/mauvais augure (pour)

**bodice** ['bɔdɪs] n corsage m

**bodily** ['bɔdɪlɪ] adj corporel(le); (pain, comfort) physique; (needs) matériel(le) ▷ adv (carry, lift) dans ses bras

**body** ['bɔdɪ] n corps m; (of car) carrosserie f; (of plane) fuselage m; (also: **body stocking**) body m, justaucorps m; (fig: society) organe m, organisme m; (: quantity) ensemble m, masse f; (of wine) corps m; **ruling ~** organe directeur; **in a ~** en masse, ensemble; (speak) comme un seul et même homme

**body blow** n (fig) coup dur, choc m

**body-building** ['bɔdɪbɪldɪŋ] n body-building m, culturisme m

**bodyguard** ['bɔdɪgɑːd] n garde m du corps

**body language** n langage m du corps

**body repairs** npl travaux mpl de carrosserie

**body search** n fouille f (corporelle); **to carry out a ~ on sb** fouiller qn; **to submit to** or **undergo a ~** se faire fouiller

**bodywork** ['bɔdɪwəːk] n carrosserie f

**boffin** ['bɔfɪn] n (Brit) savant m

**bog** [bɔg] n tourbière f ▷ vt: **to get ~ged down (in)** (fig) s'enliser (dans)

**boggle** ['bɔgl] vi: **the mind ~s** c'est incroyable, on en reste sidéré

**bogie** ['bəugɪ] n bogie m

**Bogotá** [bəugə'tɑː] n Bogotá

**bogus** ['bəugəs] adj bidon inv; fantôme

**Bohemia** [bəu'hiːmɪə] n Bohême f

**Bohemian** [bəu'hiːmɪən] adj bohémien(ne) ▷ n Bohémien(ne); (gipsy: also: **bohemian**) bohémien(ne)

**boil** [bɔɪl] vt (faire) bouillir ▷ vi bouillir ▷ n (Med) furoncle m; **to come to the** or (US) **a ~** bouillir; **to bring to the** or (US) **a ~** porter à ébullition
▶ **boil down** vi (fig): **to ~ down to** se réduire or ramener à
▶ **boil over** vi déborder

**boiled egg** n œuf m à la coque

**boiler** ['bɔɪlə<sup>r</sup>] n chaudière f

**boiler suit** n (Brit) bleu m de travail, combinaison f

**boiling** ['bɔɪlɪŋ] adj: **I'm ~ (hot)** (inf) je crève de chaud

**boiling point** n point m d'ébullition

**boil-in-the-bag** [bɔɪlɪnðə'bæg] adj (rice etc) en sachet cuisson

**boisterous** ['bɔɪstərəs] adj bruyant(e), tapageur(-euse)

**bold** [bəuld] adj hardi(e), audacieux(-euse); (pej) effronté(e); (outline, colour) franc (franche), tranché(e), marqué(e)

b

**boldness** ['bəuldnɪs] n hardiesse f, audace f; aplomb m, effronterie f
**bold type** n (Typ) caractères mpl gras
**Bolivia** [bə'lɪvɪə] n Bolivie f
**Bolivian** [bə'lɪvɪən] adj bolivien(ne) ▷ n Bolivien(ne)
**bollard** ['bɔləd] n (Naut) bitte f d'amarrage; (Brit Aut) borne lumineuse or de signalisation
**Bollywood** ['bɔlɪwud] n Bollywood m
**bolshy** ['bɔlʃɪ] adj râleur(-euse); **to be in a ~ mood** être peu coopératif(-ive)
**bolster** ['bəulstə'] n traversin m
 ▶ **bolster up** vt soutenir
**bolt** [bəult] n verrou m; (with nut) boulon m ▷ adv: **~ upright** droit(e) comme un piquet ▷ vt (door) verrouiller; (food) engloutir ▷ vi se sauver, filer (comme une flèche); **a ~ from the blue** (horse) s'emballer; (fig) un coup de tonnerre dans un ciel bleu
**bomb** [bɔm] n bombe f ▷ vt bombarder
**bombard** [bɔm'bɑːd] vt bombarder
**bombardment** [bɔm'bɑːdmənt] n bombardement m
**bombastic** [bɔm'bæstɪk] adj grandiloquent(e), pompeux(-euse)
**bomb disposal** n: **~ unit** section f de déminage; **~ expert** artificier m
**bomber** ['bɔmə'] n caporal m d'artillerie; (Aviat) bombardier m; (terrorist) poseur m de bombes
**bombing** ['bɔmɪŋ] n bombardement m
**bomb scare** n alerte f à la bombe
**bombshell** ['bɔmʃel] n obus m; (fig) bombe f
**bomb site** n zone f de bombardement
**bona fide** ['bəunə'faɪdɪ] adj de bonne foi; (offer) sérieux(-euse)
**bonanza** [bə'nænzə] n filon m
**bond** [bɔnd] n lien m; (binding promise) engagement m, obligation f; (Finance) obligation; **bonds** npl (chains) chaînes fpl; **in ~** (of goods) en entrepôt
**bondage** ['bɔndɪdʒ] n esclavage m
**bonded warehouse** ['bɔndɪd-] n entrepôt m sous douanes
**bone** [bəun] n os m; (of fish) arête f ▷ vt désosser; ôter les arêtes de
**bone china** n porcelaine f tendre
**bone-dry** ['bəun'draɪ] adj absolument sec (sèche)
**bone idle** adj fainéant(e)
**bone marrow** n moelle osseuse
**boner** ['bəunə'] n (US) gaffe f, bourde f
**bonfire** ['bɔnfaɪə'] n feu m (de joie); (for rubbish) feu
**bonk** [bɔŋk] (inf!) vt s'envoyer (!), sauter (!) ▷ vi s'envoyer en l'air (!)
**bonkers** ['bɔŋkəz] adj (Brit inf) cinglé(e), dingue
**Bonn** [bɔn] n Bonn
**bonnet** ['bɔnɪt] n bonnet m; (Brit: of car) capot m
**bonny** [bɔnɪ] adj (Scottish) joli(e)
**bonus** ['bəunəs] n (money) prime f; (advantage) avantage m
**bony** ['bəunɪ] adj (arm, face: Med: tissue)

osseux(-euse); (thin: person) squelettique; (meat) plein(e) d'os; (fish) plein d'arêtes
**boo** [buː] excl hou!, peuh! ▷ vt huer ▷ n huée f
**boob** [buːb] n (inf: breast) nichon m; (: Brit: mistake) gaffe f
**booby prize** ['buːbɪ-] n timbale f (ironique)
**booby trap** ['buːbɪ-] n guet-apens m
**booby-trapped** ['buːbɪtræpt] adj piégé(e)
**book** [buk] n livre m; (of stamps, tickets etc) carnet m; (Comm): **books** npl comptes mpl, comptabilité f ▷ vt (ticket) prendre; (seat, room) réserver; (driver) dresser un procès-verbal à; (football player) prendre le nom de, donner un carton à; **I ~ed a table in the name of ...** j'ai réservé une table au nom de ...; **to keep the ~s** tenir la comptabilité; **by the ~** à la lettre, selon les règles; **to throw the ~ at sb** passer un savon à qn
 ▶ **book in** vi (Brit: at hotel) prendre sa chambre
 ▶ **book up** vt réserver; **all seats are ~ed up** tout est pris, c'est complet
**bookable** ['bukəbl] adj: **seats are ~** on peut réserver ses places
**bookcase** ['bukkeɪs] n bibliothèque f (meuble)
**book ends** npl serre-livres m inv
**booking** ['bukɪŋ] n (Brit) réservation f; **I confirmed my ~ by fax/email** j'ai confirmé ma réservation par fax/e-mail
**booking office** n (Brit) bureau m de location
**book-keeping** ['buk'kiːpɪŋ] n comptabilité f
**booklet** ['buklɪt] n brochure f
**bookmaker** ['bukmeɪkə'] n bookmaker m
**bookmark** ['bukmɑːk] n (for book) marque-page m; (Comput) signet m
**bookseller** ['buksələ'] n libraire m/f
**bookshelf** ['bukʃelf] n (single) étagère f (à livres); (bookcase) bibliothèque f; **bookshelves** rayons mpl (de bibliothèque)
**bookshop** ['bukʃɔp], **bookstore** n librairie f
**bookstall** ['bukstɔːl] n kiosque m à journaux
**book store** ['bukstɔː'] n = **bookshop**
**book token** n bon-cadeau m (pour un livre)
**book value** n valeur f comptable
**bookworm** ['bukwəːm] n dévoreur(-euse) de livres
**boom** [buːm] n (noise) grondement m; (in prices, population) forte augmentation; (busy period) boom m, vague f de prospérité ▷ vi gronder; prospérer
**boomerang** ['buːməræŋ] n boomerang m
**boom town** n ville f en plein essor
**boon** [buːn] n bénédiction f, grand avantage
**boorish** ['buərɪʃ] adj grossier(-ère), rustre
**boost** [buːst] n stimulant m, remontant m ▷ vt stimuler; **to give a ~ to sb's spirits** or **to sb** remonter le moral à qn
**booster** ['buːstə'] n (TV) amplificateur m (de signal); (Elec) survolteur m; (also: **booster rocket**) booster m; (Med: vaccine) rappel m
**booster seat** n (Aut: for children) siège m rehausseur
**boot** [buːt] n botte f; (for hiking) chaussure f (de

marche); (*ankle boot*) bottine *f*; (*Brit: of car*) coffre *m* ▷ *vt* (*Comput*) lancer, mettre en route; **to ~** (*in addition*) par-dessus le marché, en plus; **to give sb the ~** (*inf*) flanquer qn dehors, virer qn

**booth** [buːð] *n* (*at fair*) baraque (foraine); (*of telephone etc*) cabine *f*; (*also:* **voting booth**) isoloir *m*

**bootleg** [ˈbuːtlɛg] *adj* de contrebande; **~ record** enregistrement *m* pirate

**booty** [ˈbuːtɪ] *n* butin *m*

**booze** [buːz] (*inf*) *n* boissons *fpl* alcooliques, alcool *m* ▷ *vi* boire, picoler

**boozer** [ˈbuːzəʳ] *n* (*inf: person*): **he's a ~** il picole pas mal; (*Brit inf: pub*) pub *m*

**border** [ˈbɔːdəʳ] *n* bordure *f*; bord *m*; (*of a country*) frontière *f*; **the B~s** *la région frontière entre l'Écosse et l'Angleterre*

▷ **border on** *vt fus* être voisin(e) de, toucher à

**borderline** [ˈbɔːdəlaɪn] *n* (*fig*) ligne *f* de démarcation ▷ *adj*: **~ case** cas *m* limite

**bore** [bɔːʳ] *pt of* **bear** ▷ *vt* (*person*) ennuyer, raser; (*hole*) percer; (*well, tunnel*) creuser ▷ *n* (*person*) raseur(-euse); (*boring thing*) barbe *f*; (*of gun*) calibre *m*

**bored** [bɔːd] *adj*: **to be ~** s'ennuyer; **he's ~ to tears** *or* **to death** *or* **stiff** il s'ennuie à mourir

**boredom** [ˈbɔːdəm] *n* ennui *m*

**boring** [ˈbɔːrɪŋ] *adj* ennuyeux(-euse)

**born** [bɔːn] *adj*: **to be ~** naître; **I was ~ in 1960** je suis né en 1960; **~ blind** aveugle de naissance; **a ~ comedian** un comédien-né

**born-again** [bɔːnəˈgɛn] *adj*: **~ Christian** ≈ évangéliste *m/f*

**borne** [bɔːn] *pp of* **bear**

**Borneo** [ˈbɔːnɪəu] *n* Bornéo *f*

**borough** [ˈbʌrə] *n* municipalité *f*

**borrow** [ˈbɔrəu] *vt*: **to ~ sth (from sb)** emprunter qch (à qn); **may I ~ your car?** est-ce que je peux vous emprunter votre voiture?

**borrower** [ˈbɔrəuəʳ] *n* emprunteur(-euse)

**borrowing** [ˈbɔrəuɪŋ] *n* emprunt(s) *mpl*

**borstal** [ˈbɔːstl] *n* (*Brit*) ≈ maison *f* de correction

**Bosnia** [ˈbɔznɪə] *n* Bosnie *f*

**Bosnia-Herzegovina** [ˈbɔznɪə-hɛrzəˈgəuviːnə] *n*, **Bosnia-Hercegovina** Bosnie-Herzégovine *f*

**Bosnian** [ˈbɔznɪən] *adj* bosniaque, bosnien(ne) ▷ *n* Bosniaque *m/f*, Bosnien(ne)

**bosom** [ˈbuzəm] *n* poitrine *f*; (*fig*) sein *m*

**bosom friend** *n* ami(e) intime

**boss** [bɔs] *n* patron(ne) ▷ *vt* (*also:* **boss about, boss around**) mener à la baguette

**bossy** [ˈbɔsɪ] *adj* autoritaire

**bosun** [ˈbəusn] *n* maître *m* d'équipage

**botanical** [bəˈtænɪkl] *adj* botanique

**botanist** [ˈbɔtənɪst] *n* botaniste *m/f*

**botany** [ˈbɔtənɪ] *n* botanique *f*

**botch** [bɔtʃ] *vt* (*also:* **botch up**) saboter, bâcler

**both** [bəuθ] *adj* les deux, l'un(e) et l'autre ▷ *pron*: **~ (of them)** les deux, tous (toutes) (les) deux, l'un(e) et l'autre; **~ of us went, we ~ went** nous y sommes allés tous les deux ▷ *adv*: **~ A and B** A et B; **they sell ~ the fabric and the finished**

**curtains** ils vendent (et) le tissu et les rideaux (finis), ils vendent à la fois le tissu et les rideaux (finis)

**bother** [ˈbɔðəʳ] *vt* (*worry*) tracasser; (*needle, bait*) importuner, ennuyer; (*disturb*) déranger ▷ *vi* (*also:* **bother o.s.**) se tracasser, se faire du souci ▷ *n* (*trouble*) ennuis *mpl*; **it is a ~ to have to do** c'est vraiment ennuyeux d'avoir à faire ▷ *excl* zut!; **to ~ doing** prendre la peine de faire; **I'm sorry to ~ you** excusez-moi de vous déranger; **please don't ~** ne vous dérangez pas; **don't ~ ce** n'est pas la peine; **it's no ~** aucun problème

**Botswana** [bɔtˈswaːnə] *n* Botswana *m*

**bottle** [ˈbɔtl] *n* bouteille *f*; (*baby's*) biberon *m*; (*of perfume, medicine*) flacon *m* ▷ *vt* mettre en bouteille(s); **~ of wine/milk** bouteille de vin/ lait; **wine/milk ~** bouteille à vin/lait

▷ **bottle up** *vt* refouler, contenir

**bottle bank** *n* conteneur *m* (de bouteilles)

**bottleneck** [ˈbɔtlnɛk] *n* (*in traffic*) bouchon *m*; (*in production*) goulet *m* d'étranglement

**bottle-opener** [ˈbɔtləupnəʳ] *n* ouvre-bouteille *m*

**bottom** [ˈbɔtəm] *n* (*of container, sea etc*) fond *m*; (*buttocks*) derrière *m*; (*of page, list*) bas *m*; (*of chair*) siège *m*; (*of mountain, tree, hill*) pied *m* ▷ *adj* (*shelf, step*) du bas; **to get to the ~ of sth** (*fig*) découvrir le fin fond de qch

**bottomless** [ˈbɔtəmlɪs] *adj* sans fond, insondable

**bottom line** *n*: **the ~ is that ...** l'essentiel, c'est que ...

**botulism** [ˈbɔtjulɪzəm] *n* botulisme *m*

**bough** [bau] *n* branche *f*, rameau *m*

**bought** [bɔːt] *pt, pp of* **buy**

**boulder** [ˈbəuldəʳ] *n* gros rocher (*gén lisse, arrondi*)

**bounce** [bauns] *vi* (*ball*) rebondir; (*cheque*) être refusé (*étant sans provision*); (*also:* **to bounce forward/out etc**) bondir, s'élancer ▷ *vt* faire rebondir ▷ *n* (*rebound*) rebond *m*; **he's got plenty of ~** (*fig*) il est plein d'entrain *or* d'allant

**bouncer** [ˈbaunsəʳ] *n* (*inf: at dance, club*) videur *m*

**bound** [baund] *pt, pp of* **bind** ▷ *n* (*gen pl*) limite *f*; (*leap*) bond *m* ▷ *vi* (*leap*) bondir ▷ *vt* (*limit*) borner ▷ *adj*: **to be ~ to do sth** (*obliged*) être obligé(e) *or* avoir obligation de faire qch; **he's ~ to fail** (*likely*) il est sûr d'échouer, son échec est inévitable *or* assuré; **~ by** (*law, regulation*) engagé(e) par; **~ for** à destination de; **out of ~s** dont l'accès est interdit

**boundary** [ˈbaundrɪ] *n* frontière *f*

**boundless** [ˈbaundlɪs] *adj* illimité(e), sans bornes

**bountiful** [ˈbauntɪful] *adj* (*person*) généreux(-euse); (*God*) bienfaiteur(-trice); (*supply*) ample

**bounty** [ˈbauntɪ] *n* (*generosity*) générosité *f*

**bouquet** [ˈbukeɪ] *n* bouquet *m*

**bourbon** [ˈbuəbən] *n* (*US: also:* **bourbon whiskey**) bourbon *m*

**bourgeois** [ˈbuəʒwaː] *adj, n* bourgeois(e)

**bout** [baut] *n* période *f*; (*of malaria etc*) accès *m*,

**b**

crise f, attaque f; (Boxing etc) combat m, match m

**boutique** [buːˈtiːk] n boutique f

**bow¹** [bəu] n nœud m; (weapon) arc m; (Mus) archet m

**bow²** [bau] n (with body) révérence f, inclination f (du buste or corps); (Naut: also: **bows**) proue f ▷ vi faire une révérence, s'incliner; (yield): **to ~ to** or **before** s'incliner devant, se soumettre à; **to ~ to the inevitable** accepter l'inévitable or l'inéluctable

**bowels** [bauəlz] npl intestins mpl; (fig) entrailles fpl

**bowl** [bəul] n (for eating) bol m; (for washing) cuvette f; (ball) boule f; (of pipe) fourneau m ▷ vi (Cricket) lancer (la balle)

▸ **bowl over** vt (fig) renverser

**bow-legged** [ˈbəuˈlɛgɪd] adj aux jambes arquées

**bowler** [ˈbəuləʳ] n joueur m de boules; (Cricket) lanceur m (de la balle); (Brit: also: **bowler hat**) (chapeau m) melon m

**bowling** [ˈbəulɪŋ] n (game) jeu m de boules, jeu de quilles

**bowling alley** n bowling m

**bowling green** n terrain m de boules (gazonné et carré)

**bowls** [bəulz] n (jeu m de) boules fpl

**bow tie** [bəu-] n nœud m papillon

**box** [bɔks] n boîte f; (also: **cardboard box**) carton m; (crate) caisse f; (Theat) loge f ▷ vt mettre en boîte; (Sport) boxer avec ▷ vi boxer, faire de la boxe

**boxer** [ˈbɔksəʳ] n (person) boxeur m; (dog) boxer m

**boxer shorts** [ˈbɔksəʃɔːts] npl caleçon m

**boxing** [ˈbɔksɪŋ] n (sport) boxe f

**Boxing Day** n (Brit) le lendemain de Noël; voir article

**boxing gloves** npl gants mpl de boxe

**boxing ring** n ring m

**box number** n (for advertisements) numéro m d'annonce

**box office** n bureau m de location

**box room** n débarras m; chambrette f

**boy** [bɔɪ] n garçon m

**boy band** n boys band m

**boycott** [ˈbɔɪkɔt] n boycottage m ▷ vt boycotter

**boyfriend** [ˈbɔɪfrɛnd] n (petit) ami

**boyish** [ˈbɔɪɪʃ] adj d'enfant, de garçon; **to look ~** (man: appear youthful) faire jeune

**Bp** abbr = **bishop**

**BR** abbr = **British Rail**

**Br.** abbr (Rel) = **brother**

**bra** [brɑː] n soutien-gorge m

**brace** [breɪs] n (support) attache f, agrafe f; (Brit: also: **braces**: on teeth) appareil m (dentaire); (tool)

vilebrequin m; (Typ: also: **brace bracket**) accolade f ▷ vt (support) consolider, soutenir; **braces** npl (Brit: for trousers) bretelles fpl; **to ~ o.s.** (fig) se préparer mentalement

**bracelet** [ˈbreɪslɪt] n bracelet m

**bracing** [ˈbreɪsɪŋ] adj tonifiant(e), tonique

**bracken** [ˈbrækən] n fougère f

**bracket** [ˈbrækɪt] n (Tech) tasseau m, support m; (group) classe f, tranche f; (also: **brace bracket**) accolade f; (also: **round bracket**) parenthèse f; (also: **square bracket**) crochet m ▷ vt mettre entre parenthèses; (fig: also: **bracket together**) regrouper; **income ~** tranche f des revenus; **in ~s** entre parenthèses or crochets

**brackish** [ˈbrækɪʃ] adj (water) saumâtre

**brag** [bræg] vi se vanter

**braid** [breɪd] n (trimming) galon m; (of hair) tresse f, natte f

**Braille** [breɪl] n braille m

**brain** [breɪn] n cerveau m; **brains** npl (intellect, food) cervelle f; **he's got ~s** il est intelligent

**brainchild** [ˈbreɪntʃaɪld] n trouvaille f (personnelle), invention f

**braindead** [ˈbreɪndɛd] adj (Med) dans un coma dépassé; (inf) demeuré(e)

**brainless** [ˈbreɪnlɪs] adj sans cervelle, stupide

**brainstorm** [ˈbreɪnstɔːm] n (fig) moment m d'égarement; (US: brainwave) idée f de génie

**brainwash** [ˈbreɪnwɔʃ] vt faire subir un lavage de cerveau à

**brainwave** [ˈbreɪnweɪv] n idée f de génie

**brainy** [ˈbreɪnɪ] adj intelligent(e), doué(e)

**braise** [breɪz] vt braiser

**brake** [breɪk] n frein m ▷ vt, vi freiner

**brake light** n feu m de stop

**brake pedal** n pédale f de frein

**bramble** [ˈbræmbl] n ronces fpl; (fruit) mûre f

**bran** [bræn] n son m

**branch** [brɑːntʃ] n branche f; (Comm) succursale f; (: of bank) agence f; (of association) section locale ▷ vi bifurquer

▸ **branch off** vi (road) bifurquer

▸ **branch out** vi diversifier ses activités; **to ~ out into** étendre ses activités à

**branch line** n (Rail) bifurcation f, embranchement m

**branch manager** n directeur(-trice) de succursale (or d'agence)

**brand** [brænd] n marque (commerciale) ▷ vt (cattle) marquer (au fer rouge); (fig: pej): **to ~ sb a communist** etc traiter or qualifier qn de communiste etc

**brandish** [ˈbrændɪʃ] vt brandir

**brand name** n nom m de marque

**brand-new** [ˈbrændˈnjuː] adj tout(e) neuf (neuve), flambant neuf (neuve)

**brandy** [ˈbrændɪ] n cognac m, fine f

**brash** [bræʃ] adj effronté(e)

**Brasilia** [brəˈzɪlɪə] n Brasilia

**brass** [brɑːs] n cuivre m (jaune), laiton m; **the ~** (Mus) les cuivres

**brass band** n fanfare f

**brass tacks** *npl*: **to get down to ~** en venir au fait

**brat** [bræt] *n (pej)* mioche *m/f*, môme *m/f*

**bravado** [brə'vɑːdəʊ] *n* bravade *f*

**brave** [breɪv] *adj* courageux(-euse), brave ▷ *n* guerrier indien ▷ *vt* braver, affronter

**bravery** ['breɪvərɪ] *n* bravoure *f*, courage *m*

**brawl** [brɔːl] *n* rixe *f*, bagarre *f* ▷ *vi* se bagarrer

**brawn** [brɔːn] *n* muscle *m*; *(meat)* fromage *m* de tête

**brawny** ['brɔːnɪ] *adj* musclé(e), costaud(e)

**bray** [breɪ] *n* braiement *m* ▷ *vi* braire

**brazen** ['breɪzn] *adj* impudent(e), effronté(e) ▷ *vt*: **to ~ it out** payer d'effronterie, crâner

**brazier** ['breɪzɪə^r] *n* brasero *m*

**Brazil** [brə'zɪl] *n* Brésil *m*

**Brazilian** [brə'zɪljən] *adj* brésilien(ne) ▷ *n* Brésilien(ne)

**Brazil nut** *n* noix *f* du Brésil

**breach** [briːtʃ] *vt* ouvrir une brèche dans ▷ *n (gap)* brèche *f*; *(estrangement)* brouille *f*; *(breaking)*: **~ of contract** rupture *f* de contrat; **~ of the peace** attentat *m* à l'ordre public; **~ of trust** abus *m* de confiance

**bread** [bred] *n* pain *m*; *(inf: money)* fric *m*; **~ and butter** *(n)* tartines (beurrées); *(fig)* subsistance *f*; **to earn one's daily ~** gagner son pain; **to know which side one's ~ is buttered (on)** savoir où est son avantage or intérêt

**breadbin** ['bredbɪn] *n (Brit)* boîte *f* or huche *f* à pain

**breadboard** ['bredbɔːd] *n* planche *f* à pain; *(Comput)* montage expérimental

**breadbox** ['bredbɒks] *n (US)* boîte *f* or huche *f* à pain

**breadcrumbs** ['bredkrʌmz] *npl* miettes *fpl* de pain; *(Culin)* chapelure *f*, panure *f*

**breadline** ['bredlaɪn] *n*: **to be on the ~** être sans le sou or dans l'indigence

**breadth** [bretθ] *n* largeur *f*

**breadwinner** ['bredwɪnə^r] *n* soutien *m* de famille

**break** [breɪk] *(pt* broke, *pp* broken ['brəʊk, 'brəʊkən]) *vt* casser, briser; *(promise)* rompre; *(law)* violer ▷ *vi* se casser, se briser; *(weather)* tourner; *(storm)* éclater; *(day)* se lever ▷ *n (gap)* brèche *f*; *(fracture)* cassure *f*; *(rest)* interruption *f*, arrêt *m*; *(: short)* pause *f*; *(: at school)* récréation *f*; *(chance)* chance *f*, occasion *f* favorable; **to ~ one's leg** *etc* se casser la jambe *etc*; **to ~ a record** battre un record; **to ~ the news to sb** annoncer la nouvelle à qn; **to ~ with sb** rompre avec qn; **to ~ even** *vi* rentrer dans ses frais; **to ~ free** *or* **loose** *vi* se dégager, s'échapper; **to take a ~** *(few minutes)* faire une pause, s'arrêter cinq minutes; *(holiday)* prendre un peu de repos; **without a ~** sans interruption, sans arrêt

▶ **break down** *vt (door etc)* enfoncer; *(resistance)* venir à bout de; *(figures, data)* décomposer, analyser ▷ *vi* s'effondrer; *(Med)* faire une dépression (nerveuse); *(Aut)* tomber en panne; **my car has broken down** ma voiture est en panne

▶ **break in** *vt (horse etc)* dresser ▷ *vi (burglar)* entrer par effraction; *(interrupt)* interrompre

▶ **break into** *vt fus (house)* s'introduire *or* pénétrer par effraction dans

▶ **break off** *vi (speaker)* s'interrompre; *(branch)* se rompre ▷ *vt (talks, engagement)* rompre

▶ **break open** *vt (door etc)* forcer, fracturer

▶ **break out** *vi* éclater, se déclarer; *(prisoner)* s'évader; **to ~ out in spots** se couvrir de boutons

▶ **break through** *vi*: **the sun broke through** le soleil a fait son apparition ▷ *vt fus (defences, barrier)* franchir; *(crowd)* se frayer un passage à travers

▶ **break up** *vi (partnership)* cesser, prendre fin; *(marriage)* se briser; *(crowd, meeting)* se séparer; *(ship)* se disloquer; *(Scol: pupils)* être en vacances; *(line)* couper; **the line's** *or* **you're ~ing up** ça coupe ▷ *vt* fracasser, casser; *(fight etc)* interrompre, faire cesser; *(marriage)* désunir

**breakable** ['breɪkəbl] *adj* cassable, fragile ▷ *n*: **~s** objets *mpl* fragiles

**breakage** ['breɪkɪdʒ] *n* casse *f*; **to pay for ~s** payer la casse

**breakaway** ['breɪkəweɪ] *adj (group etc)* dissident(e)

**breakdown** ['breɪkdaʊn] *n (Aut)* panne *f*; *(in communications, marriage)* rupture *f*; *(Med: also:* **nervous breakdown)** dépression (nerveuse); *(of figures)* ventilation *f*, répartition *f*

**breakdown service** *n (Brit)* service *m* de dépannage

**breakdown truck**, *(US)* **breakdown van** *n* dépanneuse *f*

**breaker** ['breɪkə^r] *n* brisant *m*

**breakeven** ['breɪk'iːvn] *cpd*: **~ chart** graphique *m* de rentabilité; **~ point** seuil *m* de rentabilité

**breakfast** ['brekfəst] *n* petit déjeuner *m*; **what time is ~?** le petit déjeuner est à quelle heure?

**breakfast cereal** *n* céréales *fpl*

**break-in** ['breɪkɪn] *n* cambriolage *m*

**breaking and entering** *n (Law)* effraction *f*

**breaking point** ['breɪkɪŋ-] *n* limites *fpl*

**breakthrough** ['breɪkθruː] *n* percée *f*

**break-up** ['breɪkʌp] *n (of partnership, marriage)* rupture *f*

**break-up value** *n (Comm)* valeur *f* de liquidation

**breakwater** ['breɪkwɔːtə^r] *n* brise-lames *m inv*, digue *f*

**breast** [brest] *n (of woman)* sein *m*; *(chest)* poitrine *f*; *(of chicken, turkey)* blanc *m*

**breast-feed** ['brestfiːd] *vt, vi (irreg: like* **feed)** allaiter

**breast pocket** *n* poche *f* (de) poitrine

**breast-stroke** ['breststrəʊk] *n* brasse *f*

**breath** [breθ] *n* haleine *f*, souffle *m*; **to go out for a ~ of air** sortir prendre l'air; **to take a deep ~** respirer à fond; **out of ~** à bout de souffle, essoufflé(e)

**breathalyse** ['breθəlaɪz] *vt* faire subir l'alcootest à

**Breathalyser**® ['brɛθəlaɪzəʳ] (*Brit*) *n* alcootest *m*
**breathe** [briːð] *vt*, *vi* respirer; **I won't ~ a word about it** je n'en soufflerai pas mot, je n'en dirai rien à personne
▶ **breathe in** *vi* inspirer ▷ *vt* aspirer
▶ **breathe out** *vt*, *vi* expirer
**breather** ['briːðəʳ] *n* moment *m* de repos *or* de répit
**breathing** ['briːðɪŋ] *n* respiration *f*
**breathing space** *n* (*fig*) (moment *m* de) répit *m*
**breathless** ['brɛθlɪs] *adj* essoufflé(e), haletant(e), oppressé(e); **~ with excitement** le souffle coupé par l'émotion
**breathtaking** ['brɛθteɪkɪŋ] *adj* stupéfiant(e), à vous couper le souffle
**breath test** *n* alcootest *m*
**bred** [brɛd] *pt*, *pp of* **breed**
**-bred** [brɛd] *suffix*: **well/ill~** bien/mal élevé(e)
**breed** [briːd] (*pt*, *pp* **bred**) [brɛd] *vt* élever, faire l'élevage de; (*fig*: *hate, suspicion*) engendrer ▷ *vi* se reproduire ▷ *n* race *f*, variété *f*
**breeder** ['briːdəʳ] *n* (*person*) éleveur *m*; (*Physics*: *also*: **breeder reactor**) (réacteur *m*) surrégénérateur *m*
**breeding** ['briːdɪŋ] *n* reproduction *f*; élevage *m*; (*upbringing*) éducation *f*
**breeze** [briːz] *n* brise *f*
**breeze-block** ['briːzblɔk] *n* (*Brit*) parpaing *m*
**breezy** ['briːzɪ] *adj* (*day, weather*) venteux(-euse); (*manner*) désinvolte; (*person*) jovial(e)
**Breton** ['brɛtən] *adj* breton(ne) ▷ *n* Breton(ne); (*Ling*) breton *m*
**brevity** ['brɛvɪtɪ] *n* brièveté *f*
**brew** [bruː] *vt* (*tea*) faire infuser; (*beer*) brasser; (*plot*) tramer, préparer ▷ *vi* (*tea*) infuser; (*beer*) fermenter; (*fig*) se préparer, couver
**brewer** ['bruːəʳ] *n* brasseur *m*
**brewery** ['bruːərɪ] *n* brasserie *f* (*fabrique*)
**briar** ['braɪəʳ] *n* (*thorny bush*) ronces *fpl*; (*wild rose*) églantine *f*
**bribe** [braɪb] *n* pot-de-vin *m* ▷ *vt* acheter; soudoyer; **to ~ sb to do sth** soudoyer qn pour qu'il fasse qch
**bribery** ['braɪbərɪ] *n* corruption *f*
**bric-a-brac** ['brɪkəbræk] *n* bric-à-brac *m*
**brick** [brɪk] *n* brique *f*
**bricklayer** ['brɪkleɪəʳ] *n* maçon *m*
**brickwork** ['brɪkwəːk] *n* briquetage *m*, maçonnerie *f*
**brickworks** ['brɪkwəːks] *n* briqueterie *f*
**bridal** ['braɪdl] *adj* nuptial(e); **~ party** noce *f*
**bride** [braɪd] *n* mariée *f*, épouse *f*
**bridegroom** ['braɪdgruːm] *n* marié *m*, époux *m*
**bridesmaid** ['braɪdzmeɪd] *n* demoiselle *f* d'honneur
**bridge** [brɪdʒ] *n* pont *m*; (*Naut*) passerelle *f* (de commandement); (*of nose*) arête *f*; (*Cards, Dentistry*) bridge *m* ▷ *vt* (*river*) construire un pont sur; (*gap*) combler
**bridging loan** ['brɪdʒɪŋ-] *n* (*Brit*) prêt *m* relais
**bridle** ['braɪdl] *n* bride *f* ▷ *vt* refréner, mettre la bride à; (*horse*) brider

**bridle path** *n* piste *or* allée cavalière
**brief** [briːf] *adj* bref (brève) ▷ *n* (*Law*) dossier *m*, cause *f*; (*gen*) tâche *f* ▷ *vt* mettre au courant; (*Mil*) donner des instructions à; **briefs** *npl* slip *m*; **in ~ ...** (en) bref ...
**briefcase** ['briːfkeɪs] *n* serviette *f*; porte-documents *m inv*
**briefing** ['briːfɪŋ] *n* instructions *fpl*; (*Press*) briefing *m*
**briefly** ['briːflɪ] *adv* brièvement; (*visit*) en coup de vent; **to glimpse ~** entrevoir
**briefness** ['briːfnɪs] *n* brièveté *f*
**Brig.** *abbr* = **brigadier**
**brigade** [brɪ'geɪd] *n* (*Mil*) brigade *f*
**brigadier** [brɪgə'dɪəʳ] *n* brigadier général
**bright** [braɪt] *adj* brillant(e); (*room, weather*) clair(e); (*person: clever*) intelligent(e), doué(e); (: *cheerful*) gai(e); (*idea*) génial(e); (*colour*) vif (vive); **to look on the ~ side** regarder le bon côté des choses
**brighten** ['braɪtn] (*also*: **brighten up**) *vt* (*room*) éclaircir; égayer ▷ *vi* s'éclaircir; (*person*) retrouver un peu de sa gaieté
**brightly** ['braɪtlɪ] *adv* brillamment
**brill** [brɪl] *adj* (*Brit inf*) super *inv*
**brilliance** ['brɪljəns] *n* éclat *m*; (*fig: of person*) brio *m*
**brilliant** ['brɪljənt] *adj* brillant(e); (*light, sunshine*) éclatant(e); (*inf: great*) super
**brim** [brɪm] *n* bord *m*
**brimful** ['brɪm'ful] *adj* plein(e) à ras bord; (*fig*) débordant(e)
**brine** [braɪn] *n* eau salée; (*Culin*) saumure *f*
**bring** (*pt*, *pp* **brought**) [brɪŋ, brɔːt] *vt* (*thing*) apporter; (*person*) amener; **to ~ sth to an end** mettre fin à qch; **I can't ~ myself to fire him** je ne peux me résoudre à le mettre à la porte
▶ **bring about** *vt* provoquer, entraîner
▶ **bring back** *vt* rapporter; (*person*) ramener
▶ **bring down** *vt* (*lower*) abaisser; (*shoot down*) abattre; (*government*) faire s'effondrer
▶ **bring forward** *vt* avancer; (*Book-Keeping*) reporter
▶ **bring in** *vt* (*person*) faire entrer; (*object*) rentrer; (*Pol: legislation*) introduire; (*Law: verdict*) rendre; (*produce: income*) rapporter
▶ **bring off** *vt* (*task, plan*) réussir, mener à bien; (*deal*) mener à bien
▶ **bring on** *vt* (*illness, attack*) provoquer; (*player, substitute*) amener
▶ **bring out** *vt* sortir; (*meaning*) faire ressortir, mettre en relief; (*new product, book*) sortir
▶ **bring round**, **bring to** *vt* (*unconscious person*) ranimer
▶ **bring up** *vt* élever; (*carry up*) monter; (*question*) soulever; (*food: vomit*) vomir, rendre
**brink** [brɪŋk] *n* bord *m*; **on the ~ of doing** sur le point de faire, à deux doigts de faire; **she was on the ~ of tears** elle était au bord des larmes
**brisk** [brɪsk] *adj* vif (vive); (*abrupt*) brusque; (*trade etc*) actif(-ive); **to go for a ~ walk** se promener d'un bon pas; **business is ~** les

**bristle** ['brɪsl] n poil m ▷ vi se hérisser;
**bristling with** hérissé(e) de

**bristly** ['brɪslɪ] adj (beard, hair) hérissé(e); **your
chin's all ~** ton menton gratte

**Brit** [brɪt] n abbr (inf: = British person) Britannique
m/f

**Britain** ['brɪtən] n (also: **Great Britain**) la
Grande-Bretagne; **in ~** en Grande-Bretagne

**British** ['brɪtɪʃ] adj britannique ▷ npl: **the ~** les
Britanniques mpl

**British Isles** npl: **the ~** les îles fpl Britanniques

**British Rail** n compagnie ferroviaire britannique,
≈ SNCF f

**British Summer Time** n heure f d'été
britannique

**Briton** ['brɪtən] n Britannique m/f

**Brittany** ['brɪtənɪ] n Bretagne f

**brittle** ['brɪtl] adj cassant(e), fragile

**Bro.** abbr (Rel) = **brother**

**broach** [brəʊtʃ] vt (subject) aborder

**B road** n (Brit) ≈ route départementale

**broad** [brɔːd] adj large; (distinction) général(e);
(accent) prononcé(e) ▷ n (US inf) nana f; **~ hint**
allusion transparente; **in ~ daylight** en plein
jour; **the ~ outlines** les grandes lignes

**broadband** ['brɔːdbænd] n transmission f à
haut débit

**broad bean** n fève f

**broadcast** ['brɔːdkɑːst] (pt, pp **~**) n émission f ▷ vt
(Radio) radiodiffuser; (TV) téléviser ▷ vi émettre

**broadcaster** ['brɔːdkɑːstə^r] n personnalité f de
la radio or de la télévision

**broadcasting** ['brɔːdkɑːstɪŋ] n radiodiffusion f;
télévision f

**broadcasting station** n station f de radio (or de
télévision)

**broaden** ['brɔːdn] vt élargir; **to ~ one's mind**
élargir ses horizons ▷ vi s'élargir

**broadly** ['brɔːdlɪ] adv en gros, généralement

**broad-minded** ['brɔːd'maɪndɪd] adj large
d'esprit

**broadsheet** ['brɔːdʃiːt] n (Brit) journal m grand
format

**broccoli** ['brɔkəlɪ] n brocoli m

**brochure** ['brəʊʃjʊə^r] n prospectus m, dépliant m

**brogue** ['brəʊg] n (accent) accent régional; (shoe)
(sorte de) chaussure basse de cuir épais

**broil** [brɔɪl] (US) vt rôtir

**broke** [brəʊk] pt of **break** ▷ adj (inf) fauché(e); **to
go ~** (business) faire faillite

**broken** ['brəʊkn] pp of **break** ▷ adj (stick, leg etc)
cassé(e); (machine: also: **broken down**) fichu(e);
(promise, vow) rompu(e); **a ~ marriage** un couple
dissocié; **a ~ home** un foyer désuni; **in ~
French/English** un mauvais français/anglais
approximatif or hésitant

**broken-down** ['brəʊkn'daun] adj (car) en panne;
(machine) fichu(e); (house) en ruines

**broken-hearted** ['brəʊkn'hɑːtɪd] adj (ayant) le
cœur brisé

**broker** ['brəʊkə^r] n courtier m

**brokerage** ['brəʊkrɪdʒ] n courtage m

**brolly** ['brɔlɪ] n (Brit inf) pépin m, parapluie m

**bronchitis** [brɔŋ'kaɪtɪs] n bronchite f

**bronze** [brɔnz] n bronze m

**bronzed** ['brɔnzd] adj bronzé(e), hâlé(e)

**brooch** [brəʊtʃ] n broche f

**brood** [bruːd] n couvée f ▷ vi (hen, storm) couver;
(person) méditer (sombrement), ruminer

**broody** ['bruːdɪ] adj (fig) taciturne,
mélancolique

**brook** [bruk] n ruisseau m

**broom** [brum] n balai m; (Bot) genêt m

**broomstick** ['brumstɪk] n manche m à balai

**Bros.** abbr (Comm: = brothers) Frères

**broth** [brɔθ] n bouillon m de viande et de
légumes

**brothel** ['brɔθl] n maison close, bordel m

**brother** ['brʌðə^r] n frère m

**brotherhood** ['brʌðəhud] n fraternité f

**brother-in-law** ['brʌðərɪn'lɔː^r] n beau-frère m

**brotherly** ['brʌðəlɪ] adj fraternel(le)

**brought** [brɔːt] pt, pp of **bring**

**brow** [brau] n front m; (rare: gen: eyebrow) sourcil
m; (of hill) sommet m

**browbeat** ['braubiːt] vt intimider, brusquer

**brown** [braun] adj brun(e), marron inv; (hair)
châtain inv; (tanned) bronzé(e); (rice, bread, flour)
complet(-ète) ▷ n (colour) brun m, marron m ▷ vt
brunir; (Culin) faire dorer, faire roussir; **to go ~**
(person) bronzer; (leaves) jaunir

**brown bread** n pain m bis

**Brownie** ['braunɪ] n jeannette f éclaireuse
(cadette)

**brown paper** n papier m d'emballage, papier
kraft

**brown rice** n riz m complet

**brown sugar** n cassonade f

**browse** [brauz] vi (in shop) regarder (sans acheter);
(among books) bouquiner, feuilleter les livres;
(animal) paître; **to ~ through a book** feuilleter
un livre

**browser** [brauzə^r] n (Comput) navigateur m

**bruise** [bruːz] n bleu m, ecchymose f, contusion f
▷ vt contusionner, meurtrir ▷ vi (fruit) se taler,
se meurtrir; **to ~ one's arm** se faire un bleu au
bras

**Brum** [brʌm] n abbr, **Brummagem**
['brʌmədʒəm] n (inf) Birmingham

**Brummie** ['brʌmɪ] n (inf) habitant(e) de
Birmingham; natif(-ive) de Birmingham

**brunch** [brʌntʃ] n brunch m

**brunette** [bruː'nɛt] n (femme) brune

**brunt** [brʌnt] n: **the ~ of** (attack, criticism etc) le
plus gros de

**brush** [brʌʃ] n brosse f; (for painting) pinceau m;
(for shaving) blaireau m; (quarrel) accrochage m,
prise f de bec ▷ vt brosser; (also: **brush past,
brush against**) effleurer, frôler; **to have a ~
with sb** s'accrocher avec qn; **to have a ~ with
the police** avoir maille à partir avec la police

▶ **brush aside** vt écarter, balayer

▶ **brush up** vt (knowledge) rafraîchir, réviser

489

**brushed** [brʌʃt] *adj* (*Tech: steel, chrome etc*) brossé(e); (*nylon, denim etc*) gratté(e)
**brush-off** ['brʌʃɔf] *n* (*inf*): **to give sb the ~** envoyer qn promener
**brushwood** ['brʌʃwud] *n* broussailles *fpl*, taillis *m*
**brusque** [bru:sk] *adj* (*person, manner*) brusque, cassant(e); (*tone*) sec (sèche), cassant(e)
**Brussels** ['brʌslz] *n* Bruxelles
**Brussels sprout** [-spraut] *n* chou *m* de Bruxelles
**brutal** ['bru:tl] *adj* brutal(e)
**brutality** [bru:'tælɪtɪ] *n* brutalité *f*
**brutalize** ['bru:təlaɪz] *vt* (*harden*) rendre brutal(e); (*ill-treat*) brutaliser
**brute** [bru:t] *n* brute *f* ▷ *adj*: **by ~ force** par la force
**brutish** ['bru:tɪʃ] *adj* grossier(-ère), brutal(e)
**BS** *n abbr* (*US: = Bachelor of Science*) diplôme universitaire
**bs** *abbr* = **bill of sale**
**BSA** *n abbr* = **Boy Scouts of America**
**B.Sc.** *n abbr* = **Bachelor of Science**
**BSE** *n abbr* (*= bovine spongiform encephalopathy*) ESB *f*, BSE *f*
**BSI** *n abbr* (*= British Standards Institution*) association de normalisation
**BST** *abbr* (*= British Summer Time*) heure *f* d'été
**Bt.** *abbr* (*Brit*) = **baronet**
**btu** *n abbr* (*= British thermal unit*) btu (*= 1054,2 joules*)
**bubble** ['bʌbl] *n* bulle *f* ▷ *vi* bouillonner, faire des bulles; (*sparkle, fig*) pétiller
**bubble bath** *n* bain moussant
**bubble gum** *n* chewing-gum *m*
**bubblejet printer** ['bʌbldʒet-] *n* imprimante *f* à bulle d'encre
**bubbly** ['bʌblɪ] *adj* (*drink*) pétillant(e); (*person*) plein(e) de vitalité ▷ *n* (*inf*) champ *m*
**Bucharest** [bu:kə'rest] *n* Bucarest
**buck** [bʌk] *n* mâle *m* (*d'un lapin, lièvre, daim etc*); (*US inf*) dollar *m* ▷ *vi* ruer, lancer une ruade; **to pass the ~ (to sb)** se décharger de la responsabilité (sur qn)
▶ **buck up** *vi* (*cheer up*) reprendre du poil de la bête, se remonter ▷ *vt*: **to ~ one's ideas up** se reprendre
**bucket** ['bʌkɪt] *n* seau *m* ▷ *vi* (*Brit inf*): **the rain is ~ing (down)** il pleut à verse
**Buckingham Palace** ['bʌkɪŋhəm-] *n* le palais de Buckingham; *voir article*

⬤ **BUCKINGHAM PALACE**

⬤
⬤ *Buckingham Palace* est la résidence officielle
⬤ londonienne du souverain britannique
⬤ depuis 1762. Construit en 1703, il fut à
⬤ l'origine le palais du duc de Buckingham. Il
⬤ a été partiellement reconstruit au début du
⬤ XXe siècle.

**buckle** ['bʌkl] *n* boucle *f* ▷ *vt* (*belt etc*) boucler, attacher ▷ *vi* (*warp*) tordre, gauchir; (*: wheel*) se

voiler
▶ **buckle down** *vi* s'y mettre
**Bucks** [bʌks] *abbr* (*Brit*) = **Buckinghamshire**
**bud** [bʌd] *n* bourgeon *m*; (*of flower*) bouton *m* ▷ *vi* bourgeonner; (*flower*) éclore
**Buddha** ['budə] *n* Bouddha *m*
**Buddhism** ['budɪzəm] *n* bouddhisme *m*
**Buddhist** ['budɪst] *adj* bouddhiste ▷ *n* Bouddhiste *m/f*
**budding** ['bʌdɪŋ] *adj* (*flower*) en bouton; (*poet etc*) en herbe; (*passion etc*) naissant(e)
**buddy** ['bʌdɪ] *n* (*US*) copain *m*
**budge** [bʌdʒ] *vt* faire bouger ▷ *vi* bouger
**budgerigar** ['bʌdʒərɪgɑː'] *n* perruche *f*
**budget** ['bʌdʒɪt] *n* budget *m* ▷ *vi*: **to ~ for sth** inscrire qch au budget; **I'm on a tight ~** je dois faire attention à mon budget
**budgie** ['bʌdʒɪ] *n* = **budgerigar**
**Buenos Aires** ['bweɪnɔs'aɪrɪz] *n* Buenos Aires
**buff** [bʌf] *adj* (*couleur f*) chamois *m* ▷ *n* (*inf: enthusiast*) mordu(e)
**buffalo** (*pl - or -es*) ['bʌfələu] *n* (*Brit*) buffle *m*; (*US*) bison *m*
**buffer** ['bʌfə'] *n* tampon *m*; (*Comput*) mémoire *f* tampon ▷ *vi* mettre en mémoire tampon
**buffering** ['bʌfərɪŋ] *n* (*Comput*) mise *f* en mémoire tampon
**buffer state** *n* état *m* tampon
**buffer zone** *n* zone *f* tampon
**buffet** *n* ['bufeɪ] (*food Brit: bar*) buffet *m* ▷ *vt* ['bʌfɪt] gifler, frapper; secouer, ébranler
**buffet car** *n* (*Brit Rail*) voiture-bar *f*
**buffet lunch** *n* lunch *m*
**buffoon** [bə'fu:n] *n* buffon *m*, pitre *m*
**bug** [bʌg] *n* (*bedbug etc*) punaise *f*; (*esp US: any insect*) insecte *m*, bestiole *f*; (*fig: germ*) virus *m*, microbe *m*; (*spy device*) dispositif *m* d'écoute (électronique), micro clandestin; (*Comput: of program*) erreur *f*; (*: of equipment*) défaut *m* ▷ *vt* (*room*) poser des micros dans; (*inf: annoy*) embêter; **I've got the travel ~** (*fig*) j'ai le virus du voyage
**bugbear** ['bʌgbeə'] *n* cauchemar *m*, bête noire
**bugger** ['bʌgə'] (*inf!*) *n* salaud *m* (!), connard *m* (!) ▷ *vb*: **~ off!** tire-toi! (!); **~ (it)!** merde! (!)
**buggy** ['bʌgɪ] *n* poussette *f*
**bugle** ['bju:gl] *n* clairon *m*
**build** [bɪld] *n* (*of person*) carrure *f*, charpente *f* ▷ *vt* (*pt, pp* **built**) [bɪlt] construire, bâtir
▶ **build on** *vt fus* (*fig*) tirer parti de, partir de
▶ **build up** *vt* accumuler, amasser; (*business*) développer; (*reputation*) bâtir
**builder** ['bɪldə'] *n* entrepreneur *m*
**building** ['bɪldɪŋ] *n* (*trade*) construction *f*; (*structure*) bâtiment *m*, construction; (*: residential, offices*) immeuble *m*
**building contractor** *n* entrepreneur *m* (en bâtiment)
**building industry** *n* (industrie *f* du) bâtiment *m*
**building site** *n* chantier *m* (de construction)
**building society** *n* (*Brit*) société *f* de crédit

immobilier; *voir article*

**building trade** *n* = **building industry**
**build-up** ['bɪldʌp] *n* (*of gas etc*) accumulation *f*;
(*publicity*): **to give sb/sth a good ~** faire de la
pub pour qn/qch
**built** [bɪlt] *pt, pp of* **build**
**built-in** ['bɪlt'ɪn] *adj* (*cupboard*) encastré(e);
(*device*) incorporé(e); intégré(e)
**built-up** ['bɪlt'ʌp] *adj*: **~ area** agglomération
(urbaine); zone urbanisée
**bulb** [bʌlb] *n* (*Bot*) bulbe *m*, oignon *m*; (*Elec*)
ampoule *f*
**bulbous** ['bʌlbəs] *adj* bulbeux(-euse)
**Bulgaria** [bʌl'geəriə] *n* Bulgarie *f*
**Bulgarian** [bʌl'geəriən] *adj* bulgare ▷ *n* Bulgare
*m/f*; (*Ling*) bulgare *m*
**bulge** [bʌldʒ] *n* renflement *m*, gonflement *m*; (*in
birth rate, sales*) brusque augmentation *f* ▷ *vi*
faire saillie; présenter un renflement; (*pocket,
file*): **to be bulging with** être plein(e) à
craquer de
**bulimia** [bə'lɪmɪə] *n* boulimie *f*
**bulimic** [bju:'lɪmɪk] *adj, n* boulimique *m/f*
**bulk** [bʌlk] *n* masse *f*, volume *m*; **in ~** (*Comm*) en
gros, en vrac; **the ~ of** la plus grande *or* grosse
partie de
**bulk buying** [-'baɪɪŋ] *n* achat *m* en gros
**bulk carrier** *n* cargo *m*
**bulkhead** ['bʌlkhɛd] *n* cloison *f* (étanche)
**bulky** ['bʌlkɪ] *adj* volumineux(-euse),
encombrant(e)
**bull** [bul] *n* taureau *m*; (*male elephant, whale*) mâle
*m*; (*Stock Exchange*) haussier *m*; (*Rel*) bulle *f*
**bulldog** ['buldɔg] *n* bouledogue *m*
**bulldoze** ['buldəuz] *vt* passer *or* raser au
bulldozer; **I was ~d into doing it** (*fig: inf*) on
m'a forcé la main
**bulldozer** ['buldəuzə'] *n* bulldozer *m*
**bullet** ['bulɪt] *n* balle *f* (*de fusil etc*)
**bulletin** ['bulɪtɪn] *n* bulletin *m*, communiqué *m*;
(*also*: **news bulletin**) (bulletin d')informations *fpl*
**bulletin board** *n* (*Comput*) messagerie *f*
(électronique)
**bulletproof** ['bulɪtpru:f] *adj* à l'épreuve des
balles; **~ vest** gilet *m* pare-balles

**bullfight** ['bulfaɪt] *n* corrida *f*, course *f* de
taureaux
**bullfighter** ['bulfaɪtə'] *n* torero *m*
**bullfighting** ['bulfaɪtɪŋ] *n* tauromachie *f*
**bullion** ['buljən] *n* or *m* or argent *m* en lingots
**bullock** ['bulək] *n* bœuf *m*
**bullring** ['bulrɪŋ] *n* arène *f*
**bull's-eye** ['bulzaɪ] *n* centre *m* (*de la cible*)
**bullshit** ['bulʃɪt] (*inf!*) *n* connerie(s) *f(pl)* (!) ▷ *vt*
raconter des conneries à (!) ▷ *vi* déconner (!)
**bully** ['bulɪ] *n* brute *f*, tyran *m* ▷ *vt* tyranniser,
rudoyer; (*frighten*) intimider
**bullying** ['bulɪɪŋ] *n* brimades *fpl*
**bum** [bʌm] *n* (*inf: Brit: backside*) derrière *m*; (*: esp
US: tramp*) vagabond(e), traîne-savates *m/f inv*;
(*: idler*) glandeur *m*
▶ **bum around** *vi* (*inf*) vagabonder
**bumblebee** ['bʌmblbi:] *n* bourdon *m*
**bumf** [bʌmf] *n* (*inf: forms etc*) paperasses *fpl*
**bump** [bʌmp] *n* (*blow*) coup *m*, choc *m*; (*jolt*)
cahot *m*; (*on road etc, on head*) bosse *f* ▷ *vt* heurter,
cogner; (*car*) emboutir
▶ **bump along** *vi* avancer en cahotant
▶ **bump into** *vt fus* rentrer dans, tamponner;
(*inf: meet*) tomber sur
**bumper** ['bʌmpə'] *n* pare-chocs *m inv* ▷ *adj*: **~
crop/harvest** récolte/moisson exceptionnelle
**bumper cars** *npl* (*US*) autos tamponneuses
**bumph** [bʌmf] *n* = **bumf**
**bumptious** ['bʌmpʃəs] *adj* suffisant(e),
prétentieux(-euse)
**bumpy** ['bʌmpɪ] *adj* (*road*) cahoteux(-euse); **it
was a ~ flight/ride** on a été secoués dans
l'avion/la voiture
**bun** [bʌn] *n* (*cake*) petit gâteau; (*bread*) petit pain
au lait; (*of hair*) chignon *m*
**bunch** [bʌntʃ] *n* (*of flowers*) bouquet *m*; (*of keys*)
trousseau *m*; (*of bananas*) régime *m*; (*of people*)
groupe *m*; **bunches** *npl* (*in hair*) couettes *fpl*; **~ of
grapes** grappe *f* de raisin
**bundle** ['bʌndl] *n* paquet *m* ▷ *vt* (*also*: **bundle up**)
faire un paquet de; (*put*): **to ~ sth/sb into**
fourrer *or* enfourner qch/qn dans
▶ **bundle off** *vt* (*person*) faire sortir (en toute
hâte); expédier
▶ **bundle out** *vt* éjecter, sortir (sans
ménagements)
**bun fight** *n* (*Brit inf*) réception *f*; (*tea party*) thé *m*
**bung** [bʌŋ] *n* bonde *f*, bouchon *m* ▷ *vt* (*Brit:
throw: also*: **bung into**) flanquer; (*also*: **bung up**:
*pipe, hole*) boucher; **my nose is ~ed up** j'ai le nez
bouché
**bungalow** ['bʌŋgələu] *n* bungalow *m*
**bungee jumping** ['bʌndʒi:'dʒʌmpɪŋ] *n* saut *m* à
l'élastique
**bungle** ['bʌŋgl] *vt* bâcler, gâcher
**bunion** ['bʌnjən] *n* oignon *m* (*au pied*)
**bunk** [bʌŋk] *n* couchette *f*; (*Brit inf*): **to do a ~**
mettre les bouts *or* les voiles
▶ **bunk off** *vi* (*Brit inf: Scol*) sécher (les cours); **I'll
~ off at 3 o'clock this afternoon** je vais mettre
les bouts *or* les voiles à 3 heures cet après-midi

**b**

**bunk beds** *npl* lits superposés
**bunker** ['bʌŋkə'] *n* (*coal store*) soute *f* à charbon; (*Mil*, *Golf*) bunker *m*
**bunny** ['bʌnɪ] *n* (*also*: **bunny rabbit**) lapin *m*
**bunny girl** *n* (*Brit*) hôtesse *de* cabaret
**bunny hill** *n* (*US Ski*) piste *f* pour débutants
**bunting** ['bʌntɪŋ] *n* pavoisement *m*, drapeaux *mpl*
**buoy** [bɔɪ] *n* bouée *f*
▸ **buoy up** *vt* faire flotter; (*fig*) soutenir, épauler
**buoyancy** ['bɔɪənsɪ] *n* (*of ship*) flottabilité *f*
**buoyant** ['bɔɪənt] *adj* (*ship*) flottable; (*carefree*) gai(e), plein(e) d'entrain; (*Comm*: *market*, *economy*) actif(-ive); (: *prices*, *currency*) soutenu(e)
**burden** ['bə:dn] *n* fardeau *m*, charge *f* ▸ *vt* charger; (*oppress*) accabler, surcharger; **to be a ~ to sb** être un fardeau pour qn
**bureau** (*pl* -**x**) ['bjuərəu, -z] *n* (*Brit*: *writing desk*) bureau *m*, secrétaire *m*; (*US*: *chest of drawers*) commode *f*; (*office*) bureau, office *m*
**bureaucracy** [bjuə'rɔkrəsɪ] *n* bureaucratie *f*
**bureaucrat** ['bjuərəkræt] *n* bureaucrate *m/f*, rond-de-cuir *m*
**bureaucratic** [bjuərə'krætɪk] *adj* bureaucratique
**bureau de change** [-də'ʃɑ̃ʒ] (*pl* **bureaux de change**) *n* bureau *m* de change
**bureaux** ['bjuərəuz] *npl of* **bureau**
**burgeon** ['bə:dʒən] *vi* (*fig*) être en expansion rapide
**burger** ['bə:gə'] *n* hamburger *m*
**burglar** ['bə:glə'] *n* cambrioleur *m*
**burglar alarm** *n* sonnerie *f* d'alarme
**burglarize** ['bə:gləraɪz] *vt* (*US*) cambrioler
**burglary** ['bə:glərɪ] *n* cambriolage *m*
**burgle** ['bə:gl] *vt* cambrioler
**Burgundy** ['bə:gəndɪ] *n* Bourgogne *f*
**burial** ['berɪəl] *n* enterrement *m*
**burial ground** *n* cimetière *m*
**burly** ['bə:lɪ] *adj* de forte carrure, costaud(e)
**Burma** ['bə:mə] *n* Birmanie *f*; *see also* **Myanmar**
**Burmese** [bə:'mi:z] *adj* birman(e), de Birmanie ▸ *n* (*pl inv*) Birman(e); (*Ling*) birman *m*
**burn** [bə:n] *vt*, *vi* (*pt*, *pp* -**ed** *or* -**t**) [bə:nt] brûler ▸ *n* brûlure *f*; **the cigarette ~t a hole in her dress** la cigarette a fait un trou dans sa robe; **I've ~t myself!** je me suis brûlé(e)!
▸ **burn down** *vt* incendier, détruire par le feu
▸ **burn out** *vt* (*writer etc*): **to ~ o.s. out** s'user (à force de travailler)
**burner** ['bə:nə'] *n* brûleur *m*
**burning** ['bə:nɪŋ] *adj* (*building*, *forest*) en flammes; (*issue*, *question*) brûlant(e); (*ambition*) dévorant(e)
**burnish** ['bə:nɪʃ] *vt* polir
**Burns' Night** [bə:nz-] *n* fête écossaise à la mémoire du poète Robert Burns; *voir article*

**burnt** [bə:nt] *pt*, *pp of* **burn**
**burnt sugar** *n* (*Brit*) caramel *m*
**burp** [bə:p] (*inf*) *n* rot *m* ▸ *vi* roter
**burrow** ['bʌrəu] *n* terrier *m* ▸ *vt* creuser ▸ *vi* (*rabbit*) creuser un terrier; (*rummage*) fouiller
**bursar** ['bə:sə'] *n* économe *m/f*; (*Brit*: *student*) boursier(-ère)
**bursary** ['bə:sərɪ] *n* (*Brit*) bourse *f* (d'études)
**burst** [bə:st] (*pt*, *pp* -) *vt* faire éclater; (*river*: *banks etc*) rompre ▸ *vi* éclater; (*tyre*) crever ▸ *n* explosion *f*; (*also*: **burst pipe**) fuite *f* (*due à une rupture*); **a ~ of enthusiasm/energy** un accès d'enthousiasme/d'énergie; **~ of laughter** éclat *m* de rire; **a ~ of applause** une salve d'applaudissement; **a ~ of gunfire** une rafale de tir; **a ~ of speed** une pointe de vitesse; **~ blood vessel** rupture *f* de vaisseau sanguin; **the river has ~ its banks** le cours d'eau est sorti de son lit; **to ~ into flames** s'enflammer soudainement; **to ~ out laughing** éclater de rire; **to ~ into tears** fondre en larmes; **to ~ open** (*vi*) s'ouvrir violemment *or* soudainement; **to be ~ing with** (*container*) être plein(e) (à craquer) de, regorger de; (*fig*) être débordant(e) de
▸ **burst into** *vt fus* (*room etc*) faire irruption dans
▸ **burst out of** *vt fus* sortir précipitamment de
**bury** ['berɪ] *vt* enterrer; **to ~ one's face in one's hands** se couvrir le visage de ses mains; **to ~ one's head in the sand** (*fig*) pratiquer la politique de l'autruche; **to ~ the hatchet** (*fig*) enterrer la hache de guerre
**bus** (*pl* -**es**) [bʌs, 'bʌsɪz] *n* autobus *m*
**busboy** ['bʌsbɔɪ] *n* (*US*) aide-serveur *m*
**bus conductor** *n* receveur(-euse) *m/f* de bus
**bush** [buʃ] *n* buisson *m*; (*scrub land*) brousse *f*; **to beat about the ~** tourner autour du pot
**bushed** [buʃt] *adj* (*inf*) crevé(e), claqué(e)
**bushel** ['buʃl] *n* boisseau *m*
**bushfire** ['buʃfaɪə'] *n* feu *m* de brousse
**bushy** ['buʃɪ] *adj* broussailleux(-euse), touffu(e)
**busily** ['bɪzɪlɪ] *adv*: **to be ~ doing sth** s'affairer à faire qch
**business** ['bɪznɪs] *n* (*matter*, *firm*) affaire *f*; (*trading*) affaires *fpl*; (*job*, *duty*) travail *m*; **to be away on ~** être en déplacement d'affaires; **I'm here on ~** je suis là pour affaires; **he's in the insurance** ~ il est dans les assurances; **to do ~ with sb** traiter avec qn; **it's none of my ~** cela ne me regarde pas, ce ne sont pas mes affaires; **he means ~** il ne plaisante pas, il est sérieux
**business address** *n* adresse professionnelle *or* au bureau

**business card** n carte f de visite (professionnelle)
**business class** n (on plane) classe f affaires
**businesslike** ['bɪznɪslaɪk] adj sérieux(-euse), efficace
**businessman** ['bɪznɪsmən] (irreg) n homme m d'affaires
**business trip** n voyage m d'affaires
**businesswoman** ['bɪznɪswumən] (irreg) n femme f d'affaires
**busker** ['bʌskər] n (Brit) artiste ambulant(e)
**bus lane** n (Brit) voie réservée aux autobus
**bus pass** n carte f de bus
**bus shelter** n abribus m
**bus station** n gare routière
**bus stop** n arrêt m d'autobus
**bust** [bʌst] n buste m; (measurement) tour m de poitrine ▷ adj (inf: broken) fichu(e), fini(e) ▷ vt (inf: Police: arrest) pincer; **to go ~** faire faillite
**bustle** ['bʌsl] n remue-ménage m, affairement m ▷ vi s'affairer, se démener
**bustling** ['bʌslɪŋ] adj (person) affairé(e); (town) très animé(e)
**bust-up** ['bʌstʌp] n (Brit inf) engueulade f
**busty** ['bʌstɪ] adj (inf) à la poitrine plantureuse
**busy** ['bɪzɪ] adj occupé(e); (shop, street) très fréquenté(e); (US: telephone, line) occupé ▷ vt: **to ~ o.s.** s'occuper; **he's a ~ man** (normally) c'est un homme très pris; (temporarily) il est très pris
**busybody** ['bɪzɪbɔdɪ] n mouche f du coche, âme f charitable
**busy signal** n (US) tonalité f occupé inv

⊙ KEYWORD

**but** [bʌt] conj mais; **I'd love to come, but I'm busy** j'aimerais venir mais je suis occupé; **he's not English but French** il n'est pas anglais mais français; **but that's far too expensive!** mais c'est bien trop cher!
▷ prep (apart from, except) sauf, excepté; **nothing but** rien d'autre que; **we've had nothing but trouble** nous n'avons eu que des ennuis; **no-one but him can do it** lui seul peut le faire; **who but a lunatic would do such a thing?** qui sinon un fou ferait une chose pareille?; **but for you/your help** sans toi/ton aide; **anything but that** tout sauf or excepté ça, tout mais pas ça; **the last but one** (Brit) l'avant-dernier(-ère)
▷ adv (just, only) ne ... que; **she's but a child** elle n'est qu'une enfant; **had I but known** si seulement j'avais su; **I can but try** je peux toujours essayer; **all but finished** pratiquement terminé; **anything but finished** tout sauf fini, très loin d'être fini

**butane** ['bju:teɪn] n (also: **butane gas**) butane m
**butch** [butʃ] adj (inf: man) costaud, viril; (: woman) costaude, masculine
**butcher** ['butʃər] n boucher m ▷ vt massacrer; (cattle etc for meat) tuer
**butcher's** ['butʃəz], **butcher's shop** n

boucherie f
**butler** ['bʌtlər] n maître m d'hôtel
**butt** [bʌt] n (cask) gros tonneau; (thick end) (gros) bout; (of gun) crosse f; (of cigarette) mégot m; (Brit fig: target) cible f ▷ vt donner un coup de tête à
▶ **butt in** vi (interrupt) interrompre
**butter** ['bʌtər] n beurre m ▷ vt beurrer
**buttercup** ['bʌtəkʌp] n bouton m d'or
**butter dish** n beurrier m
**butterfingers** ['bʌtəfɪŋgəz] n (inf) maladroit(e)
**butterfly** ['bʌtəflaɪ] n papillon m; (Swimming: also: **butterfly stroke**) brasse f papillon
**buttocks** ['bʌtəks] npl fesses fpl
**button** ['bʌtn] n bouton m; (US: badge) pin m ▷ vt (also: **button up**) boutonner ▷ vi se boutonner
**buttonhole** ['bʌtnhəul] n boutonnière f ▷ vt accrocher, arrêter, retenir
**buttress** ['bʌtrɪs] n contrefort m
**buxom** ['bʌksəm] adj aux formes avantageuses or épanouies, bien galbé(e)
**buy** [baɪ] (pt, pp bought [bɔːt]) vt acheter; (Comm: company) (r)acheter ▷ n achat m; **that was a good/bad ~** c'était un bon/mauvais achat; **to ~ sb sth/sth from sb** acheter qch à qn; **to ~ sb a drink** offrir un verre or à boire à qn; **can I ~ you a drink?** je vous offre un verre?; **where can I ~ some postcards?** où est-ce que je peux acheter des cartes postales?
▶ **buy back** vt racheter
▶ **buy in** vt (Brit: goods) acheter, faire venir
▶ **buy into** vt fus (Brit Comm) acheter des actions de
▶ **buy off** vt (bribe) acheter
▶ **buy out** vt (partner) désintéresser; (business) racheter
▶ **buy up** vt acheter en bloc, rafler
**buyer** ['baɪər] n acheteur(-euse) m/f; **~'s market** marché m favorable aux acheteurs
**buy-out** ['baɪaut] n (Comm) rachat m (d'entreprise)
**buzz** [bʌz] n bourdonnement m; (inf: phone call): **to give sb a ~** passer un coup de fil à qn ▷ vi bourdonner ▷ vt (call on intercom) appeler; (with buzzer) sonner; (Aviat: plane, building) raser; **my head is ~ing** j'ai la tête qui bourdonne
▶ **buzz off** vi (inf) s'en aller, ficher le camp
**buzzard** ['bʌzəd] n buse f
**buzzer** ['bʌzər] n timbre m électrique
**buzz word** n (inf) mot m à la mode or dans le vent

⊙ KEYWORD

**by** [baɪ] prep **1** (referring to cause, agent) par, de; **killed by lightning** tué par la foudre; **surrounded by a fence** entouré d'une barrière; **a painting by Picasso** un tableau de Picasso
**2** (referring to method, manner, means): **by bus/car** en autobus/voiture; **by train** par le or en train; **to pay by cheque** payer par chèque; **by moonlight/candlelight** à la lueur de la lune/ d'une bougie; **by saving hard, he ...** à force d'économiser, il ...

**3** (*via, through*) par; **we came by Dover** nous sommes venus par Douvres

**4** (*close to, past*) à côté de; **the house by the school** la maison à côté de l'école; **a holiday by the sea** des vacances au bord de la mer; **she sat by his bed** elle était assise à son chevet; **she went by me** elle est passée à côté de moi; **I go by the post office every day** je passe devant la poste tous les jours

**5** (*with time: not later than*) avant; (: *during*): **by daylight** à la lumière du jour; **by night** la nuit, de nuit; **by 4 o'clock** avant 4 heures; **by this time tomorrow** d'ici demain à la même heure; **by the time I got here it was too late** lorsque je suis arrivé il était déjà trop tard

**6** (*amount*) à; **by the kilo/metre** au kilo/au mètre; **paid by the hour** payé à l'heure; **to increase** *etc* **by the hour** augmenter *etc* d'heure en heure

**7** (*Math: measure*): **to divide/multiply by 3** diviser/multiplier par 3; **a room 3 metres by 4** une pièce de 3 mètres sur 4; **it's broader by a metre** c'est plus large d'un mètre; **the bullet missed him by inches** la balle est passée à quelques centimètres de lui; **one by one** un à un; **little by little** petit à petit, peu à peu

**8** (*according to*) d'après, selon; **it's 3 o'clock by my watch** il est 3 heures à ma montre; **it's all right by me** je n'ai rien contre

**9**: **(all) by oneself** *etc* tout(e) seul(e)

▷ *adv* **1** *see* **go; pass** *etc*

**2**: **by and by** un peu plus tard, bientôt; **by and large** dans l'ensemble

**bye** ['baɪ], **bye-bye** ['baɪ'baɪ] *excl* au revoir!, salut!

**bye-law** ['baɪlɔ:] *n* = **by-law**

**by-election** ['baɪɪlekʃən] *n* (*Brit*) élection (législative) partielle

**Byelorussia** [bjɛləu'rʌʃə] *n* Biélorussie *f*

**Byelorussian** [bjɛləu'rʌʃən] *adj, n* = **Belorussian**

**bygone** ['baɪgɔn] *adj* passé(e) ▷ *n*: **let ~s be ~s** passons l'éponge, oublions le passé

**by-law** ['baɪlɔ:] *n* arrêté municipal

**bypass** ['baɪpɑ:s] *n* rocade *f*; (*Med*) pontage *m* ▷ *vt* éviter

**by-product** ['baɪprɒdʌkt] *n* sous-produit *m*, dérivé *m*; (*fig*) conséquence *f* secondaire, retombée *f*

**byre** ['baɪə'] *n* (*Brit*) étable *f* (à vaches)

**bystander** ['baɪstændə'] *n* spectateur(-trice), badaud(e)

**byte** [baɪt] *n* (*Comput*) octet *m*

**byway** ['baɪweɪ] *n* chemin détourné

**byword** ['baɪwə:d] *n*: **to be a ~ for** être synonyme de (*fig*)

**by-your-leave** ['baɪjɔ:'li:v] *n*: **without so much as a ~** sans même demander la permission

# Cc

**C¹, c¹** [si:] *n (letter)* C, c *m*; *(Scol: mark)* C; *(Mus):* **C** do *m*; **C for Charlie** C comme Célestin

**C²** *abbr (= Celsius, centigrade)* C

**c²** *abbr (= century)* s.; *(= circa)* v.; *(US etc)* = **cent(s)**

**CA** *n abbr* = **Central America**; *(Brit)* = **chartered accountant** ▷ *abbr (US)* = **California**

**ca.** *abbr (= circa)* v

**c/a** *abbr* = **capital account; credit account; current account**

**CAA** *n abbr (Brit)* = **Civil Aviation Authority**; *(US:* = *Civil Aeronautics Authority) direction de l'aviation civile*

**CAB** *n abbr (Brit)* = **Citizens' Advice Bureau**

**cab** [kæb] *n* taxi *m*; *(of train, truck)* cabine *f*; *(horse-drawn)* fiacre *m*

**cabaret** ['kæbəreɪ] *n* attractions *fpl*; *(show)* spectacle *m* de cabaret

**cabbage** ['kæbɪdʒ] *n* chou *m*

**cabbie, cabby** ['kæbɪ], **cab driver** *n (inf)* taxi *m*, chauffeur *m* de taxi

**cabin** ['kæbɪn] *n (house)* cabane *f*, hutte *f*; *(on ship)* cabine *f*; *(on plane)* compartiment *m*

**cabin crew** *n (Aviat)* équipage *m*

**cabin cruiser** *n* yacht *m* (à moteur)

**cabinet** ['kæbɪnɪt] *n (Pol)* cabinet *m*; *(furniture)* petit meuble à tiroirs et rayons; *(also:* **display cabinet**) vitrine *f*, petite armoire vitrée

**cabinet-maker** ['kæbɪnɪt'meɪkə'] *n* ébéniste *m*

**cabinet minister** *n* ministre *m (membre du cabinet)*

**cable** ['keɪbl] *n* câble *m* ▷ *vt* câbler, télégraphier

**cable car** ['keɪblkɑː'] *n* téléphérique *m*

**cablegram** ['keɪblgræm] *n* câblogramme *m*

**cable railway** *n (Brit)* funiculaire *m*

**cable television** *n* télévision *f* par câble

**cache** [kæʃ] *n* cachette *f*; **a ~ of food** *etc* un dépôt secret de provisions *etc*, une cachette contenant des provisions *etc*

**cackle** ['kækl] *vi* caqueter

**cactus** *(pl* **cacti**) ['kæktəs, -taɪ] *n* cactus *m*

**CAD** *n abbr (= computer-aided design)* CAO *f*

**caddie** ['kædɪ] *n* caddie *m*

**cadet** [kə'dɛt] *n (Mil)* élève *m* officier; **police ~** élève agent de police

**cadge** [kædʒ] *vt (inf)* se faire donner; **to ~ a meal (off sb)** se faire inviter à manger (par qn)

**cadre** ['kædrɪ] *n* cadre *m*

**Caesarean,** *(US)* **Cesarean** [si:'zɛərɪən] *adj:* **~ (section)** césarienne *f*

**CAF** *abbr (Brit:* = *cost and freight)* C et F

**café** ['kæfeɪ] *n* ≈ café(-restaurant) *m (sans alcool)*

**cafeteria** [kæfɪ'tɪərɪə] *n* cafétéria *f*

**caffeine** ['kæfi:n] *n* caféine *f*

**cage** [keɪdʒ] *n* cage *f* ▷ *vt* mettre en cage

**cagey** ['keɪdʒɪ] *adj (inf)* réticent(e), méfiant(e)

**cagoule** [kə'gu:l] *n* K-way® *m*

**cahoots** [kə'hu:ts] *n:* **to be in ~ (with)** être de mèche (avec)

**CAI** *n abbr (= computer-aided instruction)* EAO *m*

**Cairo** ['kaɪərəʊ] *n* le Caire

**cajole** [kə'dʒəʊl] *vt* couvrir de flatteries *or* de gentillesses

**cake** [keɪk] *n* gâteau *m*; **~ of soap** savonnette *f*; **it's a piece of ~** *(inf)* c'est un jeu d'enfant; **he wants to have his ~ and eat it (too)** *(fig)* il veut tout avoir

**caked** [keɪkt] *adj:* **~ with** raidi(e) par, couvert(e) d'une croûte de

**cake shop** *n* pâtisserie *f*

**Cal.** *abbr (US)* = **California**

**calamitous** [kə'læmɪtəs] *adj* catastrophique, désastreux(-euse)

**calamity** [kə'læmɪtɪ] *n* calamité *f*, désastre *m*

**calcium** ['kælsɪəm] *n* calcium *m*

**calculate** ['kælkjuleɪt] *vt* calculer; *(estimate: chances, effect)* évaluer

  ▶ **calculate on** *vt fus:* **to ~ on sth/on doing sth** compter sur qch/faire qch

**calculated** ['kælkjuleɪtɪd] *adj (insult, action)* délibéré(e); **a ~ risk** un risque pris en toute connaissance de cause

**calculating** ['kælkjuleɪtɪŋ] *adj* calculateur(-trice)

**calculation** [kælkju'leɪʃən] *n* calcul *m*

**calculator** ['kælkjuleɪtə'] *n* machine *f* à calculer, calculatrice *f*

**calculus** ['kælkjuləs] *n* analyse *f* (mathématique), calcul infinitésimal; **integral/differential ~** calcul intégral/différentiel

**calendar** ['kæləndə'] *n* calendrier *m*

**calendar year** *n* année civile

**calf** (pl **calves**) [kɑːf, kɑːvz] n (of cow) veau m; (of other animals) petit m; (also: **calfskin**) veau m, vachette f; (Anat) mollet m

**caliber** ['kælɪbəʳ] n (US) = **calibre**

**calibrate** ['kælɪbreɪt] vt (gun etc) calibrer; (scale of measuring instrument) étalonner

**calibre**, (US) **caliber** ['kælɪbəʳ] n calibre m

**calico** ['kælɪkəu] n (Brit) calicot m; (US) indienne f

**Calif.** abbr (US) = **California**

**California** [kælɪ'fɔːnɪə] n Californie f

**calipers** ['kælɪpəz] npl (US) = **callipers**

**call** [kɔːl] vt (gen, also Tel) appeler; (announce: flight) annoncer; (meeting) convoquer; (strike) lancer ▷ vi appeler; (visit: also: **call in, call round**) passer ▷ n (shout) appel m, cri m; (summons: for flight etc, fig: lure) appel; (visit) visite f; (also: **telephone call**) coup m de téléphone; communication f; **to be on ~** être de permanence; **to be ~ed** s'appeler; **she's ~ed Suzanne** elle s'appelle Suzanne; **who is ~ing?** (Tel) qui est à l'appareil?; **London ~ing** (Radio) ici Londres; **please give me a ~ at 7** appelez-moi à 7 heures; **to make a ~** téléphoner, passer un coup de fil; **can I make a ~ from here?** est-ce que je peux téléphoner d'ici?; **to pay a ~ on sb** rendre visite à qn, passer voir qn; **there's not much ~ for these items** ces articles ne sont pas très demandés

▸ **call at** vt fus (ship) faire escale à; (train) s'arrêter à

▸ **call back** vi (return) repasser; (Tel) rappeler ▷ vt (Tel) rappeler; **can you ~ back later?** pouvez-vous rappeler plus tard?

▸ **call for** vt fus (demand) demander; (fetch) passer prendre

▸ **call in** vt (doctor, expert, police) appeler, faire venir

▸ **call off** vt annuler; **the strike was ~ed off** l'ordre de grève a été rapporté

▸ **call on** vt fus (visit) rendre visite à, passer voir; (request): **to ~ on sb to do** inviter qn à faire

▸ **call out** vi pousser un cri or des cris ▷ vt (doctor, police, troops) appeler

▸ **call up** vt (Mil) appeler, mobiliser; (Tel) appeler

**call box** ['kɔːlbɔks] n (Brit) cabine f téléphonique

**call centre**, (US) **call center** n centre m d'appels

**caller** ['kɔːləʳ] n (Tel) personne f qui appelle; (visitor) visiteur m; **hold the line, ~!** (Tel) ne quittez pas, Monsieur (or Madame)!

**call girl** n call-girl f

**call-in** ['kɔːlɪn] n (US Radio, TV) programme m à ligne ouverte

**calling** ['kɔːlɪŋ] n vocation f; (trade, occupation) état m

**calling card** n (US) carte f de visite

**callipers**, (US) **calipers** ['kælɪpəz] npl (Math) compas m; (Med) appareil m orthopédique; gouttière f; étrier m

**callous** ['kæləs] adj dur(e), insensible

**callousness** ['kæləsnɪs] n dureté f, manque m de cœur, insensibilité f

**callow** ['kæləu] adj sans expérience (de la vie)

**calm** [kɑːm] adj calme ▷ n calme m ▷ vt calmer, apaiser

▸ **calm down** vi se calmer, s'apaiser ▷ vt calmer, apaiser

**calmly** ['kɑːmlɪ] adv calmement, avec calme

**calmness** ['kɑːmnɪs] n calme m

**Calor gas®** ['kælə'-] n (Brit) butane m, butagaz® m

**calorie** ['kælərɪ] n calorie f; **low ~ product** produit m pauvre en calories

**calve** [kɑːv] vi vêler, mettre bas

**calves** [kɑːvz] npl of **calf**

**CAM** n abbr (= computer-aided manufacturing) FAO f

**camber** ['kæmbəʳ] n (of road) bombement m

**Cambodia** [kæm'bəudɪə] n Cambodge m

**Cambodian** [kæm'bəudɪən] adj cambodgien(ne) ▷ n Cambodgien(ne)

**Cambs** abbr (Brit) = **Cambridgeshire**

**camcorder** ['kæmkɔːdəʳ] n caméscope m

**came** [keɪm] pt of **come**

**camel** ['kæməl] n chameau m

**cameo** ['kæmɪəu] n camée m

**camera** ['kæmərə] n appareil-photo m; (Cine, TV) caméra f; **digital ~** appareil numérique; **in ~** à huis clos, en privé

**cameraman** ['kæmərəmæn] (irreg) n caméraman m

**camera phone** n téléphone m avec appareil photo

**Cameroon, Cameroun** [kæmə'ruːn] n Cameroun m

**camouflage** ['kæməflɑːʒ] n camouflage m ▷ vt camoufler

**camp** [kæmp] n camp m ▷ vi camper ▷ adj (man) efféminé(e)

**campaign** [kæm'peɪn] n (Mil, Pol) campagne f ▷ vi (also fig) faire campagne; **to ~ for/against** militer pour/contre

**campaigner** [kæm'peɪnəʳ] n: **~ for** partisan(e) de; **~ against** opposant(e) à

**camp bed** ['kæmp'bɛd] n (Brit) lit m de camp

**camper** ['kæmpəʳ] n campeur(-euse); (vehicle) camping-car m

**camping** ['kæmpɪŋ] n camping m; **to go ~** faire du camping

**camping gas®** n butane m

**campsite** ['kæmpsaɪt] n (terrain m de) camping m

**campus** ['kæmpəs] n campus m

**camshaft** ['kæmʃɑːft] n arbre m à came

**can¹** [kæn] n (of milk, oil, water) bidon m; (tin) boîte f (de conserve) ▷ vt mettre en conserve; **a ~ of beer** une canette de bière; **he had to carry the ~** (Brit inf) on lui a fait porter le chapeau; see also **keyword**

**Ⓞ KEYWORD**

**can²** [kæn] (negative **cannot, can't**, conditional and pt **could**) aux vb **1** (be able to) pouvoir; **you can do**

**it if you try** vous pouvez le faire si vous essayez; **I can't hear you** je ne t'entends pas
**2** (know how to) savoir; **I can swim/play tennis/drive** je sais nager/jouer au tennis/conduire; **can you speak French?** parlez-vous français?
**3** (may) pouvoir; **can I use your phone?** puis-je me servir de votre téléphone?
**4** (expressing disbelief, puzzlement etc): **it can't be true!** ce n'est pas possible!; **what CAN he want?** qu'est-ce qu'il peut bien vouloir?
**5** (expressing possibility, suggestion etc): **he could be in the library** il est peut-être dans la bibliothèque; **she could have been delayed** il se peut qu'elle ait été retardée; **they could have forgotten** ils ont pu oublier

**Canada** ['kænədə] n Canada m
**Canadian** [kə'neɪdɪən] adj canadien(ne) ▷ n Canadien(ne)
**canal** [kə'næl] n canal m
**canary** [kə'nɛərɪ] n canari m, serin m
**Canary Islands, Canaries** [kə'nɛərɪz] npl: **the ~** les (îles fpl) Canaries fpl
**Canberra** ['kænbərə] n Canberra
**cancel** ['kænsəl] vt annuler; (train) supprimer; (party, appointment) décommander; (cross out) barrer, rayer; (stamp) oblitérer; (cheque) faire opposition à; **I would like to ~ my booking** je voudrais annuler ma réservation
▸ **cancel out** vt annuler; **they ~ each other out** ils s'annulent
**cancellation** [kænsə'leɪʃən] n annulation f; suppression f; oblitération f; (Tourism) réservation annulée, client etc qui s'est décommandé
**Cancer** ['kænsəʳ] n (Astrology) le Cancer; **to be ~** être du Cancer
**cancer** ['kænsəʳ] n cancer m
**cancerous** ['kænsrəs] adj cancéreux(-euse)
**cancer patient** n cancéreux(-euse)
**cancer research** n recherche f contre le cancer
**C and F** abbr (Brit: = cost and freight) C et F
**candid** ['kændɪd] adj (très) franc (franche), sincère
**candidacy** ['kændɪdəsɪ] n candidature f
**candidate** ['kændɪdeɪt] n candidat(e)
**candidature** ['kændɪdətʃəʳ] n (Brit) = **candidacy**
**candied** ['kændɪd] adj confit(e); **~ apple** (US) pomme caramélisée
**candle** ['kændl] n bougie f; (of tallow) chandelle f; (in church) cierge m
**candlelight** ['kændllaɪt] n: **by ~** à la lumière d'une bougie; (dinner) aux chandelles
**candlestick** ['kændlstɪk] n (also: **candle holder**) bougeoir m; (bigger, ornate) chandelier m
**candour**, (US) **candor** ['kændəʳ] n (grande) franchise or sincérité
**C & W** n abbr = **country and western**
**candy** ['kændɪ] n sucre candi; (US) bonbon m
**candy bar** (US) n barre f chocolatée
**candyfloss** ['kændɪflɔs] n (Brit) barbe f à papa
**candy store** n (US) confiserie f

**cane** [keɪn] n canne f; (for baskets, chairs etc) rotin m ▷ vt (Brit Scol) administrer des coups de bâton à
**canine** ['kænaɪn] adj canin(e)
**canister** ['kænɪstəʳ] n boîte f (gén en métal); (of gas) bombe f
**cannabis** ['kænəbɪs] n (drug) cannabis m; (cannabis plant) chanvre indien
**canned** ['kænd] adj (food) en boîte, en conserve; (inf: music) enregistré(e); (Brit inf: drunk) bourré(e); (US inf: worker) mis(e) à la porte
**cannibal** ['kænɪbəl] n cannibale m/f, anthropophage m/f
**cannibalism** ['kænɪbəlɪzəm] n cannibalisme m, anthropophagie f
**cannon** (pl ~ or **-s**) ['kænən] n (gun) canon m
**cannonball** ['kænənbɔːl] n boulet m de canon
**cannon fodder** n chair f à canon
**cannot** ['kænɔt] = **can not**
**canny** ['kænɪ] adj madré(e), finaud(e)
**canoe** [kə'nuː] n pirogue f; (Sport) canoë m
**canoeing** [kə'nuːɪŋ] n (sport) canoë m
**canoeist** [kə'nuːɪst] n canoéiste m/f
**canon** ['kænən] n (clergyman) chanoine m; (standard) canon m
**canonize** ['kænənaɪz] vt canoniser
**can-opener** [-'əupnəʳ] n ouvre-boîte m
**canopy** ['kænəpɪ] n baldaquin m; dais m
**cant** [kænt] n jargon m ▷ vt, vi pencher
**can't** [kɑːnt] = **can not**
**Cantab.** abbr (Brit: = cantabrigiensis) of Cambridge
**cantankerous** [kæn'tæŋkərəs] adj querelleur(-euse), acariâtre
**canteen** [kæn'tiːn] n (eating place) cantine f; (Brit: of cutlery) ménagère f
**canter** ['kæntəʳ] n petit galop ▷ vi aller au petit galop
**cantilever** ['kæntɪliːvəʳ] n porte-à-faux m inv
**canvas** ['kænvəs] n (gen) toile f; **under ~** (camping) sous la tente; (Naut) toutes voiles dehors
**canvass** ['kænvəs] vi (Pol): **to ~ for** faire campagne pour ▷ vt (Pol: district) faire la tournée électorale dans; (: person) solliciter le suffrage de; (Comm: district) prospecter; (citizens, opinions) sonder
**canvasser** ['kænvəsəʳ] n (Pol) agent électoral; (Comm) démarcheur m
**canvassing** ['kænvəsɪŋ] n (Pol) prospection électorale, démarchage électoral; (Comm) démarchage, prospection
**canyon** ['kænjən] n cañon m, gorge (profonde)
**CAP** n abbr (= Common Agricultural Policy) PAC f
**cap** [kæp] n casquette f; (for swimming) bonnet m de bain; (of pen) capuchon m; (of bottle) capsule f; (Brit: contraceptive: also: **Dutch cap**) diaphragme m; (Football) sélection f pour l'équipe nationale ▷ vt capsuler; (outdo) surpasser; (put limit on) plafonner; **~ped with** coiffé(e) de; **and to ~ it all, he ...** (Brit) pour couronner le tout, il ...
**capability** [keɪpə'bɪlɪtɪ] n aptitude f, capacité f
**capable** ['keɪpəbl] adj capable; **~ of** (interpretation

*etc*) susceptible de

**capacious** [kəˈpeɪʃəs] *adj* vaste

**capacity** [kəˈpæsɪtɪ] *n* (*of container*) capacité *f*, contenance *f*; (*ability*) aptitude *f*; **filled to ~** plein(e); **in his ~ as** en sa qualité de; **in an advisory ~** à titre consultatif; **to work at full ~** travailler à plein rendement

**cape** [keɪp] *n* (*garment*) cape *f*; (*Geo*) cap *m*

**Cape of Good Hope** *n* cap *m* de Bonne Espérance

**caper** [ˈkeɪpəʳ] *n* (*Culin: gen pl*) câpre *f*; (*prank*) farce *f*

**Cape Town** *n* Le Cap

**capita** [ˈkæpɪtə] *see* **per capita**

**capital** [ˈkæpɪtl] *n* (*also*: **capital city**) capitale *f*; (*money*) capital *m*; (*also*: **capital letter**) majuscule *f*

**capital account** *n* balance *f* des capitaux; (*of country*) compte capital

**capital allowance** *n* provision *f* pour amortissement

**capital assets** *npl* immobilisations *fpl*

**capital expenditure** *n* dépenses *fpl* d'équipement

**capital gains tax** *n* impôt *m* sur les plus-values

**capital goods** *n* biens *mpl* d'équipement

**capital-intensive** [ˈkæpɪtlɪnˈtɛnsɪv] *adj* à forte proportion de capitaux

**capitalism** [ˈkæpɪtəlɪzəm] *n* capitalisme *m*

**capitalist** [ˈkæpɪtəlɪst] *adj*, *n* capitaliste *m/f*

**capitalize** [ˈkæpɪtəlaɪz] *vt* (*provide with capital*) financer

▶ **capitalize on** *vt fus* (*fig*) profiter de

**capital punishment** *n* peine capitale

**capital transfer tax** *n* (*Brit*) impôt *m* sur le transfert de propriété

**Capitol** [ˈkæpɪtl] *n*: **the ~** le Capitole; *voir article*

● **CAPITOL**
●
● Le *Capitol* est le siège du "Congress", à
● Washington. Il est situé sur Capitol Hill.

**capitulate** [kəˈpɪtjuleɪt] *vi* capituler

**capitulation** [kəpɪtjuˈleɪʃən] *n* capitulation *f*

**capricious** [kəˈprɪʃəs] *adj* capricieux(-euse), fantasque

**Capricorn** [ˈkæprɪkɔːn] *n* le Capricorne; **to be ~** être du Capricorne

**caps** [kæps] *abbr* = **capital letters**

**capsize** [kæpˈsaɪz] *vt* faire chavirer ▷ *vi* chavirer

**capsule** [ˈkæpsjuːl] *n* capsule *f*

**Capt.** *abbr* (= *captain*) Cne

**captain** [ˈkæptɪn] *n* capitaine *m* ▷ *vt* commander, être le capitaine de

**caption** [ˈkæpʃən] *n* légende *f*

**captivate** [ˈkæptɪveɪt] *vt* captiver, fasciner

**captive** [ˈkæptɪv] *adj*, *n* captif(-ive)

**captivity** [kæpˈtɪvɪtɪ] *n* captivité *f*

**captor** [ˈkæptəʳ] *n* (*unlawful*) ravisseur *m*; (*lawful*): **his ~s** les gens (*or* ceux *etc*) qui l'ont arrêté

**capture** [ˈkæptʃəʳ] *vt* (*prisoner, animal*) capturer; (*town*) prendre; (*attention*) capter; (*Comput*) saisir ▷ *n* capture *f*; (*of data*) saisie *f* de données

**car** [kɑːʳ] *n* voiture *f*, auto *f*; (*US Rail*) wagon *m*, voiture; **by ~** en voiture

**carafe** [kəˈræf] *n* carafe *f*

**carafe wine** *n* (*in restaurant*) ≈ vin ouvert

**caramel** [ˈkærəməl] *n* caramel *m*

**carat** [ˈkærət] *n* carat *m*; **18 ~ gold** or *m* à 18 carats

**caravan** [ˈkærəvæn] *n* caravane *f*

**caravan site** *n* (*Brit*) camping *m* pour caravanes

**caraway** [ˈkærəweɪ] *n*: **~ seed** graine *f* de cumin, cumin *m*

**carbohydrate** [kɑːbəuˈhaɪdreɪt] *n* hydrate *m* de carbone; (*food*) féculent *m*

**carbolic acid** [kɑːˈbɔlɪk-] *n* phénol *m*

**car bomb** *n* voiture piégée

**carbon** [ˈkɑːbən] *n* carbone *m*

**carbonated** [ˈkɑːbəneɪtɪd] *adj* (*drink*) gazeux(-euse)

**carbon copy** *n* carbone *m*

**carbon dioxide** [-daɪˈɔksaɪd] *n* gaz *m* carbonique, dioxyde *m* de carbone

**carbon footprint** *n* empreinte *f* carbone

**carbon monoxide** [-mɔˈnɔksaɪd] *n* oxyde *m* de carbone

**carbon paper** *n* papier *m* carbone

**carbon ribbon** *n* ruban *m* carbone

**car boot sale** *n* marché aux puces où des particuliers vendent des objets entreposés dans le coffre de leur voiture.

**carburettor**, (*US*) **carburetor** [kɑːbjuˈrɛtəʳ] *n* carburateur *m*

**carcass** [ˈkɑːkəs] *n* carcasse *f*

**carcinogenic** [kɑːsɪnəˈdʒɛnɪk] *adj* cancérigène

**card** [kɑːd] *n* carte *f*; (*material*) carton *m*; (*membership card*) carte d'adhérent; **to play ~s** jouer aux cartes

**cardamom** [ˈkɑːdəməm] *n* cardamome *f*

**cardboard** [ˈkɑːdbɔːd] *n* carton *m*

**cardboard box** *n* (*boîte f* en) carton *m*

**cardboard city** *n* endroit de la ville où dorment les SDF dans des boîtes en carton

**card-carrying member** [ˈkɑːdkærɪɪŋ-] *n* membre actif

**card game** *n* jeu *m* de cartes

**cardiac** [ˈkɑːdɪæk] *adj* cardiaque

**cardigan** [ˈkɑːdɪɡən] *n* cardigan *m*

**cardinal** [ˈkɑːdɪnl] *adj* cardinal(e); (*importance*) capital(e) ▷ *n* cardinal *m*

**card index** *n* fichier *m* (alphabétique)

**cardphone** [ˈkɑːdfəun] *n* téléphone *m* à carte (magnétique)

**cardsharp** [ˈkɑːdʃɑːp] *n* tricheur(-euse) professionnel(le)

**card vote** *n* (*Brit*) vote *m* de délégués

**CARE** [kɛəʳ] *n abbr* (= *Cooperative for American Relief Everywhere*) association charitable

**care** [kɛəʳ] *n* soin *m*, attention *f*; (*worry*) souci *m* ▷ *vi*: **~ about** (*feel interest for*) se soucier de, s'intéresser à; (*person: love*) être attaché(e) à; **in sb's ~** à la garde de qn, confié à qn; **~ of** (*on letter*) chez; **"with ~"** "fragile"; **to take ~ (to do)** faire attention (à faire); **to take ~ of** (vt) s'occuper de; **the child has been taken into ~** l'enfant a été placé en institution; **would you ~ to/for ...?** voulez-vous ...?; **I wouldn't ~ to do it** je n'aimerais pas le faire; **I don't ~** ça m'est bien égal, peu m'importe; **I couldn't ~ less** cela m'est complètement égal, je m'en fiche complètement

▸ **care for** vt fus s'occuper de; (like) aimer

**careen** [kə'ri:n] vi (ship) donner de la bande ▸ vt caréner, mettre en carène

**career** [kə'rɪə<sup>r</sup>] n carrière f ▸ vi (also: **career along**) aller à toute allure

**career girl** n jeune fille f or femme f qui veut faire carrière

**careers officer** n conseiller(-ère) d'orientation (professionnelle)

**career woman** (irreg) n femme ambitieuse

**carefree** ['kɛəfri:] adj sans souci, insouciant(e)

**careful** ['kɛəful] adj soigneux(-euse); (cautious) prudent(e); **(be) ~!** (fais) attention!; **to be ~ with one's money** regarder à la dépense

**carefully** ['kɛəfəlɪ] adv avec soin, soigneusement; prudemment

**caregiver** ['kɛəgɪvə<sup>r</sup>] (US) n (professional) travailleur social; (unpaid) personne qui s'occupe d'un proche qui est malade

**careless** ['kɛəlɪs] adj négligent(e); (heedless) insouciant(e)

**carelessly** ['kɛəlɪslɪ] adv négligemment; avec insouciance

**carelessness** ['kɛəlɪsnɪs] n manque m de soin, négligence f; insouciance f

**carer** ['kɛərə<sup>r</sup>] n (professional) travailleur social; (unpaid) personne qui s'occupe d'un proche qui est malade

**caress** [kə'rɛs] n caresse f ▸ vt caresser

**caretaker** ['kɛəteɪkə<sup>r</sup>] n gardien(ne), concierge m/f

**caretaker government** n (Brit) gouvernement m intérimaire

**car-ferry** ['kɑːfɛrɪ] n (on sea) ferry(-boat) m; (on river) bac m

**cargo** (pl **-es**) ['kɑːgəu] n cargaison f, chargement m

**cargo boat** n cargo m

**cargo plane** n avion-cargo m

**car hire** n (Brit) location f de voitures

**Caribbean** [kærɪ'bi:ən] adj, n: **the ~ (Sea)** la mer des Antilles or des Caraïbes

**caricature** ['kærɪkətjuə<sup>r</sup>] n caricature f

**caring** ['kɛərɪŋ] adj (person) bienveillant(e); (society, organization) humanitaire

**carnage** ['kɑːnɪdʒ] n carnage m

**carnal** ['kɑːnl] adj charnel(le)

**carnation** [kɑː'neɪʃən] n œillet m

**carnival** ['kɑːnɪvl] n (public celebration) carnaval m; (US: funfair) fête foraine

**carnivorous** [kɑː'nɪvərəs] adj carnivore, carnassier(-ière)

**carol** ['kærəl] n: **(Christmas) ~** chant m de Noël

**carouse** [kə'rauz] vi faire la bringue

**carousel** [kærə'sɛl] n (for luggage) carrousel m; (US) manège m

**carp** [kɑːp] n (fish) carpe f

▸ **carp at** vt fus critiquer

**car park** (Brit) n parking m, parc m de stationnement

**carpenter** ['kɑːpɪntə<sup>r</sup>] n charpentier m; (joiner) menuisier m

**carpentry** ['kɑːpɪntrɪ] n charpenterie f, métier m de charpentier; (woodwork: at school etc) menuiserie f

**carpet** ['kɑːpɪt] n tapis m ▸ vt recouvrir (d'un tapis); **fitted ~** (Brit) moquette f

**carpet bombing** n bombardement intensif

**carpet slippers** npl pantoufles fpl

**carpet sweeper** [-'swi:pə<sup>r</sup>] n balai m mécanique

**car phone** n téléphone m de voiture

**car rental** n (US) location f de voitures

**carriage** ['kærɪdʒ] n (Brit Rail) wagon m; (horse-drawn) voiture f; (of goods) transport m; (: cost) port m; (of typewriter) chariot m; (bearing) maintien m, port m; ~ **forward** port dû; ~ **free** franco de port; ~ **paid** (en) port payé

**carriage return** n retour m à la ligne

**carriageway** ['kærɪdʒweɪ] n (Brit: part of road) chaussée f

**carrier** ['kærɪə<sup>r</sup>] n transporteur m, camionneur m; (company) entreprise f de transport; (Med) porteur(-euse); (Naut) porte-avions m inv

**carrier bag** n (Brit) sac m en papier or en plastique

**carrier pigeon** n pigeon voyageur

**carrion** ['kærɪən] n charogne f

**carrot** ['kærət] n carotte f

**carry** ['kærɪ] vt (subj: person) porter; (: vehicle) transporter; (a motion, bill) voter, adopter; (Math: figure) retenir; (Comm: interest) rapporter; (involve: responsibilities etc) comporter, impliquer; (Med: disease) être porteur de ▸ vi (sound) porter; **to get carried away** (fig) s'emballer, s'enthousiasmer; **this loan carries 10% interest** ce prêt est à 10% (d'intérêt)

▸ **carry forward** vt (gen, Book-Keeping) reporter

▸ **carry on** vi (continue) continuer; (inf: make a fuss) faire des histoires ▸ vt (conduct: business) diriger; (: conversation) entretenir; (continue: business, conversation) continuer; **to ~ on with sth/doing** continuer qch/à faire

▸ **carry out** vt (orders) exécuter; (investigation) effectuer; (idea, threat) mettre à exécution

**carrycot** ['kærɪkɔt] n (Brit) porte-bébé m

**carry-on** ['kærɪ'ɔn] n (inf: fuss) histoires fpl; (: annoying behaviour) cirque m, cinéma m

**cart** [kɑːt] n charrette f ▸ vt (inf) transporter

**carte blanche** ['kɑːt'blɔ̃ʃ] n: **to give sb ~** donner carte blanche à qn

**cartel** [kɑː'tɛl] n (Comm) cartel m

**cartilage** ['kɑːtɪlɪdʒ] n cartilage m

**cartographer** [kɑː'tɔgrəfə<sup>r</sup>] n cartographe m/f

**cartography** [kɑː'tɔgrəfɪ] n cartographie f

**carton** ['kɑːtən] n (box) carton m; (of yogurt) pot m (en carton); (of cigarettes) cartouche f

**cartoon** [kɑːˈtuːn] n (Press) dessin m (humoristique); (satirical) caricature f; (comic strip) bande dessinée; (Cine) dessin animé

**cartoonist** [kɑːˈtuːnɪst] n dessinateur(-trice) humoristique; caricaturiste m/f; auteur m de dessins animés; auteur de bandes dessinées

**cartridge** [ˈkɑːtrɪdʒ] n (for gun, pen) cartouche f; (for camera) chargeur m; (music tape) cassette f; (of record player) cellule f

**cartwheel** [ˈkɑːtwiːl] n roue f; **to turn a ~** faire la roue

**carve** [kɑːv] vt (meat: also: **carve up**) découper; (wood, stone) tailler, sculpter

**carving** [ˈkɑːvɪŋ] n (in wood etc) sculpture f

**carving knife** n couteau m à découper

**car wash** n station f de lavage (de voitures)

**Casablanca** [kæsəˈblæŋkə] n Casablanca

**cascade** [kæsˈkeɪd] n cascade f ▷ vi tomber en cascade

**case** [keɪs] n cas m; (Law) affaire f, procès m; (box) caisse f, boîte f; (for glasses) étui m; (Brit: also: **suitcase**) valise f; (Typ): **lower/upper ~** minuscule f/majuscule f; **to have a good ~** avoir de bons arguments; **there's a strong ~ for reform** il y aurait lieu d'engager une réforme; **in ~ of** en cas de; **in ~ he** au cas où il; **just in ~** à tout hasard; **in any ~** en tout cas, de toute façon

**case history** n (Med) dossier médical, antécédents médicaux

**case study** n étude f de cas

**cash** [kæʃ] n argent m; (Comm) (argent m) liquide m, numéraire m; liquidités fpl; (: in payment) argent comptant, espèces fpl ▷ vt encaisser; **to pay (in) ~** payer (en argent) comptant or en espèces; **~ with order/on delivery** (Comm) payable or paiement à la commande/livraison; **to be short of ~** être à court d'argent; **I haven't got any ~** je n'ai pas de liquide

  ▶ **cash in** vt (insurance policy etc) toucher
  ▶ **cash in on** vt fus profiter de

**cash account** n compte m caisse

**cash and carry** n libre-service m de gros, cash and carry m inv

**cashback** [ˈkæʃbæk] n (discount) remise f; (at supermarket etc) retrait m (à la caisse)

**cashbook** [ˈkæʃbuk] n livre m de caisse

**cash box** n caisse f

**cash card** n carte f de retrait

**cash desk** n (Brit) caisse f

**cash discount** n escompte m de caisse (pour paiement au comptant), remise f au comptant

**cash dispenser** n distributeur m automatique de billets

**cashew** [kæˈʃuː] n (also: **cashew nut**) noix f de cajou

**cash flow** n cash-flow m, marge brute d'autofinancement

**cashier** [kæˈʃɪər] n caissier(-ère) ▷ vt (Mil) destituer, casser

**cashmere** [ˈkæʃmɪər] n cachemire m

**cash payment** n paiement comptant, versement m en espèces

**cash point** n distributeur m automatique de billets

**cash price** n prix comptant

**cash register** n caisse enregistreuse

**cash sale** n vente f au comptant

**casing** [ˈkeɪsɪŋ] n revêtement (protecteur), enveloppe (protectrice)

**casino** [kəˈsiːnəu] n casino m

**cask** [kɑːsk] n tonneau m

**casket** [ˈkɑːskɪt] n coffret m; (US: coffin) cercueil m

**Caspian Sea** [ˈkæspɪən-] n: **the ~** la mer Caspienne

**casserole** [ˈkæsərəul] n (pot) cocotte f; (food) ragoût m (en cocotte)

**cassette** [kæˈsɛt] n cassette f

**cassette deck** n platine f cassette

**cassette player** n lecteur m de cassettes

**cassette recorder** n magnétophone m à cassettes

**cast** [kɑːst] (vb: pt, pp -) vt (throw) jeter; (shadow: lit) projeter; (: fig) jeter; (glance) jeter; (shed) perdre; se dépouiller de; (metal) couler, fondre ▷ n (Theat) distribution f; (mould) moule m; (also: **plaster cast**) plâtre m; **to ~ sb as Hamlet** attribuer à qn le rôle d'Hamlet; **to ~ one's vote** voter, exprimer son suffrage; **to ~ doubt on** jeter un doute sur

  ▶ **cast aside** vt (reject) rejeter
  ▶ **cast off** vi (Naut) larguer les amarres; (Knitting) arrêter les mailles ▷ vt (Knitting) arrêter
  ▶ **cast on** (Knitting) vt monter ▷ vi monter les mailles

**castanets** [kæstəˈnɛts] npl castagnettes fpl

**castaway** [ˈkɑːstəweɪ] n naufragé(e)

**caste** [kɑːst] n caste f, classe sociale

**caster sugar** [ˈkɑːstə-] n (Brit) sucre m semoule

**casting vote** [ˈkɑːstɪŋ-] n (Brit) voix prépondérante (pour départager)

**cast-iron** [ˈkɑːstaɪən] adj (lit) de or en fonte; (fig: will) de fer; (alibi) en béton

**cast iron** n fonte f

**castle** [ˈkɑːsl] n château m; (fortress) château-fort m; (Chess) tour f

**cast-offs** [ˈkɑːstɔfs] npl vêtements mpl dont on ne veut plus

**castor** [ˈkɑːstər] n (wheel) roulette f

**castor oil** n huile f de ricin

**castrate** [kæsˈtreɪt] vt châtrer

**casual** [ˈkæʒjul] adj (by chance) de hasard, fait(e) au hasard, fortuit(e); (irregular: work etc) temporaire; (unconcerned) désinvolte; **~ wear** vêtements mpl sport inv

**casual labour** n main-d'œuvre f temporaire

**casually** [ˈkæʒjulɪ] adv avec désinvolture, négligemment; (by chance) fortuitement

**casualty** [ˈkæʒjultɪ] n accidenté(e), blessé(e); (dead) victime f, mort(e); (Brit: Med: department) urgences fpl; **heavy casualties** lourdes pertes

**casualty ward** n (Brit) service m des urgences

**cat** [kæt] n chat m
**catacombs** ['kætəku:mz] npl catacombes fpl
**Catalan** ['kætəlæn] adj catalan(e)
**catalogue**, (US) **catalog** ['kætəlɔg] n catalogue m ▷ vt cataloguer
**catalyst** ['kætəlɪst] n catalyseur m
**catalytic converter** [kætə'lɪtɪkkən'vɜːtəʳ] n pot m catalytique
**catapult** ['kætəpʌlt] n lance-pierres m inv, fronde f; (History) catapulte f
**cataract** ['kætərækt] n (also Med) cataracte f
**catarrh** [kə'tɑːʳ] n rhume m chronique, catarrhe f
**catastrophe** [kə'tæstrəfɪ] n catastrophe f
**catastrophic** [kætə'strɔfɪk] adj catastrophique
**catcall** ['kætkɔːl] n (at meeting etc) sifflet m
**catch** [kætʃ] (pt, pp **caught** [kɔːt]) vt (ball, train, thief, cold) attraper; (person: by surprise) prendre, surprendre; (understand) saisir; (get entangled) accrocher ▷ vi (fire) prendre; (get entangled) s'accrocher ▷ n (fish etc) prise f; (thief etc) capture f; (hidden problem) attrape f; (Tech) loquet m; cliquet m; **to ~ sb's attention** or **eye** attirer l'attention de qn; **to ~ fire** prendre feu; **to ~ sight of** apercevoir; **to play ~** jouer à chat; (with ball) jouer à attraper le ballon
  ▶ **catch on** vi (become popular) prendre; (understand): **to ~ on (to sth)** saisir (qch)
  ▶ **catch out** vt (Brit: fig: with trick question) prendre en défaut
  ▶ **catch up** vi (with work) se rattraper, combler son retard ▷ vt (also: **catch up with**) rattraper
**catch-22** ['kætʃtwentɪ'tu:] n: **it's a ~ situation** c'est (une situation) sans issue
**catching** ['kætʃɪŋ] adj (Med) contagieux(-euse)
**catchment area** ['kætʃmənt-] n (Brit Scol) aire f de recrutement; (Geo) bassin m hydrographique
**catch phrase** n slogan m, expression toute faite
**catchy** ['kætʃɪ] adj (tune) facile à retenir
**catechism** ['kætɪkɪzəm] n catéchisme m
**categoric** [kætɪ'gɔrɪk], **categorical** [kætɪ'gɔrɪkl] adj catégorique
**categorize** ['kætɪgəraɪz] vt classer par catégories
**category** ['kætɪgərɪ] n catégorie f
**cater** ['keɪtəʳ] vi: **to ~ for** (Brit: needs) satisfaire, pourvoir à; (: readers, consumers) s'adresser à, pourvoir aux besoins de; (Comm: parties etc) préparer des repas pour
**caterer** ['keɪtərəʳ] n traiteur m; fournisseur m
**catering** ['keɪtərɪŋ] n restauration f; approvisionnement m, ravitaillement m
**caterpillar** ['kætəpɪləʳ] n chenille f ▷ cpd (vehicle) à chenille; **~ track** n chenille f
**cat flap** n chatière f
**cathedral** [kə'θiːdrəl] n cathédrale f
**cathode** ['kæθəud] n cathode f
**cathode ray tube** n tube m cathodique
**Catholic** ['kæθəlɪk] (Rel) adj catholique ▷ n catholique m/f
**catholic** ['kæθəlɪk] adj (wide-ranging) éclectique; universel(le); libéral(e)

**catsup** ['kætsəp] n (US) ketchup m
**cattle** ['kætl] npl bétail m, bestiaux mpl
**catty** ['kætɪ] adj méchant(e)
**catwalk** ['kætwɔːk] n passerelle f; (for models) podium m (de défilé de mode)
**Caucasian** [kɔː'keɪzɪən] adj, n caucasien(ne)
**Caucasus** ['kɔːkəsəs] n Caucase m
**caucus** ['kɔːkəs] n (US Pol) comité électoral (pour désigner des candidats); voir article; (Brit Pol: group) comité local (d'un parti politique)

● **CAUCUS**
●
● Un *caucus* aux États-Unis est une réunion
● restreinte des principaux dirigeants d'un
● parti politique, précédant souvent une
● assemblée générale, dans le but de choisir
● des candidats ou de définir une ligne
● d'action. Par extension, ce terme désigne
● également l'état-major d'un parti politique.

**caught** [kɔːt] pt, pp of **catch**
**cauliflower** ['kɔlɪflauəʳ] n chou-fleur m
**cause** [kɔːz] n cause f ▷ vt causer; **there is no ~ for concern** il n'y a pas lieu de s'inquiéter; **to ~ sth to be done** faire faire qch; **to ~ sb to do sth** faire faire qch à qn
**causeway** ['kɔːzweɪ] n chaussée (surélevée)
**caustic** ['kɔːstɪk] adj caustique
**caution** ['kɔːʃən] n prudence f; (warning) avertissement m ▷ vt avertir, donner un avertissement à
**cautious** ['kɔːʃəs] adj prudent(e)
**cautiously** ['kɔːʃəslɪ] adv prudemment, avec prudence
**cautiousness** ['kɔːʃəsnɪs] n prudence f
**cavalier** [kævə'lɪəʳ] adj cavalier(-ère), désinvolte ▷ n (knight) cavalier m
**cavalry** ['kævəlrɪ] n cavalerie f
**cave** [keɪv] n caverne f, grotte f ▷ vi: **to go caving** faire de la spéléo(logie)
  ▶ **cave in** vi (roof etc) s'effondrer
**caveman** ['keɪvmæn] (irreg) n homme m des cavernes
**cavern** ['kævən] n caverne f
**caviar, caviare** ['kævɪɑːʳ] n caviar m
**cavity** ['kævɪtɪ] n cavité f; (Med) carie f
**cavity wall insulation** n isolation f des murs creux
**cavort** [kə'vɔːt] vi cabrioler, faire des cabrioles
**cayenne** [keɪ'ɛn] n (also: **cayenne pepper**) poivre m de cayenne
**CB** n abbr (= Citizens' Band (Radio)) CB f; (Brit: = Companion of (the Order of) the Bath) titre honorifique
**CBC** n abbr (= Canadian Broadcasting Corporation) organisme m de radiodiffusion
**CBE** n abbr (= Companion of (the Order of) the British Empire) titre honorifique
**CBI** n abbr (= Confederation of British Industry) ≈ MEDEF m (= Mouvement des entreprises de France)
**CBS** n abbr (US: = Columbia Broadcasting System) chaîne de télévision

**CC** *abbr* (Brit) = **county council**

**cc** *abbr* (= *cubic centimetre*) cm³; (*on letter etc*) = **carbon copy**

**CCA** *n abbr* (US: = *Circuit Court of Appeals*) cour d'appel itinérante

**CCTV** *n abbr* = **closed-circuit television**

**CCU** *n abbr* (US: = *coronary care unit*) unité *f* de soins cardiologiques

**CD** *n abbr* (= *compact disc*) CD *m*; (*Mil*: Brit) = **Civil Defence (Corps)**; (: US) = **Civil Defense** ▷ *abbr* (Brit: = *Corps Diplomatique*) CD

**CD burner** *n* graveur *m* de CD

**CDC** *n abbr* (US) = **center for disease control**

**CD player** *n* platine *f* laser

**Cdr.** *abbr* (= *commander*) Cdt

**CD-ROM** [si:di:'rɔm] *n abbr* (= *compact disc read-only memory*) CD-ROM *m inv*

**CDT** *abbr* (US: = *Central Daylight Time*) heure d'été du centre

**CDW** *n abbr* = **collision damage waiver**

**CD writer** *n* graveur *m* de CD

**cease** [si:s] *vt, vi* cesser

**ceasefire** ['si:sfaɪə'] *n* cessez-le-feu *m*

**ceaseless** ['si:slɪs] *adj* incessant(e), continuel(le)

**CED** *n abbr* (US) = **Committee for Economic Development**

**cedar** ['si:də'] *n* cèdre *m*

**cede** [si:d] *vt* céder

**cedilla** [sɪ'dɪlə] *n* cédille *f*

**CEEB** *n abbr* (US: = *College Entrance Examination Board*) commission d'admission dans l'enseignement supérieur

**ceilidh** ['keɪlɪ] *n* bal *m* folklorique écossais or irlandais

**ceiling** ['si:lɪŋ] *n* (*also fig*) plafond *m*

**celebrate** ['sɛlɪbreɪt] *vt, vi* célébrer

**celebrated** ['sɛlɪbreɪtɪd] *adj* célèbre

**celebration** [sɛlɪ'breɪʃən] *n* célébration *f*

**celebrity** [sɪ'lɛbrɪtɪ] *n* célébrité *f*

**celeriac** [sə'lɛrɪæk] *n* céleri-(rave) *m*

**celery** ['sɛlərɪ] *n* céleri *m* (en branches)

**celestial** [sɪ'lɛstɪəl] *adj* céleste

**celibacy** ['sɛlɪbəsɪ] *n* célibat *m*

**cell** [sɛl] *n* (*gen*) cellule *f*; (*Elec*) élément *m* (*de pile*)

**cellar** ['sɛlə'] *n* cave *f*

**'cellist** ['tʃɛlɪst] *n* violoncelliste *m/f*

**cello** ['tʃɛləu] *n* violoncelle *m*

**Cellophane**® ['sɛləfeɪn] *n* cellophane® *f*

**cellphone** ['sɛlfəun] *n* (téléphone *m*) portable *m*, mobile *m*

**cellular** ['sɛljulə'] *adj* cellulaire

**cellulose** ['sɛljuləus] *n* cellulose *f*

**Celsius** ['sɛlsɪəs] *adj* Celsius *inv*

**Celt** [kɛlt, sɛlt] *n* Celte *m/f*

**Celtic** ['kɛltɪk, 'sɛltɪk] *adj* celte, celtique ▷ *n* (*Ling*) celtique *m*

**cement** [sə'mɛnt] *n* ciment *m* ▷ *vt* cimenter

**cement mixer** *n* bétonnière *f*

**cemetery** ['sɛmɪtrɪ] *n* cimetière *m*

**cenotaph** ['sɛnətɑ:f] *n* cénotaphe *m*

**censor** ['sɛnsə'] *n* censeur *m* ▷ *vt* censurer

**censorship** ['sɛnsəʃɪp] *n* censure *f*

**censure** ['sɛnʃə'] *vt* blâmer, critiquer

**census** ['sɛnsəs] *n* recensement *m*

**cent** [sɛnt] *n* (*unit of dollar, euro*) cent *m* (= *un centième du dollar, de l'euro*); *see also* **per**

**centenary** [sɛn'ti:nərɪ], (US) **centennial** [sɛn'tɛnɪəl] *n* centenaire *m*

**center** ['sɛntə'] *n, vt* (US) = **centre** [sɛntɪ] *prefix*

**centigrade** ['sɛntɪgreɪd] *adj* centigrade

**centilitre**, (US) **centiliter** ['sɛntɪli:tə'] *n* centilitre *m*

**centimetre**, (US) **centimeter** ['sɛntɪmi:tə'] *n* centimètre *m*

**centipede** ['sɛntɪpi:d] *n* mille-pattes *m inv*

**central** ['sɛntrəl] *adj* central(e)

**Central African Republic** *n* République Centrafricaine

**Central America** *n* Amérique centrale

**central heating** *n* chauffage central

**centralize** ['sɛntrəlaɪz] *vt* centraliser

**central processing unit** *n* (*Comput*) unité centrale (de traitement)

**central reservation** *n* (Brit Aut) terre-plein central

**centre**, (US) **center** ['sɛntə'] *n* centre *m* ▷ *vt* centrer; (*Phot*) cadrer; (*concentrate*): **to ~ (on)** centrer (sur)

**centrefold**, (US) **centerfold** ['sɛntəfəuld] *n* (Press) pages centrales détachables (*avec photo de pin up*)

**centre-forward** ['sɛntə'fɔ:wəd] *n* (Sport) avant-centre *m*

**centre-half** ['sɛntə'hɑ:f] *n* (Sport) demi-centre *m*

**centrepiece**, (US) **centerpiece** ['sɛntəpi:s] *n* milieu *m* de table; (*fig*) pièce maîtresse

**centre spread** *n* (Brit) publicité *f* en double page

**centre-stage** [sɛntə'steɪdʒ] *n*: **to take ~** occuper le centre de la scène

**centrifugal** [sɛn'trɪfjugl] *adj* centrifuge

**centrifuge** ['sɛntrɪfju:ʒ] *n* centrifugeuse *f*

**century** ['sɛntjurɪ] *n* siècle *m*; **in the twentieth ~** au vingtième siècle

**CEO** *n abbr* (US) = **chief executive officer**

**ceramic** [sɪ'ræmɪk] *adj* céramique

**cereal** ['si:rɪəl] *n* céréale *f*

**cerebral** ['sɛrɪbrəl] *adj* cérébral(e)

**ceremonial** [sɛrɪ'məunɪəl] *n* cérémonial *m*; (*rite*) rituel *m*

**ceremony** ['sɛrɪmənɪ] *n* cérémonie *f*; **to stand on ~** faire des façons

**cert** [sə:t] *n* (Brit inf): **it's a dead ~** ça ne fait pas un pli

**certain** ['sə:tən] *adj* certain(e); **to make ~ of** s'assurer de; **for ~** certainement, sûrement

**certainly** ['sə:tənlɪ] *adv* certainement

**certainty** ['sə:təntɪ] *n* certitude *f*

**certificate** [sə'tɪfɪkɪt] *n* certificat *m*

**certified letter** ['sə:tɪfaɪd-] *n* (US) lettre recommandée

**certified public accountant** ['sə:tɪfaɪd-] *n* (US) expert-comptable *m*

**certify** ['sə:tɪfaɪ] *vt* certifier; (*award diploma to*)

conférer un diplôme etc à; (declare insane)
déclarer malade mental(e) ▷ vi: **to ~ to** attester
**cervical** ['sə:vɪkl] adj: **~ cancer** cancer m du col
de l'utérus; **~ smear** frottis vaginal
**cervix** ['sə:vɪks] n col m de l'utérus
**Cesarean** [si:'zɛərɪən] adj, n (US) = **Caesarean**
**cessation** [sə'seɪʃən] n cessation f, arrêt m
**cesspit** ['sɛspɪt] n fosse f d'aisance
**CET** abbr (= Central European Time) heure d'Europe
centrale
**Ceylon** [sɪ'lɒn] n Ceylan m
**cf.** abbr (= compare) cf., voir
**c/f** abbr (Comm) = **carried forward**
**CFC** n abbr (= chlorofluorocarbon) CFC m
**CG** n abbr (US) = **coastguard**
**cg** abbr (= centigram) cg
**CH** n abbr (Brit: = Companion of Honour) titre
honorifique
**ch** abbr (Brit: = central heating) cc
**ch.** abbr (= chapter) chap
**Chad** [tʃæd] n Tchad m
**chafe** [tʃeɪf] vt irriter, frotter contre ▷ vi (fig): **to
~ against** se rebiffer contre, regimber contre
**chaffinch** ['tʃæfɪntʃ] n pinson m
**chagrin** ['ʃægrɪn] n contrariété f, déception f
**chain** [tʃeɪn] n (gen) chaîne f ▷ vt (also: **chain up**)
enchaîner, attacher (avec une chaîne)
**chain reaction** n réaction f en chaîne
**chain-smoke** ['tʃeɪnsməʊk] vi fumer cigarette
sur cigarette
**chain store** n magasin m à succursales
multiples
**chair** [tʃɛər] n chaise f, (armchair) fauteuil m; (of
university) chaire f; (of meeting) présidence f ▷ vt
(meeting) présider; **the ~** (US: electric chair) la
chaise électrique
**chairlift** ['tʃɛəlɪft] n télésiège m
**chairman** ['tʃɛəmən] (irreg) n président m
**chairperson** ['tʃɛəpə:sn] (irreg) n président(e)
**chairwoman** ['tʃɛəwumən] n présidente f
**chalet** ['ʃæleɪ] n chalet m
**chalice** ['tʃælɪs] n calice m
**chalk** [tʃɔ:k] n craie f
▶ **chalk up** vt écrire à la craie; (fig: success etc)
remporter
**challenge** ['tʃælɪndʒ] n défi m ▷ vt défier;
(statement, right) mettre en question, contester;
**to ~ sb to a fight/game** inviter qn à se battre/à
jouer (sous forme d'un défi); **to ~ sb to do** mettre
qn au défi de faire
**challenger** ['tʃælɪndʒər] n (Sport) challenger m
**challenging** ['tʃælɪndʒɪŋ] adj (task, career) qui
représente un défi or une gageure; (tone, look) de
défi, provocateur(-trice)
**chamber** ['tʃeɪmbər] n chambre f; (Brit Law: gen
pl) cabinet m; **~ of commerce** chambre de
commerce
**chambermaid** ['tʃeɪmbəmeɪd] n femme f de
chambre
**chamber music** n musique f de chambre
**chamberpot** ['tʃeɪmbəpɒt] n pot m de chambre
**chameleon** [kə'mi:lɪən] n caméléon m

**chamois** ['ʃæmwɑ:] n chamois m
**chamois leather** ['ʃæmɪ-] n peau f de chamois
**champagne** [ʃæm'peɪn] n champagne m
**champers** ['ʃæmpəz] n (inf) champ m
**champion** ['tʃæmpɪən] n (also of cause)
champion(ne) ▷ vt défendre
**championship** ['tʃæmpɪənʃɪp] n
championnat m
**chance** [tʃɑ:ns] n (luck) hasard m; (opportunity)
occasion f, possibilité f; (hope, likelihood) chance
f; (risk) risque m ▷ vt (risk) risquer; (happen): **to ~
to do** faire par hasard ▷ adj fortuit(e), de
hasard; **there is little ~ of his coming** il est
peu probable or il y a peu de chances qu'il
vienne; **to take a ~** prendre un risque; **it's the
~ of a lifetime** c'est une occasion unique; **by ~**
par hasard; **to ~ doing sth** se risquer à faire
qch; **to ~ it** risquer le coup, essayer
▶ **chance on, chance upon** vt fus (person) tomber
sur, rencontrer par hasard; (thing) trouver par
hasard
**chancel** ['tʃɑ:nsəl] n chœur m
**chancellor** ['tʃɑ:nsələr] n chancelier m
**Chancellor of the Exchequer** [-ɪks'tʃɛkər] (Brit)
n chancelier m de l'Échiquier
**chandelier** [ʃændə'lɪər] n lustre m
**change** [tʃeɪndʒ] vt (alter, replace: Comm: money)
changer; (switch, substitute: hands, trains, clothes,
one's name etc) changer; (transform): **to ~ sb
into** changer or transformer qn en ▷ vi (gen)
changer; (change clothes) se changer; (be
transformed): **to ~ into** se changer or transformer
en ▷ n changement m; (money) monnaie f; **to ~
gear** (Aut) changer de vitesse; **to ~ one's mind**
changer d'avis; **she ~d into an old skirt** elle
(s'est changée et) a enfilé une vieille jupe; **a ~
of clothes** des vêtements de rechange; **for a ~**
pour changer; **small ~** petite monnaie; **to give
sb ~ for** or **of £10** faire à qn la monnaie de 10
livres; **do you have ~ for £10?** vous avez la
monnaie de 10 livres?; **where can I ~ some
money?** où est-ce que je peux changer de
l'argent?; **keep the ~!** gardez la monnaie!
▶ **change over** vi (swap) échanger; (change:
drivers etc) changer; (change sides: players etc)
changer de côté; **to ~ over from sth to sth**
passer de qch à qch
**changeable** ['tʃeɪndʒəbl] adj (weather) variable;
(person) d'humeur changeante
**change machine** n distributeur m de monnaie
**changeover** ['tʃeɪndʒəuvər] n (to new system)
changement m, passage m
**changing** ['tʃeɪndʒɪŋ] adj changeant(e)
**changing room** n (Brit: in shop) salon m
d'essayage; (: Sport) vestiaire m
**channel** ['tʃænl] n (TV) chaîne f; (waveband,
groove, fig: medium) canal m; (of river, sea) chenal m
▷ vt canaliser; (fig: interest, energies): **to ~ into**
diriger vers; **through the usual ~s** en suivant
la filière habituelle; **green/red ~** (Customs)
couloir m or sortie f "rien à déclarer"/
"marchandises à déclarer"; **the (English) C~** la

503

Manche

**channel-hopping** ['tʃænl'hɔpɪŋ] n (TV) zapping m

**Channel Islands** npl: **the ~** les îles fpl Anglo-Normandes

**Channel Tunnel** n: **the ~** le tunnel sous la Manche

**chant** [tʃɑːnt] n chant m; mélopée f; (Rel) psalmodie f ▷ vt chanter, scander; psalmodier

**chaos** ['keɪɔs] n chaos m

**chaos theory** n théorie f du chaos

**chaotic** [keɪ'ɔtɪk] adj chaotique

**chap** [tʃæp] n (Brit inf: man) type m; (term of address): **old ~** mon vieux ▷ vt (skin) gercer, crevasser

**chapel** ['tʃæpl] n chapelle f

**chaperon** ['ʃæpərəun] n chaperon m ▷ vt chaperonner

**chaplain** ['tʃæplɪn] n aumônier m

**chapped** [tʃæpt] adj (skin, lips) gercé(e)

**chapter** ['tʃæptə'] n chapitre m

**char** [tʃɑː'] vt (burn) carboniser ▷ vi (Brit: cleaner) faire des ménages ▷ n (Brit) = **charlady**

**character** ['kærɪktə'] n caractère m; (in novel, film) personnage m; (eccentric person) numéro m, phénomène m; **a person of good ~** une personne bien

**character code** n (Comput) code m de caractère

**characteristic** ['kærɪktə'rɪstɪk] adj, n caractéristique (f)

**characterize** ['kærɪktəraɪz] vt caractériser; **to ~ (as)** définir (comme)

**charade** [ʃə'rɑːd] n charade f

**charcoal** ['tʃɑːkəul] n charbon m de bois; (Art) charbon

**charge** [tʃɑːdʒ] n (accusation) accusation f; (Law) inculpation f; (cost) prix (demandé); (of gun, battery, Mil: attack) charge f ▷ vt (gun, battery, Mil: enemy) charger; (customer, sum) faire payer ▷ vi (gen with: up, along etc) foncer; **charges** npl (costs) frais mpl; (Brit Tel): **to reverse the ~s** téléphoner en PCV; **bank/labour ~s** frais mpl de banque/main-d'œuvre; **is there a ~?** doit-on payer?; **there's no ~** c'est gratuit, on ne fait pas payer; **extra ~** supplément m; **to take ~ of** se charger de; **to be in ~ of** être responsable de, s'occuper de; **to ~ in/out** entrer/sortir en trombe; **to ~ down/up** dévaler/grimper à toute allure; **to ~ sb (with)** (Law) inculper qn (de); **to have ~ of sb** avoir la charge de qn; **they ~d us £10 for the meal** ils nous ont fait payer le repas 10 livres, ils nous ont compté 10 livres pour le repas; **how much do you ~ for this repair?** combien demandez-vous pour cette réparation?; **to ~ an expense (up) to sb** mettre une dépense sur le compte de qn; **~ it to my account** facturez-le sur mon compte

**charge account** n compte m client

**charge card** n carte f de client (émise par un grand magasin)

**chargehand** ['tʃɑːdʒhænd] n (Brit) chef m d'équipe

**charger** ['tʃɑːdʒə'] n (also: **battery charger**) chargeur m; (old: warhorse) cheval m de bataille

**charismatic** [kærɪz'mætɪk] adj charismatique

**charitable** ['tʃærɪtəbl] adj charitable

**charity** ['tʃærɪtɪ] n charité f; (organization) institution f charitable or de bienfaisance, œuvre f (de charité)

**charity shop** n (Brit) boutique vendant des articles d'occasion au profit d'une organisation caritative

**charlady** ['tʃɑːleɪdɪ] n (Brit) femme f de ménage

**charm** [tʃɑːm] n charme m; (on bracelet) breloque f ▷ vt charmer, enchanter

**charm bracelet** n bracelet m à breloques

**charming** ['tʃɑːmɪŋ] adj charmant(e)

**chart** [tʃɑːt] n tableau m, diagramme m; graphique m; (map) carte marine; (weather chart) carte f du temps ▷ vt dresser or établir la carte de; (sales, progress) établir la courbe de; **charts** npl (Mus) hit-parade m; **to be in the ~s** (record, pop group) figurer au hit-parade

**charter** ['tʃɑːtə'] vt (plane) affréter ▷ n (document) charte f; **on ~** (plane) affrété(e)

**chartered accountant** ['tʃɑːtəd-] n (Brit) expert-comptable m

**charter flight** n charter m

**charwoman** ['tʃɑːwumən] (irreg) n = **charlady**

**chase** [tʃeɪs] vt poursuivre, pourchasser; (also: **chase away**) chasser ▷ n poursuite f, chasse f
  ▶ **chase down** vt (US) = **chase up**
  ▶ **chase up** vt (Brit: person) relancer; (: information) rechercher

**chasm** ['kæzəm] n gouffre m, abîme m

**chassis** ['ʃæsɪ] n châssis m

**chastened** ['tʃeɪsnd] adj assagi(e), rappelé(e) à la raison

**chastening** ['tʃeɪsnɪŋ] adj qui fait réfléchir

**chastise** [tʃæs'taɪz] vt punir, châtier; corriger

**chastity** ['tʃæstɪtɪ] n chasteté f

**chat** [tʃæt] vi (also: **have a chat**) bavarder, causer; (on Internet) chatter ▷ n conversation f
  ▶ **chat up** vt (Brit inf: girl) baratiner

**chatline** ['tʃætlaɪn] n numéro téléphonique qui permet de bavarder avec plusieurs personnes en même temps

**chat room** n (Internet) salon m de discussion

**chat show** n (Brit) talk-show m

**chattel** ['tʃætl] n see **good**

**chatter** ['tʃætə'] vi (person) bavarder, papoter ▷ n bavardage m, papotage m; **my teeth are ~ing** je claque des dents

**chatterbox** ['tʃætəbɔks] n moulin m à paroles, babillard(e)

**chattering classes** ['tʃætərɪŋ-] npl: **the ~** (inf, pej) les intellos mpl

**chatty** ['tʃætɪ] adj (style) familier(-ière); (person) enclin(e) à bavarder or au papotage

**chauffeur** ['ʃəufə'] n chauffeur m (de maître)

**chauvinism** ['ʃəuvɪnɪzəm] n (also: **male chauvinism**) phallocratie f, machisme m; (nationalism) chauvinisme m

**chauvinist** ['ʃəuvɪnɪst] n (also: **male chauvinist**) phallocrate m, macho m; (nationalist) chauvin(e)

**ChE** *abbr* = **chemical engineer**

**cheap** [tʃi:p] *adj* bon marché *inv*, pas cher (chère); (*reduced: ticket*) à prix réduit; (*: fare*) réduit(e); (*joke*) facile, d'un goût douteux; (*poor quality*) à bon marché, de qualité médiocre ▷ *adv* à bon marché, pour pas cher; **~er** *adj* moins cher (chère); **can you recommend a ~ hotel/restaurant, please?** pourriez-vous m'indiquer un hôtel/restaurant bon marché?

**cheap day return** *n* billet *m* d'aller et retour réduit (*valable pour la journée*)

**cheapen** ['tʃi:pn] *vt* rabaisser, déprécier

**cheaply** ['tʃi:plɪ] *adv* à bon marché, à bon compte

**cheat** [tʃi:t] *vi* tricher; (*in exam*) copier ▷ *vt* tromper, duper; (*rob*): **to ~ sb out of sth** escroquer qch à qn ▷ *n* tricheur(-euse) *m/f*; escroc *m*; (*trick*) duperie *f*, tromperie *f*
▶ **cheat on** *vt fus* tromper

**cheating** ['tʃi:tɪŋ] *n* tricherie *f*

**Chechnya** [tʃɪtʃ'njɑ:] *n* Tchétchénie *f*

**check** [tʃɛk] *vt* vérifier; (*passport, ticket*) contrôler; (*halt*) enrayer; (*restrain*) maîtriser ▷ *vi* (*official etc*) se renseigner ▷ *n* vérification *f*; contrôle *m*; (*curb*) frein *m*; (*Brit: bill*) addition *f*; (*US*) = **cheque**; (*pattern: gen pl*) carreaux *mpl* ▷ *adj* (*also:* **checked**: *pattern, cloth*) à carreaux; **to ~ with sb** demander à qn; **to keep a ~ on sb/sth** surveiller qn/qch
▶ **check in** *vi* (*in hotel*) remplir sa fiche (d'hôtel); (*at airport*) se présenter à l'enregistrement ▷ *vt* (*luggage*) (faire) enregistrer
▶ **check off** *vt* (*tick off*) cocher
▶ **check out** *vi* (*in hotel*) régler sa note ▷ *vt* (*luggage*) retirer; (*investigate: story*) vérifier; (*person*) prendre des renseignements sur
▶ **check up** *vi*: **to ~ up (on sth)** vérifier (qch); **to ~ up on sb** se renseigner sur le compte de qn

**checkbook** ['tʃɛkbuk] *n* (*US*) = **chequebook**

**checked** ['tʃɛkt] *adj* (*pattern, cloth*) à carreaux

**checkered** ['tʃɛkəd] *adj* (*US*) = **chequered**

**checkers** ['tʃɛkəz] (*US*) jeu *m* de dames

**check guarantee card** *n* (*US*) carte *f* d'identité bancaire

**check-in** ['tʃɛkin] *n* (*also:* **check-in desk**: *at airport*) enregistrement *m*

**checking account** ['tʃɛkɪŋ-] *n* (*US*) compte courant

**checklist** ['tʃɛklɪst] *n* liste *f* de contrôle

**checkmate** ['tʃɛkmeɪt] *n* échec et mat *m*

**checkout** ['tʃɛkaut] *n* (*in supermarket*) caisse *f*

**checkpoint** ['tʃɛkpɔɪnt] *n* contrôle *m*

**checkroom** ['tʃɛkru:m] (*US*) *n* consigne *f*

**checkup** ['tʃɛkʌp] *n* (*Med*) examen médical, check-up *m*

**cheddar** ['tʃedə ͬ] *n* (*also:* **cheddar cheese**) cheddar *m*

**cheek** [tʃi:k] *n* joue *f*; (*impudence*) toupet *m*, culot *m*; **what a ~!** quel toupet!

**cheekbone** ['tʃi:kbəun] *n* pommette *f*

**cheeky** ['tʃi:kɪ] *adj* effronté(e), culotté(e)

**cheep** [tʃi:p] *n* (*of bird*) piaulement *m* ▷ *vi* piauler

**cheer** [tʃɪə ͬ] *vt* acclamer, applaudir; (*gladden*) réjouir, réconforter ▷ *vi* applaudir ▷ *n* (*gen pl*) acclamations *fpl*, applaudissements *mpl*; bravos *mpl*, hourras *mpl*; **~s!** à la vôtre!
▶ **cheer on** *vt* encourager (par des cris *etc*)
▶ **cheer up** *vi* se dérider, reprendre courage ▷ *vt* remonter le moral à *or* de, dérider, égayer

**cheerful** ['tʃɪəful] *adj* gai(e), joyeux(-euse)

**cheerfulness** ['tʃɪəfulnɪs] *n* gaieté *f*, bonne humeur

**cheerio** [tʃɪərɪ'əu] *excl* (*Brit*) salut!, au revoir!

**cheerleader** ['tʃɪəli:də ͬ] *n* membre d'un groupe de majorettes qui chantent et dansent pour soutenir leur équipe pendant les matchs de football américain

**cheerless** ['tʃɪəlɪs] *adj* sombre, triste

**cheese** [tʃi:z] *n* fromage *m*

**cheeseboard** ['tʃi:zbɔ:d] *n* plateau *m* à fromages; (*with cheese on it*) plateau *m* de fromages

**cheeseburger** ['tʃi:zbə:gə ͬ] *n* cheeseburger *m*

**cheesecake** ['tʃi:zkeɪk] *n* tarte *f* au fromage

**cheetah** ['tʃi:tə] *n* guépard *m*

**chef** [ʃef] *n* chef (cuisinier)

**chemical** ['kɛmɪkl] *adj* chimique ▷ *n* produit *m* chimique

**chemist** ['kɛmɪst] *n* (*Brit: pharmacist*) pharmacien(ne); (*scientist*) chimiste *m/f*

**chemistry** ['kɛmɪstrɪ] *n* chimie *f*

**chemist's** ['kɛmɪsts], **chemist's shop** *n* (*Brit*) pharmacie *f*

**chemotherapy** [ki:məu'θerəpɪ] *n* chimiothérapie *f*

**cheque**, (*US*) **check** [tʃɛk] *n* chèque *m*; **to pay by ~** payer par chèque

**chequebook**, (*US*) **checkbook** ['tʃɛkbuk] *n* chéquier *m*, carnet *m* de chèques

**cheque card** *n* (*Brit*) carte *f* (d'identité) bancaire

**chequered**, (*US*) **checkered** ['tʃɛkəd] *adj* (*fig*) varié(e)

**cherish** ['tʃerɪʃ] *vt* chérir; (*hope etc*) entretenir

**cheroot** [ʃə'ru:t] *n* cigare *m* de Manille

**cherry** ['tʃerɪ] *n* cerise *f*; (*also:* **cherry tree**) cerisier *m*

**Ches** *abbr* (*Brit*) = **Cheshire**

**chess** [tʃes] *n* échecs *mpl*

**chessboard** ['tʃesbɔ:d] *n* échiquier *m*

**chessman** ['tʃesmən] (*irreg*) *n* pièce *f* (de jeu d'échecs)

**chessplayer** ['tʃespleɪə ͬ] *n* joueur(-euse) d'échecs

**chest** [tʃest] *n* poitrine *f*; (*box*) coffre *m*, caisse *f*; **to get sth off one's ~** (*inf*) vider son sac

**chest measurement** *n* tour *m* de poitrine

**chestnut** ['tʃesnʌt] *n* châtaigne *f*; (*also:* **chestnut tree**) châtaignier *m*; (*colour*) châtain *m* ▷ *adj* (*hair*) châtain *inv*; (*horse*) alezan

**chest of drawers** *n* commode *f*

**chesty** ['tʃestɪ] *adj* (*cough*) de poitrine

**chew** [tʃu:] *vt* mâcher

**chewing gum** ['tʃu:ɪŋ-] *n* chewing-gum *m*

**chic** [ʃi:k] *adj* chic *inv*, élégant(e)

**chick** [tʃɪk] *n* poussin *m*; (*inf*) pépée *f*

**chicken** ['tʃɪkɪn] n poulet m; (inf: coward) poule mouillée
  ▶ **chicken out** vi (inf) se dégonfler
**chicken feed** n (fig) broutilles fpl, bagatelle f
**chickenpox** ['tʃɪkɪnpɔks] n varicelle f
**chickpea** ['tʃɪkpiː] n pois m chiche
**chicory** ['tʃɪkərɪ] n chicorée f; (salad) endive f
**chide** [tʃaɪd] vt réprimander, gronder
**chief** [tʃiːf] n chef m ▷ adj principal(e); **C~ of Staff** (Mil) chef d'État-major
**chief constable** n (Brit) ≈ préfet m de police
**chief executive**, (US) **chief executive officer** n directeur(-trice) général(e)
**chiefly** ['tʃiːflɪ] adv principalement, surtout
**chilblain** ['tʃɪlbleɪn] n engelure f
**child** (pl **children**) [tʃaɪld, 'tʃɪldrən] n enfant m/f
**child abuse** n maltraitance f d'enfants; (sexual) abus mpl sexuels sur des enfants
**child benefit** n (Brit) ≈ allocations familiales
**childbirth** ['tʃaɪldbɜːθ] n accouchement m
**childcare** ['tʃaɪldkɛəʳ] n (for working parents) garde f des enfants (pour les parents qui travaillent)
**childhood** ['tʃaɪldhud] n enfance f
**childish** ['tʃaɪldɪʃ] adj puéril(e), enfantin(e)
**childless** ['tʃaɪldlɪs] adj sans enfants
**childlike** ['tʃaɪldlaɪk] adj innocent(e), pur(e)
**child minder** n (Brit) garde f d'enfants
**child prodigy** n enfant m/f prodige
**children** ['tʃɪldrən] npl of **child**
**children's home** ['tʃɪldrənz-] n ≈ foyer m d'accueil (pour enfants)
**Chile** ['tʃɪlɪ] n Chili m
**Chilean** ['tʃɪlɪən] adj chilien(ne) ▷ n Chilien(ne)
**chill** [tʃɪl] n (of water) froid m; (of air) fraîcheur f; (Med) refroidissement m, coup m de froid ▷ adj froid(e), glacial(e) ▷ vt (person) faire frissonner; refroidir; (Culin) mettre au frais, rafraîchir; **"serve ~ed"** "à servir frais"
  ▶ **chill out** vi (inf: esp US) se relaxer
**chilli, chili** ['tʃɪlɪ] n piment m (rouge)
**chilling** ['tʃɪlɪŋ] adj (wind) frais (fraîche), froid(e); (look, smile) glacé(e); (thought) qui donne le frisson
**chilly** ['tʃɪlɪ] adj froid(e), glacé(e); (sensitive to cold) frileux(-euse); **to feel ~** avoir froid
**chime** [tʃaɪm] n carillon m ▷ vi carillonner, sonner
**chimney** ['tʃɪmnɪ] n cheminée f
**chimney sweep** n ramonneur m
**chimpanzee** [tʃɪmpæn'ziː] n chimpanzé m
**chin** [tʃɪn] n menton m
**China** ['tʃaɪnə] n Chine f
**china** ['tʃaɪnə] n (material) porcelaine f; (crockery) (vaisselle f en) porcelaine
**Chinese** [tʃaɪ'niːz] adj chinois(e) ▷ n (pl inv) Chinois(e); (Ling) chinois m
**chink** [tʃɪŋk] n (opening) fente f, fissure f; (noise) tintement m
**chinwag** ['tʃɪnwæg] n (Brit inf): **to have a ~** tailler une bavette
**chip** [tʃɪp] n (gen pl: Culin: Brit) frite f; (: US: also: **potato chip**) chip m; (of wood) copeau m; (of glass,

stone) éclat m; (also: **microchip**) puce f; (in gambling) fiche f ▷ vt (cup, plate) ébrécher; **when the ~s are down** (fig) au moment critique
  ▶ **chip in** vi (inf) mettre son grain de sel
**chip and PIN** n carte f à puce; **chip and PIN machine** machine f à carte (à puce)
**chipboard** ['tʃɪpbɔːd] n aggloméré m, panneau m de particules
**chipmunk** ['tʃɪpmʌŋk] n suisse m (animal)
**chippings** ['tʃɪpɪŋz] npl: **loose ~** gravillons mpl
**chip shop** n (Brit) friterie f; voir article

● **CHIP SHOP**

● Un chip shop, que l'on appelle également un
● "fish-and-chip shop", est un magasin où
● l'on vend des plats à emporter. Les chip shops
● sont d'ailleurs à l'origine des "takeaways".
● On y achète en particulier du poisson frit et
● des frites, mais on y trouve également des
● plats traditionnels britanniques ("steak
● pies", saucisses, etc). Tous les plats étaient à
● l'origine emballés dans du papier journal.
● Dans certains de ces magasins, on peut
● s'asseoir pour consommer sur place.

**chiropodist** [kɪ'rɔpədɪst] n (Brit) pédicure m/f
**chirp** [tʃɜːp] n pépiement m, gazouillis m; (of crickets) stridulation f ▷ vi pépier, gazouiller; chanter, striduler
**chirpy** ['tʃɜːpɪ] adj (inf) plein(e) d'entrain, tout guilleret(te)
**chisel** ['tʃɪzl] n ciseau m
**chit** [tʃɪt] n mot m, note f
**chitchat** ['tʃɪttʃæt] n bavardage m, papotage m
**chivalrous** ['ʃɪvəlrəs] adj chevaleresque
**chivalry** ['ʃɪvəlrɪ] n chevalerie f; esprit m chevaleresque
**chives** [tʃaɪvz] npl ciboulette f, civette f
**chloride** ['klɔːraɪd] n chlorure m
**chlorinate** ['klɔrɪneɪt] vt chlorer
**chlorine** ['klɔːriːn] n chlore m
**choc-ice** ['tʃɔkaɪs] n (Brit) esquimau® m
**chock** [tʃɔk] n cale f
**chock-a-block** ['tʃɔkə'blɔk], **chock-full** [tʃɔk'ful] adj plein(e) à craquer
**chocolate** ['tʃɔklɪt] n chocolat m
**choice** [tʃɔɪs] n choix m ▷ adj de choix; **by** or **from ~** par choix; **a wide ~** un grand choix
**choir** ['kwaɪəʳ] n chœur m, chorale f
**choirboy** ['kwaɪəbɔɪ] n jeune choriste m
**choke** [tʃəuk] vi étouffer ▷ vt étrangler; étouffer; (block) boucher, obstruer ▷ n (Aut) starter m
**cholera** ['kɔlərə] n choléra m
**cholesterol** [kə'lɛstərɔl] n cholestérol m
**choose** (pt **chose**, pp **chosen**) [tʃuːz, tʃəuz, 'tʃəuzn] vt choisir ▷ vi: **to ~ between** choisir entre; **to ~ from** choisir parmi; **to ~ to do** décider de faire, juger bon de faire
**choosy** ['tʃuːzɪ] adj: **(to be) ~** (faire le) difficile
**chop** [tʃɔp] vt (wood) couper (à la hache); (Culin:

also: **chop up**) couper (fin), émincer, hacher (en morceaux); ▷ n coup m (de hache, du tranchant de la main); (Culin) côtelette f; **to get the ~** (Brit inf: project) tomber à l'eau; (: person: be sacked) se faire renvoyer
▶ **chop down** vt (tree) abattre
▶ **chop off** vt trancher
**chopper** ['tʃɔpəʳ] n (helicopter) hélicoptère m, hélico m
**choppy** ['tʃɔpɪ] adj (sea) un peu agité(e)
**chops** [tʃɔps] npl (jaws) mâchoires fpl; babines fpl
**chopsticks** ['tʃɔpstɪks] npl baguettes fpl
**choral** ['kɔːrəl] adj choral(e), chanté(e) en chœur
**chord** [kɔːd] n (Mus) accord m
**chore** [tʃɔːʳ] n travail m de routine; **household ~s** travaux mpl du ménage
**choreographer** [kɔrɪ'ɔgrəfəʳ] n chorégraphe m/f
**choreography** [kɔrɪ'ɔgrəfɪ] n chorégraphie f
**chorister** ['kɔrɪstəʳ] n choriste m/f
**chortle** ['tʃɔːtl] vi glousser
**chorus** ['kɔːrəs] n chœur m; (repeated part of song, also fig) refrain m
**chose** [tʃəuz] pt of **choose**
**chosen** ['tʃəuzn] pp of **choose**
**chow** [tʃau] n (dog) chow-chow m
**chowder** ['tʃaudəʳ] n soupe f de poisson
**Christ** [kraɪst] n Christ m
**christen** ['krɪsn] vt baptiser
**christening** ['krɪsnɪŋ] n baptême m
**Christian** ['krɪstɪən] adj, n chrétien(ne)
**Christianity** [krɪstɪ'ænɪtɪ] n christianisme m
**Christian name** n prénom m
**Christmas** ['krɪsməs] n Noël m or f; **happy** or **merry ~!** joyeux Noël!
**Christmas card** n carte f de Noël
**Christmas carol** n chant m de Noël
**Christmas Day** n le jour de Noël
**Christmas Eve** n la veille de Noël; la nuit de Noël
**Christmas Island** n île f Christmas
**Christmas pudding** n (esp Brit) Christmas m pudding
**Christmas tree** n arbre m de Noël
**chrome** [krəum] n chrome m
**chromium** ['krəumɪəm] n chrome m; (also: **chromium plating**) chromage m
**chromosome** ['krəuməsəum] n chromosome m
**chronic** ['krɔnɪk] adj chronique; (fig: liar, smoker) invétéré(e)
**chronicle** ['krɔnɪkl] n chronique f
**chronological** [krɔnə'lɔdʒɪkl] adj chronologique
**chrysanthemum** [krɪ'sænθəməm] n chrysanthème m
**chubby** ['tʃʌbɪ] adj potelé(e), rondelet(te)
**chuck** [tʃʌk] vt (inf) lancer, jeter; (Brit: also: **chuck up**: job) lâcher; (: person) plaquer
▶ **chuck out** vt (inf: person) flanquer dehors or à la porte; (: rubbish etc) jeter
**chuckle** ['tʃʌkl] vi glousser
**chuffed** [tʃʌft] adj (Brit inf): **to be ~ about sth** être content(e) de qch

**chug** [tʃʌg] vi faire teuf-teuf; souffler
**chum** [tʃʌm] n copain (copine)
**chump** ['tʃʌmp] n (inf) imbécile m/f, crétin(e)
**chunk** [tʃʌŋk] n gros morceau; (of bread) quignon m
**chunky** ['tʃʌŋkɪ] adj (furniture etc) massif(-ive); (person) trapu(e); (knitwear) en grosse laine
**Chunnel** ['tʃʌnəl] n = **Channel Tunnel**
**church** [tʃəːtʃ] n église f; **the C~ of England** l'Église anglicane
**churchyard** ['tʃəːtʃjɑːd] n cimetière m
**churlish** ['tʃəːlɪʃ] adj grossier(-ère); hargneux(-euse)
**churn** [tʃəːn] n (for butter) baratte f; (also: **milk churn**) (grand) bidon à lait
▶ **churn out** vt débiter
**chute** [ʃuːt] n goulotte f; (also: **rubbish chute**) vide-ordures m inv; (Brit: children's slide) toboggan m
**chutney** ['tʃʌtnɪ] n chutney m
**CIA** n abbr (= Central Intelligence Agency) CIA f
**CID** n abbr (= Criminal Investigation Department) ≈ P.J. f
**cider** ['saɪdəʳ] n cidre m
**CIF** abbr (= cost, insurance and freight) CAF
**cigar** [sɪ'gɑːʳ] n cigare m
**cigarette** [sɪgə'rɛt] n cigarette f
**cigarette case** n étui m à cigarettes
**cigarette end** n mégot m
**cigarette holder** n fume-cigarettes m inv
**cigarette lighter** n briquet m
**C-in-C** abbr = **commander-in-chief**
**cinch** [sɪntʃ] n (inf): **it's a ~** c'est du gâteau, c'est l'enfance de l'art
**Cinderella** [sɪndə'rɛlə] n Cendrillon
**cine-camera** ['sɪnɪ'kæmərə] n (Brit) caméra f
**cine-film** ['sɪnɪfɪlm] n (Brit) film m
**cinema** ['sɪnəmə] n cinéma m
**cine-projector** ['sɪnɪprə'dʒɛktəʳ] n (Brit) projecteur m de cinéma
**cinnamon** ['sɪnəmən] n cannelle f
**cipher** ['saɪfəʳ] n code secret; (fig: faceless employee etc) numéro m; **in ~** codé(e)
**circa** ['səːkə] prep circa, environ
**circle** ['səːkl] n cercle m; (in cinema) balcon m ▷ vi faire or décrire des cercles ▷ vt (surround) entourer, encercler; (move round) faire le tour de, tourner autour de
**circuit** ['səːkɪt] n circuit m; (lap) tour m
**circuit board** n plaquette f
**circuitous** [səː'kjuɪtəs] adj indirect(e), qui fait un détour
**circular** ['səːkjuləʳ] adj circulaire ▷ n circulaire f; (as advertisement) prospectus m
**circulate** ['səːkjuleɪt] vi circuler ▷ vt faire circuler
**circulation** [səːkju'leɪʃən] n circulation f; (of newspaper) tirage m
**circumcise** ['səːkəmsaɪz] vt circoncire
**circumference** [sə'kʌmfərəns] n circonférence f
**circumflex** ['səːkəmflɛks] n (also: **circumflex accent**) accent m circonflexe

**circumscribe** ['sə:kəmskraɪb] vt circonscrire
**circumspect** ['sə:kəmspɛkt] adj circonspect(e)
**circumstances** ['sə:kəmstənsɪz] npl
circonstances fpl; (financial condition) moyens
mpl, situation financière; **in** or **under the ~**
dans ces conditions; **under no ~** en aucun cas,
sous aucun prétexte
**circumstantial** [sə:kəm'stænʃl] adj (report,
statement) circonstancié(e); **~ evidence** preuve
indirecte
**circumvent** [sə:kəm'vɛnt] vt (rule etc) tourner
**circus** ['sə:kəs] n cirque m; (also: **Circus**: in place
names) place f
**cirrhosis** [sɪ'rəusɪs] n (also: **cirrhosis of the liver**)
cirrhose f (du foie)
**CIS** n abbr (= Commonwealth of Independent States)
CEI f
**cissy** ['sɪsɪ] n = **sissy**
**cistern** ['sɪstən] n réservoir m (d'eau); (in toilet)
réservoir de la chasse d'eau
**citation** [saɪ'teɪʃən] n citation f; (US) P.-V m
**cite** [saɪt] vt citer
**citizen** ['sɪtɪzn] n (Pol) citoyen(ne); (resident): **the**
**~s of this town** les habitants de cette ville
**Citizens' Advice Bureau** ['sɪtɪznz-] n (Brit)
≈ Bureau m d'aide sociale
**citizenship** ['sɪtɪznʃɪp] n citoyenneté f; (Brit:
Scol) ≈ éducation f civique
**citric** ['sɪtrɪk] adj: **~ acid** acide m citrique
**citrus fruits** ['sɪtrəs-] npl agrumes mpl
**city** ['sɪtɪ] n (grande) ville f; **the C~** la Cité de
Londres (centre des affaires)
**city centre** n centre ville m
**City Hall** n (US) ≈ hôtel m de ville
**city technology college** n (Brit) établissement
m d'enseignement technologique (situé dans un
quartier défavorisé)
**civic** ['sɪvɪk] adj civique; (authorities)
municipal(e)
**civic centre** n (Brit) centre administratif
(municipal)
**civil** ['sɪvl] adj civil(e); (polite) poli(e), civil(e)
**civil engineer** n ingénieur civil
**civil engineering** n génie civil, travaux publics
**civilian** [sɪ'vɪlɪən] adj, n civil(e)
**civilization** [sɪvɪlaɪ'zeɪʃən] n civilisation f
**civilized** ['sɪvɪlaɪzd] adj civilisé(e); (fig) où
règnent les bonnes manières, empreint(e)
d'une courtoisie de bon ton
**civil law** n code civil; (study) droit civil
**civil liberties** npl libertés fpl civiques
**civil rights** npl droits mpl civiques
**civil servant** n fonctionnaire m/f
**Civil Service** n fonction publique,
administration f
**civil war** n guerre civile
**civvies** ['sɪvɪz] npl: **in ~** (inf) en civil
**CJD** n abbr (= Creutzfeldt-Jakob disease) MCJ f
**cl** abbr (= centilitre) cl
**clad** [klæd] adj: **~ (in)** habillé(e) de, vêtu(e) de
**claim** [kleɪm] vt (rights etc) revendiquer;
(compensation) réclamer; (assert) déclarer,

prétendre ▷ vi (for insurance) faire une
déclaration de sinistre ▷ n revendication f;
prétention f; (right) droit m; (for expenses) note f
de frais; **(insurance) ~** demande f
d'indemnisation, déclaration f de sinistre; **to**
**put in a ~ for** (pay rise etc) demander
**claimant** ['kleɪmənt] n (Admin, Law)
requérant(e)
**claim form** n (gen) formulaire m de demande
**clairvoyant** [klɛə'vɔɪənt] n voyant(e), extra-
lucide m/f
**clam** [klæm] n palourde f
▶ **clam up** vi (inf) la boucler
**clamber** ['klæmbər] vi grimper, se hisser
**clammy** ['klæmɪ] adj humide et froid(e) (au
toucher), moite
**clamour**, (US) **clamor** ['klæmər] n (noise)
clameurs fpl; (protest) protestations bruyantes
▷ vi: **to ~ for sth** réclamer qch à grands cris
**clamp** [klæmp] n crampon m; (on workbench)
valet m; (on car) sabot m de Denver ▷ vt attacher;
(car) mettre un sabot à
▶ **clamp down on** vt fus sévir contre, prendre
des mesures draconiennes à l'égard de
**clampdown** ['klæmpdaun] n: **there has been a**
**~ on ...** des mesures énergiques ont été prises
contre ...
**clan** [klæn] n clan m
**clandestine** [klæn'dɛstɪn] adj clandestin(e)
**clang** [klæŋ] n bruit m or fracas m métallique
▷ vi émettre un bruit or fracas métallique
**clanger** ['klæŋər] n: **to drop a ~** (Brit inf) faire
une boulette
**clansman** ['klænzmən] (irreg) n membre m d'un
clan (écossais)
**clap** [klæp] vi applaudir ▷ vt: **to ~ (one's hands)**
battre des mains ▷ n claquement m; tape f; **a ~**
**of thunder** un coup de tonnerre
**clapping** ['klæpɪŋ] n applaudissements mpl
**claptrap** ['klæptræp] n (inf) baratin m
**claret** ['klærət] n (vin m de) bordeaux m (rouge)
**clarification** [klærɪfɪ'keɪʃən] n (fig) clarification
f, éclaircissement m
**clarify** ['klærɪfaɪ] vt clarifier
**clarinet** [klærɪ'nɛt] n clarinette f
**clarity** ['klærɪtɪ] n clarté f
**clash** [klæʃ] n (sound) choc m, fracas m; (with
police) affrontement m; (fig) conflit m ▷ vi se
heurter; être or entrer en conflit; (colours) jurer;
(dates, events) tomber en même temps
**clasp** [klɑ:sp] n (of necklace, bag) fermoir m ▷ vt
serrer, étreindre
**class** [klɑ:s] n (gen) classe f; (group, category)
catégorie f ▷ vt classer, classifier
**class-conscious** ['klɑ:s'kɔnʃəs] adj conscient(e)
de son appartenance sociale
**class consciousness** n conscience f de classe
**classic** ['klæsɪk] adj classique ▷ n (author, work)
classique m; (race etc) classique f
**classical** ['klæsɪkl] adj classique
**classics** ['klæsɪks] npl (Scol) lettres fpl classiques
**classification** [klæsɪfɪ'keɪʃən] n classification f

**classified** ['klæsɪfaɪd] *adj* (*information*) secret(-ète); ~ **ads** petites annonces

**classify** ['klæsɪfaɪ] *vt* classifier, classer

**classless society** ['klɑːslɪs-] *n* société *f* sans classes

**classmate** ['klɑːsmeɪt] *n* camarade *m/f* de classe

**classroom** ['klɑːsrum] *n* (salle *f* de) classe *f*

**classroom assistant** *n* assistant(-e) d'éducation

**classy** ['klɑːsɪ] (*inf*) *adj* classe (*inf*)

**clatter** ['klætər] *n* cliquetis *m* ▷ *vi* cliqueter

**clause** [klɔːz] *n* clause *f*; (*Ling*) proposition *f*

**claustrophobia** [klɔːstrə'fəubɪə] *n* claustrophobie *f*

**claustrophobic** [klɔːstrə'fəubɪk] *adj* (*person*) claustrophobe; (*place*) où l'on se sent claustrophobe

**claw** [klɔː] *n* griffe *f*; (*of bird of prey*) serre *f*; (*of lobster*) pince *f* ▷ *vt* griffer; déchirer

**clay** [kleɪ] *n* argile *f*

**clean** [kliːn] *adj* propre; (*clear, smooth*) net(te); (*record, reputation*) sans tache; (*joke, story*) correct(e) ▷ *vt* nettoyer ▷ *adv*: **he ~ forgot** il a complètement oublié; **to come ~** (*inf: admit guilt*) se mettre à table; **to ~ one's teeth** se laver les dents; **driving licence** *or* (*US*) **record** permis où n'est portée aucune indication de contravention
  ▶ **clean off** *vt* enlever
  ▶ **clean out** *vt* nettoyer (à fond)
  ▶ **clean up** *vt* nettoyer, (*fig*) remettre de l'ordre dans ▷ *vi* (*fig: make profit*): **to ~ up on** faire son beurre avec

**clean-cut** ['kliːn'kʌt] *adj* (*man*) soigné; (*situation etc*) bien délimité(e), net(te), clair(e)

**cleaner** ['kliːnər] *n* (*person*) nettoyeur(-euse), femme *f* de ménage; (*also*: **dry cleaner**) teinturier(-ière); (*product*) détachant *m*

**cleaner's** ['kliːnəʳz] *n* (*also*: **dry cleaner's**) teinturier *m*

**cleaning** ['kliːnɪŋ] *n* nettoyage *m*

**cleaning lady** *n* femme *f* de ménage

**cleanliness** ['klɛnlɪnɪs] *n* propreté *f*

**cleanly** ['kliːnlɪ] *adv* proprement; nettement

**cleanse** [klɛnz] *vt* nettoyer; purifier

**cleanser** ['klɛnzəʳ] *n* détergent *m*; (*for face*) démaquillant *m*

**clean-shaven** ['kliːn'ʃeɪvn] *adj* rasé(e) de près

**cleansing department** ['klɛnzɪŋ-] *n* (*Brit*) service *m* de voirie

**clean sweep** *n*: **to make a ~** (*Sport*) rafler tous les prix

**clean-up** ['kliːnʌp] *n* nettoyage *m*

**clear** [klɪəʳ] *adj* clair(e); (*glass, plastic*) transparent(e); (*road, way*) libre, dégagé(e); (*profit, majority*) net(te); (*conscience*) tranquille; (*skin*) frais (fraîche); (*sky*) dégagé(e) ▷ *vt* (*road*) dégager, déblayer; (*table*) débarrasser; (*room etc*: *of people*) faire évacuer; (*woodland*) défricher; (*cheque*) compenser; (*Comm: goods*) liquider; (*Law: suspect*) innocenter; (*obstacle*) franchir *or* sauter sans heurter ▷ *vi* (*weather*) s'éclaircir; (*fog*) se dissiper ▷ *adv*: ~ **of** à distance de, à

l'écart de ▷ *n*: **to be in the ~** (*out of debt*) être dégagé(e) de toute dette; (*out of suspicion*) être lavé(e) de tout soupçon; (*out of danger*) être hors de danger; **to ~ the table** débarrasser la table, desservir; **to ~ one's throat** s'éclaircir la gorge; **to ~ a profit** faire un bénéfice net; **to make o.s. ~** se faire bien comprendre; **to make it ~ to sb that ...** bien faire comprendre à qn que ...; **I have a ~ day tomorrow** (*Brit*) je n'ai rien de prévu demain; **to keep ~ of sb/sth** éviter qn/ qch
  ▶ **clear away** *vt* (*things, clothes etc*) enlever, retirer; **to ~ away the dishes** débarrasser la table
  ▶ **clear off** *vi* (*inf: leave*) dégager
  ▶ **clear up** *vi* s'éclaircir, se dissiper ▷ *vt* ranger, mettre en ordre; (*mystery*) éclaircir, résoudre

**clearance** ['klɪərəns] *n* (*removal*) déblayage *m*; (*free space*) dégagement *m*; (*permission*) autorisation *f*

**clearance sale** *n* (*Comm*) liquidation *f*

**clear-cut** ['klɪə'kʌt] *adj* précis(e), nettement défini(e)

**clearing** ['klɪərɪŋ] *n* (*in forest*) clairière *f*; (*Brit Banking*) compensation *f*, clearing *m*

**clearing bank** *n* (*Brit*) banque *f* qui appartient à une chambre de compensation

**clearly** ['klɪəlɪ] *adv* clairement; (*obviously*) de toute évidence

**clearway** ['klɪəweɪ] *n* (*Brit*) route *f* à stationnement interdit

**cleavage** ['kliːvɪdʒ] *n* (*of dress*) décolleté *m*

**cleaver** ['kliːvəʳ] *n* fendoir *m*, couperet *m*

**clef** [klɛf] *n* (*Mus*) clé *f*

**cleft** [klɛft] *n* (*in rock*) crevasse *f*, fissure *f*

**clemency** ['klɛmənsɪ] *n* clémence *f*

**clement** ['klɛmənt] *adj* (*weather*) clément(e)

**clementine** ['klɛməntaɪn] *n* clémentine *f*

**clench** [klɛntʃ] *vt* serrer

**clergy** ['kləːdʒɪ] *n* clergé *m*

**clergyman** ['kləːdʒɪmən] (*irreg*) *n* ecclésiastique *m*

**clerical** ['klɛrɪkl] *adj* de bureau, d'employé de bureau; (*Rel*) clérical(e), du clergé

**clerk** [klɑːk] (*US*) [kləːrk] *n* (*Brit*) employé(e) de bureau, (*US: salesman/woman*) vendeur(-euse); **C~ of Court** (*Law*) greffier *m* (du tribunal)

**clever** ['klɛvəʳ] *adj* (*intelligent*) intelligent(e); (*skilful*) habile, adroit(e); (*device, arrangement*) ingénieux(-euse), astucieux(-euse)

**cleverly** ['klɛvəlɪ] *adv* (*skilfully*) habilement; (*craftily*) astucieusement

**clew** [kluː] *n* (*US*) = **clue**

**cliché** ['kliːʃeɪ] *n* cliché *m*

**click** [klɪk] *vi* faire un bruit sec *or* un déclic; (*Comput*) cliquer ▷ *vt*: **to ~ one's tongue** faire claquer sa langue; **to ~ one's heels** claquer des talons; **to ~ on an icon** cliquer sur une icône

**client** ['klaɪənt] *n* client(e)

**clientele** [kliːãːn'tɛl] *n* clientèle *f*

**cliff** [klɪf] *n* falaise *f*

**cliffhanger** ['klɪfhæŋəʳ] *n* (*TV, fig*) histoire

pleine de suspense

**climactic** [klaɪˈmæktɪk] *adj* à son point culminant, culminant(e)

**climate** [ˈklaɪmɪt] *n* climat *m*

**climate change** *n* changement *m* climatique

**climax** [ˈklaɪmæks] *n* apogée *m*, point culminant; (*sexual*) orgasme *m*

**climb** [klaɪm] *vi* grimper, monter; (*plane*) prendre de l'altitude ▷ *vt* (*stairs*) monter; (*mountain*) escalader; (*tree*) grimper à ▷ *n* montée *f*, escalade *f*; **to ~ over a wall** passer par dessus un mur
  ▶ **climb down** *vi* (re)descendre; (*Brit fig*) rabattre de ses prétentions

**climb-down** [ˈklaɪmdaʊn] *n* (*Brit*) reculade *f*

**climber** [ˈklaɪmə<sup>r</sup>] *n* (*also*: **rock climber**) grimpeur(-euse), varappeur(-euse); (*plant*) plante grimpante

**climbing** [ˈklaɪmɪŋ] *n* (*also*: **rock climbing**) escalade *f*, varappe *f*

**clinch** [klɪntʃ] *vt* (*deal*) conclure, sceller

**clincher** [ˈklɪntʃə<sup>r</sup>] *n*: **that was the ~** c'est ce qui a fait pencher la balance

**cling** (*pt, pp* **clung**) [klɪŋ, klʌŋ] *vi*: **to ~ (to)** se cramponner (à), s'accrocher (à); (*clothes*) coller (à)

**Clingfilm®** [ˈklɪŋfɪlm] *n* film *m* alimentaire

**clinic** [ˈklɪnɪk] *n* clinique *f*; centre médical; (*session: Med*) consultation(s) *f(pl)*, séance(s) *f(pl)*; (*Sport*) séance(s) de perfectionnement

**clinical** [ˈklɪnɪkl] *adj* clinique; (*fig*) froid(e)

**clink** [klɪŋk] *vi* tinter, cliqueter

**clip** [klɪp] *n* (*for hair*) barrette *f*; (*also*: **paper clip**) trombone *m*; (*Brit: also*: **bulldog clip**) pince *f* de bureau; (*holding hose etc*) collier *m or* bague *f* (métallique) de serrage; (*TV, Cinema*) clip *m* ▷ *vt* (*also*: **clip together**: *papers*) attacher; (*hair, nails*) couper; (*hedge*) tailler

**clippers** [ˈklɪpəz] *npl* tondeuse *f*; (*also*: **nail clippers**) coupe-ongles *m inv*

**clipping** [ˈklɪpɪŋ] *n* (*from newspaper*) coupure *f* de journal

**clique** [kliːk] *n* clique *f*, coterie *f*

**cloak** [kləʊk] *n* grande cape ▷ *vt* (*fig*) masquer, cacher

**cloakroom** [ˈkləʊkrum] *n* (*for coats etc*) vestiaire *m*; (*Brit*: W.C.) toilettes *fpl*

**clock** [klɔk] *n* (*large*) horloge *f*; (*small*) pendule *f*; **round the ~** (*work etc*) vingt-quatre heures sur vingt-quatre; **to sleep round the ~** *or* **the ~ round** faire le tour du cadran; **30,000 on the ~** (*Brit Aut*) 30 000 milles au compteur; **to work against the ~** faire la course contre la montre
  ▶ **clock in** *or* **on** (*Brit*) *vi* (*with card*) pointer (en arrivant); (*start work*) commencer à travailler
  ▶ **clock off** *or* **out** (*Brit*) *vi* (*with card*) pointer (en partant); (*leave work*) quitter le travail
  ▶ **clock up** *vt* (*miles, hours etc*) faire

**clockwise** [ˈklɔkwaɪz] *adv* dans le sens des aiguilles d'une montre

**clockwork** [ˈklɔkwəːk] *n* rouages *mpl*, mécanisme *m*; (*of clock*) mouvement *m*

(d'horlogerie) ▷ *adj* (*toy, train*) mécanique

**clog** [klɔg] *n* sabot *m* ▷ *vt* boucher, encrasser ▷ *vi* (*also*: **clog up**) se boucher, s'encrasser

**cloister** [ˈklɔɪstə<sup>r</sup>] *n* cloître *m*

**clone** [kləʊn] *n* clone *m* ▷ *vt* cloner

**close¹** [kləʊs] *adj* (*near*): **~ (to)** près (de), proche (de); (*writing, texture*) serré(e); (*contact, link, watch*) étroit(e); (*examination*) attentif(-ive), minutieux(-euse); (*contest*) très serré(e); (*weather*) lourd(e), étouffant(e); (*room*) mal aéré(e) ▷ *adv* près, à proximité; **~ to** (*prep*) près de; **~ by, ~ at hand** (*adj, adv*) tout(e) près; **how ~ is Edinburgh to Glasgow?** combien de kilomètres y-a-t-il entre Édimbourg et Glasgow?; **a ~ friend** un ami intime; **to have a ~ shave** (*fig*) l'échapper belle; **at ~ quarters** tout près, à côté

**close²** [kləʊz] *vt* fermer; (*bargain, deal*) conclure ▷ *vi* (*shop etc*) fermer; (*lid, door etc*) se fermer; (*end*) se terminer, se conclure ▷ *n* (*end*) conclusion *f*; **to bring sth to a ~** mettre fin à qch; **what time do you ~?** à quelle heure fermez-vous?
  ▶ **close down** *vt, vi* fermer (*définitivement*)
  ▶ **close in** *vi* (*hunters*) approcher; (*night, fog*) tomber; **the days are closing in** les jours raccourcissent; **to ~ in on sb** cerner qn
  ▶ **close off** *vt* (*area*) boucler

**closed** [kləʊzd] *adj* (*shop etc*) fermé(e); (*road*) fermé à la circulation

**closed-circuit** [ˈkləʊzdˈsəːkɪt] *adj*: **~ television** télévision *f* en circuit fermé

**closed shop** *n* organisation *f* qui n'admet que des travailleurs syndiqués

**close-knit** [ˈkləʊsˈnɪt] *adj* (*family, community*) très uni(e)

**closely** [ˈkləʊslɪ] *adv* (*examine, watch*) de près; **we are ~ related** nous sommes proches parents; **a ~ guarded secret** un secret bien gardé

**close season** [kləʊs-] *n* (*Brit: Hunting*) fermeture *f* de la chasse/pêche; (: *Football*) trêve *f*

**closet** [ˈklɔzɪt] *n* (*cupboard*) placard *m*, réduit *m*

**close-up** [ˈkləʊsʌp] *n* gros plan

**closing** [ˈkləʊzɪŋ] *adj* (*stages, remarks*) final(e); **~ price** (*Stock Exchange*) cours *m* de clôture

**closing time** *n* heure *f* de fermeture

**closure** [ˈkləʊʒə<sup>r</sup>] *n* fermeture *f*

**clot** [klɔt] *n* (*of blood, milk*) caillot *m*; (*inf: person*) ballot *m* ▷ *vi* (*blood*) former des caillots; (: *external bleeding*) se coaguler

**cloth** [klɔθ] *n* (*material*) tissu *m*, étoffe *f*; (*Brit: also*: **tea cloth**) torchon *m*; lavette *f*; (*also*: **tablecloth**) nappe *f*

**clothe** [kləʊð] *vt* habiller, vêtir

**clothes** [kləʊðz] *npl* vêtements *mpl*, habits *mpl*; **to put one's ~ on** s'habiller; **to take one's ~ off** enlever ses vêtements

**clothes brush** *n* brosse *f* à habits

**clothes line** *n* corde *f* (à linge)

**clothes peg**, (*US*) **clothes pin** *n* pince *f* à linge

**clothing** [ˈkləʊðɪŋ] *n* = **clothes**

**clotted cream** [ˈklɔtɪd-] *n* (*Brit*) crème caillée

**cloud** [klaud] *n* nuage *m* ▷ *vt* (*liquid*) troubler; **to**

~ **the issue** brouiller les cartes; **every ~ has a silver lining** (*proverb*) à quelque chose malheur est bon (*proverbe*)

▶ **cloud over** *vi* se couvrir; (*fig*) s'assombrir
**cloudburst** ['klaudbə:st] *n* violente averse
**cloud-cuckoo-land** ['klaud'kuku:'lænd] *n* (*Brit*) monde *m* imaginaire
**cloudy** ['klaudɪ] *adj* nuageux(-euse), couvert(e); (*liquid*) trouble
**clout** [klaut] *n* (*blow*) taloche *f*; (*fig*) pouvoir *m* ▷ *vt* flanquer une taloche à
**clove** [kləuv] *n* clou *m* de girofle; **a ~ of garlic** une gousse d'ail
**clover** ['kləuvə'] *n* trèfle *m*
**cloverleaf** ['kləuvəli:f] *n* feuille *f* de trèfle; (*Aut*) croisement *m* en trèfle
**clown** [klaun] *n* clown *m* ▷ *vi* (*also*: **clown about, clown around**) faire le clown
**cloying** ['klɔɪɪŋ] *adj* (*taste, smell*) écœurant(e)
**club** [klʌb] *n* (*society*) club *m*; (*weapon*) massue *f*, matraque *f*; (*also*: **golf club**) club ▷ *vt* matraquer ▷ *vi*: **to ~ together** s'associer; **clubs** *npl* (*Cards*) trèfle *m*
**club car** *n* (*US Rail*) wagon-restaurant *m*
**club class** *n* (*Aviat*) classe *f* club
**clubhouse** ['klʌbhaus] *n* pavillon *m*
**club soda** *n* (*US*) eau *f* de seltz
**cluck** [klʌk] *vi* glousser
**clue** [klu:] *n* indice *m*; (*in crosswords*) définition *f*; **I haven't a ~** je n'en ai pas la moindre idée
**clued up**, (*US*) **clued in** [klu:d-] *adj* (*inf*) (vachement) calé(e)
**clump** [klʌmp] *n*: **~ of trees** bouquet *m* d'arbres
**clumsy** ['klʌmzɪ] *adj* (*person*) gauche, maladroit(e); (*object*) malcommode, peu maniable
**clung** [klʌŋ] *pt*, *pp of* **cling**
**cluster** ['klʌstə'] *n* (petit) groupe *m*; (*of flowers*) grappe *f* ▷ *vi* se rassembler
**clutch** [klʌtʃ] *n* (*Aut*) embrayage *m*; (*grasp*): **-es** étreinte *f*, prise *f* ▷ *vt* (*grasp*) agripper; (*hold tightly*) serrer fort; (*hold on to*) se cramponner à
**clutter** ['klʌtə'] *vt* (*also*: **clutter up**) encombrer ▷ *n* désordre *m*, fouillis *m*
**cm** *abbr* (= *centimetre*) cm
**CNAA** *n abbr* (*Brit*: = *Council for National Academic Awards*) *organisme non universitaire délivrant des diplômes*
**CND** *n abbr* = **Campaign for Nuclear Disarmament**
**CO** *n abbr* (= *commanding officer*) Cdt; (*Brit*) = **Commonwealth Office** ▷ *abbr* (*US*) = **Colorado**
**Co.** *abbr* = **company, county**
**c/o** *abbr* (= *care of*) c/o, aux bons soins de
**coach** [kəutʃ] *n* (*bus*) autocar *m*; (*horse-drawn*) diligence *f*; (*of train*) voiture *f*, wagon *m*; (*Sport*: *trainer*) entraîneur(-euse); (*school*: *tutor*) répétiteur(-trice) ▷ *vt* (*Sport*) entraîner; (*student*) donner des leçons particulières à
**coach station** (*Brit*) *n* gare routière
**coach trip** *n* excursion *f* en car

**coagulate** [kəu'ægjuleɪt] *vt* coaguler ▷ *vi* se coaguler
**coal** [kəul] *n* charbon *m*
**coal face** *n* front *m* de taille
**coalfield** ['kəulfi:ld] *n* bassin houiller
**coalition** [kəuə'lɪʃən] *n* coalition *f*
**coalman** ['kəulmən] (*irreg*) *n* charbonnier *m*, marchand *m* de charbon
**coal mine** *n* mine *f* de charbon
**coarse** [kɔ:s] *adj* grossier(-ère), rude; (*vulgar*) vulgaire
**coast** [kəust] *n* côte *f* ▷ *vi* (*car, cycle*) descendre en roue libre
**coastal** ['kəustl] *adj* côtier(-ère)
**coaster** ['kəustə'] *n* (*Naut*) caboteur *m*; (*for glass*) dessous *m* de verre
**coastguard** ['kəustgɑ:d] *n* garde-côte *m*
**coastline** ['kəustlaɪn] *n* côte *f*, littoral *m*
**coat** [kəut] *n* manteau *m*; (*of animal*) pelage *m*, poil *m*; (*of paint*) couche *f* ▷ *vt* couvrir, enduire; **~ of arms** *n* blason *m*, armoiries *fpl*
**coat hanger** *n* cintre *m*
**coating** ['kəutɪŋ] *n* couche *f*, enduit *m*
**co-author** ['kəu'ɔ:θə'] *n* co-auteur *m*
**coax** [kəuks] *vt* persuader par des cajoleries
**cob** [kɔb] *n see* **corn**
**cobbled** ['kɔbld] *adj* pavé(e)
**cobbler** ['kɔblə'] *n* cordonnier *m*
**cobbles, cobblestones** ['kɔblz, 'kɔblstəunz] *npl* pavés (ronds)
**COBOL** ['kəubɔl] *n* COBOL *m*
**cobra** ['kəubrə] *n* cobra *m*
**cobweb** ['kɔbwɛb] *n* toile *f* d'araignée
**cocaine** [kə'keɪn] *n* cocaïne *f*
**cock** [kɔk] *n* (*rooster*) coq *m*; (*male bird*) mâle *m* ▷ *vt* (*gun*) armer; **to ~ one's ears** (*fig*) dresser l'oreille
**cock-a-hoop** [kɔkə'hu:p] *adj* jubilant(e)
**cockerel** ['kɔkərl] *n* jeune coq *m*
**cock-eyed** ['kɔkaɪd] *adj* (*fig*) de travers; qui louche; qui ne tient pas debout (*fig*)
**cockle** ['kɔkl] *n* coque *f*
**cockney** ['kɔknɪ] *n* cockney *m/f* (*habitant des quartiers populaires de l'East End de Londres*), ≈ faubourien(ne)
**cockpit** ['kɔkpɪt] *n* (*in aircraft*) poste *m* de pilotage, cockpit *m*
**cockroach** ['kɔkrəutʃ] *n* cafard *m*, cancrelat *m*
**cocktail** ['kɔkteɪl] *n* cocktail *m*; **prawn ~**, (*US*) **shrimp ~** ~ cocktail de crevettes
**cocktail cabinet** *n* (meuble-)bar *m*
**cocktail party** *n* cocktail *m*
**cocktail shaker** [-'ʃeɪkə'] *n* shaker *m*
**cocky** ['kɔkɪ] *adj* trop sûr(e) de soi
**cocoa** ['kəukəu] *n* cacao *m*
**coconut** ['kəukənʌt] *n* noix *f* de coco
**cocoon** [kə'ku:n] *n* cocon *m*
**C.O.D.** *abbr* = **cash on delivery**; (*US*) = **collect on delivery**
**cod** [kɔd] *n* morue fraîche, cabillaud *m*
**code** [kəud] *n* code *m*; (*Tel*: *area code*) indicatif *m*; **~ of behaviour** règles *fpl* de conduite; **~ of practice** déontologie *f*

**codeine** ['kəʊdiːn] n codéine f
**codger** ['kɔdʒəʳ] n: **an old ~** (Brit inf) un drôle de vieux bonhomme
**codicil** ['kɔdɪsɪl] n codicille m
**codify** ['kəʊdɪfaɪ] vt codifier
**cod-liver oil** ['kɔdlɪvər-] n huile f de foie de morue
**co-driver** ['kəʊ'draɪvəʳ] n (in race) copilote m; (of lorry) deuxième chauffeur m
**co-ed** ['kəʊ'ɛd] adj abbr = **coeducational** ▷ n abbr (US: female student) étudiante d'une université mixte; (Brit: school) école f mixte
**coeducational** ['kəʊɛdjʊ'keɪʃənl] adj mixte
**coerce** [kəʊ'əːs] vt contraindre
**coercion** [kəʊ'əːʃən] n contrainte f
**coexistence** ['kəʊɪg'zɪstəns] n coexistence f
**C. of C.** n abbr = **chamber of commerce**
**C of E** n abbr = **Church of England**
**coffee** ['kɔfɪ] n café m; **white ~**, (US) **~ with cream** (café-)crème m
**coffee bar** n (Brit) café m
**coffee bean** n grain m de café
**coffee break** n pause-café f
**coffee cake** ['kɔfɪkeɪk] n (US) ≈ petit pain aux raisins
**coffee cup** n tasse f à café
**coffee maker** n cafetière f
**coffeepot** ['kɔfɪpɔt] n cafetière f
**coffee shop** n café m
**coffee table** n (petite) table basse
**coffin** ['kɔfɪn] n cercueil m
**C of I** n abbr = **Church of Ireland**
**C of S** n abbr = **Church of Scotland**
**cog** [kɔg] n (wheel) roue dentée; (tooth) dent f (d'engrenage)
**cogent** ['kəʊdʒənt] adj puissant(e), convaincant(e)
**cognac** ['kɔnjæk] n cognac m
**cogwheel** ['kɔgwiːl] n roue dentée
**cohabit** [kəʊ'hæbɪt] vi (formal): **to ~ (with sb)** cohabiter (avec qn)
**coherent** [kəʊ'hɪərənt] adj cohérent(e)
**cohesion** [kəʊ'hiːʒən] n cohésion f
**cohesive** [kəʊ'hiːsɪv] adj (fig) cohésif(-ive)
**COI** n abbr (Brit: = Central Office of Information) service d'information gouvernemental
**coil** [kɔɪl] n rouleau m, bobine f; (one loop) anneau m, spire f; (of smoke) volute f; (contraceptive) stérilet m ▷ vt enrouler
**coin** [kɔɪn] n pièce f (de monnaie) ▷ vt (word) inventer
**coinage** ['kɔɪnɪdʒ] n monnaie f, système m monétaire
**coinbox** ['kɔɪnbɔks] n (Brit) cabine f téléphonique
**coincide** [kəʊɪn'saɪd] vi coïncider
**coincidence** [kəʊ'ɪnsɪdəns] n coïncidence f
**coin-operated** ['kɔɪn'ɔpəreɪtɪd] adj (machine, launderette) automatique
**Coke®** [kəʊk] n coca m
**coke** [kəʊk] n (coal) coke m
**Col.** abbr (= colonel) Col; (US) = **Colorado**

**COLA** n abbr (US: = cost-of-living adjustment) réajustement (des salaires, indemnités etc) en fonction du coût de la vie
**colander** ['kɔləndəʳ] n passoire f (à légumes)
**cold** [kəʊld] adj froid(e) ▷ n froid m; (Med) rhume m; **it's ~** il fait froid; **to be ~** (person) avoir froid; **to catch ~** prendre or attraper froid; **to catch a ~** s'enrhumer, attraper un rhume; **in ~ blood** de sang-froid; **to have ~ feet** avoir froid aux pieds; (fig) avoir la frousse or la trouille; **to give sb the ~ shoulder** battre froid à qn
**cold-blooded** ['kəʊld'blʌdɪd] adj (Zool) à sang froid
**cold cream** n crème f de soins
**coldly** ['kəʊldlɪ] adv froidement
**cold sore** n bouton m de fièvre
**cold sweat** n: **to be in a ~ (about sth)** avoir des sueurs froides (au sujet de qch)
**cold turkey** n (inf) manque m; **to go ~** être en manque
**Cold War** n: **the ~** la guerre froide
**coleslaw** ['kəʊlslɔː] n sorte de salade de chou cru
**colic** ['kɔlɪk] n colique(s) f(pl)
**colicky** ['kɔlɪkɪ] adj qui souffre de coliques
**collaborate** [kə'læbəreɪt] vi collaborer
**collaboration** [kəlæbə'reɪʃən] n collaboration f
**collaborator** [kə'læbəreɪtəʳ] n collaborateur(-trice)
**collage** [kɔ'lɑːʒ] n (Art) collage m
**collagen** ['kɔlədʒən] n collagène m
**collapse** [kə'læps] vi s'effondrer, s'écrouler; (Med) avoir un malaise ▷ n effondrement m, écroulement m; (of government) chute f
**collapsible** [kə'læpsəbl] adj pliant(e), télescopique
**collar** ['kɔləʳ] n (of coat, shirt) col m; (for dog) collier m; (Tech) collier, bague f ▷ vt (inf: person) pincer
**collarbone** ['kɔləbəʊn] n clavicule f
**collate** [kɔ'leɪt] vt collationner
**collateral** [kə'lætərl] n nantissement m
**collation** [kə'leɪʃən] n collation f
**colleague** ['kɔliːg] n collègue m/f
**collect** [kə'lɛkt] vt rassembler; (pick up) ramasser; (as a hobby) collectionner; (Brit: call for) (passer) prendre; (mail) faire la levée de, ramasser; (money owed) encaisser; (donations, subscriptions) recueillir ▷ vi (people) se rassembler; (dust, dirt) s'amasser; **to ~ one's thoughts** réfléchir, réunir ses idées; **~ on delivery (COD)** (US Comm) payable or paiement à la livraison; **to call ~** (US Tel) téléphoner en PCV
**collected** [kə'lɛktɪd] adj: **~ works** œuvres complètes
**collection** [kə'lɛkʃən] n collection f; (of mail) levée f; (for money) collecte f, quête f
**collective** [kə'lɛktɪv] adj collectif(-ive) ▷ n collectif m
**collective bargaining** n convention collective
**collector** [kə'lɛktəʳ] n collectionneur m; (of taxes) percepteur m; (of rent, cash) encaisseur m; **~'s item** or **piece** pièce f de collection
**college** ['kɔlɪdʒ] n collège m; (of technology,

*agriculture etc*) institut *m*; **to go to ~** faire des études supérieures; **~ of education** ≈ école normale

**collide** [kə'laɪd] *vi*: **to ~ (with)** entrer en collision (avec)

**collie** ['kɒlɪ] *n* (*dog*) colley *m*

**colliery** ['kɒlɪərɪ] *n* (*Brit*) mine *f* de charbon, houillère *f*

**collision** [kə'lɪʒən] *n* collision *f*, heurt *m*; **to be on a ~ course** aller droit à la collision; (*fig*) aller vers l'affrontement

**collision damage waiver** *n* (*Insurance*) rachat *m* de franchise

**colloquial** [kə'ləukwɪəl] *adj* familier(-ère)

**collusion** [kə'luːʒən] *n* collusion *f*; **in ~ with** en complicité avec

**Colo.** *abbr* (*US*) = **Colorado**

**cologne** [kə'ləun] *n* (*also*: **eau de cologne**) eau *f* de cologne

**Colombia** [kə'lɒmbɪə] *n* Colombie *f*

**Colombian** [kə'lɒmbɪən] *adj* colombien(ne) ▷ *n* Colombien(ne)

**colon** ['kəulən] *n* (*sign*) deux-points *mpl*; (*Med*) côlon *m*

**colonel** ['kəːnl] *n* colonel *m*

**colonial** [kə'ləunɪəl] *adj* colonial(e)

**colonize** ['kɒlənaɪz] *vt* coloniser

**colony** ['kɒlənɪ] *n* colonie *f*

**color** ['kʌlər] *n* (*US*) = **colour**

**Colorado beetle** [kɒlə'rɑːdəu-] *n* doryphore *m*

**colossal** [kə'lɒsl] *adj* colossal(e)

**colour,** (*US*) **color** ['kʌlər] *n* couleur *f* ▷ *vt* colorer; (*dye*) teindre; (*paint*) peindre; (*with crayons*) colorier; (*news*) fausser, exagérer ▷ *vi* (*blush*) rougir ▷ *cpd* (*film, photograph, television*) en couleur; **colours** *npl* (*of party, club*) couleurs *fpl*; **I'd like a different ~** je le voudrais dans un autre coloris
   ▶ **colour in** *vt* colorier

**colour bar,** (*US*) **color bar** *n* discrimination raciale (*dans un établissement etc*)

**colour-blind,** (*US*) **color-blind** ['kʌləblaɪnd] *adj* daltonien(ne)

**coloured,** (*US*) **colored** ['kʌləd] *adj* coloré(e); (*photo*) en couleur

**colour film,** (*US*) **color film** *n* (*for camera*) pellicule *f* (en) couleur

**colourful,** (*US*) **colorful** ['kʌləful] *adj* coloré(e), vif (vive); (*personality*) pittoresque, haut(e) en couleurs

**colouring,** (*US*) **coloring** ['kʌlərɪŋ] *n* colorant *m*; (*complexion*) teint *m*

**colour scheme,** (*US*) **color scheme** *n* combinaison *f* de(s) couleur(s)

**colour supplement** *n* (*Brit Press*) supplément *m* magazine

**colour television,** (*US*) **color television** *n* télévision *f* (en) couleur

**colt** [kəult] *n* poulain *m*

**column** ['kɒləm] *n* colonne *f*; (*fashion column, sports column etc*) rubrique *f*; **the editorial ~** l'éditorial *m*

**columnist** ['kɒləmnɪst] *n* rédacteur(-trice) d'une rubrique

**coma** ['kəumə] *n* coma *m*

**comb** [kəum] *n* peigne *m* ▷ *vt* (*hair*) peigner; (*area*) ratisser, passer au peigne fin

**combat** ['kɒmbæt] *n* combat *m* ▷ *vt* combattre, lutter contre

**combination** [kɒmbɪ'neɪʃən] *n* (*gen*) combinaison *f*

**combination lock** *n* serrure *f* à combinaison

**combine** [kəm'baɪn] *vt* combiner ▷ *vi* s'associer; (*Chem*) se combiner ▷ *n* ['kɒmbaɪn] association *f*; (*Econ*) trust *m*; (*also*: **combine harvester**) moissonneuse-batteuse(-lieuse) *f*; **to ~ sth with sth** (*one quality with another*) joindre *ou* allier qch à qch; **a ~d effort** un effort conjugué

**combine harvester** *n* moissonneuse-batteuse(-lieuse) *f*

**combo** ['kɒmbəu] *n* (*Jazz etc*) groupe *m* de musiciens

**combustible** [kəm'bʌstɪbl] *adj* combustible

**combustion** [kəm'bʌstʃən] *n* combustion *f*

○ KEYWORD

**come** (*pt* **came**, *pp* **~**) [kʌm, keɪm] *vi* **1** (*movement towards*) venir; **to ~ running** arriver en courant; **he's ~ here to work** il est venu ici pour travailler; **~ with me** suivez-moi; **to ~ into sight** *or* **view** apparaître
**2** (*arrive*) arriver; **to ~ home** rentrer (chez soi *or* à la maison); **we've just ~ from Paris** nous arrivons de Paris; **coming!** j'arrive!
**3** (*reach*): **to ~ to** (*decision etc*) parvenir à, arriver à; **the bill came to £40** la note s'est élevée à 40 livres; **if it ~s to it** s'il le faut, dans le pire des cas
**4** (*occur*): **an idea came to me** il m'est venu une idée; **what might ~ of it** ce qui pourrait en résulter, ce qui pourrait advenir *or* se produire
**5** (*be, become*): **to ~ loose/undone** se défaire/ desserrer; **I've ~ to like him** j'ai fini par bien l'aimer
**6** (*inf*: *sexually*) jouir
   ▶ **come about** *vi* se produire, arriver
   ▶ **come across** *vt fus* rencontrer par hasard, tomber sur ▷ *vi*: **to ~ across well/badly** faire une bonne/mauvaise impression
   ▶ **come along** *vi* (*Brit*: *pupil, work*) faire des progrès, avancer; **~ along!** viens!; allons!, allez!
   ▶ **come apart** *vi* s'en aller en morceaux; se détacher
   ▶ **come away** *vi* partir, s'en aller; (*become detached*) se détacher
   ▶ **come back** *vi* revenir; (*reply*): **can I ~ back to you on that one?** est-ce qu'on peut revenir là-dessus plus tard?
   ▶ **come by** *vt fus* (*acquire*) obtenir, se procurer
   ▶ **come down** *vi* descendre; (*prices*) baisser; (*buildings*) s'écrouler; (: *be demolished*) être démoli(e)
   ▶ **come forward** *vi* s'avancer; (*make o.s. known*) se présenter, s'annoncer

▶ **come from** *vt fus* (*source*) venir de; (*place*) venir de, être originaire de

▶ **come in** *vi* entrer; (*train*) arriver; (*fashion*) entrer en vogue; (*on deal etc*) participer

▶ **come in for** *vt fus* (*criticism etc*) être l'objet de

▶ **come into** *vt fus* (*money*) hériter de

▶ **come off** *vi* (*button*) se détacher; (*attempt*) réussir

▶ **come on** *vi* (*lights, electricity*) s'allumer; (*central heating*) se mettre en marche; (*pupil, work, project*) faire des progrès, avancer; **~ on!** viens!; allons!, allez!

▶ **come out** *vi* sortir; (*sun*) se montrer; (*book*) paraître; (*stain*) s'enlever; (*strike*) cesser le travail, se mettre en grève

▶ **come over** *vt fus*: **I don't know what's ~ over him!** je ne sais pas ce qui lui a pris!

▶ **come round** *vi* (*after faint, operation*) revenir à soi, reprendre connaissance

▶ **come through** *vi* (*survive*) s'en sortir; (*telephone call*): **the call came through** l'appel est bien parvenu

▶ **come to** *vi* revenir à soi ▷ *vt* (*add up to: amount*): **how much does it ~ to?** ça fait combien?

▶ **come under** *vt fus* (*heading*) se trouver sous; (*influence*) subir

▶ **come up** *vi* monter; (*sun*) se lever; (*problem*) se poser; (*event*) survenir; (*in conversation*) être soulevé

▶ **come up against** *vt fus* (*resistance, difficulties*) rencontrer

▶ **come up to** *vt fus* arriver à; **the film didn't ~ up to our expectations** le film nous a déçu

▶ **come up with** *vt fus* (*money*) fournir; **he came up with an idea** il a eu une idée, il a proposé quelque chose

▶ **come upon** *vt fus* tomber sur

**comeback** ['kʌmbæk] *n* (*Theat*) rentrée *f*; (*reaction*) réaction *f*; (*response*) réponse *f*

**Comecon** ['kɔmɪkɔn] *n abbr* (= *Council for Mutual Economic Aid*) COMECON *m*

**comedian** [kə'miːdɪən] *n* (*comic*) comique *m*; (*Theat*) comédien *m*

**comedienne** [kəmiːdɪ'ɛn] *n* comique *f*

**comedown** ['kʌmdaun] *n* déchéance *f*

**comedy** ['kɔmɪdɪ] *n* comédie *f*; (*humour*) comique *m*

**comet** ['kɔmɪt] *n* comète *f*

**comeuppance** [kʌm'ʌpəns] *n*: **to get one's ~** recevoir ce qu'on mérite

**comfort** ['kʌmfət] *n* confort *m*, bien-être *m*; (*solace*) consolation *f*, réconfort *m* ▷ *vt* consoler, réconforter

**comfortable** ['kʌmfətəbl] *adj* confortable; (*person*) à l'aise; (*financially*) aisé(e); (*patient*) dont l'état est stationnaire; **I don't feel very ~ about it** cela m'inquiète un peu

**comfortably** ['kʌmfətəblɪ] *adv* (*sit*) confortablement; (*live*) à l'aise

**comforter** ['kʌmfətə'] *n* (*US*) édredon *m*

**comforts** ['kʌmfəts] *npl* aises *fpl*

**comfort station** *n* (*US*) toilettes *fpl*

**comic** ['kɔmɪk] *adj* (*also*: **comical**) comique ▷ *n* (*person*) comique *m*; (*Brit: magazine: for children*) magazine *m* de bandes dessinées *or* de BD; (: *for adults*) illustré *m*

**comical** ['kɔmɪkl] *adj* amusant(e)

**comic book** (*US*) *n* (*for children*) magazine *m* de bandes dessinées *or* de BD; (*for adults*) illustré *m*

**comic strip** *n* bande dessinée

**coming** ['kʌmɪŋ] *n* arrivée *f* ▷ *adj* (*next*) prochain(e); (*future*) à venir; **in the ~ weeks** dans les prochaines semaines

**Comintern** ['kɔmɪntəːn] *n* Comintern *m*

**comma** ['kɔmə] *n* virgule *f*

**command** [kə'mɑːnd] *n* ordre *m*, commandement *m*; (*Mil: authority*) commandement *m*; (*mastery*) maîtrise *f*; (*Comput*) commande *f* ▷ *vt* (*troops*) commander; (*be able to get*) (*pouvoir*) disposer de, avoir à sa disposition; (*deserve*) avoir droit à; **to ~ sb to do** donner l'ordre *or* commander à qn de faire; **to have/take ~ of** avoir/prendre le commandement de; **to have at one's ~** (*money, resources etc*) disposer de

**command economy** *n* économie planifiée

**commandeer** [kɔmən'dɪə'] *vt* réquisitionner (*par la force*)

**commander** [kə'mɑːndə'] *n* chef *m*; (*Mil*) commandant *m*

**commanding** [kə'mɑːndɪŋ] *adj* (*appearance*) imposant(e); (*voice, tone*) autoritaire; (*lead, position*) dominant(e)

**commanding officer** *n* commandant *m*

**commandment** [kə'mɑːndmənt] *n* (*Rel*) commandement *m*

**command module** *n* (*Space*) module *m* de commande

**commando** [kə'mɑːndəu] *n* commando *m*; membre *m* d'un commando

**commemorate** [kə'mɛmərɛɪt] *vt* commémorer

**commemoration** [kəmɛmə'rɛɪʃən] *n* commémoration *f*

**commemorative** [kə'mɛmərətɪv] *adj* commémoratif(-ive)

**commence** [kə'mɛns] *vt, vi* commencer

**commend** [kə'mɛnd] *vt* louer; (*recommend*) recommander

**commendable** [kə'mɛndəbl] *adj* louable

**commendation** [kɔmɛn'dɛɪʃən] *n* éloge *m*; recommandation *f*

**commensurate** [kə'mɛnʃərɪt] *adj*: **~ with/to** en rapport avec/selon

**comment** ['kɔmɛnt] *n* commentaire *m* ▷ *vi* faire des remarques *or* commentaires; **to ~ on** faire des remarques sur; **to ~ that** faire remarquer que; **"no ~"** je n'ai rien à déclarer"

**commentary** ['kɔməntərɪ] *n* commentaire *m*; (*Sport*) reportage *m* (en direct)

**commentator** ['kɔməntɛɪtə'] *n* commentateur *m*; (*Sport*) reporter *m*

**commerce** ['kɔməːs] *n* commerce *m*

**commercial** [kə'məːʃəl] *adj* commercial(e) ▷ *n*

(*Radio, TV*) annonce *f* publicitaire, spot *m*
(publicité)

**commercial bank** *n* banque *f* d'affaires

**commercial break** *n* (*Radio, TV*) spot *m*
(publicité)

**commercial college** *n* école *f* de commerce

**commercialism** [kə'mə:ʃəlɪzəm] *n*
mercantilisme *m*

**commercial television** *n* publicité *f* à la
télévision, chaînes privées (financées par la
publicité)

**commercial traveller** *n* voyageur *m* de
commerce

**commercial vehicle** *n* véhicule *m* utilitaire

**commiserate** [kə'mɪzəreɪt] *vi*: **to ~ with sb**
témoigner de la sympathie pour qn

**commission** [kə'mɪʃən] *n* (*committee, fee*)
commission *f*; (*order for work of art etc*) commande
*f* ▷ *vt* (*Mil*) nommer (à un commandement);
(*work of art*) commander, charger un artiste de
l'exécution de; **out of ~** (*Naut*) hors de service;
(*machine*) hors service; **I get 10% ~** je reçois une
commission de 10%; **~ of inquiry** (*Brit*)
commission d'enquête

**commissionaire** [kəmɪʃə'nɛə<sup>r</sup>] *n* (*Brit: at shop,
cinema etc*) portier *m* (en uniforme)

**commissioner** [kə'mɪʃənə<sup>r</sup>] *n* membre *m* d'une
commission; (*Police*) préfet *m* (de police)

**commit** [kə'mɪt] *vt* (*act*) commettre; (*resources*)
consacrer; (*to sb's care*) confier (à); **to ~ o.s. (to
do)** s'engager (à faire); **to ~ suicide** se suicider;
**to ~ to writing** coucher par écrit; **to ~ sb for
trial** traduire qn en justice

**commitment** [kə'mɪtmənt] *n* engagement *m*;
(*obligation*) responsabilité(s) (*fpl*)

**committed** [kə'mɪtɪd] *adj* (*writer, politician etc*)
engagé(e)

**committee** [kə'mɪtɪ] *n* comité *m*; commission *f*;
**to be on a ~** siéger dans un comité *or* une
commission)

**committee meeting** *n* réunion *f* de comité *or*
commission

**commodity** [kə'mɒdɪtɪ] *n* produit *m*,
marchandise *f*, article *m*; (*food*) denrée *f*

**commodity exchange** *n* bourse *f* de
marchandises

**common** ['kɒmən] *adj* (*gen*) commun(e); (*usual*)
courant(e) ▷ *n* terrain communal; **in ~** en
commun; **in ~ use** d'un usage courant; **it's ~
knowledge that** il est bien connu *or* notoire
que; **to the ~ good** pour le bien de tous, dans
l'intérêt général

**common cold** *n*: **the ~** le rhume

**common denominator** *n* dénominateur
commun

**commoner** ['kɒmənə<sup>r</sup>] *n* roturier(-ière)

**common ground** *n* (*fig*) terrain *m* d'entente

**common land** *n* terrain communal

**common law** *n* droit coutumier

**common-law** ['kɒmənlɔ:] *adj*: **~ wife** épouse *f*
de facto

**commonly** ['kɒmənlɪ] *adv* communément,

généralement; couramment

**Common Market** *n* Marché commun

**commonplace** ['kɒmənpleɪs] *adj* banal(e),
ordinaire

**commonroom** ['kɒmənrum] *n* salle commune;
(*Scol*) salle des professeurs

**Commons** ['kɒmənz] *npl* (*Brit Pol*): **the (House
of) ~** la chambre des Communes

**common sense** *n* bon sens

**Commonwealth** ['kɒmənwelθ] *n*: **the ~** le
Commonwealth; *voir article*

● **COMMONWEALTH**
●
● Le *Commonwealth* regroupe 50 États
● indépendants et plusieurs territoires qui
● reconnaissent tous le souverain britannique
● comme chef de cette association.

**commotion** [kə'məuʃən] *n* désordre *m*,
tumulte *m*

**communal** ['kɒmju:nl] *adj* (*life*)
communautaire; (*for common use*) commun(e)

**commune** ['kɒmju:n] *n* (*group*) communauté *f*
▷ *vi* [kə'mju:n]: **to ~ with** (*nature*) converser
intimement avec; communier avec

**communicate** [kə'mju:nɪkeɪt] *vt*
communiquer, transmettre ▷ *vi*: **to ~ (with)**
communiquer (avec)

**communication** [kəmju:nɪ'keɪʃən] *n*
communication *f*

**communication cord** *n* (*Brit*) sonnette *f*
d'alarme

**communications network** *n* réseau *m* de
communications

**communications satellite** *n* satellite *m* de
télécommunications

**communicative** [kə'mju:nɪkətɪv] *adj*
communicatif(-ive)

**communion** [kə'mju:nɪən] *n* (*also*: **Holy
Communion**) communion *f*

**communism** ['kɒmjunɪzəm] *n* communisme *m*

**communist** ['kɒmjunɪst] *adj, n* communiste *m/f*

**community** [kə'mju:nɪtɪ] *n* communauté *f*

**community centre**, (*US*) **community center** *n*
foyer socio-éducatif, centre *m* de loisirs

**community chest** *n* (*US*) fonds commun

**community health centre** *n* centre médico-
social

**community service** *n* ≈ travail *m* d'intérêt
général, TIG *m*

**community spirit** *n* solidarité *f*

**commutation ticket** [kɒmju'teɪʃən-] *n* (*US*)
carte *f* d'abonnement

**commute** [kə'mju:t] *vi* faire le trajet journalier
(*de son domicile à un lieu de travail assez éloigné*) ▷ *vt*
(*Law*) commuer; (*Math: terms etc*) opérer la
commutation de

**commuter** [kə'mju:tə<sup>r</sup>] *n* banlieusard(e) (*qui fait
un trajet journalier pour se rendre à son travail*)

**compact** *adj* [kəm'pækt] compact(e) ▷ *n*
['kɒmpækt] contrat *m*, entente *f*; (*also*: **powder**

515

**compact**) poudrier *m*

**compact disc** *n* disque compact

**compact disc player** *n* lecteur *m* de disques compacts

**companion** [kəm'pænjən] *n* compagnon (compagne)

**companionship** [kəm'pænjənʃɪp] *n* camaraderie *f*

**companionway** [kəm'pænjənweɪ] *n* (Naut) escalier *m* des cabines

**company** ['kʌmpənɪ] *n* (also Comm, Mil, Theat) compagnie *f*; **he's good ~** il est d'une compagnie agréable; **we have ~** nous avons de la visite; **to keep sb ~** tenir compagnie à qn; **to part ~ with** se séparer de; **Smith and C~** Smith et Compagnie

**company car** *n* voiture *f* de fonction

**company director** *n* administrateur(-trice)

**company secretary** *n* (Brit Comm) secrétaire général (d'une société)

**comparable** ['kɒmpərəbl] *adj* comparable

**comparative** [kəm'pærətɪv] *adj* (study) comparatif(-ive); (relative) relatif(-ive)

**comparatively** [kəm'pærətɪvlɪ] *adv* (relatively) relativement

**compare** [kəm'pɛəʳ] *vt*: **to ~ sth/sb with** or **to** comparer qch/qn avec or à ▷ *vi*: **to ~ (with)** se comparer (à); être comparable (à); **how do the prices ~?** comment sont les prix?, est-ce que les prix sont comparables?; **~d with** or **to** par rapport à

**comparison** [kəm'pærɪsn] *n* comparaison *f*; **in ~ (with)** en comparaison (de)

**compartment** [kəm'pɑːtmənt] *n* (also Rail) compartiment *m*; **a non-smoking ~** un compartiment non-fumeurs

**compass** ['kʌmpəs] *n* boussole *f*; **compasses** *npl* (Math) compas *m*; **within the ~ of** dans les limites du

**compassion** [kəm'pæʃən] *n* compassion *f*, humanité *f*

**compassionate** [kəm'pæʃənɪt] *adj* accessible à la compassion, au cœur charitable et bienveillant; **on ~ grounds** pour raisons personnelles or de famille

**compassionate leave** *n* congé exceptionnel (pour raisons de famille)

**compatibility** [kəmpætɪ'bɪlɪtɪ] *n* compatibilité *f*

**compatible** [kəm'pætɪbl] *adj* compatible

**compel** [kəm'pɛl] *vt* contraindre, obliger

**compelling** [kəm'pɛlɪŋ] *adj* (fig: argument) irrésistible

**compendium** [kəm'pɛndɪəm] *n* (summary) abrégé *m*

**compensate** ['kɒmpənseɪt] *vt* indemniser, dédommager ▷ *vi*: **to ~ for** compenser

**compensation** [kɒmpən'seɪʃən] *n* compensation *f*; (money) dédommagement *m*, indemnité *f*

**compere** ['kɒmpɛəʳ] *n* présentateur(-trice), animateur(-trice)

**compete** [kəm'piːt] *vi* (take part) concourir; (vie):

**to ~ (with)** rivaliser (avec), faire concurrence (à)

**competence** ['kɒmpɪtəns] *n* compétence *f*, aptitude *f*

**competent** ['kɒmpɪtənt] *adj* compétent(e), capable

**competing** [kəm'piːtɪŋ] *adj* (ideas, theories) opposé(e); (companies) concurrent(e)

**competition** [kɒmpɪ'tɪʃən] *n* (contest) compétition *f*, concours *m*; (Econ) concurrence *f*; **in ~ with** en concurrence avec

**competitive** [kəm'pɛtɪtɪv] *adj* (Econ) concurrentiel(le); (sports) de compétition; (person) qui a l'esprit de compétition

**competitive examination** *n* concours *m*

**competitor** [kəm'pɛtɪtəʳ] *n* concurrent(e)

**compile** [kəm'paɪl] *vt* compiler

**complacency** [kəm'pleɪsnsɪ] *n* contentement *m* de soi, autosatisfaction *f*

**complacent** [kəm'pleɪsnt] *adj* (trop) content(e) de soi

**complain** [kəm'pleɪn] *vi*: **to ~ (about)** se plaindre (de); (in shop etc) réclamer (au sujet de) ▶ **complain of** *vt fus* (Med) se plaindre de

**complaint** [kəm'pleɪnt] *n* plainte *f*; (in shop etc) réclamation *f*; (Med) affection *f*

**complement** ['kɒmplɪmənt] *n* complément *m*; (esp of ship's crew etc) effectif complet ▷ *vt* (enhance) compléter

**complementary** [kɒmplɪ'mɛntərɪ] *adj* complémentaire

**complete** [kəm'pliːt] *adj* complet(-ète); (finished) achevé(e) ▷ *vt* achever, parachever; (set, group) compléter; (a form) remplir

**completely** [kəm'pliːtlɪ] *adv* complètement

**completion** [kəm'pliːʃən] *n* achèvement *m*; (of contract) exécution *f*; **to be nearing ~** être presque terminé

**complex** ['kɒmplɛks] *adj* complexe ▷ *n* (Psych, buildings etc) complexe *m*

**complexion** [kəm'plɛkʃən] *n* (of face) teint *m*; (of event etc) aspect *m*, caractère *m*

**complexity** [kəm'plɛksɪtɪ] *n* complexité *f*

**compliance** [kəm'plaɪəns] *n* (submission) docilité *f*; (agreement): **~ with** le fait de se conformer à; **in ~ with** en conformité avec, conformément à

**compliant** [kəm'plaɪənt] *adj* docile, très accommodant(e)

**complicate** ['kɒmplɪkeɪt] *vt* compliquer

**complicated** ['kɒmplɪkeɪtɪd] *adj* compliqué(e)

**complication** [kɒmplɪ'keɪʃən] *n* complication *f*

**compliment** *n* ['kɒmplɪmənt] compliment *m* ▷ *vt* ['kɒmplɪmɛnt] complimenter; **compliments** *npl* compliments *mpl*, hommages *mpl*; vœux *mpl*; **to pay sb a ~** faire or adresser un compliment à qn; **to ~ sb (on sth/on doing sth)** féliciter qn (pour qch/de faire qch)

**complimentary** [kɒmplɪ'mɛntərɪ] *adj* flatteur(-euse); (free) à titre gracieux

**complimentary ticket** *n* billet *m* de faveur

**compliments slip** *n* fiche *f* de transmission

**comply** [kəm'plaɪ] *vi*: **to ~ with** se soumettre à, se conformer à

**component** [kəm'pəunənt] *adj* composant(e),
constituant(e) ⊳ *n* composant *m*, élément *m*
**compose** [kəm'pəuz] *vt* composer; (*form*): **to be**
**~d of** se composer de; **to ~ o.s.** se calmer, se
maîtriser; **to ~ one's features** prendre une
contenance
**composed** [kəm'pəuzd] *adj* calme, posé(e)
**composer** [kəm'pəuzə$^r$] *n* (*Mus*) compositeur *m*
**composite** ['kɔmpəzɪt] *adj* composite; (*Bot*,
*Math*) composé(e)
**composition** [kɔmpə'zɪʃən] *n* composition *f*
**compost** ['kɔmpɔst] *n* compost *m*
**composure** [kəm'pəuʒə$^r$] *n* calme *m*, maîtrise *f*
de soi
**compound** ['kɔmpaund] *n* (*Chem*, *Ling*) composé
*m*; (*enclosure*) enclos *m*, enceinte *f* ⊳ *adj*
composé(e); (*fracture*) compliqué(e) ⊳ *vt*
[kəm'paund] (*fig: problem etc*) aggraver
**compound fracture** *n* fracture compliquée
**compound interest** *n* intérêt composé
**comprehend** [kɔmprɪ'hɛnd] *vt* comprendre
**comprehension** [kɔmprɪ'hɛnʃən] *n*
compréhension *f*
**comprehensive** [kɔmprɪ'hɛnsɪv] *adj* (très)
complet(-ète); **~ policy** (*Insurance*) assurance *f*
tous risques
**comprehensive** [kɔmprɪ'hɛnsɪv],
**comprehensive school** *n* (*Brit*) *école secondaire*
*non sélective avec libre circulation d'une section à l'autre*,
≈ CES *m*
**compress** *vt* [kəm'prɛs] comprimer; (*text*,
*information*) condenser ⊳ *n* ['kɔmprɛs] (*Med*)
compresse *f*
**compression** [kəm'prɛʃən] *n* compression *f*
**comprise** [kəm'praɪz] *vt* (*also*: **be comprised of**)
comprendre; (*constitute*) constituer, représenter
**compromise** ['kɔmprəmaɪz] *n* compromis *m*
⊳ *vt* compromettre ⊳ *vi* transiger, accepter un
compromis ⊳ *cpd* (*decision, solution*) de
compromis
**compulsion** [kəm'pʌlʃən] *n* contrainte *f*, force *f*;
**under ~** sous la contrainte
**compulsive** [kəm'pʌlsɪv] *adj* (*Psych*)
compulsif(-ive); (*book, film etc*) captivant(e);
**he's a ~ smoker** c'est un fumeur invétéré
**compulsory** [kəm'pʌlsərɪ] *adj* obligatoire
**compulsory purchase** *n* expropriation *f*
**compunction** [kəm'pʌŋkʃən] *n* scrupule *m*; **to**
**have no ~ about doing sth** n'avoir aucun
scrupule à faire qch
**computer** [kəm'pju:tə$^r$] *n* ordinateur *m*;
(*mechanical*) calculatrice *f*
**computer game** *n* jeu *m* vidéo
**computer-generated** [kəm'pju:tə$^r$'dʒɛnəreɪtɪd]
*adj* de synthèse
**computerize** [kəm'pju:təraɪz] *vt* (*data*) traiter
par ordinateur; (*system, office*) informatiser
**computer language** *n* langage *m* machine *or*
informatique
**computer literate** *adj* initié(e) à l'informatique
**computer peripheral** *n* périphérique *m*
**computer program** *n* programme *m*

informatique
**computer programmer** *n*
programmeur(-euse)
**computer programming** *n* programmation *f*
**computer science** *n* informatique *f*
**computer scientist** *n* informaticien(ne)
**computer studies** *npl* informatique *f*
**computing** [kəm'pju:tɪŋ] *n* informatique *f*
**comrade** ['kɔmrɪd] *n* camarade *m/f*
**comradeship** ['kɔmrɪdʃɪp] *n* camaraderie *f*
**Comsat** ['kɔmsæt] *n abbr* = **communications**
**satellite**
**con** [kɔn] *vt* duper; (*cheat*) escroquer ⊳ *n*
escroquerie *f*; **to ~ sb into doing sth** tromper
qn pour lui faire faire qch
**concave** ['kɔn'keɪv] *adj* concave
**conceal** [kən'si:l] *vt* cacher, dissimuler
**concede** [kən'si:d] *vt* concéder ⊳ *vi* céder
**conceit** [kən'si:t] *n* vanité *f*, suffisance *f*,
prétention *f*
**conceited** [kən'si:tɪd] *adj* vaniteux(-euse),
suffisant(e)
**conceivable** [kən'si:vəbl] *adj* concevable,
imaginable; **it is ~ that** il est concevable que
**conceivably** [kən'si:vəblɪ] *adv*: **he may ~ be**
**right** il n'est pas impossible qu'il ait raison
**conceive** [kən'si:v] *vt*, *vi* concevoir; **to ~ of sth/**
**of doing sth** imaginer qch/de faire qch
**concentrate** ['kɔnsəntreɪt] *vi* se concentrer ⊳ *vt*
concentrer
**concentration** [kɔnsən'treɪʃən] *n*
concentration *f*
**concentration camp** *n* camp *m* de
concentration
**concentric** [kɔn'sɛntrɪk] *adj* concentrique
**concept** ['kɔnsɛpt] *n* concept *m*
**conception** [kən'sɛpʃən] *n* conception *f*; (*idea*)
idée *f*
**concern** [kən'sə:n] *n* affaire *f*; (*Comm*) entreprise
*f*, firme *f*; (*anxiety*) inquiétude *f*, souci *m* ⊳ *vt*
(*worry*) inquiéter; (*involve*) concerner; (*relate to*) se
rapporter à; **to be ~ed (about)** s'inquiéter (de),
être inquiet(-ète) (au sujet de); **"to whom it**
**may ~"** "à qui de droit"; **as far as I am ~ed** en
ce qui me concerne; **to be ~ed with** (*person*:
*involved with*) s'occuper de, **the department ~ed**
(*under discussion*) le service en question; (*involved*)
le service concerné
**concerning** [kən'sə:nɪŋ] *prep* en ce qui
concerne, à propos de
**concert** ['kɔnsət] *n* concert *m*; **in ~** à l'unisson,
en chœur; ensemble
**concerted** [kən'sə:tɪd] *adj* concerté(e)
**concert hall** *n* salle *f* de concert
**concertina** [kɔnsə'ti:nə] *n* concertina *m* ⊳ *vi* se
télescoper, se caramboler
**concerto** [kən'tʃə:təu] *n* concerto *m*
**concession** [kən'sɛʃən] *n* (*compromise*)
concession *f*; (*reduced price*) réduction *f*; **tax ~**
dégrèvement fiscal; **"~s"** tarif réduit
**concessionaire** [kənsɛʃə'nɛə$^r$] *n*
concessionnaire *m/f*

**concessionary** [kən'sɛʃənrı] adj (ticket, fare) à tarif réduit

**conciliation** [kənsılı'eıʃən] n conciliation f, apaisement m

**conciliatory** [kən'sılıətrı] adj conciliateur(-trice); conciliant(e)

**concise** [kən'saıs] adj concis(e)

**conclave** ['kɔnkleıv] n assemblée secrète; (Rel) conclave m

**conclude** [kən'klu:d] vt conclure ▷ vi (speaker) conclure; (events): **to ~ (with)** se terminer (par)

**concluding** [kən'klu:dıŋ] adj (remarks etc) final(e)

**conclusion** [kən'klu:ʒən] n conclusion f; **to come to the ~ that** (en) conclure que

**conclusive** [kən'klu:sıv] adj concluant(e), définitif(-ive)

**concoct** [kən'kɔkt] vt confectionner, composer

**concoction** [kən'kɔkʃən] n (food, drink) mélange m

**concord** ['kɔŋkɔ:d] n (harmony) harmonie f; (treaty) accord m

**concourse** ['kɔŋkɔ:s] n (hall) hall m, salle f des pas perdus; (crowd) affluence f; multitude f

**concrete** ['kɔŋkri:t] n béton m ▷ adj concret(-ète); (Constr) en béton

**concrete mixer** n bétonnière f

**concur** [kən'kə:ʳ] vi être d'accord

**concurrently** [kən'kʌrntlı] adv simultanément

**concussion** [kən'kʌʃən] n (Med) commotion (cérébrale)

**condemn** [kən'dɛm] vt condamner

**condemnation** [kɔndɛm'neıʃən] n condamnation f

**condensation** [kɔndɛn'seıʃən] n condensation f

**condense** [kən'dɛns] vi se condenser ▷ vt condenser

**condensed milk** [kən'dɛnst-] n lait concentré (sucré)

**condescend** [kɔndı'sɛnd] vi condescendre, s'abaisser; **to ~ to do sth** daigner faire qch

**condescending** [kɔndı'sɛndıŋ] adj condescendant(e)

**condition** [kən'dıʃən] n condition f; (disease) maladie f ▷ vt déterminer, conditionner; **in good/poor ~** en bon/mauvais état; **a heart ~** une maladie cardiaque; **weather ~s** conditions fpl météorologiques; **on ~ that** à condition que + sub, à condition de

**conditional** [kən'dıʃənl] adj conditionnel(le); **to be ~ upon** dépendre de

**conditioner** [kən'dıʃənəʳ] n (for hair) baume démêlant; (for fabrics) assouplissant m

**condo** ['kɔndəu] n (US inf) = **condominium**

**condolences** [kən'dəulənsız] npl condoléances fpl

**condom** ['kɔndəm] n préservatif m

**condominium** [kɔndə'mınıəm] n (US: building) immeuble m (en copropriété); (: rooms) appartement m (dans un immeuble en copropriété)

**condone** [kən'dəun] vt fermer les yeux sur, approuver (tacitement)

**conducive** [kən'dju:sıv] adj: **~ to** favorable à, qui contribue à

**conduct** n ['kɔndʌkt] conduite f ▷ vt [kən'dʌkt] conduire; (manage) mener, diriger; (Mus) diriger; **to ~ o.s.** se conduire, se comporter

**conductor** [kən'dʌktəʳ] n (of orchestra) chef m d'orchestre; (on bus) receveur m; (US: on train) chef m de train; (Elec) conducteur m

**conductress** [kən'dʌktrıs] n (on bus) receveuse f

**conduit** ['kɔndıt] n conduit m, tuyau m; tube m

**cone** [kəun] n cône m; (for ice-cream) cornet m; (Bot) pomme f de pin, cône

**confectioner** [kən'fɛkʃənəʳ] n (of cakes) pâtissier(-ière); (of sweets) confiseur(-euse); **~'s (shop)** confiserie(-pâtisserie) f

**confectionery** [kən'fɛkʃənrı] n (sweets) confiserie f; (cakes) pâtisserie f

**confederate** [kən'fɛdrıt] adj confédéré(e) ▷ n (pej) acolyte m; (US History) confédéré(e)

**confederation** [kənfɛdə'reıʃən] n confédération f

**confer** [kən'fə:ʳ] vt: **to ~ sth on** conférer qch à ▷ vi conférer, s'entretenir; **to ~ (with sb about sth)** s'entretenir (de qch avec qn)

**conference** ['kɔnfərns] n conférence f; **to be in ~** être en réunion or en conférence

**conference room** n salle f de conférence

**confess** [kən'fɛs] vt confesser, avouer ▷ vi (admit sth) avouer; (Rel) se confesser

**confession** [kən'fɛʃən] n confession f

**confessional** [kən'fɛʃənl] n confessional m

**confessor** [kən'fɛsəʳ] n confesseur m

**confetti** [kən'fɛtı] n confettis mpl

**confide** [kən'faıd] vi: **to ~ in** s'ouvrir à, se confier à

**confidence** ['kɔnfıdns] n confiance f; (also: **self-confidence**) assurance f, confiance en soi; (secret) confidence f; **to have (every) ~ that** être certain que; **motion of no ~** motion f de censure; **in ~** (speak, write) en confidence, confidentiellement; **to tell sb sth in strict ~** dire qch à qn en toute confidence

**confidence trick** n escroquerie f

**confident** ['kɔnfıdənt] adj (self-assured) sûr(e) de soi; (sure) sûr

**confidential** [kɔnfı'dɛnʃəl] adj confidentiel(le); (secretary) particulier(-ère)

**confidentiality** ['kɔnfıdɛnʃı'ælıtı] n confidentialité f

**configuration** [kən'fıgju'reıʃən] n (also Comput) configuration f

**confine** [kən'faın] vt limiter, borner; (shut up) confiner, enfermer; **to ~ o.s. to doing sth/to sth** se contenter de faire qch/se limiter à qch

**confined** [kən'faınd] adj (space) restreint(e), réduit(e)

**confinement** [kən'faınmənt] n emprisonnement m, détention f; (Mil) consigne f (au quartier); (Med) accouchement m

**confines** ['kɔnfaınz] npl confins mpl, bornes fpl

**confirm** [kən'fə:m] vt (report, Rel) confirmer; (appointment) ratifier

**confirmation** [kɔnfə'meɪʃən] n confirmation f; ratification f

**confirmed** [kən'fə:md] adj invétéré(e), incorrigible

**confiscate** ['kɔnfɪskeɪt] vt confisquer

**confiscation** [kɔnfɪs'keɪʃən] n confiscation f

**conflagration** [kɔnflə'greɪʃən] n incendie m; (fig) conflagration f

**conflict** n ['kɔnflɪkt] conflit m, lutte f ▷ vi [kən'flɪkt] être or entrer en conflit; (opinions) s'opposer, se heurter

**conflicting** [kən'flɪktɪŋ] adj contradictoire

**conform** [kən'fɔ:m] vi: **to ~ (to)** se conformer (à)

**conformist** [kən'fɔ:mɪst] n (gen, Rel) conformiste m/f

**confound** [kən'faund] vt confondre; (amaze) rendre perplexe

**confounded** [kən'faundɪd] adj maudit(e), sacré(e)

**confront** [kən'frʌnt] vt (two people) confronter; (enemy, danger) affronter, faire face à; (problem) faire face à

**confrontation** [kɔnfrən'teɪʃən] n confrontation f

**confrontational** [kɔnfrən'teɪʃənl] adj conflictuel(le)

**confuse** [kən'fju:z] vt (person) troubler; (situation) embrouiller; (one thing with another) confondre

**confused** [kən'fju:zd] adj (person) dérouté(e), désorienté(e); (situation) embrouillé(e)

**confusing** [kən'fju:zɪŋ] adj peu clair(e), déroutant(e)

**confusion** [kən'fju:ʒən] n confusion f

**congeal** [kən'dʒi:l] vi (oil) se figer; (blood) se coaguler

**congenial** [kən'dʒi:nɪəl] adj sympathique, agréable

**congenital** [kən'dʒɛnɪtl] adj congénital(e)

**conger eel** ['kɔngər-] n congre m, anguille f de roche

**congested** [kən'dʒɛstɪd] adj (Med) congestionné(e); (fig) surpeuplé(e); congestionné; bloqué(e); (telephone lines) encombré(e)

**congestion** [kən'dʒɛstʃən] n (Med) congestion f; (fig: traffic) encombrement m

**conglomerate** [kən'glɔmərɪt] n (Comm) conglomérat m

**conglomeration** [kənglɔmə'reɪʃən] n groupement m; agglomération f

**Congo** ['kɔngəu] n (state) (république f du) Congo

**congratulate** [kən'grætjuleɪt] vt: **to ~ sb (on)** féliciter qn (de)

**congratulations** [kəngrætju'leɪʃənz] npl: **~ (on)** félicitations fpl (pour) ▷ excl: **~!** (toutes mes) félicitations!

**congregate** ['kɔngrɪgeɪt] vi se rassembler, se réunir

**congregation** [kɔngrɪ'geɪʃən] n assemblée f (des fidèles)

**congress** ['kɔngrɛs] n congrès m; (Pol): **C~** Congrès m; voir article

**congressman** ['kɔngrɛsmən] (irreg) n membre m du Congrès

**congresswoman** ['kɔngrɛswumən] (irreg) n membre m du Congrès

**conical** ['kɔnɪkl] adj (de forme) conique

**conifer** ['kɔnɪfər] n conifère m

**coniferous** [kə'nɪfərəs] adj (forest) de conifères

**conjecture** [kən'dʒɛktʃər] n conjecture f ▷ vt, vi conjecturer

**conjugal** ['kɔndʒugl] adj conjugal(e)

**conjugate** ['kɔndʒugeɪt] vt conjuguer

**conjugation** [kɔndʒə'geɪʃən] n conjugaison f

**conjunction** [kən'dʒʌŋkʃən] n conjonction f; **in ~ with** (conjointement) avec

**conjunctivitis** [kəndʒʌŋktɪ'vaɪtɪs] n conjonctivite f

**conjure** ['kʌndʒər] vt faire apparaître (par la prestidigitation) [kən'dʒuər] conjurer, supplier ▷ vi faire des tours de passe-passe
▶ **conjure up** vt (ghost, spirit) faire apparaître; (memories) évoquer

**conjurer** ['kʌndʒərər] n prestidigitateur m, illusionniste m/f

**conjuring trick** ['kʌndʒərɪŋ-] n tour m de prestidigitation

**conker** ['kɔŋkər] n (Brit) marron m (d'Inde)

**conk out** [kɔŋk-] vi (inf) tomber or rester en panne

**conman** ['kɔnmæn] (irreg) n escroc m

**Conn.** abbr (US) = **Connecticut**

**connect** [kə'nɛkt] vt joindre, relier; (Elec) connecter; (Tel: caller) mettre en connexion; (: subscriber) brancher; (fig) établir un rapport entre, faire un rapprochement entre ▷ vi (train): **to ~ with** assurer la correspondance avec; **to be ~ed with** avoir un rapport avec, (have dealings with) avoir des rapports avec, être en relation avec; **I am trying to ~ you** (Tel) j'essaie d'obtenir votre communication

**connecting flight** n (vol m de) correspondance f

**connection** [kə'nɛkʃən] n relation f, lien m; (Elec) connexion f; (Tel) communication f; (train etc) correspondance f; **in ~ with** à propos de; **what is the ~ between them?** quel est le lien entre eux?; **business ~s** relations d'affaires; **to miss/get one's ~** (train etc) rater/avoir sa correspondance

**connexion** [kə'nɛkʃən] n (Brit) = **connection**

**conning tower** ['kɔnɪŋ-] n kiosque m (de sous-marin)

**connive** [kə'naɪv] vi: **to ~ at** se faire le complice de

**connoisseur** [kɒnɪˈsəːʳ] *n* connaisseur *m*
**connotation** [kɒnəˈteɪʃən] *n* connotation *f*, implication *f*
**connubial** [kəˈnjuːbɪəl] *adj* conjugal(e)
**conquer** [ˈkɒŋkəʳ] *vt* conquérir; *(feelings)* vaincre, surmonter
**conqueror** [ˈkɒŋkərəʳ] *n* conquérant *m*, vainqueur *m*
**conquest** [ˈkɒŋkwɛst] *n* conquête *f*
**cons** [kɒnz] *npl see* **convenience; pro**
**conscience** [ˈkɒnʃəns] *n* conscience *f*; **in all ~** en conscience
**conscientious** [kɒnʃɪˈɛnʃəs] *adj* consciencieux(-euse); *(scruple, objection)* de conscience
**conscientious objector** *n* objecteur *m* de conscience
**conscious** [ˈkɒnʃəs] *adj* conscient(e); *(deliberate: insult, error)* délibéré(e); **to become ~ of sth/ that** prendre conscience de qch/que
**consciousness** [ˈkɒnʃəsnɪs] *n* conscience *f*; *(Med)* connaissance *f*; **to lose/regain ~** perdre/ reprendre connaissance
**conscript** [ˈkɒnskrɪpt] *n* conscrit *m*
**conscription** [kənˈskrɪpʃən] *n* conscription *f*
**consecrate** [ˈkɒnsɪkreɪt] *vt* consacrer
**consecutive** [kənˈsɛkjutɪv] *adj* consécutif(-ive); **on three ~ occasions** trois fois de suite
**consensus** [kənˈsɛnsəs] *n* consensus *m*; **the ~ (of opinion)** le consensus (d'opinion)
**consent** [kənˈsɛnt] *n* consentement *m* ▷ *vi*: **to ~ (to)** consentir (à); **age of ~** âge nubile (légal); **by common ~** d'un commun accord
**consenting adults** [kənˈsɛntɪŋ-] *npl* personnes consentantes
**consequence** [ˈkɒnsɪkwəns] *n* suites *fpl*, conséquence *f*; *(significance)* importance *f*; **in ~** en conséquence, par conséquent
**consequently** [ˈkɒnsɪkwəntlɪ] *adv* par conséquent, donc
**conservation** [kɒnsəˈveɪʃən] *n* préservation *f*, protection *f*; *(also:* **nature conservation**) défense *f* de l'environnement; **energy ~** économies *fpl* d'énergie
**conservationist** [kɒnsəˈveɪʃnɪst] *n* protecteur(-trice) de la nature
**conservative** [kənˈsəːvətɪv] *adj* conservateur(-trice); *(cautious)* prudent(e)
**Conservative** [kənˈsəːvətɪv] *adj, n (Brit Pol)* conservateur(-trice); **the ~ Party** le parti conservateur
**conservatory** [kənˈsəːvətrɪ] *n (room)* jardin *m* d'hiver; *(Mus)* conservatoire *m*
**conserve** [kənˈsəːv] *vt* conserver, préserver; *(supplies, energy)* économiser ▷ *n* confiture *f*, conserve *f* (de fruits)
**consider** [kənˈsɪdəʳ] *vt (study)* considérer, réfléchir à; *(take into account)* penser à, prendre en considération; *(regard, judge)* considérer, estimer; **to ~ doing sth** envisager de faire qch; **~ yourself lucky** estimez-vous heureux; **all things ~ed** (toute) réflexion faite

**considerable** [kənˈsɪdərəbl] *adj* considérable
**considerably** [kənˈsɪdərəblɪ] *adv* nettement
**considerate** [kənˈsɪdərɪt] *adj* prévenant(e), plein(e) d'égards
**consideration** [kənsɪdəˈreɪʃən] *n* considération *f*; *(reward)* rétribution *f*, rémunération *f*; **out of ~ for** par égard pour; **under ~** à l'étude; **my first ~ is my family** ma famille passe avant tout le reste
**considered** [kənˈsɪdəd] *adj*: **it is my ~ opinion that ...** après avoir mûrement réfléchi, je pense que ...
**considering** [kənˈsɪdərɪŋ] *prep*: **~ (that)** étant donné (que)
**consign** [kənˈsaɪn] *vt* expédier, livrer
**consignee** [kɒnsaɪˈniː] *n* destinataire *m/f*
**consignment** [kənˈsaɪnmənt] *n* arrivage *m*, envoi *m*
**consignment note** *n (Comm)* bordereau *m* d'expédition
**consignor** [kənˈsaɪnəʳ] *n* expéditeur(-trice)
**consist** [kənˈsɪst] *vi*: **to ~ of** consister en, se composer de
**consistency** [kənˈsɪstənsɪ] *n (thickness)* consistance *f*; *(fig)* cohérence *f*
**consistent** [kənˈsɪstənt] *adj* logique, cohérent(e); **~ with** compatible avec, en accord avec
**consolation** [kɒnsəˈleɪʃən] *n* consolation *f*
**console¹** [kənˈsəul] *vt* consoler
**console²** [ˈkɒnsəul] *n* console *f*
**consolidate** [kənˈsɒlɪdeɪt] *vt* consolider
**consols** [ˈkɒnsɒlz] *npl (Brit Stock Exchange)* rente *f* d'État
**consommé** [kənˈsɒmeɪ] *n* consommé *m*
**consonant** [ˈkɒnsənənt] *n* consonne *f*
**consort** [ˈkɒnsɔːt] *n* époux (épouse); **prince ~** prince *m* consort ▷ *vi (often pej)*: **to ~ with sb** frayer avec qn
**consortium** [kənˈsɔːtɪəm] *n* consortium *m*, comptoir *m*
**conspicuous** [kənˈspɪkjuəs] *adj* voyant(e), qui attire l'attention; **to make o.s. ~** se faire remarquer
**conspiracy** [kənˈspɪrəsɪ] *n* conspiration *f*, complot *m*
**conspiratorial** [kənˈspɪrəˈtɔːrɪəl] *adj (behaviour)* de conspirateur; *(glance)* conspirateur(-trice)
**conspire** [kənˈspaɪəʳ] *vi* conspirer, comploter
**constable** [ˈkʌnstəbl] *n (Brit)* ≈ agent *m* de police, gendarme *m*; **chief ~** ≈ préfet *m* de police
**constabulary** [kənˈstæbjulərɪ] *n* ≈ police *f*, gendarmerie *f*
**constant** [ˈkɒnstənt] *adj* constant(e); incessant(e)
**constantly** [ˈkɒnstəntlɪ] *adv* constamment, sans cesse
**constellation** [kɒnstəˈleɪʃən] *n* constellation *f*
**consternation** [kɒnstəˈneɪʃən] *n* consternation *f*
**constipated** [ˈkɒnstɪpeɪtɪd] *adj* constipé(e)
**constipation** [kɒnstɪˈpeɪʃən] *n* constipation *f*

constituency [kən'stɪtjuənsɪ] n (Pol: area) circonscription électorale; (: electors) électorat m; voir article

⬤
⬤ Une constituency est à la fois une région qui
⬤ élit un député au parlement et l'ensemble
⬤ des électeurs dans cette région. En Grande-
⬤ Bretagne, les députés font régulièrement
⬤ des "permanences" dans leur
⬤ circonscription électorale lors desquelles les
⬤ électeurs peuvent venir les voir pour parler
⬤ de leurs problèmes de logement etc.

constituency party n section locale (d'un parti)
constituent [kən'stɪtjuənt] n électeur(-trice); (part) élément constitutif, composant m
constitute ['kɔnstɪtjuːt] vt constituer
constitution [kɔnstɪ'tjuːʃən] n constitution f
constitutional [kɔnstɪ'tjuːʃənl] adj constitutionnel(le)
constitutional monarchy n monarchie constitutionnelle
constrain [kən'streɪn] vt contraindre, forcer
constrained [kən'streɪnd] adj contraint(e), gêné(e)
constraint [kən'streɪnt] n contrainte f; (embarrassment) gêne f
constrict [kən'strɪkt] vt rétrécir, resserrer; gêner, limiter
construct [kən'strʌkt] vt construire
construction [kən'strʌkʃən] n construction f; (fig: interpretation) interprétation f; under ~ (building etc) en construction
construction industry n (industrie f du) bâtiment
constructive [kən'strʌktɪv] adj constructif(-ive)
construe [kən'struː] vt analyser, expliquer
consul ['kɔnsl] n consul m
consulate ['kɔnsjulɪt] n consulat m
consult [kən'sʌlt] vt consulter; to ~ sb (about sth) consulter qn (à propos de qch)
consultancy [kən'sʌltənsɪ] n service m de conseils
consultancy fee n honoraires mpl d'expert
consultant [kən'sʌltənt] n (Med) médecin consultant; (other specialist) consultant m, (expert-)conseil m ▷ cpd: ~ engineer n ingénieur-conseil m; ~ paediatrician n pédiatre m; legal/management ~ conseiller m juridique/en gestion
consultation [kɔnsəl'teɪʃən] n consultation f; in ~ with en consultation avec
consultative [kən'sʌltətɪv] adj consultatif(-ive)
consulting room [kən'sʌltɪŋ-] n (Brit) cabinet m de consultation
consume [kən'sjuːm] vt consommer; (subj: flames, hatred, desire) consumer; to be ~d with hatred être dévoré par la haine; to be ~d with desire brûler de désir

consumer [kən'sjuːməʳ] n consommateur(-trice); (of electricity, gas etc) usager m
consumer credit n crédit m aux consommateurs
consumer durables npl biens mpl de consommation durables
consumer goods npl biens mpl de consommation
consumerism [kən'sjuːmərɪzəm] n (consumer protection) défense f du consommateur; (Econ) consumérisme m
consumer society n société f de consommation
consumer watchdog n organisme m pour la défense des consommateurs
consummate ['kɔnsʌmeɪt] vt consommer
consumption [kən'sʌmpʃən] n consommation f; not fit for human ~ non comestible
cont. abbr (= continued) suite
contact ['kɔntækt] n contact m; (person) connaissance f, relation f ▷ vt se mettre en contact or en rapport avec; to be ~ with sb/sth être en contact avec qn/qch; business ~s relations fpl d'affaires, contacts mpl
contact lenses npl verres mpl de contact
contagious [kən'teɪdʒəs] adj contagieux(-euse)
contain [kən'teɪn] vt contenir; to ~ o.s. se contenir, se maîtriser
container [kən'teɪnəʳ] n récipient m; (for shipping etc) conteneur m
containerize [kən'teɪnəraɪz] vt conteneuriser
container ship n porte-conteneurs m inv
contaminate [kən'tæmɪneɪt] vt contaminer
contamination [kɔntæmɪ'neɪʃən] n contamination f
cont'd abbr (= continued) suite
contemplate ['kɔntəmpleɪt] vt contempler; (consider) envisager
contemplation [kɔntəm'pleɪʃən] n contemplation f
contemporary [kən'tɛmpərərɪ] adj contemporain(e); (design, wallpaper) moderne ▷ n contemporain(e)
contempt [kən'tɛmpt] n mépris m, dédain m; ~ of court (Law) outrage m à l'autorité de la justice
contemptible [kən'tɛmptəbl] adj méprisable, vil(e)
contemptuous [kən'tɛmptjuəs] adj dédaigneux(-euse), méprisant(e)
contend [kən'tɛnd] vt: to ~ that soutenir or prétendre que ▷ vi: to ~ with (compete) rivaliser avec; (struggle) lutter avec; to have to ~ with (be faced with) avoir affaire à, être aux prises avec
contender [kən'tɛndəʳ] n prétendant(e); candidat(e)
content [kən'tɛnt] adj content(e), satisfait(e) ▷ vt contenter, satisfaire ▷ n ['kɔntɛnt] contenu m; (of fat, moisture) teneur f; contents npl (of container etc) contenu m; (table of) ~s table f des matières; to be ~ with se contenter de; to ~ o.s. with sth/with doing sth se contenter de

qch/de faire qch

**contented** [kən'tɛntɪd] *adj* content(e),
satisfait(e)

**contentedly** [kən'tɛntɪdlɪ] *adv* avec un
sentiment de (profonde) satisfaction

**contention** [kən'tɛnʃən] *n* dispute *f*,
contestation *f*; (*argument*) assertion *f*,
affirmation *f*; **bone of ~** sujet *m* de discorde

**contentious** [kən'tɛnʃəs] *adj* querelleur(-euse);
litigieux(-euse)

**contentment** [kən'tɛntmənt] *n* contentement
*m*, satisfaction *f*

**contest** *n* ['kɔntɛst] combat *m*, lutte *f*;
(*competition*) concours *m* ▷ *vt* [kən'tɛst]
contester, discuter; (*compete for*) disputer; (*Law*)
attaquer

**contestant** [kən'tɛstənt] *n* concurrent(e); (*in
fight*) adversaire *m/f*

**context** ['kɔntɛkst] *n* contexte *m*; **in/out of ~**
dans le/hors contexte

**continent** ['kɔntɪnənt] *n* continent *m*; **the C~**
(*Brit*) l'Europe continentale; **on the C~** en
Europe (continentale)

**continental** [kɔntɪ'nɛntl] *adj* continental(e) ▷ *n*
(*Brit*) Européen(ne) (continental(e))

**continental breakfast** *n* café (*or* thé) complet

**continental quilt** *n* (*Brit*) couette *f*

**contingency** [kən'tɪndʒənsɪ] *n* éventualité *f*,
événement imprévu

**contingency plan** *n* plan *m* d'urgence

**contingent** [kən'tɪndʒənt] *adj* contingent(e)
▷ *n* contingent *m*; **to be ~ upon** dépendre de

**continual** [kən'tɪnjuəl] *adj* continuel(le)

**continually** [kən'tɪnjuəlɪ] *adv* continuellement,
sans cesse

**continuation** [kəntɪnju'eɪʃən] *n* continuation *f*;
(*after interruption*) reprise *f*; (*of story*) suite *f*

**continue** [kən'tɪnjuː] *vi* continuer ▷ *vt*
continuer; (*start again*) reprendre; **to be ~d**
(*story*) à suivre; **~d on page 10** suite page 10

**continuing education** [kən'tɪnjuːɪŋ-] *n*
formation permanente *or* continue

**continuity** [kɔntɪ'njuːɪtɪ] *n* continuité *f*; (*TV*)
enchaînement *m*; (*Cine*) script *m*

**continuity girl** *n* (*Cine*) script-girl *f*

**continuous** [kən'tɪnjuəs] *adj* continu(e),
permanent(e); (*Ling*) progressif(-ive); **~
performance** (*Cine*) séance permanente; **~
stationery** (*Comput*) papier *m* en continu

**continuous assessment** (*Brit*) *n* contrôle
continu

**continuously** [kən'tɪnjuəslɪ] *adv* (*repeatedly*)
continuellement; (*uninterruptedly*) sans
interruption

**contort** [kən'tɔːt] *vt* tordre, crisper

**contortion** [kən'tɔːʃən] *n* crispation *f*, torsion *f*;
(*of acrobat*) contorsion *f*

**contortionist** [kən'tɔːʃənɪst] *n* contorsionniste
*m/f*

**contour** ['kɔntuər] *n* contour *m*, profil *m*; (*also:*
**contour line**) courbe *f* de niveau

**contraband** ['kɔntrəbænd] *n* contrebande *f*

▷ *adj* de contrebande

**contraception** [kɔntrə'sɛpʃən] *n*
contraception *f*

**contraceptive** [kɔntrə'sɛptɪv] *adj*
contraceptif(-ive), anticonceptionnel(le) ▷ *n*
contraceptif *m*

**contract** [*n, cpd* 'kɔntrækt, *vb* kən'trækt] *n*
contrat *m* ▷ *cpd* (*price, date*) contractuel(le);
(*work*) à forfait ▷ *vi* (*become smaller*) se contracter,
se resserrer ▷ *vt* contracter; (*Comm*): **to ~ to do
sth** s'engager (par contrat) à faire qch; **~ of
employment/service** contrat de travail/de
service

▶ **contract in** *vi* s'engager (par contrat); (*Brit
Admin*) s'affilier au régime de retraite
complémentaire

▶ **contract out** *vi* se dégager; (*Brit Admin*) opter
pour la non-affiliation au régime de retraite
complémentaire

**contraction** [kən'trækʃən] *n* contraction *f*;
(*Ling*) forme contractée

**contractor** [kən'træktər] *n* entrepreneur *m*

**contractual** [kən'træktʃuəl] *adj* contractuel(le)

**contradict** [kɔntrə'dɪkt] *vt* contredire; (*be
contrary to*) démentir, être en contradiction avec

**contradiction** [kɔntrə'dɪkʃən] *n* contradiction *f*;
**to be in ~ with** contredire, être en
contradiction avec

**contradictory** [kɔntrə'dɪktərɪ] *adj*
contradictoire

**contraflow** ['kɔntrəfləu] *n* (*Aut*): **~ lane** voie *f* à
contresens; **there's a ~ system in operation
on ...** une voie a été mise en sens inverse sur ...

**contralto** [kən'træltəu] *n* contralto *m*

**contraption** [kən'træpʃən] *n* (*pej*) machin *m*,
truc *m*

**contrary**[1] ['kɔntrərɪ] *adj* contraire, opposé(e) ▷ *n*
contraire *m*; **on the ~** au contraire; **unless you
hear to the ~** sauf avis contraire; **~ to what we
thought** contrairement à ce que nous pensions

**contrary**[2] [kən'trɛərɪ] *adj* (*perverse*)
contrariant(e), entêté(e)

**contrast** *n* ['kɔntrɑːst] contraste *m* ▷ *vt* [kən'trɑː
st] mettre en contraste, contraster; **in ~ to** *or*
**with** contrairement à, par opposition à

**contrasting** [kən'trɑːstɪŋ] *adj* opposé(e),
contrasté(e)

**contravene** [kɔntrə'viːn] *vt* enfreindre, violer,
contrevenir à

**contravention** [kɔntrə'vɛnʃən] *n*: **~ (of)**
infraction *f* (à)

**contribute** [kən'trɪbjuːt] *vi* contribuer ▷ *vt*: **to ~
£10/an article to** donner 10 livres/un article à;
**to ~ to** (*gen*) contribuer à; (*newspaper*) collaborer
à; (*discussion*) prendre part à

**contribution** [kɔntrɪ'bjuːʃən] *n* contribution *f*;
(*Brit: for social security*) cotisation *f*; (*to publication*)
article *m*

**contributor** [kən'trɪbjutər] *n* (*to newspaper*)
collaborateur(-trice); (*of money, goods*)
donateur(-trice)

**contributory** [kən'trɪbjutərɪ] *adj* (*cause*) annexe;

**it was a ~ factor in ...** ce facteur a contribué à ...

**contributory pension scheme** n (Brit) régime m de retraite salariale

**contrite** ['kɔntraɪt] adj contrit(e)

**contrivance** [kən'traɪvəns] n (scheme) machination f, combinaison f; (device) appareil m, dispositif m

**contrive** [kən'traɪv] vt combiner, inventer ▷ vi: **to ~ to do** s'arranger pour faire, trouver le moyen de faire

**control** [kən'trəul] vt (process, machinery) commander; (temper) maîtriser; (disease) enrayer; (check) contrôler ▷ n maîtrise f; (power) autorité f; **controls** npl (of machine etc) commandes fpl; (on radio) boutons mpl de réglage; **to take ~ of** se rendre maître de; (Comm) acquérir une participation majoritaire dans; **to be in ~ of** être maître de, maîtriser; (in charge of) être responsable de; **to ~ o.s.** se contrôler; **everything is under ~** j'ai (or il a etc) la situation en main; **the car went out of ~** j'ai (or il a etc) perdu le contrôle du véhicule; **beyond our ~** indépendant(e) de notre volonté

**control key** n (Comput) touche f de commande

**controller** [kən'trəulə$^r$] n contrôleur m

**controlling interest** [kən'trəulɪŋ-] n (Comm) participation f majoritaire

**control panel** n (on aircraft, ship, TV etc) tableau m de commandes

**control point** n (poste m de) contrôle m

**control room** n (Naut Mil) salle f des commandes; (Radio, TV) régie f

**control tower** n (Aviat) tour f de contrôle

**control unit** n (Comput) unité f de contrôle

**controversial** [kɔntrə'və:ʃl] adj discutable, controversé(e)

**controversy** ['kɔntrəvə:sɪ] n controverse f, polémique f

**conurbation** [kɔnə'beɪʃən] n conurbation f

**convalesce** [kɔnvə'lɛs] vi relever de maladie, se remettre (d'une maladie)

**convalescence** [kɔnvə'lɛsns] n convalescence f

**convalescent** [kɔnvə'lɛsnt] adj, n convalescent(e)

**convector** [kən'vɛktə$^r$] n radiateur m à convection, appareil m de chauffage par convection

**convene** [kən'vi:n] vt convoquer, assembler ▷ vi se réunir, s'assembler

**convener** [kən'vi:nə$^r$] n organisateur m

**convenience** [kən'vi:nɪəns] n commodité f; **at your ~** quand or comme cela vous convient; **at your earliest ~** (Comm) dans les meilleurs délais, le plus tôt possible; **all modern ~s, all mod cons** (Brit) avec tout le confort moderne, tout confort

**convenience foods** npl plats cuisinés

**convenient** [kən'vi:nɪənt] adj commode; **if it is ~ to you** si cela vous convient, si cela ne vous dérange pas

**conveniently** [kən'vi:nɪəntlɪ] adv (happen) à pic; (situated) commodément

**convent** ['kɔnvənt] n couvent m

**convention** [kən'vɛnʃən] n convention f; (custom) usage m

**conventional** [kən'vɛnʃənl] adj conventionnel(le)

**convent school** n couvent m

**converge** [kən'və:dʒ] vi converger

**conversant** [kən'və:snt] adj: **to be ~ with** s'y connaître en; être au courant de

**conversation** [kɔnvə'seɪʃən] n conversation f

**conversational** [kɔnvə'seɪʃənl] adj de la conversation; (Comput) conversationnel(le)

**conversationalist** [kɔnvə'seɪʃnəlɪst] n brillant(e) causeur(-euse)

**converse** ['kɔnvə:s] n contraire m, inverse m ▷ vi [kən'və:s]: **to ~ (with sb about sth)** s'entretenir (avec qn de qch)

**conversely** [kɔn'və:slɪ] adv inversement, réciproquement

**conversion** [kən'və:ʃən] n conversion f; (Brit: of house) transformation f, aménagement m; (Rugby) transformation f

**conversion table** n table f de conversion

**convert** vt [kən'və:t] (Rel, Comm) convertir; (alter) transformer; (house) aménager; (Rugby) transformer ▷ n ['kɔnvə:t] converti(e)

**convertible** [kən'və:təbl] adj convertible ▷ n (voiture f) décapotable f

**convex** ['kɔn'vɛks] adj convexe

**convey** [kən'veɪ] vt transporter; (thanks) transmettre; (idea) communiquer

**conveyance** [kən'veɪəns] n (of goods) transport m de marchandises; (vehicle) moyen m de transport

**conveyancing** [kən'veɪənsɪŋ] n (Law) rédaction f des actes de cession de propriété

**conveyor belt** [kən'veɪə$^r$-] n convoyeur m tapis roulant

**convict** vt [kən'vɪkt] déclarer (or reconnaître) coupable ▷ n ['kɔnvɪkt] forçat m, convict m

**conviction** [kən'vɪkʃən] n (Law) condamnation f; (belief) conviction f

**convince** [kən'vɪns] vt convaincre, persuader; **to ~ sb (of sth/that)** persuader qn (de qch/que)

**convinced** [kən'vɪnst] adj: **~ of/that** convaincu(e) de/que

**convincing** [kən'vɪnsɪŋ] adj persuasif(-ive), convaincant(e)

**convincingly** [kən'vɪnsɪŋlɪ] adv de façon convaincante

**convivial** [kən'vɪvɪəl] adj joyeux(-euse), plein(e) d'entrain

**convoluted** ['kɔnvəlu:tɪd] adj (shape) tarabiscoté(e); (argument) compliqué(e)

**convoy** ['kɔnvɔɪ] n convoi m

**convulse** [kən'vʌls] vt ébranler; **to be ~d with laughter** se tordre de rire

**convulsion** [kən'vʌlʃən] n convulsion f

**coo** [ku:] vi roucouler

**cook** [kuk] vt (faire) cuire ▷ vi cuire; (person) faire la cuisine ▷ n cuisinier(-ière)
▶ **cook up** vt (inf: excuse, story) inventer

**cookbook** ['kukbuk] n livre m de cuisine
**cooker** ['kukə<sup>r</sup>] n cuisinière f
**cookery** ['kukərı] n cuisine f
**cookery book** n (Brit) = **cookbook**
**cookie** ['kukı] n (US) biscuit m, petit gâteau sec; (Comput) cookie m, témoin m de connexion
**cooking** ['kukıŋ] n cuisine f ▷ cpd (apples, chocolate) à cuire; (utensils, salt) de cuisine
**cookout** ['kukaut] n (US) barbecue m
**cool** [ku:l] adj frais (fraîche); (not afraid) calme; (unfriendly) froid(e); (impertinent) effronté(e); (inf: trendy) cool inv (inf); (: great) super inv (inf) ▷ vt, vi rafraîchir, refroidir; **it's ~** (weather) il fait frais; **to keep sth ~** or **in a ~ place** garder or conserver qch au frais
▶ **cool down** vi refroidir; (fig: person, situation) se calmer
▶ **cool off** vi (become calmer) se calmer; (lose enthusiasm) perdre son enthousiasme
**coolant** ['ku:lənt] n liquide m de refroidissement
**cool box**, (US) **cooler** ['ku:lə<sup>r</sup>] n boîte f isotherme
**cooling** ['ku:lıŋ] adj (breeze) rafraîchissant(e)
**cooling tower** n refroidisseur m
**coolly** ['ku:lı] adv (calmly) calmement; (audaciously) sans se gêner; (unenthusiastically) froidement
**coolness** ['ku:lnıs] n fraîcheur f; sang-froid m, calme m; froideur f
**coop** [ku:p] n poulailler m ▷ vt: **to ~ up** (fig) cloîtrer, enfermer
**co-op** ['kəuɔp] n abbr (= cooperative (society)) coop f
**cooperate** [kəu'ɔpəreit] vi coopérer, collaborer
**cooperation** [kəuɔpə'reiʃən] n coopération f, collaboration f
**cooperative** [kəu'ɔpərətıv] adj coopératif(-ive) ▷ n coopérative f
**coopt** [kəu'ɔpt] vt: **to ~ sb onto a committee** coopter qn pour faire partie d'un comité
**coordinate** vt [kəu'ɔ:dıneit] coordonner ▷ n [kəu'ɔ:dınət] (Math) coordonnée f; **coordinates** npl (clothes) ensemble m, coordonnés mpl
**coordination** [kəuɔ:dı'neiʃən] n coordination f
**coot** [ku:t] n foulque f
**co-ownership** ['kəu'əunəʃıp] n copropriété f
**cop** [kɔp] n (inf) flic m
**cope** [kəup] vi s'en sortir, tenir le coup; **to ~ with** (problem) faire face à; (take care of) s'occuper de
**Copenhagen** ['kəupn'heigən] n Copenhague
**copier** ['kɔpıə<sup>r</sup>] n (also: **photocopier**) copieur m
**co-pilot** ['kəu'pailət] n copilote m
**copious** ['kəupıəs] adj copieux(-euse), abondant(e)
**copper** ['kɔpə<sup>r</sup>] n cuivre m; (Brit: inf: policeman) flic m; **coppers** npl petite monnaie
**coppice** ['kɔpıs], **copse** [kɔps] n taillis m
**copulate** ['kɔpjuleit] vi copuler
**copy** ['kɔpı] n copie f; (book etc) exemplaire m; (material: for printing) copie ▷ vt copier; (imitate) imiter; **rough ~** (gen) premier jet; (Scol) brouillon m; **fair ~** version définitive; propre m;

**to make good ~** (Press) faire un bon sujet d'article
▶ **copy out** vt copier
**copycat** ['kɔpıkæt] n (pej) copieur(-euse)
**copyright** ['kɔpırait] n droit m d'auteur, copyright m; **~ reserved** tous droits (de reproduction) réservés
**copy typist** n dactylo m/f
**copywriter** ['kɔpıraitə<sup>r</sup>] n rédacteur(-trice) publicitaire
**coral** ['kɔrəl] n corail m
**coral reef** n récif m de corail
**Coral Sea** n: **the ~** la mer de Corail
**cord** [kɔ:d] n corde f; (fabric) velours côtelé; whipcord m; corde f; (Elec) cordon m (d'alimentation), fil m (électrique); **cords** npl (trousers) pantalon m de velours côtelé
**cordial** ['kɔ:dıəl] adj cordial(e), chaleureux(-euse) ▷ n sirop m; cordial m
**cordless** ['kɔ:dlıs] adj sans fil
**cordon** ['kɔ:dn] n cordon m
▶ **cordon off** vt (area) interdire l'accès à; (crowd) tenir à l'écart
**corduroy** ['kɔ:dərɔı] n velours côtelé
**CORE** [kɔ:<sup>r</sup>] n abbr (US) = **Congress of Racial Equality**
**core** [kɔ:<sup>r</sup>] n (of fruit) trognon m, cœur m; (Tech: also of earth) noyau m; cœur ▷ vt enlever le trognon or le cœur de; **rotten to the ~** complètement pourri
**Corfu** [kɔ:'fu:] n Corfou
**coriander** [kɔrı'ændə<sup>r</sup>] n coriandre f
**cork** [kɔ:k] n (material) liège m; (of bottle) bouchon m
**corkage** ['kɔ:kıdʒ] n droit payé par le client qui apporte sa propre bouteille de vin
**corked** [kɔ:kt], (US) **corky** ['kɔ:kı] adj (wine) qui sent le bouchon
**corkscrew** ['kɔ:kskru:] n tire-bouchon m
**cormorant** ['kɔ:mərnt] n cormoran m
**corn** [kɔ:n] n (Brit: wheat) blé m; (US: maize) maïs m; (on foot) cor m; **~ on the cob** (Culin) épi m de maïs au naturel
**cornea** ['kɔ:nıə] n cornée f
**corned beef** ['kɔ:nd-] n corned-beef m
**corner** ['kɔ:nə<sup>r</sup>] n coin m; (in road) tournant m, virage m; (Football: also: **corner kick**) corner m ▷ vt (trap: prey) acculer; (fig) coincer; (Comm: market) accaparer ▷ vi prendre un virage; **to cut ~s** (fig) prendre des raccourcis
**corner flag** n (Football) piquet m de coin
**corner kick** n (Football) corner m
**corner shop** n (Brit) n magasin m du coin
**cornerstone** ['kɔ:nəstəun] n pierre f angulaire
**cornet** ['kɔ:nıt] n (Mus) cornet m à pistons; (Brit: of ice-cream) cornet (de glace)
**cornflakes** ['kɔ:nfleiks] npl cornflakes mpl
**cornflour** ['kɔ:nflauə<sup>r</sup>] n (Brit) farine f de maïs, maïzena® f
**cornice** ['kɔ:nıs] n corniche f
**Cornish** ['kɔ:nıʃ] adj de Cornouailles, cornouaillais(e)

**corn oil** n huile f de maïs
**cornstarch** ['kɔːnstɑːtʃ] n (US) farine f de maïs, maïzena® f
**cornucopia** [kɔːnjuˈkəupɪə] n corne f d'abondance
**Cornwall** ['kɔːnwəl] n Cornouailles f
**corny** ['kɔːnɪ] adj (inf) rebattu(e), galvaudé(e)
**corollary** [kəˈrɒlərɪ] n corollaire m
**coronary** ['kɒrənərɪ] n: ~ **(thrombosis)** infarctus m (du myocarde), thrombose f coronaire
**coronation** [kɒrəˈneɪʃən] n couronnement m
**coroner** ['kɒrənəʳ] n coroner m, officier de police judiciaire chargé de déterminer les causes d'un décès
**coronet** ['kɒrənɪt] n couronne f
**Corp.** abbr = **corporation**
**corporal** ['kɔːpərl] n caporal m, brigadier m ▷ adj: ~ **punishment** châtiment corporel
**corporate** ['kɔːpərɪt] adj (action, ownership) en commun; (Comm) de la société
**corporate hospitality** n arrangement selon lequel une société offre des places de théâtre, concert etc à ses clients
**corporate identity, corporate image** n (of organization) image f de la société
**corporation** [kɔːpəˈreɪʃən] n (of town) municipalité f, conseil municipal; (Comm) société f
**corporation tax** n ≈ impôt m sur les bénéfices
**corps** [kɔːʳ] (pl - [kɔːz]) n corps m; **the diplomatic ~** le corps diplomatique; **the press ~** la presse
**corpse** [kɔːps] n cadavre m
**corpuscle** ['kɔːpʌsl] n corpuscule m
**corral** [kəˈrɑːl] n corral m
**correct** [kəˈrɛkt] adj (accurate) correct(e), exact(e); (proper) correct, convenable ▷ vt corriger; **you are ~** vous avez raison
**correction** [kəˈrɛkʃən] n correction f
**correlate** ['kɒrɪleɪt] vt mettre en corrélation ▷ vi: **to ~ with** correspondre à
**correlation** [kɒrɪˈleɪʃən] n corrélation f
**correspond** [kɒrɪsˈpɒnd] vi correspondre; **to ~ to sth** (be equivalent to) correspondre à qch
**correspondence** [kɒrɪsˈpɒndəns] n correspondance f
**correspondence course** n cours m par correspondance
**correspondent** [kɒrɪsˈpɒndənt] n correspondant(e)
**corresponding** [kɒrɪsˈpɒndɪŋ] adj correspondant(e)
**corridor** ['kɒrɪdɔːʳ] n couloir m, corridor m
**corroborate** [kəˈrɒbəreɪt] vt corroborer, confirmer
**corrode** [kəˈrəud] vt corroder, ronger ▷ vi se corroder
**corrosion** [kəˈrəuʒən] n corrosion f
**corrosive** [kəˈrəuzɪv] adj corrosif(-ive)
**corrugated** ['kɒrəgeɪtɪd] adj plissé(e); ondulé(e)
**corrugated iron** n tôle ondulée
**corrupt** [kəˈrʌpt] adj corrompu(e); (Comput)

altéré(e) ▷ vt corrompre; (Comput) altérer; ~ **practices** (dishonesty, bribery) malversation f
**corruption** [kəˈrʌpʃən] n corruption f; (Comput) altération f (de données)
**corset** ['kɔːsɪt] n corset m
**Corsica** ['kɔːsɪkə] n Corse f
**Corsican** ['kɔːsɪkən] adj corse ▷ n Corse m/f
**cortège** [kɔːˈteɪʒ] n cortège m (gén funèbre)
**cortisone** ['kɔːtɪzəun] n cortisone f
**coruscating** ['kɒrəskeɪtɪŋ] adj scintillant(e)
**cosh** [kɒʃ] n (Brit) matraque f
**cosignatory** ['kəuˈsɪgnətərɪ] n cosignataire m/f
**cosiness** ['kəuzɪnɪs] n atmosphère douillette, confort m
**cos lettuce** ['kɒs-] n (laitue f) romaine f
**cosmetic** [kɒzˈmɛtɪk] n produit m de beauté, cosmétique m ▷ adj (preparation) cosmétique; (fig: reforms) symbolique, superficiel(le)
**cosmetic surgery** n chirurgie f esthétique
**cosmic** ['kɒzmɪk] adj cosmique
**cosmonaut** ['kɒzmənɔːt] n cosmonaute m/f
**cosmopolitan** [kɒzməˈpɒlɪtn] adj cosmopolite
**cosmos** ['kɒzmɔs] n cosmos m
**cosset** ['kɒsɪt] vt choyer, dorloter
**cost** [kɒst] (pt, pp -) n coût m ▷ vi coûter ▷ vt établir or calculer le prix de revient de; **costs** npl (Comm) frais mpl; (Law) dépens mpl; **how much does it ~?** combien ça coûte?; **it ~s £5/too much** cela coûte 5 livres/trop cher; **what will it ~ to have it repaired?** combien cela coûtera de le faire réparer?; **to ~ sb time/effort** demander du temps/un effort à qn; **it ~ him his life/job** ça lui a coûté la vie/son emploi; **at all ~s** coûte que coûte, à tout prix
**cost accountant** n analyste m/f de coûts
**co-star** ['kəustɑːʳ] n partenaire m/f
**Costa Rica** ['kɒstəˈriːkə] n Costa Rica m
**cost centre** n centre m de coût
**cost control** n contrôle m des coûts
**cost-effective** ['kɒstɪˈfɛktɪv] adj rentable
**cost-effectiveness** ['kɒstɪˈfɛktɪvnɪs] n rentabilité f
**costing** ['kɒstɪŋ] n calcul m du prix de revient
**costly** ['kɒstlɪ] adj coûteux(-euse)
**cost of living** ['kɒstəvˈlɪvɪŋ] n coût m de la vie ▷ adj: ~ **allowance** indemnité f de vie chère; ~ **index** indice m du coût de la vie
**cost price** n (Brit) prix coûtant or de revient
**costume** ['kɒstjuːm] n costume m; (lady's suit) tailleur m; (Brit: also: **swimming costume**) maillot m (de bain)
**costume jewellery** n bijoux mpl de fantaisie
**cosy,** (US) **cozy** ['kəuzɪ] adj (room, bed) douillet(te); (scarf, gloves) bien chaud(e); (atmosphere) chaleureux(-euse); **to be ~** (person) être bien (au chaud)
**cot** [kɒt] n (Brit: child's) lit m d'enfant, petit lit; (US: campbed) lit de camp
**cot death** n mort subite du nourrisson
**Cotswolds** ['kɒtswəuldz] npl: **the ~** région de collines du Gloucestershire
**cottage** ['kɒtɪdʒ] n petite maison (à la

campagne), cottage *m*

**cottage cheese** *n* fromage blanc (*maigre*)

**cottage industry** *n* industrie familiale *or* artisanale

**cottage pie** *n* ≈ hachis *m* Parmentier

**cotton** ['kɔtn] *n* coton *m*; (*thread*) fil *m* (de coton); **~ dress** *etc* robe *etc* en *or* de coton

▶ **cotton on** *vi* (*inf*): **to ~ on (to sth)** piger (qch)

**cotton bud** (*Brit*) *n* coton-tige ® *m*

**cotton candy** (*US*) *n* barbe *f* à papa

**cotton wool** *n* (*Brit*) ouate *f*, coton *m* hydrophile

**couch** [kautʃ] *n* canapé *m*; divan *m*; (*doctor's*) table *f* d'examen; (*psychiatrist's*) divan ▷ *vt* formuler, exprimer

**couchette** [ku:ʃet] *n* couchette *f*

**couch potato** *n* (*inf*) mollasson(ne) (*qui passe son temps devant la télé*)

**cough** [kɔf] *vi* tousser ▷ *n* toux *f*; **I've got a ~** j'ai la toux

**cough drop** *n* pastille *f* pour *or* contre la toux

**cough mixture, cough syrup** *n* sirop *m* pour la toux

**cough sweet** *n* pastille *f* pour *or* contre la toux

**could** [kud] *pt of* **can²**

**couldn't** ['kudnt] = **could not**

**council** ['kaunsl] *n* conseil *m*; **city** *or* **town ~** conseil municipal; **C~ of Europe** Conseil de l'Europe

**council estate** *n* (*Brit*) (quartier *m* or zone *f* de) logements loués à/par la municipalité

**council house** *n* (*Brit*) maison *f* (à loyer modéré) louée par la municipalité

**councillor,** (*US*) **councilor** ['kaunslə'] *n* conseiller(-ère)

**council tax** *n* (*Brit*) impôts locaux

**counsel** ['kaunsl] *n* conseil *m*; (*lawyer*) avocat(e) ▷ *vt*: **to ~ (sb to do sth)** conseiller (à qn de faire qch); **~ for the defence/the prosecution** (avocat de la) défense/ avocat du ministère public

**counselling,** (*US*) **counseling** ['kaunslɪŋ] *n* (*Psych*) aide psychosociale

**counsellor,** (*US*) **counselor** ['kaunslə'] *n* conseiller(-ère); (*US Law*) avocat *m*

**count** [kaunt] *n*, *vi* compter ▷ *n* compte *m*; (*nobleman*) comte *m*; **to ~ (up) to 10** compter jusqu'à 10; **to keep ~ of sth** tenir le compte de qch; **not ~ing the children** sans compter les enfants; **10 ~ing him** 10 avec lui, 10 en le comptant; **to ~ the cost of** établir le coût de; **it ~s for very little** cela n'a pas beaucoup d'importance; **~ yourself lucky** estimez-vous heureux

▶ **count in** *vt* (*inf*): **to ~ sb in on sth** inclure qn dans qch

▶ **count on** *vt fus* compter sur; **to ~ on doing sth** compter faire qch

▶ **count up** *vt* compter, additionner

**countdown** ['kauntdaun] *n* compte *m* à rebours

**countenance** ['kauntɪnəns] *n* expression *f* ▷ *vt* approuver

**counter** ['kauntə'] *n* comptoir *m*; (*in post office,* *bank*) guichet *m*; (*in game*) jeton *m* ▷ *vt* aller à l'encontre de, opposer; (*blow*) parer ▷ *adv*: **~ to** à l'encontre de; contrairement à; **to buy under the ~** (*fig*) acheter sous le manteau *or* en sous-main; **to ~ sth with sth/by doing sth** contrer *or* riposter à qch par qch/en faisant qch

**counteract** ['kauntər'ækt] *vt* neutraliser, contrebalancer

**counterattack** ['kauntərə'tæk] *n* contre-attaque *f* ▷ *vi* contre-attaquer

**counterbalance** ['kauntə'bæləns] *vt* contrebalancer, faire contrepoids à

**counterclockwise** ['kauntə'klɔkwaɪz] (*US*) *adv* en sens inverse des aiguilles d'une montre

**counter-espionage** ['kauntər'espɪənɑ:ʒ] *n* contre-espionnage *m*

**counterfeit** ['kauntəfɪt] *n* faux *m*, contrefaçon *f* ▷ *vt* contrefaire ▷ *adj* faux (fausse)

**counterfoil** ['kauntəfɔɪl] *n* talon *m*, souche *f*

**counterintelligence** ['kauntərɪn'telɪdʒəns] *n* contre-espionnage *m*

**countermand** ['kauntəmɑ:nd] *vt* annuler

**countermeasure** ['kauntəmɛʒə'] *n* contre-mesure *f*

**counteroffensive** ['kauntərə'fɛnsɪv] *n* contre-offensive *f*

**counterpane** ['kauntəpeɪn] *n* dessus-de-lit *m*

**counterpart** ['kauntəpɑ:t] *n* (*of document etc*) double *m*; (*of person*) homologue *m/f*

**counterproductive** ['kauntəprə'dʌktɪv] *adj* contre-productif(-ive)

**counterproposal** ['kauntəprə'pəuzl] *n* contre-proposition *f*

**countersign** ['kauntəsaɪn] *vt* contresigner

**countersink** ['kauntəsɪŋk] *vt* (*hole*) fraiser

**countess** ['kauntɪs] *n* comtesse *f*

**countless** ['kauntlɪs] *adj* innombrable

**countrified** ['kʌntrɪfaɪd] *adj* rustique, à l'air campagnard

**country** ['kʌntrɪ] *n* pays *m*; (*native land*) patrie *f*; (*as opposed to town*) campagne *f*; (*region*) région *f*, pays; **in the ~** à la campagne; **mountainous ~** pays de montagne, région montagneuse

**country and western, country and western music** *n* musique *f* country

**country dancing** *n* (*Brit*) danse *f* folklorique

**country house** *n* manoir *m*, (petit) château

**countryman** ['kʌntrɪmən] (*irreg*) *n* (*national*) compatriote *m*; (*rural*) habitant *m* de la campagne, campagnard *m*

**countryside** ['kʌntrɪsaɪd] *n* campagne *f*

**countrywide** ['kʌntrɪ'waɪd] *adj* s'étendant à l'ensemble du pays; (*problem*) à l'échelle nationale ▷ *adv* à travers *or* dans tout le pays

**county** ['kauntɪ] *n* comté *m*

**county council** *n* (*Brit*) ≈ conseil régional

**county town** *n* (*Brit*) chef-lieu *m*

**coup** [ku:'] (*pl* **-s**) [ku:z] *n* (*achievement*) beau coup; (*also*: **coup d'état**) coup d'État

**coupé** [ku:'peɪ] *n* (*Aut*) coupé *m*

**couple** ['kʌpl] *n* couple *m* ▷ *vt* (*carriages*) atteler; (*Tech*) coupler; (*ideas, names*) associer; **a ~ of** (*two*)

deux; (a few) deux ou trois
**couplet** ['kʌplɪt] n distique m
**coupling** ['kʌplɪŋ] n (Rail) attelage m
**coupon** ['ku:pɒn] n (voucher) bon m de réduction;
(detachable form) coupon m détachable, coupon-
réponse m; (Finance) coupon m
**courage** ['kʌrɪdʒ] n courage m
**courageous** [kə'reɪdʒəs] adj courageux(-euse)
**courgette** [kuə'ʒɛt] n (Brit) courgette f
**courier** ['kurɪər] n messager m, courrier m; (for
tourists) accompagnateur(-trice)
**course** [kɔːs] n cours m; (of ship) route f; (for golf)
terrain m; (part of meal) plat m; **first ~** entrée f;
**of ~** (adv) bien sûr; **(no,) of ~ not!** bien sûr que
non!, évidemment que non!; **in the ~ of** au
cours de; **in the ~ of the next few days** au
cours des prochains jours; **in due ~** en temps
utile or voulu; **~ (of action)** parti m, ligne f de
conduite; **the best ~ would be to ...** le mieux
serait de ...; **we have no other ~ but to ...** nous
n'avons pas d'autre solution que de ...; **~ of
lectures** série f de conférences; **~ of treatment**
(Med) traitement m
**court** [kɔːt] n cour f; (Law) cour, tribunal m;
(Tennis) court m ▷ vt (woman) courtiser, faire la
cour à; (fig: favour, popularity) rechercher; (: death,
disaster) courir après, flirter avec; **out of ~** (Law:
settle) à l'amiable; **to take to ~** actionner or
poursuivre en justice; **~ of appeal** cour d'appel
**courteous** ['kə:tɪəs] adj courtois(e), poli(e)
**courtesan** [kɔ:tɪ'zæn] n courtisane f
**courtesy** ['kə:təsɪ] n courtoisie f, politesse f;
**(by) ~ of** avec l'aimable autorisation de
**courtesy bus, courtesy coach** n navette
gratuite
**courtesy light** n (Aut) plafonnier m
**court-house** ['kɔ:thaus] n (US) palais m de
justice
**courtier** ['kɔ:tɪər] n courtisan m, dame f de cour
**court martial** (pl **courts martial**) n cour
martiale, conseil m de guerre
**courtroom** ['kɔ:trum] n salle f de tribunal
**court shoe** n escarpin m
**courtyard** ['kɔ:tjɑ:d] n cour f
**cousin** ['kʌzn] n cousin(e); **first ~** cousin(e)
germain(e)
**cove** [kəuv] n petite baie, anse f
**covenant** ['kʌvənənt] n contrat m, engagement
m ▷ vt: **to ~ £200 per year to a charity**
s'engager à verser 200 livres par an à une œuvre
de bienfaisance
**Coventry** ['kɔvəntrɪ] n: **to send sb to ~** (fig)
mettre qn en quarantaine
**cover** ['kʌvər] vt couvrir; (Press: report on) faire un
reportage sur; (feelings, mistake) cacher; (include)
englober; (discuss) traiter ▷ n (of book, Comm)
couverture f; (of pan) couvercle m; (over furniture)
housse f; (shelter) abri m; **covers** npl (on bed)
couvertures; **to take ~** se mettre à l'abri; **under
~** à l'abri; **under ~ of darkness** à la faveur de la
nuit; **under separate ~** (Comm) sous pli séparé;
**£10 will ~ everything** 10 livres suffiront (pour

tout payer)
▶ **cover up** vt (person, object): **to ~ up (with)**
couvrir (de); (fig: truth, facts) occulter ▷ vi: **to ~
up for sb** (fig) couvrir qn
**coverage** ['kʌvərɪdʒ] n (in media) reportage m;
(Insurance) couverture f
**cover charge** n couvert m (supplément à payer)
**covering** ['kʌvərɪŋ] n couverture f, enveloppe f
**covering letter,** (US) **cover letter** n lettre
explicative
**cover note** n (Insurance) police f provisoire
**cover price** n prix m de l'exemplaire
**covert** ['kʌvət] adj (threat) voilé(e), caché(e);
(attack) indirect(e); (glance) furtif(-ive)
**cover-up** ['kʌvərʌp] n tentative f pour étouffer
une affaire
**covet** ['kʌvɪt] vt convoiter
**cow** [kau] n vache f ▷ cpd femelle ▷ vt effrayer,
intimider
**coward** ['kauəd] n lâche m/f
**cowardice** ['kauədɪs] n lâcheté f
**cowardly** ['kauədlɪ] adj lâche
**cowboy** ['kaubɔɪ] n cow-boy m
**cower** ['kauər] vi se recroqueviller; trembler
**cowshed** ['kauʃɛd] n étable f
**cowslip** ['kauslɪp] n (Bot) (fleur f de) coucou m
**coy** [kɔɪ] adj faussement effarouché(e) or timide
**coyote** [kɔɪ'əutɪ] n coyote m
**cozy** ['kəuzɪ] adj (US) = **cosy**
**CP** n abbr (= Communist Party) PC m
**cp.** abbr (= compare) cf
**CPA** n abbr (US) = **certified public accountant**
**CPI** n abbr (= Consumer Price Index) IPC m
**Cpl.** abbr (= corporal) C/C
**CP/M** n abbr (= Central Program for Microprocessors)
CP/M m
**c.p.s.** abbr (= characters per second) caractères/
seconde
**CPSA** n abbr (Brit: = Civil and Public Services
Association) syndicat de la fonction publique
**CPU** n abbr = **central processing unit**
**cr.** abbr = **credit; creditor**
**crab** [kræb] n crabe m
**crab apple** n pomme f sauvage
**crack** [kræk] n (split) fente f, fissure f; (in cup,
bone) fêlure f; (in wall) lézarde f; (noise)
craquement m, coup (sec); (joke) plaisanterie f;
(inf: attempt): **to have a ~ (at sth)** essayer (qch);
(Drugs) crack m ▷ vt fendre, fissurer; fêler;
lézarder; (whip) faire claquer; (nut) casser;
(problem) résoudre, trouver la clef de; (code)
déchiffrer ▷ cpd (athlete) de première classe,
d'élite; **to ~ jokes** (inf) raconter des blagues; **to
get ~ing** (inf) s'y mettre, se magner
▶ **crack down on** vt fus (crime) sévir contre,
réprimer; (spending) mettre un frein à
▶ **crack up** vi être au bout de son rouleau,
flancher
**crackdown** ['krækdaun] n: **~ (on)** (on crime)
répression f (de); (on spending) restrictions fpl (de)
**cracked** [krækt] adj (cup, bone) fêlé(e); (broken)
cassé(e); (wall) lézardé(e); (surface) craquelé(e);

(*inf*) toqué(e), timbré(e)

**cracker** ['krækə$^r$] *n* (*also*: **Christmas cracker**) pétard *m*; (*biscuit*) biscuit (salé), craquelin *m*; **a ~ of a ...** (*Brit inf*) un(e) ... formidable; **he's ~s** (*Brit inf*) il est cinglé

**crackle** ['krækl] *vi* crépiter, grésiller

**crackling** ['kræklɪŋ] *n* crépitement *m*, grésillement *m*; (*on radio, telephone*) grésillement, friture *f*; (*of pork*) couenne *f*

**crackpot** ['krækpɔt] *n* (*inf*) tordu(e)

**cradle** ['kreɪdl] *n* berceau *m* ▷ *vt* (*child*) bercer; (*object*) tenir dans ses bras

**craft** [krɑːft] *n* métier (artisanal); (*cunning*) ruse *f*, astuce *f*; (*boat*: *pl inv*) embarcation *f*, barque *f*; (*plane*: *pl inv*) appareil *m*

**craftsman** (*irreg*) ['krɑːftsmən] (*irreg*) *n* artisan *m* ouvrier (qualifié)

**craftsmanship** ['krɑːftsmənʃɪp] *n* métier *m*, habileté *f*

**crafty** ['krɑːftɪ] *adj* rusé(e), malin(-igne), astucieux(-euse)

**crag** [kræg] *n* rocher escarpé

**cram** [kræm] *vt* (*fill*): **to ~ sth with** bourrer qch de; (*put*): **to ~ sth into** fourrer qch dans ▷ *vi* (*for exams*) bachoter

**cramming** ['kræmɪŋ] *n* (*for exams*) bachotage *m*

**cramp** [kræmp] *n* crampe *f* ▷ *vt* gêner, entraver; **I've got ~ in my leg** j'ai une crampe à la jambe

**cramped** [kræmpt] *adj* à l'étroit, très serré(e)

**crampon** ['kræmpən] *n* crampon *m*

**cranberry** ['krænbərɪ] *n* canneberge *f*

**crane** [kreɪn] *n* grue *f* ▷ *vt, vi*: **to ~ forward, to ~ one's neck** allonger le cou

**cranium** (*pl* **crania**) ['kreɪnɪəm, 'kreɪnɪə] *n* boîte crânienne

**crank** [kræŋk] *n* manivelle *f*; (*person*) excentrique *m/f*

**crankshaft** ['kræŋkʃɑːft] *n* vilebrequin *m*

**cranky** ['kræŋkɪ] *adj* excentrique, loufoque; (*bad-tempered*) grincheux(-euse), revêche

**cranny** ['krænɪ] *n see* **nook**

**crap** [kræp] *n* (*inf!*: *nonsense*) conneries *fpl* (!); (: *excrement*) merde *f* (!); **the party was ~** la fête était merdique (!); **to have a ~** chier (!)

**crappy** ['kræpɪ] *adj* (*inf*) merdique (!)

**crash** [kræʃ] *n* (*noise*) fracas *m*; (*of car, plane*) collision *f*; (*of business*) faillite *f*; (*Stock Exchange*) krach *m* ▷ *vt* (*plane*) écraser ▷ *vi* (*plane*) s'écraser; (*two cars*) se percuter, s'emboutir; (*business*) s'effondrer; **to ~ into** se jeter *or* se fracasser contre; **he ~ed the car into a wall** il s'est écrasé contre un mur avec sa voiture

**crash barrier** *n* (*Brit Aut*) rail *m* de sécurité

**crash course** *n* cours intensif

**crash helmet** *n* casque (protecteur)

**crash landing** *n* atterrissage forcé *or* en catastrophe

**crass** [kræs] *adj* grossier(-ière), crasse

**crate** [kreɪt] *n* cageot *m*; (*for bottles*) caisse *f*

**crater** ['kreɪtə$^r$] *n* cratère *m*

**cravat** [krə'væt] *n* foulard (*noué autour du cou*)

**crave** [kreɪv] *vt, vi*: **to ~ (for)** désirer

violemment, avoir un besoin physiologique de, avoir une envie irrésistible de

**craving** ['kreɪvɪŋ] *n*: ~ **(for)** (*for food, cigarettes etc*) envie *f* irrésistible (de)

**crawl** [krɔːl] *vi* ramper; (*vehicle*) avancer au pas ▷ *n* (*Swimming*) crawl *m*; **to ~ on one's hands and knees** aller à quatre pattes; **to ~ to sb** (*inf*) faire de la lèche à qn

**crawler lane** ['krɔːlə-] *n* (*Brit Aut*) file *f or* voie *f* pour véhicules lents

**crayfish** ['kreɪfɪʃ] *n* (*pl inv*: *freshwater*) écrevisse *f*; (*saltwater*) langoustine *f*

**crayon** ['kreɪən] *n* crayon *m* (de couleur)

**craze** [kreɪz] *n* engouement *m*

**crazed** [kreɪzd] *adj* (*look, person*) affolé(e); (*pottery, glaze*) craquelé(e)

**crazy** ['kreɪzɪ] *adj* fou (folle); **to go ~** devenir fou; **to be ~ about sb/sth** (*inf*) être fou de qn/qch

**crazy paving** *n* (*Brit*) dallage irrégulier (en pierres plates)

**creak** [kriːk] *vi* (*hinge*) grincer; (*floor, shoes*) craquer

**cream** [kriːm] *n* crème *f* ▷ *adj* (*colour*) crème *inv*; **whipped ~** crème fouettée

▶ **cream off** *vt* (*fig*) prélever

**cream cake** *n* (petit) gâteau à la crème

**cream cheese** *n* fromage *m* à la crème, fromage blanc

**creamery** ['kriːmərɪ] *n* (*shop*) crémerie *f*; (*factory*) laiterie *f*

**creamy** ['kriːmɪ] *adj* crémeux(-euse)

**crease** [kriːs] *n* pli *m* ▷ *vt* froisser, chiffonner ▷ *vi* se froisser, se chiffonner

**crease-resistant** ['kriːsrɪzɪstənt] *adj* infroissable

**create** [kriː'eɪt] *vt* créer; (*impression, fuss*) faire

**creation** [kriː'eɪʃən] *n* création *f*

**creative** [kriː'eɪtɪv] *adj* créatif(-ive)

**creativity** [kriːeɪ'tɪvɪtɪ] *n* créativité *f*

**creator** [kriː'eɪtə$^r$] *n* créateur(-trice)

**creature** ['kriːtʃə$^r$] *n* créature *f*

**creature comforts** *npl* petit confort

**crèche** [krɛʃ] *n* garderie *f*, crèche *f*

**credence** ['kriːdns] *n* croyance *f*, foi *f*

**credentials** [krɪ'dɛnʃlz] *npl* (*references*) références *fpl*; (*identity papers*) pièce *f* d'identité; (*letters of reference*) pièces justificatives

**credibility** [krɛdɪ'bɪlɪtɪ] *n* crédibilité *f*

**credible** ['krɛdɪbl] *adj* digne de foi, crédible

**credit** ['krɛdɪt] *n* crédit *m*; (*recognition*) honneur *m*; (*Scol*) unité *f* de valeur ▷ *vt* (*Comm*) créditer; (*believe*: *also*: **give credit to**) ajouter foi à, croire; **credits** *npl* (*Cine*) générique *m*; **to be in ~** (*person, bank account*) être créditeur(-trice); **on ~** à crédit; **to one's ~** à son honneur; à son actif; **to take the ~ for** s'attribuer le mérite de; **it does him ~** cela lui fait honneur; **to ~ sb with** (*fig*) prêter *or* attribuer à qn; **to ~ £5 to sb** créditer (le compte de) qn de 5 livres

**creditable** ['krɛdɪtəbl] *adj* honorable, estimable

**credit account** *n* compte *m* client

**credit agency** *n* (*Brit*) agence *f* de

renseignements commerciaux
**credit balance** *n* solde créditeur
**credit bureau** *n* (US) agence *f* de
renseignements commerciaux
**credit card** *n* carte *f* de crédit; **do you take ~s?**
acceptez-vous les cartes de crédit?
**credit control** *n* suivi *m* des factures
**credit crunch** *n* crise *f* du crédit
**credit facilities** *npl* facilités *fpl* de paiement
**credit limit** *n* limite *f* de crédit
**credit note** *n* (*Brit*) avoir *m*
**creditor** ['krɛdɪtə<sup>r</sup>] *n* créancier(-ière)
**credit transfer** *n* virement *m*
**creditworthy** ['krɛdɪtwəːðɪ] *adj* solvable
**credulity** [krɪ'djuːlɪtɪ] *n* crédulité *f*
**creed** [kriːd] *n* croyance *f*; credo *m*, principes *mpl*
**creek** [kriːk] *n* (*inlet*) crique *f*, anse *f*; (US: *stream*)
ruisseau *m*, petit cours d'eau
**creel** ['kriːl] *n* panier *m* de pêche; (*also:* **lobster
creel**) panier à homards
**creep** (*pt, pp* **crept**) [kriːp, krɛpt] *vi* ramper;
(*silently*) se faufiler, se glisser; (*plant*) grimper
▷ *n* (*inf: flatterer*) lèche-botte *m*; **he's a ~** c'est un
type puant; **it gives me the ~s** cela me fait
froid dans le dos; **to ~ up on sb** s'approcher
furtivement de qn
**creeper** ['kriːpə<sup>r</sup>] *n* plante grimpante
**creepers** ['kriːpəz] *npl* (US: *for baby*) barboteuse *f*
**creepy** ['kriːpɪ] *adj* (*frightening*) qui fait
frissonner, qui donne la chair de poule
**creepy-crawly** ['kriːpɪ'krɔːlɪ] *n* (*inf*) bestiole *f*
**cremate** [krɪ'meɪt] *vt* incinérer
**cremation** [krɪ'meɪʃən] *n* incinération *f*
**crematorium** (*pl* **crematoria**) [krɛmə'tɔːrɪəm,
-'tɔːrɪə] *n* four *m* crématoire
**creosote** ['krɪəsəut] *n* créosote *f*
**crepe** [kreɪp] *n* crêpe *m*
**crepe bandage** *n* (*Brit*) bande *f* Velpeau®
**crepe paper** *n* papier *m* crépon
**crept** [krɛpt] *pt, pp of* **creep**
**crescendo** [krɪ'ʃɛndəu] *n* crescendo *m*
**crescent** ['krɛsnt] *n* croissant *m*; (*street*) rue *f* (*en
arc de cercle*)
**cress** [krɛs] *n* cresson *m*
**crest** [krɛst] *n* crête *f*; (*of helmet*) cimier *m*; (*of coat
of arms*) timbre *m*
**crestfallen** ['krɛstfɔːlən] *adj* déconfit(e),
découragé(e)
**Crete** [kriːt] *n* Crète *f*
**crevasse** [krɪ'væs] *n* crevasse *f*
**crevice** ['krɛvɪs] *n* fissure *f*, lézarde *f*, fente *f*
**crew** [kruː] *n* équipage *m*; (*Cine*) équipe *f* (de
tournage); (*gang*) bande *f*
**crew-cut** ['kruːkʌt] *n*: **to have a ~** avoir les
cheveux en brosse
**crew-neck** ['kruːnɛk] *n* col ras
**crib** [krɪb] *n* lit *m* d'enfant; (*for baby*) berceau *m*
▷ *vt* (*inf*) copier
**cribbage** ['krɪbɪdʒ] *n* sorte de jeu de cartes
**crick** [krɪk] *n* crampe *f*; **~ in the neck** torticolis *m*
**cricket** ['krɪkɪt] *n* (*insect*) grillon *m*, cri-cri *m inv*;
(*game*) cricket *m*

**cricketer** ['krɪkɪtə<sup>r</sup>] *n* joueur *m* de cricket
**crime** [kraɪm] *n* crime *m*; **minor ~** délit mineur,
infraction mineure
**crime wave** *n* poussée *f* de la criminalité
**criminal** ['krɪmɪnl] *adj, n* criminel(le)
**crimp** [krɪmp] *vt* friser, frisotter
**crimson** ['krɪmzn] *adj* cramoisi(e)
**cringe** [krɪndʒ] *vi* avoir un mouvement de recul;
(*fig*) s'humilier, ramper
**crinkle** ['krɪŋkl] *vt* froisser, chiffonner
**cripple** ['krɪpl] *n* boiteux(-euse), infirme *m/f* ▷ *vt*
(*person*) estropier, paralyser; (*ship, plane*)
immobiliser; (*production, exports*) paralyser; **~d
with rheumatism** perclus(e) de rhumatismes
**crippling** ['krɪplɪŋ] *adj* (*disease*) handicapant(e);
(*taxation, debts*) écrasant(e)
**crisis** (*pl* **crises**) ['kraɪsɪs, -siːz] *n* crise *f*
**crisp** [krɪsp] *adj* croquant(e); (*weather*) vif (vive);
(*manner etc*) brusque
**crisps** [krɪsps] (*Brit*) *npl* (pommes *fpl*) chips *fpl*
**crispy** ['krɪspɪ] *adj* croustillant(e)
**crisscross** ['krɪskrɔs] *adj* entrecroisé(e), en
croisillons ▷ *vt* sillonner; **~ pattern** croisillons
*mpl*
**criterion** (*pl* **criteria**) [kraɪ'tɪərɪən, -'tɪərɪə] *n*
critère *m*
**critic** ['krɪtɪk] *n* critique *m/f*
**critical** ['krɪtɪkl] *adj* critique; **to be ~ of sb/sth**
critiquer qn/qch
**critically** ['krɪtɪklɪ] *adv* (*examine*) d'un œil
critique; (*speak*) sévèrement; **~ ill** gravement
malade
**criticism** ['krɪtɪsɪzəm] *n* critique *f*
**criticize** ['krɪtɪsaɪz] *vt* critiquer
**croak** [krəuk] *vi* (*frog*) coasser; (*raven*) croasser
**Croat** ['krəuæt] *adj, n* = **Croatian**
**Croatia** [krəu'eɪʃə] *n* Croatie *f*
**Croatian** [krəu'eɪʃən] *adj* croate ▷ *n* Croate *m/f*;
(*Ling*) croate *m*
**crochet** ['krəuʃeɪ] *n* travail *m* au crochet
**crock** [krɔk] *n* cruche *f*; (*inf: also:* **old crock**)
épave *f*
**crockery** ['krɔkərɪ] *n* vaisselle *f*
**crocodile** ['krɔkədaɪl] *n* crocodile *m*
**crocus** ['krəukəs] *n* crocus *m*
**croft** [krɔft] *n* (*Brit*) petite ferme
**crofter** ['krɔftə<sup>r</sup>] *n* (*Brit*) fermier *m*
**croissant** ['krwasɑ̃] *n* croissant *m*
**crone** [krəun] *n* vieille bique, (vieille) sorcière
**crony** ['krəunɪ] *n* copain (copine)
**crook** [kruk] *n* escroc *m*; (*of shepherd*) houlette *f*
**crooked** ['krukɪd] *adj* courbé(e), tordu(e);
(*action*) malhonnête
**crop** [krɔp] *n* (*produce*) culture *f*; (*amount produced*)
récolte *f*; (*riding crop*) cravache *f*; (*of bird*) jabot *m*
▷ *vt* (*hair*) tondre; (*animals: grass*) brouter
▸ **crop up** *vi* surgir, se présenter, survenir
**cropper** ['krɔpə<sup>r</sup>] *n*: **to come a ~** (*inf*) faire la
culbute, s'étaler
**crop spraying** [-spreɪɪŋ] *n* pulvérisation *f* des
cultures
**croquet** ['krəukeɪ] *n* croquet *m*

**cross** [krɔs] n croix f; (Biol) croisement m ▷ vt (street etc) traverser; (arms, legs, Biol) croiser; (cheque) barrer; (thwart: person, plan) contrarier ▷ vi: **the boat ~es from ... to ...** le bateau fait la traversée de ... à ... ▷ adj en colère, fâché(e); **to ~ o.s.** se signer, faire le signe de (la) croix; **we have a ~ed line** (Brit: on telephone) il y a des interférences; **they've got their lines ~ed** (fig) il y a un malentendu entre eux; **to be/get ~ with sb (about sth)** être en colère/(se) fâcher contre qn (à propos de qch)
▶ **cross off** or **out** vt barrer, rayer
▶ **cross over** vi traverser

**crossbar** ['krɔsbaːʳ] n barre transversale
**crossbow** ['krɔsbəu] n arbalète f
**crossbreed** ['krɔsbriːd] n hybride m, métis(se)
**cross-Channel ferry** ['krɔstʃænl-] n ferry m qui fait la traversée de la Manche
**cross-check** ['krɔstʃɛk] n recoupement m ▷ vi vérifier par recoupement
**cross-country** ['krɔs'kʌntrɪ], **cross-country race** n cross(-country) m
**cross-dressing** [krɔs'drɛsɪŋ] n travestisme m
**cross-examination** ['krɔsɪgzæmɪ'neɪʃən] n (Law) examen m contradictoire (d'un témoin)
**cross-examine** ['krɔsɪg'zæmɪn] vt (Law) faire subir un examen contradictoire à
**cross-eyed** ['krɔsaɪd] adj qui louche
**crossfire** ['krɔsfaɪəʳ] n feux croisés
**crossing** ['krɔsɪŋ] n croisement m, carrefour m; (sea passage) traversée f; (also: **pedestrian crossing**) passage clouté; **how long does the ~ take?** combien de temps dure la traversée?
**crossing guard** (US) n contractuel qui fait traverser la rue aux enfants
**crossing point** n poste frontalier
**cross-purposes** ['krɔs'pəːpəsɪz] npl: **to be at ~ with sb** comprendre qn de travers; **we're (talking) at ~** on ne parle pas de la même chose
**cross-question** ['krɔs'kwɛstʃən] vt faire subir un interrogatoire à
**cross-reference** ['krɔs'rɛfrəns] n renvoi m, référence f
**crossroads** ['krɔsrəudz] n carrefour m
**cross section** n (Biol) coupe transversale; (in population) échantillon m
**crosswalk** ['krɔswɔːk] n (US) passage clouté
**crosswind** ['krɔswɪnd] n vent m de travers
**crosswise** ['krɔswaɪz] adv en travers
**crossword** ['krɔswəːd] n mots mpl croisés
**crotch** [krɔtʃ] n (of garment) entrejambe m; (Anat) entrecuisse m
**crotchet** ['krɔtʃɪt] n (Mus) noire f
**crotchety** ['krɔtʃɪtɪ] adj (person) grognon(ne), grincheux(-euse)
**crouch** [krautʃ] vi s'accroupir; (hide) se tapir; (before springing) se ramasser
**croup** [kruːp] n (Med) croup m
**crouton** ['kruːtɔn] n croûton m
**crow** [krəu] n (bird) corneille f; (of cock) chant m du coq, cocorico m ▷ vi (cock) chanter; (fig) pavoiser, chanter victoire

**crowbar** ['krəubaːʳ] n levier m
**crowd** [kraud] n foule f ▷ vt bourrer, remplir ▷ vi affluer, s'attrouper, s'entasser; **~s of people** une foule de gens
**crowded** ['kraudɪd] adj bondé(e), plein(e); **~ with** plein de
**crowd scene** n (Cine, Theat) scène f de foule
**crown** [kraun] n couronne f; (of head) sommet m de la tête, calotte crânienne; (of hat) fond m; (of hill) sommet m ▷ vt (also tooth) couronner
**crown court** n (Brit) ≈ Cour f d'assises; voir article

⬤ **CROWN COURT**

⬤ En Angleterre et au pays de Galles, une crown
⬤ court est une cour de justice où sont jugées
⬤ les affaires très graves, telles que le meurtre,
⬤ l'homicide, le viol et le vol, en présence d'un
⬤ jury. Tous les crimes et délits, quel que soit
⬤ leur degré de gravité, doivent d'abord passer
⬤ devant une "magistrates' court". Il existe
⬤ environ 90 crown courts.

**crowning** ['kraunɪŋ] adj (achievement, glory) suprême
**crown jewels** npl joyaux mpl de la Couronne
**crown prince** n prince héritier
**crow's-feet** ['krəuzfiːt] npl pattes fpl d'oie (fig)
**crow's-nest** ['krəuznɛst] n (on sailing-ship) nid m de pie
**crucial** ['kruːʃl] adj crucial(e), décisif(-ive); (also: **crucial to**) essentiel(le) à
**crucifix** ['kruːsɪfɪks] n crucifix m
**crucifixion** [kruːsɪ'fɪkʃən] n crucifiement m, crucifixion f
**crucify** ['kruːsɪfaɪ] vt crucifier, mettre en croix; (fig) crucifier
**crude** [kruːd] adj (materials) brut(e); non raffiné(e); (basic) rudimentaire, sommaire; (vulgar) cru(e), grossier(-ière) ▷ n (also: **crude oil**) (pétrole m) brut m
**cruel** ['kruəl] adj cruel(le)
**cruelty** ['kruəltɪ] n cruauté f
**cruet** ['kruːɪt] n huilier m; vinaigrier m
**cruise** [kruːz] n croisière f ▷ vi (ship) croiser; (car) rouler; (aircraft) voler; (taxi) être en maraude
**cruise missile** n missile m de croisière
**cruiser** ['kruːzəʳ] n croiseur m
**cruising speed** ['kruːzɪŋ-] n vitesse f de croisière
**crumb** [krʌm] n miette f
**crumble** ['krʌmbl] vt émietter ▷ vi s'émietter; (plaster etc) s'effriter; (land, earth) s'ébouler; (building) s'écrouler, crouler; (fig) s'effondrer
**crumbly** ['krʌmblɪ] adj friable
**crummy** ['krʌmɪ] adj (inf) minable, (: unwell) mal fichu(e), patraque
**crumpet** ['krʌmpɪt] n petite crêpe (épaisse)
**crumple** ['krʌmpl] vt froisser, friper
**crunch** [krʌntʃ] vt croquer; (underfoot) faire craquer, écraser; faire crisser ▷ n (fig) instant m or moment m critique, moment de vérité
**crunchy** ['krʌntʃɪ] adj croquant(e),

croustillant(e)

**crusade** [kru:'seɪd] n croisade f ▷ vi (fig): **to ~ for/against** partir en croisade pour/contre

**crusader** [kru:'seɪdəʳ] n croisé m; (fig): **~ (for)** champion m (de)

**crush** [krʌʃ] n (crowd) foule f, cohue f; (love): **to have a ~ on sb** avoir le béguin pour qn; (drink): **lemon ~** citron pressé ▷ vt écraser; (crumple) froisser; (grind, break up: garlic, ice) piler; (: grapes) presser; (hopes) anéantir

**crush barrier** n (Brit) barrière f de sécurité

**crushing** ['krʌʃɪŋ] adj écrasant(e)

**crust** [krʌst] n croûte f

**crustacean** [krʌs'teɪʃən] n crustacé m

**crusty** ['krʌstɪ] adj (bread) croustillant(e); (inf: person) revêche, bourru(e); (: remark) irrité(e)

**crutch** [krʌtʃ] n béquille f; (Tech) support m; (also: **crotch**) entrejambe m

**crux** [krʌks] n point crucial

**cry** [kraɪ] vi pleurer; (shout: also: **cry out**) crier ▷ n cri m; **why are you ~ing?** pourquoi pleures-tu?; **to ~ for help** appeler à l'aide; **she had a good ~** elle a pleuré un bon coup; **it's a far ~ from ...** (fig) on est loin de ...
  ▸ **cry off** vi se dédire; se décommander
  ▸ **cry out** vi (call out, shout) pousser un cri ▷ vt crier

**crying** ['kraɪɪŋ] adj (fig) criant(e), flagrant(e)

**crypt** [krɪpt] n crypte f

**cryptic** ['krɪptɪk] adj énigmatique

**crystal** ['krɪstl] n cristal m

**crystal-clear** ['krɪstl'klɪəʳ] adj clair(e) comme de l'eau de roche

**crystallize** ['krɪstəlaɪz] vt cristalliser ▷ vi (se) cristalliser; **~d fruits** (Brit) fruits confits

**CSA** n abbr = **Confederate States of America**; (Brit: = Child Support Agency) organisme pour la protection des enfants de parents séparés, qui contrôle le versement des pensions alimentaires.

**CSC** n abbr (= Civil Service Commission) commission de recrutement des fonctionnaires

**CS gas** n (Brit) gaz m C.S.

**CST** abbr (US: = Central Standard Time) fuseau horaire

**CT** abbr (US) = **Connecticut**

**ct** abbr = **carat**

**CTC** n abbr (Brit) = **city technology college**

**CT scanner** n abbr (Med: = computerized tomography scanner) scanner m, tomodensitomètre m

**cu.** abbr = **cubic**

**cub** [kʌb] n petit m (d'un animal); (also: **cub scout**) louveteau m

**Cuba** ['kju:bə] n Cuba m

**Cuban** ['kju:bən] adj cubain(e) ▷ n Cubain(e)

**cubbyhole** ['kʌbɪhəul] n cagibi m

**cube** [kju:b] n cube m ▷ vt (Math) élever au cube

**cube root** n racine f cubique

**cubic** ['kju:bɪk] adj cubique; **~ metre** etc mètre etc cube; **~ capacity** (Aut) cylindrée f

**cubicle** ['kju:bɪkl] n (in hospital) box m; (at pool) cabine f

**cuckoo** ['kuku:] n coucou m

**cuckoo clock** n (pendule f à) coucou m

**cucumber** ['kju:kʌmbəʳ] n concombre m

**cud** [kʌd] n: **to chew the ~** ruminer

**cuddle** ['kʌdl] vt câliner, caresser ▷ vi se blottir l'un contre l'autre

**cuddly** ['kʌdlɪ] adj câlin(e)

**cudgel** ['kʌdʒl] n gourdin m ▷ vt: **to ~ one's brains** se creuser la tête

**cue** [kju:] n queue f de billard; (Theat etc) signal m

**cuff** [kʌf] n (Brit: of shirt, coat etc) poignet m, manchette f; (US: on trousers) revers m; (blow) gifle f ▷ vt gifler; **off the ~** (adv) à l'improviste

**cufflinks** ['kʌflɪŋks] n boutons m de manchette

**cu. in.** abbr = **cubic inches**

**cuisine** [kwɪ'zi:n] n cuisine f, art m culinaire

**cul-de-sac** ['kʌldəsæk] n cul-de-sac m, impasse f

**culinary** ['kʌlɪnərɪ] adj culinaire

**cull** [kʌl] vt sélectionner; (kill selectively) pratiquer l'abattage sélectif de ▷ n (of animals) abattage sélectif

**culminate** ['kʌlmɪneɪt] vi: **to ~ in** finir or se terminer par; (lead to) mener à

**culmination** [kʌlmɪ'neɪʃən] n point culminant

**culottes** [kju:'lɔts] npl jupe-culotte f

**culpable** ['kʌlpəbl] adj coupable

**culprit** ['kʌlprɪt] n coupable m/f

**cult** [kʌlt] n culte m

**cult figure** n idole f

**cultivate** ['kʌltɪveɪt] vt (also fig) cultiver

**cultivation** [kʌltɪ'veɪʃən] n culture f

**cultural** ['kʌltʃərəl] adj culturel(le)

**culture** ['kʌltʃəʳ] n (also fig) culture f

**cultured** ['kʌltʃəd] adj cultivé(e) (fig)

**cumbersome** ['kʌmbəsəm] adj encombrant(e), embarrassant(e)

**cumin** ['kʌmɪn] n (spice) cumin m

**cumulative** ['kju:mjulətɪv] adj cumulatif(-ive)

**cunning** ['kʌnɪŋ] n ruse f, astuce f ▷ adj rusé(e), malin(-igne); (clever: device, idea) astucieux(-euse)

**cunt** [kʌnt] n (inf!) chatte f (!); (insult) salaud m (!), salope f (!)

**cup** [kʌp] n tasse f; (prize, event) coupe f; (of bra) bonnet m; **a ~ of tea** une tasse de thé

**cupboard** ['kʌbəd] n placard m

**cup final** n (Brit Football) finale f de la coupe

**Cupid** ['kju:pɪd] n Cupidon m; (figurine) amour m

**cupidity** [kju:'pɪdɪtɪ] n cupidité f

**cupola** ['kju:pələ] n coupole f

**cuppa** ['kʌpə] n (Brit inf) tasse f de thé

**cup tie** ['kʌptaɪ] n (Brit Football) match m de coupe

**curable** ['kjuərəbl] adj guérissable, curable

**curate** ['kjuərɪt] n vicaire m

**curator** [kjuə'reɪtəʳ] n conservateur m (d'un musée etc)

**curb** [kə:b] vt refréner, mettre un frein à; (expenditure) limiter, juguler ▷ n (fig) frein m; (US) bord m du trottoir

**curd cheese** n ≈ fromage blanc

**curdle** ['kə:dl] vi (se) cailler

**curds** [kə:dz] npl lait caillé

**cure** [kjuə<sup>r</sup>] vt guérir; (Culin: salt) saler; (: smoke) fumer; (: dry) sécher ▷ n remède m; **to be ~d of sth** être guéri de qch

**cure-all** ['kjuərɔːl] n (also fig) panacée f

**curfew** ['kəːfjuː] n couvre-feu m

**curio** ['kjuərɪəu] n bibelot m, curiosité f

**curiosity** [kjuərɪ'ɔsɪtɪ] n curiosité f

**curious** ['kjuərɪəs] adj curieux(-euse); **I'm ~ about him** il m'intrigue

**curiously** ['kjuərɪəslɪ] adv curieusement; (inquisitively) avec curiosité; **~ enough, ...** bizarrement, ...

**curl** [kəːl] n boucle f (de cheveux); (of smoke etc) volute f ▷ vt, vi boucler; (tightly) friser
  ▶ **curl up** vi s'enrouler; (person) se pelotonner

**curler** ['kəːlə<sup>r</sup>] n bigoudi m, rouleau m; (Sport) joueur(-euse) de curling

**curlew** ['kəːluː] n courlis m

**curling** ['kəːlɪŋ] n (sport) curling m

**curling tongs**, (US) **curling irons** npl fer m à friser

**curly** ['kəːlɪ] adj bouclé(e); (tightly curled) frisé(e)

**currant** ['kʌrnt] n raisin m de Corinthe, raisin sec; (fruit) groseille f

**currency** ['kʌrnsɪ] n monnaie f; **foreign ~** devises étrangères, monnaie étrangère; **to gain ~** (fig) s'accréditer

**current** ['kʌrnt] n courant m ▷ adj (common) courant(e); (tendency, price, event) actuel(le); **direct/alternating ~** (Elec) courant continu/alternatif; **the ~ issue of a magazine** le dernier numéro d'un magazine; **in ~ use** d'usage courant

**current account** n (Brit) compte courant

**current affairs** npl (questions fpl d')actualité f

**current assets** npl (Comm) actif m disponible

**current liabilities** npl (Comm) passif m exigible

**currently** ['kʌrntlɪ] adv actuellement

**curriculum** (pl **-s** or **curricula**) [kə'rɪkjuləm, -lə] n programme m d'études

**curriculum vitae** [-'viːtaɪ] n curriculum vitae (CV) m

**curry** ['kʌrɪ] n curry m ▷ vt: **to ~ favour with** chercher à gagner la faveur or à s'attirer les bonnes grâces de; **chicken ~** curry de poulet, poulet m au curry

**curry powder** n poudre f de curry

**curse** [kəːs] vi jurer, blasphémer ▷ vt maudire ▷ n (spell) malédiction f; (problem, scourge) fléau m; (swearword) juron m

**cursor** ['kəːsə<sup>r</sup>] n (Comput) curseur m

**cursory** ['kəːsərɪ] adj superficiel(le), hâtif(-ive)

**curt** [kəːt] adj brusque, sec(-sèche)

**curtail** [kəː'teɪl] vt (visit etc) écourter; (expenses etc) réduire

**curtain** ['kəːtn] n rideau m; **to draw the ~s** (together) fermer or tirer les rideaux; (apart) ouvrir les rideaux

**curtain call** n (Theat) rappel m

**curtsey, curtsy** ['kəːtsɪ] n révérence f ▷ vi faire une révérence

**curvature** ['kəːvətʃə<sup>r</sup>] n courbure f

**curve** [kəːv] n courbe f; (in the road) tournant m, virage m ▷ vt courber ▷ vi se courber; (road) faire une courbe

**curved** [kəːvd] adj courbe

**cushion** ['kuʃən] n coussin m ▷ vt (seat) rembourrer; (fall, shock) amortir

**cushy** ['kuʃɪ] adj (inf): **a ~ job** un boulot de tout repos; **to have a ~ time** se la couler douce

**custard** ['kʌstəd] n (for pouring) crème anglaise

**custard powder** n (Brit) ≈ crème pâtissière instantanée

**custodial sentence** [kʌs'təudɪəl-] n peine f de prison

**custodian** [kʌs'təudɪən] n gardien(ne); (of collection etc) conservateur(-trice)

**custody** ['kʌstədɪ] n (of child) garde f; (for offenders) détention préventive; **to take sb into ~** placer qn en détention préventive; **in the ~ of** sous la garde de

**custom** ['kʌstəm] n coutume f, usage m; (Law) droit coutumier, coutume; (Comm) clientèle f

**customary** ['kʌstəmərɪ] adj habituel(le); **it is ~ to do it** l'usage veut qu'on le fasse

**custom-built** ['kʌstəm'bɪlt] adj see **custom-made**

**customer** ['kʌstəmə<sup>r</sup>] n client(e); **he's an awkward ~** (inf) ce n'est pas quelqu'un de facile

**customer profile** n profil m du client

**customized** ['kʌstəmaɪzd] adj personnalisé(e); (car etc) construit(e) sur commande

**custom-made** ['kʌstəm'meɪd] adj (clothes) fait(e) sur mesure; (other goods: also: **custom-built**) hors série, fait(e) sur commande

**customs** ['kʌstəmz] npl douane f; **to go through (the) ~** passer la douane

**Customs and Excise** n (Brit) administration f des douanes

**customs officer** n douanier m

**cut** [kʌt] (pt, pp **~**) vt couper; (meat) découper; (shape, make) tailler; couper; creuser; graver; (reduce) réduire; (inf: lecture, appointment) manquer ▷ vi couper; (intersect) se couper ▷ n (gen) coupure f; (of clothes) coupe f; (of jewel) taille f; (in salary etc) réduction f; (of meat) morceau m; **to ~ teeth** (baby) faire ses dents; **to ~ a tooth** percer une dent; **to ~ one's finger** se couper le doigt; **to get one's hair ~** se faire couper les cheveux; **I've ~ myself** je me suis coupé; **to ~ sth short** couper court à qch; **to ~ sb dead** ignorer (complètement) qn
  ▶ **cut back** vt (plants) tailler; (production, expenditure) réduire
  ▶ **cut down** vt (tree) abattre; (reduce) réduire; **~ sb down to size** (fig) remettre qn à sa place
  ▶ **cut down on** vt fus réduire
  ▶ **cut in** vi (interrupt: conversation): **to ~ in (on)** couper la parole (à); (Aut) faire une queue de poisson
  ▶ **cut off** vt couper; (fig) isoler; **we've been ~ off** (Tel) nous avons été coupés
  ▶ **cut out** vt (picture etc) découper; (remove) supprimer

▸ **cut up** vt découper

**cut-and-dried** ['kʌtən'draɪd] adj (also: **cut-and-dry**) tout(e) fait(e), tout(e) décidé(e)

**cutaway** ['kʌtəweɪ] adj, n: ~ **(drawing)** écorché m

**cutback** ['kʌtbæk] n réduction f

**cute** [kjuːt] adj mignon(ne), adorable; (clever) rusé(e), astucieux(-euse)

**cut glass** n cristal taillé

**cuticle** ['kjuːtɪkl] n (on nail): ~ **remover** repousse-peaux m inv

**cutlery** ['kʌtlərɪ] n couverts mpl; (trade) coutellerie f

**cutlet** ['kʌtlɪt] n côtelette f

**cutoff** ['kʌtɔf] n (also: **cutoff point**) seuil-limite m

**cutoff switch** n interrupteur m

**cutout** ['kʌtaut] n coupe-circuit m inv; (paper figure) découpage m

**cut-price** ['kʌt'praɪs], (US) **cut-rate** ['kʌt'reɪt] adj au rabais, à prix réduit

**cut-throat** ['kʌtθrəut] n assassin m ▷ adj: ~ **competition** concurrence f sauvage

**cutting** ['kʌtɪŋ] adj tranchant(e), coupant(e); (fig) cinglant(e) ▷ n (Brit: from newspaper) coupure f (de journal); (from plant) bouture f; (Rail) tranchée f; (Cine) montage m

**cutting edge** n (of knife) tranchant m; **on** or **at the** ~ **of** à la pointe de

**cuttlefish** ['kʌtlfɪʃ] n seiche f

**cut-up** ['kʌtʌp] adj affecté(e), démoralisé(e)

**CV** n abbr = **curriculum vitae**

**cwo** abbr (Comm) = **cash with order**

**cwt** abbr = **hundredweight**

**cyanide** ['saɪənaɪd] n cyanure m

**cybernetics** [saɪbə'nɛtɪks] n cybernétique f

**cyberspace** ['saɪbəspeɪs] n cyberespace m

**cyclamen** ['sɪkləmən] n cyclamen m

**cycle** ['saɪkl] n cycle m; (bicycle) bicyclette f, vélo m ▷ vi faire de la bicyclette

**cycle hire** n location f de vélos

**cycle lane, cycle path** n piste f cyclable

**cycle race** n course f cycliste

**cycle rack** n râtelier m à bicyclette

**cycling** ['saɪklɪŋ] n cyclisme m; **to go on a** ~ **holiday** (Brit) faire du cyclotourisme

**cyclist** ['saɪklɪst] n cycliste m/f

**cyclone** ['saɪkləun] n cyclone m

**cygnet** ['sɪgnɪt] n jeune cygne m

**cylinder** ['sɪlɪndəʳ] n cylindre m

**cylinder capacity** n cylindrée f

**cylinder head** n culasse f

**cymbals** ['sɪmblz] npl cymbales fpl

**cynic** ['sɪnɪk] n cynique m/f

**cynical** ['sɪnɪkl] adj cynique

**cynicism** ['sɪnɪsɪzəm] n cynisme m

**CYO** n abbr (US: = Catholic Youth Organization) ≈ JC f

**cypress** ['saɪprɪs] n cyprès m

**Cypriot** ['sɪprɪət] adj cypriote, chypriote ▷ n Cypriote m/f, Chypriote m/f

**Cyprus** ['saɪprəs] n Chypre f

**cyst** [sɪst] n kyste m

**cystitis** [sɪs'taɪtɪs] n cystite f

**CZ** n abbr (US: = Central Zone) zone du canal de Panama

**czar** [zɑːʳ] n tsar m

**Czech** [tʃɛk] adj tchèque ▷ n Tchèque m/f; (Ling) tchèque m

**Czechoslovak** [tʃɛkə'sləuvæk] adj, n = **Czechoslovakian**

**Czechoslovakia** [tʃɛkəslə'vækɪə] n Tchécoslovaquie f

**Czechoslovakian** [tʃɛkəslə'vækɪən] adj tchécoslovaque ▷ n Tchécoslovaque m/f

**Czech Republic** n: **the** ~ la République tchèque

C

# Dd

**D¹, d¹** [diː] *n* (*letter*) D, d *m*; (*Mus*): **D** ré *m*; **D for David**, (*US*) **D for Dog** D comme Désirée

**D²** *abbr* (*US Pol*) = **democrat; democratic**

**d²** *abbr* (*Brit: old*) = **penny**

**d.** *abbr* = **died**

**DA** *n abbr* (*US*) = **district attorney**

**dab** [dæb] *vt* (*eyes, wound*) tamponner; (*paint, cream*) appliquer (par petites touches *or* rapidement); **a ~ of paint** un petit coup de peinture

**dabble** ['dæbl] *vi*: **to ~ in** faire *or* se mêler *or* s'occuper un peu de

**Dacca** ['dækə] *n* Dacca

**dachshund** ['dækshund] *n* teckel *m*

**dad, daddy** [dæd, 'dædɪ] *n* papa *m*

**daddy-long-legs** [dædɪ'lɒŋlɛgz] *n* tipule *f*; faucheux *m*

**daffodil** ['dæfədɪl] *n* jonquille *f*

**daft** [dɑːft] *adj* (*inf*) idiot(e), stupide; **to be ~ about** être toqué(e) *or* mordu(e) de

**dagger** ['dægər] *n* poignard *m*; **to be at ~s drawn with sb** être à couteaux tirés avec qn; **to look ~s at sb** foudroyer qn du regard

**dahlia** ['deɪljə] *n* dahlia *m*

**daily** ['deɪlɪ] *adj* quotidien(ne), journalier(-ière) ▷ *n* quotidien *m*; (*Brit: servant*) femme *f* de ménage (*à la journée*) ▷ *adv* tous les jours; **twice ~** deux fois par jour

**dainty** ['deɪntɪ] *adj* délicat(e), mignon(ne)

**dairy** ['dɛərɪ] *n* (*shop*) crémerie *f*, laiterie *f*; (*on farm*) laiterie ▷ *adj* laitier(-ière)

**dairy cow** *n* vache laitière

**dairy farm** *n* exploitation *f* pratiquant l'élevage laitier

**dairy produce** *n* produits laitiers

**dairy products** *npl* produits laitier

**dais** ['deɪɪs] *n* estrade *f*

**daisy** ['deɪzɪ] *n* pâquerette *f*

**daisy wheel** *n* (*on printer*) marguerite *f*

**daisy-wheel printer** ['deɪzɪwiːl-] *n* imprimante *f* à marguerite

**Dakar** ['dækə] *n* Dakar

**dale** [deɪl] *n* vallon *m*

**dally** ['dælɪ] *vi* musarder, flâner

**dalmatian** [dæl'meɪʃən] *n* (*dog*) dalmatien(ne)

**dam** [dæm] *n* (*wall*) barrage *m*; (*water*) réservoir *m*, lac *m* de retenue ▷ *vt* endiguer

**damage** ['dæmɪdʒ] *n* dégâts *mpl*, dommages *mpl*; (*fig*) tort *m* ▷ *vt* endommager, abîmer; (*fig*) faire du tort à; **damages** *npl* (*Law*) dommages-intérêts *mpl*; **to pay £5000 in ~s** payer 5000 livres de dommages-intérêts; **~ to property** dégâts matériels

**damaging** ['dæmɪdʒɪŋ] *adj*: **~ (to)** préjudiciable (à), nuisible (à)

**Damascus** [də'mɑːskəs] *n* Damas

**dame** [deɪm] *n* (*title*) titre porté par une femme décorée de l'ordre de l'Empire Britannique ou d'un ordre de chevalerie, titre porté par la femme ou la veuve d'un chevalier ou baronnet; (*US inf*) nana *f*; (*Theat*) vieille dame (*rôle comique joué par un homme*)

**damn** [dæm] *vt* condamner; (*curse*) maudire ▷ *n* (*inf*): **I don't give a ~** je m'en fous ▷ *adj* (*inf: also:* **damned**): **this ~ ...** ce sacré *or* foutu ...; **~ (it)!** zut!

**damnable** ['dæmnəbl] *adj* (*inf: behaviour*) odieux(-euse), détestable; (*: weather*) épouvantable, abominable

**damnation** [dæm'neɪʃən] *n* (*Rel*) damnation *f* ▷ *excl* (*inf*) malédiction!, merde!

**damning** ['dæmɪŋ] *adj* (*evidence*) accablant(e)

**damp** [dæmp] *adj* humide ▷ *n* humidité *f* ▷ *vt* (*also:* **dampen:** *cloth, rag*) humecter; (*: enthusiasm etc*) refroidir

**dampcourse** ['dæmpkɔːs] *n* couche isolante (contre l'humidité)

**damper** ['dæmpər] *n* (*Mus*) étouffoir *m*; (*of fire*) registre *m*; **to put a ~ on** (*fig: atmosphere, enthusiasm*) refroidir

**dampness** ['dæmpnɪs] *n* humidité *f*

**damson** ['dæmzən] *n* prune *f* de Damas

**dance** [dɑːns] *n* danse *f*; (*ball*) bal *m* ▷ *vi* danser; **to ~ about** sautiller, gambader

**dance floor** *n* piste *f* de danse

**dance hall** *n* salle *f* de bal, dancing *m*

**dancer** ['dɑːnsər] *n* danseur(-euse)

**dancing** ['dɑːnsɪŋ] *n* danse *f*

**D and C** *n abbr* (*Med: = dilation and curettage*) curetage *m*

**dandelion** ['dændɪlaɪən] *n* pissenlit *m*

**dandruff** ['dændrəf] *n* pellicules *fpl*

**D & T** *n abbr* (*Brit: Scol*) = **design and technology**

**dandy** ['dændɪ] n dandy m, élégant m ▷ adj (US inf) fantastique, super
**Dane** [deɪn] n Danois(e)
**danger** ['deɪndʒəʳ] n danger m; ~! (on sign) danger!; **there is a ~ of fire** il y a (un) risque d'incendie; **in ~** en danger; **he was in ~ of falling** il risquait de tomber; **out of ~** hors de danger
**danger list** n (Med): **on the ~** dans un état critique
**danger money** n (Brit) prime f de risque
**dangerous** ['deɪndʒrəs] adj dangereux(-euse)
**dangerously** ['deɪndʒrəslɪ] adv dangereusement; **~ ill** très gravement malade, en danger de mort
**danger zone** n zone dangereuse
**dangle** ['dæŋgl] vt balancer; (fig) faire miroiter ▷ vi pendre, se balancer
**Danish** ['deɪnɪʃ] adj danois(e) ▷ n (Ling) danois m
**Danish pastry** n feuilleté m (recouvert d'un glaçage et fourré aux fruits etc)
**dank** [dæŋk] adj froid(e) et humide
**Danube** ['dænju:b] n: **the ~** le Danube
**dapper** ['dæpəʳ] adj pimpant(e)
**Dardanelles** [dɑːdə'nelz] npl Dardanelles fpl
**dare** [dɛəʳ] vt: **to ~ sb to do** défier qn or mettre qn au défi de faire ▷ vi: **to ~ (to) do sth** oser faire qch; **I ~n't tell him** (Brit) je n'ose pas le lui dire; **I ~ say he'll turn up** il est probable qu'il viendra
**daredevil** ['dɛədɛvl] n casse-cou m inv
**Dar-es-Salaam** ['dɑːrɛssə'lɑːm] n Dar-es-Salaam, Dar-es-Salam
**daring** ['dɛərɪŋ] adj hardi(e), audacieux(-euse) ▷ n audace f, hardiesse f
**dark** [dɑːk] adj (night, room) obscur(e), sombre; (colour, complexion) foncé(e), sombre; (fig) sombre ▷ n: **in the ~** dans le noir; **to be in the ~ about** (fig) ignorer tout de; **after ~** après la tombée de la nuit; **it is/is getting ~** il fait nuit/commence à faire nuit
**darken** [dɑːkn] vt obscurcir, assombrir ▷ vi s'obscurcir, s'assombrir
**dark glasses** npl lunettes noires
**dark horse** n (fig): **he's a ~** on ne sait pas grand-chose de lui
**darkly** ['dɑːklɪ] adv (gloomily) mélancoliquement; (in a sinister way) lugubrement
**darkness** ['dɑːknɪs] n obscurité f
**darkroom** ['dɑːkrʊm] n chambre noire
**darling** ['dɑːlɪŋ] adj, n chéri(e)
**darn** [dɑːn] vt repriser
**dart** [dɑːt] n fléchette f; (in sewing) pince f ▷ vi: **to ~ towards** (also: **make a dart towards**) se précipiter or s'élancer vers; **to ~ away/along** partir/passer comme une flèche
**dartboard** ['dɑːtbɔːd] n cible f (de jeu de fléchettes)
**darts** [dɑːts] n jeu m de fléchettes
**dash** [dæʃ] n (sign) tiret m; (small quantity) goutte f, larme f ▷ vt (throw) jeter or lancer violemment; (hopes) anéantir ▷ vi: **to ~ towards** (also: **make a**

**dash towards**) se précipiter or se ruer vers; **a ~ of soda** un peu d'eau gazeuse
▶ **dash away** vi partir à toute allure
▶ **dash off** vi = **dash away**
**dashboard** ['dæʃbɔːd] n (Aut) tableau m de bord
**dashing** ['dæʃɪŋ] adj fringant(e)
**dastardly** ['dæstədlɪ] adj lâche
**DAT** n abbr (= digital audio tape) cassette f audio digitale
**data** ['deɪtə] npl données fpl
**database** ['deɪtəbeɪs] n base f de données
**data capture** n saisie f de données
**data processing** n traitement m (électronique) de l'information
**data transmission** n transmission f de données
**date** [deɪt] n date f; (with sb) rendez-vous m; (fruit) datte f ▷ vt dater; (person) sortir avec; **what's the ~ today?** quelle date sommes-nous aujourd'hui?; **~ of birth** date de naissance; **closing ~** date de clôture; **to ~** (adv) à ce jour; **out of ~** périmé(e); **up to ~** à la page, mis(e) à jour, moderne; **to bring up to ~** (correspondence, information) mettre à jour; (method) moderniser; (person) mettre au courant; **letter ~d 5th July** or (US) **July 5th** lettre (datée) du 5 juillet
**dated** ['deɪtɪd] adj démodé(e)
**dateline** ['deɪtlaɪn] n ligne f de changement de date
**date rape** n viol m (à l'issue d'un rendez-vous galant)
**date stamp** n timbre-dateur m
**daub** [dɔːb] vt barbouiller
**daughter** ['dɔːtəʳ] n fille f
**daughter-in-law** ['dɔːtərɪnlɔː] n belle-fille f, bru f
**daunt** [dɔːnt] vt intimider, décourager
**daunting** ['dɔːntɪŋ] adj décourageant(e), intimidant(e)
**dauntless** ['dɔːntlɪs] adj intrépide
**dawdle** ['dɔːdl] vi traîner, lambiner; **to ~ over one's work** traînasser or lambiner sur son travail
**dawn** [dɔːn] n aube f, aurore f ▷ vi (day) se lever, poindre; (fig) naître, se faire jour; **at ~** à l'aube; **from ~ to dusk** du matin au soir; **it ~ed on him that ...** il lui vint à l'esprit que ...
**dawn chorus** n (Brit) chant m des oiseaux à l'aube
**day** [deɪ] n jour m; (as duration) journée f; (period of time, age) époque f, temps m; **the ~ before** la veille, le jour précédent; **the ~ after, the following ~** le lendemain, le jour suivant; **the ~ before yesterday** avant-hier; **the ~ after tomorrow** après-demain; **(on) the ~ that ...** le jour où ...; **~ by ~** jour après jour; **by ~** de jour; **paid by the ~** payé(e) à la journée; **these ~s, in the present** de nos jours, à l'heure actuelle
**daybook** ['deɪbʊk] n (Brit) main courante, brouillard m, journal m
**day boy** n (Scol) externe m
**daybreak** ['deɪbreɪk] n point m du jour
**day-care centre** ['deɪkɛə-] n (for elderly etc)

centre *m* d'accueil de jour; *(for children)* garderie *f*

**daydream** ['deɪdriːm] *n* rêverie *f* ▷ *vi* rêver (tout éveillé)

**day girl** *n (Scol)* externe *f*

**daylight** ['deɪlaɪt] *n* (lumière *f* du) jour *m*

**daylight robbery** *n*: **it's ~** *(fig: inf)* c'est du vol caractérisé *or* manifeste

**daylight saving time** *n (US)* heure *f* d'été

**day release** *n*: **to be on ~** avoir une journée de congé pour formation professionnelle

**day return** *n (Brit)* billet *m* d'aller-retour *(valable pour la journée)*

**day shift** *n* équipe *f* de jour

**daytime** ['deɪtaɪm] *n* jour *m*, journée *f*

**day-to-day** ['deɪtə'deɪ] *adj (routine, expenses)* journalier(-ière); **on a ~ basis** au jour le jour

**day trip** *n* excursion *f* (d'une journée)

**day tripper** *n* excursionniste *m/f*

**daze** [deɪz] *vt (drug)* hébéter; *(blow)* étourdir ▷ *n*: **in a ~** hébété(e), étourdi(e)

**dazed** [deɪzd] *adj* abruti(e)

**dazzle** ['dæzl] *vt* éblouir, aveugler

**dazzling** ['dæzlɪŋ] *adj (light)* aveuglant(e), éblouissant(e); *(fig)* éblouissant(e)

**DC** *abbr (Elec)* = **direct current**; *(US)* = **District of Columbia**

**DD** *n abbr (= Doctor of Divinity)* titre universitaire

**dd.** *abbr (Comm)* = **delivered**

**D/D** *abbr* = **direct debit**

**D-day** ['diːdeɪ] *n* le jour J

**DDS** *n abbr (US: = Doctor of Dental Science; Brit: = Doctor of Dental Surgery)* titres universitaires

**DDT** *n abbr (= dichlorodiphenyl trichloroethane)* DDT *m*

**DE** *abbr (US)* = **Delaware**

**DEA** *n abbr (US: = Drug Enforcement Administration)* ≈ brigade *f* des stupéfiants

**deacon** ['diːkən] *n* diacre *m*

**dead** [dɛd] *adj* mort(e); *(numb)* engourdi(e), insensible; *(battery)* à plat ▷ *adv (completely)* absolument, complètement; *(exactly)* juste; **the dead** *npl* les morts; **he was shot ~** il a été tué d'un coup de revolver; **~ on time** à l'heure pile; **~ tired** éreinté(e), complètement fourbu(e); **to stop ~** s'arrêter pile *or* net; **the line is ~** *(Tel)* la ligne est coupée

**dead beat** *adj (inf)* claqué(e), crevé(e)

**deaden** [dɛdn] *vt (blow, sound)* amortir; *(make numb)* endormir, rendre insensible

**dead end** *n* impasse *f*

**dead-end** ['dɛdɛnd] *adj*: **a ~ job** un emploi *or* poste sans avenir

**dead heat** *n (Sport)*: **to finish in a ~** terminer ex aequo

**dead-letter office** [dɛd'lɛtər-] *n* ≈ centre *m* de recherche du courrier

**deadline** ['dɛdlaɪn] *n* date *f or* heure *f* limite; **to work to a ~** avoir des délais stricts à respecter

**deadlock** ['dɛdlɔk] *n* impasse *f*; *(fig)*

**dead loss** *n (inf)*: **to be a ~** *(person)* n'être bon (bonne à rien); *(thing)* ne rien valoir

**deadly** ['dɛdlɪ] *adj* mortel(le); *(weapon)* meurtrier(-ière); **~ dull** ennuyeux(-euse) à

mourir, mortellement ennuyeux

**deadpan** ['dɛdpæn] *adj* impassible; *(humour)* pince-sans-rire *inv*

**Dead Sea** *n*: **the ~** la mer Morte

**deaf** [dɛf] *adj* sourd(e); **to turn a ~ ear to sth** faire la sourde oreille à qch

**deaf-aid** ['dɛfeɪd] *n (Brit)* appareil auditif

**deaf-and-dumb** ['dɛfən'dʌm] *adj* sourd(e)-muet(te); **~ alphabet** alphabet *m* des sourds-muets

**deafen** ['dɛfn] *vt* rendre sourd(e); *(fig)* assourdir

**deafening** ['dɛfnɪŋ] *adj* assourdissant(e)

**deaf-mute** ['dɛfmjuːt] *n* sourd/e-muet/te

**deafness** ['dɛfnɪs] *n* surdité *f*

**deal** [diːl] *n* affaire *f*, marché *m* ▷ *vt (pt, pp* **-t)** [dɛlt] *(blow)* porter; *(cards)* donner, distribuer; **to strike a ~ with sb** faire *or* conclure un marché avec qn; **it's a ~!** *(inf)* marché conclu!, tope-là!, topez-là!; **he got a bad ~ from them** ils ont mal agi envers lui; **he got a fair ~ from them** ils ont agi loyalement envers lui; **a good ~** *(a lot)* beaucoup; **a good ~ of, a great ~ of** beaucoup de, énormément de

▶ **deal in** *vt fus (Comm)* faire le commerce de, être dans le commerce de

▶ **deal with** *vt fus (Comm)* traiter avec; *(handle)* s'occuper *or* se charger de; *(be about: book etc)* traiter de

**dealer** ['diːlər] *n (Comm)* marchand *m*; *(Cards)* donneur *m*

**dealership** ['diːləʃɪp] *n* concession *f*

**dealings** ['diːlɪŋz] *npl (in goods, shares)* opérations *fpl*, transactions *fpl*; *(relations)* relations *fpl*, rapports *mpl*

**dealt** [dɛlt] *pt, pp of* **deal**

**dean** [diːn] *n (Rel, Brit Scol)* doyen *m*; *(US Scol)* conseiller principal (conseillère principale) d'éducation

**dear** [dɪər] *adj* cher (chère); *(expensive)* cher, coûteux(-euse) ▷ *n*: **my ~** mon cher (ma chère) ▷ *excl*: **~ me!** mon Dieu!; **D~ Sir/Madam** *(in letter)* Monsieur/Madame; **D~ Mr/Mrs X** Cher Monsieur/Chère Madame X

**dearly** ['dɪəlɪ] *adv (love)* tendrement; *(pay)* cher

**dearth** [dəːθ] *n* disette *f*, pénurie *f*

**death** [dɛθ] *n* mort *f*; *(Admin)* décès *m*

**deathbed** ['dɛθbɛd] *n* lit *m* de mort

**death certificate** *n* acte *m* de décès

**deathly** ['dɛθlɪ] *adj* de mort ▷ *adv* comme la mort

**death penalty** *n* peine *f* de mort

**death rate** *n* taux *m* de mortalité

**death row** [-'rəu] *n (US)* quartier *m* des condamnés à mort; **to be on ~** être condamné à la peine de mort

**death sentence** *n* condamnation *f* à mort

**death squad** *n* escadron *m* de la mort

**death toll** *n* nombre *m* de morts

**deathtrap** ['dɛθtræp] *n* endroit *or* véhicule *etc* dangereux

**deb** [dɛb] *n abbr (inf)* = **debutante**

**debar** [dɪ'bɑːr] *vt*: **to ~ sb from a club** *etc* exclure qn d'un club *etc*; **to ~ sb from doing** interdire à qn de faire

**debase** [dɪ'beɪs] *vt* (*currency*) déprécier, dévaloriser; (*person*) abaisser, avilir

**debatable** [dɪ'beɪtəbl] *adj* discutable, contestable; **it is ~ whether ...** il est douteux que ...

**debate** [dɪ'beɪt] *n* discussion *f*, débat *m* ▷ *vt* discuter, débattre ▷ *vi* (*consider*): **to ~ whether** se demander si

**debauchery** [dɪ'bɔːtʃərɪ] *n* débauche *f*

**debenture** [dɪ'bentʃər] *n* (*Comm*) obligation *f*

**debilitate** [dɪ'bɪlɪteɪt] *vt* débiliter

**debit** ['debɪt] *n* débit *m* ▷ *vt*: **to ~ a sum to sb** *or* **to sb's account** porter une somme au débit de qn, débiter qn d'une somme

**debit balance** *n* solde débiteur

**debit card** *n* carte *f* de paiement

**debit note** *n* note *f* de débit

**debrief** [diː'briːf] *vt* demander un compte rendu de fin de mission à

**debriefing** [diː'briːfɪŋ] *n* compte rendu *m*

**debris** ['debriː] *n* débris *mpl*, décombres *mpl*

**debt** [det] *n* dette *f*; **to be in ~** avoir des dettes, être endetté(e); **bad ~** créance *f* irrécouvrable

**debt collector** *n* agent *m* de recouvrements

**debtor** ['detər] *n* débiteur(-trice)

**debug** ['diː'bʌg] *vt* (*Comput*) déboguer

**debunk** [diː'bʌŋk] *vt* (*theory, claim*) montrer le ridicule de

**debut** ['deɪbjuː] *n* début(s) *m(pl)*

**debutante** ['debjutænt] *n* débutante *f*

**Dec.** *abbr* (= *December*) déc

**decade** ['dekeɪd] *n* décennie *f*, décade *f*

**decadence** ['dekədəns] *n* décadence *f*

**decadent** ['dekədənt] *adj* décadent(e)

**decaf** ['diː'kæf] *n* (*inf*) déca *m*

**decaffeinated** [dɪ'kæfɪneɪtɪd] *adj* décaféiné(e)

**decamp** [dɪ'kæmp] *vi* (*inf*) décamper, filer

**decant** [dɪ'kænt] *vt* (*wine*) décanter

**decanter** [dɪ'kæntər] *n* carafe *f*

**decarbonize** [diː'kɑːbənaɪz] *vt* (*Aut*) décalaminer

**decathlon** [dɪ'kæθlən] *n* décathlon *m*

**decay** [dɪ'keɪ] *n* (*of food, wood etc*) décomposition *f*, pourriture *f*, (*of building*) délabrement *m*; (*fig*) déclin *m*; (*also*: **tooth decay**) carie *f* (dentaire) ▷ *vi* (*rot*) se décomposer, pourrir; (: *teeth*) se carier; (*fig: city, district, building*) se délabrer; (: *civilization*) décliner; (: *system*) tomber en ruine

**decease** [dɪ'siːs] *n* décès *m*

**deceased** [dɪ'siːst] *n*: **the ~** le (la) défunt(e)

**deceit** [dɪ'siːt] *n* tromperie *f*, supercherie *f*

**deceitful** [dɪ'siːtful] *adj* trompeur(-euse)

**deceive** [dɪ'siːv] *vt* tromper; **to ~ o.s.** s'abuser

**decelerate** [diː'seləreɪt] *vt, vi* ralentir

**December** [dɪ'sembər] *n* décembre *m*; *for phrases see also* **July**

**decency** ['diːsənsɪ] *n* décence *f*

**decent** ['diːsənt] *adj* (*proper*) décent(e), convenable; **they were very ~ about it** ils se sont montrés très chics

**decently** ['diːsəntlɪ] *adv* (*respectably*) décemment, convenablement; (*kindly*) décemment

**decentralization** [diːsentrəlaɪ'zeɪʃən] *n* décentralisation *f*

**decentralize** [diː'sentrəlaɪz] *vt* décentraliser

**deception** [dɪ'sepʃən] *n* tromperie *f*

**deceptive** [dɪ'septɪv] *adj* trompeur(-euse)

**decibel** ['desɪbel] *n* décibel *m*

**decide** [dɪ'saɪd] *vt* (*subj: person*) décider; (*question, argument*) trancher, régler ▷ *vi* se décider, décider; **to ~ to do/that** décider de faire/que; **to ~ on** décider, se décider pour; **to ~ on doing** décider de faire; **to ~ against doing** décider de ne pas faire

**decided** [dɪ'saɪdɪd] *adj* (*resolute*) résolu(e), décidé(e); (*clear, definite*) net(te), marqué(e)

**decidedly** [dɪ'saɪdɪdlɪ] *adv* résolument; incontestablement, nettement

**deciding** [dɪ'saɪdɪŋ] *adj* décisif(-ive)

**deciduous** [dɪ'sɪdjuəs] *adj* à feuilles caduques

**decimal** ['desɪməl] *adj* décimal(e) ▷ *n* décimale *f*; **to three ~ places** (jusqu')à la troisième décimale

**decimalize** ['desɪmələɪz] *vt* (*Brit*) décimaliser

**decimal point** *n* ≈ virgule *f*

**decimate** ['desɪmeɪt] *vt* décimer

**decipher** [dɪ'saɪfər] *vt* déchiffrer

**decision** [dɪ'sɪʒən] *n* décision *f*; **to make a ~** prendre une décision

**decisive** [dɪ'saɪsɪv] *adj* décisif(-ive); (*influence*) décisif, déterminant(e); (*manner, person*) décidé(e), catégorique; (*reply*) ferme, catégorique

**deck** [dek] *n* (*Naut*) pont *m*; (*of cards*) jeu *m*; (*record deck*) platine *f*; (*of bus*): **top ~** impériale *f*; **to go up on ~** monter sur le pont; **below ~** dans l'entrepont

**deckchair** ['dektʃeər] *n* chaise longue

**deck hand** *n* matelot *m*

**declaration** [deklə'reɪʃən] *n* déclaration *f*

**declare** [dɪ'kleər] *vt* déclarer

**declassify** [diː'klæsɪfaɪ] *vt* rendre accessible au public *or* à tous

**decline** [dɪ'klaɪn] *n* (*decay*) déclin *m*; (*lessening*) baisse *f* ▷ *vt* refuser, décliner ▷ *vi* décliner; (*business*) baisser; **~ in living standards** baisse du niveau de vie; **to ~ to do sth** refuser (poliment) de faire qch

**declutch** ['diː'klʌtʃ] *vi* (*Brit*) débrayer

**decode** ['diː'kəud] *vt* décoder

**decoder** ['diː'kəudər] *n* (*Comput, TV*) décodeur *m*

**decompose** [diːkəm'pəuz] *vi* se décomposer

**decomposition** [diːkɔmpə'zɪʃən] *n* décomposition *f*

**decompression** [diːkəm'preʃən] *n* décompression *f*

**decompression chamber** *n* caisson *m* de décompression

**decongestant** [diːkən'dʒestənt] *n* décongestif *m*

**decontaminate** [diːkən'tæmɪneɪt] *vt*

décontaminer

**decontrol** [di:kən'trəul] *vt* (*prices etc*) libérer

**décor** ['deɪkɔ:ʳ] *n* décor *m*

**decorate** ['dɛkəreɪt] *vt* (*adorn, give a medal to*) décorer; (*paint and paper*) peindre et tapisser

**decoration** [dɛkə'reɪʃən] *n* (*medal etc, adornment*) décoration *f*

**decorative** ['dɛkərətɪv] *adj* décoratif(-ive)

**decorator** ['dɛkəreɪtəʳ] *n* peintre *m* en bâtiment

**decorum** [dɪ'kɔ:rəm] *n* décorum *m*, bienséance *f*

**decoy** ['di:kɔɪ] *n* piège *m*; **they used him as a ~ for the enemy** ils se sont servis de lui pour attirer l'ennemi

**decrease** *n* ['di:kri:s] diminution *f* ▷ *vt, vi* [di:'kri:s] diminuer; **to be on the ~** diminuer, être en diminution

**decreasing** [di:'kri:sɪŋ] *adj* en voie de diminution

**decree** [dɪ'kri:] *n* (*Pol, Rel*) décret *m*; (*Law*) arrêt *m*, jugement *m* ▷ *vt*: **to ~ (that)** décréter (que), ordonner (que); **~ absolute** jugement définitif (de divorce); **~ nisi** jugement provisoire de divorce

**decrepit** [dɪ'krɛpɪt] *adj* (*person*) décrépit(e); (*building*) délabré(e)

**decry** [dɪ'kraɪ] *vt* condamner ouvertement, déplorer; (*disparage*) dénigrer, décrier

**dedicate** ['dɛdɪkeɪt] *vt* consacrer; (*book etc*) dédier

**dedicated** ['dɛdɪkeɪtɪd] *adj* (*person*) dévoué(e); (*Comput*) spécialisé(e), dédié(e); **~ word processor** station *f* de traitement de texte

**dedication** [dɛdɪ'keɪʃən] *n* (*devotion*) dévouement *m*; (*in book*) dédicace *f*

**deduce** [dɪ'dju:s] *vt* déduire, conclure

**deduct** [dɪ'dʌkt] *vt*: **to ~ sth (from)** déduire qch (de), retrancher qch (de); (*from wage etc*) prélever qch (sur), retenir qch (sur)

**deduction** [dɪ'dʌkʃən] *n* (*deducting, deducing*) déduction *f*; (*from wage etc*) prélèvement *m*, retenue *f*

**deed** [di:d] *n* action *f*, acte *m*; (*Law*) acte notarié, contrat *m*; **~ of covenant** (acte *m* de) donation *f*

**deem** [di:m] *vt* (*formal*) juger, estimer; **to ~ it wise to do** juger bon de faire

**deep** [di:p] *adj* (*water, sigh, sorrow, thoughts*) profond(e); (*voice*) grave ▷ *adv*: **~ in snow** recouvert(e) d'une épaisse couche de neige; **spectators stood 20 ~** il y avait 20 rangs de spectateurs; **knee-~ in water** dans l'eau jusqu'aux genoux; **4 metres ~** de 4 mètres de profondeur; **how ~ is the water?** l'eau a quelle profondeur?; **he took a ~ breath** il inspira profondément, il prit son souffle

**deepen** [di:pn] *vt* (*hole*) approfondir ▷ *vi* s'approfondir; (*darkness*) s'épaissir

**deepfreeze** ['di:p'fri:z] *n* congélateur *m* ▷ *vt* surgeler

**deep-fry** ['di:p'fraɪ] *vt* faire frire (dans une friteuse)

**deeply** ['di:plɪ] *adv* profondément; (*dig*) en profondeur; (*regret, interested*) vivement

**deep-rooted** ['di:p'ru:tɪd] *adj* (*prejudice*) profondément enraciné(e); (*affection*) profond(e); (*habit*) invétéré(e)

**deep-sea** ['di:p'si:] *adj*: **~ diver** plongeur sous-marin; **~ diving** plongée sous-marine; **~ fishing** pêche hauturière

**deep-seated** ['di:p'si:tɪd] *adj* (*belief*) profondément enraciné(e)

**deep-set** ['di:psɛt] *adj* (*eyes*) enfoncé(e)

**deep vein thrombosis** *n* thrombose *f* veineuse profonde

**deer** [dɪəʳ] *n* (*pl inv*): **the ~** les cervidés *mpl*; (*Zool*): **(red) ~** cerf *m*; **(fallow) ~** daim *m*; **(roe) ~** chevreuil *m*

**deerskin** ['dɪəskɪn] *n* peau *f* de daim

**deerstalker** ['dɪəstɔ:kəʳ] *n* (*person*) chasseur *m* de cerf; (*hat*) casquette *f* à la Sherlock Holmes

**deface** [dɪ'feɪs] *vt* dégrader; barbouiller; rendre illisible

**defamation** [dɛfə'meɪʃən] *n* diffamation *f*

**defamatory** [dɪ'fæmətrɪ] *adj* diffamatoire, diffamant(e)

**default** [dɪ'fɔ:lt] *vi* (*Law*) faire défaut; (*gen*) manquer à ses engagements ▷ *n* (*Comput: also*: **default value**) valeur *f* par défaut; **by ~** (*Law*) par défaut, par contumace; (*Sport*) par forfait; **to ~ on a debt** ne pas s'acquitter d'une dette

**defaulter** [dɪ'fɔ:ltəʳ] *n* (*on debt*) débiteur défaillant

**default option** *n* (*Comput*) option *f* par défaut

**defeat** [dɪ'fi:t] *n* défaite *f* ▷ *vt* (*team, opponents*) battre; (*fig: plans, efforts*) faire échouer

**defeatism** [dɪ'fi:tɪzəm] *n* défaitisme *m*

**defeatist** [dɪ'fi:tɪst] *adj, n* défaitiste *m/f*

**defecate** ['dɛfəkeɪt] *vi* déféquer

**defect** *n* ['di:fɛkt] *n* défaut *m* ▷ *vi* [dɪ'fɛkt]: **to ~ to the enemy/the West** passer à l'ennemi/l'Ouest; **physical ~** malformation *f*, vice *m* de conformation; **mental ~** anomalie *or* déficience mentale

**defective** [dɪ'fɛktɪv] *adj* défectueux(-euse)

**defector** [dɪ'fɛktəʳ] *n* transfuge *m/f*

**defence, (US) defense** [dɪ'fɛns] *n* défense *f*; **in ~ of** pour défendre; **witness for the ~** témoin *m* à décharge; **the Ministry of D~, (US) the Department of Defense** le ministère de la Défense nationale

**defenceless** [dɪ'fɛnslɪs] *adj* sans défense

**defend** [dɪ'fɛnd] *vt* défendre; (*decision, action, opinion*) justifier, défendre

**defendant** [dɪ'fɛndənt] *n* défendeur(-deresse); (*in criminal case*) accusé(e), prévenu(e)

**defender** [dɪ'fɛndəʳ] *n* défenseur *m*

**defending champion** [dɪ'fɛndɪŋ-] *n* (*Sport*) champion(ne) en titre

**defending counsel** [dɪ'fɛndɪŋ-] *n* (*Law*) avocat *m* de la défense

**defense** [dɪ'fɛns] *n* (*US*) = **defence**

**defensive** [dɪ'fɛnsɪv] *adj* défensif(-ive) ▷ *n* défensive *f*; **on the ~** sur la défensive

**defer** [dɪ'fə:ʳ] *vt* (*postpone*) différer, ajourner ▷ *vi* (*submit*): **to ~ to sb/sth** déférer à qn/qch, s'en remettre à qn/qch

**deference** ['dɛfərəns] n déférence f, égards mpl;
**out of** or **in ~ to** par déférence or égards pour

**defiance** [dɪ'faɪəns] n défi m; **in ~ of** au mépris
de

**defiant** [dɪ'faɪənt] adj provocant(e), de défi;
(person) rebelle, intraitable

**defiantly** [dɪ'faɪəntlɪ] adv d'un air (or d'un ton)
de défi

**deficiency** [dɪ'fɪʃənsɪ] n (lack) insuffisance f;
(: Med) carence f; (flaw) faiblesse f; (Comm)
déficit m, découvert m

**deficiency disease** n maladie f de carence

**deficient** [dɪ'fɪʃənt] adj (inadequate)
insuffisant(e); (defective) défectueux(-euse); **to
be ~ in** manquer de

**deficit** ['dɛfɪsɪt] n déficit m

**defile** [dɪ'faɪl] vt souiller ▷ vi défiler ▷ n ['di:faɪl]
défilé m

**define** [dɪ'faɪn] vt définir

**definite** ['dɛfɪnɪt] adj (fixed) défini(e), (bien)
déterminé(e); (clear, obvious) net(te), manifeste;
(Ling) défini(e); (certain) sûr(e); **he was ~ about
it** il a été catégorique; il était sûr de son fait

**definitely** ['dɛfɪnɪtlɪ] adv sans aucun doute

**definition** [dɛfɪ'nɪʃən] n définition f; (clearness)
netteté f

**definitive** [dɪ'fɪnɪtɪv] adj définitif(-ive)

**deflate** [di:'fleɪt] vt dégonfler; (pompous person)
rabattre le caquet à; (Econ) provoquer la
déflation de; (: prices) faire tomber or baisser

**deflation** [di:'fleɪʃən] n (Econ) déflation f

**deflationary** [di:'fleɪʃənrɪ] adj (Econ)
déflationniste

**deflect** [dɪ'flɛkt] vt détourner, faire dévier

**defog** ['di:'fɒg] vt (US Aut) désembuer

**defogger** ['di:'fɒgəʳ] n (US Aut) dispositif m anti-
buée inv

**deform** [dɪ'fɔ:m] vt déformer

**deformed** [dɪ'fɔ:md] adj difforme

**deformity** [dɪ'fɔ:mɪtɪ] n difformité f

**defraud** [dɪ'frɔ:d] vt frauder; **to ~ sb of sth**
soutirer qch malhonnêtement à qn; escroquer
qch à qn; frustrer qn de qch

**defray** [dɪ'freɪ] vt: **to ~ sb's expenses** défrayer
qn (de ses frais), rembourser or payer à qn ses
frais

**defrost** [di:'frɒst] vt (fridge) dégivrer; (frozen food)
décongeler

**deft** [dɛft] adj adroit(e), preste

**defunct** [dɪ'fʌŋkt] adj défunt(e)

**defuse** [di:'fju:z] vt désamorcer

**defy** [dɪ'faɪ] vt défier; (efforts etc) résister à; **it
defies description** cela défie toute description

**degenerate** vi [dɪ'dʒɛnəreɪt] dégénérer ▷ adj
[dɪ'dʒɛnərɪt] dégénéré(e)

**degradation** [dɛgrə'deɪʃən] n dégradation f

**degrade** [dɪ'greɪd] vt dégrader

**degrading** [dɪ'greɪdɪŋ] adj dégradant(e)

**degree** [dɪ'gri:] n degré m; (Scol) diplôme m
(universitaire); **10 ~s below (zero)** 10 degrés
au-dessous de zéro; **a (first) ~ in maths** (Brit)

une licence en maths; **a considerable ~ of risk**
un considérable facteur or élément de risque;
**by ~s** (gradually) par degrés; **to some ~, to a
certain ~** jusqu'à un certain point, dans une
certaine mesure

**dehydrated** [di:haɪ'dreɪtɪd] adj déshydraté(e);
(milk, eggs) en poudre

**dehydration** [di:haɪ'dreɪʃən] n déshydratation f

**de-ice** ['di:'aɪs] vt (windscreen) dégivrer

**de-icer** ['di:'aɪsəʳ] n dégivreur m

**deign** [deɪn] vi: **to ~ to do** daigner faire

**deity** ['di:ɪtɪ] n divinité f; dieu m, déesse f

**déjà vu** [deɪʒɑ:'vu:] n: **I had a sense of ~** j'ai eu
une impression de déjà-vu

**dejected** [dɪ'dʒɛktɪd] adj abattu(e), déprimé(e)

**dejection** [dɪ'dʒɛkʃən] n abattement m,
découragement m

**Del.** abbr (US) = **Delaware**

**del.** abbr = **delete**

**delay** [dɪ'leɪ] vt (journey, operation) retarder,
différer; (traveller, train) retarder; (payment)
différer ▷ vi s'attarder ▷ n délai m, retard m; **to
be ~ed** être en retard; **without ~** sans délai,
sans tarder

**delayed-action** [dɪ'leɪd'ækʃən] adj à
retardement

**delectable** [dɪ'lɛktəbl] adj délicieux(-euse)

**delegate** n ['dɛlɪgɪt] délégué(e) ▷ vt ['dɛlɪgeɪt]
déléguer; **to ~ sth to sb/sb to do sth** déléguer
qch à qn/qn pour faire qch

**delegation** [dɛlɪ'geɪʃən] n délégation f

**delete** [dɪ'li:t] vt rayer, supprimer; (Comput)
effacer

**Delhi** ['dɛlɪ] n Delhi

**deli** ['dɛlɪ] n épicerie fine

**deliberate** adj [dɪ'lɪbərɪt] (intentional) délibéré(e);
(slow) mesuré(e) ▷ vi [dɪ'lɪbəreɪt] délibérer,
réfléchir

**deliberately** [dɪ'lɪbərɪtlɪ] adv (on purpose) exprès,
délibérément

**deliberation** [dɪlɪbə'reɪʃən] n délibération f,
réflexion f; (gen pl: discussion) délibérations,
débats mpl

**delicacy** ['dɛlɪkəsɪ] n délicatesse f; (choice food)
mets fin or délicat, friandise f

**delicate** ['dɛlɪkɪt] adj délicat(e)

**delicately** ['dɛlɪkɪtlɪ] adv délicatement; (act,
express) avec délicatesse, avec tact

**delicatessen** [dɛlɪkə'tɛsn] n épicerie fine

**delicious** [dɪ'lɪʃəs] adj délicieux(-euse), exquis(e)

**delight** [dɪ'laɪt] n (grande) joie, grand plaisir
▷ vt enchanter; **she's a ~ to work with** c'est un
plaisir de travailler avec elle; **a ~ to the eyes** un
régal or plaisir pour les yeux; **to take ~ in**
prendre grand plaisir à; **to be the ~ of** faire les
délices or la joie de

**delighted** [dɪ'laɪtɪd] adj: **~ (at** or **with sth)**
ravi(e) (de qch); **to be ~ to do sth/that** être
enchanté(e) or ravi(e) de faire qch/que; **I'd be ~**
j'en serais enchanté or ravi

**delightful** [dɪ'laɪtful] adj (person) absolument
charmant(e), adorable; (meal, evening)

merveilleux(-euse)

**delimit** [diːˈlɪmɪt] vt délimiter

**delineate** [dɪˈlɪnɪeɪt] vt tracer, esquisser; (fig) dépeindre, décrire

**delinquency** [dɪˈlɪŋkwənsɪ] n délinquance f

**delinquent** [dɪˈlɪŋkwənt] adj, n délinquant(e)

**delirious** [dɪˈlɪrɪəs] adj (Med: fig) délirant(e); **to be ~** délirer

**delirium** [dɪˈlɪrɪəm] n délire m

**deliver** [dɪˈlɪvəʳ] vt (mail) distribuer; (goods) livrer; (message) remettre; (speech) prononcer; (warning, ultimatum) lancer; (free) délivrer; (Med: baby) mettre au monde; (: woman) accoucher; **to ~ the goods** (fig) tenir ses promesses

**deliverance** [dɪˈlɪvrəns] n délivrance f, libération f

**delivery** [dɪˈlɪvərɪ] n (of mail) distribution f; (of goods) livraison f; (of speaker) élocution f; (Med) accouchement m; **to take ~ of** prendre livraison de

**delivery note** n bon m de livraison

**delivery van**, (US) **delivery truck** n fourgonnette f or camionnette f de livraison

**delta** [ˈdɛltə] n delta m

**delude** [dɪˈluːd] vt tromper, leurrer; **to ~ o.s.** se leurrer, se faire des illusions

**deluge** [ˈdɛljuːdʒ] n déluge m ▷ vt (fig): **to ~ (with)** inonder (de)

**delusion** [dɪˈluːʒən] n illusion f; **to have ~s of grandeur** être un peu mégalomane

**de luxe** [dəˈlʌks] adj de luxe

**delve** [dɛlv] vi: **to ~ into** fouiller dans

**Dem.** abbr (US Pol) = **democrat; democratic**

**demagogue** [ˈdɛməgɔg] n démagogue m/f

**demand** [dɪˈmɑːnd] vt réclamer, exiger; (need) exiger, requérir ▷ n exigence f; (claim) revendication f; (Econ) demande f; **to ~ sth (from** or **of sb)** exiger qch (de qn), réclamer qch (à qn); **in ~** demandé(e), recherché(e); **on ~** sur demande

**demanding** [dɪˈmɑːndɪŋ] adj (person) exigeant(e); (work) astreignant(e)

**demarcation** [diːmɑːˈkeɪʃən] n démarcation f

**demarcation dispute** n (Industry) conflit m d'attributions

**demean** [dɪˈmiːn] vt: **to ~ o.s.** s'abaisser

**demeanour**, (US) **demeanor** [dɪˈmiːnəʳ] n comportement m; maintien m

**demented** [dɪˈmɛntɪd] adj dément(e), fou (folle)

**demilitarized zone** [diːˈmɪlɪtəraɪzd-] n zone démilitarisée

**demise** [dɪˈmaɪz] n décès m

**demist** [diːˈmɪst] vt (Brit Aut) désembuer

**demister** [diːˈmɪstəʳ] n (Brit Aut) dispositif m anti-buée inv

**demo** [ˈdɛməu] n abbr (inf) = **demonstration**; (protest) manif f; (Comput) démonstration f

**demobilize** [diːˈməubɪlaɪz] vt démobiliser

**democracy** [dɪˈmɔkrəsɪ] n démocratie f

**democrat** [ˈdɛməkræt] n démocrate m/f

**democratic** [dɛməˈkrætɪk] adj démocratique; **the D~ Party** (US) le parti démocrate

**demography** [dɪˈmɔgrəfɪ] n démographie f

**demolish** [dɪˈmɔlɪʃ] vt démolir

**demolition** [dɛməˈlɪʃən] n démolition f

**demon** [ˈdiːmən] n démon m ▷ cpd: **a ~ squash player** un crack en squash; **a ~ driver** un fou du volant

**demonstrate** [ˈdɛmənstreɪt] vt démontrer, prouver; (show) faire une démonstration de ▷ vi: **to ~ (for/against)** manifester (en faveur de/contre)

**demonstration** [dɛmənˈstreɪʃən] n démonstration f; (Pol etc) manifestation f; **to hold a ~** (Pol etc) organiser une manifestation, manifester

**demonstrative** [dɪˈmɔnstrətɪv] adj démonstratif(-ive)

**demonstrator** [ˈdɛmənstreɪtəʳ] n (Pol etc) manifestant(e); (Comm: sales person) vendeur(-euse); (: car, computer etc) modèle m de démonstration

**demote** [dɪˈməut] vt rétrograder

**demotion** [dɪˈməuʃən] n rétrogradation f

**demur** [dɪˈməːʳ] vi: **to ~ (at sth)** hésiter (devant qch); (object) élever des objections (contre qch) ▷ n: **without ~** sans hésiter; sans faire de difficultés

**demure** [dɪˈmjuəʳ] adj sage, réservé(e), d'une modestie affectée

**demurrage** [dɪˈmʌrɪdʒ] n droits mpl de magasinage; surestarie f

**den** [dɛn] n (of lion) tanière f; (room) repaire m

**denationalization** [diːnæʃnəlaɪˈzeɪʃən] n dénationalisation f

**denationalize** [diːˈnæʃnəlaɪz] vt dénationaliser

**denial** [dɪˈnaɪəl] n (of accusation) démenti m; (of rights, guilt, truth) dénégation f

**denier** [ˈdɛnɪəʳ] n denier m; **15 ~ stockings** bas de 15 deniers

**denigrate** [ˈdɛnɪgreɪt] vt dénigrer

**denim** [ˈdɛnɪm] n jean m; **denims** npl (blue-)jeans mpl

**denim jacket** n veste f en jean

**denizen** [ˈdɛnɪzn] n (inhabitant) habitant(e); (foreigner) étranger(-ère)

**Denmark** [ˈdɛnmɑːk] n Danemark m

**denomination** [dɪnɔmɪˈneɪʃən] n (money) valeur f; (Rel) confession f; culte m

**denominator** [dɪˈnɔmɪneɪtəʳ] n dénominateur m

**denote** [dɪˈnəut] vt dénoter

**denounce** [dɪˈnauns] vt dénoncer

**dense** [dɛns] adj dense; (inf: stupid) obtus(e), dur(e) or lent(e) à la comprenette

**densely** [ˈdɛnslɪ] adv: **~ wooded** couvert(e) d'épaisses forêts; **~ populated** à forte densité (de population), très peuplé(e)

**density** [ˈdɛnsɪtɪ] n densité f

**dent** [dɛnt] n bosse f ▷ vt (also: **make a dent in**) cabosser; **to make a ~ in** (fig) entamer

**dental** [ˈdɛntl] adj dentaire

**dental floss** [-flɔs] n fil m dentaire

**dental surgeon** n (chirurgien(ne)) dentiste
**dental surgery** n cabinet m de dentiste
**dentist** ['dɛntɪst] n dentiste m/f; **~'s surgery**
(Brit) cabinet m de dentiste
**dentistry** ['dɛntɪstrɪ] n art m dentaire
**dentures** ['dɛntʃəz] npl dentier msg
**denunciation** [dɪnʌnsɪ'eɪʃən] n dénonciation f
**deny** [dɪ'naɪ] vt nier; (refuse) refuser; (disown)
renier; **he denies having said it** il nie l'avoir
dit
**deodorant** [di:'əudərənt] n désodorisant m,
déodorant m
**depart** [dɪ'pɑːt] vi partir; **to ~ from** (leave)
quitter, partir de; (fig: differ from) s'écarter de
**departed** [dɪ'pɑːtɪd] adj (dead) défunt(e); **the
(dear) ~** le défunt/la défunte/les défunts
**department** [dɪ'pɑːtmənt] n (Comm) rayon m;
(Scol) section f; (Pol) ministère m, département
m; **that's not my ~** (fig) ce n'est pas mon
domaine or ma compétence, ce n'est pas mon
rayon; **D~ of State** (US) Département d'État
**departmental** [di:pɑː'mɛntl] adj d'une or de la
section; d'un or du ministère, d'un or du
département; **~ manager** chef m de service; (in
shop) chef de rayon
**department store** n grand magasin
**departure** [dɪ'pɑːtʃə'] n départ m; (fig): **~ from**
écart m par rapport à; **a new ~** une nouvelle voie
**departure lounge** n salle f de départ
**depend** [dɪ'pɛnd] vi: **to ~ (up)on** dépendre de;
(rely on) compter sur; (financially) dépendre
(financièrement) de, être à la charge de; **it ~s**
cela dépend; **~ing on the result** ... selon le
résultat ...
**dependable** [dɪ'pɛndəbl] adj sûr(e), digne de
confiance
**dependant** [dɪ'pɛndənt] n personne f à charge
**dependence** [dɪ'pɛndəns] n dépendance f
**dependent** [dɪ'pɛndənt] adj: **to be ~ (on)**
dépendre (de) ▷ n = **dependant**
**depict** [dɪ'pɪkt] vt (in picture) représenter; (in
words) (dé)peindre, décrire
**depilatory** [dɪ'pɪlətrɪ] n (also: **depilatory cream**)
dépilatoire m, crème f à épiler
**depleted** [dɪ'pliːtɪd] adj (considérablement)
réduit(e) or diminué(e)
**deplorable** [dɪ'plɔːrəbl] adj déplorable,
lamentable
**deplore** [dɪ'plɔː'] vt déplorer
**deploy** [dɪ'plɔɪ] vt déployer
**depopulate** [di:'pɔpjuleɪt] vt dépeupler
**depopulation** ['di:pɔpju'leɪʃən] n dépopulation
f, dépeuplement m
**deport** [dɪ'pɔːt] vt déporter, expulser
**deportation** [di:pɔː'teɪʃən] n déportation f,
expulsion f
**deportation order** n arrêté m d'expulsion
**deportee** [di:pɔː'tiː] n déporté(e)
**deportment** [dɪ'pɔːtmənt] n maintien m,
tenue f
**depose** [dɪ'pəuz] vt déposer
**deposit** [dɪ'pɔzɪt] n (Chem, Comm, Geo) dépôt m;

(of ore, oil) gisement m; (part payment) arrhes fpl,
acompte m; (on bottle etc) consigne f; (for hired
goods etc) cautionnement m, garantie f ▷ vt
déposer; (valuables) mettre or laisser en dépôt;
**to put down a ~ of £50** verser 50 livres d'arrhes
or d'acompte; laisser 50 livres en garantie
**deposit account** n compte m sur livret
**depositor** [dɪ'pɔzɪtə'] n déposant(e)
**depository** [dɪ'pɔzɪtərɪ] n (person) dépositaire m/
f; (place) dépôt m
**depot** ['dɛpəu] n dépôt m; (US: Rail) gare f
**depraved** [dɪ'preɪvd] adj dépravé(e), perverti(e)
**depravity** [dɪ'prævɪtɪ] n dépravation f
**deprecate** ['dɛprɪkeɪt] vt désapprouver
**deprecating** ['dɛprɪkeɪtɪŋ] adj (disapproving)
désapprobateur(-trice); (apologetic): **a ~ smile**
un sourire d'excuse
**depreciate** [dɪ'priːʃɪeɪt] vt déprécier ▷ vi se
déprécier, se dévaloriser
**depreciation** [dɪpriːʃɪ'eɪʃən] n dépréciation f
**depress** [dɪ'prɛs] vt déprimer; (press down)
appuyer sur, abaisser; (wages etc) faire baisser
**depressant** [dɪ'prɛsnt] n (Med) dépresseur m
**depressed** [dɪ'prɛst] adj (person) déprimé(e),
abattu(e); (area) en déclin, touché(e) par le sous-
emploi; (Comm: market, trade) maussade; **to get
~** se démoraliser, se laisser abattre
**depressing** [dɪ'prɛsɪŋ] adj déprimant(e)
**depression** [dɪ'prɛʃən] n (Econ) dépression f
**deprivation** [dɛprɪ'veɪʃən] n privation f; (loss)
perte f
**deprive** [dɪ'praɪv] vt: **to ~ sb of** priver qn de
**deprived** [dɪ'praɪvd] adj déshérité(e)
**dept.** abbr (= department) dép, dépt
**depth** [dɛpθ] n profondeur f; **in the ~s of** au
fond de; au cœur de; au plus profond de; **to be
in the ~s of despair** être au plus profond du
désespoir; **at a ~ of 3 metres** à 3 mètres de
profondeur; **to be out of one's ~** (Brit: swimmer)
ne plus avoir pied; (fig) être dépassé(e), nager;
**to study sth in ~** étudier qch en profondeur
**depth charge** n grenade sous-marine
**deputation** [dɛpju'teɪʃən] n députation f,
délégation f
**deputize** ['dɛpjutaɪz] vi: **to ~ for** assurer
l'intérim de
**deputy** ['dɛpjutɪ] n (replacement) suppléant(e),
intérimaire m/f; (second in command) adjoint(e);
(Pol) député m; (US: also: **deputy sheriff**) shérif
adjoint ▷ adj: **~ chairman** vice-président m; **~
head** (Scol) directeur(-trice) adjoint(e), sous-
directeur(-trice); **~ leader** (Brit Pol) vice-
président(e), secrétaire adjoint(e)
**derail** [dɪ'reɪl] vt faire dérailler; **to be ~ed**
dérailler
**derailment** [dɪ'reɪlmənt] n déraillement m
**deranged** [dɪ'reɪndʒd] adj: **to be (mentally) ~**
avoir le cerveau dérangé
**derby** ['dəːrbɪ] n (US) (chapeau m) melon m
**deregulate** [dɪ'rɛgjuleɪt] vt libérer, dérégler
**deregulation** [dɪrɛgju'leɪʃən] n libération f,
dérèglement m

**derelict** ['dɛrɪlɪkt] *adj* abandonné(e), à l'abandon

**deride** [dɪ'raɪd] *vt* railler

**derision** [dɪ'rɪʒən] *n* dérision *f*

**derisive** [dɪ'raɪsɪv] *adj* moqueur(-euse), railleur(-euse)

**derisory** [dɪ'raɪsərɪ] *adj* (*sum*) dérisoire; (*smile, person*) moqueur(-euse), railleur(-euse)

**derivation** [dɛrɪ'veɪʃən] *n* dérivation *f*

**derivative** [dɪ'rɪvətɪv] *n* dérivé *m* ▷ *adj* dérivé(e)

**derive** [dɪ'raɪv] *vt*: **to ~ sth from** tirer qch de; trouver qch dans ▷ *vi*: **to ~ from** provenir de, dériver de

**dermatitis** [də:mə'taɪtɪs] *n* dermatite *f*

**dermatology** [də:mə'tɔlədʒɪ] *n* dermatologie *f*

**derogatory** [dɪ'rɔgətərɪ] *adj* désobligeant(e), péjoratif(-ive)

**derrick** ['dɛrɪk] *n* mât *m* de charge, derrick *m*

**derv** [də:v] *n* (*Brit*) gas-oil *m*, diesel *m*

**DES** *n abbr* (*Brit*: = *Department of Education and Science*) ministère de l'éducation nationale et des sciences

**desalination** [di:sælɪ'neɪʃən] *n* dessalement *m*, dessalage *m*

**descend** [dɪ'sɛnd] *vt, vi* descendre; **to ~ from** descendre de, être issu(e) de; **to ~ to** s'abaisser à; **in ~ing order of importance** par ordre d'importance décroissante

▸ **descend on** *vt fus* (*enemy, angry person*) tomber *or* sauter sur; (*misfortune*) s'abattre sur; (*gloom, silence*) envahir; **visitors ~ed (up)on us** des gens sont arrivés chez nous à l'improviste

**descendant** [dɪ'sɛndənt] *n* descendant(e)

**descent** [dɪ'sɛnt] *n* descente *f*; (*origin*) origine *f*

**describe** [dɪs'kraɪb] *vt* décrire

**description** [dɪs'krɪpʃən] *n* description *f*; (*sort*) sorte *f*, espèce *f*; **of every ~** de toutes sortes

**descriptive** [dɪs'krɪptɪv] *adj* descriptif(-ive)

**desecrate** ['dɛsɪkreɪt] *vt* profaner

**desert** [*n* 'dɛzət, *vb* dɪ'zə:t] *n* désert *m* ▷ *vt* déserter, abandonner ▷ *vi* (*Mil*) déserter

**deserted** [dɪ'zə:tɪd] *adj* désert(e)

**deserter** [dɪ'zə:tə'] *n* déserteur *m*

**desertion** [dɪ'zə:ʃən] *n* désertion *f*

**desert island** *n* île déserte

**deserts** [dɪ'zə:ts] *npl*: **to get one's just ~** n'avoir que ce qu'on mérite

**deserve** [dɪ'zə:v] *vt* mériter

**deservedly** [dɪ'zə:vɪdlɪ] *adv* à juste titre, à bon droit

**deserving** [dɪ'zə:vɪŋ] *adj* (*person*) méritant(e); (*action, cause*) méritoire

**desiccated** ['dɛsɪkeɪtɪd] *adj* séché(e)

**design** [dɪ'zaɪn] *n* (*sketch*) plan *m*, dessin *m*; (*layout, shape*) conception *f*, ligne *f*; (*pattern*) dessin, motif(s) *m(pl)*; (*of dress, car*) modèle *m*; (*art*) design *m*, stylisme *m*; (*intention*) dessein *m* ▷ *vt* dessiner; (*plan*) concevoir; **to have ~s on** avoir des visées sur; **well-~ed** *adj* bien conçu(e); **industrial ~** esthétique industrielle

**design and technology** *n* (*Brit: Scol*) technologie *f*

**designate** *vt* ['dɛzɪgneɪt] désigner ▷ *adj* ['dɛzɪgnɪt] désigné(e)

**designation** [dɛzɪg'neɪʃən] *n* désignation *f*

**designer** [dɪ'zaɪnə'] *n* (*Archit, Art*) dessinateur(-trice); (*Industry*) concepteur *m*, designer *m*; (*Fashion*) styliste *m/f*

**desirability** [dɪzaɪərə'bɪlɪtɪ] *n* avantage *m*; attrait *m*

**desirable** [dɪ'zaɪərəbl] *adj* (*property, location, purchase*) attrayant(e); **it is ~ that** il est souhaitable que

**desire** [dɪ'zaɪə'] *n* désir *m* ▷ *vt* désirer, vouloir; **to ~ to do sth/that** désirer faire qch/que

**desirous** [dɪ'zaɪərəs] *adj*: **~ of** désireux(-euse) de

**desk** [dɛsk] *n* (*in office*) bureau *m*; (*for pupil*) pupitre *m*; (*Brit: in shop, restaurant*) caisse *f*; (*in hotel, at airport*) réception *f*

**desktop computer** ['dɛsktɔp-] *n* ordinateur *m* de bureau *or* de table

**desk-top publishing** ['dɛsktɔp-] *n* publication assistée par ordinateur, PAO *f*

**desolate** ['dɛsəlɪt] *adj* désolé(e)

**desolation** [dɛsə'leɪʃən] *n* désolation *f*

**despair** [dɪs'pɛə'] *n* désespoir *m* ▷ *vi*: **to ~ of** désespérer de; **to be in ~** être au désespoir

**despatch** [dɪs'pætʃ] *n, vt* = **dispatch**

**desperate** ['dɛspərɪt] *adj* désespéré(e); (*fugitive*) prêt(e) à tout; (*measures*) désespéré, extrême; **to be ~ for sth/to do sth** avoir désespérément besoin de qch/de faire qch; **we are getting ~** nous commençons à désespérer

**desperately** ['dɛspərɪtlɪ] *adv* désespérément; (*very*) terriblement, extrêmement; **~ ill** très gravement malade

**desperation** [dɛspə'reɪʃən] *n* désespoir *m*; **in (sheer) ~** en désespoir de cause

**despicable** [dɪs'pɪkəbl] *adj* méprisable

**despise** [dɪs'paɪz] *vt* mépriser, dédaigner

**despite** [dɪs'paɪt] *prep* malgré, en dépit de

**despondent** [dɪs'pɔndənt] *adj* découragé(e), abattu(e)

**despot** ['dɛspɔt] *n* despote *m/f*

**dessert** [dɪ'zə:t] *n* dessert *m*

**dessertspoon** [dɪ'zə:tspu:n] *n* cuiller *f* à dessert

**destabilize** [di:'steɪbɪlaɪz] *vt* déstabiliser

**destination** [dɛstɪ'neɪʃən] *n* destination *f*

**destine** ['dɛstɪn] *vt* destiner

**destined** ['dɛstɪnd] *adj*: **to be ~ to do sth** être destiné(e) à faire qch; **~ for London** à destination de Londres

**destiny** ['dɛstɪnɪ] *n* destinée *f*, destin *m*

**destitute** ['dɛstɪtjuːt] *adj* indigent(e), dans le dénuement; **~ of** dépourvu(e) *or* dénué(e) de

**destroy** [dɪs'trɔɪ] *vt* détruire; (*injured horse*) abattre; (*dog*) faire piquer

**destroyer** [dɪs'trɔɪə'] *n* (*Naut*) contre-torpilleur *m*

**destruction** [dɪs'trʌkʃən] *n* destruction *f*

**destructive** [dɪs'trʌktɪv] *adj* destructeur(-trice)

**desultory** ['dɛsəltərɪ] *adj* (*reading, conversation*) décousu(e); (*contact*) irrégulier(-ière)

**detach** [dɪ'tætʃ] *vt* détacher

**detachable** [dɪ'tætʃəbl] *adj* amovible,

détachable

**detached** [dɪ'tætʃt] *adj* (*attitude*) détaché(e)
**detached house** *n* pavillon *m* maison(nette) (individuelle)
**detachment** [dɪ'tætʃmənt] *n* (*Mil*) détachement *m*; (*fig*) détachement, indifférence *f*
**detail** ['di:teɪl] *n* détail *m*; (*Mil*) détachement *m* ▷ *vt* raconter en détail, énumérer; (*Mil*): **to ~ sb (for)** affecter qn (à), détacher qn (pour); **in ~** en détail; **to go into ~(s)** entrer dans les détails
**detailed** ['di:teɪld] *adj* détaillé(e)
**detain** [dɪ'teɪn] *vt* retenir; (*in captivity*) détenir; (*in hospital*) hospitaliser
**detainee** [di:teɪ'ni:] *n* détenu(e)
**detect** [dɪ'tɛkt] *vt* déceler, percevoir; (*Med, Police*) dépister; (*Mil, Radar, Tech*) détecter
**detection** [dɪ'tɛkʃən] *n* découverte *f*; (*Med, Police*) dépistage *m*; (*Mil, Radar, Tech*) détection *f*; **to escape ~** échapper aux recherches, éviter d'être découvert(e); (*mistake*) passer inaperçu(e); **crime ~** le dépistage des criminels
**detective** [dɪ'tɛktɪv] *n* agent *m* de la sûreté, policier *m*; **private ~** détective privé
**detective story** *n* roman policier
**detector** [dɪ'tɛktə'] *n* détecteur *m*
**détente** [deɪ'tɑ:nt] *n* détente *f*
**detention** [dɪ'tɛnʃən] *n* détention *f*; (*Scol*) retenue *f*, consigne *f*
**deter** [dɪ'tə:'] *vt* dissuader
**detergent** [dɪ'tə:dʒənt] *n* détersif *m*, détergent *m*
**deteriorate** [dɪ'tɪərɪəreɪt] *vi* se détériorer, se dégrader
**deterioration** [dɪtɪərɪə'reɪʃən] *n* détérioration *f*
**determination** [dɪtə:mɪ'neɪʃən] *n* détermination *f*
**determine** [dɪ'tə:mɪn] *vt* déterminer; **to ~ to do** résoudre de faire, se déterminer à faire
**determined** [dɪ'tə:mɪnd] *adj* (*person*) déterminé(e), décidé(e); (*quantity*) déterminé, établi(e); (*effort*) très gros(se); **~ to do** bien décidé à faire
**deterrence** [dɪ'tɛrns] *n* dissuasion *f*
**deterrent** [dɪ'tɛrənt] *n* effet *m* de dissuasion; force *f* de dissuasion; **to act as a ~** avoir un effet dissuasif
**detest** [dɪ'tɛst] *vt* détester, avoir horreur de
**detestable** [dɪ'tɛstəbl] *adj* détestable odieux(-euse)
**detonate** ['dɛtəneɪt] *vi* exploser ▷ *vt* faire exploser *or* détoner
**detonator** ['dɛtəneɪtə'] *n* détonateur *m*
**detour** ['di:tuə'] *n* détour *m*; (*US Aut: diversion*) déviation *f*
**detract** [dɪ'trækt] *vt*: **to ~ from** (*quality, pleasure*) diminuer; (*reputation*) porter atteinte à
**detractor** [dɪ'træktə'] *n* détracteur(-trice)
**detriment** ['dɛtrɪmənt] *n*: **to the ~ of** au détriment de, au préjudice de; **without ~ to** sans porter atteinte *or* préjudice à, sans conséquences fâcheuses pour
**detrimental** [dɛtrɪ'mɛntl] *adj*: **~ to**

préjudiciable *or* nuisible à
**deuce** [dju:s] *n* (*Tennis*) égalité *f*
**devaluation** [dɪvælju'eɪʃən] *n* dévaluation *f*
**devalue** ['di:'vælju:] *vt* dévaluer
**devastate** ['dɛvəsteɪt] *vt* dévaster; **he was ~d by the news** cette nouvelle lui a porté un coup terrible
**devastating** ['dɛvəsteɪtɪŋ] *adj* dévastateur(-trice); (*news*) accablant(e)
**devastation** [dɛvəs'teɪʃən] *n* dévastation *f*
**develop** [dɪ'vɛləp] *vt* (*gen*) développer; (*disease*) commencer à souffrir de; (*habit*) contracter; (*resources*) mettre en valeur, exploiter; (*land*) aménager ▷ *vi* se développer; (*situation, disease: evolve*) évoluer; (*facts, symptoms: appear*) se manifester, se produire; **can you ~ this film?** pouvez-vous développer cette pellicule?; **to ~ a taste for sth** prendre goût à qch; **to ~ into** devenir
**developer** [dɪ'vɛləpə'] *n* (*Phot*) révélateur *m*; (*of land*) promoteur *m*; (*also:* **property developer**) promoteur immobilier
**developing country** [dɪ'vɛləpɪŋ-] *n* pays *m* en voie de développement
**development** [dɪ'vɛləpmənt] *n* développement *m*; (*of land*) exploitation *f*; (*new fact, event*) rebondissement *m*, fait(s) nouveau(x)
**development area** *n* zone *f* à urbaniser
**deviate** ['di:vieɪt] *vi*: **to ~ (from)** dévier (de)
**deviation** [di:vɪ'eɪʃən] *n* déviation *f*
**device** [dɪ'vaɪs] *n* (*scheme*) moyen *m*, expédient *m*; (*apparatus*) appareil *m*, dispositif *m*; **explosive ~** engin explosif
**devil** ['dɛvl] *n* diable *m*; démon *m*
**devilish** ['dɛvlɪʃ] *adj* diabolique
**devil-may-care** ['dɛvlmeɪ'kɛə'] *adj* je-m'en-foutiste
**devil's advocate** *n*: **to play devil's advocate** se faire avocat du diable
**devious** ['di:vɪəs] *adj* (*means*) détourné(e); (*person*) sournois(e), dissimulé(e)
**devise** [dɪ'vaɪz] *vt* imaginer, concevoir
**devoid** [dɪ'vɔɪd] *adj*: **~ of** dépourvu(e) de, dénué(e) de
**devolution** [di:və'lu:ʃən] *n* (*Pol*) décentralisation *f*
**devolve** [dɪ'vɔlv] *vi*: **to ~ (up)on** retomber sur
**devote** [dɪ'vəut] *vt*: **to ~ sth to** consacrer qch à
**devoted** [dɪ'vəutɪd] *adj* dévoué(e); **to be ~ to** être dévoué(e) *or* très attaché(e) à; (*book etc*) être consacré(e) à
**devotee** [dɛvəu'ti:] *n* (*Rel*) adepte *m/f*; (*Mus, Sport*) fervent(e)
**devotion** [dɪ'vəuʃən] *n* dévouement *m*, attachement *m*; (*Rel*) dévotion *f*, piété *f*
**devour** [dɪ'vauə'] *vt* dévorer
**devout** [dɪ'vaut] *adj* pieux(-euse), dévot(e)
**dew** [dju:] *n* rosée *f*
**dexterity** [dɛks'tɛrɪtɪ] *n* dextérité *f*, adresse *f*
**DfEE** *n abbr* (*Brit:* = *Department for Education and Employment*) Ministère de l'éducation et de l'emploi

543

**dg** *abbr* (= *decigram*) dg

**diabetes** [daɪə'biːtiːz] *n* diabète *m*

**diabetic** [daɪə'bɛtɪk] *n* diabétique *m/f* ▷ *adj* (*person*) diabétique; (*chocolate, jam*) pour diabétiques

**diabolical** [daɪə'bɒlɪkl] *adj* diabolique; (*inf: dreadful*) infernal(e), atroce

**diagnose** [daɪəg'nəʊz] *vt* diagnostiquer

**diagnosis** (*pl* **diagnoses**) [daɪəg'nəʊsɪs, -siːz] *n* diagnostic *m*

**diagonal** [daɪ'æɡənl] *adj* diagonal(e) ▷ *n* diagonale *f*

**diagram** ['daɪəɡræm] *n* diagramme *m*, schéma *m*

**dial** ['daɪəl] *n* cadran *m* ▷ *vt* (*number*) faire, composer; **to ~ a wrong number** faire un faux numéro; **can I ~ London direct?** puis-je or est-ce-que je peux avoir Londres par l'automatique?

**dial.** *abbr* = **dialect**

**dialect** ['daɪəlɛkt] *n* dialecte *m*

**dialling code** ['daɪəlɪŋ-], (*US*) **dial code** *n* indicatif *m* (téléphonique); **what's the ~ for Paris?** quel est l'indicatif de Paris?

**dialling tone** ['daɪəlɪŋ-], (*US*) **dial tone** *n* tonalité *f*

**dialogue**, (*US*) **dialog** ['daɪəlɒɡ] *n* dialogue *m*

**dialysis** [daɪ'ælɪsɪs] *n* dialyse *f*

**diameter** [daɪ'æmɪtər] *n* diamètre *m*

**diametrically** [daɪə'mɛtrɪklɪ] *adv*: **~ opposed (to)** diamétralement opposé(e) (à)

**diamond** ['daɪəmənd] *n* diamant *m*; (*shape*) losange *m*; **diamonds** *npl* (*Cards*) carreau *m*

**diamond ring** *n* bague *f* de diamant(s)

**diaper** ['daɪəpər] *n* (*US*) couche *f*

**diaphragm** ['daɪəfræm] *n* diaphragme *m*

**diarrhoea**, (*US*) **diarrhea** [daɪə'riːə] *n* diarrhée *f*

**diary** ['daɪərɪ] *n* (*daily account*) journal *m*; (*book*) agenda *m*; **to keep a ~** tenir un journal

**diatribe** ['daɪətraɪb] *n* diatribe *f*

**dice** [daɪs] *n* (*pl inv*) dé *m* ▷ *vt* (*Culin*) couper en dés or en cubes

**dicey** ['daɪsɪ] *adj* (*inf*): **it's a bit ~** c'est un peu risqué

**dichotomy** [daɪ'kɒtəmɪ] *n* dichotomie *f*

**dickhead** ['dɪkhɛd] *n* (*Brit inf!*) tête *f* de nœud (!)

**Dictaphone®** ['dɪktəfəʊn] *n* Dictaphone® *m*

**dictate** [*vb* dɪk'teɪt, *n* 'dɪkteɪt] *vt* dicter ▷ *vi*: **to ~ to** (*person*) imposer sa volonté à, régenter; **I won't be ~d to** je n'ai d'ordres à recevoir de personne ▷ *n* injonction *f*

**dictation** [dɪk'teɪʃən] *n* dictée *f*; **at ~ speed** à une vitesse de dictée

**dictator** [dɪk'teɪtər] *n* dictateur *m*

**dictatorship** [dɪk'teɪtəʃɪp] *n* dictature *f*

**diction** ['dɪkʃən] *n* diction *f*, élocution *f*

**dictionary** ['dɪkʃənrɪ] *n* dictionnaire *m*

**did** [dɪd] *pt of* **do**

**didactic** [daɪ'dæktɪk] *adj* didactique

**didn't** ['dɪdnt] = **did not**

**die** [daɪ] *n* (*pl* **dice**) dé *m*; (*pl* **-s**) coin *m*; matrice *f*;

étampe *f* ▷ *vi* mourir; **to ~ of** or **from** mourir de; **to be dying** être mourant(e); **to be dying for sth** avoir une envie folle de qch; **to be dying to do sth** mourir d'envie de faire qch

▶ **die away** *vi* s'éteindre

▶ **die down** *vi* se calmer, s'apaiser

▶ **die out** *vi* disparaître, s'éteindre

**diehard** ['daɪhɑːd] *n* réactionnaire *m/f*, jusqu'au-boutiste *m/f*

**diesel** ['diːzl] *n* (*vehicle*) diesel *m*; (*also*: **diesel oil**) carburant *m* diesel, gas-oil *m*

**diesel engine** *n* moteur *m* diesel

**diesel fuel, diesel oil** *n* carburant *m* diesel

**diet** ['daɪət] *n* alimentation *f*; (*restricted food*) régime *m* ▷ *vi* (*also*: **be on a diet**) suivre un régime; **to live on a ~ of** se nourrir de

**dietician** [daɪə'tɪʃən] *n* diététicien(ne)

**differ** ['dɪfər] *vi*: **to ~ from sth** (*be different*) être différent(e) de qch, différer de qch; **to ~ from sb over sth** ne pas être d'accord avec qn au sujet de qch

**difference** ['dɪfrəns] *n* différence *f*; (*quarrel*) différend *m*, désaccord *m*; **it makes no ~ to me** cela m'est égal, cela m'est indifférent; **to settle one's ~s** résoudre la situation

**different** ['dɪfrənt] *adj* différent(e)

**differential** [dɪfə'rɛnʃəl] *n* (*Aut, wages*) différentiel *m*

**differentiate** [dɪfə'rɛnʃɪeɪt] *vt* différencier ▷ *vi* se différencier; **to ~ between** faire une différence entre

**differently** ['dɪfrəntlɪ] *adv* différemment

**difficult** ['dɪfɪkəlt] *adj* difficile; **~ to understand** difficile à comprendre

**difficulty** ['dɪfɪkəltɪ] *n* difficulté *f*; **to have difficulties with** avoir des ennuis or problèmes avec; **to be in ~** avoir des difficultés, avoir des problèmes

**diffidence** ['dɪfɪdəns] *n* manque *m* de confiance en soi, manque d'assurance

**diffident** ['dɪfɪdənt] *adj* qui manque de confiance or d'assurance, peu sûr(e) de soi

**diffuse** *adj* [dɪ'fjuːs] diffus(e) ▷ *vt* [dɪ'fjuːz] diffuser, répandre

**dig** [dɪg] *vt* (*pt, pp* **dug** [dʌg]) (*hole*) creuser; (*garden*) bêcher ▷ *n* (*prod*) coup *m* de coude; (*fig*: *remark*) coup de griffe or de patte; (*Archaeology*) fouille *f*; **to ~ into** (*snow, soil*) creuser; **to ~ into one's pockets for sth** fouiller dans ses poches pour chercher or prendre qch; **to ~ one's nails into** enfoncer ses ongles dans

▶ **dig in** *vi* (*also*: **dig o.s. in**: *Mil*) se retrancher; (: *fig*) tenir bon, se braquer; (*inf: eat*) attaquer (un repas or un plat *etc*) ▷ *vt* (*compost*) bien mélanger à la bêche; (*knife, claw*) enfoncer; **to ~ in one's heels** (*fig*) se braquer, se buter

▶ **dig out** *vt* (*survivors, car from snow*) sortir or dégager (à coups de pelles or pioches)

▶ **dig up** *vt* déterrer

**digest** *vt* [daɪ'dʒɛst] digérer ▷ *n* ['daɪdʒɛst] sommaire *m*, résumé *m*

**digestible** [dɪ'dʒɛstəbl] *adj* digestible

**digestion** [dɪ'dʒɛstʃən] n digestion f
**digestive** [dɪ'dʒɛstɪv] adj digestif(-ive)
**digit** ['dɪdʒɪt] n (number) chiffre m (de o à 9); (finger) doigt m
**digital** ['dɪdʒɪtl] adj (system, recording, radio) numérique, digital(e); (watch) à affichage numérique or digital
**digital camera** n appareil m photo numérique
**digital compact cassette** n cassette f numérique
**digital TV** n télévision f numérique
**dignified** ['dɪɡnɪfaɪd] adj digne
**dignitary** ['dɪɡnɪtərɪ] n dignitaire m
**dignity** ['dɪɡnɪtɪ] n dignité f
**digress** [daɪ'ɡrɛs] vi: **to ~ from** s'écarter de, s'éloigner de
**digression** [daɪ'ɡrɛʃən] n digression f
**digs** [dɪɡz] npl (Brit inf) piaule f, chambre meublée
**dilapidated** [dɪ'læpɪdeɪtɪd] adj délabré(e)
**dilate** [daɪ'leɪt] vt dilater ▷ vi se dilater
**dilatory** ['dɪlətərɪ] adj dilatoire
**dilemma** [daɪ'lɛmə] n dilemme m; **to be in a ~** être pris dans un dilemme
**diligent** ['dɪlɪdʒənt] adj appliqué(e), assidu(e)
**dill** [dɪl] n aneth m
**dilly-dally** ['dɪlɪ'dælɪ] vi hésiter, tergiverser; traînasser, lambiner
**dilute** [daɪ'luːt] vt diluer ▷ adj dilué(e)
**dim** [dɪm] adj (light, eyesight) faible; (memory, outline) vague, indécis(e); (room) sombre; (inf: stupid) borné(e), obtus(e) ▷ vt (light) réduire, baisser; (US Aut) mettre en code, baisser; **to take a ~ view of sth** voir qch d'un mauvais œil
**dime** [daɪm] n (US) pièce f de 10 cents
**dimension** [daɪ'mɛnʃən] n dimension f
**-dimensional** [dɪ'mɛnʃənl] adj suffix: **two~** à deux dimensions
**diminish** [dɪ'mɪnɪʃ] vt, vi diminuer
**diminished** [dɪ'mɪnɪʃt] adj: **~ responsibility** (Law) responsabilité atténuée
**diminutive** [dɪ'mɪnjutɪv] adj minuscule, tout(e) petit(e) ▷ n (Ling) diminutif m
**dimly** ['dɪmlɪ] adv faiblement; vaguement
**dimmer** ['dɪmər] n (also: **dimmer switch**) variateur m; **dimmers** npl (US Aut. dipped headlights) phares mpl, code inv; (parking lights) feux mpl de position
**dimple** ['dɪmpl] n fossette f
**dim-witted** ['dɪm'wɪtɪd] adj (inf) stupide, borné(e)
**din** [dɪn] n vacarme m ▷ vt: **to ~ sth into sb** (inf) enfoncer qch dans la tête or la caboche de qn
**dine** [daɪn] vi dîner
**diner** ['daɪnər] n (person) dîneur(-euse); (Rail) = **dining car**; (US: eating place) petit restaurant
**dinghy** ['dɪŋɡɪ] n youyou m; (inflatable) canot m pneumatique; (also: **sailing dinghy**) voilier m, dériveur m
**dingy** ['dɪndʒɪ] adj miteux(-euse), minable
**dining car** ['daɪnɪŋ-] n (Brit) voiture-restaurant f, wagon-restaurant m

**dining room** ['daɪnɪŋ-] n salle f à manger
**dining table** [daɪnɪŋ-] n table f de (la) salle à manger
**dinner** ['dɪnər] n (evening meal) dîner m; (lunch) déjeuner m; (public) banquet m; **~'s ready!** à table!
**dinner jacket** n smoking m
**dinner party** n dîner m
**dinner time** n (evening) heure f du dîner; (midday) heure du déjeuner
**dinosaur** ['daɪnəsɔːr] n dinosaure m
**dint** [dɪnt] n: **by ~ of (doing) sth** à force de (faire) qch
**diocese** ['daɪəsɪs] n diocèse m
**dioxide** [daɪ'ɔksaɪd] n dioxyde m
**Dip.** abbr (Brit) = **diploma**
**dip** [dɪp] n (slope) déclivité f; (in sea) baignade f, bain m; (Culin) ≈ sauce f ▷ vt tremper, plonger; (Brit Aut: lights) mettre en code, baisser ▷ vi plonger
**diphtheria** [dɪf'θɪərɪə] n diphtérie f
**diphthong** ['dɪfθɔŋ] n diphtongue f
**diploma** [dɪ'pləumə] n diplôme m
**diplomacy** [dɪ'pləuməsɪ] n diplomatie f
**diplomat** ['dɪpləmæt] n diplomate m
**diplomatic** [dɪplə'mætɪk] adj diplomatique; **to break off ~ relations (with)** rompre les relations diplomatiques (avec)
**diplomatic corps** n corps m diplomatique
**diplomatic immunity** n immunité f diplomatique
**dipstick** ['dɪpstɪk] n (Brit Aut) jauge f de niveau d'huile
**dipswitch** ['dɪpswɪtʃ] n (Brit Aut) commutateur m de code
**dire** [daɪər] adj (poverty) extrême; (awful) affreux(-euse)
**direct** [daɪ'rɛkt] adj direct(e); (manner, person) direct, franc (franche) ▷ vt (tell way) diriger, orienter; (letter, remark) adresser; (Cine, TV) réaliser; (Theat) mettre en scène; (order): **to ~ sb to do sth** ordonner à qn de faire qch ▷ adv directement; **can you ~ me to ...?** pouvez-vous m'indiquer le chemin de ...?
**direct cost** n (Comm) coût m variable
**direct current** n (Elec) courant continu
**direct debit** n (Brit Banking) prélèvement m automatique
**direct dialling** n (Tel) automatique m
**direct hit** n (Mil) coup m au but, touché m
**direction** [dɪ'rɛkʃən] n direction f; (Theat) mise f en scène; (Cine, TV) réalisation f; **directions** npl (to a place) indications fpl; **~s for use** mode m d'emploi; **to ask for ~s** demander sa route or son chemin; **sense of ~** sens m de l'orientation; **in the ~ of** dans la direction de, vers
**directive** [dɪ'rɛktɪv] n directive f; **a government ~** une directive du gouvernement
**direct labour** n main-d'œuvre directe; employés municipaux
**directly** [dɪ'rɛktlɪ] adv (in straight line) directement, tout droit; (at once) tout de suite,

**d**

immédiatement

**direct mail** n vente f par publicité directe

**direct mailshot** n (Brit) publicité postale

**directness** [daɪˈrɛktnɪs] n (of person, speech) franchise f

**director** [dɪˈrɛktər] n directeur m; (board member) administrateur m; (Theat) metteur m en scène; (Cine, TV) réalisateur(-trice); **D~ of Public Prosecutions** (Brit) ≈ procureur général

**directory** [dɪˈrɛktərɪ] n annuaire m; (also: **street directory**) indicateur m de rues; (also: **trade directory**) annuaire du commerce; (Comput) répertoire m

**directory enquiries**, (US) **directory assistance** n (Tel: service) renseignements mpl

**dirt** [dəːt] n saleté f; (mud) boue f; **to treat sb like ~** traiter qn comme un chien

**dirt-cheap** [ˈdəːtˈtʃiːp] adj (ne) coûtant presque rien

**dirt road** n chemin non macadamisé or non revêtu

**dirty** [ˈdəːtɪ] adj sale; (joke) cochon(ne) ▷ vt salir; **~ story** histoire cochonne; **~ trick** coup tordu

**disability** [dɪsəˈbɪlɪtɪ] n invalidité f, infirmité f

**disability allowance** n allocation f d'invalidité or d'infirmité

**disable** [dɪsˈeɪbl] vt (illness, accident) rendre or laisser infirme; (tank, gun) mettre hors d'action

**disabled** [dɪsˈeɪbld] adj handicapé(e); (maimed) mutilé(e); (through illness, old age) impotent(e)

**disadvantage** [dɪsədˈvɑːntɪdʒ] n désavantage m, inconvénient m

**disadvantaged** [dɪsədˈvɑːntɪdʒd] adj (person) désavantagé(e)

**disadvantageous** [dɪsædvɑːnˈteɪdʒəs] adj désavantageux(-euse)

**disaffected** [dɪsəˈfɛktɪd] adj: **~ (to or towards)** mécontent(e) (de)

**disaffection** [dɪsəˈfɛkʃən] n désaffection f, mécontentement m

**disagree** [dɪsəˈɡriː] vi (differ) ne pas concorder; (be against, think otherwise): **to ~ (with)** ne pas être d'accord (avec); **garlic ~s with me** l'ail ne me convient pas, je ne supporte pas l'ail

**disagreeable** [dɪsəˈɡriːəbl] adj désagréable

**disagreement** [dɪsəˈɡriːmənt] n désaccord m, différend m

**disallow** [ˈdɪsəˈlau] vt rejeter, désavouer; (Brit Football: goal) refuser

**disappear** [dɪsəˈpɪər] vi disparaître

**disappearance** [dɪsəˈpɪərəns] n disparition f

**disappoint** [dɪsəˈpɔɪnt] vt décevoir

**disappointed** [dɪsəˈpɔɪntɪd] adj déçu(e)

**disappointing** [dɪsəˈpɔɪntɪŋ] adj décevant(e)

**disappointment** [dɪsəˈpɔɪntmənt] n déception f

**disapproval** [dɪsəˈpruːvəl] n désapprobation f

**disapprove** [dɪsəˈpruːv] vi: **to ~ of** désapprouver

**disapproving** [dɪsəˈpruːvɪŋ] adj désapprobateur(-trice), de désapprobation

**disarm** [dɪsˈɑːm] vt désarmer

**disarmament** [dɪsˈɑːməmənt] n

désarmement m

**disarming** [dɪsˈɑːmɪŋ] adj (smile) désarmant(e)

**disarray** [dɪsəˈreɪ] n désordre m, confusion f; **in ~** (troops) en déroute; (thoughts) embrouillé(e); (clothes) en désordre; **to throw into ~** semer la confusion or le désordre dans (or parmi)

**disaster** [dɪˈzɑːstər] n catastrophe f, désastre m

**disastrous** [dɪˈzɑːstrəs] adj désastreux(-euse)

**disband** [dɪsˈbænd] vt démobiliser; disperser ▷ vi se séparer; se disperser

**disbelief** [ˈdɪsbəˈliːf] n incrédulité f; **in ~** avec incrédulité

**disbelieve** [ˈdɪsbəˈliːv] vt (person) ne pas croire; (story) mettre en doute; **I don't ~ you** je veux bien vous croire

**disc** [dɪsk] n disque m; (Comput) = **disk**

**disc.** abbr (Comm) = **discount**

**discard** [dɪsˈkɑːd] vt (old things) se débarrasser de, mettre au rancart or au rebut; (fig) écarter, renoncer à

**disc brake** n frein m à disque

**discern** [dɪˈsəːn] vt discerner, distinguer

**discernible** [dɪˈsəːnəbl] adj discernable, perceptible; (object) visible

**discerning** [dɪˈsəːnɪŋ] adj judicieux(-euse), perspicace

**discharge** vt [dɪsˈtʃɑːdʒ] (duties) s'acquitter de; (settle: debt) s'acquitter de, régler; (waste etc) déverser; décharger; (Elec, Med) émettre; (patient) renvoyer (chez lui); (employee, soldier) congédier, licencier; (defendant) relaxer, élargir ▷ n [ˈdɪstʃɑːdʒ] (Elec, Med) émission f; (also: **vaginal discharge**) pertes blanches; (dismissal) renvoi m; licenciement m; élargissement m; **to ~ one's gun** faire feu; **~d bankrupt** failli(e), réhabilité(e)

**disciple** [dɪˈsaɪpl] n disciple m

**disciplinary** [ˈdɪsɪplɪnərɪ] adj disciplinaire; **to take ~ action against sb** prendre des mesures disciplinaires à l'encontre de qn

**discipline** [ˈdɪsɪplɪn] n discipline f ▷ vt discipliner; (punish) punir; **to ~ o.s. to do sth** s'imposer or s'astreindre à une discipline pour faire qch

**disc jockey** n disque-jockey m (DJ)

**disclaim** [dɪsˈkleɪm] vt désavouer, dénier

**disclaimer** [dɪsˈkleɪmər] n démenti m, dénégation f; **to issue a ~** publier un démenti

**disclose** [dɪsˈkləuz] vt révéler, divulguer

**disclosure** [dɪsˈkləuʒər] n révélation f, divulgation f

**disco** [ˈdɪskəu] n abbr discothèque f

**discolour**, (US) **discolor** [dɪsˈkʌlər] vt décolorer; (sth white) jaunir ▷ vi se décolorer; jaunir

**discolouration**, (US) **discoloration** [dɪskʌləˈreɪʃən] n décoloration f; jaunissement m

**discoloured**, (US) **discolored** [dɪsˈkʌləd] adj décoloré(e), jauni(e)

**discomfort** [dɪsˈkʌmfət] n malaise m, gêne f; (lack of comfort) manque m de confort

**disconcert** [dɪskənˈsəːt] vt déconcerter,

décontenancer

**disconnect** [dɪskə'nɛkt] vt détacher; (Elec, Radio) débrancher; (gas, water) couper

**disconnected** [dɪskə'nɛktɪd] adj (speech, thoughts) décousu(e), peu cohérent(e)

**disconsolate** [dɪs'kɔnsəlɪt] adj inconsolable

**discontent** [dɪskən'tɛnt] n mécontentement m

**discontented** [dɪskən'tɛntɪd] adj mécontent(e)

**discontinue** [dɪskən'tɪnjuː] vt cesser, interrompre; **"~d"** (Comm) "fin de série"

**discord** ['dɪskɔːd] n discorde f, dissension f; (Mus) dissonance f

**discordant** [dɪs'kɔːdənt] adj discordant(e), dissonant(e)

**discount** n ['dɪskaunt] remise f, rabais m ▷ vt [dɪs'kaunt] (report etc) ne pas tenir compte de; **to give sb a ~ on sth** faire une remise or un rabais à qn sur qch; **~ for cash** escompte f au comptant; **at a ~** avec une remise or réduction, au rabais

**discount house** n (Finance) banque f d'escompte; (Comm: also: **discount store**) magasin m de discount

**discount rate** n taux m de remise

**discourage** [dɪs'kʌrɪdʒ] vt décourager; (dissuade, deter) dissuader, décourager

**discouragement** [dɪs'kʌrɪdʒmənt] n (depression) découragement m; **to act as a ~ to sb** dissuader qn

**discouraging** [dɪs'kʌrɪdʒɪŋ] adj décourageant(e)

**discourteous** [dɪs'kəːtɪəs] adj incivil(e), discourtois(e)

**discover** [dɪs'kʌvəʳ] vt découvrir

**discovery** [dɪs'kʌvərɪ] n découverte f

**discredit** [dɪs'krɛdɪt] vt (idea) mettre en doute; (person) discréditer ▷ n discrédit m

**discreet** [dɪ'skriːt] adj discret(-ète)

**discreetly** [dɪ'skriːtlɪ] adv discrètement

**discrepancy** [dɪ'skrɛpənsɪ] n divergence f, contradiction f

**discretion** [dɪ'skrɛʃən] n discrétion f; **at the ~ of** à la discrétion de; **use your own ~** à vous de juger

**discretionary** [dɪ'skrɛʃənrɪ] adj (powers) discrétionnaire

**discriminate** [dɪ'skrɪmɪneɪt] vi: **to between** établir une distinction entre, faire la différence entre; **to ~ against** pratiquer une discrimination contre

**discriminating** [dɪ'skrɪmɪneɪtɪŋ] adj qui a du discernement

**discrimination** [dɪskrɪmɪ'neɪʃən] n discrimination f; (judgment) discernement m; **racial/sexual ~** discrimination raciale/sexuelle

**discus** ['dɪskəs] n disque m

**discuss** [dɪ'skʌs] vt discuter de; (debate) discuter

**discussion** [dɪ'skʌʃən] n discussion f; **under ~** en discussion

**disdain** [dɪs'deɪn] n dédain m

**disease** [dɪ'ziːz] n maladie f

**diseased** [dɪ'ziːzd] adj malade

**disembark** [dɪsɪm'bɑːk] vt, vi débarquer

**disembarkation** [dɪsɛmbɑː'keɪʃən] n débarquement m

**disembodied** ['dɪsɪm'bɔdɪd] adj désincarné(e)

**disembowel** ['dɪsɪm'bauəl] vt éviscérer, étriper

**disenchanted** ['dɪsɪn'tʃɑːntɪd] adj: **~ (with)** désenchanté(e) (de), désabusé(e) (de)

**disenfranchise** ['dɪsɪn'fræntʃaɪz] vt priver du droit de vote; (Comm) retirer la franchise à

**disengage** [dɪsɪn'geɪdʒ] vt dégager; (Tech) déclencher; **to ~ the clutch** (Aut) débrayer

**disentangle** [dɪsɪn'tæŋgl] vt démêler

**disfavour**, (US) **disfavor** [dɪs'feɪvəʳ] n défaveur f; disgrâce f

**disfigure** [dɪs'fɪgəʳ] vt défigurer

**disgorge** [dɪs'gɔːdʒ] vt déverser

**disgrace** [dɪs'greɪs] n honte f; (disfavour) disgrâce f ▷ vt déshonorer, couvrir de honte

**disgraceful** [dɪs'greɪsful] adj scandaleux(-euse), honteux(-euse)

**disgruntled** [dɪs'grʌntld] adj mécontent(e)

**disguise** [dɪs'gaɪz] n déguisement m ▷ vt déguiser; (voice) déguiser, contrefaire; (feelings etc) masquer, dissimuler; **in ~** déguisé(e); **to ~ o.s. as** se déguiser en; **there's no disguising the fact that ...** on ne peut pas se dissimuler que ...

**disgust** [dɪs'gʌst] n dégoût m, aversion f ▷ vt dégoûter, écœurer

**disgusted** [dɪs'gʌstɪd] adj dégoûté(e), écœuré(e)

**disgusting** [dɪs'gʌstɪŋ] adj dégoûtant(e), révoltant(e)

**dish** [dɪʃ] n plat m; **to do** or **wash the ~es** faire la vaisselle

▶ **dish out** vt distribuer

▶ **dish up** vt servir; (facts, statistics) sortir, débiter

**dishcloth** ['dɪʃklɔθ] n (for drying) torchon m; (for washing) lavette f

**dishearten** [dɪs'hɑːtn] vt décourager

**dishevelled**, (US) **disheveled** [dɪ'ʃɛvəld] adj ébouriffé(e), décoiffé(e), débraillé(e)

**dishonest** [dɪs'ɔnɪst] adj malhonnête

**dishonesty** [dɪs'ɔnɪstɪ] n malhonnêteté f

**dishonour**, (US) **dishonor** [dɪs'ɔnəʳ] n déshonneur m

**dishonourable**, (US) **dishonorable** [dɪs'ɔnərəbl] adj déshonorant(e)

**dish soap** n (US) produit m pour la vaisselle

**dishtowel** ['dɪʃtauəl] n (US) torchon m (à vaisselle)

**dishwasher** ['dɪʃwɔʃəʳ] n lave-vaisselle m; (person) plongeur(-euse)

**dishy** ['dɪʃɪ] adj (Brit inf) séduisant(e), sexy inv

**disillusion** [dɪsɪ'luːʒən] vt désabuser, désenchanter ▷ n désenchantement m; **to become ~ed (with)** perdre ses illusions (en ce qui concerne)

**disillusionment** [dɪsɪ'luːʒənmənt] n désillusionnement m, désillusion f

**disincentive** [dɪsɪn'sɛntɪv] n: **it's a ~** c'est démotivant; **to be a ~ to sb** démotiver qn

**disinclined** ['dɪsɪn'klaɪnd] adj: **to be ~ to do sth**

être peu disposé(e) *or* peu enclin(e) à faire qch
**disinfect** [dɪsɪn'fɛkt] *vt* désinfecter
**disinfectant** [dɪsɪn'fɛktənt] *n* désinfectant *m*
**disinflation** [dɪsɪn'fleɪʃən] *n* désinflation *f*
**disinformation** [dɪsɪnfə'meɪʃən] *n*
désinformation *f*
**disinherit** [dɪsɪn'hɛrɪt] *vt* déshériter
**disintegrate** [dɪs'ɪntɪgreɪt] *vi* se désintégrer
**disinterested** [dɪs'ɪntrəstɪd] *adj* désintéressé(e)
**disjointed** [dɪs'dʒɔɪntɪd] *adj* décousu(e),
incohérent(e)
**disk** [dɪsk] *n* (*Comput*) disquette *f*; **single-/
double-sided ~** disquette une face/double face
**disk drive** *n* lecteur *m* de disquette
**diskette** [dɪs'kɛt] *n* (*Comput*) disquette *f*
**disk operating system** *n* système *m*
d'exploitation à disques
**dislike** [dɪs'laɪk] *n* aversion *f*, antipathie *f* ▷ *vt*
ne pas aimer; **to take a ~ to sb/sth** prendre qn/
qch en grippe; **I ~ the idea** l'idée me déplaît
**dislocate** ['dɪsləkeɪt] *vt* disloquer, déboîter;
(*services etc*) désorganiser; **he has ~d his
shoulder** il s'est disloqué l'épaule
**dislodge** [dɪs'lɔdʒ] *vt* déplacer, faire bouger;
(*enemy*) déloger
**disloyal** [dɪs'lɔɪəl] *adj* déloyal(e)
**dismal** ['dɪzml] *adj* (*gloomy*) lugubre, maussade;
(*very bad*) lamentable
**dismantle** [dɪs'mæntl] *vt* démonter; (*fort,
warship*) démanteler
**dismast** [dɪs'mɑːst] *vt* démâter
**dismay** [dɪs'meɪ] *n* consternation *f* ▷ *vt*
consterner; **much to my ~** à ma grande
consternation, à ma grande inquiétude
**dismiss** [dɪs'mɪs] *vt* congédier, renvoyer; (*idea*)
écarter; (*Law*) rejeter ▷ *vi* (*Mil*) rompre les rangs
**dismissal** [dɪs'mɪsl] *n* renvoi *m*
**dismount** [dɪs'maunt] *vi* mettre pied à terre
**disobedience** [dɪsə'biːdɪəns] *n* désobéissance *f*
**disobedient** [dɪsə'biːdɪənt] *adj* désobéissant(e),
indiscipliné(e)
**disobey** [dɪsə'beɪ] *vt* désobéir à; (*rule*)
transgresser, enfreindre
**disorder** [dɪs'ɔːdər] *n* désordre *m*; (*rioting*)
désordres *mpl*; (*Med*) troubles *mpl*
**disorderly** [dɪs'ɔːdəlɪ] *adj* (*room*) en désordre;
(*behaviour, retreat, crowd*) désordonné(e)
**disorderly conduct** *n* (*Law*) conduite *f* contraire
aux bonnes mœurs
**disorganized** [dɪs'ɔːgənaɪzd] *adj* désorganisé(e)
**disorientated** [dɪs'ɔːrɪenteɪtɪd] *adj*
désorienté(e)
**disown** [dɪs'əun] *vt* renier
**disparaging** [dɪs'pærɪdʒɪŋ] *adj* désobligeant(e);
**to be ~ about sb/sth** faire des remarques
désobligeantes sur qn/qch
**disparate** ['dɪspərɪt] *adj* disparate
**disparity** [dɪs'pærɪtɪ] *n* disparité *f*
**dispassionate** [dɪs'pæʃənət] *adj* calme, froid(e),
impartial(e), objectif(-ive)
**dispatch** [dɪs'pætʃ] *vt* expédier, envoyer; (*deal
with: business*) régler, en finir avec ▷ *n* envoi *m*,

expédition *f*; (*Mil, Press*) dépêche *f*
**dispatch department** *n* service *m* des
expéditions
**dispatch rider** *n* (*Mil*) estafette *f*
**dispel** [dɪs'pɛl] *vt* dissiper, chasser
**dispensary** [dɪs'pɛnsərɪ] *n* pharmacie *f*; (*in
chemist's*) officine *f*
**dispense** [dɪs'pɛns] *vt* distribuer, administrer;
(*medicine*) préparer (et vendre); **to ~ sb from**
dispenser qn de
  ▶ **dispense with** *vt fus* se passer de; (*make
unnecessary*) rendre superflu(e)
**dispenser** [dɪs'pɛnsər] *n* (*device*) distributeur *m*
**dispensing chemist** [dɪs'pɛnsɪŋ-] *n* (*Brit*)
pharmacie *f*
**dispersal** [dɪs'pəːsl] *n* dispersion *f*; (*Admin*)
déconcentration *f*
**disperse** [dɪs'pəːs] *vt* disperser; (*knowledge*)
disséminer ▷ *vi* se disperser
**dispirited** [dɪs'pɪrɪtɪd] *adj* découragé(e),
déprimé(e)
**displace** [dɪs'pleɪs] *vt* déplacer
**displaced person** [dɪs'pleɪst-] *n* (*Pol*) personne
déplacée
**displacement** [dɪs'pleɪsmənt] *n*
déplacement *m*
**display** [dɪs'pleɪ] *n* (*of goods*) étalage *m*; affichage
*m*; (*Comput: information*) visualisation *f*; (*: device*)
visuel *m*; (*of feeling*) manifestation *f*; (*pej*)
ostentation *f*; (*show, spectacle*) spectacle *m*;
(*military display*) parade *f* militaire ▷ *vt* montrer;
(*goods*) mettre à l'étalage, exposer; (*results,
departure times*) afficher; (*pej*) faire étalage de; **on
~** (*exhibits*) exposé(e), exhibé(e); (*goods*) à
l'étalage
**display advertising** *n* publicité rédactionnelle
**displease** [dɪs'pliːz] *vt* mécontenter, contrarier;
**~d with** mécontent(e) de
**displeasure** [dɪs'plɛʒər] *n* mécontentement *m*
**disposable** [dɪs'pəuzəbl] *adj* (*pack etc*) jetable;
(*income*) disponible; **~ nappy** (*Brit*) couche *f* à
jeter, couche-culotte *f*
**disposal** [dɪs'pəuzl] *n* (*of rubbish*) évacuation *f*,
destruction *f*; (*of property etc: by selling*) vente *f*;
(*: by giving away*) cession *f*; (*availability,
arrangement*) disposition *f*; **at one's ~** à sa
disposition; **to put sth at sb's ~** mettre qch à la
disposition de qn
**dispose** [dɪs'pəuz] *vt* disposer ▷ *vi*: **to ~ of** (*time,
money*) disposer de; (*unwanted goods*) se
débarrasser de, se défaire de; (*Comm: stock*)
écouler, vendre; (*problem*) expédier
**disposed** [dɪs'pəuzd] *adj*: **~ to do** disposé(e) à
faire
**disposition** [dɪspə'zɪʃən] *n* disposition *f*;
(*temperament*) naturel *m*
**dispossess** ['dɪspə'zɛs] *vt*: **to ~ sb (of)**
déposséder qn (de)
**disproportion** [dɪsprə'pɔːʃən] *n*
disproportion *f*
**disproportionate** [dɪsprə'pɔːʃənət] *adj*
disproportionné(e)

**disprove** [dɪs'pruːv] vt réfuter
**dispute** [dɪs'pjuːt] n discussion f; (also:
**industrial dispute**) conflit m ▷ vt (question)
contester; (matter) discuter; (victory) disputer;
**to be in** or **under** ~ (matter) être en discussion;
(territory) être contesté(e)
**disqualification** [dɪskwɔlɪfɪ'keɪʃən] n
disqualification f; ~ **(from driving)** (Brit)
retrait m du permis (de conduire)
**disqualify** [dɪs'kwɔlɪfaɪ] vt (Sport) disqualifier;
**to** ~ **sb for sth/from doing** (status, situation)
rendre qn inapte à qch/à faire; (authority)
signifier à qn l'interdiction de faire; **to** ~ **sb
(from driving)** (Brit) retirer à qn son permis (de
conduire)
**disquiet** [dɪs'kwaɪət] n inquiétude f, trouble m
**disquieting** [dɪs'kwaɪətɪŋ] adj inquiétant(e),
alarmant(e)
**disregard** [dɪsrɪ'gɑːd] vt ne pas tenir compte de
▷ n (indifference): ~ **(for)** (feelings) indifférence f
(pour), insensibilité f (à); (danger, money)
mépris m (pour)
**disrepair** ['dɪsrɪ'pɛəʳ] n mauvais état; **to fall
into** ~ (building) tomber en ruine; (street) se
dégrader
**disreputable** [dɪs'rɛpjutəbl] adj (person) de
mauvaise réputation, peu recommandable;
(behaviour) déshonorant(e); (area) mal famé(e),
louche
**disrepute** ['dɪsrɪ'pjuːt] n déshonneur m,
discrédit m; **to bring into** ~ faire tomber dans
le discrédit
**disrespectful** [dɪsrɪ'spɛktful] adj
irrespectueux(-euse)
**disrupt** [dɪs'rʌpt] vt (plans, meeting, lesson)
perturber, déranger
**disruption** [dɪs'rʌpʃən] n perturbation f,
dérangement m
**disruptive** [dɪs'rʌptɪv] adj perturbateur(-trice)
**dissatisfaction** [dɪssætɪs'fækʃən] n
mécontentement m, insatisfaction f
**dissatisfied** [dɪs'sætɪsfaɪd] adj: ~ **(with)**
insatisfait(e) (de)
**dissect** [dɪ'sɛkt] vt disséquer; (fig) disséquer,
éplucher
**disseminate** [dɪ'sɛmɪneɪt] vt disséminer
**dissent** [dɪ'sɛnt] n dissentiment m, différence f
d'opinion
**dissenter** [dɪ'sɛntəʳ] n (Rel, Pol etc) dissident(e)
**dissertation** [dɪsə'teɪʃən] n (Scol) mémoire m
**disservice** [dɪs'səːvɪs] n: **to do sb a** ~ rendre un
mauvais service à qn; desservir qn
**dissident** ['dɪsɪdnt] adj, n dissident(e)
**dissimilar** [dɪ'sɪmɪləʳ] adj: ~ **(to)** dissemblable
(à), différent(e) (de)
**dissipate** ['dɪsɪpeɪt] vt dissiper; (energy, efforts)
disperser
**dissipated** ['dɪsɪpeɪtɪd] adj dissolu(e),
débauché(e)
**dissociate** [dɪ'səʊʃɪeɪt] vt dissocier; **to** ~ **o.s.
from** se désolidariser de
**dissolute** ['dɪsəluːt] adj débauché(e), dissolu(e)

**dissolve** [dɪ'zɔlv] vt dissoudre ▷ vi se dissoudre,
fondre; (fig) disparaître; **to** ~ **in(to) tears**
fondre en larmes
**dissuade** [dɪ'sweɪd] vt: **to** ~ **sb (from)** dissuader
qn (de)
**distance** ['dɪstns] n distance f; **what's the** ~ **to
London?** à quelle distance se trouve Londres?;
**it's within walking** ~ on peut y aller à pied; **in
the** ~ au loin
**distant** ['dɪstnt] adj lointain(e), éloigné(e);
(manner) distant(e), froid(e)
**distaste** [dɪs'teɪst] n dégoût m
**distasteful** [dɪs'teɪstful] adj déplaisant(e),
désagréable
**Dist. Atty.** abbr (US) = **district attorney**
**distemper** [dɪs'tempəʳ] n (paint) détrempe f,
badigeon m; (of dogs) maladie f de Carré
**distended** [dɪs'tendɪd] adj (stomach) dilaté(e)
**distil**, (US) **distill** [dɪs'tɪl] vt distiller
**distillery** [dɪs'tɪlərɪ] n distillerie f
**distinct** [dɪs'tɪŋkt] adj distinct(e); (clear)
marqué(e); **as** ~ **from** par opposition à, en
contraste avec
**distinction** [dɪs'tɪŋkʃən] n distinction f; (in
exam) mention f très bien; **to draw a** ~ **between**
faire une distinction entre; **a writer of** ~ un
écrivain réputé
**distinctive** [dɪs'tɪŋktɪv] adj distinctif(-ive)
**distinctly** [dɪs'tɪŋktlɪ] adv distinctement;
(specify) expressément
**distinguish** [dɪs'tɪŋgwɪʃ] vt distinguer ▷ vi: **to** ~
**between** (concepts) distinguer entre, faire une
distinction entre; **to** ~ **o.s.** se distinguer
**distinguished** [dɪs'tɪŋgwɪʃt] adj (eminent,
refined) distingué(e); (career) remarquable,
brillant(e)
**distinguishing** [dɪs'tɪŋgwɪʃɪŋ] adj (feature)
distinctif(-ive), caractéristique
**distort** [dɪs'tɔːt] vt déformer
**distortion** [dɪs'tɔːʃən] n déformation f
**distract** [dɪs'trækt] vt distraire, déranger
**distracted** [dɪs'træktɪd] adj (not concentrating)
distrait(e); (worried) affolé(e)
**distraction** [dɪs'trækʃən] n distraction f,
dérangement m; **to drive sb to** ~ rendre qn fou
(folle)
**distraught** [dɪs'trɔːt] adj éperdu(e)
**distress** [dɪs'trɛs] n détresse f; (pain) douleur f
▷ vt affliger; **in** ~ (ship) en perdition; (plane) en
détresse; ~**ed area** (Brit) zone sinistrée
**distressing** [dɪs'trɛsɪŋ] adj douloureux(-euse),
pénible, affligeant(e)
**distress signal** n signal m de détresse
**distribute** [dɪs'trɪbjuːt] vt distribuer
**distribution** [dɪstrɪ'bjuːʃən] n distribution f
**distribution cost** n coût m de distribution
**distributor** [dɪs'trɪbjutəʳ] n (gen: Tech)
distributeur m; (Comm) concessionnaire m/f
**district** ['dɪstrɪkt] n (of country) région f; (of town)
quartier m; (Admin) district m
**district attorney** n (US) ≈ procureur m de la
République

**d**

**district council** n (Brit) ≈ conseil municipal; *voir article*

**district nurse** n (Brit) infirmière visiteuse
**distrust** [dɪs'trʌst] n méfiance f, doute m ▷ vt se méfier de
**distrustful** [dɪs'trʌstful] adj méfiant(e)
**disturb** [dɪs'tə:b] vt troubler; (*inconvenience*) déranger; **sorry to ~ you** excusez-moi de vous déranger
**disturbance** [dɪs'tə:bəns] n dérangement m; (*political etc*) troubles mpl; (*by drunks etc*) tapage m; **to cause a ~** troubler l'ordre public; **~ of the peace** (*Law*) tapage injurieux or nocturne
**disturbed** [dɪs'tə:bd] adj (*worried, upset*) agité(e), troublé(e); **to be emotionally ~** avoir des problèmes affectifs
**disturbing** [dɪs'tə:bɪŋ] adj troublant(e), inquiétant(e)
**disuse** [dɪs'ju:s] n: **to fall into ~** tomber en désuétude
**disused** [dɪs'ju:zd] adj désaffecté(e)
**ditch** [dɪtʃ] n fossé m; (*for irrigation*) rigole f ▷ vt (*inf*) abandonner; (*person*) plaquer
**dither** ['dɪðə'] vi hésiter
**ditto** ['dɪtəu] adv idem
**divan** [dɪ'væn] n divan m
**divan bed** n divan-lit m
**dive** [daɪv] n plongeon m; (*of submarine*) plongée f; (*Aviat*) piqué m; (*pej: café, bar etc*) bouge m ▷ vi plonger; **to ~ into** (*bag etc*) plonger la main dans; (*place*) se précipiter dans
**diver** ['daɪvə'] n plongeur m
**diverge** [daɪ'və:dʒ] vi diverger
**diverse** [daɪ'və:s] adj divers(e)
**diversification** [daɪvə:sɪfɪ'keɪʃən] n diversification f
**diversify** [daɪ'və:sɪfaɪ] vt diversifier
**diversion** [daɪ'və:ʃən] n (*Brit Aut*) déviation f; (*distraction, Mil*) diversion f
**diversionary tactics** [daɪ'və:ʃənrɪ-] npl tactique fsg de diversion
**diversity** [daɪ'və:sɪtɪ] n diversité f, variété f
**divert** [daɪ'və:t] vt (*Brit: traffic*) dévier; (*plane*) dérouter; (*train, river*) détourner; (*amuse*) divertir
**divest** [daɪ'vest] vt: **to ~ sb of** dépouiller qn de
**divide** [dɪ'vaɪd] vt diviser; (*separate*) séparer ▷ vi se diviser; **to ~ (between** or **among)** répartir or diviser (entre); **40 ~d by 5** 40 divisé par 5
▶ **divide out** vt: **to ~ out (between** or **among)** distribuer or répartir (entre)
**divided** [dɪ'vaɪdɪd] adj (*fig: country, couple*)

désuni(e); (*opinions*) partagé(e)
**divided highway** (US) n route f à quatre voies
**divided skirt** n jupe-culotte f
**dividend** ['dɪvɪdend] n dividende m
**dividend cover** n rapport m dividendes-résultat
**dividers** [dɪ'vaɪdəz] npl compas m à pointes sèches; (*between pages*) feuillets mpl intercalaires
**divine** [dɪ'vaɪn] adj divin(e) ▷ vt (*future*) prédire; (*truth*) deviner, entrevoir; (*water, metal*) détecter la présence de (*par l'intermédiaire de la radiesthésie*)
**diving** ['daɪvɪŋ] n plongée (sous-marine)
**diving board** n plongeoir m
**diving suit** n scaphandre m
**divinity** [dɪ'vɪnɪtɪ] n divinité f; (*as study*) théologie f
**division** [dɪ'vɪʒən] n division f; (*Brit: Football*) division f; (*separation*) séparation f; (*Comm*) service m; (*Brit: Pol*) vote m; (*also:* **division of labour**) division du travail
**divisive** [dɪ'vaɪsɪv] adj qui entraîne la division, qui crée des dissensions
**divorce** [dɪ'vɔ:s] n divorce m ▷ vt divorcer d'avec
**divorced** [dɪ'vɔ:st] adj divorcé(e)
**divorcee** [dɪvɔ:'si:] n divorcé(e)
**divot** ['dɪvət] n (*Golf*) motte f de gazon
**divulge** [daɪ'vʌldʒ] vt divulguer, révéler
**DIY** adj, n abbr (Brit) = **do-it-yourself**
**dizziness** ['dɪzɪnɪs] n vertige m, étourdissement m
**dizzy** ['dɪzɪ] adj (*height*) vertigineux(-euse); **to make sb ~** donner le vertige à qn; **I feel ~** la tête me tourne, j'ai la tête qui tourne
**DJ** n abbr = **disc jockey**
**d.j.** n abbr = **dinner jacket**
**Djakarta** [dʒə'ka:tə] n Djakarta
**DJIA** n abbr (US Stock Exchange) = **Dow-Jones Industrial Average**
**dl** abbr (= decilitre) dl
**DLit, DLitt** n abbr (= Doctor of Literature, Doctor of Letters) titre universitaire
**DMus** n abbr (= Doctor of Music) titre universitaire
**DMZ** n abbr = **demilitarized zone**
**DNA** n abbr (= deoxyribonucleic acid) ADN m
**DNA fingerprinting** [-'fɪŋɡəprɪntɪŋ] n technique f des empreintes génétiques
**do** abbr (= ditto) d

○ **KEYWORD**

**do** [du:] (*pt* **did**, *pp* **done**) n (*inf: party etc*) soirée f, fête f; (: *formal gathering*) réception f
▷ vb **1** (*in negative constructions*) non traduit; **I don't understand** je ne comprends pas
**2** (*to form questions*) non traduit; **didn't you know?** vous ne le saviez pas?; **what do you think?** qu'en pensez-vous?; **why didn't you come?** pourquoi n'êtes-vous pas venu?
**3** (*for emphasis, in polite expressions*): **people do make mistakes sometimes** on peut toujours se tromper; **she does seem rather late** je trouve qu'elle est bien en retard; **do sit down/ help yourself** asseyez-vous/servez-vous je vous

en prie; **do take care!** faites bien attention à vous!; **I DO wish I could go** j'aimerais tant y aller; **but I DO like it!** mais si, je l'aime!

**4** (used to avoid repeating vb): **she swims better than I do** elle nage mieux que moi; **do you agree?** — **yes, I do/no I don't** vous êtes d'accord? — oui/non; **she lives in Glasgow — so do I** elle habite Glasgow — moi aussi; **he didn't like it and neither did we** il n'a pas aimé ça, et nous non plus; **who broke it?** — **I did** qui l'a cassé? — c'est moi; **he asked me to help him and I did** il m'a demandé de l'aider, et c'est ce que j'ai fait

**5** (in question tags): **you like him, don't you?** vous l'aimez bien, n'est-ce pas?; **he laughed, didn't he?** il a ri, n'est-ce pas?; **I don't know him, do I?** je ne crois pas le connaître

▷ **vt 1** (gen: carry out, perform etc) faire; (visit: city, museum) faire, visiter; **what are you doing tonight?** qu'est-ce que vous faites ce soir?; **what do you do?** (job) que faites-vous dans la vie?; **what did he do with the cat?** qu'a-t-il fait du chat?; **what can I do for you?** que puis-je faire pour vous?; **to do the cooking/ washing-up** faire la cuisine/la vaisselle; **to do one's teeth/hair/nails** se brosser les dents/se coiffer/se faire les ongles

**2** (Aut etc: distance) faire; (: speed) faire du; **we've done 200 km already** nous avons déjà fait 200 km; **the car was doing 100** la voiture faisait du 100 (à l'heure); **he can do 100 in that car** il peut faire du 100 (à l'heure) dans cette voiture-là

▷ **vi 1** (act, behave) faire; **do as I do** faites comme moi

**2** (get on, fare) marcher; **the firm is doing well** l'entreprise marche bien; **he's doing well/ badly at school** ça marche bien/mal pour lui à l'école; **how do you do?** comment allez-vous?; (on being introduced) enchanté(e)!

**3** (suit) aller; **will it do?** est-ce que ça ira?

**4** (be sufficient) suffire, aller; **will £10 do?** est-ce que 10 livres suffiront?; **that'll do** ça suffit, ça ira; **that'll do!** (in annoyance) ça va or suffit comme ça!; **to make do (with)** se contenter (de)

▶ **do away with** vt fus abolir; (kill) supprimer

▶ **do for** vt fus (Brit inf: clean for) faire le ménage chez

▶ **do up** vt (laces, dress) attacher; (buttons) boutonner; (zip) fermer; (renovate: room) refaire; (: house) remettre à neuf; **to do o.s. up** se faire beau (belle)

▶ **do with** vt fus (need): **I could do with a drink/ some help** quelque chose à boire/un peu d'aide ne serait pas de refus; **it could do with a wash** ça ne lui ferait pas de mal d'être lavé; (be connected with): **that has nothing to do with you** cela ne vous concerne pas; **I won't have anything to do with it** je ne veux pas m'en mêler; **what has that got to do with it?** quel est le rapport?, qu'est-ce que cela vient faire là-

dedans?

▶ **do without** vi s'en passer; **if you're late for tea then you'll do without** si vous êtes en retard pour le dîner il faudra vous en passer ▷ vt fus se passer de; **I can do without a car** je peux me passer de voiture

**DOA** abbr (= dead on arrival) décédé(e) à l'admission

**d.o.b.** abbr = **date of birth**

**doc** [dɔk] n (inf) toubib m

**docile** ['dəusaɪl] adj docile

**dock** [dɔk] n dock m; (wharf) quai m; (Law) banc m des accusés ▷ vt: **they ~ed a third of his wages** ils lui ont retenu or décompté un tiers de son salaire; **docks** npl (Naut) docks

**dock dues** npl droits mpl de bassin

**docker** ['dɔkər] n docker m

**docket** ['dɔkɪt] n bordereau m; (on parcel etc) étiquette f or fiche f (décrivant le contenu d'un paquet etc)

**dockyard** ['dɔkjɑːd] n chantier m de construction navale

**doctor** ['dɔktər] n médecin m, docteur m; (PhD etc) docteur m ▷ vt (cat) couper; (interfere with: food) altérer; (: drink) frelater; (: text, document) arranger; **~'s office** (US) cabinet m de consultation; **call a ~!** appelez un docteur or un médecin!

**doctorate** ['dɔktərɪt] n doctorat m; voir article

○ **DOCTORATE**
○
○ Le doctorate est le diplôme universitaire le
○ plus prestigieux. Il est le résultat d'au
○ minimum trois années de recherche et est
○ accordé après soutenance d'une thèse
○ devant un jury. Le "doctorat" le plus courant
○ est le "PhD" (Doctor of Philosophy), accordé
○ en lettres, en sciences et en ingénierie, bien
○ qu'il existe également d'autres doctorats
○ spécialisés (en musique, en droit, etc); voir
○ "Bachelor's degree", "Master's degree"

**Doctor of Philosophy** n (degree) doctorat m; (person) titulaire m/f d'un doctorat

**docudrama** ['dɔkjudrɑːmə] n (TV) docudrame m

**document** ['dɔkjumənt] n document m ▷ vt ['dɔkjumɛnt] documenter

**documentary** [dɔkju'mɛntərɪ] adj, n documentaire (m)

**documentation** [dɔkjumən'teɪʃən] n documentation f

**DOD** n abbr (US) = **Department of Defense**

**doddering** ['dɔdərɪŋ] adj (senile) gâteux(-euse)

**doddery** ['dɔdərɪ] adj branlant(e)

**doddle** ['dɔdl] n: **it's a ~** (inf) c'est simple comme bonjour, c'est du gâteau

**Dodecanese** [dəudɪkə'niːz] n, **Dodecanese Islands** npl Dodécanèse m

**dodge** [dɔdʒ] n truc m; combine f ▷ vt esquiver,

éviter ▷ *vi* faire un saut de côté; (*Sport*) faire une esquive; **to ~ out of the way** s'esquiver; **to ~ through the traffic** se faufiler *or* faire de savantes manœuvres entre les voitures

**dodgems** ['dɔdʒəmz] *npl* (*Brit*) autos tamponneuses

**dodgy** ['dɔdʒɪ] *adj* (*inf: uncertain*) douteux(-euse); (*: shady*) louche

**DOE** *n abbr* (*Brit*) = **Department of the Environment**; (*US*) = **Department of Energy**

**doe** [dəu] *n* (*deer*) biche *f*; (*rabbit*) lapine *f*

**does** [dʌz] *vb see* **do**

**doesn't** ['dʌznt] = **does not**

**dog** [dɔg] *n* chien(ne) ▷ *vt* (*follow closely*) suivre de près, ne pas lâcher d'une semelle; (*fig: memory etc*) poursuivre, harceler; **to go to the ~s** (*nation etc*) aller à vau-l'eau

**dog biscuits** *npl* biscuits *mpl* pour chien

**dog collar** *n* collier *m* de chien; (*fig*) faux-col *m* d'ecclésiastique

**dog-eared** ['dɔgɪəd] *adj* corné(e)

**dog food** *n* nourriture *f* pour les chiens *or* le chien

**dogged** ['dɔgɪd] *adj* obstiné(e), opiniâtre

**doggy** ['dɔgɪ] *n* (*inf*) toutou *m*

**doggy bag** ['dɔgɪ-] *n* petit sac pour emporter les restes

**dogma** ['dɔgmə] *n* dogme *m*

**dogmatic** [dɔg'mætɪk] *adj* dogmatique

**do-gooder** [du:'gudə'] *n* (*pej*) faiseur(-euse) de bonnes œuvres

**dogsbody** ['dɔgzbɔdɪ] *n* (*Brit*) bonne *f* à tout faire, tâcheron *m*

**doily** ['dɔɪlɪ] *n* dessus *m* d'assiette

**doing** ['duɪŋ] *n*: **this is your ~** c'est votre travail, c'est vous qui avez fait ça

**doings** ['duɪŋz] *npl* activités *fpl*

**do-it-yourself** ['du:ɪtjɔ:'sɛlf] *n* bricolage *m*

**doldrums** ['dɔldrəmz] *npl*: **to be in the ~** avoir le cafard; être dans le marasme

**dole** [dəul] *n* (*Brit: payment*) allocation *f* de chômage; **on the ~** au chômage
  ▶ **dole out** *vt* donner au compte-goutte

**doleful** ['dəulful] *adj* triste, lugubre

**doll** [dɔl] *n* poupée *f*
  ▶ **doll up** *vt*: **to ~ o.s. up** se faire beau (belle)

**dollar** ['dɔlə'] *n* dollar *m*

**dollop** ['dɔləp] *n* (*of butter, cheese*) bon morceau; (*of cream*) bonne cuillerée

**dolly** ['dɔlɪ] *n* poupée *f*

**dolphin** ['dɔlfɪn] *n* dauphin *m*

**domain** [də'meɪn] *n* (*also fig*) domaine *m*

**dome** [dəum] *n* dôme *m*

**domestic** [də'mɛstɪk] *adj* (*duty, happiness*) familial(e); (*policy, affairs, flight*) intérieur(e); (*news*) national(e); (*animal*) domestique

**domesticated** [də'mɛstɪkeɪtɪd] *adj* domestiqué(e); (*pej*) d'intérieur; **he's very ~** il participe volontiers aux tâches ménagères; question ménage, il est très organisé

**domesticity** [dəumɛs'tɪsɪtɪ] *n* vie *f* de famille

**domestic servant** *n* domestique *m/f*

**domicile** ['dɔmɪsaɪl] *n* domicile *m*

**dominant** ['dɔmɪnənt] *adj* dominant(e)

**dominate** ['dɔmɪneɪt] *vt* dominer

**domination** [dɔmɪ'neɪʃən] *n* domination *f*

**domineering** [dɔmɪ'nɪərɪŋ] *adj* dominateur(-trice), autoritaire

**Dominican Republic** [də'mɪnɪkən-] *n* République Dominicaine

**dominion** [də'mɪnɪən] *n* domination *f*; territoire *m*; dominion *m*

**domino** ['dɔmɪnəu] (*pl* **-es**) *n* domino *m*

**dominoes** ['dɔmɪnəuz] *n* (*game*) dominos *mpl*

**don** [dɔn] *n* (*Brit*) professeur *m* d'université ▷ *vt* revêtir

**donate** [də'neɪt] *vt* faire don de, donner

**donation** [də'neɪʃən] *n* donation *f*, don *m*

**done** [dʌn] *pp of* **do**

**donkey** ['dɔŋkɪ] *n* âne *m*

**donkey-work** ['dɔŋkɪwə:k] *n* (*Brit inf*) le gros du travail, le plus dur (du travail)

**donor** ['dəunə'] *n* (*of blood etc*) donneur(-euse); (*to charity*) donateur(-trice)

**donor card** *n* carte *f* de don d'organes

**don't** [dəunt] = **do not**

**donut** ['dəunʌt] (*US*) *n* = **doughnut**

**doodle** ['du:dl] *n* griffonnage *m*, gribouillage *m* ▷ *vi* griffonner, gribouiller

**doom** [du:m] *n* (*fate*) destin *m*; (*ruin*) ruine *f* ▷ *vt*: **to be ~ed to failure** être voué(e) à l'échec

**doomsday** ['du:mzdeɪ] *n* le Jugement dernier

**door** [dɔ:'] *n* porte *f*; (*Rail, car*) portière *f*; **to go from ~ to ~** aller de porte en porte

**doorbell** ['dɔ:bɛl] *n* sonnette *f*

**door handle** *n* poignée *f* de porte; (*of car*) poignée de portière

**doorknob** ['dɔ:nɔb] *n* poignée *f or* bouton *m* de porte

**doorman** ['dɔ:mən] (*irreg*) *n* (*in hotel*) portier *m*; (*in block of flats*) concierge *m*

**doormat** ['dɔ:mæt] *n* paillasson *m*

**doorpost** ['dɔ:pəust] *n* montant *m* de porte

**doorstep** ['dɔ:stɛp] *n* pas *m* de (la) porte, seuil *m*

**door-to-door** ['dɔ:tə'dɔ:'] *adj*: **~ selling** vente *f* à domicile

**doorway** ['dɔ:weɪ] *n* (*embrasure f de*) porte *f*

**dope** [dəup] *n* (*inf: drug*) drogue *f*; (*: person*) andouille *f*; (*: information*) tuyaux *mpl*, rancards *mpl* ▷ *vt* (*horse etc*) doper

**dopey** ['dəupɪ] *adj* (*inf*) à moitié endormi(e)

**dormant** ['dɔ:mənt] *adj* assoupi(e), en veilleuse; (*rule, law*) inappliqué(e)

**dormer** ['dɔ:mə'] *n* (*also:* **dormer window**) lucarne *f*

**dormice** ['dɔ:maɪs] *npl of* **dormouse**

**dormitory** ['dɔ:mɪtrɪ] *n* (*Brit*) dortoir *m*; (*US: hall of residence*) résidence *f* universitaire

**dormouse** (*pl* **dormice**) ['dɔ:maus, -maɪs] *n* loir *m*

**DOS** [dɔs] *n abbr* (= *disk operating system*) DOS *m*

**dosage** ['dəusɪdʒ] *n* dose *f*; dosage *m*; (*on label*) posologie *f*

**dose** [dəus] *n* dose *f*; (*Brit: bout*) attaque *f* ▷ *vt*: **to ~ o.s.** se bourrer de médicaments; **a ~ of flu** une belle *or* bonne grippe

**dosh** [dɔʃ] (*inf*) *n* fric *m*
**dosser** ['dɔsə<sup>r</sup>] *n* (*Brit inf*) clochard(e)
**doss house** ['dɔs-] *n* (*Brit*) asile *m* de nuit
**DOT** *n abbr* (*US*) = **Department of Transportation**
**dot** [dɔt] *n* point *m*; (*on material*) pois *m* ▷ *vt*: **~ted with** parsemé(e) de; **on the ~** à l'heure tapante
**dotcom** [dɔt'kɔm] *n* point com *m*, pointcom *m*
**dot command** *n* (*Comput*) commande précédée d'un point
**dote** [dəut]: **to ~ on** *vt fus* être fou (folle de)
**dot-matrix printer** [dɔt'meɪtrɪks-] *n* imprimante matricielle
**dotted line** ['dɔtɪd-] *n* ligne pointillée; (*Aut*) ligne discontinue; **to sign on the ~** signer à l'endroit indiqué *or* sur la ligne pointillée; (*fig*) donner son consentement
**dotty** ['dɔtɪ] *adj* (*inf*) loufoque, farfelu(e)
**double** ['dʌbl] *adj* double ▷ *adv* (*fold*) en deux; (*twice*): **to cost ~ (sth)** coûter le double (de qch) *or* deux fois plus (que qch) ▷ *n* double *m*; (*Cine*) doublure *f* ▷ *vt* doubler; (*fold*) plier en deux ▷ *vi* doubler; (*have two uses*): **to ~ as** servir aussi de; **~ five two six (5526)** (*Brit Tel*) cinquante-cinq – vingt-six; **it's spelt with a ~ "l"** ça s'écrit avec deux "l"; **on the ~, at the ~** au pas de course
▶ **double back** *vi* (*person*) revenir sur ses pas
▶ **double up** *vi* (*bend over*) se courber, se plier; (*share room*) partager la chambre
**double bass** *n* contrebasse *f*
**double bed** *n* grand lit
**double-breasted** ['dʌbl'brɛstɪd] *adj* croisé(e)
**double-check** ['dʌbl'tʃɛk] *vt, vi* revérifier
**double-click** ['dʌbl'klɪk] *vi* (*Comput*) double-cliquer
**double-clutch** ['dʌbl'klʌtʃ] *vi* (*US*) faire un double débrayage
**double cream** *n* (*Brit*) crème fraîche épaisse
**double-cross** ['dʌbl'krɔs] *vt* doubler, trahir
**double-decker** ['dʌbl'dɛkə<sup>r</sup>] *n* autobus *m* à impériale
**double declutch** *vi* (*Brit*) faire un double débrayage
**double exposure** *n* (*Phot*) surimpression *f*
**double glazing** *n* (*Brit*) double vitrage *m*
**double-page** ['dʌblpeɪdʒ] *adj*: **~ spread** publicité *f* en double page
**double parking** *n* stationnement *m* en double file
**double room** *n* chambre *f* pour deux
**doubles** ['dʌblz] *n* (*Tennis*) double *m*
**double whammy** [-'wæmɪ] *n* (*inf*) double contretemps *m*
**double yellow lines** *npl* (*Brit: Aut*) double bande *jaune marquant l'interdiction de stationner*
**doubly** ['dʌblɪ] *adv* doublement, deux fois plus
**doubt** [daut] *n* doute *m* ▷ *vt* douter de; **no ~** sans doute; **without (a) ~** sans aucun doute; **beyond ~** *adv* indubitablement ▷ *adj* indubitable; **to ~ that** douter que + *sub*; **I ~ it very much** j'en doute fort
**doubtful** ['dautful] *adj* douteux(-euse); (*person*)

incertain(e); **to be ~ about sth** avoir des doutes sur qch, ne pas être convaincu de qch; **I'm a bit ~** je n'en suis pas certain *or* sûr
**doubtless** ['dautlɪs] *adv* sans doute, sûrement
**dough** [dəu] *n* pâte *f*; (*inf: money*) fric *m*, pognon *m*
**doughnut** ['dəunʌt], (*US*) **donut** *n* beignet *m*
**dour** [duə<sup>r</sup>] *adj* austère
**douse** [dauz] *vt* (*with water*) tremper, inonder; (*flames*) éteindre
**dove** [dʌv] *n* colombe *f*
**Dover** ['dəuvə<sup>r</sup>] *n* Douvres
**dovetail** ['dʌvteɪl] *n*: **~ joint** assemblage *m* à queue d'aronde ▷ *vi* (*fig*) concorder
**dowager** ['dauədʒə<sup>r</sup>] *n* douairière *f*
**dowdy** ['daudɪ] *adj* démodé(e), mal fagoté(e)
**Dow-Jones average** ['dau'dʒəunz-] *n* (*US*) indice *m* Dow-Jones
**down** [daun] *n* (*fluff*) duvet *m*; (*hill*) colline (dénudée) ▷ *adv* en bas, vers le bas; (*on the ground*) par terre ▷ *prep* en bas de; (*along*) le long de ▷ *vt* (*enemy*) abattre; (*inf: drink*) siffler; **to fall ~** tomber; **she's going ~ to Bristol** elle descend à Bristol; **to write sth ~** écrire qch; **~ there** là-bas (en bas), là au fond; **~ here** ici en bas; **the price of meat is ~** le prix de la viande a baissé; **I've got it ~ in my diary** c'est inscrit dans mon agenda; **to pay £2 ~** verser 2 livres d'arrhes *or* en acompte; **England is two goals ~** l'Angleterre a deux buts de retard; **to walk ~ a hill** descendre une colline; **to run ~ the street** descendre la rue en courant; **to ~ tools** (*Brit*) cesser le travail; **~ with X!** à bas X!
**down-and-out** ['daunəndaut] *n* (*tramp*) clochard(e)
**down-at-heel** ['daunət'hi:l] *adj* (*fig*) miteux(-euse)
**downbeat** ['daunbi:t] *n* (*Mus*) temps frappé ▷ *adj* sombre, négatif(-ive)
**downcast** ['daunkɑ:st] *adj* démoralisé(e)
**downer** ['daunə<sup>r</sup>] *n* (*inf: drug*) tranquillisant *m*; **to be on a ~** (*depressed*) flipper
**downfall** ['daunfɔ:l] *n* chute *f*; ruine *f*
**downgrade** ['daungreɪd] *vt* déclasser
**downhearted** ['daun'hɑ:tɪd] *adj* découragé(e)
**downhill** ['daun'hɪl] *adv* (*face, look*) en aval, vers l'aval; (*roll, go*) vers le bas, en bas ▷ *n* (*Ski: also*: **downhill race**) descente *f*; **to go ~** descendre; (*business*) péricliter, aller à vau-l'eau
**Downing Street** ['daunɪŋ-] *n* (*Brit*): **10 ~** *résidence du Premier ministre*; *voir article*

**download** ['daunləud] *n* téléchargement *m* ▷ *vt*

d

(*Comput*) télécharger

**downloadable** [daun'ləudəbl] *adj* téléchargeable

**down-market** ['daun'mɑːkɪt] *adj* (*product*) bas de gamme *inv*

**down payment** *n* acompte *m*

**downplay** ['daunpleɪ] *vt* (*US*) minimiser (l'importance de)

**downpour** ['daunpɔːʳ] *n* pluie torrentielle, déluge *m*

**downright** ['daunraɪt] *adj* (*lie etc*) effronté(e); (*refusal*) catégorique

**Downs** [daunz] *npl* (*Brit*): **the ~** collines crayeuses du sud-est de l'Angleterre

**downsize** [daun'saɪz] *vt* réduire l'effectif de

**Down's syndrome** [daunz-] *n* mongolisme *m*, trisomie *f*; **a ~ baby** un bébé mongolien *or* trisomique

**downstairs** ['daun'stɛəz] *adv* (*on or to ground floor*) au rez-de-chaussée; (*on or to floor below*) à l'étage inférieur; **to come ~**, **to go ~** descendre (l'escalier)

**downstream** ['daunstriːm] *adv* en aval

**downtime** ['dauntaɪm] *n* (*of machine etc*) temps mort; (*of person*) temps d'arrêt

**down-to-earth** ['dauntu'əːθ] *adj* terre à terre *inv*

**downtown** ['daun'taun] *adv* en ville ▷ *adj* (*US*): **~ Chicago** le centre commerçant de Chicago

**downtrodden** ['dauntrɔdn] *adj* opprimé(e)

**down under** *adv* en Australie *or* Nouvelle Zélande

**downward** ['daunwəd] *adj*, *adv* vers le bas; **a ~ trend** une tendance à la baisse, une diminution progressive

**downwards** ['daunwədz] *adv* vers le bas

**dowry** ['dauri] *n* dot *f*

**doz.** *abbr* = **dozen**

**doze** [dəuz] *vi* sommeiller

▶ **doze off** *vi* s'assoupir

**dozen** ['dʌzn] *n* douzaine *f*; **a ~ books** une douzaine de livres; **80p a ~** 80p la douzaine; **~s of** des centaines de

**DPh, DPhil** *n abbr* (= *Doctor of Philosophy*) titre universitaire

**DPP** *n abbr* (*Brit*) = **Director of Public Prosecutions**

**DPT** *n abbr* (*Med*: = *diphtheria, pertussis, tetanus*) DCT *m*

**DPW** *n abbr* (*US*) = **Department of Public Works**

**Dr.** *abbr* (= *doctor*) Dr; (*in street names*) = **drive**

**drab** [dræb] *adj* terne, morne

**draft** [drɑːft] *n* (*of letter, school work*) brouillon *m*; (*of literary work*) ébauche *f*; (*of contract, document*) version *f* préliminaire; (*Comm*) traite *f*; (*US Mil*) contingent *m*; (: *call-up*) conscription *f* ▷ *vt* faire le brouillon de; (*document, report*) rédiger une version préliminaire de; (*Mil*: *send*) détacher; *see also* **draught**

**drag** [dræg] *vt* traîner; (*river*) draguer ▷ *vi* traîner ▷ *n* (*Aviat, Naut*) résistance *f*; (*inf*) casse-pieds *m/f*; (*women's clothing*): **in ~** (en) travesti; **to ~ and drop** (*Comput*) glisser-poser

▶ **drag away** *vt*: **to ~ away (from)** arracher *or* emmener de force (de)

▶ **drag on** *vi* s'éterniser

**dragnet** ['drægnɛt] *n* drège *f*; (*fig*) piège *m*, filets *mpl*

**dragon** ['drægn] *n* dragon *m*

**dragonfly** ['drægənflaɪ] *n* libellule *f*

**dragoon** [drə'guːn] *n* (*cavalryman*) dragon *m* ▷ *vt*: **to ~ sb into doing sth** (*Brit*) forcer qn à faire qch

**drain** [dreɪn] *n* égout *m*; (*on resources*) saignée *f* ▷ *vt* (*land, marshes*) drainer, assécher; (*vegetables*) égoutter; (*reservoir etc*) vider ▷ *vi* (*water*) s'écouler; **to feel ~ed (of energy *or* emotion)** être miné(e)

**drainage** ['dreɪnɪdʒ] *n* (*system*) système *m* d'égouts; (*act*) drainage *m*

**draining board** ['dreɪnɪŋ-] (*US*), **drainboard** ['dreɪnbɔːd] *n* égouttoir *m*

**drainpipe** ['dreɪnpaɪp] *n* tuyau *m* d'écoulement

**drake** [dreɪk] *n* canard *m* (mâle)

**dram** [dræm] *n* petit verre

**drama** ['drɑːmə] *n* (*art*) théâtre *m*, art *m* dramatique; (*play*) pièce *f*; (*event*) drame *m*

**dramatic** [drə'mætɪk] *adj* (*Theat*) dramatique; (*impressive*) spectaculaire

**dramatically** [drə'mætɪklɪ] *adv* de façon spectaculaire

**dramatist** ['dræmətɪst] *n* auteur *m* dramatique

**dramatize** ['dræmətaɪz] *vt* (*events etc*) dramatiser; (*adapt*) adapter pour la télévision (*or* pour l'écran)

**drank** [dræŋk] *pt of* **drink**

**drape** [dreɪp] *vt* draper; **drapes** *npl* (*US*) rideaux *mpl*

**draper** ['dreɪpəʳ] *n* (*Brit*) marchand(e) de nouveautés

**drastic** ['dræstɪk] *adj* (*measures*) d'urgence, énergique; (*change*) radical(e)

**drastically** ['dræstɪklɪ] *adv* radicalement

**draught**, (*US*) **draft** [drɑːft] *n* courant *m* d'air; (*of chimney*) tirage *m*; (*Naut*) tirant *m* d'eau; **on ~** (*beer*) à la pression

**draught beer** *n* bière *f* (à la) pression

**draughtboard** ['drɑːftbɔːd] *n* (*Brit*) damier *m*

**draughts** [drɑːfts] *n* (*Brit*: *game*) (jeu *m* de) dames *fpl*

**draughtsman**, (*US*) **draftsman** ['drɑːftsmən] (*irreg*) *n* dessinateur(-trice) (industriel(le))

**draughtsmanship**, (*US*) **draftsmanship** ['drɑːftsmənʃɪp] *n* (*technique*) dessin industriel; (*art*) graphisme *m*

**draw** [drɔː] (*vb*: *pt* **drew**, *pp* **-n**) [druː, drɔːn] *vt* tirer; (*picture*) dessiner; (*attract*) attirer; (*line, circle*) tracer; (*money*) retirer; (*wages*) toucher; (*comparison, distinction*): **to ~ (between)** faire (entre) ▷ *vi* (*Sport*) faire match nul ▷ *n* match nul; (*lottery*) loterie *f*; (: *picking of ticket*) tirage *m* au sort; **to ~ to a close** toucher à *or* tirer à sa fin; **to ~ near** *vi* s'approcher; approcher

▶ **draw back** *vi* (*move back*): **to ~ back (from)** reculer (de)

▶ **draw in** *vi* (*Brit*: *car*) s'arrêter le long du

trottoir; (: *train*) entrer en gare *or* dans la station
▶ **draw on** *vt* (*resources*) faire appel à;
(*imagination, person*) avoir recours à, faire appel à
▶ **draw out** *vi* (*lengthen*) s'allonger ▷ *vt* (*money*)
retirer
▶ **draw up** *vi* (*stop*) s'arrêter ▷ *vt* (*document*)
établir, dresser; (*plan*) formuler, dessiner; (*chair*)
approcher

**drawback** ['drɔːbæk] *n* inconvénient *m*,
désavantage *m*
**drawbridge** ['drɔːbrɪdʒ] *n* pont-levis *m*
**drawee** [drɔː'iː] *n* tiré *m*
**drawer** [drɔːʳ] *n* tiroir *m* ['drɔːəʳ] (*of cheque*)
tireur *m*
**drawing** ['drɔːɪŋ] *n* dessin *m*
**drawing board** *n* planche *f* à dessin
**drawing pin** *n* (*Brit*) punaise *f*
**drawing room** *n* salon *m*
**drawl** [drɔːl] *n* accent traînant
**drawn** [drɔːn] *pp of* **draw** ▷ *adj* (*haggard*) tiré(e),
crispé(e)
**drawstring** ['drɔːstrɪŋ] *n* cordon *m*
**dread** [drɛd] *n* épouvante *f*, effroi *m* ▷ *vt*
redouter, appréhender
**dreadful** ['drɛdful] *adj* épouvantable,
affreux(-euse)
**dream** [driːm] *n* rêve *m* ▷ *vt, vi* (*pt, pp* **-ed** *or* **-t**)
[drɛmt] rêver; **to have a ~ about sb/sth** rêver à
qn/qch; **sweet ~s!** faites de beaux rêves!
▶ **dream up** *vt* inventer
**dreamer** ['driːməʳ] *n* rêveur(-euse)
**dreamt** [drɛmt] *pt, pp of* **dream**
**dreamy** ['driːmɪ] *adj* (*absent-minded*)
rêveur(-euse)
**dreary** ['drɪərɪ] *adj* triste; monotone
**dredge** [drɛdʒ] *vt* draguer
▶ **dredge up** *vt* draguer; (*fig: unpleasant facts*)
(faire) ressortir
**dredger** ['drɛdʒəʳ] *n* (*ship*) dragueur *m*; (*machine*)
drague *f*; (*Brit: also:* **sugar dredger**)
saupoudreuse *f*
**dregs** [drɛgz] *npl* lie *f*
**drench** [drɛntʃ] *vt* tremper; **~ed to the skin**
trempé(e) jusqu'aux os
**dress** [drɛs] *n* robe *f*; (*clothing*) habillement *m*,
tenue *f* ▷ *vt* habiller; (*wound*) panser; (*food*)
préparer ▷ *vi*: **she ~es very well** elle s'habille
très bien; **to ~ o.s., to get ~ed** s'habiller; **to ~ a
shop window** faire l'étalage *or* la vitrine
▶ **dress up** *vi* s'habiller; (*in fancy dress*) se
déguiser
**dress circle** *n* (*Brit*) premier balcon
**dress designer** *n* modéliste *m/f*,
dessinateur(-trice) de mode
**dresser** ['drɛsəʳ] *n* (*Theat*) habilleur(-euse); (*also:*
**window dresser**) étalagiste *m/f*; (*furniture*)
vaisselier *m*; (: *US*) coiffeuse *f*, commode *f*
**dressing** ['drɛsɪŋ] *n* (*Med*) pansement *m*; (*Culin*)
sauce *f*, assaisonnement *m*
**dressing gown** *n* (*Brit*) robe *f* de chambre
**dressing room** *n* (*Theat*) loge *f*; (*Sport*)
vestiaire *m*

**dressing table** *n* coiffeuse *f*
**dressmaker** ['drɛsmeɪkəʳ] *n* couturière *f*
**dressmaking** ['drɛsmeɪkɪŋ] *n* couture *f*; travaux
*mpl* de couture
**dress rehearsal** *n* (répétition *f*) générale *f*
**dress shirt** *n* chemise *f* à plastron
**dressy** ['drɛsɪ] *adj* (*inf: clothes*) (qui fait) habillé(e)
**drew** [druː] *pt of* **draw**
**dribble** ['drɪbl] *vi* tomber goutte à goutte; (*baby*)
baver ▷ *vt* (*ball*) dribbler
**dried** [draɪd] *adj* (*fruit, beans*) sec (sèche); (*eggs,
milk*) en poudre
**drier** ['draɪəʳ] *n* = **dryer**
**drift** [drɪft] *n* (*of current etc*) force *f*; direction *f*; (*of
sand etc*) amoncellement *m*; (*of snow*) rafale *f*;
coulée *f*; (: *on ground*) congère *f*; (*general meaning*)
sens général ▷ *vi* (*boat*) aller à la dérive, dériver;
(*sand, snow*) s'amonceler, s'entasser; **to let
things ~** laisser les choses aller à la dérive; **to ~
apart** (*friends, lovers*) s'éloigner l'un de l'autre; **I
get** *or* **catch your ~** je vois en gros ce que vous
voulez dire
**drifter** ['drɪftəʳ] *n* personne *f* sans but dans la vie
**driftwood** ['drɪftwud] *n* bois flotté
**drill** [drɪl] *n* perceuse *f*; (*bit*) foret *m*; (*of dentist*)
roulette *f*, fraise *f*; (*Mil*) exercice *m* ▷ *vt* percer;
(*troops*) entraîner; (*pupils: in grammar*) faire faire
des exercices à ▷ *vi* (*for oil*) faire un *or* des
forage(s)
**drilling** ['drɪlɪŋ] *n* (*for oil*) forage *m*
**drilling rig** *n* (*on land*) tour *f* (de forage), derrick
*m*; (*at sea*) plate-forme *f* de forage
**drily** ['draɪlɪ] *adv* = **dryly**
**drink** [drɪŋk] *n* boisson *f*; (*alcoholic*) verre *m* ▷ *vt,
vi* (*pt* **drank**, *pp* **drunk** [dræŋk, drʌŋk]) boire; **to
have a ~** boire quelque chose, boire un verre; **a ~
of water** un verre d'eau; **would you like a ~?** tu
veux boire quelque chose?; **we had ~s before
lunch** on a pris l'apéritif
▶ **drink in** *vt* (*fresh air*) inspirer profondément;
(*story*) avaler, ne pas perdre une miette de;
(*sight*) se remplir la vue de
**drinkable** ['drɪŋkəbl] *adj* (*not dangerous*) potable;
(*palatable*) buvable
**drink-driving** ['drɪŋk'draɪvɪŋ] *n* conduite *f* en
état d'ivresse
**drinker** ['drɪŋkəʳ] *n* buveur(-euse)
**drinking** ['drɪŋkɪŋ] *n* (*drunkenness*) boisson *f*,
alcoolisme *m*
**drinking fountain** *n* (*in park etc*) fontaine
publique; (*in building*) jet *m* d'eau potable
**drinking water** *n* eau *f* potable
**drip** [drɪp] *n* (*drop*) goutte *f*; (*sound: of water etc*)
bruit *m* de l'eau qui tombe goutte à goutte;
(*Med: device*) goutte-à-goutte *m inv*; (: *liquid*)
perfusion *f*; (*inf: person*) lavette *f*, nouille *f* ▷ *vi*
tomber goutte à goutte; (*tap*) goutter; (*washing*)
s'égoutter; (*wall*) suinter
**drip-dry** ['drɪp'draɪ] *adj* (*shirt*) sans repassage
**drip-feed** ['drɪpfiːd] *vt* alimenter au goutte-à-
goutte *or* par perfusion
**dripping** ['drɪpɪŋ] *n* graisse *f* de rôti ▷ *adj*: **~ wet**

trempé(e)

**drive** [draɪv] (pt **drove**, pp **driven** [drəʊv, 'drɪvn])
*n* promenade *f* or trajet *m* en voiture; (*also*:
**driveway**) allée *f*; (*energy*) dynamisme *m*,
énergie *f*; (*Psych*) besoin *m*; pulsion *f*; (*push*)
effort (concerté); campagne *f*; (*Sport*) drive *m*;
(*Tech*) entraînement *m*; traction *f*; transmission
*f*; (*Comput: also*: **disk drive**) lecteur *m* de
disquette ▷ *vt* conduire; (*nail*) enfoncer; (*push*)
chasser, pousser; (*Tech: motor*) actionner;
entraîner ▷ *vi* (*be at the wheel*) conduire; (*travel by
car*) aller en voiture; **to go for a ~** aller faire une
promenade en voiture; **it's 3 hours' ~ from
London** Londres est à 3 heures de route; **left-/
right-hand ~** (*Aut*) conduite *f* à gauche/droite;
**front-/rear-wheel ~** (*Aut*) traction *f* avant/
arrière; **to ~ sb to (do) sth** pousser or conduire
qn à (faire) qch; **to ~ sb mad** rendre qn fou
(folle)

▶ **drive at** *vt fus* (*fig: intend, mean*) vouloir dire, en
venir à

▶ **drive on** *vi* poursuivre sa route, continuer;
(*after stopping*) reprendre sa route, repartir ▷ *vt*
(*incite, encourage*) inciter

▶ **drive out** *vt* (*force out*) chasser

**drive-by** ['draɪvbaɪ] *n* (*also*: **drive-by shooting**)
tentative d'assassinat par coups de feu tirés d'une voiture
**drive-in** ['draɪvɪn] *adj, n* (*esp US*) drive-in *m*
**drive-in window** *n* (*US*) guichet-auto *m*
**drivel** ['drɪvl] *n* (*inf*) idioties *fpl*, imbécillités *fpl*
**driven** ['drɪvn] *pp of* **drive**
**driver** ['draɪvə'] *n* conducteur(-trice); (*of taxi,
bus*) chauffeur *m*
**driver's license** *n* (*US*) permis *m* de conduire
**driveway** ['draɪvweɪ] *n* allée *f*
**driving** ['draɪvɪŋ] *adj*: **~ rain** *n* pluie battante
▷ *n* conduite *f*
**driving force** *n* locomotive *f*, élément *m*
dynamique
**driving instructor** *n* moniteur *m* d'auto-école
**driving lesson** *n* leçon *f* de conduite
**driving licence** *n* (*Brit*) permis *m* de conduire
**driving school** *n* auto-école *f*
**driving test** *n* examen *m* du permis de conduire
**drizzle** ['drɪzl] *n* bruine *f*, crachin *m* ▷ *vi* bruiner
**droll** [drəʊl] *adj* drôle
**dromedary** ['drɒmədərɪ] *n* dromadaire *m*
**drone** [drəʊn] *vi* (*bee*) bourdonner; (*engine etc*)
ronronner; (*also*: **drone on**) parler d'une voix
monocorde ▷ *n* bourdonnement *m*;
ronronnement *m*; (*male bee*) faux-bourdon *m*
**drool** [dru:l] *vi* baver; **to ~ over sb/sth** (*fig*) baver
d'admiration or être en extase devant qn/qch
**droop** [dru:p] *vi* (*flower*) commencer à se faner;
(*shoulders, head*) tomber
**drop** [drɒp] *n* (*of liquid*) goutte *f*; (*fall*) baisse *f*; (*: in
salary*) réduction *f*; (*also*: **parachute drop**) saut
*m*; (*of cliff*) dénivellation *f*; à-pic *m* ▷ *vt* laisser
tomber; (*voice, eyes, price*) baisser; (*passenger*)
déposer ▷ *vi* (*wind, temperature, price, voice*)
tomber; (*numbers, attendance*) diminuer; **drops**
*npl* (*Med*) gouttes; **cough ~s** pastilles *fpl* pour la

toux; **a ~ of 10%** une baisse or réduction) de 10%;
**to ~ anchor** jeter l'ancre; **to ~ sb a line** mettre
un mot à qn

▶ **drop in** *vi* (*inf: visit*): **to ~ in (on)** faire un saut
(chez), passer (chez)

▶ **drop off** *vi* (*sleep*) s'assoupir ▷ *vt* (*passenger*)
déposer; **to ~ sb off** déposer qn

▶ **drop out** *vi* (*withdraw*) se retirer; (*student etc*)
abandonner, décrocher

**droplet** ['drɒplɪt] *n* gouttelette *f*
**dropout** ['drɒpaʊt] *n* (*from society*) marginal(e);
(*from university*) drop-out *m/f*, dropé(e)
**dropper** ['drɒpə'] *n* (*Med etc*) compte-gouttes
*m inv*
**droppings** ['drɒpɪŋz] *npl* crottes *fpl*
**dross** [drɒs] *n* déchets *mpl*; rebut *m*
**drought** [draʊt] *n* sécheresse *f*
**drove** [drəʊv] *pt of* **drive** ▷ *n*: **~s of people** une
foule de gens
**drown** [draʊn] *vt* noyer; (*also*: **drown out**: *sound*)
couvrir, étouffer ▷ *vi* se noyer
**drowse** [draʊz] *vi* somnoler
**drowsy** ['draʊzɪ] *adj* somnolent(e)
**drudge** [drʌdʒ] *n* bête *f* de somme (*fig*)
**drudgery** ['drʌdʒərɪ] *n* corvée *f*
**drug** [drʌg] *n* médicament *m*; (*narcotic*) drogue *f*
▷ *vt* droguer; **to be on ~s** se droguer; **he's on ~s**
il se drogue; (*Med*) il est sous médication
**drug addict** *n* toxicomane *m/f*
**drug dealer** *n* revendeur(-euse) de drogue
**druggist** ['drʌgɪst] *n* (*US*) pharmacien(ne)-
droguiste
**drug peddler** *n* revendeur(-euse) de drogue
**drugstore** ['drʌgstɔ:'] *n* (*US*) pharmacie-
droguerie *f*, drugstore *m*
**drum** [drʌm] *n* tambour *m*; (*for oil, petrol*) bidon *m*
▷ *vt*: **to ~ one's fingers on the table** pianoter or
tambouriner sur la table; **drums** *npl* (*Mus*)
batterie *f*

▶ **drum up** *vt* (*enthusiasm, support*) susciter,
rallier

**drummer** ['drʌmə'] *n* (joueur *m* de) tambour *m*
**drum roll** *n* roulement *m* de tambour
**drumstick** ['drʌmstɪk] *n* (*Mus*) baguette *f* de
tambour; (*of chicken*) pilon *m*
**drunk** [drʌŋk] *pp of* **drink** ▷ *adj* ivre, soûl(e) ▷ *n*
(*also*: **drunkard**) ivrogne *m/f*; **to get ~** s'enivrer,
se soûler
**drunkard** ['drʌŋkəd] *n* ivrogne *m/f*
**drunken** ['drʌŋkən] *adj* ivre, soûl(e); (*rage, stupor*)
ivrogne, d'ivrogne; **~ driving** conduite *f* en état
d'ivresse
**drunkenness** ['drʌŋkənnɪs] *n* ivresse *f*;
ivrognerie *f*
**dry** [draɪ] *adj* sec (sèche); (*day*) sans pluie;
(*humour*) pince-sans-rire; (*uninteresting*) aride,
rébarbatif(-ive) ▷ *vt* sécher; (*clothes*) faire
sécher ▷ *vi* sécher; **on ~ land** sur la terre ferme;
**to ~ one's hands/hair/eyes** se sécher les
mains/les cheveux/les yeux

▶ **dry off** *vi, vt* sécher

▶ **dry up** *vi* (*river, supplies*) se tarir; (*: speaker*)

sécher, rester sec
**dry-clean** ['draɪ'kliːn] *vt* nettoyer à sec
**dry-cleaner** ['draɪ'kliːnəʳ] *n* teinturier *m*
**dry-cleaner's** ['draɪ'kliːnəz] *n* teinturerie *f*
**dry-cleaning** ['draɪ'kliːnɪŋ] *n* (*process*)
nettoyage *m* à sec
**dry dock** *n* (*Naut*) cale sèche, bassin *m* de radoub
**dryer** ['draɪəʳ] *n* (*tumble-dryer*) sèche-linge *m inv*;
(*for hair*) sèche-cheveux *m inv*
**dry goods** *npl* (*Comm*) textiles *mpl*, mercerie *f*
**dry goods store** *n* (*US*) magasin *m* de
nouveautés
**dry ice** *n* neige *f* carbonique
**dryly** ['draɪlɪ] *adv* sèchement, d'un ton sec
**dryness** ['draɪnɪs] *n* sécheresse *f*
**dry rot** *n* pourriture sèche (*du bois*)
**dry run** *n* (*fig*) essai *m*
**dry ski slope** *n* piste (de ski) artificielle
**DSc** *n abbr* (= *Doctor of Science*) titre universitaire
**DSS** *n abbr* (*Brit*) = **Department of Social Security**
**DST** *abbr* (*US*: = *Daylight Saving Time*) heure d'été
**DT** *n abbr* (*Comput*) = **data transmission**
**DTI** *n abbr* (*Brit*) = **Department of Trade and
Industry**
**DTP** *n abbr* (= *desktop publishing*) PAO *f*
**DT's** [diːˈtiːz] *n abbr* (*inf*: = *delirium tremens*)
delirium tremens *m*
**dual** ['djuəl] *adj* double
**dual carriageway** *n* (*Brit*) route *f* à quatre voies
**dual-control** ['djuəlkən'trəul] *adj* à doubles
commandes
**dual nationality** *n* double nationalité *f*
**dual-purpose** ['djuəl'pəːpəs] *adj* à double
emploi
**dubbed** [dʌbd] *adj* (*Cine*) doublé(e); (*nicknamed*)
surnommé(e)
**dubious** ['djuːbɪəs] *adj* hésitant(e), incertain(e);
(*reputation, company*) douteux(-euse); (*also*: **I'm
very dubious about it**) j'ai des doutes sur la
question, je n'en suis pas sûr du tout
**Dublin** ['dʌblɪn] *n* Dublin
**Dubliner** ['dʌblɪnəʳ] *n* habitant(e) de Dublin,
originaire *m/f* de Dublin
**duchess** ['dʌtʃɪs] *n* duchesse *f*
**duck** [dʌk] *n* canard *m* ▷ *vi* se baisser vivement,
baisser subitement la tête ▷ *vt* plonger dans
l'eau
**duckling** ['dʌklɪŋ] *n* caneton *m*
**duct** [dʌkt] *n* conduite *f*, canalisation *f*; (*Anat*)
conduit *m*
**dud** [dʌd] *n* (*shell*) obus non éclaté; (*object, tool*):
**it's a ~** c'est de la camelote, ça ne marche pas
▷ *adj* (*Brit*: *cheque*) sans provision; (: *note, coin*)
faux (fausse)
**due** [djuː] *adj* (*money, payment*) dû (due); (*expected*)
attendu(e); (*fitting*) qui convient ▷ *n* dû *m* ▷ *adv*:
**~ north** droit vers le nord; **dues** *npl* (*for club,
union*) cotisation *f*; (*in harbour*) droits *mpl* (de
port); **~ to** (*because of*) en raison de; (*caused by*) dû
à; **in ~ course** en temps utile or voulu; (*in the
end*) finalement; **the rent is ~ on the 30th** il
faut payer le loyer le 30; **the train is ~ at 8 a.m.**

le train est attendu à 8 h; **she is ~ back
tomorrow** elle doit rentrer demain; **he is ~ £10**
on lui doit 10 livres; **I am ~ 6 days' leave** j'ai
droit à 6 jours de congé; **to give sb his** *or* **her ~**
être juste envers qn
**due date** *n* date *f* d'échéance
**duel** ['djuəl] *n* duel *m*
**duet** [djuːˈɛt] *n* duo *m*
**duff** [dʌf] *adj* (*Brit inf*) nullard(e), nul(le)
**duffel bag, duffle bag** ['dʌfl-] *n* sac marin
**duffel coat, duffle coat** ['dʌfl-] *n* duffel-coat *m*
**duffer** ['dʌfəʳ] *n* (*inf*) nullard(e)
**dug** [dʌg] *pt, pp of* **dig**
**dugout** ['dʌgaut] *n* (*Sport*) banc *m* de touche
**duke** [djuːk] *n* duc *m*
**dull** [dʌl] *adj* (*boring*) ennuyeux(-euse); (*slow*)
borné(e); (*not bright*) morne, terne; (*sound, pain*)
sourd(e); (*weather, day*) gris(e), maussade; (*blade*)
émoussé(e) ▷ *vt* (*pain, grief*) atténuer; (*mind,
senses*) engourdir
**duly** ['djuːlɪ] *adv* (*on time*) en temps voulu; (*as
expected*) comme il se doit
**dumb** [dʌm] *adj* muet(te); (*stupid*) bête; **to be
struck ~** (*fig*) rester abasourdi(e), être sidéré(e)
**dumbbell** ['dʌmbɛl] *n* (*Sport*) haltère *m*
**dumbfounded** [dʌm'faundid] *adj* sidéré(e)
**dummy** ['dʌmɪ] *n* (*tailor's model*) mannequin *m*;
(*mock-up*) factice *m*, maquette *f*; (*Sport*) feinte *f*;
(*Brit: for baby*) tétine *f* ▷ *adj* faux (fausse), factice
**dummy run** *n* essai *m*
**dump** [dʌmp] *n* tas *m* d'ordures; (*also*: **rubbish
dump**) décharge (publique); (*Mil*) dépôt *m*;
(*Comput*) listage *m* (de la mémoire); (*inf: place*)
trou *m* ▷ *vt* (*put down*) déposer; déverser; (*get rid
of*) se débarrasser de; (*Comput*) lister; (*Comm:
goods*) vendre à perte (*sur le marché extérieur*); **to be
(down) in the ~s** (*inf*) avoir le cafard, broyer du
noir
**dumping** ['dʌmpɪŋ] *n* (*Econ*) dumping *m*; (*of
rubbish*): **"no ~"** "décharge interdite"
**dumpling** ['dʌmplɪŋ] *n* boulette *f* (de pâte)
**dumpy** ['dʌmpɪ] *adj* courtaud(e), boulot(te)
**dunce** [dʌns] *n* âne *m*, cancre *m*
**dune** [djuːn] *n* dune *f*
**dung** [dʌŋ] *n* fumier *m*
**dungarees** [dʌŋgəˈriːz] *npl* bleu(s) *m(pl)*; (*for
child, woman*) salopette *f*
**dungeon** ['dʌndʒən] *n* cachot *m*
**dunk** [dʌŋk] *vt* tremper
**Dunkirk** [dʌn'kəːk] *n* Dunkerque
**duo** ['djuːəu] *n* (*gen: Mus*) duo *m*
**duodenal** [djuːəu'diːnl] *adj* duodénal(e); **~
ulcer** ulcère *m* du duodénum
**dupe** [djuːp] *n* dupe *f* ▷ *vt* duper, tromper
**duplex** ['djuːplɛks] *n* (*US: also*: **duplex
apartment**) duplex *m*
**duplicate** *n* ['djuːplɪkət] double *m*, copie exacte;
(*copy of letter etc*) duplicata *m* ▷ *adj* (*copy*) en
double ▷ *vt* ['djuːplɪkeɪt] faire un double de; (*on
machine*) polycopier; **in ~** en deux exemplaires,
en double; **~ key** double *m* de la (*or* d'une) clé
**duplicating machine** ['djuːplɪkeɪtɪŋ-],

557

**duplicator** ['dju:plɪkeɪtə'] n duplicateur m
**duplicity** [dju:'plɪsɪtɪ] n duplicité f, fausseté f
**durability** [djuərə'bɪlɪtɪ] n solidité f; durabilité f
**durable** ['djuərəbl] adj durable; (clothes, metal) résistant(e), solide
**duration** [djuə'reɪʃən] n durée f
**duress** [djuə'rɛs] n: **under ~** sous la contrainte
**Durex®** ['djuərɛks] n (Brit) préservatif (masculin)
**during** ['djuərɪŋ] prep pendant, au cours de
**dusk** [dʌsk] n crépuscule m
**dusky** ['dʌskɪ] adj sombre
**dust** [dʌst] n poussière f ▷ vt (furniture) essuyer, épousseter; (cake etc): **to ~ with** saupoudrer de
  ▶ **dust off** vt (also fig) dépoussiérer
**dustbin** ['dʌstbɪn] n (Brit) poubelle f
**duster** ['dʌstə'] n chiffon m
**dust jacket** n jacquette f
**dustman** ['dʌstmən] (irreg) n (Brit) boueux m, éboueur m
**dustpan** ['dʌstpæn] n pelle f à poussière
**dusty** ['dʌstɪ] adj poussiéreux(-euse)
**Dutch** [dʌtʃ] adj hollandais(e), néerlandais(e)
  ▷ n (Ling) hollandais m, néerlandais m ▷ adv: **to go ~** or **dutch** (inf) partager les frais; **the Dutch** npl les Hollandais, les Néerlandais
**Dutch auction** n enchères fpl à la baisse
**Dutchman** ['dʌtʃmən] (irreg) n Hollandais m
**Dutchwoman** ['dʌtʃwumən] (irreg) n Hollandaise f
**dutiable** ['dju:tɪəbl] adj taxable, soumis(e) à des droits de douane
**dutiful** ['dju:tɪful] adj (child) respectueux(-euse); (husband, wife) plein(e) d'égards, prévenant(e); (employee) consciencieux(-euse)
**duty** ['dju:tɪ] n devoir m; (tax) droit m, taxe f; **duties** npl fonctions fpl; **to make it one's ~ to do sth** se faire un devoir de faire qch; **to pay ~ on sth** payer un droit or une taxe sur qch; **on ~** de service; (at night etc) de garde; **off ~** libre, pas de service or de garde
**duty-free** ['dju:tɪ'fri:] adj exempté(e) de douane,

hors-taxe; **~ shop** boutique f hors-taxe
**duty officer** n (Mil etc) officier m de permanence
**duvet** ['du:veɪ] n (Brit) couette f
**DV** abbr (= Deo volente) si Dieu le veut
**DVD** n abbr (= digital versatile or video disc) DVD m
**DVD burner** n graveur m de DVD
**DVD player** n lecteur m de DVD
**DVD writer** n graveur m de DVD
**DVLA** n abbr (Brit: = Driver and Vehicle Licensing Agency) service qui délivre les cartes grises et les permis de conduire
**DVM** n abbr (US: = Doctor of Veterinary Medicine) titre universitaire
**DVT** n abbr = **deep vein thrombosis**
**dwarf** (pl **dwarves**) [dwɔ:f, dwɔ:vz] n nain(e)
  ▷ vt écraser
**dwell** (pt, pp **dwelt**) [dwɛl, dwɛlt] vi demeurer
  ▶ **dwell on** vt fus s'étendre sur
**dweller** ['dwɛlə'] n habitant(e)
**dwelling** ['dwɛlɪŋ] n habitation f, demeure f
**dwelt** [dwɛlt] pt, pp of **dwell**
**dwindle** ['dwɪndl] vi diminuer, décroître
**dwindling** ['dwɪndlɪŋ] adj décroissant(e), en diminution
**dye** [daɪ] n teinture f ▷ vt teindre; **hair ~** teinture pour les cheveux
**dyestuffs** ['daɪstʌfs] npl colorants mpl
**dying** ['daɪɪŋ] adj mourant(e), agonisant(e)
**dyke** [daɪk] n (embankment) digue f
**dynamic** [daɪ'næmɪk] adj dynamique
**dynamics** [daɪ'næmɪks] n or npl dynamique f
**dynamite** ['daɪnəmaɪt] n dynamite f ▷ vt dynamiter, faire sauter à la dynamite
**dynamo** ['daɪnəməu] n dynamo f
**dynasty** ['dɪnəstɪ] n dynastie f
**dysentery** ['dɪsntrɪ] n dysenterie f
**dyslexia** [dɪs'lɛksɪə] n dyslexie f
**dyslexic** [dɪs'lɛksɪk] adj, n dyslexique m/f
**dyspepsia** [dɪs'pɛpsɪə] n dyspepsie f
**dystrophy** ['dɪstrəfɪ] n dystrophie f; **muscular ~** dystrophie musculaire

# Ee

**E¹, e** [i:] *n (letter)* E, e *m*; *(Mus)*: **E** mi *m*; **E for Edward**, *(US)* **E for Easy** E comme Eugène
**E²** *abbr (= east)* E ▷ *n abbr (Drugs)* = **ecstasy**
**ea.** *abbr* = **each**
**E.A.** *n abbr (US: = educational age)* niveau scolaire
**each** [i:tʃ] *adj* chaque ▷ *pron* chacun(e); **~ one** chacun(e); **~ other** l'un l'autre; **they hate ~ other** ils se détestent (mutuellement); **you are jealous of ~ other** vous êtes jaloux l'un de l'autre; **~ day** chaque jour, tous les jours; **they have 2 books ~** ils ont 2 livres chacun; **they cost £5 ~** ils coûtent 5 livres (la) pièce; **~ of us** chacun(e) de nous
**eager** ['i:gəʳ] *adj (person, buyer)* empressé(e); *(lover)* ardent(e), passionné(e); *(keen: pupil, worker)* enthousiaste; **to be ~ to do sth** *(impatient)* brûler de faire qch; *(keen)* désirer vivement faire qch; **to be ~ for** *(event)* désirer vivement; *(vengeance, affection, information)* être avide de
**eagle** ['i:gl] *n* aigle *m*
**E and OE** *abbr* = **errors and omissions excepted**
**ear** [ɪəʳ] *n* oreille *f*; *(of corn)* épi *m*; **up to one's ~s in debt** endetté(e) jusqu'au cou
**earache** ['ɪəreɪk] *n* mal *m* aux oreilles
**eardrum** ['ɪədrʌm] *n* tympan *m*
**earful** ['ɪəful] *n (inf)*: **to give sb an ~** passer un savon à qn
**earl** [ə:l] *n* comte *m*
**earlier** ['ə:lɪəʳ] *adj (date etc)* plus rapproché(e); *(edition etc)* plus ancien(ne), antérieur(e) ▷ *adv* plus tôt
**early** ['ə:lɪ] *adv* tôt, de bonne heure; *(ahead of time)* en avance; *(near the beginning)* au début ▷ *adj* précoce, qui se manifeste *(or se fait)* tôt *or* de bonne heure; *(Christians, settlers)* premier(-ière); *(reply)* rapide; *(death)* prématuré(e); *(work)* de jeunesse; **to have an ~ night/start** se coucher/ partir tôt *or* de bonne heure; **take the ~ train** prenez le premier train; **in the ~** *or* **in the spring/19th century** au début *or* commencement du printemps/19ème siècle; **you're ~!** tu es en avance!; **~ in the morning** tôt le matin; **she's in her ~ forties** elle a un peu plus de quarante ans *or* de la quarantaine; **at your earliest convenience** *(Comm)* dans les meilleurs délais

**early retirement** *n* retraite anticipée
**early warning system** *n* système *m* de première alerte
**earmark** ['ɪəmɑ:k] *vt*: **to ~ sth for** réserver *or* destiner qch à
**earn** [ə:n] *vt* gagner; *(Comm: yield)* rapporter; **to ~ one's living** gagner sa vie; **this ~ed him much praise, he ~ed much praise for this** ceci lui a valu de nombreux éloges; **he's ~ed his rest/reward** il mérite *or* a bien mérité *or* a bien gagné son repos/sa récompense
**earned income** [ə:nd-] *n* revenu *m* du travail
**earnest** ['ə:nɪst] *adj* sérieux(-euse) ▷ *n (also:* **earnest money)** acompte *m*, arrhes *fpl*; **in ~** *(adv)* sérieusement, pour de bon
**earnings** ['ə:nɪŋz] *npl* salaire *m*; gains *mpl*; *(of company etc)* profits *mpl*, bénéfices *mpl*
**ear, nose and throat specialist** *n* oto-rhino-laryngologiste *m/f*
**earphones** ['ɪəfəunz] *npl* écouteurs *mpl*
**earplugs** ['ɪəplʌgz] *npl* boules *fpl* Quiès®; *(to keep out water)* protège-tympans *mpl*
**earring** ['ɪərɪŋ] *n* boucle *f* d'oreille
**earshot** ['ɪəʃɔt] *n*: **out of/within ~** hors de portée/à portée de voix
**earth** [ə:θ] *n (gen, also Brit Elec)* terre *f*; *(of fox etc)* terrier *m* ▷ *vt (Brit Elec)* relier à la terre
**earthenware** ['ə:θnwɛəʳ] *n* poterie *f*; faïence *f* ▷ *adj* de *or* en faïence
**earthly** ['ə:θlɪ] *adj* terrestre; *(also:* **earthly paradise)** paradis *m* terrestre; **there is no ~ reason to think that ...** il n'y a absolument aucune raison *or* pas la moindre raison de penser que ...
**earthquake** ['ə:θkweɪk] *n* tremblement *m* de terre, séisme *m*
**earth-shattering** ['ə:θʃætərɪŋ] *adj* stupéfiant(e)
**earth tremor** *n* secousse *f* sismique
**earthworks** ['ə:θwə:ks] *npl* travaux *mpl* de terrassement
**earthy** ['ə:θɪ] *adj (fig)* terre à terre *inv*, truculent(e)
**earwax** ['ɪəwæks] *n* cérumen *m*
**earwig** ['ɪəwɪg] *n* perce-oreille *m*
**ease** [i:z] *n* facilité *f*, aisance *f*; *(comfort)* bien-être *m* ▷ *vt (soothe: mind)* tranquilliser; *(reduce:*

*pain, problem)* atténuer; (: *tension*) réduire; (*loosen*) relâcher, détendre; (*help pass*): **to ~ sth in/out** faire pénétrer/sortir qch délicatement *or* avec douceur, faciliter la pénétration/la sortie de qch ▷ *vi* (*situation*) se détendre; **with ~** sans difficulté, aisément; **life of ~** vie oisive; **at ~** à l'aise; (*Mil*) au repos

▸ **ease off, ease up** *vi* diminuer; (*slow down*) ralentir; (*relax*) se détendre

**easel** ['i:zl] *n* chevalet *m*

**easily** ['i:zɪlɪ] *adv* facilement; (*by far*) de loin

**easiness** ['i:sɪnɪs] *n* facilité *f*; (*of manner*) aisance *f*; nonchalance *f*

**east** [i:st] *n* est *m* ▷ *adj* (*wind*) d'est; (*side*) est *inv* ▷ *adv* à l'est, vers l'est; **the E~** l'Orient *m*; (*Pol*) les pays *mpl* de l'Est

**eastbound** ['i:stbaund] *adj* en direction de l'est; (*carriageway*) est *inv*

**Easter** ['i:stər] *n* Pâques *fpl* ▷ *adj* (*holidays*) de Pâques, pascal(e)

**Easter egg** *n* œuf *m* de Pâques

**Easter Island** *n* île *f* de Pâques

**easterly** ['i:stəlɪ] *adj* d'est

**Easter Monday** *n* le lundi de Pâques

**eastern** ['i:stən] *adj* de l'est, oriental(e); **E~ Europe** l'Europe de l'Est; **the E~ bloc** (*Pol*) les pays *mpl* de l'est

**Easter Sunday** *n* le dimanche de Pâques

**East Germany** *n* (*formerly*) Allemagne *f* de l'Est

**eastward** ['i:stwəd], **eastwards** ['i:stwədz] *adv* vers l'est, à l'est

**easy** ['i:zɪ] *adj* facile; (*manner*) aisé(e) ▷ *adv*: **to take it** *or* **things ~** (*rest*) ne pas se fatiguer; (*not worry*) ne pas (trop) s'en faire; **to have an ~ life** avoir la vie facile; **payment on ~ terms** (*Comm*) facilités *fpl* de paiement; **that's easier said than done** c'est plus facile à dire qu'à faire, c'est vite dit; **I'm ~** (*inf*) ça m'est égal

**easy chair** *n* fauteuil *m*

**easy-going** ['i:zɪ'gəuɪŋ] *adj* accommodant(e), facile à vivre

**easy touch** *n* (*inf*): **he's an ~** c'est une bonne poire

**eat** (*pt* **ate,** *pp* **-en**) [i:t, eɪt, 'i:tn] *vt*, *vi* manger; **can we have something to ~?** est-ce qu'on peut manger quelque chose?

▸ **eat away** *vt* (*sea*) saper, éroder; (*acid*) ronger, corroder

▸ **eat away at, eat into** *vt fus* ronger, attaquer

▸ **eat out** *vi* manger au restaurant

▸ **eat up** *vt* (*food*) finir (de manger); **it ~s up electricity** ça bouffe du courant, ça consomme beaucoup d'électricité

**eatable** ['i:təbl] *adj* mangeable; (*safe to eat*) comestible

**eaten** ['i:tn] *pp of* **eat**

**eau de Cologne** ['əudəkə'ləun] *n* eau *f* de Cologne

**eaves** [i:vz] *npl* avant-toit *m*

**eavesdrop** ['i:vzdrɔp] *vi*: **to ~ (on)** écouter de façon indiscrète

**ebb** [ɛb] *n* reflux *m* ▷ *vi* refluer; (*fig: also*: **ebb away**) décliner; **the ~ and flow** le flux et le reflux; **to be at a low ~** (*fig*) être bien bas(se), ne pas aller bien fort

**ebb tide** *n* marée descendante, reflux *m*

**ebony** ['ɛbənɪ] *n* ébène *f*

**e-book** ['i:buk] *n* livre *m* électronique

**ebullient** [ɪ'bʌlɪənt] *adj* exubérant(e)

**e-business** ['i:bɪznɪs] *n* (*company*) entreprise *f* électronique; (*commerce*) commerce *m* électronique

**ECB** *n abbr* (= *European Central Bank*) BCE *f* (= *Banque centrale européenne*)

**eccentric** [ɪk'sɛntrɪk] *adj*, *n* excentrique *m/f*

**ecclesiastic** [ɪkli:zɪ'æstɪk], **ecclesiastical** [ɪkli:zɪ'æstɪkl] *adj* ecclésiastique

**ECG** *n abbr* = **electrocardiogram**

**echo** ['ɛkəu] (*pl* **-es**) *n* écho *m* ▷ *vt* répéter; faire chorus avec ▷ *vi* résonner; faire écho

**éclair** ['eɪkleər] *n* éclair *m* (*Culin*)

**eclipse** [ɪ'klɪps] *n* éclipse *f* ▷ *vt* éclipser

**eco-** ['i:kəu] *prefix* éco-

**eco-friendly** [i:kəu'frɛndlɪ] *adj* non nuisible à *or* qui ne nuit pas à l'environnement

**ecological** [i:kə'lɔdʒɪkəl] *adj* écologique

**ecologist** [ɪ'kɔlədʒɪst] *n* écologiste *m/f*

**ecology** [ɪ'kɔlədʒɪ] *n* écologie *f*

**e-commerce** [i:kɔmə:s] *n* commerce *m* électronique

**economic** [i:kə'nɔmɪk] *adj* économique; (*profitable*) rentable

**economical** [i:kə'nɔmɪkl] *adj* économique; (*person*) économe

**economically** [i:kə'nɔmɪklɪ] *adv* économiquement

**economics** [i:kə'nɔmɪks] *n* (*Scol*) économie *f* politique ▷ *npl* (*of project etc*) côté *m or* aspect *m* économique

**economist** [ɪ'kɔnəmɪst] *n* économiste *m/f*

**economize** [ɪ'kɔnəmaɪz] *vi* économiser, faire des économies

**economy** [ɪ'kɔnəmɪ] *n* économie *f*; **economies of scale** économies d'échelle

**economy class** *n* (*Aviat*) classe *f* touriste

**economy class syndrome** *n* syndrome *m* de la classe économique

**economy size** *n* taille *f* économique

**ecosystem** ['i:kəusɪstəm] *n* écosystème *m*

**eco-tourism** [i:kəu'tuərɪzəm] *n* écotourisme *m*

**ECSC** *n abbr* (= *European Coal & Steel Community*) CECA *f* (= *Communauté européenne du charbon et de l'acier*)

**ecstasy** ['ɛkstəsɪ] *n* extase *f*; (*Drugs*) ecstasy *m*; **to go into ecstasies over** s'extasier sur

**ecstatic** [ɛks'tætɪk] *adj* extatique, en extase

**ECT** *n abbr* = **electroconvulsive therapy**

**Ecuador** ['ɛkwədɔ:ʳ] *n* Équateur *m*

**ecumenical** [i:kju'mɛnɪkl] *adj* œcuménique

**eczema** ['ɛksɪmə] *n* eczéma *m*

**eddy** ['ɛdɪ] *n* tourbillon *m*

**edge** [ɛdʒ] *n* bord *m*; (*of knife etc*) tranchant *m*, fil *m* ▷ *vt* border ▷ *vi*: **to ~ forward** avancer petit à petit; **to ~ away from** s'éloigner furtivement de; **on ~** (fig) crispé(e), tendu(e); **to have the ~ on** (fig) l'emporter (de justesse) sur, être légèrement meilleur que

**edgeways** ['ɛdʒweɪz] adv latéralement; **he couldn't get a word in ~** il ne pouvait pas placer un mot

**edging** ['ɛdʒɪŋ] n bordure f

**edgy** ['ɛdʒɪ] adj crispé(e), tendu(e)

**edible** ['ɛdɪbl] adj comestible; (meal) mangeable

**edict** ['iːdɪkt] n décret m

**edifice** ['ɛdɪfɪs] n édifice m

**edifying** ['ɛdɪfaɪɪŋ] adj édifiant(e)

**Edinburgh** ['ɛdɪnbərə] n Édimbourg

**edit** ['ɛdɪt] vt (text, book) éditer; (report) préparer; (film) monter; (broadcast) réaliser; (magazine) diriger; (newspaper) être le rédacteur or la rédactrice en chef de

**edition** [ɪ'dɪʃən] n édition f

**editor** ['ɛdɪtər] n (of newspaper) rédacteur(-trice), rédacteur(-trice) en chef; (of sb's work) éditeur(-trice); (also: **film editor**) monteur(-euse); **political/ foreign ~** rédacteur politique/au service étranger

**editorial** [ɛdɪ'tɔːrɪəl] adj de la rédaction, éditorial(e) ▷ n éditorial m; **the ~ staff** la rédaction

**EDP** n abbr = **electronic data processing**

**EDT** abbr (US: = Eastern Daylight Time) heure d'été de New York

**educate** ['ɛdjukeɪt] vt (teach) instruire; (bring up) éduquer; **~d at ...** qui a fait ses études à ...

**educated** ['ɛdjukeɪtɪd] adj (person) cultivé(e)

**educated guess** n supposition éclairée

**education** [ɛdju'keɪʃən] n éducation f; (studies) études fpl; (teaching) enseignement m, instruction f; (at university: subject etc) pédagogie f; **primary ~** or (US) **elementary/secondary ~** instruction f primaire/secondaire

**educational** [ɛdju'keɪʃənl] adj pédagogique; (institution) scolaire; (useful) instructif(-ive); (game, toy) éducatif(-ive); **~ technology** technologie f de l'enseignement

**Edwardian** [ɛd'wɔːdɪən] adj de l'époque du roi Édouard VII, des années 1900

**EE** abbr = **electrical engineer**

**EEG** n abbr = **electroencephalogram**

**eel** [iːl] n anguille f

**EENT** n abbr (US Med) = **eye, ear, nose and throat**

**EEOC** n abbr (US) = **Equal Employment Opportunity Commission**

**eerie** ['ɪərɪ] adj inquiétant(e), spectral(e), surnaturel(le)

**EET** abbr (= Eastern European Time) HEO (= heure d'Europe orientale)

**effect** [ɪ'fɛkt] n effet m ▷ vt effectuer; **effects** npl (Theat) effets mpl; (property) effets, affaires fpl; **to take ~** (Law) entrer en vigueur, prendre effet; (drug) agir, faire son effet; **to put into ~** (plan) mettre en application or à exécution; **to have an ~ on sb/sth** avoir or produire un effet sur qn/ qch; **in ~** en fait; **his letter is to the ~ that ...** sa lettre nous apprend que ...

**effective** [ɪ'fɛktɪv] adj efficace; (striking: display, outfit) frappant(e), qui produit or fait de l'effet; (actual) véritable; **to become ~** (Law) entrer en vigueur, prendre effet; **~ date** date f d'effet or d'entrée en vigueur

**effectively** [ɪ'fɛktɪvlɪ] adv efficacement; (strikingly) d'une manière frappante, avec beaucoup d'effet; (in reality) effectivement, en fait

**effectiveness** [ɪ'fɛktɪvnɪs] n efficacité f

**effeminate** [ɪ'fɛmɪnɪt] adj efféminé(e)

**effervescent** [ɛfə'vɛsnt] adj effervescent(e)

**efficacy** ['ɛfɪkəsɪ] n efficacité f

**efficiency** [ɪ'fɪʃənsɪ] n efficacité f; (of machine, car) rendement m

**efficiency apartment** n (US) studio m avec coin cuisine

**efficient** [ɪ'fɪʃənt] adj efficace; (machine, car) d'un bon rendement

**efficiently** [ɪ'fɪʃəntlɪ] adv efficacement

**effigy** ['ɛfɪdʒɪ] n effigie f

**effluent** ['ɛfluənt] n effluent m

**effort** ['ɛfət] n effort m; **to make an ~ to do sth** faire or fournir un effort pour faire qch

**effortless** ['ɛfətlɪs] adj sans effort, aisé(e); (achievement) facile

**effrontery** [ɪ'frʌntərɪ] n effronterie f

**effusive** [ɪ'fjuːsɪv] adj (person) expansif(-ive); (welcome) chaleureux(-euse)

**EFL** n abbr (Scol) = **English as a Foreign Language**

**EFTA** ['ɛftə] n abbr (= European Free Trade Association) AELE f (= Association européenne de libre-échange)

**e.g.** adv abbr (= exempli gratia) par exemple, p. ex.

**egalitarian** [ɪgælɪ'tɛərɪən] adj égalitaire

**egg** [ɛg] n œuf m; **hard-boiled/soft-boiled ~** œuf dur/à la coque

▶ **egg on** vt pousser

**eggcup** ['ɛgkʌp] n coquetier m

**egg plant** ['ɛgplɑːnt] (US) n aubergine f

**eggshell** ['ɛgʃɛl] n coquille f d'œuf ▷ adj (colour) blanc cassé inv

**egg-timer** ['ɛgtaɪmər] n sablier m

**egg white** n blanc m d'œuf

**egg yolk** n jaune m d'œuf

**ego** ['iːgəu] n (self-esteem) amour-propre m; (Psych) moi m

**egoism** ['ɛgəuɪzəm] n égoïsme m

**egoist** ['ɛgəuɪst] n égoïste m/f

**egotism** ['ɛgəutɪzəm] n égotisme m

**egotist** ['ɛgəutɪst] n égocentrique m/f

**ego trip** n: **to be on an ~** être en plein délire d'autosatisfaction

**Egypt** ['iːdʒɪpt] n Égypte f

**Egyptian** [ɪ'dʒɪpʃən] adj égyptien(ne) ▷ n Égyptien(ne)

**EHIC** n abbr (= European Health Insurance Card) CEAM f

**eiderdown** ['aɪdədaun] n édredon m

**Eiffel Tower** ['aɪfəl-] n tour f Eiffel

**eight** [eɪt] num huit

**eighteen** [eɪ'tiːn] num dix-huit

**eighteenth** [eɪ'tiːnθ] num dix-huitième

**eighth** [eɪtθ] *num* huitième
**eightieth** ['eɪtɪɪθ] *num* quatre-vingtième
**eighty** ['eɪtɪ] *num* quatre-vingt(s)
**Eire** ['ɛərə] *n* République *f* d'Irlande
**EIS** *n abbr* (= *Educational Institute of Scotland*) syndicat enseignant
**either** ['aɪðəʳ] *adj* l'un ou l'autre; (*both, each*) chaque ▷ *pron:* ~ **(of them)** l'un ou l'autre ▷ *adv* non plus ▷ *conj:* ~ **good or bad** ou bon ou mauvais, soit bon soit mauvais; **I haven't seen ~ one or the other** je n'ai vu ni l'un ni l'autre; **on ~ side** de chaque côté; **I don't like ~** je n'aime ni l'un ni l'autre; **no, I don't ~** moi non plus; **which bike do you want? — ~ will do** quel vélo voulez-vous? — n'importe lequel; **answer with ~ yes or no** répondez par oui ou par non
**ejaculation** [ɪdʒækju'leɪʃən] *n* (*Physiol*) éjaculation *f*
**eject** [ɪ'dʒɛkt] *vt* (*tenant etc*) expulser; (*object*) éjecter ▷ *vi* (*pilot*) s'éjecter
**ejector seat** [ɪ'dʒɛktə-] *n* siège *m* éjectable
**eke** [iːk]: **to ~ out** *vt* faire durer; augmenter
**EKG** *n abbr* (*US*) = **electrocardiogram**
**el** [ɛl] *n abbr* (*US inf*) = **elevated railroad**
**elaborate** [*adj* ɪ'læbərɪt, *vb* ɪ'læbəreɪt] *adj* compliqué(e), recherché(e), minutieux(-euse) ▷ *vt* élaborer ▷ *vi* entrer dans les détails
**elapse** [ɪ'læps] *vi* s'écouler, passer
**elastic** [ɪ'læstɪk] *adj, n* élastique (*m*)
**elastic band** *n* (*Brit*) élastique *m*
**elasticity** [ɪlæs'tɪsɪtɪ] *n* élasticité *f*
**elated** [ɪ'leɪtɪd] *adj* transporté(e) de joie
**elation** [ɪ'leɪʃən] *n* (grande) joie, allégresse *f*
**elbow** ['ɛlbəu] *n* coude *m* ▷ *vt:* **to ~ one's way through the crowd** se frayer un passage à travers la foule (en jouant des coudes)
**elbow grease** *n:* **to use a bit of ~** mettre de l'huile de coude
**elder** ['ɛldəʳ] *adj* aîné(e) ▷ *n* (*tree*) sureau *m*; **one's ~s** ses aînés
**elderly** ['ɛldəlɪ] *adj* âgé(e) ▷ *npl:* **the ~** les personnes âgées
**elder statesman** (*irreg*) *n* vétéran *m* de la politique
**eldest** ['ɛldɪst] *adj, n:* **the ~ (child)** l'aîné(e) (des enfants)
**elect** [ɪ'lɛkt] *vt* élire; (*choose*): **to ~ to do** choisir de faire ▷ *adj:* **the president ~** le président désigné
**election** [ɪ'lɛkʃən] *n* élection *f*; **to hold an ~** procéder à une élection
**election campaign** *n* campagne électorale
**electioneering** [ɪlɛkʃə'nɪərɪŋ] *n* propagande électorale, manœuvres électorales
**elector** [ɪ'lɛktəʳ] *n* électeur(-trice)
**electoral** [ɪ'lɛktərəl] *adj* électoral(e)
**electoral college** *n* collège électoral
**electoral roll** *n* (*Brit*) liste électorale
**electorate** [ɪ'lɛktərɪt] *n* électorat *m*
**electric** [ɪ'lɛktrɪk] *adj* électrique
**electrical** [ɪ'lɛktrɪkl] *adj* électrique

**electrical engineer** *n* ingénieur électricien
**electrical failure** *n* panne *f* d'électricité *or* de courant
**electric blanket** *n* couverture chauffante
**electric chair** *n* chaise *f* électrique
**electric cooker** *n* cuisinière *f* électrique
**electric current** *n* courant *m* électrique
**electric fire** *n* (*Brit*) radiateur *m* électrique
**electrician** [ɪlɛk'trɪʃən] *n* électricien *m*
**electricity** [ɪlɛk'trɪsɪtɪ] *n* électricité *f*; **to switch on/off the ~** rétablir/couper le courant
**electricity board** *n* (*Brit*) ≈ agence régionale de l'E.D.F.
**electric light** *n* lumière *f* électrique
**electric shock** *n* choc *m* or décharge *f* électrique
**electrify** [ɪ'lɛktrɪfaɪ] *vt* (*Rail*) électrifier; (*audience*) électriser
**electro...** [ɪ'lɛktrəu] *prefix* électro...
**electrocardiogram** [ɪ'lɛktrə] *n* électrocardiogramme *m*
**electro-convulsive therapy** [ɪ'lɛktrə] *n* électrochocs *mpl*
**electrocute** [ɪ'lɛktrəkjuːt] *vt* électrocuter
**electrode** [ɪ'lɛktrəud] *n* électrode *f*
**electroencephalogram** [ɪ'lɛktrəu] *n* électroencéphalogramme *m*
**electrolysis** [ɪlɛk'trɔlɪsɪs] *n* électrolyse *f*
**electromagnetic** [ɪ'lɛktrəmæg'nɛtɪk] *adj* électromagnétique
**electron** [ɪ'lɛktrɔn] *n* électron *m*
**electronic** [ɪlɛk'trɔnɪk] *adj* électronique
**electronic data processing** *n* traitement *m* électronique des données
**electronic mail** *n* courrier *m* électronique
**electronics** [ɪlɛk'trɔnɪks] *n* électronique *f*
**electron microscope** *n* microscope *m* électronique
**electroplated** [ɪ'lɛktrə'pleɪtɪd] *adj* plaqué(e) *or* doré(e) *or* argenté(e) par galvanoplastie
**electrotherapy** [ɪ'lɛktrə'θɛrəpɪ] *n* électrothérapie *f*
**elegance** ['ɛlɪgəns] *n* élégance *f*
**elegant** ['ɛlɪgənt] *adj* élégant(e)
**element** ['ɛlɪmənt] *n* (*gen*) élément *m*; (*of heater, kettle etc*) résistance *f*
**elementary** [ɛlɪ'mɛntərɪ] *adj* élémentaire; (*school, education*) primaire
**elementary school** *n* (*US*) école *f* primaire; *voir article*

◉ **ELEMENTARY SCHOOL**
◉
◉ Aux États-Unis et au Canada, une *elementary*
◉ *school* (également appelée "grade school" ou
◉ "grammar school" aux États-Unis) est une
◉ école publique où les enfants passent les six
◉ à huit premières années de leur scolarité.

**elephant** ['ɛlɪfənt] *n* éléphant *m*
**elevate** ['ɛlɪveɪt] *vt* élever
**elevated railroad** ['ɛlɪveɪtɪd-] *n* (*US*) métro *m* aérien

**elevation** [ɛlɪ'veɪʃən] *n* élévation *f*; *(height)* altitude *f*

**elevator** ['ɛlɪveɪtər] *n (in warehouse etc)* élévateur *m*, monte-charge *m inv*; *(US: lift)* ascenseur *m*

**eleven** [ɪ'lɛvn] *num* onze

**elevenses** [ɪ'lɛvnzɪz] *npl (Brit)* ≈ pause-café *f*

**eleventh** [ɪ'lɛvnθ] *num* onzième; **at the ~ hour** *(fig)* à la dernière minute

**elf** *(pl* **elves)** [ɛlf, ɛlvz] *n* lutin *m*

**elicit** [ɪ'lɪsɪt] *vt:* **to ~ (from)** obtenir (de); tirer (de)

**eligible** ['ɛlɪdʒəbl] *adj* éligible; *(for membership)* admissible; **an ~ young man** un beau parti; **to be ~ for sth** remplir les conditions requises pour qch; **~ for a pension** ayant droit à la retraite

**eliminate** [ɪ'lɪmɪneɪt] *vt* éliminer

**elimination** [ɪlɪmɪ'neɪʃən] *n* élimination *f*; **by process of ~** par élimination

**elitist** [eɪ'liːtɪst] *adj (pej)* élitiste

**Elizabethan** [ɪlɪzə'biːθən] *adj* élisabéthain(e)

**ellipse** [ɪ'lɪps] *n* ellipse *f*

**elliptical** [ɪ'lɪptɪkl] *adj* elliptique

**elm** [ɛlm] *n* orme *m*

**elocution** [ɛlə'kjuːʃən] *n* élocution *f*

**elongated** ['iːlɔŋgeɪtɪd] *adj* étiré(e), allongé(e)

**elope** [ɪ'ləup] *vi (lovers)* s'enfuir (ensemble)

**elopement** [ɪ'ləupmənt] *n* fugue amoureuse

**eloquence** ['ɛləkwəns] *n* éloquence *f*

**eloquent** ['ɛləkwənt] *adj* éloquent(e)

**else** [ɛls] *adv* d'autre; **something ~** quelque chose d'autre, autre chose; **somewhere ~** ailleurs, autre part; **everywhere ~** partout ailleurs; **everyone ~** tous les autres; **nothing ~** rien d'autre; **is there anything ~ I can do?** est-ce que je peux faire quelque chose d'autre?; **where ~?** à quel autre endroit?; **little ~** pas grand-chose d'autre

**elsewhere** [ɛls'wɛər] *adv* ailleurs, autre part

**ELT** *n abbr (Scol)* = **English Language Teaching**

**elucidate** [ɪ'luːsɪdeɪt] *vt* élucider

**elude** [ɪ'luːd] *vt* échapper à; *(question)* éluder

**elusive** [ɪ'luːsɪv] *adj* insaisissable; *(answer)* évasif(-ive)

**elves** [ɛlvz] *npl of* **elf**

**emaciated** [ɪ'meɪsɪeɪtɪd] *adj* émacié(e), décharné(e)

**email** ['iːmeɪl] *n abbr (= electronic mail)* (e-)mail *m*, courriel *m* ▷ *vt:* **to ~ sb** envoyer un (e-)mail *or* un courriel à qn

**email account** *n* compte *m* (e-)mail

**email address** *n* adresse *f* (e-)mail *or* électronique

**emanate** ['ɛməneɪt] *vi:* **to ~ from** émaner de

**emancipate** [ɪ'mænsɪpeɪt] *vt* émanciper

**emancipation** [ɪmænsɪ'peɪʃən] *n* émancipation *f*

**emasculate** [ɪ'mæskjuleɪt] *vt* émasculer

**embalm** [ɪm'bɑːm] *vt* embaumer

**embankment** [ɪm'bæŋkmənt] *n (of road, railway)* remblai *m*, talus *m*; *(of river)* berge *f*, quai *m*; *(dyke)* digue *f*

**embargo** [ɪm'bɑːgəu] *(pl* **-es)** *n (Comm, Naut)* embargo *m*; *(prohibition)* interdiction *f* ▷ *vt* frapper d'embargo, mettre l'embargo sur; **to put an ~ on sth** mettre l'embargo sur qch

**embark** [ɪm'bɑːk] *vi* embarquer; **to ~ on** (s')embarquer à bord de *or* sur ▷ *vt* embarquer; **to ~ on** *(journey etc)* commencer, entreprendre; *(fig)* se lancer *or* s'embarquer dans

**embarkation** [ɛmbɑː'keɪʃən] *n* embarquement *m*

**embarkation card** *n* carte *f* d'embarquement

**embarrass** [ɪm'bærəs] *vt* embarrasser, gêner

**embarrassed** [ɪm'bærəst] *adj* gêné(e); **to be ~** être gêné(e)

**embarrassing** [ɪm'bærəsɪŋ] *adj* gênant(e), embarrassant(e)

**embarrassment** [ɪm'bærəsmənt] *n* embarras *m*, gêne *f*; *(embarrassing thing, person)* source *f* d'embarras

**embassy** ['ɛmbəsɪ] *n* ambassade *f*; **the French E~** l'ambassade de France

**embed** [ɪm'bɛd] *vt* enfoncer; sceller

**embellish** [ɪm'bɛlɪʃ] *vt* embellir; enjoliver

**embers** ['ɛmbəz] *npl* braise *f*

**embezzle** [ɪm'bɛzl] *vt* détourner

**embezzlement** [ɪm'bɛzlmənt] *n* détournement *m* (de fonds)

**embezzler** [ɪm'bɛzlər] *n* escroc *m*

**embitter** [ɪm'bɪtər] *vt* aigrir; envenimer

**emblem** ['ɛmbləm] *n* emblème *m*

**embodiment** [ɪm'bɔdɪmənt] *n* personnification *f*, incarnation *f*

**embody** [ɪm'bɔdɪ] *vt (features)* réunir, comprendre; *(ideas)* formuler, exprimer

**embolden** [ɪm'bəuldn] *vt* enhardir

**embolism** ['ɛmbəlɪzəm] *n* embolie *f*

**embossed** [ɪm'bɔst] *adj* repoussé(e), gaufré(e); **~ with** où figure(nt) en relief

**embrace** [ɪm'breɪs] *vt* embrasser, étreindre; *(include)* embrasser, couvrir, comprendre ▷ *vi* s'embrasser, s'étreindre ▷ *n* étreinte *f*

**embroider** [ɪm'brɔɪdər] *vt* broder; *(fig: story)* enjoliver

**embroidery** [ɪm'brɔɪdərɪ] *n* broderie *f*

**embroil** [ɪm'brɔɪl] *vt:* **to become ~ed (in sth)** se retrouver mêlé(e) (à qch), se laisser entraîner (dans qch)

**embryo** ['ɛmbrɪəu] *n (also fig)* embryon *m*

**emcee** [ɛm'siː] *n* maître *m* de cérémonie

**emend** [ɪ'mɛnd] *vt (text)* corriger

**emerald** ['ɛmərəld] *n* émeraude *f*

**emerge** [ɪ'məːdʒ] *vi* apparaître; *(from room, car)* surgir; *(from sleep, imprisonment)* sortir; **it ~s that** *(Brit)* il ressort que

**emergence** [ɪ'məːdʒəns] *n* apparition *f*; *(of nation)* naissance *f*

**emergency** [ɪ'məːdʒənsɪ] *n (crisis)* cas *m* d'urgence; *(Med)* urgence *f*; **in an ~** en cas d'urgence; **state of ~** état *m* d'urgence

**emergency brake** *(US) n* frein *m* à main

**emergency exit** *n* sortie *f* de secours

**emergency landing** *n* atterrissage forcé

**emergency lane** n (US Aut) accotement stabilisé

**emergency road service** n (US) service m de dépannage

**emergency room** n (US: Med) urgences fpl

**emergency services** npl: **the ~** (fire, police, ambulance) les services mpl d'urgence

**emergency stop** n (Brit Aut) arrêt m d'urgence

**emergent** [ɪˈməːdʒənt] adj: **~ nation** pays m en voie de développement

**emery board** [ˈɛmərɪ-] n lime f à ongles (en carton émerisé)

**emery paper** [ˈɛmərɪ-] n papier m (d')émeri

**emetic** [ɪˈmɛtɪk] n vomitif m, émétique m

**emigrant** [ˈɛmɪɡrənt] n émigrant(e)

**emigrate** [ˈɛmɪɡreɪt] vi émigrer

**emigration** [ɛmɪˈɡreɪʃən] n émigration f

**émigré** [ˈɛmɪɡreɪ] n émigré(e)

**eminence** [ˈɛmɪnəns] n éminence f

**eminent** [ˈɛmɪnənt] adj éminent(e)

**eminently** [ˈɛmɪnəntlɪ] adv éminemment, admirablement

**emissions** [ɪˈmɪʃənz] npl émissions fpl

**emit** [ɪˈmɪt] vt émettre

**emolument** [ɪˈmɔljumənt] n (often pl: formal) émoluments mpl; (fee) honoraires mpl; (salary) traitement m

**emoticon** [ɪˈməutɪkɔn] n (Comput) émoticone m

**emotion** [ɪˈməuʃən] n sentiment m; (as opposed to reason) émotion f, sentiments

**emotional** [ɪˈməuʃənl] adj (person) émotif(-ive), très sensible; (needs) affectif(-ive); (scene) émouvant(e); (tone, speech) qui fait appel aux sentiments

**emotionally** [ɪˈməuʃnəlɪ] adv (behave) émotivement; (be involved) affectivement; (speak) avec émotion; **~ disturbed** qui souffre de troubles de l'affectivité

**emotive** [ɪˈməutɪv] adj émotif(-ive); **~ power** capacité f d'émouvoir or de toucher

**empathy** [ˈɛmpəθɪ] n communion f d'idées or de sentiments, empathie f; **to feel ~ with sb** se mettre à la place de qn

**emperor** [ˈɛmpərər] n empereur m

**emphasis** (pl **-ases**) [ˈɛmfəsɪs, -siːz] n accent m; **to lay** or **place ~ on sth** (fig) mettre l'accent sur, insister sur; **the ~ is on reading** la lecture tient une place primordiale, on accorde une importance particulière à la lecture

**emphasize** [ˈɛmfəsaɪz] vt (syllable, word, point) appuyer or insister sur; (feature) souligner, accentuer

**emphatic** [ɛmˈfætɪk] adj (strong) énergique, vigoureux(-euse); (unambiguous, clear) catégorique

**emphatically** [ɛmˈfætɪklɪ] adv avec vigueur or énergie; catégoriquement

**empire** [ˈɛmpaɪər] n empire m

**empirical** [ɛmˈpɪrɪkl] adj empirique

**employ** [ɪmˈplɔɪ] vt employer; **he's ~ed in a bank** il est employé de banque, il travaille dans une banque

**employee** [ɪmplɔːˈiː] n employé(e)

**employer** [ɪmˈplɔɪər] n employeur(-euse)

**employment** [ɪmˈplɔɪmənt] n emploi m; **to find ~** trouver un emploi or du travail; **without ~** au chômage, sans emploi; **place of ~** lieu m de travail

**employment agency** n agence f or bureau m de placement

**employment exchange** n (Brit) agence f pour l'emploi

**empower** [ɪmˈpauər] vt: **to ~ sb to do** autoriser or habiliter qn à faire

**empress** [ˈɛmprɪs] n impératrice f

**emptiness** [ˈɛmptɪnɪs] n vide m; (of area) aspect m désertique

**empty** [ˈɛmptɪ] adj vide; (street, area) désert(e); (threat, promise) en l'air, vain(e) ▷ n (bottle) bouteille f vide ▷ vt vider ▷ vi se vider; (liquid) s'écouler; **on an ~ stomach** à jeun; **to ~ into** (river) se jeter dans, se déverser dans

**empty-handed** [ˈɛmptɪˈhændɪd] adj les mains vides

**empty-headed** [ˈɛmptɪˈhɛdɪd] adj écervelé(e), qui n'a rien dans la tête

**EMS** n abbr (= European Monetary System) SME m

**EMT** n abbr = **emergency medical technician**

**EMU** n abbr (= European Monetary Union) UME f

**emulate** [ˈɛmjuleɪt] vt rivaliser avec, imiter

**emulsion** [ɪˈmʌlʃən] n émulsion f; (also: **emulsion paint**) peinture mate

**enable** [ɪˈneɪbl] vt: **to ~ sb to do** permettre à qn de faire, donner à qn la possibilité de faire

**enact** [ɪˈnækt] vt (Law) promulguer; (play, scene) jouer, représenter

**enamel** [ɪˈnæməl] n émail m; (also: **enamel paint**) (peinture f) laque f

**enamoured** [ɪˈnæməd] adj: **~ of** amoureux(-euse) de; (idea) enchanté(e) par

**encampment** [ɪnˈkæmpmənt] n campement m

**encased** [ɪnˈkeɪst] adj: **~ in** enfermé(e) dans, recouvert(e) de

**enchant** [ɪnˈtʃɑːnt] vt enchanter

**enchanting** [ɪnˈtʃɑːntɪŋ] adj ravissant(e), enchanteur(-eresse)

**encircle** [ɪnˈsəːkl] vt entourer, encercler

**encl.** abbr (on letters etc: = enclosed) ci-joint(e); (= enclosure) PJ f

**enclose** [ɪnˈkləuz] vt (land) clôturer; (space, object) entourer; (letter etc): **to ~ (with)** joindre (à); **please find ~d** veuillez trouver ci-joint

**enclosure** [ɪnˈkləuʒər] n enceinte f; (in letter etc) annexe f

**encoder** [ɪnˈkəudər] n (Comput) encodeur m

**encompass** [ɪnˈkʌmpəs] vt encercler, entourer; (include) contenir, inclure

**encore** [ɔŋˈkɔːr] excl, n bis (m)

**encounter** [ɪnˈkauntər] n rencontre f ▷ vt rencontrer

**encourage** [ɪnˈkʌrɪdʒ] vt encourager; (industry, growth) favoriser; **to ~ sb to do sth** encourager qn à faire qch

**encouragement** [ɪnˈkʌrɪdʒmənt] n encouragement m

**encouraging** [ɪnˈkʌrɪdʒɪŋ] *adj* encourageant(e)
**encroach** [ɪnˈkrəʊtʃ] *vi*: **to ~ (up)on** empiéter sur
**encrusted** [ɪnˈkrʌstɪd] *adj*: **~ (with)** incrusté(e) (de)
**encyclopaedia, encyclopedia** [ɛnsaɪkləʊˈpiːdɪə] *n* encyclopédie *f*
**end** [ɛnd] *n* fin *f*; (*of table, street, rope etc*) bout *m*, extrémité *f*; (*of pointed object*) pointe *f*; (*of town*) bout; (*Sport*) côté *m* ▷ *vt* terminer; (*also:* **bring to an end, put an end to**) mettre fin à ▷ *vi* se terminer, finir; **from ~ to ~** d'un bout à l'autre; **to come to an ~** prendre fin; **to be at an ~** être fini(e), être terminé(e); **in the ~** finalement; **on ~** (*object*) debout, dressé(e); **to stand on ~** (*hair*) se dresser sur la tête; **for 5 hours on ~** durant 5 heures d'affilée *or* de suite; **for hours on ~** pendant des heures (et des heures); **at the ~ of the day** (*Brit fig*) en fin de compte; **to this ~, with this ~ in view** à cette fin, dans ce but
▶ **end up** *vi*: **to ~ up in** (*condition*) finir *or* se terminer par; (*place*) finir *or* aboutir à
**endanger** [ɪnˈdeɪndʒəʳ] *vt* mettre en danger; **an ~ed species** une espèce en voie de disparition
**endear** [ɪnˈdɪəʳ] *vt*: **to ~ o.s. to sb** se faire aimer de qn
**endearing** [ɪnˈdɪərɪŋ] *adj* attachant(e)
**endearment** [ɪnˈdɪəmənt] *n*: **to whisper ~s** murmurer des mots *or* choses tendres; **term of ~** terme *m* d'affection
**endeavour,** (*US*) **endeavor** [ɪnˈdɛvəʳ] *n* effort *m*; (*attempt*) tentative *f* ▷ *vt*: **to ~ to do** tenter *or* s'efforcer de faire
**endemic** [ɛnˈdɛmɪk] *adj* endémique
**ending** [ˈɛndɪŋ] *n* dénouement *m*, conclusion *f*; (*Ling*) terminaison *f*
**endive** [ˈɛndaɪv] *n* (*curly*) chicorée *f*; (*smooth, flat*) endive *f*
**endless** [ˈɛndlɪs] *adj* sans fin, interminable; (*patience, resources*) inépuisable, sans limites; (*possibilities*) illimité(e)
**endorse** [ɪnˈdɔːs] *vt* (*cheque*) endosser; (*approve*) appuyer, approuver, sanctionner
**endorsee** [ɪndɔːˈsiː] *n* bénéficiaire *m/f*, endossataire *m/f*
**endorsement** [ɪnˈdɔːsmənt] *n* (*approval*) appui *m*, aval *m*; (*signature*) endossement *m*; (*Brit: on driving licence*) contravention *f* (*portée au permis de conduire*)
**endorser** [ɪnˈdɔːsəʳ] *n* avaliste *m*, endosseur *m*
**endow** [ɪnˈdau] *vt* (*provide with money*) faire une donation à, doter; (*equip*): **to ~ with** gratifier de, doter de
**endowment** [ɪnˈdaumənt] *n* dotation *f*
**endowment mortgage** *n* hypothèque liée à une assurance-vie
**endowment policy** *n* assurance *f* à capital différé
**end product** *n* (*Industry*) produit fini; (*fig*) résultat *m*, aboutissement *m*
**end result** *n* résultat final
**endurable** [ɪnˈdjuərəbl] *adj* supportable

**endurance** [ɪnˈdjuərəns] *n* endurance *f*
**endurance test** *n* test *m* d'endurance
**endure** [ɪnˈdjuəʳ] *vt* (*bear*) supporter, endurer ▷ *vi* (*last*) durer
**end user** *n* (*Comput*) utilisateur final
**enema** [ˈɛnɪmə] *n* (*Med*) lavement *m*
**enemy** [ˈɛnəmɪ] *adj, n* ennemi(e); **to make an ~ of sb** se faire un(e) ennemi(e) de qn, se mettre qn à dos
**energetic** [ɛnəˈdʒɛtɪk] *adj* énergique; (*activity*) très actif(-ive), qui fait se dépenser (physiquement)
**energy** [ˈɛnədʒɪ] *n* énergie *f*; **Department of E~** ministère *m* de l'Énergie
**energy crisis** *n* crise *f* de l'énergie
**energy-saving** [ˈɛnədʒɪˈseɪvɪŋ] *adj* (*policy*) d'économie d'énergie; (*device*) qui permet de réaliser des économies d'énergie
**enervating** [ˈɛnəveɪtɪŋ] *adj* débilitant(e), affaiblissant(e)
**enforce** [ɪnˈfɔːs] *vt* (*law*) appliquer, faire respecter
**enforced** [ɪnˈfɔːst] *adj* forcé(e)
**enfranchise** [ɪnˈfræntʃaɪz] *vt* accorder le droit de vote à; (*set free*) affranchir
**engage** [ɪnˈgeɪdʒ] *vt* engager; (*Mil*) engager le combat avec; (*lawyer*) prendre ▷ *vi* (*Tech*) s'enclencher, s'engrener; **to ~ in** se lancer dans; **to ~ sb in conversation** engager la conversation avec qn
**engaged** [ɪnˈgeɪdʒd] *adj* (*Brit: busy, in use*) occupé(e); (*betrothed*) fiancé(e); **to get ~** se fiancer; **the line's ~** la ligne est occupée; **he is ~ in research/a survey** il fait de la recherche/ une enquête
**engaged tone** *n* (*Brit Tel*) tonalité *f* occupé *inv*
**engagement** [ɪnˈgeɪdʒmənt] *n* (*undertaking*) obligation *f*, engagement *m*; (*appointment*) rendez-vous *m inv*; (*to marry*) fiançailles *fpl*; (*Mil*) combat *m*; **I have a previous ~** j'ai déjà un rendez-vous, je suis déjà pris(e)
**engagement ring** *n* bague *f* de fiançailles
**engaging** [ɪnˈgeɪdʒɪŋ] *adj* engageant(e), attirant(e)
**engender** [ɪnˈdʒɛndəʳ] *vt* produire, causer
**engine** [ˈɛndʒɪn] *n* (*Aut*) moteur *m*; (*Rail*) locomotive *f*
**engine driver** *n* (*Brit: of train*) mécanicien *m*
**engineer** [ɛndʒɪˈnɪəʳ] *n* ingénieur *m*; (*Brit: repairer*) dépanneur *m*; (*Navy, US Rail*) mécanicien *m*; **civil/mechanical ~** ingénieur des Travaux Publics *or* des Ponts et Chaussées/ mécanicien
**engineering** [ɛndʒɪˈnɪərɪŋ] *n* engineering *m*, ingénierie *f*; (*of bridges, ships*) génie *m*; (*of machine*) mécanique *f* ▷ *cpd*: **~ works** *or* **factory** atelier *m* de construction mécanique
**engine failure** *n* panne *f*
**engine trouble** *n* ennuis *mpl* mécaniques
**England** [ˈɪŋglənd] *n* Angleterre *f*
**English** [ˈɪŋglɪʃ] *adj* anglais(e) ▷ *n* (*Ling*) anglais *m*; **the ~** (*npl*) les Anglais; **an ~ speaker** un

**e**

565

anglophone

**English Channel** *n*: **the** ~ la Manche

**Englishman** ['ɪŋglɪʃmən] *(irreg)* *n* Anglais *m*

**English-speaking** ['ɪŋglɪʃ'spi:kɪŋ] *adj* qui parle anglais; anglophone

**Englishwoman** ['ɪŋglɪʃwumən] *(irreg)* *n* Anglaise *f*

**engrave** [ɪn'greɪv] *vt* graver

**engraving** [ɪn'greɪvɪŋ] *n* gravure *f*

**engrossed** [ɪn'grəust] *adj*: ~ **in** absorbé(e) par, plongé(e) dans

**engulf** [ɪn'gʌlf] *vt* engloutir

**enhance** [ɪn'hɑ:ns] *vt* rehausser, mettre en valeur; *(position)* améliorer; *(reputation)* accroître

**enigma** [ɪ'nɪgmə] *n* énigme *f*

**enigmatic** [ɛnɪg'mætɪk] *adj* énigmatique

**enjoy** [ɪn'dʒɔɪ] *vt* aimer, prendre plaisir à; *(have benefit of: health, fortune)* jouir de; *(: success)* connaître; **to ~ o.s.** s'amuser

**enjoyable** [ɪn'dʒɔɪəbl] *adj* agréable

**enjoyment** [ɪn'dʒɔɪmənt] *n* plaisir *m*

**enlarge** [ɪn'lɑ:dʒ] *vt* accroître; *(Phot)* agrandir ▷ *vi*: **to ~ on** *(subject)* s'étendre sur

**enlarged** [ɪn'lɑ:dʒd] *adj* *(edition)* augmenté(e); *(Med: organ, gland)* anormalement gros(se), hypertrophié(e)

**enlargement** [ɪn'lɑ:dʒmənt] *n* *(Phot)* agrandissement *m*

**enlighten** [ɪn'laɪtn] *vt* éclairer

**enlightened** [ɪn'laɪtnd] *adj* éclairé(e)

**enlightening** [ɪn'laɪtnɪŋ] *adj* instructif(-ive), révélateur(-trice)

**enlightenment** [ɪn'laɪtnmənt] *n* édification *f*; éclaircissements *mpl*; *(History)*: **the E~** = le Siècle des lumières

**enlist** [ɪn'lɪst] *vt* recruter; *(support)* s'assurer ▷ *vi* s'engager; **~ed man** *(US Mil)* simple soldat *m*

**enliven** [ɪn'laɪvn] *vt* animer, égayer

**enmity** ['ɛnmɪtɪ] *n* inimitié *f*

**ennoble** [ɪ'nəubl] *vt* *(with title)* anoblir

**enormity** [ɪ'nɔ:mɪtɪ] *n* énormité *f*

**enormous** [ɪ'nɔ:məs] *adj* énorme

**enormously** [ɪ'nɔ:məslɪ] *adv* *(increase)* dans des proportions énormes; *(rich)* extrêmement

**enough** [ɪ'nʌf] *adj*: ~ **time/books** assez or suffisamment de temps/livres ▷ *adv*: **big** ~ assez or suffisamment grand ▷ *pron*: **have you got** ~? (en) avez-vous assez?; **will five be** ~? est-ce que cinq suffiront?, est-ce qu'il y en aura assez avec cinq?; ~ **to eat** assez à manger; **that's** ~! ça suffit!, assez!; **that's** ~, **thanks** cela suffit or c'est assez, merci; **I've had** ~! je n'en peux plus!; **I've had** ~ **of him** j'en ai assez de lui; **he has not worked** ~ il n'a pas assez or suffisamment travaillé, il n'a pas travaillé assez or suffisamment; ~! assez!, ça suffit!; **it's hot** ~ **(as it is)**! il fait assez chaud comme ça!; **he was kind** ~ **to lend me the money** il a eu la gentillesse de me prêter l'argent; ... **which, funnily** or **oddly** ~ ... qui, chose curieuse, ...

**enquire** [ɪn'kwaɪə<sup>r</sup>] *vt*, *vi* = **inquire**

**enquiry** [ɪn'kwaɪərɪ] *n* = **inquiry**

**enrage** [ɪn'reɪdʒ] *vt* mettre en fureur or en rage, rendre furieux(-euse)

**enrich** [ɪn'rɪtʃ] *vt* enrichir

**enrol**, *(US)* **enroll** [ɪn'rəul] *vt* inscrire ▷ *vi* s'inscrire

**enrolment**, *(US)* **enrollment** [ɪn'rəulmənt] *n* inscription *f*

**en route** [ɔn'ru:t] *adv* en route, en chemin; ~ **for** or **to** en route vers, à destination de

**ensconced** [ɪn'skɔnst] *adj*: ~ **in** bien calé(e) dans

**enshrine** [ɪn'ʃraɪn] *vt* *(fig)* préserver

**ensign** *n* *(Naut)* ['ɛnsən] enseigne *f*, pavillon *m*; *(Mil)* ['ɛnsaɪn] porte-étendard *m*

**enslave** [ɪn'sleɪv] *vt* asservir

**ensue** [ɪn'sju:] *vi* s'ensuivre, résulter

**en suite** ['ɔnswi:t] *adj*: **with ~ bathroom** avec salle de bains en attenante

**ensure** [ɪn'ʃuə<sup>r</sup>] *vt* assurer, garantir; **to ~ that** s'assurer que

**ENT** *n abbr* (= *Ear, Nose and Throat*) ORL *f*

**entail** [ɪn'teɪl] *vt* entraîner, nécessiter

**entangle** [ɪn'tæŋgl] *vt* emmêler, embrouiller; **to become ~d in sth** *(fig)* se laisser entraîner or empêtrer dans qch

**enter** ['ɛntə<sup>r</sup>] *vt* *(room)* entrer dans, pénétrer dans; *(club, army)* entrer à; *(profession)* embrasser; *(competition)* s'inscrire à or pour; *(sb for a competition)* (faire) inscrire; *(write down)* inscrire, noter; *(Comput)* entrer, introduire ▷ *vi* entrer

▶ **enter for** *vt fus* s'inscrire à, se présenter pour or à

▶ **enter into** *vt fus* *(explanation)* se lancer dans; *(negotiations)* entamer; *(debate)* prendre part à; *(agreement)* conclure

▶ **enter on** *vt fus* commencer

▶ **enter up** *vt* inscrire

▶ **enter upon** *vt fus* = **enter on**

**enteritis** [ɛntə'raɪtɪs] *n* entérite *f*

**enterprise** ['ɛntəpraɪz] *n* *(company, undertaking)* entreprise *f*; *(initiative)* (esprit *m* d')initiative *f*; **free ~** libre entreprise; **private ~** entreprise privée

**enterprising** ['ɛntəpraɪzɪŋ] *adj* entreprenant(e), dynamique; *(scheme)* audacieux(-euse)

**entertain** [ɛntə'teɪn] *vt* amuser, distraire; *(invite)* recevoir (à dîner); *(idea, plan)* envisager

**entertainer** [ɛntə'teɪnə<sup>r</sup>] *n* artiste *m/f* de variétés

**entertaining** [ɛntə'teɪnɪŋ] *adj* amusant(e), distrayant(e) ▷ *n*: **to do a lot of** ~ beaucoup recevoir

**entertainment** [ɛntə'teɪnmənt] *n* *(amusement)* distraction *f*, divertissement *m*, amusement *m*; *(show)* spectacle *m*

**entertainment allowance** *n* frais *mpl* de représentation

**enthralled** [ɪn'θrɔːld] *adj* captivé(e)

**enthralling** [ɪn'θrɔːlɪŋ] *adj* captivant(e), enchanteur(-eresse)

**enthuse** [ɪn'θuːz] *vi*: **to ~ about** or **over** parler avec enthousiasme de

**enthusiasm** [ɪn'θuːzɪæzəm] *n* enthousiasme *m*

**enthusiast** [ɪn'θuːzɪæst] n enthousiaste m/f; **a jazz** etc ~ un fervent or passionné du jazz etc
**enthusiastic** [ɪnθuːzɪ'æstɪk] adj enthousiaste; **to be ~ about** être enthousiasmé(e) par
**entice** [ɪn'taɪs] vt attirer, séduire
**enticing** [ɪn'taɪsɪŋ] adj (person, offer) séduisant(e); (food) alléchant(e)
**entire** [ɪn'taɪəʳ] adj (tout) entier(-ère)
**entirely** [ɪn'taɪəlɪ] adv entièrement, complètement
**entirety** [ɪn'taɪərətɪ] n: **in its ~** dans sa totalité
**entitle** [ɪn'taɪtl] vt (allow): **to ~ sb to do** donner (le) droit à qn de faire; **to ~ sb to sth** donner droit à qch à qn
**entitled** [ɪn'taɪtld] adj (book) intitulé(e); **to be ~ to do** avoir le droit de faire
**entity** ['ɛntɪtɪ] n entité f
**entrails** ['ɛntreɪlz] npl entrailles fpl
**entrance** n ['ɛntrns] entrée f ▷ vt [ɪn'trɑːns] enchanter, ravir; **where's the ~?** où est l'entrée?; **to gain ~ to** (university etc) être admis à
**entrance examination** n examen m d'entrée or d'admission
**entrance fee** n (to museum etc) prix m d'entrée; (to join club etc) droit m d'inscription
**entrance ramp** n (US Aut) bretelle f d'accès
**entrancing** [ɪn'trɑːnsɪŋ] adj enchanteur(-eresse), ravissant(e)
**entrant** ['ɛntrnt] n (in race etc) participant(e), concurrent(e); (Brit: in exam) candidat(e)
**entreat** [ɛn'triːt] vt supplier
**entreaty** [ɛn'triːtɪ] n supplication f, prière f
**entrée** ['ɔntreɪ] n (Culin) entrée f
**entrenched** [ɛn'trɛntʃt] adj retranché(e)
**entrepreneur** ['ɔntrəprə'nəːʳ] n entrepreneur m
**entrepreneurial** ['ɔntrəprə'nəːrɪəl] adj animé(e) d'un esprit d'entreprise
**entrust** [ɪn'trʌst] vt: **to ~ sth to** confier qch à
**entry** ['ɛntrɪ] n entrée f; (in register, diary) inscription f; (in ledger) écriture f; **"no ~"** "défense d'entrer", "entrée interdite"; (Aut) "sens interdit"; **single/double ~ book-keeping** comptabilité f en partie simple/double
**entry form** n feuille f d'inscription
**entry phone** n (Brit) interphone m (à l'entrée d'un lmmeuble)
**entwine** [ɪn'twaɪn] vt entrelacer
**E-number** ['iːnʌmbəʳ] n additif m (alimentaire)
**enumerate** [ɪ'njuːməreɪt] vt énumérer
**enunciate** [ɪ'nʌnsɪeɪt] vt énoncer; prononcer
**envelop** [ɪn'vɛləp] vt envelopper
**envelope** ['ɛnvələup] n enveloppe f
**enviable** ['ɛnvɪəbl] adj enviable
**envious** ['ɛnvɪəs] adj envieux(-euse)
**environment** [ɪn'vaɪrnmənt] n (social, moral) milieu m; (natural world): **the ~** l'environnement m; **Department of the E~** (Brit) ministère de l'Équipement et de l'Aménagement du territoire
**environmental** [ɪnvaɪrn'mɛntl] adj (of surroundings) du milieu; (issue, disaster) écologique; **~ studies** (in school etc) écologie f
**environmentalist** [ɪnvaɪrn'mɛntlɪst] n

écologiste m/f
**environmentally** [ɪnvaɪrn'mɛntlɪ] adv: **~ sound/friendly** qui ne nuit pas à l'environnement
**Environmental Protection Agency** n (US) ≈ ministère m de l'Environnement
**envisage** [ɪn'vɪzɪdʒ] vt (imagine) envisager; (foresee) prévoir
**envision** [ɪn'vɪʒən] vt envisager, concevoir
**envoy** ['ɛnvɔɪ] n envoyé(e); (diplomat) ministre m plénipotentiaire
**envy** ['ɛnvɪ] n envie f ▷ vt envier; **to ~ sb sth** envier qch à qn
**enzyme** ['ɛnzaɪm] n enzyme m
**EPA** n abbr (US) = **Environmental Protection Agency**
**ephemeral** [ɪ'fɛmərl] adj éphémère
**epic** ['ɛpɪk] n épopée f ▷ adj épique
**epicentre**, (US) **epicenter** ['ɛpɪsɛntəʳ] n épicentre m
**epidemic** [ɛpɪ'dɛmɪk] n épidémie f
**epilepsy** ['ɛpɪlɛpsɪ] n épilepsie f
**epileptic** [ɛpɪ'lɛptɪk] adj, n épileptique m/f
**epileptic fit** [ɛpɪ'lɛptɪk-] n crise f d'épilepsie
**epilogue** ['ɛpɪlɔg] n épilogue m
**episcopal** [ɪ'pɪskəpl] adj épiscopal(e)
**episode** ['ɛpɪsəud] n épisode m
**epistle** [ɪ'pɪsl] n épître f
**epitaph** ['ɛpɪtɑːf] n épitaphe f
**epithet** ['ɛpɪθɛt] n épithète f
**epitome** [ɪ'pɪtəmɪ] n (fig) quintessence f, type m
**epitomize** [ɪ'pɪtəmaɪz] vt (fig) illustrer, incarner
**epoch** ['iːpɔk] n époque f, ère f
**epoch-making** ['iːpɔkmeɪkɪŋ] adj qui fait époque
**eponymous** [ɪ'pɔnɪməs] adj de ce or du même nom, éponyme
**equable** ['ɛkwəbl] adj égal(e), de tempérament égal
**equal** ['iːkwl] adj égal(e) ▷ n égal(e) ▷ vt égaler; **~ to** (task) à la hauteur de; **~ to doing** de taille à or capable de faire
**equality** [iː'kwɔlɪtɪ] n égalité f
**equalize** ['iːkwəlaɪz] vt, vi (Sport) égaliser
**equalizer** ['iːkwəlaɪzəʳ] n but égalisateur
**equally** ['iːkwəlɪ] adv également; (share) en parts égales; (treat) de la même façon; (pay) autant; (just as) tout aussi; **they are ~ clever** ils sont tout aussi intelligents
**Equal Opportunities Commission**, (US) **Equal Employment Opportunity Commission** n commission pour la non discrimination dans l'emploi
**equal sign, equals sign** n signe m d'égalité
**equanimity** [ɛkwə'nɪmɪtɪ] n égalité f d'humeur
**equate** [ɪ'kweɪt] vt: **to ~ sth with** comparer qch à; assimiler qch à; **to ~ sth to** mettre qch en équation avec; égaler qch à
**equation** [ɪ'kweɪʒən] n (Math) équation f
**equator** [ɪ'kweɪtəʳ] n équateur m
**Equatorial Guinea** [ˌɛkwə'tɔːrɪəl 'gɪnɪ] n Guinée équatoriale
**equestrian** [ɪ'kwɛstrɪən] adj équestre ▷ n

écuyer(-ère), cavalier(-ère)

**equilibrium** [iːkwɪ'lɪbrɪəm] n équilibre m

**equinox** ['iːkwɪnɔks] n équinoxe m

**equip** [ɪ'kwɪp] vt équiper; **to ~ sb/sth with** équiper or munir qn/qch de; **he is well ~ped for the job** il a les compétences or les qualités requises pour ce travail

**equipment** [ɪ'kwɪpmənt] n équipement m; (electrical etc) appareillage m, installation f

**equitable** ['ɛkwɪtəbl] adj équitable

**equities** ['ɛkwɪtɪz] npl (Brit Comm) actions cotées en Bourse

**equity** ['ɛkwɪtɪ] n équité f

**equity capital** n capitaux mpl propres

**equivalent** [ɪ'kwɪvəlnt] adj équivalent(e) ▷ n équivalent m; **to be ~ to** équivaloir à, être équivalent(e) à

**equivocal** [ɪ'kwɪvəkl] adj équivoque; (open to suspicion) douteux(-euse)

**equivocate** [ɪ'kwɪvəkeɪt] vi user de faux-fuyants; éviter de répondre

**equivocation** [ɪkwɪvə'keɪʃən] n équivoque f

**ER** abbr (Brit: = Elizabeth Regina) la reine Élisabeth; (US: Med: = emergency room) urgences fpl

**ERA** n abbr (US Pol: = Equal Rights Amendment) amendement sur l'égalité des droits des femmes

**era** ['ɪərə] n ère f, époque f

**eradicate** [ɪ'rædɪkeɪt] vt éliminer

**erase** [ɪ'reɪz] vt effacer

**eraser** [ɪ'reɪzər] n gomme f

**erect** [ɪ'rɛkt] adj droit(e) ▷ vt construire; (monument) ériger, élever; (tent etc) dresser

**erection** [ɪ'rɛkʃən] n (Physiol) érection f; (of building) construction f; (of machinery etc) installation f

**ergonomics** [əːgə'nɔmɪks] n ergonomie f

**ERISA** n abbr (US: = Employee Retirement Income Security Act) loi sur les pensions de retraite

**Eritrea** [ɛrɪ'treɪə] n Érythrée f

**ERM** n abbr (= Exchange Rate Mechanism) mécanisme m des taux de change

**ermine** ['əːmɪn] n hermine f

**ERNIE** ['əːnɪ] n abbr (Brit: = Electronic Random Number Indicator Equipment) ordinateur servant au tirage des bons à lots gagnants

**erode** [ɪ'rəud] vt éroder; (metal) ronger

**erogenous zone** [ɪ'rɔdʒənəs-] n zone f érogène

**erosion** [ɪ'rəuʒən] n érosion f

**erotic** [ɪ'rɔtɪk] adj érotique

**eroticism** [ɪ'rɔtɪsɪzəm] n érotisme m

**err** [əːr] vi se tromper; (Rel) pécher

**errand** ['ɛrnd] n course f, commission f; **to run ~s** faire des courses; **~ of mercy** mission f de charité, acte m charitable

**errand boy** n garçon m de courses

**erratic** [ɪ'rætɪk] adj irrégulier(-ière), inconstant(e)

**erroneous** [ɪ'rəunɪəs] adj erroné(e)

**error** ['ɛrər] n erreur f; **typing/spelling ~** faute f de frappe/d'orthographe; **in ~** par erreur, par méprise; **~s and omissions excepted** sauf erreur ou omission

**error message** n (Comput) message m d'erreur

**erstwhile** ['əːstwaɪl] adj précédent(e), d'autrefois

**erudite** ['ɛrjudaɪt] adj savant(e)

**erupt** [ɪ'rʌpt] vi entrer en éruption; (fig) éclater, exploser

**eruption** [ɪ'rʌpʃən] n éruption f; (of anger, violence) explosion f

**ESA** n abbr (= European Space Agency) ASE f (= Agence spatiale européenne)

**escalate** ['ɛskəleɪt] vi s'intensifier; (costs) monter en flèche

**escalation** [ɛskə'leɪʃən] n escalade f

**escalation clause** n clause f d'indexation

**escalator** ['ɛskəleɪtər] n escalier roulant

**escapade** [ɛskə'peɪd] n fredaine f; équipée f

**escape** [ɪ'skeɪp] n évasion f, fuite f; (of gas etc) fuite; (Tech) échappement m ▷ vi s'échapper, fuir; (from jail) s'évader; (fig) s'en tirer, en réchapper; (leak) fuir; s'échapper ▷ vt échapper à; **to ~ from** (person) échapper à; (place) s'échapper de; (fig) fuir; **to ~ to** (another place) fuir à, s'enfuir à; **to ~ to safety** se réfugier dans or gagner un endroit sûr; **to ~ notice** passer inaperçu(e); **his name ~s me** son nom m'échappe

**escape artist** n virtuose m/f de l'évasion

**escape clause** n clause f dérogatoire

**escapee** [ɪskeɪ'piː] n évadé(e)

**escape key** n (Comput) touche f d'échappement

**escape route** n (from fire) issue f de secours; (of prisoners etc) voie empruntée pour s'échapper

**escapism** [ɪ'skeɪpɪzəm] n évasion f (fig)

**escapist** [ɪ'skeɪpɪst] adj (literature) d'évasion ▷ n personne f qui se réfugie hors de la réalité

**escapologist** [ɛskə'pɔlədʒɪst] n (Brit) = **escape artist**

**escarpment** [ɪs'kɑːpmənt] n escarpement m

**eschew** [ɪs'tʃuː] vt éviter

**escort** vt [ɪ'skɔːt] escorter ▷ n ['ɛskɔːt] (Mil) escorte f; (to dance etc): **her ~** son compagnon or cavalier; **his ~** sa compagne

**escort agency** n bureau m d'hôtesses

**Eskimo** ['ɛskɪməu] adj esquimau(de), eskimo ▷ n Esquimau(de); (Ling) esquimau m

**ESL** n abbr (Scol) = **English as a Second Language**

**esophagus** [iː'sɔfəgəs] n (US) = **oesophagus**

**esoteric** [ɛsə'tɛrɪk] adj ésotérique

**ESP** n abbr = **extrasensory perception**; (Scol) = **English for Special Purposes**

**esp.** abbr = **especially**

**especially** [ɪ'spɛʃlɪ] adv (particularly) particulièrement; (above all) surtout

**espionage** ['ɛspɪənɑːʒ] n espionnage m

**esplanade** [ɛsplə'neɪd] n esplanade f

**espouse** [ɪ'spauz] vt épouser, embrasser

**Esquire** [ɪ'skwaɪər] n (Brit: abbr **Esq.**): **J. Brown, ~** Monsieur J. Brown

**essay** ['ɛseɪ] n (Scol) dissertation f; (Literature) essai m; (attempt) tentative f

**essence** ['ɛsns] n essence f; (Culin) extrait m; **in ~** en substance; **speed is of the ~** l'essentiel, c'est la rapidité

**essential** [ɪ'sɛnʃl] *adj* essentiel(le); *(basic)* fondamental(e); **essentials** *npl* éléments essentiels; **it is ~ that** il est essentiel *or* primordial que

**essentially** [ɪ'sɛnʃlɪ] *adv* essentiellement

**EST** *abbr* (US: = *Eastern Standard Time*) heure d'hiver de New York

**est.** *abbr* = **established, estimate(d)**

**establish** [ɪ'stæblɪʃ] *vt* établir; *(business)* fonder, créer; *(one's power etc)* asseoir, affermir

**established** [ɪ'stæblɪʃt] *adj* bien établi(e)

**establishment** [ɪ'stæblɪʃmənt] *n* établissement *m*; *(founding)* création *f*; *(institution)* établissement; **the E~** les pouvoirs établis; l'ordre établi

**estate** [ɪ'steɪt] *n* (*land*) domaine *m*, propriété *f*; (*Law*) biens *mpl*, succession *f*; (*Brit: also:* **housing estate**) lotissement *m*

**estate agency** *n* (*Brit*) agence immobilière

**estate agent** *n* (*Brit*) agent immobilier

**estate car** *n* (*Brit*) break *m*

**esteem** [ɪ'stiːm] *n* estime *f* ▷ *vt* estimer; apprécier; **to hold sb in high ~** tenir qn en haute estime

**esthetic** [ɪs'θɛtɪk] *adj* (US) = **aesthetic**

**estimate** [*n* 'ɛstɪmət, *vb* 'ɛstɪmeɪt] *n* estimation *f*; (*Comm*) devis *m* ▷ *vt* estimer ▷ *vi* (Brit Comm): **to ~ for** estimer, faire une estimation de; *(bid for)* faire un devis pour; **to give sb an ~ of** faire *or* donner un devis à qn pour; **at a rough ~** approximativement

**estimation** [ɛstɪ'meɪʃən] *n* opinion *f*; estime *f*; **in my ~** à mon avis, selon moi

**Estonia** [ɛ'stəʊnɪə] *n* Estonie *f*

**Estonian** [ɛ'stəʊnɪən] *adj* estonien(ne) ▷ *n* Estonien(ne); (*Ling*) estonien *m*

**estranged** [ɪs'treɪndʒd] *adj* (couple) séparé(e); (husband, wife) dont on s'est séparé(e)

**estrangement** [ɪs'treɪndʒmənt] *n* (from wife, family) séparation *f*

**estrogen** ['iːstrəʊdʒən] *n* (US) = **oestrogen**

**estuary** ['ɛstjʊərɪ] *n* estuaire *m*

**ET** *n abbr* (Brit: = *Employment Training*) formation professionnelle pour les demandeurs d'emploi ▷ *abbr* (US: = *Eastern Time*) heure de New York

**ETA** *n abbr* (= *estimated time of arrival*) HPA *f* (= heure probable d'arrivée)

**et al.** *abbr* (= *et alii: and others*) et coll

**etc** *abbr* (= *et cetera*) etc

**etch** [ɛtʃ] *vt* graver à l'eau forte

**etching** ['ɛtʃɪŋ] *n* eau-forte *f*

**ETD** *n abbr* (= *estimated time of departure*) HPD *f* (= *heure probable de départ*)

**eternal** [ɪ'təːnl] *adj* éternel(le)

**eternity** [ɪ'təːnɪtɪ] *n* éternité *f*

**ether** ['iːθəʳ] *n* éther *m*

**ethereal** [ɪ'θɪərɪəl] *adj* éthéré(e)

**ethical** ['ɛθɪkl] *adj* moral(e)

**ethics** ['ɛθɪks] *n* éthique *f* ▷ *npl* moralité *f*

**Ethiopia** [iːθɪ'əʊpɪə] *n* Éthiopie *f*

**Ethiopian** [iːθɪ'əʊpɪən] *adj* éthiopien(ne) ▷ *n* Éthiopien(ne)

**ethnic** ['ɛθnɪk] *adj* ethnique; (clothes, food) folklorique, exotique, propre aux minorités ethniques non-occidentales

**ethnic cleansing** [-'klɛnzɪŋ] *n* purification *f* ethnique

**ethnic minority** *n* minorité *f* ethnique

**ethnology** [ɛθ'nɔlədʒɪ] *n* ethnologie *f*

**ethos** ['iːθɔs] *n* (système *m* de) valeurs *fpl*

**e-ticket** ['iːtɪkɪt] *n* billet *m* électronique

**etiquette** ['ɛtɪkɛt] *n* convenances *fpl*, étiquette *f*

**ETV** *n abbr* (US: = *Educational Television*) télévision scolaire

**etymology** [ɛtɪ'mɔlədʒɪ] *n* étymologie *f*

**EU** *n abbr* (= *European Union*) UE *f*

**eucalyptus** [juːkə'lɪptəs] *n* eucalyptus *m*

**eulogy** ['juːlədʒɪ] *n* éloge *m*

**euphemism** ['juːfəmɪzəm] *n* euphémisme *m*

**euphemistic** [juːfə'mɪstɪk] *adj* euphémique

**euphoria** [juː'fɔːrɪə] *n* euphorie *f*

**Eurasia** [juə'reɪʃə] *n* Eurasie *f*

**Eurasian** [juə'reɪʃən] *adj* eurasien(ne); (continent) eurasiatique ▷ *n* Eurasien(ne)

**Euratom** [juə'rætəm] *n abbr* (= *European Atomic Energy Community*) EURATOM *f*

**euro** ['juərəu] *n* (currency) euro *m*

**Euro-** ['juərəu] *prefix* euro-

**Eurocrat** ['juərəukræt] *n* eurocrate *m/f*

**Euroland** ['juərəulænd] *n* Euroland *m*

**Europe** ['juərəp] *n* Europe *f*

**European** [juərə'piːən] *adj* européen(ne) ▷ *n* Européen(ne)

**European Community** *n* Communauté européenne

**European Court of Justice** *n* Cour *f* de Justice de la CEE

**European Union** *n* Union européenne

**Euro-sceptic** ['juərəuskɛptɪk] *n* eurosceptique *m/f*

**Eurostar®** ['juərəustɑːʳ] *n* Eurostar® *m*

**euthanasia** [juːθə'neɪzɪə] *n* euthanasie *f*

**evacuate** [ɪ'vækjueɪt] *vt* évacuer

**evacuation** [ɪvækju'eɪʃən] *n* évacuation *f*

**evacuee** [ɪvækju'iː] *n* évacué(e)

**evade** [ɪ'veɪd] *vt* échapper à; (question etc) éluder; (duties) se dérober à

**evaluate** [ɪ'væljueɪt] *vt* évaluer

**evangelist** [ɪ'vændʒəlɪst] *n* évangéliste *m*

**evangelize** [ɪ'vændʒəlaɪz] *vt* évangéliser, prêcher l'Évangile à

**evaporate** [ɪ'væpəreɪt] *vi* s'évaporer; (fig: hopes, fear) s'envoler; (anger) se dissiper ▷ *vt* faire évaporer

**evaporated milk** [ɪ'væpəreɪtɪd-] *n* lait condensé (non sucré)

**evaporation** [ɪvæpə'reɪʃən] *n* évaporation *f*

**evasion** [ɪ'veɪʒən] *n* dérobade *f*; (excuse) faux-fuyant *m*

**evasive** [ɪ'veɪsɪv] *adj* évasif(-ive)

**eve** [iːv] *n*: **on the ~ of** à la veille de

**even** ['iːvn] *adj* (level, smooth) régulier(-ière);

Éthiopien(ne)

**e**

569

(*equal*) égal(e); (*number*) pair(e) ▷ *adv* même; ~ **if** même si +*indic*; ~ **though** quand (bien) même +*cond*, alors même que +*cond*; ~ **more** encore plus; ~ **faster** encore plus vite; ~ **so** quand même; **not** ~ pas même; ~ **he was there** même lui était là; ~ **on Sundays** même le dimanche; **to break** ~ s'y retrouver, équilibrer ses comptes; **to get** ~ **with sb** prendre sa revanche sur qn
▶ **even out** *vi* s'égaliser

**even-handed** [i:vn'hændɪd] *adj* équitable

**evening** ['iːvnɪŋ] *n* soir *m*; (*as duration, event*) soirée *f*; **in the** ~ le soir; **this** ~ ce soir; **tomorrow/yesterday** ~ demain/hier soir

**evening class** *n* cours *m* du soir

**evening dress** *n* (*man's*) tenue *f* de soirée, smoking *m*; (*woman's*) robe *f* de soirée

**evenly** ['iːvnlɪ] *adv* uniformément, également; (*space*) régulièrement

**evensong** ['iːvnsɔŋ] *n* office *m* du soir

**event** [ɪ'vɛnt] *n* événement *m*; (*Sport*) épreuve *f*; **in the course of** ~**s** par la suite; **in the** ~ **of** en cas de; **in the** ~ en réalité, en fait; **at all** ~**s** (*Brit*): **in any** ~ en tout cas, de toute manière

**eventful** [ɪ'vɛntful] *adj* mouvementé(e)

**eventing** [ɪ'vɛntɪŋ] *n* (*Horse-Riding*) concours complet (*équitation*)

**eventual** [ɪ'vɛntʃuəl] *adj* final(e)

**eventuality** [ɪventʃu'ælɪtɪ] *n* possibilité *f*, éventualité *f*

**eventually** [ɪ'vɛntʃuəlɪ] *adv* finalement

**ever** ['ɛvər] *adv* jamais; (*at all times*) toujours; (*in questions*): **why** ~ **not?** mais enfin, pourquoi pas?; **the best** ~ le meilleur qu'on ait jamais vu; **have you** ~ **seen it?** l'as-tu déjà vu?, as-tu eu l'occasion *or* t'est-il arrivé de le voir?; **did you** ~ **meet him?** est-ce qu'il vous est arrivé de le rencontrer?; **have you** ~ **been there?** y êtes-vous déjà allé?; **for** ~ pour toujours; **hardly** ~ ne ... presque jamais; ~ **since** (*as adv*) depuis; (*as conj*) depuis que; ~ **so pretty** si joli; **thank you** ~ **so much** merci mille fois

**Everest** ['ɛvərɪst] *n* (*also:* **Mount Everest**) le mont Everest, l'Everest *m*

**evergreen** ['ɛvəgriːn] *n* arbre *m* à feuilles persistantes

**everlasting** [ɛvə'lɑːstɪŋ] *adj* éternel(le)

**KEYWORD**

**every** ['ɛvrɪ] *adj* **1** (*each*) chaque; **every one of them** tous (sans exception); **every shop in town was closed** tous les magasins en ville étaient fermés
**2** (*all possible*) tous (toutes) les; **I gave you every assistance** j'ai fait tout mon possible pour vous aider; **I have every confidence in him** j'ai entièrement *or* pleinement confiance en lui; **we wish you every success** nous vous souhaitons beaucoup de succès
**3** (*showing recurrence*) tous les; **every day** tous les jours, chaque jour; **every other car** une

voiture sur deux; **every other/third day** tous les deux/trois jours; **every now and then** de temps en temps

**everybody** ['ɛvrɪbɔdɪ] *pron* = **everyone**

**everyday** ['ɛvrɪdeɪ] *adj* (*expression*) courant(e), d'usage courant; (*use*) courant; (*clothes, life*) de tous les jours; (*occurrence, problem*) quotidien(ne)

**everyone** ['ɛvrɪwʌn] *pron* tout le monde, tous *pl*; ~ **knows about it** tout le monde le sait; ~ **else** tous les autres

**everything** ['ɛvrɪθɪŋ] *pron* tout; ~ **is ready** tout est prêt; **he did** ~ **possible** il a fait tout son possible

**everywhere** ['ɛvrɪwɛər] *adv* partout; ~ **you go you meet ...** où qu'on aille on rencontre ...

**evict** [ɪ'vɪkt] *vt* expulser

**eviction** [ɪ'vɪkʃən] *n* expulsion *f*

**eviction notice** *n* préavis *m* d'expulsion

**evidence** ['ɛvɪdns] *n* (*proof*) preuve(s) *f(pl)*; (*of witness*) témoignage *m*; (*sign*): **to show** ~ **of** donner des signes de; **to give** ~ témoigner, déposer; **in** ~ (*obvious*) en évidence; en vue

**evident** ['ɛvɪdnt] *adj* évident(e)

**evidently** ['ɛvɪdntlɪ] *adv* de toute évidence; (*apparently*) apparemment

**evil** ['iːvl] *adj* mauvais(e) ▷ *n* mal *m*

**evince** [ɪ'vɪns] *vt* manifester

**evocative** [ɪ'vɔkətɪv] *adj* évocateur(-trice)

**evoke** [ɪ'vəuk] *vt* évoquer; (*admiration*) susciter

**evolution** [iːvə'luːʃən] *n* évolution *f*

**evolve** [ɪ'vɔlv] *vt* élaborer ▷ *vi* évoluer, se transformer

**ewe** [juː] *n* brebis *f*

**ex** [ɛks] *n* (*inf*): **my ex** mon ex

**ex-** [ɛks] *prefix* (*former: husband, president etc*) ex-; (*out of*): **the price** ~**works** le prix départ usine

**exacerbate** [ɛks'æsəbeɪt] *vt* (*pain*) exacerber, accentuer; (*fig*) aggraver

**exact** [ɪg'zækt] *adj* exact(e) ▷ *vt*: **to** ~ **sth (from)** (*signature, confession*) extorquer qch (à); (*apology*) exiger qch (de)

**exacting** [ɪg'zæktɪŋ] *adj* exigeant(e); (*work*) fatigant(e)

**exactitude** [ɪg'zæktɪtjuːd] *n* exactitude *f*, précision *f*

**exactly** [ɪg'zæktlɪ] *adv* exactement; ~! parfaitement!, précisément!

**exaggerate** [ɪg'zædʒəreɪt] *vt, vi* exagérer

**exaggeration** [ɪgzædʒə'reɪʃən] *n* exagération *f*

**exalted** [ɪg'zɔːltɪd] *adj* (*rank*) élevé(e); (*person*) haut placé(e); (*elated*) exalté(e)

**exam** [ɪg'zæm] *n abbr* (*Scol*) = **examination**

**examination** [ɪgzæmɪ'neɪʃən] *n* (*Scol, Med*) examen *m*; **to take** *or* **sit an** ~ (*Brit*) passer un examen; **the matter is under** ~ la question est à l'examen

**examine** [ɪg'zæmɪn] *vt* (*gen*) examiner; (*Scol, Law: person*) interroger; (*inspect: machine, premises*) inspecter; (*passport*) contrôler; (*luggage*) fouiller

**examiner** [ɪg'zæmɪnər] *n* examinateur(-trice)

**example** [ɪg'zɑːmpl] *n* exemple *m*; **for** ~ par

exemple; **to set a good/bad ~** donner le bon/
mauvais exemple
**exasperate** [ɪgˈzɑːspəreɪt] vt exaspérer, agacer
**exasperated** [ɪgˈzɑːspəreɪtd] adj exaspéré(e)
**exasperation** [ɪgzɑːspəˈreɪʃən] n exaspération f,
irritation f
**excavate** [ˈɛkskəveɪt] vt (site) fouiller, excaver;
(object) mettre au jour
**excavation** [ɛkskəˈveɪʃən] n excavation f
**excavator** [ˈɛkskəveɪtər] n excavateur m,
excavatrice f
**exceed** [ɪkˈsiːd] vt dépasser; (one's powers)
outrepasser
**exceedingly** [ɪkˈsiːdɪŋlɪ] adv extrêmement
**excel** [ɪkˈsɛl] vi exceller ▷ vt surpasser; **to ~ o.s.**
se surpasser
**excellence** [ˈɛksələns] n excellence f
**Excellency** [ˈɛksələnsɪ] n: **His ~** son Excellence f
**excellent** [ˈɛksələnt] adj excellent(e)
**except** [ɪkˈsɛpt] prep (also: **except for, excepting**)
sauf, excepté, à l'exception de ▷ vt excepter; **~
if/when** sauf si/quand; **~ that** excepté que, si ce
n'est que
**exception** [ɪkˈsɛpʃən] n exception f; **to take ~ to**
s'offusquer de; **with the ~ of** à l'exception de
**exceptional** [ɪkˈsɛpʃənl] adj exceptionnel(le)
**exceptionally** [ɪkˈsɛpʃənəlɪ] adv
exceptionnellement
**excerpt** [ˈɛksəːpt] n extrait m
**excess** [ɪkˈsɛs] n excès m; **in ~ of** plus de
**excess baggage** n excédent m de bagages
**excess fare** n supplément m
**excessive** [ɪkˈsɛsɪv] adj excessif(-ive)
**excess supply** n suroffre f, offre f excédentaire
**exchange** [ɪksˈtʃeɪndʒ] n échange m; (also:
**telephone exchange**) central m ▷ vt: **to ~ (for)**
échanger (contre); **could I ~ this, please?** est-
ce que je peux échanger ceci, s'il vous plaît?; **in
~ for** en échange de; **foreign ~** (Comm) change m
**exchange control** n contrôle m des changes
**exchange market** n marché m des changes
**exchange rate** n taux m de change
**excisable** [ɪkˈsaɪzəbl] adj taxable
**excise** n [ˈɛksaɪz] taxe f ▷ vt [ɛkˈsaɪz] exciser
**excise duties** npl impôts indirects
**excitable** [ɪkˈsaɪtəbl] adj excitable,
nerveux(-euse)
**excite** [ɪkˈsaɪt] vt exciter
**excited** [ɪkˈsaɪtəd] adj (tout (toute)) excité(e); **to
get ~** s'exciter
**excitement** [ɪkˈsaɪtmənt] n excitation f
**exciting** [ɪkˈsaɪtɪŋ] adj passionnant(e)
**excl.** abbr = **excluding; exclusive (of)**
**exclaim** [ɪkˈskleɪm] vi s'exclamer
**exclamation** [ɛkskləˈmeɪʃən] n exclamation f
**exclamation mark**, (US) **exclamation point** n
point m d'exclamation
**exclude** [ɪkˈskluːd] vt exclure
**excluding** [ɪkˈskluːdɪŋ] prep: **~ VAT** la TVA non
comprise
**exclusion** [ɪkˈskluːʒən] n exclusion f; **to the ~
of** à l'exclusion de

**exclusion clause** n clause f d'exclusion
**exclusion zone** n zone interdite
**exclusive** [ɪkˈskluːsɪv] adj exclusif(-ive); (club,
district) sélect(e); (item of news) en exclusivité
▷ adv (Comm) exclusivement, non inclus; **~ of
VAT** TVA non comprise; **~ of postage** (les) frais
de poste non compris; **from 1st to 15th March
~** du 1er au 15 mars exclusivement or exclu; **~
rights** (Comm) exclusivité f
**exclusively** [ɪkˈskluːsɪvlɪ] adv exclusivement
**excommunicate** [ɛkskəˈmjuːnɪkeɪt] vt
excommunier
**excrement** [ˈɛkskrəmənt] n excrément m
**excruciating** [ɪkˈskruːʃɪeɪtɪŋ] adj (pain) atroce,
déchirant(e); (embarrassing) pénible
**excursion** [ɪkˈskəːʃən] n excursion f
**excursion ticket** n billet m tarif excursion
**excusable** [ɪkˈskjuːzəbl] adj excusable
**excuse** n [ɪkˈskjuːs] excuse f ▷ vt [ɪkˈskjuːz]
(forgive) excuser; (justify) excuser, justifier; **to ~
sb from** (activity) dispenser qn de; **~ me!**
excusez-moi!, pardon!; **now if you will ~
me, ...** maintenant, si vous (le) permettez ...; **to
make ~s for sb** trouver des excuses à qn; **to ~
o.s. for sth/for doing sth** s'excuser de/d'avoir
fait qch
**ex-directory** [ˈɛksdɪˈrɛktərɪ] adj (Brit) sur la liste
rouge
**execute** [ˈɛksɪkjuːt] vt exécuter
**execution** [ɛksɪˈkjuːʃən] n exécution f
**executioner** [ɛksɪˈkjuːʃnər] n bourreau m
**executive** [ɪgˈzɛkjutɪv] n (person) cadre m;
(managing body) bureau m; (Pol) exécutif m ▷ adj
exécutif(-ive); (position, job) de cadre; (secretary)
de direction; (offices) de la direction; (car, plane)
de fonction
**executive director** n administrateur(-trice)
**executor** [ɪgˈzɛkjutər] n exécuteur(-trice)
testamentaire
**exemplary** [ɪgˈzɛmplərɪ] adj exemplaire
**exemplify** [ɪgˈzɛmplɪfaɪ] vt illustrer
**exempt** [ɪgˈzɛmpt] adj: **~ from** exempté(e) or
dispensé(e) de ▷ vt: **to ~ sb from** exempter or
dispenser qn de qch
**exemption** [ɪgˈzɛmpʃən] n exemption f,
dispense f
**exercise** [ˈɛksəsaɪz] n exercice m ▷ vt exercer;
(patience etc) faire preuve de; (dog) promener ▷ vi
(also: **to take exercise**) prendre de l'exercice
**exercise bike** n vélo m d'appartement
**exercise book** n cahier m
**exert** [ɪgˈzəːt] vt exercer, employer; (strength,
force) employer; **to ~ o.s.** se dépenser
**exertion** [ɪgˈzəːʃən] n effort m
**ex gratia** [ˈɛksˈgreɪʃə] adj: **~ payment**
gratification f
**exhale** [ɛksˈheɪl] vt (breathe out) expirer; exhaler
▷ vi expirer
**exhaust** [ɪgˈzɔːst] n (also: **exhaust fumes**) gaz
mpl d'échappement; (also: **exhaust pipe**) tuyau
m d'échappement ▷ vt épuiser; **to ~ o.s.**
s'épuiser

**e**

**exhausted** [ɪg'zɔːstɪd] *adj* épuisé(e)
**exhausting** [ɪg'zɔːstɪŋ] *adj* épuisant(e)
**exhaustion** [ɪg'zɔːstʃən] *n* épuisement *m*;
**nervous ~** fatigue nerveuse
**exhaustive** [ɪg'zɔːstɪv] *adj* très complet(-ète)
**exhibit** [ɪg'zɪbɪt] *n* (*Art*) objet exposé, pièce
exposée; (*Law*) pièce à conviction ▷ *vt* (*Art*)
exposer; (*courage, skill*) faire preuve de
**exhibition** [ɛksɪ'bɪʃən] *n* exposition *f*; **~ of
temper** manifestation *f* de colère
**exhibitionist** [ɛksɪ'bɪʃənɪst] *n*
exhibitionniste *m/f*
**exhibitor** [ɪg'zɪbɪtə<sup>r</sup>] *n* exposant(e)
**exhilarating** [ɪg'zɪləreɪtɪŋ] *adj* grisant(e),
stimulant(e)
**exhilaration** [ɪgzɪlə'reɪʃən] *n* euphorie *f*,
ivresse *f*
**exhort** [ɪg'zɔːt] *vt* exhorter
**ex-husband** ['ɛks'hʌzbənd] *n* ex-mari *m*
**exile** ['ɛksaɪl] *n* exil *m*; (*person*) exilé(e) ▷ *vt*
exiler; **in ~** en exil
**exist** [ɪg'zɪst] *vi* exister
**existence** [ɪg'zɪstəns] *n* existence *f*; **to be in ~**
exister
**existentialism** [ɛgzɪs'tɛnʃlɪzəm] *n*
existentialisme *m*
**existing** [ɪg'zɪstɪŋ] *adj* (*laws*) existant(e); (*system,
regime*) actuel(le)
**exit** ['ɛksɪt] *n* sortie *f* ▷ *vi* (*Comput, Theat*) sortir;
**where's the ~?** où est la sortie?
**exit poll** *n* sondage *m* (*fait à la sortie de l'isoloir*)
**exit ramp** *n* (*US Aut*) bretelle *f* d'accès
**exit visa** *n* visa *m* de sortie
**exodus** ['ɛksədəs] *n* exode *m*
**ex officio** ['ɛksə'fɪʃɪəu] *adj, adv* d'office, de droit
**exonerate** [ɪg'zɔnəreɪt] *vt*: **to ~ from**
disculper de
**exorbitant** [ɪg'zɔːbɪtnt] *adj* (*price*) exorbitant(e),
excessif(-ive); (*demands*) exorbitant,
démesuré(e)
**exorcize** ['ɛksɔːsaɪz] *vt* exorciser
**exotic** [ɪg'zɔtɪk] *adj* exotique
**expand** [ɪk'spænd] *vt* (*area*) agrandir; (*quantity*)
accroître; (*influence etc*) étendre ▷ *vi* (*population,
production*) s'accroître; (*trade, etc*) se développer,
s'accroître; (*gas, metal*) se dilater, dilater; **to ~
on** (*notes, story etc*) développer
**expanse** [ɪk'spæns] *n* étendue *f*
**expansion** [ɪk'spænʃən] *n* (*territorial, economic*)
expansion *f*; (*of trade, influence etc*)
développement *m*; (*of production*) accroissement
*m*; (*of population*) croissance *f*; (*of gas, metal*)
expansion, dilatation *f*
**expansionism** [ɪk'spænʃənɪzəm] *n*
expansionnisme *m*
**expansionist** [ɪk'spænʃənɪst] *adj*
expansionniste
**expatriate** *n* [ɛks'pætrɪət] expatrié(e) ▷ *vt*
[ɛks'pætrɪeɪt] expatrier, exiler
**expect** [ɪk'spɛkt] *vt* (*anticipate*) s'attendre à,
s'attendre à ce que + *sub*; (*count on*) compter sur,
escompter; (*hope for*) espérer; (*require*) demander,

exiger; (*suppose*) supposer; (*await: also baby*)
attendre ▷ *vi*: **to be ~ing** (*pregnant woman*) être
enceinte; **to ~ sb to do** (*anticipate*) s'attendre à
ce que qn fasse; (*demand*) attendre de qn qu'il
fasse; **to ~ to do sth** penser *or* compter faire
qch, s'attendre à faire qch; **as ~ed** comme
prévu; **I ~ so** je crois que oui, je crois bien
**expectancy** [ɪks'pɛktənsɪ] *n* attente *f*; **life ~**
espérance *f* de vie
**expectant** [ɪk'spɛktənt] *adj* qui attend (quelque
chose); **~ mother** future maman
**expectantly** [ɪk'spɛktəntlɪ] *adv* (*look, listen*) avec
l'air d'attendre quelque chose
**expectation** [ɛkspɛk'teɪʃən] *n* (*hope*) attente *f*,
espérance(s) *f(pl)*; (*belief*) attente; **in ~ of** dans
l'attente de, en prévision de; **against** *or*
**contrary to all ~(s)** contre toute attente,
contrairement à ce qu'on attendait; **to come** *or*
**live up to sb's ~s** répondre à l'attente *or* aux
espérances de qn
**expedience, expediency** [ɪk'spiːdɪəns,
ɪk'spiːdɪənsɪ] *n* opportunité *f*; convenance *f* (du
moment); **for the sake of ~** parce que c'est (*or*
c'était) plus simple *or* plus commode
**expedient** [ɪk'spiːdɪənt] *adj* indiqué(e),
opportun(e), commode ▷ *n* expédient *m*
**expedite** ['ɛkspədaɪt] *vt* hâter; expédier
**expedition** [ɛkspə'dɪʃən] *n* expédition *f*
**expeditionary force** [ɛkspə'dɪʃənrɪ-] *n* corps *m*
expéditionnaire
**expeditious** [ɛkspə'dɪʃəs] *adj* expéditif(-ive),
prompt(e)
**expel** [ɪk'spɛl] *vt* chasser, expulser; (*Scol*)
renvoyer, exclure
**expendable** [ɪk'spɛndəbl] *adj* remplaçable
**expenditure** [ɪk'spɛndɪtʃə<sup>r</sup>] *n* (*act of spending*)
dépense *f*; (*money spent*) dépenses *fpl*
**expense** [ɪk'spɛns] *n* (*high cost*) coût *m*; (*spending*)
dépense *f*, frais *mpl*; **expenses** *npl* frais *mpl*;
dépenses; **to go to the ~ of** faire la dépense de;
**at great/little ~** à grands/peu de frais; **at the ~
of** aux frais de; (*fig*) aux dépens de
**expense account** *n* (*note f* de) frais *mpl*
**expensive** [ɪk'spɛnsɪv] *adj* cher (chère),
coûteux(-euse); **to be ~** coûter cher; **it's too ~**
ça coûte trop cher; **~ tastes** goûts *mpl* de luxe
**experience** [ɪk'spɪərɪəns] *n* expérience *f* ▷ *vt*
connaître; (*feeling*) éprouver; **to know by ~**
savoir par expérience
**experienced** [ɪk'spɪərɪənst] *adj* expérimenté(e)
**experiment** [ɪk'spɛrɪmənt] *n* expérience *f* ▷ *vi*
faire une expérience; **to ~ with** expérimenter;
**to perform** *or* **carry out an ~** faire une
expérience; **as an ~** à titre d'expérience
**experimental** [ɪkspɛrɪ'mɛntl] *adj*
expérimental(e)
**expert** ['ɛkspəːt] *adj* expert(e) ▷ *n* expert *m*; **~ in**
*or* **at doing sth** spécialiste de qch; **an ~ on sth**
un spécialiste de qch; **~ witness** (*Law*) expert *m*
**expertise** [ɛkspəː'tiːz] *n* (grande) compétence

**expire** [ɪk'spaɪəʳ] vi expirer
**expiry** [ɪk'spaɪərɪ] n expiration f
**expiry date** n date f d'expiration; (on label) à utiliser avant ...
**explain** [ɪk'spleɪn] vt expliquer
▶ **explain away** vt justifier, excuser
**explanation** [ɛksplə'neɪʃən] n explication f; **to find an ~ for sth** trouver une explication à qch
**explanatory** [ɪk'splænətrɪ] adj explicatif(-ive)
**expletive** [ɪk'spli:tɪv] n juron m
**explicit** [ɪk'splɪsɪt] adj explicite; (definite) formel(le)
**explode** [ɪk'spləud] vi exploser ▷ vt faire exploser; (fig: theory) démolir; **to ~ a myth** détruire un mythe
**exploit** n ['ɛksplɔɪt] exploit m ▷ vt [ɪk'splɔɪt] exploiter
**exploitation** [ɛksplɔɪ'teɪʃən] n exploitation f
**exploration** [ɛksplə'reɪʃən] n exploration f
**exploratory** [ɪk'splɔrətrɪ] adj (fig: talks) préliminaire; **~ operation** (Med) intervention f (à visée) exploratrice
**explore** [ɪk'splɔ:ʳ] vt explorer; (possibilities) étudier, examiner
**explorer** [ɪk'splɔːrəʳ] n explorateur(-trice)
**explosion** [ɪk'spləuʒən] n explosion f
**explosive** [ɪk'spləusɪv] adj explosif(-ive) ▷ n explosif m
**exponent** [ɪk'spəunənt] n (of school of thought etc) interprète m, représentant m; (Math) exposant m
**export** vt [ɛk'spɔ:t] exporter ▷ n ['ɛkspɔ:t] exportation f ▷ cpd ['ɛkspɔ:t] d'exportation
**exportation** [ɛkspɔ:'teɪʃən] n exportation f
**exporter** [ɛk'spɔ:təʳ] n exportateur m
**export licence** n licence f d'exportation
**expose** [ɪk'spəuz] vt exposer; (unmask) démasquer, dévoiler; **to ~ o.s.** (Law) commettre un outrage à la pudeur
**exposed** [ɪk'spəuzd] adj (land, house) exposé(e); (Elec: wire) à nu; (pipe, beam) apparent(e)
**exposition** [ɛkspə'zɪʃən] n exposition f
**exposure** [ɪk'spəuʒəʳ] n exposition f; (publicity) couverture f; (Phot: speed) (temps m de) pose f; (: shot) pose; **suffering from ~** (Med) souffrant des effets du froid et de l'épuisement, **to die of ~** (Med) mourir de froid
**exposure meter** n posemètre m
**expound** [ɪk'spaund] vt exposer, expliquer
**express** [ɪk'sprɛs] adj (definite) formel(le), exprès(-esse); (Brit: letter etc) exprès inv ▷ n (train) rapide m ▷ adv (send) exprès ▷ vt exprimer; **to ~ o.s.** s'exprimer
**expression** [ɪk'sprɛʃən] n expression f
**expressionism** [ɪk'sprɛʃənɪzəm] n expressionnisme m
**expressive** [ɪk'sprɛsɪv] adj expressif(-ive)
**expressly** [ɪk'sprɛslɪ] adv expressément, formellement
**expressway** [ɪk'sprɛsweɪ] n (US) voie f express (à plusieurs files)
**expropriate** [ɛks'prəuprɪeɪt] vt exproprier

**expulsion** [ɪk'spʌlʃən] n expulsion f; renvoi m
**exquisite** [ɛk'skwɪzɪt] adj exquis(e)
**ex-serviceman** ['ɛks'sə:vɪsmən] (irreg) n ancien combattant
**ext.** abbr (Tel) = **extension**
**extemporize** [ɪk'stɛmpəraɪz] vi improviser
**extend** [ɪk'stɛnd] vt (visit, street) prolonger; (deadline) reporter, remettre; (building) agrandir; (offer) présenter, offrir; (Comm: credit) accorder; (hand, arm) tendre ▷ vi (land) s'étendre
**extension** [ɪk'stɛnʃən] n (of visit, street) prolongation f; (of building) agrandissement m; (building) annexe f; (to wire, table) rallonge f; (telephone: in offices) poste m; (: in private house) téléphone m supplémentaire; **~ 3718** (Tel) poste 3718
**extension cable, extension lead** n (Elec) rallonge f
**extensive** [ɪk'stɛnsɪv] adj étendu(e), vaste; (damage, alterations) considérable; (inquiries) approfondi(e); (use) largement répandu(e)
**extensively** [ɪk'stɛnsɪvlɪ] adv (altered, damaged etc) considérablement; **he's travelled ~** il a beaucoup voyagé
**extent** [ɪk'stɛnt] n étendue f; (degree: of damage, loss) importance f; **to some ~** dans une certaine mesure; **to a certain ~** dans une certaine mesure, jusqu'à un certain point; **to a large ~** en grande partie; **to the ~ of ...** au point de ...; **to what ~?** dans quelle mesure?, jusqu'à quel point?; **to such an ~ that ...** à tel point que ...
**extenuating** [ɪk'stɛnjueɪtɪŋ] adj: **~ circumstances** circonstances atténuantes
**exterior** [ɛk'stɪərɪəʳ] adj extérieur(e) ▷ n extérieur m
**exterminate** [ɪk'stə:mɪneɪt] vt exterminer
**extermination** [ɪkstə:mɪ'neɪʃən] n extermination f
**external** [ɛk'stə:nl] adj externe ▷ n: **the ~s** les apparences fpl; **for ~ use only** (Med) à usage externe
**externally** [ɛk'stə:nəlɪ] adv extérieurement
**extinct** [ɪk'stɪŋkt] adj (volcano) éteint(e); (species) disparu(e)
**extinction** [ɪk'stɪŋkʃən] n extinction f
**extinguish** [ɪk'stɪŋgwɪʃ] vt éteindre
**extinguisher** [ɪk'stɪŋgwɪʃəʳ] n extincteur m
**extol, (US) extoll** [ɪk'stəul] vt (merits) chanter, prôner; (person) chanter les louanges de
**extort** [ɪk'stɔ:t] vt: **to ~ sth (from)** extorquer qch (à)
**extortion** [ɪk'stɔ:ʃən] n extorsion f
**extortionate** [ɪk'stɔ:ʃnɪt] adj exorbitant(e)
**extra** ['ɛkstrə] adj supplémentaire, de plus ▷ adv (in addition) en plus ▷ n supplément m; (perk) à-coté m; (Cine, Theat) figurant(e); **wine will cost ~** le vin sera en supplément; **~ large sizes** très grandes tailles
**extra...** ['ɛkstrə] prefix extra...
**extract** vt [ɪk'strækt] extraire; (tooth) arracher; (money, promise) soutirer ▷ n ['ɛkstrækt] extrait m
**extraction** [ɪk'strækʃən] n extraction f

573

**extractor fan** [ɪk'stræktə-] *n* exhausteur *m*, ventilateur *m* extracteur

**extracurricular** ['ɛkstrəkə'rɪkjuləʳ] *adj* (*Scol*) parascolaire

**extradite** ['ɛkstrədaɪt] *vt* extrader

**extradition** [ɛkstrə'dɪʃən] *n* extradition *f*

**extramarital** ['ɛkstrə'mærɪtl] *adj* extraconjugal(e)

**extramural** ['ɛkstrə'mjuərl] *adj* hors-faculté *inv*

**extraneous** [ɛk'streɪnɪəs] *adj*: ~ **to** étranger(-ère) à

**extraordinary** [ɪk'strɔ:dnrɪ] *adj* extraordinaire; **the ~ thing is that ...** le plus étrange *or* étonnant c'est que ...

**extraordinary general meeting** *n* assemblée *f* générale extraordinaire

**extrapolation** [ɛkstræpə'leɪʃən] *n* extrapolation *f*

**extrasensory perception** ['ɛkstrə'sɛnsərɪ-] *n* perception *f* extrasensorielle

**extra time** *n* (*Football*) prolongations *fpl*

**extravagance** [ɪk'strævəgəns] *n* (*excessive spending*) prodigalités *fpl*; (*thing bought*) folie *f*, dépense excessive

**extravagant** [ɪk'strævəgənt] *adj* extravagant(e); (*in spending: person*) prodigue, dépensier(-ière); (: *tastes*) dispendieux(-euse)

**extreme** [ɪk'stri:m] *adj*, *n* extrême (*m*); **the ~ left/right** (*Pol*) l'extrême gauche *f*/droite *f*; **~s of temperature** différences *fpl* extrêmes de température

**extremely** [ɪk'stri:mlɪ] *adv* extrêmement

**extremist** [ɪk'stri:mɪst] *adj*, *n* extrémiste *m/f*

**extremity** [ɪk'strɛmɪtɪ] *n* extrémité *f*

**extricate** ['ɛkstrɪkeɪt] *vt*: **to ~ sth (from)** dégager qch (de)

**extrovert** ['ɛkstrəvə:t] *n* extraverti(e)

**exuberance** [ɪg'zju:bərns] *n* exubérance *f*

**exuberant** [ɪg'zju:bərnt] *adj* exubérant(e)

**exude** [ɪg'zju:d] *vt* exsuder; (*fig*) respirer; **the**

**charm** *etc* **he ~s** le charme *etc* qui émane de lui

**exult** [ɪg'zʌlt] *vi* exulter, jubiler

**exultant** [ɪg'zʌltənt] *adj* (*shout, expression*) de triomphe; **to be ~** jubiler, triompher

**exultation** [ɛgzʌl'teɪʃən] *n* exultation *f*, jubilation *f*

**ex-wife** ['ɛkswaɪf] *n* ex-femme *f*

**eye** [aɪ] *n* œil *m*; (*of needle*) trou *m*, chas *m* ▷ *vt* examiner; **as far as the ~ can see** à perte de vue; **to keep an ~ on** surveiller; **to have an ~ for sth** avoir l'œil pour qch; **in the public ~** en vue; **with an ~ to doing sth** (*Brit*) en vue de faire qch; **there's more to this than meets the ~** ce n'est pas aussi simple que cela paraît

**eyeball** ['aɪbɔ:l] *n* globe *m* oculaire

**eyebath** ['aɪbɑ:θ] *n* (*Brit*) œillère *f* (*pour bains d'œil*)

**eyebrow** ['aɪbrau] *n* sourcil *m*

**eyebrow pencil** *n* crayon *m* à sourcils

**eye-catching** ['aɪkætʃɪŋ] *adj* voyant(e), accrocheur(-euse)

**eye cup** *n* (*US*) = **eyebath**

**eye drops** ['aɪdrɔps] *npl* gouttes *fpl* pour les yeux

**eyeful** ['aɪful] *n*: **to get an ~ (of sth)** se rincer l'œil (en voyant qch)

**eyeglass** ['aɪglɑ:s] *n* monocle *m*

**eyelash** ['aɪlæʃ] *n* cil *m*

**eyelet** ['aɪlɪt] *n* œillet *m*

**eye-level** ['aɪlɛvl] *adj* en hauteur

**eyelid** ['aɪlɪd] *n* paupière *f*

**eyeliner** ['aɪlaɪnəʳ] *n* eye-liner *m*

**eye-opener** ['aɪəupnəʳ] *n* révélation *f*

**eye shadow** ['aɪʃædəu] *n* ombre *f* à paupières

**eyesight** ['aɪsaɪt] *n* vue *f*

**eyesore** ['aɪsɔ:ʳ] *n* horreur *f*, chose *f* qui dépare *or* enlaidit

**eyestrain** ['aɪstreɪn] *adj*: **to get ~** se fatiguer la vue *or* les yeux

**eyewash** ['aɪwɔʃ] *n* bain *m* d'œil; (*fig*) frime *f*

**eye witness** *n* témoin *m* oculaire

**eyrie** ['ɪərɪ] *n* aire *f*

# Ff

**F¹, f** [ɛf] n (letter) F, f m; (Mus): **F** fa m; **F for Frederick**, (US) **F for Fox** F comme François
**F²** abbr (= Fahrenheit) F
**FA** n abbr (Brit: = Football Association) fédération de football
**FAA** n abbr (US) = **Federal Aviation Administration**
**fable** ['feɪbl] n fable f
**fabric** ['fæbrɪk] n tissu m ▷ cpd: ~ **ribbon** (for typewriter) ruban m (en) tissu
**fabricate** ['fæbrɪkeɪt] vt fabriquer, inventer
**fabrication** [fæbrɪ'keɪʃən] n fabrication f, invention f
**fabulous** ['fæbjuləs] adj fabuleux(-euse); (inf: super) formidable, sensationnel(le)
**façade** [fə'sɑːd] n façade f
**face** [feɪs] n visage m, figure f; (expression) air m; grimace f; (of clock) cadran m; (of cliff) paroi f; (of mountain) face f; (of building) façade f; (side, surface) face f ▷ vt faire face à; (facts etc) accepter; ~ **down** (person) à plat ventre; (card) face en dessous; **to lose/save** ~ perdre/sauver la face; **to pull a** ~ faire une grimace; **in the ~ of** (difficulties etc) face à, devant; **on the ~ of it** à première vue; ~ **to** ~ face à face
  ▶ **face up to** vt fus faire face à, affronter
**face cloth** n (Brit) gant m de toilette
**face cream** n crème f pour le visage
**face lift** n lifting m; (of façade etc) ravalement m, retapage m
**face pack** n (Brit) masque m (de beauté)
**face powder** n poudre f (pour le visage)
**face-saving** ['feɪsseɪvɪŋ] adj qui sauve la face
**facet** ['fæsɪt] n facette f
**facetious** [fə'siːʃəs] adj facétieux(-euse)
**face-to-face** ['feɪstə'feɪs] adv face à face
**face value** ['feɪs'vælju:] n (of coin) valeur nominale; **to take sth at** ~ (fig) prendre qch pour argent comptant
**facia** ['feɪʃə] n = **fascia**
**facial** ['feɪʃl] adj facial(e) ▷ n soin complet du visage
**facile** ['fæsaɪl] adj facile
**facilitate** [fə'sɪlɪteɪt] vt faciliter
**facilities** [fə'sɪlɪtɪz] npl installations fpl, équipement m; **credit** ~ facilités de paiement

**facility** [fə'sɪlɪtɪ] n facilité f
**facing** ['feɪsɪŋ] prep face à, en face de ▷ n (of wall etc) revêtement m; (Sewing) revers m
**facsimile** [fæk'sɪmɪlɪ] n (exact replica) facsimilé m; (also: **facsimile machine**) télécopieur m; (transmitted document) télécopie f
**fact** [fækt] n fait m; **in** ~ en fait; **to know for a** ~ **that ...** savoir pertinemment que ...
**fact-finding** ['fæktfaɪndɪŋ] adj: **a** ~ **tour** or **mission** une mission d'enquête
**faction** ['fækʃən] n faction f
**factional** ['fækʃnl] adj de factions
**factor** ['fæktə'] n facteur m; (of sun cream) indice m (de protection); (Comm) factor m, société f d'affacturage; (: agent) dépositaire m/f ▷ vi faire du factoring; **safety** ~ facteur de sécurité; **I'd like a** ~ **15 suntan lotion** je voudrais une crème solaire d'indice 15
**factory** ['fæktərɪ] n usine f, fabrique f
**factory farming** n (Brit) élevage industriel
**factory floor** n: **the** ~ (workers) les ouvriers mpl; (workshop) l'usine f; **on the** ~ dans les ateliers
**factory ship** n navire-usine m
**factual** ['fæktjuəl] adj basé(e) sur les faits
**faculty** ['fækəltɪ] n faculté f; (US: teaching staff) corps enseignant
**fad** [fæd] n (personal) manie f; (craze) engouement m
**fade** [feɪd] vi se décolorer, passer; (light, sound) s'affaiblir, disparaître; (flower) se faner
  ▶ **fade away** vi (sound) s'affaiblir
  ▶ **fade in** vt (picture) ouvrir en fondu; (sound) monter progressivement
  ▶ **fade out** vt (picture) fermer en fondu; (sound) baisser progressivement
**faeces**, (US) **feces** ['fi:si:z] npl fèces fpl
**fag** [fæg] n (Brit inf: cigarette) clope f; (: chore): **what a** ~! quelle corvée!; (US inf: homosexual) pédé m
**fag end** n (Brit inf) mégot m
**fagged out** [fægd-] adj (Brit inf) crevé(e)
**Fahrenheit** ['fɑːrənhaɪt] n Fahrenheit m inv
**fail** [feɪl] vt (exam) échouer à; (candidate) recaler; (subj: courage, memory) faire défaut à ▷ vi échouer; (supplies) manquer; (eyesight, health, light: also: **be failing**) baisser, s'affaiblir; (brakes) lâcher; **to** ~

**failing** ['feɪlɪŋ] *n* défaut *m* ▷ *prep* faute de; **~ that** à défaut, sinon

**failsafe** ['feɪlseɪf] *adj* (*device etc*) à sûreté intégrée

**failure** ['feɪljəʳ] *n* échec *m*; (*person*) raté(e); (*mechanical etc*) défaillance *f*; **his ~ to turn up** le fait de n'être pas venu *or* qu'il ne soit pas venu

**faint** [feɪnt] *adj* faible; (*recollection*) vague; (*mark*) à peine visible; (*smell, breeze, trace*) léger(-ère) ▷ *n* évanouissement *m* ▷ *vi* s'évanouir; **to feel ~** défaillir

**faintest** ['feɪntɪst] *adj*: **I haven't the ~ idea** je n'en ai pas la moindre idée

**faint-hearted** ['feɪnt'hɑːtɪd] *adj* pusillanime

**faintly** ['feɪntlɪ] *adv* faiblement; (*vaguely*) vaguement

**faintness** ['feɪntnɪs] *n* faiblesse *f*

**fair** [fɛəʳ] *adj* équitable, juste; (*reasonable*) correct(e), honnête; (*hair*) blond(e); (*skin, complexion*) pâle, blanc (blanche); (*weather*) beau (belle); (*good enough*) assez bon(ne); (*sizeable*) considérable ▷ *adv*: **to play ~** jouer franc jeu ▷ *n* foire *f*; (*Brit: funfair*) fête (foraine); (*also*: **trade fair**) foire(-exposition) commerciale; **it's not ~!** ce n'est pas juste!; **a ~ amount of** une quantité considérable de

**fair copy** *n* copie *f* au propre, corrigé *m*

**fair game** *n*: **to be ~ (for)** être une cible légitime (pour)

**fairground** ['fɛəgraund] *n* champ *m* de foire

**fair-haired** [fɛə'hɛəd] *adj* (*person*) aux cheveux clairs, blond(e)

**fairly** ['fɛəlɪ] *adv* (*justly*) équitablement; (*quite*) assez; **I'm ~ sure** j'en suis quasiment *or* presque sûr

**fairness** ['fɛənɪs] *n* (*of trial etc*) justice *f*, équité *f*; (*of person*) sens *m* de la justice; **in all ~** en toute justice

**fair play** *n* fair play *m*

**fair trade** *n* commerce *m* équitable

**fairway** ['fɛəweɪ] *n* (*Golf*) fairway *m*

**fairy** ['fɛərɪ] *n* fée *f*

**fairy godmother** *n* bonne fée

**fairy lights** *npl* (*Brit*) guirlande *f* électrique

**fairy tale** *n* conte *m* de fées

**faith** [feɪθ] *n* foi *f*; (*trust*) confiance *f*; (*sect*) culte *m*, religion *f*; **to have ~ in sb/sth** avoir confiance en qn/qch

**faithful** ['feɪθful] *adj* fidèle

**faithfully** ['feɪθfəlɪ] *adv* fidèlement; **yours ~** (*Brit: in letters*) veuillez agréer l'expression de mes salutations les plus distinguées

**faith healer** [-hiːləʳ] *n* guérisseur(-euse)

**fake** [feɪk] *n* (*painting etc*) faux *m*; (*photo*) trucage *m*; (*person*) imposteur *m* ▷ *adj* faux (fausse) ▷ *vt* (*emotions*) simuler; (*painting*) faire un faux de; (*photo*) truquer; (*story*) fabriquer; **his illness is a ~** sa maladie est une comédie *or* de la simulation

**falcon** ['fɔːlkən] *n* faucon *m*

**Falkland Islands** ['fɔːlklənd-] *npl*: **the ~** les Malouines *fpl*, les îles *fpl* Falkland

**fall** [fɔːl] *n* chute *f*; (*decrease*) baisse *f*; (*US: autumn*) automne *m* ▷ *vi* (*pt* **fell**, *pp* **-en** [fɛl, 'fɔːlən]) tomber; (*price, temperature, dollar*) baisser; **falls** *npl* (*waterfall*) chute *f* d'eau, cascade *f*; **to ~ flat** (*vi: on one's face*) tomber de tout son long, s'étaler; (*joke*) tomber à plat; (*plan*) échouer; **to ~ short of** (*sb's expectations*) ne pas répondre à; **a ~ of snow** (*Brit*) une chute de neige

▶ **fall apart** *vi* (*object*) tomber en morceaux; (*inf: emotionally*) craquer

▶ **fall back** *vi* reculer, se retirer

▶ **fall back on** *vt fus* se rabattre sur; **to have something to ~ back on** (*money etc*) avoir quelque chose en réserve; (*job etc*) avoir une solution de rechange

▶ **fall behind** *vi* prendre du retard

▶ **fall down** *vi* (*person*) tomber; (*building*) s'effondrer, s'écrouler

▶ **fall for** *vt fus* (*trick*) se laisser prendre à; (*person*) tomber amoureux(-euse) de

▶ **fall in** *vi* s'effondrer; (*Mil*) se mettre en rangs

▶ **fall in with** *vt fus* (*sb's plans etc*) accepter

▶ **fall off** *vi* tomber; (*diminish*) baisser, diminuer

▶ **fall out** *vi* (*friends etc*) se brouiller; (*hair, teeth*) tomber

▶ **fall over** *vi* tomber (par terre)

▶ **fall through** *vi* (*plan, project*) tomber à l'eau

**fallacy** ['fæləsɪ] *n* erreur *f*, illusion *f*

**fallback** ['fɔːlbæk] *adj*: **~ position** position *f* de repli

**fallen** ['fɔːlən] *pp* of **fall**

**fallible** ['fæləbl] *adj* faillible

**fallopian tube** [fə'ləupɪən-] *n* (*Anat*) trompe *f* de Fallope

**fallout** ['fɔːlaut] *n* retombées (radioactives)

**fallout shelter** *n* abri *m* anti-atomique

**fallow** ['fæləu] *adj* en jachère; en friche

**false** [fɔːls] *adj* faux (fausse); **under ~ pretences** sous un faux prétexte

**false alarm** *n* fausse alerte

**falsehood** ['fɔːlshud] *n* mensonge *m*

**falsely** ['fɔːlslɪ] *adv* (*accuse*) à tort

**false teeth** *npl* (*Brit*) fausses dents, dentier *m*

**falsify** ['fɔːlsɪfaɪ] *vt* falsifier; (*accounts*) maquiller

**falter** ['fɔːltəʳ] *vi* chanceler, vaciller

**fame** [feɪm] *n* renommée *f*, renom *m*

**familiar** [fə'mɪlɪəʳ] *adj* familier(-ière); **to be ~ with sth** connaître qch; **to make o.s. ~ with sth** se familiariser avec qch; **to be on ~ terms with sb** bien connaître qn

**familiarity** [fəmɪlɪ'ærɪtɪ] *n* familiarité *f*

**familiarize** [fə'mɪlɪəraɪz] *vt* familiariser; **to ~ o.s. with** se familiariser avec

**family** ['fæmɪlɪ] *n* famille *f*

**family allowance** *n* (*Brit*) allocations familiales

**family business** *n* entreprise familiale

**family credit** *n* (*Brit*) complément familial

**family doctor** *n* médecin *m* de famille

**family life** *n* vie *f* de famille

**family man** (irreg) n père m de famille
**family planning** n planning familial
**family planning clinic** n centre m de planning familial
**family tree** n arbre m généalogique
**famine** ['fæmɪn] n famine f
**famished** ['fæmɪʃt] adj affamé(e); **I'm ~!** (inf) je meurs de faim!
**famous** ['feɪməs] adj célèbre
**famously** ['feɪməslɪ] adv (get on) fameusement, à merveille
**fan** [fæn] n (folding) éventail m; (Elec) ventilateur m; (person) fan m, admirateur(-trice); (Sport) supporter m/f ▷ vt éventer; (fire, quarrel) attiser
▶ **fan out** vi se déployer (en éventail)
**fanatic** [fə'nætɪk] n fanatique m/f
**fanatical** [fə'nætɪkl] adj fanatique
**fan belt** n courroie f de ventilateur
**fancied** ['fænsɪd] adj imaginaire
**fanciful** ['fænsɪful] adj fantaisiste
**fan club** n fan-club m
**fancy** ['fænsɪ] n (whim) fantaisie f, envie f; (imagination) imagination f ▷ adj (luxury) de luxe; (elaborate: jewellery, packaging) fantaisie inv; (showy) tape-à-l'œil inv; (pretentious: words) recherché(e) ▷ vt (feel like, want) avoir envie de; (imagine) imaginer; **to take a ~ to** se prendre d'affection pour; s'enticher de; **it took** or **caught my ~** ça m'a plu; **when the ~ takes him** quand ça lui prend; **to ~ that ...** se figurer or s'imaginer que ...; **he fancies her** elle lui plaît
**fancy dress** n déguisement m, travesti m
**fancy-dress ball** [fænsɪ'drɛs-] n bal masqué or costumé
**fancy goods** npl articles mpl (de) fantaisie
**fanfare** ['fænfɛəʳ] n fanfare f (musique)
**fanfold paper** ['fænfəuld-] n papier m à pliage accordéon
**fang** [fæŋ] n croc m; (of snake) crochet m
**fan heater** n (Brit) radiateur soufflant
**fanlight** ['fænlaɪt] n imposte f
**fanny** ['fænɪ] n (Brit inf!) chatte f (!); (US inf) cul m (!)
**fantasize** ['fæntəsaɪz] vi fantasmer
**fantastic** [fæn'tæstɪk] adj fantastique
**fantasy** ['fæntəsɪ] n imagination f, fantaisie f; (unreality) fantasme m
**fanzine** ['fænziːn] n fanzine m
**FAO** n abbr (= Food and Agriculture Organization) FAO f
**FAQ** n abbr (= frequently asked question) FAQ f inv, faq f inv ▷ abbr (= free alongside quay) FLQ
**far** [fɑːʳ] adj (distant) lointain(e), éloigné(e) ▷ adv loin; **the ~ side/end** l'autre côté/bout; **the ~ left/right** (Pol) l'extrême gauche f/droite f; **is it ~ to London?** est-ce qu'on est loin de Londres?; **it's not ~ (from here)** ce n'est pas loin (d'ici); **~ away, ~ off** au loin, dans le lointain; **~ better** beaucoup mieux; **~ from** loin de; **by ~** de loin, de beaucoup; **as ~ back as the 13th century** dès le 13e siècle; **go as ~ as the bridge** allez jusqu'au pont; **as ~ as I know** pour autant que

je sache; **how ~ is it to ...?** combien y a-t-il jusqu'à ...?; **as ~ as possible** dans la mesure du possible; **how ~ have you got with your work?** où en êtes-vous dans votre travail?
**faraway** ['fɑːrəweɪ] adj lointain(e); (look) absent(e)
**farce** [fɑːs] n farce f
**farcical** ['fɑːsɪkl] adj grotesque
**fare** [fɛəʳ] n (on trains, buses) prix m du billet; (in taxi) prix de la course; (passenger in taxi) client m; (food) table f, chère f ▷ vi se débrouiller; **half ~** demi-tarif; **full ~** plein tarif
**Far East** n: **the ~** l'Extrême-Orient m
**farewell** [fɛə'wɛl] excl, n adieu m ▷ cpd (party etc) d'adieux
**far-fetched** ['fɑː'fɛtʃt] adj exagéré(e), poussé(e)
**farm** [fɑːm] n ferme f ▷ vt cultiver
▶ **farm out** vt (work etc) distribuer
**farmer** ['fɑːməʳ] n fermier(-ière), cultivateur(-trice)
**farmhand** ['fɑːmhænd] n ouvrier(-ière) agricole
**farmhouse** ['fɑːmhaus] n (maison f de) ferme f
**farming** ['fɑːmɪŋ] n agriculture f; (of animals) élevage m; **intensive ~** culture intensive
**farm labourer** n = **farmhand**
**farmland** ['fɑːmlænd] n terres cultivées or arables
**farm produce** n produits mpl agricoles
**farm worker** n = **farmhand**
**farmyard** ['fɑːmjɑːd] n cour f de ferme
**Faroe Islands** ['fɛərəu-] npl, **Faroes** ['fɛərəuz] npl: **the ~** les îles fpl Féroé or Faroe
**far-reaching** ['fɑː'riːtʃɪŋ] adj d'une grande portée
**far-sighted** ['fɑː'saɪtɪd] adj presbyte; (fig) prévoyant(e), qui voit loin
**fart** [fɑːt] (inf!) n pet m ▷ vi péter
**farther** ['fɑːðəʳ] adv plus loin ▷ adj plus éloigné(e), plus lointain(e)
**farthest** ['fɑːðɪst] superlative of **far**
**FAS** abbr (Brit: = free alongside ship) FLB
**fascia** ['feɪʃə] n (Aut) (garniture f du) tableau m de bord
**fascinate** ['fæsɪneɪt] vt fasciner, captiver
**fascinating** ['fæsɪneɪtɪŋ] adj fascinant(e)
**fascination** [fæsɪ'neɪʃən] n fascination f
**fascism** ['fæʃɪzəm] n fascisme m
**fascist** ['fæʃɪst] adj, n fasciste m/f
**fashion** ['fæʃən] n mode f; (manner) façon f, manière f ▷ vt façonner; **in ~** à la mode; **out of ~** démodé(e); **in the Greek ~** à la grecque; **after a ~** (finish, manage etc) tant bien que mal
**fashionable** ['fæʃnəbl] adj à la mode
**fashion designer** n (grand(e)) couturier(-ière)
**fashionista** [fœʃə'nɪstə] n fashionista mf
**fashion show** n défilé m de mannequins or de mode
**fast** [fɑːst] adj rapide; (clock): **to be ~** avancer; (dye, colour) grand or bon teint inv ▷ adv vite, rapidement; (stuck, held) solidement ▷ n jeûne m ▷ vi jeûner; **my watch is 5 minutes ~** ma montre avance de 5 minutes; **~ asleep**

profondément endormi; **as ~ as I can** aussi vite que je peux; **to make a boat ~** (*Brit*) amarrer un bateau

**fasten** ['fɑːsn] *vt* attacher, fixer; (*coat*) attacher, fermer ▷ *vi* se fermer, s'attacher
▶ **fasten on, fasten upon** *vt fus* (*idea*) se cramponner à

**fastener** ['fɑːsnəʳ], **fastening** ['fɑːsnɪŋ] *n* fermeture *f*, attache *f*; (*Brit: zip fastener*) fermeture éclair® *inv* or à glissière

**fast food** *n* fast food *m*, restauration *f* rapide

**fastidious** [fæs'tɪdɪəs] *adj* exigeant(e), difficile

**fast lane** *n* (*Aut: in Britain*) voie *f* de droite

**fat** [fæt] *adj* gros(se) ▷ *n* graisse *f*; (*on meat*) gras *m*; (*for cooking*) matière grasse; **to live off the ~ of the land** vivre grassement

**fatal** ['feɪtl] *adj* (*mistake*) fatal(e); (*injury*) mortel(le)

**fatalism** ['feɪtlɪzəm] *n* fatalisme *m*

**fatality** [fə'tælɪtɪ] *n* (*road death etc*) victime *f*, décès *m*

**fatally** ['feɪtəlɪ] *adv* fatalement; (*injured*) mortellement

**fate** [feɪt] *n* destin *m*; (*of person*) sort *m*; **to meet one's ~** trouver la mort

**fated** ['feɪtɪd] *adj* (*person*) condamné(e); (*project*) voué(e) à l'échec

**fateful** ['feɪtful] *adj* fatidique

**fat-free** ['fæt'friː] *adj* sans matières grasses

**father** ['fɑːðəʳ] *n* père *m*

**Father Christmas** *n* le Père Noël

**fatherhood** ['fɑːðəhud] *n* paternité *f*

**father-in-law** ['fɑːðərənlɔː] *n* beau-père *m*

**fatherland** ['fɑːðəlænd] *n* (*mère f*) patrie *f*

**fatherly** ['fɑːðəlɪ] *adj* paternel(le)

**fathom** ['fæðəm] *n* brasse *f* (= 1828 mm) ▷ *vt* (*mystery*) sonder, pénétrer

**fatigue** [fə'tiːɡ] *n* fatigue *f*; (*Mil*) corvée *f*; **metal ~** fatigue du métal

**fatness** ['fætnɪs] *n* corpulence *f*, grosseur *f*

**fatten** ['fætn] *vt*, *vi* engraisser

**fattening** ['fætnɪŋ] *adj* (*food*) qui fait grossir; **chocolate is ~** le chocolat fait grossir

**fatty** ['fætɪ] *adj* (*food*) gras(se) ▷ *n* (*inf*) gros (grosse)

**fatuous** ['fætjuəs] *adj* stupide

**faucet** ['fɔːsɪt] *n* (*US*) robinet *m*

**fault** [fɔːlt] *n* faute *f*; (*defect*) défaut *m*; (*Geo*) faille *f* ▷ *vt* trouver des défauts à, prendre en défaut; **it's my ~** c'est ma faute; **to find ~ with** trouver à redire or à critiquer à; **at ~** fautif(-ive), coupable; **to a ~** à l'excès

**faultless** ['fɔːltlɪs] *adj* impeccable; irréprochable

**faulty** ['fɔːltɪ] *adj* défectueux(-euse)

**fauna** ['fɔːnə] *n* faune *f*

**faux pas** ['fəu'pɑː] *n* impair *m*, bévue *f*, gaffe *f*

**favour**, (*US*) **favor** ['feɪvəʳ] *n* faveur *f*; (*help*) service *m* ▷ *vt* (*proposition*) être en faveur de; (*pupil etc*) favoriser; (*team, horse*) donner gagnant; **to do sb a ~** rendre un service à qn; **in ~ of** en faveur de; **to be in ~ of sth/of doing sth** être partisan de qch/de faire qch; **to find ~ with sb** trouver grâce aux yeux de qn

**favourable**, (*US*) **favorable** ['feɪvrəbl] *adj* favorable; (*price*) avantageux(-euse)

**favourably**, (*US*) **favorably** ['feɪvrəblɪ] *adv* favorablement

**favourite**, (*US*) **favorite** ['feɪvrɪt] *adj*, *n* favori(te)

**favouritism**, (*US*) **favoritism** ['feɪvrɪtɪzəm] *n* favoritisme *m*

**fawn** [fɔːn] *n* (*deer*) faon *m* ▷ *adj* (*also:* **fawn-coloured**) fauve ▷ *vi:* **to ~ (up)on** flatter servilement

**fax** [fæks] *n* (*document*) télécopie *f*; (*machine*) télécopieur *m* ▷ *vt* envoyer par télécopie

**FBI** *n abbr* (*US:* = *Federal Bureau of Investigation*) FBI *m*

**FCC** *n abbr* (*US*) = **Federal Communications Commission**

**FCO** *n abbr* (*Brit:* = *Foreign and Commonwealth Office*) ministère des Affaires étrangères et du Commonwealth

**FD** *n abbr* (*US*) = **fire department**

**FDA** *n abbr* (*US:* = *Food and Drug Administration*) office de contrôle des produits pharmaceutiques et alimentaires

**FE** *n abbr* = **further education**

**fear** [fɪəʳ] *n* crainte *f*, peur *f* ▷ *vt* craindre ▷ *vi:* **to ~ for** craindre pour; **to ~ that** craindre que; **~ of heights** vertige *m*; **for ~ of** de peur que + *sub* or de + *infinitive*

**fearful** ['fɪəful] *adj* craintif(-ive); (*sight, noise*) affreux(-euse), épouvantable; **to be ~ of** avoir peur de, craindre

**fearfully** ['fɪəfəlɪ] *adv* (*timidly*) craintivement; (*inf: very*) affreusement

**fearless** ['fɪəlɪs] *adj* intrépide, sans peur

**fearsome** ['fɪəsəm] *adj* (*opponent*) redoutable; (*sight*) épouvantable

**feasibility** [fiːzə'bɪlɪtɪ] *n* (*of plan*) possibilité *f* de réalisation, faisabilité *f*

**feasibility study** *n* étude *f* de faisabilité

**feasible** ['fiːzəbl] *adj* faisable, réalisable

**feast** [fiːst] *n* festin *m*, banquet *m*; (*Rel: also:* **feast day**) fête *f* ▷ *vi* festoyer; **to ~ on** se régaler de

**feat** [fiːt] *n* exploit *m*, prouesse *f*

**feather** ['feðəʳ] *n* plume *f* ▷ *vt:* **to ~ one's nest** (*fig*) faire sa pelote ▷ *cpd* (*bed etc*) de plumes

**feather-weight** ['feðəweɪt] *n* poids *m* plume *inv*

**feature** ['fiːtʃəʳ] *n* caractéristique *f*; (*article*) chronique *f*, rubrique *f* ▷ *vt* (*film*) avoir pour vedette(s) ▷ *vi* figurer (en bonne place); **features** *npl* (*of face*) traits *mpl*; **a (special) ~ on sth/sb** un reportage sur qch/qn; **it ~d prominently in ...** cela a figuré en bonne place sur or dans ...

**feature film** *n* long métrage

**featureless** ['fiːtʃəlɪs] *adj* anonyme, sans traits distinctifs

**Feb.** *abbr* (= *February*) fév

**February** ['februərɪ] *n* février *m*; *for phrases see also* **July**

**feces** ['fiːsiːz] *npl* (*US*) = **faeces**

**feckless** ['fɛklɪs] *adj* inepte

**Fed** *abbr* (*US*) = **federal; federation**

**fed** [fɛd] *pt, pp of* **feed**

**Fed.** [fɛd] *n abbr* (*US inf*) = **Federal Reserve Board**

**federal** ['fɛdərəl] *adj* fédéral(e)

**Federal Reserve Board** *n* (US) *organe de contrôle de la banque centrale américaine*

**Federal Trade Commission** *n* (US) *organisme de protection contre les pratiques commerciales abusives*

**federation** [fɛdə'reɪʃən] *n* fédération *f*

**fed up** [fɛd'ʌp] *adj:* **to be ~ (with)** en avoir marre *or* plein le dos (de)

**fee** [fi:] *n* rémunération *f*; (*of doctor, lawyer*) honoraires *mpl*; (*of school, college etc*) frais *mpl* de scolarité; (*for examination*) droits *mpl*; **entrance/membership ~** droit d'entrée/d'inscription; **for a small ~** pour une somme modique

**feeble** ['fi:bl] *adj* faible; (*attempt, excuse*) pauvre; (*joke*) piteux(-euse)

**feeble-minded** ['fi:bl'maɪndɪd] *adj* faible d'esprit

**feed** [fi:d] *n* (*of baby*) tétée *f*; (*of animal*) nourriture *f*, pâture *f*; (*on printer*) mécanisme *m* d'alimentation ▷ *vt* (*pt, pp* **fed** [fɛd]) (*person*) nourrir; (*Brit: baby: breastfeed*) allaiter; (: *with bottle*) donner le biberon à; (*horse etc*) donner à manger à; (*machine*) alimenter; (*data etc*): **to ~ sth into** enregistrer qch dans
  ▶ **feed back** *vt* (*results*) donner en retour
  ▶ **feed on** *vt fus* se nourrir de

**feedback** ['fi:dbæk] *n* (*Elec*) effet *m* Larsen; (*from person*) réactions *fpl*

**feeder** ['fi:dəʳ] *n* (*bib*) bavette *f*

**feeding bottle** ['fi:dɪŋ-] *n* (*Brit*) biberon *m*

**feel** [fi:l] *n* (*sensation*) sensation *f*; (*impression*) impression *f* ▷ *vt* (*pt, pp* **felt** [fɛlt]) (*touch*) toucher; (*explore*) tâter, palper; (*cold, pain*) sentir; (*grief, anger*) ressentir, éprouver; (*think, believe*): **to ~ (that)** trouver que; **I ~ that you ought to do it** il me semble que vous devriez le faire; **to ~ hungry/cold** avoir faim/froid; **to ~ lonely/better** se sentir seul/mieux; **I don't ~ well** je ne me sens pas bien; **to ~ sorry for** avoir pitié de; **it ~s soft** c'est doux au toucher; **it ~s colder here** je trouve qu'il fait plus froid ici; **it ~s like velvet** on dirait du velours, ça ressemble au velours; **to ~ like** (*want*) avoir envie de; **to ~ about** *or* **around** fouiller, tâtonner; **to get the ~ of sth** (*fig*) s'habituer à qch

**feeler** ['fi:ləʳ] *n* (*of insect*) antenne *f*; (*fig*): **to put out a ~** *or* **~s** tâter le terrain

**feeling** ['fi:lɪŋ] *n* (*physical*) sensation *f*; (*emotion, impression*) sentiment *m*; **to hurt sb's ~s** froisser qn; **~s ran high about it** cela a déchaîné les passions; **what are your ~s about the matter?** quel est votre sentiment sur cette question?; **my ~ is that ...** j'estime que ...; **I have a ~ that ...** j'ai l'impression que ...

**fee-paying school** ['fi:peɪɪŋ-] *n* établissement (d'enseignement) privé

**feet** [fi:t] *npl of* **foot**

**feign** [feɪn] *vt* feindre, simuler

**felicitous** [fɪ'lɪsɪtəs] *adj* heureux(-euse)

**fell** [fɛl] *pt of* **fall** ▷ *vt* (*tree*) abattre ▷ *n* (Brit: *mountain*) montagne *f*; (: *moorland*): **the ~s** la lande ▷ *adj:* **with one ~ blow** d'un seul coup

**fellow** ['fɛləʊ] *n* type *m*; (*comrade*) compagnon *m*; (*of learned society*) membre *m*; (*of university*) universitaire *m/f* (*membre du conseil*) ▷ *cpd:* **their ~ prisoners/students** leurs camarades prisonniers/étudiants; **his ~ workers** ses collègues *mpl* (de travail)

**fellow citizen** *n* concitoyen(ne)

**fellow countryman** (*irreg*) *n* compatriote *m*

**fellow feeling** *n* sympathie *f*

**fellow men** *npl* semblables *mpl*

**fellowship** ['fɛləʊʃɪp] *n* (*society*) association *f*; (*comradeship*) amitié *f*, camaraderie *f*; (*Scol*) sorte de bourse universitaire

**fellow traveller** *n* compagnon (compagne) de route; (*Pol*) communisant(e)

**fell-walking** ['fɛlwɔ:kɪŋ] *n* (*Brit*) randonnée *f* en montagne

**felon** ['fɛlən] *n* (*Law*) criminel(le)

**felony** ['fɛlənɪ] *n* crime *m*, forfait *m*

**felt** [fɛlt] *pt, pp of* **feel** ▷ *n* feutre *m*

**felt-tip** ['fɛlttɪp-] *n* (*also:* **felt-tip pen**) stylo-feutre *m*

**female** ['fi:meɪl] *n* (*Zool*) femelle *f*; (*pej: woman*) bonne femme ▷ *adj* (*Biol, Elec*) femelle; (*sex, character*) féminin(e); (*vote etc*) des femmes; (*child etc*) du sexe féminin; **male and ~ students** étudiants et étudiantes

**female impersonator** *n* (*Theat*) travesti *m*

**feminine** ['fɛmɪnɪn] *adj* féminin(e) ▷ *n* féminin *m*

**femininity** [fɛmɪ'nɪnɪtɪ] *n* féminité *f*

**feminism** ['fɛmɪnɪzəm] *n* féminisme *m*

**feminist** ['fɛmɪnɪst] *n* féministe *m/f*

**fen** [fɛn] *n* (*Brit*): **the F~s** les plaines *fpl* du Norfolk (*anciennement marécageuses*)

**fence** [fɛns] *n* barrière *f*; (*Sport*) obstacle *m*; (*inf: person*) receleur(-euse) ▷ *vt* (*also:* **fence in**) clôturer ▷ *vi* faire de l'escrime; **to sit on the ~** (*fig*) ne pas se mouiller

**fencing** ['fɛnsɪŋ] *n* (*sport*) escrime *m*

**fend** [fɛnd] *vi:* **to ~ for o.s.** se débrouiller (tout seul)
  ▶ **fend off** *vt* (*attack etc*) parer; (*questions*) éluder

**fender** ['fɛndəʳ] *n* garde-feu *m inv*; (*on boat*) défense *f*; (US: *of car*) aile *f*

**fennel** ['fɛnl] *n* fenouil *m*

**ferment** *vi* [fə'mɛnt] fermenter ▷ *n* ['fə:mɛnt] (*fig*) agitation *f*, effervescence *f*

**fermentation** [fə:mɛn'teɪʃən] *n* fermentation *f*

**fern** [fə:n] *n* fougère *f*

**ferocious** [fə'rəʊʃəs] *adj* féroce

**ferocity** [fə'rɔsɪtɪ] *n* férocité *f*

**ferret** ['fɛrɪt] *n* furet *m*
  ▶ **ferret about, ferret around** *vi* fureter
  ▶ **ferret out** *vt* dénicher

**ferry** ['fɛrɪ] *n* (*small*) bac *m*; (*large: also:* **ferryboat**) ferry(-boat *m*) ▷ *vt* transporter; **to ~ sth/sb across** *or* **over** faire traverser qch/qn

**ferryman** ['fɛrɪmən] (*irreg*) *n* passeur *m*

**fertile** ['fə:taɪl] *adj* fertile; (*Biol*) fécond(e); **~ period** période *f* de fécondité
**fertility** [fə'tɪlɪtɪ] *n* fertilité *f*; fécondité *f*
**fertility drug** *n* médicament *m* contre la stérilité
**fertilize** ['fə:tɪlaɪz] *vt* fertiliser; (*Biol*) féconder
**fertilizer** ['fə:tɪlaɪzə<sup>r</sup>] *n* engrais *m*
**fervent** ['fə:vənt] *adj* fervent(e), ardent(e)
**fervour**, (*US*) **fervor** ['fə:və<sup>r</sup>] *n* ferveur *f*
**fester** ['fɛstə<sup>r</sup>] *vi* suppurer
**festival** ['fɛstɪvəl] *n* (*Rel*) fête *f*; (*Art, Mus*) festival *m*
**festive** ['fɛstɪv] *adj* de fête; **the ~ season** (*Brit: Christmas*) la période des fêtes
**festivities** [fɛs'tɪvɪtɪz] *npl* réjouissances *fpl*
**festoon** [fɛs'tu:n] *vt*: **to ~ with** orner de
**fetch** [fɛtʃ] *vt* aller chercher; (*Brit: sell for*) rapporter; **how much did it ~?** ça a atteint quel prix?
▶ **fetch up** *vi* (*Brit*) se retrouver
**fetching** ['fɛtʃɪŋ] *adj* charmant(e)
**fête** [feɪt] *n* fête *f*, kermesse *f*
**fetid** ['fɛtɪd] *adj* fétide
**fetish** ['fɛtɪʃ] *n* fétiche *m*
**fetter** ['fɛtə<sup>r</sup>] *vt* entraver
**fetters** ['fɛtəz] *npl* chaînes *fpl*
**fettle** ['fɛtl] *n* (*Brit*): **in fine ~** en bonne forme
**fetus** ['fi:təs] *n* (*US*) = **foetus**
**feud** [fju:d] *n* querelle *f*, dispute *f* ▷ *vi* se quereller, se disputer; **a family ~** une querelle de famille
**feudal** ['fju:dl] *adj* féodal(e)
**feudalism** ['fju:dlɪzəm] *n* féodalité *f*
**fever** ['fi:və<sup>r</sup>] *n* fièvre *f*; **he has a ~** il a de la fièvre
**feverish** ['fi:vərɪʃ] *adj* fiévreux(-euse), fébrile
**few** [fju:] *adj* (*not many*) peu de ▷ *pron* peu; **~ succeed** il y en a peu qui réussissent, (bien) peu réussissent; **they were ~** ils étaient peu (nombreux), il y en avait peu; **a ~** (*as adj*) quelques; (*as pron*) quelques-uns(-unes); **I know a ~** j'en connais quelques-uns; **quite a ~ ...** (*adj*) un certain nombre de ..., pas mal de ...; **in the next ~ days** dans les jours qui viennent; **in the past ~ days** ces derniers jours; **every ~ days/ months** tous les deux ou trois jours/mois; **a ~ more ...** encore quelques ..., quelques ... de plus
**fewer** ['fju:ə<sup>r</sup>] *adj* moins de ▷ *pron* moins; **they are ~ now** il y en a moins maintenant, ils sont moins (nombreux) maintenant
**fewest** ['fju:ɪst] *adj* le moins nombreux
**FFA** *n abbr* = **Future Farmers of America**
**FH** *abbr* (*Brit*) = **fire hydrant**
**FHA** *n abbr* (*US*: = *Federal Housing Administration*) *office fédéral du logement*
**fiancé** [fɪ'ɑ̃:ŋseɪ] *n* fiancé *m*
**fiancée** [fɪ'ɑ̃:ŋseɪ] *n* fiancée *f*
**fiasco** [fɪ'æskəu] *n* fiasco *m*
**fib** [fɪb] *n* bobard *m*
**fibre**, (*US*) **fiber** ['faɪbə<sup>r</sup>] *n* fibre *f*
**fibreboard**, (*US*) **fiberboard** ['faɪbəbɔ:d] *n* panneau *m* de fibres
**fibreglass**, (*US*) **Fiberglass**® ['faɪbəglɑ:s] *n*

fibre *f* de verre
**fibrositis** [faɪbrə'saɪtɪs] *n* aponévrosite *f*
**FICA** *n abbr* (*US*) = **Federal Insurance Contributions Act**
**fickle** ['fɪkl] *adj* inconstant(e), volage, capricieux(-euse)
**fiction** ['fɪkʃən] *n* romans *mpl*, littérature *f* romanesque; (*invention*) fiction *f*
**fictional** ['fɪkʃənl] *adj* fictif(-ive)
**fictionalize** ['fɪkʃnəlaɪz] *vt* romancer
**fictitious** [fɪk'tɪʃəs] *adj* fictif(-ive), imaginaire
**fiddle** ['fɪdl] *n* (*Mus*) violon *m*; (*cheating*) combine *f*; escroquerie *f* ▷ *vt* (*Brit: accounts*) falsifier, maquiller; **tax ~** fraude fiscale, combine *f* pour échapper au fisc; **to work a ~** traficoter
▶ **fiddle with** *vt fus* tripoter
**fiddler** ['fɪdlə<sup>r</sup>] *n* violoniste *m/f*
**fiddly** ['fɪdlɪ] *adj* (*task*) minutieux(-euse)
**fidelity** [fɪ'dɛlɪtɪ] *n* fidélité *f*
**fidget** ['fɪdʒɪt] *vi* se trémousser, remuer
**fidgety** ['fɪdʒɪtɪ] *adj* agité(e), qui a la bougeotte
**fiduciary** [fɪ'dju:ʃɪərɪ] *n* agent *m* fiduciaire
**field** [fi:ld] *n* champ *m*; (*fig*) domaine *m*, champ; (*Sport: ground*) terrain *m*; (*Comput*) champ, zone *f*; **to lead the ~** (*Sport, Comm*) dominer; **the children had a ~ day** (*fig*) c'était un grand jour pour les enfants
**field glasses** *npl* jumelles *fpl*
**field hospital** *n* antenne chirurgicale
**field marshal** *n* maréchal *m*
**fieldwork** ['fi:ldwə:k] *n* travaux *mpl* pratiques (*or* recherches *fpl*) sur le terrain
**fiend** [fi:nd] *n* démon *m*
**fiendish** ['fi:ndɪʃ] *adj* diabolique
**fierce** [fɪəs] *adj* (*look, animal*) féroce, sauvage; (*wind, attack, person*) (très) violent(e); (*fighting, enemy*) acharné(e)
**fiery** ['faɪərɪ] *adj* ardent(e), brûlant(e), fougueux(-euse)
**FIFA** ['fi:fə] *n abbr* (= *Fédération Internationale de Football Association*) FIFA *f*
**fifteen** [fɪf'ti:n] *num* quinze
**fifteenth** [fɪf'ti:nθ] *num* quinzième
**fifth** [fɪfθ] *num* cinquième
**fiftieth** ['fɪftɪθ] *num* cinquantième
**fifty** ['fɪftɪ] *num* cinquante
**fifty-fifty** ['fɪftɪ'fɪftɪ] *adv* moitié-moitié; **to share ~ with sb** partager moitié-moitié avec qn ▷ *adj*: **to have a ~ chance (of success)** avoir une chance sur deux (de réussir)
**fig** [fɪg] *n* figue *f*
**fight** [faɪt] (*pt, pp* **fought** [fɔ:t]) *n* (*between persons*) bagarre *f*; (*argument*) dispute *f*; (*Mil*) combat *m*; (*against cancer etc*) lutte *f* ▷ *vt* se battre contre; (*cancer, alcoholism, emotion*) combattre, lutter contre; (*election*) se présenter à; (*Law: case*) défendre ▷ *vi* se battre; (*argue*) se disputer; (*fig*): **to ~ (for/against)** lutter (pour/contre)
▶ **fight back** *vi* rendre les coups; (*after illness*) reprendre le dessus ▷ *vt* (*tears*) réprimer
▶ **fight off** *vt* repousser; (*disease, sleep, urge*) lutter contre

**fighter** ['faɪtə<sup>r</sup>] n lutteur m; (fig: plane) chasseur m

**fighter pilot** n pilote m de chasse

**fighting** ['faɪtɪŋ] n combats mpl; (brawls) bagarres fpl

**figment** ['fɪgmənt] n: **a ~ of the imagination** une invention

**figurative** ['fɪgjurətɪv] adj figuré(e)

**figure** ['fɪgə<sup>r</sup>] n (Drawing, Geom) figure f; (number) chiffre m; (body, outline) silhouette f; (person's shape) ligne f, formes fpl; (person) personnage m ▷ vt (US: think) supposer ▷ vi (appear) figurer; (US: make sense) s'expliquer; **public ~** personnalité f; **~ of speech** figure f de rhétorique
  ▸ **figure on** vt fus (US): **to ~ on doing** compter faire
  ▸ **figure out** vt (understand) arriver à comprendre; (plan) calculer

**figurehead** ['fɪgəhɛd] n (Naut) figure f de proue; (pej) prête-nom m

**figure skating** n figures imposées (en patinage), patinage m artistique

**Fiji** ['fi:dʒi:] n, **Fiji Islands** npl (îles fpl) Fi(d)ji fpl

**filament** ['fɪləmənt] n filament m

**filch** [fɪltʃ] vt (inf: steal) voler, chiper

**file** [faɪl] n (tool) lime f; (dossier) dossier m; (folder) dossier, chemise f; (: binder) classeur m; (Comput) fichier m; (row) file f ▷ vt (nails, wood) limer; (papers) classer; (Law: claim) faire enregistrer; déposer ▷ vi: **to ~ in/out** entrer/sortir l'un derrière l'autre; **to ~ past** défiler devant; **to ~ a suit against sb** (Law) intenter un procès à qn

**file name** n (Comput) nom m de fichier

**filibuster** ['fɪlɪbʌstə<sup>r</sup>] n (esp US Pol) n (also: **filibusterer**) obstructionniste m/f ▷ vi faire de l'obstructionnisme

**filing** ['faɪlɪŋ] n (travaux mpl de) classement m; **filings** npl limaille f

**filing cabinet** n classeur m (meuble)

**filing clerk** n documentaliste m/f

**Filipino** [fɪlɪ'pi:nəu] adj philippin(e) ▷ n (person) Philippin(e); (Ling) tagalog m

**fill** [fɪl] vt remplir; (vacancy) pourvoir à ▷ n: **to eat one's ~** manger à sa faim; **to ~ with** remplir de
  ▸ **fill in** vt (hole) boucher; (form) remplir; (details, report) compléter
  ▸ **fill out** vt (form, receipt) remplir
  ▸ **fill up** vt remplir ▷ vi (Aut) faire le plein; **~ it up, please** (Aut) le plein, s'il vous plaît

**fillet** ['fɪlɪt] n filet m ▷ vt préparer en filets

**fillet steak** n filet m de bœuf, tournedos m

**filling** ['fɪlɪŋ] n (Culin) garniture f, farce f; (for tooth) plombage m

**filling station** n station-service f, station f d'essence

**fillip** ['fɪlɪp] n coup m de fouet (fig)

**filly** ['fɪlɪ] n pouliche f

**film** [fɪlm] n film m; (Phot) pellicule f, film; (of powder, liquid) couche f, pellicule ▷ vt (scene) filmer ▷ vi tourner; **I'd like a 36-exposure ~** je voudrais une pellicule de 36 poses

**film star** n vedette f de cinéma

**filmstrip** ['fɪlmstrɪp] n (film m pour) projection f fixe

**film studio** n studio m (de cinéma)

**Filofax®** ['faɪləufæks] n Filofax® m

**filter** ['fɪltə<sup>r</sup>] n filtre m ▷ vt filtrer

**filter coffee** n café m filtre

**filter lane** n (Brit Aut: at traffic lights) voie f de dégagement; (: on motorway) voie f de sortie

**filter tip** n bout m filtre

**filth** [fɪlθ] n saleté f

**filthy** ['fɪlθɪ] adj sale, dégoûtant(e); (language) ordurier(-ière), grossier(-ière)

**fin** [fɪn] n (of fish) nageoire f; (of shark) aileron m; (of diver) palme f

**final** ['faɪnl] adj final(e), dernier(-ière); (decision, answer) définitif(-ive) ▷ n (Brit Sport) finale f; **finals** npl (Scol) examens mpl de dernière année; (US Sport) finale f; **~ demand** (on invoice etc) dernier rappel

**finale** [fɪ'nɑ:lɪ] n finale m

**finalist** ['faɪnəlɪst] n (Sport) finaliste m/f

**finalize** ['faɪnəlaɪz] vt mettre au point

**finally** ['faɪnəlɪ] adv (eventually) enfin, finalement; (lastly) en dernier lieu; (irrevocably) définitivement

**finance** [faɪ'næns] n finance f ▷ vt financer; **finances** npl finances fpl

**financial** [faɪ'nænʃəl] adj financier(-ière); **~ statement** bilan m, exercice financier

**financially** [faɪ'nænʃəlɪ] adv financièrement

**financial year** n année f budgétaire

**financier** [faɪ'nænsɪə<sup>r</sup>] n financier m

**find** [faɪnd] vt (pt, pp **found** [faund]) trouver; (lost object) retrouver ▷ n trouvaille f, découverte f; **to ~ sb guilty** (Law) déclarer qn coupable; **to ~ (some) difficulty in doing sth** avoir du mal à faire qch
  ▸ **find out** vt se renseigner sur; (truth, secret) découvrir; (person) démasquer ▷ vi: **to ~ out about** (make enquiries) se renseigner sur; (by chance) apprendre

**findings** ['faɪndɪŋz] npl (Law) conclusions fpl, verdict m; (of report) constatations fpl

**fine** [faɪn] adj (weather) beau (belle); (excellent) excellent(e); (thin, subtle, not coarse) fin(e); (acceptable) bien inv ▷ adv très bien; (small) fin, finement ▷ n (Law) amende f; contravention f ▷ vt (Law) condamner à une amende; donner une contravention à; **he's ~** il va bien; **the weather is ~** il fait beau; **you're doing ~** c'est bien, vous vous débrouillez bien; **to cut it ~** calculer un peu juste

**fine arts** npl beaux-arts mpl

**fine print** n: **the ~** ce qui est imprimé en tout petit

**finery** ['faɪnərɪ] n parure f

**finesse** [fɪ'nɛs] n finesse f, élégance f

**fine-tooth comb** ['faɪntu:θ-] n: **to go through sth with a ~** (fig) passer qch au peigne fin or au crible

**finger** ['fɪŋgəʳ] n doigt m ▷ vt palper, toucher;
**index ~ index** m
**fingernail** ['fɪŋgəneɪl] n ongle m (de la main)
**fingerprint** ['fɪŋgəprɪnt] n empreinte digitale
▷ vt (person) prendre les empreintes digitales de
**fingerstall** ['fɪŋgəstɔːl] n doigtier m
**fingertip** ['fɪŋgətɪp] n bout m du doigt; (fig): **to
have sth at one's ~s** avoir qch à sa disposition;
(knowledge) savoir qch sur le bout du doigt
**finicky** ['fɪnɪkɪ] adj tatillon(ne),
méticuleux(-euse), minutieux(-euse)
**finish** ['fɪnɪʃ] n fin f; (Sport) arrivée f; (polish etc)
finition f ▷ vt finir, terminer ▷ vi finir, se
terminer; (session) s'achever; **to ~ doing sth**
finir de faire qch; **to ~ third** arriver or terminer
troisième; **when does the show ~?** quand est-
ce que le spectacle se termine?
▶ **finish off** vt finir, terminer; (kill) achever
▶ **finish up** vi, vt finir
**finishing line** ['fɪnɪʃɪŋ-] n ligne f d'arrivée
**finishing school** ['fɪnɪʃɪŋ-] n institution privée
(pour jeunes filles)
**finite** ['faɪnaɪt] adj fini(e); (verb) conjugué(e)
**Finland** ['fɪnlənd] n Finlande f
**Finn** [fɪn] n Finnois(e), Finlandais(e)
**Finnish** ['fɪnɪʃ] adj finnois(e), finlandais(e) ▷ n
(Ling) finnois m
**fiord** [fjɔːd] n fjord m
**fir** [fəːʳ] n sapin m
**fire** ['faɪəʳ] n feu m; (accidental) incendie m;
(heater) radiateur m ▷ vt (discharge): **to ~ a gun**
tirer un coup de feu; (fig: interest) enflammer,
animer; (inf: dismiss) mettre à la porte, renvoyer
▷ vi (shoot) tirer, faire feu ▷ cpd: **~ hazard, ~
risk: that's a ~ hazard** or **risk** cela présente un
risque d'incendie; **~!** au feu!; **on ~** en feu; **to
set ~ to sth, set sth on ~** mettre le feu à qch;
**insured against ~** assuré contre l'incendie
**fire alarm** n avertisseur m d'incendie
**firearm** ['faɪərɑːm] n arme f à feu
**fire brigade** n (régiment m de sapeurs-)
pompiers mpl
**fire chief** n (US) = **fire master**
**fire department** n (US) = **fire brigade**
**fire door** n porte f coupe-feu
**fire engine** n (Brit) pompe f à incendie
**fire escape** n escalier m de secours
**fire exit** n issue f or sortie f de secours
**fire extinguisher** n extincteur m
**fireguard** ['faɪəgɑːd] n (Brit) garde-feu m inv
**fire insurance** n assurance f incendie
**fireman** (irreg) ['faɪəmən] n pompier m
**fire master** n (Brit) capitaine m des pompiers
**fireplace** ['faɪəpleɪs] n cheminée f
**fireproof** ['faɪəpruːf] adj ignifuge
**fire regulations** npl consignes fpl en cas
d'incendie
**fire screen** n (decorative) écran m de cheminée;
(for protection) garde-feu m inv
**fireside** ['faɪəsaɪd] n foyer m, coin m du feu
**fire station** n caserne f de pompiers
**fire truck** n (US) = **fire engine**

**firewall** ['faɪəwɔːl] n (Internet) pare-feu m
**firewood** ['faɪəwud] n bois m de chauffage
**fireworks** ['faɪəwəːks] npl (display) feu(x) m(pl)
d'artifice
**firing** ['faɪərɪŋ] n (Mil) feu m, tir m
**firing squad** n peloton m d'exécution
**firm** [fəːm] adj ferme ▷ n compagnie f, firme f;
**it is my ~ belief that ...** je crois fermement
que ...
**firmly** ['fəːmlɪ] adv fermement
**firmness** ['fəːmnɪs] n fermeté f
**first** [fəːst] adj premier(-ière) ▷ adv (before other
people) le premier, la première; (before other things)
en premier, d'abord; (when listing reasons etc) en
premier lieu, premièrement; (in the beginning) au
début ▷ n (person: in race) premier(-ière); (Brit
Scol) mention f très bien; (Aut) première f; **the ~
of January** le premier janvier; **at ~** au
commencement, au début; **~ of all** tout
d'abord, pour commencer; **in the ~ instance**
en premier lieu; **I'll do it ~ thing tomorrow** je
le ferai tout de suite demain matin
**first aid** n premiers secours or soins
**first-aid kit** [fəːst'eɪd-] n trousse f à pharmacie
**first-class** [fəːst'klɑːs] adj (ticket etc) de première
classe; (excellent) excellent(e), exceptionnel(le);
(post) en tarif prioritaire
**first-class mail** n courrier m rapide
**first-hand** [fəːst'hænd] adj de première main
**first lady** n (US) femme f du président
**firstly** ['fəːstlɪ] adv premièrement, en premier
lieu
**first name** n prénom m
**first night** n (Theat) première f
**first-rate** [fəːst'reɪt] adj excellent(e)
**first-time buyer** ['fəːsttaɪm-] n personne achetant
une maison ou un appartement pour la première fois
**fir tree** n sapin m
**fiscal** ['fɪskl] adj fiscal(e)
**fiscal year** n exercice financier
**fish** [fɪʃ] n (pl inv) poisson m; poissons mpl ▷ vt, vi
pêcher; **to ~ a river** pêcher dans une rivière; **~
and chips** poisson frit et frites
**fisherman** (irreg) ['fɪʃəmən] n pêcheur m
**fishery** ['fɪʃərɪ] n pêcherie f
**fish factory** n (Brit) conserverie f de poissons
**fish farm** n établissement m piscicole
**fish fingers** npl (Brit) bâtonnets mpl de poisson
(congelés)
**fish hook** n hameçon m
**fishing** ['fɪʃɪŋ] n pêche f; **to go ~** aller à la pêche
**fishing boat** ['fɪʃɪŋ-] n barque f de pêche
**fishing industry** ['fɪʃɪŋ-] n industrie f de la
pêche
**fishing line** ['fɪʃɪŋ-] n ligne f (de pêche)
**fishing rod** ['fɪʃɪŋ-] n canne f à pêche
**fishing tackle** ['fɪʃɪŋ-] n attirail m de pêche
**fish market** n marché m au poisson
**fishmonger** ['fɪʃmʌŋgəʳ] n (Brit) marchand m de
poisson
**fishmonger's** ['fɪʃmʌŋgəz], **fishmonger's
shop** n (Brit) poissonnerie f

**fish slice** n (Brit) pelle f à poisson
**fish sticks** npl (US) = **fish fingers**
**fishy** ['fɪʃɪ] adj (inf) suspect(e), louche
**fission** ['fɪʃən] n fission f; **atomic** or **nuclear ~** fission nucléaire
**fissure** ['fɪʃəʳ] n fissure f
**fist** [fɪst] n poing m
**fistfight** ['fɪstfaɪt] n pugilat m, bagarre f (à coups de poing)
**fit** [fɪt] adj (Med, Sport) en (bonne) forme; (proper) convenable; approprié(e) ▷ vt (subj: clothes) aller à; (adjust) ajuster; (put in, attach) installer, poser; adapter; (equip) équiper, garnir, munir; (suit) convenir à ▷ vi (clothes) aller; (parts) s'adapter; (in space, gap) entrer, s'adapter ▷ n (Med) accès m, crise f; (of anger) accès; (of hysterics, jealousy) crise; **~ to** (ready to) en état de; **~ for** (worthy) digne de; (capable) apte à; **to keep ~** se maintenir en forme; **this dress is a tight/good ~** cette robe est un peu juste/(me) va très bien; **a ~ of coughing** une quinte de toux; **to have a ~** (Med) faire or avoir une crise; (inf) piquer une crise; **by ~s and starts** par à-coups
  ▸ **fit in** vi (add up) cadrer; (integrate) s'intégrer; (to new situation) s'adapter
  ▸ **fit out** vt (Brit: also: **fit up**) équiper
**fitful** ['fɪtful] adj intermittent(e)
**fitment** ['fɪtmənt] n meuble encastré, élément m
**fitness** ['fɪtnɪs] n (Med) forme f physique; (of remark) à-propos m, justesse f
**fitted** ['fɪtɪd] adj (jacket, shirt) ajusté(e)
**fitted carpet** ['fɪtɪd-] n moquette f
**fitted kitchen** ['fɪtɪd-] n (Brit) cuisine équipée
**fitted sheet** ['fɪtɪd-] n drap-housse m
**fitter** ['fɪtəʳ] n monteur m; (Dressmaking) essayeur(-euse)
**fitting** ['fɪtɪŋ] adj approprié(e) ▷ n (of dress) essayage m; (of piece of equipment) pose f, installation f
**fitting room** n (in shop) cabine f d'essayage
**fittings** ['fɪtɪŋz] npl installations fpl
**five** [faɪv] num cinq
**five-day week** ['faɪvdeɪ-] n semaine f de cinq jours
**fiver** ['faɪvəʳ] n (inf: Brit) billet m de cinq livres; (: US) billet de cinq dollars
**fix** [fɪks] vt (date, amount etc) fixer; (sort out) arranger; (mend) réparer; (make ready: meal, drink) préparer; (inf: game etc) truquer ▷ n: **to be in a ~** être dans le pétrin
  ▸ **fix up** vt (meeting) arranger; **to ~ sb up with sth** faire avoir qch à qn
**fixation** [fɪk'seɪʃən] n (Psych) fixation f; (fig) obsession f
**fixed** [fɪkst] adj (prices etc) fixe; **there's a ~ charge** il y a un prix forfaitaire; **how are you ~ for money?** (inf) question fric, ça va?
**fixed assets** npl immobilisations fpl
**fixture** ['fɪkstʃəʳ] n installation f (fixe); (Sport) rencontre f (au programme)
**fizz** [fɪz] vi pétiller

**fizzle** ['fɪzl] vi pétiller
  ▸ **fizzle out** vi rater
**fizzy** ['fɪzɪ] adj pétillant(e), gazeux(-euse)
**fjord** [fjɔːd] n = **fiord**
**FL, Fla.** abbr (US) = **Florida**
**flabbergasted** ['flæbəgɑːstɪd] adj sidéré(e), ahuri(e)
**flabby** ['flæbɪ] adj mou (molle)
**flag** [flæg] n drapeau m; (also: **flagstone**) dalle f ▷ vi faiblir; fléchir; **~ of convenience** pavillon m de complaisance
  ▸ **flag down** vt héler, faire signe (de s'arrêter) à
**flagon** ['flægən] n bonbonne f
**flagpole** ['flægpəul] n mât m
**flagrant** ['fleɪgrənt] adj flagrant(e)
**flagship** ['flægʃɪp] n vaisseau m amiral; (fig) produit m vedette
**flag stop** n (US: for bus) arrêt facultatif
**flair** [flɛəʳ] n flair m
**flak** [flæk] n (Mil) tir antiaérien; (inf: criticism) critiques fpl
**flake** [fleɪk] n (of rust, paint) écaille f; (of snow, soap powder) flocon m ▷ vi (also: **flake off**) s'écailler
**flaky** ['fleɪkɪ] adj (paintwork) écaillé(e); (skin) desquamé(e); (pastry) feuilleté(e)
**flamboyant** [flæm'bɔɪənt] adj flamboyant(e), éclatant(e); (person) haut(e) en couleur
**flame** [fleɪm] n flamme f
**flamingo** [flə'mɪŋgəu] n flamant m (rose)
**flammable** ['flæməbl] adj inflammable
**flan** [flæn] n (Brit) tarte f
**Flanders** ['flɑːndəz] n Flandre(s) f(pl)
**flange** [flændʒ] n boudin m; collerette f
**flank** [flæŋk] n flanc m ▷ vt flanquer
**flannel** ['flænl] n (Brit: also: **face flannel**) gant m de toilette; (fabric) flanelle f; (Brit inf) baratin m; **flannels** npl pantalon m de flanelle
**flap** [flæp] n (of pocket, envelope) rabat m ▷ vt (wings) battre (de) ▷ vi (sail, flag) claquer; (inf: also: **be in a flap**) paniquer
**flapjack** ['flæpdʒæk] n (US: pancake) ≈ crêpe f; (Brit: biscuit) galette f
**flare** [flɛəʳ] n (signal) signal lumineux; (Mil) fusée éclairante; (in skirt etc) évasement m; **flares** npl (trousers) pantalon m à pattes d'éléphant
  ▸ **flare up** vi s'embraser; (fig: person) se mettre en colère, s'emporter; (: revolt) éclater
**flared** ['flɛəd] adj (trousers) à jambes évasées; (skirt) évasé(e)
**flash** [flæʃ] n éclair m; (also: **news flash**) flash m (d'information); (Phot) flash m ▷ vt (switch on) allumer (brièvement); (direct): **to ~ sth at** braquer qch sur; (flaunt) étaler, exhiber; (send: message) câbler; (smile) lancer ▷ vi briller; jeter des éclairs; (light on ambulance etc) clignoter; **a ~ of lightning** un éclair; **in a ~** en un clin d'œil; **to ~ one's headlights** faire un appel de phares; **he ~ed by** or **past** il passa (devant nous) comme un éclair
**flashback** ['flæʃbæk] n flashback m, retour m en arrière

**flashbulb** ['flæʃbʌlb] n ampoule f de flash
**flash card** n (Scol) carte f (support visuel)
**flashcube** ['flæʃkju:b] n cube-flash m
**flasher** ['flæʃəʳ] n (Aut) clignotant m
**flashlight** ['flæʃlaɪt] n lampe f de poche
**flashpoint** ['flæʃpɔɪnt] n point m d'ignition; (fig): **to be at ~** être sur le point d'exploser
**flashy** ['flæʃɪ] adj (pej) tape-à-l'œil inv, tapageur(-euse)
**flask** [flɑːsk] n flacon m, bouteille f; (Chem) ballon m; (also: **vacuum flask**) bouteille f thermos®
**flat** [flæt] adj plat(e); (tyre) dégonflé(e), à plat; (beer) éventé(e); (battery) à plat; (denial) catégorique; (Mus) bémol inv; (: voice) faux (fausse) ▷ n (Brit: apartment) appartement m; (Aut) crevaison f, pneu crevé; (Mus) bémol m; ~ **out** (work) sans relâche; (race) à fond; ~ **rate of pay** (Comm) salaire m fixe
**flat-footed** ['flæt'futɪd] adj: **to be ~** avoir les pieds plats
**flatly** ['flætlɪ] adv catégoriquement
**flatmate** ['flætmeɪt] n (Brit): **he's my ~** il partage l'appartement avec moi
**flatness** ['flætnɪs] n (of land) absence f de relief, aspect plat
**flat-screen** ['flætskri:n] adj à écran plat
**flatten** ['flætn] vt (also: **flatten out**) aplatir; (crop) coucher; (house, city) raser
**flatter** ['flætəʳ] vt flatter
**flatterer** ['flætərəʳ] n flatteur m
**flattering** ['flætərɪŋ] adj flatteur(-euse); (clothes etc) seyant(e)
**flattery** ['flætərɪ] n flatterie f
**flatulence** ['flætjuləns] n flatulence f
**flaunt** [flɔːnt] vt faire étalage de
**flavour**, (US) **flavor** ['fleɪvəʳ] n goût m, saveur f; (of ice cream etc) parfum m ▷ vt parfumer, aromatiser; **vanilla--ed** à l'arôme de vanille, vanillé(e); **what ~s do you have?** quels parfums avez-vous?; **to give** or **add ~ to** donner du goût à, relever
**flavouring**, (US) **flavoring** ['fleɪvərɪŋ] n arôme m (synthétique)
**flaw** [flɔː] n défaut m
**flawless** ['flɔːlɪs] adj sans défaut
**flax** [flæks] n lin m
**flaxen** ['flæksən] adj blond(e)
**flea** [fliː] n puce f
**flea market** n marché m aux puces
**fleck** [flɛk] n (of dust) particule f; (of mud, paint, colour) tacheture f, moucheture f ▷ vt tacher, éclabousser; **brown ~ed with white** brun moucheté de blanc
**fled** [flɛd] pt, pp of **flee**
**fledgeling**, **fledgling** ['flɛdʒlɪŋ] n oisillon m
**flee** (pt, pp **fled**) [fliː, flɛd] vt fuir, s'enfuir de ▷ vi fuir, s'enfuir
**fleece** [fliːs] n (of sheep) toison f; (top) (laine f) polaire f ▷ vt (inf) voler, filouter
**fleecy** ['fliːsɪ] adj (blanket) moelleux(-euse); (cloud) floconneux(-euse)

**fleet** [fliːt] n flotte f; (of lorries, cars etc) parc m; convoi m
**fleeting** ['fliːtɪŋ] adj fugace, fugitif(-ive); (visit) très bref (brève)
**Flemish** ['flɛmɪʃ] adj flamand(e) ▷ n (Ling) flamand m; **the ~** (npl) les Flamands
**flesh** [flɛʃ] n chair f
**flesh wound** [-wuːnd] n blessure superficielle
**flew** [fluː] pt of **fly**
**flex** [flɛks] n fil m or câble m électrique (souple) ▷ vt (knee) fléchir; (muscles) tendre
**flexibility** [flɛksɪ'bɪlɪtɪ] n flexibilité f
**flexible** ['flɛksəbl] adj flexible; (person, schedule) souple
**flexitime** ['flɛksɪtaɪm], (US) **flextime** ['flɛkstaɪm] n horaire m variable or à la carte
**flick** [flɪk] n petit coup; (with finger) chiquenaude f ▷ vt donner un petit coup à; (switch) appuyer sur
  ▶ **flick through** vt fus feuilleter
**flicker** ['flɪkəʳ] vi (light, flame) vaciller ▷ n vacillement m; **a ~ of light** une brève lueur
**flick knife** n (Brit) couteau m à cran d'arrêt
**flicks** [flɪks] npl (inf) ciné m
**flier** ['flaɪəʳ] n aviateur m
**flies** [flaɪz] npl of **fly**
**flight** [flaɪt] n vol m; (escape) fuite f; (also: **flight of steps**) escalier m; **to take ~** prendre la fuite; **to put to ~** mettre en fuite
**flight attendant** n steward m, hôtesse f de l'air
**flight crew** n équipage m
**flight deck** n (Aviat) poste m de pilotage; (Naut) pont m d'envol
**flight path** n trajectoire f (de vol)
**flight recorder** n enregistreur m de vol
**flimsy** ['flɪmzɪ] adj peu solide; (clothes) trop léger(-ère); (excuse) pauvre, mince
**flinch** [flɪntʃ] vi tressaillir; **to ~ from** se dérober à, reculer devant
**fling** [flɪŋ] vt (pt, pp **flung** [flʌŋ]) jeter, lancer ▷ n (love affair) brève liaison, passade f
**flint** [flɪnt] n silex m; (in lighter) pierre f (à briquet)
**flip** [flɪp] n chiquenaude f ▷ vt (throw) donner une chiquenaude à; (switch) appuyer sur; (US: pancake) faire sauter; **to ~ sth over** retourner qch ▷ vi: **to ~ for sth** (US) jouer qch à pile ou face
  ▶ **flip through** vt fus feuilleter
**flip-flops** ['flɪpflɔps] npl (esp Brit) tongs fpl
**flippant** ['flɪpənt] adj désinvolte, irrévérencieux(-euse)
**flipper** ['flɪpəʳ] n (of animal) nageoire f; (for swimmer) palme f
**flip side** n (of record) deuxième face f
**flirt** [fləːt] vi flirter ▷ n flirteur(-euse)
**flirtation** [fləː'teɪʃən] n flirt m
**flit** [flɪt] vi voleter
**float** [fləʊt] n flotteur m; (in procession) char m; (sum of money) réserve f ▷ vi flotter; (bather) flotter, faire la planche ▷ vt faire flotter; (loan, business, idea) lancer

**floating** ['fləʊtɪŋ] adj flottant(e); ~ **vote** voix flottante; ~ **voter** électeur indécis

**flock** [flɔk] n (of sheep) troupeau m; (of birds) vol m; (of people) foule f

**floe** [fləʊ] n (also: **ice floe**) iceberg m

**flog** [flɔg] vt fouetter

**flood** [flʌd] n inondation f; (of letters, refugees etc) flot m ▷ vt inonder; (Aut: carburettor) noyer ▷ vi (place) être inondé; (people): **to ~ into** envahir; **to ~ the market** (Comm) inonder le marché; **in ~** en crue

**flooding** ['flʌdɪŋ] n inondation f

**floodlight** ['flʌdlaɪt] n projecteur m ▷ vt éclairer aux projecteurs, illuminer

**floodlit** ['flʌdlɪt] pt, pp of **floodlight** ▷ adj illuminé(e)

**flood tide** n marée montante

**floodwater** ['flʌdwɔːtər] n eau f de la crue

**floor** [flɔːr] n sol m; (storey) étage m; (of sea, valley) fond m; (fig: at meeting): **the ~** l'assemblée f, les membres mpl de l'assemblée ▷ vt (knock down) terrasser; (baffle) désorienter; **on the ~** par terre; **ground ~**, (US) **first ~** rez-de-chaussée m; **first ~**, (US) **second ~** premier étage; **top ~** dernier étage; **what ~ is it on?** c'est à quel étage?; **to have the ~** (speaker) avoir la parole

**floorboard** ['flɔːbɔːd] n planche f (du plancher)

**flooring** ['flɔːrɪŋ] n sol m; (wooden) plancher m; (material to make floor) matériau(x) m(pl) pour planchers; (covering) revêtement m de sol

**floor lamp** n (US) lampadaire m

**floor show** n spectacle m de variétés

**floorwalker** ['flɔːwɔːkər] n (esp US) surveillant m (de grand magasin)

**flop** [flɔp] n fiasco m ▷ vi (fail) faire fiasco; (fall) s'affaler, s'effondrer

**floppy** ['flɔpɪ] adj lâche, flottant(e) ▷ n (Comput: also: **floppy disk**) disquette f; ~ **hat** chapeau m à bords flottants

**floppy disk** n disquette f, disque m souple

**flora** ['flɔːrə] n flore f

**floral** ['flɔːrl] adj floral(e); (dress) à fleurs

**Florence** ['flɔrəns] n Florence

**florid** ['flɔrɪd] adj (complexion) fleuri(e); (style) plein(e) de fioritures

**florist** ['flɔrɪst] n fleuriste m/f

**florist's** ['flɔrɪsts], **florist's shop** n magasin m or boutique f de fleuriste

**flotation** [fləʊ'teɪʃən] n (of shares) émission f; (of company) lancement m (en Bourse)

**flounce** [flaʊns] n volant m
▶ **flounce out** vi sortir dans un mouvement d'humeur

**flounder** ['flaʊndər] n (Zool) flet m ▷ vi patauger

**flour** ['flaʊər] n farine f

**flourish** ['flʌrɪʃ] vi prospérer ▷ vt brandir ▷ n (gesture) moulinet m; (decoration) fioriture f; (of trumpets) fanfare f

**flourishing** ['flʌrɪʃɪŋ] adj prospère, florissant(e)

**flout** [flaʊt] vt se moquer de, faire fi de

**flow** [fləʊ] n (of water, traffic etc) écoulement m; (tide, influx) flux m; (of orders, letters etc) flot m; (of blood, Elec) circulation f; (of river) courant m ▷ vi couler; (traffic) s'écouler; (robes, hair) flotter

**flow chart, flow diagram** n organigramme m

**flower** ['flaʊər] n fleur f ▷ vi fleurir; **in ~** en fleur

**flower bed** n plate-bande f

**flowerpot** ['flaʊəpɔt] n pot m (à fleurs)

**flowery** ['flaʊərɪ] adj fleuri(e)

**flown** [fləʊn] pp of **fly**

**fl. oz.** abbr = **fluid ounce**

**flu** [fluː] n grippe f

**fluctuate** ['flʌktjueɪt] vi varier, fluctuer

**fluctuation** [flʌktju'eɪʃən] n fluctuation f, variation f

**flue** [fluː] n conduit m

**fluency** ['fluːənsɪ] n facilité f, aisance f

**fluent** ['fluːənt] adj (speech, style) coulant(e), aisé(e); **he's a ~ speaker/reader** il s'exprime/lit avec aisance or facilité; **he speaks ~ French**, **he's ~ in French** il parle le français couramment

**fluently** ['fluːəntlɪ] adv couramment; avec aisance or facilité

**fluff** [flʌf] n duvet m; (on jacket, carpet) peluche f

**fluffy** ['flʌfɪ] adj duveteux(-euse); (jacket, carpet) pelucheux(-euse); (toy) en peluche

**fluid** ['fluːɪd] n fluide m; (in diet) liquide m ▷ adj fluide

**fluid ounce** n (Brit) = 0.028 l; 0.05 pints

**fluke** [fluːk] n coup m de veine

**flummox** ['flʌməks] vt dérouter, déconcerter

**flung** [flʌŋ] pt, pp of **fling**

**flunky** ['flʌŋkɪ] n larbin m

**fluorescent** [fluə'rɛsnt] adj fluorescent(e)

**fluoride** ['fluəraɪd] n fluor m

**fluorine** ['fluəriːn] n fluor m

**flurry** ['flʌrɪ] n (of snow) rafale f, bourrasque f; **a ~ of activity** un affairement soudain; **a ~ of excitement** une excitation soudaine

**flush** [flʌʃ] n (on face) rougeur f; (fig: of youth etc) éclat m; (of blood) afflux m ▷ vt nettoyer à grande eau; (also: **flush out**) débusquer ▷ vi rougir ▷ adj (inf) en fonds; (level): ~ **with** au ras de, de niveau avec; **to ~ the toilet** tirer la chasse (d'eau); **hot ~es** (Med) bouffées fpl de chaleur

**flushed** [flʌʃt] adj (tout(e)) rouge

**fluster** ['flʌstər] n agitation f, trouble m

**flustered** ['flʌstəd] adj énervé(e)

**flute** [fluːt] n flûte f

**flutter** ['flʌtər] n (of panic, excitement) agitation f; (of wings) battement m ▷ vi (bird) battre des ailes, voleter; (person) aller et venir dans une grande agitation

**flux** [flʌks] n: **in a state of ~** fluctuant sans cesse

**fly** [flaɪ] (pt **flew**, pp **flown** [fluː, fləʊn]) n (insect) mouche f; (on trousers: also: **flies**) braguette f ▷ vt (plane) piloter; (passengers, cargo) transporter (par avion); (distance) parcourir ▷ vi voler; (passengers) aller en avion; (escape) s'enfuir, fuir; (flag) se déployer; **to ~ open** s'ouvrir brusquement; **to ~ off the handle** s'énerver, s'emporter
▶ **fly away, fly off** vi s'envoler

▶ **fly in** vi (plane) atterrir; **he flew in yesterday** il est arrivé hier (par avion)

▶ **fly out** vi partir (par avion)

**fly-drive** ['flaıdraıv] n formule f avion plus voiture

**fly-fishing** ['flaıfıʃıŋ] n pêche f à la mouche

**flying** ['flaıŋ] n (activity) aviation f; (action) vol m ▷ adj: ~ **visit** visite f éclair inv; **with ~ colours** haut la main; **he doesn't like ~** il n'aime pas voyager en avion

**flying buttress** n arc-boutant m

**flying picket** n piquet m de grève volant

**flying saucer** n soucoupe volante

**flying squad** n (Police) brigade volante

**flying start** n: **to get off to a ~** faire un excellent départ

**flyleaf** ['flaıli:f] n page f de garde

**flyover** ['flaıəʊvəʳ] n (Brit: overpass) pont routier, saut-de-mouton m (Canada)

**flypast** ['flaıpɑ:st] n défilé aérien

**flysheet** ['flaıʃi:t] n (for tent) double toit m

**flyweight** ['flaıweıt] n (Sport) poids m mouche

**flywheel** ['flaıwi:l] n volant m (de commande)

**FM** abbr (Brit Mil) = **field marshal**; (Radio: = frequency modulation) FM

**FMB** n abbr (US) = **Federal Maritime Board**

**FMCS** n abbr (US: = Federal Mediation and Conciliation Services) organisme de conciliation en cas de conflits du travail

**FO** n abbr (Brit) = **Foreign Office**

**foal** [fəʊl] n poulain m

**foam** [fəʊm] n écume f; (on beer) mousse f; (also: **foam rubber**) caoutchouc m mousse; (also: **plastic foam**) mousse cellulaire or de plastique ▷ vi (liquid) écumer; (soapy water) mousser

**foam rubber** n caoutchouc m mousse

**FOB** abbr (= free on board) fob

**fob** [fɔb] n (also: **watch fob**) chaîne f, ruban m ▷ vt: **to ~ sb off with sth** refiler qch à qn

**foc** abbr (Brit) = **free of charge**

**focal** ['fəʊkl] adj (also fig) focal(e)

**focal point** n foyer m; (fig) centre m de l'attention, point focal

**focus** ['fəʊkəs] n (pl **-es**) foyer m; (of interest) centre m ▷ vt (field glasses etc) mettre au point; (light rays) faire converger ▷ vi: **to ~ (on)** (with camera) régler la mise au point (sur); (with eyes) fixer son regard (sur); (fig: concentrate) se concentrer; **out of/in ~** (picture) flou(e)/net(te); (camera) pas au point/au point

**fodder** ['fɔdəʳ] n fourrage m

**FOE** n abbr (= Friends of the Earth) AT mpl (= Amis de la Terre); (US: = Fraternal Order of Eagles) organisation charitable

**foe** [fəʊ] n ennemi m

**foetus**, (US) **fetus** ['fi:təs] n fœtus m

**fog** [fɔg] n brouillard m

**fogbound** ['fɔgbaʊnd] adj bloqué(e) par le brouillard

**foggy** ['fɔgı] adj: **it's ~** il y a du brouillard

**fog lamp**, (US) **fog light** n (Aut) phare m anti-brouillard

**foible** ['fɔıbl] n faiblesse f

**foil** [fɔıl] vt déjouer, contrecarrer ▷ n feuille f de métal; (kitchen foil) papier m d'alu(minium); (Fencing) fleuret m; **to act as a ~ to** (fig) servir de repoussoir or de faire-valoir à

**foist** [fɔıst] vt: **to ~ sth on sb** imposer qch à qn

**fold** [fəʊld] n (bend, crease) pli m; (Agr) parc m à moutons; (fig) bercail m ▷ vt plier; **to ~ one's arms** croiser les bras

▶ **fold up** vi (map etc) se plier, se replier; (business) fermer boutique ▷ vt (map etc) plier, replier

**folder** ['fəʊldəʳ] n (for papers) chemise f; (: binder) classeur m; (brochure) dépliant m; (Comput) dossier m

**folding** ['fəʊldıŋ] adj (chair, bed) pliant(e)

**foliage** ['fəʊlııdʒ] n feuillage m

**folk** [fəʊk] npl gens mpl ▷ cpd folklorique; **folks** npl (inf: parents) famille f, parents mpl

**folklore** ['fəʊklɔ:ʳ] n folklore m

**folk music** n musique f folklorique; (contemporary) musique folk, folk m

**folk song** ['fəʊksɔŋ] n chanson f folklorique; (contemporary) chanson folk inv

**follow** ['fɔləʊ] vt suivre ▷ vi suivre; (result) s'ensuivre; **to ~ sb's advice** suivre les conseils de qn; **I don't quite ~ you** je ne vous suis plus; **to ~ in sb's footsteps** emboîter le pas à qn; (fig) suivre les traces de qn; **it ~s that …** de ce fait, il s'ensuit que …; **to ~ suit** (fig) faire de même

▶ **follow out** vt (idea, plan) poursuivre, mener à terme

▶ **follow through** vt = **follow out**

▶ **follow up** vt (victory) tirer parti de; (letter, offer) donner suite à; (case) suivre

**follower** ['fɔləʊəʳ] n disciple m/f, partisan(e)

**following** ['fɔləʊıŋ] adj suivant(e) ▷ n partisans mpl, disciples mpl

**follow-up** ['fɔləʊʌp] n suite f; (on file, case) suivi m

**folly** ['fɔlı] n inconscience f; sottise f; (building) folie f

**fond** [fɔnd] adj (memory, look) tendre, affectueux(-euse); (hopes, dreams) un peu fou (folle); **to be ~ of** aimer beaucoup

**fondle** ['fɔndl] vt caresser

**fondly** ['fɔndlı] adv (lovingly) tendrement; (naïvely) naïvement

**fondness** ['fɔndnıs] n (for things) attachement m; (for people) sentiments affectueux; **a special ~ for** une prédilection pour

**font** [fɔnt] n (Rel) fonts baptismaux; (Typ) police f de caractères

**food** [fu:d] n nourriture f

**food chain** n chaîne f alimentaire

**food mixer** n mixeur m

**food poisoning** n intoxication f alimentaire

**food processor** n robot m de cuisine

**food stamp** n (US) bon m de nourriture (pour indigents)

**foodstuffs** ['fu:dstʌfs] npl denrées fpl alimentaires

**fool** [fu:l] n idiot(e); (History: of king) bouffon m,

fou *m*; (*Culin*) mousse *f* de fruits ▷ *vt* berner, duper ▷ *vi* (*also*: **fool around**) faire l'idiot *or* l'imbécile; **to make a ~ of sb** (*ridicule*) ridiculiser qn; (*trick*) avoir *or* duper qn; **to make a ~ of o.s.** se couvrir de ridicule; **you can't ~ me** vous (ne) me la ferez pas, on (ne) me la fait pas
▶ **fool about, fool around** *vi* (*pej: waste time*) traînailler, glandouiller; (: *behave foolishly*) faire l'idiot *or* l'imbécile

**foolhardy** ['fu:lhɑ:dɪ] *adj* téméraire, imprudent(e)

**foolish** ['fu:lɪʃ] *adj* idiot(e), stupide; (*rash*) imprudent(e)

**foolishly** ['fu:lɪʃlɪ] *adv* stupidement

**foolishness** ['fu:lɪʃnɪs] *n* idiotie *f*, stupidité *f*

**foolproof** ['fu:lpru:f] *adj* (*plan etc*) infaillible

**foolscap** ['fu:lskæp] *n* ≈ papier *m* ministre

**foot** (*pl* **feet**) [fut, fi:t] *n* pied *m*; (*of animal*) patte *f*; (*measure*) pied (= 30.48 *cm*; 12 *inches*) ▷ *vt* (*bill*) casquer, payer; **on ~** à pied; **to find one's feet** (*fig*) s'acclimater; **to put one's ~ down** (*Aut*) appuyer sur le champignon; (*say no*) s'imposer

**footage** ['futɪdʒ] *n* (*Cine: length*) ≈ métrage *m*; (: *material*) séquences *fpl*

**foot-and-mouth** [futənd'mauθ], **foot-and-mouth disease** *n* fièvre aphteuse

**football** ['futbɔ:l] *n* (*ball*) ballon *m* (de football); (*sport: Brit*) football *m*; (: *US*) football américain

**footballer** ['futbɔ:lə'] *n* (*Brit*) = **football player**

**football ground** *n* terrain *m* de football

**football match** *n* (*Brit*) match *m* de foot(ball)

**football player** *n* footballeur(-euse), joueur(-euse) de football; (*US*) joueur(-euse) de football américain

**football pools** *npl* (*US*) ≈ loto *m* sportif, ≈ pronostics *mpl* (sur les matchs de football)

**footbrake** ['futbreɪk] *n* frein *m* à pédale

**footbridge** ['futbrɪdʒ] *n* passerelle *f*

**foothills** ['futhɪlz] *npl* contreforts *mpl*

**foothold** ['futhəuld] *n* prise *f* (de pied)

**footing** ['futɪŋ] *n* (*fig*) position *f*; **to lose one's ~** perdre pied; **on an equal ~** sur pied d'égalité

**footlights** ['futlaɪts] *npl* rampe *f*

**footman** ['futmən] (*irreg*) *n* laquais *m*

**footnote** ['futnəut] *n* note *f* (en bas de page)

**footpath** ['futpɑ:θ] *n* sentier *m*; (*in street*) trottoir *m*

**footprint** ['futprɪnt] *n* trace *f* (de pied)

**footrest** ['futrɛst] *n* marchepied *m*

**footsie** ['futsɪ] *n* (*inf*): **to play ~ with sb** faire du pied à qn

**footsore** ['futsɔ:'] *adj*: **to be ~** avoir mal aux pieds

**footstep** ['futstɛp] *n* pas *m*

**footwear** ['futwɛə'] *n* chaussures *fpl*

**FOR** *abbr* (= *free on rail*) franco wagon

 **KEYWORD**

**for** [fɔ:'] *prep* **1** (*indicating destination, intention, purpose*) pour; **the train for London** le train pour (*or* à destination de) Londres; **he left for**

Rome il est parti pour Rome; **he went for the paper** il est allé chercher le journal; **is this for me?** c'est pour moi?; **it's time for lunch** c'est l'heure du déjeuner; **what's it for?** ça sert à quoi?; **what for?** (*why*) pourquoi?; (*to what end*) pour quoi faire?, à quoi bon?; **for sale** à vendre; **to pray for peace** prier pour la paix

**2** (*on behalf of, representing*) pour; **the MP for Hove** le député de Hove; **to work for sb/sth** travailler pour qn/qch; **I'll ask him for you** je vais lui demander pour toi; **G for George** G comme Georges

**3** (*because of*) pour; **for this reason** pour cette raison; **for fear of being criticized** de peur d'être critiqué

**4** (*with regard to*) pour; **it's cold for July** il fait froid pour juillet; **a gift for languages** un don pour les langues

**5** (*in exchange for*): **I sold it for £5** je l'ai vendu 5 livres; **to pay 50 pence for a ticket** payer un billet 50 pence

**6** (*in favour of*) pour; **are you for or against us?** êtes-vous pour ou contre nous?; **I'm all for it** je suis tout à fait pour; **vote for X** votez pour X

**7** (*referring to distance*) pendant, sur; **there are roadworks for 5 km** il y a des travaux sur *or* pendant 5 km; **we walked for miles** nous avons marché pendant des kilomètres

**8** (*referring to time*) pendant; depuis; pour; **he was away for 2 years** il a été absent pendant 2 ans; **she will be away for a month** elle sera absente (pendant) un mois; **it hasn't rained for 3 weeks** ça fait 3 semaines qu'il ne pleut pas, il ne pleut pas depuis 3 semaines; **I have known her for years** je la connais depuis des années; **can you do it for tomorrow?** est-ce que tu peux le faire pour demain?

**9** (*with infinitive clauses*): **it is not for me to decide** ce n'est pas à moi de décider; **it would be best for you to leave** le mieux serait que vous partiez; **there is still time for you to do it** vous avez encore le temps de le faire; **for this to be possible ...** pour que cela soit possible ..

**10** (*in spite of*): **for all that** malgré cela, néanmoins; **for all his work/efforts** malgré tout son travail/tous ses efforts; **for all his complaints, he's very fond of her** il a beau se plaindre, il l'aime beaucoup
▷ *conj* (*since, as: formal*) car

**forage** ['fɔrɪdʒ] *n* fourrage *m* ▷ *vi* fourrager, fouiller

**forage cap** *n* calot *m*

**foray** ['fɔreɪ] *n* incursion *f*

**forbad, forbade** [fə'bæd] *pt of* **forbid**

**forbearing** [fɔ:'bɛərɪŋ] *adj* patient(e), tolérant(e)

**forbid** (*pt* **forbad(e)**, *pp* **-den**) [fə'bɪd, -'bæd, -'bɪdn] *vt* défendre, interdire; **to ~ sb to do** défendre *or* interdire à qn de faire

**forbidden** [fə'bɪdn] *adj* défendu(e)

**forbidding** [fə'bɪdɪŋ] *adj* d'aspect *or* d'allure

sévère or sombre

**force** [fɔːs] n force f ▷ vt forcer; (push) pousser (de force); **Forces** npl: **the F~s** (Brit Mil) les forces armées; **to ~ o.s. to do** se forcer à faire; **to ~ sb to do sth** forcer qn à faire qch; **in ~** (being used: rule, law, prices) en vigueur; (in large numbers) en force; **to come into ~** entrer en vigueur; **a ~ 5 wind** un vent de force 5; **the sales ~** (Comm) la force de vente; **to join ~s** unir ses forces
▶ **force back** vt (crowd, enemy) repousser; (tears) refouler
▶ **force down** vt (food) se forcer à manger

**forced** [fɔːst] adj forcé(e)

**force-feed** ['fɔːsfiːd] vt nourrir de force

**forceful** ['fɔːsful] adj énergique

**forcemeat** ['fɔːsmiːt] n (Brit Culin) farce f

**forceps** ['fɔːsɛps] npl forceps m

**forcibly** ['fɔːsəblɪ] adv par la force, de force; (vigorously) énergiquement

**ford** [fɔːd] n gué m ▷ vt passer à gué

**fore** [fɔːʳ] n: **to the ~** en évidence; **to come to the ~** se faire remarquer

**forearm** ['fɔːrɑːm] n avant-bras m inv

**forebear** ['fɔːbɛəʳ] n ancêtre m

**foreboding** [fɔːˈbəudɪŋ] n pressentiment m (néfaste)

**forecast** ['fɔːkɑːst] n prévision f; (also: **weather forecast**) prévisions fpl météorologiques, météo f ▷ vt (irreg: like **cast**) prévoir

**foreclose** [fɔːˈkləuz] vt (Law: also: **foreclose on**) saisir

**foreclosure** [fɔːˈkləuʒəʳ] n saisie f du bien hypothéqué

**forecourt** ['fɔːkɔːt] n (of garage) devant m

**forefathers** ['fɔːfɑːðəz] npl ancêtres mpl

**forefinger** ['fɔːfɪŋgəʳ] n index m

**forefront** ['fɔːfrʌnt] n: **in the ~ of** au premier rang or plan de

**forego** (pt **forewent**, pp **foregone**) [fɔːˈgəu, -ˈwɛnt, -ˈgɔn] vt renoncer à

**foregoing** [fɔːˈgəuɪŋ] adj susmentionné(e) ▷ n: **the ~** ce qui précède

**foregone** ['fɔːgɔn] adj: **it's a ~ conclusion** c'est à prévoir, c'est couru d'avance

**foreground** ['fɔːgraund] n premier plan m ▷ cpd (Comput) prioritaire

**forehand** ['fɔːhænd] n (Tennis) coup droit

**forehead** ['fɔrɪd] n front m

**foreign** ['fɔrɪn] adj étranger(-ère); (trade) extérieur(e); (travel) à l'étranger

**foreign body** n corps étranger

**foreign currency** n devises étrangères

**foreigner** ['fɔrɪnəʳ] n étranger(-ère)

**foreign exchange** n (system) change m; (money) devises fpl

**foreign exchange market** n marché m des devises

**foreign exchange rate** n cours m des devises

**foreign investment** n investissement m à l'étranger

**Foreign Office** n (Brit) ministère m des Affaires étrangères

**Foreign Secretary** n (Brit) ministre m des Affaires étrangères

**foreleg** ['fɔːlɛg] n patte f de devant, jambe antérieure

**foreman** (irreg) ['fɔːmən] n (in construction) contremaître m; (Law: of jury) président m (du jury)

**foremost** ['fɔːməust] adj le (la) plus en vue, premier(-ière) ▷ adv: **first and ~** avant tout, tout d'abord

**forename** ['fɔːneɪm] n prénom m

**forensic** [fəˈrɛnsɪk] adj: **~ medicine** médecine légale; **~ expert** expert m de la police, expert légiste

**foreplay** ['fɔːpleɪ] n stimulation f érotique, prélude m

**forerunner** ['fɔːrʌnəʳ] n précurseur m

**foresee** (pt **foresaw**, pp **foreseen**) [fɔːˈsiː, -ˈsɔː, -ˈsiːn] vt prévoir

**foreseeable** [fɔːˈsiːəbl] adj prévisible

**foreseen** [fɔːˈsiːn] pp of **foresee**

**foreshadow** [fɔːˈʃædəu] vt présager, annoncer, laisser prévoir

**foreshorten** [fɔːˈʃɔːtn] vt (figure, scene) réduire, faire en raccourci

**foresight** ['fɔːsaɪt] n prévoyance f

**foreskin** ['fɔːskɪn] n (Anat) prépuce m

**forest** ['fɔrɪst] n forêt f

**forestall** [fɔːˈstɔːl] vt devancer

**forestry** ['fɔrɪstrɪ] n sylviculture f

**foretaste** ['fɔːteɪst] n avant-goût m

**foretell** (pt, pp **foretold**) [fɔːˈtɛl, -ˈtəuld] vt prédire

**forethought** ['fɔːθɔːt] n prévoyance f

**foretold** [fɔːˈtəuld] pt, pp of **foretell**

**forever** [fəˈrɛvəʳ] adv pour toujours; (fig: endlessly) continuellement

**forewarn** [fɔːˈwɔːn] vt avertir

**forewent** [fɔːˈwɛnt] pt of **forego**

**foreword** ['fɔːwəːd] n avant-propos m inv

**forfeit** ['fɔːfɪt] n prix m, rançon f ▷ vt perdre; (one's life, health) payer de

**forgave** [fəˈgeɪv] pt of **forgive**

**forge** [fɔːdʒ] n forge f ▷ vt (signature) contrefaire; (wrought iron) forger; **to ~ documents/a will** fabriquer de faux papiers/un faux testament; **to ~ money** (Brit) fabriquer de la fausse monnaie
▶ **forge ahead** vi pousser de l'avant, prendre de l'avance

**forged** [fɔːdʒd] adj faux (fausse)

**forger** ['fɔːdʒəʳ] n faussaire m

**forgery** ['fɔːdʒərɪ] n faux m, contrefaçon f

**forget** (pt **forgot**, pp **forgotten**) [fəˈgɛt, -ˈgɔt, -ˈgɔtn] vt, vi oublier; **to ~ to do sth** oublier de faire qch; **to ~ about sth** (accidentally) oublier qch; (on purpose) ne plus penser à qch; **I've forgotten my key/passport** j'ai oublié ma clé/mon passeport

**forgetful** [fəˈgɛtful] adj distrait(e), étourdi(e); **~ of** oublieux(-euse) de

**forgetfulness** [fəˈgɛtfulnɪs] n tendance f aux

oublis; (*oblivion*) oubli *m*

**forget-me-not** [fə'ɡɛtmɪnɔt] *n* myosotis *m*

**forgive** (*pt* **forgave**, *pp* **forgiven**) [fə'ɡɪv, -'ɡeɪv, -'ɡɪvn] *vt* pardonner; **to ~ sb for sth/for doing sth** pardonner qch à qn/à qn de faire qch

**forgiveness** [fə'ɡɪvnɪs] *n* pardon *m*

**forgiving** [fə'ɡɪvɪŋ] *adj* indulgent(e)

**forgo** (*pt* **forwent**, *pp* **forgone**) [fɔː'ɡəu, -'wɛnt, -'ɡɔn] *vt* = **forego**

**forgot** [fə'ɡɔt] *pt of* **forget**

**forgotten** [fə'ɡɔtn] *pp of* **forget**

**fork** [fɔːk] *n* (*for eating*) fourchette *f*; (*for gardening*) fourche *f*; (*of roads*) bifurcation *f*; (*of railways*) embranchement *m* ▷ *vi* (*road*) bifurquer
 ▶ **fork out** (*inf: pay*) *vt* allonger, se fendre de ▷ *vi* casquer

**forked** [fɔːkt] *adj* (*lightning*) en zigzags, ramifié(e)

**fork-lift truck** ['fɔːklɪft-] *n* chariot élévateur

**forlorn** [fə'lɔːn] *adj* (*person*) délaissé(e); (*deserted*) abandonné(e); (*hope, attempt*) désespéré(e)

**form** [fɔːm] *n* forme *f*; (*Scol*) classe *f*; (*questionnaire*) formulaire *m* ▷ *vt* former; (*habit*) contracter; **in the ~ of** sous forme de; **to ~ part of sth** faire partie de qch; **to be on good ~** (*Sport: fig*) être en forme; **on top ~** en pleine forme

**formal** ['fɔːməl] *adj* (*offer, receipt*) en bonne et due forme; (*person*) cérémonieux(-euse), à cheval sur les convenances; (*occasion, dinner*) officiel(le); (*garden*) à la française; (*Art, Philosophy*) formel(le); (*clothes*) de soirée

**formality** [fɔː'mælɪtɪ] *n* formalité *f*, cérémonie(s) *f(pl)*

**formalize** ['fɔːməlaɪz] *vt* officialiser

**formally** ['fɔːməlɪ] *adv* officiellement; formellement; cérémonieusement

**format** ['fɔːmæt] *n* format *m* ▷ *vt* (*Comput*) formater

**formation** [fɔː'meɪʃən] *n* formation *f*

**formative** ['fɔːmətɪv] *adj*: ~ **years** années *fpl* d'apprentissage (*fig*) *or* de formation (*d'un enfant, d'un adolescent*)

**former** ['fɔːmə'] *adj* ancien(ne); (*before in*) précédent(e); **the ~ ... the latter** le premier ... le second, celui-ci ... celui-ci; **the ~ president** l'ex-président; **the ~ Yugoslavia/Soviet Union** l'ex Yougoslavie/Union Soviétique

**formerly** ['fɔːməlɪ] *adv* autrefois

**form feed** *n* (*on printer*) alimentation *f* en feuilles

**formidable** ['fɔːmɪdəbl] *adj* redoutable

**formula** ['fɔːmjulə] *n* formule *f*; **F~ One** (*Aut*) Formule un

**formulate** ['fɔːmjuleɪt] *vt* formuler

**fornicate** ['fɔːnɪkeɪt] *vi* forniquer

**forsake** (*pt* **forsook**, *pp* **forsaken**) [fə'seɪk, -'suk, -'seɪkən] *vt* abandonner

**fort** [fɔːt] *n* fort *m*; **to hold the ~** (*fig*) assurer la permanence

**forte** ['fɔːtɪ] *n* (*point*) fort *m*

**forth** [fɔːθ] *adv* en avant; **to go back and ~** aller et venir; **and so ~** et ainsi de suite

**forthcoming** [fɔːθ'kʌmɪŋ] *adj* qui va paraître *or* avoir lieu prochainement; (*character*) ouvert(e), communicatif(-ive); (*available*) disponible

**forthright** ['fɔːθraɪt] *adj* franc (franche), direct(e)

**forthwith** ['fɔːθ'wɪθ] *adv* sur le champ

**fortieth** ['fɔːtɪɪθ] *num* quarantième

**fortification** [fɔːtɪfɪ'keɪʃən] *n* fortification *f*

**fortified wine** ['fɔːtɪfaɪd-] *n* vin liquoreux *or* de liqueur

**fortify** ['fɔːtɪfaɪ] *vt* (*city*) fortifier; (*person*) remonter

**fortitude** ['fɔːtɪtjuːd] *n* courage *m*, force *f* d'âme

**fortnight** ['fɔːtnaɪt] *n* (*Brit*) quinzaine *f*, quinze jours *mpl*; **it's a ~ since ...** il y a quinze jours que ...

**fortnightly** ['fɔːtnaɪtlɪ] *adj* bimensuel(le) ▷ *adv* tous les quinze jours

**FORTRAN** ['fɔːtræn] *n* FORTRAN *m*

**fortress** ['fɔːtrɪs] *n* forteresse *f*

**fortuitous** [fɔː'tjuːɪtəs] *adj* fortuit(e)

**fortunate** ['fɔːtʃənɪt] *adj* heureux(-euse); (*person*) chanceux(-euse); **to be ~** avoir de la chance; **it is ~ that** c'est une chance que, il est heureux que

**fortunately** ['fɔːtʃənɪtlɪ] *adv* heureusement, par bonheur

**fortune** ['fɔːtʃən] *n* chance *f*; (*wealth*) fortune *f*; **to make a ~** faire fortune

**fortune-teller** ['fɔːtʃəntɛlə'] *n* diseuse *f* de bonne aventure

**forty** ['fɔːtɪ] *num* quarante

**forum** ['fɔːrəm] *n* forum *m*, tribune *f*

**forward** ['fɔːwəd] *adj* (*movement, position*) en avant, vers l'avant; (*not shy*) effronté(e); (*in time*) en avance; (*Comm: delivery, sales, exchange*) à terme ▷ *adv* (*also:* **forwards**) en avant ▷ *n* (*Sport*) avant *m* ▷ *vt* (*letter*) faire suivre; (*parcel, goods*) expédier; (*fig*) promouvoir, favoriser; **to look ~ to sth** attendre qch avec impatience; **to move ~** avancer; **"please ~"** prière de faire suivre"; **~ planning** planification *f* à long terme

**forwarding address** *n* adresse *f* de réexpédition

**forward slash** *n* barre *f* oblique

**forwent** [fɔː'wɛnt] *pt of* **forgo**

**fossil** ['fɔsl] *adj, n* fossile *m*; **~ fuel** combustible *m* fossile

**foster** ['fɔstə'] *vt* (*encourage*) encourager, favoriser; (*child*) élever (*sans adopter*)

**foster brother** *n* frère adoptif; frère de lait

**foster child** *n* enfant élevé dans une famille d'accueil

**foster mother** *n* mère adoptive; mère nourricière

**foster parent** *n* parent qui élève un enfant sans l'adopter

**fought** [fɔːt] *pt, pp of* **fight**

**foul** [faul] *adj* (*weather, smell, food*) infect(e); (*language*) ordurier(-ière); (*deed*) infâme ▷ *n* (*Football*) faute *f* ▷ *vt* (*dirty*) salir, encrasser; (*football player*) commettre une faute sur; (*entangle: anchor, propeller*) emmêler; **he's got a ~ temper** il a un caractère de chien

**foul play** n (Sport) jeu déloyal; (Law) acte criminel; **~ is not suspected** la mort (or l'incendie etc) n'a pas de causes suspectes, on écarte l'hypothèse d'un meurtre (or d'un acte criminel)

**found** [faund] pt, pp of **find** ▷ vt (establish) fonder

**foundation** [faun'deɪʃən] n (act) fondation f; (base) fondement m; (also: **foundation cream**) fond m de teint; **foundations** npl (of building) fondations fpl; **to lay the ~s** (fig) poser les fondements

**foundation stone** n première pierre

**founder** ['faundə'] n fondateur m ▷ vi couler, sombrer

**founding** ['faundɪŋ] adj: **~ fathers** (esp US) pères mpl fondateurs; **~ member** membre m fondateur

**foundry** ['faundrɪ] n fonderie f

**fount** [faunt] n source f; (Typ) fonte f

**fountain** ['fauntɪn] n fontaine f

**fountain pen** n stylo m (à encre)

**four** [fɔː'] num quatre; **on all ~s** à quatre pattes

**four-letter word** ['fɔːlɛtə-] n obscénité f, gros mot

**four-poster** ['fɔː'pəustə'] n (also: **four-poster bed**) lit m à baldaquin

**foursome** ['fɔːsəm] n partie f à quatre; sortie f à quatre

**fourteen** ['fɔː'tiːn] num quatorze

**fourteenth** ['fɔː'tiːnθ] num quatorzième

**fourth** ['fɔːθ] num quatrième ▷ n (Aut: also: **fourth gear**) quatrième f

**four-wheel drive** ['fɔːwiːl-] n (Aut: car) voiture f à quatre roues motrices; **with ~** à quatre roues motrices

**fowl** [faul] n volaille f

**fox** [fɔks] n renard m ▷ vt mystifier

**fox fur** n renard m

**foxglove** ['fɔksglʌv] n (Bot) digitale f

**fox-hunting** ['fɔkshʌntɪŋ] n chasse f au renard

**foyer** ['fɔɪeɪ] n (in hotel) vestibule m; (Theat) foyer m

**FP** n abbr (Brit) = **former pupil**; (US) = **fireplug**

**FPA** n abbr (Brit) = **Family Planning Association**

**Fr.** abbr (Rel = **father**) P; (= friar) F

**fr.** abbr (= franc) F

**fracas** ['fræka:] n bagarre f

**fraction** ['frækʃən] n fraction f

**fractionally** ['frækʃnəlɪ] adv: **~ smaller** etc un poil plus petit etc

**fractious** ['frækʃəs] adj grincheux(-euse)

**fracture** ['fræktʃə'] n fracture f ▷ vt fracturer

**fragile** ['frædʒaɪl] adj fragile

**fragment** ['frægmənt] n fragment m

**fragmentary** ['frægməntərɪ] adj fragmentaire

**fragrance** ['freɪgrəns] n parfum m

**fragrant** ['freɪgrənt] adj parfumé(e), odorant(e)

**frail** [freɪl] adj fragile, délicat(e); (person) frêle

**frame** [freɪm] n (of building) charpente f; (of human, animal) charpente f, ossature f; (of picture) cadre m; (of door, window) encadrement m, chambranle m; (of spectacles: also: **frames**) monture f ▷ vt (picture) encadrer; (theory, plan) construire, élaborer; **to ~ sb** (inf) monter un coup contre qn; **~ of mind** disposition f d'esprit

**framework** ['freɪmwə:k] n structure f

**France** [fra:ns] n la France; **in ~** en France

**franchise** ['fræntʃaɪz] n (Pol) droit m de vote; (Comm) franchise f

**franchisee** [fræntʃaɪ'zi:] n franchisé m

**franchiser** ['fræntʃaɪzə'] n franchiseur m

**frank** [fræŋk] adj franc (franche) ▷ vt (letter) affranchir

**Frankfurt** ['fræŋkfə:t] n Francfort

**franking machine** ['fræŋkɪŋ-] n machine f à affranchir

**frankly** ['fræŋklɪ] adv franchement

**frankness** ['fræŋknɪs] n franchise f

**frantic** ['fræntɪk] adj (hectic) frénétique; (need, desire) effréné(e); (distraught) hors de soi

**frantically** ['fræntɪklɪ] adv frénétiquement

**fraternal** [frə'tə:nl] adj fraternel(le)

**fraternity** [frə'tə:nɪtɪ] n (club) communauté f, confrérie f; (spirit) fraternité f

**fraternize** ['frætənaɪz] vi fraterniser

**fraud** [frɔ:d] n supercherie f, fraude f, tromperie f; (person) imposteur m

**fraudulent** ['frɔ:djulənt] adj frauduleux(-euse)

**fraught** [frɔ:t] adj (tense: person) très tendu(e); (: situation) pénible; **~ with** (difficulties etc) chargé(e) de, plein(e) de

**fray** [freɪ] n bagarre f; (Mil) combat m ▷ vt effilocher ▷ vi s'effilocher; **tempers were ~ed** les gens commençaient à s'énerver; **her nerves were ~ed** elle était à bout de nerfs

**FRB** n abbr (US) = **Federal Reserve Board**

**FRCM** n abbr (Brit) = **Fellow of the Royal College of Music**

**FRCO** n abbr (Brit) = **Fellow of the Royal College of Organists**

**FRCP** n abbr (Brit) = **Fellow of the Royal College of Physicians**

**FRCS** n abbr (Brit) = **Fellow of the Royal College of Surgeons**

**freak** [fri:k] n (eccentric person) phénomène m; (unusual event) hasard m extraordinaire; (pej: fanatic): **health food ~** fana m/f ou obsédé(e) de l'alimentation saine ▷ adj (storm) exceptionnel(le); (accident) bizarre

▶ **freak out** vi (inf: drop out) se marginaliser; (: on drugs) se défoncer

**freakish** ['fri:kɪʃ] adj insolite, anormal(e)

**freckle** ['frɛkl] n tache f de rousseur

**free** [fri:] adj libre; (gratis) gratuit(e); (liberal) généreux(-euse), large ▷ vt (prisoner etc) libérer; (jammed object or person) dégager; **is this seat ~?** la place est libre?; **to give sb a ~ hand** donner carte blanche à qn; **~ and easy** sans façon, décontracté(e); **admission ~** entrée libre; **~ (of charge)** gratuitement

**freebie** ['fri:bɪ] n (inf): **it's a ~** c'est gratuit

**freedom** ['fri:dəm] n liberté f

**freedom fighter** n combattant m de la liberté

**free enterprise** n libre entreprise f

**Freefone®** ['fri:fəun] n numéro vert

**free-for-all** ['fri:fərɔ:l] n mêlée générale
**free gift** n prime f
**freehold** ['fri:həuld] n propriété foncière libre
**free kick** n (Sport) coup franc
**freelance** ['fri:lɑ:ns] adj (journalist etc) indépendant(e), free-lance inv; (work) en free-lance ▷ adv en free-lance
**freeloader** ['fri:ləudəʳ] n (pej) parasite m
**freely** ['fri:lɪ] adv librement; (liberally) libéralement
**free-market economy** [fri:'mɑ:kɪt-] n économie f de marché
**freemason** ['fri:meɪsn] n franc-maçon m
**freemasonry** ['fri:meɪsnrɪ] n franc-maçonnerie f
**Freepost**® ['fri:pəust] n (Brit) port payé
**free-range** ['fri:'reɪndʒ] adj (egg) de ferme; (chicken) fermier
**free sample** n échantillon gratuit
**free speech** n liberté f d'expression
**free trade** n libre-échange m
**freeway** ['fri:weɪ] n (US) autoroute f
**freewheel** [fri:'wi:l] vi descendre en roue libre
**freewheeling** [fri:'wi:lɪŋ] adj indépendant(e), libre
**free will** n libre arbitre m; **of one's own ~** de son plein gré
**freeze** [fri:z] (pt **froze**, pp **frozen** [frəuz, 'frəuzn]) vi geler ▷ vt geler; (food) congeler; (prices, salaries) bloquer, geler ▷ n gel m; (of prices, salaries) blocage m
  ▶ **freeze over** vi (river) geler; (windscreen) se couvrir de givre or de glace
  ▶ **freeze up** vi geler
**freeze-dried** ['fri:zdraɪd] adj lyophilisé(e)
**freezer** ['fri:zəʳ] n congélateur m
**freezing** ['fri:zɪŋ] adj: **~ (cold)** (room etc) glacial(e); (person, hands) gelé(e), glacé(e) ▷ n: **3 degrees below ~** 3 degrés au-dessous de zéro; **it's ~** il fait un froid glacial
**freezing point** n point m de congélation
**freight** [freɪt] n (goods) fret m, cargaison f; (money charged) fret, prix m du transport; **~ forward** port dû; **~ inward** port payé par le destinataire
**freighter** ['freɪtəʳ] n (Naut) cargo m
**freight forwarder** [-ˈfɔ:wədəʳ] n transitaire m
**freight train** n (US) train m de marchandises
**French** [frɛntʃ] adj français(e) ▷ n (Ling) français m; **the ~** (npl) les Français; **what's the ~ (word) for ...?** comment dit-on ... en français?
**French bean** n (Brit) haricot vert
**French bread** n pain m français
**French Canadian** adj canadien(ne) français(e) ▷ n Canadien(ne) français(e)
**French dressing** n (Culin) vinaigrette f
**French fried potatoes**, (US) **French fries** npl (pommes de terre fpl) frites fpl
**French Guiana** [-gaɪˈænə] n Guyane française
**French horn** n (Mus) cor m (d'harmonie)
**French kiss** n baiser profond
**French loaf** n ≈ pain m, ≈ parisien m
**Frenchman** ['frɛntʃmən] (irreg) n Français m

**French Riviera** n: **the ~** la Côte d'Azur
**French stick** n ≈ baguette f
**French window** n porte-fenêtre f
**Frenchwoman** ['frɛntʃwumən] (irreg) n Française f
**frenetic** [frəˈnɛtɪk] adj frénétique
**frenzy** ['frɛnzɪ] n frénésie f
**frequency** ['fri:kwənsɪ] n fréquence f
**frequency modulation** n modulation f de fréquence
**frequent** adj ['fri:kwənt] fréquent(e) ▷ vt [frɪ'kwɛnt] fréquenter
**frequently** ['fri:kwəntlɪ] adv fréquemment
**fresco** ['frɛskəu] n fresque f
**fresh** [frɛʃ] adj frais (fraîche), (new) nouveau (nouvelle); (cheeky) familier(-ière), culotté(e); **to make a ~ start** prendre un nouveau départ
**freshen** ['frɛʃən] vi (wind, air) fraîchir
  ▶ **freshen up** vi faire un brin de toilette
**freshener** ['frɛʃnəʳ] n: **skin ~** astringent m; **air ~** désodorisant m
**fresher** ['frɛʃəʳ] n (Brit University: inf) bizuth m, étudiant(e) de première année
**freshly** ['frɛʃlɪ] adv nouvellement, récemment
**freshman** (US: irreg) ['frɛʃmən] n = **fresher**
**freshness** ['frɛʃnɪs] n fraîcheur f
**freshwater** ['frɛʃwɔ:təʳ] adj (fish) d'eau douce
**fret** [frɛt] vi s'agiter, se tracasser
**fretful** ['frɛtful] adj (child) grincheux(-euse)
**Freudian** ['frɔɪdɪən] adj freudien(ne); **~ slip** lapsus m
**FRG** n abbr (= Federal Republic of Germany) RFA f
**friar** ['fraɪəʳ] n moine m, frère m
**friction** ['frɪkʃən] n friction f, frottement m
**friction feed** n (on printer) entraînement m par friction
**Friday** ['fraɪdɪ] n vendredi m; for phrases see also **Tuesday**
**fridge** [frɪdʒ] n (Brit) frigo m, frigidaire® m
**fridge-freezer** ['frɪdʒ'fri:zəʳ] n réfrigérateur-congélateur m
**fried** [fraɪd] pt, pp of **fry** ▷ adj frit(e); **~ egg** œuf m sur le plat
**friend** [frɛnd] n ami(e) ▷ vt (Internet) ajouter comme ami(e); **to make ~s with** se lier (d'amitié) avec
**friendliness** ['frɛndlɪnɪs] n attitude amicale
**friendly** ['frɛndlɪ] adj amical(e); (kind) sympathique, gentil(le); (place) accueillant(e); (Pol: country) ami(e) ▷ n (also: **friendly match**) match amical; **to be ~ with** être ami(e) avec; **to be ~ to** être bien disposé(e) à l'égard de
**friendly fire** n: **they were killed by ~** ils sont morts sous les tirs de leur propre camp
**friendly society** n société f mutualiste
**friendship** ['frɛndʃɪp] n amitié f
**fries** [fraɪz] (esp US) npl = **French fried potatoes**
**frieze** [fri:z] n frise f, bordure f
**frigate** ['frɪgɪt] n (Naut: modern) frégate f
**fright** [fraɪt] n peur f, effroi m; **to give sb a ~** faire peur à qn; **to take ~** prendre peur, s'effrayer; **she looks a ~** elle a l'air d'un

épouvantail

**frighten** ['fraɪtn] *vt* effrayer, faire peur à
▶ **frighten away, frighten off** *vt* (*birds, children etc*) faire fuir, effaroucher

**frightened** ['fraɪtnd] *adj*: **to be ~ (of)** avoir peur (de)

**frightening** ['fraɪtnɪŋ] *adj* effrayant(e)

**frightful** ['fraɪtful] *adj* affreux(-euse)

**frightfully** ['fraɪtfəlɪ] *adv* affreusement

**frigid** ['frɪdʒɪd] *adj* frigide

**frigidity** [frɪ'dʒɪdɪtɪ] *n* frigidité *f*

**frill** [frɪl] *n* (*of dress*) volant *m*; (*of shirt*) jabot *m*; **without ~s** (*fig*) sans manières

**frilly** ['frɪlɪ] *adj* à fanfreluches

**fringe** [frɪndʒ] *n* (*Brit: of hair*) frange *f*; (*edge: of forest etc*) bordure *f*; (*fig*): **on the ~** en marge

**fringe benefits** *npl* avantages sociaux *or* en nature

**fringe theatre** *n* théâtre *m* d'avant-garde

**Frisbee®** ['frɪzbɪ] *n* Frisbee® *m*

**frisk** [frɪsk] *vt* fouiller

**frisky** ['frɪskɪ] *adj* vif (vive), sémillant(e)

**fritter** ['frɪtər] *n* beignet *m*
▶ **fritter away** *vt* gaspiller

**frivolity** [frɪ'vɒlɪtɪ] *n* frivolité *f*

**frivolous** ['frɪvələs] *adj* frivole

**frizzy** ['frɪzɪ] *adj* crépu(e)

**fro** [frəu] *adv* *see* **to**

**frock** [frɒk] *n* robe *f*

**frog** [frɒg] *n* grenouille *f*; **to have a ~ in one's throat** avoir un chat dans la gorge

**frogman** (*irreg*) ['frɒgmən] *n* homme-grenouille *m*

**frogmarch** ['frɒgmɑːtʃ] *vt* (*Brit*): **to ~ sb in/out** faire entrer/sortir qn de force

**frolic** ['frɒlɪk] *n* ébats *mpl* ▷ *vi* folâtrer, batifoler

◯ **KEYWORD**

**from** [frɒm] *prep* **1** (*indicating starting place, origin etc*) de; **where do you come from?, where are you from?** d'où venez-vous?; **where has he come from?** d'où arrive-t-il?; **from London to Paris** de Londres à Paris; **to escape from sb/sth** échapper à qn/qch; **a letter/telephone call from my sister** une lettre/un appel de ma sœur; **to drink from the bottle** boire à (même) la bouteille; **tell him from me that ...** dites-lui de ma part que ...

**2** (*indicating time*) (à partir) de; **from one o'clock to** *or* **until** *or* **till two** d'une heure à deux heures; **from January (on)** à partir de janvier

**3** (*indicating distance*) de; **the hotel is one kilometre from the beach** l'hôtel est à un kilomètre de la plage

**4** (*indicating price, number etc*) de; **prices range from £10 to £50** les prix varient entre 10 livres et 50 livres; **the interest rate was increased from 9% to 10%** le taux d'intérêt est passé de 9% à 10%

**5** (*indicating difference*) de; **he can't tell red from green** il ne peut pas distinguer le rouge du vert;

**to be different from sb/sth** être différent de qn/qch

**6** (*because of, on the basis of*): **from what he says** d'après ce qu'il dit; **weak from hunger** affaibli par la faim

**frond** [frɒnd] *n* fronde *f*

**front** [frʌnt] *n* (*of house, dress*) devant *m*; (*of coach, train*) avant *m*; (*of book*) couverture *f*; (*promenade: also:* **sea front**) bord *m* de mer; (*Mil, Pol, Meteorology*) front *m*; (*fig: appearances*) contenance *f*, façade *f* ▷ *adj* de devant; (*page, row*) premier(-ière); (*seat, wheel*) avant *inv* ▷ *vi*: **to ~ onto sth** donner sur qch; **in ~ (of)** devant

**frontage** ['frʌntɪdʒ] *n* façade *f*; (*of shop*) devanture *f*

**frontal** ['frʌntl] *adj* frontal(e)

**front bench** *n* (*Brit: Pol*) *voir article*

◉ **FRONT BENCH**
◎
◎ Le *front bench* est le banc du gouvernement,
◎ placé à la droite du "Speaker", ou celui du
◎ cabinet fantôme, placé à sa gauche. Ils se
◎ font face dans l'enceinte de la Chambre des
◎ communes. Par extension, *front bench*
◎ désigne les dirigeants des groupes
◎ parlementaires de la majorité et de
◎ l'opposition, qui sont appelés
◎ "frontbenchers" par opposition aux autres
◎ députés qui sont appelés "backbenchers".

**front desk** *n* (*US: in hotel, at doctor's*) réception *f*

**front door** *n* porte *f* d'entrée; (*of car*) portière *f* avant

**frontier** ['frʌntɪər] *n* frontière *f*

**frontispiece** ['frʌntɪspiːs] *n* frontispice *m*

**front page** *n* première page *f*

**front room** *n* (*Brit*) pièce *f* de devant, salon *m*

**front runner** *n* (*fig*) favori(te)

**front-wheel drive** ['frʌntwiːl-] *n* traction *f* avant

**frost** [frɒst] *n* gel *m*, gelée *f*; (*also:* **hoarfrost**) givre *m*

**frostbite** ['frɒstbaɪt] *n* gelures *fpl*

**frosted** ['frɒstɪd] *adj* (*glass*) dépoli(e); (*esp US: cake*) glacé(e)

**frosting** ['frɒstɪŋ] *n* (*esp US: on cake*) glaçage *m*

**frosty** ['frɒstɪ] *adj* (*window*) couvert(e) de givre; (*weather, welcome*) glacial(e)

**froth** [frɒθ] *n* mousse *f*; écume *f*

**frown** [fraun] *n* froncement *m* de sourcils ▷ *vi* froncer les sourcils
▶ **frown on** *vt* (*fig*) désapprouver

**froze** [frəuz] *pt of* **freeze**

**frozen** ['frəuzn] *pp of* **freeze** ▷ *adj* (*food*) congelé(e); (*very cold: person: Comm: assets*) gelé(e)

**FRS** *n abbr* (*Brit*: = *Fellow of the Royal Society*) membre de l'Académie des sciences; (*US*: = *Federal Reserve System*) banque centrale américaine

**frugal** ['fruːgl] *adj* frugal(e)

**fruit** [fruːt] *n* (*pl inv*) fruit *m*

**fruiterer** ['fru:tərəʳ] n fruitier m, marchand(e) de fruits; **~'s (shop)** fruiterie f
**fruit fly** n mouche f du vinaigre, drosophile f
**fruitful** ['fru:tful] adj fructueux(-euse); (plant, soil) fécond(e)
**fruition** [fru:'ɪʃən] n: **to come to ~** se réaliser
**fruit juice** n jus m de fruit
**fruitless** ['fru:tlɪs] adj (fig) vain(e), infructueux(-euse)
**fruit machine** n (Brit) machine f à sous
**fruit salad** n salade f de fruits
**frump** [frʌmp] n mocheté f
**frustrate** [frʌs'treɪt] vt frustrer; (plot, plans) faire échouer
**frustrated** [frʌs'treɪtɪd] adj frustré(e)
**frustrating** [frʌs'treɪtɪŋ] adj (job) frustrant(e); (day) démoralisant(e)
**frustration** [frʌs'treɪʃən] n frustration f
**fry** (pt, pp **fried**) [fraɪ, -d] vt (faire) frire ▷ n: **small ~** le menu fretin
**frying pan** ['fraɪɪŋ-] n poêle f (à frire)
**FT** n abbr (Brit: = Financial Times) journal financier
**ft.** abbr = **foot; feet**
**FTC** n abbr (US) = **Federal Trade Commission**
**FTSE 100 (Share) Index** n abbr (= Financial Times Stock Exchange 100 (Share) Index) indice m Footsie des cent grandes valeurs
**fuchsia** ['fju:ʃə] n fuchsia m
**fuck** [fʌk] vt, vi (inf!) baiser (!); **~ off!** fous le camp! (!)
**fuddled** ['fʌdld] adj (muddled) embrouillé(e), confus(e)
**fuddy-duddy** ['fʌdɪdʌdɪ] adj (pej) vieux jeu inv, ringard(e)
**fudge** [fʌdʒ] n (Culin) sorte de confiserie à base de sucre, de beurre et de lait ▷ vt (issue, problem) esquiver
**fuel** [fjuəl] n (for heating) combustible m; (for engine) carburant m
**fuel oil** n mazout m
**fuel poverty** n pauvreté f énergétique
**fuel pump** n (Aut) pompe f d'alimentation
**fuel tank** n cuve f à mazout, citerne f; (in vehicle) réservoir m de or à carburant
**fug** [fʌg] n (Brit) puanteur f, odeur f de renfermé
**fugitive** ['fju:dʒɪtɪv] n fugitif(-ive)
**fulfil**, (US) **fulfill** [ful'fɪl] vt (function, condition) remplir; (order) exécuter; (wish, desire) satisfaire, réaliser
**fulfilled** [ful'fɪld] adj (person) comblé(e), épanoui(e)
**fulfilment**, (US) **fulfillment** [ful'fɪlmənt] n (of wishes) réalisation f
**full** [ful] adj plein(e); (details, hotel, bus) complet(-ète); (price) fort(e), normal(e); (busy: day) chargé(e); (skirt) ample, large ▷ adv: **to know ~ well that** savoir fort bien que; **~ (up)** (hotel etc) complet(-ète); **I'm ~ (up)** j'ai bien mangé; **~ employment/fare** plein emploi/tarif; **a ~ two hours** deux bonnes heures; **at ~ speed** à toute vitesse; **in ~** (reproduce, quote, pay) intégralement; (write name etc) en toutes lettres
**fullback** ['fulbæk] n (Rugby, Football) arrière m

**full-blooded** ['ful'blʌdɪd] adj (vigorous) vigoureux(-euse)
**full-cream** ['ful'kri:m] adj: **~ milk** (Brit) lait entier
**full-grown** ['ful'grəun] adj arrivé(e) à maturité, adulte
**full-length** ['ful'lɛŋθ] adj (portrait) en pied; (coat) long(ue); **~ film** long métrage
**full moon** n pleine lune
**full-scale** ['fulskeɪl] adj (model) grandeur nature inv; (search, retreat) complet(-ète), total(e)
**full-sized** ['ful'saɪzd] adj (portrait etc) grandeur nature inv
**full stop** n point m
**full-time** ['ful'taɪm] adj, adv (work) à plein temps ▷ n (Sport) fin f du match
**fully** ['fulɪ] adv entièrement, complètement; (at least): **~ as big** au moins aussi grand
**fully-fledged** ['fulɪ'flɛdʒd] adj (teacher, barrister) diplômé(e); (citizen, member) à part entière
**fulsome** ['fulsəm] adj (pej: praise) excessif(-ive); (: manner) exagéré(e)
**fumble** ['fʌmbl] vi fouiller, tâtonner ▷ vt (ball) mal réceptionner, cafouiller
  ▶ **fumble with** vt fus tripoter
**fume** [fju:m] vi (rage) rager
**fumes** [fju:mz] npl vapeurs fpl, émanations fpl, gaz mpl
**fumigate** ['fju:mɪgeɪt] vt désinfecter (par fumigation)
**fun** [fʌn] n amusement m, divertissement m; **to have ~** s'amuser; **for ~** pour rire; **it's not much ~** ce n'est pas très drôle or amusant; **to make ~ of** se moquer de
**function** ['fʌŋkʃən] n fonction f; (reception, dinner) cérémonie f, soirée officielle ▷ vi fonctionner; **to ~ as** faire office de
**functional** ['fʌŋkʃənl] adj fonctionnel(le)
**function key** n (Comput) touche f de fonction
**fund** [fʌnd] n caisse f, fonds m; (source, store) source f, mine f; **funds** npl (money) fonds mpl
**fundamental** [fʌndə'mɛntl] adj fondamental(e); **fundamentals** npl principes mpl de base
**fundamentalism** [fʌndə'mɛntəlɪzəm] n intégrisme m
**fundamentalist** [fʌndə'mɛntəlɪst] n intégriste m/f
**fundamentally** [fʌndə'mɛntəlɪ] adv fondamentalement
**funding** ['fʌndɪŋ] n financement m
**fund-raising** ['fʌndreɪzɪŋ] n collecte f de fonds
**funeral** ['fju:nərəl] n enterrement m, obsèques fpl (more formal occasion)
**funeral director** n entrepreneur m des pompes funèbres
**funeral parlour** n (Brit) dépôt m mortuaire
**funeral service** n service m funèbre
**funereal** [fju:'nɪərɪəl] adj lugubre, funèbre
**funfair** ['fʌnfɛəʳ] n (Brit) fête (foraine)
**fungus** (pl **fungi**) ['fʌŋgəs, -gaɪ] n champignon m; (mould) moisissure f

**funicular** [fju:'nɪkjuləʳ] n (also: **funicular railway**) funiculaire m
**funky** ['fʌŋkɪ] adj (music) funky inv; (inf: excellent) super inv
**funnel** ['fʌnl] n entonnoir m; (of ship) cheminée f
**funnily** ['fʌnɪlɪ] adv drôlement; (strangely) curieusement
**funny** ['fʌnɪ] adj amusant(e), drôle; (strange) curieux(-euse), bizarre
**funny bone** n endroit sensible du coude
**fun run** n course f de fond (pour amateurs)
**fur** [fəːʳ] n fourrure f; (Brit: in kettle etc) (dépôt m de) tartre m
**fur coat** n manteau m de fourrure
**furious** ['fjuərɪəs] adj furieux(-euse); (effort) acharné(e); **to be ~ with sb** être dans une fureur noire contre qn
**furiously** ['fjuərɪəslɪ] adv furieusement; avec acharnement
**furl** [fəːl] vt rouler; (Naut) ferler
**furlong** ['fəːlɔŋ] n = 201.17 m (terme d'hippisme)
**furlough** ['fəːləu] n permission f, congé m
**furnace** ['fəːnɪs] n fourneau m
**furnish** ['fəːnɪʃ] vt meubler; (supply) fournir; **~ed flat** or (US) **apartment** meublé m
**furnishings** ['fəːnɪʃɪŋz] npl mobilier m, articles mpl d'ameublement
**furniture** ['fəːnɪtʃəʳ] n meubles mpl, mobilier m; **piece of ~** meuble m
**furniture polish** n encaustique f
**furore** [fjuəˈrɔːrɪ] n (protests) protestations fpl
**furrier** ['fʌrɪəʳ] n fourreur m
**furrow** ['fʌrəu] n sillon m
**furry** ['fəːrɪ] adj (animal) à fourrure; (toy) en peluche
**further** ['fəːðəʳ] adj supplémentaire, autre; nouveau (nouvelle) ▷ adv plus loin; (more) davantage; (moreover) de plus ▷ vt faire avancer or progresser, promouvoir; **how much ~ is it?** quelle distance or combien reste-t-il à parcourir?; **until ~ notice** jusqu'à nouvel ordre or avis; **~ to your letter of ...** (Comm) suite à votre lettre du ...
**further education** n enseignement m postscolaire (recyclage, formation professionnelle)

**furthermore** [fəːðəˈmɔːʳ] adv de plus, en outre
**furthermost** ['fəːðəməust] adj le (la) plus éloigné(e)
**furthest** ['fəːðɪst] superlative of **far**
**furtive** ['fəːtɪv] adj furtif(-ive)
**fury** ['fjuərɪ] n fureur f
**fuse**, (US) **fuze** [fju:z] n fusible m; (for bomb etc) amorce f, détonateur m ▷ vt, vi (metal) fondre; (fig) fusionner; (Brit: Elec): **to ~ the lights** faire sauter les fusibles or les plombs; **a ~ has blown** un fusible a sauté
**fuse box** n boîte f à fusibles
**fuselage** ['fju:zəlɑːʒ] n fuselage m
**fuse wire** n fusible m
**fusillade** [fju:zɪ'leɪd] n fusillade f; (fig) feu roulant
**fusion** ['fju:ʒən] n fusion f
**fuss** [fʌs] n (anxiety, excitement) chichis mpl, façons fpl; (commotion) tapage m; (complaining, trouble) histoire(s) f(pl) ▷ vi faire des histoires ▷ vt (person) embêter; **to make a ~** faire des façons (or des histoires); **to make a ~ of sb** dorloter qn
▶ **fuss over** vt fus (person) dorloter
**fusspot** ['fʌspɔt] n (inf): **don't be such a ~!** ne fais pas tant d'histoires!
**fussy** ['fʌsɪ] adj (person) tatillon(ne), difficile, chichiteux(-euse); (dress, style) tarabiscoté(e); **I'm not ~** (inf) ça m'est égal
**fusty** ['fʌstɪ] adj (old-fashioned) vieillot(te); (smell) de renfermé or moisi
**futile** ['fju:taɪl] adj futile
**futility** [fju:'tɪlɪtɪ] n futilité f
**futon** ['fu:tɔn] n futon m
**future** ['fju:tʃəʳ] adj futur(e) ▷ n avenir m; (Ling) futur m; **futures** npl (Comm) opérations fpl à terme; **in (the) ~** à l'avenir; **in the near/immediate ~** dans un avenir proche/immédiat
**futuristic** [fju:tʃə'rɪstɪk] adj futuriste
**fuze** [fju:z] n, vt, vi (US) = **fuse**
**fuzzy** ['fʌzɪ] adj (Phot) flou(e); (hair) crépu(e)
**fwd.** abbr = **forward**
**fwy** abbr (US) = **freeway**
**FY** abbr = **fiscal year**
**FYI** abbr = **for your information**

# Gg

**G¹, g** [dʒiː] *n* (*letter*) G, g *m*; (*Mus*): **G** sol *m*; **G for George** G comme Gaston

**G²** *n abbr* (*Brit Scol*: = *good*) b (= *bien*); (*US Cine*: = *general* (*audience*)) ≈ tous publics; (*Pol*: = *G8*) G8 *m*

**g.** *abbr* (= *gram*) g; (= *gravity*) g

**G8** *abbr* (*Pol*): **the G8 nations** le G8

**G20** *n abbr* (*Pol*) G20 *m*

**GA** *abbr* (*US*) = **Georgia**

**gab** [gæb] *n* (*inf*): **to have the gift of the ~** avoir la langue bien pendue

**gabble** ['gæbl] *vi* bredouiller; jacasser

**gaberdine** [gæbə'diːn] *n* gabardine *f*

**gable** ['geɪbl] *n* pignon *m*

**Gabon** [gə'bɔn] *n* Gabon *m*

**gad about** ['gædə'baut] *vi* (*inf*) se balader

**gadget** ['gædʒɪt] *n* gadget *m*

**Gaelic** ['geɪlɪk] *adj*, *n* (*Ling*) gaélique (*m*)

**gaffe** [gæf] *n* gaffe *f*

**gaffer** ['gæfər] *n* (*Brit*: *foreman*) contremaître *m*; (*Brit inf*: *boss*) patron *m*

**gag** [gæg] *n* (*on mouth*) bâillon *m*; (*joke*) gag *m* ▷ *vt* (*prisoner etc*) bâillonner ▷ *vi* (*choke*) étouffer

**gaga** ['gɑːgɑː] *adj*: **to go ~** devenir gaga *or* gâteux(-euse)

**gaiety** ['geɪtɪ] *n* gaieté *f*

**gaily** ['geɪlɪ] *adv* gaiement

**gain** [geɪn] *n* (*improvement*) gain *m*; (*profit*) gain, profit *m* ▷ *vt* gagner ▷ *vi* (*watch*) avancer; **to ~ from/by** gagner de/à; **to ~ on sb** (*catch up*) rattraper qn; **to ~ 3lbs** (*in weight*) prendre 3 livres; **to ~ ground** gagner du terrain

**gainful** ['geɪnful] *adj* profitable, lucratif(-ive)

**gainfully** ['geɪnfəlɪ] *adv*: **to be ~ employed** avoir un emploi rémunéré

**gainsay** [geɪn'seɪ] *vt* (*irreg: like* **say**) contredire; nier

**gait** [geɪt] *n* démarche *f*

**gal.** *abbr* = **gallon**

**gala** ['gɑːlə] *n* gala *m*; **swimming ~** grand concours de natation

**Galápagos** [gə'læpəgəs], **Galápagos Islands** *npl*: **the ~ (Islands)** les (îles *fpl*) Galapagos *fpl*

**galaxy** ['gæləksɪ] *n* galaxie *f*

**gale** [geɪl] *n* coup *m* de vent; **~ force 10** vent *m* de force 10

**gall** [gɔːl] *n* (*Anat*) bile *f*; (*fig*) effronterie *f* ▷ *vt* ulcérer, irriter

**gall.** *abbr* = **gallon**

**gallant** ['gælənt] *adj* vaillant(e), brave; (*towards ladies*) empressé(e), galant(e)

**gallantry** ['gæləntrɪ] *n* bravoure *f*, vaillance *f*; empressement *m*, galanterie *f*

**gall bladder** ['gɔːl-] *n* vésicule *f* biliaire

**galleon** ['gælɪən] *n* galion *m*

**gallery** ['gælərɪ] *n* galerie *f*; (*also*: **art gallery**) musée *m*; (: *private*) galerie; (*for spectators*) tribune *f*; (: *in theatre*) dernier balcon

**galley** ['gælɪ] *n* (*ship's kitchen*) cambuse *f*; (*ship*) galère *f*; (*also*: **galley proof**) placard *m*, galée *f*

**Gallic** ['gælɪk] *adj* (*of Gaul*) gaulois(e); (*French*) français(e)

**galling** ['gɔːlɪŋ] *adj* irritant(e)

**gallon** ['gæln] *n* gallon *m* (*Brit* = 4.543 l; *US* = 3.785 l), = 8 pints

**gallop** ['gæləp] *n* galop *m* ▷ *vi* galoper; **~ing inflation** inflation galopante

**gallows** ['gæləuz] *n* potence *f*

**gallstone** ['gɔːlstəun] *n* calcul *m* (biliaire)

**Gallup Poll** ['gæləp-] *n* sondage *m* Gallup

**galore** [gə'lɔːr] *adv* en abondance, à gogo

**galvanize** ['gælvənaɪz] *vt* galvaniser; (*fig*): **to ~ sb into action** galvaniser qn

**Gambia** ['gæmbɪə] *n* Gambie *f*

**gambit** ['gæmbɪt] *n* (*fig*): (**opening**) **~** manœuvre *f* stratégique

**gamble** ['gæmbl] *n* pari *m*, risque calculé ▷ *vt*, *vi* jouer; **to ~ on the Stock Exchange** jouer en *or* à la Bourse; **to ~ on** (*fig*) miser sur

**gambler** ['gæmblər] *n* joueur *m*

**gambling** ['gæmblɪŋ] *n* jeu *m*

**gambol** ['gæmbl] *vi* gambader

**game** [geɪm] *n* jeu *m*; (*event*) match *m*; (*of tennis, chess, cards*) partie *f*; (*Hunting*) gibier *m* ▷ *adj* brave; (*willing*): **to be ~ (for)** être prêt(e) (à *or* pour); **a ~ of football/tennis** une partie de football/tennis; **big ~** gros gibier; **games** *npl* (*Scol*) sport *m*; (*sport event*) jeux

**game bird** *n* gibier *m* à plume

**gamekeeper** ['geɪmkiːpər] *n* garde-chasse *m*

**gamely** ['geɪmlɪ] *adv* vaillamment

**gamer** ['geɪmər] *n* jouer(-euse) de jeux vidéos

**game reserve** *n* réserve animalière

**games console** ['geɪmz-] n console f de jeux vidéo

**game show** ['geɪmʃəu] n jeu télévisé

**gamesmanship** ['geɪmzmənʃɪp] n roublardise f

**gaming** ['geɪmɪŋ] n jeu m, jeux mpl d'argent; (video games) jeux mpl vidéos

**gammon** ['gæmən] n (bacon) quartier m de lard fumé; (ham) jambon fumé or salé

**gamut** ['gæmət] n gamme f

**gang** [gæŋ] n bande f, groupe m; (of workmen) équipe f

▸ **gang up** vi: **to ~ up on sb** se liguer contre qn

**Ganges** ['gændʒiːz] n: **the ~** le Gange

**gangland** ['gæŋlænd] adj: **~ killer** tueur professionnel du milieu; **~ boss** chef m de gang

**gangling** ['gæŋglɪŋ], **gangly** ['gæŋglɪ] adj dégingandé(e)

**gangplank** ['gæŋplæŋk] n passerelle f

**gangrene** ['gæŋgriːn] n gangrène f

**gangster** ['gæŋstəʳ] n gangster m, bandit m

**gangway** ['gæŋweɪ] n passerelle f; (Brit: of bus) couloir central

**gantry** ['gæntrɪ] n portique m; (for rocket) tour f de lancement

**GAO** n abbr (US: = General Accounting Office) ≈ Cour f des comptes

**gaol** [dʒeɪl] n, vt (Brit) = **jail**

**gap** [gæp] n trou m; (in time) intervalle m; (fig) lacune f; vide m; (difference): **~ (between)** écart m (entre)

**gape** [geɪp] vi (person) être or rester bouche bée; (hole, shirt) être ouvert(e)

**gaping** ['geɪpɪŋ] adj (hole) béant(e)

**gap year** n année que certains étudiants prennent pour voyager ou pour travailler avant d'entrer à l'université

**garage** ['gærɑːʒ] n garage m

**garage sale** n vide-grenier m

**garb** [gɑːb] n tenue f, costume m

**garbage** ['gɑːbɪdʒ] n (US: rubbish) ordures fpl, détritus mpl; (inf: nonsense) âneries fpl

**garbage can** n (US) poubelle f, boîte f à ordures

**garbage collector** n (US) éboueur m

**garbage disposal unit** n broyeur m d'ordures

**garbage truck** n (US) camion m (de ramassage des ordures), benne f à ordures

**garbled** ['gɑːbld] adj déformé(e), faussé(e)

**garden** ['gɑːdn] n jardin m ▷ vi jardiner; **gardens** npl (public) jardin public; (private) parc m

**garden centre** (Brit) n pépinière f, jardinerie f

**garden city** n (Brit) cité-jardin f

**gardener** ['gɑːdnəʳ] n jardinier m

**gardening** ['gɑːdnɪŋ] n jardinage m

**gargle** ['gɑːgl] vi se gargariser ▷ n gargarisme m

**gargoyle** ['gɑːgɔɪl] n gargouille f

**garish** ['gɛərɪʃ] adj criard(e), voyant(e)

**garland** ['gɑːlənd] n guirlande f; couronne f

**garlic** ['gɑːlɪk] n ail m

**garment** ['gɑːmənt] n vêtement m

**garner** ['gɑːnəʳ] vt engranger, amasser

**garnish** ['gɑːnɪʃ] (Culin) vt garnir ▷ n décoration f

**garret** ['gærɪt] n mansarde f

**garrison** ['gærɪsn] n garnison f ▷ vt mettre en garnison, stationner

**garrulous** ['gærjuləs] adj volubile, loquace

**garter** ['gɑːtəʳ] n jarretière f; (US: suspender) jarretelle f

**garter belt** n (US) porte-jarretelles m inv

**gas** [gæs] n gaz m; (used as anaesthetic): **to be given ~** se faire endormir; (US: gasoline) essence f ▷ vt asphyxier; (Mil) gazer; **I can smell ~** ça sent le gaz

**Gascony** ['gæskənɪ] n Gascogne f

**gas cooker** n (Brit) cuisinière f à gaz

**gas cylinder** n bouteille f de gaz

**gaseous** ['gæsɪəs] adj gazeux(-euse)

**gas fire** n (Brit) radiateur m à gaz

**gas-fired** ['gæsfaɪəd] adj au gaz

**gash** [gæʃ] n entaille f; (on face) balafre f ▷ vt taillader; balafrer

**gasket** ['gæskɪt] n (Aut) joint m de culasse

**gas mask** n masque m à gaz

**gas meter** n compteur m à gaz

**gasoline** ['gæsəliːn] n (US) essence f

**gasp** [gɑːsp] n halètement m; (of shock etc): **she gave a small ~ of pain** la douleur lui coupa le souffle ▷ vi haleter; (fig) avoir le souffle coupé

▸ **gasp out** vt (say) dire dans un souffle or d'une voix entrecoupée

**gas pedal** n (US) accélérateur m

**gas ring** n brûleur m

**gas station** n (US) station-service f

**gas stove** n réchaud m à gaz; (cooker) cuisinière f à gaz

**gassy** ['gæsɪ] adj gazeux(-euse)

**gas tank** n (US Aut) réservoir m d'essence

**gas tap** n bouton m (de cuisinière à gaz); (on pipe) robinet m à gaz

**gastric** ['gæstrɪk] adj gastrique

**gastric ulcer** n ulcère m de l'estomac

**gastroenteritis** ['gæstrəuɛntə'raɪtɪs] n gastroentérite f

**gastronomy** [gæs'trɔnəmɪ] n gastronomie f

**gasworks** ['gæswəːks] n, npl usine f à gaz

**gate** [geɪt] n (of garden) portail m; (of field, at level crossing) barrière f; (of building, town, at airport) porte f; (of lock) vanne f

**gateau** (pl **-x**) ['gætəu, -z] n gros gâteau à la crème

**gatecrash** ['geɪtkræʃ] vt s'introduire sans invitation dans

**gatecrasher** ['geɪtkræʃəʳ] n intrus(e)

**gatehouse** ['geɪthaus] n loge f

**gateway** ['geɪtweɪ] n porte f

**gather** ['gæðəʳ] vt (flowers, fruit) cueillir; (pick up) ramasser; (assemble: objects) rassembler; (: people) réunir; (: information) recueillir; (understand) comprendre ▷ vi (assemble) se rassembler; (dust) s'amasser; (clouds) s'amonceler; **to ~ (from/that)** conclure or déduire (de/que); **as far as I can ~** d'après ce que je comprends; **to ~ speed** prendre de la vitesse

**gathering** ['gæðərɪŋ] n rassemblement m

**GATT** [gæt] n abbr (= General Agreement on Tariffs and

*Trade)* GATT *m*
**gauche** [gəʊʃ] *adj* gauche, maladroit(e)
**gaudy** ['gɔːdɪ] *adj* voyant(e)
**gauge** [geɪdʒ] *n (standard measure)* calibre *m*; *(Rail)* écartement *m*; *(instrument)* jauge *f* ▷ *vt* jauger; *(fig: sb's capabilities, character)* juger de; **to ~ the right moment** calculer le moment propice; **petrol ~**, *(US)* **gas ~** jauge d'essence
**Gaul** [gɔːl] *n (country)* Gaule *f*; *(person)* Gaulois(e)
**gaunt** [gɔːnt] *adj* décharné(e); *(grim, desolate)* désolé(e)
**gauntlet** ['gɔːntlɪt] *n (fig)*: **to throw down the ~** jeter le gant; **to run the ~ through an angry crowd** se frayer un passage à travers une foule hostile *or* entre deux haies de manifestants *etc* hostiles
**gauze** [gɔːz] *n* gaze *f*
**gave** [geɪv] *pt of* **give**
**gawky** ['gɔːkɪ] *adj* dégingandé(e), godiche
**gawp** [gɔːp] *vi*: **to ~ at** regarder bouche bée
**gay** [geɪ] *adj (homosexual)* homosexuel(le); *(slightly old-fashioned: cheerful)* gai(e), réjoui(e); *(colour)* gai, vif (vive)
**gaze** [geɪz] *n* regard *m* fixe ▷ *vi*: **to ~ at** *(vt)* fixer du regard
**gazelle** [gə'zɛl] *n* gazelle *f*
**gazette** [gə'zɛt] *n (newspaper)* gazette *f*; *(official publication)* journal officiel
**gazetteer** [gæzə'tɪəʳ] *n* dictionnaire *m* géographique
**gazump** [gə'zʌmp] *vi (Brit) revenir sur une promesse de vente pour accepter un prix plus élevé*
**GB** *abbr* = **Great Britain**
**GBH** *n abbr (Brit Law: inf)* = **grievous bodily harm**
**GC** *n abbr (Brit: = George Cross) distinction honorifique*
**GCE** *n abbr (Brit)* = **General Certificate of Education**
**GCHQ** *n abbr (Brit: = Government Communications Headquarters) centre d'interception des télécommunications étrangères*
**GCSE** *n abbr (Brit: = General Certificate of Secondary Education) examen passé à l'âge de 16 ans sanctionnant les connaissances de l'élève*; **she's got eight ~s** elle a réussi dans huit matières aux épreuves du GCSE
**Gdns.** *abbr* = **gardens**
**GDP** *n abbr* = **gross domestic product**
**GDR** *n abbr (old: = German Democratic Republic)* RDA *f*
**gear** [gɪəʳ] *n* matériel *m*, équipement *m*; *(Tech)* engrenage *m*; *(Aut)* vitesse *f* ▷ *vt (fig: adapt)* adapter; **top** *or (US)* **high/low ~** quatrième *(or* cinquième)/première vitesse; **in ~** en prise; **out of ~** au point mort; **our service is ~ed to meet the needs of the disabled** notre service répond de façon spécifique aux besoins des handicapés
▶ **gear up** *vi*: **to ~ up (to do)** se préparer (à faire)
**gear box** *n* boîte *f* de vitesse
**gear lever** *n* levier *m* de vitesse
**gear shift** *(US)* *n* = **gear lever**
**gear stick** *(Brit)* *n* = **gear lever**
**GED** *n abbr (US Scol)* = **general educational development**
**geese** [giːs] *npl of* **goose**
**geezer** ['giːzəʳ] *n (Brit inf)* mec *m*
**Geiger counter** ['gaɪgə-] *n* compteur *m* Geiger
**gel** [dʒɛl] *n* gelée *f*; *(Chem)* colloïde *m*
**gelatin, gelatine** ['dʒɛləti:n] *n* gélatine *f*
**gelignite** ['dʒɛlɪgnaɪt] *n* plastic *m*
**gem** [dʒɛm] *n* pierre précieuse
**Gemini** ['dʒɛmɪnaɪ] *n* les Gémeaux *mpl*; **to be ~** être des Gémeaux
**gen** [dʒɛn] *n (Brit inf)*: **to give sb the ~ on sth** mettre qn au courant de qch
**Gen.** *abbr (Mil: = general)* Gal
**gen.** *abbr (= general, generally)* gén
**gender** ['dʒɛndəʳ] *n* genre *m*; *(person's sex)* sexe *m*
**gene** [dʒiːn] *n (Biol)* gène *m*
**genealogy** [dʒiːnɪ'ælədʒɪ] *n* généalogie *f*
**general** ['dʒɛnərl] *n* général *m* ▷ *adj* général(e); **in ~** en général; **the ~ public** le grand public; **~ audit** *(Comm)* vérification annuelle
**general anaesthetic**, *(US)* **general anesthetic** *n* anesthésie générale
**general delivery** *n* poste restante
**general election** *n* élection(s) législative(s)
**generalization** ['dʒɛnrəlaɪ'zeɪʃən] *n* généralisation *f*
**generalize** ['dʒɛnrəlaɪz] *vi* généraliser
**general knowledge** *n* connaissances générales
**generally** ['dʒɛnrəlɪ] *adv* généralement
**general manager** *n* directeur général
**general practitioner** *n* généraliste *m/f*
**general store** *n* épicerie *f*
**general strike** *n* grève générale
**generate** ['dʒɛnəreɪt] *vt* engendrer; *(electricity)* produire
**generation** [dʒɛnə'reɪʃən] *n* génération *f*; *(of electricity etc)* production *f*
**generator** ['dʒɛnəreɪtəʳ] *n* générateur *m*
**generic** [dʒɪ'nɛrɪk] *adj* générique
**generosity** [dʒɛnə'rɔsɪtɪ] *n* générosité *f*
**generous** ['dʒɛnərəs] *adj* généreux(-euse); *(copious)* copieux(-euse)
**genesis** ['dʒɛnɪsɪs] *n* genèse *f*
**genetic** [dʒɪ'nɛtɪk] *adj* génétique; **~ engineering** ingénierie *m* génétique; **~ fingerprinting** système *m* d'empreinte génétique
**genetically modified** *adj (food etc)* génétiquement modifié(e)
**genetics** [dʒɪ'nɛtɪks] *n* génétique *f*
**Geneva** [dʒɪ'niːvə] *n* Genève; **Lake ~** le lac Léman
**genial** ['dʒiːnɪəl] *adj* cordial(e), chaleureux(-euse); *(climate)* clément(e)
**genitals** ['dʒɛnɪtlz] *npl* organes génitaux
**genitive** ['dʒɛnɪtɪv] *n* génitif *m*
**genius** ['dʒiːnɪəs] *n* génie *m*
**Genoa** ['dʒɛnəuə] *n* Gênes
**genocide** ['dʒɛnəusaɪd] *n* génocide *m*
**gent** [dʒɛnt] *n abbr (Brit inf)* = **gentleman**
**genteel** [dʒɛn'tiːl] *adj* de bon ton, distingué(e)
**gentle** ['dʒɛntl] *adj* doux (douce); *(breeze, touch)*

léger(-ère)

**gentleman** (*irreg*) ['dʒɛntlmən] *n* monsieur *m*; (*well-bred man*) gentleman *m*; **~'s agreement** gentleman's agreement *m*

**gentlemanly** ['dʒɛntlmənlɪ] *adj* bien élevé(e)

**gentleness** ['dʒɛntlnɪs] *n* douceur *f*

**gently** ['dʒɛntlɪ] *adv* doucement

**gentry** ['dʒɛntrɪ] *n* petite noblesse

**gents** [dʒɛnts] *n* W.-C. *mpl* (pour hommes)

**genuine** ['dʒɛnjuɪn] *adj* véritable, authentique; (*person, emotion*) sincère

**genuinely** ['dʒɛnjuɪnlɪ] *adv* sincèrement, vraiment

**geographer** [dʒɪˈɒɡrəfəʳ] *n* géographe *m/f*

**geographic** [dʒɪəˈɡræfɪk], **geographical** [dʒɪəˈɡræfɪkl] *adj* géographique

**geography** [dʒɪˈɒɡrəfɪ] *n* géographie *f*

**geological** [dʒɪəˈlɒdʒɪkl] *adj* géologique

**geologist** [dʒɪˈɒlədʒɪst] *n* géologue *m/f*

**geology** [dʒɪˈɒlədʒɪ] *n* géologie *f*

**geometric** [dʒɪəˈmɛtrɪk], **geometrical** [dʒɪəˈmɛtrɪkl] *adj* géométrique

**geometry** [dʒɪˈɒmətrɪ] *n* géométrie *f*

**Geordie** ['dʒɔːdɪ] *n* (*inf*) habitant(e) de Tyneside, originaire *m/f* de Tyneside.

**Georgia** ['dʒɔːdʒə] *n* Géorgie *f*

**Georgian** ['dʒɔːdʒən] *adj* (*Geo*) géorgien(ne) ▷ *n* Géorgien(ne); (*Ling*) géorgien *m*

**geranium** [dʒɪˈreɪnɪəm] *n* géranium *m*

**geriatric** [dʒɛrɪˈætrɪk] *adj* gériatrique ▷ *n* patient(e) gériatrique

**germ** [dʒəːm] *n* (*Med*) microbe *m*; (*Biol: fig*) germe *m*

**German** ['dʒəːmən] *adj* allemand(e) ▷ *n* Allemand(e); (*Ling*) allemand *m*

**germane** [dʒəːˈmeɪn] *adj* (*formal*): **~ (to)** se rapportant (à)

**German measles** *n* rubéole *f*

**Germany** ['dʒəːmənɪ] *n* Allemagne *f*

**germination** [dʒəːmɪˈneɪʃən] *n* germination *f*

**germ warfare** *n* guerre *f* bactériologique

**gerrymandering** ['dʒɛrɪmændərɪŋ] *n* tripotage *m* du découpage électoral

**gestation** [dʒɛsˈteɪʃən] *n* gestation *f*

**gesticulate** [dʒɛsˈtɪkjuleɪt] *vi* gesticuler

**gesture** ['dʒɛstjəʳ] *n* geste *m*; **as a ~ of friendship** en témoignage d'amitié

### ⊙ KEYWORD

**get** [ɡɛt] (*pt, pp* **got**, *pp* **gotten**) (*US*) *vi* **1** (*become, be*) devenir; **to get old/tired** devenir vieux/fatigué, vieillir/se fatiguer; **to get drunk** s'enivrer; **to get ready/washed/shaved** *etc* se préparer/laver/raser *etc*; **to get killed** se faire tuer; **to get dirty** se salir; **to get married** se marier; **when do I get paid?** quand est-ce que je serai payé?; **it's getting late** il se fait tard

**2** (*go*): **to get to/from** aller à/de; **to get home** rentrer chez soi; **how did you get here?** comment es-tu arrivé ici?; **he got across the bridge/under the fence** il a traversé le pont/est passé au-dessous de la barrière

**3** (*begin*) commencer *or* se mettre à; **to get to know sb** apprendre à connaître qn; **I'm getting to like him** je commence à l'apprécier; **let's get going** *or* **started** allons-y

**4** (*modal aux vb*): **you've got to do it** il faut que vous le fassiez; **I've got to tell the police** je dois le dire à la police

▷ *vt* **1**: **to get sth done** (*do*) faire qch; (*have done*) faire faire qch; **to get sth/sb ready** préparer qch/qn; **to get one's hair cut** se faire couper les cheveux; **to get the car going** *or* **to go** (faire) démarrer la voiture; **to get sb to do sth** faire faire qch à qn; **to get sb drunk** enivrer qn

**2** (*obtain: money, permission, results*) obtenir, avoir; (*buy*) acheter; (*find: job, flat*) trouver; (*fetch: person, doctor, object*) aller chercher; **to get sth for sb** procurer qch à qn; **get me Mr Jones, please** (*on phone*) passez-moi Mr Jones, s'il vous plaît; **can I get you a drink?** est-ce que je peux vous servir à boire?

**3** (*receive: present, letter*) recevoir, avoir; (*acquire: reputation*) avoir; (*prize*) obtenir; **what did you get for your birthday?** qu'est-ce que tu as eu pour ton anniversaire?; **how much did you get for the painting?** combien avez-vous vendu le tableau?

**4** (*catch*) prendre, saisir, attraper; (*hit: target etc*) atteindre; **to get sb by the arm/throat** prendre *or* saisir *or* attraper qn par le bras/à la gorge; **get him!** arrête-le!; **the bullet got him in the leg** il a pris la balle dans la jambe; **he really gets me!** il me porte sur les nerfs!

**5** (*take, move*): **to get sth to sb** faire parvenir qch à qn; **do you think we'll get it through the door?** on arrivera à le faire passer par la porte?; **I'll get you there somehow** je me débrouillerai pour t'y emmener

**6** (*catch, take: plane, bus etc*) prendre; **where do I get the train for Birmingham?** où prend-on le train pour Birmingham?

**7** (*understand*) comprendre, saisir; (*hear*) entendre; **I've got it!** j'ai compris!; **I don't get your meaning** je ne vois *or* comprends pas ce que vous voulez dire; **I didn't get your name** je n'ai pas entendu votre nom

**8** (*have, possess*): **to have got** avoir; **how many have you got?** vous en avez combien?

**9** (*illness*) avoir; **I've got a cold** j'ai le rhume; **she got pneumonia and died** elle a fait une pneumonie et elle en est morte

▶ **get about** *vi* se déplacer; (*news*) se répandre

▶ **get across** *vt*: **to get across (to)** (*message, meaning*) faire passer (à) ▷ *vi*: **to get across (to)** (*speaker*) se faire comprendre (par)

▶ **get along** *vi* (*agree*) s'entendre; (*depart*) s'en aller; (*manage*) = **get by**

▶ **get at** *vt fus* (*attack*) s'en prendre à; (*reach*) attraper, atteindre; **what are you getting at?** à quoi voulez-vous en venir?

▶ **get away** *vi* partir, s'en aller; (*escape*) s'échapper

▶ **get away with** *vt fus* (*punishment*) en être quitte pour; (*crime etc*) se faire pardonner

▶ **get back** *vi* (*return*) rentrer ▷ *vt* récupérer, recouvrer; **to get back to** (*start again*) retourner *or* revenir à; (*contact again*) recontacter; **when do we get back?** quand serons-nous de retour?

▶ **get back at** *vt fus* (*inf*): **to get back at sb** rendre la monnaie de sa pièce à qn

▶ **get by** *vi* (*pass*) passer; (*manage*) se débrouiller; **I can get by in Dutch** je me débrouille en hollandais

▶ **get down** *vi, vt fus* descendre ▷ *vt* descendre; (*depress*) déprimer

▶ **get down to** *vt fus* (*work*) se mettre à (faire); **to get down to business** passer aux choses sérieuses

▶ **get in** *vi* entrer; (*arrive home*) rentrer; (*train*) arriver ▷ *vt* (*bring in: harvest*) rentrer; (*: coal*) faire rentrer; (*: supplies*) faire des provisions de

▶ **get into** *vt fus* entrer dans; (*car, train etc*) monter dans; (*clothes*) mettre, enfiler, endosser; **to get into bed/a rage** se mettre au lit/en colère

▶ **get off** *vi* (*from train etc*) descendre; (*depart: person, car*) s'en aller; (*escape*) s'en tirer ▷ *vt* (*remove: clothes, stain*) enlever; (*send off*) expédier; (*have as leave: day, time*): **we got 2 days off** nous avons eu 2 jours de congé ▷ *vt fus* (*train, bus*) descendre de; **where do I get off?** où est-ce que je dois descendre?; **to get off to a good start** (*fig*) prendre un bon départ

▶ **get on** *vi* (*at exam etc*) se débrouiller; (*agree*): **to get on (with)** s'entendre (avec); **how are you getting on?** comment ça va? ▷ *vt fus* monter dans; (*horse*) monter sur

▶ **get on to** *vt fus* (*Brit: deal with: problem*) s'occuper de; (*contact: person*) contacter

▶ **get out** *vi* sortir; (*of vehicle*) descendre; (*news etc*) s'ébruiter ▷ *vt* sortir

▶ **get out of** *vt fus* sortir de; (*duty etc*) échapper à, se soustraire à

▶ **get over** *vt fus* (*illness*) se remettre de ▷ *vt* (*communicate: idea etc*) communiquer; (*finish*): **let's get it over (with)** finissons-en

▶ **get round** *vi*: **to get round to doing sth** se mettre (finalement) à faire qch ▷ *vt fus* contourner; (*fig: person*) entortiller

▶ **get through** *vi* (*Tel*) avoir la communication; **to get through to sb** atteindre qn ▷ *vt fus* (*finish: work, book*) finir, terminer

▶ **get together** *vi* se réunir ▷ *vt* rassembler

▶ **get up** *vi* (*rise*) se lever ▷ *vt fus* monter

▶ **get up to** *vt fus* (*reach*) arriver à; (*prank etc*) faire

**getaway** ['gɛtəweɪ] *n* fuite *f*

**getaway car** *n* voiture prévue pour prendre la fuite

**get-together** ['gɛttəgɛðəʳ] *n* petite réunion, petite fête

**get-up** ['gɛtʌp] *n* (*inf: outfit*) accoutrement *m*

**get-well card** [gɛt'wɛl-] *n* carte *f* de vœux de bon rétablissement

**geyser** ['giːzəʳ] *n* chauffe-eau *m inv*; (*Geo*) geyser *m*

**Ghana** ['gɑːnə] *n* Ghana *m*

**Ghanaian** [gɑ:'neɪən] *adj* ghanéen(ne) ▷ *n* Ghanéen(ne)

**ghastly** ['gɑːstlɪ] *adj* atroce, horrible; (*pale*) livide, blême

**gherkin** ['gəːkɪn] *n* cornichon *m*

**ghetto** ['gɛtəu] *n* ghetto *m*

**ghetto blaster** [-blɑːstəʳ] *n* (*inf*) gros radiocassette

**ghost** [gəust] *n* fantôme *m*, revenant *m* ▷ *vt* (*sb else's book*) écrire

**ghostly** ['gəustlɪ] *adj* fantomatique

**ghostwriter** ['gəustraɪtəʳ] *n* nègre *m* (*fig*)

**ghoul** [guːl] *n* (*ghost*) vampire *m*

**ghoulish** ['guːlɪʃ] *adj* (*tastes etc*) morbide

**GHQ** *n abbr* (*Mil: = general headquarters*) GQG *m*

**GI** *n abbr* (*US inf: = government issue*) soldat de l'armée américaine, GI *m*

**giant** ['dʒaɪənt] *n* géant(e) ▷ *adj* géant(e), énorme; **~ (size) packet** paquet géant

**giant killer** *n* (*Sport*) équipe inconnue qui remporte un match contre une équipe renommée

**gibber** ['dʒɪbəʳ] *vi* émettre des sons inintelligibles

**gibberish** ['dʒɪbərɪʃ] *n* charabia *m*

**gibe** [dʒaɪb] *n* sarcasme *m* ▷ *vi*: **to ~ at** railler

**giblets** ['dʒɪblɪts] *npl* abats *mpl*

**Gibraltar** [dʒɪ'brɔːltəʳ] *n* Gibraltar *m*

**giddiness** ['gɪdɪnɪs] *n* vertige *m*

**giddy** ['gɪdɪ] *adj* (*dizzy*): **to be** (*or* **feel**) **~** avoir le vertige; (*height*) vertigineux(-euse); (*thoughtless*) sot(te), étourdi(e)

**gift** [gɪft] *n* cadeau *m*, présent *m*; (*donation, talent*) don *m*; (*Comm: also: free gift*) cadeau(-réclame) *m*; **to have a ~ for sth** avoir des dons pour *or* le don de qch

**gifted** ['gɪftɪd] *adj* doué(e)

**gift shop**, (*US*) **gift store** *n* boutique *f* de cadeaux

**gift token, gift voucher** *n* chèque-cadeau *m*

**gig** [gɪg] *n* (*inf: concert*) concert *m*

**gigabyte** ['dʒɪgəbaɪt] *n* gigaoctet *m*

**gigantic** [dʒaɪ'gæntɪk] *adj* gigantesque

**giggle** ['gɪgl] *vi* pouffer, ricaner sottement ▷ *n* petit rire sot, ricanement *m*

**GIGO** ['gaɪgəu] *abbr* (*Comput: inf: = garbage in, garbage out*) qualité d'entrée = qualité de sortie

**gild** [gɪld] *vt* dorer

**gill** [dʒɪl] *n* (*measure*) = 0.25 pints (*Brit* = 0.148 *l*; *US* = 0.118 *l*)

**gills** [gɪlz] *npl* (*of fish*) ouïes *fpl*, branchies *fpl*

**gilt** [gɪlt] *n* dorure *f* ▷ *adj* doré(e)

**gilt-edged** ['gɪltɛdʒd] *adj* (*stocks, securities*) de premier ordre

**gimlet** ['gɪmlɪt] *n* vrille *f*

**gimmick** ['gɪmɪk] *n* truc *m*; **sales ~** offre promotionnelle

**gin** [dʒɪn] *n* gin *m*

**ginger** ['dʒɪndʒəʳ] *n* gingembre *m*

▶ **ginger up** *vt* secouer; animer

**g**

**ginger ale, ginger beer** n boisson gazeuse au gingembre
**gingerbread** ['dʒɪndʒəbrɛd] n pain m d'épices
**ginger group** n (Brit) groupe m de pression
**ginger-haired** ['dʒɪndʒə'hɛəd] adj roux (rousse)
**gingerly** ['dʒɪndʒəlɪ] adv avec précaution
**gingham** ['gɪŋəm] n vichy m
**ginseng** ['dʒɪnsɛŋ] n ginseng m
**gipsy** ['dʒɪpsɪ] n = **gypsy**
**giraffe** [dʒɪ'rɑːf] n girafe f
**girder** ['gəːdər] n poutrelle f
**girdle** ['gəːdl] n (corset) gaine f ▷ vt ceindre
**girl** [gəːl] n fille f, fillette f; (young unmarried woman) jeune fille; (daughter) fille; **an English ~** une jeune Anglaise; **a little English ~** une petite Anglaise
**girl band** n girls band m
**girlfriend** ['gəːlfrɛnd] n (of girl) amie f; (of boy) petite amie
**Girl Guide** n (Brit) éclaireuse f; (Roman Catholic) guide f
**girlish** ['gəːlɪʃ] adj de jeune fille
**Girl Scout** n (US) = **Girl Guide**
**Giro** ['dʒaɪrəu] n: **the National ~** (Brit) ≈ les comptes chèques postaux
**giro** ['dʒaɪrəu] n (bank giro) virement m bancaire; (post office giro) mandat m
**girth** [gəːθ] n circonférence f; (of horse) sangle f
**gist** [dʒɪst] n essentiel m
**give** [gɪv] (pt **gave**, pp **given** [geɪv, 'gɪvn]) n (of fabric) élasticité f ▷ vt donner ▷ vi (break) céder; (stretch: fabric) se prêter; **to ~ sb sth, ~ sth to sb** donner qch à qn; (gift) offrir qch à qn; (message) transmettre qch à qn; **to ~ sb a call/kiss** appeler/embrasser qn; **to ~ a cry/sigh** pousser un cri/un soupir; **how much did you ~ for it?** combien (l')avez-vous payé?; **12 o'clock, ~ or take a few minutes** midi, à quelques minutes près; **to ~ way** céder; (Brit Aut) donner la priorité
 ▸ **give away** vt donner; (give free) faire cadeau de; (betray) donner, trahir; (disclose) révéler; (bride) conduire à l'autel
 ▸ **give back** vt rendre
 ▸ **give in** vi céder ▷ vt donner
 ▸ **give off** vt dégager
 ▸ **give out** vt (food etc) distribuer; (news) annoncer ▷ vi (be exhausted: supplies) s'épuiser; (fail) lâcher
 ▸ **give up** vi renoncer ▷ vt renoncer à; **to ~ up smoking** arrêter de fumer; **to ~ o.s. up** se rendre
**give-and-take** ['gɪvənd'teɪk] n concessions mutuelles
**giveaway** ['gɪvəweɪ] n (inf): **her expression was a ~** son expression la trahissait; **the exam was a ~!** cet examen, c'était du gâteau! ▷ cpd: **~ prices** prix sacrifiés
**given** ['gɪvn] pp of **give** ▷ adj (fixed: time, amount) donné(e), déterminé(e) ▷ conj: **~ the circumstances ...** étant donné les circonstances ...; vu les circonstances ...; **~**

**that ...** étant donné que ...
**glacial** ['gleɪsɪəl] adj (Geo) glaciaire; (wind, weather) glacial(e)
**glacier** ['glæsɪər] n glacier m
**glad** [glæd] adj content(e); **to be ~ about sth/ that** être heureux(-euse) or bien content de qch/que; **I was ~ of his help** j'étais bien content de (pouvoir compter sur) son aide or qu'il m'aide
**gladden** ['glædn] vt réjouir
**glade** [gleɪd] n clairière f
**gladioli** [glædɪ'əulaɪ] npl glaïeuls mpl
**gladly** ['glædlɪ] adv volontiers
**glamorous** ['glæmərəs] adj (person) séduisant(e); (job) prestigieux(-euse)
**glamour, (US) glamor** ['glæmər] n éclat m, prestige m
**glance** [glɑːns] n coup m d'œil ▷ vi: **to ~ at** jeter un coup d'œil à
 ▸ **glance off** vt fus (bullet) ricocher sur
**glancing** ['glɑːnsɪŋ] adj (blow) oblique
**gland** [glænd] n glande f
**glandular** ['glændjulər] adj: **~ fever** (Brit) mononucléose infectieuse
**glare** [glɛər] n (of anger) regard furieux; (of light) lumière éblouissante; (of publicity) feux mpl ▷ vi briller d'un éclat aveuglant; **to ~ at** lancer un regard or des regards furieux à
**glaring** ['glɛərɪŋ] adj (mistake) criant(e), qui saute aux yeux
**glasnost** ['glæznɔst] n glasnost f
**glass** [glɑːs] n verre m; (also: **looking glass**) miroir m; **glasses** npl (spectacles) lunettes fpl
**glass-blowing** ['glɑːsbləuɪŋ] n soufflage m (du verre)
**glass ceiling** n (fig) plafond dans l'échelle hiérarchique au-dessus duquel les femmes ou les membres d'une minorité ethnique ne semblent pouvoir s'élever
**glass fibre** n fibre f de verre
**glasshouse** ['glɑːshaus] n serre f
**glassware** ['glɑːswɛər] n verrerie f
**glassy** ['glɑːsɪ] adj (eyes) vitreux(-euse)
**Glaswegian** [glæs'wiːdʒən] adj de Glasgow ▷ n habitant(e) de Glasgow, natif(-ive) de Glasgow
**glaze** [gleɪz] vt (door) vitrer; (pottery) vernir; (Culin) glacer ▷ n vernis m; (Culin) glaçage m
**glazed** [gleɪzd] adj (eye) vitreux(-euse); (pottery) verni(e); (tiles) vitrifié(e)
**glazier** ['gleɪzɪər] n vitrier m
**gleam** [gliːm] n lueur f ▷ vi luire, briller; **a ~ of hope** une lueur d'espoir
**gleaming** ['gliːmɪŋ] adj luisant(e)
**glean** [gliːn] vt (information) recueillir
**glee** [gliː] n joie f
**gleeful** ['gliːful] adj joyeux(-euse)
**glen** [glɛn] n vallée f
**glib** [glɪb] adj qui a du bagou; facile
**glide** [glaɪd] vi glisser; (Aviat, bird) planer ▷ n glissement m; vol plané
**glider** ['glaɪdər] n (Aviat) planeur m
**gliding** ['glaɪdɪŋ] n (Aviat) vol m à voile
**glimmer** ['glɪmər] vi luire ▷ n lueur f

**glimpse** [glɪmps] n vision passagère, aperçu m ▷ vt entrevoir, apercevoir; **to catch a ~ of** entrevoir

**glint** [glɪnt] n éclair m ▷ vi étinceler

**glisten** ['glɪsn] vi briller, luire

**glitter** ['glɪtə$^r$] vi scintiller, briller ▷ n scintillement m

**glitz** [glɪts] n (inf) clinquant m

**gloat** [gləʊt] vi: **to ~ (over)** jubiler (à propos de)

**global** ['gləʊbl] adj (world-wide) mondial(e); (overall) global(e)

**globalization** [gləʊblaɪz'eɪʃən] n mondialisation f

**global warming** [-'wɔ:mɪŋ] n réchauffement m de la planète

**globe** [gləʊb] n globe m

**globe-trotter** ['gləʊbtrɒtə$^r$] n globe-trotter m

**globule** ['glɒbju:l] n (Anat) globule m; (of water etc) gouttelette f

**gloom** [glu:m] n obscurité f; (sadness) tristesse f, mélancolie f

**gloomy** ['glu:mɪ] adj (person) morose; (place, outlook) sombre; **to feel ~** avoir or se faire des idées noires

**glorification** [glɔ:rɪfɪ'keɪʃən] n glorification f

**glorify** ['glɔ:rɪfaɪ] vt glorifier

**glorious** ['glɔ:rɪəs] adj glorieux(-euse); (beautiful) splendide

**glory** ['glɔ:rɪ] n gloire f; splendeur f ▷ vi: **to ~ in** se glorifier de

**glory hole** n (inf) capharnaüm m

**Glos** abbr (Brit) = **Gloucestershire**

**gloss** [glɒs] n (shine) brillant m, vernis m; (also: **gloss paint**) peinture brillante or laquée
  ▶ **gloss over** vt fus glisser sur

**glossary** ['glɒsərɪ] n glossaire m, lexique m

**glossy** ['glɒsɪ] adj brillant(e), luisant(e) ▷ n (also: **glossy magazine**) revue f de luxe

**glove** [glʌv] n gant m

**glove compartment** n (Aut) boîte f à gants, vide-poches m inv

**glow** [gləʊ] vi rougeoyer; (face) rayonner; (eyes) briller ▷ n rougeoiement m

**glower** ['glaʊə$^r$] vi lancer des regards mauvais

**glowing** ['gləʊɪŋ] adj (fire) rougeoyant(e); (complexion) éclatant(e); (report, description etc) dithyrambique

**glow-worm** ['gləʊwə:m] n ver luisant

**glucose** ['glu:kəʊs] n glucose m

**glue** [glu:] n colle f ▷ vt coller

**glue-sniffing** ['glu:snɪfɪŋ] n inhalation f de colle

**glum** [glʌm] adj maussade, morose

**glut** [glʌt] n surabondance f ▷ vt rassasier; (market) encombrer

**glutinous** ['glu:tɪnəs] adj visqueux(-euse)

**glutton** ['glʌtn] n glouton(ne); **a ~ for work** un bourreau de travail

**gluttonous** ['glʌtənəs] adj glouton(ne)

**gluttony** ['glʌtənɪ] n gloutonnerie f; (sin) gourmandise f

**glycerin, glycerine** ['glɪsəri:n] n glycérine f

**GM** abbr (= genetically modified) génétiquement modifié(e)

**gm** abbr (= gram) g

**GMAT** n abbr (US: = Graduate Management Admissions Test) examen d'admission dans le 2e cycle de l'enseignement supérieur

**GMO** n abbr (= genetically modified organism) OGM m

**GMT** abbr (= Greenwich Mean Time) GMT

**gnarled** [nɑ:ld] adj noueux(-euse)

**gnash** [næʃ] vt: **to ~ one's teeth** grincer des dents

**gnat** [næt] n moucheron m

**gnaw** [nɔ:] vt ronger

**gnome** [nəʊm] n gnome m, lutin m

**GNP** n abbr = **gross national product**

**go** [gəʊ] (pt **went**, pp **gone** [wɛnt, gɒn]) vi aller; (depart) partir, s'en aller; (work) marcher; (break etc) céder; (time) passer; (be sold): **to go for £10** se vendre 10 livres; (become): **to go pale/mouldy** pâlir/moisir ▷ n (pl **goes**): **to have a go (at)** essayer (de faire); **to be on the go** être en mouvement; **whose go is it?** à qui est-ce de jouer?; **to go by car/on foot** aller en voiture/à pied; **he's going to do it** il va le faire, il est sur le point de le faire; **to go for a walk** aller se promener; **to go dancing/shopping** aller danser/faire les courses; **to go looking for sb/sth** aller or partir à la recherche de qn/qch; **to go to sleep** s'endormir; **to go and see sb, go to see sb** aller voir qn; **how is it going?** comment ça marche?; **how did it go?** comment est-ce que ça s'est passé?; **to go round the back/by the shop** passer par derrière/devant le magasin; **my voice has gone** j'ai une extinction de voix; **the cake is all gone** il n'y a plus de gâteau; **I'll take whatever is going** (Brit) je prendrai ce qu'il y a (or ce que vous avez); **... to go** (US: food) ... à emporter
  ▶ **go about** vi (also: **go around**) aller çà et là; (rumour) se répandre ▷ vt fus: **how do I go about this?** comment dois-je m'y prendre (pour faire ceci)?; **to go about one's business** s'occuper de ses affaires
  ▶ **go after** vt fus (pursue) poursuivre, courir après; (job, record etc) essayer d'obtenir
  ▶ **go against** vt fus (be unfavourable to) être défavorable à; (be contrary to) être contraire à
  ▶ **go ahead** vi (make progress) avancer; (take place) avoir lieu; (get going) y aller
  ▶ **go along** vi aller, avancer ▷ vt fus longer, parcourir; **as you go along (with your work)** au fur et à mesure (de votre travail); **to go along with** (accompany) accompagner; (agree with: idea) être d'accord sur; (: person) suivre
  ▶ **go away** vi partir, s'en aller
  ▶ **go back** vi rentrer; revenir; (go again) retourner
  ▶ **go back on** vt fus (promise) revenir sur
  ▶ **go by** vi (years, time) passer, s'écouler ▷ vt fus s'en tenir à; (believe) en croire
  ▶ **go down** vi descendre; (number, price, amount) baisser; (ship) couler; (sun) se coucher ▷ vt fus

**g**

descendre; **that should go down well with him** (*fig*) ça devrait lui plaire
▸ **go for** *vt fus* (*fetch*) aller chercher; (*like*) aimer; (*attack*) s'en prendre à; attaquer
▸ **go in** *vi* entrer
▸ **go in for** *vt fus* (*competition*) se présenter à; (*like*) aimer
▸ **go into** *vt fus* entrer dans; (*investigate*) étudier, examiner; (*embark on*) se lancer dans
▸ **go off** *vi* partir, s'en aller; (*food*) se gâter; (*milk*) tourner; (*bomb*) sauter; (*alarm clock*) sonner; (*alarm*) se déclencher; (*lights etc*) s'éteindre; (*event*) se dérouler ▸ *vt fus* ne plus aimer, ne plus avoir envie de; **the gun went off** le coup est parti; **to go off to sleep** s'endormir; **the party went off well** la fête s'est bien passée *or* était très réussie
▸ **go on** *vi* continuer; (*happen*) se passer; (*lights*) s'allumer ▸ *vt fus* (*be guided by: evidence etc*) se fonder sur; **to go on doing** continuer à faire; **what's going on here?** qu'est-ce qui se passe ici?
▸ **go on at** *vt fus* (*nag*) tomber sur le dos de
▸ **go on with** *vt fus* poursuivre, continuer
▸ **go out** *vi* sortir; (*fire, light*) s'éteindre; (*tide*) descendre; **to go out with sb** sortir avec qn
▸ **go over** *vi* (*ship*) chavirer ▸ *vt fus* (*check*) revoir, vérifier; **to go over sth in one's mind** repasser qch dans son esprit
▸ **go past** *vt fus*: **to go past sth** passer devant qch
▸ **go round** *vi* (*circulate: news, rumour*) circuler; (*revolve*) tourner; (*suffice*) suffire (pour tout le monde); (*visit*): **to go round to sb's** passer chez qn; aller chez qn; (*make a detour*): **to go round (by)** faire un détour (par)
▸ **go through** *vt fus* (*town etc*) traverser; (*search through*) fouiller; (*suffer*) subir; (*examine: list, book*) lire *or* regarder en détail, éplucher; (*perform: lesson*) réciter; (: *formalities*) remplir; (: *programme*) exécuter
▸ **go through with** *vt fus* (*plan, crime*) aller jusqu'au bout de
▸ **go under** *vi* (*sink: also fig*) couler; (: *person*) succomber
▸ **go up** *vi* monter; (*price*) augmenter ▸ *vt fus* gravir; (*also:* **go up in flames**) flamber, s'enflammer brusquement
▸ **go with** *vt fus* aller avec
▸ **go without** *vt fus* se passer de
**goad** [gəud] *vt* aiguillonner
**go-ahead** ['gəuəhɛd] *adj* dynamique, entreprenant(e) ▸ *n* feu vert
**goal** [gəul] *n* but *m*
**goal difference** *n* différence *f* de buts
**goalie** ['gəulɪ] *n* (*inf*) goal *m*
**goalkeeper** ['gəulkiːpəʳ] *n* gardien *m* de but
**goal-post** [gəulpəust] *n* poteau *m* de but
**goat** [gəut] *n* chèvre *f*
**gobble** ['gɔbl] *vt* (*also:* **gobble down, gobble up**) engloutir
**go-between** ['gəubɪtwiːn] *n* médiateur *m*

**Gobi Desert** ['gəubɪ-] *n* désert *m* de Gobi
**goblet** ['gɔblɪt] *n* coupe *f*
**goblin** ['gɔblɪn] *n* lutin *m*
**go-cart** ['gəukɑːt] *n* kart *m* ▸ *cpd*: **~ racing** karting *m*
**god** [gɔd] *n* dieu *m*; **G~** Dieu
**god-awful** [gɔd'ɔːfəl] *adj* (*inf*) franchement atroce
**godchild** ['gɔdtʃaɪld] *n* filleul(e)
**goddamn** ['gɔddæm], **goddamned** ['gɔddæmd] *excl* (*esp US inf*): **~ (it)!** nom de Dieu! ▸ *adj* satané(e), sacré(e) ▸ *adv* sacrément
**goddaughter** ['gɔddɔːtəʳ] *n* filleule *f*
**goddess** ['gɔdɪs] *n* déesse *f*
**godfather** ['gɔdfɑːðəʳ] *n* parrain *m*
**god-fearing** ['gɔdfɪərɪŋ] *adj* croyant(e)
**god-forsaken** ['gɔdfəseɪkən] *adj* maudit(e)
**godmother** ['gɔdmʌðəʳ] *n* marraine *f*
**godparents** ['gɔdpɛərənts] *npl*: **the ~** le parrain et la marraine
**godsend** ['gɔdsɛnd] *n* aubaine *f*
**godson** ['gɔdsʌn] *n* filleul *m*
**goes** [gəuz] *vb see* **go**
**gofer** ['gəufəʳ] *n* coursier(-ière)
**go-getter** ['gəugɛtəʳ] *n* arriviste *m/f*
**goggle** ['gɔgl] *vi*: **to ~ at** regarder avec des yeux ronds
**goggles** ['gɔglz] *npl* (*for skiing etc*) lunettes (protectrices); (*for swimming*) lunettes de piscine
**going** ['gəuɪŋ] *n* (*conditions*) état *m* du terrain ▸ *adj*: **the ~ rate** le tarif (en vigueur); **a ~ concern** une affaire prospère; **it was slow ~** les progrès étaient lents, ça n'avançait pas vite
**going-over** [gəuɪŋ'əuvəʳ] *n* vérification *f*, révision *f*; (*inf: beating*) passage *m* à tabac
**goings-on** ['gəuɪŋz'ɔn] *npl* (*inf*) manigances *fpl*
**go-kart** ['gəukɑːt] *n* = **go-cart**
**gold** [gəuld] *n or m* ▸ *adj* or; (*reserves*) d'or
**golden** ['gəuldən] *adj* (*made of gold*) en or; (*gold in colour*) doré(e)
**golden age** *n* âge *m* d'or
**golden handshake** *n* (*Brit*) prime *f* de départ
**golden rule** *n* règle *f* d'or
**goldfish** ['gəuldfɪʃ] *n* poisson *m* rouge
**gold leaf** *n or m* en feuille
**gold medal** *n* (*Sport*) médaille *f* d'or
**goldmine** ['gəuldmaɪn] *n* mine *f* d'or
**gold-plated** ['gəuld'pleɪtɪd] *adj* plaqué(e) or *inv*
**goldsmith** ['gəuldsmɪθ] *n* orfèvre *m*
**gold standard** *n* étalon-or *m*
**golf** [gɔlf] *n* golf *m*
**golf ball** *n* balle *f* de golf; (*on typewriter*) boule *f*
**golf club** *n* club *m* de golf; (*stick*) club *m*, crosse *f* de golf
**golf course** *n* terrain *m* de golf
**golfer** ['gɔlfəʳ] *n* joueur(-euse) de golf
**golfing** ['gɔlfɪŋ] *n* golf *m*
**gondola** ['gɔndələ] *n* gondole *f*
**gondolier** [gɔndə'lɪəʳ] *n* gondolier *m*
**gone** [gɔn] *pp of* **go** ▸ *adj* parti(e)
**goner** ['gɔnəʳ] *n* (*inf*): **to be a ~** être fichu(e) *or* foutu(e)

**gong** [gɔŋ] n gong m

**good** [gud] adj bon(ne); (kind) gentil(le); (child) sage; (weather) beau (belle) ▷ n bien m; **goods** npl marchandise f, articles mpl; (Comm etc) marchandises; ~! bon!, très bien!; **to be ~ at** être bon en; **to be ~ for** être bon pour; **it's ~ for you** c'est bon pour vous; **it's a ~ thing you were there** heureusement que vous étiez là; **she is ~ with children/her hands** elle sait bien s'occuper des enfants/sait se servir de ses mains; **to feel ~** se sentir bien; **it's ~ to see you** ça me fait plaisir de vous voir, je suis content de vous voir; **he's up to no ~** il prépare quelque mauvais coup; **it's no ~ complaining** cela ne sert à rien de se plaindre; **to make ~** (deficit) combler; (losses) compenser; **for the common ~** dans l'intérêt commun; **for ~** (for ever) pour de bon, une fois pour toutes; **would you be ~ enough to …?** auriez-vous la bonté or l'amabilité de …?; **that's very ~ of you** c'est très gentil de votre part; **is this any ~?** (will it do?) est-ce que ceci fera l'affaire?, est-ce que cela peut vous rendre service?; (what's it like?) qu'est-ce que ça vaut?; **~s and chattels** biens mpl et effets mpl; **a ~ deal (of)** beaucoup (de); **a ~ many** beaucoup (de); **~ morning/afternoon!** bonjour!; **~ evening!** bonsoir!; **~ night!** bonsoir!; (on going to bed) bonne nuit!

**goodbye** [gud'baɪ] excl au revoir!; **to say ~ to sb** dire au revoir à qn

**good faith** n bonne foi

**good-for-nothing** ['gudfənʌθɪŋ] adj bon(ne) or propre à rien

**Good Friday** n Vendredi saint

**good-humoured** ['gud'hju:məd] adj (person) jovial(e); (remark, joke) sans malice

**good-looking** ['gud'lukɪŋ] adj beau (belle), bien inv

**good-natured** ['gud'neɪtʃəd] adj (person) qui a un bon naturel; (discussion) enjoué(e)

**goodness** ['gudnɪs] n (of person) bonté f; **for ~ sake!** je vous en prie!; **~ gracious!** mon Dieu!

**goods train** n (Brit) train m de marchandises

**goodwill** [gud'wɪl] n bonne volonté; (Comm) réputation f (auprès de la clientèle)

**goody-goody** ['gudɪgudɪ] n (pej) petit saint, sainte nitouche

**gooey** ['gu:ɪ] adj (Brit inf) gluant(e)

**Google**® ['gugl] vi, vt googler®

**goose** (pl **geese**) [gu:s, gi:s] n oie f

**gooseberry** ['guzbərɪ] n groseille f à maquereau; **to play ~** (Brit) tenir la chandelle

**goose bumps, goose pimples** npl chair f de poule

**gooseflesh** ['gu:sfleʃ] n, **goosepimples** ['gu:spɪmplz] ▷ npl chair f de poule

**goose step** n (Mil) pas m de l'oie

**GOP** n abbr (US Pol: inf: = Grand Old Party) parti républicain

**gopher** ['gəufəʳ] n = gofer

**gore** [gɔ:ʳ] vt encorner ▷ n sang m

**gorge** [gɔ:dʒ] n gorge f ▷ vt: **to ~ o.s. (on)** se gorger (de)

**gorgeous** ['gɔ:dʒəs] adj splendide, superbe

**gorilla** [gə'rɪlə] n gorille m

**gormless** ['gɔ:mlɪs] adj (Brit inf) lourdaud(e)

**gorse** [gɔ:s] n ajoncs mpl

**gory** ['gɔ:rɪ] adj sanglant(e)

**gosh** [gɔʃ] (inf) excl mince alors!

**go-slow** ['gəu'sləu] n (Brit) grève perlée

**gospel** ['gɔspl] n évangile m

**gossamer** ['gɔsəməʳ] n (cobweb) fils mpl de la vierge; (light fabric) étoffe très légère

**gossip** ['gɔsɪp] n (chat) bavardages mpl; (malicious) commérage m, cancans mpl; (person) commère f ▷ vi bavarder; cancaner, faire des commérages; **a piece of ~** un ragot, un racontar

**gossip column** n (Press) échos mpl

**got** [gɔt] pt, pp of **get**

**Gothic** ['gɔθɪk] adj gothique

**gotten** ['gɔtn] (US) pp of **get**

**gouge** [gaudʒ] vt (also: **gouge out**: hole etc) évider; (: initials) tailler; **to ~ sb's eyes out** crever les yeux à qn

**gourd** [guəd] n calebasse f, gourde f

**gourmet** ['guəmeɪ] n gourmet m, gastronome m/f

**gout** [gaut] n goutte f

**govern** ['gʌvən] vt (gen: Ling) gouverner; (influence) déterminer

**governess** ['gʌvənɪs] n gouvernante f

**governing** ['gʌvənɪŋ] adj (Pol) au pouvoir, au gouvernement; **~ body** conseil m d'administration

**government** ['gʌvnmənt] n gouvernement m; (Brit: ministers) ministère m ▷ cpd de l'État

**governmental** [gʌvn'mɛntl] adj gouvernemental(e)

**government housing** n (US) logements sociaux

**government stock** n titres mpl d'État

**governor** ['gʌvənəʳ] n (of colony, state, bank) gouverneur m; (of school, hospital etc) administrateur(-trice); (Brit: of prison) directeur(-trice)

**Govt** abbr (= government) gvt

**gown** [gaun] n robe f; (of teacher, Brit: of judge) toge f

**GP** n abbr (Med) = **general practitioner**; **who's your GP?** qui est votre médecin traitant?

**GPMU** n abbr (Brit) = **Graphical, Paper and Media Union**

**GPO** n abbr (Brit: old) = **General Post Office**; (US) = **Government Printing Office**

**GPS** n abbr (= global positioning system) GPS m

**grab** [græb] vt saisir, empoigner; (property, power) se saisir de ▷ vi: **to ~ at** essayer de saisir

**grace** [greɪs] n grâce f ▷ vt (honour) honorer; (adorn) orner; **5 days' ~** un répit de 5 jours; **to say ~** dire le bénédicité; (after meal) dire les grâces; **with a good/bad ~** de bonne/mauvaise grâce; **his sense of humour is his saving ~** il se rachète par son sens de l'humour

**graceful** ['greɪsful] *adj* gracieux(-euse), élégant(e)

**gracious** ['greɪʃəs] *adj* (*kind*) charmant(e), bienveillant(e); (*elegant*) plein(e) d'élégance, d'une grande élégance; (*formal: pardon etc*) miséricordieux(-euse) ▷ *excl*: (**good**) ~! mon Dieu!

**gradation** [grə'deɪʃən] *n* gradation *f*

**grade** [greɪd] *n* (*Comm: quality*) qualité *f*; (*size*) calibre *m*; (*type*) catégorie *f*; (*in hierarchy*) grade *m*, échelon *m*; (*Scol*) note *f*; (*US: school class*) classe *f*; (: *gradient*) pente *f* ▷ *vt* classer; (*by size*) calibrer; graduer; **to make the ~** (*fig*) réussir

**grade crossing** *n* (*US*) passage *m* à niveau

**grade school** *n* (*US*) école *f* primaire

**gradient** ['greɪdɪənt] *n* inclinaison *f*, pente *f*; (*Geom*) gradient *m*

**gradual** ['grædjuəl] *adj* graduel(le), progressif(-ive)

**gradually** ['grædjuəlɪ] *adv* peu à peu, graduellement

**graduate** *n* ['grædjuɪt] diplômé(e) d'université; (*US: of high school*) diplômé(e) de fin d'études ▷ *vi* ['grædjueɪt] obtenir un diplôme d'université (*or* de fin d'études)

**graduated pension** ['grædjueɪtɪd-] *n* retraite calculée en fonction des derniers salaires

**graduation** [grædju'eɪʃən] *n* cérémonie *f* de remise des diplômes

**graffiti** [grə'fiːtɪ] *npl* graffiti *mpl*

**graft** [grɑːft] *n* (*Agr, Med*) greffe *f*; (*bribery*) corruption *f* ▷ *vt* greffer; **hard ~** (*Brit: inf*) boulot acharné

**grain** [greɪn] *n* (*single piece*) grain *m*; (*no pl: cereals*) céréales *fpl*; (*US: corn*) blé *m*; (*of wood*) fibre *f*; **it goes against the ~** cela va à l'encontre de sa (*or* ma *etc*) nature

**gram** [græm] *n* gramme *m*

**grammar** ['græmər] *n* grammaire *f*

**grammar school** *n* (*Brit*) ≈ lycée *m*

**grammatical** [grə'mætɪkl] *adj* grammatical(e)

**gramme** [græm] *n* = **gram**

**gramophone** ['græməfəun] *n* (*Brit*) gramophone *m*

**gran** [græn] (*inf*) *n* (*Brit*) mamie *f* (*inf*), mémé *f* (*inf*); **my ~** (*young child speaking*) ma mamie *or* mémé; (*older child or adult speaking*) ma grand-mère

**granary** ['grænərɪ] *n* grenier *m*

**grand** [grænd] *adj* magnifique, splendide; (*terrific*) magnifique, formidable; (*gesture etc*) noble ▷ *n* (*inf: thousand*) mille livres *fpl* (*or* dollars *mpl*)

**grandad** ['grændæd] (*inf*) *n* = **granddad**

**grandchild** (*pl* **grandchildren**) ['græntʃaɪld, 'græntʃɪldrən] *n* petit-fils *m*, petite-fille *f*; **grandchildren** *npl* petits-enfants

**granddad** ['grændæd] *n* (*inf*) papy *m* (*inf*), papi *m* (*inf*), pépé *m* (*inf*); **my ~** (*young child speaking*) mon papy *or* papi *or* pépé; (*older child or adult speaking*) mon grand-père

**granddaughter** ['grændɔːtər] *n* petite-fille *f*

**grandeur** ['grændjər] *n* magnificence *f*, splendeur *f*; (*of position etc*) éminence *f*

**grandfather** ['grændfɑːðər] *n* grand-père *m*

**grandiose** ['grændɪəus] *adj* grandiose; (*pej*) pompeux(-euse)

**grand jury** *n* (*US*) jury *m* d'accusation (*formé de 12 à 23 jurés*)

**grandma** ['grænmɑː] *n* (*inf*) = **gran**

**grandmother** ['grænmʌðər] *n* grand-mère *f*

**grandpa** ['grænpɑː] *n* (*inf*) = **granddad**

**grandparents** ['grændpɛərənts] *npl* grands-parents *mpl*

**grand piano** *n* piano *m* à queue

**Grand Prix** ['grɑ̃ː'priː] *n* (*Aut*) grand prix automobile

**grandson** ['grænsʌn] *n* petit-fils *m*

**grandstand** ['grændstænd] *n* (*Sport*) tribune *f*

**grand total** *n* total général

**granite** ['grænɪt] *n* granit *m*

**granny** ['grænɪ] *n* (*inf*) = **gran**

**grant** [grɑːnt] *vt* accorder; (*a request*) accéder à; (*admit*) concéder ▷ *n* (*Scol*) bourse *f*; (*Admin*) subside *m*, subvention *f*; **to take sth for ~ed** considérer qch comme acquis; **to take sb for ~ed** considérer qn comme faisant partie du décor; **to ~ that** admettre que

**granulated** ['grænjuleɪtɪd] *adj*: **~ sugar** sucre *m* en poudre

**granule** ['grænjuːl] *n* granule *m*

**grape** [greɪp] *n* raisin *m*; **a bunch of ~s** une grappe de raisin

**grapefruit** ['greɪpfruːt] *n* pamplemousse *m*

**grapevine** ['greɪpvaɪn] *n* vigne *f*; **I heard it on the ~** (*fig*) je l'ai appris par le téléphone arabe

**graph** [grɑːf] *n* graphique *m*, courbe *f*

**graphic** ['græfɪk] *adj* graphique; (*vivid*) vivant(e)

**graphic designer** *n* graphiste *m/f*

**graphic equalizer** *n* égaliseur *m* graphique

**graphics** ['græfɪks] *n* (*art*) arts *mpl* graphiques; (*process*) graphisme *m* ▷ *npl* (*drawings*) illustrations *fpl*

**graphite** ['græfaɪt] *n* graphite *m*

**graph paper** *n* papier millimétré

**grapple** ['græpl] *vi*: **to ~ with** être aux prises avec

**grappling iron** ['græplɪŋ-] *n* (*Naut*) grappin *m*

**grasp** [grɑːsp] *vt* saisir, empoigner; (*understand*) saisir, comprendre ▷ *n* (*grip*) prise *f*; (*fig*) compréhension *f*, connaissance *f*; **to have sth within one's ~** avoir qch à sa portée; **to have a good ~ of sth** (*fig*) bien comprendre qch
▶ **grasp at** *vt fus* (*rope etc*) essayer de saisir; (*fig: opportunity*) sauter sur

**grasping** ['grɑːspɪŋ] *adj* avide

**grass** [grɑːs] *n* herbe *f*; (*lawn*) gazon *m*; (*Brit inf: informer*) mouchard(e); (: *ex-terrorist*) balanceur(-euse)

**grasshopper** ['grɑːshɒpər] *n* sauterelle *f*

**grassland** ['grɑːslænd] *n* prairie *f*

**grass roots** *npl* (*fig*) base *f*

**grass snake** *n* couleuvre *f*

**grassy** ['grɑːsɪ] *adj* herbeux(-euse)

**grate** [greɪt] *n* grille *f* de cheminée ▷ *vi* grincer ▷ *vt* (*Culin*) râper

**grateful** ['greɪtful] *adj* reconnaissant(e)

**gratefully** ['greɪtfəlɪ] *adv* avec reconnaissance

**grater** ['greɪtə<sup>r</sup>] *n* râpe *f*

**gratification** [grætɪfɪ'keɪʃən] *n* satisfaction *f*

**gratify** ['grætɪfaɪ] *vt* faire plaisir à; (*whim*) satisfaire

**gratifying** ['grætɪfaɪɪŋ] *adj* agréable, satisfaisant(e)

**grating** ['greɪtɪŋ] *n* (*iron bars*) grille *f* ▷ *adj* (*noise*) grinçant(e)

**gratitude** ['grætɪtjuːd] *n* gratitude *f*

**gratuitous** [grə'tjuːɪtəs] *adj* gratuit(e)

**gratuity** [grə'tjuːɪtɪ] *n* pourboire *m*

**grave** [greɪv] *n* tombe *f* ▷ *adj* grave, sérieux(-euse)

**gravedigger** ['greɪvdɪgə<sup>r</sup>] *n* fossoyeur *m*

**gravel** ['grævl] *n* gravier *m*

**gravely** ['greɪvlɪ] *adv* gravement, sérieusement; **~ ill** gravement malade

**gravestone** ['greɪvstəun] *n* pierre tombale

**graveyard** ['greɪvjɑːd] *n* cimetière *m*

**gravitate** ['grævɪteɪt] *vi* graviter

**gravity** ['grævɪtɪ] *n* (*Physics*) gravité *f*; pesanteur *f*; (*seriousness*) gravité, sérieux *m*

**gravy** ['greɪvɪ] *n* jus *m* (de viande), sauce *f* (au jus de viande)

**gravy boat** *n* saucière *f*

**gravy train** *n* (*inf*): **to ride the ~** avoir une bonne planque

**gray** [greɪ] *adj* (*US*) = **grey**

**graze** [greɪz] *vi* paître, brouter ▷ *vt* (*touch lightly*) frôler, effleurer; (*scrape*) écorcher ▷ *n* écorchure *f*

**grazing** ['greɪzɪŋ] *n* (*pasture*) pâturage *m*

**grease** [griːs] *n* (*fat*) graisse *f*; (*lubricant*) lubrifiant *m* ▷ *vt* graisser; lubrifier; **to ~ the skids** (*US: fig*) huiler les rouages

**grease gun** *n* graisseur *m*

**greasepaint** ['griːspeɪnt] *n* produits *mpl* de maquillage

**greaseproof paper** ['griːspruːf-] *n* (*Brit*) papier sulfurisé

**greasy** ['griːsɪ] *adj* gras(se), graisseux(-euse); (*hands, clothes*) graisseux; (*Brit: road, surface*) glissant(e)

**great** [greɪt] *adj* grand(e); (*heat, pain etc*) très fort(e), intense; (*inf*) formidable; **they're ~ friends** ils sont très amis, ce sont de grands amis; **we had a ~ time** nous nous sommes bien amusés; **it was ~!** c'était fantastique *or* super!; **the ~ thing is that ...** ce qu'il y a de vraiment bien c'est que ...

**Great Barrier Reef** *n*: **the ~** la Grande Barrière

**Great Britain** *n* Grande-Bretagne *f*

**great-grandchild** (*pl* **-children**) [greɪt'grænt ʃaɪld, -tʃɪldrən] *n* arrière-petit(e)-enfant

**great-grandfather** [greɪt'grænfɑːðə<sup>r</sup>] *n* arrière-grand-père *m*

**great-grandmother** [greɪt'grænmʌðə<sup>r</sup>] *n* arrière-grand-mère *f*

**Great Lakes** *npl*: **the ~** les Grands Lacs

**greatly** ['greɪtlɪ] *adv* très, grandement; (*with verbs*) beaucoup

**greatness** ['greɪtnɪs] *n* grandeur *f*

**Grecian** ['griːʃən] *adj* grec (grecque)

**Greece** [griːs] *n* Grèce *f*

**greed** [griːd] *n* (*also*: **greediness**) avidité *f*; (*for food*) gourmandise *f*

**greedily** ['griːdɪlɪ] *adv* avidement; avec gourmandise

**greedy** ['griːdɪ] *adj* avide; (*for food*) gourmand(e)

**Greek** [griːk] *adj* grec (grecque) ▷ *n* Grec (Grecque); (*Ling*) grec *m*; **ancient/modern ~** grec classique/moderne

**green** [griːn] *adj* vert(e); (*inexperienced*) (bien) jeune, naïf(-ïve); (*ecological*: *product etc*) écologique ▷ *n* (*colour*) vert *m*; (*on golf course*) green *m*; (*stretch of grass*) pelouse *f*; (*also*: **village green**) ≈ place *f* du village; **greens** *npl* (*vegetables*) légumes verts; **to have ~ fingers** *or* (*US*) **a ~ thumb** (*fig*) avoir le pouce vert; **G~** (*Pol*) écologiste *m/f*; **the G~ Party** le parti écologiste

**green belt** *n* (*round town*) ceinture verte

**green card** *n* (*Aut*) carte verte; (*US: work permit*) permis *m* de travail

**greenery** ['griːnərɪ] *n* verdure *f*

**greenfly** ['griːnflaɪ] *n* (*Brit*) puceron *m*

**greengage** ['griːngeɪdʒ] *n* reine-claude *f*

**greengrocer** ['griːngrəusə<sup>r</sup>] *n* (*Brit*) marchand *m* de fruits et légumes

**greengrocer's** ['griːngrəusə<sup>r</sup> z], **greengrocer's shop** *n* magasin *m* de fruits et légumes

**greenhouse** ['griːnhaus] *n* serre *f*

**greenhouse effect** *n*: **the ~** l'effet *m* de serre

**greenhouse gas** *n* gaz *m* contribuant à l'effet de serre

**greenish** ['griːnɪʃ] *adj* verdâtre

**Greenland** ['griːnlənd] *n* Groenland *m*

**Greenlander** ['griːnləndə<sup>r</sup>] *n* Groenlandais(e)

**green light** *n*: **to give sb/sth the ~** donner le feu vert à qn/qch

**green pepper** *n* poivron (vert)

**green pound** *n* (*Econ*) livre verte

**green salad** *n* salade verte

**greet** [griːt] *vt* accueillir

**greeting** ['griːtɪŋ] *n* salutation *f*; **Christmas/birthday ~s** souhaits *mpl* de Noël/de bon anniversaire

**greeting card, greetings card** *n* carte *f* de vœux

**gregarious** [grə'gɛərɪəs] *adj* grégaire; sociable

**grenade** [grə'neɪd] *n* (*also*: **hand grenade**) grenade *f*

**grew** [gruː] *pt of* **grow**

**grey**, (*US*) **gray** [greɪ] *adj* gris(e); (*dismal*) sombre; **to go ~** (commencer à) grisonner

**grey-haired**, (*US*) **gray-haired** [greɪ'hɛəd] *adj* aux cheveux gris

**greyhound** ['greɪhaund] *n* lévrier *m*

**grid** [grɪd] *n* grille *f*; (*Elec*) réseau *m*; (*US Aut*)

**g**

intersection f (*matérialisée par des marques au sol*)
**griddle** ['grɪdl] n (*on cooker*) plaque chauffante
**gridiron** ['grɪdaɪən] n gril m
**gridlock** ['grɪdlɔk] n (*traffic jam*) embouteillage m
**gridlocked** ['grɪdlɔk t] adj: **to be ~** (*roads*) être bloqué par un embouteillage; (*talks etc*) être suspendu
**grief** [griːf] n chagrin m, douleur f; **to come to ~** (*plan*) échouer; (*person*) avoir un malheur
**grievance** ['griːvəns] n doléance f, grief m; (*cause for complaint*) grief
**grieve** [griːv] vi avoir du chagrin; se désoler ▷ vt faire de la peine à, affliger; **to ~ for sb** pleurer qn; **to ~ at** se désoler de; pleurer
**grievous** ['griːvəs] adj grave, cruel(le); **~ bodily harm** (*Law*) coups mpl et blessures fpl
**grill** [grɪl] n (*on cooker*) gril m; (*also:* **mixed grill**) grillade(s) f(pl); (*also:* **grillroom**) rôtisserie f ▷ vt (*Brit*) griller; (*inf: question*) interroger longuement, cuisiner
**grille** [grɪl] n grillage m; (*Aut*) calandre f
**grillroom** ['grɪlrum] n rôtisserie f
**grim** [grɪm] adj sinistre, lugubre; (*serious, stern*) sévère
**grimace** [grɪ'meɪs] n grimace f ▷ vi grimacer, faire une grimace
**grime** [graɪm] n crasse f
**grimy** ['graɪmɪ] adj crasseux(-euse)
**grin** [grɪn] n large sourire m ▷ vi sourire; **to ~ (at)** faire un grand sourire (à)
**grind** [graɪnd] (*pt, pp* **ground** [graund]) vt écraser; (*coffee, pepper etc*) moudre; (*US: meat*) hacher; (*make sharp*) aiguiser; (*polish: gem, lens*) polir ▷ vi (*car gears*) grincer ▷ n (*work*) corvée f; **to ~ one's teeth** grincer des dents; **to ~ to a halt** (*vehicle*) s'arrêter dans un grincement de freins; (*fig*) s'arrêter, s'immobiliser; **the daily ~** (*inf*) le train-train quotidien
**grinder** ['graɪndə'] n (*machine: for coffee*) moulin m (à café); (*: for waste disposal etc*) broyeur m
**grindstone** ['graɪndstəun] n: **to keep one's nose to the ~** travailler sans relâche
**grip** [grɪp] n (*handclasp*) poigne f; (*control*) prise f; (*handle*) poignée f; (*holdall*) sac m de voyage ▷ vt saisir, empoigner; (*viewer, reader*) captiver; **to come to ~s with** se colleter avec, en venir aux prises avec; **to ~ the road** (*Aut*) adhérer à la route; **to lose one's ~** lâcher prise; (*fig*) perdre les pédales, être dépassé(e)
**gripe** [graɪp] n (*Med*) coliques fpl; (*inf: complaint*) ronchonnement m, rouspétance f ▷ vi (*inf*) râler
**gripping** ['grɪpɪŋ] adj prenant(e), palpitant(e)
**grisly** ['grɪzlɪ] adj sinistre, macabre
**grist** [grɪst] n (*fig*): **it's (all) ~ to his mill** ça l'arrange, ça apporte de l'eau à son moulin
**gristle** ['grɪsl] n cartilage m (*de poulet etc*)
**grit** [grɪt] n gravillon m; (*courage*) cran m ▷ vt (*road*) sabler; **to ~ one's teeth** serrer les dents; **to have a piece of ~ in one's eye** avoir une poussière or saleté dans l'œil
**grits** [grɪts] npl (*US*) gruau m de maïs
**grizzle** ['grɪzl] vi (*Brit*) pleurnicher

**grizzly** ['grɪzlɪ] n (*also:* **grizzly bear**) grizzli m, ours gris
**groan** [grəun] n (*of pain*) gémissement m; (*of disapproval, dismay*) grognement m ▷ vi gémir; grogner
**grocer** ['grəusə'] n épicier m
**groceries** ['grəusərɪz] npl provisions fpl
**grocer's** ['grəusəz], **grocer's shop, grocery** ['grəusərɪ] n épicerie f
**grog** [grɔg] n grog m
**groggy** ['grɔgɪ] adj groggy inv
**groin** [grɔɪn] n aine f
**groom** [gruːm] n (*for horses*) palefrenier m; (*also:* **bridegroom**) marié m ▷ vt (*horse*) panser; (*fig*): **to ~ sb for** former qn pour
**groove** [gruːv] n sillon m, rainure f
**grope** [grəup] vi tâtonner; **to ~ for** chercher à tâtons
**gross** [grəus] adj grossier(-ière); (*Comm*) brut(e) ▷ n (*pl inv: twelve dozen*) grosse f ▷ vt (*Comm*): **to ~ £500,000** gagner 500 000 livres avant impôt
**gross domestic product** n produit brut intérieur
**grossly** ['grəuslɪ] adv (*greatly*) très, grandement
**gross national product** n produit national brut
**grotesque** [grə'tɛsk] adj grotesque
**grotto** ['grɔtəu] n grotte f
**grotty** ['grɔtɪ] adj (*Brit inf*) minable
**grouch** [grautʃ] (*inf*) vi rouspéter ▷ n (*person*) rouspéteur(-euse)
**ground** [graund] pt, pp of **grind** ▷ n sol m, terre f; (*land*) terrain m, terres fpl; (*Sport*) terrain; (*reason: gen pl*) raison f; (*US: also:* **ground wire**) terre f ▷ vt (*plane*) empêcher de décoller, retenir au sol; (*US Elec*) équiper d'une prise de terre, mettre à la terre ▷ vi (*ship*) s'échouer ▷ adj (*coffee etc*) moulu(e); (*US: meat*) haché(e); **grounds** npl (*gardens etc*) parc m, domaine m; (*of coffee*) marc m; **on the ~, to the ~** par terre; **below ~** sous terre; **to gain/lose ~** gagner/perdre du terrain; **common ~** terrain d'entente; **he covered a lot of ~ in his lecture** sa conférence a traité un grand nombre de questions *or* la question en profondeur
**ground cloth** n (*US*) = **groundsheet**
**ground control** n (*Aviat, Space*) centre m de contrôle (au sol)
**ground floor** n (*Brit*) rez-de-chaussée m
**grounding** ['graundɪŋ] n (*in education*) connaissances fpl de base
**groundless** ['graundlɪs] adj sans fondement
**groundnut** ['graundnʌt] n arachide f
**ground rent** n (*Brit*) fermage m
**ground rules** npl: **the ~** les principes mpl de base
**groundsheet** ['graundʃiːt] n (*Brit*) tapis m de sol
**groundsman** ['graundzmən] (*irreg*), (*US*) **groundskeeper** ['graundzkiːpə'] n (*Sport*) gardien m de stade
**ground staff** n équipage m au sol
**groundswell** ['graundswɛl] n lame f *or* vague f de fond

**ground-to-air** ['graʊntʊ'ɛəʳ] *adj* (*Mil*) sol-air *inv*
**ground-to-ground** ['graʊntə'graʊnd] *adj* (*Mil*) sol-sol *inv*
**groundwork** ['graʊndwəːk] *n* préparation *f*
**group** [gruːp] *n* groupe *m* ▷ *vt* (*also:* **group together**) grouper ▷ *vi* (*also:* **group together**) se grouper
**groupie** ['gruːpɪ] *n* groupie *f*
**group therapy** *n* thérapie *f* de groupe
**grouse** [graʊs] *n* (*pl inv: bird*) grouse *f* (*sorte de coq de bruyère*) ▷ *vi* (*complain*) rouspéter, râler
**grove** [grəʊv] *n* bosquet *m*
**grovel** ['grɔvl] *vi* (*fig*) **to ~ (before)** ramper (devant)
**grow** (*pt* **grew**, *pp* **-n**) [grəʊ, gruː, grəʊn] *vi* (*plant*) pousser, croître; (*person*) grandir; (*increase*) augmenter, se développer; (*become*) devenir; **to ~ rich/weak** s'enrichir/s'affaiblir ▷ *vt* cultiver, faire pousser; (*hair, beard*) laisser pousser
  ▶ **grow apart** *vi* (*fig*) se détacher (l'un de l'autre)
  ▶ **grow away from** *vt fus* (*fig*) s'éloigner de
  ▶ **grow on** *vt fus*: **that painting is ~ing on me** je finirai par aimer ce tableau
  ▶ **grow out of** *vt fus* (*clothes*) devenir trop grand pour; (*habit*) perdre (avec le temps); **he'll ~ out of it** ça lui passera
  ▶ **grow up** *vi* grandir
**grower** ['grəʊəʳ] *n* producteur *m*; (*Agr*) cultivateur(-trice)
**growing** ['grəʊɪŋ] *adj* (*fear, amount*) croissant(e), grandissant(e); **~ pains** (*Med*) fièvre *f* de croissance; (*fig*) difficultés *fpl* de croissance
**growl** [graʊl] *vi* grogner
**grown** [grəʊn] *pp of* **grow** ▷ *adj* adulte
**grown-up** [grəʊn'ʌp] *n* adulte *m/f*, grande personne
**growth** [grəʊθ] *n* croissance *f*, développement *m*; (*what has grown*) pousse *f*; poussée *f*; (*Med*) grosseur *f*, tumeur *f*
**growth rate** *n* taux *m* de croissance
**GRSM** *n abbr* (*Brit*) = **Graduate of the Royal Schools of Music**
**grub** [grʌb] *n* larve *f*; (*inf: food*) bouffe *f*
**grubby** ['grʌbɪ] *adj* crasseux(-euse)
**grudge** [grʌdʒ] *n* rancune *f* ▷ *vt*: **to ~ sb sth** (*in giving*) donner qch à qn à contre-cœur; (*resent*) reprocher qch à qn; **to bear sb a ~ (for)** garder rancune or en vouloir à qn (de); **he ~s spending** il rechigne à dépenser
**grudgingly** ['grʌdʒɪŋlɪ] *adv* à contre-cœur, de mauvaise grâce
**gruelling**, (*US*) **grueling** ['gruəlɪŋ] *adj* exténuant(e)
**gruesome** ['gruːsəm] *adj* horrible
**gruff** [grʌf] *adj* bourru(e)
**grumble** ['grʌmbl] *vi* rouspéter, ronchonner
**grumpy** ['grʌmpɪ] *adj* grincheux(-euse)
**grunge** [grʌndʒ] *n* (*Mus: style*) grunge *m*
**grunt** [grʌnt] *vi* grogner ▷ *n* grognement *m*
**G-string** ['dʒiːstrɪŋ] *n* (*garment*) cache-sexe *m inv*
**GSUSA** *n abbr* = **Girl Scouts of the United States of America**
**GU** *abbr* (*US*) = **Guam**
**guarantee** [gærən'tiː] *n* garantie *f* ▷ *vt* garantir; **he can't ~ (that) he'll come** il n'est pas absolument certain de pouvoir venir
**guarantor** [gærən'tɔːʳ] *n* garant(e)
**guard** [gɑːd] *n* garde *f*, surveillance *f*; (*squad: Boxing, Fencing*) garde *f*; (*one man*) garde *m*; (*Brit Rail*) chef *m* de train; (*safety device: on machine*) dispositif *m* de sûreté; (*also:* **fireguard**) garde-feu *m inv* ▷ *vt* garder, surveiller; (*protect*): **to ~ sb/sth (against** or **from)** protéger qn/qch (contre); **to be on one's ~** (*fig*) être sur ses gardes
  ▶ **guard against** *vi*: **to ~ against doing sth** se garder de faire qch
**guard dog** *n* chien *m* de garde
**guarded** ['gɑːdɪd] *adj* (*fig*) prudent(e)
**guardian** ['gɑːdɪən] *n* gardien(ne); (*of minor*) tuteur(-trice)
**guard's van** ['gɑːdz-] *n* (*Brit Rail*) fourgon *m*
**Guatemala** [gwɑːtɪ'mɑːlə] *n* Guatemala *m*
**Guernsey** ['gəːnzɪ] *n* Guernesey *m or f*
**guerrilla** [gə'rɪlə] *n* guérillero *m*
**guerrilla warfare** *n* guérilla *f*
**guess** [gɛs] *vi* deviner ▷ *vt* deviner; (*estimate*) évaluer; (*US*) croire, penser ▷ *n* supposition *f*, hypothèse *f*; **to take** or **have a ~** essayer de deviner; **to keep sb ~ing** laisser qn dans le doute or l'incertitude, tenir qn en haleine
**guesstimate** ['gɛstɪmɪt] *n* (*inf*) estimation *f*
**guesswork** ['gɛswəːk] *n* hypothèse *f*; **I got the answer by ~** j'ai deviné la réponse
**guest** [gɛst] *n* invité(e); (*in hotel*) client(e); **be my ~** faites comme chez vous
**guest house** ['gɛsthaʊs] *n* pension *f*
**guest room** *n* chambre *f* d'amis
**guff** [gʌf] *n* (*inf*) bêtises *fpl*
**guffaw** [gʌ'fɔː] *n* gros rire ▷ *vi* pouffer de rire
**guidance** ['gaɪdəns] *n* (*advice*) conseils *mpl*; **under the ~ of** conseillé(e) or encadré(e) par, sous la conduite de; **vocational ~** orientation professionnelle; **marriage ~** conseils conjugaux
**guide** [gaɪd] *n* (*person*) guide *m/f*; (*book*) guide *m*; (*also:* **Girl Guide**) éclaireuse *f*, (*Roman Catholic*) guide *f* ▷ *vt* guider; **to be ~d by sb/sth** se laisser guider par qn/qch; **is there an English-speaking ~?** est-ce que l'un des guides parle anglais?
**guidebook** ['gaɪdbuk] *n* guide *m*; **do you have a ~ in English?** est-ce que vous avez un guide en anglais?
**guided missile** ['gaɪdɪd-] *n* missile téléguidé
**guide dog** *n* chien *m* d'aveugle
**guided tour** *n* visite guidée; **what time does the ~ start?** la visite guidée commence à quelle heure?
**guidelines** ['gaɪdlaɪnz] *npl* (*advice*) instructions générales, conseils *mpl*
**guild** [gɪld] *n* (*History*) corporation *f*; (*sharing interests*) cercle *m*, association *f*

**guildhall** ['gɪldhɔːl] n (Brit) hôtel m de ville
**guile** [gaɪl] n astuce f
**guileless** ['gaɪlɪs] adj candide
**guillotine** ['gɪlətiːn] n guillotine f; (for paper) massicot m
**guilt** [gɪlt] n culpabilité f
**guilty** ['gɪltɪ] adj coupable; **to plead ~/not ~** plaider coupable/non coupable; **to feel ~ about doing sth** avoir mauvaise conscience à faire qch
**Guinea** ['gɪnɪ] n: **Republic of ~** (République f de) Guinée f
**guinea** ['gɪnɪ] n (Brit: formerly) guinée f (= 21 shillings)
**guinea pig** ['gɪnɪ-] n cobaye m
**guise** [gaɪz] n aspect m, apparence f
**guitar** [gɪ'tɑːʳ] n guitare f
**guitarist** [gɪ'tɑːrɪst] n guitariste m/f
**gulch** [gʌltʃ] n (US) ravin m
**gulf** [gʌlf] n golfe m; (abyss) gouffre m; **the (Persian) G~** le golfe Persique
**Gulf States** npl: **the ~** (in Middle East) les pays mpl du Golfe
**Gulf Stream** n: **the ~** le Gulf Stream
**gull** [gʌl] n mouette f
**gullet** ['gʌlɪt] n gosier m
**gullibility** [gʌlɪ'bɪlɪtɪ] n crédulité f
**gullible** ['gʌlɪbl] adj crédule
**gully** ['gʌlɪ] n ravin m; ravine f; couloir m
**gulp** [gʌlp] vi avaler sa salive; (from emotion) avoir la gorge serrée, s'étrangler ▷ vt (also: **gulp down**) avaler ▷ n (of drink) gorgée f; **at one ~** d'un seul coup
**gum** [gʌm] n (Anat) gencive f; (glue) colle f; (sweet) boule f de gomme; (also: **chewing-gum**) chewing-gum m ▷ vt coller
**gumboil** ['gʌmbɔɪl] n abcès m dentaire
**gumboots** ['gʌmbuːts] npl (Brit) bottes fpl en caoutchouc
**gumption** ['gʌmpʃən] n bon sens, jugeote f
**gun** [gʌn] n (small) revolver m, pistolet m; (rifle) fusil m, carabine f; (cannon) canon m ▷ vt (also: **gun down**) abattre; **to stick to one's ~s** (fig) ne pas en démordre
**gunboat** ['gʌnbəʊt] n canonnière f
**gun dog** n chien m de chasse
**gunfire** ['gʌnfaɪəʳ] n fusillade f
**gunk** [gʌŋk] n (inf) saleté f
**gunman** (irreg) ['gʌnmən] n bandit armé
**gunner** ['gʌnəʳ] n artilleur m
**gunpoint** ['gʌnpɔɪnt] n: **at ~** sous la menace du pistolet (or fusil)
**gunpowder** ['gʌnpaʊdəʳ] n poudre f à canon
**gunrunner** ['gʌnrʌnəʳ] n trafiquant m d'armes
**gunrunning** ['gʌnrʌnɪŋ] n trafic m d'armes
**gunshot** ['gʌnʃɔt] n coup m de feu; **within ~** à portée de fusil
**gunsmith** ['gʌnsmɪθ] n armurier m
**gurgle** ['gəːgl] n gargouillis m ▷ vi gargouiller
**guru** ['guruː] n gourou m
**gush** [gʌʃ] n jaillissement m, jet m ▷ vi jaillir; (fig) se répandre en effusions
**gushing** ['gʌʃɪŋ] adj (person) trop exubérant(e) or

expansif(-ive); (compliments) exagéré(e)
**gusset** ['gʌsɪt] n gousset m, soufflet m; (in tights, pants) entre-jambes m
**gust** [gʌst] n (of wind) rafale f; (of smoke) bouffée f
**gusto** ['gʌstəʊ] n enthousiasme m
**gusty** ['gʌstɪ] adj venteux(-euse); **~ winds** des rafales de vent
**gut** [gʌt] n intestin m, boyau m; (Mus etc) boyau ▷ vt (poultry, fish) vider; (building) ne laisser que les murs de; **guts** npl (Anat) boyaux mpl; (inf: courage) cran m; **to hate sb's ~s** ne pas pouvoir voir qn en peinture or sentir qn
**gut reaction** n réaction instinctive
**gutsy** ['gʌtsɪ] adj (person) qui a du cran; (style) qui a du punch
**gutted** ['gʌtɪd] adj: **I was ~** (inf: disappointed) j'étais carrément dégoûté
**gutter** ['gʌtəʳ] n (of roof) gouttière f; (in street) caniveau m; (fig) ruisseau m
**gutter press** n: **the ~** la presse de bas étage or à scandale
**guttural** ['gʌtərl] adj guttural(e)
**guy** [gaɪ] n (inf: man) type m; (also: **guyrope**) corde f; (figure) effigie de Guy Fawkes
**Guyana** [gaɪ'ænə] n Guyane f
**Guy Fawkes' Night** [gaɪ'fɔːks-] n voir article

⬤ **GUY FAWKES' NIGHT**
⬤
⬤ Guy Fawkes' Night, que l'on appelle
⬤ également "bonfire night", commémore
⬤ l'échec du complot (le "Gunpowder Plot")
⬤ contre James Ist et son parlement le 5
⬤ novembre 1605. L'un des conspirateurs,
⬤ Guy Fawkes, avait été surpris dans les caves
⬤ du parlement alors qu'il s'apprêtait à y
⬤ mettre le feu. Chaque année pour le 5
⬤ novembre, les enfants préparent à l'avance
⬤ une effigie de Guy Fawkes et ils demandent
⬤ aux passants "un penny pour le guy" avec
⬤ lequel ils pourront s'acheter des fusées de
⬤ feu d'artifice. Beaucoup de gens font
⬤ encore un feu dans leur jardin sur lequel ils
⬤ brûlent le "guy".

**guzzle** ['gʌzl] vi s'empiffrer ▷ vt avaler gloutonnement
**gym** [dʒɪm] n (also: **gymnasium**) gymnase m; (also: **gymnastics**) gym f
**gymkhana** [dʒɪm'kɑːnə] n gymkhana m
**gymnasium** [dʒɪm'neɪzɪəm] n gymnase m
**gymnast** ['dʒɪmnæst] n gymnaste m/f
**gymnastics** [dʒɪm'næstɪks] n, npl gymnastique f
**gym shoes** npl chaussures fpl de gym(nastique)
**gynaecologist**, (US) **gynecologist** [gaɪnɪ'kɔlədʒɪst] n gynécologue m/f
**gynaecology**, (US) **gynecology** [gaɪnə'kɔlədʒɪ] n gynécologie f
**gypsy** ['dʒɪpsɪ] n gitan(e), bohémien(ne) ▷ cpd: **~ caravan** n roulotte f
**gyrate** [dʒaɪ'reɪt] vi tournoyer

# Hh

**H, h** [eɪtʃ] *n* (*letter*) H, h *m*; **H for Harry**, (*US*) **H for How** H comme Henri

**habeas corpus** [ˈheɪbɪəsˈkɔːpəs] *n* (*Law*) habeas corpus *m*

**haberdashery** [hæbəˈdæʃərɪ] *n* (*Brit*) mercerie *f*

**habit** [ˈhæbɪt] *n* habitude *f*; (*costume: Rel*) habit *m*; (*for riding*) tenue *f* d'équitation; **to get out of/ into the ~ of doing sth** perdre/prendre l'habitude de faire qch

**habitable** [ˈhæbɪtəbl] *adj* habitable

**habitat** [ˈhæbɪtæt] *n* habitat *m*

**habitation** [hæbɪˈteɪʃən] *n* habitation *f*

**habitual** [həˈbɪtjuəl] *adj* habituel(le); (*drinker, liar*) invétéré(e)

**habitually** [həˈbɪtjuəlɪ] *adv* habituellement, d'habitude

**hack** [hæk] *vt* hacher, tailler ▷ *n* (*cut*) entaille *f*; (*blow*) coup *m*; (*pej: writer*) nègre *m*; (*old horse*) canasson *m*

**hacker** [ˈhækəʳ] *n* (*Comput*) pirate *m* (informatique); (: *enthusiast*) passionné(e) *m/f* des ordinateurs

**hackles** [ˈhæklz] *npl*: **to make sb's ~ rise** (*fig*) mettre qn hors de soi

**hackney cab** [ˈhæknɪ-] *n* fiacre *m*

**hackneyed** [ˈhæknɪd] *adj* usé(e), rebattu(e)

**hacksaw** [ˈhæksɔː] *n* scie *f* à métaux

**had** [hæd] *pt, pp of* **have**

**haddock** (*pl* - *or* **-s**) [ˈhædək] *n* églefin *m*; **smoked ~** haddock *m*

**hadn't** [ˈhædnt] = **had not**

**haematology**, (*US*) **hematology** [ˈhiːməˈtɔlədʒɪ] *n* hématologie *f*

**haemoglobin**, (*US*) **hemoglobin** [ˈhiːməˈgləubɪn] *n* hémoglobine *f*

**haemophilia**, (*US*) **hemophilia** [ˈhiːməˈfɪlɪə] *n* hémophilie *f*

**haemorrhage**, (*US*) **hemorrhage** [ˈhɛmərɪdʒ] *n* hémorragie *f*

**haemorrhoids**, (*US*) **hemorrhoids** [ˈhɛmərɔɪdz] *npl* hémorroïdes *fpl*

**hag** [hæg] *n* (*ugly*) vieille sorcière; (*nasty*) chameau *m*, harpie *f*; (*witch*) sorcière

**haggard** [ˈhægəd] *adj* hagard(e), égaré(e)

**haggis** [ˈhægɪs] *n* haggis *m*

**haggle** [ˈhægl] *vi* marchander; **to ~ over** chicaner sur

**haggling** [ˈhæglɪŋ] *n* marchandage *m*

**Hague** [heɪg] *n*: **The ~** La Haye

**hail** [heɪl] *n* grêle *f* ▷ *vt* (*call*) héler; (*greet*) acclamer ▷ *vi* grêler; (*originate*): **he ~s from Scotland** il est originaire d'Écosse

**hailstone** [ˈheɪlstəun] *n* grêlon *m*

**hailstorm** [ˈheɪlstɔːm] *n* averse *f* de grêle

**hair** [hɛəʳ] *n* cheveux *mpl*; (*on body*) poils *mpl*, pilosité *f*; (*of animal*) pelage *m*; (*single hair: on head*) cheveu *m*; (: *on body, of animal*) poil *m*; **to do one's ~** se coiffer

**hairband** [ˈhɛəbænd] *n* (*elasticated*) bandeau *m*; (*plastic*) serre-tête *m*

**hairbrush** [ˈhɛəbrʌʃ] *n* brosse *f* à cheveux

**haircut** [ˈhɛəkʌt] *n* coupe *f* (de cheveux)

**hairdo** [ˈhɛəduː] *n* coiffure *f*

**hairdresser** [ˈhɛədrɛsəʳ] *n* coiffeur(-euse)

**hairdresser's** [ˈhɛədrɛsəʳz] *n* salon *m* de coiffure, coiffeur *m*

**hair dryer** [ˈhɛədraɪəʳ] *n* sèche-cheveux *m*, séchoir *m*

**-haired** [hɛəd] *suffix*: **fair/long~** aux cheveux blonds/longs

**hair gel** *n* gel *m* pour cheveux

**hairgrip** [ˈhɛəgrɪp] *n* pince *f* à cheveux

**hairline** [ˈhɛəlaɪn] *n* naissance *f* des cheveux

**hairline fracture** *n* fêlure *f*

**hairnet** [ˈhɛənɛt] *n* résille *f*

**hair oil** *n* huile *f* capillaire

**hairpiece** [ˈhɛəpiːs] *n* postiche *m*

**hairpin** [ˈhɛəpɪn] *n* épingle *f* à cheveux

**hairpin bend**, (*US*) **hairpin curve** *n* virage *m* en épingle à cheveux

**hair-raising** [ˈhɛəreɪzɪŋ] *adj* à (vous) faire dresser les cheveux sur la tête

**hair remover** *n* dépilateur *m*

**hair removing cream** *n* crème *f* dépilatoire

**hair spray** *n* laque *f* (pour les cheveux)

**hairstyle** [ˈhɛəstaɪl] *n* coiffure *f*

**hairy** [ˈhɛərɪ] *adj* poilu(e), chevelu(e); (*inf: frightening*) effrayant(e)

**Haiti** [ˈheɪtɪ] *n* Haïti *m*

**hake** (*pl* - *or* **-s**) [heɪk] *n* colin *m*, merlu *m*

**halcyon** [ˈhælsɪən] *adj* merveilleux(-euse)

**hale** [heɪl] *adj*: **~ and hearty** robuste, en

pleine santé

**half** [hɑːf] n (pl **halves** [hɑːvz]) moitié f; (of beer: also: **half pint**) ≈ demi m; (Rail, bus: also: **half fare**) demi-tarif m; (Sport: of match) mi-temps f; (: of ground) moitié (du terrain) ▷ adj demi(e) ▷ adv (à) moitié, à demi; ~ **an hour** une demi-heure; ~ **a dozen** une demi-douzaine; ~ **a pound** une demi-livre, ≈ 250 g; **two and a** ~ deux et demi; **a week and a** ~ une semaine et demie; ~ (**of it**) la moitié; ~ (**of**) la moitié de; ~ **the amount of** la moitié de; **to cut sth in** ~ couper qch en deux; ~ **past three** trois heures et demie; ~ **empty/closed** à moitié vide/fermé; **to go halves (with sb)** se mettre de moitié avec qn

**half-back** ['hɑːfbæk] n (Sport) demi m

**half-baked** ['hɑːfbeɪkt] adj (inf: idea, scheme) qui ne tient pas debout

**half board** n (Brit: in hotel) demi-pension f

**half-breed** ['hɑːfbriːd] n (pej) = **half-caste**

**half-brother** ['hɑːfbrʌðə[r]] n demi-frère m

**half-caste** ['hɑːfkɑːst] n (pej) métis(se)

**half day** n demi-journée f

**half fare** n demi-tarif m

**half-hearted** ['hɑːfhɑːtɪd] adj tiède, sans enthousiasme

**half-hour** [hɑːfauə[r]] n demi-heure f

**half-mast** ['hɑːfmɑːst] n: **at** ~ (flag) en berne, à mi-mât

**halfpenny** ['heɪpnɪ] n demi-penny m

**half-price** ['hɑːfpraɪs] adj à moitié prix ▷ adv (also: **at half-price**) à moitié prix

**half term** n (Brit Scol) vacances fpl (de demi-trimestre)

**half-time** [hɑːftaɪm] n mi-temps f

**halfway** ['hɑːfweɪ] adv à mi-chemin; **to meet sb** ~ (fig) parvenir à un compromis avec qn; ~ **through sth** au milieu de qch

**halfway house** n (hostel) centre m de réadaptation (pour anciens prisonniers, malades mentaux etc); (fig): **a** ~ (**between**) une étape intermédiaire (entre)

**half-wit** ['hɑːfwɪt] n (inf) idiot(e), imbécile m/f

**half-yearly** [hɑːfjɪəlɪ] adv deux fois par an ▷ adj semestriel(le)

**halibut** ['hælɪbət] n (pl inv) flétan m

**halitosis** [hælɪˈtəusɪs] n mauvaise haleine

**hall** [hɔːl] n salle f; (entrance way: big) hall m; (small) entrée f; (US: corridor) couloir m; (mansion) château m, manoir m

**hallmark** ['hɔːlmɑːk] n poinçon m; (fig) marque f

**hallo** [hə'ləu] excl = **hello**

**hall of residence** n (Brit) pavillon m or résidence f universitaire

**Hallowe'en, Halloween** ['hæləu'iːn] n veille f de la Toussaint; voir article

● **HALLOWE'EN**

●

● Selon la tradition, Hallowe'en est la nuit des
● fantômes et des sorcières. En Écosse et aux
● États-Unis surtout (et de plus en plus en
● Angleterre) les enfants, pour fêter

● Hallowe'en, se déguisent ce soir-là et ils vont
● ainsi de porte en porte en demandant de
● petits cadeaux (du chocolat, etc).

**hallucination** [həlu:sɪ'neɪʃən] n hallucination f

**hallucinogenic** [həlu:sɪnəu'dʒenɪk] adj hallucinogène

**hallway** ['hɔːlweɪ] n (entrance) vestibule m; (corridor) couloir m

**halo** ['heɪləu] n (of saint etc) auréole f; (of sun) halo m

**halt** [hɔːlt] n halte f, arrêt m ▷ vt faire arrêter; (progress etc) interrompre ▷ vi faire halte, s'arrêter; **to call a** ~ **to sth** (fig) mettre fin à qch

**halter** ['hɔːltə[r]] n (for horse) licou m

**halterneck** ['hɔːltənɛk] adj (dress) (avec) dos nu inv

**halve** [hɑːv] vt (apple etc) partager or diviser en deux; (reduce by half) réduire de moitié

**halves** [hɑːvz] npl of **half**

**ham** [hæm] n jambon m; (inf: also: **radio ham**) radio-amateur m; (also: **ham actor**) cabotin(e)

**Hamburg** ['hæmbə:g] n Hambourg

**hamburger** ['hæmbə:gə[r]] n hamburger m

**ham-fisted** ['hæm'fɪstɪd], (US) **ham-handed** ['hæm'hændɪd] adj maladroit(e)

**hamlet** ['hæmlɪt] n hameau m

**hammer** ['hæmə[r]] n marteau m ▷ vt (nail) enfoncer; (fig) éreinter, démolir ▷ vi (at door) frapper à coups redoublés; **to** ~ **a point home to sb** faire rentrer qch dans la tête de qn

▸ **hammer out** vt (metal) étendre au marteau; (fig: solution) élaborer

**hammock** ['hæmək] n hamac m

**hamper** ['hæmpə[r]] vt gêner ▷ n panier m (d'osier)

**hamster** ['hæmstə[r]] n hamster m

**hamstring** ['hæmstrɪŋ] n (Anat) tendon m du jarret

**hand** [hænd] n main f; (of clock) aiguille f; (handwriting) écriture f; (at cards) jeu m; (measurement: of horse) paume f; (worker) ouvrier(-ière) ▷ vt passer, donner; **to give sb a** ~ donner un coup de main à qn; **at** ~ à portée de la main; **in** ~ (situation) en main; (work) en cours; **we have the situation in** ~ nous avons la situation bien en main; **to be on** ~ (person) être disponible; (emergency services) se tenir prêt(e) (à intervenir); **to** ~ (information etc) sous la main, à portée de la main; **to force sb's** ~ forcer la main à qn; **to have a free** ~ avoir carte blanche; **to have sth in one's** ~ tenir qch à la main; **on the one** ~ ..., **on the other** ~ d'une part ..., d'autre part

▸ **hand down** vt passer; (tradition, heirloom) transmettre; (US: sentence, verdict) prononcer

▸ **hand in** vt remettre

▸ **hand out** vt distribuer

▸ **hand over** vt remettre; (powers etc) transmettre

▸ **hand round** vt (Brit: information) faire circuler; (: chocolates etc) faire passer

**handbag** ['hændbæg] n sac m à main
**hand baggage** n = **hand luggage**
**handball** ['hændbɔːl] n handball m
**handbasin** ['hændbeɪsn] n lavabo m
**handbook** ['hændbuk] n manuel m
**handbrake** ['hændbreɪk] n frein m à main
**h & c** abbr (Brit) = **hot and cold (water)**
**hand cream** n crème f pour les mains
**handcuffs** ['hændkʌfs] npl menottes fpl
**handful** ['hændful] n poignée f
**hand-held** ['hændhɛld] adj à main
**handicap** ['hændɪkæp] n handicap m ▷ vt
handicaper; **mentally/physically ~ped**
handicapé(e) mentalement/physiquement
**handicraft** ['hændɪkrɑːft] n travail m
d'artisanat, technique artisanale
**handiwork** ['hændɪwəːk] n ouvrage m; **this
looks like his ~** (pej) ça a tout l'air d'être son
œuvre
**handkerchief** ['hæŋkətʃɪf] n mouchoir m
**handle** ['hændl] n (of door etc) poignée f; (of cup
etc) anse f; (of knife etc) manche m; (of saucepan)
queue f; (for winding) manivelle f ▷ vt toucher,
manier; (deal with) s'occuper de; (treat: people)
prendre; **"~ with care"** "fragile"; **to fly off the
~** s'énerver
**handlebar** ['hændlbɑːʳ] n, **handlebars**
['hændlbɑːz] npl guidon m
**handling** ['hændlɪŋ] n (Aut) maniement m;
(treatment): **his ~ of the matter** la façon dont il
a traité l'affaire
**handling charges** npl frais mpl de
manutention; (Banking) agios mpl
**hand luggage** ['hændlʌgɪdʒ] n bagages mpl à
main; **one item of ~** un bagage à main
**handmade** ['hændmeɪd] adj fait(e) à la main
**handout** ['hændaut] n (money) aide f, don m;
(leaflet) prospectus m; (press handout)
communiqué m de presse; (at lecture)
polycopié m
**hand-picked** ['hænd'pɪkt] adj (produce) cueilli(e)
à la main; (staff etc) trié(e) sur le volet
**handrail** ['hændreɪl] n (on staircase etc) rampe f,
main courante
**handset** ['hændsɛt] n (Tel) combiné m
**hands-free** ['hændz'friː] adj mains libres inv ▷ n
(also: **hands-free kit**) kit m mains libres inv
**handshake** ['hændʃeɪk] n poignée f de main;
(Comput) établissement m de la liaison
**handsome** ['hænsəm] adj beau (belle); (gift)
généreux(-euse); (profit) considérable
**hands-on** [hændz'ɔn] adj (training, experience) sur
le tas; **she has a very ~ approach** sa politique
est de mettre la main à la pâte
**handstand** ['hændstænd] n: **to do a ~** faire
l'arbre droit
**hand-to-mouth** ['hændtə'mauθ] adj (existence)
au jour le jour
**handwriting** ['hændraɪtɪŋ] n écriture f
**handwritten** ['hændrɪtn] adj manuscrit(e),
écrit(e) à la main
**handy** ['hændɪ] adj (person) adroit(e); (close at

hand) sous la main; (convenient) pratique; **to
come in ~** être (or s'avérer) utile
**handyman** ['hændɪmæn] (irreg) n bricoleur m;
(servant) homme m à tout faire
**hang** (pt, pp **hung**) [hæŋ, hʌŋ] vt accrocher;
(criminal: pt, pp **-ed**) pendre ▷ vi pendre; (hair,
drapery) tomber ▷ n: **to get the ~ of (doing) sth**
(inf) attraper le coup pour faire qch
 ▶ **hang about, hang around** vi flâner, traîner
 ▶ **hang back** vi (hesitate): **to ~ back (from
doing)** être réticent(e) (pour faire)
 ▶ **hang down** vi pendre
 ▶ **hang on** vi (wait) attendre ▷ vt fus (depend on)
dépendre de; **to ~ on to** (keep hold of) ne pas
lâcher; (keep) garder
 ▶ **hang out** vt (washing) étendre (dehors) ▷ vi
pendre; (inf: live) habiter, percher; (: spend time)
traîner
 ▶ **hang round** vi = **hang around**
 ▶ **hang together** vi (argument etc) se tenir, être
cohérent(e)
 ▶ **hang up** vi (Tel) raccrocher ▷ vt (coat, painting
etc) accrocher, suspendre; **to ~ up on sb** (Tel)
raccrocher au nez de qn
**hangar** ['hæŋəʳ] n hangar m
**hangdog** ['hæŋdɔg] adj (look, expression) de chien
battu
**hanger** ['hæŋəʳ] n cintre m, portemanteau m
**hanger-on** [hæŋər'ɔn] n parasite m
**hang-glider** ['hæŋglaɪdəʳ] n deltaplane m
**hang-gliding** ['hæŋglaɪdɪŋ] n vol m libre or sur
aile delta
**hanging** ['hæŋɪŋ] n (execution) pendaison f
**hangman** ['hæŋmən] (irreg) n bourreau m
**hangover** ['hæŋəuvəʳ] n (after drinking) gueule f
de bois
**hang-up** ['hæŋʌp] n complexe m
**hank** [hæŋk] n écheveau m
**hanker** ['hæŋkəʳ] vi: **to ~ after** avoir envie de
**hankering** ['hæŋkərɪŋ] n: **to have a ~ for/to do
sth** avoir une grande envie de/de faire qch
**hankie, hanky** ['hæŋkɪ] n abbr = **handkerchief**
**Hants** abbr (Brit) = **Hampshire**
**haphazard** [hæp'hæzəd] adj fait(e) au hasard,
fait(e) au petit bonheur
**hapless** ['hæplɪs] adj malheureux(-euse)
**happen** ['hæpən] vi arriver, se passer, se
produire; **what's ~ing?** que se passe-t-il?; **she
~ed to be free** il s'est trouvé (or se trouvait)
qu'elle était libre; **if anything ~ed to him** s'il
lui arrivait quoi que ce soit; **as it ~s** justement
 ▶ **happen on, happen upon** vt fus tomber sur
**happening** ['hæpnɪŋ] n événement m
**happily** ['hæpɪlɪ] adv heureusement; (cheerfully)
joyeusement
**happiness** ['hæpɪnɪs] n bonheur m
**happy** ['hæpɪ] adj heureux(-euse); **~ with**
(arrangements etc) satisfait(e) de; **to be ~ to do**
faire volontiers; **yes, I'd be ~ to** oui, avec plaisir
or (bien) volontiers; **~ birthday!** bon
anniversaire!; **~ Christmas/New Year!** joyeux
Noël/bonne année!

**h**

**happy-go-lucky** ['hæpɪgəʊ'lʌkɪ] *adj* insouciant(e)

**happy hour** *n* l'heure *f* de l'apéritif, *heure pendant laquelle les consommations sont à prix réduit*

**harangue** [hə'ræŋ] *vt* haranguer

**harass** ['hærəs] *vt* accabler, tourmenter

**harassed** ['hærəst] *adj* tracassé(e)

**harassment** ['hærəsmənt] *n* tracasseries *fpl*; **sexual ~** harcèlement sexuel

**harbour**, (US) **harbor** ['hɑːbəʳ] *n* port *m* ▷ *vt* héberger, abriter; (*hopes, suspicions*) entretenir; **to ~ a grudge against sb** en vouloir à qn

**harbour dues**, (US) **harbor dues** *npl* droits *mpl* de port

**harbour master**, (US) **harbor master** *n* capitaine *m* du port

**hard** [hɑːd] *adj* dur(e); (*question, problem*) difficile; (*facts, evidence*) concret(-ète) ▷ *adv* (*work*) dur; (*think, try*) sérieusement; **to look ~ at** regarder fixement; (*thing*) regarder de près; **to drink ~** boire sec; **~ luck!** pas de veine!; **no ~ feelings!** sans rancune!; **to be ~ of hearing** être dur(e) d'oreille; **to be ~ done by** être traité(e) injustement; **to be ~ on sb** être dur(e) avec qn; **I find it ~ to believe that ...** je n'arrive pas à croire que ...

**hard-and-fast** ['hɑːdən'fɑːst] *adj* strict(e), absolu(e)

**hardback** ['hɑːdbæk] *n* livre relié

**hardboard** ['hɑːdbɔːd] *n* Isorel® *m*

**hard-boiled egg** ['hɑːd'bɔɪld-] *n* œuf dur

**hard cash** *n* espèces *fpl*

**hard copy** *n* (*Comput*) sortie *f* or copie *f* papier

**hard-core** ['hɑːd'kɔːʳ] *adj* (*pornography*) (dit(e)) dur(e); (*supporters*) inconditionnel(le)

**hard court** *n* (*Tennis*) court *m* en dur

**hard disk** *n* (*Comput*) disque dur

**harden** ['hɑːdn] *vt* durcir; (*steel*) tremper; (*fig*) endurcir ▷ *vi* (*substance*) durcir

**hardened** ['hɑːdnd] *adj* (*criminal*) endurci(e); **to be ~ to sth** s'être endurci(e) à qch, être (devenu(e)) insensible à qch

**hard-headed** ['hɑːd'hɛdɪd] *adj* réaliste; décidé(e)

**hard-hearted** ['hɑːd'hɑːtɪd] *adj* dur(e), impitoyable

**hard-hitting** ['hɑːd'hɪtɪŋ] *adj* (*speech, article*) sans complaisances

**hard labour** *n* travaux forcés

**hardliner** [hɑːd'laɪnəʳ] *n* intransigeant(e), dur(e)

**hard-luck story** [hɑːd'lʌk-] *n* histoire larmoyante

**hardly** ['hɑːdlɪ] *adv* (*scarcely*) à peine; (*harshly*) durement; **it's ~ the case** ce n'est guère le cas; **~ anywhere/ever** presque nulle part/jamais; **I can ~ believe it** j'ai du mal à le croire

**hardness** ['hɑːdnɪs] *n* dureté *f*

**hard-nosed** ['hɑːd'nəʊzd] *adj* impitoyable, dur(e)

**hard-pressed** ['hɑːd'prɛst] *adj* sous pression

**hard sell** *n* vente agressive

**hardship** ['hɑːdʃɪp] *n* (*difficulties*) épreuves *fpl*; (*deprivation*) privations *fpl*

**hard shoulder** *n* (*Brit Aut*) accotement stabilisé

**hard-up** [hɑːd'ʌp] *adj* (*inf*) fauché(e)

**hardware** ['hɑːdwɛəʳ] *n* quincaillerie *f*; (*Comput, Mil*) matériel *m*

**hardware shop**, (US) **hardware store** *n* quincaillerie *f*

**hard-wearing** [hɑːd'wɛərɪŋ] *adj* solide

**hard-won** ['hɑːd'wʌn] *adj* (si) durement gagné(e)

**hard-working** [hɑːd'wəːkɪŋ] *adj* travailleur(-euse), consciencieux(-euse)

**hardy** ['hɑːdɪ] *adj* robuste; (*plant*) résistant(e) au gel

**hare** [hɛəʳ] *n* lièvre *m*

**hare-brained** ['hɛəbreɪnd] *adj* farfelu(e), écervelé(e)

**harelip** ['hɛəlɪp] *n* (*Med*) bec-de-lièvre *m*

**harem** [hɑː'riːm] *n* harem *m*

**hark back** [hɑːk-] *vi*: **to ~ to** (en) revenir toujours à

**harm** [hɑːm] *n* mal *m*; (*wrong*) tort *m* ▷ *vt* (*person*) faire du mal or du tort à; (*thing*) endommager; **to mean no ~** ne pas avoir de mauvaises intentions; **there's no ~ in trying** on peut toujours essayer; **out of ~'s way** à l'abri du danger, en lieu sûr

**harmful** ['hɑːmful] *adj* nuisible

**harmless** [hɑːmlɪs] *adj* inoffensif(-ive)

**harmonic** [hɑː'mɔnɪk] *adj* harmonique

**harmonica** [hɑː'mɔnɪkə] *n* harmonica *m*

**harmonics** [hɑː'mɔnɪks] *npl* harmoniques *mpl* or *fpl*

**harmonious** [hɑː'məʊnɪəs] *adj* harmonieux(-euse)

**harmonium** [hɑː'məʊnɪəm] *n* harmonium *m*

**harmonize** [hɑː'mənaɪz] *vt* harmoniser ▷ *vi* s'harmoniser

**harmony** ['hɑːmənɪ] *n* harmonie *f*

**harness** ['hɑːnɪs] *n* harnais *m* ▷ *vt* (*horse*) harnacher; (*resources*) exploiter

**harp** [hɑːp] *n* harpe *f* ▷ *vi*: **to ~ on about** revenir toujours sur

**harpist** ['hɑːpɪst] *n* harpiste *m/f*

**harpoon** [hɑː'puːn] *n* harpon *m*

**harpsichord** ['hɑːpsɪkɔːd] *n* clavecin *m*

**harrowing** ['hærəʊɪŋ] *adj* déchirant(e)

**harsh** [hɑːʃ] *adj* (*hard*) dur(e); (*severe*) sévère; (*rough: surface*) rugueux(-euse); (*unpleasant: sound*) discordant(e); (*: light*) cru(e); (*: taste*) âpre

**harshly** ['hɑːʃlɪ] *adv* durement, sévèrement

**harshness** ['hɑːʃnɪs] *n* dureté *f*, sévérité *f*

**harvest** ['hɑːvɪst] *n* (*of corn*) moisson *f*; (*of fruit*) récolte *f*; (*of grapes*) vendange *f* ▷ *vi, vt* moissonner; récolter; vendanger

**harvester** ['hɑːvɪstəʳ] *n* (*machine*) moissonneuse *f*; (*also*: **combine harvester**) moissonneuse-batteuse(-lieuse *f*) *f*

**has** [hæz] *vb see* **have**

**has-been** ['hæzbiːn] *n* (*inf: person*): **he/she's a ~** il/elle a fait son temps or est fini(e)

**hash** [hæʃ] n (Culin) hachis m; (fig: mess) gâchis m
▷ n abbr (inf) = **hashish**
**hashish** ['hæʃiʃ] n haschisch m
**hasn't** ['hæznt] = **has not**
**hassle** ['hæsl] n (inf: fuss) histoire(s) f(pl)
**haste** [heist] n hâte f, précipitation f; **in ~** à la
hâte, précipitamment
**hasten** ['heisn] vt hâter, accélérer ▷ vi se hâter,
s'empresser
**hastily** ['heistili] adv à la hâte; (leave)
précipitamment
**hasty** ['heisti] adj (decision, action) hâtif(-ive);
(departure, escape) précipité(e)
**hat** [hæt] n chapeau m
**hatbox** ['hætbɔks] n carton m à chapeau
**hatch** [hætʃ] n (Naut: also: **hatchway**) écoutille f;
(Brit: also: **service hatch**) passe-plats m inv ▷ vi
éclore ▷ vt faire éclore; (fig: scheme) tramer,
ourdir
**hatchback** ['hætʃbæk] n (Aut) modèle m avec
hayon arrière
**hatchet** ['hætʃit] n hachette f
**hatchet job** n (inf) démolissage m
**hatchet man** (irreg) n (inf) homme m de main
**hate** [heit] vt haïr, détester ▷ n haine f; **to ~ to
do** or **doing** détester faire; **I ~ to trouble you,
but ...** désolé de vous déranger, mais ...
**hateful** ['heitful] adj odieux(-euse), détestable
**hater** ['heitər] n: cop-hater anti-flic mf; woman-
hater misogyne m/f (haineux(-euse))
**hatred** ['heitrid] n haine f
**hat trick** n (Brit Sport, also fig): **to get a ~** réussir
trois coups (or gagner trois matchs etc)
consécutifs
**haughty** ['hɔːti] adj hautain(e), arrogant(e)
**haul** [hɔːl] vt traîner, tirer; (by lorry) camionner;
(Naut) haler ▷ n (of fish) prise f; (of stolen goods etc)
butin m
**haulage** ['hɔːlidʒ] n transport routier
**haulage contractor** n (Brit: firm) entreprise f de
transport (routier); (: person) transporteur
routier
**haulier** ['hɔːliər], (US) **hauler** ['hɔːlər] n
transporteur (routier), camionneur m
**haunch** [hɔːntʃ] n hanche f; **~ of venison**
cuissot m de chevreuil
**haunt** [hɔːnt] vt (subj: ghost, fear) hanter; (: person)
fréquenter ▷ n repaire m
**haunted** ['hɔːntid] adj (castle etc) hanté(e); (look)
égaré(e), hagard(e)
**haunting** ['hɔːntiŋ] adj (sight, music) obsédant(e)
**Havana** [hə'vænə] n La Havane

⭕ KEYWORD

**have** [hæv] (pt, pp **had**) aux vb **1** (gen) avoir; être;
**to have eaten/slept** avoir mangé/dormi; **to
have arrived/gone** être arrivé(e)/allé(e); **he
has been promoted** il a eu une promotion;
**having finished** or **when he had finished, he
left** quand il a eu fini, il est parti; **we'd already
eaten** nous avions déjà mangé

**2** (in tag questions): **you've done it, haven't you?**
vous l'avez fait, n'est-ce pas?
**3** (in short answers and questions): **no I haven't!/yes
we have!** mais non!/mais si!; **so I have!** ah oui!,
oui c'est vrai!; **I've been there before, have
you?** j'y suis déjà allé, et vous?
▷ modal aux vb (be obliged): **to have (got) to do
sth** devoir faire qch, être obligé(e) de faire qch;
**she has (got) to do it** elle doit le faire, il faut
qu'elle le fasse; **you haven't to tell her** vous
n'êtes pas obligé de le lui dire; (must not) ne le
lui dites surtout pas; **do you have to book?** il
faut réserver?
▷ vt **1** (possess) avoir; **he has (got) blue eyes/
dark hair** il a les yeux bleus/les cheveux bruns
**2** (referring to meals etc): **to have breakfast**
prendre le petit déjeuner; **to have dinner/
lunch** dîner/déjeuner; **to have a drink**
prendre un verre; **to have a cigarette** fumer
une cigarette
**3** (receive) avoir, recevoir; (obtain) avoir; **may I
have your address?** puis-je avoir votre
adresse?; **you can have it for £5** vous pouvez
l'avoir pour 5 livres; **I must have it for
tomorrow** il me le faut pour demain; **to have a
baby** avoir un bébé
**4** (maintain, allow): **I won't have it!** ça ne se
passera pas comme ça!; **we can't have that**
nous ne tolérerons pas ça
**5** (by sb else): **to have sth done** faire faire qch;
**to have one's hair cut** se faire couper les
cheveux; **to have sb do sth** faire faire qch à qn
**6** (experience, suffer) avoir: **to have a cold/flu**
avoir un rhume/la grippe; **to have an
operation** se faire opérer; **she had her bag
stolen** elle s'est fait voler son sac
**7** (+noun): **to have a swim/walk** nager/se
promener; **to have a bath/shower** prendre un
bain/une douche; **let's have a look** regardons;
**to have a meeting** se réunir; **to have a party**
organiser une fête; **let me have a try** laissez-
moi essayer
**8** (inf: dupe) avoir; **he's been had** il s'est fait
avoir or rouler
▷ **have out** vt: **to have it out with sb** (settle a
problem etc) s'expliquer (franchement) avec qn

**haven** ['heivn] n port m; (fig) havre m
**haven't** ['hævnt] = **have not**
**haversack** ['hævəsæk] n sac m à dos
**haves** [hævz] npl (inf): **the ~ and have-nots** les
riches et les pauvres
**havoc** ['hævək] n ravages mpl, dégâts mpl; **to
play ~ with** (fig) désorganiser complètement;
détraquer
**Hawaii** [hə'waiː] n (îles fpl) Hawaï m
**Hawaiian** [hə'waijən] adj hawaïen(ne) ▷ n
Hawaïen(ne); (Ling) hawaïen m
**hawk** [hɔːk] n faucon m ▷ vt (goods) colporter
**hawker** ['hɔːkər] n colporteur m
**hawkish** ['hɔːkiʃ] adj belliciste
**hawthorn** ['hɔːθɔːn] n aubépine f

**hay** [heɪ] *n* foin *m*

**hay fever** *n* rhume *m* des foins

**haystack** ['heɪstæk] *n* meule *f* de foin

**haywire** ['heɪwaɪə'] *adj* (*inf*): **to go ~** perdre la tête; mal tourner

**hazard** ['hæzəd] *n* (*risk*) danger *m*, risque *m*; (*chance*) hasard *m*, chance *f* ▷ *vt* risquer, hasarder; **to be a health/fire ~** présenter un risque pour la santé/d'incendie; **to ~ a guess** émettre *or* hasarder une hypothèse

**hazardous** ['hæzədəs] *adj* hasardeux(-euse), risqué(e)

**hazard pay** *n* (US) prime *f* de risque

**hazard warning lights** *npl* (*Aut*) feux *mpl* de détresse

**haze** [heɪz] *n* brume *f*

**hazel** [heɪzl] *n* (*tree*) noisetier *m* ▷ *adj* (*eyes*) noisette *inv*

**hazelnut** ['heɪzlnʌt] *n* noisette *f*

**hazy** ['heɪzɪ] *adj* brumeux(-euse); (*idea*) vague; (*photograph*) flou(e)

**H-bomb** ['eɪtʃbɔm] *n* bombe *f* H

**HD** *abbr* (= *high definition*) HD (= *haute définition*)

**HE** *abbr* = **high explosive**; (*Rel, Diplomacy*) = **His (or Her) Excellency**

**he** [hiː] *pron* il; **it is he who ...** c'est lui qui ...; **here he is** le voici; **he-bear** *etc* ours *etc* mâle

**head** [hɛd] *n* tête *f*; (*leader*) chef *m*; (*of school*) directeur(-trice); (*of secondary school*) proviseur *m* ▷ *vt* (*list*) être en tête de; (*group, company*) être à la tête de; **heads** *pl* (*on coin*) (le côté) face; **~s or tails** pile ou face; **~ first** la tête la première; **~ over heels in love** follement *or* éperdument amoureux(-euse); **to ~ the ball** faire une tête; **10 euros a** *or* **per ~** 10 euros par personne; **to sit at the ~ of the table** présider la tablée; **to have a ~ for business** avoir des dispositions pour les affaires; **to have no ~ for heights** être sujet(te) au vertige; **to come to a ~** (*fig: situation etc*) devenir critique

 ▸ **head for** *vt fus* se diriger vers; (*disaster*) aller à

 ▸ **head off** *vt* (*threat, danger*) détourner

**headache** ['hɛdeɪk] *n* mal *m* de tête; **to have a ~** avoir mal à la tête

**headband** ['hɛdbænd] *n* bandeau *m*

**headboard** ['hɛdbɔːd] *n* dosseret *m*

**head cold** *n* rhume *m* de cerveau

**headdress** ['hɛddrɛs] *n* coiffure *f*

**headed notepaper** ['hɛdɪd-] *n* papier *m* à lettres à en-tête

**header** ['hɛdə'] *n* (*Brit inf: Football*) (coup *m* de) tête *f*; (: *fall*) chute *f* (*or* plongeon *m*) la tête la première

**head-first** ['hɛd'fəːst] *adv* (*lit*) la tête la première

**headhunt** ['hɛdhʌnt] *vt*: **she was ~ed** elle a été recrutée par un chasseur de têtes

**headhunter** ['hɛdhʌntə'] *n* chasseur *m* de têtes

**heading** ['hɛdɪŋ] *n* titre *m*; (*subject title*) rubrique *f*

**headlamp** ['hɛdlæmp] (*Brit*) *n* = **headlight**

**headland** ['hɛdlənd] *n* promontoire *m*, cap *m*

**headlight** ['hɛdlaɪt] *n* phare *m*

**headline** ['hɛdlaɪn] *n* titre *m*

**headlong** ['hɛdlɔŋ] *adv* (*fall*) la tête la première; (*rush*) tête baissée

**headmaster** [hɛd'mɑːstə'] *n* directeur *m*

**headmistress** [hɛd'mɪstrɪs] *n* directrice *f*

**head office** *n* siège *m*, bureau *m* central

**head-on** [hɛd'ɔn] *adj* (*collision*) de plein fouet

**headphones** ['hɛdfəunz] *npl* casque *m* (à écouteurs)

**headquarters** ['hɛdkwɔːtəz] *npl* (*of business*) bureau *or* siège central; (*Mil*) quartier général

**headrest** ['hɛdrɛst] *n* appui-tête *m*

**headroom** ['hɛdrum] *n* (*in car*) hauteur *f* de plafond; (*under bridge*) hauteur limite; dégagement *m*

**headscarf** ['hɛdskɑːf] (*pl* **headscarves** [-skɑːvz]) *n* foulard *m*

**headset** ['hɛdsɛt] *n* = **headphones**

**headstone** ['hɛdstəun] *n* pierre tombale

**headstrong** ['hɛdstrɔŋ] *adj* têtu(e), entêté(e)

**headteacher** [hɛd'tiːtʃə'] *n* directeur(-trice); (*of secondary school*) proviseur *m*

**head waiter** *n* maître *m* d'hôtel

**headway** ['hɛdweɪ] *n*: **to make ~** avancer, faire des progrès

**headwind** ['hɛdwɪnd] *n* vent *m* contraire

**heady** ['hɛdɪ] *adj* capiteux(-euse), enivrant(e)

**heal** [hiːl] *vt, vi* guérir

**health** [hɛlθ] *n* santé *f*; **Department of H~** (*Brit, US*) ≈ ministère *m* de la Santé

**health care** *n* services médicaux

**health centre** *n* (*Brit*) centre *m* de santé

**health food** *n* aliment(s) naturel(s)

**health food shop** *n* magasin *m* diététique

**health hazard** *n* risque *m* pour la santé

**Health Service** *n*: **the ~** (*Brit*) ≈ la Sécurité Sociale

**healthy** ['hɛlθɪ] *adj* (*person*) en bonne santé; (*climate, food, attitude etc*) sain(e)

**heap** [hiːp] *n* tas *m*, monceau *m* ▷ *vt* (*also*: **heap up**) entasser, amonceler; **she ~ed her plate with cakes** elle a chargé son assiette de gâteaux; **~s (of)** (*inf: lots*) des tas (de); **to ~ favours/praise/gifts** *etc* **on sb** combler qn de faveurs/d'éloges/de cadeaux *etc*

**hear** (*pt, pp* **heard**) [hɪə', həːd] *vt* entendre; (*news*) apprendre; (*lecture*) assister à, écouter ▷ *vi* entendre; **to ~ about** entendre parler de; (*have news of*) avoir des nouvelles de; **did you ~ about the move?** tu es au courant du déménagement?; **to ~ from sb** recevoir des nouvelles de qn; **I've never ~d of that book** je n'ai jamais entendu parler de ce livre

 ▸ **hear out** *vt* écouter jusqu'au bout

**heard** [həːd] *pt, pp of* **hear**

**hearing** ['hɪərɪŋ] *n* (*sense*) ouïe *f*; (*of witnesses*) audition *f*; (*of a case*) audience *f*; (*of committee*) séance *f*; **to give sb a ~** (*Brit*) écouter ce que qn a à dire

**hearing aid** *n* appareil *m* acoustique

**hearsay** ['hɪəseɪ] *n* on-dit *mpl*, rumeurs *fpl*; **by ~** *adv* par ouï-dire

**hearse** [həːs] *n* corbillard *m*

**heart** [hɑːt] *n* cœur *m*; **hearts** *npl* (*Cards*) cœur *m*; **at ~** au fond; **by ~** (*learn, know*) par cœur; **to have a weak ~** avoir le cœur malade, avoir des problèmes de cœur; **to lose/take ~** perdre/ prendre courage; **to set one's ~ on sth/on doing sth** vouloir absolument qch/faire qch; **the ~ of the matter** le fond du problème

**heartache** ['hɑːteɪk] *n* chagrin *m*, douleur *f*

**heart attack** *n* crise *f* cardiaque

**heartbeat** ['hɑːtbiːt] *n* battement *m* de cœur

**heartbreak** ['hɑːtbreɪk] *n* immense chagrin *m*

**heartbreaking** ['hɑːtbreɪkɪŋ] *adj* navrant(e), déchirant(e)

**heartbroken** ['hɑːtbrəukən] *adj*: **to be ~** avoir beaucoup de chagrin

**heartburn** ['hɑːtbəːn] *n* brûlures *fpl* d'estomac

**heart disease** *n* maladie *f* cardiaque

**-hearted** ['hɑːtɪd] *suffix*: **kind~** généreux(-euse), qui a bon cœur

**heartening** ['hɑːtnɪŋ] *adj* encourageant(e), réconfortant(e)

**heart failure** *n* (*Med*) arrêt *m* du cœur

**heartfelt** ['hɑːtfɛlt] *adj* sincère

**hearth** [hɑːθ] *n* foyer *m*, cheminée *f*

**heartily** ['hɑːtɪlɪ] *adv* chaleureusement; (*laugh*) de bon cœur; (*eat*) de bon appétit; **to agree ~** être entièrement d'accord; **to be ~ sick of** (*Brit*) en avoir ras le bol de

**heartland** ['hɑːtlænd] *n* centre *m*, cœur *m*; **France's ~s** la France profonde

**heartless** ['hɑːtlɪs] *adj* (*person*) sans cœur, insensible; (*treatment*) cruel(le)

**heartstrings** ['hɑːtstrɪŋz] *npl*: **to tug (at) sb's ~** toucher *or* faire vibrer les cordes sensibles de qn

**heartthrob** ['hɑːtθrɔb] *n* idole *f*

**heart-to-heart** ['hɑːt'təhɑːt] *adj, adv* à cœur ouvert

**heart transplant** *n* greffe *f* du cœur

**heartwarming** ['hɑːtwɔːmɪŋ] *adj* réconfortant(e)

**hearty** ['hɑːtɪ] *adj* chaleureux(-euse); (*appetite*) solide; (*dislike*) cordial(e); (*meal*) copieux(-euse)

**heat** [hiːt] *n* chaleur *f*; (*fig*) ardeur *f*; feu *m*; (*Sport: also*: **qualifying heat**) éliminatoire *f*; (*Zool*): **in** *or* **on ~** (*Brit*) en chaleur ▷ *vt* chauffer
▶ **heat up** *vi* (*liquid*) chauffer; (*room*) se réchauffer ▷ *vt* réchauffer

**heated** ['hiːtɪd] *adj* chauffé(e); (*fig*) passionné(e), échauffé(e), excité(e)

**heater** ['hiːtər] *n* appareil *m* de chauffage; radiateur *m*; (*in car*) chauffage *m*; (*water heater*) chauffe-eau *m*

**heath** [hiːθ] *n* (*Brit*) lande *f*

**heathen** ['hiːðn] *adj, n* païen(ne)

**heather** ['hɛðər] *n* bruyère *f*

**heating** ['hiːtɪŋ] *n* chauffage *m*

**heat-resistant** ['hiːtrɪzɪstənt] *adj* résistant(e) à la chaleur

**heat-seeking** ['hiːtsiːkɪŋ] *adj* guidé(e) par infrarouge

**heatstroke** ['hiːtstrəuk] *n* coup *m* de chaleur

**heatwave** ['hiːtweɪv] *n* vague *f* de chaleur

**heave** [hiːv] *vt* soulever (avec effort) ▷ *vi* se soulever; (*retch*) avoir des haut-le-cœur ▷ *n* (*push*) poussée *f*; **to ~ a sigh** pousser un gros soupir

**heaven** ['hɛvn] *n* ciel *m*, paradis *m*; (*fig*) paradis; **~ forbid!** surtout pas!; **thank ~!** Dieu merci!; **for ~`s sake!** (*pleading*) je vous en prie!; (*protesting*) mince alors!

**heavenly** ['hɛvnlɪ] *adj* céleste, divin(e)

**heavily** ['hɛvɪlɪ] *adv* lourdement; (*drink, smoke*) beaucoup; (*sleep, sigh*) profondément

**heavy** ['hɛvɪ] *adj* lourd(e); (*work, rain, user, eater*) gros(se); (*drinker, smoker*) grand(e); (*schedule, week*) chargé(e); **it's too ~** c'est trop lourd; **it's ~ going** ça ne va pas tout seul, c'est pénible

**heavy cream** *n* (*US*) crème fraîche épaisse

**heavy-duty** ['hɛvɪ'djuːtɪ] *adj* à usage intensif

**heavy goods vehicle** *n* (*Brit*) poids lourd *m*

**heavy-handed** ['hɛvɪ'hændɪd] *adj* (*fig*) maladroit(e), qui manque de tact

**heavy metal** *n* (*Mus*) heavy metal *m*

**heavy-set** ['hɛvɪ'sɛt] *adj* (*esp US*) costaud(e)

**heavyweight** ['hɛvɪweɪt] *n* (*Sport*) poids lourd

**Hebrew** ['hiːbruː] *adj* hébraïque ▷ *n* (*Ling*) hébreu *m*

**Hebrides** ['hɛbrɪdiːz] *npl*: **the ~** les Hébrides *fpl*

**heck** [hɛk] *n* (*inf*): **why the ~ ...?** pourquoi diable ...?; **a ~ of a lot** une sacrée quantité; **he has done a ~ of a lot for us** il a vraiment beaucoup fait pour nous

**heckle** ['hɛkl] *vt* interpeller (*un orateur*)

**heckler** ['hɛklər] *n* interrupteur *m*; élément perturbateur

**hectare** ['hɛktɑːr] *n* (*Brit*) hectare *m*

**hectic** ['hɛktɪk] *adj* (*schedule*) très chargé(e); (*day*) mouvementé(e); (*activity*) fiévreux(-euse); (*lifestyle*) trépidant(e)

**he'd** [hiːd] = **he would**; **he had**

**hedge** [hɛdʒ] *n* haie *f* ▷ *vi* se dérober ▷ *vt*: **to ~ one's bets** (*fig*) se couvrir; **as a ~ against inflation** pour se prémunir contre l'inflation
▶ **hedge in** *vt* entourer d'une haie

**hedgehog** ['hɛdʒhɔg] *n* hérisson *m*

**hedgerow** ['hɛdʒrəu] *n* haie(s) *f(pl)*

**hedonism** ['hiːdənɪzəm] *n* hédonisme *m*

**heed** [hiːd] *vt* (*also*: **take heed of**) tenir compte de, prendre garde à

**heedless** ['hiːdlɪs] *adj* insouciant(e)

**heel** [hiːl] *n* talon *m* ▷ *vt* (*shoe*) retalonner; **to bring to ~** (*dog*) faire venir à ses pieds; (*fig: person*) rappeler à l'ordre; **to take to one's ~s** prendre ses jambes à son cou

**hefty** ['hɛftɪ] *adj* (*person*) costaud(e); (*parcel*) lourd(e); (*piece, price*) gros(se)

**heifer** ['hɛfər] *n* génisse *f*

**height** [haɪt] *n* (*of person*) taille *f*, grandeur *f*; (*of object*) hauteur *f*; (*of plane, mountain*) altitude *f*; (*high ground*) hauteur, éminence *f*; (*fig: of glory, fame, power*) sommet *m*; (: *of luxury, stupidity*) comble *m*; **at the ~ of summer** au cœur de l'été; **what ~ are you?** combien mesurez-vous?,

**h**

quelle est votre taille?; **of average ~** de taille moyenne; **to be afraid of ~s** être sujet(te) au vertige; **it's the ~ of fashion** c'est le dernier cri

**heighten** ['haɪtn] vt hausser, surélever; (fig) augmenter

**heinous** ['heɪnəs] adj odieux(-euse), atroce

**heir** [ɛəᵊ] n héritier m

**heir apparent** n héritier présomptif

**heiress** ['ɛərɛs] n héritière f

**heirloom** ['ɛəluːm] n meuble m (or bijou m or tableau m) de famille

**heist** [haɪst] n (US inf: hold-up) casse m

**held** [hɛld] pt, pp of **hold**

**helicopter** ['hɛlɪkɔptəᵊ] n hélicoptère m

**heliport** ['hɛlɪpɔːt] n (Aviat) héliport m

**helium** ['hiːlɪəm] n hélium m

**hell** [hɛl] n enfer m; **a ~ of a ...** (inf) un(e) sacré(e) ...; **oh ~!** (inf) merde!

**he'll** [hiːl] = **he will; he shall**

**hell-bent** [hɛl'bɛnt] adj (inf): **to be ~ on doing sth** vouloir à tout prix faire qch

**hellish** ['hɛlɪʃ] adj infernal(e)

**hello** [hə'ləu] excl bonjour!; (to attract attention) hé!; (surprise) tiens!

**helm** [hɛlm] n (Naut) barre f

**helmet** ['hɛlmɪt] n casque m

**helmsman** ['hɛlmzmən] (irreg) n timonier m

**help** [hɛlp] n aide f; (cleaner etc) femme f de ménage; (assistant etc) employé(e) ▷ vt, vi aider; **~!** au secours!; **~ yourself** servez-vous; **can you ~ me?** pouvez-vous m'aider?; **can I ~ you?** (in shop) vous désirez?; **with the ~ of** (person) avec l'aide de; (tool etc) à l'aide de; **to be of ~ to sb** être utile à qn; **to ~ sb (to) do sth** aider qn à faire qch; **I can't ~ saying** je ne peux pas m'empêcher de dire; **he can't ~ it** il n'y peut rien
  ▸ **help out** vi aider ▷ vt: **to ~ sb out** aider qn

**helper** ['hɛlpəᵊ] n aide m/f, assistant(e)

**helpful** ['hɛlpful] adj serviable, obligeant(e); (useful) utile

**helping** ['hɛlpɪŋ] n portion f

**helping hand** n coup m de main; **to give sb a ~** prêter main-forte à qn

**helpless** ['hɛlplɪs] adj impuissant(e); (baby) sans défense

**helplessly** ['hɛlplɪslɪ] adv (watch) sans pouvoir rien faire

**helpline** ['hɛlplaɪn] n service m d'assistance téléphonique; (free) ≈ numéro vert

**Helsinki** ['hɛlsɪŋkɪ] n Helsinki

**helter-skelter** ['hɛltə'skɛltəᵊ] n (Brit: at amusement park) toboggan m

**hem** [hɛm] n ourlet m ▷ vt ourler
  ▸ **hem in** vt cerner; **to feel ~med in** (fig) avoir l'impression d'étouffer, se sentir oppressé(e) or écrasé(e)

**he-man** ['hiːmæn] (irreg) n (inf) macho m

**hematology** ['hiːmə'tɔlədʒɪ] n (US) = **haematology**

**hemisphere** ['hɛmɪsfɪəᵊ] n hémisphère m

**hemlock** ['hɛmlɔk] n ciguë f

**hemoglobin** ['hiːmə'gləubɪn] n (US) = **haemoglobin**

**hemophilia** ['hiːmə'fɪlɪə] n (US) = **haemophilia**

**hemorrhage** ['hɛmərɪdʒ] n (US) = **haemorrhage**

**hemorrhoids** ['hɛmərɔɪdz] npl (US) = **haemorrhoids**

**hemp** [hɛmp] n chanvre m

**hen** [hɛn] n poule f; (female bird) femelle f

**hence** [hɛns] adv (therefore) d'où, de là; **2 years ~** d'ici 2 ans

**henceforth** [hɛns'fɔːθ] adv dorénavant

**henchman** ['hɛntʃmən] (irreg) n (pej) acolyte m, séide m

**henna** ['hɛnə] n henné m

**hen night, hen party** n soirée f entre filles (avant le mariage de l'une d'elles)

**henpecked** ['hɛnpɛkt] adj dominé par sa femme

**hepatitis** [hɛpə'taɪtɪs] n hépatite f

**her** [həːᵊ] pron (direct) la, l' + vowel or h mute; (indirect) lui; (stressed, after prep) elle ▷ adj son (sa), ses pl; **I see ~** je la vois; **give ~ a book** donne-lui un livre; **after ~** après elle; see also **me; my**

**herald** ['hɛrəld] n héraut m ▷ vt annoncer

**heraldic** [hɛ'rældɪk] adj héraldique

**heraldry** ['hɛrəldrɪ] n héraldique f; (coat of arms) blason m

**herb** [həːb] n herbe f; **herbs** npl fines herbes

**herbaceous** [həː'beɪʃəs] adj herbacé(e)

**herbal** ['həːbl] adj à base de plantes

**herbal tea** n tisane f

**herbicide** ['həːbɪsaɪd] n herbicide m

**herd** [həːd] n troupeau m; (of wild animals, swine) troupeau, troupe f ▷ vt (drive: animals, people) mener, conduire; (gather) rassembler; **~ed together** parqués (comme du bétail)

**here** [hɪəᵊ] adv ici; (time) alors ▷ excl tiens!, tenez!; **~!** (present) présent!; **~ is, ~ are** voici; **~'s my sister** voici ma sœur; **~ he/she is** le (la) voici; **~ she comes** la voici qui vient; **come ~!** viens ici!; **~ and there** ici et là

**hereabouts** ['hɪərə'bauts] adv par ici, dans les parages

**hereafter** [hɪər'ɑːftəᵊ] adv après, plus tard; ci-après ▷ n: **the ~** l'au-delà m

**hereby** [hɪə'baɪ] adv (in letter) par la présente

**hereditary** [hɪ'rɛdɪtrɪ] adj héréditaire

**heredity** [hɪ'rɛdɪtɪ] n hérédité f

**heresy** ['hɛrəsɪ] n hérésie f

**heretic** ['hɛrətɪk] n hérétique m/f

**heretical** [hɪ'rɛtɪkl] adj hérétique

**herewith** [hɪə'wɪð] adv avec ceci, ci-joint

**heritage** ['hɛrɪtɪdʒ] n héritage m, patrimoine m; **our national ~** notre patrimoine national

**hermetically** [həː'mɛtɪklɪ] adv hermétique

**hermit** ['həːmɪt] n ermite m

**hernia** ['həːnɪə] n hernie f

**hero** ['hɪərəu] (pl -es) n héros m

**heroic** [hɪ'rəuɪk] adj héroïque

**heroin** ['hɛrəuɪn] n héroïne f (drogue)

**heroin addict** n héroïnomane m/f

**heroine** ['hɛrəʊɪn] n héroïne f (femme)
**heroism** ['hɛrəʊɪzəm] n héroïsme m
**heron** ['hɛrən] n héron m
**hero worship** n culte m (du héros)
**herring** ['hɛrɪŋ] n hareng m
**hers** [hə:z] pron le (la) sien(ne), les siens
(siennes); **a friend of** ~ un(e) ami(e) à elle,
un(e) de ses ami(e)s; see also **mine¹**
**herself** [hə:'sɛlf] pron (reflexive) se; (emphatic) elle-
même; (after prep) elle; see also **oneself**
**Herts** [hɑːts] abbr (Brit) = **Hertfordshire**
**he's** [hi:z] = **he is; he has**
**hesitant** ['hɛzɪtənt] adj hésitant(e), indécis(e);
**to be** ~ **about doing sth** hésiter à faire qch
**hesitate** ['hɛzɪteɪt] vi: **to** ~ **(about/to do)**
hésiter (sur/à faire)
**hesitation** [hɛzɪ'teɪʃən] n hésitation f; **I have
no** ~ **in saying (that)** ... je n'hésiterais pas à
dire (que) ...
**hessian** ['hɛsɪən] n (toile f de) jute m
**heterogeneous** ['hɛtərə'dʒi:nɪəs] adj
hétérogène
**heterosexual** ['hɛtərəʊ'sɛksjuəl] adj, n
hétérosexuel(le)
**het up** [hɛt'ʌp] adj (inf) agité(e), excité(e)
**HEW** n abbr (US: = Department of Health, Education
and Welfare) ministère de la santé publique, de
l'enseignement et du bien-être
**hew** [hju:] vt tailler (à la hache)
**hex** [hɛks] (US) n sort m ▷ vt jeter un sort sur
**hexagon** ['hɛksəgən] n hexagone m
**hexagonal** [hɛk'sægənl] adj hexagonal(e)
**hey** [heɪ] excl hé!
**heyday** ['heɪdeɪ] n: **the** ~ **of** l'âge m d'or de, les
beaux jours de
**HF** n abbr (= high frequency) HF f
**HGV** n abbr = **heavy goods vehicle**
**HI** abbr (US) = **Hawaii**
**hi** [haɪ] excl salut!; (to attract attention) hé!
**hiatus** [haɪ'eɪtəs] n trou m, lacune f; (Ling)
hiatus m
**hibernate** ['haɪbəneɪt] vi hiberner
**hibernation** [haɪbə'neɪʃən] n hibernation f
**hiccough, hiccup** ['hɪkʌp] vi hoqueter ▷ n
hoquet m; **to have (the)** ~**s** avoir le hoquet
**hick** [hɪk] n (US inf) plouc m, péquenaud(e)
**hid** [hɪd] pt of **hide**
**hidden** ['hɪdn] pp of **hide** ▷ adj: **there are no** ~
**extras** absolument tout est compris dans le
prix; ~ **agenda** intentions non déclarées
**hide** [haɪd] (pt **hid**, pp **hidden** [hɪd, 'hɪdn]) n (skin)
peau f ▷ vt cacher; (feelings, truth) dissimuler; **to**
~ **sth from sb** cacher qch à qn ▷ vi: **to** ~ **(from
sb)** se cacher (de qn)
**hide-and-seek** ['haɪdən'si:k] n cache-cache m
**hideaway** ['haɪdəweɪ] n cachette f
**hideous** ['hɪdɪəs] adj hideux(-euse), atroce
**hide-out** ['haɪdaʊt] n cachette f
**hiding** ['haɪdɪŋ] n (beating) correction f, volée f de
coups; **to be in** ~ (concealed) se tenir caché(e)
**hiding place** n cachette f
**hierarchy** ['haɪərɑːkɪ] n hiérarchie f

**hieroglyphic** [haɪərə'glɪfɪk] adj hiéroglyphique;
**hieroglyphics** npl hiéroglyphes mpl
**hi-fi** ['haɪfaɪ] adj, n abbr (= high fidelity) hi-fi f inv
**higgledy-piggledy** ['hɪgldɪ'pɪgldɪ] adv pêle-
mêle, dans le plus grand désordre
**high** [haɪ] adj haut(e); (speed, respect, number)
grand(e); (price) élevé(e); (wind) fort(e),
violent(e); (voice) aigu(ë); (inf: person: on drugs)
défoncé(e), fait(e); (: on drink) soûl(e), bourré(e);
(Brit Culin: meat, game) faisandé(e); (: spoilt)
avarié(e) ▷ adv haut, en haut ▷ n (weather) zone
f de haute pression; **exports have reached a
new** ~ les exportations ont atteint un nouveau
record; **20 m** ~ haut(e) de 20 m; **to pay a** ~ **price
for sth** payer cher pour qch; ~ **in the air** haut
dans le ciel
**highball** ['haɪbɔːl] n (US) whisky m à l'eau avec
des glaçons
**highboy** ['haɪbɔɪ] n (US) grande commode f
**highbrow** ['haɪbraʊ] adj, n intellectuel(le)
**highchair** ['haɪtʃɛəʳ] n (child's) chaise haute
**high-class** ['haɪ'klɑːs] adj (neighbourhood, hotel)
chic inv, de grand standing; (performance etc) de
haut niveau
**High Court** n (Law) cour f suprême; voir article

---

◉ **HIGH COURT**
◉
◉ Dans le système juridique anglais et gallois,
◉ la High Court est une cour de droit civil
◉ chargée des affaires plus importantes et
◉ complexes que celles traitées par les "county
◉ courts". En Écosse en revanche, la High Court
◉ (of Justiciary) est la plus haute cour de justice
◉ à laquelle les affaires les plus graves telles
◉ que le meurtre et le viol sont soumises et où
◉ elles sont jugées devant un jury.

---

**higher** ['haɪəʳ] adj (form of life, study etc)
supérieur(e) ▷ adv plus haut
**higher education** n études supérieures
**highfalutin** [haɪfə'luːtɪn] adj (inf) affecté(e)
**high finance** n la haute finance
**high-flier, high-flyer** [haɪ'flaɪəʳ] n (fig:
ambitious) ambitieux(-euse); (: gifted) personne
particulièrement douée et promise à un avenir brillant
**high-flying** [haɪ'flaɪɪŋ] adj (fig)
ambitieux(-euse), de haut niveau
**high-handed** [haɪ'hændɪd] adj très autoritaire;
très cavalier(-ière)
**high-heeled** [haɪ'hiːld] adj à hauts talons
**high heels** npl talons hauts, hauts talons
**high jump** n (Sport) saut m en hauteur
**highlands** ['haɪləndz] npl région montagneuse;
**the H**~ (in Scotland) les Highlands mpl
**high-level** ['haɪlɛvl] adj (talks etc) à un haut
niveau; ~ **language** (Comput) langage évolué
**highlight** ['haɪlaɪt] n (fig: of event) point
culminant ▷ vt (emphasize) faire ressortir,
souligner; **highlights** npl (in hair) reflets mpl
**highlighter** ['haɪlaɪtəʳ] n (pen) surligneur
(lumineux)

**h**

**highly** ['haɪlɪ] *adv* extrêmement, très; (*unlikely*) fort; (*recommended, skilled, qualified*) hautement; ~ **paid** très bien payé(e); **to speak ~ of** dire beaucoup de bien de

**highly strung** *adj* nerveux(-euse), toujours tendu(e)

**High Mass** *n* grand-messe *f*

**highness** ['haɪnɪs] *n* hauteur *f*; **His/Her H~** son Altesse *f*

**high-pitched** [haɪ'pɪtʃt] *adj* aigu(ë)

**high point** *n*: **the ~ (of)** le clou (de), le point culminant (de)

**high-powered** ['haɪ'pauəd] *adj* (*engine*) performant(e); (*fig: person*) dynamique; (: *job, businessman*) très important(e)

**high-pressure** ['haɪprɛʃəʳ] *adj* à haute pression

**high-rise** ['haɪraɪz] *n* (*also*: **high-rise block, high-rise building**) tour *f* (d'habitation)

**high school** *n* lycée *m*; (*US*) établissement *m* d'enseignement supérieur; *voir article*

● **HIGH SCHOOL**
●
● Une *high school* est un établissement
● d'enseignement secondaire. Aux États-
● Unis, il y a la "Junior High School", qui
● correspond au collège, et la "Senior High
● School", qui correspond au lycée. En Grande-
● Bretagne, c'est un nom que l'on donne
● parfois aux écoles secondaires; voir
● "elementary school".

**high season** *n* (*Brit*) haute saison

**high spirits** *npl* pétulance *f*; **to be in ~** être plein(e) d'entrain

**high street** *n* (*Brit*) grand-rue *f*

**high-tech** ['haɪ'tɛk] (*inf*) *adj* de pointe

**highway** ['haɪweɪ] *n* (*Brit*) route *f*; (*US*) route nationale; **the information ~** l'autoroute *f* de l'information

**Highway Code** *n* (*Brit*) code *m* de la route

**highwayman** ['haɪweɪmən] (*irreg*) *n* voleur *m* de grand chemin

**hijack** ['haɪdʒæk] *vt* détourner (*par la force*) ▷ *n* (*also*: **hijacking**) détournement *m* (d'avion)

**hijacker** ['haɪdʒækəʳ] *n* auteur *m* d'un détournement d'avion, pirate *m* de l'air

**hike** [haɪk] *vi* faire des excursions à pied ▷ *n* excursion *f* à pied, randonnée *f*; (*inf: in prices etc*) augmentation *f* ▷ *vt* (*inf*) augmenter

**hiker** ['haɪkəʳ] *n* promeneur(-euse), excursionniste *m/f*

**hiking** ['haɪkɪŋ] *n* excursions *fpl* à pied, randonnée *f*

**hilarious** [hɪ'lɛərɪəs] *adj* (*behaviour, event*) désopilant(e)

**hilarity** [hɪ'lærɪtɪ] *n* hilarité *f*

**hill** [hɪl] *n* colline *f*; (*fairly high*) montagne *f*; (*on road*) côte *f*

**hillbilly** ['hɪlbɪlɪ] *n* (*US*) montagnard(e) du sud des USA; (*pej*) péquenaud *m*

**hillock** ['hɪlək] *n* petite colline, butte *f*

**hillside** ['hɪlsaɪd] *n* (flanc *m* de) coteau *m*

**hill start** *n* (*Aut*) démarrage *m* en côte

**hill walking** ['hɪl'wɔːkɪŋ] *n* randonnée *f* de basse montagne

**hilly** ['hɪlɪ] *adj* vallonné(e), montagneux(-euse); (*road*) à fortes côtes

**hilt** [hɪlt] *n* (*of sword*) garde *f*; **to the ~** (*fig: support*) à fond

**him** [hɪm] *pron* (*direct*) le, l' + *vowel or h mute*; (*stressed, indirect, after prep*) lui; **I see ~** je le vois; **give ~ a book** donne-lui un livre; **after ~** après lui; *see also* **me**

**Himalayas** [hɪmə'leɪəz] *npl*: **the ~** l'Himalaya *m*

**himself** [hɪm'sɛlf] *pron* (*reflexive*) se; (*emphatic*) lui-même; (*after prep*) lui; *see also* **oneself**

**hind** [haɪnd] *adj* de derrière ▷ *n* biche *f*

**hinder** ['hɪndəʳ] *vt* gêner; (*delay*) retarder; (*prevent*): **to ~ sb from doing** empêcher qn de faire

**hindquarters** ['haɪnd'kwɔːtəz] *npl* (*Zool*) arrière-train *m*

**hindrance** ['hɪndrəns] *n* gêne *f*, obstacle *m*

**hindsight** ['haɪndsaɪt] *n* bon sens après coup; **with (the benefit of) ~** avec du recul, rétrospectivement

**Hindu** ['hɪnduː] *n* Hindou(e)

**Hinduism** ['hɪnduɪzəm] *n* (*Rel*) hindouisme *m*

**hinge** [hɪndʒ] *n* charnière *f* ▷ *vi* (*fig*): **to ~ on** dépendre de

**hint** [hɪnt] *n* allusion *f*; (*advice*) conseil *m*; (*clue*) indication *f* ▷ *vt*: **to ~ that** insinuer que ▷ *vi*: **to ~ at** faire une allusion à; **to drop a ~** faire une allusion or insinuation; **give me a ~** (*clue*) mettez-moi sur la voie, donnez-moi une indication

**hip** [hɪp] *n* hanche *f*; (*Bot*) fruit *m* de l'églantier or du rosier

**hip flask** *n* flacon *m* (pour la poche)

**hip hop** *n* hip hop *m*

**hippie, hippy** ['hɪpɪ] *n* hippie *m/f*

**hippo** ['hɪpəu] (*pl* **-s**) *n* hippopotame *m*

**hippopotamus** [hɪpə'pɔtəməs] (*pl* **-es** or **hippopotami** [hɪpə'pɔtəmɪ]) *n* hippopotame *m*

**hippy** ['hɪpɪ] *n* = **hippie**

**hire** ['haɪəʳ] *vt* (*Brit: car, equipment*) louer; (*worker*) embaucher, engager ▷ *n* location *f*; **for ~** à louer; (*taxi*) libre; **on ~** en location; **I'd like to ~ a car** je voudrais louer une voiture
▶ **hire out** *vt* louer

**hire car, hired car** ['haɪəd-] *n* (*Brit*) voiture *f* de location

**hire purchase** *n* (*Brit*) achat *m* (or vente *f*) à tempérament or crédit; **to buy sth on ~** acheter qch en location-vente

**his** [hɪz] *pron* le (la) sien(ne), les siens (siennes) ▷ *adj* son (sa), ses *pl*; **this is ~** c'est à lui, c'est le sien; **a friend of ~** un(e) de ses ami(e)s, un(e) ami(e) à lui; *see also* **mine**; *see also* **my**

**Hispanic** [hɪs'pænɪk] *adj* (*in US*) hispano-américain(e) ▷ *n* (*in US*) Hispano-Américain(e)

**hiss** [hɪs] *vi* siffler ▷ *n* sifflement *m*

**histogram** ['hɪstəgræm] *n* histogramme *m*

**historian** [hɪˈstɔːrɪən] *n* historien(ne)
**historic** [hɪˈstɔrɪk], **historical** [hɪˈstɔrɪkl] *adj* historique
**history** [ˈhɪstərɪ] *n* histoire *f*; **medical ~** (*of patient*) passé médical
**histrionics** [hɪstrɪˈɔnɪks] *n* gestes *mpl* dramatiques, cinéma *m* (*fig*)
**hit** [hɪt] *vt* (*pt, pp* **~**) frapper; (*knock against*) cogner; (*reach: target*) atteindre, toucher; (*collide with: car*) entrer en collision avec, heurter; (*fig: affect*) toucher; (*find*) tomber sur ⊳ *n* coup *m*; (*success*) coup réussi; succès *m*; (*song*) chanson *f* à succès, tube *m*; (*to website*) visite *f*; (*on search engine*) résultat *m* de recherche; **to ~ it off with sb** bien s'entendre avec qn; **to ~ the headlines** être à la une des journaux; **to ~ the road** (*inf*) se mettre en route
▶ **hit back** *vi*: **to ~ back at sb** prendre sa revanche sur qn
▶ **hit on** *vt fus* (*answer*) trouver (par hasard); (*solution*) tomber sur (par hasard)
▶ **hit out at** *vt fus* envoyer un coup à; (*fig*) attaquer
▶ **hit upon** *vt fus* = **hit on**
**hit-and-miss** [ˈhɪtænd'mɪs] *adj* au petit bonheur (la chance)
**hit-and-run driver** [ˈhɪtænd'rʌn-] *n* chauffard *m*
**hitch** [hɪtʃ] *vt* (*fasten*) accrocher, attacher; (*also:* **hitch up**) remonter d'une saccade ⊳ *vi* faire de l'autostop ⊳ *n* (*knot*) nœud *m*; (*difficulty*) anicroche *f*, contretemps *m*; **to ~ a lift** faire du stop; **technical ~** incident *m* technique
▶ **hitch up** *vt* (*horse, cart*) atteler; *see also* **hitch**
**hitch-hike** [ˈhɪtʃhaɪk] *vi* faire de l'auto-stop
**hitch-hiker** [ˈhɪtʃhaɪkər] *n* auto-stoppeur(-euse)
**hitch-hiking** [ˈhɪtʃhaɪkɪŋ] *n* auto-stop *m*, stop *m* (*inf*)
**hi-tech** [ˈhaɪˈtɛk] *adj* de pointe ⊳ *n* high-tech *m*
**hitherto** [hɪðəˈtuː] *adv* jusqu'ici, jusqu'à présent
**hit list** *n* liste noire
**hitman** [ˈhɪtmæn] (*irreg*) *n* (*inf*) tueur *m* à gages
**hit-or-miss** [ˈhɪtəˈmɪs] *adj* au petit bonheur (la chance); **it's ~ whether ...** il est loin d'être certain que ... + *sub*
**hit parade** *n* hit parade *m*
**HIV** *n abbr* (= *human immunodeficiency virus*) HIV *m*, VIH *m*; **~-negative/positive** séronégatif(-ive)/positif(-ive)
**hive** [haɪv] *n* ruche *f*; **the shop was a ~ of activity** (*fig*) le magasin était une véritable ruche
▶ **hive off** *vt* (*inf*) mettre à part, séparer
**hl** *abbr* (= *hectolitre*) hl
**HM** *abbr* (= *His (or Her) Majesty*) SM
**HMG** *abbr* (*Brit*) = **His (or Her) Majesty's Government**
**HMI** *n abbr* (*Brit Scol*) = **His (or Her) Majesty's Inspector**
**HMO** *n abbr* (*US*: = *health maintenance organization*) organisme médical assurant un forfait entretien de santé

**HMS** *abbr* (*Brit*) = **His (or Her) Majesty's Ship**
**HMSO** *n abbr* (*Brit*: = *His (or Her) Majesty's Stationery Office*) ≈ Imprimerie nationale
**HNC** *n abbr* (*Brit*: = *Higher National Certificate*) ≈ DUT *m*
**HND** *n abbr* (*Brit*: = *Higher National Diploma*) ≈ licence *f* de sciences et techniques
**hoard** [hɔːd] *n* (*of food*) provisions *fpl*, réserves *fpl*; (*of money*) trésor *m* ⊳ *vt* amasser
**hoarding** [ˈhɔːdɪŋ] *n* (*Brit*) panneau *m* d'affichage *or* publicitaire
**hoarfrost** [ˈhɔːfrɔst] *n* givre *m*
**hoarse** [hɔːs] *adj* enroué(e)
**hoax** [həuks] *n* canular *m*
**hob** [hɔb] *n* plaque chauffante
**hobble** [ˈhɔbl] *vi* boitiller
**hobby** [ˈhɔbɪ] *n* passe-temps favori
**hobby-horse** [ˈhɔbɪhɔːs] *n* cheval *m* à bascule; (*fig*) dada *m*
**hobnob** [ˈhɔbnɔb] *vi*: **to ~ with** frayer avec, fréquenter
**hobo** [ˈhəubəu] *n* (*US*) vagabond *m*
**hock** [hɔk] *n* (*Brit: wine*) vin *m* du Rhin; (*of animal: Culin*) jarret *m*
**hockey** [ˈhɔkɪ] *n* hockey *m*
**hockey stick** *n* crosse *f* de hockey
**hocus-pocus** [ˈhəukəsˈpəukəs] *n* (*trickery*) supercherie *f*; (*words: of magician*) formules *fpl* magiques; (*: jargon*) galimatias *m*
**hod** [hɔd] *n* oiseau *m*, hotte *f*
**hodgepodge** [ˈhɔdʒpɔdʒ] *n* = **hotchpotch**
**hoe** [həu] *n* houe *f*, binette *f* ⊳ *vt* (*ground*) biner; (*plants etc*) sarcler
**hog** [hɔg] *n* porc (châtré) *m* ⊳ *vt* (*fig*) accaparer; **to go the whole ~** aller jusqu'au bout
**Hogmanay** [hɔgməˈneɪ] *n* réveillon *m* du jour de l'An, Saint-Sylvestre *f*; *voir article*

⬤ **HOGMANAY**
⬤
⬤ La Saint-Sylvestre ou "New Year's Eve" se
⬤ nomme *Hogmanay* en Écosse. En cette
⬤ occasion, la famille et les amis se réunissent
⬤ pour entendre sonner les douze coups de
⬤ minuit et pour fêter le "first-footing", une
⬤ coutume qui veut qu'on se rende chez ses
⬤ amis et voisins en apportant quelque chose
⬤ à boire (du whisky en général) et un
⬤ morceau de charbon en gage de prospérité
⬤ pour la nouvelle année.

**hogwash** [ˈhɔgwɔʃ] *n* (*inf*) foutaises *fpl*
**hoist** [hɔɪst] *n* palan *m* ⊳ *vt* hisser
**hoity-toity** [ˈhɔɪtɪˈtɔɪtɪ] *adj* (*inf*) prétentieux(-euse), qui se donne
**hold** [həuld] (*pt, pp* **held** [hɛld]) *vt* tenir; (*contain*) contenir; (*meeting*) tenir; (*keep back*) retenir; (*believe*) maintenir; considérer; (*possess*) avoir; détenir ⊳ *vi* (*withstand pressure*) tenir (bon); (*be valid*) valoir; (*on telephone*) attendre ⊳ *n* prise *f*; (*find*) influence *f*; (*Naut*) cale *f*; **to catch** *or* **get (a) ~ of** saisir; **to get ~ of** (*find*) trouver; **to get ~**

**of o.s.** se contrôler; **~ the line!** (Tel) ne quittez pas!; **to ~ one's own** (fig) (bien) se défendre; **to ~ office** (Pol) avoir un portefeuille; **to ~ firm** or **fast** tenir bon; **he ~s the view that ...** il pense que ..., d'après lui ...; **to ~ sb responsible for sth** tenir qn pour responsable de qch
▶ **hold back** vt retenir; (secret) cacher; **to ~ sb back from doing sth** empêcher qn de faire qch
▶ **hold down** vt (person) maintenir à terre; (job) occuper
▶ **hold forth** vi pérorer
▶ **hold off** vt tenir à distance ▷ vi: **if the rain ~s off** s'il ne pleut pas, s'il ne se met pas à pleuvoir
▶ **hold on** vi tenir bon; (wait) attendre; **~ on!** (Tel) ne quittez pas!; **to ~ on to sth** (grasp) se cramponner à qch; (keep) conserver or garder qch
▶ **hold out** vt offrir ▷ vi (resist): **to ~ out (against)** résister (devant), tenir bon (devant)
▶ **hold over** vt (meeting etc) ajourner, reporter
▶ **hold up** vt (raise) lever; (support) soutenir; (delay) retarder; (: traffic) ralentir; (rob) braquer
**holdall** ['həʊldɔːl] n (Brit) fourre-tout m inv
**holder** ['həʊldəʳ] n (container) support m; (of ticket, record) détenteur(-trice); (of office, title, passport etc) titulaire m/f
**holding** ['həʊldɪŋ] n (share) intérêts mpl; (farm) ferme f
**holding company** n holding m
**hold-up** ['həʊldʌp] n (robbery) hold-up m; (delay) retard m; (Brit: in traffic) embouteillage m
**hole** [həʊl] n trou m ▷ vt trouer, faire un trou dans; **~ in the heart** (Med) communication f interventriculaire; **to pick ~s (in)** (fig) chercher des poux (dans)
▶ **hole up** vi se terrer
**holiday** ['hɔlədɪ] n (Brit: vacation) vacances fpl; (day off) jour m de congé; (public) jour férié; **to be on ~** être en vacances; **I'm here on ~** je suis ici en vacances; **tomorrow is a ~** demain c'est fête, on a congé demain
**holiday camp** n (Brit: for children) colonie f de vacances; (also: **holiday centre**) camp m de vacances
**holiday home** n (rented) location f de vacances; (owned) résidence f secondaire
**holiday job** n (Brit) boulot m (inf) de vacances
**holiday-maker** ['hɔlədɪmeɪkəʳ] n (Brit) vacancier(-ière)
**holiday pay** n paie f des vacances
**holiday resort** n centre m de villégiature or de vacances
**holiday season** n période f des vacances
**holiness** ['həʊlɪnɪs] n sainteté f
**holistic** [həʊ'lɪstɪk] adj holiste, holistique
**Holland** ['hɔlənd] n Hollande f
**holler** ['hɔləʳ] vi (inf) brailler
**hollow** ['hɔləʊ] adj creux(-euse); (fig) faux (fausse) ▷ n creux m; (in land) dépression f (de terrain), cuvette f ▷ vt: **to ~ out** creuser, évider
**holly** ['hɔlɪ] n houx m
**hollyhock** ['hɔlɪhɔk] n rose trémière

**Hollywood** ['hɔlɪwʊd] n Hollywood
**holocaust** ['hɔləkɔːst] n holocauste m
**hologram** ['hɔləgræm] n hologramme m
**hols** [hɔlz] npl (inf) vacances fpl
**holster** ['həʊlstəʳ] n étui m de revolver
**holy** ['həʊlɪ] adj saint(e); (bread, water) bénit(e); (ground) sacré(e)
**Holy Communion** n la (sainte) communion
**Holy Ghost, Holy Spirit** n Saint-Esprit m
**Holy Land** n: **the ~** la Terre Sainte
**holy orders** npl ordres (majeurs)
**homage** ['hɔmɪdʒ] n hommage m; **to pay ~ to** rendre hommage à
**home** [həʊm] n foyer m, maison f; (country) pays natal, patrie f; (institution) maison ▷ adj de famille; (Econ, Pol) national(e), intérieur(e); (Sport: team) qui reçoit; (: match, win) sur leur (or notre) terrain ▷ adv chez soi, à la maison; au pays natal; (right in: nail etc) à fond; **at ~** chez soi, à la maison; **to go** (or **come**) **~** rentrer (chez soi), rentrer à la maison (or au pays); **I'm going ~ on Tuesday** je rentre mardi; **make yourself at ~** faites comme chez vous; **near my ~** près de chez moi
▶ **home in on** vt fus (missile) se diriger automatiquement vers or sur
**home address** n domicile permanent
**home-brew** [həʊm'bruː] n vin m (or bière f) maison
**homecoming** ['həʊmkʌmɪŋ] n retour m (au bercail)
**home computer** n ordinateur m domestique
**Home Counties** npl les comtés autour de Londres
**home economics** n économie f domestique
**home ground** n: **to be on ~** être sur son terrain
**home-grown** ['həʊmgrəʊn] adj (not foreign) du pays; (from garden) du jardin
**home help** n (Brit) aide-ménagère f
**homeland** ['həʊmlænd] n patrie f
**homeless** ['həʊmlɪs] adj sans foyer, sans abri; **the homeless** npl les sans-abri mpl
**home loan** n prêt m sur hypothèque
**homely** ['həʊmlɪ] adj (plain) simple, sans prétention; (welcoming) accueillant(e)
**home-made** [həʊm'meɪd] adj fait(e) à la maison
**home match** n match m à domicile
**Home Office** n (Brit) ministère m de l'Intérieur
**homeopathy** etc [həʊmɪ'ɔpəθɪ] (US) = **homoeopathy** etc
**home owner** ['həʊməʊnəʳ] n propriétaire occupant
**home page** n (Comput) page f d'accueil
**home rule** n autonomie f
**Home Secretary** n (Brit) ministre m de l'Intérieur
**homesick** ['həʊmsɪk] adj: **to be ~** avoir le mal du pays; (missing one's family) s'ennuyer de sa famille
**homestead** ['həʊmstɛd] n propriété f; (farm) ferme f
**home town** n ville natale
**home truth** n: **to tell sb a few ~s** dire ses quatre vérités à qn

**homeward** ['həumwəd] *adj (journey)* du retour
▷ *adv* = **homewards**
**homewards** ['həumwədz] *adv* vers la maison
**homework** ['həumwəːk] *n* devoirs *mpl*
**homicidal** [hɔmɪ'saɪdl] *adj* homicide
**homicide** ['hɔmɪsaɪd] *n (US)* homicide *m*
**homily** ['hɔmɪlɪ] *n* homélie *f*
**homing** ['həumɪŋ] *adj (device, missile)* à tête
chercheuse; **~ pigeon** pigeon voyageur
**homoeopath** ['həumɪəupæθ], *(US)* **homeopath**
*n* homéopathe *m/f*
**homoeopathic**, *(US)* **homeopathic**
[həumɪɔ'pəθɪk] *adj (medicine)* homéopathique;
*(doctor)* homéopathe
**homoeopathy**, *(US)* **homeopathy**
[həumɪ'ɔpəθɪ] *n* homéopathie *f*
**homogeneous** [hɔməu'dʒiːnɪəs] *adj* homogène
**homogenize** [hə'mɔdʒənaɪz] *vt* homogénéiser
**homosexual** [hɔməu'sɛksjuəl] *adj, n*
homosexuel(le)
**Hon.** *abbr (= honourable, honorary)* dans un titre
**Honduras** [hɔn'djuərəs] *n* Honduras *m*
**hone** [həun] *n* pierre *f* à aiguiser ▷ *vt* affûter,
aiguiser
**honest** ['ɔnɪst] *adj* honnête; *(sincere)* franc
(franche); **to be quite ~ with you ...** à dire
vrai ...
**honestly** ['ɔnɪstlɪ] *adv* honnêtement;
franchement
**honesty** ['ɔnɪstɪ] *n* honnêteté *f*
**honey** ['hʌnɪ] *n* miel *m*; *(inf: darling)* chéri(e)
**honeycomb** ['hʌnɪkəum] *n* rayon *m* de miel;
*(pattern)* nid *m* d'abeilles, motif alvéolé ▷ *vt (fig)*:
**to ~ with** cribler de
**honeymoon** ['hʌnɪmuːn] *n* lune *f* de miel,
voyage *m* de noces; **we're on ~** nous sommes en
voyage de noces
**honeysuckle** ['hʌnɪsʌkl] *n* chèvrefeuille *m*
**Hong Kong** ['hɔŋ'kɔŋ] *n* Hong Kong
**honk** [hɔŋk] *n (Aut)* coup *m* de klaxon ▷ *vi*
klaxonner
**Honolulu** [hɔnə'luːluː] *n* Honolulu
**honorary** ['ɔnərərɪ] *adj* honoraire; *(duty, title)*
honorifique; **~ degree** diplôme *m* honoris
causa
**honour**, *(US)* **honor** ['ɔnər] *vt* honorer ▷ *n*
honneur *m*; **in ~ of** en l'honneur de; **to
graduate with ~s** obtenir sa licence avec
mention
**honourable**, *(US)* **honorable** ['ɔnərəbl] *adj*
honorable
**honour-bound**, *(US)* **honor-bound** ['ɔnə'baund]
*adj*: **to be ~ to do** se devoir de faire
**honours degree** ['ɔnəz-] *n (Scol)* ≈ licence *f* avec
mention; *voir article*

**honours list** *n (Brit)*: *voir article*

**Hons.** *abbr (Scol)* = **honours degree**
**hood** [hud] *n (of cooker)* hotte *f*; *(Brit
Aut)* capote *f*; *(US Aut)* capot *m*; *(inf)* truand *m*
**hoodie** ['hudɪ] *n (top)* sweat *m* à capuche; *(youth)*
jeune *m* à capuche
**hoodlum** ['huːdləm] *n* truand *m*
**hoodwink** ['hudwɪŋk] *vt* tromper
**hoof** *(pl* **-s** *or* **hooves)** [huːf, huːvz] *n* sabot *m*
**hook** [huk] *n* crochet *m*; *(on dress)* agrafe *f*; *(for
fishing)* hameçon *m* ▷ *vt* accrocher; *(dress)*
agrafer; **off the ~** *(Tel)* décroché; **~ and eye**
agrafe; **by ~ or by crook** de gré ou de force,
coûte que coûte; **to be ~ed (on)** *(inf)* être
accroché(e) (par); *(person)* être dingue (de)
▶ **hook up** *vt (Radio, TV etc)* faire un duplex entre
**hooligan** ['huːlɪgən] *n* voyou *m*
**hoop** [huːp] *n* cerceau *m*; *(of barrel)* cercle *m*
**hoot** [huːt] *vi (Brit: Aut)* klaxonner; *(siren)* mugir;
*(owl)* hululer ▷ *vt (jeer at)* huer ▷ *n* huée *f*; coup
*m* de klaxon; mugissement *m*; hululement *m*;
**to ~ with laughter** rire aux éclats
**hooter** ['huːtər] *n (Brit Aut)* klaxon *m*; *(Naut,
factory)* sirène *f*
**Hoover**® ['huːvər] *n (Brit)* aspirateur *m* ▷ *vt*: **to
hoover** *(room)* passer l'aspirateur dans; *(carpet)*
passer l'aspirateur sur
**hooves** [huːvz] *npl of* **hoof**
**hop** [hɔp] *vi* sauter; *(on one foot)* sauter à cloche-
pied; *(bird)* sautiller ▷ *n* saut *m*
**hope** [həup] *vt, vi* espérer ▷ *n* espoir *m*; **I ~ so** je
l'espère; **I ~ not** j'espère que non
**hopeful** ['həupful] *adj (person)* plein(e) d'espoir;
*(situation)* prometteur(-euse), encourageant(e);
**I'm ~ that she'll manage to come** j'ai bon
espoir qu'elle pourra venir

**hopefully** ['həupfulɪ] adv (expectantly) avec espoir, avec optimisme; (one hopes) avec un peu de chance; ~, **they'll come back** espérons bien qu'ils reviendront

**hopeless** ['həuplɪs] adj désespéré(e), sans espoir; (useless) nul(le)

**hopelessly** ['həuplɪslɪ] adv (live etc) sans espoir; ~ **confused** etc complètement désorienté etc

**hops** [hɒps] npl houblon m

**horizon** [hə'raɪzn] n horizon m

**horizontal** [hɒrɪ'zɒntl] adj horizontal(e)

**hormone** ['hɔ:məun] n hormone f

**hormone replacement therapy** n hormonothérapie substitutive, traitement hormono-supplétif

**horn** [hɔ:n] n corne f; (Mus) cor m; (Aut) klaxon m

**horned** [hɔ:nd] adj (animal) à cornes

**hornet** ['hɔ:nɪt] n frelon m

**horny** ['hɔ:nɪ] adj corné(e); (hands) calleux(-euse); (inf: aroused) excité(e)

**horoscope** ['hɒrəskəup] n horoscope m

**horrendous** [hə'rendəs] adj horrible, affreux(-euse)

**horrible** ['hɒrɪbl] adj horrible, affreux(-euse)

**horrid** ['hɒrɪd] adj (person) détestable; (weather, place, smell) épouvantable

**horrific** [hɒ'rɪfɪk] adj horrible

**horrify** ['hɒrɪfaɪ] vt horrifier

**horrifying** ['hɒrɪfaɪɪŋ] adj horrifiant(e)

**horror** ['hɒrər] n horreur f

**horror film** n film m d'épouvante

**horror-struck** ['hɒrəstrʌk], **horror-stricken** ['hɒrəstrɪkn] adj horrifié(e)

**hors d'œuvre** [ɔ:'də:vrə] n hors d'œuvre m

**horse** [hɔ:s] n cheval m

**horseback** ['hɔ:sbæk]: **on** ~ (adj, adv) à cheval

**horsebox** ['hɔ:sbɒks] n van m

**horse chestnut** n (nut) marron m (d'Inde); (tree) marronnier m (d'Inde)

**horse-drawn** ['hɔ:sdrɔ:n] adj tiré(e) par des chevaux

**horsefly** ['hɔ:sflaɪ] n taon m

**horseman** ['hɔ:smən] (irreg) n cavalier m

**horsemanship** ['hɔ:smənʃɪp] n talents mpl de cavalier

**horseplay** ['hɔ:spleɪ] n chahut m (blagues etc)

**horsepower** ['hɔ:spauər] n puissance f (en chevaux); (unit) cheval-vapeur m (CV)

**horse-racing** ['hɔ:sreɪsɪŋ] n courses fpl de chevaux

**horseradish** ['hɔ:srædɪʃ] n raifort m

**horse riding** n (Brit) équitation f

**horseshoe** ['hɔ:sʃu:] n fer m à cheval

**horse show** n concours m hippique

**horse-trading** ['hɔ:streɪdɪŋ] n maquignonnage m

**horse trials** npl = **horse show**

**horsewhip** ['hɔ:swɪp] vt cravacher

**horsewoman** ['hɔ:swumən] (irreg) n cavalière f

**horsey** ['hɔ:sɪ] adj féru(e) d'équitation or de cheval; (appearance) chevalin(e)

**horticulture** ['hɔ:tɪkʌltʃər] n horticulture f

**hose** [həuz] n (also: **hosepipe**) tuyau m; (also: **garden hose**) tuyau d'arrosage
▶ **hose down** vt laver au jet

**hosepipe** ['həuzpaɪp] n tuyau m; (in garden) tuyau d'arrosage; (for fire) tuyau d'incendie

**hosiery** ['həuzɪərɪ] n (rayon m des) bas mpl

**hospice** ['hɒspɪs] n hospice m

**hospitable** ['hɒspɪtəbl] adj hospitalier(-ière)

**hospital** ['hɒspɪtl] n hôpital m; **in** ~, (US) **in the** ~ à l'hôpital; **where's the nearest** ~? où est l'hôpital le plus proche?

**hospitality** [hɒspɪ'tælɪtɪ] n hospitalité f

**hospitalize** ['hɒspɪtəlaɪz] vt hospitaliser

**host** [həust] n hôte m; (in hotel etc) patron m; (TV, Radio) présentateur(-trice), animateur(-trice); (large number): **a** ~ **of** une foule de; (Rel) hostie f
▷ vt (TV programme) présenter, animer

**hostage** ['hɒstɪdʒ] n otage m

**host country** n pays m d'accueil, pays-hôte m

**hostel** ['hɒstl] n foyer m; (also: **youth hostel**) auberge f de jeunesse

**hostelling** ['hɒstlɪŋ] n: **to go (youth)** ~ faire une virée or randonnée en séjournant dans des auberges de jeunesse

**hostess** ['həustɪs] n hôtesse f; (Brit: also: **air hostess**) hôtesse de l'air; (TV, Radio) animatrice f; (in nightclub) entraîneuse f

**hostile** ['hɒstaɪl] adj hostile

**hostility** [hɒ'stɪlɪtɪ] n hostilité f

**hot** [hɒt] adj chaud(e); (as opposed to only warm) très chaud; (spicy) fort(e); (fig: contest) acharné(e); (topic) brûlant(e); (temper) violent(e), passionné(e); **to be** ~ (person) avoir chaud; (thing) être (très) chaud; (weather) faire chaud
▶ **hot up** (Brit inf) vi (situation) devenir tendu(e); (party) s'animer ▷ vt (pace) accélérer, forcer; (engine) gonfler

**hot-air balloon** [hɒt'ɛə-] n montgolfière f, ballon m

**hotbed** ['hɒtbed] n (fig) foyer m, pépinière f

**hotchpotch** ['hɒtʃpɒtʃ] n (Brit) mélange m hétéroclite

**hot dog** n hot-dog m

**hotel** [həu'tel] n hôtel m

**hotelier** [həu'tɛlɪər] n hôtelier(-ière)

**hotel industry** n industrie hôtelière

**hotel room** n chambre f d'hôtel

**hot flush** n (Brit) bouffée f de chaleur

**hotfoot** ['hɒtfut] adv à toute vitesse

**hothead** ['hɒthed] n (fig) tête brûlée

**hotheaded** [hɒt'hedɪd] adj impétueux(-euse)

**hothouse** ['hɒthaus] n serre chaude

**hotline** ['hɒtlaɪn] n (Pol) téléphone m rouge, ligne directe

**hotly** ['hɒtlɪ] adv passionnément, violemment

**hotplate** ['hɒtpleɪt] n (on cooker) plaque chauffante

**hotpot** ['hɒtpɒt] n (Brit Culin) ragoût m

**hot potato** n (Brit inf) sujet brûlant; **to drop sb/ sth like a** ~ laisser tomber qn/qch brusquement

**hot seat** n (fig) poste chaud
**hotspot** ['hɔtspɔt] n (Comput: also: **wireless hotspot**) borne f wifi, hotspot m
**hot spot** n point chaud
**hot spring** n source thermale
**hot-tempered** ['hɔt'tɛmpəd] adj emporté(e)
**hot-water bottle** [hɔt'wɔːtə-] n bouillotte f
**hot-wire** ['hɔtwaɪəʳ] vt (inf: car) démarrer en faisant se toucher les fils de contact
**hound** [haund] vt poursuivre avec acharnement ▷ n chien courant; **the ~s** la meute
**hour** ['auəʳ] n heure f; **at 30 miles an ~** ≈ à 50 km à l'heure; **lunch ~** heure du déjeuner; **to pay sb by the ~** payer qn à l'heure
**hourly** ['auəlɪ] adj toutes les heures; (rate) horaire; **~ paid** adj payé(e) à l'heure
**house** n [haus] (pl **-s** ['hauzɪz]) maison f; (Pol) chambre f; (Theat) salle f; auditoire m ▷ vt [hauz] (person) loger, héberger; **at** (or **to**) **my ~** chez moi; **the H~ of Commons/of Lords** (Brit) la Chambre des communes/des lords; voir article; **the H~ (of Representatives)** (US) la Chambre des représentants; voir article; **on the ~** (fig) aux frais de la maison

⊙ **HOUSE OF COMMONS/OF LORDS**
⊙
⊙ Le parlement en Grande-Bretagne est
⊙ constitué de deux assemblées: la House of
⊙ Commons, présidée par le "Speaker" et
⊙ composée de plus de 600 députés (les "MP")
⊙ élus au suffrage universel direct. Ceux-ci
⊙ reçoivent tous un salaire. La Chambre des
⊙ communes siège environ 175 jours par an.
⊙ La House of Lords, présidée par le "Lord
⊙ Chancellor" est composée de lords dont le
⊙ titre est attribué par le souverain à vie; elle
⊙ peut amender certains projets de loi votés
⊙ par la House of Commons, mais elle n'est pas
⊙ habilitée à débattre des projets de lois de
⊙ finances. La House of Lords fait également
⊙ office de juridiction suprême en Angleterre
⊙ et au pays de Galles.

⊙ **HOUSE OF REPRESENTATIVES**
⊙
⊙ Aux États-Unis, le parlement, appelé le
⊙ "Congress", est constitué du "Senate" et de
⊙ la House of Representatives. Cette dernière
⊙ comprend 435 membres, le nombre de ces
⊙ représentants par État étant proportionnel
⊙ à la densité de population de cet État. Ils
⊙ sont élus pour deux ans au suffrage
⊙ universel direct et siègent au "Capitol", à
⊙ Washington D.C.

**house arrest** n assignation f à domicile
**houseboat** ['hausbəut] n bateau (aménagé en habitation)
**housebound** ['hausbaund] adj confiné(e) chez soi

**housebreaking** ['hausbreɪkɪŋ] n cambriolage m (avec effraction)
**house-broken** ['hausbrəukn] adj (US) = **house-trained**
**housecoat** ['hauskəut] n peignoir m
**household** ['haushəuld] n (Admin etc) ménage m; (people) famille f, maisonnée f; **~ name** nom connu de tout le monde
**householder** ['haushəuldəʳ] n propriétaire m/f; (head of house) chef m de famille
**househunting** ['haushʌntɪŋ] n: **to go ~** se mettre en quête d'une maison (or d'un appartement)
**housekeeper** ['hauski:pəʳ] n gouvernante f
**housekeeping** ['hauski:pɪŋ] n (work) ménage m; (also: **housekeeping money**) argent m du ménage; (Comput) gestion f (des disques)
**houseman** ['hausmən] (irreg) n (Brit Med) ≈ interne m
**house-owner** ['hausəunəʳ] n propriétaire m/f (de maison ou d'appartement)
**house-proud** ['hauspraud] adj qui tient à avoir une maison impeccable
**house-to-house** ['haustə'haus] adj (enquiries etc) chez tous les habitants (du quartier etc)
**house-train** ['haustreɪn] vt (pet) apprendre à être propre à
**house-trained** ['haustreɪnd] adj (pet) propre
**house-warming** ['hauswɔ:mɪŋ] n (also: **house-warming party**) pendaison f de crémaillère
**housewife** ['hauswaɪf] (irreg) n ménagère f; femme f au foyer
**house wine** n cuvée f maison or du patron
**housework** ['hauswə:k] n (travaux mpl du) ménage m
**housing** ['hauzɪŋ] n logement m ▷ cpd (problem, shortage) de or du logement
**housing association** n fondation f charitable fournissant des logements
**housing benefit** n (Brit) ≈ allocations fpl logement
**housing development**, (Brit) **housing estate** n (blocks of flats) cité f; (houses) lotissement m
**hovel** ['hɔvl] n taudis m
**hover** ['hɔvəʳ] vi planer; **to ~ round sb** rôder or tourner autour de qn
**hovercraft** ['hɔvəkrɑ:ft] n aéroglisseur m, hovercraft m
**hoverport** ['hɔvəpɔ:t] n hoverport m
**how** [hau] adv comment; **~ are you?** comment allez-vous?; **~ do you do?** bonjour; (on being introduced) enchanté(e); **~ far is it to ...?** combien y a-t-il jusqu'à ...?; **~ long have you been here?** depuis combien de temps êtes-vous là?; **~ lovely/awful!** que or comme c'est joli/affreux!; **~ many/much?** combien?; **~ much time/many people?** combien de temps/gens?; **~ much does it cost?** ça coûte combien?; **~ old are you?** quel âge avez-vous?; **~ tall is he?** combien mesure-t-il?; **~ is school?** ça va à l'école?; **~ was the film?** comment était le

film?; ~'s life? (inf) comment ça va?; ~ about a
drink? si on buvait quelque chose?; ~ is it
that ...? comment se fait-il que ... + sub?

**however** [hau'evə<sup>r</sup>] conj pourtant, cependant
▷ adv de quelque façon or manière que + sub; (+
adjective) quelque or si ... que + sub; (in questions)
comment; ~ I do it de quelque manière que je
m'y prenne; ~ cold it is même s'il fait très
froid; ~ did you do it? comment y êtes-vous
donc arrivé?

**howitzer** ['hauitsə<sup>r</sup>] n (Mil) obusier m

**howl** [haul] n hurlement m ▷ vi hurler; (wind)
mugir

**howler** ['haulə<sup>r</sup>] n gaffe f, bourde f

**howling** ['haulɪŋ] adj: a ~ wind or gale un vent à
décorner les bœufs

**H.P.** n abbr (Brit) = **hire purchase**

**h.p.** abbr (Aut) = **horsepower**

**HQ** n abbr (= headquarters) QG m

**HR** n abbr (US) = **House of Representatives**

**hr** abbr (= hour) h

**HRH** abbr (= His (or Her) Royal Highness) SAR

**hrs** abbr (= hours) h

**HRT** n abbr = **hormone replacement therapy**

**HS** abbr (US) = **high school**

**HST** (US: = Hawaiian Standard Time) heure de
Hawaii

**HTML** n abbr (= hypertext markup language) HTML m

**hub** [hʌb] n (of wheel) moyeu m; (fig) centre m,
foyer m

**hubbub** ['hʌbʌb] n brouhaha m

**hubcap** ['hʌbkæp] n (Aut) enjoliveur m

**HUD** n abbr (US: = Department of Housing and Urban
Development) ministère de l'urbanisme et du logement

**huddle** ['hʌdl] vi: to ~ together se blottir les uns
contre les autres

**hue** [hju:] n teinte f, nuance f; ~ and cry n tollé
(général), clameur f

**huff** [hʌf] n: in a ~ fâché(e); to take the ~
prendre la mouche

**huffy** ['hʌfɪ] adj (inf) froissé(e)

**hug** [hʌg] vt serrer dans ses bras; (shore, kerb)
serrer ▷ n étreinte f; to give sb a ~ serrer qn
dans ses bras

**huge** [hju:dʒ] adj énorme, immense

**hulk** [hʌlk] n (ship) vieux rafiot; (car, building)
carcasse f; (person) mastodonte m, malabar m

**hulking** ['hʌlkɪŋ] adj balourd(e)

**hull** [hʌl] n (of ship) coque f; (of nuts) coque; (of
peas) cosse f

**hullabaloo** ['hʌləbə'lu:] n (inf: noise) tapage m,
raffut m

**hullo** [hə'ləu] excl = **hello**

**hum** [hʌm] vt (tune) fredonner ▷ vi fredonner;
(insect) bourdonner; (plane, tool) vrombir ▷ n
fredonnement m; bourdonnement m;
vrombissement m

**human** ['hju:mən] adj humain(e) ▷ n (also:
**human being**) être humain

**humane** [hju:'meɪn] adj humain(e),
humanitaire

**humanism** ['hju:mənɪzəm] n humanisme m

**humanitarian** [hju:mænɪ'tɛərɪən] adj
humanitaire

**humanity** [hju:'mænɪtɪ] n humanité f

**humanly** ['hju:mənlɪ] adv humainement

**humanoid** ['hju:mənɔɪd] adj, n humanoïde m/f

**human rights** npl droits mpl de l'homme

**humble** ['hʌmbl] adj humble, modeste ▷ vt
humilier

**humbly** ['hʌmblɪ] adv humblement,
modestement

**humbug** ['hʌmbʌg] n fumisterie f; (Brit: sweet)
bonbon m à la menthe

**humdrum** ['hʌmdrʌm] adj monotone,
routinier(-ière)

**humid** ['hju:mɪd] adj humide

**humidifier** [hju:'mɪdɪfaɪə<sup>r</sup>] n humidificateur m

**humidity** [hju:'mɪdɪtɪ] n humidité f

**humiliate** [hju:'mɪlɪeɪt] vt humilier

**humiliating** [hju:'mɪlɪeɪtɪŋ] adj humiliant(e)

**humiliation** [hju:mɪlɪ'eɪʃən] n humiliation f

**humility** [hju:'mɪlɪtɪ] n humilité f

**hummus** ['huməs] n houm(m)ous m

**humorist** ['hju:mərɪst] n humoriste m/f

**humorous** ['hju:mərəs] adj humoristique;
(person) plein(e) d'humour

**humour,** (US) **humor** ['hju:mə<sup>r</sup>] n humour m;
(mood) humeur f ▷ vt (person) faire plaisir à; se
prêter aux caprices de; **sense of** ~ sens m de
l'humour; **to be in a good/bad** ~ être de bonne/
mauvaise humeur

**humourless,** (US) **humorless** ['hu:məlɪs] adj
dépourvu(e) d'humour

**hump** [hʌmp] n bosse f

**humpback** ['hʌmpbæk] n bossu(e); (Brit: also:
**humpback bridge**) dos-d'âne m

**humus** ['hju:məs] n humus m

**hunch** [hʌntʃ] n bosse f; (premonition) intuition f;
**I have a ~ that** j'ai (comme une vague) idée que

**hunchback** ['hʌntʃbæk] n bossu(e)

**hunched** [hʌntʃt] adj arrondi(e), voûté(e)

**hundred** ['hʌndrəd] num cent; **about a ~ people**
une centaine de personnes; ~s of des centaines
de; **I'm a ~ per cent sure** j'en suis absolument
certain

**hundredth** [-ɪdθ] num centième

**hundredweight** ['hʌndrɪdweɪt] n (Brit) =50.8 kg;
112 lb; (US) = 45.3 kg; 100 lb

**hung** [hʌŋ] pt, pp of **hang**

**Hungarian** [hʌŋ'gɛərɪən] adj hongrois(e) ▷ n
Hongrois(e); (Ling) hongrois m

**Hungary** ['hʌŋgərɪ] n Hongrie f

**hunger** ['hʌŋgə<sup>r</sup>] n faim f ▷ vi: **to ~ for** avoir
faim de, désirer ardemment

**hunger strike** n grève f de la faim

**hungover** [hʌŋ'əuvə<sup>r</sup>] adj (inf): **to be ~** avoir la
gueule de bois

**hungrily** ['hʌŋgrəlɪ] adv voracement; (fig)
avidement

**hungry** ['hʌŋgrɪ] adj affamé(e); **to be ~** avoir
faim; ~ **for** (fig) avide de

**hung up** adj (inf) complexé(e), bourré(e) de
complexes

**hunk** [hʌŋk] n gros morceau; (inf: man) beau mec

**hunt** [hʌnt] vt (seek) chercher; (criminal) pourchasser; (Sport) chasser ▷ vi (search): **to ~ for** chercher (partout); (Sport) chasser ▷ n (Sport) chasse f
▶ **hunt down** vt pourchasser

**hunter** ['hʌntər] n chasseur m; (Brit: horse) cheval m de chasse

**hunting** ['hʌntɪŋ] n chasse f

**hurdle** ['hə:dl] n (for fences) claie f; (Sport) haie f; (fig) obstacle m

**hurl** [hə:l] vt lancer (avec violence); (abuse, insults) lancer

**hurling** ['hə:lɪŋ] n (Sport) genre de hockey joué en Irlande

**hurly-burly** ['hə:lɪ'bə:lɪ] n tohu-bohu m inv; brouhaha m

**hurrah, hurray** [hu'rɑ:, hu'reɪ] excl hourra!

**hurricane** ['hʌrɪkən] n ouragan m

**hurried** ['hʌrɪd] adj pressé(e), précipité(e); (work) fait(e) à la hâte

**hurriedly** ['hʌrɪdlɪ] adv précipitamment, à la hâte

**hurry** ['hʌrɪ] n hâte f, précipitation f ▷ vi se presser, se dépêcher ▷ vt (person) faire presser, faire se dépêcher; (work) presser; **to be in a ~** être pressé(e); **to do sth in a ~** faire qch en vitesse; **to ~ in/out** entrer/sortir précipitamment; **to ~ home** se dépêcher de rentrer
▶ **hurry along** vi marcher d'un pas pressé
▶ **hurry away, hurry off** vi partir précipitamment
▶ **hurry up** vi se dépêcher

**hurt** [hə:t] (pt, pp -) vt (cause pain to) faire mal à; (injure, fig) blesser; (damage: business, interests etc) nuire à; faire du tort à ▷ vi faire mal ▷ adj blessé(e); **my arm ~s** j'ai mal au bras; **I ~ my arm** je me suis fait mal au bras; **to ~ o.s.** se faire mal; **where does it ~?** où avez-vous mal?, où est-ce que ça vous fait mal?

**hurtful** ['hə:tful] adj (remark) blessant(e)

**hurtle** ['hə:tl] vt lancer (de toutes ses forces) ▷ vi: **to ~ past** passer en trombe; **to ~ down** dégringoler

**husband** ['hʌzbənd] n mari m

**hush** [hʌʃ] n calme m, silence m ▷ vt faire taire; **~!** chut!
▶ **hush up** vt (fact) étouffer

**hush-hush** [hʌʃ'hʌʃ] adj (inf) ultra-secret(-ète)

**husk** [hʌsk] n (of wheat) balle f; (of rice, maize) enveloppe f; (of peas) cosse f

**husky** ['hʌskɪ] adj (voice) rauque; (burly) costaud(e) ▷ n chien m esquimau or de traîneau

**hustings** ['hʌstɪŋz] npl (Brit Pol) plate-forme électorale

**hustle** ['hʌsl] vt pousser, bousculer ▷ n bousculade f; **~ and bustle** n tourbillon m (d'activité)

**hut** [hʌt] n hutte f; (shed) cabane f

**hutch** [hʌtʃ] n clapier m

**hyacinth** ['haɪəsɪnθ] n jacinthe f

**hybrid** ['haɪbrɪd] adj, n hybride (m)

**hydrant** ['haɪdrənt] n prise f d'eau; (also: **fire hydrant**) bouche f d'incendie

**hydraulic** [haɪ'drɔ:lɪk] adj hydraulique

**hydraulics** [haɪ'drɔ:lɪks] n hydraulique f

**hydrochloric** ['haɪdrəu'klɔrɪk] adj: **~ acid** acide m chlorhydrique

**hydroelectric** ['haɪdrəuɪ'lɛktrɪk] adj hydroélectrique

**hydrofoil** ['haɪdrəfɔɪl] n hydrofoil m

**hydrogen** ['haɪdrədʒən] n hydrogène m

**hydrogen bomb** n bombe f à hydrogène

**hydrophobia** ['haɪdrə'fəubɪə] n hydrophobie f

**hydroplane** ['haɪdrəpleɪn] n (seaplane) hydravion m; (jetfoil) hydroglisseur m

**hyena** [haɪ'i:nə] n hyène f

**hygiene** ['haɪdʒi:n] n hygiène f

**hygienic** [haɪ'dʒi:nɪk] adj hygiénique

**hymn** [hɪm] n hymne m; cantique m

**hype** [haɪp] n (inf) matraquage m publicitaire or médiatique

**hyperactive** ['haɪpər'æktɪv] adj hyperactif(-ive)

**hyperlink** ['haɪpəɪŋk] n hyperlien m

**hypermarket** ['haɪpəmɑ:kɪt] (Brit) n hypermarché m

**hypertension** ['haɪpə'tɛnʃən] n (Med) hypertension f

**hypertext** ['haɪpətɛkst] n (Comput) hypertexte m

**hyphen** ['haɪfn] n trait m d'union

**hypnosis** [hɪp'nəusɪs] n hypnose f

**hypnotic** [hɪp'nɔtɪk] adj hypnotique

**hypnotism** ['hɪpnətɪzəm] n hypnotisme m

**hypnotist** ['hɪpnətɪst] n hypnotiseur(-euse)

**hypnotize** ['hɪpnətaɪz] vt hypnotiser

**hypoallergenic** ['haɪpəuæələ'dʒɛnɪk] adj hypoallergénique

**hypochondriac** [haɪpə'kɔndriæk] n hypocondriaque m/f

**hypocrisy** [hɪ'pɔkrɪsɪ] n hypocrisie f

**hypocrite** ['hɪpəkrɪt] n hypocrite m/f

**hypocritical** [hɪpə'krɪtɪkl] adj hypocrite

**hypodermic** [haɪpə'də:mɪk] adj hypodermique ▷ n (syringe) seringue f hypodermique

**hypotenuse** [haɪ'pɔtɪnju:z] n hypoténuse f

**hypothermia** [haɪpə'θə:mɪə] n hypothermie f

**hypothesis** (pl **hypotheses**) [haɪ'pɔθɪsɪs, -si:z] n hypothèse f

**hysterectomy** [hɪstə'rɛktəmɪ] n hystérectomie f

**hysteria** [hɪ'stɪərɪə] n hystérie f

**hysterical** [hɪ'stɛrɪkl] adj hystérique; (funny) hilarant(e); **to become ~** avoir une crise de nerfs

**hysterics** [hɪ'stɛrɪks] npl (violente) crise de nerfs; (laughter) crise de rire; **to be in/have ~** (anger, panic) avoir une crise de nerfs; (laughter) attraper un fou rire

**Hz** abbr (= hertz) Hz

**h**

# I i

**I', i** [aɪ] n (letter) I, i m; **I for Isaac,** (US) **I for Item** I comme Irma

**I²** [aɪ] pron je; (before vowel) j'; (stressed) moi ▷ abbr (= island, isle) I

**IA, Ia.** abbr (US) = **Iowa**

**IAEA** n abbr = **International Atomic Energy Agency**

**IBA** n abbr (Brit: = Independent Broadcasting Authority) ≈ CNCL f (= Commission nationale de la communication audio-visuelle)

**Iberian** [aɪˈbɪərɪən] adj ibérique, ibérien(ne)

**Iberian Peninsula** n: **the ~** la péninsule Ibérique

**IBEW** n abbr (US: = International Brotherhood of Electrical Workers) syndicat international des électriciens

**i/c** abbr (Brit) = **in charge**

**ICBM** n abbr (= intercontinental ballistic missile) ICBM m, engin m balistique à portée intercontinentale

**ICC** n abbr (= International Chamber of Commerce) CCI f; (US) = **Interstate Commerce Commission**

**ice** [aɪs] n glace f; (on road) verglas m ▷ vt (cake) glacer; (drink) faire rafraîchir ▷ vi (also: **ice over**) geler; (also: **ice up**) se givrer; **to put sth on ~** (fig) mettre qch en attente

**Ice Age** n ère f glaciaire

**ice axe,** (US) **ice ax** n piolet m

**iceberg** [ˈaɪsbəːg] n iceberg m; **the tip of the ~** (also fig) la partie émergée de l'iceberg

**icebox** [ˈaɪsbɔks] n (US) réfrigérateur m; (Brit) compartiment m à glace; (insulated box) glacière f

**icebreaker** [ˈaɪsbreɪkəʳ] n brise-glace m

**ice bucket** n seau m à glace

**ice-cap** [ˈaɪskæp] n calotte f glaciaire

**ice-cold** [aɪsˈkəʊld] adj glacé(e)

**ice cream** n glace f

**ice cube** n glaçon m

**iced** [aɪst] adj (drink) frappé(e); (coffee, tea, also cake) glacé(e)

**ice hockey** n hockey m sur glace

**Iceland** [ˈaɪslənd] n Islande f

**Icelander** [ˈaɪsləndəʳ] n Islandais(e)

**Icelandic** [aɪsˈlændɪk] adj islandais(e) ▷ n (Ling) islandais m

**ice lolly** n (Brit) esquimau m

**ice pick** n pic m à glace

**ice rink** n patinoire f

**ice-skate** [ˈaɪsskeɪt] n patin m à glace ▷ vi faire du patin à glace

**ice skating** [ˈaɪsskeɪtɪŋ] n patinage m (sur glace)

**icicle** [ˈaɪsɪkl] n glaçon m (naturel)

**icing** [ˈaɪsɪŋ] n (Aviat etc) givrage m; (Culin) glaçage m

**icing sugar** n (Brit) sucre m glace

**ICJ** n abbr = **International Court of Justice**

**icon** [ˈaɪkɔn] n icône f

**ICR** n abbr (US) = **Institute for Cancer Research**

**ICRC** n abbr (= International Committee of the Red Cross) CICR m

**ICT** n abbr (Brit: Scol: = information and communications technology) TIC fpl

**ICU** n abbr = **intensive care unit**

**ID** abbr (US) = **Idaho**

**I'd** [aɪd] = **I would; I had**

**Ida.** abbr (US) = **Idaho**

**ID card** n carte f d'identité

**IDD** n abbr (Brit Tel: = international direct dialling) automatique international

**idea** [aɪˈdɪə] n idée f; **good ~!** bonne idée!; **to have an ~ that ...** avoir idée que ...; **I have no ~** je n'ai pas la moindre idée

**ideal** [aɪˈdɪəl] n idéal m ▷ adj idéal(e)

**idealist** [aɪˈdɪəlɪst] n idéaliste m/f

**ideally** [aɪˈdɪəlɪ] adv (preferably) dans l'idéal; (perfectly): **he is ~ suited to the job** il est parfait pour ce poste; **~ the book should have ...** l'idéal serait que le livre ait ...

**identical** [aɪˈdɛntɪkl] adj identique

**identification** [aɪdɛntɪfɪˈkeɪʃən] n identification f; **means of ~** pièce f d'identité

**identify** [aɪˈdɛntɪfaɪ] vt identifier ▷ vi: **to ~ with** s'identifier à

**Identikit®** [aɪˈdɛntɪkɪt] n: **~ (picture)** portrait-robot m

**identity** [aɪˈdɛntɪtɪ] n identité f

**identity card** n carte f d'identité

**identity parade** n (Brit) parade f d'identification

**identity theft** n usurpation f d'identité

**ideological** [aɪdɪə'lɒdʒɪkl] adj idéologique

**ideology** [aɪdɪ'ɒlədʒɪ] n idéologie f

**idiocy** ['ɪdɪəsɪ] n idiotie f, stupidité f

**idiom** ['ɪdɪəm] n (language) langue f, idiome m; (phrase) expression f idiomatique; (style) style m

**idiomatic** [ɪdɪə'mætɪk] adj idiomatique

**idiosyncrasy** [ɪdɪəu'sɪŋkrəsɪ] n particularité f, caractéristique f

**idiot** ['ɪdɪət] n idiot(e), imbécile m/f

**idiotic** [ɪdɪ'ɒtɪk] adj idiot(e), bête, stupide

**idle** ['aɪdl] adj (doing nothing) sans occupation, désœuvré(e); (lazy) oisif(-ive), paresseux(-euse); (unemployed) au chômage; (machinery) au repos; (question, pleasures) vain(e), futile ▷ vi (engine) tourner au ralenti; **to lie ~** être arrêté, ne pas fonctionner

▸ **idle away** vt: **to ~ away one's time** passer son temps à ne rien faire

**idleness** ['aɪdlnɪs] n désœuvrement m; oisiveté f

**idler** ['aɪdləʳ] n désœuvré(e), oisif(-ive)

**idle time** n (Comm) temps mort

**idol** ['aɪdl] n idole f

**idolize** ['aɪdəlaɪz] vt idolâtrer, adorer

**idyllic** [ɪ'dɪlɪk] adj idyllique

**i.e.** abbr (= id est: that is) c. à d., c'est-à-dire

**if** [ɪf] conj si ▷ n: **there are a lot of ifs and buts** il y a beaucoup de si mpl et de mais mpl; **I'd be pleased if you could do it** je serais très heureux si vous pouviez le faire; **if necessary** si nécessaire, le cas échéant; **if so** si c'est le cas; **if not** sinon; **if only I could!** si seulement je pouvais!; **if only he were here** si seulement il était là; **if only to show him my gratitude** ne serait-ce que pour lui témoigner ma gratitude; see also **as; even**

**iffy** ['ɪfɪ] adj (inf) douteux(-euse)

**igloo** ['ɪɡluː] n igloo m

**ignite** [ɪɡ'naɪt] vt mettre le feu à, enflammer ▷ vi s'enflammer

**ignition** [ɪɡ'nɪʃən] n (Aut) allumage m; **to switch on/off the ~** mettre/couper le contact

**ignition key** n (Aut) clé f de contact

**ignoble** [ɪɡ'nəubl] adj ignoble, indigne

**ignominious** [ɪɡnə'mɪnɪəs] adj honteux(-euse), ignominieux(-euse)

**ignoramus** [ɪɡnə'reɪməs] n personne f ignare

**ignorance** ['ɪɡnərəns] n ignorance f; **to keep sb in ~ of sth** tenir qn dans l'ignorance de qch

**ignorant** ['ɪɡnərənt] adj ignorant(e); **to be ~ of** (subject) ne rien connaître en; (events) ne pas être au courant de

**ignore** [ɪɡ'nɔːʳ] vt ne tenir aucun compte de, (mistake) ne pas relever; (person: pretend to not see) faire semblant de ne pas reconnaître; (: pay no attention to) ignorer

**ikon** ['aɪkɒn] n = **icon**

**IL** abbr (US) = **Illinois**

**ill** [ɪl] adj (sick) malade; (bad) mauvais(e) ▷ n mal m ▷ adv: **to speak/think ~ of sb** dire/penser du mal de qn; **to be taken ~** tomber malade

**Ill.** abbr (US) = **Illinois**

**I'll** [aɪl] = **I will; I shall**

**ill-advised** [ɪləd'vaɪzd] adj (decision) peu judicieux(-euse); (person) malavisé(e)

**ill-at-ease** [ɪlət'iːz] adj mal à l'aise

**ill-considered** [ɪlkən'sɪdəd] adj (plan) inconsidéré(e), irréfléchi(e)

**ill-disposed** [ɪldɪs'pəuzd] adj: **to be ~ towards sb/sth** être mal disposé(e) envers qn/qch

**illegal** [ɪ'liːɡl] adj illégal(e)

**illegally** [ɪ'liːɡəlɪ] adv illégalement

**illegible** [ɪ'lɛdʒɪbl] adj illisible

**illegitimate** [ɪlɪ'dʒɪtɪmət] adj illégitime

**ill-fated** [ɪl'feɪtɪd] adj malheureux(-euse); (day) néfaste

**ill-favoured**, (US) **ill-favored** [ɪl'feɪvəd] adj déplaisant(e)

**ill feeling** n ressentiment m, rancune f

**ill-gotten** [ɪl'ɡɒtn] adj (gains etc) mal acquis(e)

**ill health** n mauvaise santé

**illicit** [ɪ'lɪsɪt] adj illicite

**ill-informed** [ɪlɪn'fɔːmd] adj (judgment) erroné(e); (person) mal renseigné(e)

**illiterate** [ɪ'lɪtərət] adj illettré(e); (letter) plein(e) de fautes

**ill-mannered** [ɪl'mænəd] adj impoli(e), grossier(-ière)

**illness** ['ɪlnɪs] n maladie f

**illogical** [ɪ'lɒdʒɪkl] adj illogique

**ill-suited** [ɪl'suːtɪd] adj (couple) mal assorti(e); **he is ~ to the job** il n'est pas vraiment fait pour ce travail

**ill-timed** [ɪl'taɪmd] adj inopportun(e)

**ill-treat** [ɪl'triːt] vt maltraiter

**ill-treatment** [ɪl'triːtmənt] n mauvais traitement

**illuminate** [ɪ'luːmɪneɪt] vt (room, street) éclairer; (for special effect) illuminer; **~d sign** enseigne lumineuse

**illuminating** [ɪ'luːmɪneɪtɪŋ] adj éclairant(e)

**illumination** [ɪluːmɪ'neɪʃən] n éclairage m; illumination f

**illusion** [ɪ'luːʒən] n illusion f; **to be under the ~ that** avoir l'illusion que

**illusive** [ɪ'luːsɪv], **illusory** [ɪ'luːsərɪ] adj illusoire

**illustrate** ['ɪləstreɪt] vt illustrer

**illustration** [ɪlə'streɪʃən] n illustration f

**illustrator** ['ɪləstreɪtəʳ] n illustrateur(-trice)

**illustrious** [ɪ'lʌstrɪəs] adj illustre

**ill will** n malveillance f

**ILO** n abbr (= International Labour Organization) OIT f

**ILWU** n abbr (US: = International Longshoremen's and Warehousemen's Union) syndicat international des dockers et des magasiniers

**IM** n abbr (= instant message) messagerie f instantée ▷ vt envoyer un message instantané à

**I'm** [aɪm] = **I am**

**image** ['ɪmɪdʒ] n image f; (public face) image de marque

**imagery** ['ɪmɪdʒərɪ] n images fpl

**imaginable** [ɪ'mædʒɪnəbl] adj imaginable

**imaginary** [ɪ'mædʒɪnərɪ] adj imaginaire

**imagination** [ɪmædʒɪ'neɪʃən] n imagination f

**imaginative** [ɪ'mædʒɪnətɪv] adj

imaginatif(-ive); (person) plein(e)
d'imagination
**imagine** [ɪ'mædʒɪn] vt s'imaginer; (suppose)
imaginer, supposer
**imbalance** [ɪm'bæləns] n déséquilibre m
**imbecile** ['ɪmbəsi:l] n imbécile m/f
**imbue** [ɪm'bju:] vt: **to ~ sth with** imprégner qch
de
**IMF** n abbr = **International Monetary Fund**
**imitate** ['ɪmɪteɪt] vt imiter
**imitation** [ɪmɪ'teɪʃən] n imitation f
**imitator** ['ɪmɪteɪtə'] n imitateur(-trice)
**immaculate** [ɪ'mækjulət] adj impeccable; (Rel)
immaculé(e)
**immaterial** [ɪmə'tɪərɪəl] adj sans importance,
insignifiant(e)
**immature** [ɪmə'tjuə'] adj (fruit) qui n'est pas
mûr(e); (person) qui manque de maturité
**immaturity** [ɪmə'tjuərɪtɪ] n immaturité f
**immeasurable** [ɪ'mɛʒrəbl] adj
incommensurable
**immediacy** [ɪ'mi:dɪəsɪ] n (of events etc) caractère
or rapport immédiat; (of needs) urgence f
**immediate** [ɪ'mi:dɪət] adj immédiat(e)
**immediately** [ɪ'mi:dɪətlɪ] adv immédiatement;
~ **next to** juste à côté de
**immense** [ɪ'mɛns] adj immense, énorme
**immensity** [ɪ'mɛnsɪtɪ] n immensité f
**immerse** [ɪ'mə:s] vt immerger, plonger; **to ~
sth in** plonger qch dans; **to be ~d in** (fig) être
plongé dans
**immersion heater** [ɪ'mə:ʃən-] n (Brit) chauffe-
eau m électrique
**immigrant** ['ɪmɪgrənt] n immigrant(e); (already
established) immigré(e)
**immigration** [ɪmɪ'greɪʃən] n immigration f
**immigration authorities** npl service m de
l'immigration
**immigration laws** npl lois fpl sur l'immigration
**imminent** ['ɪmɪnənt] adj imminent(e)
**immobile** [ɪ'məubaɪl] adj immobile
**immobilize** [ɪ'məubɪlaɪz] vt immobiliser
**immoderate** [ɪ'mɔdərət] adj immodéré(e),
démesuré(e)
**immodest** [ɪ'mɔdɪst] adj (indecent) indécent(e);
(boasting) pas modeste, présomptueux(-euse)
**immoral** [ɪ'mɔrl] adj immoral(e)
**immorality** [ɪmɔ'rælɪtɪ] n immoralité f
**immortal** [ɪ'mɔ:tl] adj, n immortel(le)
**immortalize** [ɪ'mɔ:tlaɪz] vt immortaliser
**immovable** [ɪ'mu:vəbl] adj (object) fixe;
immobilier(-ière); (person) inflexible; (opinion)
immuable
**immune** [ɪ'mju:n] adj: **~ (to)** immunisé(e)
(contre)
**immune system** n système m immunitaire
**immunity** [ɪ'mju:nɪtɪ] n immunité f;
**diplomatic ~** immunité diplomatique
**immunization** [ɪmjunaɪ'zeɪʃən] n
immunisation f
**immunize** ['ɪmjunaɪz] vt immuniser
**imp** [ɪmp] n (small devil) lutin m; (child) petit

diable
**impact** ['ɪmpækt] n choc m, impact m; (fig)
impact
**impair** [ɪm'pɛə'] vt détériorer, diminuer
**impaired** [ɪm'pɛəd] adj (organ, vision) abimé(e),
détérioré(e); **his memory/circulation is ~** il a
des problèmes de mémoire/circulation;
**visually ~** malvoyant(e); **hearing ~**
malentendant(e); **mentally/physically ~**
intellectuellement/physiquement diminué(e)
**impale** [ɪm'peɪl] vt empaler
**impart** [ɪm'pɑ:t] vt (make known) communiquer,
transmettre; (bestow) confier, donner
**impartial** [ɪm'pɑ:ʃl] adj impartial(e)
**impartiality** [ɪmpɑ:ʃɪ'ælɪtɪ] n impartialité f
**impassable** [ɪm'pɑ:səbl] adj infranchissable;
(road) impraticable
**impasse** [æm'pɑ:s] n (fig) impasse f
**impassioned** [ɪm'pæʃənd] adj passionné(e)
**impassive** [ɪm'pæsɪv] adj impassible
**impatience** [ɪm'peɪʃəns] n impatience f
**impatient** [ɪm'peɪʃənt] adj impatient(e); **to get**
or **grow ~** s'impatienter
**impatiently** [ɪm'peɪʃəntlɪ] adv avec impatience
**impeach** [ɪm'pi:tʃ] vt accuser, attaquer; (public
official) mettre en accusation
**impeachment** [ɪm'pi:tʃmənt] n (Law) (mise f
en) accusation f
**impeccable** [ɪm'pɛkəbl] adj impeccable,
parfait(e)
**impecunious** [ɪmpɪ'kju:nɪəs] adj sans
ressources
**impede** [ɪm'pi:d] vt gêner
**impediment** [ɪm'pɛdɪmənt] n obstacle m; (also:
**speech impediment**) défaut m d'élocution
**impel** [ɪm'pɛl] vt (force): **to ~ sb (to do sth)**
forcer qn (à faire qch)
**impending** [ɪm'pɛndɪŋ] adj imminent(e)
**impenetrable** [ɪm'pɛnɪtrəbl] adj impénétrable
**imperative** [ɪm'pɛrətɪv] adj nécessaire; (need)
urgent(e), pressant(e); (tone) impérieux(-euse)
▷ n (Ling) impératif m
**imperceptible** [ɪmpə'sɛptɪbl] adj imperceptible
**imperfect** [ɪm'pə:fɪkt] adj imparfait(e); (goods
etc) défectueux(-euse) ▷ n (Ling: also: **imperfect
tense**) imparfait m
**imperfection** [ɪmpə'fɛkʃən] n imperfection f;
défectuosité f
**imperial** [ɪm'pɪərɪəl] adj impérial(e); (Brit:
measure) légal(e)
**imperialism** [ɪm'pɪərɪəlɪzəm] n impérialisme m
**imperil** [ɪm'pɛrɪl] vt mettre en péril
**imperious** [ɪm'pɪərɪəs] adj impérieux(-euse)
**impersonal** [ɪm'pə:sənl] adj impersonnel(le)
**impersonate** [ɪm'pə:səneɪt] vt se faire passer
pour; (Theat) imiter
**impersonation** [ɪmpə:sə'neɪʃən] n (Law)
usurpation f d'identité; (Theat) imitation f
**impersonator** [ɪm'pə:səneɪtə'] n imposteur m;
(Theat) imitateur(-trice)
**impertinence** [ɪm'pə:tɪnəns] n impertinence f,
insolence f

**impertinent** [ɪmˈpəːtɪnənt] *adj* impertinent(e), insolent(e)

**imperturbable** [ɪmpəˈtəːbəbl] *adj* imperturbable

**impervious** [ɪmˈpəːvɪəs] *adj* imperméable; (*fig*): ~ **to** insensible à; inaccessible à

**impetuous** [ɪmˈpɛtjuəs] *adj* impétueux(-euse), fougueux(-euse)

**impetus** [ˈɪmpətəs] *n* impulsion *f*; (*of runner*) élan *m*

**impinge** [ɪmˈpɪndʒ]: **to ~ on** *vt fus* (*person*) affecter, toucher; (*rights*) empiéter sur

**impish** [ˈɪmpɪʃ] *adj* espiègle

**implacable** [ɪmˈplækəbl] *adj* implacable

**implant** [ɪmˈplɑːnt] *vt* (*Med*) implanter; (*fig*: *idea, principle*) inculquer

**implausible** [ɪmˈplɔːzɪbl] *adj* peu plausible

**implement** *n* [ˈɪmplɪmənt] outil *m*, instrument *m*; (*for cooking*) ustensile *m* ▷ *vt* [ˈɪmplɪment] exécuter, mettre à effet

**implicate** [ˈɪmplɪkeɪt] *vt* impliquer, compromettre

**implication** [ɪmplɪˈkeɪʃən] *n* implication *f*; **by ~** indirectement

**implicit** [ɪmˈplɪsɪt] *adj* implicite; (*complete*) absolu(e), sans réserve

**implicitly** [ɪmˈplɪsɪtlɪ] *adv* implicitement; absolument, sans réserve

**implore** [ɪmˈplɔːʳ] *vt* implorer, supplier

**imply** [ɪmˈplaɪ] *vt* (*hint*) suggérer, laisser entendre; (*mean*) indiquer, supposer

**impolite** [ɪmpəˈlaɪt] *adj* impoli(e)

**imponderable** [ɪmˈpɒndərəbl] *adj* impondérable

**import** *vt* [ɪmˈpɔːt] importer ▷ *n* [ˈɪmpɔːt] (*Comm*) importation *f*; (*meaning*) portée *f*, signification *f* ▷ *cpd* [ˈɪmpɔːt] (*duty, licence etc*) d'importation

**importance** [ɪmˈpɔːtns] *n* importance *f*; **to be of great/little ~** avoir beaucoup/peu d'importance

**important** [ɪmˈpɔːtnt] *adj* important(e); **it is ~ that** il importe que, il est important que; **it's not ~** c'est sans importance, ce n'est pas important

**importantly** [ɪmˈpɔːtntlɪ] *adv* (*with an air of importance*) d'un air important; (*essentially*): **but, more ~** ... mais, (ce qui est) plus important encore ...

**importation** [ɪmpɔːˈteɪʃən] *n* importation *f*

**imported** [ɪmˈpɔːtɪd] *adj* importé(e), d'importation

**importer** [ɪmˈpɔːtəʳ] *n* importateur(-trice)

**impose** [ɪmˈpəuz] *vt* imposer ▷ *vi*: **to ~ on sb** abuser de la gentillesse de qn

**imposing** [ɪmˈpəuzɪŋ] *adj* imposant(e), impressionnant(e)

**imposition** [ɪmpəˈzɪʃən] *n* (*of tax etc*) imposition *f*; **to be an ~ on** (*person*) abuser de la gentillesse ou la bonté de

**impossibility** [ɪmpɒsəˈbɪlɪtɪ] *n* impossibilité *f*

**impossible** [ɪmˈpɒsɪbl] *adj* impossible; **it is ~**

**for me to leave** il m'est impossible de partir

**impostor** [ɪmˈpɒstəʳ] *n* imposteur *m*

**impotence** [ˈɪmpətns] *n* impuissance *f*

**impotent** [ˈɪmpətnt] *adj* impuissant(e)

**impound** [ɪmˈpaund] *vt* confisquer, saisir

**impoverished** [ɪmˈpɒvərɪʃt] *adj* pauvre, appauvri(e)

**impracticable** [ɪmˈpræktɪkəbl] *adj* impraticable

**impractical** [ɪmˈpræktɪkl] *adj* pas pratique; (*person*) qui manque d'esprit pratique

**imprecise** [ɪmprɪˈsaɪs] *adj* imprécis(e)

**impregnable** [ɪmˈprɛgnəbl] *adj* (*fortress*) imprenable; (*fig*) inattaquable, irréfutable

**impregnate** [ˈɪmprɛgneɪt] *vt* imprégner; (*fertilize*) féconder

**impresario** [ɪmprɪˈsɑːrɪəu] *n* impresario *m*

**impress** [ɪmˈprɛs] *vt* impressionner, faire impression sur; (*mark*) imprimer, marquer; **to ~ sth on sb** faire bien comprendre qch à qn

**impressed** [ɪmˈprɛst] *adj* impressionné(e)

**impression** [ɪmˈprɛʃən] *n* impression *f*; (*of stamp, seal*) empreinte *f*; (*imitation*) imitation *f*; **to make a good/bad ~ on sb** faire bonne/mauvaise impression sur qn; **to be under the ~ that** avoir l'impression que

**impressionable** [ɪmˈprɛʃnəbl] *adj* impressionnable, sensible

**impressionist** [ɪmˈprɛʃənɪst] *n* impressionniste *m/f*

**impressive** [ɪmˈprɛsɪv] *adj* impressionnant(e)

**imprint** [ˈɪmprɪnt] *n* empreinte *f*; (*Publishing*) notice *f*; (: *label*) nom *m* (de collection *or* d'éditeur)

**imprinted** [ɪmˈprɪntɪd] *adj*: **~ on** imprimé(e) sur; (*fig*) imprimé(e) *or* gravé(e) dans

**imprison** [ɪmˈprɪzn] *vt* emprisonner, mettre en prison

**imprisonment** [ɪmˈprɪznmənt] *n* emprisonnement *m*; (*period*): **to sentence sb to 10 years' ~** condamner qn à 10 ans de prison

**improbable** [ɪmˈprɒbəbl] *adj* improbable; (*excuse*) peu plausible

**impromptu** [ɪmˈprɒmptjuː] *adj* impromptu(e) ▷ *adv* impromptu

**improper** [ɪmˈprɒpəʳ] *adj* (*wrong*) incorrect(e); (*unsuitable*) déplacé(e), de mauvais goût; (*indecent*) indécent(e); (*dishonest*) malhonnête

**impropriety** [ɪmprəˈpraɪətɪ] *n* inconvenance *f*; (*of expression*) impropriété *f*

**improve** [ɪmˈpruːv] *vt* améliorer ▷ *vi* s'améliorer; (*pupil etc*) faire des progrès ▷ **improve on, improve upon** *vt fus* (*offer*) enchérir sur

**improvement** [ɪmˈpruːvmənt] *n* amélioration *f*; (*of pupil etc*) progrès *m*; **to make ~s to** apporter des améliorations à

**improvisation** [ɪmprəvaɪˈzeɪʃən] *n* improvisation *f*

**improvise** [ˈɪmprəvaɪz] *vt, vi* improviser

**imprudence** [ɪmˈpruːdns] *n* imprudence *f*

**imprudent** [ɪmˈpruːdnt] *adj* imprudent(e)

**impudent** [ˈɪmpjudnt] *adj* impudent(e)

**impugn** [ɪm'pjuːn] *vt* contester, attaquer
**impulse** ['ɪmpʌls] *n* impulsion *f*; **on ~** impulsivement, sur un coup de tête
**impulse buy** *n* achat *m* d'impulsion
**impulsive** [ɪm'pʌlsɪv] *adj* impulsif(-ive)
**impunity** [ɪm'pjuːnɪtɪ] *n*: **with ~** impunément
**impure** [ɪm'pjuə<sup>r</sup>] *adj* impur(e)
**impurity** [ɪm'pjuərɪtɪ] *n* impureté *f*
**IN** *abbr* (*US*) = **Indiana**

⬤ KEYWORD

**in** [ɪn] *prep* **1** (*indicating place, position*) dans; **in the house/the fridge** dans la maison/le frigo; **in the garden** dans le *or* au jardin; **in town** en ville; **in the country** à la campagne; **in school** à l'école; **in here/there** ici/là
**2** (*with place names: of town, region, country*): **in London** à Londres; **in England** en Angleterre; **in Japan** au Japon; **in the United States** aux États-Unis
**3** (*indicating time: during*): **in spring** au printemps; **in summer** en été; **in May/2005** en mai/2005; **in the afternoon** (dans) l'après-midi; **at 4 o'clock in the afternoon** à 4 heures de l'après-midi
**4** (*indicating time: in the space of*) en; (: *future*) dans; **I did it in 3 hours/days** je l'ai fait en 3 heures/jours; **I'll see you in 2 weeks** *or* **in 2 weeks' time** je te verrai dans 2 semaines; **once in a hundred years** une fois tous les cent ans
**5** (*indicating manner etc*) à; **in a loud/soft voice** à voix haute/basse; **in pencil** au crayon; **in writing** par écrit; **in French** en français; **to pay in dollars** payer en dollars; **the boy in the blue shirt** le garçon à *or* avec la chemise bleue
**6** (*indicating circumstances*): **in the sun** au soleil; **in the shade** à l'ombre; **in the rain** sous la pluie; **a change in policy** un changement de politique
**7** (*indicating mood, state*): **in tears** en larmes; **in anger** sous le coup de la colère; **in despair** au désespoir; **in good condition** en bon état; **to live in luxury** vivre dans le luxe
**8** (*with ratios, numbers*): **1 in 10 households, 1 household in 10** 1 ménage sur 10; **20 pence in the pound** 20 pence par livre sterling; **they lined up in twos** ils se mirent en rangs (deux) par deux; **in hundreds** par centaines
**9** (*referring to people, works*) chez; **the disease is common in children** c'est une maladie courante chez les enfants; **in (the works of) Dickens** chez Dickens, dans (l'œuvre de) Dickens
**10** (*indicating profession etc*) dans; **to be in teaching** être dans l'enseignement
**11** (*after superlative*) de; **the best pupil in the class** le meilleur élève de la classe
**12** (*with present participle*): **in saying this** en disant ceci
▷ *adv*: **to be in** (*person: at home, work*) être là; (*train, ship, plane*) être arrivé(e); (*in fashion*) être à

la mode; **to ask sb in** inviter qn à entrer; **to run/limp** *etc* **in** entrer en courant/boitant *etc*; **their party is in** leur parti est au pouvoir
▷ *n*: **the ins and outs (of)** (*of proposal, situation etc*) les tenants et aboutissants (de)

**in.** *abbr* = **inch; inches**
**inability** [ɪnə'bɪlɪtɪ] *n* incapacité *f*; **~ to pay** incapacité de payer
**inaccessible** [ɪnək'sɛsɪbl] *adj* inaccessible
**inaccuracy** [ɪn'ækjurəsɪ] *n* inexactitude *f*; manque *m* de précision
**inaccurate** [ɪn'ækjurət] *adj* inexact(e); (*person*) qui manque de précision
**inaction** [ɪn'ækʃən] *n* inaction *f*, inactivité *f*
**inactivity** [ɪnæk'tɪvɪtɪ] *n* inactivité *f*
**inadequacy** [ɪn'ædɪkwəsɪ] *n* insuffisance *f*
**inadequate** [ɪn'ædɪkwət] *adj* insuffisant(e), inadéquat(e)
**inadmissible** [ɪnəd'mɪsəbl] *adj* (*behaviour*) inadmissible; (*Law: evidence*) irrecevable
**inadvertent** [ɪnəd'vəːtnt] *adj* (*mistake*) commis(e) par inadvertance
**inadvertently** [ɪnəd'vəːtntlɪ] *adv* par mégarde
**inadvisable** [ɪnəd'vaɪzəbl] *adj* à déconseiller; **it is ~ to** il est déconseillé de
**inane** [ɪ'neɪn] *adj* inepte, stupide
**inanimate** [ɪn'ænɪmət] *adj* inanimé(e)
**inapplicable** [ɪn'æplɪkəbl] *adj* inapplicable
**inappropriate** [ɪnə'prəuprɪət] *adj* inopportun(e), mal à propos; (*word, expression*) impropre
**inapt** [ɪn'æpt] *adj* inapte; peu approprié(e)
**inaptitude** [ɪn'æptɪtjuːd] *n* inaptitude *f*
**inarticulate** [ɪnɑː'tɪkjulət] *adj* (*person*) qui s'exprime mal; (*speech*) indistinct(e)
**inasmuch** [ɪnəz'mʌtʃ] *adv*: **~ as** vu que, en ce sens que
**inattention** [ɪnə'tɛnʃən] *n* manque *m* d'attention
**inattentive** [ɪnə'tɛntɪv] *adj* inattentif(-ive), distrait(e); négligent(e)
**inaudible** [ɪn'ɔːdɪbl] *adj* inaudible
**inaugural** [ɪ'nɔːgjurəl] *adj* inaugural(e)
**inaugurate** [ɪ'nɔːgjureɪt] *vt* inaugurer; (*president, official*) investir de ses fonctions
**inauguration** [ɪnɔːgju'reɪʃən] *n* inauguration *f*; investiture *f*
**inauspicious** [ɪnɔː's'pɪʃəs] *adj* peu propice
**in-between** [ɪnbɪ'twiːn] *adj* entre les deux
**inborn** [ɪn'bɔːn] *adj* (*feeling*) inné(e); (*defect*) congénital(e)
**inbred** [ɪn'brɛd] *adj* inné(e), naturel(le); (*family*) consanguin(e)
**inbreeding** [ɪn'briːdɪŋ] *n* croisement *m* d'animaux de même souche; unions consanguines
**Inc.** *abbr* = **incorporated**
**Inca** ['ɪŋkə] *adj* (*also*: **Incan**) inca *inv* ▷ *n* Inca *m/f*
**incalculable** [ɪn'kælkjuləbl] *adj* incalculable
**incapability** [ɪnkeɪpə'bɪlɪtɪ] *n* incapacité *f*
**incapable** [ɪn'keɪpəbl] *adj*: **~ (of)** incapable (de)

**incapacitate** [ɪnkə'pæsɪteɪt] *vt*: **to ~ sb from doing** rendre qn incapable de faire
**incapacitated** [ɪnkə'pæsɪteɪtɪd] *adj* (*Law*) frappé(e) d'incapacité
**incapacity** [ɪnkə'pæsɪtɪ] *n* incapacité *f*
**incarcerate** [ɪn'kɑːsəreɪt] *vt* incarcérer
**incarnate** *adj* [ɪn'kɑːnɪt] incarné(e) ▷ *vt* ['ɪnkɑːneɪt] incarner
**incarnation** [ɪnkɑː'neɪʃən] *n* incarnation *f*
**incendiary** [ɪn'sɛndɪərɪ] *adj* incendiaire ▷ *n* (*bomb*) bombe *f* incendiaire
**incense** *n* ['ɪnsɛns] encens *m* ▷ *vt* [ɪn'sɛns] (*anger*) mettre en colère
**incense burner** *n* encensoir *m*
**incentive** [ɪn'sɛntɪv] *n* encouragement *m*, raison *f* de se donner de la peine
**incentive scheme** *n* système *m* de primes d'encouragement
**inception** [ɪn'sɛpʃən] *n* commencement *m*, début *m*
**incessant** [ɪn'sɛsnt] *adj* incessant(e)
**incessantly** [ɪn'sɛsntlɪ] *adv* sans cesse, constamment
**incest** ['ɪnsɛst] *n* inceste *m*
**inch** [ɪntʃ] *n* pouce *m* (=25 mm; 12 in a foot); **within an ~ of** à deux doigts de; **he wouldn't give an ~** (*fig*) il n'a pas voulu céder d'un pouce
▶ **inch forward** *vi* avancer petit à petit
**inch tape** *n* (*Brit*) centimètre *m* (de couturière)
**incidence** ['ɪnsɪdns] *n* (*of crime, disease*) fréquence *f*
**incident** ['ɪnsɪdnt] *n* incident *m*; (*in book*) péripétie *f*
**incidental** [ɪnsɪ'dɛntl] *adj* accessoire; (*unplanned*) accidentel(le); **~ to** qui accompagne; **~ expenses** faux frais *mpl*
**incidentally** [ɪnsɪ'dɛntəlɪ] *adv* (*by the way*) à propos
**incidental music** *n* musique *f* de fond
**incident room** *n* (*Police*) salle *f* d'opérations
**incinerate** [ɪn'sɪnəreɪt] *vt* incinérer
**incinerator** [ɪn'sɪnəreɪtəʳ] *n* incinérateur *m*
**incipient** [ɪn'sɪpɪənt] *adj* naissant(e)
**incision** [ɪn'sɪʒən] *n* incision *f*
**incisive** [ɪn'saɪsɪv] *adj* incisif(-ive), mordant(e)
**incisor** [ɪn'saɪzəʳ] *n* incisive *f*
**incite** [ɪn'saɪt] *vt* inciter, pousser
**incl.** *abbr* = **including; inclusive (of)**
**inclement** [ɪn'klɛmənt] *adj* inclément(e), rigoureux(-euse)
**inclination** [ɪnklɪ'neɪʃən] *n* inclination *f*; (*desire*) envie *f*
**incline** [*n* 'ɪnklaɪn, *vb* ɪn'klaɪn] *n* pente *f*, plan incliné ▷ *vt* incliner ▷ *vi* (*surface*) s'incliner; **to ~ to** avoir tendance à; **to be ~d to do** (*want to*) être enclin(e) à faire; (*have a tendency to do*) avoir tendance à faire; **to be well ~d towards sb** être bien disposé(e) à l'égard de qn
**include** [ɪn'kluːd] *vt* inclure, comprendre; **service is/is not ~d** le service est compris/n'est pas compris
**including** [ɪn'kluːdɪŋ] *prep* y compris; **~ service**

service compris
**inclusion** [ɪn'kluːʒən] *n* inclusion *f*
**inclusive** [ɪn'kluːsɪv] *adj* inclus(e), compris(e); **~ of tax** taxes comprises; **£50 ~ of all surcharges** 50 livres tous frais compris
**inclusive terms** *npl* (*Brit*) prix tout compris
**incognito** [ɪnkɔg'niːtəu] *adv* incognito
**incoherent** [ɪnkəu'hɪərənt] *adj* incohérent(e)
**income** ['ɪnkʌm] *n* revenu *m*; (*from property etc*) rentes *fpl*; **gross/net ~** revenu brut/net; **~ and expenditure account** compte *m* de recettes et de dépenses
**income support** *n* (*Brit*) ≈ revenu *m* minimum d'insertion, RMI *m*
**income tax** *n* impôt *m* sur le revenu
**income tax inspector** *n* inspecteur *m* des contributions directes
**income tax return** *n* déclaration *f* des revenus
**incoming** ['ɪnkʌmɪŋ] *adj* (*passengers, mail*) à l'arrivée; (*government, tenant*) nouveau (nouvelle); **~ tide** marée montante
**incommunicado** ['ɪnkəmjunɪ'kɑːdəu] *adj*: **to hold sb ~** tenir qn au secret
**incomparable** [ɪn'kɔmpərəbl] *adj* incomparable
**incompatible** [ɪnkəm'pætɪbl] *adj* incompatible
**incompetence** [ɪn'kɔmpɪtns] *n* incompétence *f*, incapacité *f*
**incompetent** [ɪn'kɔmpɪtnt] *adj* incompétent(e), incapable
**incomplete** [ɪnkəm'pliːt] *adj* incomplet(-ète)
**incomprehensible** [ɪnkɔmprɪ'hɛnsɪbl] *adj* incompréhensible
**inconceivable** [ɪnkən'siːvəbl] *adj* inconcevable
**inconclusive** [ɪnkən'kluːsɪv] *adj* peu concluant(e); (*argument*) peu convaincant(e)
**incongruous** [ɪn'kɔŋgruəs] *adj* peu approprié(e); (*remark, act*) incongru(e), déplacé(e)
**inconsequential** [ɪnkɔnsɪ'kwɛnʃl] *adj* sans importance
**inconsiderable** [ɪnkən'sɪdərəbl] *adj*: **not ~** non négligeable
**inconsiderate** [ɪnkən'sɪdərət] *adj* (*action*) inconsidéré(e); (*person*) qui manque d'égards
**inconsistency** [ɪnkən'sɪstənsɪ] *n* (*of actions etc*) inconséquence *f*; (*of work*) irrégularité *f*; (*of statement etc*) incohérence *f*
**inconsistent** [ɪnkən'sɪstnt] *adj* qui manque de constance; (*work*) irrégulier(-ière); (*statement*) peu cohérent(e); **~ with** en contradiction avec
**inconsolable** [ɪnkən'səuləbl] *adj* inconsolable
**inconspicuous** [ɪnkən'spɪkjuəs] *adj* qui passe inaperçu(e); (*colour, dress*) discret(-ète); **to make o.s. ~** ne pas se faire remarquer
**inconstant** [ɪn'kɔnstnt] *adj* inconstant(e), variable
**incontinence** [ɪn'kɔntɪnəns] *n* incontinence *f*
**incontinent** [ɪn'kɔntɪnənt] *adj* incontinent(e)
**incontrovertible** [ɪnkɔntrə'vəːtəbl] *adj* irréfutable
**inconvenience** [ɪnkən'viːnjəns] *n* inconvénient

m; (*trouble*) dérangement *m* ▷ *vt* déranger;
**don't ~ yourself** ne vous dérangez pas
**inconvenient** [ɪnkən'viːnjənt] *adj*
malcommode; (*time, place*) mal choisi(e), qui ne
convient pas; (*visitor*) importun(e); **that time is
very ~ for me** c'est un moment qui ne me
convient pas du tout
**incorporate** [ɪn'kɔːpəreɪt] *vt* incorporer;
(*contain*) contenir ▷ *vi* fusionner; (*two firms*) se
constituer en société
**incorporated** [ɪn'kɔːpəreɪtɪd] *adj*: **~ company**
(*US*) ≈ société *f* anonyme
**incorrect** [ɪnkə'rɛkt] *adj* incorrect(e); (*opinion,
statement*) inexact(e)
**incorrigible** [ɪn'kɔrɪdʒɪbl] *adj* incorrigible
**incorruptible** [ɪnkə'rʌptɪbl] *adj* incorruptible
**increase** *n* ['ɪnkriːs] augmentation *f* ▷ *vi, vt*
[ɪn'kriːs] augmenter; **an ~ of 5%** une
augmentation de 5%; **to be on the ~** être en
augmentation
**increasing** [ɪn'kriːsɪŋ] *adj* croissant(e)
**increasingly** [ɪn'kriːsɪŋlɪ] *adv* de plus en plus
**incredible** [ɪn'krɛdɪbl] *adj* incroyable
**incredibly** [ɪn'krɛdɪblɪ] *adv* incroyablement
**incredulous** [ɪn'krɛdjuləs] *adj* incrédule
**increment** ['ɪnkrɪmənt] *n* augmentation *f*
**incriminate** [ɪn'krɪmɪneɪt] *vt* incriminer,
compromettre
**incriminating** [ɪn'krɪmɪneɪtɪŋ] *adj*
compromettant(e)
**incubate** ['ɪnkjubeɪt] *vt* (*egg*) couver, incuber
▷ *vi* (*eggs*) couver; (*disease*) couver
**incubation** [ɪnkju'beɪʃən] *n* incubation *f*
**incubation period** *n* période *f* d'incubation
**incubator** ['ɪnkjubeɪtər] *n* incubateur *m*; (*for
babies*) couveuse *f*
**inculcate** ['ɪnkʌlkeɪt] *vt*: **to ~ sth in sb**
inculquer qch à qn
**incumbent** [ɪn'kʌmbənt] *adj*: **it is ~ on him
to ...** il lui appartient de ... ▷ *n* titulaire *m/f*
**incur** [ɪn'kəːr] *vt* (*expenses*) encourir; (*anger, risk*)
s'exposer à; (*debt*) contracter; (*loss*) subir
**incurable** [ɪn'kjuərəbl] *adj* incurable
**incursion** [ɪn'kəːʃən] *n* incursion *f*
**Ind.** *abbr* (*US*) = **Indiana**
**indebted** [ɪn'dɛtɪd] *adj*: **to be ~ to sb (for)** être
redevable à qn (de)
**indecency** [ɪn'diːsnsɪ] *n* indécence *f*
**indecent** [ɪn'diːsnt] *adj* indécent(e),
inconvenant(e)
**indecent assault** *n* (*Brit*) attentat *m* à la pudeur
**indecent exposure** *n* outrage *m* public à la
pudeur
**indecipherable** [ɪndɪ'saɪfərəbl] *adj*
indéchiffrable
**indecision** [ɪndɪ'sɪʒən] *n* indécision *f*
**indecisive** [ɪndɪ'saɪsɪv] *adj* indécis(e); (*discussion*)
peu concluant(e)
**indeed** [ɪn'diːd] *adv* (*confirming, agreeing*) en effet,
effectivement; (*for emphasis*) vraiment;
(*furthermore*) d'ailleurs; **yes ~!** certainement!
**indefatigable** [ɪndɪ'fætɪgəbl] *adj* infatigable

**indefensible** [ɪndɪ'fɛnsɪbl] *adj* (*conduct*)
indéfendable
**indefinable** [ɪndɪ'faɪnəbl] *adj* indéfinissable
**indefinite** [ɪn'dɛfɪnɪt] *adj* indéfini(e); (*answer*)
vague; (*period, number*) indéterminé(e)
**indefinitely** [ɪn'dɛfɪnɪtlɪ] *adv* (*wait*)
indéfiniment; (*speak*) vaguement, avec
imprécision
**indelible** [ɪn'dɛlɪbl] *adj* indélébile
**indelicate** [ɪn'dɛlɪkɪt] *adj* (*tactless*) indélicat(e),
grossier(-ière); (*not polite*) inconvenant(e),
malséant(e)
**indemnify** [ɪn'dɛmnɪfaɪ] *vt* indemniser,
dédommager
**indemnity** [ɪn'dɛmnɪtɪ] *n* (*insurance*) assurance *f*,
garantie *f*; (*compensation*) indemnité *f*
**indent** [ɪn'dɛnt] *vt* (*text*) commencer en retrait
**indentation** [ɪndɛn'teɪʃən] *n* découpure *f*; (*Typ*)
alinéa *m*; (*on metal*) bosse *f*
**indenture** [ɪn'dɛntʃər] *n* contrat *m* d'emploi-
formation
**independence** [ɪndɪ'pɛndns] *n* indépendance *f*
**Independence Day** *n* (*US*) fête de l'Indépendance
américaine; voir article

⬤ **INDEPENDENCE DAY**
⬤
⬤ L'*Independence Day* est la fête nationale aux
⬤ États-Unis, le 4 juillet. Il commémore
⬤ l'adoption de la déclaration
⬤ d'Indépendance, en 1776, écrite par Thomas
⬤ Jefferson et proclamant la séparation des 13
⬤ colonies américaines de la Grande-
Bretagne.

**independent** [ɪndɪ'pɛndnt] *adj* indépendant(e);
(*radio*) libre; **to become ~** s'affranchir
**independently** [ɪndɪ'pɛndntlɪ] *adv* de façon
indépendante; **~ of** indépendamment de
**independent school** *n* (*Brit*) école privée
**in-depth** ['ɪndɛpθ] *adj* approfondi(e)
**indescribable** [ɪndɪ'skraɪbəbl] *adj*
indescriptible
**indeterminate** [ɪndɪ'təːmɪnɪt] *adj*
indéterminé(e)
**index** ['ɪndɛks] *n* (*pl* **-es**) (*in book*) index *m*; (: *in
library etc*) catalogue *m* (*pl* **indices** ['ɪndɪsiːz])
(*ratio, sign*) indice *m*
**index card** *n* fiche *f*
**index finger** *n* index *m*
**index-linked** ['ɪndɛks'lɪŋkt], (*US*) **indexed**
['ɪndɛkst] *adj* indexé(e) (sur le coût de la vie *etc*)
**India** ['ɪndɪə] *n* Inde *f*
**Indian** ['ɪndɪən] *adj* indien(ne) ▷ *n* Indien(ne);
**(American) ~** Indien(ne) (d'Amérique)
**Indian ink** *n* encre *f* de Chine
**Indian Ocean** *n*: **the ~** l'océan Indien
**Indian summer** *n* (*fig*) été indien, beaux jours
en automne
**India paper** *n* papier *m* bible
**India rubber** *n* gomme *f*
**indicate** ['ɪndɪkeɪt] *vt* indiquer ▷ *vi* (*Brit Aut*): **to**

~ **left/right** mettre son clignotant à gauche/à droite
**indication** [ɪndɪ'keɪʃən] n indication f, signe m
**indicative** [ɪn'dɪkətɪv] adj indicatif(-ive); **to be ~ of sth** être symptomatique de qch ▷ n (Ling) indicatif m
**indicator** ['ɪndɪkeɪtəʳ] n (sign) indicateur m; (Aut) clignotant m
**indices** ['ɪndɪsiːz] npl of **index**
**indict** [ɪn'daɪt] vt accuser
**indictable** [ɪn'daɪtəbl] adj (person) passible de poursuites; ~ **offence** délit m tombant sous le coup de la loi
**indictment** [ɪn'daɪtmənt] n accusation f
**indifference** [ɪn'dɪfrəns] n indifférence f
**indifferent** [ɪn'dɪfrənt] adj indifférent(e); (poor) médiocre, quelconque
**indigenous** [ɪn'dɪdʒɪnəs] adj indigène
**indigestible** [ɪndɪ'dʒɛstɪbl] adj indigeste
**indigestion** [ɪndɪ'dʒɛstʃən] n indigestion f, mauvaise digestion
**indignant** [ɪn'dɪɡnənt] adj: ~ **(at sth/with sb)** indigné(e) (de qch/contre qn)
**indignation** [ɪndɪɡ'neɪʃən] n indignation f
**indignity** [ɪn'dɪɡnɪtɪ] n indignité f, affront m
**indigo** ['ɪndɪɡəu] adj indigo inv ▷ n indigo m
**indirect** [ɪndɪ'rɛkt] adj indirect(e)
**indirectly** [ɪndɪ'rɛktlɪ] adv indirectement
**indiscreet** [ɪndɪ'skriːt] adj indiscret(-ète); (rash) imprudent(e)
**indiscretion** [ɪndɪ'skrɛʃən] n indiscrétion f; (rashness) imprudence f
**indiscriminate** [ɪndɪ'skrɪmɪnət] adj (person) qui manque de discernement; (admiration) aveugle; (killings) commis(e) au hasard
**indispensable** [ɪndɪ'spɛnsəbl] adj indispensable
**indisposed** [ɪndɪ'spəuzd] adj (unwell) indisposé(e), souffrant(e)
**indisposition** [ɪndɪspə'zɪʃən] n (illness) indisposition f, malaise m
**indisputable** [ɪndɪ'spjuːtəbl] adj incontestable, indiscutable
**indistinct** [ɪndɪ'stɪŋkt] adj indistinct(e); (memory, noise) vague
**indistinguishable** [ɪndɪ'stɪŋgwɪʃəbl] adj impossible à distinguer
**individual** [ɪndɪ'vɪdjuəl] n individu m ▷ adj individuel(le); (characteristic) particulier(-ière), original(e)
**individualist** [ɪndɪ'vɪdjuəlɪst] n individualiste m/f
**individuality** [ɪndɪvɪdju'ælɪtɪ] n individualité f
**individually** [ɪndɪ'vɪdjuəlɪ] adv individuellement
**indivisible** [ɪndɪ'vɪzɪbl] adj indivisible; (Math) insécable
**Indo-China** ['ɪndəu'tʃaɪnə] n Indochine f
**indoctrinate** [ɪn'dɔktrɪneɪt] vt endoctriner
**indoctrination** [ɪndɔktrɪ'neɪʃən] n endoctrinement m
**indolent** ['ɪndələnt] adj indolent(e),

nonchalant(e)
**Indonesia** [ɪndə'niːzɪə] n Indonésie f
**Indonesian** [ɪndə'niːzɪən] adj indonésien(ne) ▷ n Indonésien(ne); (Ling) indonésien m
**indoor** ['ɪndɔːʳ] adj d'intérieur; (plant) d'appartement; (swimming pool) couvert(e); (sport, games) pratiqué(e) en salle
**indoors** [ɪn'dɔːz] adv à l'intérieur; (at home) à la maison
**indubitable** [ɪn'djuːbɪtəbl] adj indubitable, incontestable
**induce** [ɪn'djuːs] vt (persuade) persuader; (bring about) provoquer; (labour) déclencher; **to ~ sb to do sth** inciter or pousser qn à faire qch
**inducement** [ɪn'djuːsmənt] n incitation f; (incentive) but m; (pej: bribe) pot-de-vin m
**induct** [ɪn'dʌkt] vt établir dans ses fonctions; (fig) initier
**induction** [ɪn'dʌkʃən] n (Med: of birth) accouchement provoqué
**induction course** n (Brit) stage m de mise au courant
**indulge** [ɪn'dʌldʒ] vt (whim) céder à, satisfaire; (child) gâter ▷ vi: **to ~ in sth** (luxury) s'offrir qch, se permettre qch; (fantasies etc) se livrer à qch
**indulgence** [ɪn'dʌldʒəns] n fantaisie f (que l'on s'offre); (leniency) indulgence f
**indulgent** [ɪn'dʌldʒənt] adj indulgent(e)
**industrial** [ɪn'dʌstrɪəl] adj industriel(le); (injury) du travail; (dispute) ouvrier(-ière)
**industrial action** n action revendicative
**industrial estate** n (Brit) zone industrielle
**industrialist** [ɪn'dʌstrɪəlɪst] n industriel m
**industrialize** [ɪn'dʌstrɪəlaɪz] vt industrialiser
**industrial park** n (US) zone industrielle
**industrial relations** npl relations fpl dans l'entreprise
**industrial tribunal** n (Brit) ≈ conseil m de prud'hommes
**industrious** [ɪn'dʌstrɪəs] adj travailleur(-euse)
**industry** ['ɪndəstrɪ] n industrie f; (diligence) zèle m, application f
**inebriated** [ɪ'niːbrɪeɪtɪd] adj ivre
**inedible** [ɪn'edɪbl] adj immangeable; (plant etc) non comestible
**ineffective** [ɪnɪ'fɛktɪv], **ineffectual** [ɪnɪ'fɛktʃuəl] adj inefficace; incompétent(e)
**inefficiency** [ɪnɪ'fɪʃənsɪ] n inefficacité f
**inefficient** [ɪnɪ'fɪʃənt] adj inefficace
**inelegant** [ɪn'ɛlɪɡənt] adj peu élégant(e), inélégant(e)
**ineligible** [ɪn'ɛlɪdʒɪbl] adj (candidate) inéligible; **to be ~ for sth** ne pas avoir droit à qch
**inept** [ɪ'nɛpt] adj inepte
**ineptitude** [ɪ'nɛptɪtjuːd] n ineptie f
**inequality** [ɪnɪ'kwɔlɪtɪ] n inégalité f
**inequitable** [ɪn'ɛkwɪtəbl] adj inéquitable, inique
**ineradicable** [ɪnɪ'rædɪkəbl] adj indéracinable, tenace
**inert** [ɪ'nəːt] adj inerte
**inertia** [ɪ'nəːʃə] n inertie f

**inertia-reel seat belt** [ɪ'nɜ:ʃə'ri:l-] *n* ceinture *f* de sécurité à enrouleur

**inescapable** [ɪnɪ'skeɪpəbl] *adj* inéluctable, inévitable

**inessential** [ɪnɪ'sɛnʃl] *adj* superflu(e)

**inestimable** [ɪn'ɛstɪməbl] *adj* inestimable, incalculable

**inevitable** [ɪn'ɛvɪtəbl] *adj* inévitable

**inevitably** [ɪn'ɛvɪtəblɪ] *adv* inévitablement, fatalement

**inexact** [ɪnɪg'zækt] *adj* inexact(e)

**inexcusable** [ɪnɪks'kju:zəbl] *adj* inexcusable

**inexhaustible** [ɪnɪg'zɔ:stɪbl] *adj* inépuisable

**inexorable** [ɪn'ɛksərəbl] *adj* inexorable

**inexpensive** [ɪnɪk'spɛnsɪv] *adj* bon marché *inv*

**inexperience** [ɪnɪk'spɪərɪəns] *n* inexpérience *f*, manque *m* d'expérience

**inexperienced** [ɪnɪk'spɪərɪənst] *adj* inexpérimenté(e); **to be ~ in sth** manquer d'expérience dans qch

**inexplicable** [ɪnɪk'splɪkəbl] *adj* inexplicable

**inexpressible** [ɪnɪk'sprɛsɪbl] *adj* inexprimable; indicible

**inextricable** [ɪnɪk'strɪkəbl] *adj* inextricable

**infallibility** [ɪnfælə'bɪlɪtɪ] *n* infaillibilité *f*

**infallible** [ɪn'fælɪbl] *adj* infaillible

**infamous** ['ɪnfəməs] *adj* infâme, abominable

**infamy** ['ɪnfəmɪ] *n* infamie *f*

**infancy** ['ɪnfənsɪ] *n* petite enfance, bas âge; (*fig*) enfance, débuts *mpl*

**infant** ['ɪnfənt] *n* (*baby*) nourrisson *m*; (*young child*) petit(e) enfant

**infantile** ['ɪnfəntaɪl] *adj* infantile

**infant mortality** *n* mortalité *f* infantile

**infantry** ['ɪnfəntrɪ] *n* infanterie *f*

**infantryman** ['ɪnfəntrɪmən] (*irreg*) *n* fantassin *m*

**infant school** *n* (*Brit*) classes *fpl* préparatoires (*entre 5 et 7 ans*)

**infatuated** [ɪn'fætjʊeɪtɪd] *adj*: **~ with** entiché(e) de; **to become ~ (with sb)** s'enticher (de qn)

**infatuation** [ɪnfætjʊ'eɪʃən] *n* toquade *f*; engouement *m*

**infect** [ɪn'fɛkt] *vt* (*wound*) infecter; (*person, blood*) contaminer; (*fig pej*) corrompre; **~ed with** (*illness*) atteint(e) de; **to become ~ed** (*wound*) s'infecter

**infection** [ɪn'fɛkʃən] *n* infection *f*; (*contagion*) contagion *f*

**infectious** [ɪn'fɛkʃəs] *adj* infectieux(-euse); (*also fig*) contagieux(-euse)

**infer** [ɪn'fɜ:ʳ] *vt*: **to ~ (from)** conclure (de), déduire (de)

**inference** ['ɪnfərəns] *n* conclusion *f*, déduction *f*

**inferior** [ɪn'fɪərɪəʳ] *adj* inférieur(e); (*goods*) de qualité inférieure ▷ *n* inférieur(e); (*in rank*) subalterne *m/f*; **to feel ~** avoir un sentiment d'infériorité

**inferiority** [ɪnfɪərɪ'ɔrɪtɪ] *n* infériorité *f*

**inferiority complex** *n* complexe *m* d'infériorité

**infernal** [ɪn'fɜ:nl] *adj* infernal(e)

**inferno** [ɪn'fɜ:nəʊ] *n* enfer *m*; brasier *m*

**infertile** [ɪn'fɜ:taɪl] *adj* stérile

**infertility** [ɪnfə:'tɪlɪtɪ] *n* infertilité *f*, stérilité *f*

**infested** [ɪn'fɛstɪd] *adj*: **~ (with)** infesté(e) (de)

**infidelity** [ɪnfɪ'dɛlɪtɪ] *n* infidélité *f*

**in-fighting** ['ɪnfaɪtɪŋ] *n* querelles *fpl* internes

**infiltrate** ['ɪnfɪltreɪt] *vt* (*troops etc*) faire s'infiltrer; (*enemy line etc*) s'infiltrer dans ▷ *vi* s'infiltrer

**infinite** ['ɪnfɪnɪt] *adj* infini(e); (*time, money*) illimité(e)

**infinitely** ['ɪnfɪnɪtlɪ] *adv* infiniment

**infinitesimal** [ɪnfɪnɪ'tɛsɪməl] *adj* infinitésimal(e)

**infinitive** [ɪn'fɪnɪtɪv] *n* infinitif *m*

**infinity** [ɪn'fɪnɪtɪ] *n* infinité *f*; (*also Math*) infini *m*

**infirm** [ɪn'fɜ:m] *adj* infirme

**infirmary** [ɪn'fɜ:mərɪ] *n* hôpital *m*; (*in school, factory*) infirmerie *f*

**infirmity** [ɪn'fɜ:mɪtɪ] *n* infirmité *f*

**inflamed** [ɪn'fleɪmd] *adj* enflammé(e)

**inflammable** [ɪn'flæməbl] *adj* (*Brit*) inflammable

**inflammation** [ɪnflə'meɪʃən] *n* inflammation *f*

**inflammatory** [ɪn'flæmətərɪ] *adj* (*speech*) incendiaire

**inflatable** [ɪn'fleɪtəbl] *adj* gonflable

**inflate** [ɪn'fleɪt] *vt* (*tyre, balloon*) gonfler; (*fig: exaggerate*) grossir, gonfler; (: *increase*) gonfler

**inflated** [ɪn'fleɪtɪd] *adj* (*style*) enflé(e); (*value*) exagéré(e)

**inflation** [ɪn'fleɪʃən] *n* (*Econ*) inflation *f*

**inflationary** [ɪn'fleɪʃənərɪ] *adj* inflationniste

**inflexible** [ɪn'flɛksɪbl] *adj* inflexible, rigide

**inflict** [ɪn'flɪkt] *vt*: **to ~ on** infliger à

**infliction** [ɪn'flɪkʃən] *n*: **without the ~ of pain** sans infliger de douleurs

**in-flight** ['ɪnflaɪt] *adj* (*refuelling*) en vol; (*service etc*) à bord

**inflow** ['ɪnfləʊ] *n* afflux *m*

**influence** ['ɪnfluəns] *n* influence *f* ▷ *vt* influencer; **under the ~ of** sous l'effet de; **under the ~ of alcohol** en état d'ébriété

**influential** [ɪnflu'ɛnʃl] *adj* influent(e)

**influenza** [ɪnflu'ɛnzə] *n* grippe *f*

**influx** ['ɪnflʌks] *n* afflux *m*

**info** (*inf*) ['ɪnfəʊ] *n* (= *information*) renseignements *mpl*

**infomercial** ['ɪnfəʊmɜ:ʃl] (*US*) *n* (*for product*) publi-information *f*; (*Pol*) *émission où un candidat présente son programme électoral*

**inform** [ɪn'fɔ:m] *vt*: **to ~ sb (of)** informer *or* avertir qn (de) ▷ *vi*: **to ~ on sb** dénoncer qn, informer contre qn; **to ~ sb about** renseigner qn sur, mettre qn au courant de

**informal** [ɪn'fɔ:ml] *adj* (*person, manner, party*) simple, sans cérémonie; (*visit, discussion*) dénué(e) de formalités; (*announcement, invitation*) non officiel(le); (*colloquial*) familier(-ère); **"dress ~"** "tenue de ville"

**informality** [ɪnfɔ:'mælɪtɪ] *n* simplicité *f*, absence *f* de cérémonie; caractère non officiel

**informally** [ɪn'fɔ:məlɪ] *adv* sans cérémonie, en toute simplicité; non officiellement

**informant** [ɪn'fɔ:mənt] *n* informateur(-trice)

**information** [ɪnfə'meɪʃən] *n* information(s) *f(pl)*; renseignements *mpl*; *(knowledge)* connaissances *fpl*; **to get ~ on** se renseigner sur; **a piece of ~** un renseignement; **for your ~** à titre d'information

**information bureau** *n* bureau *m* de renseignements

**information desk** *n* accueil *m*

**information office** *n* bureau *m* de renseignements

**information processing** *n* traitement *m* de l'information

**information technology** *n* informatique *f*

**informative** [ɪn'fɔ:mətɪv] *adj* instructif(-ive)

**informed** [ɪn'fɔ:md] *adj* (bien) informé(e); **an ~ guess** une hypothèse fondée sur la connaissance des faits

**informer** [ɪn'fɔ:məʳ] *n* dénonciateur(-trice); *(also:* **police informer***)* indicateur(-trice)

**infra dig** ['ɪnfrə'dɪg] *adj abbr (inf:* = *infra dignitatem)* au-dessous de ma *(or* sa *etc)* dignité

**infra-red** [ɪnfrə'rɛd] *adj* infrarouge

**infrastructure** ['ɪnfrəstrʌktʃəʳ] *n* infrastructure *f*

**infrequent** [ɪn'fri:kwənt] *adj* peu fréquent(e), rare

**infringe** [ɪn'frɪndʒ] *vt* enfreindre ▷ *vi*: **to ~ on** empiéter sur

**infringement** [ɪn'frɪndʒmənt] *n*: **~ (of)** infraction *f* (à)

**infuriate** [ɪn'fjuərɪeɪt] *vt* mettre en fureur

**infuriating** [ɪn'fjuərɪeɪtɪŋ] *adj* exaspérant(e)

**infuse** [ɪn'fju:z] *vt*: **to ~ sb with sth** *(fig)* insuffler qch à qn

**infusion** [ɪn'fju:ʒən] *n (tea etc)* infusion *f*

**ingenious** [ɪn'dʒi:njəs] *adj* ingénieux(-euse)

**ingenuity** [ɪndʒɪ'nju:ɪtɪ] *n* ingéniosité *f*

**ingenuous** [ɪn'dʒɛnjuəs] *adj* franc (franche), ouvert(e)

**ingot** ['ɪŋgət] *n* lingot *m*

**ingrained** [ɪn'greɪnd] *adj* enraciné(e)

**ingratiate** [ɪn'greɪʃɪeɪt] *vt*: **to ~ o.s. with** s'insinuer dans les bonnes grâces de, se faire bien voir de

**ingratiating** [ɪn'greɪʃɪeɪtɪŋ] *adj (smile, speech)* insinuant(e); *(person)* patelin(e)

**ingratitude** [ɪn'grætɪtju:d] *n* ingratitude *f*

**ingredient** [ɪn'gri:dɪənt] *n* ingrédient *m*; *(fig)* élément *m*

**ingrowing** ['ɪngrəʊɪŋ], **ingrown** ['ɪngrəʊn] *adj*: **~ toenail** ongle incarné

**inhabit** [ɪn'hæbɪt] *vt* habiter

**inhabitable** [ɪn'hæbɪtəbl] *adj* habitable

**inhabitant** [ɪn'hæbɪtnt] *n* habitant(e)

**inhale** [ɪn'heɪl] *vt* inhaler; *(perfume)* respirer; *(smoke)* avaler ▷ *vi (breathe in)* aspirer; *(in smoking)* avaler la fumée

**inhaler** [ɪn'heɪləʳ] *n* inhalateur *m*

**inherent** [ɪn'hɪərənt] *adj*: **~ (in *or* to)**

inhérent(e) (à)

**inherently** [ɪn'hɪərəntlɪ] *adv (easy, difficult)* en soi; *(lazy)* fondamentalement

**inherit** [ɪn'hɛrɪt] *vt* hériter (de)

**inheritance** [ɪn'hɛrɪtəns] *n* héritage *m*; *(fig)*: **the situation that was his ~ as president** la situation dont il a hérité en tant que président; **law of ~** droit *m* de la succession

**inhibit** [ɪn'hɪbɪt] *vt (Psych)* inhiber; *(growth)* freiner; **to ~ sb from doing** empêcher *or* retenir qn de faire

**inhibited** [ɪn'hɪbɪtɪd] *adj (person)* inhibé(e)

**inhibiting** [ɪn'hɪbɪtɪŋ] *adj* gênant(e)

**inhibition** [ɪnhɪ'bɪʃən] *n* inhibition *f*

**inhospitable** [ɪnhɔs'pɪtəbl] *adj* inhospitalier(-ière)

**in-house** ['ɪn'haʊs] *adj (system)* interne; *(training)* effectué(e) sur place *or* dans le cadre de la compagnie ▷ *adv (train, produce)* sur place

**inhuman** [ɪn'hju:mən] *adj* inhumain(e)

**inhumane** [ɪnhju:'meɪn] *adj* inhumain(e)

**inimitable** [ɪ'nɪmɪtəbl] *adj* inimitable

**iniquity** [ɪ'nɪkwɪtɪ] *n* iniquité *f*

**initial** [ɪ'nɪʃl] *adj* initial(e) ▷ *n* initiale *f* ▷ *vt* parafer; **initials** *npl* initiales *fpl*; *(as signature)* parafe *m*

**initialize** [ɪ'nɪʃəlaɪz] *vt (Comput)* initialiser

**initially** [ɪ'nɪʃəlɪ] *adv* initialement, au début

**initiate** [ɪ'nɪʃɪeɪt] *vt (start)* entreprendre; amorcer; *(enterprise)* lancer; *(person)* initier; **to ~ sb into a secret** initier qn à un secret; **to ~ proceedings against sb** *(Law)* intenter une action à qn, engager des poursuites contre qn

**initiation** [ɪnɪʃɪ'eɪʃən] *n (into secret etc)* initiation *f*

**initiative** [ɪ'nɪʃətɪv] *n* initiative *f*; **to take the ~** prendre l'initiative

**inject** [ɪn'dʒɛkt] *vt (liquid, fig: money)* injecter; *(person)*: **to ~ sb with sth** faire une piqûre de qch à qn

**injection** [ɪn'dʒɛkʃən] *n* injection *f*, piqûre *f*; **to have an ~** se faire faire une piqûre

**injudicious** [ɪndʒu'dɪʃəs] *adj* peu judicieux(-euse)

**injunction** [ɪn'dʒʌŋkʃən] *n (Law)* injonction *f*, ordre *m*

**injure** ['ɪndʒəʳ] *vt* blesser; *(wrong)* faire du tort à; *(damage: reputation etc)* compromettre; *(feelings)* heurter; **to ~ o.s.** se blesser

**injured** ['ɪndʒəd] *adj (person, leg etc)* blessé(e); *(tone, feelings)* offensé(e); **~ party** *(Law)* partie lésée

**injurious** [ɪn'dʒuərɪəs] *adj*: **~ (to)** préjudiciable (à)

**injury** ['ɪndʒərɪ] *n* blessure *f*; *(wrong)* tort *m*; **to escape without ~** s'en sortir sain et sauf

**injury time** *n (Sport)* arrêts *mpl* de jeu

**injustice** [ɪn'dʒʌstɪs] *n* injustice *f*; **you do me an ~** vous êtes injuste envers moi

**ink** [ɪŋk] *n* encre *f*

**ink-jet printer** ['ɪŋkdʒɛt-] *n* imprimante *f* à jet d'encre

**inkling** ['ɪŋklɪŋ] *n* soupçon *m*, vague idée *f*

**inkpad** ['ɪŋkpæd] n tampon m encreur
**inky** ['ɪŋkɪ] adj taché(e) d'encre
**inlaid** ['ɪnleɪd] adj incrusté(e); (table etc)
marqueté(e)
**inland** adj ['ɪnlənd] intérieur(e) ▷ adv [ɪn'lænd] à
l'intérieur, dans les terres; ~ **waterways**
canaux mpl et rivières fpl
**Inland Revenue** n (Brit) fisc m
**in-laws** ['ɪnlɔːz] npl beaux-parents mpl; belle
famille
**inlet** ['ɪnlet] n (Geo) crique f
**inlet pipe** n (Tech) tuyau m d'arrivée
**inmate** ['ɪnmeɪt] n (in prison) détenu(e); (in
asylum) interné(e)
**inmost** ['ɪnməust] adj le (la) plus profond(e)
**inn** [ɪn] n auberge f
**innards** ['ɪnədz] npl (inf) entrailles fpl
**innate** [ɪ'neɪt] adj inné(e)
**inner** ['ɪnəʳ] adj intérieur(e)
**inner city** n centre m urbain (souffrant souvent de
délabrement, d'embouteillages etc)
**inner-city** ['ɪnəʳsɪtɪ] adj (schools, problems) de
quartiers déshérités
**innermost** ['ɪnəməust] adj le (la) plus
profond(e)
**inner tube** n (of tyre) chambre f à air
**inning** ['ɪnɪŋ] n (US: Baseball) tour m de batte;
**innings** npl (Cricket) tour de batte; (Brit fig): **he
has had a good ~s** il (en) a bien profité
**innocence** ['ɪnəsns] n innocence f
**innocent** ['ɪnəsnt] adj innocent(e)
**innocuous** [ɪ'nɔkjuəs] adj inoffensif(-ive)
**innovation** [ɪnəu'veɪʃən] n innovation f
**innovative** ['ɪnəu'veɪtɪv] adj novateur(-trice);
(product) innovant(e)
**innuendo** (pl **-es** [ɪnju'ɛndəu]) n insinuation f,
allusion (malveillante)
**innumerable** [ɪ'njuːmrəbl] adj innombrable
**inoculate** [ɪ'nɔkjuleɪt] vt: **to ~ sb with sth**
inoculer qch à qn; **to ~ sb against sth** vacciner
qn contre qch
**inoculation** [ɪnɔkju'leɪʃən] n inoculation f
**inoffensive** [ɪnə'fɛnsɪv] adj inoffensif(-ive)
**inopportune** [ɪn'ɔpətjuːn] adj inopportun(e)
**inordinate** [ɪ'nɔːdɪnət] adj démesuré(e)
**inordinately** [ɪ'nɔːdɪnətlɪ] adv démesurément
**inorganic** [ɪnɔː'gænɪk] adj inorganique
**in-patient** ['ɪnpeɪʃənt] n malade hospitalisé(e)
**input** ['ɪnput] n (contribution) contribution f;
(resources) ressources fpl; (Elec) énergie f,
puissance f; (of machine) consommation f;
(Comput) entrée f (de données); (: data) données
fpl ▷ vt (Comput) introduire, entrer
**inquest** ['ɪnkwɛst] n enquête (criminelle);
(coroner's) enquête judiciaire
**inquire** [ɪn'kwaɪəʳ] vi demander ▷ vt demander,
s'informer de; **to ~ about** s'informer de, se
renseigner sur; **to ~ when/where/whether**
demander quand/où/si
  ▶ **inquire after** vt fus demander des nouvelles
  de
  ▶ **inquire into** vt fus faire une enquête sur

**inquiring** [ɪn'kwaɪərɪŋ] adj (mind)
curieux(-euse), investigateur(-trice)
**inquiry** [ɪn'kwaɪərɪ] n demande f de
renseignements; (Law) enquête f, investigation
f; **"inquiries"** "renseignements"; **to hold an ~
into sth** enquêter sur qch
**inquiry desk** n (Brit) guichet m de
renseignements
**inquiry office** n (Brit) bureau m de
renseignements
**inquisition** [ɪnkwɪ'zɪʃən] n enquête f,
investigation f; (Rel): **the I~** l'Inquisition f
**inquisitive** [ɪn'kwɪzɪtɪv] adj curieux(-euse)
**inroads** ['ɪnrəudz] npl: **to make ~ into** (savings,
supplies) entamer
**ins.** abbr = **inches**
**insane** [ɪn'seɪn] adj fou (folle); (Med) aliéné(e)
**insanitary** [ɪn'sænɪtərɪ] adj insalubre
**insanity** [ɪn'sænɪtɪ] n folie f; (Med) aliénation
(mentale)
**insatiable** [ɪn'seɪʃəbl] adj insatiable
**inscribe** [ɪn'skraɪb] vt inscrire; (book etc): **to ~
(to sb)** dédicacer (à qn)
**inscription** [ɪn'skrɪpʃən] n inscription f; (in book)
dédicace f
**inscrutable** [ɪn'skruːtəbl] adj impénétrable
**inseam** ['ɪnsiːm] n (US): ~ **measurement**
hauteur f d'entre-jambe
**insect** ['ɪnsɛkt] n insecte m
**insect bite** n piqûre f d'insecte
**insecticide** [ɪn'sɛktɪsaɪd] n insecticide m
**insect repellent** n crème f anti-insectes
**insecure** [ɪnsɪ'kjuəʳ] adj (person) anxieux(-euse);
(job) précaire; (building etc) peu sûr(e)
**insecurity** [ɪnsɪ'kjuərɪtɪ] n insécurité f
**insensible** [ɪn'sɛnsɪbl] adj insensible;
(unconscious) sans connaissance
**insensitive** [ɪn'sɛnsɪtɪv] adj insensible
**insensitivity** [ɪnsɛnsɪ'tɪvɪtɪ] n insensibilité f
**inseparable** [ɪn'sɛprəbl] adj inséparable
**insert** vt [ɪn'səːt] insérer ▷ n ['ɪnsəːt] insertion f
**insertion** [ɪn'səːʃən] n insertion f
**in-service** ['ɪn'səːvɪs] adj (training) continu(e);
(course) d'initiation; de perfectionnement; de
recyclage
**inshore** [ɪn'fɔːʳ] adj côtier(-ière) ▷ adv près de la
côte; vers la côte
**inside** [ɪn'saɪd] n intérieur m; (of road: Brit) côté
m gauche (de la route); (: US, Europe etc) côté droit
(de la route) ▷ adj intérieur(e) ▷ adv à l'intérieur,
dedans ▷ prep à l'intérieur de; (of time): ~ **10
minutes** en moins de 10 minutes; **insides** npl
(inf) intestins mpl; ~ **information**
renseignements mpl à la source; ~ **story**
histoire racontée par un témoin; **to go ~**
rentrer
**inside forward** n (Sport) intérieur m
**inside lane** n (Aut: in Britain) voie f de gauche; (: in
US, Europe) voie f de droite
**inside leg measurement** n (Brit) hauteur f
d'entre-jambe
**inside out** adv à l'envers; (know) à fond; **to turn**

**sth** ~ retourner qch
**insider** [ɪnˈsaɪdəʳ] n initié(e)
**insider dealing, insider trading** n (Stock Exchange) délit m d'initiés
**insidious** [ɪnˈsɪdɪəs] adj insidieux(-euse)
**insight** [ˈɪnsaɪt] n perspicacité f; (glimpse, idea) aperçu m; **to gain (an)** ~ **into** parvenir à comprendre
**insignia** [ɪnˈsɪgnɪə] npl insignes mpl
**insignificant** [ɪnsɪgˈnɪfɪknt] adj insignifiant(e)
**insincere** [ɪnsɪnˈsɪəʳ] adj hypocrite
**insincerity** [ɪnsɪnˈsɛrɪtɪ] n manque m de sincérité, hypocrisie f
**insinuate** [ɪnˈsɪnjueɪt] vt insinuer
**insinuation** [ɪnsɪnjuˈeɪʃən] n insinuation f
**insipid** [ɪnˈsɪpɪd] adj insipide, fade
**insist** [ɪnˈsɪst] vi insister; **to** ~ **on doing** insister pour faire; **to** ~ **on sth** exiger qch; **to** ~ **that** insister pour que + sub; (claim) maintenir or soutenir que
**insistence** [ɪnˈsɪstəns] n insistance f
**insistent** [ɪnˈsɪstənt] adj insistant(e), pressant(e); (noise, action) ininterrompu(e)
**insofar** [ɪnsəʊˈfɑːʳ]: ~ **as** conj dans la mesure où
**insole** [ˈɪnsəʊl] n semelle intérieure; (fixed part of shoe) première f
**insolence** [ˈɪnsələns] n insolence f
**insolent** [ˈɪnsələnt] adj insolent(e)
**insoluble** [ɪnˈsɔljubl] adj insoluble
**insolvency** [ɪnˈsɔlvənsɪ] n insolvabilité f; faillite f
**insolvent** [ɪnˈsɔlvənt] adj insolvable; (bankrupt) en faillite
**insomnia** [ɪnˈsɔmnɪə] n insomnie f
**insomniac** [ɪnˈsɔmnɪæk] n insomniaque m/f
**inspect** [ɪnˈspɛkt] vt inspecter; (Brit: ticket) contrôler
**inspection** [ɪnˈspɛkʃən] n inspection f; (Brit: of tickets) contrôle m
**inspector** [ɪnˈspɛktəʳ] n inspecteur(-trice); (Brit: on buses, trains) contrôleur(-euse)
**inspiration** [ɪnspəˈreɪʃən] n inspiration f
**inspire** [ɪnˈspaɪəʳ] vt inspirer
**inspired** [ɪnˈspaɪəd] adj (writer, book etc) inspiré(e); **in an** ~ **moment** dans un moment d'inspiration
**inspiring** [ɪnˈspaɪərɪŋ] adj inspirant(e)
**inst.** abbr (Brit Comm) = **instant**; **of the 16th** ~ du 16 courant
**instability** [ɪnstəˈbɪlɪtɪ] n instabilité f
**install**, (US) **instal** [ɪnˈstɔːl] vt installer
**installation** [ɪnstəˈleɪʃən] n installation f
**installment plan** n (US) achat m (or vente f) à tempérament or crédit
**instalment**, (US) **installment** [ɪnˈstɔːlmənt] n (payment) acompte m, versement partiel; (of TV serial etc) épisode m; **in** ~s (pay) à tempérament; (receive) en plusieurs fois
**instance** [ˈɪnstəns] n exemple m; **for** ~ par exemple; **in many** ~s dans bien des cas; **in that** ~ dans ce cas; **in the first** ~ tout d'abord, en premier lieu

**instant** [ˈɪnstənt] n instant m ▷ adj immédiat(e), urgent(e); (coffee, food) instantané(e), en poudre; **the 10th** ~ le 10 courant
**instantaneous** [ɪnstənˈteɪnɪəs] adj instantané(e)
**instantly** [ˈɪnstəntlɪ] adv immédiatement, tout de suite
**instant messaging** n messagerie f instantanée
**instant replay** n (US TV) retour m sur une séquence
**instead** [ɪnˈstɛd] adv au lieu de cela; ~ **of** au lieu de; ~ **of sb** à la place de qn
**instep** [ˈɪnstɛp] n cou-de-pied m; (of shoe) cambrure f
**instigate** [ˈɪnstɪgeɪt] vt (rebellion, strike, crime) inciter à; (new ideas etc) susciter
**instigation** [ɪnstɪˈgeɪʃən] n instigation f; **at sb's** ~ à l'instigation de qn
**instil** [ɪnˈstɪl] vt: **to** ~ **(into)** inculquer (à); (courage) insuffler (à)
**instinct** [ˈɪnstɪŋkt] n instinct m
**instinctive** [ɪnˈstɪŋktɪv] adj instinctif(-ive)
**instinctively** [ɪnˈstɪŋktɪvlɪ] adv instinctivement
**institute** [ˈɪnstɪtjuːt] n institut m ▷ vt instituer, établir; (inquiry) ouvrir; (proceedings) entamer
**institution** [ɪnstɪˈtjuːʃən] n institution f; (school) établissement m (scolaire); (for care) établissement (psychiatrique etc)
**institutional** [ɪnstɪˈtjuːʃənl] adj institutionnel(le); ~ **care** soins fournis par un établissement médico-social
**instruct** [ɪnˈstrʌkt] vt instruire, former; **to** ~ **sb in sth** enseigner qch à qn; **to** ~ **sb to do** charger qn or ordonner à qn de faire
**instruction** [ɪnˈstrʌkʃən] n instruction f; **instructions** npl (orders) directives fpl; ~**s for use** mode m d'emploi
**instruction book** n manuel m d'instructions
**instructive** [ɪnˈstrʌktɪv] adj instructif(-ive)
**instructor** [ɪnˈstrʌktəʳ] n professeur m; (for skiing, driving) moniteur m
**instrument** [ˈɪnstrumənt] n instrument m
**instrumental** [ɪnstruˈmɛntl] adj (Mus) instrumental(e); **to be** ~ **in sth/in doing sth** contribuer à qch/à faire qch
**instrumentalist** [ɪnstruˈmɛntəlɪst] n instrumentiste m/f
**instrument panel** n tableau m de bord
**insubordinate** [ɪnsəˈbɔːdənɪt] adj insubordonné(e)
**insubordination** [ɪnsəbɔːdəˈneɪʃən] n insubordination f
**insufferable** [ɪnˈsʌfrəbl] adj insupportable
**insufficient** [ɪnsəˈfɪʃənt] adj insuffisant(e)
**insufficiently** [ɪnsəˈfɪʃəntlɪ] adv insuffisamment
**insular** [ˈɪnsjuləʳ] adj insulaire; (outlook) étroit(e); (person) aux vues étroites
**insulate** [ˈɪnsjuleɪt] vt isoler; (against sound) insonoriser

**insulating tape** ['ɪnsjuleɪtɪŋ-] n ruban isolant
**insulation** [ɪnsju'leɪʃən] n isolation f; (against sound) insonorisation f
**insulin** ['ɪnsjulɪn] n insuline f
**insult** n ['ɪnsʌlt] insulte f, affront m ▷ vt [ɪn'sʌlt] insulter, faire un affront à
**insulting** [ɪn'sʌltɪŋ] adj insultant(e), injurieux(-euse)
**insuperable** [ɪn'sjuːprəbl] adj insurmontable
**insurance** [ɪn'ʃuərəns] n assurance f; **fire/life ~** assurance-incendie/-vie; **to take out ~ (against)** s'assurer (contre)
**insurance agent** n agent m d'assurances
**insurance broker** n courtier m en assurances
**insurance company** n compagnie f or société f d'assurances
**insurance policy** n police f d'assurance
**insurance premium** n prime f d'assurance
**insure** [ɪn'ʃuər] vt assurer; **to ~ (o.s.) against** (fig) parer à; **to ~ sb/sb's life** assurer qn/la vie de qn; **to be ~d for £5000** être assuré(e) pour 5000 livres
**insured** [ɪn'ʃuəd] n: **the ~** l'assuré(e)
**insurer** [ɪn'ʃuərər] n assureur m
**insurgent** [ɪn'sɜːdʒənt] adj, n insurgé(e)
**insurmountable** [ɪnsə'mauntəbl] adj insurmontable
**insurrection** [ɪnsə'rɛkʃən] n insurrection f
**intact** [ɪn'tækt] adj intact(e)
**intake** ['ɪnteɪk] n (Tech) admission f; (consumption) consommation f; (Brit Scol): **an ~ of 200 a year** 200 admissions par an
**intangible** [ɪn'tændʒɪbl] adj intangible; (assets) immatériel(le)
**integral** ['ɪntɪɡrəl] adj (whole) intégral(e); (part) intégrant(e)
**integrate** ['ɪntɪɡreɪt] vt intégrer ▷ vi s'intégrer
**integrated circuit** ['ɪntɪɡreɪtɪd-] n (Comput) circuit intégré
**integration** [ɪntɪ'ɡreɪʃən] n intégration f; **racial ~** intégration raciale
**integrity** [ɪn'tɛɡrɪtɪ] n intégrité f
**intellect** ['ɪntəlɛkt] n intelligence f
**intellectual** [ɪntə'lɛktjuəl] adj, n intellectuel(le)
**intelligence** [ɪn'tɛlɪdʒəns] n intelligence f; (Mil) informations fpl, renseignements mpl
**intelligence quotient** n quotient intellectuel
**Intelligence Service** n services mpl de renseignements
**intelligence test** n test m d'intelligence
**intelligent** [ɪn'tɛlɪdʒənt] adj intelligent(e)
**intelligently** [ɪn'tɛlɪdʒəntlɪ] adv intelligemment
**intelligible** [ɪn'tɛlɪdʒɪbl] adj intelligible
**intemperate** [ɪn'tɛmpərət] adj immodéré(e); (drinking too much) adonné(e) à la boisson
**intend** [ɪn'tɛnd] vt (gift etc) to **~ sth for** destiner qch à; **to ~ to do** avoir l'intention de faire
**intended** [ɪn'tɛndɪd] adj (insult) intentionnel(le); (journey) projeté(e); (effect) voulu(e)
**intense** [ɪn'tɛns] adj intense; (person) véhément(e)

**intensely** [ɪn'tɛnslɪ] adv intensément; (moving) profondément
**intensify** [ɪn'tɛnsɪfaɪ] vt intensifier
**intensity** [ɪn'tɛnsɪtɪ] n intensité f
**intensive** [ɪn'tɛnsɪv] adj intensif(-ive)
**intensive care** n: **to be in ~** être en réanimation
**intensive care unit** n service m de réanimation
**intent** [ɪn'tɛnt] n intention f ▷ adj attentif(-ive), absorbé(e); **to all ~s and purposes** en fait, pratiquement; **to be ~ on doing sth** être (bien) décidé à faire qch
**intention** [ɪn'tɛnʃən] n intention f
**intentional** [ɪn'tɛnʃənl] adj intentionnel(le), délibéré(e)
**intently** [ɪn'tɛntlɪ] adv attentivement
**inter** [ɪn'tɜːr] vt enterrer
**interact** [ɪntər'ækt] vi avoir une action réciproque; (people) communiquer
**interaction** [ɪntər'ækʃən] n interaction f
**interactive** [ɪntər'æktɪv] adj (group) interactif(-ive); (Comput) interactif, conversationnel(le)
**intercede** [ɪntə'siːd] vi: **to ~ with sb/on behalf of sb** intercéder auprès de qn/en faveur de qn
**intercept** [ɪntə'sɛpt] vt intercepter; (person) arrêter au passage
**interception** [ɪntə'sɛpʃən] n interception f
**interchange** n ['ɪntətʃeɪndʒ] (exchange) échange m; (on motorway) échangeur m ▷ vt [ɪntə'tʃeɪndʒ] échanger; mettre à la place l'un(e) de l'autre
**interchangeable** [ɪntə'tʃeɪndʒəbl] adj interchangeable
**intercity** [ɪntə'sɪtɪ] adj: **~ (train)** train m rapide
**intercom** ['ɪntəkɔm] n interphone m
**interconnect** [ɪntəkə'nɛkt] vi (rooms) communiquer
**intercontinental** ['ɪntəkɔntɪ'nɛntl] adj intercontinental(e)
**intercourse** ['ɪntəkɔːs] n rapports mpl; **sexual ~** rapports sexuels
**interdependent** [ɪntədɪ'pɛndənt] adj interdépendant(e)
**interest** ['ɪntrɪst] n intérêt m; (Comm: stake, share) participation f, intérêts mpl ▷ vt intéresser; **compound/simple ~** intérêt composé/simple; **British ~s in the Middle East** les intérêts britanniques au Moyen-Orient; **his main ~ is ...** ce qui l'intéresse le plus est ...
**interested** ['ɪntrɪstɪd] adj intéressé(e); **to be ~ in sth** s'intéresser à qch; **I'm ~ in going** ça m'intéresse d'y aller
**interest-free** ['ɪntrɪst'friː] adj sans intérêt
**interesting** ['ɪntrɪstɪŋ] adj intéressant(e)
**interest rate** n taux m d'intérêt
**interface** ['ɪntəfeɪs] n (Comput) interface f
**interfere** [ɪntə'fɪər] vi: **to ~ in** (quarrel) s'immiscer dans; (other people's business) se mêler de; **to ~ with** (object) tripoter, toucher à; (plans) contrecarrer; (duty) être en conflit avec; **don't ~** mêlez-vous de vos affaires
**interference** [ɪntə'fɪərəns] n (gen) ingérence f; (Physics) interférence f; (Radio, TV) parasites mpl

**interfering** [ɪntə'fɪərɪŋ] adj importun(e)
**interim** ['ɪntərɪm] adj provisoire; (post)
intérimaire ▷ n: **in the ~** dans l'intérim
**interior** [ɪn'tɪərɪəʳ] n intérieur m ▷ adj
intérieur(e); (minister, department) de l'intérieur
**interior decorator, interior designer** n
décorateur(-trice) d'intérieur
**interior design** n architecture f d'intérieur
**interjection** [ɪntə'dʒɛkʃən] n interjection f
**interlock** [ɪntə'lɔk] vi s'enclencher ▷ vt
enclencher
**interloper** ['ɪntələupəʳ] n intrus(e)
**interlude** ['ɪntəluːd] n intervalle m; (Theat)
intermède m
**intermarry** [ɪntə'mærɪ] vi former des alliances
entre familles (or tribus); former des unions
consanguines
**intermediary** [ɪntə'miːdɪərɪ] n intermédiaire
m/f
**intermediate** [ɪntə'miːdɪət] adj intermédiaire;
(Scol: course, level) moyen(ne)
**interment** [ɪn'təːmənt] n inhumation f,
enterrement m
**interminable** [ɪn'təːmɪnəbl] adj sans fin,
interminable
**intermission** [ɪntə'mɪʃən] n pause f; (Theat, Cine)
entracte m
**intermittent** [ɪntə'mɪtnt] adj intermittent(e)
**intermittently** [ɪntə'mɪtntlɪ] adv par
intermittence, par intervalles
**intern** vt [ɪn'təːn] interner ▷ n ['ɪntəːn] (US)
interne m/f
**internal** [ɪn'təːnl] adj interne; (dispute, reform etc)
intérieur(e); **~ injuries** lésions fpl internes
**internally** [ɪn'təːnəlɪ] adv intérieurement; **"not
to be taken ~"** "pour usage externe"
**Internal Revenue Service** n (US) fisc m
**international** [ɪntə'næʃənl] adj international(e)
▷ n (Brit Sport) international m
**International Atomic Energy Agency** n
Agence Internationale de l'Énergie Atomique
**International Court of Justice** n Cour
internationale de justice
**international date line** n ligne f de
changement de date
**internationally** [ɪntə'næʃnəlɪ] adv dans le
monde entier
**International Monetary Fund** n Fonds
monétaire international
**international relations** npl relations
internationales
**internecine** [ɪntə'niːsaɪn] adj mutuellement
destructeur(-trice)
**internee** [ɪntəː'niː] n interné(e)
**Internet** [ɪntə'nɛt] n: **the ~** l'Internet m
**Internet café** n cybercafé m
**Internet Service Provider** n fournisseur m
d'accès à Internet
**Internet user** n internaute m/f
**internment** [ɪn'təːnmənt] n internement m
**interplay** ['ɪntəpleɪ] n effet m réciproque, jeu m
**Interpol** ['ɪntəpɔl] n Interpol m

**interpret** [ɪn'təːprɪt] vt interpréter ▷ vi servir
d'interprète
**interpretation** [ɪntəːprɪ'teɪʃən] n
interprétation f
**interpreter** [ɪn'təːprɪtəʳ] n interprète m/f; **could
you act as an ~ for us?** pourriez-vous nous
servir d'interprète?
**interpreting** [ɪn'təːprɪtɪŋ] n (profession)
interprétariat m
**interrelated** [ɪntərɪ'leɪtɪd] adj en corrélation, en
rapport étroit
**interrogate** [ɪn'tɛrəugeɪt] vt interroger; (suspect
etc) soumettre à un interrogatoire
**interrogation** [ɪntɛrəu'geɪʃən] n interrogation
f; (by police) interrogatoire m
**interrogative** [ɪntə'rɔgətɪv] adj
interrogateur(-trice) ▷ n (Ling) interrogatif m
**interrogator** [ɪn'tɛrəgeɪtəʳ] n
interrogateur(-trice)
**interrupt** [ɪntə'rʌpt] vt, vi interrompre
**interruption** [ɪntə'rʌpʃən] n interruption f
**intersect** [ɪntə'sɛkt] vt couper, croiser; (Math)
intersecter ▷ vi se croiser, se couper;
s'intersecter
**intersection** [ɪntə'sɛkʃən] n intersection f; (of
roads) croisement m
**intersperse** [ɪntə'spəːs] vt: **to ~ with** parsemer
de
**interstate** ['ɪntəsteɪt] (US) n autoroute f (qui
relie plusieurs États)
**intertwine** [ɪntə'twaɪn] vt entrelacer ▷ vi
s'entrelacer
**interval** ['ɪntəvl] n intervalle m; (Brit: Theat)
entracte m; (: Sport) mi-temps f; **bright ~s** (in
weather) éclaircies fpl; **at ~s** par intervalles
**intervene** [ɪntə'viːn] vi (time) s'écouler (entre-
temps); (event) survenir; (person) intervenir
**intervention** [ɪntə'vɛnʃən] n intervention f
**interview** ['ɪntəvjuː] n (Radio, TV) interview f;
(for job) entrevue f ▷ vt interviewer, avoir une
entrevue avec
**interviewee** [ɪntəvju'iː] n (for job) candidat m (qui
passe un entretien); (TV etc) invité(e), personne
interviewée
**interviewer** ['ɪntəvjuəʳ] n (Radio, TV)
interviewer m
**intestate** [ɪn'tɛsteɪt] adj intestat f inv
**intestinal** [ɪn'tɛstɪnl] adj intestinal(e)
**intestine** [ɪn'tɛstɪn] n intestin m; **large ~** gros
intestin; **small ~** intestin grêle
**intimacy** ['ɪntɪməsɪ] n intimité f
**intimate** adj ['ɪntɪmət] intime; (friendship)
profond(e); (knowledge) approfondi(e) ▷ vt
['ɪntɪmeɪt] suggérer, laisser entendre;
(announce) faire savoir
**intimately** ['ɪntɪmətlɪ] adv intimement
**intimation** [ɪntɪ'meɪʃən] n annonce f
**intimidate** [ɪn'tɪmɪdeɪt] vt intimider
**intimidating** [ɪn'tɪmɪdeɪtɪŋ] adj intimidant(e)
**intimidation** [ɪntɪmɪ'deɪʃən] n intimidation f
**into** ['ɪntu] prep dans; **~ pieces/French** en
morceaux/français; **to change pounds ~**

639

**dollars** changer des livres en dollars; **3 ~ 9 goes 3 9** divisé par 3 donne 3; **she's ~ opera** c'est une passionnée d'opéra

**intolerable** [ɪn'tɔlərəbl] *adj* intolérable

**intolerance** [ɪn'tɔlərns] *n* intolérance *f*

**intolerant** [ɪn'tɔlərnt] *adj*: **~ (of)** intolérant(e) (de); *(Med)* intolérant (à)

**intonation** [ɪntəʊ'neɪʃən] *n* intonation *f*

**intoxicate** [ɪn'tɔksɪkeɪt] *vt* enivrer

**intoxicated** [ɪn'tɔksɪkeɪtɪd] *adj* ivre

**intoxication** [ɪntɔksɪ'keɪʃən] *n* ivresse *f*

**intractable** [ɪn'træktəbl] *adj (child, temper)* indocile, insoumis(e); *(problem)* insoluble; *(illness)* incurable

**intranet** [ɪn'trənɛt] *n* intranet *m*

**intransigent** [ɪn'trænsɪdʒənt] *adj* intransigeant(e)

**intransitive** [ɪn'trænsɪtɪv] *adj* intransitif(-ive)

**intra-uterine device** ['ɪntrə'juːtəraɪn-] *n* dispositif intra-utérin, stérilet *m*

**intravenous** [ɪntrə'viːnəs] *adj* intraveineux(-euse)

**in-tray** ['ɪntreɪ] *n* courrier *m* "arrivée"

**intrepid** [ɪn'trɛpɪd] *adj* intrépide

**intricacy** ['ɪntrɪkəsɪ] *n* complexité *f*

**intricate** ['ɪntrɪkət] *adj* complexe, compliqué(e)

**intrigue** [ɪn'triːg] *n* intrigue *f* ▷ *vt* intriguer ▷ *vi* intriguer, comploter

**intriguing** [ɪn'triːgɪŋ] *adj* fascinant(e)

**intrinsic** [ɪn'trɪnsɪk] *adj* intrinsèque

**introduce** [ɪntrə'djuːs] *vt* introduire; *(TV show etc)* présenter; **to ~ sb (to sb)** présenter qn (à qn); **to ~ sb to** *(pastime, technique)* initier qn à; **may I ~ ...?** je vous présente ...

**introduction** [ɪntrə'dʌkʃən] *n* introduction *f*; *(of person)* présentation *f*; *(to new experience)* initiation *f*; **a letter of ~** une lettre de recommandation

**introductory** [ɪntrə'dʌktərɪ] *adj* préliminaire, introductif(-ive); **~ remarks** remarques *fpl* liminaires; **an ~ offer** une offre de lancement

**introspection** [ɪntrəʊ'spɛkʃən] *n* introspection *f*

**introspective** [ɪntrəʊ'spɛktɪv] *adj* introspectif(-ive)

**introvert** ['ɪntrəʊvəːt] *adj,n* introverti(e)

**intrude** [ɪn'truːd] *vi (person)* être importun(e); **to ~ on** *or* **into** *(conversation etc)* s'immiscer dans; **am I intruding?** est-ce que je vous dérange?

**intruder** [ɪn'truːdəʳ] *n* intrus(e)

**intrusion** [ɪn'truːʒən] *n* intrusion *f*

**intrusive** [ɪn'truːsɪv] *adj* importun(e), gênant(e)

**intuition** [ɪntjuː'ɪʃən] *n* intuition *f*

**intuitive** [ɪn'tjuːɪtɪv] *adj* intuitif(-ive)

**inundate** ['ɪnʌndeɪt] *vt*: **to ~ with** inonder de

**inure** [ɪn'jʊəʳ] *vt*: **to ~ (to)** habituer (à)

**invade** [ɪn'veɪd] *vt* envahir

**invader** [ɪn'veɪdəʳ] *n* envahisseur *m*

**invalid** *n* ['ɪnvəlɪd] malade *m/f*; *(with disability)* invalide *m/f* ▷ *adj* [ɪn'vælɪd] *(not valid)* invalide, non valide

**invalidate** [ɪn'vælɪdeɪt] *vt* invalider, annuler

**invalid chair** ['ɪnvəlɪd-] *n (Brit)* fauteuil *m* d'infirme

**invaluable** [ɪn'væljuəbl] *adj* inestimable, inappréciable

**invariable** [ɪn'vɛərɪəbl] *adj* invariable; *(fig)* immanquable

**invariably** [ɪn'vɛərɪəblɪ] *adv* invariablement; **she is ~ late** elle est toujours en retard

**invasion** [ɪn'veɪʒən] *n* invasion *f*

**invective** [ɪn'vɛktɪv] *n* invective *f*

**inveigle** [ɪn'viːgl] *vt*: **to ~ sb into (doing) sth** amener qn à (faire) qch (par la ruse *or* la flatterie)

**invent** [ɪn'vɛnt] *vt* inventer

**invention** [ɪn'vɛnʃən] *n* invention *f*

**inventive** [ɪn'vɛntɪv] *adj* inventif(-ive)

**inventiveness** [ɪn'vɛntɪvnɪs] *n* esprit inventif *or* d'invention

**inventor** [ɪn'vɛntəʳ] *n* inventeur(-trice)

**inventory** ['ɪnvəntrɪ] *n* inventaire *m*

**inventory control** *n (Comm)* contrôle *m* des stocks

**inverse** [ɪn'vəːs] *adj* inverse ▷ *n* inverse *m*, contraire *m*; **in ~ proportion (to)** inversement proportionnel(le) (à)

**inversely** [ɪn'vəːslɪ] *adv* inversement

**invert** [ɪn'vəːt] *vt* intervertir; *(cup, object)* retourner

**invertebrate** [ɪn'vəːtɪbrət] *n* invertébré *m*

**inverted commas** [ɪn'vəːtɪd-] *npl (Brit)* guillemets *mpl*

**invest** [ɪn'vɛst] *vt* investir; *(endow)*: **to ~ sb with sth** conférer qch à qn ▷ *vi* faire un investissement, investir; **to ~ in** placer de l'argent *or* investir dans; *(fig: acquire)* s'offrir, faire l'acquisition de

**investigate** [ɪn'vɛstɪgeɪt] *vt* étudier, examiner; *(crime)* faire une enquête sur

**investigation** [ɪnvɛstɪ'geɪʃən] *n* examen *m*; *(of crime)* enquête *f*, investigation *f*

**investigative** [ɪn'vɛstɪgeɪtɪv] *adj*: **~ journalism** enquête-reportage *f*, journalisme *m* d'enquête

**investigator** [ɪn'vɛstɪgeɪtəʳ] *n* investigateur(-trice); **private ~** détective privé

**investiture** [ɪn'vɛstɪtʃəʳ] *n* investiture *f*

**investment** [ɪn'vɛstmənt] *n* investissement *m*, placement *m*

**investment income** *n* revenu *m* de placement

**investment trust** *n* société *f* d'investissements

**investor** [ɪn'vɛstəʳ] *n* épargnant(e); *(shareholder)* actionnaire *m/f*

**inveterate** [ɪn'vɛtərət] *adj* invétéré(e)

**invidious** [ɪn'vɪdɪəs] *adj* injuste; *(task)* déplaisant(e)

**invigilate** [ɪn'vɪdʒɪleɪt] *(Brit) vt* surveiller ▷ *vi* être de surveillance

**invigilator** [ɪn'vɪdʒɪleɪtəʳ] *n (Brit)* surveillant *m* (d'examen)

**invigorating** [ɪn'vɪgəreɪtɪŋ] *adj* vivifiant(e), stimulant(e)

**invincible** [ɪn'vɪnsɪbl] *adj* invincible

**inviolate** [ɪn'vaɪələt] *adj* inviolé(e)

**invisible** [ɪn'vɪzɪbl] *adj* invisible
**invisible assets** *npl* (*Brit*) actif incorporel
**invisible ink** *n* encre *f* sympathique
**invisible mending** *n* stoppage *m*
**invitation** [ɪnvɪ'teɪʃən] *n* invitation *f*; **by ~ only**
sur invitation; **at sb's ~** à la demande de qn
**invite** [ɪn'vaɪt] *vt* inviter; (*opinions etc*)
demander; (*trouble*) chercher; **to ~ sb (to do)**
inviter qn (à faire); **to ~ sb to dinner** inviter qn
à dîner
▸ **invite out** *vt* inviter (à sortir)
▸ **invite over** *vt* inviter (chez soi)
**inviting** [ɪn'vaɪtɪŋ] *adj* engageant(e),
attrayant(e); (*gesture*) encourageant(e)
**invoice** ['ɪnvɔɪs] *n* facture *f* ▷ *vt* facturer; **to ~ sb**
**for goods** facturer des marchandises à qn
**invoke** [ɪn'vəuk] *vt* invoquer
**involuntary** [ɪn'vɔləntrɪ] *adj* involontaire
**involve** [ɪn'vɔlv] *vt* (*entail*) impliquer; (*concern*)
concerner; (*require*) nécessiter; **to ~ sb in** (*theft*
*etc*) impliquer qn dans; (*activity, meeting*) faire
participer qn à
**involved** [ɪn'vɔlvd] *adj* (*complicated*) complexe;
**to be ~ in** (*take part*) participer à; (*be engrossed*)
être plongé(e) dans; **to feel ~** se sentir
concerné(e); **to become ~** (*in love etc*) s'engager
**involvement** [ɪn'vɔlvmənt] *n* (*personal role*) rôle
*m*; (*participation*) participation *f*; (*enthusiasm*)
enthousiasme *m*; (*of resources, funds*) mise *f* en jeu
**invulnerable** [ɪn'vʌlnərəbl] *adj* invulnérable
**inward** ['ɪnwəd] *adj* (*movement*) vers l'intérieur;
(*thought*) profond(e), intime ▷ *adv* = **inwards**
**inwardly** ['ɪnwədlɪ] *adv* (*feel, think etc*)
secrètement, en son for intérieur
**inwards** ['ɪnwədz] *adv* vers l'intérieur
**I/O** *abbr* (*Comput*: = *input/output*) E/S
**IOC** *n abbr* (= *International Olympic Committee*) CIO *m*
(= *Comité international olympique*)
**iodine** ['aɪəudi:n] *n* iode *m*
**IOM** *abbr* = **Isle of Man**
**ion** ['aɪən] *n* ion *m*
**Ionian Sea** [aɪ'əunɪən-] *n*: **the ~** la mer Ionienne
**ioniser** ['aɪənaɪzəʳ] *n* ioniseur *m*
**iota** [aɪ'əutə] *n* (*fig*) brin *m*, grain *m*
**IOU** *n abbr* (= *I owe you*) reconnaissance *f* de dette
**IOW** *abbr* (*Brit*) = **Isle of Wight**
**IPA** *n abbr* (= *International Phonetic Alphabet*) A.P.I *m*
**iPod®** ['aɪpɔd] *n* iPod® *m*
**IQ** *n abbr* (= *intelligence quotient*) Q.I. *m*
**IRA** *n abbr* (= *Irish Republican Army*) IRA *f*; (*US*)
= **individual retirement account**
**Iran** [ɪ'rɑ:n] *n* Iran *m*
**Iranian** [ɪ'reɪnɪən] *adj* iranien(ne) ▷ *n*
Iranien(ne); (*Ling*) iranien *m*
**Iraq** [ɪ'rɑ:k] *n* Irak *m*
**Iraqi** [ɪ'rɑ:kɪ] *adj* irakien(ne) ▷ *n* Irakien(ne)
**irascible** [ɪ'ræsɪbl] *adj* irascible
**irate** [aɪ'reɪt] *adj* courroucé(e)
**Ireland** ['aɪələnd] *n* Irlande *f*; **Republic of ~**
République *f* d'Irlande
**iris, irises** ['aɪrɪs, -ɪz] *n* iris *m*
**Irish** ['aɪrɪʃ] *adj* irlandais(e) ▷ *npl*: **the ~** les

Irlandais ▷ *n* (*Ling*) irlandais *m*; **the Irish** *npl* les
Irlandais
**Irishman** ['aɪrɪʃmən] (*irreg*) *n* Irlandais *m*
**Irish Sea** *n*: **the ~** la mer d'Irlande
**Irishwoman** ['aɪrɪʃwumən] (*irreg*) *n* Irlandaise *f*
**irk** [ə:k] *vt* ennuyer
**irksome** ['ə:ksəm] *adj* ennuyeux(-euse)
**IRN** *n abbr* (= *Independent Radio News*) agence de presse
radiophonique
**IRO** *n abbr* (*US*) = **International Refugee**
**Organization**
**iron** ['aɪən] *n* fer *m*; (*for clothes*) fer *m* à repasser
▷ *adj* de or en fer ▷ *vt* (*clothes*) repasser; **irons** *npl*
(*chains*) fers *mpl*, chaînes *fpl*
▸ **iron out** *vt* (*crease*) faire disparaître au fer;
(*fig*) aplanir; faire disparaître
**Iron Curtain** *n*: **the ~** le rideau de fer
**iron foundry** *n* fonderie *f* de fonte
**ironic** [aɪ'rɔnɪk], **ironical** [aɪ'rɔnɪkl] *adj*
ironique
**ironically** [aɪ'rɔnɪklɪ] *adv* ironiquement
**ironing** ['aɪənɪŋ] *n* (*activity*) repassage *m*; (*clothes*:
*ironed*) linge repassé; (: *to be ironed*) linge à
repasser
**ironing board** *n* planche *f* à repasser
**ironmonger** ['aɪənmʌŋgəʳ] *n* (*Brit*) quincaillier
*m*; **~'s (shop)** quincaillerie *f*
**iron ore** *n* minerai *m* de fer
**ironworks** ['aɪənwə:ks] *n* usine *f* sidérurgique
**irony** ['aɪrənɪ] *n* ironie *f*
**irrational** [ɪ'ræʃənl] *adj* irrationnel(le); (*person*)
qui n'est pas rationnel
**irreconcilable** [ɪrekən'saɪləbl] *adj*
irréconciliable; (*opinion*): **~ with** inconciliable
avec
**irredeemable** [ɪrɪ'di:məbl] *adj* (*Comm*) non
remboursable
**irrefutable** [ɪrɪ'fju:təbl] *adj* irréfutable
**irregular** [ɪ'regjuləʳ] *adj* irrégulier(-ière);
(*surface*) inégal(e); (*action, event*) peu orthodoxe
**irregularity** [ɪregju'lærɪtɪ] *n* irrégularité *f*
**irrelevance** [ɪ'reləvəns] *n* manque *m* de rapport
*or* d'à-propos
**irrelevant** [ɪ'reləvənt] *adj* sans rapport, hors de
propos
**irreligious** [ɪrɪ'lɪdʒəs] *adj* irréligieux(-euse)
**irreparable** [ɪ'reprəbl] *adj* irréparable
**irreplaceable** [ɪrɪ'pleɪsəbl] *adj* irremplaçable
**irrepressible** [ɪrɪ'presəbl] *adj* irrépressible
**irreproachable** [ɪrɪ'prəutʃəbl] *adj* irréprochable
**irresistible** [ɪrɪ'zɪstɪbl] *adj* irrésistible
**irresolute** [ɪ'rezəlu:t] *adj* irrésolu(e), indécis(e)
**irrespective** [ɪrɪ'spektɪv] : **~ of** *prep* sans tenir
compte de
**irresponsible** [ɪrɪ'spɔnsɪbl] *adj* (*act*)
irréfléchi(e); (*person*) qui n'a pas le sens des
responsabilités
**irretrievable** [ɪrɪ'tri:vəbl] *adj* irréparable,
irrémédiable; (*object*) introuvable
**irreverent** [ɪ'revərnt] *adj* irrévérencieux(-euse)
**irrevocable** [ɪ'revəkəbl] *adj* irrévocable
**irrigate** ['ɪrɪgeɪt] *vt* irriguer

*i*

**irrigation** [ɪrɪ'geɪʃən] n irrigation f
**irritable** ['ɪrɪtəbl] adj irritable
**irritate** ['ɪrɪteɪt] vt irriter
**irritating** ['ɪrɪteɪtɪŋ] adj irritant(e)
**irritation** [ɪrɪ'teɪʃən] n irritation f
**IRS** n abbr (US) = **Internal Revenue Service**
**is** [ɪz] vb see **be**
**ISA** n abbr (Brit: = Individual Savings Account) plan m d'épargne défiscalisé
**ISBN** n abbr (= International Standard Book Number) ISBN m
**ISDN** n abbr (= Integrated Services Digital Network) RNIS m
**Islam** ['ɪzlɑːm] n Islam m
**Islamic** [ɪz'lɑːmɪk] adj islamique; ~ **fundamentalists** intégristes mpl musulmans
**island** ['aɪlənd] n île f; (also: **traffic island**) refuge m (pour piétons)
**islander** ['aɪləndər] n habitant(e) d'une île, insulaire m/f
**isle** [aɪl] n île f
**isn't** ['ɪznt] = **is not**
**isolate** ['aɪsəleɪt] vt isoler
**isolated** ['aɪsəleɪtɪd] adj isolé(e)
**isolation** [aɪsə'leɪʃən] n isolement m
**ISP** n abbr = **Internet Service Provider**
**Israel** ['ɪzreɪl] n Israël m
**Israeli** [ɪz'reɪlɪ] adj israélien(ne) ▷ n Israélien(ne)
**issue** ['ɪʃuː] n question f, problème m; (outcome) résultat m, issue f; (of banknotes) émission f; (of newspaper) numéro m; (of book) publication f, parution f; (offspring) descendance f ▷ vt (rations, equipment) distribuer; (orders) donner; (statement) publier, faire; (certificate, passport) délivrer; (book) faire paraître; publier; (banknotes, cheques, stamps) émettre, mettre en circulation ▷ vi: **to ~ from** provenir de; **at ~** en jeu, en cause; **to avoid the ~** éluder le problème; **to take ~ with sb (over sth)** exprimer son désaccord avec qn (sur qch); **to make an ~ of sth** faire de qch un problème; **to confuse** or **obscure the ~** embrouiller la question
**Istanbul** [ɪstæn'buːl] n Istamboul, Istanbul
**isthmus** ['ɪsməs] n isthme m
**IT** n abbr = **information technology**

**KEYWORD**

**it** [ɪt] pron 1 (specific: subject) il (elle); (: direct object) le (la, l'); (: indirect object) lui; **it's on the table** c'est or il (or elle) est sur la table; **I can't find it** je n'arrive pas à le trouver; **give it to me** donne-le-moi
2 (after prep): **about/from/of it** en; **I spoke to him about it** je lui en ai parlé; **what did you learn from it?** qu'est-ce que vous en avez retiré?; **I'm proud of it** j'en suis fier; **I've come from it** j'en viens; **in/to it** y; **put the book in it** mettez-y le livre; **it's on it** c'est dessus; **he agreed to it** il y a consenti; **did you go to it?** (party, concert etc) est-ce que vous y êtes

allé(s)?; **above it, over it** (au-)dessus; **below it, under it** (en-)dessous; **in front of/behind it** devant/derrière
3 (impersonal) il; ce, cela, ça; **it's raining** il pleut; **it's Friday tomorrow** demain, c'est vendredi or nous sommes, vendredi; **it's 6 o'clock** il est 6 heures; **how far is it? — it's 10 miles** c'est loin? — c'est à 10 miles; **it's 2 hours by train** c'est à 2 heures de train; **who is it? — it's me** qui est-ce? — c'est moi

**ITA** n abbr (Brit: = initial teaching alphabet) alphabet en partie phonétique utilisé pour l'enseignement de la lecture
**Italian** [ɪ'tæljən] adj italien(ne) ▷ n Italien(ne); (Ling) italien m
**italic** [ɪ'tælɪk] adj italique
**italics** [ɪ'tælɪks] npl italique m
**Italy** ['ɪtəlɪ] n Italie f
**itch** [ɪtʃ] n démangeaison f ▷ vi (person) éprouver des démangeaisons; (part of body) démanger; **I'm ~ing to do** l'envie me démange de faire
**itchy** ['ɪtʃɪ] adj qui démange; **my back is ~** j'ai le dos qui me démange
**it'd** ['ɪtd] = **it would; it had**
**item** ['aɪtəm] n (gen) article m; (on agenda) question f, point m; (in programme) numéro m; (also: **news item**) nouvelle f; **~s of clothing** articles vestimentaires
**itemize** ['aɪtəmaɪz] vt détailler, spécifier
**itemized bill** ['aɪtəmaɪzd-] n facture détaillée
**itinerant** [ɪ'tɪnərənt] adj itinérant(e); (musician) ambulant(e)
**itinerary** [aɪ'tɪnərərɪ] n itinéraire m
**it'll** ['ɪtl] = **it will; it shall**
**ITN** n abbr (Brit: = Independent Television News) chaîne de télévision commerciale
**its** [ɪts] adj son (sa), ses pl ▷ pron le (la) sien(ne), les siens (siennes)
**it's** [ɪts] = **it is; it has**
**itself** [ɪt'sɛlf] pron (reflexive) se; (emphatic) lui-même (elle-même)
**ITV** n abbr (Brit: = Independent Television) chaîne de télévision commerciale
**IUD** n abbr = **intra-uterine device**
**I've** [aɪv] = **I have**
**ivory** ['aɪvərɪ] n ivoire m
**Ivory Coast** n Côte f d'Ivoire
**ivy** ['aɪvɪ] n lierre m
**Ivy League** n (US) voir article

**IVY LEAGUE**

L'Ivy League regroupe les huit universités les plus prestigieuses du nord-est des États-Unis, ainsi surnommées à cause de leurs murs recouverts de lierre. Elles organisent des compétitions sportives entre elles. Ces universités sont: Brown, Columbia, Cornell, Dartmouth College, Harvard, Princeton, l'université de Pennsylvanie et Yale.

# J j

**J, j** [dʒeɪ] n (letter) J, j m; **J for Jack**, (US) **J for Jig** J comme Joseph
**JA** n abbr = **judge advocate**
**J/A** n abbr = **joint account**
**jab** [dʒæb] vt: **to ~ sth into** enfoncer or planter qch dans ▷ n coup m; (Med: inf) piqûre f
**jabber** ['dʒæbəʳ] vt, vi bredouiller, baragouiner
**jack** [dʒæk] n (Aut) cric m; (Bowls) cochonnet m; (Cards) valet m
  ▶**jack in** vt (inf) laisser tomber
  ▶**jack up** vt soulever (au cric)
**jackal** ['dʒækl] n chacal m
**jackass** ['dʒækæs] n (also fig) âne m
**jackdaw** ['dʒækdɔ:] n choucas m
**jacket** ['dʒækɪt] n veste f, veston m; (of boiler etc) enveloppe f; (of book) couverture f, jaquette f
**jacket potato** n pomme f de terre en robe des champs
**jack-in-the-box** ['dʒækɪndəbɔks] n diable m à ressort
**jackknife** ['dʒæknaɪf] n couteau m de poche ▷ vi: **the lorry ~d** la remorque (du camion) s'est mise en travers
**jack-of-all-trades** ['dʒækəv'ɔːltreɪdz] n bricoleur m
**jack plug** n (Brit) jack m
**jackpot** ['dʒækpɔt] n gros lot
**Jacuzzi®** [dʒə'kuːzɪ] n jacuzzi® m
**jaded** ['dʒeɪdɪd] adj éreinté(e), fatigué(e)
**JAG** n abbr = **Judge Advocate General**
**jagged** ['dʒægɪd] adj dentelé(e)
**jaguar** ['dʒægjuəʳ] n jaguar m
**jail** [dʒeɪl] n prison f ▷ vt emprisonner, mettre en prison
**jailbird** ['dʒeɪlbəːd] n récidiviste m/f
**jailbreak** ['dʒeɪlbreɪk] n évasion f
**jailer** ['dʒeɪləʳ] n geôlier(-ière)
**jail sentence** n peine f de prison
**jalopy** [dʒə'lɔpɪ] n (inf) vieux clou
**jam** [dʒæm] n confiture f; (of shoppers etc) cohue f; (also: **traffic jam**) embouteillage m ▷ vt (passage etc) encombrer, obstruer; (mechanism, drawer etc) bloquer, coincer; (Radio) brouiller ▷ vi (mechanism, sliding part) se coincer, se bloquer; (gun) s'enrayer; **to be in a ~** (inf) être dans le pétrin; **to get sb out of a ~** (inf) sortir qn du pétrin; **to ~ sth into** (stuff) entasser or comprimer qch dans; (thrust) enfoncer qch dans; **the telephone lines are ~med** les lignes (téléphoniques) sont encombrées
**Jamaica** [dʒə'meɪkə] n Jamaïque f
**Jamaican** [dʒə'meɪkən] adj jamaïquain(e) ▷ n Jamaïquain(e)
**jamb** ['dʒæm] n jambage m
**jam jar** n pot m à confiture
**jammed** [dʒæmd] adj (window etc) coincé(e)
**jam-packed** [dʒæm'pækt] adj: **~ (with)** bourré(e) (de)
**jam session** n jam session f
**jangle** ['dʒæŋgl] vi cliqueter
**janitor** ['dʒænɪtəʳ] n (caretaker) concierge m
**January** ['dʒænjuərɪ] n janvier m; for phrases see also **July**
**Japan** [dʒə'pæn] n Japon m
**Japanese** [dʒæpə'niːz] adj japonais(e) ▷ n (pl inv) Japonais(e); (Ling) japonais m
**jar** [dʒɑːʳ] n (stone, earthenware) pot m; (glass) bocal m ▷ vi (sound) produire un son grinçant or discordant; (colours etc) détonner, jurer ▷ vt (shake) ébranler, secouer
**jargon** ['dʒɑːgən] n jargon m
**jarring** ['dʒɑːrɪŋ] adj (sound, colour) discordant(e)
**Jas.** abbr = **James**
**jasmin, jasmine** ['dʒæzmɪn] n jasmin m
**jaundice** ['dʒɔːndɪs] n jaunisse f
**jaundiced** ['dʒɔːndɪst] adj (fig) envieux(-euse), désapprobateur(-trice)
**jaunt** [dʒɔːnt] n balade f
**jaunty** ['dʒɔːntɪ] adj enjoué(e), désinvolte
**Java** ['dʒɑːvə] n Java f
**javelin** ['dʒævlɪn] n javelot m
**jaw** [dʒɔː] n mâchoire f
**jawbone** ['dʒɔːbəun] n maxillaire m
**jay** [dʒeɪ] n geai m
**jaywalker** ['dʒeɪwɔːkəʳ] n piéton indiscipliné
**jazz** [dʒæz] n jazz m
  ▶**jazz up** vt animer, égayer
**jazz band** n orchestre m or groupe m de jazz
**jazzy** ['dʒæzɪ] adj bariolé(e), tapageur(-euse); (beat) de jazz
**JCB®** n excavatrice f
**JCS** n abbr (US) = **Joint Chiefs of Staff**

**JD** n abbr (US: = Doctor of Laws) titre universitaire; (= Justice Department) ministère de la Justice

**jealous** ['dʒɛləs] adj jaloux(-ouse)

**jealously** ['dʒɛləslɪ] adv jalousement

**jealousy** ['dʒɛləsɪ] n jalousie f

**jeans** [dʒiːnz] npl jean m

**Jeep**® [dʒiːp] n jeep f

**jeer** [dʒɪəʳ] vi: **to ~ (at)** huer; se moquer cruellement (de), railler

**jeering** ['dʒɪərɪŋ] adj railleur(-euse), moqueur(-euse) ▷ n huées fpl

**jeers** ['dʒɪəz] npl huées fpl; sarcasmes mpl

**Jehovah's Witness** [dʒɪ'həuvəz-] n témoin m de Jéhovah

**Jello**® ['dʒɛləu] (US) n gelée f

**jelly** ['dʒɛlɪ] n (dessert) gelée f; (US: jam) confiture f

**jellyfish** ['dʒɛlɪfɪʃ] n méduse f

**jeopardize** ['dʒɛpədaɪz] vt mettre en danger or péril

**jeopardy** ['dʒɛpədɪ] n: **in ~** en danger or péril

**jerk** [dʒəːk] n secousse f, saccade f; (of muscle) spasme m; (inf) pauvre type m ▷ vt (shake) donner une secousse à; (pull) tirer brusquement ▷ vi (vehicles) cahoter

**jerkin** ['dʒəːkɪn] n blouson m

**jerky** ['dʒəːkɪ] adj saccadé(e), cahotant(e)

**jerry-built** ['dʒɛrɪbɪlt] adj de mauvaise qualité

**jerry can** ['dʒɛrɪ-] n bidon m

**Jersey** ['dʒəːzɪ] n Jersey f

**jersey** ['dʒəːzɪ] n tricot m; (fabric) jersey m

**Jerusalem** [dʒə'ruːsləm] n Jérusalem

**jest** [dʒɛst] n plaisanterie f; **in ~** en plaisantant

**jester** ['dʒɛstəʳ] n (History) plaisantin m

**Jesus** ['dʒiːzəs] n Jésus; **~ Christ** Jésus-Christ

**jet** [dʒɛt] n (of gas, liquid) jet m; (Aut) gicleur m; (Aviat) avion m à réaction, jet m

**jet-black** ['dʒɛt'blæk] adj (d'un noir) de jais

**jet engine** n moteur m à réaction

**jet lag** n décalage m horaire

**jetsam** ['dʒɛtsəm] n objets jetés à la mer (et rejetés sur la côte)

**jet-setter** ['dʒɛtsɛtəʳ] n membre m du or de la jet set

**jet-ski** vi faire du jet-ski or scooter des mers

**jettison** ['dʒɛtɪsn] vt jeter par-dessus bord

**jetty** ['dʒɛtɪ] n jetée f, digue f

**Jew** [dʒuː] n Juif m

**jewel** ['dʒuːəl] n bijou m, joyau m; (in watch) rubis m

**jeweller**, (US) **jeweler** ['dʒuːələʳ] n bijoutier(-ière), joaillier m

**jeweller's, jeweller's shop** n (Brit) bijouterie f, joaillerie f

**jewellery**, (US) **jewelry** ['dʒuːəlrɪ] n bijoux mpl

**Jewess** ['dʒuːɪs] n Juive f

**Jewish** ['dʒuːɪʃ] adj juif (juive)

**JFK** n abbr (US) = **John Fitzgerald Kennedy International Airport**

**jib** [dʒɪb] n (Naut) foc m; (of crane) flèche f ▷ vi (horse) regimber; **to ~ at doing sth** rechigner à faire qch

**jibe** [dʒaɪb] n sarcasme m

**jiffy** ['dʒɪfɪ] n (inf): **in a ~** en un clin d'œil

**jig** [dʒɪg] n (dance, tune) gigue m

**jigsaw** ['dʒɪgsɔː] n (also: **jigsaw puzzle**) puzzle m; (tool) scie sauteuse

**jilt** [dʒɪlt] vt laisser tomber, plaquer

**jingle** ['dʒɪŋgl] n (advertising jingle) couplet m publicitaire ▷ vi cliqueter, tinter

**jingoism** ['dʒɪŋgəuɪzəm] n chauvinisme m

**jinx** [dʒɪŋks] n (inf) (mauvais) sort

**jitters** ['dʒɪtəz] npl (inf): **to get the ~** avoir la trouille or la frousse

**jittery** ['dʒɪtərɪ] adj (inf) nerveux(-euse); **to be ~** avoir les nerfs en pelote

**jiujitsu** [dʒuː'dʒɪtsuː] n jiu-jitsu m

**job** [dʒɔb] n (chore, task) travail m, tâche f; (employment) emploi m, poste m, place f; **a part-time/full-time ~** un emploi à temps partiel/à plein temps; **he's only doing his ~** il fait son boulot; **it's a good ~ that ...** c'est heureux or c'est une chance que ... + sub; **just the ~!** (c'est) juste or exactement ce qu'il faut!

**jobber** ['dʒɔbəʳ] n (Brit Stock Exchange) négociant m en titres

**jobbing** ['dʒɔbɪŋ] adj (Brit: workman) à la tâche, à la journée

**job centre** ['dʒɔbsɛntəʳ] (Brit) n ≈ ANPE f, ≈ Agence nationale pour l'emploi

**job creation scheme** n plan m pour la création d'emplois

**job description** n description f du poste

**jobless** ['dʒɔblɪs] adj sans travail, au chômage ▷ npl: **the ~** les sans-emploi m inv, les chômeurs mpl

**job lot** n lot m (d'articles divers)

**job satisfaction** n satisfaction professionnelle

**job security** n sécurité f de l'emploi

**job specification** n caractéristiques fpl du poste

**Jock** [dʒɔk] n (inf: Scotsman) Écossais m

**jockey** ['dʒɔkɪ] n jockey m ▷ vi: **to ~ for position** manœuvrer pour être bien placé

**jockey box** n (US Aut) boîte f à gants, vide-poches m inv

**jockstrap** ['dʒɔkstræp] n slip m de sport

**jocular** ['dʒɔkjuləʳ] adj jovial(e), enjoué(e); facétieux(-euse)

**jog** [dʒɔg] vt secouer ▷ vi (Sport) faire du jogging; **to ~ along** cahoter; trotter; **to ~ sb's memory** rafraîchir la mémoire de qn

**jogger** ['dʒɔgəʳ] n jogger m/f

**jogging** ['dʒɔgɪŋ] n jogging m

**john** [dʒɔn] n (US inf): **the ~** (toilet) les cabinets mpl

**join** [dʒɔɪn] vt (put together) unir, assembler; (become member of) s'inscrire à; (meet) rejoindre, retrouver; (queue) se joindre à ▷ vi (roads, rivers) se rejoindre, se rencontrer ▷ n raccord m; **will you ~ us for dinner?** vous dînerez bien avec nous?; **I'll ~ you later** je vous rejoindrai plus tard; **to ~ forces (with)** s'associer (à)

▶ **join in** vi se mettre de la partie ▷ vt fus se mêler à

▶ **join up** vi (meet) se rejoindre; (Mil) s'engager

**joiner** ['dʒɔɪnər] (*Brit*) *n* menuisier *m*
**joinery** ['dʒɔɪnərɪ] *n* menuiserie *f*
**joint** [dʒɔɪnt] *n* (*Tech*) jointure *f*; joint *m*; (*Anat*)
articulation *f*, jointure *f*; (*Brit Culin*) rôti *m*; (*inf*:
*place*) boîte *f*; (*of cannabis*) joint ▷ *adj*
commun(e); (*committee*) mixte, paritaire;
(*winner*) ex aequo; **~ responsibility**
coresponsabilité *f*
**joint account** *n* compte joint
**jointly** ['dʒɔɪntlɪ] *adv* ensemble, en commun
**joint ownership** *n* copropriété *f*
**joint-stock company** ['dʒɔɪntstɔk-] *n* société *f*
par actions
**joint venture** *n* entreprise commune
**joist** [dʒɔɪst] *n* solive *f*
**joke** [dʒəuk] *n* plaisanterie *f*; (*also*: **practical
joke**) farce *f* ▷ *vi* plaisanter; **to play a ~ on** jouer
un tour à, faire une farce à
**joker** ['dʒəukər] *n* plaisantin *m*, blagueur(-euse);
(*Cards*) joker *m*
**joking** ['dʒəukɪŋ] *n* plaisanterie *f*
**jollity** ['dʒɔlɪtɪ] *n* réjouissances *fpl*, gaieté *f*
**jolly** ['dʒɔlɪ] *adj* gai(e), enjoué(e); (*enjoyable*)
amusant(e), plaisant(e) ▷ *adv* (*Brit inf*)
rudement, drôlement ▷ *vt* (*Brit*): **to ~ sb along**
amadouer qn, convaincre or entraîner qn à force
d'encouragements; **~ good!** (*Brit*) formidable!
**jolt** [dʒəult] *n* cahot *m*, secousse *f*; (*shock*) choc *m*
▷ *vt* cahoter, secouer
**Jordan** ['dʒɔːdən] *n* (*country*) Jordanie *f*; (*river*)
Jourdain *m*
**Jordanian** [dʒɔːˈdeɪnɪən] *adj* jordanien(ne) ▷ *n*
Jordanien(ne)
**joss stick** ['dʒɔsstɪk] *n* bâton *m* d'encens
**jostle** ['dʒɔsl] *vt* bousculer, pousser ▷ *vi* jouer
des coudes
**jot** [dʒɔt] *n*: **not one ~** pas un brin
▶ **jot down** *vt* inscrire rapidement, noter
**jotter** ['dʒɔtər] *n* (*Brit*) cahier *m* (de brouillon);
bloc-notes *m*
**journal** ['dʒəːnl] *n* journal *m*
**journalese** [dʒəːnəˈliːz] *n* (*pej*) style *m*
journalistique
**journalism** ['dʒəːnəlɪzəm] *n* journalisme *m*
**journalist** ['dʒəːnəlɪst] *n* journaliste *m/f*
**journey** ['dʒəːnɪ] *n* voyage *m*; (*distance covered*)
trajet *m* ▷ *vi* voyager; **the ~ takes two hours** le
trajet dure deux heures; **a 5-hour ~** un voyage
de 5 heures; **how was your ~?** votre voyage s'est
bien passé?
**jovial** ['dʒəuvɪəl] *adj* jovial(e)
**jowl** [dʒaul] *n* mâchoire *f* (*inférieure*); bajoue *f*
**joy** [dʒɔɪ] *n* joie *f*
**joyful** ['dʒɔɪful], **joyous** ['dʒɔɪəs] *adj*
joyeux(-euse)
**joyride** ['dʒɔɪraɪd] *vi*: **to go joyriding** faire une
virée dans une voiture volée
**joyrider** ['dʒɔɪraɪdər] *n* voleur(-euse) de voiture
(*qui fait une virée dans le véhicule volé*)
**joy stick** ['dʒɔɪstɪk] *n* (*Aviat*) manche *m* à balai;
(*Comput*) manche à balai, manette *f* (de jeu)
**JP** *n abbr* = **Justice of the Peace**

**Jr** *abbr* = **junior**
**JTPA** *n abbr* (*US*: = *Job Training Partnership Act*)
programme gouvernemental de formation
**jubilant** ['dʒuːbɪlnt] *adj* triomphant(e), réjoui(e)
**jubilation** [dʒuːbɪˈleɪʃən] *n* jubilation *f*
**jubilee** ['dʒuːbɪliː] *n* jubilé *m*; **silver ~** (jubilé du)
vingt-cinquième anniversaire
**judge** [dʒʌdʒ] *n* juge *m* ▷ *vt* juger; (*estimate*:
*weight, size etc*) apprécier; (*consider*) estimer ▷ *vi*:
**judging** or **to ~ by his expression** d'après son
expression; **as far as I can ~** autant que je
puisse en juger
**judge advocate** *n* (*Mil*) magistrat *m* militaire
**judgment, judgement** ['dʒʌdʒmənt] *n*
jugement *m*; (*punishment*) châtiment *m*; **in my ~**
à mon avis; **to pass ~ on** (*Law*) prononcer un
jugement (sur)
**judicial** [dʒuːˈdɪʃl] *adj* judiciaire; (*fair*)
impartial(e)
**judiciary** [dʒuːˈdɪʃɪərɪ] *n* (pouvoir *m*) judiciaire *m*
**judicious** [dʒuːˈdɪʃəs] *adj* judicieux(-euse)
**judo** ['dʒuːdəu] *n* judo *m*
**jug** [dʒʌɡ] *n* pot *m*, cruche *f*
**jugged hare** ['dʒʌɡd-] *n* (*Brit*) civet *m* de lièvre
**juggernaut** ['dʒʌɡənɔːt] *n* (*Brit*: *huge truck*)
mastodonte *m*
**juggle** ['dʒʌɡl] *vi* jongler
**juggler** ['dʒʌɡlər] *n* jongleur *m*
**Jugoslav** ['juːɡəuˈslɑːv] *adj*, *n* = **Yugoslav**
**jugular** ['dʒʌɡjulər] *adj*: **~ (vein)** veine *f* jugulaire
**juice** [dʒuːs] *n* jus *m*; (*inf*: *petrol*): **we've run out
of ~** c'est la panne sèche
**juicy** ['dʒuːsɪ] *adj* juteux(-euse)
**jukebox** ['dʒuːkbɔks] *n* juke-box *m*
**July** [dʒuːˈlaɪ] *n* juillet *m*; **the first of ~** le
premier juillet; **(on) the eleventh of ~** le onze
juillet; **in the month of ~** au mois de juillet; **at
the beginning/end of ~** au début/à la fin (du
mois) de juillet, début/fin juillet; **in the
middle of ~** au milieu (du mois) de juillet, à la
mi-juillet; **during ~** pendant le mois de juillet;
**in ~ of next year** en juillet de l'année
prochaine; **each** or **every ~** tous les ans or
chaque année en juillet; **~ was wet this year** il
a beaucoup plu cette année en juillet
**jumble** ['dʒʌmbl] *n* fouillis *m* ▷ *vt* (*also*: **jumble
up, jumble together**) mélanger, brouiller
**jumble sale** *n* (*Brit*) vente *f* de charité
**jumbo** ['dʒʌmbəu] *adj* (*also*: **jumbo jet**) (avion)
gros porteur (à réaction); **~ size** format maxi or
extra-grand
**jump** [dʒʌmp] *vi* sauter, bondir; (*with fear etc*)
sursauter; (*increase*) monter en flèche ▷ *vt*
sauter, franchir ▷ *n* saut *m*, bond *m*; (*with fear
etc*) sursaut *m*; (*fence*) obstacle *m*; **to ~ the
queue** (*Brit*) passer avant son tour
▶ **jump about** *vi* sautiller
▶ **jump at** *vt fus* (*fig*) sauter sur; **he ~ed at the
offer** il s'est empressé d'accepter la proposition
▶ **jump down** *vi* sauter (pour descendre)
▶ **jump up** *vi* se lever (d'un bond)
**jumped-up** ['dʒʌmptʌp] *adj* (*Brit pej*) parvenu(e)

**jumper** ['dʒʌmpəʳ] n (Brit: pullover) pull-over m; (US: pinafore dress) robe-chasuble f; (Sport) sauteur(-euse)

**jump leads**, (US) **jumper cables** npl câbles mpl de démarrage

**jump-start** ['dʒʌmpstɑ:t] vt (car: push) démarrer en poussant; (: with jump leads) démarrer avec des câbles (de démarrage); (fig: project, situation) faire redémarrer promptement

**jumpy** ['dʒʌmpɪ] adj nerveux(-euse), agité(e)

**Jun.** abbr = **June**; **junior**

**junction** ['dʒʌŋkʃən] n (Brit: of roads) carrefour m; (of rails) embranchement m

**juncture** ['dʒʌŋktʃəʳ] n: **at this ~** à ce moment-là, sur ces entrefaites

**June** [dʒu:n] n juin m; for phrases see also **July**

**jungle** ['dʒʌŋgl] n jungle f

**junior** ['dʒu:nɪəʳ] adj, n: **he's ~ to me (by two years)**, **he's my ~ (by two years)** il est mon cadet (de deux ans), il est plus jeune que moi (de deux ans); **he's ~ to me** (seniority) il est en dessous de moi (dans la hiérarchie), j'ai plus d'ancienneté que lui

**junior executive** n cadre moyen

**junior high school** n (US) ≈ collège m d'enseignement secondaire; see also **high school**

**junior minister** n (Brit) ministre m sous tutelle

**junior partner** n associé(-adjoint) m

**junior school** n (Brit) école f primaire

**junior sizes** npl (Comm) tailles fpl fillettes/garçonnets

**juniper** ['dʒu:nɪpəʳ] n: **~ berry** baie f de genièvre

**junk** [dʒʌŋk] n (rubbish) camelote f; (cheap goods) bric-à-brac m inv; (ship) jonque f ▷ vt (inf) abandonner, mettre au rancart

**junk bond** n (Comm) obligation hautement spéculative utilisée dans les OPA agressives

**junk dealer** n brocanteur(-euse)

**junket** ['dʒʌŋkɪt] n (Culin) lait caillé m; (Brit inf): **to go on a ~**, **go ~ing** voyager aux frais de la princesse

**junk food** n snacks vite prêts (sans valeur nutritive)

**junkie** ['dʒʌŋkɪ] n (inf) junkie m, drogué(e)

**junk mail** n prospectus mpl; (Comput) messages mpl publicitaires

**junk room** n (US) débarras m

**junk shop** n (boutique f de) brocanteur m

**Junr** abbr = **junior**

**junta** ['dʒʌntə] n junte f

**Jupiter** ['dʒu:pɪtəʳ] n (planet) Jupiter f

**jurisdiction** [dʒuərɪs'dɪkʃən] n juridiction f; **it falls** or **comes within/outside our ~** cela est/n'est pas de notre compétence or ressort

**jurisprudence** [dʒuərɪs'pru:dəns] n jurisprudence f

**juror** ['dʒuərəʳ] n juré m

**jury** ['dʒuərɪ] n jury m

**jury box** n banc m des jurés

**juryman** ['dʒuərɪmən] (irreg) n = **juror**

**just** [dʒʌst] adj juste ▷ adv: **he's ~ done it/left** il vient de le faire/partir; **~ as I expected** exactement or précisément comme je m'y attendais; **~ right/two o'clock** exactement or juste ce qu'il faut/deux heures; **we were ~ going** nous partions; **I was ~ about to phone** j'allais téléphoner; **~ as he was leaving** au moment or à l'instant précis où il partait; **~ before/enough/here** juste avant/assez/là; **it's ~ me/a mistake** ce n'est que moi/(rien) qu'une erreur; **~ missed/caught** manqué/attrapé de justesse; **~ listen to this!** écoutez un peu ça!; **~ ask someone the way** vous n'avez qu'à demander votre chemin à quelqu'un; **it's ~ as good** c'est (vraiment) aussi bon; **she's ~ as clever as you** elle est tout aussi intelligente que vous; **it's ~ as well that you ...** heureusement que vous ...; **not ~ now** pas tout de suite; **~ a minute!**, **~ one moment!** un instant (s'il vous plaît)!

**justice** ['dʒʌstɪs] n justice f; (US: judge) juge m de la Cour suprême; **Lord Chief J~** (Brit) premier président de la cour d'appel; **this photo doesn't do you ~** cette photo ne vous avantage pas

**Justice of the Peace** n juge m de paix

**justifiable** [dʒʌstɪ'faɪəbl] adj justifiable

**justifiably** [dʒʌstɪ'faɪəblɪ] adv légitimement, à juste titre

**justification** [dʒʌstɪfɪ'keɪʃən] n justification f

**justify** ['dʒʌstɪfaɪ] vt justifier; **to be justified in doing sth** être en droit de faire qch

**justly** ['dʒʌstlɪ] adv avec raison, justement

**justness** ['dʒʌstnɪs] n justesse f

**jut** [dʒʌt] vi (also: **jut out**) dépasser, faire saillie

**jute** [dʒu:t] n jute m

**juvenile** ['dʒu:vənaɪl] adj juvénile; (court, books) pour enfants ▷ n adolescent(e)

**juvenile delinquency** n délinquance f juvénile

**juxtapose** ['dʒʌkstəpəuz] vt juxtaposer

**juxtaposition** ['dʒʌkstəpə'zɪʃən] n juxtaposition f

# Kk

**K, k** [keɪ] n (letter) K, k m; **K for King** K comme
Kléber ▷ abbr (= one thousand) K; (Brit: = Knight)
titre honorifique
**kaftan** ['kæftæn] n cafetan m
**Kalahari Desert** [kælə'hɑːrɪ-] n désert m de
Kalahari
**kale** [keɪl] n chou frisé
**kaleidoscope** [kə'laɪdəskəup] n kaléidoscope m
**kamikaze** [kæmɪ'kɑːzɪ] adj kamikaze
**Kampala** [kæm'pɑːlə] n Kampala
**Kampuchea** [kæmpu'tʃɪə] n Kampuchéa m
**kangaroo** [kæŋgə'ruː] n kangourou m
**Kans.** abbr (US) = **Kansas**
**kaput** [kə'put] adj (inf) kaput
**karaoke** [kɑːrə'əukɪ] n karaoké m
**karate** [kə'rɑːtɪ] n karaté m
**Kashmir** [kæʃ'mɪər] n Cachemire m
**Kazakhstan** [kɑːzɑːk'stæn] n Kazakhstan m
**kB** n abbr (= kilobyte) Ko m
**KC** n abbr (Brit Law: = King's Counsel) titre donné à
certains avocats; see also **QC**
**kd** abbr (US: = knocked down) en pièces détachées
**kebab** [kə'bæb] n kebab m
**keel** [kiːl] n quille f; **on an even ~** (fig) à flot
  ▶ **keel over** vi (Naut) chavirer, dessaler; (person)
  tomber dans les pommes
**keen** [kiːn] adj (eager) plein(e) d'enthousiasme;
(interest, desire, competition) vif (vive); (eye,
intelligence) pénétrant(e); (edge) effilé(e); **to be ~
to do** or **on doing sth** désirer vivement faire
qch, tenir beaucoup à faire qch; **to be ~ on sth/
sb** aimer beaucoup qch/qn; **I'm not ~ on going**
je ne suis pas chaud pour y aller, je n'ai pas très
envie d'y aller
**keenly** ['kiːnlɪ] adv (enthusiastically) avec
enthousiasme; (feel) vivement, profondément;
(look) intensément
**keenness** ['kiːnnɪs] n (eagerness) enthousiasme
m; **~ to do** vif désir de faire
**keep** [kiːp] (pt, pp **kept** [kept]) vt (retain, preserve)
garder; (hold back) retenir; (shop, accounts, promise,
diary) tenir; (support) entretenir, assurer la
subsistance de; (a promise) tenir; (chickens, bees,
pigs etc) élever ▷ vi (food) se conserver; (remain: in
a certain state or place) rester ▷ n (of castle) donjon
m; (food etc): **enough for his ~** assez pour

(assurer) sa subsistance; **to ~ doing sth**
(continue) continuer à faire qch; (repeatedly) ne
pas arrêter de faire qch; **to ~ sb from doing/
sth from happening** empêcher qn de faire or
que qn (ne) fasse/que qch (n')arrive; **to ~ sb
happy/a place tidy** faire que qn soit content/
qu'un endroit reste propre; **to ~ sb waiting**
faire attendre qn; **to ~ an appointment** ne pas
manquer un rendez-vous; **to ~ a record of qch**
prendre note de qch; **to ~ sth to o.s.** garder qch
pour soi, tenir qch secret; **to ~ sth from sb**
cacher qch à qn; **to ~ time** (clock) être à l'heure,
ne pas retarder; **for ~s** (inf) pour de bon, pour
toujours
  ▶ **keep away** vt: **to ~ sth/sb away from sb**
  tenir qch/qn éloigné de qn ▷ vi: **to ~ away
  (from)** ne pas s'approcher (de)
  ▶ **keep back** vt (crowds, tears, money) retenir;
  (conceal: information): **to ~ sth back from sb**
  cacher qch à qn ▷ vi rester en arrière
  ▶ **keep down** vt (control: prices, spending)
  empêcher d'augmenter, limiter; (retain: food)
  garder ▷ vi (person) rester assis(e); rester par
  terre
  ▶ **keep in** vt (invalid, child) garder à la maison;
  (Scol) consigner ▷ vi (inf): **to ~ in with sb** rester
  en bons termes avec qn
  ▶ **keep off** vt (dog, person) éloigner ▷ vi ne pas
  s'approcher; **if the rain ~s off** s'il ne pleut pas;
  **~ your hands off!** pas touche! (inf); **"~ off the
  grass"** "pelouse interdite"
  ▶ **keep on** vt continuer; **to ~ on doing**
  continuer à faire; **don't ~ on about it!** arrête
  (d'en parler)!
  ▶ **keep out** vt empêcher d'entrer ▷ vi (stay out)
  rester en dehors; **"~ out"** "défense d'entrer"
  ▶ **keep up** vi (fig: in comprehension) suivre ▷ vt
  continuer, maintenir; **to ~ up with sb** (in work
  etc) se maintenir au même niveau que qn; (in
  race etc) aller aussi vite que qn
**keeper** ['kiːpər] n gardien(ne)
**keep-fit** [kiːp'fɪt] n gymnastique f (d'entretien)
**keeping** ['kiːpɪŋ] n (care) garde f; **in ~ with** en
harmonie avec
**keeps** [kiːps] n: **for ~** (inf) pour de bon, pour
toujours

**keepsake** ['kiːpseɪk] n souvenir m
**keg** [kɛg] n barrique f, tonnelet m
**Ken.** abbr (US) = **Kentucky**
**kennel** ['kɛnl] n niche f; **kennels** npl (for boarding) chenil m
**Kenya** ['kɛnjə] n Kenya m
**Kenyan** ['kɛnjən] adj kényan(ne) ▷ n Kényan(ne)
**kept** [kɛpt] pt, pp of **keep**
**kerb** [kəːb] n (Brit) bordure f du trottoir
**kerb crawler** [-krɔːləʳ] n personne qui accoste les prostitué(e)s en voiture
**kernel** ['kəːnl] n amande f; (fig) noyau m
**kerosene** ['kɛrəsiːn] n kérosène m
**ketchup** ['kɛtʃəp] n ketchup m
**kettle** ['kɛtl] n bouilloire f
**key** [kiː] n; clé f; (of piano, typewriter) touche f; (on map) légende f ▷ adj (factor, role, area) clé inv ▷ cpd (-)clé ▷ vt (also: **key in**: text) saisir; **can I have my ~?** je peux avoir ma clé?; **a ~ issue** un problème fondamental
**keyboard** ['kiːbɔːd] n clavier m ▷ vt (text) saisir
**keyboarder** ['kiːbɔːdəʳ] n claviste m/f
**keyed up** [kiːd'ʌp] adj: **to be (all) ~** être surexcité(e)
**keyhole** ['kiːhəul] n trou m de la serrure
**keyhole surgery** n chirurgie très minutieuse où l'incision est minimale
**keynote** ['kiːnəut] n (Mus) tonique f; (fig) note dominante
**keypad** ['kiːpæd] n pavé m numérique
**keyring** ['kiːrɪŋ] n porte-clés m
**keystroke** ['kiːstrəuk] n frappe f
**kg** abbr (= kilogram) K
**KGB** n abbr KGB m
**khaki** ['kɑːkɪ] adj, n kaki m
**kibbutz** ['kɪˈbuts] n kibboutz m
**kick** [kɪk] vt donner un coup de pied à ▷ vi (horse) ruer ▷ n coup m de pied; (of rifle) recul m; (inf: thrill): **he does it for ~s** il le fait parce que ça l'excite, il le fait pour le plaisir; **to ~ the habit** (inf) arrêter
▶ **kick around** vi (inf) traîner
▶ **kick off** vi (Sport) donner le coup d'envoi
**kick-off** ['kɪkɔf] n (Sport) coup m d'envoi
**kick-start** ['kɪkstaːt] n (also: **kick-starter**) lanceur m au pied
**kid** [kɪd] n (inf: child) gamin(e), gosse m/f; (animal, leather) chevreau m ▷ vi (inf) plaisanter, blaguer
**kid gloves** npl: **to treat sb with ~** traiter qn avec ménagement
**kidnap** ['kɪdnæp] vt enlever, kidnapper
**kidnapper** ['kɪdnæpəʳ] n ravisseur(-euse)
**kidnapping** ['kɪdnæpɪŋ] n enlèvement m
**kidney** ['kɪdnɪ] n (Anat) rein m; (Culin) rognon m
**kidney bean** n haricot m rouge
**kidney machine** n (Med) rein artificiel
**Kilimanjaro** [kɪlɪmənˈdʒɑːrəu] n: **Mount ~** Kilimandjaro m
**kill** [kɪl] vt tuer; (fig) faire échouer; détruire; supprimer ▷ n mise f à mort; **to ~ time** tuer le temps

▶ **kill off** vt exterminer; (fig) éliminer
**killer** ['kɪləʳ] n tueur(-euse); (murderer) meurtrier(-ière)
**killer instinct** n combativité f; **to have the ~** avoir un tempérament de battant
**killing** ['kɪlɪŋ] n meurtre m; (of group of people) tuerie f, massacre m; (inf): **to make a ~** se remplir les poches, réussir un beau coup ▷ adj (inf) tordant(e)
**killjoy** ['kɪldʒɔɪ] n rabat-joie m inv
**kiln** [kɪln] n four m
**kilo** ['kiːləu] n kilo m
**kilobyte** ['kiːləubaɪt] n (Comput) kilo-octet m
**kilogram, kilogramme** ['kɪləugræm] n kilogramme m
**kilometre, (US) kilometer** ['kɪləmiːtəʳ] n kilomètre m
**kilowatt** ['kɪləuwɔt] n kilowatt m
**kilt** [kɪlt] n kilt m
**kilter** ['kɪltəʳ] n: **out of ~** déréglé(e), détraqué(e)
**kimono** [kɪˈməunəu] n kimono m
**kin** [kɪn] n see **next-of-kin; kith**
**kind** [kaɪnd] adj gentil(le), aimable ▷ n sorte f, espèce f; (species) genre m; **would you be ~ enough to …?, would you be so ~ as to …?** auriez-vous la gentillesse or l'obligeance de …?; **it's very ~ of you (to do)** c'est très aimable à vous (de faire); **to be two of a ~** se ressembler; **in ~** (Comm) en nature; (fig): **to repay sb in ~** rendre la pareille à qn; **~ of** (inf: rather) plutôt; **a ~ of** une sorte de; **what ~ of …?** quelle sorte de …?
**kindergarten** ['kɪndəgaːtn] n jardin m d'enfants
**kind-hearted** [kaɪndˈhaːtɪd] adj bon (bonne)
**kindle** ['kɪndl] vt allumer, enflammer
**kindling** ['kɪndlɪŋ] n petit bois
**kindly** ['kaɪndlɪ] adj bienveillant(e), plein(e) de gentillesse ▷ adv avec bonté; **will you ~ …** auriez-vous la bonté or l'obligeance de …; **he didn't take it ~** il l'a mal pris
**kindness** ['kaɪndnɪs] n (quality) bonté f, gentillesse f
**kindred** ['kɪndrɪd] adj apparenté(e); **~ spirit** âme f sœur
**kinetic** [kɪˈnɛtɪk] adj cinétique
**king** [kɪŋ] n roi m
**kingdom** ['kɪŋdəm] n royaume m
**kingfisher** ['kɪŋfɪʃəʳ] n martin-pêcheur m
**kingpin** ['kɪŋpɪn] n (Tech) pivot m; (fig) cheville ouvrière
**king-size** ['kɪŋsaɪz], **king-sized** ['kɪŋsaɪzd] adj (cigarette) (format) extra-long (longue)
**king-size bed, king-sized bed** n grand lit (de 1,95 m de large)
**kink** [kɪŋk] n (of rope) entortillement m; (in hair) ondulation f; (inf: fig) aberration f
**kinky** ['kɪŋkɪ] adj (fig) excentrique; (pej) aux goûts spéciaux
**kinship** ['kɪnʃɪp] n parenté f
**kinsman** ['kɪnzmən] (irreg) n parent m
**kinswoman** ['kɪnzwumən] (irreg) n parente f

**kiosk** ['ki:ɔsk] *n* kiosque *m*; (Brit: also: **telephone kiosk**) cabine *f* (téléphonique); (also: **newspaper kiosk**) kiosque à journaux
**kipper** ['kɪpəʳ] *n* hareng fumé et salé
**Kirghizia** [kə:'gɪzɪə] *n* Kirghizistan *m*
**kiss** [kɪs] *n* baiser *m* ▷ *vt* embrasser; **to ~ (each other)** s'embrasser; **to ~ sb goodbye** dire au revoir à qn en l'embrassant
**kissagram** ['kɪsəgræm] *n* baiser envoyé à l'occasion d'une célébration par l'intermédiaire d'une personne employée à cet effet
**kiss of life** *n* (Brit) bouche à bouche *m*
**kit** [kɪt] *n* équipement *m*, matériel *m*; (set of tools etc) trousse *f*; (for assembly) kit *m*; **tool ~** nécessaire *m* à outils
▶ **kit out** *vt* (Brit) équiper
**kitbag** ['kɪtbæg] *n* sac *m* de voyage *or* de marin
**kitchen** ['kɪtʃɪn] *n* cuisine *f*
**kitchen garden** *n* jardin *m* potager
**kitchen sink** *n* évier *m*
**kitchen unit** *n* (Brit) élément *m* de cuisine
**kitchenware** ['kɪtʃɪnwɛəʳ] *n* vaisselle *f*; ustensiles *mpl* de cuisine
**kite** [kaɪt] *n* (toy) cerf-volant *m*; (Zool) milan *m*
**kith** [kɪθ] *n*: **~ and kin** parents et amis *mpl*
**kitten** ['kɪtn] *n* petit chat, chaton *m*
**kitty** ['kɪtɪ] *n* (money) cagnotte *f*
**kiwi** ['ki:wi:] *n* (also: **kiwi fruit**) kiwi *m*
**KKK** *n abbr* (US) = **Ku Klux Klan**
**Kleenex®** ['kli:nɛks] *n* Kleenex® *m*
**kleptomaniac** [klɛptəu'meɪnɪæk] *n* kleptomane *m/f*
**km** *abbr* (= kilometre) km
**km/h** *abbr* (= kilometres per hour) km/h
**knack** [næk] *n*: **to have the ~ (of doing)** avoir le coup (pour faire); **there's a ~** il y a un coup à prendre *or* une combine
**knackered** ['nækəd] *adj* (inf) crevé(e), nase
**knapsack** ['næpsæk] *n* musette *f*
**knave** [neɪv] *n* (Cards) valet *m*
**knead** [ni:d] *vt* pétrir
**knee** [ni:] *n* genou *m*
**kneecap** ['ni:kæp] *n* rotule *f* ▷ *vt* tirer un coup de feu dans la rotule de
**knee-deep** ['ni:'di:p] *adj*: **the water was ~** l'eau arrivait aux genoux
**kneel** (pt, pp **knelt**) [ni:l, nɛlt] *vi* (also: **kneel down**) s'agenouiller
**kneepad** ['ni:pæd] *n* genouillère *f*
**knell** [nɛl] *n* glas *m*
**knelt** [nɛlt] *pt*, *pp of* **kneel**
**knew** [nju:] *pt of* **know**
**knickers** ['nɪkəz] *npl* (Brit) culotte *f* (de femme)
**knick-knack** ['nɪknæk] *n* colifichet *m*
**knife** [naɪf] *n* (pl **knives** [naɪvz]) couteau *m* ▷ *vt* poignarder, frapper d'un coup de couteau; **~, fork and spoon** couvert *m*
**knife-edge** ['naɪfɛdʒ] *n*: **to be on a ~** être sur le fil du rasoir
**knight** [naɪt] *n* chevalier *m*; (Chess) cavalier *m*
**knighthood** ['naɪthud] *n* chevalerie *f*; (title): **to get a ~** être fait chevalier

**knit** [nɪt] *vt* tricoter; (fig): **to ~ together** unir ▷ *vi* tricoter; (broken bones) se ressouder; **to ~ one's brows** froncer les sourcils
**knitted** ['nɪtɪd] *adj* en tricot
**knitting** ['nɪtɪŋ] *n* tricot *m*
**knitting machine** *n* machine *f* à tricoter
**knitting needle** *n* aiguille *f* à tricoter
**knitting pattern** *n* modèle *m* (pour tricot)
**knitwear** ['nɪtwɛəʳ] *n* tricots *mpl*, lainages *mpl*
**knives** [naɪvz] *npl of* **knife**
**knob** [nɔb] *n* bouton *m*; (Brit): **a ~ of butter** une noix de beurre
**knobbly** ['nɔblɪ], (US) **knobby** ['nɔbɪ] *adj* (wood, surface) noueux(-euse); (knees) noueux
**knock** [nɔk] *vt* frapper; (bump into) heurter; (make: hole etc): **to ~ a hole in** faire un trou dans, trouer; (force: nail etc): **to ~ a nail into** enfoncer un clou dans; (fig: col) dénigrer ▷ *vi* (engine) cogner; (at door etc): **to ~ at/on** frapper à/sur ▷ *n* coup *m*; **he ~ed at the door** il frappa à la porte
▶ **knock down** *vt* renverser; (price) réduire
▶ **knock off** *vi* (inf: finish) s'arrêter (de travailler) ▷ *vt* (vase, object) faire tomber; (inf: steal) piquer; (fig: from price etc): **to ~ off £10** faire une remise de 10 livres
▶ **knock out** *vt* assommer; (Boxing) mettre k.-o.; (in competition) éliminer
▶ **knock over** *vt* (object) faire tomber; (pedestrian) renverser
**knockdown** ['nɔkdaun] *adj* (price) sacrifié(e)
**knocker** ['nɔkəʳ] *n* (on door) heurtoir *m*
**knocking** ['nɔkɪŋ] *n* coups *mpl*
**knock-kneed** [nɔk'ni:d] *adj* aux genoux cagneux
**knockout** ['nɔkaut] *n* (Boxing) knock-out *m*, K.-O. *m*; **~ competition** (Brit) compétition *f* avec épreuves éliminatoires
**knock-up** ['nɔkʌp] *n* (Tennis): **to have a ~** faire des balles
**knot** [nɔt] *n* (gen) nœud *m* ▷ *vt* nouer; **to tie a ~** faire un nœud
**knotty** ['nɔtɪ] *adj* (fig) épineux(-euse)
**know** [nəu] *vt* (pt **knew**, pp **known** [nju:, nəun]) savoir; (person, place) connaître; **to ~ that** savoir que; **to ~ how to do** savoir faire; **to ~ how to swim** savoir nager; **to ~ about/of sth** (event) être au courant de qch; (subject) connaître qch; **to get to ~ sth** (fact) apprendre qch; (place) apprendre à connaître qch; **I don't ~** je ne sais pas; **I don't ~ him** je ne le connais pas; **do you ~ where I can ...?** savez-vous où je peux ...?; **to ~ right from wrong** savoir distinguer le bon du mauvais; **as far as I ~ ...** à ma connaissance ..., autant que je sache ...
**know-all** ['nəuɔ:l] *n* (Brit pej) je-sais-tout *m/f*
**know-how** ['nəuhau] *n* savoir-faire *m*, technique *f*, compétence *f*
**knowing** ['nəuɪŋ] *adj* (look etc) entendu(e)
**knowingly** ['nəuɪŋlɪ] *adv* (on purpose) sciemment; (smile, look) d'un air entendu
**know-it-all** ['nəuɪtɔ:l] *n* (US) = **know-all**
**knowledge** ['nɔlɪdʒ] *n* connaissance *f*; (learning)

**k**

connaissances, savoir *m*; **to have no ~ of** ignorer; **not to my** ~ pas à ma connaissance; **without my** ~ à mon insu; **to have a working ~ of French** se débrouiller en français; **it is common ~ that** ... chacun sait que ...; **it has come to my ~ that** ... j'ai appris que ...

**knowledgeable** ['nɒlɪdʒəbl] *adj* bien informé(e)

**known** [nəun] *pp of* **know** ▷ *adj* (*thief, facts*) notoire; (*expert*) célèbre

**knuckle** ['nʌkl] *n* articulation *f* (des phalanges), jointure *f*

▸ **knuckle down** *vi* (*inf*) s'y mettre
▸ **knuckle under** *vi* (*inf*) céder

**knuckleduster** ['nʌkldʌstəʳ] *n* coup-de-poing américain

**KO** *abbr* = **knock out** ▷ *n* K.-O. *m* ▷ *vt* mettre K.-O.

**koala** [kəu'ɑːlə] *n* (*also:* **koala bear**) koala *m*

**kook** [kuːk] *n* (*US inf*) loufoque *m/f*

**Koran** [kɔ'rɑːn] *n* Coran *m*

**Korea** [kə'rɪə] *n* Corée *f*; **North/South** ~ Corée du Nord/Sud

**Korean** [kə'rɪən] *adj* coréen(ne) ▷ *n* Coréen(ne)

**kosher** ['kəuʃəʳ] *adj* kascher *inv*

**Kosovar, Kosovan** ['kɔsəvɑːʳ, 'kɔsəvən] *adj* kosovar(e)

**Kosovo** ['kɔsɔvəu] *n* Kosovo *m*

**kowtow** ['kau'tau] *vi*: **to ~ to sb** s'aplatir devant qn

**Kremlin** ['krɛmlɪn] *n*: **the ~** le Kremlin

**KS** *abbr* (*US*) = **Kansas**

**Kt** *abbr* (*Brit*: = *Knight*) *titre honorifique*

**Kuala Lumpur** ['kwɑːlə'lumpuəʳ] *n* Kuala Lumpur

**kudos** ['kjuːdɔs] *n* gloire *f*, lauriers *mpl*

**Kurd** [kəːd] *n* Kurde *m/f*

**Kuwait** [ku'weɪt] *n* Koweït *m*

**Kuwaiti** [ku'weɪtɪ] *adj* koweïtien(ne) ▷ *n* Koweïtien(ne)

**kW** *abbr* (= *kilowatt*) kW

**KY, Ky.** *abbr* (*US*) = **Kentucky**

# Ll

**L¹, l** [εl] *n* (*letter*) L, l *m*; **L for Lucy,** (*US*) **L for Love** L comme Louis
**L²** *abbr* (= *lake, large*) L; (= *left*) g; (*Brit Aut*: = *learner*) *signale un conducteur débutant*
**l.** *abbr* (= *litre*) l
**LA** *n abbr* (*US*) = **Los Angeles** ▷ *abbr* (*US*) = **Louisiana**
**La.** *abbr* (*US*) = **Louisiana**
**lab** [læb] *n abbr* (= *laboratory*) labo *m*
**Lab.** *abbr* (*Canada*) = **Labrador**
**label** ['leɪbl] *n* étiquette *f*; (*brand: of record*) marque *f* ▷ *vt* étiqueter; **to ~ sb a ...** qualifier qn de ...
**labor** *etc* ['leɪbəʳ] (*US*) = **labour** *etc*
**laboratory** [lə'bɔrətərɪ] *n* laboratoire *m*
**Labor Day** *n* (*US, Canada*) fête *f* du travail (*le premier lundi de septembre*); *voir article*

⬤ **LABOR DAY**
⬤
⬤ *Labor Day* aux États-Unis et au Canada est
⬤ fixée au premier lundi de septembre.
⬤ Instituée par le Congrès en 1894 après avoir
⬤ été réclamée par les mouvements ouvriers
⬤ pendant douze ans, elle a perdu une grande
⬤ partie de son caractère politique pour
⬤ devenir un jour férié assez ordinaire et
⬤ l'occasion de partir pour un long week-end
⬤ avant la rentrée des classes.

**laborious** [lə'bɔːrɪəs] *adj* laborieux(-euse)
**labor union** *n* (*US*) syndicat *m*
**Labour** ['leɪbəʳ] *n* (*Brit Pol: also*: **the Labour Party**) le parti travailliste, les travaillistes *mpl*
**labour,** (*US*) **labor** ['leɪbəʳ] *n* (*work*) travail *m*; (*workforce*) main-d'œuvre *f*; (*Med*) travail, accouchement *m* ▷ *vi*: **to ~ (at)** travailler dur (à), peiner (sur) ▷ *vt*: **to ~ a point** insister sur un point; **in ~** (*Med*) en travail
**labour camp,** (*US*) **labor camp** *n* camp *m* de travaux forcés
**labour cost,** (*US*) **labor cost** *n* coût *m* de la main-d'œuvre; coût de la façon
**laboured,** (*US*) **labored** ['leɪbəd] *adj* lourd(e), laborieux(-euse); (*breathing*) difficile, pénible; (*style*) lourd, embarrassé(e)

**labourer,** (*US*) **laborer** ['leɪbərəʳ] *n* manœuvre *m*; **farm ~** ouvrier *m* agricole
**labour force,** (*US*) **labor force** *n* main-d'œuvre *f*
**labour-intensive,** (*US*) **labor-intensive** [leɪbərɪn'tɛnsɪv] *adj* intensif(-ive) en main-d'œuvre
**labour market,** (*US*) **labor market** *n* marché *m* du travail
**labour pains,** (*US*) **labor pains** *npl* douleurs *fpl* de l'accouchement
**labour relations,** (*US*) **labor relations** *npl* relations *fpl* dans l'entreprise
**labour-saving,** (*US*) **labor-saving** ['leɪbəseɪvɪŋ] *adj* qui simplifie le travail
**labour unrest,** (*US*) **labor unrest** *n* agitation sociale
**labyrinth** ['læbɪrɪnθ] *n* labyrinthe *m*, dédale *m*
**lace** [leɪs] *n* dentelle *f*; (*of shoe etc*) lacet *m* ▷ *vt* (*shoe: also*: **lace up**) lacer; (*drink*) arroser, corser
**lacemaking** ['leɪsmeɪkɪŋ] *n* fabrication *f* de dentelle
**laceration** [læsə'reɪʃən] *n* lacération *f*
**lace-up** ['leɪsʌp] *adj* (*shoes etc*) à lacets
**lack** [læk] *n* manque *m* ▷ *vt* manquer de; **through** *or* **for ~ of** faute de, par manque de; **to be ~ing** manquer, faire défaut; **to be ~ing in** manquer de
**lackadaisical** [lækə'deɪzɪkl] *adj* nonchalant(e), indolent(e)
**lackey** ['lækɪ] *n* (*also flg*) laquais *m*
**lacklustre** ['læklʌstəʳ] *adj* terne
**laconic** [lə'kɔnɪk] *adj* laconique
**lacquer** ['lækəʳ] *n* laque *f*
**lacy** ['leɪsɪ] *adj* (*made of lace*) en dentelle; (*like lace*) comme la dentelle, qui ressemble à de la dentelle
**lad** [læd] *n* garçon *m*, gars *m*; (*Brit: in stable etc*) lad *m*
**ladder** ['lædəʳ] *n* échelle *f*; (*Brit: in tights*) maille filée *f* ▷ *vt, vi* (*Brit: tights*) filer
**laden** ['leɪdn] *adj*: **~ (with)** chargé(e) (de); **fully ~** (*truck, ship*) en pleine charge
**ladle** ['leɪdl] *n* louche *f*
**lady** ['leɪdɪ] *n* dame *f*; **"ladies and gentlemen ..."** "Mesdames (et) Messieurs ..."; **young ~** jeune fille *f*; (*married*) jeune femme *f*;

**L~ Smith** lady Smith; **the ladies' (room)** les toilettes *fpl* des dames; **a ~ doctor** une doctoresse, une femme médecin

**ladybird** ['leɪdɪbəːd], (*US*) **ladybug** ['leɪdɪbʌg] *n* coccinelle *f*

**lady-in-waiting** ['leɪdɪɪn'weɪtɪŋ] *n* dame *f* d'honneur

**lady-killer** ['leɪdɪkɪləʳ] *n* don Juan *m*

**ladylike** ['leɪdɪlaɪk] *adj* distingué(e)

**ladyship** ['leɪdɪʃɪp] *n*: **your L~** Madame la comtesse (*or* la baronne *etc*)

**lag** [læg] *n* retard *m* ▷ *vi* (*also:* **lag behind**) rester en arrière, traîner; (*fig*) rester à la traîne ▷ *vt* (*pipes*) calorifuger

**lager** ['lɑːgəʳ] *n* bière blonde

**lager lout** *n* (*Brit inf*) jeune voyou *m* (*porté sur la boisson*)

**lagging** ['lægɪŋ] *n* enveloppe isolante, calorifuge *m*

**lagoon** [lə'guːn] *n* lagune *f*

**Lagos** ['leɪgɔs] *n* Lagos

**laid** [leɪd] *pt, pp of* **lay**

**laid back** *adj* (*inf*) relaxe, décontracté(e)

**laid up** *adj* alité(e)

**lain** [leɪn] *pp of* **lie**

**lair** [lɛəʳ] *n* tanière *f*, gîte *m*

**laissez-faire** [lɛseɪ'fɛəʳ] *n* libéralisme *m*

**laity** ['leɪətɪ] *n* laïques *mpl*

**lake** [leɪk] *n* lac *m*

**Lake District** *n*: **the ~** (*Brit*) la région des lacs

**lamb** [læm] *n* agneau *m*

**lamb chop** *n* côtelette *f* d'agneau

**lambskin** ['læmskɪn] *n* (peau *f* d')agneau *m*

**lambswool** ['læmzwul] *n* laine *f* d'agneau

**lame** [leɪm] *adj* (*also fig*) boiteux(-euse); **~ duck** (*fig*) canard boiteux

**lamely** ['leɪmlɪ] *adv* (*fig*) sans conviction

**lament** [lə'mɛnt] *n* lamentation *f* ▷ *vt* pleurer, se lamenter sur

**lamentable** ['læməntəbl] *adj* déplorable, lamentable

**laminated** ['læmɪneɪtɪd] *adj* laminé(e); (*windscreen*) (en verre) feuilleté

**lamp** [læmp] *n* lampe *f*

**lamplight** ['læmplaɪt] *n*: **by ~** à la lumière de la (*or* d'une) lampe

**lampoon** [læm'puːn] *n* pamphlet *m*

**lamppost** ['læmppəust] *n* (*Brit*) réverbère *m*

**lampshade** ['læmpʃeɪd] *n* abat-jour *m inv*

**lance** [lɑːns] *n* lance *f* ▷ *vt* (*Med*) inciser

**lance corporal** *n* (*Brit*) (soldat *m* de) première classe *m*

**lancet** ['lɑːnsɪt] *n* (*Med*) bistouri *m*

**Lancs** [læŋks] *abbr* (*Brit*) = **Lancashire**

**land** [lænd] *n* (*as opposed to sea*) terre *f* (ferme); (*country*) pays *m*; (*soil*) terre; (*piece of land*) terrain *m*; (*estate*) terre(s), domaine(s) *m(pl)* ▷ *vi* (*from ship*) débarquer; (*Aviat*) atterrir; (*fig: fall*) (re)tomber ▷ *vt* (*passengers, goods*) débarquer; (*obtain*) décrocher; **to go/travel by ~** se déplacer par voie de terre; **to own ~** être propriétaire foncier; **to ~ on one's feet** (*also fig*)

retomber sur ses pieds; **to ~ sb with sth** (*inf*) coller qch à qn

▸ **land up** *vi* atterrir, (finir par) se retrouver

**landed gentry** ['lændɪd-] *n* (*Brit*) propriétaires terriens *or* fonciers

**landfill site** ['lændfɪl-] *n* centre *m* d'enfouissement des déchets

**landing** ['lændɪŋ] *n* (*from ship*) débarquement *m*; (*Aviat*) atterrissage *m*; (*of staircase*) palier *m*

**landing card** *n* carte *f* de débarquement

**landing craft** *n* péniche *f* de débarquement

**landing gear** *n* train *m* d'atterrissage

**landing stage** *n* (*Brit*) débarcadère *m*, embarcadère *m*

**landing strip** *n* piste *f* d'atterrissage

**landlady** ['lændleɪdɪ] *n* propriétaire *f*, logeuse *f*; (*of pub*) patronne *f*

**landlocked** ['lændlɔkt] *adj* entouré(e) de terre(s), sans accès à la mer

**landlord** ['lændlɔːd] *n* propriétaire *m*, logeur *m*; (*of pub etc*) patron *m*

**landlubber** ['lændlʌbəʳ] *n* terrien(ne)

**landmark** ['lændmɑːk] *n* (point *m* de) repère *m*; **to be a ~** (*fig*) faire date *or* époque

**landowner** ['lændəunəʳ] *n* propriétaire foncier *or* terrien

**landscape** ['lænskeɪp] *n* paysage *m*

**landscape architect, landscape gardener** *n* paysagiste *m/f*

**landscape painting** *n* (*Art*) paysage *m*

**landslide** ['lændslaɪd] *n* (*Geo*) glissement *m* (de terrain); (*fig: Pol*) raz-de-marée (électoral)

**lane** [leɪn] *n* (*in country*) chemin *m*; (*in town*) ruelle *f*; (*Aut: of road*) voie *f*; (: *line of traffic*) file *f*; (*in race*) couloir *m*; **shipping ~** route *f* maritime *or* de navigation

**language** ['læŋgwɪdʒ] *n* langue *f*; (*way one speaks*) langage *m*; **what ~s do you speak?** quelles langues parlez-vous?; **bad ~** grossièretés *fpl*, langage grossier

**language laboratory** *n* laboratoire *m* de langues

**language school** *n* école *f* de langue

**languid** ['læŋgwɪd] *adj* languissant(e), langoureux(-euse)

**languish** ['læŋgwɪʃ] *vi* languir

**lank** [læŋk] *adj* (*hair*) raide et terne

**lanky** ['læŋkɪ] *adj* grand(e) et maigre, efflanqué(e)

**lanolin, lanoline** ['lænəlɪn] *n* lanoline *f*

**lantern** ['læntn] *n* lanterne *f*

**Laos** [laus] *n* Laos *m*

**lap** [læp] *n* (*of track*) tour *m* (de piste); (*of body*): **in** *or* **on one's ~** sur les genoux ▷ *vt* (*also:* **lap up**) laper ▷ *vi* (*waves*) clapoter

▸ **lap up** *vt* (*fig*) boire comme du petit-lait, se gargariser de; (: *lies etc*) gober

**La Paz** [læ'pæz] *n* La Paz

**lapdog** ['læpdɔg] *n* chien *m* d'appartement

**lapel** [lə'pɛl] *n* revers *m*

**Lapland** ['læplænd] *n* Laponie *f*

**lapse** [læps] *n* défaillance *f*; (*in behaviour*) écart *m* (de conduite) ▷ vi (Law) cesser d'être en vigueur; (contract) expirer; (pass) être périmé; (subscription) prendre fin; **to ~ into bad habits** prendre de mauvaises habitudes; **~ of time** laps m de temps, intervalle m; **a ~ of memory** un trou de mémoire

**laptop** ['læptɒp], **laptop computer** n (ordinateur m) portable m

**larceny** ['lɑːsənɪ] n vol m

**larch** [lɑːtʃ] n mélèze m

**lard** [lɑːd] n saindoux m

**larder** ['lɑːdə<sup>r</sup>] n garde-manger m inv

**large** [lɑːdʒ] adj grand(e); (person, animal) gros (grosse); **to make ~r** agrandir; **a ~ number of people** beaucoup de gens; **by and ~** en général; **on a ~ scale** sur une grande échelle; **at ~** (free) en liberté; (generally) en général; pour la plupart; see also **by**

**largely** ['lɑːdʒlɪ] adv en grande partie; (principally) surtout

**large-scale** ['lɑːdʒ'skeɪl] adj (map, drawing etc) à grande échelle; (fig) important(e)

**lark** [lɑːk] n (bird) alouette f; (joke) blague f, farce f
▶ **lark about** vi faire l'idiot, rigoler

**larva** (pl **-e**) ['lɑːvə, -iː] n larve f

**laryngitis** [lærɪn'dʒaɪtɪs] n laryngite f

**larynx** ['lærɪŋks] n larynx m

**lasagne** [lə'zænjə] n lasagne f

**lascivious** [lə'sɪvɪəs] adj lascif(-ive)

**laser** ['leɪzə<sup>r</sup>] n laser m

**laser beam** n rayon m laser

**laser printer** n imprimante f laser

**lash** [læʃ] n coup m de fouet; (also: **eyelash**) cil m ▷ vt fouetter; (tie) attacher
▶ **lash down** vt attacher; amarrer; arrimer ▷ vi (rain) tomber avec violence
▶ **lash out** vi: **to ~ out (at** or **against sb/sth)** attaquer violemment (qn/qch); **to ~ out (on sth)** (inf: spend) se fendre (de qch)

**lashing** ['læʃɪŋ] n: **~s of** (Brit inf: cream etc) des masses de

**lass** [læs] (Brit) n (jeune) fille f

**lasso** [læ'suː] n lasso m ▷ vt prendre au lasso

**last** [lɑːst] adj dernier(-ière) ▷ adv en dernier; (most recently) la dernière fois; (finally) finalement ▷ vi durer; **~ week** la semaine dernière; **~ night** (evening) hier soir; (night) la nuit dernière; **at ~** enfin; **~ but one** avant-dernier(-ière); **the ~ time** la dernière fois; **it ~s (for) 2 hours** ça dure 2 heures

**last-ditch** ['lɑːst'dɪtʃ] adj ultime, désespéré(e)

**lasting** ['lɑːstɪŋ] adj durable

**lastly** ['lɑːstlɪ] adv en dernier lieu, pour finir

**last-minute** ['lɑːstmɪnɪt] adj de dernière minute

**latch** [lætʃ] n loquet m
▶ **latch onto** vt fus (cling to: person, group) s'accrocher à; (idea) se mettre en tête

**latchkey** ['lætʃkiː] n clé f (de la porte d'entrée)

**late** [leɪt] adj (not on time) en retard; (far on in day etc) tardif(-ive); (: edition, delivery) dernier(-ière); (recent) récent(e), dernier; (former) ancien(ne); (dead) défunt(e) ▷ adv tard; (behind time, schedule) en retard; **to be ~** avoir du retard; **to be 10 minutes ~** avoir 10 minutes de retard; **sorry I'm ~** désolé d'être en retard; **it's too ~** il est trop tard; **to work ~** travailler tard; **~ in life** sur le tard, à un âge avancé; **of ~** dernièrement; **in ~ May** vers la fin (du mois) de mai, fin mai; **the ~ Mr X** feu M. X

**latecomer** ['leɪtkʌmə<sup>r</sup>] n retardataire m/f

**lately** ['leɪtlɪ] adv récemment

**lateness** ['leɪtnɪs] n (of person) retard m; (of event) heure tardive

**latent** ['leɪtnt] adj latent(e); **~ defect** vice caché

**later** ['leɪtə<sup>r</sup>] adj (date etc) ultérieur(e); (version etc) plus récent(e) ▷ adv plus tard; **~ on today** plus tard dans la journée

**lateral** ['lætərl] adj latéral(e)

**latest** ['leɪtɪst] adj tout(e) dernier(-ière); **the ~ news** les dernières nouvelles; **at the ~** au plus tard

**latex** ['leɪteks] n latex m

**lath** (pl **-s**) [læθ, læðz] n latte f

**lathe** [leɪð] n tour m

**lather** ['lɑːðə<sup>r</sup>] n mousse f (de savon) ▷ vt savonner ▷ vi mousser

**Latin** ['lætɪn] n latin m ▷ adj latin(e)

**Latin America** n Amérique latine

**Latin American** adj latino-américain(e), d'Amérique latine ▷ n Latino-Américain(e)

**latitude** ['lætɪtjuːd] n (also fig) latitude f

**latrine** [lə'triːn] n latrines fpl

**latter** ['lætə<sup>r</sup>] adj deuxième, dernier(-ière) ▷ n: **the ~** ce dernier, celui-ci

**latterly** ['lætəlɪ] adv dernièrement, récemment

**lattice** ['lætɪs] n treillis m; treillage m

**lattice window** n fenêtre treillissée, fenêtre à croisillons

**Latvia** ['lætvɪə] n Lettonie f

**Latvian** ['lætvɪən] adj letton(ne) ▷ n Letton(ne); (Ling) letton m

**laudable** ['lɔːdəbl] adj louable

**laudatory** ['lɔːdətrɪ] adj élogieux(-euse)

**laugh** [lɑːf] n rire m ▷ vi rire; **(to do sth) for a ~** (faire qch) pour rire
▶ **laugh at** vt fus se moquer de; (joke) rire de
▶ **laugh off** vt écarter or rejeter par une plaisanterie or par une boutade

**laughable** ['lɑːfəbl] adj risible, ridicule

**laughing** ['lɑːfɪŋ] adj rieur(-euse); **this is no ~ matter** il n'y a pas de quoi rire, ça n'a rien d'amusant

**laughing gas** n gaz hilarant

**laughing stock** n: **the ~ of** la risée de

**laughter** ['lɑːftə<sup>r</sup>] n rire m; (of several people) rires mpl

**launch** [lɔːntʃ] n lancement m; (boat) chaloupe f; (also: **motor launch**) vedette f ▷ vt (ship, rocket, plan) lancer
▶ **launch into** vt fus se lancer dans
▶ **launch out** vi: **to ~ out (into)** se lancer (dans)

**launching** ['lɔːntʃɪŋ] n lancement m

653

**launder** [ˈlɔːndər] vt laver; (fig: money) blanchir

**Launderette®** [lɔːnˈdrɛt], (US) **Laundromat®** [ˈlɔːndrəmæt] n laverie f (automatique)

**laundry** [ˈlɔːndrɪ] n (clothes) linge m; (business) blanchisserie f; (room) buanderie f; **to do the ~** faire la lessive

**laureate** [ˈlɔːrɪət] adj see **poet laureate**

**laurel** [ˈlɔrl] n laurier m; **to rest on one's ~s** se reposer sur ses lauriers

**lava** [ˈlɑːvə] n lave f

**lavatory** [ˈlævətərɪ] n toilettes fpl

**lavatory paper** n (Brit) papier m hygiénique

**lavender** [ˈlævəndər] n lavande f

**lavish** [ˈlævɪʃ] adj (amount) copieux(-euse); (meal) somptueux(-euse); (hospitality) généreux(-euse); (person: giving freely): ~ **with** prodigue de ▷ vt: **to ~ sth on sb** prodiguer qch à qn; (money) dépenser qch sans compter pour qn

**lavishly** [ˈlævɪʃlɪ] adv (give, spend) sans compter; (furnished) luxueusement

**law** [lɔː] n loi f; (science) droit m; **against the ~** contraire à la loi; **to study ~** faire du droit; **to go to ~** (Brit) avoir recours à la justice; **~ and order** (n) l'ordre public

**law-abiding** [ˈlɔːəbaɪdɪŋ] adj respectueux(-euse) des lois

**lawbreaker** [ˈlɔːbreɪkər] n personne f qui transgresse la loi

**law court** n tribunal m, cour f de justice

**lawful** [ˈlɔːful] adj légal(e), permis(e)

**lawfully** [ˈlɔːfəlɪ] adv légalement

**lawless** [ˈlɔːlɪs] adj (action) illégal(e); (place) sans loi

**Law Lord** n (Brit) juge siégant à la Chambre des Lords

**lawmaker** [ˈlɔːmeɪkər] n législateur(-trice)

**lawn** [lɔːn] n pelouse f

**lawnmower** [ˈlɔːnməʊər] n tondeuse f à gazon

**lawn tennis** n tennis m

**law school** n faculté f de droit

**law student** n étudiant(e) en droit

**lawsuit** [ˈlɔːsuːt] n procès m; **to bring a ~ against** engager des poursuites contre

**lawyer** [ˈlɔːjər] n (consultant, with company) juriste m; (for sales, wills etc) ≈ notaire m; (partner, in court) ≈ avocat m

**lax** [læks] adj relâché(e)

**laxative** [ˈlæksətɪv] n laxatif m

**laxity** [ˈlæksɪtɪ] n relâchement m

**lay** [leɪ] pt of **lie** ▷ adj laïque; (not expert) profane ▷ vt (pt, pp **laid** [leɪd]) poser, mettre; (eggs) pondre; (trap) tendre; (plans) élaborer; **to ~ the table** mettre la table; **to ~ the facts/one's proposals before sb** présenter les faits/ses propositions à qn; **to get laid** (inf!) baiser (!), se faire baiser (!)

▶ **lay aside, lay by** vt mettre de côté

▶ **lay down** vt poser; (rules etc) établir; **to ~ down the law** (fig) faire la loi

▶ **lay in** vt accumuler, s'approvisionner en

▶ **lay into** vi (inf: attack) tomber sur; (: scold) passer un engueulade à

▶ **lay off** vt (workers) licencier

▶ **lay on** vt (water, gas) mettre, installer; (provide: meal etc) fournir; (paint) étaler

▶ **lay out** vt (design) dessiner, concevoir; (display) disposer; (spend) dépenser

▶ **lay up** vt (store) amasser; (car) remiser; (ship) désarmer; (illness) forcer à s'aliter

**layabout** [ˈleɪəbaut] n fainéant(e)

**lay-by** [ˈleɪbaɪ] n (Brit) aire f de stationnement (sur le bas-côté)

**lay days** npl (Naut) estarie f

**layer** [ˈleɪər] n couche f

**layette** [leɪˈɛt] n layette f

**layman** [ˈleɪmən] (irreg) n (Rel) laïque m; (non-expert) profane m

**lay-off** [ˈleɪɔf] n licenciement m

**layout** [ˈleɪaut] n disposition f, plan m, agencement m; (Press) mise f en page

**laze** [leɪz] vi paresser

**laziness** [ˈleɪzɪnɪs] n paresse f

**lazy** [ˈleɪzɪ] adj paresseux(-euse)

**LB** abbr (Canada) = **Labrador**

**lb.** abbr (weight) = **pound**

**lbw** abbr (Cricket: = leg before wicket) faute dans laquelle le joueur a la jambe devant le guichet

**LC** n abbr (US) = **Library of Congress**

**lc** abbr (Typ: = lower case) b.d.c.

**L/C** abbr = **letter of credit**

**LCD** n abbr = **liquid crystal display**

**Ld** abbr (Brit: = lord) titre honorifique

**LDS** n abbr (= Licentiate in Dental Surgery) diplôme universitaire; (= Latter-day Saints) Église de Jésus-Christ des Saints du dernier jour

**LEA** n abbr (Brit: = local education authority) services locaux de l'enseignement

**lead¹** [liːd] (pt, pp **led** [lɛd]) n (front position) tête f; (distance, time ahead) avance f; (clue) piste f; (to battery) raccord m; (Elec) fil m; (for dog) laisse f; (Theat) rôle principal ▷ vt (guide) mener, conduire; (induce) amener; (be leader of) être à la tête de; (Sport) être en tête de; (orchestra: Brit) être le premier violon de; (: US) diriger ▷ vi (Sport) mener, être en tête; **to ~ to** (road, pipe) mener à, conduire à; (result in) conduire à; aboutir à; **to ~ sb astray** détourner qn du droit chemin; **to be in the ~** (Sport: in race) mener, être en tête; (: in match) mener (à la marque); **to take the ~** (Sport) passer en tête, prendre la tête; mener; (fig) prendre l'initiative; **to ~ sb to believe that ...** amener qn à croire que ...; **to ~ sb to do sth** amener qn à faire qch; **to ~ the way** montrer le chemin

▶ **lead away** vt emmener

▶ **lead back** vt ramener

▶ **lead off** vi (in game etc) commencer

▶ **lead on** vt (tease) faire marcher; **to ~ sb on to** (induce) amener qn à

▶ **lead up to** vt conduire à; (in conversation) en venir à

**lead²** [lɛd] n (metal) plomb m; (in pencil) mine f

**leaded** [ˈlɛdɪd] adj (windows) à petits carreaux

**leaded petrol** n essence f au plomb

**leaden** [ˈlɛdn] adj de ou en plomb

**leader** ['liːdəʳ] n (of team) chef m; (of party etc) dirigeant(e), leader m; (Sport: in league) leader; (: in race) coureur m de tête; (in newspaper) éditorial m; **they are ~s in their field** (fig) ils sont à la pointe du progrès dans leur domaine; **the L~ of the House** (Brit) le chef de la majorité ministérielle

**leadership** ['liːdəʃɪp] n (position) direction f; **under the ~ of ...** sous la direction de ...; **qualities of ~** qualités fpl de chef or de meneur

**lead-free** ['lɛdfriː] adj sans plomb

**leading** ['liːdɪŋ] adj de premier plan; (main) principal(e); (in race) de tête; **a ~ question** une question tendancieuse; **~ role** rôle prépondérant or de premier plan

**leading lady** n (Theat) vedette (féminine)

**leading light** n (person) sommité f, personnalité f de premier plan

**leading man** (irreg) n (Theat) vedette (masculine)

**lead pencil** [lɛd-] n crayon noir or à papier

**lead poisoning** [lɛd-] n saturnisme m

**lead singer** [liːd-] n (in pop group) (chanteur m) vedette f

**lead time** [liːd-] n (Comm) délai m de livraison

**lead weight** [lɛd-] n plomb m

**leaf** (pl **leaves**) [liːf, liːvz] n feuille f; (of table) rallonge f; **to turn over a new ~** (fig) changer de conduite or d'existence; **to take a ~ out of sb's book** (fig) prendre exemple sur qn
▸ **leaf through** vt (book) feuilleter

**leaflet** ['liːflɪt] n prospectus m, brochure f; (Pol, Rel) tract m

**leafy** ['liːfɪ] adj feuillu(e)

**league** [liːg] n ligue f; (Football) championnat m; (measure) lieue f; **to be in ~ with** avoir partie liée avec, être de mèche avec

**league table** n classement m

**leak** [liːk] n (out: also fig) fuite f; (in) infiltration f ▸ vi (pipe, liquid etc) fuir; (shoes) prendre l'eau; (ship) faire eau ▸ vt (liquid) répandre; (information) divulguer
▸ **leak out** vi fuir; (information) être divulgué(e)

**leakage** ['liːkɪdʒ] n (also fig) fuite f

**leaky** ['liːkɪ] adj (pipe, bucket) qui fuit, percé(e); (roof) qui coule, (shoe) qui prend l'eau, (boat) qui fait eau

**lean** [liːn] (pt, pp **-ed** or **leant** [lɛnt]) adj maigre ▸ n (of meat) maigre m ▸ vt: **to ~ sth on** appuyer qch sur ▸ vi (slope) pencher; (rest): **to ~ against** s'appuyer contre; être appuyé(e) contre; **to ~ on** s'appuyer sur
▸ **lean back** vi se pencher en arrière
▸ **lean forward** vi se pencher en avant
▸ **lean out** vi: **to ~ out (of)** se pencher au dehors (de)
▸ **lean over** vi se pencher

**leaning** ['liːnɪŋ] adj penché(e) ▸ n: ~ **(towards)** penchant m (pour); **the L~ Tower of Pisa** la tour penchée de Pise

**leant** [lɛnt] pt, pp of **lean**

**lean-to** ['liːntuː] n appentis m

**leap** [liːp] n bond m, saut m ▸ vi (pt, pp **-ed** or **leapt** [lɛpt]) bondir, sauter; **to ~ at an offer** saisir une offre
▸ **leap up** vi (person) faire un bond; se lever d'un bond

**leapfrog** ['liːpfrɔg] n jeu m de saute-mouton

**leapt** [lɛpt] pt, pp of **leap**

**leap year** n année f bissextile

**learn** (pt, pp **-ed** or **-t**) [ləːn, -t] vt, vi apprendre; **to ~ (how) to do sth** apprendre à faire qch; **we were sorry to ~ that ...** nous avons appris avec regret que ...; **to ~ about sth** (Scol) étudier qch; (hear, read) apprendre qch

**learned** ['ləːnɪd] adj érudit(e), savant(e)

**learner** ['ləːnəʳ] n débutant(e); (Brit: also: **learner driver**) (conducteur(-trice)) débutant(e)

**learning** ['ləːnɪŋ] n savoir m

**learnt** [ləːnt] pp of **learn**

**lease** [liːs] n bail m ▸ vt louer à bail; **on ~** en location
▸ **lease back** vt vendre en cession-bail

**leaseback** ['liːsbæk] n cession-bail f

**leasehold** ['liːshəuld] n (contract) bail m ▸ adj loué(e) à bail

**leash** [liːʃ] n laisse f

**least** [liːst] adj: **the ~** (+ noun) le (la) plus petit(e), le (la) moindre; (smallest amount of) le moins de ▸ pron: **(the) ~** le moins ▸ adv (+ verb) le moins; (+ adj): **the ~** le (la) moins; **the ~ money** le moins d'argent; **the ~ expensive** le (la) moins cher (chère); **the ~ possible effort** le moins d'effort possible; **at ~** au moins; (or rather) du moins; **you could at ~ have written** tu aurais au moins pu écrire; **not in the ~** pas le moins du monde

**leather** ['lɛðəʳ] n cuir m ▸ cpd en or de cuir; ~ **goods** maroquinerie f

**leave** [liːv] (vb: pt, pp **left** [lɛft]) vt laisser; (go away from) quitter; (forget) oublier ▸ vi partir, s'en aller ▸ n (time off) congé m; (Mil, also: consent) permission f; **what time does the train/bus ~?** le train/le bus part à quelle heure?; **to ~ sth to sb** (money etc) laisser qch à qn; **to be left** rester; **there's some milk left over** il reste du lait; **to ~ school** quitter l'école, terminer sa scolarité, ~ **it to me!** laissez-moi faire!, je m'en occupe!; **on ~** en permission; **to take one's ~ of** prendre congé de; ~ **of absence** n congé exceptionnel; (Mil) permission spéciale
▸ **leave behind** vt (also fig) laisser; (opponent in race) distancer; (forget) laisser, oublier
▸ **leave off** vt (cover, lid, heating) ne pas (re)mettre; (light) ne pas (r)allumer, laisser éteint(e); (Brit inf: stop): **to ~ off (doing sth)** s'arrêter (de faire qch)
▸ **leave on** vt (coat etc) garder, ne pas enlever; (lid) laisser dessus; (light, fire, cooker) laisser allumé(e)
▸ **leave out** vt oublier, omettre

**leaves** [liːvz] npl of **leaf**

**leavetaking** ['liːvteɪkɪŋ] n adieux mpl

**Lebanese** [lɛbəˈniːz] adj libanais(e) ▸ n (pl inv)

Libanais(e)

**Lebanon** ['lɛbənən] n Liban m

**lecherous** ['lɛtʃərəs] adj lubrique

**lectern** ['lɛktə:n] n lutrin m, pupitre m

**lecture** ['lɛktʃər] n conférence f; (Scol) cours (magistral) ▷ vi donner des cours; enseigner ▷ vt (scold) sermonner, réprimander; **to ~ on** faire un cours (or son cours) sur; **to give a ~ (on)** faire une conférence (sur), faire un cours (sur)

**lecture hall** n amphithéâtre m

**lecturer** ['lɛktʃərər] n (speaker) conférencier(-ière); (Brit: at university) professeur m (d'université), prof m/f de fac (inf); **assistant ~** (Brit) ≈ assistant(e); **senior ~** (Brit) ≈ chargé(e) d'enseignement

**lecture theatre** n = **lecture hall**

**LED** n abbr (= light-emitting diode) LED f, diode électroluminescente

**led** [lɛd] pt, pp of **lead¹**

**ledge** [lɛdʒ] n (of window, on wall) rebord m; (of mountain) saillie f, corniche f

**ledger** ['lɛdʒər] n registre m, grand livre

**lee** [li:] n côté m sous le vent; **in the ~ of** à l'abri de

**leech** [li:tʃ] n sangsue f

**leek** [li:k] n poireau m

**leer** [lɪər] vi: **to ~ at sb** regarder qn d'un air mauvais or concupiscent, lorgner qn

**leeward** ['li:wəd] adj, adv sous le vent ▷ n côté m sous le vent; **to ~** sous le vent

**leeway** ['li:weɪ] n (fig): **to make up ~** rattraper son retard; **to have some ~** avoir une certaine liberté d'action

**left** [lɛft] pt, pp of **leave** ▷ adj gauche ▷ adv à gauche ▷ n gauche f; **there are two ~** il en reste deux; **on the ~, to the ~** à gauche; **the L~** (Pol) la gauche

**left-hand** ['lɛfthænd] adj: **the ~ side** la gauche, le côté gauche

**left-hand drive** ['lɛfthænd-] n (Brit) conduite f à gauche; (vehicle) véhicule m avec la conduite à gauche

**left-handed** [lɛft'hændɪd] adj gaucher(-ère); (scissors etc) pour gauchers

**leftie** ['lɛftɪ] n (inf) gaucho m/f, gauchiste m/f

**leftist** ['lɛftɪst] adj (Pol) gauchiste, de gauche

**left-luggage** [lɛft'lʌgɪdʒ], **left-luggage office** n (Brit) consigne f

**left-luggage locker** [lɛft'lʌgɪdʒ-] n (Brit) (casier m à) consigne f automatique

**left-overs** ['lɛftəʊvəz] npl restes mpl

**left wing** n (Mil, Sport) aile f gauche; (Pol) gauche f

**left-wing** ['lɛft'wɪŋ] adj (Pol) de gauche

**left-winger** ['lɛft'wɪŋgər] n (Pol) membre m de la gauche; (Sport) ailier m gauche

**lefty** ['lɛftɪ] n (inf) = **leftie**

**leg** [lɛg] n jambe f; (of animal) patte f; (of furniture) pied m; (Culin: of chicken) cuisse f; (of journey) étape f; **1st/2nd ~** (Sport) match m aller/retour; (of journey) 1ère/2ème étape; **~ of lamb** (Culin) gigot m d'agneau; **to stretch one's ~s** se

dégourdir les jambes

**legacy** ['lɛgəsɪ] n (also fig) héritage m, legs m

**legal** ['li:gl] adj (permitted by law) légal(e); (relating to law) juridique; **to take ~ action** or **proceedings against sb** poursuivre qn en justice

**legal adviser** n conseiller(-ère) juridique

**legal holiday** (US) n jour férié

**legality** [lɪ'gælɪtɪ] n légalité f

**legalize** ['li:gəlaɪz] vt légaliser

**legally** ['li:gəlɪ] adv légalement; **~ binding** juridiquement contraignant(e)

**legal tender** n monnaie légale

**legation** [lɪ'geɪʃən] n légation f

**legend** ['lɛdʒənd] n légende f

**legendary** ['lɛdʒəndərɪ] adj légendaire

**-legged** ['lɛgɪd] suffix: **two-** à deux pattes (or jambes or pieds)

**leggings** ['lɛgɪŋz] npl caleçon m

**leggy** ['lɛgɪ] adj aux longues jambes

**legibility** [lɛdʒɪ'bɪlɪtɪ] n lisibilité f

**legible** ['lɛdʒəbl] adj lisible

**legibly** ['lɛdʒəblɪ] adv lisiblement

**legion** ['li:dʒən] n légion f

**legionnaire** [li:dʒə'nɛər] n légionnaire m; **~'s disease** maladie f du légionnaire

**legislate** ['lɛdʒɪsleɪt] vi légiférer

**legislation** [lɛdʒɪs'leɪʃən] n législation f; **a piece of ~** un texte de loi

**legislative** ['lɛdʒɪslətɪv] adj législatif(-ive)

**legislator** ['lɛdʒɪsleɪtər] n législateur(-trice)

**legislature** ['lɛdʒɪslətʃər] n corps législatif

**legitimacy** [lɪ'dʒɪtɪməsɪ] n légitimité f

**legitimate** [lɪ'dʒɪtɪmət] adj légitime

**legitimize** [lɪ'dʒɪtɪmaɪz] vt légitimer

**legless** ['lɛglɪs] adj (Brit inf) bourré(e)

**leg-room** ['lɛgru:m] n place f pour les jambes

**Leics** abbr (Brit) = **Leicestershire**

**leisure** ['lɛʒər] n (free time) temps libre, loisirs mpl; **at ~** (tout) à loisir; **at your ~** (later) à tête reposée

**leisure centre** n (Brit) centre m de loisirs

**leisurely** ['lɛʒəlɪ] adj tranquille, fait(e) sans se presser

**leisure suit** n (Brit) survêtement m (mode)

**lemon** ['lɛmən] n citron m

**lemonade** [lɛmə'neɪd] n (fizzy) limonade f

**lemon cheese, lemon curd** n crème f de citron

**lemon juice** n jus m de citron

**lemon squeezer** [-skwi:zər] n presse-citron m inv

**lemon tea** n thé m au citron

**lend** (pt, pp **lent**) [lɛnd, lɛnt] vt: **to ~ sth (to sb)** prêter qch (à qn); **could you ~ me some money?** pourriez-vous me prêter de l'argent?; **to ~ a hand** donner un coup de main

**lender** ['lɛndər] n prêteur(-euse)

**lending library** ['lɛndɪŋ-] n bibliothèque f de prêt

**length** [lɛŋθ] n longueur f; (section: of road, pipe etc) morceau m, bout m; **~ of time** durée f; **what ~ is it?** quelle longueur fait-il?; **it is 2 metres**

**in** ~ cela fait 2 mètres de long; **to fall full** ~ tomber de tout son long; **at** ~ (*at last*) enfin, à la fin; (*lengthily*) longuement; **to go to any ~(s) to do sth** faire n'importe quoi pour faire qch, ne reculer devant rien pour faire qch

**lengthen** ['lɛŋθn] *vt* allonger, prolonger ▷ *vi* s'allonger

**lengthways** ['lɛŋθweɪz] *adv* dans le sens de la longueur, en long

**lengthy** ['lɛŋθɪ] *adj* (très) long (longue)

**leniency** ['liːnɪənsɪ] *n* indulgence *f*, clémence *f*

**lenient** ['liːnɪənt] *adj* indulgent(e), clément(e)

**leniently** ['liːnɪəntlɪ] *adv* avec indulgence *or* clémence

**lens** [lɛnz] *n* lentille *f*; (*of spectacles*) verre *m*; (*of camera*) objectif *m*

**Lent** [lɛnt] *n* carême *m*

**lent** [lɛnt] *pt, pp of* **lend**

**lentil** ['lɛntl] *n* lentille *f*

**Leo** ['liːəʊ] *n* le Lion; **to be** ~ être du Lion

**leopard** ['lɛpəd] *n* léopard *m*

**leotard** ['liːətɑːd] *n* justaucorps *m*

**leper** ['lɛpəʳ] *n* lépreux(-euse)

**leper colony** *n* léproserie *f*

**leprosy** ['lɛprəsɪ] *n* lèpre *f*

**lesbian** ['lɛzbɪən] *n* lesbienne *f* ▷ *adj* lesbien(ne)

**lesion** ['liːʒən] *n* (*Med*) lésion *f*

**Lesotho** [lɪ'suːtuː] *n* Lesotho *m*

**less** [lɛs] *adj* moins de ▷ *pron, adv* moins ▷ *prep:* ~ **tax/10% discount** avant impôt/moins 10% de remise; ~ **than that/you** moins que cela/vous; ~ **than half** moins de la moitié; ~ **than one/a kilo/3 metres** moins de un/d'un kilo/de 3 mètres; ~ **than ever** moins que jamais; ~ **and** ~ de moins en moins; **the** ~ **he works** ... moins il travaille ...

**lessee** [lɛ'siː] *n* locataire *m/f* (à bail), preneur(-euse) du bail

**lessen** ['lɛsn] *vi* diminuer, s'amoindrir, s'atténuer ▷ *vt* diminuer, réduire, atténuer

**lesser** ['lɛsəʳ] *adj* moindre; **to a** ~ **extent** *or* **degree** à un degré moindre

**lesson** ['lɛsn] *n* leçon *f*; **a maths** ~ une leçon *or* un cours de maths; **to give ~s in** donner des cours de; **to teach sb a** ~ (*fig*) donner une bonne leçon à qn; **it taught him a** ~ (*fig*) cela lui a servi de leçon

**lessor** ['lɛsɔːʳ, lɛ'sɔːʳ] *n* bailleur(-eresse)

**lest** [lɛst] *conj* de peur de + *infinitive*, de peur que + *sub*

**let** (*pt, pp* ~) [lɛt] *vt* laisser; (*Brit: lease*) louer; **to** ~ **sb do sth** laisser qn faire qch; **to** ~ **sb know sth** faire savoir qch à qn, prévenir qn de qch; **he** ~ **me go** il m'a laissé partir; ~ **the water boil and** ... faites bouillir l'eau et ...; **to** ~ **go** lâcher prise; **to** ~ **go of sth, to** ~ **sth go** lâcher qch; ~**'s go** allons-y; ~ **him come** qu'il vienne; **"to** ~**"** (*Brit*) "à louer"

▶ **let down** *vt* (*lower*) baisser; (*dress*) rallonger; (*hair*) défaire; (*Brit: tyre*) dégonfler; (*disappoint*) décevoir

▶ **let go** *vi* lâcher prise ▷ *vt* lâcher

▶ **let in** *vt* laisser entrer; (*visitor etc*) faire entrer; **what have you** ~ **yourself in for?** à quoi t'es-tu engagé?

▶ **let off** *vt* (*allow to leave*) laisser partir; (*not punish*) ne pas punir; (*taxi driver, bus driver*) déposer; (*firework etc*) faire partir; (*bomb*) faire exploser; (*smell etc*) dégager; **to** ~ **off steam** (*fig: inf*) se défouler, décharger sa rate *or* bile

▶ **let on** *vi* (*inf*): **to** ~ **on that** .... révéler que ..., dire que ...

▶ **let out** *vt* laisser sortir; (*dress*) élargir; (*scream*) laisser échapper; (*Brit: rent out*) louer

▶ **let up** *vi* diminuer, s'arrêter

**let-down** ['lɛtdaʊn] *n* (*disappointment*) déception *f*

**lethal** ['liːθl] *adj* mortel(le), fatal(e); (*weapon*) meurtrier(-ère)

**lethargic** [lɛ'θɑːdʒɪk] *adj* léthargique

**lethargy** ['lɛθədʒɪ] *n* léthargie *f*

**letter** ['lɛtəʳ] *n* lettre *f*; **letters** *npl* (*Literature*) lettres; **small/capital** ~ minuscule *f*/majuscule *f*; ~ **of credit** lettre *f* de crédit

**letter bomb** *n* lettre piégée

**letterbox** ['lɛtəbɒks] *n* (*Brit*) boîte *f* aux *or* à lettres

**letterhead** ['lɛtəhɛd] *n* en-tête *m*

**lettering** ['lɛtərɪŋ] *n* lettres *fpl*; caractères *mpl*

**letter opener** *n* coupe-papier *m*

**letterpress** ['lɛtəprɛs] *n* (*method*) typographie *f*

**letter quality** *n* qualité *f* "courrier"

**letters patent** *npl* brevet *m* d'invention

**lettuce** ['lɛtɪs] *n* laitue *f*, salade *f*

**let-up** ['lɛtʌp] *n* répit *m*, détente *f*

**leukaemia**, (*US*) **leukemia** [luː'kiːmɪə] *n* leucémie *f*

**level** ['lɛvl] *adj* (*flat*) plat(e), plan(e), uni(e); (*horizontal*) horizontal(e) ▷ *n* niveau *m*; (*flat place*) terrain plat; (*also:* **spirit level**) niveau à bulle ▷ *vt* niveler, aplanir; (*gun*) pointer, braquer; (*accusation*): **to** ~ (**against**) lancer *or* porter (contre) ▷ *vi* (*inf*): **to** ~ **with sb** être franc (franche) avec qn; **"A"** ~**s** (*npl: Brit*) ≈ baccalauréat *m*; **"O"** ~**s** *npl* (*Brit: formerly*) *examens passés à l'âge de 16 ans sanctionnant les connaissances de l'élève,* ≈ brevet *m* des collèges; **a** ~ **spoonful** (*Culin*) une cuillerée rase; **to be** ~ **with** être au même niveau que; **to draw** ~ **with** (*team*) arriver à égalité de points avec, égaliser avec; arriver au même classement que; (*runner, car*) arriver à la hauteur de, rattraper; **on the** ~ à l'horizontale; (*fig: honest*) régulier(-ière)

▶ **level off, level out** *vi* (*prices etc*) se stabiliser ▷ *vt* (*ground*) aplanir, niveler

**level crossing** *n* (*Brit*) passage *m* à niveau

**level-headed** [lɛvl'hɛdɪd] *adj* équilibré(e)

**levelling**, (*US*) **leveling** ['lɛvlɪŋ] *adj* (*process, effect*) de nivellement

**level playing field** *n*: **to compete on a** ~ jouer sur un terrain d'égalité

**lever** ['liːvəʳ] *n* levier *m* ▷ *vt*: **to** ~ **up/out** soulever/extraire au moyen d'un levier

**leverage** ['liːvərɪdʒ] *n* (*influence*): ~ (**on** *or* **with**)

657

prise f (sur)

**levity** ['lɛvɪtɪ] n manque m de sérieux, légèreté f

**levy** ['lɛvɪ] n taxe f, impôt m ▷ vt (tax) lever; (fine) infliger

**lewd** [luːd] adj obscène, lubrique

**lexicographer** [lɛksɪ'kɔgrəfər] n lexicographe m/f

**lexicography** [lɛksɪ'kɔgrəfɪ] n lexicographie f

**LGV** n abbr (= Large Goods Vehicle) poids lourd

**LI** abbr (US) = **Long Island**

**liabilities** [laɪə'bɪlətɪz] npl (Comm) obligations fpl, engagements mpl; (on balance sheet) passif m

**liability** [laɪə'bɪlətɪ] n responsabilité f; (handicap) handicap m

**liable** ['laɪəbl] adj (subject): ~ **to** sujet(te) à, passible de; (responsible): ~ **(for)** responsable (de); (likely): ~ **to do** susceptible de faire; **to be ~ to a fine** être passible d'une amende

**liaise** [liː'eɪz] vi: **to ~ with** assurer la liaison avec

**liaison** [liː'eɪzɔn] n liaison f

**liar** ['laɪər] n menteur(-euse)

**libel** ['laɪbl] n diffamation f; (document) écrit m diffamatoire ▷ vt diffamer

**libellous** ['laɪbləs] adj diffamatoire

**liberal** ['lɪbərl] adj libéral(e); (generous): ~ **with** prodigue de, généreux(-euse) avec ▷ n: **L~** (Pol) libéral(e)

**Liberal Democrat** n (Brit) libéral(e)-démocrate m/f

**liberality** [lɪbə'rælɪtɪ] n (generosity) générosité f, libéralité f

**liberalize** ['lɪbərəlaɪz] vt libéraliser

**liberal-minded** ['lɪbərl'maɪndɪd] adj libéral(e), tolérant(e)

**liberate** ['lɪbəreɪt] vt libérer

**liberation** [lɪbə'reɪʃən] n libération f

**liberation theology** n théologie f de libération

**Liberia** [laɪ'bɪərɪə] n Libéria m, Liberia m

**Liberian** [laɪ'bɪərɪən] adj libérien(ne) ▷ n Libérien(ne)

**liberty** ['lɪbətɪ] n liberté f; **to be at ~** (criminal) être en liberté; **at ~ to do** libre de faire; **to take the ~ of** prendre la liberté de, se permettre de

**libido** [lɪ'biːdəu] n libido f

**Libra** ['liːbrə] n la Balance; **to be ~** être de la Balance

**librarian** [laɪ'brɛərɪən] n bibliothécaire m/f

**library** ['laɪbrərɪ] n bibliothèque f

**library book** n livre m de bibliothèque

**libretto** [lɪ'brɛtəu] n livret m

**Libya** ['lɪbɪə] n Libye f

**Libyan** ['lɪbɪən] adj libyen(ne), de Libye ▷ n Libyen(ne)

**lice** [laɪs] npl of **louse**

**licence**, (US) **license** ['laɪsns] n autorisation f, permis m; (Comm) licence f; (Radio, TV) redevance f; (also: **driving licence**; US: also: **driver's license**) permis m (de conduire); (excessive freedom) licence f; **import ~** licence d'importation; **produced under ~** fabriqué(e) sous licence

**licence number** n (Brit Aut) numéro m d'immatriculation

**license** ['laɪsns] n (US) = **licence** ▷ vt donner une licence à; (car) acheter la vignette de; délivrer la vignette de

**licensed** ['laɪsnst] adj (for alcohol) patenté(e) pour la vente des spiritueux, qui a une patente de débit de boissons; (car) muni(e) de la vignette

**licensee** [laɪsən'siː] n (Brit: of pub) patron(ne), gérant(e)

**license plate** n (US Aut) plaque f minéralogique

**licensing hours** (Brit) npl heures fpl d'ouvertures (des pubs)

**licentious** [laɪ'sɛnʃəs] adj licencieux(-euse)

**lichen** ['laɪkən] n lichen m

**lick** [lɪk] vt lécher; (inf: defeat) écraser, flanquer une piquette or raclée à ▷ n coup m de langue; **a ~ of paint** un petit coup de peinture; **to ~ one's lips** (fig) se frotter les mains

**licorice** ['lɪkərɪs] n = **liquorice**

**lid** [lɪd] n couvercle m; (eyelid) paupière f; **to take the ~ off sth** (fig) exposer or étaler qch au grand jour

**lido** ['laɪdəu] n piscine f en plein air, complexe m balnéaire

**lie** [laɪ] n mensonge m ▷ vi (pt, pp -**d**) (tell lies) mentir; (pt lay, pp lain [leɪ, leɪn]) (rest) être étendu(e) or allongé(e) or couché(e); (in grave) être enterré(e), reposer; (object: be situated) se trouver, être; **to ~ low** (fig) se cacher, rester caché(e); **to tell ~s** mentir

▶ **lie about**, **lie around** vi (things) traîner; (Brit: person) traînasser, flemmarder

▶ **lie back** vi se renverser en arrière

▶ **lie down** vi se coucher, s'étendre

▶ **lie up** vi (hide) se cacher

**Liechtenstein** ['lɪktənstaɪn] n Liechtenstein m

**lie detector** n détecteur m de mensonges

**lie-down** ['laɪdaun] n (Brit): **to have a ~** s'allonger, se reposer

**lie-in** ['laɪɪn] n (Brit): **to have a ~** faire la grasse matinée

**lieu** [luː]: **in ~ of** prep au lieu de, à la place de

**Lieut.** abbr (= lieutenant) Lt

**lieutenant** [lɛf'tɛnənt, (US) luː'tɛnənt] n lieutenant m

**lieutenant-colonel** [lɛf'tɛnənt'kə:nl, (US) luː'tɛnənt'kə:nl] n lieutenant-colonel m

**life** (pl **lives**) [laɪf, laɪvz] n vie f; **to come to ~** (fig) s'animer ▷ cpd de vie; de la vie; à vie; **true to ~** réaliste, fidèle à la réalité; **to paint from ~** peindre d'après nature; **to be sent to prison for ~** être condamné(e) (à la réclusion criminelle) à perpétuité; **country/city ~** la vie à la campagne/à la ville

**life annuity** n pension f, rente viagère

**life assurance** n (Brit) = **life insurance**

**lifebelt** ['laɪfbɛlt] n (Brit) bouée f de sauvetage

**lifeblood** ['laɪfblʌd] n (fig) élément moteur

**lifeboat** ['laɪfbəut] n canot m or chaloupe f de sauvetage

**lifebuoy** ['laɪfbɔɪ] n bouée f de sauvetage

**life expectancy** n espérance f de vie

**lifeguard** ['laɪfɡɑːd] *n* surveillant *m* de baignade
**life imprisonment** *n* prison *f* à vie; (*Law*) réclusion *f* à perpétuité
**life insurance** *n* assurance-vie *f*
**life jacket** *n* gilet *m* or ceinture *f* de sauvetage
**lifeless** ['laɪflɪs] *adj* sans vie, inanimé(e); (*dull*) qui manque de vie or de vigueur
**lifelike** ['laɪflaɪk] *adj* qui semble vrai(e) or vivant(e), ressemblant(e); (*painting*) réaliste
**lifeline** ['laɪflaɪn] *n* corde *f* de sauvetage
**lifelong** ['laɪflɔŋ] *adj* de toute une vie, de toujours
**life preserver** [-prɪ'zə:vəʳ] *n* (*US*) gilet *m* or ceinture *f* de sauvetage
**lifer** ['laɪfəʳ] *n* (*inf*) condamné(e) à perpète
**life-raft** ['laɪfrɑːft] *n* radeau *m* de sauvetage
**life-saver** ['laɪfseɪvəʳ] *n* surveillant *m* de baignade
**life-saving** ['laɪfseɪvɪŋ] *n* sauvetage *m*
**life sentence** *n* condamnation *f* à vie or à perpétuité
**life-size** ['laɪfsaɪz], **life-sized** ['laɪfsaɪzd] *adj* grandeur nature *inv*
**life span** *n* (durée *f* de) vie *f*
**lifestyle** ['laɪfstaɪl] *n* style *m* de vie
**life-support system** *n* (*Med*) respirateur artificiel
**lifetime** ['laɪftaɪm] *n*: **in his** ~ de son vivant; **the chance of a** ~ la chance de ma (or sa *etc*) vie, une occasion unique
**lift** [lɪft] *vt* soulever, lever; (*end*) supprimer, lever; (*steal*) prendre, voler ▷ *vi* (*fog*) se lever ▷ *n* (*Brit: elevator*) ascenseur *m*; **to give sb a** ~ (*Brit*) emmener or prendre qn en voiture; **can you give me a** ~ **to the station?** pouvez-vous m'emmener à la gare?
 ▸ **lift off** *vi* (*rocket, helicopter*) décoller
 ▸ **lift out** *vt* sortir; (*troops, evacuees etc*) évacuer par avion or hélicoptère
 ▸ **lift up** *vt* soulever
**lift-off** ['lɪftɔf] *n* décollage *m*
**ligament** ['lɪɡəmənt] *n* ligament *m*
**light** [laɪt] *n* lumière *f*; (*daylight*) lumière, jour *m*; (*lamp*) lampe *f*; (*Aut: rear light*) feu *m*; (: *headlamp*) phare *m*; (*for cigarette etc*): **have you got a** ~? avez-vous du feu? ▷ *vt* (*pt, pp* **-ed**, *pt, pp* **lit** [lɪt]) (*candle, cigarette, fire*) allumer; (*room*) éclairer ▷ *adj* (*room, colour*) clair(e); (*not heavy, also fig*) léger(-ère); (*not strenuous*) peu fatigant(e) ▷ *adv* (*travel*) avec peu de bagages; **lights** *npl* (*traffic lights*) feux *mpl*; **to turn the** ~ **on/off** allumer/éteindre; **to cast** or **shed** or **throw** ~ **on** éclaircir; **to come to** ~ être dévoilé(e) or découvert(e); **in the** ~ **of** à la lumière de; étant donné; **to make** ~ **of sth** (*fig*) prendre qch à la légère, faire peu de cas de qch
 ▸ **light up** *vi* s'allumer; (*face*) s'éclairer; (*smoke*) allumer une cigarette or une pipe *etc* ▷ *vt* (*illuminate*) éclairer, illuminer
**light bulb** *n* ampoule *f*
**lighten** ['laɪtn] *vi* s'éclairer ▷ *vt* (*light up*) éclairer; (*make lighter*) éclaircir; (*make less heavy*) alléger

**lighter** ['laɪtəʳ] *n* (*also*: **cigarette lighter**) briquet *m*; (: *in car*) allume-cigare *m inv*; (*boat*) péniche *f*
**light-fingered** [laɪt'fɪŋɡəd] *adj* chapardeur(-euse)
**light-headed** [laɪt'hɛdɪd] *adj* étourdi(e), écervelé(e)
**light-hearted** [laɪt'hɑːtɪd] *adj* gai(e), joyeux(-euse), enjoué(e)
**lighthouse** ['laɪthaus] *n* phare *m*
**lighting** ['laɪtɪŋ] *n* éclairage *m*; (*in theatre*) éclairages
**lighting-up time** [laɪtɪŋ'ʌp-] *n* (*Brit*) heure officielle de la tombée du jour
**lightly** ['laɪtlɪ] *adv* légèrement; **to get off** ~ s'en tirer à bon compte
**light meter** *n* (*Phot*) photomètre *m*, cellule *f*
**lightness** ['laɪtnɪs] *n* clarté *f*; (*in weight*) légèreté *f*
**lightning** ['laɪtnɪŋ] *n* foudre *f*; (*flash*) éclair *m*
**lightning conductor**, (*US*) **lightning rod** *n* paratonnerre *m*
**lightning strike** *n* (*Brit*) grève *f* surprise
**light pen** *n* crayon *m* optique
**lightship** ['laɪtʃɪp] *n* bateau-phare *m*
**lightweight** ['laɪtweɪt] *adj* (*suit*) léger(-ère) ▷ *n* (*Boxing*) poids léger
**light year** ['laɪtjɪəʳ] *n* année-lumière *f*
**like** [laɪk] *vt* aimer (bien) ▷ *prep* comme ▷ *adj* semblable, pareil(le) ▷ *n*: **the** ~ un(e) pareil(e) or semblable; **le** (la) pareil(le); (*pej*) (d')autres du même genre or acabit; **his ~s and dislikes** ses goûts *mpl* or préférences *fpl*; **I would** ~, **I'd** ~ je voudrais, j'aimerais; **would you** ~ **a coffee?** voulez-vous du café?; **to be/look** ~ **sb/sth** ressembler à qn/qch; **what's he** ~? comment est-il?; **what's the weather** ~? quel temps fait-il?; **what does it look** ~? de quoi est-ce que ça a l'air?; **what does it taste** ~? quel goût est-ce que ça a?; **that's just** ~ **him** c'est bien de lui, ça lui ressemble; **something** ~ **that** quelque chose comme ça; **do it** ~ **this** fais-le comme ceci; **I feel** ~ **a drink** je boirais bien quelque chose; **if you** ~ si vous voulez; **it's nothing** ~ ... ce n'est pas du tout comme ...; **there's nothing** ~ ... il n'y a rien de tel que ...
**likeable** ['laɪkəbl] *adj* sympathique, agréable
**likelihood** ['laɪklɪhud] *n* probabilité *f*; **in all** ~ selon toute vraisemblance
**likely** ['laɪklɪ] *adj* (*result, outcome*) probable; (*excuse*) plausible; **he's** ~ **to leave** il va sûrement partir, il risque fort de partir; **not** ~! (*inf*) pas de danger!
**like-minded** ['laɪk'maɪndɪd] *adj* de même opinion
**liken** ['laɪkən] *vt*: **to** ~ **sth to** comparer qch à
**likeness** ['laɪknɪs] *n* ressemblance *f*
**likewise** ['laɪkwaɪz] *adv* de même, pareillement
**liking** ['laɪkɪŋ] *n* (*for person*) affection *f*; (*for thing*) penchant *m*, goût *m*; **to take a** ~ **to sb** se prendre d'amitié pour qn; **to be to sb's** ~ être au goût de qn, plaire à qn
**lilac** ['laɪlək] *n* lilas *m* ▷ *adj* lilas *inv*

**Lilo**® ['laɪləʊ] *n* matelas *m* pneumatique
**lilt** [lɪlt] *n* rythme *m*, cadence *f*
**lilting** ['lɪltɪŋ] *adj* aux cadences mélodieuses; chantant(e)
**lily** ['lɪlɪ] *n* lis *m*; ~ **of the valley** muguet *m*
**Lima** ['liːmə] *n* Lima
**limb** [lɪm] *n* membre *m*; **to be out on a** ~ *(fig)* être isolé(e)
**limber** ['lɪmbə$^r$]: **to** ~ **up** *vi* se dégourdir, se mettre en train
**limbo** ['lɪmbəʊ] *n*: **to be in** ~ *(fig)* être tombé(e) dans l'oubli
**lime** [laɪm] *n* *(tree)* tilleul *m*; *(fruit)* citron vert, lime *f*; *(Geo)* chaux *f*
**lime juice** *n* jus *m* de citron vert
**limelight** ['laɪmlaɪt] *n*: **in the** ~ *(fig)* en vedette, au premier plan
**limerick** ['lɪmərɪk] *n* petit poème humoristique
**limestone** ['laɪmstəʊn] *n* pierre *f* à chaux; *(Geo)* calcaire *m*
**limit** ['lɪmɪt] *n* limite *f* ▷ *vt* limiter; **weight/speed** ~ limite de poids/de vitesse
**limitation** [lɪmɪ'teɪʃən] *n* limitation *f*, restriction *f*
**limited** ['lɪmɪtɪd] *adj* limité(e), restreint(e); ~ **edition** édition *f* à tirage limité; **to be** ~ **to** se limiter à, ne concerner que
**limited company, limited liability company** *n* *(Brit)* ≈ société *f* anonyme
**limitless** ['lɪmɪtlɪs] *adj* illimité(e)
**limousine** ['lɪməziːn] *n* limousine *f*
**limp** [lɪmp] *n*: **to have a** ~ boiter ▷ *vi* boiter ▷ *adj* mou (molle)
**limpet** ['lɪmpɪt] *n* patelle *f*; **like a** ~ *(fig)* comme une ventouse
**limpid** ['lɪmpɪd] *adj* limpide
**linchpin** ['lɪntʃpɪn] *n* esse *f*; *(fig)* pivot *m*
**Lincs** [lɪŋks] *abbr (Brit)* = **Lincolnshire**
**line** [laɪn] *n* *(gen)* ligne *f*; *(stroke)* trait *m*; *(wrinkle)* ride *f*; *(rope)* corde *f*; *(wire)* fil *m*; *(of poem)* vers *m*; *(row, series)* rangée *f*; *(of people)* file *f*, queue *f*; *(railway track)* voie *f*; *(Comm: series of goods)* article(s) *m(pl)*, ligne de produits; *(work)* métier *m* ▷ *vt*: **to** ~ **(with)** *(clothes)* doubler (de); *(box)* garnir *or* tapisser (de); *(subj: trees, crowd)* border; **to stand in** ~ *(US)* faire la queue; **to cut in** ~ *(US)* passer avant son tour; **in his** ~ **of business** dans sa partie, dans son rayon; **on the right** ~**s** sur la bonne voie; **a new** ~ **in cosmetics** une nouvelle ligne de produits de beauté; **hold the** ~ **please** *(Brit Tel)* ne quittez pas; **to be in** ~ **for sth** *(fig)* être en lice pour qch; **in** ~ **with** en accord avec, en conformité avec; **in a** ~ aligné(e); **to bring sth into** ~ **with sth** aligner qch sur qch; **to draw the** ~ **at (doing) sth** *(fig)* se refuser à (faire) qch; ne pas tolérer *or* admettre (qu'on fasse) qch; **to take the** ~ **that ...** être d'avis *or* de l'opinion que ...
▶ **line up** *vi* s'aligner, se mettre en rang(s); *(in queue)* faire la queue ▷ *vt* aligner; *(event)* prévoir; *(find)* trouver; **to have sb/sth** ~**d up** avoir qn/qch en vue *or* de prévu(e)

**linear** ['lɪnɪə$^r$] *adj* linéaire
**lined** [laɪnd] *adj* *(paper)* réglé(e); *(face)* marqué(e), ridé(e); *(clothes)* doublé(e)
**lineman** ['laɪnmən] *(irreg)* *n* *(US: Rail)* poseur *m* de rails; *(: Tel)* ouvrier *m* de ligne; *(: Football)* avant *m*
**linen** ['lɪnɪn] *n* linge *m* (de corps *or* de maison); *(cloth)* lin *m*
**line printer** *n* imprimante *f* (ligne par) ligne
**liner** ['laɪnə$^r$] *n* *(ship)* paquebot *m* de ligne; *(for bin)* sac-poubelle *m*
**linesman** ['laɪnzmən] *(irreg)* *n* *(Tennis)* juge *m* de ligne; *(Football)* juge de touche
**line-up** ['laɪnʌp] *n* *(US: queue)* file *f*; *(also:* **police line-up**) parade *f* d'identification; *(Sport)* (composition *f* de l')équipe *f*
**linger** ['lɪŋgə$^r$] *vi* s'attarder; traîner; *(smell, tradition)* persister
**lingerie** ['lænʒəriː] *n* lingerie *f*
**lingering** ['lɪŋgərɪŋ] *adj* persistant(e); qui subsiste; *(death)* lent(e)
**lingo** ['lɪŋgəʊ] *(pl* -**es**) *n (pej)* jargon *m*
**linguist** ['lɪŋgwɪst] *n* linguiste *m/f*; **to be a good** ~ être doué(e) pour les langues
**linguistic** [lɪŋ'gwɪstɪk] *adj* linguistique
**linguistics** [lɪŋ'gwɪstɪks] *n* linguistique *f*
**lining** ['laɪnɪŋ] *n* doublure *f*; *(Tech)* revêtement *m*; *(: of brakes)* garniture *f*
**link** [lɪŋk] *n* *(connection)* lien *m*, rapport *m*; *(Internet)* lien; *(of a chain)* maillon *m* ▷ *vt* relier, lier, unir; **links** *npl* *(Golf)* (terrain *m* de) golf *m*; **rail** ~ liaison *f* ferroviaire
▶ **link up** *vt* relier ▷ *vi* *(people)* se rejoindre; *(companies etc)* s'associer
**link-up** ['lɪŋkʌp] *n* lien *m*, rapport *m*; *(of roads)* jonction *f*, raccordement *m*; *(of spaceships)* arrimage *m*; *(Radio, TV)* liaison *f*; *(: programme)* duplex *m*
**lino** ['laɪnəʊ] *n* = **linoleum**
**linoleum** [lɪ'nəʊlɪəm] *n* linoléum *m*
**linseed oil** ['lɪnsiːd-] *n* huile *f* de lin
**lint** [lɪnt] *n* tissu ouaté *(pour pansements)*
**lintel** ['lɪntl] *n* linteau *m*
**lion** ['laɪən] *n* lion *m*
**lion cub** *n* lionceau *m*
**lioness** ['laɪənɪs] *n* lionne *f*
**lip** [lɪp] *n* lèvre *f*; *(of cup etc)* rebord *m*; *(insolence)* insolences *fpl*
**liposuction** ['lɪpəʊsʌkʃən] *n* liposuccion *f*
**lipread** ['lɪpriːd] *vi* *(irreg: like* **read**) lire sur les lèvres
**lip salve** [-sælv] *n* pommade *f* pour les lèvres, pommade rosat
**lip service** *n*: **to pay** ~ **to sth** ne reconnaître le mérite de qch que pour la forme *or* qu'en paroles
**lipstick** ['lɪpstɪk] *n* rouge *m* à lèvres
**liquefy** ['lɪkwɪfaɪ] *vt* liquéfier ▷ *vi* se liquéfier
**liqueur** [lɪ'kjʊə$^r$] *n* liqueur *f*
**liquid** ['lɪkwɪd] *n* liquide *m* ▷ *adj* liquide
**liquid assets** *npl* liquidités *fpl*, disponibilités *fpl*
**liquidate** ['lɪkwɪdeɪt] *vt* liquider
**liquidation** [lɪkwɪ'deɪʃən] *n* liquidation *f*; **to go**

**into** ~ déposer son bilan

**liquidator** ['lɪkwɪdeɪtə<sup>r</sup>] n liquidateur m

**liquid crystal display** n affichage m à cristaux liquides

**liquidize** ['lɪkwɪdaɪz] vt (Brit Culin) passer au mixer

**liquidizer** ['lɪkwɪdaɪzə<sup>r</sup>] n (Brit Culin) mixer m

**liquor** ['lɪkə<sup>r</sup>] n spiritueux m, alcool m

**liquorice** ['lɪkərɪs] n (Brit) réglisse m

**liquor store** (US) n magasin m de vins et spiritueux

**Lisbon** ['lɪzbən] n Lisbonne

**lisp** [lɪsp] n zézaiement m ⊳ vi zézayer

**lissom** ['lɪsəm] adj souple, agile

**list** [lɪst] n liste f; (of ship) inclinaison f ⊳ vt (write down) inscrire; (make list of) faire la liste de; (enumerate) énumérer; (Comput) lister ⊳ vi (ship) gîter, donner de la bande; **shopping** ~ liste des courses

**listed building** ['lɪstɪd-] n (Archit) monument classé

**listed company** ['lɪstɪd-] n société cotée en Bourse

**listen** ['lɪsn] vi écouter; **to** ~ **to** écouter

**listener** ['lɪsnə<sup>r</sup>] n auditeur(-trice)

**listeria** [lɪs'tɪərɪə] n listéria f

**listing** ['lɪstɪŋ] n (Comput) listage m; (: hard copy) liste f, listing m

**listless** ['lɪstlɪs] adj indolent(e), apathique

**listlessly** ['lɪstlɪslɪ] adv avec indolence or apathie

**list price** n prix m de catalogue

**lit** [lɪt] pt, pp of **light**

**litany** ['lɪtənɪ] n litanie f

**liter** ['liːtə<sup>r</sup>] n (US) = **litre**

**literacy** ['lɪtərəsɪ] n degré m d'alphabétisation, fait m de savoir lire et écrire; (Brit: Scol) enseignement m de la lecture et de l'écriture

**literal** ['lɪtərl] adj littéral(e)

**literally** ['lɪtrəlɪ] adv littéralement; (really) réellement

**literary** ['lɪtərərɪ] adj littéraire

**literate** ['lɪtərət] adj qui sait lire et écrire; (educated) instruit(e)

**literature** ['lɪtrɪtʃə<sup>r</sup>] n littérature f; (brochures etc) copie f publicitaire, prospectus mpl

**lithe** [laɪð] adj agile, souple

**lithography** [lɪ'θɒgrəfɪ] n lithographie f

**Lithuania** [lɪθju'eɪnɪə] n Lituanie f

**Lithuanian** [lɪθju'eɪnɪən] adj lituanien(ne) ⊳ n Lituanien(ne); (Ling) lituanien m

**litigate** ['lɪtɪgeɪt] vt mettre en litige ⊳ vi plaider

**litigation** [lɪtɪ'geɪʃən] n litige m; contentieux m

**litmus** ['lɪtməs] n: ~ **paper** papier m de tournesol

**litre**, (US) **liter** ['liːtə<sup>r</sup>] n litre m

**litter** ['lɪtə<sup>r</sup>] n (rubbish) détritus mpl; (dirtier) ordures fpl; (young animals) portée f ⊳ vt éparpiller; laisser des détritus dans; ~**ed with** jonché(e) de, couvert(e) de

**litter bin** n (Brit) poubelle f

**litter lout**, (US) **litterbug** ['lɪtəbʌg] n personne qui jette des détritus par terre

**little** ['lɪtl] adj (small) petit(e); (not much): ~ **milk** peu de lait ⊳ adv peu; **a** ~ un peu (de); **a** ~ **milk** un peu de lait; **a** ~ **bit** un peu; **for a** ~ **while** pendant un petit moment; **with** ~ **difficulty** sans trop de difficulté; **as** ~ **as possible** le moins possible; ~ **by** ~ petit à petit, peu à peu; **to make** ~ **of** faire peu de cas de

**little finger** n auriculaire m, petit doigt

**little-known** ['lɪtl'nəun] adj peu connu(e)

**liturgy** ['lɪtədʒɪ] n liturgie f

**live**[1] [laɪv] adj (animal) vivant(e), en vie; (wire) sous tension; (broadcast) (transmis(e)) en direct; (issue) d'actualité, brûlant(e); (unexploded) non explosé(e); ~ **ammunition** munitions fpl de combat

**live**[2] [lɪv] vi vivre; (reside) vivre, habiter; **to** ~ **in London** habiter (à) Londres; **where do you** ~? où habitez-vous?

▸ **live down** vt faire oublier (avec le temps)

▸ **live in** vi être logé(e) et nourri(e); être interne

▸ **live off** vt (land, fish etc) vivre de; (pej: parents etc) vivre aux crochets de

▸ **live on** vt fus (food) vivre de ⊳ vi survivre; **to** ~ **on £50 a week** vivre avec 50 livres par semaine

▸ **live out** vi (Brit: students) être externe ⊳ vt: **to** ~ **out one's days** or **life** passer sa vie

▸ **live together** vi vivre ensemble, cohabiter

▸ **live up** vt: **to** ~ **it up** (inf) faire la fête; mener la grande vie

▸ **live up to** vt fus se montrer à la hauteur de

**live-in** ['lɪvɪn] adj (nanny) à demeure; ~ **partner** concubin(e)

**livelihood** ['laɪvlɪhud] n moyens mpl d'existence

**liveliness** ['laɪvlɪnəs] n vivacité f, entrain m

**lively** ['laɪvlɪ] adj vif (vive), plein(e) d'entrain; (place, book) vivant(e)

**liven up** ['laɪvn-] vt (room etc) égayer; (discussion, evening) animer ⊳ vi s'animer

**liver** ['lɪvə<sup>r</sup>] n foie m

**liverish** ['lɪvərɪʃ] adj qui a mal au foie; (fig) grincheux(-euse)

**Liverpudlian** [lɪvə'pʌdlɪən] adj de Liverpool ⊳ n habitant(e) de Liverpool, natif(-ive) de Liverpool

**livery** ['lɪvərɪ] n livrée f

**lives** [laɪvz] npl of **life**

**livestock** ['laɪvstɔk] n cheptel m, bétail m

**live wire** [laɪv-] n (inf, fig): **to be a (real)** ~ péter le feu

**livid** ['lɪvɪd] adj livide, blafard(e); (furious) furieux(-euse), furibond(e)

**living** ['lɪvɪŋ] adj vivant(e), en vie ⊳ n: **to earn** or **make a** ~ gagner sa vie; **within** ~ **memory** de mémoire d'homme

**living conditions** npl conditions fpl de vie

**living expenses** npl dépenses courantes

**living room** n salle f de séjour

**living standards** npl niveau m de vie

**living wage** n salaire m permettant de vivre (décemment)

**lizard** ['lɪzəd] n lézard m

**llama** ['lɑːmə] n lama m

**LLB** n abbr (= Bachelor of Laws) titre universitaire

**LLD** n abbr (= Doctor of Laws) titre universitaire
**LMT** abbr (US: = Local Mean Time) heure locale
**load** [ləud] n (weight) poids m; (thing carried) chargement m, charge f; (Elec, Tech) charge ▷ vt: **to ~ (with)** (also: **load up**: lorry, ship) charger (de); (gun, camera) charger (avec); (Comput) charger; **a ~ of, ~s of** (fig) un or des tas de, des masses de; **to talk a ~ of rubbish** (inf) dire des bêtises
**loaded** ['ləudɪd] adj (dice) pipé(e); (question) insidieux(-euse); (inf: rich) bourré(e) de fric; (: drunk) bourré
**loading bay** ['ləudɪŋ-] n aire f de chargement
**loaf** (pl **loaves**) [ləuf, ləuvz] n pain m, miche f ▷ vi (also: **loaf about, loaf around**) fainéanter, traîner
**loam** [ləum] n terreau m
**loan** [ləun] n prêt m ▷ vt prêter; **on ~** prêté(e), en prêt; **public ~** emprunt public
**loan account** n compte m de prêt
**loan capital** n capital m d'emprunt
**loan shark** n (inf, pej) usurier m
**loath** [ləuθ] adj: **to be ~ to do** répugner à faire
**loathe** [ləuð] vt détester, avoir en horreur
**loathing** ['ləuðɪŋ] n dégoût m, répugnance f
**loathsome** ['ləuðsəm] adj répugnant(e), détestable
**loaves** [ləuvz] npl of **loaf**
**lob** [lɔb] vt (ball) lober
**lobby** ['lɔbɪ] n hall m, entrée f; (Pol) groupe m de pression, lobby m ▷ vt faire pression sur
**lobbyist** ['lɔbɪɪst] n membre m/f d'un groupe de pression
**lobe** [ləub] n lobe m
**lobster** ['lɔbstə'] n homard m
**lobster pot** n casier m à homards
**local** ['ləukl] adj local(e) ▷ n (Brit: pub) pub m or café m du coin; **the locals** npl les gens mpl du pays or du coin
**local anaesthetic**, (US) **local anesthetic** n anesthésie locale
**local authority** n collectivité locale, municipalité f
**local call** n (Tel) communication urbaine
**local government** n administration locale or municipale
**locality** [ləu'kælɪtɪ] n région f, environs mpl; (position) lieu m
**localize** ['ləukəlaɪz] vt localiser
**locally** ['ləukəlɪ] adv localement; dans les environs or la région
**locate** [ləu'keɪt] vt (find) trouver, repérer; (situate) situer; **to be ~d in** être situé à or en
**location** [ləu'keɪʃən] n emplacement m; **on ~** (Cine) en extérieur
**loch** [lɔx] n lac m, loch m
**lock** [lɔk] n (of door, box) serrure f; (of canal) écluse f; (of hair) mèche f, boucle f ▷ vt (with key) fermer à clé; (immobilize) bloquer ▷ vi (door etc) fermer à clé; (wheels) se bloquer; **~ stock and barrel** (fig) en bloc; **on full ~** (Brit Aut) le volant tourné à fond
▸ **lock away** vt (valuables) mettre sous clé;

(criminal) mettre sous les verrous, enfermer
▸ **lock in** vt enfermer
▸ **lock out** vt enfermer dehors; (on purpose) mettre à la porte; (: workers) lock-outer
▸ **lock up** vt (person) enfermer; (house) fermer à clé ▷ vi tout fermer (à clé)
**locker** ['lɔkə'] n casier m; (in station) consigne f automatique
**locker-room** ['lɔkə'ruːm] (US) n (Sport) vestiaire m
**locket** ['lɔkɪt] n médaillon m
**lockjaw** ['lɔkdʒɔː] n tétanos m
**lockout** ['lɔkaut] n (Industry) lock-out m, grève patronale
**locksmith** ['lɔksmɪθ] n serrurier m
**lock-up** ['lɔkʌp] n (prison) prison f; (cell) cellule f provisoire; (also: **lock-up garage**) box m
**locomotive** [ləukə'məutɪv] n locomotive f
**locum** ['ləukəm] n (Med) suppléant(e) de médecin etc
**locust** ['ləukəst] n locuste f, sauterelle f
**lodge** [lɔdʒ] n pavillon m (de gardien); (also: **hunting lodge**) pavillon de chasse; (Freemasonry) loge f ▷ vi (person): **to ~ with** être logé(e) chez, être en pension chez; (bullet) se loger ▷ vt (appeal etc) présenter; déposer; **to ~ a complaint** porter plainte; **to ~ (itself) in/between** se loger dans/ entre
**lodger** ['lɔdʒə'] n locataire m/f; (with room and meals) pensionnaire m/f
**lodging** ['lɔdʒɪŋ] n logement m; see also **board**
**lodging house** n (Brit) pension f de famille
**lodgings** ['lɔdʒɪŋz] npl chambre f, meublé m
**loft** [lɔft] n grenier m; (apartment) grenier aménagé (en appartement) (gén dans ancien entrepôt ou fabrique)
**lofty** ['lɔftɪ] adj élevé(e); (haughty) hautain(e); (sentiments, aims) noble
**log** [lɔg] n (of wood) bûche f; (Naut) livre m or journal m de bord; (of car) ≈ carte grise ▷ n abbr (= logarithm) log m ▷ vt enregistrer
▸ **log in, log on** vi (Comput) ouvrir une session, entrer dans le système
▸ **log off, log out** vi (Comput) clore une session, sortir du système
**logarithm** ['lɔgərɪθm] n logarithme m
**logbook** ['lɔgbuk] n (Naut) livre m or journal m de bord; (Aviat) carnet m de vol; (of lorry driver) carnet de route; (of movement of goods etc) registre m; (of car) ≈ carte grise
**log cabin** n cabane f en rondins
**log fire** n feu m de bois
**logger** ['lɔgə'] n bûcheron m
**loggerheads** ['lɔgəhedz] npl: **at ~ (with)** à couteaux tirés (avec)
**logic** ['lɔdʒɪk] n logique f
**logical** ['lɔdʒɪkl] adj logique
**logically** ['lɔdʒɪkəlɪ] adv logiquement
**login** ['lɔgɪn] n (Comput) identifiant m
**logistics** [lɔ'dʒɪstɪks] n logistique f
**logjam** ['lɔgdʒæm] n: **to break the ~** créer une ouverture dans l'impasse
**logo** ['ləugəu] n logo m

**loin** [lɔɪn] *n* (*Culin*) filet *m*, longe *f*; **loins** *npl* reins *mpl*

**loin cloth** *n* pagne *m*

**Loire** [lwaː] *n*: **the (River) ~** la Loire

**loiter** [ˈlɔɪtəʳ] *vi* s'attarder; **to ~ (about)** traîner, musarder; (*pej*) rôder

**lol** *abbr* (*Internet*, *Tel*: = *laugh out loud*) MDR (= *mort(e) de vive*)

**loll** [lɔl] *vi* (*also*: **loll about**) se prélasser, fainéanter

**lollipop** [ˈlɔlɪpɔp] *n* sucette *f*

**lollipop man/lady** (*Brit*: *irreg*) *n* contractuel(le) qui fait traverser la rue aux enfants; *voir article*

### ⦿ LOLLIPOP MEN/LADIES

⦿ Les *lollipop men/ladies* sont employés pour
⦿ aider les enfants à traverser la rue à
⦿ proximité des écoles à l'heure où ils entrent
⦿ en classe et à la sortie. On les repère
⦿ facilement à cause de leur long ciré jaune et
⦿ ils portent une pancarte ronde pour faire
⦿ signe aux automobilistes de s'arrêter. On les
⦿ appelle ainsi car la forme circulaire de cette
⦿ pancarte rappelle une sucette.

**lollop** [ˈlɔləp] *vi* (*Brit*) avancer (*or* courir) maladroitement

**lolly** [ˈlɔlɪ] *n* (*inf*: *ice*) esquimau *m*; (: *lollipop*) sucette *f*; (: *money*) fric *m*

**Lombardy** [ˈlɔmbədɪ] *n* Lombardie *f*

**London** [ˈlʌndən] *n* Londres

**Londoner** [ˈlʌndənəʳ] *n* Londonien(ne)

**lone** [ləun] *adj* solitaire

**loneliness** [ˈləunlɪnɪs] *n* solitude *f*, isolement *m*

**lonely** [ˈləunlɪ] *adj* seul(e); (*childhood etc*) solitaire; (*place*) solitaire, isolé(e)

**lonely hearts** *adj*: **~ ad** petite annonce (personnelle); **~ club** club *m* de rencontres (*pour personnes seules*)

**lone parent** *n* parent *m* unique

**loner** [ˈləunəʳ] *n* solitaire *m/f*

**lonesome** [ˈləunsəm] *adj* seul(e), solitaire

**long** [lɔŋ] *adj* long (longue) ▷ *adv* longtemps ▷ *n*: **the ~ and the short of it is that ...** (*fig*) le fin mot de l'histoire c'est que ▷ *vi*: **to ~ for sth/to do sth** avoir très envie de qch/de faire qch, attendre qch avec impatience/attendre avec impatience de faire qch; **he had ~ understood that ...** il avait compris depuis longtemps que ...; **how ~ is this river/course?** quelle est la longueur de ce fleuve/la durée de ce cours?; **6 metres ~** (long), de 6 mètres; **6 months ~** qui dure 6 mois, de 6 mois; **all night ~** toute la nuit; **he no ~er comes** il ne vient plus; **I can't stand it any ~er** je ne peux plus le supporter; **~ before** longtemps avant; **before ~** (+ *future*) avant peu, dans peu de temps; (+ *past*) peu de temps après; **~ ago** il y a longtemps; **don't be ~!** fais vite!, dépêche-toi!; **I shan't be ~** je n'en ai pas pour longtemps; **at ~ last** enfin; **in the ~ run** à la longue; finalement; **so** *or* **as ~**

**as** à condition que + *sub*

**long-distance** [lɔŋˈdɪstəns] *adj* (*race*) de fond; (*call*) interurbain(e)

**longer** [ˈlɔŋgəʳ] *adv see* **long**

**long-haired** [ˈlɔŋˈhɛəd] *adj* (*person*) aux cheveux longs; (*animal*) aux longs poils

**longhand** [ˈlɔŋhænd] *n* écriture normale *or* courante

**long-haul** [ˈlɔŋhɔːl] *adj* (*flight*) long-courrier

**longing** [ˈlɔŋɪŋ] *n* désir *m*, envie *f*; (*nostalgia*) nostalgie *f* ▷ *adj* plein(e) d'envie *or* de nostalgie

**longingly** [ˈlɔŋɪŋlɪ] *adv* avec désir *or* nostalgie

**longitude** [ˈlɔŋgɪtjuːd] *n* longitude *f*

**long johns** [-dʒɔnz] *npl* caleçons longs

**long jump** *n* saut *m* en longueur

**long-life** [lɔŋˈlaɪf] *adj* (*batteries etc*) longue durée *inv*; (*milk*) longue conservation

**long-lost** [ˈlɔŋlɔst] *adj* perdu(e) depuis longtemps

**long-range** [ˈlɔŋˈreɪndʒ] *adj* à longue portée; (*weather forecast*) à long terme

**longshoreman** [ˈlɔŋʃɔːmən] (*irreg*) *n* (*US*) docker *m*, débardeur *m*

**long-sighted** [ˈlɔŋˈsaɪtɪd] *adj* (*Brit*) presbyte; (*fig*) prévoyant(e)

**long-standing** [ˈlɔŋˈstændɪŋ] *adj* de longue date

**long-suffering** [lɔŋˈsʌfərɪŋ] *adj* empreint(e) d'une patience résignée; extrêmement patient(e)

**long-term** [ˈlɔŋtəːm] *adj* à long terme

**long wave** *n* (*Radio*) grandes ondes, ondes longues

**long-winded** [lɔŋˈwɪndɪd] *adj* intarissable, interminable

**loo** [luː] *n* (*Brit inf*) w.-c *mpl*, petit coin

**loofah** [ˈluːfə] *n* sorte d'éponge végétale

**look** [luk] *vi* regarder; (*seem*) sembler, paraître, avoir l'air; (*building etc*): **to ~ south/on to the sea** donner au sud/sur la mer ▷ *n* regard *m*; (*appearance*) air *m*, allure *f*, aspect *m*; **looks** *npl* (*good looks*) physique *m*, beauté *f*; **to ~ like** ressembler à; **it ~s like him** on dirait que c'est lui; **it ~s about 4 metres long** je dirais que ça fait 4 mètres de long; **it ~s all right to me** ça me paraît bien; **to have a ~** regarder; **to have a ~ at sth** jeter un coup d'œil à qch; **to have a ~ for sth** chercher qch; **to ~ ahead** regarder devant soi; (*fig*) envisager l'avenir; **~ (here)!** (*annoyance*) écoutez!

▶ **look after** *vt fus* s'occuper de, prendre soin de; (*luggage etc*: *watch over*) garder, surveiller

▶ **look around** *vi* regarder autour de soi

▶ **look at** *vt fus* regarder; (*problem etc*) examiner

▶ **look back** *vi*: **to ~ back at sth/sb** se retourner pour regarder qch/qn; **to ~ back on** (*event, period*) évoquer, repenser à

▶ **look down on** *vt fus* (*fig*) regarder de haut, dédaigner

▶ **look for** *vt fus* chercher; **we're ~ing for a hotel/restaurant** nous cherchons un hôtel/restaurant

▶ **look forward to** *vt fus* attendre avec

impatience; **I'm not ~ing forward to it** cette perspective ne me réjouit guère; **~ing forward to hearing from you** (*in letter*) dans l'attente de vous lire

▸ **look in** *vi*: **to ~ in on sb** passer voir qn
▸ **look into** *vt fus* (*matter, possibility*) examiner, étudier
▸ **look on** *vi* regarder (en spectateur)
▸ **look out** *vi* (*beware*): **to ~ out (for)** prendre garde (à), faire attention (à); **~ out!** attention!
▸ **look out for** *vt fus* (*seek*) être à la recherche de; (*try to spot*) guetter
▸ **look over** *vt* (*essay*) jeter un coup d'œil à; (*town, building*) visiter (rapidement); (*person*) jeter un coup d'œil à; examiner de la tête aux pieds
▸ **look round** *vt fus* (*house, shop*) faire le tour de ▷ *vi* (*turn*) regarder derrière soi, se retourner; **to ~ round for sth** chercher qch
▸ **look through** *vt fus* (*papers, book*) examiner; (: *briefly*) parcourir; (*telescope*) regarder à travers
▸ **look to** *vt fus* (*watch*) veiller à; (*rely on*) compter sur
▸ **look up** *vi* lever les yeux; (*improve*) s'améliorer ▷ *vt* (*word*) chercher; (*friend*) passer voir
▸ **look up to** *vt fus* avoir du respect pour

**lookout** ['lukaut] *n* (*tower etc*) poste *m* de guet; (*person*) guetteur *m*; **to be on the ~ (for)** guetter

**look-up table** ['lukʌp-] *n* (*Comput*) table *f* à consulter

**loom** [lu:m] *n* métier *m* à tisser ▷ *vi* (*also*: **loom up**) surgir; (*event*) paraître imminent(e); (*threaten*) menacer

**loony** ['lu:nɪ] *adj, n* (*inf*) timbré(e), cinglé(e) *m/f*

**loop** [lu:p] *n* boucle *f*; (*contraceptive*) stérilet *m* ▷ *vt*: **to ~ sth round sth** passer qch autour de qch

**loophole** ['lu:phəul] *n* (*fig*) porte *f* de sortie; échappatoire *f*

**loose** [lu:s] *adj* (*knot, screw*) desserré(e); (*stone*) branlant(e); (*clothes*) vague, ample, lâche; (*hair*) dénoué(e), épars(e); (*not firmly fixed*) pas solide; (*animal*) en liberté, échappé(e); (*life*) dissolu(e); (*morals, discipline*) relâché(e); (*thinking*) peu rigoureux(-euse), vague; (*translation*) approximatif(-ive) ▷ *n*: **to be on the ~** être en liberté ▷ *vt* (*free: animal*) lâcher; (: *prisoner*) relâcher, libérer; (*slacken*) détendre, relâcher; desserrer; défaire; donner du mou à; donner du ballant à; (*Brit: arrow*) tirer; **~ connection** (*Elec*) mauvais contact; **to be at a ~ end** or (*US*) **at ~ ends** (*fig*) ne pas trop savoir quoi faire; **to tie up ~ ends** (*fig*) mettre au point or régler les derniers détails

**loose change** *n* petite monnaie

**loose chippings** [-'tʃɪpɪŋz] *npl* (*on road*) gravillons *mpl*

**loose-fitting** ['lu:sfɪtɪŋ] *adj* (*clothes*) ample

**loose-leaf** ['lu:sli:f] *adj*: **~ binder** or **folder** classeur *m* à feuilles or feuillets mobiles

**loose-limbed** [lu:s'lɪmd] *adj* agile, souple

**loosely** ['lu:slɪ] *adv* sans serrer; (*imprecisely*) approximativement

**loosely-knit** ['lu:slɪ'nɪt] *adj* élastique

**loosen** ['lu:sn] *vt* desserrer, relâcher, défaire
▸ **loosen up** *vi* (*before game*) s'échauffer; (*inf: relax*) se détendre, se laisser aller

**loot** [lu:t] *n* butin *m* ▷ *vt* piller

**looter** ['lu:tə^r] *n* pillard *m*, casseur *m*

**looting** ['lu:tɪŋ] *n* pillage *m*

**lop** [lɔp]: **to ~ off** *vt* couper, trancher

**lop-sided** ['lɔp'saɪdɪd] *adj* de travers, asymétrique

**lord** [lɔ:d] *n* seigneur *m*; **L~ Smith** lord Smith; **the L~** (*Rel*) le Seigneur; **my L~** (*to noble*) Monsieur le comte/le baron; (*to judge*) Monsieur le juge; (*to bishop*) Monseigneur; **good L~!** mon Dieu!

**lordly** ['lɔ:dlɪ] *adj* noble, majestueux(-euse); (*arrogant*) hautain(e)

**Lords** ['lɔ:dz] *npl* (*Brit: Pol*): **the (House of) ~** (*Brit*) la Chambre des Lords

**lordship** ['lɔ:dʃɪp] *n* (*Brit*): **your L~** Monsieur le comte (or le baron or le Juge)

**lore** [lɔ:^r] *n* tradition(s) *f(pl)*

**lorry** ['lɔrɪ] *n* (*Brit*) camion *m*

**lorry driver** *n* (*Brit*) camionneur *m*, routier *m*

**lose** (*pt, pp* **lost**) [lu:z, lɔst] *vt* perdre; (*opportunity*) manquer, perdre; (*pursuers*) distancer, semer ▷ *vi* perdre; **I've lost my wallet/passport** j'ai perdu mon portefeuille/passeport; **to ~ (time)** (*clock*) retarder; **to ~ no time (in doing sth)** ne pas perdre de temps (à faire qch); **to get lost** (*vi: person*) se perdre; **my watch has got lost** ma montre est perdue
▸ **lose out** *vi* être perdant(e)

**loser** ['lu:zə^r] *n* perdant(e); **to be a good/bad ~** être beau/mauvais joueur

**loss** [lɔs] *n* perte *f*; **to cut one's ~es** limiter les dégâts; **to make a ~** enregistrer une perte; **to sell sth at a ~** vendre qch à perte; **to be at a ~** être perplexe or embarrassé(e); **to be at a ~ to do** se trouver incapable de faire

**loss adjuster** *n* (*Insurance*) responsable *m/f* de l'évaluation des dommages

**loss leader** *n* (*Comm*) article sacrifié

**lost** [lɔst] *pt, pp of* **lose** ▷ *adj* perdu(e); **to get ~** (*vi*) se perdre; **I'm ~** je me suis perdu; **~ in thought** perdu dans ses pensées; **~ and found property** (*n: US*) objets trouvés; **~ and found** (*n: US*) (bureau *m* des) objets trouvés

**lost property** *n* (*Brit*) objets trouvés; **~ office** or **department** (bureau *m* des) objets trouvés

**lot** [lɔt] *n* (*at auctions, set*) lot *m*; (*destiny*) sort *m*, destinée *f*; **the ~** (*everything*) le tout; (*everyone*) tous *mpl*, toutes *fpl*; **a ~** beaucoup; **a ~ of** beaucoup de; **~s of** des tas de; **to draw ~s (for sth)** tirer (qch) au sort

**lotion** ['ləuʃən] *n* lotion *f*

**lottery** ['lɔtərɪ] *n* loterie *f*

**loud** [laud] *adj* bruyant(e), sonore; (*voice*) fort(e); (*condemnation etc*) vigoureux(-euse); (*gaudy*) voyant(e), tapageur(-euse) ▷ *adv* (*speak etc*) fort; **out ~** tout haut

**loud-hailer** [laud'heɪlə^r] *n* porte-voix *m inv*

**loudly** ['laudlı] *adv* fort, bruyamment
**loudspeaker** [laud'spi:kə<sup>r</sup>] *n* haut-parleur *m*
**lounge** [laundʒ] *n* salon *m*; (*of airport*) salle *f*; (*Brit: also:* **lounge bar**) (salle de) café *m or* bar *m* ▷ *vi* (*also:* **lounge about, lounge around**) se prélasser, paresser
**lounge-bar** *n* (salle *f* de) bar *m*
**lounge suit** *n* (*Brit*) complet *m*; (: *on invitation*) "tenue de ville"
**louse** (*pl* **lice**) [laus, laıs] *n* pou *m*
▶ **louse up** [lauz-] *vt* (*inf*) gâcher
**lousy** ['lauzı] (*inf*) *adj* (*bad quality*) infect(e), moche; **I feel ~** je suis mal fichu(e)
**lout** [laut] *n* rustre *m*, butor *m*
**louvre**, (*US*) **louver** ['lu:və<sup>r</sup>] *adj* (*door, window*) à claire-voie
**lovable** ['lʌvəbl] *adj* très sympathique; adorable
**love** [lʌv] *n* amour *m* ▷ *vt* aimer; (*caringly, kindly*) aimer beaucoup; **I ~ chocolate** j'adore le chocolat; **to ~ to do** aimer beaucoup *or* adorer faire; **I'd ~ to come** cela me ferait très plaisir (de venir); **"15 ~"** (*Tennis*) "15 à rien *or* zéro"; **to be/fall in ~ with** être/tomber amoureux(-euse) de; **to make ~** faire l'amour; **~ at first sight** le coup de foudre; **to send one's ~ to sb** adresser ses amitiés à qn; **~ from Anne, ~, Anne** affectueusement, Anne; **I ~ you** je t'aime
**love affair** *n* liaison (amoureuse)
**love child** *n* (*irreg*) enfant *m/f* illégitime *or* naturel(le)
**loved ones** ['lʌvdwʌnz] *npl* proches *mpl* et amis chers
**love-hate relationship** [lʌv'heıt-] *n* rapport ambigu; **they have a ~** ils s'aiment et se détestent à la fois
**love life** *n* vie sentimentale
**lovely** ['lʌvlı] *adj* (*pretty*) ravissant(e); (*friend, wife*) charmant(e); (*holiday, surprise*) très agréable, merveilleux(-euse); **we had a ~ time** c'était vraiment très bien, nous avons eu beaucoup de plaisir
**lover** ['lʌvə<sup>r</sup>] *n* amant *m*; (*person in love*) amoureux(-euse); (*amateur*): **a ~ of** un(e) ami(e) de, un(e) amoureux(-euse) de
**lovesick** ['lʌvsık] *adj* qui se languit d'amour
**love song** ['lʌvsɔŋ] *n* chanson *f* d'amour
**loving** ['lʌvıŋ] *adj* affectueux(-euse), tendre, aimant(e)
**low** [ləu] *adj* bas (basse); (*quality*) mauvais(e), inférieur(e) ▷ *adv* bas ▷ *n* (*Meteorology*) dépression *f* ▷ *vi* (*cow*) mugir; **to feel ~** se sentir déprimé(e); **he's very ~** (*ill*) il est bien bas *or* très affaibli; **to turn (down) ~** (*vt*) baisser; **to be ~ on** (*supplies etc*) être à court de; **to reach a new** *or* **an all-time ~** tomber au niveau le plus bas
**low-alcohol** [ləu'ælkəhɔl] *adj* à faible teneur en alcool, peu alcoolisé(e)
**lowbrow** ['ləubrau] *adj* sans prétentions intellectuelles
**low-calorie** ['ləu'kælərı] *adj* hypocalorique
**low-cut** ['ləukʌt] *adj* (*dress*) décolleté(e)
**low-down** ['ləudaun] *n* (*inf*): **he gave me the ~**

**(on it)** il m'a mis au courant ▷ *adj* (*mean*) méprisable
**lower** *adj* ['ləuə<sup>r</sup>] inférieur(e) ▷ *vt* ['ləuə<sup>r</sup>] baisser; (*resistance*) diminuer ▷ *vi* ['ləuə<sup>r</sup>] (*person*): **to ~ at sb** jeter un regard mauvais *or* noir à qn; (*sky, clouds*) être menaçant; **to ~ o.s. to** s'abaisser à
**lower sixth** (*Brit*) *n* (*Scol*) première *f*
**low-fat** ['ləu'fæt] *adj* maigre
**low-key** ['ləu'ki:] *adj* modéré(e), discret(-ète)
**lowland, lowlands** ['ləulənd(z)] *n(pl)* plaine(s) *f(pl)*
**low-level** ['ləulɛvl] *adj* bas (basse); (*flying*) à basse altitude
**low-loader** ['ləuləudə<sup>r</sup>] *n* semi-remorque *f* à plate-forme surbaissée
**lowly** ['ləulı] *adj* humble, modeste
**low-lying** [ləu'laııŋ] *adj* à faible altitude
**low-paid** [ləu'peıd] *adj* mal payé(e), aux salaires bas
**low-rise** ['ləuraız] *adj* bas(se), de faible hauteur
**low-tech** ['ləutɛk] *adj* sommaire
**loyal** ['lɔıəl] *adj* loyal(e), fidèle
**loyalist** ['lɔıəlıst] *n* loyaliste *m/f*
**loyalty** ['lɔıəltı] *n* loyauté *f*, fidélité *f*
**loyalty card** *n* carte *f* de fidélité
**lozenge** ['lɔzındʒ] *n* (*Med*) pastille *f*; (*Geom*) losange *m*
**LP** *n abbr* = **long-playing record**
**LPG** *n abbr* (= *liquid petroleum gas*) GPL *m*
**L-plates** ['ɛlpleıts] *npl* (*Brit*) plaques *fpl* (obligatoires) d'apprenti conducteur
**LPN** *n abbr* (*US*: = *Licensed Practical Nurse*) infirmier(-ière) diplômé(e)
**LRAM** *n abbr* (*Brit*) = **Licentiate of the Royal Academy of Music**
**LSAT** *n abbr* (*US*) = **Law School Admissions Test**
**LSD** *n abbr* (= *lysergic acid diethylamide*) LSD *m*; (*Brit*: = *pounds, shillings and pence*) système monétaire en usage en GB jusqu'en 1971
**LSE** *n abbr* = **London School of Economics**
**LT** *abbr* (*Elec*: = *low tension*) BT
**Lt** *abbr* (= *lieutenant*) Lt.
**Ltd** *abbr* (*Comm*: *company*: = *limited*) ≈ S.A.
**lubricant** ['lu:brıkənt] *n* lubrifiant *m*
**lubricate** ['lu:brıkeıt] *vt* lubrifier, graisser
**lucid** ['lu:sıd] *adj* lucide
**lucidity** [lu:'sıdıtı] *n* lucidité *f*
**luck** [lʌk] *n* chance *f*; **bad ~** malchance *f*, malheur *m*; **to be in ~** avoir de la chance; **to be out of ~** ne pas avoir de chance; **good ~!** bonne chance!; **bad** *or* **hard** *or* **tough ~!** pas de chance!
**luckily** ['lʌkılı] *adv* heureusement, par bonheur
**luckless** ['lʌklıs] *adj* (*person*) malchanceux(-euse); (*trip*) marqué(e) par la malchance
**lucky** ['lʌkı] *adj* (*person*) qui a de la chance; (*coincidence*) heureux(-euse); (*number etc*) qui porte bonheur
**lucrative** ['lu:krətıv] *adj* lucratif(-ive), rentable, qui rapporte
**ludicrous** ['lu:dıkrəs] *adj* ridicule, absurde

**ludo** ['luːdəu] n jeu m des petits chevaux

**lug** [lʌg] vt traîner, tirer

**luggage** ['lʌgɪdʒ] n bagages mpl; **our ~ hasn't arrived** nos bagages ne sont pas arrivés; **could you send someone to collect our ~?** pourriez-vous envoyer quelqu'un chercher nos bagages?

**luggage lockers** npl consigne f automatique

**luggage rack** n (in train) porte-bagages m inv; (: made of string) filet m à bagages; (on car) galerie f

**luggage van**, (US) **luggage car** n (Rail) fourgon m (à bagages)

**lugubrious** [luˈguːbrɪəs] adj lugubre

**lukewarm** ['luːkwɔːm] adj tiède

**lull** [lʌl] n accalmie f; (in conversation) pause f ▷ vt: **to ~ sb to sleep** bercer qn pour qu'il s'endorme; **to be ~ed into a false sense of security** s'endormir dans une fausse sécurité

**lullaby** ['lʌləbaɪ] n berceuse f

**lumbago** [lʌmˈbeɪgəu] n lumbago m

**lumber** ['lʌmbəʳ] n (wood) bois m de charpente; (junk) bric-à-brac m inv ▷ vt (Brit inf): **to ~ sb with sth/sb** coller or refiler qch/qn à qn ▷ vi (also: **lumber about, lumber along**) marcher pesamment

**lumberjack** ['lʌmbədʒæk] n bûcheron m

**lumber room** n (Brit) débarras m

**lumber yard** n entrepôt m de bois

**luminous** ['luːmɪnəs] adj lumineux(-euse)

**lump** [lʌmp] n morceau m; (in sauce) grumeau m; (swelling) grosseur f ▷ vt (also: **lump together**) réunir, mettre en tas

**lump sum** n somme globale or forfaitaire

**lumpy** ['lʌmpɪ] adj (sauce) qui a des grumeaux; (bed) défoncé(e), peu confortable

**lunacy** ['luːnəsɪ] n démence f, folie f

**lunar** ['luːnəʳ] adj lunaire

**lunatic** ['luːnətɪk] n fou (folle), dément(e) ▷ adj fou (folle), dément(e)

**lunatic asylum** n asile m d'aliénés

**lunch** [lʌntʃ] n déjeuner m ▷ vi déjeuner; **it is his ~ hour** c'est l'heure où il déjeune; **to invite sb to** or **for ~** inviter qn à déjeuner

**lunch break, lunch hour** n pause f de midi, heure f du déjeuner

**luncheon** ['lʌntʃən] n déjeuner m

**luncheon meat** n sorte de saucisson

**luncheon voucher** n chèque-repas m, ticket-repas m

**lunchtime** ['lʌntʃtaɪm] n: **it's ~** c'est l'heure du déjeuner

**lung** [lʌŋ] n poumon m

**lung cancer** n cancer m du poumon

**lunge** [lʌndʒ] vi (also: **lunge forward**) faire un mouvement brusque en avant; **to ~ at sb** envoyer or assener un coup à qn

**lupin** ['luːpɪn] n lupin m

**lurch** [ləːtʃ] vi vaciller, tituber ▷ n écart m brusque, embardée f; **to leave sb in the ~** laisser qn se débrouiller or se dépêtrer tout(e) seul(e)

**lure** [luəʳ] n (attraction) attrait m, charme m; (in hunting) appât m, leurre m ▷ vt attirer or persuader par la ruse

**lurid** ['luərɪd] adj affreux(-euse), atroce

**lurk** [ləːk] vi se tapir, se cacher

**luscious** ['lʌʃəs] adj succulent(e), appétissant(e)

**lush** [lʌʃ] adj luxuriant(e)

**lust** [lʌst] n (sexual) désir (sexuel); (Rel) luxure f; (fig): **~** lust **(fig)** ▷ **lust after** vt fus convoiter, désirer

**luster** ['lʌstəʳ] n (US) = **lustre**

**lustful** ['lʌstful] adj lascif(-ive)

**lustre**, (US) **luster** ['lʌstəʳ] n lustre m, brillant m

**lusty** ['lʌstɪ] adj vigoureux(-euse), robuste

**lute** [luːt] n luth m

**Luxembourg** ['lʌksəmbəːg] n Luxembourg m

**luxuriant** [lʌgˈzjuərɪənt] adj luxuriant(e)

**luxurious** [lʌgˈzjuərɪəs] adj luxueux(-euse)

**luxury** ['lʌkʃərɪ] n luxe m ▷ cpd de luxe

**LV** n abbr (Brit) = **luncheon voucher**

**LW** abbr (Radio: = long wave) GO

**Lycra®** ['laɪkrə] n Lycra® m

**lying** ['laɪɪŋ] n mensonge(s) m(pl) ▷ adj (statement, story) mensonger(-ère), faux (fausse); (person) menteur(-euse)

**lynch** [lɪntʃ] vt lyncher

**lynx** [lɪŋks] n lynx m inv

**Lyons** ['ljɔ̃] n Lyon m

**lyre** ['laɪəʳ] n lyre f

**lyric** ['lɪrɪk] adj lyrique

**lyrical** ['lɪrɪkl] adj lyrique

**lyricism** ['lɪrɪsɪzəm] n lyrisme m

**lyrics** ['lɪrɪks] npl (of song) paroles fpl

# Mm

**M, m** [ɛm] n (letter) M, m m; **M for Mary**, (US) **M for Mike** M comme Marcel

**M** n abbr (Brit) = **motorway**; (= the M8) ≈ l'A8 ▷ abbr (= medium) M

**m.** abbr (= metre) m; (= million) M; (= mile) mi

**M.A.** n abbr (Scol) = **Master of Arts** ▷ abbr (US) = **military academy**; (US) = **Massachusetts**

**ma** [mɑː] (inf) n maman f

**mac** [mæk] n (Brit) imper(méable m) m

**macabre** [mə'kɑːbrə] adj macabre

**macaroni** [mækə'rəʊnɪ] n macaronis mpl

**macaroon** [mækə'ruːn] n macaron m

**mace** [meɪs] n masse f; (spice) macis m

**Macedonia** [mæsɪ'dəʊnɪə] n Macédoine f

**Macedonian** [mæsɪ'dəʊnɪən] adj macédonien(ne) ▷ n Macédonien(ne); (Ling) macédonien m

**machinations** [mækɪ'neɪʃənz] npl machinations fpl, intrigues fpl

**machine** [mə'ʃiːn] n machine f ▷ vt (dress etc) coudre à la machine; (Tech) usiner

**machine code** n (Comput) code m machine

**machine gun** n mitrailleuse f

**machine language** n (Comput) langage m machine

**machine-readable** [mə'ʃiːnriːdəbl] adj (Comput) exploitable par une machine

**machinery** [mə'ʃiːnərɪ] n machinerie f, machines fpl; (fig) mécanisme(s) m(pl)

**machine shop** n atelier m d'usinage

**machine tool** n machine-outil f

**machine washable** adj (garment) lavable en machine

**machinist** [mə'ʃiːnɪst] n machiniste m/f

**macho** ['mætʃəʊ] adj macho inv

**mackerel** ['mækrl] n (pl inv) maquereau m

**mackintosh** ['mækɪntɒʃ] n (Brit) imperméable m

**macro...** ['mækrəʊ] prefix macro...

**macro-economics** ['mækrəʊiːkə'nɒmɪks] n macro-économie f

**mad** [mæd] adj fou (folle); (foolish) insensé(e); (angry) furieux(-euse); **to go ~** devenir fou; **to be ~ (keen) about** or **on sth** (inf) être follement passionné de qch, être fou de qch

**Madagascar** [mædə'gæskəʳ] n Madagascar m

**madam** ['mædəm] n madame f; **yes ~** oui Madame; **M~ Chairman** Madame la Présidente

**madcap** ['mædkæp] adj (inf) écervelé(e)

**mad cow disease** n maladie f des vaches folles

**madden** ['mædn] vt exaspérer

**maddening** ['mædnɪŋ] adj exaspérant(e)

**made** [meɪd] pt, pp of **make**

**Madeira** [mə'dɪərə] n (Geo) Madère f; (wine) madère m

**made-to-measure** ['meɪdtə'mɛʒəʳ] adj (Brit) fait(e) sur mesure

**made-up** ['meɪdʌp] adj (story) inventé(e), fabriqué(e)

**madhouse** ['mædhaʊs] n (also fig) maison f de fous

**madly** ['mædlɪ] adv follement; **~ in love** éperdument amoureux(-euse)

**madman** ['mædmən] (irreg) n fou m, aliéné m

**madness** ['mædnɪs] n folie f

**Madrid** [mə'drɪd] n Madrid

**Mafia** ['mæfɪə] n maf(f)ia f

**mag** [mæg] n abbr (Brit inf: = magazine) magazine m

**magazine** [mægə'ziːn] n (Press) magazine m, revue f; (Radio, TV) magazine; (Mil: store) dépôt m, arsenal m; (of firearm) magasin m

**maggot** ['mægət] n ver m, asticot m

**magic** ['mædʒɪk] n magie f ▷ adj magique

**magical** ['mædʒɪkl] adj magique; (experience, evening) merveilleux(-euse)

**magician** [mə'dʒɪʃən] n magicien(ne)

**magistrate** ['mædʒɪstreɪt] n magistrat m; juge m; **~'s court** (Brit) ≈ tribunal m d'instance

**magnanimous** [mæg'nænɪməs] adj magnanime

**magnate** ['mægneɪt] n magnat m

**magnesium** [mæg'niːzɪəm] n magnésium m

**magnet** ['mægnɪt] n aimant m

**magnetic** [mæg'nɛtɪk] adj magnétique

**magnetic disk** n (Comput) disque m magnétique

**magnetic tape** n bande f magnétique

**magnetism** ['mægnɪtɪzəm] n magnétisme m

**magnification** [mægnɪfɪ'keɪʃən] n grossissement m

**magnificence** [mæg'nɪfɪsns] n magnificence f

**magnificent** [mæg'nɪfɪsnt] adj superbe,

magnifique; (*splendid: robe, building*) somptueux(-euse), magnifique

**magnify** ['mægnıfaı] *vt* grossir; (*sound*) amplifier

**magnifying glass** ['mægnıfaıın-] *n* loupe *f*

**magnitude** ['mægnıtju:d] *n* ampleur *f*

**magnolia** [mæg'nəulıə] *n* magnolia *m*

**magpie** ['mægpaı] *n* pie *f*

**mahogany** [mə'hɔgənı] *n* acajou *m* ▷ *cpd* en (bois d')acajou

**maid** [meıd] *n* bonne *f*; (*in hotel*) femme *f* de chambre; **old ~** (*pej*) vieille fille

**maiden** ['meıdn] *n* jeune fille *f* ▷ *adj* (*aunt etc*) non mariée; (*speech, voyage*) inaugural(e)

**maiden name** *n* nom *m* de jeune fille

**mail** [meıl] *n* poste *f*; (*letters*) courrier *m* ▷ *vt* envoyer (par la poste); **by ~** par la poste

**mailbag** ['meılbæg] *n* (*US*) sac postal; (*postman's*) sacoche *f*

**mailbox** ['meılbɔks] *n* (*US: also Comput*) boîte *f* aux lettres

**mailing list** ['meılıŋ-] *n* liste *f* d'adresses

**mailman** ['meılmæn] (*irreg*) *n* (*US*) facteur *m*

**mail-order** ['meılɔ:də'] *n* vente *f* or achat *m* par correspondance ▷ *cpd*: **~ firm** or **house** maison *f* de vente par correspondance

**mailshot** ['meılʃɔt] *n* (*Brit*) mailing *m*

**mail train** *n* train postal

**mail truck** *n* (*US Aut*) = **mail van**

**mail van** *n* (*Brit Aut*) voiture *f* or fourgonnette *f* des postes; (: *Rail*) wagon-poste *m*

**maim** [meım] *vt* mutiler

**main** [meın] *adj* principal(e) ▷ *n* (*pipe*) conduite principale, canalisation *f*; **the ~s** (*Elec*) le secteur; **the ... thing** l'essentiel *m*; **in the ~** dans l'ensemble

**main course** *n* (*Culin*) plat *m* de résistance

**mainframe** ['meınfreım] *n* (*also*: **mainframe computer**) (gros) ordinateur, unité centrale

**mainland** ['meınlənd] *n* continent *m*

**mainline** ['meınlaın] *adj* (*Rail*) de grande ligne ▷ *vt* (*drugs slang*) se shooter à ▷ *vi* (*drugs slang*) se shooter

**main line** *n* (*Rail*) grande ligne

**mainly** ['meınlı] *adv* principalement, surtout

**main road** *n* grand axe, route nationale

**mainstay** ['meınsteı] *n* (*fig*) pilier *m*

**mainstream** ['meınstri:m] *n* (*fig*) courant principal

**main street** *n* rue *f* principale

**maintain** [meın'teın] *vt* entretenir; (*continue*) maintenir, préserver; (*affirm*) soutenir; **to ~ that ...** soutenir que ...

**maintenance** ['meıntənəns] *n* entretien *m*; (*Law: alimony*) pension *f* alimentaire

**maintenance contract** *n* contrat *m* d'entretien

**maintenance order** *n* (*Law*) obligation *f* alimentaire

**maisonette** [meızə'nɛt] *n* (*Brit*) appartement *m* en duplex

**maize** [meız] *n* (*Brit*) maïs *m*

**Maj.** *abbr* (*Mil*) = **major**

**majestic** [mə'dʒɛstık] *adj* majestueux(-euse)

**majesty** ['mædʒıstı] *n* majesté *f*; (*title*): **Your M~** Votre Majesté

**major** ['meıdʒə'] *n* (*Mil*) commandant *m* ▷ *adj* (*important*) important(e); (*most important*) principal(e); (*Mus*) majeur(e) ▷ *vi* (*US Scol*): **to ~ (in)** se spécialiser (en); **a ~ operation** (*Med*) une grosse opération

**Majorca** [mə'jɔ:kə] *n* Majorque *f*

**major general** *n* (*Mil*) général *m* de division

**majority** [mə'dʒɔrıtı] *n* majorité *f* ▷ *cpd* (*verdict, holding*) majoritaire

**make** [meık] *vt* (*pt, pp* **made**) [meıd] faire; (*manufacture*) faire, fabriquer; (*earn*) gagner; (*decision*) prendre; (*friend*) se faire; (*speech*) faire, prononcer; (*cause to be*): **to ~ sb sad** *etc* rendre qn triste *etc*; (*force*): **to ~ sb do sth** obliger qn à faire qch, faire faire qch à qn; (*equal*): **2 and 2 ~ 4** 2 et 2 font 4 ▷ *n* (*manufacture*) fabrication *f*; (*brand*) marque *f*; **to ~ the bed** faire le lit; **to ~ a fool of sb** (*ridicule*) ridiculiser qn; (*trick*) avoir or duper qn; **to ~ a profit** faire un or des bénéfice(s); **to ~ a loss** essuyer une perte; **to ~ it** (*in time etc*) y arriver; (*succeed*) réussir; **what time do you ~ it?** quelle heure avez-vous?; **I ~ it £249** d'après mes calculs ça fait 249 livres; **to be made of** être en; **to ~ good** *vi* (*succeed*) faire son chemin, réussir ▷ *vt* (*deficit*) combler; (*losses*) compenser; **to ~ do with** se contenter de; se débrouiller avec

▸ **make for** *vt fus* (*place*) se diriger vers

▸ **make off** *vi* filer

▸ **make out** *vt* (*write out: cheque*) faire; (*decipher*) déchiffrer; (*understand*) comprendre; (*see*) distinguer; (*claim, imply*) prétendre, vouloir faire croire; **to ~ out a case for sth** présenter des arguments solides en faveur de qch

▸ **make over** *vt* (*assign*): **to ~ over (to)** céder (à), transférer (au nom de)

▸ **make up** *vt* (*invent*) inventer, imaginer; (*constitute*) constituer; (*parcel, bed*) faire ▷ *vi* se réconcilier; (*with cosmetics*) se maquiller, se farder; **to be made up of** se composer de

▸ **make up for** *vt fus* compenser; (*lost time*) rattraper

**make-believe** ['meıkbıli:v] *n*: **a world of ~** un monde de chimères *or* d'illusions; **it's just ~** c'est de la fantaisie; c'est une illusion

**makeover** ['meıkəuvə'] *n* (*by beautician*) soins *mpl* de maquillage; (*change of image*) changement *m* d'image; **to give sb a ~** relooker qn

**maker** ['meıkə'] *n* fabricant *m*; (*of film, programme*) réalisateur(-trice)

**makeshift** ['meıkʃıft] *adj* provisoire, improvisé(e)

**make-up** ['meıkʌp] *n* maquillage *m*

**make-up bag** *n* trousse *f* de maquillage

**make-up remover** *n* démaquillant *m*

**making** ['meıkıŋ] *n* (*fig*): **in the ~** en formation *or* gestation; **to have the ~s of** (*actor, athlete*) avoir l'étoffe de

**maladjusted** [mælə'dʒʌstıd] *adj* inadapté(e)

**malaise** [mæ'leɪz] n malaise m
**malaria** [mə'lɛərɪə] n malaria f, paludisme m
**Malawi** [mə'lɑːwɪ] n Malawi m
**Malay** [mə'leɪ] adj malais(e) ▷ n (person)
Malais(e); (language) malais m
**Malaya** [mə'leɪə] n Malaisie f
**Malayan** [mə'leɪən] adj, n = **Malay**
**Malaysia** [mə'leɪzɪə] n Malaisie f
**Malaysian** [mə'leɪzɪən] adj malaisien(ne) ▷ n
Malaisien(ne)
**Maldives** ['mɔːldaɪvz] npl: **the** ~ les Maldives fpl
**male** [meɪl] n (Biol, Elec) mâle m ▷ adj (sex,
attitude) masculin(e); (animal) mâle; (child etc) du
sexe masculin; ~ **and female students**
étudiants et étudiantes
**male chauvinist** n phallocrate m
**male nurse** n infirmier m
**malevolence** [mə'lɛvələns] n malveillance f
**malevolent** [mə'lɛvələnt] adj malveillant(e)
**malfunction** [mæl'fʌŋkʃən] n fonctionnement
défectueux
**malice** ['mælɪs] n méchanceté f, malveillance f
**malicious** [mə'lɪʃəs] adj méchant(e),
malveillant(e); (Law) avec intention criminelle
**malign** [mə'laɪn] vt diffamer, calomnier
**malignant** [mə'lɪgnənt] adj (Med) malin(-igne)
**malingerer** [mə'lɪŋgərər] n simulateur(-trice)
**mall** [mɔːl] n (also: **shopping mall**) centre
commercial
**malleable** ['mælɪəbl] adj malléable
**mallet** ['mælɪt] n maillet m
**malnutrition** [mælnjuː'trɪʃən] n malnutrition f
**malpractice** [mæl'præktɪs] n faute
professionnelle; négligence f
**malt** [mɔːlt] n malt m ▷ cpd (whisky) pur malt
**Malta** ['mɔːltə] n Malte f
**Maltese** [mɔːl'tiːz] adj maltais(e) ▷ n (pl inv)
Maltais(e); (Ling) maltais m
**maltreat** [mæl'triːt] vt maltraiter
**mammal** ['mæml] n mammifère m
**mammoth** ['mæməθ] n mammouth m ▷ adj
géant(e), monstre
**man** (pl **men**) [mæn, mɛn] n homme m; (Sport)
joueur m; (Chess) pièce f; (Draughts) pion m ▷ vt
(Naut: ship) garnir d'hommes; (machine) assurer
le fonctionnement de; (Mil: gun) servir; (: post)
être de service à; **an old** ~ un vieillard; ~ **and
wife** mari et femme
**Man.** abbr (Canada) = **Manitoba**
**manacles** ['mænəklz] npl menottes fpl
**manage** ['mænɪdʒ] vi se débrouiller; (succeed) y
arriver, réussir ▷ vt (business) gérer; (team,
operation) diriger; (control: ship) manier,
manœuvrer; (: person) savoir s'y prendre avec;
(device, things to do, carry etc) arriver à se
débrouiller avec, s'en tirer avec; **to** ~ **to do** se
débrouiller pour faire; (succeed) réussir à faire
**manageable** ['mænɪdʒəbl] adj maniable; (task
etc) faisable; (number) raisonnable
**management** ['mænɪdʒmənt] n (running)
administration f, direction f; (people in charge: of
business, firm) dirigeants mpl, cadres mpl; (: of

hotel, shop, theatre) direction; **"under new** ~**"**
"changement de gérant", "changement de
propriétaire"
**management accounting** n comptabilité f de
gestion
**management consultant** n conseiller(-ère) de
direction
**manager** ['mænɪdʒər] n (of business) directeur m;
(of institution etc) administrateur m; (of
department, unit) responsable m/f, chef m; (of hotel
etc) gérant m; (Sport) manager m; (of artist)
impresario m; **sales** ~ responsable or chef des
ventes
**manageress** [mænɪdʒə'rɛs] n directrice f; (of
hotel etc) gérante f
**managerial** [mænɪ'dʒɪərɪəl] adj directorial(e);
(skills) de cadre, de gestion; ~ **staff** cadres mpl
**managing director** ['mænɪdʒɪŋ-] n directeur
général
**Mancunian** [mæŋ'kjuːnɪən] adj de Manchester
▷ n habitant(e) de Manchester; natif(-ive) de
Manchester
**mandarin** ['mændərɪn] n (also: **mandarin
orange**) mandarine f; (person) mandarin m
**mandate** ['mændeɪt] n mandat m
**mandatory** ['mændətərɪ] adj obligatoire;
(powers etc) mandataire
**mandolin, mandoline** ['mændəlɪn] n
mandoline f
**mane** [meɪn] n crinière f
**maneuver** [mə'nuːvər] (US) = **manoeuvre**
**manfully** ['mænfəlɪ] adv vaillamment
**manganese** [mæŋgə'niːz] n manganèse m
**mangetout** ['mɔnʒ'tuː] n mange-tout m inv
**mangle** ['mæŋgl] vt déchiqueter; mutiler ▷ n
essoreuse f; calandre f
**mango** (pl **-es**) ['mæŋgəʊ] n mangue f
**mangrove** ['mæŋgrəʊv] n palétuvier m
**mangy** ['meɪndʒɪ] adj galeux(-euse)
**manhandle** ['mænhændl] vt (mistreat)
maltraiter, malmener; (move by hand)
manutentionner
**manhole** ['mænhəʊl] n trou m d'homme
**manhood** ['mænhʊd] n (age) âge m d'homme;
(manliness) virilité f
**man-hour** ['mænaʊər] n heure-homme f,
heure f de main-d'œuvre
**manhunt** ['mænhʌnt] n chasse f à l'homme
**mania** ['meɪnɪə] n manie f
**maniac** ['meɪnɪæk] n maniaque m/f; (fig) fou
(folle)
**manic** ['mænɪk] adj maniaque
**manic-depressive** ['mænɪkdɪ'prɛsɪv] adj, n
(Psych) maniaco-dépressif(-ive)
**manicure** ['mænɪkjʊər] n manucure f ▷ vt
(person) faire les mains à
**manicure set** n trousse f à ongles
**manifest** ['mænɪfɛst] vt manifester ▷ adj
manifeste, évident(e) ▷ n (Aviat, Naut)
manifeste m
**manifestation** [mænɪfɛs'teɪʃən] n
manifestation f

**m**

**manifesto** [mænɪˈfɛstəu] n (Pol) manifeste m
**manifold** [ˈmænɪfəuld] adj multiple, varié(e)
▷ n (Aut etc): **exhaust ~** collecteur m
d'échappement
**Manila** [məˈnɪlə] n Manille, Manila
**manila** [məˈnɪlə] adj: **~ paper** papier m bulle
**manipulate** [məˈnɪpjuleɪt] vt manipuler;
(system, situation) exploiter
**manipulation** [mənɪpjuˈleɪʃən] n
manipulation f
**mankind** [mænˈkaɪnd] n humanité f, genre
humain
**manliness** [ˈmænlɪnɪs] n virilité f
**manly** [ˈmænlɪ] adj viril(e)
**man-made** [ˈmænˈmeɪd] adj artificiel(le); (fibre)
synthétique
**manna** [ˈmænə] n manne f
**mannequin** [ˈmænɪkɪn] n mannequin m
**manner** [ˈmænər] n manière f, façon f;
(behaviour) attitude f, comportement m;
**manners** npl: **(good) ~s** (bonnes) manières;
**bad ~s** mauvaises manières; **all ~ of** toutes
sortes de
**mannerism** [ˈmænərɪzəm] n particularité f de
langage (or de comportement), tic m
**mannerly** [ˈmænəlɪ] adj poli(e), courtois(e)
**manoeuvrable**, (US) **maneuverable** [məˈnu:
vrəbl] adj facile à manœuvrer
**manoeuvre**, (US) **maneuver** [məˈnu:vər] vt
(move) manœuvrer; (manipulate: person)
manipuler; (: situation) exploiter ▷ n manœuvre
f; **to ~ sb into doing sth** manipuler qn pour lui
faire faire qch
**manor** [ˈmænər] n (also: **manor house**) manoir m
**manpower** [ˈmænpauər] n main-d'œuvre f
**manservant** (pl **menservants**) [ˈmænsə:vənt,
ˈmɛn-] n domestique m
**mansion** [ˈmænʃən] n château m, manoir m
**manslaughter** [ˈmænslɔ:tər] n homicide m
involontaire
**mantelpiece** [ˈmæntlpi:s] n cheminée f
**mantle** [ˈmæntl] n cape f; (fig) manteau m
**man-to-man** [ˈmæntəˈmæn] adj, adv d'homme
à homme
**manual** [ˈmænjuəl] adj manuel(le) ▷ n
manuel m
**manual worker** n travailleur manuel
**manufacture** [mænjuˈfæktʃər] vt fabriquer ▷ n
fabrication f
**manufactured goods** [mænjuˈfæktʃəd-] npl
produits manufacturés
**manufacturer** [mænjuˈfæktʃərər] n fabricant m
**manufacturing industries** [mænjuˈ] npl
industries fpl de transformation
**manure** [məˈnjuər] n fumier m; (artificial)
engrais m
**manuscript** [ˈmænjuskrɪpt] n manuscrit m
**many** [ˈmɛnɪ] adj beaucoup de, de
nombreux(-euses) ▷ pron beaucoup, un grand
nombre; **how ~?** combien?; **a great ~** un grand
nombre (de); **too ~ difficulties** trop de
difficultés; **twice as ~** deux fois plus; **~ a ...**

bien des ..., plus d'un(e) ...
**Maori** [ˈmaurɪ] n Maori(e) ▷ adj maori(e)
**map** [mæp] n carte f; (of town) plan m ▷ vt
dresser la carte de; **can you show it to me on
the ~?** pouvez-vous me l'indiquer sur la carte?
▶ **map out** vt tracer; (fig: task) planifier; (career,
holiday) organiser, préparer (à l'avance); (: essay)
faire le plan de
**maple** [ˈmeɪpl] n érable m
**mar** [mɑ:r] vt gâcher, gâter
**marathon** [ˈmærəθən] n marathon m ▷ adj: **a ~
session** une séance-marathon
**marathon runner** n coureur(-euse) de
marathon, marathonien(ne)
**marauder** [məˈrɔ:dər] n maraudeur(-euse)
**marble** [ˈmɑ:bl] n marbre m; (toy) bille f;
**marbles** npl (game) billes
**March** [mɑ:tʃ] n mars m
**march** [mɑ:tʃ] vi marcher au pas; (demonstrators)
défiler ▷ n marche f; (demonstration)
manifestation f; **to ~ out of/into** etc sortir de/
entrer dans etc (de manière décidée ou impulsive)
**marcher** [ˈmɑ:tʃər] n (demonstrator)
manifestant(e), marcheur(-euse)
**marching** [ˈmɑ:tʃɪŋ] n: **to give sb his ~ orders**
(fig) renvoyer qn; envoyer promener qn
**march-past** [ˈmɑ:tʃpɑ:st] n défilé m
**mare** [mɛər] n jument f
**marg.** [mɑ:dʒ] n abbr (inf) = **margarine**
**margarine** [mɑ:dʒəˈri:n] n margarine f
**margin** [ˈmɑ:dʒɪn] n marge f
**marginal** [ˈmɑ:dʒɪnl] adj marginal(e); **~ seat**
(Pol) siège disputé
**marginally** [ˈmɑ:dʒɪnəlɪ] adv très légèrement,
sensiblement
**marigold** [ˈmærɪgəuld] n souci m
**marijuana** [mærɪˈwɑ:nə] n marijuana f
**marina** [məˈri:nə] n marina f
**marinade** n [mærɪˈneɪd] marinade f ▷ vt
[ˈmærɪneɪd] = **marinate**
**marinate** [ˈmærɪneɪt] vt (faire) mariner
**marine** [məˈri:n] adj marin(e) ▷ n fusilier
marin; (US) marine m
**marine insurance** n assurance f maritime
**marital** [ˈmærɪtl] adj matrimonial(e)
**marital status** n situation f de famille
**maritime** [ˈmærɪtaɪm] adj maritime
**maritime law** n droit m maritime
**marjoram** [ˈmɑ:dʒərəm] n marjolaine f
**mark** [mɑ:k] n marque f; (of skid etc) trace f; (Brit
Scol) note f; (Sport) cible f; (currency) mark m; (Brit
Tech): **M~ 2/3** 2ème/3ème série f or version f;
(oven temperature): **(gas) ~ 4** thermostat m 4 ▷ vt
(also Sport: player) marquer; (stain) tacher; (Brit
Scol) corriger, noter; (also: **punctuation marks**)
signes mpl de ponctuation; **to ~ time** marquer
le pas; **to be quick off the ~ (in doing)** (fig) ne
pas perdre de temps (pour faire); **up to the ~** (in
efficiency) à la hauteur
▶ **mark down** vt (prices, goods) démarquer,
réduire le prix de
▶ **mark off** vt (tick off) cocher, pointer

▶ **mark out** *vt* désigner
▶ **mark up** *vt* (*price*) majorer
**marked** [mɑːkt] *adj* (*obvious*) marqué(e), net(te)
**markedly** ['mɑːkɪdlɪ] *adv* visiblement, manifestement
**marker** ['mɑːkə<sup>r</sup>] *n* (*sign*) jalon *m*; (*bookmark*) signet *m*
**market** ['mɑːkɪt] *n* marché *m* ▷ *vt* (*Comm*) commercialiser; **to be on the ~** être sur le marché; **on the open ~** en vente libre; **to play the ~** jouer à la *or* spéculer en Bourse
**marketable** ['mɑːkɪtəbl] *adj* commercialisable
**market analysis** *n* analyse *f* de marché
**market day** *n* jour *m* de marché
**market demand** *n* besoins *mpl* du marché
**market economy** *n* économie *f* de marché
**market forces** *npl* tendances *fpl* du marché
**market garden** *n* (*Brit*) jardin maraîcher
**marketing** ['mɑːkɪtɪŋ] *n* marketing *m*
**marketplace** ['mɑːkɪtpleɪs] *n* place *f* du marché; (*Comm*) marché *m*
**market price** *n* prix marchand
**market research** *n* étude *f* de marché
**market value** *n* valeur marchande; valeur du marché
**marking** ['mɑːkɪŋ] *n* (*on animal*) marque *f*, tache *f*; (*on road*) signalisation *f*
**marksman** ['mɑːksmən] (*irreg*) *n* tireur *m* d'élite
**marksmanship** ['mɑːksmənʃɪp] *n* adresse *f* au tir
**mark-up** ['mɑːkʌp] *n* (*Comm: margin*) marge *f* (bénéficiaire); (*: increase*) majoration *f*
**marmalade** ['mɑːməleɪd] *n* confiture *f* d'oranges
**maroon** [mə'ruːn] *vt*: **to be ~ed** être abandonné(e); (*fig*) être bloqué(e) ▷ *adj* (*colour*) bordeaux *inv*
**marquee** [mɑː'kiː] *n* chapiteau *m*
**marquess, marquis** ['mɑːkwɪs] *n* marquis *m*
**Marrakech, Marrakesh** [mærə'keʃ] *n* Marrakech
**marriage** ['mærɪdʒ] *n* mariage *m*
**marriage bureau** *n* agence matrimoniale
**marriage certificate** *n* extrait *m* d'acte de mariage
**marriage guidance**, (*US*) **marriage counseling** *n* conseils conjugaux
**marriage of convenience** *n* mariage *m* de convenance
**married** ['mærɪd] *adj* marié(e); (*life, love*) conjugal(e)
**marrow** ['mærəu] *n* (*of bone*) moelle *f*; (*vegetable*) courge *f*
**marry** ['mærɪ] *vt* épouser, se marier avec; (*subj: father, priest etc*) marier ▷ *vi* (*also*: **get married**) se marier
**Mars** [mɑːz] *n* (*planet*) Mars *f*
**Marseilles** [mɑː'seɪ] *n* Marseille
**marsh** [mɑːʃ] *n* marais *m*, marécage *m*
**marshal** ['mɑːʃl] *n* maréchal *m*; (*US: fire, police*) ≈ capitaine *m*; (*for demonstration, meeting*) membre *m* du service d'ordre ▷ *vt* rassembler

**marshalling yard** ['mɑːʃlɪŋ-] *n* (*Rail*) gare *f* de triage
**marshmallow** [mɑːʃ'mæləu] *n* (*Bot*) guimauve *f*; (*sweet*) (pâte *f* de) guimauve
**marshy** ['mɑːʃɪ] *adj* marécageux(-euse)
**marsupial** [mɑː'suːpɪəl] *adj* marsupial(e) ▷ *n* marsupial *m*
**martial** ['mɑːʃl] *adj* martial(e)
**martial arts** *npl* arts martiaux
**martial law** *n* loi martiale
**Martian** ['mɑːʃən] *n* Martien(ne)
**martin** ['mɑːtɪn] *n* (*also*: **house martin**) martinet *m*
**martyr** ['mɑːtə<sup>r</sup>] *n* martyr(e) ▷ *vt* martyriser
**martyrdom** ['mɑːtədəm] *n* martyre *m*
**marvel** ['mɑːvl] *n* merveille *f* ▷ *vi*: **to ~ (at)** s'émerveiller (de)
**marvellous**, (*US*) **marvelous** ['mɑːvləs] *adj* merveilleux(-euse)
**Marxism** ['mɑːksɪzəm] *n* marxisme *m*
**Marxist** ['mɑːksɪst] *adj, n* marxiste (*m/f*)
**marzipan** ['mɑːzɪpæn] *n* pâte *f* d'amandes
**mascara** [mæs'kɑːrə] *n* mascara *m*
**mascot** ['mæskət] *n* mascotte *f*
**masculine** ['mæskjulɪn] *adj* masculin(e) ▷ *n* masculin *m*
**masculinity** [mæskju'lɪnɪtɪ] *n* masculinité *f*
**MASH** [mæʃ] *n abbr* (*US Mil*) = **mobile army surgical hospital**
**mash** [mæʃ] *vt* (*Culin*) faire une purée de
**mashed potato** *n*, **mashed potatoes** *npl* purée *f* de pommes de terre
**mask** [mɑːsk] *n* masque *m* ▷ *vt* masquer
**masochism** ['mæsəukɪzəm] *n* masochisme *m*
**masochist** ['mæsəukɪst] *n* masochiste *m/f*
**mason** ['meɪsn] *n* (*also*: **stonemason**) maçon *m*; (*also*: **freemason**) franc-maçon *m*
**masonic** [mə'sɒnɪk] *adj* maçonnique
**masonry** ['meɪsnrɪ] *n* maçonnerie *f*
**masquerade** [mæskə'reɪd] *n* bal masqué; (*fig*) mascarade *f* ▷ *vi*: **to ~ as** se faire passer pour
**mass** [mæs] *n* multitude *f*, masse *f*; (*Physics*) masse; (*Rel*) messe *f* ▷ *cpd* (*communication*) de masse; (*unemployment*) massif(-ive) ▷ *vi* se masser; **masses** *npl*: **the ~es** les masses; **~es of** (*inf*) des tas de; **to go to ~** aller à la messe
**Mass.** *abbr* (*US*) = **Massachusetts.**
**massacre** ['mæsəkə<sup>r</sup>] *n* massacre *m* ▷ *vt* massacrer
**massage** ['mæsɑːʒ] *n* massage *m* ▷ *vt* masser
**massive** ['mæsɪv] *adj* énorme, massif(-ive)
**mass market** *n* marché *m* grand public
**mass media** *npl* mass-media *mpl*
**mass meeting** *n* rassemblement *m* de masse
**mass-produce** ['mæsprə'djuːs] *vt* fabriquer en série
**mass production** *n* fabrication *f* en série
**mast** [mɑːst] *n* mât *m*; (*Radio, TV*) pylône *m*
**mastectomy** [mæs'tɛktəmɪ] *n* mastectomie *f*
**master** ['mɑːstə<sup>r</sup>] *n* maître *m*; (*in secondary school*) professeur *m*; (*in primary school*) instituteur *m*; (*title for boys*): **M~ X** Monsieur X ▷ *vt* maîtriser;

(*learn*) apprendre à fond; (*understand*) posséder parfaitement *or* à fond; ~ **of ceremonies (MC)** *n* maître des cérémonies; **M~ of Arts/Science (MA/MSc)** (*n*) ≈ titulaire *m/f* d'une maîtrise (en lettres/science); **M~ of Arts/Science degree (MA/MSc)** (*n*) ≈ maîtrise *f*; **M~'s degree** (*n*) ≈ maîtrise; *voir article*

● **MASTER'S DEGREE**

● Le *Master's degree* est un diplôme que l'on
● prépare en général après le "Bachelor's
● degree", bien que certaines universités
● décernent un *Master's* au lieu d'un
● "Bachelor's". Il consiste soit à suivre des
● cours, soit à rédiger un mémoire à partir
● d'une recherche personnelle, soit encore les
● deux. Les principaux masters sont le "MA"
● (Master of Arts), et le "MSc" (Master of
● Science), qui comprennent cours et
● mémoire, et le "MLitt "(Master of Letters) et
● le "MPhil" (Master of Philosophy), qui
● reposent uniquement sur le mémoire; voir
● "doctorate".

**master disk** *n* (*Comput*) disque original
**masterful** ['mɑːstəful] *adj* autoritaire, impérieux(-euse)
**master key** *n* passe-partout *m inv*
**masterly** ['mɑːstəlɪ] *adj* magistral(e)
**mastermind** ['mɑːstəmaɪnd] *n* esprit supérieur ▷ *vt* diriger, être le cerveau de
**masterpiece** ['mɑːstəpiːs] *n* chef-d'œuvre *m*
**master plan** *n* stratégie *f* d'ensemble
**master stroke** *n* coup *m* de maître
**mastery** ['mɑːstərɪ] *n* maîtrise *f*; connaissance parfaite
**mastiff** ['mæstɪf] *n* mastiff *m*
**masturbate** ['mæstəbeɪt] *vi* se masturber
**masturbation** [mæstə'beɪʃən] *n* masturbation *f*
**mat** [mæt] *n* petit tapis; (*also:* **doormat**) paillasson *m*; (*also:* **tablemat**) set *m* de table ▷ *adj* = **matt**
**match** [mætʃ] *n* allumette *f*; (*game*) match *m*, partie *f*; (*fig*) égal(e); mariage *m*; parti *m* ▷ *vt* (*also:* **match up**) assortir; (*go well with*) aller bien avec, s'assortir à; (*equal*) égaler, valoir ▷ *vi* être assorti(e); **to be a good ~** être bien assorti(e) ▶ **match up** *vt* assortir
**matchbox** ['mætʃbɔks] *n* boîte *f* d'allumettes
**matching** ['mætʃɪŋ] *adj* assorti(e)
**matchless** ['mætʃlɪs] *adj* sans égal
**mate** [meɪt] *n* camarade *m/f* de travail; (*inf*) copain (copine); (*animal*) partenaire *m/f*, mâle (femelle); (*in merchant navy*) second *m* ▷ *vi* s'accoupler ▷ *vt* accoupler
**material** [mə'tɪərɪəl] *n* (*substance*) matière *f*, matériau *m*; (*cloth*) tissu *m*, étoffe *f*; (*information, data*) données *fpl* ▷ *adj* matériel(le); (*relevant: evidence*) pertinent(e); (*important*) essentiel(le);
**materials** *npl* (*equipment*) matériaux *mpl*;
**reading ~** de quoi lire, de la lecture

**materialistic** [mətɪərɪə'lɪstɪk] *adj* matérialiste
**materialize** [mə'tɪərɪəlaɪz] *vi* se matérialiser, se réaliser
**materially** [mə'tɪərɪəlɪ] *adv* matériellement; essentiellement
**maternal** [mə'təːnl] *adj* maternel(le)
**maternity** [mə'təːnɪtɪ] *n* maternité *f* ▷ *cpd* de maternité, de grossesse
**maternity benefit** *n* prestation *f* de maternité
**maternity dress** *n* robe *f* de grossesse
**maternity hospital** *n* maternité *f*
**maternity leave** *n* congé *m* de maternité
**matey** ['meɪtɪ] *adj* (*Brit inf*) copain-copain *inv*
**math** [mæθ] *n* (*US:* = *mathematics*) maths *fpl*
**mathematical** [mæθə'mætɪkl] *adj* mathématique
**mathematician** [mæθəmə'tɪʃən] *n* mathématicien(ne)
**mathematics** [mæθə'mætɪks] *n* mathématiques *fpl*
**maths** [mæθs] *n abbr* (*Brit:* = *mathematics*) maths *fpl*
**matinée** ['mætɪneɪ] *n* matinée *f*
**mating** ['meɪtɪŋ] *n* accouplement *m*
**mating call** *n* appel *m* du mâle
**mating season** *n* saison *f* des amours
**matriarchal** [meɪtrɪ'ɑːkl] *adj* matriarcal(e)
**matrices** ['meɪtrɪsiːz] *npl of* **matrix**
**matriculation** [mətrɪkju'leɪʃən] *n* inscription *f*
**matrimonial** [mætrɪ'məunɪəl] *adj* matrimonial(e), conjugal(e)
**matrimony** ['mætrɪmənɪ] *n* mariage *m*
**matrix** (*pl* **matrices**) ['meɪtrɪks, 'meɪtrɪsiːz] *n* matrice *f*
**matron** ['meɪtrən] *n* (*in hospital*) infirmière-chef *f*; (*in school*) infirmière *f*
**matronly** ['meɪtrənlɪ] *adj* de matrone; imposant(e)
**matt** [mæt] *adj* mat(e)
**matted** ['mætɪd] *adj* emmêlé(e)
**matter** ['mætəʳ] *n* question *f*; (*Physics*) matière *f*, substance *f*; (*content*) contenu *m*, fond *m*; (*Med: pus*) pus *m* ▷ *vi* importer; **matters** *npl* (*affairs, situation*) la situation; **it doesn't ~** cela n'a pas d'importance; (*I don't mind*) cela ne fait rien; **what's the ~?** qu'est-ce qu'il y a?, qu'est-ce qui ne va pas?; **no ~ what** quoi qu'il arrive; **that's another ~** c'est une autre affaire; **as a ~ of course** tout naturellement; **as a ~ of fact** en fait; **it's a ~ of habit** c'est une question d'habitude; **printed ~** imprimés *mpl*; **reading ~** (*Brit*) de quoi lire, de la lecture
**matter-of-fact** ['mætərəv'fækt] *adj* terre à terre, neutre
**matting** ['mætɪŋ] *n* natte *f*
**mattress** ['mætrɪs] *n* matelas *m*
**mature** [mə'tjuəʳ] *adj* mûr(e); (*cheese*) fait(e); (*wine*) arrive(e) à maturité ▷ *vi* mûrir; (*cheese, wine*) se faire
**mature student** *n* étudiant(e) plus âgé(e) que la moyenne
**maturity** [mə'tjuərɪtɪ] *n* maturité *f*

**maudlin** ['mɔːdlɪn] adj larmoyant(e)
**maul** [mɔːl] vt lacérer
**Mauritania** [mɔːrɪ'teɪnɪə] n Mauritanie f
**Mauritius** [mə'rɪʃəs] n l'île f Maurice
**mausoleum** [mɔːsə'lɪəm] n mausolée m
**mauve** [məuv] adj mauve
**maverick** ['mævrɪk] n (fig) franc-tireur m, non-conformiste m/f
**mawkish** ['mɔːkɪʃ] adj mièvre; fade
**max** abbr = **maximum**
**maxim** ['mæksɪm] n maxime f
**maxima** ['mæksɪmə] npl of **maximum**
**maximize** ['mæksɪmaɪz] vt (profits etc, chances) maximiser
**maximum** ['mæksɪməm] (pl **maxima**) ['mæksɪmə] adj maximum ▷ n maximum m
**May** [meɪ] n mai m; for phrases see also **July**
**may** [meɪ] (conditional **might**) vi (indicating possibility): **he ~ come** il se peut qu'il vienne; (be allowed to): **~ I smoke?** puis-je fumer?; (wishes): **~ God bless you!** (que) Dieu vous bénisse!; **~ I sit here?** vous permettez que je m'assoie ici?.; **he might be there** il pourrait bien y être, il se pourrait qu'il y soit; **you ~ as well go** vous feriez aussi bien d'y aller; **I might as well go** je ferais aussi bien d'y aller, autant y aller; **you might like to try** vous pourriez (peut-être) essayer
**maybe** ['meɪbiː] adv peut-être; **~ he'll ...** peut-être qu'il ...; **~ not** peut-être pas
**May Day** n le Premier mai
**mayday** ['meɪdeɪ] n S.O.S m
**mayhem** ['meɪhɛm] n grabuge m
**mayonnaise** [meɪə'neɪz] n mayonnaise f
**mayor** [mɛəʳ] n maire m
**mayoress** ['mɛərɛs] n (female mayor) maire m; (wife of mayor) épouse f du maire
**maypole** ['meɪpəul] n mât enrubanné (autour duquel on danse)
**maze** [meɪz] n labyrinthe m, dédale m
**MB** abbr (Comput) = **megabyte**; (Canada) = **Manitoba**
**MBA** n abbr (= Master of Business Administration) titre universitaire
**MBBS, MBChB** n abbr (Brit: = Bachelor of Medicine and Surgery) titre universitaire
**MBE** n abbr (Brit: = Member of the Order of the British Empire) titre honorifique
**MBO** n abbr (Brit) = **management buyout**
**MC** n abbr = **master of ceremonies**
**MCAT** n abbr (US) = **Medical College Admissions Test**
**MD** n abbr (= Doctor of Medicine) titre universitaire; (Comm) = **managing director** ▷ abbr (US) = **Maryland**
**Md.** abbr (US) = **Maryland**
**MDT** abbr (US: = Mountain Daylight Time) heure d'été des Montagnes Rocheuses
**ME** n abbr (US: = medical examiner) médecin légiste m/f; (Med: = myalgic encephalomyelitis) encéphalomyélite f myalgique ▷ abbr (US) = **Maine**

**me** [miː] pron me, m' + vowel or h mute; (stressed, after prep) moi; **it's me** c'est moi; **he heard me** il m'a entendu; **give me a book** donnez-moi un livre; **it's for me** c'est pour moi
**meadow** ['mɛdəu] n prairie f, pré m
**meagre**, (US) **meager** ['miːgəʳ] adj maigre
**meal** [miːl] n repas m; (flour) farine f; **to go out for a ~** sortir manger
**meals on wheels** npl (Brit) repas livrés à domicile aux personnes âgées ou handicapées
**mealtime** ['miːltaɪm] n heure f du repas
**mealy-mouthed** ['miːlɪmauðd] adj mielleux(-euse)
**mean** [miːn] adj (with money) avare, radin(e); (unkind) mesquin(e), méchant(e); (shabby) misérable; (US inf: animal) méchant, vicieux(-euse); (: person) vache; (average) moyen(ne) ▷ vt (pt, pp -t) [mɛnt] (signify) signifier, vouloir dire; (refer to) faire allusion à, parler de; (intend): **to ~ to do** avoir l'intention de faire ▷ n moyenne f; **means** npl (way, money) moyens mpl; **by ~s of** (instrument) au moyen de; **by all ~s** je vous en prie; **to be ~t for** être destiné(e) à; **do you ~ it?** vous êtes sérieux?; **what do you ~?** que voulez-vous dire?
**meander** [mɪ'ændəʳ] vi faire des méandres; (fig) flâner
**meaning** ['miːnɪŋ] n signification f, sens m
**meaningful** ['miːnɪŋful] adj significatif(-ive); (relationship) valable
**meaningless** ['miːnɪŋlɪs] adj dénué(e) de sens
**meanness** ['miːnnɪs] n avarice f; mesquinerie f
**means test** n (Admin) contrôle m des conditions de ressources
**meant** [mɛnt] pt, pp of **mean**
**meantime** ['miːntaɪm] adv (also: **in the meantime**) pendant ce temps
**meanwhile** ['miːnwaɪl] adv = **meantime**
**measles** ['miːzlz] n rougeole f
**measly** ['miːzlɪ] adj (inf) minable
**measurable** ['mɛʒərəbl] adj mesurable
**measure** ['mɛʒəʳ] vt, vi mesurer ▷ n mesure f; (ruler) règle (graduée); **a litre ~** un litre; **some ~ of success** un certain succès; **to take ~s to do sth** prendre des mesures pour faire qch
▶ **measure up** vi: **to ~ up (to)** être à la hauteur (de)
**measured** ['mɛʒəd] adj mesuré(e)
**measurements** ['mɛʒəməntz] npl mesures fpl; **chest/hip ~** tour m de poitrine/hanches; **to take sb's ~** prendre les mesures de qn
**meat** [miːt] n viande f; **I don't eat ~** je ne mange pas de viande; **cold ~s** (Brit) viandes froides; **crab ~** crabe f
**meatball** ['miːtbɔːl] n boulette f de viande
**meat pie** n pâté m en croûte
**meaty** ['miːtɪ] adj (flavour) de viande; (fig: argument, book) étoffé(e), substantiel(le)
**Mecca** ['mɛkə] n la Mecque; (fig): **a ~ (for)** la Mecque (de)
**mechanic** [mɪ'kænɪk] n mécanicien m; **can you send a ~?** pouvez-vous nous envoyer un

**m**

mécanicien?

**mechanical** [mɪˈkænɪkl] *adj* mécanique

**mechanical engineering** *n* (*science*) mécanique *f*; (*industry*) construction *f* mécanique

**mechanics** [məˈkænɪks] *n* mécanique *f* ▷ *npl* mécanisme *m*

**mechanism** [ˈmɛkənɪzəm] *n* mécanisme *m*

**mechanization** [mɛkənaɪˈzeɪʃən] *n* mécanisation *f*

**MEd** *n abbr* (= *Master of Education*) titre universitaire

**medal** [ˈmɛdl] *n* médaille *f*

**medallion** [mɪˈdælɪən] *n* médaillon *m*

**medallist** [ˈmɛdlɪst] *n* (*Sport*) médaillé(e)

**meddle** [ˈmɛdl] *vi*: **to ~ in** se mêler de, s'occuper de; **to ~ with** toucher à

**meddlesome** [ˈmɛdlsəm], **meddling** [ˈmɛdlɪŋ] *adj* indiscret(-ète), qui se mêle de ce qui ne le (*or* la) regarde pas; touche-à-tout *inv*

**media** [ˈmiːdɪə] *npl* media *mpl* ▷ *npl of* **medium**

**media circus** *n* (*event*) battage *m* médiatique; (*group of journalists*) cortège *m* médiatique

**mediaeval** [mɛdɪˈiːvl] *adj* = **medieval**

**median** [ˈmiːdɪən] *n* (*US: also:* **median strip**) bande médiane

**media research** *n* étude *f* de l'audience

**mediate** [ˈmiːdɪeɪt] *vi* servir d'intermédiaire

**mediation** [miːdɪˈeɪʃən] *n* médiation *f*

**mediator** [ˈmiːdɪeɪtəʳ] *n* médiateur(-trice)

**Medicaid** [ˈmɛdɪkeɪd] *n* (*US*) assistance médicale aux indigents

**medical** [ˈmɛdɪkl] *adj* médical(e) ▷ *n* (*also:* **medical examination**) visite médicale; (*private*) examen médical

**medical certificate** *n* certificat médical

**medical student** *n* étudiant(e) en médecine

**Medicare** [ˈmɛdɪkɛəʳ] *n* (*US*) régime d'assurance maladie

**medicated** [ˈmɛdɪkeɪtɪd] *adj* traitant(e), médicamenteux(-euse)

**medication** [mɛdɪˈkeɪʃən] *n* (*drugs etc*) médication *f*

**medicinal** [mɛˈdɪsɪnl] *adj* médicinal(e)

**medicine** [ˈmɛdsɪn] *n* médecine *f*; (*drug*) médicament *m*

**medicine chest** *n* pharmacie *f* (*murale ou portative*)

**medicine man** (*irreg*) *n* sorcier *m*

**medieval** [mɛdɪˈiːvl] *adj* médiéval(e)

**mediocre** [miːdɪˈəukəʳ] *adj* médiocre

**mediocrity** [miːdɪˈɔkrɪtɪ] *n* médiocrité *f*

**meditate** [ˈmɛdɪteɪt] *vi*: **to ~ (on)** méditer (sur)

**meditation** [mɛdɪˈteɪʃən] *n* méditation *f*

**Mediterranean** [mɛdɪtəˈreɪnɪən] *adj* méditerranéen(ne); **the ~ (Sea)** la (mer) Méditerranée

**medium** [ˈmiːdɪəm] *adj* moyen(ne) ▷ *n* (*pl* **media**) (*means*) moyen *m*; (*pl* **-s**) (*person*) médium *m*; **the happy ~** le juste milieu

**medium-dry** [ˈmiːdɪəmˈdraɪ] *adj* demi-sec

**medium-sized** [ˈmiːdɪəmˈsaɪzd] *adj* de taille moyenne

**medium wave** *n* (*Radio*) ondes moyennes,

petites ondes

**medley** [ˈmɛdlɪ] *n* mélange *m*

**meek** [miːk] *adj* doux (douce), humble

**meet** (*pt, pp* **met**) [miːt, mɛt] *vt* rencontrer; (*by arrangement*) retrouver, rejoindre; (*for the first time*) faire la connaissance de; (*go and fetch*): **I'll ~ you at the station** j'irai te chercher à la gare; (*opponent, danger, problem*) faire face à; (*requirements*) satisfaire à, répondre à; (*bill, expenses*) régler ▷ *vi* (*friends*) se rencontrer; se retrouver; (*in session*) se réunir; (*join: lines, roads*) se joindre ▷ *n* (Brit Hunting) rendez-vous *m* de chasse; (US Sport) rencontre *f*, meeting *m*; **pleased to ~ you!** enchanté!; **nice ~ing you** ravi d'avoir fait votre connaissance

▶ **meet up** *vi*: **to ~ up with sb** rencontrer qn

▶ **meet with** *vt fus* (*difficulty*) rencontrer; **to ~ with success** être couronné(e) de succès

**meeting** [ˈmiːtɪŋ] *n* (*of group of people*) réunion *f*; (*between individuals*) rendez-vous *m*; (*formal*) assemblée *f*; (*Sport: rally*) rencontre, meeting *m*; (*interview*) entrevue *f*; **she's at** *or* **in a ~** (Comm) elle est en réunion; **to call a ~** convoquer une réunion

**meeting place** *n* lieu *m* de (la) réunion; (*for appointment*) lieu de rendez-vous

**mega** [ˈmɛɡə] (*inf*) *adv*: **he's ~ rich** il est hyper-riche

**megabyte** [ˈmɛɡəbaɪt] *n* (Comput) méga-octet *m*

**megaphone** [ˈmɛɡəfəun] *n* porte-voix *m inv*

**megapixel** [ˈmɛɡəpɪksl] *n* mégapixel *m*

**meh** [mɛ] *excl* bof

**melancholy** [ˈmɛlənkəlɪ] *n* mélancolie *f* ▷ *adj* mélancolique

**mellow** [ˈmɛləu] *adj* velouté(e), doux (douce); (*colour*) riche et profond(e); (*fruit*) mûr(e) ▷ *vi* (*person*) s'adoucir

**melodious** [mɪˈləudɪəs] *adj* mélodieux(-euse)

**melodrama** [ˈmɛləudrɑːmə] *n* mélodrame *m*

**melodramatic** [mɛlədrəˈmætɪk] *adj* mélodramatique

**melody** [ˈmɛlədɪ] *n* mélodie *f*

**melon** [ˈmɛlən] *n* melon *m*

**melt** [mɛlt] *vi* fondre; (*become soft*) s'amollir; (*fig*) s'attendrir ▷ *vt* faire fondre

▶ **melt away** *vi* fondre complètement

▶ **melt down** *vt* fondre

**meltdown** [ˈmɛltdaun] *n* fusion *f* (du cœur d'un réacteur nucléaire)

**melting point** [ˈmɛltɪŋ-] *n* point *m* de fusion

**melting pot** [ˈmɛltɪŋ-] *n* (*fig*) creuset *m*; **to be in the ~** être encore en discussion

**member** [ˈmɛmbəʳ] *n* membre *m*; (*of club, political party*) membre, adhérent(e) ▷ *cpd*: **~ country/ state** *n* pays *m*/état *m* membre

**membership** [ˈmɛmbəʃɪp] *n* (*becoming a member*) adhésion *f*; admission *f*; (*being a member*) qualité *f* de membre, fait *m* d'être membre; (*members*) membres *mpl*, adhérents *mpl*; (*number of members*) nombre *m* des membres *or* adhérents

**membership card** *n* carte *f* de membre

**membrane** [ˈmɛmbreɪn] *n* membrane *f*

**memento** [məˈmɛntəʊ] n souvenir m
**memo** [ˈmɛməʊ] n note f (de service)
**memoir** [ˈmɛmwɑːʳ] n mémoire m, étude f;
  **memoirs** npl mémoires
**memo pad** n bloc-notes m
**memorable** [ˈmɛmərəbl] adj mémorable
**memorandum** (pl **memoranda**)
  [mɛməˈrændəm, -də] n note f (de service);
  (Diplomacy) mémorandum m
**memorial** [mɪˈmɔːrɪəl] n mémorial m ▷ adj
  commémoratif(-ive)
**Memorial Day** n (US) voir article

  ◉ **MEMORIAL DAY**
  ◉
  ◉ Memorial Day est un jour férié aux États-Unis,
  ◉ le dernier lundi de mai dans la plupart des
  ◉ États, à la mémoire des soldats américains
  ◉ morts au combat.

**memorize** [ˈmɛməraɪz] vt apprendre or retenir
  par cœur
**memory** [ˈmɛmərɪ] n (also Comput) mémoire f;
  (recollection) souvenir m; **to have a good/bad ~**
  avoir une bonne/mauvaise mémoire; **loss of ~**
  perte f de mémoire; **in ~ of** à la mémoire de
**memory card** n (for digital camera) carte f
  mémoire
**memory stick** n (Comput: flash pen) clé f USB
  (: card) carte f mémoire
**men** [mɛn] npl of **man**
**menace** [ˈmɛnɪs] n menace f; (inf: nuisance) peste f,
  plaie f ▷ vt menacer; **a public ~** un danger public
**menacing** [ˈmɛnɪsɪŋ] adj menaçant(e)
**menagerie** [mɪˈnædʒərɪ] n ménagerie f
**mend** [mɛnd] vt réparer; (darn) raccommoder,
  repriser ▷ n reprise f; **on the ~** en voie de
  guérison; **to ~ one's ways** s'amender
**mending** [ˈmɛndɪŋ] n raccommodages mpl
**menial** [ˈmiːnɪəl] adj de domestique,
  inférieur(e); subalterne
**meningitis** [mɛnɪnˈdʒaɪtɪs] n méningite f
**menopause** [ˈmɛnəʊpɔːz] n ménopause f
**menservants** [ˈmɛnsəˌvənts] npl of **manservant**
**men's room** (US) n: **the men's room** les
  toilettes fpl pour hommes
**menstruate** [ˈmɛnstrueɪt] vi avoir ses règles
**menstruation** [mɛnstruˈeɪʃən] n menstruation f
**menswear** [ˈmɛnzwɛəʳ] n vêtements mpl
  d'hommes
**mental** [ˈmɛntl] adj mental(e); **~ illness**
  maladie mentale
**mental hospital** n hôpital m psychiatrique
**mentality** [mɛnˈtælɪtɪ] n mentalité f
**mentally** [ˈmɛntlɪ] adv: **to be ~ handicapped**
  être handicapé(e) mental(e); **the ~ ill** les
  malades mentaux
**menthol** [ˈmɛnθɒl] n menthol m
**mention** [ˈmɛnʃən] n mention f ▷ vt
  mentionner, faire mention de; **don't ~ it!** je
  vous en prie, il n'y a pas de quoi!; **I need hardly
  ~ that ...** est-il besoin de rappeler que ...?; **not**

**to ~ ..., without ~ing ...** sans parler de ..., sans
  compter ...
**mentor** [ˈmɛntɔːʳ] n mentor m
**menu** [ˈmɛnjuː] n (set menu, Comput) menu m; (list
  of dishes) carte f; **could we see the ~?** est-ce
  qu'on peut voir la carte?
**menu-driven** [ˈmɛnjuːdrɪvn] adj (Comput)
  piloté(e) par menu
**MEP** n abbr = **Member of the European
  Parliament**
**mercantile** [ˈməːkəntaɪl] adj marchand(e);
  (law) commercial(e)
**mercenary** [ˈməːsɪnərɪ] adj (person) intéressé(e),
  mercenaire ▷ n mercenaire m
**merchandise** [ˈməːtʃəndaɪz] n marchandises fpl
  ▷ vt commercialiser
**merchandiser** [ˈməːtʃəndaɪzəʳ] n
  marchandiseur m
**merchant** [ˈməːtʃənt] n négociant m, marchand
  m; **timber/wine ~** négociant en bois/vins,
  marchand de bois/vins
**merchant bank** n (Brit) banque f d'affaires
**merchantman** [ˈməːtʃəntmən] (irreg) n navire
  marchand
**merchant navy**, (US) **merchant marine** n
  marine marchande
**merciful** [ˈməːsɪful] adj miséricordieux(-euse),
  clément(e)
**mercifully** [ˈməːsɪflɪ] adv avec clémence;
  (fortunately) par bonheur, Dieu merci
**merciless** [ˈməːsɪlɪs] adj impitoyable, sans pitié
**mercurial** [məːˈkjuərɪəl] adj changeant(e);
  (lively) vif (vive)
**mercury** [ˈməːkjurɪ] n mercure m
**mercy** [ˈməːsɪ] n pitié f, merci f; (Rel)
  miséricorde f; **to have ~ on sb** avoir pitié de qn;
  **at the ~ of** à la merci de
**mercy killing** n euthanasie f
**mere** [mɪəʳ] adj simple; (chance) pur(e); **a ~ two
  hours** seulement deux heures
**merely** [ˈmɪəlɪ] adv simplement, purement
**merge** [məːdʒ] vt unir; (Comput) fusionner,
  interclasser ▷ vi (colours, shapes, sounds) se mêler;
  (roads) se joindre; (Comm) fusionner
**merger** [ˈməːdʒəʳ] n (Comm) fusion f
**meridian** [məˈrɪdɪən] n méridien m
**meringue** [məˈræŋ] n meringue f
**merit** [ˈmɛrɪt] n mérite m, valeur f ▷ vt mériter
**meritocracy** [mɛrɪˈtɔkrəsɪ] n méritocratie f
**mermaid** [ˈməːmeɪd] n sirène f
**merriment** [ˈmɛrɪmənt] n gaieté f
**merry** [ˈmɛrɪ] adj gai(e); **M~ Christmas!** joyeux
  Noël!
**merry-go-round** [ˈmɛrɪɡəʊraund] n manège m
**mesh** [mɛʃ] n mailles fpl ▷ vi (gears) s'engrener;
  **wire ~** grillage m (métallique), treillis m
  (métallique)
**mesmerize** [ˈmɛzməraɪz] vt hypnotiser;
  fasciner
**mess** [mɛs] n désordre m, fouillis m, pagaille f;
  (muddle: of life) gâchis m; (: of economy) pagaille f;
  (dirt) saleté f; (Mil) mess m, cantine f; **to be (in)**

m

a ~ être en désordre; **to be/get o.s. in a** ~ (*fig*) être/se mettre dans le pétrin

▶ **mess about** *or* **around** (*inf*) *vi* perdre son temps

▶ **mess about** *or* **around with** *vt fus* (*inf*) chambarder, tripoter

▶ **mess up** *vt* (*dirty*) salir; (*spoil*) gâcher

▶ **mess with** (*inf*) *vt fus* (*challenge, confront*) se frotter à; (*interfere with*) toucher à

**message** ['mɛsɪdʒ] *n* message *m*; **can I leave a** ~**?** est-ce que je peux laisser un message?; **are there any ~s for me?** est-ce que j'ai des messages?; **to get the** ~ (*fig: inf*) saisir, piger

**message switching** [-swɪtʃɪŋ] *n* (*Comput*) commutation *f* de messages

**messenger** ['mɛsɪndʒəʳ] *n* messager *m*

**Messiah** [mɪ'saɪə] *n* Messie *m*

**Messrs, Messrs.** ['mɛsəz] *abbr* (*on letters*: = *messieurs*) MM

**messy** ['mɛsɪ] *adj* (*dirty*) sale; (*untidy*) en désordre

**Met** [mɛt] *n abbr* (*US*) = **Metropolitan Opera**

**met** [mɛt] *pt, pp of* **meet** ▷ *adj abbr* (= *meteorological*) météo *inv*

**metabolism** [mɛ'tæbəlɪzəm] *n* métabolisme *m*

**metal** ['mɛtl] *n* métal *m* ▷ *cpd* en métal ▷ *vt* empierrer

**metallic** [mɛ'tælɪk] *adj* métallique

**metallurgy** [mɛ'tælədʒɪ] *n* métallurgie *f*

**metalwork** ['mɛtlwəːk] *n* (*craft*) ferronnerie *f*

**metamorphosis** (*pl* **-ses**) [mɛtə'mɔːfəsɪs, -siːz] *n* métamorphose *f*

**metaphor** ['mɛtəfəʳ] *n* métaphore *f*

**metaphysics** [mɛtə'fɪzɪks] *n* métaphysique *f*

**mete** [miːt]: **to ~ out** *vt fus* infliger

**meteor** ['miːtɪəʳ] *n* météore *m*

**meteoric** [miːtɪ'ɔrɪk] *adj* (*fig*) fulgurant(e)

**meteorite** ['miːtɪəraɪt] *n* météorite *m or f*

**meteorological** [miːtɪərə'lɔdʒɪkl] *adj* météorologique

**meteorology** [miːtɪə'rɔlədʒɪ] *n* météorologie *f*

**meter** ['miːtəʳ] *n* (*instrument*) compteur *m*; (*also*: **parking meter**) parc(o)mètre *m*; (*US: unit*) = **metre** ▷ *vt* (*US Post*) affranchir à la machine

**methane** ['miːθeɪn] *n* méthane *m*

**method** ['mɛθəd] *n* méthode *f*; ~ **of payment** mode *m or* modalité *f* de paiement

**methodical** [mɪ'θɔdɪkl] *adj* méthodique

**Methodist** ['mɛθədɪst] *adj, n* méthodiste (*m/f*)

**methylated spirit** ['mɛθɪleɪtɪd-] *n* (*Brit: also*: **meths**) alcool *m* à brûler

**meticulous** [mɛ'tɪkjuləs] *adj* méticuleux(-euse)

**Met Office** ['mɛt'ɔfɪs] *n* (*Brit*): **the** ~ ≈ la Météorologie nationale

**metre, (US) meter** ['miːtəʳ] *n* mètre *m*

**metric** ['mɛtrɪk] *adj* métrique; **to go** ~ adopter le système métrique

**metrical** ['mɛtrɪkl] *adj* métrique

**metrication** [mɛtrɪ'keɪʃən] *n* conversion *f* au système métrique

**metric system** *n* système *m* métrique

**metric ton** *n* tonne *f*

**metro** ['mɛtrəu] *n* métro *m*

**metronome** ['mɛtrənəum] *n* métronome *m*

**metropolis** [mɪ'trɔpəlɪs] *n* métropole *f*

**metropolitan** [mɛtrə'pɔlɪtən] *adj* métropolitain(e); **the M~ Police** (*Brit*) la police londonienne

**mettle** ['mɛtl] *n* courage *m*

**mew** [mjuː] *vi* (*cat*) miauler

**mews** [mjuːz] *n* (*Brit*): ~ **cottage** maisonnette aménagée dans une ancienne écurie ou remise

**Mexican** ['mɛksɪkən] *adj* mexicain(e) ▷ *n* Mexicain(e)

**Mexico** ['mɛksɪkəu] *n* Mexique *m*

**Mexico City** *n* Mexico

**mezzanine** ['mɛtsəniːn] *n* mezzanine *f*; (*of shops, offices*) entresol *m*

**MFA** *n abbr* (*US*: = *Master of Fine Arts*) titre universitaire

**mfr** *abbr* = **manufacture; manufacturer**

**mg** *abbr* (= *milligram*) mg

**Mgr** *abbr* (= *Monseigneur, Monsignor*) Mgr; (= *manager*) dir

**MHR** *n abbr* (*US*) = **Member of the House of Representatives**

**MHz** *abbr* (= *megahertz*) MHz

**MI** *abbr* (*US*) = **Michigan**

**MI5** *n abbr* (*Brit*: = *Military Intelligence 5*) ≈ DST *f*

**MI6** *n abbr* (*Brit*: = *Military Intelligence 6*) ≈ DGSE *f*

**MIA** *abbr* (= *missing in action*) disparu au combat

**miaow** [miː'au] *vi* miauler

**mice** [maɪs] *npl of* **mouse**

**Mich.** *abbr* (*US*) = **Michigan**

**micro** ['maɪkrəu] *n* (*also*: **microcomputer**) micro(-ordinateur *m*) *m*

**micro...** ['maɪkrəu] *prefix*

**microbe** ['maɪkrəub] *n* microbe *m*

**microbiology** [maɪkrəbaɪ'ɔlədʒɪ] *n* microbiologie *f*

**microchip** ['maɪkrəutʃɪp] *n* (*Elec*) puce *f*

**microcomputer** ['maɪkrəukəm'pjuːtəʳ] *n* micro-ordinateur *m*

**microcosm** ['maɪkrəukɔzəm] *n* microcosme *m*

**microeconomics** ['maɪkrəuiːkə'nɔmɪks] *n* micro-économie *f*

**microfiche** ['maɪkrəufiːʃ] *n* microfiche *f*

**microfilm** ['maɪkrəufɪlm] *n* microfilm *m* ▷ *vt* microfilmer

**microlight** ['maɪkrəulaɪt] *n* ULM *m*

**micrometer** [maɪ'krɔmɪtəʳ] *n* palmer *m*, micromètre *m*

**microphone** ['maɪkrəfəun] *n* microphone *m*

**microprocessor** ['maɪkrəu'prəusɛsəʳ] *n* microprocesseur *m*

**microscope** ['maɪkrəskəup] *n* microscope *m*; **under the** ~ au microscope

**microscopic** [maɪkrə'skɔpɪk] *adj* microscopique ▷ *n*

**mid** [mɪd] *adj*: ~ **May** la mi-mai; ~ **afternoon** le milieu de l'après-midi; **in** ~ **air** en plein ciel; **he's in his** ~ **thirties** il a dans les trente-cinq ans

**midday** [mɪd'deɪ] *n* midi *m*

**middle** ['mɪdl] *n* milieu *m*; (*waist*) ceinture *f*,

taille f ▷ adj du milieu; (average) moyen(ne); **in the ~ of the night** au milieu de la nuit; **I'm in the ~ of reading it** je suis (justement) en train de le lire

**middle age** n tranche d'âge aux limites floues, entre la quarantaine et le début du troisième âge

**middle-aged** [mɪdl'eɪʒd] adj d'un certain âge, ni vieux ni jeune; (pej: values, outlook) conventionnel(le), rassis(e)

**Middle Ages** npl: **the ~** le moyen âge

**middle-class** [mɪdl'klɑːs] adj bourgeois(e)

**middle class** n, **middle classes** npl: **the ~(es)** ≈ les classes moyennes

**Middle East** n: **the ~** le Proche-Orient, le Moyen-Orient

**middleman** ['mɪdlmæn] (irreg) n intermédiaire m

**middle management** n cadres moyens

**middle name** n second prénom

**middle-of-the-road** ['mɪdləvðə'rəud] adj (policy) modéré(e), du juste milieu; (music etc) plutôt classique, assez traditionnel(le)

**middle school** n (US) école pour les enfants de 12 à 14 ans, ≈ collège m; (Brit) école pour les enfants de 8 à 14 ans

**middleweight** ['mɪdlweɪt] n (Boxing) poids moyen

**middling** ['mɪdlɪŋ] adj moyen(ne)

**midge** [mɪdʒ] n moucheron m

**midget** ['mɪdʒɪt] n nain(e) ▷ adj minuscule

**midi system** ['mɪdɪ-] n chaîne f midi

**Midlands** ['mɪdləndz] npl comtés du centre de l'Angleterre

**midnight** ['mɪdnaɪt] n minuit m; **at ~** à minuit

**midriff** ['mɪdrɪf] n estomac m, taille f

**midst** [mɪdst] n: **in the ~ of** au milieu de

**midsummer** [mɪd'sʌmər] n milieu m de l'été

**midway** [mɪd'weɪ] adj, adv: **~ (between)** à mi-chemin (entre); **~ through** ... au milieu de ..., en plein(e) ...

**midweek** [mɪd'wiːk] adj du milieu de la semaine ▷ adv au milieu de la semaine, en pleine semaine

**midwife** (pl **midwives**) ['mɪdwaɪf, -vz] n sage-femme f

**midwifery** ['mɪdwɪfərɪ] n obstétrique f

**midwinter** [mɪd'wɪntər] n milieu m de l'hiver

**miffed** [mɪft] adj (inf) fâché(e), vexé(e)

**might** [maɪt] vb see **may** ▷ n puissance f, force f

**mighty** ['maɪtɪ] adj puissant(e) ▷ adv (inf) rudement

**migraine** ['miːgreɪn] n migraine f

**migrant** ['maɪgrənt] n (bird, animal) migrateur m; (person) migrant(e); nomade m/f ▷ adj migrateur(-trice); migrant(e); nomade; (worker) saisonnier(-ière)

**migrate** [maɪ'greɪt] vi migrer

**migration** [maɪ'greɪʃən] n migration f

**mike** [maɪk] n abbr (= microphone) micro m

**Milan** [mɪ'læn] n Milan

**mild** [maɪld] adj doux (douce); (reproach, infection) léger(-ère); (illness) bénin(-igne); (interest) modéré(e); (taste) peu relevé(e) ▷ n bière légère

**mildew** ['mɪldjuː] n mildiou m

**mildly** ['maɪldlɪ] adv doucement; légèrement; **to put it ~** (inf) c'est le moins qu'on puisse dire

**mildness** ['maɪldnɪs] n douceur f

**mile** [maɪl] n mil(l)e m (= 1609 m); **to do 30 ~s per gallon** ≈ faire 9,4 litres aux cent

**mileage** ['maɪlɪdʒ] n distance f en milles, ≈ kilométrage m

**mileage allowance** n ≈ indemnité f kilométrique

**mileometer** [maɪ'lɔmɪtər] n compteur m kilométrique

**milestone** ['maɪlstəun] n borne f; (fig) jalon m

**milieu** ['miːljəː] n milieu m

**militant** ['mɪlɪtnt] adj, n militant(e)

**militarism** ['mɪlɪtərɪzəm] n militarisme m

**militaristic** [mɪlɪtə'rɪstɪk] adj militariste

**military** ['mɪlɪtərɪ] adj militaire ▷ n: **the ~** l'armée f, les militaires mpl

**military service** n service m (militaire ou national)

**militate** ['mɪlɪteɪt] vi: **to ~ against** militer contre

**militia** [mɪ'lɪʃə] n milice f

**milk** [mɪlk] n lait m ▷ vt (cow) traire; (fig: person) dépouiller, plumer; (: situation) exploiter à fond

**milk chocolate** n chocolat m au lait

**milk float** n (Brit) voiture f or camionnette f du or de laitier

**milking** ['mɪlkɪŋ] n traite f

**milkman** ['mɪlkmən] (irreg) n laitier m

**milk shake** n milk-shake m

**milk tooth** n dent f de lait

**milk truck** n (US) = **milk float**

**milky** ['mɪlkɪ] adj (drink) au lait; (colour) laiteux(-euse)

**Milky Way** n Voie lactée

**mill** [mɪl] n moulin m; (factory) usine f, fabrique f; (spinning mill) filature f; (flour mill) minoterie f; (steel mill) aciérie f ▷ vt moudre, broyer ▷ vi (also: **mill about**) grouiller

**millennium** (pl **-s** or **millennia**) [mɪ'lɛnɪəm, -'lɛnɪə] n millénaire m

**millennium bug** [mɪ'lɛnɪəm-] n bogue m or bug m de l'an 2000

**miller** ['mɪlər] n meunier m

**millet** ['mɪlɪt] n millet m

**milli...** ['mɪlɪ] prefix milli...

**milligram, milligramme** ['mɪlɪgræm] n milligramme m

**millilitre, (US) milliliter** ['mɪlɪliːtər] n millilitre m

**millimetre, (US) millimeter** ['mɪlɪmiːtər] n millimètre m

**milliner** ['mɪlɪnər] n modiste f

**millinery** ['mɪlɪnərɪ] n modes fpl

**million** ['mɪljən] n million m; **a ~ pounds** un million de livres sterling

**millionaire** [mɪljə'nɛər] n millionnaire m

**millionth** [-θ] num millionième

**millipede** ['mɪlɪpiːd] n mille-pattes m inv

**millstone** ['mɪlstəun] n meule f

**millwheel** ['mɪlwiːl] n roue f de moulin

**milometer** [maɪ'lɒmɪtəʳ] n = **mileometer**

**mime** [maɪm] n mime m ▷ vt, vi mimer

**mimic** ['mɪmɪk] n imitateur(-trice) ▷ vt, vi imiter, contrefaire

**mimicry** ['mɪmɪkrɪ] n imitation f; (Zool) mimétisme m

**Min.** abbr (Brit Pol) = **ministry**

**min.** abbr (= minute(s)) mn.; (= minimum) min.

**minaret** [mɪnə'rɛt] n minaret m

**mince** [mɪns] vt hacher ▷ vi (in walking) marcher à petits pas maniérés ▷ n (Brit Culin) viande hachée, hachis m; **he does not ~ (his) words** il ne mâche pas ses mots

**mincemeat** ['mɪnsmiːt] n hachis de fruits secs utilisés en pâtisserie; (US) viande hachée, hachis m

**mince pie** n sorte de tarte aux fruits secs

**mincer** ['mɪnsəʳ] n hachoir m

**mincing** ['mɪnsɪŋ] adj affecté(e)

**mind** [maɪnd] n esprit m ▷ vt (attend to, look after) s'occuper de; (be careful) faire attention à; (object to): **I don't ~ the noise** je ne crains pas le bruit, le bruit ne me dérange pas; **it is on my ~** cela me préoccupe; **to change one's ~** changer d'avis; **to be in two ~s about sth** (Brit) être indécis(e) or irrésolu(e) en ce qui concerne qch; **to my ~** à mon avis, selon moi; **to be out of one's ~** ne plus avoir toute sa raison; **to keep sth in ~** ne pas oublier qch; **to bear sth in ~** tenir compte de qch; **to have sb/sth in ~** avoir qn/qch en tête; **to have in ~ to do** avoir l'intention de faire; **it went right out of my ~** ça m'est complètement sorti de la tête; **to bring** or **call sth to ~** se rappeler qch; **to make up one's ~** se décider; **do you ~ if ...?** est-ce que cela vous gêne si ...?; **I don't ~** cela ne me dérange pas; (don't care) ça m'est égal; **~ you, ...** remarquez, ...; **never ~** peu importe, ça ne fait rien; (don't worry) ne vous en faîtes pas; **"~ the step"** "attention à la marche"

**mind-boggling** ['maɪndbɒglɪŋ] adj (inf) époustouflant(e), ahurissant(e)

**-minded** ['maɪndɪd] adj: **fair~** impartial(e); **an industrially~ nation** une nation orientée vers l'industrie

**minder** ['maɪndəʳ] n (child minder) gardienne f; (bodyguard) ange gardien (fig)

**mindful** ['maɪndful] adj: **~ of** attentif(-ive) à, soucieux(-euse) de

**mindless** ['maɪndlɪs] adj irréfléchi(e); (violence, crime) insensé(e); (boring: job) idiot(e)

**mine¹** [maɪn] pron le (la) mien(ne), les miens (miennes); **a friend of ~** un de mes amis, un ami à moi; **this book is ~** ce livre est à moi

**mine²** [maɪn] n mine f ▷ vt (coal) extraire; (ship, beach) miner

**mine detector** n détecteur m de mines

**minefield** ['maɪnfiːld] n champ m de mines

**miner** ['maɪnəʳ] n mineur m

**mineral** ['mɪnərəl] adj minéral(e) ▷ n minéral m; **minerals** npl (Brit: soft drinks) boissons gazeuses (sucrées)

**mineralogy** [mɪnə'rælədʒɪ] n minéralogie f

**mineral water** n eau minérale

**minesweeper** ['maɪnswiːpəʳ] n dragueur m de mines

**mingle** ['mɪŋgl] vt mêler, mélanger ▷ vi: **to ~ with** se mêler à

**mingy** ['mɪndʒɪ] adj (inf) radin(e)

**miniature** ['mɪnətʃəʳ] adj (en) miniature ▷ n miniature f

**minibar** ['mɪnɪbɑːʳ] n minibar m

**minibus** ['mɪnɪbʌs] n minibus m

**minicab** ['mɪnɪkæb] n (Brit) taxi m indépendant

**minicomputer** ['mɪnɪkəm'pjuːtəʳ] n mini-ordinateur m

**minim** ['mɪnɪm] n (Mus) blanche f

**minima** ['mɪnɪmə] npl of **minimum**

**minimal** ['mɪnɪml] adj minimal(e)

**minimalist** ['mɪnɪməlɪst] adj, n minimaliste (m/f)

**minimize** ['mɪnɪmaɪz] vt (reduce) réduire au minimum; (play down) minimiser

**minimum** ['mɪnɪməm] n (pl **minima**) [-mə] minimum m ▷ adj minimum; **to reduce to a ~** réduire au minimum

**minimum lending rate** n (Econ) taux m de crédit minimum

**mining** ['maɪnɪŋ] n exploitation minière ▷ adj minier(-ière); de mineurs

**minion** ['mɪnjən] n (pej) laquais m; favori(te)

**mini-series** ['mɪnɪsɪərɪːz] n téléfilm m en plusieurs parties

**miniskirt** ['mɪnɪskəːt] n mini-jupe f

**minister** ['mɪnɪstəʳ] n (Brit Pol) ministre m; (Rel) pasteur m ▷ vi: **to ~ to sb** donner ses soins à qn; **to ~ to sb's needs** pourvoir aux besoins de qn

**ministerial** [mɪnɪs'tɪərɪəl] adj (Brit Pol) ministériel(le)

**ministry** ['mɪnɪstrɪ] n (Brit Pol) ministère m; (Rel): **to go into the ~** devenir pasteur

**mink** [mɪŋk] n vison m

**mink coat** n manteau m de vison

**Minn.** abbr (US) = **Minnesota**

**minnow** ['mɪnəu] n vairon m

**minor** ['maɪnəʳ] adj petit(e), de peu d'importance; (Mus, poet, problem) mineur(e) ▷ n (Law) mineur(e)

**Minorca** [mɪ'nɔːkə] n Minorque f

**minority** [maɪ'nɔrɪtɪ] n minorité f; **to be in a ~** être en minorité

**minster** ['mɪnstəʳ] n église abbatiale

**minstrel** ['mɪnstrəl] n trouvère m, ménestrel m

**mint** [mɪnt] n (plant) menthe f; (sweet) bonbon m à la menthe ▷ vt (coins) battre; **the (Royal) M~**, **the (US) M~** ≈ l'hôtel m de la Monnaie; **in ~ condition** à l'état de neuf

**mint sauce** n sauce f à la menthe

**minuet** [mɪnju'ɛt] n menuet m

**minus** ['maɪnəs] n (also: **minus sign**) signe m moins ▷ prep moins; **12 ~ 6 equals 6** 12 moins 6 égal 6; **~ 24°C** moins 24°C

**minuscule** ['mɪnəskjuːl] adj minuscule

**minute¹** n ['mɪnɪt] minute f; (official record) procès-verbal m, compte rendu; **minutes** npl (of meeting) procès-verbal m, compte rendu; **it is 5 ~s past 3** il est 3 heures 5; **wait a ~!** (attendez) un instant!; **at the last ~** à la dernière minute; **up to the ~** (fashion) dernier cri; (news) de dernière minute; (machine, technology) de pointe

**minute²** adj [maɪ'njuːt] minuscule; (detailed) minutieux(-euse); **in ~ detail** par le menu

**minute book** n registre m des procès-verbaux

**minute hand** n aiguille f des minutes

**minutely** [maɪ'njuːtlɪ] adv (by a small amount) de peu, de manière infime; (in detail) minutieusement, dans les moindres détails

**minutiae** [mɪ'njuːʃɪ] npl menus détails

**miracle** ['mɪrəkl] n miracle m

**miraculous** [mɪ'rækjuləs] adj miraculeux(-euse)

**mirage** ['mɪrɑːʒ] n mirage m

**mire** ['maɪəʳ] n bourbe f, boue f

**mirror** ['mɪrəʳ] n miroir m, glace f; (in car) rétroviseur m ▷ vt refléter

**mirror image** n image inversée

**mirth** [məːθ] n gaieté f

**misadventure** [mɪsəd'vɛntʃəʳ] n mésaventure f; **death by ~** (Brit) décès accidentel

**misanthropist** [mɪ'zænθrəpɪst] n misanthrope m/f

**misapply** [mɪsə'plaɪ] vt mal employer

**misapprehension** ['mɪsæprɪ'henʃən] n malentendu m, méprise f

**misappropriate** [mɪsə'prəuprɪeɪt] vt détourner

**misappropriation** ['mɪsəprəuprɪ'eɪʃən] n escroquerie f, détournement m

**misbehave** [mɪsbɪ'heɪv] vi mal se conduire

**misbehaviour**, (US) **misbehavior** [mɪsbɪ'heɪvjəʳ] n mauvaise conduite

**misc.** abbr = **miscellaneous**

**miscalculate** [mɪs'kælkjuleɪt] vt mal calculer

**miscalculation** ['mɪskælkju'leɪʃən] n erreur f de calcul

**miscarriage** ['mɪskærɪdʒ] n (Med) fausse couche; **~ of justice** erreur f judiciaire

**miscarry** [mɪs'kærɪ] vi (Med) faire une fausse couche; (fail: plans) échouer, mal tourner

**miscellaneous** [mɪsɪ'leɪnɪəs] adj (items, expenses) divers(es); (selection) varié(e)

**miscellany** [mɪ'sɛlənɪ] n recueil m

**mischance** [mɪs'tʃɑːns] n malchance f; **by (some) ~** par malheur

**mischief** ['mɪstʃɪf] n (naughtiness) sottises fpl; (fun) farce f; (playfulness) espièglerie f; (harm) mal m, dommage m; (maliciousness) méchanceté f

**mischievous** ['mɪstʃɪvəs] adj (playful, naughty) coquin(e), espiègle; (harmful) méchant(e)

**misconception** ['mɪskən'sepʃən] n idée fausse

**misconduct** [mɪs'kɔndʌkt] n inconduite f; **professional ~** faute professionnelle

**misconstrue** [mɪskən'struː] vt mal interpréter

**miscount** [mɪs'kaunt] vt, vi mal compter

**misdeed** [mɪs'diːd] n méfait m

**misdemeanour**, (US) **misdemeanor** [mɪsdɪ'miː-

nəʳ] n écart m de conduite; infraction f

**misdirect** [mɪsdɪ'rɛkt] vt (person) mal renseigner; (letter) mal adresser

**miser** ['maɪzəʳ] n avare m/f

**miserable** ['mɪzərəbl] adj (person, expression) malheureux(-euse); (conditions) misérable; (weather) maussade; (offer, donation) minable; (failure) pitoyable; **to feel ~** avoir le cafard

**miserably** ['mɪzərəblɪ] adv (smile, answer) tristement; (live, pay) misérablement; (fail) lamentablement

**miserly** ['maɪzəlɪ] adj avare

**misery** ['mɪzərɪ] n (unhappiness) tristesse f; (pain) souffrances fpl; (wretchedness) misère f

**misfire** [mɪs'faɪəʳ] vi rater; (car engine) avoir des ratés

**misfit** ['mɪsfɪt] n (person) inadapté(e)

**misfortune** [mɪs'fɔːtʃən] n malchance f, malheur m

**misgiving** [mɪs'gɪvɪŋ] n (apprehension) craintes fpl; **to have ~s about sth** avoir des doutes quant à qch

**misguided** [mɪs'gaɪdɪd] adj malavisé(e)

**mishandle** [mɪs'hændl] vt (treat roughly) malmener; (mismanage) mal s'y prendre pour faire or résoudre etc

**mishap** ['mɪshæp] n mésaventure f

**mishear** [mɪs'hɪəʳ] vt, vi (irreg: like **hear**) mal entendre

**mishmash** ['mɪʃmæʃ] n (inf) fatras m, méli-mélo m

**misinform** [mɪsɪn'fɔːm] vt mal renseigner

**misinterpret** [mɪsɪn'təːprɪt] vt mal interpréter

**misinterpretation** ['mɪsɪntə:prɪ'teɪʃən] n interprétation erronée, contresens m

**misjudge** [mɪs'dʒʌdʒ] vt méjuger, se méprendre sur le compte de

**mislay** [mɪs'leɪ] vt (irreg: like **lay**) égarer

**mislead** [mɪs'liːd] vt (irreg: like **lead**) induire en erreur

**misleading** [mɪs'liːdɪŋ] adj trompeur(-euse)

**misled** [mɪs'lɛd] pt, pp of **mislead**

**mismanage** [mɪs'mænɪdʒ] vt mal gérer; mal s'y prendre pour faire or résoudre etc

**mismanagement** [mɪs'mænɪdʒmənt] n mauvaise gestion

**misnomer** [mɪs'nəuməʳ] n terme or qualificatif trompeur or peu approprié

**misogynist** [mɪ'sɔdʒɪnɪst] n misogyne m/f

**misplace** [mɪs'pleɪs] vt égarer; **to be ~d** (trust etc) être mal placé(e)

**misprint** ['mɪsprɪnt] n faute f d'impression

**mispronounce** [mɪsprə'nauns] vt mal prononcer

**misquote** ['mɪs'kwəut] vt citer erronément or inexactement

**misread** [mɪs'riːd] vt (irreg: like **read**) mal lire

**misrepresent** [mɪsreprɪ'zɛnt] vt présenter sous un faux jour

**Miss** [mɪs] n Mademoiselle; **Dear ~ Smith** Chère Mademoiselle Smith

**miss** [mɪs] vt (fail to get, attend, see) manquer,

**m**

rater; (*appointment, class*) manquer; (*escape, avoid*) échapper à, éviter; (*notice loss of: money etc*) s'apercevoir de l'absence de; (*regret the absence of*): **I ~ him/it** il/cela me manque ▷ *vi* manquer ▷ *n* (*shot*) coup manqué; **we ~ed our train** nous avons raté notre train; **the bus just ~ed the wall** le bus a évité le mur de justesse; **you're ~ing the point** vous êtes à côté de la question; **you can't ~ it** vous ne pouvez pas vous tromper
▸ **miss out** *vt* (*Brit*) oublier
▸ **miss out on** *vt fus* (*fun, party*) rater, manquer; (*chance, bargain*) laisser passer

**Miss.** *abbr* (*US*) = **Mississippi**

**missal** ['mɪsl] *n* missel *m*

**misshapen** [mɪs'ʃeɪpən] *adj* difforme

**missile** ['mɪsaɪl] *n* (*Aviat*) missile *m*; (*object thrown*) projectile *m*

**missile base** *n* base *f* de missiles

**missile launcher** [-lɔːntʃə<sup>r</sup>] *n* lance-missiles *m*

**missing** ['mɪsɪŋ] *adj* manquant(e); (*after escape, disaster: person*) disparu(e); **to go ~** disparaître; **~ person** personne disparue, disparu(e); **~ in action** (*Mil*) porté(e) disparu(e)

**mission** ['mɪʃən] *n* mission *f*; **on a ~ to sb** en mission auprès de qn

**missionary** ['mɪʃənrɪ] *n* missionnaire *m/f*

**mission statement** *n* déclaration *f* d'intention

**missive** ['mɪsɪv] *n* missive *f*

**misspell** ['mɪs'spɛl] *vt* (*irreg: like* **spell**) mal orthographier

**misspent** ['mɪs'spɛnt] *adj*: **his ~ youth** sa folle jeunesse

**mist** [mɪst] *n* brume *f* ▷ *vi* (*also:* **mist over, mist up**) devenir brumeux(-euse); (*Brit: windows*) s'embuer

**mistake** [mɪs'teɪk] *n* erreur *f*, faute *f* ▷ *vt* (*irreg: like* **take**) (*meaning*) mal comprendre; (*intentions*) se méprendre sur; **to ~ for** prendre pour; **by ~** par erreur, par inadvertance; **to make a ~** (*in writing*) faire une faute; (*in calculating etc*) faire une erreur; **there must be some ~** il doit y avoir une erreur, se tromper; **to make a ~ about sb/sth** se tromper sur le compte de qn/sur qch

**mistaken** [mɪs'teɪkən] *pp of* **mistake** ▷ *adj* (*idea etc*) erroné(e); **to be ~** faire erreur, se tromper

**mistaken identity** *n* erreur *f* d'identité

**mistakenly** [mɪs'teɪkənlɪ] *adv* par erreur, par mégarde

**mister** ['mɪstə<sup>r</sup>] *n* (*inf*) Monsieur *m*; *see* **Mr**

**mistletoe** ['mɪsltəʊ] *n* gui *m*

**mistook** [mɪs'tʊk] *pt of* **mistake**

**mistranslation** [mɪstræns'leɪʃən] *n* erreur *f* de traduction, contresens *m*

**mistreat** [mɪs'triːt] *vt* maltraiter

**mistress** ['mɪstrɪs] *n* maîtresse *f*; (*Brit: in primary school*) institutrice *f*; (: *in secondary school*) professeur *m*

**mistrust** [mɪs'trʌst] *vt* se méfier de ▷ *n*: **~ (of)** méfiance *f* (à l'égard de)

**mistrustful** [mɪs'trʌstful] *adj*: **~ (of)** méfiant(e) (à l'égard de)

**misty** ['mɪstɪ] *adj* brumeux(-euse); (*glasses, window*) embué(e)

**misty-eyed** ['mɪstɪ'aɪd] *adj* les yeux embués de larmes; (*fig*) sentimental(e)

**misunderstand** [mɪsʌndə'stænd] *vt, vi* (*irreg: like* **stand**) mal comprendre

**misunderstanding** ['mɪsʌndə'stændɪŋ] *n* méprise *f*, malentendu *m*; **there's been a ~** il y a eu un malentendu

**misunderstood** [mɪsʌndə'stud] *pt, pp of* **misunderstand** ▷ *adj* (*person*) incompris(e)

**misuse** *n* [mɪs'juːs] mauvais emploi; (*of power*) abus *m* ▷ *vt* [mɪs'juːz] mal employer; abuser de

**MIT** *n abbr* (*US*) = **Massachusetts Institute of Technology**

**mite** [maɪt] *n* (*small quantity*) grain *m*, miette *f*; (*Brit: small child*) petit(e)

**mitigate** ['mɪtɪgeɪt] *vt* atténuer; **mitigating circumstances** circonstances atténuantes

**mitigation** [mɪtɪ'geɪʃən] *n* atténuation *f*

**mitre**, (*US*) **miter** ['maɪtə<sup>r</sup>] *n* mitre *f*; (*Carpentry*) onglet *m*

**mitt** [mɪt], **mitten** ['mɪtn] *n* moufle *f*; (*fingerless*) mitaine *f*

**mix** [mɪks] *vt* mélanger; (*sauce, drink etc*) préparer ▷ *vi* se mélanger; (*socialize*): **he doesn't ~ well** il est peu sociable ▷ *n* mélange *m*; **to ~ sth with sth** mélanger qch à qch; **to ~ business with pleasure** unir l'utile à l'agréable; **cake ~** préparation *f* pour gâteau
▸ **mix in** *vt* incorporer, mélanger
▸ **mix up** *vt* mélanger; (*confuse*) confondre; **to be ~ed up in sth** être mêlé(e) à qch *or* impliqué(e) dans qch

**mixed** [mɪkst] *adj* (*feelings, reactions*) contradictoire; (*school, marriage*) mixte

**mixed-ability** ['mɪkstə'bɪlɪtɪ] *adj* (*class etc*) sans groupes de niveaux

**mixed bag** *n*: **it's a (bit of a) ~** il y a (un peu) de tout

**mixed blessing** *n*: **it's a ~** cela a du bon et du mauvais

**mixed doubles** *npl* (*Sport*) double *m* mixte

**mixed economy** *n* économie *f* mixte

**mixed grill** *n* (*Brit*) assortiment *m* de grillades

**mixed marriage** *n* mariage *m* mixte

**mixed salad** *n* salade *f* de crudités

**mixed-up** [mɪkst'ʌp] *adj* (*person*) désorienté(e), embrouillé(e)

**mixer** ['mɪksə<sup>r</sup>] *n* (*for food*) batteur *m*, mixeur *m*; (*drink*) boisson gazeuse (*servant à couper un alcool*); (*person*): **he is a good ~** il est très sociable

**mixer tap** *n* (robinet *m*) mélangeur *m*

**mixture** ['mɪkstʃə<sup>r</sup>] *n* assortiment *m*, mélange *m*; (*Med*) préparation *f*

**mix-up** ['mɪksʌp] *n*: **there was a ~** il y a eu confusion

**MK** *abbr* (*Brit Tech*) = **mark**

**mk** *abbr* = **mark**

**mkt** *abbr* = **market**

**ml** *abbr* (= *millilitre(s)*) ml

**MLitt** *n abbr* (= *Master of Literature, Master of Letters*) *titre universitaire*

**MLR** *n abbr* (*Brit*) = **minimum lending rate**

**mm** *abbr* (= *millimetre*) mm

**MN** *abbr* (*Brit*) = **Merchant Navy**; (*US*) = **Minnesota**

**MO** *n abbr* (*Med*) = **medical officer**; (*US inf*: = *modus operandi*) méthode *f* ▷ *abbr* (*US*) = **Missouri**

**m.o.** *abbr* = **money order**

**moan** [məun] *n* gémissement *m* ▷ *vi* gémir; (*inf*: *complain*): **to ~ (about)** se plaindre (de)

**moaner** ['məunə'] *n* (*inf*) rouspéteur(-euse), râleur(-euse)

**moaning** ['məunɪŋ] *n* gémissements *mpl*

**moat** [məut] *n* fossé *m*, douves *fpl*

**mob** [mɔb] *n* foule *f*; (*disorderly*) cohue *f*; (*pej*): **the ~** la populace ▷ *vt* assaillir

**mobile** ['məubaɪl] *adj* mobile ▷ *n* (*Art*) mobile *m*; (*Brit inf*: *mobile phone*) (téléphone *m*) portable *m*, mobile *m*; **applicants must be ~** (*Brit*) les candidats devront être prêts à accepter tout déplacement

**mobile home** *n* caravane *f*

**mobile phone** *n* (téléphone *m*) portable *m*, mobile *m*

**mobile shop** *n* (*Brit*) camion *m* magasin

**mobility** [məu'bɪlɪtɪ] *n* mobilité *f*

**mobilize** ['məubɪlaɪz] *vt*, *vi* mobiliser

**moccasin** ['mɔkəsɪn] *n* mocassin *m*

**mock** [mɔk] *vt* ridiculiser; (*laugh at*) se moquer de ▷ *adj* faux (fausse); **mocks** *npl* (*Brit*: *Scol*) examens blancs

**mockery** ['mɔkərɪ] *n* moquerie *f*, raillerie *f*; **to make a ~ of** ridiculiser, tourner en dérision

**mocking** ['mɔkɪŋ] *adj* moqueur(-euse)

**mockingbird** ['mɔkɪŋbə:d] *n* moqueur *m*

**mock-up** ['mɔkʌp] *n* maquette *f*

**MOD** *n abbr* (*Brit*) = **Ministry of Defence**; *see* **defence**

**mod** [mɔd] *adj see* **convenience**

**mod cons** ['mɔd'kɔnz] *npl abbr* (*Brit*) = **modern conveniences**; *see* **convenience**

**mode** [məud] *n* mode *m*; (*of transport*) moyen *m*

**model** ['mɔdl] *n* modèle *m*; (*person: for fashion*) mannequin *m*; (: *for artist*) modèle ▷ *vt* (*with clay etc*) modeler ▷ *vi* travailler comme mannequin ▷ *adj* (*railway: toy*) modèle réduit *inv*; (*child, factory*) modèle; **to ~ clothes** présenter des vêtements; **to ~ o.s. on** imiter; **to ~ sb/sth on** modeler qn/qch sur

**modem** ['məudεm] *n* modem *m*

**moderate** [*adj*, *n* 'mɔdərət, *vb* 'mɔdəreɪt] *adj* modéré(e); (*amount, change*) peu important(e) ▷ *n* (*Pol*) modéré(e) ▷ *vi* se modérer, se calmer ▷ *vt* modérer

**moderately** ['mɔdərətlɪ] *adv* (*act*) avec modération *or* mesure; (*expensive, difficult*) moyennement; (*pleased, happy*) raisonnablement, assez; **~ priced** à un prix raisonnable

**moderation** [mɔdə'reɪʃən] *n* modération *f*, mesure *f*; **in ~** à dose raisonnable, pris(e) *or*

pratiqué(e) modérément

**moderator** ['mɔdəreɪtə'] *n* (*Rel*): **M~** président *m* (*de l'Assemblée générale de l'Église presbytérienne*); (*Pol*) modérateur *m*

**modern** ['mɔdən] *adj* moderne

**modernization** [mɔdənaɪ'zeɪʃən] *n* modernisation *f*

**modernize** ['mɔdənaɪz] *vt* moderniser

**modern languages** *npl* langues vivantes

**modest** ['mɔdɪst] *adj* modeste

**modesty** ['mɔdɪstɪ] *n* modestie *f*

**modicum** ['mɔdɪkəm] *n*: **a ~ of** un minimum de

**modification** [mɔdɪfɪ'keɪʃən] *n* modification *f*; **to make ~s** faire *or* apporter des modifications

**modify** ['mɔdɪfaɪ] *vt* modifier

**modish** ['məudɪʃ] *adj* à la mode

**Mods** [mɔdz] *n abbr* (*Brit*: = (*Honour*) *Moderations*) *premier examen universitaire* (*à Oxford*)

**modular** ['mɔdjulə'] *adj* (*filing, unit*) modulaire

**modulate** ['mɔdjuleɪt] *vt* moduler

**modulation** [mɔdju'leɪʃən] *n* modulation *f*

**module** ['mɔdju:l] *n* module *m*

**mogul** ['məugl] *n* (*fig*) nabab *m*; (*Ski*) bosse *f*

**MOH** *n abbr* (*Brit*) = **Medical Officer of Health**

**mohair** ['məuhεə'] *n* mohair *m*

**Mohammed** [mə'hæmεd] *n* Mahomet *m*

**moist** [mɔɪst] *adj* humide, moite

**moisten** ['mɔɪsn] *vt* humecter, mouiller légèrement

**moisture** ['mɔɪstʃə'] *n* humidité *f*; (*on glass*) buée *f*

**moisturize** ['mɔɪstʃəraɪz] *vt* (*skin*) hydrater

**moisturizer** ['mɔɪstʃəraɪzə'] *n* crème hydratante

**molar** ['məulə'] *n* molaire *f*

**molasses** [məu'læsɪz] *n* mélasse *f*

**mold** *etc* [məuld] (*US*) = **mould** *etc*

**Moldavia** [mɔl'deɪvɪə], **Moldova** [mɔl'dəuvə] *n* Moldavie *f*

**Moldavian** [mɔl'deɪvɪən], **Moldovan** [mɔl'dəuvən] *adj* moldave

**mole** [məul] *n* (*animal, spy*) taupe *f*; (*spot*) grain *m* de beauté

**molecule** ['mɔlɪkju:l] *n* molécule *f*

**molehill** ['məulhɪl] *n* taupinière *f*

**molest** [məu'lεst] *vt* (*assault sexually*) attenter à la pudeur de; (*attack*) molester; (*harass*) tracasser

**mollusc** ['mɔləsk] *n* mollusque *m*

**mollycoddle** ['mɔlɪkɔdl] *vt* chouchouter, couver

**Molotov cocktail** ['mɔlətɔf-] *n* cocktail *m* Molotov

**molt** [məult] *vi* (*US*) = **moult**

**molten** ['məultən] *adj* fondu(e); (*rock*) en fusion

**mom** [mɔm] *n* (*US*) = **mum**

**moment** ['məumənt] *n* moment *m*, instant *m*; (*importance*) importance *f*; **at the ~** en ce moment; **for the ~** pour l'instant; **in a ~** dans un instant; **"one ~ please"** (*Tel*) "ne quittez pas"

**momentarily** ['məuməntrɪlɪ] *adv* momentanément; (*US: soon*) bientôt

**momentary** ['məuməntərɪ] *adj* momentané(e), passager(-ère)

**momentous** [məʊ'mɛntəs] *adj* important(e), capital(e)

**momentum** [məʊ'mɛntəm] *n* élan *m*, vitesse acquise; (*fig*) dynamique *f*; **to gather ~** prendre de la vitesse; (*fig*) gagner du terrain

**mommy** ['mɒmɪ] *n* (*US: mother*) maman *f*

**Monaco** ['mɒnəkəʊ] *n* Monaco *f*

**monarch** ['mɒnək] *n* monarque *m*

**monarchist** ['mɒnəkɪst] *n* monarchiste *m/f*

**monarchy** ['mɒnəkɪ] *n* monarchie *f*

**monastery** ['mɒnəstərɪ] *n* monastère *m*

**monastic** [mə'næstɪk] *adj* monastique

**Monday** ['mʌndɪ] *n* lundi *m*; *for phrases see also* **Tuesday**

**monetarist** ['mʌnɪtərɪst] *n* monétariste *m/f*

**monetary** ['mʌnɪtərɪ] *adj* monétaire

**money** ['mʌnɪ] *n* argent *m*; **to make ~** (*person*) gagner de l'argent; (*business*) rapporter; **I've got no ~ left** je n'ai plus d'argent, je n'ai plus un sou

**money belt** *n* ceinture-portefeuille *f*

**moneyed** ['mʌnɪd] *adj* riche

**moneylender** ['mʌnɪlɛndə'] *n* prêteur(-euse)

**moneymaker** ['mʌnɪmeɪkə'] *n* (*Brit: col: business*) affaire lucrative

**moneymaking** ['mʌnɪmeɪkɪŋ] *adj* lucratif(-ive), qui rapporte (de l'argent)

**money market** *n* marché financier

**money order** *n* mandat *m*

**money-spinner** ['mʌnɪspɪnə'] *n* (*inf*) mine *f* d'or (*fig*)

**money supply** *n* masse *f* monétaire

**Mongol** ['mɒŋgəl] *n* Mongol(e); (*Ling*) mongol *m*

**mongol** ['mɒŋgəl] *adj, n* (*Med*) mongolien(ne)

**Mongolia** [mɒŋ'gəʊlɪə] *n* Mongolie *f*

**Mongolian** [mɒŋ'gəʊlɪən] *adj* mongol(e) ▷ *n* Mongol(e); (*Ling*) mongol *m*

**mongoose** ['mɒŋguːs] *n* mangouste *f*

**mongrel** ['mʌŋgrəl] *n* (*dog*) bâtard *m*

**monitor** ['mɒnɪtə'] *n* (*TV, Comput*) écran *m*, moniteur *m*; (*Brit Scol*) chef *m* de classe; (*US Scol*) surveillant *m* (d'examen) ▷ *vt* contrôler; (*foreign station*) être à l'écoute de; (*progress*) suivre de près

**monk** [mʌŋk] *n* moine *m*

**monkey** ['mʌŋkɪ] *n* singe *m*

**monkey nut** *n* (*Brit*) cacahuète *f*

**monkey wrench** *n* clé *f* à molette

**mono** ['mɒnəʊ] *adj* mono *inv*

**mono...** ['mɒnəʊ] *prefix* mono...

**monochrome** ['mɒnəkrəʊm] *adj* monochrome

**monocle** ['mɒnəkl] *n* monocle *m*

**monogamous** [mɒ'nɒgəməs] *adj* monogame

**monogamy** [mɒ'nɒgəmɪ] *n* monogamie *f*

**monogram** ['mɒnəgræm] *n* monogramme *m*

**monolith** ['mɒnəlɪθ] *n* monolithe *m*

**monologue** ['mɒnəlɒg] *n* monologue *m*

**monoplane** ['mɒnəpleɪn] *n* monoplan *m*

**monopolize** [mə'nɒpəlaɪz] *vt* monopoliser

**monopoly** [mə'nɒpəlɪ] *n* monopole *m*; **Monopolies and Mergers Commission** (*Brit*) *commission britannique d'enquête sur les monopoles*

**monorail** ['mɒnəʊreɪl] *n* monorail *m*

**monosodium glutamate** [mɒnə'səʊdɪəm 'gluːtəmeɪt] *n* glutamate *m* de sodium

**monosyllabic** [mɒnəsɪ'læbɪk] *adj* monosyllabique; (*person*) laconique

**monosyllable** ['mɒnəsɪləbl] *n* monosyllabe *m*

**monotone** ['mɒnətəʊn] *n* ton *m* (or voix *f*) monocorde; **to speak in a ~** parler sur un ton monocorde

**monotonous** [mə'nɒtənəs] *adj* monotone

**monotony** [mə'nɒtənɪ] *n* monotonie *f*

**monoxide** [mɒ'nɒksaɪd] *n*: **carbon ~** oxyde *m* de carbone

**monsoon** [mɒn'suːn] *n* mousson *f*

**monster** ['mɒnstə'] *n* monstre *m*

**monstrosity** [mɒns'trɒsɪtɪ] *n* monstruosité *f*, atrocité *f*

**monstrous** ['mɒnstrəs] *adj* (*huge*) gigantesque; (*atrocious*) monstrueux(-euse), atroce

**Mont.** *abbr* (*US*) = **Montana**

**montage** [mɒn'tɑːʒ] *n* montage *m*

**Mont Blanc** [mɔ̃blɑ̃] *n* Mont Blanc *m*

**month** [mʌnθ] *n* mois *m*; **every ~** tous les mois; **300 dollars a ~** 300 dollars par mois

**monthly** ['mʌnθlɪ] *adj* mensuel(le) ▷ *adv* mensuellement ▷ *n* (*magazine*) mensuel *m*, publication mensuelle; **twice ~** deux fois par mois

**Montreal** [mɒntrɪ'ɔːl] *n* Montréal

**monument** ['mɒnjumənt] *n* monument *m*

**monumental** [mɒnju'mɛntl] *adj* monumental(e)

**monumental mason** *n* marbrier *m*

**moo** [muː] *vi* meugler, beugler

**mood** [muːd] *n* humeur *f*, disposition *f*; **to be in a good/bad ~** être de bonne/mauvaise humeur; **to be in the ~ for** être d'humeur à, avoir envie de

**moody** ['muːdɪ] *adj* (*variable*) d'humeur changeante, lunatique; (*sullen*) morose, maussade

**moon** [muːn] *n* lune *f*

**moonbeam** ['muːnbiːm] *n* rayon *m* de lune

**moon landing** *n* alunissage *m*

**moonlight** ['muːnlaɪt] *n* clair *m* de lune ▷ *vi* travailler au noir

**moonlighting** ['muːnlaɪtɪŋ] *n* travail *m* au noir

**moonlit** ['muːnlɪt] *adj* éclairé(e) par la lune; **a ~ night** une nuit de lune

**moonshot** ['muːnʃɒt] *n* (*Space*) tir *m* lunaire

**moonstruck** ['muːnstrʌk] *adj* fou (folle), dérangé(e)

**moony** ['muːnɪ] *adj*: **to have ~ eyes** avoir l'air dans la lune *or* rêveur

**Moor** [muə'] *n* Maure (Mauresque)

**moor** [muə'] *n* lande *f* ▷ *vt* (*ship*) amarrer ▷ *vi* mouiller

**moorings** ['muərɪŋz] *npl* (*chains*) amarres *fpl*; (*place*) mouillage *m*

**Moorish** ['muərɪʃ] *adj* maure, mauresque

**moorland** ['muələnd] *n* lande *f*

**moose** [muːs] *n* (*pl inv*) élan *m*

**moot** [muːt] *vt* soulever ▷ *adj*: **~ point** point *m* discutable

**mop** [mɔp] n balai m à laver; (for dishes) lavette f à vaisselle ▷ vt éponger, essuyer; ~ **of hair** tignasse f
▸ **mop up** vt éponger

**mope** [məup] vi avoir le cafard, se morfondre
▸ **mope about, mope around** vi broyer du noir, se morfondre

**moped** ['məupɛd] n cyclomoteur m

**MOR** adj abbr (Mus: = middle-of-the-road) tous publics

**moral** ['mɔrl] adj moral(e) ▷ n morale f; **morals** npl moralité f

**morale** [mɔ'ra:l] n moral m

**morality** [mə'rælɪtɪ] n moralité f

**moralize** ['mɔrəlaɪz] vi: **to ~ (about)** moraliser (sur)

**morally** ['mɔrəlɪ] adv moralement

**moral victory** n victoire morale

**morass** [mə'ræs] n marais m, marécage m

**moratorium** [mɔrə'tɔ:rɪəm] n moratoire m

**morbid** ['mɔ:bɪd] adj morbide

⬤ KEYWORD

**more** [mɔ:ʳ] adj **1** (greater in number etc) plus (de), davantage (de); **more people/work (than)** plus de gens/de travail (que)
**2** (additional) encore (de); **do you want (some) more tea?** voulez-vous encore du thé?; **is there any more wine?** reste-t-il du vin?; **I have no** or **I don't have any more money** je n'ai plus d'argent; **it'll take a few more weeks** ça prendra encore quelques semaines
▷ pron plus, davantage; **more than 10** plus de 10; **it cost more than we expected** cela a coûté plus que prévu; **I want more** j'en veux plus or davantage; **is there any more?** est-ce qu'il en reste?; **there's no more** il n'y en a plus; **a little more** un peu plus; **many/much more** beaucoup plus, bien davantage
▷ adv plus; **more dangerous/easily (than)** plus dangereux/facilement (que); **more and more expensive** de plus en plus cher; **more or less** plus ou moins; **more than ever** plus que jamais; **once more** encore une fois, une fois de plus; **and what's more ...** et de plus ..., et qui plus est ...

**moreover** [mɔ:'rəuvəʳ] adv de plus

**morgue** [mɔ:g] n morgue f

**MORI** ['mɔ:rɪ] n abbr (Brit: = Market & Opinion Research Institute) institut de sondage

**moribund** ['mɔrɪbʌnd] adj moribond(e)

**morning** ['mɔ:nɪŋ] n matin m; (as duration) matinée f ▷ cpd matinal(e); (paper) du matin; **in the ~** le matin; **7 o'clock in the ~** 7 heures du matin; **this ~** ce matin

**morning-after pill** ['mɔ:nɪŋ'ɑ:ftə-] n pilule f du lendemain

**morning sickness** n nausées matinales

**Moroccan** [mə'rɔkən] adj marocain(e) ▷ n Marocain(e)

**Morocco** [mə'rɔkəu] n Maroc m

**moron** ['mɔ:rɔn] n idiot(e), minus m/f

**moronic** [mə'rɔnɪk] adj idiot(e), imbécile

**morose** [mə'rəus] adj morose, maussade

**morphine** ['mɔ:fi:n] n morphine f

**morris dancing** ['mɔrɪs-] n (Brit) danses folkloriques anglaises

**Morse** [mɔ:s] n (also: **Morse code**) morse m

**morsel** ['mɔ:sl] n bouchée f

**mortal** ['mɔ:tl] adj, n mortel(le)

**mortality** [mɔ:'tælɪtɪ] n mortalité f

**mortality rate** n (taux m de) mortalité f

**mortar** ['mɔ:təʳ] n mortier m

**mortgage** ['mɔ:gɪdʒ] n hypothèque f; (loan) prêt m (or crédit m) hypothécaire ▷ vt hypothéquer; **to take out a ~** prendre une hypothèque, faire un emprunt

**mortgage company** n (US) société f de crédit immobilier

**mortgagee** [mɔ:gə'dʒi:] n prêteur(-euse) (sur hypothèque)

**mortgagor** ['mɔ:gədʒəʳ] n emprunteur(-euse) (sur hypothèque)

**mortician** [mɔ:'tɪʃən] n (US) entrepreneur m de pompes funèbres

**mortified** ['mɔ:tɪfaɪd] adj mort(e) de honte

**mortise lock** ['mɔ:tɪs-] n serrure encastrée

**mortuary** ['mɔ:tjuərɪ] n morgue f

**mosaic** [məu'zeɪɪk] n mosaïque f

**Moscow** ['mɔskəu] n Moscou

**Moslem** ['mɔzləm] adj, n = **Muslim**

**mosque** [mɔsk] n mosquée f

**mosquito** (pl **-es**) [mɔs'ki:təu] n moustique m

**mosquito net** n moustiquaire f

**moss** [mɔs] n mousse f

**mossy** ['mɔsɪ] adj moussu(e)

**most** [məust] adj (majority of) la plupart de; (greatest amount of) le plus de ▷ pron la plupart ▷ adv le plus; (very) très, extrêmement; **the ~** le plus; **~ fish** la plupart des poissons; **the ~ beautiful woman in the world** la plus belle femme du monde; **~ of** (with plural) la plupart de; (with singular) la plus grande partie de; **~ of them** la plupart d'entre eux; **~ of the time** la plupart du temps; **I saw ~** (a lot but not all) j'en ai vu la plupart; (more than anyone else) c'est moi qui en ai vu le plus; **at the (very) ~** au plus; **to make the ~ of** profiter au maximum de

**mostly** ['məustlɪ] adv (chiefly) surtout, principalement; (usually) généralement

**MOT** n abbr (Brit) = **Ministry of Transport; the ~ (test)** visite technique (annuelle) obligatoire des véhicules à moteur

**motel** [məu'tɛl] n motel m

**moth** [mɔθ] n papillon m de nuit; (in clothes) mite f

**mothball** ['mɔθbɔ:l] n boule f de naphtaline

**moth-eaten** ['mɔθi:tn] adj mité(e)

**mother** ['mʌðəʳ] n mère f ▷ vt (pamper, protect) dorloter

**mother board** n (Comput) carte-mère f

**motherhood** ['mʌðəhud] n maternité f
**mother-in-law** ['mʌðərɪnlɔː] n belle-mère f
**motherly** ['mʌðəlɪ] adj maternel(le)
**mother-of-pearl** ['mʌðərəvˈpəːl] n nacre f
**Mother's Day** n fête f des Mères
**mother's help** n aide f or auxiliaire f familiale
**mother-to-be** ['mʌðətəˈbiː] n future maman
**mother tongue** n langue maternelle
**mothproof** ['mɔθpruːf] adj traité(e) à l'antimite
**motif** [məuˈtiːf] n motif m
**motion** ['məuʃən] n mouvement m; (gesture) geste m; (at meeting) motion f; (Brit: also: **bowel motion**) selles fpl ▷ vt, vi: **to ~ (to) sb to do** faire signe à qn de faire; **to be in ~** (vehicle) être en marche; **to set in ~** mettre en marche; **to go through the ~s of doing sth** (fig) faire qch machinalement or sans conviction
**motionless** ['məuʃənlɪs] adj immobile, sans mouvement
**motion picture** n film m
**motivate** ['məutɪveɪt] vt motiver
**motivated** ['məutɪveɪtɪd] adj motivé(e)
**motivation** [məutɪˈveɪʃən] n motivation f
**motive** ['məutɪv] n motif m, mobile m ▷ adj moteur(-trice); **from the best (of) ~s** avec les meilleures intentions (du monde)
**motley** ['mɔtlɪ] adj hétéroclite; bigarré(e), bariolé(e)
**motor** ['məutər] n moteur m; (Brit inf: vehicle) auto f ▷ adj moteur(-trice)
**motorbike** ['məutəbaɪk] n moto f
**motorboat** ['məutəbəut] n bateau m à moteur
**motorcade** ['məutəkeɪd] n cortège m d'automobiles or de voitures
**motorcar** ['məutəkaː] n (Brit) automobile f
**motorcoach** ['məutəkəutʃ] n (Brit) car m
**motorcycle** ['məutəsaɪkl] n moto f
**motorcycle racing** n course f de motos
**motorcyclist** ['məutəsaɪklɪst] n motocycliste m/f
**motoring** ['məutərɪŋ] (Brit) n tourisme m automobile ▷ adj (accident) de voiture, de la route; **~ holiday** vacances fpl en voiture; **~ offence** infraction f au code de la route
**motorist** ['məutərɪst] n automobiliste m/f
**motorize** ['məutəraɪz] vt motoriser
**motor mechanic** n mécanicien m garagiste
**motor oil** n huile f de graissage
**motor racing** n (Brit) course f automobile
**motor scooter** n scooter m
**motor trade** n secteur m de l'automobile
**motor vehicle** n véhicule m automobile
**motorway** ['məutəweɪ] n (Brit) autoroute f
**mottled** ['mɔtld] adj tacheté(e), marbré(e)
**motto** (pl **-es**) ['mɔtəu] n devise f
**mould**, (US) **mold** [məuld] n moule m; (mildew) moisissure f ▷ vt mouler, modeler; (fig) façonner
**moulder**, (US) **molder** ['məuldər] vi (decay) moisir
**moulding**, (US) **mold** ['məuldɪŋ] n (Archit) moulure f

**mouldy**, (US) **moldy** ['məuldɪ] adj moisi(e); (smell) de moisi
**moult**, (US) **molt** [məult] vi muer
**mound** [maund] n monticule m, tertre m
**mount** [maunt] n (hill) mont m, montagne f; (horse) monture f; (for picture) carton m de montage; (for jewel etc) monture f ▷ vt monter; (horse) monter à; (bike) monter sur; (exhibition) organiser, monter; (picture) monter sur carton; (stamp) coller dans un album ▷ vi (inflation, tension) augmenter
▶ **mount up** vi s'élever, monter; (bills, problems, savings) s'accumuler
**mountain** ['mauntɪn] n montagne f ▷ cpd de (la) montagne; **to make a ~ out of a molehill** (fig) se faire une montagne d'un rien
**mountain bike** n VTT m, vélo m tout terrain
**mountaineer** [mauntɪˈnɪər] n alpiniste m/f
**mountaineering** [mauntɪˈnɪərɪŋ] n alpinisme m; **to go ~** faire de l'alpinisme
**mountainous** ['mauntɪnəs] adj montagneux(-euse)
**mountain range** n chaîne f de montagnes
**mountain rescue team** n colonne f de secours
**mountainside** ['mauntɪnsaɪd] n flanc m or versant m de la montagne
**mounted** ['mauntɪd] adj monté(e)
**mourn** [mɔːn] vt pleurer ▷ vi: **to ~ for sb** pleurer qn; **to ~ for sth** se lamenter sur qch
**mourner** ['mɔːnər] n parent(e) or ami(e) du défunt; personne f en deuil or venue rendre hommage au défunt
**mourning** ['mɔːnɪŋ] n deuil m ▷ cpd (dress) de deuil; **in ~** en deuil
**mouse** (pl **mice**) [maus, maɪs] n (also Comput) souris f
**mouse mat** n (Comput) tapis m de souris
**mousetrap** ['maustræp] n souricière f
**moussaka** [muˈsɑːkə] n moussaka f
**mousse** [muːs] n mousse f
**moustache**, (US) **mustache** [məsˈtɑːʃ] n moustache(s) f(pl)
**mousy** ['mausɪ] adj (person) effacé(e); (hair) d'un châtain terne
**mouth** [mauθ, pl mauðz] n bouche f; (of dog, cat) gueule f; (of river) embouchure f; (of hole, cave) ouverture f; (of bottle) goulot m; (opening) orifice m
**mouthful** ['mauθful] n bouchée f
**mouth organ** n harmonica m
**mouthpiece** ['mauθpiːs] n (of musical instrument) bec m, embouchure f; (spokesperson) porte-parole m inv
**mouth-to-mouth** ['mauθtəˈmauθ] adj: **~ resuscitation** bouche à bouche m
**mouthwash** ['mauθwɔʃ] n eau f dentifrice
**mouth-watering** ['mauθwɔːtərɪŋ] adj qui met l'eau à la bouche
**movable** ['muːvəbl] adj mobile
**move** [muːv] n (movement) mouvement m; (in game) coup m; (: turn to play) tour m; (change of house) déménagement m; (change of job)

changement m d'emploi ▷ vt déplacer, bouger; (emotionally) émouvoir; (Pol: resolution etc) proposer ▷ vi (gen) bouger, remuer; (traffic) circuler; (also: **move house**) déménager; (in game) jouer; **can you ~ your car, please?** pouvez-vous déplacer votre voiture, s'il vous plaît?; **to ~ towards** se diriger vers; **to ~ sb to do sth** pousser or inciter qn à faire qch; **to get a ~ on** se dépêcher, se remuer
▸ **move about, move around** vi (fidget) remuer; (travel) voyager, se déplacer
▸ **move along** vi se pousser
▸ **move away** vi s'en aller, s'éloigner
▸ **move back** vi revenir, retourner
▸ **move forward** vi avancer ▷ vt avancer; (people) faire avancer
▸ **move in** vi (to a house) emménager; (police, soldiers) intervenir
▸ **move off** vi s'éloigner, s'en aller
▸ **move on** vi se remettre en route ▷ vt (onlookers) faire circuler
▸ **move out** vi (of house) déménager
▸ **move over** vi se pousser, se déplacer
▸ **move up** vi avancer; (employee) avoir de l'avancement; (pupil) passer dans la classe supérieure
**moveable** [mu:vəbl] adj = **movable**
**movement** ['mu:vmənt] n mouvement m; **~ (of the bowels)** (Med) selles fpl
**mover** ['mu:vər] n auteur m d'une proposition
**movie** ['mu:vɪ] n film m; **movies** npl: **the ~s** le cinéma
**movie camera** n caméra f
**moviegoer** ['mu:vɪgəuər] n (US) cinéphile m/f
**movie theater** (US) n cinéma m
**moving** ['mu:vɪŋ] adj en mouvement; (touching) émouvant(e) ▷ n (US) déménagement m
**mow** (pt **-ed**, pp **-ed** or **-n**) [məu, -d, -n] vt faucher; (lawn) tondre
▸ **mow down** vt faucher
**mower** ['məuər] n (also: **lawnmower**) tondeuse f à gazon
**mown** [məun] pp of **mow**
**Mozambique** [məuzəm'bi:k] n Mozambique m
**MP** n abbr (= Military Police) PM; (Brit) = **Member of Parliament**; (Canada) = **Mounted Police**
**MP3** n mp3 m
**MP3 player** n baladeur m numérique, lecteur m mp3
**mpg** n abbr (= miles per gallon) (30 mpg = 9,4 l. aux 100 km)
**m.p.h.** abbr (= miles per hour) (60 mph = 96 km/h)
**MPhil** n abbr (US: = Master of Philosophy) titre universitaire
**MPS** n abbr (Brit) = **Member of the Pharmaceutical Society**
**Mr, (US) Mr.** ['mɪstər] n: **Mr X** Monsieur X, M. X
**MRC** n abbr (Brit: = Medical Research Council) conseil de la recherche médicale
**MRCP** n abbr (Brit) = **Member of the Royal College of Physicians**
**MRCS** n abbr (Brit) = **Member of the Royal College of Surgeons**
**MRCVS** n abbr (Brit) = **Member of the Royal College of Veterinary Surgeons**
**Mrs, (US) Mrs.** ['mɪsɪz] n: ~ **X** Madame X, Mme X
**MS** n abbr (= manuscript) ms; (= multiple sclerosis) SEP f; (US: = Master of Science) titre universitaire ▷ abbr (US) = **Mississippi**
**Ms, (US) Ms.** [mɪz] n (Miss or Mrs): **Ms X** Madame X, Mme X; voir article

● **M s**
●
● Ms est un titre utilisé à la place de "Mrs"
● (Mme) ou de "Miss" (Mlle) pour éviter la
● distinction traditionnelle entre femmes
● mariées et femmes non mariées.

**MSA** n abbr (US: = Master of Science in Agriculture) titre universitaire
**MSc** n abbr = **Master of Science**
**MSG** n abbr = **monosodium glutamate**
**MSP** n abbr (= Member of the Scottish Parliament) député m au Parlement écossais
**MST** abbr (US: = Mountain Standard Time) heure d'hiver des Montagnes Rocheuses
**MT** n abbr (= machine translation) TM ▷ abbr (US) = **Montana**
**Mt** abbr (Geo: = mount) Mt
**mth** abbr (= month) m
**MTV** n abbr = **music television**
**much** [mʌtʃ] adj beaucoup de ▷ adv, n or pron beaucoup; ~ **milk** beaucoup de lait; **we don't have ~ time** nous n'avons pas beaucoup de temps; **how ~ is it?** combien est-ce que ça coûte?; **it's not ~** ce n'est pas beaucoup; **too ~** trop (de); **so ~** tant (de); **I like it very/so ~** j'aime beaucoup/tellement ça; **as ~ as** autant de; **thank you very ~** merci beaucoup; **that's ~ better** c'est beaucoup mieux; **~ to my amazement ...** à mon grand étonnement ...
**muck** [mʌk] n (mud) boue f; (dirt) ordures fpl
▸ **muck about** vi (inf) faire l'imbécile; (: waste time) traînasser; (: tinker) bricoler; tripoter
▸ **muck in** vi (Brit inf) donner un coup de main
▸ **muck out** vt (stable) nettoyer
▸ **muck up** vt (inf: ruin) gâcher, esquinter; (: dirty) salir; (: exam, interview) se planter à
**muckraking** ['mʌkreɪkɪŋ] n (fig: inf) déterrement m d'ordures
**mucky** ['mʌkɪ] adj (dirty) boueux(-euse), sale
**mucus** ['mju:kəs] n mucus m
**mud** [mʌd] n boue f
**muddle** ['mʌdl] n (mess) pagaille f, fouillis m; (mix-up) confusion f ▷ vt (also: **muddle up**) brouiller, embrouiller; **to be in a ~** (person) ne plus savoir où l'on en est; **to get in a ~** (while explaining etc) s'embrouiller
▸ **muddle along** vi aller son chemin tant bien que mal
▸ **muddle through** vi se débrouiller
**muddle-headed** [mʌdl'hɛdɪd] adj (person) à l'esprit embrouillé or confus, dans le brouillard

**muddy** ['mʌdɪ] *adj* boueux(-euse)

**mud flats** *npl* plage *f* de vase

**mudguard** ['mʌdgɑːd] *n* garde-boue *m inv*

**mudpack** ['mʌdpæk] *n* masque *m* de beauté

**mud-slinging** ['mʌdslɪŋɪŋ] *n* médisance *f*, dénigrement *m*

**muesli** ['mjuːzlɪ] *n* muesli *m*

**muff** [mʌf] *n* manchon *m* ▷ *vt* (*inf: shot, catch etc*) rater, louper; **to ~ it** rater *or* louper son coup

**muffin** ['mʌfɪn] *n* (*roll*) petit pain rond et plat; (*cake*) petit gâteau au chocolat ou aux fruits

**muffle** ['mʌfl] *vt* (*sound*) assourdir, étouffer; (*against cold*) emmitoufler

**muffled** ['mʌfld] *adj* étouffé(e), voilé(e)

**muffler** ['mʌflə*r*] *n* (*scarf*) cache-nez *m inv*; (*US Aut*) silencieux *m*

**mufti** ['mʌftɪ] *n*: **in ~** en civil

**mug** [mʌg] *n* (*cup*) tasse *f* (*sans soucoupe*); (: *for beer*) chope *f*; (*inf: face*) bouille *f*; (: *fool*) poire *f* ▷ *vt* (*assault*) agresser; **it's a ~'s game** (*Brit*) c'est bon pour les imbéciles
▶ **mug up** *vt* (*Brit inf: also*: **mug up on**) bosser, bûcher

**mugger** ['mʌgə*r*] *n* agresseur *m*

**mugging** ['mʌgɪŋ] *n* agression *f*

**muggins** ['mʌgɪnz] *n* (*inf*) ma pomme

**muggy** ['mʌgɪ] *adj* lourd(e), moite

**mug shot** *n* (*inf: Police*) photo *f* de criminel; (: *gen: photo*) photo d'identité

**mulatto** (*pl* **-es**) [mjuːˈlætəu] *n* mulâtre(-esse)

**mulberry** ['mʌlbrɪ] *n* (*fruit*) mûre *f*; (*tree*) mûrier *m*

**mule** [mjuːl] *n* mule *f*

**mull** [mʌl]: **to ~ over** *vt* réfléchir à, ruminer

**mulled** [mʌld] *adj*: **~ wine** vin chaud

**multi...** ['mʌltɪ] *prefix* multi...

**multi-access** ['mʌltɪˈækses] *adj* (*Comput*) à accès multiple

**multicoloured**, (*US*) **multicolored** ['mʌltɪkʌləd] *adj* multicolore

**multifarious** [mʌltɪˈfɛərɪəs] *adj* divers(es), varié(e)

**multilateral** [mʌltɪˈlætərl] *adj* (*Pol*) multilatéral(e)

**multi-level** [mʌltɪlevl] *adj* (*US*) = **multistorey**

**multimedia** ['mʌltɪˈmiːdɪə] *adj* multimédia *inv*

**multimillionaire** [mʌltɪmɪljəˈnɛə*r*] *n* milliardaire *m/f*

**multinational** [mʌltɪˈnæʃənl] *n* multinationale *f* ▷ *adj* multinational(e)

**multiple** ['mʌltɪpl] *adj* multiple ▷ *n* multiple *m*; (*Brit: also*: **multiple store**) magasin *m* à succursales (multiples)

**multiple choice, multiple choice test** *n* QCM *m*, questionnaire *m* à choix multiple

**multiple crash** *n* carambolage *m*

**multiple sclerosis** [-sklɪˈrəusɪs] *n* sclérose *f* en plaques

**multiplex** ['mʌltɪplɛks], **multiplex cinema** *n* (cinéma *m*) multisalles *m*

**multiplication** [mʌltɪplɪˈkeɪʃən] *n* multiplication *f*

**multiplication table** *n* table *f* de multiplication

**multiplicity** [mʌltɪˈplɪsɪtɪ] *n* multiplicité *f*

**multiply** ['mʌltɪplaɪ] *vt* multiplier ▷ *vi* se multiplier

**multiracial** [mʌltɪˈreɪʃl] *adj* multiracial(e)

**multistorey** ['mʌltɪˈstɔːrɪ] *adj* (*Brit: building*) à étages; (: *car park*) à étages *or* niveaux multiples

**multitude** ['mʌltɪtjuːd] *n* multitude *f*

**mum** [mʌm] *n* (*Brit*) maman *f* ▷ *adj*: **to keep ~** ne pas souffler mot; **~'s the word!** motus et bouche cousue!

**mumble** ['mʌmbl] *vt, vi* marmotter, marmonner

**mumbo jumbo** ['mʌmbəu-] *n* (*inf*) baragouin *m*, charabia *m*

**mummify** ['mʌmɪfaɪ] *vt* momifier

**mummy** ['mʌmɪ] *n* (*Brit: mother*) maman *f*; (*embalmed*) momie *f*

**mumps** [mʌmps] *n* oreillons *mpl*

**munch** [mʌntʃ] *vt, vi* mâcher

**mundane** [mʌnˈdeɪn] *adj* banal(e), terre à terre *inv*

**municipal** [mjuːˈnɪsɪpl] *adj* municipal(e)

**municipality** [mjuːnɪsɪˈpælɪtɪ] *n* municipalité *f*

**munitions** [mjuːˈnɪʃənz] *npl* munitions *fpl*

**mural** ['mjuərl] *n* peinture murale

**murder** ['məːdə*r*] *n* meurtre *m*, assassinat *m* ▷ *vt* assassiner; **to commit ~** commettre un meurtre

**murderer** ['məːdərə*r*] *n* meurtrier *m*, assassin *m*

**murderess** ['məːdərɪs] *n* meurtrière *f*

**murderous** ['məːdərəs] *adj* meurtrier(-ière)

**murk** [məːk] *n* obscurité *f*

**murky** ['məːkɪ] *adj* sombre, ténébreux(-euse); (*water*) trouble

**murmur** ['məːmə*r*] *n* murmure *m* ▷ *vt, vi* murmurer; **heart ~** (*Med*) souffle *m* au cœur

**MusB, MusBac** *n abbr* (= *Bachelor of Music*) titre universitaire

**muscle** ['mʌsl] *n* muscle *m*; (*fig*) force *f*
▶ **muscle in** *vi* s'imposer, s'immiscer

**muscular** ['mʌskjulə*r*] *adj* musculaire; (*person, arm*) musclé(e)

**muscular dystrophy** *n* dystrophie *f* musculaire

**MusD, MusDoc** *n abbr* (= *Doctor of Music*) titre universitaire

**muse** [mjuːz] *vi* méditer, songer ▷ *n* muse *f*

**museum** [mjuːˈzɪəm] *n* musée *m*

**mush** [mʌʃ] *n* bouillie *f*; (*pej*) sentimentalité *f* à l'eau de rose

**mushroom** ['mʌʃrum] *n* champignon *m* ▷ *vi* (*fig*) pousser comme un (*or* des) champignon(s)

**mushy** ['mʌʃɪ] *adj* (*vegetables, fruit*) en bouillie; (*movie etc*) à l'eau de rose

**music** ['mjuːzɪk] *n* musique *f*

**musical** ['mjuːzɪkl] *adj* musical(e); (*person*) musicien(ne) ▷ *n* (*show*) comédie musicale

**musical box** *n* = **music box**

**musical chairs** *npl* chaises musicales; (*fig*): **to play ~** faire des permutations

**musical instrument** *n* instrument *m* de musique

**music box** n boîte f à musique
**music centre** n chaîne compacte
**music hall** n music-hall m
**musician** [mjuːˈzɪʃən] n musicien(ne)
**music stand** n pupitre m à musique
**musk** [mʌsk] n musc m
**musket** [ˈmʌskɪt] n mousquet m
**muskrat** [ˈmʌskræt] n rat musqué
**musk rose** n (Bot) rose f muscade
**Muslim** [ˈmʌzlɪm] adj, n musulman(e)
**muslin** [ˈmʌzlɪn] n mousseline f
**musquash** [ˈmʌskwɒʃ] n loutre f; (fur) rat m
  d'Amérique, ondatra m
**mussel** [ˈmʌsl] n moule f
**must** [mʌst] aux vb (obligation): **I ~ do it** je dois le
  faire, il faut que je le fasse; (probability): **he ~ be**
  **there by now** il doit y être maintenant, il y est
  probablement maintenant; (suggestion,
  invitation): **you ~ come and see me** il faut que
  vous veniez me voir ▷ n nécessité f, impératif
  m; **it's a ~** c'est indispensable; **I ~ have made a**
  **mistake** j'ai dû me tromper
**mustache** [ˈmʌstæʃ] n (US) = **moustache**
**mustard** [ˈmʌstəd] n moutarde f
**mustard gas** n ypérite f, gaz m moutarde
**muster** [ˈmʌstər] vt rassembler; (also: **muster**
  **up**: strength, courage) rassembler
**mustiness** [ˈmʌstɪnɪs] n goût m de moisi;
  odeur f de moisi or de renfermé
**mustn't** [ˈmʌsnt] = **must not**
**musty** [ˈmʌstɪ] adj qui sent le moisi or le
  renfermé
**mutant** [ˈmjuːtənt] adj mutant(e) ▷ n mutant m
**mutate** [mjuːˈteɪt] vi subir une mutation
**mutation** [mjuːˈteɪʃən] n mutation f
**mute** [mjuːt] adj, n muet(te)
**muted** [ˈmjuːtɪd] adj (noise) sourd(e), assourdi(e);
  (criticism) voilé(e); (Mus) en sourdine; (: trumpet)
  bouché(e)
**mutilate** [ˈmjuːtɪleɪt] vt mutiler

**mutilation** [mjuːtɪˈleɪʃən] n mutilation f
**mutinous** [ˈmjuːtɪnəs] adj (troops) mutiné(e);
  (attitude) rebelle
**mutiny** [ˈmjuːtɪnɪ] n mutinerie f ▷ vi se
  mutiner
**mutter** [ˈmʌtər] vt, vi marmonner, marmotter
**mutton** [ˈmʌtn] n mouton m
**mutual** [ˈmjuːtʃʊəl] adj mutuel(le), réciproque;
  (benefit, interest) commun(e)
**mutually** [ˈmjuːtʃʊəlɪ] adv mutuellement,
  réciproquement
**Muzak®** [ˈmjuːzæk] n (often pej) musique f
  d'ambiance
**muzzle** [ˈmʌzl] n museau m; (protective device)
  muselière f; (of gun) gueule f ▷ vt museler
**MVP** n abbr (US Sport) = **most valuable player**
**MW** abbr (= medium wave) PO
**my** [maɪ] adj mon (ma), mes pl; **my house/car/**
  **gloves** ma maison/ma voiture/mes gants; **I've**
  **washed my hair/cut my finger** je me suis lavé
  les cheveux/coupé le doigt; **is this my pen or**
  **yours?** c'est mon stylo ou c'est le vôtre?
**Myanmar** [ˈmaɪænmɑːʳ] n Myanmar m
**myopic** [maɪˈɒpɪk] adj myope
**myriad** [ˈmɪrɪəd] n myriade f
**myself** [maɪˈsɛlf] pron (reflexive) me; (emphatic)
  moi-même; (after prep) moi; see also **oneself**
**mysterious** [mɪsˈtɪərɪəs] adj mystérieux(-euse)
**mystery** [ˈmɪstərɪ] n mystère m
**mystery story** n roman m à suspense
**mystic** [ˈmɪstɪk] n mystique m/f ▷ adj (mysterious)
  ésotérique
**mystical** [ˈmɪstɪkl] adj mystique
**mystify** [ˈmɪstɪfaɪ] vt (deliberately) mystifier;
  (puzzle) ébahir
**mystique** [mɪsˈtiːk] n mystique f
**myth** [mɪθ] n mythe m
**mythical** [ˈmɪθɪkl] adj mythique
**mythological** [mɪθəˈlɒdʒɪkl] adj mythologique
**mythology** [mɪˈθɒlədʒɪ] n mythologie f

**m**

# Nn

**N, n** [ɛn] n (letter) N, n m; **N for Nellie**, (US) **N for Nan** N comme Nicolas

**N** abbr (= north) N

**NA** n abbr (US: = Narcotics Anonymous) association d'aide aux drogués; (US) = **National Academy**

**n/a** abbr (= not applicable) n.a.; (Comm etc) = **no account**

**NAACP** n abbr (US) = **National Association for the Advancement of Colored People**

**NAAFI** ['næfɪ] n abbr (Brit: = Navy, Army & Air Force Institute) organisme responsable des magasins et cantines de l'armée

**nab** [næb] vt (inf) pincer, attraper

**NACU** n abbr (US) = **National Association of Colleges and Universities**

**nadir** ['neɪdɪəʳ] n (Astronomy) nadir m; (fig) fond m, point m extrême

**naff** [næf] (Brit: inf) adj nul(le)

**nag** [næg] vt (scold) être toujours après, reprendre sans arrêt ▷ n (pej: horse) canasson m; (person): **she's an awful ~** elle est constamment après lui (or eux etc), elle est très casse-pieds

**nagging** ['nægɪŋ] adj (doubt, pain) persistant(e) ▷ n remarques continuelles

**nail** [neɪl] n (human) ongle m; (metal) clou m ▷ vt clouer; **to ~ sth to sth** clouer qch à qch; **to ~ sb down to a date/price** contraindre qn à accepter or donner une date/un prix; **to pay cash on the ~** (Brit) payer rubis sur l'ongle

**nailbrush** ['neɪlbrʌʃ] n brosse f à ongles

**nailfile** ['neɪlfaɪl] n lime f à ongles

**nail polish** n vernis m à ongles

**nail polish remover** n dissolvant m

**nail scissors** npl ciseaux mpl à ongles

**nail varnish** n (Brit) = **nail polish**

**Nairobi** [naɪˈrəubɪ] n Nairobi

**naïve** [naɪˈiːv] adj naïf(-ïve)

**naïveté** [naɪˈiːvteɪ], **naivety** [naɪˈiːvɪtɪ] n naïveté f

**naked** ['neɪkɪd] adj nu(e); **with the ~ eye** à l'œil nu

**nakedness** ['neɪkɪdnɪs] n nudité f

**NAM** n abbr (US) = **National Association of Manufacturers**

**name** [neɪm] n nom m; (reputation) réputation f ▷ vt nommer; (identify: accomplice etc) citer; (price, date) fixer, donner; **by ~** par son nom; de nom; **in the ~ of** au nom de; **what's your ~?** comment vous appelez-vous?, quel est votre nom?; **my ~ is Peter** je m'appelle Peter; **to take sb's ~ and address** relever l'identité de qn or les nom et adresse de qn; **to make a ~ for o.s.** se faire un nom; **to get (o.s.) a bad ~** se faire une mauvaise réputation; **to call sb ~s** traiter qn de tous les noms

**name dropping** n mention (pour se faire valoir) du nom de personnalités qu'on connaît (ou prétend connaître)

**nameless** ['neɪmlɪs] adj sans nom; (witness, contributor) anonyme

**namely** ['neɪmlɪ] adv à savoir

**nameplate** ['neɪmpleɪt] n (on door etc) plaque f

**namesake** ['neɪmseɪk] n homonyme m

**nan bread** [nɑː-] n nan m

**nanny** ['nænɪ] n bonne f d'enfants

**nanny goat** n chèvre f

**nap** [næp] n (sleep) (petit) somme ▷ vi: **to be caught ~ping** être pris(e) à l'improviste or en défaut

**NAPA** n abbr (US: = National Association of Performing Artists) syndicat des gens du spectacle

**napalm** ['neɪpɑːm] n napalm m

**nape** [neɪp] n: **~ of the neck** nuque f

**napkin** ['næpkɪn] n serviette f (de table)

**Naples** ['neɪplz] n Naples

**Napoleonic** [nəpəulɪˈɔnɪk] adj napoléonien(ne)

**nappy** ['næpɪ] n (Brit) couche f

**nappy liner** n (Brit) protège-couche m

**nappy rash** n: **to have ~** avoir les fesses rouges

**narcissistic** [nɑːsɪˈsɪstɪk] adj narcissique

**narcissus** (pl **narcissi**) [nɑːˈsɪsəs, -saɪ] n narcisse m

**narcotic** [nɑːˈkɔtɪk] n (Med) narcotique m

**narcotics** [nɑːˈkɔtɪkz] npl (illegal drugs) stupéfiants mpl

**nark** [nɑːk] vt (Brit inf) mettre en rogne

**narrate** [nəˈreɪt] vt raconter, narrer

**narration** [nəˈreɪʃən] n narration f

**narrative** ['nærətɪv] n récit m ▷ adj narratif(-ive)

**narrator** [nəˈreɪtəʳ] n narrateur(-trice)

**narrow** ['nærəu] adj étroit(e); (fig) restreint(e),

limité(e) ▷ vi (road) devenir plus étroit, se rétrécir; (gap, difference) se réduire; **to have a ~ escape** l'échapper belle

▶ **narrow down** vt restreindre

**narrow gauge** adj (Rail) à voie étroite

**narrowly** ['nærəʊlɪ] adv: **he ~ missed injury/ the tree** il a failli se blesser/rentrer dans l'arbre; **he only ~ missed the target** il a manqué la cible de peu or de justesse

**narrow-minded** [nærəʊ'maɪndɪd] adj à l'esprit étroit, borné(e); (attitude) borné(e)

**NAS** n abbr (US) = **National Academy of Sciences**

**NASA** ['næsə] n abbr (US: = National Aeronautics and Space Administration) NASA f

**nasal** ['neɪzl] adj nasal(e)

**Nassau** ['næsɔː] n (in Bahamas) Nassau

**nastily** ['nɑːstɪlɪ] adv (say, act) méchamment

**nastiness** ['nɑːstɪnɪs] n (of person, remark) méchanceté f

**nasturtium** [nəs'təːʃəm] n capucine f

**nasty** ['nɑːstɪ] adj (person: malicious) méchant(e); (: rude) très désagréable; (smell) dégoûtant(e); (wound, situation) mauvais(e), vilain(e); (weather) affreux(-euse); **to turn ~** (situation) mal tourner; (weather) se gâter; (person) devenir méchant; **it's a ~ business** c'est une sale affaire

**NAS/UWT** n abbr (Brit: = National Association of Schoolmasters/Union of Women Teachers) syndicat enseignant

**nation** ['neɪʃən] n nation f

**national** ['næʃənl] adj national(e) ▷ n (abroad) ressortissant(e); (when home) national(e)

**national anthem** n hymne national

**National Curriculum** n (Brit) programme scolaire commun à toutes les écoles publiques en Angleterre et au Pays de Galles comprenant dix disciplines

**national debt** n dette publique

**national dress** n costume national

**National Guard** n (US) milice f (de volontaires)

**National Health Service** n (Brit) service national de santé, ≈ Sécurité Sociale

**National Insurance** n (Brit) ≈ Sécurité Sociale

**nationalism** ['næʃnəlɪzəm] n nationalisme m

**nationalist** ['næʃnəlɪst] adj, n nationaliste m/f

**nationality** [næʃə'nælɪtɪ] n nationalité f

**nationalization** [næʃnəlaɪ'zeɪʃən] n nationalisation f

**nationalize** ['næʃnəlaɪz] vt nationaliser

**nationally** ['næʃnəlɪ] adv du point de vue national; dans le pays entier

**national park** n parc national

**national press** n presse nationale

**National Security Council** n (US) conseil national de sécurité

**national service** n (Mil) service m militaire

**National Trust** n (Brit) ≈ Caisse f nationale des monuments historiques et des sites; voir article

**◉ NATIONAL TRUST**
◉
◉ Le National Trust est un organisme
◉ indépendant, à but non lucratif, dont la

◉ mission est de protéger et de mettre en
◉ valeur les monuments et les sites
◉ britanniques en raison de leur intérêt
◉ historique ou de leur beauté naturelle.

**nationwide** ['neɪʃənwaɪd] adj s'étendant à l'ensemble du pays; (problem) à l'échelle du pays entier ▷ adv à travers or dans tout le pays

**native** ['neɪtɪv] n habitant(e) du pays, autochtone m/f; (in colonies) indigène m/f ▷ adj du pays, indigène; (country) natal(e); (language) maternel(le); (ability) inné(e); **a ~ of Russia** une personne originaire de Russie; **a ~ speaker of French** une personne de langue maternelle française

**Native American** n Indien(ne) d'Amérique ▷ adj amérindien(ne)

**native speaker** n locuteur natif

**Nativity** [nə'tɪvɪtɪ] n (Rel): **the ~** la Nativité

**nativity play** n mystère m or miracle m de la Nativité

**NATO** ['neɪtəʊ] n abbr (= North Atlantic Treaty Organization) OTAN f

**natter** ['nætəʳ] vi (Brit) bavarder

**natural** ['nætʃrəl] adj naturel(le); **to die of ~ causes** mourir d'une mort naturelle

**natural childbirth** n accouchement m sans douleur

**natural gas** n gaz naturel

**natural history** n histoire naturelle

**naturalist** ['nætʃrəlɪst] n naturaliste m/f

**naturalization** ['nætʃrəlaɪ'zeɪʃən] n naturalisation f; acclimatation f

**naturalize** ['nætʃrəlaɪz] vt naturaliser; (plant) acclimater; **to become ~d** (person) se faire naturaliser

**naturally** ['nætʃrəlɪ] adv naturellement

**natural resources** npl ressources naturelles

**natural selection** n sélection naturelle

**natural wastage** n (Industry) départs naturels et volontaires

**nature** ['neɪtʃəʳ] n nature f; **by ~** par tempérament, de nature; **documents of a confidential ~** documents à caractère confidentiel

**natured** ['neɪtʃəd] suffix: **ill~** qui a mauvais caractère

**nature reserve** n (Brit) réserve naturelle

**nature trail** n sentier de découverte de la nature

**naturist** ['neɪtʃərɪst] n naturiste m/f

**naught** [nɔːt] n = **nought**

**naughtiness** ['nɔːtɪnɪs] n (of child) désobéissance f; (of story etc) grivoiserie f

**naughty** ['nɔːtɪ] adj (child) vilain(e), pas sage; (story, film) grivois(e)

**nausea** ['nɔːsɪə] n nausée f

**nauseate** ['nɔːsɪeɪt] vt écœurer, donner la nausée à

**nauseating** ['nɔːsɪeɪtɪŋ] adj écœurant(e), dégoûtant(e)

**nauseous** ['nɔːsɪəs] adj nauséabond(e), écœurant(e); (feeling sick): **to be ~** avoir des

**n**

689

nausées
**nautical** ['nɔːtɪkl] *adj* nautique
**nautical mile** *n* mille marin (= 1853 m)
**naval** ['neɪvl] *adj* naval(e)
**naval officer** *n* officier *m* de marine
**nave** [neɪv] *n* nef *f*
**navel** ['neɪvl] *n* nombril *m*
**navigable** ['nævɪgəbl] *adj* navigable
**navigate** ['nævɪgeɪt] *vt* (*steer*) diriger, piloter
  ▷ *vi* naviguer; (*Aut*) indiquer la route à suivre
**navigation** [nævɪ'geɪʃən] *n* navigation *f*
**navigator** ['nævɪgeɪtər] *n* navigateur *m*
**navvy** ['nævɪ] *n* (*Brit*) terrassier *m*
**navy** ['neɪvɪ] *n* marine *f*; **Department of the
  N~** (*US*) ministère *m* de la Marine
**navy-blue** ['neɪvɪ'bluː] *adj* bleu marine *inv*
**Nazi** ['nɑːtsɪ] *adj* nazi(e) ▷ *n* Nazi(e)
**NB** *abbr* (= *nota bene*) NB; (*Canada*) = **New
  Brunswick**
**NBA** *n abbr* (*US*) = **National Basketball
  Association; National Boxing Association**
**NBC** *n abbr* (*US*: = *National Broadcasting Company*)
  *chaîne de télévision*
**NBS** *n abbr* (*US*: = *National Bureau of Standards*) *office
  de normalisation*
**NC** *abbr* (*Comm etc*) = **no charge**; (*US*) = **North
  Carolina**
**NCC** *n abbr* (*Brit*: = *Nature Conservancy Council*)
  *organisme de protection de la nature*; (*US*) = **National
  Council of Churches**
**NCO** *n abbr* = **non-commissioned officer**
**ND, N. Dak.** *abbr* (*US*) = **North Dakota**
**NE** *abbr* (*US*) = **Nebraska; New England**
**NEA** *n abbr* (*US*) = **National Education
  Association**
**neap** [niːp] *n* (*also*: **neaptide**) mortes-eaux *fpl*
**near** [nɪər] *adj* proche ▷ *adv* près ▷ *prep* (*also*:
  **near to**) près de ▷ *vt* approcher de; **~ here/
  there** près d'ici/non loin de là; **£25,000 or ~est
  offer** (*Brit*) 25 000 livres à débattre; **in the ~
  future** dans un proche avenir; **to come ~** *vi*
  s'approcher
**nearby** [nɪə'baɪ] *adj* proche ▷ *adv* tout près, à
  proximité
**Near East** *n*: **the ~** le Proche-Orient
**nearer** ['nɪərər] *adj* plus proche ▷ *adv* plus près
**nearly** ['nɪəlɪ] *adv* presque; **I ~ fell** j'ai failli
  tomber; **it's not ~ big enough** ce n'est
  vraiment pas assez grand, c'est loin d'être assez
  grand
**near miss** *n* collision évitée de justesse; (*when
  aiming*) coup manqué de peu or de justesse
**nearness** ['nɪənɪs] *n* proximité *f*
**nearside** ['nɪəsaɪd] (*Aut*) *n* (*right-hand drive*) côté *m*
  gauche; (*left-hand drive*) côté droit ▷ *adj* de
  gauche; (*left-hand drive*) de droite
**near-sighted** [nɪə'saɪtɪd] *adj* myope
**neat** [niːt] *adj* (*person, work*) soigné(e); (*room etc*)
  bien tenu(e) or rangé(e); (*solution, plan*) habile;
  (*spirits*) pur(e); **I drink it ~** je le bois sec or sans
  eau
**neatly** ['niːtlɪ] *adv* avec soin or ordre; (*skilfully*)

habilement
**neatness** ['niːtnɪs] *n* (*tidiness*) netteté *f*;
  (*skilfulness*) habileté *f*
**Nebr.** *abbr* (*US*) = **Nebraska**
**nebulous** ['nɛbjuləs] *adj* nébuleux(-euse)
**necessarily** ['nɛsɪsrɪlɪ] *adv* nécessairement;
  **not ~** pas nécessairement or forcément
**necessary** ['nɛsɪsrɪ] *adj* nécessaire; **if ~** si
  besoin est, le cas échéant
**necessitate** [nɪ'sɛsɪteɪt] *vt* nécessiter
**necessity** [nɪ'sɛsɪtɪ] *n* nécessité *f*; chose
  nécessaire or essentielle; **in case of ~** en cas
  d'urgence
**neck** [nɛk] *n* cou *m*; (*of horse, garment*) encolure *f*;
  (*of bottle*) goulot *m* ▷ *vi* (*inf*) se peloter; **~ and ~** à
  égalité; **to stick one's ~ out** (*inf*) se mouiller
**necklace** ['nɛklɪs] *n* collier *m*
**neckline** ['nɛklaɪn] *n* encolure *f*
**necktie** ['nɛktaɪ] *n* (*esp US*) cravate *f*
**nectar** ['nɛktər] *n* nectar *m*
**nectarine** ['nɛktərɪn] *n* brugnon *m*, nectarine *f*
**née** [neɪ] *adj*: **~ Scott** née Scott
**need** [niːd] *n* besoin *m* ▷ *vt* avoir besoin de; **to ~
  to do** devoir faire; avoir besoin de faire; **you
  don't ~ to go** vous n'avez pas besoin or vous
  n'êtes pas obligé de partir; **a signature is ~ed** il
  faut une signature; **to be in ~ of** or **have ~ of**
  avoir besoin de; **£10 will meet my immediate
  ~s** 10 livres suffiront pour mes besoins
  immédiats; **in case of ~** en cas de besoin, au
  besoin; **there's no ~ to do ....** il n'y a pas lieu de
  faire ..., il n'est pas nécessaire de faire ...;
  **there's no ~ for that** ce n'est pas la peine, cela
  n'est pas nécessaire
**needle** ['niːdl] *n* aiguille *f*; (*on record player*) saphir
  *m* ▷ *vt* (*inf*) asticoter, tourmenter
**needlecord** ['niːdlkɔːd] *n* (*Brit*) velours *m*
  milleraies
**needless** ['niːdlɪs] *adj* inutile; **~ to say, ...**
  inutile de dire que ...
**needlessly** ['niːdlɪslɪ] *adv* inutilement
**needlework** ['niːdlwəːk] *n* (*activity*) travaux *mpl*
  d'aiguille; (*object*) ouvrage *m*
**needn't** ['niːdnt] = **need not**
**needy** ['niːdɪ] *adj* nécessiteux(-euse)
**negation** [nɪ'geɪʃən] *n* négation *f*
**negative** ['nɛgətɪv] *n* (*Phot, Elec*) négatif *m*; (*Ling*)
  terme *m* de négation ▷ *adj* négatif(-ive); **to
  answer in the ~** répondre par la négative
**negative equity** *n* situation dans laquelle la valeur
  d'une maison est inférieure à celle du prêt immobilier
  contracté pour la payer
**neglect** [nɪ'glɛkt] *vt* négliger; (*garden*) ne pas
  entretenir; (*duty*) manquer à ▷ *n* (*of person, duty,
  garden*) le fait de négliger; (**state of**) **~** abandon
  *m*; **to ~ to do sth** négliger or omettre de faire
  qch; **to ~ one's appearance** se négliger
**neglected** [nɪ'glɛktɪd] *adj* négligé(e), à
  l'abandon
**neglectful** [nɪ'glɛktful] *adj* (*gen*) négligent(e);
  **to be ~ of sb/sth** négliger qn/qch
**negligee** ['nɛglɪʒeɪ] *n* déshabillé *m*

negligence ['nɛglɪdʒəns] n négligence f
negligent ['nɛglɪdʒənt] adj négligent(e)
negligently ['nɛglɪdʒəntlɪ] adv par négligence; (offhandedly) négligemment
negligible ['nɛglɪdʒɪbl] adj négligeable
negotiable [nɪ'gəʊʃɪəbl] adj négociable; not ~ (cheque) non négociable
negotiate [nɪ'gəʊʃɪeɪt] vi négocier ▷ vt négocier; (Comm) négocier; (obstacle) franchir, négocier; (bend in road) négocier; to ~ with sb for sth négocier avec qn en vue d'obtenir qch
negotiating table [nɪ'gəʊʃɪeɪtɪŋ-] n table f des négociations
negotiation [nɪgəʊʃɪ'eɪʃən] n négociation f, pourparlers mpl; to enter into ~s with sb engager des négociations avec qn
negotiator [nɪ'gəʊʃɪeɪtə'] n négociateur(-trice)
Negress ['niːgrɪs] n négresse f
Negro ['niːgrəʊ] adj (gen) noir(e); (music, arts) nègre, noir ▷ n (pl -es) Noir(e)
neigh [neɪ] vi hennir
neighbour, (US) neighbor ['neɪbə'] n voisin(e)
neighbourhood, (US) neighborhood ['neɪbəhud] n (place) quartier m; (people) voisinage m
neighbourhood watch n système de surveillance, assuré par les habitants d'un même quartier
neighbouring, (US) neighboring ['neɪbərɪŋ] adj voisin(e), avoisinant(e)
neighbourly, (US) neighborly ['neɪbəlɪ] adj obligeant(e); (relations) de bon voisinage
neither ['naɪðə'] adj, pron aucun(e) (des deux), ni l'un(e) ni l'autre ▷ conj: ~ do I moi non plus; I didn't move and ~ did Claude je n'ai pas bougé, (et) Claude non plus ▷ adv: ~ good nor bad ni bon ni mauvais; ~ did I refuse (et or mais) je n'ai pas non plus refusé; ~ of them ni l'un ni l'autre
neo... ['niːəʊ] prefix néo-
neolithic [niːəʊ'lɪθɪk] adj néolithique
neologism [nɪ'ɒlədʒɪzəm] n néologisme m
neon ['niːɒn] n néon m
neon light n lampe f au néon
neon sign n enseigne f (lumineuse) au néon
Nepal [nɪ'pɔːl] n Népal m
nephew ['nɛvjuː] n neveu m
nepotism ['nɛpətɪzəm] n népotisme m
nerd [nəːd] n (inf) pauvre mec m, ballot m
nerve [nəːv] n nerf m; (bravery) sang-froid m, courage m; (cheek) aplomb m, toupet m; nerves npl nervosité f; he gets on my ~s il m'énerve; to have a fit of ~s avoir le trac; to lose one's ~ (self-confidence) perdre son sang-froid
nerve centre n (Anat) centre nerveux; (fig) centre névralgique
nerve gas n gaz m neuroplégique
nerve-racking ['nəːvrækɪŋ] adj angoissant(e)
nervous ['nəːvəs] adj nerveux(-euse); (anxious) inquiet(-ète), plein(e) d'appréhension; (timid) intimidé(e)
nervous breakdown n dépression nerveuse
nervously ['nəːvəslɪ] adv nerveusement

nervousness ['nəːvəsnɪs] n nervosité f; inquiétude f, appréhension f
nervous wreck n: to be a ~ être une boule de nerfs
nervy ['nəːvɪ] adj: he's very ~ il a les nerfs à fleur de peau or à vif
nest [nɛst] n nid m ▷ vi (se) nicher, faire son nid; ~ of tables table f gigogne
nest egg n (fig) bas m de laine, magot m
nestle ['nɛsl] vi se blottir
nestling ['nɛstlɪŋ] n oisillon m
Net [nɛt] n (Comput): the ~ (Internet) le Net
net [nɛt] n filet m; (fabric) tulle f ▷ adj net(te) ▷ vt (fish etc) prendre au filet; (money: person) toucher; (: deal, sale) rapporter; ~ of tax net d'impôt; he earns £10,000 ~ per year il gagne 10 000 livres net par an
netball ['nɛtbɔːl] n netball m
net curtains npl voilages mpl
Netherlands ['nɛðələndz] npl: the ~ les Pays-Bas mpl
netiquette ['nɛtɪkɛt] n netiquette f
net profit n bénéfice net
nett [nɛt] adj = net
netting ['nɛtɪŋ] n (for fence etc) treillis m, grillage m; (fabric) voile m
nettle ['nɛtl] n ortie f
network ['nɛtwəːk] n réseau m ▷ vt (Radio, TV) diffuser sur l'ensemble du réseau; (computers) interconnecter; there's no ~ coverage here (Tel) il n'y a pas de réseau ici
neuralgia [njʊə'rældʒə] n névralgie f
neurological [njʊərə'lɒdʒɪkl] adj neurologique
neurosis (pl neuroses) [njʊə'rəʊsɪs, -siːz] n névrose f
neurotic [njʊə'rɒtɪk] adj, n névrosé(e)
neuter ['njuːtə'] adj neutre ▷ n neutre m ▷ vt (cat etc) châtrer, couper
neutral ['njuːtrəl] adj neutre ▷ n (Aut) point mort
neutrality [njuː'trælɪtɪ] n neutralité f
neutralize ['njuːtrəlaɪz] vt neutraliser
neutron bomb ['njuːtrɒn-] n bombe f à neutrons
Nev. abbr (US) = Nevada
never ['nɛvə'] adv (ne ...) jamais; I ~ went je n'y suis pas allé; I've ~ been to Spain je ne suis jamais allé en Espagne; ~ again plus jamais; ~ in my life jamais de ma vie; see also mind
never-ending [nɛvər'ɛndɪŋ] adj interminable
nevertheless [nɛvəðə'lɛs] adv néanmoins, malgré tout
new [njuː] adj nouveau (nouvelle); (brand new) neuf (neuve); as good as ~ comme neuf
New Age n New Age m
newbie ['njuːbɪ] n (beginner) newbie m/f; (on forum) nouveau(-elle)
newborn ['njuːbɔːn] adj nouveau-né(e)
newcomer ['njuːkʌmə'] n nouveau venu (nouvelle venue)
new-fangled ['njuːfæŋgld] adj (pej) ultramoderne (et farfelu(e))
new-found ['njuːfaund] adj de fraîche date;

n

(*friend*) nouveau (nouvelle)
**Newfoundland** ['njuːfənlənd] *n* Terre-Neuve *f*
**New Guinea** *n* Nouvelle-Guinée *f*
**newly** ['njuːlɪ] *adv* nouvellement, récemment
**newly-weds** ['njuːlɪwɛdz] *npl* jeunes mariés *mpl*
**new moon** *n* nouvelle lune
**newness** ['njuːnɪs] *n* nouveauté *f*; (*of fabric, clothes etc*) état neuf
**New Orleans** [-ˈɔːliːənz] *n* la Nouvelle-Orléans
**news** [njuːz] *n* nouvelle(s) *f(pl)*; (*Radio, TV*) informations *fpl*, actualités *fpl*; **a piece of ~** une nouvelle; **good/bad ~** bonne/mauvaise nouvelle; **financial ~** (*Press, Radio, TV*) page financière
**news agency** *n* agence *f* de presse
**newsagent** ['njuːzeɪdʒənt] *n* (*Brit*) marchand *m* de journaux
**news bulletin** *n* (*Radio TV*) bulletin *m* d'informations
**newscaster** ['njuːzkɑːstəʳ] *n* (*Radio, TV*) présentateur(-trice)
**news flash** *n* flash *m* d'information
**newsletter** ['njuːzlɛtəʳ] *n* bulletin *m*
**newspaper** ['njuːzpeɪpəʳ] *n* journal *m*; **daily ~** quotidien *m*; **weekly ~** hebdomadaire *m*
**newsprint** ['njuːzprɪnt] *n* papier *m* (de) journal
**newsreader** ['njuːzriːdəʳ] *n* = **newscaster**
**newsreel** ['njuːzriːl] *n* actualités (filmées)
**newsroom** ['njuːzruːm] *n* (*Press*) salle *f* de rédaction; (*Radio, TV*) studio *m*
**news stand** *n* kiosque *m* à journaux
**newsworthy** ['njuːzwəːðɪ] *adj*: **to be ~** valoir la peine d'être publié
**newt** [njuːt] *n* triton *m*
**new town** *n* (*Brit*) ville nouvelle
**New Year** *n* Nouvel An; **Happy ~!** Bonne Année!; **to wish sb a happy ~** souhaiter la Bonne Année à qn
**New Year's Day** *n* le jour de l'An
**New Year's Eve** *n* la Saint-Sylvestre
**New York** [-ˈjɔːk] *n* New York; (*also:* **New York State**) New York *m*
**New Zealand** [-ˈziːlənd] *n* Nouvelle-Zélande *f*
▷ *adj* néo-zélandais(e)
**New Zealander** [-ˈziːləndəʳ] *n* Néo-Zélandais(e)
**next** [nɛkst] *adj* (*in time*) prochain(e); (*seat, room*) voisin(e), d'à côté; (*meeting, bus stop*) suivant(e)
▷ *adv* la fois suivante; la prochaine fois; (*afterwards*) ensuite; **~ to** (*prep*) à côté de; **~ to nothing** presque rien; **~ time** (*adv*) la prochaine fois; **the ~ day** le lendemain, le jour suivant *or* d'après; **~ week** la semaine prochaine; **the ~ week** la semaine suivante; **~ year** l'année prochaine; **"turn to the ~ page"** "voir page suivante"; **~ please!** (*at doctor's etc*) au suivant!; **who's ~?** c'est à qui?; **the week after ~** dans deux semaines; **when do we meet ~?** quand nous revoyons-nous?
**next door** *adv* à côté ▷ *adj* (*neighbour*) d'à côté
**next-of-kin** ['nɛkstəv'kɪn] *n* parent *m* le plus proche
**NF** *n abbr* (*Brit Pol:* = *National Front*) ≈ FN ▷ *abbr*

(*Canada*) = **Newfoundland**
**NFL** *n abbr* (*US*) = **National Football League**
**Nfld.** *abbr* (*Canada*) = **Newfoundland**
**NG** *abbr* (*US*) = **National Guard**
**NGO** *n abbr* (*US:* = *non-governmental organization*) ONG *f*
**NH** *abbr* (*US*) = **New Hampshire**
**NHL** *n abbr* (*US*) = **National Hockey League**
**NHS** *n abbr* (*Brit*) = **National Health Service**
**NI** *abbr* = **Northern Ireland**; (*Brit*) = **National Insurance**
**Niagara Falls** [naɪˈægərə-] *npl*: **the ~** les chutes *fpl* du Niagara
**nib** [nɪb] *n* (*of pen*) (bec *m* de) plume *f*
**nibble** ['nɪbl] *vt* grignoter
**Nicaragua** [nɪkəˈrægjuə] *n* Nicaragua *m*
**Nicaraguan** [nɪkəˈrægjuən] *adj* nicaraguayen(ne) ▷ *n* Nicaraguayen(ne)
**nice** [naɪs] *adj* (*holiday, trip, taste*) agréable; (*flat, picture*) joli(e); (*person*) gentil(le); (*distinction, point*) subtil(e)
**nice-looking** ['naɪslukɪŋ] *adj* joli(e)
**nicely** ['naɪslɪ] *adv* agréablement; joliment; gentiment; subtilement; **that will do ~** ce sera parfait
**niceties** ['naɪsɪtɪz] *npl* subtilités *fpl*
**niche** [niːʃ] *n* (*Archit*) niche *f*
**nick** [nɪk] *n* (*indentation*) encoche *f*; (*wound*) entaille *f*; (*Brit inf*): **in good ~** en bon état ▷ *vt* (*cut*): **to ~ o.s.** se couper; (*inf: steal*) faucher, piquer; (: *Brit: arrest*) choper, pincer; **in the ~ of time** juste à temps
**nickel** ['nɪkl] *n* nickel *m*; (*US*) pièce *f* de 5 cents
**nickname** ['nɪkneɪm] *n* surnom *m* ▷ *vt* surnommer
**Nicosia** [nɪkəˈsiːə] *n* Nicosie *f*
**nicotine** ['nɪkətiːn] *n* nicotine *f*
**nicotine patch** *n* timbre *m* anti-tabac, patch *m*
**niece** [niːs] *n* nièce *f*
**nifty** ['nɪftɪ] *adj* (*inf: car, jacket*) qui a du chic *or* de la classe; (: *gadget, tool*) astucieux(-euse)
**Niger** ['naɪdʒəʳ] *n* (*country, river*) Niger *m*
**Nigeria** [naɪˈdʒɪərɪə] *n* Nigéria *m or f*
**Nigerian** [naɪˈdʒɪərɪən] *adj* nigérien(ne) ▷ *n* Nigérien(ne)
**niggardly** ['nɪgədlɪ] *adj* (*person*) parcimonieux(-euse), pingre; (*allowance, amount*) misérable
**nigger** ['nɪgəʳ] *n* (*inf!: highly offensive*) nègre (négresse)
**niggle** ['nɪgl] *vt* tracasser ▷ *vi* (*find fault*) trouver toujours à redire; (*fuss*) n'être jamais content(e)
**niggling** ['nɪglɪŋ] *adj* tatillon(ne); (*detail*) insignifiant(e); (*doubt, pain*) persistant(e)
**night** [naɪt] *n* nuit *f*; (*evening*) soir *m*; **at ~** la nuit; **by ~** de nuit; **in the ~**, **during the ~** pendant la nuit; **last ~** (*evening*) hier soir; (*night-time*) la nuit dernière; **the ~ before last** avant-hier soir
**night-bird** ['naɪtbəːd] *n* oiseau *m* nocturne; (*fig*) couche-tard *m inv*, noctambule *m/f*
**nightcap** ['naɪtkæp] *n* boisson prise avant le coucher
**nightclub** *n* boîte *f* de nuit

**nightdress** ['naɪtdrɛs] *n* chemise *f* de nuit
**nightfall** ['naɪtfɔːl] *n* tombée *f* de la nuit
**nightie** ['naɪtɪ] *n* chemise *f* de nuit
**nightingale** ['naɪtɪŋgeɪl] *n* rossignol *m*
**nightlife** ['naɪtlaɪf] *n* vie *f* nocturne
**nightly** ['naɪtlɪ] *adj (news)* du soir; *(by night)*
nocturne ▷ *adv (every evening)* tous les soirs;
*(every night)* toutes les nuits
**nightmare** ['naɪtmɛəʳ] *n* cauchemar *m*
**night porter** *n* gardien *m* de nuit, concierge *m*
de service la nuit
**night safe** *n* coffre *m* de nuit
**night school** *n* cours *mpl* du soir
**nightshade** ['naɪtʃeɪd] *n*: **deadly ~** *(Bot)*
belladone *f*
**night shift** ['naɪtʃɪft] *n* équipe *f* de nuit
**night-time** ['naɪttaɪm] *n* nuit *f*
**night watchman** *(irreg) n* veilleur *m* de nuit;
poste *m* de nuit
**nihilism** ['naɪɪlɪzəm] *n* nihilisme *m*
**nil** [nɪl] *n* rien *m*; *(Brit Sport)* zéro *m*
**Nile** [naɪl] *n*: **the ~** le Nil
**nimble** ['nɪmbl] *adj* agile
**nine** [naɪn] *num* neuf
**nineteen** ['naɪn'tiːn] *num* dix-neuf
**nineteenth** [naɪn'tiːnθ] *num* dix-neuvième
**ninetieth** ['naɪntɪθ] *num* quatre-vingt-dixième
**ninety** ['naɪntɪ] *num* quatre-vingt-dix
**ninth** [naɪnθ] *num* neuvième
**nip** [nɪp] *vt* pincer ▷ *vi (Brit inf)*: **to ~ out/down/**
**up** sortir/descendre/monter en vitesse ▷ *n*
pincement *m*; *(drink)* petit verre; **to ~ into a**
**shop** faire un saut dans un magasin
**nipple** ['nɪpl] *n (Anat)* mamelon *m*, bout *m* du
sein
**nippy** ['nɪpɪ] *adj (Brit: person)* alerte, leste; *(: car)*
nerveux(-euse)
**nit** [nɪt] *n (in hair)* lente *f*; *(inf: idiot)* imbécile *m/f*,
crétin(e)
**nit-pick** ['nɪtpɪk] *vi (inf)* être tatillon(ne)
**nitrogen** ['naɪtrədʒən] *n* azote *m*
**nitroglycerin, nitroglycerine** ['naɪtrəu'glɪsəri-
n] *n* nitroglycérine *f*
**nitty-gritty** ['nɪtɪ'grɪtɪ] *n (fam)*: **to get down to**
**the ~** en venir au fond du problème
**nitwit** ['nɪtwɪt] *n (inf)* nigaud(e)
**NJ** *abbr (US)* = **New Jersey**
**NLF** *n abbr (= National Liberation Front)* FLN *m*
**NLQ** *abbr (= near letter quality)* qualité *f* courrier
**NLRB** *n abbr (US: = National Labor Relations Board)*
*organisme de protection des travailleurs*
**NM, N. Mex.** *abbr (US)* = **New Mexico**

○ KEYWORD

**no** [nəu] *(pl* **noes)** *adv (opposite of "yes")* non; **are**
**you coming? — no (I'm not)** est-ce que vous
venez? — non; **would you like some more? —**
**no thank you** vous en voulez encore? — non
merci
▷ *adj (not any)* (ne ...) pas de, (ne ...) aucun(e); **I**
**have no money/books** je n'ai pas d'argent/de

livres; **no student would have done it** aucun
étudiant ne l'aurait fait; **"no smoking"**
"défense de fumer"; **"no dogs"** "les chiens ne
sont pas admis"
▷ *n* non *m*; **I won't take no for an answer** il
n'est pas question de refuser

**no.** *abbr (= number)* n°
**nobble** ['nɔbl] *vt (Brit inf: bribe: person)* soudoyer,
acheter; *(: person: to speak to)* mettre le grappin
sur; *(Racing: horse, dog)* droguer *(pour l'empêcher de*
*gagner)*
**Nobel prize** [nəu'bɛl-] *n* prix *m* Nobel
**nobility** [nəu'bɪlɪtɪ] *n* noblesse *f*
**noble** ['nəubl] *adj* noble
**nobleman** ['nəublmən] *(irreg) n* noble *m*
**nobly** ['nəublɪ] *adv* noblement
**nobody** ['nəubədɪ] *pron* (ne ...) personne
**no-claims bonus** ['nəukleɪmz-] *n* bonus *m*
**nocturnal** [nɔk'təːnl] *adj* nocturne
**nod** [nɔd] *vi* faire un signe de (la) tête *(affirmatif*
*ou amical)*; *(sleep)* somnoler ▷ *vt*: **to ~ one's head**
faire un signe de (la) tête; *(in agreement)* faire
signe que oui ▷ *n* signe *m* de (la) tête; **they**
**~ded their agreement** ils ont acquiescé d'un
signe de la tête
▷ **nod off** *vi* s'assoupir
**no-fly zone** [nəu'flaɪ-] *n* zone interdite *(aux*
*avions et hélicoptères)*
**noise** [nɔɪz] *n* bruit *m*; **I can't sleep for the ~** je
n'arrive pas à dormir à cause du bruit
**noiseless** ['nɔɪzlɪs] *adj* silencieux(-euse)
**noisily** ['nɔɪzɪlɪ] *adv* bruyamment
**noisy** ['nɔɪzɪ] *adj* bruyant(e)
**nomad** ['nəumæd] *n* nomade *m/f*
**nomadic** [nəu'mædɪk] *adj* nomade
**no man's land** *n* no man's land *m*
**nominal** ['nɔmɪnl] *adj (rent, fee)* symbolique;
*(value)* nominal(e)
**nominate** ['nɔmɪneɪt] *vt (propose)* proposer;
*(appoint)* nommer
**nomination** [nɔmɪ'neɪʃən] *n* nomination *f*
**nominee** [nɔmɪ'niː] *n* candidat agréé; personne
nommée
**non-** [nɔn] *prefix* non-
**nonalcoholic** [nɔnælkə'hɔlɪk] *adj* non
alcoolisé(e)
**nonbreakable** [nɔn'breɪkəbl] *adj* incassable
**nonce word** ['nɔns-] *n* mot créé pour l'occasion
**nonchalant** ['nɔnʃələnt] *adj* nonchalant(e)
**non-commissioned** [nɔnkə'mɪʃənd] *adj*: **~**
**officer** sous-officier *m*
**noncommittal** [nɔnkə'mɪtl] *adj* évasif(-ive)
**nonconformist** [nɔnkən'fɔːmɪst] *n* non-
conformiste *m/f* ▷ *adj* non-conformiste,
dissident(e)
**noncooperation** ['nɔnkəuɔpə'reɪʃən] *n* refus *m*
de coopérer, non-coopération *f*
**nondescript** ['nɔndɪskrɪpt] *adj* quelconque,
indéfinissable
**none** [nʌn] *pron* aucun(e); **~ of you** aucun
d'entre vous, personne parmi vous; **I have ~** je

**n**

n'en ai pas; **I have ~ left** je n'en ai plus; **~ at all** (not one) aucun(e); **how much milk? — ~ at all** combien de lait? — pas du tout; **he's ~ the worse for it** il ne s'en porte pas plus mal

**nonentity** [nɔ'nɛntɪtɪ] n personne insignifiante

**nonessential** [nɔnɪ'sɛnʃl] adj accessoire, superflu(e) ▷ n: **~s** le superflu

**nonetheless** ['nʌnðə'lɛs] adv néanmoins

**nonevent** [nɔnɪ'vɛnt] n événement manqué

**nonexecutive** [nɔnɪg'zɛkjutɪv] adj: **~ director** administrateur(-trice), conseiller(-ère) de direction

**nonexistent** [nɔnɪg'zɪstənt] adj inexistant(e)

**non-fiction** [nɔn'fɪkʃən] n littérature f non romanesque

**nonintervention** ['nɔnɪntə'vɛnʃən] n non-intervention f

**no-no** ['nəunəu] n (inf): **it's a ~** il n'en est pas question

**non obst.** abbr (= non obstante: notwithstanding) nonobstant

**no-nonsense** [nəu'nɔnsəns] adj (manner, person) plein(e) de bon sens

**nonpayment** [nɔn'peɪmənt] n non-paiement m

**nonplussed** [nɔn'plʌst] adj perplexe

**non-profit-making** [nɔn'prɔfɪtmeɪkɪŋ] adj à but non lucratif

**nonsense** ['nɔnsəns] n absurdités fpl, idioties fpl; **~!** ne dites pas d'idioties!; **it is ~ to say that …** il est absurde de dire que ….

**nonsensical** [nɔn'sɛnsɪkl] adj absurde, qui n'a pas de sens

**non-smoker** ['nɔn'sməukə'] n non-fumeur m

**non-smoking** ['nɔn'sməukɪŋ] adj non-fumeur

**nonstarter** [nɔn'stɑːtə'] n: **it`s a ~** c'est voué à l'échec

**non-stick** ['nɔn'stɪk] adj qui n'attache pas

**nonstop** ['nɔn'stɔp] adj direct(e), sans arrêt (or escale) ▷ adv sans arrêt

**nontaxable** [nɔn'tæksəbl] adj: **~ income** revenu m non imposable

**non-U** ['nɔnjuː] adj abbr (Brit inf: = non-upper class) qui ne se dit (or se fait) pas

**nonvolatile** [nɔn'vɔlətaɪl] adj: **~ memory** (Comput) mémoire rémanente or non volatile

**nonvoting** [nɔn'vəutɪŋ] adj: **~ shares** actions fpl sans droit de vote

**non-white** ['nɔn'waɪt] adj de couleur ▷ n personne f de couleur

**noodles** ['nuːdlz] npl nouilles fpl

**nook** [nuk] n: **~s and crannies** recoins mpl

**noon** [nuːn] n midi m

**no-one** ['nəuwʌn] pron = **nobody**

**noose** [nuːs] n nœud coulant; (hangman's) corde f

**nor** [nɔː'] conj = **neither** ▷ adv see **neither**

**norm** [nɔːm] n norme f

**normal** ['nɔːml] adj normal(e) ▷ n: **to return to ~** redevenir normal(e)

**normality** [nɔː'mælɪtɪ] n normalité f

**normally** ['nɔːməlɪ] adv normalement

**Normandy** ['nɔːməndɪ] n Normandie f

**north** [nɔːθ] n nord m ▷ adj nord inv; (wind) du nord ▷ adv au or vers le nord

**North Africa** n Afrique f du Nord

**North African** adj nord-africain(e), d'Afrique du Nord ▷ n Nord-Africain(e)

**North America** n Amérique f du Nord

**North American** n Nord-Américain(e) ▷ adj nord-américain(e), d'Amérique du Nord

**Northants** [nɔː'θænts] abbr (Brit) = **Northamptonshire**

**northbound** ['nɔːθbaund] adj (traffic) en direction du nord; (carriageway) nord inv

**north-east** [nɔːθ'iːst] n nord-est m

**northerly** ['nɔːðəlɪ] adj (wind, direction) du nord

**northern** ['nɔːðən] adj du nord, septentrional(e)

**Northern Ireland** n Irlande f du Nord

**North Korea** n Corée f du Nord

**North Pole** n: **the ~** le pôle Nord

**North Sea** n: **the ~** la mer du Nord

**North Sea oil** n pétrole m de la mer du Nord

**northward** ['nɔːθwəd], **northwards** ['nɔːθwədz] adv vers le nord

**north-west** [nɔːθ'wɛst] n nord-ouest m

**Norway** ['nɔːweɪ] n Norvège f

**Norwegian** [nɔː'wiːdʒən] adj norvégien(ne) ▷ n Norvégien(ne); (Ling) norvégien m

**nos.** abbr (= numbers) n^os

**nose** [nəuz] n nez m; (of dog, cat) museau m; (fig) flair m ▷ vi (also: **nose one's way**) avancer précautionneusement; **to pay through the ~ (for sth)** (inf) payer un prix excessif (pour qch)
▶ **nose about, nose around** vi fouiner or fureter (partout)

**nosebleed** ['nəuzbliːd] n saignement m de nez

**nose-dive** ['nəuzdaɪv] n (descente f en) piqué m

**nose drops** npl gouttes fpl pour le nez

**nosey** ['nəuzɪ] adj (inf) curieux(-euse)

**nostalgia** [nɔs'tældʒɪə] n nostalgie f

**nostalgic** [nɔs'tældʒɪk] adj nostalgique

**nostril** ['nɔstrɪl] n narine f; (of horse) naseau m

**nosy** ['nəuzɪ] (inf) adj = **nosey**

**not** [nɔt] adv (ne …) pas; **he is ~** or **isn't here** il n'est pas ici; **you must ~** or **mustn't do that** tu ne dois pas faire ça; **I hope ~** j'espère que non; **~ at all** pas du tout; (after thanks) de rien; **it's too late, isn't it?** c'est trop tard, n'est-ce pas?; **~ yet/now** pas encore/maintenant; see also **only**

**notable** ['nəutəbl] adj notable

**notably** ['nəutəblɪ] adv (particularly) en particulier; (markedly) spécialement

**notary** ['nəutərɪ] n (also: **notary public**) notaire m

**notation** [nəu'teɪʃən] n notation f

**notch** [nɔtʃ] n encoche f
▶ **notch up** vt (score) marquer; (victory) remporter

**note** [nəut] n note f; (letter) mot m; (banknote) billet m ▷ vt (also: **note down**) noter; (notice) constater; **just a quick ~ to let you know …** juste un mot pour vous dire …; **to take ~s** prendre des notes; **to compare ~s** (fig) échanger des (or leurs etc) impressions; **to take ~ of** prendre note de; **a person of ~** une personne éminente

**notebook** ['nəʊtbʊk] n carnet m; (for shorthand etc) bloc-notes m

**note-case** ['nəʊtkeɪs] n (Brit) porte-feuille m

**noted** ['nəʊtɪd] adj réputé(e)

**notepad** ['nəʊtpæd] n bloc-notes m

**notepaper** ['nəʊtpeɪpəʳ] n papier m à lettres

**noteworthy** ['nəʊtwɜː'ðɪ] adj remarquable

**nothing** ['nʌθɪŋ] n rien m; **he does ~** il ne fait rien; **~ new** rien de nouveau; **for ~** (free) pour rien, gratuitement; (in vain) pour rien; **~ at all** rien du tout; **~ much** pas grand-chose

**notice** ['nəʊtɪs] n (announcement, warning) avis m; (of leaving) congé m; (Brit: review: of play etc) critique f, compte rendu m ▷ vt remarquer, s'apercevoir de; **without ~** sans préavis; **advance ~** préavis m; **to give sb ~ of sth** notifier qn de qch; **at short ~** dans un délai très court; **until further ~** jusqu'à nouvel ordre; **to give ~, hand in one's ~** (employee) donner sa démission, démissionner; **to take ~ of** prêter attention à; **to bring sth to sb's ~** porter qch à la connaissance de qn; **it has come to my ~ that ...** on m'a signalé que ...; **to escape** or **avoid ~** (essayer de) passer inaperçu or ne pas se faire remarquer

**noticeable** ['nəʊtɪsəbl] adj visible

**notice board** n (Brit) panneau m d'affichage

**notification** [nəʊtɪfɪ'keɪʃən] n notification f

**notify** ['nəʊtɪfaɪ] vt: **to ~ sth to sb** notifier qch à qn; **to ~ sb of sth** avertir qn de qch

**notion** ['nəʊʃən] n idée f; (concept) notion f; **notions** npl (US: haberdashery) mercerie f

**notoriety** [nəʊtə'raɪətɪ] n notoriété f

**notorious** [nəʊ'tɔːrɪəs] adj notoire (souvent en mal)

**notoriously** [nəʊ'tɔːrɪəslɪ] adv notoirement

**Notts** [nɔts] abbr (Brit) = **Nottinghamshire**

**notwithstanding** [nɔtwɪθ'stændɪŋ] adv néanmoins ▷ prep en dépit de

**nougat** ['nuːgɑː] n nougat m

**nought** [nɔːt] n zéro m

**noun** [naʊn] n nom m

**nourish** ['nʌrɪʃ] vt nourrir

**nourishing** ['nʌrɪʃɪŋ] adj nourrissant(e)

**nourishment** ['nʌrɪʃmənt] n nourriture f

**Nov.** abbr (= November) nov

**Nova Scotia** ['nəʊvə'skəʊʃə] n Nouvelle-Écosse f

**novel** ['nɔvl] n roman m ▷ adj nouveau (nouvelle), original(e)

**novelist** ['nɔvəlɪst] n romancier m

**novelty** ['nɔvəltɪ] n nouveauté f

**November** [nəʊ'vembəʳ] n novembre m; for phrases see also **July**

**novice** ['nɔvɪs] n novice m/f

**NOW** [naʊ] n abbr (US) = **National Organization for Women**

**now** [naʊ] adv maintenant ▷ conj: **~ (that)** maintenant (que); **right ~** tout de suite; **by ~** à l'heure qu'il est; **just ~** (:): **that's the fashion**

just **~** c'est la mode en ce moment or maintenant; **I saw her just ~** je viens de la voir, je l'ai vue à l'instant; **I'll read it just ~** je vais le lire à l'instant or dès maintenant; **~ and then, ~ and again** de temps en temps; **from ~ on** dorénavant; **in 3 days from ~** dans or d'ici trois jours; **between ~ and Monday** d'ici (à) lundi; **that's all for ~** c'est tout pour l'instant

**nowadays** ['naʊədeɪz] adv de nos jours

**nowhere** ['nəʊwɛəʳ] adv (ne ...) nulle part; **~ else** nulle part ailleurs

**no-win situation** [nəʊ'wɪn-] n impasse f; **we're in a ~** nous sommes dans l'impasse

**noxious** ['nɔkʃəs] adj toxique

**nozzle** ['nɔzl] n (of hose) jet m, lance f; (of vacuum cleaner) suceur m

**NP** n abbr = **notary public**

**nr** abbr (Brit) = **near**

**NS** abbr (Canada) = **Nova Scotia**

**NSC** n abbr (US) = **National Security Council**

**NSF** n abbr (US) = **National Science Foundation**

**NSPCC** n abbr (Brit) = **National Society for the Prevention of Cruelty to Children**

**NSW** abbr (Australia) = **New South Wales**

**NT** n abbr (= New Testament) NT m ▷ abbr (Canada) = **Northwest Territories**

**nth** [ɛnθ] adj: **for the ~ time** (inf) pour la énième fois

**nuance** ['njuːɑːns] n nuance f

**nubile** ['njuːbaɪl] adj nubile; (attractive) jeune et désirable

**nuclear** ['njuːklɪəʳ] adj nucléaire

**nuclear disarmament** n désarmement m nucléaire

**nuclear family** n famille f nucléaire

**nuclear-free zone** ['njuːklɪə'friː-] n zone f où le nucléaire est interdit

**nucleus** (pl **nuclei**) ['njuːklɪəs, 'njuːklɪaɪ] n noyau m

**NUCPS** n abbr (Brit: = National Union of Civil and Public Servants) syndicat des fonctionnaires

**nude** [njuːd] adj nu(e) ▷ n (Art) nu m; **in the ~** (tout(e)) nu(e)

**nudge** [nʌdʒ] vt donner un (petit) coup de coude à

**nudist** ['njuːdɪst] n nudiste m/f

**nudist colony** n colonie f de nudistes

**nudity** ['njuːdɪtɪ] n nudité f

**nugget** ['nʌgɪt] n pépite f

**nuisance** ['njuːsns] n: **it's a ~** c'est (très) ennuyeux or gênant; **he's a ~** il est assommant or casse-pieds; **what a ~!** quelle barbe!

**NUJ** n abbr (Brit: = National Union of Journalists) syndicat des journalistes

**nuke** [njuːk] n (inf) bombe f atomique

**null** [nʌl] adj: **~ and void** nul(le) et non avenu(e)

**nullify** ['nʌlɪfaɪ] vt invalider

**NUM** n abbr (Brit: = National Union of Mineworkers) syndicat des mineurs

**numb** [nʌm] adj engourdi(e); (with fear) paralysé(e) ▷ vt engourdir; **~ with cold** engourdi(e) par le froid, transi(e) (de froid); **~**

**with fear** transi de peur, paralysé(e) par la peur
**number** ['nʌmbə'] n nombre m; (numeral) chiffre
m; (of house, car, telephone, newspaper) numéro m
▷ vt numéroter; (amount to) compter; **a ~ of** un
certain nombre de; **they were seven in ~** ils
étaient (au nombre de) sept; **to be ~ed among**
compter parmi; **the staff ~s 20** le nombre
d'employés s'élève à or est de 20; **wrong ~** (Tel)
mauvais numéro
**numbered account** ['nʌmbəd-] n (in bank)
compte numéroté
**number plate** n (Brit Aut) plaque f
minéralogique or d'immatriculation
**Number Ten** n (Brit: 10 Downing Street) résidence du
Premier ministre
**numbness** ['nʌmnɪs] n torpeur f; (due to cold)
engourdissement m
**numbskull** ['nʌmskʌl] n (inf) gourde f
**numeral** ['nju:mərəl] n chiffre m
**numerate** ['nju:mərɪt] adj (Brit): **to be ~** avoir
des notions d'arithmétique
**numerical** [nju:'mɛrɪkl] adj numérique
**numerous** ['nju:mərəs] adj nombreux(-euse)
**nun** [nʌn] n religieuse f, sœur f
**nunnery** ['nʌnərɪ] n couvent m
**nuptial** ['nʌpʃəl] adj nuptial(e)
**nurse** [nə:s] n infirmière f; (also: **nursemaid**)
bonne f d'enfants ▷ vt (patient, cold) soigner;
(baby: Brit) bercer (dans ses bras); (: US) allaiter,
nourrir; (hope) nourrir
**nursery** ['nə:sərɪ] n (room) nursery f; (institution)
crèche f, garderie f; (for plants) pépinière f
**nursery rhyme** n comptine f, chansonnette f
pour enfants
**nursery school** n école maternelle
**nursery slope** n (Brit Ski) piste f pour débutants
**nursing** ['nə:sɪŋ] n (profession) profession f
d'infirmière; (care) soins mpl ▷ adj (mother) qui
allaite
**nursing home** n clinique f; (for convalescence)
maison f de convalescence or de repos; (for old
people) maison de retraite

**nurture** ['nə:tʃə'] vt élever
**NUS** n abbr (Brit: = National Union of Students)
syndicat des étudiants
**NUT** n abbr (Brit: = National Union of Teachers)
syndicat enseignant
**nut** [nʌt] n (of metal) écrou m; (fruit: walnut) noix f;
(: hazelnut) noisette f; (: peanut) cacahuète f (terme
générique en anglais) ▷ adj (chocolate etc) aux
noisettes; **he's ~s** (inf) il est dingue
**nutcase** ['nʌtkeɪs] n (inf) dingue m/f
**nutcrackers** ['nʌtkrækəz] npl casse-noix m inv,
casse-noisette(s) m
**nutmeg** ['nʌtmɛg] n (noix f) muscade f
**nutrient** ['nju:trɪənt] adj nutritif(-ive) ▷ n
substance nutritive
**nutrition** [nju:'trɪʃən] n nutrition f,
alimentation f
**nutritionist** [nju:'trɪʃənɪst] n nutritionniste m/f
**nutritious** [nju:'trɪʃəs] adj nutritif(-ive),
nourrissant(e)
**nuts** [nʌts] (inf) adj dingue
**nutshell** ['nʌtʃel] n coquille f de noix; **in a ~** en
un mot
**nutter** ['nʌtə'] (Brit: inf) n: **he's a complete ~** il
est complètement cinglé
**nutty** ['nʌtɪ] adj (flavour) à la noisette; (inf: person)
cinglé(e), dingue
**nuzzle** ['nʌzl] vi: **to ~ up to** fourrer son nez
contre
**NV** abbr (US) = **Nevada**
**NVQ** n abbr (Brit) = **National Vocational
Qualification**
**NWT** abbr (Canada) = **Northwest Territories**
**NY** abbr (US) = **New York**
**NYC** abbr (US) = **New York City**
**nylon** ['naɪlɔn] n nylon m ▷ adj de or en nylon;
**nylons** npl bas mpl nylon
**nymph** [nɪmf] n nymphe f
**nymphomaniac** ['nɪmfəu'meɪnɪæk] adj, n
nymphomane f
**NYSE** n abbr (US) = **New York Stock Exchange**
**NZ** abbr = **New Zealand**

# Oo

**O, o** [əu] n (letter) O, o m; (US Scol: = outstanding) tb (= très bien); **O for Oliver**, (US) **O for Oboe** O comme Oscar

**oaf** [əuf] n balourd m

**oak** [əuk] n chêne m ▷ cpd de or en (bois de) chêne

**O&M** n abbr = **organization and method**

**O.A.P.** n abbr (Brit) = **old age pensioner**

**oar** [ɔːʳ] n aviron m, rame f; **to put** or **shove one's ~ in** (fig: inf) mettre son grain de sel

**oarsman** ['ɔːzmən], **oarswoman** ['ɔːzwumən] (irreg) n rameur(-euse); (Naut, Sport) nageur(-euse)

**OAS** n abbr (= Organization of American States) OEA f (= Organisation des États américains)

**oasis** (pl **oases**) [əu'eɪsɪs, əu'eɪsiːz] n oasis f

**oath** [əuθ] n serment m; (swear word) juron m; **to take the ~** prêter serment; **on** (Brit) or **under ~** sous serment; assermenté(e)

**oatmeal** ['əutmiːl] n flocons mpl d'avoine

**oats** [əuts] n avoine f

**OAU** n abbr (= Organization of African Unity) OUA f (= Organisation de l'unité africaine)

**obdurate** ['ɔbdjurɪt] adj obstiné(e), impénitent(e); intraitable

**OBE** n abbr (Brit: = Order of the British Empire) distinction honorifique

**obedience** [ə'biːdɪəns] n obéissance f; **in ~ to** conformément à

**obedient** [ə'biːdɪənt] adj obéissant(e); **to be ~ to sb/sth** obéir à qn/qch

**obelisk** ['ɔbɪlɪsk] n obélisque m

**obese** [əu'biːs] adj obèse

**obesity** [əu'biːsɪtɪ] n obésité f

**obey** [ə'beɪ] vt obéir à; (instructions, regulations) se conformer à ▷ vi obéir

**obituary** [ə'bɪtjuərɪ] n nécrologie f

**object** n ['ɔbdʒɪkt] objet m; (purpose) but m, objet; (Ling) complément m d'objet ▷ vi [əb'dʒɛkt]: **to ~ to** (attitude) désapprouver; (proposal) protester contre, élever une objection contre; **I ~!** je proteste!; **he ~ed that ...** il a fait valoir or a objecté que ...; **do you ~ to my smoking?** est-ce que cela vous gêne si je fume?; **what's the ~ of doing that?** quel est l'intérêt de faire cela?; **money is no ~** l'argent n'est pas un problème

**objection** [əb'dʒɛkʃən] n objection f; (drawback) inconvénient m; **if you have no ~** si vous n'y voyez pas d'inconvénient; **to make** or **raise an ~** élever une objection

**objectionable** [əb'dʒɛkʃənəbl] adj très désagréable; choquant(e)

**objective** [əb'dʒɛktɪv] n objectif m ▷ adj objectif(-ive)

**objectivity** [ɔbdʒɪk'tɪvɪtɪ] n objectivité f

**object lesson** n (fig) (bonne) illustration

**objector** [əb'dʒɛktəʳ] n opposant(e)

**obligation** [ɔblɪ'geɪʃən] n obligation f, devoir m; (debt) dette f (de reconnaissance); **"without ~"** "sans engagement"

**obligatory** [ə'blɪgətərɪ] adj obligatoire

**oblige** [ə'blaɪdʒ] vt (force): **to ~ sb to do** obliger or forcer qn à faire; (do a favour) rendre service à, obliger; **to be ~d to sb for sth** être obligé(e) à qn de qch; **anything to ~!** (inf) (toujours prêt à rendre) service!

**obliging** [ə'blaɪdʒɪŋ] adj obligeant(e), serviable

**oblique** [ə'bliːk] adj oblique; (allusion) indirect(e) ▷ n (Brit Typ): **~ (stroke)** barre f oblique

**obliterate** [ə'blɪtəreɪt] vt effacer

**oblivion** [ə'blɪvɪən] n oubli m

**oblivious** [ə'blɪvɪəs] adj: **~ of** oublieux(-euse) de

**oblong** ['ɔblɔŋ] adj oblong(ue) ▷ n rectangle m

**obnoxious** [əb'nɔkʃəs] adj odieux(-euse); (smell) nauséabond(e)

**o.b.o.** abbr (US) = **or best offer;** (in classified ads) ≈ à débattre

**oboe** ['əubəu] n hautbois m

**obscene** [əb'siːn] adj obscène

**obscenity** [əb'sɛnɪtɪ] n obscénité f

**obscure** [əb'skjuəʳ] adj obscur(e) ▷ vt obscurcir; (hide: sun) cacher

**obscurity** [əb'skjuərɪtɪ] n obscurité f

**obsequious** [əb'siːkwɪəs] adj obséquieux(-euse)

**observable** [əb'zəːvəbl] adj observable; (appreciable) notable

**observance** [əb'zəːvns] n observance f, observation f; **religious ~s** observances religieuses

**observant** [əb'zəːvnt] adj observateur(-trice)

**observation** [ɔbzə'veɪʃən] n observation f; (by police etc) surveillance f

**observation post** n (Mil) poste m d'observation
**observatory** [əb'zɜːvətrɪ] n observatoire m
**observe** [əb'zɜːv] vt observer; (remark) faire observer or remarquer
**observer** [əb'zɜːvəʳ] n observateur(-trice)
**obsess** [əb'sɛs] vt obséder; **to be ~ed by** or **with sb/sth** être obsédé(e) par qn/qch
**obsession** [əb'sɛʃən] n obsession f
**obsessive** [əb'sɛsɪv] adj obsédant(e)
**obsolescence** [ɔbsə'lɛsns] n vieillissement m; obsolescence f; **built-in** or **planned** ~ (Comm) désuétude calculée
**obsolescent** [ɔbsə'lɛsnt] adj obsolescent(e), en voie d'être périmé(e)
**obsolete** ['ɔbsəliːt] adj dépassé(e), périmé(e)
**obstacle** ['ɔbstəkl] n obstacle m
**obstacle race** n course f d'obstacles
**obstetrician** [ɔbstə'trɪʃən] n obstétricien(ne)
**obstetrics** [ɔb'stɛtrɪks] n obstétrique f
**obstinacy** ['ɔbstɪnəsɪ] n obstination f
**obstinate** ['ɔbstɪnɪt] adj obstiné(e); (pain, cold) persistant(e)
**obstreperous** [əb'strɛpərəs] adj turbulent(e)
**obstruct** [əb'strʌkt] vt (block) boucher, obstruer; (halt) arrêter; (hinder) entraver
**obstruction** [əb'strʌkʃən] n obstruction f; (to plan, progress) obstacle m
**obstructive** [əb'strʌktɪv] adj obstructionniste
**obtain** [əb'teɪn] vt obtenir ▷ vi avoir cours
**obtainable** [əb'teɪnəbl] adj qu'on peut obtenir
**obtrusive** [əb'truːsɪv] adj (person) importun(e); (smell) pénétrant(e); (building etc) trop en évidence
**obtuse** [əb'tjuːs] adj obtus(e)
**obverse** ['ɔbvɜːs] n (of medal, coin) côté m face; (fig) contrepartie f
**obviate** ['ɔbvɪeɪt] vt parer à, obvier à
**obvious** ['ɔbvɪəs] adj évident(e), manifeste
**obviously** ['ɔbvɪəslɪ] adv manifestement; (of course): ~, **he** ... or **he** ~ ... il est bien évident qu'il ...; ~! bien sûr!; ~ **not!** évidemment pas!, bien sûr que non!
**OCAS** n abbr (= Organization of Central American States) ODEAC f (= Organisation des États d'Amérique centrale)
**occasion** [ə'keɪʒən] n occasion f; (event) événement m ▷ vt occasionner, causer; **on that** ~ à cette occasion; **to rise to the** ~ se montrer à la hauteur de la situation
**occasional** [ə'keɪʒənl] adj pris(e) (or fait(e) etc) de temps en temps; (worker, spending) occasionnel(le)
**occasionally** [ə'keɪʒənəlɪ] adv de temps en temps, quelquefois; **very** ~ (assez) rarement
**occasional table** n table décorative
**occult** [ɔ'kʌlt] adj occulte ▷ n: **the** ~ le surnaturel
**occupancy** ['ɔkjupənsɪ] n occupation f
**occupant** ['ɔkjupənt] n occupant m
**occupation** [ɔkju'peɪʃən] n occupation f; (job) métier m, profession f; **unfit for** ~ (house) impropre à l'habitation

**occupational** [ɔkju'peɪʃənl] adj (accident, disease) du travail; (hazard) du métier
**occupational guidance** n (Brit) orientation professionnelle
**occupational hazard** n risque m du métier
**occupational pension** n retraite professionnelle
**occupational therapy** n ergothérapie f
**occupier** ['ɔkjupaɪəʳ] n occupant(e)
**occupy** ['ɔkjupaɪ] vt occuper; **to ~ o.s. with** or **by doing** s'occuper à faire; **to be occupied with sth** être occupé avec qch
**occur** [ə'kəːʳ] vi se produire; (difficulty, opportunity) se présenter; (phenomenon, error) se rencontrer; **to ~ to sb** venir à l'esprit de qn
**occurrence** [ə'kʌrəns] n (existence) présence f, existence f; (event) cas m, fait m
**ocean** ['əuʃən] n océan m; **~s of** (inf) des masses de
**ocean bed** n fond (sous-)marin
**ocean-going** ['əuʃəngəuɪŋ] adj de haute mer
**Oceania** [əuʃɪ'eɪnɪə] n Océanie f
**ocean liner** n paquebot m
**ochre** ['əukəʳ] adj ocre
**o'clock** [ə'klɔk] adv: **it is 5 o'clock** il est 5 heures
**OCR** n abbr = **optical character reader**; **optical character recognition**
**Oct.** abbr (= October) oct
**octagonal** [ɔk'tægənl] adj octogonal(e)
**octane** ['ɔkteɪn] n octane m; **high-~ petrol** or (US) **gas** essence f à indice d'octane élevé
**octave** ['ɔktɪv] n octave f
**October** [ɔk'təubəʳ] n octobre m; for phrases see also **July**
**octogenarian** ['ɔktəudʒɪ'nɛərɪən] n octogénaire m/f
**octopus** ['ɔktəpəs] n pieuvre f
**odd** [ɔd] adj (strange) bizarre, curieux(-euse); (number) impair(e); (left over) qui reste, en plus; (not of a set) dépareillé(e); **60-~** 60 et quelques; **at ~ times** de temps en temps; **the ~ one out** l'exception f
**oddball** ['ɔdbɔːl] n (inf) excentrique m/f
**oddity** ['ɔdɪtɪ] n bizarrerie f; (person) excentrique m/f
**odd-job man** [ɔd'dʒɔb-] (irreg) n homme m à tout faire
**odd jobs** npl petits travaux divers
**oddly** ['ɔdlɪ] adv bizarrement, curieusement
**oddments** ['ɔdmənts] npl (Brit Comm) fins fpl de série
**odds** [ɔdz] npl (in betting) cote f; **the ~ are against his coming** il y a peu de chances qu'il vienne; **it makes no ~** cela n'a pas d'importance; **to succeed against all the ~** réussir contre toute attente; **~ and ends** de petites choses; **at ~** en désaccord
**odds-on** [ɔdz'ɔn] adj: **the ~ favourite** le grand favori; **it's ~ that he'll come** il y a toutes les chances or gros à parier qu'il vienne
**ode** [əud] n ode f
**odious** ['əudɪəs] adj odieux(-euse), détestable

**odometer** [ɔ'dɔmɪtə<sup>r</sup>] *n* (US) odomètre *m*
**odour**, (US) **odor** ['əudə<sup>r</sup>] *n* odeur *f*
**odourless**, (US) **odorless** ['əudəlɪs] *adj* inodore
**OECD** *n abbr* (= Organization for Economic Cooperation and Development) OCDE *f* (= Organisation de coopération et de développement économique)
**oesophagus**, (US) **esophagus** [i:'sɔfəgəs] *n* œsophage *m*
**oestrogen**, (US) **estrogen** ['i:strəudʒən] *n* œstrogène *m*

Ⓞ **KEYWORD**

**of** [ɔv, əv] *prep* **1** (*gen*) de; **a friend of ours** un de nos amis; **a boy of 10** un garçon de 10 ans; **that was kind of you** c'était gentil de votre part
**2** (*expressing quantity, amount, dates etc*) de; **a kilo of flour** un kilo de farine; **how much of this do you need?** combien vous en faut-il?; **there were three of them** (*people*) ils étaient 3; (*objects*) il y en avait 3; **three of us went** 3 d'entre nous y sont allé(e)s; **the 5th of July** le 5 juillet; **a quarter of 4** (US) 4 heures moins le quart
**3** (*from, out of*) en, de; **a statue of marble** une statue de *or* en marbre; **made of wood** (fait) en bois

**Ofcom** ['ɔfkɔm] *n abbr* (Brit: = Office of Communications Regulation) organe de régulation de télécommunications
**off** [ɔf] *adj, adv* (*engine*) coupé(e); (*light, TV*) éteint(e); (*tap*) fermé(e); (Brit: *food*) mauvais(e), avancé(e); (: *milk*) tourné(e); (*absent*) absent(e); (*cancelled*) annulé(e); (*removed*): **the lid was** ~ le couvercle était retiré *or* n'était pas mis; (*away*): **to run/drive** ~ partir en courant/en voiture ⊳ *prep* de; **to be** ~ (*to leave*) partir, s'en aller; **I must be** ~ il faut que je file; **to be** ~ **sick** être absent pour cause de maladie; **a day** ~ un jour de congé; **to have an** ~ **day** n'être pas en forme; **he had his coat** ~ il avait enlevé son manteau; **the hook is** ~ le crochet s'est détaché; le crochet n'est pas mis; **10%** ~ (*Comm*) 10% de rabais; **5 km** ~ (**the road**) à 5 km (de la route); ~ **the coast** au large de la côte; **a house** ~ **the main road** une maison à l'écart de la grand-route; **it's a long way** ~ c'est loin (d'ici); **I'm** ~ **meat** je ne mange plus de viande; je n'aime plus la viande; **on the** ~ **chance** à tout hasard; **to be well/badly** ~ être bien/mal loti; (*financially*) être aisé/dans la gêne; ~ **and on, on and** ~ de temps à autre; **I'm afraid the chicken is** ~ (Brit: *not available*) je regrette, il n'y a plus de poulet; **that's a bit** ~ (*fig: inf*) c'est un peu fort
**offal** ['ɔfl] *n* (*Culin*) abats *mpl*
**offbeat** ['ɔfbi:t] *adj* excentrique
**off-centre** [ɔf'sɛntə<sup>r</sup>] *adj* décentré(e), excentré(e)
**off-colour** ['ɔf'kʌlə<sup>r</sup>] *adj* (Brit: *ill*) malade, mal fichu(e); **to feel** ~ être mal fichu
**offence**, (US) **offense** [ə'fɛns] *n* (*crime*) délit *m*,

infraction *f*; **to give** ~ **to** blesser, offenser; **to take** ~ **at** se vexer de, s'offenser de; **to commit an** ~ commettre une infraction
**offend** [ə'fɛnd] *vt* (*person*) offenser, blesser ⊳ *vi*: **to** ~ **against** (*law, rule*) contrevenir à, enfreindre
**offender** [ə'fɛndə<sup>r</sup>] *n* délinquant(e); (*against regulations*) contrevenant(e)
**offending** [ə'fɛndɪŋ] *adj* incriminé(e)
**offense** [ə'fɛns] *n* (US) = **offence**
**offensive** [ə'fɛnsɪv] *adj* offensant(e), choquant(e); (*smell etc*) très déplaisant(e); (*weapon*) offensif(-ive) ⊳ *n* (*Mil*) offensive *f*
**offer** ['ɔfə<sup>r</sup>] *n* offre *f*, proposition *f* ⊳ *vt* offrir, proposer; **to make an** ~ **for sth** faire une offre pour qch; **to** ~ **sth to sb**, ~ **sb sth** offrir qch à qn; **to** ~ **to do sth** proposer de faire qch; **"on** ~**"** (*Comm*) "en promotion"
**offering** ['ɔfərɪŋ] *n* offrande *f*
**offhand** [ɔf'hænd] *adj* désinvolte ⊳ *adv* spontanément; **I can't tell you** ~ je ne peux pas vous le dire comme ça
**office** ['ɔfɪs] *n* (*place*) bureau *m*; (*position*) charge *f*, fonction *f*; **doctor's** ~ (US) cabinet (médical); **to take** ~ entrer en fonctions; **through his good** ~**s** (*fig*) grâce à ses bons offices; **O**~ **of Fair Trading** (Brit) organisme de protection contre les pratiques commerciales abusives
**office automation** *n* bureautique *f*
**office bearer** *n* (*of club etc*) membre *m* du bureau
**office block**, (US) **office building** *n* immeuble *m* de bureaux
**office boy** *n* garçon *m* de bureau
**office hours** *npl* heures *fpl* de bureau; (*US Med*) heures de consultation
**office manager** *n* responsable administratif(-ive)
**officer** ['ɔfɪsə<sup>r</sup>] *n* (*Mil etc*) officier *m*; (*also:* **police officer**) agent *m* (de police); (*of organization*) membre *m* du bureau directeur
**office work** *n* travail *m* de bureau
**office worker** *n* employé(e) de bureau
**official** [ə'fɪʃl] *adj* (*authorized*) officiel(le) ⊳ *n* officiel *m*; (*civil servant*) fonctionnaire *m/f*; (*of railways, post office, town hall*) employé(e)
**officialdom** [ə'fɪʃldəm] *n* bureaucratie *f*
**officially** [ə'fɪʃəlɪ] *adv* officiellement
**official receiver** *n* administrateur *m* judiciaire, syndic *m* de faillite
**officiate** [ə'fɪʃɪeɪt] *vi* (*Rel*) officier; **to** ~ **as Mayor** exercer les fonctions de maire; **to** ~ **at a marriage** célébrer un mariage
**officious** [ə'fɪʃəs] *adj* trop empressé(e)
**offing** ['ɔfɪŋ] *n*: **in the** ~ (*fig*) en perspective
**off-key** [ɔf'ki:] *adj* faux (fausse) ⊳ *adv* faux
**off-licence** ['ɔflaɪsns] *n* (Brit: *shop*) débit *m* de vins et de spiritueux
**off-limits** [ɔf'lɪmɪts] *adj* (*esp US*) dont l'accès est interdit
**off-line** [ɔf'laɪn] *adj* (*Comput*) (en mode) autonome; (: *switched off*) non connecté(e)
**off-load** ['ɔfləud] *vt*: **to** ~ **sth** (**onto**) (*goods*) décharger qch (sur); (*job*) se décharger de qch

Ⓞ

(sur)

**off-peak** [ɔf'piːk] *adj* aux heures creuses; (*electricity, ticket*) au tarif heures creuses

**off-putting** ['ɔfputɪŋ] *adj* (*Brit: remark*) rébarbatif(-ive); (*person*) rebutant(e), peu engageant(e)

**off-road vehicle** ['ɔfrəud-] *n* véhicule *m* tout-terrain

**off-season** ['ɔf'siːzn] *adj, adv* hors-saison *inv*

**offset** ['ɔfsɛt] *vt* (*irreg: like* **set**); (*counteract*) contrebalancer, compenser ▷ *n* (*also:* **offset printing**) offset *m*

**offshoot** ['ɔfʃuːt] *n* (*fig*) ramification *f*, antenne *f*; (: *of discussion etc*) conséquence *f*

**offshore** [ɔf'ʃɔːʳ] *adj* (*breeze*) de terre; (*island*) proche du littoral; (*fishing*) côtier(-ière); **~ oilfield** gisement *m* pétrolifère en mer

**offside** ['ɔf'saɪd] *n* (*Aut: with right-hand drive*) côté droit; (: *with left-hand drive*) côté gauche ▷ *adj* (*Sport*) hors jeu; (*Aut: in Britain*) de droite; (: *in US, Europe*) de gauche

**offspring** ['ɔfsprɪŋ] *n* progéniture *f*

**offstage** [ɔf'steɪdʒ] *adv* dans les coulisses

**off-the-cuff** [ɔfðə'kʌf] *adv* au pied levé; de chic

**off-the-job** ['ɔfðə'dʒɔb] *adj*: **~ training** formation professionnelle extérieure

**off-the-peg** ['ɔfðə'pɛg], (*US*) **off-the-rack** ['ɔfðə'ræk] *adv* en prêt-à-porter

**off-the-record** ['ɔfðə'rɛkɔːd] *adj* (*remark*) confidentiel(le), sans caractère officiel ▷ *adv* officieusement

**off-white** ['ɔfwaɪt] *adj* blanc cassé *inv*

**often** ['ɔfn] *adv* souvent; **how ~ do you go?** vous y allez tous les combien?; **every so ~** de temps en temps, de temps à autre; **as ~ as not** la plupart du temps

**Ofwat** ['ɔfwɔt] *n abbr* (*Brit:* = *Office of Water Services*) *organisme qui surveille les activités des compagnies des eaux*

**ogle** ['əugl] *vt* lorgner

**ogre** ['əugəʳ] *n* ogre *m*

**OH** *abbr* (*US*) = **Ohio**

**oh** [əu] *excl* ô!, oh!, ah!

**OHMS** *abbr* (*Brit*) = **On His (or Her) Majesty's Service**

**oil** [ɔɪl] *n* huile *f*; (*petroleum*) pétrole *m*; (*for central heating*) mazout *m* ▷ *vt* (*machine*) graisser

**oilcan** ['ɔɪlkæn] *n* burette *f* de graissage; (*for storing*) bidon *m* à huile

**oil change** *n* vidange *f*

**oilfield** ['ɔɪlfiːld] *n* gisement *m* de pétrole

**oil filter** *n* (*Aut*) filtre *m* à huile

**oil-fired** ['ɔɪlfaɪəd] *adj* au mazout

**oil gauge** *n* jauge *f* de niveau d'huile

**oil industry** *n* industrie pétrolière

**oil level** *n* niveau *m* d'huile

**oil painting** *n* peinture *f* à l'huile

**oil refinery** *n* raffinerie *f* de pétrole

**oil rig** *n* derrick *m*; (*at sea*) plate-forme pétrolière

**oilskins** ['ɔɪlskɪnz] *npl* ciré *m*

**oil slick** *n* nappe *f* de mazout

**oil tanker** *n* (*ship*) pétrolier *m*; (*truck*) camion-citerne *m*

**oil well** *n* puits *m* de pétrole

**oily** ['ɔɪlɪ] *adj* huileux(-euse); (*food*) gras(se)

**ointment** ['ɔɪntmənt] *n* onguent *m*

**OK** *abbr* (*US*) = **Oklahoma**

**O.K., okay** ['əu'keɪ] (*inf*) *excl* d'accord! ▷ *vt* approuver, donner son accord à ▷ *n*: **to give sth one's O.K.** donner son accord à qch ▷ *adj* (*not bad*) pas mal, en règle; en bon état; sain et sauf; acceptable; **is it O.K.?, are you O.K.?** ça va?; **are you O.K. for money?** ça va *or* ira question argent?; **it's O.K. with** *or* **by me** ça me va, c'est d'accord en ce qui me concerne

**Okla.** *abbr* (*US*) = **Oklahoma**

**old** [əuld] *adj* vieux (vieille); (*person*) vieux, âgé(e); (*former*) ancien(ne), vieux; **how ~ are you?** quel âge avez-vous?; **he's 10 years ~** il a 10 ans, il est âgé de 10 ans; **to give sth/sister** frère/sœur aîné(e); **any ~ thing will do** n'importe quoi fera l'affaire

**old age** *n* vieillesse *f*

**old-age pensioner** *n* (*Brit*) retraité(e)

**old-fashioned** ['əuld'fæʃnd] *adj* démodé(e); (*person*) vieux jeu *inv*

**old maid** *n* vieille fille

**old people's home** *n* (*esp Brit*) maison *f* de retraite

**old-style** ['əuldstaɪl] *adj* à l'ancienne (mode)

**old-time** ['əuld'taɪm] *adj* du temps jadis, d'autrefois

**old-timer** ['əuld'taɪməʳ] *n* ancien *m*

**old wives' tale** *n* conte *m* de bonne femme

**O-level** ['əulɛvl] *n* (*in England and Wales: formerly*) *examen passé à l'âge de 16 ans sanctionnant les connaissances de l'élève*, ≈ brevet *m* des collèges

**olive** ['ɔlɪv] *n* (*fruit*) olive *f*; (*tree*) olivier *m* ▷ *adj* (*also:* **olive-green**) (vert) olive *inv*

**olive oil** *n* huile *f* d'olive

**Olympic** [əu'lɪmpɪk] *adj* olympique; **the ~ Games, the ~s** les Jeux *mpl* olympiques

**OM** *n abbr* (*Brit:* = *Order of Merit*) titre honorifique

**Oman** [əu'mɑːn] *n* Oman *m*

**OMB** *n abbr* (*US:* = *Office of Management and Budget*) *service conseillant le président en matière budgétaire*

**omelette, omelet** ['ɔmlɪt] *n* omelette *f*; **ham/cheese omelet(te)** omelette au jambon/fromage

**omen** ['əumən] *n* présage *m*

**ominous** ['ɔmɪnəs] *adj* menaçant(e), inquiétant(e); (*event*) de mauvais augure

**omission** [əu'mɪʃən] *n* omission *f*

**omit** [əu'mɪt] *vt* omettre; **to ~ to do sth** négliger de faire qch

**omnivorous** [ɔm'nɪvrəs] *adj* omnivore

**ON** *abbr* (*Canada*) = **Ontario**

⬤ KEYWORD

**on** [ɔn] *prep* **1** (*indicating position*) sur; **on the table** sur la table; **on the wall** sur le *or* au mur; **on the left** à gauche; **I haven't any money on me** je n'ai pas d'argent sur moi

**2** (*indicating means, method, condition etc*): **on foot** à pied; **on the train/plane** (*be*) dans le train/l'avion; (*go*) en train/avion; **on the telephone/radio/television** au téléphone/à la radio/à la télévision; **to be on drugs** se droguer; **on holiday** (*Brit*): **on vacation** (*US*) en vacances; **on the continent** sur le continent
**3** (*referring to time*): **on Friday** vendredi; **on Fridays** le vendredi; **on June 20th** le 20 juin; **a week on Friday** vendredi en huit; **on arrival** à l'arrivée; **on seeing this** en voyant cela
**4** (*about, concerning*) sur, de; **a book on Balzac/physics** un livre sur Balzac/de physique
**5** (*at the expense of*): **this round is on me** c'est ma tournée
▷ *adv* **1** (*referring to dress*): **to have one's coat on** avoir (mis) son manteau; **to put one's coat on** mettre son manteau; **what's she got on?** qu'est-ce qu'elle porte?
**2** (*referring to covering*): **screw the lid on tightly** vissez bien le couvercle
**3** (*further, continuously*): **to walk** *etc* **on** continuer à marcher *etc*; **on and off** de temps à autre; **from that day on** depuis ce jour
▷ *adj* **1** (*in operation: machine*) en marche; (: *radio, TV, light*) allumé(e); (: *tap, gas*) ouvert(e); (: *brakes*) mis(e); **is the meeting still on?** (*not cancelled*) est-ce que la réunion a bien lieu?; **it was well on in the evening** c'était tard dans la soirée; **when is this film on?** quand passe ce film?
**2** (*inf*): **that's not on!** (*not acceptable*) cela ne se fait pas!; (*not possible*) pas question!

**ONC** *n abbr* (*Brit*: = *Ordinary National Certificate*) ≈ BT *m*
**once** [wʌns] *adv* une fois; (*formerly*) autrefois
▷ *conj* une fois que + *sub*; **~ he had left/it was done** une fois qu'il fut parti/ que ce fut terminé; **at ~** tout de suite, immédiatement; (*simultaneously*) à la fois; **all at ~** (*adv*) tout d'un coup; **~ a week** une fois par semaine; **~ more** encore une fois; **I knew him ~** je l'ai connu autrefois; **~ and for all** une fois pour toutes; **~ upon a time there was …** il y avait une fois …, il était une fois …
**oncoming** [ˈɒnkʌmɪŋ] *adj* (*traffic*) venant en sens inverse
**OND** *n abbr* (*Brit*: = *Ordinary National Diploma*) ≈ BTS *m*

⭕ **KEYWORD**

**one** [wʌn] *num* un(e); **one hundred and fifty** cent cinquante; **one by one** un(e) à *or* par un(e); **one day** un jour
▷ *adj* **1** (*sole*) seul(e), unique; **the one book which** l'unique *or* le seul livre qui; **the one man who** le seul (homme) qui
**2** (*same*) même; **they came in the one car** ils sont venus dans la même voiture
▷ *pron* **1**: **this one** celui-ci (celle-ci); **that one** celui-là (celle-là); **I've already got one/a red**

one j'en ai déjà un(e)/un(e) rouge; **which one do you want?** lequel voulez-vous?
**2**: **one another** l'un(e) l'autre; **to look at one another** se regarder
**3** (*impersonal*) on; **one never knows** on ne sait jamais; **to cut one's finger** se couper le doigt; **one needs to eat** il faut manger
**4** (*phrases*): **to be one up on sb** avoir l'avantage sur qn; **to be at one (with sb)** être d'accord (avec qn)

**one-armed bandit** [ˈwʌnɑːmd-] *n* machine *f* à sous
**one-day excursion** [ˈwʌndeɪ-] *n* (*US*) billet *m* d'aller-retour (valable pour la journée)
**One-hundred share index** [ˈwʌnhʌndrəd-] *n* indice *m* Footsie des cent grandes valeurs
**one-man** [ˈwʌnˈmæn] *adj* (*business*) dirigé(e) *etc* par un seul homme
**one-man band** *n* homme-orchestre *m*
**one-off** [wʌnˈɔf] *n* (*Brit inf*) exemplaire *m* unique
▷ *adj* unique
**one-parent family** [ˈwʌnpɛərənt-] *n* famille monoparentale
**one-piece** [ˈwʌnpiːs] *adj*: **~ bathing suit** maillot *m* une pièce
**onerous** [ˈɔnərəs] *adj* (*task, duty*) pénible; (*responsibility*) lourd(e)
**oneself** [wʌnˈsɛlf] *pron* se; (*after prep, also emphatic*) soi-même; **to hurt ~** se faire mal; **to keep sth for ~** garder qch pour soi; **to talk to ~** se parler à soi-même; **by ~** tout seul
**one-shot** [wʌnˈʃɔt] (*US*) *n* = **one-off**
**one-sided** [wʌnˈsaɪdɪd] *adj* (*argument, decision*) unilatéral(e); (*judgment, account*) partial(e); (*contest*) inégal(e)
**one-time** [ˈwʌntaɪm] *adj* d'autrefois
**one-to-one** [ˈwʌntəwʌn] *adj* (*relationship*) univoque
**one-upmanship** [wʌnˈʌpmənʃɪp] *n*: **the art of ~** l'art de faire mieux que les autres
**one-way** [ˈwʌnweɪ] *adj* (*street, traffic*) à sens unique
**ongoing** [ˈɒngəuɪŋ] *adj* en cours; (*relationship*) suivi(e)
**onion** [ˈʌnjən] *n* oignon *m*
**on-line** [ˈɒnlaɪn] *adj* (*Comput*) en ligne; (: *switched on*) connecté(e)
**onlooker** [ˈɒnlukəʳ] *n* spectateur(-trice)
**only** [ˈəunlɪ] *adv* seulement ▷ *adj* seul(e), unique
▷ *conj* seulement, mais; **an ~ child** un enfant unique; **not ~ … but also** non seulement … mais aussi; **I ~ took one** j'en ai seulement pris un, je n'en ai pris qu'un; **I saw her ~ yesterday** je l'ai vue hier encore; **I'd be ~ too pleased to help** je ne serais que trop content de vous aider; **I would come, ~ I'm very busy** je viendrais bien mais j'ai beaucoup à faire
**ono** *abbr* (*Brit*) = **or nearest offer**; (*in classified ads*) ≈ à débattre
**on-screen** [ɔnˈskriːn] *adj* à l'écran
**onset** [ˈɒnsɛt] *n* début *m*; (*of winter, old age*)

**O**

approche *f*

**onshore** ['ɔnʃɔːʳ] *adj* (*wind*) du large

**onslaught** ['ɔnslɔːt] *n* attaque *f*, assaut *m*

**Ont.** *abbr* (*Canada*) = **Ontario**

**on-the-job** ['ɔnðə'dʒɔb] *adj*: ~ **training** formation *f* sur place

**onto** ['ɔntu] *prep* = **on to**

**onus** ['əunəs] *n* responsabilité *f*; **the ~ is upon him to prove it** c'est à lui de le prouver

**onward** ['ɔnwəd], **onwards** ['ɔnwədz] *adv* (*move*) en avant; **from that time ~s** à partir de ce moment

**oops** [ups] *excl* houp!; **~-a-daisy!** houp-là!

**ooze** [uːz] *vi* suinter

**opacity** [əu'pæsɪtɪ] *n* opacité *f*

**opal** ['əupl] *n* opale *f*

**opaque** [əu'peɪk] *adj* opaque

**OPEC** ['əupɛk] *n abbr* (= *Organization of Petroleum-Exporting Countries*) OPEP *f*

**open** ['əupn] *adj* ouvert(e); (*car*) découvert(e); (*road, view*) dégagé(e); (*meeting*) public(-ique); (*admiration*) manifeste; (*question*) non résolu(e); (*enemy*) déclaré(e) ▷ *vt* ouvrir ▷ *vi* (*flower, eyes, door, debate*) s'ouvrir; (*shop, bank, museum*) ouvrir; (*book etc: commence*) commencer, débuter; **is it ~ to public?** est-ce ouvert au public?; **what time do you ~?** à quelle heure ouvrez-vous?; **in the ~ (air)** en plein air; **the ~ sea** le large; **~ ground** (*among trees*) clairière *f*; (*waste ground*) terrain *m* vague; **to have an ~ mind (on sth)** avoir l'esprit ouvert (sur qch)

▶ **open on to** *vt fus* (*room, door*) donner sur

▶ **open out** *vt* ouvrir ▷ *vi* s'ouvrir

▶ **open up** *vt* ouvrir; (*blocked road*) dégager ▷ *vi* s'ouvrir

**open-air** [əupn'ɛəʳ] *adj* en plein air

**open-and-shut** ['əupnən'ʃʌt] *adj*: ~ **case** cas *m* limpide

**open day** *n* journée *f* portes ouvertes

**open-ended** [əupn'ɛndɪd] *adj* (*fig*) non limité(e)

**opener** ['əupnəʳ] *n* (*also*: **can opener, tin opener**) ouvre-boîtes *m*

**open-heart surgery** [əupn'hɑːt-] *n* chirurgie *f* à cœur ouvert

**opening** ['əupnɪŋ] *n* ouverture *f*; (*opportunity*) occasion *f*; (*work*) débouché *m*; (*job*) poste vacant

**opening hours** *npl* heures *fpl* d'ouverture

**opening night** *n* (*Theat*) première *f*

**open learning** *n* enseignement universitaire à la carte, notamment par correspondance; (*distance learning*) télé-enseignement *m*

**open learning centre** *n* centre ouvert à tous où l'on dispense un enseignement général à temps partiel

**openly** ['əupnlɪ] *adv* ouvertement

**open-minded** [əupn'maɪndɪd] *adj* à l'esprit ouvert

**open-necked** ['əupnnɛkt] *adj* à col ouvert

**openness** ['əupnnɪs] *n* (*frankness*) franchise *f*

**open-plan** ['əupn'plæn] *adj* sans cloisons

**open prison** *n* prison ouverte

**open sandwich** *n* canapé *m*

**open shop** *n* entreprise qui admet les travailleurs non syndiqués

**Open University** *n* (*Brit*) cours universitaires par correspondance

**opera** ['ɔpərə] *n* opéra *m*

**opera glasses** *npl* jumelles *fpl* de théâtre

**opera house** *n* opéra *m*

**opera singer** *n* chanteur(-euse) d'opéra

**operate** ['ɔpəreɪt] *vt* (*machine*) faire marcher, faire fonctionner; (*system*) pratiquer ▷ *vi* fonctionner; (*drug*) faire effet; **to ~ on sb (for)** (*Med*) opérer qn (de)

**operatic** [ɔpə'rætɪk] *adj* d'opéra

**operating** ['ɔpəreɪtɪŋ] *adj* (*Comm: costs, profit*) d'exploitation; (*Med*): ~ **table** table *f* d'opération

**operating room** *n* (*US: Med*) salle *f* d'opération

**operating system** *n* (*Comput*) système *m* d'exploitation

**operating theatre** *n* (*Brit: Med*) salle *f* d'opération

**operation** [ɔpə'reɪʃən] *n* opération *f*; (*of machine*) fonctionnement *m*; **to have an ~ (for)** se faire opérer (de); **to be in ~** (*machine*) être en service; (*system*) être en vigueur

**operational** [ɔpə'reɪʃənl] *adj* opérationnel(le); (*ready for use*) en état de marche; **when the service is fully ~** lorsque le service fonctionnera pleinement

**operative** ['ɔpərətɪv] *adj* (*measure*) en vigueur ▷ *n* (*in factory*) ouvrier(-ière); **the ~ word** le mot clef

**operator** ['ɔpəreɪtəʳ] *n* (*of machine*) opérateur(-trice); (*Tel*) téléphoniste *m/f*

**operetta** [ɔpə'rɛtə] *n* opérette *f*

**ophthalmologist** [ɔfθæl'mɔlədʒɪst] *n* ophtalmologiste *m/f*, ophtalmologue *m/f*

**opinion** [ə'pɪnjən] *n* opinion *f*, avis *m*; **in my ~** à mon avis; **to seek a second ~** demander un deuxième avis

**opinionated** [ə'pɪnjəneɪtɪd] *adj* aux idées bien arrêtées

**opinion poll** *n* sondage *m* d'opinion

**opium** ['əupɪəm] *n* opium *m*

**opponent** [ə'pəunənt] *n* adversaire *m/f*

**opportune** ['ɔpətjuːn] *adj* opportun(e)

**opportunist** [ɔpə'tjuːnɪst] *n* opportuniste *m/f*

**opportunity** [ɔpə'tjuːnɪtɪ] *n* occasion *f*; **to take the ~ to do** *or* **of doing** profiter de l'occasion pour faire

**oppose** [ə'pəuz] *vt* s'opposer à; **to be ~d to sth** être opposé(e) à qch; **as ~d to** par opposition à

**opposing** [ə'pəuzɪŋ] *adj* (*side*) opposé(e)

**opposite** ['ɔpəzɪt] *adj* opposé(e); (*house etc*) d'en face ▷ *adv* en face ▷ *prep* en face de ▷ *n* opposé *m*, contraire *m*; (*of word*) contraire; **"see ~ page"** "voir ci-contre"

**opposite number** *n* (*Brit*) homologue *m/f*

**opposite sex** *n*: **the ~** l'autre sexe

**opposition** [ɔpə'zɪʃən] *n* opposition *f*

**oppress** [ə'prɛs] *vt* opprimer

**oppression** [ə'prɛʃən] *n* oppression *f*

**oppressive** [əˈpresɪv] *adj* oppressif(-ive)
**opprobrium** [əˈprəʊbrɪəm] *n* (*formal*) opprobre *m*
**opt** [ɔpt] *vi*: **to ~ for** opter pour; **to ~ to do** choisir de faire
▸ **opt out** *vi* (*school, hospital*) devenir autonome; (*health service*) devenir privé(e); **to ~ out of** choisir de ne pas participer à *or* de ne pas faire
**optical** [ˈɔptɪkl] *adj* optique, (*instrument*) d'optique
**optical character reader** *n* lecteur *m* optique
**optical character recognition** *n* lecture *f* optique
**optical fibre** *n* fibre *f* optique
**optician** [ɔpˈtɪʃən] *n* opticien(ne)
**optics** [ˈɔptɪks] *n* optique *f*
**optimism** [ˈɔptɪmɪzəm] *n* optimisme *m*
**optimist** [ˈɔptɪmɪst] *n* optimiste *m/f*
**optimistic** [ɔptɪˈmɪstɪk] *adj* optimiste
**optimum** [ˈɔptɪməm] *adj* optimum
**option** [ˈɔpʃən] *n* choix *m*, option *f*; (*Scol*) matière *f* à option; (*Comm*) option; **to keep one's ~s open** (*fig*) ne pas s'engager; **I have no ~** je n'ai pas le choix
**optional** [ˈɔpʃənl] *adj* facultatif(-ive); (*Comm*) en option; **~ extras** accessoires *mpl* en option, options *fpl*
**opulence** [ˈɔpjuləns] *n* opulence *f*; abondance *f*
**opulent** [ˈɔpjulənt] *adj* opulent(e); abondant(e)
**OR** *abbr* (*US*) = **Oregon**
**or** [ɔːʳ] *conj* ou; (*with negative*): **he hasn't seen or heard anything** il n'a rien vu ni entendu; **or else** sinon; ou bien
**oracle** [ˈɔrəkl] *n* oracle *m*
**oral** [ˈɔːrəl] *adj* oral(e) ▷ *n* oral *m*
**orange** [ˈɔrɪndʒ] *n* (*fruit*) orange *f* ▷ *adj* orange *inv*
**orangeade** [ɔrɪndʒˈeɪd] *n* orangeade *f*
**orange juice** *n* jus *m* d'orange
**oration** [ɔːˈreɪʃən] *n* discours solennel
**orator** [ˈɔrətəʳ] *n* orateur(-trice)
**oratorio** [ɔrəˈtɔːrɪəʊ] *n* oratorio *m*
**orb** [ɔːb] *n* orbe *m*
**orbit** [ˈɔːbɪt] *n* orbite *f* ▷ *vt* graviter autour de; **to be in/go into ~ (round)** être/entrer en orbite (autour de)
**orbital** [ˈɔːbɪtl] *n* (*also*: **orbital motorway**) périphérique *f*
**orchard** [ˈɔːtʃəd] *n* verger *m*; **apple ~** verger de pommiers
**orchestra** [ˈɔːkɪstrə] *n* orchestre *m*; (*US: seating*) (fauteuils *mpl* d')orchestre
**orchestral** [ɔːˈkɛstrəl] *adj* orchestral(e); (*concert*) symphonique
**orchestrate** [ˈɔːkɪstreɪt] *vt* (*Mus, fig*) orchestrer
**orchid** [ˈɔːkɪd] *n* orchidée *f*
**ordain** [ɔːˈdeɪn] *vt* (*Rel*) ordonner; (*decide*) décréter
**ordeal** [ɔːˈdiːl] *n* épreuve *f*
**order** [ˈɔːdəʳ] *n* ordre *m*; (*Comm*) commande *f* ▷ *vt* ordonner; (*Comm*) commander; **in ~** en ordre; (*of document*) en règle; **out of ~** (*not in correct order*) en désordre; (*machine*) hors service; (*telephone*)

en dérangement; **a machine in working ~** une machine en état de marche; **in ~ of size** par ordre de grandeur; **in ~ to do/that** pour faire/que + *sub*; **to place an ~ for sth with sb** commander qch auprès de qn, passer commande de qch à qn; **could I ~ now, please?** je peux commander, s'il vous plaît?; **to be on ~** être en commande; **made to ~** fait sur commande; **to be under ~s to do sth** avoir ordre de faire qch; **a point of ~** un point de procédure; **to the ~ of** (*Banking*) à l'ordre de; **to ~ sb to do** ordonner à qn de faire
**order book** *n* carnet *m* de commandes
**order form** *n* bon *m* de commande
**orderly** [ˈɔːdəlɪ] *n* (*Mil*) ordonnance *f*; (*Med*) garçon *m* de salle ▷ *adj* (*room*) en ordre; (*mind*) méthodique; (*person*) qui a de l'ordre
**order number** *n* (*Comm*) numéro *m* de commande
**ordinal** [ˈɔːdɪnl] *adj* (*number*) ordinal(e)
**ordinary** [ˈɔːdnrɪ] *adj* ordinaire, normal(e); (*pej*) ordinaire, quelconque; **out of the ~** exceptionnel(le)
**ordinary degree** *n* (*Scol*) ≈ licence *f* libre; *voir article*

● **ORDINARY DEGREE**
●
● Un *ordinary degree* est un diplôme inférieur à
● l'"honours degree" que l'on obtient en
● général après trois années d'études
● universitaires. Il peut aussi être décerné en
● cas d'échec à l'"honours degree".

**ordinary seaman** *n* (*Brit*) matelot *m*
**ordinary shares** *npl* actions *fpl* ordinaires
**ordination** [ɔːdɪˈneɪʃən] *n* ordination *f*
**ordnance** [ˈɔːdnəns] *n* (*Mil: unit*) service *m* du matériel
**Ordnance Survey map** *n* (*Brit*) ≈ carte *f* d'État-major
**ore** [ɔːʳ] *n* minerai *m*
**Ore., Oreg.** *abbr* (*US*) = **Oregon**
**oregano** [ɔrɪˈgɑːnəʊ] *n* origan *m*
**organ** [ˈɔːgən] *n* organe *m*; (*Mus*) orgue *m*, orgues *fpl*
**organic** [ɔːˈgænɪk] *adj* organique; (*crops etc*) biologique, naturel(le)
**organism** [ˈɔːgənɪzəm] *n* organisme *m*
**organist** [ˈɔːgənɪst] *n* organiste *m/f*
**organization** [ɔːgənaɪˈzeɪʃən] *n* organisation *f*
**organization chart** *n* organigramme *m*
**organize** [ˈɔːgənaɪz] *vt* organiser; **to get ~d** s'organiser
**organized** [ˈɔːgənaɪzd] *adj* (*planned*) organisé(e); (*efficient*) bien organisé
**organized crime** [ˈɔːgənaɪzd-] *n* crime organisé, grand banditisme
**organized labour** [ˈɔːgənaɪzd-] *n* main-d'œuvre syndiquée
**organizer** [ˈɔːgənaɪzəʳ] *n* organisateur(-trice)
**orgasm** [ˈɔːgæzəm] *n* orgasme *m*

**orgy** ['ɔːdʒɪ] *n* orgie *f*

**Orient** ['ɔːrɪənt] *n*: **the ~** l'Orient *m*

**oriental** [ɔːrɪ'ɛntl] *adj* oriental(e) ▷ *n* Oriental(e)

**orientate** ['ɔːrɪənteɪt] *vt* orienter

**orientation** [ɔːrɪɛn'teɪʃən] *n* (*attitudes*) tendance *f*; (*in job*) orientation *f*; (*of building*) orientation, exposition *f*

**orifice** ['ɔrɪfɪs] *n* orifice *m*

**origin** ['ɔrɪdʒɪn] *n* origine *f*; **country of ~** pays *m* d'origine

**original** [ə'rɪdʒɪnl] *adj* original(e); (*earliest*) originel(le) ▷ *n* original *m*

**originality** [ərɪdʒɪ'nælɪtɪ] *n* originalité *f*

**originally** [ə'rɪdʒɪnəlɪ] *adv* (*at first*) à l'origine

**originate** [ə'rɪdʒɪneɪt] *vi*: **to ~ from** être originaire de; (*suggestion*) provenir de; **to ~ in** (*custom*) prendre naissance dans, avoir son origine dans

**originator** [ə'rɪdʒɪneɪtə'] *n* auteur *m*

**Orkney** ['ɔːknɪ] *n* (*also*: **the Orkneys, the Orkney Islands**) les Orcades *fpl*

**ornament** ['ɔːnəmənt] *n* ornement *m*; (*trinket*) bibelot *m*

**ornamental** [ɔːnə'mɛntl] *adj* décoratif(-ive); (*garden*) d'agrément

**ornamentation** [ɔːnəmɛn'teɪʃən] *n* ornementation *f*

**ornate** [ɔː'neɪt] *adj* très orné(e)

**ornithologist** [ɔːnɪ'θɔlədʒɪst] *n* ornithologue *m/f*

**ornithology** [ɔːnɪ'θɔlədʒɪ] *n* ornithologie *f*

**orphan** ['ɔːfn] *n* orphelin(e) ▷ *vt*: **to be ~ed** devenir orphelin

**orphanage** ['ɔːfənɪdʒ] *n* orphelinat *m*

**orthodox** ['ɔːθədɔks] *adj* orthodoxe

**orthopaedic**, (US) **orthopedic** [ɔːθə'piːdɪk] *adj* orthopédique

**OS** *abbr* (*Brit*: = *Ordnance Survey*) ≈ IGN *m* (= *Institut géographique national*); (: *Naut*) = **ordinary seaman**; (: *Dress*) = **outsize**

**O/S** *abbr* = **out of stock**

**Oscar** ['ɔskə'] *n* oscar *m*

**oscillate** ['ɔsɪleɪt] *vi* osciller

**OSHA** *n abbr* (*US*: = *Occupational Safety and Health Administration*) office de l'hygiène et de la sécurité au travail

**Oslo** ['ɔzləu] *n* Oslo

**ostensible** [ɔs'tɛnsɪbl] *adj* prétendu(e); apparent(e)

**ostensibly** [ɔs'tɛnsɪblɪ] *adv* en apparence

**ostentation** [ɔstɛn'teɪʃən] *n* ostentation *f*

**ostentatious** [ɔstɛn'teɪʃəs] *adj* prétentieux(-euse); ostentatoire

**osteopath** ['ɔstɪəpæθ] *n* ostéopathe *m/f*

**ostracize** ['ɔstrəsaɪz] *vt* frapper d'ostracisme

**ostrich** ['ɔstrɪtʃ] *n* autruche *f*

**OT** *n abbr* (= *Old Testament*) AT *m*

**OTB** *n abbr* (*US*: = *off-track betting*) paris pris en dehors du champ de course

**O.T.E.** *abbr* (= *on-target earnings*) primes *fpl* sur objectifs inclus

**other** ['ʌðə'] *adj* autre ▷ *pron*: **the ~ (one)** l'autre; **~s** (*other people*) d'autres ▷ *adv*: **~ than** autrement que; à part; **some actor or ~** un certain acteur, je ne sais quel acteur; **somebody or ~ people** quelqu'un; **some ~ people have still to arrive** on attend encore quelques personnes; **the ~ day** l'autre jour; **the car was none ~ than John's** la voiture n'était autre que celle de John

**otherwise** ['ʌðəwaɪz] *adv, conj* autrement; **an ~ good piece of work** par ailleurs, un beau travail

**OTT** *abbr* (*inf*) = **over the top**; *see* **top**

**Ottawa** ['ɔtəwə] *n* Ottawa

**otter** ['ɔtə'] *n* loutre *f*

**OU** *n abbr* (*Brit*) = **Open University**

**ouch** [autʃ] *excl* aïe!

**ought** (*pt ~*) [ɔːt] *aux vb*: **I ~ to do it** je devrais le faire, il faudrait que je le fasse; **this ~ to have been corrected** cela aurait dû être corrigé; **he ~ to win** (*probability*) il devrait gagner; **you ~ to go and see it** vous devriez aller le voir

**ounce** [auns] *n* once *f* (*28.35g; 16 in a pound*)

**our** ['auə'] *adj* notre, nos *pl*; *see also* **my**

**ours** [auəz] *pron* le (la) nôtre, les nôtres; *see also* **mine¹**

**ourselves** [auə'sɛlvz] *pron pl* (*reflexive, after preposition*) nous; (*emphatic*) nous-mêmes; **we did it (all) by ~** nous avons fait ça tout seuls; *see also* **oneself**

**oust** [aust] *vt* évincer

**out** [aut] *adv* dehors; (*published, not at home etc*) sorti(e); (*light, fire*) éteint(e); (*on strike*) en grève ▷ *vt*: **to ~ sb** révéler l'homosexualité de qn; **~ here** ici; **~ there** là-bas; **he's ~** (*absent*) il est sorti; (*unconscious*) il est sans connaissance; **to be ~ in one's calculations** s'être trompé dans ses calculs; **to run/back** *etc* **~** sortir en courant/ en reculant *etc*; **to be ~ and about** *or* (*US*) **around again** être de nouveau sur pied; **before the week was ~** avant la fin de la semaine; **the journey ~** l'aller *m*; **the boat was 10 km ~** le bateau était à 10 km du rivage; **~ loud** (*adv*) à haute voix; **~ of** (*prep: outside*) en dehors de; (*because of: anger etc*) par; (*from among*): **10 ~ of 10** 10 sur 10; (*without*): **~ of petrol** sans essence, à court d'essence; **made ~ of wood** en *or* de bois; **~ of order** (*machine*) en panne; (*Tel: line*) en dérangement; **~ of stock** (*Comm: article*) épuisé(e); (: *shop*) en rupture de stock

**outage** ['autɪdʒ] *n* (*esp US: power failure*) panne *f or* coupure *f* de courant

**out-and-out** ['autəndaut] *adj* véritable

**outback** ['autbæk] *n* campagne isolée; (*in Australia*) intérieur *m*

**outbid** [aut'bɪd] *vt* (*irreg: like* **bid**) surenchérir

**outboard** ['autbɔːd] *n*: **~ (motor)** (moteur *m*) hors-bord *m*

**outbound** ['autbaund] *adj*: **~ (from/for)** en partance (de/pour)

**outbreak** ['autbreɪk] *n* (*of violence*) éruption *f*, explosion *f*; (*of disease*) de nombreux cas; **the ~**

**of war south of the border** la guerre qui s'est déclarée au sud de la frontière

**outbuilding** ['autbɪldɪŋ] n dépendance f

**outburst** ['autbə:st] n explosion f, accès m

**outcast** ['autka:st] n exilé(e); (socially) paria m

**outclass** [aut'kla:s] vt surclasser

**outcome** ['autkʌm] n issue f, résultat m

**outcrop** ['autkrɔp] n affleurement m

**outcry** ['autkraɪ] n tollé (général)

**outdated** [aut'deɪtɪd] adj démodé(e)

**outdistance** [aut'dɪstəns] vt distancer

**outdo** [aut'du:] vt (irreg: like **do**) surpasser

**outdoor** [aut'dɔ:ʳ] adj de or en plein air

**outdoors** [aut'dɔ:z] adv dehors; au grand air

**outer** ['autəʳ] adj extérieur(e); **~ suburbs** grande banlieue

**outer space** n espace m cosmique

**outfit** ['autfɪt] n équipement m; (clothes) tenue f; (inf: Comm) organisation f, boîte f

**outfitter** ['autfɪtəʳ] n (Brit): **"(gent's) ~'s"** "confection pour hommes"

**outgoing** ['autgəuɪŋ] adj (president, tenant) sortant(e); (character) ouvert(e), extraverti(e)

**outgoings** ['autgəuɪŋz] npl (Brit: expenses) dépenses fpl

**outgrow** [aut'grəu] vt (irreg: like **grow**); (clothes) devenir trop grand(e) pour

**outhouse** ['authaus] n appentis m, remise f

**outing** ['autɪŋ] n sortie f; excursion f

**outlandish** [aut'lændɪʃ] adj étrange

**outlast** [aut'la:st] vt survivre à

**outlaw** ['autlɔ:] n hors-la-loi m inv ▷ vt (person) mettre hors la loi; (practice) proscrire

**outlay** ['autleɪ] n dépenses fpl; (investment) mise f de fonds

**outlet** ['autlɛt] n (for liquid etc) issue f, sortie f; (for emotion) exutoire m; (for goods) débouché m; (also: **retail outlet**) point m de vente; (US: Elec) prise f de courant

**outline** ['autlaɪn] n (shape) contour m; (summary) esquisse f, grandes lignes ▷ vt (fig: theory, plan) exposer à grands traits

**outlive** [aut'lɪv] vt survivre à

**outlook** ['autluk] n perspective f; (point of view) attitude f

**outlying** ['autlaɪɪŋ] adj écarté(e)

**outmanoeuvre** [autmə'nu:vəʳ] vt (rival etc) avoir au tournant

**outmoded** [aut'məudɪd] adj démodé(e); dépassé(e)

**outnumber** [aut'nʌmbəʳ] vt surpasser en nombre

**out-of-court** [autəv'kɔ:t] adj, adv à l'aimable

**out-of-date** [autəv'deɪt] adj (passport, ticket) périmé(e); (theory, idea) dépassé(e); (custom) désuet(-ète); (clothes) démodé(e)

**out-of-doors** ['autəv'dɔ:z] adv = **outdoors**

**out-of-the-way** ['autəvðə'weɪ] adj loin de tout; (fig) insolite

**out-of-town** [autəv'taun] adj (shopping centre etc) en périphérie

**outpatient** ['autpeɪʃənt] n malade m/f en consultation externe

**outpost** ['autpəust] n avant-poste m

**outpouring** ['autpɔ:rɪŋ] n (fig) épanchement(s) m(pl)

**output** ['autput] n rendement m, production f; (Comput) sortie f ▷ vt (Comput) sortir

**outrage** ['autreɪdʒ] n (anger) indignation f; (violent act) atrocité f, acte m de violence; (scandal) scandale m ▷ vt outrager

**outrageous** [aut'reɪdʒəs] adj atroce; (scandalous) scandaleux(-euse)

**outrider** ['autraɪdəʳ] n (on motorcycle) motard m

**outright** adv [aut'raɪt] complètement; (deny, refuse) catégoriquement; (ask) carrément; (kill) sur le coup ▷ adj ['autraɪt] complet(-ète); catégorique

**outrun** [aut'rʌn] vt (irreg: like **run**) dépasser

**outset** ['autsɛt] n début m

**outshine** [aut'ʃaɪn] vt (irreg: like **shine**); (fig) éclipser

**outside** [aut'saɪd] n extérieur m ▷ adj extérieur(e); (remote, unlikely): **an ~ chance** une (très) faible chance ▷ adv (au) dehors, à l'extérieur ▷ prep hors de, à l'extérieur de; (in front of) devant; **at the ~** (fig) au plus or maximum; **~ left/right** n (Football) ailier gauche/droit

**outside broadcast** n (Radio, TV) reportage m

**outside lane** n (Aut: in Britain) voie f de droite; (: in US, Europe) voie de gauche

**outside line** n (Tel) ligne extérieure

**outsider** [aut'saɪdəʳ] n (in race etc) outsider m; (stranger) étranger(-ère)

**outsize** ['autsaɪz] adj énorme; (clothes) grande taille inv

**outskirts** ['autskə:ts] npl faubourgs mpl

**outsmart** [aut'sma:t] vt se montrer plus malin(-igne) or futé(e) que

**outspoken** [aut'spəukən] adj très franc (franche)

**outspread** [aut'sprɛd] adj (wings) déployé(e)

**outstanding** [aut'stændɪŋ] adj remarquable, exceptionnel(le); (unfinished: work, business) en suspens, en souffrance; (debt) impayé(e); (problem) non réglé(e); **your account is still ~** vous n'avez pas encore tout remboursé

**outstay** [aut'steɪ] vt: **to ~ one's welcome** abuser de l'hospitalité de son hôte

**outstretched** [aut'strɛtʃt] adj (hand) tendu(e); (body) étendu(e)

**outstrip** [aut'strɪp] vt (also fig) dépasser

**out-tray** ['auttreɪ] n courrier m "départ"

**outvote** [aut'vəut] vt: **to ~ sb (by)** mettre qn en minorité (par); **to ~ sth (by)** rejeter qch (par)

**outward** ['autwəd] adj (sign, appearances) extérieur(e); (journey) (d')aller

**outwardly** ['autwədlɪ] adv extérieurement; en apparence

**outwards** ['autwədz] adv (esp Brit) = **outward**

**outweigh** [aut'weɪ] vt l'emporter sur

**outwit** [aut'wɪt] vt se montrer plus malin que

**oval** ['əuvl] adj, n ovale m

**Oval Office** n (US: Pol) voir article

⬤ **OVAL OFFICE**
⬤
⬤ L'*Oval Office* est le bureau personnel du
⬤ président des États-Unis à la Maison-
⬤ Blanche, ainsi appelé du fait de sa forme
⬤ ovale. Par extension, ce terme désigne la
⬤ présidence elle-même.

**ovarian** [əu'vɛərɪən] adj ovarien(ne); (cancer) des ovaires

**ovary** ['əuvərɪ] n ovaire m

**ovation** [əu'veɪʃən] n ovation f

**oven** ['ʌvn] n four m

**oven glove** n gant m de cuisine

**ovenproof** ['ʌvnpru:f] adj allant au four

**oven-ready** ['ʌvnredɪ] adj prêt(e) à cuire

**ovenware** ['ʌvnwɛəʳ] n plats mpl allant au four

**over** ['əuvəʳ] adv (par-)dessus; (excessively) trop ▷ adj (or adv) (finished) fini(e), terminé(e); (too much) en plus ▷ prep sur; par-dessus; (above) au-dessus de; (on the other side of) de l'autre côté de; (more than) plus de; (during) pendant; (about, concerning): **they fell out ~ money/her** ils se sont brouillés pour des questions d'argent/à cause d'elle; **~ here** ici; **~ there** là-bas; **all ~** (everywhere) partout; (finished) fini(e); **~ and ~ (again)** à plusieurs reprises; **~ and above** en plus de; **to ask sb ~** inviter qn (à passer); **to go ~ to sb's** passer chez qn; **to fall ~** tomber; **to turn sth ~** retourner qch; **now ~ to our Paris correspondent** nous passons l'antenne à notre correspondant à Paris; **the world ~** dans le monde entier; **she's not ~ intelligent** (Brit) elle n'est pas particulièrement intelligente

**over...** ['əuvəʳ] prefix: **overabundant** surabondant(e)

**overact** [əuvər'ækt] vi (Theat) outrer son rôle

**overall** ['əuvərɔ:l] adj (length) total(e); (study, impression) d'ensemble ▷ n (Brit) blouse f ▷ adv [əuvər'ɔ:l] dans l'ensemble, en général; **overalls** npl (boiler suit) bleus mpl (de travail)

**overall majority** n majorité absolue

**overanxious** [əuvər'æŋkʃəs] adj trop anxieux(-euse)

**overawe** [əuvər'ɔ:] vt impressionner

**overbalance** [əuvə'bæləns] vi basculer

**overbearing** [əuvə'bɛərɪŋ] adj impérieux(-euse), autoritaire

**overboard** ['əuvəbɔ:d] adv (Naut) par-dessus bord; **to go ~ for sth** (fig) s'emballer (pour qch)

**overbook** [əuvə'buk] vi faire du surbooking

**overcame** [əuvə'keɪm] pt of **overcome**

**overcapitalize** [əuvə'kæpɪtəlaɪz] vt surcapitaliser

**overcast** ['əuvəkɑ:st] adj couvert(e)

**overcharge** [əuvə'tʃɑ:dʒ] vt: **to ~ sb for sth** faire payer qch trop cher à qn

**overcoat** ['əuvəkəut] n pardessus m

**overcome** [əuvə'kʌm] vt (irreg: like **come**); (defeat) triompher de; (difficulty) surmonter ▷ adj (emotionally) bouleversé(e); **~ with grief** accablé(e) de douleur

**overconfident** [əuvə'kɔnfɪdənt] adj trop sûr(e) de soi

**overcrowded** [əuvə'kraudɪd] adj bondé(e); (city, country) surpeuplé(e)

**overcrowding** [əuvə'kraudɪŋ] n surpeuplement m; (in bus) encombrement m

**overdo** [əuvə'du:] vt (irreg: like **do**) exagérer; (overcook) trop cuire; **to ~ it, to ~ things** (work too hard) en faire trop, se surmener

**overdone** [əuvə'dʌn] adj (vegetables, steak) trop cuit(e)

**overdose** ['əuvədəus] n dose excessive

**overdraft** ['əuvədrɑ:ft] n découvert m

**overdrawn** [əuvə'drɔ:n] adj (account) à découvert

**overdrive** ['əuvədraɪv] n (Aut) (vitesse f) surmultipliée f

**overdue** [əuvə'dju:] adj en retard; (bill) impayé(e); (change) qui tarde; **that change was long ~** ce changement n'avait que trop tardé

**overemphasis** [əuvər'ɛmfəsɪs] n: **to put an ~ on** accorder trop d'importance à

**overestimate** [əuvər'ɛstɪmeɪt] vt surestimer

**overexcited** [əuvərɪk'saɪtɪd] adj surexcité(e)

**overexertion** [əuvərɪg'zə:ʃən] n surmenage m (physique)

**overexpose** [əuvərɪk'spəuz] vt (Phot) surexposer

**overflow** vi [əuvə'fləu] déborder ▷ n ['əuvəfləu] trop-plein m; (also: **overflow pipe**) tuyau m d'écoulement, trop-plein m

**overfly** [əuvə'flaɪ] vt (irreg: like **fly**) survoler

**overgenerous** [əuvə'dʒɛnərəs] adj (person) prodigue; (offer) excessif(-ive)

**overgrown** [əuvə'grəun] adj (garden) envahi(e) par la végétation; **he's just an ~ schoolboy** (fig) c'est un écolier attardé

**overhang** ['əuvə'hæŋ] vt (irreg: like **hang**) surplomber ▷ vi faire saillie

**overhaul** vt [əuvə'hɔ:l] réviser ▷ n ['əuvəhɔ:l] révision f

**overhead** adv [əuvə'hɛd] au-dessus ▷ adj, n ['əuvəhɛd] ▷ adj aérien(ne); (lighting) vertical(e) ▷ n (US) = **overheads**

**overhead projector** n rétroprojecteur m

**overheads** ['əuvəhɛdz] npl (Brit) frais généraux

**overhear** [əuvə'hɪəʳ] vt (irreg: like **hear**) entendre (par hasard)

**overheat** [əuvə'hi:t] vi devenir surchauffé(e); (engine) chauffer

**overjoyed** [əuvə'dʒɔɪd] adj ravi(e), enchanté(e)

**overkill** ['əuvəkɪl] n (fig): **it would be ~** ce serait de trop

**overland** ['əuvəlænd] adj, adv par voie de terre

**overlap** vi [əuvə'læp] se chevaucher ▷ n ['əuvəlæp] chevauchement m

**overleaf** [əuvə'li:f] adv au verso

**overload** [əuvə'ləud] vt surcharger

**overlook** [əuvə'luk] vt (have view of) donner sur; (miss) oublier, négliger; (forgive) fermer les yeux sur

**overlord** ['əuvəlɔ:d] n chef m suprême

**overmanning** [əuvə'mænɪŋ] n sureffectif m, main-d'œuvre f pléthorique

**overnight** adv [əuvə'naɪt] (happen) durant la nuit; (fig) soudain ▷ adj ['əuvənaɪt] d'une (or de) nuit; soudain(e); **to stay ~ (with sb)** passer la nuit (chez qn); **he stayed there ~** il y a passé la nuit; **if you travel ~ ...** si tu fais le voyage de nuit ...; **he'll be away ~** il ne rentrera pas ce soir

**overnight bag** n nécessaire m de voyage

**overpass** ['əuvəpɑːs] n (US: for cars) pont autoroutier; (: for pedestrians) passerelle f, pont m

**overpay** [əuvə'peɪ] vt (irreg: like **pay**); **to ~ sb by £50** donner à qn 50 livres de trop

**overplay** [əuvə'pleɪ] vt exagérer; **to ~ one's hand** trop présumer de sa situation

**overpower** [əuvə'pauər] vt vaincre; (fig) accabler

**overpowering** [əuvə'pauərɪŋ] adj irrésistible; (heat, stench) suffocant(e)

**overproduction** ['əuvəprə'dʌkʃən] n surproduction f

**overrate** [əuvə'reɪt] vt surestimer

**overreact** [əuvəriː'ækt] vi réagir de façon excessive

**override** [əuvə'raɪd] vt (irreg: like **ride**); (order, objection) passer outre à; (decision) annuler

**overriding** [əuvə'raɪdɪŋ] adj prépondérant(e)

**overrule** [əuvə'ruːl] vt (decision) annuler; (claim) rejeter; (person) rejeter l'avis de

**overrun** [əuvə'rʌn] vt (irreg: like **run**); (Mil: country etc) occuper; (time limit etc) dépasser ▷ vi dépasser le temps imparti; **the town is ~ with tourists** la ville est envahie de touristes

**overseas** [əuvə'siːz] adv outre-mer; (abroad) à l'étranger ▷ adj (trade) extérieur(e); (visitor) étranger(-ère)

**oversee** [əuvə'siː] vt (irreg: like **see**) surveiller

**overseer** ['əuvəsɪər] n (in factory) contremaître m

**overshadow** [əuvə'ʃædəu] vt (fig) éclipser

**overshoot** [əuvə'ʃuːt] vt (irreg: like **shoot**) dépasser

**oversight** ['əuvəsaɪt] n omission f, oubli m; **due to an ~** par suite d'une inadvertance

**oversimplify** [əuvə'sɪmplɪfaɪ] vt simplifier à l'excès

**oversleep** [əuvə'sliːp] vi (irreg: like **sleep**) se réveiller (trop) tard

**overspend** [əuvə'spɛnd] vi (irreg: like **spend**) dépenser de trop; **we have overspent by 5,000 dollars** nous avons dépassé notre budget de 5 000 dollars, nous avons dépensé 5 000 dollars de trop

**overspill** ['əuvəspɪl] n excédent m de population

**overstaffed** [əuvə'stɑːft] adj: **to be ~** avoir trop de personnel, être en surnombre

**overstate** [əuvə'steɪt] vt exagérer

**overstatement** [əuvə'steɪtmənt] n exagération f

**overstay** [əuvə'steɪ] vt: **to ~ one's welcome (at sb's)** abuser de l'hospitalité de qn

**overstep** [əuvə'stɛp] vt: **to ~ the mark** dépasser la mesure

**overstock** [əuvə'stɔk] vt stocker en surabondance

**overstretched** [əuvə'strɛtʃt] adj (person) débordé(e); **my budget is ~** j'ai atteint les limites de mon budget

**overstrike** n ['əuvəstraɪk] (on printer) superposition f, double frappe f ▷ vt (irreg: like **strike**) [əuvə'straɪk] surimprimer

**overt** [əu'vəːt] adj non dissimulé(e)

**overtake** [əuvə'teɪk] vt (irreg: like **take**) dépasser; (Brit: Aut) dépasser, doubler

**overtaking** [əuvə'teɪkɪŋ] n (Aut) dépassement m

**overtax** [əuvə'tæks] vt (Econ) surimposer; (fig: strength, patience) abuser de; **to ~ o.s.** se surmener

**overthrow** [əuvə'θrəu] vt (irreg: like **throw**) (government) renverser

**overtime** ['əuvətaɪm] n heures fpl supplémentaires; **to do or work ~** faire des heures supplémentaires

**overtime ban** n refus m de faire des heures supplémentaires

**overtone** ['əuvətəun] n (also: **overtones**) note f, sous-entendus mpl

**overtook** [əuvə'tuk] pt of **overtake**

**overture** ['əuvətʃuər] n (Mus, fig) ouverture f

**overturn** [əuvə'təːn] vt renverser; (decision, plan) annuler ▷ vi se retourner

**overview** ['əuvəvjuː] n vue f d'ensemble

**overweight** [əuvə'weɪt] adj (person) trop gros(se); (luggage) trop lourd(e)

**overwhelm** [əuvə'wɛlm] vt (subj: emotion) accabler, submerger; (enemy, opponent) écraser

**overwhelming** [əuvə'wɛlmɪŋ] adj (victory, defeat) écrasant(e); (desire) irrésistible; **one's ~ impression is of heat** on a une impression dominante de chaleur

**overwhelmingly** [əuvə'wɛlmɪŋlɪ] adv (vote) en masse; (win) d'une manière écrasante

**overwork** [əuvə'wəːk] n surmenage m ▷ vt surmener ▷ vi se surmener

**overwrite** [əuvə'raɪt] vt (irreg: like **write**); (Comput) écraser

**overwrought** [əuvə'rɔːt] adj excédé(e)

**ovulation** [ɔvju'leɪʃən] n ovulation f

**owe** [əu] vt devoir; **to ~ sb sth, to ~ sth to sb** devoir qch à qn; **how much do I ~ you?** combien est-ce que je vous dois?

**owing to** ['əuɪŋtuː] prep à cause de, en raison de

**owl** [aul] n hibou m

**own** [əun] vt posséder ▷ vi (Brit): **to ~ to sth** reconnaître or avouer qch; **to ~ to having done sth** avouer avoir fait qch ▷ adj propre; **a room of my ~** une chambre à moi, ma propre chambre; **can I have it for my (very) ~?** puis-je l'avoir pour moi (tout) seul?; **to get one's ~ back** prendre sa revanche; **on one's ~** tout(e) seul(e); **to come into one's ~** trouver sa voie; trouver sa justification

**O**

▶ **own up** vi avouer

**own brand** n (Comm) marque f de distributeur

**owner** ['əunə'] n propriétaire m/f

**owner-occupier** ['əunər'ɔkjupaɪə'] n propriétaire occupant

**ownership** ['əunəʃɪp] n possession f; **it's under new** ~ (shop etc) il y a eu un changement de propriétaire

**own goal** n: **he scored an** ~ (Sport) il a marqué un but contre son camp; (fig) cela s'est retourné contre lui

**ox** (pl **oxen**) [ɔks, 'ɔksn] n bœuf m

**Oxbridge** ['ɔksbrɪdʒ] n (Brit) les universités d'Oxford et de Cambridge; voir article

⬤ **OXBRIDGE**
⬤
⬤ Oxbridge, nom formé à partir des mots
⬤ Ox(ford) et (Cam)bridge, s'utilise pour
⬤ parler de ces deux universités comme
⬤ formant un tout, dans la mesure où elles
⬤ sont toutes deux les universités
⬤ britanniques les plus prestigieuses et
⬤ mondialement connues.

**oxen** ['ɔksən] npl of **ox**

**Oxfam** ['ɔksfæm] n abbr (Brit: = Oxford Committee for Famine Relief) association humanitaire

**oxide** ['ɔksaɪd] n oxyde m

**Oxon.** ['ɔksn] abbr (Brit: Oxoniensis) = **of** Oxford

**oxtail** ['ɔksteɪl] n: ~ **soup** soupe f à la queue de bœuf

**oxygen** ['ɔksɪdʒən] n oxygène m

**oxygen mask** n masque m à oxygène

**oxygen tent** n tente f à oxygène

**oyster** ['ɔɪstə'] n huître f

**oz.** abbr = **ounce; ounces**

**ozone** ['əuzəun] n ozone m

**ozone friendly** ['əuzəunfrɛndlɪ] adj qui n'attaque pas or qui préserve la couche d'ozone

**ozone hole** n trou m d'ozone

**ozone layer** n couche f d'ozone

# P p

**P, p** [pi:] n (letter) P, p m; **P for Peter** P comme
Pierre
**P** abbr = **president; prince**
**p** abbr (= page) p; (Brit) = **penny; pence**
**P.A.** n abbr = **personal assistant; public address
system** ▷ abbr (US) = **Pennsylvania**
**pa** [pɑ:] n (inf) papa m
**Pa.** abbr (US) = **Pennsylvania**
**p.a.** abbr = **per annum**
**PAC** n abbr (US) = **political action committee**
**pace** [peɪs] n pas m; (speed) allure f; vitesse f ▷ vi:
**to ~ up and down** faire les cent pas; **to keep ~
with** aller à la même vitesse que; (events) se
tenir au courant de; **to set the ~** (running)
donner l'allure; (fig) donner le ton; **to put sb
through his ~s** (fig) mettre qn à l'épreuve
**pacemaker** ['peɪsmeɪkə<sup>r</sup>] n (Med) stimulateur m
cardiaque; (Sport: also: **pacesetter**)
meneur(-euse) de train
**Pacific** [pə'sɪfɪk] n: **the ~ (Ocean)** le Pacifique,
l'océan m Pacifique
**pacific** [pə'sɪfɪk] adj pacifique
**pacification** [pæsɪfɪ'keɪʃən] n pacification f
**pacifier** ['pæsɪfaɪə<sup>r</sup>] n (US: dummy) tétine f
**pacifist** ['pæsɪfɪst] n pacifiste m/f
**pacify** ['pæsɪfaɪ] vt pacifier; (soothe) calmer
**pack** [pæk] n paquet m; (bundle) ballot m; (of
hounds) meute f; (of thieves, wolves etc) bande f; (of
cards) jeu m; (US: of cigarettes) paquet; (back pack)
sac m à dos ▷ vt (goods) emballer, empaqueter; (box) remplir; (cram)
entasser; (press down) tasser; damer; (Comput)
grouper, tasser ▷ vi faire ses
bagages; **to ~ into** (room, stadium) s'entasser
dans; **to send sb ~ing** (inf) envoyer promener
qn
▶ **pack in** (Brit inf) vi (machine) tomber en panne
▷ vt (boyfriend) plaquer; **~ it in!** laisse tomber!
▶ **pack off** vt: **to ~ sb off to** expédier qn à
▶ **pack up** vi (Brit inf: machine) tomber en panne;
(: person) se tirer ▷ vt (belongings) ranger; (goods,
presents) empaqueter, emballer
**package** ['pækɪdʒ] n paquet m; (of goods)
emballage m, conditionnement m; (also:
**package deal**: agreement) marché global;
(: purchase) forfait m; (Comput) progiciel m ▷ vt

(goods) conditionner
**package holiday** n (Brit) vacances organisées
**package tour** n voyage organisé
**packaging** ['pækɪdʒɪŋ] n (wrapping materials)
emballage m; (of goods) conditionnement m
**packed** [pækt] adj (crowded) bondé(e)
**packed lunch** (Brit) n repas froid
**packer** ['pækə<sup>r</sup>] n (person) emballeur(-euse);
conditionneur(-euse)
**packet** ['pækɪt] n paquet m
**packet switching** [-swɪtʃɪŋ] n (Comput)
commutation f de paquets
**pack ice** ['pækaɪs] n banquise f
**packing** ['pækɪŋ] n emballage m
**packing case** n caisse f (d'emballage)
**pact** [pækt] n pacte m, traité m
**pad** [pæd] n bloc(-notes m) m; (to prevent friction)
tampon m; (for inking) tampon m encreur; (inf:
flat) piaule f ▷ vt rembourrer ▷ vi: **to ~ in/about**
etc entrer/aller et venir etc à pas feutrés
**padded** ['pædɪd] adj (jacket) matelassé(e); (bra)
rembourré(e); **~ cell** cellule capitonnée
**padding** ['pædɪŋ] n rembourrage m; (fig)
délayage m
**paddle** ['pædl] n (oar) pagaie f; (US: for table tennis)
raquette f de ping-pong ▷ vi (with feet) barboter,
faire trempette ▷ vt: **to ~ a canoe** etc pagayer
**paddle steamer** n bateau m à aubes
**paddling pool** ['pædlɪŋ-] n petit bassin
**paddock** ['pædək] n enclos m; (Racing)
paddock m
**paddy** ['pædɪ] n (also: **paddy field**) rizière f
**padlock** ['pædlɔk] n cadenas m ▷ vt cadenasser
**padre** ['pɑːdrɪ] n aumônier m
**paediatrician**, (US) **pediatrician** [piːdɪə'trɪʃən]
n pédiatre m/f
**paediatrics**, (US) **pediatrics** [piːdɪ'ætrɪks] n
pédiatrie f
**paedophile**, (US) **pedophile** ['piːdəufaɪl] n
pédophile m
**pagan** ['peɪgən] adj, n païen(ne)
**page** [peɪdʒ] n (of book) page f; (also: **page boy**)
groom m, chasseur m; (at wedding) garçon m
d'honneur ▷ vt (in hotel etc) (faire) appeler
**pageant** ['pædʒənt] n spectacle m historique;
grande cérémonie

**pageantry** ['pædʒəntrɪ] n apparat m, pompe f
**page break** n fin f or saut m de page
**pager** ['peɪdʒəʳ] n bip m (inf), Alphapage® m
**paginate** ['pædʒɪneɪt] vt paginer
**pagination** [pædʒɪ'neɪʃən] n pagination f
**pagoda** [pə'gəʊdə] n pagode f
**paid** [peɪd] pt, pp of **pay** ▷ adj (work, official)
rémunéré(e); (holiday) payé(e); **to put ~ to** (Brit)
mettre fin à, mettre par terre
**paid-up** ['peɪdʌp], (US) **paid-in** ['peɪdɪn] adj
(member) à jour de sa cotisation; (shares)
libéré(e); ~ **capital** capital versé
**pail** [peɪl] n seau m
**pain** [peɪn] n douleur f; (inf: nuisance) plaie f; **to
be in** ~ souffrir, avoir mal; **to have a ~ in** avoir
mal à or une douleur à or dans; **to take ~s to do**
se donner du mal pour faire; **on ~ of death** sous
peine de mort
**pained** ['peɪnd] adj peiné(e), chagrin(e)
**painful** ['peɪnful] adj douloureux(-euse);
(difficult) difficile, pénible
**painfully** ['peɪnfəlɪ] adv (fig: very) terriblement
**painkiller** ['peɪnkɪləʳ] n calmant m,
analgésique m
**painless** ['peɪnlɪs] adj indolore
**painstaking** ['peɪnzteɪkɪŋ] adj (person)
soigneux(-euse); (work) soigné(e)
**paint** [peɪnt] n peinture f ▷ vt peindre; (fig)
dépeindre; **to ~ the door blue** peindre la porte
en bleu; **to ~ in oils** faire de la peinture à
l'huile
**paintbox** ['peɪntbɔks] n boîte f de couleurs
**paintbrush** ['peɪntbrʌʃ] n pinceau m
**painter** ['peɪntəʳ] n peintre m
**painting** ['peɪntɪŋ] n peinture f; (picture)
tableau m
**paint-stripper** ['peɪntstrɪpəʳ] n décapant m
**paintwork** ['peɪntwəːk] n (Brit) peintures fpl;
(: of car) peinture f
**pair** [pɛəʳ] n (of shoes, gloves etc) paire f; (of people)
couple m; (twosome) duo m; ~ **of scissors** (paire
de) ciseaux mpl; ~ **of trousers** pantalon m
▶ **pair off** vi se mettre par deux
**pajamas** [pə'dʒɑːməz] npl (US) pyjama(s) m(pl)
**Pakistan** [pɑːkɪ'stɑːn] n Pakistan m
**Pakistani** [pɑːkɪ'stɑːnɪ] adj pakistanais(e) ▷ n
Pakistanais(e)
**PAL** [pæl] n abbr (TV: = phase alternation line) PAL m
**pal** [pæl] n (inf) copain (copine)
**palace** ['pæləs] n palais m
**palatable** ['pælɪtəbl] adj bon (bonne), agréable
au goût
**palate** ['pælɪt] n palais m (Anat)
**palatial** [pə'leɪʃəl] adj grandiose, magnifique
**palaver** [pə'lɑːvəʳ] n palabres fpl or mpl;
histoire(s) f(pl)
**pale** [peɪl] adj pâle ▷ vi pâlir ▷ n: **to be beyond
the** ~ être au ban de la société; **to grow** or **turn**
~ (person) pâlir; ~ **blue** (adj) bleu pâle inv; **to ~
into insignificance (beside)** perdre beaucoup
d'importance (par rapport à)
**paleness** ['peɪlnɪs] n pâleur f

**Palestine** ['pælɪstaɪn] n Palestine f
**Palestinian** [pælɪs'tɪnɪən] adj palestinien(ne)
▷ n Palestinien(ne)
**palette** ['pælɪt] n palette f
**paling** ['peɪlɪŋ] n (stake) palis m; (fence) palissade f
**palisade** [pælɪ'seɪd] n palissade f
**pall** [pɔːl] n (of smoke) voile m ▷ vi: **to ~ (on)**
devenir lassant (pour)
**pallet** ['pælɪt] n (for goods) palette f
**pallid** ['pælɪd] adj blême
**pallor** ['pæləʳ] n pâleur f
**pally** ['pælɪ] adj (inf) copain (copine)
**palm** [pɑːm] n (Anat) paume f; (also: **palm tree**)
palmier m; (leaf, symbol) palme f ▷ vt: **to ~ sth off
on sb** (inf) refiler qch à qn
**palmist** ['pɑːmɪst] n chiromancien(ne)
**Palm Sunday** n le dimanche des Rameaux
**palpable** ['pælpəbl] adj évident(e), manifeste
**palpitation** [pælpɪ'teɪʃən] n palpitation f
**paltry** ['pɔːltrɪ] adj dérisoire; piètre
**pamper** ['pæmpəʳ] vt gâter, dorloter
**pamphlet** ['pæmflət] n brochure f; (political etc)
tract m
**pan** [pæn] n (also: **saucepan**) casserole f; (also:
**frying pan**) poêle f; (of lavatory) cuvette f ▷ vi
(Cine) faire un panoramique ▷ vt (inf: book, film)
éreinter; **to ~ for gold** laver du sable aurifère
**panacea** [pænə'sɪə] n panacée f
**Panama** ['pænəmɑː] n Panama m
**Panama Canal** n canal m de Panama
**pancake** ['pænkeɪk] n crêpe f
**Pancake Day** n (Brit) mardi gras
**pancake roll** n rouleau m de printemps
**pancreas** ['pæŋkrɪəs] n pancréas m
**panda** ['pændə] n panda m
**panda car** n (Brit) ≈ voiture f pie inv
**pandemic** [pæn'dɛmɪk] n pandémie f
**pandemonium** [pændɪ'məʊnɪəm] n tohu-
bohu m
**pander** ['pændəʳ] vi: **to ~ to** flatter bassement;
obéir servilement à
**p&h** abbr (US: = postage and handling) frais mpl de
port
**P&L** abbr = **profit and loss**
**p&p** abbr (Brit: = postage and packing) frais mpl de
port
**pane** [peɪn] n carreau m (de fenêtre), vitre f
**panel** ['pænl] n (of wood, cloth etc) panneau m;
(Radio, TV) panel m, invités mpl; (for interview,
exams) jury m; (official: of experts) table ronde,
comité m
**panel game** n (Brit) jeu m (radiophonique/
télévisé)
**panelling**, (US) **paneling** ['pænəlɪŋ] n boiseries
fpl
**panellist**, (US) **panelist** ['pænəlɪst] n invité(e)
(d'un panel), membre d'un panel
**pang** [pæŋ] n: ~**s of remorse** pincements mpl de
remords; ~**s of hunger/conscience**
tiraillements mpl d'estomac/de la conscience
**panhandler** ['pænhændləʳ] n (US inf)
mendiant(e)

**panic** ['pænɪk] n panique f, affolement m ▷ vi s'affoler, paniquer

**panic buying** [-baɪɪŋ] n achats mpl de précaution

**panicky** ['pænɪkɪ] adj (person) qui panique or s'affole facilement

**panic-stricken** ['pænɪkstrɪkən] adj affolé(e)

**pannier** ['pænɪər] n (on animal) bât m; (on bicycle) sacoche f

**panorama** [pænə'rɑːmə] n panorama m

**panoramic** [pænə'ræmɪk] adj panoramique

**pansy** ['pænzɪ] n (Bot) pensée f; (inf) tapette f, pédé m

**pant** [pænt] vi haleter

**pantechnicon** [pæn'tɛknɪkən] n (Brit) (grand) camion de déménagement

**panther** ['pænθər] n panthère f

**panties** ['pæntɪz] npl slip m, culotte f

**pantihose** ['pæntɪhəuz] n (US) collant m

**panto** ['pæntəu] n = **pantomime**

**pantomime** ['pæntəmaɪm] n (Brit) spectacle m de Noël

**pantry** ['pæntrɪ] n garde-manger m inv; (room) office m

**pants** [pænts] n (Brit: woman's) culotte f, slip m; (: man's) slip, caleçon m; (US: trousers) pantalon m

**pantsuit** ['pæntsuːt] n (US) tailleur-pantalon m

**pantyhose** ['pæntɪhəuz] (US) npl collant m

**papacy** ['peɪpəsɪ] n papauté f

**papal** ['peɪpəl] adj papal(e), pontifical(e)

**paparazzi** [pæpə'rætsiː] npl paparazzi mpl

**paper** ['peɪpər] n papier m; (also: **wallpaper**) papier peint; (also: **newspaper**) journal m; (academic essay) article m; (exam) épreuve écrite ▷ adj en or de papier ▷ vt tapisser (de papier peint); **papers** npl (also: **identity papers**) papiers mpl (d'identité); **a piece of ~** (odd bit) un bout de papier; (sheet) une feuille de papier; **to put sth down on ~** mettre qch par écrit

**paper advance** n (on printer) avance f (du) papier

**paperback** ['peɪpəbæk] n livre broché or non relié; (small) livre m de poche ▷ adj: **~ edition** édition brochée

**paper bag** n sac m en papier

**paperboy** ['peɪpəbɔɪ] n (selling) vendeur m de journaux; (delivering) livreur m de journaux

**paper clip** n trombone m

**paper handkerchief** n, **paper hankie** n (inf) mouchoir m en papier

**paper mill** n papeterie f

**paper money** n papier-monnaie m

**paper profit** n profit m théorique

**paper shop** n (Brit) marchand m de journaux

**paperweight** ['peɪpəweɪt] n presse-papiers m inv

**paperwork** ['peɪpəwəːk] n papiers mpl; (pej) paperasserie f

**papier-mâché** ['pæpɪeɪ'mæʃeɪ] n papier mâché

**paprika** ['pæprɪkə] n paprika m

**Pap test, Pap smear** ['pæp-] n (Med) frottis m

**par** [pɑːr] n pair m; (Golf) normale f du parcours; **on a ~ with** à égalité avec, au même niveau que;

**at ~** au pair; **above/below ~** au-dessus/au-dessous du pair; **to feel below** or **under** or **not up to ~** ne pas se sentir en forme

**parable** ['pærəbl] n parabole f (Rel)

**parabola** [pə'ræbələ] n parabole f (Math)

**paracetamol** [pærə'siːtəmɔl] (Brit) n paracétamol m

**parachute** ['pærəʃuːt] n parachute m ▷ vi sauter en parachute

**parachute jump** n saut m en parachute

**parachutist** ['pærəʃuːtɪst] n parachutiste m/f

**parade** [pə'reɪd] n défilé m; (inspection) revue f; (street) boulevard m ▷ vt (fig) faire étalage de ▷ vi défiler; **a fashion ~** (Brit) un défilé de mode

**parade ground** n terrain m de manœuvre

**paradise** ['pærədaɪs] n paradis m

**paradox** ['pærədɔks] n paradoxe m

**paradoxical** [pærə'dɔksɪkl] adj paradoxal(e)

**paradoxically** [pærə'dɔksɪklɪ] adv paradoxalement

**paraffin** ['pærəfɪn] n (Brit): **~ (oil)** pétrole (lampant); **liquid ~** huile f de paraffine

**paraffin heater** n (Brit) poêle m à mazout

**paraffin lamp** n (Brit) lampe f à pétrole

**paragon** ['pærəgən] n parangon m

**paragraph** ['pærəgrɑːf] n paragraphe m; **to begin a new ~** aller à la ligne

**Paraguay** ['pærəgwaɪ] n Paraguay m

**Paraguayan** [pærə'gwaɪən] adj paraguayen(ne) ▷ n Paraguayen(ne)

**parallel** ['pærəlɛl] adj: **~ (with** or **to)** parallèle (à); (fig) analogue (à) ▷ n (line) parallèle f; (fig, Geo) parallèle m

**paralysed** ['pærəlaɪzd] adj paralysé(e)

**paralysis** (pl **paralyses**) [pə'rælɪsɪs, -siːz] n paralysie f

**paralytic** [pærə'lɪtɪk] adj paralytique; (Brit inf: drunk) ivre mort(e)

**paralyze** ['pærəlaɪz] vt paralyser

**paramedic** [pærə'mɛdɪk] n auxiliaire m/f médical(e)

**parameter** [pə'ræmɪtər] n paramètre m

**paramilitary** [pærə'mɪlɪtərɪ] adj paramilitaire

**paramount** ['pærəmaunt] adj: **of ~ importance** de la plus haute or grande importance

**paranoia** [pærə'nɔɪə] n paranoïa f

**paranoid** ['pærənɔɪd] adj (Psych) paranoïaque; (neurotic) paranoïde

**paranormal** [pærə'nɔːml] adj paranormal(e)

**paraphernalia** [pærəfə'neɪlɪə] n attirail m, affaires fpl

**paraphrase** ['pærəfreɪz] vt paraphraser

**paraplegic** [pærə'pliːdʒɪk] n paraplégique m/f

**parapsychology** [pærəsaɪ'kɔlədʒɪ] n parapsychologie f

**parasite** ['pærəsaɪt] n parasite m

**parasol** ['pærəsɔl] n ombrelle f; (at café etc) parasol m

**paratrooper** ['pærətruːpər] n parachutiste m (soldat)

**parcel** ['pɑːsl] n paquet m, colis m ▷ vt (also: **parcel up**) empaqueter

**P**

▶ **parcel out** vt répartir

**parcel bomb** n (Brit) colis piégé

**parcel post** n service m de colis postaux

**parch** [pɑːtʃ] vt dessécher

**parched** ['pɑːtʃt] adj (person) assoiffé(e)

**parchment** ['pɑːtʃmənt] n parchemin m

**pardon** ['pɑːdn] n pardon m; (Law) grâce f ▷ vt pardonner à; (Law) gracier; **~I pardon!**; **~ me!** (after burping etc) excusez-moi!; **I beg your ~!** (I'm sorry) pardon!, je suis désolé!; **(I beg your) ~?**, (US) **~ me?** (what did you say?) pardon?

**pare** [pɛəʳ] vt (Brit: nails) couper; (fruit etc) peler; (fig: costs etc) réduire

**parent** ['pɛərənt] n (father) père m; (mother) mère f; **parents** npl parents mpl

**parentage** ['pɛərəntɪdʒ] n naissance f; **of unknown ~** de parents inconnus

**parental** [pə'rɛntl] adj parental(e), des parents

**parent company** n société f mère

**parenthesis** (pl **parentheses**) [pə'rɛnθɪsɪs, -siːz] n parenthèse f; **in parentheses** entre parenthèses

**parenthood** ['pɛərənthud] n paternité f or maternité f

**parenting** ['pɛərəntɪŋ] n le métier de parent, le travail d'un parent

**Paris** ['pærɪs] n Paris

**parish** ['pærɪʃ] n paroisse f; (Brit: civil) ≈ commune f ▷ adj paroissial(e)

**parish council** n (Brit) ≈ conseil municipal

**parishioner** [pə'rɪʃənəʳ] n paroissien(ne)

**Parisian** [pə'rɪzɪən] adj parisien(ne), de Paris ▷ n Parisien(ne)

**parity** ['pærɪtɪ] n parité f

**park** [pɑːk] n parc m, jardin public ▷ vt garer ▷ vi se garer; **can I ~ here?** est-ce que je peux me garer ici?

**parka** ['pɑːkə] n parka m

**parking** ['pɑːkɪŋ] n stationnement m; **"no ~"** "stationnement interdit"

**parking lights** npl feux mpl de stationnement

**parking lot** n (US) parking m, parc m de stationnement

**parking meter** n parc(o)mètre m

**parking offence**, (US) **parking violation** n infraction f au stationnement

**parking place** n place f de stationnement

**parking ticket** n P.-V. m

**Parkinson's** ['pɑːkɪnsənz] n (also: **Parkinson's disease**) maladie f de Parkinson, parkinson m

**parkway** ['pɑːkweɪ] n (US) route f express (en site vert ou aménagé)

**parlance** ['pɑːləns] n: **in common/modern ~** dans le langage courant/actuel

**parliament** ['pɑːləmənt] n parlement m; voir article

### ● PARLIAMENT
●

● Le Parliament est l'assemblée législative
● britannique; elle est composée de deux
● chambres: la "House of Commons" et la

● "House of Lords". Ses bureaux sont les
● "Houses of Parliament" au palais de
● Westminster à Londres. Chaque Parliament
● est en général élu pour cinq ans. Les débats
● du Parliament sont maintenant retransmis à
● la télévision.

**parliamentary** [pɑːlə'mɛntərɪ] adj parlementaire

**parlour**, (US) **parlor** ['pɑːləʳ] n salon m

**parlous** ['pɑːləs] adj (formal) précaire

**Parmesan** [pɑːmɪ'zæn] n (also: **Parmesan cheese**) Parmesan m

**parochial** [pə'rəukɪəl] adj paroissial(e); (pej) à l'esprit de clocher

**parody** ['pærədɪ] n parodie f

**parole** [pə'rəul] n: **on ~** en liberté conditionnelle

**paroxysm** ['pærəksɪzəm] n (Med, of grief) paroxysme m; (of anger) accès m

**parquet** ['pɑːkeɪ] n: **~ floor(ing)** parquet m

**parrot** ['pærət] n perroquet m

**parrot fashion** adv comme un perroquet

**parry** ['pærɪ] vt esquiver, parer à

**parsimonious** [pɑːsɪ'məunɪəs] adj parcimonieux(-euse)

**parsley** ['pɑːslɪ] n persil m

**parsnip** ['pɑːsnɪp] n panais m

**parson** ['pɑːsn] n ecclésiastique m; (Church of England) pasteur m

**part** [pɑːt] n partie f; (of machine) pièce f; (Theat) rôle m; (Mus) voix f; partie; (of serial) épisode m; (US: in hair) raie f ▷ adj partiel(le) ▷ adv = **partly** ▷ vt séparer ▷ vi (people) se séparer; (crowd) s'ouvrir; (roads) se diviser; **to take ~ in** participer à, prendre part à; **to take sb's ~** prendre le parti de qn, prendre parti pour qn; **on his ~** de sa part; **for my ~** en ce qui me concerne; **for the most ~** en grande partie; dans la plupart des cas; **for the better ~ of the day** pendant la plus grande partie de la journée; **to be ~ and parcel of** faire partie de; **in ~** en partie; **to take sth in good/bad ~** prendre qch du bon/mauvais côté

▶ **part with** vt fus (person) se séparer de; (possessions) se défaire de

**partake** [pɑː'teɪk] vi (irreg: like **take**); (formal): **to ~ of sth** prendre part à qch, partager qch

**part exchange** n (Brit): **in ~** en reprise

**partial** ['pɑːʃl] adj (incomplete) partiel(le); (unjust) partial(e); **to be ~ to** aimer, avoir un faible pour

**partially** ['pɑːʃəlɪ] adv en partie, partiellement; partialement

**participant** [pɑː'tɪsɪpənt] n (in competition, campaign) participant(e)

**participate** [pɑː'tɪsɪpeɪt] vi: **to ~ (in)** participer (à), prendre part (à)

**participation** [pɑːtɪsɪ'peɪʃən] n participation f

**participle** ['pɑːtɪsɪpl] n participe m

**particle** ['pɑːtɪkl] n particule f; (of dust) grain m

**particular** [pə'tɪkjuləʳ] adj (specific) particulier(-ière); (special) particulier, spécial(e); (fussy) difficile, exigeant(e); (careful) méticuleux(-euse); **in** ~ en particulier, surtout

**particularly** [pə'tɪkjuləlɪ] *adv* particulièrement; (*in particular*) en particulier

**particulars** [pə'tɪkjuləz] *npl* détails *mpl*; (*information*) renseignements *mpl*

**parting** ['pɑːtɪŋ] *n* séparation *f*; (*Brit: in hair*) raie *f* ⊳ *adj* d'adieu; **his ~ shot was …** il lança en partant ….

**partisan** [pɑːtɪ'zæn] *n* partisan(e) ⊳ *adj* partisan(e); de parti

**partition** [pɑː'tɪʃən] *n* (*Pol*) partition *f*, division *f*; (*wall*) cloison *f*

**partly** ['pɑːtlɪ] *adv* en partie, partiellement

**partner** ['pɑːtnəʳ] *n* (*Comm*) associé(e); (*Sport*) partenaire *m/f*; (*spouse*) conjoint(e); (*lover*) ami(e); (*at dance*) cavalier(-ière) ⊳ *vt* être l'associé *or* le partenaire *or* le cavalier de

**partnership** ['pɑːtnəʃɪp] *n* association *f*; **to go into ~ (with), form a ~ (with)** s'associer (avec)

**part payment** *n* acompte *m*

**partridge** ['pɑːtrɪdʒ] *n* perdrix *f*

**part-time** ['pɑːt'taɪm] *adj*, *adv* à mi-temps, à temps partiel

**part-timer** [pɑːt'taɪməʳ] *n* (*also*: **part-time worker**) travailleur(-euse) à temps partiel

**party** ['pɑːtɪ] *n* (*Pol*) parti *m*; (*celebration*) fête *f*; (: *formal*) réception *f*; (: *in evening*) soirée *f*; (*team*) équipe *f*; (*group*) groupe *m*; (*Law*) partie *f*; **dinner ~** dîner *m*; **to give** *or* **throw a ~** donner une réception; **we're having a ~ next Saturday** nous organisons une soirée *or* réunion entre amis samedi prochain; **it's for our son's birthday ~** c'est pour la fête (*or* le goûter) d'anniversaire de notre garçon; **to be a ~ to a crime** être impliqué(e) dans un crime

**party dress** *n* robe habillée

**party line** *n* (*Pol*) ligne *f* politique; (*Tel*) ligne partagée

**party piece** *n* numéro habituel

**party political broadcast** *n* émission réservée à un parti politique.

**pass** [pɑːs] *vt* (*time, object*) passer; (*place*) passer devant; (*friend*) croiser; (*exam*) être reçu(e) à, réussir; (*candidate*) admettre; (*overtake*) dépasser; (*approve*) approuver, accepter; (*law*) promulguer ⊳ *vi* passer; (*Scol*) être reçu(e) *or* admis(e), réussir ⊳ *n* (*permit*) laissez-passer *m inv*; (*membership card*) carte *f* d'accès *or* d'abonnement; (*in mountains*) col *m*; (*Sport*) passe *f*; (*Scol: also*: **pass mark**): **to get a ~** être reçu(e) (sans mention); **to ~ sb sth** passer qch à qn; **could you ~ the salt/oil, please?** pouvez-vous me passer le sel/l'huile, s'il vous plaît?; **she could ~ for 25** on lui donnerait 25 ans; **to ~ sth through a ring** *etc* (faire) passer qch dans un anneau *etc*; **could you ~ the vegetables round?** pourriez-vous faire passer les légumes?; **things have come to a pretty ~** (*Brit*) voilà où on en est!; **to make a ~ at sb** (*inf*) faire des avances à qn

▶ **pass away** *vi* mourir

▶ **pass by** *vi* passer ⊳ *vt* (*ignore*) négliger

▶ **pass down** *vt* (*customs, inheritance*) transmettre

▶ **pass on** *vi* (*die*) s'éteindre, décéder ⊳ *vt* (*hand on*): **to ~ on (to)** transmettre (à); (: *illness*) passer (à); (: *price rises*) répercuter (sur)

▶ **pass out** *vi* s'évanouir; (*Brit Mil*) sortir (*d'une école militaire*)

▶ **pass over** *vt* (*ignore*) passer sous silence

▶ **pass up** *vt* (*opportunity*) laisser passer

**passable** ['pɑːsəbl] *adj* (*road*) praticable; (*work*) acceptable

**passage** ['pæsɪdʒ] *n* (*also*: **passageway**) couloir *m*; (*gen, in book*) passage *m*; (*by boat*) traversée *f*

**passbook** ['pɑːsbuk] *n* livret *m*

**passenger** ['pæsɪndʒəʳ] *n* passager(-ère)

**passer-by** [pɑːsə'baɪ] *n* passant(e)

**passing** ['pɑːsɪŋ] *adj* (*fig*) passager(-ère); **in ~** en passant

**passing place** *n* (*Aut*) aire *f* de croisement

**passion** ['pæʃən] *n* passion *f*; **to have a ~ for sth** avoir la passion de qch

**passionate** ['pæʃənɪt] *adj* passionné(e)

**passion fruit** *n* fruit *m* de la passion

**passion play** *n* mystère *m* de la Passion

**passive** ['pæsɪv] *adj* (*also Ling*) passif(-ive)

**passive smoking** *n* tabagisme passif

**passkey** ['pɑːskiː] *n* passe *m*

**Passover** ['pɑːsəuvəʳ] *n* Pâque juive

**passport** ['pɑːspɔːt] *n* passeport *m*

**passport control** *n* contrôle *m* des passeports

**passport office** *n* bureau *m* de délivrance des passeports

**password** ['pɑːswəːd] *n* mot *m* de passe

**past** [pɑːst] *prep* (*in front of*) devant; (*further than*) au delà de, plus loin que; après; (*later than*) après ⊳ *adv*: **to run ~** passer en courant ⊳ *adj* passé(e); (*president etc*) ancien(ne) ⊳ *n* passé *m*; **he's ~ forty** il a dépassé la quarantaine, il a plus de *or* passé quarante ans; **ten/quarter ~ eight** huit heures dix/un *or* et quart; **it's ~ midnight** il est plus de minuit, il est passé minuit; **he ran ~ me** il m'a dépassé en courant, il a passé devant moi en courant; **for the ~ few/3 days** depuis quelques/3 jours; ces derniers/3 derniers jours; **in the ~** (*gen*) dans le temps, autrefois; (*Ling*) au passé; **I'm ~ caring** je ne m'en fais plus; **to be ~ it** (*Brit inf: person*) avoir passé l'âge

**pasta** ['pæstə] *n* pâtes *fpl*

**paste** [peɪst] *n* pâte *f*; (*Culin: meat*) pâté *m* (à tartiner); (: *tomato*) purée *f*, concentré *m*; (*glue*) colle *f* (de pâte); (*jewellery*) strass *m* ⊳ *vt* coller

**pastel** ['pæstl] *adj* pastel *inv* ⊳ *n* (*Art: pencil*) (crayon *m*) pastel *m*; (: *drawing*) (dessin *m* au) pastel; (*colour*) ton *m* pastel *inv*

**pasteurized** ['pæstəraɪzd] *adj* pasteurisé(e)

**pastille** ['pæstl] *n* pastille *f*

**pastime** ['pɑːstaɪm] *n* passe-temps *m inv*, distraction *f*

**past master** *n* (*Brit*): **to be a ~ at** être expert en

**pastor** ['pɑːstəʳ] *n* pasteur *m*

**pastoral** ['pɑːstərl] *adj* pastoral(e)

**pastry** ['peɪstrɪ] *n* pâte *f*; (*cake*) pâtisserie *f*

**pasture** ['pɑːstʃəʳ] *n* pâturage *m*

**p**

713

**pasty**¹ n ['pæstɪ] petit pâté (en croûte)

**pasty**² ['peɪstɪ] adj pâteux(-euse); (complexion) terreux(-euse)

**pat** [pæt] vt donner une petite tape à; (dog) caresser ▷ n: **a ~ of butter** une noisette de beurre; **to give sb/o.s. a ~ on the back** (fig) congratuler qn/se congratuler; **he knows it (off) ~**, (US) **he has it down** ~ il sait cela sur le bout des doigts

**patch** [pætʃ] n (of material) pièce f; (eye patch) cache m; (spot) tache f; (of land) parcelle f; (on tyre) rustine f ▷ vt (clothes) rapiécer; **a bad ~** (Brit) une période difficile
▶ **patch up** vt réparer

**patchwork** ['pætʃwə:k] n patchwork m

**patchy** ['pætʃɪ] adj inégal(e); (incomplete) fragmentaire

**pate** [peɪt] n: **a bald ~** un crâne chauve or dégarni

**pâté** ['pæteɪ] n pâté m, terrine f

**patent** ['peɪtnt] (US) ['pætnt] n brevet m (d'invention) ▷ vt faire breveter ▷ adj patent(e), manifeste

**patent leather** n cuir verni

**patently** ['peɪtntlɪ] adv manifestement

**patent medicine** n spécialité f pharmaceutique

**patent office** n bureau m des brevets

**paternal** [pə'tə:nl] adj paternel(le)

**paternity** [pə'tə:nɪtɪ] n paternité f

**paternity leave** [pə'tə:nɪtɪ-] n congé m de paternité

**paternity suit** n (Law) action f en recherche de paternité

**path** [pɑ:θ] n chemin m, sentier m; (in garden) allée f; (of planet) course f; (of missile) trajectoire f

**pathetic** [pə'θɛtɪk] adj (pitiful) pitoyable; (very bad) lamentable, minable; (moving) pathétique

**pathological** [pæθə'lɔdʒɪkl] adj pathologique

**pathologist** [pə'θɔlədʒɪst] n pathologiste m/f

**pathology** [pə'θɔlədʒɪ] n pathologie f

**pathos** ['peɪθɔs] n pathétique m

**pathway** ['pɑ:θweɪ] n chemin m, sentier m; (in garden) allée f

**patience** ['peɪʃns] n patience f; (Brit: Cards) réussite f; **to lose (one's) ~** perdre patience

**patient** ['peɪʃnt] n malade m/f; (of dentist etc) patient(e) ▷ adj patient(e)

**patiently** ['peɪʃntlɪ] adv patiemment

**patio** ['pætɪəu] n patio m

**patriot** ['peɪtrɪət] n patriote m/f

**patriotic** [pætrɪ'ɔtɪk] adj patriotique; (person) patriote

**patriotism** ['pætrɪətɪzəm] n patriotisme m

**patrol** [pə'trəul] n patrouille f ▷ vt patrouiller dans; **to be on ~** être de patrouille

**patrol boat** n patrouilleur m

**patrol car** n voiture f de police

**patrolman** [pə'trəulmən] (irreg) n (US) agent m de police

**patron** ['peɪtrən] n (in shop) client(e); (of charity) patron(ne); **~ of the arts** mécène m

**patronage** ['pætrənɪdʒ] n patronage m, appui m

**patronize** ['pætrənaɪz] vt être (un) client or un habitué de; (fig) traiter avec condescendance

**patronizing** ['pætrənaɪzɪŋ] adj condescendant(e)

**patron saint** n saint(e) patron(ne)

**patter** ['pætər] n crépitement m, tapotement m; (sales talk) boniment m ▷ vi crépiter, tapoter

**pattern** ['pætən] n modèle m; (Sewing) patron m; (design) motif m; (sample) échantillon m; **behaviour ~** mode m de comportement

**patterned** ['pætənd] adj à motifs

**paucity** ['pɔ:sɪtɪ] n pénurie f, carence f

**paunch** [pɔ:ntʃ] n gros ventre, bedaine f

**pauper** ['pɔ:pər] n indigent(e); **~'s grave** fosse commune

**pause** [pɔ:z] n pause f, arrêt m; (Mus) silence m ▷ vi faire une pause, s'arrêter; **to ~ for breath** reprendre son souffle; (fig) faire une pause

**pave** [peɪv] vt paver, daller; **to ~ the way for** ouvrir la voie à

**pavement** ['peɪvmənt] n (Brit) trottoir m; (US) chaussée f

**pavilion** [pə'vɪlɪən] n pavillon m; tente f; (Sport) stand m

**paving** ['peɪvɪŋ] n (material) pavé m, dalle f; (area) pavage m, dallage m

**paving stone** n pavé m

**paw** [pɔ:] n patte f ▷ vt donner un coup de patte à; (person: pej) tripoter

**pawn** [pɔ:n] n gage m; (Chess, also fig) pion m ▷ vt mettre en gage

**pawnbroker** ['pɔ:nbrəukər] n prêteur m sur gages

**pawnshop** ['pɔ:nʃɔp] n mont-de-piété m

**pay** [peɪ] (pt, pp **paid**) [peɪd] n salaire m; (of manual worker) paie f ▷ vt payer; (be profitable to: also fig) rapporter à ▷ vi payer; (be profitable) être rentable; **how much did you ~ for it?** combien l'avez-vous payé?, vous l'avez payé combien?; **I paid £5 for that ticket** j'ai payé ce billet 5 livres; **can I ~ by credit card?** est-ce que je peux payer par carte de crédit?; **to ~ one's way** payer sa part; (company) couvrir ses frais; **to ~ dividends** (fig) porter ses fruits, s'avérer rentable; **it won't ~ you to do that** vous ne gagnerez rien à faire cela; **to ~ attention (to)** prêter attention (à); **to ~ sb a visit** rendre visite à qn; **to ~ one's respects to sb** présenter ses respects à qn
▶ **pay back** vt rembourser
▶ **pay for** vt fus payer
▶ **pay in** vt verser
▶ **pay off** vt (debts) régler, acquitter; (person) rembourser; (workers) licencier ▷ vi (scheme, decision) se révéler payant(e); **to ~ sth off in instalments** payer qch à tempérament
▶ **pay out** vt (money) payer, sortir de sa poche; (rope) laisser filer
▶ **pay up** vt (debts) régler; (amount) payer

**payable** ['peɪəbl] adj payable; **to make a cheque ~ to sb** établir un chèque à l'ordre de qn

**pay-as-you-go** [,peɪəzjə'gəu] adj (mobile phone) à

carte prépayée
**pay award** n augmentation f
**payday** n jour m de paie
**PAYE** n abbr (Brit: = pay as you earn) système de retenue des impôts à la source
**payee** [peɪ'iː] n bénéficiaire m/f
**pay envelope** n (US) paie f
**paying** ['peɪɪŋ] adj payant(e); ~ **guest** hôte payant
**payload** ['peɪləʊd] n charge f utile
**payment** ['peɪmənt] n paiement m; (of bill) règlement m; (of deposit, cheque) versement m; **advance** ~ (part sum) acompte m; (total sum) paiement anticipé; **deferred** ~, ~ **by instalments** paiement par versements échelonnés; **monthly** ~ mensualité f; **in** ~ **for**, **in** ~ **of** en règlement de; **on** ~ **of £5** pour 5 livres
**payout** ['peɪaʊt] n (from insurance) dédommagement m; (in competition) prix m
**pay packet** n (Brit) paie f
**pay phone** n cabine f téléphonique, téléphone public
**pay raise** n (US) = **pay rise**
**pay rise** n (Brit) augmentation f (de salaire)
**payroll** ['peɪrəʊl] n registre m du personnel; **to be on a firm's** ~ être employé par une entreprise
**pay slip** n (Brit) bulletin m de paie, feuille f de paie
**pay station** n (US) cabine f téléphonique
**pay television** n chaînes fpl payantes
**PBS** n abbr (US: = Public Broadcasting Service) groupement d'aide à la réalisation d'émissions pour la TV publique
**PBX** n abbr (Brit: = private branch exchange) PBX m, commutateur m privé
**PC** n abbr = **personal computer**; (Brit) = **police constable** ▷ adj abbr = **politically correct** ▷ abbr (Brit) = **Privy Councillor**
**p.c.** abbr = **per cent**; **postcard**
**p/c** abbr = **petty cash**
**PCB** n abbr = **printed circuit board**
**pcm** n abbr (= per calender month) par mois
**PD** n abbr (US) = **police department**
**pd** abbr = **paid**
**PDA** n abbr (= personal digital assistant) agenda m électronique
**PDQ** n abbr = **pretty damn quick**
**PDSA** n abbr (Brit) = **People's Dispensary for Sick Animals**
**PDT** abbr (US: = Pacific Daylight Time) heure d'été du Pacifique
**PE** n abbr (= physical education) EPS f ▷ abbr (Canada) = **Prince Edward Island**
**pea** [piː] n (petit) pois
**peace** [piːs] n paix f; (calm) calme m, tranquillité f; **to be at** ~ **with sb/sth** être en paix avec qn/qch; **to keep the** ~ (policeman) assurer le maintien de l'ordre; (citizen) ne pas troubler l'ordre
**peaceable** ['piːsəbl] adj paisible, pacifique
**peaceful** ['piːsful] adj paisible, calme

**peacekeeper** ['piːskiːpər] n (force) force gardienne de la paix
**peacekeeping** ['piːskiːpɪŋ] n maintien m de la paix
**peacekeeping force** n forces fpl qui assurent le maintien de la paix
**peace offering** n gage m de réconciliation; (humorous) gage de paix
**peach** [piːtʃ] n pêche f
**peacock** ['piːkɔk] n paon m
**peak** [piːk] n (mountain) pic m, cime f; (of cap) visière f; (fig: highest level) maximum m; (: of career, fame) apogée m
**peak-hour** ['piːkaʊər] adj (traffic etc) de pointe
**peak hours** npl heures fpl d'affluence or de pointe
**peak period** n période f de pointe
**peak rate** n plein tarif
**peaky** ['piːkɪ] adj (Brit inf) fatigué(e)
**peal** [piːl] n (of bells) carillon m; ~**s of laughter** éclats mpl de rire
**peanut** ['piːnʌt] n arachide f, cacahuète f
**peanut butter** n beurre m de cacahuète
**pear** [pɛər] n poire f
**pearl** [pəːl] n perle f
**peasant** ['pɛznt] n paysan(ne)
**peat** [piːt] n tourbe f
**pebble** ['pɛbl] n galet m, caillou m
**peck** [pɛk] vt (also: **peck at**) donner un coup de bec à; (food) picorer ▷ n coup m de bec; (kiss) bécot m
**pecking order** ['pɛkɪŋ-] n ordre m hiérarchique
**peckish** ['pɛkɪʃ] adj (Brit inf): **I feel** ~ je mangerais bien quelque chose, j'ai la dent
**peculiar** [pɪ'kjuːlɪər] adj (odd) étrange, bizarre, curieux(-euse); (particular) particulier(-ière); ~ **to** particulier à
**peculiarity** [pɪkjuːlɪ'ærɪtɪ] n bizarrerie f; particularité f
**pecuniary** [pɪ'kjuːnɪərɪ] adj pécuniaire
**pedal** ['pɛdl] n pédale f ▷ vi pédaler
**pedal bin** n (Brit) poubelle f à pédale
**pedantic** [pɪ'dæntɪk] adj pédant(e)
**peddle** ['pɛdl] vt colporter; (drugs) faire le trafic de
**peddler** ['pɛdlər] n colporteur m; camelot m
**pedestal** ['pɛdəstl] n piédestal m
**pedestrian** [pɪ'dɛstrɪən] n piéton m ▷ adj piétonnier(-ière); (fig) prosaïque, terre à terre inv
**pedestrian crossing** n (Brit) passage clouté
**pedestrianized** [pɪ'dɛstrɪənaɪzd] adj: **a** ~ **street** une rue piétonne
**pedestrian precinct**, (US) **pedestrian zone** n (Brit) zone piétonne
**pediatrics** [piːdɪ'ætrɪks] n (US) = **paediatrics**
**pedigree** ['pɛdɪgriː] n ascendance f; (of animal) pedigree m ▷ cpd (animal) de race
**pedlar** ['pɛdlər] n = **peddler**
**pedophile** ['piːdəʊfaɪl] (US) n = **paedophile**
**pee** [piː] vi (inf) faire pipi, pisser
**peek** [piːk] vi jeter un coup d'œil (furtif)

**peel** [piːl] n pelure f, épluchure f; (of orange, lemon) écorce f ▷ vt peler, éplucher ▷ vi (paint etc) s'écailler; (wallpaper) se décoller; (skin) peler
▶ **peel back** vt décoller
**peeler** ['piːlə'] n (potato etc peeler) éplucheur m
**peelings** ['piːlɪŋz] npl pelures fpl, épluchures fpl
**peep** [piːp] n (Brit: look) coup d'œil furtif; (sound) pépiement m ▷ vi (Brit) jeter un coup d'œil (furtif)
▶ **peep out** vi (Brit) se montrer (furtivement)
**peephole** ['piːphəul] n judas m
**peer** [pɪə'] vi: **to ~ at** regarder attentivement, scruter ▷ n (noble) pair m; (equal) pair, égal(e)
**peerage** ['pɪərɪdʒ] n pairie f
**peerless** ['pɪəlɪs] adj incomparable, sans égal
**peeved** [piːvd] adj irrité(e), ennuyé(e)
**peevish** ['piːvɪʃ] adj grincheux(-euse), maussade
**peg** [pɛg] n cheville f; (for coat etc) patère f; (Brit: also: **clothes peg**) pince f à linge ▷ vt (clothes) accrocher; (Brit: groundsheet) fixer (avec des piquets); (fig: prices, wages) contrôler, stabiliser
**pejorative** [pɪ'dʒɔrətɪv] adj péjoratif(-ive)
**Pekin** [piː'kɪn] n, **Peking** [piː'kɪŋ] ▷ n Pékin
**Pekinese, Pekingese** [piːkɪ'niːz] n pékinois m
**pelican** ['pɛlɪkən] n pélican m
**pelican crossing** n (Brit Aut) feu m à commande manuelle
**pellet** ['pɛlɪt] n boulette f; (of lead) plomb m
**pell-mell** ['pɛl'mɛl] adv pêle-mêle
**pelmet** ['pɛlmɪt] n cantonnière f; lambrequin m
**pelt** [pɛlt] vt: **to ~ sb (with)** bombarder qn (de) ▷ vi (rain) tomber à seaux; (inf: run) courir à toutes jambes ▷ n peau f
**pelvis** ['pɛlvɪs] n bassin m
**pen** [pɛn] n (for writing) stylo m; (for sheep) parc m; (US inf: prison) taule f; **to put ~ to paper** prendre la plume
**penal** ['piːnl] adj pénal(e)
**penalize** ['piːnəlaɪz] vt pénaliser; (fig) désavantager
**penal servitude** [-'sɛːvɪtjuːd] n travaux forcés
**penalty** ['pɛnltɪ] n pénalité f; sanction f; (fine) amende f; (Sport) pénalisation f; (also: **penalty kick**: Football) penalty m; (: Rugby) pénalité f; **to pay the ~ for** être pénalisé(e) pour
**penalty area** n (Brit Sport) surface f de réparation
**penalty clause** n clause pénale
**penalty kick** n (Football) penalty m
**penalty shoot-out** [-'ʃuːtaut] n (Football) épreuve f des penalties
**penance** ['pɛnəns] n pénitence f
**pence** [pɛns] npl of **penny**
**penchant** ['pãːʃãːŋ] n penchant m
**pencil** ['pɛnsl] n crayon m
▶ **pencil in** vt noter provisoirement
**pencil case** n trousse f (d'écolier)
**pencil sharpener** n taille-crayon(s) m inv
**pendant** ['pɛndnt] n pendentif m
**pending** ['pɛndɪŋ] prep en attendant ▷ adj en suspens
**pendulum** ['pɛndjuləm] n pendule m; (of clock) balancier m

**penetrate** ['pɛnɪtreɪt] vt pénétrer dans; (enemy territory) entrer en; (sexually) pénétrer
**penetrating** ['pɛnɪtreɪtɪŋ] adj pénétrant(e)
**penetration** [pɛnɪ'treɪʃən] n pénétration f
**penfriend** ['pɛnfrɛnd] n (Brit) correspondant(e)
**penguin** ['pɛŋgwɪn] n pingouin m
**penicillin** [pɛnɪ'sɪlɪn] n pénicilline f
**peninsula** [pə'nɪnsjulə] n péninsule f
**penis** ['piːnɪs] n pénis m, verge f
**penitence** ['pɛnɪtns] n repentir m
**penitent** ['pɛnɪtnt] adj repentant(e)
**penitentiary** [pɛnɪ'tɛnʃərɪ] n (US) prison f
**penknife** ['pɛnnaɪf] n canif m
**Penn., Penna.** abbr (US) = **Pennsylvania**
**pen name** n nom m de plume, pseudonyme m
**pennant** ['pɛnənt] n flamme f, banderole f
**penniless** ['pɛnɪlɪs] adj sans le sou
**Pennines** ['pɛnaɪnz] npl: **the ~** les Pennines fpl
**penny** (pl **pennies** or **pence**) ['pɛnɪ, 'pɛnɪz, pɛns] n (Brit) penny m; (US) cent m
**penpal** ['pɛnpæl] n correspondant(e)
**penpusher** ['pɛnpuʃə'] n (pej) gratte-papier m inv
**pension** ['pɛnʃən] n (from company) retraite f; (Mil) pension f
▶ **pension off** vt mettre à la retraite
**pensionable** ['pɛnʃnəbl] adj qui a droit à une retraite
**pensioner** ['pɛnʃənə'] n (Brit) retraité(e)
**pension fund** n caisse f de retraite
**pension plan** n plan m de retraite
**pensive** ['pɛnsɪv] adj pensif(-ive)
**pentagon** ['pɛntəgən] n pentagone m; **the P~** (US Pol) le Pentagone; voir article

ⓘ **PENTAGON**

ⓘ Le Pentagon est le nom donné aux bureaux du
ⓘ ministère de la Défense américain, situés à
ⓘ Arlington en Virginie, à cause de la forme
ⓘ pentagonale du bâtiment dans lequel ils se
ⓘ trouvent. Par extension, ce terme est
ⓘ également utilisé en parlant du ministère
ⓘ lui-même.

**pentathlon** [pɛn'tæθlən] n pentathlon m
**Pentecost** ['pɛntɪkɔst] n Pentecôte f
**penthouse** ['pɛnthaus] n appartement m (de luxe) en attique
**pent-up** ['pɛntʌp] adj (feelings) refoulé(e)
**penultimate** [pɪ'nʌltɪmət] adj pénultième, avant-dernier(-ière)
**penury** ['pɛnjurɪ] n misère f
**people** ['piːpl] npl gens mpl; personnes fpl; (inhabitants) population f; (Pol) peuple m ▷ n (nation, race) peuple m ▷ vt peupler; **I know ~ who ...** je connais des gens qui ...; **the room was full of ~** la salle était pleine de monde or de gens; **several ~ came** plusieurs personnes sont venues; **~ say that ...** on dit or les gens disent que ...; **old ~** les personnes âgées; **young ~** les jeunes; **a man of the ~** un homme du peuple
**PEP** [pɛp] n (= personal equity plan) ≈ CEA m

(= *compte d'épargne en actions*)

**pep** [pɛp] *n (inf)* entrain *m*, dynamisme *m*
▶ **pep up** *vt (inf)* remonter

**pepper** ['pɛpə<sup>r</sup>] *n* poivre *m*; *(vegetable)* poivron *m*
▷ *vt (Culin)* poivrer

**pepper mill** *n* moulin *m* à poivre

**peppermint** ['pɛpəmɪnt] *n (plant)* menthe
poivrée; *(sweet)* pastille *f* de menthe

**pepperoni** [pɛpə'rəʊnɪ] *n saucisson sec de porc et de
bœuf très poivré.*

**pepperpot** ['pɛpəpɔt] *n* poivrière *f*

**pep talk** ['pɛptɔ:k] *n (inf)* (petit) discours
d'encouragement

**per** [pə:<sup>r</sup>] *prep* par; ~ **hour** *(miles etc)* à l'heure;
*(fee)* (de) l'heure; ~ **kilo** *etc* le kilo *etc*; ~ **day/
person** par jour/personne; ~ **annum** per an; **as
~ your instructions** conformément à vos
instructions

**per annum** *adv* par an

**per capita** *adj, adv* par habitant, par personne

**perceive** [pə'si:v] *vt* percevoir; *(notice)*
remarquer, s'apercevoir de

**per cent** *adv* pour cent; **a 20 ~ discount** une
réduction de 20 pour cent

**percentage** [pə'sɛntɪdʒ] *n* pourcentage *m*; **on a
~ basis** au pourcentage

**percentage point** *n*: **ten ~s** dix pour cent

**perceptible** [pə'sɛptɪbl] *adj* perceptible

**perception** [pə'sɛpʃən] *n* perception *f*; *(insight)*
sensibilité *f*

**perceptive** [pə'sɛptɪv] *adj (remark, person)*
perspicace

**perch** [pə:tʃ] *n (fish)* perche *f*; *(for bird)* perchoir *m*
▷ *vi* (se) percher

**percolate** ['pə:kəleɪt] *vt, vi* passer

**percolator** ['pə:kəleɪtə<sup>r</sup>] *n* percolateur *m*;
cafetière *f* électrique

**percussion** [pə'kʌʃən] *n* percussion *f*

**peremptory** [pə'rɛmptərɪ] *adj* péremptoire

**perennial** [pə'rɛnɪəl] *adj* perpétuel(le); *(Bot)*
vivace ▷ *n (Bot)* (plante *f*) vivace *f*, plante
pluriannuelle

**perfect** ['pə:fɪkt] *adj* parfait(e) ▷ *n (also:* **perfect
tense)** parfait *m* ▷ *vt* [pə'fɛkt] *(technique, skill,
work of art)* parfaire; *(method, plan)* mettre au
point; **he's a ~ stranger to me** il m'est
totalement inconnu

**perfection** [pə'fɛkʃən] *n* perfection *f*

**perfectionist** [pə'fɛkʃənɪst] *n* perfectionniste
*m/f*

**perfectly** ['pə:fɪktlɪ] *adv* parfaitement; **I'm ~
happy with the situation** cette situation me
convient parfaitement; **you know ~ well** vous
le savez très bien

**perforate** ['pə:fəreɪt] *vt* perforer, percer

**perforated ulcer** ['pə:fəreɪtɪd-] *n (Med)* ulcère
perforé

**perforation** [pə:fə'reɪʃən] *n* perforation *f*; *(line of
holes)* pointillé *m*

**perform** [pə'fɔ:m] *vt (carry out)* exécuter,
remplir; *(concert etc)* jouer, donner ▷ *vi (actor,
musician)* jouer; *(machine, car)* marcher,

fonctionner; *(company, economy)*: **to ~ well/
badly** produire de bons/mauvais résultats

**performance** [pə'fɔ:məns] *n* représentation *f*,
spectacle *m*; *(of an artist)* interprétation *f*; *(Sport:
of car, engine)* performance *f*; *(of company, economy)*
résultats *mpl*; **the team put up a good ~**
l'équipe a bien joué

**performer** [pə'fɔ:mə<sup>r</sup>] *n* artiste *m/f*

**performing** [pə'fɔ:mɪŋ] *adj (animal)* savant(e)

**performing arts** *npl*: **the ~** les arts *mpl* du
spectacle

**perfume** ['pə:fju:m] *n* parfum *m* ▷ *vt* parfumer

**perfunctory** [pə'fʌŋktərɪ] *adj* négligent(e), pour
la forme

**perhaps** [pə'hæps] *adv* peut-être; ~ **he'll ...**
peut-être qu'il ...; ~ **so/not** peut-être que oui/
que non

**peril** ['pɛrɪl] *n* péril *m*

**perilous** ['pɛrɪləs] *adj* périlleux(-euse)

**perilously** ['pɛrɪləslɪ] *adv*: **they came ~ close to
being caught** ils ont été à deux doigts de se
faire prendre

**perimeter** [pə'rɪmɪtə<sup>r</sup>] *n* périmètre *m*

**perimeter wall** *n* mur *m* d'enceinte

**period** ['pɪərɪəd] *n* période *f*; *(History)* époque *f*;
*(Scol)* cours *m*; *(full stop)* point *m*; *(Med)* règles *fpl*
▷ *adj (costume, furniture)* d'époque; **for a ~ of
three weeks** pour (une période de) trois
semaines; **the holiday ~** *(Brit)* la période des
vacances

**periodic** [pɪərɪ'ɔdɪk] *adj* périodique

**periodical** [pɪərɪ'ɔdɪkl] *adj* périodique ▷ *n*
périodique *m*

**periodically** [pɪərɪ'ɔdɪklɪ] *adv* périodiquement

**period pains** *npl (Brit)* douleurs menstruelles

**peripatetic** [pɛrɪpə'tɛtɪk] *adj (salesman)*
ambulant; *(Brit: teacher)* qui travaille dans
plusieurs établissements

**peripheral** [pə'rɪfərəl] *adj* périphérique ▷ *n
(Comput)* périphérique *m*

**periphery** [pə'rɪfərɪ] *n* périphérie *f*

**periscope** ['pɛrɪskəʊp] *n* périscope *m*

**perish** ['pɛrɪʃ] *vi* périr, mourir; *(decay)* se
détériorer

**perishable** ['pɛrɪʃəbl] *adj* périssable

**perishables** ['pɛrɪʃəblz] *npl* denrées *fpl*
périssables

**perishing** ['pɛrɪʃɪŋ] *adj (Brit inf: cold)* glacial(e)

**peritonitis** [pɛrɪtə'naɪtɪs] *n* péritonite *f*

**perjure** ['pə:dʒə<sup>r</sup>] *vt*: **to ~ o.s.** se parjurer

**perjury** ['pə:dʒərɪ] *n (Law: in court)* faux
témoignage; *(breach of oath)* parjure *m*

**perk** [pə:k] *n (inf)* avantage *m*, à-côté *m*
▶ **perk up** *vi (inf: cheer up)* se ragaillardir

**perky** ['pə:kɪ] *adj (cheerful)* guilleret(te), gai(e)

**perm** [pə:m] *n (for hair)* permanente *f* ▷ *vt*: **to
have one's hair ~ed** se faire faire une
permanente

**permanence** ['pə:mənəns] *n* permanence *f*

**permanent** ['pə:mənənt] *adj* permanent(e);
*(job, position)* permanent, fixe; *(dye, ink)*
indélébile; **I'm not ~ here** je ne suis pas ici à

titre définitif; ~ **address** adresse habituelle
**permanently** ['pɜːmənəntlɪ] *adv* de façon
permanente; (*move abroad*) définitivement;
(*open, closed*) en permanence; (*tired, unhappy*)
constamment
**permeable** ['pɜːmɪəbl] *adj* perméable
**permeate** ['pɜːmɪeɪt] *vi* s'infiltrer ▷ *vt*
s'infiltrer dans; pénétrer
**permissible** [pə'mɪsɪbl] *adj* permis(e),
acceptable
**permission** [pə'mɪʃən] *n* permission *f*,
autorisation *f*; **to give sb ~ to do sth** donner à
qn la permission de faire qch
**permissive** [pə'mɪsɪv] *adj* tolérant(e); **the ~
society** la société de tolérance
**permit** *n* ['pɜːmɪt] permis *m*; (*entrance pass*)
autorisation *f*, laissez-passer *m*; (*for goods*)
licence *f* ▷ *vt* [pə'mɪt] permettre; **to ~ sb to do**
autoriser qn à faire, permettre à qn de faire;
**weather ~ting** si le temps le permet
**permutation** [pɜːmju'teɪʃən] *n* permutation *f*
**pernicious** [pɜː'nɪʃəs] *adj* pernicieux(-euse),
nocif(-ive)
**pernickety** [pə'nɪkɪtɪ] *adj* (*inf*)
pointilleux(-euse), tatillon(ne); (*task*)
minutieux(-euse)
**perpendicular** [pɜːpən'dɪkjulə<sup>r</sup>] *adj, n*
perpendiculaire *f*
**perpetrate** ['pɜːpɪtreɪt] *vt* perpétrer, commettre
**perpetual** [pə'pɛtjuəl] *adj* perpétuel(le)
**perpetuate** [pə'pɛtjueɪt] *vt* perpétuer
**perpetuity** [pɜːpɪ'tjuːɪtɪ] *n*: **in ~** à perpétuité
**perplex** [pə'plɛks] *vt* (*person*) rendre perplexe;
(*complicate*) embrouiller
**perplexing** [pə'plɛksɪŋ] *adj* embarrassant(e)
**perquisites** ['pɜːkwɪzɪts] *npl* (*also:* **perks**)
avantages *mpl* annexes
**persecute** ['pɜːsɪkjuːt] *vt* persécuter
**persecution** [pɜːsɪ'kjuːʃən] *n* persécution *f*
**perseverance** [pɜːsɪ'vɪərns] *n* persévérance *f*,
ténacité *f*
**persevere** [pɜːsɪ'vɪə<sup>r</sup>] *vi* persévérer
**Persia** ['pɜːʃə] *n* Perse *f*
**Persian** ['pɜːʃən] *adj* persan(e) ▷ *n* (*Ling*) persan
*m*; **the ~ Gulf** le golfe Persique
**Persian cat** *n* chat persan
**persist** [pə'sɪst] *vi*: **to ~ (in doing)** persister (à
faire), s'obstiner (à faire)
**persistence** [pə'sɪstəns] *n* persistance *f*,
obstination *f*; opiniâtreté *f*
**persistent** [pə'sɪstənt] *adj* persistant(e), tenace;
(*lateness, rain*) persistant; **~ offender** (*Law*)
multirécidiviste *m/f*
**persnickety** [pə'snɪkɪtɪ] *adj* (*US inf*) =
**pernickety**
**person** ['pɜːsn] *n* personne *f*; **in ~** en personne;
**on** *or* **about one's ~** sur soi; **~ to ~ call** (*Tel*)
appel *m* avec préavis
**personable** ['pɜːsnəbl] *adj* de belle prestance,
au physique attrayant
**personal** ['pɜːsnl] *adj* personnel(le); **~
belongings, ~ effects** effets personnels; **~**

**hygiene** hygiène *f* intime; **a ~ interview** un
entretien
**personal allowance** *n* (*Tax*) part *f* du revenu
non imposable
**personal assistant** *n* secrétaire personnel(le)
**personal call** *n* (*Tel*) communication *f* avec
préavis
**personal column** *n* annonces personnelles
**personal computer** *n* ordinateur individuel,
PC *m*
**personal details** *npl* (*on form etc*) coordonnées *fpl*
**personal identification number** *n* (*Comput,
Banking*) numéro *m* d'identification personnel
**personality** [pɜːsə'nælɪtɪ] *n* personnalité *f*
**personally** ['pɜːsnəlɪ] *adv* personnellement; **to
take sth ~** se sentir visé(e) par qch
**personal organizer** *n* agenda (personnel);
(*electronic*) agenda électronique
**personal property** *n* biens personnels
**personal stereo** *n* Walkman® *m*, baladeur *m*
**personify** [pə'sɒnɪfaɪ] *vt* personnifier
**personnel** [pɜːsə'nɛl] *n* personnel *m*
**personnel department** *n* service *m* du
personnel
**personnel manager** *n* chef *m* du personnel
**perspective** [pə'spɛktɪv] *n* perspective *f*; **to get
sth into ~** ramener qch à sa juste mesure
**perspex**® ['pɜːspɛks] *n* (*Brit*) Plexiglas® *m*
**perspicacity** [pɜːspɪ'kæsɪtɪ] *n* perspicacité *f*
**perspiration** [pɜːspɪ'reɪʃən] *n* transpiration *f*
**perspire** [pə'spaɪə<sup>r</sup>] *vi* transpirer
**persuade** [pə'sweɪd] *vt*: **to ~ sb to do sth**
persuader qn de faire qch, amener *or* décider qn
à faire qch; **to ~ sb of sth/that** persuader qn de
qch/que
**persuasion** [pə'sweɪʒən] *n* persuasion *f*; (*creed*)
conviction *f*
**persuasive** [pə'sweɪsɪv] *adj* persuasif(-ive)
**pert** [pɜːt] *adj* coquin(e), mutin(e)
**pertaining** [pɜː'teɪnɪŋ]: **~ to** *prep* relatif(-ive) à
**pertinent** ['pɜːtɪnənt] *adj* pertinent(e)
**perturb** [pə'tɜːb] *vt* troubler, inquiéter
**perturbing** [pə'tɜːbɪŋ] *adj* troublant(e)
**Peru** [pə'ruː] *n* Pérou *m*
**perusal** [pə'ruːzl] *n* lecture (attentive)
**Peruvian** [pə'ruːvjən] *adj* péruvien(ne) ▷ *n*
Péruvien(ne)
**pervade** [pə'veɪd] *vt* se répandre dans, envahir
**pervasive** [pə'veɪsɪv] *adj* (*smell*) pénétrant(e);
(*influence*) insidieux(-euse); (*gloom, ideas*)
diffus(e)
**perverse** [pə'vɜːs] *adj* pervers(e); (*contrary*)
entêté(e), contrariant(e)
**perversion** [pə'vɜːʃən] *n* perversion *f*
**perversity** [pə'vɜːsɪtɪ] *n* perversité *f*
**pervert** *n* ['pɜːvɜːt] perverti(e) ▷ *vt* [pə'vɜːt]
pervertir; (*words*) déformer
**pessimism** ['pɛsɪmɪzəm] *n* pessimisme *m*
**pessimist** ['pɛsɪmɪst] *n* pessimiste *m/f*
**pessimistic** [pɛsɪ'mɪstɪk] *adj* pessimiste
**pest** [pɛst] *n* animal *m* (*or* insecte *m*) nuisible;
(*fig*) fléau *m*

**pest control** n lutte f contre les nuisibles
**pester** ['pɛstər] vt importuner, harceler
**pesticide** ['pɛstɪsaɪd] n pesticide m
**pestilence** ['pɛstɪləns] n peste f
**pestle** ['pɛsl] n pilon m
**pet** [pɛt] n animal familier; (favourite) chouchou
m ▷ cpd (favourite) favori(e) ▷ vt choyer; (stroke)
caresser, câliner ▷ vi (inf) se peloter; ~ **lion** etc
lion etc apprivoisé; **teacher's** ~ chouchou m du
professeur; ~ **hate** bête noire
**petal** ['pɛtl] n pétale m
**peter** ['pi:tər]: **to** ~ **out** vi s'épuiser; s'affaiblir
**petite** [pə'ti:t] adj menu(e)
**petition** [pə'tɪʃən] n pétition f ▷ vt adresser une
pétition à ▷ vi: **to** ~ **for divorce** demander le
divorce
**pet name** n (Brit) petit nom
**petrified** ['pɛtrɪfaɪd] adj (fig) mort(e) de peur
**petrify** ['pɛtrɪfaɪ] vt pétrifier
**petrochemical** [pɛtrə'kɛmɪkl] adj
pétrochimique
**petrodollars** ['pɛtrəudɔləz] npl pétrodollars mpl
**petrol** ['pɛtrəl] n (Brit) essence f; **I've run out of**
~ je suis en panne d'essence
**petrol bomb** n cocktail m Molotov
**petrol can** n (Brit) bidon m à essence
**petrol engine** n (Brit) moteur m à essence
**petroleum** [pə'trəuliəm] n pétrole m
**petroleum jelly** n vaseline f
**petrol pump** n (Brit: in car, at garage) pompe f à
essence
**petrol station** n (Brit) station-service f
**petrol tank** n (Brit) réservoir m d'essence
**petticoat** ['pɛtɪkəut] n jupon m
**pettifogging** ['pɛtɪfɔgɪŋ] adj chicanier(-ière)
**pettiness** ['pɛtɪnɪs] n mesquinerie f
**petty** ['pɛtɪ] adj (mean) mesquin(e); (unimportant)
insignifiant(e), sans importance
**petty cash** n caisse f des dépenses courantes,
petite caisse
**petty officer** n second-maître m
**petulant** ['pɛtjulənt] adj irritable
**pew** [pju:] n banc m (d'église)
**pewter** ['pju:tər] n étain m
**Pfc** abbr (US Mil) = **private first class**
**PG** n abbr (Cine: = parental guidance) avis des parents
recommandé
**PGA** n abbr = **Professional Golfers Association**
**PH** n abbr (US Mil = Purple Heart) décoration accordée
aux blessés de guerre
**PHA** n abbr (US: = Public Housing Administration)
organisme d'aide à la construction
**phallic** ['fælɪk] adj phallique
**phantom** ['fæntəm] n fantôme m; (vision)
fantasme m
**Pharaoh** ['fɛərəu] n pharaon m
**pharmaceutical** [fɑ:mə'sju:tɪkl] adj
pharmaceutique ▷ n: ~**s** produits mpl
pharmaceutiques
**pharmacist** ['fɑ:məsɪst] n pharmacien(ne)
**pharmacy** ['fɑ:məsɪ] n pharmacie f
**phase** [feɪz] n phase f, période f

▶ **phase in** vt introduire progressivement
▶ **phase out** vt supprimer progressivement
**Ph.D.** abbr = **Doctor of Philosophy**
**pheasant** ['fɛznt] n faisan m
**phenomena** [fə'nɔmɪnə] npl of **phenomenon**
**phenomenal** [fɪ'nɔmɪnl] adj phénoménal(e)
**phenomenon** (pl **phenomena**) [fə'nɔmɪnən, -
nə] n phénomène m
**phew** [fju:] excl ouf!
**phial** ['faɪəl] n fiole f
**philanderer** [fɪ'lændərər] n don Juan m
**philanthropic** [fɪlən'θrɔpɪk] adj
philanthropique
**philanthropist** [fɪ'lænθrəpɪst] n philanthrope
m/f
**philatelist** [fɪ'lætəlɪst] n philatéliste m/f
**philately** [fɪ'lætəlɪ] n philatélie f
**Philippines** ['fɪlɪpi:nz] npl (also: **Philippine
Islands**): **the** ~ les Philippines fpl
**philosopher** [fɪ'lɔsəfər] n philosophe m
**philosophical** [fɪlə'sɔfɪkl] adj philosophique
**philosophy** [fɪ'lɔsəfɪ] n philosophie f
**phishing** ['fɪʃɪŋ] n phishing m
**phlegm** [flɛm] n flegme m
**phlegmatic** [flɛg'mætɪk] adj flegmatique
**phobia** ['fəubjə] n phobie f
**phone** [fəun] n téléphone m ▷ vt téléphoner à
▷ vi téléphoner; **to be on the** ~ avoir le
téléphone; (be calling) être au téléphone
▶ **phone back** vt, vi rappeler
▶ **phone up** vt téléphoner à ▷ vi téléphoner
**phone bill** n facture f de téléphone
**phone book** n annuaire m
**phone box**, (US) **phone booth** n cabine f
téléphonique
**phone call** n coup m de fil or de téléphone
**phonecard** ['fəunkɑ:d] n télécarte f
**phone-in** ['fəunɪn] n (Brit Radio, TV)
programme m à ligne ouverte
**phone number** n numéro m de téléphone
**phone tapping** [-tæpɪŋ] n mise f sur écoutes
téléphoniques
**phonetics** [fə'nɛtɪks] n phonétique f
**phoney** ['fəunɪ] adj faux (fausse), factice;
(person) pas franc (franche) ▷ n (person)
charlatan m; fumiste m/f
**phonograph** ['fəunəgrɑ:f] n (US)
électrophone m
**phony** ['fəunɪ] adj, n = **phoney**
**phosphate** ['fɔsfeɪt] n phosphate m
**phosphorus** ['fɔsfərəs] n phosphore m
**photo** ['fəutəu] n photo f; **to take a** ~ **of** prendre
en photo
**photo...** ['fəutəu] prefix photo...
**photo album** n album m de photos
**photocall** ['fəutəukɔ:l] n séance f de photos
pour la presse
**photocopier** ['fəutəukɔpɪər] n copieur m
**photocopy** ['fəutəukɔpɪ] n photocopie f ▷ vt
photocopier
**photoelectric** [fəutəur'lɛktrɪk] adj
photoélectrique; ~ **cell** cellule f photoélectrique

719

**Photofit**® ['fəʊtəʊfɪt] n portrait-robot m
**photogenic** [fəʊtəʊ'dʒɛnɪk] adj photogénique
**photograph** ['fəʊtəgrɑːf] n photographie f ▷ vt
photographier; **to take a ~ of sb** prendre qn en
photo
**photographer** [fə'tɔgrəfər] n photographe m/f
**photographic** [fəʊtə'græfɪk] adj
photographique
**photography** [fə'tɔgrəfɪ] n photographie f
**photo opportunity** n occasion, souvent arrangée,
pour prendre des photos d'une personnalité.
**Photostat**® ['fəʊtəʊstæt] n photocopie f,
photostat m
**photosynthesis** [fəʊtəʊ'sɪnθəsɪs] n
photosynthèse f
**phrase** [freɪz] n expression f; (Ling) locution f
▷ vt exprimer; (letter) rédiger
**phrase book** n recueil m d'expressions (pour
touristes)
**physical** ['fɪzɪkl] adj physique; **~ examination**
examen médical; **~ exercises** gymnastique f
**physical education** n éducation f physique
**physically** ['fɪzɪklɪ] adv physiquement
**physician** [fɪ'zɪʃən] n médecin m
**physicist** ['fɪzɪsɪst] n physicien(ne)
**physics** ['fɪzɪks] n physique f
**physiological** [fɪzɪə'lɔdʒɪkl] adj physiologique
**physiology** [fɪzɪ'ɔlədʒɪ] n physiologie f
**physiotherapist** [fɪzɪəʊ'θɛrəpɪst] n
kinésithérapeute m/f
**physiotherapy** [fɪzɪəʊ'θɛrəpɪ] n
kinésithérapie f
**physique** [fɪ'ziːk] n (appearance) physique m;
(health etc) constitution f
**pianist** ['piːənɪst] n pianiste m/f
**piano** [pɪ'ænəʊ] n piano m
**piano accordion** n (Brit) accordéon m à touches
**Picardy** ['pɪkədɪ] n Picardie f
**piccolo** ['pɪkələʊ] n piccolo m
**pick** [pɪk] n (tool: also: **pick-axe**) pic m, pioche f
▷ vt choisir; (gather) cueillir; (remove) prendre;
(lock) forcer; (scab, spot) gratter, écorcher; **take
your ~** faites votre choix; **the ~ of** le (la)
meilleur(e) de; **to ~ a bone** ronger un os; **to ~
one's nose** se mettre les doigts dans le nez; **to ~
one's teeth** se curer les dents; **to ~ sb's brains**
faire appel aux lumières de qn; **to ~ pockets**
pratiquer le vol à la tire; **to ~ a quarrel with sb**
chercher noise à qn
▶ **pick at** vt fus: **to ~ at one's food** manger du
bout des dents, chipoter
▶ **pick off** vt (kill) (viser soigneusement et)
abattre
▶ **pick on** vt fus (person) harceler
▶ **pick out** vt choisir; (distinguish) distinguer
▶ **pick up** vi (improve) remonter, s'améliorer ▷ vt
ramasser; (telephone) décrocher; (collect) passer
prendre; (Aut: give lift to) prendre; (learn)
apprendre; (Radio) capter; **to ~ up speed**
prendre de la vitesse; **to ~ o.s. up** se relever; **to
~ up where one left off** reprendre là où l'on
s'est arrêté

**pickaxe**, (US) **pickax** ['pɪkæks] n pioche f
**picket** ['pɪkɪt] n (in strike) gréviste m/f participant
à un piquet de grève; piquet m de grève ▷ vt
mettre un piquet de grève devant
**picket line** n piquet m de grève
**pickings** ['pɪkɪŋz] npl: **there are rich ~ to be
had in ...** il y a gros à gagner dans ...
**pickle** ['pɪkl] n (also: **pickles**: as condiment) pickles
mpl ▷ vt conserver dans du vinaigre or dans de
la saumure; **in a ~** (fig) dans le pétrin
**pick-me-up** ['pɪkmiːʌp] n remontant m
**pickpocket** ['pɪkpɔkɪt] n pickpocket m
**pick-up** ['pɪkʌp] n (also: **pick-up truck**) pick-up m
inv; (Brit: on record player) bras m pick-up
**picnic** ['pɪknɪk] n pique-nique m ▷ vi pique-
niquer
**picnic area** n aire f de pique-nique
**picnicker** ['pɪknɪkər] n pique-niqueur(-euse)
**pictorial** [pɪk'tɔːrɪəl] adj illustré(e)
**picture** ['pɪktʃər] n (also TV) image f; (painting)
peinture f, tableau m; (photograph)
photo(graphie) f; (drawing) dessin m; (film) film
m; (fig: description) description f ▷ vt (imagine) se
représenter; (describe) dépeindre, représenter;
**pictures** npl: **the ~s** (Brit) le cinéma; **to take a ~
of sb/sth** prendre qn/qch en photo; **would you
take a ~ of us, please?** pourriez-vous nous
prendre en photo, s'il vous plaît?; **the overall ~**
le tableau d'ensemble; **to put sb in the ~**
mettre qn au courant
**picture book** n livre m d'images
**picture frame** n cadre m
**picture messaging** n picture messaging m,
messagerie f d'images
**picturesque** [pɪktʃə'rɛsk] adj pittoresque
**picture window** n baie vitrée, fenêtre f
panoramique
**piddling** ['pɪdlɪŋ] adj (inf) insignifiant(e)
**pie** [paɪ] n tourte f; (of fruit) tarte f; (of meat)
pâté m en croûte
**piebald** ['paɪbɔːld] adj pie inv
**piece** [piːs] n morceau m; (of land) parcelle f;
(item): **a ~ of furniture/advice** un meuble/
conseil; (Draughts) pion m ▷ vt: **to ~ together**
rassembler; **in ~s** (broken) en morceaux, en
miettes; (not yet assembled) en pièces détachées;
**to take to ~s** démonter; **in one ~** (object)
intact(e); **to get back all in one ~** (person)
rentrer sain et sauf; **a 10p ~** (Brit) une pièce de
10p; **~ by ~** morceau par morceau; **a six-~ band**
un orchestre de six musiciens; **to say one's ~**
réciter son morceau
**piecemeal** ['piːsmiːl] adv par bouts
**piece rate** n taux m or tarif m à la pièce
**piecework** ['piːswəːk] n travail m aux pièces or à
la pièce
**pie chart** n graphique m à secteurs,
camembert m
**Piedmont** ['piːdmɔnt] n Piémont m
**pier** [pɪər] n jetée f; (of bridge etc) pile f
**pierce** [pɪəs] vt percer, transpercer; **to have
one's ears ~d** se faire percer les oreilles

**pierced** [pɪəst] *adj (ears)* percé(e)
**piercing** ['pɪəsɪŋ] *adj (cry)* perçant(e)
**piety** ['paɪətɪ] *n* piété f
**piffling** ['pɪflɪŋ] *adj* insignifiant(e)
**pig** [pɪg] *n* cochon m, porc m; *(pej: unkind person)* mufle m; *(: greedy person)* goinfre m
**pigeon** ['pɪdʒən] *n* pigeon m
**pigeonhole** ['pɪdʒənhəʊl] *n* casier m
**pigeon-toed** ['pɪdʒəntəʊd] *adj* marchant les pieds en dedans
**piggy bank** ['pɪgɪ-] *n* tirelire f
**pigheaded** ['pɪg'hɛdɪd] *adj* entêté(e), têtu(e)
**piglet** ['pɪglɪt] *n* petit cochon, porcelet m
**pigment** ['pɪgmənt] *n* pigment m
**pigmentation** [pɪgmən'teɪʃən] *n* pigmentation f
**pigmy** ['pɪgmɪ] *n* = **pygmy**
**pigskin** ['pɪgskɪn] *n* (peau f de) porc m
**pigsty** ['pɪgstaɪ] *n* porcherie f
**pigtail** ['pɪgteɪl] *n* natte f, tresse f
**pike** [paɪk] *n (spear)* pique f; *(fish)* brochet m
**pilchard** ['pɪltʃəd] *n* pilchard m *(sorte de sardine)*
**pile** [paɪl] *n (pillar, of books)* pile f; *(heap)* tas m; *(of carpet)* épaisseur f; **in a ~** en tas
  ▶ **pile on** *vt*: **to ~ it on** *(inf)* exagérer
  ▶ **pile up** *vi (accumulate)* s'entasser, s'accumuler ▷ *vt (put in heap)* empiler, entasser; *(accumulate)* accumuler
**piles** [paɪlz] *npl* hémorroïdes fpl
**pile-up** ['paɪlʌp] *n (Aut)* télescopage m, collision f en série
**pilfer** ['pɪlfəʳ] *vt* chaparder ▷ *vi* commettre des larcins
**pilfering** ['pɪlfərɪŋ] *n* chapardage m
**pilgrim** ['pɪlgrɪm] *n* pèlerin m; *voir article*

● **PILGRIM FATHERS**
●
● Les *Pilgrim Fathers* ("Pères pèlerins") sont un
● groupe de puritains qui quittèrent
● l'Angleterre en 1620 pour fuir les
● persécutions religieuses. Ayant traversé
● l'Atlantique à bord du "Mayflower", ils
● fondèrent New Plymouth en Nouvelle-
● Angleterre, dans ce qui est aujourd'hui le
● Massachusetts. Ces Pères pèlerins sont
● considérés comme les fondateurs des États-
● Unis, et l'on commémore chaque année, le
● jour de "Thanksgiving", la réussite de leur
● première récolte.

**pilgrimage** ['pɪlgrɪmɪdʒ] *n* pèlerinage m
**pill** [pɪl] *n* pilule f; **the ~** la pilule; **to be on the ~** prendre la pilule
**pillage** ['pɪlɪdʒ] *vt* piller
**pillar** ['pɪləʳ] *n* pilier m
**pillar box** *n (Brit)* boîte f aux lettres *(publique)*
**pillion** ['pɪljən] *n (of motor cycle)* siège m arrière; **to ride ~** être derrière; *(on horse)* être en croupe
**pillory** ['pɪlərɪ] *n* pilori m ▷ *vt* mettre au pilori
**pillow** ['pɪləʊ] *n* oreiller m
**pillowcase** ['pɪləʊkeɪs], **pillowslip** ['pɪləʊslɪp]

*n* taie f d'oreiller
**pilot** ['paɪlət] *n* pilote m ▷ *cpd (scheme etc)* pilote, expérimental(e) ▷ *vt* piloter
**pilot boat** *n* bateau-pilote m
**pilot light** *n* veilleuse f
**pimento** [pɪ'mɛntəʊ] *n* piment m
**pimp** [pɪmp] *n* souteneur m, maquereau m
**pimple** ['pɪmpl] *n* bouton m
**pimply** ['pɪmplɪ] *adj* boutonneux(-euse)
**PIN** *n abbr (= personal identification number)* code m confidentiel
**pin** [pɪn] *n* épingle f; *(Tech)* cheville f; *(Brit: drawing pin)* punaise f; *(in grenade)* goupille f; *(Brit Elec: of plug)* broche f ▷ *vt* épingler; **~s and needles** fourmis fpl; **to ~ sb against/to** clouer qn contre/à; **to ~ sb down** *(fig)* coincer qn; **to ~ sth on sb** *(fig)* mettre qch sur le dos de qn
  ▶ **pin down** *vt (fig)*: **to ~ sb down** obliger qn à répondre; **there's something strange here but I can't quite ~ it down** il y a quelque chose d'étrange ici, mais je n'arrive pas exactement à savoir quoi
**pinafore** ['pɪnəfɔːʳ] *n* tablier m
**pinafore dress** *n* robe-chasuble f
**pinball** ['pɪnbɔːl] *n* flipper m
**pincers** ['pɪnsəz] *npl* tenailles fpl
**pinch** [pɪntʃ] *n* pincement m; *(of salt etc)* pincée f ▷ *vt* pincer; *(inf: steal)* piquer, chiper ▷ *vi (shoe)* serrer; **at a ~** à la rigueur; **to feel the ~** *(fig)* se ressentir des restrictions *(or de la récession etc)*
**pinched** [pɪntʃt] *adj (drawn)* tiré(e); **~ with cold** transi(e) de froid; **~ for** *(short of)*: **~ for money** à court d'argent; **~ for space** à l'étroit
**pincushion** ['pɪnkʊʃən] *n* pelote f à épingles
**pine** [paɪn] *n (also: pine tree)* pin m ▷ *vi*: **to ~ for** aspirer à, désirer ardemment
  ▶ **pine away** *vi* dépérir
**pineapple** ['paɪnæpl] *n* ananas m
**pine cone** *n* pomme f de pin
**ping** [pɪŋ] *n (noise)* tintement m
**ping-pong**® ['pɪŋpɒŋ] *n* ping-pong® m
**pink** [pɪŋk] *adj* rose ▷ *n (colour)* rose m; *(Bot)* œillet m, mignardise f
**pinking shears** ['pɪŋkɪŋ-] *npl* ciseaux mpl à denteler
**pin money** *n (Brit)* argent m de poche
**pinnacle** ['pɪnəkl] *n* pinacle m
**pinpoint** ['pɪnpɔɪnt] *vt* indiquer (avec précision)
**pinstripe** ['pɪnstraɪp] *n* rayure très fine
**pint** [paɪnt] *n* pinte f *(Brit = 0,57 l; US = 0,47 l)*; *(Brit inf)* ≈ demi m, ≈ pot m
**pinup** ['pɪnʌp] *n* pin-up f inv
**pioneer** [paɪə'nɪəʳ] *n* explorateur(-trice); *(early settler)* pionnier m; *(fig)* pionnier, précurseur m ▷ *vt* être un pionnier de
**pious** ['paɪəs] *adj* pieux(-euse)
**pip** [pɪp] *n (seed)* pépin m; **pips** *npl*: **the ~s** *(Brit: time signal on radio)* le top
**pipe** [paɪp] *n* tuyau m, conduite f; *(for smoking)* pipe f; *(Mus)* pipeau m ▷ *vt* amener par tuyau; **pipes** *npl (also: bagpipes)* cornemuse f
  ▶ **pipe down** *vi (inf)* se taire

**P**

**pipe cleaner** n cure-pipe m

**piped music** [paɪpt-] n musique f de fond

**pipe dream** n chimère f, utopie f

**pipeline** ['paɪplaɪn] n (for gas) gazoduc m, pipeline m; (for oil) oléoduc m, pipeline; **it is in the ~** (fig) c'est en route, ça va se faire

**piper** ['paɪpəʳ] n (flautist) joueur(-euse) de pipeau; (of bagpipes) joueur(-euse) de cornemuse

**pipe tobacco** n tabac m pour la pipe

**piping** ['paɪpɪŋ] adv: **~ hot** très chaud(e)

**piquant** ['piːkənt] adj piquant(e)

**pique** [piːk] n dépit m

**piracy** ['paɪərəsɪ] n piraterie f

**pirate** ['paɪərət] n pirate m ▷ vt (CD, video, book) pirater

**pirated** ['paɪərətɪd] adj pirate

**pirate radio** n (Brit) radio f pirate

**pirouette** [pɪruˈet] n pirouette f ▷ vi faire une or des pirouette(s)

**Pisces** ['paɪsiːz] n les Poissons mpl; **to be ~** être des Poissons

**piss** [pɪs] vi (inf!) pisser (!); **~ off!** tire-toi! (!)

**pissed** [pɪst] (inf!) adj (Brit: drunk) bourré(e); (US: angry) furieux(-euse)

**pistol** ['pɪstl] n pistolet m

**piston** ['pɪstən] n piston m

**pit** [pɪt] n trou m, fosse f; (also: **coal pit**) puits m de mine; (also: **orchestra pit**) fosse d'orchestre; (US: fruit stone) noyau m ▷ vt: **to ~ sb against sb** opposer qn à qn; **to ~ o.s.** or **one's wits against** se mesurer à; **pits** npl (in motor racing) aire f de service

**pitapat** ['pɪtəˈpæt] adv (Brit): **to go ~** (heart) battre la chamade; (rain) tambouriner

**pitch** [pɪtʃ] n (Brit Sport) terrain m; (throw) lancement m; (Mus) ton m; (of voice) hauteur f; (fig: degree) degré m; (also: **sales pitch**) baratin m, boniment m; (Naut) tangage m; (tar) poix f ▷ vt (throw) lancer; (tent) dresser; (set: price, message) adapter, positionner ▷ vi (Naut) tanguer; (fall): **to ~ into/off** tomber dans/de; **to be ~ed forward** être projeté(e) en avant; **at this ~** à ce rythme

**pitch-black** ['pɪtʃ'blæk] adj noir(e) comme poix

**pitched battle** [pɪtʃt-] n bataille rangée

**pitcher** ['pɪtʃəʳ] n cruche f

**pitchfork** ['pɪtʃfɔːk] n fourche f

**piteous** ['pɪtɪəs] adj pitoyable

**pitfall** ['pɪtfɔːl] n trappe f, piège m

**pith** [pɪθ] n (of plant) moelle f; (of orange etc) intérieur m de l'écorce; (fig) essence f; vigueur f

**pithead** ['pɪthɛd] n (Brit) bouche f de puits

**pithy** ['pɪθɪ] adj piquant(e); vigoureux(-euse)

**pitiable** ['pɪtɪəbl] adj pitoyable

**pitiful** ['pɪtɪful] adj (touching) pitoyable; (contemptible) lamentable

**pitifully** ['pɪtɪfəlɪ] adv pitoyablement; lamentablement

**pitiless** ['pɪtɪlɪs] adj impitoyable

**pittance** ['pɪtns] n salaire m de misère

**pitted** ['pɪtɪd] adj: **~ with** (chickenpox) grêlé(e) par; (rust) piqué(e) de

**pity** ['pɪtɪ] n pitié f ▷ vt plaindre; **what a ~!** quel dommage!; **it is a ~ that you can't come** c'est dommage que vous ne puissiez venir; **to have** or **take ~ on sb** avoir pitié de qn

**pitying** ['pɪtɪɪŋ] adj compatissant(e)

**pivot** ['pɪvət] n pivot m ▷ vi pivoter

**pixel** ['pɪksl] n (Comput) pixel m

**pixie** ['pɪksɪ] n lutin m

**pizza** ['piːtsə] n pizza f

**placard** ['plækɑːd] n affiche f; (in march) pancarte f

**placate** [pləˈkeɪt] vt apaiser, calmer

**placatory** [pləˈkeɪtərɪ] adj d'apaisement, lénifiant(e)

**place** [pleɪs] n endroit m, lieu m; (proper position, job, rank, seat) place f; (house) maison f, logement m; (in street names): **Laurel ~** = rue des Lauriers; (home): **at/to his ~** chez lui ▷ vt (position) placer, mettre; (identify) situer; reconnaître; **to take ~** avoir lieu; (occur) se produire; **to take sb's ~** remplacer qn; **to change ~s with sb** changer de place avec qn; **from ~ to ~** d'un endroit à l'autre; **all over the ~** partout; **out of ~** (not suitable) déplacé(e), inopportun(e); **I feel out of ~ here** je ne me sens pas à ma place ici; **in the first ~** d'abord, en premier; **to put sb in his ~** (fig) remettre qn à sa place; **he's going ~s** (fig: inf) il fait son chemin; **it is not my ~ to do it** ce n'est pas à moi de le faire; **to ~ an order with sb (for)** (Comm) passer commande à qn (de); **to be ~d** (in race, exam) se placer; **how are you ~d next week?** comment ça se présente pour la semaine prochaine?

**placebo** [pləˈsiːbəu] n placebo m

**place mat** n set m de table; (in linen etc) napperon m

**placement** ['pleɪsmənt] n placement m; (during studies) stage m

**place name** n nom m de lieu

**placenta** [pləˈsɛntə] n placenta m

**placid** ['plæsɪd] adj placide

**placidity** [pləˈsɪdɪtɪ] n placidité f

**plagiarism** ['pleɪdʒjərɪzəm] n plagiat m

**plagiarist** ['pleɪdʒjərɪst] n plagiaire m/f

**plagiarize** ['pleɪdʒjəraɪz] vt plagier

**plague** [pleɪg] n fléau m; (Med) peste f ▷ vt (fig) tourmenter; **to ~ sb with questions** harceler qn de questions

**plaice** [pleɪs] n (pl inv) carrelet m

**plaid** [plæd] n tissu écossais

**plain** [pleɪn] adj (in one colour) uni(e); (clear) clair(e), évident(e); (simple) simple, ordinaire; (frank) franc (franche); (not handsome) quelconque, ordinaire; (cigarette) sans filtre; (without seasoning etc) nature inv ▷ adv franchement, carrément ▷ n plaine f; **in ~ clothes** (police) en civil; **to make sth ~ to sb** faire clairement comprendre qch à qn

**plain chocolate** n chocolat m à croquer

**plainly** ['pleɪnlɪ] adv clairement; (frankly) carrément, sans détours

**plainness** ['pleɪnnɪs] n simplicité f

**plain speaking** n propos mpl sans équivoque; **she has a reputation for ~** elle est bien connue pour son franc parler or sa franchise

**plaintiff** ['pleɪntɪf] n plaignant(e)

**plaintive** ['pleɪntɪv] adj plaintif(-ive)

**plait** [plæt] n tresse f, natte f ▷ vt tresser, natter

**plan** [plæn] n plan m; (scheme) projet m ▷ vt (think in advance) projeter; (prepare) organiser ▷ vi faire des projets; **to ~ to do** projeter de faire; **how long do you ~ to stay?** combien de temps comptez-vous rester?

**plane** [pleɪn] n (Aviat) avion m; (also: **plane tree**) platane m; (tool) rabot m; (Art, Math etc) plan m; (fig) niveau m, plan ▷ adj plan(e); plat(e) ▷ vt (with tool) raboter

**planet** ['plænɪt] n planète f

**planetarium** [plænɪ'tɛərɪəm] n planétarium m

**plank** [plæŋk] n planche f; (Pol) point m d'un programme

**plankton** ['plæŋktən] n plancton m

**planned economy** [plænd-] n économie planifiée

**planner** ['plænəʳ] n planificateur(-trice); (chart) planning m; **town** or (US) **city ~** urbaniste m/f

**planning** ['plænɪŋ] n planification f; **family ~** planning familial

**planning permission** n (Brit) permis m de construire

**plant** [plɑ:nt] n plante f; (machinery) matériel m; (factory) usine f ▷ vt planter; (bomb) déposer, poser; (microphone, evidence) cacher

**plantation** [plæn'teɪʃən] n plantation f

**plant pot** n (Brit) pot m de fleurs

**plaque** [plæk] n plaque f

**plasma** ['plæzmə] n plasma m

**plaster** ['plɑ:stəʳ] n plâtre m; (also: **plaster of Paris**) plâtre à mouler; (Brit: also: **sticking plaster**) pansement adhésif ▷ vt plâtrer; (cover): **to ~ with** couvrir de; **in ~** (Brit: leg etc) dans le plâtre

**plasterboard** ['plɑ:stəbɔ:d] n Placoplâtre® m

**plaster cast** n (Med) plâtre m; (model, statue) moule m

**plastered** ['plɑ:stəd] adj (inf) soûl(e)

**plasterer** ['plɑ:stərəʳ] n plâtrier m

**plastic** ['plæstɪk] n plastique m ▷ adj (made of plastic) en plastique; (flexible) plastique, malléable; (art) plastique

**plastic bag** n sac m en plastique

**plastic bullet** n balle f de plastique

**plastic explosive** n plastic m

**plasticine®** ['plæstɪsi:n] n pâte f à modeler

**plastic surgery** n chirurgie f esthétique

**plate** [pleɪt] n (dish) assiette f; (sheet of metal, on door: Phot) plaque f; (Typ) cliché m; (in book) gravure f; (dental) dentier m; (Aut: number plate) plaque minéralogique; **gold/silver ~** (dishes) vaisselle f d'or/d'argent

**plateau** (pl **-s** or **-x**) ['plætəu, -z] n plateau m

**plateful** ['pleɪtful] n assiette f, assiettée f

**plate glass** n verre m à vitre, vitre f

**platen** ['plætən] n (on typewriter, printer) rouleau m

**plate rack** n égouttoir m

**platform** ['plætfɔ:m] n (at meeting) tribune f; (Brit: of bus) plate-forme f; (stage) estrade f; (Rail) quai m; (Pol) plateforme f; **the train leaves from ~ 7** le train part de la voie 7

**platform ticket** n (Brit) billet m de quai

**platinum** ['plætɪnəm] n platine m

**platitude** ['plætɪtju:d] n platitude f, lieu commun

**platoon** [plə'tu:n] n peloton m

**platter** ['plætəʳ] n plat m

**plaudits** ['plɔ:dɪts] npl applaudissements mpl

**plausible** ['plɔ:zɪbl] adj plausible; (person) convaincant(e)

**play** [pleɪ] n jeu m; (Theat) pièce f (de théâtre) ▷ vt (game) jouer à; (team, opponent) jouer contre; (instrument) jouer de; (part, piece of music, note) jouer; (CD etc) passer ▷ vi jouer; **to bring** or **call into ~** faire entrer en jeu; **~ on words** jeu de mots; **to ~ safe** ne prendre aucun risque; **to ~ a trick on sb** jouer un tour à qn; **they're ~ing at soldiers** ils jouent aux soldats; **to ~ for time** (fig) chercher à gagner du temps; **to ~ into sb's hands** (fig) faire le jeu de qn
▸ **play about, play around** vi (person) s'amuser
▸ **play along** vi (fig): **to ~ along with** (person) entrer dans le jeu de ▷ vt (fig): **to ~ sb along** faire marcher qn
▸ **play back** vt repasser, réécouter
▸ **play down** vt minimiser
▸ **play on** vt fus (sb's feelings, credulity) jouer sur; **to ~ on sb's nerves** porter sur les nerfs de qn
▸ **play up** vi (cause trouble) faire des siennes

**playact** ['pleɪækt] vi jouer la comédie

**playboy** ['pleɪbɔɪ] n playboy m

**played-out** ['pleɪd'aut] adj épuisé(e)

**player** ['pleɪəʳ] n joueur(-euse); (Theat) acteur(-trice); (Mus) musicien(ne)

**playful** ['pleɪful] adj enjoué(e)

**playgoer** ['pleɪgəuəʳ] n amateur(-trice) de théâtre, habitué(e) des théâtres

**playground** ['pleɪgraund] n cour f de récréation; (in park) aire f de jeux

**playgroup** ['pleɪgru:p] n garderie f

**playing card** ['pleɪɪŋ-] n carte f à jouer

**playing field** ['pleɪɪŋ-] n terrain m de sport

**playmaker** ['pleɪmeɪkəʳ] n (Sport) joueur qui crée des occasions de marquer des buts pour ses coéquipiers.

**playmate** ['pleɪmeɪt] n camarade m/f, copain (copine)

**play-off** ['pleɪɔf] n (Sport) belle f

**playpen** ['pleɪpɛn] n parc m (pour bébé)

**playroom** ['pleɪru:m] n salle f de jeux

**playschool** ['pleɪsku:l] n = **playgroup**

**plaything** ['pleɪθɪŋ] n jouet m

**playtime** ['pleɪtaɪm] n (Scol) récréation f

**playwright** ['pleɪraɪt] n dramaturge m

**plc** abbr (Brit: = public limited company) ≈ SARL f

**plea** [pli:] n (request) appel m; (excuse) excuse f; (Law) défense f

**plea bargaining** n (Law) négociations entre le procureur, l'avocat de la défense et parfois le juge, pour *réduire la gravité des charges.*

**plead** [pli:d] *vt* plaider; (*give as excuse*) invoquer ▷ *vi* (*Law*) plaider; (*beg*): **to ~ with sb (for sth)** implorer qn (d'accorder qch); **to ~ for sth** implorer qch; **to ~ guilty/not guilty** plaider coupable/non coupable

**pleasant** ['plɛznt] *adj* agréable

**pleasantly** ['plɛzntlɪ] *adv* agréablement

**pleasantry** ['plɛzntrɪ] *n* (*joke*) plaisanterie *f*; **pleasantries** *npl* (*polite remarks*) civilités *fpl*

**please** [pli:z] *excl* s'il te (*or* vous) plaît ▷ *vt* plaire à ▷ *vi* (*think fit*): **do as you ~** faites comme il vous plaira; **my bill, ~** l'addition, s'il vous plaît; **~ don't cry!** je t'en prie, ne pleure pas!; **~ yourself!** (*inf*) (faites) comme vous voulez!

**pleased** [pli:zd] *adj*: **~ (with)** content(e) (de); **~ to meet you** enchanté (de faire votre connaissance); **we are ~ to inform you that ...** nous sommes heureux de vous annoncer que ...

**pleasing** ['pli:zɪŋ] *adj* plaisant(e), qui fait plaisir

**pleasurable** ['plɛʒərəbl] *adj* très agréable

**pleasure** ['plɛʒəʳ] *n* plaisir *m*; **"it's a ~"** "je vous en prie"; **with ~** avec plaisir; **is this trip for business or ~?** est-ce un voyage d'affaires ou d'agrément?

**pleasure cruise** *n* croisière *f*

**pleat** [pli:t] *n* pli *m*

**plebiscite** ['plɛbɪsɪt] *n* plébiscite *m*

**plebs** [plɛbz] *npl* (*pej*) bas peuple

**plectrum** ['plɛktrəm] *n* plectre *m*

**pledge** [plɛdʒ] *n* gage *m*; (*promise*) promesse *f* ▷ *vt* engager; promettre; **to ~ support for sb** s'engager à soutenir qn; **to ~ sb to secrecy** faire promettre à qn de garder le secret

**plenary** ['pli:nərɪ] *adj*: **in ~ session** en séance plénière

**plentiful** ['plɛntɪful] *adj* abondant(e), copieux(-euse)

**plenty** ['plɛntɪ] *n* abondance *f*; **~ of** beaucoup de; (*sufficient*) (bien) assez de; **we've got ~ of time** nous avons largement le temps

**pleurisy** ['pluərɪsɪ] *n* pleurésie *f*

**pliable** ['plaɪəbl] *adj* flexible; (*person*) malléable

**pliers** ['plaɪəz] *npl* pinces *fpl*

**plight** [plaɪt] *n* situation *f* critique

**plimsolls** ['plɪmsəlz] *npl* (*Brit*) (chaussures *fpl*) tennis *fpl*

**plinth** [plɪnθ] *n* socle *m*

**PLO** *n abbr* (= *Palestine Liberation Organization*) OLP *f*

**plod** [plɔd] *vi* avancer péniblement; (*fig*) peiner

**plodder** ['plɔdəʳ] *n* bûcheur(-euse)

**plodding** ['plɔdɪŋ] *adj* pesant(e)

**plonk** [plɔŋk] (*inf*) *n* (*Brit*: *wine*) pinard *m*, piquette *f* ▷ *vt*: **to ~ sth down** poser brusquement qch

**plot** [plɔt] *n* complot *m*, conspiration *f*; (*of story, play*) intrigue *f*; (*of land*) lot *m* de terrain, lopin *m* ▷ *vt* (*mark out*) tracer point par point; (*Naut*) pointer; (*make graph of*) faire le graphique de; (*conspire*) comploter ▷ *vi* comploter; **a vegetable ~** (*Brit*) un carré de légumes

**plotter** ['plɔtəʳ] *n* conspirateur(-trice); (*Comput*)

**plough**, (*US*) **plow** [plau] *n* charrue *f* ▷ *vt* (*earth*) labourer; **to ~ money into** investir dans
  ▶ **plough back** *vt* (*Comm*) réinvestir
  ▶ **plough through** *vt fus* (*snow etc*) avancer péniblement dans

**ploughing**, (*US*) **plowing** ['plauɪŋ] *n* labourage *m*

**ploughman**, (*US*) **plowman** ['plaumən] (*irreg*) *n* laboureur *m*

**plow** [plau] (*US*) = **plough**

**ploy** [plɔɪ] *n* stratagème *m*

**pls** *abbr* (= *please*) SVP *m*

**pluck** [plʌk] *vt* (*fruit*) cueillir; (*musical instrument*) pincer; (*bird*) plumer ▷ *n* courage *m*, cran *m*; **to ~ one's eyebrows** s'épiler les sourcils; **to ~ up courage** prendre son courage à deux mains

**plucky** ['plʌkɪ] *adj* courageux(-euse)

**plug** [plʌg] *n* (*stopper*) bouchon *m*, bonde *f*; (*Elec*) prise *f* de courant; (*Aut*: *also*: **spark(ing) plug**) bougie *f* ▷ *vt* (*hole*) boucher; (*inf*: *advertise*) faire du battage pour, matraquer; **to give sb/sth a ~** (*inf*) faire de la pub pour qn/qch
  ▶ **plug in** *vt* (*Elec*) brancher ▷ *vi* (*Elec*) se brancher

**plughole** ['plʌghəul] *n* (*Brit*) trou *m* (d'écoulement)

**plum** [plʌm] *n* (*fruit*) prune *f* ▷ *adj*: **~ job** (*inf*) travail *m* en or

**plumb** [plʌm] *adj* vertical(e) ▷ *n* plomb *m* ▷ *adv* (*exactly*) en plein ▷ *vt* sonder
  ▶ **plumb in** *vt* (*washing machine*) faire le raccordement de

**plumber** ['plʌməʳ] *n* plombier *m*

**plumbing** ['plʌmɪŋ] *n* (*trade*) plomberie *f*; (*piping*) tuyauterie *f*

**plumbline** ['plʌmlaɪn] *n* fil *m* à plomb

**plume** [plu:m] *n* plume *f*, plumet *m*

**plummet** ['plʌmɪt] *vi* (*person, object*) plonger; (*sales, prices*) dégringoler

**plump** [plʌmp] *adj* rondelet(te), dodu(e), bien en chair ▷ *vt*: **to ~ sth (down) on** laisser tomber qch lourdement sur
  ▶ **plump for** *vt fus* (*inf*: *choose*) se décider pour
  ▶ **plump up** *vt* (*cushion*) battre (pour lui redonner forme)

**plunder** ['plʌndəʳ] *n* pillage *m* ▷ *vt* piller

**plunge** [plʌndʒ] *n* plongeon *m*; (*fig*) chute *f* ▷ *vt* plonger ▷ *vi* (*fall*) tomber, dégringoler; (*dive*) plonger; **to take the ~** se jeter à l'eau

**plunger** ['plʌndʒəʳ] *n* piston *m*; (*for blocked sink*) (débouchoir *m* à) ventouse *f*

**plunging** ['plʌndʒɪŋ] *adj* (*neckline*) plongeant(e)

**pluperfect** [plu:'pə:fɪkt] *n* (*Ling*) plus-que-parfait *m*

**plural** ['pluərl] *adj* pluriel(le) ▷ *n* pluriel *m*

**plus** [plʌs] *n* (*also*: **plus sign**) signe *m* plus; (*advantage*) atout *m* ▷ *prep* plus; **ten/twenty ~** plus de dix/vingt; **it's a ~** c'est un atout

**plus fours** *npl* pantalon *m* (de) golf

**plush** [plʌʃ] *adj* somptueux(-euse) ▷ *n* peluche *f*

**ply** [plaɪ] *n* (*of wool*) fil *m*; (*of wood*) feuille *f*,

épaisseur f ▷ vt (tool) manier; (a trade) exercer ▷ vi (ship) faire la navette; **three ~ (wool)** n laine f trois fils; **to ~ sb with drink** donner continuellement à boire à qn
**plywood** ['plaɪwʊd] n contreplaqué m
**P.M.** n abbr (Brit) = **prime minister**
**p.m.** adv abbr (= post meridiem) de l'après-midi
**PMS** n abbr (= premenstrual syndrome) syndrome prémenstruel
**PMT** n abbr (= premenstrual tension) syndrome prémenstruel
**pneumatic** [nju:'mætɪk] adj pneumatique
**pneumatic drill** [nju:'mætɪk-] n marteau-piqueur m
**pneumonia** [nju:'məʊnɪə] n pneumonie f
**PO** n abbr (= Post Office) PTT fpl; (Mil) = **petty officer**
**po** abbr = **postal order**
**POA** n abbr (Brit) = **Prison Officers' Association**
**poach** [pəʊtʃ] vt (cook) pocher; (steal) pêcher (or chasser) sans permis ▷ vi braconner
**poached** [pəʊtʃt] adj (egg) poché(e)
**poacher** ['pəʊtʃər] n braconnier m
**poaching** ['pəʊtʃɪŋ] n braconnage m
**P.O. Box** n abbr = **post office box**
**pocket** ['pɔkɪt] n poche f ▷ vt empocher; **to be (£5) out of ~** (Brit) en être de sa poche (pour 5 livres)
**pocketbook** ['pɔkɪtbʊk] n (notebook) carnet m; (US: wallet) portefeuille m; (: handbag) sac m à main
**pocket knife** n canif m
**pocket money** n argent m de poche
**pockmarked** ['pɔkmɑ:kt] adj (face) grêlé(e)
**pod** [pɔd] n cosse f ▷ vt écosser
**podcast** n podcast m ▷ vi podcaster
**podcasting** ['pɔdkɑ:stɪŋ] n podcasting m, baladodiffusion f
**podgy** ['pɔdʒɪ] adj rondelet(te)
**podiatrist** [pɔ'di:ətrɪst] n (US) pédicure m/f
**podiatry** [pɔ'di:ətrɪ] n (US) pédicurie f
**podium** ['pəʊdɪəm] n podium m
**POE** n abbr = **port of embarkation**; **port of entry**
**poem** ['pəʊɪm] n poème m
**poet** ['pəʊɪt] n poète m
**poetic** [pəʊ'ɛtɪk] adj poétique
**poet laureate** n poète lauréat; voir article

**POET LAUREATE**

En Grande-Bretagne, le poet laureate est un poète qui reçoit un traitement en tant que poète de la cour et qui est officier de la maison royale à vie. Le premier d'entre eux fut Ben Jonson, en 1616. Jadis, le "poète lauréat" écrivait des poèmes lors des grandes occasions, mais cette tradition n'est plus guère observée.

**poetry** ['pəʊɪtrɪ] n poésie f
**poignant** ['pɔɪnjənt] adj poignant(e); (sharp) vif (vive)

**point** [pɔɪnt] n (Geom, Scol, Sport, on scale) point m; (tip) pointe f; (in time) moment m; (in space) endroit m; (subject, idea) point, sujet m; (purpose) but m; (also: **decimal point**): **2 ~ 3 (2.3)** 2 virgule 3 (2,3); (Brit Elec: also: **power point**) prise f (de courant) ▷ vt (show) indiquer; (wall, window) jointoyer; (gun etc) **to ~ sth at** braquer or diriger qch sur ▷ vi: **to ~ at** montrer du doigt; **points** npl (Aut) vis platinées; (Rail) aiguillage m; **good ~s** qualités fpl; **the train stops at Carlisle and all ~s south** le train dessert Carlisle et toutes les gares vers le sud; **to make a ~** faire une remarque; **to make a ~ of doing sth** ne pas manquer de faire qch; **to get the one's** se faire comprendre; **to get/miss the ~** comprendre/ne pas comprendre; **to come to the ~** en venir au fait; **when it comes to the ~** le moment venu; **there's no ~ (in doing)** cela ne sert à rien (de faire); **what's the ~?** à quoi ça sert?; **to be on the ~ of doing sth** être sur le point de faire qch; **that's the whole ~!** précisément!; **to be beside the ~** être à côté de la question; **you've got a ~ there!** (c'est) juste!; **in ~ of fact** en fait, en réalité; **~ of departure** (also fig) point de départ; **~ of order** point de procédure; **~ of sale** (Comm) point de vente; **to ~ to sth** (fig) signaler
▶ **point out** vt (show) montrer, indiquer; (mention) faire remarquer, souligner
**point-blank** ['pɔɪnt'blæŋk] adv (fig) catégoriquement; (also: **at point-blank range**) à bout portant ▷ adj (fig) catégorique
**point duty** n (Brit): **to be on ~** diriger la circulation
**pointed** ['pɔɪntɪd] adj (shape) pointu(e); (remark) plein(e) de sous-entendus
**pointedly** ['pɔɪntɪdlɪ] adv d'une manière significative
**pointer** ['pɔɪntər] n (stick) baguette f; (needle) aiguille f; (dog) chien m d'arrêt; (clue) indication f; (advice) tuyau m
**pointless** ['pɔɪntlɪs] adj inutile, vain(e)
**point of view** n point m de vue
**poise** [pɔɪz] n (balance) équilibre m; (of head, body) port m; (calmness) calme m ▷ vt placer en équilibre; **to be ~d for** (fig) être prêt à
**poison** ['pɔɪzn] n poison m ▷ vt empoisonner
**poisoning** ['pɔɪznɪŋ] n empoisonnement m
**poisonous** ['pɔɪznəs] adj (snake) venimeux(-euse); (substance, plant) vénéneux(-euse); (fumes) toxique; (fig) pernicieux(-euse)
**poke** [pəʊk] vt (fire) tisonner; (jab with finger, stick etc) piquer; pousser du doigt; (put): **to ~ sth in(to)** fourrer or enfoncer qch dans ▷ n (jab) (petit) coup; (to fire) coup m de tisonnier; **to ~ fun at sb** se moquer de qn
▶ **poke about** vi fureter
▶ **poke out** vi (stick out) sortir ▷ vt: **to ~ one's head out of the window** passer la tête par la fenêtre
**poker** ['pəʊkər] n tisonnier m; (Cards) poker m

**poker-faced** ['pəukə'feɪst] *adj* au visage impassible
**poky** ['pəukɪ] *adj* exigu(ë)
**Poland** ['pəulənd] *n* Pologne *f*
**polar** ['pəulə'] *adj* polaire
**polar bear** *n* ours blanc
**polarize** ['pəuləraɪz] *vt* polariser
**Pole** [pəul] *n* Polonais(e)
**pole** [pəul] *n* (*of wood*) mât *m*, perche *f*; (*Elec*) poteau *m*; (*Geo*) pôle *m*
**poleaxe** ['pəulæks] *vt* (*fig*) terrasser
**pole bean** *n* (*US*) haricot *m* (à rames)
**polecat** ['pəulkæt] *n* putois *m*
**Pol. Econ.** ['pɔlɪkɔn] *n abbr* = **political economy**
**polemic** [pɔ'lɛmɪk] *n* polémique *f*
**pole star** ['pəulstɑ:'] *n* étoile *f* polaire
**pole vault** ['pəulvɔ:lt] *n* saut *m* à la perche
**police** [pə'li:s] *npl* police *f* ▷ *vt* maintenir l'ordre dans; **a large number of ~ were hurt** de nombreux policiers ont été blessés
**police car** *n* voiture *f* de police
**police constable** *n* (*Brit*) agent *m* de police
**police department** *n* (*US*) services *mpl* de police
**police force** *n* police *f*, forces *fpl* de l'ordre
**policeman** [pə'li:smən] (*irreg*) *n* agent *m* de police, policier *m*
**police officer** *n* agent *m* de police
**police record** *n* casier *m* judiciaire
**police state** *n* état policier
**police station** *n* commissariat *m* de police
**policewoman** [pə'li:swumən] (*irreg*) *n* femme-agent *f*
**policy** ['pɔlɪsɪ] *n* politique *f*; (*also*: **insurance policy**) police *f* (d'assurance); (*of newspaper, company*) politique générale; **to take out a ~** (*Insurance*) souscrire une police d'assurance
**policy holder** *n* assuré(e)
**policy-making** ['pɔlɪsɪmeɪkɪŋ] *n* élaboration *f* de nouvelles lignes d'action
**polio** ['pəulɪəu] *n* polio *f*
**Polish** ['pəulɪʃ] *adj* polonais(e) ▷ *n* (*Ling*) polonais *m*
**polish** ['pɔlɪʃ] *n* (*for shoes*) cirage *m*; (*for floor*) cire *f*, encaustique *f*; (*for nails*) vernis *m*; (*shine*) éclat *m*, poli *m*; (*fig: refinement*) raffinement *m* ▷ *vt* (*put polish on: shoes, wood*) cirer; (*make shiny*) astiquer, faire briller; (*fig: improve*) perfectionner
  ▶ **polish off** *vt* (*work*) expédier; (*food*) liquider
**polished** ['pɔlɪʃt] *adj* (*fig*) raffiné(e)
**polite** [pə'laɪt] *adj* poli(e); **it's not ~ to do that** ça ne se fait pas
**politely** [pə'laɪtlɪ] *adv* poliment
**politeness** [pə'laɪtnɪs] *n* politesse *f*
**politic** ['pɔlɪtɪk] *adj* diplomatique
**political** [pə'lɪtɪkl] *adj* politique
**political asylum** *n* asile *m* politique
**politically** [pə'lɪtɪklɪ] *adv* politiquement; **~ correct** politiquement correct(e)
**politician** [pɔlɪ'tɪʃən] *n* homme/femme politique, politicien(ne)
**politics** ['pɔlɪtɪks] *n* politique *f*
**polka** ['pɔlkə] *n* polka *f*

**polka dot** *n* pois *m*
**poll** [pəul] *n* scrutin *m*, vote *m*; (*also*: **opinion poll**) sondage *m* (d'opinion) ▷ *vt* (*votes*) obtenir; **to go to the ~s** (*voters*) aller aux urnes; (*government*) tenir des élections
**pollen** ['pɔlən] *n* pollen *m*
**pollen count** *n* taux *m* de pollen
**pollination** [pɔlɪ'neɪʃən] *n* pollinisation *f*
**polling** ['pəulɪŋ] *n* (*Brit Pol*) élections *fpl*; (*Tel*) invitation *f* à émettre
**polling booth** *n* (*Brit*) isoloir *m*
**polling day** *n* (*Brit*) jour *m* des élections
**polling station** *n* (*Brit*) bureau *m* de vote
**pollster** ['pəulstə'] *n* sondeur *m*, enquêteur(-euse)
**poll tax** *n* (*Brit: formerly*) ≈ impôts locaux.
**pollutant** [pə'lu:tənt] *n* polluant *m*
**pollute** [pə'lu:t] *vt* polluer
**pollution** [pə'lu:ʃən] *n* pollution *f*
**polo** ['pəuləu] *n* polo *m*
**polo-neck** ['pəuləunɛk] *adj* à col roulé ▷ *n* (*sweater*) pull *m* à col roulé
**polo shirt** *n* polo *m*
**poly** ['pɔlɪ] *n abbr* (*Brit*) = **polytechnic**
**poly bag** *n* (*Brit inf*) sac *m* en plastique
**polyester** [pɔlɪ'ɛstə'] *n* polyester *m*
**polygamy** [pə'lɪgəmɪ] *n* polygamie *f*
**polygraph** ['pɔlɪgrɑ:f] *n* détecteur *m* de mensonges
**Polynesia** [pɔlɪ'ni:zɪə] *n* Polynésie *f*
**Polynesian** [pɔlɪ'ni:zɪən] *adj* polynésien(ne) ▷ *n* Polynésien(ne)
**polyp** ['pɔlɪp] *n* (*Med*) polype *m*
**polystyrene** [pɔlɪ'staɪri:n] *n* polystyrène *m*
**polytechnic** [pɔlɪ'tɛknɪk] *n* (*college*) IUT *m*, Institut *m* universitaire de technologie
**polythene** ['pɔlɪθi:n] *n* (*Brit*) polyéthylène *m*
**polythene bag** *n* sac *m* en plastique
**polyurethane** [pɔlɪ'juərɪθeɪn] *n* polyuréthane *m*
**pomegranate** ['pɔmɪgrænɪt] *n* grenade *f*
**pommel** ['pɔml] *n* pommeau *m* ▷ *vt* = **pummel**
**pomp** [pɔmp] *n* pompe *f*, faste *f*, apparat *m*
**pompom** ['pɔmpɔm] *n* pompon *m*
**pompous** ['pɔmpəs] *adj* pompeux(-euse)
**pond** [pɔnd] *n* étang *m*; (*stagnant*) mare *f*
**ponder** ['pɔndə'] *vi* réfléchir ▷ *vt* considérer, peser
**ponderous** ['pɔndərəs] *adj* pesant(e), lourd(e)
**pong** [pɔŋ] (*Brit inf*) *n* puanteur *f* ▷ *vi* schlinguer
**pontiff** ['pɔntɪf] *n* pontife *m*
**pontificate** [pɔn'tɪfɪkeɪt] *vi* (*fig*): **to ~ (about)** pontifier (sur)
**pontoon** [pɔn'tu:n] *n* ponton *m*; (*Brit Cards*) vingt-et-un *m*
**pony** ['pəunɪ] *n* poney *m*
**ponytail** ['pəunɪteɪl] *n* queue *f* de cheval
**pony trekking** [-trɛkɪŋ] *n* (*Brit*) randonnée *f* équestre *or* à cheval
**poodle** ['pu:dl] *n* caniche *m*
**pooh-pooh** ['pu:'pu:] *vt* dédaigner
**pool** [pu:l] *n* (*of rain*) flaque *f*; (*pond*) mare *f*;

(*artificial*) bassin *m*; (*also*: **swimming pool**) piscine *f*; (*sth shared*) fonds commun; (*money at cards*) cagnotte *f*; (*billiards*) poule *f*; (*Comm: consortium*) pool *m*; (*US: monopoly trust*) trust *m* ▷ *vt* mettre en commun; **pools** *npl* (*football*) ≈ loto sportif; **typing ~**, (*US*) **secretary ~** pool *m* dactylographique; **to do the (football) ~s** (*Brit*) ≈ jouer au loto sportif; *see also* **football pools**

**poor** [puə^r] *adj* pauvre; (*mediocre*) médiocre, faible, mauvais(e) ▷ *npl*: **the ~** les pauvres *mpl*

**poorly** ['puəlɪ] *adv* pauvrement; (*badly*) mal, médiocrement ▷ *adj* souffrant(e), malade

**pop** [pɔp] *n* (*noise*) bruit sec; (*Mus*) musique *f* pop; (*inf: drink*) soda *m*; (*US inf: father*) papa *m* ▷ *vt* (*put*) fourrer, mettre (rapidement) ▷ *vi* éclater; (*cork*) sauter; **she ~ped her head out of the window** elle passa la tête par la fenêtre
  ▶ **pop in** *vi* entrer en passant
  ▶ **pop out** *vi* sortir
  ▶ **pop up** *vi* apparaître, surgir

**pop concert** *n* concert *m* pop
**popcorn** ['pɔpkɔːn] *n* pop-corn *m*
**pope** [pəup] *n* pape *m*
**poplar** ['pɔplə^r] *n* peuplier *m*
**poplin** ['pɔplɪn] *n* popeline *f*
**popper** ['pɔpə^r] *n* (*Brit*) bouton-pression *m*
**poppy** ['pɔpɪ] *n* (*wild*) coquelicot *m*; (*cultivated*) pavot *m*
**poppycock** ['pɔpɪkɔk] *n* (*inf*) balivernes *fpl*
**Popsicle®** ['pɔpsɪkl] *n* (*US*) esquimau *m* (*glace*)
**pop star** *n* pop star *f*
**populace** ['pɔpjuləs] *n* peuple *m*
**popular** ['pɔpjulə^r] *adj* populaire; (*fashionable*) à la mode; **to be ~ (with)** (*person*) avoir du succès (auprès de); (*decision*) être bien accueilli(e) (par)
**popularity** [pɔpju'lærɪtɪ] *n* popularité *f*
**popularize** ['pɔpjulǝraɪz] *vt* populariser; (*science*) vulgariser
**populate** ['pɔpjuleɪt] *vt* peupler
**population** [pɔpju'leɪʃǝn] *n* population *f*
**population explosion** *n* explosion *f* démographique
**populous** ['pɔpjuləs] *adj* populeux(-euse)
**pop-up** *adj* (*Comput: menu, window*) pop up *inv* ▷ *n* pop up *m inv*, fenêtre *f* pop up
**porcelain** ['pɔːslɪn] *n* porcelaine *f*
**porch** [pɔːtʃ] *n* porche *m*; (*US*) véranda *f*
**porcupine** ['pɔːkjupaɪn] *n* porc-épic *m*
**pore** [pɔː^r] *n* pore *m* ▷ *vi*: **to ~ over** s'absorber dans, être plongé(e) dans
**pork** [pɔːk] *n* porc *m*
**pork chop** *n* côte *f* de porc
**pork pie** *n* pâté *m* de porc en croûte
**porn** [pɔːn] *adj* (*inf*) porno ▷ *n* (*inf*) porno *m*
**pornographic** [pɔːnǝ'græfɪk] *adj* pornographique
**pornography** [pɔː'nɔgrǝfɪ] *n* pornographie *f*
**porous** ['pɔːrǝs] *adj* poreux(-euse)
**porpoise** ['pɔːpǝs] *n* marsouin *m*
**porridge** ['pɔrɪdʒ] *n* porridge *m*
**port** [pɔːt] *n* (*harbour*) port *m*; (*opening in ship*) sabord *m*; (*Naut: left side*) bâbord *m*; (*wine*) porto

*m*; (*Comput*) port *m*, accès *m* ▷ *cpd* portuaire, du port; **to ~** (*Naut*) à bâbord; **~ of call** (port d')escale *f*

**portable** ['pɔːtǝbl] *adj* portatif(-ive)
**portal** ['pɔːtl] *n* portail *m*
**portcullis** [pɔː'kʌlɪs] *n* herse *f*
**portent** ['pɔːtɛnt] *n* présage *m*
**porter** ['pɔːtǝ^r] *n* (*for luggage*) porteur *m*; (*doorkeeper*) gardien(ne); portier *m*
**portfolio** [pɔːt'fǝulɪǝu] *n* portefeuille *m*; (*of artist*) portfolio *m*
**porthole** ['pɔːthǝul] *n* hublot *m*
**portico** ['pɔːtɪkǝu] *n* portique *m*
**portion** ['pɔːʃǝn] *n* portion *f*, part *f*
**portly** ['pɔːtlɪ] *adj* corpulent(e)
**portrait** ['pɔːtreɪt] *n* portrait *m*
**portray** [pɔː'treɪ] *vt* faire le portrait de; (*in writing*) dépeindre, représenter; (*subj: actor*) jouer
**portrayal** [pɔː'treɪǝl] *n* portrait *m*, représentation *f*
**Portugal** ['pɔːtjugl] *n* Portugal *m*
**Portuguese** [pɔːtju'giːz] *adj* portugais(e) ▷ *n* (*pl inv*) Portugais(e); (*Ling*) portugais *m*
**Portuguese man-of-war** [-mænǝv'wɔː^r] *n* (*jellyfish*) galère *f*
**pose** [pǝuz] *n* pose *f*; (*pej*) affectation *f* ▷ *vi* poser; (*pretend*): **to ~ as** se faire passer pour ▷ *vt* poser; (*problem*) créer; **to strike a ~** poser (pour la galerie)
**poser** ['pǝuzǝ^r] *n* question difficile *or* embarrassante; (*person*) = **poseur**
**poseur** [pǝu'zǝː^r] *n* (*pej*) poseur(-euse)
**posh** [pɔʃ] *adj* (*inf*) chic *inv*; **to talk ~** parler d'une manière affectée
**position** [pǝ'zɪʃǝn] *n* position *f*; (*job, situation*) situation *f* ▷ *vt* mettre en place *or* en position; **to be in a ~ to do sth** être en mesure de faire qch
**positive** ['pɔzɪtɪv] *adj* positif(-ive); (*certain*) sûr(e), certain(e); (*definite*) formel(le), catégorique; (*clear*) indéniable, réel(le)
**positively** ['pɔzɪtɪvlɪ] *adv* (*affirmatively, enthusiastically*) de façon positive; (*inf: really*) carrément; **to think ~** être positif(-ive)
**posse** ['pɔsɪ] *n* (*US*) détachement *m*
**possess** [pǝ'zɛs] *vt* posséder; **like one ~ed** comme un fou; **whatever can have ~ed you?** qu'est-ce qui vous a pris?
**possession** [pǝ'zɛʃǝn] *n* possession *f*; **possessions** *npl* (*belongings*) affaires *fpl*; **to take ~ of sth** prendre possession de qch
**possessive** [pǝ'zɛsɪv] *adj* possessif(-ive)
**possessiveness** [pǝ'zɛsɪvnɪs] *n* possessivité *f*
**possessor** [pǝ'zɛsǝ^r] *n* possesseur *m*
**possibility** [pɔsɪ'bɪlɪtɪ] *n* possibilité *f*; (*event*) éventualité *f*; **he's a ~ for the part** c'est un candidat possible pour le rôle
**possible** ['pɔsɪbl] *adj* possible; (*solution*) envisageable, éventuel(le); **it is ~ to do it** il est possible de le faire; **as far as ~** dans la mesure du possible, autant que possible; **if ~** si possible; **as big as ~** aussi gros que possible

**P**

**possibly** ['pɒsɪblɪ] adv (perhaps) peut-être; **if you ~ can** si cela vous est possible; **I cannot ~ come** il m'est impossible de venir

**post** [pəust] n (Brit: mail) poste f; (: collection) levée f; (: letters, delivery) courrier m; (job, situation) poste m; (pole) poteau m; (trading post) comptoir (commercial); (on internet forum) billet m, post m ▷ vt (Brit: send by post, Mil, to internet) poster; (: appoint): **to ~ to** affecter à; (notice) afficher; **by ~** (Brit) par la poste; **by return of ~** (Brit) par retour du courrier; **to keep sb ~ed** tenir qn au courant

**post...** [pəust] prefix post...; **post 1990** adj d'après 1990 ▷ adv après 1990

**postage** ['pəustɪdʒ] n tarifs mpl d'affranchissement; **~ paid** port payé; **~ prepaid** (US) franco (de port)

**postage stamp** n timbre-poste m

**postal** ['pəustl] adj postal(e)

**postal order** n mandat(-poste m) m

**postbag** ['pəustbæg] n (Brit) sac postal; (postman's) sacoche f

**postbox** ['pəustbɒks] n (Brit) boîte f aux lettres (publique)

**postcard** ['pəustkɑːd] n carte postale

**postcode** ['pəustkəud] n (Brit) code postal

**postdate** ['pəust'deɪt] vt (cheque) postdater

**poster** ['pəustər] n affiche f

**poste restante** [pəust'rɛstɑ̃:nt] n (Brit) poste restante

**posterior** [pɒs'tɪərɪər] n (inf) postérieur m, derrière m

**posterity** [pɒs'tɛrɪtɪ] n postérité f

**poster paint** n gouache f

**post exchange** n (US Mil) magasin m de l'armée

**post-free** [pəust'friː] adj (Brit) franco (de port)

**postgraduate** ['pəust'grædjuət] n ≈ étudiant(e) de troisième cycle

**posthumous** ['pɒstjuməs] adj posthume

**posthumously** ['pɒstjuməslɪ] adv après la mort de l'auteur, à titre posthume

**posting** ['pəustɪŋ] n (Brit) affectation f

**postman** ['pəustmən] (Brit: irreg) n facteur m

**postmark** ['pəustmɑːk] n cachet m (de la poste)

**postmaster** ['pəustmɑːstər] n receveur m des postes

**Postmaster General** n ≈ ministre m des Postes et Télécommunications

**postmistress** ['pəustmɪstrɪs] n receveuse f des postes

**post-mortem** [pəust'mɔːtəm] n autopsie f

**postnatal** ['pəust'neɪtl] adj postnatal(e)

**post office** n (building) poste f; (organization): **the Post Office** les postes fpl

**post office box** n boîte postale

**post-paid** ['pəust'peɪd] adj (Brit) port payé

**postpone** [pəs'pəun] vt remettre (à plus tard), reculer

**postponement** [pəs'pəunmənt] n ajournement m, renvoi m

**postscript** ['pəustskrɪpt] n post-scriptum m

**postulate** ['pɒstjuleɪt] vt postuler

**posture** ['pɒstʃər] n posture f; (fig) attitude f ▷ vi poser

**postwar** [pəust'wɔːr] adj d'après-guerre

**postwoman** [pəust'wumən] (Brit: irreg) n factrice f

**posy** ['pəuzɪ] n petit bouquet

**pot** [pɒt] n (for cooking) marmite f; casserole f; (teapot) théière f; (for coffee) cafetière f; (for plants, jam) pot m; (piece of pottery) poterie f; (inf: marijuana) herbe f ▷ vt (plant) mettre en pot; **to go to ~** (inf) aller à vau-l'eau; **~s of** (Brit inf) beaucoup de, plein de

**potash** ['pɒtæʃ] n potasse f

**potassium** [pə'tæsɪəm] n potassium m

**potato** (pl -es) [pə'teɪtəu] n pomme f de terre

**potato crisps**, (US) **potato chips** npl chips mpl

**potato flour** n fécule f

**potato peeler** n épluche-légumes m

**potbellied** ['pɒtbɛlɪd] adj (from overeating) bedonnant(e); (from malnutrition) au ventre ballonné

**potency** ['pəutnsɪ] n puissance f, force f; (of drink) degré m d'alcool

**potent** ['pəutnt] adj puissant(e); (drink) fort(e), très alcoolisé(e); (man) viril

**potentate** ['pəutnteɪt] n potentat m

**potential** [pə'tɛnʃl] adj potentiel(le) ▷ n potentiel m; **to have ~** être prometteur(-euse); ouvrir des possibilités

**potentially** [pə'tɛnʃlɪ] adv potentiellement; **it's ~ dangerous** ça pourrait se révéler dangereux, il y a possibilité de danger

**pothole** ['pɒthəul] n (in road) nid m de poule; (Brit: underground) gouffre m, caverne f

**potholer** ['pɒthəulər] n (Brit) spéléologue m/f

**potholing** ['pɒthəulɪŋ] n (Brit): **to go ~** faire de la spéléologie

**potion** ['pəuʃən] n potion f

**potluck** [pɒt'lʌk] n: **to take ~** tenter sa chance

**pot plant** n plante f d'appartement

**potpourri** [pəu'puriː] n pot-pourri m

**pot roast** n rôti m à la cocotte

**pot shot** ['pɒtʃɒt] n: **to take ~s at** canarder

**potted** ['pɒtɪd] adj (food) en conserve; (plant) en pot; (fig: shortened) abrégé(e)

**potter** ['pɒtər] n potier m ▷ vi (Brit): **to ~ around** or **about** bricoler; **~'s wheel** tour m de potier

**pottery** ['pɒtərɪ] n poterie f; **a piece of ~** une poterie

**potty** ['pɒtɪ] adj (Brit inf: mad) dingue ▷ n (child's) pot m

**potty-training** ['pɒtɪtreɪnɪŋ] n apprentissage m de la propreté

**pouch** [pautʃ] n (Zool) poche f; (for tobacco) blague f; (for money) bourse f

**pouf, pouffe** [puːf] n (stool) pouf m

**poultice** ['pəultɪs] n cataplasme m

**poultry** ['pəultrɪ] n volaille f

**poultry farm** n élevage m de volaille

**poultry farmer** n aviculteur m

**pounce** [pauns] vi: **to ~ (on)** bondir (sur), fondre (sur) ▷ n bond m, attaque f

**pound** [paund] *n* livre *f* (*weight = 453g, 16 ounces; money = 100 pence*); (*for dogs, cars*) fourrière *f* ▷ *vt* (*beat*) bourrer de coups, marteler; (*crush*) piler, pulvériser; (*with guns*) pilonner ▷ *vi* (*heart*) battre violemment, taper; **half a ~ (of)** une demi-livre (de); **a five-~ note** un billet de cinq livres

**pounding** ['paundɪŋ] *n*: **to take a ~** (*fig*) prendre une râclée

**pound sterling** *n* livre *f* sterling

**pour** [pɔːʳ] *vt* verser ▷ *vi* couler à flots; (*rain*) pleuvoir à verse; **to ~ sb a drink** verser *or* servir à boire à qn; **to come ~ing in** (*water*) entrer à flots; (*letters*) arriver par milliers; (*cars, people*) affluer

▶ **pour away, pour off** *vt* vider

▶ **pour in** *vi* (*people*) affluer, se précipiter; (*news, letters*) arriver en masse

▶ **pour out** *vi* (*people*) sortir en masse ▷ *vt* vider; (*fig*) déverser; (*serve: a drink*) verser

**pouring** ['pɔːrɪŋ] *adj*: **~ rain** pluie torrentielle

**pout** [paut] *n* moue *f* ▷ *vi* faire la moue

**poverty** ['pɔvətɪ] *n* pauvreté *f*, misère *f*

**poverty line** *n* seuil *m* de pauvreté

**poverty-stricken** ['pɔvətɪstrɪkn] *adj* pauvre, déshérité(e)

**poverty trap** *n* (*Brit*) piège *m* de la pauvreté

**POW** *n abbr* = **prisoner of war**

**powder** ['paudəʳ] *n* poudre *f* ▷ *vt* poudrer; **to ~ one's nose** se poudrer; (*euphemism*) aller à la salle de bain

**powder compact** *n* poudrier *m*

**powdered milk** *n* lait *m* en poudre

**powder keg** *n* (*fig*) poudrière *f*

**powder puff** *n* houppette *f*

**powder room** *n* toilettes *fpl* (pour dames)

**powdery** ['paudərɪ] *adj* poudreux(-euse)

**power** ['pauəʳ] *n* (*strength, nation*) puissance *f*, force *f*; (*ability, Pol: of party, leader*) pouvoir *m*; (*Math*) puissance; (*of speech, thought*) faculté *f*; (*Elec*) courant *m* ▷ *vt* faire marcher, actionner; **to do all in one's ~ to help sb** faire tout ce qui est en son pouvoir pour aider qn; **the world ~s** les grandes puissances; **to be in ~** être au pouvoir

**powerboat** ['pauəbəut] *n* (*Brit*) hors bord *m*

**power cut** *n* (*Brit*) coupure *f* de courant

**powered** ['pauəd] *adj*: **~ by** actionné(e) par, fonctionnant à; **nuclear-~ submarine** sous-marin *m* (à propulsion) nucléaire

**power failure** *n* panne *f* de courant

**powerful** ['pauəful] *adj* puissant(e); (*performance etc*) très fort(e)

**powerhouse** ['pauəhaus] *n* (*fig: person*) fonceur *m*; **a ~ of ideas** une mine d'idées

**powerless** ['pauəlɪs] *adj* impuissant(e)

**power line** *n* ligne *f* électrique

**power of attorney** *n* procuration *f*

**power point** *n* (*Brit*) prise *f* de courant

**power station** *n* centrale *f* électrique

**power steering** *n* direction assistée

**power struggle** *n* lutte *f* pour le pouvoir

**powwow** ['pauwau] *n* conciliabule *m*

**p.p.** *abbr* (= *per procurationem: by proxy*) p.p.

**PPE** *n abbr* (*Brit Scol*) = **philosophy, politics and economics**

**PPS** *n abbr* (= *post postscriptum*) PPS; (*Brit: = parliamentary private secretary*) parlementaire chargé de mission auprès d'un ministre

**PQ** *abbr* (*Canada: = Province of Quebec*) PQ

**PR** *n abbr* = **proportional representation**; **public relations** ▷ *abbr* (*US*) = **Puerto Rico**

**Pr.** *abbr* (= *prince*) Pce

**practicability** [præktɪkə'bɪlɪtɪ] *n* possibilité *f* de réalisation

**practicable** ['præktɪkəbl] *adj* (*scheme*) réalisable

**practical** ['præktɪkl] *adj* pratique

**practicality** [præktɪ'kælɪtɪ] *n* (*of plan*) aspect *m* pratique; (*of person*) sens *m* pratique; **practicalities** *npl* détails *mpl* pratiques

**practical joke** *n* farce *f*

**practically** ['præktɪklɪ] *adv* (*almost*) pratiquement

**practice** ['præktɪs] *n* pratique *f*; (*of profession*) exercice *m*; (*at football etc*) entraînement *m*; (*business*) cabinet *m*; clientèle *f* ▷ *vt, vi* (*US*) = **practise**; **in ~** (*in reality*) en pratique; **out of ~** rouillé(e); **2 hours' piano ~** 2 heures de travail *or* d'exercices au piano; **target ~** exercices de tir; **it's common ~** c'est courant, ça se fait couramment; **to put sth into ~** mettre qch en pratique

**practice match** *n* match *m* d'entraînement

**practise**, (*US*) **practice** ['præktɪs] *vt* (*work at: piano, backhand etc*) s'exercer à, travailler; (*train for: sport*) s'entraîner à; (*a sport, religion, method*) pratiquer; (*profession*) exercer ▷ *vi* s'exercer, travailler; (*train*) s'entraîner; (*lawyer, doctor*) exercer; **to ~ for a match** s'entraîner pour un match

**practised**, (*US*) **practiced** ['præktɪst] *adj* (*person*) expérimenté(e); (*performance*) impeccable; (*liar*) invétéré(e); **with a ~ eye** d'un œil exercé

**practising**, (*US*) **practicing** ['præktɪsɪŋ] *adj* (*Christian etc*) pratiquant(e); (*lawyer*) en exercice; (*homosexual*) déclaré

**practitioner** [præk'tɪʃənəʳ] *n* praticien(ne)

**pragmatic** [præg'mætɪk] *adj* pragmatique

**Prague** [prɑːg] *n* Prague

**prairie** ['prɛərɪ] *n* savane *f*; (*US*): **the ~s** la Prairie

**praise** [preɪz] *n* éloge(s) *m(pl)*, louange(s) *f(pl)* ▷ *vt* louer, faire l'éloge de

**praiseworthy** ['preɪzwəːðɪ] *adj* digne de louanges

**pram** [præm] *n* (*Brit*) landau *m*, voiture *f* d'enfant

**prance** [prɑːns] *vi* (*horse*) caracoler

**prank** [præŋk] *n* farce *f*

**prat** [præt] *n* (*Brit inf*) imbécile *m*, andouille *f*

**prattle** ['prætl] *vi* jacasser

**prawn** [prɔːn] *n* crevette *f* (rose)

**prawn cocktail** *n* cocktail *m* de crevettes

**pray** [preɪ] *vi* prier

**prayer** [prɛəʳ] *n* prière *f*

**P**

**prayer book** n livre m de prières
**pre...** ['pri:] prefix pré...; **pre-1970** adj d'avant 1970 ▷ adv avant 1970
**preach** [pri:tʃ] vt, vi prêcher; **to ~ at sb** faire la morale à qn
**preacher** ['pri:tʃə'] n prédicateur m; (US: clergyman) pasteur m
**preamble** [prɪ'æmbl] n préambule m
**prearranged** [pri:ə'reɪndʒd] adj organisé(e) or fixé(e) à l'avance
**precarious** [prɪ'kɛərɪəs] adj précaire
**precaution** [prɪ'kɔ:ʃən] n précaution f
**precautionary** [prɪ'kɔ:ʃənrɪ] adj (measure) de précaution
**precede** [prɪ'si:d] vt, vi précéder
**precedence** ['prɛsɪdəns] n préséance f
**precedent** ['prɛsɪdənt] n précédent m; **to establish** or **set a ~** créer un précédent
**preceding** [prɪ'si:dɪŋ] adj qui précède (or précédait)
**precept** ['pri:sɛpt] n précepte m
**precinct** ['pri:sɪŋkt] n (round cathedral) pourtour m, enceinte f; (US: district) circonscription f, arrondissement m; **precincts** npl (neighbourhood) alentours mpl, environs mpl; **pedestrian ~** (Brit) zone piétonnière; **shopping ~** (Brit) centre commercial
**precious** ['prɛʃəs] adj précieux(-euse) ▷ adv (inf): **~ little** or **few** fort peu; **your ~ dog** (ironic) ton chien chéri, ton précieux chien
**precipice** ['prɛsɪpɪs] n précipice m
**precipitate** [prɪ'sɪpɪtɪt] adj (hasty) précipité(e) ▷ vt [prɪ'sɪpɪteɪt] précipiter
**precipitation** [prɪsɪpɪ'teɪʃən] n précipitation f
**precipitous** [prɪ'sɪpɪtəs] adj (steep) abrupt(e), à pic
**précis** (pl -) ['preɪsɪ:, -z] n résumé m
**precise** [prɪ'saɪs] adj précis(e)
**precisely** [prɪ'saɪslɪ] adv précisément
**precision** [prɪ'sɪʒən] n précision f
**preclude** [prɪ'klu:d] vt exclure, empêcher; **to ~ sb from doing** empêcher qn de faire
**precocious** [prɪ'kəʊʃəs] adj précoce
**preconceived** [pri:kən'si:vd] adj (idea) préconçu(e)
**preconception** [pri:kən'sɛpʃən] n idée préconçue
**precondition** ['pri:kən'dɪʃən] n condition f nécessaire
**precursor** [pri:'kə:sə'] n précurseur m
**predate** ['pri:'deɪt] vt (precede) antidater
**predator** ['prɛdətə'] n prédateur m, rapace m
**predatory** ['prɛdətərɪ] adj rapace
**predecessor** ['pri:dɪsɛsə'] n prédécesseur m
**predestination** [pri:dɛstɪ'neɪʃən] n prédestination f
**predetermine** [pri:dɪ'tə:mɪn] vt déterminer à l'avance
**predicament** [prɪ'dɪkəmənt] n situation f difficile
**predicate** ['prɛdɪkɪt] n (Ling) prédicat m
**predict** [prɪ'dɪkt] vt prédire

**predictable** [prɪ'dɪktəbl] adj prévisible
**predictably** [prɪ'dɪktəblɪ] adv (behave, react) de façon prévisible; **~ she didn't arrive** comme on pouvait s'y attendre, elle n'est pas venue
**prediction** [prɪ'dɪkʃən] n prédiction f
**predispose** [pri:dɪs'pəʊz] vt prédisposer
**predominance** [prɪ'dɒmɪnəns] n prédominance f
**predominant** [prɪ'dɒmɪnənt] adj prédominant(e)
**predominantly** [prɪ'dɒmɪnəntlɪ] adv en majeure partie; (especially) surtout
**predominate** [prɪ'dɒmɪneɪt] vi prédominer
**pre-eminent** [pri:'ɛmɪnənt] adj prééminent(e)
**pre-empt** [pri:'ɛmt] vt (Brit) acquérir par droit de préemption; (fig) anticiper sur; **to ~ the issue** conclure avant même d'ouvrir les débats
**pre-emptive** [prɪ'ɛmtɪv] adj: **~ strike** attaque (or action) préventive
**preen** [pri:n] vt: **to ~ itself** (bird) se lisser les plumes; **to ~ o.s.** s'admirer
**prefab** ['pri:fæb] n abbr (= prefabricated building) bâtiment préfabriqué
**prefabricated** [pri:'fæbrɪkeɪtɪd] adj préfabriqué(e)
**preface** ['prɛfəs] n préface f
**prefect** ['pri:fɛkt] n (Brit: in school) élève chargé de certaines fonctions de discipline; (in France) préfet m
**prefer** [prɪ'fə:'] vt préférer; (Law): **to ~ charges** procéder à une inculpation; **to ~ coffee to tea** préférer le café au thé; **to ~ doing** or **to do sth** préférer faire qch
**preferable** ['prɛfrəbl] adj préférable
**preferably** ['prɛfrəblɪ] adv de préférence
**preference** ['prɛfrəns] n préférence f; **in ~ to sth** plutôt que qch, de préférence à qch
**preference shares** npl (Brit) actions privilégiées
**preferential** [prɛfə'rɛnʃəl] adj préférentiel(le); **~ treatment** traitement m de faveur
**preferred stock** [prɪ'fə:d-] npl (US) = **preference shares**
**prefix** ['pri:fɪks] n préfixe m
**pregnancy** ['prɛgnənsɪ] n grossesse f
**pregnancy test** n test m de grossesse
**pregnant** ['prɛgnənt] adj enceinte adj f; (animal) pleine; **3 months ~** enceinte de 3 mois
**prehistoric** ['pri:hɪs'tɒrɪk] adj préhistorique
**prehistory** [pri:'hɪstərɪ] n préhistoire f
**prejudge** [pri:'dʒʌdʒ] vt préjuger de
**prejudice** ['prɛdʒʊdɪs] n préjugé m; (harm) tort m, préjudice m ▷ vt porter préjudice à; (bias): **to ~ sb in favour of/against** prévenir qn en faveur de/contre; **racial ~** préjugés raciaux
**prejudiced** ['prɛdʒʊdɪst] adj (person) plein(e) de préjugés; (in a matter) partial(e); (view) préconçu(e), partial(e); **to be ~ against sb/sth** avoir un parti-pris contre qn/qch; **to be racially ~** avoir des préjugés raciaux
**prelate** ['prɛlət] n prélat m
**preliminaries** [prɪ'lɪmɪnərɪz] npl préliminaires mpl
**preliminary** [prɪ'lɪmɪnərɪ] adj préliminaire

**prelude** ['prɛlju:d] n prélude m

**premarital** ['pri:'mærɪtl] adj avant le mariage; ~ **contract** contrat m de mariage

**premature** ['prɛmətʃuəʳ] adj prématuré(e); **to be ~ (in doing sth)** aller un peu (trop) vite (en faisant qch)

**premeditated** [pri:'mɛdɪteɪtɪd] adj prémédité(e)

**premeditation** [pri:mɛdɪ'teɪʃən] n préméditation f

**premenstrual** [pri:'mɛnstruəl] adj prémenstruel(le)

**premenstrual tension** n irritabilité f avant les règles

**premier** ['prɛmɪəʳ] adj premier(-ière), principal(e) ▷ n (Pol: Prime Minister) premier ministre; (Pol: President) chef m de l'État

**premiere** ['prɛmɪɛəʳ] n première f

**Premier League** n première division

**premise** ['prɛmɪs] n prémisse f

**premises** ['prɛmɪsɪz] npl locaux mpl; **on the ~** sur les lieux; sur place; **business ~** locaux commerciaux

**premium** ['pri:mɪəm] n prime f; **to be at a ~** (fig: housing etc) être très demandé(e), être rarissime; **to sell at a ~** (shares) vendre au-dessus du pair

**premium bond** n (Brit) obligation f à prime, bon m à lots

**premium deal** n (Comm) offre spéciale

**premium fuel**, (US) **premium gasoline** n super m

**premonition** [prɛmə'nɪʃən] n prémonition f

**preoccupation** [pri:ɔkju'peɪʃən] n préoccupation f

**preoccupied** [pri:'ɔkjupaɪd] adj préoccupé(e)

**prep** [prɛp] adj abbr: ~ **school**; = **preparatory school** ▷ n abbr (Scol: = preparation) étude f

**prepackaged** [pri:'pækɪdʒd] adj préempaqueté(e)

**prepaid** [pri:'peɪd] adj payé(e) d'avance

**preparation** [prɛpə'reɪʃən] n préparation f; **preparations** npl (for trip, war) préparatifs mpl; **in ~ for** en vue de

**preparatory** [prɪ'pærətərɪ] adj préparatoire; ~ **to sth/to doing sth** en prévision de qch/avant de faire qch

**preparatory school** n (Brit) école primaire privée; (US) lycée privé; voir article

● **PREPARATORY SCHOOL**
●
● En Grande-Bretagne, une preparatory school –
● ou, plus familièrement, une prep school – est
● une école payante qui prépare les enfants de
● 7 à 13 ans aux "public schools".

**prepare** [prɪ'pɛəʳ] vt préparer ▷ vi: **to ~ for** se préparer à

**prepared** [prɪ'pɛəd] adj: ~ **for** préparé(e) à; ~ **to** prêt(e) à

**preponderance** [prɪ'pɔndərns] n prépondérance f

**preposition** [prɛpə'zɪʃən] n préposition f

**prepossessing** [pri:pə'zɛsɪŋ] adj avenant(e), engageant(e)

**preposterous** [prɪ'pɔstərəs] adj ridicule, absurde

**prep school** n = **preparatory school**

**prerecord** ['pri:rɪ'kɔ:d] vt: ~**ed broadcast** émission f en différé; ~**ed cassette** cassette enregistrée

**prerequisite** [pri:'rɛkwɪzɪt] n condition f préalable

**prerogative** [prɪ'rɔgətɪv] n prérogative f

**presbyterian** [prɛzbɪ'tɪərɪən] adj, n presbytérien(ne)

**presbytery** ['prɛzbɪtərɪ] n presbytère m

**preschool** ['pri:'sku:l] adj préscolaire; (child) d'âge préscolaire

**prescribe** [prɪ'skraɪb] vt prescrire; ~**d books** (Brit Scol) œuvres fpl au programme

**prescription** [prɪ'skrɪpʃən] n prescription f; (Med) ordonnance f; (: medicine) médicament m (obtenu sur ordonnance); **to make up** or (US) **fill a ~** faire une ordonnance; **could you write me a ~?** pouvez-vous me faire une ordonnance?; **"only available on ~"** "uniquement sur ordonnance"

**prescription charges** npl (Brit) participation f fixe au coût de l'ordonnance

**prescriptive** [prɪ'skrɪptɪv] adj normatif(-ive)

**presence** ['prɛzns] n présence f; **in sb's ~** en présence de qn; ~ **of mind** présence d'esprit

**present** ['prɛznt] adj présent(e); (current) présent, actuel(le) ▷ n cadeau m; (actuality, also: **present tense**) présent m ▷ vt [prɪ'zɛnt] présenter; (prize, medal) remettre; (give): **to ~ sb with sth** offrir qch à qn; **to be ~ at** assister à; **those ~** les présents; **at ~** en ce moment; **to give sb a ~** offrir un cadeau à qn; **to ~ sb (to sb)** présenter qn (à qn)

**presentable** [prɪ'zɛntəbl] adj présentable

**presentation** [prɛzn'teɪʃən] n présentation f; (gift) cadeau m, présent m; (ceremony) remise f du cadeau (or de la médaille etc); **on ~ of** (voucher etc) sur présentation de

**present-day** ['prɛzntdeɪ] adj contemporain(e), actuel(le)

**presenter** [prɪ'zɛntəʳ] n (Brit Radio, TV) présentateur(-trice)

**presently** ['prɛzntlɪ] adv (soon) tout à l'heure, bientôt; (with verb in past) peu après; (at present) en ce moment; (US: now) maintenant

**preservation** [prɛzə'veɪʃən] n préservation f, conservation f

**preservative** [prɪ'zə:vətɪv] n agent m de conservation

**preserve** [prɪ'zə:v] vt (keep safe) préserver, protéger; (maintain) conserver, garder; (food) mettre en conserve ▷ n (for game, fish) réserve f; (often pl: jam) confiture f; (: fruit) fruits mpl en conserve

**preshrunk** [pri:'ʃrʌŋk] adj irrétrécissable

**preside** [prɪ'zaɪd] vi présider

**presidency** ['prɛzɪdənsɪ] n présidence f

**P**

731

**president** ['prɛzɪdənt] n président(e); (US: of company) président-directeur général, PDG m
**presidential** [prɛzɪ'dɛnʃl] adj présidentiel(le)
**press** [prɛs] n (tool, machine, newspapers) presse f; (for wine) pressoir m; (crowd) cohue f, foule f ▷ vt (push) appuyer sur; (squeeze) presser, serrer; (clothes: iron) repasser; (pursue) talonner; (insist): **to ~ sth on sb** presser qn d'accepter qch; (urge, entreat): **to ~ sb to do** or **into doing sth** pousser qn à faire qch ▷ vi appuyer, peser; se presser; **we are ~ed for time** le temps nous manque; **to ~ for sth** faire pression pour obtenir qch; **to ~ sb for an answer** presser qn de répondre; **to ~ charges against sb** (Law) engager des poursuites contre qn; **to go to ~** (newspaper) aller à l'impression; **to be in the ~** (being printed) être sous presse; (in the newspapers) être dans le journal
▶ **press ahead** vi = **press on**
▶ **press on** vi continuer
**press agency** n agence f de presse
**press clipping** n coupure f de presse
**press conference** n conférence f de presse
**press cutting** n = **press clipping**
**press-gang** ['prɛsgæn] vt (fig): **to ~ sb into doing sth** faire pression sur qn pour qu'il fasse qch
**pressing** ['prɛsɪŋ] adj urgent(e), pressant(e) ▷ n repassage m
**press officer** n attaché(e) de presse
**press release** n communiqué m de presse
**press stud** n (Brit) bouton-pression m
**press-up** ['prɛsʌp] n (Brit) traction f
**pressure** ['prɛʃəʳ] n pression f; (stress) tension f ▷ vt = **to put pressure on**; **to put ~ on sb (to do sth)** faire pression sur qn (pour qu'il fasse qch)
**pressure cooker** n cocotte-minute f
**pressure gauge** n manomètre m
**pressure group** n groupe m de pression
**pressurize** ['prɛʃəraɪz] vt pressuriser; (Brit fig): **to ~ sb (into doing sth)** faire pression sur qn (pour qu'il fasse qch)
**pressurized** ['prɛʃəraɪzd] adj pressurisé(e)
**prestige** [prɛs'ti:ʒ] n prestige m
**prestigious** [prɛs'tɪdʒəs] adj prestigieux(-euse)
**presumably** [prɪ'zju:məblɪ] adv vraisemblablement; **~ he did it** c'est sans doute lui (qui a fait cela)
**presume** [prɪ'zju:m] vt présumer, supposer; **to ~ to do** (dare) se permettre de faire
**presumption** [prɪ'zʌmpʃən] n supposition f, présomption f; (boldness) audace f
**presumptuous** [prɪ'zʌmpʃəs] adj présomptueux(-euse)
**presuppose** [pri:sə'pəuz] vt présupposer
**pre-tax** [pri:'tæks] adj avant impôt(s)
**pretence,** (US) **pretense** [prɪ'tɛns] n (claim) prétention f; (pretext) prétexte m; **she is devoid of all ~** elle n'est pas du tout prétentieuse; **to make a ~ of doing** faire semblant de faire; **on** or **under the ~ of doing sth** sous prétexte de faire qch; **under false ~s** sous des prétextes

fallacieux
**pretend** [prɪ'tɛnd] vt (feign) feindre, simuler ▷ vi (feign) faire semblant; (claim): **to ~ to sth** prétendre à qch; **to ~ to do** faire semblant de faire
**pretense** [prɪ'tɛns] n (US) = **pretence**
**pretension** [prɪ'tɛnʃən] n (claim) prétention f; **to have no ~s to sth/to being sth** n'avoir aucune prétention à qch/à être qch
**pretentious** [prɪ'tɛnʃəs] adj prétentieux(-euse)
**preterite** ['prɛtərɪt] n prétérit m
**pretext** ['pri:tɛkst] n prétexte m; **on** or **under the ~ of doing sth** sous prétexte de faire qch
**pretty** ['prɪtɪ] adj joli(e) ▷ adv assez
**prevail** [prɪ'veɪl] vi (win) l'emporter, prévaloir; (be usual) avoir cours; (persuade): **to ~ (up)on sb to do** persuader qn de faire
**prevailing** [prɪ'veɪlɪŋ] adj (widespread) courant(e), répandu(e); (wind) dominant(e)
**prevalent** ['prɛvələnt] adj répandu(e), courant(e); (fashion) en vogue
**prevarication** [prɪværɪ'keɪʃən] n (usage m de) faux-fuyants mpl
**prevent** [prɪ'vɛnt] vt: **to ~ (from doing)** empêcher (de faire)
**preventable** [prɪ'vɛntəbl] adj évitable
**preventative** [prɪ'vɛntətɪv] adj préventif(-ive)
**prevention** [prɪ'vɛnʃən] n prévention f
**preventive** [prɪ'vɛntɪv] adj préventif(-ive)
**preview** ['pri:vju:] n (of film) avant-première f; (fig) aperçu m
**previous** ['pri:vɪəs] adj (last) précédent(e); (earlier) antérieur(e); (question, experience) préalable; **I have a ~ engagement** je suis déjà pris(e); **~ to doing** avant de faire
**previously** ['pri:vɪəslɪ] adv précédemment, auparavant
**prewar** [pri:'wɔːʳ] adj d'avant-guerre
**prey** [preɪ] n proie f ▷ vi: **to ~ on** s'attaquer à; **it was ~ing on his mind** ça le rongeait or minait
**price** [praɪs] n prix m; (Betting: odds) cote f ▷ vt (goods) fixer le prix de; tarifer; **what is the ~ of ...?** combien coûte ...?, quel est le prix de ...?; **to go up** or **rise in ~** augmenter; **to put a ~ on sth** chiffrer qch; **to be ~d out of the market** (article) être trop cher pour soutenir la concurrence; (producer, nation) ne pas pouvoir soutenir la concurrence; **what ~ his promises now?** (Brit) que valent maintenant toutes ses promesses?; **he regained his freedom, but at a ~** il a retrouvé sa liberté, mais cela lui a coûté cher
**price control** n contrôle m des prix
**price-cutting** ['praɪskʌtɪŋ] n réductions fpl de prix
**priceless** ['praɪslɪs] adj sans prix, inestimable; (inf: amusing) impayable
**price list** n tarif m
**price range** n gamme f de prix; **it's within my ~** c'est dans mes prix
**price tag** n étiquette f
**price war** n guerre f des prix

**pricey** ['praɪsɪ] *adj* (*inf*) chérot *inv*
**prick** [prɪk] *n* (*sting*) piqûre *f*; (*inf!*) bitte *f* (*!*); connard *m* (*!*) ▷ *vt* piquer; **to ~ up one's ears** dresser *or* tendre l'oreille
**prickle** ['prɪkl] *n* (*of plant*) épine *f*; (*sensation*) picotement *m*
**prickly** ['prɪklɪ] *adj* piquant(e), épineux(-euse); (*fig: person*) irritable
**prickly heat** *n* fièvre *f* miliaire
**prickly pear** *n* figue *f* de Barbarie
**pride** [praɪd] *n* (*feeling proud*) fierté *f*; (*pej*) orgueil *m*; (*self-esteem*) amour-propre *m* ▷ *vt*: **to ~ o.s. on** se flatter de; s'enorgueillir de; **to take (a) ~ in** être (très) fier(-ère) de; **to take a ~ in doing** mettre sa fierté à faire; **to have ~ of place** (*Brit*) avoir la place d'honneur
**priest** [priːst] *n* prêtre *m*
**priestess** ['priːstɪs] *n* prêtresse *f*
**priesthood** ['priːsthud] *n* prêtrise *f*, sacerdoce *m*
**prig** [prɪg] *n* poseur(-euse), fat *m*
**prim** [prɪm] *adj* collet monté *inv*, guindé(e)
**prima facie** ['praɪmə'feɪʃɪ] *adj*: **to have a ~ case** (*Law*) avoir une affaire recevable
**primal** ['praɪməl] *adj* (*first in time*) primitif(-ive); (*first in importance*) primordial(e)
**primarily** ['praɪmərɪlɪ] *adv* principalement, essentiellement
**primary** ['praɪmərɪ] *adj* primaire; (*first in importance*) premier(-ière), primordial(e) ▷ *n* (*US: election*) (élection *f*) primaire *f*; *voir article*

**primary colour** *n* couleur fondamentale
**primary school** *n* (*Brit*) école *f* primaire; *voir article*

**primate** *n* (*Rel*) ['praɪmɪt] primat *m*; (*Zool*) ['praɪmeɪt] primate *m*
**prime** [praɪm] *adj* primordial(e), fondamental(e); (*excellent*) excellent(e) ▷ *vt* (*gun, pump*) amorcer; (*fig*) mettre au courant ▷ *n*: **in the ~ of life** dans la fleur de l'âge
**Prime Minister** *n* Premier ministre
**primer** ['praɪməʳ] *n* (*book*) premier livre, manuel *m* élémentaire; (*paint*) apprêt *m*
**prime time** *n* (*Radio, TV*) heure(s) *f(pl)* de grande écoute
**primeval** [praɪ'miːvl] *adj* primitif(-ive)
**primitive** ['prɪmɪtɪv] *adj* primitif(-ive)
**primrose** ['prɪmrəuz] *n* primevère *f*
**primus®** ['praɪməs], **primus® stove** *n* (*Brit*) réchaud *m* de camping
**prince** [prɪns] *n* prince *m*
**princess** [prɪn'ses] *n* princesse *f*
**principal** ['prɪnsɪpl] *adj* principal(e) ▷ *n* (*head teacher*) directeur *m*, principal *m*; (*in play*) rôle principal; (*money*) principal *m*
**principality** [prɪnsɪ'pælɪtɪ] *n* principauté *f*
**principally** ['prɪnsɪplɪ] *adv* principalement
**principle** ['prɪnsɪpl] *n* principe *m*; **in ~** en principe; **on ~** par principe
**print** [prɪnt] *n* (*mark*) empreinte *f*; (*letters*) caractères *mpl*; (*fabric*) imprimé *m*; (*Art*) gravure *f*, estampe *f*; (*Phot*) épreuve *f* ▷ *vt* imprimer; (*publish*) publier; (*write in capitals*) écrire en majuscules; **out of ~** épuisé(e)
▶ **print out** *vt* (*Comput*) imprimer
**printed circuit board** ['prɪntɪd-] *n* carte *f* à circuit imprimé
**printed matter** ['prɪntɪd-] *n* imprimés *mpl*
**printer** ['prɪntəʳ] *n* (*machine*) imprimante *f*; (*person*) imprimeur *m*
**printhead** ['prɪnthed] *n* tête *f* d'impression
**printing** ['prɪntɪŋ] *n* impression *f*
**printing press** *n* presse *f* typographique
**printout** ['prɪntaut] *n* (*Comput*) sortie *f* imprimante
**print wheel** *n* marguerite *f*
**prior** ['praɪəʳ] *adj* antérieur(e), précédent(e); (*more important*) prioritaire ▷ *n* (*Rel*) prieur *m* ▷ *adv*: **~ to doing** avant de faire; **without ~ notice** sans préavis; **to have a ~ claim to sth** avoir priorité pour qch
**priority** [praɪ'ɔrɪtɪ] *n* priorité *f*; **to have** *or* **take ~ over sth/sb** avoir la priorité sur qch/qn
**priory** ['praɪərɪ] *n* prieuré *m*
**prise** [praɪz] *vt*: **to ~ open** forcer
**prism** ['prɪzəm] *n* prisme *m*
**prison** ['prɪzn] *n* prison *f* ▷ *cpd* pénitentiaire
**prison camp** *n* camp *m* de prisonniers
**prisoner** ['prɪznəʳ] *n* prisonnier(-ière); **the ~ at the bar** l'accusé(e); **to take sb ~** faire qn prisonnier
**prisoner of war** *n* prisonnier(-ière) de guerre
**prissy** ['prɪsɪ] *adj* bégueule
**pristine** ['prɪstiːn] *adj* virginal(e)
**privacy** ['prɪvəsɪ] *n* intimité *f*, solitude *f*
**private** ['praɪvɪt] *adj* (*not public*) privé(e); (*personal*) personnel(le); (*house, car, lesson*)

particulier(-ière); *(quiet: place)* tranquille ▷ *n* soldat *m* de deuxième classe; **"~"** *(on envelope)* "personnelle"; *(on door)* "privé"; **in ~** en privé; **in (his) ~ life** dans sa vie privée; **he is a very ~ person** il est très secret; **to be in ~ practice** être médecin *(or dentiste etc)* non conventionné; **~ hearing** *(Law)* audience *f* à huis-clos

**private detective** *n* détective privé

**private enterprise** *n* entreprise privée

**private eye** *n* détective privé

**private limited company** *n* *(Brit)* société *f* à participation restreinte *(non cotée en Bourse)*

**privately** ['praɪvɪtlɪ] *adv* en privé; *(within oneself)* intérieurement

**private parts** *npl* parties (génitales)

**private property** *n* propriété privée

**private school** *n* école privée

**privatize** ['praɪvɪtaɪz] *vt* privatiser

**privet** ['prɪvɪt] *n* troène *m*

**privilege** ['prɪvɪlɪdʒ] *n* privilège *m*

**privileged** ['prɪvɪlɪdʒd] *adj* privilégié(e); **to be ~ to do sth** avoir le privilège de faire qch

**privy** ['prɪvɪ] *adj*: **to be ~ to** être au courant de

**privy council** *n* conseil privé; *voir article*

⊚ **PRIVY COUNCIL**
⊚
⊚ Le *privy council* existe en Angleterre depuis
⊚ l'avènement des Normands. À l'époque, ses
⊚ membres étaient les conseillers privés du
⊚ roi, mais en 1688 le cabinet les a supplantés.
⊚ Les ministres du cabinet sont aujourd'hui
⊚ automatiquement conseillers du roi, et ce
⊚ titre est également accordé aux personnes
⊚ qui ont occupé de hautes fonctions en
⊚ politique, dans le clergé ou dans les milieux
⊚ juridiques. Les pouvoirs de ces conseillers en
⊚ tant que tels sont maintenant limités.

**prize** [praɪz] *n* prix *m* ▷ *adj* *(example, idiot)* parfait(e); *(bull, novel)* primé(e) ▷ *vt* priser, faire grand cas de

**prize-fighter** ['praɪzfaɪtə<sup>r</sup>] *n* boxeur professionnel

**prize-giving** ['praɪzgɪvɪŋ] *n* distribution *f* des prix

**prize money** *n* argent *m* du prix

**prizewinner** ['praɪzwɪnə<sup>r</sup>] *n* gagnant(e)

**prizewinning** ['praɪzwɪnɪŋ] *adj* gagnant(e); *(novel, essay etc)* primé(e)

**PRO** *n abbr* = **public relations officer**

**pro** [prəʊ] *n* *(inf: Sport)* professionnel(le) ▷ *prep* pro; **pros** *npl*: **the ~s and cons** le pour et le contre

**pro-** [prəʊ] *prefix* *(in favour of)* pro-

**pro-active** [prəʊˈæktɪv] *adj* dynamique

**probability** [prɔbəˈbɪlɪtɪ] *n* probabilité *f*; **in all ~** très probablement

**probable** ['prɔbəbl] *adj* probable; **it is ~/hardly ~ that ...** il est probable/peu probable que ...

**probably** ['prɔbəblɪ] *adv* probablement

**probate** ['prəʊbɪt] *n* *(Law)* validation *f*, homologation *f*

**probation** [prəˈbeɪʃən] *n* *(in employment)* (période *f* d')essai *m*; *(Law)* liberté surveillée; *(Rel)* noviciat *m*, probation *f*; **on ~** *(employee)* à l'essai; *(Law)* en liberté surveillée

**probationary** [prəˈbeɪʃənrɪ] *adj* *(period)* d'essai

**probe** [prəʊb] *n* *(Med, Space)* sonde *f*; *(enquiry)* enquête *f*, investigation *f* ▷ *vt* sonder, explorer

**probity** ['prəʊbɪtɪ] *n* probité *f*

**problem** ['prɔbləm] *n* problème *m*; **to have ~s with the car** avoir des ennuis avec la voiture; **what's the ~?** qu'y a-t-il?, quel est le problème?; **I had no ~ in finding her** je n'ai pas eu de mal à la trouver; **no ~!** pas de problème!

**problematic** [prɔbləˈmætɪk] *adj* problématique

**problem-solving** ['prɔbləmsɒlvɪŋ] *n* résolution *f* de problèmes; **an approach to ~** une approche en matière de résolution de problèmes

**procedure** [prəˈsiːdʒə<sup>r</sup>] *n* *(Admin, Law)* procédure *f*; *(method)* marche *f* à suivre, façon *f* de procéder

**proceed** [prəˈsiːd] *vi* *(go forward)* avancer; *(act)* procéder; *(continue)*: **to ~ (with)** continuer, poursuivre; **to ~ to** aller à; passer à; **to ~ to do** se mettre à faire; **I am not sure how to ~** je ne sais pas exactement comment m'y prendre; **to ~ against sb** *(Law)* intenter des poursuites contre qn

**proceedings** [prəˈsiːdɪŋz] *npl* *(measures)* mesures *fpl*; *(Law: against sb)* poursuites *fpl*; *(meeting)* réunion *f*, séance *f*; *(records)* compte rendu; actes *mpl*

**proceeds** ['prəʊsiːdz] *npl* produit *m*, recette *f*

**process** ['prəʊses] *n* processus *m*; *(method)* procédé *m* ▷ *vt* traiter ▷ *vi* [prəˈses] *(Brit formal: go in procession)* défiler; **in ~** en cours; **we are in the ~ of doing** nous sommes en train de faire

**processed cheese** ['prəʊsɛst-] *n* ≈ fromage fondu

**processing** ['prəʊsɛsɪŋ] *n* traitement *m*

**procession** [prəˈsɛʃən] *n* défilé *m*, cortège *m*; **funeral ~** *(on foot)* cortège funèbre; *(in cars)* convoi *m* mortuaire

**pro-choice** [prəʊˈtʃɔɪs] *adj* en faveur de l'avortement

**proclaim** [prəˈkleɪm] *vt* déclarer, proclamer

**proclamation** [prɔkləˈmeɪʃən] *n* proclamation *f*

**proclivity** [prəˈklɪvɪtɪ] *n* inclination *f*

**procrastinate** [prəʊˈkræstɪneɪt] *vi* faire traîner les choses, vouloir tout remettre au lendemain

**procrastination** [prəʊkræstɪˈneɪʃən] *n* procrastination *f*

**procreation** [prəʊkrɪˈeɪʃən] *n* procréation *f*

**Procurator Fiscal** ['prɔkjʊreɪtə-] *n* *(Scottish)* ≈ procureur *m* *(de la République)*

**procure** [prəˈkjʊə<sup>r</sup>] *vt* *(for o.s.)* se procurer; *(for sb)* procurer

**procurement** [prəˈkjʊəmənt] *n* achat *m*, approvisionnement *m*

**prod** [prɔd] *vt* pousser ▷ *n* *(push, jab)* petit coup, poussée *f*

**prodigal** ['prɔdɪgl] *adj* prodigue

**prodigious** [prə'dɪdʒəs] *adj* prodigieux(-euse)

**prodigy** ['prɒdɪdʒɪ] *n* prodige *m*

**produce** *n* ['prɒdju:s] (*Agr*) produits *mpl* ▷ *vt* [prə'dju:s] produire; (*show*) présenter; (*cause*) provoquer, causer; (*Theat*) monter, mettre en scène; (*TV: programme*) réaliser; (*: play, film*) mettre en scène; (*Radio: programme*) réaliser; (*: play*) mettre en ondes

**producer** [prə'dju:sə<sup>r</sup>] *n* (*Theat*) metteur *m* en scène; (*Agr, Comm, Cine*) producteur *m*; (*TV: of programme*) réalisateur *m*; (*: of play, film*) metteur en scène; (*Radio: of programme*) réalisateur *m*; (*: of play*) metteur en ondes

**product** ['prɒdʌkt] *n* produit *m*

**production** [prə'dʌkʃən] *n* production *f*; (*Theat*) mise *f* en scène; **to put into ~** (*goods*) entreprendre la fabrication de

**production agreement** *n* (*US*) accord *m* de productivité

**production line** *n* chaîne *f* (de fabrication)

**production manager** *n* directeur(-trice) de la production

**productive** [prə'dʌktɪv] *adj* productif(-ive)

**productivity** [prɒdʌk'tɪvɪtɪ] *n* productivité *f*

**productivity agreement** *n* (*Brit*) accord *m* de productivité

**productivity bonus** *n* prime *f* de rendement

**Prof.** [prɒf] *abbr* (= *professor*) Prof

**profane** [prə'feɪn] *adj* sacrilège; (*lay*) profane

**profess** [prə'fɛs] *vt* professer; **I do not ~ to be an expert** je ne prétends pas être spécialiste

**professed** [prə'fɛst] *adj* (*self-declared*) déclaré(e)

**profession** [prə'fɛʃən] *n* profession *f*; **the ~s** les professions libérales

**professional** [prə'fɛʃənl] *n* professionnel(le) ▷ *adj* professionnel(le); (*work*) de professionnel; **he's a ~ man** il exerce une profession libérale; **to take ~ advice** consulter un spécialiste

**professionalism** [prə'fɛʃnəlɪzəm] *n* professionnalisme *m*

**professionally** [prə'fɛʃnəlɪ] *adv* professionnellement; (*Sport: play*) en professionnel; **I only know him ~** je n'ai avec lui que des relations de travail

**professor** [prə'fɛsə<sup>r</sup>] *n* professeur *m* (*titulaire d'une chaire*); (*US: teacher*) professeur *m*

**professorship** [prə'fɛsəʃɪp] *n* chaire *f*

**proffer** ['prɒfə<sup>r</sup>] *vt* (*hand*) tendre; (*remark*) faire; (*apologies*) présenter

**proficiency** [prə'fɪʃənsɪ] *n* compétence *f*, aptitude *f*

**proficient** [prə'fɪʃənt] *adj* compétent(e), capable

**profile** ['prəufaɪl] *n* profil *m*; **to keep a high/low ~** (*fig*) rester *or* être très en évidence/discret(-ète)

**profit** ['prɒfɪt] *n* (*from trading*) bénéfice *m*; (*advantage*) profit *m*; **to ~ (by** *or* **from)** profiter (de); **~ and loss account** compte *m* de profits et pertes; **to make a ~** faire un *or* des bénéfice(s); **to sell sth at a ~** vendre qch à profit

**profitability** [prɒfɪtə'bɪlɪtɪ] *n* rentabilité *f*

**profitable** ['prɒfɪtəbl] *adj* lucratif(-ive), rentable; (*fig: beneficial*) avantageux(-euse); (*: meeting*) fructueux(-euse)

**profit centre** *n* centre *m* de profit

**profiteering** [prɒfɪ'tɪərɪŋ] *n* (*pej*) mercantilisme *m*

**profit-making** ['prɒfɪtmeɪkɪŋ] *adj* à but lucratif

**profit margin** *n* marge *f* bénéficiaire

**profit-sharing** ['prɒfɪtʃɛərɪŋ] *n* intéressement *m* aux bénéfices

**profits tax** *n* (*Brit*) impôt *m* sur les bénéfices

**profligate** ['prɒflɪgɪt] *adj* (*behaviour, act*) dissolu(e); (*person*) débauché(e); (*extravagant*): **~ (with)** prodigue (de)

**pro forma** ['prəu'fɔ:mə] *adj*: **~ invoice** facture *f* pro-forma

**profound** [prə'faund] *adj* profond(e)

**profuse** [prə'fju:s] *adj* abondant(e)

**profusely** [prə'fju:slɪ] *adv* abondamment; (*thank etc*) avec effusion

**profusion** [prə'fju:ʒən] *n* profusion *f*, abondance *f*

**progeny** ['prɒdʒɪnɪ] *n* progéniture *f*; descendants *mpl*

**prognosis** [prɒg'nəusɪs] (*pl* **prognoses**) *n* pronostic *m*

**programme**, (*US*) **program** ['prəugræm] *n* (*Comput: also Brit*) programme *m*; (*Radio, TV*) émission *f* ▷ *vt* programmer

**programmer** ['prəugræmə<sup>r</sup>] *n* programmeur(-euse)

**programming**, (*US*) **programing** ['prəugræmɪŋ] *n* programmation *f*

**programming language**, (*US*) **programing language** *n* langage *m* de programmation

**progress** *n* ['prəugrɛs] progrès *m(pl)* ▷ *vi* [prə'grɛs] progresser, avancer; **in ~** en cours; **to make ~** progresser, faire des progrès, être en progrès; **as the match ~ed** au fur et à mesure que la partie avançait

**progression** [prə'grɛʃən] *n* progression *f*

**progressive** [prə'grɛsɪv] *adj* progressif(-ive); (*person*) progressiste

**progressively** [prə'grɛsɪvlɪ] *adv* progressivement

**progress report** *n* (*Med*) bulletin *m* de santé; (*Admin*) rapport *m* d'activité; rapport sur l'état (d'avancement) des travaux

**prohibit** [prə'hɪbɪt] *vt* interdire, défendre; **to ~ sb from doing sth** défendre *or* interdire à qn de faire qch; **"smoking ~ed"** "défense de fumer"

**prohibition** [prəuɪ'bɪʃən] *n* prohibition *f*

**prohibitive** [prə'hɪbɪtɪv] *adj* (*price etc*) prohibitif(-ive)

**project** [*n* 'prɒdʒɛkt, *vb* prə'dʒɛkt] *n* (*plan*) projet *m*, plan *m*; (*venture*) opération *f*, entreprise *f*; (*Scol: research*) étude *f*, dossier *m* ▷ *vt* projeter ▷ *vi* (*stick out*) faire saillie, s'avancer

**projectile** [prə'dʒɛktaɪl] *n* projectile *m*

**projection** [prə'dʒɛkʃən] *n* projection *f*; (*overhang*) saillie *f*

**projectionist** [prə'dʒɛkʃənɪst] *n* (*Cine*)

**P**

projectionniste *m/f*

**projection room** *n* (*Cine*) cabine *f* de projection

**projector** [prəˈdʒektəʳ] *n* (*Cine etc*) projecteur *m*

**proletarian** [prəʊlɪˈtɛərɪən] *adj* prolétarien(ne)
▷ *n* prolétaire *m/f*

**proletariat** [prəʊlɪˈtɛərɪət] *n* prolétariat *m*

**pro-life** [prəʊˈlaɪf] *adj* contre l'avortement

**proliferate** [prəˈlɪfəreɪt] *vi* proliférer

**proliferation** [prəlɪfəˈreɪʃən] *n* prolifération *f*

**prolific** [prəˈlɪfɪk] *adj* prolifique

**prologue** [ˈprəʊlɔg] *n* prologue *m*

**prolong** [prəˈlɔŋ] *vt* prolonger

**prom** [prɔm] *n abbr* = **promenade**; **promenade
concert**; (*US: ball*) bal *m* d'étudiants; **the P~s**
*série de concerts de musique classique; voir article*

● **PROM**
●
● En Grande-Bretagne, un *promenade concert* ou
● *prom* est un concert de musique classique,
● ainsi appelé car, à l'origine, le public restait
● debout et se promenait au lieu de rester
● assis. De nos jours, une partie du public
● reste debout, mais il y a également des
● places assises (plus chères). Les *Proms* les
● plus connus sont les Proms londoniens. La
● dernière séance (the "Last Night of the
● Proms") est un grand événement
● médiatique où se jouent des airs
● traditionnels et patriotiques.
● Aux États-Unis et au Canada, le *prom* ou
● *promenade* est un bal organisé par le lycée.

**promenade** [prɔməˈnɑːd] *n* (*by sea*) esplanade *f*,
promenade *f*

**promenade concert** *n* concert *m* (de musique
classique)

**promenade deck** *n* (*Naut*) pont *m* promenade

**prominence** [ˈprɔmɪnəns] *n* proéminence *f*;
importance *f*

**prominent** [ˈprɔmɪnənt] *adj* (*standing out*)
proéminent(e); (*important*) important(e); **he is ~
in the field of** ... il est très connu dans le
domaine de ...

**prominently** [ˈprɔmɪnəntlɪ] *adv* (*display, set*) bien
en évidence; **he figured ~ in the case** il a joué
un rôle important dans l'affaire

**promiscuity** [prɔmɪsˈkjuːɪtɪ] *n* (*sexual*) légèreté *f*
de mœurs

**promiscuous** [prəˈmɪskjuəs] *adj* (*sexually*) de
mœurs légères

**promise** [ˈprɔmɪs] *n* promesse *f* ▷ *vt, vi*
promettre; **to make sb a ~** faire une promesse
à qn; **a young man of ~** un jeune homme plein
d'avenir; **to ~ well** *vi* promettre

**promising** [ˈprɔmɪsɪŋ] *adj* prometteur(-euse)

**promissory note** [ˈprɔmɪsərɪ-] *n* billet *m* à ordre

**promontory** [ˈprɔməntrɪ] *n* promontoire *m*

**promote** [prəˈməʊt] *vt* promouvoir; (*venture,
event*) organiser, mettre sur pied; (*new product*)
lancer; **the team was ~d to the second
division** (*Brit Football*) l'équipe est montée en 2ᵉ
division

**promoter** [prəˈməʊtəʳ] *n* (*of event*)
organisateur(-trice)

**promotion** [prəˈməʊʃən] *n* promotion *f*

**prompt** [prɔmpt] *adj* rapide ▷ *n* (*Comput*)
message *m* (de guidage) ▷ *vt* inciter; (*cause*)
entraîner, provoquer; (*Theat*) souffler (son rôle
*or* ses répliques) à; **they're very ~** (*punctual*) ils
sont ponctuels; **at 8 o'clock ~** à 8 heures
précises; **he was ~ to accept** il a tout de suite
accepté; **to ~ sb to do** inciter *or* pousser qn à
faire

**prompter** [ˈprɔmptəʳ] *n* (*Theat*) souffleur *m*

**promptly** [ˈprɔmptlɪ] *adv* (*quickly*) rapidement,
sans délai; (*on time*) ponctuellement

**promptness** [ˈprɔmptnɪs] *n* rapidité *f*;
promptitude *f*; ponctualité *f*

**prone** [prəʊn] *adj* (*lying*) couché(e) (face contre
terre); (*liable*): **~ to** enclin(e) à; **to be ~ to
illness** être facilement malade; **to be ~ to an
illness** être sujet à une maladie; **she is ~ to
burst into tears if** ... elle a tendance à tomber
en larmes si ...

**prong** [prɔŋ] *n* pointe *f*; (*of fork*) dent *f*

**pronoun** [ˈprəʊnaʊn] *n* pronom *m*

**pronounce** [prəˈnaʊns] *vi*: **to ~
(up)on** se prononcer sur; **how do you ~ it?**
comment est-ce que ça se prononce?; **they ~d
him unfit to drive** ils l'ont déclaré inapte à la
conduite

**pronounced** [prəˈnaʊnst] *adj* (*marked*)
prononcé(e)

**pronouncement** [prəˈnaʊnsmənt] *n*
déclaration *f*

**pronunciation** [prənʌnsɪˈeɪʃən] *n*
prononciation *f*

**proof** [pruːf] *n* preuve *f*; (*test, of book, Phot*)
épreuve *f*; (*of alcohol*) degré *n* ▷ *adj*: **~ against** à
l'épreuve de ▷ *vt* (*Brit: tent, anorak*)
imperméabiliser; **to be 70° ~** = titrer 40 degrés

**proofreader** [ˈpruːfriːdəʳ] *n* correcteur(-trice)
(d'épreuves)

**prop** [prɔp] *n* support *m*, étai *m*; (*fig*) soutien *m*
▷ *vt* (*also*: **prop up**) étayer, soutenir; **props** *npl*
accessoires *mpl*; (*lean*): **to ~ sth against**
appuyer qch contre *or* à

**Prop.** *abbr* (*Comm*) = **proprietor**

**propaganda** [prɔpəˈgændə] *n* propagande *f*

**propagation** [prɔpəˈgeɪʃən] *n* propagation *f*

**propel** [prəˈpɛl] *vt* propulser, faire avancer

**propeller** [prəˈpɛləʳ] *n* hélice *f*

**propelling pencil** [prəˈpɛlɪŋ-] *n* (*Brit*) porte-
mine *m inv*

**propensity** [prəˈpɛnsɪtɪ] *n* propension *f*

**proper** [ˈprɔpəʳ] *adj* (*suited, right*) approprié(e),
bon (bonne); (*seemly*) correct(e), convenable;
(*authentic*) vrai(e), véritable; (*inf: real*) fini(e),
vrai(e); (*referring to place*): **the village ~** le village
proprement dit; **to go through the ~ channels**
(*Admin*) passer par la voie officielle

**properly** [ˈprɔpəlɪ] *adv* correctement,
convenablement; (*really*) bel et bien

**proper noun** n nom m propre
**property** ['prɔpətɪ] n (*possessions*) biens mpl; (*house etc*) propriété f; (*land*) terres fpl, domaine m; (*Chem etc: quality*) propriété f; **it's their** ~ cela leur appartient, c'est leur propriété
**property developer** n (*Brit*) promoteur immobilier
**property owner** n propriétaire m
**property tax** n impôt foncier
**prophecy** ['prɔfɪsɪ] n prophétie f
**prophesy** ['prɔfɪsaɪ] vt prédire ▷ vi prophétiser
**prophet** ['prɔfɪt] n prophète m
**prophetic** [prə'fɛtɪk] adj prophétique
**proportion** [prə'pɔːʃən] n proportion f; (*share*) part f; partie f ▷ vt proportionner; **proportions** npl (*size*) dimensions fpl; **to be in/out of** ~ **to** or **with sth** être à la mesure de/hors de proportion avec qch; **to see sth in** ~ (*fig*) ramener qch à de justes proportions
**proportional** [prə'pɔːʃənl], **proportionate** [prə'pɔːʃənɪt] adj proportionnel(le)
**proportional representation** n (*Pol*) représentation proportionnelle
**proposal** [prə'pəuzl] n proposition f, offre f; (*plan*) projet m; (*of marriage*) demande f en mariage
**propose** [prə'pəuz] vt proposer, suggérer; (*have in mind*): **to** ~ **sth/to do** or **doing sth** envisager qch/de faire qch ▷ vi faire sa demande en mariage; **to** ~ **to do** avoir l'intention de faire
**proposer** [prə'pəuzə'] n (*Brit: of motion etc*) auteur m
**proposition** [prɔpə'zɪʃən] n proposition f; **to make sb a** ~ faire une proposition à qn
**propound** [prə'paund] vt proposer, soumettre
**proprietary** [prə'praɪətərɪ] adj de marque déposée; ~ **article** article m or produit m de marque; ~ **brand** marque déposée
**proprietor** [prə'praɪətə'] n propriétaire m/f
**propriety** [prə'praɪətɪ] n (*seemliness*) bienséance f, convenance f
**propulsion** [prə'pʌlʃən] n propulsion f
**pro rata** [prəu'rɑːtə] adv au prorata
**prosaic** [prəu'zeɪɪk] adj prosaïque
**Pros. Atty.** abbr (*US*) = **prosecuting attorney**
**proscribe** [prə'skraɪb] vt proscrire
**prose** [prəuz] n prose f; (*Scol: translation*) thème m
**prosecute** ['prɔsɪkjuːt] vt poursuivre
**prosecuting attorney** ['prɔsɪkjuːtɪŋ-] n (*US*) procureur m
**prosecution** [prɔsɪ'kjuːʃən] n poursuites fpl judiciaires; (*accusing side: in criminal case*) accusation f; (: *in civil case*) la partie plaignante
**prosecutor** ['prɔsɪkjuːtə'] n (*lawyer*) procureur m; (*also:* **public prosecutor**) ministère public; (*US: plaintiff*) plaignant(e)
**prospect** n ['prɔspɛkt] perspective f; (*hope*) espoir m, chances fpl ▷ vt, vi [prə'spɛkt] prospecter; **prospects** npl (*for work etc*) possibilités fpl d'avenir, débouchés mpl; **we are faced with the** ~ **of leaving** nous risquons de devoir partir; **there is every** ~ **of an early**

**victory** tout laisse prévoir une victoire rapide
**prospecting** [prə'spɛktɪŋ] n prospection f
**prospective** [prə'spɛktɪv] adj (*possible*) éventuel(le); (*future*) futur(e)
**prospector** [prə'spɛktə'] n prospecteur m; **gold** ~ chercheur m d'or
**prospectus** [prə'spɛktəs] n prospectus m
**prosper** ['prɔspə'] vi prospérer
**prosperity** [prɔ'spɛrɪtɪ] n prospérité f
**prosperous** ['prɔspərəs] adj prospère
**prostate** ['prɔsteɪt] n (*also:* **prostate gland**) prostate f
**prostitute** ['prɔstɪtjuːt] n prostituée f; **male** ~ prostitué m
**prostitution** [prɔstɪ'tjuːʃən] n prostitution f
**prostrate** adj ['prɔstreɪt] prosterné(e); (*fig*) prostré(e) ▷ vt [prɔ'streɪt]: **to** ~ **o.s. (before sb)** se prosterner (devant qn)
**protagonist** [prə'tægənɪst] n protagoniste m
**protect** [prə'tɛkt] vt protéger
**protection** [prə'tɛkʃən] n protection f; **to be under sb's** ~ être sous la protection de qn
**protectionism** [prə'tɛkʃənɪzəm] n protectionnisme m
**protection racket** n racket m
**protective** [prə'tɛktɪv] adj protecteur(-trice); (*clothing*) de protection; ~ **custody** (*Law*) détention préventive
**protector** [prə'tɛktə'] n protecteur(-trice)
**protégé** ['prəutɛʒeɪ] n protégé m
**protégée** ['prəutɛʒeɪ] n protégée f
**protein** ['prəutiːn] n protéine f
**pro tem** [prəu'tɛm] adv abbr (= pro tempore: for the time being) provisoirement
**protest** [n 'prəutɛst, vb prə'tɛst] n protestation f ▷ vi: **to** ~ **against/about** protester contre/à propos de ▷ vt protester de; **to** ~ **(that)** protester que
**Protestant** ['prɔtɪstənt] adj, n protestant(e)
**protester, protestor** [prə'tɛstə'] n (*in demonstration*) manifestant(e)
**protest march** n manifestation f
**protocol** ['prəutəkɔl] n protocole m
**prototype** ['prəutətaɪp] n prototype m
**protracted** [prə'træktɪd] adj prolongé(e)
**protractor** [prə'træktə'] n (*Geom*) rapporteur m
**protrude** [prə'truːd] vi avancer, dépasser
**protuberance** [prə'tjuːbərəns] n protubérance f
**proud** [praud] adj fier(-ère); (*pej*) orgueilleux(-euse); **to be** ~ **to do sth** être fier de faire qch; **to do sb** ~ (*inf*) faire honneur à qn; **to do o.s.** ~ (*inf*) ne se priver de rien
**proudly** ['praudlɪ] adv fièrement
**prove** [pruːv] vt prouver, démontrer ▷ vi: **to** ~ **correct** etc s'avérer juste etc; **to** ~ **o.s.** montrer ce dont on est capable; **to** ~ **o.s./itself (to be) useful** etc se montrer or se révéler utile etc; **he was** ~**d right in the end** il s'est avéré qu'il avait raison
**proverb** ['prɔvəb] n proverbe m
**proverbial** [prə'vəːbɪəl] adj proverbial(e)
**provide** [prə'vaɪd] vt fournir; **to** ~ **sb with sth**

fournir qch à qn; **to be ~d with** (*person*) disposer de; (*thing*) être équipé(e) or muni(e) de
▶ **provide for** *vt fus* (*person*) subvenir aux besoins de; (*future event*) prévoir
**provided** [prə'vaɪdɪd] *conj:* ~ **(that)** à condition que + *sub*
**Providence** ['prɒvɪdəns] *n* la Providence
**providing** [prə'vaɪdɪŋ] *conj* à condition que + *sub*
**province** ['prɒvɪns] *n* province *f*; (*fig*) domaine *m*
**provincial** [prə'vɪnʃəl] *adj* provincial(e)
**provision** [prə'vɪʒən] *n* (*supply*) provision *f*; (*supplying*) fourniture *f*; approvisionnement *m*; (*stipulation*) disposition *f*; **provisions** *npl* (*food*) provisions *fpl*; **to make ~ for** (*one's future*) assurer; (*one's family*) assurer l'avenir de; **there's no ~ for this in the contract** le contrat ne prévoit pas cela
**provisional** [prə'vɪʒənl] *adj* provisoire ⊳ *n:* **P~** (*Irish Pol*) Provisional *m* (*membre de la tendance activiste de l'IRA*)
**provisional licence** *n* (*Brit Aut*) permis *m* provisoire
**provisionally** [prə'vɪʒnəlɪ] *adv* provisoirement
**proviso** [prə'vaɪzəʊ] *n* condition *f*; **with the ~ that** à la condition (expresse) que
**Provo** ['prɒvəʊ] *n abbr* (*inf*) = **Provisional**
**provocation** [prɒvə'keɪʃən] *n* provocation *f*
**provocative** [prə'vɒkətɪv] *adj* provocateur(-trice), provocant(e)
**provoke** [prə'vəʊk] *vt* provoquer; **to ~ sb to sth/ to do** *or* **into doing sth** pousser qn à qch/à faire qch
**provoking** [prə'vəʊkɪŋ] *adj* énervant(e), exaspérant(e)
**provost** ['prɒvəst] *n* (*Brit: of university*) principal *m*; (*Scottish*) maire *m*
**prow** [praʊ] *n* proue *f*
**prowess** ['praʊɪs] *n* prouesse *f*
**prowl** [praʊl] *vi* (*also:* **prowl about, prowl around**) rôder ⊳ *n:* **to be on the ~** rôder
**prowler** ['praʊlə'] *n* rôdeur(-euse)
**proximity** [prɒk'sɪmɪtɪ] *n* proximité *f*
**proxy** ['prɒksɪ] *n* procuration *f*; **by ~** par procuration
**PRP** *n abbr* (= *performance related pay*) salaire *m* au rendement
**prude** [pruːd] *n* prude *f*
**prudence** ['pruːdns] *n* prudence *f*
**prudent** ['pruːdnt] *adj* prudent(e)
**prudish** ['pruːdɪʃ] *adj* prude, pudibond(e)
**prune** [pruːn] *n* pruneau *m* ⊳ *vt* élaguer
**pry** [praɪ] *vi:* **to ~ into** fourrer son nez dans
**PS** *n abbr* (= *postscript*) PS *m*
**psalm** [sɑːm] *n* psaume *m*
**PSAT** *n abbr* (*US*) = **Preliminary Scholastic Aptitude Test**
**PSBR** *n abbr* (*Brit:* = *public sector borrowing requirement*) besoins *mpl* d'emprunts des pouvoirs publics
**pseud** [sjuːd] *n* (*Brit inf: intellectually*) pseudo-intello *m*; (: *socially*) snob *m/f*
**pseudo-** ['sjuːdəʊ] *prefix* pseudo-

**pseudonym** ['sjuːdənɪm] *n* pseudonyme *m*
**PSHE** *n abbr* (*Brit: Scol:* = *personal, social and health education*) cours d'éducation personnelle, sanitaire et sociale préparant à la vie adulte
**PST** *abbr* (*US:* = *Pacific Standard Time*) heure d'hiver du Pacifique
**PSV** *n abbr* (*Brit*) = **public service vehicle**
**psyche** ['saɪkɪ] *n* psychisme *m*
**psychiatric** [saɪkɪ'ætrɪk] *adj* psychiatrique
**psychiatrist** [saɪ'kaɪətrɪst] *n* psychiatre *m/f*
**psychiatry** [saɪ'kaɪətrɪ] *n* psychiatrie *f*
**psychic** ['saɪkɪk] *adj* (*also:* **psychical**) (*méta*)psychique; (*person*) doué(e) de télépathie *or* d'un sixième sens
**psycho** ['saɪkəʊ] *n* (*inf*) psychopathe *m/f*
**psychoanalysis** (*pl* -**ses**) [saɪkəʊə'nælɪsɪs, -siːz] *n* psychanalyse *f*
**psychoanalyst** [saɪkəʊ'ænəlɪst] *n* psychanalyste *m/f*
**psychological** [saɪkə'lɒdʒɪkl] *adj* psychologique
**psychologist** [saɪ'kɒlədʒɪst] *n* psychologue *m/f*
**psychology** [saɪ'kɒlədʒɪ] *n* psychologie *f*
**psychopath** ['saɪkəʊpæθ] *n* psychopathe *m/f*
**psychosis** (*pl* **psychoses**) [saɪ'kəʊsɪs, -siːz] *n* psychose *f*
**psychosomatic** [saɪkəʊsə'mætɪk] *adj* psychosomatique
**psychotherapy** [saɪkəʊ'θɛrəpɪ] *n* psychothérapie *f*
**psychotic** [saɪ'kɒtɪk] *adj, n* psychotique *m/f*
**PT** *n abbr* (*Brit:* = *physical training*) EPS *f*
**Pt.** *abbr* (*in place names:* = *Point*) Pte
**pt** *abbr* = **pint; pints; point; points**
**PTA** *n abbr* = **Parent-Teacher Association**
**Pte.** *abbr* (*Brit Mil*) = **private**
**PTO** *abbr* (= *please turn over*) TSVP
**PTV** *abbr* (*US*) = **pay television**
**pub** [pʌb] *n abbr* (= *public house*) pub *m*
**pub crawl** *n* (*Brit inf*): **to go on a ~** faire la tournée des bars
**puberty** ['pjuːbətɪ] *n* puberté *f*
**pubic** ['pjuːbɪk] *adj* pubien(ne), du pubis
**public** ['pʌblɪk] *adj* public(-ique) ⊳ *n* public *m*; **in ~** en public; **the general ~** le grand public; **to be ~ knowledge** être de notoriété publique; **to go ~** (*Comm*) être coté(e) en Bourse; **to make ~** rendre public
**public address system** *n* (système *m* de) sonorisation *f*, sono *f* (*col*)
**publican** ['pʌblɪkən] *n* patron *m* or gérant *m* de pub
**publication** [pʌblɪ'keɪʃən] *n* publication *f*
**public company** *n* société *f* anonyme
**public convenience** *n* (*Brit*) toilettes *fpl*
**public holiday** *n* (*Brit*) jour férié
**public house** *n* (*Brit*) pub *m*
**publicity** [pʌb'lɪsɪtɪ] *n* publicité *f*
**publicize** ['pʌblɪsaɪz] *vt* (*make known*) faire connaître, rendre public; (*advertise*) faire de la publicité pour
**public limited company** *n* ≈ société *f* anonyme (SA) (*cotée en Bourse*)

**publicly** ['pʌblɪklɪ] *adv* publiquement, en public
**public opinion** *n* opinion publique
**public ownership** *n*: **to be taken into ~** être
nationalisé(e), devenir propriété de l'État
**public prosecutor** *n* ≈ procureur *m* (*de la
République*); **~'s office** parquet *m*
**public relations** *n or npl* relations publiques (RP)
**public relations officer** *n* responsable *m/f* des
relations publiques
**public school** *n* (*Brit*) école privée; (*US*) école
publique; *voir article*

⬤ **PUBLIC SCHOOL**
⬤
⬤ Une *public school* est un établissement
⬤ d'enseignement secondaire privé. Bon
⬤ nombre d'entre elles sont des pensionnats.
⬤ Beaucoup ont également une école primaire
⬤ qui leur est rattachée (une "prep" ou
⬤ "preparatory school") pour préparer les
⬤ élèves au cycle secondaire. Ces écoles sont
⬤ en général prestigieuses, et les frais de
⬤ scolarité sont très élevés dans les plus
⬤ connues (Westminster, Eton, Harrow).
⬤ Beaucoup d'élèves vont ensuite à
⬤ l'université, et un grand nombre entre à
⬤ Oxford ou à Cambridge. Les grands
⬤ industriels, les députés et les hauts
⬤ fonctionnaires sortent souvent de ces
⬤ écoles. Aux États-Unis, le terme "public
⬤ school" désigne tout simplement une école
⬤ publique gratuite.

**public sector** *n* secteur public
**public service vehicle** *n* (*Brit*) véhicule affecté
au transport de personnes
**public-spirited** [pʌblɪk'spɪrɪtɪd] *adj* qui fait
preuve de civisme
**public transport**, (*US*) **public transportation**
*n* transports *mpl* en commun
**public utility** *n* service public
**public works** *npl* travaux publics
**publish** ['pʌblɪʃ] *vt* publier
**publisher** ['pʌblɪʃəʳ] *n* éditeur *m*
**publishing** ['pʌblɪʃɪŋ] *n* (*industry*) édition *f*; (*of a
book*) publication *f*
**publishing company** *n* maison *f* d'édition
**pub lunch** *n* repas *m* de bistrot
**puce** [pjuːs] *adj* puce
**puck** [pʌk] *n* (*elf*) lutin *m*; (*Ice Hockey*) palet *m*
**pucker** ['pʌkəʳ] *vt* plisser
**pudding** ['pudɪŋ] *n* (*Brit: dessert*) dessert *m*,
entremets *m*; (*sweet dish*) pudding *m*, gâteau *m*;
(*sausage*) boudin *m*; **rice ~** ≈ riz *m* au lait; **black
~**, (*US*) **blood ~** boudin (noir)
**puddle** ['pʌdl] *n* flaque *f* d'eau
**puerile** ['pjuəraɪl] *adj* puéril(e)
**Puerto Rico** ['pwəːtəu'riːkəu] *n* Porto Rico *f*
**puff** [pʌf] *n* bouffée *f* ▷ *vt*: **to ~ one's pipe** tirer
sur sa pipe; (*also*: **puff out**: *sails, cheeks*) gonfler
▷ *vi* sortir par bouffées; (*pant*) haleter; **to ~ out
smoke** envoyer des bouffées de fumée

**puffed** [pʌft] *adj* (*inf: out of breath*) tout(e)
essouflé(e)
**puffin** ['pʌfɪn] *n* macareux *m*
**puff pastry**, (*US*) **puff paste** *n* pâte feuilletée
**puffy** ['pʌfɪ] *adj* bouffi(e), boursouflé(e)
**pugnacious** [pʌg'neɪʃəs] *adj* pugnace,
batailleur(-euse)
**pull** [pul] *n* (*tug*): **to give sth a ~** tirer sur qch; (*of
moon, magnet, the sea etc*) attraction *f*; (*fig*)
influence *f* ▷ *vt* tirer; (*trigger*) presser; (*strain:
muscle, tendon*) se claquer ▷ *vi* tirer; **to ~ a face**
faire une grimace; **to ~ to pieces** mettre en
morceaux; **to ~ one's punches** (*also fig*)
ménager son adversaire; **to ~ one's weight** y
mettre du sien; **to ~ o.s. together** se ressaisir;
**to ~ sb's leg** (*fig*) faire marcher qn; **to ~ strings
(for sb)** intervenir (en faveur de qn)
▶ **pull about** *vt* (*Brit: handle roughly: object*)
maltraiter; (: *person*) malmener
▶ **pull apart** *vt* séparer; (*break*) mettre en pièces,
démantibuler
▶ **pull away** *vi* (*vehicle: move off*) partir; (*draw back*)
s'éloigner
▶ **pull back** *vt* (*lever etc*) tirer sur; (*curtains*) ouvrir
▷ *vi* (*refrain*) s'abstenir; (*Mil: withdraw*) se retirer
▶ **pull down** *vt* baisser, abaisser; (*house*)
démolir; (*tree*) abattre
▶ **pull in** *vi* (*Aut*) se ranger; (*Rail*) entrer en gare
▶ **pull off** *vt* enlever, ôter; (*deal etc*) conclure
▶ **pull out** *vi* démarrer, partir; (*withdraw*) se
retirer; (*Aut: come out of line*) déboîter ▷ *vt* (*from
bag, pocket*) sortir; (*remove*) arracher; (*withdraw*)
retirer
▶ **pull over** *vi* (*Aut*) se ranger
▶ **pull round** *vi* (*unconscious person*) revenir à soi;
(*sick person*) se rétablir
▶ **pull through** *vi* s'en sortir
▶ **pull up** *vi* (*stop*) s'arrêter ▷ *vt* remonter;
(*uproot*) déraciner, arracher; (*stop*) arrêter
**pulley** ['pulɪ] *n* poulie *f*
**pull-out** ['pulaut] *n* (*of forces etc*) retrait *m* ▷ *cpd*
(*magazine, pages*) détachable
**pullover** ['puləuvəʳ] *n* pull-over *m*, tricot *m*
**pulp** [pʌlp] *n* (*of fruit*) pulpe *f*; (*for paper*) pâte *f* à
papier; (*pej: also*: **pulp magazines** *etc*) presse *f* à
sensation or de bas étage; **to reduce sth to (a) ~**
réduire qch en purée
**pulpit** ['pulpɪt] *n* chaire *f*
**pulsate** [pʌl'seɪt] *vi* battre, palpiter; (*music*)
vibrer
**pulse** [pʌls] *n* (*of blood*) pouls *m*; (*of heart*)
battement *m*; (*of music, engine*) vibrations *fpl*;
**pulses** *npl* (*Culin*) légumineuses *fpl*; **to feel** or
**take sb's ~** prendre le pouls à qn
**pulverize** ['pʌlvəraɪz] *vt* pulvériser
**puma** ['pjuːmə] *n* puma *m*
**pumice** ['pʌmɪs] *n* (*also*: **pumice stone**) pierre *f*
ponce
**pummel** ['pʌml] *vt* rouer de coups
**pump** [pʌmp] *n* pompe *f*; (*shoe*) escarpin *m* ▷ *vt*
pomper; (*fig: inf*) faire parler; **to ~ sb for
information** essayer de soutirer des

**P**

renseignements à qn
▶ **pump up** vt gonfler
**pumpkin** ['pʌmpkɪn] n potiron m, citrouille f
**pun** [pʌn] n jeu m de mots, calembour m
**punch** [pʌntʃ] n (blow) coup m de poing; (fig: force) vivacité f, mordant m; (tool) poinçon m; (drink) punch m ▷ vt (make a hole in) poinçonner, perforer; (hit): **to ~ sb/sth** donner un coup de poing à qn/sur qch; **to ~ a hole (in)** faire un trou (dans)
▶ **punch in** vi (US) pointer (en arrivant)
▶ **punch out** vi (US) pointer (en partant)
**punch card, punched card** [pʌntʃt-] n carte perforée
**punch-drunk** ['pʌntʃdrʌŋk] adj (Brit) sonné(e)
**punch line** n (of joke) conclusion f
**punch-up** ['pʌntʃʌp] n (Brit inf) bagarre f
**punctual** ['pʌŋktjuəl] adj ponctuel(le)
**punctuality** [pʌŋktju'ælɪtɪ] n ponctualité f
**punctually** ['pʌŋktjuəlɪ] adv ponctuellement; **it will start ~ at 6** cela commencera à 6 heures précises
**punctuate** ['pʌŋktjueɪt] vt ponctuer
**punctuation** [pʌŋktju'eɪʃən] n ponctuation f
**punctuation mark** n signe m de ponctuation
**puncture** ['pʌŋktʃəʳ] n (Brit) crevaison f ▷ vt crever; **I have a ~** (Aut) j'ai (un pneu) crevé
**pundit** ['pʌndɪt] n individu m qui pontifie, pontife m
**pungent** ['pʌndʒənt] adj piquant(e); (fig) mordant(e), caustique
**punish** ['pʌnɪʃ] vt punir; **to ~ sb for sth/for doing sth** punir qn de qch/d'avoir fait qch
**punishable** ['pʌnɪʃəbl] adj punissable
**punishing** ['pʌnɪʃɪŋ] adj (fig: exhausting) épuisant(e) ▷ n punition f
**punishment** ['pʌnɪʃmənt] n punition f, châtiment m; (fig: inf): **to take a lot of ~** (boxer) encaisser; (car, person etc) être mis(e) à dure épreuve
**punk** [pʌŋk] n (person: also: **punk rocker**) punk m/f; (music: also: **punk rock**) le punk; (US inf: hoodlum) voyou m
**punt** [pʌnt] n (boat) bachot m; (Irish) livre irlandaise ▷ vi (Brit: bet) parier
**punter** ['pʌntəʳ] n (Brit: gambler) parieur(-euse); (: inf) Monsieur m tout le monde; type m
**puny** ['pjuːnɪ] adj chétif(-ive)
**pup** [pʌp] n chiot m
**pupil** ['pjuːpl] n élève m/f; (of eye) pupille f
**puppet** ['pʌpɪt] n marionnette f, pantin m
**puppet government** n gouvernement m fantoche
**puppy** ['pʌpɪ] n chiot m, petit chien
**purchase** ['pəːtʃɪs] n achat m; (grip) prise f ▷ vt acheter; **to get a ~ on** trouver appui sur
**purchase order** n ordre m d'achat
**purchase price** n prix m d'achat
**purchaser** ['pəːtʃɪsəʳ] n acheteur(-euse)
**purchase tax** n (Brit) taxe f à l'achat
**purchasing power** ['pəːtʃɪsɪŋ-] n pouvoir m d'achat

**pure** [pjuəʳ] adj pur(e); **a ~ wool jumper** un pull en pure laine; **~ and simple** pur(e) et simple
**purebred** ['pjuəbred] adj de race
**purée** ['pjuəreɪ] n purée f
**purely** ['pjuəlɪ] adv purement
**purge** [pəːdʒ] n (Med) purge f; (Pol) épuration f, purge ▷ vt purger; (fig) épurer, purger
**purification** [pjuərɪfɪ'keɪʃən] n purification f
**purify** ['pjuərɪfaɪ] vt purifier, épurer
**purist** ['pjuərɪst] n puriste m/f
**puritan** ['pjuərɪtən] n puritain(e)
**puritanical** [pjuərɪ'tænɪkl] adj puritain(e)
**purity** ['pjuərɪtɪ] n pureté f
**purl** [pəːl] n maille f à l'envers ▷ vt tricoter à l'envers
**purloin** [pəː'lɔɪn] vt dérober
**purple** ['pəːpl] adj violet(te); (face) cramoisi(e)
**purport** [pəː'pɔːt] vi: **to ~ to be/do** prétendre être/faire
**purpose** ['pəːpəs] n intention f, but m; **on ~** exprès; **for illustrative ~s** à titre d'illustration; **for teaching ~s** dans un but pédagogique; **for the ~s of this meeting** pour cette réunion; **to no ~** en pure perte
**purpose-built** ['pəːpəs'bɪlt] adj (Brit) fait(e) sur mesure
**purposeful** ['pəːpəsful] adj déterminé(e), résolu(e)
**purposely** ['pəːpəslɪ] adv exprès
**purr** [pəːʳ] n ronronnement m ▷ vi ronronner
**purse** [pəːs] n (Brit: for money) porte-monnaie m inv, bourse f; (US: handbag) sac m (à main) ▷ vt serrer, pincer
**purser** ['pəːsəʳ] n (Naut) commissaire m du bord
**purse snatcher** [-'snætʃəʳ] n (US) voleur m à l'arraché
**pursue** [pə'sjuː] vt poursuivre; (pleasures) rechercher; (inquiry, matter) approfondir
**pursuer** [pə'sjuːəʳ] n poursuivant(e)
**pursuit** [pə'sjuːt] n poursuite f; (occupation) occupation f, activité f; **scientific ~s** recherches fpl scientifiques; **in (the) ~ of sth** à la recherche de qch
**purveyor** [pə'veɪəʳ] n fournisseur m
**pus** [pʌs] n pus m
**push** [puʃ] n poussée f; (effort) gros effort; (drive) énergie f ▷ vt pousser; (button) appuyer sur; (thrust): **to ~ sth (into)** enfoncer qch (dans); (fig: product) mettre en avant, faire de la publicité pour ▷ vi pousser; appuyer; **to ~ a door open/shut** pousser une porte (pour l'ouvrir/pour la fermer); **"~"** (on door) "poussez"; (on bell) "appuyez"; **to ~ for** (better pay, conditions) réclamer; **to be ~ed for time/money** être à court de temps/d'argent; **she is ~ing fifty** (inf) elle frise la cinquantaine; **at a ~** (Brit inf) à la limite, à la rigueur
▶ **push aside** vt écarter
▶ **push in** vi s'introduire de force
▶ **push off** vi (inf) filer, ficher le camp
▶ **push on** vi (continue) continuer
▶ **push over** vt renverser

▸ **push through** vt (*measure*) faire voter ▷ vi (*in crowd*) se frayer un chemin

▸ **push up** vt (*total, prices*) faire monter

**push-bike** ['puʃbaɪk] n (Brit) vélo m

**push-button** ['puʃbʌtn] n bouton(-poussoir m) m

**pushchair** ['puʃtʃɛəʳ] n (Brit) poussette f

**pusher** ['puʃəʳ] n (*also:* **drug pusher**) revendeur(-euse) (de drogue), ravitailleur(-euse) (en drogue)

**pushover** ['puʃəuvəʳ] n (*inf*): **it's a ~** c'est un jeu d'enfant

**push-up** ['puʃʌp] n (US) traction f

**pushy** ['puʃɪ] adj (*pej*) arriviste

**pussy** ['pusɪ], **pussy-cat** n (*inf*) minet m

**put** (*pt, pp* **~**) [put] vt mettre; (*place*) poser, placer; (*say*) dire, exprimer; (*a question*) poser; (*case, view*) exposer, présenter; (*estimate*) estimer; **to ~ sb in a good/bad mood** mettre qn de bonne/ mauvaise humeur; **to ~ sb to bed** mettre qn au lit, coucher qn; **to ~ sb to a lot of trouble** déranger qn; **how shall I ~ it?** comment dirais-je?, comment dire?; **to ~ a lot of time into sth** passer beaucoup de temps à qch; **to ~ money on a horse** miser sur un cheval; **I ~ it to you that ...** (Brit) je (vous) suggère que ..., je suis d'avis que ...; **to stay ~** ne pas bouger

▸ **put about** vi (Naut) virer de bord ▷ vt (*rumour*) faire courir

▸ **put across** vt (*ideas etc*) communiquer; faire comprendre

▸ **put aside** vt mettre de côté

▸ **put away** vt (*store*) ranger

▸ **put back** vt (*replace*) remettre, replacer; (*postpone*) remettre; (*delay, watch, clock*) retarder; **this will ~ us back ten years** cela nous ramènera dix ans en arrière

▸ **put by** vt (*money*) mettre de côté, économiser

▸ **put down** vt (*parcel etc*) poser, déposer; (*pay*) verser; (*in writing*) mettre par écrit, inscrire; (*suppress: revolt etc*) réprimer, écraser; (*attribute*) attribuer; (*animal*) abattre; (*cat, dog*) faire piquer

▸ **put forward** vt (*ideas*) avancer, proposer; (*date, watch, clock*) avancer

▸ **put in** vt (*gas, electricity*) installer; (*complaint*) soumettre; (*time, effort*) consacrer

▸ **put in for** vt fus (*job*) poser sa candidature pour; (*promotion*) solliciter

▸ **put off** vt (*light etc*) éteindre; (*postpone*) remettre à plus tard, ajourner; (*discourage*) dissuader

▸ **put on** vt (*clothes, lipstick, CD*) mettre; (*light etc*) allumer; (*play etc*) monter; (*extra bus, train etc*) mettre en service; (*food, meal: provide*) servir; (: *cook*) mettre à cuire or à chauffer; (*weight*) prendre; (*assume: accent, manner*) prendre; (: *airs*)

se donner, prendre; (*inf: tease*) faire marcher; (*inform, indicate*): **to ~ sb on to sb/sth** indiquer qn/qch à qn; **to ~ the brakes on** freiner

▸ **put out** vt (*take outside*) mettre dehors; (*one's hand*) tendre; (*news, rumour*) faire courir, répandre; (*light etc*) éteindre; (*person: inconvenience*) déranger, gêner; (*Brit: dislocate*) se démettre ▷ vi (Naut): **to ~ out to sea** prendre le large; **to ~ out from Plymouth** quitter Plymouth

▸ **put through** vt (*Tel: caller*) mettre en communication; (: *call*) passer; (*plan*) faire accepter; **~ me through to Miss Blair** passez-moi Miss Blair

▸ **put together** vt mettre ensemble; (*assemble: furniture*) monter, assembler; (*meal*) préparer

▸ **put up** vt (*raise*) lever, relever, remonter; (*pin up*) afficher; (*hang*) accrocher; (*build*) construire, ériger; (*tent*) monter; (*umbrella*) ouvrir; (*increase*) augmenter; (*accommodate*) loger; (*incite*): **to ~ sb up to doing sth** pousser qn à faire qch; **to ~ sth up for sale** mettre qch en vente

▸ **put upon** vt fus: **to be ~ upon** (*imposed on*) se laisser faire

▸ **put up with** vt fus supporter

**putrid** ['pju:trɪd] adj putride

**putt** [pʌt] vt, vi putter ▷ n putt m

**putter** ['pʌtəʳ] n (Golf) putter m

**putting green** ['pʌtɪŋ-] n green m

**putty** ['pʌtɪ] n mastic m

**put-up** ['putʌp] adj: **~ job** coup monté

**puzzle** ['pʌzl] n énigme f, mystère m; (*game*) jeu m, casse-tête m; (*jigsaw*) puzzle m; (*also:* **crossword puzzle**) mots croisés ▷ vt intriguer, rendre perplexe ▷ vi se creuser la tête; **to ~ over** chercher à comprendre

**puzzled** ['pʌzld] adj perplexe; **to be ~ about sth** être perplexe au sujet de qch

**puzzling** ['pʌzlɪŋ] adj déconcertant(e), inexplicable

**PVC** n abbr (= *polyvinyl chloride*) PVC m

**Pvt.** abbr (US Mil) = **private**

**pw** abbr (= *per week*) p. sem.

**PX** n abbr (US Mil) = **post exchange**

**pygmy** ['pɪgmɪ] n pygmée m/f

**pyjamas** [pɪ'dʒɑːməz] npl (Brit) pyjama m; **a pair of ~** un pyjama

**pylon** ['paɪlən] n pylône m

**pyramid** ['pɪrəmɪd] n pyramide f

**Pyrenean** [pɪrə'niːən] adj pyrénéen(ne), des Pyrénées

**Pyrenees** [pɪrə'niːz] npl Pyrénées fpl

**Pyrex®** ['paɪrɛks] n Pyrex® m ▷ cpd: **Pyrex dish** plat m en Pyrex

**python** ['paɪθən] n python m

**Q, q** [kju:] *n* (*letter*) Q, q *m*; **Q for Queen** Q
comme Quintal
**Qatar** [kæˈtɑːʳ] *n* Qatar *m*, Katar *m*
**QC** *n abbr* = **Queen's Counsel**; *voir article*

⬤ **QC**
⬤
⬤ En Angleterre, un QC ou *Queen's Counsel* (ou
⬤ "KC" pour "King's Counsel", sous le règne
⬤ d'un roi) est un avocat qui reçoit un poste de
⬤ haut fonctionnaire sur recommandation du
⬤ "Lord Chancellor". Il fait alors souvent
⬤ suivre son nom des lettres QC, et lorsqu'il va
⬤ au tribunal, il est toujours accompagné par
⬤ un autre avocat (un "junior barrister").

**QED** *abbr* (= *quod erat demonstrandum*) CQFD
**q.t.** *n abbr* (*inf*) = **quiet**; **on the q.t.** discrètement
**qty** *abbr* (= *quantity*) qté
**quack** [kwæk] *n* (*of duck*) coin-coin *m inv*; (*pej:
doctor*) charlatan *m* ▷ *vi* faire coin-coin
**quad** [kwɔd] *n abbr* = **quadruplet; quadrangle**
**quadrangle** [ˈkwɔdræŋgl] *n* (*Math*) quadrilatère
*m*; (*courtyard: abbr: quad*) cour *f*
**quadruped** [ˈkwɔdruped] *n* quadrupède *m*
**quadruple** [kwɔˈdruːpl] *adj, n* quadruple *m* ▷ *vt,
vi* quadrupler
**quadruplet** [kwɔˈdruːplɪt] *n* quadruplé(e)
**quagmire** [ˈkwægmaɪəʳ] *n* bourbier *m*
**quail** [kweɪl] *n* (*Zool*) caille *f* ▷ *vi*: **to ~ at** *or*
**before** reculer devant
**quaint** [kweɪnt] *adj* bizarre; (*old-fashioned*)
désuet(-ète); (*picturesque*) au charme vieillot,
pittoresque
**quake** [kweɪk] *vi* trembler ▷ *n abbr* = **earthquake**
**Quaker** [ˈkweɪkəʳ] *n* quaker(esse)
**qualification** [kwɔlɪfɪˈkeɪʃən] *n* (*often pl: degree
etc*) diplôme *m*; (*training*) qualification(s) *f(pl)*;
(*ability*) compétence(s) *f(pl)*; (*limitation*) réserve *f*,
restriction *f*; **what are your ~s?** qu'avez-vous
comme diplômes?; quelles sont vos
qualifications?
**qualified** [ˈkwɔlɪfaɪd] *adj* (*trained*) qualifié(e);
(*professionally*) diplômé(e); (*fit, competent*)
compétent(e), qualifié(e); (*limited*)
conditionnel(le); **it was a ~ success** ce fut un

succès mitigé; **~ for/to do** qui a les diplômes
requis pour/pour faire; qualifié pour/pour faire
**qualify** [ˈkwɔlɪfaɪ] *vt* qualifier; (*modify*) atténuer,
nuancer; (*limit: statement*) apporter des réserves
à ▷ *vi*: **to ~ (as)** obtenir son diplôme (de); **to ~
(for)** remplir les conditions requises (pour);
(*Sport*) se qualifier (pour)
**qualifying** [ˈkwɔlɪfaɪɪŋ] *adj*: **~ exam** examen *m*
d'entrée; **~ round** éliminatoires *fpl*
**qualitative** [ˈkwɔlɪtətɪv] *adj* qualitatif(-ive)
**quality** [ˈkwɔlɪtɪ] *n* qualité *f* ▷ *cpd* de qualité; **of
good/poor ~** de bonne/mauvaise qualité
**quality control** *n* contrôle *m* de qualité

⬤ **QUALITY PRESS**
⬤
⬤ La *quality press* ou les "quality (news)papers"
⬤ englobent les journaux sérieux, quotidiens
⬤ ou hebdomadaires, par opposition aux
⬤ journaux populaires ("tabloid press"). Ces
⬤ journaux visent un public qui souhaite des
⬤ informations détaillées sur un éventail très
⬤ vaste de sujets et qui est prêt à consacrer
⬤ beaucoup de temps à leur lecture. Les
⬤ "quality newspapers" sont en général de
⬤ grand format.

**quality time** *n* moments privilégiés
**qualm** [kwɑːm] *n* doute *m*; scrupule *m*; **to have
~s about sth** avoir des doutes sur qch; éprouver
des scrupules à propos de qch
**quandary** [ˈkwɔndrɪ] *n*: **in a ~** devant un
dilemme, dans l'embarras
**quango** [ˈkwæŋgəu] *n abbr* (*Brit*: = *quasi-
autonomous non-governmental organization*)
commission nommée par le gouvernement
**quantify** [ˈkwɔntɪfaɪ] *vt* quantifier
**quantitative** [ˈkwɔntɪtətɪv] *adj*
quantitatif(-ive)
**quantity** [ˈkwɔntɪtɪ] *n* quantité *f*; **in ~** en
grande quantité
**quantity surveyor** *n* (*Brit*) métreur vérificateur
**quantum leap** [ˈkwɔntəm-] *n* (*fig*) bond *m* en
avant
**quarantine** [ˈkwɔrntiːn] *n* quarantaine *f*
**quark** [kwɑːk] *n* quark *m*

**quarrel** ['kwɔrl] n querelle f, dispute f ▷ vi se disputer, se quereller; **to have a ~ with sb** se quereller avec qn; **I've no ~ with him** je n'ai rien contre lui; **I can't ~ with that** je ne vois rien à redire à cela

**quarrelsome** ['kwɔrəlsəm] adj querelleur(-euse)

**quarry** ['kwɔrɪ] n (for stone) carrière f; (animal) proie f, gibier m ▷ vt (marble etc) extraire

**quart** [kwɔ:t] n ≈ litre m

**quarter** ['kwɔ:təʳ] n quart m; (of year) trimestre m; (district) quartier m; (US, Canada: 25 cents) (pièce f de) vingt-cinq cents mpl ▷ vt partager en quartiers or en quatre; (Mil) caserner, cantonner; **quarters** npl logement m; (Mil) quartiers mpl, cantonnement m; **a ~ of an hour** un quart d'heure; **it's a ~ to 3**, (US) **it's a ~ of 3** il est 3 heures moins le quart; **it's a ~ past 3**, (US) **it's a ~ after 3** il est 3 heures et quart; **from all ~s** de tous côtés

**quarterback** ['kwɔ:təbæk] n (US Football) quarterback m/f

**quarter-deck** ['kwɔ:tədɛk] n (Naut) plage f arrière

**quarter final** n quart m de finale

**quarterly** ['kwɔ:təlɪ] adj trimestriel(le) ▷ adv tous les trois mois ▷ n (Press) revue trimestrielle

**quartermaster** ['kwɔ:təmɑ:stəʳ] n (Mil) intendant m militaire de troisième classe; (Naut) maître m de manœuvre

**quartet, quartette** [kwɔ:'tɛt] n quatuor m; (jazz players) quartette m

**quarto** ['kwɔ:təu] adj, n in-quarto m inv

**quartz** [kwɔ:ts] n quartz m ▷ cpd de or en quartz; (watch, clock) à quartz

**quash** [kwɔʃ] vt (verdict) annuler, casser

**quasi-** ['kweɪzaɪ] prefix quasi- + noun; quasi, presque + adjective

**quaver** ['kweɪvəʳ] n (Brit Mus) croche f ▷ vi trembler

**quay** [ki:] n (also: **quayside**) quai m

**Que.** abbr (Canada) = **Quebec**

**queasy** ['kwi:zɪ] adj (stomach) délicat(e); **to feel ~** avoir mal au cœur

**Quebec** [kwɪ'bɛk] n (city) Québec; (province) Québec m

**queen** [kwi:n] n (gen) reine f; (Cards etc) dame f
**queen mother** n reine mère f
**Queen's speech** n (Brit) discours m de la reine; voir article

● **QUEEN'S SPEECH**

● Le Queen's speech (ou "King's speech") est le
● discours lu par le souverain à l'ouverture du
● "Parliament", dans la "House of Lords", en
● présence des lords et des députés. Il contient
● le programme de politique générale que
● propose le gouvernement pour la session, et
● il est préparé par le Premier ministre en
● consultation avec le cabinet.

**queer** [kwɪəʳ] adj étrange, curieux(-euse);

(suspicious) louche; (Brit: sick): **I feel ~** je ne me sens pas bien ▷ n (inf: highly offensive) homosexuel m

**quell** [kwɛl] vt réprimer, étouffer

**quench** [kwɛntʃ] vt (flames) éteindre; **to ~ one's thirst** se désaltérer

**querulous** ['kwɛruləs] adj (person) récriminateur(-trice); (voice) plaintif(-ive)

**query** ['kwɪərɪ] n question f; (doubt) doute m; (question mark) point m d'interrogation ▷ vt (disagree with, dispute) mettre en doute, questionner

**quest** [kwɛst] n recherche f, quête f

**question** ['kwɛstʃən] n question f ▷ vt (person) interroger; (plan, idea) mettre en question or en doute; **to ask sb a ~, to put a ~ to sb** poser une question à qn; **to bring** or **call sth into ~** remettre qch en question; **the ~ is ...** la question est de savoir ...; **it's a ~ of doing** il s'agit de faire; **there's some ~ of doing** il est question de faire; **beyond ~** sans aucun doute; **out of the ~** hors de question

**questionable** ['kwɛstʃənəbl] adj discutable

**questioner** ['kwɛstʃənəʳ] n personne f qui pose une question (or qui a posé la question etc)

**questioning** ['kwɛstʃənɪŋ] adj interrogateur(-trice) ▷ n interrogatoire m

**question mark** n point m d'interrogation

**questionnaire** [kwɛstʃə'nɛəʳ] n questionnaire m

**queue** [kju:] (Brit) n queue f, file f ▷ vi (also: **queue up**) faire la queue; **to jump the ~** passer avant son tour

**quibble** ['kwɪbl] vi ergoter, chicaner

**quiche** [ki:ʃ] n quiche f

**quick** [kwɪk] adj rapide; (reply) prompt(e), rapide; (mind) vif (vive); (agile) agile, vif (vive) ▷ adv vite, rapidement ▷ n: **cut to the ~** (fig) touché(e) au vif; **be ~!** dépêche-toi!; **to be ~ to act** agir tout de suite

**quicken** ['kwɪkən] vt accélérer, presser; (rouse) stimuler ▷ vi s'accélérer, devenir plus rapide

**quick fix** n solution f de fortune

**quicklime** ['kwɪklaɪm] n chaux vive

**quickly** ['kwɪklɪ] adv (fast) vite, rapidement; (immediately) tout de suite

**quickness** ['kwɪknɪs] n rapidité f, promptitude f; (of mind) vivacité f

**quicksand** ['kwɪksænd] n sables mouvants

**quickstep** ['kwɪkstɛp] n fox-trot m

**quick-tempered** [kwɪk'tɛmpəd] adj emporté(e)

**quick-witted** [kwɪk'wɪtɪd] adj à l'esprit vif

**quid** [kwɪd] n (pl inv: Brit inf) livre f

**quid pro quo** ['kwɪdprəu'kwəu] n contrepartie f

**quiet** ['kwaɪət] adj tranquille, calme; (not noisy: engine) silencieux(-euse); (reserved) réservé(e); (voice) bas(se); (not busy: day, business) calme; (ceremony, colour) discret(-ète) ▷ n tranquillité f, calme m; (silence) silence m ▷ vt, vi (US) = **quieten**; **keep ~!** tais-toi!; **on the ~** en secret, discrètement; **I'll have a ~ word with him** je lui en parlerai discrètement

**quieten** ['kwaɪətn] (also: **quieten down**) vi se

calmer, s'apaiser ▷ vt calmer, apaiser

**quietly** ['kwaɪətlɪ] *adv* tranquillement; (*silently*) silencieusement; (*discreetly*) discrètement

**quietness** ['kwaɪətnɪs] *n* tranquillité *f*, calme *m*; silence *m*

**quill** [kwɪl] *n* plume *f* (d'oie)

**quilt** [kwɪlt] *n* édredon *m*; (*continental quilt*) couette *f*

**quin** [kwɪn] *n abbr* = **quintuplet**

**quince** [kwɪns] *n* coing *m*; (*tree*) cognassier *m*

**quinine** [kwɪ'ni:n] *n* quinine *f*

**quintet, quintette** [kwɪn'tet] *n* quintette *m*

**quintuplet** [kwɪn'tju:plɪt] *n* quintuplé(e)

**quip** [kwɪp] *n* remarque piquante *or* spirituelle, pointe *f* ▷ vt: ... **he ~ped** ... lança-t-il

**quire** ['kwaɪəʳ] *n* ≈ main *f* (*de papier*)

**quirk** [kwə:k] *n* bizarrerie *f*; **by some ~ of fate** par un caprice du hasard

**quirky** ['kwɜ:kɪ] *adj* singulier(-ère)

**quit** [kwɪt] (*pt, pp* - *or* -**ted**) *vt* quitter ▷ vi (*give up*) abandonner, renoncer; (*resign*) démissionner; **to ~ doing** arrêter de faire; **~ stalling!** (*US inf*) arrête de te dérober!; **notice to ~** (*Brit*) congé *m* (*signifié au locataire*)

**quite** [kwaɪt] *adv* (*rather*) assez, plutôt; (*entirely*) complètement, tout à fait; **~ new** plutôt neuf; tout à fait neuf; **she's ~ pretty** elle est plutôt jolie; **I ~ understand** je comprends très bien; **~ a few of them** un assez grand nombre d'entre eux; **that's not ~ right** ce n'est pas tout à fait juste; **not ~ as many as last time** pas tout à fait autant que la dernière fois; **~ (so)!** exactement!

**Quito** ['ki:təu] *n* Quito

**quits** [kwɪts] *adj*: **~ (with)** quitte (envers); **let's call it ~** restons-en là

**quiver** ['kwɪvəʳ] *vi* trembler, frémir ▷ *n* (*for arrows*) carquois *m*

**quiz** [kwɪz] *n* (*on TV*) jeu-concours *m* (*télévisé*); (*in magazine etc*) test *m* de connaissances ▷ vt interroger

**quizzical** ['kwɪzɪkl] *adj* narquois(e)

**quoits** [kwɔɪts] *npl* jeu *m* du palet

**quorum** ['kwɔ:rəm] *n* quorum *m*

**quota** ['kwəutə] *n* quota *m*

**quotation** [kwəu'teɪʃən] *n* citation *f*; (*of shares etc*) cote *f*, cours *m*; (*estimate*) devis *m*

**quotation marks** *npl* guillemets *mpl*

**quote** [kwəut] *n* citation *f*; (*estimate*) devis *m* ▷ vt (*sentence, author*) citer; (*price*) donner, soumettre; (*shares*) coter ▷ vi: **to ~ from** citer; **to ~ for a job** établir un devis pour des travaux; **quotes** *npl* (*inverted commas*) guillemets *mpl*; **in ~s** entre guillemets; **~ ... unquote** (*in dictation*) ouvrez les guillemets ... fermez les guillemets

**quotient** ['kwəuʃənt] *n* quotient *m*

**qv** *abbr* (= *quod vide: which see*) voir

**qwerty keyboard** ['kwə:tɪ-] *n* clavier *m* QWERTY

# Rr

**R, r** [ɑː<sup>r</sup>] *n* (*letter*) R, r *m*; **R for Robert**, (US) **R for Roger** R comme Raoul

**R** *abbr* (= *right*) dr; (= *river*) riv., fl; (= *Réaumur (scale)*) R; (*US Cine: = restricted*) *interdit aux moins de 17 ans*; (*US Pol*) = **republican**; (*Brit*) *Rex, Regina*

**RA** *abbr* = **rear admiral** ▷ *n abbr* (*Brit*) = **Royal Academy** = **Royal Academician**

**RAAF** *n abbr* = **Royal Australian Air Force**

**Rabat** [rə'bɑːt] *n* Rabat

**rabbi** ['ræbaɪ] *n* rabbin *m*

**rabbit** ['ræbɪt] *n* lapin *m* ▷ *vi*: **to ~ (on)** (*Brit*) parler à n'en plus finir

**rabbit hole** *n* terrier *m* (de lapin)

**rabbit hutch** *n* clapier *m*

**rabble** ['ræbl] *n* (*pej*) populace *f*

**rabid** ['ræbɪd] *adj* enragé(e)

**rabies** ['reɪbiːz] *n* rage *f*

**RAC** *n abbr* (*Brit*: = *Royal Automobile Club*) ≈ ACF *m*

**raccoon, racoon** [rə'kuːn] *n* raton *m* laveur

**race** [reɪs] *n* (*species*) race *f*; (*competition, rush*) course *f* ▷ *vt* (*person*) faire la course avec; (*horse*) faire courir; (*engine*) emballer ▷ *vi* (*compete*) faire la course, courir; (*hurry*) aller à toute vitesse, courir; (*engine*) s'emballer; (*pulse*) battre très vite; **the human ~** la race humaine; **to ~ in/out** *etc* entrer/sortir *etc* à toute vitesse

**race car** *n* (US) = **racing car**

**race car driver** *n* (US) = **racing driver**

**racecourse** ['reɪskɔːs] *n* champ *m* de courses

**racehorse** ['reɪshɔːs] *n* cheval *m* de course

**racer** ['reɪsə<sup>r</sup>] *n* (*bike*) vélo *m* de course

**race relations** *npl* rapports *mpl* entre les races

**racetrack** ['reɪstræk] *n* piste *f*

**racial** ['reɪʃl] *adj* racial(e)

**racialism** ['reɪʃlɪzəm] *n* racisme *m*

**racialist** ['reɪʃlɪst] *adj, n* raciste (*m/f*)

**racing** ['reɪsɪŋ] *n* courses *fpl*

**racing car** *n* (*Brit*) voiture *f* de course

**racing driver** *n* (*Brit*) pilote *m* de course

**racism** ['reɪsɪzəm] *n* racisme *m*

**racist** ['reɪsɪst] *adj, n* raciste *m/f*

**rack** [ræk] *n* (*for guns, tools*) râtelier *m*; (*for clothes*) portant *m*; (*for bottles*) casier *m*; (*also:* **luggage rack**) filet *m* à bagages; (*also:* **roof rack**) galerie *f*; (*also:* **dish rack**) égouttoir *m* ▷ *vt* tourmenter; **magazine ~** porte-revues *m inv*; **shoe ~** étagère *f*

à chaussures; **toast ~** porte-toast *m*; **to ~ one's brains** se creuser la cervelle; **to go to ~ and ruin** (*building*) tomber en ruine; (*business*) péricliter

▶ **rack up** *vt* accumuler

**racket** ['rækɪt] *n* (*for tennis*) raquette *f*; (*noise*) tapage *m*, vacarme *m*; (*swindle*) escroquerie *f*; (*organized crime*) racket *m*

**racketeer** [rækɪ'tɪə<sup>r</sup>] *n* (*esp US*) racketteur *m*

**racquet** ['rækɪt] *n* raquette *f*

**racy** ['reɪsɪ] *adj* plein(e) de verve, osé(e)

**RADA** [rɑːdə] *n abbr* (*Brit*) = **Royal Academy of Dramatic Art**

**radar** ['reɪdɑː<sup>r</sup>] *n* radar *m* ▷ *cpd* radar *inv*

**radar trap** *n* (*Aut: police*) contrôle *m* radar

**radial** ['reɪdɪəl] *adj* (*also:* **radial-ply**) à carcasse radiale

**radiance** ['reɪdɪəns] *n* éclat *m*, rayonnement *m*

**radiant** ['reɪdɪənt] *adj* rayonnant(e); (*Physics*) radiant(e)

**radiate** ['reɪdɪeɪt] *vt* (*heat*) émettre, dégager ▷ *vi* (*lines*) rayonner

**radiation** [reɪdɪ'eɪʃən] *n* rayonnement *m*; (*radioactive*) radiation *f*

**radiation sickness** *n* mal *m* des rayons

**radiator** ['reɪdɪeɪtə<sup>r</sup>] *n* radiateur *m*

**radiator cap** *n* bouchon *m* de radiateur

**radiator grill** *n* (*Aut*) calandre *f*

**radical** ['rædɪkl] *adj* radical(e)

**radii** ['reɪdɪaɪ] *npl* *of* **radius**

**radio** ['reɪdɪəu] *n* radio *f* ▷ *vi*: **to ~ to sb** envoyer un message radio à qn ▷ *vt* (*information*) transmettre par radio; (*one's position*) signaler par radio; (*person*) appeler par radio; **on the ~** à la radio

**radioactive** ['reɪdɪəu'æktɪv] *adj* radioactif(-ive)

**radioactivity** ['reɪdɪəuæk'tɪvɪtɪ] *n* radioactivité *f*

**radio announcer** *n* annonceur *m*

**radio cassette** *n* radiocassette *m*

**radio-controlled** ['reɪdɪəukən'trəuld] *adj* radioguidé(e)

**radiographer** [reɪdɪ'ɔgrəfə<sup>r</sup>] *n* radiologue *m/f* (*technicien*)

**radiography** [reɪdɪ'ɔgrəfɪ] *n* radiographie *f*

**radiologist** [reɪdɪ'ɔlədʒɪst] *n* radiologue *m/f*

(*médecin*)
**radiology** [reɪdɪˈɔlədʒɪ] *n* radiologie *f*
**radio station** *n* station *f* de radio
**radio taxi** *n* radio-taxi *m*
**radiotelephone** [ˈreɪdɪəuˈtɛlɪfəun] *n*
radiotéléphone *m*
**radiotherapist** [ˈreɪdɪəuˈθɛrəpɪst] *n*
radiothérapeute *m/f*
**radiotherapy** [ˈreɪdɪəuˈθɛrəpɪ] *n* radiothérapie *f*
**radish** [ˈrædɪʃ] *n* radis *m*
**radium** [ˈreɪdɪəm] *n* radium *m*
**radius** (*pl* **radii**) [ˈreɪdɪəs, -ɪaɪ] *n* rayon *m*; (*Anat*)
radius *m*; **within a ~ of 50 miles** dans un rayon
de 50 milles
**RAF** *n abbr* (*Brit*) = **Royal Air Force**
**raffia** [ˈræfɪə] *n* raphia *m*
**raffish** [ˈræfɪʃ] *adj* dissolu(e), canaille
**raffle** [ˈræfl] *n* tombola *f* ▷ *vt* mettre comme lot
dans une tombola
**raft** [rɑːft] *n* (*craft: also:* **life raft**) radeau *m*; (*logs*)
train *m* de flottage
**rafter** [ˈrɑːftəʳ] *n* chevron *m*
**rag** [ræg] *n* chiffon *m*; (*pej: newspaper*) feuille *f*,
torchon *m*; (*for charity*) attractions organisées par les
étudiants au profit d'œuvres de charité ▷ *vt* (*Brit*)
chahuter, mettre en boîte; **rags** *npl* haillons
*mpl*; **in ~s** (*person*) en haillons; (*clothes*) en
lambeaux
**rag-and-bone man** [rægənˈbəunmæn] (*irreg*) *n*
chiffonnier *m*
**ragbag** [ˈrægbæg] *n* (*fig*) ramassis *m*
**rag doll** *n* poupée *f* de chiffon
**rage** [reɪdʒ] *n* (*fury*) rage *f*, fureur *f* ▷ *vi* (*person*)
être fou (folle) de rage; (*storm*) faire rage, être
déchaîné(e); **to fly into a ~** se mettre en rage;
**it's all the ~** cela fait fureur
**ragged** [ˈrægɪd] *adj* (*edge*) inégal(e), qui
accroche; (*clothes*) en loques; (*cuff*) effiloché(e);
(*appearance*) déguenillé(e)
**raging** [ˈreɪdʒɪŋ] *adj* (*sea, storm*) en furie; (*fever,
pain*) violent(e); **~ toothache** rage *f* de dents; **in
a ~ temper** dans une rage folle
**rag trade** *n* (*inf*): **the ~** la confection

⦿ **RAG WEEK**
⦿
⦿ *Rag Week*, est une semaine où les étudiants
⦿ se déguisent et collectent de l'argent pour
⦿ les œuvres de charité. Toutes sortes
⦿ d'animations sont organisées à cette
⦿ occasion (marches sponsorisées, spectacles
⦿ de rue etc). Des magazines (les "rag mags")
⦿ contenant des plaisanteries osées sont
⦿ vendus dans les rues, également au profit
⦿ des œuvres. Enfin, la plupart des universités
⦿ organisent un bal (le "rag ball").

**raid** [reɪd] *n* (*Mil*) raid *m*; (*criminal*) hold-up *m inv*;
(*by police*) descente *f*, rafle *f* ▷ *vt* faire un raid sur
*or* un hold-up dans *or* une descente dans
**raider** [ˈreɪdəʳ] *n* malfaiteur *m*
**rail** [reɪl] *n* (*on stair*) rampe *f*; (*on bridge, balcony*)

balustrade *f*; (*of ship*) bastingage *m*; (*for train*) rail
*m*; **rails** *npl* rails *mpl*, voie ferrée; **by ~** en train,
par le train
**railcard** [ˈreɪlkɑːd] *n* (*Brit*) carte *f* de chemin de
fer; **young person's ~** carte *f* jeune
**railing** [ˈreɪlɪŋ] *n*, **railings** [ˈreɪlɪŋz] ▷ *npl* grille *f*
**railway** [ˈreɪlweɪ], (*US*) **railroad** [ˈreɪlrəud] *n*
chemin *m* de fer; (*track*) voie *f* ferrée
**railway engine** *n* locomotive *f*
**railway line** *n* (*Brit*) ligne *f* de chemin de fer;
(*track*) voie ferrée
**railwayman** [ˈreɪlweɪmən] (*irreg*) *n* cheminot *m*
**railway station** *n* (*Brit*) gare *f*
**rain** [reɪn] *n* pluie *f* ▷ *vi* pleuvoir; **in the ~** sous
la pluie; **it's ~ing** il pleut; **it's ~ing cats and
dogs** il pleut à torrents
**rainbow** [ˈreɪnbəu] *n* arc-en-ciel *m*
**raincoat** [ˈreɪnkəut] *n* imperméable *m*
**raindrop** [ˈreɪndrɔp] *n* goutte *f* de pluie
**rainfall** [ˈreɪnfɔːl] *n* chute *f* de pluie;
(*measurement*) hauteur *f* des précipitations
**rainforest** [ˈreɪnfɔrɪst] *n* forêt tropicale
**rainproof** [ˈreɪnpruːf] *adj* imperméable
**rainstorm** [ˈreɪnstɔːm] *n* pluie torrentielle
**rainwater** [ˈreɪnwɔːtəʳ] *n* eau *f* de pluie
**rainy** [ˈreɪnɪ] *adj* pluvieux(-euse)
**raise** [reɪz] *n* augmentation *f* ▷ *vt* (*lift*) lever;
hausser; (*end: siege, embargo*) lever; (*build*) ériger;
(*increase*) augmenter; (*morale*) remonter;
(*standards*) améliorer; (*a protest, doubt*) provoquer,
causer; (*a question*) soulever; (*cattle, family*)
élever; (*crop*) faire pousser; (*army, funds*)
rassembler; (*loan*) obtenir; **to ~ one's glass to
sb/sth** porter un toast en l'honneur de qn/qch;
**to ~ one's voice** élever la voix; **to ~ sb's hopes**
donner de l'espoir à qn; **to ~ a laugh/a smile**
faire rire/sourire
**raisin** [ˈreɪzn] *n* raisin sec
**Raj** [rɑːdʒ] *n*: **the ~** l'empire *m* (*aux Indes*)
**rajah** [ˈrɑːdʒə] *n* radja(h) *m*
**rake** [reɪk] *n* (*tool*) râteau *m*; (*person*) débauché *m*
▷ *vt* (*garden*) ratisser; (*fire*) tisonner; (*with
machine gun*) balayer ▷ *vi*: **to ~ through** (*fig:
search*) fouiller (dans)
**rake-off** [ˈreɪkɔf] *n* (*inf*) pourcentage *m*
**rakish** [ˈreɪkɪʃ] *adj* dissolu(e); cavalier(-ière)
**rally** [ˈrælɪ] *n* (*Pol etc*) meeting *m*, rassemblement
*m*; (*Aut*) rallye *m*; (*Tennis*) échange *m* ▷ *vt*
rassembler, rallier; (*support*) gagner ▷ *vi* se
rallier; (*sick person*) aller mieux; (*Stock Exchange*)
reprendre
▶ **rally round** *vi* venir en aide ▷ *vt fus* se rallier
à; venir en aide à
**rallying point** [ˈrælɪɪŋ-] *n* (*Mil*) point *m* de
ralliement
**RAM** [ræm] *n abbr* (*Comput:* = *random access
memory*) mémoire vive
**ram** [ræm] *n* bélier *m* ▷ *vt* (*push*) enfoncer; (*soil*)
tasser; (*crash into: vehicle*) emboutir; (: *lamppost
etc*) percuter; (*in battle*) éperonner
**Ramadan** [ræməˈdæn] *n* Ramadan *m*
**ramble** [ˈræmbl] *n* randonnée *f* ▷ *vi* (*walk*) se

promener, faire une randonnée; (*pej: also:* **ramble on**) discourir, pérorer

**rambler** ['ræmblə'] *n* promeneur(-euse), randonneur(-euse); (*Bot*) rosier grimpant

**rambling** ['ræmblɪŋ] *adj* (*speech*) décousu(e); (*house*) plein(e) de coins et de recoins; (*Bot*) grimpant(e)

**RAMC** *n abbr* (*Brit*) = **Royal Army Medical Corps**

**ramification** [ræmɪfɪ'keɪʃən] *n* ramification *f*

**ramp** [ræmp] *n* (*incline*) rampe *f*; (*Aut*) dénivellation *f*; (*in garage*) pont *m*; **on/off** ~ (*US Aut*) bretelle *f* d'accès

**rampage** [ræm'peɪdʒ] *n:* **to be on the** ~ se déchaîner ▷ *vi:* **they went rampaging through the town** ils ont envahi les rues et ont tout saccagé sur leur passage

**rampant** ['ræmpənt] *adj* (*disease etc*) qui sévit

**rampart** ['ræmpɑːt] *n* rempart *m*

**ram raiding** [-reɪdɪŋ] *n* pillage d'un magasin en enfonçant la vitrine avec une voiture volée

**ramshackle** ['ræmʃækl] *adj* (*house*) délabré(e); (*car etc*) déglingué(e)

**RAN** *n abbr* = **Royal Australian Navy**

**ran** [ræn] *pt of* **run**

**ranch** [rɑːntʃ] *n* ranch *m*

**rancher** ['rɑːntʃə'] *n* (*owner*) propriétaire *m* de ranch; (*ranch hand*) cowboy *m*

**rancid** ['rænsɪd] *adj* rance

**rancour**, (*US*) **rancor** ['ræŋkə'] *n* rancune *f*, rancœur *f*

**R&B** *n abbr* = **rhythm and blues**

**R&D** *n abbr* (= *research and development*) R-D *f*

**random** ['rændəm] *adj* fait(e) *or* établi(e) au hasard; (*Comput, Math*) aléatoire ▷ *n:* **at** ~ au hasard

**random access memory** *n* (*Comput*) mémoire vive, RAM *f*

**R&R** *n abbr* (*US Mil*) = **rest and recreation**

**randy** ['rændɪ] *adj* (*Brit inf*) excité(e); lubrique

**rang** [ræŋ] *pt of* **ring**

**range** [reɪndʒ] *n* (*of mountains*) chaîne *f*; (*of missile, voice*) portée *f*; (*of products*) choix *m*, gamme *f*; (*also:* **shooting range**) champ *m* de tir; (: *indoor*) stand *m* de tir; (*also:* **kitchen range**) fourneau *m* (de cuisine) ▷ *vt* (*place*) mettre en rang, placer; (*roam*) parcourir ▷ *vi:* **to ~ over** couvrir; **to ~ from ... to** aller de ... à; **price ~** éventail *m* des prix; **do you have anything else in this price ~?** avez-vous autre chose dans ces prix?; **within (firing) ~** à portée (de tir); **~d left/right** (*text*) justifié à gauche/à droite

**ranger** ['reɪndʒə'] *n* garde *m* forestier

**Rangoon** [ræŋ'guːn] *n* Rangoon

**rank** [ræŋk] *n* rang *m*; (*Mil*) grade *m*; (*Brit: also:* **taxi rank**) station *f* de taxis ▷ *vi:* **to ~ among** compter *or* se classer parmi ▷ **I ~ him sixth** je le place sixième ▷ *adj* (*smell*) nauséabond(e); (*hypocrisy, injustice etc*) flagrant(e); **he's a ~ outsider** il n'est vraiment pas dans la course; **the ~s** (*Mil*) la troupe; **the ~ and file** (*fig*) la masse, la base; **to close ~s** (*Mil: fig*) serrer les rangs

**rankle** ['ræŋkl] *vi* (*insult*) rester sur le cœur

**ransack** ['rænsæk] *vt* fouiller (à fond); (*plunder*) piller

**ransom** ['rænsəm] *n* rançon *f*; **to hold sb to ~** (*fig*) exercer un chantage sur qn

**rant** [rænt] *vi* fulminer

**ranting** ['ræntɪŋ] *n* invectives *fpl*

**rap** [ræp] *n* petit coup sec; tape *f*; (*music*) rap *m* ▷ *vt* (*door*) frapper sur *or* à; (*table etc*) taper sur

**rape** [reɪp] *n* viol *m*; (*Bot*) colza *m* ▷ *vt* violer

**rape oil, rapeseed oil** ['reɪp(siːd)] *n* huile *f* de colza

**rapid** ['ræpɪd] *adj* rapide

**rapidity** [rə'pɪdɪtɪ] *n* rapidité *f*

**rapidly** ['ræpɪdlɪ] *adv* rapidement

**rapids** ['ræpɪdz] *npl* (*Geo*) rapides *mpl*

**rapist** ['reɪpɪst] *n* auteur *m* d'un viol

**rapport** [ræ'pɔː'] *n* entente *f*

**rapt** [ræpt] *adj* (*attention*) extrême; **to be ~ in contemplation** être perdu(e) dans la contemplation

**rapture** ['ræptʃə'] *n* extase *f*, ravissement *m*; **to go into ~s over** s'extasier sur

**rapturous** ['ræptʃərəs] *adj* extasié(e); frénétique

**rare** [rɛə'] *adj* rare; (*Culin: steak*) saignant(e)

**rarebit** ['rɛəbɪt] *n see* **Welsh rarebit**

**rarefied** ['rɛərɪfaɪd] *adj* (*air, atmosphere*) raréfié(e)

**rarely** ['rɛəlɪ] *adv* rarement

**raring** ['rɛərɪŋ] *adj:* **to be ~ to go** (*inf*) être très impatient(e) de commencer

**rarity** ['rɛərɪtɪ] *n* rareté *f*

**rascal** ['rɑːskl] *n* vaurien *m*

**rash** [ræʃ] *adj* imprudent(e), irréfléchi(e) ▷ *n* (*Med*) rougeur *f*, éruption *f*; (*of events*) série *f* (noire); **to come out in a ~** avoir une éruption

**rasher** ['ræʃə'] *n* fine tranche (de lard)

**rasp** [rɑːsp] *n* (*tool*) lime *f* ▷ *vt* (*speak: also:* **rasp out**) dire d'une voix grinçante

**raspberry** ['rɑːzbərɪ] *n* framboise *f*

**raspberry bush** *n* framboisier *m*

**rasping** ['rɑːspɪŋ] *adj:* **~ noise** grincement *m*

**Rastafarian** [ræstə'fɛərɪən] *adj, n* rastafari (*m/f*)

**rat** [ræt] *n* rat *m*

**ratable** ['reɪtəbl] *adj see* **rateable value**

**ratchet** ['rætʃɪt] *n:* **~ wheel** roue *f* à rochet

**rate** [reɪt] *n* (*ratio*) taux *m*, pourcentage *m*; (*speed*) vitesse *f*, rythme *m*; (*price*) tarif *m* ▷ *vt* (*price*) évaluer, estimer; (*people*) classer; (*deserve*) mériter; **rates** *npl* (*Brit: property tax*) impôts locaux; **to ~ sb/sth as** considérer qn/qch comme; **to ~ sb/sth among** classer qn/qch parmi; **to ~ sb/sth highly** avoir une haute opinion de qn/qch; **at a ~ of 60 kph** à une vitesse de 60 km/h; **at any ~** en tout cas; **~ of exchange** taux *or* cours *m* du change; **~ of flow** débit *m*; **~ of return** (taux de) rendement *m*; **pulse ~** fréquence *f* des pulsations

**rateable value** ['reɪtəbl-] *n* (*Brit*) valeur locative imposable

**ratepayer** ['reɪtpeɪə'] *n* (*Brit*) contribuable *m/f* (*payant les impôts locaux*)

**rather** ['rɑːðə'] *adv* (*somewhat*) assez, plutôt; (*to*

r

*some extent*) un peu; **it's ~ expensive** c'est assez cher; (*too much*) c'est un peu cher; **there's ~ a lot** il y en a beaucoup; **I would** *or* **I'd ~ go** j'aimerais mieux *or* je préférerais partir; **I had ~ go** il vaudrait mieux que je parte; **I'd ~ not leave** j'aimerais mieux ne pas partir; **or ~** (*more accurately*) ou plutôt; **I ~ think he won't come** je crois bien qu'il ne viendra pas

**ratification** [rætɪfɪˈkeɪʃən] *n* ratification *f*

**ratify** [ˈrætɪfaɪ] *vt* ratifier

**rating** [ˈreɪtɪŋ] *n* (*assessment*) évaluation *f*; (*score*) classement *m*; (*Finance*) cote *f*; (*Naut: category*) classe *f*; (*: sailor: Brit*) matelot *m*; **ratings** *npl* (*Radio*) indice(s) *m*(*pl*) d'écoute; (*TV*) Audimat® *m*

**ratio** [ˈreɪʃɪəʊ] *n* proportion *f*; **in the ~ of 100 to 1** dans la proportion de 100 contre 1

**ration** [ˈræʃən] *n* ration *f* ▷ *vt* rationner; **rations** *npl* (*food*) vivres *mpl*

**rational** [ˈræʃənl] *adj* raisonnable, sensé(e); (*solution, reasoning*) logique; (*Med: person*) lucide

**rationale** [ræʃəˈnɑːl] *n* raisonnement *m*; justification *f*

**rationalization** [ræʃnəlaɪˈzeɪʃən] *n* rationalisation *f*

**rationalize** [ˈræʃnəlaɪz] *vt* rationaliser; (*conduct*) essayer d'expliquer *or* de motiver

**rationally** [ˈræʃnəlɪ] *adv* raisonnablement; logiquement

**rationing** [ˈræʃnɪŋ] *n* rationnement *m*

**rat pack** [ˈrætpæk] *n* (*Brit inf*) journalistes *mpl* de la presse à sensation

**rat poison** *n* mort-aux-rats *f inv*

**rat race** *n* foire *f* d'empoigne

**rattan** [ræˈtæn] *n* rotin *m*

**rattle** [ˈrætl] *n* (*of door, window*) battement *m*; (*of coins, chain*) cliquetis *m*; (*of train, engine*) bruit *m* de ferraille; (*for baby*) hochet *m*; (*of sports fan*) crécelle *f* ▷ *vi* cliqueter; (*car, bus*): **to ~ along** rouler en faisant un bruit de ferraille ▷ *vt* agiter (bruyamment); (*inf: disconcert*) décontenancer; (*: annoy*) embêter

**rattlesnake** [ˈrætlsneɪk] *n* serpent *m* à sonnettes

**ratty** [ˈrætɪ] *adj* (*inf*) en rogne

**raucous** [ˈrɔːkəs] *adj* rauque

**raucously** [ˈrɔːkəslɪ] *adv* d'une voix rauque

**raunchy** [ˈrɔːntʃɪ] *adj* (*inf: voice, image, act*) sexy; (*scenes, film*) lubrique

**ravage** [ˈrævɪdʒ] *vt* ravager

**ravages** [ˈrævɪdʒɪz] *npl* ravages *mpl*

**rave** [reɪv] *vi* (*in anger*) s'emporter; (*with enthusiasm*) s'extasier; (*Med*) délirer ▷ *n* (*inf: party*) rave *f*, soirée *f* techno ▷ *adj* (*scene, culture, music*) rave, techno ▷ *cpd*: **~ review** (*inf*) critique *f* dithyrambique

**raven** [ˈreɪvən] *n* grand corbeau

**ravenous** [ˈrævənəs] *adj* affamé(e)

**ravine** [rəˈviːn] *n* ravin *m*

**raving** [ˈreɪvɪŋ] *adj*: **he's ~ mad** il est complètement cinglé

**ravings** [ˈreɪvɪŋz] *npl* divagations *fpl*

**ravioli** [rævɪˈəʊlɪ] *n* ravioli *mpl*

**ravish** [ˈrævɪʃ] *vt* ravir

**ravishing** [ˈrævɪʃɪŋ] *adj* enchanteur(-eresse)

**raw** [rɔː] *adj* (*uncooked*) cru(e); (*not processed*) brut(e); (*sore*) à vif, irrité(e); (*inexperienced*) inexpérimenté(e); (*weather, day*) froid(e) et humide; **~ deal** (*inf: bad bargain*) sale coup *m*; (*: unfair treatment*): **to get a ~ deal** être traité(e) injustement; **~ materials** matières premières

**Rawalpindi** [rɔːlˈpɪndɪ] *n* Rawalpindi

**raw material** *n* matière première

**ray** [reɪ] *n* rayon *m*; **~ of hope** lueur *f* d'espoir

**rayon** [ˈreɪɔn] *n* rayonne *f*

**raze** [reɪz] *vt* (*also:* **raze to the ground**) raser

**razor** [ˈreɪzəʳ] *n* rasoir *m*

**razor blade** *n* lame *f* de rasoir

**razzle** [ˈræzl], **razzle-dazzle** [ˈræzlˈdæzl] *n* (*Brit inf*): **to go on the ~(-dazzle)** faire la bringue

**razzmatazz** [ˈræzməˈtæz] *n* (*inf*) tralala *m*, tapage *m*

**RC** *abbr* = **Roman Catholic**

**RCAF** *n abbr* = **Royal Canadian Air Force**

**RCMP** *n abbr* = **Royal Canadian Mounted Police**

**RCN** *n abbr* = **Royal Canadian Navy**

**RD** *abbr* (*US*) = **rural delivery**

**Rd** *abbr* = **road**

**RDC** *n abbr* (*Brit*) = **rural district council**

**RE** *n abbr* (*Brit*) = **religious education**; (*Brit Mil*) = **Royal Engineers**

**re** [riː] *prep* concernant

**reach** [riːtʃ] *n* portée *f*, atteinte *f*; (*of river etc*) étendue *f* ▷ *vt* atteindre, arriver à; (*conclusion, decision*) parvenir à ▷ *vi* s'étendre; (*stretch out hand*): **to ~ up/down** *etc* (**for sth**) lever/baisser *etc* le bras (pour prendre qch); **to ~ sb by phone** joindre qn par téléphone; **out of/within ~** (*object*) hors de/à portée; **within easy ~ (of)** (*place*) à proximité (de), proche (de)
  ▶ **reach out** *vt* tendre ▷ *vi*: **to ~ out (for)** allonger le bras (pour prendre)

**react** [riːˈækt] *vi* réagir

**reaction** [riːˈækʃən] *n* réaction *f*

**reactionary** [riːˈækʃənrɪ] *adj, n* réactionnaire (*m/f*)

**reactor** [riːˈæktəʳ] *n* réacteur *m*

**read** (*pt, pp* **~**) [riːd, rɛd] *vi* lire ▷ *vt* lire; (*understand*) comprendre, interpréter; (*study*) étudier; (*meter*) relever; (*subj: instrument etc*) indiquer, marquer; **to take sth as** *(fig)* considérer qch comme accepté; **do you ~ me?** (*Tel*) est-ce que vous me recevez?
  ▶ **read out** *vt* lire à haute voix
  ▶ **read over** *vt* relire
  ▶ **read through** *vt* (*quickly*) parcourir; (*thoroughly*) lire jusqu'au bout
  ▶ **read up** *vt*, **read up on** *vt fus* étudier

**readable** [ˈriːdəbl] *adj* facile *or* agréable à lire

**reader** [ˈriːdəʳ] *n* lecteur(-trice); (*book*) livre *m* de lecture; (*Brit: at university*) maître *m* de conférences

**readership** [ˈriːdəʃɪp] *n* (*of paper etc*) (nombre *m* de) lecteurs *mpl*

**readily** ['rɛdɪlɪ] *adv* volontiers, avec empressement; *(easily)* facilement
**readiness** ['rɛdɪnɪs] *n* empressement *m*; **in ~** *(prepared)* prêt(e)
**reading** ['riːdɪŋ] *n* lecture *f*; *(understanding)* interprétation *f*; *(on instrument)* indications *fpl*
**reading lamp** *n* lampe *f* de bureau
**reading room** *n* salle *f* de lecture
**readjust** [riːə'dʒʌst] *vt* rajuster; *(instrument)* régler de nouveau ▷ *vi (person)*: **to ~ (to)** se réadapter (à)
**ready** ['rɛdɪ] *adj* prêt(e); *(willing)* prêt, disposé(e); *(quick)* prompt(e); *(available)* disponible ▷ *n*: **at the ~** *(Mil)* prêt à faire feu; *(fig)* tout(e) prêt(e); **~ for use** prêt à l'emploi; **to be ~ to do sth** être prêt à faire qch; **when will my photos be ~?** quand est-ce que mes photos seront prêtes?; **to get ~** *(as vi)* se préparer; *(as vt)* préparer
**ready cash** *n* (argent *m*) liquide *m*
**ready-cooked** ['rɛdɪ'kukd] *adj* précuit(e)
**ready-made** ['rɛdɪ'meɪd] *adj* tout(e) faite(e)
**ready-mix** ['rɛdɪmɪks] *n (for cakes etc)* préparation *f* en sachet
**ready reckoner** [-'rɛknə'] *n (Brit)* barème *m*
**ready-to-wear** ['rɛdɪtə'wɛə'] *adj* (en) prêt-à-porter
**reagent** [riː'eɪdʒənt] *n* réactif *m*
**real** [rɪəl] *adj (world, life)* réel(le); *(genuine)* véritable; *(proper)* vrai(e) ▷ *adv (US inf: very)* vraiment; **in ~ life** dans la réalité
**real ale** *n* bière traditionnelle
**real estate** *n* biens fonciers *or* immobiliers
**realism** ['rɪəlɪzəm] *n* réalisme *m*
**realist** ['rɪəlɪst] *n* réaliste *m/f*
**realistic** [rɪə'lɪstɪk] *adj* réaliste
**reality** [riː'ælɪtɪ] *n* réalité *f*; **in ~** en réalité, en fait
**reality TV** *n* téléréalité *f*
**realization** [rɪəlaɪ'zeɪʃən] *n (awareness)* prise *f* de conscience; *(fulfilment: also: of asset)* réalisation *f*
**realize** ['rɪəlaɪz] *vt (understand)* se rendre compte de, prendre conscience de; *(a project, Comm: asset)* réaliser
**really** ['rɪəlɪ] *adv* vraiment; **~?** vraiment?, c'est vrai?
**realm** [rɛlm] *n* royaume *m*; *(fig)* domaine *m*
**real-time** ['riːltaɪm] *adj (Comput)* en temps réel
**realtor** ['rɪəltɔː'] *n (US)* agent immobilier
**ream** [riːm] *n* rame *f (de papier)*; **reams** *npl (fig: inf)* des pages et des pages
**reap** [riːp] *vt* moissonner; *(fig)* récolter
**reaper** ['riːpə'] *n (machine)* moissonneuse *f*
**reappear** [riːə'pɪə'] *vi* réapparaître, reparaître
**reappearance** [riːə'pɪərəns] *n* réapparition *f*
**reapply** [riːə'plaɪ] *vi*: **to ~ for** *(job)* faire une nouvelle demande d'emploi concernant; reposer sa candidature à; *(loan, grant)* faire une nouvelle demande de
**reappraisal** [riːə'preɪzl] *n* réévaluation *f*
**rear** [rɪə'] *adj* de derrière, arrière *inv*; *(Aut: wheel etc)* arrière ▷ *n* arrière *m*, derrière *m* ▷ *vt (cattle, family)* élever ▷ *vi (also: **rear up**: animal)* se cabrer

**rear admiral** *n* vice-amiral *m*
**rear-engined** ['rɪə'ɛndʒɪnd] *adj (Aut)* avec moteur à l'arrière
**rearguard** ['rɪəɡɑːd] *n* arrière-garde *f*
**rearmament** [riː'ɑːməmənt] *n* réarmement *m*
**rearrange** [riːə'reɪndʒ] *vt* réarranger
**rear-view mirror** *n (Aut)* rétroviseur *m*
**rear-wheel drive** *n (Aut)* traction *f* arrière
**reason** ['riːzn] *n* raison *f* ▷ *vi*: **to ~ with sb** raisonner qn, faire entendre raison à qn; **the ~ for/why** la raison de/pour laquelle; **to have ~ to think** avoir lieu de penser; **it stands to ~ that** il va sans dire que; **she claims with good ~ that ...** elle affirme à juste titre que ...; **all the more ~ why** raison de plus pour + *infinitive or* pour que + *sub*; **within ~** dans les limites du raisonnable
**reasonable** ['riːznəbl] *adj* raisonnable; *(not bad)* acceptable
**reasonably** ['riːznəblɪ] *adv (behave)* raisonnablement; *(fairly)* assez; **one can ~ assume that ...** on est fondé à *or* il est permis de supposer que ...
**reasoned** ['riːznd] *adj (argument)* raisonné(e)
**reasoning** ['riːznɪŋ] *n* raisonnement *m*
**reassemble** [riːə'sɛmbl] *vt* rassembler; *(machine)* remonter
**reassert** [riːə'səːt] *vt* réaffirmer
**reassurance** [riːə'ʃuərəns] *n (factual)* assurance *f*, garantie *f*; *(emotional)* réconfort *m*
**reassure** [riːə'ʃuə'] *vt* rassurer; **to ~ sb of** donner à qn l'assurance répétée de
**reassuring** [riːə'ʃuərɪŋ] *adj* rassurant(e)
**reawakening** [riːə'weɪknɪŋ] *n* réveil *m*
**rebate** ['riːbeɪt] *n (on product)* rabais *m*; *(on tax etc)* dégrèvement *m*; *(repayment)* remboursement *m*
**rebel** *n* ['rɛbl] rebelle *m/f* ▷ *vi* [rɪ'bɛl] se rebeller, se révolter
**rebellion** [rɪ'bɛljən] *n* rébellion *f*, révolte *f*
**rebellious** [rɪ'bɛljəs] *adj* rebelle
**rebirth** [riː'bəːθ] *n* renaissance *f*
**rebound** *vi* [rɪ'baund] *(ball)* rebondir ▷ *n* ['riːbaund] rebond *m*
**rebuff** [rɪ'bʌf] *n* rebuffade *f* ▷ *vt* repousser
**rebuild** [riː'bɪld] *vt (irreg: like **build**)* reconstruire
**rebuke** [rɪ'bjuːk] *n* réprimande *f*, reproche *m* ▷ *vt* réprimander
**rebut** [rɪ'bʌt] *vt* réfuter
**rebuttal** [rɪ'bʌtl] *n* réfutation *f*
**recalcitrant** [rɪ'kælsɪtrənt] *adj* récalcitrant(e)
**recall** *vt* [rɪ'kɔːl] rappeler; *(remember)* se rappeler, se souvenir de ▷ *n* ['riːkɔl] rappel *m*; *(ability to remember)* mémoire *f*; **beyond ~** *adj* irrévocable
**recant** [rɪ'kænt] *vi* se rétracter; *(Rel)* abjurer
**recap** ['riːkæp] *n* récapitulation *f* ▷ *vt, vi* récapituler
**recapture** [riː'kæptʃə'] *vt* reprendre; *(atmosphere)* recréer
**recede** [rɪ'siːd] *vi* s'éloigner; reculer
**receding** [rɪ'siːdɪŋ] *adj (forehead, chin)* fuyant(e); **~ hairline** front dégarni
**receipt** [rɪ'siːt] *n (document)* reçu *m*; *(for parcel etc)*

r

accusé m de réception; (*act of receiving*) réception f; **receipts** npl (Comm) recettes fpl; **to acknowledge ~ of** accuser réception de; **we are in ~ of** ... nous avons reçu ...; **can I have a ~, please?** je peux avoir un reçu, s'il vous plaît?

**receivable** [rɪ'siːvəbl] adj (Comm) recevable; (: *owing*) à recevoir

**receive** [rɪ'siːv] vt recevoir; (*guest*) recevoir, accueillir; **"~d with thanks"** (Comm) "pour acquit"; **R~d Pronunciation**: *voir article*

### RECEIVED PRONUNCIATION

En Grande-Bretagne, la *Received Pronunciation* ou "RP" est une prononciation de la langue anglaise qui, récemment encore, était surtout associée à l'aristocratie et à la bourgeoisie, mais qui maintenant est en général considérée comme la prononciation correcte.

**receiver** [rɪ'siːvə<sup>r</sup>] n (Tel) récepteur m, combiné m; (Radio) récepteur; (*of stolen goods*) receleur m; (*for bankruptcies*) administrateur m judiciaire

**receivership** [rɪ'siːvəʃɪp] n: **to go into ~** être placé sous administration judiciaire

**recent** ['riːsnt] adj récent(e); **in ~ years** au cours de ces dernières années

**recently** ['riːsntlɪ] adv récemment; **as ~ as** pas plus tard que; **until ~** jusqu'à il y a peu de temps encore

**receptacle** [rɪ'sɛptɪkl] n récipient m

**reception** [rɪ'sɛpʃən] n réception f; (*welcome*) accueil m, réception

**reception centre** n (Brit) centre m d'accueil

**reception desk** n réception f

**receptionist** [rɪ'sɛpʃənɪst] n réceptionniste m/f

**receptive** [rɪ'sɛptɪv] adj réceptif(-ive)

**recess** [rɪ'sɛs] n (*in room*) renfoncement m; (*for bed*) alcôve f; (*secret place*) recoin m; (Pol etc: *holiday*) vacances fpl; (US Law: *short break*) suspension f d'audience; (Scol: *esp US*) récréation f

**recession** [rɪ'sɛʃən] n (Econ) récession f

**recessionista** [rɪsɛʃə'nɪstə] n recessionista m/f

**recharge** [riː'tʃɑːdʒ] vt (*battery*) recharger

**rechargeable** [riː'tʃɑːdʒəbl] adj rechargeable

**recipe** ['rɛsɪpɪ] n recette f

**recipient** [rɪ'sɪpɪənt] n (*of payment*) bénéficiaire m/f; (*of letter*) destinataire m/f

**reciprocal** [rɪ'sɪprəkl] adj réciproque

**reciprocate** [rɪ'sɪprəkeɪt] vt retourner, offrir en retour ▷ vi en faire autant

**recital** [rɪ'saɪtl] n récital m

**recite** [rɪ'saɪt] vt (*poem*) réciter; (*complaints etc*) énumérer

**reckless** ['rɛkləs] adj (*driver etc*) imprudent(e); (*spender etc*) insouciant(e)

**recklessly** ['rɛkləslɪ] adv imprudemment; avec insouciance

**reckon** ['rɛkən] vt (*count*) calculer, compter; (*consider*) considérer, estimer; (*think*): **I ~ (that)**

... je pense (que) ..., j'estime (que) ... ▷ vi: **he is somebody to be ~ed with** il ne faut pas le sous-estimer; **to ~ without sb/sth** ne pas tenir compte de qn/qch

▶ **reckon on** vt fus compter sur, s'attendre à

**reckoning** ['rɛknɪŋ] n compte m, calcul m; estimation f; **the day of ~** le jour du Jugement

**reclaim** [rɪ'kleɪm] vt (*land: from sea*) assécher; (: *from forest*) défricher; (: *with fertilizer*) amender; (*demand back*) réclamer (le remboursement or la restitution de); (*waste materials*) récupérer

**reclamation** [rɛklə'meɪʃən] n (*of land*) amendement m; assèchement m; défrichement m

**recline** [rɪ'klaɪn] vi être allongé(e) or étendu(e)

**reclining** [rɪ'klaɪnɪŋ] adj (*seat*) à dossier réglable

**recluse** [rɪ'kluːs] n reclus(e), ermite m

**recognition** [rɛkəg'nɪʃən] n reconnaissance f; **in ~ of** en reconnaissance de; **to gain ~** être reconnu(e); **transformed beyond ~** méconnaissable

**recognizable** ['rɛkəgnaɪzəbl] adj: **~ (by)** reconnaissable (à)

**recognize** ['rɛkəgnaɪz] vt: **to ~ (by/as)** reconnaître (à/comme étant)

**recoil** [rɪ'kɔɪl] vi (*person*): **to ~ (from)** reculer (devant) ▷ n (*of gun*) recul m

**recollect** [rɛkə'lɛkt] vt se rappeler, se souvenir de

**recollection** [rɛkə'lɛkʃən] n souvenir m; **to the best of my ~** autant que je m'en souvienne

**recommend** [rɛkə'mɛnd] vt recommander; **can you ~ a good restaurant?** pouvez-vous me conseiller un bon restaurant?; **she has a lot to ~ her** elle a beaucoup de choses en sa faveur

**recommendation** [rɛkəmɛn'deɪʃən] n recommandation f

**recommended retail price** [rɛkə'mɛndɪd-] n (Brit) prix conseillé

**recompense** ['rɛkəmpɛns] vt récompenser; (*compensate*) dédommager ▷ n récompense f; dédommagement m

**reconcilable** ['rɛkənsaɪləbl] adj (*ideas*) conciliable

**reconcile** ['rɛkənsaɪl] vt (*two people*) réconcilier; (*two facts*) concilier, accorder; **to ~ o.s. to** se résigner à

**reconciliation** [rɛkənsɪlɪ'eɪʃən] n réconciliation f; conciliation f

**recondite** [rɪ'kɔndaɪt] adj abstrus(e), obscur(e)

**recondition** [riːkən'dɪʃən] vt remettre à neuf; réviser entièrement

**reconnaissance** [rɪ'kɔnɪsns] n (Mil) reconnaissance f

**reconnoitre, (US) reconnoiter** [rɛkə'nɔɪtə<sup>r</sup>] (Mil) vt reconnaître ▷ vi faire une reconnaissance

**reconsider** [riːkən'sɪdə<sup>r</sup>] vt reconsidérer

**reconstitute** [riː'kɔnstɪtjuːt] vt reconstituer

**reconstruct** [riːkən'strʌkt] vt (*building*) reconstruire; (*crime, system*) reconstituer

**reconstruction** [riːkən'strʌkʃən] n reconstruction f; reconstitution f

**reconvene** [riːkən'viːn] vt reconvoquer ▷ vi se réunir or s'assembler de nouveau

**record** n ['rɛkɔːd] rapport m, récit m; (of meeting etc) procès-verbal m; (register) registre m; (file) dossier m; (Comput) article m; (also: **police record**) casier m judiciaire; (Mus: disc) disque m; (Sport) record m ▷ adj record inv ▷ vt [rɪ'kɔːd] (set down) noter; (relate) rapporter; (Mus: song etc) enregistrer; **public ~s** archives fpl; **to keep a ~ of** noter; **to keep the ~ straight** (fig) mettre les choses au point; **he is on ~ as saying that ...** il a déclaré en public que ...; **Italy's excellent ~** les excellents résultats obtenus par l'Italie; **off the ~** adj officieux(-euse) ▷ adv officieusement; **in ~ time** dans un temps record

**record card** n (in file) fiche f

**recorded delivery** [rɪ'kɔːdɪd-] n (Brit Post): **to send sth ~** = envoyer qch en recommandé

**recorded delivery letter** [rɪ'kɔːdɪd-] n (Brit Post) = lettre recommandée

**recorder** [rɪ'kɔːdəʳ] n (Law) avocat nommé à la fonction de juge; (Mus) flûte f à bec

**record holder** n (Sport) détenteur(-trice) du record

**recording** [rɪ'kɔːdɪŋ] n (Mus) enregistrement m

**recording studio** n studio m d'enregistrement

**record library** n discothèque f

**record player** n tourne-disque m

**recount** [rɪ'kaunt] vt raconter

**re-count** n ['riːkaunt] (Pol: of votes) nouveau décompte (des suffrages) ▷ vt [riː'kaunt] recompter

**recoup** [rɪ'kuːp] vt: **to ~ one's losses** récupérer ce qu'on a perdu, se refaire

**recourse** [rɪ'kɔːs] n recours m; expédient m; **to have ~ to** recourir à, avoir recours à

**recover** [rɪ'kʌvəʳ] vt récupérer ▷ vi (from illness) se rétablir; (from shock) se remettre; (country) se redresser

**re-cover** [riː'kʌvəʳ] vt (chair etc) recouvrir

**recovery** [rɪ'kʌvərɪ] n récupération f; rétablissement m; (Econ) redressement m

**recreate** [riːkrɪ'eɪt] vt recréer

**recreation** [rɛkrɪ'eɪʃən] n (leisure) récréation f, détente f

**recreational** [rɛkrɪ'eɪʃənl] adj pour la détente, récréatif(-ive)

**recreational drug** [rɛkrɪ'eɪʃənl-] n drogue récréative

**recreational vehicle** [rɛkrɪ'eɪʃənl-] n (US) camping-car m

**recrimination** [rɪkrɪmɪ'neɪʃən] n récrimination f

**recruit** [rɪ'kruːt] n recrue f ▷ vt recruter

**recruiting office** [rɪ'kruːtɪŋ-] n bureau m de recrutement

**recruitment** [rɪ'kruːtmənt] n recrutement m

**rectangle** ['rɛktæŋgl] n rectangle m

**rectangular** [rɛk'tæŋgjuləʳ] adj rectangulaire

**rectify** ['rɛktɪfaɪ] vt (error) rectifier, corriger; (omission) réparer

**rector** ['rɛktəʳ] n (Rel) pasteur m; (in Scottish

universities) personnalité élue par les étudiants pour les représenter

**rectory** ['rɛktərɪ] n presbytère m

**rectum** ['rɛktəm] n (Anat) rectum m

**recuperate** [rɪ'kjuːpəreɪt] vi (from illness) se rétablir

**recur** [rɪ'kəːʳ] vi se reproduire; (idea, opportunity) se retrouver; (symptoms) réapparaître

**recurrence** [rɪ'kəːrns] n répétition f; réapparition f

**recurrent** [rɪ'kəːrnt] adj périodique, fréquent(e)

**recurring** [rɪ'kəːrɪŋ] adj (problem) périodique, fréquent(e); (Math) périodique

**recyclable** [riː'saɪkləbl] adj recyclable

**recycle** [riː'saɪkl] vt, vi recycler

**recycling** [riː'saɪklɪŋ] n recyclage m

**red** [rɛd] n rouge m; (Pol: pej) rouge m/f ▷ adj rouge; (hair) roux (rousse); **in the ~** (account) à découvert; (business) en déficit

**red alert** n alerte f rouge

**red-blooded** [rɛd'blʌdɪd] adj (inf) viril(e), vigoureux(-euse)

## ● REDBRICK UNIVERSITY

● Une *redbrick university*, ainsi nommée à cause
● du matériau de construction répandu à
● l'époque (la brique), est une université
● britannique provinciale construite assez
● récemment, en particulier fin XIXe-début
● XXe siècle. Il y en a notamment une à
● Manchester, une à Liverpool et une à Bristol.
● Ce terme est utilisé pour établir une
● distinction avec les universités les plus
● anciennes et traditionnelles.

**red carpet treatment** n réception f en grande pompe

**Red Cross** n Croix-Rouge f

**redcurrant** ['rɛdkʌrənt] n groseille f (rouge)

**redden** ['rɛdn] vt, vi rougir

**reddish** ['rɛdɪʃ] adj rougeâtre; (hair) plutôt roux (rousse)

**redecorate** [riː'dɛkəreɪt] vt refaire à neuf, repeindre et retapisser

**redeem** [rɪ'diːm] vt (debt) rembourser; (sth in pawn) dégager; (fig, also Rel) racheter

**redeemable** [rɪ'diːməbl] adj rachetable; remboursable, amortissable

**redeeming** [rɪ'diːmɪŋ] adj (feature) qui sauve, qui rachète (le reste)

**redefine** [riːdɪ'faɪn] vt redéfinir

**redemption** [rɪ'dɛmʃən] n (Rel) rédemption f; **past** or **beyond ~** (situation) irrémédiable; (place) qui ne peut plus être sauvé(e); (person) irrécupérable

**redeploy** [riːdɪ'plɔɪ] vt (Mil) redéployer; (staff, resources) reconvertir

**redeployment** [riːdɪ'plɔɪmənt] n redéploiement m; reconversion f

**redevelop** [riːdɪ'vɛləp] vt rénover

**redevelopment** [riːdɪ'vɛləpmənt] n

r

rénovation f

**red-haired** [rɛd'hɛəʳd] adj roux (rousse)

**red-handed** [rɛd'hændɪd] adj: **to be caught ~** être pris(e) en flagrant délit or la main dans le sac

**redhead** ['rɛdhɛd] n roux (rousse)

**red herring** n (fig) diversion f, fausse piste

**red-hot** [rɛd'hɔt] adj chauffé(e) au rouge, brûlant(e)

**redirect** [riːdaɪ'rɛkt] vt (mail) faire suivre

**redistribute** [riːdɪ'strɪbjuːt] vt redistribuer

**red-letter day** ['rɛdlɛtə-] n grand jour, jour mémorable

**red light** n: **to go through a ~** (Aut) brûler un feu rouge

**red-light district** ['rɛdlaɪt-] n quartier mal famé

**red meat** n viande f rouge

**redness** ['rɛdnɪs] n rougeur f; (of hair) rousseur f

**redo** [riː'duː] vt (irreg: like **do**) refaire

**redolent** ['rɛdələnt] adj: **~ of** qui sent; (fig) qui évoque

**redouble** [riː'dʌbl] vt: **to ~ one's efforts** redoubler d'efforts

**redraft** [riː'drɑːft] vt remanier

**redress** [rɪ'drɛs] n réparation f ▷ vt redresser; **to ~ the balance** rétablir l'équilibre

**Red Sea** n: **the ~** la mer Rouge

**redskin** ['rɛdskɪn] n Peau-Rouge m/f

**red tape** n (fig) paperasserie (administrative)

**reduce** [rɪ'djuːs] vt réduire; (lower) abaisser; **"~ speed now"** (Aut) "ralentir"; **to ~ sth by/to** réduire qch de/à; **to ~ sb to tears** faire pleurer qn

**reduced** [rɪ'djuːst] adj réduit(e); **"greatly ~ prices"** "gros rabais"; **at a ~ price** (goods) au rabais; (ticket etc) à prix réduit

**reduction** [rɪ'dʌkʃən] n réduction f; (of price) baisse f; (discount) rabais m; réduction; **is there a ~ for children/students?** y a-t-il une réduction pour les enfants/les étudiants?

**redundancy** [rɪ'dʌndənsɪ] n (Brit) licenciement m, mise f au chômage; **compulsory ~** licenciement; **voluntary ~** départ m volontaire

**redundancy payment** n (Brit) indemnité f de licenciement

**redundant** [rɪ'dʌndnt] adj (Brit: worker) licencié(e), mis(e) au chômage; (detail, object) superflu(e); **to be made ~** (worker) être licencié, être mis au chômage

**reed** [riːd] n (Bot) roseau m; (Mus: of clarinet etc) anche f

**re-educate** [riː'edjukeɪt] vt rééduquer

**reedy** ['riːdɪ] adj (voice, instrument) ténu(e)

**reef** [riːf] n (at sea) récif m, écueil m

**reek** [riːk] vi: **to ~ (of)** puer, empester

**reel** [riːl] n bobine f; (Tech) dévidoir m; (Fishing) moulinet m; (Cine) bande f; (dance) quadrille écossais ▷ vt (Tech) bobiner; (also: **reel up**) enrouler ▷ vi (sway) chanceler; **my head is ~ing** j'ai la tête qui tourne

▸ **reel in** vt (fish, line) ramener

▸ **reel off** vt (say) énumérer, débiter

**re-election** [riːɪ'lɛkʃən] n réélection f

**re-enter** [riː'ɛntəʳ] vt (also Space) rentrer dans

**re-entry** [riː'ɛntrɪ] n (also Space) rentrée f

**re-export** vt ['riːɪks'pɔːt] réexporter ▷ n [riː'ɛkspɔːt] marchandise réexportée; (act) réexportation f

**ref** [rɛf] n abbr (inf: = referee) arbitre m

**ref.** abbr (Comm: = with reference to) réf

**refectory** [rɪ'fɛktərɪ] n réfectoire m

**refer** [rɪ'fəːʳ] vt: **to ~ sth to** (dispute, decision) soumettre qch à; **to ~ sb to** (inquirer, patient) adresser qn à; (reader: to text) renvoyer qn à ▷ vi: **to ~ to** (allude to) parler de, faire allusion à; (consult) se reporter à; (apply to) s'appliquer à; **~ring to your letter** (Comm) en réponse à votre lettre; **he ~red me to the manager** il m'a dit de m'adresser au directeur

**referee** [rɛfə'riː] n arbitre m; (Tennis) juge-arbitre m; (Brit: for job application) répondant(e) ▷ vt arbitrer

**reference** ['rɛfrəns] n référence f, renvoi m; (mention) allusion f, mention f; (for job application: letter) références; lettre f de recommandation; (: person) répondant(e); **with ~ to** en ce qui concerne; (Comm: in letter) me référant à; **"please quote this ~"** (Comm) "prière de rappeler cette référence"

**reference book** n ouvrage m de référence

**reference library** n bibliothèque f d'ouvrages à consulter

**reference number** n (Comm) numéro m de référence

**referendum** (pl **referenda**) [rɛfə'rɛndəm, -də] n référendum m

**referral** [rɪ'fəːrəl] n soumission f; **she got a ~ to a specialist** elle a été adressée à un spécialiste

**refill** vt [riː'fɪl] remplir à nouveau; (pen, lighter etc) recharger ▷ n ['riːfɪl] (for pen etc) recharge f

**refine** [rɪ'faɪn] vt (sugar, oil) raffiner; (taste) affiner; (idea, theory) peaufiner

**refined** [rɪ'faɪnd] adj (person, taste) raffiné(e)

**refinement** [rɪ'faɪnmənt] n (of person) raffinement m

**refinery** [rɪ'faɪnərɪ] n raffinerie f

**refit** (Naut) n ['riːfɪt] remise f en état ▷ vt [riː'fɪt] remettre en état

**reflate** [riː'fleɪt] vt (economy) relancer

**reflation** [riː'fleɪʃən] n relance f

**reflationary** [riː'fleɪʃənrɪ] adj de relance

**reflect** [rɪ'flɛkt] vt (light, image) réfléchir, refléter; (fig) refléter ▷ vi (think) réfléchir, méditer; **it ~s badly on him** cela le discrédite; **it ~s well on him** c'est tout à son honneur

**reflection** [rɪ'flɛkʃən] n réflexion f; (image) reflet m; (criticism): **~ on** critique f de; atteinte f à; **on ~** réflexion faite

**reflector** [rɪ'flɛktəʳ] n (also Aut) réflecteur m

**reflex** ['riːflɛks] adj, n réflexe (m)

**reflexive** [rɪ'flɛksɪv] adj (Ling) réfléchi(e)

**reform** [rɪ'fɔːm] n réforme f ▷ vt réformer

**reformat** [riː'fɔːmæt] vt (Comput) reformater

**Reformation** [rɛfə'meɪʃən] *n*: **the ~** la Réforme

**reformatory** [rɪ'fɔːmətərɪ] *n* (*US*) centre *m* d'éducation surveillée

**reformed** [rɪ'fɔːmd] *adj* amendé(e), assagi(e)

**reformer** [rɪ'fɔːməʳ] *n* réformateur(-trice)

**refrain** [rɪ'freɪn] *vi*: **to ~ from doing** s'abstenir de faire ▷ *n* refrain *m*

**refresh** [rɪ'frɛʃ] *vt* rafraîchir; (*subj: food, sleep etc*) redonner des forces à

**refresher course** [rɪ'frɛʃə-] *n* (*Brit*) cours *m* de recyclage

**refreshing** [rɪ'frɛʃɪŋ] *adj* (*drink*) rafraîchissant(e); (*sleep*) réparateur(-trice); (*fact, idea etc*) qui réjouit par son originalité *or* sa rareté

**refreshment** [rɪ'frɛʃmənt] *n*: **for some ~** (*eating*) pour se restaurer *or* sustenter; **in need of ~** (*resting etc*) ayant besoin de refaire ses forces

**refreshments** [rɪ'frɛʃmənts] *npl* rafraîchissements *mpl*

**refrigeration** [rɪfrɪdʒə'reɪʃən] *n* réfrigération *f*

**refrigerator** [rɪ'frɪdʒəreɪtəʳ] *n* réfrigérateur *m*, frigidaire *m*

**refuel** [riː'fjuəl] *vt* ravitailler en carburant ▷ *vi* se ravitailler en carburant

**refuge** ['rɛfjuːdʒ] *n* refuge *m*; **to take ~ in** se réfugier dans

**refugee** [rɛfju'dʒiː] *n* réfugié(e)

**refugee camp** *n* camp *m* de réfugiés

**refund** *n* ['riːfʌnd] remboursement *m* ▷ *vt* [rɪ'fʌnd] rembourser

**refurbish** [riː'fəːbɪʃ] *vt* remettre à neuf

**refurnish** [riː'fəːnɪʃ] *vt* remeubler

**refusal** [rɪ'fjuːzəl] *n* refus *m*; **to have first ~ on sth** avoir droit de préemption sur qch

**refuse¹** ['rɛfjuːs] *n* ordures *fpl*, détritus *mpl*

**refuse²** [rɪ'fjuːz] *vt, vi* refuser; **to ~ to do sth** refuser de faire qch

**refuse collection** *n* ramassage *m* d'ordures

**refuse disposal** *n* élimination *f* des ordures

**refusenik** [rɪ'fjuːznɪk] *n* refuznik *m/f*

**refute** [rɪ'fjuːt] *vt* réfuter

**regain** [rɪ'geɪn] *vt* (*lost ground*) regagner; (*strength*) retrouver

**regal** ['riːgl] *adj* royal(e)

**regale** [rɪ'geɪl] *vt*: **to ~ sb with sth** régaler qn de qch

**regalia** [rɪ'geɪlɪə] *n* insignes *mpl* de la royauté

**regard** [rɪ'gɑːd] *n* respect *m*, estime *f*, considération *f* ▷ *vt* considérer; **to give one's ~s to** faire ses amitiés à; **"with kindest ~s"** "bien amicalement"; **as ~s, with ~ to** en ce qui concerne

**regarding** [rɪ'gɑːdɪŋ] *prep* en ce qui concerne

**regardless** [rɪ'gɑːdlɪs] *adv* quand même; **~ of** sans se soucier de

**regatta** [rɪ'gætə] *n* régate *f*

**regency** ['riːdʒənsɪ] *n* régence *f*

**regenerate** [rɪ'dʒɛnəreɪt] *vt* régénérer ▷ *vi* se régénérer

**regent** ['riːdʒənt] *n* régent(e)

**reggae** ['rɛgeɪ] *n* reggae *m*

**régime** [reɪ'ʒiːm] *n* régime *m*

**regiment** ['rɛdʒɪmənt] *n* régiment *m* ▷ *vt* ['rɛdʒɪmɛnt] imposer une discipline trop stricte à

**regimental** [rɛdʒɪ'mɛntl] *adj* d'un régiment

**regimentation** [rɛdʒɪmɛn'teɪʃən] *n* réglementation excessive

**region** ['riːdʒən] *n* région *f*; **in the ~ of** (*fig*) aux alentours de

**regional** ['riːdʒənl] *adj* régional(e)

**regional development** *n* aménagement *m* du territoire

**register** ['rɛdʒɪstəʳ] *n* registre *m*; (*also*: **electoral register**) liste électorale ▷ *vt* enregistrer, inscrire; (*birth*) déclarer; (*vehicle*) immatriculer; (*luggage*) enregistrer; (*letter*) envoyer en recommandé; (*subj: instrument*) marquer ▷ *vi* s'inscrire; (*at hotel*) signer le registre; (*make impression*) être (bien) compris(e); **to ~ for a course** s'inscrire à un cours; **to ~ a protest** protester

**registered** ['rɛdʒɪstəd] *adj* (*design*) déposé(e); (*Brit: letter*) recommandé(e); (*student, voter*) inscrit(e)

**registered company** *n* société immatriculée

**registered nurse** *n* (*US*) infirmier(-ière) diplômé(e) d'État

**registered office** *n* siège social

**registered trademark** *n* marque déposée

**registrar** ['rɛdʒɪstrɑːʳ] *n* officier *m* de l'état civil; secrétaire *m/f* général

**registration** [rɛdʒɪs'treɪʃən] *n* (*act*) enregistrement *m*; (*of student*) inscription *f*; (*Brit Aut: also*: **registration number**) numéro *m* d'immatriculation

**registry** ['rɛdʒɪstrɪ] *n* bureau *m* de l'enregistrement

**registry office** ['rɛdʒɪstrɪ-] *n* (*Brit*) bureau *m* de l'état civil; **to get married in a ~** ≈ se marier à la mairie

**regret** [rɪ'grɛt] *n* regret *m* ▷ *vt* regretter; **to ~ that** regretter que + *sub*; **we ~ to inform you that ...** nous sommes au regret de vous informer que ...

**regretfully** [rɪ'grɛtfəlɪ] *adv* à *or* avec regret

**regrettable** [rɪ'grɛtəbl] *adj* regrettable, fâcheux(-euse)

**regrettably** [rɪ'grɛtəblɪ] *adv* (*drunk, late*) fâcheusement; **~, he ...** malheureusement, il ...

**regroup** [riː'gruːp] *vt* regrouper ▷ *vi* se regrouper

**regt** *abbr* = **regiment**

**regular** ['rɛgjuləʳ] *adj* régulier(-ière); (*usual*) habituel(le), normal(e); (*listener, reader*) fidèle; (*soldier*) de métier; (*Comm: size*) ordinaire ▷ *n* (*client etc*) habitué(e)

**regularity** [rɛgju'lærɪtɪ] *n* régularité *f*

**regularly** ['rɛgjuləlɪ] *adv* régulièrement

**regulate** ['rɛgjuleɪt] *vt* régler

**regulation** [rɛgju'leɪʃən] *n* (*rule*) règlement *m*; (*adjustment*) réglage *m* ▷ *cpd* réglementaire

**rehabilitate** [riːə'bɪlɪteɪt] *vt* (*criminal*) réinsérer; (*drug addict*) désintoxiquer; (*invalid*) rééduquer

**r**

**rehabilitation** ['ri:əbɪlɪ'teɪʃən] n (of offender) réhabilitation f; (of addict) réadaptation f; (of disabled) rééducation f, réadaptation f
**rehash** [ri:'hæʃ] vt (inf) remanier
**rehearsal** [rɪ'hə:səl] n répétition f; **dress** ~ (répétition) générale f
**rehearse** [rɪ'hə:s] vt répéter
**rehouse** [ri:'hauz] vt reloger
**reign** [reɪn] n règne m ▷ vi régner
**reigning** ['reɪnɪŋ] adj (monarch) régnant(e); (champion) actuel(le)
**reimburse** [ri:ɪm'bə:s] vt rembourser
**rein** [reɪn] n (for horse) rêne f; **to give sb free** ~ (fig) donner carte blanche à qn
**reincarnation** [ri:ɪnkɑː'neɪʃən] n réincarnation f
**reindeer** ['reɪndɪəʳ] n (pl inv) renne m
**reinforce** [ri:ɪn'fɔ:s] vt renforcer
**reinforced concrete** [ri:ɪn'fɔst-] n béton armé
**reinforcement** [ri:ɪn'fɔ:smənt] n (action) renforcement m
**reinforcements** [ri:ɪn'fɔ:smənts] npl (Mil) renfort(s) m(pl)
**reinstate** [ri:ɪn'steɪt] vt rétablir, réintégrer
**reinstatement** [ri:ɪn'steɪtmənt] n réintégration f
**reissue** [ri:'ɪʃju:] vt (book) rééditer; (film) ressortir
**reiterate** [ri:'ɪtəreɪt] vt réitérer, répéter
**reject** n ['ri:dʒɛkt] (Comm) article m de rebut ▷ vt [rɪ'dʒɛkt] refuser; (Comm: goods) mettre au rebut; (idea) rejeter
**rejection** [rɪ'dʒɛkʃən] n rejet m, refus m
**rejoice** [rɪ'dʒɔɪs] vi: **to ~ (at or over)** se réjouir (de)
**rejoinder** [rɪ'dʒɔɪndəʳ] n (retort) réplique f
**rejuvenate** [rɪ'dʒu:vəneɪt] vt rajeunir
**rekindle** [ri:'kɪndl] vt rallumer; (fig) raviver
**relapse** [rɪ'læps] n (Med) rechute f
**relate** [rɪ'leɪt] vt (tell) raconter; (connect) établir un rapport entre ▷ vi: **to ~ to** (connect) se rapporter à; **to ~ to sb** (interact) entretenir des rapports avec qn
**related** [rɪ'leɪtɪd] adj apparenté(e); ~ **to** (subject) lié(e) à
**relating to** [rɪ'leɪtɪŋ-] prep concernant
**relation** [rɪ'leɪʃən] n (person) parent(e); (link) rapport m, lien m; **relations** npl (relatives) famille f; **diplomatic/international ~s** relations diplomatiques/internationales; **in ~ to** en ce qui concerne; par rapport à; **to bear no ~ to** être sans rapport avec
**relationship** [rɪ'leɪʃənʃɪp] n rapport m, lien m; (personal ties) relations fpl, rapports; (also: **family relationship**) lien de parenté; (affair) liaison f; **they have a good ~** ils s'entendent bien
**relative** ['rɛlətɪv] n parent(e) ▷ adj relatif(-ive); (respective) respectif(-ive); **all her ~s** toute sa famille
**relatively** ['rɛlətɪvlɪ] adv relativement
**relax** [rɪ'læks] vi (muscle) se relâcher; (person: unwind) se détendre; (calm down) se calmer ▷ vt relâcher; (mind, person) détendre

**relaxation** [ri:læk'seɪʃən] n relâchement m; (of mind) détente f; (recreation) détente, délassement m; (entertainment) distraction f
**relaxed** [rɪ'lækst] adj relâché(e); détendu(e)
**relaxing** [rɪ'læksɪŋ] adj délassant(e)
**relay** ['ri:leɪ] n (Sport) course f de relais ▷ vt (message) retransmettre, relayer
**release** [rɪ'li:s] n (from prison, obligation) libération f; (of gas etc) émission f; (of film etc) sortie f; (new recording) disque m; (device) déclencheur m ▷ vt (prisoner) libérer; (book, film) sortir; (report, news) rendre public, publier; (gas etc) émettre, dégager; (free: from wreckage etc) dégager; (Tech: catch, spring etc) déclencher; (let go: person, animal) relâcher; (: hand, object) lâcher; (: grip, brake) desserrer; **to ~ one's grip** or **hold** lâcher prise; **to ~ the clutch** (Aut) débrayer
**relegate** ['rɛləgeɪt] vt reléguer; (Brit Sport): **to be ~d** descendre dans une division inférieure
**relent** [rɪ'lɛnt] vi se laisser fléchir
**relentless** [rɪ'lɛntlɪs] adj implacable; (non-stop) continuel(le)
**relevance** ['rɛləvəns] n pertinence f; ~ **of sth to sth** rapport m entre qch et qch
**relevant** ['rɛləvənt] adj (question) pertinent(e); (corresponding) approprié(e); (fact) significatif(-ive); (information) utile; ~ **to** ayant rapport à, approprié à
**reliability** [rɪlaɪə'bɪlɪtɪ] n sérieux m; fiabilité f
**reliable** [rɪ'laɪəbl] adj (person, firm) sérieux(-euse), fiable; (method, machine) fiable; (news, information) sûr(e)
**reliably** [rɪ'laɪəblɪ] adv: **to be ~ informed** savoir de source sûre
**reliance** [rɪ'laɪəns] n: ~ **(on)** (trust) confiance f (en); (dependence) besoin m (de), dépendance f (de)
**reliant** [rɪ'laɪənt] adj: **to be ~ on sth/sb** dépendre de qch/qn
**relic** ['rɛlɪk] n (Rel) relique f; (of the past) vestige m
**relief** [rɪ'li:f] n (from pain, anxiety) soulagement m; (help, supplies) secours m(pl); (of guard) relève f; (Art, Geo) relief m; **by way of light ~** pour faire diversion
**relief map** n carte f en relief
**relief road** n (Brit) route f de délestage
**relieve** [rɪ'li:v] vt (pain, patient) soulager; (fear, worry) dissiper; (bring help) secourir; (take over from: gen) relayer; (: guard) relever; **to ~ sb of sth** débarrasser qn de qch; **to ~ sb of his command** (Mil) relever qn de ses fonctions; **to ~ o.s.** (euphemism) se soulager, faire ses besoins
**relieved** [rɪ'li:vd] adj soulagé(e); **to be ~ that ...** être soulagé que ...; **I'm ~ to hear it** je suis soulagé de l'entendre
**religion** [rɪ'lɪdʒən] n religion f
**religious** [rɪ'lɪdʒəs] adj religieux(-euse); (book) de piété
**religious education** n instruction religieuse
**relinquish** [rɪ'lɪŋkwɪʃ] vt abandonner; (plan, habit) renoncer à
**relish** ['rɛlɪʃ] n (Culin) condiment m; (enjoyment)

délectation f ▷ vt (food etc) savourer; **to ~ doing** se délecter à faire

**relive** [ri:'lɪv] vt revivre

**reload** [ri:'ləud] vt recharger

**relocate** [ri:ləu'keɪt] vt (business) transférer ▷ vi se transférer, s'installer or s'établir ailleurs; **to ~ in** (déménager et) s'installer or s'établir à, se transférer à

**reluctance** [rɪ'lʌktəns] n répugnance f

**reluctant** [rɪ'lʌktənt] adj peu disposé(e), qui hésite; **to be ~ to do sth** hésiter à faire qch

**reluctantly** [rɪ'lʌktəntlɪ] adv à contrecœur, sans enthousiasme

**rely on** [rɪ'laɪ-] vt fus (be dependent on) dépendre de; (trust) compter sur

**remain** [rɪ'meɪn] vi rester; **to ~ silent** garder le silence; **I ~, yours faithfully** (Brit: in letters) je vous prie d'agréer, Monsieur etc l'assurance de mes sentiments distingués

**remainder** [rɪ'meɪndəʳ] n reste m; (Comm) fin f de série

**remaining** [rɪ'meɪnɪŋ] adj qui reste

**remains** [rɪ'meɪnz] npl restes mpl

**remake** ['ri:meɪk] n (Cine) remake m

**remand** [rɪ'mɑ:nd] n: **on ~** en détention préventive ▷ vt: **to be ~ed in custody** être placé(e) en détention préventive

**remand home** n (Brit) centre m d'éducation surveillée

**remark** [rɪ'mɑ:k] n remarque f, observation f ▷ vt (faire) remarquer, dire; (notice) remarquer; **to ~ on sth** faire une or des remarque(s) sur qch

**remarkable** [rɪ'mɑ:kəbl] adj remarquable

**remarkably** [rɪ'mɑ:kəblɪ] adv remarquablement

**remarry** [ri:'mærɪ] vi se remarier

**remedial** [rɪ'mi:dɪəl] adj (tuition, classes) de rattrapage

**remedy** ['rɛmədɪ] n: **~ (for)** remède m (contre or à) ▷ vt remédier à

**remember** [rɪ'mɛmbəʳ] vt se rappeler, se souvenir de; (send greetings): **~ me to him** saluez-le de ma part; **I ~ seeing it, I ~ having seen it** je me rappelle l'avoir vu or que je l'ai vu; **she ~ed to do it** elle a pensé à le faire; **~ me to your wife** rappelez-moi au bon souvenir de votre femme

**remembrance** [rɪ'mɛmbrəns] n souvenir m; mémoire f

**Remembrance Day** [rɪ'mɛmbrəns-] n (Brit) ≈ (le jour de) l'Armistice m, ≈ le 11 novembre; voir article

**remind** [rɪ'maɪnd] vt: **to ~ sb of sth** rappeler qch à qn; **to ~ sb to do** faire penser à qn à faire, rappeler à qn qu'il doit faire; **that ~s me!** j'y pense!

**reminder** [rɪ'maɪndəʳ] n (Comm: letter) rappel m; (note etc) pense-bête m; (souvenir) souvenir m

**reminisce** [rɛmɪ'nɪs] vi: **to ~ (about)** évoquer ses souvenirs (de)

**reminiscences** [rɛmɪ'nɪsnsɪz] npl réminiscences fpl, souvenirs mpl

**reminiscent** [rɛmɪ'nɪsnt] adj: **~ of** qui rappelle, qui fait penser à

**remiss** [rɪ'mɪs] adj négligent(e); **it was ~ of me** c'était une négligence de ma part

**remission** [rɪ'mɪʃən] n rémission f; (of debt, sentence) remise f; (of fee) exemption f

**remit** [rɪ'mɪt] vt (send: money) envoyer

**remittance** [rɪ'mɪtns] n envoi m, paiement m

**remnant** ['rɛmnənt] n reste m, restant m; (of cloth) coupon m; **remnants** npl (Comm) fins fpl de série

**remonstrate** ['rɛmənstreɪt] vi: **to ~ (with sb about sth)** se plaindre (à qn de qch)

**remorse** [rɪ'mɔ:s] n remords m

**remorseful** [rɪ'mɔ:sful] adj plein(e) de remords

**remorseless** [rɪ'mɔ:slɪs] adj (fig) impitoyable

**remote** [rɪ'məut] adj éloigné(e), lointain(e); (person) distant(e); (possibility) vague; **there is a ~ possibility that ...** il est tout juste possible que ...

**remote control** n télécommande f

**remote-controlled** [rɪ'məutkən'trəuld] adj téléguidé(e)

**remotely** [rɪ'məutlɪ] adv au loin; (slightly) très vaguement

**remould** ['ri:məuld] n (Brit: tyre) pneu m rechapé

**removable** [rɪ'mu:vəbl] adj (detachable) amovible

**removal** [rɪ'mu:vəl] n (taking away) enlèvement m; suppression f; (Brit: from house) déménagement m; (from office: dismissal) renvoi m; (of stain) nettoyage m; (Med) ablation f

**removal man** (irreg) n (Brit) déménageur m

**removal van** n (Brit) camion m de déménagement

**remove** [rɪ'mu:v] vt enlever, retirer; (employee) renvoyer; (stain) faire partir; (abuse) supprimer; (doubt) chasser; **first cousin once ~d** cousin(e) au deuxième degré

**remover** [rɪ'mu:vəʳ] n (for paint) décapant m; (for

varnish) dissolvant m; **make-up ~** démaquillant m

**remunerate** [rɪˈmjuːnəreɪt] vt rémunérer

**remuneration** [rɪmjuːnəˈreɪʃən] n rémunération f

**Renaissance** [rɪˈneɪsɑ̃s] n: **the ~** la Renaissance

**rename** [riːˈneɪm] vt rebaptiser

**rend** (pt, pp **rent**) [rɛnd, rɛnt] vt déchirer

**render** [ˈrɛndəʳ] vt rendre; (Culin: fat) clarifier

**rendering** [ˈrɛndərɪŋ] n (Mus etc) interprétation f

**rendezvous** [ˈrɒndɪvuː] n rendez-vous m inv ▷ vi opérer une jonction, se rejoindre; **to ~ with sb** rejoindre qn

**renegade** [ˈrɛnɪɡeɪd] n renégat(e)

**renew** [rɪˈnjuː] vt renouveler; (negotiations) reprendre; (acquaintance) renouer

**renewable** [rɪˈnjuːəbl] adj renouvelable; **~ energy, ~s** énergies renouvelables

**renewal** [rɪˈnjuːəl] n renouvellement m; reprise f

**renounce** [rɪˈnauns] vt renoncer à; (disown) renier

**renovate** [ˈrɛnəveɪt] vt rénover; (work of art) restaurer

**renovation** [rɛnəˈveɪʃən] n rénovation f; restauration f

**renown** [rɪˈnaun] n renommée f

**renowned** [rɪˈnaund] adj renommé(e)

**rent** [rɛnt] pt, pp of **rend** ▷ n loyer m ▷ vt louer; (car, TV) louer, prendre en location; (also: **rent out**: car, TV) louer, donner en location

**rental** [ˈrɛntl] n (for television, car) (prix m de) location f

**rent boy** n (Brit inf) jeune prostitué

**renunciation** [rɪnʌnsɪˈeɪʃən] n renonciation f; (self-denial) renoncement m

**reopen** [riːˈəupən] vt rouvrir

**reorder** [riːˈɔːdəʳ] vt commander de nouveau; (rearrange) réorganiser

**reorganize** [riːˈɔːɡənaɪz] vt réorganiser

**rep** [rɛp] n abbr (Comm) = **representative**; (Theat) = **repertory**

**Rep.** abbr (US Pol) = **representative; republican**

**repair** [rɪˈpɛəʳ] n réparation f ▷ vt réparer; **in good/bad ~** en bon/mauvais état; **under ~** en réparation; **where can I get this ~ed?** où est-ce que je peux faire réparer ceci?

**repair kit** n trousse f de réparations

**repair man** (irreg) n réparateur m

**repair shop** n (Aut etc) atelier m de réparations

**repartee** [rɛpɑːˈtiː] n repartie f

**repast** [rɪˈpɑːst] n (formal) repas m

**repatriate** [riːˈpætrieɪt] vt rapatrier

**repay** [riːˈpeɪ] vt (irreg: like **pay**); (money, creditor) rembourser; (sb's efforts) récompenser

**repayment** [riːˈpeɪmənt] n remboursement m; récompense f

**repeal** [rɪˈpiːl] n (of law) abrogation f; (of sentence) annulation f ▷ vt abroger; annuler

**repeat** [rɪˈpiːt] n (Radio, TV) reprise f ▷ vt répéter; (pattern) reproduire; (promise, attack, also Comm:

order) renouveler; (Scol: a class) redoubler ▷ vi répéter; **can you ~ that, please?** pouvez-vous répéter, s'il vous plaît?

**repeatedly** [rɪˈpiːtɪdlɪ] adv souvent, à plusieurs reprises

**repeat prescription** n (Brit): **I'd like a ~** je voudrais renouveler mon ordonnance

**repel** [rɪˈpɛl] vt repousser

**repellent** [rɪˈpɛlənt] adj repoussant(e) ▷ n: **insect ~** insectifuge m; **moth ~** produit m antimite(s)

**repent** [rɪˈpɛnt] vi: **to ~ (of)** se repentir (de)

**repentance** [rɪˈpɛntəns] n repentir m

**repercussions** [riːpəˈkʌʃənz] npl répercussions fpl

**repertoire** [ˈrɛpətwɑːʳ] n répertoire m

**repertory** [ˈrɛpətərɪ] n (also: **repertory theatre**) théâtre m de répertoire

**repertory company** n troupe théâtrale permanente

**repetition** [rɛpɪˈtɪʃən] n répétition f

**repetitious** [rɛpɪˈtɪʃəs] adj (speech) plein(e) de redites

**repetitive** [rɪˈpɛtɪtɪv] adj (movement, work) répétitif(-ive); (speech) plein(e) de redites

**replace** [rɪˈpleɪs] vt (put back) remettre, replacer; (take the place of) remplacer; (Tel): **"~ the receiver"** "raccrochez"

**replacement** [rɪˈpleɪsmənt] n replacement m; (substitution) remplacement m; (person) remplaçant(e)

**replacement part** n pièce f de rechange

**replay** [ˈriːpleɪ] n (of match) match rejoué; (of tape, film) répétition f

**replenish** [rɪˈplɛnɪʃ] vt (glass) remplir (de nouveau); (stock etc) réapprovisionner

**replete** [rɪˈpliːt] adj rempli(e); (well-fed): **~ (with)** rassasié(e) (de)

**replica** [ˈrɛplɪkə] n réplique f, copie exacte

**reply** [rɪˈplaɪ] n réponse f ▷ vi répondre; **in ~ (to)** en réponse (à); **there's no ~** (Tel) ça ne répond pas

**reply coupon** n coupon-réponse m

**report** [rɪˈpɔːt] n rapport m; (Press etc) reportage m; (Brit: also: **school report**) bulletin m (scolaire); (of gun) détonation f ▷ vt rapporter, faire un compte rendu de; (Press etc) faire un reportage sur; (notify: accident) signaler; (: culprit) dénoncer ▷ vi (make a report) faire un rapport; (for newspaper) faire un reportage (sur); **I'd like to ~ a theft** je voudrais signaler un vol; (present o.s.): **to ~ (to sb)** se présenter (chez qn); **it is ~ed that** on dit or annonce que; **it is ~ed from Berlin that** on nous apprend de Berlin que

**report card** n (US, Scottish) bulletin m (scolaire)

**reportedly** [rɪˈpɔːtɪdlɪ] adv: **she is ~ living in Spain** elle habiterait en Espagne; **he ~ told them to ...** il leur aurait dit de ...

**reported speech** n (Ling) discours indirect

**reporter** [rɪˈpɔːtəʳ] n reporter m

**repose** [rɪˈpəuz] n: **in ~** en or au repos

**repossess** [riːpəˈzɛs] vt saisir

**repossession order** [ri:pə'zɛʃən-] *n* ordre *m* de reprise de possession

**reprehensible** [rɛprɪ'hɛnsɪbl] *adj* répréhensible

**represent** [rɛprɪ'zɛnt] *vt* représenter; *(view, belief)* présenter, expliquer; *(describe)*: **to ~ sth as** présenter *or* décrire qch comme; **to ~ to sb that** expliquer à qn que

**representation** [rɛprɪzɛn'teɪʃən] *n* représentation *f*; **representations** *npl (protest)* démarche *f*

**representative** [rɛprɪ'zɛntətɪv] *n* représentant(e); *(Comm)* représentant(e) (de commerce); *(US Pol)* député *m* ▷ *adj* représentatif(-ive), caractéristique

**repress** [rɪ'prɛs] *vt* réprimer

**repression** [rɪ'prɛʃən] *n* répression *f*

**repressive** [rɪ'prɛsɪv] *adj* répressif(-ive)

**reprieve** [rɪ'pri:v] *n (Law)* grâce *f*; *(fig)* sursis *m*, délai *m* ▷ *vt* gracier; accorder un sursis *or* un délai à

**reprimand** ['rɛprɪmɑ:nd] *n* réprimande *f* ▷ *vt* réprimander

**reprint** *n* ['ri:prɪnt] réimpression *f* ▷ *vt* [ri:'prɪnt] réimprimer

**reprisal** [rɪ'praɪzl] *n* représailles *fpl*; **to take ~s** user de représailles

**reproach** [rɪ'prəʊtʃ] *n* reproche *m* ▷ *vt*: **to ~ sb with sth** reprocher qch à qn; **beyond ~** irréprochable

**reproachful** [rɪ'prəʊtʃful] *adj* de reproche

**reproduce** [ri:prə'dju:s] *vt* reproduire ▷ *vi* se reproduire

**reproduction** [ri:prə'dʌkʃən] *n* reproduction *f*

**reproductive** [ri:prə'dʌktɪv] *adj* reproducteur(-trice)

**reproof** [rɪ'pru:f] *n* reproche *m*

**reprove** [rɪ'pru:v] *vt (action)* réprouver; *(person)*: **to ~ (for)** blâmer (de)

**reproving** [rɪ'pru:vɪŋ] *adj* réprobateur(-trice)

**reptile** ['rɛptaɪl] *n* reptile *m*

**Repub.** *abbr (US Pol)* = **republican**

**republic** [rɪ'pʌblɪk] *n* république *f*

**republican** [rɪ'pʌblɪkən] *adj, n* républicain(e)

**repudiate** [rɪ'pju:dɪeɪt] *vt (ally, behaviour)* désavouer; *(accusation)* rejeter; *(wife)* répudier

**repugnant** [rɪ'pʌgnənt] *adj* répugnant(e)

**repulse** [rɪ'pʌls] *vt* repousser

**repulsion** [rɪ'pʌlʃən] *n* répulsion *f*

**repulsive** [rɪ'pʌlsɪv] *adj* repoussant(e), répulsif(-ive)

**reputable** ['rɛpjutəbl] *adj* de bonne réputation; *(occupation)* honorable

**reputation** [rɛpju'teɪʃən] *n* réputation *f*; **to have a ~ for** être réputé(e) pour; **he has a ~ for being awkward** il a la réputation de ne pas être commode

**repute** [rɪ'pju:t] *n* (bonne) réputation

**reputed** [rɪ'pju:tɪd] *adj* réputé(e); **he is ~ to be rich/intelligent** *etc* on dit qu'il est riche/intelligent *etc*

**reputedly** [rɪ'pju:tɪdlɪ] *adv* d'après ce qu'on dit

**request** [rɪ'kwɛst] *n* demande *f*; *(formal)* requête

*f* ▷ *vt*: **to ~ (of** *or* **from sb)** demander (à qn); **at the ~ of** à la demande de

**request stop** *n (Brit: for bus)* arrêt facultatif

**requiem** ['rɛkwɪəm] *n* requiem *m*

**require** [rɪ'kwaɪəʳ] *vt (need: subj: person)* avoir besoin de; (: *thing, situation*) nécessiter, demander; *(want)* exiger; *(order)*: **to ~ sb to do sth/sth of sb** exiger que qn fasse qch/qch de qn; **if ~d** s'il le faut; **what qualifications are ~d?** quelles sont les qualifications requises?; **~d by law** requis par la loi

**required** [rɪ'kwaɪəd] *adj* requis(e), voulu(e)

**requirement** [rɪ'kwaɪəmənt] *n (need)* exigence *f*; besoin *m*; *(condition)* condition *f* (requise)

**requisite** ['rɛkwɪzɪt] *n* chose *f* nécessaire ▷ *adj* requis(e), nécessaire; **toilet ~s** accessoires *mpl* de toilette

**requisition** [rɛkwɪ'zɪʃən] *n*: **~ (for)** demande *f* (de) ▷ *vt (Mil)* réquisitionner

**reroute** [ri:'ru:t] *vt (train etc)* dérouter

**resale** ['ri:'seɪl] *n* revente *f*

**resale price maintenance** *n vente au détail à prix imposé*

**resat** [ri:'sæt] *pt, pp of* **resit**

**rescind** [rɪ'sɪnd] *vt* annuler; *(law)* abroger; *(judgment)* rescinder

**rescue** ['rɛskju:] *n (from accident)* sauvetage *m*; *(help)* secours *mpl* ▷ *vt* sauver; **to come to sb's ~** venir au secours de qn

**rescue party** *n* équipe *f* de sauvetage

**rescuer** ['rɛskjuəʳ] *n* sauveteur *m*

**research** [rɪ'sə:tʃ] *n* recherche(s) *f(pl)* ▷ *vt* faire des recherches sur ▷ *vi*: **to ~ (into sth)** faire des recherches (sur qch); **a piece of ~** un travail de recherche; **~ and development (R & D)** recherche-développement (R-D)

**researcher** [rɪ'sə:tʃəʳ] *n* chercheur(-euse)

**research work** *n* recherches *fpl*

**resell** [ri:'sɛl] *vt (irreg: like* **sell***)* revendre

**resemblance** [rɪ'zɛmbləns] *n* ressemblance *f*; **to bear a strong ~ to** ressembler beaucoup à

**resemble** [rɪ'zɛmbl] *vt* ressembler à

**resent** [rɪ'zɛnt] *vt* éprouver du ressentiment de, être contrarié(e) par

**resentful** [rɪ'zɛntful] *adj* irrité(e), plein(e) de ressentiment

**resentment** [rɪ'zɛntmənt] *n* ressentiment *m*

**reservation** [rɛzə'veɪʃən] *n (booking)* réservation *f*; *(doubt, protected area)* réserve *f*; *(Brit Aut: also:* **central reservation***)* bande médiane; **to make a ~ (in an hotel/a restaurant/on a plane)** réserver *or* retenir une chambre/une table/une place; **with ~s** *(doubts)* avec certaines réserves

**reservation desk** *n (US: in hotel)* réception *f*

**reserve** [rɪ'zə:v] *n* réserve *f*; *(Sport)* remplaçant(e) ▷ *vt (seats etc)* réserver, retenir; **reserves** *npl (Mil)* réservistes *mpl*; **in ~** en réserve

**reserve currency** *n* monnaie *f* de réserve

**reserved** [rɪ'zə:vd] *adj* réservé(e)

**reserve price** *n (Brit)* mise à prix, prix *m* de départ

**reserve team** n (Brit Sport) deuxième équipe f
**reservist** [rɪˈzɜːvɪst] n (Mil) réserviste m
**reservoir** [ˈrɛzəvwɑːʳ] n réservoir m
**reset** [riːˈsɛt] vt (irreg: like **set**) remettre; (clock, watch) mettre à l'heure; (Comput) remettre à zéro
**reshape** [riːˈʃeɪp] vt (policy) réorganiser
**reshuffle** [riːˈʃʌfl] n: **Cabinet ~** (Pol) remaniement ministériel
**reside** [rɪˈzaɪd] vi résider
**residence** [ˈrɛzɪdəns] n résidence f; **to take up ~** s'installer; **in ~** (queen etc) en résidence; (doctor) résidant(e)
**residence permit** n (Brit) permis m de séjour
**resident** [ˈrɛzɪdənt] n (of country) résident(e); (of area, house) habitant(e); (in hotel) pensionnaire ▷ adj résidant(e)
**residential** [rɛzɪˈdɛnʃəl] adj de résidence; (area) résidentiel(le); (course) avec hébergement sur place
**residential school** n internat m
**residue** [ˈrɛzɪdjuː] n reste m; (Chem, Physics) résidu m
**resign** [rɪˈzaɪn] vt (one's post) se démettre de ▷ vi démissionner; **to ~ o.s. to** (endure) se résigner à
**resignation** [rɛzɪgˈneɪʃən] n (from post) démission f; (state of mind) résignation f; **to tender one's ~** donner sa démission
**resigned** [rɪˈzaɪnd] adj résigné(e)
**resilience** [rɪˈzɪliəns] n (of material) élasticité f; (of person) ressort m
**resilient** [rɪˈzɪliənt] adj (person) qui réagit, qui a du ressort
**resin** [ˈrɛzɪn] n résine f
**resist** [rɪˈzɪst] vt résister à
**resistance** [rɪˈzɪstəns] n résistance f
**resistant** [rɪˈzɪstənt] adj: **~ (to)** résistant(e) (à)
**resit** vt [riːˈsɪt] (Brit: pt, pp **resat**) (exam) repasser ▷ n [ˈriːsɪt] deuxième session f (d'un examen)
**resolute** [ˈrɛzəluːt] adj résolu(e)
**resolution** [rɛzəˈluːʃən] n résolution f; **to make a ~** prendre une résolution
**resolve** [rɪˈzɔlv] n résolution f ▷ vt (decide): **to ~ to do** résoudre or décider de faire; (problem) résoudre
**resolved** [rɪˈzɔlvd] adj résolu(e)
**resonance** [ˈrɛzənəns] n résonance f
**resonant** [ˈrɛzənənt] adj résonnant(e)
**resort** [rɪˈzɔːt] n (seaside town) station f balnéaire; (for skiing) station de ski; (recourse) recours m ▷ vi: **to ~ to** avoir recours à; **in the last ~** en dernier ressort
**resound** [rɪˈzaund] vi: **to ~ (with)** retentir (de)
**resounding** [rɪˈzaundɪŋ] adj retentissant(e)
**resource** [rɪˈsɔːs] n ressource f; **resources** npl ressources; **natural ~s** ressources naturelles; **to leave sb to his** (or **her**) **own ~s** (fig) livrer qn à lui-même (or elle-même)
**resourceful** [rɪˈsɔːsful] adj ingénieux(-euse), débrouillard(e)
**resourcefulness** [rɪˈsɔːsfəlnɪs] n ressource f
**respect** [rɪsˈpɛkt] n respect m; (point, detail): **in some ~s** à certains égards ▷ vt respecter; **respects** npl respects, hommages mpl; **to have** or **show ~ for sb/sth** respecter qn/qch; **out of ~ for** par respect pour; **with ~ to** en ce qui concerne; **in ~ of** sous le rapport de, quant à; **in this ~** sous ce rapport, à cet égard; **with due ~ I ...** malgré le respect que je vous dois, je ...
**respectability** [rɪspɛktəˈbɪlɪtɪ] n respectabilité f
**respectable** [rɪsˈpɛktəbl] adj respectable; (quite good: result etc) honorable; (player) assez bon (bonne)
**respectful** [rɪsˈpɛktful] adj respectueux(-euse)
**respective** [rɪsˈpɛktɪv] adj respectif(-ive)
**respectively** [rɪsˈpɛktɪvlɪ] adv respectivement
**respiration** [rɛspɪˈreɪʃən] n respiration f
**respirator** [ˈrɛspɪreɪtəʳ] n respirateur m
**respiratory** [ˈrɛspərətərɪ] adj respiratoire
**respite** [ˈrɛspaɪt] n répit m
**resplendent** [rɪsˈplɛndənt] adj resplendissant(e)
**respond** [rɪsˈpɔnd] vi répondre; (react) réagir
**respondent** [rɪsˈpɔndənt] n (Law) défendeur(-deresse)
**response** [rɪsˈpɔns] n réponse f; (reaction) réaction f; **in ~ to** en réponse à
**responsibility** [rɪspɔnsɪˈbɪlɪtɪ] n responsabilité f; **to take ~ for sth/sb** accepter la responsabilité de qch/d'être responsable de qn
**responsible** [rɪsˈpɔnsɪbl] adj (liable): **~ (for)** responsable (de); (person) digne de confiance; (job) qui comporte des responsabilités; **to be ~ to sb (for sth)** être responsable devant qn (de qch)
**responsibly** [rɪsˈpɔnsɪblɪ] adv avec sérieux
**responsive** [rɪsˈpɔnsɪv] adj (student, audience) réceptif(-ive); (brakes, steering) sensible
**rest** [rɛst] n repos m; (stop) arrêt m, pause f; (Mus) silence m; (support) support m, appui m; (remainder) reste m, restant m ▷ vi se reposer; (be supported): **to ~ on** appuyer or reposer sur; (remain) rester ▷ vt (lean): **to ~ sth on/against** appuyer qch sur/contre; **the ~ of them** les autres; **to set sb's mind at ~** tranquilliser qn; **it ~s with him to** c'est à lui de; **~ assured that ...** soyez assuré que ...
**restart** [riːˈstɑːt] vt (engine) remettre en marche; (work) reprendre
**restaurant** [ˈrɛstərɔŋ] n restaurant m
**restaurant car** n (Brit Rail) wagon-restaurant m
**rest cure** n cure f de repos
**restful** [ˈrɛstful] adj reposant(e)
**rest home** n maison f de repos
**restitution** [rɛstɪˈtjuːʃən] n (act) restitution f; (reparation) réparation f
**restive** [ˈrɛstɪv] adj agité(e), impatient(e); (horse) rétif(-ive)
**restless** [ˈrɛstlɪs] adj agité(e); **to get ~** s'impatienter
**restlessly** [ˈrɛstlɪslɪ] adv avec agitation
**restock** [riːˈstɔk] vt réapprovisionner
**restoration** [rɛstəˈreɪʃən] n (of building) restauration f; (of stolen goods) restitution f

**restorative** [rɪ'stɔrətɪv] *adj* reconstituant(e) ▷ *n* reconstituant *m*

**restore** [rɪ'stɔːʳ] *vt* (*building*) restaurer; (*sth stolen*) restituer; (*peace, health*) rétablir; **to ~ to** (*former state*) ramener à

**restorer** [rɪ'stɔːrəʳ] *n* (*Art etc*) restaurateur(-trice) (d'œuvres d'art)

**restrain** [rɪs'treɪn] *vt* (*feeling*) contenir; (*person*): **to ~ (from doing)** retenir (de faire)

**restrained** [rɪs'treɪnd] *adj* (*style*) sobre; (*manner*) mesuré(e)

**restraint** [rɪs'treɪnt] *n* (*restriction*) contrainte *f*; (*moderation*) retenue *f*; (*of style*) sobriété *f*; **wage ~** limitations salariales

**restrict** [rɪs'trɪkt] *vt* restreindre, limiter

**restricted area** [rɪs'trɪktɪd-] *n* (*Aut*) zone *f* à vitesse limitée

**restriction** [rɪs'trɪkʃən] *n* restriction *f*, limitation *f*

**restrictive** [rɪs'trɪktɪv] *adj* restrictif(-ive)

**restrictive practices** *npl* (*Industry*) pratiques *fpl* entravant la libre concurrence

**rest room** *n* (*US*) toilettes *fpl*

**restructure** [riː'strʌktʃəʳ] *vt* restructurer

**result** [rɪ'zʌlt] *n* résultat *m* ▷ *vi*: **to ~ (from)** résulter (de); **to ~ in** aboutir à, se terminer par; **as a ~ it is too expensive** il en résulte que c'est trop cher; **as a ~ of** à la suite de

**resultant** [rɪ'zʌltənt] *adj* résultant(e)

**resume** [rɪ'zjuːm] *vt* (*work, journey*) reprendre; (*sum up*) résumer ▷ *vi* (*work etc*) reprendre

**résumé** ['reɪzjuːmeɪ] *n* (*summary*) résumé *m*; (*US: curriculum vitae*) curriculum vitae *m inv*

**resumption** [rɪ'zʌmpʃən] *n* reprise *f*

**resurgence** [rɪ'səːdʒəns] *n* réapparition *f*

**resurrection** [rɛzə'rɛkʃən] *n* résurrection *f*

**resuscitate** [rɪ'sʌsɪteɪt] *vt* (*Med*) réanimer

**resuscitation** [rɪsʌsɪ'teɪʃən] *n* réanimation *f*

**retail** ['riːteɪl] *n* (*vente f au*) détail *m* ▷ *adj* de or au détail ▷ *adv* au détail ▷ *vt* vendre au détail ▷ *vi*: **to ~ at 10 euros** se vendre au détail à 10 euros

**retailer** ['riːteɪləʳ] *n* détaillant(e)

**retail outlet** *n* point *m* de vente

**retail price** *n* prix *m* de détail

**retail price index** *n* ≈ indice *m* des prix

**retain** [rɪ'teɪn] *vt* (*keep*) garder, conserver; (*employ*) engager

**retainer** [rɪ'teɪnəʳ] *n* (*servant*) serviteur *m*; (*fee*) acompte *m*, provision *f*

**retaliate** [rɪ'tælɪeɪt] *vi*: **to ~ (against)** se venger (de); **to ~ (on sb)** rendre la pareille (à qn)

**retaliation** [rɪtælɪ'eɪʃən] *n* représailles *fpl*, vengeance *f*; **in ~ for** par représailles pour

**retaliatory** [rɪ'tælɪətərɪ] *adj* de représailles

**retarded** [rɪ'tɑːdɪd] *adj* retardé(e)

**retch** [rɛtʃ] *vi* avoir des haut-le-cœur

**retentive** [rɪ'tɛntɪv] *adj*: **~ memory** excellente mémoire

**rethink** ['riː'θɪŋk] *vt* repenser

**reticence** ['rɛtɪsns] *n* réticence *f*

**reticent** ['rɛtɪsnt] *adj* réticent(e)

**retina** ['rɛtɪnə] *n* rétine *f*

**retinue** ['rɛtɪnjuː] *n* suite *f*, cortège *m*

**retire** [rɪ'taɪəʳ] *vi* (*give up work*) prendre sa retraite; (*withdraw*) se retirer, partir; (*go to bed*) (aller) se coucher

**retired** [rɪ'taɪəd] *adj* (*person*) retraité(e)

**retirement** [rɪ'taɪəmənt] *n* retraite *f*

**retirement age** *n* âge *m* de la retraite

**retiring** [rɪ'taɪərɪŋ] *adj* (*person*) réservé(e); (*chairman etc*) sortant(e)

**retort** [rɪ'tɔːt] *n* (*reply*) riposte *f*; (*container*) cornue *f* ▷ *vi* riposter

**retrace** [riː'treɪs] *vt* reconstituer; **to ~ one's steps** revenir sur ses pas

**retract** [rɪ'trækt] *vt* (*statement, claws*) rétracter; (*undercarriage, aerial*) rentrer, escamoter ▷ *vi* se rétracter; rentrer

**retractable** [rɪ'træktəbl] *adj* escamotable

**retrain** [riː'treɪn] *vt* recycler ▷ *vi* se recycler

**retraining** [riː'treɪnɪŋ] *n* recyclage *m*

**retread** *vt* [riː'trɛd] (*Aut: tyre*) rechaper ▷ *n* ['riːtrɛd] pneu rechapé

**retreat** [rɪ'triːt] *n* retraite *f* ▷ *vi* battre en retraite; (*flood*) reculer; **to beat a hasty ~** (*fig*) partir avec précipitation

**retrial** [riː'traɪəl] *n* nouveau procès

**retribution** [rɛtrɪ'bjuːʃən] *n* châtiment *m*

**retrieval** [rɪ'triːvəl] *n* récupération *f*; réparation *f*; recherche *f* et extraction *f*

**retrieve** [rɪ'triːv] *vt* (*sth lost*) récupérer; (*situation, honour*) sauver; (*error, loss*) réparer; (*Comput*) rechercher

**retriever** [rɪ'triːvəʳ] *n* chien *m* d'arrêt

**retroactive** [rɛtrəu'æktɪv] *adj* rétroactif(-ive)

**retrograde** ['rɛtrəgreɪd] *adj* rétrograde

**retrospect** ['rɛtrəspɛkt] *n*: **in ~** rétrospectivement, après coup

**retrospective** [rɛtrə'spɛktɪv] *adj* rétrospectif(-ive); (*law*) rétroactif(-ive) ▷ *n* (*Art*) rétrospective *f*

**return** [rɪ'təːn] *n* (*going or coming back*) retour *m*; (*of sth stolen etc*) restitution *f*; (*recompense*) récompense *f*; (*Finance: from land, shares*) rapport *m*; (*report*) relevé *m*, rapport ▷ *cpd* (*journey*) de retour; (*Brit: ticket*) aller et retour; (*match*) retour ▷ *vi* (*person etc: come back*) revenir; (: *go back*) retourner ▷ *vt* rendre; (*bring back*) rapporter; (*send back*) renvoyer; (*put back*) remettre; (*Pol: candidate*) élire; **returns** *npl* (*Comm*) recettes *fpl*; (*Finance*) bénéfices *mpl*; (: *returned goods*) marchandises renvoyées; **many happy ~s (of the day)!** bon anniversaire!; **by ~ (of post)** par retour (du courrier); **in ~ (for)** en échange (de); **a ~ (ticket) for ...** un billet aller et retour pour ...

**returnable** [rɪ'təːnəbl] *adj* (*bottle etc*) consigné(e)

**returner** [rɪ'təːnəʳ] *n* femme qui reprend un travail après avoir élevé ses enfants

**returning officer** [rɪ'təːnɪŋ-] *n* (*Brit Pol*) président *m* de bureau de vote

**return key** *n* (*Comput*) touche *f* de retour

**return ticket** *n* (*esp Brit*) billet *m* aller-retour

**reunion** [riːˈjuːnɪən] n réunion f
**reunite** [riːjuːˈnaɪt] vt réunir
**reuse** [riːˈjuːz] vt réutiliser
**rev** [rɛv] n abbr = **revolution**; (Aut) tour m ▷ vt (also: **rev up**) emballer ▷ vi (also: **rev up**) s'emballer
**Rev.** abbr = **reverend**
**revaluation** [riːvæljuˈeɪʃən] n réévaluation f
**revamp** [riːˈvæmp] vt (house) retaper; (firm) réorganiser
**rev counter** n (Brit) compte-tours m inv
**Revd.** abbr = **reverend**
**reveal** [rɪˈviːl] vt (make known) révéler; (display) laisser voir
**revealing** [rɪˈviːlɪŋ] adj révélateur(-trice); (dress) au décolleté généreux or suggestif
**reveille** [rɪˈvælɪ] n (Mil) réveil m
**revel** [ˈrɛvl] vi: **to ~ in sth/in doing** se délecter de qch/à faire
**revelation** [rɛvəˈleɪʃən] n révélation f
**reveller** [ˈrɛvlə³] n fêtard m
**revelry** [ˈrɛvlrɪ] n festivités fpl
**revenge** [rɪˈvɛndʒ] n vengeance f; (in game etc) revanche f ▷ vt venger; **to take ~ (on)** se venger (sur)
**revengeful** [rɪˈvɛndʒful] adj vengeur(-eresse), vindicatif(-ive)
**revenue** [ˈrɛvənjuː] n revenu m
**reverberate** [rɪˈvəːbəreɪt] vi (sound) retentir, se répercuter; (light) se réverbérer
**reverberation** [rɪvəːbəˈreɪʃən] n répercussion f; réverbération f
**revere** [rɪˈvɪə³] vt vénérer, révérer
**reverence** [ˈrɛvərəns] n vénération f, révérence f
**Reverend** [ˈrɛvərənd] adj vénérable; (in titles): **the ~ John Smith** (Anglican) le révérend John Smith; (Catholic) l'abbé (John) Smith; (Protestant) le pasteur (John) Smith
**reverent** [ˈrɛvərənt] adj respectueux(-euse)
**reverie** [ˈrɛvərɪ] n rêverie f
**reversal** [rɪˈvəːsl] n (of opinion) revirement m; (of order) renversement m; (of direction) changement m
**reverse** [rɪˈvəːs] n contraire m, opposé m; (back) dos m, envers m; (of paper) verso m; (of coin) revers m; (Aut: also: **reverse gear**) marche f arrière ▷ adj (order, direction) opposé(e), inverse ▷ vt (order, position) changer, inverser; (direction, policy) changer complètement de; (decision) annuler; (roles) renverser; (car) faire marche arrière avec; (Law: judgment) réformer ▷ vi (Brit Aut) faire marche arrière; **to go into ~** faire marche arrière; **in ~ order** en ordre inverse
**reverse video** n vidéo m inverse
**reversible** [rɪˈvəːsəbl] adj (garment) réversible; (procedure) révocable
**reversing lights** [rɪˈvəːsɪŋ-] npl (Brit Aut) feux mpl de marche arrière or de recul
**reversion** [rɪˈvəːʃən] n retour m
**revert** [rɪˈvəːt] vi: **to ~ to** revenir à, retourner à
**review** [rɪˈvjuː] n revue f; (of book, film) critique f; (of situation, policy) examen m, bilan m; (US:

examination) examen ▷ vt passer en revue; faire la critique de; examiner; **to come under ~** être révisé(e)
**reviewer** [rɪˈvjuːə³] n critique m
**revile** [rɪˈvaɪl] vt injurier
**revise** [rɪˈvaɪz] vt réviser, modifier; (manuscript) revoir, corriger ▷ vi (study) réviser; **~d edition** édition revue et corrigée
**revision** [rɪˈvɪʒən] n révision f; (revised version) version corrigée
**revitalize** [riːˈvaɪtəlaɪz] vt revitaliser
**revival** [rɪˈvaɪvəl] n reprise f; (recovery) rétablissement m; (of faith) renouveau m
**revive** [rɪˈvaɪv] vt réviser, ranimer; (custom) rétablir; (economy) relancer; (hope, courage) raviver, faire renaître; (play, fashion) reprendre ▷ vi (person) reprendre connaissance; (: from ill health) se rétablir; (hope etc) renaître; (activity) reprendre
**revoke** [rɪˈvəuk] vt révoquer; (promise, decision) revenir sur
**revolt** [rɪˈvəult] n révolte f ▷ vi se révolter, se rebeller ▷ vt révolter, dégoûter
**revolting** [rɪˈvəultɪŋ] adj dégoûtant(e)
**revolution** [rɛvəˈluːʃən] n révolution f; (of wheel etc) tour m, révolution
**revolutionary** [rɛvəˈluːʃənrɪ] adj, n révolutionnaire (m/f)
**revolutionize** [rɛvəˈluːʃənaɪz] vt révolutionner
**revolve** [rɪˈvɔlv] vi tourner
**revolver** [rɪˈvɔlvə³] n revolver m
**revolving** [rɪˈvɔlvɪŋ] adj (chair) pivotant(e); (light) tournant(e)
**revolving door** n (porte f à) tambour m
**revue** [rɪˈvjuː] n (Theat) revue f
**revulsion** [rɪˈvʌlʃən] n dégoût m, répugnance f
**reward** [rɪˈwɔːd] n récompense f ▷ vt: **to ~ (for)** récompenser de
**rewarding** [rɪˈwɔːdɪŋ] adj (fig) qui (en) vaut la peine, gratifiant(e); **financially ~** financièrement intéressant(e)
**rewind** [riːˈwaɪnd] vt (irreg: like **wind**); (watch) remonter; (tape) réembobiner
**rewire** [riːˈwaɪə³] vt (house) refaire l'installation électrique de
**reword** [riːˈwəːd] vt formuler or exprimer différemment
**rewritable** [riːˈraɪtəbl] adj (CD, DVD) réinscriptible
**rewrite** [riːˈraɪt] (pt rewrote, pp rewritten) vt récrire
**Reykjavik** [ˈreɪkjəviːk] n Reykjavik
**RFD** abbr (US Post) = **rural free delivery**
**Rh** abbr (= rhesus) Rh
**rhapsody** [ˈræpsədɪ] n (Mus) rhapsodie f; (fig) éloge délirant
**rhesus negative** [ˈriːsəs-] adj (Med) de rhésus négatif
**rhesus positive** [ˈriːsəs-] adj (Med) de rhésus positif
**rhetoric** [ˈrɛtərɪk] n rhétorique f
**rhetorical** [rɪˈtɔrɪkl] adj rhétorique

**rheumatic** [ru:'mætɪk] *adj* rhumatismal(e)
**rheumatism** ['ru:mətɪzəm] *n* rhumatisme *m*
**rheumatoid arthritis** ['ru:mətɔɪd-] *n* polyarthrite *f* chronique
**Rhine** [raɪn] *n*: **the (River)** ~ le Rhin
**rhinestone** ['raɪnstəun] *n* faux diamant
**rhinoceros** [raɪ'nɔsərəs] *n* rhinocéros *m*
**Rhodes** [rəudz] *n* Rhodes *f*
**Rhodesia** [rəu'di:ʒə] *n* Rhodésie *f*
**Rhodesian** [rəu'di:ʒən] *adj* rhodésien(ne) ▷ *n* Rhodésien(ne)
**rhododendron** [rəudə'dɛndrn] *n* rhododendron *m*
**rhubarb** ['ru:bɑ:b] *n* rhubarbe *f*
**rhyme** [raɪm] *n* rime *f*; (*verse*) vers *mpl* ▷ *vi*: **to ~ (with)** rimer (avec); **without ~ or reason** sans rime ni raison
**rhythm** ['rɪðm] *n* rythme *m*
**rhythmic** ['rɪðmɪk], **rhythmical** ['rɪðmɪkl] *adj* rythmique
**rhythmically** ['rɪðmɪklɪ] *adv* avec rythme
**rhythm method** *n* méthode *f* des températures
**RI** *n abbr* (*Brit*) = **religious instruction** ▷ *abbr* (*US*) = **Rhode Island**
**rib** [rɪb] *n* (*Anat*) côte *f* ▷ *vt* (*mock*) taquiner
**ribald** ['rɪbəld] *adj* paillard(e)
**ribbed** [rɪbd] *adj* (*knitting*) à côtes; (*shell*) strié(e)
**ribbon** ['rɪbən] *n* ruban *m*; **in ~s** (*torn*) en lambeaux
**rice** [raɪs] *n* riz *m*
**rice field** ['raɪsfi:ld] *n* rizière *f*
**rice pudding** *n* riz *m* au lait
**rich** [rɪtʃ] *adj* riche; (*gift, clothes*) somptueux(-euse); **the ~** (*npl*) les riches *mpl*; **riches** *npl* richesses *fpl*; **to be ~ in sth** être riche en qch
**richly** ['rɪtʃlɪ] *adv* richement; (*deserved, earned*) largement, grandement
**rickets** ['rɪkɪts] *n* rachitisme *m*
**rickety** ['rɪkɪtɪ] *adj* branlant(e)
**rickshaw** ['rɪkʃɔ:] *n* pousse(-pousse) *m inv*
**ricochet** ['rɪkəʃeɪ] *n* ricochet *m* ▷ *vi* ricocher
**rid** [rɪd] (*pt, pp* ~) *vt*: **to ~ sb of** débarrasser qn de; **to get ~ of** se débarrasser de
**riddance** ['rɪdns] *n*: **good ~!** bon débarras!
**ridden** ['rɪdn] *pp of* **ride**
**riddle** ['rɪdl] *n* (*puzzle*) énigme *f* ▷ *vt*: **to be ~d with** être criblé(e) de; (*fig*) être en proie à
**ride** [raɪd] (*pt* **rode**, *pp* **ridden**, 'rɪdn] *n* promenade *f*, tour *m*; (*distance covered*) trajet *m* ▷ *vi* (*as sport*) monter (à cheval), faire du cheval; (*go somewhere: on horse, bicycle*) aller (à cheval or à bicyclette *etc*); (*travel: on bicycle, motor cycle, bus*) rouler ▷ *vt* (*a horse*) monter; (*distance*) parcourir, faire; **we rode all day/all the way** nous sommes restés toute la journée en selle/avons fait tout le chemin en selle *or* à cheval; **to ~ a horse/bicycle** monter à cheval/à bicyclette; **can you ~ a bike?** est-ce que tu sais monter à bicyclette?; **to ~ at anchor** (*Naut*) être à l'ancre; **horse/car ~** promenade *or* tour à cheval/en voiture; **to go for a ~** faire une promenade (en

voiture *or* à bicyclette *etc*); **to take sb for a ~** (*fig*) faire marcher qn; (*cheat*) rouler qn
▶ **ride out** *vt*: **to ~ out the storm** (*fig*) surmonter les difficultés
**rider** ['raɪdəʳ] *n* cavalier(-ière); (*in race*) jockey *m*; (*on bicycle*) cycliste *m/f*; (*on motorcycle*) motocycliste *m/f*; (*in document*) annexe *f*, clause additionnelle
**ridge** [rɪdʒ] *n* (*of hill*) faîte *m*; (*of roof, mountain*) arête *f*; (*on object*) strie *f*
**ridicule** ['rɪdɪkju:l] *n* ridicule *m*; dérision *f* ▷ *vt* ridiculiser, tourner en dérision; **to hold sb/sth up to ~** tourner qn/qch en ridicule
**ridiculous** [rɪ'dɪkjuləs] *adj* ridicule
**riding** ['raɪdɪŋ] *n* équitation *f*
**riding school** *n* manège *m*, école *f* d'équitation
**rife** [raɪf] *adj* répandu(e); **~ with** abondant(e) en
**riffraff** ['rɪfræf] *n* racaille *f*
**rifle** ['raɪfl] *n* fusil *m* (à canon rayé) ▷ *vt* vider, dévaliser
▶ **rifle through** *vt fus* fouiller dans
**rifle range** *n* champ *m* de tir; (*indoor*) stand *m* de tir
**rift** [rɪft] *n* fente *f*, fissure *f*; (*fig: disagreement*) désaccord *m*
**rig** [rɪg] *n* (*also:* **oil rig**: *on land*) derrick *m*; (*: at sea*) plate-forme pétrolière ▷ *vt* (*election etc*) truquer
▶ **rig out** *vt* (*Brit*) habiller; (*: pej*) fringuer, attifer
▶ **rig up** *vt* arranger, faire avec des moyens de fortune
**rigging** ['rɪgɪŋ] *n* (*Naut*) gréement *m*
**right** [raɪt] *adj* (*true*) juste, exact(e); (*correct*) bon (bonne); (*suitable*) approprié(e), convenable; (*just*) juste, équitable; (*morally good*) bien *inv*; (*not left*) droit(e) ▷ *n* (*moral good*) bien *m*; (*title, claim*) droit *m*; (*not left*) droite *f* ▷ *adv* (*answer*) correctement; (*treat*) bien, comme il faut; (*not on the left*) à droite ▷ *vt* redresser ▷ *excl* bon!; **rights** *npl* (*Comm*) droits *mpl*; **the ~ time** (*precise*) l'heure exacte; (*not wrong*) la bonne heure; **do you have the ~ time?** avez-vous l'heure juste *or* exacte?; **to be ~** (*person*) avoir raison; (*answer*) être juste *or* correct(e); **to get sth ~** ne pas se tromper sur qch; **let's get it ~ this time!** essayons de ne pas nous tromper cette fois-ci!; **you did the ~ thing** vous avez bien fait; **to put a mistake ~** (*Brit*) rectifier une erreur; **by ~s** en toute justice; **on the ~** à droite; **~ and wrong** le bien et le mal; **to be in the ~** avoir raison; **film ~s** droits d'adaptation cinématographique; **~ now** en ce moment même; (*immediately*) tout de suite; **~ before/after** juste avant/après; **~ against the wall** tout contre le mur; **~ ahead** tout droit; droit devant; **~ in the middle** en plein milieu; **~ away** immédiatement; **to go ~ to the end of sth** aller jusqu'au bout de qch
**right angle** *n* (*Math*) angle droit
**righteous** ['raɪtʃəs] *adj* droit(e), vertueux(-euse); (*anger*) justifié(e)
**righteousness** ['raɪtʃəsnɪs] *n* droiture *f*, vertu *f*
**rightful** ['raɪtful] *adj* (*heir*) légitime
**rightfully** ['raɪtfəlɪ] *adv* à juste titre,

légitimement

**right-hand** ['raɪthænd] *adj*: **the ~ side** la droite

**right-hand drive** *n* (*Brit*) conduite *f* à droite; (*vehicle*) véhicule *m* avec la conduite à droite

**right-handed** [raɪt'hændɪd] *adj* (*person*) droitier(-ière)

**right-hand man** ['raɪthænd-] (*irreg*) *n* bras droit *m* (*fig*)

**rightly** ['raɪtlɪ] *adv* bien, correctement; (*with reason*) à juste titre; **if I remember ~** (*Brit*) si je me souviens bien

**right-minded** ['raɪt'maɪndɪd] *adj* sensé(e), sain(e) d'esprit

**right of way** *n* (*on path etc*) droit *m* de passage; (*Aut*) priorité *f*

**rights issue** *n* (*Stock Exchange*) émission préférentielle or de droit de souscription

**right wing** *n* (*Mil, Sport*) aile droite; (*Pol*) droite *f*

**right-wing** [raɪt'wɪŋ] *adj* (*Pol*) de droite

**right-winger** [raɪt'wɪŋəʳ] *n* (*Pol*) membre *m* de la droite; (*Sport*) ailier droit

**rigid** ['rɪdʒɪd] *adj* rigide; (*principle, control*) strict(e)

**rigidity** [rɪ'dʒɪdɪtɪ] *n* rigidité *f*

**rigidly** ['rɪdʒɪdlɪ] *adv* rigidement; (*behave*) inflexiblement

**rigmarole** ['rɪgmərəul] *n* galimatias *m*, comédie *f*

**rigor** ['rɪgəʳ] *n* (*US*) = **rigour**

**rigor mortis** ['rɪgə'mɔːtɪs] *n* rigidité *f* cadavérique

**rigorous** ['rɪgərəs] *adj* rigoureux(-euse)

**rigorously** ['rɪgərəslɪ] *adv* rigoureusement

**rigour**, (*US*) **rigor** ['rɪgəʳ] *n* rigueur *f*

**rig-out** ['rɪgaut] *n* (*Brit inf*) tenue *f*

**rile** [raɪl] *vt* agacer

**rim** [rɪm] *n* bord *m*; (*of spectacles*) monture *f*; (*of wheel*) jante *f*

**rimless** ['rɪmlɪs] *adj* (*spectacles*) à monture invisible

**rind** [raɪnd] *n* (*of bacon*) couenne *f*; (*of lemon etc*) écorce *f*, zeste *m*; (*of cheese*) croûte *f*

**ring** [rɪŋ] (*pt* **rang**, *pp* **rung**) [ræŋ, rʌŋ] *n* anneau *m*; (*on finger*) bague *f*; (*also:* **wedding ring**) alliance *f*; (*for napkin*) rond *m*; (*of people, objects*) cercle *m*; (*of spies*) réseau *m*; (*of smoke etc*) rond *m*; (*arena*) piste *f*, arène *f*; (*for boxing*) ring *m*; (*sound of bell*) sonnerie *f*; (*telephone call*) coup *m* de téléphone ▷ *vi* (*telephone, bell*) sonner; (*person: by telephone*) téléphoner; (*ears*) bourdonner; (*also:* **ring out**: *voice, words*) retentir ▷ *vt* (*Brit Tel: also:* **ring up**) téléphoner à, appeler; **to ~ the bell** sonner; **to give sb a ~** (*Tel*) passer un coup de téléphone or de fil à qn; **that has the ~ of truth about it** cela sonne vrai; **the name doesn't ~ a bell (with me)** ce nom ne me dit rien

▶ **ring back** *vt, vi* (*Brit Tel*) rappeler

▶ **ring off** *vi* (*Brit Tel*) raccrocher

▶ **ring up** (*Brit*) *vt* (*Tel*) téléphoner à, appeler

**ring binder** *n* classeur *m* à anneaux

**ring finger** *n* annulaire *m*

**ringing** ['rɪŋɪŋ] *n* (*of bell*) tintement *m*; (*louder: also:* **of telephone**) sonnerie *f*; (*in ears*)

bourdonnement *m*

**ringing tone** *n* (*Brit Tel*) tonalité *f* d'appel

**ringleader** ['rɪŋliːdəʳ] *n* (*of gang*) chef *m*, meneur *m*

**ringlets** ['rɪŋlɪts] *npl* anglaises *fpl*

**ring road** *n* (*Brit*) rocade *f*; (*motorway*) périphérique *m*

**ring tone** ['rɪŋtəun] *n* (*on mobile*) sonnerie *f* (*de téléphone portable*)

**rink** [rɪŋk] *n* (*also:* **ice rink**) patinoire *f*; (*for roller-skating*) skating *m*

**rinse** [rɪns] *n* rinçage *m* ▷ *vt* rincer

**Rio** ['riːəu], **Rio de Janeiro** ['riːəudədʒə'nɪərəu] *n* Rio de Janeiro

**riot** ['raɪət] *n* émeute *f*, bagarres *fpl* ▷ *vi* (*demonstrators*) manifester avec violence; (*population*) se soulever, se révolter; **a ~ of colours** une débauche or orgie de couleurs; **to run ~** se déchaîner

**rioter** ['raɪətəʳ] *n* émeutier(-ière), manifestant(e)

**riot gear** *n*: **in ~** casqué et portant un bouclier

**riotous** ['raɪətəs] *adj* tapageur(-euse); tordant(e)

**riotously** ['raɪətəslɪ] *adv*: **~ funny** tordant(e)

**riot police** *n* forces *fpl* de police intervenant en cas d'émeute; **hundreds of ~** des centaines de policiers casqués et armés

**RIP** *abbr* (= *rest in peace*) RIP

**rip** [rɪp] *n* déchirure *f* ▷ *vt* déchirer ▷ *vi* se déchirer

▶ **rip off** *vt* (*inf: cheat*) arnaquer

▶ **rip up** *vt* déchirer

**ripcord** ['rɪpkɔːd] *n* poignée *f* d'ouverture

**ripe** [raɪp] *adj* (*fruit*) mûr(e); (*cheese*) fait(e)

**ripen** ['raɪpn] *vt* mûrir ▷ *vi* mûrir; se faire

**ripeness** ['raɪpnɪs] *n* maturité *f*

**rip-off** ['rɪpɔf] *n* (*inf*): **it's a ~!** c'est du vol manifeste!, c'est de l'arnaque!

**riposte** [rɪ'pɔst] *n* riposte *f*

**ripple** ['rɪpl] *n* ride *f*, ondulation *f*; (*of applause, laughter*) cascade *f* ▷ *vi* se rider, onduler ▷ *vt* rider, faire onduler

**rise** [raɪz] *n* (*slope*) côte *f*, pente *f*; (*hill*) élévation *f*; (*increase: in wages: Brit*) augmentation *f*; (: *in prices, temperature*) hausse *f*, augmentation; (*fig: to power etc*) ascension *f* ▷ *vi* (*pt* **rose**, *pp* **-n**) [rəuz, rɪzn] s'élever, monter; (*prices, numbers*) augmenter, monter; (*waters, river*) monter; (*sun, wind, person: from chair, bed*) se lever; (*also:* **rise up**: *tower, building*) s'élever; (: *rebel*) se révolter; se rebeller; (*in rank*) s'élever; **~ to power** montée *f* au pouvoir; **to give ~ to** donner lieu à; **to ~ to the occasion** se montrer à la hauteur

**risen** ['rɪzn] *pp* of **rise**

**rising** ['raɪzɪŋ] *adj* (*increasing: number, prices*) en hausse; (*tide*) montant(e); (*sun, moon*) levant(e) ▷ *n* (*uprising*) soulèvement *m*, insurrection *f*

**rising damp** *n* humidité *f* (*montant des fondations*)

**rising star** *n* (*also fig*) étoile montante

**risk** [rɪsk] *n* risque *m*, danger *m*; (*deliberate*) risque ▷ *vt* risquer; **to take** or **run the ~ of**

**doing** courir le risque de faire; **at ~** en danger; **at one's own ~** à ses risques et périls; **it's a fire/health ~** cela présente un risque d'incendie/pour la santé; **I'll ~ it** je vais risquer le coup

**risk capital** n capital-risque m

**risky** ['rɪskɪ] adj risqué(e)

**risqué** ['riːskeɪ] adj (joke) risqué(e)

**rissole** ['rɪsəul] n croquette f

**rite** [raɪt] n rite m; **the last ~s** les derniers sacrements

**ritual** ['rɪtjʊəl] adj rituel(le) ▷ n rituel m

**rival** ['raɪvl] n rival(e); (in business) concurrent(e) ▷ adj rival(e); qui fait concurrence ▷ vt (match) égaler; (compete with) être en concurrence avec; **to ~ sb/sth in** rivaliser avec qn/qch de

**rivalry** ['raɪvlrɪ] n rivalité f; (in business) concurrence f

**river** ['rɪvəʳ] n rivière f; (major: also fig) fleuve m ▷ cpd (port, traffic) fluvial(e); **up/down ~** en amont/aval

**riverbank** ['rɪvəbæŋk] n rive f, berge f

**riverbed** ['rɪvəbɛd] n lit m (de rivière or de fleuve)

**riverside** ['rɪvəsaɪd] n bord m de la rivière or du fleuve

**rivet** ['rɪvɪt] n rivet m ▷ vt riveter; (fig) river, fixer

**riveting** ['rɪvɪtɪŋ] adj (fig) fascinant(e)

**Riviera** [rɪvɪˈɛərə] n: **the (French) ~** la Côte d'Azur; **the Italian ~** la Riviera (italienne)

**Riyadh** [rɪˈjɑːd] n Riyad

**RMT** n abbr (= Rail, Maritime and Transport) syndicat des transports

**RN** n abbr = **registered nurse**; (Brit) = **Royal Navy**

**RNA** n abbr (= ribonucleic acid) ARN m

**RNLI** n abbr (Brit: = Royal National Lifeboat Institution) ≈ SNSM f

**RNZAF** n abbr = **Royal New Zealand Air Force**

**RNZN** n abbr = **Royal New Zealand Navy**

**road** [rəud] n route f; (in town) rue f; (fig) chemin, voie f ▷ cpd (accident) de la route; **main ~** grande route; **major/minor ~** route principale or à priorité/voie secondaire; **it takes four hours by ~** il y a quatre heures de route; **which ~ do I take for ...?** quelle route dois-je prendre pour aller à ...?; **"~ up"** (Brit) "attention travaux"

**road accident** n accident m de la circulation

**roadblock** ['rəudblɔk] n barrage routier

**road haulage** n transports routiers

**roadhog** ['rəudhɔg] n chauffard m

**road map** n carte routière

**road rage** n comportement très agressif de certains usagers de la route

**road safety** n sécurité routière

**roadside** ['rəudsaɪd] n bord m de la route, bas-côté m ▷ cpd (situé(e) etc) au bord de la route; **by the ~** au bord de la route

**road sign** ['rəudsaɪn] n panneau m de signalisation

**road sweeper** ['rəudswiːpəʳ] n (Brit: person) balayeur(-euse)

**road tax** n (Brit Aut) taxe f sur les automobiles

**road user** n usager m de la route

**roadway** ['rəudweɪ] n chaussée f

**roadworks** ['rəudwəːks] npl travaux mpl (de réfection des routes)

**roadworthy** ['rəudwəːðɪ] adj en bon état de marche

**roam** [rəum] vi errer, vagabonder ▷ vt parcourir, errer par

**roar** [rɔːʳ] n rugissement m; (of crowd) hurlements mpl; (of vehicle, thunder, storm) grondement m ▷ vi rugir; hurler; gronder; **to ~ with laughter** rire à gorge déployée

**roaring** ['rɔːrɪŋ] adj: **a ~ fire** une belle flambée; **a ~ success** un succès fou; **to do a ~ trade** faire des affaires en or

**roast** [rəust] n rôti m ▷ vt (meat) (faire) rôtir; (coffee) griller, torréfier

**roast beef** n rôti m de bœuf, rosbif m

**roasting** ['rəustɪŋ] n (inf): **to give sb a ~** sonner les cloches à qn

**rob** [rɔb] vt (person) voler; (bank) dévaliser; **to ~ sb of sth** voler or dérober qch à qn; (fig: deprive) priver qn de qch

**robber** ['rɔbəʳ] n bandit m, voleur m

**robbery** ['rɔbərɪ] n vol m

**robe** [rəub] n (for ceremony etc) robe f; (also: **bathrobe**) peignoir m; (US: rug) couverture f ▷ vt revêtir (d'une robe)

**robin** ['rɔbɪn] n rouge-gorge m

**robot** ['rəubɔt] n robot m

**robotics** [rəˈbɔtɪks] n robotique m

**robust** [rəuˈbʌst] adj robuste; (material, appetite) solide

**rock** [rɔk] n (substance) roche f, roc m; (boulder) rocher m, roche; (US: small stone) caillou m; (Brit: sweet) ≈ sucre m d'orge ▷ vt (swing gently: cradle) balancer; (: child) bercer; (shake) ébranler, secouer ▷ vi se balancer, être ébranlé(e) or secoué(e); **on the ~s** (drink) avec des glaçons; (ship) sur les écueils; (marriage etc) en train de craquer; **to ~ the boat** (fig) jouer les trouble-fête

**rock and roll** n rock (and roll) m, rock'n'roll m

**rock-bottom** ['rɔk'bɔtəm] n (fig) niveau le plus bas ▷ adj (fig: prices) sacrifié(e); **to reach** or **touch ~** (price, person) tomber au plus bas

**rock climber** n varappeur(-euse)

**rock climbing** n varappe f

**rockery** ['rɔkərɪ] n (jardin m de) rocaille f

**rocket** ['rɔkɪt] n fusée f; (Mil) fusée, roquette f; (Culin) roquette ▷ vi (prices) monter en flèche

**rocket launcher** [-lɔːnʃə] n lance-roquettes m inv

**rock face** n paroi rocheuse

**rock fall** n chute f de pierres

**rocking chair** ['rɔkɪŋ-] n fauteuil m à bascule

**rocking horse** ['rɔkɪŋ-] n cheval m à bascule

**rocky** ['rɔkɪ] adj (hill) rocheux(-euse); (path) rocailleux(-euse); (unsteady: table) branlant(e)

**Rocky Mountains** npl: **the ~** les (montagnes fpl) Rocheuses fpl

**rod** [rɔd] n (metallic) tringle f; (Tech) tige f;

r

(*wooden*) baguette *f*; (*also*: **fishing rod**) canne *f* à pêche

**rode** [rəud] *pt of* **ride**

**rodent** ['rəudnt] *n* rongeur *m*

**rodeo** ['rəudɪəu] *n* rodéo *m*

**roe** [rəu] *n* (*species: also*: **roe deer**) chevreuil *m*; (*of fish: also*: **hard roe**) œufs *mpl* de poisson; **soft ~** laitance *f*

**roe deer** *n* chevreuil *m*; chevreuil femelle

**rogue** [rəug] *n* coquin(e)

**roguish** ['rəugɪʃ] *adj* coquin(e)

**role** [rəul] *n* rôle *m*

**role-model** ['rəulmɔdl] *n* modèle *m* à émuler

**role play, role playing** *n* jeu *m* de rôle

**roll** [rəul] *n* rouleau *m*; (*of banknotes*) liasse *f*; (*also*: **bread roll**) petit pain; (*register*) liste *f*; (*sound: of drums etc*) roulement *m*; (*movement: of ship*) roulis *m* ▷ *vt* rouler; (*also*: **roll up**: *string*) enrouler; (*also*: **roll out**: *pastry*) étendre au rouleau, abaisser ▷ *vi* rouler; (*wheel*) tourner; **cheese ~** ≈ sandwich *m* au fromage (*dans un petit pain*)
▸ **roll about, roll around** *vi* rouler çà et là; (*person*) se rouler par terre
▸ **roll by** *vi* (*time*) s'écouler, passer
▸ **roll in** *vi* (*mail, cash*) affluer
▸ **roll over** *vi* se retourner
▸ **roll up** *vi* (*inf: arrive*) arriver, s'amener ▷ *vt* (*carpet, cloth, map*) rouler; (*sleeves*) retrousser; **to ~ o.s. up into a ball** se rouler en boule

**roll call** *n* appel *m*

**roller** ['rəulə'] *n* rouleau *m*; (*wheel*) roulette *f*; (*for road*) rouleau compresseur; (*for hair*) bigoudi *m*

**Rollerblades**® ['rəulə'bleɪdz] *npl* patins *mpl* en ligne

**roller blind** *n* (*Brit*) store *m*

**roller coaster** *n* montagnes *fpl* russes

**roller skates** *npl* patins *mpl* à roulettes

**roller-skating** ['rəulə'skeɪtɪŋ] *n* patin *m* à roulettes; **to go ~** faire du patin à roulettes

**rollicking** ['rɔlɪkɪŋ] *adj* bruyant(e) et joyeux(-euse); (*play*) bouffon(ne); **to have a ~ time** s'amuser follement

**rolling** ['rəulɪŋ] *adj* (*landscape*) onduleux(-euse)

**rolling mill** *n* laminoir *m*

**rolling pin** *n* rouleau *m* à pâtisserie

**rolling stock** *n* (*Rail*) matériel roulant

**roll-on-roll-off** ['rəulɔn'rəulɔf] *adj* (*Brit: ferry*) roulier(-ière)

**roly-poly** ['rəulɪ'pəulɪ] *n* (*Brit Culin*) roulé *m* à la confiture

**ROM** [rɔm] *n abbr* (*Comput*: = *read-only memory*) mémoire morte, ROM *f*

**Roman** ['rəumən] *adj* romain(e) ▷ *n* Romain(e)

**Roman Catholic** *adj, n* catholique (*m/f*)

**romance** [rə'mæns] *n* (*love affair*) idylle *f*; (*charm*) poésie *f*; (*novel*) roman *m* à l'eau de rose

**Romanesque** [rəumə'nɛsk] *adj* roman(e)

**Romania** [rəu'meɪnɪə] = **Rumania**

**Romanian** [rəu'meɪnɪən] *adj, n see* **Rumanian**

**Roman numeral** *n* chiffre romain

**romantic** [rə'mæntɪk] *adj* romantique; (*novel,*

*attachment*) sentimental(e)

**romanticism** [rə'mæntɪsɪzəm] *n* romantisme *m*

**Romany** ['rɔmənɪ] *adj* de bohémien ▷ *n* bohémien(ne); (*Ling*) romani *m*

**Rome** [rəum] *n* Rome

**romp** [rɔmp] *n* jeux bruyants ▷ *vi* (*also*: **romp about**) s'ébattre, jouer bruyamment; **to ~ home** (*horse*) arriver bon premier

**rompers** ['rɔmpəz] *npl* barboteuse *f*

**rondo** ['rɔndəu] *n* (*Mus*) rondeau *m*

**roof** [ru:f] *n* toit *m*; (*of tunnel, cave*) plafond *m* ▷ *vt* couvrir (d'un toit); **the ~ of the mouth** la voûte du palais

**roof garden** *n* toit-terrasse *m*

**roofing** ['ru:fɪŋ] *n* toiture *f*

**roof rack** *n* (*Aut*) galerie *f*

**rook** [ruk] *n* (*bird*) freux *m*; (*Chess*) tour *f* ▷ *vt* (*inf: cheat*) rouler, escroquer

**rookie** ['rukɪ] *n* (*inf: esp Mil*) bleu *m*

**room** [ru:m] *n* (*in house*) pièce *f*; (*also*: **bedroom**) chambre *f* (à coucher); (*in school etc*) salle *f*; (*space*) place *f*; **rooms** *npl* (*lodging*) meublé *m*; **"~s to let"**, (*US*) **"~s for rent"** "chambres à louer"; **is there ~ for this?** est-ce qu'il y a de la place pour ceci?; **to make ~ for sb** faire de la place à qn; **there is ~ for improvement** on peut faire mieux

**rooming house** ['ru:mɪŋ-] *n* (*US*) maison *f* de rapport

**roommate** ['ru:mmeɪt] *n* camarade *m/f* de chambre

**room service** *n* service *m* des chambres (*dans un hôtel*)

**room temperature** *n* température ambiante; **"serve at ~"** (*wine*) "servir chambré"

**roomy** ['ru:mɪ] *adj* spacieux(-euse); (*garment*) ample

**roost** [ru:st] *n* juchoir *m* ▷ *vi* se jucher

**rooster** ['ru:stə'] *n* coq *m*

**root** [ru:t] *n* (*Bot, Math*) racine *f*; (*fig: of problem*) origine *f*, fond *m* ▷ *vi* (*plant*) s'enraciner; **to take ~** (*plant, idea*) prendre racine
▸ **root about** *vi* (*fig*) fouiller
▸ **root for** *vt fus* (*inf*) applaudir
▸ **root out** *vt* extirper

**root beer** *n* (*US*) *sorte de limonade à base d'extraits végétaux*

**rope** [rəup] *n* corde *f*; (*Naut*) cordage *m* ▷ *vt* (*box*) corder; (*tie up or together*) attacher; (*climbers: also*: **rope together**) encorder; (*area: also*: **rope off**) interdire l'accès de; (: *divide off*) séparer; **to ~ sb in** (*fig*) embringuer qn; **to know the ~s** (*fig*) être au courant, connaître les ficelles

**rope ladder** *n* échelle *f* de corde

**ropey** ['rəupɪ] *adj* (*inf*) pas fameux(-euse) *or* brillant(e); **I feel a bit ~ today** c'est pas la forme aujourd'hui

**rosary** ['rəuzərɪ] *n* chapelet *m*

**rose** [rəuz] *pt of* **rise** ▷ *n* rose *f*; (*also*: **rosebush**) rosier *m*; (*on watering can*) pomme *f* ▷ *adj* rose

**rosé** ['rəuzeɪ] *n* rosé *m*

**rosebed** ['rəuzbɛd] *n* massif *m* de rosiers

**rosebud** ['rəʊzbʌd] *n* bouton *m* de rose
**rosebush** ['rəʊzbʊʃ] *n* rosier *m*
**rosemary** ['rəʊzmərɪ] *n* romarin *m*
**rosette** [rəʊ'zɛt] *n* rosette *f*; (*larger*) cocarde *f*
**ROSPA** ['rɒspə] *n abbr* (*Brit*) = **Royal Society for the Prevention of Accidents**
**roster** ['rɒstə^r] *n*: **duty** ~ tableau *m* de service
**rostrum** ['rɒstrəm] *n* tribune *f* (*pour un orateur etc*)
**rosy** ['rəʊzɪ] *adj* rose; **a** ~ **future** un bel avenir
**rot** [rɒt] *n* (*decay*) pourriture *f*; (*fig: pej: nonsense*) idioties *fpl*, balivernes *fpl* ▷ *vt*, *vi* pourrir; **to stop the** ~ (*Brit fig*) rétablir la situation; **dry** ~ pourriture sèche (*du bois*); **wet** ~ pourriture (du bois)
**rota** ['rəʊtə] *n* liste *f*, tableau *m* de service; **on a** ~ **basis** par roulement
**rotary** ['rəʊtərɪ] *adj* rotatif(-ive)
**rotate** [rəʊ'teɪt] *vt* (*revolve*) faire tourner; (*change round: crops*) alterner; (*: jobs*) faire à tour de rôle ▷ *vi* (*revolve*) tourner
**rotating** [rəʊ'teɪtɪŋ] *adj* (*movement*) tournant(e)
**rotation** [rəʊ'teɪʃən] *n* rotation *f*; **in** ~ à tour de rôle
**rote** [rəʊt] *n*: **by** ~ machinalement, par cœur
**rotor** ['rəʊtə^r] *n* rotor *m*
**rotten** ['rɒtn] *adj* (*decayed*) pourri(e); (*dishonest*) corrompu(e); (*inf: bad*) mauvais(e), moche; **to feel** ~ (*ill*) être mal fichu(e)
**rotting** ['rɒtɪŋ] *adj* pourrissant(e)
**rotund** [rəʊ'tʌnd] *adj* rondelet(te); arrondi(e)
**rouble**, (*US*) **ruble** ['ru:bl] *n* rouble *m*
**rouge** [ru:ʒ] *n* rouge *m* (à joues)
**rough** [rʌf] *adj* (*cloth, skin*) rêche, rugueux(-euse); (*terrain*) accidenté(e); (*path*) rocailleux(-euse); (*voice*) rauque, rude; (*person, manner: coarse*) rude, fruste; (*: violent*) brutal(e); (*district, weather*) mauvais(e); (*sea*) houleux(-euse); (*plan*) ébauché(e); (*guess*) approximatif(-ive) ▷ *n* (Golf) rough *m* ▷ *vt*: **to** ~ **it** vivre à la dure; **the sea is** ~ **today** la mer est agitée aujourd'hui; **to have a** ~ **time (of it)** en voir de dures; ~ **estimate** approximation *f*; **to play** ~ jouer avec brutalité; **to sleep** ~ (*Brit*) coucher à la dure; **to feel** ~ (*Brit*) être mal fichu(e)
▸ **rough out** *vt* (*draft*) ébaucher
**roughage** ['rʌfɪdʒ] *n* fibres *fpl* diététiques
**rough-and-ready** ['rʌfən'rɛdɪ] *adj* (*accommodation, method*) rudimentaire
**rough-and-tumble** ['rʌfən'tʌmbl] *n* agitation *f*
**roughcast** ['rʌfkɑ:st] *n* crépi *m*
**rough copy, rough draft** *n* brouillon *m*
**roughen** ['rʌfn] *vt* (*a surface*) rendre rude or rugueux(-euse)
**rough justice** *n* justice *f* sommaire
**roughly** ['rʌflɪ] *adv* (*handle*) rudement, brutalement; (*speak*) avec brusquerie; (*make*) grossièrement; (*approximately*) à peu près, en gros; ~ **speaking** en gros
**roughness** ['rʌfnɪs] *n* (*of cloth, skin*) rugosité *f*; (*of person*) rudesse *f*; brutalité *f*
**roughshod** ['rʌfʃɒd] *adv*: **to ride** ~ **over** ne tenir aucun compte de

**rough work** *n* (*at school etc*) brouillon *m*
**roulette** [ru:'lɛt] *n* roulette *f*
**Roumania** *etc* [ru:'meɪnɪə] = **Romania** *etc*
**round** [raʊnd] *adj* rond(e) ▷ *n* rond *m*, cercle *m*; (*Brit: of toast*) tranche *f*; (*duty: of policeman, milkman etc*) tournée *f*; (*: of doctor*) visites *fpl*; (*game: of cards, in competition*) partie *f*; (*Boxing*) round *m*; (*of talks*) série *f* ▷ *vt* (*corner*) tourner; (*bend*) prendre; (*cape*) doubler ▷ *prep* autour de ▷ *adv*: **right** ~, **all** ~ tout autour; **in** ~ **figures** en chiffres ronds; **to go the** ~**s** (*disease, story*) circuler; **the daily** ~ (*fig*) la routine quotidienne; ~ **of ammunition** cartouche *f*; ~ **of applause** applaudissements *mpl*; ~ **of drinks** tournée *f*; ~ **of sandwiches** (*Brit*) sandwich *m*; **the long way** ~ (par) le chemin le plus long; **all (the) year** ~ toute l'année; **it's just** ~ **the corner** c'est juste après le coin; (*fig*) c'est tout près; **to ask sb** ~ inviter qn (chez soi); **I'll be** ~ **at 6 o'clock** je serai là à 6 heures; **to go** ~ faire le tour *or* un détour; **to go** ~ **to sb's (house)** aller chez qn; **to go** ~ **an obstacle** contourner un obstacle; **go** ~ **the back** passez par derrière; **to go** ~ **a house** visiter une maison, faire le tour d'une maison; **enough to go** ~ assez pour tout le monde; **she arrived** ~ **(about) noon** (*Brit*) elle est arrivée vers midi; ~ **the clock** 24 heures sur 24
▸ **round off** *vt* (*speech etc*) terminer
▸ **round up** *vt* rassembler; (*criminals*) effectuer une rafle de; (*prices*) arrondir (au chiffre supérieur)
**roundabout** ['raʊndəbaʊt] *n* (*Brit Aut*) rond-point *m* (à sens giratoire); (*at fair*) manège *m* (de chevaux de bois) ▷ *adj* (*route, means*) détourné(e)
**rounded** ['raʊndɪd] *adj* arrondi(e); (*style*) harmonieux(-euse)
**rounders** ['raʊndəz] *npl* (*game*) ≈ balle *f* au camp
**roundly** ['raʊndlɪ] *adv* (*fig*) tout net, carrément
**round-shouldered** ['raʊnd'ʃəʊldəd] *adj* au dos rond
**round trip** *n* (voyage *m*) aller et retour *m*
**roundup** ['raʊndʌp] *n* rassemblement *m*; (*of criminals*) rafle *f*; **a** ~ **of the latest news** un rappel des derniers événements
**rouse** [raʊz] *vt* (*wake up*) réveiller; (*stir up*) susciter, provoquer; (*interest*) éveiller; (*suspicions*) susciter, éveiller
**rousing** ['raʊzɪŋ] *adj* (*welcome*) enthousiaste
**rout** [raʊt] *n* (*Mil*) déroute *f* ▷ *vt* mettre en déroute
**route** [ru:t] *n* itinéraire *m*; (*of bus*) parcours *m*; (*of trade, shipping*) route *f*; **"all ~s"** (*Aut*) "toutes directions"; **the best ~ to London** le meilleur itinéraire pour aller à Londres
**route map** *n* (*Brit: for journey*) croquis *m* d'itinéraire; (*for trains etc*) carte *f* du réseau
**routine** [ru:'ti:n] *adj* (*work*) ordinaire, courant(e); (*procedure*) d'usage ▷ *n* (*habits*) habitudes *fpl*; (*pej*) train-train *m*; (*Theat*) numéro *m*; **daily** ~ occupations journalières
**roving** ['rəʊvɪŋ] *adj* (*life*) vagabond(e)
**roving reporter** *n* reporter volant

**r**

**row**[1] [rəu] n (line) rangée f; (of people, seats, Knitting) rang m; (behind one another: of cars, people) file f ▷ vi (in boat) ramer; (as sport) faire de l'aviron ▷ vt (boat) faire aller à la rame or à l'aviron; **in a ~** (fig) d'affilée

**row**[2] [rau] n (noise) vacarme m; (dispute) dispute f, querelle f; (scolding) réprimande f, savon m ▷ vi (also: **to have a row**) se disputer, se quereller

**rowboat** ['rəubəut] n (US) canot m (à rames)

**rowdiness** ['raudɪnɪs] n tapage m, chahut m; (fighting) bagarre f

**rowdy** ['raudɪ] adj chahuteur(-euse); bagarreur(-euse) ▷ n voyou m

**rowdyism** ['raudɪɪzəm] n tapage m, chahut m

**rowing** ['rəuɪŋ] n canotage m; (as sport) aviron m

**rowing boat** n (Brit) canot m (à rames)

**rowlock** ['rɔlək] n (Brit) dame f de nage, tolet m

**royal** ['rɔɪəl] adj royal(e)

**Royal Academy, Royal Academy of Arts** n (Brit) l'Académie f royale des Beaux-Arts; voir article

● **ROYAL ACADEMY (OF ARTS)**

● La Royal Academy ou Royal Academy of Arts,
● fondée en 1768 par George III pour
● encourager la peinture, la sculpture et
● l'architecture, est située à Burlington
● House, sur Piccadilly. Une exposition des
● œuvres d'artistes contemporains a lieu tous
● les étés. L'Académie dispense également des
● cours en peinture, sculpture et architecture.

**Royal Air Force** n (Brit) armée de l'air britannique

**royal blue** adj bleu roi inv

**royalist** ['rɔɪəlɪst] adj, n royaliste m/f

**Royal Navy** n (Brit) marine de guerre britannique

**royalty** ['rɔɪəltɪ] n (royal persons) (membres mpl de la) famille royale; (payment: to author) droits mpl d'auteur; (: to inventor) royalties fpl

**RP** n abbr (Brit: = received pronunciation) prononciation f standard

**RPI** n abbr = **retail price index**

**rpm** abbr (= revolutions per minute) t/mn (= tours/minute)

**RR** abbr (US) = **railroad**

**RRP** abbr = **recommended retail price**

**RSA** n abbr (Brit) = **Royal Society of Arts**; **Royal Scottish Academy**

**RSI** n abbr (Med: = repetitive strain injury) microtraumatisme permanent

**RSPB** n abbr (Brit: = Royal Society for the Protection of Birds) ≈ LPO f

**RSPCA** n abbr (Brit: = Royal Society for the Prevention of Cruelty to Animals) ≈ SPA f

**R.S.V.P.** abbr (= répondez s'il vous plaît) RSVP

**RTA** n abbr (= road traffic accident) accident m de la route

**Rt. Hon.** abbr (Brit: = Right Honourable) titre donné aux députés de la Chambre des communes

**Rt Rev.** abbr (= Right Reverend) très révérend

**rub** [rʌb] n (with cloth) coup m de chiffon or de torchon; (on person) friction f; **to give sth a ~** donner un coup de chiffon or de torchon à qch ▷ vt frotter; (person) frictionner; (hands) se frotter; **to ~ sb up** (Brit) or **to ~ sb** (US) **the wrong way** prendre qn à rebrousse-poil

▶ **rub down** vt (body) frictionner; (horse) bouchonner

▶ **rub in** vt (ointment) faire pénétrer

▶ **rub off** vi partir; **to ~ off on** déteindre sur

▶ **rub out** vt effacer ▷ vi s'effacer

**rubber** ['rʌbə[r]] n caoutchouc m; (Brit: eraser) gomme f (à effacer)

**rubber band** n élastique m

**rubber bullet** n balle f en caoutchouc

**rubber gloves** npl gants mpl en caoutchouc

**rubber plant** n caoutchouc m (plante verte)

**rubber ring** n (for swimming) bouée f (de natation)

**rubber stamp** n tampon m

**rubber-stamp** [rʌbə'stæmp] vt (fig) approuver sans discussion

**rubbery** ['rʌbərɪ] adj caoutchouteux(-euse)

**rubbish** ['rʌbɪʃ] n (from household) ordures fpl; (fig: pej) choses fpl sans valeur; camelote f; (nonsense) bêtises fpl, idioties fpl ▷ vt (Brit inf) dénigrer, rabaisser; **what you've just said is ~** tu viens de dire une bêtise

**rubbish bin** n (Brit) boîte f à ordures, poubelle f

**rubbish dump** n (Brit: in town) décharge publique, dépotoir m

**rubbishy** ['rʌbɪʃɪ] adj (Brit inf) qui ne vaut rien, moche

**rubble** ['rʌbl] n décombres mpl; (smaller) gravats mpl; (Constr) blocage m

**ruble** ['ruːbl] n (US) = **rouble**

**ruby** ['ruːbɪ] n rubis m

**RUC** n abbr (Brit) = **Royal Ulster Constabulary**

**rucksack** ['rʌksæk] n sac m à dos

**ructions** ['rʌkʃənz] npl grabuge m

**rudder** ['rʌdə[r]] n gouvernail m

**ruddy** ['rʌdɪ] adj (face) coloré(e); (inf: damned) sacré(e), fichu(e)

**rude** [ruːd] adj (impolite: person) impoli(e); (: word, manners) grossier(-ière); (shocking) indécent(e), inconvenant(e); **to be ~ to sb** être grossier envers qn

**rudely** ['ruːdlɪ] adv impoliment; grossièrement

**rudeness** ['ruːdnɪs] n impolitesse f; grossièreté f

**rudiment** ['ruːdɪmənt] n rudiment m

**rudimentary** ['ruːdɪ'mentərɪ] adj rudimentaire

**rue** [ruː] vt se repentir de, regretter amèrement

**rueful** ['ruːful] adj triste

**ruff** [rʌf] n fraise f, collerette f

**ruffian** ['rʌfɪən] n brute f, voyou m

**ruffle** ['rʌfl] vt (hair) ébouriffer; (clothes) chiffonner; (water) agiter; (fig: person) émouvoir, faire perdre son flegme à; **to get ~d** s'énerver

**rug** [rʌg] n petit tapis; (Brit: blanket) couverture f

**rugby** ['rʌgbɪ] n (also: **rugby football**) rugby m

**rugged** ['rʌgɪd] adj (landscape) accidenté(e); (features, character) rude; (determination) farouche

**rugger** ['rʌgə[r]] n (Brit inf) rugby m

**ruin** ['ruːɪn] n ruine f ▷ vt ruiner; (spoil: clothes)

abîmer; (: *event*) gâcher; **ruins** *npl* (*of building*)
ruine(s); **in ~s** en ruine
**ruination** [ruːɪˈneɪʃən] *n* ruine *f*
**ruinous** [ˈruːɪnəs] *adj* ruineux(-euse)
**rule** [ruːl] *n* règle *f*; (*regulation*) règlement *m*;
(*government*) autorité *f*, gouvernement *m*;
(*dominion etc*): **under British ~** sous l'autorité
britannique ▷ *vt* (*country*) gouverner; (*person*)
dominer; (*decide*) décider ▷ *vi* commander;
décider; (*Law*): **to ~ against/in favour of/on**
statuer contre/en faveur de/sur; **to ~ that**
(*umpire, judge etc*) décider que; **it's against the ~s**
c'est contraire au règlement; **by ~ of thumb** à
vue de nez; **as a ~** normalement, en règle
générale
  ▶ **rule out** *vt* exclure; **murder cannot be ~d
out** l'hypothèse d'un meurtre ne peut être
exclue
**ruled** [ruːld] *adj* (*paper*) réglé(e)
**ruler** [ˈruːlər] *n* (*sovereign*) souverain(e); (*leader*)
chef *m* (d'État); (*for measuring*) règle *f*
**ruling** [ˈruːlɪŋ] *adj* (*party*) au pouvoir; (*class*)
dirigeant(e) ▷ *n* (*Law*) décision *f*
**rum** [rʌm] *n* rhum *m* ▷ *adj* (*Brit inf*) bizarre
**Rumania** [ruːˈmeɪnɪə] *n* Roumanie *f*
**Rumanian** [ruːˈmeɪnɪən] *adj* roumain(e) ▷ *n*
Roumain(e); (*Ling*) roumain *m*
**rumble** [ˈrʌmbl] *n* grondement *m*; (*of stomach,
pipe*) gargouillement *m* ▷ *vi* gronder; (*stomach,
pipe*) gargouiller
**rumbustious** [rʌmˈbʌstʃəs], **rumbunctious**
[rʌmˈbʌŋkʃəs] *adj* (*US: person*) exubérant(e)
**rummage** [ˈrʌmɪdʒ] *vi* fouiller
**rumour**, (*US*) **rumor** [ˈruːmər] *n* rumeur *f*, bruit
*m* (qui court) ▷ *vt*: **it is ~ed that** le bruit court
que
**rump** [rʌmp] *n* (*of animal*) croupe *f*
**rumple** [ˈrʌmpl] *vt* (*hair*) ébouriffer; (*clothes*)
chiffonner, friper
**rump steak** *n* romsteck *m*
**rumpus** [ˈrʌmpəs] *n* (*inf*) tapage *m*, chahut *m*;
(*quarrel*) prise *f* de bec; **to kick up a ~** faire toute
une histoire
**run** [rʌn] (*pt* **ran**, *pp* **-**) [ræn, rʌn] *n* (*race*) course *f*;
(*outing*) tour *m* or promenade *f*; (*journey*):
(*distance travelled*) parcours *m*, trajet *m*; (*series*)
suite *f*, série *f*; (*Theat*) série de représentations;
(*Ski*) piste *f*; (*Cricket, Baseball*) point *m*; (*in tights,
stockings*) maille filée, échelle *f* ▷ *vt* (*business*)
diriger; (*competition, course*) organiser; (*hotel,
house*) tenir; (*race*) participer à; (*Comput: program*)
exécuter; (*force through: rope, pipe*): **to ~ sth
through** faire passer qch à travers; (*to pass:
hand, finger*): **to ~ sth over** promener or passer
qch sur; (*water, bath*) faire couler; (*Press: feature*)
publier ▷ *vi* courir; (*pass: road etc*) passer; (*work:
machine, factory*) marcher; (*bus, train*) circuler;
(*continue: play*) se jouer, être à l'affiche;
(: *contract*) être valide or en vigueur; (*slide: drawer
etc*) glisser; (*flow: river, bath, nose*) couler; (*colours,
washing*) déteindre; (*in election*) être candidat, se
présenter; **at a ~** au pas de course; **to go for a ~**

aller courir or faire un peu de course à pied; (*in
car*) faire un tour or une promenade (en voiture);
**to break into a ~** se mettre à courir; **a ~ of luck**
une série de coups de chance; **to have the ~ of
sb's house** avoir la maison de qn à sa
disposition; **there was a ~ on** (*meat, tickets*) les
gens se sont rués sur; **in the long ~** à la longue,
à longue échéance; **in the short ~** à brève
échéance, à court terme; **on the ~** en fuite; **to
make a ~ for it** s'enfuir; **I'll ~ you to the
station** je vais vous emmener or conduire à la
gare; **to ~ errands** faire des commissions; **the
train ~s between Gatwick and Victoria** le
train assure le service entre Gatwick et Victoria;
**the bus ~s every 20 minutes** il y a un autobus
toutes les 20 minutes; **it's very cheap to ~** (*car,
machine*) c'est très économique; **to ~ on petrol**
or (*US*) **gas/on diesel/off batteries** marcher à
l'essence/au diesel/sur piles; **to ~ for
president** être candidat à la présidence; **to ~ a
risk** courir un risque; **their losses ran into
millions** leurs pertes se sont élevées à plusieurs
millions; **to be ~ off one's feet** (*Brit*) ne plus
savoir où donner de la tête
  ▶ **run about** *vi* (*children*) courir çà et là
  ▶ **run across** *vt fus* (*find*) trouver par hasard
  ▶ **run after** *vt fus* (*to catch up*) courir après; (*chase*)
poursuivre
  ▶ **run around** *vi* = **run about**
  ▶ **run away** *vi* s'enfuir
  ▶ **run down** *vi* (*clock*) s'arrêter (faute d'avoir été
remonté) ▷ *vt* (*Aut: knock over*) renverser; (*Brit:
reduce: production*) réduire progressivement;
(: *factory/shop*) réduire progressivement la
production/l'activité de; (*criticize*) critiquer,
dénigrer; **to be ~ down** (*tired*) être fatigué(e) or à
plat
  ▶ **run in** *vt* (*Brit: car*) roder
  ▶ **run into** *vt fus* (*meet: person*) rencontrer par
hasard; (: *trouble*) se heurter à; (*collide with*)
heurter; **to ~ into debt** contracter des dettes
  ▶ **run off** *vi* s'enfuir ▷ *vt* (*water*) laisser
s'écouler; (*copies*) tirer
  ▶ **run out** *vi* (*person*) sortir en courant; (*liquid*)
couler; (*lease*) expirer; (*money*) être épuisé(e)
  ▶ **run out of** *vt fus* se trouver à court de; **I've ~
out of petrol** or (*US*) **gas** je suis en panne
d'essence
  ▶ **run over** *vt* (*Aut*) écraser ▷ *vt fus* (*revise*) revoir,
reprendre
  ▶ **run through** *vt fus* (*recap*) reprendre, revoir;
(*play*) répéter
  ▶ **run up** *vi*: **to ~ up against** (*difficulties*) se
heurter à ▷ *vt*: **to ~ up a debt** s'endetter
**runaround** [ˈrʌnəraund] *n* (*inf*): **to give sb the ~**
rester très évasif
**runaway** [ˈrʌnəweɪ] *adj* (*horse*) emballé(e); (*truck*)
fou (folle); (*person*) fugitif(-ive); (*child*)
fugueur(-euse); (*inflation*) galopant(e)
**rundown** [ˈrʌndaun] *n* (*Brit: of industry etc*)
réduction progressive
**rung** [rʌŋ] *pp of* **ring** ▷ *n* (*of ladder*) barreau *m*

**run-in** ['rʌnɪn] *n* (*inf*) accrochage *m*, prise *f* de bec
**runner** ['rʌnəʳ] *n* (*in race: person*) coureur(-euse);
(*: horse*) partant *m*; (*on sledge*) patin *m*; (*for drawer etc*) coulisseau *m*; (*carpet: in hall etc*) chemin *m*
**runner bean** *n* (*Brit*) haricot *m* (à rames)
**runner-up** [rʌnər'ʌp] *n* second(e)
**running** ['rʌnɪŋ] *n* (*in race etc*) course *f*; (*of business, organization*) direction *f*, gestion *f*; (*of event*) organisation *f*; (*of machine etc*) marche *f*, fonctionnement *m* ▷ *adj* (*water*) courant(e); (*commentary*) suivi(e); **6 days** ~ 6 jours de suite; **to be in/out of the** ~ **for sth** être/ne pas être sur les rangs pour qch
**running commentary** *n* commentaire détaillé
**running costs** *npl* (*of business*) frais *mpl* de gestion; (*of car*): **the** ~ **are high** elle revient cher
**running head** *n* (*Typ, Comput*) titre courant
**running mate** *n* (*US Pol*) candidat à la vice-présidence
**runny** ['rʌnɪ] *adj* qui coule
**run-off** ['rʌnɔf] *n* (*in contest, election*) deuxième tour *m*; (*extra race etc*) épreuve *f* supplémentaire
**run-of-the-mill** ['rʌnəvðə'mɪl] *adj* ordinaire, banal(e)
**runt** [rʌnt] *n* avorton *m*
**run-through** ['rʌnθruː] *n* répétition *f*, essai *m*
**run-up** ['rʌnʌp] *n* (*Brit*): ~ **to sth** période *f* précédant qch
**runway** ['rʌnweɪ] *n* (*Aviat*) piste *f* (d'envol *or* d'atterrissage)
**rupee** [ruː'piː] *n* roupie *f*
**rupture** ['rʌptʃəʳ] *n* (*Med*) hernie *f* ▷ *vt*: **to** ~ **o.s.** se donner une hernie
**rural** ['ruərl] *adj* rural(e)
**ruse** [ruːz] *n* ruse *f*
**rush** [rʌʃ] *n* course précipitée; (*of crowd, Comm: sudden demand*) ruée *f*; (*hurry*) hâte *f*; (*of anger, joy*) accès *m*; (*current*) flot *m*; (*Bot*) jonc *m*; (*for chair*) paille *f* ▷ *vt* (*hurry*) transporter *or* envoyer d'urgence; (*attack: town etc*) prendre d'assaut; (*Brit inf: overcharge*) estamper; faire payer ▷ *vi* se précipiter; **don't** ~ **me!** laissez-moi le temps de souffler!; **to** ~ **sth off** (*do quickly*) faire qch à la hâte; (*send*) envoyer qch d'urgence; **is there any** ~ **for this?** est-ce urgent?; **we've had a** ~ **of orders** nous avons reçu une avalanche de commandes; **I'm in a** ~ **(to do)** je suis vraiment pressé (de faire); **gold** ~ ruée vers l'or
  ▶ **rush through** *vt fus* (*work*) exécuter à la hâte ▷ *vt* (*Comm: order*) exécuter d'urgence
**rush hour** *n* heures *fpl* de pointe *or* d'affluence
**rush job** *n* travail urgent
**rush matting** *n* natte *f* de paille
**rusk** [rʌsk] *n* biscotte *f*
**Russia** ['rʌʃə] *n* Russie *f*
**Russian** ['rʌʃən] *adj* russe ▷ *n* Russe *m/f*; (*Ling*) russe *m*
**rust** [rʌst] *n* rouille *f* ▷ *vi* rouiller
**rustic** ['rʌstɪk] *adj* rustique ▷ *n* (*pej*) rustaud(e)
**rustle** ['rʌsl] *vi* bruire, produire un bruissement ▷ *vt* (*paper*) froisser; (*US: cattle*) voler
**rustproof** ['rʌstpruːf] *adj* inoxydable
**rustproofing** ['rʌstpruːfɪŋ] *n* traitement *m* antirouille
**rusty** ['rʌstɪ] *adj* rouillé(e)
**rut** [rʌt] *n* ornière *f*; (*Zool*) rut *m*; **to be in a** ~ (*fig*) suivre l'ornière, s'encroûter
**rutabaga** [ruːtə'beɪgə] *n* (*US*) rutabaga *m*
**ruthless** ['ruːθlɪs] *adj* sans pitié, impitoyable
**ruthlessness** ['ruːθlɪsnɪs] *n* dureté *f*, cruauté *f*
**RV** *abbr* (= *revised version*) *traduction anglaise de la Bible de 1885* ▷ *n abbr* (*US*) = **recreational vehicle**
**rye** [raɪ] *n* seigle *m*
**rye bread** *n* pain *m* de seigle

# Ss

**S, s** [ɛs] n (letter) S, s m; (US Scol: satisfactory) ≈ assez bien; **S for Sugar** S comme Suzanne
**S** abbr (= south, small) S; (= saint) St
**SA** n abbr = **South Africa**; **South America**
**Sabbath** ['sæbəθ] n (Jewish) sabbat m; (Christian) dimanche m
**sabbatical** [sə'bætɪkl] adj: **~ year** année f sabbatique
**sabotage** ['sæbətɑːʒ] n sabotage m ▷ vt saboter
**saccharin, saccharine** ['sækərɪn] n saccharine f
**sachet** ['sæʃeɪ] n sachet m
**sack** [sæk] n (bag) sac m ▷ vt (dismiss) renvoyer, mettre à la porte; (plunder) piller, mettre à sac; **to give sb the ~** renvoyer qn, mettre qn à la porte; **to get the ~** être renvoyé(e) or mis(e) à la porte
**sackful** ['sækful] n: **a ~ of** un (plein) sac de
**sacking** ['sækɪŋ] n toile f à sac; (dismissal) renvoi m
**sacrament** ['sækrəmənt] n sacrement m
**sacred** ['seɪkrɪd] adj sacré(e)
**sacred cow** n (fig) chose sacro-sainte
**sacrifice** ['sækrɪfaɪs] n sacrifice m ▷ vt sacrifier; **to make ~s (for sb)** se sacrifier or faire des sacrifices (pour qn)
**sacrilege** ['sækrɪlɪdʒ] n sacrilège m
**sacrosanct** ['sækrəusæŋkt] adj sacro-saint(e)
**sad** [sæd] adj (unhappy) triste; (deplorable) triste, fâcheux(-euse); (inf: pathetic: thing) triste, lamentable; (: person) minable
**sadden** ['sædn] vt attrister, affliger
**saddle** ['sædl] n selle f ▷ vt (horse) seller; **to be ~d with sth** (inf) avoir qch sur les bras
**saddlebag** ['sædlbæg] n sacoche f
**sadism** ['seɪdɪzəm] n sadisme m
**sadist** ['seɪdɪst] n sadique m/f
**sadistic** [sə'dɪstɪk] adj sadique
**sadly** ['sædlɪ] adv tristement; (unfortunately) malheureusement; (seriously) fort
**sadness** ['sædnɪs] n tristesse f
**sado-masochism** [seɪdəu'mæsəkɪzəm] n sadomasochisme m
**s.a.e.** n abbr (Brit: = stamped addressed envelope) enveloppe affranchie pour la réponse
**safari** [sə'fɑːrɪ] n safari m

**safari park** n réserve f
**safe** [seɪf] adj (out of danger) hors de danger, en sécurité; (not dangerous) sans danger; (cautious) prudent(e); (sure: bet) assuré(e) ▷ n coffre-fort m; **~ from** à l'abri de; **~ and sound** sain(e) et sauf (sauve); **(just) to be on the ~ side** pour plus de sûreté, par précaution; **to play ~** ne prendre aucun risque; **it is ~ to say that ...** on peut dire sans crainte que ...; **~ journey!** bon voyage!
**safe bet** n: **it was a ~** ça ne comportait pas trop de risques; **it's a ~ that he'll be late** il y a toutes les chances pour qu'il soit en retard
**safe-breaker** ['seɪfbreɪkə'] n (Brit) perceur m de coffre-fort
**safe-conduct** [seɪf'kɔndʌkt] n sauf-conduit m
**safe-cracker** ['seɪfkrækə'] n = **safe-breaker**
**safe-deposit** ['seɪfdɪpɔzɪt] n (vault) dépôt m de coffres-forts; (box) coffre-fort m
**safeguard** ['seɪfgɑːd] n sauvegarde f, protection f ▷ vt sauvegarder, protéger
**safe haven** n zone f de sécurité
**safekeeping** ['seɪf'kiːpɪŋ] n bonne garde
**safely** ['seɪflɪ] adv (assume, say) sans risque d'erreur; (drive, arrive) sans accident; **I can ~ say ...** je peux dire à coup sûr ...
**safe passage** n: **to grant sb ~** accorder un laissez-passer à qn
**safe sex** n rapports sexuels protégés
**safety** ['seɪftɪ] n sécurité f; **~ first!** la sécurité d'abord!
**safety belt** n ceinture f de sécurité
**safety catch** n cran m de sûreté or sécurité
**safety net** n filet m de sécurité
**safety pin** n épingle f de sûreté or de nourrice
**safety valve** n soupape f de sûreté
**saffron** ['sæfrən] n safran m
**sag** [sæg] vi s'affaisser, fléchir; (hem, breasts) pendre
**saga** ['sɑːgə] n saga f; (fig) épopée f
**sage** [seɪdʒ] n (herb) sauge f; (person) sage m
**Sagittarius** [sædʒɪ'tɛərɪəs] n le Sagittaire; **to be ~** être du Sagittaire
**sago** ['seɪgəu] n sagou m
**Sahara** [sə'hɑːrə] n: **the ~ (Desert)** le (désert du) Sahara m

**S**

**Sahel** [sæ'hɛl] n Sahel m
**said** [sɛd] pt, pp of **say**
**Saigon** [saɪ'gɔn] n Saigon
**sail** [seɪl] n (on boat) voile f; (trip): **to go for a ~**
faire un tour en bateau ▷ vt (boat) manœuvrer,
piloter ▷ vi (travel: ship) avancer, naviguer;
(: passenger) aller ou se rendre (en bateau); (set off)
partir, prendre la mer; (Sport) faire de la voile;
**they ~ed into Le Havre** ils sont entrés dans le
port du Havre
  ▶ **sail through** vi, vt fus (fig) réussir haut la main
**sailboat** ['seɪlbəut] n (US) bateau m à voiles,
voilier m
**sailing** ['seɪlɪŋ] n (Sport) voile f; **to go ~** faire de la
voile
**sailing boat** n bateau m à voiles, voilier m
**sailing ship** n grand voilier
**sailor** ['seɪlə'] n marin m, matelot m
**saint** [seɪnt] n saint(e)
**saintly** ['seɪntlɪ] adj saint(e), plein(e) de bonté
**sake** [seɪk] n: **for the ~ of** (out of concern for) pour
(l'amour de), dans l'intérêt de; (out of
consideration for) par égard pour; (in order to achieve)
pour plus de, par souci de; **arguing for**
**arguing's ~** discuter pour (le plaisir de)
discuter; **for heaven's ~!** pour l'amour du ciel!;
**for the ~ of argument** à titre d'exemple
**salad** ['sæləd] n salade f; **tomato ~** salade de
tomates
**salad bowl** n saladier m
**salad cream** n (Brit) (sorte f de) mayonnaise f
**salad dressing** n vinaigrette f
**salad oil** n huile f de table
**salami** [sə'lɑːmɪ] n salami m
**salaried** ['sælərɪd] adj (staff) salarié(e), qui
touche un traitement
**salary** ['sælərɪ] n salaire m, traitement m
**salary scale** n échelle f des traitements
**sale** [seɪl] n vente f; (at reduced prices) soldes mpl;
sales npl (total amount sold) chiffre m de ventes;
**"for ~"** "à vendre"; **on ~** en vente; **on ~ or**
**return** vendu(e) avec faculté de retour;
**closing-down** or **liquidation ~** (US) liquidation
f (avant fermeture); **~ and lease back** n cession-
bail f
**saleroom** ['seɪlruːm] n salle f des ventes
**sales assistant, (US) sales clerk** n
vendeur(-euse)
**sales conference** n réunion f de vente
**sales drive** n campagne commerciale,
animation f des ventes
**sales force** n (ensemble m du) service des ventes
**salesman** ['seɪlzmən] (irreg) n (in shop) vendeur
m; (representative) représentant m de commerce
**sales manager** n directeur commercial
**salesmanship** ['seɪlzmənʃɪp] n art m de la vente
**salesperson** ['seɪlzpəːsn] (irreg) n (in shop)
vendeur(-euse)
**sales rep** n (Comm) représentant(e) m/f
**sales tax** n (US) taxe f à l'achat
**saleswoman** ['seɪlzwumən] (irreg) n (in shop)
vendeuse f

**salient** ['seɪlɪənt] adj saillant(e)
**saline** ['seɪlaɪn] adj salin(e)
**saliva** [sə'laɪvə] n salive f
**sallow** ['sæləu] adj cireux(-euse)
**sally forth, sally out** ['sælɪ-] vi partir plein(e)
d'entrain
**salmon** ['sæmən] n (pl inv) saumon m
**salmon trout** n truite saumonée
**salon** ['sælɔn] n salon m
**saloon** [sə'luːn] n (US) bar m; (Brit Aut) berline f;
(ship's lounge) salon m
**SALT** [sɔːlt] n abbr (= Strategic Arms Limitation Talks/
Treaty) SALT m
**salt** [sɔːlt] n sel m ▷ vt saler ▷ cpd de sel; (Culin)
salé(e); **an old ~** un vieux loup de mer
  ▶ **salt away** vt mettre de côté
**salt cellar** n salière f
**salt-free** ['sɔːlt'friː] adj sans sel
**saltwater** ['sɔːlt'wɔːtə'] adj (fish etc) (d'eau) de
mer
**salty** ['sɔːltɪ] adj salé(e)
**salubrious** [sə'luːbrɪəs] adj salubre
**salutary** ['sæljutərɪ] adj salutaire
**salute** [sə'luːt] n salut m; (of guns) salve f ▷ vt
saluer
**salvage** ['sælvɪdʒ] n (saving) sauvetage m; (things
saved) biens sauvés or récupérés ▷ vt sauver,
récupérer
**salvage vessel** n bateau m de sauvetage
**salvation** [sæl'veɪʃən] n salut m
**Salvation Army** [sæl'veɪʃən-] n Armée f du
Salut
**salver** ['sælvə'] n plateau m de métal
**salvo** ['sælvəu] n salve f
**Samaritan** [sə'mærɪtən] n: **the ~s** (organization)
≈ S.O.S. Amitié
**same** [seɪm] adj même ▷ pron: **the ~** le (la)
même, les mêmes; **the ~ book as** le même livre
que; **on the ~ day** le même jour; **at the ~ time**
en même temps; (yet) néanmoins; **all** or **just**
**the ~** tout de même, quand même; **they're one**
**and the ~** (person/thing) c'est une seule et même
personne/chose; **to do the ~** faire de même, en
faire autant; **to do the ~ as sb** faire comme qn;
**and the ~ to you!** et à vous de même!; (after
insult) toi-même!; **~ here!** moi aussi!; **the ~**
**again!** (in bar etc) la même chose!
**sample** ['sɑːmpl] n échantillon m; (Med)
prélèvement m ▷ vt (food, wine) goûter; **to take a**
**~** prélever un échantillon; **free ~** échantillon
gratuit
**sanatorium** (pl **sanatoria**) [sænə'tɔːrɪəm, -rɪə] n
sanatorium m
**sanctify** ['sæŋktɪfaɪ] vt sanctifier
**sanctimonious** [sæŋktɪ'məunɪəs] adj
moralisateur(-trice)
**sanction** ['sæŋkʃən] n approbation f, sanction f
▷ vt cautionner, sanctionner; **sanctions** npl
(Pol) sanctions; **to impose economic ~s on** or
**against** prendre des sanctions économiques
contre
**sanctity** ['sæŋktɪtɪ] n sainteté f, caractère sacré

**sanctuary** ['sæŋktjuərɪ] n (holy place) sanctuaire m; (refuge) asile m; (for wildlife) réserve f
**sand** [sænd] n sable m ▷ vt sabler; (also: **sand down**: wood etc) poncer
**sandal** ['sændl] n sandale f
**sandbag** ['sændbæg] n sac m de sable
**sandblast** ['sændblɑːst] vt décaper à la sableuse
**sandbox** ['sændbɒks] n (US: for children) tas m de sable
**sand castle** ['sændkɑːsl] n château m de sable
**sand dune** n dune f de sable
**sander** ['sændər] n ponceuse f
**S&M** n abbr (= sadomasochism) sadomasochisme m
**sandpaper** ['sændpeɪpər] n papier m de verre
**sandpit** ['sændpɪt] n (Brit: for children) tas m de sable
**sands** [sændz] npl plage f (de sable)
**sandstone** ['sændstəun] n grès m
**sandstorm** ['sændstɔːm] n tempête f de sable
**sandwich** ['sændwɪtʃ] n sandwich m ▷ vt (also: **sandwich in**) intercaler; **~ed between** pris en sandwich entre; **cheese/ham ~** sandwich au fromage/jambon
**sandwich board** n panneau m publicitaire (porté par un homme-sandwich)
**sandwich course** n (Brit) cours m de formation professionnelle
**sandy** ['sændɪ] adj sablonneux(-euse); couvert(e) de sable; (colour) sable inv, blond roux inv
**sane** [seɪn] adj (person) sain(e) d'esprit; (outlook) sensé(e), sain(e)
**sang** [sæŋ] pt of **sing**
**sanguine** ['sæŋgwɪn] adj optimiste
**sanitarium** (pl **sanitaria**) [sænɪ'tɛərɪəm, -rɪə] n (US) = **sanatorium**
**sanitary** ['sænɪtərɪ] adj (system, arrangements) sanitaire; (clean) hygiénique
**sanitary towel**, (US) **sanitary napkin** ['sænɪtərɪ-] n serviette f hygiénique
**sanitation** [sænɪ'teɪʃən] n (in house) installations fpl sanitaires; (in town) système m sanitaire
**sanitation department** n (US) service m de voirie
**sanity** ['sænɪtɪ] n santé mentale; (common sense) bon sens
**sank** [sæŋk] pt of **sink**
**San Marino** ['sænmə'riːnəu] n Saint-Marin m
**Santa Claus** [sæntə'klɔːz] n le Père Noël
**Santiago** [sæntɪ'ɑːgəu] n (also: **Santiago de Chile**) Santiago (du Chili)
**sap** [sæp] n (of plants) sève f ▷ vt (strength) saper, miner
**sapling** ['sæplɪŋ] n jeune arbre m
**sapphire** ['sæfaɪər] n saphir m
**sarcasm** ['sɑːkæzm] n sarcasme m, raillerie f
**sarcastic** [sɑː'kæstɪk] adj sarcastique
**sarcophagus** (pl **sarcophagi**) [sɑː'kɔfəgəs, -gaɪ] n sarcophage m
**sardine** [sɑː'diːn] n sardine f
**Sardinia** [sɑː'dɪnɪə] n Sardaigne f
**Sardinian** [sɑː'dɪnɪən] adj sarde ▷ n Sarde m/f;

(Ling) sarde m
**sardonic** [sɑː'dɔnɪk] adj sardonique
**sari** ['sɑːrɪ] n sari m
**SARS** ['sɑːrz] n abbr = **severe acute respiratory syndrome**
**sartorial** [sɑː'tɔːrɪəl] adj vestimentaire
**SAS** n abbr (Brit Mil: = Special Air Service) ≈ GIGN m
**SASE** n abbr (US: = self-addressed stamped envelope) enveloppe affranchie pour la réponse
**sash** [sæʃ] n écharpe f
**sash window** n fenêtre f à guillotine
**Sask.** abbr (Canada) = **Saskatchewan**
**sat** [sæt] pt, pp of **sit**
**Sat.** abbr (= Saturday) sa
**Satan** ['seɪtn] n Satan m
**satanic** [sə'tænɪk] adj satanique, démoniaque
**satchel** ['sætʃl] n cartable m
**sated** ['seɪtɪd] adj repu(e); blasé(e)
**satellite** ['sætəlaɪt] adj, n satellite m
**satellite dish** n antenne f parabolique
**satellite navigation system** n système m de navigation par satellite
**satellite television** n télévision f par satellite
**satiate** ['seɪʃɪeɪt] vt rassasier
**satin** ['sætɪn] n satin m ▷ adj en or de satin, satiné(e); **with a ~ finish** satiné(e)
**satire** ['sætaɪər] n satire f
**satirical** [sə'tɪrɪkl] adj satirique
**satirist** ['sætɪrɪst] n (writer) auteur m satirique; (cartoonist) caricaturiste m/f
**satirize** ['sætɪraɪz] vt faire la satire de, satiriser
**satisfaction** [sætɪs'fækʃən] n satisfaction f
**satisfactory** [sætɪs'fæktərɪ] adj satisfaisant(e)
**satisfied** ['sætɪsfaɪd] adj satisfait(e); **to be ~ with sth** être satisfait de qch
**satisfy** ['sætɪsfaɪ] vt satisfaire, contenter; (convince) convaincre, persuader; **to ~ the requirements** remplir les conditions; **to ~ sb (that)** convaincre qn (que); **to ~ o.s. of sth** vérifier qch, s'assurer de qch
**satisfying** ['sætɪsfaɪɪŋ] adj satisfaisant(e)
**SAT(s)** n abbr (US) = **Scholastic Aptitude Test(s)**
**satsuma** [sæt'suːmə] n satsuma f
**saturate** ['sætʃəreɪt] vt: **to ~ (with)** saturer (de)
**saturated fat** ['sætʃəreɪtɪd-] n graisse saturée
**saturation** [sætʃə'reɪʃən] n saturation f
**Saturday** ['sætədɪ] n samedi m; for phrases see also **Tuesday**
**sauce** [sɔːs] n sauce f
**saucepan** ['sɔːspən] n casserole f
**saucer** ['sɔːsər] n soucoupe f
**saucy** ['sɔːsɪ] adj impertinent(e)
**Saudi Arabia** n Arabie f Saoudite
**Saudi (Arabian)** ['saudɪ] adj saoudien(ne) ▷ n Saoudien(ne)
**sauna** ['sɔːnə] n sauna m
**saunter** ['sɔːntər] vi: **to ~ to** aller en flânant or se balader jusqu'à
**sausage** ['sɔsɪdʒ] n saucisse f; (salami etc) saucisson m
**sausage roll** n friand m
**sauté** ['səuteɪ] adj (Culin: potatoes) sauté(e);

S

(: *onions*) revenu(e) ▷ *vt* faire sauter; faire
revenir

**sautéed** ['səuteɪd] *adj* sauté(e)

**savage** ['sævɪdʒ] *adj* (*cruel, fierce*) brutal(e),
féroce; (*primitive*) primitif(-ive), sauvage ▷ *n*
sauvage *m/f* ▷ *vt* attaquer férocement

**savagery** ['sævɪdʒrɪ] *n* sauvagerie *f*, brutalité *f*,
férocité *f*

**save** [seɪv] *vt* (*person, belongings*) sauver; (*money*)
mettre de côté, économiser; (*time*) (faire)
gagner; (*keep*) garder; (*Comput*) sauvegarder;
(*Sport: stop*) arrêter; (*avoid: trouble*) éviter ▷ *vi*
(*also:* **save up**) mettre de l'argent de côté ▷ *n*
(*Sport*) arrêt *m* (du ballon) ▷ *prep* sauf, à
l'exception de; **it will ~ me an hour** ça me fera
gagner une heure; **to ~ face** sauver la face; **God
~ the Queen!** vive la Reine!

**saving** ['seɪvɪŋ] *n* économie *f* ▷ *adj*: **the ~ grace
of** ce qui rachète; **savings** *npl* économies *fpl*; **to
make ~s** faire des économies

**savings account** *n* compte *m* d'épargne

**savings and loan association** (*US*) *n* ≈ société *f*
de crédit immobilier

**savings bank** *n* caisse *f* d'épargne

**saviour**, (*US*) **savior** ['seɪvjə<sup>r</sup>] *n* sauveur *m*

**savour**, (*US*) **savor** ['seɪvə<sup>r</sup>] *n* saveur *f*, goût *m*
▷ *vt* savourer

**savoury**, (*US*) **savory** ['seɪvərɪ] *adj*
savoureux(-euse); (*dish: not sweet*) salé(e)

**savvy** ['sævɪ] *n* (*inf*) jugeote *f*

**saw** [sɔː] *pt of* **see** ▷ *n* (*tool*) scie *f* ▷ *vt* (*pt* -**ed**, *pp* -
**ed** *or* -**n** [sɔːn]) scier; **to ~ sth up** débiter qch à la
scie

**sawdust** ['sɔːdʌst] *n* sciure *f*

**sawmill** ['sɔːmɪl] *n* scierie *f*

**sawn** [sɔːn] *pp of* **saw**

**sawn-off** ['sɔːnɔf], **sawed-off** ['sɔːdɔf] (*US*) *adj*:
**~ shotgun** carabine *f* à canon scié

**sax** [sæks] (*inf*) *n* saxo *m*

**saxophone** ['sæksəfəun] *n* saxophone *m*

**say** [seɪ] *n*: **to have one's ~** dire ce qu'on a à dire
▷ *vt* (*pt, pp* **said**) [sɛd] dire; **to have a ~** avoir voix
au chapitre; **could you ~ that again?** pourriez-
vous répéter ce que vous venez de dire?; **to ~
yes/no** dire oui/non; **she said (that) I was to
give you this** elle m'a chargé de vous remettre
ceci; **my watch ~s 3 o'clock** ma montre
indique 3 heures, il est 3 heures à ma montre;
**shall we ~ Tuesday?** disons mardi?; **that
doesn't ~ much for him** ce n'est pas vraiment
à son honneur; **when all is said and done** en
fin de compte, en définitive; **there is
something** *or* **a lot to be said for it** cela a des
avantages; **that is to ~** c'est-à-dire; **to ~
nothing of** sans compter; **~ that ...** mettons *or*
disons que ...; **that goes without ~ing** cela va
sans dire, cela va de soi

**saying** ['seɪɪŋ] *n* dicton *m*, proverbe *m*

**SBA** *n abbr* (*US*: = *Small Business Administration*)
*organisme d'aide aux PME*

**SC** *n abbr* (*US*) = **supreme court** ▷ *abbr* (*US*)
= **South Carolina**

**s/c** *abbr* = **self-contained**

**scab** [skæb] *n* croûte *f*; (*pej*) jaune *m*

**scabby** ['skæbɪ] *adj* croûteux(-euse)

**scaffold** ['skæfəld] *n* échafaud *m*

**scaffolding** ['skæfəldɪŋ] *n* échafaudage *m*

**scald** [skɔːld] *n* brûlure *f* ▷ *vt* ébouillanter

**scalding** ['skɔːldɪŋ] *adj* (*also:* **scalding hot**)
brûlant(e), bouillant(e)

**scale** [skeɪl] *n* (*of fish*) écaille *f*; (*Mus*) gamme *f*;
(*of ruler, thermometer etc*) graduation *f*, échelle
(graduée); (*of salaries, fees etc*) barème *m*; (*of map,
also size, extent*) échelle ▷ *vt* (*mountain*) escalader;
(*fish*) écailler; **scales** *npl* balance *f*; (*larger*)
bascule *f*; (*also:* **bathroom scales**) pèse-
personne *m inv*; **pay ~** échelle des salaires; **~ of
charges** tableau *m* des tarifs; **on a large ~** sur
une grande échelle, en grand; **to draw sth to ~**
dessiner qch à l'échelle; **small-~ model** modèle
réduit

▶ **scale down** *vt* réduire

**scaled-down** [skeɪld'daun] *adj* à échelle réduite

**scale drawing** *n* dessin *m* à l'échelle

**scale model** *n* modèle *m* à l'échelle

**scallion** ['skæljən] *n* oignon *m*; (*US: salad onion*)
ciboule *f*; (: *shallot*) échalote *f*; (: *leek*) poireau *m*

**scallop** ['skɔləp] *n* coquille *f* Saint-Jacques;
(*Sewing*) feston *m*

**scalp** [skælp] *n* cuir chevelu ▷ *vt* scalper

**scalpel** ['skælpl] *n* scalpel *m*

**scalper** ['skælpə<sup>r</sup>] *n* (*US inf: of tickets*) revendeur *m*
de billets

**scam** [skæm] *n* (*inf*) arnaque *f*

**scamp** [skæmp] *vt* bâcler

**scamper** ['skæmpə<sup>r</sup>] *vi*: **to ~ away**, **~ off** détaler

**scampi** ['skæmpɪ] *npl* langoustines (frites),
scampi *mpl*

**scan** [skæn] *vt* (*examine*) scruter, examiner;
(*glance at quickly*) parcourir; (*poetry*) scander; (*TV,
Radar*) balayer ▷ *n* (*Med*) scanographie *f*

**scandal** ['skændl] *n* scandale *m*; (*gossip*) ragots
*mpl*

**scandalize** ['skændəlaɪz] *vt* scandaliser,
indigner

**scandalous** ['skændələs] *adj* scandaleux(-euse).

**Scandinavia** [skændɪ'neɪvɪə] *n* Scandinavie *f*

**Scandinavian** [skændɪ'neɪvɪən] *adj* scandinave
▷ *n* Scandinave *m/f*

**scanner** ['skænə<sup>r</sup>] *n* (*Radar, Med*) scanner *m*,
scanographe *m*; (*Comput*) scanner

**scant** [skænt] *adj* insuffisant(e)

**scantily** ['skæntɪlɪ] *adv*: **~ clad** *or* **dressed**
vêtu(e) du strict minimum

**scanty** ['skæntɪ] *adj* peu abondant(e),
insuffisant(e), maigre

**scapegoat** ['skeɪpgəut] *n* bouc *m* émissaire

**scar** [skɑː<sup>r</sup>] *n* cicatrice *f* ▷ *vt* laisser une cicatrice
*or* une marque à

**scarce** [skɛəs] *adj* rare, peu abondant(e); **to
make o.s. ~** (*inf*) se sauver

**scarcely** ['skɛəslɪ] *adv* à peine, presque pas; **~
anybody** pratiquement personne; **I can ~
believe it** j'ai du mal à le croire

**scarcity** ['skɛəsɪtɪ] n rareté f, manque m, pénurie f

**scarcity value** n valeur f de rareté

**scare** [skɛəʳ] n peur f, panique f ▷ vt effrayer, faire peur à; **to ~ sb stiff** faire une peur bleue à qn; **bomb ~** alerte f à la bombe
  ▶ **scare away, scare off** vt faire fuir

**scarecrow** ['skɛəkrəu] n épouvantail m

**scared** ['skɛəd] adj: **to be ~** avoir peur

**scaremonger** ['skɛəmʌŋgəʳ] n alarmiste m/f

**scarf** (pl **scarves**) [skɑːf, skɑːvz] n (long) écharpe f; (square) foulard m

**scarlet** ['skɑːlɪt] adj écarlate

**scarlet fever** n scarlatine f

**scarper** ['skɑːpəʳ] vi (Brit inf) ficher le camp

**scarves** [skɑːvz] npl of **scarf**

**scary** ['skɛərɪ] adj (inf) effrayant(e); (film) qui fait peur

**scathing** ['skeɪðɪŋ] adj cinglant(e), acerbe; **to be ~ about sth** être très critique vis-à-vis de qch

**scatter** ['skætəʳ] vt éparpiller, répandre; (crowd) disperser ▷ vi se disperser

**scatterbrained** ['skætəbreɪnd] adj écervelé(e), étourdi(e)

**scattered** ['skætəd] adj épars(e), dispersé(e)

**scatty** ['skætɪ] adj (Brit inf) loufoque

**scavenge** ['skævəndʒ] vi (person): **to ~ (for)** faire les poubelles (pour trouver); **to ~ for food** (hyenas etc) se nourrir de charognes

**scavenger** ['skævəndʒəʳ] n éboueur m

**SCE** n abbr = **Scottish Certificate of Education**

**scenario** [sɪ'nɑːrɪəu] n scénario m

**scene** [siːn] n (Theat, fig etc) scène f; (of crime, accident) lieu(x) m(pl), endroit m; (sight, view) spectacle m, vue f; **behind the ~s** (also fig) dans les coulisses; **to make a ~** (inf: fuss) faire une scène or toute une histoire; **to appear on the ~** (also fig) faire son apparition, arriver; **the political ~** la situation politique

**scenery** ['siːnərɪ] n (Theat) décor(s) m(pl); (landscape) paysage m

**scenic** ['siːnɪk] adj scénique; offrant de beaux paysages or panoramas

**scent** [sɛnt] n parfum m, odeur f; (fig: track) piste f; (sense of smell) odorat m; (fig) flairer; (also: **to put** or **throw sb off the scent**: fig) mettre qn sur une mauvaise piste

**sceptic**, (US) **skeptic** ['skɛptɪk] n sceptique m/f

**sceptical**, (US) **skeptical** ['skɛptɪkl] adj sceptique

**scepticism**, (US) **skepticism** ['skɛptɪsɪzəm] n scepticisme m

**sceptre**, (US) **scepter** ['sɛptəʳ] n sceptre m

**schedule** ['ʃɛdjuːl] (US) ['skɛdjuːl] n programme m, plan m; (of trains) horaire m; (of prices etc) barème m, tarif m ▷ vt (visit) prévoir; **as ~d** comme prévu; **on ~** à l'heure (prévue); à la date prévue; **to be ahead of/behind ~** avoir de l'avance/du retard; **we are working to a very tight ~** notre programme de travail est très serré or intense; **everything went according to ~** tout s'est passé comme prévu

**scheduled** ['ʃɛdjuːld, (US) 'skɛdjuːld] adj (date, time) prévu(e), indiqué(e); (visit, event) programmé(e), prévu; (train, bus, stop, flight) régulier(-ière)

**scheduled flight** n vol régulier

**schematic** [skɪ'mætɪk] adj schématique

**scheme** [skiːm] n plan m, projet m; (method) procédé m; (plot) complot m, combine f; (arrangement) arrangement m, classification f; (pension scheme etc) régime m ▷ vi comploter, manigancer; **colour ~** combinaison f de(s) couleurs

**scheming** ['skiːmɪŋ] adj rusé(e), intrigant(e) ▷ n manigances fpl, intrigues fpl

**schism** ['skɪzəm] n schisme m

**schizophrenia** [skɪtsə'friːnɪə] n schizophrénie f

**schizophrenic** [skɪtsə'frɛnɪk] adj schizophrène

**scholar** ['skɔləʳ] n érudit(e); (pupil) boursier(-ère)

**scholarly** ['skɔləlɪ] adj érudit(e), savant(e)

**scholarship** ['skɔləʃɪp] n érudition f; (grant) bourse f (d'études)

**school** [skuːl] n (gen) école f; (secondary school) collège m; lycée m; (in university) faculté f; (US: university) université f; (of fish) banc m ▷ cpd scolaire ▷ vt (animal) dresser

**school age** n âge m scolaire

**schoolbook** ['skuːlbuk] n livre m scolaire or de classe

**schoolboy** ['skuːlbɔɪ] n écolier m; (at secondary school) collégien m; lycéen m

**schoolchildren** ['skuːltʃɪldrən] npl écoliers mpl; (at secondary school) collégiens mpl; lycéens mpl

**schooldays** ['skuːldeɪz] npl années fpl de scolarité

**schoolgirl** ['skuːlgəːl] n écolière f; (at secondary school) collégienne f; lycéenne f

**schooling** ['skuːlɪŋ] n instruction f, études fpl

**school-leaver** ['skuːlliːvəʳ] n (Brit) jeune qui vient de terminer ses études secondaires

**schoolmaster** ['skuːlmɑːstəʳ] n (primary) instituteur m; (secondary) professeur m

**schoolmistress** ['skuːlmɪstrɪs] n (primary) institutrice f; (secondary) professeur m

**school report** n (Brit) bulletin m (scolaire)

**schoolroom** ['skuːlruːm] n (salle f de) classe f

**schoolteacher** ['skuːltiːtʃəʳ] n (primary) instituteur(-trice); (secondary) professeur m

**schoolyard** ['skuːljɑːd] n (US) cour f de récréation

**schooner** ['skuːnəʳ] n (ship) schooner m, goélette f; (glass) grand verre (à xérès)

**sciatica** [saɪ'ætɪkə] n sciatique f

**science** ['saɪəns] n science f; **the ~s** les sciences; (Scol) les matières fpl scientifiques

**science fiction** n science-fiction f

**scientific** [saɪən'tɪfɪk] adj scientifique

**scientist** ['saɪəntɪst] n scientifique m/f; (eminent) savant m

**sci-fi** ['saɪfaɪ] n abbr (inf: = science fiction) SF f

**Scilly Isles** ['sɪlɪ'aɪlz], **Scillies** ['sɪlɪz] npl: **the ~** les Sorlingues fpl, les îles fpl Scilly

**S**

**scintillating** ['sɪntɪleɪtɪŋ] *adj* scintillant(e), étincelant(e); (*wit etc*) brillant(e)

**scissors** ['sɪzəz] *npl* ciseaux *mpl*; **a pair of** ~ une paire de ciseaux

**sclerosis** [sklɪ'rəusɪs] *n* sclérose *f*

**scoff** [skɔf] *vt* (*Brit inf: eat*) avaler, bouffer ▷ *vi*: **to** ~ **(at)** (*mock*) se moquer (de)

**scold** [skəuld] *vt* gronder, attraper, réprimander

**scolding** ['skəuldɪŋ] *n* réprimande *f*

**scone** [skɔn] *n* sorte de petit pain rond au lait

**scoop** [sku:p] *n* pelle *f* (à main); (*for ice cream*) boule *f* à glace; (*Press*) reportage exclusif *or* à sensation
▶ **scoop out** *vt* évider, creuser
▶ **scoop up** *vt* ramasser

**scooter** ['sku:təʳ] *n* (*motor cycle*) scooter *m*; (*toy*) trottinette *f*

**scope** [skəup] *n* (*capacity: of plan, undertaking*) portée *f*, envergure *f*; (*: of person*) compétence *f*, capacités *fpl*; (*opportunity*) possibilités *fpl*; **within the** ~ **of** dans les limites de; **there is plenty of** ~ **for improvement** (*Brit*) cela pourrait être beaucoup mieux

**scorch** [skɔ:tʃ] *vt* (*clothes*) brûler (légèrement), roussir; (*earth, grass*) dessécher, brûler

**scorched earth policy** ['skɔ:tʃt-] *n* politique *f* de la terre brûlée

**scorcher** ['skɔ:tʃəʳ] *n* (*inf: hot day*) journée *f* torride

**scorching** ['skɔ:tʃɪŋ] *adj* torride, brûlant(e)

**score** [skɔ:ʳ] *n* score *m*, décompte *m* des points; (*Mus*) partition *f* ▷ *vt* (*goal, point*) marquer; (*success*) remporter; (*cut: leather, wood, card*) entailler, inciser ▷ *vi* marquer des points; (*Football*) marquer un but; (*keep score*) compter les points; **on that** ~ sur ce chapitre, à cet égard; **to have an old** ~ **to settle with sb** (*fig*) avoir un (vieux) compte à régler avec qn; **a** ~ **of** (*twenty*) vingt; **~s of** (*fig*) des tas de; **to** ~ **6 out of 10** obtenir 6 sur 10
▶ **score out** *vt* rayer, barrer, biffer

**scoreboard** ['skɔ:bɔ:d] *n* tableau *m*

**scorecard** ['skɔ:kɑ:d] *n* (*Sport*) carton *m*, feuille *f* de marque

**scoreline** ['skɔ:laɪn] *n* (*Sport*) score *m*

**scorer** ['skɔ:rəʳ] *n* (*Football*) auteur *m* du but; buteur *m*; (*keeping score*) marqueur *m*

**scorn** [skɔ:n] *n* mépris *m*, dédain *m* ▷ *vt* mépriser, dédaigner

**scornful** ['skɔ:nful] *adj* méprisant(e), dédaigneux(-euse)

**Scorpio** ['skɔ:pɪəu] *n* le Scorpion; **to be** ~ être du Scorpion

**scorpion** ['skɔ:pɪən] *n* scorpion *m*

**Scot** [skɔt] *n* Écossais(e)

**Scotch** [skɔtʃ] *n* whisky *m*, scotch *m*

**scotch** [skɔtʃ] *vt* faire échouer; enrayer; étouffer

**Scotch tape**® (*US*) *n* scotch® *m*, ruban adhésif

**scot-free** ['skɔt'fri:] *adj*: **to get off** ~ s'en tirer sans être puni(e); s'en sortir indemne

**Scotland** ['skɔtlənd] *n* Écosse *f*

**Scots** [skɔts] *adj* écossais(e)

**Scotsman** ['skɔtsmən] (*irreg*) *n* Écossais *m*

**Scotswoman** ['skɔtswumən] (*irreg*) *n* Écossaise *f*

**Scottish** ['skɔtɪʃ] *adj* écossais(e); **the** ~ **National Party** le parti national écossais; **the** ~ **Parliament** le Parlement écossais

**scoundrel** ['skaundrl] *n* vaurien *m*

**scour** ['skauəʳ] *vt* (*clean*) récurer; frotter; décaper; (*search*) battre, parcourir

**scourer** ['skauərəʳ] *n* tampon abrasif *or* à récurer; (*powder*) poudre *f* à récurer

**scourge** [skə:dʒ] *n* fléau *m*

**scout** [skaut] *n* (*Mil*) éclaireur *m*; (*also:* **boy scout**) scout *m*; **girl** ~ (*US*) guide *f*
▶ **scout around** *vi* chercher

**scowl** [skaul] *vi* se renfrogner, avoir l'air maussade; **to** ~ **at** regarder de travers

**scrabble** ['skræbl] *vi* (*claw*): **to** ~ **(at)** gratter; **to** ~ **about** *or* **around for sth** chercher qch à tâtons ▷ *n*: **S~**® Scrabble® *m*

**scraggy** ['skrægɪ] *adj* décharné(e), efflanqué(e), famélique

**scram** [skræm] *vi* (*inf*) ficher le camp

**scramble** ['skræmbl] *n* (*rush*) bousculade *f*, ruée *f* ▷ *vi* grimper/descendre tant bien que mal; **to** ~ **for** se bousculer *or* se disputer pour (avoir); **to go scrambling** (*Sport*) faire du trial

**scrambled eggs** ['skræmbld-] *npl* œufs brouillés

**scrap** [skræp] *n* bout *m*, morceau *m*; (*fight*) bagarre *f*; (*also:* **scrap iron**) ferraille *f* ▷ *vt* jeter, mettre au rebut; (*fig*) abandonner, laisser tomber ▷ *vi* se bagarrer; **scraps** *npl* (*waste*) déchets *mpl*; **to sell sth for** ~ vendre qch à la casse *or* à la ferraille

**scrapbook** ['skræpbuk] *n* album *m*

**scrap dealer** *n* marchand *m* de ferraille

**scrape** [skreɪp] *vt, vi* gratter, racler ▷ *n*: **to get into a** ~ s'attirer des ennuis
▶ **scrape through** *vi* (*exam etc*) réussir de justesse
▶ **scrape together** *vt* (*money*) racler ses fonds de tiroir pour réunir

**scraper** ['skreɪpəʳ] *n* grattoir *m*, racloir *m*

**scrap heap** *n* tas *m* de ferraille; (*fig*): **on the** ~ au rancart *or* rebut

**scrap merchant** *n* (*Brit*) marchand *m* de ferraille

**scrap metal** *n* ferraille *f*

**scrap paper** *n* papier *m* brouillon

**scrappy** ['skræpɪ] *adj* fragmentaire, décousu(e)

**scrap yard** *n* parc *m* à ferrailles; (*for cars*) cimetière *m* de voitures

**scratch** [skrætʃ] *n* égratignure *f*, rayure *f*; (*on paint*) éraflure *f*; (*from claw*) coup *m* de griffe ▷ *adj*: ~ **team** équipe de fortune *or* improvisée ▷ *vt* (*rub*) (se) gratter; (*record*) rayer; (*paint etc*) érafler; (*with claw, nail*) griffer; (*Comput*) effacer ▷ *vi* (se) gratter; **to start from** ~ partir de zéro; **to be up to** ~ être à la hauteur

**scratch card** *n* carte *f* à gratter

**scrawl** [skrɔ:l] *n* gribouillage *m* ▷ *vi* gribouiller

**scrawny** ['skrɔ:nɪ] *adj* décharné(e)

**scream** [skri:m] *n* cri perçant, hurlement *m* ▷ *vi* crier, hurler; **to be a ~** (*inf*) être impayable; **to ~ at sb to do sth** crier *or* hurler à qn de faire qch
**scree** [skri:] *n* éboulis *m*
**screech** [skri:tʃ] *n* cri strident, hurlement *m*; (*of tyres, brakes*) crissement *m*, grincement *m* ▷ *vi* hurler; crisser, grincer
**screen** [skri:n] *n* écran *m*; (*in room*) paravent *m*; (*Cine, TV*) écran; (*fig*) écran, rideau *m* ▷ *vt* masquer, cacher; (*from the wind etc*) abriter, protéger; (*film*) projeter; (*candidates etc*) filtrer; (*for illness*): **to ~ sb for sth** faire subir un test de dépistage de qch à qn
**screen editing** [-'ɛdɪtɪŋ] *n* (*Comput*) édition *f or* correction *f* sur écran
**screening** ['skri:nɪŋ] *n* (*of film*) projection *f*; (*Med*) test *m* (*or* tests) de dépistage; (*for security*) filtrage *m*
**screen memory** *n* (*Comput*) mémoire *f* écran
**screenplay** ['skri:npleɪ] *n* scénario *m*
**screen saver** *n* (*Comput*) économiseur *m* d'écran
**screen test** *n* bout *m* d'essai
**screw** [skru:] *n* vis *f*; (*propeller*) hélice *f* ▷ *vt* (*also*: **screw in**) visser; (*inf!: woman*) baiser (!); **to ~ sth to the wall** visser qch au mur; **to have one's head ~ed on** (*fig*) avoir la tête sur les épaules
▷ **screw up** *vt* (*paper etc*) froisser; (*inf: ruin*) bousiller; **to ~ up one's eyes** se plisser les yeux; **to ~ up one's face** faire la grimace
**screwdriver** ['skru:draɪvəʳ] *n* tournevis *m*
**screwed-up** ['skru:d'ʌp] *adj* (*inf*): **to be ~** être paumé(e)
**screwy** ['skru:ɪ] *adj* (*inf*) dingue, cinglé(e)
**scribble** ['skrɪbl] *n* gribouillage *m* ▷ *vt* gribouiller, griffonner; **to ~ sth down** griffonner qch
**scribe** [skraɪb] *n* scribe *m*
**script** [skrɪpt] *n* (*Cine etc*) scénario *m*, texte *m*; (*in exam*) copie *f*; (*writing*) (écriture *f*) script *m*
**scripted** ['skrɪptɪd] *adj* (*Radio, TV*) préparé(e) à l'avance
**Scripture** ['skrɪptʃəʳ] *n* Écriture sainte
**scriptwriter** ['skrɪptraɪtəʳ] *n* scénariste *m/f*, dialoguiste *m/f*
**scroll** [skrəul] *n* rouleau *m* ▷ *vt* (*Comput*) faire défiler (sur l'écran)
**scrotum** ['skrəutəm] *n* scrotum *m*
**scrounge** [skraundʒ] (*inf*) *vt*: **to ~ sth (off or from sb)** se faire payer qch (par qn), emprunter qch (à qn) ▷ *vi*: **to ~ on sb** vivre aux crochets de qn
**scrounger** ['skraundʒəʳ] *n* parasite *m*
**scrub** [skrʌb] *n* (*clean*) nettoyage *m* (à la brosse); (*land*) broussailles *fpl* ▷ *vt* (*floor*) nettoyer à la brosse; (*pan*) récurer; (*washing*) frotter; (*reject*) annuler
**scrubbing brush** ['skrʌbɪŋ-] *n* brosse dure
**scruff** [skrʌf] *n*: **by the ~ of the neck** par la peau du cou
**scruffy** ['skrʌfɪ] *adj* débraillé(e)
**scrum** [skrʌm], **scrummage** ['skrʌmɪdʒ] *n* mêlée *f*

**scruple** ['skru:pl] *n* scrupule *m*; **to have no ~s about doing sth** n'avoir aucun scrupule à faire qch
**scrupulous** ['skru:pjuləs] *adj* scrupuleux(-euse)
**scrupulously** ['skru:pjuləslɪ] *adv* scrupuleusement; **to be ~ honest** être d'une honnêteté scrupuleuse
**scrutinize** ['skru:tɪnaɪz] *vt* scruter, examiner minutieusement
**scrutiny** ['skru:tɪnɪ] *n* examen minutieux; **under the ~ of sb** sous la surveillance de qn
**scuba** ['sku:bə] *n* scaphandre *m* (autonome)
**scuba diving** ['sku:bə-] *n* plongée sous-marine
**scuff** [skʌf] *vt* érafler
**scuffle** ['skʌfl] *n* échauffourée *f*, rixe *f*
**scullery** ['skʌlərɪ] *n* arrière-cuisine *f*
**sculptor** ['skʌlptəʳ] *n* sculpteur *m*
**sculpture** ['skʌlptʃəʳ] *n* sculpture *f*
**scum** [skʌm] *n* écume *f*, mousse *f*; (*pej: people*) rebut *m*, lie *f*
**scupper** ['skʌpəʳ] *vt* (*Brit*) saborder
**scurrilous** ['skʌrɪləs] *adj* haineux(-euse), virulent(e); calomnieux(-euse)
**scurry** ['skʌrɪ] *vi* filer à toute allure; **to ~ off** détaler, se sauver
**scurvy** ['skə:vɪ] *n* scorbut *m*
**scuttle** ['skʌtl] *n* (*Naut*) écoutille *f*; (*also*: **coal scuttle**) seau *m* (à charbon) ▷ *vt* (*ship*) saborder ▷ *vi* (*scamper*): **to ~ away, ~ off** détaler
**scythe** [saɪð] *n* faux *f*
**SD, S. Dak.** *abbr* (US) = **South Dakota**
**SDI** *n abbr* (= *Strategic Defense Initiative*) IDS *f*
**SDLP** *n abbr* (*Brit Pol*) = **Social Democratic and Labour Party**
**sea** [si:] *n* mer *f* ▷ *cpd* marin(e), de (la) mer, maritime; **on the ~** (*boat*) en mer; (*town*) au bord de la mer; **by** *or* **beside the ~** (*holiday, town*) au bord de la mer; **by ~** par mer, en bateau; **out to ~** au large; (**out**) **at ~** en mer; **heavy** *or* **rough ~(s)** grosse mer, mer agitée; **a ~ of faces** (*fig*) une multitude de visages; **to be all at ~** (*fig*) nager complètement
**sea bed** *n* fond *m* de la mer
**sea bird** *n* oiseau *m* de mer
**seaboard** ['si:bɔ:d] *n* côte *f*
**sea breeze** *n* brise *f* de mer
**seafarer** ['si:fɛərəʳ] *n* marin *m*
**seafaring** ['si:fɛərɪŋ] *adj* (*life*) de marin; **~ people** les gens *mpl* de mer
**seafood** ['si:fu:d] *n* fruits *mpl* de mer
**sea front** ['si:frʌnt] *n* bord *m* de mer
**seagoing** ['si:gəuɪŋ] *adj* (*ship*) de haute mer
**seagull** ['si:gʌl] *n* mouette *f*
**seal** [si:l] *n* (*animal*) phoque *m*; (*stamp*) sceau *m*, cachet *m*; (*impression*) cachet, estampille *f* ▷ *vt* sceller; (*envelope*) coller; (: *with seal*) cacheter; (*decide: sb's fate*) décider (de); (: *bargain*) conclure; **~ of approval** approbation *f*
▷ **seal off** *vt* (*close*) condamner; (*forbid entry to*) interdire l'accès de
**sea level** *n* niveau *m* de la mer
**sealing wax** ['si:lɪŋ-] *n* cire *f* à cacheter

**sea lion** n lion m de mer

**sealskin** ['siːlskɪn] n peau f de phoque

**seam** [siːm] n couture f; (of coal) veine f, filon m; **the hall was bursting at the ~s** la salle était pleine à craquer

**seaman** ['siːmən] (irreg) n marin m

**seamanship** ['siːmənʃɪp] n qualités fpl de marin

**seamless** ['siːmlɪs] adj sans couture(s)

**seamy** ['siːmɪ] adj louche, mal famé(e)

**seance** ['seɪɔns] n séance f de spiritisme

**seaplane** ['siːpleɪn] n hydravion m

**seaport** ['siːpɔːt] n port m de mer

**search** [səːtʃ] n (for person, thing, Comput) recherche(s) f(pl); (of drawer, pockets) fouille f; (Law: at sb's home) perquisition f ▷ vt fouiller; (examine) examiner minutieusement; scruter ▷ vi: **to ~ for** chercher; **in ~ of** à la recherche de
▸ **search through** vt fus fouiller

**search engine** n (Comput) moteur m de recherche

**searcher** ['səːtʃər] n chercheur(-euse)

**searching** ['səːtʃɪŋ] adj (look, question) pénétrant(e); (examination) minutieux(-euse)

**searchlight** ['səːtʃlaɪt] n projecteur m

**search party** n expédition f de secours

**search warrant** n mandat m de perquisition

**searing** ['sɪərɪŋ] adj (heat) brûlant(e); (pain) aigu(ë)

**seashore** ['siːʃɔːʳ] n rivage m, plage f, bord m de (la) mer; **on the ~** sur le rivage

**seasick** ['siːsɪk] adj: **to be ~** avoir le mal de mer

**seaside** ['siːsaɪd] n bord m de mer

**seaside resort** n station f balnéaire

**season** ['siːzn] n saison f ▷ vt assaisonner, relever; **to be in/out of ~** être/ne pas être de saison; **the busy ~** (for shops) la période de pointe; (for hotels etc) la pleine saison; **the open ~** (Hunting) la saison de la chasse

**seasonal** ['siːznl] adj saisonnier(-ière)

**seasoned** ['siːznd] adj (wood) séché(e); (fig: worker, actor, troops) expérimenté(e); **a ~ campaigner** un vieux militant, un vétéran

**seasoning** ['siːznɪŋ] n assaisonnement m

**season ticket** n carte f d'abonnement

**seat** [siːt] n siège m; (in bus, train: place) place f; (Parliament) siège; (buttocks) postérieur m; (of trousers) fond m ▷ vt faire asseoir, placer; (have room for) avoir des places assises pour, pouvoir accueillir; **are there any ~s left?** est-ce qu'il reste des places?; **to take one's ~** prendre place; **to be ~ed** être assis; **please be ~ed** veuillez vous asseoir

**seat belt** n ceinture f de sécurité

**seating** ['siːtɪŋ] n sièges fpl, places assises

**seating capacity** ['siːtɪŋ-] n nombre m de places assises

**sea urchin** n oursin m

**sea water** n eau f de mer

**seaweed** ['siːwiːd] n algues fpl

**seaworthy** ['siːwəːðɪ] adj en état de naviguer

**SEC** n abbr (US: = Securities and Exchange Commission) ≈ COB f (= Commission des opérations de Bourse)

**sec.** abbr (= second) sec

**secateurs** [sɛkə'təːz] npl sécateur m

**secede** [sɪ'siːd] vi faire sécession

**secluded** [sɪ'kluːdɪd] adj retiré(e), à l'écart

**seclusion** [sɪ'kluːʒən] n solitude f

**second¹** ['sɛkənd] num deuxième, second(e) ▷ adv (in race etc) en seconde position ▷ n (unit of time) seconde f; (Aut: also: **second gear**) seconde; (in series, position) deuxième m/f, second(e); (Comm: imperfect) article m de second choix; (Brit Scol) ≈ licence f avec mention ▷ vt (motion) appuyer; **seconds** npl (inf: food) rab m (inf); **Charles the S~** Charles II; **just a ~!** une seconde!, un instant!; (stopping sb) pas si vite!; **~ floor** (Brit) deuxième (étage) m; (US) premier (étage) m; **to ask for a ~ opinion** (Med) demander l'avis d'un autre médecin

**second²** [sɪ'kɔnd] vt (employee) détacher, mettre en détachement

**secondary** ['sɛkəndərɪ] adj secondaire

**secondary school** n (age 11 to 15) collège m; (age 15 to 18) lycée m

**second-best** [sɛkənd'bɛst] n deuxième choix m; **as a ~** faute de mieux

**second-class** ['sɛkənd'klɑːs] adj de deuxième classe; (Rail) de seconde (classe); (Post) au tarif réduit; (pej) de qualité inférieure ▷ adv (Rail) en seconde; (Post) au tarif réduit; **~ citizen** citoyen(ne) de deuxième classe

**second cousin** n cousin(e) issu(e) de germains

**seconder** ['sɛkəndər] n personne f qui appuie une motion

**second-guess** ['sɛkənd'gɛs] vt (predict) (essayer d')anticiper; **they're still trying to ~ his motives** ils essaient toujours de comprendre ses raisons

**second hand** n (on clock) trotteuse f

**secondhand** ['sɛkənd'hænd] adj d'occasion; (information) de seconde main ▷ adv (buy) d'occasion; **to hear sth ~** apprendre qch indirectement

**second-in-command** ['sɛkəndɪnkə'mɑːnd] n (Mil) commandant m en second; (Admin) adjoint(e), sous-chef m

**secondly** ['sɛkəndlɪ] adv deuxièmement; **firstly ... ~ ...** d'abord ... ensuite ... or de plus ...

**secondment** [sɪ'kɔndmənt] n (Brit) détachement m

**second-rate** ['sɛkənd'reɪt] adj de deuxième ordre, de qualité inférieure

**second thoughts** npl: **to have ~** changer d'avis; **on ~** or **thought** (US) à la réflexion

**secrecy** ['siːkrəsɪ] n secret m; **in ~** en secret

**secret** ['siːkrɪt] adj secret(-ète) ▷ n secret m; **in ~** (adv) en secret, secrètement, en cachette; **to keep sth ~ from sb** cacher qch à qn, ne pas révéler qch à qn; **to make no ~ of sth** ne pas cacher qch; **keep it ~** n'en parle à personne

**secret agent** n agent secret

**secretarial** [sɛkrɪ'tɛərɪəl] adj de secrétaire, de secrétariat

**secretariat** [sɛkrɪ'tɛərɪət] n secrétariat m

**secretary** ['sɛkrətrɪ] n secrétaire m/f; (Comm) secrétaire général; **S~ of State** (US Pol) ≈ ministre m des Affaires étrangères; **S~ of State (for)** (Brit Pol) ministre m (de)

**secretary-general** ['sɛkrətrɪ'dʒɛnərl] n secrétaire général

**secrete** [sɪ'kriːt] vt (Anat, Biol, Med) sécréter; (hide) cacher

**secretion** [sɪ'kriːʃən] n sécrétion f

**secretive** ['siːkrətɪv] adj réservé(e); (pej) cachottier(-ière), dissimulé(e)

**secretly** ['siːkrɪtlɪ] adv en secret, secrètement, en cachette

**secret police** n police secrète

**secret service** n services secrets

**sect** [sɛkt] n secte f

**sectarian** [sɛk'tɛərɪən] adj sectaire

**section** ['sɛkʃən] n section f; (department) section; (Comm) rayon m; (of document) section, article m, paragraphe m; (cut) coupe f ▷ vt sectionner; **the business** etc **~** (Press) la page des affaires etc

**sector** ['sɛktər] n secteur m

**secular** ['sɛkjulər] adj laïque

**secure** [sɪ'kjuər] adj (free from anxiety) sans inquiétude, sécurisé(e); (firmly fixed) solide, bien attaché(e) (or fermé(e) etc); (in safe place) en lieu sûr, en sûreté ▷ vt (fix) fixer, attacher; (get) obtenir, se procurer; (Comm: loan) garantir; **to make sth ~** bien fixer or attacher qch; **to ~ sth for sb** obtenir qch pour qn, procurer qch à qn

**secured creditor** [sɪ'kjuəd-] n créancier(-ière), privilégié(e)

**security** [sɪ'kjuərɪtɪ] n sécurité f, mesures fpl de sécurité; (for loan) caution f, garantie f; **securities** npl (Stock Exchange) valeurs fpl, titres mpl; **to increase** or **tighten ~** renforcer les mesures de sécurité; **~ of tenure** stabilité f d'un emploi, titularisation f

**Security Council** n: **the ~** le Conseil de sécurité

**security forces** npl forces fpl de sécurité

**security guard** n garde chargé de la sécurité; (transporting money) convoyeur m de fonds

**security risk** n menace f pour la sécurité de l'état (or d'une entreprise etc)

**sedan** [sə'dæn] n (US Aut) berline f

**sedate** [sɪ'deɪt] adj calme; posé(e) ▷ vt donner des sédatifs à

**sedation** [sɪ'deɪʃən] n (Med) sédation f; **to be under ~** être sous calmants

**sedative** ['sɛdɪtɪv] n calmant m, sédatif m

**sedentary** ['sɛdntrɪ] adj sédentaire

**sediment** ['sɛdɪmənt] n sédiment m, dépôt m

**sedition** [sɪ'dɪʃən] n sédition f

**seduce** [sɪ'djuːs] vt séduire

**seduction** [sɪ'dʌkʃən] n séduction f

**seductive** [sɪ'dʌktɪv] adj séduisant(e); (smile) séducteur(-trice); (fig: offer) alléchant(e)

**see** [siː] (pt **saw**, pp **seen** [sɔː, siːn]) vt (gen) voir; (accompany): **to ~ sb to the door** reconduire or raccompagner qn jusqu'à la porte ▷ vi voir ▷ n évêché m; **to ~ that** (ensure) veiller à ce que + sub,

faire en sorte que + sub, s'assurer que; **there was nobody to be ~n** il n'y avait pas un chat; **let me ~** (show me) fais(-moi) voir; (let me think) voyons (un peu); **to go and ~ sb** aller voir qn; **~ for yourself** voyez vous-même; **I don't know what she ~s in him** je ne sais pas ce qu'elle lui trouve; **as far as I can ~** pour autant que je puisse en juger; **~ you!** au revoir!, à bientôt!; **~ you soon/later/tomorrow!** à bientôt/plus tard/demain!

▶ **see about** vt fus (deal with) s'occuper de

▶ **see off** vt accompagner (à l'aéroport etc)

▶ **see out** vt (take to door) raccompagner à la porte

▶ **see through** vt mener à bonne fin ▷ vt fus voir clair dans

▶ **see to** vt fus s'occuper de, se charger de

**seed** [siːd] n (Bot) graine f; (fig) germe m; (Tennis etc) tête f de série; **to go to ~** (plant) monter en graine; (fig) se laisser aller

**seedless** ['siːdlɪs] adj sans pépins

**seedling** ['siːdlɪŋ] n jeune plant m, semis m

**seedy** ['siːdɪ] adj (shabby) minable, miteux(-euse)

**seeing** ['siːɪŋ] conj: **~ (that)** vu que, étant donné que

**seek** [siːk] (pt, pp **sought** [sɔːt]) vt chercher, rechercher; **to ~ advice/help from sb** demander conseil/de l'aide à qn

▶ **seek out** vt (person) chercher

**seem** [siːm] vi sembler, paraître; **there ~s to be ...** il semble qu'il y a ..., on dirait qu'il y a ...; **it ~s (that) ...** il semble que ...; **what ~s to be the trouble?** qu'est-ce qui ne va pas?

**seemingly** ['siːmɪŋlɪ] adv apparemment

**seen** [siːn] pp of **see**

**seep** [siːp] vi suinter, filtrer

**seer** [sɪər] n prophète (prophétesse) voyant(e)

**seersucker** ['sɪəsʌkər] n cloqué m, étoffe cloquée

**seesaw** ['siːsɔː] n (jeu m de) bascule f

**seethe** [siːð] vi être en effervescence; **to ~ with anger** bouillir de colère

**see-through** ['siːθruː] adj transparent(e)

**segment** ['sɛgmənt] n segment m; (of orange) quartier m

**segregate** ['sɛgrɪgeɪt] vt séparer, isoler

**segregation** [sɛgrɪ'geɪʃən] n ségrégation f

**Seine** [seɪn] n: **the (River) ~** la Seine

**seismic** ['saɪzmɪk] adj sismique

**seize** [siːz] vt (grasp) saisir, attraper; (take possession of) s'emparer de; (opportunity) saisir; (Law) saisir

▶ **seize on** vt fus saisir, sauter sur

▶ **seize up** vi (Tech) se gripper

▶ **seize upon** vt fus = **seize on**

**seizure** ['siːʒər] n (Med) crise f, attaque f; (of power) prise f; (Law) saisie f

**seldom** ['sɛldəm] adv rarement

**select** [sɪ'lɛkt] adj choisi(e), d'élite; (hotel, restaurant, club) chic inv, sélect inv ▷ vt sélectionner, choisir; **a ~ few** quelques privilégiés

**selection** [sɪ'lɛkʃən] n sélection f, choix m

**selection committee** n comité m de sélection
**selective** [sɪˈlɛktɪv] adj sélectif(-ive); (school) à recrutement sélectif
**selector** [sɪˈlɛktəʳ] n (person) sélectionneur(-euse); (Tech) sélecteur m
**self** [sɛlf] n (pl **selves**) [sɛlvz]: **the ~** le moi inv ▷ prefix auto-
**self-addressed** [ˈsɛlfəˈdrɛst] adj: **~ envelope** enveloppe f à mon (or votre etc) nom
**self-adhesive** [sɛlfədˈhiːzɪv] adj autocollant(e)
**self-assertive** [sɛlfəˈsəːtɪv] adj autoritaire
**self-assurance** [sɛlfəˈʃuərəns] n assurance f
**self-assured** [sɛlfəˈʃuəd] adj sûr(e) de soi, plein(e) d'assurance
**self-catering** [sɛlfˈkeɪtərɪŋ] adj (Brit: flat) avec cuisine, où l'on peut faire sa cuisine; (: holiday) en appartement (or chalet etc) loué
**self-centred**, (US) **self-centered** [sɛlfˈsɛntəd] adj égocentrique
**self-cleaning** [sɛlfˈkliːnɪŋ] adj autonettoyant(e).
**self-confessed** [sɛlfkənˈfɛst] adj (alcoholic etc) déclaré(e), qui ne s'en cache pas
**self-confidence** [sɛlfˈkɔnfɪdns] n confiance f en soi
**self-confident** [sɛlfˈkɔnfɪdnt] adj sûr(e) de soi, plein(e) d'assurance
**self-conscious** [sɛlfˈkɔnʃəs] adj timide, qui manque d'assurance
**self-contained** [sɛlfkənˈteɪnd] adj (Brit: flat) avec entrée particulière, indépendant(e)
**self-control** [sɛlfkənˈtrəul] n maîtrise f de soi
**self-defeating** [sɛlfdɪˈfiːtɪŋ] adj qui a un effet contraire à l'effet recherché
**self-defence**, (US) **self-defense** [sɛlfdɪˈfɛns] n autodéfense f; (Law) légitime défense f
**self-discipline** [sɛlfˈdɪsɪplɪn] n discipline personnelle
**self-drive** [sɛlfˈdraɪv] adj (Brit): **~ car** voiture f de location
**self-employed** [sɛlfɪmˈplɔɪd] adj qui travaille à son compte
**self-esteem** [sɛlfɪˈstiːm] n amour-propre m
**self-evident** [sɛlfˈɛvɪdnt] adj évident(e), qui va de soi
**self-explanatory** [sɛlfɪkˈsplænətrɪ] adj qui se passe d'explication
**self-governing** [sɛlfˈɡʌvənɪŋ] adj autonome
**self-help** [ˈsɛlfˈhɛlp] n initiative personnelle, efforts personnels
**self-importance** [sɛlfɪmˈpɔːtns] n suffisance f
**self-indulgent** [sɛlfɪnˈdʌldʒənt] adj qui ne se refuse rien
**self-inflicted** [sɛlfɪnˈflɪktɪd] adj volontaire
**self-interest** [sɛlfˈɪntrɪst] n intérêt personnel
**selfish** [ˈsɛlfɪʃ] adj égoïste
**selfishness** [ˈsɛlfɪʃnɪs] n égoïsme m
**selfless** [ˈsɛlflɪs] adj désintéressé(e)
**selflessly** [ˈsɛlflɪslɪ] adv sans penser à soi
**self-made man** [ˈsɛlfmeɪd-] n self-made man m
**self-pity** [sɛlfˈpɪtɪ] n apitoiement m sur soi-même

**self-portrait** [sɛlfˈpɔːtreɪt] n autoportrait m
**self-possessed** [sɛlfpəˈzɛst] adj assuré(e)
**self-preservation** [ˈsɛlfprɛzəˈveɪʃən] n instinct m de conservation
**self-raising** [sɛlfˈreɪzɪŋ], (US) **self-rising** [sɛlfˈraɪzɪŋ] adj: **~ flour** farine f pour gâteaux (avec levure incorporée)
**self-reliant** [sɛlfrɪˈlaɪənt] adj indépendant(e)
**self-respect** [sɛlfrɪsˈpɛkt] n respect m de soi, amour-propre m
**self-respecting** [sɛlfrɪsˈpɛktɪŋ] adj qui se respecte
**self-righteous** [sɛlfˈraɪtʃəs] adj satisfait(e) de soi, pharisaïque
**self-rising** [sɛlfˈraɪzɪŋ] adj (US) = **self-raising**
**self-sacrifice** [sɛlfˈsækrɪfaɪs] n abnégation f
**self-same** [ˈsɛlfseɪm] adj même
**self-satisfied** [sɛlfˈsætɪsfaɪd] adj content(e) de soi, suffisant(e)
**self-sealing** [sɛlfˈsiːlɪŋ] adj (envelope) autocollant(e)
**self-service** [sɛlfˈsəːvɪs] adj, n libre-service (m), self-service (m)
**self-styled** [ˈsɛlfstaɪld] adj soi-disant inv
**self-sufficient** [sɛlfsəˈfɪʃənt] adj indépendant(e)
**self-supporting** [sɛlfsəˈpɔːtɪŋ] adj financièrement indépendant(e)
**self-tanning** [ˈsɛlfˈtænɪŋ] adj: **~ cream** or **lotion** etc autobronzant m
**self-taught** [sɛlfˈtɔːt] adj autodidacte
**sell** (pt, pp **sold**) [sɛl, səuld] vt vendre ▷ vi se vendre; **to ~ at** or **for 10 euros** se vendre 10 euros; **to ~ sb an idea** (fig) faire accepter une idée à qn
  ▸ **sell off** vt liquider
  ▸ **sell out** vi: **to ~ out (of sth)** (use up stock) vendre tout son stock (de qch); **to ~ out (to)** (Comm) vendre son fonds or son affaire (à) ▷ vt vendre tout son stock de; **the tickets are all sold out** il ne reste plus de billets
  ▸ **sell up** vi vendre son fonds or son affaire
**sell-by date** [ˈsɛlbaɪ-] n date f limite de vente
**seller** [ˈsɛləʳ] n vendeur(-euse), marchand(e); **~'s market** marché m à la hausse
**selling price** [ˈsɛlɪŋ-] n prix m de vente
**Sellotape®** [ˈsɛləuteɪp] n (Brit) scotch® m
**sellout** [ˈsɛlaut] n trahison f, capitulation f; (of tickets): **it was a ~** tous les billets ont été vendus
**selves** [sɛlvz] npl of **self**
**semantic** [sɪˈmæntɪk] adj sémantique
**semantics** [sɪˈmæntɪks] n sémantique f
**semaphore** [ˈsɛməfɔːʳ] n signaux mpl à bras; (Rail) sémaphore m
**semblance** [ˈsɛmblns] n semblant m
**semen** [ˈsiːmən] n sperme m
**semester** [sɪˈmɛstəʳ] n (esp US) semestre m
**semi...** [ˈsɛmɪ] prefix semi-, demi-; à demi, à moitié ▷ n: **semi = semidetached house**
**semi-breve** [ˈsɛmɪbriːv] n (Brit) ronde f
**semicircle** [ˈsɛmɪsəːkl] n demi-cercle m
**semicircular** [ˈsɛmɪˈsəːkjuləʳ] adj en demi-cercle, semi-circulaire

**semicolon** [ˌsɛmɪˈkəulən] n point-virgule m
**semiconductor** [ˌsɛmɪkənˈdʌktəʳ] n semi-conducteur m
**semiconscious** [ˌsɛmɪˈkɔnʃəs] adj à demi conscient(e)
**semidetached** [ˌsɛmɪdɪˈtætʃt], **semidetached house** n (Brit) maison jumelée or jumelle
**semi-final** [ˌsɛmɪˈfaɪnl] n demi-finale f
**seminar** [ˈsɛmɪnɑːʳ] n séminaire m
**seminary** [ˈsɛmɪnərɪ] n (Rel: for priests) séminaire m
**semiprecious** [ˌsɛmɪˈprɛʃəs] adj semi-précieux(-euse)
**semiquaver** [ˈsɛmɪkweɪvəʳ] n (Brit) double croche f
**semiskilled** [ˌsɛmɪˈskɪld] adj: ~ **worker** ouvrier(-ière) spécialisé(e)
**semi-skimmed** [ˌsɛmɪˈskɪmd] adj demi-écrémé(e)
**semitone** [ˈsɛmɪtəun] n (Mus) demi-ton m
**semolina** [ˌsɛməˈliːnə] n semoule f
**SEN** n abbr (Brit) = **State Enrolled Nurse**
**Sen., sen.** abbr = **senator**; **senior**
**senate** [ˈsɛnɪt] n sénat m; (US): **the S~** le Sénat; voir article

◉ **SENATE**
◉
◉ Le *Senate* est la chambre haute du
◉ "Congress", le parlement des États-Unis. Il
◉ est composé de 100 sénateurs, 2 par État,
◉ élus au suffrage universel direct tous les 6
◉ ans, un tiers d'entre eux étant renouvelé
◉ tous les 2 ans.

**senator** [ˈsɛnɪtəʳ] n sénateur m
**send** (pt, pp **sent**) [sɛnd, sɛnt] vt envoyer; **to ~ by post** or (US) **mail** envoyer or expédier par la poste; **to ~ sb for sth** envoyer qn chercher qch; **to ~ word that ...** faire dire que ...; **she ~s (you) her love** elle vous adresse ses amitiés; **to ~ sb to Coventry** (Brit) mettre qn en quarantaine; **to ~ sb to sleep** endormir qn; **to ~ sb into fits of laughter** faire rire qn aux éclats; **to ~ sth flying** envoyer valser qch
▸ **send away** vt (letter, goods) envoyer, expédier
▸ **send away for** vt fus commander par correspondance, se faire envoyer
▸ **send back** vt renvoyer
▸ **send for** vt fus envoyer chercher; faire venir; (by post) se faire envoyer, commander par correspondance
▸ **send in** vt (report, application, resignation) remettre
▸ **send off** vt (goods) envoyer, expédier; (Brit Sport: player) expulser or renvoyer du terrain
▸ **send on** vt (Brit: letter) faire suivre; (luggage etc: in advance) (faire) expédier à l'avance
▸ **send out** vt (invitation) envoyer (par la poste); (emit: light, heat, signal) émettre
▸ **send round** vt (letter, document etc) faire circuler

▸ **send up** vt (person, price) faire monter; (Brit: parody) mettre en boîte, parodier
**sender** [ˈsɛndəʳ] n expéditeur(-trice)
**send-off** [ˈsɛndɔf] n: **a good ~** des adieux chaleureux
**Senegal** [ˌsɛnɪˈɡɔːl] n Sénégal m
**Senegalese** [ˌsɛnɪɡəˈliːz] adj sénégalais(e) ▷ n (pl inv) Sénégalais(e)
**senile** [ˈsiːnaɪl] adj sénile
**senility** [sɪˈnɪlɪtɪ] n sénilité f
**senior** [ˈsiːnɪəʳ] adj (older) aîné(e), plus âgé(e); (high-ranking) de haut niveau; (of higher rank): **to be ~ to sb** être le supérieur de qn ▷ n (older): **she is 15 years his ~** elle est son aînée de 15 ans, elle est plus âgée que lui de 15 ans; (in service) personne f qui a plus d'ancienneté; **P. Jones ~** P. Jones père
**senior citizen** n personne f du troisième âge
**senior high school** n (US) ≈ lycée m
**seniority** [ˌsiːnɪˈɔrɪtɪ] n priorité f d'âge, ancienneté f; (in rank) supériorité f (hiérarchique)
**sensation** [sɛnˈseɪʃən] n sensation f; **to create a ~** faire sensation
**sensational** [sɛnˈseɪʃənl] adj qui fait sensation; (marvellous) sensationnel(le)
**sense** [sɛns] n sens m; (feeling) sentiment m; (meaning) sens, signification f; (wisdom) bon sens ▷ vt sentir, pressentir; **senses** npl raison f; **it makes ~** c'est logique; **there is no ~ in (doing) that** cela n'a pas de sens; **to come to one's ~s** (regain consciousness) reprendre conscience; (become reasonable) revenir à la raison; **to take leave of one's ~s** perdre la tête
**senseless** [ˈsɛnslɪs] adj insensé(e), stupide; (unconscious) sans connaissance
**sense of humour**, (US) **sense of humor** n sens m de l'humour
**sensibility** [ˌsɛnsɪˈbɪlɪtɪ] n sensibilité f; **sensibilities** npl susceptibilité f
**sensible** [ˈsɛnsɪbl] adj sensé(e), raisonnable; (shoes etc) pratique
**sensitive** [ˈsɛnsɪtɪv] adj: ~ **(to)** sensible (à); **he is very ~ about it** c'est un point très sensible (chez lui)
**sensitivity** [ˌsɛnsɪˈtɪvɪtɪ] n sensibilité f
**sensual** [ˈsɛnsjuəl] adj sensuel(le)
**sensuous** [ˈsɛnsjuəs] adj voluptueux(-euse), sensuel(le)
**sent** [sɛnt] pt, pp of **send**
**sentence** [ˈsɛntns] n (Ling) phrase f; (Law: judgment) condamnation f, sentence f; (: punishment) peine f ▷ vt: **to ~ sb to death/to 5 years** condamner qn à mort/à 5 ans; **to pass ~ on sb** prononcer une peine contre qn
**sentiment** [ˈsɛntɪmənt] n sentiment m; (opinion) opinion f, avis m
**sentimental** [ˌsɛntɪˈmɛntl] adj sentimental(e)
**sentimentality** [ˌsɛntɪmɛnˈtælɪtɪ] n sentimentalité f, sensiblerie f
**sentry** [ˈsɛntrɪ] n sentinelle f, factionnaire m
**sentry duty** n: **to be on ~** être de faction

**S**

**Seoul** [səul] n Séoul
**separable** ['sɛprəbl] adj séparable
**separate** [adj 'sɛprɪt, vb 'sepəreɪt] adj séparé(e); (organization) indépendant(e); (day, occasion, issue) différent(e) ▷ vt séparer; (distinguish) distinguer ▷ vi se séparer; ~ **from** distinct(e) de; **under ~ cover** (Comm) sous pli séparé; **to ~ into** diviser en
**separately** ['sɛprɪtlɪ] adv séparément
**separates** ['sɛprɪts] npl (clothes) coordonnés mpl
**separation** [sɛpə'reɪʃən] n séparation f
**Sept.** abbr (= September) sept
**September** [sɛp'tɛmbəʳ] n septembre m; for phrases see also **July**
**septic** ['sɛptɪk] adj septique; (wound) infecté(e); **to go ~** s'infecter
**septicaemia** [sɛptɪ'si:mɪə] n septicémie f
**septic tank** n fosse f septique
**sequel** ['si:kwl] n conséquence f; séquelles fpl; (of story) suite f
**sequence** ['si:kwəns] n ordre m, suite f; (in film) séquence f; (dance) numéro m; **in ~** par ordre, dans l'ordre, les uns après les autres; **~ of tenses** concordance f des temps
**sequential** [sɪ'kwɛnʃəl] adj: **~ access** (Comput) accès séquentiel
**sequin** ['si:kwɪn] n paillette f
**Serb** [sə:b] adj, n = **Serbian**
**Serbia** ['sə:bɪə] n Serbie f
**Serbian** ['sə:bɪən] adj serbe ▷ n Serbe m/f; (Ling) serbe m
**Serbo-Croat** ['sə:bəu'krəuæt] n (Ling) serbo-croate m
**serenade** [sɛrə'neɪd] n sérénade f ▷ vt donner une sérénade à
**serene** [sɪ'ri:n] adj serein(e), calme, paisible
**serenity** [sə'rɛnɪtɪ] n sérénité f, calme m
**sergeant** ['sɑ:dʒənt] n sergent m; (Police) brigadier m
**sergeant major** n sergent-major m
**serial** ['sɪərɪəl] n feuilleton m ▷ adj (Comput: interface, printer) série inv; (: access) séquentiel(le)
**serialize** ['sɪərɪəlaɪz] vt publier (or adapter) en feuilleton
**serial killer** n meurtrier m tuant en série
**serial number** n numéro m de série
**series** ['sɪərɪz] n série f; (Publishing) collection f
**serious** ['sɪərɪəs] adj sérieux(-euse); (accident etc) grave; **are you ~ (about it)?** parlez-vous sérieusement?
**seriously** ['sɪərɪəslɪ] adv sérieusement; (hurt) gravement; **~ rich/difficult** (inf: extremely) drôlement riche/difficile; **to take sth/sb ~** prendre qch/qn au sérieux
**seriousness** ['sɪərɪəsnɪs] n sérieux m, gravité f
**sermon** ['sə:mən] n sermon m
**serrated** [sɪ'reɪtɪd] adj en dents de scie
**serum** ['sɪərəm] n sérum m
**servant** ['sə:vənt] n domestique m/f; (fig) serviteur (servante)
**serve** [sə:v] vt (employer etc) servir, être au service de; (purpose) servir à; (customer, food, meal) servir;

(subj: train) desservir; (apprenticeship) faire, accomplir; (prison term) faire; purger ▷ vi (Tennis) servir; (be useful): **to ~ as/for/to do** servir de/à/à faire ▷ n (Tennis) service m; **are you being ~d?** est-ce qu'on s'occupe de vous?; **to ~ on a committee/jury** faire partie d'un comité/ jury; **it ~s him right** c'est bien fait pour lui; **it ~s my purpose** cela fait mon affaire
▶ **serve out, serve up** vt (food) servir
**server** [sə:vəʳ] n (Comput) serveur m
**service** ['sə:vɪs] n (gen) service m; (Aut) révision f; (Rel) office m ▷ vt (car etc) réviser; **services** npl (Econ: tertiary sector) (secteur m) tertiaire m, secteur des services; (Brit: on motorway) station-service f; (Mil): **the S~s** (npl) les forces armées; **to be of ~ to sb, to do sb a ~** rendre service à qn; **~ included/not included** service compris/non compris; **to put one's car in for ~** donner sa voiture à réviser; **dinner ~** service de table
**serviceable** ['sə:vɪsəbl] adj pratique, commode
**service area** n (on motorway) aire f de services
**service charge** n (Brit) service m
**service industries** npl les industries fpl de service, les services mpl
**serviceman** ['sə:vɪsmən] n (irreg) n militaire m
**service station** n station-service f
**serviette** [sə:vɪ'ɛt] n (Brit) serviette f (de table)
**servile** ['sə:vaɪl] adj servile
**session** ['sɛʃən] n (sitting) séance f; (Scol) année f scolaire (or universitaire); **to be in ~** siéger, être en session or en séance
**session musician** n musicien(ne) de studio
**set** [sɛt] (pt, pp **set**) n série f, assortiment m; (of tools etc) jeu m; (Radio, TV) poste m; (Tennis) set m; (group of people) cercle m, milieu m; (Cine) plateau m; (Theat: stage) scène f; (: scenery) décor m; (Math) ensemble m; (Hairdressing) mise f en plis ▷ adj (fixed) fixe, déterminé(e); (ready) prêt(e) ▷ vt (place) mettre, poser, placer; (fix, establish) fixer; (: record) établir; (assign: task, homework) donner; (exam) composer; (adjust) régler; (decide: rules etc) fixer, choisir; (Typ) composer ▷ vi (sun) se coucher; (jam, jelly, concrete) prendre; (bone) se ressouder; **to be ~ on doing** être résolu(e) à faire; **to be all ~ to do** être (fin) prêt(e) pour faire; **to be (dead) ~ against** être (totalement) opposé à; **he's ~ in his ways** il n'est pas très souple, il tient à ses habitudes; **to ~ to music** mettre en musique; **to ~ on fire** mettre le feu à; **to ~ free** libérer; **to ~ sth going** déclencher qch; **to ~ the alarm clock for seven o'clock** mettre le réveil à sonner à sept heures; **to ~ sail** partir, prendre la mer; **a ~ phrase** une expression toute faite, une locution; **a ~ of false teeth** un dentier; **a ~ of dining-room furniture** une salle à manger
▶ **set about** vt fus (task) entreprendre, se mettre à; **to ~ about doing sth** se mettre à faire qch
▶ **set aside** vt mettre de côté; (time) garder
▶ **set back** vt (in time): **to ~ back (by)** retarder (de); (place): **a house ~ back from the road** une maison située en retrait de la route

▶ **set down** *vt* (*subj: bus, train*) déposer
▶ **set in** *vi* (*infection, bad weather*) s'installer; (*complications*) survenir, surgir; **the rain has ~ in for the day** c'est parti pour qu'il pleuve toute la journée
▶ **set off** *vi* se mettre en route, partir ▷ *vt* (*bomb*) faire exploser; (*cause to start*) déclencher; (*show up well*) mettre en valeur, faire valoir
▶ **set out** *vi*: **to ~ out (from)** partir (de) ▷ *vt* (*arrange*) disposer; (*state*) présenter, exposer; **to ~ out to do** entreprendre de faire; avoir pour but *or* intention de faire
▶ **set up** *vt* (*organization*) fonder, créer; (*monument*) ériger; **to ~ up shop** (*fig*) s'établir, s'installer
**setback** ['sɛtbæk] *n* (*hitch*) revers *m*, contretemps *m*; (*in health*) rechute *f*
**set menu** *n* menu *m*
**set square** *n* équerre *f*
**settee** [sɛ'ti:] *n* canapé *m*
**setting** ['sɛtɪŋ] *n* cadre *m*; (*of jewel*) monture *f*; (*position: of controls*) réglage *m*
**setting lotion** *n* lotion *f* pour mise en plis
**settle** ['sɛtl] *vt* (*argument, matter, account*) régler; (*problem*) résoudre; (*Med: calm*) calmer; (*colonize: land*) coloniser ▷ *vi* (*bird, dust etc*) se poser; (*sediment*) se déposer; **to ~ to sth** se mettre sérieusement à qch; **to ~ for sth** accepter qch, se contenter de qch; **to ~ on sth** opter *or* se décider pour qch; **that's ~d then** alors, c'est d'accord!; **to ~ one's stomach** calmer des maux d'estomac
▶ **settle down** *vi* (*get comfortable*) s'installer; (*become calmer*) se calmer; se ranger
▶ **settle in** *vi* s'installer
▶ **settle up** *vi*: **to ~ up with sb** régler (ce que l'on doit à) qn
**settlement** ['sɛtlmənt] *n* (*payment*) règlement *m*; (*agreement*) accord *m*; (*colony*) colonie *f*; (*village etc*) village *m*, hameau *m*; **in ~ of our account** (*Comm*) en règlement de notre compte
**settler** ['sɛtlər] *n* colon *m*
**setup** ['sɛtʌp] *n* (*arrangement*) manière *f* dont les choses sont organisées; (*situation*) situation *f*, allure *f* des choses
**seven** ['sɛvn] *num* sept
**seventeen** [sɛvn'ti:n] *num* dix-sept
**seventeenth** [sɛvn'ti:nθ] *num* dix-septième
**seventh** ['sɛvnθ] *num* septième
**seventieth** ['sɛvntɪɪθ] *num* soixante-dixième
**seventy** ['sɛvntɪ] *num* soixante-dix
**sever** ['sɛvər] *vt* couper, trancher; (*relations*) rompre
**several** ['sɛvərl] *adj, pron* plusieurs *pl*; **~ of us** plusieurs d'entre nous; **~ times** plusieurs fois
**severance** ['sɛvərəns] *n* (*of relations*) rupture *f*
**severance pay** *n* indemnité *f* de licenciement
**severe** [sɪ'vɪər] *adj* (*stern*) sévère, strict(e); (*serious*) grave, sérieux(-euse); (*hard*) rigoureux(-euse), dur(e); (*plain*) sévère, austère
**severely** [sɪ'vɪəlɪ] *adv* sévèrement; (*wounded, ill*) gravement

**severity** [sɪ'vɛrɪtɪ] *n* sévérité *f*; gravité *f*; rigueur *f*
**sew** (*pt* **-ed**, *pp* **-n**) [səu, səud, səun] *vt, vi* coudre
▶ **sew up** *vt* (re)coudre; **it is all ~n up** (*fig*) c'est dans le sac *or* dans la poche
**sewage** ['su:ɪdʒ] *n* vidange(s) *f(pl)*
**sewage works** *n* champ *m* d'épandage
**sewer** ['su:ər] *n* égout *m*
**sewing** ['səuɪŋ] *n* couture *f*; (*item(s)*) ouvrage *m*
**sewing machine** *n* machine *f* à coudre
**sewn** [səun] *pp of* **sew**
**sex** [sɛks] *n* sexe *m*; **to have ~ with** avoir des rapports (sexuels) avec
**sex act** *n* acte sexuel
**sex appeal** *n* sex-appeal *m*
**sex education** *n* éducation sexuelle
**sexism** ['sɛksɪzəm] *n* sexisme *m*
**sexist** ['sɛksɪst] *adj* sexiste
**sex life** *n* vie sexuelle
**sex object** *n* femme-objet *f*, objet sexuel
**sextet** [sɛks'tɛt] *n* sextuor *m*
**sexual** ['sɛksjuəl] *adj* sexuel(le); **~ assault** attentat *m* à la pudeur; **~ harassment** harcèlement sexuel
**sexual intercourse** *n* rapports sexuels
**sexuality** [sɛksju'ælɪtɪ] *n* sexualité *f*
**sexy** ['sɛksɪ] *adj* sexy *inv*
**Seychelles** [seɪ'ʃɛl(z)] *npl*: **the ~** les Seychelles *fpl*
**SF** *n abbr* (= *science fiction*) SF *f*
**SG** *n abbr* (*US*) = **Surgeon General**
**Sgt** *abbr* (= *sergeant*) Sgt
**shabbiness** ['ʃæbɪnɪs] *n* aspect miteux; mesquinerie *f*
**shabby** ['ʃæbɪ] *adj* miteux(-euse); (*behaviour*) mesquin(e), méprisable
**shack** [ʃæk] *n* cabane *f*, hutte *f*
**shackles** ['ʃæklz] *npl* chaînes *fpl*, entraves *fpl*
**shade** [ʃeɪd] *n* ombre *f*; (*for lamp*) abat-jour *m inv*; (*of colour*) nuance *f*, ton *m*; (*US: window shade*) store *m*; (*small quantity*): **a ~ of** un soupçon de ▷ *vt* abriter du soleil, ombrager; **shades** *npl* (*US: sunglasses*) lunettes *fpl* de soleil; **in the ~** à l'ombre; **a ~ smaller** un tout petit peu plus petit
**shadow** ['ʃædəu] *n* ombre *f* ▷ *vt* (*follow*) filer; **without** *or* **beyond a ~ of doubt** sans l'ombre d'un doute
**shadow cabinet** *n* (*Brit Pol*) cabinet parallèle formé par le parti qui n'est pas au pouvoir
**shadowy** ['ʃædəuɪ] *adj* ombragé(e); (*dim*) vague, indistinct(e)
**shady** ['ʃeɪdɪ] *adj* ombragé(e); (*fig: dishonest*) louche, véreux(-euse)
**shaft** [ʃɑ:ft] *n* (*of arrow, spear*) hampe *f*; (*Aut, Tech*) arbre *m*; (*of mine*) puits *m*; (*of lift*) cage *f*; (*of light*) rayon *m*, trait *m*; **ventilator ~** conduit *m* d'aération *or* de ventilation
**shaggy** ['ʃægɪ] *adj* hirsute; en broussaille
**shake** [ʃeɪk] (*pt* **shook**, *pp* **shaken** [ʃuk, 'ʃeɪkn]) *vt* secouer; (*bottle, cocktail*) agiter; (*house, confidence*) ébranler ▷ *vi* trembler ▷ *n* secousse *f*; **to ~ one's head** (*in refusal etc*) dire *or* faire non de la

**S**

tête; (in dismay) secouer la tête; **to ~ hands with
sb** serrer la main à qn
▶ **shake off** vt secouer; (pursuer) se débarrasser
de
▶ **shake up** vt secouer
**shake-up** ['ʃeɪkʌp] n grand remaniement
**shakily** ['ʃeɪkɪlɪ] adv (reply) d'une voix
tremblante; (walk) d'un pas mal assuré; (write)
d'une main tremblante
**shaky** ['ʃeɪkɪ] adj (hand, voice) tremblant(e);
(building) branlant(e), peu solide; (memory)
chancelant(e); (knowledge) incertain(e)
**shale** [ʃeɪl] n schiste argileux
**shall** [ʃæl] aux vb: **I ~ go** j'irai; **~ I open the door?**
j'ouvre la porte?; **I'll get the coffee, ~ I?** je vais
chercher le café, d'accord?
**shallot** [ʃə'lɒt] n (Brit) échalote f
**shallow** ['ʃæləu] adj peu profond(e); (fig)
superficiel(le), qui manque de profondeur
**sham** [ʃæm] n frime f; (jewellery, furniture)
imitation f ▷ adj feint(e), simulé(e) ▷ vt
feindre, simuler
**shambles** ['ʃæmblz] n confusion f, pagaïe f,
fouillis m; **the economy is (in) a complete ~**
l'économie est dans la confusion la plus totale
**shambolic** [ʃæm'bɒlɪk] adj (inf) bordélique
**shame** [ʃeɪm] n honte f ▷ vt faire honte à; **it is a
~ (that/to do)** c'est dommage (que + sub/de
faire); **what a ~!** quel dommage!; **to put sb/sth
to ~** (fig) faire honte à qn/qch
**shamefaced** ['ʃeɪmfeɪst] adj honteux(-euse),
penaud(e)
**shameful** ['ʃeɪmful] adj honteux(-euse),
scandaleux(-euse)
**shameless** ['ʃeɪmlɪs] adj éhonté(e), effronté(e);
(immodest) impudique
**shampoo** [ʃæm'pu:] n shampooing m ▷ vt faire
un shampooing à; **~ and set** shampooing et
mise f en plis
**shamrock** ['ʃæmrɔk] n trèfle m (emblème national
de l'Irlande)
**shandy** ['ʃændɪ] n bière panachée
**shan't** [ʃɑːnt] = **shall not**
**shantytown** ['ʃæntɪtaun] n bidonville m
**SHAPE** [ʃeɪp] n abbr (= Supreme Headquarters Allied
Powers, Europe) quartier général des forces alliées en
Europe
**shape** [ʃeɪp] n forme f ▷ vt façonner, modeler;
(clay, stone) donner forme à; (statement) formuler;
(sb's ideas, character) former; (sb's life) déterminer;
(course of events) influer sur le cours de ▷ vi (also:
**shape up**: events) prendre tournure; (: person)
faire des progrès, s'en sortir; **to take ~** prendre
forme or tournure; **in the ~ of a heart** en forme
de cœur; **I can't bear gardening in any ~ or
form** je déteste le jardinage sous quelque
forme que ce soit; **to get o.s. into ~** (re)trouver
la forme
**-shaped** [ʃeɪpt] suffix: **heart~** en forme de cœur
**shapeless** ['ʃeɪpləs] adj informe, sans forme
**shapely** ['ʃeɪplɪ] adj bien proportionné(e), beau
(belle)

**share** [ʃɛəʳ] n (thing received, contribution) part f;
(Comm) action f ▷ vt partager; (have in common)
avoir en commun; **to ~ out (among or
between)** partager (entre); **to ~ in** (joy, sorrow)
prendre part à; (profits) participer à, avoir part à;
(work) partager
**share capital** n capital social
**share certificate** n certificat m or titre m
d'action
**shareholder** ['ʃɛəhəuldəʳ] n (Brit) actionnaire m/
f
**share index** n indice m de la Bourse
**shark** [ʃɑːk] n requin m
**sharp** [ʃɑːp] adj (razor, knife) tranchant(e), bien
aiguisé(e); (point, voice) aigu(ë); (nose, chin)
pointu(e); (outline, increase) net(te); (curve, bend)
brusque; (cold, pain) vif (vive); (taste) piquant(e),
âcre; (Mus) dièse; (person: quick-witted) vif (vive),
éveillé(e); (: unscrupulous) malhonnête ▷ n (Mus)
dièse m ▷ adv: **at 2 o'clock ~** à 2 heures pile or
tapantes; **turn ~ left** tournez immédiatement
à gauche; **to be ~ with sb** être brusque avec qn;
**look ~!** dépêche-toi!
**sharpen** ['ʃɑːpn] vt aiguiser; (pencil) tailler; (fig)
aviver
**sharpener** ['ʃɑːpnəʳ] n (also: **pencil sharpener**)
taille-crayon(s) m inv; (also: **knife sharpener**)
aiguisoir m
**sharp-eyed** [ʃɑː'paɪd] adj à qui rien n'échappe
**sharpish** ['ʃɑːpɪʃ] adv (Brit inf: quickly) en vitesse
**sharply** ['ʃɑːplɪ] adv (turn, stop) brusquement;
(stand out) nettement; (criticize, retort)
sèchement, vertement
**sharp-tempered** [ʃɑː'tɛmpəd] adj prompt(e) à
se mettre en colère
**sharp-witted** [ʃɑː'wɪtɪd] adj à l'esprit vif,
malin(-igne)
**shatter** ['ʃætəʳ] vt fracasser, briser, faire voler en
éclats; (fig: upset) bouleverser; (: ruin) briser,
ruiner ▷ vi voler en éclats, se briser, se fracasser
**shattered** ['ʃætəd] adj (overwhelmed, grief-stricken)
bouleversé(e); (inf: exhausted) éreinté(e)
**shatterproof** ['ʃætəpruːf] adj incassable
**shave** [ʃeɪv] vt raser ▷ vi se raser ▷ n: **to have a ~**
se raser
**shaven** ['ʃeɪvn] adj (head) rasé(e)
**shaver** ['ʃeɪvəʳ] n (also: **electric shaver**) rasoir m
électrique
**shaving** ['ʃeɪvɪŋ] n (action) rasage m
**shaving brush** n blaireau m
**shaving cream** n crème f à raser
**shaving foam** n mousse f à raser
**shavings** ['ʃeɪvɪŋz] npl (of wood etc) copeaux mpl
**shaving soap** n savon m à barbe
**shawl** [ʃɔːl] n châle m
**she** [ʃiː] pron elle; **there ~ is** la voilà; **~-elephant**
etc éléphant m etc femelle
**sheaf** (pl **sheaves**) [ʃiːf, ʃiːvz] n gerbe f
**shear** [ʃɪəʳ] vt (pt **-ed**, pp **-ed** or **shorn** [ʃɔːn]) (sheep)
tondre
▶ **shear off** vt tondre; (branch) élaguer
**shears** ['ʃɪəz] npl (for hedge) cisaille(s) f(pl)

**sheath** [ʃiːθ] n gaine f, fourreau m, étui m; (contraceptive) préservatif m

**sheathe** [ʃiːð] vt gainer; (sword) rengainer

**sheath knife** n couteau m à gaine

**sheaves** [ʃiːvz] npl of **sheaf**

**shed** [ʃɛd] n remise f, resserre f; (Industry, Rail) hangar m ▷ vt (pt, pp -) (leaves, fur etc) perdre; (tears) verser, répandre; (workers) congédier; **to ~ light on** (problem, mystery) faire la lumière sur

**she'd** [ʃiːd] = **she had; she would**

**sheen** [ʃiːn] n lustre m

**sheep** [ʃiːp] n (pl inv) mouton m

**sheepdog** ['ʃiːpdɔɡ] n chien m de berger

**sheep farmer** n éleveur m de moutons

**sheepish** ['ʃiːpɪʃ] adj penaud(e), timide

**sheepskin** ['ʃiːpskɪn] n peau f de mouton

**sheepskin jacket** n canadienne f

**sheer** [ʃɪər] adj (utter) pur(e), pur et simple; (steep) à pic, abrupt(e); (almost transparent) extrêmement fin(e) ▷ adv à pic, abruptement; **by ~ chance** par pur hasard

**sheet** [ʃiːt] n (on bed) drap m; (of paper) feuille f; (of glass, metal etc) feuille, plaque f

**sheet feed** n (on printer) alimentation f en papier (feuille à feuille)

**sheet lightning** n éclair m en nappe(s)

**sheet metal** n tôle f

**sheet music** n partition(s) f(pl)

**sheik, sheikh** [ʃeɪk] n cheik m

**shelf** (pl **shelves**) [ʃɛlf, ʃɛlvz] n étagère f, rayon m; **set of shelves** rayonnage m

**shelf life** n (Comm) durée f de conservation (avant la vente)

**shell** [ʃɛl] n (on beach) coquillage m; (of egg, nut etc) coquille f; (explosive) obus m; (of building) carcasse f ▷ vt (crab, prawn etc) décortiquer; (peas) écosser; (Mil) bombarder (d'obus)
  ▷ **shell out** vi (inf): **to ~ out (for)** casquer (pour)

**she'll** [ʃiːl] = **she will; she shall**

**shellfish** ['ʃɛlfɪʃ] n (pl inv: crab etc) crustacé m; (: scallop etc) coquillage m ▷ npl (as food) fruits mpl de mer

**shell suit** n survêtement m

**shelter** ['ʃɛltər] n abri m, refuge m ▷ vt abriter, protéger; (give lodging to) donner asile à ▷ vi s'abriter, se mettre à l'abri; **to take ~ (from)** s'abriter (de)

**sheltered** ['ʃɛltəd] adj (life) retiré(e), à l'abri des soucis; (spot) abrité(e)

**sheltered housing** n foyers mpl (pour personnes âgées ou handicapées)

**shelve** [ʃɛlv] vt (fig) mettre en suspens or en sommeil

**shelves** ['ʃɛlvz] npl of **shelf**

**shelving** ['ʃɛlvɪŋ] n (shelves) rayonnage(s) m(pl)

**shepherd** ['ʃɛpəd] n berger m ▷ vt (guide) guider, escorter

**shepherdess** ['ʃɛpədɪs] n bergère f

**shepherd's pie** ['ʃɛpədz-] n ≈ hachis m Parmentier

**sherbet** ['ʃəːbət] n (Brit: powder) poudre acidulée; (US: water ice) sorbet m

**sheriff** ['ʃɛrɪf] (US) n shérif m

**sherry** ['ʃɛrɪ] n xérès m, sherry m

**she's** [ʃiːz] = **she is; she has**

**Shetland** ['ʃɛtlənd] n (also: **the Shetlands, the Shetland Isles** or **Islands**) les îles fpl Shetland

**Shetland pony** n poney m des îles Shetland

**shield** [ʃiːld] n bouclier m; (protection) écran m de protection ▷ vt: **to ~ (from)** protéger (de or contre)

**shift** [ʃɪft] n (change) changement m; (work period) période f de travail; (of workers) équipe f, poste m ▷ vt déplacer, changer de place; (remove) enlever ▷ vi changer de place, bouger; **the wind has ~ed to the south** le vent a tourné au sud; **a ~ in demand** (Comm) un déplacement de la demande

**shift key** n (on typewriter) touche f de majuscule

**shiftless** ['ʃɪftlɪs] adj fainéant(e)

**shift work** n travail m par roulement; **to do ~** travailler par roulement

**shifty** ['ʃɪftɪ] adj sournois(e); (eyes) fuyant(e)

**Shiite** ['ʃiːaɪt] n Chiite m/f ▷ adj chiite

**shilling** ['ʃɪlɪŋ] n (Brit) shilling m (= 12 old pence; 20 in a pound)

**shilly-shally** ['ʃɪlɪʃælɪ] vi tergiverser, atermoyer

**shimmer** ['ʃɪmər] n miroitement m, chatoiement m ▷ vi miroiter, chatoyer

**shin** [ʃɪn] n tibia m ▷ vi: **to ~ up/down a tree** grimper dans un/descendre d'un arbre

**shindig** ['ʃɪndɪɡ] n (inf) bamboula f

**shine** [ʃaɪn] (pt, pp **shone**) [ʃɔn] n éclat m, brillant m ▷ vi briller ▷ vt (torch): **to ~ on** braquer sur; (polish) (pt, pp -**d**) faire briller or reluire

**shingle** ['ʃɪŋɡl] n (on beach) galets mpl; (on roof) bardeau m

**shingles** ['ʃɪŋɡlz] n (Med) zona m

**shining** ['ʃaɪnɪŋ] adj brillant(e)

**shiny** ['ʃaɪnɪ] adj brillant(e)

**ship** [ʃɪp] n bateau m; (large) navire m ▷ vt transporter (par mer); (send) expédier (par mer); (load) charger, embarquer; **on board ~** à bord

**shipbuilder** ['ʃɪpbɪldər] n constructeur m de navires

**shipbuilding** ['ʃɪpbɪldɪŋ] n construction navale

**ship chandler** [-'tʃɑːndlər] n fournisseur m maritime, shipchandler m

**shipment** ['ʃɪpmənt] n cargaison f

**shipowner** ['ʃɪpəunər] n armateur m

**shipper** ['ʃɪpər] n affréteur m, expéditeur m

**shipping** ['ʃɪpɪŋ] n (ships) navires mpl; (traffic) navigation f; (the industry) industrie navale; (transport) transport m

**shipping agent** n agent m maritime

**shipping company** n compagnie f de navigation

**shipping lane** n couloir m de navigation

**shipping line** n = **shipping company**

**shipshape** ['ʃɪpʃeɪp] adj en ordre impeccable

**shipwreck** ['ʃɪprɛk] n épave f; (event) naufrage m ▷ vt: **to be ~ed** faire naufrage

**shipyard** ['ʃɪpjɑːd] n chantier naval

**shire** ['ʃaɪər] n (Brit) comté m

**shirk** [ʃəːk] *vt* esquiver, se dérober à
**shirt** [ʃəːt] *n* chemise *f*; (*woman's*) chemisier *m*;
**in ~ sleeves** en bras de chemise
**shirty** [ˈʃəːtɪ] *adj* (*Brit inf*) de mauvais poil
**shit** [ʃɪt] *excl* (*inf!*) merde (*!*)
**shiver** [ˈʃɪvəʳ] *n* frisson *m* ▷ *vi* frissonner
**shoal** [ʃəul] *n* (*of fish*) banc *m*
**shock** [ʃɔk] *n* (*impact*) choc *m*, heurt *m*; (*Elec*)
secousse *f*, décharge *f*; (*emotional*) choc; (*Med*)
commotion *f*, choc ▷ *vt* (*scandalize*) choquer,
scandaliser; (*upset*) bouleverser; **suffering
from ~** (*Med*) commotionné(e); **it gave us a ~** ça
nous a fait un choc; **it came as a ~ to hear that
...** nous avons appris avec stupeur que ...
**shock absorber** [-əbzɔːbəʳ] *n* amortisseur *m*
**shocker** [ˈʃɔkəʳ] *n* (*inf*): **the news was a real ~ to
him** il a vraiment été choqué par cette nouvelle
**shocking** [ˈʃɔkɪŋ] *adj* (*outrageous*) choquant(e),
scandaleux(-euse); (*awful*) épouvantable
**shockproof** [ˈʃɔkpruːf] *adj* anti-choc *inv*
**shock therapy, shock treatment** *n* (*Med*)
(traitement *m* par) électrochoc(s) *m(pl)*
**shock wave** *n* (*also fig*) onde *f* de choc
**shod** [ʃɔd] *pt, pp of* **shoe**; **well-~** bien chaussé(e)
**shoddy** [ˈʃɔdɪ] *adj* de mauvaise qualité, mal
fait(e)
**shoe** [ʃuː] *n* chaussure *f*, soulier *m*; (*also:*
**horseshoe**) fer *m* à cheval; (*also:* **brake shoe**)
mâchoire *f* de frein ▷ *vt* (*pt, pp* **shod**) [ʃɔd] (*horse*)
ferrer
**shoebrush** [ˈʃuːbrʌʃ] *n* brosse *f* à chaussures
**shoehorn** [ˈʃuːhɔːn] *n* chausse-pied *m*
**shoelace** [ˈʃuːleɪs] *n* lacet *m* (de soulier)
**shoemaker** [ˈʃuːmeɪkəʳ] *n* cordonnier *m*,
fabricant *m* de chaussures
**shoe polish** *n* cirage *m*
**shoeshop** [ˈʃuːʃɔp] *n* magasin *m* de chaussures
**shoestring** [ˈʃuːstrɪŋ] *n*: **on a ~** (*fig*) avec un
budget dérisoire; avec des moyens très
restreints
**shoetree** [ˈʃuːtriː] *n* embauchoir *m*
**shone** [ʃɔn] *pt, pp of* **shine**
**shoo** [ʃuː] *excl* allez, ouste! ▷ *vt* (*also:* **shoo away,
shoo off**) chasser
**shook** [ʃuk] *pt of* **shake**
**shoot** [ʃuːt] (*pt, pp* **shot**) [ʃɔt] *n* (*on branch, seedling*)
pousse *f*; (*shooting party*) partie *f* de chasse ▷ *vt*
(*game: hunt*) chasser; (: *aim at*) tirer; (: *kill*)
abattre; (*person*) blesser/tuer d'un coup de fusil
(*or* de revolver); (*execute*) fusiller; (*arrow*) tirer;
(*gun*) tirer un coup de; (*Cine*) tourner ▷ *vi* (*with
gun, bow*) tirer; (*Football*) shooter,
tirer; **to ~ (at)** tirer (sur); (*Football*) shooter,
tirer; **to ~ past sb** passer en flèche devant qn;
**to ~ in/out** entrer/sortir comme une flèche
  ▶ **shoot down** *vt* (*plane*) abattre
  ▶ **shoot up** *vi* (*fig: prices etc*) monter en flèche
**shooting** [ˈʃuːtɪŋ] *n* (*shots*) coups *mpl* de feu;
(*attack*) fusillade *f*; (*murder*) homicide *m* (à l'aide
d'une arme à feu); (*Hunting*) chasse *f*; (*Cine*)
tournage *m*
**shooting range** *n* stand *m* de tir
**shooting star** *n* étoile filante

**shop** [ʃɔp] *n* magasin *m*; (*workshop*) atelier *m* ▷ *vi*
(*also:* **go shopping**) faire ses courses *or* ses
achats; **repair ~** atelier de réparations; **to talk
~** (*fig*) parler boutique
  ▶ **shop around** *vi* faire le tour des magasins
(pour comparer les prix); (*fig*) se renseigner
avant de choisir *or* décider
**shopaholic** [ʃɔpəˈhɔlɪk] *n* (*inf*) personne qui achète
sans pouvoir s'arrêter
**shop assistant** *n* (*Brit*) vendeur(-euse)
**shop floor** *n* (*Brit: fig*) ouvriers *mpl*
**shopkeeper** [ˈʃɔpkiːpəʳ] *n* marchand(e),
commerçant(e)
**shoplift** [ˈʃɔplɪft] *vi* voler à l'étalage
**shoplifter** [ˈʃɔplɪftəʳ] *n* voleur(-euse) à l'étalage
**shoplifting** [ˈʃɔplɪftɪŋ] *n* vol *m* à l'étalage
**shopper** [ˈʃɔpəʳ] *n* personne *f* qui fait ses
courses, acheteur(-euse)
**shopping** [ˈʃɔpɪŋ] *n* (*goods*) achats *mpl*,
provisions *fpl*
**shopping bag** *n* sac *m* (à provisions)
**shopping centre**, (*US*) **shopping center** *n*
centre commercial
**shopping mall** *n* centre commercial
**shopping trolley** *n* (*Brit*) Caddie® *m*
**shop-soiled** [ˈʃɔpsɔɪld] *adj* défraîchi(e), qui a
fait la vitrine
**shop window** *n* vitrine *f*
**shore** [ʃɔːʳ] *n* (*of sea, lake*) rivage *m*, rive *f* ▷ *vt*: **to ~
(up)** étayer; **on ~** à terre
**shore leave** *n* (*Naut*) permission *f* à terre
**shorn** [ʃɔːn] *pp of* **shear** ▷ *adj*: **~ of** dépouillé(e)
de
**short** [ʃɔːt] *adj* (*not long*) court(e); (*soon finished*)
court, bref (brève); (*person, step*) petit(e); (*curt*)
brusque, sec (sèche); (*insufficient*) insuffisant(e)
▷ *n* (*also:* **short film**) court métrage; (*Elec*) court-
circuit *m*; **to be ~ of sth** être à court de *or*
manquer de qch; **to be in ~ supply** manquer,
être difficile à trouver; **I'm 3 ~** il m'en manque
3; **in ~** bref; en bref; **~ of doing** à moins de faire;
**everything ~ of** tout sauf; **it is ~ for** c'est
l'abréviation *or* le diminutif de; **a ~ time ago** il
y a peu de temps; **in the ~ term** à court terme;
**to cut ~** (*speech, visit*) abréger, écourter; (*person*)
couper la parole à; **to fall ~ of** ne pas être à la
hauteur de; **to run ~ of** arriver à court de, venir
à manquer de; **to stop ~** s'arrêter net; **to stop ~
of** ne pas aller jusqu'à
**shortage** [ˈʃɔːtɪdʒ] *n* manque *m*, pénurie *f*
**shortbread** [ˈʃɔːtbrɛd] *n* ≈ sablé *m*
**short-change** [ʃɔːtˈtʃeɪndʒ] *vt*: **to ~ sb** ne pas
rendre assez à qn
**short-circuit** [ʃɔːtˈsəːkɪt] *n* court-circuit *m* ▷ *vt*
court-circuiter ▷ *vi* se mettre en court-circuit
**shortcoming** [ˈʃɔːtkʌmɪŋ] *n* défaut *m*
**shortcrust pastry** [ˈʃɔːtkrʌst-], **short pastry** *n*
(*Brit*) pâte brisée
**shortcut** [ˈʃɔːtkʌt] *n* raccourci *m*
**shorten** [ˈʃɔːtn] *vt* raccourcir; (*text, visit*) abréger
**shortening** [ˈʃɔːtnɪŋ] *n* (*Culin*) matière grasse
**shortfall** [ˈʃɔːtfɔːl] *n* déficit *m*

**shorthand** [ˈʃɔːthænd] *n* (*Brit*) sténo(graphie) *f*;
**to take sth down in ~** prendre qch en sténo
**shorthand notebook** *n* bloc *m* sténo
**shorthand typist** *n* (*Brit*) sténodactylo *m/f*
**shortlist** [ˈʃɔːtlɪst] *n* (*Brit: for job*) liste *f* des
candidats sélectionnés
**short-lived** [ˈʃɔːtˈlɪvd] *adj* de courte durée
**shortly** [ˈʃɔːtlɪ] *adv* bientôt, sous peu
**shortness** [ˈʃɔːtnɪs] *n* brièveté *f*
**short notice** *n*: **at ~** au dernier moment
**shorts** [ʃɔːts] *npl*: (**a pair of**) ~ un short
**short-sighted** [ʃɔːtˈsaɪtɪd] *adj* (*Brit*) myope; (*fig*)
qui manque de clairvoyance
**short-sleeved** [ʃɔːtˈsliːvd] *adj* à manches
courtes
**short-staffed** [ʃɔːtˈstɑːft] *adj* à court de
personnel
**short-stay** [ʃɔːtˈsteɪ] *adj* (*car park*) de courte
durée
**short story** *n* nouvelle *f*
**short-tempered** [ʃɔːtˈtɛmpəd] *adj* qui
s'emporte facilement
**short-term** [ˈʃɔːttəːm] *adj* (*effect*) à court terme
**short time** *n*: **to work ~**, **to be on ~** (*Industry*) être
en chômage partiel, travailler à horaire réduit
**short wave** *n* (*Radio*) ondes courtes
**shot** [ʃɔt] *pt*, *pp of* **shoot** ▷ *n* coup *m* (de feu);
(*shotgun pellets*) plombs *mpl*; (*try*) coup, essai *m*;
(*injection*) piqûre *f*; (*Phot*) photo *f*; **to be a good/
poor ~** (*person*) tirer bien/mal; **to fire a ~ at sb/
sth** tirer sur qn/qch; **to have a ~ at (doing) sth**
essayer de faire qch; **like a ~** comme une flèche;
(*very readily*) sans hésiter; **to get ~ of sb/sth** (*inf*)
se débarrasser de qn/qch; **a big ~** (*inf*) un gros
bonnet
**shotgun** [ˈʃɔtɡʌn] *n* fusil *m* de chasse
**should** [ʃud] *aux vb*: **I ~ go now** je devrais partir
maintenant; **he ~ be there now** il devrait être
arrivé maintenant; **I ~ go if I were you** si j'étais
vous j'irais; **I ~ like to** volontiers, j'aimerais
bien; **~ he phone …** si jamais il téléphone …
**shoulder** [ˈʃəuldə<sup>r</sup>] *n* épaule *f*; (*Brit: of road*): **hard
~** accotement *m* ▷ *vt* (*fig*) endosser, se charger
de; **to look over one's ~** regarder derrière soi
(en tournant la tête); **to rub ~s with sb** (*fig*)
côtoyer qn; **to give sb the cold ~** (*fig*) battre
froid à qn
**shoulder bag** *n* sac *m* à bandoulière
**shoulder blade** *n* omoplate *f*
**shoulder strap** *n* bretelle *f*
**shouldn't** [ˈʃudnt] = **should not**
**shout** [ʃaut] *n* cri *m* ▷ *vt* crier ▷ *vi* crier, pousser
des cris; **to give sb a ~** appeler qn
▶ **shout down** *vt* huer
**shouting** [ˈʃautɪŋ] *n* cris *mpl*
**shouting match** *n* (*inf*) engueulade *f*,
empoignade *f*
**shove** [ʃʌv] *vt* pousser; (*inf: put*): **to ~ sth in**
fourrer *or* ficher qch dans ▷ *n* poussée *f*; **he ~d
me out of the way** il m'a écarté en me
poussant
▶ **shove off** *vi* (*Naut*) pousser au large; (*fig: col*)

ficher le camp
**shovel** [ˈʃʌvl] *n* pelle *f* ▷ *vt* pelleter, enlever (*or*
enfourner) à la pelle
**show** [ʃəu] (*pt* **-ed**, *pp* **-n**) [ʃəun] *n* (*of emotion*)
manifestation *f*, démonstration *f*; (*semblance*)
semblant *m*, apparence *f*; (*exhibition*) exposition
*f*, salon *m*; (*Theat*, *TV*) spectacle *m*; (*Cine*) séance *f*
▷ *vt* montrer; (*film*) passer; (*courage etc*) faire
preuve de, manifester; (*exhibit*) exposer ▷ *vi* se
voir, être visible; **can you ~ me where it is,
please?** pouvez-vous me montrer où c'est?; **to
ask for a ~ of hands** demander que l'on vote à
main levée; **to be on ~** être exposé(e); **it's just
for ~** c'est juste pour l'effet; **who's running
the ~ here?** (*inf*) qui est-ce qui commande ici?;
**to ~ sb to his seat/to the door** accompagner
qn jusqu'à sa place/la porte; **to ~ a profit/loss**
(*Comm*) indiquer un bénéfice/une perte; **it just
goes to ~ that …** ça prouve bien que …
▶ **show in** *vt* faire entrer
▶ **show off** *vi* (*pej*) crâner ▷ *vt* (*display*) faire
valoir; (*pej*) faire étalage de
▶ **show out** *vt* reconduire à la porte
▶ **show up** *vi* (*stand out*) ressortir; (*inf: turn up*) se
montrer ▷ *vt* démontrer; (*unmask*) démasquer,
dénoncer; (*flaw*) faire ressortir
**showbiz** [ˈʃəubɪz] *n* (*inf*) showbiz *m*
**show business** *n* le monde du spectacle
**showcase** [ˈʃəukeɪs] *n* vitrine *f*
**showdown** [ˈʃəudaun] *n* épreuve *f* de force
**shower** [ˈʃauə<sup>r</sup>] *n* (*for washing*) douche *f*; (*rain*)
averse *f*; (*of stones etc*) pluie *f*, grêle *f*; (*US: party*)
réunion organisée pour la remise de cadeaux ▷ *vi*
prendre une douche, se doucher ▷ *vt*: **to ~ sb
with** (*gifts etc*) combler qn de; (*abuse etc*) accabler
qn de; (*missiles*) bombarder qn de; **to have** *or*
**take a ~** prendre une douche, se doucher
**shower cap** *n* bonnet *m* de douche
**shower gel** *n* gel *m* douche
**showerproof** [ˈʃauəpruːf] *adj* imperméable
**showery** [ˈʃauərɪ] *adj* (*weather*) pluvieux(-euse)
**showground** [ˈʃəugraund] *n* champ *m* de foire
**showing** [ˈʃəuɪŋ] *n* (*of film*) projection *f*
**show jumping** [-dʒʌmpɪŋ] *n* concours *m*
hippique
**showman** [ˈʃəumən] (*irreg*) *n* (*at fair, circus*) forain
*m*; (*fig*) comédien *m*
**showmanship** [ˈʃəumənʃɪp] *n* art *m* de la mise
en scène
**shown** [ʃəun] *pp of* **show**
**show-off** [ˈʃəuɔf] *n* (*inf: person*) crâneur(-euse),
m'as-tu-vu(e)
**showpiece** [ˈʃəupiːs] *n* (*of exhibition etc*) joyau *m*,
clou *m*; **that hospital is a ~** cet hôpital est un
modèle du genre
**showroom** [ˈʃəurum] *n* magasin *m* *or* salle *f*
d'exposition
**show trial** *n* grand procès *m* médiatique (*qui fait
un exemple*)
**showy** [ˈʃəuɪ] *adj* tapageur(-euse)
**shrank** [ʃræŋk] *pt of* **shrink**
**shrapnel** [ˈʃræpnl] *n* éclats *mpl* d'obus

**shred** [ʃrɛd] n (gen pl) lambeau m, petit morceau; (fig: of truth, evidence) parcelle f ▷ vt mettre en lambeaux, déchirer; (documents) détruire; (Culin: grate) râper; (: lettuce etc) couper en lanières

**shredder** ['ʃrɛdə'] n (for vegetables) râpeur m; (for documents, papers) déchiqueteuse f

**shrewd** [ʃru:d] adj astucieux(-euse), perspicace; (business person) habile

**shrewdness** ['ʃru:dnɪs] n perspicacité f

**shriek** [ʃri:k] n cri perçant or aigu, hurlement m ▷ vt, vi hurler, crier

**shrift** [ʃrɪft] n: **to give sb short ~** expédier qn sans ménagements

**shrill** [ʃrɪl] adj perçant(e), aigu(ë), strident(e)

**shrimp** [ʃrɪmp] n crevette grise

**shrine** [ʃraɪn] n châsse f; (place) lieu m de pèlerinage

**shrink** (pt **shrank**, pp **shrunk**) [ʃrɪŋk, ʃræŋk, ʃrʌŋk] vi rétrécir; (fig) diminuer; (also: **shrink away**) reculer ▷ vt (wool) (faire) rétrécir ▷ n (inf: pej) psychanalyste m/f; **to ~ from (doing) sth** reculer devant (la pensée de faire) qch

**shrinkage** ['ʃrɪŋkɪdʒ] n (of clothes) rétrécissement m

**shrink-wrap** ['ʃrɪŋkræp] vt emballer sous film plastique

**shrivel** ['ʃrɪvl] (also: **shrivel up**) vt ratatiner, flétrir ▷ vi se ratatiner, se flétrir

**shroud** [ʃraud] n linceul m ▷ vt: **~ed in mystery** enveloppé(e) de mystère

**Shrove Tuesday** ['ʃrəuv-] n (le) Mardi gras

**shrub** [ʃrʌb] n arbuste m

**shrubbery** ['ʃrʌbərɪ] n massif m d'arbustes

**shrug** [ʃrʌg] n haussement m d'épaules ▷ vt, vi: **to ~ (one's shoulders)** hausser les épaules
▶ **shrug off** vt faire fi de; (cold, illness) se débarrasser de

**shrunk** [ʃrʌŋk] pp of **shrink**

**shrunken** ['ʃrʌŋkn] adj ratatiné(e)

**shudder** ['ʃʌdə'] n frisson m, frémissement m ▷ vi frissonner, frémir

**shuffle** ['ʃʌfl] vt (cards) battre; **to ~ (one's feet)** traîner les pieds

**shun** [ʃʌn] vt éviter, fuir

**shunt** [ʃʌnt] vt (Rail: direct) aiguiller; (: divert) détourner ▷ vi: **to ~ (to and fro)** faire la navette

**shunting yard** ['ʃʌntɪŋ-] n voies fpl de garage or de triage

**shush** [ʃuʃ] excl chut!

**shut** (pt, pp -) [ʃʌt] vt fermer ▷ vi (se) fermer
▶ **shut down** vt fermer définitivement; (machine) arrêter ▷ vi fermer définitivement
▶ **shut off** vt couper, arrêter
▶ **shut out** vt (person, cold) empêcher d'entrer; (noise) éviter d'entendre; (block: view) boucher; (: memory of sth) chasser de son esprit
▶ **shut up** vi (inf: keep quiet) se taire ▷ vt (close) fermer; (silence) faire taire

**shutdown** ['ʃʌtdaun] n fermeture f

**shutter** ['ʃʌtə'] n volet m; (Phot) obturateur m

**shuttle** ['ʃʌtl] n navette f; (also: **shuttle service**) (service m de) navette f ▷ vi (vehicle, person) faire la navette ▷ vt (passengers) transporter par un système de navette

**shuttlecock** ['ʃʌtlkɔk] n volant m (de badminton)

**shuttle diplomacy** n navettes fpl diplomatiques

**shy** [ʃaɪ] adj timide; **to fight ~ of** se dérober devant; **to be ~ of doing sth** hésiter à faire qch, ne pas oser faire qch ▷ vi: **to ~ away from doing sth** (fig) craindre de faire qch

**shyness** ['ʃaɪnɪs] n timidité f

**Siam** [saɪ'æm] n Siam m

**Siamese** [saɪə'mi:z] adj: **~ cat** chat siamois mpl; **~ twins** (frères mpl) siamois mpl, (sœurs fpl) siamoises fpl

**Siberia** [saɪ'bɪərɪə] n Sibérie f

**siblings** ['sɪblɪŋz] npl (formal) frères et sœurs mpl (de mêmes parents)

**Sicilian** [sɪ'sɪlɪən] adj sicilien(ne) ▷ n Sicilien(ne)

**Sicily** ['sɪsɪlɪ] n Sicile f

**sick** [sɪk] adj (ill) malade; (Brit: vomiting): **to be ~** vomir; (humour) noir(e), macabre; **to feel ~** avoir envie de vomir, avoir mal au cœur; **to fall ~** tomber malade; **to be (off) ~** être absent(e) pour cause de maladie; **a ~ person** un(e) malade; **to be ~ of** (fig) en avoir assez de

**sick bag** n ['sɪkbæg] n sac m vomitoire

**sick bay** n infirmerie f

**sick building syndrome** n maladie dûe à la climatisation, l'éclairage artificiel etc des bureaux

**sicken** ['sɪkn] vt écœurer ▷ vi: **to be ~ing for sth** (cold, flu etc) couver qch

**sickening** ['sɪknɪŋ] adj (fig) écœurant(e), révoltant(e), répugnant(e)

**sickle** ['sɪkl] n faucille f

**sick leave** n congé m de maladie

**sickle-cell anaemia** ['sɪklsɛl-] n anémie f à hématies falciformes, drépanocytose f

**sickly** ['sɪklɪ] adj maladif(-ive), souffreteux(-euse); (causing nausea) écœurant(e)

**sickness** ['sɪknɪs] n maladie f; (vomiting) vomissement(s) m(pl)

**sickness benefit** n (prestations fpl de l')assurance-maladie f

**sick note** n (from parents) mot m d'absence; (from doctor) certificat médical

**sick pay** n indemnité f de maladie (versée par l'employeur)

**sickroom** ['sɪkru:m] n infirmerie f

**side** [saɪd] n côté m; (of animal) flanc m; (of lake, road) bord m; (of mountain) versant m; (fig: aspect) côté, aspect m; (team: Sport) équipe f; (TV: channel) chaîne f ▷ adj (door, entrance) latéral(e) ▷ vi: **to ~ with sb** prendre le parti de qn, se ranger du côté de qn; **by the ~ of** au bord de; **~ by ~** côte à côte; **the right/wrong ~** le bon/mauvais côté, l'endroit/l'envers m; **they are on our ~** ils sont avec nous; **from all ~s** de tous côtés; **to rock from ~ to ~** se balancer; **to take ~s (with)** prendre parti (pour); **a ~ of beef** ≈ un quartier de bœuf

**sideboard** ['saɪdbɔ:d] n buffet m

**sideboards** ['saɪdbɔ:dz] (Brit), **sideburns**

['saɪdbə:nz] *npl* (*whiskers*) pattes *fpl*
**sidecar** ['saɪdkɑːʳ] *n* side-car *m*
**side dish** *n* (plat *m* d')accompagnement *m*
**side drum** *n* (*Mus*) tambour plat, caisse claire
**side effect** *n* effet *m* secondaire
**sidekick** ['saɪdkɪk] *n* (*inf*) sous-fifre *m*
**sidelight** ['saɪdlaɪt] *n* (*Aut*) veilleuse *f*
**sideline** ['saɪdlaɪn] *n* (*Sport*) (ligne *f* de) touche *f*;
  (*fig*) activité *f* secondaire
**sidelong** ['saɪdlɔŋ] *adj*: **to give sb a ~ glance**
  regarder qn du coin de l'œil
**side order** *n* garniture *f*
**side plate** *n* petite assiette
**side road** *n* petite route, route transversale
**sidesaddle** ['saɪdsædl] *adv* en amazone
**sideshow** ['saɪdʃəu] *n* attraction *f*
**sidestep** ['saɪdstɛp] *vt* (*question*) éluder; (*problem*)
  éviter ▷ *vi* (*Boxing etc*) esquiver
**side street** *n* rue transversale
**sidetrack** ['saɪdtræk] *vt* (*fig*) faire dévier de son
  sujet
**sidewalk** ['saɪdwɔːk] *n* (US) trottoir *m*
**sideways** ['saɪdweɪz] *adv* de côté
**siding** ['saɪdɪŋ] *n* (*Rail*) voie *f* de garage
**sidle** ['saɪdl] *vi*: **to ~ up (to)** s'approcher
  furtivement (de)
**SIDS** [sɪdz] *n abbr* (= *sudden infant death syndrome*)
  mort subite du nourrisson, mort *f* au berceau
**siege** [siːdʒ] *n* siège *m*; **to lay ~ to** assiéger
**siege economy** *n* économie *f* de (temps de)
  siège
**Sierra Leone** [sɪˈɛrəlɪˈəun] *n* Sierra Leone *f*
**sieve** [sɪv] *n* tamis *m*, passoire *f* ▷ *vt* tamiser,
  passer (au tamis)
**sift** [sɪft] *vt* passer au tamis *or* au crible; (*fig*)
  passer au crible ▷ *vi* (*fig*): **to ~ through** passer
  en revue
**sigh** [saɪ] *n* soupir *m* ▷ *vi* soupirer, pousser un
  soupir
**sight** [saɪt] *n* (*faculty*) vue *f*; (*spectacle*) spectacle
  *m*; (*on gun*) mire *f* ▷ *vt* apercevoir; **in ~** visible;
  (*fig*) en vue; **out of ~** hors de vue; **at ~** (*Comm*) à
  vue; **at first ~** à première vue, au premier
  abord; **I know her by ~** je la connais de vue; **to
  catch ~ of sb/sth** apercevoir qn/qch; **to lose ~
  of sb/sth** perdre qn/qch de vue; **to set one's ~s
  on sth** jeter son dévolu sur qch
**sighted** ['saɪtɪd] *adj* qui voit; **partially ~** qui a
  un certain degré de vision
**sightseeing** ['saɪtsiːɪŋ] *n* tourisme *m*; **to go ~**
  faire du tourisme
**sightseer** ['saɪtsiːəʳ] *n* touriste *m/f*
**sign** [saɪn] *n* (*gen*) signe *m*; (*with hand etc*) signe,
  geste *m*; (*notice*) panneau *m*, écriteau *m*; (*also*:
  **road sign**) panneau de signalisation ▷ *vt*
  signer; **as a ~ of** en signe de; **it's a good/bad ~**
  c'est bon/mauvais signe; **plus/minus ~** signe
  plus/moins; **there's no ~ of a change of mind**
  rien ne laisse présager un revirement; **he was
  showing ~s of improvement** il commençait à
  faire des progrès; **to ~ one's
  name** signer; **where do I ~?** où dois-je signer?

▶ **sign away** *vt* (*rights etc*) renoncer
  officiellement à
▶ **sign for** *vt fus* (*item*) signer le reçu pour
▶ **sign in** *vi* signer le registre (en arrivant)
▶ **sign off** *vi* (*Radio, TV*) terminer l'émission
▶ **sign on** *vi* (*Mil*) s'engager; (*Brit: as unemployed*)
  s'inscrire au chômage; (*enrol*) s'inscrire ▷ *vt*
  (*Mil*) engager; (*employee*) embaucher; **to ~ on
  for a course** s'inscrire pour un cours
▶ **sign out** *vi* signer le registre (en partant)
▶ **sign over** *vt*: **to ~ sth over to sb** céder qch par
  écrit à qn
▶ **sign up** *vt* (*Mil*) engager ▷ *vi* (*Mil*) s'engager;
  (*for course*) s'inscrire
**signal** ['sɪgnl] *n* signal *m* ▷ *vi* (*Aut*) mettre son
  clignotant ▷ *vt* (*person*) faire signe à; (*message*)
  communiquer par signaux; **to ~ a left/right
  turn** (*Aut*) indiquer *or* signaler que l'on tourne à
  gauche/droite; **to ~ to sb (to do sth)** faire signe
  à qn (de faire qch)
**signal box** *n* (*Rail*) poste *m* d'aiguillage
**signalman** [sɪgnlmən] *n* (*Rail*) aiguilleur *m*
**signatory** ['sɪgnətərɪ] *n* signataire *m/f*
**signature** ['sɪgnətʃəʳ] *n* signature *f*
**signature tune** *n* indicatif musical
**signet ring** ['sɪgnət-] *n* chevalière *f*
**significance** [sɪgˈnɪfɪkəns] *n* signification *f*;
  importance *f*; **that is of no ~** ceci n'a pas
  d'importance
**significant** [sɪgˈnɪfɪkənt] *adj* significatif(-ive);
  (*important*) important(e), considérable
**significantly** [sɪgˈnɪfɪkəntlɪ] *adv* (*improve,
  increase*) sensiblement; (*smile*) d'un air entendu,
  éloquemment; **~, ...** fait significatif, ...
**signify** ['sɪgnɪfaɪ] *vt* signifier
**sign language** *n* langage *m* par signes
**signpost** ['saɪnpəust] *n* poteau indicateur
**Sikh** [siːk] *adj, n* Sikh *m/f*
**silage** ['saɪlɪdʒ] *n* (*fodder*) fourrage vert; (*method*)
  ensilage *m*
**silence** ['saɪlns] *n* silence *m* ▷ *vt* faire taire,
  réduire au silence
**silencer** ['saɪlnsəʳ] *n* (*Brit: on gun, Aut*)
  silencieux *m*
**silent** ['saɪlnt] *adj* silencieux(-euse); (*film*)
  muet(te); **to keep *or* remain ~** garder le silence,
  ne rien dire
**silently** ['saɪlntlɪ] *adv* silencieusement
**silent partner** *n* (*Comm*) bailleur *m* de fonds,
  commanditaire *m*
**silhouette** [sɪluːˈɛt] *n* silhouette *f* ▷ *vt*: **~d
  against** se profilant sur, se découpant contre
**silicon** ['sɪlɪkən] *n* silicium *m*
**silicon chip** ['sɪlɪkən-] *n* puce *f* électronique
**silicone** ['sɪlɪkəun] *n* silicone *f*
**silk** [sɪlk] *n* soie *f* ▷ *cpd* de *or* en soie
**silky** ['sɪlkɪ] *adj* soyeux(-euse)
**sill** [sɪl] *n* (*also*: **windowsill**) rebord *m* (de la
  fenêtre); (*of door*) seuil *m*; (*Aut*) bas *m* de marche
**silly** ['sɪlɪ] *adj* stupide, sot(te), bête; **to do
  something ~** faire une bêtise
**silo** ['saɪləu] *n* silo *m*

**S**

**silt** [sɪlt] *n* vase *f*; limon *m*

**silver** ['sɪlvəʳ] *n* argent *m*; (*money*) monnaie *f* (en pièces d'argent); (*also*: **silverware**) argenterie *f* ▷ *adj* (*made of silver*) d'argent, en argent; (*in colour*) argenté(e); (*car*) gris métallisé *inv*

**silver-plated** [sɪlvə'pleɪtɪd] *adj* plaqué(e) argent

**silversmith** ['sɪlvəsmɪθ] *n* orfèvre *m/f*

**silverware** ['sɪlvəweəʳ] *n* argenterie *f*

**silver wedding, silver wedding anniversary** *n* noces *fpl* d'argent

**silvery** ['sɪlvrɪ] *adj* argenté(e)

**SIM card** *abbr* (= *subscriber identity module card*) carte *f* SIM

**similar** ['sɪmɪləʳ] *adj*: ~ **(to)** semblable (à)

**similarity** [sɪmɪ'lærɪtɪ] *n* ressemblance *f*, similarité *f*

**similarly** ['sɪmɪləlɪ] *adv* de la même façon, de même

**simile** ['sɪmɪlɪ] *n* comparaison *f*

**simmer** ['sɪməʳ] *vi* cuire à feu doux, mijoter
  ▶ **simmer down** *vi* (*fig: inf*) se calmer

**simper** ['sɪmpəʳ] *vi* minauder

**simpering** ['sɪmprɪŋ] *adj* stupide

**simple** ['sɪmpl] *adj* simple; **the ~ truth** la vérité pure et simple

**simple interest** *n* (*Math, Comm*) intérêts *mpl* simples

**simple-minded** [sɪmpl'maɪndɪd] *adj* simplet(te), simple d'esprit

**simpleton** ['sɪmpltən] *n* nigaud(e), niais(e)

**simplicity** [sɪm'plɪsɪtɪ] *n* simplicité *f*

**simplification** [sɪmplɪfɪ'keɪʃən] *n* simplification *f*

**simplify** ['sɪmplɪfaɪ] *vt* simplifier

**simply** ['sɪmplɪ] *adv* simplement; (*without fuss*) avec simplicité; (*absolutely*) absolument

**simulate** ['sɪmjuleɪt] *vt* simuler, feindre

**simulation** [sɪmju'leɪʃən] *n* simulation *f*

**simultaneous** [sɪməl'teɪnɪəs] *adj* simultané(e)

**simultaneously** [sɪməl'teɪnɪəslɪ] *adv* simultanément

**sin** [sɪn] *n* péché *m* ▷ *vi* pécher

**Sinai** ['saɪneɪaɪ] *n* Sinaï *m*

**since** [sɪns] *adv, prep* depuis ▷ *conj* (*time*) depuis que; (*because*) puisque, étant donné que, comme; ~ **then, ever** ~ depuis ce moment-là; ~ **Monday** depuis lundi; (*ever*) ~ **I arrived** depuis mon arrivée, depuis que je suis arrivé

**sincere** [sɪn'sɪəʳ] *adj* sincère

**sincerely** [sɪn'sɪəlɪ] *adv* sincèrement; **Yours** ~ (*at end of letter*) veuillez agréer, Monsieur (*or* Madame) l'expression de mes sentiments distingués *or* les meilleurs

**sincerity** [sɪn'sɛrɪtɪ] *n* sincérité *f*

**sine** [saɪn] *n* (*Math*) sinus *m*

**sinew** ['sɪnjuː] *n* tendon *m*; **sinews** *npl* muscles *mpl*

**sinful** ['sɪnful] *adj* coupable

**sing** (*pt* **sang**, *pp* **sung**) [sɪŋ, sæŋ, sʌŋ] *vt, vi* chanter

**Singapore** [sɪŋgə'pɔːʳ] *n* Singapour *m*

**singe** [sɪndʒ] *vt* brûler légèrement; (*clothes*) roussir

**singer** ['sɪŋəʳ] *n* chanteur(-euse)

**Singhalese** [sɪŋə'liːz] *adj* = **Sinhalese**

**singing** ['sɪŋɪŋ] *n* (*of person, bird*) chant *m*; façon *f* de chanter; (*of kettle, bullet, in ears*) sifflement *m*

**single** ['sɪŋgl] *adj* seul(e), unique; (*unmarried*) célibataire; (*not double*) simple ▷ *n* (Brit: *also*: **single ticket**) aller *m* (simple); (*record*) 45 tours *m*; **singles** *npl* (*Tennis*) simple *m*; (US: *single people*) célibataires *m/fpl*; **not a ~ one was left** il n'en est pas resté un(e), seul(e); **every ~ day** chaque jour sans exception
  ▶ **single out** *vt* choisir; (*distinguish*) distinguer

**single bed** *n* lit *m* d'une personne *or* à une place

**single-breasted** [sɪŋglbrɛstɪd] *adj* droit(e)

**Single European Market** *n*: **the ~** le marché unique européen

**single file** *n*: **in ~** en file indienne

**single-handed** [sɪŋgl'hændɪd] *adv* tout(e) seul(e), sans (aucune) aide

**single-minded** [sɪŋgl'maɪndɪd] *adj* résolu(e), tenace

**single parent** *n* parent unique (*or* célibataire); **single-parent family** famille monoparentale

**single room** *n* chambre *f* à un lit *or* pour une personne

**singles bar** *n* (*esp US*) bar *m* de rencontres pour célibataires

**single-sex school** [sɪŋgl'sɛks-] *n* école *f* non mixte

**singlet** ['sɪŋglɪt] *n* tricot *m* de corps

**single-track road** [sɪŋgl'træk-] *n* route *f* à voie unique

**singly** ['sɪŋglɪ] *adv* séparément

**singsong** ['sɪŋsɔŋ] *adj* (*tone*) chantant(e) ▷ *n* (*songs*): **to have a ~** chanter quelque chose (ensemble)

**singular** ['sɪŋgjuləʳ] *adj* singulier(-ière); (*odd*) singulier, étrange; (*outstanding*) remarquable; (*Ling*) (au) singulier, du singulier ▷ *n* (*Ling*) singulier *m*; **in the feminine ~** au féminin singulier

**singularly** ['sɪŋgjuləlɪ] *adv* singulièrement; étrangement

**Sinhalese** [sɪnhə'liːz] *adj* cingalais(e)

**sinister** ['sɪnɪstəʳ] *adj* sinistre

**sink** [sɪŋk] (*pt* **sank**, *pp* **sunk**) [sæŋk, sʌŋk] *n* évier *m*; (*washbasin*) lavabo *m* ▷ *vt* (*ship*) (faire) couler, faire sombrer; (*foundations*) creuser; (*piles etc*): **to ~ sth into** enfoncer qch dans ▷ *vi* couler, sombrer; (*ground etc*) s'affaisser; **to ~ into sth** (*chair*) s'enfoncer dans qch; **he sank into a chair/the mud** il s'est enfoncé dans un fauteuil/la boue; **a ~ing feeling** un serrement de cœur
  ▶ **sink in** *vi* s'enfoncer, pénétrer; (*explanation*) rentrer (*inf*), être compris; **it took a long time to ~ in** il a fallu longtemps pour que ça rentre

**sinking fund** *n* fonds *mpl* d'amortissement

**sink unit** *n* bloc-évier *m*

**sinner** ['sɪnəʳ] *n* pécheur(-eresse)

**Sinn Féin** [ʃɪn'feɪn] *n* Sinn Féin *m* (*parti politique* irlandais qui soutient l'IRA)

**Sino-** ['saɪnəu] *prefix* sino-

**sinuous** ['sɪnjuəs] *adj* sinueux(-euse)

**sinus** ['saɪnəs] *n* (*Anat*) sinus *m inv*

**sip** [sɪp] *n* petite gorgée ▷ *vt* boire à petites gorgées

**siphon** ['saɪfən] *n* siphon *m* ▷ *vt* (*also:* **siphon off**) siphonner; (: *fig: funds*) transférer; (: *illegally*) détourner

**sir** [sə<sup>r</sup>] *n* monsieur *m*; **S~ John Smith** sir John Smith; **yes ~** oui Monsieur; **Dear S~** (*in letter*) Monsieur

**siren** ['saɪərn] *n* sirène *f*

**sirloin** ['sə:lɔɪn] *n* (*also:* **sirloin steak**) aloyau *m*

**sirloin steak** *n* bifteck *m* dans l'aloyau

**sirocco** [sɪ'rɔkəu] *n* sirocco *m*

**sisal** ['saɪsəl] *n* sisal *m*

**sissy** ['sɪsɪ] *n* (*inf: coward*) poule mouillée

**sister** ['sɪstə<sup>r</sup>] *n* sœur *f*; (*nun*) religieuse *f*, (bonne) sœur; (*Brit: nurse*) infirmière *f* en chef ▷ *cpd:* **~ organization** organisation *f* sœur; **~ ship** sister(-)ship *m*

**sister-in-law** ['sɪstərɪnlɔ:] *n* belle-sœur *f*

**sit** (*pt, pp* **sat**) [sɪt, sæt] *vi* s'asseoir; (*be sitting*) être assis(e); (*assembly*) être en séance, siéger; (*for painter*) poser; (*dress etc*) tomber ▷ *vt* (*exam*) passer, se présenter à; **to ~ tight** ne pas bouger
  ▶ **sit about, sit around** *vi* être assis(e) *or* rester à ne rien faire
  ▶ **sit back** *vi* (*in seat*) bien s'installer, se carrer
  ▶ **sit down** *vi* s'asseoir; **to be ~ting down** être assis(e)
  ▶ **sit in** *vi*: **to ~ in on a discussion** assister à une discussion
  ▶ **sit on** *vt fus* (*jury, committee*) faire partie de
  ▶ **sit up** *vi* s'asseoir; (*straight*) se redresser; (*not go to bed*) rester debout, ne pas se coucher

**sitcom** ['sɪtkɔm] *n abbr* (TV: = *situation comedy*) sitcom *f*, comédie *f* de situation

**sit-down** ['sɪtdaun] *adj:* **a ~ strike** une grève sur le tas; **a ~ meal** un repas assis

**site** [saɪt] *n* emplacement *m*, site *m*; (*also:* **building site**) chantier *m* ▷ *vt* placer

**sit-in** ['sɪtɪn] *n* (*demonstration*) sit-in *m inv*, occupation *f* de locaux

**siting** ['saɪtɪŋ] *n* (*location*) emplacement *m*

**sitter** ['sɪtə<sup>r</sup>] *n* (*for painter*) modèle *m*; (*also:* **babysitter**) baby-sitter *m/f*

**sitting** ['sɪtɪŋ] *n* (*of assembly etc*) séance *f*; (*in canteen*) service *m*

**sitting member** *n* (*Pol*) parlementaire *m/f* en exercice

**sitting room** *n* salon *m*

**sitting tenant** *n* (*Brit*) locataire occupant(e)

**situate** ['sɪtjueɪt] *vt* situer

**situated** ['sɪtjueɪtɪd] *adj* situé(e)

**situation** [sɪtju'eɪʃən] *n* situation *f*; **"~s vacant/ wanted"** (*Brit*) "offres/demandes d'emploi"

**situation comedy** *n* (*Theat*) comédie *f* de situation

**six** [sɪks] *num* six

**six-pack** ['sɪkspæk] *n* (*esp US*) pack *m* de six

canettes

**sixteen** [sɪks'ti:n] *num* seize

**sixteenth** [sɪks'ti:nθ] *num* seizième

**sixth** ['sɪksθ] *num* sixième ▷ *n*: **the upper/ lower ~** (*Brit Scol*) la terminale/la première

**sixth form** *n* (*Brit*) ≈ classes *fpl* de première et de terminale

**sixth-form college** *n* lycée *n'ayant que des classes de première et de terminale*

**sixtieth** ['sɪkstɪɪθ] *num* soixantième

**sixty** ['sɪkstɪ] *num* soixante

**size** [saɪz] *n* dimensions *fpl*; (*of person*) taille *f*; (*of clothing*) taille; (*of shoes*) pointure *f*; (*of estate, area*) étendue *f*; (*of problem*) ampleur *f*; (*of company*) importance *f*; (*glue*) colle *f*; **I take ~ 14** (*of dress etc*) ≈ je prends du 42 *or* la taille 42; **the small/ large ~** (*of soap powder etc*) le petit/grand modèle; **it's the ~ of ...** c'est de la taille (*or* grosseur) de ..., c'est grand (*or* gros) comme ...; **cut to ~** découpé(e) aux dimensions voulues
  ▶ **size up** *vt* juger, jauger

**sizeable** ['saɪzəbl] *adj* (*object, building, estate*) assez grand(e); (*amount, problem, majority*) assez important(e)

**sizzle** ['sɪzl] *vi* grésiller

**SK** *abbr* (*Canada*) = **Saskatchewan**

**skate** [skeɪt] *n* patin *m*; (*fish: pl inv*) raie *f* ▷ *vi* patiner
  ▶ **skate over, skate around** *vt* (*problem, issue*) éluder

**skateboard** ['skeɪtbɔ:d] *n* skateboard *m*, planche *f* à roulettes

**skateboarding** ['skeɪtbɔ:dɪŋ] *n* skateboard *m*

**skater** ['skeɪtə<sup>r</sup>] *n* patineur(-euse)

**skating** ['skeɪtɪŋ] *n* patinage *m*

**skating rink** *n* patinoire *f*

**skeleton** ['skɛlɪtn] *n* squelette *m*; (*outline*) schéma *m*

**skeleton key** *n* passe-partout *m*

**skeleton staff** *n* effectifs réduits

**skeptic** ['skɛptɪk] (*US*) = **sceptic**

**skeptical** ['skɛptɪkl] (*US*) = **sceptical**

**sketch** [skɛtʃ] *n* (*drawing*) croquis *m*, esquisse *f*; (*outline plan*) aperçu *m*; (*Theat*) sketch *m*, saynète *f* ▷ *vt* esquisser, faire un croquis *or* une esquisse de; (*plan etc*) esquisser

**sketch book** *n* carnet *m* à dessin

**sketch pad** *n* bloc *m* à dessin

**sketchy** ['skɛtʃɪ] *adj* incomplet(-ète), fragmentaire

**skew** [skju:] *n* (*Brit*): **on the ~** de travers, en biais

**skewer** ['skju:ə<sup>r</sup>] *n* brochette *f*

**ski** [ski:] *n* ski *m* ▷ *vi* skier, faire du ski

**ski boot** *n* chaussure *f* de ski

**skid** [skɪd] *n* dérapage *m* ▷ *vi* déraper; **to go into a ~** déraper

**skid mark** *n* trace *f* de dérapage

**skier** ['ski:ə<sup>r</sup>] *n* skieur(-euse)

**skiing** ['ski:ɪŋ] *n* ski *m*; **to go ~** (aller) faire du ski

**ski instructor** *n* moniteur(-trice) de ski

**ski jump** *n* (*ramp*) tremplin *m*; (*event*) saut *m* à skis

S

789

**skilful**, (US) **skillful** ['skɪlful] adj habile, adroit(e)
**skilfully**, (US) **skillfully** ['skɪlfəlɪ] adv habilement, adroitement
**ski lift** n remonte-pente m inv
**skill** [skɪl] n (ability) habileté f, adresse f, talent m; (requiring training) compétences fpl
**skilled** [skɪld] adj habile, adroit(e); (worker) qualifié(e)
**skillet** ['skɪlɪt] n poêlon m
**skillful** etc ['skɪlful] (US) = **skilful** etc
**skim** [skɪm] vt (milk) écrémer; (soup) écumer; (glide over) raser, effleurer ▷ vi: **to ~ through** (fig) parcourir
**skimmed milk** [skɪmd-], (US) **skim milk** n lait écrémé
**skimp** [skɪmp] vt (work) bâcler, faire à la va-vite; (cloth etc) lésiner sur
**skimpy** ['skɪmpɪ] adj étriqué(e); maigre
**skin** [skɪn] n peau f ▷ vt (fruit etc) éplucher; (animal) écorcher; **wet** or **soaked to the ~** trempé(e) jusqu'aux os
**skin-deep** ['skɪn'diːp] adj superficiel(le)
**skin diver** n plongeur(-euse) sous-marin(e)
**skin diving** n plongée sous-marine
**skinflint** ['skɪnflɪnt] n grippe-sou m
**skin graft** n greffe f de peau
**skinhead** ['skɪnhed] n skinhead m
**skinny** ['skɪnɪ] adj maigre, maigrichon(ne)
**skin test** n cuti f(-réaction) f
**skintight** ['skɪntaɪt] adj (dress etc) collant(e), ajusté(e)
**skip** [skɪp] n petit bond or saut; (Brit: container) benne f ▷ vi gambader, sautiller; (with rope) sauter à la corde ▷ vt (pass over) sauter; **to ~ school** (esp US) faire l'école buissonnière
**ski pants** npl pantalon m de ski
**ski pass** n forfait-skieur(s) m
**ski pole** n bâton m de ski
**skipper** ['skɪpər] n (Naut, Sport) capitaine m; (in race) skipper m ▷ vt (boat) commander; (team) être le chef de
**skipping rope** ['skɪpɪŋ-], (US) **skip rope** n corde f à sauter
**ski resort** n station f de sports d'hiver
**skirmish** ['skəːmɪʃ] n escarmouche f, accrochage m
**skirt** [skəːt] n jupe f ▷ vt longer, contourner
**skirting board** ['skəːtɪŋ-] n (Brit) plinthe f
**ski run** n piste f de ski
**ski slope** n piste f de ski
**ski suit** n combinaison f de ski
**skit** [skɪt] n sketch m satirique
**ski tow** n = **ski lift**
**skittle** ['skɪtl] n quille f; **skittles** (game) (jeu m de) quilles fpl
**skive** [skaɪv] vi (Brit inf) tirer au flanc
**skulk** [skʌlk] vi rôder furtivement
**skull** [skʌl] n crâne m
**skullcap** ['skʌlkæp] n calotte f
**skunk** [skʌŋk] n mouffette f; (fur) sconse m
**sky** [skaɪ] n ciel m; **to praise sb to the skies** porter qn aux nues

**sky-blue** [skaɪ'bluː] adj bleu ciel inv
**skydiving** ['skaɪdaɪvɪŋ] n parachutisme m (en chute libre)
**sky-high** ['skaɪ'haɪ] adv très haut ▷ adj exorbitant(e); **prices are ~** les prix sont exorbitants
**skylark** ['skaɪlɑːk] n (bird) alouette f (des champs)
**skylight** ['skaɪlaɪt] n lucarne f
**skyline** ['skaɪlaɪn] n (horizon) (ligne f d')horizon m; (of city) ligne des toits
**Skype®** [skaɪ'] (Internet, Tel) n Skype® ▷ vt contacter via Skype®
**skyscraper** ['skaɪskreɪpər] n gratte-ciel m inv
**slab** [slæb] n plaque f; (of stone) dalle f; (of wood) bloc m; (of meat, cheese) tranche épaisse
**slack** [slæk] adj (loose) lâche, desserré(e); (slow) stagnant(e); (careless) négligent(e), peu sérieux(-euse) or consciencieux(-euse); (Comm: market) peu actif(-ive); (: demand) faible; (period) creux(-euse) ▷ n (in rope etc) mou m; **business is ~** les affaires vont mal
**slacken** ['slækn] (also: **slacken off**) vi ralentir, diminuer ▷ vt relâcher
**slacks** [slæks] npl pantalon m
**slag** [slæg] n scories fpl
**slag heap** n crassier m
**slag off** (Brit: inf) vt dire du mal de
**slain** [sleɪn] pp of **slay**
**slake** [sleɪk] vt (one's thirst) étancher
**slalom** ['slɑːləm] n slalom m
**slam** [slæm] vt (door) (faire) claquer; (throw) jeter violemment, flanquer; (inf: criticize) éreinter, démolir ▷ vi claquer
**slammer** ['slæmər] n (inf): **the ~** la taule
**slander** ['slɑːndər] n calomnie f; (Law) diffamation f ▷ vt calomnier; diffamer
**slanderous** ['slɑːndrəs] adj calomnieux(-euse), diffamatoire
**slang** [slæŋ] n argot m
**slanging match** ['slæŋɪŋ-] n (Brit inf) engueulade f, empoignade f
**slant** [slɑːnt] n inclinaison f; (fig) angle m, point m de vue
**slanted** ['slɑːntɪd] adj tendancieux(-euse)
**slanting** ['slɑːntɪŋ] adj en pente, incliné(e); couché(e)
**slap** [slæp] n claque f, gifle f; (on the back) tape f ▷ vt donner une claque or une gifle (or une tape) à; **to ~ on** (paint) appliquer rapidement ▷ adv (directly) tout droit, en plein
**slapdash** ['slæpdæʃ] adj (work) fait(e) sans soin or à la va-vite; (person) insouciant(e), négligent(e)
**slaphead** ['slæphed] n (Brit inf) chauve
**slapstick** ['slæpstɪk] n (comedy) grosse farce (style tarte à la crème)
**slap-up** ['slæpʌp] adj (Brit): **a ~ meal** un repas extra or fameux
**slash** [slæʃ] vt entailler, taillader; (fig: prices) casser
**slat** [slæt] n (of wood) latte f, lame f
**slate** [sleɪt] n ardoise f ▷ vt (fig: criticize) éreinter, démolir

**slaughter** ['slɔːtəʳ] n carnage m, massacre m; (of animals) abattage m ▷ vt (animal) abattre; (people) massacrer

**slaughterhouse** ['slɔːtəhaus] n abattoir m

**Slav** [slɑːv] adj slave

**slave** [sleɪv] n esclave m/f ▷ vi (also: **slave away**) trimer, travailler comme un forçat; **to ~ (away) at sth/at doing sth** se tuer à qch/à faire qch

**slave driver** n (inf: pej) négrier(-ière)

**slave labour** n travail m d'esclave; **it's just ~** (fig) c'est de l'esclavage

**slaver** ['slævəʳ] vi (dribble) baver

**slavery** ['sleɪvərɪ] n esclavage m

**Slavic** ['slævɪk] adj slave

**slavish** ['sleɪvɪʃ] adj servile

**slavishly** ['sleɪvɪʃlɪ] adv (copy) servilement

**Slavonic** [slə'vɔnɪk] adj slave

**slay** (pt **slew**, pp **slain**) [sleɪ, sluː, sleɪn] vt (literary) tuer

**sleazy** ['sliːzɪ] adj miteux(-euse), minable

**sled** [slɛd] (US) = **sledge**

**sledge** [slɛdʒ] n luge f

**sledgehammer** ['slɛdʒhæməʳ] n marteau m de forgeron

**sleek** [sliːk] adj (hair, fur) brillant(e), luisant(e); (car, boat) aux lignes pures or élégantes

**sleep** [sliːp] n sommeil m ▷ vi (pt, pp **slept**) [slɛpt] dormir; (spend night) dormir, coucher ▷ vt: **we can ~ 4** on peut coucher or loger 4 personnes; **to go to ~** s'endormir; **to have a good night's ~** passer une bonne nuit; **to put to ~** (patient) endormir; (animal: euphemism: kill) piquer; **to ~ lightly** avoir le sommeil léger; **to ~ with sb** (have sex) coucher avec qn

▸ **sleep around** vi coucher à droite et à gauche

▸ **sleep in** vi (oversleep) se réveiller trop tard; (on purpose) faire la grasse matinée

▸ **sleep together** vi (have sex) coucher ensemble

**sleeper** ['sliːpəʳ] n (person) dormeur(-euse); (Brit Rail: on track) traverse f; (: train) train-couchettes m; (: carriage) wagon-lits m, voiture-lits f; (: berth) couchette f

**sleepily** ['sliːpɪlɪ] adv d'un air endormi

**sleeping** ['sliːpɪŋ] adj qui dort, endormi(e)

**sleeping bag** n sac m de couchage

**sleeping car** n wagon-lits m, voiture-lits f

**sleeping partner** n (Brit Comm) = **silent partner**

**sleeping pill** n somnifère m

**sleeping sickness** n maladie f du sommeil

**sleepless** ['sliːplɪs] adj: **a ~ night** une nuit blanche

**sleeplessness** ['sliːplɪsnɪs] n insomnie f

**sleepover** ['sliːpəuvəʳ] n nuit f chez un copain or une copine; **we're having a ~ at Jo's** nous allons passer la nuit chez Jo

**sleepwalk** ['sliːpwɔːk] vi marcher en dormant

**sleepwalker** ['sliːpwɔːkəʳ] n somnambule m/f

**sleepy** ['sliːpɪ] adj qui a envie de dormir; (fig) endormi(e); **to be** or **feel ~** avoir sommeil, avoir envie de dormir

**sleet** [sliːt] n neige fondue

**sleeve** [sliːv] n manche f; (of record) pochette f

**sleeveless** ['sliːvlɪs] adj (garment) sans manches

**sleigh** [sleɪ] n traîneau m

**sleight** [slaɪt] n: **~ of hand** tour m de passe-passe

**slender** ['slɛndəʳ] adj svelte, mince; (fig) faible, ténu(e)

**slept** [slɛpt] pt, pp of **sleep**

**sleuth** [sluːθ] n (inf) détective (privé)

**slew** [sluː] vi (also: **slew round**) virer, pivoter ▷ pt of **slay**

**slice** [slaɪs] n tranche f; (round) rondelle f; (utensil) spatule f; (also: **fish slice**) pelle f à poisson ▷ vt couper en tranches (or en rondelles); **~d bread** pain m en tranches

**slick** [slɪk] adj (skilful) bien ficelé(e); (salesperson) qui a du bagout, mielleux(-euse) ▷ n (also: **oil slick**) nappe f de pétrole, marée noire

**slid** [slɪd] pt, pp of **slide**

**slide** [slaɪd] (pt, pp **slid**) [slɪd] n (in playground) toboggan m; (Phot) diapositive f; (Brit: also: **hair slide**) barrette f; (microscope slide) (lame f) porte-objet m; (in prices) chute f, baisse f ▷ vt (faire) glisser ▷ vi glisser; **to let things ~** (fig) laisser les choses aller à la dérive

**slide projector** n (Phot) projecteur m de diapositives

**slide rule** n règle f à calcul

**sliding** ['slaɪdɪŋ] adj (door) coulissant(e); **~ roof** (Aut) toit ouvrant

**sliding scale** n échelle f mobile

**slight** [slaɪt] adj (slim) mince, menu(e); (frail) frêle; (trivial) faible, insignifiant(e); (small) petit(e), léger(-ère); (before n) ▷ n offense f, affront m ▷ vt (offend) blesser, offenser; **the ~est** le (or la) moindre; **not in the ~est** pas le moins du monde, pas du tout

**slightly** ['slaɪtlɪ] adv légèrement, un peu; **~ built** fluet(te)

**slim** [slɪm] adj mince ▷ vi maigrir; (diet) suivre un régime amaigrissant

**slime** [slaɪm] n vase f; substance visqueuse

**slimming** ['slɪmɪŋ] n amaigrissement m ▷ adj (diet, pills) amaigrissant(e), pour maigrir; (food) qui ne fait pas grossir

**slimy** ['slaɪmɪ] adj visqueux(-euse), gluant(e); (covered with mud) vaseux(-euse)

**sling** [slɪŋ] n (Med) écharpe f; (for baby) porte-bébé m; (weapon) fronde f, lance-pierre m ▷ vt (pt, pp **slung**) [slʌŋ] lancer, jeter; **to have one's arm in a ~** avoir le bras en écharpe

**slink** (pt, pp **slunk**) [slɪŋk, slʌŋk] vi: **to ~ away** or **off** s'en aller furtivement

**slinky** ['slɪŋkɪ] adj (clothes) moulant(e)

**slip** [slɪp] n faux pas; (mistake) erreur f, bévue f; (underskirt) combinaison f; (of paper) petite feuille, fiche f ▷ vt (slide) glisser ▷ vi (slide) glisser; (decline) baisser; (move smoothly): **to ~ into/out of** se glisser or se faufiler dans/hors de; **to let a chance ~ by** laisser passer une occasion; **to ~ sth on/off** enfiler/enlever qch; **it ~ped from her hand** cela lui a glissé des mains; **to give sb the ~** fausser compagnie à

S

qn; **a ~ of the tongue** un lapsus
▶ **slip away** *vi* s'esquiver
▶ **slip in** *vt* glisser
▶ **slip out** *vi* sortir
▶ **slip up** *vi* faire une erreur, gaffer
**slip-on** ['slɪpɒn] *adj* facile à enfiler; **~ shoes** mocassins *mpl*
**slipped disc** [slɪpt-] *n* déplacement *m* de vertèbre
**slipper** ['slɪpə<sup>r</sup>] *n* pantoufle *f*
**slippery** ['slɪpərɪ] *adj* glissant(e); (*fig: person*) insaisissable
**slip road** *n* (*Brit: to motorway*) bretelle *f* d'accès
**slipshod** ['slɪpʃɒd] *adj* négligé(e), peu soigné(e)
**slip-up** ['slɪpʌp] *n* bévue *f*
**slipway** ['slɪpweɪ] *n* cale *f* (de construction *or* de lancement)
**slit** [slɪt] *n* fente *f*; (*cut*) incision *f*; (*tear*) déchirure *f* ▷ *vt* (*pt, pp* -) fendre; couper, inciser; déchirer; **to ~ sb's throat** trancher la gorge à qn
**slither** ['slɪðə<sup>r</sup>] *vi* glisser, déraper
**sliver** ['slɪvə<sup>r</sup>] *n* (*of glass, wood*) éclat *m*; (*of cheese, sausage*) petit morceau
**slob** [slɒb] *n* (*inf*) rustaud(e)
**slog** [slɒg] *n* (*Brit: effort*) gros effort; (*: work*) tâche fastidieuse ▷ *vi* travailler très dur
**slogan** ['sləugən] *n* slogan *m*
**slop** [slɒp] *vi* (*also:* **slop over**) se renverser; déborder ▷ *vt* répandre; renverser
**slope** [sləup] *n* pente *f*, côte *f*; (*side of mountain*) versant *m*; (*slant*) inclinaison *f* ▷ *vi*: **to ~ down** être *or* descendre en pente; **to ~ up** monter
**sloping** ['sləupɪŋ] *adj* en pente, incliné(e); (*handwriting*) penché(e)
**sloppy** ['slɒpɪ] *adj* (*work*) peu soigné(e), bâclé(e); (*appearance*) négligé(e), débraillé(e); (*film etc*) sentimental(e)
**slosh** [slɒʃ] *vi* (*inf*): **to ~ about** *or* **around** (*children*) patauger; (*liquid*) clapoter
**sloshed** [slɒʃt] *adj* (*inf: drunk*) bourré(e)
**slot** [slɒt] *n* fente *f*; (*fig: in timetable, Radio, TV*) créneau *m*, plage *f* ▷ *vt*: **to ~ sth into** encastrer *or* insérer qch dans ▷ *vi*: **to ~ into** s'encastrer *or* s'insérer dans
**sloth** [sləuθ] *n* (*vice*) paresse *f*; (*Zool*) paresseux *m*
**slot machine** *n* (*Brit: vending machine*) distributeur *m* (automatique), machine *f* à sous; (*for gambling*) appareil *m or* machine à sous
**slot meter** *n* (*Brit*) compteur *m* à pièces
**slouch** [slautʃ] *vi* avoir le dos rond, être voûté(e)
▶ **slouch about, slouch around** *vi* traîner à ne rien faire
**Slovak** ['sləuvæk] *adj* slovaque ▷ *n* Slovaque *m/f*; (*Ling*) slovaque *m*; **the ~ Republic** la République slovaque
**Slovakia** [sləu'vækɪə] *n* Slovaquie *f*
**Slovakian** [sləu'vækɪən] *adj, n* = **Slovak**
**Slovene** [sləu'viːn] *adj* slovène ▷ *n* Slovène *m/f*; (*Ling*) slovène *m*
**Slovenia** [sləu'viːnɪə] *n* Slovénie *f*
**Slovenian** [sləu'viːnɪən] *adj, n* = **Slovene**

**slovenly** ['slʌvənlɪ] *adj* sale, débraillé(e), négligé(e)
**slow** [sləu] *adj* lent(e); (*watch*): **to be ~** retarder ▷ *adv* lentement ▷ *vt, vi* ralentir; **"~"** (*road sign*) "ralentir"; **at a ~ speed** à petite vitesse; **to be ~ to act/decide** être lent à agir/décider; **my watch is 20 minutes ~** ma montre retarde de 20 minutes; **business is ~** les affaires marchent au ralenti; **to go ~** (*driver*) rouler lentement; (*in industrial dispute*) faire la grève perlée
▶ **slow down** *vi* ralentir
**slow-acting** [sləu'æktɪŋ] *adj* qui agit lentement, à action lente
**slowcoach** ['sləukəutʃ] *n* (*Brit inf*) lambin(e)
**slowly** ['sləulɪ] *adv* lentement
**slow motion** *n*: **in ~** au ralenti
**slowness** ['sləunɪs] *n* lenteur *f*
**slowpoke** ['sləupəuk] *n* (*US inf*) = **slowcoach**
**sludge** [slʌdʒ] *n* boue *f*
**slug** [slʌg] *n* limace *f*; (*bullet*) balle *f*
**sluggish** ['slʌgɪʃ] *adj* (*person*) mou (molle), lent(e); (*stream, engine, trading*) lent(e); (*business, sales*) stagnant(e)
**sluice** [sluːs] *n* écluse *f*; (*also:* **sluice gate**) vanne *f* ▷ *vt*: **to ~ down** *or* **out** laver à grande eau
**slum** [slʌm] *n* (*house*) taudis *m*; **slums** *npl* (*area*) quartiers *mpl* pauvres
**slumber** ['slʌmbə<sup>r</sup>] *n* sommeil *m*
**slump** [slʌmp] *n* baisse soudaine, effondrement *m*; (*Econ*) crise *f* ▷ *vi* s'effondrer, s'affaisser
**slung** [slʌŋ] *pt, pp of* **sling**
**slunk** [slʌŋk] *pt, pp of* **slink**
**slur** [sləː<sup>r</sup>] *n* bredouillement *m*; (*smear*): **~ (on)** atteinte *f* (à); insinuation *f* (contre) ▷ *vt* mal articuler; **to be a ~ on** porter atteinte à
**slurp** [sləːp] *vt, vi* boire à grand bruit
**slurred** [sləːd] *adj* (*pronunciation*) inarticulé(e), indistinct(e)
**slush** [slʌʃ] *n* neige fondue
**slush fund** *n* caisse noire, fonds secrets
**slushy** ['slʌʃɪ] *adj* (*snow*) fondu(e); (*street*) couvert(e) de neige fondue; (*Brit: fig*) à l'eau de rose
**slut** [slʌt] *n* souillon *f*
**sly** [slaɪ] *adj* (*person*) rusé(e); (*smile, expression, remark*) sournois(e); **on the ~** en cachette
**smack** [smæk] *n* (*slap*) tape *f*; (*on face*) gifle *f* ▷ *vt* donner une tape à; (*on face*) gifler; (*on bottom*) donner la fessée à ▷ *vi*: **to ~ of** avoir des relents de, sentir ▷ *adv* (*inf*): **it fell ~ in the middle** c'est tombé en plein milieu *or* en plein dedans; **to ~ one's lips** se lécher les babines
**smacker** ['smækə<sup>r</sup>] *n* (*inf: kiss*) bisou *m or* bise *f* sonore; (*: Brit: pound note*) livre *f*; (*: US: dollar bill*) dollar *m*
**small** [smɔːl] *adj* petit(e); (*letter*) minuscule ▷ *n*: **the ~ of the back** le creux des reins; **to get** *or* **grow ~er** diminuer; **to make ~er** (*amount, income*) diminuer; (*object, garment*) rapetisser; **a ~ shopkeeper** un petit commerçant
**small ads** *npl* (*Brit*) petites annonces

**small arms** *npl* armes individuelles

**small business** *n* petit commerce, petite affaire

**small change** *n* petite *or* menue monnaie

**smallholder** ['smɔːlhəʊldəʳ] *n* (*Brit*) petit cultivateur

**smallholding** ['smɔːlhəʊldɪŋ] *n* (*Brit*) petite ferme

**small hours** *npl*: **in the ~** au petit matin

**smallish** ['smɔːlɪʃ] *adj* plutôt *or* assez petit(e)

**small-minded** [smɔːl'maɪndɪd] *adj* mesquin(e)

**smallpox** ['smɔːlpɔks] *n* variole *f*

**small print** *n* (*in contract etc*) clause(s) imprimée(s) en petits caractères

**small-scale** ['smɔːlskeɪl] *adj* (*map, model*) à échelle réduite, à petite échelle; (*business, farming*) peu important(e), modeste

**small talk** *n* menus propos

**small-time** ['smɔːltaɪm] *adj* (*farmer etc*) petit(e); **a ~ thief** un voleur à la petite semaine

**small-town** ['smɔːltaʊn] *adj* provincial(e)

**smarmy** ['smɑːmɪ] *adj* (*Brit pej*) flagorneur(-euse), lécheur(-euse)

**smart** [smɑːt] *adj* élégant(e), chic *inv*; (*clever*) intelligent(e); (*pej*) futé(e); (*quick*) vif (vive), prompt(e) ▷ *vi* faire mal, brûler; **the ~ set** le beau monde; **to look ~** être élégant(e); **my eyes are ~ing** j'ai les yeux irrités *or* qui me piquent

**smart card** ['smɑːt'kɑːd] *n* carte *f* à puce

**smart phone** *n* smartphone *m*

**smarten up** ['smɑːtn-] *vi* devenir plus élégant(e), se faire beau (belle) ▷ *vt* rendre plus élégant(e)

**smash** [smæʃ] *n* (*also*: **smash-up**) collision *f*, accident *m*; (*Mus*) succès foudroyant; (*sound*) fracas *m* ▷ *vt* casser, briser, fracasser; (*opponent*) écraser; (*hopes*) ruiner, détruire; (*Sport: record*) pulvériser ▷ *vi* se briser, se fracasser; s'écraser
  ▶ **smash up** *vt* (*car*) bousiller; (*room*) tout casser dans

**smashing** ['smæʃɪŋ] *adj* (*inf*) formidable

**smattering** ['smætərɪŋ] *n*: **a ~ of** quelques notions de

**smear** [smɪəʳ] *n* (*stain*) tache *f*; (*mark*) trace *f*; (*Med*) frottis *m*; (*insult*) calomnie *f* ▷ *vt* enduire; (*make dirty*) salir; (*fig*) ternir; **his hands were ~ed with oil/ink** il avait les mains maculées de cambouis/d'encre

**smear campaign** *n* campagne *f* de dénigrement

**smear test** *n* (*Brit Med*) frottis *m*

**smell** [smɛl] (*pt, pp* **smelt** *or* **-ed**) [smɛlt, smɛld] *n* odeur *f*; (*sense*) odorat *m* ▷ *vt* sentir ▷ *vi* (*pej*) sentir mauvais; (*food etc*): **to ~ (of)** sentir; **it ~s good** ça sent bon

**smelly** ['smɛlɪ] *adj* qui sent mauvais, malodorant(e)

**smelt** [smɛlt] *pt, pp of* **smell** ▷ *vt* (*ore*) fondre

**smile** [smaɪl] *n* sourire *m* ▷ *vi* sourire

**smiling** ['smaɪlɪŋ] *adj* souriant(e)

**smirk** [smə:k] *n* petit sourire suffisant *or* affecté

**smith** [smɪθ] *n* maréchal-ferrant *m*; forgeron *m*

**smithy** ['smɪðɪ] *n* forge *f*

**smitten** ['smɪtn] *adj*: **~ with** pris(e) de;

frappé(e) de

**smock** [smɔk] *n* blouse *f*, sarrau *m*

**smog** [smɔg] *n* brouillard mêlé de fumée

**smoke** [sməʊk] *n* fumée *f* ▷ *vt, vi* fumer; **to have a ~** fumer une cigarette; **do you ~?** est-ce que vous fumez?; **do you mind if I ~?** ça ne vous dérange pas que je fume?; **to go up in ~** (*house etc*) brûler; (*fig*) partir en fumée

**smoke alarm** *n* détecteur *m* de fumée

**smoked** ['sməʊkt] *adj* (*bacon, glass*) fumé(e)

**smokeless fuel** ['sməʊklɪs-] *n* combustible non polluant

**smokeless zone** ['sməʊklɪs-] *n* (*Brit*) zone *f* où l'usage du charbon est réglementé

**smoker** ['sməʊkəʳ] *n* (*person*) fumeur(-euse); (*Rail*) wagon *m* fumeurs

**smoke screen** *n* rideau *m* *or* écran *m* de fumée; (*fig*) paravent *m*

**smoke shop** *n* (*US*) (bureau *m* de) tabac *m*

**smoking** ['sməʊkɪŋ] *n*: **"no ~"** (*sign*) "défense de fumer"; **to give up ~** arrêter de fumer

**smoking compartment**, (*US*) **smoking car** *n* wagon *m* fumeurs

**smoky** ['sməʊkɪ] *adj* enfumé(e); (*taste*) fumé(e)

**smolder** ['sməʊldəʳ] *vi* (*US*) = **smoulder**

**smoochy** ['smuːtʃɪ] *adj* (*inf*) langoureux(-euse)

**smooth** [smuːð] *adj* lisse; (*sauce*) onctueux(-euse); (*flavour, whisky*) moelleux(-euse); (*cigarette*) doux (douce); (*movement*) régulier(-ière), sans à-coups *or* heurts; (*landing, takeoff*) en douceur; (*flight*) sans secousses; (*pej: person*) doucereux(-euse), mielleux(-euse) ▷ *vt* (*also*: **smooth out**) lisser, défroisser; (*creases, difficulties*) faire disparaître
  ▶ **smooth over** *vt*: **to ~ things over** (*fig*) arranger les choses

**smoothly** ['smuːðlɪ] *adv* (*easily*) facilement, sans difficulté(s); **everything went ~** tout s'est bien passé

**smother** ['smʌðəʳ] *vt* étouffer

**smoulder**, (*US*) **smolder** ['sməʊldəʳ] *vi* couver

**SMS** *n abbr* (= *short message service*) SMS *m*

**SMS message** *n* (message *m*) SMS *m*

**smudge** [smʌdʒ] *n* tache *f*, bavure *f* ▷ *vt* salir, maculer

**smug** [smʌg] *adj* suffisant(e), content(e) de soi

**smuggle** ['smʌgl] *vt* passer en contrebande *or* en fraude; **to ~ in/out** (*goods etc*) faire entrer/sortir clandestinement *or* en fraude

**smuggler** ['smʌgləʳ] *n* contrebandier(-ière)

**smuggling** ['smʌglɪŋ] *n* contrebande *f*

**smut** [smʌt] *n* (*grain of soot*) grain *m* de suie; (*mark*) tache *f* de suie; (*in conversation etc*) obscénités *fpl*

**smutty** ['smʌtɪ] *adj* (*fig*) grossier(-ière), obscène

**snack** [snæk] *n* casse-croûte *m inv*; **to have a ~** prendre un en-cas, manger quelque chose (de léger)

**snack bar** *n* snack(-bar) *m*

**snag** [snæg] *n* inconvénient *m*, difficulté *f*

**snail** [sneɪl] *n* escargot *m*

**snake** [sneɪk] *n* serpent *m*

**snap** [snæp] n (sound) claquement m, bruit sec; (photograph) photo f, instantané m; (game) sorte de jeu de bataille ▷ adj subit(e), fait(e) sans réfléchir ▷ vt (fingers) faire claquer; (break) casser net; (photograph) prendre un instantané de ▷ vi se casser net or avec un bruit sec; (fig: person) craquer; (speak sharply) parler d'un ton brusque; **to ~ open/shut** s'ouvrir/se refermer brusquement; **to ~ one's fingers at** (fig) se moquer de; **a cold ~** (of weather) un refroidissement soudain de la température
▸ **snap at** vt fus (subj: dog) essayer de mordre
▸ **snap off** vt (break) casser net
▸ **snap up** vt sauter sur, saisir
**snap fastener** n bouton-pression m
**snappy** ['snæpɪ] adj prompt(e); (slogan) qui a du punch; **make it ~!** (inf: hurry up) grouille-toi!, magne-toi!
**snapshot** ['snæpʃɔt] n photo f, instantané m
**snare** [snɛəʳ] n piège m ▷ vt attraper, prendre au piège
**snarl** [snɑːl] n grondement m or grognement m féroce ▷ vi gronder ▷ vt: **to get ~ed up** (wool, plans) s'emmêler; (traffic) se bloquer
**snatch** [snætʃ] n (fig) vol m; (small amount): **~es of** des fragments mpl or bribes fpl de ▷ vt saisir (d'un geste vif); (steal) voler ▷ vi: **don't ~!** doucement!; **to ~ a sandwich** manger or avaler un sandwich à la hâte; **to ~ some sleep** arriver à dormir un peu
▸ **snatch up** vt saisir, s'emparer de
**snazzy** ['snæzɪ] adj (inf: clothes) classe inv, chouette
**sneak** [sniːk] (US: pt **snuck**) vi: **to ~ in/out** entrer/sortir furtivement or à la dérobée ▷ vt: **to ~ a look at sth** regarder furtivement qch ▷ n (inf: pej: informer) faux jeton; **to ~ up on sb** s'approcher de qn sans faire de bruit
**sneakers** ['sniːkəz] npl tennis mpl, baskets fpl
**sneaking** ['sniːkɪŋ] adj: **to have a ~ feeling or suspicion that ...** avoir la vague impression que ...
**sneaky** ['sniːkɪ] adj sournois(e)
**sneer** [snɪəʳ] n ricanement m ▷ vi ricaner, sourire d'un air sarcastique; **to ~ at sb/sth** se moquer de qn/qch avec mépris
**sneeze** [sniːz] n éternuement m ▷ vi éternuer
**snide** [snaɪd] adj sarcastique, narquois(e)
**sniff** [snɪf] n reniflement m ▷ vi renifler ▷ vt renifler, flairer; (glue, drug) sniffer, respirer
▸ **sniff at** vt fus: **it's not to be ~ed at** il ne faut pas cracher dessus, ce n'est pas à dédaigner
**sniffer dog** ['snɪfə-] n (Police) chien dressé pour la recherche d'explosifs et de stupéfiants
**snigger** ['snɪgəʳ] n ricanement m; rire moqueur ▷ vi ricaner
**snip** [snɪp] n (cut) entaille f; (piece) petit bout; (Brit: inf: bargain) (bonne) occasion or affaire ▷ vt couper
**sniper** ['snaɪpəʳ] n (marksman) tireur embusqué
**snippet** ['snɪpɪt] n bribes fpl
**snivelling** ['snɪvlɪŋ] adj larmoyant(e),

pleurnicheur(-euse)
**snob** [snɔb] n snob m/f
**snobbery** ['snɔbərɪ] n snobisme m
**snobbish** ['snɔbɪʃ] adj snob inv
**snog** [snɔg] vi (inf) se bécoter
**snooker** ['snuːkəʳ] n sorte de jeu de billard
**snoop** [snuːp] vi: **to ~ on sb** espionner qn; **to ~ about** fureter
**snooper** ['snuːpəʳ] n fureteur(-euse)
**snooty** ['snuːtɪ] adj snob inv, prétentieux(-euse)
**snooze** [snuːz] n petit somme ▷ vi faire un petit somme
**snore** [snɔːʳ] vi ronfler ▷ n ronflement m
**snoring** ['snɔːrɪŋ] n ronflement(s) m(pl)
**snorkel** ['snɔːkl] n (of swimmer) tuba m
**snort** [snɔːt] n grognement m ▷ vi grogner; (horse) renâcler ▷ vt (inf: drugs) sniffer
**snotty** ['snɔtɪ] adj morveux(-euse)
**snout** [snaut] n museau m
**snow** [snəu] n neige f ▷ vi neiger ▷ vt: **to be ~ed under with work** être débordé(e) de travail
**snowball** ['snəubɔːl] n boule f de neige
**snowbound** ['snəubaund] adj enneigé(e), bloqué(e) par la neige
**snow-capped** ['snəukæpt] adj (peak, mountain) couvert(e) de neige
**snowdrift** ['snəudrɪft] n congère f
**snowdrop** ['snəudrɔp] n perce-neige m
**snowfall** ['snəufɔːl] n chute f de neige
**snowflake** ['snəufleɪk] n flocon m de neige
**snowman** ['snəumæn] (irreg) n bonhomme m de neige
**snowplough**, (US) **snowplow** ['snəuplau] n chasse-neige m inv
**snowshoe** ['snəuʃuː] n raquette f (pour la neige)
**snowstorm** ['snəustɔːm] n tempête f de neige
**snowy** ['snəuɪ] adj neigeux(-euse); (covered with snow) enneigé(e)
**SNP** n abbr (Brit Pol) = **Scottish National Party**
**snub** [snʌb] vt repousser, snober ▷ n rebuffade f
**snub-nosed** [snʌb'nəuzd] adj au nez retroussé
**snuck** [snʌk] (US) pt, pp of **sneak**
**snuff** [snʌf] n tabac m à priser ▷ vt (also: **snuff out**: candle) moucher
**snuff movie** n (inf) film pornographique qui se termine par le meurtre réel de l'un des acteurs
**snug** [snʌg] adj douillet(te), confortable; (person) bien au chaud; **it's a ~ fit** c'est bien ajusté(e)
**snuggle** ['snʌgl] vi: **to ~ down in bed/up to sb** se pelotonner dans son lit/contre qn
**SO** abbr (Banking) = **standing order**

KEYWORD

**so** [səu] adv **1** (thus, likewise) ainsi, de cette façon; **if so** si oui; **so do or have I** moi aussi; **it's 5 o'clock — so it is!** il est 5 heures — en effet! or c'est vrai!; **I hope/think so** je l'espère/le crois; **so far** jusqu'ici, jusqu'à maintenant; (in past) jusque-là; **quite so!** exactement!, c'est bien ça!; **even so** quand même, tout de même
**2** (in comparisons etc: to such a degree) si, tellement;

**so big (that)** si *or* tellement grand (que); **she's not so clever as her brother** elle n'est pas aussi intelligente que son frère
**3**: **so much** (*adj, adv*) tant (de); **I've got so much work** j'ai tant de travail; **I love you so much** je vous aime tant; **so many** tant (de)
**4** (*phrases*): **10 or so** à peu près *or* environ 10; **so long!** (*inf: goodbye*) au revoir!, à un de ces jours!; **so to speak** pour ainsi dire; **so (what)?** (*inf*) (bon) et alors?, et après?
▷ *conj* **1** (*expressing purpose*): **so as to do** pour faire, afin de faire; **so (that)** pour que *or* afin que + *sub*
**2** (*expressing result*) donc, par conséquent; **so that** si bien que, de (telle) sorte que; **so that's the reason!** c'est donc (pour) ça!; **so you see, I could have gone** alors tu vois, j'aurais pu y aller

**soak** [səuk] *vt* faire *or* laisser tremper; (*drench*) tremper ▷ *vi* tremper; **to be ~ed through** être trempé jusqu'aux os
▶ **soak in** *vi* pénétrer, être absorbé(e)
▶ **soak up** *vt* absorber
**soaking** ['səukɪŋ] *adj* (*also*: **soaking wet**) trempé(e)
**so-and-so** ['səuənsəu] *n* (*somebody*) un(e) tel(le)
**soap** [səup] *n* savon *m*
**soapflakes** ['səupfleɪks] *npl* paillettes *fpl* de savon
**soap opera** *n* feuilleton télévisé (*quotidienneté réaliste ou embellie*)
**soap powder** *n* lessive *f*, détergent *m*
**soapsuds** ['səupsʌds] *npl* mousse *f* de savon
**soapy** ['səupɪ] *adj* savonneux(-euse)
**soar** [sɔːʳ] *vi* monter (en flèche), s'élancer; (*building*) s'élancer; **~ing prices** prix qui grimpent
**sob** [sɔb] *n* sanglot *m* ▷ *vi* sangloter
**s.o.b.** *n abbr* (*US inf!*: = *son of a bitch*) salaud *m* (!)
**sober** ['səubəʳ] *adj* qui n'est pas (*or* plus) ivre; (*serious*) sérieux(-euse), sensé(e); (*moderate*) mesuré(e); (*colour, style*) sobre, discret(-ète)
▶ **sober up** *vt* dégriser ▷ *vi* se dégriser
**sobriety** [sə'braɪətɪ] *n* (*not being drunk*) sobriété *f*; (*seriousness, sedateness*) sérieux *m*
**sob story** *n* (*inf: pej*) histoire larmoyante
**Soc.** *abbr* (= *society*) Soc
**so-called** ['səu'kɔːld] *adj* soi-disant *inv*
**soccer** ['sɔkəʳ] *n* football *m*
**soccer pitch** *n* terrain *m* de football
**soccer player** *n* footballeur *m*
**sociable** ['səuʃəbl] *adj* sociable
**social** ['səuʃl] *adj* social(e); (*sociable*) sociable ▷ *n* (petite) fête
**social climber** *n* arriviste *m/f*
**social club** *n* amicale *f*, foyer *m*
**Social Democrat** *n* social-démocrate *m/f*
**social insurance** *n* (*US*) sécurité sociale
**socialism** ['səuʃəlɪzəm] *n* socialisme *m*
**socialist** ['səuʃəlɪst] *adj, n* socialiste (*m/f*)
**socialite** ['səuʃəlaɪt] *n* personnalité mondaine

**socialize** ['səuʃəlaɪz] *vi* voir *or* rencontrer des gens, se faire des amis; **to ~ with** (*meet often*) fréquenter; (*get to know*) lier connaissance *or* parler avec
**social life** *n* vie sociale; **how's your ~?** est-ce que tu sors beaucoup?
**socially** ['səuʃəlɪ] *adv* socialement, en société
**social networking** [-'nɛtwə:kɪŋ] *n* réseaux *mpl* sociaux
**social science** *n* sciences humaines
**social security** *n* aide sociale
**social services** *npl* services sociaux
**social welfare** *n* sécurité sociale
**social work** *n* assistance sociale
**social worker** *n* assistant(e) sociale(e)
**society** [sə'saɪətɪ] *n* société *f*; (*club*) société, association *f*; (*also*: **high society**) (haute) société, grand monde ▷ *cpd* (*party*) mondain(e)
**socio-economic** ['səusɪəuɪkə'nɔmɪk] *adj* socioéconomique
**sociological** [səusɪə'lɔdʒɪkl] *adj* sociologique
**sociologist** [səusɪ'ɔlədʒɪst] *n* sociologue *m/f*
**sociology** [səusɪ'ɔlədʒɪ] *n* sociologie *f*
**sock** [sɔk] *n* chaussette *f* ▷ *vt* (*inf: hit*) flanquer un coup à; **to pull one's ~s up** (*fig*) se secouer (les puces)
**socket** ['sɔkɪt] *n* cavité *f*; (*Elec: also*: **wall socket**) prise *f* de courant; (: *for light bulb*) douille *f*
**sod** [sɔd] *n* (*of earth*) motte *f*; (*Brit inf!*) con *m* (!), salaud *m* (!)
▶ **sod off** *vi*: **~ off!** (*Brit inf!*) fous le camp!, va te faire foutre! (!)
**soda** ['səudə] *n* (*Chem*) soude *f*; (*also*: **soda water**) eau *f* de Seltz; (*US: also*: **soda pop**) soda *m*
**sodden** ['sɔdn] *adj* trempé(e), détrempé(e)
**sodium** ['səudɪəm] *n* sodium *m*
**sodium chloride** *n* chlorure *m* de sodium
**sofa** ['səufə] *n* sofa *m*, canapé *m*
**sofa bed** *n* canapé-lit *m*
**Sofia** ['səufɪə] *n* Sofia
**soft** [sɔft] *adj* (*not rough*) doux (douce); (*not hard*) doux, mou (molle); (*not loud*) doux, léger(-ère); (*kind*) doux, gentil(le); (*weak*) indulgent(e); (*stupid*) stupide, débile
**soft-boiled** ['sɔftbɔɪld] *adj* (*egg*) à la coque
**soft drink** *n* boisson non alcoolisée
**soft drugs** *npl* drogues douces
**soften** ['sɔfn] *vt* (r)amollir; (*fig*) adoucir ▷ *vi* se ramollir; (*fig*) s'adoucir
**softener** ['sɔfnəʳ] *n* (*water softener*) adoucisseur *m*; (*fabric softener*) produit assouplissant
**soft fruit** *n* (*Brit*) baies *fpl*
**soft furnishings** *npl* tissus *mpl* d'ameublement
**soft-hearted** [sɔft'hɑːtɪd] *adj* au cœur tendre
**softly** ['sɔftlɪ] *adv* doucement; (*touch*) légèrement; (*kiss*) tendrement
**softness** ['sɔftnɪs] *n* douceur *f*
**soft option** *n* solution *f* de facilité
**soft sell** *n* promotion *f* de vente discrète
**soft target** *n* cible *f* facile
**soft toy** *n* jouet *m* en peluche
**software** ['sɔftwɛəʳ] *n* (*Comput*) logiciel *m*,

software m

**software package** n (Comput) progiciel m

**soggy** ['sɔgɪ] adj (clothes) trempé(e); (ground) détrempé(e)

**soil** [sɔɪl] n (earth) sol m, terre f ▷ vt salir; (fig) souiller

**soiled** [sɔɪld] adj sale; (Comm) défraîchi(e)

**sojourn** ['sɔdʒə:n] n (formal) séjour m

**solace** ['sɔlɪs] n consolation f, réconfort m

**solar** ['səʊləʳ] adj solaire

**solarium** (pl **solaria**) [sə'lɛərɪəm, -rɪə] n solarium m

**solar panel** n panneau m solaire

**solar plexus** [-'plɛksəs] n (Anat) plexus m solaire

**solar power** n énergie f solaire

**solar system** n système m solaire

**sold** [səʊld] pt, pp of **sell**

**solder** ['səʊldəʳ] vt souder (au fil à souder) ▷ n soudure f

**soldier** ['səʊldʒəʳ] n soldat m, militaire m ▷ vi: **to ~ on** persévérer, s'accrocher; **toy ~** petit soldat

**sold out** adj (Comm) épuisé(e)

**sole** [səʊl] n (of foot) plante f; (of shoe) semelle f; (fish: pl inv) sole f ▷ adj seul(e), unique; **the ~ reason** la seule et unique raison

**solely** ['səʊllɪ] adv seulement, uniquement; **I will hold you ~ responsible** je vous en tiendrai pour seul responsable

**solemn** ['sɔləm] adj solennel(le); (person) sérieux(-euse), grave

**sole trader** n (Comm) chef m d'entreprise individuelle

**solicit** [sə'lɪsɪt] vt (request) solliciter ▷ vi (prostitute) racoler

**solicitor** [sə'lɪsɪtəʳ] n (Brit: for wills etc) ≈ notaire m; (: in court) ≈ avocat m

**solid** ['sɔlɪd] adj (strong, sound, reliable: not liquid) solide; (not hollow: mass) compact(e); (: metal, rock, wood) massif(-ive); (meal) consistant(e), substantiel(le); (vote) unanime ▷ n solide m; **to be on ~ ground** être sur la terre ferme; (fig) être en terrain sûr; **we waited two ~ hours** nous avons attendu deux heures entières

**solidarity** [sɔlɪ'dærɪtɪ] n solidarité f

**solid fuel** n combustible m solide

**solidify** [sə'lɪdɪfaɪ] vi se solidifier ▷ vt solidifier

**solidity** [sə'lɪdɪtɪ] n solidité f

**solid-state** ['sɔlɪdsteɪt] adj (Elec) à circuits intégrés

**soliloquy** [sə'lɪləkwɪ] n monologue m

**solitaire** [sɔlɪ'tɛəʳ] n (gem, Brit: game) solitaire m; (US: card game) réussite f

**solitary** ['sɔlɪtərɪ] adj solitaire

**solitary confinement** n (Law) isolement m (cellulaire)

**solitude** ['sɔlɪtju:d] n solitude f

**solo** ['səʊləʊ] n solo m ▷ adv (fly) en solitaire

**soloist** ['səʊləʊɪst] n soliste m/f

**Solomon Islands** ['sɔləmən-] npl: **the ~** les (îles fpl) Salomon fpl

**solstice** ['sɔlstɪs] n solstice m

**soluble** ['sɔljubl] adj soluble

**solution** [sə'lu:ʃən] n solution f

**solve** [sɔlv] vt résoudre

**solvency** ['sɔlvənsɪ] n (Comm) solvabilité f

**solvent** ['sɔlvənt] adj (Comm) solvable ▷ n (Chem) (dis)solvant m

**solvent abuse** n usage m de solvants hallucinogènes

**Somali** [səʊ'mɑ:lɪ] adj somali(e), somalien(ne) ▷ n Somali(e), Somalien(ne)

**Somalia** [səʊ'mɑ:lɪə] n (République f de) Somalie f

**Somaliland** [səʊ'mɑ:lɪlænd] n Somaliland m

**sombre**, (US) **somber** ['sɔmbəʳ] adj sombre, morne

Ⓞ **KEYWORD**

**some** [sʌm] adj **1** (a certain amount or number of): **some tea/water/ice cream** du thé/de l'eau/de la glace; **some children/apples** des enfants/ pommes; **I've got some money but not much** j'ai de l'argent mais pas beaucoup

**2** (certain: in contrasts): **some people say that ...** il y a des gens qui disent que ...; **some films were excellent, but most were mediocre** certains films étaient excellents, mais la plupart étaient médiocres

**3** (unspecified): **some woman was asking for you** il y avait une dame qui vous demandait; **he was asking for some book (or other)** il demandait un livre quelconque; **some day** un de ces jours; **some day next week** un jour la semaine prochaine; **after some time** après un certain temps; **at some length** assez longuement; **in some form or other** sous une forme ou une autre, sous une forme quelconque

▷ pron **1** (a certain number) quelques-un(e)s, certain(e)s; **I've got some** (books etc) j'en ai (quelques-uns); **some (of them) have been sold** certains ont été vendus

**2** (a certain amount) un peu; **I've got some** (money, milk) j'en ai (un peu); **would you like some?** est-ce que vous en voulez?, en voulez-vous?; **could I have some of that cheese?** pourrais-je avoir un peu de ce fromage?; **I've read some of the book** j'ai lu une partie du livre

▷ adv: **some 10 people** quelque 10 personnes, 10 personnes environ

**somebody** ['sʌmbədɪ] pron = **someone**

**someday** ['sʌmdeɪ] adv un de ces jours, un jour ou l'autre

**somehow** ['sʌmhaʊ] adv d'une façon ou d'une autre; (for some reason) pour une raison ou une autre

**someone** ['sʌmwʌn] pron quelqu'un; **~ or other** quelqu'un, je ne sais qui

**someplace** ['sʌmpleɪs] adv (US) = **somewhere**

**somersault** ['sʌməsɔ:lt] n culbute f, saut périlleux ▷ vi faire la culbute or un saut périlleux; (car) faire un tonneau

**something** ['sʌmθɪŋ] *pron* quelque chose *m*; ~ **interesting** quelque chose d'intéressant; ~ **to do** quelque chose à faire; **he's ~ like me** il est un peu comme moi; **it's ~ of a problem** il y a là un problème

**sometime** ['sʌmtaɪm] *adv* (*in future*) un de ces jours, un jour ou l'autre; (*in past*): ~ **last month** au cours du mois dernier

**sometimes** ['sʌmtaɪmz] *adv* quelquefois, parfois

**somewhat** ['sʌmwɔt] *adv* quelque peu, un peu

**somewhere** ['sʌmwɛəʳ] *adv* quelque part; ~ **else** ailleurs, autre part

**son** [sʌn] *n* fils *m*

**sonar** ['səʊnɑːʳ] *n* sonar *m*

**sonata** [sə'nɑːtə] *n* sonate *f*

**song** [sɔŋ] *n* chanson *f*; (*of bird*) chant *m*

**songbook** ['sɔŋbuk] *n* chansonnier *m*

**songwriter** ['sɔŋraɪtəʳ] *n* auteur-compositeur *m*

**sonic** ['sɔnɪk] *adj* (*boom*) supersonique

**son-in-law** ['sʌnɪnlɔː] *n* gendre *m*, beau-fils *m*

**sonnet** ['sɔnɪt] *n* sonnet *m*

**sonny** ['sʌnɪ] *n* (*inf*) fiston *m*

**soon** [suːn] *adv* bientôt; (*early*) tôt; ~ **afterwards** peu après; **quite ~** sous peu; **how ~ can you do it?** combien de temps vous faut-il pour le faire, au plus pressé?; **how ~ can you come back?** quand *or* dans combien de temps pouvez-vous revenir, au plus tôt?; **see you ~!** à bientôt!; *see also* **as**

**sooner** ['suːnəʳ] *adv* (*time*) plus tôt; (*preference*): **I would ~ do that** j'aimerais autant *or* je préférerais faire ça; ~ **or later** tôt ou tard; **no ~ said than done** sitôt dit, sitôt fait; **the ~ the better** le plus tôt sera le mieux; **no ~ had we left than ...** à peine étions-nous partis que ...

**soot** [sut] *n* suie *f*

**soothe** [suːð] *vt* calmer, apaiser

**soothing** ['suːðɪŋ] *adj* (*ointment etc*) lénitif(-ive), lénifiant(e); (*tone, words etc*) apaisant(e); (*drink, bath*) relaxant(e)

**SOP** *n abbr* = **standard operating procedure**

**sop** [sɔp] *n*: **that's only a ~** c'est pour nous (*or* les *etc*) amadouer

**sophisticated** [sə'fɪstɪkeɪtɪd] *adj* raffiné(e), sophistiqué(e); (*machinery*) hautement perfectionné(e), très complexe; (*system etc*) très perfectionné(e), sophistiqué

**sophistication** [səfɪstɪ'keɪʃən] *n* raffinement *m*, niveau *m* (de) perfectionnement *m*

**sophomore** ['sɔfəmɔːʳ] *n* (*US*) étudiant(e) de seconde année

**soporific** [sɔpə'rɪfɪk] *adj* soporifique ▷ *n* somnifère *m*

**sopping** ['sɔpɪŋ] *adj* (*also*: **sopping wet**) tout(e) trempé(e)

**soppy** ['sɔpɪ] *adj* (*pej*) sentimental(e)

**soprano** [sə'prɑːnəʊ] *n* (*voice*) soprano *m*; (*singer*) soprano *m/f*

**sorbet** ['sɔːbeɪ] *n* sorbet *m*

**sorcerer** ['sɔːsərəʳ] *n* sorcier *m*

**sordid** ['sɔːdɪd] *adj* sordide

**sore** [sɔːʳ] *adj* (*painful*) douloureux(-euse), sensible; (*offended*) contrarié(e), vexé(e) ▷ *n* plaie *f*; **to have a ~ throat** avoir mal à la gorge; **it's a ~ point** (*fig*) c'est un point délicat

**sorely** ['sɔːlɪ] *adv* (*tempted*) fortement

**sorrel** ['sɔrəl] *n* oseille *f*

**sorrow** ['sɔrəʊ] *n* peine *f*, chagrin *m*

**sorrowful** ['sɔrəʊful] *adj* triste

**sorry** ['sɔrɪ] *adj* désolé(e); (*condition, excuse, tale*) triste, déplorable; (*sight*) désolant(e); ~**!** pardon!, excusez-moi!; ~**?** pardon?; **to feel ~ for sb** plaindre qn; **I'm ~ to hear that ...** je suis désolé(e) *or* navré(e) d'apprendre que ...; **to be ~ about sth** regretter qch

**sort** [sɔːt] *n* genre *m*, espèce *f*, sorte *f*; (*make: of coffee, car etc*) marque *f* ▷ *vt* (*also*: **sort out**: *select which to keep*) trier; (*classify*) classer; (*tidy*) ranger; (*letters etc*) trier; (*Comput*) trier; **what ~ do you want?** quelle sorte *or* quel genre voulez-vous?; **what ~ of car?** quelle marque de voiture?; **I'll do nothing of the ~!** je ne ferai rien de tel!; **it's ~ of awkward** (*inf*) c'est plutôt gênant

▸ **sort out** *vt* (*problem*) résoudre, régler

**sortie** ['sɔːtɪ] *n* sortie *f*

**sorting office** ['sɔːtɪŋ-] *n* (*Post*) bureau *m* de tri

**SOS** *n* SOS *m*

**so-so** ['səʊsəʊ] *adv* comme ci comme ça

**soufflé** ['suːfleɪ] *n* soufflé *m*

**sought** [sɔːt] *pt, pp of* **seek**

**sought-after** ['sɔːtɑːftəʳ] *adj* recherché(e)

**soul** [səʊl] *n* âme *f*; **the poor ~ had nowhere to sleep** le pauvre n'avait nulle part où dormir; **I didn't see a ~** je n'ai vu (absolument) personne

**soul-destroying** ['səʊldɪstrɔɪɪŋ] *adj* démoralisant(e)

**soulful** ['səʊlful] *adj* plein(e) de sentiment

**soulless** ['səʊllɪs] *adj* sans cœur, inhumain(e)

**soul mate** *n* âme *f* sœur

**soul-searching** ['səʊlsəːtʃɪŋ] *n*: **after much ~, I decided ...** j'ai longuement réfléchi avant de décider ...

**sound** [saʊnd] *adj* (*healthy*) en bonne santé, sain(e); (*safe, not damaged*) solide, en bon état; (*reliable, not superficial*) sérieux(-euse), solide; (*sensible*) sensé(e) ▷ *adv*: ~ **asleep** profondément endormi(e) ▷ *n* (*noise, volume*) son *m*; (*louder*) bruit *m*; (*Geo*) détroit *m*, bras *m* de mer ▷ *vt* (*alarm*) sonner; (*also*: **sound out**: *opinions*) sonder ▷ *vi* sonner, retentir; (*fig: seem*) sembler (être); **to be of ~ mind** être sain(e) d'esprit; **I don't like the ~ of it** ça ne me dit rien qui vaille; **to ~ one's horn** (*Aut*) klaxonner, actionner son avertisseur; **to ~ like** ressembler à; **it ~s as if ...** il semblerait que ..., j'ai l'impression que ...

▸ **sound off** *vi* (*inf*): **to ~ off (about)** la ramener (sur)

**sound barrier** *n* mur *m* du son

**sound bite** *n* phrase toute faite (*pour être citée dans les médias*)

**sound effects** *npl* bruitage *m*

**sound engineer** *n* ingénieur *m* du son

**sounding** ['saʊndɪŋ] *n* (*Naut etc*) sondage *m*

**S**

**sounding board** n (*Mus*) table f d'harmonie; (*fig*): **to use sb as a ~ for one's ideas** essayer ses idées sur qn
**soundly** ['saundlɪ] adv (*sleep*) profondément; (*beat*) complètement, à plate couture
**soundproof** ['saundpruːf] vt insonoriser ▷ adj insonorisé(e)
**sound system** n sono(risation) f
**soundtrack** ['saundtræk] n (*of film*) bande f sonore
**sound wave** n (*Physics*) onde f sonore
**soup** [suːp] n soupe f, potage m; **in the ~** (*fig*) dans le pétrin
**soup course** n potage m
**soup kitchen** n soupe f populaire
**soup plate** n assiette creuse or à soupe
**soupspoon** ['suːpspuːn] n cuiller f à soupe
**sour** ['sauə<sup>r</sup>] adj aigre, acide; (*milk*) tourné(e), aigre; (*fig*) acerbe, aigre; revêche; **to go** or **turn ~** (*milk, wine*) tourner; (*fig: relationship, plans*) mal tourner; **it's ~ grapes** c'est du dépit
**source** [sɔːs] n source f; **I have it from a reliable ~ that** je sais de source sûre que
**south** [sauθ] n sud m ▷ adj sud inv; (*wind*) du sud ▷ adv au sud, vers le sud; (**to the**) **~ of** au sud de; **to travel ~** aller en direction du sud
**South Africa** n Afrique f du Sud
**South African** adj sud-africain(e) ▷ n Sud-Africain(e)
**South America** n Amérique f du Sud
**South American** adj sud-américain(e) ▷ n Sud-Américain(e)
**southbound** ['sauθbaund] adj en direction du sud; (*carriageway*) sud inv
**south-east** [sauθ'iːst] n sud-est m
**South-East Asia** n le Sud-Est asiatique
**southerly** ['sʌðəlɪ] adj du sud; au sud
**southern** ['sʌðən] adj (du) sud; méridional(e); **with a ~ aspect** orienté(e) or exposé(e) au sud; **the ~ hemisphere** l'hémisphère sud or austral
**South Korea** n Corée f du Sud
**South of France** n: **the ~** le Sud de la France, le Midi
**South Pole** n Pôle m Sud
**South Sea Islands** npl: **the ~** l'Océanie f
**South Seas** npl: **the ~** les mers fpl du Sud
**South Vietnam** n Viêt-Nam m du Sud
**South Wales** n sud m du Pays de Galles
**southward** ['sauθwəd], **southwards** ['sauθwədz] adv vers le sud
**south-west** [sauθ'wɛst] n sud-ouest m
**souvenir** [suːvə'nɪə<sup>r</sup>] n souvenir m (*objet*)
**sovereign** ['sɔvrɪn] adj, n souverain(e)
**sovereignty** ['sɔvrɪntɪ] n souveraineté f
**soviet** ['səuvɪət] adj soviétique
**Soviet Union** n: **the ~** l'Union f soviétique
**sow**[1] [səu] (*pt* **-ed**, *pp* **-n**) [səun] vt semer
**sow**[2] n [sau] truie f
**soya** ['sɔɪə], (US) **soy** [sɔɪ] n: **~ bean** graine f de soja; **~ sauce** sauce f au soja
**sozzled** ['sɔzld] adj (*Brit inf*) paf inv
**spa** [spaː] n (*town*) station thermale; (*US: also:*

**health spa*) établissement m de cure de rajeunissement
**space** [speɪs] n (*gen*) espace m; (*room*) place f; espace; (*length of time*) laps m de temps ▷ cpd spatial(e) ▷ vt (*also:* **space out**) espacer; **to clear a ~ for sth** faire de la place pour qch; **in a confined ~** dans un espace réduit or restreint; **in a short ~ of time** dans peu de temps; **(with)in the ~ of an hour** en l'espace d'une heure
**space bar** n (*on typewriter*) barre f d'espacement
**spacecraft** ['speɪskraːft] n engin or vaisseau spatial
**spaceman** ['speɪsmæn] (*irreg*) n astronaute m, cosmonaute m
**spaceship** ['speɪʃɪp] n = **spacecraft**
**space shuttle** n navette spatiale
**spacesuit** ['speɪssuːt] n combinaison spatiale
**spacewoman** ['speɪswumən] (*irreg*) n astronaute f, cosmonaute f
**spacing** ['speɪsɪŋ] n espacement m; **single/double ~** (*Typ etc*) interligne m simple/double
**spacious** ['speɪʃəs] adj spacieux(-euse), grand(e)
**spade** [speɪd] n (*tool*) bêche f, pelle f; (*child's*) pelle; **spades** npl (*Cards*) pique m
**spadework** ['speɪdwəːk] n (*fig*) gros m du travail
**spaghetti** [spə'gɛtɪ] n spaghetti mpl
**Spain** [speɪn] n Espagne f
**spam** [spæm] n (*Comput*) spam m
**span** [spæn] n (*of bird, plane*) envergure f; (*of arch*) portée f; (*in time*) espace m de temps, durée f ▷ vt enjamber, franchir; (*fig*) couvrir, embrasser
**Spaniard** ['spænjəd] n Espagnol(e)
**spaniel** ['spænjəl] n épagneul m
**Spanish** ['spænɪʃ] adj espagnol(e), d'Espagne ▷ n (*Ling*) espagnol m; **the Spanish** npl les Espagnols; **~ omelette** omelette f à l'espagnole
**spank** [spæŋk] vt donner une fessée à
**spanner** ['spænə<sup>r</sup>] n (*Brit*) clé f (de mécanicien)
**spar** [spaː<sup>r</sup>] n espar m ▷ vi (*Boxing*) s'entraîner
**spare** [spɛə<sup>r</sup>] adj de réserve, de rechange; (*surplus*) de or en trop, de reste ▷ n (*part*) pièce f de rechange, pièce détachée ▷ vt (*do without*) se passer de; (*afford to give*) donner, accorder, passer; (*not hurt*) épargner; (*not use*) ménager; **to ~ (surplus*) en surplus, de trop; **there are 2 going ~** (*Brit*) il y en a 2 de disponible; **to ~ no expense** ne pas reculer devant la dépense; **can you ~ the time?** est-ce que vous avez le temps?; **there is no time to ~** il n'y a pas de temps à perdre; **I've a few minutes to ~** je dispose de quelques minutes
**spare part** n pièce f de rechange, pièce détachée
**spare room** n chambre f d'ami
**spare time** n moments mpl de loisir
**spare tyre**, (US) **spare tire** n (*Aut*) pneu m de rechange
**spare wheel** n (*Aut*) roue f de secours
**sparing** ['spɛərɪŋ] adj: **to be ~ with** ménager
**sparingly** ['spɛərɪŋlɪ] adv avec modération
**spark** [spaːk] n étincelle f; (*fig*) étincelle, lueur f
**sparkle** ['spaːkl] n scintillement m,

étincellement m, éclat m ▷ vi étinceler,
scintiller; (bubble) pétiller
**sparkler** ['spɑːklə<sup>r</sup>] n cierge m magique
**sparkling** ['spɑːklɪŋ] adj étincelant(e),
scintillant(e); (wine) mousseux(-euse),
pétillant(e); (water) pétillant(e), gazeux(-euse)
**spark plug** n bougie f
**sparring partner** ['spɑːrɪŋ-] n sparring-partner
m; (fig) vieil(le) ennemi(e)
**sparrow** ['spærəʊ] n moineau m
**sparse** [spɑːs] adj clairsemé(e)
**spartan** ['spɑːtən] adj (fig) spartiate
**spasm** ['spæzəm] n (Med) spasme m; (fig) accès m
**spasmodic** [spæz'mɔdɪk] adj (fig)
intermittent(e)
**spastic** ['spæstɪk] n handicapé(e) moteur
**spat** [spæt] pt, pp of **spit** ▷ n (US) prise f de bec
**spate** [speɪt] n (fig): ~ **of** avalanche f or torrent m
de; **in** ~ (river) en crue
**spatial** ['speɪʃl] adj spatial(e)
**spatter** ['spætə<sup>r</sup>] n éclaboussure(s) f(pl) ▷ vt
éclabousser ▷ vi gicler
**spatula** ['spætjʊlə] n spatule f
**spawn** [spɔːn] vt pondre; (pej) engendrer ▷ vi
frayer ▷ n frai m
**SPCA** n abbr (US: = Society for the Prevention of Cruelty
to Animals) ≈ SPA f
**SPCC** n abbr (US) = **Society for the Prevention of
Cruelty to Children**
**speak** (pt **spoke**, pp **spoken**) [spiːk, spəʊk,
'spəʊkn] vt (language) parler; (truth) dire ▷ vi
parler; (make a speech) prendre la parole; **to** ~ **to**
**sb/of** or **about sth** parler à qn/de qch; **I don't** ~
**French** je ne parle pas français; **do you** ~
**English?** parlez-vous anglais?; **can I** ~ **to ...?**
est-ce que je peux parler à ...?; ~**ing!** (on
telephone) c'est moi-même!; **to** ~ **one's mind**
dire ce que l'on pense; **it** ~**s for itself** c'est
évident; ~ **up!** parle plus fort!; **he has no
money to** ~ **of** il n'a pas d'argent
▶ **speak for** vt fus: **to** ~ **for sb** parler pour qn;
**that picture is already spoken for** (in shop) ce
tableau est déjà réservé
**speaker** ['spiːkə<sup>r</sup>] n (in public) orateur m; (also:
**loudspeaker**) haut-parleur m; (for stereo etc)
baffle m, enceinte f; (Pol); **the S-** (Brit) le président
de la Chambre des communes or des représentants; (US)
le président de la Chambre; **are you a Welsh** ~?
parlez-vous gallois?
**speaking** ['spiːkɪŋ] adj parlant(e); **French-~
people** les francophones; **to be on** ~ **terms** se
parler
**spear** [spɪə<sup>r</sup>] n lance f ▷ vt transpercer
**spearhead** ['spɪəhɛd] n fer m de lance; (Mil)
colonne f d'attaque ▷ vt (attack etc) mener
**spearmint** ['spɪəmɪnt] n (Bot etc) menthe verte
**spec** [spɛk] n (Brit inf): **on** ~ à tout hasard; **to
buy on** ~ acheter avec l'espoir de faire une
bonne affaire
**special** ['spɛʃl] adj spécial(e) ▷ n (train) train
spécial; **take** ~ **care** soyez particulièrement
prudents; **nothing** ~ rien de spécial; **today's** ~

(at restaurant) le plat du jour
**special agent** n agent secret
**special correspondent** n envoyé spécial
**special delivery** n (Post): **by** ~ en express
**special effects** npl (Cine) effets spéciaux
**specialist** ['spɛʃəlɪst] n spécialiste m/f; **heart** ~
cardiologue m/f
**speciality** [spɛʃɪ'ælɪtɪ] n (Brit) spécialité f
**specialize** ['spɛʃəlaɪz] vi: **to** ~ **(in)** se spécialiser
(dans)
**specially** ['spɛʃlɪ] adv spécialement,
particulièrement
**special needs** npl (Brit) difficultés fpl
d'apprentissage scolaire
**special offer** n (Comm) réclame f
**special school** n (Brit) établissement m
d'enseignement spécial
**specialty** ['spɛʃəltɪ] n (US) = **speciality**
**species** ['spiːʃiːz] n (pl inv) espèce f
**specific** [spə'sɪfɪk] adj (not vague) précis(e),
explicite; (particular) particulier(-ière); (Bot,
Chem etc) spécifique; **to be** ~ **to** être particulier
à, être le or un caractère (or les caractères)
spécifique(s) de
**specifically** [spə'sɪfɪklɪ] adv explicitement,
précisément; (intend, ask, design) expressément,
spécialement; (exclusively) exclusivement,
spécifiquement
**specification** [spɛsɪfɪ'keɪʃən] n spécification f;
stipulation f; **specifications** npl (of car, building
etc) spécification
**specify** ['spɛsɪfaɪ] vt spécifier, préciser; **unless
otherwise specified** sauf indication contraire
**specimen** ['spɛsɪmən] n spécimen m,
échantillon m; (Med: of blood) prélèvement m;
(: of urine) échantillon m
**specimen copy** n spécimen m
**specimen signature** n spécimen m de
signature
**speck** [spɛk] n petite tache, petit point; (particle)
grain m
**speckled** ['spɛkld] adj tacheté(e), moucheté(e)
**specs** [spɛks] npl (inf) lunettes fpl
**spectacle** ['spɛktəkl] n spectacle m; **spectacles**
npl (Brit) lunettes fpl
**spectacle case** n (Brit) étui m à lunettes
**spectacular** [spɛk'tækjʊlə<sup>r</sup>] adj spectaculaire
▷ n (Cine etc) superproduction f
**spectator** [spɛk'teɪtə<sup>r</sup>] n spectateur(-trice)
**spectator sport** n: **football is a great** ~ le
football est un sport qui passionne les foules
**spectra** ['spɛktrə] npl of **spectrum**
**spectre**, (US) **specter** ['spɛktə<sup>r</sup>] n spectre m,
fantôme m
**spectrum** (pl **spectra**) ['spɛktrəm, -rə] n spectre
m; (fig) gamme f
**speculate** ['spɛkjʊleɪt] vi spéculer; (try to guess):
**to** ~ **about** s'interroger sur
**speculation** [spɛkjʊ'leɪʃən] n spéculation f;
conjectures fpl
**speculative** ['spɛkjʊlətɪv] adj spéculatif(-ive)
**speculator** ['spɛkjʊleɪtə<sup>r</sup>] n spéculateur(-trice)

**S**

**sped** [spɛd] *pt, pp of* **speed**

**speech** [spiːtʃ] *n* (*faculty*) parole *f*; (*talk*) discours *m*, allocution *f*; (*manner of speaking*) façon *f* de parler, langage *m*; (*language*) langage *m*; (*enunciation*) élocution *f*

**speech day** *n* (*Brit Scol*) distribution *f* des prix

**speech impediment** *n* défaut *m* d'élocution

**speechless** ['spiːtʃlɪs] *adj* muet(te)

**speech therapy** *n* orthophonie *f*

**speed** [spiːd] *n* vitesse *f*; (*promptness*) rapidité *f*
▷ *vi* (*pt, pp* **sped**) [spɛd] (*Aut: exceed speed limit*) faire un excès de vitesse; **to ~ along/by** *etc* aller/ passer *etc* à toute vitesse; **at ~** (*Brit*) rapidement; **at full** *or* **top ~** à toute vitesse *or* allure; **at a ~ of 70 km/h** à une vitesse de 70 km/h; **shorthand/ typing ~s** nombre *m* de mots à la minute en sténographie/dactylographie; **a five-~ gearbox** une boîte cinq vitesses
  ▸ **speed up** (*pt, pp* **-ed up**) *vi* aller plus vite, accélérer ▷ *vt* accélérer

**speedboat** ['spiːdbəut] *n* vedette *f*, hors-bord *m inv*

**speedily** ['spiːdɪlɪ] *adv* rapidement, promptement

**speeding** ['spiːdɪŋ] *n* (*Aut*) excès *m* de vitesse

**speed limit** *n* limitation *f* de vitesse, vitesse maximale permise

**speedometer** [spɪ'dɔmɪtər] *n* compteur *m* (de vitesse)

**speed trap** *n* (*Aut*) piège *m* de police pour contrôle de vitesse

**speedway** *n* (*Sport*) piste *f* de vitesse pour motos; (*also:* **speedway racing**) épreuve(s) *f(pl)* de vitesse de motos

**speedy** [spiːdɪ] *adj* rapide, prompt(e)

**speleologist** [spɛlɪ'ɔlədʒɪst] *n* spéléologue *m/f*

**spell** [spɛl] *n* (*also:* **magic spell**) sortilège *m*, charme *m*; (*period of time*) (courte) période ▷ *vt* (*pt, pp* **spelt** *or* **-ed**) [spɛlt, spɛld] (*in writing*) écrire, orthographier; (*aloud*) épeler; (*fig*) signifier; **to cast a ~ on sb** jeter un sort à qn; **he can't ~** il fait des fautes d'orthographe; **how do you ~ your name?** comment écrivez-vous votre nom?; **can you ~ it for me?** pouvez-vous me l'épeler?
  ▸ **spell out** *vt* (*explain*): **to ~ sth out for sb** expliquer qch clairement à qn

**spellbound** ['spɛlbaund] *adj* envoûté(e), subjugué(e)

**spellchecker** ['spɛltʃekər] *n* (*Comput*) correcteur *m or* vérificateur *m* orthographique

**spelling** ['spɛlɪŋ] *n* orthographe *f*

**spelt** [spɛlt] *pt, pp of* **spell**

**spend** (*pt, pp* **spent**) [spɛnd, spɛnt] *vt* (*money*) dépenser; (*time, life*) passer; (*devote*) consacrer; **to ~ time/money/effort on sth** consacrer du temps/de l'argent/de l'énergie à qch

**spending** ['spɛndɪŋ] *n* dépenses *fpl*; **government ~** les dépenses publiques

**spending money** *n* argent *m* de poche

**spending power** *n* pouvoir *m* d'achat

**spendthrift** ['spɛndθrɪft] *n* dépensier(-ière)

**spent** [spɛnt] *pt, pp of* **spend** ▷ *adj* (*patience*) épuisé(e), à bout; (*cartridge, bullets*) vide; **~ matches** vieilles allumettes

**sperm** [spəːm] *n* spermatozoïde *m*; (*semen*) sperme *m*

**sperm bank** *n* banque *f* du sperme

**sperm whale** *n* cachalot *m*

**spew** [spjuː] *vt* vomir

**sphere** [sfɪər] *n* sphère *f*; (*fig*) sphère, domaine *m*

**spherical** ['sfɛrɪkl] *adj* sphérique

**sphinx** [sfɪŋks] *n* sphinx *m*

**spice** [spaɪs] *n* épice *f* ▷ *vt* épicer

**spick-and-span** ['spɪkən'spæn] *adj* impeccable

**spicy** ['spaɪsɪ] *adj* épicé(e), relevé(e); (*fig*) piquant(e)

**spider** ['spaɪdər] *n* araignée *f*; **~'s web** toile *f* d'araignée

**spiel** [spiːl] *n* laïus *m inv*

**spike** [spaɪk] *n* pointe *f*; (*Elec*) pointe de tension; (*Bot*) épi *m*; **spikes** *npl* (*Sport*) chaussures *fpl* à pointes

**spike heel** *n* (*US*) talon *m* aiguille

**spiky** ['spaɪkɪ] *adj* (*bush, branch*) épineux(-euse); (*animal*) plein(e) de piquants

**spill** (*pt, pp* **spilt** *or* **-ed**) [spɪl, -t, -d] *vt* renverser; répandre ▷ *vi* se répandre; **to ~ the beans** (*inf*) vendre la mèche; (: *confess*) lâcher le morceau
  ▸ **spill out** *vi* sortir à flots, se répandre
  ▸ **spill over** *vi* déborder

**spillage** ['spɪlɪdʒ] *n* (*of oil*) déversement *m* (accidentel)

**spilt** [spɪlt] *pt, pp of* **spill**

**spin** [spɪn] (*pt, pp* **spun**) [spʌn] *n* (*revolution of wheel*) tour *m*; (*Aviat*) (chute *f* en) vrille *f*; (*trip in car*) petit tour, balade *f*; (*on ball*) effet *m* ▷ *vt* (*wool etc*) filer; (*wheel*) faire tourner; (*Brit: clothes*) essorer ▷ *vi* (*turn*) tourner, tournoyer; **to ~ a yarn** débiter une longue histoire; **to ~ a coin** (*Brit*) jouer à pile ou face
  ▸ **spin out** *vt* faire durer

**spina bifida** ['spaɪnə'bɪfɪdə] *n* spina-bifida *m inv*

**spinach** ['spɪnɪtʃ] *n* épinard *m*; (*as food*) épinards *mpl*

**spinal** ['spaɪnl] *adj* vertébral(e), spinal(e)

**spinal column** *n* colonne vertébrale

**spinal cord** *n* moelle épinière

**spindly** ['spɪndlɪ] *adj* grêle, filiforme

**spin doctor** *n* (*inf*) personne employée pour présenter un parti politique sous un jour favorable

**spin-dry** ['spɪn'draɪ] *vt* essorer

**spin-dryer** [spɪn'draɪər] *n* (*Brit*) essoreuse *f*

**spine** [spaɪn] *n* colonne vertébrale; (*thorn*) épine *f*, piquant *m*

**spine-chilling** ['spaɪntʃɪlɪŋ] *adj* terrifiant(e)

**spineless** ['spaɪnlɪs] *adj* invertébré(e); (*fig*) mou (molle), sans caractère

**spinner** ['spɪnər] *n* (*of thread*) fileur(-euse)

**spinning** ['spɪnɪŋ] *n* (*of thread*) filage *m*; (*by machine*) filature *f*

**spinning top** *n* toupie *f*

**spinning wheel** *n* rouet *m*

**spin-off** ['spɪnɔf] *n* sous-produit *m*; avantage

inattendu

**spinster** ['spɪnstə<sup>r</sup>] n célibataire f; vieille fille

**spiral** ['spaɪərl] n spirale f ▷ adj en spirale ▷ vi (fig: prices etc) monter en flèche; **the inflationary ~** la spirale inflationniste

**spiral staircase** n escalier m en colimaçon

**spire** ['spaɪə<sup>r</sup>] n flèche f, aiguille f

**spirit** ['spɪrɪt] n (soul) esprit m, âme f; (ghost) esprit, revenant m; (mood) esprit, état m d'esprit; (courage) courage m, énergie f; **spirits** npl (drink) spiritueux mpl, alcool m; **in good ~s** de bonne humeur; **in low ~s** démoralisé(e); **community ~** solidarité f; **public ~** civisme m

**spirit duplicator** n duplicateur m à alcool

**spirited** ['spɪrɪtɪd] adj vif (vive), fougueux(-euse), plein(e) d'allant

**spirit level** n niveau m à bulle

**spiritual** ['spɪrɪtjuəl] adj spirituel(le); (religious) religieux(-euse) ▷ n (also: **Negro spiritual**) spiritual m

**spiritualism** ['spɪrɪtjuəlɪzəm] n spiritisme m

**spit** [spɪt] n (for roasting) broche f; (spittle) crachat m; (saliva) salive f ▷ vi (pt, pp **spat**) [spæt] cracher; (sound) crépiter; (rain) crachiner

**spite** [spaɪt] n rancune f, dépit m ▷ vt contrarier, vexer; **in ~ of** en dépit de, malgré

**spiteful** ['spaɪtful] adj malveillant(e), rancunier(-ière)

**spitroast** ['spɪt'rəust] vt faire rôtir à la broche

**spitting** ['spɪtɪŋ] n: **"~ prohibited"** "défense de cracher" ▷ adj: **to be the ~ image of sb** être le portrait tout craché de qn

**spittle** ['spɪtl] n salive f; bave f; crachat m

**spiv** [spɪv] n (Brit inf) chevalier m d'industrie, aigrefin m

**splash** [splæʃ] n (sound) plouf m; (of colour) tache f ▷ vt éclabousser ▷ vi (also: **splash about**) barboter, patauger
  ▶ **splash out** vi (Brit) faire une folie

**splashdown** ['splæʃdaun] n amerrissage m

**splay** [spleɪ] adj: **~-footed** marchant les pieds en dehors

**spleen** [spli:n] n (Anat) rate f

**splendid** ['splendɪd] adj splendide, superbe, magnifique

**splendour**, (US) **splendor** ['splendə<sup>r</sup>] n splendeur f, magnificence f

**splice** [splaɪs] vt épisser

**splint** [splɪnt] n attelle f, éclisse f

**splinter** ['splɪntə<sup>r</sup>] n (wood) écharde f; (metal) éclat m ▷ vi (wood) se fendre; (glass) se briser

**splinter group** n groupe dissident

**split** [splɪt] (pt, pp **split**) n fente f, déchirure f; (fig: Pol) scission f ▷ vt fendre, déchirer; (party) diviser; (work, profits) partager, répartir ▷ vi (break) se fendre, se briser; (divide) se diviser; **let's ~ the difference** coupons la poire en deux; **to do the ~s** faire le grand écart
  ▶ **split up** vi (couple) se séparer, rompre; (meeting) se disperser

**split-level** ['splɪtlevl] adj (house) à deux or plusieurs niveaux

**split peas** npl pois cassés

**split personality** n double personnalité f

**split second** n fraction f de seconde

**splitting** ['splɪtɪŋ] adj: **a ~ headache** un mal de tête atroce

**splutter** ['splʌtə<sup>r</sup>] vi bafouiller; postillonner

**spoil** (pt, pp **-ed** or **spoilt**) [spɔɪl, -d, -t] vt (damage) abîmer; (mar) gâcher; (child) gâter; (ballot paper) rendre nul ▷ vi: **to be ~ing for a fight** chercher la bagarre

**spoils** [spɔɪlz] npl butin m

**spoilsport** ['spɔɪlspɔ:t] n trouble-fête m/f inv, rabat-joie m inv

**spoilt** [spɔɪlt] pt, pp of **spoil** ▷ adj (child) gâté(e); (ballot paper) nul(le)

**spoke** [spəuk] pt of **speak** ▷ n rayon m

**spoken** ['spəukn] pp of **speak**

**spokesman** ['spəuksmən] (irreg) n porte-parole m inv

**spokesperson** ['spəukspə:sn] (irreg) n porte-parole m inv

**spokeswoman** ['spəukswumən] (irreg) n porte-parole m inv

**sponge** [spʌndʒ] n éponge f; (Culin: also: **sponge cake**) ≈ biscuit m de Savoie ▷ vt éponger ▷ vi: **to ~ off** or **on** vivre aux crochets de

**sponge bag** n (Brit) trousse f de toilette

**sponge cake** n ≈ biscuit m de Savoie

**sponger** ['spʌndʒə<sup>r</sup>] n (pej) parasite m

**spongy** ['spʌndʒɪ] adj spongieux(-euse)

**sponsor** ['sponsə<sup>r</sup>] n (Radio, TV, Sport) sponsor m; (for application) parrain m, marraine f; (Brit: for fund-raising event) donateur(-trice) ▷ vt (programme, competition etc) parrainer, patronner, sponsoriser; (Pol: bill) présenter; (new member) parrainer; (fund-raiser) faire un don à; **I ~ed him at 3p a mile** (in fund-raising race) je me suis engagé à lui donner 3p par mile

**sponsorship** ['sponsəʃɪp] n sponsoring m; patronage m, parrainage m; dons mpl

**spontaneity** [spontə'neɪɪtɪ] n spontanéité f

**spontaneous** [spon'teɪnɪəs] adj spontané(e)

**spoof** [spu:f] n (parody) parodie f; (trick) canular m

**spooky** ['spu:kɪ] adj (inf) qui donne la chair de poule

**spool** [spu:l] n bobine f

**spoon** [spu:n] n cuiller f

**spoon-feed** ['spu:nfi:d] vt nourrir à la cuiller; (fig) mâcher le travail à

**spoonful** ['spu:nful] n cuillerée f

**sporadic** [spə'rædɪk] adj sporadique

**sport** [spɔ:t] n sport m; (amusement) divertissement m; (person) chic type m/chic fille f ▷ vt (wear) arborer; **indoor/outdoor ~s** sports en salle/de plein air; **to say sth in ~** dire qch pour rire

**sporting** ['spɔ:tɪŋ] adj sportif(-ive); **to give sb a ~ chance** donner sa chance à qn

**sport jacket** n (US) = **sports jacket**

**sports car** n voiture f de sport

**sports centre** (Brit) n centre sportif

S

**sports ground** n terrain m de sport

**sports jacket** n (Brit) veste f de sport

**sportsman** ['spɔːtsmən] (irreg) n sportif m

**sportsmanship** ['spɔːtsmənʃip] n esprit sportif, sportivité f

**sports page** n page f des sports

**sports utility vehicle** n véhicule m de loisirs (de type SUV)

**sportswear** ['spɔːtswɛər] n vêtements mpl de sport

**sportswoman** ['spɔːtswumən] (irreg) n sportive f

**sporty** ['spɔːtɪ] adj sportif(-ive)

**spot** [spɔt] n tache f; (dot: on pattern) pois m; (pimple) bouton m; (place) endroit m, coin m; (also: **spot advertisement**) message m publicitaire; (small amount): **a ~ of** un peu de ▷ vt (notice) apercevoir, repérer; **on the ~** sur place, sur les lieux; (immediately) sur le champ; **to put sb on the ~** (fig) mettre qn dans l'embarras; **to come out in ~s** se couvrir de boutons, avoir une éruption de boutons

**spot check** n contrôle intermittent

**spotless** ['spɔtlɪs] adj immaculé(e)

**spotlight** ['spɔtlaɪt] n projecteur m; (Aut) phare m auxiliaire

**spot-on** [spɔt'ɔn] adj (Brit inf) en plein dans le mille

**spot price** n prix m sur place

**spotted** ['spɔtɪd] adj tacheté(e), moucheté(e); à pois; **~ with** tacheté(e) de

**spotty** ['spɔtɪ] adj (face) boutonneux(-euse)

**spouse** [spauz] n époux (épouse)

**spout** [spaut] n (of jug) bec m; (of liquid) jet m ▷ vi jaillir

**sprain** [spreɪn] n entorse f, foulure f ▷ vt: **to ~ one's ankle** se fouler or se tordre la cheville

**sprang** [spræŋ] pt of **spring**

**sprawl** [sprɔːl] vi s'étaler ▷ n: **urban ~** expansion urbaine; **to send sb ~ing** envoyer qn rouler par terre

**spray** [spreɪ] n jet m (en fines gouttelettes); (from sea) embruns mpl; (aerosol) vaporisateur m, bombe f; (for garden) pulvérisateur m; (of flowers) petit bouquet ▷ vt vaporiser, pulvériser; (crops) traiter ▷ cpd (deodorant etc) en bombe or atomiseur

**spread** [sprɛd] (pt, pp **spread**) n (distribution) répartition f; (Culin) pâte f à tartiner; (inf: meal) festin m; (Press, Typ: two pages) double page f ▷ vt (paste, contents) étendre, étaler; (rumour, disease) répandre, propager; (repayments) échelonner, étaler; (wealth) répartir ▷ vi s'étendre; se répandre; se propager; (stain) s'étaler; **middle-age ~** embonpoint m (pris avec l'âge)

▶ **spread out** vi (people) se disperser

**spread-eagled** ['sprɛdiːgld] adj: **to be** or **lie ~** être étendu(e) bras et jambes écartés

**spreadsheet** ['sprɛdʃiːt] n (Comput) tableur m

**spree** [spriː] n: **to go on a ~** faire la fête

**sprig** [sprɪg] n rameau m

**sprightly** ['spraɪtlɪ] adj alerte

**spring** [sprɪŋ] (pt **sprang**, pp **sprung** [spræŋ, sprʌŋ]) n (season) printemps m; (leap) bond m, saut m; (coiled metal) ressort m; (bounciness) élasticité f; (of water) source f ▷ vi bondir, sauter ▷ vt: **to ~ a leak** (pipe etc) se mettre à fuir; **he sprang the news on me** il m'a annoncé la nouvelle de but en blanc; **in ~, in the ~** au printemps; **to ~ from** provenir de; **to ~ into action** passer à l'action; **to walk with a ~ in one's step** marcher d'un pas souple

▶ **spring up** vi (problem) se présenter, surgir; (plant, buildings) surgir de terre

**springboard** ['sprɪŋbɔːd] n tremplin m

**spring-clean** [sprɪŋ'kliːn] n (also: **spring-cleaning**) grand nettoyage de printemps

**spring onion** n (Brit) ciboule f, cive f

**spring roll** n rouleau m de printemps

**springtime** ['sprɪŋtaɪm] n printemps m

**springy** ['sprɪŋɪ] adj élastique, souple

**sprinkle** ['sprɪŋkl] vt (pour) répandre; verser; **to ~ water etc on, ~ with water** etc asperger d'eau etc; **to ~ sugar etc on, ~ with sugar** etc saupoudrer de sucre etc; **~d with** (fig) parsemé(e) de

**sprinkler** ['sprɪŋklər] n (for lawn etc) arroseur m; (to put out fire) diffuseur m d'extincteur automatique d'incendie

**sprinkling** ['sprɪŋklɪŋ] n (of water) quelques gouttes fpl; (of salt) pincée f; (of sugar) légère couche

**sprint** [sprɪnt] n sprint m ▷ vi courir à toute vitesse; (Sport) sprinter

**sprinter** ['sprɪntər] n sprinteur(-euse)

**sprite** [spraɪt] n lutin m

**spritzer** ['sprɪtsər] n boisson à base de vin blanc et d'eau de Seltz

**sprocket** ['sprɔkɪt] n (on printer etc) picot m

**sprout** [spraut] vi germer, pousser

**sprouts** [sprauts] npl (also: **Brussels sprouts**) choux mpl de Bruxelles

**spruce** [spruːs] n épicéa m ▷ adj net(te), pimpant(e),

▶ **spruce up** vt (smarten up: room etc) apprêter; **to ~ o.s. up** se faire beau (belle)

**sprung** [sprʌŋ] pp of **spring**

**spry** [spraɪ] adj alerte, vif (vive)

**SPUC** n abbr = **Society for the Protection of Unborn Children**

**spud** [spʌd] n (inf: potato) patate f

**spun** [spʌn] pt, pp of **spin**

**spur** [spəːr] n éperon m; (fig) aiguillon m ▷ vt (also: **spur on**) éperonner; aiguillonner; **on the ~ of the moment** sous l'impulsion du moment

**spurious** ['spjuərɪəs] adj faux (fausse)

**spurn** [spəːn] vt repousser avec mépris

**spurt** [spəːt] n jet m; (of blood) jaillissement m; (of energy) regain m, sursaut m ▷ vi jaillir, gicler; **to put in** or **on a ~** (runner) piquer un sprint; (fig: in work etc) donner un coup de collier

**sputter** ['spʌtər] vi = **splutter**

**spy** [spaɪ] n espion(ne) ▷ vi: **to ~ on** espionner, épier ▷ vt (see) apercevoir ▷ cpd (film, story) d'espionnage

**spying** ['spaɪɪŋ] n espionnage m

**Sq.** abbr (in address) = **square**

**sq.** abbr (Math etc) = **square**

**squabble** ['skwɔbl] n querelle f, chamaillerie f ▷ vi se chamailler

**squad** [skwɔd] n (Mil, Police) escouade f, groupe m; (Football) contingent m; **flying ~** (Police) brigade volante

**squad car** n (Brit Police) voiture f de police

**squaddie** ['skwɔdɪ] n (Mil: inf) troufion m, bidasse m

**squadron** ['skwɔdrn] n (Mil) escadron m; (Aviat, Naut) escadrille f

**squalid** ['skwɔlɪd] adj sordide, ignoble

**squall** [skwɔ:l] n rafale f, bourrasque f

**squalor** ['skwɔlər] n conditions fpl sordides

**squander** ['skwɔndər] vt gaspiller, dilapider

**square** [skwɛər] n carré m; (in town) place f; (US: block of houses) îlot m, pâté m de maisons; (instrument) équerre f ▷ adj carré(e); (honest) honnête, régulier(-ière); (inf: ideas, tastes) vieux jeu inv, qui retarde ▷ vt (arrange) régler; arranger; (Math) élever au carré; (reconcile) concilier ▷ vi (agree) cadrer, s'accorder; **all ~** quitte; à égalité; **a ~ meal** un repas convenable; **2 metres ~** (de) 2 mètres sur 2; **1 ~ metre** 1 mètre carré; **we're back to ~ one** (fig) on se retrouve à la case départ

▶ **square up** vi (Brit: settle) régler; **to ~ up with sb** régler ses comptes avec qn

**square bracket** n (Typ) crochet m

**squarely** ['skwɛəlɪ] adv carrément; (honestly, fairly) honnêtement, équitablement

**square root** n racine carrée

**squash** [skwɔʃ] n (Brit: drink): **lemon/orange ~** citronnade f/orangeade f; (Sport) squash m; (US: vegetable) courge f ▷ vt écraser

**squat** [skwɔt] adj petit(e) et épais(se), ramassé(e) ▷ vi (also: **squat down**) s'accroupir; (on property) squatter, squattériser

**squatter** ['skwɔtər] n squatter m

**squawk** [skwɔ:k] vi pousser un or des gloussement(s)

**squeak** [skwi:k] n (of hinge, wheel etc) grincement m; (of shoes) craquement m; (of mouse etc) petit cri aigu ▷ vi (hinge, wheel) grincer; (mouse) pousser un petit cri

**squeaky** ['skwi:kɪ] adj grinçant(e); **to be ~ clean** (fig) être au-dessus de tout soupçon

**squeal** [skwi:l] vi pousser un or des cri(s) aigu(s) or perçant(s); (brakes) grincer

**squeamish** ['skwi:mɪʃ] adj facilement dégoûté(e); facilement scandalisé(e)

**squeeze** [skwi:z] n pression f; (also: **credit squeeze**) encadrement m du crédit, restrictions fpl de crédit ▷ vt presser; (hand, arm) serrer ▷ vi: **to ~ past/under sth** se glisser avec (beaucoup de) difficulté devant/sous qch; **a ~ of lemon** quelques gouttes de citron

▶ **squeeze out** vt exprimer; (fig) soutirer

**squelch** [skwɛltʃ] vi faire un bruit de succion;

patauger

**squib** [skwɪb] n pétard m

**squid** [skwɪd] n calmar m

**squiggle** ['skwɪgl] n gribouillis m

**squint** [skwɪnt] vi loucher ▷ n: **he has a ~** il louche, il souffre de strabisme; **to ~ at sth** regarder qch du coin de l'œil; (quickly) jeter un coup d'œil à qch

**squire** ['skwaɪər] n (Brit) propriétaire terrien

**squirm** [skwə:m] vi se tortiller

**squirrel** ['skwɪrəl] n écureuil m

**squirt** [skwə:t] n jet m ▷ vi jaillir, gicler ▷ vt faire gicler

**Sr** abbr = **senior**; = **sister**

**SRC** n abbr (Brit: = Students' Representative Council) ≈ CROUS m

**Sri Lanka** [srɪ'læŋkə] n Sri Lanka m

**SRN** n abbr (Brit) = **State Registered Nurse**

**SRO** abbr (US) = **standing room only**

**SS** abbr (= steamship) S/S

**SSA** n abbr (US: = Social Security Administration) organisme de sécurité sociale

**SST** n abbr (US) = **supersonic transport**

**ST** abbr (US: = Standard Time) heure officielle

**St** abbr = **saint**; **street**

**stab** [stæb] n (with knife etc) coup m (de couteau etc); (of pain) lancée f; (inf: try): **to have a ~ at (doing) sth** s'essayer à (faire) qch ▷ vt poignarder; **to ~ sb to death** tuer qn à coups de couteau

**stabbing** ['stæbɪŋ] n: **there's been a ~** quelqu'un a été attaqué à coups de couteau ▷ adj (pain, ache) lancinant(e)

**stability** [stə'bɪlɪtɪ] n stabilité f

**stabilization** [steɪbəlaɪ'zeɪʃən] n stabilisation f

**stabilize** ['steɪbəlaɪz] vt stabiliser ▷ vi se stabiliser

**stabilizer** ['steɪbəlaɪzər] n stabilisateur m

**stable** ['steɪbl] n écurie f ▷ adj stable; **riding ~s** centre m d'équitation

**staccato** [stə'kɑ:təu] adv staccato ▷ adj (Mus) piqué(e); (noise, voice) saccadé(e)

**stack** [stæk] n tas m, pile f ▷ vt empiler, entasser; **there's ~s of time** (Brit inf) on a tout le temps

**stadium** ['steɪdɪəm] n stade m

**staff** [stɑ:f] n (work force) personnel m; (Brit Scol: also: **teaching staff**) professeurs mpl, enseignants mpl, personnel enseignant; (servants) domestiques mpl; (Mil) état-major m; (stick) perche f, bâton m ▷ vt pourvoir en personnel

**staffroom** ['stɑ:fru:m] n salle f des professeurs

**Staffs** abbr (Brit) = **Staffordshire**

**stag** [stæg] n cerf m; (Brit Stock Exchange) loup m

**stage** [steɪdʒ] n scène f; (platform) estrade f; (point) étape f, stade m; (profession): **the ~** le théâtre ▷ vt (play) monter, mettre en scène; (demonstration) organiser; (fig: recovery etc) effectuer; **in ~s** par étapes, par degrés; **to go through a difficult ~** traverser une période difficile; **in the early ~s** au début; **in the final**

S

~s à la fin

**stagecoach** ['steɪdʒkəʊtʃ] n diligence f
**stage door** n entrée f des artistes
**stage fright** n trac m
**stagehand** ['steɪdʒhænd] n machiniste m
**stage-manage** ['steɪdʒmænɪdʒ] vt (fig)
orchestrer
**stage manager** n régisseur m
**stagger** ['stægəʳ] vi chanceler, tituber ▷ vt
(person: amaze) stupéfier; bouleverser; (hours,
holidays) étaler, échelonner
**staggering** ['stægərɪŋ] adj (amazing)
stupéfiant(e), renversant(e)
**staging post** ['steɪdʒɪŋ-] n relais m
**stagnant** ['stægnənt] adj stagnant(e)
**stagnate** [stæg'neɪt] vi stagner, croupir
**stagnation** [stæg'neɪʃən] n stagnation f
**stag night, stag party** n enterrement m de vie
de garçon
**staid** [steɪd] adj posé(e), rassis(e)
**stain** [steɪn] n tache f; (colouring) colorant m ▷ vt
tacher; (wood) teindre
**stained glass** [steɪnd-] n (decorative) verre coloré;
(in church) vitraux mpl; ~ **window** vitrail m
**stainless** ['steɪnlɪs] adj (steel) inoxydable
**stainless steel** n inox m, acier m inoxydable
**stain remover** n détachant m
**stair** [stɛəʳ] n (step) marche f
**staircase** ['stɛəkeɪs] n = **stairway**
**stairs** [stɛəz] npl escalier m; **on the ~** dans
l'escalier
**stairway** ['stɛəweɪ] n escalier m
**stairwell** ['stɛəwɛl] n cage f d'escalier
**stake** [steɪk] n pieu m, poteau m; (Comm: interest)
intérêts mpl; (Betting) enjeu m ▷ vt risquer,
jouer; (also: **stake out**: area) marquer, délimiter;
**to be at ~** être en jeu; **to have a ~ in sth** avoir
des intérêts (en jeu) dans qch; **to ~ a claim (to
sth)** revendiquer (qch)
**stakeout** ['steɪkaut] n surveillance f; **to be on a
~** effectuer une surveillance
**stalactite** ['stæləktaɪt] n stalactite f
**stalagmite** ['stæləgmaɪt] n stalagmite f
**stale** [steɪl] adj (bread) rassis(e); (food) pas frais
(fraîche); (beer) éventé(e); (smell) de renfermé;
(air) confiné(e)
**stalemate** ['steɪlmeɪt] n pat m; (fig) impasse f
**stalk** [stɔ:k] n tige f ▷ vt traquer ▷ vi: **to ~ out/
off** sortir/partir d'un air digne
**stall** [stɔ:l] n (Brit: in street, market etc) éventaire m,
étal m; (in stable) stalle f ▷ vt (Aut) caler; (fig:
delay) retarder ▷ vi (Aut) caler; (fig) essayer de
gagner du temps; **stalls** npl (Brit: in cinema,
theatre) orchestre m; **a newspaper/flower ~** un
kiosque à journaux/de fleuriste
**stallholder** ['stɔ:lhəʊldəʳ] n (Brit) marchand(e)
en plein air
**stallion** ['stæljən] n étalon m (cheval)
**stalwart** ['stɔ:lwət] n partisan m fidèle
**stamen** ['steɪmɛn] n étamine f
**stamina** ['stæmɪnə] n vigueur f, endurance f
**stammer** ['stæməʳ] n bégaiement m ▷ vi

bégayer
**stamp** [stæmp] n timbre m; (also: **rubber
stamp**) tampon m; (mark, also fig) empreinte f;
(on document) cachet m ▷ vi (also: **stamp one's
foot**) taper du pied ▷ vt (letter) timbrer; (with
rubber stamp) tamponner
▶ **stamp out** vt (fire) piétiner; (crime) éradiquer;
(opposition) éliminer
**stamp album** n album m de timbres(-poste)
**stamp collecting** [-kəlɛktɪŋ] n philatélie f
**stamp duty** n (Brit) droit m de timbre
**stamped addressed envelope** n (Brit)
enveloppe affranchie pour la réponse
**stampede** [stæm'pi:d] n ruée f; (of cattle)
débandade f
**stamp machine** n distributeur m de timbres
**stance** [stæns] n position f
**stand** [stænd] (pt, pp **stood**) [stud] n (position)
position f; (for taxis) station f (de taxis); (Mil)
résistance f; (structure) guéridon m; support m;
(Comm) étalage m, stand m; (Sport: also: **stands**)
tribune f; (also: **music stand**) pupitre m ▷ vi être
or se tenir (debout); (rise) se lever, se mettre
debout; (be placed) se trouver; (remain: offer etc)
rester valable ▷ vt (place) mettre, poser; (tolerate,
withstand) supporter; (treat, invite) offrir, payer;
**to make a ~** prendre position; **to take a ~ on
an issue** prendre position sur un problème; **to
~ for parliament** (Brit) se présenter aux
élections (comme candidat à la députation); **to ~
guard** or **watch** (Mil) monter la garde; **it ~s to
reason** c'est logique; cela va de soi; **as things ~**
dans l'état actuel des choses; **to ~ sb a drink/
meal** payer à boire/à manger à qn; **I can't ~
him** je ne peux pas le voir
▶ **stand aside** vi s'écarter
▶ **stand back** vi (move back) reculer, s'écarter
▶ **stand by** vi (be ready) se tenir prêt(e) ▷ vt fus
(opinion) s'en tenir à; (person) ne pas abandonner,
soutenir
▶ **stand down** vi (withdraw) se retirer; (Law)
renoncer à ses droits
▶ **stand for** vt fus (signify) représenter, signifier;
(tolerate) supporter, tolérer
▶ **stand in for** vt fus remplacer
▶ **stand out** vi (be prominent) ressortir
▶ **stand up** vi (rise) se lever, se mettre debout
▶ **stand up for** vt fus défendre
▶ **stand up to** vt fus tenir tête à, résister à
**stand-alone** ['stændələun] adj (Comput)
autonome
**standard** ['stændəd] n (norm) norme f, étalon m;
(level) niveau m (voulu); (criterion) critère m; (flag)
étendard m ▷ adj (size etc) ordinaire, normal(e);
(model, feature) standard inv; (practice) courant(e);
(text) de base; **standards** npl (morals) morale f,
principes mpl; **to be** or **come up to ~** être du
niveau voulu or à la hauteur; **to apply a double
~** avoir or appliquer deux poids deux mesures
**standardization** [stændədaɪ'zeɪʃən] n
standardisation f
**standardize** ['stændədaɪz] vt standardiser

**standard lamp** n (Brit) lampadaire m
**standard of living** n niveau m de vie
**standard time** n heure légale
**stand-by** ['stændbaɪ] n remplaçant(e) ▷ adj (provisions) de réserve; **to be on** ~ se tenir prêt(e) (à intervenir); (doctor) être de garde
**stand-by generator** n générateur m de secours
**stand-by passenger** n passager(-ère) en stand-by or en attente
**stand-by ticket** n (Aviat) billet m stand-by
**stand-in** ['stændɪn] n remplaçant(e); (Cine) doublure f
**standing** ['stændɪŋ] adj debout inv; (permanent) permanent(e); (rule) immuable; (army) de métier; (grievance) constant(e), de longue date ▷ n réputation f, rang m, standing m; (duration): **of 6 months'** ~ qui dure depuis 6 mois; **of many years'** ~ qui dure or existe depuis longtemps; **he was given a ~ ovation** on s'est levé pour l'acclamer; **it's a ~ joke** c'est un vieux sujet de plaisanterie; **a man of some** ~ un homme estimé
**standing committee** n commission permanente
**standing order** n (Brit: at bank) virement m automatique, prélèvement m bancaire; **standing orders** npl (Mil) règlement m
**standing room** n places fpl debout
**stand-off** ['stændɔf] n (esp US: stalemate) impasse f
**stand-offish** [stænd'ɔfɪʃ] adj distant(e), froid(e)
**standpat** ['stændpæt] adj (US) inflexible, rigide
**standpipe** ['stændpaɪp] n colonne f d'alimentation
**standpoint** ['stændpɔɪnt] n point m de vue
**standstill** ['stændstɪl] n: **at a** ~ à l'arrêt; (fig) au point mort; **to come to a** ~ s'immobiliser, s'arrêter
**stank** [stæŋk] pt of **stink**
**stanza** ['stænzə] n strophe f; couplet m
**staple** ['steɪpl] n (for papers) agrafe f; (chief product) produit m de base ▷ adj (food, crop, industry etc) de base principal(e) ▷ vt agrafer
**stapler** ['steɪplər] n agrafeuse f
**star** [stɑːr] n étoile f; (celebrity) vedette f ▷ vi: **to** ~ **(in)** être la vedette (de) ▷ vt (Cine) avoir pour vedette; **4-~ hotel** hôtel m 4 étoiles; **2-~ petrol** (Brit) essence f ordinaire; **4-~ petrol** (Brit) super m; **stars** npl: **the ~s** (Astrology) l'horoscope m
**star attraction** n grande attraction
**starboard** ['stɑːbəd] n tribord m; **to** ~ à tribord
**starch** [stɑːtʃ] n amidon m; (in food) fécule f
**starched** ['stɑːtʃt] adj (collar) amidonné(e), empesé(e)
**starchy** ['stɑːtʃɪ] adj riche en féculents; (person) guindé(e)
**stardom** ['stɑːdəm] n célébrité f
**stare** [stɛər] n regard m fixe ▷ vi: **to** ~ **at** regarder fixement
**starfish** ['stɑːfɪʃ] n étoile f de mer
**stark** [stɑːk] adj (bleak) désolé(e), morne; (simplicity, colour) austère; (reality, poverty) nu(e)

▷ adv: ~ **naked** complètement nu(e)
**starkers** ['stɑːkəz] adj: **to be** ~ (Brit inf) être à poil
**starlet** ['stɑːlɪt] n (Cine) starlette f
**starlight** ['stɑːlaɪt] n: **by** ~ à la lumière des étoiles
**starling** ['stɑːlɪŋ] n étourneau m
**starlit** ['stɑːlɪt] adj étoilé(e); illuminé(e) par les étoiles
**starry** ['stɑːrɪ] adj étoilé(e)
**starry-eyed** [stɑːrɪ'aɪd] adj (innocent) ingénu(e)
**Stars and Stripes** npl: **the** ~ la bannière étoilée
**star sign** n signe zodiacal or du zodiaque
**star-studded** ['stɑːstʌdɪd] adj: **a ~ cast** une distribution prestigieuse
**start** [stɑːt] n commencement m, début m; (of race) départ m; (sudden movement) sursaut m; (advantage) avance f, avantage m ▷ vt commencer; (cause: fight) déclencher; (rumour) donner naissance à; (fashion) lancer; (found: business, newspaper) lancer, créer; (engine) mettre en marche ▷ vi (begin) commencer; (begin journey) partir, se mettre en route; (jump) sursauter; **when does the film ~?** à quelle heure est-ce que le film commence?; **at the** ~ au début; **for a** ~ d'abord, pour commencer; **to make an early** ~ partir or commencer de bonne heure; **to ~ doing** or **to do sth** se mettre à faire qch; **to ~ (off) with ...** (firstly) d'abord ...; (at the beginning) au commencement ...
▶ **start off** vi commencer; (leave) partir
▶ **start out** vi (begin) commencer; (set out) partir
▶ **start over** vi (US) recommencer
▶ **start up** vi commencer; (car) démarrer ▷ vt (fight) déclencher; (business) créer; (car) mettre en marche
**starter** ['stɑːtər] n (Aut) démarreur m; (Sport: official) starter m; (: runner, horse) partant m; (Brit Culin) entrée f
**starting handle** ['stɑːtɪŋ-] n (Brit) manivelle f
**starting point** ['stɑːtɪŋ-] n point m de départ
**starting price** ['stɑːtɪŋ-] n prix initial
**startle** ['stɑːtl] vt faire sursauter; donner un choc à
**startling** ['stɑːtlɪŋ] adj surprenant(e), saisissant(e)
**star turn** n (Brit) vedette f
**starvation** [stɑː'veɪʃən] n faim f, famine f; **to die of** ~ mourir de faim or d'inanition
**starve** [stɑːv] vi mourir de faim ▷ vt laisser mourir de faim; **I'm starving** je meurs de faim
**stash** [stæʃ] vt (inf): **to** ~ **sth away** planquer qch
**state** [steɪt] n état m; (pomp): **in** ~ en grande pompe ▷ vt (declare) déclarer, affirmer; (specify) indiquer, spécifier; **States** npl: **the S~s** les États-Unis; **to be in a** ~ être dans tous ses états; ~ **of emergency** état d'urgence; ~ **of mind** état d'esprit; **the ~ of the art** l'état actuel de la technologie (or des connaissances)
**state control** n contrôle m de l'État
**stated** ['steɪtɪd] adj fixé(e), prescrit(e)
**State Department** n (US) Département m d'État, ≈ ministère m des Affaires étrangères

S

**state education** n (Brit) enseignement public
**stateless** ['steɪtlɪs] adj apatride
**stately** ['steɪtlɪ] adj majestueux(-euse),
imposant(e)
**stately home** ['steɪtlɪ-] n manoir m or château m
(ouvert au public)
**statement** ['steɪtmənt] n déclaration f; (Law)
déposition f; (Econ) relevé m; **official ~**
communiqué officiel; **~ of account**, **bank ~**
relevé de compte
**state-owned** ['steɪtəʊnd] adj étatisé(e)
**States** [steɪts] npl: **the ~** les États-Unis mpl
**state school** n école publique
**statesman** ['steɪtsmən] (irreg) n homme m
d'État
**statesmanship** ['steɪtsmənʃɪp] n qualités fpl
d'homme d'État
**static** ['stætɪk] n (Radio) parasites mpl; (also:
**static electricity**) électricité f statique ▷ adj
statique
**station** ['steɪʃən] n gare f; (also: **police station**)
poste m or commissariat m (de police); (Mil)
poste m (militaire); (rank) condition f, rang m
▷ vt placer, poster; **action ~s** postes de combat;
**to be ~ed in** (Mil) être en garnison à
**stationary** ['steɪʃnərɪ] adj à l'arrêt, immobile
**stationer** ['steɪʃənəʳ] n papetier(-ière)
**stationer's**, **stationer's shop** n (Brit)
papeterie f
**stationery** ['steɪʃnərɪ] n papier m à lettres, petit
matériel de bureau
**station wagon** n (US) break m
**statistic** [stə'tɪstɪk] n statistique f
**statistical** [stə'tɪstɪkl] adj statistique
**statistics** [stə'tɪstɪks] n (science) statistique f
**statue** ['stætjuː] n statue f
**statuesque** [stætju'ɛsk] adj sculptural(e)
**statuette** [stætju'ɛt] n statuette f
**stature** ['stætʃəʳ] n stature f; (fig) envergure f
**status** ['steɪtəs] n position f, situation f;
(prestige) prestige m; (Admin, official position)
statut m
**status quo** [-'kwəʊ] n: **the ~** le statu quo
**status symbol** n marque f de standing, signe
extérieur de richesse
**statute** ['stætjuːt] n loi f; **statutes** npl (of club
etc) statuts mpl
**statute book** n ≈ code m, textes mpl de loi
**statutory** ['stætjutrɪ] adj statutaire, prévu(e)
par un article de loi; **~ meeting** assemblée
constitutive or statutaire
**staunch** [stɔːntʃ] adj sûr(e), loyal(e) ▷ vt
étancher
**stave** [steɪv] n (Mus) portée f ▷ vt: **to ~ off**
(attack) parer; (threat) conjurer
**stay** [steɪ] n (period of time) séjour m; (Law): **~ of
execution** sursis m à statuer ▷ vi rester; (reside)
loger; (spend some time) séjourner; **to ~ put** ne
pas bouger; **to ~ with friends** loger chez des
amis; **to ~ the night** passer la nuit
▶ **stay away** vi (from person, building) ne pas
s'approcher; (from event) ne pas venir

▶ **stay behind** vi rester en arrière
▶ **stay in** vi (at home) rester à la maison
▶ **stay on** vi rester
▶ **stay out** vi (of house) ne pas rentrer; (strikers)
rester en grève
▶ **stay up** vi (at night) ne pas se coucher
**staying power** ['steɪɪŋ-] n endurance f
**STD** n abbr (= sexually transmitted disease) MST f;
(Brit: = subscriber trunk dialling) l'automatique m
**stead** [stɛd] n (Brit): **in sb's ~** à la place de qn; **to
stand sb in good ~** être très utile or servir
beaucoup à qn
**steadfast** ['stɛdfɑːst] adj ferme, résolu(e)
**steadily** ['stɛdɪlɪ] adv (regularly)
progressivement; (firmly) fermement; (walk)
d'un pas ferme; (fixedly: look) sans détourner les
yeux
**steady** ['stɛdɪ] adj stable, solide, ferme; (regular)
constant(e), régulier(-ière); (person) calme,
pondéré(e) ▷ vt assurer, stabiliser; (nerves)
calmer; (voice) assurer; **a ~ boyfriend** un petit
ami; **to ~ oneself** reprendre son aplomb
**steak** [steɪk] n (meat) bifteck m, steak m; (fish,
pork) tranche f
**steakhouse** ['steɪkhaʊs] n ≈ grill-room m
**steal** (pt **stole**, pp **stolen**) [stiːl, stəʊl, 'stəʊln] vt,
vi voler; (move) se faufiler, se déplacer
furtivement; **my wallet has been stolen** on
m'a volé mon portefeuille
▶ **steal away**, **steal off** vi s'esquiver
**stealth** [stɛlθ] n: **by ~** furtivement
**stealthy** ['stɛlθɪ] adj furtif(-ive)
**steam** [stiːm] n vapeur f ▷ vt passer à la vapeur;
(Culin) cuire à la vapeur ▷ vi fumer; (ship): **to ~
along** filer; **under one's own ~** (fig) par ses
propres moyens; **to run out of ~** (fig: person)
caler; être à bout; **to let off ~** (fig: inf) se défouler
▶ **steam up** vi (window) se couvrir de buée; **to
get ~ed up about sth** (fig: inf) s'exciter à propos
de qch
**steam engine** n locomotive f à vapeur
**steamer** ['stiːməʳ] n (bateau m à) vapeur m;
(Culin) ≈ couscoussier m
**steam iron** n fer m à repasser à vapeur
**steamroller** ['stiːmrəʊləʳ] n rouleau
compresseur
**steamship** ['stiːmʃɪp] n = **steamer**
**steamy** ['stiːmɪ] adj humide; (window)
embué(e); (sexy) torride
**steed** [stiːd] n (literary) coursier m
**steel** [stiːl] n acier m ▷ cpd d'acier
**steel band** n steel band m
**steel industry** n sidérurgie f
**steel mill** n aciérie f, usine f sidérurgique
**steelworks** ['stiːlwəːks] n aciérie f
**steely** ['stiːlɪ] adj (determination) inflexible; (eyes,
gaze) d'acier
**steep** [stiːp] adj raide, escarpé(e); (price) très
élevé(e), excessif(-ive) ▷ vt (faire) tremper
**steeple** ['stiːpl] n clocher m
**steeplechase** ['stiːpltʃeɪs] n steeple(-chase) m
**steeplejack** ['stiːpldʒæk] n réparateur m de

clochers et de hautes cheminées

**steeply** ['sti:plɪ] *adv* en pente raide

**steer** [stɪə<sup>r</sup>] *n* bœuf *m* ▷ *vt* diriger; (*boat*) gouverner; (*lead: person*) guider, conduire ▷ *vi* tenir le gouvernail; **to ~ clear of sb/sth** (*fig*) éviter qn/qch

**steering** ['stɪərɪŋ] *n* (*Aut*) conduite *f*

**steering column** *n* (*Aut*) colonne *f* de direction

**steering committee** *n* comité *m* d'organisation

**steering wheel** *n* volant *m*

**stellar** ['stɛlə<sup>r</sup>] *adj* stellaire

**stem** [stɛm] *n* (*of plant*) tige *f*; (*of leaf, fruit*) queue *f*; (*of glass*) pied *m* ▷ *vt* contenir, endiguer; (*attack, spread of disease*) juguler
  ▶ **stem from** *vt fus* provenir de, découler de

**stem cell** *n* cellule *f* souche

**stench** [stɛntʃ] *n* puanteur *f*

**stencil** ['stɛnsl] *n* stencil *m*; pochoir *m* ▷ *vt* polycopier

**stenographer** [stɛ'nɔgrəfə<sup>r</sup>] *n* (*US*) sténographe *m/f*

**stenography** [stɛ'nɔgrəfɪ] *n* (*US*) sténo(graphie) *f*

**step** [stɛp] *n* pas *m*; (*stair*) marche *f*; (*action*) mesure *f*, disposition *f* ▷ *vi*: **to ~ forward/back** faire un pas en avant/arrière, avancer/reculer; **steps** *npl* (*Brit*) = **stepladder**; **~ by ~** pas à pas; (*fig*) petit à petit; **to be in/out of ~ (with)** (*fig*) aller dans le sens (de)/être déphasé(e) (par rapport à)
  ▶ **step down** *vi* (*fig*) se retirer, se désister
  ▶ **step in** *vi* (*fig*) intervenir
  ▶ **step off** *vt fus* descendre de
  ▶ **step over** *vt fus* enjamber
  ▶ **step up** *vt* (*production, sales*) augmenter; (*campaign, efforts*) intensifier

**step aerobics®** *npl* step® *m*

**stepbrother** ['stɛpbrʌðə<sup>r</sup>] *n* demi-frère *m*

**stepchild** ['stɛptʃaɪld] (*pl* **-ren**) *n* beau-fils *m*, belle-fille *f*

**stepdaughter** ['stɛpdɔ:tə<sup>r</sup>] *n* belle-fille *f*

**stepfather** ['stɛpfɑ:ðə<sup>r</sup>] *n* beau-père *m*

**stepladder** ['stɛplædə<sup>r</sup>] *n* (*Brit*) escabeau *m*

**stepmother** ['stɛpmʌðə<sup>r</sup>] *n* belle-mère *f*

**stepping stone** ['stɛpɪŋ-] *n* pierre *f* de gué; (*fig*) tremplin *m*

**stepsister** ['stɛpsɪstə<sup>r</sup>] *n* demi-sœur *f*

**stepson** ['stɛpsʌn] *n* beau-fils *m*

**stereo** ['stɛrɪəu] *n* (*sound*) stéréo *f*; (*hi-fi*) chaîne *f* stéréo ▷ *adj* (*also:* **stereophonic**) stéréo(phonique); **in ~** en stéréo

**stereotype** ['stɪərɪətaɪp] *n* stéréotype *m* ▷ *vt* stéréotyper

**sterile** ['stɛraɪl] *adj* stérile

**sterility** [stɛ'rɪlɪtɪ] *n* stérilité *f*

**sterilization** [stɛrɪlaɪ'zeɪʃən] *n* stérilisation *f*

**sterilize** ['stɛrɪlaɪz] *vt* stériliser

**sterling** ['stə:lɪŋ] *adj* sterling *inv*; (*silver*) de bon aloi, fin(e); (*fig*) à toute épreuve, excellent(e) ▷ *n* (*currency*) livre *f* sterling *inv*; **a pound ~** une livre sterling

**sterling area** *n* zone *f* sterling *inv*

**stern** [stə:n] *adj* sévère ▷ *n* (*Naut*) arrière *m*, poupe *f*

**sternum** ['stə:nəm] *n* sternum *m*

**steroid** ['stɪərɔɪd] *n* stéroïde *m*

**stethoscope** ['stɛθəskəup] *n* stéthoscope *m*

**stevedore** ['sti:vədɔ:<sup>r</sup>] *n* docker *m*, débardeur *m*

**stew** [stju:] *n* ragoût *m* ▷ *vt, vi* cuire à la casserole; **~ed tea** thé trop infusé; **~ed fruit** fruits cuits *or* en compote

**steward** ['stju:əd] *n* (*Aviat, Naut, Rail*) steward *m*; (*in club etc*) intendant *m*; (*also:* **shop steward**) délégué syndical

**stewardess** ['stju:ədɛs] *n* hôtesse *f*

**stewardship** ['stju:ədʃɪp] *n* intendance *f*

**stewing steak** ['stju:ɪŋ-], (*US*) **stew meat** *n* bœuf *m* à braiser

**St. Ex.** *abbr* = **stock exchange**

**stg** *abbr* = **sterling**

**stick** [stɪk] (*pt, pp* **stuck**) [stʌk] *n* bâton *m*; (*for walking*) canne *f*; (*of chalk etc*) morceau *m* ▷ *vt* (*glue*) coller; (*thrust*): **to ~ sth into** piquer *or* planter *or* enfoncer qch dans; (*inf: put*) mettre, fourrer; (*: tolerate*) supporter ▷ *vi* (*adhere*) tenir, coller; (*remain*) rester; (*get jammed: door, lift*) se bloquer; **to get hold of the wrong end of the ~** (*Brit fig*) comprendre de travers; **to ~ to** (*one's promise*) s'en tenir à; (*principles*) rester fidèle à
  ▶ **stick around** *vi* (*inf*) rester (dans les parages)
  ▶ **stick out** *vi* dépasser, sortir ▷ *vt*: **to ~ it out** (*inf*) tenir le coup
  ▶ **stick up** *vi* dépasser, sortir
  ▶ **stick up for** *vt fus* défendre

**sticker** ['stɪkə<sup>r</sup>] *n* auto-collant *m*

**sticking plaster** ['stɪkɪŋ-] *n* sparadrap *m*, pansement adhésif

**sticking point** ['stɪkɪŋ-] *n* (*fig*) point *m* de friction

**stick insect** *n* phasme *m*

**stickleback** ['stɪklbæk] *n* épinoche *f*

**stickler** ['stɪklə<sup>r</sup>] *n*: **to be a ~ for** être pointilleux(-euse) sur

**stick shift** *n* (*US Aut*) levier *m* de vitesses

**stick-up** ['stɪkʌp] *n* (*inf*) braquage *m*, hold-up *m*

**sticky** ['stɪkɪ] *adj* poisseux(-euse); (*label*) adhésif(-ive); (*fig: situation*) délicat(e)

**stiff** [stɪf] *adj* (*gen*) raide, rigide; (*door, brush*) dur(e); (*difficult*) difficile, ardu(e); (*cold*) froid(e), distant(e); (*strong, high*) fort(e), élevé(e) ▷ *adv*: **to be bored/scared/frozen ~** s'ennuyer à mourir/ être mort(e) de peur/froid; **to be** *or* **feel ~** (*person*) avoir des courbatures; **to have a ~ back** avoir mal au dos; **~ upper lip** (*Brit: fig*) flegme *m* (*typiquement britannique*)

**stiffen** ['stɪfn] *vt* raidir, renforcer ▷ *vi* se raidir; se durcir

**stiff neck** *n* torticolis *m*

**stiffness** ['stɪfnɪs] *n* raideur *f*

**stifle** ['staɪfl] *vt* étouffer, réprimer

**stifling** ['staɪflɪŋ] *adj* (*heat*) suffocant(e)

**stigma** ['stɪgmə] (*Bot, Med, Rel*) (*pl* **-ta**) [stɪg'mɑ:tə] (*fig*), **stigmas** *n* stigmate *m*

**stile** [staɪl] *n* échalier *m*

**stiletto** [stɪˈlɛtəu] n (Brit: also: **stiletto heel**) talon m aiguille

**still** [stɪl] adj (motionless) immobile; (calm) calme, tranquille; (Brit: mineral water etc) non gazeux(-euse) ▷ adv (up to this time) encore, toujours; (even) encore; (nonetheless) quand même, tout de même ▷ n (Cine) photo f; **to stand ~** rester immobile, ne pas bouger; **keep ~!** ne bouge pas!; **he ~ hasn't arrived** il n'est pas encore arrivé, il n'est toujours pas arrivé

**stillborn** [ˈstɪlbɔ:n] adj mort-né(e)

**still life** n nature morte

**stilt** [stɪlt] n échasse f; (pile) pilotis m

**stilted** [ˈstɪltɪd] adj guindé(e), emprunté(e)

**stimulant** [ˈstɪmjulənt] n stimulant m

**stimulate** [ˈstɪmjuleɪt] vt stimuler

**stimulating** [ˈstɪmjuleɪtɪŋ] adj stimulant(e)

**stimulation** [stɪmjuˈleɪʃən] n stimulation f

**stimulus** (pl **stimuli**) [ˈstɪmjuləs, ˈstɪmjulaɪ] n stimulant m; (Biol, Psych) stimulus m

**sting** [stɪŋ] n piqûre f; (organ) dard m; (inf: confidence trick) arnaque m ▷ vt, vi (pt, pp **stung**) [stʌŋ] piquer; **my eyes are ~ing** j'ai les yeux qui piquent

**stingy** [ˈstɪndʒɪ] adj avare, pingre, chiche

**stink** [stɪŋk] n puanteur f ▷ vi (pt **stank**, pp **stunk**) [stæŋk, stʌŋk] puer, empester

**stinker** [ˈstɪŋkəʳ] n (inf: problem, exam) vacherie f; (person) dégueulasse m/f

**stinking** [ˈstɪŋkɪŋ] adj (fig: inf) infect(e); **~ rich** bourré(e) de pognon

**stint** [stɪnt] n part f de travail ▷ vi: **to ~ on** lésiner sur, être chiche de

**stipend** [ˈstaɪpɛnd] n (of vicar etc) traitement m

**stipendiary** [staɪˈpɛndɪərɪ] adj: **~ magistrate** juge m de tribunal d'instance

**stipulate** [ˈstɪpjuleɪt] vt stipuler

**stipulation** [stɪpjuˈleɪʃən] n stipulation f, condition f

**stir** [stə:ʳ] n agitation f, sensation f ▷ vt remuer ▷ vi remuer, bouger; **to give sth a ~** remuer qch; **to cause a ~** faire sensation
▸ **stir up** vt exciter; (trouble) fomenter, provoquer

**stir-fry** [ˈstə:ˈfraɪ] vt faire sauter ▷ n: **vegetable ~** légumes sautés à la poêle

**stirring** [ˈstə:rɪŋ] adj excitant(e); émouvant(e)

**stirrup** [ˈstɪrəp] n étrier m

**stitch** [stɪtʃ] n (Sewing) point m; (Knitting) maille f; (Med) point de suture; (pain) point de côté ▷ vt coudre, piquer; (Med) suturer

**stoat** [stəut] n hermine f (avec son pelage d'été)

**stock** [stɔk] n réserve f, provision f; (Comm) stock m; (Agr) cheptel m, bétail m; (Culin) bouillon m; (Finance) valeurs fpl, titres mpl; (Rail: also: **rolling stock**) matériel roulant; (descent, origin) souche f ▷ adj (fig: reply etc) courant(e), classique ▷ vt (have in stock) avoir, vendre; **well-~ed** bien approvisionné(e) or fourni(e); **in ~** en stock, en magasin; **out of ~** épuisé(e); **to take ~** (fig) faire le point; **~s and shares** valeurs (mobilières), titres; **government ~** fonds publics

▸ **stock up** vi: **to ~ up (with)** s'approvisionner (en)

**stockade** [stɔˈkeɪd] n palissade f

**stockbroker** [ˈstɔkbrəukəʳ] n agent m de change

**stock control** n (Comm) gestion f des stocks

**stock cube** n (Brit Culin) bouillon-cube m

**stock exchange** n Bourse f (des valeurs)

**stockholder** [ˈstɔkhəuldəʳ] n (US) actionnaire m/f

**Stockholm** [ˈstɔkhəum] n Stockholm

**stocking** [ˈstɔkɪŋ] n bas m

**stock-in-trade** [ˈstɔkɪnˈtreɪd] n (fig): **it's his ~** c'est sa spécialité

**stockist** [ˈstɔkɪst] n (Brit) stockiste m

**stock market** n Bourse f, marché financier

**stock phrase** n cliché m

**stockpile** [ˈstɔkpaɪl] n stock m, réserve f ▷ vt stocker, accumuler

**stockroom** [ˈstɔkru:m] n réserve f, magasin m

**stocktaking** [ˈstɔkteɪkɪŋ] n (Brit Comm) inventaire m

**stocky** [ˈstɔkɪ] adj trapu(e), râblé(e)

**stodgy** [ˈstɔdʒɪ] adj bourratif(-ive), lourd(e)

**stoic** [ˈstəuɪk] n stoïque m/f

**stoical** [ˈstəuɪkl] adj stoïque

**stoke** [stəuk] vt garnir, entretenir; chauffer

**stoker** [ˈstəukəʳ] n (Rail, Naut etc) chauffeur m

**stole** [stəul] pt of **steal** ▷ n étole f

**stolen** [ˈstəuln] pp of **steal**

**stolid** [ˈstɔlɪd] adj impassible, flegmatique

**stomach** [ˈstʌmək] n estomac m; (abdomen) ventre m ▷ vt supporter, digérer

**stomachache** [ˈstʌməkeɪk] n mal m à l'estomac or au ventre

**stomach pump** n pompe stomacale

**stomach ulcer** n ulcère m à l'estomac

**stomp** [stɔmp] vi: **to ~ in/out** entrer/sortir d'un pas bruyant

**stone** [stəun] n pierre f; (pebble) caillou m, galet m; (in fruit) noyau m; (Med) calcul m; (Brit: weight) = 6.348 kg; 14 pounds ▷ cpd de or en pierre ▷ vt (person) lancer des pierres sur, lapider; (fruit) dénoyauter; **within a ~'s throw of the station** à deux pas de la gare

**Stone Age** n: **the ~** l'âge m de pierre

**stone-cold** [ˈstəunˈkəuld] adj complètement froid(e)

**stoned** [stəund] adj (inf: drunk) bourré(e); (: on drugs) défoncé(e)

**stone-deaf** [ˈstəunˈdɛf] adj sourd(e) comme un pot

**stonemason** [ˈstəunmeɪsn] n tailleur m de pierre(s)

**stonewall** [stəunˈwɔ:l] vi faire de l'obstruction ▷ vt faire obstruction à

**stonework** [ˈstəunwə:k] n maçonnerie f

**stony** [ˈstəunɪ] adj pierreux(-euse), rocailleux(-euse)

**stood** [stud] pt, pp of **stand**

**stooge** [stu:dʒ] n (inf) larbin m

**stool** [stu:l] n tabouret m

**stoop** [stu:p] vi (also: **have a stoop**) être voûté(e);

(also: **stoop down**: *bend*) se baisser, se courber; (*fig*): **to ~ to sth/doing sth** s'abaisser jusqu'à qch/jusqu'à faire qch

**stop** [stɔp] *n* arrêt *m*; (*short stay*) halte *f*; (*in punctuation*) point *m* ▷ *vt* arrêter; (*break off*) interrompre; (*also*: **put a stop to**) mettre fin à; (*prevent*) empêcher ▷ *vi* s'arrêter; (*rain, noise etc*) cesser, s'arrêter; **could you ~ here/at the corner?** arrêtez-vous ici/au coin, s'il vous plaît; **to ~ doing sth** cesser *or* arrêter de faire qch; **to ~ sb (from) doing sth** empêcher qn de faire qch; **to ~ dead** *vi* s'arrêter net; **~ it!** arrête!
▶ **stop by** *vi* s'arrêter (au passage)
▶ **stop off** *vi* faire une courte halte
▶ **stop up** *vt* (*hole*) boucher

**stopcock** ['stɔpkɔk] *n* robinet *m* d'arrêt

**stopgap** ['stɔpgæp] *n* (*person*) bouche-trou *m*; (*also*: **stopgap measure**) mesure *f* intérimaire

**stoplights** ['stɔplaɪts] *npl* (*Aut*) signaux *mpl* de stop, feux *mpl* arrière

**stopover** ['stɔpəʊvəʳ] *n* halte *f*; (*Aviat*) escale *f*

**stoppage** ['stɔpɪdʒ] *n* arrêt *m*; (*of pay*) retenue *f*; (*strike*) arrêt *m* de travail; (*obstruction*) obstruction *f*

**stopper** ['stɔpəʳ] *n* bouchon *m*

**stop press** *n* nouvelles *fpl* de dernière heure

**stopwatch** ['stɔpwɔtʃ] *n* chronomètre *m*

**storage** ['stɔːrɪdʒ] *n* emmagasinage *m*; (*of nuclear waste etc*) stockage *m*; (*in house*) rangement *m*; (*Comput*) mise *f* en mémoire *or* réserve

**storage heater** *n* (*Brit*) radiateur *m* électrique par accumulation

**store** [stɔːʳ] *n* (*stock*) provision *f*, réserve *f*; (*depot*) entrepôt *m*; (*Brit*: *large shop*) grand magasin; (*US*: *shop*) magasin *m* ▷ *vt* emmagasiner; (*nuclear waste etc*) stocker; (*information*) enregistrer; (*in filing system*) classer, ranger; (*Comput*) mettre en mémoire; **stores** *npl* (*food*) provisions; **who knows what is in ~ for us?** qui sait ce que l'avenir nous réserve *or* ce qui nous attend?; **to set great/little ~ by sth** faire grand cas/peu de cas de qch
▶ **store up** *vt* mettre en réserve, emmagasiner

**storehouse** ['stɔːhaus] *n* entrepôt *m*

**storekeeper** ['stɔːkiːpəʳ] *n* (*US*) commerçant(e)

**storeroom** ['stɔːruːm] *n* réserve *f*, magasin *m*

**storey**, (*US*) **story** ['stɔːrɪ] *n* étage *m*

**stork** [stɔːk] *n* cigogne *f*

**storm** [stɔːm] *n* tempête *f*; (*thunderstorm*) orage *m* ▷ *vi* (*fig*) fulminer ▷ *vt* prendre d'assaut

**storm cloud** *n* nuage *m* d'orage

**storm door** *n* double-porte (extérieure)

**stormy** ['stɔːmɪ] *adj* orageux(-euse)

**story** ['stɔːrɪ] *n* histoire *f*; récit *m*; (*Press*: *article*) article *m*; (: *subject*) affaire *f*; (*US*) = **storey**

**storybook** ['stɔːrɪbuk] *n* livre *m* d'histoires *or* de contes

**storyteller** ['stɔːrɪtɛləʳ] *n* conteur(-euse)

**stout** [staut] *adj* (*strong*) solide; (*brave*) intrépide; (*fat*) gros(se), corpulent(e) ▷ *n* bière brune

**stove** [stəuv] *n* (*for cooking*) fourneau *m*; (: *small*) réchaud *m*; (*for heating*) poêle *m*; **gas/electric ~** (*cooker*) cuisinière *f* à gaz/électrique

**stow** [stəu] *vt* ranger; cacher

**stowaway** ['stəuəweɪ] *n* passager(-ère) clandestin(e)

**straddle** ['strædl] *vt* enjamber, être à cheval sur

**strafe** [strɑːf] *vt* mitrailler

**straggle** ['strægl] *vi* être (*or* marcher) en désordre; **~d along the coast** disséminé(e) tout au long de la côte

**straggler** ['stræglə ʳ] *n* traînard(e)

**straggling** ['stræglɪŋ], **straggly** ['stræglɪ] *adj* (*hair*) en désordre

**straight** [streɪt] *adj* droit(e); (*hair*) raide; (*frank*) honnête, franc (franche); (*simple*) simple; (*Theat*: *part, play*) sérieux(-euse); (*inf*: *heterosexual*) hétéro *inv* ▷ *adv* (tout) droit; (*drink*) sec, sans eau ▷ *n*: **the ~** (*Sport*) la ligne droite; **to put** *or* **get ~** mettre en ordre, mettre de l'ordre dans; (*fig*) mettre au clair; **let's get this ~** mettons les choses au point; **10 ~ wins** 10 victoires d'affilée; **to go ~ home** rentrer directement à la maison; **~ away, ~ off** (*at once*) tout de suite; **~ off, ~ out** sans hésiter

**straighten** ['streɪtn] *vt* ajuster; (*bed*) arranger
▶ **straighten out** *vt* (*fig*) débrouiller; **to ~ things out** arranger les choses
▶ **straighten up** *vi* (*stand up*) se redresser; (*tidy*) ranger

**straighteners** ['streɪtnəz] *npl* (*for hair*) lisseur *m*

**straight-faced** [streɪt'feɪst] *adj* impassible ▷ *adv* en gardant son sérieux

**straightforward** [streɪt'fɔːwəd] *adj* simple; (*frank*) honnête, direct(e)

**strain** [streɪn] *n* (*Tech*) tension *f*; pression *f*; (*physical*) effort *m*; (*mental*) tension (nerveuse); (*Med*) entorse *f*; (*streak, trace*) tendance *f*; élément *m*; (*breed*: *of plants*) variété *f*; (: *of animals*) race *f*; (*of virus*) souche *f* ▷ *vt* (*stretch*) tendre fortement; (*fig*: *resources etc*) mettre à rude épreuve, grever; (*hurt*: *back etc*) se faire mal à; (*filter*) passer, filtrer; (*vegetables*) égoutter ▷ *vi* peiner, fournir un gros effort; **strains** *npl* (*Mus*) accords *mpl*, accents *mpl*; **he's been under a lot of ~** il a traversé des moments difficiles, il est très éprouvé nerveusement

**strained** [streɪnd] *adj* (*muscle*) froissé(e); (*laugh etc*) forcé(e), contraint(e); (*relations*) tendu(e)

**strainer** ['streɪnəʳ] *n* passoire *f*

**strait** [streɪt] *n* (*Geo*) détroit *m*; **straits** *npl*: **to be in dire ~s** (*fig*) avoir de sérieux ennuis

**straitjacket** ['streɪtdʒækɪt] *n* camisole *f* de force

**strait-laced** [streɪt'leɪst] *adj* collet monté *inv*

**strand** [strænd] *n* (*of thread*) fil *m*, brin *m*; (*of rope*) toron *m*; (*of hair*) mèche *f* ▷ *vt* (*boat*) échouer

**stranded** ['strændɪd] *adj* en rade, en plan

**strange** [streɪndʒ] *adj* (*not known*) inconnu(e); (*odd*) étrange, bizarre

**strangely** ['streɪndʒlɪ] *adv* étrangement, bizarrement; *see also* **enough**

**stranger** ['streɪndʒəʳ] *n* (*unknown*) inconnu(e); (*from somewhere else*) étranger(-ère); **I'm a ~ here** je ne suis pas d'ici

**strangle** ['stræŋgl] vt étrangler

**stranglehold** ['stræŋglhəuld] n (fig) emprise totale, mainmise f

**strangulation** [stræŋgju'leɪʃən] n strangulation f

**strap** [stræp] n lanière f, courroie f, sangle f; (of slip, dress) bretelle f ▷ vt attacher (avec une courroie etc)

**straphanging** ['stræphæŋɪŋ] n (fait m de) voyager debout (dans le métro etc)

**strapless** ['stræplɪs] adj (bra, dress) sans bretelles

**strapped** [stræpt] adj: **to be ~ for cash** (inf) être à court d'argent

**strapping** ['stræpɪŋ] adj bien découplé(e), costaud(e)

**strappy** ['stræpɪ] adj (dress) à bretelles; (sandals) à lanières

**Strasbourg** ['stræzbə:g] n Strasbourg

**strata** ['strɑ:tə] npl of **stratum**

**stratagem** ['strætɪdʒəm] n stratagème m

**strategic** [strə'ti:dʒɪk] adj stratégique

**strategist** ['strætɪdʒɪst] n stratège m

**strategy** ['strætɪdʒɪ] n stratégie f

**stratosphere** ['strætəsfɪəʳ] n stratosphère f

**stratum** (pl **strata**) ['strɑ:təm, 'strɑ:tə] n strate f, couche f

**straw** [strɔ:] n paille f; **that's the last ~!** ça c'est le comble!

**strawberry** ['strɔ:bərɪ] n fraise f; (plant) fraisier m

**stray** [streɪ] adj (animal) perdu(e), errant(e); (scattered) isolé(e) ▷ vi s'égarer; **~ bullet** balle perdue

**streak** [stri:k] n bande f, filet m; (in hair) raie f; (fig: of madness etc): **a ~ of** une or des tendance(s) à ▷ vt zébrer, strier ▷ vi: **to ~ past** passer à toute allure; **to have ~s in one's hair** s'être fait faire des mèches; **a winning/losing ~** une bonne/mauvaise série or période

**streaker** ['stri:kəʳ] n streaker(-euse)

**streaky** ['stri:kɪ] adj zébré(e), strié(e)

**streaky bacon** n (Brit) ≈ lard m (maigre)

**stream** [stri:m] n (brook) ruisseau m; (current) courant m, flot m; (of people) défilé ininterrompu, flot ▷ vt (Scol) répartir par niveau ▷ vi ruisseler; **to ~ in/out** entrer/sortir à flots; **against the ~** à contre courant; **on ~** (new power plant etc) en service

**streamer** ['stri:məʳ] n serpentin m, banderole f

**stream feed** n (on photocopier etc) alimentation f en continu

**streamline** ['stri:mlaɪn] vt donner un profil aérodynamique à; (fig) rationaliser

**streamlined** ['stri:mlaɪnd] adj (Aviat) fuselé(e), profilé(e); (Aut) aérodynamique; (fig) rationalisé(e)

**street** [stri:t] n rue f; **the back ~s** les quartiers pauvres; **to be on the ~s** (homeless) être à la rue or sans abri

**streetcar** ['stri:tkɑ:ʳ] n (US) tramway m

**street cred** [-krɛd] n (inf): **to have ~** être branché(e)

**street lamp** n réverbère m

**street light** n réverbère m

**street lighting** n éclairage public

**street map, street plan** n plan m des rues

**street market** n marché m à ciel ouvert

**streetwise** ['stri:twaɪz] adj (inf) futé(e), réaliste

**strength** [strɛŋθ] n force f; (of girder, knot etc) solidité f; (of chemical solution) titre m; (of wine) degré m d'alcool; **on the ~ of** en vertu de; **at full ~** au grand complet; **below ~** à effectifs réduits

**strengthen** ['strɛŋθən] vt renforcer; (muscle) fortifier; (building, Econ) consolider

**strenuous** ['strɛnjuəs] adj vigoureux(-euse), énergique; (tiring) ardu(e), fatigant(e)

**stress** [strɛs] n (force, pressure) pression f; (mental strain) tension (nerveuse), stress m; (accent) accent m; (emphasis) insistance f ▷ vt insister sur, souligner; (syllable) accentuer; **to lay great ~ on sth** insister beaucoup sur qch; **to be under ~** être stressé(e)

**stressed** [strɛst] adj (tense) stressé(e); (syllable) accentué(e)

**stressful** ['strɛsful] adj (job) stressant(e)

**stretch** [strɛtʃ] n (of sand etc) étendue f; (of time) période f ▷ vi s'étirer; (extend): **to ~ to** or **as far as** s'étendre jusqu'à; (be enough: money, food): **to ~ to** aller pour ▷ vt tendre, étirer; (spread) étendre; (fig) pousser (au maximum); **at a ~** d'affilée; **to ~ a muscle** se distendre un muscle; **to ~ one's legs** se dégourdir les jambes ▶ **stretch out** vi s'étendre ▷ vt (arm etc) allonger, tendre; (to spread) étendre; **to ~ out for sth** allonger la main pour prendre qch

**stretcher** ['strɛtʃəʳ] n brancard m, civière f

**stretcher-bearer** ['strɛtʃəbɛərəʳ] n brancardier m

**stretch marks** npl (on skin) vergetures fpl

**stretchy** ['strɛtʃɪ] adj élastique

**strewn** [stru:n] adj: **~ with** jonché(e) de

**stricken** ['strɪkən] adj très éprouvé(e); dévasté(e); (ship) très endommagé(e); **~ with** frappé(e) or atteint(e) de

**strict** [strɪkt] adj strict(e); **in ~ confidence** tout à fait confidentiellement

**strictly** ['strɪktlɪ] adv strictement; **~ confidential** strictement confidentiel(le); **~ speaking** à strictement parler

**stride** [straɪd] n grand pas, enjambée f ▷ vi (pt **strode**) [strəud] marcher à grands pas; **to take in one's ~** (fig: changes etc) accepter sans sourciller

**strident** ['straɪdnt] adj strident(e)

**strife** [straɪf] n conflit m, dissensions fpl

**strike** [straɪk] (pt, pp **struck**) [strʌk] n grève f; (of oil etc) découverte f; (attack) raid m ▷ vt frapper; (oil etc) trouver, découvrir; (make: agreement, deal) conclure ▷ vi faire grève; (attack) attaquer; (clock) sonner; **to go on** or **come out on ~** se mettre en grève, faire grève; **to ~ a match** frotter une allumette; **to ~ a balance** (fig) trouver un juste milieu

▶ **strike back** vi (Mil, fig) contre-attaquer
▶ **strike down** vt (fig) terrasser
▶ **strike off** vt (from list) rayer; (: doctor etc) radier
▶ **strike out** vt rayer
▶ **strike up** vt (Mus) se mettre à jouer; **to ~ up a friendship with** se lier d'amitié avec
**strikebreaker** ['straɪkbreɪkə'] n briseur m de grève
**striker** ['straɪkə'] n gréviste m/f; (Sport) buteur m
**striking** ['straɪkɪŋ] adj frappant(e), saisissant(e); (attractive) éblouissant(e)
**strimmer**® ['strɪmə'] n (Brit) coupe-bordures m
**string** [strɪŋ] n ficelle f, fil m; (row: of beads) rang m; (: of onions, excuses) chapelet m; (: of people, cars) file f; (Mus) corde f; (Comput) chaîne f ▷ vt (pt, pp **strung**) [strʌŋ]: **to ~ out** échelonner; **to ~ together** enchaîner; **the strings** npl (Mus) les instruments mpl à cordes; **to pull ~s** (fig) faire jouer le piston; **to get a job by pulling ~s** obtenir un emploi en faisant jouer le piston; **with no ~s attached** (fig) sans conditions
**string bean** n haricot vert
**stringed instrument** [strɪŋ(d)-], **string instrument** n (Mus) instrument m à cordes
**stringent** ['strɪndʒənt] adj rigoureux(-euse); (need) impérieux(-euse)
**string quartet** n quatuor m à cordes
**strip** [strɪp] n bande f; (Sport) tenue f ▷ vt (undress) déshabiller; (paint) décaper; (fig) dégarnir, dépouiller; (also: **strip down**: machine) démonter ▷ vi se déshabiller; **wearing the Celtic ~** en tenue du Celtic
▶ **strip off** vt (paint etc) décaper ▷ vi (person) se déshabiller
**strip cartoon** n bande dessinée
**stripe** [straɪp] n raie f, rayure f; (Mil) galon m
**striped** ['straɪpt] adj rayé(e), à rayures
**strip light** n (Brit) (tube m au) néon m
**stripper** ['strɪpə'] n strip-teaseuse f
**strip-search** ['strɪpsə:tʃ] n fouille corporelle (en faisant se déshabiller la personne) ▷ vt: **to ~ sb** fouiller qn (en le faisant se déshabiller)
**striptease** ['strɪpti:z] n strip-tease m
**stripy** ['straɪpɪ] adj rayé(e)
**strive** (pt **strove**, pp **striven**) [straɪv, strəuv, 'strɪvn] vi: **to ~ to do/for sth** s'efforcer de faire/ d'obtenir qch
**strobe** [strəub] n (also: **strobe light**) stroboscope m
**strode** [strəud] pt of **stride**
**stroke** [strəuk] n coup m; (Med) attaque f; (caress) caresse f; (Swimming: style) (sorte f de) nage f; (of piston) course f ▷ vt caresser; **at a ~** d'un (seul) coup; **on the ~ of 5** à 5 heures sonnantes; **a ~ of luck** un coup de chance; **a 2-~ engine** un moteur à 2 temps
**stroll** [strəul] n petite promenade ▷ vi flâner, se promener nonchalamment; **to go for a ~** aller se promener or faire un tour
**stroller** ['strəulə'] n (US: for child) poussette f
**strong** [strɔŋ] adj (gen) fort(e); (healthy) vigoureux(-euse); (heart, nerves) solide; (distaste,

desire) vif (vive); (drugs, chemicals) puissant(e)
▷ adv: **to be going ~** (company) marcher bien; (person) être toujours solide; **they are 50 ~** ils sont au nombre de 50
**strong-arm** ['strɔŋɑ:m] adj (tactics, methods) musclé(e)
**strongbox** ['strɔŋbɔks] n coffre-fort m
**stronghold** ['strɔŋhəuld] n forteresse f, fort m; (fig) bastion m
**strongly** ['strɔŋlɪ] adv fortement, avec force; vigoureusement; solidement; **I feel ~ about it** c'est une question qui me tient particulièrement à cœur; (negatively) j'y suis profondément opposé(e)
**strongman** ['strɔŋmæn] (irreg) n hercule m, colosse m; (fig) homme m à poigne
**strongroom** ['strɔŋru:m] n chambre forte
**stroppy** ['strɔpɪ] adj (Brit inf) contrariant(e), difficile
**strove** [strəuv] pt of **strive**
**struck** [strʌk] pt, pp of **strike**
**structural** ['strʌktʃrəl] adj structural(e); (Constr) de construction; affectant les parties portantes
**structurally** ['strʌktʃrəlɪ] adv du point de vue de la construction
**structure** ['strʌktʃə'] n structure f; (building) construction f
**struggle** ['strʌgl] n lutte f ▷ vi lutter, se battre; **to have a ~ to do sth** avoir beaucoup de mal à faire qch
**strum** [strʌm] vt (guitar) gratter de
**strung** [strʌŋ] pt, pp of **string**
**strut** [strʌt] n étai m, support m ▷ vi se pavaner
**strychnine** ['strɪkni:n] n strychnine f
**stub** [stʌb] n (of cigarette) bout m, mégot m; (of ticket etc) talon m ▷ vt: **to ~ one's toe (on sth)** se heurter le doigt de pied (contre qch)
▶ **stub out** vt écraser
**stubble** ['stʌbl] n chaume m; (on chin) barbe f de plusieurs jours
**stubborn** ['stʌbən] adj têtu(e), obstiné(e), opiniâtre
**stubby** ['stʌbɪ] adj trapu(e); gros(se) et court(e)
**stucco** ['stʌkəu] n stuc m
**stuck** [stʌk] pt, pp of **stick** ▷ adj (jammed) bloqué(e), coincé(e); **to get ~** se bloquer or coincer
**stuck-up** [stʌk'ʌp] adj prétentieux(-euse)
**stud** [stʌd] n (on boots etc) clou m; (collar stud) bouton m de col; (earring) petite boucle d'oreille; (of horses: also: **stud farm**) écurie f, haras m; (also: **stud horse**) étalon m ▷ vt (fig): **~ded with** parsemé(e) or criblé(e) de
**student** ['stju:dənt] n étudiant(e) ▷ adj (life) estudiantin(e), étudiant(e), d'étudiant; (residence, restaurant) universitaire; (loan, movement) étudiant, universitaire d'étudiant; **law/medical ~** étudiant en droit/ médecine
**student driver** n (US) (conducteur(-trice)) débutant(e)
**students' union** n (Brit: association) ≈ union f des étudiants; (: building) ≈ foyer m des étudiants

**S**

studied ['stʌdɪd] adj étudié(e), calculé(e)

studio ['stju:dɪəu] n studio m, atelier m; (TV etc) studio

studio flat, (US) studio apartment n studio m

studious ['stju:dɪəs] adj studieux(-euse), appliqué(e) étudié(e)

studiously ['stju:dɪəslɪ] adv (carefully) soigneusement

study ['stʌdɪ] n étude f; (room) bureau m ▷ vt étudier; (examine) examiner ▷ vi étudier, faire ses études; to make a ~ of sth étudier qch, faire une étude de qch; to ~ for an exam préparer un examen

stuff [stʌf] n (gen) chose(s) f(pl), truc m; (belongings) affaires fpl, trucs; (substance) substance f ▷ vt rembourrer; (Culin) farcir; (inf: push) fourrer; (animal: for exhibition) empailler; my nose is ~ed up j'ai le nez bouché; get ~ed! (inf!) va te faire foutre! (!); ~ed toy jouet m en peluche

stuffing ['stʌfɪŋ] n bourre f, rembourrage m; (Culin) farce f

stuffy ['stʌfɪ] adj (room) mal ventilé(e) or aéré(e); (ideas) vieux jeu inv

stumble ['stʌmbl] vi trébucher; to ~ across or on (fig) tomber sur

stumbling block ['stʌmblɪŋ-] n pierre f d'achoppement

stump [stʌmp] n souche f; (of limb) moignon m ▷ vt: to be ~ed sécher, ne pas savoir que répondre

stun [stʌn] vt (blow) étourdir; (news) abasourdir, stupéfier

stung [stʌŋ] pt, pp of sting

stunk [stʌŋk] pp of stink

stunned [stʌnd] adj assommé(e); (fig) sidéré(e)

stunning ['stʌnɪŋ] adj (beautiful) étourdissant(e); (news etc) stupéfiant(e)

stunt [stʌnt] n tour m de force; (in film) cascade f, acrobatie f; (publicity) truc m publicitaire; (Aviat) acrobatie f ▷ vt retarder, arrêter

stunted ['stʌntɪd] adj rabougri(e)

stuntman ['stʌntmæn] (irreg) n cascadeur m

stupefaction [stju:pɪ'fækʃən] n stupéfaction f, stupeur f

stupefy ['stju:pɪfaɪ] vt étourdir; abrutir; (fig) stupéfier

stupendous [stju:'pɛndəs] adj prodigieux(-euse), fantastique

stupid ['stju:pɪd] adj stupide, bête

stupidity [stju:'pɪdɪtɪ] n stupidité f, bêtise f

stupidly ['stju:pɪdlɪ] adv stupidement, bêtement

stupor ['stju:pəʳ] n stupeur f

sturdy ['stə:dɪ] adj (person, plant) robuste, vigoureux(-euse); (object) solide

sturgeon ['stə:dʒən] n esturgeon m

stutter ['stʌtəʳ] n bégaiement m ▷ vi bégayer

sty [staɪ] n (of pigs) porcherie f

stye [staɪ] n (Med) orgelet m

style [staɪl] n style m; (of dress etc) genre m; (distinction) allure f, cachet m, style; (design)

modèle m; in the latest ~ à la dernière mode; hair ~ coiffure f

stylish ['staɪlɪʃ] adj élégant(e), chic inv

stylist ['staɪlɪst] n (hair stylist) coiffeur(-euse); (literary stylist) styliste m/f

stylized ['staɪlaɪzd] adj stylisé(e)

stylus (pl styli or -es) ['staɪləs, -laɪ] n (of record player) pointe f de lecture

Styrofoam® ['staɪrəfəum] n (US) polystyrène expansé ▷ adj en polystyrène

suave [swɑ:v] adj doucereux(-euse), onctueux(-euse)

sub [sʌb] n abbr = submarine; subscription

sub... [sʌb] prefix sub..., sous-

subcommittee ['sʌbkəmɪtɪ] n sous-comité m

subconscious [sʌb'kɔnʃəs] adj subconscient(e) ▷ n subconscient m

subcontinent [sʌb'kɔntɪnənt] n: the (Indian) ~ le sous-continent indien

subcontract n ['sʌb'kɔntrækt] contrat m de sous-traitance ▷ vt [sʌbkən'trækt] sous-traiter

subcontractor ['sʌbkən'træktəʳ] n sous-traitant m

subdivide [sʌbdɪ'vaɪd] vt subdiviser

subdivision ['sʌbdɪvɪʒən] n subdivision f

subdue [səb'dju:] vt subjuguer, soumettre

subdued [səb'dju:d] adj contenu(e), atténué(e); (light) tamisé(e); (person) qui a perdu de son entrain

sub-editor ['sʌb'ɛdɪtəʳ] n (Brit) secrétaire m/f de (la) rédaction

subject n ['sʌbdʒɪkt] sujet m; (Scol) matière f ▷ vt [səb'dʒɛkt]: to ~ to soumettre à; exposer à; to be ~ to (law) être soumis(e) à; (disease) être sujet(te) à; ~ to confirmation in writing sous réserve de confirmation écrite; to change the ~ changer de conversation

subjection [səb'dʒɛkʃən] n soumission f, sujétion f

subjective [səb'dʒɛktɪv] adj subjectif(-ive)

subject matter n sujet m; (content) contenu m

sub judice [sʌb'dju:dɪsɪ] adj (Law) devant les tribunaux

subjugate ['sʌbdʒugeɪt] vt subjuguer

subjunctive [səb'dʒʌŋktɪv] adj subjonctif(-ive) ▷ n subjonctif m

sublet [sʌb'lɛt] vt sous-louer

sublime [sə'blaɪm] adj sublime

subliminal [sʌb'lɪmɪnl] adj subliminal(e)

submachine gun ['sʌbmə'ʃi:n-] n mitraillette f

submarine [sʌbmə'ri:n] n sous-marin m

submerge [səb'mə:dʒ] vt submerger; immerger ▷ vi plonger

submersion [səb'mə:ʃən] n submersion f; immersion f

submission [səb'mɪʃən] n soumission f; (to committee etc) présentation f

submissive [səb'mɪsɪv] adj soumis(e)

submit [səb'mɪt] vt soumettre ▷ vi se soumettre

subnormal [sʌb'nɔ:ml] adj au-dessous de la normale; (person) arriéré(e)

subordinate [sə'bɔ:dɪnət] adj (junior) subalterne;

(*Grammar*) subordonné(e) ▷ n subordonné(e)
**subpoena** [səb'piːnə] (*Law*) n citation f,
assignation f ▷ vt citer or assigner (à
comparaître)
**subroutine** [sʌbruː'tiːn] n (*Comput*) sous-
programme m
**subscribe** [səb'skraɪb] vi cotiser; **to ~ to** (*opinion,
fund*) souscrire à; (*newspaper*) s'abonner à; être
abonné(e) à
**subscriber** [səb'skraɪbəʳ] n (*to periodical, telephone*)
abonné(e)
**subscript** ['sʌbskrɪpt] n (*Typ*) indice inférieur
**subscription** [səb'skrɪpʃən] n (*to fund*)
souscription f; (*to magazine etc*) abonnement m;
(*membership dues*) cotisation f; **to take out a ~ to**
s'abonner à
**subsequent** ['sʌbsɪkwənt] adj ultérieur(e),
suivant(e); **~ to** prep à la suite de
**subsequently** ['sʌbsɪkwəntlɪ] adv par la suite
**subservient** [səb'səːvɪənt] adj
obséquieux(-euse)
**subside** [səb'saɪd] vi (*land*) s'affaisser; (*flood*)
baisser; (*wind, feelings*) tomber
**subsidence** [səb'saɪdns] n affaissement m
**subsidiarity** [səbsɪdɪ'ærɪtɪ] n (*Pol*) subsidiarité f
**subsidiary** [səb'sɪdɪərɪ] adj subsidiaire;
accessoire; (*Brit Scol: subject*) complémentaire
▷ n filiale f
**subsidize** ['sʌbsɪdaɪz] vt subventionner
**subsidy** ['sʌbsɪdɪ] n subvention f
**subsist** [səb'sɪst] vi: **to ~ on sth** (arriver à) vivre
avec or subsister avec qch
**subsistence** [səb'sɪstəns] n existence f,
subsistance f
**subsistence allowance** n indemnité f de séjour
**subsistence level** n niveau m de vie minimum
**substance** ['sʌbstəns] n substance f; (*fig*)
essentiel m; **a man of ~** un homme jouissant
d'une certaine fortune; **to lack ~** être plutôt
mince (*fig*)
**substance abuse** n abus m de substances
toxiques
**substandard** [sʌb'stændəd] adj (*goods*) de
qualité inférieure, qui laisse à désirer; (*housing*)
inférieur(e) aux normes requises
**substantial** [səb'stænʃl] adj substantiel(le); (*fig*)
important(e)
**substantially** [səb'stænʃəlɪ] adv
considérablement; en grande partie
**substantiate** [səb'stænʃɪeɪt] vt étayer, fournir
des preuves à l'appui de
**substitute** ['sʌbstɪtjuːt] n (*person*)
remplaçant(e); (*thing*) succédané m ▷ vt: **to ~
sth/sb for** substituer qch/qn à, remplacer par
qch/qn
**substitute teacher** n (*US*) suppléant(e)
**substitution** [sʌbstɪ'tjuːʃən] n substitution f
**subterfuge** ['sʌbtəfjuːdʒ] n subterfuge m
**subterranean** [sʌbtə'reɪnɪən] adj souterrain(e)
**subtitled** ['sʌbtaɪtld] adj sous-titré(e)
**subtitles** ['sʌbtaɪtlz] npl (*Cine*) sous-titres mpl
**subtle** ['sʌtl] adj subtil(e)

**subtlety** ['sʌtltɪ] n subtilité f
**subtly** ['sʌtlɪ] adv subtilement
**subtotal** [sʌb'təutl] n total partiel
**subtract** [səb'trækt] vt soustraire, retrancher
**subtraction** [səb'trækʃən] n soustraction f
**subtropical** [sʌb'trɔpɪkl] adj subtropical(e)
**suburb** ['sʌbəːb] n faubourg m; **the ~s** la
banlieue
**suburban** [sə'bəːbən] adj de banlieue,
suburbain(e)
**suburbia** [sə'bəːbɪə] n la banlieue
**subvention** [səb'vɛnʃən] n (*subsidy*) subvention f
**subversion** [səb'vəːʃən] n subversion f
**subversive** [səb'vəːsɪv] adj subversif(-ive)
**subway** ['sʌbweɪ] n (*Brit: underpass*) passage
souterrain; (*US: railway*) métro m
**sub-zero** [sʌb'zɪərəu] adj au-dessous de zéro
**succeed** [sək'siːd] vi réussir ▷ vt succéder à; **to
~ in doing** réussir à faire
**succeeding** [sək'siːdɪŋ] adj suivant(e), qui suit
(*or suivent or suivront etc*)
**success** [sək'sɛs] n succès m; réussite f
**successful** [sək'sɛsful] adj qui a du succès;
(*candidate*) choisi(e), agréé(e); (*business*) prospère,
qui réussit; (*attempt*) couronné(e) de succès; **to
be ~ (in doing)** réussir (à faire)
**successfully** [sək'sɛsfəlɪ] adv avec succès
**succession** [sək'sɛʃən] n succession f; **in ~**
successivement; **3 years in ~** 3 ans de suite
**successive** [sək'sɛsɪv] adj successif(-ive); **on 3 ~
days** 3 jours de suite or consécutifs
**successor** [sək'sɛsəʳ] n successeur m
**succinct** [sək'sɪŋkt] adj succinct(e), bref (brève)
**succulent** ['sʌkjulənt] adj succulent(e) ▷ n
(*Bot*): **~s** plantes grasses
**succumb** [sə'kʌm] vi succomber
**such** [sʌtʃ] adj tel (telle); (*of that kind*): **~ a book**
un livre de ce genre or pareil, un tel livre; (*so
much*): **~ courage** un tel courage ▷ adv si; **~
books** des livres de ce genre or pareils, de tels
livres; **~ a long trip** un si long voyage; **~ good
books** de si bons livres; **~ a long trip that** un
voyage si or tellement long que; **~ a lot of**
tellement or tant de; **making ~ a noise that**
faisant un tel bruit que or tellement de bruit
que; **~ a long time ago** il y a si or tellement
longtemps; **~ as** (*like*) tel (telle) que, comme; **a
noise ~ as to** un bruit de nature à; **~ books as I
have** les quelques livres que j'ai; **as ~** (*adv*) en
tant que tel (telle), à proprement parler
**such-and-such** ['sʌtʃənsʌtʃ] adj tel ou tel (telle
ou telle)
**suchlike** ['sʌtʃlaɪk] pron (*inf*): **and ~** et le reste
**suck** [sʌk] vt sucer; (*breast, bottle*) téter; (*pump,
machine*) aspirer
**sucker** ['sʌkəʳ] n (*Bot, Zool, Tech*) ventouse f; (*inf*)
naïf(-ïve), poire f
**suckle** ['sʌkl] vt allaiter
**sucrose** ['suːkrəuz] n saccharose m
**suction** ['sʌkʃən] n succion f
**suction pump** n pompe aspirante
**Sudan** [su'dɑːn] n Soudan m

813

**Sudanese** [suːdəˈniːz] *adj* soudanais(e) ▷ *n* Soudanais(e)

**sudden** [ˈsʌdn] *adj* soudain(e), subit(e); **all of a ~** soudain, tout à coup

**sudden-death** [sʌdnˈdɛθ] *n*: **~ play-off** *partie supplémentaire pour départager les adversaires*

**suddenly** [ˈsʌdnlɪ] *adv* brusquement, tout à coup, soudain

**sudoku** [suˈdəʊkuː] *n* sudoku *m*

**suds** [sʌdz] *npl* eau savonneuse

**sue** [suː] *vt* poursuivre en justice, intenter un procès à ▷ *vi*: **to ~ (for)** intenter un procès (pour); **to ~ for divorce** engager une procédure de divorce; **to ~ sb for damages** poursuivre qn en dommages-intérêts

**suede** [sweɪd] *n* daim *m*, cuir suédé ▷ *cpd* de daim

**suet** [ˈsuɪt] *n* graisse *f* de rognon *or* de bœuf

**Suez Canal** [ˈsuːɪz-] *n* canal *m* de Suez

**suffer** [ˈsʌfər] *vt* souffrir, subir; (*bear*) tolérer, supporter, subir ▷ *vi* souffrir; **to ~ from** (*illness*) souffrir de, avoir; **to ~ from the effects of alcohol/a fall** se ressentir des effets de l'alcool/des conséquences d'une chute

**sufferance** [ˈsʌfərns] *n*: **he was only there on ~** sa présence était seulement tolérée

**sufferer** [ˈsʌfərər] *n* malade *m/f*; victime *m/f*

**suffering** [ˈsʌfərɪŋ] *n* souffrance(s) *f(pl)*

**suffice** [səˈfaɪs] *vi* suffire

**sufficient** [səˈfɪʃənt] *adj* suffisant(e); **~ money** suffisamment d'argent

**sufficiently** [səˈfɪʃəntlɪ] *adv* suffisamment, assez

**suffix** [ˈsʌfɪks] *n* suffixe *m*

**suffocate** [ˈsʌfəkeɪt] *vi* suffoquer; étouffer

**suffocation** [sʌfəˈkeɪʃən] *n* suffocation *f*; (*Med*) asphyxie *f*

**suffrage** [ˈsʌfrɪdʒ] *n* suffrage *m*; droit *m* de suffrage *or* de vote

**suffuse** [səˈfjuːz] *vt* baigner, imprégner; **the room was ~d with light** la pièce baignait dans la lumière *or* était imprégnée de lumière

**sugar** [ˈʃugər] *n* sucre *m* ▷ *vt* sucrer

**sugar beet** *n* betterave sucrière

**sugar bowl** *n* sucrier *m*

**sugar cane** *n* canne *f* à sucre

**sugar-coated** [ˈʃugəˈkəʊtɪd] *adj* dragéifié(e)

**sugar lump** *n* morceau *m* de sucre

**sugar refinery** *n* raffinerie *f* de sucre

**sugary** [ˈʃugərɪ] *adj* sucré(e)

**suggest** [səˈdʒɛst] *vt* suggérer, proposer; (*indicate*) sembler indiquer; **what do you ~ I do?** que vous me suggérez de faire?

**suggestion** [səˈdʒɛstʃən] *n* suggestion *f*

**suggestive** [səˈdʒɛstɪv] *adj* suggestif(-ive)

**suicidal** [suɪˈsaɪdl] *adj* suicidaire

**suicide** [ˈsuɪsaɪd] *n* suicide *m*; **to commit ~** se suicider; **~ bombing** attentat *m* suicide; *see also* **commit**

**suicide bomber** *n* kamikaze *m/f*

**suit** [suːt] *n* (*man's*) costume *m*, complet *m*; (*woman's*) tailleur *m*, ensemble *m*; (*Cards*) couleur *f*; (*lawsuit*) procès *m* ▷ *vt* (*subj: clothes, hairstyle*) aller à; (*be convenient for*) convenir à; (*adapt*): **to ~ sth to** adapter *or* approprier qch à; **to be ~ed to sth** (*suitable for*) être adapté(e) *or* approprié(e) à qch; **well ~ed** (*couple*) faits l'un pour l'autre, très bien assortis; **to bring a ~ against sb** intenter un procès contre qn; **to follow ~** (*fig*) faire de même

**suitable** [ˈsuːtəbl] *adj* qui convient; approprié(e), adéquat(e); **would tomorrow be ~?** est-ce que demain vous conviendrait?; **we found somebody ~** nous avons trouvé la personne qu'il nous faut

**suitably** [ˈsuːtəblɪ] *adv* comme il se doit (*or* se devait *etc*), convenablement

**suitcase** [ˈsuːtkeɪs] *n* valise *f*

**suite** [swiːt] *n* (*of rooms, also Mus*) suite *f*; (*furniture*): **bedroom/dining room ~** (ensemble *m* de) chambre *f* à coucher/salle *f* à manger; **a three-piece ~** un salon (canapé et deux fauteuils)

**suitor** [ˈsuːtər] *n* soupirant *m*, prétendant *m*

**sulfate** [ˈsʌlfeɪt] *n* (*US*) = **sulphate**

**sulfur** [ˈsʌlfər] (*US*) *n* = **sulphur**

**sulk** [sʌlk] *vi* bouder

**sulky** [ˈsʌlkɪ] *adj* boudeur(-euse), maussade

**sullen** [ˈsʌlən] *adj* renfrogné(e), maussade; morne

**sulphate**, (*US*) **sulfate** [ˈsʌlfeɪt] *n* sulfate *m*; **copper ~** sulfate de cuivre

**sulphur**, (*US*) **sulfur** [ˈsʌlfər] *n* soufre *m*

**sulphur dioxide** *n* anhydride sulfureux

**sulphuric**, (*US*) **sulfuric** [sʌlˈfjuərɪk] *adj*: **~ acid** acide *m* sulfurique

**sultan** [ˈsʌltən] *n* sultan *m*

**sultana** [sʌlˈtɑːnə] *n* (*fruit*) raisin (sec) de Smyrne

**sultry** [ˈsʌltrɪ] *adj* étouffant(e)

**sum** [sʌm] *n* somme *f*; (*Scol etc*) calcul *m* ▶ **sum up** *vt* résumer; (*evaluate rapidly*) récapituler ▷ *vi* résumer

**Sumatra** [suˈmɑːtrə] *n* Sumatra

**summarize** [ˈsʌməraɪz] *vt* résumer

**summary** [ˈsʌmərɪ] *n* résumé *m* ▷ *adj* (*justice*) sommaire

**summer** [ˈsʌmər] *n* été *m* ▷ *cpd* d'été, estival(e); **in (the) ~** en été, pendant l'été

**summer camp** *n* (*US*) colonie *f* de vacances

**summer holidays** *npl* grandes vacances

**summerhouse** [ˈsʌməhaus] *n* (*in garden*) pavillon *m*

**summertime** [ˈsʌmətaɪm] *n* (*season*) été *m*

**summer time** *n* (*by clock*) heure *f* d'été

**summery** [ˈsʌmərɪ] *adj* estival(e); d'été

**summing-up** [sʌmɪŋˈʌp] *n* résumé *m*, récapitulation *f*

**summit** [ˈsʌmɪt] *n* sommet *m*; (*also*: **summit conference**) (conférence *f* au) sommet *m*

**summon** [ˈsʌmən] *vt* appeler, convoquer; **to ~ a witness** citer *or* assigner un témoin ▶ **summon up** *vt* rassembler, faire appel à

**summons** [ˈsʌmənz] *n* citation *f*, assignation *f*

▷ *vt* citer, assigner; **to serve a ~ on sb** remettre une assignation à qn

**sumo** ['su:məu] *n*: **~ wrestling** sumo *m*

**sump** [sʌmp] *n* (*Brit Aut*) carter *m*

**sumptuous** ['sʌmptjuəs] *adj* somptueux(-euse)

**Sun.** *abbr* (= *Sunday*)

**sun** [sʌn] *n* soleil *m*; **in the ~** au soleil; **to catch the ~** prendre le soleil; **everything under the ~** absolument tout

**sunbathe** ['sʌnbeɪð] *vi* prendre un bain de soleil

**sunbeam** ['sʌnbi:m] *n* rayon *m* de soleil

**sunbed** ['sʌnbɛd] *n* lit pliant; (*with sun lamp*) lit à ultra-violets

**sunblock** ['sʌnblɔk] *n* écran *m* total

**sunburn** ['sʌnbə:n] *n* coup *m* de soleil

**sunburned** ['sʌnbə:nd], **sunburnt** ['sʌnbə:nt] *adj* bronzé(e), hâlé(e); (*painfully*) brûlé(e) par le soleil

**sun cream** *n* crème *f* (anti-)solaire

**sundae** ['sʌndeɪ] *n* sundae *m*, coupe glacée

**Sunday** ['sʌndɪ] *n* dimanche *m*; *for phrases see also* **Tuesday**

**Sunday paper** *n* journal *m* du dimanche; *voir article*

● **SUNDAY PAPER**
●
● Les *Sunday papers* sont une véritable
● institution en Grande-Bretagne. Il y a des
● "quality Sunday papers" et des "popular
● Sunday papers", et la plupart des quotidiens
● ont un journal du dimanche qui leur est
● associé, bien que leurs équipes de rédacteurs
● soient différentes. Les quality Sunday
● papers ont plusieurs suppléments et
● magazines; voir "quality press" et "tabloid
● press".

**Sunday school** *n* ≈ catéchisme *m*

**sundial** ['sʌndaɪəl] *n* cadran *m* solaire

**sundown** ['sʌndaun] *n* coucher *m* du soleil

**sundries** ['sʌndrɪz] *npl* articles divers

**sundry** ['sʌndrɪ] *adj* divers(e), différent(e); **all and ~** tout le monde, n'importe qui

**sunflower** ['sʌnflauər] *n* tournesol *m*

**sung** [sʌŋ] *pp of* **sing**

**sunglasses** ['sʌnglɑ:sɪz] *npl* lunettes *fpl* de soleil

**sunk** [sʌŋk] *pp of* **sink**

**sunken** ['sʌŋkn] *adj* (*rock, ship*) submergé(e); (*cheeks*) creux(-euse); (*bath*) encastré(e)

**sunlamp** ['sʌnlæmp] *n* lampe *f* à rayons ultra-violets

**sunlight** ['sʌnlaɪt] *n* (lumière *f* du) soleil *m*

**sunlit** ['sʌnlɪt] *adj* ensoleillé(e)

**sun lounger** *n* chaise longue

**sunny** ['sʌnɪ] *adj* ensoleillé(e); (*fig*) épanoui(e), radieux(-euse); **it is ~** il fait (du) soleil, il y a du soleil

**sunrise** ['sʌnraɪz] *n* lever *m* du soleil

**sun roof** *n* (*Aut*) toit ouvrant

**sunscreen** ['sʌnskri:n] *n* crème *f* solaire

**sunset** ['sʌnsɛt] *n* coucher *m* du soleil

**sunshade** ['sʌnʃeɪd] *n* (*lady's*) ombrelle *f*; (*over table*) parasol *m*

**sunshine** ['sʌnʃaɪn] *n* (lumière *f* du) soleil *m*

**sunspot** ['sʌnspɔt] *n* tache *f* solaire

**sunstroke** ['sʌnstrəuk] *n* insolation *f*, coup *m* de soleil

**suntan** ['sʌntæn] *n* bronzage *m*

**suntan lotion** *n* lotion *f or* lait *m* solaire

**suntanned** ['sʌntænd] *adj* bronzé(e)

**suntan oil** *n* huile *f* solaire

**suntrap** ['sʌntræp] *n* coin très ensoleillé

**super** ['su:pər] *adj* (*inf*) formidable

**superannuation** [su:pərænju'eɪʃən] *n* cotisations *fpl* pour la pension

**superb** [su:'pə:b] *adj* superbe, magnifique

**Super Bowl** *n* (*US Sport*) Super Bowl *m*

**supercilious** [su:pə'sɪlɪəs] *adj* hautain(e), dédaigneux(-euse)

**superconductor** [su:pəkən'dʌktər] *n* supraconducteur *m*

**superficial** [su:pə'fɪʃəl] *adj* superficiel(le)

**superficially** [su:pə'fɪʃəlɪ] *adv* superficiellement

**superfluous** [su'pə:fluəs] *adj* superflu(e)

**superglue** ['su:pəglu:] *n* colle forte

**superhighway** ['su:pəhaɪweɪ] *n* (*US*) voie *f* express (à plusieurs files); **the information ~** la super-autoroute de l'information

**superhuman** [su:pə'hju:mən] *adj* surhumain(e)

**superimpose** ['su:pərɪm'pəuz] *vt* superposer

**superintend** [su:pərɪn'tɛnd] *vt* surveiller

**superintendent** [su:pərɪn'tɛndənt] *n* directeur(-trice); (*Police*) ≈ commissaire *m*

**superior** [su'pɪərɪər] *adj* supérieur(e); (*Comm: goods, quality*) de qualité supérieure; (*smug*) condescendant(e), méprisant(e) ▷ *n* supérieur(e); **Mother S~** (*Rel*) Mère supérieure

**superiority** [supɪərɪ'ɔrɪtɪ] *n* supériorité *f*

**superlative** [su'pə:lətɪv] *adj* sans pareil(le), suprême ▷ *n* (*Ling*) superlatif *m*

**superman** ['su:pəmæn] (*irreg*) *n* surhomme *m*

**supermarket** ['su:pəmɑ:kɪt] *n* supermarché *m*

**supermodel** ['su:pəmɔdl] *n* top model *m*

**supernatural** [su:pə'nætʃərəl] *adj* surnaturel(le) ▷ *n*: **the ~** le surnaturel

**supernova** [su:pə'nəuvə] *n* supernova *f*

**superpower** ['su:pəpauər] *n* (*Pol*) superpuissance *f*

**supersede** [su:pə'si:d] *vt* remplacer, supplanter

**supersonic** ['su:pə'sɔnɪk] *adj* supersonique

**superstar** ['su:pəstɑ:r] *n* (*Cine etc*) superstar *f*; (*Sport*) superchampion(ne) ▷ *adj* (*status, lifestyle*) de superstar

**superstition** [su:pə'stɪʃən] *n* superstition *f*

**superstitious** [su:pə'stɪʃəs] *adj* superstitieux(-euse)

**superstore** ['su:pəstɔ:r] *n* (*Brit*) hypermarché *m*, grande surface

**supertanker** ['su:pətæŋkər] *n* pétrolier géant, superpétrolier *m*

**supertax** ['su:pətæks] *n* tranche supérieure de l'impôt

**S**

**supervise** ['suːpəvaɪz] vt (*children etc*) surveiller; (*organization, work*) diriger

**supervision** [suːpə'vɪʒən] n surveillance f; (*monitoring*) contrôle m; (*management*) direction f; **under medical ~** sous contrôle du médecin

**supervisor** ['suːpəvaɪzəʳ] n surveillant(e); (*in shop*) chef m de rayon; (*Scol*) directeur(-trice) de thèse

**supervisory** ['suːpəvaɪzərɪ] adj de surveillance

**supine** ['suːpaɪn] adj couché(e) or étendu(e) sur le dos

**supper** ['sʌpəʳ] n dîner m; (*late*) souper m; **to have ~** dîner; souper

**supplant** [sə'plɑːnt] vt supplanter

**supple** ['sʌpl] adj souple

**supplement** n ['sʌplɪmənt] supplément m ▷ vt [sʌplɪ'mɛnt] ajouter à, compléter

**supplementary** [sʌplɪ'mɛntərɪ] adj supplémentaire

**supplementary benefit** n (*Brit*) allocation f supplémentaire d'aide sociale

**supplier** [sə'plaɪəʳ] n fournisseur m

**supply** [sə'plaɪ] vt (*provide*) fournir; (*equip*): **to ~ (with)** approvisionner or ravitailler (en); fournir (en); (*system, machine*): **to ~ sth (with sth)** alimenter qch (en qch); (*a need*) répondre à ▷ n provision f, réserve f; (*supplying*) approvisionnement m; (*Tech*) alimentation f; **supplies** npl (*food*) vivres mpl; (*Mil*) subsistances fpl; **office supplies** fournitures fpl de bureau; **to be in short ~** être rare, manquer; **the electricity/water/gas ~** l'alimentation f en électricité/eau/gaz; **~ and demand** l'offre f et la demande; **it comes supplied with an adaptor** il (or elle) est pourvu(e) d'un adaptateur

**supply teacher** n (*Brit*) suppléant(e)

**support** [sə'pɔːt] n (*moral, financial etc*) soutien m, appui m; (*Tech*) support m, soutien ▷ vt soutenir, supporter; (*financially*) subvenir aux besoins de; (*uphold*) être pour, être partisan de, appuyer; (*Sport: team*) être pour; **to ~ o.s.** (*financially*) gagner sa vie

**supporter** [sə'pɔːtəʳ] n (*Pol etc*) partisan(e); (*Sport*) supporter m

**supporting** [sə'pɔːtɪŋ] adj (*wall*) d'appui

**supporting role** n second rôle m

**supportive** [sə'pɔːtɪv] adj: **my family were very ~** ma famille m'a été d'un grand soutien

**suppose** [sə'pəuz] vt, vi supposer; imaginer; **to be ~d to do/be** être censé(e) faire/être; **I don't ~ she'll come** je suppose qu'elle ne viendra pas, cela m'étonnerait qu'elle vienne

**supposedly** [sə'pəuzɪdlɪ] adv soi-disant

**supposing** [sə'pəuzɪŋ] conj si, à supposer que + sub

**supposition** [sʌpə'zɪʃən] n supposition f, hypothèse f

**suppository** [sə'pɔzɪtrɪ] n suppositoire m

**suppress** [sə'prɛs] vt (*revolt, feeling*) réprimer; (*information*) faire disparaître; (*scandal, yawn*) étouffer

**suppression** [sə'prɛʃən] n suppression f, répression f

**suppressor** [sə'prɛsəʳ] n (*Elec etc*) dispositif m antiparasite

**supremacy** [su'prɛməsɪ] n suprématie f

**supreme** [su'priːm] adj suprême

**Supreme Court** n (*US*) Cour f suprême

**supremo** [su'priːməu] n grand chef

**Supt.** abbr (*Police*) = **superintendent**

**surcharge** ['səːtʃɑːdʒ] n surcharge f; (*extra tax*) surtaxe f

**sure** [ʃuəʳ] adj (*gen*) sûr(e); (*definite, convinced*) sûr, certain(e) ▷ adv (*inf: US*): **that ~ is pretty, that's ~ pretty** c'est drôlement joli(e); **~!** (*of course*) bien sûr!; **~ enough** effectivement; **I'm not ~ how/why/when** je ne sais pas très bien comment/pourquoi/quand; **to be ~ of o.s.** être sûr de soi; **to make ~ of sth/that** s'assurer de qch/que, vérifier qch/que

**sure-fire** ['ʃuəfaɪəʳ] adj (*inf*) certain(e), infaillible

**sure-footed** [ʃuə'futɪd] adj au pied sûr

**surely** ['ʃuəlɪ] adv sûrement; certainement; **~ you don't mean that!** vous ne parlez pas sérieusement!

**surety** ['ʃuərətɪ] n caution f; **to go** or **stand ~ for sb** se porter caution pour qn

**surf** [səːf] n (*waves*) ressac m ▷ vt: **to ~ the Net** surfer sur Internet, surfer sur le net

**surface** ['səːfɪs] n surface f ▷ vt (*road*) poser un revêtement sur ▷ vi remonter à la surface; (*fig*) faire surface; **on the ~** (*fig*) au premier abord; **by ~ mail** par voie de terre; (*by sea*) par voie maritime

**surface area** n superficie f, aire f

**surface mail** n courrier m par voie de terre (or maritime)

**surface-to-surface** ['səːfɪstə'səːfɪs] adj (*Mil*) sol-sol inv

**surfboard** ['səːfbɔːd] n planche f de surf

**surfeit** ['səːfɪt] n: **a ~ of** un excès de; une indigestion de

**surfer** ['səːfəʳ] n (*in sea*) surfeur(-euse); **web** or **net ~** internaute m/f

**surfing** ['səːfɪŋ] n surf m

**surge** [səːdʒ] n (*of emotion*) vague f; (*Elec*) pointe f de courant ▷ vi déferler; **to ~ forward** se précipiter (en avant)

**surgeon** ['səːdʒən] n chirurgien m

**Surgeon General** n (*US*) chef m du service fédéral de la santé publique

**surgery** ['səːdʒərɪ] n chirurgie f; (*Brit: room*) cabinet m (de consultation); (*also: **surgery hours***) heures fpl de consultation; (*of MP etc*) permanence f (où le député etc reçoit les électeurs etc); **to undergo ~** être opéré(e)

**surgery hours** npl (*Brit*) heures fpl de consultation

**surgical** ['səːdʒɪkl] adj chirurgical(e)

**surgical spirit** n (*Brit*) alcool m à 90°

**surly** ['səːlɪ] adj revêche, maussade

**surmise** [səː'maɪz] vt présumer, conjecturer

**surmount** [səː'maunt] vt surmonter

**surname** ['səːneɪm] n nom m de famille

**surpass** [sə:'pɑːs] *vt* surpasser, dépasser

**surplus** ['sə:pləs] *n* surplus *m*, excédent *m* ▷ *adj* en surplus, de trop; (*Comm*) excédentaire; **it is ~ to our requirements** cela dépasse nos besoins; **~ stock** surplus *m*

**surprise** [sə'praɪz] *n* (*gen*) surprise *f*; (*astonishment*) étonnement *m* ▷ *vt* surprendre, étonner; **to take by ~** (*person*) prendre au dépourvu; (*Mil: town, fort*) prendre par surprise

**surprised** [sə'praɪzd] *adj* (*look, smile*) surpris(e), étonné(e); **to be ~** être surpris

**surprising** [sə'praɪzɪŋ] *adj* surprenant(e), étonnant(e)

**surprisingly** [sə'praɪzɪŋlɪ] *adv* (*easy, helpful*) étonnamment, étrangement; **(somewhat) ~, he agreed** curieusement, il a accepté

**surrealism** [sə'rɪəlɪzəm] *n* surréalisme *m*

**surrealist** [sə'rɪəlɪst] *adj, n* surréaliste (*m/f*)

**surrender** [sə'rɛndə<sup>r</sup>] *n* reddition *f*, capitulation *f* ▷ *vi* se rendre, capituler ▷ *vt* (*claim, right*) renoncer à

**surrender value** *n* valeur *f* de rachat

**surreptitious** [sʌrəp'tɪʃəs] *adj* subreptice, furtif(-ive)

**surrogate** ['sʌrəgɪt] *n* (*Brit: substitute*) substitut *m* ▷ *adj* de substitution, de remplacement; **a food ~** un succédané alimentaire; **~ coffee** ersatz *m* or succédané *m* de café

**surrogate mother** *n* mère porteuse or de substitution

**surround** [sə'raʊnd] *vt* entourer; (*Mil etc*) encercler

**surrounding** [sə'raʊndɪŋ] *adj* environnant(e)

**surroundings** [sə'raʊndɪŋz] *npl* environs *mpl*, alentours *mpl*

**surtax** ['sə:tæks] *n* surtaxe *f*

**surveillance** [sə:'veɪləns] *n* surveillance *f*

**survey** *n* ['sə:veɪ] enquête *f*, étude *f*; (*in house buying etc*) inspection *f*, (rapport *m* d')expertise *f*; (*of land*) levé *m*; (*comprehensive view: of situation etc*) vue *f* d'ensemble ▷ *vt* [sə:'veɪ] (*situation*) passer en revue; (*examine carefully*) inspecter; (*building*) expertiser; (*land*) faire le levé de; (*look at*) embrasser du regard

**surveying** [sə'veɪɪŋ] *n* arpentage *m*

**surveyor** [sə'veɪə<sup>r</sup>] *n* (*of building*) expert *m*; (*of land*) (arpenteur *m*) géomètre *m*

**survival** [sə'vaɪvl] *n* survie *f*; (*relic*) vestige *m* ▷ *cpd* (*course, kit*) de survie

**survive** [sə'vaɪv] *vi* survivre; (*custom etc*) subsister ▷ *vt* (*accident etc*) survivre à, réchapper de; (*person*) survivre à

**survivor** [sə'vaɪvə<sup>r</sup>] *n* survivant(e)

**susceptible** [sə'sɛptəbl] *adj*: **~ (to)** sensible (à); (*disease*) prédisposé(e) (à)

**suspect** *adj, n* ['sʌspɛkt] suspect(e) ▷ *vt* [səs'pɛkt] soupçonner, suspecter

**suspected** [səs'pɛktɪd] *adj*: **a ~ terrorist** une personne soupçonnée de terrorisme; **he had a ~ broken arm** il avait une supposée fracture du bras

**suspend** [səs'pɛnd] *vt* suspendre

**suspended animation** [səs'pɛndɪd-] *n*: **in a state of ~** en hibernation

**suspended sentence** [səs'pɛndɪd-] *n* (*Law*) condamnation *f* avec sursis

**suspender belt** [səs'pɛndə-] *n* (*Brit*) porte-jarretelles *m inv*

**suspenders** [səs'pɛndəz] *npl* (*Brit*) jarretelles *fpl*; (*US*) bretelles *fpl*

**suspense** [səs'pɛns] *n* attente *f*, incertitude *f*; (*in film etc*) suspense *m*; **to keep sb in ~** tenir qn en suspens, laisser qn dans l'incertitude

**suspension** [səs'pɛnʃən] *n* (*gen, Aut*) suspension *f*; (*of driving licence*) retrait *m* provisoire

**suspension bridge** *n* pont suspendu

**suspicion** [səs'pɪʃən] *n* soupçon(s) *m(pl)*; **to be under ~** être considéré(e) comme suspect(e), être suspecté(e); **arrested on ~ of murder** arrêté sur présomption de meurtre

**suspicious** [səs'pɪʃəs] *adj* (*suspecting*) soupçonneux(-euse), méfiant(e); (*causing suspicion*) suspect(e); **to be ~ of or about sb/sth** avoir des doutes à propos de qn/sur qch, trouver qn/qch suspect(e)

**suss out** ['sʌs'aʊt] *vt* (*Brit inf: discover*) supputer; (*: understand*) piger

**sustain** [səs'teɪn] *vt* soutenir; supporter; corroborer; (*subj: food*) nourrir, donner des forces à; (*damage*) subir; (*injury*) recevoir

**sustainable** [səs'teɪnəbl] *adj* (*rate, growth*) qui peut être maintenu(e); (*development*) durable

**sustained** [səs'teɪnd] *adj* (*effort*) soutenu(e), prolongé(e)

**sustenance** ['sʌstɪnəns] *n* nourriture *f*; moyens *mpl* de subsistance

**suture** ['suːtʃə<sup>r</sup>] *n* suture *f*

**SUV** *n abbr* (*esp US*: = *sports utility vehicle*) SUV *m*, véhicule *m* de loisirs

**SW** *abbr* (= *short wave*) OC

**swab** [swɔb] *n* (*Med*) tampon *m*; prélèvement *m* ▷ *vt* (*Naut: also*: **swab down**) nettoyer

**swagger** ['swægə<sup>r</sup>] *vi* plastronner, parader

**swallow** ['swɔləʊ] *n* (*bird*) hirondelle *f*; (*of food etc*) gorgée *f* ▷ *vt* avaler; (*fig: story*) gober
  ▶ **swallow up** *vt* engloutir

**swam** [swæm] *pt of* **swim**

**swamp** [swɔmp] *n* marais *m*, marécage *m* ▷ *vt* submerger

**swampy** ['swɔmpɪ] *adj* marécageux(-euse)

**swan** [swɔn] *n* cygne *m*

**swank** [swæŋk] *vi* (*inf*) faire de l'épate

**swan song** *n* (*fig*) chant *m* du cygne

**swap** [swɔp] *n* échange *m*, troc *m* ▷ *vt*: **to ~ (for)** échanger (contre), troquer (contre)

**SWAPO** ['swɑːpəʊ] *n abbr* (= *South-West Africa People's Organization*) SWAPO *f*

**swarm** [swɔːm] *n* essaim *m* ▷ *vi* (*bees*) essaimer; (*people*) grouiller; **to be ~ing with** grouiller de

**swarthy** ['swɔːðɪ] *adj* basané(e), bistré(e)

**swashbuckling** ['swɔʃbʌklɪŋ] *adj* (*film*) de cape et d'épée

**swastika** ['swɔstɪkə] *n* croix gammée

**SWAT** *n abbr* (*US*: = *Special Weapons and Tactics*)

≈ CRS f

**swat** [swɔt] vt écraser ▷ n (Brit: also: **fly swat**) tapette f

**swathe** [sweɪð] vt: **to ~ in** (bandages, blankets) embobiner de

**swatter** ['swɔtəʳ] n (also: **fly swatter**) tapette f

**sway** [sweɪ] vi se balancer, osciller; tanguer ▷ vt (influence) influencer ▷ n (rule, power): ~ **(over)** emprise f (sur); **to hold ~ over sb** avoir de l'emprise sur qn

**Swaziland** ['swɑːzɪlænd] n Swaziland m

**swear** [swɛəʳ] (pt **swore**, pp **sworn**) [swɔːʳ, swɔːn] vt, vi jurer; **to ~ to sth** jurer de qch; **to ~ an oath** prêter serment
▸ **swear in** vt assermenter

**swearword** ['swɛəwəːd] n gros mot, juron m

**sweat** [swɛt] n sueur f, transpiration f ▷ vi suer; **in a ~** en sueur

**sweatband** ['swɛtbænd] n (Sport) bandeau m

**sweater** ['swɛtəʳ] n tricot m, pull m

**sweatshirt** ['swɛtʃəːt] n sweat-shirt m

**sweatshop** ['swɛtʃɔp] n atelier m où les ouvriers sont exploités

**sweaty** ['swɛtɪ] adj en sueur, moite or mouillé(e) de sueur

**Swede** [swiːd] n Suédois(e)

**swede** [swiːd] n (Brit) rutabaga m

**Sweden** ['swiːdn] n Suède f

**Swedish** ['swiːdɪʃ] adj suédois(e) ▷ n (Ling) suédois m

**sweep** [swiːp] (pt, pp **swept**) [swɛpt] n coup m de balai; (curve) grande courbe; (range) champ m; (also: **chimney sweep**) ramoneur m ▷ vt balayer; (subj: current) emporter; (subj: fashion, craze) se répandre dans ▷ vi avancer majestueusement or rapidement; s'élancer; s'étendre
▸ **sweep away** vt balayer; entraîner; emporter
▸ **sweep past** vi passer majestueusement or rapidement
▸ **sweep up** vt, vi balayer

**sweeper** ['swiːpəʳ] n (person) balayeur m; (machine) balayeuse f; (Football) libéro m

**sweeping** ['swiːpɪŋ] adj (gesture) large; circulaire; (changes, reforms) radical(e); **a ~ statement** une généralisation hâtive

**sweepstake** ['swiːpsteɪk] n sweepstake m

**sweet** [swiːt] n (Brit: pudding) dessert m; (candy) bonbon m ▷ adj doux (douce); (not savoury) sucré(e); (fresh) frais (fraîche), pur(e); (kind) gentil(le); (baby) mignon(ne) ▷ adv: **to smell ~** sentir bon; **to taste ~** avoir un goût sucré; **~ and sour** adj aigre-doux (douce)

**sweetbread** ['swiːtbrɛd] n ris m de veau

**sweetcorn** ['swiːtkɔːn] n maïs doux

**sweeten** ['swiːtn] vt sucrer; (fig) adoucir

**sweetener** ['swiːtnəʳ] n (Culin) édulcorant m

**sweetheart** ['swiːthɑːt] n amoureux(-euse)

**sweetly** ['swiːtlɪ] adv (smile) gentiment; (sing, play) mélodieusement

**sweetness** ['swiːtnɪs] n douceur f; (of taste) goût sucré

**sweet pea** n pois m de senteur

**sweet potato** n patate douce

**sweetshop** ['swiːtʃɔp] n (Brit) confiserie f

**sweet tooth** n: **to have a ~** aimer les sucreries

**swell** [swɛl] (pt **-ed**, pp **swollen** or **-ed**) ['swəʊlən] n (of sea) houle f ▷ adj (US: inf: excellent) chouette ▷ vt (increase) grossir, augmenter ▷ vi (increase) grossir, augmenter; (sound) s'enfler; (Med: also: **swell up**) enfler

**swelling** ['swɛlɪŋ] n (Med) enflure f; (: lump) grosseur f

**sweltering** ['swɛltərɪŋ] adj étouffant(e), oppressant(e)

**swept** [swɛpt] pt, pp of **sweep**

**swerve** [swəːv] vi (to avoid obstacle) faire une embardée or un écart; (off the road) dévier

**swift** [swɪft] n (bird) martinet m ▷ adj rapide, prompt(e)

**swiftly** ['swɪftlɪ] adv rapidement, vite

**swig** [swɪg] n (inf: drink) lampée f

**swill** [swɪl] n pâtée f ▷ vt (also: **swill out, swill down**) laver à grande eau

**swim** [swɪm] (pt **swam**, pp **swum**) [swæm, swʌm] n: **to go for a ~** aller nager or se baigner ▷ vi nager; (Sport) faire de la natation; (fig: head, room) tourner ▷ vt traverser (à la nage); (distance) faire (à la nage); **to ~ a length** nager une longueur; **to go ~ming** aller nager

**swimmer** ['swɪməʳ] n nageur(-euse)

**swimming** ['swɪmɪŋ] n nage f, natation f

**swimming baths** npl (Brit) piscine f

**swimming cap** n bonnet m de bain

**swimming costume** n (Brit) maillot m (de bain)

**swimmingly** ['swɪmɪŋlɪ] adv: **to go ~** (wonderfully) se dérouler à merveille

**swimming pool** n piscine f

**swimming trunks** npl maillot m de bain

**swimsuit** ['swɪmsuːt] n maillot m (de bain)

**swindle** ['swɪndl] n escroquerie f ▷ vt escroquer

**swindler** ['swɪndləʳ] n escroc m

**swine** [swaɪn] n (pl inv) pourceau m, porc m; (inf!) salaud m (!)

**swine flu** n grippe f porcine

**swing** [swɪŋ] (pt, pp **swung**) [swʌŋ] n (in playground) balançoire f; (movement) balancement m, oscillations fpl; (change in opinion etc) revirement m; (Mus) swing m; rythme m ▷ vt balancer, faire osciller; (also: **swing round**) tourner, faire virer ▷ vi se balancer, osciller; (also: **swing round**) virer, tourner; **a ~ to the left** (Pol) un revirement en faveur de la gauche; **to be in full ~** battre son plein; **to get into the ~ of things** se mettre dans le bain; **the road ~s south** la route prend la direction sud

**swing bridge** n pont tournant

**swing door** n (Brit) porte battante

**swingeing** ['swɪndʒɪŋ] adj (Brit) écrasant(e); considérable

**swinging** ['swɪŋɪŋ] adj rythmé(e); entraînant(e); (fig) dans le vent; **~ door** (US) porte battante

**swipe** [swaɪp] n grand coup; gifle f ▷ vt (hit) frapper à toute volée; gifler; (inf: steal) piquer;

(*credit card etc*) faire passer (dans la machine)
**swipe card** *n* carte *f* magnétique
**swirl** [swə:l] *n* tourbillon *m* ▷ *vi* tourbillonner, tournoyer
**swish** [swɪʃ] *adj* (*Brit inf: smart*) rupin(e) ▷ *vi* (*whip*) siffler; (*skirt, long grass*) bruire
**Swiss** [swɪs] *adj* suisse ▷ *n* (*pl inv*) Suisse(-esse)
**Swiss French** *adj* suisse romand(e)
**Swiss German** *adj* suisse-allemand(e)
**Swiss roll** *n* gâteau roulé
**switch** [swɪtʃ] *n* (*for light, radio etc*) bouton *m*; (*change*) changement *m*, revirement *m* ▷ *vt* (*change*) changer; (*exchange*) intervertir; (*invert*): **to ~ (round** *or* **over)** changer de place
▶ **switch off** *vt* éteindre; (*engine, machine*) arrêter; **could you ~ off the light?** pouvez-vous éteindre la lumière?
▶ **switch on** *vt* allumer; (*engine, machine*) mettre en marche; (*Brit: water supply*) ouvrir
**switchback** ['swɪtʃbæk] *n* (*Brit*) montagnes *fpl* russes
**switchblade** ['swɪtʃbleɪd] *n* (*also:* **switchblade knife**) couteau *m* à cran d'arrêt
**switchboard** ['swɪtʃbɔːd] *n* (*Tel*) standard *m*
**switchboard operator** *n* (*Tel*) standardiste *m/f*
**Switzerland** ['swɪtsələnd] *n* Suisse *f*
**swivel** ['swɪvl] *vi* (*also:* **swivel round**) pivoter, tourner
**swollen** ['swəulən] *pp of* **swell** ▷ *adj* (*ankle etc*) enflé(e)
**swoon** [swuːn] *vi* se pâmer
**swoop** [swuːp] *n* (*by police etc*) rafle *f*, descente *f*; (*of bird etc*) descente *f* en piqué ▷ *vi* (*bird: also:* **swoop down**) descendre en piqué, piquer
**swop** [swɔp] *n, vt* = **swap**
**sword** [sɔːd] *n* épée *f*
**swordfish** ['sɔːdfɪʃ] *n* espadon *m*
**swore** [swɔːʳ] *pt of* **swear**
**sworn** [swɔːn] *pp of* **swear** ▷ *adj* (*statement, evidence*) donné(e) sous serment; (*enemy*) juré(e)
**swot** [swɔt] *vt, vi* bûcher, potasser
**swum** [swʌm] *pp of* **swim**
**swung** [swʌŋ] *pt, pp of* **swing**
**sycamore** ['sɪkəmɔːʳ] *n* sycomore *m*
**sycophant** ['sɪkəfænt] *n* flagorneur(-euse)
**sycophantic** [sɪkə'fæntɪk] *adj* flagorneur(-euse)
**Sydney** ['sɪdnɪ] *n* Sydney
**syllable** ['sɪləbl] *n* syllabe *f*
**syllabus** ['sɪləbəs] *n* programme *m*; **on the ~** au programme
**symbol** ['sɪmbl] *n* symbole *m*
**symbolic** [sɪm'bɔlɪk], **symbolical** [sɪm'bɔlɪkl] *adj* symbolique
**symbolism** ['sɪmbəlɪzəm] *n* symbolisme *m*
**symbolize** ['sɪmbəlaɪz] *vt* symboliser
**symmetrical** [sɪ'mɛtrɪkl] *adj* symétrique
**symmetry** ['sɪmɪtrɪ] *n* symétrie *f*
**sympathetic** [sɪmpə'θɛtɪk] *adj* (*showing pity*) compatissant(e); (*understanding*) bienveillant(e), compréhensif(-ive); **~ towards** bien disposé(e) envers

**sympathetically** [sɪmpə'θɛtɪklɪ] *adv* avec compassion (*or* bienveillance)
**sympathize** ['sɪmpəθaɪz] *vi*: **to ~ with sb** plaindre qn; (*in grief*) s'associer à la douleur de qn; **to ~ with sth** comprendre qch
**sympathizer** ['sɪmpəθaɪzəʳ] *n* (*Pol*) sympathisant(e)
**sympathy** ['sɪmpəθɪ] *n* (*pity*) compassion *f*; **sympathies** *npl* (*support*) soutien *m*; **in ~ with** en accord avec; (*strike*) en *or* par solidarité avec; **with our deepest ~** en vous priant d'accepter nos sincères condoléances
**symphonic** [sɪm'fɔnɪk] *adj* symphonique
**symphony** ['sɪmfənɪ] *n* symphonie *f*
**symphony orchestra** *n* orchestre *m* symphonique
**symposium** [sɪm'pəuzɪəm] *n* symposium *m*
**symptom** ['sɪmptəm] *n* symptôme *m*; indice *m*
**symptomatic** [sɪmptə'mætɪk] *adj* symptomatique
**synagogue** ['sɪnəgɔg] *n* synagogue *f*
**sync** [sɪŋk] *n* (*inf*): **in/out of ~** bien/mal synchronisé(e); **they're in ~ with each other** (*fig*) le courant passe bien entre eux
**synchromesh** [sɪŋkrəu'mɛʃ] *n* (*Aut*) synchronisation *f*
**synchronize** ['sɪŋkrənaɪz] *vt* synchroniser ▷ *vi*: **to ~ with** se produire en même temps que
**synchronized swimming** ['sɪŋkrənaɪzd-] *n* natation synchronisée
**syncopated** ['sɪŋkəpeɪtɪd] *adj* syncopé(e)
**syndicate** ['sɪndɪkɪt] *n* syndicat *m*, coopérative *f*; (*Press*) agence *f* de presse
**syndrome** ['sɪndrəum] *n* syndrome *m*
**synonym** ['sɪnənɪm] *n* synonyme *m*
**synonymous** [sɪ'nɔnɪməs] *adj*: **~ (with)** synonyme (de)
**synopsis** (*pl* **synopses**) [sɪ'nɔpsɪs, -siːz] *n* résumé *m*, synopsis *m or f*
**syntax** ['sɪntæks] *n* syntaxe *f*
**synthesis** (*pl* **syntheses**) ['sɪnθəsɪs, -siːz] *n* synthèse *f*
**synthesizer** ['sɪnθəsaɪzəʳ] *n* (*Mus*) synthétiseur *m*
**synthetic** [sɪn'θɛtɪk] *adj* synthétique ▷ *n* matière *f* synthétique; **synthetics** *npl* textiles artificiels
**syphilis** ['sɪfɪlɪs] *n* syphilis *f*
**syphon** ['saɪfən] *n, vb* = **siphon**
**Syria** ['sɪrɪə] *n* Syrie *f*
**Syrian** ['sɪrɪən] *adj* syrien(ne) ▷ *n* Syrien(ne)
**syringe** [sɪ'rɪndʒ] *n* seringue *f*
**syrup** ['sɪrəp] *n* sirop *m*; (*Brit: also:* **golden syrup**) mélasse raffinée
**syrupy** ['sɪrəpɪ] *adj* sirupeux(-euse)
**system** ['sɪstəm] *n* système *m*; (*order*) méthode *f*; (*Anat*) organisme *m*
**systematic** [sɪstə'mætɪk] *adj* systématique; méthodique
**system disk** *n* (*Comput*) disque *m* système
**systems analyst** *n* analyste-programmeur *m/f*

# Tt

**T, t** [tiː] *n* (*letter*) T, t *m*; **T for Tommy** T comme Thérèse

**TA** *n abbr* (*Brit*) = **Territorial Army**

**ta** [tɑː] *excl* (*Brit inf*) merci!

**tab** [tæb] *n abbr* = **tabulator** ▷ *n* (*loop on coat etc*) attache *f*; (*label*) étiquette *f*; (*on drinks can etc*) languette *f*; **to keep ~s on** (*fig*) surveiller

**tabby** ['tæbɪ] *n* (*also:* **tabby cat**) chat(te) tigré(e)

**table** ['teɪbl] *n* table *f* ▷ *vt* (*Brit: motion etc*) présenter; **to lay** *or* **set the ~** mettre le couvert *or* la table; **to clear the ~** débarrasser la table; **league ~** (*Brit Football, Rugby*) classement *m* (du championnat); **~ of contents** table des matières

**tablecloth** ['teɪblklɔθ] *n* nappe *f*

**table d'hôte** [tɑːblˈdəut] *adj* (*meal*) à prix fixe

**table football** *n* baby-foot *m*

**table lamp** *n* lampe décorative *or* de table

**tablemat** ['teɪblmæt] *n* (*for plate*) napperon *m*, set *m*; (*for hot dish*) dessous-de-plat *m inv*

**table salt** *n* sel fin *or* de table

**tablespoon** ['teɪblspuːn] *n* cuiller *f* de service; (*also:* **tablespoonful:** *as measurement*) cuillerée *f* à soupe

**tablet** ['tæblɪt] *n* (*Med*) comprimé *m*; (*: for sucking*) pastille *f*; (*of stone*) plaque *f*; **~ of soap** (*Brit*) savonnette *f*

**table tennis** *n* ping-pong *m*, tennis *m* de table

**table wine** *n* vin *m* de table

**tabloid** ['tæblɔɪd] *n* (*newspaper*) quotidien *m* populaire; *voir article*

> ● **TABLOID PRESS**
> ●
> ● Le terme *tabloid press* désigne les journaux
> ● populaires de demi-format où l'on trouve
> ● beaucoup de photos et qui adoptent un style
> ● très concis. Ce type de journaux vise des
> ● lecteurs s'intéressant aux faits divers ayant
> ● un parfum de scandale; voir "quality press".

**taboo** [tə'buː] *adj, n* tabou (*m*)

**tabulate** ['tæbjuleɪt] *vt* (*data, figures*) mettre sous forme de table(s)

**tabulator** ['tæbjuleɪtəʳ] *n* tabulateur *m*

**tachograph** ['tækəgrɑːf] *n* tachygraphe *m*

**tachometer** [tæ'kɔmɪtəʳ] *n* tachymètre *m*

**tacit** ['tæsɪt] *adj* tacite

**taciturn** ['tæsɪtəːn] *adj* taciturne

**tack** [tæk] *n* (*nail*) petit clou; (*stitch*) point *m* de bâti; (*Naut*) bord *m*, bordée *f*; (*fig*) direction *f* ▷ *vt* (*nail*) clouer; (*sew*) bâtir ▷ *vi* (*Naut*) tirer un *or* des bord(s); **to change ~** virer de bord; **on the wrong ~** (*fig*) sur la mauvaise voie; **to ~ sth on to** (**the end of**) **sth** (*of letter, book*) rajouter qch à la fin de qch

**tackle** ['tækl] *n* matériel *m*, équipement *m*; (*for lifting*) appareil *m* de levage; (*Football, Rugby*) plaquage *m* ▷ *vt* (*difficulty, animal, burglar*) s'attaquer à; (*person: challenge*) s'expliquer avec; (*Football, Rugby*) plaquer

**tacky** ['tækɪ] *adj* collant(e); (*paint*) pas sec (sèche); (*inf: shabby*) moche; (*pej: poor-quality*) minable; (*: showing bad taste*) ringard(e)

**tact** [tækt] *n* tact *m*

**tactful** ['tæktful] *adj* plein(e) de tact

**tactfully** ['tæktfəlɪ] *adv* avec tact

**tactical** ['tæktɪkl] *adj* tactique; **~ error** erreur *f* de tactique

**tactician** [tæk'tɪʃən] *n* tacticien(ne)

**tactics** ['tæktɪks] *n, npl* tactique *f*

**tactless** ['tæktlɪs] *adj* qui manque de tact

**tactlessly** ['tæktlɪslɪ] *adv* sans tact

**tadpole** ['tædpəul] *n* têtard *m*

**Tadzhikistan** [tædʒɪkɪ'stɑːn] *n* = **Tajikistan**

**taffy** ['tæfɪ] *n* (*US*) (bonbon *m* au) caramel *m*

**tag** [tæg] *n* étiquette *f*; **price/name ~** étiquette (portant le prix/le nom)

▶ **tag along** *vi* suivre

**Tahiti** [tɑː'hiːtɪ] *n* Tahiti *m*

**tail** [teɪl] *n* queue *f*; (*of shirt*) pan *m* ▷ *vt* (*follow*) suivre, filer; **tails** *npl* (*suit*) habit *m*; **to turn ~** se sauver à toutes jambes; *see also* **head**

▶ **tail away, tail off** *vi* (*in size, quality etc*) baisser peu à peu

**tailback** ['teɪlbæk] *n* (*Brit*) bouchon *m*

**tail coat** *n* habit *m*

**tail end** *n* bout *m*, fin *f*

**tailgate** ['teɪlgeɪt] *n* (*Aut*) hayon *m* arrière

**tail light** *n* (*Aut*) feu *m* arrière

**tailor** ['teɪləʳ] *n* tailleur *m* (*artisan*) ▷ *vt*: **to ~ sth (to)** adapter qch exactement (à); **~'s (shop)**

(boutique f de) tailleur m

**tailoring** ['teɪlərɪŋ] n (cut) coupe f

**tailor-made** ['teɪlə'meɪd] adj fait(e) sur mesure; (fig) conçu(e) spécialement

**tailwind** ['teɪlwɪnd] n vent m arrière inv

**taint** [teɪnt] vt (meat, food) gâter; (fig: reputation) salir

**tainted** ['teɪntɪd] adj (food) gâté(e); (water, air) infecté(e); (fig) souillé(e)

**Taiwan** ['taɪ'wɑːn] n Taïwan (no article)

**Taiwanese** [taɪwə'niːz] adj taïwanais(e) ▷ n inv Taïwanais(e)

**Tajikistan** [tædʒɪkɪ'stɑːn] n Tadjikistan m/f

**take** [teɪk] (pt **took**, pp **-n**) [tuk, 'teɪkn] vt prendre; (gain: prize) remporter; (require: effort, courage) demander; (tolerate) accepter, supporter; (hold: passengers etc) contenir; (accompany) emmener, accompagner; (bring, carry) apporter, emporter; (exam) passer, se présenter à; (conduct: meeting) présider ▷ vi (dye, fire etc) prendre ▷ n (Cine) prise f de vues; **to ~ sth from** (drawer etc) prendre qch dans; (person) prendre qch à; **I ~ it that** je suppose que; **I took him for a doctor** je l'ai pris pour un docteur; **to ~ sb's hand** prendre qn par la main; **to ~ for a walk** (child, dog) emmener promener; **to be ~n ill** tomber malade; **to ~ it upon o.s. to do sth** prendre sur soi de faire qch; **~ the first (street) on the left** prenez la première à gauche; **it won't ~ long** ça ne prendra pas longtemps; **I was quite ~n with her/it** elle/cela m'a beaucoup plu

▶ **take after** vt fus ressembler à

▶ **take apart** vt démonter

▶ **take away** vt (carry off) emporter; (remove) enlever; (subtract) soustraire ▷ vi: **to ~ away from** diminuer

▶ **take back** vt (return) rendre, rapporter; (one's words) retirer

▶ **take down** vt (building) démolir; (dismantle: scaffolding) démonter; (letter etc) prendre, écrire

▶ **take in** vt (deceive) tromper, rouler; (understand) comprendre, saisir; (include) couvrir, inclure; (lodger) prendre; (orphan, stray dog) recueillir; (dress, waistband) reprendre

▶ **take off** vi (Aviat) décoller ▷ vt (remove) enlever; (imitate) imiter, pasticher

▶ **take on** vt (work) accepter, se charger de; (employee) prendre, embaucher; (opponent) accepter de se battre contre

▶ **take out** vt sortir; (remove) enlever; (invite) sortir avec; (licence) prendre, se procurer; **to ~ sth out of** enlever qch de; (out of drawer etc) prendre qch dans; **don't ~ it out on me!** ne t'en prends pas à moi!; **to ~ sb out to a restaurant** emmener qn au restaurant

▶ **take over** vt (business) reprendre ▷ vi: **to ~ over from sb** prendre la relève de qn

▶ **take to** vt fus (person) se prendre d'amitié pour; (activity) prendre goût à; **to ~ to doing sth** prendre l'habitude de faire qch

▶ **take up** vt (one's story) reprendre; (dress)

raccourcir; (occupy: time, space) prendre, occuper; (engage in: hobby etc) se mettre à; (accept: offer, challenge) accepter; (absorb: liquids) absorber ▷ vi: **to ~ up with sb** se lier d'amitié avec qn

**takeaway** ['teɪkəweɪ] (Brit) adj (food) à emporter ▷ n (shop, restaurant) ≈ magasin m qui vend des plats à emporter

**take-home pay** ['teɪkhəum-] n salaire net

**taken** ['teɪkən] pp of **take**

**takeoff** ['teɪkɔf] n (Aviat) décollage m

**takeout** ['teɪkaut] adj, n (US) = **takeaway**

**takeover** ['teɪkəuvər] n (Comm) rachat m

**takeover bid** n offre publique d'achat, OPA f

**takings** ['teɪkɪŋz] npl (Comm) recette f

**talc** [tælk] n (also: **talcum powder**) talc m

**tale** [teɪl] n (story) conte m, histoire f; (account) récit m; (pej) histoire; **to tell ~s** (fig) rapporter

**talent** ['tælnt] n talent m, don m

**talented** ['tæləntɪd] adj doué(e), plein(e) de talent

**talent scout** n découvreur m de vedettes (or joueurs etc)

**talisman** ['tælɪzmən] n talisman m

**talk** [tɔːk] n (a speech) causerie f, exposé m; (conversation) discussion f; (interview) entretien m, propos mpl; (gossip) racontars mpl (pej) ▷ vi parler; (chatter) bavarder; **talks** npl (Pol etc) entretiens mpl; conférence f; **to give a ~** faire un exposé; **to ~ about** parler de; (converse) s'entretenir or parler de; **~ing of films, have you seen …?** à propos de films, as-tu vu …?; **to ~ sb out of/into doing** persuader qn de ne pas faire/de faire; **to ~ shop** parler métier or affaires

▶ **talk over** vt discuter (de)

**talkative** ['tɔːkətɪv] adj bavard(e)

**talking point** ['tɔːkɪŋ-] n sujet m de conversation

**talking-to** ['tɔːkɪŋtu] n: **to give sb a good ~** passer un savon à qn

**talk show** n (TV, Radio) émission-débat f

**tall** [tɔːl] adj (person) grand(e); (building, tree) haut(e); **to be 6 feet ~** ≈ mesurer 1 mètre 80; **how ~ are you?** combien mesurez-vous?

**tallboy** ['tɔːlbɔɪ] n (Brit) grande commode

**tallness** ['tɔːlnɪs] n grande taille; hauteur f

**tall story** n histoire f invraisemblable

**tally** ['tælɪ] n compte m ▷ vi: **to ~ (with)** correspondre (à); **to keep a ~ of sth** tenir le compte de qch

**talon** ['tælən] n griffe f; (of eagle) serre f

**tambourine** [tæmbə'riːn] n tambourin m

**tame** [teɪm] adj apprivoisé(e); (fig: story, style) insipide

**Tamil** ['tæmɪl] adj tamoul(e) or tamil(e) ▷ n Tamoul(e) or Tamil(e); (Ling) tamoul m or tamil m

**tamper** ['tæmpər] vi: **to ~ with** toucher à (en cachette ou sans permission)

**tampon** ['tæmpən] n tampon m hygiénique or périodique

**tan** [tæn] n (also: **suntan**) bronzage m ▷ vt, vi

t

bronzer, brunir ▷ *adj (colour)* marron clair *inv*; **to get a ~** bronzer
**tandem** ['tændəm] *n* tandem *m*
**tandoori** [tæn'duərɪ] *adj* tandouri
**tang** [tæŋ] *n* odeur *(or* saveur) piquante
**tangent** ['tændʒənt] *n (Math)* tangente *f*; **to go off at a ~** *(fig)* partir dans une digression
**tangerine** [tændʒə'ri:n] *n* mandarine *f*
**tangible** ['tændʒəbl] *adj* tangible; **~ assets** biens réels
**Tangier** [tæn'dʒɪə<sup>r</sup>] *n* Tanger
**tangle** ['tæŋgl] *n* enchevêtrement *m* ▷ *vt* enchevêtrer; **to get in(to) a ~** s'emmêler
**tango** ['tæŋgəu] *n* tango *m*
**tank** [tæŋk] *n* réservoir *m*; *(for processing)* cuve *f*; *(for fish)* aquarium *m*; *(Mil)* char *m* d'assaut, tank *m*
**tankard** ['tæŋkəd] *n* chope *f*
**tanker** ['tæŋkə<sup>r</sup>] *n (ship)* pétrolier *m*, tanker *m*; *(truck)* camion-citerne *m*; *(Rail)* wagon-citerne *m*
**tankini** [tæn'kɪnɪ] *n* tankini *m*
**tanned** [tænd] *adj* bronzé(e)
**tannin** ['tænɪn] *n* tanin *m*
**tanning** ['tænɪŋ] *n (of leather)* tannage *m*
**tannoy**® ['tænɔɪ] *n (Brit)* haut-parleur *m*; **over the tannoy** par haut-parleur
**tantalizing** ['tæntəlaɪzɪŋ] *adj (smell)* extrêmement appétissant(e); *(offer)* terriblement tentant(e)
**tantamount** ['tæntəmaunt] *adj*: **~ to** qui équivaut à
**tantrum** ['tæntrəm] *n* accès *m* de colère; **to throw a ~** piquer une colère
**Tanzania** [tænzə'nɪə] *n* Tanzanie *f*
**Tanzanian** [tænzə'nɪən] *adj* tanzanien(ne) ▷ *n* Tanzanien(ne)
**tap** [tæp] *n (on sink etc)* robinet *m*; *(gentle blow)* petite tape ▷ *vt* frapper *or* taper légèrement; *(resources)* exploiter, utiliser; *(telephone)* mettre sur écoute; **on ~** *(beer)* en tonneau; *(fig: resources)* disponible
**tap dancing** ['tæpdɑ:nsɪŋ] *n* claquettes *fpl*
**tape** [teɪp] *n (for tying)* ruban *m*; *(also:* **magnetic tape)** bande *f* (magnétique); *(cassette)* cassette *f*; *(sticky)* Scotch® *m* ▷ *vt (record)* enregistrer (au magnétoscope *or* sur cassette); *(stick)* coller avec du Scotch®; **on ~** *(song etc)* enregistré(e)
**tape measure** *n* mètre *m* à ruban
**taper** ['teɪpə<sup>r</sup>] *n* cierge *m* ▷ *vi* s'effiler
**tape recorder** *n* magnétophone *m*
**tapered** ['teɪpəd], **tapering** ['teɪpərɪŋ] *adj* fuselé(e), effilé(e)
**tapestry** ['tæpɪstrɪ] *n* tapisserie *f*
**tape-worm** ['teɪpwə:m] *n* ver *m* solitaire, ténia *m*
**tapioca** [tæpɪ'əukə] *n* tapioca *m*
**tappet** ['tæpɪt] *n (Aut)* poussoir *m* (de soupape)
**tar** [tɑ:] *n* goudron *m*; **low-/middle-~ cigarettes** cigarettes *fpl* à faible/moyenne teneur en goudron
**tarantula** [tə'ræntjulə] *n* tarentule *f*
**tardy** ['tɑ:dɪ] *adj* tardif(-ive)

**target** ['tɑ:gɪt] *n* cible *f*; *(fig: objective)* objectif *m*; **to be on ~** *(project)* progresser comme prévu
**target practice** *n* exercices *mpl* de tir (à la cible)
**tariff** ['tærɪf] *n (Comm)* tarif *m*; *(taxes)* tarif douanier
**tarmac** ['tɑ:mæk] *n (Brit: on road)* macadam *m*; *(Aviat)* aire *f* d'envol ▷ *vt (Brit)* goudronner
**tarnish** ['tɑ:nɪʃ] *vt* ternir
**tarot** ['tærəu] *n* tarot *m*
**tarpaulin** [tɑ:'pɔ:lɪn] *n* bâche goudronnée
**tarragon** ['tærəgən] *n* estragon *m*
**tart** [tɑ:t] *n (Culin)* tarte *f*; *(Brit inf: pej: prostitute)* poule *f* ▷ *adj (flavour)* âpre, aigrelet(te)
  ▶ **tart up** *vt (inf)*: **to ~ o.s. up** se faire beau (belle); *(: pej)* s'attifer
**tartan** ['tɑ:tn] *n* tartan *m* ▷ *adj* écossais(e)
**tartar** ['tɑ:tə<sup>r</sup>] *n (on teeth)* tartre *m*
**tartar sauce, tartare sauce** *n* sauce *f* tartare
**task** [tɑ:sk] *n* tâche *f*; **to take to ~** prendre à partie
**task force** *n (Mil, Police)* détachement spécial
**taskmaster** ['tɑ:skmɑ:stə<sup>r</sup>] *n*: **he's a hard ~** il est très exigeant dans le travail
**Tasmania** [tæz'meɪnɪə] *n* Tasmanie *f*
**tassel** ['tæsl] *n* gland *m*; pompon *m*
**taste** [teɪst] *n* goût *m*; *(fig: glimpse, idea)* idée *f*, aperçu *m* ▷ *vt* goûter ▷ *vi*: **to ~ of** *(fish etc)* avoir le *or* un goût de; **it ~s like fish** ça a un *or* le goût de poisson, on dirait du poisson; **what does it ~ like?** quel goût ça a?; **you can ~ the garlic (in it)** on sent bien l'ail; **to have a ~ of sth** goûter (à) qch; **can I have a ~?** je peux goûter?; **to have a ~ for sth** aimer qch, avoir un penchant pour qch; **to be in good/bad** *or* **poor ~** être de bon/mauvais goût
**taste bud** *n* papille *f*
**tasteful** ['teɪstful] *adj* de bon goût
**tastefully** ['teɪstfəlɪ] *adv* avec goût
**tasteless** ['teɪstlɪs] *adj (food)* insipide; *(remark)* de mauvais goût
**tasty** ['teɪstɪ] *adj* savoureux(-euse), délicieux(-euse)
**tattered** ['tætəd] *adj see* **tatters**
**tatters** ['tætəz] *npl*: **in ~** *(also:* **tattered)** en lambeaux
**tattoo** [tə'tu:] *n* tatouage *m*; *(spectacle)* parade *f* militaire ▷ *vt* tatouer
**tatty** ['tætɪ] *adj (Brit inf)* défraîchi(e), en piteux état
**taught** [tɔ:t] *pt, pp of* **teach**
**taunt** [tɔ:nt] *n* raillerie *f* ▷ *vt* railler
**Taurus** ['tɔ:rəs] *n* le Taureau; **to be ~** être du Taureau
**taut** [tɔ:t] *adj* tendu(e)
**tavern** ['tævən] *n* taverne *f*
**tawdry** ['tɔ:drɪ] *adj (d'un* mauvais goût) criard
**tawny** ['tɔ:nɪ] *adj* fauve *(couleur)*
**tax** [tæks] *n (on goods etc)* taxe *f*; *(on income)* impôts *mpl*, contributions *fpl* ▷ *vt* taxer; imposer; *(fig: patience etc)* mettre à l'épreuve; **before/after ~** avant/après l'impôt; **free of ~** exonéré(e) d'impôt

**taxable** ['tæksəbl] *adj* (*income*) imposable
**tax allowance** *n* part *f* du revenu non imposable, abattement *m* à la base
**taxation** [tæk'seɪʃən] *n* taxation *f*; impôts *mpl*, contributions *fpl*; **system of ~** système fiscal
**tax avoidance** *n* évasion fiscale
**tax collector** *n* percepteur *m*
**tax disc** *n* (*Brit Aut*) vignette *f* (automobile)
**tax evasion** *n* fraude fiscale
**tax exemption** *n* exonération fiscale, exemption *f* d'impôts
**tax exile** *n* personne qui s'expatrie pour raisons fiscales
**tax-free** ['tæksfriː] *adj* exempt(e) d'impôts
**tax haven** *n* paradis fiscal
**taxi** ['tæksɪ] *n* taxi *m* ▷ *vi* (*Aviat*) rouler (lentement) au sol
**taxidermist** ['tæksɪdəːmɪst] *n* empailleur(-euse) (*d'animaux*)
**taxi driver** *n* chauffeur *m* de taxi
**tax inspector** *n* (*Brit*) percepteur *m*
**taxi rank**, (*Brit*) **taxi stand** *n* station *f* de taxis
**tax payer** [-peɪər] *n* contribuable *m/f*
**tax rebate** *n* ristourne *f* d'impôt
**tax relief** *n* dégrèvement *or* allègement fiscal, réduction *f* d'impôt
**tax return** *n* déclaration *f* d'impôts *or* de revenus
**tax year** *n* année fiscale
**TB** *n abbr* = **tuberculosis**
**tbc** *abbr* = **to be confirmed**
**TD** *n abbr* (*US*) = **Treasury Department**; (*: Football*) = **touchdown**
**tea** [tiː] *n* thé *m*; (*Brit: snack: for children*) goûter *m*; **high ~** (*Brit*) collation combinant goûter et dîner
**tea bag** *n* sachet *m* de thé
**tea break** *n* (*Brit*) pause-thé *f*
**teacake** ['tiːkeɪk] *n* (*Brit*) ≈ petit pain aux raisins
**teach** (*pt, pp* **taught**) [tiːtʃ, tɔːt] *vt*: **to ~ sb sth, to ~ sth to sb** apprendre qch à qn; (*in school etc*) enseigner qch à qn ▷ *vi* enseigner; **it taught him a lesson** (*fig*) ça lui a servi de leçon
**teacher** ['tiːtʃər] *n* (*in secondary school*) professeur *m*; (*in primary school*) instituteur(-trice); **French ~** professeur de français
**teacher training college** *n* (*for primary schools*) ≈ école normale d'instituteurs; (*for secondary schools*) collège *m* de formation pédagogique (*pour l'enseignement secondaire*)
**teaching** ['tiːtʃɪŋ] *n* enseignement *m*
**teaching aids** *npl* supports *mpl* pédagogiques
**teaching hospital** *n* (*Brit*) C.H.U. *m*, centre *m* hospitalo-universitaire
**teaching staff** *n* (*Brit*) enseignants *mpl*
**tea cosy** *n* couvre-théière *m*
**teacup** ['tiːkʌp] *n* tasse *f* à thé
**teak** [tiːk] *n* teck *m* ▷ *adj* en *or* de teck
**tea leaves** *npl* feuilles *fpl* de thé
**team** [tiːm] *n* équipe *f*; (*of animals*) attelage *m*
  ▶ **team up** *vi*: **to ~ up (with)** faire équipe (avec)
**team games** *npl* jeux *mpl* d'équipe
**teamwork** ['tiːmwəːk] *n* travail *m* d'équipe
**tea party** *n* thé *m* (*réception*)

**teapot** ['tiːpɔt] *n* théière *f*
**tear¹** ['tɪər] *n* larme *f*; **in ~s** en larmes; **to burst into ~s** fondre en larmes
**tear²** [tɛər] (*pt* **tore**, *pp* **torn**) [tɔːr, tɔːn] *n* déchirure *f* ▷ *vt* déchirer ▷ *vi* se déchirer; **to ~ to pieces** *or* **to bits** *or* **to shreds** mettre en pièces; (*fig*) démolir
  ▶ **tear along** *vi* (*rush*) aller à toute vitesse
  ▶ **tear apart** *vt* (*also fig*) déchirer
  ▶ **tear away** *vt*: **to ~ o.s. away (from sth)** (*fig*) s'arracher (de qch)
  ▶ **tear down** *vt* (*building, statue*) démolir; (*poster, flag*) arracher
  ▶ **tear off** *vt* (*sheet of paper etc*) arracher; (*one's clothes*) enlever à toute vitesse
  ▶ **tear out** *vt* (*sheet of paper, cheque*) arracher
  ▶ **tear up** *vt* (*sheet of paper etc*) déchirer, mettre en morceaux *or* pièces
**tearaway** ['tɛərəweɪ] *n* (*inf*) casse-cou *m inv*
**teardrop** ['tɪədrɔp] *n* larme *f*
**tearful** ['tɪəful] *adj* larmoyant(e)
**tear gas** ['tɪə-] *n* gaz *m* lacrymogène
**tearoom** ['tiːruːm] *n* salon *m* de thé
**tease** [tiːz] *n* taquin(e) ▷ *vt* taquiner; (*unkindly*) tourmenter
**tea set** *n* service *m* à thé
**teashop** ['tiːʃɔp] *n* (*Brit*) salon *m* de thé
**teaspoon** ['tiːspuːn] *n* petite cuiller; (*also*: **teaspoonful**: *as measurement*) ≈ cuillerée *f* à café
**tea strainer** *n* passoire *f* (à thé)
**teat** [tiːt] *n* tétine *f*
**teatime** ['tiːtaɪm] *n* l'heure *f* du thé
**tea towel** *n* (*Brit*) torchon *m* (à vaisselle)
**tea urn** *n* fontaine *f* à thé
**tech** [tɛk] *n abbr* (*inf*) = **technology; technical college**
**technical** ['tɛknɪkl] *adj* technique
**technical college** *n* C.E.T. *m*, collège *m* d'enseignement technique
**technicality** [tɛknɪ'kælɪtɪ] *n* technicité *f*; (*detail*) détail *m* technique; **on a legal ~** à cause de (*or* grâce à) l'application à la lettre d'une subtilité juridique; pour vice de forme
**technically** ['tɛknɪklɪ] *adv* techniquement; (*strictly speaking*) en théorie, en principe
**technician** [tɛk'nɪʃən] *n* technicien(ne)
**technique** [tɛk'niːk] *n* technique *f*
**techno** ['tɛknəu] *n* (*Mus*) techno *f*
**technocrat** ['tɛknəkræt] *n* technocrate *m/f*
**technological** [tɛknə'lɔdʒɪkl] *adj* technologique
**technologist** [tɛk'nɔlədʒɪst] *n* technologue *m/f*
**technology** [tɛk'nɔlədʒɪ] *n* technologie *f*
**teddy** ['tɛdɪ], **teddy bear** *n* ours *m* (en peluche)
**tedious** ['tiːdɪəs] *adj* fastidieux(-euse)
**tedium** ['tiːdɪəm] *n* ennui *m*
**tee** [tiː] *n* (*Golf*) tee *m*
**teem** [tiːm] *vi*: **to ~ (with)** grouiller (de); **it is ~ing (with rain)** il pleut à torrents
**teen** [tiːn] *adj* = **teenage** ▷ *n* (*US*) = **teenager**
**teenage** ['tiːneɪdʒ] *adj* (*fashions etc*) pour jeunes, pour adolescents; (*child*) qui est adolescent(e)
**teenager** ['tiːneɪdʒər] *n* adolescent(e)

**teens** [ti:nz] *npl*: **to be in one's** ~ être adolescent(e)

**tee-shirt** ['ti:ʃə:t] *n* = **T-shirt**

**teeter** ['ti:tə'] *vi* chanceler, vaciller

**teeth** [ti:θ] *npl of* **tooth**

**teethe** [ti:ð] *vi* percer ses dents

**teething ring** ['ti:ðɪŋ-] *n* anneau *m* (*pour bébé qui perce ses dents*)

**teething troubles** ['ti:ðɪŋ-] *npl* (*fig*) difficultés initiales

**teetotal** ['ti:'təutl] *adj* (*person*) qui ne boit jamais d'alcool

**teetotaller,** (*US*) **teetotaler** ['ti:'təutlə'] *n* personne *f* qui ne boit jamais d'alcool

**TEFL** ['tɛfl] *n abbr* = **Teaching of English as a Foreign Language**

**Teflon**® ['tɛflɔn] *n* Téflon® *m*

**Teheran** [tɛə'rɑ:n] *n* Téhéran

**tel.** *abbr* (= *telephone*) tél

**Tel Aviv** ['tɛlə'vi:v] *n* Tel Aviv

**telecast** ['tɛlɪkɑ:st] *vt* télédiffuser, téléviser

**telecommunications** ['tɛlɪkəmju:nɪ'keɪʃənz] *n* télécommunications *fpl*

**teleconferencing** [tɛlɪ'kɔnfərənsɪŋ] *n* téléconférence(s) *f(pl)*

**telegram** ['tɛlɪgræm] *n* télégramme *m*

**telegraph** ['tɛlɪgrɑ:f] *n* télégraphe *m*

**telegraphic** [tɛlɪ'græfɪk] *adj* télégraphique

**telegraph pole** ['tɛlɪgrɑ:f-] *n* poteau *m* télégraphique

**telegraph wire** *n* fil *m* télégraphique

**telepathic** [tɛlɪ'pæθɪk] *adj* télépathique

**telepathy** [tə'lɛpəθɪ] *n* télépathie *f*

**telephone** ['tɛlɪfəun] *n* téléphone *m* ▷ *vt* (*person*) téléphoner à; (*message*) téléphoner; **to have a** ~ (*Brit*): **to be on the** ~ (*subscriber*) être abonné(e) au téléphone; **to be on the** ~ (*be speaking*) être au téléphone

**telephone book** *n* = **telephone directory**

**telephone booth,** (*Brit*) **telephone box** *n* cabine *f* téléphonique

**telephone call** *n* appel *m* téléphonique

**telephone directory** *n* annuaire *m* (du téléphone)

**telephone exchange** *n* central *m* (téléphonique)

**telephone number** *n* numéro *m* de téléphone

**telephone operator** *n* téléphoniste *m/f*, standardiste *m/f*

**telephone tapping** [-tæpɪŋ] *n* mise *f* sur écoute

**telephonist** [tə'lɛfənɪst] *n* (*Brit*) téléphoniste *m/f*

**telephoto** ['tɛlɪfəutəu] *adj*: ~ **lens** téléobjectif *m*

**teleprinter** ['tɛlɪprɪntə'] *n* téléscripteur *m*

**telesales** ['tɛlɪseɪlz] *npl* télévente *f*

**telescope** ['tɛlɪskəup] *n* télescope *m* ▷ *vi* se télescoper ▷ *vt* télescoper

**telescopic** [tɛlɪ'skɔpɪk] *adj* télescopique; (*umbrella*) à manche télescopique

**Teletext**® ['tɛlɪtɛkst] *n* télétexte *m*

**telethon** ['tɛlɪθɔn] *n* téléthon *m*

**televise** ['tɛlɪvaɪz] *vt* téléviser

**television** ['tɛlɪvɪʒən] *n* télévision *f*; **on** ~ à la télévision

**television licence** *n* (*Brit*) redevance *f* (de l'audio-visuel)

**television programme** *n* émission *f* de télévision

**television set** *n* poste *m* de télévision, téléviseur *m*

**telex** ['tɛlɛks] *n* télex *m* ▷ *vt* (*message*) envoyer par télex; (*person*) envoyer un télex à ▷ *vi* envoyer un télex

**tell** (*pt, pp* **told**) [tɛl, təuld] *vt* dire; (*relate: story*) raconter; (*distinguish*): **to** ~ **sth from** distinguer qch de ▷ *vi* (*talk*): **to** ~ **of** parler de; (*have effect*) se faire sentir, se voir; **to** ~ **sb to do** dire à qn de faire; **to** ~ **sb about sth** (*place, object etc*) parler de qch à qn; (*what happened etc*) raconter qch à qn; **to** ~ **the time** (*know how to*) savoir lire l'heure; **can you** ~ **me the time?** pourriez-vous me dire l'heure?; **(I)** ~ **you what, ...** écoute, ...; **I can't** ~ **them apart** je n'arrive pas à les distinguer

▸ **tell off** *vt* réprimander, gronder

▸ **tell on** *vt fus* (*inform against*) dénoncer, rapporter contre

**teller** ['tɛlə'] *n* (*in bank*) caissier(-ière)

**telling** ['tɛlɪŋ] *adj* (*remark, detail*) révélateur(-trice)

**telltale** ['tɛlteɪl] *n* rapporteur(-euse) ▷ *adj* (*sign*) éloquent(e), révélateur(-trice)

**telly** ['tɛlɪ] *n abbr* (*Brit inf*: = *television*) télé *f*

**temerity** [tə'mɛrɪtɪ] *n* témérité *f*

**temp** [tɛmp] *n* (*Brit*: = *temporary worker*) intérimaire *m/f* ▷ *vi* travailler comme intérimaire

**temper** ['tɛmpə'] *n* (*nature*) caractère *m*; (*mood*) humeur *f*; (*fit of anger*) colère *f* ▷ *vt* (*moderate*) tempérer, adoucir; **to be in a** ~ être en colère; **to lose one's** ~ se mettre en colère; **to keep one's** ~ rester calme

**temperament** ['tɛmprəmənt] *n* (*nature*) tempérament *m*

**temperamental** [tɛmprə'mɛntl] *adj* capricieux(-euse)

**temperance** ['tɛmpərns] *n* modération *f*; (*in drinking*) tempérance *f*

**temperate** ['tɛmprət] *adj* modéré(e); (*climate*) tempéré(e)

**temperature** ['tɛmprətʃə'] *n* température *f*; **to have** *or* **run a** ~ avoir de la fièvre

**temperature chart** *n* (*Med*) feuille *f* de température

**tempered** ['tɛmpəd] *adj* (*steel*) trempé(e)

**tempest** ['tɛmpɪst] *n* tempête *f*

**tempestuous** [tɛm'pɛstjuəs] *adj* (*fig*) orageux(-euse); (: *person*) passionné(e)

**tempi** ['tɛmpi:] *npl of* **tempo**

**template** ['tɛmplɪt] *n* patron *m*

**temple** ['tɛmpl] *n* (*building*) temple *m*; (*Anat*) tempe *f*

**templet** ['tɛmplɪt] *n* = **template**

**tempo** (*pl* **-s** *or* **tempi**) ['tɛmpəu, 'tɛmpi:] *n* tempo *m*; (*fig: of life etc*) rythme *m*

**temporal** ['tempərl] *adj* temporel(le)

**temporarily** ['tempərərɪlɪ] *adv* temporairement; provisoirement

**temporary** ['tempərərɪ] *adj* temporaire, provisoire; (*job, worker*) temporaire; **~ secretary** (secrétaire *f*) intérimaire *f*; **a ~ teacher** un professeur remplaçant *or* suppléant

**temporize** ['tempəraɪz] *vi* atermoyer; transiger

**tempt** [tempt] *vt* tenter; **to ~ sb into doing** induire qn à faire; **to be ~ed to do sth** être tenté(e) de faire qch

**temptation** [temp'teɪʃən] *n* tentation *f*

**tempting** ['temptɪŋ] *adj* tentant(e); (*food*) appétissant(e)

**ten** [ten] *num* dix ▷ *n*: **~s of thousands** des dizaines *fpl* de milliers

**tenable** ['tenəbl] *adj* défendable

**tenacious** [tə'neɪʃəs] *adj* tenace

**tenacity** [tə'næsɪtɪ] *n* ténacité *f*

**tenancy** ['tenənsɪ] *n* location *f*; état *m* de locataire

**tenant** ['tenənt] *n* locataire *m/f*

**tend** [tend] *vt* s'occuper de; (*sick etc*) soigner ▷ *vi*: **to ~ to do** avoir tendance à faire; (*colour*): **to ~ to** tirer sur

**tendency** ['tendənsɪ] *n* tendance *f*

**tender** ['tendə'] *adj* tendre; (*delicate*) délicat(e); (*sore*) sensible; (*affectionate*) tendre, doux (douce) ▷ *n* (*Comm: offer*) soumission *f*; (*money*): **legal ~** cours légal ▷ *vt* offrir; **to ~ one's resignation** donner sa démission; **to put in a ~ (for)** faire une soumission (pour); **to put work out to ~** (*Brit*) mettre un contrat en adjudication

**tenderize** ['tendəraɪz] *vt* (*Culin*) attendrir

**tenderly** ['tendəlɪ] *adv* tendrement

**tenderness** ['tendənɪs] *n* tendresse *f*; (*of meat*) tendreté *f*

**tendon** ['tendən] *n* tendon *m*

**tenement** ['tenəmənt] *n* immeuble *m* (de rapport)

**Tenerife** [tenə'riːf] *n* Ténérife *f*

**tenet** ['tenət] *n* principe *m*

**Tenn.** *abbr* (*US*) **= Tennessee**

**tenner** ['tenə'] *n* (*Brit inf*) billet *m* de dix livres

**tennis** ['tenɪs] *n* tennis *m* ▷ *cpd* (*club, match, racket, player*) de tennis

**tennis ball** *n* balle *f* de tennis

**tennis court** *n* (court *m* de) tennis *m*

**tennis elbow** *n* (*Med*) synovite *f* du coude

**tennis match** *n* match *m* de tennis

**tennis player** *n* joueur(-euse) de tennis

**tennis racket** *n* raquette *f* de tennis

**tennis shoes** *npl* (chaussures *fpl* de) tennis *mpl*

**tenor** ['tenə'] *n* (*Mus*) ténor *m*; (*of speech etc*) sens général

**tenpin bowling** ['tenpɪn-] *n* (*Brit*) bowling *m* (à 10 quilles)

**tense** [tens] *adj* tendu(e); (*person*) tendu, crispé(e) ▷ *n* (*Ling*) temps *m* ▷ *vt* (*tighten: muscles*) tendre

**tenseness** ['tensnɪs] *n* tension *f*

**tension** ['tenʃən] *n* tension *f*

**tent** [tent] *n* tente *f*

**tentacle** ['tentəkl] *n* tentacule *m*

**tentative** ['tentətɪv] *adj* timide, hésitant(e); (*conclusion*) provisoire

**tenterhooks** ['tentəhuks] *npl*: **on ~** sur des charbons ardents

**tenth** [tenθ] *num* dixième

**tent peg** *n* piquet *m* de tente

**tent pole** *n* montant *m* de tente

**tenuous** ['tenjuəs] *adj* ténu(e)

**tenure** ['tenjuə'] *n* (*of property*) bail *m*; (*of job*) période *f* de jouissance; statut *m* de titulaire

**tepid** ['tepɪd] *adj* tiède

**Ter.** *abbr* **= terrace**

**term** [təːm] *n* (*limit*) terme *m*; (*word*) terme, mot *m*; (*Scol*) trimestre *m*; (*Law*) session *f* ▷ *vt* appeler; **terms** *npl* (*conditions*) conditions *fpl*; (*Comm*) tarif *m*; **~ of imprisonment** peine *f* de prison; **his ~ of office** la période où il était en fonction; **in the short/long ~** à court/long terme; **"easy ~s"** (*Comm*) "facilités de paiement"; **to come to ~s with** (*problem*) faire face à; **to be on good ~s with** bien s'entendre avec, être en bons termes avec

**terminal** ['təːmɪnl] *adj* terminal(e); (*disease*) dans sa phase terminale; (*patient*) incurable ▷ *n* (*Elec*) borne *f*; (*for oil, ore etc, also Comput*) terminal *m*; (*also:* **air terminal**) aérogare *f*; (*Brit: also:* **coach terminal**) gare routière

**terminally** ['təːmɪnlɪ] *adv*: **to be ~ ill** être condamné(e)

**terminate** ['təːmɪneɪt] *vt* mettre fin à; (*pregnancy*) interrompre ▷ *vi*: **to ~ in** finir en *or* par

**termination** [təːmɪ'neɪʃən] *n* fin *f*; cessation *f*; (*of contract*) résiliation *f*; **~ of pregnancy** (*Med*) interruption *f* de grossesse

**termini** ['təːmɪnaɪ] *npl of* **terminus**

**terminology** [təːmɪ'nɔlədʒɪ] *n* terminologie *f*

**terminus** (*pl* **termini**) ['təːmɪnəs, 'təːmɪnaɪ] *n* terminus *m inv*

**termite** ['təːmaɪt] *n* termite *m*

**term paper** *n* (*US University*) dissertation trimestrielle

**terrace** ['terəs] *n* terrasse *f*; (*Brit: row of houses*) rangée *f* de maisons (attenantes les unes aux autres); **the ~s** (*Brit Sport*) les gradins *mpl*

**terraced** ['terəst] *adj* (*garden*) en terrasses; (*in a row: house*) attenant(e) aux maisons voisines

**terracotta** ['terə'kɔtə] *n* terre cuite

**terrain** [te'reɪn] *n* terrain *m* (*sol*)

**terrestrial** [tɪ'restrɪəl] *adj* terrestre

**terrible** ['terɪbl] *adj* terrible, atroce; (*weather, work*) affreux(-euse), épouvantable

**terribly** ['terɪblɪ] *adv* terriblement; (*very badly*) affreusement mal

**terrier** ['terɪə'] *n* terrier *m* (*chien*)

**terrific** [tə'rɪfɪk] *adj* (*very great*) fantastique, incroyable, terrible; (*wonderful*) formidable, sensationnel(le)

**terrified** ['terɪfaɪd] *adj* terrifié(e); **to be ~ of sth**

avoir très peur de qch
**terrify** ['tεrɪfaɪ] vt terrifier
**terrifying** ['tεrɪfaɪɪŋ] adj terrifiant(e)
**territorial** [tεrɪ'tɔ:rɪəl] adj territorial(e)
**territorial waters** npl eaux territoriales
**territory** ['tεrɪtərɪ] n territoire m
**terror** ['tεrər] n terreur f
**terrorism** ['tεrərɪzəm] n terrorisme m
**terrorist** ['tεrərɪst] n terroriste m/f
**terrorist attack** n attentat m terroriste
**terrorize** ['tεrəraɪz] vt terroriser
**terse** [tə:s] adj (style) concis(e); (reply) laconique
**tertiary** ['tə:ʃərɪ] adj tertiaire; ~ **education** (Brit) enseignement m postscolaire
**TESL** ['tεsl] n abbr = **Teaching of English as a Second Language**
**test** [tεst] n (trial, check) essai m; (: of goods in factory) contrôle m; (of courage etc) épreuve f; (Med) examen m; (Chem) analyse f; (exam: of intelligence etc) test m (d'aptitude); (Scol) interrogation f de contrôle; (also: **driving test**) (examen du) permis m de conduire ▷ vt essayer; contrôler; mettre à l'épreuve; examiner; analyser; tester; faire subir une interrogation à; **to put sth to the** ~ mettre qch à l'épreuve
**testament** ['tεstəmənt] n testament m; **the Old/New T~** l'Ancien/le Nouveau Testament
**test ban** n (also: **nuclear test ban**) interdiction f des essais nucléaires
**test case** n (Law) affaire f qui fait jurisprudence
**testes** ['tεsti:z] npl testicules mpl
**test flight** n vol m d'essai
**testicle** ['tεstɪkl] n testicule m
**testify** ['tεstɪfaɪ] vi (Law) témoigner, déposer; **to ~ to sth** (Law) attester qch; (gen) témoigner de qch
**testimonial** [tεstɪ'məunɪəl] n (Brit: reference) recommandation f; (gift) témoignage m d'estime
**testimony** ['tεstɪmənɪ] n (Law) témoignage m, déposition f
**testing** ['tεstɪŋ] adj (situation, period) difficile
**test match** n (Cricket, Rugby) match international
**testosterone** [tεs'tɔstərəun] n testostérone f
**test paper** n (Scol) interrogation écrite
**test pilot** n pilote m d'essai
**test tube** n éprouvette f
**test-tube baby** ['tεsttju:b-] n bébé-éprouvette m
**testy** ['tεstɪ] adj irritable
**tetanus** ['tεtənəs] n tétanos m
**tetchy** ['tεtʃɪ] adj hargneux(-euse)
**tether** ['tεðər] vt attacher ▷ n: **at the end of one's** ~ à bout (de patience)
**Tex.** abbr (US) = **Texas**
**text** [tεkst] n texte m; (on mobile phone) texto m, SMS m inv ▷ vt (inf) envoyer un texto or SMS à
**textbook** ['tεkstbuk] n manuel m
**textile** ['tεkstaɪl] n textile m

**text message** n texto m, SMS m inv
**text messaging** [-'mεsɪdʒɪŋ] n messagerie textuelle
**textual** ['tεkstjuəl] adj textuel(le)
**texture** ['tεkstʃər] n texture f; (of skin, paper etc) grain m
**TGIF** abbr (inf) = **thank God it's Friday**
**TGWU** n abbr (Brit: = Transport and General Workers' Union) syndicat de transporteurs
**Thai** [taɪ] adj thaïlandais(e) ▷ n Thaïlandais(e); (Ling) thaï m
**Thailand** ['taɪlænd] n Thaïlande f
**Thames** [tεmz] n: **the (River)** ~ la Tamise
**than** [ðæn, ðən] conj que; (with numerals): **more** ~ **10/once** plus de 10/d'une fois; **I have more/ less** ~ **you** j'en ai plus/moins que toi; **she has more apples** ~ **pears** elle a plus de pommes que de poires; **it is better to phone** ~ **to write** il vaut mieux téléphoner (plutôt) qu'écrire; **she is older** ~ **you think** elle est plus âgée que tu le crois; **no sooner did he leave** ~ **the phone rang** il ne venait de partir quand le téléphone a sonné
**thank** [θæŋk] vt remercier, dire merci à; **thanks** npl remerciements mpl ▷ excl merci!; ~ **you (very much)** merci (beaucoup); ~ **heavens**, ~ **God** Dieu merci; ~**s to** (prep) grâce à
**thankful** ['θæŋkful] adj: ~ **(for)** reconnaissant(e) (de); ~ **for/that** (relieved) soulagé(e) de/que
**thankfully** ['θæŋkfəlɪ] adv avec reconnaissance; avec soulagement; (fortunately) heureusement; ~ **there were few victims** il y eut fort heureusement peu de victimes
**thankless** ['θæŋklɪs] adj ingrat(e)
**Thanksgiving** ['θæŋksgɪvɪŋ], **Thanksgiving Day** n jour m d'action de grâce

⊙ **KEYWORD**

**that** [ðæt] adj (demonstrative: pl **those**) ce, cet + vowel or h mute, cette f; **that man/woman/book** cet homme/cette femme/ce livre; (not this) cet homme-là/cette femme-là/ce livre-là; **that one** celui-là (celle-là)
▷ pron 1 (demonstrative: pl **those**) ce; (not this one) cela, ça; (that one) celui (celle); **who's that?** qui est-ce?; **what's that?** qu'est-ce que c'est?; **is that you?** c'est toi?; **I prefer this to that** je préfère ceci à cela or ça; **that's what he said** c'est or voilà ce qu'il a dit; **will you eat all that?** tu vas manger tout ça?; **that is (to say)** c'est-à-dire, à savoir; **at** or **with that, he ...** là-dessus, il ...; **do it like that** fais-le comme ça
2 (relative: subject) qui; (: object) que; (: after prep) lequel (laquelle), lesquels (lesquelles) pl; **the book that I read** le livre que j'ai lu; **the books that are in the library** les livres qui sont dans la bibliothèque; **all that I have** tout ce que j'ai; **the box that I put it in** la boîte dans laquelle je l'ai mis; **the people that I spoke to** les gens auxquels or à qui j'ai parlé; **not that I know of** pas à ma connaissance

**3** (*relative: of time*) où; **the day that he came** le jour où il est venu
▷ *conj* que; **he thought that I was ill** il pensait que j'étais malade
▷ *adv* (*demonstrative*): **I don't like it that much** ça ne me plaît pas tant que ça; **I didn't know it was that bad** je ne savais pas que c'était si *or* aussi mauvais; **that high** aussi haut; si haut; **it's about that high** c'est à peu près de cette hauteur

**thatched** [θætʃt] *adj* (*roof*) de chaume; **~ cottage** chaumière *f*

**Thatcherism** ['θætʃərɪzəm] *n* thatchérisme *m*

**thaw** [θɔ:] *n* dégel *m* ▷ *vi* (*ice*) fondre; (*food*) dégeler ▷ *vt* (*food*) (faire) dégeler; **it's ~ing** (*weather*) il dégèle

🔘 **KEYWORD**

**the** [ði:, ðə] *def art* **1** (*gen*) le, la *f*, l' + *vowel or* h *mute*, les *pl* (NB: *à* + *le(s)* = **au(x)**; *de* + *le* = **du**; *de* + *les* = **des**); **the boy/girl/ink** le garçon/la fille/l'encre; **the children** les enfants; **the history of the world** l'histoire du monde; **give it to the postman** donne-le au facteur; **to play the piano/flute** jouer du piano/de la flûte
**2** (+ *adj to form n*) le, la *f*, l' + *vowel or* h *mute*, les *pl*; **the rich and the poor** les riches et les pauvres; **to attempt the impossible** tenter l'impossible
**3** (*in titles*): **Elizabeth the First** Elisabeth première; **Peter the Great** Pierre le Grand
**4** (*in comparisons*): **the more he works, the more he earns** plus il travaille, plus il gagne de l'argent; **the sooner the better** le plus tôt sera le mieux

**theatre,** (*US*) **theater** ['θɪətəʳ] *n* théâtre *m*; (*also*: **lecture theatre**) amphithéâtre *m*, amphi *m* (*inf*); (*Med: also*: **operating theatre**) salle *f* d'opération

**theatre-goer,** (*US*) **theater-goer** ['θɪətəgəuəʳ] *n* habitué(e) du théâtre

**theatrical** [θɪ'ætrɪkl] *adj* théâtral(e); **~ company** troupe *f* de théâtre

**theft** [θɛft] *n* vol *m* (*larcin*)

**their** [ðɛəʳ] *adj* leur, leurs *pl*; *see also* **my**

**theirs** [ðɛəz] *pron* le (la) leur, les leurs; **it is ~** c'est à eux; **a friend of ~** un de leurs amis; *see also* **mine¹**

**them** [ðɛm, ðəm] *pron* (*direct*) les; (*indirect*) leur; (*stressed, after prep*) eux (elles); **I see ~** je les vois; **give ~ the book** donne-leur le livre; **give me a few of ~** donnez m'en quelques uns (*or* quelques unes); *see also* **me**

**theme** [θi:m] *n* thème *m*

**theme park** *n* parc *m* à thème

**theme song** *n* chanson principale

**themselves** [ðəm'sɛlvz] *pl pron* (*reflexive*) se; (*emphatic, after prep*) eux-mêmes (elles-mêmes); **between ~** entre eux (elles); *see also* **oneself**

**then** [ðɛn] *adv* (*at that time*) alors, à ce moment-

là; (*next*) puis, ensuite; (*and also*) et puis ▷ *conj* (*therefore*) alors, dans ce cas ▷ *adj*: **the ~ president** le président d'alors *or* de l'époque; **by ~** (*past*) à ce moment-là; (*future*) d'ici là; **from ~ on** dès lors; **before ~** avant; **until ~** jusqu'à ce moment-là, jusque-là; **and ~ what?** et puis après?; **what do you want me to do ~?** (*afterwards*) que veux-tu que je fasse ensuite?; (*in that case*) bon alors, qu'est-ce que je fais?

**theologian** [θɪə'ləudʒən] *n* théologien(ne)

**theological** [θɪə'lɔdʒɪkl] *adj* théologique

**theology** [θɪ'ɔlədʒɪ] *n* théologie *f*

**theorem** ['θɪərəm] *n* théorème *m*

**theoretical** [θɪə'rɛtɪkl] *adj* théorique

**theorize** ['θɪəraɪz] *vi* élaborer une théorie; (*pej*) faire des théories

**theory** ['θɪərɪ] *n* théorie *f*

**therapeutic** [θɛrə'pju:tɪk] *adj* thérapeutique

**therapist** ['θɛrəpɪst] *n* thérapeute *m/f*

**therapy** ['θɛrəpɪ] *n* thérapie *f*

🔘 **KEYWORD**

**there** [ðɛəʳ] *adv* **1**: **there is, there are** il y a; **there are 3 of them** (*people, things*) il y en a 3; **there is no-one here/no bread left** il n'y a personne/il n'y a plus de pain; **there has been an accident** il y a eu un accident
**2** (*referring to place*) là, là-bas; **it's there** c'est là(-bas); **in/on/up/down there** là-dedans/là-dessus/là-haut/en bas; **he went there on Friday** il y est allé vendredi; **to go there and back** faire l'aller-retour; **I want that book there** je veux ce livre-là; **there he is!** le voilà!
**3**: **there, there** (*esp to child*) allons, allons!

**thereabouts** ['ðɛərə'bauts] *adv* (*place*) par là, près de là; (*amount*) environ, à peu près

**thereafter** [ðɛər'ɑ:ftəʳ] *adv* par la suite

**thereby** ['ðɛəbaɪ] *adv* ainsi

**therefore** ['ðɛəfɔ:ʳ] *adv* donc, par conséquent

**there's** ['ðɛəz] = **there is; there has**

**thereupon** [ðɛərə'pɔn] *adv* (*at that point*) sur ce; (*formal: on that subject*) à ce sujet

**thermal** ['θə:ml] *adj* thermique; **~ paper/printer** papier *m*/imprimante *f* thermique; **~ underwear** sous-vêtements *mpl* en Thermolactyl®

**thermodynamics** ['θə:mədaɪ'næmɪks] *n* thermodynamique *f*

**thermometer** [θə'mɔmɪtəʳ] *n* thermomètre *m*

**thermonuclear** ['θə:məu'nju:klɪəʳ] *adj* thermonucléaire

**Thermos®** ['θə:məs] *n* (*also*: **Thermos flask**) thermos® *m or f inv*

**thermostat** ['θə:məustæt] *n* thermostat *m*

**thesaurus** [θɪ'sɔ:rəs] *n* dictionnaire *m* synonymique

**these** [ði:z] *pl pron* ceux-ci (celles-ci) ▷ *pl adj* ces; (*not those*): **~ books** ces livres-ci

**thesis** (*pl* **theses**) ['θi:sɪs, 'θi:si:z] *n* thèse *f*

**they** [ðeɪ] *pl pron* ils (elles); (*stressed*) eux (elles); **~**

**t**

**say that ...** (*it is said that*) on dit que ...
**they'd** [ðeɪd] = **they had; they would**
**they'll** [ðeɪl] = **they shall; they will**
**they're** [ðɛəʳ] = **they are**
**they've** [ðeɪv] = **they have**
**thick** [θɪk] *adj* épais(se); (*crowd*) dense; (*stupid*) bête, borné(e) ▷ *n*: **in the ~ of** au beau milieu de, en plein cœur de; **it's 20 cm ~** ça a 20 cm d'épaisseur
**thicken** ['θɪkn] *vi* s'épaissir ▷ *vt* (*sauce etc*) épaissir
**thicket** ['θɪkɪt] *n* fourré *m*, hallier *m*
**thickly** ['θɪklɪ] *adv* (*spread*) en couche épaisse; (*cut*) en tranches épaisses; **~ populated** à forte densité de population
**thickness** ['θɪknɪs] *n* épaisseur *f*
**thickset** [θɪk'sɛt] *adj* trapu(e), costaud(e)
**thick-skinned** [θɪk'skɪnd] *adj* (*fig*) peu sensible
**thief** (*pl* **thieves**) [θiːf, θiːvz] *n* voleur(-euse)
**thieving** ['θiːvɪŋ] *n* vol *m* (*larcin*)
**thigh** [θaɪ] *n* cuisse *f*
**thighbone** ['θaɪbəun] *n* fémur *m*
**thimble** ['θɪmbl] *n* dé *m* (à coudre)
**thin** [θɪn] *adj* mince; (*skinny*) maigre; (*soup*) peu épais(se); (*hair, crowd*) clairsemé(e); (*fog*) léger(-ère) ▷ *vt* (*hair*) éclaircir; (*also*: **thin down**: *sauce, paint*) délayer ▷ *vi* (*fog*) s'éclaircir; (*also*: **thin out**: *crowd*) se disperser; **his hair is ~ning** il se dégarnit
**thing** [θɪŋ] *n* chose *f*; (*object*) objet *m*; (*contraption*) truc *m*; **things** *npl* (*belongings*) affaires *fpl*; **first ~ (in the morning)** à la première heure, tout de suite (le matin); **last ~ (at night), he ...** juste avant de se coucher, il ...; **the ~ is ...** c'est que ...; **for one ~** d'abord; **the best ~ would be to** le mieux serait de; **how are ~s?** comment ça va?; **to have a ~ about** (*be obsessed by*) être obsédé(e) par; (*hate*) détester; **poor ~!** le (*or* la) pauvre!
**think** (*pt, pp* **thought**) [θɪŋk, θɔːt] *vi* penser, réfléchir ▷ *vt* penser, croire; (*imagine*) s'imaginer; **to ~ of** penser à; **what do you ~ of it?** qu'en pensez-vous?; **what did you ~ of them?** qu'avez-vous pensé d'eux?; **to ~ about sth/sb** penser à qch/qn; **I'll ~ about it** je vais y réfléchir; **to ~ of doing** avoir l'idée de faire; **I ~ so/not** je crois *or* pense que oui/non; **to ~ well of** avoir une haute opinion de; **~ again!** attention, réfléchis bien!; **to ~ aloud** penser tout haut
▶ **think out** *vt* (*plan*) bien réfléchir à; (*solution*) trouver
▶ **think over** *vt* bien réfléchir à; **I'd like to ~ things over** (*offer, suggestion*) j'aimerais bien y réfléchir un peu
▶ **think through** *vt* étudier dans tous les détails
▶ **think up** *vt* inventer, trouver
**thinking** ['θɪŋkɪŋ] *n*: **to my (way of) ~** selon moi
**think tank** *n* groupe *m* de réflexion
**thinly** ['θɪnlɪ] *adv* (*cut*) en tranches fines; (*spread*) en couche mince
**thinness** ['θɪnnɪs] *n* minceur *f*; maigreur *f*
**third** [θəːd] *num* troisième ▷ *n* troisième *m/f*; (*fraction*) tiers *m*; (*Aut*) troisième (vitesse) *f*; (*Brit Scol: degree*) ≈ licence *f* avec mention passable; **a ~ of** le tiers de
**third-degree burns** ['θəːddɪgriː-] *npl* brûlures *fpl* au troisième degré
**thirdly** ['θəːdlɪ] *adv* troisièmement
**third party insurance** *n* (*Brit*) assurance *f* au tiers
**third-rate** ['θəːd'reɪt] *adj* de qualité médiocre
**Third World** *n*: **the ~** le Tiers-Monde
**thirst** [θəːst] *n* soif *f*
**thirsty** ['θəːstɪ] *adj* qui a soif, assoiffé(e); (*work*) qui donne soif; **to be ~** avoir soif
**thirteen** [θəː'tiːn] *num* treize
**thirteenth** [-'tiːnθ] *num* treizième
**thirtieth** ['θəːtɪɪθ] *num* trentième
**thirty** ['θəːtɪ] *num* trente

🅞 KEYWORD

**this** [ðɪs] *adj* (*demonstrative: pl* **these**) ce, cet + *vowel or h mute*, cette *f*; **this man/woman/book** cet homme/cette femme/ce livre; (*not that*) cet homme-ci/cette femme-ci/ce livre-ci; **this one** celui-ci (celle-ci); **this time** cette fois-ci; **this time last year** l'année dernière à la même époque; **this way** (*in this direction*) par ici; (*in this fashion*) de cette façon, ainsi
▷ *pron* (*demonstrative: pl* **these**) ce; (*not that one*) celui-ci (celle-ci), ceci; **who's this?** qui est-ce?; **what's this?** qu'est-ce que c'est?; **I prefer this to that** je préfère ceci à cela; **they were talking of this and that** ils parlaient de choses et d'autres; **this is where I live** c'est ici que j'habite; **this is what he said** voici ce qu'il a dit; **this is Mr Brown** (*in introductions*) je vous présente Mr Brown; (*in photo*) c'est Mr Brown; (*on telephone*) ici Mr Brown
▷ *adv* (*demonstrative*): **it was about this big** c'était à peu près de cette grandeur *or* grand comme ça; **I didn't know it was this bad** je ne savais pas que c'était si *or* aussi mauvais

**thistle** ['θɪsl] *n* chardon *m*
**thong** [θɔŋ] *n* lanière *f*
**thorn** [θɔːn] *n* épine *f*
**thorny** ['θɔːnɪ] *adj* épineux(-euse)
**thorough** ['θʌrə] *adj* (*search*) minutieux(-euse); (*knowledge, research*) approfondi(e); (*work, person*) consciencieux(-euse); (*cleaning*) à fond
**thoroughbred** ['θʌrəbrɛd] *n* (*horse*) pur-sang *m inv*
**thoroughfare** ['θʌrəfɛəʳ] *n* rue *f*; **"no ~"** (*Brit*) "passage interdit"
**thoroughgoing** ['θʌrəgəuɪŋ] *adj* (*analysis*) approfondi(e); (*reform*) profond(e)
**thoroughly** ['θʌrəlɪ] *adv* (*search*) minutieusement; (*study*) en profondeur; (*clean*) à fond; (*very*) tout à fait; **he ~ agreed** il était tout à fait d'accord
**thoroughness** ['θʌrənɪs] *n* soin (méticuleux)
**those** [ðəuz] *pl pron* ceux-là (celles-là) ▷ *pl adj*

ces; (not these): ~ **books** ces livres-là

**though** [ðəu] conj bien que + sub, quoique + sub ▷ adv pourtant; **even** ~ quand bien même + conditional; **it's not easy,** ~ pourtant, ce n'est pas facile

**thought** [θɔːt] pt, pp of **think** ▷ n pensée f; (idea) idée f; (opinion) avis m; (intention) intention f; **after much** ~ après mûre réflexion; **I've just had a** ~ je viens de penser à quelque chose; **to give sth some** ~ réfléchir à qch

**thoughtful** ['θɔːtful] adj (deep in thought) pensif(-ive); (serious) réfléchi(e); (considerate) prévenant(e)

**thoughtfully** ['θɔːtfəlɪ] adv pensivement; avec prévenance

**thoughtless** ['θɔːtlɪs] adj qui manque de considération

**thoughtlessly** ['θɔːtlɪslɪ] adv inconsidérément

**thought-provoking** ['θɔːtprəvəukɪŋ] adj stimulant(e)

**thousand** ['θauzənd] num mille; **one** ~ mille; **two** ~ deux mille; **~s of** des milliers de

**thousandth** ['θauzəntθ] num millième

**thrash** [θræʃ] vt rouer de coups; (as punishment) donner une correction à; (inf: defeat) battre à plate(s) couture(s)

▶ **thrash about** vi se débattre

▶ **thrash out** vt débattre de

**thrashing** ['θræʃɪŋ] n: **to give sb a** ~; **= to thrash sb**

**thread** [θrɛd] n fil m; (of screw) pas m, filetage m ▷ vt (needle) enfiler; **to** ~ **one's way between** se faufiler entre

**threadbare** ['θrɛdbɛəʳ] adj râpé(e), élimé(e)

**threat** [θrɛt] n menace f; **to be under** ~ **of** être menacé(e) de

**threaten** ['θrɛtn] vi (storm) menacer ▷ vt: **to** ~ **sb with sth/to do** menacer qn de qch/de faire

**threatening** ['θrɛtnɪŋ] adj menaçant(e)

**three** [θriː] num trois

**three-dimensional** [θriːdɪ'mɛnʃənl] adj à trois dimensions; (film) en relief

**threefold** ['θriːfəuld] adv: **to increase** ~ tripler

**three-piece suit** ['θriːpiːs-] n complet m (avec gilet)

**three-piece suite** n salon m (canapé et deux fauteuils)

**three-ply** [θriː'plaɪ] adj (wood) à trois épaisseurs; (wool) trois fils inv

**three-quarters** [θriː'kwɔːtəz] npl trois-quarts mpl; ~ **full** aux trois-quarts plein

**three-wheeler** [θriː'wiːləʳ] n (car) voiture f à trois roues

**thresh** [θrɛʃ] vt (Agr) battre

**threshing machine** ['θrɛʃɪŋ-] n batteuse f

**threshold** ['θrɛʃhəuld] n seuil m; **to be on the** ~ **of** (fig) être au seuil de

**threshold agreement** n (Econ) accord m d'indexation des salaires

**threw** [θruː] pt of **throw**

**thrift** [θrɪft] n économie f

**thrifty** ['θrɪftɪ] adj économe

**thrill** [θrɪl] n (excitement) émotion f, sensation forte; (shudder) frisson m ▷ vi tressaillir, frissonner ▷ vt (audience) électriser

**thrilled** [θrɪld] adj: ~ **(with)** ravi(e) de

**thriller** ['θrɪləʳ] n film m (or roman m or pièce f) à suspense

**thrilling** ['θrɪlɪŋ] adj (book, play etc) saisissant(e); (news, discovery) excitant(e)

**thrive** (pt **-d** or **throve**, pp **-d** or **thriven**) [θraɪv, θrəuv, 'θrɪvn] vi pousser or se développer bien; (business) prospérer; **he ~s on it** cela lui réussit

**thriving** ['θraɪvɪŋ] adj vigoureux(-euse); (business, community) prospère

**throat** [θrəut] n gorge f; **to have a sore** ~ avoir mal à la gorge

**throb** [θrɔb] n (of heart) pulsation f; (of engine) vibration f; (of pain) élancement m ▷ vi (heart) palpiter; (engine) vibrer; (pain) lanciner; (wound) causer des élancements; **my head is ~bing** j'ai des élancements dans la tête

**throes** [θrəuz] npl: **in the** ~ **of** au beau milieu de; en proie à; **in the** ~ **of death** à l'agonie

**thrombosis** [θrɔm'bəusɪs] n thrombose f

**throne** [θrəun] n trône m

**throng** ['θrɔŋ] n foule f ▷ vt se presser dans

**throttle** ['θrɔtl] n (Aut) accélérateur m ▷ vt étrangler

**through** [θruː] prep à travers; (time) pendant, durant; (by means of) par, par l'intermédiaire de; (owing to) à cause de ▷ adj (ticket, train, passage) direct(e) ▷ adv à travers; **(from) Monday** ~ **Friday** (US) de lundi à vendredi; **to let sb** ~ laisser passer qn; **to put sb** ~ **to sb** (Tel) passer qn à qn; **to be** ~ (Brit; Tel) avoir la communication; (esp US: have finished) avoir fini; **"no** ~ **traffic"** (US) "passage interdit"; **"no** ~ **road"** (Brit) "impasse"

**throughout** [θruː'aut] prep (place) partout dans; (time) durant tout(e) le (la) ▷ adv partout

**throughput** ['θruːput] n (of goods, materials) quantité de matières premières utilisée; (Comput) débit m

**throve** [θrəuv] pt of **thrive**

**throw** [θrəu] n jet m; (Sport) lancer m ▷ vt (pt **threw,** pp **-n**) [θruː, θrəun] lancer, jeter; (Sport) lancer; (rider) désarçonner; (fig) déconcertancer; (pottery) tourner; **to** ~ **a party** donner une réception

▶ **throw about, throw around** vt (litter etc) éparpiller

▶ **throw away** vt jeter; (money) gaspiller

▶ **throw in** vt (Sport: ball) remettre en jeu; (include) ajouter

▶ **throw off** vt se débarrasser de

▶ **throw out** vt jeter; (reject) rejeter; (person) mettre à la porte

▶ **throw together** vt (clothes, meal etc) assembler à la hâte; (essay) bâcler

▶ **throw up** vi vomir

**throwaway** ['θrəuəweɪ] adj à jeter

**throwback** ['θrəubæk] n: **it's a** ~ **to** ça nous etc ramène à

**throw-in** [ˈθrəʊɪn] n (Sport) remise f en jeu
**thrown** [θrəʊn] pp of **throw**
**thru** [θruː] (US) = **through**
**thrush** [θrʌʃ] n (Zool) grive f; (Med: esp in children) muguet m; (: in women: Brit) muguet vaginal
**thrust** [θrʌst] n (Tech) poussée f ▷ vt (pt, pp **thrust**) pousser brusquement; (push in) enfoncer
**thrusting** [ˈθrʌstɪŋ] adj dynamique; qui se met trop en avant
**thud** [θʌd] n bruit sourd
**thug** [θʌg] n voyou m
**thumb** [θʌm] n (Anat) pouce m ▷ vt (book) feuilleter; **to ~ a lift** faire de l'auto-stop, arrêter une voiture; **to give sb/sth the ~s up/~s down** donner/refuser de donner le feu vert à qn/qch
▶ **thumb through** vt (book) feuilleter
**thumb index** n répertoire m (à onglets)
**thumbnail** [ˈθʌmneɪl] n ongle m du pouce
**thumbnail sketch** n croquis m
**thumbtack** [ˈθʌmtæk] n (US) punaise f (clou)
**thump** [θʌmp] n grand coup; (sound) bruit sourd ▷ vt cogner sur ▷ vi cogner, frapper
**thunder** [ˈθʌndər] n tonnerre m ▷ vi tonner; (train etc): **to ~ past** passer dans un grondement or un bruit de tonnerre
**thunderbolt** [ˈθʌndəbəʊlt] n foudre f
**thunderclap** [ˈθʌndəklæp] n coup m de tonnerre
**thunderous** [ˈθʌndrəs] adj étourdissant(e)
**thunderstorm** [ˈθʌndəstɔːm] n orage m
**thunderstruck** [ˈθʌndəstrʌk] adj (fig) abasourdi(e)
**thundery** [ˈθʌndərɪ] adj orageux(-euse)
**Thursday** [ˈθəːzdɪ] n jeudi m; see also **Tuesday**
**thus** [ðʌs] adv ainsi
**thwart** [θwɔːt] vt contrecarrer
**thyme** [taɪm] n thym m
**thyroid** [ˈθaɪrɔɪd] n thyroïde f
**tiara** [tɪˈɑːrə] n (woman's) diadème m
**Tibet** [tɪˈbɛt] n Tibet m
**Tibetan** [tɪˈbɛtən] adj tibétain(e) ▷ n Tibétain(e); (Ling) tibétain m
**tibia** [ˈtɪbɪə] n tibia m
**tic** [tɪk] n tic (nerveux)
**tick** [tɪk] n (sound: of clock) tic-tac m; (mark) coche f; (Zool) tique f; (Brit inf): **in a ~** dans un instant; (Brit inf: credit): **to buy sth on ~** acheter qch à crédit ▷ vi faire tic-tac ▷ vt (item on list) cocher; **to put a ~ against sth** cocher qch
▶ **tick off** vt (item on list) cocher; (person) réprimander, attraper
▶ **tick over** vi (Brit: engine) tourner au ralenti; (: fig) aller or marcher doucettement
**ticker tape** [ˈtɪkə-] n bande f de téléscripteur; (US: in celebrations) ≈ serpentin m
**ticket** [ˈtɪkɪt] n billet m; (for bus, tube) ticket m; (in shop: on goods) étiquette f; (: from cash register) reçu m, ticket; (for library) carte f; (also: **parking ticket**) contravention f, p.-v. m; (US Pol) liste électorale (soutenue par un parti); **to get a (parking) ~** (Aut) attraper une contravention (pour stationnement illégal)
**ticket agency** n (Theat) agence f de spectacles

**ticket barrier** n (Brit: Rail) portillon m automatique
**ticket collector** n contrôleur(-euse)
**ticket holder** n personne munie d'un billet
**ticket inspector** n contrôleur(-euse)
**ticket machine** n billetterie f automatique
**ticket office** n guichet m, bureau m de vente des billets
**tickle** [ˈtɪkl] n chatouillement m ▷ vi chatouiller ▷ vt chatouiller; (fig) plaire à; faire rire
**ticklish** [ˈtɪklɪʃ] adj (person) chatouilleux(-euse); (which tickles: blanket) qui chatouille; (: cough) qui irrite; (problem) épineux(-euse)
**tidal** [ˈtaɪdl] adj à marée
**tidal wave** n raz-de-marée m inv
**tidbit** [ˈtɪdbɪt] n (esp US) = **titbit**
**tiddlywinks** [ˈtɪdlɪwɪŋks] n jeu m de puce
**tide** [taɪd] n marée f; (fig: of events) cours m ▷ vt: **to ~ sb over** dépanner qn; **high/low ~** marée haute/basse
**tidily** [ˈtaɪdɪlɪ] adv avec soin, soigneusement
**tidiness** [ˈtaɪdɪnɪs] n bon ordre; goût m de l'ordre
**tidy** [ˈtaɪdɪ] adj (room) bien rangé(e); (dress, work) net (nette), soigné(e); (person) ordonné(e), qui a de l'ordre; (: in character) soigneux(-euse); (mind) méthodique ▷ vt (also: **tidy up**) ranger; **to ~ o.s. up** s'arranger
**tie** [taɪ] n (string kind) cordon m; (Brit: also: **necktie**) cravate f; (fig: link) lien m; (Sport: draw) égalité f de points; match nul; (: match) rencontre f; (US Rail) traverse f ▷ vt (parcel) attacher; (ribbon) nouer ▷ vi (Sport) faire match nul; finir à égalité de points; **"black/white ~"** "smoking/habit de rigueur"; **family ~s** liens de famille; **to ~ sth in a bow** faire un nœud à or avec qch; **to ~ a knot in sth** faire un nœud à qch
▶ **tie down** vt attacher; (fig): **to ~ sb down to** contraindre qn à accepter; **to feel ~d down** (by relationship) se sentir coincé(e)
▶ **tie in** vi: **to ~ in (with)** (correspond) correspondre (à)
▶ **tie on** vt (Brit: label etc) attacher (avec une ficelle)
▶ **tie up** vt (parcel) ficeler; (dog, boat) attacher; (prisoner) ligoter; (arrangements) conclure; **to be ~d up** (busy) être pris(e) ou occupé(e)
**tie-break** [ˈtaɪbreɪk], **tie-breaker** [ˈtaɪbreɪkər] n (Tennis) tie-break m; (in quiz) question f subsidiaire
**tie-on** [ˈtaɪɔn] adj (Brit: label) qui s'attache
**tie-pin** [ˈtaɪpɪn] n (Brit) épingle f de cravate
**tier** [tɪər] n gradin m; (of cake) étage m
**Tierra del Fuego** [tɪˈɛrədɛlˈfweɪgəʊ] n Terre f de Feu
**tie tack** n (US) épingle f de cravate
**tiff** [tɪf] n petite querelle
**tiger** [ˈtaɪgər] n tigre m
**tight** [taɪt] adj (rope) tendu(e), raide; (clothes) étroit(e), très juste; (budget, programme, bend) serré(e); (control) strict(e), sévère; (inf: drunk) ivre, rond(e) ▷ adv (squeeze) très fort; (shut) à bloc, hermétiquement; **to be packed ~** (suitcase)

être bourré(e); *(people)* être serré(e); **hold ~!** accrochez-vous bien!

**tighten** ['taɪtn] *vt (rope)* tendre; *(screw)* resserrer; *(control)* renforcer ▷ *vi* se tendre; se resserrer

**tightfisted** [taɪt'fɪstɪd] *adj* avare

**tight-lipped** ['taɪt'lɪpt] *adj:* **to be ~ (about sth)** *(silent)* ne pas desserrer les lèvres *or* les dents (au sujet de qch); **she was ~ with anger** elle pinçait les lèvres de colère

**tightly** ['taɪtlɪ] *adv (grasp)* bien, très fort

**tightrope** ['taɪtrəʊp] *n* corde *f* raide

**tights** [taɪts] *npl (Brit)* collant *m*

**tigress** ['taɪgrɪs] *n* tigresse *f*

**tilde** ['tɪldə] *n* tilde *m*

**tile** [taɪl] *n (on roof)* tuile *f*; *(on wall or floor)* carreau *m* ▷ *vt (floor, bathroom etc)* carreler

**tiled** [taɪld] *adj* en tuiles; carrelé(e)

**till** [tɪl] *n* caisse (enregistreuse) ▷ *vt (land)* cultiver ▷ *prep, conj* = **until**

**tiller** ['tɪlər] *n (Naut)* barre *f* (du gouvernail)

**tilt** [tɪlt] *vt* pencher, incliner ▷ *vi* pencher, être incliné(e) ▷ *n (slope)* inclinaison *f*; **to wear one's hat at a ~** porter son chapeau incliné sur le côté; **(at) full ~** à toute vitesse

**timber** ['tɪmbər] *n (material)* bois *m* de construction; *(trees)* arbres *mpl*

**time** [taɪm] *n* temps *m*; *(epoch: often pl)* époque *f*, temps; *(by clock)* heure *f*; *(moment)* moment *m*; *(occasion, also Math)* fois *f*; *(Mus)* mesure *f* ▷ *vt (race)* chronométrer; *(programme)* minuter; *(visit)* fixer; *(remark etc)* choisir le moment de; **a long ~** un long moment, longtemps; **four at a ~** quatre à la fois; **for the ~ being** pour le moment; **from ~ to ~** de temps en temps; **~ after ~, ~ and again** bien des fois; **at ~s** parfois; **in ~** *(soon enough)* à temps; *(after some time)* avec le temps, à la longue; *(Mus)* en mesure; **in a week's ~** dans une semaine; **in no ~** en un rien de temps; **any ~** n'importe quand; **on ~** à l'heure; **to be 30 minutes behind/ahead of ~** avoir 30 minutes de retard/d'avance; **by the ~ he arrived** quand il est arrivé, le temps qu'il arrive + *sub*; **5 ~s 5** 5 fois 5; **what ~ is it?** quelle heure est-il?; **what ~ do you make it?** quelle heure avez-vous?; **what ~ is the museum/ shop open?** à quelle heure ouvre le musée/ magasin?; **to have a good ~** bien s'amuser; **we** *(or they etc)* **had a hard ~** ça a été difficile or pénible; **~'s up!** c'est l'heure!; **I've no ~ for it** *(fig)* cela m'agace; **he'll do it in his own (good) ~** *(without being hurried)* il le fera quand il en aura le temps; **he'll do it in** *or (US)* **on his own ~** *(out of working hours)* il le fera à ses heures perdues; **to be behind the ~s** retarder (sur son temps)

**time-and-motion study** ['taɪmənd'məʊʃən-] *n* étude *f* des cadences

**time bomb** *n* bombe *f* à retardement

**time clock** *n* horloge pointeuse

**time-consuming** ['taɪmkənsjuːmɪŋ] *adj* qui prend beaucoup de temps

**time difference** *n* décalage *m* horaire

**time frame** *n* délais *mpl*

**time-honoured**, *(US)* **time-honored** ['taɪmɔnəd] *adj* consacré(e)

**timekeeper** ['taɪmkiːpər] *n (Sport)* chronomètre *m*

**time lag** *n (Brit)* décalage *m*; *(: in travel)* décalage horaire

**timeless** ['taɪmlɪs] *adj* éternel(le)

**time limit** *n* limite *f* de temps, délai *m*

**timely** ['taɪmlɪ] *adj* opportun(e)

**time off** *n* temps *m* libre

**timer** ['taɪmər] *n (in kitchen)* compte-minutes *m inv*; *(Tech)* minuteur *m*

**time-saving** ['taɪmseɪvɪŋ] *adj* qui fait gagner du temps

**timescale** ['taɪmskeɪl] *n* délais *mpl*

**time-share** ['taɪmʃɛər] *n* maison *f*/ appartement *m* en multipropriété

**time-sharing** ['taɪmʃɛərɪŋ] *n (Comput)* temps partagé

**time sheet** *n* feuille *f* de présence

**time signal** *n* signal *m* horaire

**time switch** *n (Brit)* minuteur *m*; *(: for lighting)* minuterie *f*

**timetable** ['taɪmteɪbl] *n (Rail)* (indicateur *m*) horaire *m*; *(Scol)* emploi *m* du temps; *(programme of events etc)* programme *m*

**time zone** *n* fuseau *m* horaire

**timid** ['tɪmɪd] *adj* timide; *(easily scared)* peureux(-euse)

**timidity** [tɪ'mɪdɪtɪ] *n* timidité *f*

**timing** ['taɪmɪŋ] *n* minutage *m*; *(Sport)* chronométrage *m*; **the ~ of his resignation** le moment choisi pour sa démission

**timing device** *n (on bomb)* mécanisme *m* de retardement

**timpani** ['tɪmpənɪ] *npl* timbales *fpl*

**tin** [tɪn] *n* étain *m*; *(also:* **tin plate***)* fer-blanc *m*; *(Brit: can)* boîte *f* (de conserve); *(: for baking)* moule *m* (à gâteau); *(for storage)* boîte *f*; **a ~ of paint** un pot de peinture

**tinfoil** ['tɪnfɔɪl] *n* papier *m* d'étain *or* d'aluminium

**tinge** [tɪndʒ] *n* nuance *f* ▷ *vt:* **~d with** teinté(e) de

**tingle** ['tɪŋgl] *n* picotement *m*; frisson *m* ▷ *vi* picoter; *(person)* avoir des picotements

**tinker** ['tɪŋkər] *n* rétameur ambulant; *(gipsy)* romanichel *m*

▷ **tinker with** *vt fus* bricoler, rafistoler

**tinkle** ['tɪŋkl] *vi* tinter ▷ *n (inf):* **to give sb a ~** passer un coup de fil à qn

**tin mine** *n* mine *f* d'étain

**tinned** [tɪnd] *adj (Brit: food)* en boîte, en conserve

**tinnitus** ['tɪnɪtəs] *n (Med)* acouphène *m*

**tinny** ['tɪnɪ] *adj* métallique

**tin opener** [-'əʊpnər] *n (Brit)* ouvre-boîte(s) *m*

**tinsel** ['tɪnsl] *n* guirlandes *fpl* de Noël *(argentées)*

**tint** [tɪnt] *n* teinte *f*; *(for hair)* shampooing colorant ▷ *vt (hair)* faire un shampooing colorant à

**tinted** ['tɪntɪd] *adj (hair)* teint(e); *(spectacles, glass)* teinté(e)

**tiny** ['taɪnɪ] *adj* minuscule

**tip** [tɪp] *n (end)* bout *m*; *(protective: on umbrella etc)*

embout *m*; (*gratuity*) pourboire *m*; (*Brit: for coal*)
terril *m*; (*Brit: for rubbish*) décharge *f*; (*advice*)
tuyau *m* ▷ *vt* (*waiter*) donner un pourboire à;
(*tilt*) incliner; (*overturn: also:* **tip over**) renverser;
(*empty: also:* **tip out**) déverser; (*predict: winner etc*)
pronostiquer; **he ~ped out the contents of
the box** il a vidé le contenu de la boîte; **how
much should I ~?** combien de pourboire est-ce
qu'il faut laisser?
▸ **tip off** *vt* prévenir, avertir
**tip-off** ['tɪpɒf] *n* (*hint*) tuyau *m*
**tipped** ['tɪpt] *adj* (*Brit: cigarette*) (à bout) filtre *inv*;
**steel-~** à bout métallique, à embout de métal
**Tipp-Ex®** ['tɪpɛks] *n* (*Brit*) Tipp-Ex® *m*
**tipple** ['tɪpl] (*Brit*) *vi* picoler ▷ *n*: **to have a ~**
boire un petit coup
**tipster** ['tɪpstə[r]] *n* (*Racing*) pronostiqueur *m*
**tipsy** ['tɪpsɪ] *adj* un peu ivre, éméché(e)
**tiptoe** ['tɪptəʊ] *n*: **on ~** sur la pointe des pieds
**tiptop** ['tɪptɒp] *adj*: **in ~ condition** en excellent
état
**tirade** [taɪ'reɪd] *n* diatribe *f*
**tire** ['taɪə[r]] *n* (*US*) = **tyre** ▷ *vt* fatiguer ▷ *vi* se
fatiguer
▸ **tire out** *vt* épuiser
**tired** ['taɪəd] *adj* fatigué(e); **to be/feel/look ~**
être/se sentir/avoir l'air fatigué; **to be ~ of** en
avoir assez de, être las (lasse) de
**tiredness** ['taɪədnɪs] *n* fatigue *f*
**tireless** ['taɪəlɪs] *adj* infatigable, inlassable
**tire pressure** (*US*) = **tyre pressure**
**tiresome** ['taɪsəm] *adj* ennuyeux(-euse)
**tiring** ['taɪərɪŋ] *adj* fatigant(e)
**tissue** ['tɪʃuː] *n* tissu *m*; (*paper handkerchief*)
mouchoir *m* en papier, kleenex® *m*
**tissue paper** *n* papier *m* de soie
**tit** [tɪt] *n* (*bird*) mésange *f*; (*inf: breast*) nichon *m*;
**to give ~ for tat** rendre coup pour coup
**titanium** [tɪ'teɪnɪəm] *n* titane *m*
**titbit** ['tɪtbɪt] *n* (*food*) friandise *f*; (*before meal*)
amuse-gueule *m inv*; (*news*) potin *m*
**titillate** ['tɪtɪleɪt] *vt* titiller, exciter
**titivate** ['tɪtɪveɪt] *vt* pomponner
**title** ['taɪtl] *n* titre *m*; (*Law: right*): **~ (to)** droit *m* (à)
**title deed** *n* (*Law*) titre (constitutif) de propriété
**title page** *n* page *f* de titre
**title role** *n* rôle principal
**titter** ['tɪtə[r]] *vi* rire (bêtement)
**tittle-tattle** ['tɪtltætl] *n* bavardages *mpl*
**titular** ['tɪtjʊlə[r]] *adj* (*in name only*) nominal(e)
**tizzy** ['tɪzɪ] *n*: **to be in a ~** être dans tous ses états
**T-junction** ['tiː'dʒʌŋkʃən] *n* croisement *m* en T
**TM** *n abbr* = **trademark; transcendental
meditation**
**TN** *abbr* (*US*) = **Tennessee**
**TNT** *n abbr* (= *trinitrotoluene*) TNT *m*

⬤ KEYWORD

**to** [tuː, tə] *prep* (*with noun/pronoun*) **1** (*direction*) à;
(*towards*) vers; envers; **to go to France/
Portugal/London/school** aller en France/au

Portugal/à Londres/à l'école; **to go to
Claude's/the doctor's** aller chez Claude/le
docteur; **the road to Edinburgh** la route
d'Édimbourg
**2** (*as far as*) (jusqu')à; **to count to 10** compter
jusqu'à 10; **from 40 to 50 people** de 40 à 50
personnes
**3** (*with expressions of time*): **a quarter to 5** 5
heures moins le quart; **it's twenty to 3** il est 3
heures moins vingt
**4** (*for, of*) de; **the key to the front door** la clé de
la porte d'entrée; **a letter to his wife** une lettre
(adressée) à sa femme
**5** (*expressing indirect object*) à; **to give sth to sb**
donner qch à qn; **to talk to sb** parler à qn; **it
belongs to him** cela lui appartient, c'est à lui;
**to be a danger to sb** être dangereux(-euse)
pour qn
**6** (*in relation to*) à; **3 goals to 2** 3 (buts) à 2; **30
miles to the gallon** ≈ 9,4 litres aux cent (km)
**7** (*purpose, result*): **to come to sb's aid** venir au
secours de qn, porter secours à qn; **to sentence
sb to death** condamner qn à mort; **to my
surprise** à ma grande surprise
▷ *prep* (*with vb*) **1** (*simple infinitive*): **to go/eat**
aller/manger
**2** (*following another vb*): **to want/try/start to do**
vouloir/essayer de/commencer à faire
**3** (*with vb omitted*): **I don't want to** je ne veux
pas
**4** (*purpose, result*) pour; **I did it to help you** je l'ai
fait pour vous aider
**5** (*equivalent to relative clause*): **I have things to do**
j'ai des choses à faire; **the main thing is to try**
l'important est d'essayer
**6** (*after adjective etc*): **ready to go** prêt(e) à partir;
**too old/young to ...** trop vieux/jeune pour ...
▷ *adv*: **push/pull the door to** tirez/poussez la
porte; **to go to and fro** aller et venir

**toad** [təʊd] *n* crapaud *m*
**toadstool** ['təʊdstuːl] *n* champignon
(vénéneux)
**toady** ['təʊdɪ] *vi* flatter bassement
**toast** [təʊst] *n* (*Culin*) pain grillé, toast *m*; (*drink,
speech*) toast ▷ *vt* (*Culin*) faire griller; (*drink to*)
porter un toast à; **a piece** *or* **slice of ~** un toast
**toaster** ['təʊstə[r]] *n* grille-pain *m inv*
**toastmaster** ['təʊstmɑːstə[r]] *n* animateur *m*
pour réceptions
**toast rack** *n* porte-toast *m inv*
**tobacco** [tə'bækəʊ] *n* tabac *m*; **pipe ~** tabac à
pipe
**tobacconist** [tə'bækənɪst] *n* marchand(e) de
tabac; **~'s (shop)** (bureau *m* de) tabac *m*
**Tobago** [tə'beɪgəʊ] *n* see **Trinidad and Tobago**
**toboggan** [tə'bɒgən] *n* toboggan *m*; (*child's*)
luge *f*
**today** [tə'deɪ] *adv, n* (*also fig*) aujourd'hui (*m*);
**what day is it ~?** quel jour sommes-nous
aujourd'hui?; **what date is it ~?** quelle est la
date aujourd'hui?; **~ is the 4th of March**

aujourd'hui nous sommes le 4 mars; **a week ago** ~ il y a huit jours aujourd'hui

**toddler** ['tɔdlə<sup>r</sup>] n enfant m/f qui commence à marcher, bambin m

**toddy** ['tɔdɪ] n grog m

**to-do** [tə'du:] n (fuss) histoire f, affaire f

**toe** [təu] n doigt m de pied, orteil m; (of shoe) bout m ▷ vt: **to ~ the line** (fig) obéir, se conformer; **big ~** gros orteil; **little ~** petit orteil

**TOEFL** n abbr = **Test(ing) of English as a Foreign Language**

**toehold** ['təuhəuld] n prise f

**toenail** ['təuneɪl] n ongle m de l'orteil

**toffee** ['tɔfɪ] n caramel m

**toffee apple** n (Brit) pomme caramélisée

**tofu** ['təufu:] n fromage m de soja

**toga** ['təugə] n toge f

**together** [tə'gɛðə<sup>r</sup>] adv ensemble; (at same time) en même temps; **~ with** (prep) avec

**togetherness** [tə'gɛðənɪs] n camaraderie f; intimité f

**toggle switch** ['tɔgl-] n (Comput) interrupteur m à bascule

**Togo** ['təugəu] n Togo m

**togs** [tɔgz] npl (inf: clothes) fringues fpl

**toil** [tɔɪl] n dur travail, labeur m ▷ vi travailler dur; peiner

**toilet** ['tɔɪlət] n (Brit: lavatory) toilettes fpl, cabinets mpl ▷ cpd (bag, soap etc) de toilette; **to go to the ~** aller aux toilettes; **where's the ~?** où sont les toilettes?

**toilet bag** n (Brit) nécessaire m de toilette

**toilet bowl** n cuvette f des W.-C.

**toilet paper** n papier m hygiénique

**toiletries** ['tɔɪlətrɪz] npl articles mpl de toilette

**toilet roll** n rouleau m de papier hygiénique

**toilet water** n eau f de toilette

**to-ing and fro-ing** ['tu:ɪŋən'frəuɪŋ] n (Brit) allées et venues fpl

**token** ['təukən] n (sign) marque f, témoignage m; (metal disc) jeton m; (voucher) bon m, coupon m ▷ adj (fee, strike) symbolique; **by the same ~** (fig) de même; **book/record ~** (Brit) chèque-livre/-disque m

**tokenism** ['təukənɪzəm] n (Pol): **it's just ~** c'est une politique de pure forme

**Tokyo** ['təukjəu] n Tokyo

**told** [təuld] pt, pp of **tell**

**tolerable** ['tɔlərəbl] adj (bearable) tolérable; (fairly good) passable

**tolerably** ['tɔlərəblɪ] adv: **~ good** tolérable

**tolerance** ['tɔlərns] n (also Tech) tolérance f

**tolerant** ['tɔlərnt] adj: **~ (of)** tolérant(e) (à l'égard de)

**tolerate** ['tɔləreɪt] vt supporter; (Med,: Tech) tolérer

**toleration** [tɔlə'reɪʃən] n tolérance f

**toll** [təul] n (tax, charge) péage m ▷ vi (bell) sonner; **the accident ~ on the roads** le nombre des victimes de la route

**tollbridge** ['təulbrɪdʒ] n pont m à péage

**toll call** n (US Tel) appel m (à) longue distance

**toll-free** ['təul'fri:] adj (US) gratuit(e) ▷ adv gratuitement

**tomato** [tə'mɑ:təu] (pl **-es**) n tomate f

**tomato sauce** n sauce f tomate

**tomb** [tu:m] n tombe f

**tombola** [tɔm'bəulə] n tombola f

**tomboy** ['tɔmbɔɪ] n garçon manqué

**tombstone** ['tu:mstəun] n pierre tombale

**tomcat** ['tɔmkæt] n matou m

**tomorrow** [tə'mɔrəu] adv, n (also fig) demain (m); **the day after ~** après-demain; **a week ~** demain en huit; **~ morning** demain matin

**ton** [tʌn] n tonne f (Brit: = 1016 kg; US = 907 kg; metric = 1000 kg); (Naut: also: **register ton**) tonneau m (= 2.83 cu.m); **~s of** (inf) des tas de

**tonal** ['təunl] adj tonal(e)

**tone** [təun] n ton m; (of radio, Brit Tel) tonalité f ▷ vi (also: **tone in**) s'harmoniser
  ▶ **tone down** vt (colour, criticism) adoucir; (sound) baisser
  ▶ **tone up** vt (muscles) tonifier

**tone-deaf** [təun'dɛf] adj qui n'a pas d'oreille

**toner** ['təunə<sup>r</sup>] n (for photocopier) encre f

**Tonga** [tɔŋə] n îles fpl Tonga

**tongs** [tɔŋz] npl (for sugar) pinces fpl; (for coal) pincettes fpl; (for hair) fer m à friser

**tongue** [tʌŋ] n langue f; **~ in cheek** (adv) ironiquement

**tongue-tied** ['tʌŋtaɪd] adj (fig) muet(te)

**tonic** ['tɔnɪk] n (Med) tonique m; (Mus) tonique f; (also: **tonic water**) Schweppes® m

**tonight** [tə'naɪt] adv, n cette nuit; (this evening) ce soir; **(I'll) see you ~!** à ce soir!

**tonnage** ['tʌnɪdʒ] n (Naut) tonnage m

**tonne** [tʌn] n (Brit: metric ton) tonne f

**tonsil** ['tɔnsl] n amygdale f; **to have one's ~s out** se faire opérer des amygdales

**tonsillitis** [tɔnsɪ'laɪtɪs] n amygdalite f; **to have ~** avoir une angine or une amygdalite

**too** [tu:] adv (excessively) trop; (also) aussi; **it's ~ sweet** c'est trop sucré; **I went ~** moi aussi, j'y suis allé; **~ much** (as adv) trop; (as adj) trop de; **~ many** (adj) trop de; **~ bad!** tant pis!

**took** [tuk] pt of **take**

**tool** [tu:l] n outil m; (fig) instrument m ▷ vt travailler, ouvrager

**tool box** n boîte f à outils

**tool kit** n trousse f à outils

**toot** [tu:t] n coup m de sifflet (or de klaxon) ▷ vi siffler; (with car-horn) klaxonner

**tooth** (pl **teeth**) [tu:θ, ti:θ] n (Anat, Tech) dent f; **to have a ~ out** or (US) **pulled** se faire arracher une dent; **to brush one's teeth** se laver les dents; **by the skin of one's teeth** (fig) de justesse

**toothache** ['tu:θeɪk] n mal m de dents; **to have ~** avoir mal aux dents

**toothbrush** ['tu:θbrʌʃ] n brosse f à dents

**toothpaste** ['tu:θpeɪst] n (pâte f) dentifrice m

**toothpick** ['tu:θpɪk] n cure-dent m

**tooth powder** n poudre f dentifrice

**top** [tɔp] n (of mountain, head) sommet m; (of page, ladder, queue) haut m; (of list, queue) commencement m;

**t**

833

(of box, cupboard, table) dessus m; (lid: of box, jar) couvercle m; (: of bottle) bouchon m; (toy) toupie f; (Dress: blouse etc) haut; (: of pyjamas) veste f ▷ adj du haut; (in rank) premier(-ière); (best) meilleur(e) ▷ vt (exceed) dépasser; (be first in) être en tête de; **at the ~ of the stairs/page/street** en haut de l'escalier/de la page/de la rue; **from ~ to bottom** de fond en comble; **on ~ of** sur; (in addition to) en plus de; **from ~ to toe** (Brit) de la tête aux pieds; **at the ~ of the list** en tête de liste; **at the ~ of one's voice** à tue-tête; **at ~ speed** à toute vitesse; **over the ~** (inf: behaviour etc) qui dépasse les limites
▶ **top up** (Brit), **top off** vt (bottle) remplir; (salary) compléter; **to ~ up one's mobile (phone)** recharger son compte

**topaz** ['təupæz] n topaze f

**top-class** ['tɔp'klɑːs] adj de première classe; (Sport) de haute compétition

**topcoat** ['tɔpkəut] n pardessus m

**topflight** ['tɔpflaɪt] adj excellent(e)

**top floor** n dernier étage

**top hat** n haut-de-forme m

**top-heavy** [tɔp'hɛvɪ] adj (object) trop lourd(e) du haut

**topic** ['tɔpɪk] n sujet m, thème m

**topical** ['tɔpɪkl] adj d'actualité

**topless** ['tɔplɪs] adj (bather etc) aux seins nus; **~ swimsuit** monokini m

**top-level** ['tɔplɛvl] adj (talks) à l'échelon le plus élevé

**topmost** ['tɔpməust] adj le (la) plus haut(e)

**top-notch** ['tɔp'nɔtʃ] adj (inf) de premier ordre

**topography** [tə'pɔgrəfɪ] n topographie f

**topping** ['tɔpɪŋ] n (Culin) couche de crème, fromage etc qui recouvre un plat

**topple** ['tɔpl] vt renverser, faire tomber ▷ vi basculer; tomber

**top-ranking** ['tɔpræŋkɪŋ] adj très haut placé(e)

**top-secret** ['tɔp'siːkrɪt] adj ultra-secret(-ète)

**top-security** ['tɔpsə'kjuərɪtɪ] adj (Brit) de haute sécurité

**topsy-turvy** ['tɔpsɪ'tɜːvɪ] adj, adv sens dessus-dessous

**top-up** ['tɔpʌp] n (for mobile phone) recharge f, minutes fpl; **would you like a ~?** je vous en remets or rajoute?

**top-up card** n (for mobile phone) recharge f

**top-up loan** n (Brit) prêt m complémentaire

**torch** [tɔːtʃ] n torche f; (Brit: electric) lampe f de poche

**tore** [tɔːʳ] pt of **tear²**

**torment** n ['tɔːment] tourment m ▷ vt [tɔː'mɛnt] tourmenter; (fig: annoy) agacer

**torn** [tɔːn] pp of **tear²** ▷ adj: **~ between** (fig) tiraillé(e) entre

**tornado** [tɔː'neɪdəu] n (pl **-es**) tornade f

**torpedo** [tɔː'piːdəu] n (pl **-es**) torpille f

**torpedo boat** n torpilleur m

**torpor** ['tɔːpəʳ] n torpeur f

**torrent** ['tɔrnt] n torrent m

**torrential** [tɔ'rɛnʃl] adj torrentiel(le)

**torrid** ['tɔrɪd] adj torride; (fig) ardent(e)

**torso** ['tɔːsəu] n torse m

**tortoise** ['tɔːtəs] n tortue f

**tortoiseshell** ['tɔːtəʃɛl] adj en écaille

**tortuous** ['tɔːtjuəs] adj tortueux(-euse)

**torture** ['tɔːtʃəʳ] n torture f ▷ vt torturer

**torturer** ['tɔːtʃərəʳ] n tortionnaire m

**Tory** ['tɔːrɪ] adj, n (Brit Pol) tory m/f, conservateur(-trice)

**toss** [tɔs] vt lancer, jeter; (Brit: pancake) faire sauter; (head) rejeter en arrière ▷ vi: **to ~ up for sth** (Brit) jouer qch à pile ou face ▷ n (movement: of head etc) mouvement soudain; (of coin) tirage m à pile ou face; **to ~ a coin** jouer à pile ou face; **to ~ and turn** (in bed) se tourner et se retourner; **to win/lose the ~** gagner/perdre à pile ou face; (Sport) gagner/perdre le tirage au sort

**tot** [tɔt] n (Brit: drink) petit verre; (child) bambin m
▶ **tot up** vt (Brit: figures) additionner

**total** ['təutl] adj total(e) ▷ n total m ▷ vt (add up) faire le total de, additionner; (amount to) s'élever à; **in ~** au total

**totalitarian** [təutælɪ'tɛərɪən] adj totalitaire

**totality** [təu'tælɪtɪ] n totalité f

**totally** ['təutəlɪ] adv totalement

**tote bag** [təut-] n fourre-tout m inv

**totem pole** ['təutəm-] n mât m totémique

**totter** ['tɔtəʳ] vi chanceler; (object, government) être chancelant(e)

**touch** [tʌtʃ] n contact m, toucher m; (sense, skill: of pianist etc) toucher; (fig: note, also Football) touche f ▷ vt (gen) toucher; (tamper with) toucher à; **the personal ~** la petite note personnelle; **to put the finishing ~es to sth** mettre la dernière main à qch; **a ~ of** (fig) un petit peu de; une touche de; **in ~ with** en contact or rapport avec; **to get in ~ with** prendre contact avec; **I'll be in ~** je resterai en contact; **to lose ~** (friends) se perdre de vue; **to be out of ~ with events** ne pas être au courant de ce qui se passe
▶ **touch down** vi (Aviat) atterrir; (on sea) amerrir
▶ **touch on** vt fus (topic) effleurer, toucher
▶ **touch up** vt (paint) retoucher

**touch-and-go** ['tʌtʃən'gəu] adj incertain(e); **it was ~ whether we did it** nous avons failli ne pas le faire

**touchdown** ['tʌtʃdaun] n (Aviat) atterrissage m; (on sea) amerrissage m; (US Football) essai m

**touched** [tʌtʃt] adj (moved) touché(e); (inf) cinglé(e)

**touching** ['tʌtʃɪŋ] adj touchant(e), attendrissant(e)

**touchline** ['tʌtʃlaɪn] n (Sport) (ligne f de) touche f

**touch screen** n (Tech) écran tactile; **~ mobile** (téléphone) portable m à écran tactile; **~ technology** technologie f à écran tactile

**touch-sensitive** ['tʌtʃsɛnsɪtɪv] adj (keypad) à effleurement; (screen) tactile

**touch-type** ['tʌtʃtaɪp] vi taper au toucher

**touchy** ['tʌtʃɪ] adj (person) susceptible

**tough** [tʌf] adj dur(e); (resistant) résistant(e), solide; (meat) dur, coriace; (firm) inflexible; (journey) pénible; (task, problem, situation) difficile; (rough) dur ▷ n (gangster etc) dur m; **~ luck!** pas de chance!; tant pis!

**toughen** ['tʌfn] vt rendre plus dur(e) (or plus résistant(e) or plus solide)

**toughness** ['tʌfnɪs] n dureté f; résistance f; solidité f

**toupee** ['tu:peɪ] n postiche m

**tour** ['tuər] n voyage m; (also: **package tour**) voyage organisé; (of town, museum) tour m, visite f; (by band) tournée f ▷ vt visiter; **to go on a ~ of** (museum, region) visiter; **to go on ~** partir en tournée

**tour guide** n (person) guide m/f

**touring** ['tuərɪŋ] n voyages mpl touristiques, tourisme m

**tourism** ['tuərɪzm] n tourisme m

**tourist** ['tuərɪst] n touriste m/f ▷ adv (travel) en classe touriste ▷ cpd touristique; **the ~ trade** le tourisme

**tourist class** n (Aviat) classe f touriste

**tourist office** n syndicat m d'initiative

**tournament** ['tuənəmənt] n tournoi m

**tourniquet** ['tuənɪkeɪ] n (Med) garrot m

**tour operator** n (Brit) organisateur m de voyages, tour-opérateur m

**tousled** ['tauzld] adj (hair) ébouriffé(e)

**tout** [taut] vi: **to ~ for** essayer de raccrocher, racoler; **to ~ sth (around)** (Brit) essayer de placer or (re)vendre qch ▷ n (Brit: ticket tout) revendeur m de billets

**tow** [təu] n: **to give sb a ~** (Aut) remorquer qn ▷ vt remorquer; (caravan, trailer) tracter; **"on ~"**, (US) **"in ~"** (Aut) "véhicule en remorque"
▶ **tow away** vt (vehicle) emmener à la fourrière; (: breakdown service) remorquer

**toward** [tə'wɔːd], **towards** [tə'wɔːdz] prep vers; (of attitude) envers, à l'égard de; (of purpose) pour; **~(s) noon/the end of the year** vers midi/la fin de l'année; **to feel friendly ~(s) sb** être bien disposé envers qn

**towel** ['tauəl] n serviette f (de toilette); (also: **tea towel**) torchon m; **to throw in the ~** (fig) jeter l'éponge

**towelling** ['tauəlɪŋ] n (fabric) tissu-éponge m

**towel rail**, (US) **towel rack** n porte-serviettes m inv

**tower** ['tauər] n tour f ▷ vi (building, mountain) se dresser (majestueusement); **to ~ above** or **over sb/sth** dominer qn/qch

**tower block** n (Brit) tour f (d'habitation)

**towering** ['tauərɪŋ] adj très haut(e), imposant(e)

**towline** ['təulaɪn] n (câble m de) remorque f

**town** [taun] n ville f; **to go to ~** aller en ville; (fig) y mettre le paquet; **in the ~** dans la ville, en ville; **to be out of ~** (person) être en déplacement

**town centre** n (Brit) centre m de la ville, centre-ville m

**town clerk** n ≈ secrétaire m/f de mairie

**town council** n conseil municipal

**town crier** [-'kraɪər] n (Brit) crieur public

**town hall** n ≈ mairie f

**townie** ['tauni] n (Brit inf) citadin(e)

**town plan** n plan m de ville

**town planner** n urbaniste m/f

**town planning** n urbanisme m

**township** ['taunʃɪp] n banlieue noire (établie sous le régime de l'apartheid)

**townspeople** ['taunzpiːpl] npl citadins mpl

**towpath** ['təupɑːθ] n (chemin m de) halage m

**towrope** ['təurəup] n (câble m de) remorque f

**tow truck** n (US) dépanneuse f

**toxic** ['tɔksɪk] adj toxique

**toxic asset** n (Econ) actif m toxique

**toxic bank** n (Econ) bad bank f, banque f toxique

**toxin** ['tɔksɪn] n toxine f

**toy** [tɔɪ] n jouet m
▶ **toy with** vt fus jouer avec; (idea) caresser

**toyshop** ['tɔɪʃɔp] n magasin m de jouets

**trace** [treɪs] n trace f ▷ vt (draw) tracer, dessiner; (follow) suivre la trace de; (locate) retrouver; **without ~** (disappear) sans laisser de traces; **there was no ~ of it** il n'y en avait pas trace

**trace element** n oligo-élément m

**trachea** [trə'kɪə] n (Anat) trachée f

**tracing paper** ['treɪsɪŋ-] n papier-calque m

**track** [træk] n (mark) trace f; (path: gen) chemin m, piste f; (: of bullet etc) trajectoire f; (: of suspect, animal) piste; (Rail) voie ferrée, rails mpl; (on tape, Comput, Sport) piste; (on CD) piste f; (on record) plage f ▷ vt suivre la trace or la piste de; **to keep ~ of** suivre; **to be on the right ~** (fig) être sur la bonne voie
▶ **track down** vt (prey) trouver et capturer; (sth lost) finir par retrouver

**tracker dog** ['trækə-] n (Brit) chien dressé pour suivre une piste

**track events** npl (Sport) épreuves fpl sur piste

**tracking station** ['trækɪŋ-] n (Space) centre m d'observation de satellites

**track meet** n (US) réunion sportive sur piste

**track record** n: **to have a good ~** (fig) avoir fait ses preuves

**tracksuit** ['træksuːt] n survêtement m

**tract** [trækt] n (Geo) étendue f, zone f; (pamphlet) tract m; **respiratory ~** (Anat) système m respiratoire

**traction** ['trækʃən] n traction f

**tractor** ['træktər] n tracteur m

**trade** [treɪd] n commerce m; (skill, job) métier m ▷ vi faire du commerce ▷ vt (exchange): **to ~ sth (for sth)** échanger qch (contre qch); **to ~ with/in** faire du commerce avec/le commerce de; **foreign ~** commerce extérieur
▶ **trade in** vt (old car etc) faire reprendre

**trade barrier** n barrière commerciale

**trade deficit** n déficit extérieur

**Trade Descriptions Act** n (Brit) loi contre les appellations et la publicité mensongères

**trade discount** n remise f au détaillant

**trade fair** n foire(-exposition) commerciale

**trade-in** ['treɪdɪn] n reprise f

**t**

**trade-in price** n prix m à la reprise
**trademark** ['treɪdmɑːk] n marque f de fabrique
**trade mission** n mission commerciale
**trade name** n marque déposée
**trade-off** ['treɪdɔf] n (exchange) échange f; (balancing) équilibre m
**trader** ['treɪdə'] n commerçant(e), négociant(e)
**trade secret** n secret m de fabrication
**tradesman** ['treɪdzmən] (irreg) n (shopkeeper) commerçant m; (skilled worker) ouvrier qualifié
**trade union** n syndicat m
**trade unionist** [-'juːnjənɪst] n syndicaliste m/f
**trade wind** n alizé m
**trading** ['treɪdɪŋ] n affaires fpl, commerce m
**trading estate** n (Brit) zone industrielle
**trading stamp** n timbre-prime m
**tradition** [trə'dɪʃən] n tradition f; **traditions** npl coutumes fpl, traditions
**traditional** [trə'dɪʃənl] adj traditionnel(le)
**traffic** ['træfɪk] n trafic m; (cars) circulation f ▷ vi: **to ~ in** (pej: liquor, drugs) faire le trafic de
**traffic calming** [-'kɑːmɪŋ] n ralentissement m de la circulation
**traffic circle** n (US) rond-point m
**traffic island** n refuge m (pour piétons)
**traffic jam** n embouteillage m
**trafficker** ['træfɪkə'] n trafiquant(e)
**traffic lights** npl feux mpl (de signalisation)
**traffic offence** n (Brit) infraction f au code de la route
**traffic sign** n panneau m de signalisation
**traffic violation** n (US) = **traffic offence**
**traffic warden** n contractuel(le)
**tragedy** ['trædʒədɪ] n tragédie f
**tragic** ['trædʒɪk] adj tragique
**trail** [treɪl] n (tracks) trace f, piste f; (path) chemin m, piste f; (of smoke etc) traînée f ▷ vt (drag) traîner, tirer; (follow) suivre ▷ vi traîner; (in game, contest) être en retard; **to be on sb's ~** être sur la piste de qn
  ▶ **trail away, trail off** vi (sound, voice) s'évanouir; (interest) disparaître
  ▶ **trail behind** vi traîner, être à la traîne
**trailer** ['treɪlə'] n (Aut) remorque f; (US) caravane f; (Cine) bande-annonce f
**trailer truck** n (US) (camion m) semi-remorque m
**train** [treɪn] n train m; (in underground) rame f; (of dress) traîne f; (Brit: series): **~ of events** série f d'événements ▷ vt (apprentice, doctor etc) former; (Sport) entraîner; (dog) dresser; (memory) exercer; (point: gun etc): **to ~ sth on** braquer qch sur ▷ vi recevoir sa formation; (Sport) s'entraîner; **one's ~ of thought** le fil de sa pensée; **to go by ~** voyager par le train or en train; **what time does the ~ from Paris get in?** à quelle heure arrive le train de Paris?; **is this the ~ for ...?** c'est bien le train pour ...?; **to ~ sb to do sth** apprendre à qn à faire qch; (employee) former qn à faire qch
**train attendant** n (US) employé(e) des wagons-lits

**trained** [treɪnd] adj qualifié(e), qui a reçu une formation; dressé(e)
**trainee** [treɪ'niː] n stagiaire m/f; (in trade) apprenti(e)
**trainer** ['treɪnə'] n (Sport) entraîneur(-euse); (of dogs etc) dresseur(-euse); **trainers** npl (shoes) chaussures fpl de sport
**training** ['treɪnɪŋ] n formation f; (Sport) entraînement m; (of dog etc) dressage m; **in ~** (Sport) à l'entraînement; (fit) en forme
**training college** n école professionnelle; (for teachers) ≈ école normale
**training course** n cours m de formation professionnelle
**training shoes** npl chaussures fpl de sport
**train wreck** n (fig) épave f; **he's a complete ~** c'est une épave
**traipse** [treɪps] vi (se) traîner, déambuler
**trait** [treɪt] n trait m (de caractère)
**traitor** ['treɪtə'] n traître m
**trajectory** [trə'dʒɛktərɪ] n trajectoire f
**tram** [træm] n (Brit: also: **tramcar**) tram(way) m
**tramline** ['træmlaɪn] n ligne f de tram(way)
**tramp** [træmp] n (person) vagabond(e), clochard(e); (inf: pej: woman): **to be a ~** être coureuse ▷ vi marcher d'un pas lourd ▷ vt (walk through: town, streets) parcourir à pied
**trample** ['træmpl] vt: **to ~ (underfoot)** piétiner; (fig) bafouer
**trampoline** ['træmpəliːn] n trampoline m
**trance** [trɑːns] n transe f; (Med) catalepsie f; **to go into a ~** entrer en transe
**tranquil** ['træŋkwɪl] adj tranquille
**tranquillity** [træŋ'kwɪlɪtɪ] n tranquillité f
**tranquillizer,** (US) **tranquilizer** ['træŋkwɪlaɪzə'] n (Med) tranquillisant m
**transact** [træn'zækt] vt (business) traiter
**transaction** [træn'zækʃən] n transaction f; **transactions** npl (minutes) actes mpl; **cash ~** transaction au comptant
**transatlantic** ['trænzət'læntɪk] adj transatlantique
**transcend** [træn'sɛnd] vt transcender; (excel over) surpasser
**transcendental** [trænsɛn'dɛntl] adj: **~ meditation** méditation transcendantale
**transcribe** [træn'skraɪb] vt transcrire
**transcript** ['trænskrɪpt] n transcription f (texte)
**transcription** [træn'skrɪpʃən] n transcription f
**transept** ['trænsɛpt] n transept m
**transfer** n ['trænsfə'] (gen, also Sport) transfert m; (Pol: of power) passation f; (of money) virement m; (picture, design) décalcomanie f; (: stick-on) autocollant m ▷ vt [træns'fə:'] transférer; passer; virer; décalquer; **to ~ the charges** (Brit Tel) téléphoner en P.C.V.; **by bank ~** par virement bancaire
**transferable** [træns'fə:rəbl] adj transmissible, transférable; **"not ~"** "personnel"
**transfer desk** n (Aviat) guichet m de transit
**transfix** [træns'fɪks] vt transpercer; (fig): **~ed with fear** paralysé(e) par la peur

**transform** [træns'fɔːm] vt transformer
**transformation** [trænsfə'meɪʃən] n transformation f
**transformer** [træns'fɔːmə<sup>r</sup>] n (Elec) transformateur m
**transfusion** [træns'fjuːʒən] n transfusion f
**transgress** [træns'grɛs] vt transgresser
**transient** ['trænzɪənt] adj transitoire, éphémère
**transistor** [træn'zɪstə<sup>r</sup>] n (Elec: also: **transistor radio**) transistor m
**transit** ['trænzɪt] n: **in ~** en transit
**transit camp** n camp m de transit
**transition** [træn'zɪʃən] n transition f
**transitional** [træn'zɪʃənl] adj transitoire
**transitive** ['trænzɪtɪv] adj (Ling) transitif(-ive)
**transit lounge** n (Aviat) salle f de transit
**transitory** ['trænzɪtərɪ] adj transitoire
**translate** [trænz'leɪt] vt: **to ~ (from/into)** traduire (du/en); **can you ~ this for me?** pouvez-vous me traduire ceci?
**translation** [trænz'leɪʃən] n traduction f; (Scol: as opposed to prose) version f
**translator** [trænz'leɪtə<sup>r</sup>] n traducteur(-trice)
**translucent** [trænz'luːsnt] adj translucide
**transmission** [trænz'mɪʃən] n transmission f
**transmit** [trænz'mɪt] vt transmettre; (Radio, TV) émettre
**transmitter** [trænz'mɪtə<sup>r</sup>] n émetteur m
**transparency** [træns'pɛərnsɪ] n (Brit Phot) diapositive f
**transparent** [træns'pærnt] adj transparent(e)
**transpire** [træns'paɪə<sup>r</sup>] vi (become known): **it finally ~d that ...** on a finalement appris que ...; (happen) arriver
**transplant** vt [træns'plɑːnt] transplanter; (seedlings) repiquer ▷ n ['trænsplɑːnt] (Med) transplantation f; **to have a heart ~** subir une greffe du cœur
**transport** n ['trænspɔːt] transport m ▷ vt [træns'pɔːt] transporter; **public ~** transports en commun; **Department of T~** (Brit) ministère m des Transports
**transportation** [trænspɔː'teɪʃən] n (moyen m de) transport m; (of prisoners) transportation f; **Department of T~** (US) ministère m des Transports
**transport café** n (Brit) ≈ routier m
**transpose** [træns'pəuz] vt transposer
**transsexual** [trænz'sɛksjuəl] adj, n transsexuel(le)
**transverse** ['trænzvəːs] adj transversal(e)
**transvestite** [trænz'vɛstaɪt] n travesti(e)
**trap** [træp] n (snare, trick) piège m; (carriage) cabriolet m ▷ vt prendre au piège; (immobilize) bloquer; (confine) coincer; **to set** or **lay a ~ (for sb)** tendre un piège (à qn); **to shut one's ~** (inf) la fermer
**trap door** n trappe f
**trapeze** [trə'piːz] n trapèze m
**trapper** ['træpə<sup>r</sup>] n trappeur m
**trappings** ['træpɪŋz] npl ornements mpl; attributs mpl
**trash** [træʃ] n (pej: goods) camelote f; (: nonsense) sottises fpl; (US: rubbish) ordures fpl
**trash can** n (US) poubelle f
**trashy** ['træʃɪ] adj (inf) de camelote, qui ne vaut rien
**trauma** ['trɔːmə] n traumatisme m
**traumatic** [trɔː'mætɪk] adj traumatisant(e)
**travel** ['trævl] n voyage(s) m(pl) ▷ vi voyager; (move) aller, se déplacer; (news, sound) se propager ▷ vt (distance) parcourir; **this wine doesn't ~ well** ce vin voyage mal
**travel agency** n agence f de voyages
**travel agent** n agent m de voyages
**travel brochure** n brochure f touristique
**travel insurance** n assurance-voyage f
**traveller**, (US) **traveler** ['trævlə<sup>r</sup>] n voyageur(-euse); (Comm) représentant m de commerce
**traveller's cheque**, (US) **traveler's check** n chèque m de voyage
**travelling**, (US) **traveling** ['trævlɪŋ] n voyage(s) m(pl) ▷ adj (circus, exhibition) ambulant(e) ▷ cpd (bag, clock) de voyage; (expenses) de déplacement
**travelling salesman**, (US) **traveling salesman** (irreg) n voyageur m de commerce
**travelogue** ['trævəlɔg] n (book, talk) récit m de voyage; (film) documentaire m de voyage
**travel-sick** ['trævlsɪk] adj: **to get ~** avoir le mal de la route (or de mer or de l'air)
**travel sickness** n mal m de la route (or de mer or de l'air)
**traverse** ['trævəs] vt traverser
**travesty** ['trævəstɪ] n parodie f
**trawler** ['trɔːlə<sup>r</sup>] n chalutier m
**tray** [treɪ] n (for carrying) plateau m; (on desk) corbeille f
**treacherous** ['trɛtʃərəs] adj traître(sse); (ground, tide) dont il faut se méfier; **road conditions are ~** l'état des routes est dangereux
**treachery** ['trɛtʃərɪ] n traîtrise f
**treacle** ['triːkl] n mélasse f
**tread** [trɛd] n (step) pas m; (sound) bruit m de pas; (of tyre) chape f, bande f de roulement ▷ vi (pt **trod**, pp **trodden**) [trɔd, 'trɔdn] marcher
▶ **tread on** vt fus marcher sur
**treadle** ['trɛdl] n pédale f (de machine)
**treas.** abbr = **treasurer**
**treason** ['triːzn] n trahison f
**treasure** ['trɛʒə<sup>r</sup>] n trésor m ▷ vt (value) tenir beaucoup à; (store) conserver précieusement
**treasure hunt** n chasse f au trésor
**treasurer** ['trɛʒərə<sup>r</sup>] n trésorier(-ière)
**treasury** ['trɛʒərɪ] n trésorerie f; **the T~**, (US) **the T~ Department** ≈ le ministère des Finances
**treasury bill** n bon m du Trésor
**treat** [triːt] n petit cadeau, petite surprise ▷ vt traiter; **it was a ~** ça m'a (or nous a etc) vraiment fait plaisir; **to ~ sb to sth** offrir qch à qn; **to ~ sth as a joke** prendre qch à la plaisanterie
**treatise** ['triːtɪz] n traité m (ouvrage)
**treatment** ['triːtmənt] n traitement m; **to have**

837

~ **for sth** (*Med*) suivre un traitement pour qch

**treaty** ['tri:tɪ] *n* traité *m*

**treble** ['trɛbl] *adj* triple ▷ *n* (*Mus*) soprano *m* ▷ *vt*, *vi* tripler

**treble clef** *n* clé *f* de sol

**tree** [tri:] *n* arbre *m*

**tree-lined** ['tri:laɪnd] *adj* bordé(e) d'arbres

**treetop** ['tri:tɔp] *n* cime *f* d'un arbre

**tree trunk** *n* tronc *m* d'arbre

**trek** [trɛk] *n* (*long walk*) randonnée *f*; (*tiring walk*) longue marche, trotte *f* ▷ *vi* (*as holiday*) faire de la randonnée

**trellis** ['trɛlɪs] *n* treillis *m*, treillage *m*

**tremble** ['trɛmbl] *vi* trembler

**trembling** ['trɛmblɪŋ] *n* tremblement *m* ▷ *adj* tremblant(e)

**tremendous** [trɪ'mɛndəs] *adj* (*enormous*) énorme; (*excellent*) formidable, fantastique

**tremendously** [trɪ'mɛndəslɪ] *adv* énormément, extrêmement + *adjective*; formidablement

**tremor** ['trɛmə<sup>r</sup>] *n* tremblement *m*; (*also*: **earth tremor**) secousse *f* sismique

**trench** [trɛntʃ] *n* tranchée *f*

**trench coat** *n* trench-coat *m*

**trench warfare** *n* guerre *f* de tranchées

**trend** [trɛnd] *n* (*tendency*) tendance *f*; (*of events*) cours *m*; (*fashion*) mode *f*; ~ **towards/away from doing** tendance à faire/à ne pas faire; **to set the** ~ donner le ton; **to set a** ~ lancer une mode

**trendy** ['trɛndɪ] *adj* (*idea, person*) dans le vent; (*clothes*) dernier cri *inv*

**trepidation** [trɛpɪ'deɪʃən] *n* vive agitation

**trespass** ['trɛspəs] *vi*: **to** ~ **on** s'introduire sans permission dans; (*fig*) empiéter sur; **"no ~ing"** "propriété privée", "défense d'entrer"

**trespasser** ['trɛspəsə<sup>r</sup>] *n* intrus(e); **"~s will be prosecuted"** "interdiction d'entrer sous peine de poursuites"

**trestle** ['trɛsl] *n* tréteau *m*

**trestle table** *n* table *f* à tréteaux

**trial** ['traɪəl] *n* (*Law*) procès *m*, jugement *m*; (*test: of machine etc*) essai *m*; (*worry*) souci *m*; **trials** *npl* (*unpleasant experiences*) épreuves *fpl*; (*Sport*) épreuves éliminatoires; **horse ~s** concours *m* hippique; ~ **by jury** jugement par jury; **to be sent for** ~ être traduit(e) en justice; **to be on** ~ passer en jugement; **by** ~ **and error** par tâtonnements

**trial balance** *n* (*Comm*) balance *f* de vérification

**trial basis** *n*: **on a** ~ pour une période d'essai

**trial period** *n* période *f* d'essai

**trial run** *n* essai *m*

**triangle** ['traɪæŋgl] *n* (*Math, Mus*) triangle *m*

**triangular** [traɪ'æŋgjulə<sup>r</sup>] *adj* triangulaire

**triathlon** [traɪ'æθlən] *n* triathlon *m*

**tribal** ['traɪbl] *adj* tribal(e)

**tribe** [traɪb] *n* tribu *f*

**tribesman** ['traɪbzmən] *n* membre *m* de la tribu

**tribulation** [trɪbju'leɪʃən] *n* tribulation *f*, malheur *m*

**tribunal** [traɪ'bju:nl] *n* tribunal *m*

**tributary** ['trɪbjutərɪ] *n* (*river*) affluent *m*

**tribute** ['trɪbju:t] *n* tribut *m*, hommage *m*; **to pay ~ to** rendre hommage à

**trice** [traɪs] *n*: **in a** ~ en un clin d'œil

**trick** [trɪk] *n* (*magic*) tour *m*; (*joke, prank*) tour, farce *f*; (*skill, knack*) astuce *f*; (*Cards*) levée *f* ▷ *vt* attraper, rouler; **to play a** ~ **on sb** jouer un tour à qn; **to** ~ **sb into doing sth** persuader qn par la ruse de faire qch; **to** ~ **sb out of sth** obtenir qch de qn par la ruse; **it's a** ~ **of the light** c'est une illusion d'optique causée par la lumière; **that should do the** ~ (*fam*) ça devrait faire l'affaire

**trickery** ['trɪkərɪ] *n* ruse *f*

**trickle** ['trɪkl] *n* (*of water etc*) filet *m* ▷ *vi* couler en un filet or goutte à goutte; **to** ~ **in/out** (*people*) entrer/sortir par petits groupes

**trick question** *n* question-piège *f*

**trickster** ['trɪkstə<sup>r</sup>] *n* arnaqueur(-euse), filou *m*

**tricky** ['trɪkɪ] *adj* difficile, délicat(e)

**tricycle** ['traɪsɪkl] *n* tricycle *m*

**trifle** ['traɪfl] *n* bagatelle *f*; (*Culin*) ≈ diplomate *m* ▷ *adv*: **a** ~ **long** un peu long ▷ *vi*: **to** ~ **with** traiter à la légère

**trifling** ['traɪflɪŋ] *adj* insignifiant(e)

**trigger** ['trɪgə<sup>r</sup>] *n* (*of gun*) gâchette *f*
▶ **trigger off** *vt* déclencher

**trigonometry** [trɪgə'nɔmətrɪ] *n* trigonométrie *f*

**trilby** ['trɪlbɪ] *n* (*Brit: also*: **trilby hat**) chapeau mou, feutre *m*

**trill** [trɪl] *n* (*of bird, Mus*) trille *m*

**trilogy** ['trɪlədʒɪ] *n* trilogie *f*

**trim** [trɪm] *adj* net(te); (*house, garden*) bien tenu(e); (*figure*) svelte ▷ *n* (*haircut etc*) légère coupe; (*embellishment*) finitions *fpl*; (*on car*) garnitures *fpl* ▷ *vt* (*cut*) couper légèrement; (*decorate*): **to** ~ **(with)** décorer (de); (*Naut: a sail*) gréer; **to keep in (good)** ~ maintenir en (bon) état

**trimmings** ['trɪmɪŋz] *npl* décorations *fpl*; (*extras: gen Culin*) garniture *f*

**Trinidad and Tobago** ['trɪnɪdæd-] *n* Trinité et Tobago *f*

**Trinity** ['trɪnɪtɪ] *n*: **the** ~ la Trinité

**trinket** ['trɪŋkɪt] *n* bibelot *m*; (*piece of jewellery*) colifichet *m*

**trio** ['tri:əu] *n* trio *m*

**trip** [trɪp] *n* voyage *m*; (*excursion*) excursion *f*; (*stumble*) faux pas ▷ *vi* faire un faux pas, trébucher; (*go lightly*) marcher d'un pas léger; **on a** ~ en voyage
▶ **trip up** *vi* trébucher ▷ *vt* faire un croc-en-jambe à

**tripartite** [traɪ'pɑ:taɪt] *adj* triparti(e)

**tripe** [traɪp] *n* (*Culin*) tripes *fpl*; (*pej: rubbish*) idioties *fpl*

**triple** ['trɪpl] *adj* triple ▷ *adv*: ~ **the distance/ the speed** trois fois la distance/la vitesse

**triple jump** *n* triple saut *m*

**triplets** ['trɪplɪts] *npl* triplés(-ées)

**triplicate** ['trɪplɪkət] *n*: **in** ~ en trois exemplaires

**tripod** ['traɪpɔd] *n* trépied *m*

**Tripoli** ['trɪpəlɪ] *n* Tripoli

**tripper** ['trɪpər] n (Brit) touriste m/f; excursionniste m/f
**tripwire** ['trɪpwaɪər] n fil m de déclenchement
**trite** [traɪt] adj banal(e)
**triumph** ['traɪʌmf] n triomphe m ▷ vi: **to ~ (over)** triompher (de)
**triumphal** [traɪ'ʌmfl] adj triomphal(e)
**triumphant** [traɪ'ʌmfənt] adj triomphant(e)
**trivia** ['trɪvɪə] npl futilités fpl
**trivial** ['trɪvɪəl] adj insignifiant(e); (commonplace) banal(e)
**triviality** [trɪvɪ'ælɪtɪ] n caractère insignifiant; banalité f
**trivialize** ['trɪvɪəlaɪz] vt rendre banal(e)
**trod** [trɒd] pt of **tread**
**trodden** ['trɒdn] pp of **tread**
**trolley** ['trɒlɪ] n chariot m
**trolley bus** n trolleybus m
**trollop** ['trɒləp] n prostituée f
**trombone** [trɒm'bəun] n trombone m
**troop** [tru:p] n bande f, groupe m ▷ vi: **to ~ in/out** entrer/sortir en groupe; **troops** npl (Mil) troupes fpl; (: men) hommes mpl, soldats mpl; **~ing the colour** (Brit: ceremony) le salut au drapeau
**troop carrier** n (plane) avion m de transport de troupes; (Naut: also: **troopship**) transport m (navire)
**trooper** ['tru:pər] n (Mil) soldat m de cavalerie; (US: policeman) ≈ gendarme m
**troopship** ['tru:pʃɪp] n transport m (navire)
**trophy** ['trəufɪ] n trophée m
**tropic** ['trɒpɪk] n tropique m; **in the ~s** sous les tropiques; **T~ of Cancer/Capricorn** tropique du Cancer/Capricorne
**tropical** ['trɒpɪkl] adj tropical(e)
**trot** [trɒt] n trot m ▷ vi trotter; **on the ~** (Brit: fig) d'affilée
  ▶ **trot out** vt (excuse, reason) débiter; (names, facts) réciter les uns après les autres
**trouble** ['trʌbl] n difficulté(s) f(pl), problème(s) m(pl); (worry) ennuis mpl, soucis mpl; (bother, effort) peine f; (Pol) conflit(s) m(pl), troubles mpl; (Med): **stomach** etc **~** troubles gastriques etc ▷ vt (disturb) déranger, gêner; (worry) inquiéter ▷ vi: **to ~ to do** prendre la peine de faire; **troubles** npl (Pol etc) troubles; (personal) ennuis, soucis; **to be in ~** avoir des ennuis; (ship, climber etc) être en difficulté; **to have ~ doing sth** avoir du mal à faire qch; **to go to the ~ of doing** se donner le mal de faire; **it's no ~!** je vous en prie!; **please don't ~ yourself** je vous en prie, ne vous dérangez pas!; **the ~ is** ... le problème, c'est que ...; **what's the ~?** qu'est-ce qui ne va pas?
**troubled** ['trʌbld] adj (person) inquiet(-ète); (times, life) agité(e)
**trouble-free** ['trʌblfri:] adj sans problèmes or ennuis
**troublemaker** ['trʌblmeɪkər] n élément perturbateur, fauteur m de troubles
**troubleshooter** ['trʌblʃu:tər] n (in conflict) conciliateur m

**troublesome** ['trʌblsəm] adj (child) fatigant(e), difficile; (cough) gênant(e)
**trouble spot** n point chaud (fig)
**troubling** ['trʌblɪŋ] adj (times, thought) inquiétant(e)
**trough** [trɒf] n (also: **drinking trough**) abreuvoir m; (also: **feeding trough**) auge f; (depression) creux m; (channel) chenal m; **~ of low pressure** (Meteorology) dépression f
**trounce** [trauns] vt (defeat) battre à plates coutures
**troupe** [tru:p] n troupe f
**trouser press** n presse-pantalon m inv
**trousers** ['trauzəz] npl pantalon m; **short ~** (Brit) culottes courtes
**trouser suit** n (Brit) tailleur-pantalon m
**trousseau** (pl **-x** or **-s**) ['tru:səu, -z] n trousseau m
**trout** [traut] n (pl inv) truite f
**trowel** ['trauəl] n truelle f; (garden tool) déplantoir m
**truant** ['truənt] n: **to play ~** (Brit) faire l'école buissonnière
**truce** [tru:s] n trêve f
**truck** [trʌk] n camion m; (Rail) wagon m à plate-forme; (for luggage) chariot m (à bagages)
**truck driver** n camionneur m
**trucker** ['trʌkər] n (esp US) camionneur m
**truck farm** n (US) jardin maraîcher
**trucking** ['trʌkɪŋ] n (esp US) transport routier
**trucking company** n (US) entreprise f de transport (routier)
**truck stop** (US) n routier m, restaurant m de routiers
**truculent** ['trʌkjulənt] adj agressif(-ive)
**trudge** [trʌdʒ] vi marcher lourdement, se traîner
**true** [tru:] adj vrai(e); (accurate) exact(e); (genuine) vrai, véritable; (faithful) fidèle; (wall) d'aplomb; (beam) droit(e); (wheel) dans l'axe; **to come ~** se réaliser; **~ to life** réaliste
**truffle** ['trʌfl] n truffe f
**truly** ['tru:lɪ] adv vraiment, réellement; (truthfully) sans mentir; (faithfully) fidèlement; **yours ~** (in letter) je vous prie d'agréer, Monsieur (or Madame etc), l'expression de mes sentiments respectueux
**trump** [trʌmp] n atout m; **to turn up ~s** (fig) faire des miracles
**trump card** n atout m; (fig) carte maîtresse f
**trumped-up** [trʌmpt'ʌp] adj inventé(e) (de toutes pièces)
**trumpet** ['trʌmpɪt] n trompette f
**truncated** [trʌŋ'keɪtɪd] adj tronqué(e)
**truncheon** ['trʌntʃən] n bâton m (d'agent de police); matraque f
**trundle** ['trʌndl] vt, vi: **to ~ along** rouler bruyamment
**trunk** [trʌŋk] n (of tree, person) tronc m; (of elephant) trompe f; (case) malle f; (US Aut) coffre m; **trunks** npl (also: **swimming trunks**) maillot m or slip m de bain
**trunk call** n (Brit Tel) communication

t

interurbaine

**trunk road** n (Brit) ≈ (route f) nationale f

**truss** [trʌs] n (Med) bandage m herniaire ▷ vt: **to ~ (up)** (Culin) brider

**trust** [trʌst] n confiance f; (responsibility): **to place sth in sb's ~** confier la responsabilité de qch à qn; (Law) fidéicommis m; (Comm) trust m ▷ vt (rely on) avoir confiance en; (entrust): **to ~ sth to sb** confier qch à qn; (hope): **to ~ (that)** espérer (que); **to take sth on ~** accepter qch les yeux fermés; **in ~** (Law) par fidéicommis

**trust company** n société f fiduciaire

**trusted** ['trʌstɪd] adj en qui l'on a confiance

**trustee** [trʌs'tiː] n (Law) fidéicommissaire m/f; (of school etc) administrateur(-trice)

**trustful** ['trʌstful] adj confiant(e)

**trust fund** n fonds m en fidéicommis

**trusting** ['trʌstɪŋ] adj confiant(e)

**trustworthy** ['trʌstwəːðɪ] adj digne de confiance

**trusty** ['trʌstɪ] adj fidèle

**truth** [truːθ, pl truːðz] n vérité f

**truthful** ['truːθful] adj (person) qui dit la vérité; (answer) sincère; (description) exact(e), vrai(e)

**truthfully** ['truːθfəlɪ] adv sincèrement, sans mentir

**truthfulness** ['truːθfəlnɪs] n véracité f

**try** [traɪ] n essai m, tentative f; (Rugby) essai ▷ vt (attempt) essayer, tenter; (test: sth new: also: **try out**) essayer, tester; (Law: person) juger; (strain) éprouver ▷ vi essayer; **to ~ to do** essayer de faire; (seek) chercher à faire; **to ~ one's (very) best** or **one's (very) hardest** faire de son mieux; **to give sth a ~** essayer qch
▶ **try on** vt (clothes) essayer; **to ~ it on** (fig) tenter le coup, bluffer
▶ **try out** vt essayer, mettre à l'essai

**trying** ['traɪɪŋ] adj pénible

**tsar** [zɑːʳ] n tsar m

**T-shirt** ['tiːʃəːt] n tee-shirt m

**T-square** ['tiːskwɛəʳ] n équerre f en T

**tsunami** [tsʊ'nɑːmɪ] n tsunami m

**TT** adj abbr (Brit inf) = **teetotal** ▷ abbr (US) = **Trust Territory**

**tub** [tʌb] n cuve f; (for washing clothes) baquet m; (bath) baignoire f

**tuba** ['tjuːbə] n tuba m

**tubby** ['tʌbɪ] adj rondelet(te)

**tube** [tjuːb] n tube m; (Brit: underground) métro m; (for tyre) chambre f à air; (inf: television): **the ~** la télé

**tubeless** ['tjuːblɪs] adj (tyre) sans chambre à air

**tuber** ['tjuːbəʳ] n (Bot) tubercule m

**tuberculosis** [tjubəːkju'ləusɪs] n tuberculose f

**tube station** n (Brit) station f de métro

**tubing** ['tjuːbɪŋ] n tubes mpl; **a piece of ~** un tube

**tubular** ['tjuːbjuləʳ] adj tubulaire

**TUC** n abbr (Brit: = Trades Union Congress) confédération f des syndicats britanniques

**tuck** [tʌk] n (Sewing) pli m, rempli m ▷ vt (put) mettre

▶ **tuck away** vt cacher, ranger; (money) mettre de côté; (building): **to be ~ed away** être caché(e)
▶ **tuck in** vt rentrer; (child) border ▷ vi (eat) manger de bon appétit; attaquer le repas
▶ **tuck up** vt (child) border

**tuck shop** n (Brit Scol) boutique f à provisions

**Tuesday** ['tjuːzdɪ] n mardi m; **(the date) today is ~ 23rd March** nous sommes aujourd'hui le mardi 23 mars; **on ~** mardi; **on ~s** le mardi; **every ~** tous les mardis, chaque mardi; **every other ~** un mardi sur deux; **last/next ~** mardi dernier/prochain; **~ next** mardi qui vient; **the following ~** le mardi suivant; **a week/fortnight on ~, ~ week/fortnight** mardi en huit/quinze; **the ~ before last** l'autre mardi; **the ~ after next** mardi en huit; **~ morning/lunchtime/afternoon/evening** mardi matin/midi/après-midi/soir; **~ night** mardi soir; (overnight) la nuit de mardi (à mercredi); **~'s newspaper** le journal de mardi

**tuft** [tʌft] n touffe f

**tug** [tʌg] n (ship) remorqueur m ▷ vt tirer (sur)

**tug-of-love** [tʌgəv'lʌv] n lutte acharnée entre parents divorcés pour avoir la garde d'un enfant

**tug-of-war** [tʌgəv'wɔːʳ] n lutte f à la corde

**tuition** [tjuː'ɪʃən] n (Brit: lessons) leçons fpl; (: private) cours particuliers; (US: fees) frais mpl de scolarité

**tulip** ['tjuːlɪp] n tulipe f

**tumble** ['tʌmbl] n (fall) chute f, culbute f ▷ vi tomber, dégringoler; (somersault) faire une or des culbute(s) ▷ vt renverser, faire tomber; **to ~ to sth** (inf) réaliser qch

**tumbledown** ['tʌmbldaun] adj délabré(e)

**tumble dryer** n (Brit) séchoir m (à linge) à air chaud

**tumbler** ['tʌmbləʳ] n verre (droit), gobelet m

**tummy** ['tʌmɪ] n (inf) ventre m

**tumour,** (US) **tumor** ['tjuːməʳ] n tumeur f

**tumult** ['tjuːmʌlt] n tumulte m

**tumultuous** [tjuː'mʌltjuəs] adj tumultueux(-euse)

**tuna** ['tjuːnə] n (pl inv: also: **tuna fish**) thon m

**tune** [tjuːn] n (melody) air m ▷ vt (Mus) accorder; (Radio, TV, Aut) régler, mettre au point; **to be in/out of ~** (instrument) être accordé/désaccordé; (singer) chanter juste/faux; **to be in/out of ~ with** (fig) être en accord/désaccord avec; **she was robbed of ~ of £30,000** (fig) on lui a volé la jolie somme de 10 000 livres
▶ **tune in** vi (Radio, TV): **to ~ in (to)** se mettre à l'écoute (de)
▶ **tune up** vi (musician) accorder son instrument

**tuneful** ['tjuːnful] adj mélodieux(-euse)

**tuner** ['tjuːnəʳ] n (radio set) tuner m; **piano ~** accordeur m de pianos

**tuner amplifier** n ampli-tuner m

**tungsten** ['tʌŋstn] n tungstène m

**tunic** ['tjuːnɪk] n tunique f

**tuning** ['tjuːnɪŋ] n réglage m

**tuning fork** n diapason m

**Tunis** ['tjuːnɪs] n Tunis

**Tunisia** [tjuːˈnɪzɪə] n Tunisie f
**Tunisian** [tjuːˈnɪzɪən] adj tunisien(ne) ▷ n
Tunisien(ne)
**tunnel** ['tʌnl] n tunnel m; (in mine) galerie f ▷ vi
creuser un tunnel (or une galerie)
**tunnel vision** n (Med) rétrécissement m du
champ visuel; (fig) vision étroite des choses
**tunny** ['tʌnɪ] n thon m
**turban** ['təːbən] n turban m
**turbid** ['təːbɪd] adj boueux(-euse)
**turbine** ['təːbaɪn] n turbine f
**turbo** ['təːbəu] n turbo m
**turbojet** [təːbəu'dʒɛt] n turboréacteur m
**turboprop** [təːbəu'prɔp] n (engine)
turbopropulseur m
**turbot** ['təːbət] n (pl inv) turbot m
**turbulence** ['təːbjuləns] n (Aviat) turbulence f
**turbulent** ['təːbjulənt] adj turbulent(e); (sea)
agité(e)
**tureen** [tə'riːn] n soupière f
**turf** [təːf] n gazon m; (clod) motte f (de gazon)
▷ vt gazonner; **the T~** le turf, les courses fpl
 ▶ **turf out** vt (inf) jeter; jeter dehors
**turf accountant** n (Brit) bookmaker m
**turgid** ['təːdʒɪd] adj (speech) pompeux(-euse)
**Turin** [tjuə'rɪn] n Turin
**Turk** [təːk] n Turc (Turque)
**Turkey** ['təːkɪ] n Turquie f
**turkey** ['təːkɪ] n dindon m, dinde f
**Turkish** ['təːkɪʃ] adj turc (turque) ▷ n (Ling)
turc m
**Turkish bath** n bain turc
**Turkish delight** n loukoum m
**turmeric** ['təːmərɪk] n curcuma m
**turmoil** ['təːmɔɪl] n trouble m,
bouleversement m
**turn** [təːn] n tour m; (in road) tournant m;
(tendency: of mind, events) tournure f; (performance)
numéro m; (Med) crise f, attaque f ▷ vt tourner;
(collar, steak) retourner; (age) atteindre; (shape:
wood, metal) tourner; (milk) faire tourner;
(change): **to ~ sth into** changer qch en ▷ vi
(object, wind, milk) tourner; (person: look back) se
(re)tourner; (reverse direction) faire demi-tour;
(change) changer; (become) devenir; **to ~ into** se
changer en, se transformer en; **a good ~** un
servicc; **a bad ~** un mauvais tour; **it gave me
quite a ~** ça m'a fait un coup; **"no left ~"** (Aut)
"défense de tourner à gauche"; **~ left/right at
the next junction** tournez à gauche/droite au
prochain carrefour; **it's your ~** c'est (à) votre
tour; **in ~** à son tour; à tour de rôle; **to take ~s**
se relayer; **to take ~s at** faire à tour de rôle; **at
the ~ of the year/century** à la fin de l'année/
du siècle; **to take a ~ for the worse** (situation,
events) empirer; **his health** or **he has taken a ~
for the worse** son état s'est aggravé
 ▶ **turn about** vi faire demi-tour; faire un demi-
tour
 ▶ **turn around** vi (person) se retourner ▷ vt
(object) tourner
 ▶ **turn away** vi se détourner, tourner la tête ▷ vt

(reject: person) renvoyer; (: business) refuser
 ▶ **turn back** vi revenir, faire demi-tour
 ▶ **turn down** vt (refuse) rejeter, refuser; (reduce)
baisser; (fold) rabattre
 ▶ **turn in** vi (inf: go to bed) aller se coucher ▷ vt
(fold) rentrer
 ▶ **turn off** vi (from road) tourner ▷ vt (light, radio
etc) éteindre; (tap) fermer; (engine) arrêter; **I
can't ~ the heating off** je n'arrive pas à
éteindre le chauffage
 ▶ **turn on** vt (light, radio etc) allumer; (tap) ouvrir;
(engine) mettre en marche; **I can't ~ the
heating on** je n'arrive pas à allumer le
chauffage
 ▶ **turn out** vt (light, gas) éteindre; (produce: goods,
novel, good pupils) produire ▷ vi (voters, troops) se
présenter; **to ~ out to be ...** s'avérer ..., se
révéler ...
 ▶ **turn over** vi (person) se retourner ▷ vt (object)
retourner; (page) tourner
 ▶ **turn round** vi faire demi-tour; (rotate) tourner
 ▶ **turn to** vt fus: **to ~ to sb** s'adresser à qn
 ▶ **turn up** vi (person) arriver, se pointer (inf); (lost
object) être retrouvé(e) ▷ vt (collar) remonter;
(radio, heater) mettre plus fort
**turnabout** ['təːnəbaut], **turnaround**
['təːnəraund] n volte-face f inv
**turncoat** ['təːnkəut] n renégat(e)
**turned-up** ['təːndʌp] adj (nose) retroussé(e)
**turning** ['təːnɪŋ] n (in road) tournant m; **the
first ~ on the right** la première (rue or route) à
droite
**turning circle** n (Brit) rayon m de braquage
**turning point** n (fig) tournant m, moment
décisif
**turning radius** n (US) = **turning circle**
**turnip** ['təːnɪp] n navet m
**turnout** ['təːnaut] n (nombre m de personnes
dans l')assistance f; (of voters) taux m de
participation
**turnover** ['təːnəuvə'] n (Comm: amount of money)
chiffre m d'affaires; (: of goods) roulement m; (of
staff) renouvellement m, changement m; (Culin)
sorte de chausson; **there is a rapid ~ in staff** le
personnel change souvent
**turnpike** ['təːnpaɪk] n (US) autoroute f à péage
**turnstile** ['təːnstaɪl] n tourniquet m (d'entrée)
**turntable** ['təːnteɪbl] n (on record player) platine f
**turn-up** ['təːnʌp] n (Brit: on trousers) revers m
**turpentine** ['təːpəntaɪn] n (also: **turps**) (essence
f de) térébenthine f
**turquoise** ['təːkwɔɪz] n (stone) turquoise f ▷ adj
turquoise inv
**turret** ['tʌrɪt] n tourelle f
**turtle** ['təːtl] n tortue marine
**turtleneck** ['təːtlnɛk], **turtleneck sweater** n
pullover m à col montant
**Tuscany** ['tʌskənɪ] n Toscane f
**tusk** [tʌsk] n défense f (d'éléphant)
**tussle** ['tʌsl] n bagarre f, mêlée f
**tutor** ['tjuːtə'] n (Brit Scol: in college)
directeur(-trice) d'études; (private teacher)

précepteur(-trice)

**tutorial** [tjuːˈtɔːrɪəl] n (Scol) (séance f de) travaux mpl pratiques

**tuxedo** [tʌkˈsiːdəu] n (US) smoking m

**TV** [tiːˈviː] n abbr (= television) télé f, TV f

**TV dinner** n plateau-repas surgelé

**twaddle** ['twɔdl] n balivernes fpl

**twang** [twæŋ] n (of instrument) son vibrant; (of voice) ton nasillard ▷ vi vibrer ▷ vt (guitar) pincer les cordes de

**tweak** [twiːk] vt (nose) tordre; (ear, hair) tirer

**tweed** [twiːd] n tweed m

**tweezers** ['twiːzəz] npl pince f à épiler

**twelfth** [twɛlfθ] num douzième

**Twelfth Night** n la fête des Rois

**twelve** [twɛlv] num douze; **at ~ (o'clock)** à midi; (midnight) à minuit

**twentieth** ['twɛntɪɪθ] num vingtième

**twenty** ['twɛntɪ] num vingt

**twerp** [twəːp] n (inf) imbécile m/f

**twice** [twaɪs] adv deux fois; **~ as much** deux fois plus; **~ a week** deux fois par semaine; **she is ~ your age** elle a deux fois ton âge

**twiddle** ['twɪdl] vt, vi: **to ~ (with) sth** tripoter qch; **to ~ one's thumbs** (fig) se tourner les pouces

**twig** [twɪg] n brindille f ▷ vt, vi (inf) piger

**twilight** ['twaɪlaɪt] n crépuscule m; (morning) aube f; **in the ~** dans la pénombre

**twill** [twɪl] n sergé m

**twin** [twɪn] adj, n jumeau(-elle) ▷ vt jumeler

**twin-bedded room** ['twɪn'bedɪd-] n = **twin room**

**twin beds** npl lits mpl jumeaux

**twin-carburettor** ['twɪnkɑːbjuˈrɛtər] adj à double carburateur

**twine** [twaɪn] n ficelle f ▷ vi (plant) s'enrouler

**twin-engined** [twɪn'ɛndʒɪnd] adj bimoteur; **~ aircraft** bimoteur m

**twinge** [twɪndʒ] n (of pain) élancement m; (of conscience) remords m

**twinkle** ['twɪŋkl] n scintillement m; pétillement m ▷ vi scintiller; (eyes) pétiller

**twin room** n chambre f à deux lits

**twin town** n ville jumelée

**twirl** [twəːl] n tournoiement m ▷ vt faire tournoyer ▷ vi tournoyer

**twist** [twɪst] n torsion f, tour m; (in wire, flex) tortillon m; (bend: in road) tournant m; (in story) coup m de théâtre ▷ vt tordre; (weave) entortiller; (roll around) enrouler; (fig) déformer ▷ vi s'entortiller; s'enrouler; (road, river) serpenter; **to ~ one's ankle/wrist** (Med) se tordre la cheville/le poignet

**twisted** ['twɪstɪd] adj (wire, rope) entortillé(e); (ankle, wrist) tordu(e), foulé(e); (fig: logic, mind) tordu

**twit** [twɪt] n (inf) crétin(e)

**twitch** [twɪtʃ] n (pull) coup sec, saccade f; (nervous) tic m ▷ vi se convulser; avoir un tic

**Twitter**® ['twɪtər] n Twitter® ▷ vi twitter

**two** [tuː] num deux; **~ by ~, in ~s** par deux; **to put ~ and ~ together** (fig) faire le rapprochement

**two-bit** [tuːˈbɪt] adj (esp US inf, pej) de pacotille

**two-door** [tuːˈdɔːr] adj (Aut) à deux portes

**two-faced** [tuːˈfeɪst] adj (pej: person) faux (fausse)

**twofold** ['tuːfəuld] adv: **to increase ~** doubler ▷ adj (increase) de cent pour cent; (reply) en deux parties

**two-piece** ['tuːˈpiːs] n (also: **two-piece suit**) (costume m) deux-pièces m inv; (also: **two-piece swimsuit**) (maillot m de bain) deux-pièces

**two-seater** [tuːˈsiːtər] n (plane) (avion m) biplace m; (car) voiture f à deux places

**twosome** ['tuːsəm] n (people) couple m

**two-stroke** ['tuːstrəuk] n (also: **two-stroke engine**) moteur m à deux temps ▷ adj à deux temps

**two-tone** ['tuːˈtəun] adj (in colour) à deux tons

**two-way** ['tuːweɪ] adj (traffic) dans les deux sens; **~ radio** émetteur-récepteur m

**TX** abbr (US) = **Texas**

**tycoon** [taɪˈkuːn] n: **(business) ~** gros homme d'affaires

**type** [taɪp] n (category) genre m, espèce f; (model) modèle m; (example) type m; (Typ) type, caractère m ▷ vt (letter etc) taper (à la machine); **what ~ do you want?** quel genre voulez-vous?; **in bold/italic ~** en caractères gras/en italiques

**typecast** ['taɪpkɑːst] adj condamné(e) à toujours jouer le même rôle

**typeface** ['taɪpfeɪs] n police f (de caractères)

**typescript** ['taɪpskrɪpt] n texte dactylographié

**typeset** ['taɪpsɛt] vt composer (en imprimerie)

**typesetter** ['taɪpsɛtər] n compositeur m

**typewriter** ['taɪpraɪtər] n machine f à écrire

**typewritten** ['taɪprɪtn] adj dactylographié(e)

**typhoid** ['taɪfɔɪd] n typhoïde f

**typhoon** [taɪˈfuːn] n typhon m

**typhus** ['taɪfəs] n typhus m

**typical** ['tɪpɪkl] adj typique, caractéristique

**typically** ['tɪpɪklɪ] adv (as usual) comme d'habitude; (characteristically) typiquement

**typify** ['tɪpɪfaɪ] vt être caractéristique de

**typing** ['taɪpɪŋ] n dactylo(graphie) f

**typing error** n faute f de frappe

**typing pool** n pool m de dactylos

**typist** ['taɪpɪst] n dactylo m/f

**typo** ['taɪpəu] n abbr (inf: = typographical error) coquille f

**typography** [taɪˈpɒgrəfɪ] n typographie f

**tyranny** ['tɪrənɪ] n tyrannie f

**tyrant** ['taɪərənt] n tyran m

**tyre,** (US) **tire** ['taɪər] n pneu m

**tyre pressure** n (Brit) pression f (de gonflage)

**Tyrol** [tɪˈrəul] n Tyrol m

**Tyrrhenian Sea** [tɪˈriːnɪən-] n: **the ~** la mer Tyrrhénienne

**tzar** [zɑːr] n = **tsar**

# Uu

**U, u** [ju:] n (letter) U, u m; **U for Uncle** U comme Ursule

**U** n abbr (Brit Cine: = universal) ≈ tous publics

**UAW** n abbr (US: = United Automobile Workers) syndicat des ouvriers de l'automobile

**UB40** n abbr (Brit: = unemployment benefit form 40) numéro de référence d'un formulaire d'inscription au chômage: par extension, le bénéficiaire

**U-bend** ['ju:bɛnd] n (Brit Aut) coude m, virage m en épingle à cheveux; (in pipe) coude

**ubiquitous** [ju:'bɪkwɪtəs] adj doué(e) d'ubiquité, omniprésent(e)

**UCAS** ['ju:kæs] n abbr (Brit) = **Universities and Colleges Admissions Service**

**UDA** n abbr (Brit) = **Ulster Defence Association**

**UDC** n abbr (Brit) = **Urban District Council**

**udder** ['ʌdəʳ] n pis m, mamelle f

**UDI** n abbr (Brit Pol) = **unilateral declaration of independence**

**UDR** n abbr (Brit) = **Ulster Defence Regiment**

**UEFA** [ju:'eɪfə] n abbr (= Union of European Football Associations) UEFA f

**UFO** ['ju:fəu] n abbr (= unidentified flying object) ovni m

**Uganda** [ju:'gændə] n Ouganda m

**Ugandan** [ju:'gændən] adj ougandais(e) ▷ n Ougandais(e)

**UGC** n abbr (Brit: = University Grants Committee) commission d'attribution des dotations aux universités

**ugh** [ə:h] excl pouah!

**ugliness** ['ʌglɪnɪs] n laideur f

**ugly** ['ʌglɪ] adj laid(e), vilain(e); (fig) répugnant(e)

**UHF** abbr (= ultra-high frequency) UHF

**UHT** adj abbr = **ultra-heat treated**; ~ **milk** lait m UHT or longue conservation

**UK** n abbr = **United Kingdom**

**Ukraine** [ju:'kreɪn] n Ukraine f

**Ukrainian** [ju:'kreɪnɪən] adj ukrainien(ne) ▷ n Ukrainien(ne); (Ling) ukrainien m

**ulcer** ['ʌlsəʳ] n ulcère m; **mouth ~** aphte f

**Ulster** ['ʌlstəʳ] n Ulster m

**ulterior** [ʌl'tɪərɪəʳ] adj ultérieur(e); ~ **motive** arrière-pensée f

**ultimate** ['ʌltɪmət] adj ultime, final(e); (authority) suprême ▷ n: **the ~ in luxury** le summum du luxe

**ultimately** ['ʌltɪmətlɪ] adv (at last) en fin de compte; (fundamentally) finalement; (eventually) par la suite

**ultimatum** (pl **-s** or **ultimata**) [ʌltɪ'meɪtəm, -tə] n ultimatum m

**ultrasonic** [ʌltrə'sɔnɪk] adj ultrasonique

**ultrasound** ['ʌltrəsaund] n (Med) ultrason m

**ultraviolet** ['ʌltrə'vaɪəlɪt] adj ultraviolet(te)

**umbilical** [ʌmbɪ'laɪkl] adj: ~ **cord** cordon ombilical

**umbrage** ['ʌmbrɪdʒ] n: **to take ~** prendre ombrage, se froisser

**umbrella** [ʌm'brɛlə] n parapluie m; (for sun) parasol m; (fig): **under the ~ of** sous les auspices de; chapeauté(e) par

**umlaut** ['umlaut] n tréma m

**umpire** ['ʌmpaɪəʳ] n arbitre m; (Tennis) juge m de chaise ▷ vt arbitrer

**umpteen** [ʌmp'ti:n] adj je ne sais combien de; **for the ~th time** pour la nième fois

**UMW** n abbr (= United Mineworkers of America) syndicat des mineurs

**UN** n abbr = **United Nations**

**unabashed** [ʌnə'bæʃt] adj nullement intimidé(e)

**unabated** [ʌnə'beɪtɪd] adj non diminué(e)

**unable** [ʌn'eɪbl] adj: **to be ~ to** ne (pas) pouvoir, être dans l'impossibilité de; (not capable) être incapable de

**unabridged** [ʌnə'brɪdʒd] adj complet(-ète), intégral(e)

**unacceptable** [ʌnək'sɛptəbl] adj (behaviour) inadmissible; (price, proposal) inacceptable

**unaccompanied** [ʌnə'kʌmpənɪd] adj (child, lady) non accompagné(e); (singing, song) sans accompagnement

**unaccountably** [ʌnə'kauntəblɪ] adv inexplicablement

**unaccounted** [ʌnə'kauntɪd] adj: **two passengers are ~ for** on est sans nouvelles de deux passagers

**unaccustomed** [ʌnə'kʌstəmd] adj inaccoutumé(e), inhabituel(le); **to be ~ to sth** ne pas avoir l'habitude de qch

**unacquainted** [ʌnə'kweɪntɪd] adj: **to be ~ with**

ne pas connaître

**unadulterated** [ʌnə'dʌltəreɪtɪd] *adj* pur(e), naturel(le)

**unaffected** [ʌnə'fɛktɪd] *adj* (*person, behaviour*) naturel(le); (*emotionally*): **to be ~ by** ne pas être touché(e) par

**unafraid** [ʌnə'freɪd] *adj*: **to be ~** ne pas avoir peur

**unaided** [ʌn'eɪdɪd] *adj* sans aide, tout(e) seul(e)

**unanimity** [ju:nə'nɪmɪtɪ] *n* unanimité *f*

**unanimous** [ju:'nænɪməs] *adj* unanime

**unanimously** [ju:'nænɪməslɪ] *adv* à l'unanimité

**unanswered** [ʌn'ɑ:nsəd] *adj* (*question, letter*) sans réponse

**unappetizing** [ʌn'æpɪtaɪzɪŋ] *adj* peu appétissant(e)

**unappreciative** [ʌnə'pri:ʃɪətɪv] *adj* indifférent(e)

**unarmed** [ʌn'ɑ:md] *adj* (*person*) non armé(e); (*combat*) sans armes

**unashamed** [ʌnə'ʃeɪmd] *adj* sans honte; impudent(e)

**unassisted** [ʌnə'sɪstɪd] *adj* non assisté(e) ▷ *adv* sans aide, tout(e) seul(e)

**unassuming** [ʌnə'sju:mɪŋ] *adj* modeste, sans prétentions

**unattached** [ʌnə'tætʃt] *adj* libre, sans attaches

**unattended** [ʌnə'tɛndɪd] *adj* (*car, child, luggage*) sans surveillance

**unattractive** [ʌnə'træktɪv] *adj* peu attrayant(e); (*character*) peu sympathique

**unauthorized** [ʌn'ɔ:θəraɪzd] *adj* non autorisé(e), sans autorisation

**unavailable** [ʌnə'veɪləbl] *adj* (*article, room, book*) (qui n'est) pas disponible; (*person*) (qui n'est) pas libre

**unavoidable** [ʌnə'vɔɪdəbl] *adj* inévitable

**unavoidably** [ʌnə'vɔɪdəblɪ] *adv* inévitablement

**unaware** [ʌnə'wɛəʳ] *adj*: **to be ~ of** ignorer, ne pas savoir, être inconscient(e) de

**unawares** [ʌnə'wɛəz] *adv* à l'improviste, au dépourvu

**unbalanced** [ʌn'bælənst] *adj* déséquilibré(e)

**unbearable** [ʌn'bɛərəbl] *adj* insupportable

**unbeatable** [ʌn'bi:təbl] *adj* imbattable

**unbeaten** [ʌn'bi:tn] *adj* invaincu(e); (*record*) non battu(e)

**unbecoming** [ʌnbɪ'kʌmɪŋ] *adj* (*unseemly: language, behaviour*) malséant(e), inconvenant(e); (*unflattering: garment*) peu seyant(e)

**unbeknown** [ʌnbɪ'nəʊn], **unbeknownst** [ʌnbɪ'nəʊnst] *adv*: **~ to** à l'insu de

**unbelief** [ʌnbɪ'li:f] *n* incrédulité *f*

**unbelievable** [ʌnbɪ'li:vəbl] *adj* incroyable

**unbelievingly** [ʌnbɪ'li:vɪŋlɪ] *adv* avec incrédulité

**unbend** [ʌn'bɛnd] (*irreg: like* **bend**) *vi* se détendre ▷ *vt* (*wire*) redresser, détordre

**unbending** [ʌn'bɛndɪŋ] *adj* (*fig*) inflexible

**unbiased, unbiassed** [ʌn'baɪəst] *adj* impartial(e)

**unblemished** [ʌn'blɛmɪʃt] *adj* impeccable

**unblock** [ʌn'blɔk] *vt* (*pipe*) déboucher; (*road*) dégager

**unborn** [ʌn'bɔ:n] *adj* à naître

**unbounded** [ʌn'baʊndɪd] *adj* sans bornes, illimité(e)

**unbreakable** [ʌn'breɪkəbl] *adj* incassable

**unbridled** [ʌn'braɪdld] *adj* débridé(e), déchaîné(e)

**unbroken** [ʌn'brəʊkn] *adj* intact(e); (*line*) continu(e); (*record*) non battu(e)

**unbuckle** [ʌn'bʌkl] *vt* déboucler

**unburden** [ʌn'bə:dn] *vt*: **to ~ o.s.** s'épancher, se livrer

**unbutton** [ʌn'bʌtn] *vt* déboutonner

**uncalled-for** [ʌn'kɔ:ldfɔ:ʳ] *adj* déplacé(e), injustifié(e)

**uncanny** [ʌn'kænɪ] *adj* étrange, troublant(e)

**unceasing** [ʌn'si:sɪŋ] *adj* incessant(e), continu(e)

**unceremonious** [ʌnsɛrɪ'məʊnɪəs] *adj* (*abrupt, rude*) brusque

**uncertain** [ʌn'sə:tn] *adj* incertain(e); (*hesitant*) hésitant(e); **we were ~ whether ...** nous ne savions pas vraiment si ...; **in no ~ terms** sans équivoque possible

**uncertainty** [ʌn'sə:tntɪ] *n* incertitude *f*, doutes *mpl*

**unchallenged** [ʌn'tʃælɪndʒd] *adj* (*gen*) incontesté(e); (*information*) non contesté(e); **to go ~** ne pas être contesté

**unchanged** [ʌn'tʃeɪndʒd] *adj* inchangé(e)

**uncharitable** [ʌn'tʃærɪtəbl] *adj* peu charitable

**uncharted** [ʌn'tʃɑ:tɪd] *adj* inexploré(e)

**unchecked** [ʌn'tʃɛkt] *adj* non réprimé(e)

**uncivilized** [ʌn'sɪvɪlaɪzd] *adj* non civilisé(e); (*fig*) barbare

**uncle** ['ʌŋkl] *n* oncle *m*

**unclear** [ʌn'klɪəʳ] *adj* (qui n'est) pas clair(e) or évident(e); **I'm still ~ about what I'm supposed to do** je ne sais pas encore exactement ce que je dois faire

**uncoil** [ʌn'kɔɪl] *vt* dérouler ▷ *vi* se dérouler

**uncomfortable** [ʌn'kʌmfətəbl] *adj* inconfortable, peu confortable; (*uneasy*) mal à l'aise, gêné(e); (*situation*) désagréable

**uncomfortably** [ʌn'kʌmfətəblɪ] *adv* inconfortablement; d'un ton *etc* gêné or embarrassé; désagréablement

**uncommitted** [ʌnkə'mɪtɪd] *adj* (*attitude, country*) non engagé(e)

**uncommon** [ʌn'kɔmən] *adj* rare, singulier(-ière), peu commun(e)

**uncommunicative** [ʌnkə'mju:nɪkətɪv] *adj* réservé(e)

**uncomplicated** [ʌn'kɔmplɪkeɪtɪd] *adj* simple, peu compliqué(e)

**uncompromising** [ʌn'kɔmprəmaɪzɪŋ] *adj* intransigeant(e), inflexible

**unconcerned** [ʌnkən'sə:nd] *adj* (*unworried*): **to be ~ (about)** ne pas s'inquiéter (de)

**unconditional** [ʌnkən'dɪʃənl] *adj* sans

conditions

**uncongenial** [ʌnkən'dʒiːnɪəl] *adj* peu agréable

**unconnected** [ʌnkə'nɛktɪd] *adj* (*unrelated*): ~ **(with)** sans rapport (avec)

**unconscious** [ʌn'kɒnʃəs] *adj* sans connaissance, évanoui(e); (*unaware*): ~ **(of)** inconscient(e) (de) ▷ *n*: **the ~** l'inconscient *m*; **to knock sb ~** assommer qn

**unconsciously** [ʌn'kɒnʃəslɪ] *adv* inconsciemment

**unconstitutional** [ʌnkɒnstɪ'tjuːʃənl] *adj* anticonstitutionnel(le)

**uncontested** [ʌnkən'tɛstɪd] *adj* (*champion*) incontesté(e); (Pol: *seat*) non disputé(e)

**uncontrollable** [ʌnkən'trəuləbl] *adj* (*child, dog*) indiscipliné(e); (*temper, laughter*) irrépressible

**uncontrolled** [ʌnkən'trəuld] *adj* (*laughter, price rises*) incontrôlé(e)

**unconventional** [ʌnkən'vɛnʃənl] *adj* peu conventionnel(le)

**unconvinced** [ʌnkən'vɪnst] *adj*: **to be ~** ne pas être convaincu(e)

**unconvincing** [ʌnkən'vɪnsɪŋ] *adj* peu convaincant(e)

**uncork** [ʌn'kɔːk] *vt* déboucher

**uncorroborated** [ʌnkə'rɒbəreɪtɪd] *adj* non confirmé(e)

**uncouth** [ʌn'kuːθ] *adj* grossier(-ière), fruste

**uncover** [ʌn'kʌvəʳ] *vt* découvrir

**unctuous** [ˈʌŋktjuəs] *adj* onctueux(-euse), mielleux(-euse)

**undamaged** [ʌn'dæmɪdʒd] *adj* (*goods*) intact(e), en bon état; (*fig: reputation*) intact

**undaunted** [ʌn'dɔːntɪd] *adj* non intimidé(e), inébranlable

**undecided** [ʌndɪ'saɪdɪd] *adj* indécis(e), irrésolu(e)

**undelivered** [ʌndɪ'lɪvəd] *adj* non remis(e), non livré(e)

**undeniable** [ʌndɪ'naɪəbl] *adj* indéniable, incontestable

**under** [ˈʌndəʳ] *prep* sous; (*less than*) (de) moins de; au-dessous de; (*according to*) selon, en vertu de ▷ *adv* au-dessous; en dessous; **from ~ sth** de dessous *or* de sous qch; **~ there** là-dessous; **in ~ 2 hours** en moins de 2 heures; **~ anaesthetic** sous anesthésie; **~ discussion** en discussion; **~ the circumstances** étant donné les circonstances; **~ repair** en (cours de) réparation

**under...** [ˈʌndəʳ] *prefix* sous-

**underage** [ʌndər'eɪdʒ] *adj* qui n'a pas l'âge réglementaire

**underarm** [ˈʌndərɑːm] *adv* par en-dessous ▷ *adj* (*throw*) par en-dessous; (*deodorant*) pour les aisselles

**undercapitalized** [ʌndə'kæpɪtəlaɪzd] *adj* sous-capitalisé(e)

**undercarriage** [ˈʌndəkærɪdʒ] *n* (Brit Aviat) train *m* d'atterrissage

**undercharge** [ʌndə'tʃɑːdʒ] *vt* ne pas faire payer assez à

**underclass** [ˈʌndəklɑːs] *n* ≈ quart-monde *m*

**underclothes** [ˈʌndəkləuðz] *npl* sous-vêtements *mpl*; (*women's only*) dessous *mpl*

**undercoat** [ˈʌndəkəut] *n* (*paint*) couche *f* de fond

**undercover** [ʌndə'kʌvəʳ] *adj* secret(-ète), clandestin(e)

**undercurrent** [ˈʌndəkʌrnt] *n* courant sous-jacent

**undercut** [ʌndə'kʌt] *vt* (*irreg: like* cut) vendre moins cher que

**underdeveloped** [ˈʌndədɪ'vɛləpt] *adj* sous-développé(e)

**underdog** [ˈʌndədɒg] *n* opprimé *m*

**underdone** [ʌndə'dʌn] *adj* (Culin) saignant(e); (: *pej*) pas assez cuit(e)

**underestimate** [ˈʌndər'ɛstɪmeɪt] *vt* sous-estimer, mésestimer

**underexposed** [ˈʌndərɪks'pəuzd] *adj* (Phot) sous-exposé(e)

**underfed** [ʌndə'fɛd] *adj* sous-alimenté(e)

**underfoot** [ʌndə'fut] *adv* sous les pieds

**under-funded** [ˈʌndə'fʌndɪd] *adj*: **to be ~** (*organization*) ne pas être doté(e) de fonds suffisants

**undergo** [ʌndə'gəu] *vt* (*irreg: like* go) subir; (*treatment*) suivre; **the car is ~ing repairs** la voiture est en réparation

**undergraduate** [ʌndə'grædjuɪt] *n* étudiant(e) (qui prépare la licence) ▷ *cpd*: **~ courses** cours *mpl* préparant à la licence

**underground** [ˈʌndəgraund] *adj* souterrain(e); (*fig*) clandestin(e) ▷ *n* (Brit: *railway*) métro *m*; (Pol) clandestinité *f*

**undergrowth** [ˈʌndəgrəuθ] *n* broussailles *fpl*, sous-bois *m*

**underhand** [ʌndə'hænd], **underhanded** [ʌndə'hændɪd] *adj* (*fig*) sournois(e), en dessous

**underinsured** [ʌndərɪn'ʃuəd] *adj* sous-assuré(e)

**underlie** [ʌndə'laɪ] *vt* (*irreg: like* lie) être à la base de; **the underlying cause** la cause sous-jacente

**underline** [ʌndə'laɪn] *vt* souligner

**underling** [ˈʌndəlɪŋ] *n* (*pej*) sous-fifre *m*, subalterne *m*

**undermanning** [ʌndə'mænɪŋ] *n* pénurie *f* de main-d'œuvre

**undermentioned** [ʌndə'mɛnʃənd] *adj* mentionné(e) ci-dessous

**undermine** [ʌndə'maɪn] *vt* saper, miner

**underneath** [ʌndə'niːθ] *adv* (en) dessous ▷ *prep* sous, au-dessous de

**undernourished** [ʌndə'nʌrɪʃt] *adj* sous-alimenté(e)

**underpaid** [ʌndə'peɪd] *adj* sous-payé(e)

**underpants** [ˈʌndəpænts] *npl* caleçon *m*, slip *m*

**underpass** [ˈʌndəpɑːs] *n* (Brit: *for pedestrians*) passage souterrain; (: *for cars*) passage inférieur

**underpin** [ʌndə'pɪn] *vt* (*argument, case*) étayer

**underplay** [ʌndə'pleɪ] *vt* (Brit) minimiser

**underpopulated** [ʌndə'pɒpjuleɪtɪd] *adj* sous-peuplé(e)

**underprice** [ʌndə'praɪs] *vt* vendre à un prix trop bas

u

**underprivileged** [ʌndəˈprɪvɪlɪdʒd] *adj* défavorisé(e)

**underrate** [ʌndəˈreɪt] *vt* sous-estimer, mésestimer

**underscore** [ʌndəˈskɔːʳ] *vt* souligner

**underseal** [ʌndəˈsiːl] *vt* (*Brit*) traiter contre la rouille

**undersecretary** [ˈʌndəˈsɛkrətrɪ] *n* sous-secrétaire *m*

**undersell** [ʌndəˈsɛl] *vt* (*irreg: like* **sell**: *competitors*) vendre moins cher que

**undershirt** [ˈʌndəʃəːt] *n* (*US*) tricot *m* de corps

**undershorts** [ˈʌndəʃɔːts] *npl* (*US*) caleçon *m*, slip *m*

**underside** [ˈʌndəsaɪd] *n* dessous *m*

**undersigned** [ˈʌndəˈsaɪnd] *adj, n* soussigné(e) *m/f*

**underskirt** [ˈʌndəskəːt] *n* (*Brit*) jupon *m*

**understaffed** [ʌndəˈstɑːft] *adj* qui manque de personnel

**understand** [ʌndəˈstænd] *vt, vi* (*irreg: like* **stand**) comprendre; **I don't ~** je ne comprends pas; **I ~ that ...** je me suis laissé dire que ..., je crois comprendre que ...; **to make o.s. understood** se faire comprendre

**understandable** [ʌndəˈstændəbl] *adj* compréhensible

**understanding** [ʌndəˈstændɪŋ] *adj* compréhensif(-ive) ▷ *n* compréhension *f*; (*agreement*) accord *m*; **to come to an ~ with sb** s'entendre avec qn; **on the ~ that ...** à condition que ...

**understate** [ʌndəˈsteɪt] *vt* minimiser

**understatement** [ˈʌndəsteɪtmənt] *n*: **that's an ~** c'est (bien) peu dire, le terme est faible

**understood** [ʌndəˈstud] *pt, pp of* **understand** ▷ *adj* entendu(e); (*implied*) sous-entendu(e)

**understudy** [ˈʌndəstʌdɪ] *n* doublure *f*

**undertake** [ʌndəˈteɪk] *vt* (*irreg: like* **take**: *job, task*) entreprendre; (*duty*) se charger de; **to ~ to do sth** s'engager à faire qch

**undertaker** [ˈʌndəteɪkəʳ] *n* (*Brit*) entrepreneur *m* des pompes funèbres, croque-mort *m*

**undertaking** [ˈʌndəteɪkɪŋ] *n* entreprise *f*; (*promise*) promesse *f*

**undertone** [ˈʌndətəun] *n* (*low voice*): **in an ~** à mi-voix; (*of criticism etc*) nuance cachée

**undervalue** [ʌndəˈvæljuː] *vt* sous-estimer

**underwater** [ʌndəˈwɔːtəʳ] *adv* sous l'eau ▷ *adj* sous-marin(e)

**underway** [ʌndəˈweɪ] *adj*: **to be ~** (*meeting, investigation*) être en cours

**underwear** [ˈʌndəwɛəʳ] *n* sous-vêtements *mpl*; (*women's only*) dessous *mpl*

**underweight** [ʌndəˈweɪt] *adj* d'un poids insuffisant; (*person*) (trop) maigre

**underwent** [ʌndəˈwɛnt] *pt of* **undergo**

**underworld** [ˈʌndəwəːld] *n* (*of crime*) milieu *m*, pègre *f*

**underwrite** [ʌndəˈraɪt] *vt* (*Finance*) garantir; (*Insurance*) souscrire

**underwriter** [ˈʌndəraɪtəʳ] *n* (*Insurance*) souscripteur *m*

**undeserving** [ʌndɪˈzəːvɪŋ] *adj*: **to be ~ of** ne pas mériter

**undesirable** [ʌndɪˈzaɪərəbl] *adj* peu souhaitable; (*person, effect*) indésirable

**undeveloped** [ʌndɪˈvɛləpt] *adj* (*land, resources*) non exploité(e)

**undies** [ˈʌndɪz] *npl* (*inf*) dessous *mpl*, lingerie *f*

**undiluted** [ˈʌndaɪˈluːtɪd] *adj* pur(e), non dilué(e)

**undiplomatic** [ˈʌndɪpləˈmætɪk] *adj* peu diplomatique, maladroit(e)

**undischarged** [ˈʌndɪsˈtʃɑːdʒd] *adj*: **~ bankrupt** failli(e) non réhabilité(e)

**undisciplined** [ʌnˈdɪsɪplɪnd] *adj* indiscipliné(e)

**undisguised** [ˈʌndɪsˈɡaɪzd] *adj* (*dislike, amusement etc*) franc (franche)

**undisputed** [ˈʌndɪsˈpjuːtɪd] *adj* incontesté(e)

**undistinguished** [ˈʌndɪsˈtɪŋɡwɪʃt] *adj* médiocre, quelconque

**undisturbed** [ˈʌndɪsˈtəːbd] *adj* (*sleep*) tranquille, paisible; **to leave ~** ne pas déranger

**undivided** [ˈʌndɪˈvaɪdɪd] *adj*: **can I have your ~ attention?** puis-je avoir toute votre attention?

**undo** [ʌnˈduː] *vt* (*irreg: like* **do**) défaire

**undoing** [ʌnˈduːɪŋ] *n* ruine *f*, perte *f*

**undone** [ʌnˈdʌn] *pp of* **undo** ▷ *adj*: **to come ~** se défaire

**undoubted** [ʌnˈdautɪd] *adj* indubitable, certain(e)

**undoubtedly** [ʌnˈdautɪdlɪ] *adv* sans aucun doute

**undress** [ʌnˈdrɛs] *vi* se déshabiller ▷ *vt* déshabiller

**undrinkable** [ʌnˈdrɪŋkəbl] *adj* (*unpalatable*) imbuvable; (*poisonous*) non potable

**undue** [ʌnˈdjuː] *adj* indu(e), excessif(-ive)

**undulating** [ˈʌndjuleɪtɪŋ] *adj* ondoyant(e), onduleux(-euse)

**unduly** [ʌnˈdjuːlɪ] *adv* trop, excessivement

**undying** [ʌnˈdaɪɪŋ] *adj* éternel(le)

**unearned** [ʌnˈəːnd] *adj* (*praise, respect*) immérité(e); **~ income** rentes *fpl*

**unearth** [ʌnˈəːθ] *vt* déterrer; (*fig*) dénicher

**unearthly** [ʌnˈəːθlɪ] *adj* surnaturel(le); (*hour*) indu(e), impossible

**uneasy** [ʌnˈiːzɪ] *adj* mal à l'aise, gêné(e); (*worried*) inquiet(-ète); (*feeling*) désagréable; (*peace, truce*) fragile; **to feel ~ about doing sth** se sentir mal à l'aise à l'idée de faire qch

**uneconomic** [ˈʌniːkəˈnɔmɪk], **uneconomical** [ˈʌniːkəˈnɔmɪkl] *adj* peu économique; peu rentable

**uneducated** [ʌnˈɛdjukeɪtɪd] *adj* sans éducation

**unemployed** [ʌnɪmˈplɔɪd] *adj* sans travail, au chômage ▷ *n*: **the ~** les chômeurs *mpl*

**unemployment** [ʌnɪmˈplɔɪmənt] *n* chômage *m*

**unemployment benefit,** (*US*) **unemployment compensation** *n* allocation *f* de chômage

**unending** [ʌnˈɛndɪŋ] *adj* interminable

**unenviable** [ʌnˈɛnvɪəbl] *adj* peu enviable

**unequal** [ʌnˈiːkwəl] *adj* inégal(e)

**unequalled,** (*US*) **unequaled** [ʌnˈiːkwəld] *adj*

inégalé(e)

**unequivocal** [ʌnɪˈkwɪvəkl] *adj* (*answer*) sans
équivoque; (*person*) catégorique
**unerring** [ʌnˈəːrɪŋ] *adj* infaillible, sûr(e)
**UNESCO** [juːˈnɛskəʊ] *n abbr* (= *United Nations
Educational, Scientific and Cultural Organization*)
UNESCO *f*
**unethical** [ʌnˈɛθɪkl] *adj* (*methods*) immoral(e);
(*doctor's behaviour*) qui ne respecte pas l'éthique
**uneven** [ʌnˈiːvn] *adj* inégal(e); (*quality, work*)
irrégulier(-ière)
**uneventful** [ʌnɪˈvɛntful] *adj* tranquille, sans
histoires
**unexceptional** [ʌnɪkˈsɛpʃənl] *adj* banal(e),
quelconque
**unexciting** [ʌnɪkˈsaɪtɪŋ] *adj* pas passionnant(e)
**unexpected** [ʌnɪkˈspɛktɪd] *adj* inattendu(e),
imprévu(e)
**unexpectedly** [ʌnɪkˈspɛktɪdlɪ] *adv* (*succeed*)
contre toute attente; (*arrive*) à l'improviste
**unexplained** [ʌnɪkˈspleɪnd] *adj* inexpliqué(e)
**unexploded** [ʌnɪkˈspləʊdɪd] *adj* non explosé(e)
*or* éclaté(e)
**unfailing** [ʌnˈfeɪlɪŋ] *adj* inépuisable; infaillible
**unfair** [ʌnˈfɛəʳ] *adj*: ~ (**to**) injuste (envers); **it's ~
that** ... il n'est pas juste que ...
**unfair dismissal** *n* licenciement abusif
**unfairly** [ʌnˈfɛəlɪ] *adv* injustement
**unfaithful** [ʌnˈfeɪθful] *adj* infidèle
**unfamiliar** [ʌnfəˈmɪlɪəʳ] *adj* étrange,
inconnu(e); **to be ~ with sth** mal connaître
qch
**unfashionable** [ʌnˈfæʃnəbl] *adj* (*clothes*)
démodé(e); (*place*) peu chic *inv*; (*district*)
déshérité(e), pas à la mode
**unfasten** [ʌnˈfɑːsn] *vt* défaire; (*belt, necklace*)
détacher; (*open*) ouvrir
**unfathomable** [ʌnˈfæðəməbl] *adj* insondable
**unfavourable**, (US) **unfavorable** [ʌnˈfeɪvrəbl]
*adj* défavorable
**unfavourably**, (US) **unfavorably** [ʌnˈfeɪvrəblɪ]
*adv*: **to look ~ upon** ne pas être favorable à
**unfeeling** [ʌnˈfiːlɪŋ] *adj* insensible, dur(e)
**unfinished** [ʌnˈfɪnɪʃt] *adj* inachevé(e)
**unfit** [ʌnˈfɪt] *adj* (*physically*: *ill*) en mauvaise
santé, (: *out of condition*) pas en forme;
(*incompetent*): ~ (**for**) impropre (à); (*work, service*)
inapte (à)
**unflagging** [ʌnˈflægɪŋ] *adj* infatigable,
inlassable
**unflappable** [ʌnˈflæpəbl] *adj* imperturbable
**unflattering** [ʌnˈflætərɪŋ] *adj* (*dress, hairstyle*) qui
n'avantage pas; (*remark*) peu flatteur(-euse)
**unflinching** [ʌnˈflɪntʃɪŋ] *adj* stoïque
**unfold** [ʌnˈfəʊld] *vt* déplier; (*fig*) révéler, exposer
▷ *vi* se dérouler
**unforeseeable** [ʌnfɔːˈsiːəbl] *adj* imprévisible
**unforeseen** [ʌnfɔːˈsiːn] *adj* imprévu(e)
**unforgettable** [ʌnfəˈɡɛtbl] *adj* inoubliable
**unforgivable** [ʌnfəˈɡɪvəbl] *adj* impardonnable
**unformatted** [ʌnˈfɔːmætɪd] *adj* (*disk, text*) non
formaté(e)

**unfortunate** [ʌnˈfɔːtʃnət] *adj*
malheureux(-euse); (*event, remark*)
malencontreux(-euse)
**unfortunately** [ʌnˈfɔːtʃnətlɪ] *adv*
malheureusement
**unfounded** [ʌnˈfaʊndɪd] *adj* sans fondement
**unfriendly** [ʌnˈfrɛndlɪ] *adj* peu aimable,
froid(e), inamical(e)
**unfulfilled** [ʌnfulˈfɪld] *adj* (*ambition, prophecy*)
non réalisé(e); (*desire*) insatisfait(e); (*promise*)
non tenu(e); (*terms of contract*) non rempli(e);
(*person*) qui n'a pas su se réaliser
**unfurl** [ʌnˈfəːl] *vt* déployer
**unfurnished** [ʌnˈfəːnɪʃt] *adj* non meublé(e)
**ungainly** [ʌnˈɡeɪnlɪ] *adj* gauche, dégingandé(e)
**ungodly** [ʌnˈɡɒdlɪ] *adj* impie; **at an ~ hour** à
une heure indue
**ungrateful** [ʌnˈɡreɪtful] *adj* qui manque de
reconnaissance, ingrat(e)
**unguarded** [ʌnˈɡɑːdɪd] *adj*: ~ **moment**
moment *m* d'inattention
**unhappily** [ʌnˈhæpɪlɪ] *adv* tristement;
(*unfortunately*) malheureusement
**unhappiness** [ʌnˈhæpɪnɪs] *n* tristesse *f*, peine *f*
**unhappy** [ʌnˈhæpɪ] *adj* triste,
malheureux(-euse); (*unfortunate*: *remark etc*)
malheureux(-euse); (*not pleased*): ~ **with**
mécontent(e) de, peu satisfait(e) de
**unharmed** [ʌnˈhɑːmd] *adj* indemne, sain(e) et
sauf (sauve)
**UNHCR** *n abbr* (= *United Nations High Commission for
Refugees*) HCR *m*
**unhealthy** [ʌnˈhɛlθɪ] *adj* (*gen*) malsain(e);
(*person*) maladif(-ive)
**unheard-of** [ʌnˈhəːdɒv] *adj* inouï(e), sans
précédent
**unhelpful** [ʌnˈhɛlpful] *adj* (*person*) peu serviable;
(*advice*) peu utile
**unhesitating** [ʌnˈhɛzɪteɪtɪŋ] *adj* (*loyalty*)
spontané(e); (*reply, offer*) immédiat(e)
**unholy** [ʌnˈhəʊlɪ] *adj*: **an ~ alliance** une
alliance contre nature; **he got home at an ~
hour** il est rentré à une heure impossible
**unhook** [ʌnˈhuk] *vt* décrocher; dégrafer
**unhurt** [ʌnˈhəːt] *adj* indemne, sain(e) et sauf
(sauve)
**unhygienic** [ˈʌnhaɪˈdʒiːnɪk] *adj* antihygiénique
**UNICEF** [ˈjuːnɪsɛf] *n abbr* (= *United Nations
International Children's Emergency Fund*) UNICEF *m*,
FISE *m*
**unicorn** [ˈjuːnɪkɔːn] *n* licorne *f*
**unidentified** [ʌnaɪˈdɛntɪfaɪd] *adj* non
identifié(e); *see also* **UFO**
**uniform** [ˈjuːnɪfɔːm] *n* uniforme *m* ▷ *adj*
uniforme
**uniformity** [juːnɪˈfɔːmɪtɪ] *n* uniformité *f*
**unify** [ˈjuːnɪfaɪ] *vt* unifier
**unilateral** [juːnɪˈlætərəl] *adj* unilatéral(e)
**unimaginable** [ʌnɪˈmædʒɪnəbl] *adj*
inimaginable, inconcevable
**unimaginative** [ʌnɪˈmædʒɪnətɪv] *adj* sans
imagination

**unimpaired** [ʌnɪmˈpɛəd] *adj* intact(e)
**unimportant** [ʌnɪmˈpɔːtənt] *adj* sans importance
**unimpressed** [ʌnɪmˈprɛst] *adj* pas impressionné(e)
**uninhabited** [ʌnɪnˈhæbɪtɪd] *adj* inhabité(e)
**uninhibited** [ʌnɪnˈhɪbɪtɪd] *adj* sans inhibitions; sans retenue
**uninjured** [ʌnˈɪndʒəd] *adj* indemne
**uninspiring** [ʌnɪnˈspaɪərɪŋ] *adj* peu inspirant(e)
**unintelligent** [ʌnɪnˈtɛlɪdʒənt] *adj* inintelligent(e)
**unintentional** [ʌnɪnˈtɛnʃənəl] *adj* involontaire
**unintentionally** [ʌnɪnˈtɛnʃnəlɪ] *adv* sans le vouloir
**uninvited** [ʌnɪnˈvaɪtɪd] *adj* (*guest*) qui n'a pas été invité(e)
**uninviting** [ʌnɪnˈvaɪtɪŋ] *adj* (*place*) peu attirant(e); (*food*) peu appétissant(e)
**union** [ˈjuːnjən] *n* union *f*; (*also*: **trade union**) syndicat *m* ▷ *cpd* du syndicat, syndical(e)
**unionize** [ˈjuːnjənaɪz] *vt* syndiquer
**Union Jack** *n* drapeau du Royaume-Uni
**Union of Soviet Socialist Republics** *n* (*formerly*) Union *f* des républiques socialistes soviétiques
**union shop** *n* entreprise où tous les travailleurs doivent être syndiqués
**unique** [juːˈniːk] *adj* unique
**unisex** [ˈjuːnɪsɛks] *adj* unisexe
**Unison** [ˈjuːnɪsn] *n* (*trade union*) grand syndicat des services publics en Grande-Bretagne
**unison** [ˈjuːnɪsn] *n*: **in ~** à l'unisson, en chœur
**unit** [ˈjuːnɪt] *n* unité *f*; (*section: of furniture etc*) élément *m*, bloc *m*; (*team, squad*) groupe *m*, service *m*; **production ~** atelier *m* de fabrication; **kitchen ~** élément de cuisine; **sink ~** bloc-évier *m*
**unit cost** *n* coût *m* unitaire
**unite** [juːˈnaɪt] *vt* unir ▷ *vi* s'unir
**united** [juːˈnaɪtɪd] *adj* uni(e); (*country, party*) unifié(e); (*efforts*) conjugué(e)
**United Arab Emirates** *npl* Émirats Arabes Unis
**United Kingdom** *n* Royaume-Uni *m*
**United Nations, United Nations Organization** *n* (Organisation *f* des) Nations unies
**United States, United States of America** *n* États-Unis *mpl*
**unit price** *n* prix *m* unitaire
**unit trust** *n* (*Brit Comm*) fonds commun de placement, FCP *m*
**unity** [ˈjuːnɪtɪ] *n* unité *f*
**Univ.** *abbr* = **university**
**universal** [juːnɪˈvəːsl] *adj* universel(le)
**universe** [ˈjuːnɪvəːs] *n* univers *m*
**university** [juːnɪˈvəːsɪtɪ] *n* université *f* ▷ *cpd* (*student, professor*) d'université; (*education, year, degree*) universitaire
**unjust** [ʌnˈdʒʌst] *adj* injuste
**unjustifiable** [ˈʌndʒʌstɪˈfaɪəbl] *adj* injustifiable
**unjustified** [ʌnˈdʒʌstɪfaɪd] *adj* injustifié(e);

**unkempt** [ʌnˈkɛmpt] *adj* mal tenu(e), débraillé(e); mal peigné(e)
**unkind** [ʌnˈkaɪnd] *adj* peu gentil(le), méchant(e)
**unkindly** [ʌnˈkaɪndlɪ] *adv* (*treat, speak*) avec méchanceté
**unknown** [ʌnˈnəun] *adj* inconnu(e); **~ to me** sans que je le sache; **~ quantity** (*Math, fig*) inconnue *f*
**unladen** [ʌnˈleɪdn] *adj* (*ship, weight*) à vide
**unlawful** [ʌnˈlɔːful] *adj* illégal(e)
**unleaded** [ʌnˈlɛdɪd] *n* (*also*: **unleaded petrol**) essence *f* sans plomb
**unleash** [ʌnˈliːʃ] *vt* détacher; (*fig*) déchaîner, déclencher
**unleavened** [ʌnˈlɛvnd] *adj* sans levain
**unless** [ʌnˈlɛs] *conj*: **~ he leaves** à moins qu'il (ne) parte; **~ we leave** à moins de partir, à moins que nous (ne) partions; **~ otherwise stated** sauf indication contraire; **~ I am mistaken** si je ne me trompe
**unlicensed** [ʌnˈlaɪsnst] *adj* (*Brit*) non patenté(e) pour la vente des spiritueux
**unlike** [ʌnˈlaɪk] *adj* dissemblable, différent(e) ▷ *prep* à la différence de, contrairement à
**unlikelihood** [ʌnˈlaɪklɪhud] *adj* improbabilité *f*
**unlikely** [ʌnˈlaɪklɪ] *adj* (*result, event*) improbable; (*explanation*) invraisemblable
**unlimited** [ʌnˈlɪmɪtɪd] *adj* illimité(e)
**unlisted** [ˈʌnˈlɪstɪd] *adj* (*US Tel*) sur la liste rouge; (*Stock Exchange*) non coté(e) en Bourse
**unlit** [ʌnˈlɪt] *adj* (*room*) non éclairé(e)
**unload** [ʌnˈləud] *vt* décharger
**unlock** [ʌnˈlɔk] *vt* ouvrir
**unlucky** [ʌnˈlʌkɪ] *adj* (*person*) malchanceux(-euse); (*object, number*) qui porte malheur; **to be ~** (*person*) ne pas avoir de chance
**unmanageable** [ʌnˈmænɪdʒəbl] *adj* (*unwieldy: tool, vehicle*) peu maniable; (: *situation*) inextricable
**unmanned** [ʌnˈmænd] *adj* sans équipage
**unmannerly** [ʌnˈmænəlɪ] *adj* mal élevé(e), impoli(e)
**unmarked** [ʌnˈmɑːkt] *adj* (*unstained*) sans marque; **~ police car** voiture de police banalisée
**unmarried** [ʌnˈmærɪd] *adj* célibataire
**unmask** [ʌnˈmɑːsk] *vt* démasquer
**unmatched** [ʌnˈmætʃt] *adj* sans égal(e)
**unmentionable** [ʌnˈmɛnʃnəbl] *adj* (*topic*) dont on ne parle pas; (*word*) qui ne se dit pas
**unmerciful** [ʌnˈməːsɪful] *adj* sans pitié
**unmistakable, unmistakeable** [ʌnmɪsˈteɪkəbl] *adj* indubitable; qu'on ne peut pas ne pas reconnaître
**unmitigated** [ʌnˈmɪtɪgeɪtɪd] *adj* non mitigé(e), absolu(e), pur(e)
**unnamed** [ʌnˈneɪmd] *adj* (*nameless*) sans nom; (*anonymous*) anonyme
**unnatural** [ʌnˈnætʃrəl] *adj* non naturel(le); (*perversion*) contre nature

**unnecessary** [ʌnˈnɛsəsərɪ] *adj* inutile, superflu(e)

**unnerve** [ʌnˈnəːv] *vt* faire perdre son sang-froid à

**unnoticed** [ʌnˈnəʊtɪst] *adj* inaperçu(e); **to go ~** passer inaperçu

**UNO** [ˈjuːnəʊ] *n abbr* = **United Nations Organization**

**unobservant** [ʌnəbˈzəːvnt] *adj* pas observateur(-trice)

**unobtainable** [ʌnəbˈteɪnəbl] *adj* (Tel) impossible à obtenir

**unobtrusive** [ʌnəbˈtruːsɪv] *adj* discret(-ète)

**unoccupied** [ʌnˈɔkjupaɪd] *adj* (seat, table, Mil) libre; (house) inoccupé(e)

**unofficial** [ʌnəˈfɪʃl] *adj* (news) officieux(-euse), non officiel(le); (strike) ≈ sauvage

**unopposed** [ʌnəˈpəʊzd] *adj* sans opposition

**unorthodox** [ʌnˈɔːθədɔks] *adj* peu orthodoxe

**unpack** [ʌnˈpæk] *vi* défaire sa valise, déballer ses affaires ▷ *vt* (suitcase) défaire; (belongings) déballer

**unpaid** [ʌnˈpeɪd] *adj* (bill) impayé(e); (holiday) non-payé(e), sans salaire; (work) non rétribué(e); (worker) bénévole

**unpalatable** [ʌnˈpælətəbl] *adj* (truth) désagréable (à entendre)

**unparalleled** [ʌnˈpærəleld] *adj* incomparable, sans égal

**unpatriotic** [ˈʌnpætrɪˈɔtɪk] *adj* (person) manquant de patriotisme; (speech, attitude) antipatriotique

**unplanned** [ʌnˈplænd] *adj* (visit) imprévu(e); (baby) non prévu(e)

**unpleasant** [ʌnˈplɛznt] *adj* déplaisant(e), désagréable

**unplug** [ʌnˈplʌg] *vt* débrancher

**unpolluted** [ʌnpəˈluːtɪd] *adj* non pollué(e)

**unpopular** [ʌnˈpɔpjuləʳ] *adj* impopulaire; **to make o.s. ~ (with)** se rendre impopulaire (auprès de)

**unprecedented** [ʌnˈprɛsɪdɛntɪd] *adj* sans précédent

**unpredictable** [ʌnprɪˈdɪktəbl] *adj* imprévisible

**unprejudiced** [ʌnˈprɛdʒudɪst] *adj* (not biased) impartial(e); (having no prejudices) qui n'a pas de préjugés

**unprepared** [ʌnprɪˈpɛəd] *adj* (person) qui n'est pas suffisamment préparé(e); (speech) improvisé(e)

**unprepossessing** [ˈʌnpriːpəˈzɛsɪŋ] *adj* peu avenant(e)

**unpretentious** [ʌnprɪˈtɛnʃəs] *adj* sans prétention(s)

**unprincipled** [ʌnˈprɪnsɪpld] *adj* sans principes

**unproductive** [ʌnprəˈdʌktɪv] *adj* improductif(-ive); (discussion) stérile

**unprofessional** [ʌnprəˈfɛʃənl] *adj* (conduct) contraire à la déontologie

**unprofitable** [ʌnˈprɔfɪtəbl] *adj* non rentable

**UNPROFOR** [ʌnˈprəʊfɔːʳ] *n abbr* (= United Nations Protection Force) FORPRONU f

**unprotected** [ˈʌnprəˈtɛktɪd] *adj* (sex) non protégé(e)

**unprovoked** [ʌnprəˈvəʊkt] *adj* (attack) sans provocation

**unpunished** [ʌnˈpʌnɪʃt] *adj* impuni(e); **to go ~** rester impuni

**unqualified** [ʌnˈkwɔlɪfaɪd] *adj* (teacher) non diplômé(e), sans titres; (success) sans réserve, total(e); (disaster) total(e)

**unquestionably** [ʌnˈkwɛstʃənəblɪ] *adv* incontestablement

**unquestioning** [ʌnˈkwɛstʃənɪŋ] *adj* (obedience, acceptance) inconditionnel(le)

**unravel** [ʌnˈrævl] *vt* démêler

**unreal** [ʌnˈrɪəl] *adj* irréel(le); (extraordinary) incroyable

**unrealistic** [ˈʌnrɪəˈlɪstɪk] *adj* (idea) irréaliste; (estimate) peu réaliste

**unreasonable** [ʌnˈriːznəbl] *adj* qui n'est pas raisonnable; **to make ~ demands on sb** exiger trop de qn

**unrecognizable** [ʌnˈrɛkəgnaɪzəbl] *adj* pas reconnaissable

**unrecognized** [ʌnˈrɛkəgnaɪzd] *adj* (talent, genius) méconnu(e); (Pol: régime) non reconnu(e)

**unrecorded** [ʌnrɪˈkɔːdɪd] *adj* non enregistré(e)

**unrefined** [ʌnrɪˈfaɪnd] *adj* (sugar, petroleum) non raffiné(e)

**unrehearsed** [ʌnrɪˈhəːst] *adj* (Theat etc) qui n'a pas été répété(e); (spontaneous) spontané(e)

**unrelated** [ʌnrɪˈleɪtɪd] *adj* sans rapport; (people) sans lien de parenté

**unrelenting** [ʌnrɪˈlɛntɪŋ] *adj* implacable; acharné(e)

**unreliable** [ʌnrɪˈlaɪəbl] *adj* sur qui (or quoi) on ne peut pas compter, peu fiable

**unrelieved** [ʌnrɪˈliːvd] *adj* (monotony) constant(e), uniforme

**unremitting** [ʌnrɪˈmɪtɪŋ] *adj* inlassable, infatigable, acharné(e)

**unrepeatable** [ʌnrɪˈpiːtəbl] *adj* (offer) unique, exceptionnel(le)

**unrepentant** [ʌnrɪˈpɛntənt] *adj* impénitent(e)

**unrepresentative** [ˈʌnrɛprɪˈzɛntətɪv] *adj*: **~ (of)** peu représentatif(-ive) (de)

**unreserved** [ʌnrɪˈzəːvd] *adj* (seat) non réservé(e); (approval, admiration) sans réserve

**unreservedly** [ʌnrɪˈzəːvɪdlɪ] *adv* sans réserve

**unresponsive** [ʌnrɪsˈpɔnsɪv] *adj* insensible

**unrest** [ʌnˈrɛst] *n* agitation f, troubles *mpl*

**unrestricted** [ʌnrɪˈstrɪktɪd] *adj* illimité(e); **to have ~ access to** avoir librement accès *or* accès en tout temps à

**unrewarded** [ʌnrɪˈwɔːdɪd] *adj* pas récompensé(e)

**unripe** [ʌnˈraɪp] *adj* pas mûr(e)

**unrivalled**, **(US) unrivaled** [ʌnˈraɪvəld] *adj* sans égal, incomparable

**unroll** [ʌnˈrəʊl] *vt* dérouler

**unruffled** [ʌnˈrʌfld] *adj* (person) imperturbable; (hair) qui n'est pas ébouriffé(e)

**unruly** [ʌnˈruːlɪ] *adj* indiscipliné(e)

**unsafe** [ʌn'seɪf] *adj* (*in danger*) en danger; (*journey, car*) dangereux(-euse); (*method*) hasardeux(-euse); ~ **to drink/eat** non potable/comestible

**unsaid** [ʌn'sɛd] *adj*: **to leave sth** ~ passer qch sous silence

**unsaleable**, (*US*) **unsalable** [ʌn'seɪləbl] *adj* invendable

**unsatisfactory** ['ʌnsætɪs'fæktərɪ] *adj* peu satisfaisant(e), qui laisse à désirer

**unsavoury**, (*US*) **unsavory** [ʌn'seɪvərɪ] *adj* (*fig*) peu recommandable, répugnant(e)

**unscathed** [ʌn'skeɪðd] *adj* indemne

**unscientific** ['ʌnsaɪən'tɪfɪk] *adj* non scientifique

**unscrew** [ʌn'skru:] *vt* dévisser

**unscrupulous** [ʌn'skru:pjuləs] *adj* sans scrupules

**unseat** [ʌn'si:t] *vt* (*rider*) désarçonner; (*fig: official*) faire perdre son siège à

**unsecured** ['ʌnsɪ'kjuəd] *adj*: ~ **creditor** créancier(-ière) sans garantie

**unseeded** [ʌn'si:dɪd] *adj* (*Sport*) non classé(e)

**unseemly** [ʌn'si:mlɪ] *adj* inconvenant(e)

**unseen** [ʌn'si:n] *adj* (*person*) invisible; (*danger*) imprévu(e)

**unselfish** [ʌn'sɛlfɪʃ] *adj* désintéressé(e)

**unsettled** [ʌn'sɛtld] *adj* (*restless*) perturbé(e); (*unpredictable*) instable; incertain(e); (*not finalized*) non résolu(e)

**unsettling** [ʌn'sɛtlɪŋ] *adj* qui a un effet perturbateur

**unshakable, unshakeable** [ʌn'ʃeɪkəbl] *adj* inébranlable

**unshaven** [ʌn'ʃeɪvn] *adj* non *or* mal rasé(e)

**unsightly** [ʌn'saɪtlɪ] *adj* disgracieux(-euse), laid(e)

**unskilled** [ʌn'skɪld] *adj*: ~ **worker** manœuvre *m*

**unsociable** [ʌn'səʊʃəbl] *adj* (*person*) peu sociable; (*behaviour*) qui manque de sociabilité

**unsocial** [ʌn'səʊʃl] *adj* (*hours*) en dehors de l'horaire normal

**unsold** [ʌn'səʊld] *adj* invendu(e), non vendu(e)

**unsolicited** [ʌnsə'lɪsɪtɪd] *adj* non sollicité(e)

**unsophisticated** [ʌnsə'fɪstɪkeɪtɪd] *adj* simple, naturel(le)

**unsound** [ʌn'saund] *adj* (*health*) chancelant(e); (*floor, foundations*) peu solide; (*policy, advice*) peu judicieux(-euse)

**unspeakable** [ʌn'spi:kəbl] *adj* indicible; (*awful*) innommable

**unspoiled** ['ʌn'spɔɪld], **unspoilt** ['ʌn'spɔɪlt] *adj* (*place*) non dégradé(e)

**unspoken** [ʌn'spəʊkn] *adj* (*word*) qui n'est pas prononcé(e); (*agreement, approval*) tacite

**unstable** [ʌn'steɪbl] *adj* instable

**unsteady** [ʌn'stɛdɪ] *adj* mal assuré(e), chancelant(e), instable

**unstinting** [ʌn'stɪntɪŋ] *adj* (*support*) total(e), sans réserve; (*generosity*) sans limites

**unstuck** [ʌn'stʌk] *adj*: **to come** ~ se décoller; (*fig*) faire fiasco

**unsubstantiated** ['ʌnsəb'stænʃɪeɪtɪd] *adj* (*rumour*) qui n'est pas confirmé(e); (*accusation*) sans preuve

**unsuccessful** [ʌnsək'sɛsful] *adj* (*attempt*) infructueux(-euse); (*writer, proposal*) qui n'a pas de succès; (*marriage*) malheureux(-euse), qui ne réussit pas; **to be** ~ (*in attempting sth*) ne pas réussir; ne pas avoir de succès; (*application*) ne pas être retenu(e)

**unsuccessfully** [ʌnsək'sɛsfəlɪ] *adv* en vain

**unsuitable** [ʌn'su:təbl] *adj* qui ne convient pas, peu approprié(e); (*time*) inopportun(e)

**unsuited** [ʌn'su:tɪd] *adj*: **to be** ~ **for** *or* **to** être inapte *or* impropre à

**unsung** ['ʌnsʌŋ] *adj*: **an** ~ **hero** un héros méconnu

**unsupported** [ʌnsə'pɔ:tɪd] *adj* (*claim*) non soutenu(e); (*theory*) qui n'est pas corroboré(e)

**unsure** [ʌn'ʃuə³] *adj* pas sûr(e); **to be** ~ **of o.s.** ne pas être sûr de soi, manquer de confiance en soi

**unsuspecting** [ʌnsə'spɛktɪŋ] *adj* qui ne se méfie pas

**unsweetened** [ʌn'swi:tnd] *adj* non sucré(e)

**unswerving** [ʌn'swə:vɪŋ] *adj* inébranlable

**unsympathetic** ['ʌnsɪmpə'θɛtɪk] *adj* hostile; (*unpleasant*) antipathique; ~ **to** indifférent(e) à

**untangle** [ʌn'tæŋgl] *vt* démêler, débrouiller

**untapped** [ʌn'tæpt] *adj* (*resources*) inexploité(e)

**untaxed** [ʌn'tækst] *adj* (*goods*) non taxé(e); (*income*) non imposé(e)

**unthinkable** [ʌn'θɪŋkəbl] *adj* impensable, inconcevable

**unthinkingly** [ʌn'θɪŋkɪŋlɪ] *adv* sans réfléchir

**untidy** [ʌn'taɪdɪ] *adj* (*room*) en désordre; (*appearance, person*) débraillé(e); (*person: in character*) sans ordre, désordonné; débraillé; (*work*) peu soigné(e)

**untie** [ʌn'taɪ] *vt* (*knot, parcel*) défaire; (*prisoner, dog*) détacher

**until** [ən'tɪl] *prep* jusqu'à; (*after negative*) avant ▷ *conj* jusqu'à ce que + *sub*, en attendant que + *sub*; (*in past, after negative*) avant que + *sub*; ~ **he comes** jusqu'à ce qu'il vienne, jusqu'à son arrivée; ~ **now** jusqu'à présent, jusqu'ici; ~ **then** jusque-là; **from morning** ~ **night** du matin au soir *or* jusqu'au soir

**untimely** [ʌn'taɪmlɪ] *adj* inopportun(e); (*death*) prématuré(e)

**untold** [ʌn'təʊld] *adj* incalculable; indescriptible

**untouched** [ʌn'tʌtʃt] *adj* (*not used etc*) tel(le) quel(le), intact(e); (*safe: person*) indemne; (*unaffected*): ~ **by** indifférent(e) à

**untoward** [ʌntə'wɔ:d] *adj* fâcheux(-euse), malencontreux(-euse)

**untrained** ['ʌn'treɪnd] *adj* (*worker*) sans formation; (*troops*) sans entraînement; **to the** ~ **eye** à l'œil non exercé

**untrammelled** [ʌn'træmld] *adj* sans entraves

**untranslatable** [ʌntrænz'leɪtəbl] *adj* intraduisible

**untrue** [ʌn'tru:] *adj* (*statement*) faux (fausse)

## Warnings

**Je vous préviens**, je ne me laisserai pas faire.
**Je te préviens que** ça ne sera pas facile.
**N'oubliez pas de** conserver le double de votre déclaration d'impôts.
**Méfiez-vous des apparences.**

**Surtout, n'**y allez **jamais** le samedi.
Si tu ne viens pas, **tu risques de** le regretter.

I warn you …
I'd better warn you that …
Don't forget to …

Remember: appearances can be deceptive.

Whatever you do, don't …
… you risk …

# Intentions and desires

## Asking what someone intends to do

**Qu'est-ce que vous allez faire ?**
**Qu'est-ce que tu vas faire si** tu rates ton examen ?
**Qu'allez-vous faire** en rentrant? **Avez-vous des projets ?**

**Quels sont vos projets ?**
**Est-ce que tu comptes** passer tes vacances ici ?
**Vous comptez** rester longtemps ?
**Que comptez-vous faire de** votre collection ?

**Comment comptez-vous faire ?**

**Tu as l'intention de** passer des concours ?
**Songez-vous à** refaire un film en Europe ?

What are you going to do?
What will you do if …
What are you going to do … ? Do you have anything planned?
What are your plans?
Are you planning to …
Are you planning on …
What are you planning to do with …

What are you thinking of doing?

Do you intend to …
Are you thinking of …

## Talking about intentions

**Je comptais** m'envoler pour Ajaccio le 8 juillet.
**Elle prévoit de** voyager pendant un an.
**Il est prévu de** construire un nouveau stade.
**Ils envisagent d'**avoir plusieurs enfants.
Cette banque **a l'intention de** fermer un grand nombre de succursales.
**Je songe à** abandonner la politique.
**J'ai décidé de** changer de carrière.
**Je suis décidée à** arrêter de fumer.

I was planning to …
She plans to …
There are plans to …
They are thinking of …
… intends to …

I am thinking of …
I have decided to …
I have made up my mind to …

**untrustworthy** [ʌn'trʌstwə:ðɪ] *adj* (*person*) pas digne de confiance, peu sûr(e)

**unusable** [ʌn'ju:zəbl] *adj* inutilisable

**unused¹** [ʌn'ju:zd] *adj* (*new*) neuf (neuve)

**unused²** [ʌn'ju:st] *adj*: **to be ~ to sth/to doing sth** ne pas avoir l'habitude de qch/de faire qch

**unusual** [ʌn'ju:ʒuəl] *adj* insolite, exceptionnel(le), rare

**unusually** [ʌn'ju:ʒuəlɪ] *adv* exceptionnellement, particulièrement

**unveil** [ʌn'veɪl] *vt* dévoiler

**unwanted** [ʌn'wɒntɪd] *adj* (*child, pregnancy*) non désiré(e); (*clothes etc*) à donner

**unwarranted** [ʌn'wɒrəntɪd] *adj* injustifié(e)

**unwary** [ʌn'wɛərɪ] *adj* imprudent(e)

**unwavering** [ʌn'weɪvərɪŋ] *adj* inébranlable

**unwelcome** [ʌn'wɛlkəm] *adj* importun(e); **to feel ~** se sentir de trop

**unwell** [ʌn'wɛl] *adj* indisposé(e), souffrant(e); **to feel ~** ne pas se sentir bien

**unwieldy** [ʌn'wi:ldɪ] *adj* difficile à manier

**unwilling** [ʌn'wɪlɪŋ] *adj*: **to be ~ to do** ne pas vouloir faire

**unwillingly** [ʌn'wɪlɪŋlɪ] *adv* à contrecœur, contre son gré

**unwind** [ʌn'waɪnd] (*irreg: like* **wind**) *vt* dérouler ▷ *vi* (*relax*) se détendre

**unwise** [ʌn'waɪz] *adj* imprudent(e), peu judicieux(-euse)

**unwitting** [ʌn'wɪtɪŋ] *adj* involontaire

**unwittingly** [ʌn'wɪtɪŋlɪ] *adv* involontairement

**unworkable** [ʌn'wə:kəbl] *adj* (*plan etc*) inexploitable

**unworthy** [ʌn'wə:ðɪ] *adj* indigne

**unwrap** [ʌn'ræp] *vt* défaire; ouvrir

**unwritten** [ʌn'rɪtn] *adj* (*agreement*) tacite

**unzip** [ʌn'zɪp] *vt* ouvrir (la fermeture éclair de); (*Comput*) dézipper

**KEYWORD**

**up** [ʌp] *prep*: **he went up the stairs/the hill** il a monté l'escalier/la colline; **the cat was up a tree** le chat était dans un arbre; **they live further up the street** ils habitent plus haut dans la rue; **go up that road and turn left** remontez la rue et tournez à gauche
▷ *vi* (*inf*): **she upped and left** elle a fichu le camp sans plus attendre
▷ *adv* **1** en haut; en l'air; (*upwards, higher*): **up in the sky/the mountains** (là-haut) dans le ciel/les montagnes; **put it a bit higher up** mettez-le un peu plus haut; **to stand up** (*get up*) se lever, se mettre debout; (*be standing*) être debout; **up there** là-haut; **up above** au-dessus; **"this side up"** "haut"

**2**: **to be up** (*out of bed*) être levé(e); (*prices*) avoir augmenté *or* monté; (*finished*): **when the year was up** à la fin de l'année; **time's up** c'est l'heure

**3**: **up to** (*as far as*) jusqu'à; **up to now** jusqu'à présent

**4**: **to be up to** (*depending on*): **it's up to you** c'est à vous de décider; (*equal to*): **he's not up to it** (*job, task etc*) il n'en est pas capable; (*inf: be doing*): **what is he up to?** qu'est-ce qu'il peut bien faire?

**5** (*phrases*): **he's well up in** *or* **on** ... (*Brit: knowledgeable*) il s'y connaît en ...; **up with Leeds United!** vive Leeds United!; **what's up?** (*inf*) qu'est-ce qui ne va pas?; **what's up with him?** (*inf*) qu'est-ce qui lui arrive?
▷ *n*: **ups and downs** hauts et bas *mpl*

**up-and-coming** [ʌpənd'kʌmɪŋ] *adj* plein(e) d'avenir *or* de promesses

**upbeat** ['ʌpbi:t] *n* (*Mus*) levé *m*; (*in economy, prosperity*) amélioration *f* ▷ *adj* (*optimistic*) optimiste

**upbraid** [ʌp'breɪd] *vt* morigéner

**upbringing** ['ʌpbrɪŋɪŋ] *n* éducation *f*

**upcoming** ['ʌpkʌmɪŋ] *adj* tout(e) prochain(e)

**update** [ʌp'deɪt] *vt* mettre à jour

**upend** [ʌp'ɛnd] *vt* mettre debout

**upfront** [ʌp'frʌnt] *adj* (*open*) franc (franche) ▷ *adv* (*pay*) d'avance; **to be ~ about sth** ne rien cacher de qch

**upgrade** [ʌp'greɪd] *vt* (*person*) promouvoir; (*job*) revaloriser; (*property, equipment*) moderniser

**upheaval** [ʌp'hi:vl] *n* bouleversement *m*; (*in room*) branle-bas *m*; (*event*) crise *f*

**uphill** [ʌp'hɪl] *adj* qui monte; (*fig: task*) difficile, pénible ▷ *adv* (*face, look*) en amont, vers l'amont; (*go, move*) vers le haut, en haut; **to go ~** monter

**uphold** [ʌp'həuld] *vt* (*irreg: like* **hold**) maintenir; soutenir

**upholstery** [ʌp'həulstərɪ] *n* rembourrage *m*; (*cover*) tissu *m* d'ameublement; (*of car*) garniture *f*

**upkeep** ['ʌpki:p] *n* entretien *m*

**upmarket** [ʌp'mɑ:kɪt] *adj* (*product*) haut de gamme *inv*; (*area*) chic *inv*

**upon** [ə'pɒn] *prep* sur

**upper** ['ʌpər] *adj* supérieur(e); du dessus ▷ *n* (*of shoe*) empeigne *f*

**upper class** *n*: **the ~** ≈ la haute bourgeoisie

**upper-class** [ʌpə'klɑ:s] *adj* de la haute société, aristocratique; (*district*) élégant(e), huppé(e); (*accent, attitude*) caractéristique des classes supérieures

**uppercut** ['ʌpəkʌt] *n* uppercut *m*

**upper hand** *n*: **to have the ~** avoir le dessus

**Upper House** *n*: **the ~** (*in Britain*) la Chambre des Lords, la Chambre haute; (*in France, in the US etc*) le Sénat

**uppermost** ['ʌpəməust] *adj* le (la) plus haut(e), en dessus; **it was ~ in my mind** j'y pensais avant tout autre chose

**upper sixth** *n* terminale *f*

**Upper Volta** [-'vɔltə] *n* Haute Volta

**upright** ['ʌpraɪt] *adj* droit(e); (*fig*) droit, honnête ▷ *n* montant *m*

**uprising** ['ʌpraɪzɪŋ] *n* soulèvement *m*, insurrection *f*

**uproar** ['ʌprɔːʳ] n tumulte m, vacarme m; (*protests*) protestations fpl

**uproarious** [ʌp'rɔːrɪəs] adj (*event etc*) désopilant(e); ~ **laughter** un brouhaha de rires

**uproot** [ʌp'ruːt] vt déraciner

**upset** n ['ʌpsɛt] dérangement m ▷ vt [ʌp'sɛt] (*irreg: like* **set**: *glass etc*) renverser; (*plan*) déranger; (*person: offend*) contrarier; (: *grieve*) faire de la peine à; bouleverser ▷ adj [ʌp'sɛt] contrarié(e); peiné(e); (*stomach*) détraqué(e), dérangé(e); **to get ~** (*sad*) devenir triste; (*offended*) se vexer; **to have a stomach ~** (*Brit*) avoir une indigestion

**upset price** n (*US, Scottish*) mise f à prix, prix m de départ

**upsetting** [ʌp'sɛtɪŋ] adj (*offending*) vexant(e); (*annoying*) ennuyeux(-euse)

**upshot** ['ʌpʃɔt] n résultat m; **the ~ of it all was that ...** il a résulté de tout cela que ...

**upside down** ['ʌpsaɪd-] adv à l'envers; **to turn sth ~** (*fig: place*) mettre sens dessus dessous

**upstage** ['ʌp'steɪdʒ] vt: **to ~ sb** souffler la vedette à qn

**upstairs** [ʌp'stɛəz] adv en haut ▷ adj (*room*) du dessus, d'en haut ▷ n: **the ~** l'étage m; **there's no ~** il n'y a pas d'étage

**upstart** ['ʌpstɑːt] n parvenu(e)

**upstream** [ʌp'striːm] adv en amont

**upsurge** ['ʌpsəːdʒ] n (*of enthusiasm etc*) vague f

**uptake** ['ʌpteɪk] n: **he is quick/slow on the ~** il comprend vite/est lent à comprendre

**uptight** [ʌp'taɪt] adj (*inf*) très tendu(e), crispé(e)

**up-to-date** ['ʌptə'deɪt] adj moderne; (*information*) très récent(e)

**upturn** ['ʌptəːn] n (*in economy*) reprise f

**upturned** ['ʌptəːnd] adj (*nose*) retroussé(e)

**upward** ['ʌpwəd] adj ascendant(e); vers le haut ▷ adv vers le haut; (*more than*): **~ of** plus de; **and ~ et plus**, au-dessus

**upwardly-mobile** ['ʌpwədlɪ'məubaɪl] adj à mobilité sociale ascendante

**upwards** ['ʌpwədz] adv vers le haut; (*more than*): **~ of** plus de; **and ~ et plus**, et au-dessus

**URA** n abbr (*US*) = **Urban Renewal Administration**

**Ural Mountains** ['juərəl-] npl: **the ~** (*also*: **the Urals**) les monts mpl Oural, l'Oural m

**uranium** [juə'reɪnɪəm] n uranium m

**Uranus** [juə'reɪnəs] n Uranus f

**urban** ['əːbən] adj urbain(e)

**urban clearway** n rue f à stationnement interdit

**urbane** [əː'beɪn] adj urbain(e), courtois(e)

**urbanization** [əːbənaɪ'zeɪʃən] n urbanisation f

**urchin** ['əːtʃɪn] n gosse m, garnement m

**Urdu** ['uəduː] n ourdou m

**urge** [əːdʒ] n besoin (impératif), envie (pressante) ▷ vt (*caution etc*) recommander avec insistance; (*person*): **to ~ sb to do** exhorter qn à faire, pousser qn à faire, recommander vivement à qn de faire

▸ **urge on** vt pousser, presser

**urgency** ['əːdʒənsɪ] n urgence f; (*of tone*) insistance f

**urgent** ['əːdʒənt] adj urgent(e); (*plea, tone*) pressant(e)

**urgently** ['əːdʒəntlɪ] adv d'urgence, de toute urgence; (*need*) sans délai

**urinal** ['juərɪnl] n (*Brit: place*) urinoir m

**urinate** ['juərɪneɪt] vi uriner

**urine** ['juərɪn] n urine f

**URL** abbr (= *uniform resource locator*) URL f

**urn** [əːn] n urne f; (*also*: **tea urn**) fontaine f à thé

**Uruguay** ['juərəgwaɪ] n Uruguay m

**Uruguayan** [juərə'gwaɪən] adj uruguayen(ne) ▷ n Uruguayen(ne)

**US** n abbr = **United States**

**us** [ʌs] pron nous; *see also* **me**

**USA** n abbr = **United States of America**; (*Mil*) = **United States Army**

**usable** ['juːzəbl] adj utilisable

**USAF** n abbr = **United States Air Force**

**usage** ['juːzɪdʒ] n usage m

**USCG** n abbr = **United States Coast Guard**

**USDA** n abbr = **United States Department of Agriculture**

**USDAW** ['ʌzdɔː] n abbr (*Brit*: = *Union of Shop, Distributive and Allied Workers*) syndicat du commerce de détail et de la distribution

**USDI** n abbr = **United States Department of the Interior**

**use** n [juːs] emploi m, utilisation f; usage m; (*usefulness*) utilité f ▷ vt [juːz] se servir de, utiliser, employer; **in ~** en usage; **out of ~** hors d'usage; **to be of ~** servir, être utile; **to make ~ of sth** utiliser qch; **ready for ~** prêt à l'emploi; **it's no ~** ça ne sert à rien; **to have the ~ of** avoir l'usage de; **what's this ~d for?** à quoi est-ce que ça sert?; **she ~d to do it** elle le faisait (autrefois), elle avait coutume de le faire; **to be ~d to** avoir l'habitude de, être habitué(e) à; **to get ~d to** s'habituer à

▸ **use up** vt finir, épuiser; (*food*) consommer

**used** [juːzd] adj (*car*) d'occasion

**useful** ['juːsful] adj utile; **to come in ~** être utile

**usefulness** ['juːsfəlnɪs] n utilité f

**useless** ['juːslɪs] adj inutile; (*inf: person*) nul(le)

**user** ['juːzəʳ] n utilisateur(-trice), usager m

**user-friendly** ['juːzə'frɛndlɪ] adj convivial(e), facile d'emploi

**username** ['juːzəneɪm] nom m d'utilisateur

**USES** n abbr = **United States Employment Service**

**usher** ['ʌʃəʳ] n placeur m ▷ vt: **to ~ sb in** faire entrer qn

**usherette** [ʌʃə'rɛt] n (*in cinema*) ouvreuse f

**USIA** n abbr = **United States Information Agency**

**USM** n abbr = **United States Mail; United States Mint**

**USN** n abbr = **United States Navy**

**USP** n abbr = **unique selling proposition**

**USPHS** n abbr = **United States Public Health Service**

**USPO** *n abbr* = **United States Post Office**
**USS** *abbr* = **United States Ship (or Steamer)**
**USSR** *n abbr* = **Union of Soviet Socialist Republics**
**usu.** *abbr* = **usually**
**usual** ['juːʒuəl] *adj* habituel(le); **as ~** comme d'habitude
**usually** ['juːʒuəlɪ] *adv* d'habitude, d'ordinaire
**usurer** ['juːʒərəʳ] *n* usurier(-ière)
**usurp** [juːˈzəːp] *vt* usurper
**UT** *abbr* (*US*) = **Utah**
**utensil** [juːˈtɛnsl] *n* ustensile *m*; **kitchen ~s** batterie *f* de cuisine
**uterus** ['juːtərəs] *n* utérus *m*
**utilitarian** [juːtɪlɪˈtɛərɪən] *adj* utilitaire
**utility** [juːˈtɪlɪtɪ] *n* utilité *f*; (*also*: **public utility**) service public

**utility room** *n* buanderie *f*
**utilization** [juːtɪlaɪˈzeɪʃən] *n* utilisation *f*
**utilize** ['juːtɪlaɪz] *vt* utiliser; (*make good use of*) exploiter
**utmost** ['ʌtməust] *adj* extrême, le (la) plus grand(e) ▷ *n*: **to do one's ~** faire tout son possible; **of the ~ importance** d'une importance capitale, de la plus haute importance
**utter** ['ʌtəʳ] *adj* total(e), complet(-ète) ▷ *vt* prononcer, proférer; (*sounds*) émettre
**utterance** ['ʌtrns] *n* paroles *fpl*
**utterly** ['ʌtəlɪ] *adv* complètement, totalement
**U-turn** ['juːˈtəːn] *n* demi-tour *m*; (*fig*) volte-face *f inv*
**Uzbekistan** [ʌzbɛkɪˈstɑːn] *n* Ouzbékistan *m*

u

# V v

**V, v** [viː] *n* (*letter*) V, v *m*; **V for Victor** V comme Victor

**v.** *abbr* = **verse**; (= *vide*) v.; (= *versus*) vs; (= *volt*) V

**VA, Va.** *abbr* (*US*) = **Virginia**

**vac** [væk] *n abbr* (*Brit inf*) = **vacation**

**vacancy** ['veɪkənsɪ] *n* (*Brit: job*) poste vacant; (*room*) chambre *f* disponible; **"no vacancies"** "complet"

**vacant** ['veɪkənt] *adj* (*post*) vacant(e); (*seat etc*) libre, disponible; (*expression*) distrait(e)

**vacant lot** *n* terrain inoccupé; (*for sale*) terrain à vendre

**vacate** [və'keɪt] *vt* quitter

**vacation** [və'keɪʃən] *n* (*esp US*) vacances *fpl*; **to take a ~** prendre des vacances; **on ~** en vacances

**vacation course** *n* cours *mpl* de vacances

**vacationer** [və'keɪʃənə<sup>r</sup>], (*US*) **vacationist** [və'keɪʃənɪst] *n* vacancier(-ière)

**vaccinate** ['væksɪneɪt] *vt* vacciner

**vaccination** [væksɪ'neɪʃən] *n* vaccination *f*

**vaccine** ['væksiːn] *n* vaccin *m*

**vacuum** ['vækjum] *n* vide *m*

**vacuum bottle** *n* (*US*) = **vacuum flask**

**vacuum cleaner** *n* aspirateur *m*

**vacuum flask** *n* (*Brit*) bouteille *f* thermos®

**vacuum-packed** ['vækjumpækt] *adj* emballé(e) sous vide

**vagabond** ['vægəbɒnd] *n* vagabond(e); (*tramp*) chemineau *m*, clochard(e)

**vagary** ['veɪɡərɪ] *n* caprice *m*

**vagina** [və'dʒaɪnə] *n* vagin *m*

**vagrancy** ['veɪɡrənsɪ] *n* vagabondage *m*

**vagrant** ['veɪɡrənt] *n* vagabond(e), mendiant(e)

**vague** [veɪɡ] *adj* vague, imprécis(e); (*blurred: photo, memory*) flou(e); **I haven't the ~st idea** je n'en ai pas la moindre idée

**vaguely** ['veɪɡlɪ] *adv* vaguement

**vain** [veɪn] *adj* (*useless*) vain(e); (*conceited*) vaniteux(-euse); **in ~** en vain

**valance** ['væləns] *n* (*of bed*) tour *m* de lit

**valedictory** [vælɪ'dɪktərɪ] *adj* d'adieu

**valentine** ['væləntaɪn] *n* (*also*: **valentine card**) carte *f* de la Saint-Valentin

**Valentine's Day** ['væləntaɪnz-] *n* Saint-Valentin *f*

**valet** ['vælɪt] *n* valet *m* de chambre

**valet parking** *n* parcage *m* par les soins du personnel (de l'hôtel *etc*)

**valet service** *n* (*for clothes*) pressing *m*; (*for car*) nettoyage complet

**valiant** ['væliənt] *adj* vaillant(e), courageux(-euse)

**valid** ['vælɪd] *adj* (*document*) valide, valable; (*excuse*) valable

**validate** ['vælɪdeɪt] *vt* (*contract, document*) valider; (*argument, claim*) prouver la justesse de, confirmer

**validity** [və'lɪdɪtɪ] *n* validité *f*

**valise** [və'liːz] *n* sac *m* de voyage

**valley** ['vælɪ] *n* vallée *f*

**valour**, (*US*) **valor** ['vælə<sup>r</sup>] *n* courage *m*

**valuable** ['væljuəbl] *adj* (*jewel*) de grande valeur; (*time, help*) précieux(-euse)

**valuables** ['væljuəblz] *npl* objets *mpl* de valeur

**valuation** [vælju'eɪʃən] *n* évaluation *f*, expertise *f*

**value** ['væljuː] *n* valeur *f* ▷ *vt* (*fix price*) évaluer, expertiser; (*appreciate*) apprécier; (*cherish*) tenir à; **values** *npl* (*principles*) valeurs *fpl*; **you get good ~ (for money) in that shop** vous en avez pour votre argent dans ce magasin; **to lose (in) ~** (*currency*) baisser; (*property*) se déprécier; **to gain (in) ~** (*currency*) monter; (*property*) prendre de la valeur; **to be of great ~ to sb** (*fig*) être très utile à qn

**value added tax** [-'ædɪd-] *n* (*Brit*) taxe *f* à la valeur ajoutée

**valued** ['væljuːd] *adj* (*appreciated*) estimé(e)

**valuer** ['væljuə<sup>r</sup>] *n* expert *m* (en estimations)

**valve** [vælv] *n* (*in machine*) soupape *f*; (*on tyre*) valve *f*; (*in radio*) lampe *f*; (*Med*) valve, valvule *f*

**vampire** ['væmpaɪə<sup>r</sup>] *n* vampire *m*

**van** [væn] *n* (*Aut*) camionnette *f*; (*Brit Rail*) fourgon *m*

**V and A** *n abbr* (*Brit*) = **Victoria and Albert Museum**

**vandal** ['vændl] *n* vandale *m/f*

**vandalism** ['vændəlɪzəm] *n* vandalisme *m*

**vandalize** ['vændəlaɪz] *vt* saccager

**vanguard** ['vænɡɑːd] *n* avant-garde *m*

**vanilla** [və'nɪlə] *n* vanille *f* ▷ *cpd* (*ice cream*) à la vanille

**vanish** ['vænɪʃ] *vi* disparaître
**vanity** ['vænɪtɪ] *n* vanité *f*
**vanity case** *n* sac *m* de toilette
**vantage** ['vɑ:ntɪdʒ] *n*: **~ point** bonne position
**vaporize** ['veɪpəraɪz] *vt* vaporiser ▷ *vi* se vaporiser
**vapour,** (US) **vapor** ['veɪpər] *n* vapeur *f*; (*on window*) buée *f*
**variable** ['vɛərɪəbl] *adj* variable; (*mood*) changeant(e) ▷ *n* variable *f*
**variance** ['vɛərɪəns] *n*: **to be at ~ (with)** être en désaccord (avec); (*facts*) être en contradiction (avec)
**variant** ['vɛərɪənt] *n* variante *f*
**variation** [vɛərɪ'eɪʃən] *n* variation *f*; (*in opinion*) changement *m*
**varicose** ['værɪkəus] *adj*: **~ veins** varices *fpl*
**varied** ['vɛərɪd] *adj* varié(e), divers(e)
**variety** [və'raɪətɪ] *n* variété *f*; (*quantity*) nombre *m*, quantité *f*; **a wide ~ of ...** une quantité *or* un grand nombre de ... (différent(e)s *or* divers(es)); **for a ~ of reasons** pour diverses raisons
**variety show** *n* (spectacle *m* de) variétés *fpl*
**various** ['vɛərɪəs] *adj* divers(e), différent(e); (*several*) divers, plusieurs; **at ~ times** (*different*) en diverses occasions; (*several*) à plusieurs reprises
**varnish** ['vɑ:nɪʃ] *n* vernis *m*; (*for nails*) vernis (à ongles) ▷ *vt* vernir; **to ~ one's nails** se vernir les ongles
**vary** ['vɛərɪ] *vt*, *vi* varier, changer; **to ~ with** *or* **according to** varier selon
**varying** ['vɛərɪɪŋ] *adj* variable
**vase** [vɑ:z] *n* vase *m*
**vasectomy** [væ'sɛktəmɪ] *n* vasectomie *f*
**Vaseline**® ['væsɪli:n] *n* vaseline *f*
**vast** [vɑ:st] *adj* vaste, immense; (*amount, success*) énorme
**vastly** ['vɑ:stlɪ] *adv* infiniment, extrêmement
**vastness** ['vɑ:stnɪs] *n* immensité *f*
**VAT** [væt] *n abbr* (Brit: = *value added tax*) TVA *f*
**vat** [væt] *n* cuve *f*
**Vatican** ['vætɪkən] *n*: **the ~** le Vatican
**vatman** ['vætmæn] (*irreg*) *n* (*Brit inf*) contrôleur *m* de la T.V.A.
**vault** [vɔ:lt] *n* (*of roof*) voûte *f*; (*tomb*) caveau *m*; (*in bank*) salle *f* des coffres; chambre forte; (*jump*) saut *m* ▷ *vt* (*also:* **vault over**) sauter (d'un bond)
**vaunted** ['vɔ:ntɪd] *adj*: **much-~** tant célébré(e)
**VC** *n abbr* = **vice-chairman**; (Brit: = *Victoria Cross*) distinction militaire
**VCR** *n abbr* = **video cassette recorder**
**VD** *n abbr* = **venereal disease**
**VDU** *n abbr* = **visual display unit**
**veal** [vi:l] *n* veau *m*
**veer** [vɪər] *vi* tourner; (*car, ship*) virer
**veg.** [vɛdʒ] *n abbr* (*Brit inf*) = **vegetable**; **vegetables**
**vegan** ['vi:gən] *n* végétalien(ne)
**vegeburger** ['vɛdʒɪbə:gər] *n* burger végétarien
**vegetable** ['vɛdʒtəbl] *n* légume *m* ▷ *adj* végétal(e)

**vegetable garden** *n* (jardin *m*) potager *m*
**vegetarian** [vɛdʒɪ'tɛərɪən] *adj, n* végétarien(ne); **do you have any ~ dishes?** avez-vous des plats végétariens?
**vegetate** ['vɛdʒɪteɪt] *vi* végéter
**vegetation** [vɛdʒɪ'teɪʃən] *n* végétation *f*
**vegetative** ['vɛdʒɪtətɪv] *adj* (*lit*) végétal(e); (*fig*) végétatif(-ive)
**veggieburger** ['vɛdʒɪbə:gər] *n* = **vegeburger**
**vehemence** ['vi:ɪməns] *n* véhémence *f*, violence *f*
**vehement** ['vi:ɪmənt] *adj* violent(e), impétueux(-euse); (*impassioned*) ardent(e)
**vehicle** ['vi:ɪkl] *n* véhicule *m*
**vehicular** [vɪ'hɪkjulər] *adj*: **"no ~ traffic"** "interdit à tout véhicule"
**veil** [veɪl] *n* voile *m* ▷ *vt* voiler; **under a ~ of secrecy** (*fig*) dans le plus grand secret
**veiled** [veɪld] *adj* voilé(e)
**vein** [veɪn] *n* veine *f*; (*on leaf*) nervure *f*; (*fig: mood*) esprit *m*
**Velcro**® ['vɛlkrəu] *n* velcro® *m*
**vellum** ['vɛləm] *n* (*writing paper*) vélin *m*
**velocity** [vɪ'lɒsɪtɪ] *n* vitesse *f*, vélocité *f*
**velour, velours** [və'luər] *n* velours *m*
**velvet** ['vɛlvɪt] *n* velours *m*
**vending machine** ['vɛndɪŋ-] *n* distributeur *m* automatique
**vendor** ['vɛndər] *n* vendeur(-euse); **street ~** marchand ambulant
**veneer** [və'nɪər] *n* placage *m* de bois; (*fig*) vernis *m*
**venerable** ['vɛnərəbl] *adj* vénérable
**venereal** [vɪ'nɪərɪəl] *adj*: **~ disease** maladie vénérienne
**Venetian blind** [vɪ'ni:ʃən-] *n* store vénitien
**Venezuela** [vɛnɛ'zweɪlə] *n* Venezuela *m*
**Venezuelan** [vɛnɛ'zweɪlən] *adj* vénézuélien(ne) ▷ *n* Vénézuélien(ne)
**vengeance** ['vɛndʒəns] *n* vengeance *f*; **with a ~** (*fig*) vraiment, pour de bon
**vengeful** ['vɛndʒful] *adj* vengeur(-geresse)
**Venice** ['vɛnɪs] *n* Venise
**venison** ['vɛnɪsn] *n* venaison *f*
**venom** ['vɛnəm] *n* venin *m*
**venomous** ['vɛnəməs] *adj* venimeux(-euse)
**vent** [vɛnt] *n* conduit *m* d'aération; (*in dress, jacket*) fente *f* ▷ *vt* (*fig: one's feelings*) donner libre cours à
**ventilate** ['vɛntɪleɪt] *vt* (*room*) ventiler, aérer
**ventilation** [vɛntɪ'leɪʃən] *n* ventilation *f*, aération *f*
**ventilation shaft** *n* conduit *m* de ventilation *or* d'aération
**ventilator** ['vɛntɪleɪtər] *n* ventilateur *m*
**ventriloquist** [vɛn'trɪləkwɪst] *n* ventriloque *m/f*
**venture** ['vɛntʃər] *n* entreprise *f* ▷ *vt* risquer, hasarder ▷ *vi* s'aventurer, se risquer; **a business ~** une entreprise commerciale; **to ~ to do sth** se risquer à faire qch
**venture capital** *n* capital-risque *m*
**venue** ['vɛnju:] *n* lieu *m*; (*of conference etc*) lieu de

la réunion (*or* manifestation *etc*); (*of match*) lieu de la rencontre

**Venus** ['vi:nəs] *n* (*planet*) Vénus *f*

**veracity** [və'ræsıtı] *n* véracité *f*

**veranda, verandah** [və'rændə] *n* véranda *f*

**verb** [və:b] *n* verbe *m*

**verbal** ['və:bl] *adj* verbal(e); (*translation*) littéral(e)

**verbally** ['və:bəlı] *adv* verbalement

**verbatim** [və:'beıtım] *adj, adv* mot pour mot

**verbose** [və:'bəus] *adj* verbeux(-euse)

**verdict** ['və:dıkt] *n* verdict *m*; ~ **of guilty/not guilty** verdict de culpabilité/de non-culpabilité

**verge** [və:dʒ] *n* bord *m*; **"soft ~s"** (*Brit*) "accotements non stabilisés"; **on the ~ of doing** sur le point de faire

▷ **verge on** *vt fus* approcher de

**verger** ['və:dʒər] *n* (*Rel*) bedeau *m*

**verification** [vɛrıfı'keıʃən] *n* vérification *f*

**verify** ['vɛrıfaı] *vt* vérifier

**veritable** ['vɛrıtəbl] *adj* véritable

**vermin** ['və:mın] *npl* animaux *mpl* nuisibles; (*insects*) vermine *f*

**vermouth** ['və:məθ] *n* vermouth *m*

**vernacular** [və'nækjulər] *n* langue *f* vernaculaire, dialecte *m*

**versatile** ['və:sətaıl] *adj* polyvalent(e)

**verse** [və:s] *n* vers *mpl*; (*stanza*) strophe *f*; (*in Bible*) verset *m*; **in ~** en vers

**versed** [və:st] *adj*: **(well-)~ in** versé(e) dans

**version** ['və:ʃən] *n* version *f*

**versus** ['və:səs] *prep* contre

**vertebra** (*pl* **-e**) ['və:tıbrə, -bri:] *n* vertèbre *f*

**vertebrate** ['və:tıbrıt] *n* vertébré *m*

**vertical** ['və:tıkl] *adj* vertical(e) ▷ *n* verticale *f*

**vertically** ['və:tıklı] *adv* verticalement

**vertigo** ['və:tıgəu] *n* vertige *m*; **to suffer from ~** avoir des vertiges

**verve** [və:v] *n* brio *m*; enthousiasme *m*

**very** ['vɛrı] *adv* très ▷ *adj*: **the ~ book which** le livre même que; **the ~ thought (of it)** ... rien que d'y penser ...; **at the ~ end** tout à la fin; **the ~ last** le tout dernier; **at the ~ least** au moins; **~ well** très bien; **~ little** très peu; **~ much** beaucoup

**vespers** ['vɛspəz] *npl* vêpres *fpl*

**vessel** ['vɛsl] *n* (*Anat, Naut*) vaisseau *m*; (*container*) récipient *m*; see also **blood**

**vest** [vɛst] *n* (*Brit: underwear*) tricot *m* de corps; (*US: waistcoat*) gilet *m* ▷ *vt*: **to ~ sb with sth, to ~ sth in sb** investir qn de qch

**vested interest** *n*: **to have a ~ in doing** avoir tout intérêt à faire; **vested interests** *npl* (*Comm*) droits acquis

**vestibule** ['vɛstıbju:l] *n* vestibule *m*

**vestige** ['vɛstıdʒ] *n* vestige *m*

**vestry** ['vɛstrı] *n* sacristie *f*

**Vesuvius** [vı'su:vıəs] *n* Vésuve *m*

**vet** [vɛt] *n abbr* (*Brit*: = *veterinary surgeon*) vétérinaire *m/f*; (*US*: = *veteran*) ancien(ne) combattant(e) ▷ *vt* examiner minutieusement; (*text*) revoir; (*candidate*) se renseigner

soigneusement sur, soumettre à une enquête approfondie

**veteran** ['vɛtərn] *n* vétéran *m*; (*also*: **war veteran**) ancien combattant ▷ *adj*: **she's a ~ campaigner for** ... cela fait très longtemps qu'elle lutte pour ...

**veteran car** *n* voiture *f* d'époque

**veterinarian** [vɛtrı'nɛərıən] *n* (*US*) = **veterinary surgeon**

**veterinary** ['vɛtrınərı] *adj* vétérinaire

**veterinary surgeon** ['vɛtrınərı-] (*Brit*) *n* vétérinaire *m/f*

**veto** ['vi:təu] *n* (*pl* **-es**) veto *m* ▷ *vt* opposer son veto à; **to put a ~ on** mettre (*or* opposer) son veto à

**vetting** ['vɛtıŋ] *n*: **positive ~** enquête *f* de sécurité

**vex** [vɛks] *vt* fâcher, contrarier

**vexed** [vɛkst] *adj* (*question*) controversé(e)

**VFD** *n abbr* (*US*) = **voluntary fire department**

**VG** *n abbr* (*Brit: Scol etc*: = *very good*) tb (= *très bien*)

**VHF** *abbr* (= *very high frequency*) VHF

**VI** *abbr* (*US*) = **Virgin Islands**

**via** ['vaıə] *prep* par, via

**viability** [vaıə'bılıtı] *n* viabilité *f*

**viable** ['vaıəbl] *adj* viable

**viaduct** ['vaıədʌkt] *n* viaduc *m*

**vial** ['vaıəl] *n* fiole *f*

**vibes** [vaıbz] *npl* (*inf*): **I get good/bad ~ about it** je le sens bien/ne le sens pas; **there are good/bad ~ between us** entre nous le courant passe bien/ne passe pas

**vibrant** ['vaıbrnt] *adj* (*sound, colour*) vibrant(e)

**vibraphone** ['vaıbrəfəun] *n* vibraphone *m*

**vibrate** [vaı'breıt] *vi*: **to ~ (with)** vibrer (de); (*resound*) retentir (de)

**vibration** [vaı'breıʃən] *n* vibration *f*

**vibrator** [vaı'breıtər] *n* vibromasseur *m*

**vicar** ['vıkər] *n* pasteur *m* (*de l'Église anglicane*)

**vicarage** ['vıkərıdʒ] *n* presbytère *m*

**vicarious** [vı'kɛərıəs] *adj* (*pleasure, experience*) indirect(e)

**vice** [vaıs] *n* (*evil*) vice *m*; (*Tech*) étau *m*

**vice-** [vaıs] *prefix* vice-

**vice-chairman** [vaıs'tʃɛəmən] (*irreg*) *n* vice-président(e)

**vice-chancellor** [vaıs'tʃɑ:nsələr] *n* (*Brit*) = président(e) d'université

**vice-president** [vaıs'prɛzıdənt] *n* vice-président(e)

**viceroy** ['vaısrɔı] *n* vice-roi *m*

**vice squad** *n* ≈ brigade mondaine

**vice versa** ['vaısı'və:sə] *adv* vice versa

**vicinity** [vı'sınıtı] *n* environs *mpl*, alentours *mpl*

**vicious** ['vıʃəs] *adj* (*remark*) cruel(le), méchant(e); (*blow*) brutal(e); (*dog*) méchant(e), dangereux(-euse); **a ~ circle** un cercle vicieux

**viciousness** ['vıʃəsnıs] *n* méchanceté *f*, cruauté *f*; brutalité *f*

**vicissitudes** [vı'sısıtju:dz] *npl* vicissitudes *fpl*

**victim** ['vıktım] *n* victime *f*; **to be the ~ of** être victime de

**victimization** [vɪktɪmaɪˈzeɪʃən] *n* brimades *fpl*; représailles *fpl*

**victimize** [ˈvɪktɪmaɪz] *vt* brimer; exercer des représailles sur

**victor** [ˈvɪktə<sup>r</sup>] *n* vainqueur *m*

**Victorian** [vɪkˈtɔːrɪən] *adj* victorien(ne)

**victorious** [vɪkˈtɔːrɪəs] *adj* victorieux(-euse)

**victory** [ˈvɪktərɪ] *n* victoire *f*; **to win a ~ over sb** remporter une victoire sur qn

**video** [ˈvɪdɪəu] *n* (*video film*) vidéo *f*; (*also:* **video cassette**) vidéocassette *f*; (*also:* **video cassette recorder**) magnétoscope *m* ▷ *vt* (*with recorder*) enregistrer; (*with camera*) filmer ▷ *cpd* vidéo *inv*

**video camera** *n* caméra *f* vidéo *inv*

**video cassette** *n* vidéocassette *f*

**video cassette recorder** *n* = **video recorder**

**videodisc** [ˈvɪdɪəudɪsk] *n* vidéodisque *m*

**video game** *n* jeu *m* vidéo *inv*

**video nasty** *n* vidéo à caractère violent ou pornographique

**videophone** [ˈvɪdɪəufəun] *n* visiophone *m*, vidéophone *m*

**video recorder** *n* magnétoscope *m*

**video recording** *n* enregistrement *m* (en) vidéo *inv*

**video shop** *n* vidéoclub *m*

**video tape** *n* bande *f* vidéo *inv*; (*cassette*) vidéocassette *f*

**video wall** *n* mur *m* d'images vidéo

**vie** [vaɪ] *vi*: **to ~ with** lutter avec, rivaliser avec

**Vienna** [vɪˈɛnə] *n* Vienne

**Vietnam, Viet Nam** [ˈvjɛtˈnæm] *n* Viêt-nam *or* Vietnam *m*

**Vietnamese** [vjɛtnəˈmiːz] *adj* vietnamien(ne) ▷ *n* (*pl inv*) Vietnamien(ne); (*Ling*) vietnamien *m*

**view** [vjuː] *n* vue *f*; (*opinion*) avis *m*, vue ▷ *vt* voir, regarder; (*situation*) considérer; (*house*) visiter; **on ~** (*in museum etc*) exposé(e); **in full ~ of sb** sous les yeux de qn; **to be within ~ (of sth)** être à portée de vue (de qch); **an overall ~ of the situation** une vue d'ensemble de la situation; **in my ~** à mon avis; **in ~ of the fact that** étant donné que; **with a ~ to doing sth** dans l'intention de faire qch

**viewdata** [ˈvjuːdeɪtə] *n* (*Brit*) télétexte *m* (*version téléphonique*)

**viewer** [ˈvjuːə<sup>r</sup>] *n* (*viewfinder*) viseur *m*; (*small projector*) visionneuse *f*; (*TV*) téléspectateur(-trice)

**viewfinder** [ˈvjuːfaɪndə<sup>r</sup>] *n* viseur *m*

**viewpoint** [ˈvjuːpɔɪnt] *n* point *m* de vue

**vigil** [ˈvɪdʒɪl] *n* veille *f*; **to keep ~** veiller

**vigilance** [ˈvɪdʒɪləns] *n* vigilance *f*

**vigilant** [ˈvɪdʒɪlənt] *adj* vigilant(e)

**vigilante** [vɪdʒɪˈlæntɪ] *n* justicier ou membre d'un groupe d'autodéfense

**vigorous** [ˈvɪɡərəs] *adj* vigoureux(-euse)

**vigour**, (*US*) **vigor** [ˈvɪɡə<sup>r</sup>] *n* vigueur *f*

**vile** [vaɪl] *adj* (*action*) vil(e); (*smell, food*) abominable; (*temper*) massacrant(e)

**vilify** [ˈvɪlɪfaɪ] *vt* calomnier, vilipender

**villa** [ˈvɪlə] *n* villa *f*

**village** [ˈvɪlɪdʒ] *n* village *m*

**villager** [ˈvɪlɪdʒə<sup>r</sup>] *n* villageois(e)

**villain** [ˈvɪlən] *n* (*scoundrel*) scélérat *m*; (*Brit: criminal*) bandit *m*; (*in novel etc*) traître *m*

**VIN** *n abbr* (*US*) = **vehicle identification number**

**vinaigrette** [vɪneɪˈɡrɛt] *n* vinaigrette *f*

**vindicate** [ˈvɪndɪkeɪt] *vt* défendre avec succès; justifier

**vindication** [vɪndɪˈkeɪʃən] *n*: **in ~ of** pour justifier

**vindictive** [vɪnˈdɪktɪv] *adj* vindicatif(-ive), rancunier(-ière)

**vine** [vaɪn] *n* vigne *f*; (*climbing plant*) plante grimpante

**vinegar** [ˈvɪnɪɡə<sup>r</sup>] *n* vinaigre *m*

**vine grower** *n* viticulteur *m*

**vine-growing** [ˈvaɪnɡrəuɪŋ] *adj* viticole ▷ *n* viticulture *f*

**vineyard** [ˈvɪnjɑːd] *n* vignoble *m*

**vintage** [ˈvɪntɪdʒ] *n* (*year*) année *f*, millésime *m* ▷ *cpd* (*car*) d'époque; (*wine*) de grand cru; **the 1970 ~** le millésime 1970

**vinyl** [ˈvaɪnl] *n* vinyle *m*

**viola** [vɪˈəulə] *n* alto *m*

**violate** [ˈvaɪəleɪt] *vt* violer

**violation** [vaɪəˈleɪʃən] *n* violation *f*; **in ~ of** (*rule, law*) en infraction à, en violation de

**violence** [ˈvaɪələns] *n* violence *f*; (*Pol etc*) incidents violents

**violent** [ˈvaɪələnt] *adj* violent(e); **a ~ dislike of sb/sth** une aversion profonde pour qn/qch

**violently** [ˈvaɪələntlɪ] *adv* violemment; (*ill, angry*) terriblement

**violet** [ˈvaɪələt] *adj* (*colour*) violet(te) ▷ *n* (*plant*) violette *f*

**violin** [vaɪəˈlɪn] *n* violon *m*

**violinist** [vaɪəˈlɪnɪst] *n* violoniste *m/f*

**VIP** *n abbr* (= *very important person*) VIP *m*

**viper** [ˈvaɪpə<sup>r</sup>] *n* vipère *f*

**viral** [ˈvaɪərəl] *adj* viral(e)

**virgin** [ˈvəːdʒɪn] *n* vierge *f* ▷ *adj* vierge; **she is a ~** elle est vierge; **the Blessed V~** la Sainte Vierge

**virginity** [vəːˈdʒɪnɪtɪ] *n* virginité *f*

**Virgo** [ˈvəːɡəu] *n* la Vierge; **to be ~** être de la Vierge

**virile** [ˈvɪraɪl] *adj* viril(e)

**virility** [vɪˈrɪlɪtɪ] *n* virilité *f*

**virtual** [ˈvəːtjuəl] *adj* (*Comput, Physics*) virtuel(le); (*in effect*): **it's a ~ impossibility** c'est quasiment impossible; **the ~ leader** le chef dans la pratique

**virtually** [ˈvəːtjuəlɪ] *adv* (*almost*) pratiquement; **it is ~ impossible** c'est quasiment impossible

**virtual reality** *n* (*Comput*) réalité virtuelle

**virtue** [ˈvəːtjuː] *n* vertu *f*; (*advantage*) mérite *m*, avantage *m*; **by ~ of** en vertu *or* raison de

**virtuosity** [vəːtjuˈɔsɪtɪ] *n* virtuosité *f*

**virtuoso** [vəːtjuˈəuzəu] *n* virtuose *m/f*

**virtuous** [ˈvəːtjuəs] *adj* vertueux(-euse)

**virulent** [ˈvɪrulənt] *adj* virulent(e)

**virus** [ˈvaɪərəs] *n* (*Med, Comput*) virus *m*

**visa** [ˈviːzə] *n* visa *m*

V

857

**vis-à-vis** [viːzəˈviː] *prep* vis-à-vis de
**viscount** [ˈvaɪkaunt] *n* vicomte *m*
**viscous** [ˈvɪskəs] *adj* visqueux(-euse), gluant(e)
**vise** [vaɪs] *n* (US Tech) = **vice**
**visibility** [vɪzɪˈbɪlɪtɪ] *n* visibilité *f*
**visible** [ˈvɪzəbl] *adj* visible; ~ **exports/imports** exportations/importations *fpl* visibles
**visibly** [ˈvɪzəblɪ] *adv* visiblement
**vision** [ˈvɪʒən] *n* (sight) vue *f*, vision *f*; (foresight, in dream) vision
**visionary** [ˈvɪʒənrɪ] *n* visionnaire *m/f*
**visit** [ˈvɪzɪt] *n* visite *f*; (stay) séjour *m* ▷ *vt* (person: US: also: **visit with**) rendre visite à; (place) visiter; **on a private/official** ~ en visite privée/officielle
**visiting** [ˈvɪzɪtɪŋ] *adj* (speaker, team) invité(e), de l'extérieur
**visiting card** *n* carte *f* de visite
**visiting hours** *npl* heures *fpl* de visite
**visitor** [ˈvɪzɪtər] *n* visiteur(-euse); (to one's house) invité(e); (in hotel) client(e)
**visitor centre**, (US) **visitor center** *n* hall *m* or centre *m* d'accueil
**visitors' book** *n* livre *m* d'or; (in hotel) registre *m*
**visor** [ˈvaɪzər] *n* visière *f*
**VISTA** [ˈvɪstə] *n abbr* (= Volunteers in Service to America) programme d'assistance bénévole aux régions pauvres
**vista** [ˈvɪstə] *n* vue *f*, perspective *f*
**visual** [ˈvɪzjuəl] *adj* visuel(le)
**visual aid** *n* support visuel (pour l'enseignement)
**visual arts** *npl* arts *mpl* plastiques
**visual display unit** *n* console *f* de visualisation, visuel *m*
**visualize** [ˈvɪzjuəlaɪz] *vt* se représenter; (foresee) prévoir
**visually** [ˈvɪzjuəlɪ] *adv* visuellement; ~ **handicapped** handicapé(e) visuel(le)
**visually-impaired** [ˈvɪzjuəliːmˈpeəʳd] *adj* malvoyant(e)
**vital** [ˈvaɪtl] *adj* vital(e); **of ~ importance (to sb/sth)** d'une importance capitale (pour qn/qch)
**vitality** [vaɪˈtælɪtɪ] *n* vitalité *f*
**vitally** [ˈvaɪtəlɪ] *adv* extrêmement
**vital statistics** *npl* (of population) statistiques *fpl* démographiques; (inf: woman's) mensurations *fpl*
**vitamin** [ˈvɪtəmɪn] *n* vitamine *f*
**vitiate** [ˈvɪʃɪeɪt] *vt* vicier
**vitreous** [ˈvɪtrɪəs] *adj* (china) vitreux(-euse); (enamel) vitrifié(e)
**vitriolic** [vɪtrɪˈɒlɪk] *adj* (fig) venimeux(-euse)
**viva** [ˈvaɪvə] *n* (also: **viva voce**) (examen) oral
**vivacious** [vɪˈveɪʃəs] *adj* animé(e), qui a de la vivacité
**vivacity** [vɪˈvæsɪtɪ] *n* vivacité *f*
**vivid** [ˈvɪvɪd] *adj* (account) frappant(e), vivant(e); (light, imagination) vif (vive)
**vividly** [ˈvɪvɪdlɪ] *adv* (describe) d'une manière vivante; (remember) de façon précise

**vivisection** [vɪvɪˈsekʃən] *n* vivisection *f*
**vixen** [ˈvɪksn] *n* renarde *f*; (pej: woman) mégère *f*
**viz** [vɪz] *abbr* (= videlicet: namely) à savoir, c. à d.
**VLF** *abbr* = **very low frequency**
**V-neck** [ˈviːnek] *n* décolleté *m* en V
**VOA** *n abbr* (= Voice of America) voix *f* de l'Amérique (émissions de radio à destination de l'étranger)
**vocabulary** [vəˈkæbjulərɪ] *n* vocabulaire *m*
**vocal** [ˈvəukl] *adj* vocal(e); (articulate) qui n'hésite pas à s'exprimer, qui sait faire entendre ses opinions; **vocals** *npl* voix *fpl*
**vocal cords** *npl* cordes vocales
**vocalist** [ˈvəukəlɪst] *n* chanteur(-euse)
**vocation** [vəuˈkeɪʃən] *n* vocation *f*
**vocational** [vəuˈkeɪʃənl] *adj* professionnel(le); ~ **guidance/training** orientation/formation professionnelle
**vociferous** [vəˈsɪfərəs] *adj* bruyant(e)
**vodka** [ˈvɒdkə] *n* vodka *f*
**vogue** [vəug] *n* mode *f*; (popularity) vogue *f*; **to be in** ~ être en vogue or à la mode
**voice** [vɔɪs] *n* voix *f*; (opinion) avis *m* ▷ *vt* (opinion) exprimer, formuler; **in a loud/soft** ~ à voix haute/basse; **to give** ~ **to** exprimer
**voice mail** *n* (system) messagerie *f* vocale, boîte *f* vocale; (device) répondeur *m*
**voice-over** [ˈvɔɪsəuvəʳ] *n* voix off *f*
**void** [vɔɪd] *n* vide *m* ▷ *adj* (invalid) nul(le); (empty) ~ **of** vide de, dépourvu(e) de
**voile** [vɔɪl] *n* voile *m* (tissu)
**vol.** *abbr* (= volume) vol
**volatile** [ˈvɒlətaɪl] *adj* volatil(e); (fig: person) versatile; (: situation) explosif(-ive)
**volcanic** [vɒlˈkænɪk] *adj* volcanique
**volcano** (pl -es) [vɒlˈkeɪnəu] *n* volcan *m*
**volition** [vəˈlɪʃən] *n*: **of one's own** ~ de son propre gré
**volley** [ˈvɒlɪ] *n* (of gunfire) salve *f*; (of stones etc) pluie *f*, volée *f*; (Tennis etc) volée
**volleyball** [ˈvɒlɪbɔːl] *n* volley(-ball) *m*
**volt** [vəult] *n* volt *m*
**voltage** [ˈvəultɪdʒ] *n* tension *f*, voltage *m*; **high/low** ~ haute/basse tension
**voluble** [ˈvɒljubl] *adj* volubile
**volume** [ˈvɒljuːm] *n* volume *m*; (of tank) capacité *f*; ~ **one/two** (of book) tome un/deux; **his expression spoke ~s** son expression en disait long
**volume control** *n* (Radio, TV) bouton *m* de réglage du volume
**volume discount** *n* (Comm) remise *f* sur la quantité
**voluminous** [vəˈluːmɪnəs] *adj* volumineux(-euse)
**voluntarily** [ˈvɒləntrɪlɪ] *adv* volontairement; bénévolement
**voluntary** [ˈvɒləntərɪ] *adj* volontaire; (unpaid) bénévole
**voluntary liquidation** *n* (Comm) dépôt *m* de bilan
**voluntary redundancy** *n* (Brit) départ *m* volontaire (en cas de licenciements)

**volunteer** [vɔlən'tɪəʳ] *n* volontaire *m/f* ▷ *vt* (*information*) donner spontanément ▷ *vi* (*Mil*) s'engager comme volontaire; **to ~ to do** se proposer pour faire

**voluptuous** [və'lʌptjuəs] *adj* voluptueux(-euse)

**vomit** ['vɔmɪt] *n* vomissure *f* ▷ *vt*, *vi* vomir

**voracious** [və'reɪʃəs] *adj* vorace; (*reader*) avide

**vote** [vəut] *n* vote *m*, suffrage *m*; (*votes cast*) voix *f*, vote; (*franchise*) droit *m* de vote ▷ *vt* (*bill*) voter; (*chairman*) élire; (*propose*): **to ~ that** proposer que + *sub* ▷ *vi* voter; **to put sth to the ~, to take a ~ on sth** mettre qch aux voix, procéder à un vote sur qch; **~ for** *or* **in favour of/against** vote pour/contre; **to ~ to do sth** voter en faveur de faire qch; **~ of censure** motion *f* de censure; **~ of thanks** discours *m* de remerciement

**voter** ['vəutəʳ] *n* électeur(-trice)

**voting** ['vəutɪŋ] *n* scrutin *m*, vote *m*

**voting paper** *n* (*Brit*) bulletin *m* de vote

**voting right** *n* droit *m* de vote

**vouch** [vautʃ]: **to ~ for** *vt fus* se porter garant de

**voucher** ['vautʃəʳ] *n* (*for meal, petrol, gift*) bon *m*; (*receipt*) reçu *m*; **travel ~** bon *m* de transport

**vow** [vau] *n* vœu *m*, serment *m* ▷ *vi* jurer; **to take** *or* **make a ~ to do sth** faire le vœu de faire qch

**vowel** ['vauəl] *n* voyelle *f*

**voyage** ['vɔɪɪdʒ] *n* voyage *m* par mer, traversée *f*; (*by spacecraft*) voyage

**voyeur** [vwɑ:jə:ʳ] *n* voyeur *m*

**VP** *n abbr* = **vice-president**

**vs** *abbr* (= *versus*) vs

**VSO** *n abbr* (*Brit*: = *Voluntary Service Overseas*) ≈ coopération civile

**VT, Vt.** *abbr* (*US*) = **Vermont**

**vulgar** ['vʌlgəʳ] *adj* vulgaire

**vulgarity** [vʌl'gærɪtɪ] *n* vulgarité *f*

**vulnerability** [vʌlnərə'bɪlɪtɪ] *n* vulnérabilité *f*

**vulnerable** ['vʌlnərəbl] *adj* vulnérable

**vulture** ['vʌltʃəʳ] *n* vautour *m*

V

# W w

**W, w** ['dʌblju:] n (letter) W, w m; **W for William** W comme William

**W** abbr (= west) O; (Elec: = watt) W

**WA** abbr (US) = **Washington**

**wad** [wɔd] n (of cotton wool, paper) tampon m; (of banknotes etc) liasse f

**wadding** ['wɔdɪŋ] n rembourrage m

**waddle** ['wɔdl] vi se dandiner

**wade** [weɪd] vi: **to ~ through** marcher dans, patauger dans; (fig: book) venir à bout de ▷ vt passer à gué

**wafer** ['weɪfər] n (Culin) gaufrette f; (Rel) pain m d'hostie; (Comput) tranche f (de silicium)

**wafer-thin** ['weɪfə'θɪn] adj ultra-mince, mince comme du papier à cigarette

**waffle** ['wɔfl] n (Culin) gaufre f; (inf) rabâchage m; remplissage m ▷ vi parler pour ne rien dire; faire du remplissage

**waffle iron** n gaufrier m

**waft** [wɔft] vt porter ▷ vi flotter

**wag** [wæg] vt agiter, remuer ▷ vi remuer; **the dog ~ged its tail** le chien a remué la queue

**wage** [weɪdʒ] n (also: **wages**) salaire m, paye f ▷ vt: **to ~ war** faire la guerre; **a day's ~s** un jour de salaire

**wage claim** n demande f d'augmentation de salaire

**wage differential** n éventail m des salaires

**wage earner** [-ə:nər] n salarié(e); (breadwinner) soutien m de famille

**wage freeze** n blocage m des salaires

**wage packet** n (Brit) (enveloppe f de) paye f

**wager** ['weɪdʒər] n pari m ▷ vt parier

**waggle** ['wægl] vt, vi remuer

**wagon, waggon** ['wægən] n (horse-drawn) chariot m; (Brit Rail) wagon m (de marchandises)

**wail** [weɪl] n gémissement m; (of siren) hurlement m ▷ vi gémir; (siren) hurler

**waist** [weɪst] n taille f, ceinture f

**waistcoat** ['weɪskəut] n (Brit) gilet m

**waistline** ['weɪstlaɪn] n (tour m de) taille f

**wait** [weɪt] n attente f ▷ vi attendre; **to ~ for sb/ sth** attendre qn/qch; **to keep sb ~ing** faire attendre qn; **~ for me, please** attendez-moi, s'il vous plaît; **~ a minute!** un instant!;

**"repairs while you ~"** "réparations minute"; **I can't ~ to ...** (fig) je meurs d'envie de ...; **to lie in ~ for** guetter

▶ **wait behind** vi rester (à attendre)

▶ **wait on** vt fus servir

▶ **wait up** vi attendre, ne pas se coucher; **don't ~ up for me** ne m'attendez pas pour aller vous coucher

**waiter** ['weɪtər] n garçon m (de café), serveur m

**waiting** ['weɪtɪŋ] n: **"no ~"** (Brit Aut) "stationnement interdit"

**waiting list** n liste f d'attente

**waiting room** n salle f d'attente

**waitress** ['weɪtrɪs] n serveuse f

**waive** [weɪv] vt renoncer à, abandonner

**waiver** ['weɪvər] n dispense f

**wake** [weɪk] (pt **woke** or **-d**, pp **woken** or **waked** [wəuk, 'wəukn]) vt (also: **wake up**) réveiller ▷ vi (also: **wake up**) se réveiller ▷ n (for dead person) veillée f mortuaire; (Naut) sillage m; **to ~ up to sth** (fig) se rendre compte de qch; **in the ~ of** (fig) à la suite de; **to follow in sb's ~** (fig) marcher sur les traces de qn

**waken** ['weɪkn] vt, vi = **wake**

**Wales** [weɪlz] n pays m de Galles; **the Prince of ~** le prince de Galles

**walk** [wɔ:k] n promenade f; (short) petit tour m; (gait) démarche f; (path) chemin m; (in park etc) allée f; (pace): **at a quick ~** d'un pas rapide ▷ vi marcher; (for pleasure, exercise) se promener ▷ vt (distance) faire à pied; (dog) promener; **10 minutes' ~ from** à 10 minutes de marche de; **to go for a ~** se promener; faire un tour; **from all ~s of life** de toutes conditions sociales; **I'll ~ you home** je vais vous raccompagner chez vous

▶ **walk out** vi (go out) sortir; (as protest) partir (en signe de protestation); (strike) se mettre en grève; **to ~ out on sb** quitter qn

**walkabout** ['wɔ:kəbaut] n: **to go (on a) ~** (VIP) prendre un bain de foule

**walker** ['wɔ:kər] n (person) marcheur(-euse)

**walkie-talkie** ['wɔ:kɪ'tɔ:kɪ] n talkie-walkie m

**walking** ['wɔ:kɪŋ] n marche f à pied; **it's within ~ distance** on peut y aller à pied

**walking holiday** n vacances passées à faire de

la randonnée
**walking shoes** *npl* chaussures *fpl* de marche
**walking stick** *n* canne *f*
**Walkman®** ['wɔ:kmən] *n* Walkman® *m*
**walk-on** ['wɔ:kɔn] *adj* (*Theat: part*) de figurant(e)
**walkout** ['wɔ:kaut] *n* (*of workers*) grève-surprise *f*
**walkover** ['wɔ:kəuvə*r*] *n* (*inf*) victoire *f or* examen *m etc* facile
**walkway** ['wɔ:kweɪ] *n* promenade *f*, cheminement piéton
**wall** [wɔ:l] *n* mur *m*; (*of tunnel, cave*) paroi *f*; **to go to the ~** (*fig: firm etc*) faire faillite
▶ **wall in** *vt* (*garden etc*) entourer d'un mur
**wall cupboard** *n* placard mural
**walled** [wɔ:ld] *adj* (*city*) fortifié(e)
**wallet** ['wɔlɪt] *n* portefeuille *m*; **I can't find my ~** je ne retrouve plus mon portefeuille
**wallflower** ['wɔ:lflauə*r*] *n* giroflée *f*; **to be a ~** (*fig*) faire tapisserie
**wall hanging** *n* tenture (murale), tapisserie *f*
**wallop** ['wɔləp] *vt* (*Brit inf*) taper sur, cogner
**wallow** ['wɔləu] *vi* se vautrer; **to ~ in one's grief** se complaire à sa douleur
**wallpaper** ['wɔ:lpeɪpə*r*] *n* papier peint ▷ *vt* tapisser
**wall-to-wall** ['wɔ:ltə'wɔ:l] *adj*: **~ carpeting** moquette *f*
**walnut** ['wɔ:lnʌt] *n* noix *f*; (*tree, wood*) noyer *m*
**walrus** (*pl* **walrus** *or* **-es**) ['wɔ:lrəs] *n* morse *m*
**waltz** [wɔ:lts] *n* valse *f* ▷ *vi* valser
**wan** [wɔn] *adj* pâle; triste
**wand** [wɔnd] *n* (*also:* **magic wand**) baguette *f* (magique)
**wander** ['wɔndə*r*] *vi* (*person*) errer, aller sans but; (*thoughts*) vagabonder; (*river*) serpenter ▷ *vt* errer dans
**wanderer** ['wɔndərə*r*] *n* vagabond(e)
**wandering** ['wɔndrɪŋ] *adj* (*tribe*) nomade; (*minstrel, actor*) ambulant(e)
**wane** [weɪn] *vi* (*moon*) décroître; (*reputation*) décliner
**wangle** ['wæŋgl] (*Brit inf*) *vt* se débrouiller pour avoir; carotter ▷ *n* combine *f*, magouille *f*
**wanker** ['wæŋkə*r*] *n* (*inf!*) branleur *m* (!)
**want** [wɔnt] *vt* vouloir; (*need*) avoir besoin de; (*lack*) manquer de ▷ *n* (*poverty*) pauvreté *f*, besoin *m*; **wants** *npl* (*needs*) besoins *mpl*; **to ~ to do** vouloir faire; **to ~ sb to do** vouloir que qn fasse; **you're ~ed on the phone** on vous demande au téléphone; **"cook ~ed"** "on demande un cuisinier"; **for ~ of** par manque de, faute de
**want ads** *npl* (*US*) petites annonces
**wanted** ['wɔntɪd] *adj* (*criminal*) recherché(e) par la police
**wanting** ['wɔntɪŋ] *adj*: **to be ~ (in)** manquer (de); **to be found ~** ne pas être à la hauteur
**wanton** ['wɔntn] *adj* capricieux(-euse), dévergondé(e)
**war** [wɔ:*r*] *n* guerre *f*; **to go to ~** se mettre en

guerre; **to make ~ (on)** faire la guerre (à)
**warble** ['wɔ:bl] *n* (*of bird*) gazouillis *m* ▷ *vi* gazouiller
**war cry** *n* cri *m* de guerre
**ward** [wɔ:d] *n* (*in hospital*) salle *f*; (*Pol*) section électorale; (*Law: child: also:* **ward of court**) pupille *m/f*
▶ **ward off** *vt* parer, éviter
**warden** ['wɔ:dn] *n* (*Brit: of institution*) directeur(-trice); (*of park, game reserve*) gardien(ne); (*Brit: also:* **traffic warden**) contractuel(le); (*of youth hostel*) responsable *m/f*
**warder** ['wɔ:də*r*] *n* (*Brit*) gardien *m* de prison
**wardrobe** ['wɔ:drəub] *n* (*cupboard*) armoire *f*; (*clothes*) garde-robe *f*; (*Theat*) costumes *mpl*
**warehouse** ['wɛəhaus] *n* entrepôt *m*
**wares** [wɛəz] *npl* marchandises *fpl*
**warfare** ['wɔ:fɛə*r*] *n* guerre *f*
**war game** *n* jeu *m* de stratégie militaire
**warhead** ['wɔ:hɛd] *n* (*Mil*) ogive *f*
**warily** ['wɛərɪlɪ] *adv* avec prudence, avec précaution
**warlike** ['wɔ:laɪk] *adj* guerrier(-ière)
**warm** [wɔ:m] *adj* chaud(e); (*person, thanks, welcome, applause*) chaleureux(-euse); (*supporter*) ardent(e), enthousiaste; **it's ~** il fait chaud; **I'm ~** j'ai chaud; **to keep sth ~** tenir qch au chaud; **with my ~est thanks/congratulations** avec mes remerciements/mes félicitations les plus sincères
▶ **warm up** *vi* (*person, room*) se réchauffer; (*water*) chauffer; (*athlete, discussion*) s'échauffer ▷ *vt* (*food*) (faire) réchauffer; (*water*) (faire) chauffer; (*engine*) faire chauffer
**warm-blooded** ['wɔ:m'blʌdɪd] *adj* (*Zool*) à sang chaud
**war memorial** *n* monument *m* aux morts
**warm-hearted** [wɔ:m'hɑ:tɪd] *adj* affectueux(-euse)
**warmly** ['wɔ:mlɪ] *adv* (*dress*) chaudement; (*thank, welcome*) chaleureusement
**warmonger** ['wɔ:mʌŋgə*r*] *n* belliciste *m/f*
**warmongering** ['wɔ:mʌŋgrɪŋ] *n* propagande *f* belliciste, bellicisme *m*
**warmth** [wɔ:mθ] *n* chaleur *f*
**warm-up** ['wɔ:mʌp] *n* (*Sport*) période *f* d'échauffement
**warn** [wɔ:n] *vt* avertir, prévenir; **to ~ sb (not) to do** conseiller à qn de (ne pas) faire
**warning** ['wɔ:nɪŋ] *n* avertissement *m*; (*notice*) avis *m*; (*signal*) avertisseur *m*; **without (any) ~** (*suddenly*) inopinément; (*without notifying*) sans prévenir; **gale ~** (*Meteorology*) avis de grand vent
**warning light** *n* avertisseur lumineux
**warning triangle** *n* (*Aut*) triangle *m* de présignalisation
**warp** [wɔ:p] *n* (*Textiles*) chaîne *f* ▷ *vi* (*wood*) travailler, se voiler *or* gauchir ▷ *vt* voiler; (*fig*) pervertir
**warpath** ['wɔ:pɑ:θ] *n*: **to be on the ~** (*fig*) être sur le sentier de la guerre

**W**

**warped** [wɔːpt] *adj* (*wood*) gauchi(e); (*fig*) perverti(e)

**warrant** ['wɔrnt] *n* (*guarantee*) garantie *f*; (*Law: to arrest*) mandat *m* d'arrêt; (: *to search*) mandat de perquisition ▷ *vt* (*justify, merit*) justifier

**warrant officer** *n* (*Mil*) adjudant *m*; (*Naut*) premier-maître *m*

**warranty** ['wɔrəntɪ] *n* garantie *f*; **under ~** (*Comm*) sous garantie

**warren** ['wɔrən] *n* (*of rabbits*) terriers *mpl*, garenne *f*

**warring** ['wɔːrɪŋ] *adj* (*nations*) en guerre; (*interests etc*) contradictoire, opposé(e)

**warrior** ['wɔrɪəʳ] *n* guerrier(-ière)

**Warsaw** ['wɔːsɔː] *n* Varsovie

**warship** ['wɔːʃɪp] *n* navire *m* de guerre

**wart** [wɔːt] *n* verrue *f*

**wartime** ['wɔːtaɪm] *n*: **in ~** en temps de guerre

**wary** ['wɛərɪ] *adj* prudent(e); **to be ~ about** *or* **of doing sth** hésiter beaucoup à faire qch

**was** [wɔz] *pt of* **be**

**wash** [wɔʃ] *vt* laver; (*sweep, carry: sea etc*) emporter, entraîner; (: *ashore*) rejeter ▷ *vi* se laver; (*sea*): **to ~ over/against sth** inonder/baigner qch ▷ *n* (*paint*) badigeon *m*; (*clothes*) lessive *f*; (*washing programme*) lavage *m*; (*of ship*) sillage *m*; **to give sth a ~** laver qch; **to have a ~** se laver, faire sa toilette; **he was ~ed overboard** il a été emporté par une vague
  ▶ **wash away** *vt* (*stain*) enlever au lavage; (*subj: river etc*) emporter
  ▶ **wash down** *vt* laver; laver à grande eau
  ▶ **wash off** *vi* partir au lavage
  ▶ **wash up** *vi* (*Brit*) faire la vaisselle; (*US: have a wash*) se débarbouiller

**Wash.** *abbr* (*US*) = **Washington**

**washable** ['wɔʃəbl] *adj* lavable

**washbasin** ['wɔʃbeɪsn] *n* lavabo *m*

**washer** ['wɔʃəʳ] *n* (*Tech*) rondelle *f*, joint *m*

**washing** ['wɔʃɪŋ] *n* (*Brit: linen etc: dirty*) linge *m*; (: *clean*) lessive *f*

**washing line** *n* (*Brit*) corde *f* à linge

**washing machine** *n* machine *f* à laver

**washing powder** *n* (*Brit*) lessive *f* (en poudre)

**Washington** ['wɔʃɪŋtən] *n* (*city, state*) Washington *m*

**washing-up** [wɔʃɪŋ'ʌp] *n* (*Brit*) vaisselle *f*

**washing-up liquid** *n* (*Brit*) produit *m* pour la vaisselle

**wash-out** ['wɔʃaut] *n* (*inf*) désastre *m*

**washroom** ['wɔʃrum] *n* (*US*) toilettes *fpl*

**wasn't** ['wɔznt] = **was not**

**Wasp, WASP** [wɔsp] *n abbr* (*US inf*: = White Anglo-Saxon Protestant*) surnom, souvent péjoratif, donné à l'américain de souche anglo-saxonne, aisé et de tendance conservatrice

**wasp** [wɔsp] *n* guêpe *f*

**waspish** ['wɔspɪʃ] *adj* irritable

**wastage** ['weɪstɪdʒ] *n* gaspillage *m*; (*in manufacturing, transport etc*) déchet *m*

**waste** [weɪst] *n* gaspillage *m*; (*of time*) perte *f*; (*rubbish*) déchets *mpl*; (*also*: **household waste**)

ordures *fpl* ▷ *adj* (*energy, heat*) perdu(e); (*food*) inutilisé(e); (*land, ground: in city*) à l'abandon; (: *in country*) inculte, en friche; (*leftover*): **~ material** déchets ▷ *vt* gaspiller; (*time, opportunity*) perdre; **wastes** *npl* étendue *f* désertique; **it's a ~ of money** c'est de l'argent jeté en l'air; **to go to ~** être gaspillé(e); **to lay ~** (*destroy*) dévaster
  ▶ **waste away** *vi* dépérir

**wastebasket** ['weɪstbɑːskɪt] *n* = **wastepaper basket**

**waste disposal, waste disposal unit** *n* (*Brit*) broyeur *m* d'ordures

**wasteful** ['weɪstful] *adj* gaspilleur(-euse); (*process*) peu économique

**waste ground** *n* (*Brit*) terrain *m* vague

**wasteland** ['weɪstlənd] *n* terres *fpl* à l'abandon; (*in town*) terrain(s) *m(pl)* vague(s)

**wastepaper basket** ['weɪstpeɪpə-] *n* corbeille *f* à papier

**waste pipe** *n* (tuyau *m* de) vidange *f*

**waste products** *npl* (*Industry*) déchets *mpl* (de fabrication)

**waster** ['weɪstəʳ] *n* (*inf*) bon(ne) à rien

**watch** [wɔtʃ] *n* montre *f*; (*act of watching*) surveillance *f*; (*guard: Mil*) sentinelle *f*; (: *Naut*) homme *m* de quart; (*Naut: spell of duty*) quart *m* ▷ *vt* (*look at*) observer; (: *match, programme*) regarder; (*spy on, guard*) surveiller; (*be careful of*) faire attention à ▷ *vi* regarder; (*keep guard*) monter la garde; **to keep a close ~ on sb/sth** surveiller qn/qch de près; **to keep ~** faire le guet; **~ what you're doing** fais attention à ce que tu fais
  ▶ **watch out** *vi* faire attention

**watchband** ['wɔtʃbænd] *n* (*US*) bracelet *m* de montre

**watchdog** ['wɔtʃdɔg] *n* chien *m* de garde; (*fig*) gardien(ne)

**watchful** ['wɔtʃful] *adj* attentif(-ive), vigilant(e)

**watchmaker** ['wɔtʃmeɪkəʳ] *n* horloger(-ère)

**watchman** ['wɔtʃmən] (*irreg*) *n* gardien *m*; (*also*: **night watchman**) veilleur *m* de nuit

**watch stem** *n* (*US*) remontoir *m*

**watch strap** ['wɔtʃstræp] *n* bracelet *m* de montre

**watchword** ['wɔtʃwəːd] *n* mot *m* de passe

**water** ['wɔːtəʳ] *n* eau *f* ▷ *vt* (*plant, garden*) arroser ▷ *vi* (*eyes*) larmoyer; **a drink of ~** un verre d'eau; **in British ~s** dans les eaux territoriales Britanniques; **to pass ~** uriner; **to make sb's mouth ~** mettre l'eau à la bouche de qn
  ▶ **water down** *vt* (*milk etc*) couper avec de l'eau; (*fig: story*) édulcorer

**water closet** *n* (*Brit*) w.-c. *mpl*, waters *mpl*

**watercolour**, (*US*) **watercolor** ['wɔːtəkʌləʳ] *n* aquarelle *f*; **watercolours** *npl* couleurs *fpl* pour aquarelle

**water-cooled** ['wɔːtəkuːld] *adj* à refroidissement par eau

**watercress** ['wɔːtəkrɛs] *n* cresson *m* (de

fontaine)

**waterfall** ['wɔːtəfɔːl] *n* chute *f* d'eau

**waterfront** ['wɔːtəfrʌnt] *n* (*seafront*) front *m* de mer; (*at docks*) quais *mpl*

**water heater** *n* chauffe-eau *m*

**water hole** *n* mare *f*

**water ice** *n* (*Brit*) sorbet *m*

**watering can** ['wɔːtərɪŋ-] *n* arrosoir *m*

**water level** *n* niveau *m* de l'eau; (*of flood*) niveau des eaux

**water lily** *n* nénuphar *m*

**waterline** ['wɔːtəlaɪn] *n* (*Naut*) ligne *f* de flottaison

**waterlogged** ['wɔːtəlɒgd] *adj* détrempé(e); imbibé(e) d'eau

**water main** *n* canalisation *f* d'eau

**watermark** ['wɔːtəmɑːk] *n* (*on paper*) filigrane *m*

**watermelon** ['wɔːtəmɛlən] *n* pastèque *f*

**water polo** *n* water-polo *m*

**waterproof** ['wɔːtəpruːf] *adj* imperméable

**water-repellent** ['wɔːtərɪ'pɛlnt] *adj* hydrofuge

**watershed** ['wɔːtəʃɛd] *n* (*Geo*) ligne *f* de partage des eaux; (*fig*) moment *m* critique, point décisif

**water-skiing** ['wɔːtəskiːɪŋ] *n* ski *m* nautique

**water softener** *n* adoucisseur *m* d'eau

**water tank** *n* réservoir *m* d'eau

**watertight** ['wɔːtətaɪt] *adj* étanche

**water vapour** *n* vapeur *f* d'eau

**waterway** ['wɔːtəweɪ] *n* cours *m* d'eau navigable

**waterworks** ['wɔːtəwɜːks] *npl* station *f* hydraulique

**watery** ['wɔːtərɪ] *adj* (*colour*) délavé(e); (*coffee*) trop faible

**watt** [wɒt] *n* watt *m*

**wattage** ['wɒtɪdʒ] *n* puissance *f* or consommation *f* en watts

**wattle** ['wɒtl] *n* clayonnage *m*

**wave** [weɪv] *n* vague *f*; (*of hand*) geste *m*, signe *m*; (*Radio*) onde *f*; (*in hair*) ondulation *f*; (*fig: of enthusiasm, strikes etc*) vague ▷ *vi* faire signe de la main; (*flag*) flotter au vent; (*grass*) ondoyer ▷ *vt* (*handkerchief*) agiter; (*stick*) brandir; (*hair*) onduler; **short/medium** ~ (*Radio*) ondes courtes/moyennes; **long** ~ (*Radio*) grandes ondes; **the new** ~ (*Cine, Mus*) la nouvelle vague; **to** ~ **goodbye to sb** dire au revoir de la main à qn

▸ **wave aside**

▸ **wave away** *vt* (*fig: suggestion, objection*) rejeter, repousser; (*: doubts*) chasser; (*person*): **to** ~ **sb aside** faire signe à qn de s'écarter

**waveband** ['weɪvbænd] *n* bande *f* de fréquences

**wavelength** ['weɪvlɛŋθ] *n* longueur *f* d'ondes

**waver** ['weɪvə'] *vi* vaciller; (*voice*) trembler; (*person*) hésiter

**wavy** ['weɪvɪ] *adj* (*hair, surface*) ondulé(e); (*line*) onduleux(-euse)

**wax** [wæks] *n* cire *f*; (*for skis*) fart *m* ▷ *vt* cirer; (*car*) lustrer; (*skis*) farter ▷ *vi* (*moon*) croître

**waxworks** ['wækswɜːks] *npl* personnages *mpl*

de cire; musée *m* de cire

**way** [weɪ] *n* chemin *m*, voie *f*; (*path, access*) passage *m*; (*distance*) distance *f*; (*direction*) chemin, direction *f*; (*manner*) façon *f*, manière *f*; (*habit*) habitude *f*, façon; (*condition*) état *m*; **which** ~? — **this** ~/**that** ~ par où or de quel côté? — par ici/par là; **to crawl one's** ~ **to ...** ramper jusqu'à ...; **to lie one's** ~ **out of it** s'en sortir par un mensonge; **to lose one's** ~ perdre son chemin; **on the** ~ (**to**) en route (pour); **to be on one's** ~ être en route; **to be in the** ~ bloquer le passage; (*fig*) gêner; **to keep out of sb's** ~ éviter qn; **it's a long** ~ **away** c'est loin d'ici; **the village is rather out of the** ~ le village est plutôt à l'écart or isolé; **to go out of one's** ~ **to do** (*fig*) se donner beaucoup de mal pour faire; **to be under** ~ (*work, project*) être en cours; **to make** ~ (**for sb/sth**) faire place (à qn/qch), s'écarter pour laisser passer (qn/qch); **to get one's own** ~ arriver à ses fins; **put it the right** ~ **up** (*Brit*) mettez-le dans le bon sens; **to be the wrong** ~ **round** être à l'envers, ne pas être dans le bon sens; **he's in a bad** ~ il va mal; **in a** ~ dans un sens; **by the** ~ à propos; **in some** ~s à certains égards; d'un côté; **in the** ~ **of** en fait de, comme; **by** ~ **of** (*through*) en passant par, via; (*as a sort of*) en guise de; "~ **in**" (*Brit*) "entrée"; "~ **out**" (*Brit*) "sortie"; **the** ~ **back** le chemin du retour; **this** ~ **and that** par-ci par-là; "**give** ~" (*Brit Aut*) "cédez la priorité"; **no** ~! (*inf*) pas question!

**waybill** ['weɪbɪl] *n* (*Comm*) récépissé *m*

**waylay** ['weɪ'leɪ] *vt* (*irreg: like* **lay**) attaquer; (*fig*): **I got waylaid** quelqu'un m'a accroché

**wayside** ['weɪsaɪd] *n* bord *m* de la route; **to fall by the** ~ (*fig*) abandonner; (*morally*) quitter le droit chemin

**way station** *n* (*US Rail*) petite gare; (*: fig*) étape *f*

**wayward** ['weɪwəd] *adj* capricieux(-euse), entêté(e)

**W.C.** *n abbr* (*Brit: = water closet*) w.-c. *mpl*, waters *mpl*

**WCC** *n abbr* (= *World Council of Churches*) COE *m* (*Conseil œcuménique des Églises*)

**we** [wiː] *pl pron* nous

**weak** [wiːk] *adj* faible; (*health*) fragile; (*beam etc*) peu solide; (*tea, coffee*) léger(-ère); **to grow** ~(**er**) s'affaiblir, faiblir

**weaken** ['wiːkn] *vi* faiblir ▷ *vt* affaiblir

**weak-kneed** ['wiːk'niːd] *adj* (*fig*) lâche, faible

**weakling** ['wiːklɪŋ] *n* gringalet *m*; faible *m/f*

**weakly** ['wiːklɪ] *adj* chétif(-ive) ▷ *adv* faiblement

**weakness** ['wiːknɪs] *n* faiblesse *f*; (*fault*) point *m* faible

**wealth** [wɛlθ] *n* (*money, resources*) richesse(s) *f(pl)*; (*of details*) profusion *f*

**wealth tax** *n* impôt *m* sur la fortune

**wealthy** ['wɛlθɪ] *adj* riche

**wean** [wiːn] *vt* sevrer

**weapon** ['wɛpən] *n* arme *f*; **~s of mass destruction** armes *fpl* de destruction massive

**W**

**wear** [wɛəʳ] (*pt* **wore**, *pp* **worn**) [wɔːʳ, wɔːn] *n*
(*use*) usage *m*; (*deterioration through use*) usure *f*
▷ *vt* (*clothes*) porter; (*put on*) mettre; (*beard etc*)
avoir; (*damage: through use*) user ▷ *vi* (*last*) faire de
l'usage; (*rub etc through*) s'user; **sports/baby~**
vêtements *mpl* de sport/pour bébés; **evening ~**
tenue *f* de soirée; **~ and tear** usure *f*; **to ~ a hole
in sth** faire (à la longue) un trou dans qch
▸ **wear away** *vt* user, ronger ▷ *vi* s'user, être
rongé(e)
▸ **wear down** *vt* user; (*strength*) épuiser
▸ **wear off** *vi* disparaître
▸ **wear on** *vi* se poursuivre; passer
▸ **wear out** *vt* user; (*person, strength*) épuiser
**wearable** ['wɛərəbl] *adj* mettable
**wearily** ['wɪərɪlɪ] *adv* avec lassitude
**weariness** ['wɪərɪnɪs] *n* épuisement *m*,
lassitude *f*
**wearisome** ['wɪərɪsəm] *adj* (*tiring*) fatigant(e);
(*boring*) ennuyeux(-euse)
**weary** ['wɪərɪ] *adj* (*tired*) épuisé(e); (*dispirited*) las
(lasse); abattu(e) ▷ *vt* lasser ▷ *vi*: **to ~ of** se
lasser de
**weasel** ['wiːzl] *n* (*Zool*) belette *f*
**weather** ['wɛðəʳ] *n* temps *m* ▷ *vt* (*wood*) faire
mûrir; (*storm: lit, fig*) essuyer; (*crisis*) survivre à;
**what's the ~ like?** quel temps fait-il?; **under
the ~** (*fig: ill*) mal fichu(e)
**weather-beaten** ['wɛðəbiːtn] *adj* (*person*)
hâlé(e); (*building*) dégradé(e) par les intempéries
**weather forecast** *n* prévisions *fpl*
météorologiques, météo *f*
**weatherman** ['wɛðəmæn] (*irreg*) *n*
météorologue *m*
**weatherproof** ['wɛðəpruːf] *adj* (*garment*)
imperméable; (*building*) étanche
**weather report** *n* bulletin *m* météo, météo *f*
**weather vane** [-veɪn] *n* = **weather cock**
**weave** (*pt* **wove**, *pp* **woven**) [wiːv, wəuv, 'wəuvn]
*vt* (*cloth*) tisser; (*basket*) tresser ▷ *vi* (*fig: pt, pp*
**weaved**) (*move in and out*) se faufiler
**weaver** ['wiːvəʳ] *n* tisserand(e)
**weaving** ['wiːvɪŋ] *n* tissage *m*
**web** [wɛb] *n* (*of spider*) toile *f*; (*on duck's foot*)
palmure *f*; (*fig*) tissu *m*; (*Comput*): **the (World-
Wide) W~** le Web
**web address** *n* adresse *f* Web
**webbed** ['wɛbd] *adj* (*foot*) palmé(e)
**webbing** ['wɛbɪŋ] *n* (*on chair*) sangles *fpl*
**webcam** ['wɛbkæm] *n* webcam *f*
**weblog** ['wɛblɔg] *n* blog *m*, blogue *m*
**web page** *n* (*Comput*) page *f* Web
**website** ['wɛbsaɪt] *n* (*Comput*) site *m* web
**wed** [wɛd] (*pt, pp* **-ded**) *vt* épouser ▷ *vi* se marier
▷ *n*: **the newly~-s** les jeunes mariés
**we'd** [wiːd] = **we had; we would**
**wedded** ['wɛdɪd] *pt, pp* of **wed**
**wedding** ['wɛdɪŋ] *n* mariage *m*
**wedding anniversary** *n* anniversaire *m* de
mariage; **silver/golden ~** noces *fpl* d'argent/
d'or
**wedding day** *n* jour *m* du mariage

**wedding dress** *n* robe *f* de mariée
**wedding present** *n* cadeau *m* de mariage
**wedding ring** *n* alliance *f*
**wedge** [wɛdʒ] *n* (*of wood etc*) coin *m*; (*under door
etc*) cale *f*; (*of cake*) part *f* ▷ *vt* (*fix*) caler; (*push*)
enfoncer, coincer
**wedge-heeled shoes** ['wɛdʒhiːld-] *npl*
chaussures *fpl* à semelles compensées
**wedlock** ['wɛdlɔk] *n* (*union f du*) mariage *m*
**Wednesday** ['wɛnzdɪ] *n* mercredi *m*; *for phrases
see also* **Tuesday**
**wee** [wiː] *adj* (*Scottish*) petit(e); tout(e) petit(e)
**weed** [wiːd] *n* mauvaise herbe *f* ▷ *vt* désherber
▸ **weed out** *vt* éliminer
**weedkiller** ['wiːdkɪləʳ] *n* désherbant *m*
**weedy** ['wiːdɪ] *adj* (*man*) gringalet
**week** [wiːk] *n* semaine *f*; **once/twice a ~** une
fois/deux fois par semaine; **in two ~s' time**
dans quinze jours; **a ~ today/on Tuesday**
aujourd'hui/mardi en huit
**weekday** ['wiːkdeɪ] *n* jour *m* de semaine;
(*Comm*) jour ouvrable; **on ~s** en semaine
**weekend** [wiːk'ɛnd] *n* week-end *m*
**weekend case** *n* sac *m* de voyage
**weekly** ['wiːklɪ] *adv* une fois par semaine,
chaque semaine ▷ *adj, n* hebdomadaire (*m*)
**weep** [wiːp] (*pt, pp* **wept**) [wɛpt] *vi* (*person*)
pleurer; (*Med: wound etc*) suinter
**weeping willow** ['wiːpɪŋ-] *n* saule pleureur
**weepy** ['wiːpɪ] *n* (*inf: film*) mélo *m*
**weft** [wɛft] *n* (*Textiles*) trame *f*
**weigh** [weɪ] *vt, vi* peser; **to ~ anchor** lever
l'ancre; **to ~ the pros and cons** peser le pour et
le contre
▸ **weigh down** *vt* (*branch*) faire plier; (*fig: with
worry*) accabler
▸ **weigh out** *vt* (*goods*) peser
▸ **weigh up** *vt* examiner
**weighbridge** ['weɪbrɪdʒ] *n* pont-bascule *m*
**weighing machine** ['weɪɪŋ-] *n* balance *f*,
bascule *f*
**weight** [weɪt] *n* poids *m* ▷ *vt* alourdir; (*fig: factor*)
pondérer; **sold by ~** vendu au poids; **to put on/
lose ~** grossir/maigrir; **~s and measures** poids
et mesures
**weighting** ['weɪtɪŋ] *n*: **~ allowance** indemnité *f*
de résidence
**weightlessness** ['weɪtlɪsnɪs] *n* apesanteur *f*
**weightlifter** ['weɪtlɪftəʳ] *n* haltérophile *m*
**weightlifting** ['weɪtlɪftɪŋ] *n* haltérophilie *f*
**weight training** *n* musculation *f*
**weighty** ['weɪtɪ] *adj* lourd(e)
**weir** [wɪəʳ] *n* barrage *m*
**weird** [wɪəd] *adj* bizarre; (*eerie*) surnaturel(le)
**weirdo** ['wɪədəu] *n* (*inf*) type *m* bizarre
**welcome** ['wɛlkəm] *adj* bienvenu(e) ▷ *n* accueil
*m* ▷ *vt* accueillir; (*also*: **bid welcome**) souhaiter
la bienvenue à; (*be glad of*) se réjouir de; **to be ~**
être le (la) bienvenu(e); **to make sb ~** faire bon
accueil à qn; **you're ~ to try** vous pouvez
essayer si vous voulez; **you're ~!** (*after thanks*) de
rien, il n'y a pas de quoi

**welcoming** ['wɛlkəmɪŋ] *adj* accueillant(e); (*speech*) d'accueil

**weld** [wɛld] *n* soudure *f* ▷ *vt* souder

**welder** ['wɛldər] *n* (*person*) soudeur *m*

**welding** ['wɛldɪŋ] *n* soudure *f* (autogène)

**welfare** ['wɛlfɛər] *n* (*wellbeing*) bien-être *m*; (*social aid*) assistance sociale

**welfare state** *n* État-providence *m*

**welfare work** *n* travail social

**well** [wɛl] *n* puits *m* ▷ *adv* bien ▷ *adj*: **to be ~** aller bien ▷ *excl* eh bien!; (*relief also*) bon!; (*resignation*) enfin!; **~ done!** bravo!; **I don't feel ~** je ne me sens pas bien; **get ~ soon!** remets-toi vite!; **to do ~** bien réussir; (*business*) prospérer; **to think ~ of sb** penser du bien de qn; **as ~** (*in addition*) aussi, également; **you might as ~ tell me** tu ferais aussi bien de me le dire; **as ~ as** aussi bien que *or* de; en plus de; **~, as I was saying ...** donc, comme je disais ...
▷ **well up** *vi* (*tears, emotions*) monter

**we'll** [wiːl] **= we will; we shall**

**well-behaved** ['wɛlbɪ'heɪvd] *adj* sage, obéissant(e)

**well-being** ['wɛl'biːɪŋ] *n* bien-être *m*

**well-bred** ['wɛl'brɛd] *adj* bien élevé(e)

**well-built** ['wɛl'bɪlt] *adj* (*house*) bien construit(e); (*person*) bien bâti(e)

**well-chosen** ['wɛl'tʃəuzn] *adj* (*remarks, words*) bien choisi(e), pertinent(e)

**well-deserved** ['wɛldɪ'zəːvd] *adj* (*bien*) mérité(e)

**well-developed** ['wɛldɪ'vɛləpt] *adj* (*girl*) bien fait(e)

**well-disposed** ['wɛldɪs'pəuzd] *adj*: **~ to(wards)** bien disposé(e) envers

**well-dressed** ['wɛl'drɛst] *adj* bien habillé(e), bien vêtu(e)

**well-earned** ['wɛl'əːnd] *adj* (*rest*) bien mérité(e)

**well-groomed** [-'gruːmd] *adj* très soigné(e)

**well-heeled** ['wɛl'hiːld] *adj* (*inf: wealthy*) fortuné(e), riche

**wellies** ['wɛlɪz] (*inf*) *npl* (*Brit*) **= wellingtons**

**well-informed** ['wɛlɪn'fɔːmd] *adj* (*having knowledge of sth*) bien renseigné(e); (*having general knowledge*) cultivé(e)

**Wellington** ['wɛlɪŋtən] *n* Wellington

**wellingtons** ['wɛlɪŋtənz] *npl* (*also*: **wellington boots**) bottes *fpl* en caoutchouc

**well-kept** ['wɛl'kɛpt] *adj* (*house, grounds*) bien tenu(e), bien entretenu(e); (*secret*) bien gardé(e); (*hair, hands*) soigné(e)

**well-known** ['wɛl'nəun] *adj* (*person*) bien connu(e)

**well-mannered** ['wɛl'mænəd] *adj* bien élevé(e)

**well-meaning** ['wɛl'miːnɪŋ] *adj* bien intentionné(e)

**well-nigh** ['wɛl'naɪ] *adv*: **~ impossible** pratiquement impossible

**well-off** ['wɛl'ɔf] *adj* aisé(e), assez riche

**well-paid** [wɛl'peɪd] *adj* bien payé(e)

**well-read** ['wɛl'rɛd] *adj* cultivé(e)

**well-spoken** ['wɛl'spəukn] *adj* (*person*) qui parle

bien; (*words*) bien choisi(e)

**well-stocked** ['wɛl'stɔkt] *adj* bien approvisionné(e)

**well-timed** ['wɛl'taɪmd] *adj* opportun(e)

**well-to-do** ['wɛltə'duː] *adj* aisé(e), assez riche

**well-wisher** ['wɛlwɪʃər] *n* ami(e), admirateur(-trice); **scores of ~s had gathered** de nombreux amis et admirateurs s'étaient rassemblés; **letters from ~s** des lettres d'encouragement

**well-woman clinic** ['wɛlwumən-] *n* centre prophylactique et thérapeutique pour femmes

**Welsh** [wɛlʃ] *adj* gallois(e) ▷ *n* (*Ling*) gallois *m*; **the Welsh** *npl* (*people*) les Gallois

**Welsh Assembly** *n* Parlement gallois

**Welshman** ['wɛlʃmən] (*irreg*) *n* Gallois *m*

**Welsh rarebit** *n* croûte *f* au fromage

**Welshwoman** ['wɛlʃwumən] (*irreg*) *n* Galloise *f*

**welter** ['wɛltər] *n* fatras *m*

**went** [wɛnt] *pt of* **go**

**wept** [wɛpt] *pt, pp of* **weep**

**were** [wəːr] *pt of* **be**

**we're** [wɪər] **= we are**

**weren't** [wəːnt] **= were not**

**werewolf** (*pl* **-wolves**) ['wɪəwulf, -wulvz] *n* loup-garou *m*

**west** [wɛst] *n* ouest *m* ▷ *adj* (*wind*) d'ouest; (*side*) ouest *inv* ▷ *adv* à *or* vers l'ouest; **the W~** l'Occident *m*, l'Ouest

**westbound** ['wɛstbaund] *adj* en direction de l'ouest; (*carriageway*) ouest *inv*

**West Country** *n*: **the ~** le sud-ouest de l'Angleterre

**westerly** ['wɛstəlɪ] *adj* (*situation*) à l'ouest; (*wind*) d'ouest

**western** ['wɛstən] *adj* occidental(e), de *or* à l'ouest ▷ *n* (*Cine*) western *m*

**westerner** ['wɛstənər] *n* occidental(e)

**westernized** ['wɛstənaɪzd] *adj* occidentalisé(e)

**West German** (*formerly*) *adj* ouest-allemand(e) ▷ *n* Allemand(e) de l'Ouest

**West Germany** *n* (*formerly*) Allemagne *f* de l'Ouest

**West Indian** *adj* antillais(e) ▷ *n* Antillais(e)

**West Indies** [-'ɪndɪz] *npl* Antilles *fpl*

**Westminster** ['wɛstmɪnstər] *n* (*Brit Parliament*) Westminster *m*

**westward** ['wɛstwəd], **westwards** ['wɛstwədz] *adv* vers l'ouest

**wet** [wɛt] *adj* mouillé(e); (*damp*) humide; (*soaked: also*: **wet through**) trempé(e); (*rainy*) pluvieux(-euse) ▷ *vt*: **to ~ one's pants** *or* **o.s.** mouiller sa culotte, faire pipi dans sa culotte; **to get ~** se mouiller; **"~ paint"** "attention peinture fraîche"

**wet blanket** *n* (*fig*) rabat-joie *m inv*

**wetness** ['wɛtnɪs] *n* humidité *f*

**wetsuit** ['wɛtsuːt] *n* combinaison *f* de plongée

**we've** [wiːv] **= we have**

**whack** [wæk] *vt* donner un grand coup à

**whacked** [wækt] *adj* (*Brit inf: tired*) crevé(e)

**whale** [weɪl] *n* (*Zool*) baleine *f*

**whaler** ['weɪlə<sup>r</sup>] n (ship) baleinier m
**whaling** ['weɪlɪŋ] n pêche f à la baleine
**wharf** (pl **wharves**) [wɔːf, wɔːvz] n quai m

🅞 KEYWORD

**what** [wɔt] adj **1** (in questions) quel(le); **what size is he?** quelle taille fait-il?; **what colour is it?** de quelle couleur est-ce?; **what books do you need?** quels livres vous faut-il?
**2** (in exclamations): **what a mess!** quel désordre!; **what a fool I am!** que je suis bête!
▷ pron **1** (interrogative) que; de/à/en etc quoi; **what are you doing?** que faites-vous?, qu'est-ce que vous faites?; **what is happening?** qu'est-ce qui se passe?, que se passe-t-il?; **what are you talking about?** de quoi parlez-vous?; **what are you thinking about?** à quoi pensez-vous?; **what is it called?** comment est-ce que ça s'appelle?; **what about me?** et moi?; **what about doing ...?** et si on faisait ...?
**2** (relative: subject) ce qui; (: direct object) ce que; (: indirect object) ce à quoi, ce dont; **I saw what you did/was on the table** j'ai vu ce que vous avez fait/ce qui était sur la table; **tell me what you remember** dites-moi ce dont vous vous souvenez; **what I want is a cup of tea** ce que je veux, c'est une tasse de thé
▷ excl (disbelieving) quoi!, comment!

**whatever** [wɔt'ɛvə<sup>r</sup>] adj: **take ~ book you prefer** prenez le livre que vous préférez, peu importe lequel; **~ book you take** quel que soit le livre que vous preniez ▷ pron: **do ~ is necessary** faites (tout) ce qui est nécessaire; **~ happens** quoi qu'il arrive; **no reason ~ or whatsoever** pas la moindre raison; **nothing ~ or whatsoever** rien du tout
**whatsoever** [wɔtsəu'ɛvə<sup>r</sup>] adj see **whatever**
**wheat** [wiːt] n blé m, froment m
**wheatgerm** ['wiːtdʒɜːm] n germe m de blé
**wheatmeal** ['wiːtmiːl] n farine bise
**wheedle** ['wiːdl] vt: **to ~ sb into doing sth** cajoler or enjôler qn pour qu'il fasse qch; **to ~ sth out of sb** obtenir qch de qn par des cajoleries
**wheel** [wiːl] n roue f; (Aut: also: **steering wheel**) volant m; (Naut) gouvernail m ▷ vt (pram etc) pousser, rouler ▷ vi (birds) tournoyer; (also: **wheel round**: person) se retourner, faire volte-face
**wheelbarrow** ['wiːlbærəu] n brouette f
**wheelbase** ['wiːlbeɪs] n empattement m
**wheelchair** ['wiːltʃɛə<sup>r</sup>] n fauteuil roulant
**wheel clamp** n (Aut) sabot m (de Denver)
**wheeler-dealer** ['wiːlə'diːlə<sup>r</sup>] n (pej) combinard(e), affairiste m/f
**wheelie-bin** ['wiːlɪbɪn] n (Brit) poubelle f à roulettes
**wheeling** ['wiːlɪŋ] n: **~ and dealing** (pej) manigances fpl, magouilles fpl
**wheeze** [wiːz] n respiration bruyante

(d'asthmatique) ▷ vi respirer bruyamment
**wheezy** ['wiːzɪ] adj sifflant(e)

🅞 KEYWORD

**when** [wen] adv quand; **when did he go?** quand est-ce qu'il est parti?
▷ conj **1** (at, during, after the time that) quand, lorsque; **she was reading when I came in** elle lisait quand or lorsque je suis entré
**2** (on, at which): **on the day when I met him** le jour où je l'ai rencontré
**3** (whereas) alors que; **I thought I was wrong when in fact I was right** j'ai cru que j'avais tort alors qu'en fait j'avais raison

**whenever** [wen'ɛvə<sup>r</sup>] adv quand donc ▷ conj quand; (every time that) chaque fois que; **I go ~ I can** j'y vais quand or chaque fois que je le peux
**where** [wɛə<sup>r</sup>] adv, conj où; **this is ~** c'est là que; **~ are you from?** d'où venez-vous?
**whereabouts** ['wɛərəbauts] adv où donc ▷ n: **nobody knows his ~** personne ne sait où il se trouve
**whereas** [wɛər'æz] conj alors que
**whereby** [wɛə'baɪ] adv (formal) par lequel (or laquelle etc)
**whereupon** [wɛərə'pɔn] adv sur quoi, et sur ce
**wherever** [wɛər'ɛvə<sup>r</sup>] adv où donc ▷ conj où que + sub; **sit ~ you like** asseyez-vous (là) où vous voulez
**wherewithal** ['wɛəwɪðɔːl] n: **the ~ (to do sth)** les moyens mpl (de faire qch)
**whet** [wet] vt aiguiser
**whether** ['wɛðə<sup>r</sup>] conj si; **I don't know ~ to accept or not** je ne sais pas si je dois accepter ou non; **it's doubtful ~** il est peu probable que + sub; **~ you go or not** que vous y alliez ou non
**whey** ['weɪ] n petit-lait m

🅞 KEYWORD

**which** [wɪtʃ] adj **1** (interrogative: direct, indirect) quel(le); **which picture do you want?** quel tableau voulez-vous?; **which one?** lequel (laquelle)?
**2**: **in which case** auquel cas; **we got there at 8pm, by which time the cinema was full** quand nous sommes arrivés à 20h, le cinéma était complet
▷ pron **1** (interrogative) lequel (laquelle), lesquels (lesquelles) pl; **I don't mind which** peu importe lequel; **which (of these) are yours?** lesquels sont à vous?; **tell me which you want** dites-moi lesquels or ceux que vous voulez
**2** (relative: subject) qui; (: object) que; sur/vers etc lequel (laquelle) (NB: à + lequel = **auquel**; de + lequel = **duquel**); **the apple which you ate/which is on the table** la pomme que vous avez mangée/qui est sur la table; **the chair on which you are sitting** la chaise sur laquelle vous êtes assis; **the book of which you spoke** le livre

dont vous avez parlé; **he said he knew, which is true/I was afraid of** il a dit qu'il le savait, ce qui est vrai/ce que je craignais; **after which** après quoi

**whichever** [wɪtʃˈɛvəʳ] *adj*: **take ~ book you prefer** prenez le livre que vous préférez, peu importe lequel; **~ book you take** quel que soit le livre que vous preniez; **~ way you** de quelque façon que vous + *sub*

**whiff** [wɪf] *n* bouffée *f*; **to catch a ~ of sth** sentir l'odeur de qch

**while** [waɪl] *n* moment *m* ▷ *conj* pendant que; (*as long as*) tant que; (*as, whereas*) alors que; (*though*) bien que + *sub*, quoique + *sub*; **for a ~** pendant quelque temps; **in a ~** dans un moment; **all the ~** pendant tout ce temps-là; **we'll make it worth your ~** nous vous récompenserons de votre peine
▸ **while away** *vt* (*time*) (faire) passer

**whilst** [waɪlst] *conj* = **while**

**whim** [wɪm] *n* caprice *m*

**whimper** [ˈwɪmpəʳ] *n* geignement *m* ▷ *vi* geindre

**whimsical** [ˈwɪmzɪkl] *adj* (*person*) capricieux(-euse); (*look*) étrange

**whine** [waɪn] *n* gémissement *m*; (*of engine, siren*) plainte stridente ▷ *vi* gémir, geindre, pleurnicher; (*dog, engine, siren*) gémir

**whip** [wɪp] *n* fouet *m*; (*for riding*) cravache *f*; (*Pol: person*) chef *m* de file (*assurant la discipline dans son groupe parlementaire*) ▷ *vt* fouetter; (*snatch*) enlever (*or* sortir) brusquement
▸ **whip up** *vt* (*cream*) fouetter; (*inf: meal*) préparer en vitesse; (*stir up: support*) stimuler; (*: feeling*) attiser, aviver; *voir article*

● **WHIP**
● Un *whip* est un député dont le rôle est, entre autres, de s'assurer que les membres de son parti sont régulièrement présents à la "House of Commons", surtout lorsque les votes ont lieu. Les convocations que les *whips* envoient se distinguent, selon leur degré d'importance, par le fait qu'elles sont soulignées 1, 2 ou 3 fois (les "1-, 2-, ou 3-line whips").

**whiplash** [ˈwɪplæʃ] *n* (*Med: also*: **whiplash injury**) coup *m* du lapin

**whipped cream** [wɪpt-] *n* crème fouettée

**whipping boy** [ˈwɪpɪŋ-] *n* (*fig*) bouc *m* émissaire

**whip-round** [ˈwɪpraund] *n* (*Brit*) collecte *f*

**whirl** [wəːl] *n* tourbillon *m* ▷ *vi* tourbillonner; (*dancers*) tournoyer ▷ *vt* faire tourbillonner; faire tournoyer

**whirlpool** [ˈwəːlpuːl] *n* tourbillon *m*

**whirlwind** [ˈwəːlwɪnd] *n* tornade *f*

**whirr** [wəːʳ] *vi* bruire; ronronner; vrombir

**whisk** [wɪsk] *n* (*Culin*) fouet *m* ▷ *vt* (*eggs*) fouetter, battre; **to ~ sb away** *or* **off** emmener

qn rapidement

**whiskers** [ˈwɪskəz] *npl* (*of animal*) moustaches *fpl*; (*of man*) favoris *mpl*

**whisky**, (*Irish, US*) **whiskey** [ˈwɪskɪ] *n* whisky *m*

**whisper** [ˈwɪspəʳ] *n* chuchotement *m*; (*fig: of leaves*) bruissement *m*; (*rumour*) rumeur *f* ▷ *vt, vi* chuchoter

**whispering** [ˈwɪspərɪŋ] *n* chuchotement(s) *m(pl)*

**whist** [wɪst] *n* (*Brit*) whist *m*

**whistle** [ˈwɪsl] *n* (*sound*) sifflement *m*; (*object*) sifflet *m* ▷ *vi* siffler ▷ *vt* siffler, siffloter

**whistle-stop** [ˈwɪslstɔp] *adj*: **to make a ~ tour of** (*Pol*) faire la tournée électorale des petits patelins de

**Whit** [wɪt] *n* la Pentecôte

**white** [waɪt] *adj* blanc (blanche); (*with fear*) blême ▷ *n* blanc *m*; (*person*) blanc (blanche); **to turn** *or* **go ~** (*person*) pâlir, blêmir; (*hair*) blanchir; **the ~s** (*washing*) le linge blanc; **tennis ~s** tenue *f* de tennis

**whitebait** [ˈwaɪtbeɪt] *n* blanchaille *f*

**whiteboard** [ˈwaɪtbɔːd] *n* tableau *m* blanc; **interactive ~** tableau *m* (blanc) interactif

**white coffee** *n* (*Brit*) café *m* au lait, (café) crème *m*

**white-collar worker** [ˈwaɪtkɔlə-] *n* employé(e) de bureau

**white elephant** *n* (*fig*) objet dispendieux et superflu

**white goods** *npl* (*appliances*) (gros) électroménager *m*; (*linen etc*) linge *m* de maison

**white-hot** [waɪtˈhɔt] *adj* (*metal*) incandescent(e)

**White House** *n* (*US*): **the ~** la Maison-Blanche; *voir article*

● **WHITE HOUSE**
● La *White House* est un grand bâtiment blanc situé à Washington D.C. où réside le Président des États-Unis. Par extension, ce terme désigne l'exécutif américain.

**white lie** *n* pieux mensonge

**whiteness** [ˈwaɪtnɪs] *n* blancheur *f*

**white noise** *n* son *m* blanc

**whiteout** [ˈwaɪtaut] *n* jour blanc

**white paper** *n* (*Pol*) livre blanc

**whitewash** [ˈwaɪtwɔʃ] *n* (*paint*) lait *m* de chaux ▷ *vt* blanchir à la chaux; (*fig*) blanchir

**whiting** [ˈwaɪtɪŋ] *n* (*pl inv: fish*) merlan *m*

**Whit Monday** *n* le lundi de Pentecôte

**Whitsun** [ˈwɪtsn] *n* la Pentecôte

**whittle** [ˈwɪtl] *vt*: **to ~ away, to ~ down** (*costs*) réduire, rogner

**whizz** [wɪz] *vi* aller (*or* passer) à toute vitesse

**whizz kid** *n* (*inf*) petit prodige

**WHO** *n abbr* (= *World Health Organization*) OMS *f* (*Organisation mondiale de la Santé*)

**who** [huː] *pron* qui

**whodunit** [huːˈdʌnɪt] *n* (*inf*) roman policier

**whoever** [huːˈɛvəʳ] *pron*: ~ **finds it** celui (celle) qui le trouve (, qui que ce soit), quiconque le trouve; **ask ~ you like** demandez à qui vous voulez; ~ **he marries** qui que ce soit *or* quelle que soit la personne qu'il épouse; ~ **told you that?** qui a bien pu vous dire ça?, qui donc vous a dit ça?

**whole** [həʊl] *adj* (*complete*) entier(-ière), tout(e); (*not broken*) intact(e), complet(-ète) ▷ *n* (*entire unit*) tout *m*; (*all*): **the ~ of** la totalité de, tout(e) le (la); **the ~ lot (of it)** tout; **the ~ lot (of them)** tous (sans exception); **the ~ of the time** tout le temps; **the ~ of the town** la ville tout entière; **on the ~, as a ~** dans l'ensemble

**wholefood** [ˈhəʊlfuːd] *n*, **wholefoods** [ˈhəʊlfuːdz] *npl* aliments complets

**wholehearted** [həʊlˈhɑːtɪd] *adj* sans réserve(s), sincère

**wholeheartedly** [həʊlˈhɑːtɪdlɪ] *adv* sans réserve; **to agree ~** être entièrement d'accord

**wholemeal** [ˈhəʊlmiːl] *adj* (*Brit: flour, bread*) complet(-ète)

**wholesale** [ˈhəʊlseɪl] *n* (*vente f en*) gros *m* ▷ *adj* (*price*) de gros; (*destruction*) systématique

**wholesaler** [ˈhəʊlseɪləʳ] *n* grossiste *m/f*

**wholesome** [ˈhəʊlsəm] *adj* sain(e); (*advice*) salutaire

**wholewheat** [ˈhəʊlwiːt] *adj* = **wholemeal**

**wholly** [ˈhəʊlɪ] *adv* entièrement, tout à fait

KEYWORD

**whom** [huːm] *pron* **1** (*interrogative*) qui; **whom did you see?** qui avez-vous vu?; **to whom did you give it?** à qui l'avez-vous donné?
**2** (*relative*) que; à/de etc qui; **the man whom I saw/to whom I spoke** l'homme que j'ai vu/à qui j'ai parlé

**whooping cough** [ˈhuːpɪŋ-] *n* coqueluche *f*

**whoops** [wuːps] *excl* (*also*: **whoops-a-daisy**) oups!, houp-là!

**whoosh** [wuːʃ] *vi*: **the skiers ~ed past** les skieurs passèrent dans un glissement rapide

**whopper** [ˈwɔpəʳ] *n* (*inf: lie*) gros bobard; (: *large thing*) monstre *m*, phénomène *m*

**whopping** [ˈwɔpɪŋ] *adj* (*inf: big*) énorme

**whore** [hɔːʳ] *n* (*inf: pej*) putain *f*

KEYWORD

**whose** [huːz] *adj* **1** (*possessive: interrogative*): **whose book is this?, whose is this book?** à qui est ce livre?; **whose pencil have you taken?** à qui est le crayon que vous avez pris?, c'est le crayon de qui que vous avez pris?; **whose daughter are you?** de qui êtes-vous la fille?
**2** (*possessive: relative*): **the man whose son you rescued** l'homme dont *or* de qui vous avez sauvé le fils; **the girl whose sister you were speaking to** la fille à la sœur de qui *or* de laquelle vous parliez; **the woman whose car was stolen** la femme dont la voiture a été volée
▷ *pron* à qui; **whose is this?** à qui est ceci?; **I know whose it is** je sais à qui c'est

**Who's Who** [ˈhuːzˈhuː] *n* ≈ Bottin Mondain

KEYWORD

**why** [waɪ] *adv* pourquoi; **why is he late?** pourquoi est-il en retard?; **why not?** pourquoi pas?
▷ *conj*: **I wonder why he said that** je me demande pourquoi il a dit ça; **that's not why I'm here** ce n'est pas pour ça que je suis là; **the reason why** la raison pour laquelle
▷ *excl* eh bien!, tiens!; **why, it's you!** tiens, c'est vous!; **why, that's impossible!** voyons, c'est impossible!

**whyever** [waɪˈɛvəʳ] *adv* pourquoi donc, mais pourquoi

**WI** *n abbr* (*Brit*: = Women's Institute) amicale de femmes au foyer ▷ *abbr* (*Geo*) = **West Indies**; (*US*) = **Wisconsin**

**wick** [wɪk] *n* mèche *f* (*de bougie*)

**wicked** [ˈwɪkɪd] *adj* méchant(e); (*mischievous: grin, look*) espiègle, malicieux(-euse); (*crime*) pervers(e); (*terrible: prices, weather*) épouvantable; (*inf: very good*) génial(e) (*inf*)

**wicker** [ˈwɪkəʳ] *n* osier *m*; (*also*: **wickerwork**) vannerie *f*

**wicket** [ˈwɪkɪt] *n* (*Cricket: stumps*) guichet *m*; (: *grass area*) espace compris entre les deux guichets

**wicket keeper** *n* (*Cricket*) gardien *m* de guichet

**wide** [waɪd] *adj* large; (*area, knowledge*) vaste, très étendu(e); (*choice*) grand(e) ▷ *adv*: **to open ~** ouvrir tout grand; **to shoot ~** tirer à côté; **it is 3 metres ~** cela fait 3 mètres de large

**wide-angle lens** [ˈwaɪdæŋgl-] *n* objectif *m* grand-angulaire

**wide-awake** [waɪdəˈweɪk] *adj* bien éveillé(e)

**wide-eyed** [waɪdˈaɪd] *adj* aux yeux écarquillés; (*fig*) naïf(-ïve), crédule

**widely** [ˈwaɪdlɪ] *adv* (*different*) radicalement; (*spaced*) sur une grande étendue; (*believed*) généralement; (*travel*) beaucoup; **to be ~ read** (*author*) être beaucoup lu(e); (*reader*) avoir beaucoup lu, être cultivé(e)

**widen** [ˈwaɪdn] *vt* élargir ▷ *vi* s'élargir

**wideness** [ˈwaɪdnɪs] *n* largeur *f*

**wide open** *adj* grand(e) ouvert(e)

**wide-ranging** [waɪdˈreɪndʒɪŋ] *adj* (*survey, report*) vaste; (*interests*) divers(e)

**widespread** [ˈwaɪdspred] *adj* (*belief etc*) très répandu(e)

**widget** [ˈwɪdʒɪt] *n* (*Comput*) widget *m*

**widow** [ˈwɪdəu] *n* veuve *f*

**widowed** [ˈwɪdəud] *adj* (qui est devenu(e)) veuf (veuve)

**widower** [ˈwɪdəuəʳ] *n* veuf *m*

**width** [wɪdθ] *n* largeur *f*; **it's 7 metres in ~** cela fait 7 mètres de large

**widthways** ['wɪdθweɪz] *adv* en largeur

**wield** [wi:ld] *vt* (*sword*) manier; (*power*) exercer

**wife** (*pl* **wives**) [waɪf, waɪvz] *n* femme *f*, épouse *f*

**WiFi** ['waɪfaɪ] *n abbr* (= *wireless fidelity*) WiFi *m*
  ▷ *adj* (*hot spot, network*) WiFi *inv*

**wig** [wɪg] *n* perruque *f*

**wigging** ['wɪgɪŋ] *n* (*Brit inf*) savon *m*, engueulade *f*

**wiggle** ['wɪgl] *vt* agiter, remuer ▷ *vi* (*loose screw etc*) branler; (*worm*) se tortiller

**wiggly** ['wɪglɪ] *adj* (*line*) ondulé(e)

**wild** [waɪld] *adj* sauvage; (*sea*) déchaîné(e); (*idea, life*) fou (folle); (*behaviour*) déchaîné(e), extravagant(e); (*inf: angry*) hors de soi, furieux(-euse); (: *enthusiastic*): **to be ~ about** être fou (folle) *or* dingue de ▷ *n*: **the ~** la nature; **wilds** *npl* régions *fpl* sauvages

**wild card** *n* (*Comput*) caractère *m* de remplacement

**wildcat** ['waɪldkæt] *n* chat *m* sauvage

**wildcat strike** *n* grève *f* sauvage

**wilderness** ['wɪldənɪs] *n* désert *m*, région *f* sauvage

**wildfire** ['waɪldfaɪə<sup>r</sup>] *n*: **to spread like ~** se répandre comme une traînée de poudre

**wild-goose chase** [waɪld'gu:s-] *n* (*fig*) fausse piste

**wildlife** ['waɪldlaɪf] *n* faune *f* (et flore *f*)

**wildly** ['waɪldlɪ] *adv* (*behave*) de manière déchaînée; (*applaud*) frénétiquement; (*hit, guess*) au hasard; (*happy*) follement

**wiles** [waɪlz] *npl* ruses *fpl*, artifices *mpl*

**wilful**, (*US*) **willful** ['wɪlful] *adj* (*person*) obstiné(e); (*action*) délibéré(e); (*crime*) prémédité(e)

### Ⓦ KEYWORD

**will** [wɪl] *aux vb* **1** (*forming future tense*): **I will finish it tomorrow** je le finirai demain; **I will have finished it by tomorrow** je l'aurai fini d'ici demain; **will you do it? — yes I will/no I won't** le ferez-vous? — oui/non; **you won't lose it, will you?** vous ne le perdrez pas, n'est-ce pas?

**2** (*in conjectures, predictions*): **he will** *or* **he'll be there by now** il doit être arrivé à l'heure qu'il est; **that will be the postman** ça doit être le facteur

**3** (*in commands, requests, offers*): **will you be quiet!** voulez-vous bien vous taire!; **will you help me?** est-ce que vous pouvez m'aider?; **will you have a cup of tea?** voulez-vous une tasse de thé?; **I won't put up with it!** je ne le tolérerai pas!

  ▷ *vt* (*pt, pp* **willed**): **to will sb to do** souhaiter ardemment que qn fasse; **he willed himself to go on** par un suprême effort de volonté, il continua

  ▷ *n* volonté *f*; (*document*) testament *m*; **to do sth**

**of one's own free will** faire qch de son propre gré; **against one's will** à contre-cœur

**willful** ['wɪlful] *adj* (*US*) = **wilful**

**willing** ['wɪlɪŋ] *adj* de bonne volonté, serviable
  ▷ *n*: **to show ~** faire preuve de bonne volonté; **he's ~ to do it** il est disposé à le faire, il veut bien le faire

**willingly** ['wɪlɪŋlɪ] *adv* volontiers

**willingness** ['wɪlɪŋnɪs] *n* bonne volonté

**will-o'-the-wisp** ['wɪləðə'wɪsp] *n* (*also fig*) feu follet *m*

**willow** ['wɪləu] *n* saule *m*

**willpower** ['wɪl'pauə<sup>r</sup>] *n* volonté *f*

**willy-nilly** ['wɪlɪ'nɪlɪ] *adv* bon gré mal gré

**wilt** [wɪlt] *vi* dépérir

**Wilts** [wɪlts] *abbr* (*Brit*) = **Wiltshire**

**wily** ['waɪlɪ] *adj* rusé(e)

**wimp** [wɪmp] *n* (*inf*) mauviette *f*

**win** [wɪn] (*pt, pp* **won**) [wʌn] *n* (*in sports etc*) victoire *f* ▷ *vt* (*battle, money*) gagner; (*prize, contract*) remporter; (*popularity*) acquérir ▷ *vi* gagner
  ▶ **win over** *vt* convaincre
  ▶ **win round** *vt* gagner, se concilier

**wince** [wɪns] *n* tressaillement *m* ▷ *vi* tressaillir

**winch** [wɪntʃ] *n* treuil *m*

**Winchester disk** ['wɪntʃɪstə-] *n* (*Comput*) disque *m* Winchester

**wind¹** [wɪnd] *n* (*also Med*) vent *m*; (*breath*) souffle *m* ▷ *vt* (*take breath away*) couper le souffle à; **the ~(s)** (*Mus*) les instruments *mpl* à vent; **into** *or* **against the ~** contre le vent; **to get ~ of sth** (*fig*) avoir vent de qch; **to break ~** avoir des gaz

**wind²** (*pt, pp* **wound**) [waɪnd, waund] *vt* enrouler; (*wrap*) envelopper; (*clock, toy*) remonter ▷ *vi* (*road, river*) serpenter
  ▶ **wind down** *vt* (*car window*) baisser; (*fig: production, business*) réduire progressivement
  ▶ **wind up** *vt* (*clock*) remonter; (*debate*) terminer, clôturer

**windbreak** ['wɪndbreɪk] *n* brise-vent *m inv*

**windcheater** ['wɪndtʃi:tə<sup>r</sup>], (*US*) **windbreaker** ['wɪndbreɪkə<sup>r</sup>] *n* anorak *m*

**winder** ['waɪndə<sup>r</sup>] *n* (*Brit: on watch*) remontoir *m*

**windfall** ['wɪndfɔ:l] *n* coup *m* de chance

**wind farm** *n* ferme *f* éolienne

**winding** ['waɪndɪŋ] *adj* (*road*) sinueux(-euse); (*staircase*) tournant(e)

**wind instrument** *n* (*Mus*) instrument *m* à vent

**windmill** ['wɪndmɪl] *n* moulin *m* à vent

**window** ['wɪndəu] *n* fenêtre *f*; (*in car, train: also*: **windowpane**) vitre *f*; (*in shop etc*) vitrine *f*

**window box** *n* jardinière *f*

**window cleaner** *n* (*person*) laveur(-euse) de vitres

**window dressing** *n* arrangement *m* de la vitrine

**window envelope** *n* enveloppe *f* à fenêtre

**window frame** *n* châssis *m* de fenêtre

**window ledge** *n* rebord *m* de la fenêtre

**window pane** *n* vitre *f*, carreau *m*

**Ⓦ**

**window seat** *n* (*in vehicle*) place *f* côté fenêtre
**window-shopping** ['wɪndəʊʃɒpɪŋ] *n*: **to go ~** faire du lèche-vitrines
**windowsill** ['wɪndəʊsɪl] *n* (*inside*) appui *m* de la fenêtre; (*outside*) rebord *m* de la fenêtre
**windpipe** ['wɪndpaɪp] *n* gosier *m*
**wind power** *n* énergie éolienne
**windscreen** ['wɪndskriːn] *n* pare-brise *m inv*
**windscreen washer** *n* lave-glace *m inv*
**windscreen wiper**, (US) **windshield wiper** [-waɪpəʳ] *n* essuie-glace *m inv*
**windshield** ['wɪndʃiːld] (US) *n* = **windscreen**
**windsurfing** ['wɪndsəːfɪŋ] *n* planche *f* à voile
**windswept** ['wɪndswɛpt] *adj* balayé(e) par le vent
**wind tunnel** *n* soufflerie *f*
**windy** ['wɪndɪ] *adj* (*day*) de vent, venteux(-euse); (*place, weather*) venteux; **it's ~** il y a du vent
**wine** [waɪn] *n* vin *m* ▷ *vt*: **to ~ and dine sb** offrir un dîner bien arrosé à qn
**wine bar** *n* bar *m* à vin
**wine cellar** *n* cave *f* à vins
**wine glass** *n* verre *m* à vin
**wine list** *n* carte *f* des vins
**wine merchant** *n* marchand(e) de vins
**wine tasting** [-teɪstɪŋ] *n* dégustation *f* (de vins)
**wine waiter** *n* sommelier *m*
**wing** [wɪŋ] *n* aile *f*; (*in air force*) groupe *m* d'escadrilles; **wings** *npl* (*Theat*) coulisses *fpl*
**winger** ['wɪŋəʳ] *n* (*Sport*) ailier *m*
**wing mirror** *n* (*Brit*) rétroviseur latéral
**wing nut** *n* papillon *m*, écrou *m* à ailettes
**wingspan** ['wɪŋspæn], **wingspread** ['wɪŋsprɛd] *n* envergure *f*
**wink** [wɪŋk] *n* clin *m* d'œil ▷ *vi* faire un clin d'œil; (*blink*) cligner des yeux
**winkle** [wɪŋkl] *n* bigorneau *m*
**winner** ['wɪnəʳ] *n* gagnant(e)
**winning** ['wɪnɪŋ] *adj* (*team*) gagnant(e); (*goal*) décisif(-ive); (*charming*) charmeur(-euse)
**winning post** *n* poteau *m* d'arrivée
**winnings** ['wɪnɪŋz] *npl* gains *mpl*
**winsome** ['wɪnsəm] *adj* avenant(e), engageant(e)
**winter** ['wɪntəʳ] *n* hiver *m* ▷ *vi* hiverner; **in ~** en hiver
**winter sports** *npl* sports *mpl* d'hiver
**wintertime** ['wɪntəʳtaɪm] *n* hiver *m*
**wintry** ['wɪntrɪ] *adj* hivernal(e)
**wipe** [waɪp] *n* coup *m* de torchon (*or* de chiffon *or* d'éponge); **to give sth a ~** donner un coup de torchon/de chiffon/d'éponge à qch ▷ *vt* essuyer; (*erase: tape*) effacer; **to ~ one's nose** se moucher
▶ **wipe off** *vt* essuyer
▶ **wipe out** *vt* (*debt*) éteindre, amortir; (*memory*) effacer; (*destroy*) anéantir
▶ **wipe up** *vt* essuyer
**wire** ['waɪəʳ] *n* fil *m* (de fer); (*Elec*) fil électrique; (*Tel*) télégramme *m* ▷ *vt* (*fence*) grillager; (*house*) faire l'installation électrique de; (*also:* **wire up**) brancher; (*person: send telegram to*) télégraphier à

**wire brush** *n* brosse *f* métallique
**wire cutters** [-kʌtəz] *npl* cisaille *f*
**wireless** ['waɪəlɪs] *n* (*Brit*) télégraphie *f* sans fil; (*set*) T.S.F. *f*
**wire netting** *n* treillis *m* métallique, grillage *m*
**wire service** *n* (US) revue *f* de presse (*par téléscripteur*)
**wire-tapping** ['waɪə'tæpɪŋ] *n* écoute *f* téléphonique
**wiring** ['waɪərɪŋ] *n* (*Elec*) installation *f* électrique
**wiry** ['waɪərɪ] *adj* noueux(-euse), nerveux(-euse)
**Wis.** *abbr* (US) = **Wisconsin**
**wisdom** ['wɪzdəm] *n* sagesse *f*; (*of action*) prudence *f*
**wisdom tooth** *n* dent *f* de sagesse
**wise** [waɪz] *adj* sage, prudent(e); (*remark*) judicieux(-euse); **I'm none the ~r** je ne suis pas plus avancé(e) pour autant
▶ **wise up** *vi* (*inf*): **to ~ up to** commencer à se rendre compte de
**...wise** [waɪz] *suffix*: **time~** en ce qui concerne le temps, question temps
**wisecrack** ['waɪzkræk] *n* sarcasme *m*
**wish** [wɪʃ] *n* (*desire*) désir *m*; (*specific desire*) souhait *m*, vœu *m* ▷ *vt* souhaiter, désirer, vouloir; **best ~es** (*on birthday etc*) meilleurs vœux; **with best ~es** (*in letter*) bien amicalement; **give her my best ~es** faites-lui mes amitiés; **to ~ sb goodbye** dire au revoir à qn; **he ~ed me well** il m'a souhaité bonne chance; **to ~ to do/sb to do** désirer *or* vouloir faire/que qn fasse; **to ~ for** souhaiter; **to ~ sth on sb** souhaiter qch à qn
**wishbone** ['wɪʃbəun] *n* fourchette *f*
**wishful** ['wɪʃful] *adj*: **it's ~ thinking** c'est prendre ses désirs pour des réalités
**wishy-washy** ['wɪʃɪ'wɔʃɪ] *adj* (*inf: person*) qui manque de caractère falot(e); (: *ideas, thinking*) faiblard(e)
**wisp** [wɪsp] *n* fine mèche (*de cheveux*); (*of smoke*) mince volute *f*; **a ~ of straw** un fétu de paille
**wistful** ['wɪstful] *adj* mélancolique
**wit** [wɪt] *n* (*also:* **wits**: *intelligence*) intelligence *f*, esprit *m*; (*presence of mind*) présence *f* d'esprit; (*wittiness*) esprit; (*person*) homme/femme d'esprit; **to be at one's ~s' end** (*fig*) ne plus savoir que faire; **to have one's ~s about one** avoir toute sa présence d'esprit, ne pas perdre la tête; **to ~** *adv* à savoir
**witch** [wɪtʃ] *n* sorcière *f*
**witchcraft** ['wɪtʃkrɑːft] *n* sorcellerie *f*
**witch doctor** *n* sorcier *m*
**witch-hunt** ['wɪtʃhʌnt] *n* chasse *f* aux sorcières

◯ **KEYWORD**

**with** [wɪð, wɪθ] *prep* **1** (*in the company of*) avec; (*at the home of*) chez; **we stayed with friends** nous avons logé chez des amis; **I'll be with you in a minute** je suis à vous dans un instant
**2** (*descriptive*): **a room with a view** une chambre

avec vue; **the man with the grey hat/blue eyes** l'homme au chapeau gris/aux yeux bleus **3** (*indicating manner, means, cause*): **with tears in her eyes** les larmes aux yeux; **to walk with a stick** marcher avec une canne; **red with anger** rouge de colère; **to shake with fear** trembler de peur; **to fill sth with water** remplir qch d'eau

**4** (*in phrases*): **I'm with you** (*I understand*) je vous suis; **to be with it** (*inf: up-to-date*) être dans le vent

**withdraw** [wɪθ'drɔː] *vt* (*irreg: like* **draw**) retirer ▷ *vi* se retirer; (*go back on promise*) se rétracter; **to ~ into o.s.** se replier sur soi-même

**withdrawal** [wɪθ'drɔːəl] *n* retrait *m*; (*Med*) état *m* de manque

**withdrawal symptoms** *npl*: **to have ~** être en état de manque, présenter les symptômes *mpl* de sevrage

**withdrawn** [wɪθ'drɔːn] *pp of* **withdraw** ▷ *adj* (*person*) renfermé(e)

**withdrew** [wɪθ'druː] *pt of* **withdraw**

**wither** ['wɪðə<sup>r</sup>] *vi* se faner

**withered** ['wɪðəd] *adj* fané(e), flétri(e); (*limb*) atrophié(e)

**withhold** [wɪθ'həuld] *vt* (*irreg: like* **hold**: *money*) retenir; (*decision*) remettre; **to ~ (from)** (*permission*) refuser (à); (*information*) cacher (à)

**within** [wɪð'ɪn] *prep* à l'intérieur de ▷ *adv* à l'intérieur; **~ his reach** à sa portée; **~ sight of** en vue de; **~ a mile of** à moins d'un mille de; **~ the week** avant la fin de la semaine; **~ an hour from now** d'ici une heure; **to be ~ the law** être légal(e) *or* dans les limites de la légalité

**without** [wɪð'aut] *prep* sans; **~ a coat** sans manteau; **~ speaking** sans parler; **~ anybody knowing** sans que personne ne le sache; **to go** *or* **do ~ sth** se passer de qch

**withstand** [wɪθ'stænd] *vt* (*irreg: like* **stand**) résister à

**witness** ['wɪtnɪs] *n* (*person*) témoin *m*; (*evidence*) témoignage *m* ▷ *vt* (*event*) être témoin de; (*document*) attester l'authenticité de; **to bear ~ to sth** témoigner de qch; **~ for the prosecution/defence** témoin à charge/à décharge; **to ~ to sth/having seen sth** témoigner de qch/d'avoir vu qch

**witness box**, (*US*) **witness stand** *n* barre *f* des témoins

**witticism** ['wɪtɪsɪzəm] *n* mot *m* d'esprit

**witty** ['wɪtɪ] *adj* spirituel(le), plein(e) d'esprit

**wives** [waɪvz] *npl of* **wife**

**wizard** ['wɪzəd] *n* magicien *m*

**wizened** ['wɪznd] *adj* ratatiné(e)

**wk** *abbr* = **week**

**Wm.** *abbr* = **William**

**WMD** *abbr* = **weapons of mass destruction**

**WO** *n abbr* = **warrant officer**

**wobble** ['wɔbl] *vi* trembler; (*chair*) branler

**wobbly** ['wɔblɪ] *adj* tremblant(e), branlant(e)

**woe** [wəu] *n* malheur *m*

**woeful** ['wəuful] *adj* (*sad*) malheureux(-euse); (*terrible*) affligeant(e)

**wok** [wɔk] *n* wok *m*

**woke** [wəuk] *pt of* **wake**

**woken** ['wəukn] *pp of* **wake**

**wolf** (*pl* **wolves**) [wulf, wulvz] *n* loup *m*

**woman** (*pl* **women**) ['wumən, 'wɪmɪn] *n* femme *f* ▷ *cpd*: **~ doctor** femme *f* médecin; **~ friend** amie *f*; **~ teacher** professeur *m* femme; **young ~** jeune femme; **women's page** (*Press*) page *f* des lectrices

**womanize** ['wumənaɪz] *vi* jouer les séducteurs

**womanly** ['wumənlɪ] *adj* féminin(e)

**womb** [wuːm] *n* (*Anat*) utérus *m*

**women** ['wɪmɪn] *npl of* **woman**

**won** [wʌn] *pt, pp of* **win**

**wonder** ['wʌndə<sup>r</sup>] *n* merveille *f*, miracle *m*; (*feeling*) émerveillement *m* ▷ *vi*: **to ~ whether/why** se demander si/pourquoi; **to ~ at** (*surprise*) s'étonner de; (*admiration*) s'émerveiller de; **to ~ about** songer à; **it's no ~ that** il n'est pas étonnant que + *sub*

**wonderful** ['wʌndəful] *adj* merveilleux(-euse)

**wonderfully** ['wʌndəfəlɪ] *adv* (+ *adj*) merveilleusement; (+ *vb*) à merveille

**wonky** ['wɔŋkɪ] *adj* (*Brit inf*) qui ne va *or* ne marche pas très bien

**wont** [wəunt] *n*: **as is his/her ~** comme de coutume

**won't** [wəunt] = **will not**

**woo** [wuː] *vt* (*woman*) faire la cour à

**wood** [wud] *n* (*timber, forest*) bois *m* ▷ *cpd* de bois, en bois

**wood carving** *n* sculpture *f* en *or* sur bois

**wooded** ['wudɪd] *adj* boisé(e)

**wooden** ['wudn] *adj* en bois; (*fig: actor*) raide; (: *performance*) qui manque de naturel

**woodland** ['wudlənd] *n* forêt *f*, région boisée

**woodpecker** ['wudpɛkə<sup>r</sup>] *n* pic *m* (*oiseau*)

**wood pigeon** *n* ramier *m*

**woodwind** ['wudwɪnd] *n* (*Mus*) bois *m*; **the ~** les bois *mpl*

**woodwork** ['wudwɜːk] *n* menuiserie *f*

**woodworm** ['wudwɜːm] *n* ver *m* du bois; **the table has got ~** la table est piquée des vers

**woof** [wuf] *n* (*of dog*) aboiement *m* ▷ *vi* aboyer; **~, ~!** oua, oua!

**wool** [wul] *n* laine *f*; **to pull the ~ over sb's eyes** (*fig*) en faire accroire à qn

**woollen**, (*US*) **woolen** ['wulən] *adj* de *or* en laine; (*industry*) lainier(-ière) ▷ *n*: **~s** lainages *mpl*

**woolly**, (*US*) **wooly** ['wulɪ] *adj* laineux(-euse); (*fig: ideas*) confus(e)

**woozy** ['wuːzɪ] *adj* (*inf*) dans les vapes

**word** [wɜːd] *n* mot *m*; (*spoken*) mot, parole *f*; (*promise*) parole; (*news*) nouvelles *fpl* ▷ *vt* rédiger, formuler; **~ for ~** (*repeat*) mot pour mot; (*translate*) mot à mot; **what's the ~ for "pen" in French?** comment dit-on "pen" en français?; **to put sth into ~s** exprimer qch; **in other ~s** en d'autres termes; **to have a ~ with sb**

**W**

toucher un mot à qn; **to have ~s with sb** (*quarrel with*) avoir des mots avec qn; **to break/keep one's ~** manquer à sa parole/tenir (sa) parole; **I'll take your ~ for it** je vous crois sur parole; **to send ~ of** prévenir de; **to leave ~ (with sb/for sb) that ...** laisser un mot (à qn/pour qn) disant que ...

**wording** ['wəːdɪŋ] n termes mpl, langage m; (*of document*) libellé m

**word of mouth** n: **by** or **through ~** de bouche à oreille

**word-perfect** ['wəːd'pəːfɪkt] adj: **he was ~ (in his speech** etc**), his speech** etc **was ~** il savait son discours etc sur le bout du doigt

**word processing** n traitement m de texte

**word processor** [-prəusɛsəʳ] n machine f de traitement de texte

**wordwrap** ['wəːdræp] n (*Comput*) retour m (automatique) à la ligne

**wordy** ['wəːdɪ] adj verbeux(-euse)

**wore** [wɔːʳ] pt of **wear**

**work** [wəːk] n travail m; (*Art, Literature*) œuvre f ▷ vi travailler; (*mechanism*) marcher, fonctionner; (*plan* etc) marcher; (*medicine*) agir ▷ vt (*clay, wood* etc) travailler; (*mine* etc) exploiter; (*machine*) faire marcher or fonctionner; (*miracles* etc) faire; **works** n (Brit: *factory*) usine f ▷ npl (*of clock, machine*) mécanisme m; **how does this ~?** comment est-ce que ça marche?; **the TV isn't ~ing** la télévision est en panne or ne marche pas; **to go to ~** aller travailler; **to set to ~, to start ~** se mettre à l'œuvre; **to be at ~ (on sth)** travailler (sur qch); **to be out of ~** être au chômage or sans emploi; **to ~ hard** travailler dur; **to ~ loose** se défaire, se desserrer; **road ~s** travaux mpl (d'entretien des routes)
  ▶ **work on** vt fus travailler à; (*principle*) se baser sur
  ▶ **work out** vi (*plans* etc) marcher; (*Sport*) s'entraîner ▷ vt (*problem*) résoudre; (*plan*) élaborer; **it ~s out at £100** ça fait 100 livres
  ▶ **work up** vt: **to get ~ed up** se mettre dans tous ses états

**workable** ['wəːkəbl] adj (*solution*) réalisable

**workaholic** [wəːkə'hɔlɪk] n bourreau m de travail

**workbench** ['wəːkbɛntʃ] n établi m

**worked up** [wəːkt-] adj: **to get ~** se mettre dans tous ses états

**worker** ['wəːkəʳ] n travailleur(-euse), ouvrier(-ière); **office ~** employé(e) de bureau

**work experience** n stage m

**workforce** ['wəːkfɔːs] n main-d'œuvre f

**work-in** ['wəːkɪn] n (Brit) occupation f d'usine etc (*sans arrêt de la production*)

**working** ['wəːkɪŋ] adj (*day, tools* etc, *conditions*) de travail; (*wife*) qui travaille; (*partner, population*) actif(-ive); **in ~ order** en état de marche; **a ~ knowledge of English** une connaissance toute pratique de l'anglais

**working capital** n (*Comm*) fonds mpl de roulement

**working class** n classe ouvrière ▷ adj: **working-class** ouvrier(-ière), de la classe ouvrière

**working man** (*irreg*) n travailleur m

**working party** n (Brit) groupe m de travail

**working week** n semaine f de travail

**work-in-progress** ['wəːkɪn'prəugrɛs] n (*Comm*) en-cours m inv; (: *value*) valeur f des en-cours

**workload** ['wəːkləud] n charge f de travail

**workman** ['wəːkmən] (*irreg*) n ouvrier m

**workmanship** ['wəːkmənʃɪp] n métier m, habileté f; facture f

**workmate** ['wəːkmeɪt] n collègue m/f

**work of art** n œuvre f d'art

**workout** ['wəːkaut] n (*Sport*) séance f d'entraînement

**work permit** n permis m de travail

**workplace** ['wəːkpleɪs] n lieu m de travail

**works council** n comité m d'entreprise

**worksheet** ['wəːkʃiːt] n (*Scol*) feuille f d'exercices; (*Comput*) feuille f de programmation

**workshop** ['wəːkʃɔp] n atelier m

**work station** n poste m de travail

**work study** n étude f du travail

**work surface** n plan m de travail

**worktop** ['wəːktɔp] n plan m de travail

**work-to-rule** ['wəːktə'ruːl] n (Brit) grève f du zèle

**world** [wəːld] n monde m ▷ cpd (*champion*) du monde; (*power, war*) mondial(e); **all over the ~** dans le monde entier, partout dans le monde; **to think the ~ of sb** (fig) ne jurer que par qn; **what in the ~ is he doing?** qu'est-ce qu'il peut bien être en train de faire?; **to do sb a ~ of good** faire le plus grand bien à qn; **W~ War One/Two, the First/Second W~ War** la Première/Deuxième Guerre mondiale; **out of this ~** adj extraordinaire

**World Cup** n: **the ~** (*Football*) la Coupe du monde

**world-famous** [wəːld'feɪməs] adj de renommée mondiale

**worldly** ['wəːldlɪ] adj de ce monde

**world music** n world music f

**World Series** n: **the ~** (US: *Baseball*) le championnat national de baseball

**world-wide** ['wəːld'waɪd] adj universel(le) ▷ adv dans le monde entier

**World-Wide Web** n: **the ~** le Web

**worm** [wəːm] n (*also*: **earthworm**) ver m

**worn** [wɔːn] pp of **wear** ▷ adj usé(e)

**worn-out** ['wɔːnaut] adj (*object*) complètement usé(e); (*person*) épuisé(e)

**worried** ['wʌrɪd] adj inquiet(-ète); **to be ~ about sth** être inquiet au sujet de qch

**worrier** ['wʌrɪəʳ] n inquiet(-ète)

**worrisome** ['wʌrɪsəm] adj inquiétant(e)

**worry** ['wʌrɪ] n souci m ▷ vt inquiéter ▷ vi s'inquiéter, se faire du souci; **to ~ about** or **over sth/sb** se faire du souci pour or à propos de qch/qn

**worrying** ['wʌrɪɪŋ] adj inquiétant(e)

**worse** [wəːs] adj pire, plus mauvais(e) ▷ adv

plus mal ▷ n pire m; **to get** ~ (condition, situation) empirer, se dégrader; **a change for the** ~ une détérioration; **he is none the** ~ **for it** il ne s'en porte pas plus mal; **so much the** ~ **for you!** tant pis pour vous!

**worsen** ['wə:sn] vt, vi empirer

**worse off** adj moins à l'aise financièrement; (fig): **you'll be** ~ **this way** ça ira moins bien de cette façon; **he is now** ~ **than before** il se retrouve dans une situation pire qu'auparavant

**worship** ['wə:ʃɪp] n culte m ▷ vt (God) rendre un culte à; (person) adorer; **Your W~** (Brit: to mayor) Monsieur le Maire; (: to judge) Monsieur le Juge

**worshipper** ['wə:ʃɪpəʳ] n adorateur(-trice); (in church) fidèle m/f

**worst** [wə:st] adj le (la) pire, le (la) plus mauvais(e) ▷ adv le plus mal ▷ n pire m; **at** ~ au pis aller; **if the** ~ **comes to the** ~ si le pire doit arriver

**worst-case** ['wə:stkeɪs] adj: **the** ~ **scenario** le pire scénario or cas de figure

**worsted** ['wustɪd] n: (wool) ~ laine peignée

**worth** [wə:θ] n valeur f ▷ adj: **to be** ~ valoir; **how much is it** ~? ça vaut combien?; **it's** ~ **it** cela en vaut la peine, ça vaut la peine; **it is** ~ **one's while (to do)** ça vaut le coup (inf) (de faire); **50 pence** ~ **of apples** (pour) 50 pence de pommes

**worthless** ['wə:θlɪs] adj qui ne vaut rien

**worthwhile** ['wə:θ'waɪl] adj (activity) qui en vaut la peine; (cause) louable; **a** ~ **book** un livre qui vaut la peine d'être lu

**worthy** ['wə:ðɪ] adj (person) digne; (motive) louable; ~ **of** digne de

◯ KEYWORD

**would** [wud] aux vb **1** (conditional tense): **if you asked him he would do it** si vous le lui demandiez, il le ferait; **if you had asked him he would have done it** si vous le lui aviez demandé, il l'aurait fait

**2** (in offers, invitations, requests): **would you like a biscuit?** voulez-vous un biscuit?; **would you close the door please?** voulez-vous fermer la porte, s'il vous plaît?

**3** (in indirect speech): **I said I would do it** j'ai dit que je le ferais

**4** (emphatic): **it WOULD have to snow today!** naturellement il neige aujourd'hui! or il fallait qu'il neige aujourd'hui!

**5** (insistence): **she wouldn't do it** elle n'a pas voulu or elle a refusé de le faire

**6** (conjecture): **it would have been midnight** il devait être minuit; **it would seem so** on dirait bien

**7** (indicating habit): **he would go there on Mondays** il y allait le lundi

**would-be** ['wudbi:] adj (pej) soi-disant

**wouldn't** ['wudnt] = **would not**

**wound¹** [wu:nd] n blessure f ▷ vt blesser; ~**ed in the leg** blessé à la jambe

**wound²** [waund] pt, pp of **wind²**

**wove** [wəuv] pt of **weave**

**woven** ['wəuvn] pp of **weave**

**WP** n abbr = **word processing**; **word processor** ▷ abbr (Brit inf) = **weather permitting**

**WPC** n abbr (Brit) = **woman police constable**

**wpm** abbr (= words per minute) mots/minute

**WRAC** n abbr (Brit: = Women's Royal Army Corps) auxiliaires féminines de l'armée de terre

**WRAF** n abbr (Brit: = Women's Royal Air Force) auxiliaires féminines de l'armée de l'air

**wrangle** ['ræŋgl] n dispute f ▷ vi se disputer

**wrap** [ræp] n (stole) écharpe f; (cape) pèlerine f ▷ vt (also: **wrap up**) envelopper; (parcel) emballer; (wind) enrouler; **under** ~**s** (fig: plan, scheme) secret(-ète)

**wrapper** ['ræpəʳ] n (on chocolate etc) papier m; (Brit: of book) couverture f

**wrapping** ['ræpɪŋ] n (of sweet, chocolate) papier m; (of parcel) emballage m

**wrapping paper** n papier m d'emballage; (for gift) papier cadeau

**wrath** [rɔθ] n courroux m

**wreak** [ri:k] vt (destruction) entraîner; **to** ~ **havoc** faire des ravages; **to** ~ **vengeance on** se venger de, exercer sa vengeance sur

**wreath** [ri:θ, pl ri:ðz] n couronne f

**wreck** [rɛk] n (sea disaster) naufrage m; (ship) épave f; (vehicle) véhicule accidenté; (pej: person) loque (humaine) ▷ vt démolir; (ship) provoquer le naufrage de; (fig) briser, ruiner

**wreckage** ['rɛkɪdʒ] n débris mpl; (of building) décombres mpl; (of ship) naufrage m

**wrecker** ['rɛkəʳ] n (US: breakdown van) dépanneuse f

**WREN** [rɛn] n abbr (Brit) membre du WRNS

**wren** [rɛn] n (Zool) troglodyte m

**wrench** [rɛntʃ] n (Tech) clé f (à écrous); (tug) violent mouvement de torsion; (fig) déchirement m ▷ vt tirer violemment sur, tordre; **to** ~ **sth from** arracher qch (violemment) à or de

**wrest** [rɛst] vt: **to** ~ **sth from sb** arracher or ravir qch à qn

**wrestle** ['rɛsl] vi: **to** ~ **(with sb)** lutter (avec qn); **to** ~ **with** (fig) se débattre avec, lutter contre

**wrestler** ['rɛsləʳ] n lutteur(-euse)

**wrestling** ['rɛslɪŋ] n lutte f; (also: **all-in wrestling**: Brit) catch m

**wrestling match** n rencontre f de lutte (or de catch)

**wretch** [rɛtʃ] n pauvre malheureux(-euse); **little** ~! (often humorous) petit(e) misérable!

**wretched** ['rɛtʃɪd] adj misérable; (inf) maudit(e)

**wriggle** ['rɪgl] n tortillement m ▷ vi (also: **wriggle about**) se tortiller

**wring** (pt, pp **wrung**) [rɪŋ, rʌŋ] vt tordre; (wet clothes) essorer; (fig): **to** ~ **sth out of** arracher qch à

**wringer** ['rɪŋəʳ] n essoreuse f

**wringing** ['rɪŋɪŋ] adj (also: **wringing wet**) tout

**W**

873

mouillé(e), trempé(e)

**wrinkle** ['rɪŋkl] n (on skin) ride f; (on paper etc) pli m ⊳ vt rider, plisser ⊳ vi se plisser

**wrinkled** ['rɪŋkld], **wrinkly** ['rɪŋklɪ] adj (fabric, paper) froissé(e), plissé(e); (surface) plissé; (skin) ridé(e), plissé

**wrist** [rɪst] n poignet m

**wristband** ['rɪstbænd] n (Brit: of shirt) poignet m; (: of watch) bracelet m

**wrist watch** ['rɪstwɔtʃ] n montre-bracelet f

**writ** [rɪt] n acte m judiciaire; **to issue a ~ against sb, to serve a ~ on sb** assigner qn en justice

**writable** ['raɪtəbl] adj (CD, DVD) inscriptible

**write** (pt **wrote**, pp **written**) [raɪt, rəut, 'rɪtn] vt, vi écrire; (prescription) rédiger; **to ~ sb a letter** écrire une lettre à qn

▶ **write away** vi: **to ~ away for** (information) (écrire pour) demander; (goods) (écrire pour) commander

▶ **write down** vt noter; (put in writing) mettre par écrit

▶ **write off** vt (debt) passer aux profits et pertes; (project) mettre une croix sur; (depreciate) amortir; (smash up: car etc) démolir complètement

▶ **write out** vt écrire; (copy) recopier

▶ **write up** vt rédiger

**write-off** ['raɪtɔf] n perte totale; **the car is a ~** la voiture est bonne pour la casse

**write-protect** ['raɪtprə'tɛkt] vt (Comput) protéger contre l'écriture

**writer** ['raɪtə<sup>r</sup>] n auteur m, écrivain m

**write-up** ['raɪtʌp] n (review) critique f

**writhe** [raɪð] vi se tordre

**writing** ['raɪtɪŋ] n écriture f; (of author) œuvres fpl; **in ~** par écrit; **in my own ~** écrit(e) de ma main

**writing case** n nécessaire m de correspondance

**writing desk** n secrétaire m

**writing paper** n papier m à lettres

**written** ['rɪtn] pp of **write**

**WRNS** n abbr (Brit: = Women's Royal Naval Service) auxiliaires féminines de la marine

**wrong** [rɔŋ] adj (incorrect) faux (fausse); (incorrectly chosen: number, road etc) mauvais(e); (not suitable) qui ne convient pas; (wicked) mal; (unfair) injuste ⊳ adv mal ⊳ n tort m ⊳ vt faire du tort à, léser; **to be ~** (answer) être faux (fausse); (in doing/saying) avoir tort (de dire/faire); **you are ~ to do it** tu as tort de le faire; **it's ~ to steal, stealing is ~** c'est mal de voler; **you are ~ about that, you've got it ~** tu te trompes; **to be in the ~** avoir tort; **what's ~?** qu'est-ce qui ne va pas?; **there's nothing ~** tout va bien; **what's ~ with the car?** qu'est-ce qu'elle a, la voiture?; **to go ~** (person) se tromper; (plan) mal tourner; (machine) se détraquer; **I took a ~ turning** je me suis trompé de route

**wrongdoer** ['rɔŋduːə<sup>r</sup>] n malfaiteur m

**wrong-foot** [rɔŋ'fut] vt (Sport) prendre à contre-pied; (fig) prendre au dépourvu

**wrongful** ['rɔŋful] adj injustifié(e); **~ dismissal** (Industry) licenciement abusif

**wrongly** ['rɔŋlɪ] adv à tort; (answer, do, count) mal, incorrectement; (treat) injustement

**wrong number** n (Tel): **you have the ~** vous vous êtes trompé de numéro

**wrong side** n (of cloth) envers m

**wrote** [rəut] pt of **write**

**wrought** [rɔːt] adj: **~ iron** fer forgé

**wrung** [rʌŋ] pt, pp of **wring**

**WRVS** n abbr (Brit: = Women's Royal Voluntary Service) auxiliaires féminines bénévoles au service de la collectivité

**wry** [raɪ] adj désabusé(e)

**wt.** abbr (= weight) pds.

**WV, W.Va.** abbr (US) = **West Virginia**

**WWW** n abbr = **World-Wide Web**

**WY, Wyo.** abbr (US) = **Wyoming**

**WYSIWYG** ['wɪzɪwɪg] abbr (Comput: = what you see is what you get) ce que vous voyez est ce que vous aurez

# Xx

**X, x** [ɛks] *n (letter)* X, x *m*; *(Brit Cine: formerly)* film interdit aux moins de 18 ans; **X for Xmas** X comme Xavier

**Xerox**® ['zɪərɔks] *n (also:* **Xerox machine**) photocopieuse *f*; *(photocopy)* photocopie *f* ▷ *vt* photocopier

**XL** *abbr (= extra large)* XL

**Xmas** ['ɛksməs] *n abbr* = **Christmas**

**X-rated** ['ɛks'reɪtɪd] *adj (US: film)* interdit(e) aux moins de 18 ans

**X-ray** ['ɛksreɪ] *n (ray)* rayon *m* X; *(photograph)* radio(graphie) *f* ▷ *vt* radiographier

**xylophone** ['zaɪləfəun] *n* xylophone *m*

# Yy

**Y, y** [waɪ] *n* (*letter*) Y, y *m*; **Y for Yellow**, (US) **Y for Yoke** Y comme Yvonne
**yacht** [jɔt] *n* voilier *m*; (*motor, luxury yacht*) yacht *m*
**yachting** ['jɔtɪŋ] *n* yachting *m*, navigation *f* de plaisance
**yachtsman** ['jɔtsmən] (*irreg*) *n* yacht(s)man *m*
**yam** [jæm] *n* igname *f*
**Yank** [jæŋk], **Yankee** ['jæŋkɪ] *n* (*pej*) Amerloque *m/f*, Ricain(e)
**yank** [jæŋk] *vt* tirer d'un coup sec
**yap** [jæp] *vi* (*dog*) japper
**yard** [jɑːd] *n* (*of house etc*) cour *f*; (US: *garden*) jardin *m*; (*measure*) yard *m* (= 914 mm; 3 feet); **builder's ~** chantier *m*
**yard sale** *n* (US) brocante *f* (dans son propre jardin)
**yardstick** ['jɑːdstɪk] *n* (*fig*) mesure *f*, critère *m*
**yarn** [jɑːn] *n* fil *m*; (*tale*) longue histoire
**yawn** [jɔːn] *n* bâillement *m* ▷ *vi* bâiller
**yawning** ['jɔːnɪŋ] *adj* (*gap*) béant(e)
**yd.** *abbr* = **yard; yards**
**yeah** [jɛə] *adv* (*inf*) ouais
**year** [jɪəʳ] *n* an *m*, année *f*; (*Scol etc*) année; **every ~** tous les ans, chaque année; **this ~** cette année; **a** *or* **per ~** par an; **~ in, ~ out** année après année; **to be 8 ~s old** avoir 8 ans; **an eight-~-old child** un enfant de huit ans
**yearbook** ['jɪəbuk] *n* annuaire *m*
**yearly** ['jɪəlɪ] *adj* annuel(le) ▷ *adv* annuellement; **twice ~** deux fois par an
**yearn** [jəːn] *vi*: **to ~ for sth/to do** aspirer à qch/à faire
**yearning** ['jəːnɪŋ] *n* désir ardent, envie *f*
**yeast** [jiːst] *n* levure *f*
**yell** [jɛl] *n* hurlement *m*, cri *m* ▷ *vi* hurler
**yellow** ['jɛləu] *adj*, *n* jaune (*m*)
**yellow fever** *n* fièvre *f* jaune
**yellowish** ['jɛləuɪʃ] *adj* qui tire sur le jaune, jaunâtre (*pej*)
**Yellow Pages®** *npl* (Tel) pages *fpl* jaunes
**Yellow Sea** *n*: **the ~** la mer Jaune
**yelp** [jɛlp] *n* jappement *m*; glapissement *m* ▷ *vi* japper; glapir
**Yemen** ['jɛmən] *n* Yémen *m*
**yen** [jɛn] *n* (*currency*) yen *m*; (*craving*): **~ for/to do**

grande envie de/de faire
**yeoman** ['jəumən] (*irreg*) *n*: **Y~ of the Guard** hallebardier *m* de la garde royale
**yes** [jɛs] *adv* oui; (*answering negative question*) si ▷ *n* oui *m*; **to say ~ (to)** dire oui (à)
**yesterday** ['jɛstədɪ] *adv*, *n* hier (*m*); **~ morning/ evening** hier matin/soir; **the day before ~** avant-hier; **all day ~** toute la journée d'hier
**yet** [jɛt] *adv* encore; (*in questions*) déjà ▷ *conj* pourtant, néanmoins; **it is not finished ~** ce n'est pas encore fini *or* toujours pas fini; **must you go just ~?** dois-tu déjà partir?; **have you eaten ~?** vous avez déjà mangé?; **the best ~** le meilleur jusqu'ici *or* jusque-là; **as ~** jusqu'ici, encore; **a few days ~** encore quelques jours; **~ again** une fois de plus
**yew** [juː] *n* if *m*
**Y-fronts®** ['waɪfrʌnts] *npl* (Brit) slip *m* kangourou
**YHA** *n abbr* (Brit) = **Youth Hostels Association**
**Yiddish** ['jɪdɪʃ] *n* yiddish *m*
**yield** [jiːld] *n* production *f*, rendement *m*; (*Finance*) rapport *m* ▷ *vt* produire, rendre, rapporter; (*surrender*) céder ▷ *vi* céder; (US Aut) céder la priorité; **a ~ of 5%** un rendement de 5%
**YMCA** *n abbr* (= *Young Men's Christian Association*) ≈ union chrétienne de jeunes gens (UCJG)
**yob** ['jɔb], **yobbo** ['jɔbəu] *n* (Brit inf) loubar(d) *m*
**yodel** ['jəudl] *vi* faire des tyroliennes, jodler
**yoga** ['jəugə] *n* yoga *m*
**yoghurt, yogurt** ['jɔgət] *n* yaourt *m*
**yoke** [jəuk] *n* joug *m* ▷ *vt* (*also*: **yoke together**: *oxen*) accoupler
**yolk** [jəuk] *n* jaune *m* (d'œuf)
**yonder** ['jɔndəʳ] *adv* là(-bas)
**yonks** [jɔŋks] *npl* (*inf*): **for ~** très longtemps; **we've been here for ~** ça fait une éternité qu'on est ici; **we were there for ~** on est resté là pendant des lustres
**Yorks** [jɔːks] *abbr* (Brit) = **Yorkshire**

⬤ KEYWORD

**you** [juː] *pron* **1** (*subject*) tu; (*polite form*) vous; (*plural*) vous; **you are very kind** vous êtes très gentil; **you French enjoy your food** vous autres Français, vous aimez bien manger; **you and I will go** toi et moi or vous et moi, nous irons; **there you are!** vous voilà!

**2** (object: direct, indirect) te, t' + vowel; vous; **I know you** je te or vous connais; **I gave it to you** je te l'ai donné, je vous l'ai donné

**3** (stressed) toi; vous; **I told you to do it** c'est à toi or vous que j'ai dit de le faire

**4** (after prep, in comparisons) toi; vous; **it's for you** c'est pour toi or vous; **she's younger than you** elle est plus jeune que toi or vous

**5** (impersonal: one) on; **fresh air does you good** l'air frais fait du bien; **you never know** on ne sait jamais; **you can't do that!** ça ne se fait pas!

**you'd** [ju:d] = **you had; you would**

**you'll** [ju:l] = **you will; you shall**

**young** [jʌŋ] adj jeune ▷ npl (of animal) petits mpl; (people): **the ~** les jeunes, la jeunesse; **a ~ man** un jeune homme; **a ~ lady** (unmarried) une jeune fille, une demoiselle; (married) une jeune femme or dame; **my ~er brother** mon frère cadet; **the ~er generation** la jeune génération

**younger** [jʌŋgəʳ] adj (brother etc) cadet(te)

**youngish** [ˈjʌŋɪʃ] adj assez jeune

**youngster** [ˈjʌŋstəʳ] n jeune m/f; (child) enfant m/f

**your** [jɔːʳ] adj ton (ta), tes pl; (polite form, pl) votre, vos pl; see also **my**

**you're** [juəʳ] = **you are**

**yours** [jɔːz] pron le (la) tien(ne), les tiens (tiennes); (polite form, pl) le (la) vôtre, les vôtres; **is it ~?** c'est à toi (or à vous)?; **a friend of ~** un(e) de tes (or de vos) amis; see also **faithfully; sincerely**

**yourself** [jɔːˈsɛlf] pron (reflexive) te; (: polite form) vous; (after prep) toi; vous; (emphatic) vous-même; **you ~ told me** c'est vous qui me l'avez dit, vous me l'avez dit vous-même; see also **oneself**

**yourselves** [jɔːˈsɛlvz] pl pron vous; (emphatic) vous-mêmes; see also **oneself**

**youth** [ju:θ] n jeunesse f; (young man) (pl -s) [ju:ðz] jeune homme m; **in my ~** dans ma jeunesse, quand j'étais jeune

**youth club** n centre m de jeunes

**youthful** [ˈju:θful] adj jeune; (enthusiasm etc) juvénile; (misdemeanour) de jeunesse

**youthfulness** [ˈju:θfəlnɪs] n jeunesse f

**youth hostel** n auberge f de jeunesse

**youth movement** n mouvement m de jeunes

**you've** [ju:v] = **you have**

**yowl** [jaul] n hurlement m; miaulement m ▷ vi hurler; miauler

**YT** abbr (Canada) = **Yukon Territory.**

**Yugoslav** [ˈju:gəuslɑːv] adj (Hist) yougoslave ▷ n Yougoslave m/f

**Yugoslavia** [ju:gəuˈslɑːvɪə] n (Hist) Yougoslavie f

**Yugoslavian** [ju:gəuˈslɑːvɪən] adj (Hist) yougoslave

**yuppie** [ˈjʌpɪ] n yuppie m/f

**YWCA** n abbr (= Young Women's Christian Association) union chrétienne féminine

y

# Zz

**Z, z** [zɛd, (US) zi:] n (letter) Z, z m; **Z for Zebra** Z comme Zoé
**Zambia** ['zæmbɪə] n Zambie f
**Zambian** ['zæmbɪən] adj zambien(ne) ▷ n Zambien(ne)
**zany** ['zeɪnɪ] adj farfelu(e), loufoque
**zap** [zæp] vt (Comput) effacer
**zeal** [zi:l] n (revolutionary etc) ferveur f; (keenness) ardeur f, zèle m
**zealot** ['zɛlət] n fanatique m/f
**zealous** ['zɛləs] adj fervent(e); ardent(e), zélé(e)
**zebra** ['zi:brə] n zèbre m
**zebra crossing** n (Brit) passage clouté or pour piétons
**zenith** ['zɛnɪθ] n (Astronomy) zénith m; (fig) zénith, apogée m
**zero** ['zɪərəu] n zéro m ▷ vi: **to ~ in on** (target) se diriger droit sur; **5° below ~** 5 degrés au-dessous de zéro
**zero hour** n l'heure f H
**zero option** n (Pol): **the ~** l'option f zéro
**zero-rated** ['zi:rəureɪtɪd] adj (Brit) exonéré(e) de TVA
**zest** [zɛst] n entrain m, élan m; (of lemon etc) zeste m
**zigzag** ['zɪgzæg] n zigzag m ▷ vi zigzaguer, faire des zigzags
**Zimbabwe** [zɪm'bɑːbwɪ] n Zimbabwe m
**Zimbabwean** [zɪm'bɑːbwɪən] adj zimbabwéen(ne) ▷ n Zimbabwéen(ne)
**Zimmer®** ['zɪmər] n (also: **Zimmer frame**) déambulateur m
**zinc** [zɪŋk] n zinc m
**Zionism** ['zaɪənɪzəm] n sionisme m
**Zionist** ['zaɪənɪst] adj sioniste ▷ n Sioniste m/f
**zip** [zɪp] n (also: **zip fastener**) fermeture f éclair® or à glissière; (energy) entrain m ▷ vt (file) zipper; (also: **zip up**) fermer (avec une fermeture éclair®)
**zip code** n (US) code postal
**zip file** n (Comput) fichier m zip inv
**zipper** ['zɪpər] n (US) = **zip**
**zit** [zɪt] (inf) n bouton m
**zither** ['zɪðər] n cithare f
**zodiac** ['zəudɪæk] n zodiaque m
**zombie** ['zɔmbɪ] n (fig): **like a ~** avec l'air d'un zombie, comme un automate
**zone** [zəun] n zone f
**zoo** [zu:] n zoo m
**zoological** [zuə'lɔdʒɪkl] adj zoologique
**zoologist** [zu'ɔlədʒɪst] n zoologiste m/f
**zoology** [zu:'ɔlədʒɪ] n zoologie f
**zoom** [zu:m] vi: **to ~ past** passer en trombe; **to ~ in (on sb/sth)** (Phot, Cine) zoomer (sur qn/qch)
**zoom lens** n zoom m, objectif m à focale variable
**zucchini** [zu:'ki:nɪ] n (US) courgette f
**Zulu** ['zu:lu:] adj zoulou ▷ n Zoulou m/f
**Zürich** ['zjuərɪk] n Zurich

## Likes, dislikes and preferences

### Saying what you like

| | |
|---|---|
| **J'aime** les gâteaux. | I like ... |
| **J'aime que** les choses soient à leur place. | I like ... |
| **J'ai bien aimé** le film. | I liked ... |
| **J'adore** sortir en boîte. | I love ... |
| **Ce que je préfère** chez Laurent, c'est son enthousiasme. | What I like most ... |
| **Ce que j'aime par-dessus tout, c'est** son sourire. | What I like most of all is ... |
| La visite des vignobles **m'a beaucoup plu.** | I very much enjoyed ... |
| **J'ai un faible pour** le chocolat. | I've got a weakness for ... |
| **Rien ne vaut** un bon café. | You can't beat ... |
| **Rien de tel qu'**un bon bain chaud ! | There's nothing better than ... |
| | |
| Le couscous est **mon** plat **favori.** | My favourite ... |
| La lecture est **une de mes** activités **préférées.** | ... one of my favourite ... |
| **Cela ne me déplaît pas de** sortir seule. | I don't mind ... |

### Saying what you dislike

| | |
|---|---|
| **Je n'aime pas** le poisson. | I don't like ... |
| **Je n'aime pas beaucoup** parler en public. | I'm not very keen on ... |
| **Je ne** l'**aime pas du tout.** | I don't like ... at all. |
| Cette idée **ne m'emballe pas.** | I'm not particularly keen on ... |
| | |
| **Je déteste** la chimie. | I hate ... |
| **J'ai horreur du** sport. | I loathe ... |
| **Je ne supporte pas qu'**on me mente. | I can't stand ... |
| Sa façon d'agir **ne me plaît pas du tout.** | I don't like ... at all. |
| **Ce que je déteste le plus, c'est** le repassage. | What I hate most is ... |

### Saying what you prefer

| | |
|---|---|
| **Je préfère** le rock **à** la musique classique. | I prefer ... to ... |
| **Je préférerais** vivre à Paris. | I would rather ... |
| **J'aimerais mieux** mourir de faim **que de** lui demander un service. | I'd sooner ... than ... |

### Expressing indifference

| | |
|---|---|
| **Ça m'est égal.** | It's all the same to me. |
| **Je n'ai pas de préférence.** | I have no preference either way. |
| **C'est comme vous voudrez.** | As you wish. |
| **Cela n'a aucune importance.** | It doesn't matter in the least. |
| **Peu importe.** | I don't mind. |

### Asking what someone likes

| | |
|---|---|
| **Est-ce que vous aimez** les frites ? | Do you like ... |
| **Est-ce que vous aimez** faire la cuisine ? | Do you like ... |
| **Est-ce que cela vous plaît de** vivre en ville ? | Do you like ... |
| **Qu'est-ce que vous préférez** : la mer ou la montagne ? | Which do you like better ... |
| **Vous préférez lequel**, le rouge ou le noir ? | Which do you prefer ... |
| **Est-ce que vous préférez** vivre à la campagne ou en ville ? | Do you prefer ... |
| **Qu'est-ce que vous aimez le plus** à la télévision ? | What do you like best ... |

# Opinions

### Asking for opinions

| | |
|---|---|
| **Qu'en pensez-vous ?** | What do you think about it? |
| **Que pensez-vous de** sa façon d'agir ? | What do you think of ... |
| **Je voudrais savoir ce que vous pensez de** son travail. | I'd like to know what you think of ... |
| **J'aimerais connaître votre avis sur** ce problème. | I would like to know your views on ... |
| **Est-ce que vous pourriez me donner votre opinion sur** cette émission ? | What do you think of ... |
| **Quelle est votre opinion sur** la peine de mort ? | What is your opinion on ... |
| **À votre avis**, hommes et femmes sont-ils égaux ? | In your opinion ... |
| **Selon vous**, faut-il donner plus de liberté aux jeunes ? | In your opinion ... |

## Expressing opinions

| | |
|---|---|
| **Vous avez raison.** | You are right. |
| **Il a tort.** | He is wrong. |
| **Il a eu tort de** démissionner. | He was wrong to … |
| **Je pense que** ce sera possible. | I think … |
| **Je crois que** c'est un peu prématuré. | I think … |
| **Je trouve que** c'est normal. | I think … |
| **Personnellement, je pense que** c'est trop cher. | Personally, I think that … |
| **Il me semble que** vous vous trompez. | I think … |
| **J'ai l'impression que** ses parents ne la comprennent pas. | I get the impression that … |
| **Je suis certain qu'**il est tout à fait sincère. | I'm sure … |
| **Je suis sûr que** Marc va gagner. | I'm sure … |
| **Je suis persuadé qu'**il y a d'autres solutions. | I am convinced that … |
| **À mon avis**, il n'a pas changé. | In my opinion … |
| **D'après moi**, il a fait une erreur. | In my view … |
| **Selon moi**, c'est impossible. | In my view … |

## Being noncommittal

| | |
|---|---|
| **Ça dépend.** | It depends. |
| **Tout dépend de ce que vous entendez par** là. | It all depends what you mean by … |
| **Je ne peux pas me prononcer.** | I'd rather not express an opinion. |
| **Je n'ai pas d'opinion bien précise à ce sujet.** | I have no definite opinion on this. |
| **Je ne me suis jamais posé la question.** | I have never thought about it. |

# Approval and agreement

| | |
|---|---|
| **Je trouve que c'est une excellente idée.** | I think it's an excellent idea. |
| **Quelle bonne idée !** | What a good idea! |
| **J'ai beaucoup apprécié** son article. | I was very impressed by … |
| **C'est une très bonne chose.** | It's a very good thing. |
| **Je trouve que vous avez raison de** vous méfier. | I think you're right to … |
| Les journaux **ont raison de** publier ces informations. | … are right to … |

| | |
|---|---|
| **Vous avez bien fait de** laisser vos bagages à la consigne. | You were right to … |
| **Vous n'avez pas tort de** critiquer le gouvernement. | You're quite justified in … |
| **Je partage cette opinion.** | I share this view. |
| **Je partage votre** inquiétude. | I fully share your … |
| **Nous sommes favorables à** la création d'emplois. | We are in favour of … |
| **Nous sommes en faveur d'**une Europe unie. | We are in favour of … |
| **Il est exact que** c'est un risque à prendre. | It is true that … |
| **Il est vrai que** cette erreur aurait pu être évitée. | It is true that … |
| **Je suis d'accord avec vous.** | I agree with you. |
| **Je suis entièrement d'accord avec toi.** | I entirely agree with you. |

## Disapproval and disagreement

| | |
|---|---|
| **Je trouve qu'il a eu tort d'**emprunter autant d'argent. | I think he was wrong to … |
| **Il est dommage qu'**il ait réagi ainsi. | It's a pity that … |
| **Il est regrettable qu'**ils ne nous aient pas prévenus. | It is regrettable that … |
| Cette idée **me déplaît profondément.** | I dislike … intensely. |
| **Je ne supporte pas** le mensonge. | I can't stand … |
| **Nous sommes contre** la chasse. | We are against … |
| **Je refuse** cette solution. | I reject … |
| **Je suis opposé à** toute forme de censure. | I am opposed to … |
| **Je ne partage pas ce point de vue.** | I don't share this point of view. |
| **Je suis déçu par** son attitude. | I am disappointed by … |
| **Je suis profondément déçu.** | I am deeply disappointed. |
| **Tu n'aurais pas dû** lui parler sur ce ton. | You shouldn't have … |
| **Nous ne pouvons accepter de** voir la situation se dégrader. | We can't stand by and … |
| **De quel droit** agit-**il** de la sorte ? | What gives him the right to … |
| **Je ne suis pas d'accord.** | I disagree. |
| **Nous ne sommes pas d'accord avec** eux. | We don't agree with … |
| **Je ne suis absolument pas d'accord avec** ce qu'il a dit. | I totally disagree with … |
| **C'est faux de dire que** cette erreur était inévitable. | It is wrong to say that … |
| **Vous vous trompez !** | You're wrong! |

# Apologies

## How to say sorry

| | |
|---|---|
| **Excusez-moi.** | Sorry. |
| **Excusez-moi de vous déranger.** | Sorry to bother you. |
| **Oh, pardon !** J'ai dû faire un faux numéro. | Oh, sorry! |
| **Je suis désolé de** vous avoir réveillé. | I am sorry I ... |
| **Je suis désolé pour** tout ce qui s'est passé. | I am sorry about ... |
| **Je vous prie de m'excuser.** | I do apologize. |
| **Nous prions** nos lecteurs **de bien vouloir excuser** cette omission. | We hope ... will excuse ... |

## Admitting responsibility

| | |
|---|---|
| **C'est (de) ma faute :** j'aurais dû partir plus tôt. | It's my fault, I should have ... |
| **Je n'aurais pas dû** me moquer d'elle. | I shouldn't have ... |
| **Nous avons eu tort de ne pas** vérifier cette information. | We were wrong not to ... |
| **J'assume seul l'entière responsabilité de** cette erreur. | I take full responsibility for ... |
| **Si seulement j'avais** préparé ma leçon ! | If only I had ... |

## Disclaiming responsibility

| | |
|---|---|
| **Ce n'est pas (de) ma faute.** | It's not my fault. |
| **Ce n'est pas (de) ma faute si** nous sommes en retard. | It isn't my fault if ... |
| **Je ne l'ai pas fait exprès.** | I didn't do it on purpose. |
| **Je ne pouvais pas faire autrement.** | I had no other option. |
| **J'avais pourtant cru comprendre que** je pouvais me garer là. | But I thought that ... |
| **J'avais cru bien faire en** le prévenant. | I thought I was doing the right thing in ... |

## Apologizing for being unable to do something

| | |
|---|---|
| **Je regrette, mais** ce n'est pas possible. | I'm sorry, but ... |
| **Je suis désolé, mais** je ne peux pas vous aider. | I'm sorry, but ... |
| **Il nous est malheureusement impossible d'**accéder à votre demande. | Unfortunately, it's impossible for us to ... |

# Explanations

## Causes

| | |
|---|---|
| Je n'ai rien acheté **parce que** je n'ai pas d'argent. | ... because ... |
| Je suis arrivé en retard **à cause des** embouteillages. | ... because of ... |
| **Puisque** tu insistes, je rentre dans une semaine. | Since ... |
| **Comme** j'habitais près de la bibliothèque, j'y allais souvent. | As ... |
| J'ai réussi à m'en sortir **grâce au** soutien de . mes amis | ... thanks to ... |
| Je ne pourrai pas venir **car** je n'ai pas fini.˙ | ... as ... |
| **Vu** la situation actuelle, nous ne pouvons pas nous prononcer. | Given ... |
| **Étant donné** la crise, il est difficile de trouver du travail. | Given ... |
| **C'est** une rupture d'essieu **qui a provoqué** le déraillement. | It was ... that caused ... |
| Le théâtre va fermer **faute de** moyens. | ... due to lack of ... |
| Il a donné sa démission **pour des raisons de** santé. | ... for ... reasons. |
| Le projet a été abandonné **en raison de** problèmes juridiques. | ... owing to ... |
| Le malaise des enseignants **est lié à** la difficulté de leur métier. | ... is linked to ... |
| **Le problème vient de ce que** les gens ont peur des ordinateurs. | The problem is that ... |
| Le ralentissement des exportations **provient de** la chute de la demande européenne. | ... is the result of ... |
| La haine **résulte de** l'incompréhension. | ... results from ... |

## Consequences

| | |
|---|---|
| Je dois partir ce soir. Je ne pourrai **donc** pas venir avec vous. | ... so ... |
| La distribution a été améliorée, **de telle sorte que** les lecteurs trouveront leur journal plus tôt. | ... so that ... |
| Le cidre nouveau est très peu fermenté et **par conséquent** très peu alcoolisé. | ... consequently ... |
| Ce manque de concertation **a eu pour conséquence** une duplication inutile de nos efforts. | ... has resulted in ... |
| **Voilà pourquoi** on s'en souvient. | That's why ... |

## Comparisons

| | |
|---|---|
| **On peut comparer** la télévision **à** une drogue. | ... can be compared to ... |
| C'est une très belle performance **que l'on peut comparer à** celle des meilleurs athlètes. | ... which can be compared to ... |
| Le Centre Pompidou **est souvent comparé à** un paquebot. | ... is often compared to ... |
| Le bruit **était comparable à** celui d'une moto dépourvue de silencieux. | ... was comparable to ... |
| L'Afrique reste un continent sous-peuplé **comparé à** l'Asie. | ... compared with ... |
| **Par comparaison avec** l'Islande, l'Irlande a un climat tropical. | Compared to ... |
| Les investissements publicitaires ont connu une légère progression **par rapport à** l'année dernière. | ... compared to ... |
| Cette histoire **ressemble à** un conte de fées. | ... is like ... |
| Il adorait cette campagne qui **lui rappelait** l'Irlande. | ... reminded him of ... |
| Des taux de chômage effrayants, **rappelant ceux** des années 30. | ... reminiscent of those ... |
| **Il me fait penser à** mon frère. | He reminds me of ... |
| Le surf des neiges **est l'équivalent** sur neige **de** la planche à roulettes. | ... is the equivalent ... of ... |
| Cette somme **correspond à** six mois de salaire. | ... corresponds to ... |
| **C'est la même chose.** | It's the same thing. |
| **Cela revient au même.** | It comes to the same thing. |
| Ce disque **n'est ni meilleur ni moins bon que** les autres. | ... is no better and no worse than ... |

## Stressing differences

| | |
|---|---|
| **Aucune** catastrophe **ne peut être comparée au** tsunami de 2004. | No ... can compare with ... |
| **On ne peut pas comparer** les usines modernes **à** celles où travaillaient nos grands-parents. | ... cannot be compared with ... |
| Les actions de ce groupe **n'ont rien de comparable avec** les agissements des terroristes. | ... are in no way comparable to ... |
| Sa démarche le **différencie de** son frère. | ... distinguishes ... from ... |
| L'histoire des États-Unis **ne ressemble en rien à** la nôtre. | ... in no way resembles ... |
| Il y a des événements bien plus tragiques que de perdre une finale de Coupe d'Europe. | There are worse things than ... |
| Le gruyère **est meilleur que** le comté. | ... is better than ... |

| | |
|---|---|
| Son deuxième film **est moins** réussi **que** le premier. | ... is less ... than ... |
| L'espérance de vie des femmes est de 81 ans, **tandis que** celle des hommes est de 72 ans. | ... while ... |
| **Alors que** la consommation de vin et de bière diminue, l'eau minérale est un marché en expansion. | While ... |

# Requests and offers

## Requests

| | |
|---|---|
| **Je voudrais** trois tartelettes. | I'd like ... |
| **Je voudrais** connaître les horaires des trains pour Lille. | I'd like to ... |
| **Pourriez-vous** nous donner un coup de main ? | Could you ... |
| **Est-ce que vous pouvez** annoncer la bonne nouvelle à Éliane ? | Can you ... |
| **Est-ce que vous pourriez** venir me chercher ? | Could you ... |
| **Sois gentille**, fais un saut chez le boulanger. | Be an angel ... |
| **Auriez-vous l'amabilité de** m'indiquer la sortie ? | Could you please ... |
| **Auriez-vous la gentillesse de** nous donner la recette ? | Would you be so kind as to ... |
| **Auriez-vous l'obligeance de** me garder ma place ? | Would you be very kind and ... |
| **Puis-je vous demander de** m'accorder un instant ? | Could you ... |
| **Merci de bien vouloir** patienter. | If you wouldn't mind ... |
| **Est-ce que cela vous dérangerait d'**ouvrir la fenêtre ? | Would you mind ... |
| **Je vous serais reconnaissant de** me prévenir dès que possible. | I would be grateful if you would ... |
| **Je vous serais reconnaissant de bien vouloir** me communiquer votre décision d'ici vendredi. | I would be grateful if you would ... |

## Offers

| | |
|---|---|
| **Je peux** passer vous prendre, **si** vous voulez. | I can ... if ... |
| **Je pourrais** vous accompagner. | I could ... |
| **Ça te dirait**, une glace ? | Do you fancy ... |
| **Ça vous dirait d'**aller faire un tour ? | Would you like to ... |
| **Que diriez-vous d'**une balade en forêt ? | How do you fancy ... |
| **Est-ce que vous voulez que j'**aille chercher votre voiture ? | Do you want me to ... |
| **Est-ce que vous voulez** dîner avec nous un soir ? | Would you like to ... |

# Advice and suggestions

## Asking for advice or suggestions

À ma place, que feriez-vous ?

What would you do, if you were me?

Quel est votre avis sur la question ?

What's your opinion on the matter?

Qu'est-ce que vous me conseillez, les Baléares ou les Canaries ?

Which would you recommend ...

Que me conseillez-vous de faire ?

What would you advise me to do?

Parmi les excursions à faire, **laquelle nous conseilleriez-vous** ?

... which would you recommend?

**Quelle** stratégie **proposez-vous** ?

What ... do you suggest?

**Que proposez-vous pour** réduire la pollution ?

What, in your opinion, should be done to ...

**Qu'est-ce que vous proposez contre** le chômage ?

How would you deal with ...

## Offering advice or suggestions

**À votre place**, je me méfierais.

If I were you ...

**Si j'étais toi**, je ne dirais rien.

If I were you ...

**Je peux vous donner un conseil** : achetez votre billet à l'avance.

If I may give you a bit of advice ...

**Un conseil** : lisez le mode d'emploi.

A word of advice ...

**Un bon conseil** : n'attendez pas le dernier moment pour faire votre réservation.

A useful tip ...

**Vous devriez** voir un spécialiste.

You should ...

**Vous feriez bien de** consulter un avocat.

You would do well to ...

**Vous feriez mieux d'**acheter une nouvelle voiture.

You would do better to ...

**Vous pourriez peut-être** demander à quelqu'un de vous le traduire.

You could perhaps ...

**Vous pourriez** montrer un peu plus de compréhension.

You could ...

**Pourquoi ne pas** lui téléphoner ?

Why don't you ...

**Il faudrait peut-être** essayer autre chose.

Perhaps we ought to ...

**Et si on** allait au cinéma ?

How about ...

**Je vous propose** le 3 mars à 10 h 30.

How about ...

**Il vaudrait mieux** lui offrir de l'argent qu'un bijou.

It might be better to ...

**Il serait préférable d'**attendre le résultat.

It would be better to ...

| | |
|---|---|
| Je me suis **décidée à** y aller. | I have decided to ... |
| **C'est décidé**, nous partons à la campagne. | That's settled ... |
| **Il n'a jamais été dans nos intentions de** lui cacher la vérité. | We never had any intention of ... |
| **Il n'est pas question** pour moi **de** renoncer à ce projet. | There is no question of ... |

## Wishes

| | |
|---|---|
| **Je veux** faire du cinéma. | I want to ... |
| **Je voudrais** savoir jouer aussi bien que lui. | I'd like to ... |
| **J'aimerais** faire du deltaplane. | I'd like to ... |
| **J'aimerais que** mes photos soient publiées dans la presse. | I would like ... |
| **J'aurais aimé** avoir un frère. | I would have liked to ... |
| Lionel **voulait à tout prix** partir le soir-même. | ... wanted at all costs ... |
| **Nous souhaitons** préserver notre indépendance. | We wish to ... |
| **J'espère** avoir des enfants. | I hope to ... |
| **Nous espérons que** les enfants regarderont cette émission avec leurs parents. | We hope that ... |
| **Vous rêvez de** faire le tour du monde ? | Do you dream of ... |
| **Mon rêve serait d'**avoir une grande maison. | My dream would be to ... |

# Obligation

| | |
|---|---|
| **Il faut que je** me trouve un logement. | I must ... |
| **Il faut absolument qu'on** se revoie avant le 23 ! | We really must ... |
| Si vous allez en Pologne, **vous devez** venir nous voir. | ... you must ... |
| Les auteurs du détournement **ont exigé que** l'avion reparte vers New York. | ... demanded that ... |
| Ça **me force à** faire de l'exercice. | ... makes me ... |
| Une violente crise d'asthme **m'a obligé à** consulter un médecin. | ... forced me to ... |
| **Je suis obligé de** partir. | I have to ... |
| **Il est obligé de** travailler, **il n'a pas le choix.** | He has to ... he has no other option. |
| **On ne peut pas faire autrement que d'**accepter. | You have no choice but to ... |
| L'école **est obligatoire** jusqu'à seize ans. | ... is compulsory ... |
| **Il est indispensable de** voyager pour comprendre les autres. | It is essential to ... |

# Permission

## Asking for permission

| | |
|---|---|
| **Je peux** téléphoner ? | Can I ... |
| **Je peux** vous demander quelque chose ? | Can I ... |
| **Est-ce que je peux** passer vous dire un petit bonjour tout à l'heure ? | Can I ... |
| **Ça ne vous dérange pas si** j'arrive en avance ? | Is it alright if ... |
| **Ça ne vous dérange pas que** je fume ? | Do you mind if ... |
| **Est-ce que ça vous dérange si** j'ouvre la fenêtre ? | Do you mind if ... |
| **Vous permettez**, Madame, **que** je regarde ce qu'il y a dans votre sac ? | Would you mind if ... |

## Giving permission

| | |
|---|---|
| **(Vous) faites comme vous voulez.** | Do as you please. |
| **Allez-y !** | Go ahead! |
| **Je n'y vois pas d'inconvénient.** | I have nothing against it. |
| **Vous avez le droit de** porter plainte. | You have the right to ... |

## Saying something is not allowed

| | |
|---|---|
| **Je te défends de** sortir ! | I forbid you to ... |
| **C'est défendu.** | It's forbidden. |
| **Il est interdit de** fumer dans les toilettes. | ... is forbidden. |
| Le travail des enfants **est formellement interdit par** une convention de l'ONU. | ... is strictly forbidden by ... |
| **Défense d'entrer.** | No entry. |
| **Stationnement interdit.** | No parking. |
| **Interdiction de stationner.** | No parking. |
| **C'est interdit.** | It's not allowed. |
| **Elle interdit à** ses enfants **d'**ouvrir la porte. | She forbids ... to ... |
| **Tu n'as pas le droit.** | You're not allowed. |
| **On n'avait pas le droit de** manger ni de boire pendant le service. | We weren't allowed to ... |
| **Il n'en est pas question.** | That's out of the question. |

# Certainty, probability and possibility

## Certainty

| | |
|---|---|
| **Il est certain qu'**il y aura des problèmes. | Undoubtedly ... |
| **Il ne fait aucun doute que** ce produit connaîtra un réel succès. | There is no doubt that ... |
| **Il est évident qu'**il traverse une période difficile. | Clearly ... |
| C'est **de toute évidence** la seule chose à faire. | Quite obviously ... |
| **Il est indéniable qu'**il a eu tort d'agir ainsi. | It is undeniable that ... |
| **Je suis sûre que** mon frère te plaira. | I am sure that ... |
| **Je suis sûr de** gagner. | I am sure that I ... |
| **Je suis certain que** nous sommes sur la bonne voie. | I am certain that ... |
| **J'ai la certitude qu'**en travaillant avec lui, je ne m'ennuierai pas. | I am sure that ... |
| **Je suis persuadé qu'**il y a d'autres solutions. | I am convinced that ... |

## Probability

| | |
|---|---|
| **Il est probable que** le prix du pétrole va continuer d'augmenter. | ... probably ... |
| Le taux d'inflation dépassera **très probablement** les 10 %. | ... very probably ... |
| 80 % des problèmes de peau sont **sans doute** d'origine psychique. | ... undoubtedly ... |
| Ils avaient **sans doute** raison. | ... no doubt ... |
| Les travaux **devraient** débuter au mois d'avril. | ... should ... |
| **Il se pourrait bien qu'**ils cherchent à tester nos réactions. | It is quite possible that ... |
| **On dirait que** tout lui est égal. | It's as if ... |
| **Il a dû** oublier d'ouvrir les fenêtres. | He must have ... |

## Possibility

| | |
|---|---|
| C'est **possible**. | It is possible. |
| **Il est possible que** cela coûte plus cher. | That might ... |
| **Il n'est pas impossible qu'**il soit parti à Paris. | It is not impossible that ... |
| **Il se pourrait que** l'Amérique ait été découverte par des Chinois. | It is possible that ... |
| **Il se peut que** ce virus soit particulièrement virulent. | ... may ... |
| En quelques mois tout **peut** changer. | ... could ... |
| Il a **peut-être** mal compris. | Maybe ... |
| **Peut-être que** je me trompe. | Perhaps ... |

# Doubt, improbability and impossibility

## Doubt

| | |
|---|---|
| Je ne suis pas sûr que ce soit utile. | I'm not sure ... |
| Je ne suis pas sûre d'y arriver. | I'm not sure I'll ... |
| Je ne suis pas certain d'avoir raison. | I'm not sure I'm ... |
| Il n'est pas certain que cela soit une bonne idée. | I'm not sure that ... |
| Il n'est pas certain qu'un vaccin puisse être mis au point. | I'm not sure that ... |
| Je me demande si nous avons fait beaucoup de progrès dans ce domaine. | I wonder if ... |
| Est-ce sage ? J'en doute. | I doubt it. |
| Il se mit à douter de la compétence de son médecin. | ... to have doubts about ... |
| Je doute fort qu'il accepte de rester inactif. | I very much doubt ... |
| On ne sait pas exactement ce qui s'est passé. | Nobody knows exactly ... |

## Improbability

| | |
|---|---|
| Il ne changera probablement pas d'avis. | ... probably won't ... |
| Il est peu probable qu'il reste encore des places. | It is unlikely that ... |
| Ça m'étonnerait qu'ils aient ta pointure. | I'd be surprised if ... |
| Il serait étonnant que tout se passe conformément aux prévisions. | It would be amazing if ... |
| Nous ne risquons pas de nous ennuyer. | There's no danger of ... |
| Elles ne risquent pas d'avoir le prix Nobel d'économie. | They are not likely to ... |
| Il y a peu de chances que le taux de croissance dépasse 1,5 %. | There is not much chance of ... |

## Impossibility

| | |
|---|---|
| C'est impossible. | It's impossible. |
| Il n'est pas possible qu'il n'y ait rien à faire. | It is not possible that ... |
| Il est impossible que ces renseignements soient faux. | ... cannot ... |
| Il n'y a aucune chance qu'ils viennent à notre secours. | There is no chance of ... |

# Greetings

| | |
|---|---|
| Bonjour ! | Hello! |
| Bonsoir ! | Good evening! |
| Salut ! | Hi! |
| Comment allez-vous ? | How are you? |
| Comment ça va ? | How's things? |

## What to say in reply

| | |
|---|---|
| Très bien, merci, et vous ? | Fine thanks, and you? |
| Ça va, et toi ? | Fine thanks, and you? |
| Super bien ! | Great! |
| On fait aller. | So-so. |
| Couci-couça. | So-so. |

## Introductions

| | |
|---|---|
| Je vous présente Charles. | This is ... |
| Je vous présente mon amie. | May I introduce ... |
| Marc ; Laurent | Marc, this is Laurent; Laurent, Marc. |
| Je ne crois pas que vous vous connaissiez. | I don't believe you know one another. |

## Replying to an introduction

| | |
|---|---|
| Enchanté. | Pleased to meet you. |
| Enchanté or Ravi de faire votre connaissance. | Pleased to meet you. |
| Salut, moi c'est Dominique. | Hi, I'm ... |

## Leavetaking

| | |
|---|---|
| Au revoir ! | Goodbye! |
| Bonne nuit ! | Good night! |
| Salut ! | Bye! |
| Ciao ! | See you! |
| À bientôt ! | See you later! |
| À demain ! | See you tomorrow! |
| À la semaine prochaine ! | See you next week! |
| À jeudi ! | See you Thursday! |

## Best wishes

| | |
|---|---|
| Bon anniversaire ! | Happy Birthday! |
| Joyeux Noël ! | Merry Christmas! |
| Bonne année ! | Happy New Year! |
| Félicitations ! | Congratulations! |
| Bon voyage ! | Safe journey! |
| Bonne chance ! | Good luck! |
| Bienvenue ! | Welcome! |
| Amusez-vous bien ! | Have fun! |
| Bon appétit ! | Enjoy your meal! |
| (À votre) santé ! | Cheers! |
| Tchin-tchin ! | Cheers! |

# Correspondence

## How to address an envelope

### On the front

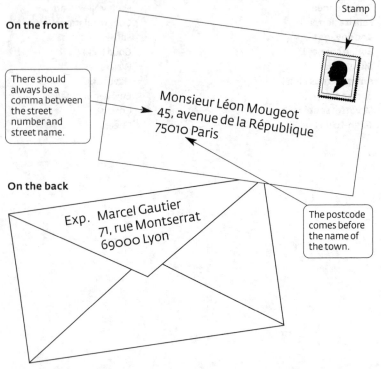

**Stamp**

There should always be a comma between the street number and street name.

Monsieur Léon Mougeot
45, avenue de la République
75010 Paris

### On the back

Exp. Marcel Gautier
71, rue Montserrat
69000 Lyon

The postcode comes before the name of the town.

## Common abbreviations used in addresses

| | | |
|---|---|---|
| av. = avenue | bd = boulevard | Exp. = expéditeur |
| fg = faubourg | pas. = passage | pl. = place |

## Standard opening and closing formulae
### In personal correspondence

| | |
|---|---|
| Cher Monsieur | Je vous envoie mes bien amicales pensées *(fairly formal)* |
| Chers Jean et Sylvie | Bien amicalement |
| Chère tante Laure | Je t'embrasse bien affectueusement |
| Mon cher Laurent | Grosses bises *(very informal)* |

## In formal correspondence

| | |
|---|---|
| Monsieur le Directeur (or le Maire etc) Madame le Directeur | Je vous prie d'agréer, [...], l'assurance de ma considération distinguée |
| Messieurs Monsieur Madame | Je vous prie d'agréer, [...], l'assurance de mes sentiments distingués or Veuillez accepter, [...], l'expression de mes sentiments distingués |
| Cher Monsieur Chère Madame | Croyez, [...], à l'expression de mes sentiments les meilleurs |

## Starting a personal letter

Je te remercie de ta lettre ...

Thanks for your letter ...

J'ai été très content d'avoir de tes nouvelles.

It was lovely to hear from you.

Je suis désolé de ne pas vous avoir répondu plus vite.

I'm sorry I didn't reply sooner.

## Starting a formal letter

Suite à ... je vous écris pour ...

Further to ... I am writing to ...

Je vous serais reconnaissant de ...

I would be grateful if you would ...

Je vous prie de ...

Please ...

Nous vous remercions de votre lettre ...

Thank you for your letter ...

## Ending a personal letter

Transmettez mes amitiés à ...

Give my regards to ...

Dis bonjour à ... de ma part.

Say hello to ... for me.

... t'embrasse ...

... sends you his love ...

Embrasse ... pour moi.

Give my love to ...

## Ending a formal letter

Dans l'attente de votre réponse ...

I look forward to hearing from you ...

Je demeure à votre entière disposition pour toute information complémentaire.

I will be happy to supply any further information you may require.

Je vous remercie dès à présent de ...

Thank you in advance for ...

# Thank you letter

Name and address of sender.

The town or city from which the letter is being sent should be included along with the date. The article **le** should be included in the date.

Anne et Cyrille Legendre
25, rue des Grillons
69000 LYON

Lyon, le 24 octobre 2007

Chers oncle et tante,

Le grand jour, c'était il y a presqu'un mois déjà ...
Ce fut une merveilleuse fête et nous étions très heureux
de vous avoir parmi nous.

Nous tenons à vous remercier chaleureusement de votre
gentil cadeau et nous vous inviterons bientôt pour
inaugurer ce superbe service à raclette comme
il se doit.

Vous trouverez aussi ci-joint une photo-souvenir.

Nous vous embrassons tous les deux,

*Anne et Cyrille*

For alternatives see p20.

# Hotel booking

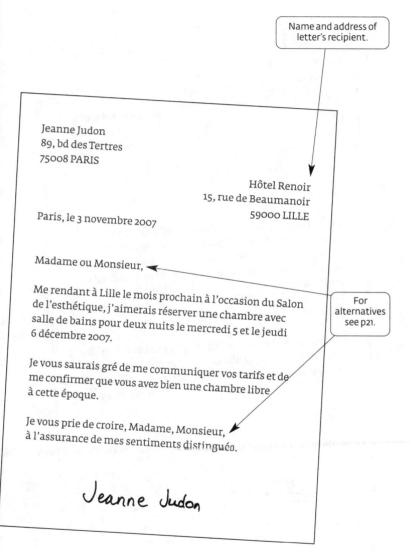

Name and address of letter's recipient.

Jeanne Judon
89, bd des Tertres
75008 PARIS

Hôtel Renoir
15, rue de Beaumanoir
59000 LILLE

Paris, le 3 novembre 2007

Madame ou Monsieur,

Me rendant à Lille le mois prochain à l'occasion du Salon de l'esthétique, j'aimerais réserver une chambre avec salle de bains pour deux nuits le mercredi 5 et le jeudi 6 décembre 2007.

For alternatives see p21.

Je vous saurais gré de me communiquer vos tarifs et de me confirmer que vous avez bien une chambre libre à cette époque.

Je vous prie de croire, Madame, Monsieur, à l'assurance de mes sentiments distingués.

Jeanne Judon

# Letter of complaint

M et Mme DAUNAY
La Longue Haie
35135 CHANTEPIE

Hôtel "Au Bon Accueil"
17, rue Nationale
86000 POITIERS

Chantepie, le 29 décembre 2007

Madame, Monsieur,

Mon mari et moi avons passé la nuit du 23 décembre dans votre hôtel, où nous avions préalablement réservé une chambre. Nous tenons à vous faire savoir que nous avons été très déçus par vos services, en particulier par le bruit – nous avons pourtant demandé une chambre calme – et l'impossibilité de se faire servir un petit déjeuner avant notre départ à 6 h 30.

Cet arrêt dans votre hôtel qui devait nous permettre de nous reposer au cours d'un long voyage en voiture n'a fait que nous fatiguer davantage. Sachez que nous prendrons bien soin de déconseiller votre établissement à nos amis.

Je vous prie d'agréer, Madame, Monsieur, mes salutations distinguées.

*H Daunay*

For alternatives see p21.

# Curriculum Vitæ

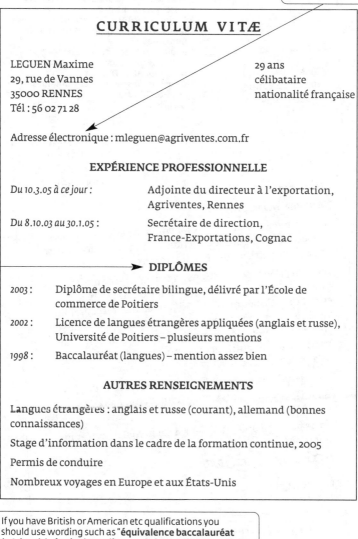

The words **courriel** or **mél** can also be used.

## CURRICULUM VITÆ

LEGUEN Maxime
29, rue de Vannes
35000 RENNES
Tél : 56 02 71 28

29 ans
célibataire
nationalité française

Adresse électronique : mleguen@agriventes.com.fr

### EXPÉRIENCE PROFESSIONNELLE

*Du 10.3.05 à ce jour :*    Adjointe du directeur à l'exportation, Agriventes, Rennes

*Du 8.10.03 au 30.1.05 :*    Secrétaire de direction, France-Exportations, Cognac

### DIPLÔMES

*2003 :*    Diplôme de secrétaire bilingue, délivré par l'École de commerce de Poitiers

*2002 :*    Licence de langues étrangères appliquées (anglais et russe), Université de Poitiers – plusieurs mentions

*1998 :*    Baccalauréat (langues) – mention assez bien

### AUTRES RENSEIGNEMENTS

Langues étrangères : anglais et russe (courant), allemand (bonnes connaissances)

Stage d'information dans le cadre de la formation continue, 2005

Permis de conduire

Nombreux voyages en Europe et aux États-Unis

If you have British or American etc qualifications you should use wording such as "**équivalence baccalauréat (3 A-levels), équivalence licence de lettres (BA Hons)**" etc.

# Job application

This is appropriate if you are writing to a company. However, if you are writing to the holder of a particular post use the following:
**Monsieur** (or **Madame**) **le Directeur des ressources humaines**
**Société GERBAULT** etc and begin the letter:
**Monsieur le Directeur des ressources humaines,**
If you know the name of the person you should use the following:
**Monsieur Alain Dupont**
**Directeur des ressources humaines**
**Société GERBAULT** etc and begin the letter:
**Monsieur,**

Maxime LEGUEN
29, rue de Vannes
35000 RENNES

Service du Personnel
Société GERBAULT
85, bd de la Liberté
35000 RENNES

Rennes, le 12 juillet 2007

Madame, Monsieur,

Votre annonce parue dans le Monde du 8 juillet concernant un poste d'assistante de direction dans votre service Import-Export m'a particulièrement intéressée.

Mon expérience de quatre ans en tant qu'assistante de direction dans le service d'exportation d'une petite entreprise m'a permis d'acquérir un sens des responsabilités ainsi qu'une grande capacité d'adaptation. Le poste que vous proposez m'intéresse tout particulièrement car j'aimerais beaucoup pouvoir utiliser ma connaissance de la langue et de la culture russe dans le cadre de mon travail.

Je me tiens à votre disposition pour vous apporter de plus amples renseignements sur ma formation et mon expérience.

Je vous prie, Madame, Monsieur, de bien vouloir agréer mes salutations distinguées.

*Maxime Leguen*

Maxime Leguen
P.J. : CV

= **pièces jointes.** You should add this if you are enclosing any other information with your letter eg a CV.

# Invitation to interview

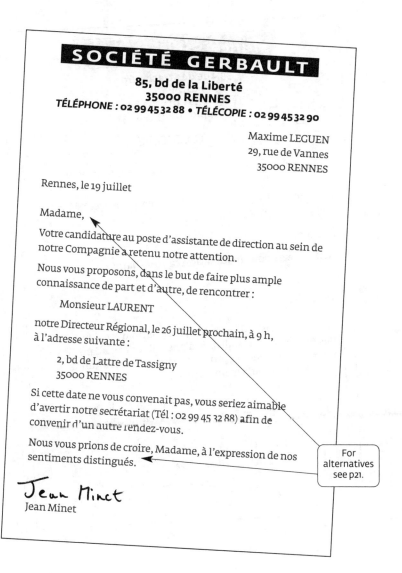

## SOCIÉTÉ GERBAULT

**85, bd de la Liberté**
**35000 RENNES**
*TÉLÉPHONE : 02 99 45 32 88 • TÉLÉCOPIE : 02 99 45 32 90*

Maxime LEGUEN
29, rue de Vannes
35000 RENNES

Rennes, le 19 juillet

Madame,

Votre candidature au poste d'assistante de direction au sein de notre Compagnie a retenu notre attention.

Nous vous proposons, dans le but de faire plus ample connaissance de part et d'autre, de rencontrer :

Monsieur LAURENT

notre Directeur Régional, le 26 juillet prochain, à 9 h, à l'adresse suivante :

2, bd de Lattre de Tassigny
35000 RENNES

Si cette date ne vous convenait pas, vous seriez aimable d'avertir notre secrétariat (Tél : 02 99 45 32 88) afin de convenir d'un autre rendez-vous.

Nous vous prions de croire, Madame, à l'expression de nos sentiments distingués.

Jean Minet
Jean Minet

For alternatives see p21.

# Fax

## France-Sanitaires S.A.

55, rue de Strasbourg
75012 Paris
Téléphone : 01 63 13 84 20
Télécopie : 01 63 13 84 32

### TÉLÉCOPIE

À : Mme Robin

Date : le 7 janvier 2007

De : M. Edmond
Service clientèle

Nombre de pages à suivre : 1

Réf. : Devis pour installation salle de bains.

Madame,

Suite à notre visite d'avant-hier, veuillez trouver ci-joint notre devis pour l'installation d'une salle de bains dans votre appartement. Les prix comprennent la fourniture du matériel ainsi que la main d'oeuvre.

Dans l'attente de votre réponse, je vous prie, Madame, d'agréer l'expression de mes meilleurs sentiments,

*Y. Edmond*

# E-Mail

## Sending messages

| | | | | | | | |
|---|---|---|---|---|---|---|---|
| | | | **Nouveau message** | | | | |
| Fichier | Edition | Affichage | Outils | **Composer** | Aide | Envoyer | ✉ |

| | |
|---|---|
| **A:** fabienne@europost.fr | **Nouveau message** |
| **Cc:** | **Répondre** |
| **Copie cachée:** | **Répondre à tous** |
| **Objet:** Réunion | **Faire suivre** |
| | **Fichier joint** |

Est-ce qu'on pourrait se voir demain à 15 h pour faire un point sur les opérations en cours ? Si tu ne peux pas demain, je suis libre vendredi midi, on pourrait déjeuner ensemble.

À plus

Nadia

| Fichier | File |
|---|---|
| Édition | Edit |
| Affichage | View |
| Outils | Tools |
| Composer | Compose |
| Aide | Help |
| Envoyer | Send |
| Nouveau message | New |
| Répondre | Reply to Sender |

# E-Mail

## Receiving messages

| | | | | | |
|---|---|---|---|---|---|
| **Réunion** | | | | | |
| Fichier | Edition | Affichage | Outils | Composer | Aide |

**De:** Fabienne Mercier (fabienne@europost.fr)

**Date:** 30 novembre 2007 11 h 30

**A:** nadia.martin@europost.fr

**Objet:** Réunion

> In French, when telling someone your e-mail address you say :
> **"fabienne arrobas europost point fr"**.

C'est bon pour vendredi. Disons 13 h à la brasserie ? Je ne serai pas joignable demain, je suis en formation toute la journée. Bon courage et à vendredi.

Fabienne

| Répondre à tous | Reply to All |
|---|---|
| Faire suivre | Forward |
| Fichier joint | Attachment |
| À | To |
| Cc | Cc (carbon copy) |
| Copie cachée | Bcc (blind carbon copy) |
| Objet | Subject |
| De | From |
| Date | Sent |

# TELEPHONE

## Different types of call

| | |
|---|---|
| Communication locale/interurbaine. | Local/national call. |
| Je voudrais appeler l'étranger. | I want to make an international call. |
| Je voudrais appeler Londres en PCV. | I want to make a reverse charge call (Brit) to a ... number or I want to call a ... number collect (US). |
| Comment est-ce que je peux téléphoner à l'extérieur ? | How do I get an outside line? |

## Asking for information

| | |
|---|---|
| Quel est le numéro des renseignements ? | What is the number for directory enquiries (Brit) or directory assistance (US)? |
| Je voudrais le numéro de la société Europost, 20, rue de la Marelle, à Pierrefitte. | Can you give me the number of ... |
| Quel est l'indicatif de la Martinique ? | What is the code for ... |
| Quel est le numéro de l'horloge parlante ? | What is the number for the speaking clock? |

## Receiving information

| | |
|---|---|
| Le numéro que vous avez demandé est le 01 40 32 37 12. (zéro-un quarante trente-deux trente-sept douze) | The number you require is ... |
| Je regrette, mais il n'y a pas d'abonné à ce nom. | I'm sorry, there's no listing under that name. |
| Le numéro que vous avez demandé est sur liste rouge. | The number you require is ex-directory (Brit) or unlisted (US). |

## When your number answers

| | |
|---|---|
| Je voudrais parler à or Pourrais-je parler à M. Wolff, s'il vous plaît ? | Could I speak to ... |
| Pourriez-vous me passer le docteur Henderson, s'il vous plaît ? | Could you put me through to ... |
| Pourriez-vous me passer le poste 52 64, s'il vous plaît ? | Can I have extension ... |
| Je rappellerai dans une demi-heure. | I'll call back in ... |
| Pourriez-vous lui demander de me rappeler à son retour ? | Would you ask him to ring me when he gets back? |

## The switchboard operator speaks

| | |
|---|---|
| C'est de la part de qui ? | Who shall I say is calling? |
| Je vous le passe. | I'm putting you through. |
| J'ai un appel de Tokyo pour Mme Thomson. | I have a call from ... for ... |
| J'ai Mlle Martin en ligne. | I've got ... on the line. |
| Le docteur Roberts est en ligne, vous patientez ? | ... is on another line. Do you want to wait? |
| Ne quittez pas. | Please hold. |
| Ça ne répond pas. | There's no reply. |
| Voulez-vous laisser un message ? | Would you like to leave a message? |

## Recorded messages

| | |
|---|---|
| Le numéro de votre correspondant n'est plus attribué. Veuillez consulter l'annuaire ou votre centre de renseignements. | The number you have dialled has not been recognized. Please consult the directory or directory enquiries. |
| Le numéro de votre correspondant a changé. Veuillez composer désormais le 33 42 21 70. | The number you have dialled has been changed to ... |
| Par suite de l'encombrement des lignes, votre appel ne peut aboutir. Veuillez rappeler ultérieurement. | All the lines are busy right now. Please try again later. |
| Bonjour, vous êtes en communication avec le service des ventes. Veuillez patienter, nous allons donner suite à votre appel dans quelques instants. | Hello, you have reached ... Please wait, your call will be answered shortly. |
| Bonjour, vous êtes bien chez M. et Mme Martin. Laissez un message après le bip sonore et nous vous rappellerons dès notre retour. Merci. | Hello, you are through to ... Leave a message after the tone and we'll get back to you. |

## Answering the telephone

| | |
|---|---|
| Allô, c'est Anne à l'appareil. | Hello, it's ... speaking. |
| C'est moi or lui-même (or elle-même). | Speaking. |
| Qui est à l'appareil ? | Who's speaking? |

## When in trouble

| | |
|---|---|
| Je n'arrive pas à avoir le numéro. | I can't get through. |
| Leur téléphone est en dérangement. | Their phone is out of order. |
| Nous avons été coupés. | We have been cut off. |
| J'ai dû faire un faux numéro. | I must have dialled the wrong number. |
| La ligne est très mauvaise. | This is a very bad line. |

# Goûts et préférences

## Pour dire ce que l'on aime

| | |
|---|---|
| **I like** cakes. | J'aime ... |
| **I like** things to be in their proper place. | J'aime que ... |
| **I really liked** the film. | J'ai bien aimé ... |
| **I love** going to clubs. | J'adore ... |
| **What I like best** about Matthew are his eyes. | Ce que je préfère ... |
| **What I enjoy most is** an evening with friends. | Ce que j'aime par-dessus tout, c'est ... |
| **I very much enjoyed** the trip to the vineyards. | ... m'a beaucoup plu. |
| I've never tasted **anything better than** this chicken. | ... rien ... de meilleur que ... |
| **I've got a weakness for** chocolate cakes. | J'ai un faible pour ... |
| **You can't beat** a good cup of tea. | Rien ne vaut ... |
| **There's nothing quite like** a nice hot bath! | Rien de tel que ... |
| **My favourite** dish is lasagne. | ... mon ... favori. |
| Reading is **one of my favourite** pastimes. | ... une de mes ... préférées. |
| **I don't mind** being alone. | Cela ne me déplaît pas de ... |

## Pour dire ce que l'on n'aime pas

| | |
|---|---|
| **I don't like** fish. | Je n'aime pas ... |
| **I don't like** him **at all**. | Je ne ... aime pas du tout. |
| **I'm not very keen on** speaking in public. | Je n'aime pas beaucoup ... |
| **I'm not particularly keen on** the idea. | ... ne m'emballe pas. |
| **I hate** chemistry. | Je déteste ... |
| **I loathe** sport. | J'ai horreur du ... |
| **I can't stand** being lied to. | Je ne supporte pas que ... |
| **If there's one thing I hate it's** ironing. | Ce que je déteste le plus, c'est de ... |

## Préférences

| | |
|---|---|
| **I prefer** pop **to** classical music. | Je préfère ... à ... |
| **I would rather** live in Paris. | Je préférerais ... |
| **I'd rather** starve **than** ask him a favour. | J'aimerais mieux ... que de ... |

## Indifférence

| | |
|---|---|
| It's all the same to me. | Ça m'est égal. |
| I have no particular preference. | Je n'ai pas de préférence. |
| As you like. | C'est comme vous voudrez. |

It doesn't matter in the least.

Cela n'a aucune importance.

I don't mind.

Peu importe.

## Comment demander à quelqu'un ce qu'il aime

**Do you like** chocolate?

Est-ce que vous aimez ...

**Do you like** cooking?

Est-ce que vous aimez ...

**Which do you like better:** football or cricket?

Qu'est-ce que vous préférez : ...

**Which would you rather have:** the red one or the black one?

Lequel préférez-vous : ...

**Do you prefer** living in the town or in the country?

Est-ce que vous préférez ...

**What do you like best** on television?

Qu'est-ce que vous aimez le plus ...

# Opinions

## Comment demander l'avis de quelqu'un

**What do you think about it?**

Qu'en pensez-vous ?

**What do you think about** divorce?

Que pensez-vous du ...

**What do you think of** his behaviour?

Que pensez-vous de ...

**I'd like to know what you think of** his work.

Je voudrais savoir ce que vous pensez de ...

**I would like to know your views on** this.

J'aimerais connaître votre avis sur ...

**What is your opinion on** the team's chances of success?

Quelle est votre opinion sur ...

**Could you give me your opinion on** this proposal?

Est-ce que vous pourriez me donner votre avis sur ...

**In your opinion**, are men and women equal?

À votre avis ...

**In your view**, is this the best solution?

Selon vous ...

## Comment donner son avis

**You are right.**

Vous avez raison.

**He is wrong.**

Il a tort.

**He was wrong to** resign.

Il a eu tort de ...

**I think** it ought to be possible.

Je pense que ...

| | |
|---|---|
| I **think** it's a bit premature. | Je crois que … |
| I **think** it's quite natural. | Je trouve que … |
| **Personally, I think that** it's a waste of money. | Personnellement, je pense que … |
| | |
| I **have the impression that** her parents don't understand her. | J'ai l'impression que … |
| I'**m sure** he is completely sincere. | Je suis certain que … |
| I'**m convinced that** there are other possibilities. | Je suis persuadé que … |
| **In my opinion**, he hasn't changed. | À mon avis … |
| **In my view**, he's their best player. | Selon moi … |

### Comment éviter de donner son avis

| | |
|---|---|
| **It depends.** | Ça dépend. |
| **It all depends on what you mean by** patriotism. | Tout dépend de ce que vous entendez par … |
| **I'd rather not express an opinion.** | Je préfère ne pas me prononcer. |
| **Actually, I've never thought about it.** | À vrai dire, je ne me suis jamais posé la question. |

# Approbation et accord

| | |
|---|---|
| I **think it's an excellent idea.** | Je trouve que c'est une excellente idée. |
| **What a good idea!** | Quelle bonne idée ! |
| I **was very impressed by** his speech. | J'ai beaucoup apprécié … |
| **It's a very good thing.** | C'est une très bonne chose. |
| I **think you're right to** be wary. | Je trouve que vous avez raison de … |
| Newspapers **are right to** publish these stories. | … ont raison de … |
| **You were right to** leave your bags in left-luggage. | Vous avez bien fait de … |
| Third World countries **rightly believe that** most pollution comes from developed countries. | … estiment à juste titre que … |
| **You're quite justified in** complaining. | Vous avez bien raison de … |
| **I share this view.** | Je partage cette opinion. |
| **I fully share** your concern. | Je partage … |
| **We support** the creation of jobs. | Nous sommes favorables à … |
| **We are in favour of** a united Europe. | Nous sommes en faveur de … |

| | |
|---|---|
| It is true that mistakes were made. | Il est vrai que ... |
| I agree with you. | Je suis d'accord avec vous. |
| I entirely agree with you. | Je suis entièrement d'accord avec toi. |

## Désapprobation et désaccord

| | |
|---|---|
| I think he was wrong to borrow so much money. | Je trouve qu'il a eu tort de ... |
| It's a pity that you didn't tell me. | Il est dommage que ... |
| It is regrettable that they allowed this to happen. | Il est regrettable que ... |
| I dislike the idea intensely. | ... me déplaît profondément. |
| I can't stand lies. | Je ne supporte pas ... |
| We are against hunting. | Nous sommes contre ... |
| We do not condone violence. | Nous ne tolérons pas ... |
| I am opposed to compulsory screening. | Je suis opposé au ... |
| I don't share this point of view. | Je ne partage pas ce point de vue. |
| I am disappointed by his attitude. | Je suis déçu par ... |
| I am deeply disappointed. | Je suis profondément déçu. |
| You shouldn't have said that. | Tu n'aurais pas dû ... |
| What gives him the right to act like this? | De quel droit ... |
| I disagree. | Je ne suis pas d'accord. |
| We don't agree with them. | Nous ne sommes pas d'accord avec ... |
| I totally disagree with what he said. | Je ne suis absolument pas d'accord avec ... |
| It is not true to say that the disaster was inevitable. | C'est faux de dire que ... |
| You are wrong! | Vous vous trompez ! |

## Excuses

### Pour s'excuser

| | |
|---|---|
| Sorry. | Excusez-moi. |
| Oh, sorry! I've got the wrong number. | Oh, pardon ! |
| Sorry to bother you. | Excusez-moi de vous déranger. |

| I'm sorry I woke you. | Je suis désolé de … |
| I'm terribly sorry about the misunderstanding. | Je suis navré de … |
| I do apologize. | Je vous prie de m'excuser. |
| We hope our readers will excuse this oversight. | Nous prions … de bien vouloir excuser … |

## En assumant la responsabilité de ce qui s'est passé

| It's my fault; I should have left earlier. | C'est (de) ma faute : j'aurais dû … |
| I shouldn't have laughed at her. | Je n'aurais pas dû … |
| We were wrong not to check this information. | Nous avons eu tort de ne pas … |
| I take full responsibility for what I did. | J'assume seul l'entière responsabilité de … |
| If only I had done my homework! | Si seulement j'avais … |

## En niant toute responsabilité

| It's not my fault. | Ce n'est pas (de) ma faute. |
| It isn't my fault if we're late. | Ce n'est pas (de) ma faute si … |
| I didn't do it on purpose. | Je ne l'ai pas fait exprès. |
| I had no option. | Je ne pouvais pas faire autrement. |
| But I thought that it was okay to park here. | J'avais pourtant cru comprendre que … |
| I thought I was doing the right thing in warning him. | J'avais cru bien faire en … |

## En exprimant ses regrets

| I'm sorry, but it's impossible. | Je regrette, mais … |
| I'm afraid we're fully booked. | Je regrette, mais … |
| Unfortunately we are unable to meet your request. | Il nous est malheureusement impossible de … |

## Explications

### Causes

| | |
|---|---|
| I didn't buy anything **because** I had no money. | ... parce que ... |
| I arrived late **because of** the traffic. | ... à cause de ... |
| **Since** you insist, I'll come again tomorrow. | Puisque ... |
| **As** I lived near the library, I used it a lot. | Comme ... |
| I got through it **thanks to** the support of my friends. | ... grâce à ... |
| **Given** the present situation, finding a job will be difficult. | Vu ... |
| **Given that** there is an economic crisis, it is difficult to find work. | Étant donné ... |
| **Considering** how many problems we had, we did well. | Étant donné ... |
| **It was** a broken axle **that caused** the derailment. | C'est ... qui a provoqué ... |
| He resigned **for** health **reasons.** | ... pour des raisons de ... |
| The theatre is closing, **due to lack of** funds. | ... faute de ... |
| The project was abandoned **owing to** legal problems. | ... en raison de ... |
| Many cancers **are linked to** smoking. | ... sont dus à ... |
| **The problem is that** people are afraid of computers. | Le problème vient de ce que ... |
| The drop in sales **is the result of** high interest rates. | ... est due à ... |
| The quarrel **resulted from** a misunderstanding. | ... a pour origine ... |

### Conséquences

| | |
|---|---|
| I have to leave tonight; **so** I can't come with you. | ... donc ... |
| Distribution has been improved **so that** readers now get their newspaper earlier. | ... de telle sorte que ... |
| This cider is fermented for a very short time and is **consequently** low in alcohol. | ... par conséquent ... |
| Our lack of consultation **has resulted in** a duplication of effort. | ... a eu pour conséquence ... |
| **That's why** they are easy to remember. | Voilà pourquoi ... |

## Comparaisons

| | |
|---|---|
| Gambling **can be compared to** a drug. | On peut comparer ... à ... |
| The gas has a smell **that can be compared to** rotten eggs. | ... que l'on peut comparer à ... |

| | |
|---|---|
| The shape of Italy **is often compared to** a boot. | ... est souvent comparé à ... |
| The noise **was comparable to** that of a large motorbike. | ... était comparable à ... |
| Africa is still underpopulated **compared with** Asia. | ... comparé à ... |
| In the UK, the rate of inflation increased slightly **compared to** the previous year. | ... par rapport à ... |
| What is so special about a holiday in Florida **as compared to** one in Spain? | ... par rapport à ... |
| This story **is like** a fairy tale. | ... ressemble à ... |
| He loved this countryside, which **reminded him of** Ireland. | ... lui rappelait ... |
| Frightening levels of unemployment, **reminiscent of those** of the 30s. | ... rappelant ceux ... |
| The snowboard **is the equivalent** on snow **of** the skateboard. | ... est l'équivalent ... de ... |
| This sum **corresponds to** six months' salary. | ... correspond à ... |
| A 'bap'? **It's the same thing as** a bread roll. | C'est la même chose que ... |
| **It comes to the same thing** in terms of calories. | Ça revient au même ... |
| This record **is no better and no worse than** the others. | ... n'est ni meilleur ni moins bon que ... |

## Pour souligner une différence

| | |
|---|---|
| No catastrophe **can compare with** the tsunami of 2004. | Aucune ... ne peut être comparée à ... |
| Modern factories **cannot be compared with** those our grandparents worked in. | On ne peut pas comparer ... à ... |
| The actions of this group **are in no way comparable to** those of terrorists. | ... n'ont rien de comparable avec ... |
| The newspaper reports **differ** on this point. | ... divergent ... |
| The history of the United States **in no way resembles** our own. | ... ne ressemble en rien à ... |
| **There are worse things than** losing a European cup final. | Il y a des événements bien plus tragiques que ... |
| This film **is less** interesting **than** his first one. | ... est moins ... que ... |
| Women's life expectancy is 81 years, **while** men's is 72. | ... tandis que ... |
| **While** the consumption of wine and beer is decreasing, the consumption of bottled water is increasing. | Alors que ... |

# Demandes et propositions

## Demandes

| | |
|---|---|
| **I'd like** another beer. | Je voudrais ... |
| **I'd like to** know the times of trains to Lille. | Je voudrais ... |
| **Could you** give us a hand? | Pourriez-vous ... |
| **Can you** tell Eleanor the good news? | Est-ce que vous pouvez ... |
| **Could you please** show me the way out? | Auriez-vous l'obligeance de ... |
| **Could I ask you for** a few minutes of your time? | Puis-je vous demander de ... |
| **Be an angel**, pop to the baker's for me. | Sois gentille ... |
| **If you wouldn't mind** waiting for a moment. | Merci de bien vouloir ... |
| **Would you mind** opening the window? | Est-ce que cela vous dérangerait de ... |
| **Would you be very kind and** save my seat for me? | Auriez-vous l'obligeance de ... |
| **I would be grateful if you** could reply as soon as possible. | Je vous serais reconnaissant de ... |

## Propositions

| | |
|---|---|
| **I can** come and pick you up **if** you like. | Je peux ... si ... |
| **I could** go with you. | Je pourrais ... |
| **Do you fancy** a bit of Stilton? | Ça te dit ... |
| **How about** a pear tart? | Que diriez-vous de ... |
| **Would you like to** see my photos? | Ça vous dirait de ... |
| **Would you like to** have dinner with me one evening? | Est-ce que vous voulez ... |
| **Do you want me to** go and get your car? | Est-ce que vous voulez que ... |

# Conseils et suggestions

## Comment demander conseil

| | |
|---|---|
| **What would you do, if you were me?** | À ma place, que feriez-vous ? |
| Would you accept, **if you were me?** | À ma place ... |
| **What's your opinion on this?** | Quel est votre avis sur la question ? |
| **What, in your opinion, should be done to** reduce pollution? | Que proposez-vous pour ... |
| **What would you advise?** | Que me conseillez-vous ? |

| | |
|---|---|
| What would you advise me to do? | Que me conseillez-vous de faire ? |
| Which would you recommend, Majorca or Ibiza? | Qu'est-ce que vous me conseillez ... |
| If we were to sponsor a player, who would you recommend? | ... lequel nous conseilleriez-vous ? |
| What strategy do you suggest? | Quelle ... proposez-vous ? |
| How would you deal with unemployment? | Qu'est-ce que vous proposez contre ... |

## Comment donner un conseil

| | |
|---|---|
| If I were you, I'd be a bit wary. | À votre place ... |
| If I were you I wouldn't say anything. | À ta place ... |
| Take my advice, buy your tickets in advance. | Je vous conseille de ... |
| A word of advice: read the instructions. | Un conseil ... |
| A useful tip: always have some pasta in your cupboard. | Un bon conseil ... |
| As you like languages, you ought to study as a translator. | ... vous devriez ... |
| You should see a specialist. | Vous devriez ... |
| You would do well to see a solicitor. | Vous feriez bien de ... |
| You would do better to spend the money on a new car. | Vous feriez mieux de ... |
| You could perhaps ask someone to go with you. | Vous pourriez peut-être ... |
| You could try being a little more understanding. | Vous pourriez ... |
| Perhaps you should speak to a plumber about it. | Il faudrait peut-être que ... |
| Perhaps we ought to try a different approach. | Il faudrait peut-être ... |
| Why don't you phone him? | Pourquoi ne pas ... |
| How about renting a video? | Et si on ... |
| How about 3 March at 10.30am? | ... ça vous va ? |
| It might be better to give her money rather than jewellery. | Il vaudrait peut-être mieux ... |
| It would be better to wait a bit. | Il serait préférable de ... |

## Mises en garde

| | |
|---|---|
| I warn you, I intend to get my own back. | Je vous préviens ... |
| I'd better warn you that he knows you did it. | Mieux vaut que je te prévienne ... |
| Don't forget to keep a copy of your income tax return. | N'oubliez pas de ... |

| Remember: appearances can be deceptive. | Méfiez-vous des apparences. |
|---|---|
| **Beware of** buying tickets from touts. | Attention ... |
| **Whatever you do, don't** leave your camera in the car. | Surtout, ne ... jamais ... |
| If you don't book early **you risk** being disappointed. | ... tu risques de ... |

## Intentions et souhaits

### Pour demander à quelqu'un ce qu'il compte faire

| What are you going to do? | Qu'est-ce que vous allez faire ? |
|---|---|
| **What will you do if** you fail your exams? | Qu'est-ce que tu vas faire si ... |
| **What are you going to do** when you get back? | Qu'allez-vous faire ... |
| **Do you have anything planned?** | Avez-vous des projets ? |
| **Can we expect you** next Sunday? | On compte sur vous ... |
| **Are you planning to** spend all of the holiday here? | Est-ce que tu comptes ... |
| **Are you planning on** staying long? | Vous comptez ... |
| **What are you planning to do with** your collection? | Que comptez-vous faire de ... |
| **What are you thinking of doing?** | Que comptez-vous faire ? |
| **Do you intend to** go into teaching? | Est-ce que tu as l'intention de ... |
| **Are you thinking of** making another film in Europe? | Songez-vous à ... |

### Pour dire ce qu'on a l'intention de faire

| **I was planning to** go to Ajaccio on 8 July. | Je comptais ... |
|---|---|
| **She plans to** go to India for a year. | Elle prévoit de ... |
| **There are plans to** build a new stadium. | Il est prévu de ... |
| The bank **intends to** close a hundred branches. | ... a l'intention de ... |
| **I am thinking of** giving up politics. | Je songe à ... |
| **I have decided to** get a divorce. | J'ai décidé de ... |
| **I have made up my mind to** stop smoking. | Je suis décidé à ... |
| **We never had any intention of** talking to the press. | Il n'a jamais été dans nos intentions de ... |
| **That's settled**, we'll go to Florida in May. | C'est décidé ... |
| For me, living abroad **is out of the question**. | Il n'est pas question ... de ... |

## Souhaits

| | |
|---|---|
| **I'd like to** be able to play as well as him. | Je voudrais ... |
| **I'd like to** go hang-gliding. | J'aimerais ... |
| **I would like** my photos to be published. | J'aimerais que ... |
| **I would like to have** had a brother. | J'aurais aimé ... |
| **I want to** act in films. | Je veux ... |
| Ian **wanted at all costs** to prevent his boss finding out. | ... voulait à tout prix ... |
| **We wish to** preserve our independence. | Nous souhaitons ... |
| **I hope to** have children. | J'espère ... |
| **We hope that** children will watch this programme with their parents. | Nous espérons que ... |
| **Do you dream of** winning the lottery? | Vous rêvez de ... |
| **I dream of** having a big house. | Mon rêve serait de ... |

# Obligation

| | |
|---|---|
| **I must** find somewhere to live. | Il faut que je ... |
| **We really must** see each other more often! | Il faut absolument qu'on ... |
| If you're going to Poland, **you must** learn Polish. | ... vous devez ... |
| He **made** his secretary answer all his calls. | ... exigeait que ... |
| My mother **makes me** eat spinach. | ... me force à ... |
| The hijackers **demanded that** the plane fly to New York. | ... ont exigé que ... |
| A serious illness **forced me to** cancel my holiday. | ... m'a obligé à ... |
| He **was obliged to** borrow more and more money. | ... a été obligé de ... |
| Mary **had no choice but to** invite him. | ... n'avait pas pu faire autrement que de ... |
| **The only thing you can do is** say no. | Tu ne peux pas faire autrement que de ... |
| Many mothers **have to** work; **they have no other option.** | ... sont obligées de ... elles n'ont pas le choix. |
| She had the baby adopted because **she had no other option.** | ... elle ne pouvait pas faire autrement. |
| School **is compulsory** until the age of sixteen. | ... est obligatoire ... |
| **It is essential to** know some history, if we are to understand the situation. | Il est indispensable de ... |

# Permission

## Comment demander la permission de faire quelque chose

| | |
|---|---|
| **Can I** use the phone? | Je peux … |
| **Can I** ask you something? | Je peux … |
| **Is it okay if** I come now, or is it too early? | Ça ne vous dérange pas si … |
| **Do you mind if** I smoke? | Ça ne vous dérange pas que … |
| **Do you mind if** I open the window? | Est-ce que ça vous dérange si … |
| **Would you mind if** I had a look in your briefcase, madam? | Vous permettez que … |
| **Could I have permission to** leave early? | Est-ce que je peux vous demander la permission de … |

## Autorisation

| | |
|---|---|
| Do as you please. | (Vous) faites comme vous voulez. |
| Go ahead! | Allez-y ! |
| No, of course I don't mind. | Bien sûr que non. |
| I have nothing against it. | Je n'y vois pas d'inconvénient. |
| Pupils **are allowed to** wear what they like. | … ont le droit de … |

## Défense

| | |
|---|---|
| **I forbid you to** go out! | Je te défends de … |
| **It's forbidden.** | C'est défendu. |
| Smoking in the toilet **is forbidden.** | Il est interdit de … |
| Child labour is **strictly forbidden by** a UN convention. | … formellement interdit par … |
| **No entry!** | Défense d'entrer ! |
| **No parking.** | Stationnement interdit. |
| **It's not allowed.** | C'est interdit. |
| **You are not allowed to** swim in the lake. | Il est interdit de … |
| **We weren't allowed to** eat or drink while on duty. | On n'avait pas le droit de … |
| **That's out of the question.** | Il n'en est pas question. |

# Certitude, probabilité et possibilité

## Certitude

**Undoubtedly**, there will be problems. — Il est certain que ...

**There is no doubt that** the country's image has suffered. — Il ne fait aucun doute que ...

**It's bound to** cause trouble. — Cela va sûrement ...

**Clearly** the company is in difficulties. — Il est évident que ...

A foreign tourist is **quite obviously** a rare sight here. — ... de toute évidence ...

**It is undeniable that** she was partly to blame. — Il est indéniable que ...

**I am sure** you will like my brother. — Je suis sûre que ...

**I am sure that** I will win. — Je suis sûr de ...

**I'm sure that** I won't get bored working with him. — J'ai la certitude que ...

**I am certain that** we are on the right track. — Je suis certain que ...

**I am convinced that** there are other solutions. — Je suis persuadé que ...

## Probabilité

The price of petrol will **probably** rise. — Il est probable que ...

Inflation will **very probably** exceed 10%. — ... très probablement ...

**It is highly probable that** they will abandon the project. — Il est fort probable que ...

The trend **is likely** to continue. — Il est probable que ...

80% of skin problems **undoubtedly** have psychological origins. — ... sans doute ...

They were **no doubt** right. — ... sans doute ...

The construction work **should** start in April. — ... devrait ...

**He must have** forgotten to open the windows. — Il a dû ...

## Possibilité

**It's possible.** — C'est possible.

**It is possible that** they got your name from the electoral register. — Il est possible que ...

**It is not impossible that** he has gone to Paris. — Il n'est pas impossible que ...

**That might be** more expensive. — Il se peut que ...

**He may have** misunderstood. — Il a peut-être ...

This virus **may** be extremely infectious. — Il se peut que ...

**It may be that** it will take time to achieve peace. — Il se peut que ...

In a few months everything **could** change. — ... peut ...

**Perhaps** I am mistaken. — Peut-être que ...

# Incertitude, improbabilité et impossibilité

## Incertitude

| | |
|---|---|
| **I'm not sure** it's useful. | Je ne suis pas sûr que ... |
| **I'm not sure** I'll manage. | Je ne suis pas certain de ... |
| **I'm not sure that** it's a good idea. | Je ne suis pas sûr que ... |
| **We cannot be sure that** the problem will be solved. | Il n'est pas sûr que ... |
| **I very much doubt** he'll adapt to not working. | Je doute fort que ... |
| Is it wise? **I doubt it.** | J'en doute. |
| He began to **have doubts about** his doctor's competence. | ... douter de ... |
| **I wonder if** we've made much progress in this area. | Je me demande si ... |
| **There is no guarantee that** a vaccine can be developed. | Il n'est pas certain que ... |
| **Nobody knows exactly** what happened. | Personne ne sait exactement ... |

## Improbabilité

| | |
|---|---|
| He **probably won't** change his mind. | ... ne ... probablement pas ... |
| **It is unlikely that** there'll be any tickets left. | Il est peu probable que ... |
| **I'd be surprised if** they had your size. | Ça m'étonnerait que ... |
| **They are not likely to** get the Nobel prize for Economics! | Ils ne risquent pas de ... |
| **There is not much chance** the growth rate will exceed 1.5%. | Il y a peu de chances que ... |
| **There's no danger** we'll get bored. | Nous ne risquons pas de ... |
| **It would be amazing if** everything went according to plan. | Il serait étonnant que ... |

## Impossibilité

| | |
|---|---|
| **It's impossible.** | C'est impossible. |
| **It is not possible for** the government to introduce this Bill before the recess. | Il n'est pas possible que ... |
| This information **cannot be** wrong. | Il est impossible que ... |
| **There is no chance of** their helping us. | Il n'y a aucune chance que ... |

# Salutations

| | |
|---|---|
| Hello! | Bonjour ! |
| Hi! | Salut ! |
| Good morning! | Bonjour ! |
| Good afternoon! | Bonjour ! |
| Good evening! | Bonsoir ! |
| How's it going? | Comment ça va ? |
| How's things? | Comment (ça) va ? |
| How's life? | Comment (ça) va ? |
| How are you? | Comment allez-vous ? |

## Réponses

| | |
|---|---|
| Very well, and you? | Très bien, merci, et vous ? |
| Fine, thanks. | Bien, merci. |
| Great! | Super bien ! |
| So-so. | Comme ci comme ça. |
| Could be worse. | On fait aller. |

## Présentations

| | |
|---|---|
| **This is** Charles. | Je te présente ... |
| **Let me introduce you to** my girlfriend. | Je vous présente ... |
| **I'd like you to meet** my husband. | Je vous présente ... |
| **I don't believe you know one another.** | Je ne crois pas que vous vous connaissiez. |

## Une fois qu'on a été présenté

| | |
|---|---|
| **Pleased to meet you.** | Enchanté. |
| **Hello, how do you do?** | Enchanté de faire votre connaissance. |
| **Hi, I'm** Jane. | Salut, moi c'est ... |

## Pour prendre congé

| | |
|---|---|
| Bye! | Au revoir ! |
| Goodbye! | Au revoir ! |
| Good night! | Bonne nuit ! |
| See you! | Ciao ! |
| See you later! | À tout à l'heure ! |

| | |
|---|---|
| See you soon! | À bientôt ! |
| See you tomorrow! | À demain ! |
| See you next week! | À la semaine prochaine ! |
| See you Thursday! | À jeudi ! |

## Vœux et félicitations

| | |
|---|---|
| Happy Birthday! | Bon anniversaire ! |
| Many happy returns! | Bon anniversaire ! |
| Merry Christmas! | Joyeux Noël ! |
| Happy New Year! | Bonne année ! |
| Happy Anniversary! | Bon anniversaire de mariage ! |
| Congratulations! | Félicitations ! |
| Welcome! | Soyez les bienvenus ! |
| Good luck! | Bonne chance ! |
| Safe journey! | Bon voyage ! |
| Have fun! | Amusez-vous bien ! |
| Get well soon! | Bon rétablissement ! |
| Take care! | Fais bien attention à toi ! |
| Cheers! | (À votre) santé ! |
| Enjoy your meal! | Bon appétit ! |

# Correspondance

## La rédaction de l'adresse en Grande-Bretagne

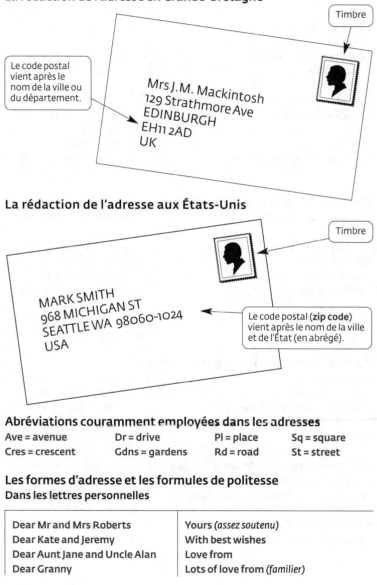

Timbre

Le code postal vient après le nom de la ville ou du département.

Mrs J.M. Mackintosh
129 Strathmore Ave
EDINBURGH
EH11 2AD
UK

## La rédaction de l'adresse aux États-Unis

Timbre

MARK SMITH
968 MICHIGAN ST
SEATTLE WA 98060-1024
USA

Le code postal (**zip code**) vient après le nom de la ville et de l'État (en abrégé).

## Abréviations couramment employées dans les adresses

| | | | |
|---|---|---|---|
| Ave = avenue | Dr = drive | Pl = place | Sq = square |
| Cres = crescent | Gdns = gardens | Rd = road | St = street |

## Les formes d'adresse et les formules de politesse
### Dans les lettres personnelles

| | |
|---|---|
| Dear Mr and Mrs Roberts | Yours *(assez soutenu)* |
| Dear Kate and Jeremy | With best wishes |
| Dear Aunt Jane and Uncle Alan | Love from |
| Dear Granny | Lots of love from *(familier)* |

## Dans les lettres d'affaires

| | |
|---|---|
| Dear Sirs<br>Dear Sir<br>Dear Madam<br>Dear Sir or Madam<br>Dear Professor Meldrum<br>Dear Ms Gilmour | Yours faithfully<br><br><br>Yours sincerely |

## Pour commencer une lettre personnelle

| | |
|---|---|
| It was lovely to hear from you. | Cela m'a fait plaisir d'avoir de vos nouvelles. |
| Thanks for your letter ... | Merci pour ta lettre ... |
| Sorry I haven't written sooner. | Je suis désolé de ne pas t'avoir écrit plus tôt. |

## Pour commencer une lettre d'affaires

| | |
|---|---|
| Thank you for your letter of ... | Je vous remercie de votre lettre du ... |
| In reply to your letter of ... | En réponse à votre lettre du ... |
| With reference to ... | Suite à ... |
| We are writing to you to ... | Nous vous écrivons pour ... |
| We are pleased to inform you ... | Nous avons le plaisir de vous informer ... |
| We regret to inform you ... | Nous sommes au regret de vous informer ... |

## Pour terminer une lettre personnelle

| | |
|---|---|
| Write soon. | Écris-moi vite. |
| Give my regards to ... | Transmettez mes amitiés à ... |
| ... sends his/her best wishes. | ... me charge de transmettre ses amitiés. |
| Give my love to ... | Embrasse ... de ma part. |

## Pour terminer une lettre d'affaires

| | |
|---|---|
| I look forward to hearing from you. | Dans l'attente de votre réponse. |
| Thanking you in advance for your help. | En vous remerciant à l'avance pour votre aide. |
| If you require any further information please do not hesitate to contact me. | N'hésitez pas à me contacter pour toute information complémentaire. |

# Lettre de remerciement

Adresse de l'expéditeur.

18 Slateford Ave
Leeds
LS24 3PR

25th May 2007

Date

Dear Gran and Grandpa,

Thank you both very much for the CDs which you sent me for my birthday. They are two of my favourite groups and I'll really enjoy listening to them.

There's not much news here. I seem to be spending most of my time studying for my exams which start in two weeks. I'm hoping to pass all of them but I'm not looking forward to the Maths exam as that's my worst subject.

Mum says that you're off to Crete on holiday next week, so I hope that you have a great time and come back with a good tan.

Tony sends his love.
With love from

Voir également les formules p.49.

# Pour réserver une chambre d'hôtel

Date

109 Bellview Road
Cumbernauld
CA7 4TX

14th June 2007

Mrs Elaine Crawford
Manager
Poppywell Cottage
Westleigh
Devon
DV3 8SP

Nom et adresse du destinataire.

Dear Mrs Crawford,

My sister stayed with you last year and has highly recommended your guest house.

I would like to reserve a room for one week from 18th-24th August of this year. I would be obliged if you would let me know how much this would be for two adults and two children, and whether you have a room free on those dates.

I hope to hear from you soon.

Yours sincerely,

*Andrew Naismith*

On utilise cette formule lorsque l'on connaît le nom de la personne.

# Lettre de réclamation

Voir également les formules p.50.

85 Rush Lane
Triptown
Lancs
LC4 2DT

20th February 2007

Woodpecker Restaurant
145 Main Street
Triptown
Lancs
LC4 3EF

Dear Sir/Madam

I was to have dined in your restaurant last Thursday by way of celebrating my wedding anniversary with my wife and young son but am writing to let you know of our great dissatisfaction.

I had reserved a corner table for two with a view of the lake. However, when we arrived we had to wait for more than 20 minutes for a table and even then, not in the area which I had chosen. There was no highchair for my son as was promised and your staff made no effort whatsoever to accommodate our needs. In fact, they were downright discourteous. Naturally we went elsewhere, and not only have you lost any future custom from me, but I will be sure to advise my friends and colleagues against your establishment.

Yours faithfully

*T. Greengage*

On utilise cette formule lorsque l'on commence la lettre par **Dear Sir** etc.

# Curriculum Vitæ

## CURRICULUM VITÆ

| | |
|---|---|
| **Name:** | Rosalind A. Williamson |
| **Address:** | 11 North Street, Barnton NE6 2BT |
| **Telephone:** | 01294 476230 |
| **E-mail:** | rosalind@metalcomp.co.uk |
| **Date of Birth:** | 18/4/1981 |
| **Nationality:** | British |
| **Marital Status:** | Single |

> Pour les diplômes obtenus en France, mettre le nom du diplôme suivi d'une brève description en anglais entre parenthèses.

### CAREER

*2/05 to date:* Sales and Marketing Executive, Metal Company plc, Barnton

*11/03-1/05:* Marketing Assistant, Metal Company plc

### QUALIFICATIONS

*1999-2003:* University of Newby BA (Hons) Italian with French – 2:1

*1992-1999:* Barnton Comprehensive School
*A-levels:* English Literature (D), French (B), Italian (A)
*GCSEs:* Art, Chemistry, English Language, English Literature, French, German, Italian, Maths

### OTHER SKILLS

Computer literate (Word for Windows, Excel, QuarkXPress), good keyboarding skills, full, clean driving licence.

### INTERESTS

Travel (have travelled extensively throughout Europe and North Amercia), riding and sailing.

### REFEREES

Ms Alice Bluegown
Sales and Marketing Manager
Metal Company plc
Barnton
NE4 3KL

Dr I.O. Sono
Department of Italian
University of Newby
Newby
S13 2RR

> Il est d'usage d'indiquer sur son C.V. les noms de deux personnes prêtes à fournir une recommandation à l'employeur potentiel. L'une d'entre elles doit normalement être un ancien employeur, ou, pour les étudiants, un professeur.

# Lettre de candidature

11 North Street
Barnton
NE6 2BY

18 August 2007

The Personnel Director
Clifton Manufacturing Ltd
Firebrick House
Clifton
MK45 6RB

Dear Sir or Madam

> Lorsqu'on ignore si le destinataire est un homme ou une femme, il convient d'utiliser la formule ci–contre. Toutefois, si l'on connaît le nom de la personne, on utilise la présentation suivante :
> **Mrs Lynn Kerr**
> **Personnel Director**
> **Clifton Manufacturing Ltd** etc.
> Pour commencer votre lettre, la formule à employer est la suivante :
> **Dear Mrs Kerr**

With reference to your advertisement in the Guardian of 15 August, I wish to apply for the position of Marketing Manager in your company.

I am currently employed as a Sales and Marketing Executive for the Metal Company in Barnton where my main role is maintaining and developing links with our customers within the UK and producing material for marketing purposes.

I am interested in this position as it offers an opportunity to apply my sales and marketing skills in a new and challenging direction. I enclose my Curriculum Vitae for your consideration. Please do not hesitate to contact me if you require any further details.

Yours faithfully

*Rosalind Williamson*

Enc.

> On utilise cette formule lorsque l'on commence la lettre par **Dear Sir or Madam** etc.

> = **enclosures**. On ajoute ceci lorsque l'on joint d'autres pièces à la lettre, un C.V. par exemple.

## Pour proposer un entretien

Les coordonnées de l'expéditeur sont souvent mentionnées pour faciliter le classement de la correspondance.

# Clifton Manufacturing Ltd.

Firebrick House • Clifton MK45 6RB
Tel: (01367) 345 900 • Fax: (01367) 345 901
E-mail: personnel@cliftman.co.uk

Ref: RW/LK

27 August 2007

Ms Rosalind Williamson
11 North Street
Barnton
NE6 2BT

Dear Ms Williamson

Following your recent application for the position of Marketing Manager, I would like to invite you to attend an interview at the above office on Friday 3 September at 11am.

The interview will be conducted by the Sales and Marketing Director and myself and should last approximately one hour.

If this date does not suit please notify Jane Simpson on extension 3287 to arrange an alternative date.

We look forward to meeting you.

Yours sincerely

*Lynn Kerr*

Lynn Kerr (Mrs)
*Personnel Director*

On utilise cette formule lorsque l'on commence la lettre par **Dear Ms Williamson** etc.

# Télécopie

## Brown & Sons

Northport Enterprise Park
Birmingham B45 6JH
Tel: 0121 346 3287
Fax: 0121 346 3288
E-mail: orders@brownandsons.co.uk

### FAX

**To:** Emma Scott, Westcott Hotel

**Date:** 6 November 2007

**From:** Malcolm Marshall

**No. of pages to follow:** 1

Re your order of 23 October for 100 tablecloths (Catalogue number 435789), I regret to inform you that these items are currently out of stock.

The next delivery will be in approximately four weeks' time. However, if this delay is unacceptable to you, please can you let me know so that I can cancel the order.

I am sorry for any inconvenience this may cause.

Regards

*Malcolm Marshall*

# Courrier électronique

## Envoyer des messages

| | | | | New Message | | | |
|---|---|---|---|---|---|---|---|
| File | Edit | View | Tools | **Compose** | Help | Send | |

| **To:** andrew@pmdesigns.co.uk | New | |
|---|---|---|
| **Cc:** | **Reply to Sender** | |
| **Bcc:** | **Reply to All** | |
| **Subject:** Meeting | Forward | |
| | **Attachment** | |

Re our conversation this morning, would next Monday morning
10am be convenient for a meeting about the project's progress?
If this doesn't suit, I'm also free Wednesday morning.

Mark

| New Message | Nouveau message |
|---|---|
| File | Fichier |
| Edit | Édition |
| View | Affichage |
| Tools | Outils |
| Compose | Composer |
| Help | Aide |
| Send | Envoyer |
| New | Nouveau message |
| Reply to Sender | Répondre |

# Courrier électronique

## Recevoir des messages

| | | | | |
|---|---|---|---|---|
| **Meeting** | | | | |
| File Edit View Tools Compose Help | | | | |

**From:** Andrew Collins (andrew@pmdesigns.co.uk)

**Sent:** 30 November 2007 8.30

**To:** mark.gordon@typo.co.uk

**Subject:** Meeting

> En anglais, l'adresse électronique s'énonce de la manière suivante : "**andrew at pmdesigns dot co dot uk**".

Mark,

Unfortunately I'm away on business all next week. Would it be possible to arrange a working lunch, Thursday or Friday of this week?

Sorry about this!

Andrew

| | |
|---|---|
| Reply to All | Répondre à tous |
| Forward | Faire suivre |
| Attachment | Fichier joint |
| To | À |
| Cc (carbon copy) | Cc |
| Bcc (blind carbon copy) | Copie cachée |
| Subject | Objet |
| From | De |
| Sent | Date |

# Téléphone

## Les différents types de communication

Local/national call.

Communication locale/ interurbaine.

I want to make an international call.

Je voudrais appeler l'étranger.

I want to make a reverse charge call *(Brit)* to a Paris number *ou* I want to call a Paris number collect *(US)*.

Je voudrais appeler ... en PCV.

How do I get an outside line?

Comment est-ce que je peux téléphoner à l'extérieur ?


## Les renseignements

What is the number for directory enquiries *(Brit)* ou directory assistance *(US)*?

Quel est le numéro des renseignements ?

Can you give me the number of Europost, 20 Cumberland Street, Newquay?

Je voudrais le numéro de ...

What is the code for Martinique?

Quel est l'indicatif de ...

What is the number for the speaking clock?

Quel est le numéro de l'horloge parlante ?


## Réponses

The number you require is 0181-613 3297. *(o-one-eight-one six-one-three three-two-nine-seven)*

Le numéro que vous avez demandé est le ...

I'm sorry, there's no listing under that name.

Je regrette, mais il n'y a pas d'abonné à ce nom.

The number you require is ex-directory *(Brit)* ou unlisted *(US)*.

Le numéro que vous avez demandé est sur liste rouge.


## Lorsque l'abonné répond

Could I speak to Mr Sanderson, please?

Pourrais-je parler à ...

Could you put me through to Dr Evans, please?

Pourriez-vous me passer ...

Can I have extension 6578, please?

Pourriez-vous me passer le poste ...

I'll call back in half an hour.

Je rappellerai dans ...

Would you ask him to ring me when he gets back?

Pourriez-vous lui demander de me rappeler à son retour ?

## Au standard

| | |
|---|---|
| Who shall I say is calling? | C'est de la part de qui ? |
| I'm putting you through. | Je vous le passe. |
| I have a call from Tokyo for Mrs Thomson. | J'ai un appel de … pour … |
| I've got Miss Martin on the line. | J'ai … en ligne. |
| Dr Roberts is on another line. Do you want to wait? | … est en ligne, vous patientez ? |
| Please hold. | Ne quittez pas. |
| There's no reply. | Ça ne répond pas. |
| Would you like to leave a message? | Voulez-vous laisser un message ? |

## Messages enregistrés

| | |
|---|---|
| The number you have dialled has not been recognized. Please hang up. | Le numéro de votre correspondant n'est plus attribué. Veuillez raccrocher. |
| The number you have dialled has been changed to 020-7789 0044. | Le numéro de votre correspondant a changé. Veuillez composer désormais le … |
| All the lines are busy right now. Please try again later. | Par suite de l'encombrement des lignes, votre appel ne peut aboutir. Veuillez rappeler ultérieurement. |
| Hello, you have reached Sunspot Insurance. Please wait, your call will be answered shortly. | Bonjour, vous êtes en communication avec … Veuillez patienter, nous allons donner suite à votre appel dans quelques instants. |
| Hello, you are through to Emma and Matthew Hargreaves. Please leave a message after the tone and we'll get back to you. Thanks. | Bonjour, vous êtes bien chez … Laissez un message après le bip sonore et nous vous rappellerons dès notre retour. |

## Pour répondre au téléphone

| | |
|---|---|
| Hello, it's Anne speaking. | Allô, c'est … à l'appareil. |
| Speaking. | C'est moi. |
| Who's speaking? | Qui est à l'appareil ? |

## En cas de difficulté

| | |
|---|---|
| I can't get through. | Je n'arrive pas à avoir le numéro. |
| Their phone is out of order. | Leur téléphone est en dérangement. |
| We have been cut off. | Nous avons été coupés. |
| I must have dialled the wrong number. | J'ai dû faire un faux numéro. |
| We've got a crossed line. | Il y a quelqu'un d'autre sur la ligne. |
| This is a very bad line. | La ligne est très mauvaise. |

# L'anglais en situation

# French in action

## Collaborateurs/Contributors

Rose Rociola  Daphne Day

## Coordination/Coordination

Isobel Gordon

# Introduction

The aim of **French in action** is to help you express yourself simply but correctly in fluent, natural French.

The **Sentence builder** section provides hundreds of phrases in which the key elements have been translated, providing an invaluable point of reference when you then construct your own sentences.

The section on correspondence provides practical models of personal and business letters, job applications and CVs, together with examples of standard opening and closing formulae and information on how to address an envelope. This section also offers guidance notes to help the user adapt these models to his/her needs.

A separate section covers fax and e-mail correspondence as well as all the expressions you might need to make different types of phone calls.

We hope you will find **French in action** both relevant and useful and that, used in conjunction with the dictionary, it will improve your understanding and enjoyment of French.

# Contents

# Introduction

**L'anglais en situation** a pour objectif de vous aider à vous exprimer en anglais, dans un style simple et naturel.

Dans le **Mémo des tournures essentielles**, vous trouverez des centaines d'expressions anglaises de base, qui vous permettront de construire vos propres phrases dans toutes sortes de contextes.

La partie correspondance contient des modèles de lettres de tous genres, dont vous pourrez vous inspirer pour rédiger à votre tour vos lettres, que ce soit dans un contexte privé ou professionnel. Si vous êtes à la recherche d'un travail, vous y trouverez également des exemples de curriculum vitæ et de lettres de candidature. Pour vous permettre d'adapter ces modèles à vos besoins, nous vous donnons en outre une liste des formules de politesse employées en début et en fin de lettre.

La dernière partie est consacrée à la communication par télécopie, par courrier électronique et par téléphone, et comprend une liste des expressions de base les plus couramment utilisées au téléphone.

**L'anglais en situation**, complément indispensable de votre dictionnaire, vous permettra de vous exprimer avec aisance dans toutes les situations.

# Table des matières

# Grammaire anglaise

# Table des matières

## 1.1    **Noms dénombrables** et indénombrables

Certaines choses sont vues comme des éléments individuels pouvant être comptés un par un. Les noms qui servent à les décrire sont des **noms dénombrables** qui possèdent une forme au singulier ainsi qu'une forme au **pluriel** avec la terminaison **-s**. Attention aux changements orthographiques que peut entraîner l'ajout de terminaisons :

> **... one table, ... two cats, ... three hundred pounds**
> *... une table, ... deux chats, ... trois cents livres*

➤ Certains noms possèdent des pluriels irréguliers, qui ne se forment pas avec la terminaison **-s** :

| | |
|---|---|
| child → children | foot → feet |
| man → men | mouse → mice |
| tooth → teeth | woman → women |

Il existe par ailleurs des choses dont on considère qu'elles ne peuvent se compter une par une ; on les désigne par des **noms indénombrables** :

**The donkey needed food and water.**
*L'âne avait besoin de nourriture et d'eau.*
**All prices include travel to and from London.**
*Tous les prix incluent l'aller-retour à Londres.*

Souvent, ces choses se rapportent à :

| | |
|---|---|
| des substances : | **coal ▲ food ▲ ice ▲ iron ▲ rice ▲ steel ▲ water** |
| des qualités humaines : | **courage ▲ cruelty ▲ honesty ▲ patience** |
| des sentiments : | **anger ▲ happiness ▲ joy ▲ pride ▲ relief ▲ respect** |
| des activités : | **aid ▲ help ▲ sleep ▲ travel ▲ work** |
| des abstractions : | **beauty ▲ death ▲ freedom ▲ fun ▲ life ▲ luck** |

**Attention** : dans certains cas, l'anglais utilise un indénombrable pour désigner quelque chose qui en français est dénombrable, du fait qu'il considère l'ensemble des éléments plutôt que les éléments de l'ensemble un par un. Par

exemple, **furniture** signifie « mobilier, meubles » et pour dire « un meuble »,
il faut utiliser l'expression **a piece of furniture**. Souvenez-vous des règles
suivantes quand vous employez des indénombrables :

- Les indénombrables n'ont qu'une seule forme. Ils ne possèdent pas de
  pluriel :

> advice ▲ baggage ▲ equipment ▲ furniture ▲
> homework ▲ information ▲ knowledge ▲ luggage
> machinery ▲ money ▲ news ▲ traffic

**I needed help with my homework.**
*J'avais besoin d'aide pour mes devoirs.*
**The children had great fun playing with the puppets.**
*Les enfants s'amusaient beaucoup avec les marionnettes.*
**We want to spend more money on education.**
*Nous voulons dépenser plus pour l'enseignement.*

- Certains indénombrables se terminent en **-s** et ressemblent à des
  dénombrables au pluriel.

Ils désignent souvent :

| des disciplines scolaires : | **mathematics ▲ physics** |
|---|---|
| des activités : | **athletics ▲ gymnastics** |
| des jeux : | **cards ▲ darts ▲ skittles** |
| des maladies : | **measles ▲ mumps** |

**Mathematics is too difficult for me.**
*Les maths, c'est trop difficile pour moi.*

- Les indénombrables s'utilisent sans l'article **a** :

**They resent having to pay money to people like me.**
*Ils n'aiment pas avoir à payer des gens comme moi.*
**My father started work when he was 16.**
*Mon père a commencé à travailler quand il avait 16 ans.*

- Ils s'utilisent avec **the** lorsqu'ils font référence à quelque chose de
  spécifique ou de connu :

**I am interested in the education of young children.**
*Je m'intéresse à l'éducation des jeunes enfants.*
**I liked the music in the song, but the words were boring.**
*J'ai aimé la musique de la chanson, mais les paroles étaient ennuyeuses.*

- Les indénombrables s'emploient souvent avec des tournures désignant une quantité approximative comme **some**, ou un élément comme **a loaf of**, **packets of** ou **a piece of**. **A bit of** est courant dans la langue parlée :

**Please buy some bread when you go to the shop.**
*Achète du pain quand tu iras à l'épicerie, s'il te plaît.*
**Let me give you some advice.**
*Laisse-moi te donner un conseil.*
**He gave me a very good piece of advice.**
*Il m'a donné un très bon conseil.*
**I could do with a bit of help.**
*Ça m'arrangerait qu'on m'aide un peu.*

- Certains indénombrables relatifs à la nourriture ou à la boisson peuvent devenir dénombrables lorsqu'ils désignent des quantités définies :

**Do you like coffee?** (indénombrable)
*Est-ce que tu aimes le café ?*
**We asked for two coffees.** (dénombrable)
*Nous avons demandé deux cafés.*

- Certains noms sont indénombrables lorsqu'ils font référence à quelque chose en général et dénombrables quand ils renvoient à un cas particulier :

**Victory was now assured.**
*La victoire était maintenant assurée.*
**The political party won a convincing victory.**
*Le parti a remporté une nette victoire.*

- Certains noms s'emploient normalement au **singulier** avec **a** car ils désignent des activités concrètes :

> bath ▲ chance ▲ drink ▲ fight ▲ go ▲ jog
> move ▲ rest ▲ ride ▲ run ▲ shower ▲ smoke
> snooze ▲ start ▲ walk ▲ wash

**Why don't we go outside for a smoke?**
*Et si on sortait pour fumer ?*
**I went upstairs for a wash.**
*Je suis monté à l'étage pour me laver.*

- D'autres noms peuvent s'employer au pluriel ou au singulier mais avec un sens différent :

  **Troops are being sent in today.**
  *Des troupes sont envoyées aujourd'hui.*
  **A troop of children ran past.**
  *Une bande d'enfants passa en courant.*

- Certains d'entre eux sont toujours accompagnés d'un déterminant :

  > authorities ▲ likes ▲ pictures ▲ travels

  **I went to the pictures with Tina.**
  *Je suis allé au cinéma avec Tina.*

- D'autres au contraire s'emploient généralement sans déterminant :

  > airs ▲ expenses ▲ goods ▲ refreshments ▲ riches

  **They have agreed to pay for travel and expenses.**
  *Ils ont accepté de payer le déplacement et les frais.*

## 1.2 Les noms collectifs

Avec un **nom collectif**, nom qui désigne un groupe de personnes ou de choses, le verbe peut être au pluriel ou au singulier selon que le groupe est vu comme un seul ensemble ou plusieurs individus :

> army ▲ audience ▲ committee ▲ company ▲ crew ▲ enemy
> family ▲ flock ▲ gang ▲ government ▲ group ▲ herd ▲ navy
> press ▲ public ▲ staff ▲ team ▲ data ▲ media

**Our family is well known in the village.**
*Notre famille est bien connue dans le village.*
**My family are from the North.**
*Ma famille vient du nord.*

**1.3**  Un nom peut être accompagné d'autres mots qui spécifient son sens et qui font partie du groupe nominal. Ces mots peuvent être des déterminants, des adjectifs, un autre nom éventuellement précédé d'une préposition ou suivi d'un pronom relatif (« que… ») :

**He was eating a cake.**
*Il mangeait un gâteau.*
**He was using blue ink.**
*Il utilisait de l'encre bleue.*
**I like chocolate cake.**
*J'aime le gâteau au chocolat.*
**I spoke to a girl in a dark grey dress.**
*J'ai parlé à une fille qui portait une robe gris foncé.*
**She wrote to the man who employed me.**
*Elle a écrit à l'homme qui m'employait.*
**The front door of the house was wide open.**
*La porte d'entrée de la maison était grande ouverte.*

**1.4**  Lorsqu'un nom spécifie le sens d'un autre, il est placé juste devant. En français, on emploie une construction avec une préposition (« de, à ») ou parfois un adjectif.

**… a mathematics exam.**
*… un examen de mathématiques.*
**… chocolate cake.**
*… un gâteau au chocolat.*
**… the oil industry.**
*…l'industrie pétrolière.*

**1.5**  On emploie un groupe comportant la préposition **of** :

- Après des noms qui font référence à une action ou un fait pour en indiquer le sujet ou l'objet :

**… the arrival of the police.**
*… l'arrivée de la police.*
**… the destruction of their city.**
*… la destruction de leur ville.*

- Pour dire de quelle matière une chose est faite :

  **... a wall of stone**
  *... un mur de ou en pierres*

- Pour parler du thème d'un texte ou d'une image :

  **... a picture of them in the paper**
  *... une photo d'eux dans le journal*

**1.6**  Le groupe nominal peut comporter d'autres prépositions :

- Quand on décrit quelque chose ou quelqu'un à partir d'un lieu auquel on l'associe, on emploie la préposition de lieu correspondante :

  **... the house on the prairie**
  *... la maison dans la prairie*
  **... the woman in the shop**
  *... la femme de la boutique*

- **with** pour indiquer ce qu'une personne a sur elle :

  **... a girl with red hair.**
  *... une fille aux cheveux roux.*
  **... the man with the gun.**
  *... l'homme au pistolet.*

- **in** quand on veut indiquer ce qu'une personne porte sur elle :

  **... a man in a raincoat.**
  *... un homme portant un imperméable*
  **... the man in dark glasses.**
  *...l'homme aux lunettes noires*

- **to** avec les noms suivants :

  > **alternative ▲ answer ▲ approach ▲ attitude**
  > **devotion ▲ introduction ▲ invitation ▲ reaction**
  > **reference ▲ resistance ▲ return**

**This was my first real introduction to Africa.**
*C'était mon premier vrai contact avec l'Afrique.*

- **for** avec les noms suivants :

> admiration ▲ desire ▲ dislike ▲ need ▲ reason ▲ respect
> responsibility ▲ search ▲ substitute ▲ taste ▲ thirst

**Their need for money is growing fast.**
*Leur besoin d'argent croît rapidement.*

- **on** avec les noms suivants :

> agreement ▲ attack ▲ comment ▲ effect ▲ tax

**It won't have any effect on him.**
*Ça n'aura aucun effet sur lui.*

- **in** avec les noms suivants :

> decrease ▲ difficulty ▲ fall ▲ increase ▲ rise

**They demanded a large increase in wages.**
*Ils exigeaient une grosse augmentation de salaire.*

**1.7** Pour indiquer à qui appartient quelque chose, on utilise un nom suivi d'une apostrophe et d'un **s** (**'s**) :

**Sylvia put her hand on John's arm.**
*Sylvia posa la main sur le bras de John.*
**Could you give me Charles's address?**
*Pourrais tu me donner l'adresse de Charles ?*
**They have bought Sue and Tim's car.**
*Ils ont acheté la voiture de Sue et Tim.*

Si le nom est un pluriel se terminant par **–s**, on met seulement l'apostrophe. Si le pluriel ne se termine pas en **-s**, on ajoute l'apostrophe et le **s** :

**It is not his parents' problem.**
*Ce n'est pas le problème de ses parents.*

**Where are the children's shoes?**
*Où sont les chaussures des enfants ?*

Cette forme s'emploie beaucoup pour faire référence au domicile de quelqu'un ou à l'endroit où travaille un professionnel spécialisé. Elle sous-entend les mots **house** ou **shop** :

**He's round at David's.**
*Il est chez David.*
**She must go to the chemist's.**
*Elle doit aller à la pharmacie.*

Elle s'utilise aussi quand une tournure temporelle est utilisée pour décrire un autre nom :

**They have four weeks' holiday per year.**
*Ils ont quatre semaines de vacances par an.*

## 1.8    Pronoms

On utilise un **pronom personnel** pour remplacer un nom :

**John took the book and opened it.**
*John prit le livre et l'ouvrit.*
**My father is fat – he weighs over fifteen stone.**
*Mon père est gros – il pèse plus de quatre-vingt-quinze kilos.*
**He rang Mary and invited her to dinner.**
*Il a appelé Mary et l'a invitée à dîner.*
**"Have you been to London?" – "Yes, it was very crowded."**
*« Tu es allé à Londres ? » – « Oui, il y avait beaucoup de monde »*
**I do the washing, he does the cooking.**
*Je fais la vaisselle, il fait la cuisine.*

1.9    Les pronoms, comme les noms, peuvent avoir deux fonctions vis-à-vis du verbe : sujet ou objet. Les pronoms objets peuvent être soit objets directs du verbe soit s'employer après une préposition ou après **be** quand c'est le verbe principal.

- Formes **sujets** :

> I ▲ you ▲ he ▲ she ▲ it ▲ we ▲ you ▲ they

- Formes **objets** :

> me ▲ you ▲ him ▲ her ▲ it ▲ us ▲ you ▲ them

**We were all sitting in a cafe with him.**
*Nous étions tous assis avec lui dans un café.*
**Did you give it to them?**
*Tu le leur as donné ?*
**Who is it? - It's me.**
*Qui est-ce ? - C'est moi.*
**There was only John, Baz and me in the room.**
*Il n'y avait que John, Baz et moi dans la pièce.*

➤ Attention : l'anglais utilise **you** pour tutoyer comme pour vouvoyer. La
distinction que le français fait entre « tu » et « vous » est exprimée par le
contexte en anglais.

**1.10** **You** et **they** peuvent s'employer pour parler des gens en général et
équivalent alors à « on » ou à une forme impersonnelle :

**They say she's very clever.**
*On dit qu'elle est très intelligente.*
**You have to drive on the left side of the road in Britain.**
*En Grande-Bretagne, il faut conduire à gauche.*

**1.11** **It** peut s'employer comme sujet impersonnel pour exprimer des
généralités à propos de l'heure, de la date, du temps qu'il fait :

**What time is it?**
*Quelle heure est-il ?*
**It is January 19th.**
*On est le 19 janvier.*
**It is rainy and cold.**
*Il pleut et il fait froid.*
**It is too far to walk.**
*C'est trop loin pour y aller à pied.*
**I like it here. Can we stay a bit longer?**
*J'aime bien cet endroit. Est-ce qu'on peut rester un peu plus ?*

**1.12** **They/them** peuvent renvoyer à :

- **Somebody/someone**, **anybody/anyone**, même si ceux-ci sont toujours suivis d'un verbe au singulier :

  **If anybody comes, tell them I'm not in.**
  *Si jamais quelqu'un vient, dites-lui que je ne suis pas là.*

- Des noms collectifs, même après un verbe au singulier :

  **His family was waiting in the next room, but they had not yet been informed.**
  *Sa famille attendait dans la pièce voisine, mais n'avait pas encore été informée.*

## 1.13 Pronoms possessifs

Quand on veut dire à qui appartient quelque chose, on utilise un **pronom possessif** :

> **mine ▲ yours ▲ his ▲ hers ▲ ours ▲ theirs**

**Is that coffee yours or mine?**
*Ce café est le tien ou le mien ?*
**It was his fault, not ours.**
*C'était sa faute, pas la nôtre.*

## 1.14 Pronoms réfléchis

Quand le pronom objet désigne la même personne que le sujet, on emploie un **pronom réfléchi** :

> Singulier : **myself ▲ yourself ▲ himself ▲ herself ▲ itself**
> Pluriel : **ourselves ▲ yourselves ▲ themselves**

**He should give himself more time.**
*Il devrait se donner plus de temps.*

Les pronoms réfléchis s'emploient aussi pour créer un effet d'insistance. Dans ce cas, ils équivalent à « moi(-même), toi(-même), soi(-même) » etc. :

**I made it myself.**
*Je l'ai fait moi-même.*

On les emploie aussi après une préposition, sauf dans les locutions adverbiales de lieu et après la préposition **with** lorsqu'elle signifie « en compagnie de », même si la personne dont il s'agit est la même que le sujet :

> **Tell me about yourself.**
> *Parle-moi de toi.*
> **You should have your notes in front of you.**
> *Tu devrais avoir tes notes devant toi.*
> **He would have to bring Judy with him.**
> *Il faudrait qu'il vienne avec Judy.*

## 1.15  one, ones

**One**, **ones** sont des pronoms que l'on emploie pour parler de choses qui relèvent du même type mais se distinguent par certaines caractéristiques. Ils permettent de ne pas avoir à mentionner à nouveau le type de chose dont on parle et de ne parler que de ce qui la distingue de l'autre :

> **My car is the blue one.**
> *Ma voiture est la bleue.*
> **Don't you have one with buttons instead of a zip?**
> *Vous n'en avez pas un avec des boutons plutôt qu'une fermeture éclair® ?*
> **Are the new curtains longer than the old ones?**
> *Est-ce que les nouveaux rideaux sont plus longs que les anciens ?*

**1.16**  **One** s'emploie en anglais recherché pour énoncer une généralité à partir de son propre cas, afin de donner l'impression que l'opinion exprimée est largement partagée :

> **One has to think of the practical side of things.**
> *Il faut penser à l'aspect pratique des choses.*
> **One never knows what to say in such situations.**
> *On ne sait jamais que dire dans de telles situations.*

## 1.17  Déterminants

Devant un nom ou un adjectif (au début du groupe nominal, donc) on emploie souvent un **déterminant**. Il y en a de différentes sortes : certains s'utilisent pour désigner quelque chose de concret ou qui a déjà été nommé, d'autres renvoient à quelque chose de général, qu'on évoque pour la première fois. Beaucoup peuvent aussi s'employer comme pronoms.

Les déterminants sont :

**the**
**this** ▲ **these** ▲ **that** ▲ **those**
**a/an**
**some** ▲ **any** ▲ **no**

les quantifieurs    **much** ▲ **many** ▲ **little** ▲ **few** ▲ **all** ▲ **most** ▲ **a little** ▲
**a few** ▲ **the whole** ▲ **every** ▲ **each** ▲ **both** ▲ **half** ▲ **either** ▲
**other** ▲ **another** ▲ **more** ▲ **less** ▲ **fewer**

les adjectifs possessifs **my** ▲ **your** ▲ **his** ▲ **her** ▲ **its** ▲ **our** ▲ **their**
les adjectifs interrogatifs **what** ▲ **which** ▲ **whose**
les numéraux **one** ▲ **two** ▲ **three** ▲ **four** ...

**I met the two Swedish girls in London.**
*J'ai rencontré les deux Suédoises à Londres.*
**I don't like this picture.**
*Je n'aime pas cette photo.*
**There was a man in the lift.**
*Il y avait un homme dans l'ascenseur.*
**He was treated like any other customer.**
*On l'a traité comme n'importe quel client.*
**There weren't many people.**
*Il n'y avait pas beaucoup de monde.*
**Most people agreed.**
*La plupart des gens étaient d'accord.*
**We need more time.**
*Nous avons besoin de plus de temps.*
**We ought to eat less fat.**
*Nous devrions manger moins de graisse.*
**Few people like him.**
*Peu de gens l'apprécient.*
**We had a few drinks.**
*Nous avons bu quelques verres.*

**1.18** **The** s'utilise généralement comme les articles définis français
correspondants « le, la, les » :

**The girls were not at home.**
*Les filles n'étaient pas à la maison.*

**I don't like using the phone.**
*Je n'aime pas me servir du téléphone.*
**My father's favourite flower is the rose.**
*La fleur préférée de mon père est la rose.*
**We spent our holidays in the Canaries.**
*Nous avons passé nos vacances aux Canaries.*

**1.19** En anglais, pour parler d'un type de chose, d'animal ou de personne de manière générale, on utilise le pluriel du nom seul :

**Many adults don't listen to children.**
*Beaucoup d'adultes n'écoutent pas les enfants.*
**Dogs are mammals, the same as mice and whales.**
*Les chiens sont des mammifères, comme les souris et les baleines.*

➤ Notez que l'on peut aussi parler d'un type de chose, d'animal ou de personne en termes généraux avec un nom au singulier. On utilise alors **the** :

**The dog is a mammal, the same as the mouse and the whale.**
*Le chien est un mammifère, comme la souris et la baleine.*

**1.20** On n'emploie pas **the** dans les locutions adverbiales de temps construites avec **at, by, on** :

**on Monday, by night**
*lundi, la nuit*

• On ne l'emploie pas non plus avec les noms de lacs et de montagnes (mais on l'emploie avec les noms de chaînes de montagnes) :

**Lake Michigan is in the north of the United States.**
*Le lac Michigan est dans le nord des États-Unis.*
**Mount Everest is in the Himalayas and Aconcagua in the Andes.**
*Le mont Everest est dans l'Himalaya et l'Aconcagua dans les Andes.*

• Il n'est pas employé dans les adresses, ni pour dire les chiffres ou les lettres :

**A famous shopping area of London is Oxford Street.**
*Oxford Street est un quartier commerçant connu de Londres .*

**The main post office is at 11 Union Street.**
*La grande poste est au 11, Union Street.*
**The winning number is three thousand five hundred and forty-five.**
*Le numéro gagnant est trois mille cinq cent quarante-cinq.*
**Z is the last letter of the alphabet.**
*Le z est la dernière lettre de l'alphabet.*

- On l'utilise avec des adjectifs comme **rich**, **poor**, **young**, **old** et **unemployed** ainsi qu'avec certains adjectifs de nationalité pour parler des groupes de personnes auxquels ils se rapportent :

**They were discussing the problem of the unemployed.**
*Ils débattaient du problème des chômeurs.*
**The French are opposed to the idea.**
*Les Français sont opposés à cette idée.*

## 1.21    this, that, these, those

**This** signifie « ce, cet, cette » et **these** est sa forme plurielle (« ces »). **That** signifie « ce, cet, cette » ; il est employé à la place de **this** dans certains contextes comme par exemple lorsqu'on veut indiquer L'éloignement. **Those** est sa forme plurielle :

**This book is a present from my mother.**
*Ce livre est un cadeau de ma mère.*
**When did you buy that hat?**
*Quand as-tu acheté ce chapeau ?*

Ces déterminants s'utilisent aussi comme des pronoms :

**This is a list of rules.**
*Ceci est une liste de règles.*
**'I brought you these'. Adam held out a bag of grapes.**
*« Je t'ai apporté ça ». Adam me tendit un sac de raisin.*
**That looks interesting.**
*Ça a l'air intéressant.*
**Those are mine.**
*Celles-là sont les miennes.*

Ils peuvent aussi s'employer sans nom, pour parler de choses qui ont déjà été mentionnées ou que l'on s'apprête à mentionner :

**That was an interesting word you used just now.**
*Tu viens d'utiliser un mot intéressant.*
**These are not easy questions to answer.**
*Ce ne sont pas des questions auxquelles il est facile de répondre.*
**This is what I want to say: it wasn't my idea.**
*Voici ce que je veux dire : ce n'était pas mon idée.*

**1.22** **A/an** s'utilisent comme leurs équivalents français, les articles indéfinis « un, une » :

**I got a postcard from Susan.**
*J'ai reçu une carte postale de Susan.*
**His brother was a sensitive child.**
*Son frère était un enfant sensible.*
**I chose a picture which reminded me of my own country.**
*J'ai choisi une image qui me rappelait mon propre pays.*

On écrit **an** devant un mot qui commence par une voyelle :

**an apple**
**an honest man**
**an hour**

Si le son n'est pas une voyelle ou si c'est une semi-voyelle, il s'écrit **a** :

**a university**
**a hamster**

• Pour parler de la profession de quelqu'un, on utilise **a/an** après **be** et les autres verbes qui introduisent un attribut du sujet :

**He became a school teacher.**
*Il est devenu professeur.*
**She is a model and an artist.**
*Elle est mannequin et artiste.*

➤ Notez que quand on veut insister sur la quantité, c'est-à-dire préciser qu'il ne s'agit pas de deux, trois, quatre... mais bien d'un seul, on emploie **one** :

**I got (only) one postcard from Susan (in the three years she was abroad).**
*J'ai reçu (seulement) une carte postale de Susan (pendant les trois ans où elle était à l'étranger).*

- On utilise par ailleurs **a/an** avec **hundred** et **thousand**, qui peuvent aussi s'employer avec **one** :

  **I've just spent a hundred pounds.**
  *Je viens de dépenser cent livres.*
  **I've told you a thousand times!**
  *Je te l'ai dit mille fois !*

- **A/an** s'emploie en parlant de quantités, dans les expressions utilisées pour dire « et demi » ou « et quart » :

  **One and a half sugars in my coffee, please.**
  *Un sucre et demi dans mon café, s'il vous plaît.*

- On l'utilise avant ou après **half** pour dire « un demi-, une demi- » :

  **You'll have to walk for half an hour.**
  *Vous devrez marcher une demi-heure.*

## 1.23 some ; any ; no

- **Some** et **any** sont utilisés comme articles indéfinis pluriels :

  **He has bought some plants for the house.**
  *Il a acheté des plantes pour la maison.*

- **Some** et **any** s'emploient pour parler d'une quantité indéterminée :

  **There's some chocolate cake over there.**
  *Il y a du gâteau au chocolat là-bas.*
  **I had some good ideas.**
  *J'ai eu de bonnes idées.*
  **Ask her if you have any questions.**
  *Demandez-lui si vous avez des questions.*

- **Some** peut s'employer dans des questions polies ou quand on attend une réponse positive :

  **Would you like some coffee?**
  *Est-ce que tu voudrais du café ?*
  **Could you give me some examples?**
  *Est-ce que tu pourrais me donner des exemples ?*

- **Any** s'emploie dans les questions et les négations. On l'utilise aussi avec les noms au singulier dans le sens de « n'importe quel » :

  **Are there any apples left?**
  *Est-ce qu'il reste des pommes ?*
  **I don't have any money.**
  *Je n'ai pas d'argent.*
  **Any container will do.**
  *N'importe quel récipient conviendra.*

- **No** peut s'employer au lieu de **any** dans une négation :

  **I don't see any problem in that./I see no problem in that.**
  *Je ne vois aucun problème.*

- **Some** et **any** peuvent s'employer à la place du nom, comme des pronoms. Dans le cas de **no**, le pronom correspondant est **none** :

  **You need change? I think I've got some on me.**
  *Tu as besoin de monnaie ? Je crois que j'en ai sur moi.*
  **Children? – No, I don't have any./No, I have none.**
  *Des enfants ? – Non, je n'en ai pas.*

- On utilise **some** et **any** avec les indénombrables dans le sens de « du, de la » ou, dans des contextes négatifs, pour dire « pas de, sans » :

  **I have left some food for you in the fridge.**
  *Je t'ai laissé de quoi manger dans le frigo.*
  **He's left me with no money.**
  *Il m'a laissé sans argent.*

- On les emploie avec des noms pluriels dans le sens de « certains, des » ou « aucun » :

**Some trains are running late.**
*Certains trains ont du retard.*
**Are there any jobs only men can do?**
*Y a-t-il des emplois que seuls les hommes peuvent occuper ?*
**There weren't any tomatoes left./There were no tomatoes left.**
*Il ne restait pas de tomates.*

**1.24** **Some**, **any**, **no** et **every** se combinent avec **-body** ou **-one** pour dire
« quelqu'un, n'importe qui, personne, tout le monde », avec **-thing**
pour dire « quelque chose, n'importe quoi, rien, tout », et avec **-where**
pour dire « quelque part, n'importe où, nulle part, partout » :

> anybody ▲ anyone ▲ anything ▲ anywhere
> everywhere ▲ everybody ▲ everyone ▲ everything
> nobody ▲ no one ▲ nothing ▲ nowhere
> somewhere ▲ somebody ▲ someone ▲ something

**I was there for an hour before anybody came.**
*J'ai attendu une heure avant que quelqu'un ne vienne.*
**It had to be someone with a car.**
*Il fallait que ce soit quelqu'un qui ait une voiture.*
**Jane said nothing for a while.**
*Pendant un moment, Jane n'a rien dit.*
**Everyone knows that.**
*Tout le monde sait ça.*

- Si ces mots sont en position de sujet du verbe, celui-ci est au singulier
  bien que l'on fasse référence à plus d'une personne ou plus d'une chose :

**Everyone knows that.**
*Tout le monde sait ça.*
**Is anybody there?**
*Il y a quelqu'un ?*

- Après une forme combinée avec **-body** ou **-one**, on utilise le pronom
  personnel **they** et un verbe au pluriel :

**Anybody can say what they think.**
*Tout le monde peut dire ce qu'il pense.*

- On utilise ces formes suivies de **else** pour dire « plus, autre, différent » :

**I don't want to see anybody else today.**
*Je ne veux voir personne d'autre aujourd'hui.*
**I don't like it here. Let's go somewhere else.**
*Je n'aime pas cet endroit. Allons ailleurs.*

**1.25** « Beaucoup » se dit **much** avec un indénombrable, dans le sens de « une grande quantité de » ou **many** dans le sens de « un grand nombre de ». De même, « peu de » se dit **little** quand on veut dire « une petite quantité de » et **few** quand on veut dire « un petit nombre de » :

**I haven't got much time.**
*Je n'ai pas beaucoup de temps.*
**He wrote many novels.**
*Il a écrit de nombreux romans.*
**He has little time for that.**
*Il a peu de temps pour cela.*
**Visitors to our house? There were few.**
*Des visiteurs ? Nous en avions peu.*

**1.26** **Much** s'emploie seulement dans des négations sauf quand il accompagne **very**, **so** et **too** :

**He didn't speak much English.**
*Il ne parlait pas beaucoup anglais.*

**1.27** Au lieu de **much**, dans une phrase affirmative on utilise habituellement d'autres expressions qui s'emploient aussi avec des dénombrables :

**He needed a lot of attention.**
*Il avait besoin de beaucoup d'attention.*
**I've got plenty of *ou* lots of money.**
*J'ai beaucoup ou plein d'argent.*
**He remembered a large room with lots of windows.**
*Il se souvenait d'une grande pièce avec de nombreuses fenêtres.*

**1.28**  Very s'emploie avec **much, many, little** et **few** :

**Very many old people live alone.**
*De très nombreuses personnes âgées vivent seules.*
**We have very little time.**
*Nous avons très peu de temps.*
**Very few houses are bioclimatic.**
*Très peu de maisons sont bioclimatiques.*

**1.29**  So s'utilise avec **much/many** dans le sens de « tant », « tellement » et avec **little/few** dans celui de « si peu » :

**They have so much money and we have so little.**
*Ils ont tellement d'argent et nous en avons si peu.*

**1.30**  Too s'emploie avec **much/many** dans le sens de « trop de » et avec **little/few** dans celui de « trop peu de » :

**Too many people still smoke.**
*Trop de gens continuent de fumer.*

**1.31**  All s'utilise avec des dénombrables et des indénombrables dans le sens de « tous » ou « tout ». **The** peut s'utiliser après **all**, qui peut se placer à différents endroits dans la phrase, selon ce sur quoi on veut insister :

**All children should complete the primary course.**
*Tous les enfants devraient aller jusqu'au bout de l'enseignement primaire.*
**He soon lost all hope of becoming a rock star.**
*Il perdit bientôt tout espoir de devenir une star du rock.*
**All the items are priced individually./The items are all priced individually.**
*Tous les articles sont étiquetés.*

**1.32**  Every s'emploie aussi dans le sens de « tous », mais avec des dénombrables au singulier et le verbe également au singulier :

**Every child has milk every day.**
*Tous les enfants boivent du lait tous les jours.*
**She spoke to every person at that party.**
*Elle a parlé à tout le monde à cette fête.*

**1.33**  **Every** se combine avec **-body** et **-one** pour signifier « tous, tout le monde », avec **-thing** pour signifier « tout » et avec **-where** pour dire « partout » :

**Everyone else is downstairs.**
*Tous les autres sont en bas.*

**Each** s'emploie avec ou sans nom dans le sens de « chaque, chacun, chacune ». Souvent, son sens équivaut à celui de **every**, « tous ». Les nuances de sens sont similaires à celles de son équivalent français :

**Each county is subdivided into several districts.**
*Chaque comté est subdivisé en plusieurs districts.*
**Each applicant has five choices.**
*Chaque candidat a cinq choix.*
**Oranges are twenty pence each.**
*Les oranges coûtent vingt pence chacune.*

**1.34**  **Both** s'emploie pour dire « les deux, tous les deux » :

**Dennis held his coffee with both hands.**
*Dennis tenait son café à deux mains.*
**Both children were happy with their presents.**
*Les deux enfants étaient contents de leurs cadeaux.*
**Both the young men agreed to come.**
*Les deux jeunes hommes acceptèrent de venir.*

**Both**... **and**... s'emploient dans le sens de « aussi bien... que... » lorsqu'on évoque deux choses ou personnes en même temps :

**I am looking for opportunities both in this country and abroad.**
*Je suis à la recherche d'offres aussi bien ici qu'à l'étranger.*

**1.35**  **Either** s'emploie pour évoquer deux choses ou deux personnes, quand on veut dire « l'un ou l'autre, n'importe lequel/laquelle des deux », ou encore « les deux ». **Neither** est sa forme négative. Ils s'utilisent aussi dans certaines réponses :

**There were tables on either side of the door.**
*Il y avait des tables des deux côtés de la porte.*

**You can sit at either side of the table.**
*Tu peux t'asseoir de n'importe quel côté de la table.*
**Which one do you prefer ? – Either will do.**
*Lequel est-ce que tu préfères ? – N'importe lequel fera l'affaire.*
**Neither man knew what he was doing.**
*Aucun des deux hommes ne savait ce qu'il faisait.*

**Either**... **or**... s'emploie dans le sens de « ou (bien)... ou... », ou « soit... soit... », quand on veut dire que de deux possibilités une seule est valable. **Neither**... **nor**..., sa forme négative, s'emploie dans le sens de « ni... ni... » :

**You either love him or hate him.**
*Ou tu l'adores, ou tu le détestes.*
**I was expecting you neither today nor tomorrow.**
*Je ne t'attendais ni aujourd'hui ni demain.*

**1.36**  **The other** s'emploie dans le sens de « l'autre » quand on parle de deux choses ou de deux personnes. Au pluriel la forme reste la même :

**The other customer has gone.**
*L'autre client est parti.*
**The other European countries have beaten us.**
*Les autres pays européens nous ont battus.*

**1.37**  **Another** s'emploie avec les dénombrables dans le sens de « un autre, une autre ». Son pluriel est **other** (« d'autres »). Avec un nombre et un dénombrable pluriel, **another** a le sens de « de plus » :

**Could I have another cup of coffee?**
*Est-ce que je pourrais avoir une autre tasse de café ?*
**I've got other things to do.**
*J'ai d'autres choses à faire.*
**He worked for another four years.**
*Il a travaillé encore quatre ans.*

## 2 L'adjectif

**2.1** En anglais, les adjectifs se placent généralement juste devant le nom :

**She bought a red scarf.**
*Elle a acheté une écharpe rouge.*
**There was no clear evidence.**
*Il n'y avait pas de preuve évidente.*

**2.2** Certains adjectifs se placent exclusivement devant le nom comme épithètes. Par exemple, on dit **an atomic bomb** mais pas **The bomb was atomic**. Parmi ceux-ci :

> **eastern ▲ northern ▲ southern ▲ western ▲ atomic
> ▲ countless ▲ digital ▲ existing ▲ indoor ▲ introductory
> ▲ maximum ▲ neighbouring ▲ occasional ▲ outdoor**

**He sent countless letters to the newspapers.**
*Il envoya d'innombrables lettres aux journaux.*

D'autres s'emploient seulement comme attributs. Par exemple on peut dire **She was glad** mais pas **a glad woman** :

> **afraid ▲ alive ▲ alone ▲ asleep ▲ aware ▲ content ▲ due
> ▲ glad ▲ ill ▲ ready ▲ sorry ▲ sure ▲ unable ▲ well**

**I wanted to be alone.**
*Je voulais être seul.*
**He wasn't sorry for what he'd done.**
*Il ne regrettait pas ce qu'il avait fait.*

**2.3** Certains adjectifs sont toujours suivis d'une préposition et d'un groupe nominal :

> **aware of ▲ accustomed to ▲ fond of
> unaccustomed to ▲ unaware of ▲ used to**

**She's very fond of you.**
*Elle t'apprécie beaucoup.*
**He is unaccustomed to the heat.**
*Il n'est pas habitué à la chaleur.*

**2.4** Certains adjectifs peuvent être employés seuls ou bien suivis d'une préposition particulière. Les adjectifs suivants peuvent s'utiliser seuls ou suivis de **of** pour préciser la raison d'un état d'esprit, d'un sentiment :

> afraid ▲ ashamed ▲ convinced ▲ critical ▲ envious
> ▲ frightened ▲ jealous ▲ proud ▲ scared ▲ suspicious ▲ tired

**They may feel jealous (of your success).**
*Peut-être qu'ils seront jaloux (de ton succès).*
**I was terrified (of being alone).**
*J'étais terrifié (à l'idée d'être seul).*

**2.5** Les adjectifs suivants s'emploient seuls ou avec **of** pour préciser à qui on attribue la qualité :

> brave ▲ careless ▲ clever ▲ intelligent
> sensible ▲ silly ▲ stupid
> thoughtful ▲ unreasonable ▲ wrong

**That was clever (of you)!**
*Très malin (de ta part) !*
**I turned the job down, which was stupid (of me).**
*J'ai refusé le travail, ce qui est idiot (de ma part).*

**2.6** S'emploient seuls ou avec un sujet impersonnel + **of** + le sujet de l'action, ou bien avec un sujet personnel + **to** + l'objet de l'action les adjectifs suivants:

> cruel ▲ friendly ▲ generous ▲ good ▲ kind ▲ mean ▲ nasty
> ▲ nice ▲ polite ▲ rude ▲ unfriendly ▲ unkind

**He is very rude.**
*Il est très grossier.*
**It was rude of him to leave so suddenly.**
*C'était grossier de sa part de s'en aller si soudainement.*
**She was rude to him for no reason.**
*Elle a été grossière avec lui sans raison.*

**2.7**  Sont employés seuls ou avec **to** ceux qui évoquent habituellement :

> la similarité : **close ▲ equal ▲ identical ▲ related ▲ similar**
> le mariage : **engaged ▲ married**
> la loyauté : **devoted ▲ loyal**
> le rang : **junior ▲ senior**

**My problems are very similar (to yours).**
*Mes problèmes sont très semblables (aux tiens).*
**He was dedicated (to his job).**
*Il s'investissait beaucoup (dans son travail).*

**2.8**  On utilise seuls ou avec **with** pour préciser la cause d'un sentiment :

> **bored ▲ content ▲ displeased ▲ impatient
> ▲ pleased ▲ satisfied**

**Don't be so impatient (with her)!**
*Ne sois pas si impatient (avec elle) !*
**He was pleased (with her).**
*Il était content (d'elle).*

**2.9**  On utilise seuls ou avec **for** pour préciser la cause ou spécifier à qui on attribue une qualité :

> **common ▲ difficult ▲ easy ▲ essential ▲ important
> ▲ necessary ▲ possible ▲ unnecessary ▲ unusual ▲ usual**

**It's difficult for young people on their own.**
*C'est difficile pour les jeunes qui sont seuls.*
**It was unusual for them to go away at the weekend.**
*C'était rare qu'ils s'en aillent le week-end.*

**2.10**  On utilise seuls ou avec **about** pour préciser de quoi il est question et **with** pour préciser de qui il est question :

> **angry ▲ annoyed ▲ delighted ▲ disappointed
> fed up ▲ furious ▲ happy ▲ upset**

**They looked very angry.**
*Ils avaient l'air très fâchés.*

**She was still angry about the result.**
*Elle était toujours fâchée au sujet du résultat.*
**I'm very angry with you.**
*Je suis très fâché contre toi.*

**2.11**   Certains adjectifs relatifs aux mesures se placent après le nom désignant la mesure :

**He was about six feet tall.**
*Il mesurait à peu près un mètre quatre-vingts.*
**The water was several metres deep.**
*L'eau était profonde de plusieurs mètres.*
**The baby is nine months old.**
*Le bébé a neuf mois.*

**2.12**   Quand il y a plus d'un adjectif devant un nom, celui qui exprime un avis vient devant celui qui décrit objectivement. Entre des adjectifs attributs, on met en général simplement **and** :

**You live in a nice big house.**
*Ta maison est jolie et grande.*
**She was wearing a beautiful pink suit.**
*Elle portait un beau tailleur rose.*
**He's tall and slim.**
*Il est grand et mince.*

• Lorsque deux adjectifs ou plus expriment une opinion, celui dont le sens est le plus général vient en premier :

**I sat in a lovely comfortable armchair.**
*Je m'assis dans un joli fauteuil confortable.*
**He had a nice cold beer.**
*Il but une bonne bière fraîche.*

• Quand deux adjectifs ou plus décrivent des caractéristiques, ils se placent selon l'ordre suivant :

taille     forme     âge     couleur     nationalité     matière

**We met some young Chinese girls.**
*Nous avons fait la connaissance de jeunes Chinoises.*

**There was a large round wooden table in the room.**
*Il y avait une grande table ronde en bois dans la pièce.*

- Quand on emploie les formes comparatives d'un adjectif, celles-ci se placent avant les autres adjectifs :

**Some of the better English actors have gone to live in Hollywood.**
*Certains des meilleurs acteurs anglais sont partis vivre à Hollywood.*
**These are the highest monthly figures on record.**
*Ce sont les chiffres mensuels les plus hauts jamais relevés.*

- Quand deux noms se suivent, l'adjectif, quel qu'il soit, se place toujours avant le premier nom, jamais entre les deux :

**He works in the French film industry.**
*Il travaille dans l'industrie française du cinéma.*
**He receives a large weekly cash payment.**
*Il reçoit un important versement hebdomadaire en espèces.*

**2.13**  Les mots interrogatifs peuvent s'employer pour poser des questions. **Who, which, when, where** et **why** peuvent aussi s'employer pour former des propositions subordonnées qui jouent le même rôle qu'un adjectif dans l'énoncé principal en précisant les caractéristiques du nom :

**The woman who lives next door is very friendly.**
*La femme qui vit à côté est très gentille.*
**The car which I wanted to buy was not for sale.**
*La voiture que je voulais acheter n'était pas à vendre.*

- **Who** sert à désigner des personnes et **which** des choses. On les remplace souvent par **that** :

**He was the man who** ou **that bought my house.**
*C'était l'homme qui a acheté ma maison.*
**There was ice cream which** ou **that mum had made herself.**
*Il y avait de la glace que maman avait faite elle-même.*

- si le verbe de la proposition relative contient une préposition, cette préposition se place à fin de la proposition :

**The house that we lived in was huge.**
*La maison dans laquelle nous vivions était immense.*

- **Who**, **which** et **that** peuvent être omis s'ils ne jouent pas le rôle de sujet :

**The woman who lives next door is very friendly.**
*La femme qui vit à côté est très gentille.*
**The car (that) I wanted to buy was not for sale.**
*La voiture que je voulais acheter n'était pas à vendre.*
**The house (that) we lived in was huge.**
*La maison dans laquelle nous vivions était immense.*

- **Whose** est le possessif de **who** ; il s'utilise dans le sens de « dont » :

**We have only told the people whose work is relevant to this project.**
*Nous en avons seulement informé les gens dont le travail est en rapport avec ce projet.*

- Après les propositions qui évoquent le temps, un moment etc., on emploie **when**. Après celles qui évoquent un lieu, on emploie **where**.

**This is the year when profits should increase.**
*Cette année est celle où les profits devraient augmenter.*
**He showed me the place where they worked.**
*Il m'a montré l'endroit où ils travaillaient.*

- Le mot **reason(s)** est suivi de **why** :

**There are several reasons why he can't do that.**
*Il y a plusieurs raisons pour lesquelles il ne peut pas faire cela.*

## 2.14 Comparaisons

L'adjectif **more** ("plus") se place devant des noms indénombrables ou devant des noms dénombrables au pluriel :

**His visit might do more harm than good.**
*Sa visite fera peut-être plus de mal que de bien.*
**He does more hours than I do.**
*Il fait plus d'heures que moi.*

- Les adjectifs d'une syllabe et ceux de deux syllabes qui se terminent par une consonne + **-y** prennent la terminaison **-er**. Attention aux changements d'orthographe que peut entraîner l'ajout d'une terminaison.

> **angry ▲ busy ▲ dirty ▲ easy ▲ friendly**
> **funny ▲ heavy ▲ lucky ▲ silly ▲ tiny**

**This is harder than I thought.**
*C'est plus dur que je ne pensais.*
**It couldn't be easier.**
*Ça ne pourrait pas être plus facile.*

- Certains adjectifs de deux syllabes fréquemment employés peuvent suivre le modèle **more** + adjectif ou prendre la terminaison **-er**, même si la première construction est plus fréquente :

> **common ▲ cruel ▲ gentle ▲ handsome ▲ likely**
> **narrow ▲ pleasant ▲ polite ▲ simple ▲ stupid**

**This solution is simpler. /This solution is more simple.**
*Cette solution est plus simple.*
**This illness used to be more common** ou **used to be commoner among men.**
*Cette maladie était plus courante chez les hommes.*

**2.15** **Less** s'emploie avec les indénombrables ; avec les dénombrables, on utilise **fewer** :

**This machinery uses less energy.**
*Ces machines consomment moins d'énergie.*
**There are fewer trees here.**
*Il y a moins d'arbres ici.*

**2.16** Les tournures « plus… plus… » et « moins… moins… » se traduisent par **the more… the more…** et **the less… the less…** :

**The more I see this house, the more I want to buy it.**
*Plus je vois cette maison, plus j'ai envie de l'acheter.*
**The less you try, the less you succeed.**
*Moins tu essaies, moins tu y arrives.*

**The bigger a parcel is, the more expensive it is to post.**
*Plus un colis est gros, plus il est cher à envoyer.*

**2.17**  Pour les expressions du type de « de plus en plus », « de moins en moins » etc., l'anglais a recours à la répétition du comparatif et à la conjonction **and** :

**She seemed less and less interested.**
*Elle semblait de moins en moins intéressée.*
**It's getting harder and harder to find a job.**
*Cela devient de plus en plus difficile de trouver un travail.*

**2.18**  **As... as...** s'emploie avec les adjectifs pour dire « aussi... que... ». Avec les noms, cette tournure s'emploie suivie de **much/many** :

**You're as funny as your sister.**
*Tu es aussi drôle que ta sœur.*
**He doesn't get as many calls as I do.**
*Il ne reçoit pas autant d'appels que moi.*

**2.19**  **Most** et la terminaison **-est** sont employés dans le sens de « le plus, la plus, les plus », dans les mêmes cas que **more** et la terminaison **-er**. Certains adjectifs ont cependant des formes irrégulières :

| | | | | |
|---|---|---|---|---|
| good | → | better | → | best |
| bad | → | worse | → | worst |
| far | → | farther/further | → | farthest/furthest |

**Tokyo is Japan's largest city.**
*Tokyo est la plus grande ville du Japon.*
**He was the most interesting person there.**
*C'était la personne la plus intéressante du lot.*
**She sat near the furthest window.**
*Elle s'assit à côté de la fenêtre la plus éloignée.*

**2.20**  **Most** peut aussi s'employer sans idée de comparaison, dans le sens de « très », auquel cas on n'utilise pas **the** :

**This book is most interesting.**
*Ce livre est très intéressant.*

**This book is the most interesting.**
*Ce livre est le plus intéressant.*

**2.21** **So… that** s'emploie dans les comparaisons et a pour équivalents « si … que, tellement … que » :

**He is so busy that we never get to see him.**
*Il est si occupé que nous ne pouvons jamais le voir.*

**So** peut aussi accompagner un groupe nominal précédé de **many/ much/few/little** :

**I want to do so many different things.**
*Je veux faire tellement de choses.*

**2.22** **Such a…** s'emploie devant un nom au singulier comme intensif. Au pluriel, le **a** est omis. S'il est accompagné d'un adjectif, le nom vient après:

**There was such a noise we couldn't hear.**
*Il y avait un tel bruit que nous n'entendions rien.*
**They said such nice things about you.**
*Ils ont dit des choses si gentilles sur toi.*

# 3  Le verbe et le groupe verbal

**3.1**  L'anglais repose beaucoup moins sur les terminaisons que le français pour indiquer la personne ou le temps du verbe. En effet, ceux-ci sont signalés dans le premier cas par les pronoms et dans le second par les auxiliaires ou les modaux :

**We wanted to know what happened.**
*Nous voulions savoir ce qui s'est passé.*
**Did she phone you?**
*Est-ce qu'elle t'a téléphoné ?*
**We will see how simple a language can be.**
*Nous verrons combien une langue peut être simple.*
**I might not go.**
*Il est possible que je n'y aille pas.*

**3.2**  Sauf pour le **présent simple** ou le **prétérit** à la forme affirmative, l'**impératif** à la forme affirmative ou les formes impersonnelles telles que l'**infinitif**, le **gérondif** ou les **participes**, on conjugue les verbes en combinant le verbe principal avec un verbe auxiliaire, qui indique le **temps** ou la **voix** (**active** ou **passive**) :

**I have seen it before.**
*Je l'ai déjà vu.*
**Had you heard about it?**
*Est-ce que tu en avais entendu parler ?*
**It could not be done.**
*Ça n'était pas faisable.*
**They have been robbed.**
*Ils ont été volés.*

**3.3**  Les verbes auxquels on peut ajouter la terminaison **-ed** pour les temps du passé, s'appellent les **verbes réguliers**. D'autres verbes changent de forme : ce sont les **verbes irréguliers**.
Les **verbes réguliers** ont quatre formes :

* La **base verbale** qui est celle sous laquelle on rencontre le verbe dans un dictionnaire et qui s'utilise pour pratiquement toutes les personnes au **présent**, avec les **modaux** et dans la construction **to**...

- la forme en **-s** que l'on a uniquement au **présent** quand le sujet est à la troisième personne du singulier.
- la forme du **participe présent** (ou **gérondif**) **-ing**
- la forme du **participe passé -ed**

N'oubliez pas que les modifications orthographiques entraînées par l'ajout d'une terminaison ne font pas d'un verbe un verbe irrégulier :

| | | | | | | |
|---|---|---|---|---|---|---|
| ask | → | asks | → | asking | → | asked |
| try | → | tries | → | trying | → | tried |
| reach | → | reaches | → | reaching | → | reached |
| dance | → | dances | → | dancing | → | danced |
| dip | → | dips | → | dipping | → | dipped |

**3.4** Les verbes irréguliers peuvent avoir trois, quatre ou cinq formes différentes et il arrive qu'on ait une forme distincte pour le passé et une autre pour le participe. Toutes ces formes apparaissent après la base verbale dans la partie anglais-français du dictionnaire :

| | | | | | | | | |
|---|---|---|---|---|---|---|---|---|
| cost | → | costs | → | costing | → | cost | → | cost |
| think | → | thinks | → | thinking | → | thought | → | thought |
| swim | → | swims | → | swimming | → | swam | → | swum |

## 3.5 Les verbes auxiliaires : be, have, do

En anglais, on dénombre trois verbes auxiliaires : **be**, **have** et **do**

| | be | have | do |
|---|---|---|---|
| présent | am/is/are | have/has | do/does |
| -ing | being | having | doing |
| passé | was/were | had | did |
| participe passé | been | had | done |

Quand il est auxiliaire, **be** peut être accompagné :

- d'un verbe en **-ing** pour les formes **progressives** (ou **continues**, formes parfois notées **BE + V-ing**) :
  **He is living in Germany.**
  *Il vit en Allemagne.*

**They were going to phone you.**
*Ils allaient t'appeler.*


* d'un **participe passé** pour la **voix passive** :

**These cars are made in Japan.**
*Ces voitures sont fabriquées au Japon.*
**The walls were covered with posters.**
*Les murs étaient couverts de posters.*

**Have** s'emploie comme verbe auxiliaire avec un **participe passé** pour former les temps du **parfait** (formes **HAVE + V-en**) :

**I have changed my mind.**
*J'ai changé d'avis.*
**I wish you had met Guy.**
*J'aurais aimé que tu rencontres Guy.*

**Have** et **be** s'emploient ensemble pour former les formes **progressives** (ou **continues**) du **present perfect** et du **plus-que-parfait** (aussi appelé **pluperfect**), ainsi que leur **voix passive** :

**He has been working very hard recently.**
*Il travaille très dur depuis quelque temps.*
**They had been walking for half an hour.**
*Cela faisait une demi-heure qu'ils marchaient.*
**The guest-room window has been mended.**
*La fenêtre de la chambre d'amis a été réparée.*
**The people had been told the show was cancelled.**
*On avait dit aux gens que le spectacle était annulé.*

**Do** s'emploie comme **auxiliaire** :

* pour la forme négative ou interrogative des verbes au **présent simple** et au **prétérit** :

**He doesn't think he can come to the party.**
*Il ne pense pas pouvoir venir à la fête.*
**Do you like her new haircut?**
*Est-ce que tu aimes sa nouvelle coiffure ?*

**She didn't buy the house.**
*Elle n'a pas acheté la maison.*

- dans les phrases affirmatives, mais uniquement pour insister sur le verbe ; dans ce cas, **do** est accentué à l'oral :

**People do make mistakes.**
*Si, les gens font des erreurs.*

**3.6**   Le verbe principal peut être précédé :

- d'un ou deux **auxiliaires**

**I had met him in Bristol.**
*Je l'avais rencontré à Bristol.*
**The car was being repaired.**
*La voiture était en réparation.*

- d'un **modal**

**You can go now.**
*Tu peux partir maintenant.*
**I would like to ask you a question.**
*J'aimerais vous poser une question.*

- d'un **modal** et d'un ou deux **auxiliaires**

**I could have spent the whole year on it.**
*J'aurais pu y passer toute l'année.*
**She would have been delighted to see you.**
*Elle aurait été ravie de te voir*

## 3.7   Les **temps progressifs** (ou **continus**)

Les temps **progressifs** (**BE** + **V-ing**) sont les suivants :

- **présent progressif** = **BE** au présent + **-ing** :

**They're (= They are) having a meeting.**
*Ils sont en réunion.*

- **futur progressif** = will + BE + -ing :

  **She'll (= She will) be leaving tomorrow.**
  *Elle part demain.*

- **passé progressif** (ou **préterit progressif**) = passé de BE + -ing :

  **The train was going very fast.**
  *Le train allait très vite.*

- **present perfect progressif** = présent de HAVE + been + -ing :

  **I've (= I have) been living here since last year.**
  *Cela fait un an que je vis ici.*

- **plus-que-parfait progressif** = passé de HAVE + been + -ing :

  **I'd (= I had) been walking for hours when I saw the road.**
  *Cela faisait des heures que je marchais quand j'ai vu la route.*

Le **progressif** sert à :

- indiquer qu'une action se déroule avant et après une autre action qui vient l'interrompre

  **The phone always rings when I'm having a bath.**
  *Le téléphone sonne toujours quand je suis en train de prendre un bain.*
  **He was watching television when the doorbell rang.**
  *Il regardait la télévision quand on sonna à la porte.*

- exprimer la durée

  **We had been living in Athens for five years.**
  *Nous vivions depuis cinq ans à Athènes.*
  **They'll be staying with us for a couple of weeks.**
  *Ils vont passer deux semaines chez nous.*

- décrire un état ou une situation temporaire

  **I'm living in London at the moment.**
  *Je vis à Londres en ce moment.*

**He was working at home at the time.**
*Il travaillait chez lui à ce moment-là.*
**She's been spending the summer in Europe.**
*Elle passe l'été en Europe.*

- dire que quelque chose se passe ou est en train de se passer

**The children are growing quickly.**
*Les enfants grandissent à toute vitesse.*
**Her English was improving.**
*Son anglais s'améliorait.*
**I'm looking at the photographs my brother sent me.**
*Je suis en train de regarder les photos que mon frère m'a envoyées.*

➤ Les verbes de perception s'emploient plus souvent avec le modal **can** qu'avec le progressif :

**I can smell gas.**
*Je sens une odeur de gaz.*

## 3.8   Les **temps simples**

Les **temps simples** s'emploient sans verbe auxiliaire à la forme affirmative.
Le verbe se place juste après le sujet, sauf avec certains adverbes qui viennent s'insérer à cet endroit :

**She often talks about her children.**
*Elle parle souvent de ses enfants.*
**I live in London.**
*Je vis à Londres.*
**George comes every Monday.**
*George vient tous les lundis.*
**I lived in Aberdeen.**
*J'ai vécu à Aberdeen.*
**George came every Tuesday.**
*George venait tous les mardis.*

Les **temps simples** sont les suivants :

- **présent simple** = base verbale (+ **-s** pour **he/she/it**)

**I live just outside London.**
*J'habite juste à l'extérieur de Londres.*
**He likes Spain.**
*Il aime l'Espagne.*

- **passé simple** (ou **prétérit**) :

  - base verbale + **-ed** pour les **verbes réguliers**
    **I liked her a lot.**
    *Je l'aimais beaucoup.*
  - autres formes pour **les verbes irréguliers**
    **I bought six CDs.**
    *J'ai acheté six CD.*

➢ Avec la négation **not** et dans les questions, on utilise l'auxiliaire **do** ou **does** au **présent**, et **did** au **passé** :

**I don't live in Birmingham.**
*Je n'habite pas à Birmingham.*
**George doesn't come every Friday.**
*George ne vient pas tous les vendredis.*
**Do you live round here?**
*Tu habites par ici ?*
**Does your husband do most of the cooking?**
*Est-ce ton mari qui cuisine le plus ?*
**George didn't come every Thursday.**
*George ne venait pas tous les jeudis.*
**Did you see him?**
*Est-ce que tu l'as vu ?*

**3.9**  Les temps du **présent** sont le **présent simple**, le **present perfect** et leurs **formes progressives** (au sujet de ces dernières, voir le point 3.7 ci-dessus).

Le **présent simple** sert :

- à parler du présent en général, de quelque chose d'habituel, qui arrive régulièrement

**George lives in Birmingham.**
*Georges vit à Birmingham.*

**Do you eat meat?**
*Est-ce que tu manges de la viande ?*

- à énoncer une vérité générale

  **Water boils at 100 degrees centigrade.**
  *L'eau bout à 100 degrés centigrades.*

- à parler du futur quand on évoque quelque chose de planifié ou de prévisible

  **The next train leaves at two fifteen in the morning.**
  *Le prochain train part à deux heures et quart du matin.*
  **It's Tuesday tomorrow.**
  *Demain c'est mardi.*

**3.10**  Le **present perfect** se forme avec le présent de **HAVE** Suivi du verbe au **participe passé** (souvent noté **V-en**) :

**She's** (= She has) **often climbed that tree.**
*Elle est souvent montée à cet arbre.*
**I've** (= I have) **lost my passport.**
*J'ai perdu mon passeport.*

Le **present perfect** s'emploie :

- pour évoquer les effets présents d'un événement ou d'une action du passé

  **I'm afraid I've forgotten my book.**
  *Je suis désolé mais j'ai oublié mon livre.*
  **Have you heard from Jill recently?**
  *As-tu eu des nouvelles de Jill récemment ?*
  **Karen has just phoned you.**
  *Karen vient de te téléphoner.*

- lorsqu'on parle d'une période qui a débuté dans le passé et qui se prolonge dans le présent

  **Have you really lived here for ten years?**
  *Est-ce que ça fait vraiment dix ans que tu vis ici ?*

**He has worked here since 1987.**
*Il travaille ici depuis 1987.*

- Pour faire référence au futur dans la subordonnée de temps

**Tell me when you have finished.**
*Dis-moi quand tu as fini.*
**I'll write to you as soon as I have heard from Jenny.**
*Je t'écrirai dès que j'aurai eu des nouvelles de Jenny.*

**3.11** Les **temps** du **passé** sont le **prétérit (simple past)** et le **plus-que-parfait (pluperfect)** et leurs formes continues.

- Le **pluperfect** (ou **plus-que-parfait**) se forme avec **HAVE** suivi du verbe au **participe passé** :

**He had lived in the same village all his life.**
*Il avait vécu toute sa vie dans le même village.*
**I had forgotten my book.**
*J'avais oublié mon livre.*

- Le **prétérit** s'emploie pour évoquer une action du passé qui est complètement révolue. Il se traduit le plus souvent par le **passé composé** et l'**imparfait** :

**I woke up early and got out of bed.**
*Je me suis réveillé tôt et je me suis levé.*
**She lived just outside London.**
*Elle habitait juste à côté de Londres.*
**We usually spent the winter at Aunt Meg's house.**
*Nous passions généralement l'hiver chez Tante Meg.*

- Le **plus-que-parfait** s'emploie :

- quand on fait référence à un moment antérieur à un autre moment du passé

**I apologized because I had forgotten my book.**
*Je me suis excusé car j'avais oublié mon livre.*

- si l'on évoque une période qui a commencé à un moment antérieur dans le passé et qui s'est prolongée un moment, auquel cas on a recours à la forme continue

**I was about twenty. I had been studying French for a couple of years.**
*J'avais une vingtaine d'années. J'étudiais le français depuis deux ans.*

➤ Dans les énoncés suivants, la seconde option est plus polie, moins directe ; on a parfois recours au passé pour être plus courtois.

**Do you want to see me now?** ou **Did you want to see me now?**
*Vous voulez me voir maintenant ?* ou *Vous vouliez me voir maintenant ?*
**I wonder if you can help me.** ou **I was wondering if you could help me.**
*Je me demande si vous pouvez m'aider.* ou *Je me demandais si vous pourriez m'aider.*

## 3.12 for, since, ago

- **Ago** équivaut à « il y a » ; il se place après l'expression qui se réfère au laps de temps écoulé depuis qu'une action complètement révolue a eu lieu. Avec **ago**, le verbe de la proposition principale est toujours au **prétérit** :

**We moved into this house five years ago.**
*Nous avons emménagé dans cette maison il y a cinq ans.*

- **For** exprime la durée d'une action. Avec **for**, le verbe de la proposition principale peut être :

- au **prétérit** si ce qui est évoqué est complètement révolu

**We lived in China for two years.**
*Nous avons vécu deux ans en Chine.*

- au **present perfect**, le plus souvent à la **forme continue**, pour indiquer que l'action a débuté dans le passé et se prolonge dans le présent

**We have been living here for five years.**
*Cela fait cinq ans que nous vivons ici.*

**I have been a member of the swimming club for many years.**
*Cela fait des années que je suis membre du club de natation.*

- au **past perfect** (HAVE au **prétérit** suivi du verbe au **participe passé**) ou sa **forme progressive** (**past perfect continuous**) quand on évoque deux événements ou actions passés

**We had been working** ou **We had worked there for nine months when the company closed.**
*Cela faisait neuf mois que nous travaillions dans l'entreprise quand elle a fermé.*

- au **futur** :

**We will be in Spain for two weeks.**
*Nous serons deux semaines en Espagne.*
**I'll be staying with you for a month.**
*Je passerai un mois chez toi.*

• **Since** indique le début précis d'une action : il est suivi d'une date, d'un jour ou d'un événement précis. Le verbe de la proposition principale peut être :

- au **present perfect**, généralement à la **forme continue** (**present perfect continuous**) pour indiquer que l'action a débuté dans le passé et se prolonge dans le présent

**We have been living here since 1990.**
*Nous vivons ici depuis 1990.*
**I've been in politics since I was at the University.**
*Je fais de la politique depuis l'université.*

- au **past perfect** ou au **past perfect continuous** quand on évoque deux actions ou événements qui ont eu lieu dans le passé

**I had not seen him since Christmas.**
*Je ne l'avais pas vu depuis Noël.*
**He hadn't played since he was 20.**
*Il n'avait pas joué depuis l'âge de 20 ans.*

## 3.13 Les **modaux** sont :

> will ▲ shall ▲ would ▲ can ▲ could
> may ▲ might ▲ must ▲ should ▲ ought to

Ils n'ont qu'une seule forme et s'emploient avec l'infinitif sans **to** à l'exception de **ought**.

Il n'est pas possible d'employer deux modaux ensemble ni d'associer modal et auxiliaire. Ainsi, on ne dit pas **He will can come**, mais **He will be able to come** ; on a recours à une tournure (**'be able to'**) qui a le même sens que le modal.

## 3.14 **Will** est un modal que l'on emploie la plupart du temps pour parler du futur :

**The weather tomorrow will be warm and sunny.**
*Demain, le temps sera chaud et ensoleillé.*
**I'm tired. I think I'll go to bed.**
*Je suis fatigué. Je crois que je vais aller me coucher.*
**Don't be late. I'll be waiting for you.**
*Ne sois pas en retard. Je t'attendrai.*

- Quand on parle d'intentions personnelles, on utilise **will** :

**I'll ring you tonight.**
*Je t'appellerai ce soir.*

- **Will** s'utilise aussi pour demander quelque chose ou lancer une invitation :

**Will you do me a favour?**
*Est-ce que tu peux me rendre un service ?*
**Will you come to my party on Saturday?**
*Tu veux venir à ma fête samedi ?*

## 3.15 **Shall** s'emploie seulement avec **I** et **we**, principalement dans des interrogations, pour faire une suggestion à une autre personne :

**Shall we go and see a film?**
*Veux-tu qu'on aille voir un film ?*
**Shall I shut the door?**
*Veux-tu que je ferme la porte ?*

**3.16** A l'oral, **would** s'emploie avec **you** pour lancer une invitation à quelqu'un ou lui demander poliment de faire quelque chose :

**Would you tell her Adrian phoned?**
*Pourriez-vous lui dire qu'Adrian a téléphoné ?*
**I'd like you to finish this work by Thursday.**
*Je voudrais que vous finissiez ce travail pour jeudi.*
**Would you mind doing the washing up?**
*Est-ce que ça te dérangerait de faire la vaisselle ?*
**Would you like a drink?**
*Est-ce que tu veux boire quelque chose ?*

• **Would** s'emploie avec des verbes come **like** pour demander un service, dire ce que l'on veut ou accepter quelque chose qu'on se voit offrir :

**We'd like seats in the non-smoking section, please.**
*Nous voudrions des places dans le coin non-fumeur, s'il vous plaît.*
**I wouldn't like to see something so disgusting.**
*Je n'aimerais pas voir quelque chose d'aussi dégoûtant.*
**I wouldn't mind a cup of tea.**
*Je prendrais bien une tasse de thé.*

• Suivi de **rather** ou **sooner** et de la base verbale, on emploie **would** pour exprimer ses préférences :

**He'd rather be playing golf.**
*Il préférerait être en train de jouer au golf.*
**I'd sooner walk than take the bus.**
*Je préférerais marcher plutôt que de prendre le bus.*

## 3.17 can, could, be able to

• On emploie **can** pour dire que quelque chose peut se réaliser :

**Cooking can be a real pleasure.**
*Cuisiner peut être un véritable plaisir.*

• On emploie **could** quand on veut dire que quelque chose pourrait ou aurait pu se réaliser :

**There could be a storm.**
*Il pourrait y avoir une tempête.*
**You could have gone to Paris.**
*Tu aurais pu aller à Paris.*
**If I'd been there, I could have helped you.**
*Si j'avais été là, j'aurais pu t'aider.*

- **Can** (**présent**) et **could** (**passé** ou **conditionnel**) s'utilisent pour parler de la capacité à faire quelque chose ; ils traduisent souvent « pouvoir » :

**He could run faster than anybody else.**
*Il pouvait courir plus vite que n'importe qui d'autre.*
**She couldn't have taken the car, because Jim was using it.**
*Elle n'aurait pas pu prendre la voiture parce que c'est Jim qui l'avait.*

- On les emploie aussi pour dire que quelqu'un sait faire quelque chose parce qu'il l'a appris ; ils traduisent souvent « savoir » :

**He cannot dance.**
*Il ne sait pas danser.*
**A lot of them couldn't read or write.**
*Beaucoup d'entre eux ne savaient ni lire ni écrire.*

- Pour les temps auxquels il n'est pas possible de conjuguer **can**, on conjugue la tournure équivalente **be able to** :

**Nobody else will be able to read it.**
*Personne d'autre ne pourra le lire.*
**... the satisfaction of being able to do the job.**
*... la satisfaction de pouvoir faire ce travail.*
**Everyone used to be able to have free eye tests.**
*Avant, tout le monde pouvait passer gratuitement un examen de la vue.*

- Cette expression peut aussi s'employer là où **can** ou **could** seraient possibles :

**She was able to tie her own shoelaces./She could tie her own shoelaces.**
*Elle savait attacher ses lacets toute seule.*

- À l'oral, **can** et **could** s'emploient pour faire une demande polie ou une proposition :

  **Can I help you with the dishes?**
  *Est-ce que je peux t'aider à faire la vaisselle ?*
  **Could I help you carry those bags?**
  *Est-ce que je peux t'aider à porter ces sacs ?*
  **We could go to the pictures on Friday.**
  *On pourrait aller au cinéma vendredi.*
  **Could you do me a favour?**
  *Est-ce que tu pourrais me rendre un service ?*

- **Can**, **could**, **may** ou **be allowed to** s'emploient pour demander la permission. La tournure avec **may** est la plus soutenue :

  **Can I ask a question?**
  *Est-ce que je peux poser une question ?*
  **Could I just interrupt a minute?**
  *Est-ce que je peux vous interrompre une minute ?*
  **May I have a cigarette?**
  *Puis-je avoir une cigarette ?*

- Seuls **can** et **may** s'emploient pour accorder la permission :

  **You can borrow that pen if you want to.**
  *Tu peux emprunter ce stylo si tu veux.*
  **You may leave as soon as you have finished.**
  *Tu peux partir dès que tu as fini.*

- Pour exprimer la permission, on peut aussi employer **be allowed to** aux temps auxquels **may** ne peut pas s'employer :

  **It was only after several months that I was allowed to visit her.**
  *Ce ne fut qu'au bout de quelques mois qu'on m'autorisa à lui rendre visite.*
  **Teachers will be allowed to decide for themselves.**
  *Les professeurs seront autorisés à décider eux-mêmes.*

**3.18**  **May** et **might** s'emploient pour dire qu'il est possible que quelque chose ait lieu ou ait eu lieu :

  **He might come.**
  *Il se peut qu'il vienne.*

**You may have noticed this advertisement.**
*Peut-être as-tu remarqué cette publicité.*

## 3.19 must et have to

Pour dire que quelque chose doit être fait, doit arriver ou doit être d'une certaine façon, on emploie **must** :

**The plants must have plenty of sunshine.**
*Les plantes ont besoin de beaucoup de soleil.*
**You must come to the meeting.**
*Il faut que tu viennes à la réunion.*

Lorsqu'une personne donne son avis sur ce qu'une autre personne doit faire, on utilise **must**. S'il ne s'agit pas d'un point de vue personnel, on emploie **have to** :

**They have to pay the bill by Thursday.** *(ils ont une dette)*
**They must pay the bill by Thursday.** *(parce que c'est à moi qu'ils doivent cet argent)*
*Il faut qu'ils règlent la facture avant jeudi.*
**She has to go now.** *(car elle a des choses à faire)*
**She must go now.** *(car je l'ai décidé)*
*Il faut qu'elle parte maintenant.*

## 3.20 Should, ought to sont synonymes ; ils signifient « il faudrait que… » ou « devoir » au conditionnel en français :

**We should send her a postcard.**
*Il faudrait qu'on lui envoie une carte postale.*
**You ought not to see him again.**
*Tu devrais arrêter de le voir.*
**We ought to have stayed in tonight.**
*Nous aurions dû rester à la maison ce soir.*

## 3.21 L'impératif

La forme affirmative de l'**impératif** est la même que celle de la base verbale.
Elle n'est pas précédée d'un pronom :

**Come to my place.**
*Viens chez moi.*

**Start when you hear the bell.**
*Commencez quand vous entendrez la cloche.*
**Sit down and let me get you a drink.**
*Assieds-toi et laisse-moi te servir un verre.*
**Be careful!**
*Sois prudent !*

Le **négatif** se construit avec l'auxiliaire **do** ou **never** + base verbale

**Do not write in this book.**
*N'écris pas dans ce livre.*
**Don't go so fast.**
*Ne va pas si vite.*
**Never open the front door to strangers.**
*N'ouvre jamais la porte aux étrangers.*

En anglais, l'impératif s'utilise avec les personnes que l'on connaît bien, ou dans des situations d'urgence ou de danger. Dans la plupart des autres cas, on emploie les modaux ou les constructions avec **let**, qui permettent de transformer un ordre en requête polie :

**Would you mind waiting a moment?**
*Voulez-vous bien patienter un instant ?*

## 3.22 **let** + groupe nominal + base verbale

L'impératif avec **let** s'emploie pour demander que l'on permette à une personne de faire quelque chose. Quand cette personne est celle qui parle, c'est une manière de proposer de rendre un service :

**Let Philip have a look at it.**
*Laisse Philip regarder.*
**Let them go to bed late.**
*Laisse-les se coucher tard.*
**Let me take your coat.**
*Laisse-moi prendre ton manteau.*

La forme négative se construit avec l'auxiliaire **do** : **don't** + **let** + groupe nominal + base verbale

**Don't let me make you late for your appointment.**
*Je ne voudrais pas te mettre en retard à ton rendez-vous.*

On emploie **let** avec **us** lorsque celui qui parle s'inclut dans un groupe. La forme contractée **let's** est plus fréquente. Au négatif on dit **let's not** ou dans le même registre **don't let's** :

**Let's go outside.**
*Allons dehors.*
**Let us consider a very simple example.**
*Examinons un exemple très simple.*
**Let's not/Don't let's talk about that.**
*Ne parlons pas de cela.*

## 3.23 Verbes à deux objets

Certains verbes ont deux objets. L'objet qui renvoie à la personne (complément d'objet second) peut se mettre soit directement après le verbe soit après l'autre objet, auquel cas il est précédé de **for** ou **to** :

**They booked me a place.** ou **They booked a place for me.**
*Ils m'ont réservé une place.*
**I had given my cousin books on India.** ou **I had given books on India to my cousin.**
*J'avais donné des livres sur l'Inde à mon cousin.*

Lorsqu'il comporte plus de deux mots, le groupe nominal objet qui renvoie à des personnes se place généralement derrière l'autre complément d'objet :

**She taught physics to pupils at the local school.**
*Elle enseignait la physique aux élèves de l'école du quartier.*

## 3.24 Proposition infinitive

Cette construction est introduite par un verbe (éventuellement suivi d'une préposition si c'est un **phrasal verb**), suivi d'un nom ou pronom complément et d'un verbe à l'infinitif avec **to**. Le verbe principal est souvent un verbe exprimant une volonté, un désir ou un ordre :

**The teacher wants all pupils to write an essay for tomorrow.**
*Le professeur veut que tous les élèves fassent une rédaction pour demain.*

**We'll wait for you to finish.**
*Nous attendrons que tu finisses.*
**I'd like him to phone me back.**
*J'aimerais qu'il me rappelle.*

Pour mettre une proposition infinitive à la forme négative, on place **not** devant **to** :

**I asked you not to say anything.**
*Je t'ai demandé de ne rien dire.*
**You can expect John not to lie.**
*Tu peux compter sur le fait que John ne mentira pas.*

**3.25** On utilise un **pronom réfléchi** pour montrer que l'objet et le sujet du verbe de l'énoncé renvoient à la même personne :

**Ann poured herself a drink.**
*Ann se servit un verre.*
**The men formed themselves into a line.**
*Les hommes se mirent en rang.*
**Here's the money, go and buy yourself an ice cream.**
*Voici l'argent, va t'acheter une glace.*

➤ Les verbes pronominaux en français ne le sont pas nécessairement en anglais : c'est le cas de **shave**, **dress**, **wash** :

**I usually shave before breakfast.**
*Normalement, je me rase avant le petit-déjeuner.*
**He prefers to shave himself, even with that broken arm.**
*Il préfère se raser lui-même, même avec son bras cassé.*

➤ Attention : pour parler d'une partie du corps, on emploie un possessif en anglais là où le français utilise une forme réfléchie :

**I hurt my foot.**
*Je me suis fait mal au pied.*
**He cut his nails before going out.**
*Il s'est coupé les ongles avant de sortir.*

• Pour souligner la réciprocité d'une action, on peut employer **each other** ou **one another** comme objet du verbe. Ils interviennent souvent avec les verbes qui expriment des contacts physiques, comme **embrace**, **fight**, **hug**, **kiss**, **touch** etc. :

**We embraced each other.**
*Nous nous sommes étreints.*
**They fought one another desperately for it.**
*Ils se le sont disputé avec acharnement.*
**It was the first time they had touched one another.**
*C'était la première fois qu'ils se touchaient.*

- Certains verbes sont suivis d'un groupe nominal comportant une préposition. On met alors la préposition avant **each other** ou **one another** :

**They parted from each other after only two weeks.**
*Ils se sont séparés après deux semaines seulement.*
**We talk to one another as often as possible.**
*Nous nous parlons le plus souvent possible.*

➤ En français, de nombreux verbes s'emploient à la forme réfléchie quand l'origine ou l'agent de l'action n'est pas mentionné. Dans d'autres cas, les deux tournures anglaises peuvent se traduire de façons très différentes en français :

**When I opened the door, there was Laverne.**
*Quand j'ai ouvert la porte, Laverne est apparu.*
**Suddenly the door opened.**
*Soudain, la porte s'ouvrit.*
**I'm cooking spaghetti.**
*Je prépare des spaghettis.*
**The spaghetti is cooking.**
*Les spaghettis sont en train de cuire.*

**3.26** Pour décrire certaines actions, on emploie parfois des verbes qui seuls ont peu de sens, mais qui ont pour objet un nom qui précise l'action. Cela permet en général de donner plus d'informations sur l'objet, en ajoutant par exemple un adjectif devant le nom :

**I had a nice rest.**
*Je me suis bien reposé.*

**Helen went upstairs to rest.**
*Helen monta pour se reposer.*
**She made a remark about the weather.**
*Elle a fait un commentaire sur le temps.*
**I remarked that it surely would be better if I came.**
*J'ai fait remarquer que ce serait sans doute mieux si je venais.*

Les verbes que l'on retrouve le plus souvent dans ce type de constructions sont **have**, **give**, **make**, **take**, **go** et **do** :

**We usually have lunch at one o'clock.**
*D'habitude nous déjeunons à une heure.*
**Mr Sutton gave a shout of triumph.**
*M. Sutton poussa un cri de triomphe.*
**He made the shortest speech I've ever heard.**
*Il a fait le discours le plus bref que j'aie jamais entendu.*
**He was taking no chances.**
*Il ne prenait pas de risque.*
**Every morning, he goes jogging with Tommy.**
*Tous les matins, il va courir avec Tommy.*
**He does all the shopping and I do the washing.**
*Il fait toutes les courses et je fais la lessive.*

**3.27** Les **phrasal verbs** (verbes à particule) sont la combinaison d'un verbe avec une préposition. Le sens de base du verbe peut parfois changer radicalement :

**Turn right at the next corner.**
*Tourne à droite au prochain croisement.*
**She turned off the radio.**
*Elle a éteint la radio.*
**She broke her arm in the accident.**
*Elle s'est cassé le bras dans l'accident.*
**They broke out of prison on Thursday night.**
*Ils se sont échappés de la prison jeudi soir.*

Ces verbes à particule entrent dans quatre groupes ;

- Ceux du premier groupe n'ont pas de complément d'objet ; ils sont **intransitifs** :

> **break out ▲ catch on ▲ check up ▲ come in ▲ get by
> give in ▲ go away ▲ grow up ▲ ring off ▲ start up
> stay up ▲ stop off ▲ watch out ▲ wear off**

**War broke out in September.**
*La guerre éclata en septembre.*
**You'll have to stay up late tonight.**
*Tu devras veiller tard ce soir.*

- Ceux du second groupe ont un objet qui se place après le verbe et sa préposition :

> **fall for ▲ bargain for ▲ deal with ▲ look after
> part with ▲ pick on ▲ set about ▲ take after**

**She looked after her invalid mother.**
*Elle s'occupait de sa mère invalide.*
**Peter takes after his father but John is more like me.**
*Peter tient de son père mais John me ressemble davantage.*

- Pour les verbes à particule du troisième groupe, l'objet s'intercale entre le verbe et la préposition :

> **bring round ▲ keep up ▲ knock out**

**They tried to bring her round.**
*Ils ont essayé de la ranimer.*

- Certains verbes appartiennent à la fois au second et au troisième groupe, car l'objet peut se placer soit après la préposition, soit après le verbe :

> **fold up ▲ hand over ▲ knock over ▲ point out
> pull down ▲ put away ▲ put up ▲ rub out ▲ sort out
> take up ▲ tear up ▲ throw away ▲ try out**

**It took ages to clean up the mess.** ou **It took ages to clean the mess up.**
*Ça a pris un temps fou pour nettoyer les saletés.*

- Cependant, si l'objet est un pronom, il se place toujours juste après le verbe :

**There was such a mess. It took ages to clean it up.**
*C'était vraiment sale. Ça a pris un temps fou pour nettoyer.*

- Les verbes de la quatrième catégorie sont ceux dont l'objet est introduit par une préposition qui vient s'ajouter à leur propre particule ou à leur adverbe :

  Verbe + adverbe/préposition + préposition + objet

> **come in for ▲ come up against ▲ get on with**
> **lead up to ▲ look forward to ▲ put up with**
> **stick up for ▲ walk out on**

**I'm looking forward to my holiday.**
*J'ai hâte d'être en vacances.*
**Children have to learn to stick up for themselves.**
*Les enfants doivent apprendre à se débrouiller par eux-mêmes.*

- Un petit nombre de verbes du quatrième groupe acceptent un autre objet juste après le verbe :

  Verbe + objet + préposition/adverbe + préposition + objet

> **do out of ▲ put down to ▲ put up to**
> **take out on ▲ talk out of**

**John tried to talk her out of it.**
*John essaya de l'en dissuader.*

**3.28**   Quand on veut attirer l'attention sur ce qui subit l'action (objet ou personne) et non sur son origine, on utilise la **voix passive**. Seuls les verbes transitifs peuvent se mettre au passif :

**Mr Smith locks the gate at six o'clock every night.**
*M. Smith ferme le portail à six heures tous les soirs.*
**The gate is locked at six o'clock every night.**
*Le portail est fermé à six heures tous les soirs.*
**The storm destroyed dozens of trees.**
*L'orage a détruit des dizaines d'arbres.*
**Dozens of trees were destroyed.**
*Des dizaines d'arbres furent détruits.*

- La structure de la voix passive est la suivante :

      (modal +) forme de **BE** + participe passé

    **Jobs are still being lost.**
    *Il y a toujours des pertes d'emplois.*
    **What can be done?**
    *Qu'est-ce qu'on peut faire ?*
    **We won't be beaten.**
    *Nous ne nous laisserons pas vaincre.*
    **He couldn't have been told by Jimmy.**
    *Ce n'est pas possible que Jimmy le lui ait dit.*

- Dans le cas des verbes à deux objets, n'importe lequel des deux objets peut être sujet de la phrase passive :

    **The secretary was given the key.** ou **The key was given to the secretary.**
    *La clef a été donnée à la secrétaire.*
    **The books will be sent to you.** ou **You will be sent the books.**
    *Les livres vous seront envoyés.*

➤ **Get** s'emploie parfois en anglais parlé au lieu de **be** pour former le passif :

    **Our car gets cleaned every weekend.**
    *Notre voiture est lavée tous les week-ends.*
    **He got killed in a plane crash.**
    *Il a été tué dans un accident d'avion.*

- Lorsqu'on utilise la voix passive, il est fréquent de ne pas préciser l'origine de l'action, soit parce qu'on ne la connaît pas, soit parce qu'on ne veut pas le faire, soit parce que cette information n'a pas d'importance. Si on souhaite donner celle-ci, on la place après le verbe, précédée de la préposition **by** :

    **Her boyfriend was shot in the chest.**
    *Son petit ami a reçu une balle dans la poitrine.*

## 3.29 Tournures impersonnelles

Le pronom **it** peut être employé comme sujet d'un énoncé sans faire pour autant référence à quelque chose qui a déjà été cité. Cet emploi impersonnel de

**it** où l'on introduit un élément nouveau s'utilise en particulier pour parler des heures ou des dates :

> **It is nearly one o'clock.**
> *Il est presque une heure.*
> **It's the sixth of April today.**
> *On est le six avril aujourd'hui.*

- **It** + verbes qui renvoient au temps qu'il fait :

> **It's still raining.**
> *Il pleut toujours.*
> **It was pouring with rain.**
> *Il pleuvait à verse.*

On emploie **it** + forme de **be** + adjectif (+ nom) et **it** + forme de **get** + adjectif pour décrire le temps qu'il fait ou les changements de temps :

> **It's a lovely day.**
> *C'est une journée magnifique.*
> **It was getting cold.**
> *Il commençait à faire froid.*

- **It** + forme de **be** + adjectif/groupe nominal s'emploie pour donner une opinion sur un endroit, une situation, un événement :

> **It was terribly cold outside.**
> *Il faisait terriblement froid dehors.*
> **It's fun working for him.**
> *C'est sympa de travailler pour lui.*
> **It was a pleasure to be there.**
> *C'était un plaisir d'être là.*

- **It** + les verbes qui expriment des sentiments, des états d'esprit comme **interest**, **please**, **surprise** ou **upset** + groupe nominal + **that**…/**to**… s'emploie pour indiquer la réaction de quelqu'un face à quelque chose, une situation ou un événement :

> **It surprised me that he should want to talk about his work.**
> *Cela m'a surpris qu'il veuille parler de son travail.*

**It comforted him to know his mother was at home.**
*Cela le réconfortait de savoir que sa mère était à la maison.*

- **There** peut être employé dans un tour impersonnel. Il est alors suivi d'un groupe nominal contenant l'une des formes de **be**, **appear to be** ou **seem to be** :

**There is work to be done.**
*Il y a du travail à faire.*
**There'll be a party tonight.**
*Il va y avoir une fête ce soir.*
**There appears to be a mistake in the bill.**
*Il semble y avoir une erreur dans l'addition.*

## 3.30 there is/there are

Le verbe qui suit **there** est au singulier (**is**... **has**... **appears**..., **seems**...) si le groupe nominal qui vient après (ou le premier nom s'il y en a plusieurs) est au singulier ou indénombrable :

**There is one point we must add here.**
*Il y a un point que nous devons ajouter ici.*
**There was a sofa and two chairs.**
*Il y avait un canapé et deux chaises.*

Si le groupe nominal est au pluriel, ou devant des expressions comme **a number (of)**, **a lot (of)** et **a few (of)**, le verbe qui suit **there** est au pluriel :

**There were two men in the room.**
*Il y avait deux hommes dans la pièce.*
**There were a lot of children in the streets.**
*Il y avait beaucoup d'enfants dans la rue.*

**3.31** Le verbe au **gérondif** (forme en **-ing**) peut s'employer pour former un adjectif à partir d'un verbe. Il se place juste avant le nom ou après le verbe comme tout adjectif :

**He lives in a charming house just outside the town.**
*Il habite une maison charmante juste à l'entrée de la ville.*

**His novels are always interesting and surprising.**
*Ses romans sont toujours intéressants et surprenants.*
**Britain is an ageing society.**
*La société britannique est vieillissante.*

- Le gérondif s'emploie après le nom pour apporter des informations sur l'action de celui-ci à un moment précis ou en général :

**Most of the people strolling in the park were teenagers.**
*La plupart des gens qui se promenaient dans le parc étaient des adolescents.*
**The employees working there were not very friendly.**
*Les employés qui travaillaient là n'étaient pas très sympathiques.*

- Le gérondif s'emploie après **while** (et **whilst** en anglais britannique) pour exprimer la simultanéité :

**I like listening to classical music while working.**
*J'aime écouter de la musique classique tout en travaillant.*
**He twisted his ankle whilst running for the bus.**
*Il s'est tordu la cheville en courant pour attraper l'autobus.*

- La forme en **-ing** du gérondif peut également remplir la fonction d'un nom, qui peut être soit sujet, soit complément du verbe. Contrairement aux autres noms, ce nom verbal n'est généralement pas précédé d'un article et ne se met jamais au pluriel. Il peut cependant parfois être modifié par un adjectif (et un adverbe) :

**Smoking is bad for you.**
*Fumer nuit à la santé.*
**Swimming can be good exercise.**
*La natation peut être un bon exercice.*
**Do you like travelling?**
*Tu aimes voyager ?*
**There was some very good singing in the competition.**
*Certains concurrents ont très bien chanté.*

- La forme en **-ing** peut être en position de complément, après une préposition :

**I'd be interested in seeing his films.**
*Ça m'intéresserait de voir ses films.*

**They've been talking about building a new school.**
*Ils parlent de construire une nouvelle école.*

- Certains mots en **-ing** sont des noms à part entière et se comportent donc normalement : ils peuvent se mettre au pluriel, être précédés d'un article, d'un adjectif, etc :

**This is my favourite painting by Rembrandt.**
*C'est mon tableau préféré de Rembrandt.*
**There are several new buildings on this street.**
*Il y a plusieurs bâtiments neufs dans cette rue.*

- Le gérondif en **-ing** s'emploie après le verbe principal pour décrire une action dont le sujet est le même que celui du verbe principal. Il peut être mis au passif. Certains verbes sont suivis de la forme infinitive **to**... et d'autres, comme **bother**, **try** ou **prefer**, peuvent se construire des deux façons :

**I don't mind telling you.**
*Ça ne me dérange pas de te le dire.*
**I've just finished reading that book.**
*Je viens de finir ce livre.*
**She carried on reading.**
*Elle continua de lire.*
**I dislike being interrupted.**
*Je déteste être interrompu.*
**I didn't bother answering./I didn't bother to answer.**
*Je n'ai pas pris la peine de répondre.*

- La forme du gérondif **-ing** s'emploie après **come** et **go** pour parler d'une activité sportive ou physique :

**They came running out.**
*Ils sont sortis en courant.*
**Did you say they might go camping?**
*Tu as bien dit qu'ils iraient peut-être camper ?*

- La forme du gérondif **-ing** s'emploie après certains verbes comme **catch**, **find**, **imagine**, **leave**, **prevent**, **stop**, **watch** et leur objet. L'objet du verbe principal est sujet du verbe en **-ing** :

**He left them making their calculations.**
*Il les a laissés faire leurs calculs.*
**I found her waiting for me outside.**
*Je l'ai trouvée en train de m'attendre dehors.*

**3.32** On utilise **l'infinitif** avec **to**... après certains verbes quand le sujet du verbe à l'infinitif est le même que celui du verbe principal :

**She had agreed to let us use her flat.**
*Elle avait accepté de nous laisser occuper son appartement.*
**I decided not to go out for the evening.**
*J'ai décidé de ne pas sortir ce soir-là.*
**England failed to win a place in the finals.**
*L'Angleterre ne s'est pas qualifiée pour la finale.*

• L'infinitif avec **to**... s'emploie après certains verbes suivis d'un objet indirect qui est le sujet de l'infinitif :

**I asked her to explain.**
*Je lui ai demandé d'expliquer.*
**I waited for him to speak.**
*J'ai attendu qu'il parle.*
**I want you to help me.**
*Je veux que tu m'aides.*

**3.33** Le **participe passé** du verbe peut s'employer comme un adjectif :

**A bored student complained to his teacher.**
*Un étudiant qui s'ennuyait s'est plaint à son professeur.*
**The bird had a broken wing.**
*L'oiseau avait une aile cassée.*
**The man injured in the accident was taken to hospital.**
*L'homme blessé dans l'accident fut emmené à l'hôpital.*
**She was wearing a dress bought in Paris.**
*Elle portait une robe achetée à Paris.*

## 3.34 Formes interrogatives

En anglais comme en français, l'ordre de la phrase change pour les questions directes mais pas pour les questions indirectes. Dans ce dernier cas, on utilise des formes verbales simples et non les formes avec **do** :

**What will you talk about?**
*De quoi parlerez-vous ?*
**I'd like to know what you will talk about.**
*J'aimerais savoir de quoi vous parlerez.*
**Did you have a good rest?**
*Vous êtes-vous bien reposé?*
**I asked him if he had a good rest.**
*Je lui ai demandé s'il s'était bien reposé.*

**3.35** Pour les questions auxquelles on répond par « oui » ou par « non », on place l'auxiliaire du verbe au début, avant le sujet. L'ordre du reste de la phrase est inchangé.

On répond à ce genre de question en plaçant après **yes** ou **no** l'auxiliaire, le modal ou la forme contractée de **be** correspondante, avec **not** si la réponse est **no** :

**Is he coming? – Yes, he is./No, he isn't.**
*Est-ce qu'il vient ? – Oui./Non.*
**Can John swim? – Yes, he can./No, he can't.**
*Est-ce que John sait nager ? – Oui./Non.*
**Will you have finished by lunchtime? – No, I won't.**
*Est-ce que tu auras fini avant le déjeuner ? – Non.*
**Have you finished yet? – Yes, I have./No, I haven't.**
*Est-ce que tu as fini? – Oui./Non.*
**Was it lonely without us? – Yes, it was.**
*Est-ce que vous vous êtes sentis seuls sans nous? – Oui.*

N'oubliez pas qu'avec les temps simples on emploie **do** comme auxiliaire pour ce genre de questions :

**Do you like wine? – Yes, I do./No, I don't.**
*Vous aimez le vin ? – Oui/Non.*
**Did he go to the theatre? – Yes, he did./No, he didn't.**
*Est-ce qu'il est allé au théâtre ? – Oui/Non.*
**Do you have any questions? – Yes, we do./No, we don't.**
*Est-ce que vous avez des questions ? – Oui/Non.*

Lorsque son sens se rapproche de « posséder », **have** peut aussi se placer directement avant le sujet sans auxiliaire, mais cette tournure est moins habituelle :

**Has he any idea what it's like?**
*Est-ce qu'il a la moindre idée de ce que ça fait ?*

**3.36** En anglais parlé, il est courant de poser des questions en ajoutant des **question tags** pour demander confirmation de quelque chose que l'on vient de dire. La « question tag » reprend le verbe de la phrase qui précède par l'intermédiaire de l'auxiliaire seul suivi de son sujet. S'il n'y a pas de négation dans ce qui vient d'être dit, on met **not** dans la « question tag » :              .

**They don't live here, do they?**
*Ils n'habitent pas ici, si ?*
**You haven't seen it before, have you?**
*Tu ne l'as pas déjà vu, si ?*
**You will stay in touch, won't you?**
*Tu donneras des nouvelles, d'accord?*
**It is quite warm, isn't it?**
*Il fait assez chaud, non ?*

Si ce qui vient d'être dit est une négation, on n'ajoute pas **not** dans la « question tag ».

## 3.37  neither/nor

Pour dire « moi non plus, toi non plus » etc., on emploie **neither/nor** suivi de l'auxiliaire et du sujet, ou bien du sujet puis de la forme négative de l'auxiliaire suivis de **either** :

**I don't know where it is. – Neither do I./Nor do I./I don't either.**
*Je ne sais pas où c'est. – Moi non plus.*

Pour dire « moi aussi, toi aussi » etc. on emploie **so** suivi de l'auxiliaire et du sujet :

**I have been working a lot. – So have all the others.**
*J'ai beaucoup travaillé. – Tous les autres aussi.*

## 3.38  Les **mots interrogatifs** anglais sont :

> what ▲ which ▲ when ▲ where ▲ who ▲ whom ▲ whose
> ▲ why ▲ how ▲ how much ▲ how many ▲ how long

**Whom** s'emploie seulement en anglais recherché. Les mots interrogatifs viennent toujours à la première place dans les questions.

Avec ces mots, l'ordre de l'auxiliaire et du sujet s'inverse comment dans n'importe quelle interrogation :

**How many are there?**
*Combien y en-a-t-il ?*
**Which do you like best?**
*Lequel préfères-tu ?*
**When would you be coming down?**
*Quand viendrais-tu ?*
**Why did you do it?**
*Pourquoi as-tu fait ça ?*
**Where did you get that from?**
*Où as-tu trouvé ça?*
**Whose idea was it?**
*De qui était l'idée ?*

La seule exception intervient quand le sujet de l'interrogative est celui du verbe, auquel cas l'ordre des mots ne change pas. Notez qu'on utilise alors des formes verbales simples sans avoir recours à l'auxiliaire **do** :

**Who could have done it?**
*Qui a pu faire cela ?*
**What happened?**
*Qu'est-ce qui s'est passé ?*
**Which is the best restaurant?**
*Lequel est le meilleur restaurant ?*

Si l'on a une préposition, elle est rejetée à la fin. Dans le cas de **whom** cependant, elle vient toujours avant le pronom :

**What's this for?**
*À quoi ça sert ?*
**What's the book about?**
*Quel est le sujet du livre ?*
**With whom were you talking?**
*Avec qui est-ce que tu parlais?*

**How** peut s'employer seul dans le sens de « comme » mais il peut aussi accompagner les adjectifs et les adverbes, ainsi que **many** et **much** :

>**How did you know we were coming?**
>*Comment as-tu su que nous venions ?*
>**How old are your children?**
>*Quel âge ont vos enfants ?*
>**How long have you lived here?**
>*Combien de temps as-tu vécu ici ?*
>**How many were there?**
>*Combien étaient-ils ?*

## 3.39 La **négation**

Aux temps composés, la négation des verbes se construit en mettant le mot **not** (à la forme contractée ou non) après le premier verbe. Aux temps simples, il faut employer un auxiliaire à la forme négative :

>**They do not need to talk.**
>*Ils n'ont pas besoin de parler.*
>**I was not smiling.**
>*Je ne souriais pas.*
>**I haven't been playing football.**
>*Je n'ai pas joué au football.*

➤ Souvenez-vous qu'avec **do** comme verbe principal on utilise aussi l'auxiliaire **do** :

>**I didn't do it.**
>*Ce n'est pas moi qui ai fait ça.*

Le tableau suivant montre quelques-unes des formes contractées les plus fréquentes :

| | | | | |
|---|---|---|---|---|
| isn't | aren't | wasn't | weren't | hasn't |
| haven't | hadn't | doesn't | don't | didn't |
| can't | couldn't | mightn't | mustn't | oughtn't |
| shan't | shouldn't | won't | wouldn't | daren't |
| needn't | | | | |

# 4    L'adverbe et les locutions adverbiales

**4.1**    Les mots qui indiquent le moment, la modalité, le lieu, ou qui donnent des précisions sur les circonstances dans lesquelles quelque chose a eu lieu s'appellent **adverbes**. Leur rôle peut aussi être rempli par un groupe nominal, avec ou sans préposition, ou par deux adverbes ensemble. Dans ce cas on parle de **locutions adverbiales**.

**Sit there quietly and listen to this music.**
*Assieds-toi là calmement et écoute cette musique.*
**Come and see me next week.**
*Viens me voir la semaine prochaine.*
**The children were playing in the park.**
*Les enfants jouaient dans le parc.*
**He did not play well enough to win.**
*Il n'a pas joué assez bien pour gagner.*

**4.2**    Les adverbes ou locutions adverbiales qui répondent aux questions « comment ? », « où ? » ou « quand ? » se placent après le verbe et son objet, s'il en a un :

**She sang beautifully.**
*Elle chantait merveilleusement bien.*
**The book was lying on the table.**
*Le livre était posé sur la table.*
**The car broke down yesterday.**
*La voiture est tombée en panne hier.*
**I did learn to play a few tunes very badly.**
*J'ai appris à jouer très mal quelques airs.*

**4.3**    Si plusieurs locutions renvoyant à ces notions se suivent, on les place d'habitude dans l'ordre suivant : comment + où + quand :

**She spoke very well at the village hall last night.**
*Elle a très bien parlé à la salle communale hier soir.*

**4.4**    Les adverbes ou locutions adverbiales qui donnent une indication sur la fréquence, la probabilité ou l'imminence d'un événement se placent juste avant le verbe principal, que la forme du verbe soit simple ou composée :

**She occasionally comes to my house.**
*Elle vient chez moi à l'occasion.*
**You have very probably heard the news by now.**
*Tu as très probablement appris la nouvelle maintenant.*
**They had already given me the money.**
*Ils m'avaient déjà donné l'argent.*
**She really enjoyed the party.**
*Elle s'est vraiment amusée à la fête.*

**4.5** On peut mettre en relief un adverbe ou une locution adverbiale en les plaçant à un endroit différent de l'énoncé :

**Slowly, he opened his eyes.**
*Doucement, il ouvrit les yeux.*
**In September I travelled to California.**
*En septembre, je suis allé en Californie.*
**Next to the coffee machine stood a pile of cups.**
*À côté de la machine à café s'élevait une pile de gobelets.*

➤ Vous noterez dans ce dernier exemple que dans les expressions de lieu, le verbe peut se placer avant le sujet.

L'adverbe ou la locution adverbiale composée de deux adverbes peut se placer juste devant le verbe principal pour être mis en valeur :

**He deliberately chose it because it was cheap.**
*Il l'a choisi exprès parce que c'était bon marché.*
**I very much wanted to go with them.**
*Je voulais vraiment aller avec eux.*

On peut changer l'ordre habituel pour mettre l'accent sur un point précis :

**They were sitting in the car quite happily.**
*Ils étaient assis dans la voiture, très contents.*
**At the meeting last night, she spoke very well.**
*Hier soir à la réunion, elle a très bien parlé.*

**4.6**    Certains adverbes ou locutions adverbiales nous disent à quelle
fréquence quelque chose se produit :

> **a lot ▲ always ▲ ever ▲ frequently ▲ hardly ever
> never ▲ normally ▲ occasionally ▲ often
> rarely ▲ sometimes ▲ usually**

**We often swam in the sea.**
*Nous nagions souvent dans la mer.*
**She never comes to my parties.**
*Elle ne vient jamais à mes fêtes.*

D'autres s'emploient pour exprimer la probabilité :

> **certainly ▲ definitely ▲ maybe ▲ obviously
> perhaps ▲ possibly ▲ probably ▲ really**

**I definitely saw her yesterday.**
*Je suis sûr de l'avoir vue hier.*
**The driver probably knows the best route.**
*Le chauffeur connaît probablement le meilleur itinéraire.*

Ces adverbes se placent *avant* un verbe simple et peuvent s'intercaler entre
l'auxiliaire et le verbe des formes composées :

**He sometimes works downstairs in the kitchen.**
*Il travaille parfois en bas dans la cuisine.*
**You are definitely wasting your time.**
*Il est certain que tu perds ton temps.*
**I have never had such a horrible meal!**
*Je n'ai jamais fait un repas aussi horrible !*
**I shall never forget this day.**
*Je n'oublierai jamais ce jour.*

➤    Notez que ces adverbes se placent normalement *après* **be** quand il est
verbe principal :

**He is always careful with his money.**
*Il fait toujours très attention à son argent.*
**You are probably right.**
*Tu as probablement raison.*

**4.7**    **Perhaps** se place en général au début de l'énoncé tandis que **a lot** vient en général après le verbe principal :

**Perhaps the beaches are cleaner in the north.**
*Peut-être que les plages sont plus propres dans le nord.*
**I go swimming a lot in the summer.**
*Je nage beaucoup en été.*

**4.8**    **Ever** s'emploie en général dans les questions, les négations ou dans les phrases conditionnelles. On l'emploie parfois dans des affirmations, par exemple après un superlatif :

**Have you ever been to a football match?**
*Est-ce que tu es déjà allé à un match de football ?*
**Don't ever do that again!**
*Ne refais jamais ça !*
**If you ever need anything, just call me.**
*Si jamais tu as besoin de quoi que ce soit, appelle-moi.*
**She is the best dancer I have ever seen.**
*C'est la meilleure danseuse que j'aie jamais vue.*

➤    Notez qu'il existe deux façons de dire « jamais » : **never** ou **not ever** :

**Don't ever do that again!**
**Never do that again!**
*Ne refais jamais ça !*

## 4.9    **still**, **yet**, **already**

Dans les phrases affirmatives, **still** signifie « toujours », même s'il se traduit parfois par « encore ». On le met devant le verbe aux temps simples. Il s'intercale entre les deux éléments des formes composées et suit le verbe **be** :

**My family still lives in India.**
*Ma famille vit toujours en Inde.*
**You will still get tickets, if you hurry.**
*Tu peux encore avoir des tickets si tu te dépêches.*
**We were still waiting for the election results.**
*Nous attendions toujours les résultats des élections.*
**His father is still alive.**
*Son père est toujours vivant.*

- Dans les phrases négatives, **still** peut être mis après le sujet et avant le verbe pour exprimer la surprise ou l'impatience :

  **You still haven't given us the keys.**
  *Tu ne nous as toujours pas donné les clés.*

➤ Notez que **still** peut s'employer au début d'un énoncé dans le sens de « malgré tout, quand même » :

  **Still, he is my brother, so I'll have to help him.**
  *C'est quand même mon frère, il va falloir que je l'aide.*

- **Yet** s'emploie dans le sens de « encore » quand il est à la fin d'un énoncé négatif et de « déjà » quand il est à la fin d'une question :

  **We haven't got the tickets yet.**
  *Nous n'avons pas encore les tickets.*
  **Have you joined the swimming club yet?**
  *Est-ce que tu t'es (déjà) inscrit au club de natation ?*

- **Yet** s'utilise aussi en début d'énoncé dans le sens de « cependant, pourtant » :

  **They know they won't win. Yet they keep on trying.**
  *Ils savent qu'ils ne gagneront pas, pourtant ils persistent.*

- Les expressions **any longer** ou **any more** signifient « plus » dans les phrases négatives, où elles se placent à la fin :

  **I couldn't wait any longer.**
  *Je ne pouvais plus attendre.*
  **He's not going to play any more.**
  *Il ne va plus jouer.*

- **Already** signifie « déjà » dans les affirmations. Il se place avant le verbe quand celui-ci est à un temps simple, entre les deux éléments quand il est à un temps composé, et après le verbe **be** :

  **I already know her.**
  *Je la connais déjà.*

**I've already seen them.**
*Je les ai déjà vus.*
**I am already aware of that problem.**
*Je suis déjà au courant de ce problème.*

Pour le mettre en relief, on peut le placer en fin de phrase :

**I've done it already.**
*Je l'ai déjà fait.*

**4.10** Notez que si **really** vient en début d'énoncé, il exprime la surprise alors qu'en position finale c'est un adverbe de manière :

**Really, I didn't know that!**
*Vraiment, je n'étais pas au courant !*
**He wanted it really, but he was too shy to ask.**
*Il le voulait vraiment, mais il était trop timide pour demander.*

**4.11** Certains adverbes ou locutions adverbiales renforcent ou réduisent l'intensité de ce qu'exprime le verbe :

**I totally disagree.**
*Je ne suis pas d'accord du tout.*
**I can nearly swim.**
*Je sais presque nager.*
**The building was almost entirely destroyed.**
*Le bâtiment a été presque entièrement détruit.*

**4.12** Certains adverbes d'intensité peuvent se mettre avant ou après le verbe principal, ou après l'objet s'il y en a un :

> **badly ▲ completely ▲ greatly ▲ seriously ▲ strongly ▲ totally**

**I disagree completely** ou **I completely disagree with John Taylor.**
*Je ne suis pas du tout d'accord avec John Taylor.*
**That argument doesn't convince me totally** ou **totally convince me.**
*Cet argument ne me convainc pas tout à fait.*

D'autres s'emploient surtout juste avant le verbe principal :

> **almost ▲ largely ▲ nearly ▲ quite ▲ really**

**He almost crashed into a lorry.**
*Il a failli rentrer dans un camion.*
**I quite like it.**
*J'aime bien.*

**4.13**   A lot et **very much** se placent après le verbe principal ou après l'objet s'il y en a un. **Very much** peut se placer après le sujet et devant les verbes comme **want**, **prefer** et **enjoy** :

**She helped a lot.**
*Elle nous a beaucoup aidés.*
**We liked him very much.**
*Nous l'aimions beaucoup.*
**I very much wanted to take it with me.**
*Je voulais vraiment l'emporter avec moi.*

**4.14**   Certains adverbes d'intensité qui précisent le sens d'adjectifs ou d'adverbes se placent devant ces derniers :

> **awfully ▲ extremely ▲ fairly ▲ pretty**
> **quite ▲ rather ▲ really ▲ very**

**It's a fairly large office, with filing space.**
*C'est un bureau assez grand, avec des rangements.*

➤   Notez que **rather** peut se placer devant ou derrière **a** ou **an** lorsqu'un adjectif et un nom viennent après :

**Seaford is rather a pleasant town.** ou **Seaford is a rather pleasant town.**
*Seaford est une ville plutôt agréable.*

**4.15**   On forme souvent les adverbes de manière en ajoutant la terminaison -ly à l'adjectif. Dans de nombreux cas, un adverbe en -ly équivaut à un adverbe français en « -ment », mais pas systématiquement :

| Adjectifs | | Adverbes |
|---|---|---|
| **bad** | → | **badly** |
| **beautiful** | → | **beautifully** |

| | | |
|---|---|---|
| quick | → | quickly |
| quiet | → | quietly |
| soft | → | softly |

Attention : il n'est pas possible de former des adverbes à partir d'adjectifs se terminant déjà par **-ly**. Par exemple on ne peut pas dire **He smiled at you friendlily**. À la place, on emploie parfois un groupe nominal introduit par une préposition :

**He smiled at me in a friendly way.**
*Il m'a souri de façon amicale.*

**4.16** Certains adverbes de manière comme **fast**, **hard** et **late** ont la même forme que les adjectifs correspondants :

**I've always been interested in fast cars.**
*Je m'intéresse depuis toujours aux voitures rapides.*
**The driver was driving too fast.**
*Le conducteur conduisait trop vite.*
**It was a hard job.**
*C'était un travail difficile.*
**He works very hard.**
*Il travaille très dur.*
**The train arrived late as usual.**
*Le train est arrivé en retard, comme d'habitude.*

**4.17** Il est rare d'employer des groupes nominaux comme locutions adverbiales de manière, qu'ils comportent une préposition ou non. Cela est parfois nécessaire cependant, en particulier quand il n'existe pas d'adverbe pour ce que l'on veut dire. Le groupe nominal comporte en général un nom comme **way**, **fashion** ou **manner** :

**She asked me in such a nice manner that I couldn't refuse.**
*Elle me l'a demandé si gentiment que je n'ai pas pu refuser.*
**They spoke in angry tones.**
*Ils parlaient sur un ton irrité.*

Les prépositions suivantes s'emploient pour introduire des compléments de lieu :

**5.1**   On emploie **at** pour parler d'un endroit particulier :

**She waited at the bus stop for over twenty minutes.**
*Elle a attendu à l'arrêt de bus pendant plus de vingt minutes.*

- **At** s'utilise avec **back**, **bottom**, **end**, **front** et **top** pour désigner les différentes parties d'un endroit :

**Mr Castle was waiting at the bottom of the stairs.**
*M. Castle attendait en bas de l'escalier.*
**I saw a taxi at the end of the street.**
*J'ai vu un taxi au bout de la rue.*

- Il s'utilise pour les lieux publics et les institutions, et aussi pour dire « à la maison » (**at home**) et « au travail » (**at work**) :

**I have to be at the station by ten o'clock.**
*Je dois être à la gare pour dix heures.*
**She wanted to stay at home.**
*Elle voulait rester à la maison.*

- On l'utilise aussi, de la même façon que pour faire référence au domicile de quelqu'un, pour désigner un commerce ou un service spécialisé :

**Where were you last night?' –'At Mick's house.'**
*« Où étais-tu hier soir ? » – « Chez Mick ».*
**I'll see you at Fred's house.**
*Je te verrai chez Fred.*
**I buy my bread at the local baker's.**
*J'achète mon pain chez le boulanger du coin.*

- Quand on veut parler d'une adresse, **at** permet de donner le numéro du bâtiment :

**They used to live at 5, Weston Road.**
*Ils habitaient au 5, Weston Road.*

**5.2** On s'emploie quand on considère un lieu comme une surface :

**I sat down on the sofa.**
*Je m'assis sur le canapé.*
**She put her keys on the table.**
*Elle posa ses clefs sur la table.*

- Il est aussi employé pour un lieu que l'on voit comme un point sur une ligne, par exemple une route, une ligne de train, une rivière ou une côte :

**Scrabster is on the north coast.**
*Scrabster est sur la côte nord.*
**Oxford is on the A34 between Birmingham and London.**
*Oxford est sur la A34 entre Birmingham et Londres.*
**He lived on Fifth Avenue in New York City.**
*Il habitait sur la cinquième avenue à New York.*

**5.3** In s'emploie avec les pays, les régions, les villes et les villages :

**A thousand homes in the east of Scotland suffered power cuts.**
*Un millier de foyers dans l'est de l'Écosse ont été touchés par des coupures de courant.*
**I've been teaching at a college in London.**
*J'enseigne dans une université à Londres.*

- On l'utilise aussi avec les récipients de tous types, pour parler de ce qu'ils contiennent :

**She kept the cards in a little box.**
*Elle rangeait les cartes dans une petite boîte.*

- Ou encore pour un bâtiment quand il est question des personnes ou des choses qui se trouvent à l'intérieur :

**They were sitting having dinner in the restaurant.**
*Ils étaient assis, en train de dîner, dans le restaurant.*

## 5.4 at/in

On peut souvent considérer un lieu de deux manières : comme une institution ou comme un bâtiment. On utilise alors respectivement **at** ou **in** :

**I had a hard day at the office.**
*J'ai eu une dure journée au bureau.*
**I left my coat behind in the office.**
*J'ai oublié mon manteau dans le bureau.*
**There's a good film at the cinema.**
*Il y a un bon film au cinéma.*
**It was very cold in the cinema.**
*Il faisait très froid dans le cinéma.*

**5.5** On, onto et off s'emploient pour faire référence à la position ou au mouvement d'une personne à l'intérieur et à l'extérieur de moyens de transports : bus, train, bateau et avion. Pour attirer l'attention sur la position ou le mouvement à l'intérieur ou à l'extérieur du véhicule lui-même plutôt que sur le moyen de transport, on peut employer in, into et out of :

**Why don't you come on the train with me to New York?**
*Pourquoi est-ce que tu ne viens pas en train avec moi à New York ?*
**Peter Hurd was already on the plane from California.**
*Peter Hurd était déjà dans l'avion en provenance de Californie.*
**Mr Bixby stepped off the train and walked quickly to the exit.**
*M. Bixby descendit du train et se dirigea rapidement vers la sortie.*
**The passengers in the plane were beginning to panic.**
*Les passagers de l'avion commençaient à paniquer.*
**We jumped out of the bus and ran into the nearest shop.**
*Nous avons sauté du bus pour courir vers la boutique la plus proche.*

**5.6** On emploie in, into et out of pour parler de la position ou du mouvement d'une personne ou d'une chose à l'intérieur et à l'extérieur d'une voiture, d'un camion etc. :

**I followed them in my car.**
*Je les ai suivis dans ma voiture.*
**Mr Ward happened to be getting into his lorry.**
*Il se trouva que M. Ward était en train de monter dans son camion.*
**She was carried out of the ambulance.**
*On la sortit de l'ambulance.*

**5.7**    Pour préciser le moyen de transport que l'on emprunte pour se rendre quelque part, on emploie **by** :

> **by bus ▲ by bicycle ▲ by car ▲ by coach ▲ by plane ▲ by train**

**She had come by car with her husband.**
*Elle était venue en voiture avec son mari.*
**I left Walsall in the afternoon and went by bus and train to Nottingham.**
*J'ai quitté Walsall dans l'après-midi et je me suis rendu à Nottingham en bus et en train.*
**Marie decided to continue on foot.**
*Marie décida de continuer à pied.*

**5.8**    Les prépositions suivantes s'utilisent dans des expressions de temps :

- **At** s'emploie avec :

| | |
|---|---|
| Les heures : | **at eight o'clock ▲ at 3.15** |
| Les fêtes religieuses : | **at Christmas ▲ at Easter** |
| Les repas : | **at breakfast ▲ at lunchtime** |
| Certains moments précis : | **at night ▲ at the weekend ▲ at weekends** |

- **In** s'emploie avec :

| | |
|---|---|
| Les saisons : | **in autumn ▲ in the spring** |
| Les années et les siècles : | **in nineteen eighty five ▲ in the year two thousand ▲ in the nineteenth century** |
| Les mois : | **in July ▲ in December** |
| Les moments de la journée : | **in the morning ▲ in the evenings** |

➤ Notez que **in** est aussi utilisé pour parler du futur :

**I think we'll find out in the next few days.**
*Je pense qu'on le saura dans les jours qui viennent.*

- **On** s'emploie avec :

| Les jours de la semaine : | **on Monday** |
| | ▲ **on Tuesday morning** |
| | ▲ **on Sunday evenings** |
| Les jours fixes : | **on Christmas Day** |
| | ▲ **on my birthday** |
| | ▲ **on his wedding anniversary** |
| Les dates : | **on the 14th of July** |

- **For** s'emploie avec les verbes à tous les temps pour exprimer la durée de quelque chose :

  **He is in Italy for a month.**
  *Il est en Italie pour un mois.*
  **I remained silent for a long time.**
  *Je suis resté silencieux pendant un long moment.*
  **I will be in London for three months.**
  *Je serai à Londres pour trois mois.*

- **During** et **over** servent à parler de la période de temps pendant laquelle quelque chose se passe :

  **I saw him twice during the summer holidays.**
  *Je l'ai vu deux fois pendant les vacances d'été.*
  **Will you stay in Edinburgh over Christmas?**
  *Est-ce que tu resteras à Edimbourg à Noël ?*

➤ Attention : **during** ne s'emploie pas pour dire combien de temps quelque chose dure. On ne dit pas **I went there during three weeks**. Pour ce sens on emploie **for.**

- **By** s'emploie pour dire « pas après, pas plus tard que » :

  **By eleven o'clock, Brody was back in his office.**
  *À onze heures, Brody était de retour dans son bureau.*
  **Can we get this finished by tomorrow?**
  *Est-ce que l'on peut finir cela pour demain ?*

# 6 Les préfixes et les suffixes

Les préfixes et les suffixes sont des éléments qui se placent respectivement au début et à la fin de certains mots et qui en changent le sens. La plupart des suffixes ont également pour effet de modifier la catégorie grammaticale du mot en question.

## 6.1 Les principaux **préfixes** sont :

> un- ▲ dis- ▲ mis- ▲ over- ▲ under-

- **un-** et **dis-** sont des préfixes qui expriment le contraire :

| | | | |
|---|---|---|---|
| conscious | → | unconscious | *(inconscient)* |
| comfortable | → | uncomfortable | *(inconfortable)* |
| honour | → | dishonour | *(déshonneur)* |
| integrate | → | disintegrate | *(désintégrer)* |

- **mis-** traduit l'idée d'erreur :

| | | | |
|---|---|---|---|
| guided | → | misguided | *(dans l'erreur)* |
| understand | → | misunderstand | *(mal comprendre)* |
| informed | → | misinformed | *(mal informé)* |

- **over-** traduit l'idée d'excès :

heat → overheat *(surchauffer)* ; zealous → overzealous *(trop zélé)*

- **under-** traduit l'idée d'insuffisance :

| | | | |
|---|---|---|---|
| done | → | underdone | *(pas assez cuit)* |
| charge | → | undercharge | *(ne pas faire payer suffisamment)* |

## 6.2 Les principaux **suffixes** sont :

> -ness ▲ -hood ▲ -ism ▲ -ist ▲ -less ▲ -ful ▲ -ly ▲ -able ▲ -er

- **-ness**, **-hood** et **-ism** transforment un adjectif en nom :

| kind  | → | kindness  | (gentillesse) |
|-------|---|-----------|---------------|
| child | → | childhood | (enfance)     |
| real  | → | realism   | (réalisme)    |

- **-ist** s'ajoute à un nom pour en faire un autre nom (personne qui pratique une profession ou un instrument particulier), ou à un adjectif pour en faire un nom ou un autre adjectif (adepte d'un courant de pensée) :

| physics | → | physicist | (physicien) |
|---------|---|-----------|-------------|
| piano   | → | pianist   |             |
| social  | → | socialist |             |

- **-less** (qui donne l'idée de privation) et **-ful** (qui donne l'idée de complétude ou plénitude) transforment un nom en adjectif :

| heart | → | heartless | (impitoyable) |
|-------|---|-----------|---------------|
| joy   | → | joyful    | (joyeux)      |

- **-ly** transforme un adjectif en adverbe, notamment en adverbe de manière :

| nasty  | → | nastily    | (méchamment)   |
|--------|---|------------|----------------|
| ironic | → | ironically | (ironiquement) |

- **-able** et **-ible** transforment un verbe en adjectif :

| debate | → | debatable  | (discutable) |
|--------|---|------------|--------------|
| avoid  | → | avoidable  | (évitable)   |
| access | → | accessible | (accessible) |

- **-er** transforme un verbe en nom :

| farm | → | farmer | (agriculteur) |
|------|---|--------|---------------|
| play | → | player | (joueur)      |

# 7    Changements orthographiques

## 7.1    « -s »

La terminaison **-s** sert à former le pluriel des dénombrables et la forme du verbe au présent simple qui correspond à **she**, **he**, **it**.

Notez que les dénombrables sont les seuls noms dont on forme le pluriel en ajoutant **-s**. Les autres mots qui ont ou qui peuvent avoir un sens pluriel ne changent pas de forme.

- Pour les mots, noms ou verbes qui se terminent en **-ss**, **-ch**, **-s**, **-x**, on ajoute **-es** qui se prononce [iz] :

  | | | | | |
  |---|---|---|---|---|
  | class | → | classes | gas → | gases |
  | fox | → | foxes | watch → | watches |
  | dish | → | dishes | | |

- Pour les noms qui se terminent en **-o**, on ajoute **-es**. À certains, on ajoute seulement **-s**. Dans les deux cas, la prononciation est [z] :

  | | | | | |
  |---|---|---|---|---|
  | photo | → | photos | hero → | heroes |
  | piano | → | pianos | potato → | potatoes |

- Les mots qui se terminent par **-y**, si celui-ci est précédé d'une consonne, changent leur **y** en **-ies** ([iz]) :

  | | | | | |
  |---|---|---|---|---|
  | country | → | countries | cry → | cries |
  | lady | → | ladies | party → | parties |
  | victory | → | victories | | |

Précédé d'une voyelle, le **-y** ne change pas :

  | | | | | |
  |---|---|---|---|---|
  | boy | → | boys | day → | days |
  | key | → | keys | pray → | prays |
  | valley | → | valleys | | |

- **-f** et **-fe** en position finale deviennent **-ves** dans un certain nombre de mots :

| half | → | halves | wife | → | wives |
|------|---|--------|------|---|-------|
| self | → | selves | knife | → | knives |
| wolf | → | wolves | life | → | lives |

## 7.2 «-ing, -ed, -er, -est»

Les mots d'une syllabe qui se terminent par une voyelle courte et une consonne autre que **-w**, **-x**, **-y** doublent leur consonne avant la terminaison :

| dip → dipping/dipped | big → bigger/biggest |
|---|---|
| fat → fatter/fattest | thin → thinner/thinnest |
| hot → hotter/hottest | wet → wetter/wettest |
| sad → sadder/saddest | |

- Les mots qui se terminent par une consonne suivie de **-y** changent le **-y** en **-i** sauf avec la terminaison **-ing**, pour laquelle il n'y a pas de changement :

> happy → happier/happiest

- Quand on forme un adverbe en **-ly** à partir d'un adjectif, on observe les changements suivants :

| **-le** devient **-ly** | gentle | → | gently |
|---|---|---|---|
| **-y** devient **-ily** | easy | → | easily |
| **-ic** devient **-ically** | automatic | → | automatically |
| **-ue** devient **-uly** | true | → | truly |
| **-ful** devient **-fully** | beautiful | → | beautifully |

➤ Exception : **public** → **publicly**

N° d'éditeur : 10201049 - Dépôt légal : Janvier 2014
Imprimé en Italie par L.E.G.O. S.p.A., Lavis (TN)